Difficult Litigation Cases, Judgment Essences
and References in House Sale Contract Disputes

房屋买卖合同纠纷疑难案件裁判要点与依据

（第四版）

陈枝辉　编著

上册

法律出版社
LAW PRESS·CHINA
北京

图书在版编目（CIP）数据

房屋买卖合同纠纷疑难案件裁判要点与依据 ：上下册 / 陈枝辉编著. --4版. --北京 ：法律出版社，2021

ISBN 978-7-5197-5485-3

Ⅰ. ①房… Ⅱ. ①陈… Ⅲ. ①房屋纠纷-案例-中国 Ⅳ. ①D922.385

中国版本图书馆CIP数据核字(2021)第053882号

房屋买卖合同纠纷疑难案件裁判要点与依据(第四版)(上下册) FANGWU MAIMAI HETONG JIUFEN YI'NAN ANJIAN CAIPAN YAODIAN YU YIJU(DI-SI BAN)(SHANG XIA CE)	陈枝辉 编著	责任编辑 许 睿 装帧设计 李 瞻

出版发行 法律出版社	**开本** 787毫米×1092毫米 1/16
编辑统筹 司法实务出版分社	**印张** 115 **字数** 2442千
责任校对 朱轶佳	**版本** 2021年12月第4版
责任印制 胡晓雅	**印次** 2021年12月第1次印刷
经 销 新华书店	**印刷** 固安华明印业有限公司

地址：北京市丰台区莲花池西里7号(100073)

网址：www.lawpress.com.cn　　销售电话：010-83938349

投稿邮箱：info@lawpress.com.cn　　客服电话：010-83938350

举报盗版邮箱：jbwq@lawpress.com.cn　　咨询电话：010-63939796

书号：ISBN 978-7-5197-5485-3　　**定价**：398.00元

凡购买本社图书，如有印装错误，我社负责退换。电话：010-83938349

第四版修订说明

本书自2017年修订以来，司法实践中累积了大量相关典型案例，同时，在国家及地方立法、司法层面，出现了许多新的规定和指导性意见。尤其是2020年5月28日颁布、2021年1月1日施行的《民法典》更是成为我国民事立法的里程碑。本书本次修订，躬逢其时，涉及300余部（篇）法律法规、地方司法性文件等裁判依据的增删，另增加了600余个典型、权威参考案例。

法律规则是相对稳定的，因为法律源于社会生活又融于社会生活，其目的在于定分止争。实务界有一种“恐慌症”，论起法律修订，就一棒子打死过去的裁判规则传承，否定过去相沿已久的司法裁判智慧。以《民法典》为例，法典施行后，过去很多的基本法如《合同法》《物权法》《婚姻法》都失效。许多人包括有些法律人就会觉得以往的案例失去了研究或参考价值。其实，像《民法通则》从1987年适用到2021年，《合同法》从1999年到2021年，都是超过20多年的法律生命周期，即便在《民法典》施行后，根据《民法典》适用时效规则，大量实务案例在《民法典》之后仍需适用当时有效的《合同法》《物权法》等法律规定，而且，从上述成文法法条延展生发出的裁判规则，真正完全不能纳入现有实务裁判规范里的，亦少之又少。基于此，涉及本书原引用法条，一般保留并按最新版本对其效力予以标注。

法律生命在于经验而非逻辑。无数优秀的法律人尤其是一线裁判者在个案处理中奉献的智慧，将是后来人的借鉴和参照。编辑、修订这本书，也是关于房屋买卖纠纷同案、类案裁判规则传承、统一的基础性工作。希望个人所花时间、精力，能惠及更多读者，并蕲望读者指正。

陈枝辉

2021年12月

房屋买卖:鉴证城镇居民住宅大变革(代序)

20 世纪 80 年代以前,房屋买卖在中国还真是个稀罕事,单位与单位之间倒是有些房产买卖交易,个人与个人之间这类买卖十分稀少。有也是私下交易,大都是一些文人骚客和富豪商家的后裔,因为家业破败或者无创业手段,或者后人移居国外无法打理,或者因维修管理耗费太大,于是出卖祖业换取少许钱财填补家业。那时房产出售也值不了几个钱,也很少有家庭为了争出售房屋获得的那点小钱发生内讧,更没有几个家庭会为了分配买卖房屋而对簿公堂。在那个过分强调保护公有财产的年代,谁都不愿保存更多的家产在自己名下。那时候,只有乡下农民才会倾其所有积蓄,一心一意用在为自家建房子上。那些年代,作为公家人的城里人,是以能否租住国家公产房,特别是房地产公司管辖的好房子、大房子为荣耀。人民政府强调人人有所居,住房问题被政府和单位包揽了,基本能够保障人人有房租,虽然大小不一,好坏有别,早一天晚一天的事,终究是人民政府大包大揽了。难怪城里人悠闲得很,住房这么头等大事,有政府操心受累。那时候你就是想自己掏钱买房子,除了购置私房,公房也是预购无门的。想想 30 年前的事,中国的城里人还真是活得潇洒自在。那个时候城里人谁会想到,如今要打破头往房市里挤呢?时间老人常常爱与我们开玩笑。

改革开放以后,国家确立了依法治国的基本方略。《宪法》明确规定,国家保护公民个人的合法财产。私有财产与公有财产上升到受法律同等保护的地位,我国房屋买卖市场也从此开始活跃起来。

20 世纪 80 年代中期,在中国改革开放的前沿阵地深圳,敢为天下先的特区人,率先对公房分配租赁制度进行彻底改革,所有到深圳特区就业人员,除了短期内可租住公房外,政府要求机关干部、事业单位职员、厂矿企业职工和来深圳的打工一族,统统自己掏腰包购房解决安居问题,从此开创了中国内地公房屋买卖的先河。笔者有许多到深圳谋生的朋友,虽然大多为党政机关干部和国家事业单位的职员,他们只身落户特区后,面临的第一件大事,就是积攒钞票购房,只有买到自己的住房,他们才能把老婆孩子从老家搬来深圳,才能真正成为深圳人,融入特区事业。

随着改革开放的深化,住房改革成了震撼人心、冲击每一位城里人最重大的改革举措。跨入新世纪以后,我国房屋改革的步伐越来越快,步伐越来越大,前后不到20年,城镇居民住房取得,就完全从以租为主转变为以买为主。买房卖房很快成为城市居民的一项必须学会的交易技能,否则你就无法在房屋购置大趋势下,找到自己和家人安居乐业的安身之地。

现在回过头来反思中国房屋市场的发展过程,个人感到这项改革似乎有操之过急之嫌。应该承认,在全国没有全面铺开房屋改革之前,深圳房屋改革的步伐基本上是稳健而恰当的,深圳市政府房屋管理职能部门对房屋市场的掌控是成功的,政府在房屋改革中起到决定性的调控作用。从租赁到买卖的改革过程中,政府对全市房屋的需求情况做到了心中有数,并且设计了一系列的操作程序,始终使房屋买卖工作处在健康运行的程序之中。特别是政府对低收入人群和高收入人群实行有差别的购房政策,使购房市场在相当长的时间里显得平稳、有序、健康。

再来反思一下全国性公房改造的前期政策,政府在公房改造上,的确给予了民众很多优惠政策,充分体现了人民政府为人民的本色。收入低廉的职工只需付出不太多的款项,就能够享受到“公房”变“私房”的改革成果。有了自己购置的房子,就意味着许多城里人一夜之间就变成为了有房一族,成了有产阶级。这是中国人私有财产合法化的最重要表现。这个时期的改革,主要是使原来已经租住公产房屋的绝大部分城镇居民,通过付出可以承受的个人积蓄,获得居住权和所有权并存、受《宪法》和法律保护的自产房。这种改革标志着社会管理大踏步前进。

全国性公房大面积改造,解除了政府包揽全民福利分房的巨大经济压力,但是,政府并没有从这一轮房屋改造中收回政府付出的全部投入,收回职工交纳的购房款远远不够建造成本,也难以弥补政府为建居民住宅的巨大财政支出。当然,国家到底是亏还是赚,这个账由国家来算,我们算不清也算不出。由于产权明晰的公房基本一刀切卖给了租赁的居民,这就给今后的房改全面推向市场留下了隐患。当时政府缺乏管理房屋买卖市场的经验,因此,在产权转让个人后,只规定个人如果要出售所购公房,必须经房产原单位同意放弃优先购买权,而没有限定实行公改私的房屋进入市场的时间表,使得到房改房后的部分居民马上进入房屋买卖市场,这就给后续房屋商品化价格战起到了推波助澜的作用。事实是,房主一旦把刚刚到手的房屋投入交易市场,就能轻易地从房屋交易市场获得高出自己付出的数倍甚至数十倍的房屋市价的高额回报。他们把这些巨额资金转投入房屋市场,对房屋市场价格上扬无疑有直接影响。加上国家土地管理部门、房屋建设管理部门、房屋交易管理部门对房地产市场化的管理没有及时到位,调控举措缺失,管理力度不大,尤其是银行金融部门对房屋实行购买首付款项要求较低,发放房贷政策十分宽松,的确刺激了人们的房屋消费心理,但同时也诱发和助长了房屋投机行为。一个参加工作不到5年的大学生,抓住房市发展时机,用很少的首付,换取了大量政府房贷,成为炒房暴发户。更有投机者,运用手中少量资金,套取大量银行贷款,囤积房源,倒手买卖,从中获取暴利。由于众多监管部门对房屋投资性和投机性行为估计不足,防范不力,致使房地产市场很快出现泡沫。加上开发商为追求高额利润,借助房地产业推销宣传造势,引导人们不正常的消费心理爆发,商品房屋抢购之风一度盛行。加上国内外炒房团的炒作,在短期内,全国房屋市场普遍出现大幅度涨价风潮,商品房屋价格严重违背价值。从2008年下半年开始,全国房价在相互攀比中扶摇直上,北京、上海、杭州、深圳等一线城市的房价几乎月月有涨,而且涨幅大得出奇,不少持币等待购房者数数手中的票子,发现日渐离预想购置的房屋差距加大,只好望房兴叹!

房价的不断攀升,使房地产业成为可以轻易获取暴利的行业,一些利欲熏心的人,为了获取更多的利益而不择手段,他们不按规矩"出牌",导致房屋交易市场大量涌现不规范的行为,欺诈、蒙骗、造假、虚假承诺、面积缩水,设施不配套、强买强卖、拒绝退货、边卖边涨价等不诚信的行为频发。购房处处是陷阱。例如:购房者一旦购进,就不可退出;开发商精心组织内部认购造势,引诱购房者受骗上当;开发商利用霸王合同,吞吃购房定金;大打售房者优惠牌,骗得客户一次性付清房款,把你套牢叫你欲罢不能;交房前不让客户验收所购房屋,所交房屋面积"缩水";开发商代替银行与客户搞假按揭,客户面临花钱打水漂的风险;无理由拖延交房期限,不按承诺办理房屋产权证;炒楼花导致一房多卖,"一女二嫁";不告知客户真实的房屋土地使用年限,花认购70年产权的钱,购得50年产权的房;选房只让看沙盘,不让看图纸,让你在美滋滋中受骗上当;开发商擅自增收客户委托办理产权证的所谓手续费用;不同意开发商选定的物业客户就拿不到房屋钥匙,等等。更有甚者,开发商明目张胆地要求客户放弃某些权利,购房合同中对客户要求的义务多于权利,对开发商则是权利多于义务。还有利用补充协议否定或者变更主协议的部分条款,减免开发商的卖方责任。

二手房的交易陷阱更多。诸如"卖房者"非二手房产权人,只是使用权人;或者仅仅是二手房的产权人之一,且未得到其他产权人的同意;交易中的二手房产存在法律上不允许自由转让或者禁止转让的障碍;交易房屋非居住用房,而是商业用房、厂房、仓库、公共用房等;卖房人投入交易前,未将交易意向告知正在承租该房的承租人,剥夺承租人优先购买的权利;为减少房屋购置时交纳高额过户税,售房双方串通搞阴阳合同,一旦起纠纷就两败俱伤;隐瞒交易房屋限制交易期,购房双方私下承诺到期再办过户手续,致使房屋产权不明晰,私下协议得不到法律保护。

房地产市场的种种不和谐因素,使房屋买卖成为民事纠纷高发区域。有的地方甚至一度被房屋纠纷搅得政府部门无法正常办公。从全国各地法院统计的案件分类分析,房地产纠纷案件已经出现迅猛攀升的局面,房屋买卖纠纷案件几乎占到同期民事案件的20%左右。各地政府和法院接访的案件中,房屋买卖纠纷案件在民事案件总和上占有相当大的比重。

房地产经济与国民经济发展关系密切,房地产业近年来一直是地方主导产业。因此,房地产的问题靠地方自行解决,有着相当大的难度。一旦房屋作为商品投放市场,它只能靠价值规律来调整。这个市场一旦恶化,靠地方单打独斗是无法从根本上遏制不良势头蔓延的。

2010年4月17日,国务院发布了《关于坚决遏制部分城市房价过快上涨的通知》,标志着国家最高行政机关向全国房地产市场发布了"限购令",标志着国家最高行政机关启动了干预居高不下的商品房房屋买卖的重大举措。对待疯狂的商品房屋买卖市场,人们对国务院的这个"限购令"能否奏效,不少人抱着观望甚至怀疑的目光,人们在静观国务院出台更加详尽、更加具体、操作性更强的系列举措的跟进。

其实,在国务院通知下达前后,国土资源部、国资委、财政部、银监会等部委,都相继先后出台了一系列调控新政:有土地调控新政十九条出台;有严控大套型住房建设用地审批政策的出台;有要求所有银行6月前提交贷款情况评估报告,严格控制二套房贷,提高首付并大幅提高二套房贷利率,银行停止受理第三套房屋贷款;对商品房价格上涨过快的城市,有条件限制非当地户籍人口的房贷;对两人以上共同购房的只要一人有购房记录,不得适用首次购房优惠政策。有人称:限购政策是"最恐怖"的地产调控举措。国务院及其部委的一系列限购举措,很快在全国得到响应。北京、上海等70多个大中城市纷纷发布了各地购置商品房的限购政策。

从国务院下发的通知算起,限购令已经过去22个月(截至2012年2月),我国房屋买卖市场的确有了良好转机,打压高房价已经出现了曙光。据全国70个大中城市2011年6月统计,新建商品房价格普遍控制了上涨幅度,其中比去年同期下降的有3个,涨幅回落的28个,同比增幅在0.5%以内的有39个。二手房同比下降的有5个,涨幅回落的有24个,同比增幅在0.5%以内的有48个。据链家地产市场研究部统计,2011年全国土地流标353块,同比增加24%。其中住宅土地流标163块,占总流标的46.18%。说明全国房地产过热已经开始降温。以北京为例,我们可以看出限购令的显效。2012年1月,北京新建住宅均价从上月的21151元降到17899元,下降了15.375%,比去年1月的22433元,下降了20.21%。北京市住建委2012年最新公布的数据显示,截至2011年12月15日,全市全年成交房总量为18.1775万套,比2010年31.4375万套下降了42.2%。全市楼市库存量由9.29万套,增至11.9321万套。楼市销售趋缓。一年来,北京全市住宅交易量减少13万套,按单套200万元计算,签约金额全年减少2600亿元。

我们有理由相信,在国务院的统一部署和组织指挥下,无论房地产市场调整有多大难度,只要持之以恒,举措坚定有力,就一定能够维护房地产稳步健康向前。

房屋买卖是一项政策性强,牵扯面大的产业,与每一个公民都有切身利益,人们关心它、了解它、思考它,人们希望这个市场能够尽快回到理智的轨道上前行,人们需要住房,人们离不开住房。中国既然已经确立了市场经济的基调,商品房制度前行不论有多难,也只能一步步推进,绝不可能后退,这是基本前提。因此,作为一个城里人,很有必要掌握一点房屋买卖合同纠纷的常识,以应对房屋买卖的知识需求。

本书编者陈枝辉借助自己从事房地产研究多年的经验,长期思考,五易其稿,终于完成了一部专题研究房屋买卖疑难问题的专著《房屋买卖合同纠纷疑难案件裁判要点与依据》。这部上百万字的专著共分四编,收录一百个房屋买卖合同纠纷的疑难专题,列出其中诸多的常见多发疑难问题。其中,上编收集了房屋买卖交易过程中常常碰到的10个难题。诸如老房契的效力辨别、限购政策与情势变更如何认定、一房二卖情形下房屋归属、农村房屋买卖合同效力、无权处分共有房以及表见代理的法律后果、时下又作为热点讨论的小产权房问题等,都是房屋买卖双方十分关注的问题,也是法院审理这类案件常遇到的难题。

中编分为两大部分,前部分重点研究二手房的买卖难题。作者一共选择了30个专题,就不同合同主体、合同解释、定金规则、履责顺序、附随义务、违约赔偿、合同解除、税费负担、面积缩水、逾期付款、逾期过户、诉讼时效、居间中介等疑难问题,点出这类案件的裁判要点,详尽阐述处理这类案件的法律依据,让读者很容易从中受到启发。中编后部分重点研究新建商品房购置中的疑难问题,也列举了30个疑难专题,就预约合同、定金规则、虚假广告、土地年限、竣工验收、拒绝售房、不可抗力、合同解除、办证费用、房屋质量、装修纠纷、配套设施、优惠条件、附赠物品、噪声污染、光照间距、售后包租等问题,逐一分析,详细解答,重在普法。

下编是特殊房屋类型篇,选择了30种房屋类型,从法理和审判实践上分析了抵押房、查封房、拍卖房、违建房、房改房、承租房、集资房、合建房、凶宅房、抵债房、烂尾房、酒店房、营业房、央产房、军产房、经适房、典当房、宗教房、文革房等各类特殊房屋买卖合同纠纷中常见的疑难问题,详细归纳了处理各类纠纷的裁判要点依据。

以上100个疑难专题,概括了目前审判实践中已经出现,法院已经作出生效裁判的典型案件类型,对于房屋买卖双方都具有很强的指导性,对于调整双方的买卖关系也极具针对性。一旦房屋买卖发生纠纷,都可以从中找到相同类型的案例。

这本书无论对于实务工作者还是对于非法律人士,都是一本值得研读的好书。作为一名实务工作者,办案多不是值得骄傲的资本,但是如何办得好、办得符合法律精神、办出最佳社会效果和法律效果,才是真正的价值所在。如果你是一名法官,读读《房屋买卖合同纠纷疑难案件裁判要点与依据》,对你在审判同类案件时,如何选择法律,如何适用法律条文,如何借鉴已经生效的同类案件的判决思路,如何制作你所判决案件的法律文书,都会有一定的帮助。对非法律工作者,依据这本书点评和分析,很容易厘清你在房屋买卖中的思绪,具有很强的指导性。法律规定种类繁多,内容庞杂,有程序法还有实体法,同一类民事行为有多种法律可以调节,作为法律门外汉你很难知晓,很难辨别,同类法律找齐全了更难。这本书就具有集法律规定于一案的特点。本书不仅对于已经牵扯官司的当事人如何应对诉讼具有手把手的指导功能,而且对于避免房屋财产的权属争议同样具有风险提示和风险防范的作用。

本书的作者陈枝辉,是一位勤奋钻研的法律界后起之秀,在长期从事法律实务过程中,注意总结、归纳和问题思考。他从对实务案件的回顾、研究中发现,有些案件本来并不复杂,但是由于当事人处置不当,有的因为诉讼标的选择错误,有的因为超过诉讼时效,结果是“赔了夫人又折兵”,本来站在理上,却不得不输了官司。他觉得他肩负一种社会责任,他立志要编写一套可以让当事人轻易比照的案例,引导当事人通过正确进行诉讼来维护自己的合法权益。他通过长年反思案件诉讼过程中的得与失,细心研究法官判案的理念和思路,寻找每个案件的裁判要旨,梳理案件事实与法律条文的对接,把众多因素嫁接在一起,创作出了具有个人特色的案例分析专著。他还十分注意收集各地司法机关和行政职能部门制定的法规和司法性文件规定,把这些地方性法规和司法性文件规定与国家法律实行对接,这样分析判断案件,更加全面,更加准确,也更便于读者从中受益。与他相识是在我担任人民法院出版社总编辑、社长期间,他重在说法论理的分析思路,尤其是他的独特写作风格,让我这个职业出版人很感兴趣,我积极鼓励他沿着自己的创作思路走下去,他很努力,这些年已经出版了多部深受读者喜爱的法律图书,于是也就有了我为之作序的机会。作为长期从事文字工作的老朽,读过不少好书,认识不少作者,但对陈枝辉所写案例专著情有独钟。我很敬佩他独辟蹊径的钻研精神和努力勤奋的写作风格。

商品房屋市场当前处于下滑阶段,国家坚定调控房屋价格过快上涨的举措全面推进,房地产必将逐渐褪下浮华的外衣,向更加符合市场强调居住功能本身的需求靠拢,房地产将告别过去粗犷经营方式,朝着细分市场、精化经营的方向发展。

国土资源部有一位官员称,中国属发展中国家,应该是30%的人买房,70%的人租房。他列举了美国65%租房,英国56%租房,欧洲其他国家租房在30%至50%之间。有媒体立即发表不同的意见,并且批评这位官员倡导租房是不负责任的说法。我站在中间立场,提出两点思考:如果不是过度宣扬家庭以购房方式解决城市居民住有所屋,房屋合同纠纷就不会数量如此庞大,房地产也不会成为少数人暴富乐园和政府伤脑筋的事。这是思考之一。思考之二,如果现在有人来倡导众多国人去租房来实现住有所屋,恐怕响应的人会寥寥无几,因为我们的朋友、邻居、亲人已经置身于买房市场,有的还正在咬紧牙关还贷款。总不能让他们再退出来选择租房吧?

还是认真防范房屋买卖合同中的陷阱吧,否则让纠纷缠身,费神费力费财。这是现实的,也是客观的。希望大家在今后的购房中少上当、不上当!

最高人民法院咨询委员会原秘书长:王运声

2012年2月于华城斗室

2014年1月修订

自 序

衣食住行，乃人类之基本生活需求。衣食丰赡之后，居住条件保障及改善自然成为个体及家庭追求之目标。“居者有其屋”是2300余年前孟子时代就有的王道理想，现今时代仍堪谓治国之本。

作为房屋权属取得的一种主要途径，房屋买卖在社会生活中频有发生。因之引发纠纷亦非鲜见。近年来笔者一直在实务中注意收集各种房屋买卖合同纠纷的案例和裁判依据，发现司法实践中相关裁判规则极为丰富，无论法律法规，抑或最高人民法院的司法解释，或地方各级法院司法性文件，乃至各级法院在处理具体个案时的裁判思路，实际呈现的疑难问题可相对类型化，并可从文本的逻辑自洽中演绎出可遵循或可参照的路径规则。故本书在专题化基础上总结、归纳房屋买卖疑难案件裁判要点与依据，以为实务从业者或房屋交易之当事人之案头书，省去翻检求索之烦，以期一劳而得长逸，利人利己，此亦成书之初衷。

本书初稿于2010年1月完成，60万言，初拟200专题，以房屋类型为编，后发现该体例存在严重缺陷，如诸多房屋类型中均存在的一房二卖问题、无权处分问题，叠床架屋，致重复处甚多，且法条凌乱，案例不整，面目可憎，颇不满意。半年心血付诸东流，几近心灰意冷，故迄后一任恝置年余。其间新政迭出，条法多变，编者又多接触房屋买卖合同诉讼，往事变迁，心得益多，旧念复萌，遂另起炉灶，拟订计划，早作晏休，复半年渐次成帙。是后反复校雠，数易其稿，终呈现今百篇付梓模样。

二手房与商品房作为典型房屋交易类型，基本涵盖了一般房屋买卖合同纠纷的特点，故为本书核心，中编所涉60个疑难问题，多为司法实践中当事各方普遍争端之归纳。下编30种特殊房屋类型，尽管不能全面概括所有生活中实存的房屋类型，但管中窥豹，已足显目下国人居住问题之复杂多样及纠纷形成的渊源渠道。为弥补初稿之憾特设典型疑难专题，将各房屋类型均存在的共性问题，及独立于各房屋类型之外具有普遍性的疑难问题提炼单列,并置于首编,以冀收致提挈统领之效。

本书写作历经数载,几近中辍,若非家人鼓励与支持,以自由职业者如一介律师,期月兀坐一室已足可怖,长年舞弄文字,淡离生意,更自情难以堪。书成阙序,托就无方,爰赍拙稿,厚颜再扰王师,倚马信腕,鸿篇冠顶,始有本书气象。竖子何能,叨扰再三;谦恭无求,世有长者如此。

法院社郭继良主任为本书体例安排曾提有益建言,为嗣后本书重写拓展了思路。法律社孙慧责编对本书行世最后把关,其校雠之细远甚于笔者,付梓之劳,其功大矣。斯书既成,鄙某固劬,第众人之力,幸有赖焉。

囿于学识陋见,书中诖谬难免,诚望读者方家指正。

陈枝辉

甲午年仲春于北京

目　录

上编　典型疑难专题

1. 老旧房契的法律效力——老旧房地契，是否还有效？【权属证明】……（3）
2. 限购政策与情势变更——房屋限购令，解约谁之责？【情势变更】……（20）
3. 一房二卖的法律后果——一房卖二主，谁是所有人？【一房二卖】……（57）
4. 农村房买卖合同效力——买卖农村房，合同有无效？【国家政策】……（95）
5. 无权处分与善意取得——共同共有房，擅卖要得回？【无权处分】……（138）
6. 表见代理的司法认定——擅卖他人房，是否也有效？【表见代理】……（193）
7. 违约损害与定金赔偿——房屋没买成，违约如何赔？【违约责任】……（219）
8. 黑白合同的法律效力——阴阳两合同，到底依哪个？【黑白合同】……（251）
9. 无证房买卖合同效力——没有产权证，买卖不合法？【禁止规范】……（268）
10. 村建集体土地租赁房——所谓小产权，是不是合法？【小产权房】……（293）

中编　典型房屋类型——二手房篇

11. 精神病人的卖房效力——患有精神病，卖房何程序？【合同主体】……（321）
12. 未成年房主卖房程序——房主是孩子，卖房有无效？【合同主体】……（329）

13. 境外人士购房之程序——外国人买房,是不是合法?【合同主体】 …… (339)

14. 约定不明与合同解释——约定不清楚,如何来解释?【合同解释】 …… (350)

15. 定金条款表述与适用——定金有约定,性质如何分?【定金规则】 …… (356)

16. 合同签订真实性判定——合同签没签,如何来证明?【无权代理】 …… (365)

17. 购房合同的性质判定——真贷假买卖,羊头当狗肉?【合同性质】 …… (379)

18. 购房尾款的支付时间——全款须到位,还是先交房?【履行顺序】 …… (426)

19. 房屋相关费用的结清——物业暖气费,该由谁来交?【附随义务】 …… (435)

20. 房屋质量的交接处理——收房交钥匙,房屋非原状?【恢复原状】 …… (442)

21. 按揭未办理责任认定——按揭办不来,哪一方责任?【责任认定】 …… (449)

22. 转按揭二手房屋纠纷——转手按揭房,贷款如何偿?【违约责任】 …… (461)

23. 逾期交房的损失计算——逾期交房屋,违约如何赔?【违约损失】 …… (469)

24. 解除合同的通知效力——解除发通知,是否有效力?【合同解除】 …… (475)

25. 二手房过户税费争议——税费有争议,究竟谁来担?【税费负担】 …… (489)

26. 户口迁移的违约责任——房屋已售出,户口不迁走?【户口迁移】 …… (522)

27. 土地出让金补交责任——土地出让金,该哪方补交?【划拨土地】 …… (527)

28. 口头合同效力与认定——合同无书面,能不能算数?【口头合同】 …… (541)

29. 无可归责于双方情形——合同未签成，责任应在谁？【双方无责】 ……（551）
30. 买方拒绝履行的理由——不想买房了，理由是否足？【拒绝履行】 ……（559）
31. 卖方违约与继续履行——不想卖房了，能不能解约？【继续履行】 ……（570）
32. 逾期过户的法律责任——逾期未过户，理由足不足？【逾期过户】 ……（590）
33. 逾期付款的法律后果——逾期不付款，违约如何担？【逾期付款】 ……（601）
34. 房屋面积差异的处理——面积缩了水，房款是否退？【面积差异】 ……（608）
35. 判决确权与卖房效力——名义产权人，买卖何效力？【民行交叉】 ……（615）
36. 隐名代理与借名购房——代人买卖房，合同有无效？【隐名代理】 ……（630）
37. 拖欠房款与诉讼时效——付款太迟延，是否过时效？【诉讼时效】 ……（663）
38. 盗卖房屋的法律效力——盗卖他人房，合同有无效？【民刑交叉】 ……（671）
39. 中介费用纠纷的处理——房屋没买成，不给中介费？【居间合同】 ……（685）
40. 转售房纠纷处理原则——转售倒卖房，合同谁在签？【合同主体】 ……（704）

中编　典型房屋类型——商品房篇

41. 房屋认购的法律效力——正式签合同，还是只认购？【预约合同】 ……（727）
42. 订购定金的适用规则——订购不签约，定金可没收？【定金规则】 ……（773）
43. 售房广告的法律效力——虚假做广告，损失怎补偿？【虚假广告】 ……（784）

44. 无证预售房合同效力——无证预售房,合同有无效?【合同效力】……(803)
45. 土地使用权年限缩水——土地年限短,是否算欺诈?【土地年限】……(828)
46. 土地使用权性质变更——土地使用权,划拨改出让?【土地性质】……(839)
47. 交房通知的程序要求——签约或交房,如何来通知?【通知方式】……(853)
48. 竣工验收与交房时间——房屋该交付,何时算竣工?【竣工验收】……(863)
49. 消防验收的法律意义——消防未验收,能否算交付?【消防验收】……(883)
50. 拒绝与迟延收房抗辩——逾期交付房,抑或受领迟?【拒绝收房】……(894)
51. 逾期交房的免责理由——交房办证晚,能否免除责?【不可抗力】……(909)
52. 逾期交房与合同解除——逾期交付房,谁有解约权?【合同解除】……(930)
53. 逾期交房的违约赔偿——逾期交付房,违约怎赔偿?【违约损失】……(943)
54. 房屋权属证明的内容——房屋权属证,含土地证否?【权属证明】……(963)
55. 逾期办证的违约责任——逾期办房证,违约如何赔?【逾期办证】……(973)
56. 办证费用的负担原则——逾期未办证,责任在于谁?【办证费用】……(1001)
57. 交房办证的诉讼时效——交房和办证,诉讼有时效?【诉讼时效】……(1014)
58. 迟延付款的违约责任——迟延付房款,违约何责任?【迟延付款】……(1030)
59. 房屋质量问题与解决——质量有问题,如何来认定?【房屋质量】……(1044)

60. 装修标准的争议处理——装修有争议,如何来解释?【装修纠纷】 …………（1064）
61. 配套设施与设计变更——配套缺设施,设计擅变更?【合同变更】 …………（1075）
62. 面积差异与房款结算——面积有差异,如何来结算?【面积差异】 …………（1108）
63. 赠送面积与价款争议——买房送阁楼,房款怎么算?【赠送面积】 …………（1128）
64. 购房优惠条件的兑现——购房有优惠,能否要得回?【优惠条件】 …………（1139）
65. 购房附赠物品的兑现——买房有赠品,要不要兑现?【附赠物品】 …………（1145）
66. 噪声污染与权利救济——嘈杂的房子,不要行不行?【噪声污染】 …………（1150）
67. 间距光照不足的处理——阳光权之争,是否有理据?【间距光照】 …………（1175）
68. 工程款优先受偿冲突——房款工程款,谁有优先权?【优先受偿】 …………（1191）
69. 售后包租合同的效力——即购即返租,合同有无效?【售后包租】 …………（1205）
70. 购房纠纷的调解处理——纠纷已处理,是否还需赔?【调解协议】 …………（1216）

下编　特殊房屋类型

71. 抵押房:抵押权涤除——出卖抵押房,合同何效力?【合同效力】 …………（1227）
72. 查封房:查封期转卖——擅卖查封房,合同定无效?【合同效力】 …………（1264）
73. 拍卖房:拍卖物瑕疵——竞拍过户难,违约谁承担?【合同履行】 …………（1312）
74. 违建房:买卖之后果——违法自建房,交易风险大?【合同欺诈】 …………（1329）

75. 遗产房:房产权溯源——遗产房买卖,谁是权利人?【遗产继承】 ……(1348)

76. 房改房:交易之阻碍——买卖房改房,是否有阻碍?【合同效力】 ……(1370)

77. 承租房:公房使用权——公房承租权,买卖有无效?【合同效力】 ……(1393)

78. 集资房:请求权让与——转让集资房,约定有无效?【合同效力】 ……(1409)

79. 互易房:协议做置换——此房与彼房,过户怎履行?【合同履行】 ……(1425)

80. 团购房:买卖当事人——买卖团购房,解约该找谁?【合同解除】 ……(1434)

81. 合建房:合作共建房——加盟投建房,能不能住上?【合同效力】 ……(1442)

82. 凶宅房:合同之效力——此屋不吉利,能不能退房?【公序良俗】 ……(1456)

83. 拆迁房:回迁房指标——拆迁安置房,是否能转卖?【合同效力】 ……(1466)

84. 共居房:同住人权益——共同居住人,享有何权益?【无权处分】 ……(1485)

85. 联建房:联建责任方——所购联建房,纠纷谁责任?【合同主体】 ……(1500)

86. 抵债房:合同相对性——买卖抵债房,谁是买受人?【债务抵销】 ……(1509)

87. 烂尾房:停缓建工程——买了烂尾房,损失怎主张?【合同履行】 ……(1535)

88. 酒店房:产权式酒店——产权式酒店,交付惹麻烦?【简易交付】 ……(1546)

89. 营业房:商业用途房——商业门面房,能不能实现?【合同解除】 ……(1554)

90. 国资房:国有资产房——国资房买卖,未审批可行?【合同无效】 ……(1569)

91. 央产房:上市的限制——买卖央产房,是否有限制?【合同履行】 ……………………………………………… (1578)
92. 军产房:过户之障碍——难办房产证,究竟谁之过?【合同履行】 ……………………………………………… (1589)
93. 出租房:优先购买权——优先购买权,实际难实现?【优先买受】 ……………………………………………… (1600)
94. 经适房:受让人资格——经济适用房,转售有无效?【合同效力】 ……………………………………………… (1642)
95. 两限房:准购房资格——限价商品房,申购无资格?【公共利益】 ……………………………………………… (1666)
96. 经租房:历史性遗留——要回经租房,为何这么难?【法院管辖】 ……………………………………………… (1677)
97. "文革"房:房产权归属——"文革"上交房,能否归原主?【法院管辖】 ……………………………………………… (1695)
98. 典当房:民间习惯法——祖上典当房,能否还要回?【物权法定】 ……………………………………………… (1707)
99. 宗教房:产权人确定——宗教性质房,谁是所有人?【房屋确权】 ……………………………………………… (1723)
100. 代管房:私房所有人——退回代管房,谁在继续用?【合同履行】 ……………………………………………… (1732)

附 录

房屋买卖法律适用规范性文件(本书主要引用法条来源) ……………… (1749)

上编　典型疑难专题

1. 老旧房契的法律效力

——老旧房地契,是否还有效?

【权属证明】

【案情简介及争议焦点】

1997 年,陈某持新中国成立前福建省地政局发给陈某父(已去世)的《土地所有权状》要求"借住"该房的刘某腾房。房管局发证办给拆迁公司出具证明,并加盖"产权证明专用章",证明刘某系房主。拆迁公司依据该证明,就地安置刘某一套 3 居。陈某遂以刘某为第三人,起诉房管局要求撤销该确权证明。房管局提交了《房产登记总册》,记载案涉房屋系刘某 1966 年买受陈某父产业;刘某提交了 1979 年申请换证时的交费发票。

争议焦点:1. 房管局出具确权证明是否属于具体行政行为?2. 刘某能否享有案涉房屋所有权?

【裁判要点】

1. 被告出具证明行为具有可诉性。房管局作为县级以上人民政府所属的房地产行政管理主管部门主管本行政区域的城市房屋产权产籍工作,亦为城市私房行政管理机关,有权对辖区所属房屋行使规定的行政管理职权。被告出具证明的行为,表面上属于证明行为,但实质上系因拆迁冻结,停办产权证后,其以证明方式确认房屋转让登记关系,属行政确认行为。

2. 第三人因买卖取得房屋所有权。房管局出具相关证据,客观反映了第三人刘某与陈某父之间存在合法有效的买卖房屋行为,故产权确认之具体行政行为具有合法性,应予维持。

【裁判依据或参考】

1. 法律规定。《民法典》(2021 年 1 月 1 日)第 209 条:"不动产物权的设立、变更、转让和消灭,经依法登记,发生效力;未经登记,不发生效力,但是法律另有规定的除外。依法属于国家所有的自然资源,所有权可以不登记。"第 210 条:"不动产登记,由不动产所在地的登记机构办理。国家对不动产实行统一登记制度。统一登记的范围、登记机构和登记办法,由法律、行政法规规定。"第 211 条:"当事人申请登记,应当根据不同登记事项提供权属证明和不动产界址、面积等必要材料。"第 212 条:"登记机构应当履行下列职责:(一)查验申请人提供的权属证明和其他必要材料;(二)就有关登记事项询问申请人;(三)如实、及时登记有关事项;(四)法律、行政法规规定的其他职责。申请登记的不动产的有关情况需要进一步证明的,登记机构可以要求申请人补充材料,必要时可以实地查看。"第 213 条:"登记机构不得有下列行为:(一)要求对不动产进行评估;(二)以年检等名义进行重复登记;(三)超出登记职责范围的其他行为。"第 214 条:"不动产物权的设立、变更、转让和消灭,依照法律规定应当登记的,自记载于不动产登记簿时发生效力。"第 215 条:"当事人之间订立有关设立、变更、转让和消灭不动产物权的合同,除法律另有规定或者当事人另有约定外,自合同成立时生效;未办理物权登记的,不影响合同效力。"第 216 条:"不动产登记簿是物权归属和内容的根据。不动产登记簿由登记机构管理。"第 217 条:"不动产权属证书是权利人享有该不动产物权的证明。不动产权属证书记载的事项,应当与不动产登记簿一致;记载不一致的,除有证据证明不动产登记簿确有错误外,以不动产登记簿为准。"第 218 条:"权利人、利害关系人可以申请查询、复制不动产登记资料,登记机构应当提供。"第 219 条:"利害关系人不得公开、非法使用权利人的不动产登记资料。"第 220 条:"权利人、利害关系人认为不动产登记簿记载的事项错误的,可以申请更正登记。不动产登记簿记载的权利人书面同意更正或者有证据证明登记确有错误的,登记机构应当予以更正。不动产登记簿记载的权利人不同意更正的,利害关系人可以申请异议登记。登记机构予以异议登记,申请人自异议登记之日起十五日内不提起诉讼的,异议登记失效。异议登记不当,造成权利人损害的,权利人可以向申请人请求损害赔偿。"第 222 条:"当事人提供虚假材料申请登记,造成他人损害的,应当承担赔偿责任。因登记错误,造成他人损害的,登记机构应当承担赔偿责任。登记机构赔偿后,可以向造成登记错误的人追偿。"第 595 条:"买卖合同是出卖人转移标的物的所有权于买受人,买受人支付价款的合同。"第 597 条:"因出卖人未取得处分权致使标的物所有权不能转移的,买受人可以解除合同并请求出卖人承担违约责任。法律、行政法规禁止或者限制转让的标的物,依照其规定。"**《行政诉讼法》**(1990 年 10 月 1 日 2017 年 6 月 27 日修正)第 2 条第 1 款:"公民、法人或者其他组织认为行政机关和行政机关工作人员的具体行政行为侵犯其合法权益,有权依照本法向人民法院提起诉讼。"

2. 行政法规。国务院**《不动产登记暂行条例》**(2019 年修订)第 6 条:"国务院国土资源主管部门负责指导、监督全国不动产登记工作。县级以上地方人民政府应当确定一个部门为本行政区域的不动产登记机构,负责不动产登记工作,并接受上级人民政府不动产登记主管部门的指导、监督。”第33条:“本条例施行前依法颁发的各类不动产权属证书和制作的不动产登记簿继续有效。”

3. 司法解释。最高人民法院**《关于适用〈中华人民共和国民法典〉物权编的解释(一)》**(2021年1月1日　法释〔2020〕24号)第8条:“依据民法典第二百二十九条至第二百三十一条规定享有物权,但尚未完成动产交付或者不动产登记的权利人,依据民法典第二百三十五条至第二百三十八条的规定,请求保护其物权的,应予支持。”最高人民法院**《关于适用〈中华人民共和国民法典〉时间效力的若干规定》**(2021年1月1日　法释〔2020〕15号)第8条:“民法典施行前成立的合同,适用当时的法律、司法解释的规定合同无效而适用民法典的规定合同有效的,适用民法典的相关规定。”最高人民法院**《关于适用〈中华人民共和国行政诉讼法〉的解释》**(2018年2月6日　法释〔2018〕1号)第53条:“人民法院对符合起诉条件的案件应当立案,依法保障当事人行使诉讼权利。对当事人依法提起的诉讼,人民法院应当根据行政诉讼法第五十一条的规定接收起诉状。能够判断符合起诉条件的,应当当场登记立案;当场不能判断是否符合起诉条件的,应当在接收起诉状后七日内决定是否立案;七日内仍不能作出判断的,应当先予立案。”最高人民法院、最高人民检察院、公安部、国家安全部、司法部、国土资源部、住房城乡建设部、交通运输部、农业部、人民银行、林业局、银监会、证监会、保监会、民航局**《关于印发〈公安机关办理刑事案件适用查封、冻结措施有关规定〉的通知》**(2013年9月1日　公通字〔2013〕30号)第10条:“土地、房屋等涉案不动产的权属确认以国土资源、房地产管理等有关部门的不动产登记簿或者不动产权属证书为准。不动产权属证书与不动产登记簿不一致的,除有证据证明不动产登记簿确有错误外,以不动产登记簿为准。”最高人民法院**《关于翟金海与翟光增宅基纠纷案的复函》**(1992年7月9日,2008年12月24日被最高人民法院《关于废止2007年底以前发布的有关司法解释(第七批)的决定》以“情况已变化,不再适用”废止——编者注):“双方讼争的宅基在土改时翟光增家填发的土地房产证记载系空宅基,以后也未使用。而该案在你院送达(89)民监字第251号民事判决书后,翟金海在邢台市民政局找到其土地房产证存根,证明他家对双方争议的宅基在土改时也进行了登记。一九六一年政府又给翟金海发了契证,进一步明确了其使用权,并长期使用。据此,以维护翟金海对争议宅基的使用权为宜。”最高人民法院**《关于喻德生诉解才亨房屋纠纷一案的复函》**(1993年3月20日　〔1992〕民他字第54号):“……据报告称,永丰县恩江镇八一街解家巷22号4间砖瓦平房的产权早在1947年即由解才亨取得。此后,解才亨就一直以产权人的身份与喻德生建立租赁关系,并收取租金。土改时,该房屋的产权并未变动。经房屋普查,1987年9月永丰县人民政府给解才亨颁发了该宅院的《城乡建房宅基地使用证》。据此,对承租人喻德生主张该房屋产权不应予以支持。”最高人民法院**《对张永昌合伙建房申诉案有关问题的答复》**(1993年1月14日 〔92〕民他字第33号):“……建房协议是双方自愿订立的,其内容合法,且双方已按协议履行。至于协议的主体资格问题,曾骏虽是未成年人,但有其生母杨晋代理实施民事行为;杨晋母子均有该市区正式户口,属可申请建房对象,故曾骏在协议中具有民事主体资格。原西城区房管局于1987年3月作出的撤销原共建房层的批准手续的决定,是行政诉讼法实施前的具体行政行为。根据当时的民事诉讼法(试行)第三条第二款的规定,行政案件按民事诉讼程序处理,并无不当。”最高人民法院**《关于因体制变动引起的房地产纠纷案法院不应受理的函复》**(1992年4月9日 〔91〕民他字第49号):“……双方讼争的海南省三亚市榆林天然暴露试验站房屋、土地纠纷是因机械电子工业部第五研究所体制变动引起的,应由有关部门解决,不应由人民法院作为民事案件受理。”最高人民法院民事审判庭**《关于田雅与黄美娇、黄娇、曾木枞房屋买卖纠纷一案的电话答复》**(1990年8月30日 〔90〕民他字第37号):“……根据本案的情况:双方当事人买卖关系成立后,田雅已交付部分房款,黄娇、曾江孝已将讼争房的近一半面积交付田雅管理使用多年,且曾武在第二审期间仍同意将自己所得的房产继续出卖,加之田雅又再无处可居,若认定双方买卖关系无效,确实难于执行。据此,原则上同意你院审判委员会的第二种意见,即可确认田雅与黄美娇、黄娇、曾武之间的房屋买卖关系部分有效,部分无效。有关的具体问题,请根据本案的实际情况本着有利于社会稳定的精神,做好双方当事人的工作妥善处理。”最高人民法院**《关于契约已载明借钱借房的房产纠纷不宜确认为房屋买卖的批复》**(1987年4月8日):“……本案双方当事人所立借钱、借房字据,关系清楚,性质明确,且洛阳市人民政府颁发的《土地房产所有证》上,产权人仍是邓家。程梅玲以字据上未写明期限及写有‘永不翻悔’内容等为由而否定借用关系,并要求确认为买卖关系,是不符合事实和没有法律依据的。因此,我们同意你院审判委员会的第一种意见,本案应按‘两借’关系处理,不能视为买卖关系成立。”最高人民法院**《关于公民对宅基地只有使用权没有所有权的批复》**(1986年11月14日 〔1986〕民他字第33号,*后因被《物权法》取代,该司法解释于2008年12月24日被废止——编者注*):“……双方讼争之宅基地原虽属刘国柱所有,但是,已经长期经他人使用,且自一九六二年九月中共中央颁布《农村人民公社工作条例修正草案》之后,土地(包括宅基地)所有权归了集体,社员只有使用权,没有所有权(包括处分权)。因此,一九七八年双方订立的《借地文约》中‘地基主权属于刘家’的约定,违背了当时政策和现行法律的规定,应属违反法律规定的无效行为,依法不予保护。根据国家法律政策规定,结合本案实际情况,龙凤弟、霍路弟已经长期使用了该宅基地,况且他们的建筑物已经县人民政府承认并颁发给了产权证,所以,我们同意你院审判委员会关于将讼争之宅基地仍由龙凤弟、霍路弟继续使用的意见。”最高人民法院**《关于解放前劳动人民之间宅基地租赁契约是否承认和保护问题的批复》**（1985年11月21日　〔85〕法民字第11号，已于2008年12月24日废止）：“……该案涉及对解放前劳动人民之间的宅基地租赁契约是否承认和保护的问题。根据1950年颁布的土地改革法和1954年宪法的规定，国家依法保护农民的土地所有权，允许出租、买卖土地，所以李理河与潘继伙的宅基地租赁关系在当时是受国家政策法律保护的。农业社会主义改造完成后，农村土地属于集体所有。中共中央1962年9月公布的《农村人民公社工作条例修正草案》第二十一条明确规定：‘生产队范围内的土地，都归生产队所有。生产队所有的土地，包括社员的自留地、自留山、宅基地等等，一律不准出租和买卖’。1982年宪法第十条又明确规定：‘农村和城市郊区的土地，除由法律规定属于国家所有的以外，属于集体所有；宅基地和自留地、自留山，也属于集体所有……任何组织或个人不得侵占、买卖、出租或者以其他形式非法转让土地’。因此，村镇土地自《农村人民公社工作条例修正草案》公布后，社员对宅基地只有使用权，没有所有权。故李理河与潘继伙双方的宅基地租赁关系自此即随之解除，其原订租赁契约亦不再受国家政策法律保护，李理河要潘继伙按原契约交回铺屋的请求，不符合我国现行政策法律的规定，依法不予支持。但根据该案实际情况，考虑双方的合法权益，我们除同意你院意见，即黎洞圩下水巷口9号房屋所有权和该房宅基地的使用权归潘继伙，潘继伙应补偿李理河的残墙折价款外，另对潘家在《农村人民公社工作条例修正草案》公布前所欠的租谷，亦应合理地清偿补付给李理河。”

4.部门规范性文件。国土资源部**《关于进一步加快宅基地和集体建设用地确权登记发证有关问题的通知》**（2016年　国土资发〔2016〕191号）第1条：“颁发统一的不动产权证书。目前全国所有的市、县均已完成不动产统一登记职责机构整合，除西藏的部分市、县外，都已实现不动产登记‘发新停旧’。农村宅基地和集体建设用地使用权以及房屋所有权是不动产统一登记的重要内容，各地要按照《不动产登记暂行条例》《不动产登记暂行条例实施细则》《不动产登记操作规范（试行）》等法规政策规定，颁发统一的不动产权证书。涉及设立抵押权、地役权或者办理预告登记、异议登记的，依法颁发不动产登记证明。”第4条：“公示权属调查结果。县级以上地方人民政府统一组织的宅基地、集体建设用地和房屋首次登记，权属调查成果要在本集体经济组织范围内公示。开展农村房地一体权籍调查时，不动产登记机构（国土资源主管部门）应将宅基地、集体建设用地和房屋的权属调查结果送达农村集体经济组织，并要求在村民会议或村民代表会议上说明，同时以张贴公告等形式公示权属调查结果。对于外出务工人员较多的地区，可通过电话、微信等方式将权属调查结果告知权利人及利害关系人。”第10条：“规范没有土地权属来源材料的宅基地、集体建设用地确权登记程序。对于没有权属来源材料的宅基地，应当查明土地历史使用情况和现状，由所在农民集体或村委会对宅基地使用权人、面积、四至范围等进行确认后，公告30天无异议，并出具证明，经乡(镇)人民政府审核，报县级人民政府审定，属于合法使用的，予以确权登记。"国土资源部、财政部、农业部《**关于加快推进农垦国有土地使用权确权登记发证工作的通知**》(2016年12月30日　国土资发〔2016〕156号)第2条："……各地要按照不动产权籍调查有关要求，充分利用已有调查成果，开展农垦国有土地权籍调查，查清国有农场依法使用的每一宗土地的权属、界址、面积和用途等。原则上要划清国有农场的建设用地和农用地界限，分宗调查；未利用地和农用地可划分为一宗地，但要调查清楚未利用地的范围和面积。各地应在全面查清权属状况、完成权属指界等基础上，采用合适的测量方法开展不动产测量。权籍调查完成后，按照统一的不动产单元编码模式，形成包括权籍调查表、不动产测量报告和权籍图等在内的调查成果，提供给不动产登记机构。有条件的国有农场可按照不动产统一登记的要求，一并开展地上房屋的权属调查和测量，实现国有农场房地一体调查和调查成果的统一管理……"国土资源部《**关于做好不动产权籍调查工作的通知**》(2015年3月30日　国土资发〔2015〕41号)第3条："……合理确定不动产权籍调查内容。依据《不动产登记暂行条例》，不动产是指土地、海域以及房屋、林木等定着物，不动产以不动产单元为基本单位进行登记。不动产权籍调查应以不动产登记申请人申请登记的不动产单元为对象，遵循'权属清楚、界址清晰、面积准确'的原则，根据申请调查或登记的不动产权利类型，合理确定不动产权籍调查的内容，包括土地、海域、房屋、森林和林木等。"林业部《**关于山林定权发证有关问题的答复**》(1992年7月14日　林函策字〔1992〕165号)第1条："确定森林、林木、林地的所有权和使用权，应以人民政府依法核发的森林、林木、林地所有权或者使用权证书为准……"第2条："根据土地改革法和有关规定依法发给的土地房产所有证(简称土地证)是证明土地改革时分配给农户的土地(含林地)证明，一般情况下不能作为现在确定集体所有林地的依据。只有在没有其他合法凭证(如四固定清册)且土地证的规定符合土地改革法和有关规定的情况下，方可作为确定权属的参考依据。但若土地证的内容违反土地改革法或者有关规定的，如将面积超过法定标准应划为国有的森林而分配给了农民的，这样的土地证就不具有法律效力，不能作为参考的依据。"国家土地管理局《**关于城市宅基地所有权、使用权等问题的复函**》[1990年4月23日　〔1990〕国土(法规)字第13号]第1条："我国1982年宪法规定城市土地归国家所有后，公民对原属自己所有的城市土地应该自然享有使用权。例如上海市人民政府曾于1984年发布公告，对原属公民所有的土地，经过申报办理土地收归国有的手续，确认其使用权。"第2条："在城市土地收归国家所有后，国家向原空闲宅基地所有人继续征收的地产税，事实上已属土地使用税性质。作为正式税种，根据国务院发布的《中华人民共和国城镇土地使用税暂行条例》规定，‘城镇土地使用税’从1988年开始征收。”复函附件：最高人民法院**《关于城市宅基地所有权、使用权等问题给国家土地管理局的函》**（〔90〕民他字第10号）：“我院在处理城市宅基地使用权纠纷的案件时，遇到涉及城市宅基地所有权、使用权及地产税等问题。因这些问题政策性强，有关规定不够明确，特请贵局对下列问题给予函复。一、在1982年宪法规定‘城市的土地属于国家所有’之后，原属公民个人所有、并在其上拥有房产的城市宅基地的所有权是否自然地转变为使用权。二、经人民政府确权发证，并一直由公民交纳地产税的城市空闲宅基地，在国家宣布城市土地归国家所有后，该公民对该空闲宅基地，是否还享有使用权。三、在城市土地归国家所有之后，国家仍向该空地的原所有人征收地产税，该地产税是否已属土地使用税性质。公民向国家履行了交纳地产税的义务，是否表明国家承认其对该空地的合法使用权。”住建部**《关于印发〈房屋登记簿管理试行办法〉的通知》**（2008年5月6日　建住房〔2008〕84号，已于2017年12月12日起失效）第8条：“登记簿的房屋基本状况部分，记载房屋编号、房屋坐落、所在建筑物总层数、建筑面积、规划用途、房屋结构、土地权属性质、国有土地使用权取得方式、集体土地使用权类型、地号、土地证号、土地使用年限、房地产平面图等。”建设部**《关于印发〈房屋权属登记信息查询暂行办法〉的通知》**（2007年1月1日　建住房〔2006〕244号，已于2017年12月12日废止）第5条：“……已建立房屋权属登记簿（登记册）的地方，登记簿（登记册）所记载的信息为登记机关对房屋权利的记载信息。”建设部、新闻出版总署、公安部、国家工商局**《关于印发〈房屋权属证书印制管理办法〉的通知》**（2002年8月1日　建住房〔2002〕158号，已于2017年12月12日废止）第2条：“房屋权属证书是房屋权利人依法拥有房屋所有权，并对房屋行使占有、使用、收益和处分的唯一合法凭证。”第5条：“房屋权属证书由建设部监制。承印房屋权属证书的印刷企业应是已依法取得出版行政部门核发的印刷经营许可证、公安部门核发的特种行业许可证，并依法经工商行政管理部门登记注册的企业。印刷企业经建设部统一确定后，报新闻出版总署备案。”建设部**《关于转发国务院法制办公室“对建设部〈关于请求解释《城市房地产管理法》中房产管理部门的函〉的复函”的通知》**（2000年3月29日　建法〔2000〕68号）：“……各级政府内设的机关事务管理机构、大型企事业单位内设的房产管理机构等非房产行政管理部门不得自行核发房屋权属证书，也不得要求房产行政管理部门委托其发放房屋权属证书。已经自行发证或委托发证的，其所发证书无效。房产行政管理部门不得以此作为产权依据办理房屋转让、抵押、出租等有关手续。”建设部**《关于城镇房屋所有权证书颁发问题的复函》**（1998年4月17日　建法函〔1998〕116号，2011年1月26日已失效——编者注）第2条：“关于建制镇国有土地上房屋所有权证书的颁发工作，县人民政府设立了房产管理局的，其房屋所有权证书的颁发工作由县房产管理局负责;没有设立房产管理局的,颁发工作由县建设行政主管部门负责,其房屋所有权证书套印县人民政府的公章。”建设部**《关于颁布全国统一房屋权属证书的公告》**(1997年11月18日)第1条:“国家实行房屋所有权登记发证制度,各地必须使用建设部统一制作的房屋权属证书,其他部门、单位制作的房屋权属证书无效,不受国家法律保护。实行全国统一房屋权属证书前,权利人依法在市、县人民政府房地产管理部门领取的房屋权属证书仍然有效,受国家法律保护。”第6条:“各直辖市、市、县房屋产权发证机关必须在建设部注册,未经注册的单位不得发放房屋权属证书。”第8条:“实行房屋和土地统一管理,发放房地产合一权属证书的城市,房地产权属证书暂由当地人民政府房地产管理部门制定,报建设部备案。”国家土地管理局**《关于印发〈确定土地所有权和使用权的若干规定〉的通知》**[1995年5月1日 〔1995〕国土(籍)字第26号,已于2010年12月3日经国土资发〔2010〕190号将“征用”统一修改为“征收”]第16条:“一九六二年九月《六十条》公布以前,全民所有制单位、城市集体所有制单位和集体所有制的华侨农场使用的原农民集体所有的土地(含合作化之前的个人土地),迄今没有退给农民集体的,属于国家所有。《六十条》公布时起至一九八二年五月《国家建设征用土地条例》公布时止,全民所有制单位、城市集体所有制单位使用的原农民集体所有的土地,有下列情形之一的,属于国家所有:1.签订过土地转移等有关协议的;2.经县级以上人民政府批准使用的;3.进行过一定补偿或安置劳动力的;4.接受农民集体馈赠的;5.已购买原集体所有的建筑物的;6.农民集体所有制企事业单位转为全民所有制或者城市集体所有制单位的。一九八二年五月《国家建设征用土地条例》公布时起至一九八七年《土地管理法》开始施行时止,全民所有制单位、城市集体所有制单位违反规定使用的农民集体土地,依照有关规定进行了清查处理后仍由全民所有制单位、城市集体所有制单位使用的,确定为国家所有。凡属上述情况以外未办理征地手续使用的农民集体土地,由县级以上地方人民政府根据具体情况,按当时规定补办征地手续,或退还农民集体。一九八七年《土地管理法》施行后违法占用的农民集体土地,必须依法处理后,再确定土地所有权。”第19条:“土地改革时分给农民并颁发了土地所有证的土地,属于农民集体所有;实施《六十条》时确定为集体所有的土地,属农民集体所有。依照第二章规定属于国家所有的除外。”第29条:“因原房屋拆除、改建或自然坍塌等原因,已经变更了实际土地使用者的,经依法审核批准,可将土地使用权确定给实际土地使用者;空地及房屋坍塌或拆除后两年以上仍未恢复使用的土地,由当地县级以上人民政府收回土地使用权。”国家土地管理局**《关于对山东省土地管理局有关土地权属问题请示的答复》**(1992年2月22日 〔1992〕国土函字第23号,已于2003年3月20日经国土资发〔2003〕48号停止执行):“〔1989〕国土(籍)字第73号文(该法规已于1995年5月1日被废止——编者注)第八条第一款的规定是指:一九六二年九月《农村人民公社工作条例修正草案》(以下称《六十条》)公布以前,全民所有制单位、城市集体所有制单位或集体所有制的华侨农场使用原农民集体所有的土地(含合作化之前的个人土地),一九六二年九月《六十条》公布后至今,无论是否连续使用,只要没有退给原农民集体的,都属于国家所有。”国家土地管理局**《关于城市宅基地所有权、使用权等问题的复函》**[1990年4月23日　〔1990〕国土(法规)字第13号]第1条:“我国1982年宪法规定城市土地归国家所有后,公民对原属自己所有的城市土地应该自然享有使用权。”外交部、司法部**《关于对解放前印有“中华民国”字样的历史资料的公证、认证事宜》**(1989年8月10日　〔89〕领四函195号)第2条:“近年来,我国内个别当事人为到域外进行诉讼、继承财产或索还房产等活动,根据所在国(或地区)的特殊法律规定而要求申办解放前伪政府有关机构出具的带有‘中华民国’字样的旧房契等档案资料的影印件与原件相符等公证。对此,可否予以公证、认证。我们研究认为,根据当前的形势和政策,我主管机关可做适当松动。今后,在不提供影印件就确有可能影响当事人权益的情况下,为更好地保护我公民的合法权益,只要原旧契证的内容不违反我国现行法律规定,不危害我国家利益,我涉外公证机关原则上可以公证其影印件与原件相符,我认证机关也可办理认证。为慎重起见,今后国内各涉外公证处遇到此类案件,需事先书面报经司法部公证司审批,我驻外使、领馆报外交部领事司审批。上述证书在向外交部领事司或其他有权办理领事认证的机关申办认证时,需同时附上司法部公证司同意办理公证复函的影印件。”第3条:“目前,我公证影印件与原件相符,并给予认证,只限于解放前伪政府有关机构出具的档案资料。新中国成立以来,台湾当局有关机构出具的带有‘中华民国’字样的各种契证和公证文书,我国内外有关机关均不得为其办理影印件与原件相符的公证,认证机关也不予认证。”

5. 地方司法性文件。湖南高院**《关于审查征收、补偿、安置再审申请行政案件若干问题的指导意见》**(2020年6月8日　湘高法〔2020〕11号)第10条:“对于被征收房屋性质的判断,人民法院应当以房产登记证件载明的信息为依据。但房产登记证件载明的用途与被征收人主张不一致,且被征收人提供证据证明已按法定程序改变被征收房屋性质或用途的,人民法院应对原审认定的补偿依据进行审查。”北京高院**《北京法院执行办案规范——不动产的执行》**(2018年2月6日)第3条:“【权属证明与权属登记冲突的处理】人民法院查封时,土地使用权、房屋权属的确认以国土资源、房地产管理部门的登记或者出具的权属证明为准。权属证明与权属登记不一致的,以权属登记为准。”北京高院(单国军庭长)**《关于审理城镇房屋买卖合同案件适用法律若干问题的调研报告》**(2017年2月5日):“……关于房屋登记簿和权属证书的效力问题。《物权法》第16、17条规定:不动产登记簿是物权归属和内容的根据,不动产权属证书是权利人享有该不动产物权的证明。依据权利正确性推定原则,房屋登记簿及权属证书记载的权利人推定为真实权利人,因此,在房屋买卖等非权属纠纷民事案件中,当事人一方对另一方作为权属证据提供的房屋登记簿和权属证书提出异议,法院原则上仅对房屋登记簿和权属证书形式上的真实性进行审查,经查证属实的,即可作为民事诉讼的证据使用。”北京高院**《关于印发修订后的〈北京市法院执行工作规范〉的通知》**(2014 年 1 月 1 日)第393 条:“【权属确认】人民法院查封时,土地使用权、房屋权属的确认以国土资源、房地产管理部门的登记或者出具的权属证明为准。权属证明与权属登记不一致的,以权属登记为准。”山东高院**《2011 年民事审判工作会议纪要》**(2011 年 11 月30 日　鲁高法〔2011〕297 号)第 1 条:“……(一)关于不动产权属证书记载的权利人与实际权利人不一致的情形如何处理的问题。根据《物权法》第 17 条的规定,不动产权属证书是权利人享有该不动产物权的证明。不动产权属证书是不动产物权的外在表现形式,是确定不动产物权归属和内容的基本依据,对不动产物权的归属具有推定的证据效力,在没有充分反驳证据的情况下,应当依据不动产权属证书确定不动产物权的权利人,但实践中不动产权属证书记载的权利人与实际权利人不符的情形比较普遍。如果一方当事人认为不动产权属证书记载的权利人有错误,向法院起诉对该不动产物权请求确认归属的,有义务提供证据加以证明,如证据足以证明不动产物权的实际权利人的,应依法确定讼争不动产物权的权利人。”山东临沂中院**《关于印发〈临沂市中级人民法院关于审理民事案件的若干指导意见(试行)〉的通知》**(2011 年 3 月 29 日　临中法〔2011〕55 号)第 5 条:“……1. 农村居民新取得的宅基地使用权,以宅基地选址意见书作为确权的依据……4. 房屋产权纠纷,人民法院应以民事案件受理。当事人以产权登记书进行抗辩的,人民法院无需以启动相关行政程序为由中止诉讼,仍可迳行判决。”浙江高院**《关于审理涉及房地产登记民事案件若干问题的意见(试行)》**(2009 年 4 月 16 日　浙法民一〔2009〕3号)第 2 条:“在权属纠纷民事案件中,当事人主张房地产登记簿和权属证书上记载的物权状况与真实的权利状况不一致的,可以告知当事人先行向登记机构申请更正登记、异议登记或提起行政诉讼,对错误登记予以更正;在错误登记更正期间,可裁定中止民事诉讼。当事人坚持进行民事诉讼而不同意先行更正错误登记的,人民法院应当审查当事人提供的证据是否足以推翻房地产登记簿和权属证书记载的内容;可以通过对当事人主张的基础性民事法律关系,如共有、析产、继承、合伙等民事法律关系的审查,确定物权归属和内容。”第 4 条:“在非权属纠纷民事案件中,如一方当事人对另一方当事人作为权属证据提供的房地产登记簿和权属证书提出异议的,人民法院仅对房地产登记簿和权属证书形式上的真实性进行审查;经查证属实的,即可作为定案的依据。”第 5 条:“利害关系人申请异议登记,房地产登记机构予以登记的，申请人应在异议登记之日起十五日内，以不动产登记簿记载的权利人为被告提起民事诉讼。人民法院收到异议登记申请人起诉状的，应当向其出具收到起诉状的证明，由申请人在异议登记之日起十五日内递交给房地产登记机构。”第6条：“因异议登记不当，造成权利人损害，权利人请求申请人承担民事赔偿责任的，应予支持。”上海高院**《关于印发〈关于审理宅基地房屋纠纷若干问题的意见（试行）〉的通知》**（2007年12月17日　沪高法民一〔2007〕24号）第1条：“宅基地房屋权属的确定。我国一直未建立农村房屋所有权登记制度，宅基地房屋则历经土改登记、及未新建、翻新、改扩建的演变。因此，在确定宅基地房屋权属时，应综合考虑土改证、宅基地使用证、建房用地审批等文件上核定的人员，以及房屋新建、翻新、改扩建等情况。1. 系争房屋经土改登记，未经农村宅基地使用权登记及未新建、翻建、改扩建的，以土改时登记的权利人为房屋的权利人。2. 系争房屋经土改登记及农村宅基地使用权登记，未进行新建、翻建、改扩建的，以土改登记及农村宅基地使用权证核定人员为房屋的权利人。3. 系争房屋虽经土改登记，但在宅基地使用权登记前后新建、翻建、改扩建的，以农村建房用地审批文件和农村宅基地使用权证核定人员为房屋的权利人。当事人以土改登记为证据主张房屋产权的，不予支持。有充分证据表明上述三种情况所列人员已被排除在权利人范围之外的，不能再主张权利。确定宅基地房屋权利人的具体产权份额时，应当充分考虑仍为集体经济组织成员的权利人以及对系争宅基地上房屋一直进行维修、保养等义务的权利人利益。”北京高院、市建委**《关于规范房产执行和协助执行有关问题的通知》**（2006年10月1日　京高法发〔2006〕319号）第9条：“人民法院查封房屋时，房屋权属的确认以市或区县建委的权属登记或者出具的权属证明为准。”第12条：“对市或区县建委已经受理被执行人转让房屋的过户登记申请，尚未核准登记的，人民法院可以进行查封，已核准登记的，不得进行查封。核准登记，以市或区县建委的权属登记部门办理权属登记手续时核准人员最后签署意见的日期为准。”第28条：“市或区县建委在协助执行中办理房屋权属登记手续时，被执行人拒不交回房屋权属证书的，可在原发证档案的申请书或审批表中直接作注销证书的注记后，办理房屋权属登记，核发新的房屋权属证书，并将有关情况予以公示。”广东高院**《关于审理房屋纠纷案件若干问题的意见（试行）》**（1993年11月4日　粤高法发〔1993〕64号，已于2020年12月31日经粤高法〔2020〕132号废止）第1条：“土改时对祖遗房屋进行产权登记、领取产权契证、按规定应将全体继承人名字列上契证。仅以一人或部分继承人名字登记产权的，视为代表登记，产权仍归各继承人共同所有。但如有的继承人在外地参加土改已另分得房屋的除外。土改时分入的房屋应属分入时参加土改的全体家庭成员共有。只登记为家庭成员中的一人或部分人所有的，视为代表登记。分入时在外的革命军人、干部是否享有产权，按当地土改时的政策处理,即当地规定应享有的,应予享有;规定不能享有的,不能享有。”第5条:“土改时房屋未登记确权,此后也未领过契证,一向由一方使用管理至今,现另一方以原所有权人或其继承人的身份主张产权,但未能证实对方借用或非法占用的,不予支持,可驳回诉讼请求。土改时房屋确权明确,土改后又一直未做变更登记的,该屋虽长期由他人居住使用,仍应以土改时的契证登记确定产权。他人居住使用期间有处分产权行为的,适用民法通则规定的诉讼时效。属当地政府有关部门安排或历次政治运动遗留问题的,不作民事案件受理,告之向有关行政机关申请解决。”第6条:“公民个人持有的农村土地所有权证在人民公社化以后失效。一方在已归属国家或集体所有的土地上建屋后,他方持该地原属其所有的土地所有权证主张该屋产权或要求收回该宅地所有权或使用权的,驳回诉讼请求。他方如持有当地政府在土地管理法实施后换发的土地使用证主张宅地使用权的,告之其向政府申请解决,不作民事案件受理。”第7条:“土改前租借他人宅基地建造的房屋,经土改确权的,以土改时确定的产权为准。未经土改确权的,如租借期在《人民公社条例》发布之前届满,现发生纠纷,原土地所有人要求按契约、约定处理的,应以超过诉讼时效为由驳回其诉讼请求;如租借期在《人民公社条例》发布之后届满或未定租期,原土地所有人要求按原约定处理或以其他理由主张土地权益的,应以土地已归属国家、集体所有为由驳回其诉讼请求。”

6. 地方规范性文件。上海市住房保障和房屋管理局**《关于贯彻执行〈上海市国有土地上房屋征收与补偿实施细则〉若干具体问题的意见》**(2012年4月12日 沪房管规范征〔2012〕9号)第1条:“关于被征收房屋建筑面积的认定。对于已经登记的房屋,其建筑面积,一般以房地产权证书和房地产登记簿的记载为准;房地产权证书和房地产登记簿的记载不一致的,除有证据证明房地产登记簿确有错误外,以房地产登记簿为准。对于未经登记的房屋,以相关批准文件记载的建筑面积为准,实际建筑面积小于相关批准文件记载的建筑面积的,以实际建筑面积为准。相关批准文件未记载建筑面积,或者虽无批准文件但有相关材料证明在1981年以前已经建造并用于居住的房屋,以房屋行政管理部门认定的房屋调查机构实地丈量的建筑面积为准……”北京市国土资源局**《关于城镇私有房屋国有土地使用权登记发证有关问题的意见》**(2010年9月16日 京国土籍〔2010〕462号)第5条:“权属审核的基本原则:(一)根据相关法律法规,20世纪50年代所发房屋土地所有权证照已经失效,落实私房政策以前历年颁发的房地产权属证照,以及有关的蓝图所记载的宗地界限仅作为登记参考资料。(二)各分局在进行权属审核过程中,应当根据《物权法》《土地管理法》以及《土地登记办法》的规定,按照‘土地使用权与房屋所有权权属一致’和‘尊重土地现状使用情况’的原则进行审查,依法确定土地使用权归属和宗地界线,加强与房屋登记部门的协调沟通,保证房屋所有权和土地使用权权属认定、登记的一致性。”浙江省国土资源厅**《关于印发〈浙江省土地登记实施细则〉的通知》**（2009年12月22日　浙土资办〔2009〕143号）第12条：“申请集体土地所有权登记，应提供相邻双方签字确认的权属界线范围以及下列土地权属来源证明材料：(1)土地改革时分给农民的证明材料（土地房产所有证等）；(2)实施1962年《农村人民公社工作条例修正草案》（六十条）时确定为集体所有的证明材料；(3)其他可依法确定为农民集体所有的相关证明材料。因历史等原因无法提交土地权源依据的，应当提交土地权属来源和权属演变的书面报告以及具结保证书，并经乡镇、村两级盖章确认。”厦门市**《农村土地房屋权属登记发证若干规定》**（1998年8月11日　厦府〔1998〕综083号）第4条：“申请农村土地房屋权属登记，应提交下列文件：……（二）批准建造的有效文件或证照。”第5条：“申请人提交下列文件或证照之一，视为提交了符合本规定第四条第二项规定的文件或证照：（一）历届县（区）以上人民政府颁发的《土地房产所有证》；（二）1982年2月13日国务院《村镇建房用地管理条例》实施之前，县（区）、镇（公社）人民政府的批建文件；（三）历届县（区）以上人民政府土地管理部门核发的《厦门市乡村建房宅基地许可证》《厦门市集体土地建设用地使用证（临时）》《厦门市村镇个人建房用地临时凭据》《厦门市村镇个人建房许可证》《厦门市乡村企事业用地许可证》。申请人持有的文件或证照已遗失的，应提交相关证明。经登记机构查阅档案并核实后，给予登报公告。在公告规定的期限内无异议的，可确认其提交的相关证明有效。”广西**《土地山林水利权属纠纷调解处理条例》**（2002年12月1日）第10条：“下列证据，可以作为调处权属纠纷、确定权属的证据材料（以下简称权属凭证）：（一）依据《中华人民共和国土地改革法》及其有关规定取得的土地房产所有证或者发证时的档案清册……（三）合作化时期或者实行劳力、土地、耕畜、农具四固定时，确定土地、林地权属归农民集体所有或者归农民个人使用的决议、决定和其他文件材料……（五）《中华人民共和国土地管理法》《中华人民共和国森林法》实施后县级以上人民政府依法核发的土地、山林权属证书……”北京市落实私房政策领导小组**《关于印发〈关于落实“文革”中接管的私房政策的若干规定的实施细则〉的通知》**（1983年3月20日　市落房办字〔1983〕第013号）第3条：“根据1982年全国人大五届五次会议通过的《宪法》第十条关于‘城市的土地属于国家所有’的规定，城市私人所有的房基地（包括院落土地）和其他地产属于国家所有，不予发还。”

7. 参考案例。2011年**江苏某行政诉讼纠纷案**，2010年，吴某持1951年土改时县政府颁发的土地房产所有证，起诉县政府，要求撤销其1992年向钱某颁发的房产证。法院认为：县政府于1992年向钱某颁证的交件主要包括：私有房屋所有权登记申请书、所有权登记墙界申报表、私有房屋所有权登记审核表、征询异议表、私房产权情况申报表等。其中，权源依据载明为土改所得，不够详尽准确。案涉房屋历经新中国成立后数次历史事件，数十年中由钱某一户实际占有使用，县政府颁证之前经征询异议公示，无人表示异议。私有房屋所有权登记审核表中所附房屋示意图系审核申报经办人员手工绘制，与实际位置略有偏差，但对于该房屋产权归属各方当事人均无异议，故上述瑕疵尚不足以达到推翻诉争房屋所有权证的颁证行为合法性程度。虽然吴某房产证上房屋确系原倒塌房屋，但原房屋已在“文化大革命”中被他人而非钱某损毁，钱某后续翻建房屋与吴某并无关系。这一点村委会亦可证实，故吴某房产证上法定权益实际上已经灭失，不存在其合法权益受到侵犯一说。位于南面部分房屋，与吴某房屋证所指明房屋一致，但从各方现有证据来看，该房历经土改、文革等历史事件，吴某法定权益早已在历史事件中灭失。自1983年被钱某从村集体手中购买之后，钱某在此房屋之上实际居住近30年，期间包括吴某在内无人提出异议。吴某凭借1951年土地房产所有证即认定其对该房屋拥有合法权益的理由，并不充分。吴某如认为钱某侵占了其房屋，可通过民事诉讼途径进行确权。当事人根据确权结论，再申请房屋登记部门进行相应登记。因吴某不具备本案行政诉讼原告主体资格，故判决驳回吴某起诉。2009年**江苏某所有权确定纠纷案**，1972年，任某父经有关部门批准建造一间房屋。1989年，任某将西侧一间房屋从邻居手中购下。任某兄代管两间房期间，办理了一个房产证，并注销了任某父原房产证。1999年，任某将两间房屋售予杨某。2007年，该房被征收而拆除。任某父以其系东侧一间房屋实际所有权人为由，提起确权之诉。法院认为：因合法建造、拆除房屋等事实行为而设立和消灭物权的，自事实行为成就时发生效力。建造房屋属于取得权利的事实行为，房屋建好后即在事实上产生了房屋所有权，建造人亦因此取得该房屋所有权。房屋一经拆除，标的物归于灭失，物权亦随之消灭。任某父在1972年经有关部门批准建造完成靠西一间房屋后，即取得该房屋事实上所有权，但该房屋在任某父起诉前即于2007年3月被拆除，该房屋所有权亦随之消灭。现任某父诉请确认其对该房屋享有所有权，在事实上已成为不可能，其诉请不应支持。杨某于1999年向任某购买诉争房屋，在支付购买款后，任某已实际交付房屋及相关产权证及土地证，房屋由杨某实际居住至拆迁均系事实。鉴于诉争房屋产权证与土地证上所有权人均为任某，任某有权以自己名义处分该房屋，故杨某与任某之间房屋买卖关系已成立。任某父如认为任某将原属其所有房屋擅自出卖给他人，其合法权利被侵犯，可另行主张权利。2006年**内蒙古某行政诉讼纠纷案**，2006年，张某与妻子李某离婚，获悉所居住房屋在1997年登记在李某父名下，遂诉请撤销房管局颁证行为。房管局举证证明1996年该房建造时由李某父申报并办理全部手续合法。法院认为：行政诉讼案件中实行举证责任倒置原则，由作出具体行政行为的行政机关承担举证责任，但这并不意味着行政相对方不承担任何举证责任。依《行政诉讼法》规定，法院审理行政案件，只对具体行政行为合法性进行审查。就本案而言,法院主要审查的是登记发证行为合法性,对事实和证据审查主要是形式审查。本案中,房管局在颁发房产证前,对第三人李某父提供的建设用地规划许可证进行了审查,证明其取得案涉建房建设用地规划手续,符合法定的发证前提条件。同时,房管局按发证要求让第三人填写了房屋四至申报表,并对房屋进行了登记勘丈,绘制了房屋平面图,说明房管局已履行法定义务和应尽注意事项,程序合法。张某诉请房屋归其所有,但未提交证据证明房管局为第三人颁证侵犯其财产权,亦未提交证据证明其对案涉房屋拥有所有权,故判决驳回张某诉请。2010 年 3 月**浙江某房屋买卖合同案**,法院认为:依相关证据和事件亲历人陈述,可认定讼争房屋出卖事宜由邱某母具体经手,邱某也参与其中的事实。且从邱某陈述看,其亦知母亲将讼争房屋出卖给邱才某的事实,然其在长达 40 年的时间内并未提出异议,应认定邱某认可母亲处分房屋行为。按《土地房产所有证》记载,讼争房屋系邱某与母亲及其他兄弟姐妹共有,邱才某在买房时也已看过该土地房产所有证,应知晓这一事实,故在买房过程中理应征得其他共有人同意。但因该事件发生在四十多年前,我们不能以现在的眼光和法律要求去严格要求当时的买卖行为。邱某陈述讼争的系其祖传房屋,按当时农村风俗习惯,在作为一家之主的父亲死亡后,母亲和唯一的成年儿子是有权代表全家处分家中的财产,故邱才某与邱某及其母亲商讨买房事宜并订立相关契约,符合当时的风俗习惯。故考虑到邱才某买受讼争房屋支付了相应的对价,买受并使用讼争房屋已逾四十多年,讼争房屋的土地性质也进行了变更,故判决案涉房屋买卖行为有效。2009 年 6 月**上海某房屋买卖合同案**,法院认为:陈某、赵某于 1952 年签订的脱离夫妻关系的民事调解书中已明确,案涉房屋归陈某所有。该表述是清晰、明确的,可认为赵某已将系争房屋所有权处分给了陈某。虽在 1954 年,赵某取得了系争房屋的土地所有权状,但并不改变民事调解文书的司法效力。在陈某未放弃系争房屋产权情况下,其完全有权主张系争房屋的产权过户。后虽因种种历史原因,陈某始终未能将系争房屋过户至自己名下,但并不能因此认为陈某已丧失了对系争房屋的权利。且在 1975 年,当地街道落实查抄私房政策小组出具的报告中亦明确了陈某为系争房屋权利人,并将其作为折价收购部分房屋的权利主体。故陈某在与赵某婚后,于 1999 年办理了系争房屋产权的初始登记,是基于 1952 年民事调解法律文书所确定权利的延续。该权利虽因历史沿革,迟至 1999 年陈某再婚后方再实现,但其权利的基础在其婚前已经取得。故可认定,系争房屋不属于陈某与赵某婚后取得的共同财产,陈某具有完全处分系争房屋的权利。故对于赵某子女要求确认系争房屋买卖合同无效并恢复原状的诉讼请求,法院难以支持。2008 年 8 月**上海某房屋登记纠纷案**,法院认为:沈某以《宅基地使用权证》记载的面积内容与其持有的 1951 年《土地房产所有证》不符为由,诉请法院撤销该宅基地使用权证。而沈某所主张的1951 年

《土地房产所有证》中记载的房屋已于1991年发证前被拆除,故核发《宅基地使用权证》不能以此为依据,判决驳回其诉讼请求。2008年2月**海南某房屋侵权纠纷案**,法院认为:1953年8月1日崖县人民政府给黎某父亲颁发的《土地房产所有证》,是合法的行政行为,且该争执的房屋现状未发生改变及所有权未发生变更,故该《土地房产所有证》还具有法律效力。黎某父亲取得现争议的一间半房屋的所有权有事实根据和法律依据,应认定现争执的房屋所有权归黎某父亲所有。黎某父亲去世后,其财产应由其继承人黎某继承。黎吉某主张现争执的一间半房屋系其祖辈所留财产,但未举证,应承担举证不能的法律责任,故判决被告黎吉某返还占据的一间半房屋给黎某。2005年10月**广东某房屋使用权纠纷案**,法院认为:陈振某虽执有土改时人民政府颁发的土地证,但1961年3月中央颁布的《农村人民公社工作条例》第7条已规定一切土地归大队集体所有,因此所讼争房屋的宅基地已属集体所有的土地。根据法律的规定,一方在已归属国家或集体所有的土地上建成房屋之后,他方持该地原属其所有的土地所有权证主张该房产产权或要求收回该宅基地所有权或使用权的,其诉讼请求不符合法律规定,依法应予驳回。陈某于1989年向居委会申请宅基地建房,经居委会同意,2001年7月15日又补办了规划手续,并报镇政府批准,陈某已取得该宅基地使用权,并已委托陈振某将宅基地建成两间铺间,故陈某与陈振某讼争的铺屋二间应为陈某所有。陈某请求判令陈振某归还其托管的铺屋,依法应予支持,陈振某占用陈某的铺间,其行为属侵权,应负返还的责任。2003年8月**河北某房屋权属纠纷案**,法院认为:妇幼保健院所持有的由县国土资源局、县房屋产权产籍监理所于2002年7月12日颁发的《土地使用证》和《房产证》为合法有效证据,本院对此应予确认。李某依据该县档案馆存档的"中华民国"1950年3月《土地房产所有证》存根来主张所争房屋及土地权属,已经不适用,判决驳回其诉讼请求。

【同类案件处理要点】

当事人持有土地改革前政府颁发的土地房产所有证书或权状等"老旧房(地)契"或其存根主张相应权利的,原则上不予支持。但诉争房屋现状未发生改变或房屋所有权未发生变更的,前述凭证可作为房屋权属的证明。

【相关法律风险提示】

1. 房屋权属证是权利人享有该不动产物权的证明。老旧房(地)契非法定房屋权属证。

2. 房管部门设立的房屋产权登记簿是物权归属和内容的根据,购房人签订房屋买卖合同时,应尽量到房屋权属登记部门查询拟交易房屋的权属状况。

3. 如公民房产法定权益灭失是他人或历史事件造成的，而非行政机关后续具体行政行为造成的，则该公民不具备行政诉讼原告主体资格。

4. 房屋原权利人在该房屋拆除、物权消灭后，以他人擅自处分该房屋为由，诉请确认对房屋的所有权的，不应支持。

【附注】

参考案例索引：福建福州中院判决“陈某等诉某房管局行政诉讼案”，参见《陈豪等诉福州市鼓楼区房地产管理局出具房屋产权证明行政争议案》（刘希星），载《人民法院案例选》（2002 年第 2 辑，总第 40 辑），该案一审认为房管局出具证明非具体行政行为，裁定驳回原告起诉；重审认为《房产登记总册》虽记载诉争房屋系刘某所有，并有相关房产证号码，但房产证并不存在，且陈父与刘某之间无房屋买卖契约，房管局出具证明的确权行为主要证据不足，改判撤销确权证明；二审认为房管局出具的确权证明有效。编者认为终审判决体现的利益衡量原则倾向于维护房管部门公信力，但无论如何，案涉“老地（房）契”，即《土地所有权状》所证明的原始权属，自始至终是两审法院认定事实的基础材料。江苏常州中院（2011）常行终字第 108 号“钱建荣与吴维芬等颁发房屋所有权证纠纷上诉案”，见《法定权益已灭失的司法救济》（张宏伟、孙正才、杨剑），载《人民司法·案例》（201206：106）；江苏无锡中院（2009）锡民再终字第 0039 号“任健与任炳荣所有权确定纠纷再审案”，见《对已拆除的房屋能否判决确权》（姚旭斌），载《人民司法·案例》（201104：61）；内蒙古乌兰察布集宁区法院（2006）集行初字第 12 号“张某与某房管局行政诉讼案”，见《行政案件举证责任分担——张玉不服乌兰察布市集宁区房管局房屋管理行政登记案》（张国元），载《人民法院案例选·月版》（200909/9：18）；浙江宁波中院（2010）浙甬民二终字第 167 号“邱某等与邱才某房屋买卖合同纠纷上诉案”；上海一中院（2009）沪一中民二（民）终字第 1350 号“赵某等与陈某等房屋买卖合同纠纷上诉案”；上海一中院（2008）沪一中行终字第 243 号“沈某与某房管局房屋登记纠纷上诉案”；海南省海南中院（2008）海南民二终字第 82 号“黎某诉黎吉某等房屋侵权纠纷上诉案”；广东汕头潮阳区法院（2005）潮阳民再初字第 1 号“陈某诉陈振某等房屋使用权纠纷再审案”；河北沧州中院（2003）沧民终字第 860 号“李某与某妇幼保健院房屋财产权属纠纷上诉案”。

2. 限购政策与情势变更

——房屋限购令,解约谁之责?

【情势变更】

【案情简介及争议焦点】

2010年3月4日,郑某交纳定金5万元,并于同年4月1日与开发公司签订《认购书》,认购商品房一套,总价款132万余元,其中按揭贷款80%,"如按揭申请未获银行批准,未获批准的房价款郑某应选择本认购书列明的其他付款方式或开发公司同意的付款方式予以支付"。随后郑某支付首付款6.9万元。2010年4月22日,郑某以2010年4月17日国发〔2010〕10号文对二套房"首付比例不得低于50%,贷款利率不得低于基准利率的1.1倍"属情势变更,要求解除合同。

争议焦点:1. 合同是否有效?2. 本案是否符合情势变更情形?

【裁判要点】

1. 合同有效。双方所签认购书明确了房屋位置、面积、价格、付款方式,同时对签订本约即房屋买卖合同及首付款支付期限进行了预先安排,主要预约事项内容完整,从法律性质而言,签订认购书是当事人为将来订立本约而达成的合意,认购书为预约合同,系双方当事人真实意思表示,且未违反法律与行政法规禁止性规定,应认定为合法有效。认购书中约定郑某所交定金,性质为立约定金,系为保证正式签订合同而交付的定金,其效力应予认定。

2. 郑某违约。根据国办发〔2010〕4号文,从2010年4月1日起,购买二套房的银行按揭贷款政策已发生变化。且双方已在认购书中明确约定如郑某按揭申请未获银行批准情形时的付款方式。可见,郑某在签订认购书时已预见到其可能申请不到房价款80%的银行按揭。双方并未明确该约定仅适用于因双方当事人的原因导致按揭申请未获银行批准的情形,故郑某认为本案属国家政策调整非双方当事人原因故不能适用该约定的理由不成立。综上,郑某以国家政策调整为由要求解除认购书依据不足,因郑某逾期未能与开发公司签订《商品房买卖合同》,郑某应承担违约责任。依最高人民法院《关于审理商品房买卖合同纠纷案件适用法律若干问题的解释》第4条规定,郑某无权要求返还定金5万元。因郑某一直未能与开发公司签订《商品房买卖合同》，郑某现起诉要求解除双方之间的合同关系，应予以支持。

【裁判依据或参考】

1. 法律规定。《**民法典**》（2021 年 1 月 1 日）第 180 条：“因不可抗力不能履行民事义务的，不承担民事责任。法律另有规定的，依照其规定。不可抗力是不能预见、不能避免且不能克服的客观情况。”第 181 条：“因当事人一方的违约行为，损害对方人身权益、财产权益的，受损害方有权选择请求其承担违约责任或者侵权责任。”第 533 条：“合同成立后，合同的基础条件发生了当事人在订立合同时无法预见的、不属于商业风险的重大变化，继续履行合同对于当事人一方明显不公平的，受不利影响的当事人可以与对方重新协商；在合理期限内协商不成的，当事人可以请求人民法院或者仲裁机构变更或者解除合同。人民法院或者仲裁机构应当结合案件的实际情况，根据公平原则变更或者解除合同。”《**合同法**》（1999 年 10 月 1 日，已于 2021 年 1 月 1 日起失效）第 117 条：“因不可抗力不能履行合同的，根据不可抗力的影响，部分或者全部免除责任，但法律另有规定的除外。当事人迟延履行后发生不可抗力的，不能免除责任。本法所称不可抗力，是指不能预见、不能避免并不能克服的客观情况。”

2. 行政法规。国务院办公厅《**关于继续做好房地产市场调控工作的通知**》（2013 年 2 月 26 日　国办发〔2013〕17 号）第 2 条第 1 款、第 2 款：“继续严格执行商品住房限购措施。已实施限购措施的直辖市、计划单列市和省会城市，要在严格执行《国务院办公厅关于进一步做好房地产市场调控工作有关问题的通知》（国办发〔2011〕1 号）基础上，进一步完善现行住房限购措施。限购区域应覆盖城市全部行政区域；限购住房类型应包括所有新建商品住房和二手住房；购房资格审查环节应前移至签订购房合同（认购）前；对拥有 1 套及以上住房的非当地户籍居民家庭、无法连续提供一定年限当地纳税证明或社会保险缴纳证明的非当地户籍居民家庭，要暂停在本行政区域内向其售房。住房供需矛盾突出、房价上涨压力较大的城市，要在上述要求的基础上进一步从严调整限购措施；其他城市出现房价过快上涨情况的，省级人民政府应要求其及时采取限购等措施。各地区住房城乡建设、公安、民政、税务、人力资源社会保障等部门要建立分工明确、协调有序的审核工作机制。要严肃查处限购措施执行中的违法违规行为，对存在规避住房限购措施行为的项目，要责令房地产开发企业整改；购房人不具备购房资格的，企业要与购房人解除合同；对教唆、协助购房人伪造证明材料、骗取购房资格的中介机构，要责令其停业整顿，并严肃处理相关责任人；情节严重的，要追究当事人的法律责任。继续严格实施差别化住房信贷政策。银行业金融机构要进一步落实好对首套房贷款的首付款比例和贷款利率政策,严格执行第二套(及以上)住房信贷政策。要强化借款人资格审查,严格按规定调查家庭住房登记记录和借款人征信记录,不得向不符合信贷政策的借款人违规发放贷款。银行业监管部门要加强对银行业金融机构执行差别化住房信贷政策的日常管理和专项检查,对违反政策规定的,要及时制止、纠正。对房价上涨过快的城市,人民银行当地分支机构可根据城市人民政府新建商品住房价格控制目标和政策要求,进一步提高第二套住房贷款的首付款比例和贷款利率。"国务院办公厅**《关于进一步做好房地产市场调控工作有关问题的通知》**(2011 年 1 月 26 日　国办发〔2011〕1 号)第 3 条:"……调整个人转让住房营业税政策,对个人购买住房不足 5 年转手交易的,统一按其销售收入全额征税……"第 4 条:"……对贷款购买第二套住房的家庭,首付款比例不低于 60%,贷款利率不低于基准利率的 1.1 倍。人民银行各分支机构可根据当地人民政府新建住房价格控制目标和政策要求,在国家统一信贷政策的基础上,提高第二套住房贷款的首付款比例和利率。银行业监管部门要加强对商业银行执行差别化住房信贷政策情况的监督检查,对违规行为要严肃处理。"第 6 条:"各直辖市、计划单列市、省会城市和房价过高、上涨过快的城市,在一定时期内,要从严制定和执行住房限购措施。原则上对已拥有 1 套住房的当地户籍居民家庭、能够提供当地一定年限纳税证明或社会保险缴纳证明的非当地户籍居民家庭,限购 1 套住房(含新建商品住房和二手住房);对已拥有 2 套及以上住房的当地户籍居民家庭、拥有 1 套及以上住房的非当地户籍居民家庭、无法提供一定年限当地纳税证明或社会保险缴纳证明的非当地户籍居民家庭,要暂停在本行政区域内向其售房……"国务院**《关于坚决遏制部分城市房价过快上涨的通知》**(2010 年 4 月 17 日　国发〔2010〕10 号)第 2 条:"……实行更为严格的差别化住房信贷政策。对购买首套自住房且套型建筑面积在 90 平方米以上的家庭(包括借款人、配偶及未成年子女,下同),贷款首付款比例不得低于 30%;对贷款购买第二套住房的家庭,贷款首付款比例不得低于 50%,贷款利率不得低于基准利率的 1.1 倍;对贷款购买第三套及以上住房的,贷款首付款比例和贷款利率应大幅度提高,具体由商业银行根据风险管理原则自主确定……"国务院办公厅**《关于促进房地产市场平稳健康发展的通知》**(2010 年 1 月 7 日　国办发〔2010〕4 号)第 2 条:"……对已利用贷款购买住房、又申请购买第二套(含)以上住房的家庭(包括借款人、配偶及未成年子女),贷款首付款比例不得低于 40%,贷款利率严格按照风险定价。"

3. 司法解释及最高人民法院司法性意见。最高人民法院民一庭**《民事审判实务问答 068:购房人因卖房人违约而遭遇限购政策,还能否请求合同继续履行》**(2021 年 7 月):"问:2010 年,张某通过房屋中介,与产权人李某签订二手房买卖合同并依约支付了全部购房款。由于当地二手房市场价格不断上涨,李某意欲反悔,便多次找借口拖延时间，一直未协助张某办理产权过户手续。后当地房地产调控政策实施细则出台，按限购政策张某丧失了购房资格。现在张某起诉至人民法院，请求判令李某继续履行合同或者赔偿其损失，该案应当如何处理？答：为遏制当前一、二线城市及部分三、四线城市房地产市场价格上涨过快，国家出台了一系列调控政策。由于相关政策不断升级且陆续出台，实务中因合同订立、履行等遇到阻碍而产生的纠纷不在少数，有的还诉至法院。人民法院需要根据不同情况，作出妥善处理。本案中，由于张某被认定为限购对象，不具备购房的主体资格。依据《民法典》第五百八十条第二款规定，'有前款规定的除外情形之一，致使不能实现合同目的的，人民法院或者仲裁机构可以根据当事人的请求终止合同权利义务关系，但是不影响违约责任的承担'，人民法院不宜判令合同继续履行，应判决解除房屋买卖合同。不过，结合双方履约情况分析，张某作为守约一方，已经履行合同义务，如果李某也依约履行，双方完全可以在政策出台前完成房屋过户手续，合同目的就能够实现。因此，对张某请求合同继续履行的主张虽不能支持，但是张某主张追究李某的违约责任并赔偿其所受损失的合理诉求，人民法院还是应当在查明事实基础上予以保护。"最高人民法院《**2015 年全国民事审判工作会议纪要**》（2015 年 4 月 19 日）第 28 条："房屋买卖合同约定以按揭贷款方式付款，买受人以房贷政策变化不能办理按揭贷款导致无履约能力为由，请求解除合同，并要求出卖人返还所收受的购房款或定金的，经审查，买受人是否确因房贷政策变化而不能办理约定的按揭贷款的，一般应予以支持其诉请。请求解除合同，并要求出卖人返还所收受的购房款或定金的，对其请求可予支持。"第 29 条："因房地产政策调控引发房价波动较大，当事人因房屋价格明显下降或者出卖人因房屋价格较快上涨的原因，请求解除房屋买卖合同，或者请求补足房屋差价的，人民法院要依法维护房地产市场的诚信交易秩序，强调成立并生效的合同对当事人的法律约束力。"最高人民法院《**关于当前形势下加强民事审判切实保障民生若干问题的通知**》（2012 年 2 月 12 日　法〔2012〕40 号）第 1 条："妥善审理房地产纠纷，促进国家房地产调控政策贯彻落实。要站在维护法律严肃性、落实国家调控政策，以及维护经济社会平稳较快发展的高度，结合案件具体情况，准确界定合同效力，依法确定当事人的权利义务。要严格适用情事变更原则，正确认定变更的情事与正常的市场风险、交易风险之间的界限，提高市场行为的可预见性和合同利益的确定性与可信赖性，促进房地产市场健康发展。要注意通过民事审判引导当事人树立正确的市场风险意识，维护诚信的市场交易秩序。要在平衡当事人利益、着力化解矛盾上下功夫，确保案件处理取得良好的法律效果和社会效果。"最高人民法院《**2011 年全国民事审判工作会议纪要**》（2011 年 6 月）第 19 条："对房屋买卖合同明确约定以按揭贷款方式付款，且买受人能够举证证明其确因首付款比例提高、贷款利率提高或不能办理按揭贷款等因素,导致无履约能力的,其以不可归责于双方当事人的事由为由请求解除合同,并要求出卖人返还收受的购房款或者定金的,可以支持。对合同未明确约定以按揭贷款方式付款的,买受人以信贷政策变化为由请求解除买卖合同的,原则上不予支持;但买受人举证证明订立合同时出卖人明知且接受其实际将以按揭方式付款的,人民法院应依据相关法律、司法解释的规定,审查其解除合同的理由是否成立。"第20条:"房屋买受人在合同签订后由于相应住房限购政策的实施而无法办理房屋所有权转移登记的,买受人以不可归责于双方当事人的原因导致合同目的无法实现为由,请求解除合同,返还所支付的购房款和定金的,可以支持。当事人并主张赔偿损失的,原则上不予支持。"第21条:"人民法院对因国家宏观调控政策调整导致双方当事人解除房屋买卖合同后的损失,应适当区分基本住房、改善性住房和投资性住房予以公平处理,依法保护普通民众特别是弱势群体和低收入阶层的利益。对购买基本住房或改善性住房的,出卖人在解除合同后请求买受人赔偿损失的,原则上不予支持;对购买投资性住房的,出卖人在合同解除后请求买受人承担相应补偿责任的,人民法院应当依据公平原则进行处理,合同约定定金的,补偿数额原则上以定金数额为限,没有约定定金的,原则上不超过合同标的额的10%;对购买投资性住房的,应依据合同法的相关规定处理。"最高人民法院**《关于适用〈中华人民共和国合同法〉若干问题的解释(二)》**(2009年5月13日 法释〔2009〕5号,已于2021年1月1日起失效)第26条:"合同成立以后客观情况发生了当事人在订立合同时无法预见的、非不可抗力造成的不属于商业风险的重大变化,继续履行合同对于一方当事人明显不公平或者不能实现合同目的,当事人请求人民法院变更或者解除合同的,人民法院应当根据公平原则,并结合案件的实际情况确定是否变更或者解除。"最高人民法院**《关于正确适用〈中华人民共和国合同法〉若干问题的解释(二)服务党和国家的工作大局的通知》**(2009年4月27日 法〔2009〕165号)第2条:"严格适用《中华人民共和国合同法》若干问题的解释(二)第二十六条……对于上述解释条文,各级人民法院务必正确理解、慎重适用。如果根据案件的特殊情况,确需在个案中适用的,应当由高级人民法院审核。必要时应报请最高人民法院审核。"最高人民法院**《关于审理商品房买卖合同纠纷案件适用法律若干问题的解释(2020年修改)》**(2021年1月1日 法释〔2020〕17号)第4条:"出卖人通过认购、订购、预订等方式向买受人收受定金作为订立商品房买卖合同担保的,如果因当事人一方原因未能订立商品房买卖合同,应当按照法律关于定金的规定处理;因不可归责于当事人双方的事由,导致商品房买卖合同未能订立的,出卖人应当将定金返还买受人。"第19条:"商品房买卖合同约定,买受人以担保贷款方式付款、因当事人一方原因未能订立商品房担保贷款合同并导致商品房买卖合同不能继续履行的,对方当事人可以请求解除合同和赔偿损失。因不可归责于当事人双方的事由未能订立商品房担保贷款合同并导致商品房买卖合同不能继续履行的，当事人可以请求解除合同，出卖人应当将收受的购房款本金及其利息或者定金返还买受人。"最高人民法院副院长唐德华《**在浙江省全省民事审判工作会议上的讲话——关于民事审判工作形势与任务**》（2000 年）："……在审判实践中，审判人员往往忽视合同签订自愿这一重要原则，比如合同中双方当事人约定的风险责任条款，法院以公平原则，情势变更原则任意免除或减轻一方责任，把合同中双方当事人约定的责任承担以法官自由裁量权代替，有很大的随意性，尤其是情势变更本来是因不可归责于当事人的事由发生了无法预见的重大变化，按原合同履行显失公正因而变更其法律后果，使裁决达到公平、公正。任意适用情势变更反而有失公平、公正。"

4. 部门规范性文件。中央国家机关住房资金管理中心《**关于调整住房公积金个人贷款最低首付款比例的通知**》（2015 年 9 月 14 日　国机房资〔2015〕12 号，已于 2020 年 11 月 20 日被国家机关事务管理局废止）第 1 条："对在北京市住房和城乡建设委员会房屋交易权属信息系统中显示有 1 套住房并已结清相应住房公积金个人贷款（含住房公积金政策性贴息贷款）的借款申请人，购买第二套住房时执行第二套住房贷款政策，最低首付款比例由 30% 降为 20%。"第 2 条："本通知自 9 月 14 日起实施。之前已受理但未签订借款合同的贷款，借款申请人可以根据实际需要重新调整贷款申请。"中国人民银行、住建部、中国银监会《**关于个人住房贷款政策有关问题的通知**》（2015 年 3 月 30 日）第 1 条："继续做好住房金融服务工作，满足居民家庭改善性住房需求。鼓励银行业金融机构继续发放商业性个人住房贷款与住房公积金委托贷款的组合贷款，支持居民家庭购买普通自住房。对拥有 1 套住房且相应购房贷款未结清的居民家庭，为改善居住条件再次申请商业性个人住房贷款购买普通自住房，最低首付款比例调整为不低于 40%，具体首付款比例和利率水平由银行业金融机构根据借款人的信用状况和还款能力等合理确定。"第 2 条："进一步发挥住房公积金对合理住房消费的支持作用。缴存职工家庭使用住房公积金委托贷款购买首套普通自住房，最低首付款比例为 20%；对拥有 1 套住房并已结清相应购房贷款的缴存职工家庭，为改善居住条件再次申请住房公积金委托贷款购买普通自住房，最低首付款比例为 30%。"住建部、财政部、中国人民银行《**关于发展住房公积金个人住房贷款业务的通知**》（2014 年 10 月 9 日　建金〔2014〕148 号）第 1 条："合理确定贷款条件。职工连续足额缴存住房公积金 6 个月（含）以上，可申请住房公积金个人住房贷款。对曾经在异地缴存住房公积金、在现缴存地缴存不满 6 个月的，缴存时间可根据原缴存地住房公积金管理中心出具的缴存证明合并计算。住房公积金贷款对象为购买首套自住住房或第二套改善型普通自住住房的缴存职工。住房公积金管理中心不得向购买第三套及以上住房的缴存职工家庭发放住房公积金个人住房贷款。”第 2 条:“适当提高首套贷款额度。住房公积金个人住房贷款发放率低于 85% 的设区城市,住房公积金管理委员会要根据当地商品住房价格和人均住房面积等情况,适当提高首套自住住房贷款额度,加大对购房缴存职工的支持力度。”住建部、中国人民银行、中国银行业监督管理委员会**《关于规范商业性个人住房贷款中第二套住房认定标准的通知》**(2010 年 5 月 26 日　建房〔2010〕83 号)第 1 条:“商业性个人住房贷款中居民家庭住房套数,应依据拟购房家庭(包括借款人、配偶及未成年子女,下同)成员名下实际拥有的成套住房数量进行认定。”第 4 条:“对能提供 1 年以上当地纳税证明或社会保险缴纳证明的非本地居民申请住房贷款的,贷款人按本通知第三条执行差别化住房信贷政策。对不能提供 1 年以上当地纳税证明或社会保险缴纳证明的非本地居民申请住房贷款的,贷款人按第二套(及以上)的差别化住房信贷政策执行;商品住房价格过高、上涨过快、供应紧张的地区,商业银行可根据风险状况和地方政府有关政策规定,对其暂停发放住房贷款。”中国人民银行、中国银行业监督管理委员会**《关于加强商业性房地产信贷管理的补充通知》**(2007 年 12 月 5 日　银发〔2007〕452 号)第 1 条:“以借款人家庭(包括借款人、配偶及未成年子女)为单位认定房贷次数。”第 2 条:“对于已利用银行贷款购买首套自住房的家庭,如其人均住房面积低于当地平均水平,再次向商业银行申请住房贷款的,可比照首套自住房贷款政策执行,但借款人应当提供当地房地产管理部门依据房屋登记信息系统出具的家庭住房总面积查询结果。当地人均住房平均水平以统计部门公布上年度数据为准。其他均按第二套房贷执行。”第 3 条:“已利用住房公积金贷款购房的家庭,再次向商业银行申请住房贷款的,按前款规定执行。”中国人民银行、中国银行业监督管理委员会**《关于加强商业性房地产信贷管理的通知》**(2007 年 9 月 27 日　银发〔2007〕359 号)第 3 条:“……对购买首套自住房且套型建筑面积在 90 平方米以下的,贷款首付款比例(包括本外币贷款,下同)不得低于 20%;对购买首套自住房且套型建筑面积在 90 平方米以上的,贷款首付款比例不得低于 30%;对已利用贷款购买住房、又申请购买第二套(含)以上住房的,贷款首付款比例不得低于 40%,贷款利率不得低于中国人民银行公布的同期同档次基准利率的 1.1 倍,而且贷款首付款比例和利率水平应随套数增加而大幅度提高,具体提高幅度由商业银行根据贷款风险管理相关原则自主确定,但借款人偿还住房贷款的月支出不得高于其月收入的 50%……”第 4 条:“利用贷款购买的商业用房应为已竣工验收的房屋。商业用房购房贷款首付款比例不得低于 50%,期限不得超过 10 年,贷款利率不得低于中国人民银行公布的同期同档次利率的 1.1 倍,具体的首付款比例、贷款期限和利率水平由商业银行根据贷款风险管理相关原则自主确定;对以‘商住两用房’名义申请贷款的,首付款比例不得低于 45%,贷款期限和利率水平按照商业性用房贷款管理规定执行。”

5. 地方司法性文件。湖南高院《**关于为扎实做好“六稳”工作，全面落实“六保”任务提供司法服务和保障的意见**》（2020年6月10日　湘高法〔2020〕74号）第4条：“妥善审理合同纠纷，稳定两链正常运转。要树立稳定产业链和供应链就是维护合同的效力，保障合同履行的理念。要鼓励交易、慎用合同解除制度，尽量通过变更合同平衡当事人的利益。疫情或者疫情防控措施导致当事人不能按照约定的期限履行买卖合同或者履行成本增加，继续履行不影响合同目的的实现，当事人请求解除合同的，不予支持。当事人请求调整价款，请求变更履行期限的，应结合案件的实际情况，根据公平原则予以支持。商品房买卖合同纠纷中，疫情或者疫情防控措施导致出卖人不能按照约定的期限交付房屋，或者买受人不能按照约定的期限支付购房款，当事人请求解除合同，不予支持。当事人请求变更履行期限的，应结合案件的实际情况，根据公平原则进行变更。防疫物资的买卖合同纠纷中，出卖人在订立买卖合同后，将防疫物资高价转卖他人致使合同不能履行的，应依法判决出卖人将所得利润赔偿给买受人。”天津高院《**关于印发〈天津市高级人民法院民事审判第一庭关于审理涉新冠肺炎疫情相关民事案件的法官会议纪要(一)〉的通知**》（2020年3月19日）第9条：“当事人以新冠肺炎疫情及防控为由，拒绝继续履行房屋买卖合同的，除符合《中华人民共和国合同法》第一百一十条规定的情形外，一般不予支持。案件审理中，可以按照新冠肺炎疫情及防控工作的实际影响，确定合理的履行时间。”第10条：“当事人以新冠肺炎疫情及防控为由，主张解除房屋买卖合同的，除符合相关法律、司法解释规定的情形外，一般不予支持。”第11条：“因采取新冠肺炎疫情防控措施直接导致当事人不能履行房屋租赁合同，或者受新冠肺炎疫情及防控工作影响，致使根本不能履行房屋租赁合同，当事人主张解除合同的，一般予以支持。合同解除后，相关的法律责任问题，应当依照《中华人民共和国合同法》第一百一十七条、第一百一十八条，《最高人民法院关于适用〈中华人民共和国合同法〉若干问题的解释(二)》第二十六条等法律、司法解释规定妥善处理。”第12条：“承租人因受新冠肺炎疫情及防控工作直接影响，暂时无法使用租赁房屋而主张延长租期、减免租金的，案件审理中，应当结合所属地区新冠肺炎疫情及防控工作的实际影响进行综合考量。经审查，如确属不可归责于当事人的原因所致，可以考虑采取适当延长租期或者适当减免租金的方式，由当事人合理分担损失。”江苏盐城中院《**关于规范审理涉新冠肺炎疫情房地产纠纷案件的十五条意见**》（2020年3月16日）第1条：“准确适用公平原则衡平利益。当事人因受疫情、疫情防控措施影响导致合同不能履行或合同目的不能实现，适用不可抗力规则，重点审查合同履行地受疫情影响的情况、分区分级疫情防控措施与违约行为和违约损害结果之间的因果关系，根据公平原则，依法部分或全部免除责任。”第2条：“合理顺延合同履行期限。当事人受疫情、疫情防控措施影响不足以导致合同目的无法实现,但按原合同期限履行对其明显不公平,依据案件具体情况,可以适当延长合同履行期限;在顺延的合理履行期限内,当事人已履行合同义务,另一方当事人主张其承担违约责任,一般不予支持;合理顺延的履行期限届满后,当事人仍未履行合同义务,根据案件实际情况,结合当事人过错,承担相应责任。"第3条:"严格把握合同解除条件。坚持促进交易,鼓励合同继续履行,引导当事人协商解决纠纷,助推恢复生产经营。当事人请求解除合同,需严格审查疫情、疫情防控措施与合同目的不能实现之间的因果关系,当事人因轻微违约或未造成合同目的不能实现的情形要求解除合同,不予支持。"广西高院民一庭**《关于印发〈关于妥善审理涉新冠肺炎疫情相关民事纠纷的指导意见〉的通知》**(2020年3月3日)第13条:"【房屋买卖合同】因疫情导致合同约定时间内无法完成房屋交付、办证等合同义务,出卖人主张免除违约责任的,予以支持。但以下情况除外:(1)商品房预售合同签订时间在疫情防控期内;(2)商品房预售合同签订时间在疫情防控期之后。房屋买卖合同一方当事人因患有或疑似患有新冠肺炎,或者作为密切接触者而被隔离,导致合同约定的办理注销抵押登记、办理变更登记手续、支付房款等合同义务迟延履行,一方以此主张免除违约责任的,予以支持。相对方以迟延履行为由请求解除合同的,一般不予支持。"河南高院**《印发〈关于依法妥善办理中小微企业受疫情影响案件的工作指引〉的通知》**(2020年2月28日　豫高法〔2020〕30号)第2条:"不可抗力与情势变更的适用。新冠肺炎疫情属于重大突发公共卫生事件,政府及有关部门为保护人民群众身体健康和生命安全,采取了相应疫情防控措施。因疫情或疫情防控措施对合同履行造成影响的,应根据影响的时间、方式、程度、因果关系等因素具体考量,正确适用不可抗力或情势变更的相关法律规则认定法律后果:因政府及有关部门的疫情防控措施直接导致合同不能履行,或者由于疫情影响致使合同当事人根本不能履行的,可以适用《中华人民共和国民法总则》第一百八十条以及《中华人民共和国合同法》第九十四条、第一百一十七条、第一百一十八条关于不可抗力免责事由、法定解除事由、及时通知及证明义务的有关规定。疫情或疫情防控措施虽不足以导致合同不能履行,但如果按照原合同继续履行对一方当事人明显不公平或不能实现合同目的的,受不利影响的当事人起诉请求变更或解除合同的,可以按照《最高人民法院关于适用〈中华人民共和国合同法〉若干问题的解释(二)》第二十六条有关情势变更的规定,结合案件的实际情况,根据公平原则确定变更或解除合同。疫情或疫情防控措施并非对所有合同的正常履行都构成障碍,对合同履行没有影响的,不应适用不可抗力或情势变更的相关规定。对于在疫情发生后订立的合同,当事人以受疫情影响为由主张适用不可抗力或情势变更的,一般不予支持。但疫情影响期明显超出当事人预期导致合同不能履行的除外。"第

3条:“合同变更。贯彻鼓励交易原则,疫情或疫情防控措施对合同履行有重大影响,当事人一方申请变更的,可以引导当事人协商,协商不成的,经审查继续履行合同对该当事人一方确属明显不公平的,应予以变更,并结合案件情况、根据公平原则,确定如何变更;当事人一方申请解除的,也应进行必要的调解和释明,促使当事人通过变更履行方式、调整履行期限等变更合同,维持合同关系。”第4条:“合同解除。疫情或疫情防控措施导致合同暂时不能履行或部分不能履行,继续履行能够实现合同目的且不会导致利益失衡的,可适当延长合同履行期限,对解除合同的主张一般不予支持;导致合同完全不能履行或不能实现合同目的,应当解除合同;导致按照原合同继续履行明显不公平,且通过变更合同仍不能消除明显不公平的后果或者不能实现合同目的的,应当解除合同。”第5条:“责任承担。当事人一方以受疫情影响为由主张免责的,应坚持原因与责任相适应,疫情是当事人一方不履行或迟延履行的全部原因,全部免除责任;是当事人一方不履行或迟延履行的部分原因,免除相应的责任;与当事人一方不履行或迟延履行没有因果关系的,不能免除责任。依据情势变更原则解除合同的,应根据公平原则,合理确定各方的损失承担比例。”江苏南京中院**《关于妥善审理涉新冠肺炎疫情房地产案件的若干意见》**(2020年2月20日)第2条:“依法综合考量和处理合同解除问题。当事人以疫情形势、疫情防控为由认为房屋买卖、房屋租赁、建设工程合同等不能履行,请求解除合同的,应当审查疫情形势、疫情防控措施对合同实际履行的影响程度,并综合考虑合同的性质、期限、当事人是否存在迟延履行情况、当事人的主观状态、是否尽到通知义务、继续履行合同是否显失公平、是否会扩大损失等因素,合理认定是否应当适用《中华人民共和国民法总则》第一百八十条、《中华人民共和国合同法》第九十四条,或者最高人民法院《关于适用〈中华人民共和国合同法〉若干问题的解释(二)》第二十六条关于情势变更的规定。如适用情势变更相关规定的,应当严格履行相关审核程序。”第3条:“综合考量疫情防控对当事人履行房屋买卖合同的影响。依照《中华人民共和国民法总则》第一百八十条、《中华人民共和国合同法》第一百一十七条、一百一十八条的规定,房屋买卖合同当事人确因疫情防控原因,未能按合同约定支付价款、办理贷款、申请过户、交付房屋的,在当事人尽到合理通知义务的情况下,可不视为违约。但上述情形消失后的合理期间内,当事人应当按合同约定继续履行。”天津高院**《关于审理房屋买卖合同纠纷案件若干问题的审判委员会纪要》**(2018年11月26日　津高法〔2018〕230号)第2条:“二手房买卖相关问题……(六)关于受房地产调控政策影响案件的处理问题。因受限贷限购、禁购等房地产调控政策的直接影响,导致合同确实无法继续履行的,一般应认定合同不能履行属于不可归责于双方当事人的情形,当事人据此请求人民法院解除合同的,应予准许。因前述原因,当事人解除合同以后,出卖人应当将已经收到的购房款或者定金返还买受人,买受人应将接收的房屋返还给出卖人,一般情况下,因解除合同造成的损失应按照公平原则有双方合理分担,如因一方当事人过错导致当事人利益严重失衡,损失方要求加大对方承担比例的,可酌情予以支持。”江苏高院**《关于审理房地产合同纠纷案件若干问题的解答》**(2018 年 6 月 26 日 审委会会议纪要〔2018〕3 号)第 2 条:“因限购政策引发的纠纷如何处理?房屋买卖合同签订后,由于相应住房限购政策的实施,当事人无法办理房屋所有权变更登记,买受人请求解除合同,并要求出卖人返还所收受的购房款或定金,如果经审查,当事人的确因住房限购政策的实施而不能办理房屋所有权变更登记,对其请求可予支持。出卖人请求买受人承担其为订立合同而实际发生的费用等合理损失的,可酌情予以支持。地方政府允许住房限购政策实施前订立的房屋买卖合同办理房屋所有权变更登记的,当事人以限购政策为由主张解除合同,对方当事人不同意的,人民法院对其请求不予支持。”第 3 条:“因房屋限贷政策引发的纠纷如何处理?调控政策实施前订立的合同未明确约定以按揭贷款方式付款,现买受人以其因受限贷政策影响而无法继续履行为由,请求解除合同的,一般不予支持。调控政策实施前订立的合同约定以按揭贷款方式付款,现买受人举证证明其确因不能办理按揭贷款等导致无法继续履行,而请求解除合同,并要求出卖人返还所收受的购房款或定金的,可予支持。出卖人请求买受人承担其为订立合同而实际发生的费用等合理损失的,可酌情予以支持。买受人以贷款比例降低为由要求解除合同的,一般不予支持。如果因限贷政策实施导致买受人允许贷款比例低于合同约定按揭贷款比例净差值大于 30% 的,人民法院可予支持,但买受人因迟延履行、个人信用问题等导致合同无法继续履行或者合同另有约定的除外。调控政策实施前订立的合同在限贷政策实施后,买受人既未按约履行也未提出解约,经出卖人催告后仍未在合理期限内履行或提出解约,出卖人请求继续履行或解除合同,并由买受人承担违约责任的,应予支持。”第 4 条:“当事人规避房地产调控政策的如何处理?调控政策实施后,因一方当事人隐瞒或虚构事实情况,导致订立的合同违反调控政策而无法继续履行,另一方当事人请求依法撤销合同,并要求对方当事人承担其因此所受损失的,可予支持。双方当事人明知或者应当知道订立的合同违反调控政策,一方当事人请求继续履行的,人民法院不予支持。实际买受人为规避房地产调控政策,以他人名义与出卖人订立合同并办理房屋权属证书后,以其系实际买受人为由,请求确认其为房屋产权人的,人民法院不予支持。”河北廊坊中院**《关于印发〈审理房屋买卖合同纠纷案件若干问题的会议纪要〉的通知》**(2018 年 3 月 14 日 廊中法〔2018〕24 号)第 2 条:“因限购、限贷、限售等房地产调控政策影响,致使合同无法继续履行的,一般应认定属于‘不可归责于当事人双方的事由’,不属于‘不可抗力’或‘情势变更’。”第 9 条:“调控政策实施前订立的房屋买卖合同,在限贷政策实施后,买受人既未按约履行也未提出解约,经出卖人催告后仍未在合理期限内履行或提出解约,出卖人请求解除合同,并由买受人承担违约责任的,予以支持。"第10条:"调控政策实施前订立的合同确因限购、限售等而导致无法继续履行的,当事人均有权请求解除合同,出卖人应当将收受的购房款或者定金返还买受人。出卖人起诉或反诉请求买受人继续履行合同、承担违约责任或适用定金罚则的,不予支持。"天津高院**《关于印发〈关于民事审判工作中加强民生保障的实施意见〉的通知》**(2017年12月25日 津高法〔2017〕268号)第5条:"强化诚信守约意识,依法合理平衡房屋买卖双方权益。按照《天津市高级人民法院关于依法妥善审理房屋买卖合同纠纷案件的通知》要求,既要遵循诚实信用原则、依法保护守约方的合法权益,又要兼顾合同客观履行情况、买卖双方的合同目的和居住条件,依法妥善审理房屋买卖合同纠纷案件。对'二手房'买卖纠纷中,一方违约且发生较大幅度的房屋价格涨跌情形的,可以依法依约将涨跌差价作为守约方的损失范围,结合所处区域实际情况、守约方的履约情况、违约方订立合同时对房屋涨跌情形的预见能力、当事人的过错程度等因素,合理确定违约方应承担的损失赔偿数额。"第6条:"审慎处理因国家房产限购政策引发的房屋买卖纠纷。统一借名买房等规避国家房产限购政策的合同效力的裁判标准,引导房产交易回归居住属性。对受限贷、限购、禁购等房地产调控政策直接影响导致合同确实无法继续履行的,允许当事人对合同进行变更或者解除,因解除合同造成的损失,按照公平原则由双方合理分担。"北京高院民一庭**《关于妥善处理涉及"3.17新政"的房屋纠纷案件若干问题的会议纪要》**(2017年12月18日)第3条:"'3.17新政'具有公共政策的性质,其具体的限贷、限购、限售等措施,对部分房屋买卖合同会造成成本增加或履行不能等障碍。对于合同订立后由于'3.17新政'的实施致使合同无法继续履行的,属于因不可归责于双方当事人的原因导致合同目的无法实现。当事人要求解除合同的,除合同另有约定外,一般应予支持。对于已经过网签的房屋买卖,原则上不认为存在因'3.17新政'导致的履行障碍,但有相关证据表明履行存在政策障碍的,法院应与相关行政主管部门核实后予以认定。"第4条:"(不构成履行障碍合同的处理)确有证据证明因'3.17新政'导致购房出资的履约成本增加幅度较小,对当事人履约能力不构成严重影响的,合同应当继续履行,当事人一方以此要求解除合同的,不予支持。因继续履行合同增加的购房出资成本的承担问题,合同有约定的依合同约定,合同没有约定或约定不明的,由购买方承担。合同能否继续履行的判断,法院应综合合同履行程度、成本增加比例、买受人资信情况等因素综合进行考量。"第6条:"(新政前已签订合同的处理)买受人在'3.17新政'实施前已经提起诉讼要求办理房屋过户登记,符合当时的购房政策条件,案件尚未审结的,对该房屋过户登记法院可以支持。当事人主张在'3.17新政'相关政策出台之前已经订立房屋买卖合同,但不符合‘3.17 新政’后的购房条件，请求判决继续履行合同并办理房屋过户登记的，原则上不予支持。但如个案中确存在明显利益重大失衡情形的，法院应函询相关行政主管部门意见予以确定。”广东高院《**印发〈关于审理房屋买卖合同纠纷案件的指引〉的通知**》(2017 年 9 月 12 日　粤高法〔2017〕191 号，已于 2020 年 12 月 31 日经粤高法〔2020〕132 号废止)第 29 条：“房地产调控政策实施后，一方当事人故意隐瞒或者虚构事实，或者明知另一方当事人的条件不符合政策要求仍诱导其签订房屋买卖合同的，另一方当事人因合同无法履行请求解除或者撤销合同，并要求对方当事人赔偿损失的，可予支持。房屋买卖合同签订后，因房地产调控政策的实施，导致无法办理房屋所有权转移登记或者不能订立房屋担保贷款合同的，属于因不可归责于当事人双方的事由导致合同不能履行，人民法院可以参照《最高人民法院关于审理商品房买卖合同纠纷案件适用法律若干问题的解释》第二十三条的规定处理。一方请求另一方承担违约责任或者适用定金罚则的，不予支持。买受人请求判令出卖人办理所有权转移登记的，人民法院可以向其释明变更诉讼请求为解除合同、返还财产。买卖合同约定即使买受人无法获得银行贷款也应当支付房款的，不因房贷政策调整而免除买受人未履行付款义务的违约责任。因一方当事人迟延履行，致使房屋买卖合同受房地产调控政策影响无法继续履行，守约方请求解除合同并赔偿损失的，应予支持。”北京高院《**五大法律问答解答“317 新政”房屋买卖纠纷**》(2017 年 3 月 20 日)第 1 条：“问题一：‘317 新政’后，买方因‘认房又认贷’被认定为‘二套房’，从而导致无力履行已签订的房屋买卖合同的，可否解除合同，已支付首付款、定金能否退还？答：在当事人约定以按揭贷款方式支付部分房款的情况下，贷款首付提高、停止办理 25 年以上贷款等情况，并不必然导致购房人无履约能力或导致继续履行对一方当事人显失公平，因此不宜简单认定为情势变更。从利益关系入手，针对‘楼市新政’一般可认定：房屋新政的实施对购房人的履约能力产生重大影响，合同继续履行一般会产生一定困难；对购房人因房屋新政不能按预期办理按揭贷款而请求解除合同的，一般可予支持，并由卖房人退还定金和已付购房款。但是，卖房人能够证明购房人有充分履约能力的，购房人依据房屋新政主张解除合同则不能成立，购房人应当继续履行合同，否则构成违约并应依法承担违约责任。在‘317 新政’出台后，房屋买卖合同当事人一旦决定解除合同，应及时准确地通知另一方当事人和中介，有效沟通，减轻对方损失。”第 2 条：“问题二：新政‘认房又认贷’条款出台后，‘二套房’首付比例大幅提高，导致合同无法继续履行而解除，卖方是否可以主张补偿损失？答：在司法实践中，因‘317 新政’这样的不可归责于当事人双方的公共政策事由致使当事人订立的合同无法继续履行，一方申请解除合同后，另一方要求补偿其合理损失的，经审理，合同解除确实导致当事人利益失衡的，可综合案件本身情况，具体分析，酌情予以支持。‘317 新政’等限购限贷政策实施后，因一方当事人故意隐瞒或虚构相关事实，导致订立的合同违反相关限购限贷政策而无法继续履行，另一方当事人请求解除或撤销合同，并要求对方当事人赔偿其所受损失的，法院一般会结合案件本身情况，具体分析，相应予以支持。”第3条：“问题三：新政出台后，‘改善型’买家可能面临无力支付购房款、税费而违约的情形；同时，因无力改善住房，原有住房也可能会选择停止出售或解除合同。这就意味着，买家或卖家都会出现违约的情况。那么，房屋买卖合同一方违约不履行合同义务的，另一方可否要求对方继续履行？答：合同解除分约定解除、依法解除和违约解除。我国《合同法》第107条规定：‘当事人一方不履行合同义务或者履行合同义务不符合约定的，应当承担继续履行、采取补救措施或者赔偿损失等违约责任。’根据该条之规定，除当事人约定解除及其他原因（不可抗力、楼市新政等）致使房屋买卖合同确实无法继续履行等情形外，房屋买卖合同一方当事人不履行合同义务的，另一方可要求对方继续履行或者赔偿损失。当然，即使房屋买卖合同解除，受损失的一方仍可向另一方要求赔偿相应损失。在此提醒广大房屋买卖当事人，依法成立的合同，受法律保护，一旦签订房屋买卖合同，就应当全面履行合同义务，毁约、违约须慎重对待。”第4条：“问题四：‘317新政’后，规避限贷政策进行二手房买卖有风险么？答：在审判实践中，会遇到一些购买力不足的买家，为达买房目的，设‘阴阳合同’或虚增合同房屋成交价，递交给贷款银行以求获得更多的审批贷款，而一旦遇到房价上涨或其他原因，业主会投诉到银行、建委或银监局，要求撤销银行已经做出的贷款承诺，以达到毁约的目的……”第5条：“问题五：当前楼市，部分购房者在购买房屋的同时，会出售自己名下的房产，这就导致房屋买卖会出现一环套一环的情形，也就是俗称的‘连环套’。该情形下，一旦其中一环无法按约履行，就可能导致多起房屋买卖纠纷连环发生。‘317新政’出台后，此类纠纷一旦发生，房屋买卖合同一方可否以第三方原因向合同相对方主张免责？答：合同具有相对性，我国《合同法》第121规定：‘当事人一方因第三人的原因造成违约的，应当向对方承担违约责任。当事人一方和第三人之间的纠纷，依照法律规定或者按照约定解决。’楼市有风险，签订合同需谨慎。在房屋买卖过程中，无论是买家还是卖家，都应充分预估其中的法律风险，并对相应的风险有所预判。根据《合同法》第121条的规定，房屋买卖合同因第三人原因发生违约的，当事人一方依旧应当向对方承担相应的违约责任，其与第三人之间的纠纷，应该按照法律规定或者合同约定，采取协商、调解、诉讼等方式予以解决。”北京高院（单国军庭长）**《关于审理城镇房屋买卖合同案件适用法律若干问题的调研报告》**（2017年2月5日）：“……就房屋新政对于相关房屋买卖合同的影响，我们认为，在定位上不能定为不可抗力，也不宜简单定为情势变更。不能定为不可抗力的原因是：不可抗力通常是指因自然灾害和重大社会事件导致合同根本不能履行，房屋新政的影响没有达到这一程度。不宜定为情势变更的原因是:情势变更的适用范围在法理上并无通论,有宽有窄,《合同法》未规定情势变更,最高人民法院《关于适用〈中华人民共和国合同法〉若干问题的解释(二)》采取了严格限定的态度,认定条件是继续履行将对一方当事人显失公平或导致难以实现合同目的。而房屋新政对不同买房人的影响实际并不相同,不能一概而论地认定达到了认定情势变更的条件。同时,如在法律适用的思路上以情势变更为基本定位,不仅要审查买房人是否确实因房屋新政不能按预期办理房贷,还要进一步审查买房人的经济能力以此来确定继续履行是否确实导致显失公平和难以实现合同目的,这会造成认定事实的极大困难,甚至有些情况下根本无法认定。再有,从情势变更入手处理案件一般是解除合同,恢复到原状,由买房人退还定金与已付款。如此处理往往只看到了买房人的利益,而忽略了卖房人因合同解除也可能有利益上的损失,因此有失公允。应当看到,从法理上适用情势变并不排斥解除合同后的损失分担,但目前依情势变更进行损失分担的规范依据不足,同时,社会层面也很难接受将房屋新政认定为情势变更的同时又让买房人分担卖房人的损失。基于以上分析,我们认为应立足公平原则处理房屋新政对于相关房屋买卖合同的影响,即把房屋新政对于房屋买卖合同的影响定位在造成合同履行发生困难,一般应解除合同,并由卖房人退还定金与已付购房款,同时由双方对损失进行分担。从公平原则入手的合理性在于:房屋新政产生的问题很复杂,关键是要对买卖双方的利益进行协调,而公平原则更为基本,也具有更强包容性,能避免定位于情势变更所产生的不足和所带来的处理困难。同时,从现实情况看,除少数地方外,我市房屋市场价值并无明显回落,近期整体还有上升,对大量案件来说并不存在着分担损失的问题。由此,立足公平原则处理此类案件,既能产生良好的社会导向,避免大批量的解除房屋买卖合同的情况发生,同时在实际操作中也不会产生不便与困难。当然,适用公平原则也有其条件和另一面,即买房人虽不能按预期办房贷,但如卖房人能够证明买房人有充分履约能力的,买房人依据房贷新政主张解除合同不能成立,购房人应当继续履行合同,否则构成违约并应依法承担违约责任。这样处理可以解决买房人有经济能力但以房屋新政为由解除合同的投机性违约问题,维护应有的交易秩序。适用公平原则处理此类案件,对卖房人因解除合同产生的损失和买卖双方的分担比例也应依据公平原则确定,即应根据房屋市场差价和合同解除后卖房人仍持有房屋的情况酌情确定,并适当考虑个案中可能影响卖房人利益的实际因素,但损失总额不应超过买房人违约情况下给卖房人造成的预期利益损失。同时,在损失分担方面,应区分基本住房和投资性住房进行公允处理。购买基本住房的情况下买房人的分担比例应适度降低,购买投资性住房的情况下买房人的分担比例应适度提高,且投资性越强,买房人的分担比例应相应提高。按上述标准确定损失分担原则同国家抑制不合理住房需求和投机性购房的公共政策指向也是一致的。在认定房屋新政是否造成买房人不能预期办理按揭贷款的问题上，我们采取由买房人举证加上法院适当调查的方法解决，即原则上买房人应对其不能办理按揭贷款提供证据予以证明。除非当事人能提供相反证据，买房人能否办理贷款一般由人民法院根据房贷政策来确定。这里的房贷政策主要是指《住建部、央行、银监会关于规范商业个人住房贷款中二套住房认定标准的通知》，该认定标准的基本特点是'认房又认贷'。但必要时人民法院也可向银行、税务部门、人力资源和社会保障部门等相关部门调查核实，以补充当事人举证能力的不足和保障案件事实认定的真实性。在具体法律适用上，如双方买卖合同中约定'因故无法办理贷款，由买房人自行筹集资金支付'，此时买房人因房屋新政实施导致其不能办理按揭贷款而要求解除合同的，不予支持，买房人应依约自行筹集资金支付房款。但如双方合同中约定'因当事人自身原因无法办理贷款，由买房人自行筹集资金支付'，应当认定，因房屋新政实施导致买房人不能办理按揭贷款系当事人无法控制的事项，因此不应属于当事人自身的原因，不能因政策系针对相关当事人而认定该政策的影响属于当事人自身原因。这种情况下买房人因房屋新政实施导致其不能办理按揭贷款而要求解除合同的，一般可予支持，对买房人有损失的按公平原则由买卖双方分担。另外，对于不在房屋新政适用范围内的案件、一方在房屋新政出台前即有违约行为而假借房屋新政进行诉讼的案件、与房屋新政无关而系基于当事人自身原因（如延误贷款办理手续、隐瞒自身情况、自身信用不佳等）导致不能办理按揭贷款的案件、当事人一方在房屋新政出台后无正当理由要求解除合同的案件，应根据案件事实和依照《合同法》与相关司法解释处理，不适用前述处理原则。如在房屋新政出台后签订的房屋买卖合同，因购房人知道或者应当知道房屋新政相关内容，对因房屋新政实施导致不能办理贷款或无法实现购房目的的风险原则上应当自行承担，其以房屋新政为由要求解除合同并由卖房人返还已付款和定金的，除当事人双方另有约定外，显然不应支持。"天津高院**《关于依法妥善审理房屋买卖合同纠纷案件的通知》**（2016年11月16日　津高法〔2016〕158号）第7条："因受限贷、限购、禁购等房地产调控政策的直接影响，合同确实无法继续履行的，一般应认定合同不能履行属于不可归责于双方当事人的情形，当事人据此请求人民法院变更或者解除合同的，人民法院应当结合案件的实际情况准予变更或者解除合同。因前述原因，当事人解除合同以后，出卖人应当将已经收到的购房款或定金返还给买受人，买受人应将接收的房屋返还给出卖人。因解除合同造成的损失一般情况下应按照公平原则由双方合理分担。如因一方当事人过错导致当事人利益严重失衡，损失方要求加大对方承担比例的，可酌情予以支持。"广东深圳中院**《关于房屋买卖合同纠纷案件的裁判指引》**（2014年8月28日修订）第18条："当事人一方因房地产调控政策的实施而不能继续履行合同，应当及时通知对方，以减轻可能给对方造成的损失。当事人一方怠于履行上述通知义务致使对方损失扩大，对方请求该当事人对扩大的损失承担赔偿责任的，人民法院可予支持。【说明】旨在明确买受人在因房地产调控政策影响而不能继续履行合同情况下的通知义务。《合同法》第六十条第二款明确规定了当事人在合同履行中依诚信原则所担负的通知等附随义务，同时参照《合同法》第一百一十八条关于因不可抗力不能履行合同的应当及时通知对方，以减轻可能给对方造成的损失的规定，我们认为，在房地产调控政策实施后，履约能力受到影响的当事人一方负有及时通知对方的义务。本条规定买受人在履约能力受房地产调控政策影响的情况下，负有及时通知对方的义务，该规定有利于督促买受人及时与出卖人就履约障碍进行磋商，也有利于避免损失的扩大。”第19条：“房屋买卖合同约定的履行期限在房地产调控政策实施前已经届满，当事人一方迟延履行致使合同因房地产调控政策实施而不能继续履行，当事人请求解除合同的，人民法院可予支持。前款情形下，迟延履行一方以房地产调控政策实施为由主张免除违约责任的，人民法院不予支持。【说明】旨在解决迟延履行导致合同履行受到房地产调控政策影响情况下，当事人是否享有合同解除权的问题。按照《合同法》第九十四条的规定，当事人一方迟延履行而遇限购、限贷等房地产调控政策的实施，致使对方不能实现合同目的的，对方可以解除合同。对于迟延履行致使合同不能继续履行，迟延履行方能否请求解除合同，有两种不同观点：一是肯定说，如史尚宽先生认为：‘给付迟延之债务人，对于迟延后发生之给付困难，骤视之似不应负担其不利益之结果，然情势变更之原则，非以不可抗力之危险归当事人一方负担为目的，而系以危险之公平负担为目的，债务人不应较因迟延通常所负担责任更加多负担不相当之过分责任。故于迟延后发生情势变更，亦不妨适用情势变更之原则。’一是否定说，如王利明教授认为迟延履行已经构成违约，因而迟延履行期间发生之情势该由债务人自己承担责任。北京高院民一庭2011年12月13日《关于妥善处理涉及住房限购政策的房屋买卖合同纠纷案件若干问题的会议纪要》第三条也是采取了否定说。本条采取肯定说，主要是考虑到合同虽因一方迟延履行而遇调控政策，致使合同不能继续履行，此时，合同已经不能继续履行，不宜强求迟延履行方继续履行合同，可以允许其解除合同，有利于双方尽早从该合同中脱身，及早采取措施减少损失，但迟延履行方的违约责任不能因此免除。”第20条：“当事人在房地产调控政策实施后订立房屋买卖合同，当事人一方以其受到房地产调控政策影响为由，主张免除违约责任的，人民法院不予支持，但当事人另有约定的除外。【说明】旨在解决房地产调控政策实施后订立的合同的违约方能否以调控政策免责的问题。对于在限购、限贷等房地产调控政策实施后成立的房屋买卖合同，因房地产调控政策的实施在先，自无适用本指引第二十七条的余地。在出卖人明知买受人属于限购、限贷对象仍签订合同的情况下，买受人能否以出卖人的主观过错主张免责，审判实践中还有不同认识，同案不同判的情况确实存在。对于违约责任究竟应当采取过错责任还是严格责任，历来存在不同的立法体例和学说主张。但即使主张过错责任的学者都承认，我国合同法采取的是严格责任。按照我国合同法的规定，除存在不可抗力或双方约定的免责事由外，违约方都应当承担违约责任。当事人若因合同成立前已出台的房地产调控政策的影响不能履约，只要没有免责事由，就应当承担违约责任。本条的规定贯彻了合同法的规定，有利于厘清不同认识，统一裁判标准。”湖北高院**《民事审判工作座谈会会议纪要》**（2013 年 9 月）第 39 条：“对于合同订立后由于住房限购政策的实施致使买受人无法办理房屋过户登记的，属于因不可归责于双方当事人的原因导致合同目的无法实现，当事人要求解除合同的，除合同另有约定外，一般应予支持。出卖人应当将收受的购房款或定金返还给买受人；当事人一方要求另一方承担违约责任或适用定金罚则的，不予支持；经审查合同解除确实导致当事人间利益失衡，损失方要求对方补偿其所受合理损失的，可酌情予以支持。房屋买卖合同依约定期限能够实际履行，因一方当事人的原因致合同处于迟延履行状态，在此期间由于住房限购政策的实施导致合同无法继续履行的，对守约方要求解除合同，并要求另一方承担赔偿损失等违约责任的诉讼请求，应予支持。违约方要求解除合同的，应予支持。守约方可就违约方行为导致的损失，另行主张权利。”第 40 条：“住房限购政策实施后，因一方当事人故意隐瞒或虚构相关事实，导致订立的合同违反住房限购政策而无法继续履行，另一方当事人请求解除或撤销合同，并要求对方当事人赔偿其因此所受损失的，应予支持。”第 41 条：“因住房限购政策的限制，当事人约定一方以他人名义购买房屋，并将房屋登记在他人名下，借名人以其系实际买受人为由，要求确认房屋归其所有或办理房屋过户登记的，不予支持；借名人因自身条件变化或政策发生调整等原因符合住房限购政策的，可以判决登记人为其办理房屋过户登记手续。”北京高院**《关于下发〈关于妥善处理涉及“新国五条”的房屋纠纷案件若干问题的会议纪要〉的通知》**（2013 年 7 月 9 日）第 1 条：“（审理案件的基本原则和导向）全市三级法院应当准确把握‘新国五条’和‘京十九条’规定的精神实质，正确适用规定中的限购、限贷、税收等措施，通过司法裁判保障国家房地产调控政策的有效落实，增强当事人的诚信意识和市场风险意识，依法维护健康有序的房地产交易秩序，避免让司法裁判成为当事人违反诚信、谋取不当利益的途径和手段。”第 4 条：“（‘新国五条’施行前签订买卖合同税费增加的处理）当事人在‘新国五条’施行前签订房屋买卖合同，但未在‘京十九条’施行前办理网上签约，因国家政策调控导致办理房屋过户需要缴纳的个人所得税增加，当事人就合同履行及税费负担发生争议的，可以按以下情形处理：1. 当事人一方同意支付增加税费，并要求继续履行合同的，应予支持，另一方要求解除合同的，不予支持。2.当事人双方就增加的税费如何负担无法达成一致,属于因不可归责于双方当事人的原因导致合同难以履行,当事人据此要求解除合同的,一般应予支持;出卖人应当将收受的购房款或定金返还给买受人;当事人一方要求赔偿损失或适用定金罚则的,不予支持。3.确有证据证明因国家政策调控导致税费增加的数额较小,且对当事人履约能力不构成严重影响的,合同应当继续履行,当事人一方要求解除合同的,不予支持;由此增加的税费依据合同约定予以承担,合同没有约定或约定不明的,依据国家税收法规规定由出卖人承担。4.当事人依合同约定的履行期限在'京十九条'施行前能够完成房屋过户或网上签约,因可归责于一方当事人的原因导致合同迟延履行,在此期间由于国家政策调控导致税费增加,守约方主张继续履行合同,并要求违约方承担增加税费的,应予支持。"第5条:"('新国五条'施行后签订买卖合同税费增加的处理)当事人在'新国五条'施行后签订房屋买卖合同,合同对税费负担有约定的,从其约定,没有约定或约定不明的,依据国家相关税收法规确定税费缴纳主体,当事人一方以税费增加为由要求解除合同的,不予支持。"第6条:"('京十九条'施行前已受理案件的处理)'京十九条'施行前,买受人已经向法院起诉要求继续履行合同办理房屋过户登记,经审查房屋买卖合同签订在'新国五条'施行之前,但未办理网上签约,法院应当向双方当事人释明因国家政策调控导致税费增加,并告知其可以变更、增加诉讼请求或提起反诉,当事人一方要求解除合同或要求违约方承担增加税费的,按本纪要第四条规定的内容处理。前述案件已经进入二审程序的,法院应当组织当事人就增加税费如何负担进行调解,调解不成的,应当在原审诉讼请求范围内继续审理并作出判决。"安徽高院**《关于在审理房地产案件中认真贯彻"新国五条"精神的通知》**(2013年5月9日)第3条:"对因新政实施导致的合同签订和履行环节的纠纷,要依据《合同法》的立法精神,维护交易的稳定。对确因贷款政策调整,购房者无力支付超出合同约定的首付款、无法获取按揭贷款或因购房资格限制无法办理房产登记等情形,应认定为《合同法》规定的'不可归责于当事人的事由',允许购房人解除合同,并由出卖人返还其购房款本金及利息。但购房人主张新政导致利率变动较大增加其负担并要求解除合同的,一般不予支持。"第4条:"对新政实施后出现房屋租赁价格波动,出租人借故要求上涨租金或提前解除租赁合同的,应依据诚实信用原则,判决驳回其诉讼请求,以维护房屋租赁市场的稳定,保护守信一方的合法利益。"第5条:"对'离婚潮'中未分得财产一方当事人诉至法院要求撤销离婚协议或主张财产重新分割的,对其撤销离婚协议的诉求不予支持;对请求变更或者撤销财产分割协议的,应予受理。"广东高院**《关于印发〈全省民事审判工作会议纪要〉的通知》**(2012年6月26日 粤高法〔2012〕240号,已于2020年12月31日经粤高法〔2020〕132号废止)第11条:"商品房买卖合同签订后,如政府部门出台限购限贷政策的,人民法院应查明买受人是否属于限购或限贷范围。确因限购限贷政策无法办理房屋所有权变更登记，或者不能订立商品房担保贷款合同并导致商品房买卖合同不能继续履行，当事人请求解除合同的，人民法院可参照最高人民法院《关于审理商品房买卖合同纠纷案件适用法律若干问题的解释》第二十三条的规定予以支持。买受人请求判令出卖人办理过户登记手续的，人民法院应向其释明可以变更诉讼请求；买受人坚持不变更的，驳回其诉讼请求。”第12条：“要注意发挥司法审判在规范和引导房地产居间合同市场中的作用。房屋买卖双方当事人确因居间人的居间行为订立合同，如果房屋买卖合同明确约定以按揭贷款方式付款、且买受人因不能办理约定的按揭手续，或买受人由于相应住房限购政策的实施而无法办理房屋所有权变更登记，居间人以已经促成合同订立为由请求支付居间报酬的，一般不予支持，但居间人要求委托人支付从事居间活动支出的合理费用的，应予支持。居间人故意隐瞒真实情况、违规操作，恶意促成买卖双方订立合同，如果房屋买卖合同不能履行，严重损害委托人利益的，对居间人请求委托人支付报酬的，不予支持；委托人请求居间人赔偿所造成损失的，应根据当事人的过错程度处理。”北京高院**《关于妥善处理涉及住房限购政策的房屋买卖合同纠纷案件若干问题的会议纪要》**（2011年12月13日）第2条：“国家对于房地产市场的宏观调控并非是一个令所有市场主体猝不及防的突变过程，而是经历了一个从限贷到限购逐步加强和完善的发展过程。房屋买卖合同作为一种标的额相对较大、与买卖双方切身利益密切相关的合同，当事人在签订合同时对合同订立后可能出现的房地产市场风险及各种履行障碍均应当有一定程度的预见和判断。因此，住房限购政策在司法实践中不宜认定为《合同法》第一百一十七条规定的不可抗力。”第3条：“住房限购政策在性质上具有公共政策的性质，确实会对房屋买卖合同能否继续履行造成重大影响。对于合同订立后由于住房限购政策的实施致使买受人无法办理房屋过户登记的，属于因不可归责于双方当事人的原因导致合同目的无法实现，当事人要求解除合同的，除合同另有约定外，一般应予支持。出卖人应当将收受的购房款或定金返还给买受人；当事人一方要求另一方承担违约责任或适用定金罚则的，不予支持；经审查合同解除确实导致当事人间利益失衡，损失方要求对方补偿其所受合理损失的，可酌情予以支持。房屋买卖合同依约定期限能够实际履行，因一方当事人的原因致合同处于迟延履行状态，在此期间由于住房限购政策的实施导致合同无法继续履行的，对守约方要求解除合同，并要求另一方承担赔偿损失等违约责任的诉讼请求，应予支持。”第5条：“房屋买受人要求出卖人继续履行合同，办理房屋过户登记，经审查双方虽未办理网上签约，但买受人家庭（含夫妻双方及未成年子女）具备‘京十五条’规定的购房资格（见附件一）的，可以判决或调解出卖人为买受人办理房屋过户登记；不具备资格的，法院应向当事人释明其可以变更诉讼请求，即要求解除买卖合同；经释明当事人变更请求的,按本纪要第三条的内容处理,当事人坚持要求继续履行的,判决驳回其诉讼请求。买受人对其具备‘京十五条’规定的购房资格负有举证责任。买受人应当依据北京市住房和城乡建设委员会《关于落实本市住房限购政策有关问题的通知》第三条的规定提供相应的证据材料(见附件二),并提交书面承诺保证其陈述真实。买受人无正当理由拒绝提供证据材料以致法院无法审查核实的,应当判决驳回其要求办理房屋过户登记的诉讼请求。出卖人对买受人的权利主张表示认可的,不免除买受人的举证责任。法院应当根据买受人提交的证据主动审查买受人家庭是否具备‘京十五条’规定的购房资格并做出认定,必要时应当向相应的房屋管理部门进行核实,避免当事人通过法院生效判决、调解书的方式规避上述政策规定,实现房屋过户的目的。”第6条:“本纪要第五条涉及案件中,买受人家庭不具备‘京十五条’规定的购房资格,但买卖双方在该规定实施(2011年2月17日)之前已经订立房屋买卖合同,且已经支付购房款并实际占有使用房屋,解除合同会导致当事人间利益明显失衡的,对买受人要求继续履行合同并办理房屋过户登记的诉讼请求,可予支持;不符合前述条件的,按本纪要第五条第一项的内容处理。法院对当事人提交的证明上述事实的证据应当严格审查,全面审核,判决支持买受人要求办理房屋过户登记诉讼请求的,应当在判前向受理法院的主管院庭长汇报,必要时可向二审法院汇报;原则上不宜以出具正式调解书的方式确认由出卖人为买受人办理房屋过户登记手续。买受人在相应的住房限购政策实施前已经提起诉讼要求办理房屋过户登记,尚未审结的,不受该政策规定的住房限购条件的限制。”第7条:“住房限购政策实施后,因一方当事人故意隐瞒或虚构相关事实,导致订立的合同违反住房限购政策而无法继续履行,另一方当事人请求解除或撤销合同,并要求对方当事人赔偿其因此所受损失的,应予支持。”第8条:“当事人双方在订立合同时明知或应当知道该合同不符合当时的住房限购政策,一方当事人要求继续履行的,不予支持,但一审法庭辩论前买受人家庭具备‘京十五条’规定的购房资格的除外;合同约定待买受人符合住房限购政策后再办理房屋过户登记的,依照其约定。”第9条:“因住房限购政策的限制,当事人约定一方以他人名义购买房屋,并将房屋登记在他人名下,借名人以其系实际买受人为由,要求确认房屋归其所有或办理房屋过户登记的,不予支持;借名人因自身条件变化或政策发生调整等原因符合住房限购政策的,可以判决登记人为其办理房屋过户登记手续。”山东高院**《2011年民事审判工作会议纪要》**(2011年11月30日　鲁高法〔2011〕297号)第2条:“……(四)关于因信贷政策变化导致商品房买卖合同不能履行的处理问题。国家为遏制房地产价格的过快上涨,先后采取一系列宏观调控政策,其中以提高商品房款首付比例和贷款利率为主要内容的信贷政策的变化对商品房买卖合同的履行影响比较大。对于买受人以按揭贷款方式支付购房款的商品房买卖合同履行中,如买受人有证据举证证明确因信贷政策的变化而不能办理合同约定的按揭贷款,且双方对付款方式无法协商变更,而请求解除商品房买卖合同的,可予以支持。但合同有明确约定的除外……(五)关于因限购政策导致商品房买卖不能发生物权效力的处理问题。为控制房地产价格的过快上涨,许多地方人民政府根据2010年4月17日国务院颁布的《关于坚决遏制部分城市房价过快上涨的通知》(国发〔2010〕10号)的规定,出台了相应的限购政策,对购房人购买房屋的套数进行限制,因此,在审理商品房买卖合同纠纷案件中应当注意对限购政策的适用。商品房买卖合同签订后,对于房屋买受人有证据证明确因限购政策的实施无法办理房屋所有权变更登记的,而请求与出卖人解除合同的,可予以支持,但合同有明确约定的除外。地方人民政府没有出台相应限购政策的,房屋买受人不得以限购政策的实施为由请求解除合同。"北京高院**《关于印发〈北京市高级人民法院关于涉及住房限购政策的房屋买卖合同纠纷案件处理的暂行意见〉的通知》**(2011年11月3日　京高法发〔2011〕400号)第2条:"审理涉及住房限购政策的房屋买卖合同纠纷案件时,应遵循维护国家住房限购政策、保护当事人合法权利的原则。"第3条:"当事人签订的房屋买卖合同涉及北京市住房限购政策时,法院在审理过程中,原则上以网签合同日期作为判断合同是否成立的重要依据之一。"第4条:"房屋买受人无法办理房屋所有权转移登记系因住房限购政策实施所致的,当事人有权请求解除合同。"第5条:"对于因住房限购政策实施导致当事人解除合同后,出卖人应当将收受的购房款或定金返还给买受人,买受人应将接受的房屋返还给出卖人。因解除合同造成的损失按照公平原则处理。"第6条:"在对涉及住房限购政策的房屋买卖合同纠纷进行调解的过程中,在自愿合法调解的基础上,应对房屋买受人是否符合住房限购政策规定进行审查,防止利用调解协议规避住房限购政策的现象。"浙江高院民一庭**《关于审理受房地产市场调控政策影响的房屋买卖合同纠纷案件的若干意见(试行)》**(2011年4月22日)第1条:"审理受调控政策影响的房屋买卖合同纠纷案件,应坚持合同自由、诚实信用、依合同履行义务和公平原则。认定相关房屋买卖合同效力时,应严格依照法律、行政法规和司法解释的规定;只有明确存在法定无效情形的,才可以认定合同无效。"第2条:"纯粹因受限贷、限购、禁购等调控政策的直接影响,合同确实无法继续履行的,不属于'不可抗力',一般应认定属于《解释》第四条、第二十三条规定的'不可归责于当事人双方的事由'。当事人据此请求解除合同的,可予以支持,但当事人另有约定的除外。"第3条:"调控政策实施前订立的合同并未明确约定以按揭贷款方式付款,现买受人以其因受限贷政策影响而无法继续履行为由,请求解除合同的,一般不予支持。"第4条:"调控政策实施前订立的合同约定以按揭贷款方式付款,现买受人举证证明其确因首付款比例提高、不能办理按揭贷款等导致无法继续履行,而请求解除合同的,可予以支持;出卖人应当将收受的购房款或者定金返还买受人。出卖人请求买受人承担其为订立合同而实际发生的费用等合理损失的,可酌情予以支持。"第5条:"调控政策实施前订立的合同在限贷政策实施后,买受人既未按约履行也未提出解约,经出卖人催告后仍未在合理期限内履行或提出解约,出卖人请求继续履行合同或解除合同,并由买受人承担违约责任的,应予以支持。"第6条:"调控政策实施前订立的合同确因限购、禁购政策而导致无法继续履行的,当事人均可以请求解除合同,出卖人应当将收受的购房款或者定金返还买受人。出卖人起诉或反诉请求买受人继续履行合同、承担违约责任或适用定金罚则的,不予支持;但出卖人请求买受人承担其为订立合同而实际发生的费用等合理损失的,可酌情予以支持。"第7条:"调控政策实施后,因一方当事人隐瞒或虚构事实情况,导致订立的合同违背调控政策而无法继续履行,另一方当事人请求依法变更或撤销合同,并要求对方当事人承担其因此所受损失的,可予以支持。双方当事人均知道或应当知道订立的合同违反调控政策的强制性规定,一方当事人请求确认合同有效、继续履行的,不予支持。"第8条:"实际买受人为规避限购、禁购政策,以他人名义与出卖人订立合同并办理房屋权属证书后,以其系实际买受人为由,请求确认其为房屋产权人的,不予支持,但调控政策重新调整并准许其取得产权的除外。"第9条:"房屋买卖合同因受调控政策影响而解除,房地产经纪机构请求房屋买卖合同当事人支付其已实际支出的必要费用以及合理报酬的,应酌情予以支持;但对未予明码标价、虚假误导、混合标价、捆绑标价、炒卖房号、赚取差价,以及其他违反住房和城乡建设部、国家发展和改革委员会、人力资源和社会保障部发布的《房地产经纪管理办法》等规定的收费,不予支持。房屋买卖合同当事人请求房地产经纪机构退还当事人委托其保管的购房款、定金和房屋产权证书等资料的,应予以支持。"海南高院**《关于办理商品房买卖合同纠纷案件的指导意见(试行)》**(2011年1月)第14条:"政府或政府主管部门发布'限购令'的,拟购房人可购房套数以相关'限购令'为限。开发商因'限购令'不能履行合同义务,拟购房人要求承担违约责任的,不予支持。"北京高院**《关于印发〈北京市高级人民法院关于商事审判应对金融危机的若干意见〉的通知》**(2009年8月19日　京高法发〔2009〕373号)"二、商事案件审判指导原则"之"(二)关于合同纠纷案件的审判指导原则:2.正确理解和慎重适用最高人民法院《关于适用〈中华人民共和国合同法〉若干问题的解释(二)》第二十六条关于合同'情势变更原则'的规定,依法合理调整平衡合同双方的利益关系。虽然国际金融危机给彼此依存并密切关联的不同经济领域或者行业之间带来了方方面面的影响,但由此而产生的合同纠纷中的利益损失一般仍属于商业风险范围。因此,在个案中,要注意结合市场的具体情况,合理区分和甄别情势变更和商业风险。要依法严格把握情势变更原则的适用条件,严格审查当事人提出的'无法预见’的主张与不能实现合同目的之间的因果关系。特别是对于涉及市场属性活泼、长期以来价格波动较大的大宗商品标的物以及风险投资型金融产品标的物的合同，更要慎重适用情势变更原则。对于拟适用情势变更原则的相关案件，必须经受理法院审判委员会讨论并将处理意见及时向市高级法院提交书面报告，必要时由市高级法院向最高人民法院请示汇报。”福建高院**《关于审理商品房买卖合同纠纷案件疑难问题的解答》**（2008 年 7 月 25 日）第 1 条：“问：最高人民法院《关于审理商品房买卖合同纠纷案件适用法律若干问题的解释》（以下简称商品房买卖合同司法解释）第四条规定的‘不可归责于当事人双方的事由’应如何认定？答：‘不可归责于当事人双方的事由’是指双方当事人均无过错而导致商品房买卖合同未能订立的情形。例如，双方当事人在商品房的认购、订购、预订等协议中未约定的与商品房买卖有关的内容，在签订正式商品房买卖合同时，经磋商无法达成一致意见的；收受定金后，因第三人的原因或自然灾害致使该商品房项目未能建设或未能按原约定建设等情形。因一方当事人恶意磋商导致合同无法订立的，应当按照法律关于定金的规定处理。例如，在签订认购、订购、预订等协议后，买受人反悔，为了能退回定金，在订立商品房买卖合同时，对双方未约定的事项故意提出一些苛刻条件（例如要求出卖人在不合理的期限内交房）的，不属于不可归责于双方当事人的事由。如果无法确认是否一方当事人故意，则适用‘因不可归责于当事人双方的事由，导致商品房买卖合同未能订立的，出卖人应当将定金返还买受人’之规定，返还定金。”

6. 地方规范性文件。北京市住建委、中国人民银行营业管理部、中国银监会北京监管局、北京住房公积金管理中心**《关于完善商品住房销售和差别化信贷政策的通知》**（2017 年 3 月 17 日　京建法〔2017〕3 号）第 1 条：“企业购买的商品住房再次上市交易，需满 3 年及以上，若其交易对象为个人，按照本市限购政策执行。”第 2 条：“居民家庭名下在本市无住房且无商业性住房贷款记录、公积金住房贷款记录的，购买普通自住房的执行现行首套房政策，即首付款比例不低于 35%，购买非普通自住房的首付款比例不低于 40%（自住型商品住房、两限房等政策性住房除外）。居民家庭名下在本市已拥有 1 套住房，以及在本市无住房但有商业性住房贷款记录或公积金住房贷款记录的，购买普通自住房的首付款比例不低于 60%，购买非普通自住房的首付款比例不低于 80%。”第 3 条：“暂停发放贷款期限 25 年（不含 25 年）以上的个人住房贷款（含住房公积金贷款）。”北京市住建委**《关于落实本市住房限购政策有关问题的通知》**（2011 年 2 月 16 日　京建发〔2011〕65 号）第 1 条：“自 2011 年 2 月 17 日起，对已拥有 1 套住房的本市户籍居民家庭（含驻京部队现役军人和现役武警家庭、持有有效《北京市工作居住证》的家庭，下同）、持有本市有效暂住证在本市没有住房且连续 5 年（含）以上在本市缴纳社会保险或个人所得税的非本市户籍居民家庭,限购1套住房(含新建商品住房和二手住房);对已拥有2套及以上住房的本市户籍居民家庭、拥有1套及以上住房的非本市户籍居民家庭、无法提供本市有效暂住证和连续5年(含)以上在本市缴纳社会保险或个人所得税缴纳证明的非本市户籍居民家庭,暂停在本市向其售房。”第8条:“居民家庭已拥有住房包括已经完成房屋产权登记的住房和已进行网上签约但尚未完成产权登记的住房。”第9条:“居民家庭成员中至少有一人具有本市户籍的,视为本市户籍居民家庭。”上海市**《关于本市贯彻〈国务院办公厅关于进一步做好房地产市场调控工作有关问题的通知〉的实施意见》**(2011年1月31日 沪府办发〔2011〕6号)第7条:“自本意见发布之日起,暂定在本市已有1套住房的本市户籍居民家庭、能提供自购房之日起算的前2年内在本市累计缴纳1年以上个人所得税缴纳证明或者社会保险(城镇社会保险)缴纳证明的非本市户籍居民家庭,限购1套住房(含新建商品住房和二手住房)。对在本市已拥有2套及以上住房的本市户籍居民家庭、拥有1套及以上住房的非本市户籍居民家庭、不能提供2年内在本市累计缴纳1年以上个人所得税缴纳证明或社会保险(城镇社会保险)缴纳证明的非本市户籍居民家庭,暂停在本市向其售房。违反规定购房的,不予办理房地产登记。”北京市住建委**《关于落实同一购房家庭只能在本市新购买一套商品住房有关政策的通知》**(2010年5月1日 京建发〔2010〕223号,已于2017年8月14日经京建法〔2017〕14号废止)第1条:“各部门、各单位要坚决贯彻落实市政府决策部署,在网上签约及房屋登记工作中严格执行同一购房家庭只能在本市新购买一套商品住房的政策。商品住房包括新建商品住宅和存量住房。”

7. 参考案例。2019年**海南某房屋买卖合同纠纷案**,2017年7月,开发公司与投资公司签订资产转让合同,约定前者以7亿元受让后者烂尾酒店,前者诚意金3.2亿元以委托贷款方式支付后者。开发公司据此向投资公司转账3.2亿元。2018年,因投资公司未依约办理完成目标地块规划调整及用地性质变更,开发公司诉请解约并返还诚意金。投资公司抗辩称履行受阻系因2017年9月海南省政府出台“两个暂停”政策导致,属于不可抗力,不应认定其违约。法院认为:依《合同法》第117条规定,不可抗力,是指不能预见、不能避免并不能克服的客观情况。根据查明事实,2016年2月,海南省政府发布《关于加强房地产市场调控的通知》,通知加强商品住宅用地计划管理和规划审批调控,对商品住宅库存消化期超过全省平均水平的市县,暂停办理新增商品住宅(含酒店式公寓,下同)及产权式酒店用地审批(包括农用地转用及土地征收审批、土地供应审批、已供应的非商品住宅用地改为商品住宅用地审批、商品住宅用地容积率提高审批),暂停新建商品住宅项目规划报建审批。2016年12月,海南省政府发布《关于继续落实“两个暂停”政策进一步促进房地产市场健康发展的通知》。2017年9月,海南省政府印发《关于进一步深化“两个暂停”政策促进房地产业平稳健康发展的意见》。可见，早在2016年2月海南省政府便实施了“两个暂停”政策，2017年9月28日的《关于进一步深化“两个暂停政策促进房地产业平稳健康发展”的意见》是对前述通知的继续深化落实。资产转让合同于2017年7月签订，投资公司作为在当地登记注册的专业房地产投资公司，海南省政府的“两个暂停政策”不属于投资公司在签订该合同时无法预见的客观情况，现投资公司主张相关政府政策调整构成不可抗力进而主张其应免责，依据不足，本院不予支持。判决投资公司返还开发公司诚意金本息。2014年**某房屋买卖合同纠纷案**，2010年，张某通过中介购买李某二手房并依约支付了全部房款。由于房价上涨，李某多次找借口拖延时间，不协助张某办理产权过户手续。后当地房地产调控政策实施细则出台，按限购政策，张某丧失了购房资格。张某诉请继续履行合同或赔偿损失。法院认为：为遏制当前部分一、二线城市房地产市场价格上涨过快，国家出台了一系列调控政策。由于相关政策不断升级且陆续出台，实务中因合同订立、履行等遇到阻碍而产生纠纷，法院需根据不同情况，作出妥善处理。本案中，由于张某被认定为限购对象，不具备购房主体资格，法院不宜判令合同继续履行，应判令解除房屋买卖合同。结合双方履约情况分析，张某作为守约一方，已履行合同义务，如李某亦依约履行，双方完全可在政策出台前完成房屋过户手续，合同目的即能实现，故对张某请求合同继续履行主张虽不能支持，但是其主张追究李某违约责任并赔偿其损失合理诉求，法院应在查明事实基础上予以保护。2012年**某房屋买卖合同纠纷案**，2011年1月底，在北京工作2年的李某通过中介购买王某二手房。李某交纳定金及部分购房款后，因北京刚实施的限购政策，其作为外地户籍无法提供连续5年缴纳社保或个税证明而不能购房，遂诉请解除合同。王某称再过3年即可办理产权变更登记，合同可延期履行。法院认为：案涉买卖合同在限购令出台前签订，双方当事人办理过户登记时间亦在合同约定履行期内，不存在一方违约情形，即限购令是导致不能办理产权变更登记唯一原因。不能办理产权变更登记，李某即不能取得房屋所有权，即使房屋已交付使用，李某合同目的仍未实现，依《合同法》第94条第1项规定，李某可据此解除合同。李某虽在北京工作2年，按逻辑推算，再过3年即符合购房条件，但这其实为李某附加了合同范围以外义务和风险：李某须3年才能取得房屋产权；后续3年中，李某须继续在北京工作且连续缴纳社保或个税；办理过户前，王某仍系产权人，有权对房屋进行处分，李某要承担因王某行为而带来的诸如“一房二卖”、抵押、出租等法律风险；房屋在此3年中若出现毁损、灭失，李某对房屋所有权期待利益将会落空等。因此，在李某不同意合同变更情形下，法院不能依职权认定合同变更。判决解除双方合同，王某返还李某已付房款和定金。2014年**浙江某商品房预售合同纠纷案**，2011年，俞某以其子名义与开发公司签订商品房买卖合同，在其支付95万余元预付款后，以合同约定“若买受人违反本市住房限购政策相关规定,本合同无效”、其名下此前已有两套房为由,诉请确认合同无效。法院认为:俞某具备完全民事行为能力、有购房真实意思表示,其支付首付款行为亦表明其在积极履行合同义务,应认定案涉商品房买卖合同成立。《合同法》第52条规定了合同无效五种情形,案涉购房合同并无法定合同无效情形。本市限购规定并非法律、行政法规,且属管理性强制性规定,而非效力性强制性规定,俞某借用儿子名义购房违反上述规定,但并不必然导致合同无效。《合同法》第45条关于“当事人对合同的效力可以约定附条件”规定中“附条件”系指将来可能发生的事实,而俞某在签订购房合同时,名下已有两套房,故本案不适用该规定。购房合同约定违反限购规定无效,但合同效力系法律对当事人之间成立合同的法定评价,非依当事人约定而无效,故本案合同并不因此而无效,判决驳回俞某诉请。2013年**北京某房屋买卖合同纠纷案**,2003年,徐某以朱某名义购买经济适用房并签订借名购房协议、实际支付全款、装修后入住。2013年,仍不符合本市“限购”政策的徐某诉请朱某办理过户手续。法院认为:当事人对自己提出的诉讼请求所依据事实或反驳对方诉讼请求所依据事实有责任提供证据加以证明。没有证据或证据不足以证明当事人事实主张的由负有举证责任的当事人承担不利后果。本案中,依查明事实,徐某与朱某之间存在书面借名登记约定,根据借名购房协议、购房款实际出资及房屋居住使用情况,并结合证人证言,足以认定徐某与朱某之间构成借名登记购房法律关系。借名人依借名登记购房协议要求登记人办理房屋所有权转移登记的,不仅要证明双方之间存在合法、有效的借名登记购房协议,还需证明具备房屋产权转移登记的现实条件。本案中,徐某要求朱某办理涉案房屋产权转移过户登记,前提是与朱某存在合法、有效的借名买房合同关系。由于徐某无本市户口,亦不在本市缴纳社会保险,故即使双方之间借名购房约定有效,依本市“限购”政策,亦无法为其办理房屋过户手续。判决驳回徐某诉请。2013年**北京某房屋买卖合同纠纷案**,2013年,任某通过中介公司购买吴某二手房,约定税费由任某负担。任某交完5万元定金后,发现该房并非中介公司所称系吴某“已满5年且唯一住房”,按国家政策调控需缴纳个人转让住房所得20%税款,任某遂以重大误解为由诉请撤销合同、返还定金。法院认为:行为人因对行为性质、对方当事人、标的物品种、质量、规格和数量等的错误认识,使行为后果与自己意思相悖,并造成较大损失的,可认定为重大误解。根据已查事实,吴某在与任某签订房屋买卖合同前,虽已向中介公司表明其名下有两套住房,但两者均未将该情况告知任某,且中介公司出示的房地产经纪服务事项告知书明确写明涉案房屋为吴某名下已满5年且唯一住房,致使任某认为可免征20%差额税款。现因涉案房屋并非出卖人唯一住房,按国家政策调控需缴纳个人转让住房所得20%税款,而合同约定税费由任某负担,客观上对当事人在房屋交易中的权利、义务产生了一定影响。由此，应认定任某与吴某所签房屋买卖合同存在民法规定的重大误解情形，应予撤销。合同撤销后，吴某应将定金返还给任某。但据法律规定，被撤销合同自始没有法律约束力，故对任某要求吴某按合同约定给付违约金请求，法院不予支持。任某与中介公司之间不存在买卖关系，其要求该公司在本案中承担连带责任，法院亦不予支持。判决撤销房屋买卖合同，吴某返还任某定金5万元。2012年**福建某房屋买卖合同纠纷案**，2011年1月8日，李某签约购买马某房屋，并支付28万元定金。2012年，李某以国务院及本市限购政策为由主张解除合同、返还已付房款。马某以2010年1月国务院出台限购政策、李某2010年10月购买房产即成为限购对象为由抗辩称不退还房款。法院认为：李某与马某所签房产买卖协议系当事人真实意思表示。由于2010年10月及2011年年初，本市依国务院通知陆续出台房屋"限购"政策，李某已属限购对象，其再购房不符合条件，合同目的不能实现，双方当事人均确认购房协议已解除。李某在确定其已不符合购房条件时请求马某返还已支付购房款，主观并无反悔意图，故不属协议约定"中途悔约"情形。本市房屋限购政策出台后对执行期限存在不同解释，特别是李某系2011年1月份购买诉争房，要求其准确理解限购政策过于苛责，亦无证据证明李某在明知不符购房条件情况下仍与马某签约，故合同不能履行不可归责于李某，李某不承担违约责任。李某所交付28万元定金在合同成立后已转化为购房款，合同解除后，该款项应予返还，判决案涉房产买卖协议解除，马某返还李某购房款28万元。2012年**北京某房屋买卖合同纠纷案**，2011年6月，张某与沈某签订二手房买卖合同，张某所签购房承诺书载明其知晓国务院及本市限购政策。2012年，张某以其不符合购房资格为由诉请解除合同，并要求沈某退还定金5万元。法院认为：限购政策不属于法律和行政法规范畴，故当事人不能以被限购不符合购房资格作为合同无效理由。如合同目的无法实现，可解除购房合同。一方当事人在应知或明知不符合购房条件下，仍签订买卖合同导致合同目的最终无法实现，属于违约行为，不能免除违约责任。本案中，张某与沈亮所签房屋买卖合同是双方真实意思表示，应严格遵守。根据张某签署购房承诺书事实，可认定其对国家和本市限购政策是知晓的，可以且应该根据限购政策判断其本人是否符合在本市购买房屋的条件，但由于张某故意隐瞒相关事实导致买卖合同无法继续履行，其无权要求沈某返还定金。由于买卖合同因张某违约无法继续履行，应予以解除。判决解除合同，定金不退。2011年**广东某合同纠纷案**，2010年9月8日，李某与林某、房产中介签订购房合同，约定李某按揭购买林某房产，并依约交付林某定金3万元、支付房产中介佣金2500元及办证费用962元。同年9月29日，银行信贷政策调整，李某以其不符合申请贷款条件为由诉请解除合同、返还相关费用。法院认为：最高人民法院《关于适用〈中华人民共和国合同法〉若干问题的解释（二）》第26条规定："合同成立以后客观情况发生了当事人在订立合同时无法预见的、非不可抗力造成的不属于商业风险的重大变化,继续履行合同对于一方当事人明显不公平或者不能实现合同目的,当事人请求人民法院变更或者解除合同的,人民法院应当根据公平原则,并结合案件的实际情况确定是否变更或者解除。”广东高院《关于银行房贷政策调整引起的房屋买卖合同纠纷适用法律问题的批复》(粤高法民一复字〔2010〕12 号　2010 年 11 月 15 日)指出:“银行房贷政策调整是政府为加强房地产交易进行的政策调控,该调控政策何时出台以及具体内容如何,均是当事人签订合同时无法预知。买受人确有证据证明因银行信贷政策调整而无法履行付款义务的……即买受人可以请求解除合同,出卖人应当将收受的购房款本金及其利息或者定金返还买受人。当然,如果当事人签订的买卖合同明确约定即使买受人无法获得银行贷款,也应承担继续履行支付房款义务的,不得因房贷政策调整而免除其违约责任……”本案中,房屋买卖合同签订后,银行信贷政策调整,改变了申请房贷条件和手续,该房贷政策变化出台及内容变化确系双方在签订合同时无法预知,不能仅以此前国务院针对各省、自治区、直辖市人民政府,国务院各部委、各直属机构下达的通知推定双方在合同签订时应知悉该政策。合同双方在真实善意基础上签订合同,且均积极准备履行合同,对合同无法继续履行均无过错。综上,房贷政策变化满足情势变更要件,本案可适用情势变更原则。根据情势变更原则,在合同目的无法实现情况下,当事人可请求解除合同,且案涉购房合同中并未约定“即使买受人无法获得银行贷款,也应承担继续履行支付房款义务”,故合同应予解除。购房合同签订后,房产中介收取李某支付的佣金和办证费。本案适用情势变更原则,购房合同被依法解除后,李某与房产中介之间的居间合同关系亦终止。李某和房产中介对合同无法继续履行均无过错,故本案适用公平责任原则,酌情确定李某和房产中介之间损失分担比例。本案李某虽不存在违约行为,不应承担违约责任,但林某对合同无法继续履行并无过错,且为签订和准备履行合同花费一定人力物力,此损失应由李某适当分担。更名手续系因林某自身过错导致房地产权证和国有土地使用权证中权利人姓名登记不一致,依政府规定而生的补正手续,与李某无关,由此产生相关费用应由林某自行承担;林某主张律师费系因林某自身需求而产生,并非必须发生费用,法院不予支持;至于林某主张其签订购房合同及商谈履约事宜产生的交通费,系林某为签订和准备履行合同而产生的合理费用,应由李某承担。判决解除案涉购房合同,林某返还李某定金 3 万元,房产中介返还李某佣金 2500 元及办证费用 962 元,李某支付林某损失费 680 元。2010 年**北京某房屋买卖合同纠纷案**,2010 年 4 月 11 日,史某与崔某签订房屋买卖合同,补充协议约定“如遇国家政策及银行政策调整,以国家政策及银行政策调整为准”。同年 4 月中下旬,国务院及本市出台限购政策及规定,史某遂以首付款、贷款条件、月供利率发生重大变化为由诉请解除合同、退还定金10万元。法院认为:案涉房屋买卖合同实际履行过程中,为遏制房价过快上涨,促进房地产市场平稳健康发展,市政府发布限购通知,依该规定,本案中史某为非本市人口,亦不能提供1年以上本市纳税证明或社会保险缴纳证明,故银行暂停发放购房贷款。国务院及本市上述规定出台,属于国家房地产宏观调控经济政策的重大调整,是双方当事人在签订合同时所无法预见和控制的,由此直接造成史某无法依约获得银行贷款以支付剩余购房款,进而导致合同履行障碍的严重后果,双方对此均无过错,如判决双方继续履行合同,由史某以现金或其他方式支付巨额购房款,既与合同约定不符,亦超出了史某履行能力,在结果上显失公平。至于补充协议中"如遇国家政策及银行政策调整,以国家政策及银行政策调整为准"约定,在合同解释上显然不足以涵盖本案发生情形,故本案属于法律规定的因不可归责于双方当事人的事由导致合同无法继续履行情形,判决解除买卖合同及补充协议,崔某返还10万元定金。2010年**福建某房屋买卖合同纠纷案**,2010年3月22日,纪某按揭购买开发公司商品房。同年5月出台的房产限购政策使纪某首付款增加50万余元,且诉讼期间出台限购政策禁止三套房购房人再按揭购房。纪某以认购书约定"因政府产业政策发生变化而导致本协议无法履行时,双方可解除本协议并免责"为由要求退还定金20万元,开发公司以认购书约定"买受人无条件接受银行批准的按揭成数和年限"为由拒绝退还致诉。法院认为:认购书系双方真实意思表示,属合法有效合同,对双方均具有约束力。当事人应依约履行自己义务,尊重对方权利。双方在认购书中约定,因政府产业政策发生变化而导致本协议无法履行时,双方可解除本协议并免责。诉讼前双方当事人因政府出台房地产新的政策规定,导致政府对购房按揭贷款比例进行限制,致使纪某首付款增加了50万余元,一定程度上造成了纪某履行能力不足。在诉讼期间,政府进一步出台房地产新的政策规定,家庭第三套房禁止银行按揭贷款,已致使纪某难以按双方所签认购书约定实现交易目的,符合双方在认购书中所约定的政府产业政策变化造成的无法履行情形,对此双方均无过错。判决开发公司返还纪某定金20万元及利息。2010年**北京某房屋买卖合同纠纷案**,2010年4月17日,刘某与开发公司签订商品房认购合同,约定贷款购房,刘某交纳定金、首付款各5万元。同日,北京市出台三套房禁止贷款政策。刘某以情势变更为由诉请解除合同、退还款项。法院认为:合同成立以后客观情况发生了当事人在订立合同时无法预见的、非不可抗力造成的不属于商业风险的重大变化,继续履行合同对于一方当事人明显不公或不能实现合同目的,当事人请求法院变更或解除合同的,法院应根据公平原则,并结合案件实际情况确定是否变更或解除。本案中,刘某与开发公司签订认购合同,约定以贷款方式购买房屋,后北京市颁布购置房屋政策,导致刘某无法通过贷款方式购买房屋。政府出台的房地产新政导致刘某无法通过贷款方式购买房屋的事实,属刘某与开发公司在签订认购合同时所无法预见,且该事由不可归责于双方当事人,现该合同已无法继续履行,刘某与开发公司均同意解除合同,法院不持异议。合同解除后,已履行的,根据履行情况和合同性质,当事人可要求恢复原状、采取其他补救措施,并有权要求赔偿损失。本案中,在发生导致合同无法继续履行的情势变更事由后,刘某暂时中止继续履行合同行为不构成违约。合同解除后,双方并无实际损失发生,现刘某要求退还定金及首付款诉请理由正当、证据充分,应予支持。判决开发公司返还刘某定金、首付款共10万元。2010年**北京某房屋买卖合同纠纷案**,2009年4月,金某为规避信贷政策,与董某签订借名购房协议后借董某名购买张某房屋。2010年,金某诉请过户,董某提出合同系以合法形式掩盖非法目的应为无效。法院认为:借名购房协议有关内容已明确显示董某、金某之间借名购房、办理贷款事实,董某亦在庭审中对借名买卖一事有过相应陈述。虽董某在审理期间提出异议,但依我国相关法律规范规定,诉讼过程中,当事人在起诉状、答辩状、陈述及其委托代理人代理词中承认的对己方不利的事实和认可的证据,法院应予确认,但当事人反悔并有相反证据足以推翻的除外。现董某未提供足以推翻其陈述的相反证据,故应确认金某提供证据的证明力,认定诉争房屋由金某购买,经协商后以董某名义另行签订购房贷款合同。金某认为其为真正购房人,其签有买卖合同,亦针对买卖合同进行了支付款项等实际履行行为,而董某则认为即使金某与购房人此前存在买卖关系,亦已将合同关系概括转移,自己为实际购房人,金某付款行为系董某与金某之间代付的债权债务关系。我国《民法通则》明确规定,民事行为应当意思表示真实。根据现有证据,金某曾作出过借用董某名义购房贷款的意思表示,董某未能提供充分证据证明金某曾作出过将购房权利义务转移给董某、双方之间就代付款另行成立债权债务的意思表示。依《合同法》有关规定,认定合同无效应依据效力性禁止性规范。本案诉争房屋购买、办理贷款之时,人民银行的部门规章规定商业银行贷款首付款比例和利率水平应随套数增加而大幅度提高。即金某、董某这种借名购房办贷规避银行信贷政策行为,规避的是首付款支付比例及利率水平。现董某认为金某不应获得诉争房屋所有权,法律依据不足,判决确认诉争房屋归金某所有,董某协助办理过户手续。2010年**广东某房屋买卖合同纠纷案**,2010年4月,梁某与胡某签订购房合同,约定胡某以42万元购买梁某房屋,定金2万元,过户时支付8万元,剩余32万元办完按揭后由银行支付给梁某。后因限购政策,贷款无法办理,胡某诉请解除合同、退还2万元定金。法院认为:本案银行未能向胡某提供32万元贷款,并最终导致胡某未能继续履行合同,胡某对此并无过错。依最高人民法院《关于适用〈中华人民共和国担保法〉若干问题的解释》第115条规定,《合同法》上的定金罚则实际上是对不履行合同的当事人一方的制裁,属一种民事责任方式,而民事责任以过错为原则,故除法律另有规定外,只有在合同因一方当事人过错造成不能履行或不完全履行时,才可适用定金罚则。涉案买卖合同并未明确约定即使胡某无法获得银行贷款,亦应承担继续履行支付房款义务、不得因房贷政策调整而免除其违约责任等内容。依合同约定,购房款中8万元应在银行审批同意贷款32万元后支付,余款32万元亦是在银行同意贷款后由银行直接支付给梁某,故双方约定付款和办理过户手续时间,均以银行同意贷款32万元给胡某为前提。由于国家房贷政策变动,银行未能以涉案房产为标的办理按揭并提供贷款32万元给胡某,导致房屋买卖合同不能履行,属不可归责于双方当事人的原因,双方均不存在过错,故本案不适用定金罚则。银行房贷政策调整是政府为加强房地产交易进行的政策调控,该调控政策何时出台以及具体内容如何,均是当事人签订合同时无法预知的。涉案合同虽签订于2010年4月12日,迟于国务院发出《国务院办公厅〈关于促进房地产市场平稳健康发展的通知〉》时间(2010年1月7日),但各地银行落实政策具体时间并不一致,故胡某无法取得银行贷款进而无法继续履行合同,不可归责于胡某,判决梁某返还胡某定金2万元。2014年**云南某房屋买卖合同纠纷案**,2008年,陈某与张某签订购房合同,双方依约付款、交房。2011年,张某以当地市政府出台限购政策为由,向陈某发出解约通知。2013年,陈某起诉张某,要求办理房屋过户手续。法院认为:当地政府限购政策仅规定购房人购房资格,未规定卖房人卖房条件,且双方买卖合同签订于当地政府出台限购政策前,陈某支付房款,张某已交付房屋,作为房屋出卖人,张某不应以对签订合同之后地方政府对购房人的限制而作为其不履行合同的理由,其应本着诚实信用原则积极履行合同义务。张某向陈某发出的解约通知所主张理由不属法定或约定理由,该通知书不发生法律效力,其主张合同已解除依法无据,判决张某协助陈某办理涉案房屋过户手续。2011年**山东某房屋买卖合同纠纷案**,2006年,因外地人购房无法办理贷款,包某遂以儿媳李某的妹妹李某琼名义按揭购房,三方对此私下签有协议。2011年,包某诉请确认其系案涉房屋实际购买人。法院认为:依《合同法》第52条第1款第5项规定,违反法律、行政法规强制性规定的,为无效合同。最高人民法院《关于适用〈中华人民共和国合同法〉若干问题的解释(二)》第14条进一步将此"强制性规定"限缩解释为"效力性强制性规定"。本案双方达成顶名协议目的系为规避金融机构关于按揭贷款的政策性规定,不属于违反法律、行政法规的规定,更不违反效力性强制性规定。根据合同自治原则,只要协议内容系双方当事人真实意思表示,未违反效力性强制性规定,签订过程中不存在欺诈、胁迫等手段的,协议应认定有效。案涉协议各方当事人虽存在规避金融机构关于按揭贷款政策性规定的合意,但从协议约定内容可知,双方不存在损害国家、集体、第三人利益的意图。事实上,协议签订后,包某严格按贷款合同约定还款时间及还款金额履行还款义务,未损害任何他人利益,故案涉协议亦不属因恶意串通损害国家、集体或第三人利益而无效的合同。双方所签顶名协议对顶名委托人、受托人、保证人身份及顶名事项作出明确约定,不能仅以案外人李某持有首付收据这一事实确认实际购房人。判决确认案涉房屋实际购买人为包某。2011 年**浙江某房屋买卖合同纠纷案**,2011 年 1 月,李某与黄某签订购房合同。同年 2 月 20 日,当地限购政策出台并于 2 月 23 日正式实施。2 月 22 日,双方相约提前办理过户登记手续,因李某尾款 120 万元未凑齐,又拒绝出具欠条,导致双方过户手续未办成。李某嗣后诉请解除合同并返还定金 15 万元。法院认为:依诚实信用原则,合同双方当事人均应诚实、善意、积极促进合同履行。案涉房屋买卖合同现因房产限购政策,确已无法履行,但直至限购政策出台前,该合同仍有履行可能。在限购政策出台后,双方明知合同履行将遇到风险,但若双方互相积极配合,仍能促使合同在限购政策正式施行前获得履行,避免风险发生。在双方共同前往办理过户手续时,李某明确拒绝于当日支付房款或出具欠条,属未积极、善意态度协助履行,导致合同未能在限购政策正式施行前获得履行,李某行为构成违约。因双方协商提前办理过户手续,时间紧迫,李某一时未能备足购房余款确属情况有变所致,且黄某同意出具欠条亦意味着同意李某稍后付款。李某付款义务系合同明确约定的积极义务,出具欠条只是李某对付款义务确认,并不代表其已履行。且若李某不出具欠条,李某付款义务仍可依合同确定,故在黄某允许李某 2 月 22 日之后付款且购房合同对李某付款义务有明确约定情况下,李某出具欠条与否意义不大,双方为此导致合同最终未能履行均有一定责任,且合同最终被解除系因限购政策影响,结合本案实际情况,依公平原则,判决黄某酌情返还李某定金 10 万元。2011 年 2 月 27 日**江苏某房屋买卖合同案**,法院认为:双方订立的商品房买卖合同合法有效。按合同约定,买方应按期支付房款,对于未按期支付的,应按合同承担违约责任;买方由于不能归责于卖方的原因而未能办理房屋贷款,从而导致其未能按期支付房屋余款,且在此情况下,也未与卖方另行协商支付,导致逾期付款超过 60 日,并直到 2010 年 11 月 17 日卖方作出解除合同函止仍未支付余款,买方的行为构成合同约定的违约,依照约定,卖方行使合同解除权符合法律规定,同时卖方要求买方按合同约定承担按累计应付款 383,447 元 5% 的违约金 19,172 元也符合法律规定。买方在未全面了解相关的贷款政策,在知道其存在贷款申请不能获得批准的可能下,未尽合理谨慎的注意义务,轻信可以获得贷款,而草率签订了买卖合同,对此,买方除应承担由此造成的违约金损失外,在今后的生活工作中,也应吸取教训,避免类似损失的发生。2010 年 12 月**广东某二手房买卖合同案**,法院认为:合同签订后,买方仅向卖方支付了定金 2 万元,并未按合同约定向卖方支付首期款,亦未向银行申请按揭贷款。买方称其在本市缴纳社保金不足 1 年,不符合银行贷款条件。对此本院认为,买方于 2009 年 7 月开始在本市缴纳社保金,至 2010 年 6 月已缴纳社保金满 1 年,此时买方已符合申请贷款条件，但买方在符合申请贷款条件后，仍未积极向银行申请按揭贷款，亦未支付首期款，其行为已构成了违约并超过合同约定的15日，根据合同约定卖方有权解除合同并没收买方已支付的定金。故对买方起诉要求卖方返还定金人民币2万元的诉讼请求本院不予支持。2010年9月**广东某二手房买卖合同案**，法院认为：本案的争议焦点在于买方未成功申请到银行按揭贷款支付房款是否需承担违约责任。买方认为国家出台了房产调控政策导致其贷款不能，属于合同约定的"因国家政策原因导致贷款有变，买卖双方应终止合同相关事宜"。对此本院认为，买方向卖方支付了定金5万元、向监管账户存入首期款人民币19万元后，向银行申请96万元的按揭贷款，银行已受理并在上报审批中，银行在审批过程中通知买方需增加8万元首付款，可贷款88万元，买方不同意，并申请退回了监管款，案涉购房总价款为110万元，银行可贷款金额88万元占合同房价的80%，银行并未要求买方提高首付比例。2010年4月17日国家房产调控政策公布后，买方所购房产建筑面积为88.83平方米，此种房产买卖情况并不在2010年4月17日的国家房产调控范围之内。可见，造成买方最终贷款不成功的原因非国家政策变化，而是买方未按银行的要求申请贷款所致。故对买方认为是国家出台房产调控政策导致买方贷款有变、合同应当终止的主张不予采纳。买方未按合同约定支付房款已构成根本违约，依双方合同约定，卖方可没收买方已支付的定金5万元，故对买方要求卖方返还5万元定金的诉讼请求，本院不予支持。2010年9月**浙江某二手房买卖合同案**，一审认为：双方订立的房屋买卖合同合法有效，双方均须按约履行。双方合同虽约定部分价款由买方申请银行按揭贷款支付，但亦明确约定因银行放贷政策或买方个人资信，无法申请按揭贷款时，买方应以现金支付；故房产新政对买方是否造成申请按揭贷款的限制，不成为买方拒绝履行合同的合理理由。买方请求解除合同，现因卖方亦同意解除合同，故法院准许双方解除合同。买方在双方约定的期限未按约支付价款，逾宽限期仍未履行付款义务，构成根本违约，依约须支付包括定金在内的违约金20万元。故买方请求退还定金，法院不予支持；卖方请求另行支付10万元违约金，法院予以支持。二审认为：本案双方当事人在合同违约责任中既约定不得退回已支付定金，又约定支付违约金10万元，该约定违反法律规定。买方不履行合同约定的债务，无权要求返还定金10万元，卖方反诉请求另行支付10万元违约金，本院不予支持。2010年7月**广东某二手房买卖合同案**，法院认为：双方签订的合同系当事人真实意思表示，未违反法律法规规定，合法有效。合同签订后因国务院颁布了《关于坚决遏制部分城市房价过快上涨的通知》，买方不能按约定金额申请贷款用于支付房款，导致合同无法继续履行，买方请求解除合同，应予准许。合同签订后，买方未依约在2010年4月15日前支付首期款18万元，构成违约，故其无权要求卖方返还定金。买方在反诉答辩时虽辩称中介公司期间曾通知其不用支付首期款,国务院颁布了《关于坚决遏制部分城市房价过快上涨的通知》,但买方未提交证据证明已变更首期款的支付时间或条件,且买方的违约行为发生在该通知颁布之前,对买方的辩解意见,法院不予采纳。合同约定在交付首期款之日起 3 日内办理完毕银行按揭,买方 2010 年 5 月 7 日向中介公司交款用于办理贷款申请,卖方亦与买方签订二手楼贷款转入账户确认书,应视为双方对买方申请银行按揭的时间重新进行了约定。在新的购房政策出台后买方仍积极申请银行按揭贷款,希望合同能继续履行,买方未按约支付首期款虽已违约,但买方违约的主观恶意不大,买方已承担无权要求卖方返还定金的违约责任,卖方仍选择要求买方承担合同中约定的较重的违约责任即要求买方承担成交价 20% 的违约金,有失公平,不予支持。

【同类案件处理要点】

限购、限贷、禁购等楼市调控政策导致当事人签订的房屋买卖合同履行受阻的,不属于商业风险或不可抗力,是否属于“情势变更”或“不可归责于当事人双方的事由”的情形,应结合购房合同签订与调控政策出台的时间先后,及调控政策对购房合同履行受阻产生的实质影响来确定违约责任承担。购房合同对违约情形有明确约定的,应依照约定处理。

【相关法律风险提示】

1. 购房人应对房屋限购政策有所了解,在签订合同前对自身是否符合购房条件以及购房合同约定的付款条件能否实现要有所判断,以免仓促交纳定金、签订合同(包括认购合同)。

2. 对房屋买卖过程中发生履行障碍的违约原因,“因不可归责于双方”与“因不可归责于甲方(乙方)”的表述,二者所产生的法律后果迥然不同,各方对违约情形尽量考虑周全。

3. 楼市调控政策造成房屋买卖合同履行受阻,购房人是否享有解除合同的正当理由,实践中对“直接影响合同履行”的严格甄断,仍需遵守《合同法》“鼓励交易”的基本原则。

4. 购房人确有证据证明其因银行房贷政策调整而无法履行付款义务,且合同未明确约定即使购房人无法获得银行贷款亦应承担继续履行合同义务的,可参照最高人民法院《关于审理商品房买卖合同纠纷案件适用法律若干问题的解释》第 23 条规定处理,允许当事人解除合同,购房人不承担违约责任。

5. 房地产调控中借名购房办贷规避银行信贷政策行为,规避的是首付款支付比例及利率水平,不因此导致合同无效。

6. 国家房地产政策调整使得购房人首付款比例及贷款政策发生变化，客观上强制改变了合同履行基础，造成房屋买卖合同履行障碍的严重后果，应认定属于法律规定的因不可归责于双方当事人的事由导致合同无法继续履行情形。

7. 购房人在应知或明知不符合购房条件下，仍签订买卖合同导致合同目的最终无法实现，属违约行为，不能免除违约责任。

8. 房屋买卖纠纷中，购房人在庭审中由“限购”对象转为适当购房主体时，限购政策不构成阻却合同继续履行的因素。

9. 相关房地产交易合同签订在地方政府对房地产市场调控政策发布后，故相关限制性政策不属于在签约时无法预见的客观情况，不构成不可抗力。

【附注】

参考案例索引：广东广州中院（2010）穗中法民五终字第3852号“郑某诉某开发公司房屋买卖合同纠纷上诉案”，法院判决解除认购书，开发公司返还购房款6.9万元及参照人民银行同期同类贷款利率标准，从2010年5月2日起计息；见《购房人因卖房人违约而遭遇限购政策，还能否请求合同继续履行》（《民事审判指导与参考》研究组），载《民事审判指导与参考·民事审判信箱》（201401/57:244）；最高人民法院（2019）最高法民终960号“三亚凯利投资有限公司、张伟男与海南碧桂园房地产开发有限公司、梁璐、西藏圣方投资有限公司、中国建设银行股份有限公司三亚分行确认合同效力纠纷案”，见《海南碧桂园房地产开发有限公司与三亚凯利投资有限公司、张某等确认合同效力纠纷案》（审判长高燕竹，审判员刘少阳、杨蕾），载《最高人民法院公报·裁判文书选登》（202102/292:17）；见《买受人能否解除限购政策影响的房屋买卖合同》（于蒙，最高院民一庭），载《民事审判指导与参考·指导性案例》（201202/50:120）；浙江宁波中院（2014）浙甬民二终字第559号“俞某与某开发公司商品房销售合同纠纷案”，见《俞建飞诉华润置地（宁波）发展有限公司商品房销售合同纠纷案——违反“限购令”的商品房销售合同仍然有效》（张远金），载《人民法院案例选》（201503/93:88）；北京一中院（2013）一中民终字第8594号“徐某与朱某房屋买卖合同纠纷案”，见《徐桂云与朱春婷房屋买卖合同纠纷案（住房“限购”政策下借名登记购房行为的效力及纠纷处理原则）》（张英周），载《中国审判案例要览》（2014民:276）；北京丰台区法院（2013）丰民初字第10504号“任某与吴某等房屋买卖合同纠纷案”，见《任长红诉吴迪等房屋买卖合同纠纷案（“国五条”重大误解、中介公司连带责任）》（李威娜、谭静琦），载《中国审判案例要览》（2014民:282）；福建厦门中院（2012）厦民终字第3202号“李某与马某房屋买卖合同纠纷案”，见《李丽卿与马晓虹房屋买卖合同纠纷案（房产调控政策对房屋买卖合同的影响）》（彭朝辉），载《中国审判案例要览》（2013民:

62);北京二中院(2012)二中民终字第16191号"张翼如与沈亮房屋买卖合同纠纷案",见《明知不符购房条件仍签购房合同者需承担违约责任》(石海朝),载《人民司法·案例》(201404:46);广东中山第一法院(2011)中一法民一初字第180号"李某与林某等合同纠纷案",见《李金容等诉林沛森等房屋买卖合同、居间合同案》(吴浩明、梁丹妮),载《中国审判案例要览》(2012民:261);北京二中院(2010)二中民终字第18830号"史某与崔某等房屋买卖合同纠纷案",见《史少伟诉崔剑侠、北京链家房地产经纪有限公司房屋买卖合同案(因情势变更致房屋买卖合同解除)》(王佳),载《中国审判案例要览》(2011民:192);福建厦门思明区法院(2010)思民初字第6447号"纪某与某开发公司房屋买卖合同纠纷案",见《纪玉美诉厦门翔安新城投资开发有限公司房屋买卖合同案(情势变更)》(张卫华),载《中国审判案例要览》(2011民:202);北京通州区法院(2010)通民初字第8817号"刘某与某开发公司房屋买卖合同纠纷案",见《刘鹏程诉北京亚通房地产开发有限责任公司买卖合同案(情势变更的效力)》(杜鹏),载《中国审判案例要览》(2011民:214);北京二中院(2010)二中民终字第19950号"金某与董某房屋买卖合同纠纷案",见《金姬善诉董金宝房屋买卖合同案(房地产调控中借名买房合同的效力认定)》(盛蔚),载《中国审判案例要览》(2011民:225);广东佛山中院(2010)佛中法民一终字第1761号"梁兆泉与胡广勋房地产买卖合同纠纷上诉案",见《国家房贷政策调整能否作为解除合同之依据》(金锦城、张雪洁),载《人民司法·案例》(201114:73);云南昆明中院(2014)昆民一终字第85号"陈某诉张某等房屋买卖合同纠纷案";山东东营河口区法院(2011)河民初字第406号"包某与孙某等房屋买卖合同纠纷案";浙江宁波中院(2011)浙甬民二终字第692号"李某诉黄某房屋买卖合同纠纷案";江苏常州新北区法院(2011)新民初字第308号"沈某等诉某开发公司房屋买卖合同纠纷案";广东深圳宝安区法院(2010)深宝法民三初字第1593号"黄某诉彭某房屋买卖合同纠纷案";广东深圳宝安区法院(2010)深宝法民三初字第971号"张某诉刘某房屋买卖合同纠纷案";浙江宁波中院(2010)浙甬民二终字第514号"邓某与孔某房屋买卖合同纠纷案";广东深圳宝安区法院(2010)深宝法民三初字第867号"陈某诉梁某等房屋买卖合同纠纷案"。

3. 一房二卖的法律后果

——一房卖二主，谁是所有人？

【一房二卖】

【案情简介及争议焦点】

1995年12月，李某将未办产权证的自有房屋以8000元价格售予冉某，冉某付款并居住1年后回老家生活，该房由李某以每月600元回租。2004年8月，李某与陈某签约，将该房以2万余元售予陈某。

争议焦点：1. 两份买卖合同效力？2. 案涉房屋所有权归属？

【裁判要点】

1. 合同效力。案涉两份房屋买卖合同系各方真实意思表示，均合法有效。李某虽已将诉争房屋转让给冉某，但未办产权过户登记手续，故不发生物权变动的法律效力。

2. 法律后果。因本案属一房二卖，且均未办过户登记，冉某与李某签约时间和交房及付款时间均在陈某之前，故争议房屋所有权依法应属于冉某，李某有协助冉某办理房屋产权过户手续的义务。陈某起诉要求李某继续履行房屋买卖合同的理由不成立，法院不予支持。

【裁判依据或参考】

1. 法律法规或其他规范性文件

（1）一般规定。《民法典》（2021年1月1日）第209条："不动产物权的设立、变更、转让和消灭，经依法登记，发生效力；未经登记，不发生效力，但是法律另有规定的除外。依法属于国家所有的自然资源，所有权可以不登记。"第210条："不动产登记，由不动产所在地的登记机构办理。国家对不动产实行统一登记制度。统一登记的范围、登记机构和登记办法，由法律、行政法规规定。"第211条："当事人申请登记，应当根据不同登记事项提供权属证明和不动产界址、面积等必要材料。"第212条："登记机构应当履行下列职责：（一）查验申请人提供的权属证明和其他必要材料；（二）就有关登记事项询问申请人；（三）如实、及时登记有关事项；（四）法律、行政法规规定的其他职责。申请登记的不动产的有关情况需要进一步证明的，登记机构可以要求申请人补充材料,必要时可以实地查看。"第213条:"登记机构不得有下列行为:(一)要求对不动产进行评估;(二)以年检等名义进行重复登记;(三)超出登记职责范围的其他行为。"第214条:"不动产物权的设立、变更、转让和消灭,依照法律规定应当登记的,自记载于不动产登记簿时发生效力。"第215条:"当事人之间订立有关设立、变更、转让和消灭不动产物权的合同,除法律另有规定或者当事人另有约定外,自合同成立时生效;未办理物权登记的,不影响合同效力。"第216条:"不动产登记簿是物权归属和内容的根据。不动产登记簿由登记机构管理。"第217条:"不动产权属证书是权利人享有该不动产物权的证明。不动产权属证书记载的事项,应当与不动产登记簿一致;记载不一致的,除有证据证明不动产登记簿确有错误外,以不动产登记簿为准。"第218条:"权利人、利害关系人可以申请查询、复制不动产登记资料,登记机构应当提供。"第219条:"利害关系人不得公开、非法使用权利人的不动产登记资料。"第220条:"权利人、利害关系人认为不动产登记簿记载的事项错误的,可以申请更正登记。不动产登记簿记载的权利人书面同意更正或者有证据证明登记确有错误的,登记机构应当予以更正。不动产登记簿记载的权利人不同意更正的,利害关系人可以申请异议登记。登记机构予以异议登记,申请人自异议登记之日起十五日内不提起诉讼的,异议登记失效。异议登记不当,造成权利人损害的,权利人可以向申请人请求损害赔偿。"第222条:"当事人提供虚假材料申请登记,造成他人损害的,应当承担赔偿责任。因登记错误,造成他人损害的,登记机构应当承担赔偿责任。登记机构赔偿后,可以向造成登记错误的人追偿。"第331条:"无处分权人将不动产或者动产转让给受让人的,所有权人有权追回;除法律另有规定外,符合下列情形的,受让人取得该不动产或者动产的所有权:(一)受让人受让该不动产或者动产时是善意;(二)以合理的价格转让;(三)转让的不动产或者动产依照法律规定应当登记的已经登记,不需要登记的已经交付给受让人。受让人依据前款规定取得不动产或者动产的所有权的,原所有权人有权向无处分权人请求损害赔偿。当事人善意取得其他物权的,参照适用前两款规定。"**《物权法》**(2007年10月1日,已于2021年1月1日起失效)第9条第1款:"不动产物权的设立、变更、转让和消灭,经依法登记,发生效力;未经登记,不发生效力,但法律另有规定的除外。"第14条:"不动产物权的设立、变更、转让和消灭,依照法律规定应当登记的,自记载于不动产登记簿时发生效力。"第15条:"当事人之间订立有关设立、变更、转让和消灭不动产物权的合同,除法律另有规定或者合同另有约定外,自合同成立时生效;未办理物权登记的,不影响合同效力。"第16条:"不动产登记簿是物权归属和内容的根据。不动产登记簿由登记机构管理。"第17条:"不动产权属证书是权利人享有该不动产物权的证明。不动产权属证书记载的事项,应当与不动产登记簿一致;记载不一致的,除有证据证明不动产登记簿确有错误外,以不动产登记簿为准。”第 19 条:“权利人、利害关系人认为不动产登记簿记载的事项错误的,可以申请更正登记。不动产登记簿记载的权利人书面同意更正或者有证据证明登记确有错误的,登记机构应当予以更正。不动产登记簿记载的权利人不同意更正的,利害关系人可以申请异议登记。登记机构予以异议登记的,申请人在异议登记之日起十五日内不起诉,异议登记失效。异议登记不当,造成权利人损害的,权利人可以向申请人请求损害赔偿。”第 20 条:“当事人签订买卖房屋或者其他不动产物权的协议,为保障将来实现物权,按照约定可以向登记机构申请预告登记。预告登记后,未经预告登记的权利人同意,处分该不动产的,不发生物权效力。预告登记后,债权消灭或者自能够进行不动产登记之日起三个月内未申请登记的,预告登记失效。”第 106 条:“无处分权人将不动产或者动产转让给受让人的,所有权人有权追回;除法律另有规定外,符合下列情形的,受让人取得该不动产或者动产的所有权:(一)受让人受让该不动产或者动产时是善意的;(二)以合理的价格转让;(三)转让的不动产或者动产依照法律规定应当登记的已经登记,不需要登记的已经交付给受让人。受让人依照前款规定取得不动产或者动产的所有权的,原所有权人有权向无处分权人请求赔偿损失。当事人善意取得其他物权的,参照前两款规定。”**《合同法》**(1999 年 10 月 1 日,已于 2021 年 1 月 1 日起失效)第 49 条:“行为人没有代理权、超越代理权或者代理权终止后以被代理人名义订立合同,相对人有理由相信行为人有代理权的,该代理行为有效。”第 51 条:“无处分权的人处分他人财产,经权利人追认或者无处分权的人订立合同后取得处分权的,该合同有效。”最高人民法院**《第八次全国法院民事商事审判工作会议(民事部分)纪要》**(2016 年 11 月 30 日)第 15 条:“审理一房数卖纠纷案件时,如果数份合同均有效且买受人均要求履行合同的,一般应按照已经办理房屋所有权变更登记、合法占有房屋以及合同履行情况、买卖合同成立先后等顺序确定权利保护顺位。但恶意办理登记的买受人,其权利不能优先于已经合法占有该房屋的买受人。对买卖合同的成立时间,应综合主管机关备案时间、合同载明的签订时间以及其他证据确定。”最高人民法院民一庭负责人**《关于当前民事审判工作中的若干具体问题》**(2015 年 12 月 24 日)第 2 条:“……第二,注意区分不动产登记的内部和外部效力。不动产物权变动是法律行为及其他法律事实的产物,不是登记机关登记行为的产物,不动产物权登记是不动产物权变动的‘要件’而非‘原因’。不能因为法律将登记作为物权变动的生效要件,而错误地认为财产权是登记机关赋予的。对发生争议的不动产物权归属的最终判断,不能唯登记论,应当依赖于对物权变动原因的法律事实的审查。第三,正确处理程序问题。要澄清和纠正实践中涉及不动产物权因登记取得和变动的诉讼只能通过行政诉讼解决的错误观念,应将不动产物权归属及民事基础法律关系等争议,依法作为民事案件审理。同时，要注意新修改的行政诉讼法有关行政和民事交叉诉讼制度的安排，对已经在行政诉讼中受理了相关民事争议，当事人又另行提起民事诉讼，依法不予受理。”最高人民法院**《关于人民法院办理执行异议和复议案件若干问题的规定（2020年修改）》**（2021年1月1日　法释〔2020〕21号）第28条：“金钱债权执行中，买受人对登记在被执行人名下的不动产提出异议，符合下列情形且其权利能够排除执行的，人民法院应予支持：（一）在人民法院查封之前已签订合法有效的书面买卖合同；（二）在人民法院查封之前已合法占有该不动产；（三）已支付全部价款，或者已按照合同约定支付部分价款且将剩余价款按照人民法院的要求交付执行；（四）非因买受人自身原因未办理过户登记。”最高人民法院**《2015年全国民事审判工作会议纪要》**（2015年4月19日）第27条：“在审理一房数卖案件纠纷时，如果数份合同均为有效且各买受人均要求履行合同，一般应按照已经办理房屋所有权变更登记、合法占有房屋以及买卖合同成立先后等顺序确定权利保护顺位。恶意串通先行办理登记的买受人，其权利不能优先于已经合法占有该房屋的买受人；变更登记、合法占有发生在预告登记有效期内，登记权利人或占有人的权利不能对抗预告登记权利人。对于买卖合同的成立时间，应综合合同在主管机关的备案时间、合同载明的签订时间以及其他证据证明的合同签订时间等因素进行确定。”最高人民法院**《2011年全国民事审判工作会议纪要》**（2011年6月）第10条：“被拆迁人依法享有的拆迁安置补偿权利具有物权属性，在产生权利冲突时，优先于其他权利。”第16条：“数份房屋买卖合同均为合法有效且各买受人均要求履行合同的，应按照已经办理房屋所有权移转登记、合法占有房屋以及买卖合同成立先后等顺序确定权利保护顺位。确定买卖合同成立时间，应综合考虑合同再主管机关备案的时间、合同载明的签订时间以及其他证据证明的合同签订时间等。预告登记期间内，未经预告登记的权利人同意，房屋所有权人所为的处分行为，不得对抗预告登记权利人。”最高人民法院**《关于适用〈中华人民共和国合同法〉若干问题的解释（二）》**（2009年5月13日　法释〔2009〕5号，已于2021年1月1日起失效）第15条：“出卖人就同一标的物订立多重买卖合同，合同均不具有合同法第五十二条规定的无效情形，买受人因不能按照合同约定取得标的物所有权，请求追究出卖人违约责任的，人民法院应予支持。”最高人民法院**《关于贯彻执行〈中华人民共和国民法通则〉若干问题的意见（试行）》**［1988年4月2日　法（办）发〔1988〕6号，已于2021年1月1日起失效］第89条：“共同共有人对共有财产享有共同的权利，承担共同的义务。在共同共有关系存续期间，部分共有人擅自处分共有财产的，一般认定无效。但第三人善意、有偿取得该财产的，应当维护第三人的合法权益；对其他共有人的损失，由擅自处分共有财产的人赔偿。”

（2）二手房“一房二卖”。天津高院**《关于审理房屋买卖合同纠纷案件若干问**

题的审判委员会纪要》(2018年11月26日　津高法〔2018〕230号)第2条:“二手房买卖相关问题……(一)关于合同效力的认定问题……当事人之间就同一房屋先后签订数份买卖合同,因该数份合同中对于房屋价款、履行方式、履行期限等实质性内容约定不一致而产生争议的,应当综合考虑合同实际履行情况、同类房屋市场交易价格等因素,按照公平和诚信原则、确定当事人的真实意思表示。”广东高院**《印发〈关于审理房屋买卖合同纠纷案件的指引〉的通知》**(2017年9月12日　粤高法〔2017〕191号,已于2020年12月31日经粤高法〔2020〕132号废止)第24条:“出卖人就同一房屋签订多重买卖合同,在买卖合同均有效的情况下,买受人均要求继续履行合同的,一般应当按照下列情形分别处理:(一)先行办理房屋所有权转移登记的买受人请求确认所有权已经转移的,应予支持;(二)均未办理房屋所有权转移登记,先行办理房屋所有权转移预告登记的买受人在预告登记有效期内请求继续履行合同的,应予支持;(三)均无上述履行行为,先行接受商品房交付的买受人请求继续履行合同的,应予支持;(四)均无上述履行行为,登记机关已经受理其房屋所有权转移登记申请的买受人请求继续履行合同的,应予支持;(五)均无上述履行行为,先行办理网上签约或者商品房预售合同备案的买受人请求继续履行合同的,应予支持;(六)均无上述履行行为,先行依约支付价款的买受人请求继续履行合同的,应予支持;(七)均无上述履行行为,成立在先合同的买受人请求继续履行合同的,应予支持。恶意抢先办理所有权转移登记或者预告登记的买受人,不能优先于已经合法占有房屋的买受人。在房屋查封期间占有房屋的买受人,其权利不能对抗申请查封房屋的买受人。对买卖合同的成立时间,应当综合主管机关备案时间、合同载明的签订时间以及其他证据等因素进行确定。人民法院在审理房屋买卖合同纠纷案件时,查明还存在其他买卖合同关系的,应当通知其他买受人作为第三人参加诉讼。原告的诉讼请求明显不能成立,或者案件争议焦点不涉及原告与第三人权利先后顺序的,可以不通知该第三人。”第46条:“一房数卖合同的效力如何认定?买受人与出卖人之间订立的房屋买卖合同不存在《中华人民共和国合同法》第五十二条所列无效情形,当事人以出卖人一房数卖损害其合法权益为由,主张出卖人与他人订立的买卖合同无效的,不予支持。”第48条:“一房数卖情况下如何确定履行顺位?人民法院在审理房屋买卖合同纠纷案件中涉及一房数卖的,应当根据当事人的申请或者依职权通知其他已知的买受人作为第三人参加诉讼。第三人提出独立诉讼请求,人民法院应当与原告的诉讼请求合并进行审理并作出判决。数份合同均有效且买受人均要求履行合同的,一般应按照已经办理房屋所有权变更登记、合法占有房屋以及合同履行情况、买卖合同成立先后等顺序确定权利保护顺位。但恶意办理登记的买受人,其权利不能优先于已经合法占有该房屋的买受人。对买卖合同的成立时间,应综合主管机关备案时间、合同载明的签订时间、付款时间以及其他证据确定。拆迁人与被拆迁人按照所有权调换形式订立拆迁补偿安置协议,明确约定拆迁人以位置、用途特定的房屋对被拆迁人予以补偿安置,如果拆迁人将该补偿安置房屋另行出卖给第三人,被拆迁人请求优先取得补偿安置房屋的,应予支持。”北京高院(单国军庭长)**《关于审理城镇房屋买卖合同案件适用法律若干问题的调研报告》**(2017年2月5日):“……关于‘一房数卖’的处理。实践中,出卖人受利益驱动将同一房屋转让给多人的情形屡见不鲜。关于合同效力,除合同具有《合同法》第52条规定的无效情形外,各房屋买卖合同均为有效。关于合同如何履行的问题,如果其中一个买受人已经办理了转移登记,取得了房屋所有权,而其他买受人享有是要求办理房屋转移登记的合同债权,依据物权优先于债权的原则,已经取得房屋所有权的买受人应当优先得到保护。对于各买受人均未办理转移登记的,如何确定合同的履行顺序?有观点认为,由于各个买受人享有的均是合同债权,依据债权平等性的原则,到底由谁取得房屋的所有权以及履行哪个合同,应当由出卖人自主选择决定。我们认为,上述观点有其道理,在纠纷未进入诉讼的情况下,出卖人有权根据自己的意愿选择合同履行的相对方,但在其中有的买受人已经提起诉讼的情况下,出卖人的选择权应当受到限制,合同如何履行应由法院依据公平合理的原则予以判断。一般情况下,已经实际合法占有房屋的买受人,其权利对外有一定的公示性,应当优先得到保护;均未合法占有房屋的,由于实际情况比较复杂,应由法院综合考虑各买受人实际付款数额的多少及先后、是否办理了网签、合同成立的先后等因素予以确定。”北京高院**《关于审理房屋买卖合同纠纷案件若干疑难问题的会议纪要》**(2014年12月16日　京高法发〔2014〕489号)第16条:“一房数卖中的数个买受人均要求继续履行房屋买卖合同的,应当依据《全国民事审判工作会议纪要》第二部分第(二)方面、《北京市高级人民法院关于审理房屋买卖合同纠纷案件适用法律若干问题的指导意见(试行)》第13条的规定确定权利保护顺位。在房屋查封期间占有房屋的买受人,其权利不能对抗在先查封房屋的买受人;办理商品房预售合同备案或房屋网签手续买受人的权利,不能对抗合法占有房屋的买受人。买受人要求办理房屋过户登记的案件中,法院应当告知其可以申请对房屋采取保全措施,法院在必要时可以在查封房屋处张贴封条或者公告,并提取保存有关财产权证照。”广东深圳中院**《关于房屋买卖合同纠纷案件的裁判指引》**(2014年8月28日修订)第15条:“出卖人就同一房屋与同一买受人分别签订两份买卖合同,合同对房屋价款、履行方式、履行期限等实质性内容约定不一致,当事人对此存在争议的,应当综合考虑合同签订的时间先后、合同的实际履行情况、同类房屋的市场价格等因素认定当事人的真实意思表示,确定合同的内容。【说明】旨在明确阴阳合同内容不一致情况下确定合同内容的规则。在二手房交易市场,买卖双方通过签订‘阴阳合同’逃避税款的情况较为常见。

就阴阳合同的内容来说,除明确约定逃避税款的条款外,其他条款可以认定有效。对于阴阳合同中约定不一致的内容,应当根据当事人的真实意思表示来认定。当事人为逃避税款,递交备案的合同(阳合同)中的价款一般都会比阴合同中的价款低很多,阴合同中规定的价款一般才是当事人的真实意思表示。在这种情况下,只需认定阴合同中的价款是当事人的真实意思表示即可,阳合同中的价款因为不是当事人的真实意思表示,对当事人没有约束力,对该条款进行效力判断也就失去了意义。”第26条:“出卖人就同一房屋订立多重买卖合同,在买卖合同均有效的情况下,买受人均要求实际履行合同的,人民法院按照以下情形分别处理:(一)当事人已经办理房屋权属移转登记,其他买受人请求确认支持其对该房屋享有所有权的,不予支持;(二)当事人尚未办理权属移转登记,已先行依据合同占有房屋的买受人请求出卖人继续履行并协助办理房屋权属移转登记的,可予支持;(三)当事人尚未办理房屋权属移转登记及转移房屋占有,支付价款时间在先的买受人请求出卖人继续履行并协助办理房屋权属移转登记的,可予支持;(四)当事人尚未办理房屋权属移转登记及转移房屋占有,亦未支付价款的,依法成立在先合同的买受人请求出卖人履行合同义务的,可予支持。前款情形下,买受人因未能按约取得房屋所有权,向出卖人主张承担违约责任的,人民法院可予支持。【说明】旨在解决一房数卖的处理问题。根据《物权法》第九条‘不动产物权的设立、变更、转让和消灭,经依法登记,发生效力;未经登记,不发生效力,但法律另有规定的除外。’第十四条‘不动产物权的设立、变更、转让和消灭,依照法律规定应当登记的,自记载于不动产登记簿时发生效力。’第十七条‘不动产权属证书是权利人享有该不动产物权的证明。不动产权属证书记载的事项,应当与不动产登记簿一致;记载不一致的,除有证据证明不动产登记簿确有错误外,以不动产登记簿为准。’因此,基于法律行为的不动产物权变动生效要件有两个:一、生效的法律行为,即买卖合同合法有效(包括处分权完整,不存在效力待定情形);二、依法办理不动产登记。在房屋买卖合同中,只有同时具备此条件,房屋所有权才发生转移。因此,已办理登记手续的买受人理应成为第一顺位人。本指引参考了《最高人民法院关于审理涉及国有土地使用权合同纠纷案件适用法律问题的解释》第十条有关土地使用权一物数卖的处理规则,将其范围扩大至不动产范畴,以更有效解决一房数卖问题,并兼顾不动产法律规则的一致性。本指引还参考了《买卖合同司法解释》中有关动产一物数卖履行顺序的规定。交易的安全性是商品买卖的重要基础,依据对物的占有程度和权利行使程度,司法解释对于动产一物数卖的履行顺序作出如下规定:(1)先行受领交付的买受人;(2)先行支付价款的买受人;(3)依法成立在先合同的买受人。这一履行顺序具有合理性,在司法实践中已经得到检验。本条既明确了权利行使优先顺序,也综合考虑到无过错方的合法权益。原房屋所有权人多次转卖房屋的,其他买受人可以追究出卖人的违约责任。”广东高院**《关于印发〈全省民事审判工作会议纪要〉的通知》**(2012年6月26日　粤高法〔2012〕240号,已于2020年12月31日经粤高法〔2020〕132号废止)第10条:“在二手房交易中,出卖人在订立房屋买卖合同后,又将房屋出卖给第三人,无法取得房屋的买受人请求解除合同,并要求出卖人赔偿房屋差价损失、履约费用等损失的,可予支持。但买受人依据最高人民法院《关于审理商品房买卖合同纠纷案件适用法律若干问题的解释》第八条的规定,要求出卖人承担不超过已付购房款一倍的赔偿责任的,不予支持。”安徽高院**《关于审理房屋买卖合同纠纷案件适用法律问题的指导意见》**(2012年3月5日)第11条:“当事人之间就同一房屋分别签订数份买卖合同,因该数份合同中关于房屋价款、履行方式、履行期限等实质性内容的约定不一致而产生争议的,人民法院应当综合考虑合同签订时间的先后、实际履行情况、同类房屋市场交易价等因素,确定当事人的真实意思,认定应予履行的合同。”山东高院**《2011年民事审判工作会议纪要》**(2011年11月30日　鲁高法〔2011〕297号)第1条:“……在一房多卖的案件中,要分别根据登记、占有、价款交付以及合同成立的时间等确定房屋所有权的归属。在房屋拆迁补偿纠纷中,要重视拆迁补偿权利的特殊性,合理解决与其他民事权利的冲突。要合理协调物权关系和合同关系,正确认识物权变动与合同效力的不同功能,贯彻落实好不动产物权变动的原因与结果相区分的原则,从维护市场交易安全出发,一般不宜轻易否定物权转让合同的效力,切实保护守约一方的合法权益,维护市场经济条件下交易的基本规则。对于当前司法实践中比较典型的共有物单方处分、一物多卖等合同效力,在依法认定合同有效的同时,要通过违约责任等制度实现当事人之间利益的平衡。”河南郑州中院**《关于审理房屋纠纷民事案件适用法律问题的若干意见(征求意见稿)》**(2011年7月5日)第7条:“出卖人就同一房屋分别签订数份买卖合同,合同均为有效的,买受人要求继续履行,原则上按照以下顺序确定应当继续履行的合同:(一)已经办理房屋所有权转移登记的,但另一买受人已履行合同付款义务并已先行合法占有房屋较长时间的除外;(二)均未办理房屋所有权转移登记,已经实际合法占有房屋的;(三)均未办理房屋所有权登记,又未合法占有房屋,应综合考虑合同成立的先后、各买受人付款数额的多少等因素,公平合理的,予以确定。”山东临沂中院**《关于印发〈临沂市中级人民法院关于审理民事案件的若干指导意见(试行)〉的通知》**(2011年3月29日　临中法〔2011〕55号)第5条:“……7.‘一房数卖’的,数个合同如均有效,其履行有效次序按下列原则进行:(1)先办理登记手续的买受人取得商品房的所有权;(2)均未办理产权过户登记手续的,先行占有的买卖人取得房产所有权;(3)均未办理登记也未占有的,签订在先的合同应优先得到履行;(4)合同未得到履行的,买房人可以通过违约赔偿等方式主张权利;(5)在合作建房中,合作各方均就同一房屋进行销售的,应就合作各方是否有权销售进行审查。”北京高院**《关于审理房屋买卖合同纠纷案件适用法律若干问题的指导意见(试行)》**(2010年12月22日　京高法发〔2010〕458号)第13条:“出卖人就同一房屋分别签订数份买卖合同,在合同均为有效的前提下,买受人均要求继续履行合同的,原则上应按照以下顺序确定履行合同的买受人:(1)已经办理房屋所有权转移登记的;(2)均未办理房屋所有权转移登记,已经实际合法占有房屋的;(3)均未办理房屋所有权转移登记,又未合法占有房屋,应综合考虑各买受人实际付款数额的多少及先后、是否办理了网签、合同成立的先后等因素,公平合理的予以确定。买受人中之一人起诉要求出卖人继续履行买卖合同,出卖人以房屋已转让给他人为由提出抗辩的,法院可以根据案件具体情况决定是否追加其他买受人作为第三人参加诉讼;其他买受人另行提起诉讼要求继续履行合同的,应当依据前款原则协调处理。”第18条:“《物权法》第一百零六条规定的房屋的无权处分主要包括以下情形:(1)权利人基于非依法律行为的物权变动取得房屋所有权,但未办理宣示登记,房屋登记在他人名下,登记人擅自以自己名义处分房屋的;(2)因房屋登记机关登记错误,致使房屋登记簿上记载的原所有权消灭,产生了新的登记权利,登记人擅自以自己名义处分房屋的;(3)夫妻共同共有及其他法定共有房屋仅登记在其中部分共有人名下,登记人未经占份额三分之二以上的按份共有人或全体共同共有人同意,擅自以自己名义处分房屋的;(4)出卖人转让房屋并办理了所有权转移登记,其后买卖合同被确认无效或被撤销、解除,尚未办理所有权回复登记,登记人(买受人)擅自以自己名义处分房屋的;(5)其他无权处分房屋的情形。”第19条:“《物权法》第一百零六条第一款规定在适用上应作如下理解:(1)房屋善意取得中‘善意’的判断标准:买受人信赖房屋登记簿中关于物权登记的记载,不知道出卖人无处分权即推定买受人为善意,但确有证据证明买受人明知或因重大过失不知房屋登记簿中物权登记错误或者登记簿中存在异议登记的除外。房屋原权利人对于买受人为恶意负有举证责任。(2)‘以合理的价格转让’是指买卖双方之间存在以合理价格转让房屋的交易行为,且买受人已实际全部或部分支付了房屋价款。(3)房屋善意取得以房屋所有权已经转移登记到买受人名下为生效要件。房屋已经办理转移登记但尚未交付的不影响善意取得的构成,但该事实可以作为判断买受人是否构成善意的因素之一。”浙江高院**《关于审理涉及房地产登记民事案件若干问题的意见(试行)》**(2009年4月16日　浙法民一〔2009〕3号)第11条:“城市房屋经多次转手买卖,均未办理过户登记手续,最后一手买受人起诉前手出卖人,要求协助办理过户登记手续的,应当将登记权利人列为第三人参加诉讼,并可判决其协助办理过户登记手续。对于参与中间流转的其他出卖人,可视案情需要追加为第三人。”第20条:“当事人签订买卖房屋或者其他不动产物权的协议,为保障将来实现物权,按照约定可以向登记机构申请预告登记。预告登记后,未经预告登记的权利人同意,处分该不动产的,不发生物权效力。预告登记后,债权消灭或者自能够进行不动产登记之日起三个月内未申请登记的,预告登记失效。”广东深圳中院**《关于审理二手房买卖合同纠纷案件若干问题的指导意见(初稿)》**(2009年7月)第4条:“房屋所有权人一房数卖,后手房地产买卖合同不能因订立时间在后而被认定为无效。房屋所有权人作为转让方就同一房屋订立数个转让合同,在转让合同有效的情况下,受让方均要求履行合同的,按照以下情形分别处理:(1)已经办理房地产权转移登记手续的受让方,请求转让方交付房屋等合同义务的,应予支持;(2)均未办理房地产权转移登记手续,已先行合法占有房屋的受让方请求转让方履行房地产权转移登记等合同义务的,应予支持;(3)均未办理房屋变更登记手续,又未合法占有房屋,先行支付房屋转让款的受让方请求转让方履行交付房屋和办理房地产权转移登记等合同义务的,应予支持;(4)合同均未履行,依法成立在先的合同受让方请求履行合同的,应予支持。未能取得房屋所有权的受让方请求解除合同、赔偿损失的,按照《中华人民共和国合同法》的有关规定处理。”第21条:“买受人违约,出卖人请求解除合同,但买受人已将房屋转让给他人的,应通知次买受人作为第三人参加诉讼。如次买受人属于善意第三人,驳回出卖人关于解除合同的诉讼请求,出卖人可另行主张买受人承担违约责任。”广东深圳中院**《关于审理商品房买卖纠纷案件若干问题的指导意见(试行)》**(2009年)第13条:“在商品房预售合同纠纷中,卖方(发展商)的行为符合最高人民法院《关于审理商品房买卖合同纠纷案件适用法律若干问题的解释》第八条、第九条规定的五种情形之一的,如买方诉请的惩罚性赔偿数额不超过已付购房款的一倍,法院均应支持。买方明确要求卖方给予已付购房款一倍的惩罚性赔偿的,法院一般亦应予以支持,而不能随意调低。”内蒙古包头中院**《关于印发关于审理城镇房屋买卖纠纷案件相关问题的处理意见》**(2008年8月5日)第1条:“‘一房多卖’问题。1.一房被卖于数人,买受人均未办理过户登记手续也未交付房屋的,应当支持合同签订在先的买受人要求继续履行合同的请求。出卖人如对后买受人存在欺诈行为的,后买受人可依据法律规定请求变更、撤销合同或要求出卖人承担违约责任。2.前买受人与后买受人均未办理过户登记,但其中一方已善意占有使用房屋的,应当支持占有方继续履行合同并办理过户登记的请求。3.前买受人与后买受人均未占有房屋,但其中一方已办理过户登记,应当支持登记方对房屋所有权的请求。4.前买受人已实际占有房屋,后买受人办理了过户,如前买受人已对房屋进行了公开、善意的占有和使用,比如装修、居住或出租等,那么返还房屋不符合经济上的效益性,还可能引起新的纷争。这种情况下,应保护前买受人先行占有的事实状态。‘占有使用’本身具有公示的作用,按照常情常理,后买受人对前买受人已使用的状况应当是了解的,出卖人与后买受人的买卖行为可认定为恶意串通,其买卖合同及过户行为无效；即使后买受人确为善意，但因房屋已被他人合法占有，后买受人不能实际取得房屋，其过户行为已没有实际意义，后买受人可追究出卖人的违约责任。如出卖人对后买受人存在欺诈行为，后买受人也可依据法律规定请求变更、撤销合同或要求出卖人承担违约责任。”湖南高院**《关于房屋买卖、租赁纠纷案件适用法律问题的指导意见（试行）》**（2008年1月21日）第4条：“出卖人以同一房屋与数人签订的房屋买卖合同都有效时，一般按以下顺序确定房屋所有权人：（1）已经办理房屋产权过户登记手续的；（2）在均未办理房屋产权过户登记手续的情况下，已经办理预告登记手续的；（3）均未办理房屋产权过户登记、预告登记手续的，应综合考虑是否实际使用、添附、交付房款多少、签订合同时间先后等因素，公平合理确定所有权人。对未能取得房屋所有权的买受人，出卖人应承担民事责任。”上海高院**《关于审理“二手房”买卖案件若干问题的解答》**（2005年12月16日）第2条：“审判实践中，经常遇到房屋共有人以其他共有人擅自处分共有财产为由，主张其他共有人对外签订的‘二手房’买卖合同无效。对此问题，应区别不同的情形分别处理。一是房屋出售时，权利登记仅为出卖人一人的，基于不动产的公示、公信原则，买受人有理由相信出卖人系房屋的完全权利人，其与出卖人之间签订的买卖合同，应认定为有效；但如有证据证明买受人存有过错，与出卖人恶意串通，损害其他共有人利益的除外。二是房屋出售时，权利登记为数人的，基于部分共同共有人不得擅自处分共有财产的法律规定，在其他权利人事后不予追认的情况下，应认定买卖合同无效；但买受人有理由相信出卖人有代理权，符合表见代理构成要件的，应确认买卖合同有效。”第3条：“房屋权利人个人购买所得的房屋，配偶或其他亲属因婚姻或亲属关系形成了同住事实，房屋所有权人有义务保障其居住权益，但该权益的存在并不构成对房屋所有权人处分房屋的限制。因此，未经在房屋内共同居住的其他成员同意并不影响房屋所有权人对外签订的房屋买卖合同的效力。”辽宁沈阳中院**《关于审理房地产案件若干问题的处理意见（之二）》**（2004年12月2日　沈中法〔2004〕31号）第14条：“关于‘一房二卖’合同的效力。‘一房二卖’包括两种情况：（1）出卖人已将房屋交付并转移所有权给第一个买受人（已办理了房产证）后，又签订买卖合同出卖该房屋。在这种情况下，前一个房屋买卖合同已生效并履行，出卖人再与他人签订房屋买卖合同属于无权处分，按无权处分的规定处理，第二个买卖合同为效力待定合同。（2）出卖人尚未将房屋所有权转移给前买受人之前，又将该房屋出卖。根据现行法律、法规及司法解释的相关规定，两个买卖合同均应是有效合同。我国《民法通则》第七十二条、《合同法》第一百三十三条规定，标的物的所有权自标的物交付时起转移，但法律另有规定或者当事人另有约定的除外。另据《城市房地产管理法》第六十条及《城市房地产开发经营管理条例》等法律法规规定，房屋所有权的转移、变更应当办理登记。依此规定，我国房屋所有权移转以登记为准。据此,出卖人尚未将房屋所有权转移(即办理转移登记手续)给买受人之前,又将该房屋出卖,后一个合同亦属有效合同。合同标的物归属一般按以下原则处理:①已办理房屋产权过户登记手续的买受人取得房屋所有权。②均未办理过户手续的,已接受交付的买受人取得房屋所有权。出卖人对另一合同相对人承担不能履行的违约责任,并赔偿相当损失。”江苏高院**《房屋买卖合同纠纷案件疑难问题法律适用研讨会综述》**(2004 年 11 月 27 日)第 2 条:“……关于‘一房两卖’纠纷中确定房屋产权归属的原则。‘一物二卖’的问题,是一个在实践中经常会发生的问题。‘一房两卖’的问题,即是其中一例。与会代表认为,只要不动产权利登记在出卖人名下,不论其出卖了几次,几个买卖合同都是有效的。若出卖人与后一买受人恶意串通,损害前一买受人利益的,则后一买卖合同应当确认为无效合同,由前一买受人取得房屋的所有权;若出卖人的后一出卖行为具备撤销权行使条件的,则前一买受人也可以行使债权人的撤销权,以保全其得以向出卖人主张的房屋交付请求权。在数个买卖合同均有效的前提下,出卖人‘一房两卖’甚至多卖的,若数个买受人均未办理产权过户登记手续,当其都要求实际履行合同、交付房屋时,如何处理?根据什么原则确定房屋产权的归属?一种意见认为,应当结合一定的事实因素或者一定的社会政策来判断:如果数个买受人中,已经有人占有了该房屋并进行了装修添附,那么可以决定由占有的买受人取得房屋的所有权。这是经济效益原则的体现。如果买受人都没有实际占有房屋的,那么应由第一个订立买卖合同的买受人取得所有权。这是诚实信用原则的体现。另一种意见认为,到底由谁取得房屋的所有权,应当由出卖人决定,即由出卖人选择向谁交付。这是意思自由原则的要求与体现,而且出卖人作出的这一选择,是以其将向其他未被选择的买受人承担违约责任为代价的,因此,对出卖人的这一选择,没有理由不予尊重。这一原则,可以概括为出卖人自由选择交付原则。”

(3)商品房“一房二卖”。《合同法》(1999 年 10 月 1 日,已于 2021 年 1 月 1 日起失效)第 113 条:“……经营者对消费者提供商品或者服务有欺诈行为的,依照《中华人民共和国消费者权益保护法》的规定承担损害赔偿责任。”**《消费者权益保护法》**(1994 年 1 月 1 日　2013 年 10 月 25 日修改,2014 年 3 月 15 日起施行)第 55 条:“经营者提供商品或者服务有欺诈行为的,应当按照消费者的要求增加赔偿其受到的损失,增加赔偿的金额为消费者购买商品的价款或者接受服务的费用的三倍;增加赔偿的金额不足五百元的,为五百元。法律另有规定的,依照其规定。经营者明知商品或者服务存在缺陷,仍然向消费者提供,造成消费者或者其他受害人死亡或者健康严重损害的,受害人有权要求经营者依照本法第四十九条、第五十一条等法律规定赔偿损失,并有权要求所受损失二倍以下的惩罚性赔偿。”最高人民法院**《关于审理商品房买卖合同纠纷案件适用法律若干问题的解释(2020 年修**

改)》(2021 年 1 月 1 日　法释〔2020〕17 号)第 6 条:“当事人以商品房预售合同未按照法律、行政法规规定办理登记备案手续为由,请求确认合同无效的,不予支持。当事人约定以办理登记备案手续为商品房预售合同生效条件的,从其约定,但当事人一方已经履行主要义务,对方接受的除外。”第 7 条:“买受人以出卖人与第三人恶意串通,另行订立商品房买卖合同并将房屋交付使用,导致其无法取得房屋为由,请求确认出卖人与第三人订立的商品房买卖合同无效的,应予支持。”最高人民法院**《关于审理房地产管理法施行前房地产开发经营案件若干问题的解答》**(1995 年 12 月 27 日　法发〔1996〕2 号,2013 年 1 月 18 日起经法释〔2013〕2 号废止)第 27 条:“预售商品房合同签订后,预购方尚未取得房屋所有权证之前,预售方未经预购方同意,又就同一预售商品房与他人签订预售合同的,应认定后一个预售合同无效;如后一个合同的预购方已取得房屋所有权证的,可认定后一个合同有效,但预售方给前一个合同的预购方造成损失的,应承担相应的民事责任。”建设部**《商品房销售管理办法》**(2001 年 6 月 1 日)第 10 条:“房地产开发企业不得在未解除商品房买卖合同前,将作为合同标的物的商品房再行销售给他人。”江苏高院**《关于审理房地产合同纠纷案件若干问题的解答》**(2018 年 6 月 26 日　审委会会议纪要〔2018〕3 号)第 26 条:“商品房一房数卖的顺位如何确定?出卖人就同一商品房订立数个房屋买卖合同,数个房屋买卖合同均有效,买受人均要求履行合同的,按照以下情形分别处理:(1)已经办理商品房预售合同预告登记的买受人,请求履行合同的,应予支持。但买受人自能够进行房屋权属登记之日起三个月内未申请登记的除外。(2)均未办理商品房预售合同预告登记的,先行合法占有房屋的买受人,请求履行合同的,应予支持。(3)均未办理商品房预售合同预告登记,亦未合法占有房屋,先行支付全部购房款的买受人,请求履行合同的,应予支持。(4)均未办理商品房预售合同预告登记,合同也均未履行的,合同成立在先的买受人,请求履行合同的,应予支持。”第 19 条:“一房数卖的处理。一房数卖情形下,数份商品房买卖合同均有效且买受人均要求履行商品房买卖合同的,按下列原则处理:一般应按照已经办理商品房所有权登记、合法占有房屋以及商品房买卖合间履行情况、商品房买卖合同成立先后等顺序确定权利保护顺位。但恶意办理产权登记的买受人,其权利不能优先于已经合法占有该商品房的买受人。买卖合同约定的商品房权属证书的,不子支持。买受人要求出卖人承担相应速约责任的,应予支持。对商品房买卖合同的成立时间,应综合主管机关备案时间、商品房买卖合同载明的签订时间以及其他证据确定。”第 26 条:“房屋涨价损失与惩罚性赔偿的并用。出卖人具有《最高人民法院关于审理商品房买卖合同纠纷件适用法律若干问题的解释》第八条、第九条规定的违约情形,导致商品房买卖合同解除,买受人要求同时赔偿房屋涨价损失和不超过已付购房款一倍损失的,可予支持,但当事人另有约定的除外。

出卖人有证据证明两项赔偿数额相加过分高于买受人所受实际损失的,可以酌情降低赔偿总额。”江苏高院**《关于审理消费者权益保护纠纷案件若干问题的讨论纪要》**(2016年12月12日　审委会〔2016〕10号)第7条:“商品房买卖合同的买受人以出卖人实施欺诈行为为由,要求依照《消费者权益保护法》第五十五条规定请求三倍赔偿的,人民法院不予支持。相关争议应当按照《最高人民法院关于审理商品房买卖合同纠纷案件适用法律若干问题的解释》第九条规定进行处理,买受人可以请求出卖人承担不超过已付购房款一倍的赔偿责任。”广东高院**《关于印发〈全省民事审判工作会议纪要〉的通知》**(2012年6月26日　粤高法〔2012〕240号,已于2020年12月31日经粤高法〔2020〕132号废止)第9条:“在审理一房数卖纠纷案件时,如果数份合同均为有效且各买受人均要求履行合同,一般应按照已经办理房屋所有权变更登记、合法占有房屋以及买卖合同成立先后等顺序确定权利保护顺位。恶意办理登记的买受人,其权利不能优先于已经合法占有该房屋的买受人;变更登记、合法占有发生在预告登记有效期内的,登记权利人或占有人的权利不能对抗预告登记权利人。对于买卖合同的成立时间,应综合合同在主管机关的备案时间、合同载明的签订时间以及其他证据证明的合同签订时间等因素进行确定。”安徽高院**《关于审理房屋买卖合同纠纷案件适用法律问题的指导意见》**(2012年3月5日)第3条:“出卖人就同一房屋分别与数个买受人签订买卖合同,在合同均为有效且买受人均主张出卖人履行合同转移房屋所有权的情况下,一般应按照以下顺序确定买受人的权利保护顺位:(1)已经办理房屋所有权转移登记的;(2)已经办理房屋所有权转移预告登记或合同备案手续的;(3)已经合法占有房屋的;(4)合同实际履行在先的;(5)均未履行,合同成立在先的。签订房屋买卖合同在先的买受人已经合法占有了房屋,出卖人又与后买受人签订合同并办理了房屋所有权转移登记,除非先买受人能够举证证明后买受人在签订合同及办理房屋所有权转移登记时知道或应当知道房屋已被其他买受人先行占有,仍应优先保护已经办理了房屋所有权转移登记的买受人。”河南郑州中院**《关于审理房屋纠纷民事案件适用法律问题的若干意见(征求意见稿)》**(2011年7月5日)第7条:“出卖人就同一房屋分别签订数份买卖合同,合同均为有效的,买受人要求继续履行,原则上按照以下顺序确定应当继续履行的合同:(一)已经办理房屋所有权转移登记的,但另一买受人已履行合同付款义务并已先行合法占有房屋较长时间的除外;(二)均未办理房屋所有权转移登记,已经实际合法占有房屋的;(三)均未办理房屋所有权登记,又未合法占有房屋,应综合考虑合同成立的先后、各买受人付款数额的多少等因素,公平合理的,予以确定。”第9条:“商品房及其以外的房产转让合同有效的,出卖人在订立合同后又将该房屋出卖给第三人或抵押给第三人的,导致买受人的合同目的不能实现的,买受人可以请求解除合同、返还相关款项、赔偿损失,并可以请求出卖人承担不超过已付款项一倍的赔偿责任。”浙江杭州中院民一庭**《关于审理建设工程及房屋相关纠纷案件若干实务问题的解答》**(2010 年 11 月 1 日)第 2.4 条:“在商品房‘一房二卖’的案件中,合同均合法有效,也均未办理过户登记,但其中一位受让人已先行‘合法占有’,现未能占有房屋的当事人起诉要求依法过户登记,应如何处理? 答:对此可以参照省高院《关于审理涉及房地产登记民事案件若干问题的意见(试行)》第八条的精神处理,即:1. 已经办理过商品房预售合同登记备案的买受人,请求履行合同的,应予以支持;2. 均已或均未办理商品房预售合同登记备案,已先行合法占有房屋的买受人,请求履行合同的,应予支持;3. 均已或均未办理商品房预售合同登记备案,亦未合法占有房屋,先行支付购房款的买受人,请求履行合同的,应予支持;4. 均已或均未办理商品房预售合同登记备案,合同均未履行,合同登记备案在先或成立在先的买受人,请求履行合同的,应予支持。未能取得房屋的买受人请求解除合同的,按照《中华人民共和国合同法》、最高人民法院《关于审理商品房买卖合同纠纷案件适用法律若干问题的解释》的有关规定处理。”浙江温州中院民四庭**《审理商品房买卖合同纠纷案件中遇到的疑难问题的意见》**(2010 年 4 月 30 日)第 8 条:“因出卖人的原因致使商品房买卖合同未能订立,买受人请求双倍返还定金后,还可就其信赖利益的损失要求赔偿。但买受人要求赔偿其房屋涨价损失的,不予支持。”第 9 条:“买受人根据《解释》第八条、第九条的规定,要求出卖人赔偿损失的,可以选择房屋涨价损失或者不超过已付购房款一倍中的一项适用。”第 10 条:“买受人依据《解释》第八条、第九条的规定,要求出卖人承担不超过已付购房款一倍的赔偿责任,一般应予支持。出卖人请求减少的,人民法院可以结合案件的具体情况,决定是否予以适当减少,但原则上不得低于已付购房款的 50%。”第 11 条:“具有《解释》第八条、第九条规定的五种情形的,买受人依照《消费者权益保护法》的规定,要求出卖人承担惩罚性赔偿责任,人民法院不予支持。”浙江高院**《关于审理涉及房地产登记民事案件若干问题的意见(试行)》**(2010 年 4 月 16 日 浙法民一〔2009〕3 号)第 8 条:“商品房开发企业就同一商品房订立数个预售合同,在预售合同有效的情况下,买受人均要求履行合同的,按照以下情形分别处理:(一)已经办理过商品房预售合同登记备案的买受人,请求履行合同的,应予支持;(二)均已或均未办理商品房预售合同登记备案,已先行合法占有房屋的买受人,请求履行合同的,应予支持;(三)均已或均未办理商品房预售合同登记备案,亦未合法占有房屋,先行支付购房款的买受人,请求履行合同的,应予支持;(四)均已或均未办理商品房预售合同登记备案,合同均未履行,合同登记备案在先或成立在先的买受人,请求履行合同的,应予支持。未能取得房屋的买受人请求解除合同的,按照《中华人民共和国合同法》、最高人民法院《关于审理商品房买卖合同纠纷案件适用法律若干问题的解释》的有关规定处理。”第 11 条:“城市房屋经多次转手买卖,均未办理过户登记手续,最后一手买受人起诉前手出卖人,要求协助办理过户登记手续的,应当将登记权利人列为第三人参加诉讼,并可判决其协助办理过户登记手续。对于参与中间流转的其他出卖人,可视案情需要追加为第三人。”山东临沂中院**《民事审判工作座谈会纪要》**(2009 年 11 月 10 日　临中法〔2009〕109 号)第 4.4 条:“关于商品房数次买卖的处理问题。关于‘一房数卖’合同的履行问题,应区分以下三种情况:(1)先办理商品房登记手续的买受人取得商品房的所有权。因房屋的过户登记是物权变更范畴,既然已过户,房屋的产权人就已发生变更,再要求原房主履行合同已不可能,应按物权公示及对抗性原理,确认已登记过户的房屋实际履行的效力,而排除其他合同的履行。(2)出卖人先行交付的买受人取得商品房的所有权。如两份合同均未办理登记,其中一份合同已将标的物房屋交付,也就是其中一份合同已得到实际履行,这种履行体现了卖房人的意愿,也是合法履行,应当遵从合同的实际履行原则,维护已完成的交易。(3)两份合同均未办理登记且标的房屋尚未交付的情况,属于两份合同均处于未实际履行的状态,签订在先的合同应优先得到履行,合同未得到履行的买房人可以通过违约赔偿等方式主张权利。”浙江高院**《关于审理涉及房地产登记民事案件若干问题的意见(试行)》**(2009 年 4 月 16 日　浙法民一〔2009〕3 号)第 8 条:“商品房开发企业就同一商品房订立数个预售合同,在预售合同有效的情况下,买受人均要求履行合同的,按照以下情形分别处理:(一)已经办理过商品房预售合同登记备案的买受人,请求履行合同的,应予支持;(二)均已或均未办理商品房预售合同登记备案,已先行合法占有房屋的买受人,请求履行合同的,应予支持;(三)均已或均未办理商品房预售合同登记备案,亦未合法占有房屋,先行支付购房款的买受人,请求履行合同的,应予支持;(四)均已或均未办理商品房预售合同登记备案,合同均未履行,合同登记备案在先或成立在先的买受人,请求履行合同的,应予支持。未能取得房屋的买受人请求解除合同的,按照《中华人民共和国合同法》、最高人民法院《关于审理商品房买卖合同纠纷案件适用法律若干问题的解释》的有关规定处理。”广东广州中院**《关于商品房预售合同纠纷统一处理做法》**(2009 年 2 月 19 日)第 1 条:“《商品房买卖合同》订立后,出卖人又将房屋出卖给第三人的,应如何适用《司法解释》第八条?答:买受人主张出卖人承担不超过已付购房款一倍的赔偿责任的,原则上予以支持;根据案件的具体情况确需酌情降低的,不宜低于已付购房款的 50%。”福建高院**《关于审理商品房买卖合同纠纷案件疑难问题的解答》**(2008 年 7 月 25 日)第 4 条:“问:《商品房买卖合同司法解释》第八条、第九条规定,出卖人恶意违约和欺诈的,买受人可以请求出卖人承担不超过已付购房款一倍的赔偿责任。具体赔偿数额是依买受人的主张确定,还是由法院行使自由裁量权确定?答:买受人主张不超过已付购房款一倍的赔偿数额的,一般应予支持。但由此造成双方当事人利益明显失衡，出卖人要求减少的，人民法院可以根据案件的具体情况，予以适当减少。”第5条：“问：因出卖人违约而解除商品房买卖合同，买受人请求赔偿损失的，赔偿范围如何确定？买受人能否要求赔偿房屋涨价的损失？如果买受人只交付部分购房款，赔偿数额是否应予减少？答：因出卖人违约导致合同无法继续履行，买受人被迫解除合同后，请求出卖人赔偿其房屋涨价损失的，应予支持。但买受人为签订和履行该合同所支出的费用，系获得房屋涨价利益的成本，因此，买受人同时请求赔偿房屋涨价损失和为签订及履行该合同所支出的费用的，不应同时予以支持。买受人未交清全部购房款的，不影响其主张因解除合同而应获得的损失赔偿。出卖人违约不导致合同无法继续履行，买受人可以选择继续履行或者解除合同。如果买受人请求解除合同，则无权要求赔偿房屋涨价的损失，损失赔偿额仅以信赖利益为限。”第6条：“问：出卖人具有《商品房买卖合同司法解释》第八条规定的违约情形，导致商品房买卖合同目的不能实现，无法取得房屋的买受人解除合同后，同时请求出卖人赔偿房屋涨价损失和不超过已付购房款一倍的赔偿责任的，应当如何处理？答：买受人同时请求出卖人赔偿房屋涨价损失和承担不超过一倍购房款的赔偿责任的，应当支持两者中赔偿数额更高的诉讼请求。”第7条：“问：商品房买卖合同纠纷中，出卖人欺诈的，买受人能否请求按《福建省房屋消费者权益保护条例》的规定予以双倍赔偿？答：出卖人承担惩罚性赔偿责任应以《商品房买卖合同司法解释》第八条、第九条列举的五种情形导致合同被确认无效或者被撤销、解除为限。”山东潍坊中院《**民事审判工作会议纪要**》(2008年)第5条：“……4.关于商品房数次买卖的处理问题。关于‘一房数卖’合同的履行问题，应区分以下三种情况：(1)先办理商品房登记手续的买受人取得商品房的所有权。因房屋的过户登记是物权变更范畴，既然已过户，房屋的产权人就已发生变更，再要求原房主履行合同已不可能，应按物权公示及对抗性原理，确认已登记过户的房屋实际履行的效力，而排除其他合同的履行。(2)出卖人先行交付的买受人取得商品房的所有权。如两份合同均未办理登记，其中一份合同已将标的物房屋交付，也就是其中一份合同已得到实际履行，这种履行体现了卖房人的意愿，也是合法履行，应当遵从合同的实际履行原则，维护已完成的交易。(3)两份合同均未办理登记且标的房屋尚未交付的情况，属于两份合同均处于未实际履行的状态，应当以签订在先的合同优先得到履行为优先履行判定标准。合同未得到履行的买房人可以通过从卖房人处得到的违约赔偿来补救合同未实际履行所产生的后果。”重庆高院《**关于当前民事审判若干法律问题的指导意见**》(2007年11月22日)第38条：“一房多卖情形的处理。出卖人将商品房数次出卖所签订的合同，只要不违反法律的禁止性规定，均是有效合同。不能履行的，依法承担违约责任。在此情形下，先办理商品房登记手续的买受人取得商品房的所有权；未进行房屋产权登记但开发商已交付的，已经合法取得商品房的买受人取得商品房的所有权,但出卖人和买受人之间恶意串通的除外;既未登记,又未合法占有商品房的,先行支付购房款的买受人取得商品房的所有权;如果合同均未履行,依法成立在先的买卖合同的买受人履行合同的请求应予以支持。"山东高院**《关于印发〈全省民事审判工作座谈会纪要〉的通知》**(2005年11月23日　鲁高法〔2005〕201号)第5条:"……(二)关于商品房数次买卖的处理问题。当前我国民事立法采用的是债权形式主义的物权变动模式,即当事人之间存在着有效的债权合同并办理了交付或者登记手续,才能产生物权变动的法律效果。出卖人将商品房数次出卖所签订的合同,不违反法律的禁止性规定,均应当是有效的合同。在此情形下,先办理商品房登记手续的买受人取得商品房的所有权;其次是出卖人先行交付,买受人已经合法取得商品房的买受人取得商品房的所有权,但出卖人和买受人之间恶意串通的除外;如果数买受人均未占有房屋,依法成立在先的买卖合同的买受人请求履行合同的请求应予以支持。"江苏高院**《"房屋买卖合同纠纷案件疑难问题法律适用"研讨会综述》**(2004年11月27日)第1条:"……3.关于确定惩罚性赔偿责任的因素。《解释》第八条、第九条针对五种欺诈和违约程度突出的情形规定了惩罚性赔偿责任。即除了返还已付购房款及利息,赔偿实际损失外,买受人于特定情形下可以请求出卖人承担不超过已付购房款一倍的赔偿责任。由于房屋价值巨大,为了避免双方当事人之间的利益明显失衡,《解释》又将具体的惩罚幅度交给处理具体案件的法官掌握。《解释》确定的惩罚性赔偿涉及法官自由裁量权的行使,虽然难以统一具体尺度,但可以确定一些参考的因素。与会代表认为,仅仅考量出卖人(开发商)的主观恶性程度是不够的。因为既然可以适用惩罚性赔偿责任,本身即已说明了出卖人的'主观恶性'极为严重,再分其轻重而定其责任,已没有实际意义;再者,在依法应当承担民事责任的前提下,责任人的'主观恶性'如何,一般并不影响责任的轻重程度——对责任的轻重具有决定性影响的,是损害后果。因此,在确定惩罚性赔偿责任时,还应该考虑以下几个因素:出卖人有无减责或者免责的事由,包括法律上的和道德上的事由;出卖人因欺诈性交易的获利情况;买受人的受损情况;双方当事人的经济状况;等等。与会代表还认为,由于惩罚性赔偿责任的确定涉及法官的自由裁量权,为了维护司法权威和裁判的公信力,如果一审裁判没有重大利益失衡的,二审法院一般不宜改判。"

2. 参考案例

(1)二手房"一房二卖"。2011年**内蒙古某确认纠纷案**,2002年,依佟某申请,执行法院裁定被执行人王某依房屋买卖合同生效判决过户给佟某。2003年,王某又将该房出售给刘某,房管局依申请为刘某办理了产权证。佟某诉请撤销该行政行为。法院认为:对本案王某与佟某房屋买卖合同不应按一般债权债务关系处理。

生效确权判决不仅对本案双方当事人具有约束力,对外同样具有公示作用,产生公信力。现行《物权法》亦规定,法院法律文书导致物权变更的,自法律文书生效时发生法律效力,故在房屋已具有合法所有权人情况下,房产局再依据刘某申请办理房屋产权证,该具体行政行为在作出时所依据主要证据不充足,应予撤销。2017 年**四川某房屋买卖合同纠纷案**,2010 年,刘某委托房产中介员工张某将房屋以 286 万元价格售予王某。王某委托张某代办过户过程中,张某伪造产权证交予王某,并在随后将房屋以 240 万余元售予陈某,并以房屋出租给外国人为由拒绝陈某看房。陈某办理房产证后,诉请王某腾房。张某因犯合同诈骗罪被判处有期徒刑 13 年。法院认为:《物权法》第 33 条规定:"因物权的归属、内容发生争议的,利害关系人可以请求确认权利。"最高人民法院《关于适用〈中华人民共和国物权法〉若干问题的解释(一)》第 2 条规定:"当事人有证据证明不动产登记簿的记载与真实权利状态不符、其为该不动产物权的真实权利人,请求确认其享有物权的,应予支持。"本案中,虽然陈某持有房屋产权证,但王某享有依《物权法》第 33 条规定就不动产权属证书登记错误请求确认物权归属、内容争议的权利。生效刑事判决已确认王某为合法权利人,陈某为受害人并有权获得罪犯非法所得的退还,故陈某持有产权证登记错误,已不能证明诉争房屋为陈某所有。依《物权法》第 17 条规定,应支持刑事判决对房屋已归王某所有的认定。最高人民法院《关于适用〈中华人民共和国物权法〉若干问题的解释(一)》第 15 条规定:"受让人受让不动产或者动产时,不知道转让人无处分权,且无重大过失的,应当认定受让人为善意。真实权利人主张受让人不构成善意的,应当承担举证证明责任。"依该司法解释第 19 条规定,"合理的价格",应根据转让标的物性质、数量及付款方式等具体情况,参考转让时交易地市场价格及交易习惯等因素综合认定。本案中,陈某在王某购房后近两年来实际支付房款 240 万余元,在房屋价格上涨趋势下,相对王某支付的房款,应非支付合理对价,故不构成善意取得。判决确认诉争房屋归王某所有。2013 年**北京某房屋买卖合同纠纷案**,2007 年,徐某购买刘某房屋并支付 100 万元房款,约定尾款 38 万元待过户后支付。2011 年,刘某将该房以 352 万元价格将该房售予姜某。2013 年,徐某诉请刘某返还购房款并赔偿差价损失。法院认为:依法成立的合同受法律保护,双方均应依约履行。刘某与徐某签有收条,承诺将涉案房屋出售给徐某,并将涉案房屋交付徐某使用。该收条已具备了拟购房屋基本状况、价款数额、价款支付方式等合同主要内容,可认定刘某与徐某已形成买卖合同关系。后刘某将涉案房屋另行出售,导致其与徐某的房屋买卖合同无法继续履行。刘某上述行为构成根本违约,应承担相应违约责任。考虑到刘某违约行为恶劣性质及主观过错,判决确认徐某与刘某所签合同有效、刘某返还徐某购房款 100 万元同时,判令刘某将涉案房屋另行出售所得的差价款 214 万元全部赔偿给徐某。2013 年**北京某房屋买卖合**

同纠纷案,2007 年,刘某将名下房产以 138 万元价格售予徐某,刘某出具 100 万元的售房款收条。2011 年,刘某又将前述房产以 352 万元价格售予姜某并办理过户手续。法院认为:依法成立的合同受法律保护,双方均应依约履行。刘某与徐某签有收条,承诺将涉案房屋出售给徐某,并将涉案房屋交付徐某使用,双方确已形成买卖合同关系。后刘某将涉案房屋另行出售,导致其与徐某买卖合同履行不能,刘某存在根本违约行为,应承担相应违约责任。刘某收取徐某购房款 100 万元应予退还,同时考虑到刘某违约行为恶劣性质及主观过错,法院判令其将涉案房屋另行出售所得差价款 214 万元全部赔偿给徐某。对徐某关于利息及装修损失和房租损失请求,考虑到上述赔偿已足以弥补其损失,法院对其该部分请求不予支持。判决确认徐某与刘某所签购房合同有效,刘某返还徐某房款 100 万元并赔偿徐某差价损失 214 万元。2012 年**江苏某房屋买卖合同纠纷案**,2009 年,沈某与徐某签订房屋买卖合同。徐某依此交付定金 2 万元。其后,徐某以沈某此前就该房屋与陆某签订买卖合同且陆某实际入住为由,中止付款并要回定金。沈某遂向徐某发出解约通知。双方成诉。法院认为:民事活动应遵循自愿、平等、诚实信用原则。本案中,诉争房屋原所有权人沈某在已与案外人陆某订立"房产使用、变更协议书"情况下,又与徐某另行订立房屋买卖合同,其一房二卖行为违反了诚实信用原则。因徐某发现房屋内有陆某居住,且陆某已与沈某签订协议并发生价款支付,其有理由相信房屋现状足以影响其与沈某之间合同目的的实现,故徐某收回已支付定金。该行为系行使不安抗辩权的行为表示,并不构成违约。从形式要件来看,一房二卖情形下两份合同均为有效,但卖房者最终只能选择履行其中一份合同。在徐某对买卖房屋现状提出异议并行使不安抗辩权前提下,沈某并未积极消除业已存在的令合同相对人不安之情形并履行相应告知义务,而是单方面通知徐某解除合同,故沈某主张徐某违约并要求对方支付违约金理由不能成立,判决驳回沈某诉请及徐某反诉请求。2010 年**北京某房屋买卖合同纠纷案**,2010 年,彭某与吕某签订售房合同并收取 2 万元定金后,又转卖给李某并为交付、办理网签。法院认为:吕某与彭某所签售房合同依法成立并生效。彭某其后与李某所签售房合同亦属于双方当事人真实意思表示,且不违反法律强制性规定,该合同亦依法成立并生效。对于第三人李某要求撤销前一售房合同诉请,法院依法不予支持。因第三人李某已支付购房首付款,并实际办理了房屋交付手续,李某实际履行了合同主要义务,且该义务大于吕某所履行义务,在吕某、李某与彭某均未办理产权登记情况下,彭某应继续履行与李某的房屋买卖合同,协助李某办理过户手续。吕某与彭某所签售房合同无法继续履行,应予解除。吕某积极给付彭某首付款,彭某拒不接受,故吕某并无违约情形。彭某在与吕某房屋买卖合同履行期间又将房屋另售李某,彭某对吕某构成违约,应承担违约责任,判决解除吕某与彭某所签售房合同、彭某继续履行与李某售房合同、彭某为李某办理过户手续并返还吕某定金同时,酌定彭某支付吕某违约金9万元。2010年**北京某房屋买卖合同纠纷案**,2007年5月,徐某通过房产中介售房给陈某。同年7月,徐某以陈某未依约在评估后3日内将首付款打入银行专用账户为由将房屋另售予他人。两年后,该房已升值40万余元。2009年,陈某诉请徐某双倍返还定金4万元并赔偿房屋差价损失40万余元。法院认为:徐某、陈某及房产中介三方所签居间服务合同合法有效。徐某虽存在迟延支付首付款行为,但其陈述的未在3日内支付首付款理由符合常理。徐某于2007年6月1日将首付款存入专用账户,于2007年7月3日获得银行贷款,该迟延履行行为并未严重到致使合同目的无法实现,亦不属于双方约定的解除合同情形,故陈某在未与徐某解除合同情况下,直接将房屋另行出售并办理完毕房屋过户手续行为构成严重违约,陈某应就此对给徐某造成的损失承担赔偿责任。合同约定房价款、房地产抵押评估报告及2009年9月15日评估报告,可确定房屋确实存在差价损失。由于该损失系因陈某违背诚实信用原则,将涉案房屋一房二卖所致,故陈某应就该差价损失给予合理赔偿。就具体赔偿数额,考虑到徐某在履行合同中确有迟延履行情况及合同其他具体履行情况,参考上述评估报告,酌情予以判处。关于双倍返还定金,根据合同约定,该定金性质为履约定金。在已判令陈某赔偿损失情况下,不再判令其承担双倍返还定金责任,仅判令其承担返还责任。判决陈某返还徐某定金2万元并赔偿徐某损失12万元。2008年**山东某房屋租赁合同纠纷案**,2003年,许某承租李某门面房。2008年,双方协商由许某以20万元购买该房。其后,因第三人冯某支付24万元购买该房并办理过户、许某拒绝腾房,李某起诉。法院认为:前一买卖合同未办理过户登记,故房屋所有权仍保留在卖方手中,卖方当然享有包括处分权在内的所有权四项权能。后一买卖合同亦有效,但因前后两买卖合同标的同一,房屋只能实际交付一个买方。冯某基于合法有效的合同并办理了过户登记手续,所取得房屋所有权合法有效,应受法律保护。自李某与许某买房合同成立之日起,租赁关系解除,李某不得再行主张租金请求权。但自诉争房屋售出过户前,房屋所有权仍属李某,租赁合同解除,但许某实际占有李某房屋进行经营,导致李某不能对房屋进行使用,应比照租赁合同中租金约定由许某给付李某实际使用费,租金数额按上一年度年租金7000元进行计算。判决确认前后两房屋买卖合同均有效,许某腾房并向李某支付房屋使用费。2007年**广东某房屋买卖合同纠纷案**,2004年,喻某以30万余元市场价购买李某房屋。2007年,李某以19万余元将该房再转卖第三人田某。2009年,喻某诉请确认李某与田某所签合同无效、李某继续履行与喻某所签合同。法院认为:合同签订后,喻某依约履行合同义务,支付了除押金以外的首付款及以代替李某归还银行贷款的方式支付了其余款项。在涉案房屋取得商品房地产证时,李某应依合同约定将涉案房屋产权过户给喻某,但李某却将涉案房屋出卖给第三人且将产权过户给第三人,李某"一房二卖"行为已构成违约。恶意串通表现为表意人与相对人以恶意通谋实施某种行为,损害国家、集体或第三人利益并从中受益。依《合同法》第52条第2项规定,恶意串通,损害国家、集体或者第三人利益的合同无效。在李某与第三人交易过程中,存在诸多不合理之处。首先,李某与第三人交易价格明显不合理低于市场价。其次,购买房屋对于一般人而言是一个较为重大决定,而第三人在签订买卖合同前仅到涉案房屋外看过一次,甚至未进入房屋内部进行实地考察或详细了解,这种未探究房屋真实情况而作出决定行为,显然不符合一般人购买房屋的常情常理。再次,李某与第三人之间近20万元的资金往来,全部为现金支付,第三人筹集款项、其丈夫筹集款项、李某收到款项后的资金流向,仅有当事人陈述而无其他证据与之印证,诸多款项往来均无相应银行交易记录,在日常经济生活中实属罕见,李某及第三人解释亦较为牵强。综上,上述现象和证据已形成证据链,可达到证明第三人非善意第三人的高度盖然性标准。经综合分析喻某、李某、第三人提交的证据、庭审查明事实,以及运用日常生活经验法则,应认定李某与第三人之间的房屋交易行为属恶意串通,损害了喻某合法权益,判决确认李某与第三人所签房屋买卖合同无效,李某继续履行与喻某所签房屋买卖合同。2005年**福建某房屋买卖合同纠纷案**,2004年,祁某与中介、王某签订定金收据,约定房屋成交条款及签约时间,随后祁某依此缴付定金1万元,但事后得知王某已在约定的签约时间之前另与他人签订售房协议。祁某起诉双倍返还定金。法院认为:因可归责于当事人一方的事由,导致商品房买卖合同未能订立,收取定金一方违约的,应双倍返还给买受人。本案双方当事人签订诉争房产买卖合同前五天,王某已与他人签订买卖合同,将诉争房出售,王某在与祁某立有定金合约,并收取定金情况下,却又与他人签订房屋买卖合同,足见其无与祁某签约诚意,且不可能将房屋出卖给祁某,否则将造成一房二卖,故双方合同未能签订系出卖人王某违约,依法应双倍返还定金。2005年**新疆某财产权属纠纷案**,2001年,王某与陈某达成执行和解协议,由王某将购自刘某房产抵偿给陈某,因王某暂无房居住,出具借条建立借住关系。2002年,杨某支付王某购房款,购买该房屋,并办理从刘某变更为杨某的过户手续。2004年,陈某诉请王某、杨某返还房屋。法院认为:诉争房屋系法院执行案件中,由王某为归还陈某债务而自愿抵偿给其的财产。双方虽未办理权属变更登记手续,但并不影响该房屋属陈某所有效力。王某向陈某交付房屋后,因无房居住而又向陈某借住该房屋,其应按约定期限归还该房,但其居住期间擅自将房屋出售于杨某,显系侵权行为。杨某将购房款交给王某,却与原房主刘某签订房屋买卖协议,显系虚假行为。根据执行笔录证明事实,杨某购房时已知晓王某将该房屋通过法院抵偿给了陈某,故杨某购买该房屋不属于善意取得,判决杨某返还陈某诉争房屋。2005年12月**辽宁某房屋买卖合同案**,

法院认为:薛某在将争议房卖给张某时,并未告知张某与赵某早已存在买卖关系事实,而薛某持有该房屋合法的所有权证,在办理转让审批手续时,薛某的妻子作为共有人一并予以签字,足以使张某确认薛某对该房屋具有处分权,且经房产部门批准,张某已取得了争议房屋的所有权证,因双方之间的房屋买卖行为系双方真实意思表示,并不违反法律、行政法规的禁止性规定,应确认为有效。薛某与赵某所签房屋买卖协议,虽然亦有效,并在履行过程中,赵某已按约定支付绝大部分购房款,但薛某在取得争议房屋的所有权证后,拒绝按协议的约定提供给赵某,亦不配合为赵某办理更名过户手续,致使赵某虽占用该房屋,但尚未取得房屋所有权,且薛某在未与赵某解除买卖协议的情况下,隐瞒与赵某存在买卖关系的事实,又将该房屋另行转让给张某,而张某已经房产部门批准,取得了争议房屋的所有权证,故薛某对赵某已构成恶意违约。由于张某对争议房屋已取得物权意义上的所有权,即因薛某拒绝履行义务及另行转卖的行为,致使薛某与赵某已不能实现合同目的,双方所签合同应予解除,薛某应退还赵某已付购房款,并承担违约赔偿责任,考虑到双方约定的违约金标准不足以弥补赵某的损失,而以争议房屋现实际交易价与原交易价的差额 5.5 万元作为损失赔偿金额过高,故以赵某与薛某原交易价 4 万元作为损失赔偿金额,即薛某赔偿赵某经济损失 4 万元。2005 年 11 月**安徽某房屋买卖合同案**,一审认为:供销社拆除原有门面房重建二层楼房出售的决定是一种要约邀请,张某预交购房款的行为仅表示其希望与供销社订立合同的要约行为,由于双方并未就房屋的价格、数量、履行期限及履行方式等合同主要条款达成一致,即供销社并未作出承诺,双方合同不成立。供销社在张某强行入住后的催款行为应视为新要约,张某要求以欠款相抵,双方仍未达成协议,故认定合同未成立。而供销社与黄某之间签订了书面房屋买卖及产权转让协议,且黄某取得了房地产权证,故该买卖合同有效,判决张某与供销社房屋买卖合同未成立,供销社与黄某房屋买卖合同有效。二审认为:供销社将自建房屋内部销售给其职工,允许张某购买,双方对房屋的规格(上下两层四间)及价款等主要内容意思表示一致,虽无书面合同,但张某已履行了交纳部分购房款的义务,供销社也已接受;且供销社为实现合同目的,书面向张某发出催要购房欠款的通知,由此可见,供销社对张某要求购房作出了实质性承诺,故应当认定双方存在房屋买卖合同关系。该合同不违反法律法规禁止性规定,应当认定为有效。供销社与黄某之间签订的房屋买卖和房屋产权转让合同,因张某未提供证据证实黄某在签订合同时与供销社之间存在恶意串通行为,故张某要求确认该合同无效的理由,不予支持,改判确认两份买卖合同均为有效。2005 年 9 月**辽宁某房屋买卖合同案(转卖与一房二卖区分)**,法院认为:双方签订售房协议后,宁某已依约将争执房所有权登记过户到张某名下,按事实之间的必然联系,通过符合逻辑和生活经验的推定,法院可认定宁某已将自己按期履约的情况告知了张某,宁某并未违约,故不应承担违约责任。现争执房已卖给案外人谢某,宁某已拿到谢某交付的购房款15.8万元,张某交付的合同定金3万元已在履行房屋买卖合同的过程中转化为购房款,故宁某已实际得到购房款18.8万元,按与张某签订的购房合同约定16万元多得2.8万元,为不当得利,应予返还给张某(一审认为宁某一房二卖双倍返还给张某3万元定金)。2004年6月**辽宁某房屋买卖合同案**,法院认为:朱某在售房协议签订后,且收取李某定金2000元的情况下,应依诚实信用原则履行向李某交付房屋的义务,然朱某却在规定的履行期间内未履行交付房屋义务而另售他人,属违约行为,应依法承担违约责任。双方在协议中约定的"双方任何一方违约不卖或不买各赔偿对方损失1万元"属违约金性质。因该协议又约定了定金条款,根据《合同法》规定,判令朱某赔偿1万元,对李某同时要求双倍返还定金4000元的请求不予支持。

(2)商品房"一房二卖"。2015年**贵州某商品房买卖合同纠纷案**,2006年,开发公司就回迁房认购与村小组签订认购书。2008年,双方签订正式商品房买卖合同,村小组支付全款并将实际占有所购门面用于出租。2012年,开发公司将前述房屋售予褚某并办理预售备案登记。法院认为:村小组与开发公司所签商品房买卖合同系有效合同,其在先取得债权并已如约完成己方主要合同义务,即付清购房款并合法占有诉争门面,依《合同法》第60条关于"当事人应当按照约定全面履行自己的义务"、第107条关于"当事人一方不履行合同义务或者履行合同义务不符合约定的,应当承担继续履行、采取补救措施或者赔偿损失等违约责任"规定,开发公司应继续履行己方未尽合同义务,即根据其与村小组所签合同约定,按国务院《不动产登记暂行条例》第14条第1款关于"因买卖、设定抵押权等申请不动产登记的,应当由当事人双方共同申请"、第16条第1款关于"申请人应当提交下列材料,并对申请材料的真实性负责:(一)登记申请书;(二)申请人、代理人身份证明材料、授权委托书;(三)相关的不动产权属来源证明材料、登记原因证明文件、不动产权属证书;(四)不动产界址、空间界限、面积等材料;(五)与他人利害关系的说明材料;(六)法律、行政法规以及本条例实施细则规定的其他材料"等规定要求,主动配合、积极协助村小组共同向产权登记机关提出不动产权属登记申请,并提交办理权属登记需由出卖人提供的材料。"占有"仅系法律保护的对物进行实际控制的事实状态,其虽具有类物权性质但终究非物权本身。在一房二卖情形下,基于买卖合同关系对物进行占有的买受人不能对抗最终取得所有权的买受人。同时,依《物权法》第20条第1款关于"当事人签订买卖房屋或者其他不动产物权的协议,为保障将来实现物权,按照约定可以向登记机构申请预告登记。预告登记后,未经预告登记的权利人同意,处分该不动产的,不发生物权效力"规定,对不动产进行预告登记方有准物权对抗效力,而合同备案只能表明买受人正在为最终取得物权做准备，故褚某虽对其与开发公司所签合同进行了备案登记，但其签约在后、债权形成时间较晚且备案行为不具备物权公示、对抗效力，加之其未能合法占有诉争门面以及未向法院起诉要求开发公司履行合同义务，故对其辩解意见均不予采纳，褚某可另行向开发公司主张权利。依《物权法》第9条第1款关于"不动产物权的设立、变更、转让和消灭，经依法登记，发生效力；未经登记，不发生效力，但法律另有规定的除外"规定，因诉争门面尚未完成不动产权属登记，故村小组诉请确认其为诉争门面所有权人主张不能成立，不予支持。判决村小组与开发公司所签商品房买卖合同合法有效，开发公司配合、协助村小组共同向房管局办理案涉门面房不动产权属登记。2009年**天津某房屋买卖合同纠纷案**，2002年，赵某与开发公司签订商品房买卖合同，并依约支付全部26万余元房款。2003年，开发公司以上述房屋做抵押向银行贷款并办理抵押登记。2004年，开发公司进入破产还债程序。2005年，银行将上述债权转让给房产公司。2006年，房产公司将前述房产转让给刘某并办理过户手续。2007年，赵某诉请确认房产公司与刘某所签房屋买卖合同无效。法院认为：银行依法对开发公司享有债权，其与房产公司签订债权转让合同，将该债权转让给房产公司，房产公司支付了转让款。同时，该合同约定，房产公司有权以自己名义对外销售抵押物。该债权转让合同系双方当事人真实意思表示，不违反法律、行政法规强制性规定，应为有效。虽然赵某与开发公司商品房买卖合同缔约时间倒签，但该合同亦为当事人真实意思表示，内容合法，且合同已开始履行，即赵某实际支付了合同项下购房款，亦应认定合同有效。此后，房产公司与刘某签订合同，将诉争房屋出卖给刘某，刘某支付了全部购房款，办理了房屋过户手续，取得了诉争房屋产权证明，并实际占有和使用房屋至今。鉴于诉争房屋已办理房产过户手续，应认定该房屋已发生物权变动法律后果。赵某与开发公司签订商品房买卖合同后，未办理房产过户手续，赵某对开发公司只享有债权请求权，其不能对抗刘某依法取得物权效力。赵某基于其与开发公司合同关系而产生的债权纠纷，可另循法律途径解决。判决驳回赵某诉请。2009年**湖北某转让合同纠纷案**，2003年，烟草公司与城建公司签订土地转让开发协议，约定烟草公司以土地使用权出资，房屋建成后分取固定数量房产，其不承担经营风险。2004年，城建公司将前述房屋分别与袁某等8人签订商品房买卖合同，袁某等人支付房款后办理了入住但未办理产权登记。烟草公司以城建公司一房二卖，侵犯其共有权为由诉请确认其对案涉商品房的权利。法院认为：根据土地转让开发协议约定，烟草公司不承担任何经营风险，只参与分配固定数量房屋，依最高人民法院《关于审理涉及国有土地使用权转让合同纠纷案件适用法律问题的解释》第24条规定，该协议应认定为土地使用权转让合同。烟草公司对争议商品房所享有的权利是债权，而非基于共有关系产生的物权。债权的基本属性是平等性，不因其成立的先后而具有优先权。在本案“一房二卖”情况下,法律未明确规定应优先保护哪一方债权,故应依法理处理本案,即依据债权平等原则来处理本案。城建公司与8位自然人商品房买卖合同已履行完毕,已履行债权应得到保护,亦系保护市场交易安全基本要求。虽然双方未在房管部门办理产权登记手续,不能产生登记物权对抗效力,但未办理过户登记手续,并未影响到债权履行效力,已先履行完毕债权具有对抗未履行债权效力。烟草公司对争议商品房权利的主张,发生在袁某等人对同一标的物的债权履行之后,虽其债权成立在先,但根据债权平等性原则,其不具有对抗袁某等人对争议商品房的债权优先效力,袁某等人债权已得到实际履行,债权目的得到实现,法律应充分尊重当事人意思自治,保护履行完毕债权稳定性,达到维护市场交易秩序安全目的。2016年**北京某破产债权确认纠纷案**,2012年,开发公司在商品房预售许可证已过期、房屋和土地均被查封情况下,与王某签订商品房买卖合同,王某据此支付220万元购房款。2015年,法院裁定开发公司进入破产程序。王某诉请确认其对开发公司享有购房款200万元(扣除已退回20万元)及利息债权,同时诉请确认开发公司应支付赔偿款220万元。法院认为:开发公司在不具有商品房预售许可证明情况下与王某签订商品房买卖合同,属最高人民法院《关于审理商品房买卖合同纠纷案件适用法律若干问题的解释》第9条第1款规定的欺诈行为。依该规定,王某有权要求开发公司返还已支付购房款及利息、赔偿损失,并请求开发公司承担不超过已付购房款一倍的赔偿责任,故王某对开发公司享有的破产债权金额应包括一倍赔偿款220万元。前述赔偿款在债权性质上属民事惩罚性债权,鉴于开发公司已进入破产程序,为保证开发公司所有债权人能得以公平受偿,该220万元债权作为惩罚性债权应劣后于普通破产债权清偿,即待此次破产程序中所有普通债权人债权得以完全清偿后,仍有剩余破产财产可供清偿时,再予清偿。判决确认王某对开发公司享有债权金额为购房款200万元及相应利息,同时支付赔偿款220万元。2014年**北京某撤销权纠纷案**,1994年,工程公司出资、物业公司出地,双方签订联建协议。2002年,物业公司取得全部联建房地产权属证书。2005年,工程公司诉请继续履行联建协议。2010年,法院生效判决支持工程公司诉请。2011年,工业局以其2003年与物业公司签订房屋转让协议、支付价款并占有房屋为由,诉请撤销前述生效判决。法院认为:出卖人就同一房屋分别签订数份买卖合同,在合同均为有效前提下,买受人均要求继续履行合同的,原则上应按以下顺序确定履行合同买受人:已办理房屋所有权转移登记的;均未办理房屋所有权转移登记,已实际合法占有房屋的;均未办理房屋所有权转移登记,又未合法占有房屋,应综合考虑各买受人实际付款数额多少及限售、是否办理网签、合同成立先后等因素,公平合理地予以确定。买受人之一起诉要求出卖人继续履行买卖合同,出卖人以房屋已转让给他人为由提出抗辩的,法院可根据案件具体情况决定是否追加其他买受人作为第三人参加诉讼;其他买受人另行提起诉讼要求继续履行合同的,应依前款原则协调处理。另案判决中,工业局非该案当事人,工程公司与工业局分别同物业公司所签合同均为有效,均未办理房屋所有权转移登记,因工业局已实际占有涉案房屋,无须再考虑工程公司与工业局实际付款数额多少及先后、合同成立等因素。比照前述原则,合建协议已无法继续履行,另案判决合建协议继续履行不当,故判决撤销。2012 年**云南某房屋买卖合同纠纷案**,2009 年,邹某与孔某签订商品房认购权转让协议,约定后者支付 86 万余元受让前者认购的商品房。2011 年,孔某诉请继续履行,一审判决支持。邹某上诉期间,将诉争房屋作价 125 万元转让给陈某并办理登记。孔某遂提起撤销权诉讼。法院认为:一审判决确认邹某有继续履行合同义务,但因该判决未生效,孔某与邹某之间尚未形成到期的、确定的债权债务关系,故本案不适用《合同法》第 74 条关于撤销权的规定。对合同效力认定,属法院应主动审查范围,无须当事人明确提出要求确认合同效力主张,且孔某亦提出过邹某与陈某转让诉争房屋行为无效的意思表示,故依《合同法》第 52 条规定,法院应对邹某与陈某之间房屋买卖合同效力进行认定。结合邹某与陈某交易时间、涉案房屋所处区位,成交单价明显低于市场价格;从购房款支付情况看,除转账 50 万元外,对于剩余 75 万元付款方式,陈某陈述为现金,但并不能提供该现金系通过取款或其他人借款的来源凭据,故对陈某关于其支付合理对价主张不予确认。另外,邹某称 2009 年即交钥匙给陈某,陈某在签购房协议前不对该房状况进行了解,交易后亦未按双方合同关于在全部房款付清当日交房的约定,要求邹某交房,这些情况与一般正常房屋买卖市场交易行为惯例不符。陈某各项客观表现均不能证明其系一个支付合理对价的善意受让人,其与邹某之间的房屋买卖行为属《合同法》第 52 条第(二)项规定的恶意串通,故判决确认无效。2012 年**山西某房屋登记纠纷案**,2003 年,杨某与开发公司签订购房合同。2005 年,双方诉讼。2010 年 6 月,生效判决确认购房合同有效。同年 11 月,杨某申请执行。期间的 2010 年 4 月,开发公司与林某签订售房合同并办理过户登记。2011 年,杨某起诉住建局,要求撤销登记。法院认为:林某按正常市场价交纳房款,未低于市场价。杨某按揭贷款购房后,未进行预告登记,亦未提出异议登记,在法院作出民事判决后,未向登记机关申明,亦未通知房屋登记机关协助办理过户手续,无证据证明林某和住建局知道诉争房产涉诉。林某与房地产公司在申请房屋所有权转移登记时,提供了相关材料。住建局对该房权属来源及房屋交易相关材料进行了审查,尽到了审慎注意义务,对房屋进行登记并颁发房屋所有权证书,符合《房屋登记办法》规定。该登记行为合法有效,受法律保护。《物权法》第 9 条第 1 款规定:“不动产物权的设立、变更、转让和消灭,经依法登记,发生效力;未经登记,不发生效力,但法律另有规定的除外。”第 15 条规定:“当事人之间订立有关设立、变更、转让和消灭不动产物权的合同,除法律另有规定或者合同另有约定外,自合同成立时生效;未办理物权登记的,不影响合同效力。”本案中,林某依商品房购买程序,一次性支付完购房款,缴纳了有关税款,办理房屋产权登记,取得了完全物权。杨某与房地产公司所签商品房买卖合同成立生效,并被法院生效民事判决确认,应受法律保护,但当与林某物权发生冲突时,物权效力应优于债权效力,应优先保护林某物权。杨某债权可通过其他途径寻求法律保护。法院生效民事判决对本案房屋登记不具有羁束力。判决驳回杨某诉请。2007 年**北京某房屋买卖合同纠纷案**,2007 年,韩某与开发公司签订购房合同,约定同年 5 月 29 日交房。2007 年 10 月,韩某以开发公司曾将该房售予张某、后解除与张某的售房合同构成“一房二卖”,且 2007 年 9 月 10 日才发出收房通知为由,诉请惩罚性赔偿并支付逾期交房违约金。法院认为:依最高人民法院《关于审理商品房买卖合同纠纷案件适用法律若干问题的解释》第 9 条规定,出卖人订立商品房买卖合同时,故意隐瞒所售房屋已经出卖给第三人或者为拆迁补偿安置房屋的事实的,导致合同无效或者被撤销、解除的,买受人可以请求返还已付购房款及利息、赔偿损失,并可以请求出卖人承担不超过已付购房款 1 倍的赔偿责任,故从法律规定看,“一房二卖”的确认以买受人最终是否能实现合同目的为确认标准。即只有就同一标的物出卖人售与两个不同的买受人,而该二买受人均要求出卖人履行合同时,才能按照前述司法解释规定认定为“一房二卖”。结合本案具体情况,开发公司向韩某开具证明及发出收房通知行为表明其愿意履行与韩某所签合同,且韩某一直未提供开发公司书面表示不能履行与其所签合同的证据。至于开发公司是否就同一房屋曾经售与他人,并非本案审理范围。因开发公司并未造成不能向韩某履行合同的后果,故开发公司行为未构成“一房二卖”。开发公司向韩某发出收房通知时,距离约定交房日期已逾期 104 天,构成违约,判决开发公司向韩某支付违约金 7 万余元。2007 年**上海某商品房预售合同纠纷案**,1997 年,杨某与开发公司签订预售合同,约定以 2800 元单价购房。2004 年,开发公司与顾某签订落款时间为 2000 年的预售合同,将市场单价为 1 万余元的房屋约定单价为 3800 元,顾某除购房发票外,未提供其他资金来源或走向证明。2006 年,杨某诉请确认开发公司与顾某所签合同无效并要求开发公司办理过户手续。法院认为:开发公司在与杨某签订预售合同并将房屋交付杨某后,又就同一标的物与顾某签订预售合同,主观上存在恶意。顾某虽然表示其不知晓开发公司此前已与杨某签订预售合同、交付房屋等一系列事实,但仔细分析其与开发公司之间的买卖关系及过程,在合同签订时间、房屋价格、购房款支付、相关手续办理等方面存在诸多疑点和不合常理之处,现有相关证据尚不足以证明顾某属善意第三人。法院根据举证责任分配规则,结合日常生活经验,推定开发公司与顾某之间恶意串通损害杨某合法权益,故判决确认开发公司与顾某所签合同无效,开发公司协助杨某办理诉争房屋过户手续。

2007 年**上海某房屋买卖合同纠纷案**,1997 年,杨某与开发公司签订预售合同,约定杨某以 49 万余元购房。1998 年,杨某实际入住。2004 年,房价已涨到 150 万余元,开发公司与顾某签订落款时间在 2000 年的预售合同,约定房价款为 67 万余元并收取定金 10 万元,办理过户手续。2005 年,杨某以恶意串通为由,诉请确认顾某与开发公司所签预售合同无效。法院认为:顾某声称其丈夫于 2000 年即与开发公司签有预订协议,仅凭证人周某陈述,尚不足以证明顾某与开发公司签有预订协议及支付过 10 万元定金。数十万元的房屋对于顾某夫妇而言,可谓重大财产利益,故其有义务或有理由就开发公司出售行为及房屋状态进行必要的实地调查或了解。如 2000 年即有预订协议,之后 4 年顾某却不关心、不主张对房屋的使用,不符合常情。且顾某与开发公司于 2004 年签订预售合同,此时距开发公司取得房地产权证已有 3 年,房屋已符合现售条件,顾某却仍以签订预售合同方式购房,并将日期倒签至 2000 年,亦与常理不符。2004 年顾某购房时,合同交易价为每平方米 3800 元,而同地段类型房屋市场单价已达每平方米 1 万余元,二者差异巨大。房屋市价大致情况属于众所周知事实,对此法官应进行司法认知,无须委托评估,便可认定顾某对出售价明显低于市场价应为明知。顾某虽称房价参照 2000 年预订协议价格,但现有证据难以证明预订协议存在,其对购房价格明显偏低又不能作出其他合理解释。如为善意购房人,顾某应对开发公司明显低于市场价出售行为产生疑问,而去探究房屋来源或真实权属情况,以防出售人对房屋没有权利而损害他人权利,最终影响自己获得房屋产权。但顾某在明知或应知其所购房屋价格明显偏低、开发公司售房行为可能侵害他人权益情况下,未经审查仍与之交易,就其行为本身而言并非基于善意。顾某陈述购房时采取现金交易,但除购房发票外,其未能提供数十万元购房款银行存、取款凭证或其他资金来源及走向证明,且顾某与开发公司在一日之内完成签约、支付全部房款、进行网上备案登记、完成过户交易手续等诸多事宜,与日常生活中类似情形相比较,亦有违一般购房行为交易习惯。开发公司在与杨某签订预售合同并将房屋交付杨某后,又就同一标的物与顾某签订预售合同,主观上存在恶意。顾某虽表示其不知晓开发公司此前已与杨某签订预售合同、交付房屋等一系列事实,但仔细分析其与开发公司之间买卖关系及过程,在合同签订时间、房屋价格、购房款支付、相关手续办理等方面存在诸多疑点和不合常理之处,现有相关证据尚不足以证明顾某是善意第三人。根据举证责任分配规则,结合日常生活经验,在开发公司和顾某不能提供充分反证情况下,应推定开发公司与顾某之间签订预售合同行为属于恶意串通行为,损害了在先购买人杨某合法权益,故判决确认开发公司与顾某所签商品房预售合同无效。2006 年**江苏某财产损害赔偿纠纷案**,1997 年,杨某从开发商买房,交了购房款并办理入住,因开发商原因未办过户手续。1998 年,开发商以该房的集体产权为他人向银行借款做抵押担保。2005年,该笔债权作为银行的资产包,由蔡某竞拍取得并办理过户手续,随后耿某从蔡某处受让该房并办理过户手续。因耿某要求杨某腾房遭拒致诉。法院认为:房屋多重买卖情形,通常由非基于恶意已办理产权登记手续的受让人取得物权,作为该一般原则的例外,从住宅权优于财产权角度出发,亦存在突破物权公示公信原则的特例,即以取得物权为目的而事实占有的行为在一定条件下亦得具备对抗效力。最高人民法院《关于人民法院民事执行中查封、扣押、冻结财产的规定》第17条规定可为注脚:被执行人将其所有的需要办理过户登记的财产出卖给第三人,第三人已经支付全部价款并实际占有该财产,但尚未办理产权登记手续的,如果第三人对此没有过错,人民法院不得查封、扣押和冻结。本案中,杨某支付了诉争房屋全部购房款并实际占有、举家居住至今,开发商亦未对此有异议,杨某未办产权登记,非由其能控制之原因造成。耿某虽取得产权证,但购房时应明知该房由他人占有使用,故其不能对抗杨某对该房权利主张,而须就实质性的法律关系是否正确进行举证,且善意取得不适用于不动产物权,从公平保护双方合法权益角度考虑,难以支持耿某诉请。判决驳回耿某诉请。2006年**四川某商品房预售合同纠纷案**,2005年,王某签购房合同翌日就交了首付款7万余元,去办按揭时发现开发公司4个月前就将该房出售给了程某而诉请双倍赔偿。开发公司在王某起诉前几天注销了程某在产权监理处的备案登记,并对王某房屋进行了备案登记。法院认为:合同之诉中,违约一方因不履行或不完全履行合同义务而给对方造成损失的,应依法或依约承担损害赔偿责任。此种损害赔偿主要系为弥补或填补债权人因违约行为所遭受的损害后果。一般情况下,损害赔偿确定是以实际发生的损害为计算标准,而主要不是以当事人主观过错程度作为确定赔偿标准,因损害赔偿目的一般不是为了惩罚过错行为,而是补偿受害人损失。即使在损害赔偿与违约金并用情况下,亦应以实际损失作为责任最高限额,即受害人不得获得超过实际损失的赔偿。在惩罚性赔偿情况下,其是指由法庭所作赔偿数额超出实际损害的赔偿,是对于真实赔偿的一种附加赔偿。其目的在于补偿一方所遭受的、由法院所认定的、由另一方违法行为所造成的损害。惩罚性赔偿虽以实际损害发生为适用前提,但不以实际损害为适用主要条件,而主要考虑加害人主观过错程度、动机、赔偿能力等多种因素。依最高人民法院《关于审理商品房买卖合同纠纷案件适用法律若干问题的解释》第8条、第9条规定,在商品房买卖合同纠纷中,适用惩罚性赔偿的前提条件是:商品房买卖合同订立后,出卖人未告知买受人又将该房屋抵押给第三人;或商品房买卖合同订立后,出卖人又将该房屋出卖给第三人;或故意隐瞒没有取得商品房预售许可证明的事实或者提供虚假商品房预售许可证明;或故意隐瞒所售房屋已经抵押的事实;或故意隐瞒所售房屋已经出卖给第三人或者为拆迁补偿安置房屋的事实。同时,在前述条件下,出卖人向买受人支付惩罚性赔偿金尚须具备因出卖人行为导致商品房买卖合同目的不能实现或导致合同无效或被撤销、解除。本案中，开发公司虽在将房屋出售给王某时房屋已取得备案登记为预售给程某，但在王某起诉时，该备案登记已注销且登记在王某名下，因备案登记具有物权效力，故而根本不存在王某不能取得诉争房屋问题，亦不存在合同目的落空问题。开发公司在备案登记中虽有一定疏忽，但并不具有欺诈恶意，故对其不适用惩罚性赔偿，判决依双方合意解除合同，开发商返还购房款。2005 年**福建某商品房买卖合同纠纷案**，1995 年，房地产公司将开发项目委托开发公司开发经营，并以开发公司名义办理项目楼宇按揭及抵押手续。2001 年，黄某与开发公司签订订购合同并交纳首付款、实际入住房屋后，按约定交由房地产公司审批并签订正式购房合同时，买受人改成了房地产公司法定代表人妻子姜某，并实际办理了产权人为姜某的权属证明。2004 年，黄某起诉要求确认其与开发公司所签订购合同有效，姜某与房地产公司所签买卖合同无效。法院认为：房地产公司是涉诉项目开发商，其与姜某签订商品房订购及买卖合同，并办理产权证，合同有效。开发公司依据房地产公司委托与黄某签订订购合同，明确约定由房地产公司与黄某签订正式商品房买卖合同，故该订购合同是为将来与房地产公司签订商品房买卖合同而订立的预约合同，即使约定了全部买卖合同成立所需条款，亦是对将来所要订立的买卖合同中主要条款的预约，并非使双方当事人负有支付房款和交付房屋义务，故黄某诉请其签订订购合同有效不予支持。房屋权属证书是权利人依法拥有房屋所有权并对房屋行使占有、使用、收益和处分权利的唯一合法凭证。当物权与债权同时存在时，物权具有优先于债权的效力。鉴于姜某已签订房屋买卖合同并取得诉争房屋产权证，黄某要求确认其所有权不符合法律规定。判决驳回黄某诉请。2005 年**河南某房屋买卖合同纠纷案**，2000 年，开发商就所建职工楼向社会销售，史某与开发商口头约定购买某间房屋，随后交付了大部分价款，开发商出具收据写明系住宅楼房款，并注明了房屋位置，但史某要求交房时才发现开发商已将该房另行卖给了刘某并交了钥匙。法院认为：史某在合同成立后，先后支付了大部分房款，履行了自己主要义务，开发商在收取房款后另将该房出售并交付他人，导致双方订立的房屋买卖合同中史某目的不能实现，构成根本性违约。开发商所建虽为职工住宅楼，但其具有房地产开发、经营、销售资格，并将建成房屋向不属于自己职工以外的其他人员公开销售，其房屋销售性质即为商品房销售，故可参照相关司法解释，由开发商双倍赔偿史某已付购房款作为购房合同解除的赔偿。2004 年**贵州某房屋买卖合同纠纷案**，1998 年，蒋某与开发公司签订购房合同，购买门面房。2003 年，蒋某以开发公司又将该房转让给第三人潘某为由，诉请判令确认再转让合同无效并交付房屋、双倍赔偿。潘某以其未竣工时即实际占有为由抗辩。法院认为：开发公司与蒋某签订购房合同后，又与潘某签订购房合同重复出售房屋，一房二卖责任在开发公司。由于蒋某未提交合法有效证据证明潘某与开发公司所签商品房购销合同存在恶意串通情形,同时潘某与开发公司所签合同,双方意思表示真实,不违反国家法律或社会公共利益,具备法律规定的成立并生效条件,应认定有效。根据最高人民法院《关于审理商品房买卖合同纠纷案件适用法律若干问题的解释》第 11 条规定,对房屋的转移占有,视为房屋的交付使用。其所称“转移占有”,是指占有人以法律行为将其占有物交付给他人,受让人因此取得占有。实践中商品房交付行为,应指当事人公告或交房通知书、交领房屋钥匙、清点移交房屋及设施、签署房屋移交书等合法行为。本案中,潘某虽与开发公司有合法有效的购房合同,依据该合同潘某有要求开发公司依约交付房屋的请求权,但潘某在开发公司所开发房屋尚未竣工验收,未经开发公司同意并办理移交房屋情况下,就擅自占据使用争议门面房行为是违法行为,不能视为开发公司向其交付房屋、转移占有,故该门面房占用权依法应属开发公司,潘某应将其占有门面房交还开发公司。在蒋某、潘某分别与开发公司所签购房合同均有效,而开发公司不能履行两份合同交房义务情况下,第一买受人蒋某购房合同签订在先,已足额支付房款 6 年,其所购房屋均有附图固定位置,有明确具体交房时间。而第二买受人潘某购房合同在后,因合同无固定购房位置,无从认定其实际所占有房屋即为其合法约定购买房屋。另潘某所订合同中未约定交房时间,故第二买受人占有房屋缺乏事实依据。第一买受人合同签订在先,合同条款齐全,且其已经全面履行付款义务,遵守交易规定,应得到法律保护。为维护正常市场交易秩序,保护诚信守法的善意购房人,潘某应退还其所占开发公司房屋,开发公司应将退回房屋交付蒋某。判决确认案涉两份卖房合同有效,潘某将其占用的门面房退还开发公司,由开发公司将该房交付蒋某。2014 年**江苏某商品房销售合同纠纷案**,2004 年,郑某与某开发公司签订商品房买卖合同。郑某依约支付 503 万余元全部房款后将该房出租,但未办理产权过户手续。2012 年,某开发公司协商回购未果,将该房在内的商铺售予百货公司并办理过户。经评估机构鉴定,郑某商铺市场价现为 1600 万余元。郑某据此诉请解除合同,某开发公司返还其购房款 503 万余元,并赔偿其按揭贷款利息 259 万余元、房屋涨价损失 755 万余元及已付购房款一倍的赔偿 503 万余元。法院认为:开发公司一房二卖,依最高人民法院《关于审理商品房买卖合同纠纷案件适用法律若干问题的解释》第 8 条规定,应承担解除合同、返还已付购房款及利息、赔偿损失等合同解除后的民事责任,并承担不超过已付购房款一倍的惩罚性赔偿责任的权利。赔偿损失是指违约方以支付金钱的方式弥补受损害方因违约行为所减少的财产或所丧失的利益,包括所受损失和可得利益。根据《合同法》第 113 条第 1 款规定,合同履行后的可得利益应由违约方予以赔偿,故某开发公司应赔偿郑某所受损失和可得利益。而考察前述司法解释第 8 条制定背景及目的,该条规定的“损失”并不包括对可得利益损失的赔偿，而对于在房价涨速过快、涨幅较大情形下，房地产开发商在较短时间内一房数卖的行为，仅支持返还已付购房款及利息，赔偿所受损失将会导致出卖人违约成本过低、从而在客观上鼓励违约行为的后果，故该条进一步规定了惩罚性赔偿制度。郑某的可得利益损失应得到赔偿，而郑某主张的按揭贷款利息，系合同正常履行后郑某为获得利益所支出的必要成本，故法院不予支持。郑某主张的房屋涨价损失，实际上指的就是可得利益损失。《合同法》第113条第1款规定，违约方应当赔偿守约方的可得利益损失，但不得超过其订立合同时预见到或者应当预见到的因违反合同可能造成的损失。本案中，某开发公司与郑某签订商品房买卖合同时，某开发公司应预见到，如其违反合同约定，根据前述解释第8条规定，其可能承担的违约责任，除对方当事人所受直接损失外，还可能包括已付购房款一倍赔偿。综合本案中郑某已实际占有案涉房产并出租获益6年多，以及开发公司将案涉房产转售他人的背景、原因、交易价格等因素，根据《合同法》第113条第1款规定精神，为更好平衡双方当事人利益，酌定某开发公司赔偿郑某可得利益损失一倍房款。2007年9月**重庆某商品房买卖合同案**，法院认为：双方所签《车库认购书》，明确了房屋总价款、交房时间、交付标准、产权登记等相关事项，刘某也按认购书向开发公司支付了购房款，该认购书具备了商品房买卖的主要条款。认购书上虽记明的是借款，系因开发公司在签认购书时尚未取得商品房预售许可证，刘某也不可能无故向开发公司支付借款，且未约定利息，故本案中刘某支付给开发公司的5.9万元应认定为是房价款，而非借款，故本案是商品房买卖合同。开发公司在取得商品房预售许可证后，未及时通知刘某完善相关手续，其责任应由开发公司负担。开发公司在未征求刘某意见的情况下，将刘某认购的车位卖给他人，属一房二卖，开发公司应承担一房二卖的责任，开发公司除返还刘某的购房款外，还应赔偿刘某已付购房款一倍的损失。2007年2月**四川某房屋买卖合同案（转卖与一房二卖区别）**，法院认为：案涉售房合同虽是刘某与钟某签订，但合同加盖了开发公司的公章，购买的是开发公司开发的房屋，购房款虽由钟某直接收取，但从钟某给开发公司的收条可以看出，刘某支付的购房款，由开发公司用于偿还对钟某的欠款。基于上述事实可以认定，开发公司同意钟某出售其开发的房屋，售房款用以冲抵欠钟某的债务，本案的房屋买卖合同关系的主体是开发公司和刘某。售房合同是双方真实意思表示，合同内容不违反法律强制性规定，合法有效，应受法律保护。开发公司称其与刘某、钟某系抵押借款合同关系，证据不足，不予采纳。开发公司在收到刘某购房款后，没有将房屋交付给刘某，却将房屋卖与第三方，导致刘某无法取得合同约定的房屋，其行为已构成一房二卖。刘某要求解除售房合同并由开发公司按其已付款的一倍承担赔偿责任的诉讼请求，符合相关司法解释的规定，应予支持。2007年**辽宁某商品房买卖合同案**，马某与开发公司签订商品房买卖合同，约定成交价为每平方米2370元,总房款24万余元,约定违约赔偿金5%。因调房问题,马某在2004年4月25日才交第二笔款,比约定时间晚了18天。同年8月,在应交房时,马某发现该房已另售他人。2006年7月,马某起诉。开发公司庭审中承认现在该房市场价已达到每平方米3100元。法院认为:依双方约定,即使马某未在合同约定的期限内交付房款,但其后开发公司接收马某交付购房款的行为,应视为对合同交付房款时间的变更,马某在交付购房款上不存在违约。合同订立后,马某已按合同约定将购房款交付,而开发公司却将该争议房屋出卖给第三人,致使马某合同目的不能实现,开发公司存在恶意违约,应承担违约责任。根据最高人民法院《关于审理商品房买卖合同纠纷案件适用法律若干问题的解释》规定,开发公司存在根本性违约,应承担不超过已付购房款1倍的赔偿责任。鉴于其违约程度及本案实际情况,判定承担已付购房款50%的赔偿责任。同时因违约行为,导致马某失去购房机会使马某再购房时须支付更多的价款。合同约定的已付房款5%的违约金已不足以补偿由此造成的损失。鉴于开发公司承认马某所购房屋现在的市场价为每平方米3100元,且马某已不可能以原价格购买到同等条件的房屋,故开发公司应赔偿马某购房差价款。虽然马某提供了租赁协议、租金收条等证据,但马某在庭审中陈述其购房前在其父母家居住,所购房屋不能交付后才租房居住。故租房费用并不属于开发公司违约造成的必然损失,不应由开发公司赔偿。因开发公司违约,致使双方签订的购房协议无法履行,现马某交付的购房款仍由开发公司占用,故应按按银行同期存款利率向马某支付购房款利息。2006年9月**广东某商品房买卖合同案**,法院认为:开发公司就同一房屋分别售予胡某及案外人关某的行为已构成商品房买卖合同的根本违约,开发公司应返还胡某购房款并承担赔偿损失违约责任。因本案的商品房交易存在特殊情况,如讼争商品房的买受人之一胡某的女儿黄笑某原系开发公司的售楼人员,另一买受人关某系开发公司出纳,胡某买受讼争商品房的经办人何某与黄笑某系同学和同事关系。故法院认定开发公司与胡某订立商品房买卖合同时不存在故意隐瞒,不予支持胡某要求赔偿8万元的诉请。但开发公司作为合同违约的过错方应承担合同违约责任,即开发公司应返还胡某购房款并支付购房款利息,该利息自胡某于2003年4月4日支付购房款次日起计算。

【同类案件处理要点】

出卖人就同一房屋分别签订数份买卖合同,在合同均为有效的前提下,买受人均要求继续履行合同的,原则上应按照以下顺序确定履行合同的买受人:(1)已经办理房屋所有权转移登记的;(2)均未办理房屋所有权转移登记,已经实际合法占有房屋的;(3)均未办理房屋所有权转移登记,又未合法占有房屋,应综合考虑各买受人实际付款数额的多少及先后、是否办理了网签、合同成立的先后等因素,公平合理地予以确定。买受人中之一人起诉要求出卖人继续履行买卖合同，出卖人以房屋已转让给他人为由提出抗辩的，法院可以根据案件具体情况决定是否追加其他买受人作为第三人参加诉讼；其他买受人另行提起诉讼要求继续履行合同的，应当依据前款原则协调处理。买受人以出卖人与第三人恶意串通，另行订立商品房买卖合同并将房屋交付使用，导致其无法取得房屋为由，请求确认出卖人与第三人订立的商品房买卖合同无效的，应予支持。

【相关法律风险提示】

1. 二手房买卖

(1)购买未取得房产证的房屋，若为一房二卖情形，则存在无法取得房产所有权的风险。

(2)房屋买卖合同签订并支付房款后，实际履行交付并入住具有十分重要的法律意义，但即便如此，对于事先已为交付的买受人，仍有交易目的无法实现的风险，即签订房屋买卖合同，如未办理过户登记手续，即使合同有效，即使入住多年，但在一房二卖情形，亦存在丧失物权请求权的风险。

(3)以一房二卖事实单独诉请确认合同效力的，性质上属债权确认，法院可以作出确认两份买卖合同均为有效的判决。至于买受人谁能取得物权，在当事人未提出确认物权请求情况下，属另案解决范畴。

(4)对非产权人的签约当事人，如果不存在授权委托书或表见代理情形，合同因无权处分存在无效之虞。如售房合同签订后，出卖人交房、收款，如果交款人非签约相对人，但最终却成为产权人，房主是否一房二卖？辽宁沈阳中院(2005)沈民(2)房终字第712号“宁某与张某房屋买卖合同纠纷案”中就提示了此种情形下的风险：一审认为是一房二卖，二审认为是买房人倒手再卖。风险防范：交款人非买房人的，应有买房人的委托或确认。

2. 商品房买卖

(1)注意条款：“若买方未在规定之日交齐房款或主动提出退房时，出卖方有权将买方所购房产予以出售，并将买方已交购房款的5%作为违约金补偿出卖方损失，之后出卖方将买方已交购房款剩余部分10个工作日内返还。”应当注意合同约定的付款日期，可能很短，也可能是法定节假日影响办理财务手续，如此重大的交易活动，赋予出卖方解约的条件过于刚性，付款迟延不论基于何种缘由，往往成为出卖方借此解约的理由，而且合同依据明显。购房人应当在订约时提出异议，就出卖方的解约行为设定附有合理期限的催告程序条款；履行过程中，应注意就付款迟延的客观原因保留相关证据。对出卖方而言，前述条款虽然意思表示明确，但并非绝对的制胜法宝，辽宁沈阳中院(2007)沈民(2)房终字第9号“马某与某开发公司房屋买卖合同纠纷案”一审和二审分别提供了两种思路:一审认为,尽管买方没有在合同约定的时间内及时付款,但买方却在事后实际交付了约定的款项,且出卖方当时对此也并没有提出异议,并将该房款收下,出卖方的此种行为是一种默许行为。此情况下,出卖方却将该房屋出卖给他人,造成其事实上的不能履行,从而导致双方的合同目的无法实现。出卖方的上述行为实际上是一种违约行为,其应按照合同约定承担相应的违约责任。而反观本案买方,其虽未在合同约定的时间内将第二笔房款及时交付,实质上也是一种违约行为,但这种违约行为并不导致双方合同目的的无法实现,即出卖方的违约行为才是导致双方合同无法实现并由此产生纠纷的主要原因。二审认为,即使买方未在合同约定的期限内交付房款,但出卖方事后接受马某交付购房款的行为,应视为对合同交付房款时间的变更,马某在交付购房款上不存在违约。

(2)为骗取银行抵押贷款,虚构商品房买卖合同,合同虽未实际履行,但在作为标的的商品房出售他人后,买受人事后以正式合同起诉主张一房二卖双倍赔偿责任,如无充分的证据反驳有效的合同,很难不被要求承担赔付责任。四川成都中院(2007)成民终字第737号“某开发公司与刘某房屋买卖合同纠纷案”,双方所签现房买卖合同未就房屋交付时间作出约定,买受人签约后8年未拿到房,在出卖方销售该房后提起诉讼,出卖方所称以房屋买卖合同名义行贷款抵押之实,想必并非空穴来风,因无确实充分证据,终被判双倍赔偿购房款。故签约非儿戏,可能假作真时真亦假。

(3)签订购房合同时,合同的主要内容如不具备,或购房者自身行为对出卖人正常通知交房构成障碍的情况下,有可能在开发商一房二卖情形,购房者就预付购房款无法获得双倍返还的法律效果。案见重庆二中院(2010)渝二中法民终字第999号“某开发公司与张某商品房预售合同纠纷上诉案”。

(4)房屋买卖合同因一房二卖而解除,违约开发商即使不必双倍返还预付房款,但可能就违约造成对方的损失仍需予以赔偿,计算标准就是该房二卖形成的差价款。

【附注】

参考案例索引:重庆四中院(2008)渝四中法民一终字第453号“陈某等与李某等房屋买卖合同纠纷案”;贵州遵义中院(2015)遵市法民初字第252号“某村小组与某开发公司等商品房买卖合同纠纷案”,见《遵义市红花岗区长征镇沙坝村纪念街村民组诉遵义明顺房地产开发有限责任公司等商品房买卖合同纠纷案》,载《最高人民法院公报·案例》(201812/266:21);最高人民法院“赵某与某开发公司等房屋买卖合同纠纷案”,见《“一房二卖”的法律后果和纠纷的处理原则——赵五保与天津市新厦房地产开发经营公司破产清算组、天津市嘉盛房屋置换有限责任公司、刘立华确认房屋所有权纠纷上诉案》(贾劲松,最高院民一庭),载《民事审判指导与参考·最高人民法院二审案件解析》(200902/38:241);最高人民法院裁定"某烟草公司与袁某等转让合同纠纷申请再审案",见《债权具有平等性,不因其成立的先后顺序而产生不同法律效力——袁开国等八人与湖北省烟草公司随州公司、随州市东城城乡建设服务公司土地转让合同纠纷申请再审案》(李玉林,最高院立案庭),载《立案工作指导·申诉与申请再审疑案评析》(200902/21:121);北京高院(2016)京民终129号"王某与某开发公司破产债权确认纠纷案",见《王俊杰诉北京泰丰房地产开发有限公司破产债权确认纠纷案——民事惩罚性赔偿债权在破产程序中的清偿顺位》(容红),载《人民法院案例选》(201702/108:148);北京高院(2014)高民终字第483号"某工业局与某工程公司等撤销权纠纷案",见《北京市朝阳区工业局诉中国昆仑工程公司、北京朝海物业管理有限公司第三人撤销之诉纠纷案——一房数卖的认定》(陆旻),载《人民法院案例选》(201502/92:115);云南昆明中院(2012)昆民一终字第35号"孔某与邹某等房屋买卖合同纠纷案",见《孔祥文、刘彦诉邹叔芳等房屋买卖合同纠纷案——房屋买卖合同中恶意串通行为的认定》(郑会利),载《人民法院案例选》(201304/86:135);山西高院(2012)晋行终字第1号"晋城市住房保障和城乡建设管理局等与杨某房屋登记纠纷上诉案",见《在先债权不能对抗已登记的物权》(任生林、卞俊梅),载《人民司法·案例》(201222:49);北京一中院(2007)一中民初字第6600号"韩某与某开发公司房屋买卖合同纠纷案",见《韩雅梅诉北京西都地产发展有限公司案(一房二卖)》(张洁芳),载《中国审判案例要览》(2008民:50);上海二中院(2007)沪二中民二(民)终字第102号"杨某与某开发公司商品房预售合同纠纷案",见《杨建荣诉上海复佳房地产开发有限公司商品房预售合同案(推定规则的适用)》(韩峰),载《中国审判案例要览》(2008民:256);上海二中院(2007)沪二中民二(民)终字第102号"杨某与上海复佳房地产开发有限公司房屋买卖合同纠纷上诉案",见《一房二卖中恶意串通的推定》(韩峰),载《人民司法·案例》(200718:71);江苏南通中院(2006)通中民一终字第0157号"耿某与杨某财产损害赔偿纠纷案",见《耿鼎人诉杨圣龙财产损害赔偿案(房屋重复买卖纠纷)》(黄卫),载《中国审判案例要览》(2007民:114);四川成都武侯区法院(2006)武侯民初字第252号"王某与某开发公司商品房预售合同纠纷案",见《王压萍诉四川名人房地产开发公司商品房预售合同案(惩罚性赔偿的限制)》(陈克刚),载《中国审判案例要览》(2007民:151);福建厦门中院(2005)厦民终字第1930号"黄某诉某房地产公司商品房买卖合同案",见《黄静诉厦门联宏房地产开发有限公司、姜淑琴、厦门中兴房地产开发有限公司商品房买卖合同案》(林巧玲),载《人民法院案例选》(200602/56:203);河南荥阳法院(2005)荥民二初字第66号“史某诉某开发商房屋买卖合同案”,见《史志军诉荥阳市房地产开发(集团)有限公司房屋买卖合同纠纷案》(李逊仙、吴边),载《人民法院案例选》(200602/56:217);贵州高院(2004)黔高民一终字第15号“蒋某与某开发公司房屋买卖合同纠纷案”,见《蒋金凤诉贵阳新添民房开发公司房屋买卖案(一房二卖的合同效力)》(施辉法),载《中国审判案例要览》(2005民:92);内蒙古赤峰中院再审“某房管中心与佟某城建确认纠纷案”,见《经法院判决取得物权,未办登记也不影响效力——佟宝臣与赤峰市房屋交易产权管理中心及刘文生城建确认纠纷案》(刘润娟,内蒙古赤峰中院),载《全国法院再审典型案例评注(下)》(2011:768);四川高院(2017)川民再382号“陈某与王某房屋买卖合同纠纷案”,见《因中介诈骗形成的一房二卖纠纷案的裁判思路》(曾耀林),载《人民司法·案例》(201905:58);北京二中院(2013)二中民终字第06171号“徐某与刘某等房屋买卖合同纠纷案”,见《徐芬诉刘国胜、姜宝琴房屋买卖合同纠纷案(“一房二卖”的差价损失赔偿问题)》(李俊晔),载《中国审判案例要览》(2014民:261);北京二中院(2013)二中民终字第06171号“徐芬与刘国胜、姜宝琴房屋买卖合同纠纷案”,见《一房二卖的差价损失赔偿》(巫国平、李俊晔),载《人民司法·案例》(201412:32);江苏南通中院(2012)通中民终字第1032号“沈某与徐某房屋买卖合同纠纷案”,见《沈辉诉徐健健房屋买卖合同纠纷案(不安抗辩权)》(郭相颂),载《中国审判案例要览》(2013民:171);北京通州区法院(2010)通民初字第7497号“吕某与彭某等房屋买卖合同纠纷案”,见《吕铁斌与彭伟、北京链家房地产经纪有限公司、李某房屋买卖合同案(一物数卖的法律效果)》(李民),载《中国审判案例要览》(2011民:207);北京二中院(2010)二中民终字第05929号“徐某与陈某居间服务合同纠纷上诉案”,见《严重违约方应当对房屋差价损失予以适当赔偿》(俞里江),载《人民司法·案例》(201106:27);山东乳山法院(2008)乳商初字第118号“李某与许某租赁合同纠纷案”,见《李文诉许传禄租赁合同案(房屋登记效力)》(王慧),载《中国审判案例要览》(2009商:90);广东深圳南山区法院(2007)深南法民三初字第997号“喻某与李某等房屋买卖合同纠纷案”,见《原告喻世勇与被告李浩、被告郑先平、第三人田阳房屋买卖合同纠纷及二被告反诉、第三人单独起诉案(善意第三人、恶意串通)》(谭素青、刘丽梅),载《中国审判案例要览》(2010民:5);福建厦门中院(2005)厦民终字第687号“祁某诉王某买卖合同案”,见《祁建华诉王洪玄未依约签订房屋买卖协议被判双倍返还定金案》(柯雅玲),载《人民法院案例选》(200601/55:148);新疆昌吉中院(2005)昌中民一终字第306号“陈某与王某等财产权属纠纷案”,见《陈行德诉王建美等财产权属纠纷案(从无处分权人处买房并过户的法律保护)》(杨善明),载《中国审判案例要览》(2006民:82);最高人民法院(2014)民一终字第198号“郑某与某开发公司商品房买卖合同纠纷案”；辽宁沈阳中院（2005）沈民（2）房终字第1196号“张某与赵某等房屋买卖合同纠纷案”；安徽蚌埠中院（2005）蚌民一终字第212号“张某与某供销社等房屋买卖合同纠纷案”；辽宁沈阳中院（2005）沈民（2）房终字第712号“宁某与张某房屋买卖合同纠纷案”；辽宁沈阳中院（2004）沈民（2）房终字第567号“朱某与李某房屋买卖合同纠纷案”；重庆五中院（2007）渝五中民终字第1761号“刘某与某开发公司商品房买卖合同纠纷案”；四川成都中院（2007）成民终字第737号“某开发公司与刘某房屋买卖合同纠纷案”；辽宁沈阳中院（2007）沈民（2）房终字第9号“马某与某开发公司房屋买卖合同纠纷案”；广东佛山中院（2006）佛中法民五终字第465号“胡某与某开发公司商品房买卖合同纠纷案”。

4. 农村房买卖合同效力

——买卖农村房，合同有无效？

【国家政策】

【案情简介及争议焦点】

2007年3月，宋某将从他人处花5.5万元购买到的农村房屋以6.6万元转让给张某，双方签订售房协议约定“永不反悔”。宋某、张某均非该村人。

争议焦点：1.合同是否有效？2.合同无效的后果是什么？

【裁判要点】

1.合同无效。农村集体所有土地的使用权，依法不得出让、转让或者出租用于非农业建设。本案宋某卖给张某的房产，系属于农村宅基地上建造的房屋，宋某将该房出售给张某的行为，属于变相出卖宅基地行为，而宋某非该房产所在宅基地使用人，张某、宋某也不属于同一集体经济组织成员，故宋某将该案涉房屋出售给张某的买卖行为，因违法而无效。

2.无效后果。合同无效，宋某基于该买卖协议从张某处所得购房款和张某基于该协议从宋某处所得房产，双方均应相互返还。从售房协议可看出，该房屋未取得产权证明，双方对此共知，仍进行买卖行为，双方均存在过错，故张某请求宋某返还购房款利息不予支持。

【裁判依据或参考】

1. 法律规定。《民法典》(2021年1月1日)第244条:“国家对耕地实行特殊保护,严格限制农用地转为建设用地,控制建设用地总量。不得违反法律规定的权限和程序征收集体所有的土地。”第705条:“租赁期限不得超过二十年。超过二十年的,超过部分无效。租赁期限届满,当事人可以续订租赁合同;但是,约定的租赁期限自续订之日起不得超过二十年。”**《合同法》**(1999年10月1日,已于2021年1月1日起失效)第52条:“有下列情形之一的,合同无效:……(三)以合法形式掩盖非法目的;(四)损害社会公共利益;(五)违反法律、行政法规的强制性规定。”第58条:“合同无效或者被撤销后,因该合同取得的财产,应当予以返还;不能返还或者没有必要返还的,应当折价补偿。有过错的一方应当赔偿对方因此所受到的损失,双方都有过错的,应当各自承担相应的责任。”**《民法通则》**(1987年1月1日,已于2021年1月1日起失效)第6条:“民事活动必须遵守法律,法律没有规定的,应当遵守国家政策。”**《城市房地产管理法(2019年修正)》**(2020年1月1日)第9条:“城市规划区内的集体所有的土地,经依法征用转为国有土地后,该幅国有土地的使用权方可有偿出让,但法律另有规定的除外。”**《土地管理法(2019年修正)》**(2020年1月1日)第11条:“农民集体所有的土地依法属于村农民集体所有的,由村集体经济组织或者村民委员会经营、管理;已经分别属于村内两个以上农村集体经济组织的农民集体所有的,由村内各该农村集体经济组织或者村民小组经营、管理;已经属于乡(镇)农民集体所有的,由乡(镇)农村集体经济组织经营、管理。”第59条:“乡镇企业、乡(镇)村公共设施、公益事业、农村村民住宅等乡(镇)村建设,应当按照村庄和集镇规划,合理布局,综合开发,配套建设;建设用地,应当符合乡(镇)土地利用总体规划和土地利用年度计划,并依照本法第四十四条、第六十条、第六十一条、第六十二条的规定办理审批手续。”第62条:“农村村民一户只能拥有一处宅基地,其宅基地的面积不得超过省、自治区、直辖市规定的标准。人均土地少、不能保障一户拥有一处宅基地的地区,县级人民政府在充分尊重农村村民意愿的基础上,可以采取措施,按照省、自治区、直辖市规定的标准保障农村村民实现户有所居。农村村民建住宅,应当符合乡(镇)土地利用总体规划,不得占用永久基本农田,并尽量使用原有的宅基地和村内空闲地。编制乡(镇)土地利用总体规划、村庄规划应当统筹并合理安排宅基地用地,改善农村村民居住环境和条件。农村村民住宅用地,经乡(镇)人民政府审核,由县级人民政府批准;其中,涉及占用农用地的,依照本法第四十四条的规定办理审批手续。农村村民出卖、出租、赠与住宅后,再申请宅基地的,不予批准。国家允许进城落户的农村村民依法自愿有偿退出宅基地,鼓励农村集体经济组织及其成员盘活利用闲置宅基地和闲置住宅。国务院农业农村主管部门负责全国农村宅基地改革和管理有关工作。”第63条:“土地利用总体规划、城乡规划确定为工业、商业等经营性用途,并经依法登记的集体经营性建设用地,土地所有权人可以通过出让、出租等方式交由单位或者个人使用,并应当签订书面合同,载明土地界址、面积、动工期限、使用期限、土地用途、规划条件和双方其他权利义务。前款规定的集体经营性建设用地出让、出租等,应当经本集体经济组织成员的村民会议三分之二以上成员或者三分之二以上村民代表的同意。通过出让等方式取得的集体经营性建设用地使用权可以转让、互换、出资、赠与或者抵押,但法律、行政法规另有规定或者土地所有权人、土地使用权人签订的书面合同另有约定的除外。集体经营性建设用地的出租,集体建设用地使用权的出让及其最高年限、转让、互换、出资、赠与、抵押等,参照同类用途的国有建设用地执行。具体办法由国务院制定。"第 64 条:"集体建设用地的使用者应当严格按照土地利用总体规划、城乡规划确定的用途使用土地。"第 66 条:"有下列情形之一的,农村集体经济组织报经原批准用地的人民政府批准,可以收回土地使用权:(一)为乡(镇)村公共设施和公益事业建设,需要使用土地的;(二)不按照批准的用途使用土地的;(三)因撤销、迁移等原因而停止使用土地的。依照前款第(一)项规定收回农民集体所有的土地的,对土地使用权人应当给予适当补偿。收回集体经营性建设用地使用权,依照双方签订的书面合同办理,法律、行政法规另有规定的除外。"

2. 国务院文件或国家政策。国务院**《关于促进节约集约用地的通知》**(2008 年 1 月 3 日　国发〔2008〕3 号)第 18 条:"严格执行农村一户一宅政策。各地要结合本地实际完善人均住宅面积等相关标准,控制农民超用地标准建房,逐步清理历史遗留的一户多宅问题,坚决防止产生超面积占用宅基地和新的一户多宅现象。"中共中央、国务院**《关于切实加强农业基础建设进一步促进农业发展农民增收的若干意见》**(2007 年 12 月 31 日　中发〔2008〕1 号)第 6 条第 2 款:"……严格农村集体建设用地管理,严禁通过'以租代征'等方式提供建设用地。城镇居民不得到农村购买宅基地、农民住宅或'小产权房'……"国务院办公厅**《关于严格执行有关农村集体建设用地法律和政策的通知》**(2007 年 12 月 30 日　国办发〔2007〕71 号)第 2 条:"……农村住宅用地只能分配给本村村民,城镇居民不得到农村购买宅基地、农民住宅或'小产权房'。单位和个人不得非法租用、占用农民集体所有土地搞房地产开发。农村村民一户只能拥有一处宅基地,其面积不得超过省、自治区、直辖市规定的标准。农村村民出卖、出租住房后,再申请宅基地的,不予批准。"国务院**《关于深化改革严格土地管理的决定》**(2004 年 10 月 21 日　国发〔2004〕28 号)第 10 条:"……农村集体建设用地,必须符合土地利用总体规划、村庄和集镇规划,并纳入土地利用年度计划,凡占用农用地的必须依法办理审批手续。禁止擅自通过'村改居'等方式将农民集体所有土地转为国有土地。禁止农村集体经济组织非法出让、出租集体土地用于非农业建设。改革和完善宅基地审批制度,加强农村宅基地管理,禁止城镇居民在农村购置宅基地。引导新办乡村工业向建制镇和规划确定的小城镇集中。在符合规划的前提下,村庄、集镇、建制镇中的农民集体所有建设用地使用权可以依法流转。"国务院**《关于促进房地产市场持续健康发展的通知》**(2003 年 8 月 12 日　国发〔2003〕18 号)第 20 条:"……严禁任何单位和个人与乡村签订协议圈占土地,使用农村集体土地进行房地产开发。"国务院办公厅**《关于加强土地转让管理严禁炒卖土地的通知》**(1999 年 5 月 6 日　国办发〔1999〕39 号)第 2 条:"农民集体土地使用权不得出让、转让或出租用于非农业建设;对符合规划并依法取得建设用地使用权的乡镇企业,因发生破产、兼并等致使土地使用权必须转移的,应当严格依法办理审批手续。农民的住宅不得向城市居民出售,也不得批准城市居民占用农民集体土地建住宅,有关部门不得为违法建造和购买的住宅发放土地使用证和房产证。"国务院**《城市房地产开发经营管理条例(2020 年修正)》**(2020 年 11 月 29 日)第 10 条:"确定房地产开发项目,应当符合土地利用总体规划、年度建设用地计划和城市规划、房地产开发年度计划的要求;按照国家有关规定需要经计划主管部门批准的,还应当报计划主管部门批准,并纳入年度固定资产投资计划。"第 11 条:"确定房地产开发项目,应当坚持旧区改建和新区建设相结合的原则,注重开发基础设施薄弱、交通拥挤、环境污染严重以及危旧房屋集中的区域,保护和改善城市生态环境,保护历史文化遗产。"第 12 条:"房地产开发用地应当以出让方式取得;但是,法律和国务院规定可以采用划拨方式的除外。土地使用权出让或者划拨前,县级以上地方人民政府城市规划行政主管部门和房地产开发主管部门应当对下列事项提出书面意见,作为土地使用权出让或者划拨的依据之一:(一)房地产开发项目的性质、规模和开发期限;(二)城市规划设计条件;(三)基础设施和公共设施的建设要求;(四)基础设施建成后的产权界定;(五)项目拆迁补偿、安置要求。"国务院**《关于发展房地产业若干问题的通知》**(1992 年 11 月 4 日　国发〔1992〕61 号,2016 年 2 月 18 日经住建部第 1041 号文宣布失效)第 1 条:"……集体所有土地,必须先行征用转为国有土地后才能出让。农村集体经济组织以集体所有的土地资产作价入股,兴办外商投资企业和内联乡镇企业,须经县级人民政府批准,但集体土地股份不得转让。"国务院**《批转第二次全国农村房屋建设工作会议纪要的通知》**(1982 年 1 月 7 日,2016 年 6 月 25 日经国发〔2016〕38 号文宣布失效)第 3 条:"……社员建房和村镇建设用地,必须履行申请审批手续。集体划给社员的宅基地,社员可长期使用,所有权仍归集体,严禁买卖,出租和违法转让。"全国人大常委会法制工作委员会**《关于卖房等行为是否按土地管理法第四十七条规定的买卖或以其他形式非法转让土地的行为予以处罚的答复》**(1991 年 5 月 23 日):"问:卖房等行为是否可以按土地管理法第四十七条规定予以处罚?

（浙江省人大常委会工委，1990年9月4日）答：所述卖房等行为有些确实有问题，涉及的法律问题须另行研究作出规定，不宜将这些行为按土地管理法第四十七条规定的买卖或以其他形式非法转让土地行为予以处罚。”

3. 司法解释及最高人民法院其他文件。最高人民法院《**第八次全国法院民事商事审判工作会议（民事部分）纪要**》（2016年11月30日）第19条：“在国家确定的宅基地制度改革试点地区，可以按照国家政策及相关指导意见处理宅基地使用权因抵押担保、转让而产生的纠纷。在非试点地区，农民将其宅基地上的房屋出售给本集体经济组织以外的个人，该房屋买卖合同认定为无效。合同无效后，买受人请求返还购房款及其利息，以及请求赔偿翻建或者改建成本的，应当综合考虑当事人过错等因素予以确定。”第20条：“在涉及农村宅基地或农村集体经营性建设用地的民事纠纷案件中，当事人主张利润分配等合同权利的，应提供政府部门关于土地利用规划、建设用地计划及优先满足集体建设用地等要求的审批文件或者证明。未提供上述手续或者虽提供了上述手续，但在一审法庭辩论终结前土地性质仍未变更为国有土地的，所涉及的相关合同应按无效处理。”最高人民法院民一庭负责人《**关于当前民事审判工作中的若干具体问题**》（2015年12月24日）第7条：“……第二，关于农村房屋买卖问题。这是社会主义新农村建设中的重大问题，这个问题比较复杂，我们的总体意见是，要密切关注国家相关政策规定，在非试点地区，对于农民将其宅基地上的房屋出售给非本集体经济组织成员的，应该依法认定合同无效。但是可以探索合同无效后的损失范围和过错比例的研究。比如，出卖人因房屋涨价、拆迁补偿等原因主张合同无效，要求返还房屋或拆迁补偿款的，可以考虑根据案件实际情况，扩大信赖利益范围，合理确定过错大小，避免出现利益严重失衡的情况……”最高人民法院《**2015年全国民事审判工作会议纪要**》（2015年4月19日）第35条：“现阶段，我国城市化还处于较低层次，农村社会保障体系还不完善，宅基地还具有较强的社会保障和社会福利性质，完全放开对宅基地使用权限制的条件还不具备。对于已将宅基地流转确定为试点地区的，可以按照国家政策即相关指导意见处理宅基地使用权因抵押担保、转让而产生的纠纷。对于宅基地流转处于非试点地区的，农民出售其宅基地上的房屋给城市居民或者出售给不同农村集体经济组织成员，该房屋买卖合同一般应认定无效。合同无效后，买受人可以请求返还购房款并支付中国人民银行同期同类银行贷款利息。买受人已经对该房屋进行改建或者翻建，也可以一并请求赔偿翻建或者改建成本。”最高人民法院《**2011年全国民事审判工作会议纪要**》（2011年6月）第15条：“在农村集体所有土地上建造房屋并向社会公开销售，应当依据合同法第五十二条和土地管理法第四十三条规定，认定该买卖合同无效。将宅基地上建造的房屋出卖给本集体经济组织成员以外的人的合同，不具有法律效力；出售给本集体经济组织成员的，应当符合法律、行政法规和国家政策关于宅基地分配、使用条件的规定。在确定合同无效后的损失承担时,应综合考虑当事人的过错,避免处理结果导致当事人利益的失衡。”最高人民法院**《关于个人违法建房出售行为如何适用法律问题的答复》**(2010 年 11 月 1 日　法〔2010〕395 号)第 1 条:“你院请示的在农村宅基地、责任田上违法建房出售如何处理的问题,涉及面广,法律、政策性强。据了解,有关部门正在研究制定政策意见和处理办法,在相关文件出台前,不宜以犯罪追究有关人员的刑事责任。”最高人民法院**《关于为推进农村改革发展提供司法保障和法律服务的若干意见》**(2008 年 12 月 3 日　法发〔2008〕36 号)第 2 条:“……依法保障农户宅基地用益物权,促进宅基地制度的严格管理与完善。宅基地使用权承载着广大农民居者有其屋的社会功能,是农村土地管理制度的重要内容。对违反法律、行政法规以及相关国家政策的宅基地转让行为,以及其他变相导致农民丧失宅基地使用权的行为,应当依法确认无效。要着眼于宅基地制度的严格管理和完善,着眼于农户宅基地用益物权的维护与保障,做好相关案件的审判和执行工作。”最高人民法院负责人**《坚持司法为民　坚持司法和谐　推动公正高效权威民事审判制度建设——在全国民事审判工作座谈会上的讲话》**(2007 年 4 月 9 日):“……《民法通则》第 6 条规定,民事活动必须遵守法律,法律没有规定的,应当遵守国家政策。因此,我们在审理案件的时候,如果法律对某类纠纷没有明确规定,应该首先查找国家政策对此有没有规定,国家政策有规定的,适用国家政策进行裁判,而不能根据法官个人的理解进行自由裁量。例如,城镇居民与农村居民签订了购买宅基地或者房屋的合同,农村居民不交付宅基地或者房屋,城镇居民向法院起诉,要求农村民居履行合同,此类合同如何处理?目前法律包括《物权法》在内都没有对是否允许城镇居民在农村购买宅基地或者房屋作出明确规定,因此裁判时就需要适用国家政策。考虑到目前我国农村社会保障体系尚未全面建立,宅基地使用权和房屋是农民安身立命之本,现在放开宅基地使用权和房屋的转让的条件尚不成熟,因此,国家政策禁止城镇居民在农村购买宅基地或者房屋。国务院办公厅 1999 年 5 月 6 日发布的《关于加强土地转让管理严禁炒卖土地的通知》第 2 条第 2 款规定:农村的住宅不得向城市居民出售。2004 年 12 月 24 日,国务院《关于深化改革严格土地管理的决定》再次强调,‘加强农村宅基地管理,禁止城镇居民在农村购置宅基地’。因此,根据目前的国家政策,人民法院不应支持城镇居民要求在农村购买宅基地或者房屋的诉讼请求。”最高人民法院、国土资源部、建设部**《关于依法规范人民法院执行和国土资源房地产管理部门协助执行若干问题的通知》**(2004 年 3 月 1 日　法发〔2004〕5 号)第 24 条:“人民法院执行集体土地使用权时,经与国土资源管理部门取得一致意见后,可以裁定予以处理,但应当告知权利受让人到国土资源管理部门办理土地征用和国有土地使用权出让手续,缴纳土地使用权出让金及有关税费。对处理农村房屋涉及集体土地的，人民法院应当与国土资源管理部门协商一致后再行处理。”最高人民法院**《关于任惠温与任乡锁地基纠纷一案如何处理的复函》**（1992年7月6日　〔91〕民他字第61号）：“……1962年任充义将场院的北房靠西4间卖给生产大队，该4间前面的宅基地也随房屋所有权的转移而转归生产大队使用。同年，任乡锁之父任成山经集体组织同意，以其分得的2间东房北山墙为界往西筑起界墙，使用了此段地基，并已使用多年，据此，我们同意你院审判委员会的第一种意见，即将争执地基判归任乡锁家使用是适当的。”最高人民法院**《关于符振清诉颜香芬房屋纠纷申诉案的复函》**（1991年8月7日）：“该案当事人双方1971年6月合买府城镇达士巷7号第二进梁先觉、黄秀珍夫妇的正屋一间和横屋二眼的事实清楚、证据确凿。双方购买后又长期各半居住、管理、使用，颜香芬也曾承认是与符振清合买。在买房时，符振清虽在昌江县工作，户口不在琼山县府城镇，但符是离休干部，并非农村户籍，且符的妻子及其本人的户口已先后于1974年、1977年均迁入琼山县府城镇，房产部门亦同意给符办理房产契证。据此，同意你院审判委员会多数人的倾向性意见，即认定府城镇达士巷7号第二进正屋一间、横屋二眼系属符振清、颜香芬两人合资购买产权，应当共有。”最高人民法院**《关于非产权人擅自出卖他人房屋其买卖协议应属无效的复函》**（1991年3月22日　〔90〕民他字第36号）：“……蔡奕新擅自与柯碧莲签订的房屋买卖协议原则上应认定无效。柯碧莲、陈庆雄、陈庆法在讼争宅基地上所建房屋，亦不予保护为宜，但处理时要考虑柯碧莲、陈庆雄、陈庆法等人住房困难等实际情况，采取适当方式妥善解决，以防止矛盾激化。”最高人民法院民事审判庭**《关于宋国忠与宋国木房屋买卖纠纷案的电话答复》**（1990年4月11日　〔90〕法民字第1号）：“……致买卖关系无效的原因是双方的过错造成的。因此，对于拆迁补偿费事，唐山中院未予处理是有欠缺的。可按过错原则和公平原则通过补充判决的形式，对国家发给拆迁补偿费合理进行分割。”最高人民法院**《关于武都县佛教协会与罗兆年、罗玉成、罗志民及武都县城关镇供销服务公司房屋纠纷案的批复》**（1987年8月24日）：“……1942年双方当事人所订合同，是在解放前土地私有时以家庙、宅基地为标的物的借用性质的合同。现在处理该合同履行中发生的纠纷，首先必须考虑土地所有制已发生了根本性的变化，如果不顾土地所有制的变化，仍按原合同履行，既不符合现行政策法律，也不利于双方当事人民事权利的行使和社会经济秩序的稳定。根据该案情况，合同再无限期地继续履行已不可能。据此，双方当事人原订合同应予终止履行。但罗家基于原合同所享有的合法权益应依法予以保护，即应承认罗家对原有房屋的所有权，被武都县城关镇供销服务公司拆除的大佛殿，应由该公司予以合理赔偿；被武都县佛教协会拆除的小佛殿及三间土平房应由佛教协会补偿，即可以从现有的十六间房屋中补给相应间数，也可以折价补偿。至于佛教协会增建、扩建的房屋,鉴于该房屋系属群众捐助所建,且按照合同,产权尚未转移给罗家,故不能认为罗家已取得所有权,合同终止履行后,产权应归佛教协会所有。罗家要求确认其产权,依法不予支持。在该案具体处理中,要注意根据具体情况,做好双方当事人的工作,尽可能调解解决。"最高人民法院**《关于贯彻执行民事政策法律若干问题的意见》**(1984年8月30日,已于2019年7月20日起失效):"七、宅基地问题。人民法院处理公民之间宅基地使用权的案件,应根据土地归国家或集体所有,一律不准出租、转让和买卖的原则,参照解放以来宅基地的演变和现实使用情况,照顾群众生活的实际需要,依法保护国家、集体和个人的权益。"第60条:"村镇公民之间由于买卖房屋转移宅基地使用权而发生的纠纷,应根据国务院《村镇建房用地管理条例》中规定的审查、批准手续处理。"第61条:"经过统一规划的宅基地,使用权发生纠纷的,应以规划后确定的使用权为准。经过合法手续个别调整了的,一般应以调整后的使用权为准。"第64条:"公民在城镇依法买卖房屋时,该房屋宅基地的使用权应随房屋所有权一起转归新房主使用。"

4. 部门规范性文件。国土资源部**《关于进一步加快宅基地和集体建设用地确权登记发证有关问题的通知》**(2016年　国土资发〔2016〕191号)第5条:"结合实际依法处理'一户多宅'问题。宅基地使用权应按照'一户一宅'要求,原则上确权登记到'户'。符合当地分户建房条件未分户,但未经批准另行建房分开居住的,其新建房屋占用的宅基地符合相关规划,经本农民集体同意并公告无异议的,可按规定补办有关用地手续后,依法予以确权登记;未分开居住的,其实际使用的宅基地没有超过分户后建房用地合计面积标准的,依法按照实际使用面积予以确权登记。"第6条:"分阶段依法处理宅基地超面积问题。农民集体成员经过批准建房占用宅基地的,按照批准面积予以确权登记。未履行批准手续建房占用宅基地的,按以下规定处理:1982年《村镇建房用地管理条例》实施前,农民集体成员建房占用的宅基地,范围在《村镇建房用地管理条例》实施后至今未扩大的,无论是否超过其后当地规定面积标准,均按实际使用面积予以确权登记。1982年《村镇建房用地管理条例》实施起至1987年《土地管理法》实施时止,农民集体成员建房占用的宅基地,超过当地规定面积标准的,超过面积按国家和地方有关规定处理的结果予以确权登记。1987年《土地管理法》实施后,农民集体成员建房占用的宅基地,符合规划但超过当地面积标准的,在补办相关用地手续后,依法对标准面积予以确权登记,超占面积在登记簿和权属证书附记栏中注明。历史上接受转让、赠与房屋占用的宅基地超过当地规定面积标准的,按照转让、赠与行为发生时对宅基地超面积标准的政策规定,予以确权登记。"第7条:"依法确定非本农民集体成员合法取得的宅基地使用权。非本农民集体成员因扶贫搬迁、地质灾害防治、新农村建设、移民安置等按照政府统一规划和批准使用宅基地的,在退出原宅基地并注销登记后,依法确定新建房屋占用的宅基地使用权。1982 年《村镇建房用地管理条例》实施前，非农业户口居民(含华侨)合法取得的宅基地或因合法取得房屋而占用的宅基地，范围在《村镇建房用地管理条例》实施后至今未扩大的，可按实际使用面积予以确权登记。1982 年《村镇建房用地管理条例》实施起至 1999 年《土地管理法》修订实施时止，非农业户口居民(含华侨)合法取得的宅基地或因合法取得房屋而占用的宅基地，按照批准面积予以确权登记，超过批准的面积在登记簿和权属证书附记栏中注明。"第 8 条："依法维护农村妇女和进城落户农民的宅基地权益。农村妇女作为家庭成员，其宅基地权益应记载到不动产登记簿及权属证书上。农村妇女因婚嫁离开原农民集体，取得新家庭宅基地使用权的，应依法予以确权登记，同时注销其原宅基地使用权。农民进城落户后，其原合法取得的宅基地使用权应予以确权登记。"国土资源部、中央农村工作领导小组办公室、财政部、农业部**《关于农村集体土地确权登记发证的若干意见》**(2011 年 11 月 1 日)第 6 条："宅基地使用权应该按照当地省级人民政府规定的面积标准，依法确认给本农民集体成员。非本农民集体的农民，因地质灾害防治、新农村建设、移民安置等集中迁建，在符合当地规划的前提下，经本农民集体大多数成员同意并经有权机关批准异地建房的，可按规定确权登记发证。已拥有一处宅基地的本农民集体成员、非本农民集体成员的农村或城镇居民，因继承房屋占用农村宅基地的，可按规定登记发证，在《集体土地使用证》记事栏应注记'该权利人为本农民集体原成员住宅的合法继承人'。非农业户口居民(含华侨)原在农村合法取得的宅基地及房屋，房屋产权没有变化的，经该农民集体出具证明并公告无异议的，可依法办理土地登记，在《集体土地使用证》记事栏应注记'该权利人为非本农民集体成员'。"国土资源部**《关于进一步加快宅基地使用权登记发证工作的通知》**(2008 年 7 月 8 日　国土资发〔2008〕146 号，已于 2016 年 5 月 27 日起失效)第 3 条："严格落实农村村民一户只能拥有一处宅基地的法律规定。除继承外，农村村民一户申请第二宗宅基地使用权登记的，不予受理……严格执行城镇居民不能在农村购买和违法建造住宅的规定。对城镇居民在农村购买和违法建造住宅申请宅基地使用权登记的，不予受理。"建设部**《房屋登记办法》**(2008 年 7 月 1 日，已于 2019 年 9 月 6 日起失效)第 8 条："办理房屋登记，应当遵循房屋所有权和房屋占用范围内的土地使用权权利主体一致的原则。"第 82 条："依法利用宅基地建造的村民住房和依法利用其他集体所有建设用地建造的房屋，可以依照本办法的规定申请房屋登记。法律、法规对集体土地范围内房屋登记另有规定的，从其规定。"第 86 条："房屋所有权依法发生转移，申请房屋所有权转移登记的，应当提交下列材料：(一)登记申请书；(二)申请人的身份证明；(三)房屋所有权证书；(四)宅基地使用权证明或者集体所有建设用地使用权证明；(五)证明房屋所有权发生转移的材料；(六)其他必要材料。申请村民住房所有权转移登记的,还应当提交农村集体经济组织同意转移的证明材料。农村集体经济组织申请房屋所有权转移登记的,还应当提交经村民会议同意或者由村民会议授权经村民代表会议同意的证明材料。”第 87 条:“申请农村村民住房所有权转移登记,受让人不属于房屋所在地农村集体经济组织成员的,除法律、法规另有规定外,房屋登记机构应当不予办理。”第 89 条:“房屋登记机构对集体土地范围内的房屋予以登记的,应当在房屋登记簿和房屋权属证书上注明‘集体土地’字样。”国土资源部**《印发〈关于加强农村宅基地管理的意见〉的通知》**(2004 年 11 月 2 日 国土资发〔2004〕234 号,已于 2020 年 3 月 24 日起失效)第 5 条:“严格宅基地申请条件。坚决贯彻‘一户一宅’的法律规定。农村村民一户只能拥有一处宅基地,面积不得超过省(区、市)规定的标准。各地应结合本地实际,制定统一的农村宅基地面积标准和宅基地申请条件。不符合申请条件的不得批准宅基地。农村村民将原有住房出卖、出租或赠与他人后,再申请宅基地的,不得批准。”第 13 条:“……严禁城镇居民在农村购置宅基地,严禁为城镇居民在农村购买和违法建造的住宅发放土地使用证。”国务院法制办公室**《关于供销合作社能否享有集体土地所有权问题的复函》**(2002 年 1 月 24 日 国法秘函〔2002〕14 号):“……供销合作社是由部分农民集资或者以资金参股形式成立的合作经济组织,在性质上与乡(镇)农民集体、村农民集体和村民小组有着本质的区别,不享有集体土地所有权。”国土资源部**《关于依法加快集体土地所有权登记发证工作的通知》**(2001 年 11 月 9 日 国土资发〔2001〕359 号,已于 2016 年 5 月 27 日起失效)第 2 条:“严格按照《土地管理法》的规定,确定集体土地所有权主体。具体确权要求如下:(一)凡是土地家庭联产承包中未打破村民小组(原生产队)界线,不论是以村的名义还是以组的名义与农户签订承包合同,土地应确认给村民小组农民集体所有。考虑到各地的差异和村民小组组织机构不健全的实际,在具体登记发证时,可采取两种方式进行:一是,有条件的地区,可将《集体土地所有证》直接发放到村民小组农民集体;二是采取‘组有村管’的方式,将《集体土地所有证》发放到村,由村委会代管。为体现村民小组农民集体的所有权主体地位,土地证书所有者一栏仍填写村内各村民小组农民集体的名称,并注明土地所有权分别由村内各村民小组农民集体所有。待条件成熟时,可将《集体土地所有证》换发到组。对于已经打破了村民小组农民集体土地界线的地区,应本着尊重历史,承认现实的原则,对这部分土地承认现状,明确由村农民集体所有。(二)能够证明土地已经属于乡(镇)农民集体所有的,土地所有权应依法确认给乡(镇)农民集体。没有乡(镇)农民集体经济组织的,乡(镇)集体土地所有权由乡(镇)政府代管。(三)不能证明属于乡(镇)农民集体所有或村民小组农民集体所有的集体土地,应依法确认给村农民集体所有。土地所有权主体以‘××村(组、乡)农民集体’表示。”国土资源部**《通告》**(1998 年 12 月 8 日)第 7 条:“农村村民建住宅用地，必须提出申请，经乡（镇）人民政府审核后由县级人民政府批准。每户只能有一处不超过规定标准的宅基地。新建住宅应尽量使用原有的宅基地和村内空闲地。出卖、出租住房后，不得再申请宅基地。超占宅基地建住宅的，将受到限期拆除、退还超占宅基地的处罚。”国家土地管理局地籍管理司**《关于对上海市房屋土地管理局〈关于确定土地权属问题的若干意见〉有关条款解释请示的答复》**［1997年10月21日　〔1997〕国土（籍登）字第10号］：“我局1989年7月5日印发、1995年5月1日已停止执行的《关于确定土地权属问题的若干意见》第十三条中‘其他农民集体成员’包括外省市农民，但本条仅是针对农民购房后集体土地所有权不改变而言，至于外省市农民是否可在你地区购房应符合国家和当地的法规及政策规定。”国家土地管理局**《对开封市关于实行国有土地使用证房屋所有权证两证合一颁发房地产权证请示的批复》**（1996年8月20日　国土批〔1996〕78号）第5条：“核发土地房屋权属的合一证书，其土地仅限于国有土地使用权范围。集体土地所有权和集体土地使用权仍须按《土地登记规则》的规定进行登记，核发集体土地所有证和集体土地使用证。”国家土地管理局**《对福建省土地管理局关于对若干土地违法行为定性问题的请示的批复》**（1995年9月11日　国土批〔1995〕50号）第1条：“一些单位以国家建设需要的名义，未经人民政府及土地管理部门批准私自与村委会签订征地协议，并支付相应的征地费用，属于未经批准非法占用土地的行为，应按照非法占用土地的规定处理。”第2条：“这些单位在非法取得集体土地后，又将集体土地再次非法转让，牟取高额非法所得，违反有关土地转让的法律规定，应按非法转让土地的行为论处。对于非法转让土地的欺诈行为，建议由有关部门按有关民事规定处理。”国家土地管理局**《关于印发〈确定土地所有权和使用权的若干规定〉的通知》**［1995年5月1日实施　〔1995〕国土（籍）字第26号，已于2010年12月3日经国土资发〔2010〕190号将“征用”统一修改为“征收”］第48条：“非农业户口居民（含华侨）原在农村的宅基地，房屋产权没有变化的，可依法确定其集体土地建设用地使用权。房屋拆除后没有批准重建的，土地使用权由集体收回。”第49条：“接受转让、购买房屋取得的宅基地，与原有宅基地合计面积超过当地政府规定标准，按照有关规定处理后允许继续使用的，可暂确定其集体土地建设用地使用权。继承房屋取得的宅基地，可确定集体土地建设用地使用权。”国家土地管理局**《对安徽省关于土地有偿使用中几个问题的请示的复函》**（1993年2月17日，已于2003年2月20日经国土资发〔2003〕48号文停止执行）第4条：“国发〔1992〕61号文件规定‘集体土地股份不得转让’是指已作入股的集体土地资产权属关系不能擅自变化，以保证集体土地使用者的合法权益。根据国家土地管理局〔1992〕国土〔法〕字第182号文规定：‘如转让，集体土地须征为国有，办理出让手续’。如果以集体土地入股进行房地产开发，目的是转让经营，亦就是进行股份转让,与国发〔1992〕61 号文件规定是不符的。"国家土地管理局政策法规司**《关于对〈土地管理法〉有关问题请示的答复》**(1992 年 6 月 13 日　国土函字第 172 号)第 2 条:"……同意你局在该文中提出的对'农业集体经济组织'的理解,即:'农业集体经济组织'必须有一定组织机构、管理人员、资金,具有一定的民事权利能力和民事行为能力,能够以自己的名义独立承担民事责任。《土地管理法》第八条规定'村农民集体所有的土地已经分别属于村内两个以上农业集体经济组织所有的,可以属于各该农业集体经济组织的农民集体所有',根据上述规定,在生产队解体改为村民小组后,原生产队所有的土地,可以属于该村民小组相应的农业集体经济组织的农民集体所有,不应理解为村民小组拥有土地所有权。"国家土地管理局**《关于对浙土复〔1990〕8 号请示的答复》**(1990 年 8 月 25 日,已于 2003 年 2 月 20 日经国土资发〔2003〕48 号文停止执行):"……原宅基地使用者未经依法批准通过他人出资翻建房屋,给出资者使用,并从中牟利或获取房屋产权,是属于'以其他形式非法转让土地'的违法行为之一。"国家土地管理局**《关于城市宅基地所有权、使用权等问题的复函》**[1990 年 4 月 23 日　〔1990〕国土(法规)字第 13 号]第 1 条:"我国 1982 年宪法规定城市土地归国家所有后,公民对原属自己所有的城市土地应该自然享有使用权。"

5. 地方司法性文件。河南高院赔偿委员会办公室**《关于审理违法征收、违法强拆类行政赔偿案件的工作指南(试行)》**(2020 年 4 月 30 日)第 9 条:"违法拆除集体非经营性建设用地上房屋的,确定房屋价值损失时,应注意哪些问题? 集体非经营性建设用地上房屋,包括农村宅基地上房屋被行政机关违法拆除的,在确定房屋价值损失时,应当查明以下事实并将其作为裁判参考:行政机关违法行为的过错程度,房屋占用土地的性质、来源,房屋建造的面积、结构、时间,是否经过规划、审批,是否符合规划要求,赔偿请求人家庭人员组成情况,被拆除房屋是否系其唯一住房,案涉土地是否经过法定程序征收,制定安置补偿方案的程序是否合法等。违法拆除宅基地上房屋,可参照政府制定的安置补偿方案确定房屋价值损失。政府制定的安置补偿方案能够弥补赔偿请求人合法权益损失,赔偿请求人提出超出安置补偿方案之外的赔偿请求的,不予支持。为满足基本生活需要,赔偿请求人未经有权机关审批在集体土地上建造房屋,确有证据能够证明其曾提出申请并经村集体经济组织同意,但由于审批机关的原因未取得规划、建设许可,或者由于政府长期停办等非其个人的原因未办理产权证书,且房屋未超出法律、法规、规章对宅基地上房屋的面积、层高、容积率等要求的上限,该类房屋被违法拆除的,应作为合法房屋予以保护。对不符合村镇建设规划和超高、超限或超出容积率上限的部分,赔偿请求人要求按照合法房屋赔偿损失的,不予支持。但安置补偿方案中有补偿规定和补偿标准的,可参考安置补偿方案予以处理。征收公告发布后,或者征收公告虽未发布但征收行为已经实质性启动，突击建造的房屋被违法强制拆除的，赔偿请求人要求赔偿建造成本或者按照安置补偿方案进行赔偿的，不予支持。”第 10 条：“‘城中村’的房屋被违法拆除，按照安置补偿方案确定的损失显失公平时，如何处理？城市规划规划区内集体土地上依法建造的房屋被违法拆除，按照安置补偿方案确定的赔偿标准处理对赔偿请求人显失公平的，可参考周边类似商品房交易平均价格确定房屋价值损失，但原则上应扣除相应的土地出让金价值。”第 11 条：“非‘城中村’宅基地上房屋被违法拆除，按照安置补偿方案确定的损失显失公平时，如何处理？城市规划区外农村宅基地上房屋被违法强制拆除，相应的安置补偿方案显失公平，赔偿义务机关、农村集体经济组织认可具备置换宅基地条件且赔偿请求人同意的，可判令赔偿义务机关按照房屋重置价赔偿房屋价值损失；不具备房屋安置、置换宅基地条件的，在确定房屋损失货币赔偿数额时，可在补偿安置方案基础上适当上浮，上浮幅度原则上不超过安置补偿方案所定标准的百分之五十。”第 14 条：“如何掌握‘一户一宅’的政策规定？农村集体经济组织成员违反‘一户一宅’规定，在多占宅基地上建造的房屋被违法拆除，赔偿请求人要求按照安置补偿方案确定的标准或者市场价格赔偿房屋价值损失的，不予支持。赔偿请求人多占的宅基上房屋是通过继承合法取得的，可以按照房屋的重置成本确定房屋价值损失。”天津高院**《关于审理房屋买卖合同纠纷案件若干问题的审判委员会纪要》**（2018 年 11 月 26 日　津高法〔2018〕230 号）第 3 条：“特殊产权房屋买卖……（二）农村房屋买卖合同的相关问题。在国家确定的宅基地制度改革试点地区（蓟州区），可以按照国家政策及相关指导意见处理宅基地使用权因抵押担保、转让而产生的纠纷，在非试点地区、农民将其宅基地上的房屋出售给本集体经济组织以外的个人，该房屋买卖合同应当认定无效；但买受人在一审辩论终结前取得出卖人所属的农村集体经济组织成员资格且符合其他购买条件的，可以认定合同有效。宅基地房屋买卖合同经人民法院确认无效后，买受人请求返还购房款及利息，以及请求赔偿翻建或者改建成本等的，应当综合考虑当事人过错等因素予以确定。”江苏高院**《关于审理房地产合同纠纷案件若干问题的解答》**（2018 年 6 月 26 日　审委会会议纪要〔2018〕3 号）第 10 条：“关于农村宅基地上房屋买卖如何处理？对于农村宅基地上房屋买卖应当区分两个层次：(1)区分是否属于宅基地改革试点地区。中共中央办公厅和国务院办公厅于 2016 年联合下发了《关于农村土地征收、集体经营性建设用地入市、宅基地制度改革试点工作的意见》，对改革试点地区宅基地流转的限制性法律规定予以放宽，我省武进地区为宅基地改革流转地区，武进、仪征、泗洪为宅基地抵押的试点，对此转让合同的效力可以根据试点地区的相关意见予以处理。(2)区分是否属于同一集体经济组织成员。买卖双方属于同一集体组织成员的，因不违反《土地管理法》中宅基地由农民集体所有的规定，对集体经济组织利益没有侵害,因此房屋买卖协议应认定为有效。买卖双方不属于同一集体组织成员的,根据《土地管理法》第62条的规定,'农村村民一户只能拥有一处宅基地,农村村民出卖、出租住房后,再申请宅基地的,不予批准。'因此,农村私有房屋买卖后,出卖人将成为失地农民,不利于保护农民的利益,同时也违反农村集体经济组织的利益,故在当前城乡界限尚未完全打破,土地制度没有变革的情况下,根据现行法律规定,应认定买卖合同无效。但在无效后的处理上,应综合权衡买卖双方的利益,尤其是出卖人因土地升值或征收补偿所获利益,以及买受人因房屋现值和原买卖价格的差异造成的损失,妥善处理房屋的返还与补偿问题。对于房屋已经被征收或已纳入征收程序的,出卖人要求返还征收利益的,根据双方当事人的过错,适当予以支持。对于未纳入征收程序的,当事人签订买卖时间较长,或者买受人已办理户口迁入手续等情形的,出卖人要求返还房屋的,原则上不予支持。当事人仅要求确认房屋买卖合同无效的,在裁判说理中对房屋是否返还予以表述。【说明】有观点认为,在房屋被征收时,土地补偿归出卖人,房屋补偿归买受人。本条未作区分,而是根据过错合理分担,出卖人少分,以体现诚实信用原则。"河北廊坊中院《**关于印发〈审理房屋买卖合同纠纷案件若干问题的会议纪要〉的通知**》(2018年3月14日　廊中法〔2018〕24号)第27条:"农民将其宅基地上的房屋出售给本集体经济组织以外的个人,该房屋买卖合同应认定为无效。出卖人因房屋涨价,拆迁补偿等原因主张合同无效,要求返还房屋或拆迁补偿款的,可以根据诚实信用原则和公平原则,结合案件实际情况,扩大信赖利息范围,合理确定过错大小,避免出现利益严重失衡的情况。"北京高院《**北京法院执行办案规范——不动产的执行**》(2018年2月6日)第29条:"【集体土地使用权的执行】人民法院执行集体土地使用权时,经与国土资源部门取得一致意见后,可以裁定予以处理,但应当告知权利受让人到国土资源管理部门办理土地征用和国有土地使用权出让手续,缴纳土地使用权出让金及有关税费。处理农村房屋涉及集体土地的,人民法院应当与国土资源部门协商一致后再行处理。"广东高院《**印发〈关于审理房屋买卖合同纠纷案件的指引〉的通知**》(2017年9月12日　粤高法〔2017〕191号,已于2020年12月31日经粤高法〔2020〕132号废止)第17条:"农村宅基地上房屋买卖合同纠纷,根据《第八次全国法院民事商事审判工作会议(民事部分)纪要》第19条的规定处理。向不具备本集体经济组织成员资格的人出卖宅基地上房屋,合同被认定无效,买受人主张出卖人承担因房地产价格上涨造成的房屋差价损失的,人民法院应当全面考虑出卖人因土地升值或者拆迁补偿所获利益,平衡买卖双方的利益。"湖南长沙中院《**民事审判裁判疑难解答**》(2014年3月)第27条:"农村村民住宅建设用地转让等合同的效力。答:当事人将农村村民住宅建设用地转让、出租或以合建形式变相转让农村村民住宅建设用地而签订的合同,一般应认定无效。但1999年1月1日《中华人民共和国土地管理法》修订以后，农村村民将依法取得的宅基地使用权连同房屋转让给本村村民的，可认定转让合同有效。”北京高院**《关于印发修订后的〈北京市法院执行工作规范〉的通知》**（2014年1月1日）第414条：“【农村房屋及集体土地的处分】查封集体土地使用权后，人民法院经与国土资源管理部门取得一致意见，可以裁定予以处理，但应当告知权利受让人到国土资源管理部门办理土地征用和国有土地使用权出让手续，缴纳土地使用权出让金及有关税费。处理农村房屋涉及集体土地的，人民法院应当与国土资源管理部门协商一致后再行处理。”湖北高院**《民事审判工作座谈会会议纪要》**（2013年9月）第42条：“在农村集体所有土地上建造房屋并向社会公开销售，应当依据《合同法》第五十二条和《土地管理法》第四十三条规定，认定该买卖合同无效。将宅基地上建造的房屋出卖给非同一集体经济组织成员的，该买卖合同无效；出售给本集体经济组织成员的，应当符合法律、行政法规和国家政策关于宅基地分配、使用条件的规定。买卖合同被认定无效后，应根据缔约过失原则、利益衡平原则并综合双方的过错和实际损失进行处理。”贵州高院**《关于印发〈关于审理涉金融类纠纷案件若干问题的会议纪要〉的通知》**（2012年10月10日）第4条：“……（2）以农房、农村土地承包经营权、林权作为担保物进行贷款，签订的担保合同，一般应认定为有效。涉及农房、宅基地使用权、农村土地承包经营权流转的，应当在取得村委会同意的基础上，在本集体经济组织成员及其他按有关法律及有关规定允许从事农业生产经营的组织和个人之间流转，同等条件下本集体经济组织成员享有优先权……”郑州中院**《关于审理房屋纠纷民事案件适用法律问题的若干意见》**（2011年7月14日）第12条：“农村居民将其经法定主管部门审批许可后在本集体经济组织建设用地上建造的房屋，出售给本集体经济组织以外的单位或个人，当事人主张买卖合同无效的，人民法院应予支持。”第13条：“出卖人故意不履行合同义务，导致其在集体经济组织建设用地上建造的房屋买卖合同被解除，或买卖合同被人民法院确认无效的，买受人请求出卖人对房屋增值部分或合理经济投入进行赔偿的，应予支持，但应当根据双方当事人的过错大小，确定出卖人的赔偿责任。”第14条：“人民法院确定房屋买卖合同无效，判决返还，腾退房屋时，应为买受人留出合理腾房时间。”重庆高院**《印发〈关于审理涉及小额贷款公司、担保公司、典当行商事案件若干问题的解答〉的通知》**（2013年10月9日）第10条：“以农村土地承包经营权、农村居民房屋、林权抵押方式设定反担保的效力如何认定？担保公司为农户向金融机构借款提供担保，农户依照《关于加快推进农村金融服务改革创新的意见》（渝府发〔2010〕115号）、《重庆市土地承包经营权抵押登记实施细则（试行）》（渝金发〔2011〕4号）、《重庆市农村居民房屋抵押登记实施细则（试行）》（渝国土房管发〔2011〕20号）、《重庆市林权抵押融资登记管理实施细则（试行）》（渝林产〔2011〕7号）的规定，以农村土地承包经营权、农村居民房屋、林权设定抵押权,向担保公司提供反担保的,人民法院应当认定该反担保有效。”安徽高院**《关于审理房屋买卖合同纠纷案件适用法律问题的指导意见》**(2012年3月5日)第13条:“城镇居民、法人或其他组织购买农村集体所有土地上建设的房屋签订的房屋买卖合同,应当根据《中华人民共和国合同法》第五十二条和《中华人民共和国土地管理法》第四十三的规定,认定为无效合同。农村房屋买卖合同被认定为无效的,可以根据当事人的过错、所获利益、赔偿能力等情况,判令其承担相应的缔约过失责任。”第14条:“非同一农村集体经济组织成员之间签订的房屋买卖合同,应当认定为无效合同。但买受人在一审法院辩论终结前取得出卖人所谓的农村集体经济组织成员资格且符合其他购买条件的,可以认定合同有效。”浙江温州中院**《全市行政复议和行政审判联席会议第五次联席会议综述》**(2011年5月20日)第8条:“农村宅基地上房屋所有权主体认定。房屋登记机构根据土地、规划等相关部门行政审批文件上明确且一致的农村宅基地使用和房屋建设主体,认定房屋所有权主体,办理房屋所有权初始登记。”山东临沂中院**《关于印发〈临沂市中级人民法院关于审理民事案件的若干指导意见(试行)〉的通知》**(2011年3月29日　临中法〔2011〕55号)第5条:“……1.农村居民新取得的宅基地使用权,以宅基地选址意见书作为确权的依据。2.农村居民主张其宅基地被侵占,侵权人以其拥有多处宅基地不符合土地法等为由进行抗辩的,人民法院不予支持,仍应判令侵权人承担相应的民事责任。但对于确实多占的宅基,人民法院不宜迳行确认其为合法占有……4.房屋产权纠纷,人民法院应以民事案件受理。当事人以产权登记书进行抗辩的,人民法院无需以启动相关行政程序为由中止诉讼,仍可迳行判决……6.不属同一集体组织的成员购买农村宅基地、房产或小产权房的,相应交易行为无效。如系出售方反悔,购买方的损失数额应参照评估价(或拆迁补偿价)与原购买价之间的数额确定,并由出售方承担主要过错责任。”山东临沂中院**《民事审判工作座谈会纪要》**(2009年11月10日　临中法〔2009〕109号)第3.1条:“一户村民占有多处宅基地的问题。根据土地法及相关法规、规章、规范性文件的规定,农村居民一户原则上仅享有一处宅基地,超出部分,由相关部门依法收回,对地上附着物,由相关部门予以补偿。对于因买卖继承等原因取得农村宅基地的村民,如本人不符合申请宅基的条件,仅对地上附着物(包括房屋)取得所有权,由相关部门在收回宅基地的同时予以补偿。由于收回宅基地属于政府行政职权及村民自治的范围,实践中亦存在行政执法及村委行使职权不确定的问题,为搞好司法权与行政权的衔接,对于涉及一户占有多处宅基地的纠纷案件,应尽量回避对土地权属的确认,以‘即使原告不享有使用权,在相关部门行使职权之前,被告侵占亦无依据’等模糊理由,判决被告承担相应责任。对于地上附着物部分尤其是房屋、树木等,因相关法律、法规承认其合法权益,不存在与行政职权、村民自治衔接的问题,可以作为普通民事权益予以充分的保护。”第3.2条:“关于宅基地权使用权的认定问题。根据临沂市人民政府临政发〔2005〕43号《临沂市农村宅基地管理暂行办法》的规定,新取得宅基仅能取得选址意见书,只有在房屋建成并经复核其占地与放线一致后才能颁发集体土地使用权证,实践中,各乡镇亦按此规定操作。应该说该规范性文件与相关法律、行政法规等精神是一致的,人民法院在审理相关案件时应给与充分尊重。对于当事人依据选址意见书在放线后实施的建设行为,被告阻拦的,应作为侵权案件受理,避免‘无土地证即无法施工,无法施工即不能取得土地证,无土地证即不受理’类似电脑程序死循环现象的发生。”浙江高院**《关于为推进农村土地流转和集体林权制度改革提供司法保障的意见》**(2009年7月23日　浙高法〔2009〕250号)第6条:“依法支持宅基地使用权流转。对各地在农村住房改造和城乡统筹改革中采取的集体土地调换、农民宅基地串换、宅基地置换和流转试点等,只要解决好‘地从哪里来、房在哪里建、钱从哪里出、人往哪里走’等问题,且农民自愿,不损害农民合法权益,确保农民相应获得住房、社会保险等必要保障的,应当予以确认和支持。对就业稳定、愿意进城镇定居的农户,通过经济补偿、宅基地置换城镇住房、纳入城镇职工基本养老体系等办法,支持其退出农村宅基地,拓宽农村建设发展的空间。”第9条:“依法支持农村信贷担保机制的完善。承包人或者其他合法权利人以股份经济合作社股权、农村土地流转后衍生的经营权等权利质押,或者以农村集体经营性建设用地使用权、林权、农村住房抵押等新型贷款担保方式贷款的,只要当事人依据相关规定办理了抵押或出质登记的,对抵押权和质权应当予以确认和保护,依法支持创新贷款担保方式,扩大农村有效担保物范围,拓宽农村融资渠道。但在审判和执行中,应当注意保障农民享有的承包土地和必要的生活住房,防止农民彻底丧失承包土地和基本生活住房。”辽宁高院**《全省法院民事审判工作座谈会纪要》**(2009年5月14日　辽高法〔2009〕120号)第5条:“关于农村住宅房屋买卖合同的效力。当事人之间一并转让农村宅基地使用权及地上住宅房屋所有权的房屋买卖合同,买卖双方为同一农村集体经济组织成员的,可以认定合同有效。买卖双方为不同农村集体经济组织成员的,经房屋所在地农村集体经济组织同意,也可以认定合同有效。城镇居民买受农村宅基地使用权及地上住宅房屋的,原则上应认定合同无效,处理此类案件,应当本着尊重历史、照顾现实的原则,综合平衡买卖双方的利益关系。”山东高院**《关于印发〈全省民事审判工作座谈会纪要〉的通知》**(2008年12月23日)第6条:“……(三)关于城镇居民购买农村村民私有房屋和‘小产权房’的效力问题。宅基地使用权是我国农村集体经济组织成员享有的一项用益物权,与物权人特定的身份具有密切的联系。对于建立于集体所有土地之上的宅基地使用权的买卖问题,我国法律包括物权法均没有明确规定,因此应当适用国家有关政策的规定进行裁判。国务院办公厅1999

年5月6日发布的《关于加强土地转让管理,严禁炒卖土地的通知》第二条第2款规定,‘农村的住宅不得向城市居民出售’;2004年12月24日国务院在《关于深化改革严格土地管理的规定》中再次强调,‘加强农村宅基地管理,禁止城镇居民在农村购置宅基地’。法律也明确规定禁止农村宅基地随意转让和抵押,可见,国家现行政策明确规定禁止城镇居民在农村购买宅基地或者地上建筑物,因此,人民法院应当按照《2005年全省民事审判工作座谈会纪要》的意见,据此认定城镇居民与农村居民之间签订的房屋或者宅基地的买卖合同为无效合同,不支持城镇居民要求在农村购买宅基地或者房屋的诉讼请求。对于本集体经济组织之外的其他集体经济组织成员购买农村居民宅基地和住宅的,应当如何处理,法律未明确规定。由于农村宅基地具有极强的福利和保障性质,且是本集体经济组织成员无偿取得的,由此,取得宅基地使用权的主体应当限于本集体经济组织成员,否则将会扰乱现行的集体土地管理秩序和农村经济管理体制,因此,对本集体经济组织之外的村民购买本集体经济组织成员的宅基地和房屋的,原则上也应当确认为无效……”第7条:“……(二)关于正确处理法律与国家政策的关系问题。民法通则第六条规定,民事活动必须遵守法律,法律没有规定的,应当遵守国家政策。因此,我们审理的民事案件如果法律没有明确规定而国家政策有规定的,应当适用国家政策进行裁判,而不能根据法官个人理解自由裁量。”湖南高院**《关于房屋买卖、租赁纠纷案件适用法律问题的指导意见(试行)》**(2008年1月21日)第9条:“出卖人出售集体所有土地上的房屋给非本集体经济组织成员的,一般应认定合同无效。买受人请求赔偿的,应根据缔约过失责任的大小,综合考虑房屋装修、改建、拆迁、房价变动等因素确定各自应承担的民事责任。如买卖双方都是同一集体经济组织成员,并且起诉前买受人经批准取得了买卖房屋所占用的宅基地使用权的,应当认定合同有效。”山东潍坊中院**《民事审判工作会议纪要》**(2008年)第5条:“……1.关于农村私有房屋买卖合同的效力问题。《土地管理法》第六十二条规定,农村村民一户只能拥有一处宅基地,宅基地是农民的重要财产权利,严禁宅基地进入市场进行交易。由于宅基地关系到农民的基本居住条件,所以获得农村宅基地要受农业人口身份上的限制,只有具有农村户口的人才能在本集体所有土地范围内申请宅基地。由于农村房屋的转让必然导致宅基地使用权的转移,依据当前我国的土地法律和政策,结合审判实践经验,对于农村私有房屋买卖合同的效力应以认定无效为原则,以认定有效为例外。只有房屋买卖的双方均是同一集体经济组织的成员的,可以认定合同有效。”江苏高院**《全省民事审判工作座谈会纪要(征求意见稿)》**(2007年12月21日　苏高法电〔2007〕594号)第3条:“(五)房地产案件中的若干问题……4.农村房屋买卖合同纠纷的处理。既要严格依照法律和行政法规的规定,并参照国务院的决定和通知精神以及地方性法规的规定,认定合同效力,也要从实际出发确定合理的解决方案，维护交易安全和社会诚信。对同一村集体经济组织内部的农村房屋流转，应当尽量维护买卖合同的效力。对城镇居民和其他不符合买受人条件的农户购买农村房屋的，认定买卖合同无效后，应当依照合同法第五十八条的规定，结合个案的具体情况，综合考虑交易时间长短、是否发生连环买卖，以及翻建、改建、装潢、添附等因素，作出合法、合理的裁判。”河南郑州中院**《关于审理建设工程及房屋相关纠纷案件若干实务问题的解答》**(2007年7月27日)第2条:“依法不能取得产权证书房屋买卖合同的效力问题。此议题下的讨论主要集中在对‘宅基地房’和‘小产权房’买卖合同效力的认定上。与会人员多数意见认为这类买卖合同应当认定无效。主要理由是:首先，这类房屋买卖必然涉及宅基地和集体土地的买卖，而宅基地买卖、集体土地的买卖是我国法律、法规所禁止的。其次，宅基地使用权是集体经济组织成员享有的权利，与特定的身份关系相联系，不允许转让。目前农村私房买卖中买房人名义上是买房，实际上是买地，在房地一体的格局下，处分房屋同时也处分了宅基地，损害了集体经济组织的权益，是法律法规明确禁止的。第三，目前，农村这类房屋买卖无法办理产权变更登记，故买卖虽完成，但买受人始终无法获得所有权人的保护。第四，认定买卖合同有效不利于保护出卖人的利益，在许多案件中，出卖人相对处于弱者的地位，其要求返还私有房屋的要求关系到其生存权益。所以，与会者认为，此类合同的效力以认定无效为原则，以认定有效为例外，如果买卖双方都是同一集体经济组织的成员，经过了宅基地审批手续的，可以认定有效。但也有少数与会者有不同意见，他们认为虽然‘小产权房’以及违章建筑等房屋不能办理不动产登记，但建筑物本身仍有一定的价值和使用价值，可将之视为动产进行买卖，这样处理更能发挥物的效用。”山东青岛中院**《关于审理农村宅基地房屋买卖纠纷案件相关问题的意见》**(2006年11月16日 青中法〔2006〕232号)第1条:“关于认定买卖合同效力。1.宅基地房屋买卖的双方为同一集体经济组织成员的，且经过宅基地审批手续的，认定合同有效。审批手续为经乡(镇)人民政府审核，由县级人民政府批准。2.集体经济组织全部成员转为城镇居民的，但尚未办理相关范围内国有土地使用权证的，此范围内的房屋买卖合同对双方当事人有法律约束力。3.城镇居民购买集体经济组织所有宅基地上的房屋的，认定合同无效。4.非同一集体经济组织成员之间购买宅基地上房屋的，认定买卖合同无效。”第2条:“关于旧村改造买卖房屋合同引起的纠纷。集体所有土地范围内，村委会拆除旧住宅新建楼房，除安置本村村民之外，还允许集体经济组织之外的人员包括城镇居民购买，此类合同引起的纠纷，法院暂不受理。”第3条:“房屋买卖合同应适用诉讼时效。集体所有土地范围内的宅基地房屋买卖合同纠纷以及集体经济组织全部成员转为城镇居民但尚未办理国有土地使用权证的相关范围内的房屋买卖合同纠纷，一方要求确认合同无效并请求返还及赔偿损失的,或者要求确认合同有效并请求办理相关过户等手续的,自合同约定的履行期限届满之日起或合同双方交付完毕之日起超过两年的,驳回当事人的诉讼请求。”第4条:“关于合同无效后的处理原则。1.宅基地房屋买卖合同被确认无效后,依据合同取得的财产应予以返还。不能返还或没有必要返还的,应按照起诉之日宅基地房屋的评估价格折价补偿。合同无效双方均有过错,各自承担责任份额约为50%。2.对于将要拆迁房屋的赔偿数额,以将来拆迁时确认的补偿款为准,各自承担相应份额。”北京高院**《关于行政审判适用法律问题的解答(二)》**(2007年4月11日　京高法发〔2007〕113号)第7条:“法院在审理涉及农村房屋买卖的有关土地行政案件时,如果存在原告起诉时已经不是本村村民,或者在本村另有宅基地的,应当如何处理?答:如果涉及的农村房屋买卖合法有效,且存在原告起诉时已经不是本村村民,或者已经转为居民,或者在本村另有宅基地等情况,可认定其与具体行政行为无法律上的利害关系,裁定驳回起诉。”山东高院**《关于印发〈全省民事审判工作座谈会纪要〉的通知》**(2005年11月23日　鲁高法〔2005〕201号)第5条:“……(三)关于农村私有房屋买卖合同的效力问题。《土地管理法》第六十二条规定,农村村民一户只能拥有一处宅基地,宅基地是农民的重要财产权利,严禁宅基地进入市场进行交易。由于宅基地关系到农民的基本居住条件,所以获得农村宅基地要受农业人口身份上的限制,只有具有农村户口的人才能在本集体所有土地范围内申请宅基地。由于农村房屋的转让必然导致宅基地使用权的转移,依据当前我国的土地法律和政策,结合审判实践经验,会议认为,农村私有房屋买卖合同的效力应以认定无效为原则,以认定有效为例外。只有房屋买卖的双方均是同一集体经济组织的成员的,可以认定合同有效。”浙江温州中院、温州国土资源局**《关于印发〈协调会议纪要〉的通知》**(2005年2月2日　温中法〔2005〕19号)第5条:“集体土地使用权转让问题。1.已办理抵押登记手续的集体土地(非农建设用地)使用权,符合流转条件的,法院可以直接裁定处分。对于需补交的出让金等税费数额;由法院发函给国土资源管理部门,国土资源管理部门应在20日内复函答复。2.已办理抵押登记手续的集体土地(非农建设用地)使用权不符合流转条件或未经办理抵押登记手续的集体土地(非农建设用地)使用权,法院在处置前,应发函给国土资源管理部门,征询可否转让及需补交的出让金等税费数额。国土资源管理部门复函同意转让并告知出让金等税费数额后,法院方可处置。国土资源管理部门应于30日内复函。逾期不答复的,视为同意。3.农村村民住宅涉及集体土地使用权,本着房产权与土地使用权一并转移的原则,可以在本村村民之间有偿调剂。国土资源管理部门根据法院的裁定书和协助执行通知书予以办理土地使用权过户手续。法律、法规另有规定的从其规定。各县(市)法院与当地国土资源管理部门已就此问题达成一致意见的,可继续执行。”北京高院**《关于印发农村私有房屋买**

卖纠纷合同效力认定及处理原则研讨会会议纪要的通知》(2004 年 12 月 15 日京高法发〔2004〕391 号)第 2 条:“关于农村私有房屋买卖纠纷合同效力的认定。与会人员多数意见认为,农村私有房屋买卖合同应当认定无效。主要理由是:首先,房屋买卖必然涉及宅基地买卖,而宅基地买卖是我国法律、法规所禁止的。根据我国土地管理法的规定,宅基地属于农民集体所有,由村集体经济组织或者村民委员会经营、管理。国务院办公厅 1999 年颁布的《关于加强土地转让管理严禁炒卖土地的通知》规定:‘农民的住宅不得向城市居民出售,也不得批准城市居民占用农民集体土地建住宅,有关部门不得为违法建造和购买的住宅发放土地使用证和房产证。’国家土地管理局〔1990〕国土函字第 97 号《关于以其他形式非法转让土地的具体应用问题请示的答复》也明确规定:原宅基地使用者未经依法批准通过他人出资翻建房屋,给出资者使用,并从中牟利或获取房屋产权,是属‘以其他形式非法转让土地’的违法行为之一。其次,宅基地使用权是集体经济组织成员享有的权利,与特定的身份关系相联系,不允许转让。目前农村私房买卖中买房人名义上是买房,实际上是买地,在房地一体的格局下,处分房屋的同时也处分了宅基地,损害了集体经济组织的权益,是法律法规明确禁止的。第三,目前,农村房屋买卖无法办理产权证书变更登记,故买卖虽完成,但买受人无法获得所有权人的保护。第四,认定买卖合同有效不利于保护出卖人的利益,在许多案件中,出卖人相对处于弱者的地位,其要求返还私有房屋的要求更关涉到其生存权益……”第 3 条:“涉及农村私有房屋买卖纠纷案件的处理原则。与会者一致认为,处理此类案件应坚持以下原则:第一,要尊重历史,照顾现实。农村私有房屋交易是在城乡人口流动加大、居住区域界限打破和城乡一体化的大背景下产生的,相关部门监管不力、农村集体经济组织相对涣散是造成这种现状的制度诱因,而土地市场价格的持续上扬、房屋拆迁补偿等利益驱动是引起此类案件的直接原因。审理此类案件应实事求是地看待上述背景,要考虑到目前城乡界限仍未完全打破,农村集体经济组织仍有一定的封闭性,农村土地属于集体所有,目前法律、政策限制集体土地流转是一种现实;同时要认识到此类案件产生的复杂性,并妥善解决相关的利益冲突和矛盾。第二,要注重判决的法律效果和社会效果。判决要以‘有利于妥善解决现有纠纷、有利于规范当事人交易行为’为指导,起到制约农民审慎处分自己房屋的积极效果。第三,要综合权衡买卖双方的利益。首先,要全面考虑到合同无效对双方当事人的利益影响,尤其是出卖人因土地升值或拆迁、补偿所获利益,以及买受人因房屋现值和原买卖价格的差异造成的损失;其次,对于买受人已经翻建、扩建房屋的情况,应对其添附价值进行补偿;再次,判决返还、腾退房屋同时应注意妥善安置房屋买受人,为其留出合理的腾退时间,避免单纯判决腾退房屋给当事人带来的消极影响。”辽宁沈阳中院**《关于审理房地产案件若干问题的处理意见(之二)》**(2004 年

12月2日　沈中法〔2004〕31号)第15条:“关于集体所有‘建设用地’(村办、乡办企业用地)买卖合同的效力问题。乡镇建设用地是指农村集体投资或农民投资兴办的乡镇企事业单位、村办企业、农村村民住宅、乡镇公共设施、公益事业建设所使用的土地。该建设用地使用权只有在一种情况下才可以转让,即《土地管理法》第六十三条规定的,符合土地利用总体规划并依法取得建设用地的企业,因破产、兼并等情况而致使土地使用权依法发生转移的,不受集体土地使用权不得转让的限制,但宅基地原则上不得转让。另外,集体建设用地也可以进行抵押,但该土地使用权的抵押仅限于建筑物所占用的集体土地。”江苏高院《**房屋买卖合同纠纷案件疑难问题法律适用研讨会综述**》(2004年11月27日)第3条:“农村房屋买卖合同纠纷案件疑难问题法律适用。在当前的经济生活中,农村村民出卖农村房屋的现象较为普遍。此外,由于征地拆迁造成地价上涨,出卖房屋一段时间后,出卖人反悔的情况也比较多。在当前的审判实践中,农村村民把房屋出卖给本集体经济组织以外的其他人的,买卖合同是否有效?认定无效后如何处理?是全省各地面临的共性问题。一种意见认为,由于农村房屋买卖涉及宅基地的转让,对于买受人不符合申请建房条件的买卖合同,应当认定合同无效,但驳回出卖方要求返还的诉讼请求。理由在于,把房屋和宅基地分开考虑。房屋作为私有财产,出卖人有权处分,买受人对房屋通过交换享有权利。但是,出卖人对宅基地仅享有使用权,不得进行处分。出卖人在出卖房屋的行为可以认定为对宅基地使用权的放弃。买受人不符合法定条件,不能取得宅基地的使用权,故买受人只对房屋的价值享有权利,但不享有对宅基地的权利。至于买受人是否属于非法用地,对其用地行为如何处理,由有关行政机关和村里去处理。另一种意见认为,一般应当认定买卖房屋有效。理由在于,从法律规定看,《土地管理法》第六十二条仅规定,农村村民一户只能拥有一处宅基地。农村村民出卖、出租住房后,再申请宅基地的,不予批准。这一条规定的目的在于禁止村民多占宅基地,以免农村土地过多地被用于宅基地,从而保持耕地的数量不至于减少。该规定不是禁止或限制村民转让其宅基地。从政策规定看,农村村民不需要宅基地的,要把宅基地还给土地所有权人。因此,在具体的案件处理中,应当采用尊重所有权人意见的方法,到乡镇的村镇用地办公室和村里征求意见。若他们没有异议,则认定合同有效。与会代表一致认为,农村房屋买卖案件面广量大,而且涉及对法律法规的正确适用和对保护土地政策的正确理解,还需要进一步加强研究,并加强与土地管理部门的沟通,以取得法律效果与社会效果的有机统一。”上海高院《**关于房屋动拆迁补偿款分割民事案件若干问题的解答**》(2004年1月12日　沪高法民一〔2004〕3号)第13条:“集体土地上私有房屋的拆迁补偿款,如何确认权利人?答:农村集体土地上建造的私有房屋被拆迁所获得的货币补偿款,由房屋所有权人均等分割。房屋拆迁时尚未成年的家庭成员问题，参照本《解答》第一部分关于未成年人的意见处理。在申请建造房屋时已满十六周岁的家庭成员，建房时已以自己的劳动取得收入并用于家庭生活的，或则以自己的劳动作为建房的劳动投入的，可认定为共同所有权人。”上海高院**《关于审理农村宅基地房屋买卖纠纷案件的原则意见》**（2004 年）：“近年来，涉及农村宅基地的房屋买卖纠纷案件大量增多，由于此类案件政策性强、涉及面广，相关法律制度不尽完善，给法院审理带来很大难度。我们认为，农村宅基地房屋买卖应严格按照法律法规的规定进行。对于由此引发的纠纷，应当综合考虑出卖人出售房屋是否经过审批同意、合同是否履行完毕以及买受人的身份等因素，区分不同情况，妥善处理。具体如下：第一，对于发生在本乡（镇）范围内农村集体经济组织成员之间的农村房屋买卖，该房屋买卖合同认定为有效。第二，对于将房屋出售给本乡（镇）以外的人员的，如果取得有关组织和部门批准的，可以认定合同有效。第三，对于将房屋出售给本乡（镇）以外的人员，未经有关组织和部门批准，如果合同尚未实际履行或者购房人尚未实际居住使用该房屋的，该合同应作无效处理。第四，对于将房屋出售给本乡（镇）以外的人员，未经有关组织和部门批准，如果合同已实际履行完毕，且购房人已实际居住使用该房屋的，对合同效力暂不表态，实际处理中应本着尊重现状、维持稳定的原则，承认购房人对房屋的现状以及继续占有、居住和使用该房屋的权利。对此类案件进行处理时，亦应区分不同情况：第一，按上述第三种情况处理的，双方当事人应各自返还房屋及购房款。第二，按上述第四种情况处理的，如果系争房屋已经拆迁或者已纳入拆迁范围的，应在扣除购房人的购房款后，充分考虑购房人重新购房的合理支出，由购房人与出卖人按比例取得补偿款，其分割比例一般可以考虑在 7∶3 左右。”广东高院**《关于民商事审判适用〈中华人民共和国担保法〉及其司法解释若干问题的指导意见》**（2003 年 9 月 25 日　粤高法〔2003〕200 号，已于 2020 年 12 月 31 日经粤高法〔2020〕132 号废止）第 9 条：“当事人以集体建设用地的土地使用权设定抵押，经县级以人民政府的主管部门办理了抵押登记手续，如无法律、法规规定的其他导致合同无效情形的，认定抵押合同有效。”云南高院、云南国土资源厅**《关于人民法院在执行案件中涉及土地权属等有关问题的处理意见的通知》**（2003 年 2 月 13 日　云高法发〔2003〕3 号）第 13 条：“人民法院对经土地行政主管部门抵押登记的集体土地使用权，经与土地行政主管部门取得一致意见后，可直接裁定予以处分，但应告知权利受让人到土地行政主管部门补办土地征用和国有土地使用权出让手续，补缴出让金等有关税费。对于未经抵押的集体土地使用权，必须按《中华人民共和国土地管理法》等有关法律、法规规定转为国有土地后，方可处分。对处理农村房屋涉及集体土地的，人民法院应与土地行政主管部门协商一致后再行处理。”广东高院**《关于审理农村集体土地出让、转让、出租用于非农业建设纠纷案件若干问题的指导意见》**（2001 年 10 月 30 日　粤高法发〔2001〕42 号,已于 2020 年 12 月 31 日经粤高法〔2020〕132 号废止)第 1 条:“人民法院审理农村集体土地出让、转让、出租用于非农业建设纠纷案件,如果涉及的土地在起诉前没有被依法批准为建设用地或经行政主管部门依法批准补办了征用手续转为国有土地,仍属于农用地且当事人已在该地块进行非农业建设的,裁定驳回起诉,并告知当事人向行政主管部门申请处理。当事人在行政主管部门对涉及的土地及其地上建筑物、构筑物或其他设施进行处理后,可就因履行合同而发生的财产纠纷再向人民法院提起民事诉讼。”第 12 条:“当事人将农村村民住宅建设用地转让、出租或以合建形式变相转让农村村民住宅建设用地而签订的合同,一般应认定无效。但 1999 年 1 月 1 日《土地管理法》修订以前,农村村民将经依法取得的宅基地使用权连同房屋转让给本村村民、回乡落户的干部、职工、退伍军人以及华侨、港澳台同胞的,以及 1999 年 1 月 1 日《土地管理法》修订以后,农村村民将经依法取得的宅基地使用权连同房屋转让给本村村民的,可认定转让合同有效。”上海高院**《关于印发〈关于审理房产纠纷案件若干疑难问题的讨论纪要〉的通知》**(1993 年 10 月 27 日　沪高法〔1993〕148 号)第 26 条:“农村房屋的买卖,双方自愿订立合同,且内容不违反《中华人民共和国土地管理法》等有关法律及市政府《上海市农村个人住房建设管理办法》规定,一般应认定买卖关系成立。在房屋未交付的情况下,一方反悔而又调解不成的,可允许其反悔,但责令反悔方承担违约责任,赔偿买受方购买同类房屋价款与原购房价款之间的差额。”陕西高院**《关于印发〈樊拓副院长在全省中级人民法院审理有关宅基地使用权案件座谈会上的讲话〉的通知》**(1992 年 9 月 28 日　陕高法发〔1992〕32 号)第 3 条:“因房屋买卖引起的宅基地使用权纠纷。原房屋所有人将房屋出卖后,即丧失了该房屋所占有的宅基地的使用权,事后原房屋所有人以仅出卖房屋未出让宅基地,或者出卖房屋时未明确宅基地使用权,而要求购买人拆房腾宅基地的,人民法院不予支持。”第 6 条:“因私自兑换宅基地引起的宅基地使用权纠纷。对于公民之间私自兑换宅基地,但未办理宅基地使用权变更手续的,当事人之间因宅基地使用权发生纠纷,人民法院对兑换不予保护。”

6. 地方规范性文件。福建厦门国土资源与房产管理局**《关于印发〈厦门市农村房屋抵押备案管理暂行办法〉的通知》**(2013 年 11 月 1 日　厦国土房〔2013〕366 号)第 2 条:“本办法所称农村房屋抵押,是指抵押人以其合法的农村房屋以不转移占有的方式向抵押权人提供债务履行担保的行为,债务人不履行债务时,债权人有权依法以抵押的房屋拍卖所得的价款优先受偿。”第 5 条:“申请办理农村房屋抵押备案应具备以下条件:(一)抵押房屋属于《厦门市农村房屋抵押融资管理暂行办法》确定范围内的农村房屋;(二)取得《厦门市农村集体土地使用证》和《厦门市农村房屋所有权证》,且征得本集体经济组织书面同意;(三)抵押人所在村(居)集体经济组织，已根据本村(居)民大会或村(居)民代表会议的决议授权，与承办金融机构签订合作协议；(四)抵押农村住房的抵押人，应确认了解《土地管理法》第六十二条关于'农村村民出卖、出租住房后，再申请宅基地，不予批准'的有关规定，清楚抵押贷款逾期违约的可能后果，并书面承诺设定抵押的房屋在依法偿债后有适当的居住场所且不再申请宅基地；(五)抵押权人应为《厦门市农村房屋抵押融资管理暂行办法》确定的开展农村房屋抵押贷款业务的承办金融机构。"北京市旅游发展委员会**《北京市远郊区旧村改造试点指导意见》**(2005年3月29日 京政农发〔2005〕19号)第3条："……对依法占用集体土地进行旧村改造的试点村，由区县国土资源、房屋管理部门发放农民住宅集体土地使用权证和房屋产权证书，房屋允许依法继承，可以在本村集体经济组织内部转让，但不得上市交易；对依法采取自征自用方式进行旧村改造的试点村，农民住宅可按划拨方式供地，由市国土资源、房屋管理部门发放国有土地使用权证和房屋产权证书，上市交易时必须补缴国有土地使用权出让金及有关税费。"北京市国土资源和房屋管理局**《关于办理绿化隔离地区新村建设房屋权属登记的通知》**(2001年11月1日 京国土房管权字〔2001〕1073号)第3条："按划拨方式供地的农民自住房可核发经济适用房房屋所有权证。在上市出售时，由买房人按照销售额交纳3%的土地出让金后所购房屋核发商品房房屋所有权证。"第6条："农民原宅基地已经办理土地使用证件的，在取得新村建设自住房时应申请注销。乡镇政府在出具农民自住房证明时收回原土地使用权证，统一到区县房地行政管理部门办理注销登记手续。"北京市**《实施〈中华人民共和国土地管理法〉办法》**(1991年6月1日，已于2016年11月25日废止)第7条第2款、第3款："集体所有的土地，由区、县人民政府登记造册，核发集体土地所有证，确认所有权。乡(镇)村企业、公共设施、公益事业以及农民住宅等非农业建设，使用集体所有的土地，由区、县人民政府核发使用证书。"

7. 参考案例

(1)买卖合同无效案例。2016年**河南某借款合同纠纷案**，2012年，城中村改造指挥部向吴某借款700万元。2013年，镇政府作为担保人，三方签订还款协议，约定指挥部以城中村改造后新建商业房700平方米顶抵欠款。后指挥部被撤销，相关权利义务由居委会承担。2015年，吴某以抵债商业房系集体土地性质，诉请居委会、镇政府连带还款。法院认为：本案原债权债务关系为借款关系。还款协议约定以交付商业房代替原借款合同约定的偿还货币义务，以消灭原债权债务关系，因未实际交付商业房，应认定为以物抵债而非代物清偿协议。还款协议约定以房抵债，但依"地随房走"一般原则，案涉宅基地使用权将与房屋一并实现流转。依《土地管理法》第8条规定，宅基地属农民集体所有。吴某非集体组织成员，不享有该集体组织宅基地使用权，不能通过以物抵债方式受让该宅基地上房屋，故还款协议违反强制性法律规定,依法应认定无效。国务院规范性文件明确限制非集体经济组织成员购买农村集体土地上房屋,如国务院办公厅《关于加强土地转让管理严禁炒卖土地的通知》(国办发〔1999〕39号)、中共中央、国务院《关于切实加强农业基础建设进一步促进农业发展农民增收的若干意见》(中发〔2008〕1号)。相关部门规章和规范性文件限制非集体经济组织成员办理农村集体土地上房屋产权登记。如建设部《房屋登记办法》第87条规定。国土资源部、中央农村工作领导小组办公室、财政部、农业部《关于农村集体土地确权登记发证的若干意见》(国土资发〔2011〕178号)第10条规定。上述规定虽非法律、行政法规强制性规定,不宜直接作为认定合同无效依据,但上述规定系依上位法律规定作出,对认定合同效力有参照意义。判决居委会支付吴某700万元及利息,镇政府对居委会不能清偿部分在二分之一范围内向吴某承担连带赔偿责任。2016年**北京某房屋买卖合同纠纷案**,2010年,马某与张某签订农村宅基地使用权买卖合同,约定马某以70万元价格购买张某房屋,并约定如遇拆迁,双方各占全部补偿50%,包括回迁房及现金。2015年,该房屋遇拆迁,就拆迁利益分配,双方协商一致后,由张某向马某出具120万元欠条。后因张某反悔致诉。法院认为:农村宅基地使用权是本集体经济组织成员享有的权利,与该集体经济组织成员特定身份相联系,不得转让给非本集体经济组织成员。本案马某在签订宅基地使用权转让协议时并非涉案宅基地所在地村民,且至今仍非该集体经济组织成员,故双方之间所签农村宅基地使用权买卖合同因违反《土地管理法》强制性规定,应属无效。双方当事人在涉案院落拆迁之后所签欠条实际上是双方达成的拆迁利益分配方案,是双方关于拆迁利益划分协商结果。张某虽主张欠条存在胁迫情形,但其未提供相应证据予以证明,故不予采信,张某应按约定履行给付义务。判决案涉农村宅基地使用权买卖合同无效,张某给付马某拆迁利益120万元。2016年**北京某物权纠纷案**,2002年,王某兄与汪某经协商以自己名义将代管王某分家所得院落卖与汪某,汪某支付对价并实际占有上述房屋。2011年,王某起诉王某兄及汪某要求确认上述农村房屋买卖合同无效。2014年,生效判决驳回王某诉请,认定上述房屋买卖合同有效。2015年,王某以其系涉案院落房屋所有人身份,诉请汪某返还。法院认为:非所有权人擅自处分所占有财产,如第三人是善意、有偿、依法定手续取得该财产所有权的,第三人不负返还义务。王某兄与汪某就涉案院落房屋达成的买卖合同经法院审理,合法有效。王某兄处分涉案院落房屋时虽系无权处分,但处分行为发生时,王某兄长期占有涉案院落,鉴于二人之间系兄弟关系,此时如苛求汪某知晓王家对涉案房屋分家情况,无疑是对汪某审查义务不适当加重,如此,则任何市场交易都将因审查义务过重而变得异常艰难,故汪某在交易时具备合理信赖,其信赖利益理应受保护。同时,在签订合同之时,汪某支付了合理对价。至于王某诉称转让不动产需进行登记,考虑到我国农村不动产登记制度不完善客观实际，并鉴于涉案房屋未曾进行过不动产登记，王某分家之时亦未进行变更登记，此时如要求汪某取得上述房屋需登记，不合实际和情理，在此情形下要求当事人须进行上述登记行为，客观上不利于保护善意第三人合法权益。综上，应认定汪某通过买卖行为已善意取得涉案院落房屋，判决驳回王某诉请。2013 年**江苏某房屋买卖合同纠纷案**，2008 年，徐某将农村房屋售予城镇居民丁某。丁某装修并入住 4 年后，起诉主张合同无效。法院认为：《民法通则》第 6 条规定，民事活动必须遵守法律，法律没有规定的，应当遵守国家政策。宅基地是农村集体经济组织分配给成员用于建造住宅的土地，根据我国《土地管理法》和《物权法》规定，宅基地使用权的主体具有特定性即只能是农村居民，具有社会保障和社会福利性质。尽管中央正在研究盘活农民资产推动农村发展问题，但土地问题事关基本国策，若认可城镇居民购买农民房屋和宅基地有效，则势必形成对国家基本国策和战略发展以及社会公平、稳定的冲击。而本案诉争房屋系农村村民在集体土地上建造的住宅，丁某作为城镇居民和徐某签订关于涉案房屋买卖的合同违反了国家法律和政策规定，该合同为无效合同。《合同法》第 56 条规定，无效的合同自始没有法律约束力。第 58 条规定，合同无效后，因该合同取得的财产，应当予以返还，有过错的一方应当赔付对方因此所遭受的损失，双方都有过错的，应当各自承担相应的责任。依上述法律规定，丁某应向徐某返还涉案房屋，徐某向丁某返还已收取的购房款及按物价部门估价确定的丁某对涉案房屋的投入即装修款。双方对合同无效均有过错，故应各自承担相应责任。丁某损失为其已缴纳购房款的银行贷款利息，双方各应承担 50%，徐某损失为丁某居住该房期间的房屋租金，租金参照物价部门估价的租金标准认定，由丁某赔偿徐某该费用的一半。判决确认合同无效，徐某返还丁某购房款和装潢款，徐某支付丁某购房款利息 50%，丁某赔偿徐某租金 50%。2011 年**广西某房屋买卖合同纠纷案**，2008 年，吴某将因房屋拆迁所获宅基地以 31.8 万元转让给谢某。2011 年，吴某诉请确认买卖合同无效，谢某反诉赔偿信赖利益损失。法院认为：《宪法》《土地管理法》规定，宅基地属于农民集体所有，农民对宅基地只有使用权而无所有权，不能行使处分权，宅基地不能非法买卖即以其他形式非法转让。吴某房屋及附属设施被征用拆除后，所享受安置分配土地性质为农村宅基地，属于集体经济组织所有，吴某仅可用于自建房屋。谢某属城镇人口，非本村村民，依法不具备农村宅基地受让资格，故案涉宅基地买卖协议因违反法律规定而无效。依《合同法》第 56 条“无效的合同或者被撤销的合同自始没有法律效力。合同部分无效，不影响其他部分效力的，其他部分仍然有效”规定，无效合同自始无效，不受法律保护，故无效合同不应得到履行。本案中，吴某与谢某明知农村集体宅基地不能转让，双方仍非法买卖，对造成合同无效，双方均有同等的主观过错，应承担同等的过错责任。由于双方对造成合同无效均有过错,根据法律规定,合同无效后,有过错的一方应赔偿对方因此所受损失,双方都有过错的,应各自承担相应责任。对于本案中是否存在信赖利益损失以及损失数额如何确定的问题,应综合考虑双方当事人转让宅基地时转让价与法院委托评估诉争宅基地时宅基地区位价值进行确定。法院委托评估时,由于相隔三年时间,诉争宅基地周边环境、用地成本、开发价值已发生了改变,故诉争宅基地区位价值亦有所变化。全面考虑出卖人因土地升值所获利益及买受人因土地现值和原买卖价格差异所造成的损失两方面因素,根据评估区位总价值,确定信赖利益损失应是38.88万元。由于谢某对造成合同无效亦应承担50%过错责任,故判决合同无效,谢某返还吴某宅基地,吴某返还谢某宅基地款31.8万元并赔偿谢某信赖利益损失19.44万元。2009年**福建某合同纠纷案**,2007年,开发公司受让陈某集体土地并开发建设成老年公寓。吴某与开发公司签订房屋使用权转让协议,并支付54万余元。2009年,吴某以开发公司名为老年公寓,实为商品房开发为由,诉请确认合同无效。法院认为:《土地管理法》第43条第1款规定,“任何单位和个人进行建设,需要使用土地的,必须依法申请国有土地;但是,兴办乡镇企业和村民建设住宅经依法批准使用本集体经济组织农民集体所有的土地的,或者乡(镇)村公共设施和公益事业建设经依法批准使用农民集体所有的土地的除外。”第63条规定:“农民集体所有的土地的使用权不得出让、转让或者出租用于非农建设;但是,符合土地利用总体规划并依法取得建设用地的企业,因破产、兼并等情形致使土地使用权依法发生转移的除外。”由此可见,法律对农村集体土地的建设用地原则上限定在农用范围,非农建设范围则采取了列举形式,除上述法定情形外任何单位和个人均不得基于建设用地目的使用农村集体土地。诉争使用权房建设土地系陈某声明“转让”的农村宅基地,开发公司并未提供证据证明老年公寓符合上述规定已获得用地许可,即便老年公寓因属于乡(镇)村公共设施和公益事业建设使用农村集体土地情形而获得用地许可,开发公司将该项目使用权房转让给吴某作为个人住宅使用,其实质已不再是基于乡(镇)村公共设施和公益事业目的使用该项目下集体土地,而已改变为基于个人住宅而使用该宗土地。由于吴某并非本集体经济组织成员,其使用诉争房屋项下土地行为不属于农民使用宅基地等农用情形,亦非法定可用于非农建设情形,其使用诉争房屋项下农村集体土地行为实质上将超越《土地管理法》强制性规定,开发公司所签使用权转让协议客观上将产生吴某违反法律强制性规定而使用农村集体土地效果,故案涉房屋使用权转让协议因违反法律强制性规定,应属无效。诉争合同明确载明了涉案房屋位置、建设用地等基本情况,双方均应知道购买的使用权房属于农村集体土地上建设房屋,吴某通过协议购买使用权房行为将违反法律强制性规定,故应认定双方具有同等过错,对吴某主张因合同无效产生的购房款利息及中介费损失,应由双方平均负担,判决确认房屋使用权转让协议无效,开发公司返还吴某购房款,并赔偿利息及中介费损失的50%。2009年**北京某房屋买卖合同纠纷案**,2002年,马某将自有农村房屋作价4.5万元售予李某。2007年,生效判决确认该合同无效,马某支付李某房屋及添附房屋价值9万余元,同时认定马某对合同无效负主要责任。2008年,李某诉请马某赔偿经济损失。法院认为:基于合同无效法律后果处理的一般原则及已生效判决确认的导致合同无效责任,现李某主张要求马某赔偿经济损失,理由成立,应予支持。对于李某作为买受人信赖利益损失的赔偿,应全面考虑出卖人因土地升值或拆迁、补偿所获利益,以及买受人因房屋现值和原买卖价格差异所造成损失两方面因素予以综合确定,同时,应根据双方签订合同时可预见到损失以及合同实际履行状况,并考虑双方过错。因诉争房屋土地性质为集体土地性质,作为买受人李某并非该集体经济组织成员,对导致合同无效亦应负一定责任。因双方签订买卖合同时并未约定该房屋用途,且评估机构依据有关法律、法规及政策所做评估结论并无不当,故对李某主张重新评估请求不予支持。对于李某上诉主张由马某赔偿其搬家费及其不能与他人继续合作的经济损失一节,因该损失并非马某签订合同时所能预见,且在确定马某应承担造成李某损失因素时已予考虑,故李某该项主张,缺乏依据,不予支持。马某出售给李某房屋及添附部分价值已经法院判决折价补偿李某,就本案而言,对于李某信赖利益损失赔偿,仅考虑出卖人因土地升值或拆迁、补偿所获利益因素,参照马某出售房屋宅基地区位总价予以确定。判决马某赔偿李某损失18万余元。2007年**北京某房屋买卖合同纠纷案**,2002年,马某将农村房屋以4.5万元售予李某。2007年,马某以合同无效为由诉请李某返还。法院认为:宅基地使用权是农村集体经济组织成员享有的权利,与享有者特定身份相联系,非本集体经济组织成员无权取得或变相取得。马某与李某所签买卖房协议标的物不仅是房屋,还包含相应宅基地使用权。李某并非该村村民,且诉争院落集体土地建设用地使用证至今未由土地登记机关依法变更登记至李某名下,故根据我国现行土地管理法律、法规、政策规定,应确认合同无效。合同被确认无效后,因该合同取得的财产应予返还,不能返还或没有必要返还的,应折价补偿。基于上述合同无效法律后果处理的一般原则,买受人李某应将其所购房屋及院落返还马某,出卖人马某应将价款返还李某。买受人李某在购买房屋后自行出资对房屋及院落进行了新建及装修,考虑到李某对于房屋及院落添附系附和于出卖人所有原物上,无法识别与分离,即便能分离,分离后添附部分使用价值亦极大贬损,故买受人应将原物及添附一并返还及给付出卖人,由出卖人将原房及添附部分价值折价补偿买受人。考虑到出卖人在出卖时即明知其所出卖房屋及宅基地属禁止流转范围,出卖多年后又以违法出售房屋为由主张合同无效,故出卖人应对合同无效承担主要责任。对于买受人信赖利益损失赔偿,应全面考虑出卖人因土地升值或拆迁、补偿所获利益,以及买受人因房屋现值和原买卖价格差异造成损失两方面因素予以确定。鉴于李某在审理期间未就其损失提出明确的反诉主张,李某可就赔偿问题另行主张。判决案涉房屋买卖合同无效,双方返还。2013 年**浙江某房屋买卖合同纠纷案**,1996 年,牟某以 6000 元购买同镇不同村的郑某房屋。2011 年,因面临征收,郑某诉请确认合同无效,获法院支持。2013 年,牟某起诉郑某,要求赔偿损失,包括拆迁补偿款及附属设施费、安置费、搬家费、规定期限搬家奖励、水电安装开户整网、水泥地坪、围墙、灶台及装潢、电话空调移机费等。法院认为:因无效合同取得财产应予返还,不能返还则应折价补偿,有过错一方应赔偿对方因此所受损失,双方都有过错的,应各自承担相应损失,该损失应包括因该合同产生的信赖利益损失。本案牟某购买房屋时依循农村购房习俗,与郑某签订绝卖契约,邀请村干部作为中人,并取得该村同意,按当时市场价支付了相应对价,居住使用该房已 16 年之久,已融入该村生活,本可在该房居住终老。现该房买卖合同因违反法律、行政法规强制性禁止规定而被认定无效,牟某承担返还该房义务,失去了该房使用权,但其所取回 6000 元购房款,因物价上涨等因素,已不足以购买同类房屋 2 平方米住房,更无法购买同类地段商品房。而按目前同类地段征收价计算,该房价值为 64 万余元,牟某因合同无效而产生了巨大的信赖利益损失,郑某亦因此获得巨额利益。同时,依诚信原则,郑某亦不能从其先过错行为中获得巨额利益,故对牟某所产生的巨额信赖利益损失应产生主要责任。结合牟某目前居住情况、当地房价实际水平等综合因素,酌情考虑郑某赔偿牟某损失 55 万元。牟某要求郑某支付附属设施费用 200 元及利息 6200 元诉请,无事实和法律依据;安置费、搬家费、规定期限搬家奖励系征收过程中征收方支付给房屋所有人款项,现征收行为尚未发生,且牟某非房屋所有人,故无权要求郑某支付上述费用;水电安装开户整网、水泥地坪、围墙、灶台及装潢、电话空调移机费等,因牟某未提供相应依据及证据,故不予支持,牟某可待评估后另行起诉。判决郑某赔偿牟某 55 万元。2012 年**湖北某房屋买卖合同纠纷案**,2012 年,杜某购买邻乡某村吴某所有的房屋,并交定金 8 万元。嗣后,吴某以农村房屋买卖违法诉请确认无效。法院认为:所有人对自己不动产或动产,依法享有占有、使用、收益和处分的权利,但其对自己财产的处分不得违反法律、行政法规强制性规定。案涉售房协议虽属自愿,协议中亦约定土地不得转让,但根据“地随房走”原则,农村房屋买卖必然涉及宅基地转让。《合同法》第 132 条规定:“出卖的标的物,应当属于出卖人所有或者出卖人有权处分。法律、行政法规禁止或者限制转让的标的物,依照其规定。”吴某自建房虽属其所有,但土地属村集体所有。《物权法》第 153 条规定:“宅基地使用权的取得、行使和转让,适用土地管理法等法律和国家有关规定。”根据《土地管理法》的规定,宅基地使用权系农村集体经济组织成员享有的权利,与享有者特定的身份相联系,非本集体经济组织成员无权取得或变相取得。案涉房屋买卖合同标的物不仅是房屋，还包含相应宅基地使用权，该买卖合同非同正常的可在市场上流通交易的商品房买卖合同，杜某非本村村民，不具备该区域内购房权利。吴某将村集体所有土地上建设房屋出售给非属本村村民的杜某，故判决房屋买卖合同无效，吴某返还杜某购房款。2009 年 10 月**河南某房屋买卖合同案**，法院认为：于某与郭某所签的购房协议，是双方真实意思表示，且不违反法律的禁止性规定，应属有效。该房屋虽属郭某女所有，但一直由郭某管理，且郭某与郭某女系父女关系，故于某有理由相信郭某对该房屋享有处分权，故对郭某女辩称该房屋为其所有，郭某无权处分，所签协议应属无效的理由，法院不予认可。由于本案争议房产所占用土地属农村集体所有土地，依照相关政策不予办理房产证，致使于某的合同目的无法实现，故于某要求解除与郭某所签的购房协议的请求，法院予以支持。对于某所要求的归还购房款及加倍赔偿的请求，郭某隐瞒事实，将不能办理房屋产权证书的房屋卖给于某，属欺诈行为，故判决双倍返还房款共计 17 万余元。2009 年 3 月**云南某房屋买卖合同案**，法院认为：农村宅基地使用权的特点主要有：所有权归村集体；主体特定即限定为本村村民；使用权人仅享有占有和使用的权利，原则上只能建造住宅和附属设施供其自己居住使用，不能出卖或转让；无偿性和社会保障性，宅基地使用权是农民生产和生活的基本保障。作为农村宅基地使用权可以转让，但必须具备以下条件：①经本村委会同意；②转让人与受让人为同村人；③转让人户口已迁出本村或“一户多宅或多房”；④受让人无宅基地；⑤宅基地使用权不能单独转让，须与住房一并转让。本案双方当事人签订的房屋转让协议书，约定转让的标的为栗某宅基地所建房屋。农村房屋买卖合同的下列情形应认定无效：①向村外的人出售农村住房，因违反集体成员权属性而无效；②擅自出售农村住房，未经本村委会批准的无效；③购房人已有农村住房的，因不符合“一户一宅”的法律规定而无效；④城镇居民购买农村住房的，因违反国务院的政策规定而无效；⑤非自然人（法人或其他组织）购买农村住房的，因其不具有宅基地使用权人的主体资格而无效。通过庭审查明，双方当事人签订的房屋转让协议中约定转让房屋系栗某于 1991 年 9 月在原有老宅基地拆旧翻新所建。袁某系城镇居民，双方的转让未经村委会批准，故双方上述协议无效。2008 年**四川某房屋买卖合同案**，2003 年 9 月，村民夏某因被征地获得货币补偿并办理了农转非。同年 12 月，夏某与镇里邻村的周某一家签订协议，以 3 万余元购买周某房屋，付清全款后入住。2006 年 5 月，该房遇拆迁，夏某与拆迁办签订补偿协议，其中补偿费 9 万余元，拆迁奖励 1.8 万余元。周某遂诉请确认合同无效。法院认为：夏某购房时虽系农村居民，但非周某所在村村民。故双方所签私房买卖合同虽为双方当事人真实意思表示，但因违反法律强制性规定，亦属无效。夏某依拆迁补偿协议所获拆迁补偿 9 万余元应归周某，周某应返还夏某购房款 3 万余元。由于拆迁奖励是夏某配合政府拆迁工作,政府对夏某个人的奖励,不属于返还部分,应归夏某所有。夏某未就合同无效导致的损失提出明确的赔偿金额,故法院对此不作处理。2007年**辽宁某房屋买卖合同案**,2002年2月,城市居民秦某以2.2万元购买刘某农村房屋五间,并约定过户时再付最后一笔房款5000元。2006年2月,刘某诉请确认合同无效,并要求按评估报告赔偿毁损的房屋价值及原来房屋院内外的树木、砖石等损失,还有4年使用其宅基地的使用费。法院认为:根据房地不可分的原则,刘某将其所有的房屋出卖给秦某时,该房所在的宅基地亦应一并转让给秦某,因宅基地是农民的重要财产权利,农村村民对宅基地只有使用权,而没有所有权,严禁宅基地进入市场进行交易,且按有关行政管理部门的现行规定,争议房也不能办理更名过户手续,故双方所签房屋买卖合同无效。因合同无效,刘某应将争议房返还给秦某,秦某亦应将收取的房款返还给刘某。双方签订房屋买卖合同时,应知农民住宅不得向城市居民出售,故双方对此均存在过错,故依公平原则按评估的房屋损失酌情确定刘某承担50%的责任。因秦某出卖争议房时,房屋占有的宅基地亦应一并转让,刘某占有争议房所在的宅基地有合同依据,且秦某至今还占有双方约定的合同对价,故秦某要求刘某给付房屋宅基地土地使用费诉请不予支持。因秦某就争议房屋院外的十多棵树木及石头、砖等损失及该损失由刘某造成,未能提供能依法采信的证据,故亦不予支持。2007年2月**四川某房屋买卖合同案**,一审认为:从我国现行法律、法规的规定来看,对于不属于同一村的村民及城镇居民,能否买卖村镇房屋并无明确禁止性规定,故张某要求确认合同无效的理由不充分,判决驳回。二审认为:本案所涉房屋买卖合同虽是双方当事人在平等、自愿基础上签订,意思表示真实,但此合同若认定有效,势必将与房屋密不可分的宅基地使用权主体扩大化,而且违反了《土地管理法》第63条"农民集体所有的土地使用权不得出让、转让或者出租用于非农业建设"的规定,如果农村房屋买卖成立,就是将与房屋相连接的宅基地使用权作为标的物出卖了,实质上就是对农民集体所有的土地使用权的非农业建设。再则,1999年国务院办公厅在《关于加强土地转让管理严禁炒卖土地的通知》第2条第2款规定:"农民的住宅不得向城市居民出售,也不得批准城市居民占用农民集体土地建住宅,有关部门不得为违法建造和购买的住宅发放土地使用证和房产证。"故本院认为,只要是非集体经济组织成员或者是城市居民,非经法定程序,均不得享受农村的宅基地使用权,故张某主张案涉售房合同为无效的理由成立。2004年9月**广东某房屋买卖合同案**,法院认为:由于本案讼争房屋属于李某与杨某的夫妻共同财产,则该房屋为夫妻双方共同共有,夫妻任何一方在未经另一方同意的情况下擅自处分该房屋的行为均应被认定为无效。而由于李某在本案诉讼期间未能举证证明其在与丘某签订《转让房屋协议》时取得了杨某的同意或者事后得到了杨某的追认,故李某转让讼争房屋的行为系无权处分,依法应为无效。此外，李某将农村住宅向外村人丘某转让，亦违反了我国土地管理法规的强制性规定，亦应当确认无效。丘某签约后因无法办理交易手续而借用其岳父之名，属于规避法律之行为，亦应当确认无效。2003年5月**广东某房屋买卖合同案**，法院认为：梁某出售的房屋未办理国有土地使用权证及房屋所有权证，张某向梁某购买后也不能取得上述权属证明，梁某与张某之间的房屋买卖合同关系违反有关法律法规的禁止性规定，该房屋买卖合同为无效合同。根据无效合同的处理原则，梁某应当向张某返还购房款。梁某认为讼争房屋为农村房屋，不应适用《城市房地产管理法》有关规定，其理由不成立，不予支持。

（2）买卖合同有效案例。2004年**重庆某联建合同纠纷案**，1986年，城市居民傅某花800元购买生产队29.46平方米的保管室，付清房款后改建，作为门面房出租给他人。1997年，商贸公司征得镇土地所同意，将包括傅某门面房在内的房屋拆除，并与傅某签订联建协议，约定从建成房屋中返还傅某等面积门面房。1998年，因商贸公司拒绝履行合同致诉。法院认为：傅某与生产队签订售房合同，依约支付了房款，生产队亦交付了房屋，傅某将该房进行改建，并管理、使用、收益多年，虽一直未办理乡村房屋产权证和宅基地使用权证，但依最高人民法院《关于贯彻执行民事政策法律若干问题的意见》第56条"买卖双方自愿，并立有契约、买方已交付了房款，并实际使用和管理了房屋，又没有其他违法行为，只是买卖手续不完善的，应认为买卖关系有效，但应着其补办房屋买卖手续"规定，且当时没有法律法规明文禁止城市人口购买乡村房屋，故傅某与生产队房屋买卖关系应认定有效。傅某与商贸公司签订联建协议，从双方所约定权利义务及整个协议内容看，该协议既无违法之处，亦无显失公平情形，故该协议合法有效。商贸公司辩称联建协议非其真实意思，系因当时受到傅某胁迫，且开工日期已到，为了使傅某同意拆房，才与其签订的，故协议无效，但因商贸公司不能提供相应证据证明，其理由不能成立。判决商贸公司依约返还傅某29.46平方米的门面房，其产权归傅某所有。2017年**北京某房屋买卖合同纠纷案**，2010年，许某将宅基地及未建成房屋作价9万元转让给同村村民杨某，村委会在协议尾部加盖了印章。2016年，许某认为该转让行为其未征得妻子同意，且协议违反国家土地政策及法律法规中宅基地禁止转让和一户一宅的规定，诉请确认协议无效。法院认为：宅基地使用权是农村集体经济组织成员享有的权利，与享有者特定身份相联系，非本集体经济组织成员无权取得。依《土地管理法》第63条规定，农民集体所有的土地使用权不得出让、转让或者出租用于非农业建设。在保证农民集体土地不得用于非农业建设的框架下，限制农民转让宅基地或地上房屋，势必影响农村财产效益发挥和农村经济发展。依《土地管理法》第62条第4款"农村村民出卖、出租住房后，再申请宅基地的，不予批准"规定，可看出该法并不禁止农民宅基地流转，只是流转后不得再申请宅基地。《物权法》确立宅基地使用权的用益物权地位,如宅基地使用权人为取得其他财产权利而自愿放弃宅基地使用权,当然应被法律允许。《物权法》第 155 条规定:“已经登记的宅基地使用权转让或者消灭的,应当及时办理变更登记或者注销登记。”此规定实际上示明农村宅基地使用权可转让。从案涉协议订立阶段看,许某与杨某均为同一集体经济组织成员,杨某系可受让许某宅基地适格主体,且经过宅基地所有权人即本村村委会盖章认可。法律、行政法规亦未规定此类合同应办理批准、登记等手续后生效;从协议履行阶段来看,现双方钱款已结清,杨某在涉诉宅基地新建房屋,即涉诉宅基地使用用途并未改变,合同已履行完毕。因该种交易在同一集体经济组织内部进行,未损害集体公共利益,未违反相关法律法规。《土地管理法》第 62 条第 1 款规定:“农村村民一户只能拥有一处宅基地,其宅基地的面积不得超过省、自治区、直辖市规定的标准。”该“一户一宅”宅基地使用原则并非禁止同一集体经济组织成员之间相互购买宅基地及地上房屋的强制性规定,故协议应确认有效。本案中,双方所签协议属债权行为,涉案宅基地使用权转移是一种物权变动行为,故涉案宅基地使用权是否发生权属变更,不影响当事人就宅基地转让事宜达成一致意思自治效力。有关行政管理机关是否已对涉诉宅基地使用权变更登记,不影响协议本身效力。许某要求确认协议无效,主张其签订协议行为未征得妻子同意,但未提供夫妻关系不正常证据,其妻作为重要家庭成员不可能对家中重要财产不闻不问,许某所述不符合生活常理;即便许某属无权处分,依最高人民法院《关于审理买卖合同纠纷案件适用法律问题的解释》第 3 条规定,“当事人一方以出卖人在缔约时对标的物没有所有权或者处分权为由主张合同无效的,人民法院不予支持”,故许某是否征得其妻同意亦不影响协议效力。判决驳回许某诉请。2017 年**山东某房屋买卖合同纠纷案**,1988 年,王某与厉某离婚,约定婚内建造、登记在厉某名下房屋归女方王某所有。王某离婚后改嫁,并未在此房屋居住。2002 年,厉某将该房屋转让给非同村村民秦某,秦某交付房款取得房屋印契并搬到该房屋居住至今。其间,秦某及妻子户口均迁至厉某所在村,并向村委交纳房屋转让土地使用费 1 万元。2017 年,王某向法院起诉,请求确认厉某与秦某所签房屋买卖合同无效。法院认为:案涉农村房屋买卖行为发生在 2002 年,当时《物权法》并未施行。按法不溯及既往原则,《物权法》只能适用于其生效后发生的法律行为,故本案审理不应适用《物权法》相关规定。厉某和秦某签订房屋买卖合同后,厉某将登记在其名下房屋转让给秦某,并将房屋印契等相关手续予以交付,秦某支付厉某房款,且根据当时市场价格该价格亦属合理对价,秦某交付房款后一直居住至今,厉某与秦某之间所签房屋买卖合同系双方真实意思表示,符合《合同法》和《土地管理法》相关规定,应予认可。另外,案涉农村房屋买卖合同签订时,秦某虽非村集体经济组织成员,但在一审起诉前已取得村集体经济组织成员资格。另外,本案还考虑到当时农村房屋登记制度特殊性,即2002年农村房屋并未进行不动产权属登记,该案中房屋权属分配只是在离婚证上手写该房屋离婚后归女方所有,在无有效权属登记情况下,占有成为重要公示形式,秦某自房屋买卖后一直居住在该房屋。房屋买卖行为发生时不动产善意取得制度虽尚未全面法定化,但面临所有权人与善意第三人进行利益衡量时,应遵循保护善意第三人合法权益、维护交易安全和维护社会经济秩序宗旨。判决认定厉某与秦某所签房屋买卖合同有效。2013年**北京某物权保护纠纷案**,2003年,张某父病故,生前所建房由张某居住。2008年,张某经村干部见证,将该房售予王某。2013年,张某母诉请确认该房归其所有。法院认为:宅基地审批表只记载建房初始申请人及家庭共同居住成员,一旦出现土地使用权人去世、房屋出售、分家等情况,当事人并不向土地相关行政管理部门申请对土地使用权人进行变更。加之,房屋所有权与土地使用权并非同等概念,并不能依土地使用权审批表来准确界定房屋所有权人。房屋所有权情况最终需依建房时出资、出力情况,对房屋建设贡献大小等因素综合认定。在农村房屋物权未实行统一登记情况下,如受让人在交易时尽到谨慎注意义务,如房屋多年来一直由出让人居住使用、村委会等基层组织作为交易中介人等,并符合善意取得其他条件,即应认定受让人可依善意取得制度取得受让房屋所有权。诉争房屋在张某父死亡后长期由张某掌控使用。王某作为同村村民,经村委会干部见证自张某处购得此房,此买卖合同效力已经生效判决确认。王某在购买房屋过程中支付了合理对价,后占有使用房屋多年,在使用期间又对房屋实施了翻建。综合以上情节,张某母以其对买卖合同不知情为由对该合同标的物提出所有权主张依据不足。判决驳回张某母诉请。2011年**重庆某房屋买卖合同纠纷案**,2008年,某村5组的贺某购买同村6组汪某的房屋。2011年,汪某以合同无效为由诉请双方返还。法院认为:农村集体经济组织成员资格认定,首先依据是否有较固定的生产、生活,是否以农村集体土地作为生活保障为基本条件,并结合是否具有依法登记的集体经济组织所在地常住户口为一般原则。本案中,贺某因合法婚姻关系将户籍迁至该村5组,并在该村5组固定生产、生活,应认定为该集体经济组织成员,从而取得享有该集体经济组织成员资格的权利,成为本村村民,有获得住宅用地权利。贺某可向本集体经济组织申请住宅用地,亦可向村民购买。依《村民委员会组织法》第2条规定:"村民委员会是村民自我管理、自我教育、自我服务的基层群众性自治组织,实行民主选举、民主决策、民主管理、民主监督。"村民委员会作为基层自治组织,具备法人资格,同时具有该村农村集体土地发包权。土地发包权,村民享有的议事权、成员权归属均表明同一集体经济组织成员是以村为单位。结合本案,贺某与汪某是同村不同小组村民,属同一集体经济组织成员,根据我国法律规定,双方所签购房协议并不违反法律、行政法规强制性规定,该判决确认有效。2009年**浙江某房屋买卖合同纠纷案**,

1988 年,孙某作为长子及户主申请翻盖农村房屋。1992 年,孙某父去世。1997 年,孙某将该房屋出售给沈某。1998 年,沈某在村委会见证下,将该房售予苏某,随后孙某母、孙某妻等家庭成员搬离该房屋。2009 年,孙某及孙某母、孙某妻等 6 人起诉苏某,要求确认诉争房屋为其共同所有、苏某应返还房屋、赔偿租金损失。法院认为:案涉房屋原由孙某等合法建造。孙某父亲去世后,其所有份额应由继承人继承,此时该房屋应为孙某等 6 原告共有。孙某 1997 年作为户主在处理家庭经济事务过程中明确作出以房屋抵债意思表示,将房屋抵偿给沈某,并出具相关书面承诺,此使苏某在 1998 年与沈某进行房屋买卖过程中,有理由相信当时沈某已取得房屋所有权,同时,依当时市价支付房屋价款,并在嗣后实际占有房屋,苏某购房动因善意,且双方系同村村民,诉争房屋亦在该村,房屋交易又是在该村委会见证下进行,在农村房屋产权登记制度尚不完备情况下,具有一定公信力和公示效应。苏某对房屋取得为善意取得,为保护善意取得人利益,判决驳回孙某等人诉请。2007 年**浙江某房屋买卖合同纠纷案**,2003 年,袁某因土地征用原因,由农业户口转为城镇居民户口。邻乡村民李某将房屋作价 2 万余元售予袁某后,2007 年,李某诉请确认合同无效。法院认为:当事人行使权利,履行义务应遵循诚实信用原则,依法订立的合同,对当事人具有法律约束力。当事人应按约定履行自己义务,不得擅自变更或解除合同。本案双方当事人所签售房协议系双方当事人真实意思表示。袁某系农村居民,后虽因土地征用而成为非农业人口,但其仍生活在农村,故对其在农村的购房行为不能视为城镇居民购买农村住宅。《土地管理法》第 62 条规定的“农村居民一户只能拥有一处宅基地”是对农村居民申请宅基地的限制性规定,但并不限制农村居民通过买受、承租方式取得住房,故诉争售房协议并不违反法律、行政法规强制性规定,属有效合同。双方当事人在契约签订后,房屋已实际交付,现李某起诉主张合同无效,要求返还房屋,显然有违诚实信用原则,判决驳回李某诉请。2004 年**浙江某使用权纠纷案**,1999 年,闻某因欠款纠纷,其名下农村房屋被法院委托拍卖。同村的王某竞拍取得该房产并办理过户。2004 年,闻某去世后,其继承人郑某等人以集体土地使用权并未被拍卖为由,诉请确认土地使用权归己享有。法院认为:依《土地管理法实施条例》有关规定,因依法转让地上建筑物、构筑物等附着物导致土地使用权转移的,必须向土地所在地的县级人民政府土地行政主管部门提出变更登记申请,由原土地登记机关依法进行土地所有权、使用权变更登记。王某与郑某系同一集体经济组织成员。原登记在闻某名下的该诉争房屋由法院委托,经评估机构评估、公开拍卖,由王某(本集体经济组织成员)竞拍所得,并办理了房屋所有权证,取得该房屋手续合法,故王某有权取得该房屋范围内所涉及土地使用权,且该土地使用权变更亦未改变宅基地使用权系由农村集体组织成员享有的相关法律规定。按照地随房走原则,房屋所有权和土地使用权均应归王某所有。判决驳回郑某等人诉请。2004 年**重庆某房屋买卖合同纠纷案**,2003 年,非同一村的杨某与贺某签订房屋买卖合同,约定房款 3.8 万元,后双方为避税,又签订一个 1.2 万元的购房协议。2004 年,村委会证明同意该买卖关系,房管所说明可以办理转移登记。杨某以未过户为由诉请解除协议。法院认为:杨某为正常人,其支付房款已远超过 1.2 万元,故从其实际履行协议行为可表明协议价款应为 3.8 万元。该房屋买卖协议才是当事人真实意思表示,故杨某认为房价款为 1.2 万元的协议才是双方真实意思表示的理由不能成立。杨某与贺某所签房屋买卖协议,并未特别约定该协议登记后才生效,故该协议未办理登记手续,并不影响协议效力。判决驳回杨某诉请。2009 年 5 月**上海某房屋买卖合同案**,1979 年,村民沈某申请建房,户内人员有沈某及其现有继承人。1995 年,沈某与城镇居民吴某签订房屋买卖契约,以 3 万元作价转让,并办理房屋移转许可证,明确沈某房屋移转为邻镇村民史某。吴某一直实际居住至今。沈某逝,其继承人诉请确认买卖契约无效。法院认为:吴某并非农村户口,故其无权购买农村宅基地房屋;但因其与沈某签订农村宅基地房屋买卖合同的时间较早,且房款已付清,房屋已实际交付,且经有关政府部门审核同意,并已使用至今,从保护交易安全角度出发,案涉房屋买卖契约不作无效处理。史某亦非该镇村民,但由政府出具的房屋移转许可证上载明系争房屋的权利人为史某,明确当地政府对沈某对外出售房屋予以批准,并明确系争房屋的权利已发生转移,故沈某继承人诉请确认合同无效并由吴某返还系争房屋,不予支持。2009 年 3 月**云南某房屋买卖合同案**,法院认为:农村宅基地是依法经审批由农村集体经济组织分配给其内部成员用于建造住宅的集体土地,非农业集体经济组织内部成员不得申请取得宅基地使用权。《土地管理法》第 62 条第 4 款规定:“农村村民出卖、出租住房后,再申请宅基地的,不予批准。”从此条规定可以看出,法律禁止权利人买卖或者转让宅基地使用权,但是并不禁止权利人出卖、出租宅基地上的房屋,且买受人与出卖人朱某属于同一农业集体经济组织的内部成员,售房协议又是双方自愿协商达成,因此本案中双方当事人签订的《售房协议》并不违反法律法规的强制性规定,属于合法有效的合同。2008 年 12 月**北京某房屋买卖合同案**,法院认为:虽然孙某系农村集体经济组织成员,赵某系城镇居民,但是该私有房屋买卖协议为双方真实的意思表示,已履行完毕,至今已有 20 年,并且该合同当时已经在政府房地产管理部门审核并登记备案。另外,赵某已对诉争房屋进行了翻、扩建,诉争的 7 间房屋现已不存在,孙某提出的确认房屋买卖协议无效并返还诉争房屋的诉求已经不具备实现的可能。为此,从尊重历史、照顾现实出发,确认该买卖协议有效。2008 年 10 月**云南某房屋买卖合同案**,法院认为:买受人朱某系房屋所在地的集体经济组织的成员,双方之间的买卖行为及合同约定的内容并不违反《物权法》及《土地管理法》的规定,故双方之间的买卖合同应属有效。

2008年7月**辽宁某房屋买卖合同案**,法院认为:尚某与张某之间签订的房地产转让协议书,系双方当事人的真实意思表示,该合同已实际履行完毕,且张某已取得集体土地使用权证、房屋所有权证及契证。现房屋因被拆迁已不复存在,故尚某要求返还房屋,在客观上已无法实现。因本案争议宅基地使用权及其上房屋所有权已经过物权变更登记,该物权变动行为即已发生法律效力,张某即已取得该房屋产权,且尚某在2003年卖房之时至起诉前长达5年之久的时间内对转让房屋一直没有提出异议,故宜维持该房屋现在的权属状态,不宜认定当事人签订的房地产转让协议书无效,判决驳回尚某要求确认合同无效的诉讼请求。2007年9月**北京某房屋买卖合同案**,法院认为:马某作为城市居民,其与陈某签订的房屋买卖合同已经过乡政府的批准。此后,马某取得了该房屋的产权证书并于2005年将户口迁入。根据上述事实可看出,在十几年的时间中,马某在诉争房屋实际居住已对该房屋形成了稳定的占有关系。鉴于此,在综合本案当时的历史背景及有利于维护现有的房屋占有关系角度考虑,应当确认马某与陈某签订的买卖合同有效较为适宜。原审法院确认本案买卖合同无效,虽符合此类案件的一般性处理原则,但于本案不利于维护双方既定的权利、义务关系,故应予纠正。另外,陈某签订买卖合同并实际履行后,在目前房地产市场价格普遍上涨的情况下,其又以转让农村宅基地违反法律规定为由,要求确认买卖合同无效,其行为亦与民法倡导的诚实信用原则相悖。据此本院对陈某要求确认买卖合同无效并要求马某腾退房屋的诉讼请求均不予支持。〔解说部分补充理由〕目前我国法律、法规及司法解释尚无禁止农村私有房屋买卖以及农村私有房屋买卖合同应认定无效的明确规定。房屋居住人对房屋长期、稳定地占有、使用状态也是应当受到保护的重要价值利益。"当事人不得因自己的错误行为而获利",对出卖人事后主张合同无效应当予以必要的限制。2006年3月**北京某房屋买卖合同案**,法院认为:翟某与刘某是亲属关系,又均系本村村民,有权对自己在本村的私有房屋进行处分。所谓"一户一宅"原则是指村民在出售自己宅基地上的房屋后无权再次申请宅基地,并非村民不得买卖本集体经济组织成员的私有房屋。一审判决认定本案当事人买卖房屋的行为违反"一户一宅"原则,缺乏法律依据。此外,房屋产权变更登记手续的履行与否,是所有权转移的必要要件,具有公示效力,但并非房屋买卖合同的生效要件。翟某要求判令双方补办房屋过户手续的上诉请求,因在一审中未主张此项权利,双方在二审中又不能达成协议,可另案解决,本案不予处理。2005年5月**北京某房屋买卖合同案**,法院认为:李某之父何某在去世前将88号院内房屋卖与同村村民何文某,是经包括何恩某在内的全体房屋共有人同意,并经当地村民委员会批准认可的。何恩某因此受何某委托,将相关房屋卖给何文某,故李某所称何恩某未经其同意私自出卖88号院内房屋缺乏事实依据,其主张不予支持。何文某购得上述房后,又于数年前自行拆除了全部原有房屋并进行了重建。鉴于卖房人何某已经去世多年，其出卖房屋时取得了相关权利人同意以及当地村委会组织的批准，并取得了卖房价款，房屋买卖行为早已完成，而且房屋买受人何文某又拆除了所购房进行重建，投入较大，作为何某遗产的相关房屋已经灭失的现实情况，考虑到农村私房买卖行为的存在有其历史和现实的诸种原因，从有利于维护当地社会秩序和相关当事人现有生活状态的稳定和谐，平衡相关当事人的利益出发，确认何某与何文某之间的房屋买卖行为有效，故对李某的诉讼请求不予支持。

【同类案件处理要点】

农村私房买卖原则无效。农村住房转让时，宅基地使用权一并转让，故农村私房买卖合同涉及农村宅基地的转让。依照《土地管理法》和有关政策的规定，农村宅基地使用权的主体仅限于本集体经济组织成员，向本集体经济组织以外的农村居民转让农村住房和宅基地的，因违反了集体经济组织的成员权属性，应当认定无效。司法实践中，如果农村宅基地房屋买卖合同的时间较早，且房款已付清，房屋已实际交付，且经有关政府部门审核同意，从保护交易安全角度出发，农村房屋买卖的买受人即使是非同一集体经济组织的村民，或者是城镇居民，亦不作无效处理。

【农村房屋买卖前景】

笔者认为，作为社会主义国家，我国就农村房屋买卖是否自由放开，在过去及未来可预见的时期，无论是理论，还是司法实践中，禁止买卖都会是一项长期的原则性规则。农村房屋是农民赖以生存的最后屏障，作为农业大国，农村的稳定对中国来说又具有十分重要的意义。千年封建社会，耕种土地的农民地位低下、食不果腹，都与土地所有权性质有密切关系。即使在经济社会发展的当下，农民的群体特征，仍然在物质尤其生计保障方面处于弱势，而且各农村地区以及同一地区不同农户间都存在发展水平及生活条件的差异。故农村房屋禁止自由流转是符合我国国情的一项司法实践原则。

地方法规或规章很早就在农村房屋抵押贷款制定过规范性文件，因抵押权的实现必然以集体土地上的房屋所有权转移为条件，故实质效果等同于房屋买卖，在政策、法律未作修改前，这样的“破冰”之举适法性值得考量。

2007 年实施的《物权法》就一定范围的农村房屋买卖合法性予以明确，但亦只是对过去政策、法律法规的重申或延续，即本集体经济组织成员内部有条件的相互转让，并未就农村房屋向本集体经济组织外的成员或机构抵押和出售予以解禁。

既然是作为一项原则性规定，不排除司法实践中，因买卖时间长、交易过户后双方履行并无异议,交易时不存在其他违法行为,而认定有效的例外。这样的有效判定不仅能反映裁判者对公平、诚信的内心确信,而且符合立法保障社会秩序和良好风俗的目标,并为一般社会大众的价值观所包容;但也依然是作为例外的特别个案存在,而以一般原则存在的农村房屋买卖无效的规则,始终没有变化,在可预见的将来,也不会轻易消解。

【相关法律风险提示】

1. 我国现行法律对农村私房买卖合同采取的是严格、审慎的态度,一般以违反现行土地管理法律规定确认双方之间的房屋买卖行为无效。但对买卖双方同为同一农村集体经济组织成员,办理了宅基地使用权变更登记手续的情况做例外处理。

2. 禁止购买农村私房不仅限于城市居民。国办〔1999〕39 号文关于“农村的住宅不得向城市居民出售”的规定不涉及向农村居民转让农村住房的问题,但不能据此得出允许向本集体经济组织以外的农村居民转让农村住房的结论。即使同一乡镇的村民,在不同村之间买卖房屋,即使买方属于因征地而失地、失房的“农转非”人员,即使村委会做见证,付清房款、入住数年,仍面临合同无效的风险。案见四川成都中院(2008)成民终字第 434 号“夏某与周某等房屋买卖合同纠纷案”。

3. 农村房屋买卖合同无效的后果,双方返还。因双方当事人对合同无效均存在过错,故出卖方主张的房屋或宅基地使用费通常不会被支持,房款返还时是否支持利息,司法实践中通常从公平原则出发,认定房款利息及房屋升值导致买方的经济损失是否亦由出卖方补偿。这意味着,城镇居民购买农村房屋,无法办理过户,风险一直存在,而且利息可能亦会因居住案涉房屋而产生使用费两抵。

4. 城镇居民购买宅基地上所建房屋,即使经过十余年,亦因违反国家政策的刚性规定,可能产生合同无效、腾退房屋的风险。时间久远并非其合同效力必然成就因素。故买方在购买房屋前,不仅要看对方的私有房产所有证,还要审查土地使用权证,以明确是否属于宅基地上建房性质。

5. 买卖农村房屋,买方的风险还体现在诉讼程序上。无论是由卖方起诉主张确认合同无效,还是由买方先起诉确认合同有效,两种截然相反的诉讼请求都摆在买方面前:合同有效,继续履行;合同无效时返还房款同时赔偿损失需要通过反诉或另案起诉实现。在同一诉讼程序中提出两种诉讼请求,不仅削弱己方立场,且面临诉讼请求不明确之虞。

6. 隐瞒集体土地性质的房屋出卖合同,法院可能会认定出卖方欺诈而适用双倍赔偿。案见河南郑州中院(2009)郑民二终字第 764 号“于某等与郭某房屋买卖合同纠纷案”。

7. 同一集体经济组织成员竞拍取得农村房屋，按照地随房走原则，买受人有权取得该房屋范围内所涉及土地使用权；不同村集体村民之间房屋买卖合同，经村委会和房管所同意，虽尚未办理过户登记手续，但不影响买卖合同效力。同村不同组村民是否属同一集体经济组织成员，应从集体土地物权归属、发包主体等集体经济组织具体形式来判断。

8. 农村居民因土地征用而成为非农业人口，仍生活在农村的，其在农村的购房行为不应视为城镇居民购买农村住宅，在购买宅基地问题上可享有农民待遇，买卖合同有效。

9. 农村房屋买卖双方系同村村民、支付合理对价、经村委会见证，即使未办登记且未经共有人同意，买房人亦可善意取得。

10. 农村房屋买卖发生在《物权法》生效前，不违反其他法律禁止性规定，满足善意取得制度构成要件的，如受让人在交易时尽到谨慎注意义务、房屋多年来一直由出让人居住使用、村委会等基层组织作为交易中介人等，并符合善意取得其他条件，即应认定受让人可依善意取得制度取得受让房屋所有权。

11. 农村房屋买卖已实际履行多年，即便买卖协议上出卖人签名经鉴定非本人签名，亦不足以否定真实存在的房屋买卖关系。

12. 城镇居民购买农村宅基地上房屋，所签买卖合同违反了我国现行土地管理法律、法规、政策规定，应认定为无效。

13. 非本农村集体经济组织成员购买在该组织集体土地上修建的“使用权房”或“房屋使用权”合同，应认定为无效。

14. 非本村村民受让农村宅基地，买卖协议因违反法律规定而无效，确定信赖利益损失赔偿责任时，应考虑宅基地升值价格差及双方过错。对无效农村买卖合同，利益分配上应避免利益失衡，防止无效裁判带来不良社会导向，引导当事人恪守诚实信用原则。

【附注】

参考案例索引：河南郑州中院（2009）郑民四终字第540号“宋某与张某房屋买卖合同纠纷案”；最高人民法院（2016）最高法民申3285号　“吴某与某居委会等借款合同纠纷案”，见《以农村集体土地上房屋偿还非集体经济组织成员借款的协议效力及法律后果——嵩县城关镇北店街社区居民委员会、嵩县城关镇人民政府与闫景梅、吴晓乐、吴东洋借款合同纠纷案》（谢爱梅，最高院民一庭；审判长张纯，代理审判员赵风暴、谢爱梅），载《民事审判指导与参考·最高人民法院案件解析》（201701/69：191）；北京二中院（2016）京02民终5597号“马某与张某房屋买卖合同纠纷案”，见《农村房屋买卖合同无效并不当然导致拆迁利益分配方案无效——

北京大兴法院判决马某诉张某农村房屋买卖合同纠纷案》(张纪云),载《人民法院报·案例精选》(20171228:06);北京二中院(2016)京02民终943号“王某与汪某物权纠纷案”,见《农村房屋善意取得问题的司法审查——北京大兴法院判决王某诉王某某返还原物纠纷案》(樊振国、赵志),载《人民法院报·案例精选》(20170803:06);江苏连云港中院(2013)连民终字第0453号“丁某与徐某房屋买卖合同纠纷案”,见《丁德军诉徐海燕等城镇居民购买农民住宅合同被认定无效判令返还案》,载《江苏省高级人民法院公报》(201402/32:54);湖北秭归法院(2012)鄂秭归民初字第00780号“杜某与吴某等农村房屋买卖合同纠纷案”,见《杜沥泉诉吴家庆等农村房屋买卖合同纠纷案——农村房屋买卖合同的效力》(杜云宏),载《人民法院案例选》(201304/86:149);广西防城港中院(2011)防市民一终字第193号“吴某与谢某等宅基地使用权纠纷案”,见《吴桂连、杨尚霖诉谢运珍、吴国铭、吴国宁宅基地使用权案》(禤立平),载《中国审判案例要览》(2012民:77);福建厦门集美区法院(2009)集民初字第1466号“吴某与某开发公司合同纠纷案”,见《吴清方诉厦门市寿石山老年公寓开发建设有限公司合同纠纷案》(余巍),载《人民法院案例选》(201001/71:183);北京二中院(2009)二中民终字第00769号“李玉兰与马海涛房屋买卖合同纠纷上诉案”,见《裁判要旨·民事》,载《人民法院案例选·月版》(200910/10:182);另见《信赖利益及其赔偿范围》(王勇、胡焕刚),载《人民司法·案例》(200922:18);北京二中院(2007)二中民终字第13692号“马海涛与李玉兰房屋买卖合同纠纷上诉案”,见《城镇居民购买农村私有房屋的合同无效》(李馨),载《人民司法·案例》(200810:25);另参阅北京二中院(2009)二中民终字第00769号“李玉兰与马海涛房屋买卖合同纠纷上诉案”,见《信赖利益及其赔偿范围》(王勇、胡焕刚),载《人民司法·案例》(200922:18);江苏盐城中院(2015)盐民再终字第00032号“陆某与卢某房屋买卖合同纠纷案”,见《陆永胜与陆为功房屋买卖合同纠纷案》,载《审判监督指导·裁判文书选登》(201504/54:151);重庆高院“傅某与某商贸公司房屋联建合同纠纷案”,见《傅蓉与重庆亚诚商业贸易有限责任公司房屋联建合同纠纷再审案——本案所涉房屋买卖关系应如何适用有关法律法规》(谭国贞,重庆高院),载《审判监督指导·案例评析》(200404/16:72);北京三中院(2017)京03民终10470号“杨某与许某合同纠纷案”,见《同一集体经济组织成员之间的宅基地流转合同应为有效——北京三中院判决杨宏玉与许志福确认合同无效纠纷案》(胡新华、高玉珠),载《人民法院报·案例精选》(20171130:06);山东日照中院(2017)鲁11民终1230号“王某与秦某等房屋买卖合同纠纷案”,见《物权法生效前的农村房屋善意取得的效力认定——山东日照中院判决王某某与秦某某、厉某某房屋买卖合同纠纷案》(张闰婷),载《人民法院报·案例精选》(20171123:06);浙江宁波中院(2013)浙甬民二终字第594号“牟某与郑某房屋买卖合同纠纷案”，见《牟雪文诉郑善国农村房屋买卖合同纠纷案——农村房屋买卖合同无效征收补偿的处理》（黄书建），载《人民法院案例选》（201401/87：175）；北京二中院（2013）二中民终字第12600号“张某母与王某物权保护纠纷案”，见《张桂兰等诉王秀云物权保护纠纷案（农村房屋、善意取得）》（张维霞），载《中国审判案例要览》（2014民：16）；重庆二中院（2011）渝二中法民终字第1026号“汪某与贺某房屋买卖合同纠纷案”，见《汪增恒诉贺显贵房屋买卖合同案（同村不同组村民、同一农村集体经济组织成员）》（向亮），载《中国审判案例要览》（2012商：1），另见《同村不同组村民是否属同一农村集体经济组织的认定——重庆二中院判决贺显贵与汪增恒房屋买卖合同纠纷一案》（向亮、邱天），载《人民法院报·案例指导》（20120105：06）；浙江宁波中院（2009）浙甬民二终字第588号“孙君培等与孙永祥农村房屋转让纠纷上诉案”，见《未经登记的农村房产的有效转让和善意取得》（徐万鑫、郑智杨），载《人民司法·案例》（201012：66）；浙江宁波中院（2007）甬民一终字第983号“李某与袁某房屋买卖合同纠纷案”，见《李明国诉李德元房屋买卖合同纠纷案》（蔡淑妃），载《人民法院案例选》（200903/69：99）；浙江金华婺城区法院（2004）婺民一初字第541号“郑某与王某使用权纠纷案”，见《郑佩英等诉王骏佳使用权纠纷案（农村房屋买卖中土地使用权的转让）》（施春茶），载《中国审判案例要览》（2005民：46）；重庆一中院（2004）渝一中民终字第2631号“杨某与贺某等房屋买卖合同纠纷案”，见《杨彬诉贺根兴等房屋买卖合同案（房屋买卖）》（邢文川），载《中国审判案例要览》（2005民：63）；河南郑州中院（2009）郑民二终字第764号“于某等与郭某房屋买卖合同纠纷案”；云南昆明中院（2009）昆民一终字第32号“栗某与袁某房屋买卖合同案”；四川成都中院（2008）成民终字第434号“夏某与周某等房屋买卖合同纠纷案”；辽宁沈阳中院（2007）沈民（2）房终字第56号“刘某等与秦某房屋买卖合同纠纷案”；四川成都中院（2007）成民终字第102号“张某与闵某房屋买卖合同纠纷案”；广东佛山中院（2004）佛中法民五终字第385号“李某与丘某等房屋买卖合同纠纷案”；广东佛山中院（2003）佛中法民一终字第658号“梁某与张某房屋买卖合同纠纷案”；上海一中院（2009）沪一中民二（民）终字第1447号“沈某等与吴某房屋买卖合同纠纷案”；云南昆明中院（2009）昆民四终字第321号“朱某与尾某买卖合同案”；北京石景山区法院（2008）石民初字第3804号“孙某诉赵某房屋买卖合同纠纷案”；云南昆明中院（2008）昆民一终字第305号“李某等与朱某房屋买卖合同纠纷案”；辽宁沈阳中院（2008）沈中民二终字第887号“尚某与张某房屋买卖合同纠纷案”；北京一中院（2007）一中民终字第9544号“马某诉陈某房屋买卖合同纠纷案”；北京一中院（2006）一中民终字第1329号“刘某与翟某房屋买卖合同案”；北京朝阳区法院（2005）朝民初字第07553号“李某诉何文某等房屋买卖合同案”。

5. 无权处分与善意取得

——共同共有房,擅卖要得回?

【无权处分】

【案情简介及争议焦点】

2008年2月,刘某之母以刘某名义与冯某签订购房协议,冯某随后收取了刘某之父交纳的定金和预付房款共计40万元。同年5月19日,该房取得产权证,产权人冯某以妻子苏某不同意出售共有房产拒绝过户给刘某致诉。

争议焦点:1. 购房协议效力如何?2. 是否继续履行?

【裁判要点】

1. 协议有效。冯某与刘某所签购房协议,系双方当事人真实意思表示,该协议内容和形式均符合法律的规定,故应合法有效。协议签订后,刘某一方向冯某交纳定金及购房款,已按约定履行约定的义务。为此,刘某应依约将"产权证转移到刘某名下",否则即为违约。

2. 继续履行。夫或妻一方对于夫妻共同财产有平等的处分权,由于夫妻之间特殊的身份关系,夫或妻一方对夫妻共同财产的处分行为对于相对人来说,不论从主观还是客观上均无法知道该处分行为是否只是个人的意思表示,根据最高人民法院《关于适用〈中华人民共和国婚姻法〉若干问题的解释(一)》(编者注:该司法解释已于2021年1月1日起失效)第17条规定,对此共有人冯某负有证明买受人刘某在明知苏某不同意冯某出卖诉争房屋的情况下仍与冯某签订协议的举证责任,但冯某对此并未举证证明。故在刘某已按协议约定履行了其主要义务,请求确认购房协议有效,要求冯某继续履行并办理过户手续应予支持。

【裁判依据或参考】

1. 法律法规或其他规范性文件

(1)一般规定。《民法典》(2021年1月1日)第214条:"不动产物权的设立、变更、转让和消灭,依照法律规定应当登记的,自记载于不动产登记簿时发生效力。"第215条:"当事人之间订立有关设立、变更、转让和消灭不动产物权的合同,除法律另有规定或者当事人另有约定外，自合同成立时生效；未办理物权登记的，不影响合同效力。”第216条：“不动产登记簿是物权归属和内容的根据。不动产登记簿由登记机构管理。”第217条：“不动产权属证书是权利人享有该不动产物权的证明。不动产权属证书记载的事项，应当与不动产登记簿一致；记载不一致的，除有证据证明不动产登记簿确有错误外，以不动产登记簿为准。”第218条：“权利人、利害关系人可以申请查询、复制不动产登记资料，登记机构应当提供。”第219条：“利害关系人不得公开、非法使用权利人的不动产登记资料。”第220条：“权利人、利害关系人认为不动产登记簿记载的事项错误的，可以申请更正登记。不动产登记簿记载的权利人书面同意更正或者有证据证明登记确有错误的，登记机构应当予以更正。不动产登记簿记载的权利人不同意更正的，利害关系人可以申请异议登记。登记机构予以异议登记，申请人自异议登记之日起十五日内不提起诉讼的，异议登记失效。异议登记不当，造成权利人损害的，权利人可以向申请人请求损害赔偿。”第222条：“当事人提供虚假材料申请登记，造成他人损害的，应当承担赔偿责任。因登记错误，造成他人损害的，登记机构应当承担赔偿责任。登记机构赔偿后，可以向造成登记错误的人追偿。”第331条：“无处分权人将不动产或者动产转让给受让人的，所有权人有权追回；除法律另有规定外，符合下列情形的，受让人取得该不动产或者动产的所有权：（一）受让人受让该不动产或者动产时是善意；（二）以合理的价格转让；（三）转让的不动产或者动产依照法律规定应当登记的已经登记，不需要登记的已经交付给受让人。受让人依据前款规定取得不动产或者动产的所有权的，原所有权人有权向无处分权人请求损害赔偿。当事人善意取得其他物权的，参照适用前两款规定。”第597条：“因出卖人未取得处分权致使标的物所有权不能转移的，买受人可以解除合同并请求出卖人承担违约责任。”**《物权法》**（2007年10月1日，已于2021年1月1日起失效）第17条：“不动产权属证书是权利人享有该不动产物权的证明。不动产权属证书记载的事项，应当与不动产登记簿一致；记载不一致的，除有证据证明不动产登记簿确有错误外，以不动产登记簿为准。”第97条：“处分共有的不动产或者动产以及对共有的不动产或者动产作重大修缮的，应当经占份额三分之二以上的按份共有人或者全体共同共有人同意，但共有人之间另有约定的除外。”第106条：“无处分权人将不动产或者动产转让给受让人的，所有权人有权追回；除法律另有规定外，符合下列情形的，受让人取得该不动产或者动产的所有权：（一）受让人受让该不动产或者动产时是善意的；（二）以合理的价格转让；（三）转让的不动产或者动产依照法律规定应当登记的已经登记，不需要登记的已经交付给受让人。受让人依照前款规定取得不动产或者动产的所有权的，原所有权人有权向无处分权人请求赔偿损失。当事人善意取得其他物权的，参照前两款规定。”**《合同法》**（1999年10月1日，已于2021年1月1

日起失效)第49条:"行为人没有代理权、超越代理权或者代理权终止后以被代理人名义订立合同,相对人有理由相信行为人有代理权的,该代理行为有效。"第51条:"无处分权的人处分他人财产,经权利人追认或者无处分权的人订立合同后取得处分权的,该合同有效。"**《民法通则》**(1987年1月1日,已于2021年1月1日起失效)第78条:"财产可以由两个以上的公民、法人共有。共有分为按份共有和共同共有。按份共有人按照各自的份额,对共有财产分享权利,分担义务。共同共有人对共有财产享有权利,承担义务。按份共有财产的每个共有人有权要求将自己的份额分出或者转让。但在出售时,其他共有人在同等条件下,有优先购买的权利。"最高人民法院**《关于适用〈中华人民共和国民法典〉物权编的解释(一)》**(2021年1月1日 法释〔2020〕24号)第15条:"具有下列情形之一的,应当认定不动产受让人知道转让人无处分权:(一)登记簿上存在有效的异议登记;(二)预告登记有效期内,未经预告登记的权利人同意;(三)登记簿上已经记载司法机关或者行政机关依法裁定、决定查封或者以其他形式限制不动产权利的有关事项;(四)受让人知道登记簿上记载的权利主体错误;(五)受让人知道他人已经依法享有不动产物权。真实权利人有证据证明不动产受让人应当知道转让人无处分权的,应当认定受让人具有重大过失。"第16条:"受让人受让动产时,交易的对象、场所或者时机等不符合交易习惯的,应当认定受让人具有重大过失。"第17条:"民法典第三百一十一条第一款第一项所称的'受让人受让该不动产或者动产时',是指依法完成不动产物权转移登记或者动产交付之时。当事人以民法典第二百二十六条规定的方式交付动产的,转让动产民事法律行为生效时为动产交付之时;当事人以民法典第二百二十七条规定的方式交付动产的,转让人与受让人之间有关转让返还原物请求权的协议生效时为动产交付之时。法律对不动产、动产物权的设立另有规定的,应当按照法律规定的时间认定权利人是否为善意。"第18条:"民法典第三百一十一条第一款第二项所称'合理的价格',应当根据转让标的物的性质、数量以及付款方式等具体情况,参考转让时交易地市场价格以及交易习惯等因素综合认定。"最高人民法院民一庭**《民事审判实务问答004:未办理完成房屋权属变更登记手续,能否构成善意取得》**(2021年7月):"问:我善意购买了某人的房屋,价格是合理的,并且我已经占有了该房屋,我能够基于《民法典》第三百一十一条规定取得该房屋的所有权吗?答:……对于善意取得所需满足的条件,《民法典》第三百一十一条规定:'无处分权人将不动产或者动产转让给受让人的,所有权人有权追回;除法律另有规定外,符合下列情形的,受让人取得该不动产或者动产的所有权:(一)受让人受让该不动产或者动产时是善意;(二)以合理的价格转让;(三)转让的不动产或者动产依照法律规定应当登记的已经登记,不需要登记的已经交付给受让人。受让人依据前款规定取得不动产或者动产的所有权的,原所有权人有权向无处分权人请求损害赔偿。当事人善意取得其他物权的，参照适用前两款规定。’上述三个条件缺一不可。因《民法典》第二百零九条第一款规定，‘不动产物权的设立、变更、转让和消灭，经依法登记，发生效力；未经登记，不发生效力，但是法律另有规定的除外’，而房屋属于不动产，你善意取得某人的房屋需满足《民法典》第三百一十一条规定的‘转让的不动产或者动产依照法律规定应当登记的已经登记’之条件。因此，虽然你受让某人的房屋的时候是善意的，价格是合理的，并且你已经占有了该房屋，但是由于你所受让的该房屋并没有办理完成不动产权属变更登记手续，你不能根据《民法典》第三百一十一条的规定取得该房屋的所有权。”最高人民法院民一庭负责人《**关于当前民事审判工作中的若干具体问题**》（2015 年 12 月 24 日）第 1 条：“……关于处分权受限制的房地产转让合同效力。合同效力问题的实质是公权力对私法自治的评价。大家都知道，在房地产领域，存在土地出让、合作开发和房屋买卖的一、二、三级市场，从公权力的干预程度上看，是依次减弱的，因此，在对合同效力的把握上，也要依次放宽。要特别注意这三个市场在经济制度、法律制度和法理等方面存在的不同安排和规则。实践中，出卖人在签订房产转让合同时未取得房屋所有权证书、未经其他共有权人同意或者房产已经设定抵押或被依法查封的，房产转让合同的效力问题争议较大。我们认为，总体上看，房地产转让已经属于房地产三级市场，应该更多地发挥私法自治的功能。具体法律适用上，《买卖合同司法解释》即《最高人民法院关于审理买卖合同纠纷案件适用法律问题的解释》……”最高人民法院《**2011 年全国民事审判工作会议纪要**》（2011 年 6 月）第 9 条：“转让人转让登记在其个人名下的共有物不符合对共有物处分约定的，原则上应当认定该转让行为有效。受让人虽然知道转让标的物为共有，但其有理由相信转让人的处分是共有人共同意思表示的，可以认定转让行为有效。另一种意见：转让人转让登记在其个人名下的共有物不符合对共有物处分约定的，按照物权法第一百零六条有关善意取得的规定处理。”最高人民法院《**关于适用〈中华人民共和国合同法〉若干问题的解释（二）**》（2009 年 5 月 13 日　法释〔2009〕5 号，已于 2021 年 1 月 1 日起失效）第 19 条：“对于合同法第七十四条规定的‘明显不合理的低价’，人民法院应当以交易当地一般经营者的判断，并参考交易当时交易地的物价部门指导价或者市场交易价，结合其他相关因素综合考虑予以确认。转让价格达不到交易时交易地的指导价或者市场交易价百分之七十的，一般可以视为明显不合理的低价；对转让价格高于当地指导价或者市场交易价百分之三十的，一般可以视为明显不合理的高价。债务人以明显不合理的高价收购他人财产，人民法院可以根据债权人的申请，参照合同法第七十四条的规定予以撤销。”最高人民法院《**关于苏水香诉丁学森房屋买卖纠纷案的复函**》（1990 年 10 月 29 日　〔90〕民他字第 33 号，后因被《物权法》取代，该司法解释于 2008 年 12 月 24 日被废止——编者

注):"……经研究,我们基本同意你院审判委员会的意见,即认定丁学梅与丁学淼已分家析产没有充分的事实根据,讼争房屋应属丁家兄弟共有财产。鉴于丁学淼未经共有人同意擅自出卖共有房产和买方不知情等情况,1979 年一审调解时双方就买卖关系部分有效达成的协议并无不当。该调解在程序上是有不妥之处,但根据该案的具体情况和当时的法律政策,以维持原调解处理为宜。请认真做好申诉人的息诉工作,并将有关情况及处理结果通报省检察院,争取他们的支持。以上意见供参考。"最高人民法院**《关于共有人之一私自与外籍华人违反法律进行房产抵押买卖交易无效的复函》**(1990 年 10 月 26 日 〔1990〕民他字第 35 号):"根据 1984 年余性本、王雪霞等人共同签署的'房屋分割协议书'的约定,双方当事人所争议的房屋应属王雪霞及余学强等六个子女共有。王雪霞事先未经全体共有人的同意,私自向沈云抵押、出卖房屋,侵犯了其他共有人的权益,而且双方当事人的抵押、买卖房屋行为又均未按照我国的房屋管理规定进行,也未得到房屋主管部门的认可。因此,应认定沈云与王雪霞的房屋抵押、买卖交易行为无效。对沈云提出的确认房屋产权的请求不予支持,王雪霞应返还沈云的钱款,由此造成的损失应根据双方的责任相应承担。"最高人民法院**《关于以一方名义申请双方投工投料,建成后共同住用的房产可认定为共有的复函》**(1990 年 3 月 28 日 〔89〕民他字第 59 号):"周凯与韩俊双方诉争的 3 间房屋,在建房前虽未签订合建协议,批件和房照也是周凯一人的,但从周凯申请批件后,韩俊即将其棚厦拆除,然后双方投工投料进行建房,建成后又各居住管理一间半房等事实来看,说明双方事先不是没有约定的。因此,基于双方投工投料的共建事实,诉争之房应为双方共有。你院审理时,如能调解为共有就尽量调解解决,调解不成时也可以按共有进行判决。"最高人民法院**《关于高三妹等与陈德晶房屋确权纠纷的函》**(1989 年 6 月 9 日 〔1989〕民他字第 10 号):"……讼争的两栋房屋,是解放前高三妹夫家兄弟四人共同经商、共同生活期间购置的,第一、二审判决认定为共有是正确的,故同意不再变更。但应继续做好高三妹等人思想工作,劝导他们珍惜兄弟情谊,以团结为重,服判息诉。"最高人民法院**《关于共有人之一擅自出卖共有房屋无效的批复》**(1988 年 10 月 24 日 〔1988〕民他字第 56 号):"崔希舜未经赵文运等房屋共有人同意,于 1972 年 11 月 4 日擅自将郑州市南学街 67 号院内东屋北头 2 间出卖给于金明是不合法的。1984 年 11 月,该房屋共有人赵文运等诉至郑州市管城回族区人民法院,要求废除房屋买卖关系。一、二审法院判决买卖关系无效并无不当。"最高人民法院**《关于贯彻执行〈中华人民共和国民法通则〉若干问题的意见(试行)》**[1988 年 4 月 2 日 法(办)发〔1988〕6 号,已于 2021 年 1 月 1 日起失效]第 89 条:"共同共有人对共有财产享有共同的权利,承担共同的义务。在共同共有关系存续期间,部分共有人擅自处分共有财产的,一般认定无效。但第三人善意、有偿取得该财产的,应当维护第

三人的合法权益；对其他共有人的损失，由擅自处分共有财产的人赔偿。”最高人民法院**《关于父母的房屋遗产由兄弟姐妹中一人领取了房屋产权证并视为己有产生纠纷应如何处理的批复》**（1987年6月15日）：“……根据该房产的来源及使用等情况，以认定该屋为钟和记、王细的遗产，属钟秋香、钟玉妹、钟寿祥、钟妙、钟秋胜五人共有为宜。钟寿祥以个人名义领取的产权证，可视为代表共有人登记取得的产权证明。钟妙、钟秋胜已故，其应得部分由其合法继承人继承。”自然资源部**《不动产登记暂行条例实施细则（2019年修改）》**（2019年7月24日）第10条：“处分共有不动产申请登记的，应当经占份额三分之二以上的按份共有人或者全体共同共有人共同申请，但共有人另有约定的除外。按份共有人转让其享有的不动产份额，应当与受让人共同申请转移登记。建筑区划内依法属于全体业主共有的不动产申请登记，依照本实施细则第三十六条的规定办理。”第12条：“当事人可以委托他人代为申请不动产登记。代理申请不动产登记的，代理人应当向不动产登记机构提供被代理人签字或者盖章的授权委托书。自然人处分不动产，委托代理人申请登记的，应当与代理人共同到不动产登记机构现场签订授权委托书，但授权委托书经公证的除外。境外申请人委托他人办理处分不动产登记的，其授权委托书应当按照国家有关规定办理认证或者公证。”第15条：“不动产登记机构受理不动产登记申请后，还应当对下列内容进行查验：（一）申请人、委托代理人身份证明材料以及授权委托书与申请主体是否一致；（二）权属来源材料或者登记原因文件与申请登记的内容是否一致；（三）不动产界址、空间界限、面积等权籍调查成果是否完备，权属是否清楚、界址是否清晰、面积是否准确；（四）法律、行政法规规定的完税或者缴费凭证是否齐全。”第16条：“不动产登记机构进行实地查看，重点查看下列情况：（一）房屋等建筑物、构筑物所有权首次登记，查看房屋坐落及其建造完成等情况；（二）在建建筑物抵押权登记，查看抵押的在建建筑物坐落及其建造等情况；（三）因不动产灭失导致的注销登记，查看不动产灭失等情况。”第21条：“申请共有不动产登记的，不动产登记机构向全体共有人合并发放一本不动产权属证书；共有人申请分别持证的，可以为共有人分别发放不动产权属证书。共有不动产权属证书应当注明共有情况，并列明全体共有人。”建设部**《房屋登记办法》**（2008年7月1日，已于2019年9月6日起失效）第25条：“房屋登记机构应当根据房屋登记簿的记载，缮写并向权利人发放房屋权属证书。房屋权属证书是权利人享有房屋权利的证明，包括《房屋所有权证》《房屋他项权证》等。申请登记房屋为共有房屋的，房屋登记机构应当在房屋所有权证上注明‘共有’字样……”第26条：“房屋权属证书、登记证明与房屋登记簿记载不一致的，除有证据证明房屋登记簿确有错误外，以房屋登记簿为准。”建设部**《城市房地产转让管理规定》**（2001年8月15日）第6条：“下列房地产不得转让：……（四）共有房地产，未经其他共有人书面同意

的……”建设部《**关于清理检查房屋权属证书印制发放工作的通知**》(2001年9月13日　建住房〔2001〕193号,2011年1月19日已失效——编者注)第2条:“北京印钞厂为目前全国房屋所有权证、房屋共有权证、房屋他项权证的唯一合法印制单位,1998年7月全国全面启用统一的房屋权属证书后,其他任何单位印制的上述房屋权属证书均为假房屋权属证书。自本通知下发之日起,假房屋权属证书要立即封存并停止发放和使用。”第3条:“已发出的假房屋权属证书,房屋权属登记发证机关要坚决限期收回,并尽快向房地产权利人无偿换发合法的房屋权属证书。收回假房屋权属证书和换发合法房屋权属证书的具体方案,应报经当地人民政府批准,并向省、自治区建设行政主管部门、直辖市房地产行政主管部门备案后实施。”建设部《**关于建设部主管全国房屋产权产籍工作的通知**》(1999年5月28日　建人教函〔1999〕第180号):“为进一步明确全国房屋产权产籍管理工作的职能,经中央机构编制委员会办公室同意,建设部主管全国房屋产权产籍管理工作,主要负责制订有关房屋产权的登记发证、产籍管理的政策和规定,并监督执行。具体由建设部住宅与房地产业司负责。”上海一中院《**类案裁判方法|共有房屋买卖合同纠纷案件的审理思路和裁判要点**》(2020年9月25日)第3条:“共有房屋买卖合同纠纷案件的审理思路和裁判要点。在共有房屋买卖合同纠纷案件中,法院需结合证据并运用逻辑推理和经验法则,探究当事人在合同订立时及合同履行中的真实意思,从而在保护共有人对共有房屋享有物权权利的同时,维护交易秩序,保障交易安全。审理此类案件时,法院首先需明确案件当事人的诉讼地位,其次需对合同效力作出认定。合同无效的,一般应对双方返还因合同履行而取得的财产、损失赔偿等无效后果一并予以处理;合同有效的,基于物债区分原则,还应审查是否存在无权处分等履行障碍;合同解除的,应正确认定守约方的实际损失,合理调整违约金,并注意对其他解除后果一并予以处理。(一)程序性事项的审查。共有房屋买卖合同纠纷案件可能涉及共有人的内部代理和共有物处分,法院需根据个案中的不同情形准确认定当事人的诉讼地位。1. 共有人均系合同当事人。共有人均系合同当事人的情形包括:一是全体共有人作为出卖人在房屋买卖合同中签字;二是部分共有人作为出卖人暨其他共有人的代理人在房屋买卖合同中签字。上述两种情形中,全体共有人均系合同当事人,应当作为共同原告或共同被告参加诉讼。审判实践中,部分共有人构成代理的情形主要包括:一是合同明确载明部分共有人代理全体共有人签订合同;二是部分共有人签订合同的同时出具承诺函,承诺其他共有人授权其代为签字;三是合同首部载明出卖人为全体共有人,但落款处仅部分共有人签字。2. 部分共有人系合同当事人。部分共有人以自己名义签订房屋买卖合同,买受人诉请解除合同的,案件处理结果一般与其他共有人无关,故其他共有人原则上无须参加诉讼。买受人诉请继续履行合同的,涉及房屋的物权变动,案件处理结

果与其他共有人直接相关,故其他共有人应当作为第三人参加诉讼。需要注意的是,房屋登记在夫妻一方名下但可能为夫妻共同财产的,法院应当听取配偶方的意见。如配偶方确认房屋为登记产权人的个人财产,或明确表示放弃对该房屋所享有权利的,则其无须作为第三人参加诉讼。(二)当事人主张合同无效的审理思路和裁判要点。1.合同效力的审查。共有房屋买卖合同纠纷案件中,当事人常以出卖人无权代理、无权处分、合同双方通谋虚伪意思表示或存在恶意串通损害其他共有人权利等为由,要求确认房屋买卖合同无效。(1)对当事人主张无权代理的审查。部分共有人以全体共有人名义签订房屋买卖合同的,法院应当审查部分共有人是否构成有权代理或表见代理。需要注意的是,《民法典》第1060条第1款规定,夫妻一方因家庭日常生活需要而实施的民事法律行为,对夫妻双方发生效力,但是夫妻一方与相对人另有约定的除外。一般情况下,房屋作为家庭重大财产,处分房屋不属于因家庭日常生活需要而实施的民事法律行为,因此不适用家事代理。部分共有人无权代理且不构成表见代理的,如其他共有人对代理行为予以追认则合同有效,全体共有人承担合同项下权利义务。如其他共有人对代理行为不予追认,因欠缺效果归属要件,代理效果不归属于其他共有人;又因部分共有人作出代理行为时未产生效果归属于自己的意思,代理效果亦不归属于该部分共有人。需要注意的是,根据《民法典》第171条规定,部分共有人无权代理签订房屋买卖合同的,合同对其他共有人不发生效力;实施无权代理行为的部分共有人承担履行债务或赔偿损失的责任。鉴于房屋为特定物,且其他共有人不同意追认部分共有人的代理行为,通常也不会同意处分共有房屋。如买受人要求部分共有人履行债务,因存在履行不能的情况,法院需向其释明是否变更诉请为要求部分共有人赔偿损失。如买受人明知或应当知道部分共有人为无权代理,则双方按照各自过错承担责任。对于部分共有人是否构成有权代理,在买受人无法提供授权委托书等直接证据的情况下,法院可综合以下几个方面进行审查:一是共有人之间是否存在特殊身份关系;二是其他共有人是否参与房屋出售过程,包括挂牌、与中介及买受人接洽谈判等;三是房屋是否由共有人共同居住,其他共有人与买受人在看房时有无接触;四是其他共有人是否收取过定金或房款;五是部分共有人签订合同时,是否持有其他共有人的个人证件;六是其他共有人是否作出过追认合同的意思表示,或者在明知合同已经签订、买受人支付部分房款并实际占有使用房屋的情况下,是否在合理期限内提出异议等。结合上述事实,如可认定其他共有人事先授权或事后追认部分共有人代签房屋买卖合同,则部分共有人构成有权代理。对于部分共有人是否构成表见代理,法院需严格把握。如部分共有人持其他共有人出具的授权委托公证书,与买受人签订房屋买卖合同。后公证机构查明该授权委托并非其他共有人的真实意思表示,或授权委托公证书存在其他应予撤销的情形,而对授权委托公证书予以撤销的,因买受人基于对授权委托公证书的合理信赖而签订合同,故可认定部分共有人构成表见代理。其他共有人以订立合同的部分共有人构成无权代理为由请求确认房屋买卖合同无效的,法院一般不予支持。(2)对当事人主张无权处分的审查。当事人订立房屋买卖合同的行为属于典型的债权行为。依据《民法典》第597条第1款规定,因出卖人未取得处分权致使标的物所有权不能转移的,买受人可以解除合同并请求出卖人承担违约责任。由此可见,债权行为有效不以负担义务者享有处分权为必要。根据《最高人民法院关于审理买卖合同纠纷案件适用法律问题的解释》第3条第1款规定,部分共有人以自己名义与买受人就共有房屋签订房屋买卖合同,其他共有人以该共有人无权处分为由,主张房屋买卖合同无效的,法院不予支持。《民法典》实施后,法院可直接适用第597条第1款规定进行裁判。(3)对当事人主张合同双方通谋虚伪意思表示的审查。当事人主张合同双方通谋虚伪意思表示往往存在于部分共有人与买受人为担保买受人债权而签订房屋买卖合同的情形。《民法典》第146条第1款规定,行为人与相对人以虚假意思表示实施的民事法律行为无效。买卖双方为担保债权而签订房屋买卖合同,其真实意思均为以债务人名下房屋为债权实现提供担保,而非债权人购买债务人名下房屋。因此,为担保债权而签订的房屋买卖合同因构成通谋虚伪意思表示而无效。对于合同双方是否构成通谋虚伪意思表示,法院一般可从以下几个方面进行审查:一是当事人之间是否存在民间借贷等债权债务关系;二是合同签订的背景及磋商过程;三是合同约定及履行是否符合交易惯例。对与交易惯例不符的情况,当事人能否作出合理解释;四是房款是否实际支付、以何种方式支付;五是房屋实际居住使用情况;六是当事人是否及时主张房屋买卖合同项下权利。(4)对当事人主张合同双方恶意串通的审查。《民法典》第154条规定,行为人与相对人恶意串通,损害他人合法权益的民事行为无效。部分共有人以房屋买卖合同双方恶意串通、损害其合法权益为由主张合同无效的,法院可从以下几个方面进行审查:一是共有人之间关系是否和睦,如是否存在夫妻感情不睦、已长期分居、一方已提起离婚诉讼等情形;二是买受人是否通过中介居间而获知房源;三是合同双方是否存在特殊关系;四是合同约定是否符合交易惯例,如房价是否明显低于市场价值等;五是合同履行是否存在瑕疵,如房款是否实际支付等。2. 合同无效后果的处理。房屋买卖合同无效的,法院应避免机械适用'不告不理'原则,仅就当事人的诉请进行审理,而是应当向双方释明合同无效的相关后果,尽可能一次性解决纠纷。此外,需要注意以下三种特殊情形:(1)买受人取得产权后在房屋上设立抵押权。此种情形下,法院可通知抵押权人作为本案第三人参加诉讼。抵押权人善意取得抵押权的,原则上可判令债务人向债权人清偿债务后涤除抵押,将房屋恢复登记至出卖人名下。如债务人无清偿能力,根据《民法典》第524条规定,债务人不履行债务,第三人对履行该债务具有合法利益的，第三人有权向债权人代为履行。因此，法院可向共有人释明，共有人愿意代为清偿债务以涤除抵押的，法院可判令共有人代债务人向债权人清偿债务；涤除抵押后将房屋恢复登记至出卖人名下，同时判令债务人向共有人支付代其清偿的债务金额。(2)买受人取得产权后房屋被司法查封。房屋在司法查封状态下不能恢复登记至出卖人名下。如作出该司法查封裁定的案件类型仅为金钱类债权债务纠纷，法院可向共有人释明是否愿意向买受人的债权人清偿债务或提供担保，以解除查封便于恢复产权登记。法院仅需根据司法查封是否解除的具体情况，作出确认合同无效或是一并处理房屋恢复登记等合同无效后果的判决。(3)买受人未向出卖人实际支付房款。如买受人并未实际支付房款，或已支付房款但出卖人随即通过取现、转账等方式将房款全部返还或支付给买受人指定的案外人处，则案件一般不存在房款返还的问题。如买受人向出卖人的代理人或指定的案外人支付房款，则视为出卖人实际收取房款，待合同认定无效后，出卖人负有返还义务。如出卖人与买受人之间存在其他债权债务关系，法院应另行处理。(三)对当事人主张继续履行合同的审查。对于合同有效买受人主张继续履行的，法院应当审查合同是否存在履行障碍。共有房屋买卖合同纠纷案件中，关于合同能否继续履行的争议焦点，主要集中在出卖人是有权处分还是无权处分。当然，共有房屋买卖合同还可能存在其他履行障碍，如在出卖人‘一房数卖’情形下本案买受人合同履行顺位在后；买受人属于限购对象；系争房屋上存在另案司法查封等。鉴于本文着重分析与房屋共有性质的相关问题，故对其他履行障碍的情况不予详述。1. 出卖人是否构成无权处分。部分共有人以自己名义签订房屋买卖合同的，合同不因此而无效，但合同能否继续履行即共有房屋的所有权能否转移，需考察其他共有人的意思表示。如其他共有人未事先授权亦未事后追认部分共有人出售房屋，则部分共有人构成无权处分，合同无法继续履行。如其他共有人事先授权或事后追认部分共有人出售房屋，则部分共有人构成有权处分，合同可以继续履行。需要注意的是，实践中部分出卖人因房价上涨而反悔，遂以自己构成无权处分为由拒绝履行合同。对此，法院应查明其他共有人是否知晓并同意出售房屋。因该节事实与部分共有人是否构成有权代理，实际均需审查其他共有人就房屋出售事宜的真实意思，故该节事实的审查可参照是否构成有权代理的审查要点。出卖人或其他共有人主张出卖人构成无权处分的，应当具体陈述或解释出卖人擅自处分共有房屋的理由。如共有人之间关系恶化、出卖人恶意转移财产等，并提供相应证据予以佐证。法院应当运用逻辑推理和经验法则，对当事人陈述及其他证据有无证明力及证明力大小进行判断，从而最终形成心证。2. 责任承担主体的认定。当部分共有人构成有权处分、合同应继续履行时，基于物债区分原则，买受人的诉请实则涉及不同性质的法律行为——买卖双方基于合同的负担行为，以及部分共有人的处分行为与其他共有人的授权处分行为。首先,基于合同相对性,买受人有权要求出卖人承担合同责任,除要求出卖人继续履行合同外,还可要求出卖人承担支付违约金或赔偿损失等其他违约责任。其次,买受人有权要求其他共有人协助转移买卖房屋所有权。需要注意的是,其他共有人并非房屋买卖合同的当事人,除非其他共有人的意思表示构成债务加入,否则不承担房屋买卖合同项下的责任。(四)合同解除责任的认定与解除后果的处理。1. 合同解除责任的审理思路。出卖人无权处分致使房屋买卖合同无法继续履行的,买受人可以行使合同解除权,并基于合同相对性要求出卖人承担违约责任。需要注意的是,买受人是否清楚房屋的权属状况与出卖人因构成无权处分而应承担的违约责任无关。买受人疏于审查的,仅负担合同不能继续履行、无法转移房屋产权的风险。2. 合同解除后的恢复原状。房屋买卖合同属于即时性合同,合同解除具有溯及力。合同解除后出卖人自始不享有收取房款的权利,买受人自始不享有占有使用房屋的权利。因此,出卖人应当向买受人返还房款及占有房款获得的利益,买受人应当向出卖人返还房屋及占有房屋获得的利益。依据《九民会纪要》第 34 条规定,可将该两笔占有费用相互抵销,即出卖人仅需返还房款本金,买受人仅需返还房屋。当然,如房屋尚未实际交付,则出卖人应当向买受人返还房款及相关占有利益。3. 房屋差价损失的认定。房屋差价损失属于买受人的可得利益损失。原则上应以合同解除时间或买受人知道或应当知道房屋买卖合同无法继续履行的时间作为房屋差价的计算节点。对于房屋差价的确定方式,双方当事人可以协商确定;无法达成一致的,可以通过司法鉴定的方式予以确定;双方争议不大或明确同意的,亦可通过询价方式确定。对于房屋差价损失,法院应综合运用可预见规则、损益相抵规则、减损规则、过失相抵规则予以确定。具体应注意以下几点:(1)损失的可预见性应理解为订立合同时对损失类型的预见,而非损失大小的预见。(2)适用损益相抵规则的同时应考虑不能使出卖人因违约行为而得益。(3)合同履行程度通常仅与买受人的积极损失认定有关,而与买受人可得利益损失认定无关。4. 违约金调整的审理思路和裁判要点。出卖人主张违约金过高的,应当承担证明责任,且应当在一审法庭辩论终结前提出;二审期间提出的,法院原则上不予支持。出卖人提供初步证据后,买受人坚持认为违约金合理的,应当对其实际损失作出说明并提供相应证据。具体而言,出卖人主张违约金过分高于实际损失的,应根据具体违约行为证明相应损失的大致金额;主张损益相抵的,应证明买受人因出卖人的违约行为而获益;主张过错相抵的,应证明买受人存在过错。如出卖人没有陈述具体理由并提供相应证据材料的,法院可不予调整。出卖人陈述具体理由并提供证据材料后,买受人同意调低违约金的,应陈述调整幅度的理由和依据,如其主张大致合理不构成明显利益失衡,则法院不再继续调整。买受人不同意调低的,需针对出卖人的调整幅度、理由及证据材料进行答辩;买受人能够举证证明出卖人的理由全部或部分不成立的,对违约金不予调整或对出卖人主张的幅度予以扣减。因出卖人恶意违约而买受人不同意调整违约金的,法院在认定违约金时应注意违约金的失信惩戒功能。”江苏高院《**执行异议及执行异议之诉案件审理指南(二)**》(2019 年 2 月 26 日)第 21 条:“案外人基于执行标的共有权人身份提出执行异议,请求排除执行的,根据下列情形予以处理:(1)执行标的为共同共有且不可分割的,当事人对共有权及其份额无异议的,应裁定驳回其异议,并依照《民事诉讼法》第二百二十五条规定交代救济权利;(2)执行标的为按份共有且可分割,且当事人对共有权及其份额无异议的,应支持案外人的异议请求,并依照《民事诉讼法》第二百二十五条规定交代救济权利;(3)执行标的是否为共有财产或者共有份额存在争议的,应依照《民事诉讼法》第二百二十七条规定审查处理,并在执行异议之诉中对案外人享有的份额进行认定,判决不得执行案外人享有的变现份额。”天津高院《**关于审理房屋买卖合同纠纷案件若干问题的审判委员会纪要**》(2018 年 11 月 26 日 津高法〔2018〕230 号)第 2 条:“二手房买卖相关问题……(一)关于合同效力的认定问题……出卖人转让仅登记在自己名下的共有房屋,未征得其他共有人同意,当事人以出卖人在缔约时对房屋没有所有权或者处分权为由主张房屋买卖合同无效的,一般不予支持。买受人主张解除合同,并要求出卖人承担违约责任的,应于支持。房屋已经交付但尚未办理所有权转移登记,买受人要求办理房屋所有转移登记的,一般不予支持;买受人要求赔偿损失的,应予支持……”江苏高院《**关于审理房地产合同纠纷案件若干问题的解答**》(2018 年 6 月 26 日 审委会会议纪要〔2018〕3 号)第 9 条:“共有房屋无权处分的效力如何认定问题? 共有房屋一方以出卖人在缔约时未经其同意擅自处分房屋为由,主张房屋买卖合同无效的,人民法院不予支持。出卖人因未取得共有人同意致使标的物的所有权不能转移,买受人要求房屋出卖人承担违约责任或者要求解除合同并主张损害赔偿的,人民法院应予支持。”广东高院《**印发〈关于审理房屋买卖合同纠纷案件的指引〉的通知**》(2017 年 9 月 12 日 粤高法〔2017〕191 号,已于 2020 年 12 月 31 日经粤高法〔2020〕132 号废止)第 22 条:“出卖人无处分权不影响房屋买卖合同的效力,但买卖合同属于合同法第一百一十条第一项规定的法律上不能履行的情形,买受人请求出卖人继续履行合同的,人民法院可以向其释明变更诉讼请求为解除合同、赔偿损失。”北京高院(单国军庭长)《**关于审理城镇房屋买卖合同案件适用法律若干问题的调研报告**》(2017 年 2 月 5 日):“……关于房屋无权处分和善意取得的认定与处理。《物权法》确立了不动产善意取得制度,第 106 条第 1 款规定:‘无处分权人将不动产或者动产转让给受让人的,所有权人有权追回;除法律另有规定外,符合下列情形的,受让人取得该不动产或者动产的所有权:(一)受让人受让该不动产或者动产时是善意的;(二)以合理的价格转让;(三)转让的不动产或者动产依照法律规定应当登记的已经登记,不需要登记的已经交付给受让人。'依该规定,适用善意取得制度的前提是出卖人转让房屋的行为属于无权处分行为。我们认为,认定出卖人是否构成无权处分,不应当以物权登记为准,而应当依据真实的权利状况来判断。换言之,如果房屋登记的权利状态与真实的权利状态不一致,登记权利人并不享有真实的物权,其擅自转让房屋的,就属于不动产善意取得中的无权处分。"天津高院**《关于依法妥善审理房屋买卖合同纠纷案件的通知》**(2016年11月16日 津高法〔2016〕158号)第3条:"……出卖人转让仅登记在自己名下的共有房屋,未征得其他权利人同意,基于不动产的公示公信原则,如买受人有理由相信出卖人系房屋的完全权利人,其与出卖人之间签订的买卖合同应认定为有效。但有证据证明买受人存在过错,或者出卖人恶意串通,损害其他共有人利益的除外。"广东高院**《关于执行案件法律适用疑难问题的解答意见》**(2016年3月3日)第12条:"被执行人的房产存在共有情况,是否必须先经过诉讼明确共有份额才能执行?处理意见:根据《最高人民法院关于人民法院民事执行中查封、扣押、冻结财产的规定》第十四条规定,共有人协议分割共有财产并经债权人认可的,人民法院可以认定有效;共有人提起财产诉讼或者申请执行人代位提起财产诉讼的,人民法院应当准许,诉讼期间中止对该财产的执行。因此,执行法院在告知共有人有权协议分割共有财产或者提出析产诉讼后,共有人没有协议分割或者诉讼,则执行法院可以继续推进执行。"上海高院**《关于恋爱期间购房处理等婚姻家庭案件若干争议问题指导意见》**(2016年)第1条:"恋爱期间购房的处理。恋爱期间以结婚为目的的购房,一方支付全部首付款,房屋产权登记在另一方名下,并以另一方名义办理贷款。后双方未结婚即分手,如何分割该房屋?倾向意见认为,根据案件查明事实,可以确认尽管产权登记在一方名下,但恋爱双方有以结婚为目的共同购房的意思表示的,宜认定为共同财产,并根据双方的贡献大小对房产进行分割。"第4条:"婚后购房涉父母出资钱款的性质认定及处理原则。父母出资协助子女婚后购房,有较明确的资金来往记录,在子女离婚后,父母起诉主张子女及其离异配偶共同归还款项。父母持有的借条上只有自己子女一人签名。父母主张为子女购房提供的出资是借款,子女的离异配偶则主张该款项是父母的赠与,借条系事后单方补写。对此,应认定为借贷关系,还是赠与关系?由于借条上只有子女一方的签名,应认定为夫妻共同债务,还是个人债务?倾向意见认为,是借贷关系还是赠与关系,应根据双方提供的证据及查明的案件事实来确定。在处理结果上,若确系父母赠与出资购房,离婚纠纷中分割房屋时可考虑一方父母出资事实,在份额上可适当多分;若认定为借贷关系,且是夫妻共同债务的,则在房屋份额分割时应考虑夫妻均等享有产权份额。"广东深圳中院**《关于房屋买卖合同纠纷案件的裁判指引》**(2014年8月28日修订)第23条:"出卖人订立房屋买卖合同时,具有下列情形之一，当事人据此请求确认房屋买卖合同无效的，人民法院不予支持：(一)房屋登记权利人并非真实权利人时，登记权利人擅自以自己名义出卖该房屋的；(二)房屋登记权利人据以取得房屋所有权的合同被确认无效或被撤销后，房屋权属登记回复变更前，登记权利人擅自以自己名义出卖该房屋的；(三)未经全体共同共有人或份额占三分之二以上的按份共有人的同意，部分共有人擅自出卖共有房屋的。前款情形下，买受人请求出卖人继续履行合同并协助办理房屋权属转移登记的，人民法院不予支持，但起诉前出卖人已取得处分权或者已经权利人追认的除外。因不能取得房屋所有权，买受人请求出卖人承担违约责任或者要求解除合同并主张损害赔偿的，人民法院可予支持。【说明】旨在解决无处分权人以自己名义与买受人签订的房屋买卖合同的效力认定问题。《买卖合同司法解释》第三条规定：'当事人一方以出卖人在缔约时对标的物没有所有权或者处分权为由主张合同无效的，人民法院不予支持。出卖人因未取得所有权或者处分权致使标的物所有权不能转移，买受人要求出卖人承担违约责任或者要求解除合同并主张损害赔偿的，人民法院应予支持。'该司法解释依据《物权法》第十五条关于物权变动原因与结果相区分的原则精神，明确规定了出卖人在缔约时对标的物没有所有权或处分权的，不影响作为原因行为的买卖合同的效力。我们认为，《买卖合同司法解释》已经明确了买卖合同纠纷中无权处分行为效力的基本规则，根据民法理论及该司法解释第四十六条第一款的规定，该项规则可以适用于商品房买卖纠纷案件，本指引对此予以明确。我们在司法实践中发现，商品房买卖纠纷中的无权处分情形主要源于真实物权与登记物权之间的不一致和冲突。《物权法》中就不动产物权变动以债权形式主义模式为一般原则，即物权变动效力的发生除当事人之间的债权合意外，还应具备登记的法定形式。在此种物权变动模式下，债权合意仍是物权变动发生的根本原因，虽然根据物权公示、公信原则可依登记记载推定登记权利人即为物权人，但此种推定是为保护善意第三人所设，在不涉及善意第三人的情形下，如债权合意的效力、内容与物权登记内容产生矛盾，则不能简单认为一方当事人取得权属登记即享有无可争议的物权。根据《物权法》第三十三条关于利害关系人有权请求确认物权的规定，如当事人之间就物权归属产生争议，仍应根据事实和法律对物权归属作出确认。实践中，前述不一致和冲突的情形主要表现如下：(1)因登记错误而产生的不一致。例如，登记机构在登记商品房权属时遗漏或误记了权利人姓名、名称、共有状态等权利事项。(2)因原买受人未及时办理房屋权属变更登记而产生的不一致。例如，原买受人在《物权法》实施前已支付全部价款并实际占有该商品房，但该房屋仍登记在原出卖人名下。又如，当事人已依据法院或仲裁委员会的生效裁决取得商品房所有权，但该房屋所有权仍登记在原权利人名下。(3)因当事人合意而产生的不一致。例如，当事人之间有明确约定的'借名买房'情形。无论在理论上是否承认物权行为的独立存在,民法理论界的通说认为物权变动效果的发生均以出卖人对标的物有处分权为前提。我们认为,首先,按照《合同法》第五十一条的规定,无权处分人如未能取得处分权或得到权利人的追认,则出卖他人房屋的行为不能产生物权变动的效力。其次,满足《物权法》第九十七条就处分共有财产所设的限制条件是发生共有物物权变动效果的法定前提。因此,如果出卖人未能取得完全处分权,则买卖合同属于《合同法》第一百一十条第一项所规定的在法律上不能履行的情形。《买卖合同司法解释》第三条对此虽未作明确规定,但从该条行文内容看,亦隐含有前述考量。因此,在权利人追认或处分人嗣后取得处分权之前,物权变动效果的发生尚处于待定状态:仅在经权利人追认或者出卖人嗣后取得处分权的情况下,方可支持买受人关于继续履行合同并协助办理房屋权属变更登记的请求。"广东高院**《关于印发〈全省民事审判工作会议纪要〉的通知》**(2012 年 6 月 26 日　粤高法〔2012〕240 号,已于 2020 年 12 月 31 日经粤高法〔2020〕132 号废止)第 7 条:"转让人转让登记在其名下的房地产不符合法律规定或者当事人约定的转让条件,如果受让人是善意,且支付了合理对价并已经办理了房地产过户登记手续的,可以依据《物权法》第一百零六条第一款的规定办理。"山东高院**《2011 年民事审判工作会议纪要》**(2011 年 11 月 30 日　鲁高法〔2011〕297 号)第 1 条:"……(三)关于部分共有人擅自处分共同共有房屋的处理问题。根据《物权法》第 97 条的规定,处分共有房屋应当经三分之二以上份额的共有人或者全体共同共有人同意。该规定据此确定了按份共有和共同共有两种共有财产的处分规则,即按份共有采取'多数决'的处分原则,而共同共有则采取'一致决'的处分原则。质言之,部分共有人未经全体共有人的同意不得擅自处分共同共有的房屋,否则处分行为应属无效。但部分共有人处分共同共有房屋涉及第三人利益保护问题,应根据物权法、合同法的相关规定,结合处分行为的不同情形加以处理:部分共有人与第三人就共同共有房屋的处分仅意思表示一致并达成协议,尚未发生物权变动的,此协议应为效力待定的合同;部分共有人与第三人处分共同共有房屋符合《物权法》第 106 条规定,其他共有人主张追回房屋的,不予支持……(八)关于不动产物权权属争议中的民行交叉问题。不动产物权权属争议中的民行交叉问题,是指当事人对不动产物权权属据以成立的具体行政行为的合法性存在争议而引发的不动产物权权属确认争议与不动产登记行为相互交织的纠纷,主要表现为民事纠纷与具体行政行为相关联。民事诉讼与行政诉讼所审理的对象不同,民事诉讼主要是对不动产物权的归属进行实质性审查,并据实作出确认权利归属的判决。至于不动产物权的登记行为是否真实合法,不属于民事诉讼的审理范围。"山东高院**《2011 年全省民事审判工作会议纪要(讨论稿)》**(2011 年 8 月)第 6 条:"关于未经共同共有人同意出售房屋的合同效力问题。房屋的共同共有人处分房屋的,应当符合《民法通则》及最高人民法院司法解释的规定。如果房屋产权共有人登记没有瑕疵的,应当认定部分共有人的擅自处分行为无效。如果登记的房屋共有人与实际共有人不符的,应当区别情况加以处理:产权登记因只登记了部分共有人未登记其他共有人而出现登记瑕疵的,部分共有人处分房产时,如果买受人符合善意取得的条件,应当认定处分行为有效;其法律依据是《合同法》第51条无权处分理论、《城市房地产管理法》第37条第2项关于共有房地产未经其他共有人书面同意不得转让的规定、《物权法》第97条关于共有不动产的处分应当经占份额三分之二以上的按份共有人或者全体共同共有人同意的规定和106条关于不动产物权善意取得制度的规定。但对于夫妻共有房屋应慎用善意取得制度,因为房屋属于夫妻财产中的重大财产,夫或妻一方对夫妻共有房屋的处分不属于夫或妻因日常生活需要对夫妻共同财产的处分,不适用家事代理的规定;第三人在应当知道作为买卖合同标的物的房屋是夫妻共同财产时,仍只与其中一方签订房屋买卖合同而未取得另一方同意的,不能构成善意取得。买受人不属于善意取得的,应当认定处分行为无效。部分共有人擅自处分共有房产,买受人有理由相信该处分行为得到了其他共有人认可的,根据《合同法》第四十九条的规定,应当认定有效。"浙江温州中院**《全市行政复议和行政审判联席会议第五次联席会议综述》**(2011年5月20日)第4条:"房屋登记机构应当对申请登记房屋的共有情况尽充分注意义务。如申请登记材料不能反映共有情况,房屋登记机构应向初始登记的申请人和转移登记的受让人询问房屋是否为共有,并说明隐瞒事实的法律责任。上述询问经过和当事人的陈述应制作成书面记录,经当事人签字确认,归档保留。房屋出让方在《房屋登记办法》施行后办理登记的,其出让房屋时的共有情况以登记簿记载为准。出让方在《房屋登记办法》施行前办理登记的,房屋登记机构在办理转移登记时应对其共有情况进行审慎审查。"第5条:"除《房屋登记办法》第八十一条规定的情形外,如房屋登记确有错误,且房屋权利并未被他人善意取得的,房屋登记机构也可以依职权主动撤销原房屋登记。房屋登记机构在撤销登记前,应告知当事人相关事实和撤销理由,并听取当事人的陈述和申辩。撤销决定的内容不能对房屋的权属关系进行确认。"第6条:"根据《房屋登记办法》第十二条规定,申请房屋登记,应当由有关当事人双方共同申请。除该条第二款规定的情形外,原则上不能由当事人单方申请。在实践中,房屋转让后出让人死亡,买受人单方申请办理登记的;协议离婚后,一方拒不履行离婚协议中有关房屋权属的约定,另一方自行申请登记的,房屋登记机构不能直接办理房屋所有权转移登记。"北京高院**《关于审理房屋买卖合同纠纷案件适用法律若干问题的指导意见(试行)》**(2010年12月22日 京高法发〔2010〕458号)第5条:"出卖人将登记在其个人名下的法定共有房屋,未经占份额三分之二以上的按份共有人或全体共同共有人同意,擅自以自己名义转让给他人,买受人为善意的,可以认定房屋买卖合同有效。买受人符合《物权法》第一百零六条第一款规定的善意取得构成要件办理了房屋所有权转移登记,其他共有人要求追回该房屋的,不予支持。前款中出卖人为夫妻一方,转让房屋行为符合《最高人民法院关于适用〈中华人民共和国婚姻法〉若干问题的解释(一)》第十七条第(二)项规定的,应当优先适用该规定。"第18条:"《物权法》第一百零六条规定的房屋的无权处分主要包括以下情形:(1)权利人基于非依法律行为的物权变动取得房屋所有权,但未办理宣示登记,房屋登记在他人名下,登记人擅自以自己名义处分房屋的;(2)因房屋登记机关登记错误,致使房屋登记簿上记载的原所有权消灭,产生了新的登记权利,登记人擅自以自己名义处分房屋的;(3)夫妻共同共有及其他法定共有房屋仅登记在其中部分共有人名下,登记人未经占份额三分之二以上的按份共有人或全体共同共有人同意,擅自以自己名义处分房屋的;(4)出卖人转让房屋并办理了所有权转移登记,其后买卖合同被确认无效或被撤销、解除,尚未办理所有权回复登记,登记人(买受人)擅自以自己名义处分房屋的;(5)其他无权处分房屋的情形。"第19条:"《物权法》第一百零六条第一款规定在适用上应作如下理解:(1)房屋善意取得中'善意'的判断标准:买受人信赖房屋登记簿中关于物权登记的记载,不知道出卖人无处分权即推定买受人为善意,但确有证据证明买受人明知或因重大过失不知房屋登记簿中物权登记错误或者登记簿中存在异议登记的除外。房屋原权利人对于买受人为恶意负有举证责任。(2)'以合理的价格转让'是指买卖双方之间存在以合理价格转让房屋的交易行为,且买受人已实际全部或部分支付了房屋价款。(3)房屋善意取得以房屋所有权已经转移登记到买受人名下为生效要件。房屋已经办理转移登记但尚未交付的不影响善意取得的构成,但该事实可以作为判断买受人是否构成善意的因素之一。"山东临沂中院**《民事审判工作座谈会纪要》**(2009年11月10日 临中法〔2009〕109号)第4.2条:"关于房屋所有权的确认问题。土地权属争议属于政府职权范围,不存在争议,但在房屋产权确认问题上还存在不少模糊认识,给相关当事人造成不必要的程序纠葛及利益损失。根据《中华人民共和国城市房地产管理法》及建设部的《城市房屋权属登记管理办法》(已废止)、建设部《房屋登记办法》(取代前者)等的规定精神,房屋权属争议并非政府专属的行政解决范围。政府对房屋产权的登记仅根据申请人提供的资料进行形式审查,申请材料的真实、合法性由申请人自行负责。产权登记后,如政府发现申请资料不实,可主动纠正,注销相关登记。由此可见,房产证仅具有形式上的真实性,即如无人提出异议,推定产权证书持有人即是相关房屋产权的享有人。但如发生争议,由于房屋登记部门在确权时并不负责实质审查,相应纠纷理应通过包括法院审判在内的民事手段解决。事实上,1998年建设部的《城市房屋权属登记管理办法》第十七条亦规定,包括法院判决在内的裁决书亦是产权登记部门确权的依据。因此,民事审判在房屋产权确认方面较产权登记部门具有优先性，产权登记部门应以法院的判决确权，而非法院依据产权登记进行审判。在法院判决与产权登记不一致的情况下，产权登记部门应以法院的判决进行更正（在执行程序中以协助执行通知书、民事裁定书为依据），《中华人民共和国物权法》关于不动产产权异议登记的判决进一步确认了上述思路的正确性。人民法院在受理房屋产权确认方面的案件时，不应以是否存在房屋权属证书为要件，更不应以产权证书存在为由责令当事人先行行政诉讼，而应直接作为普通民事案件予以受理，并对产权归属作出确认。但对于与涉争房屋产权无直接利害关系的侵权案件，侵权人以原告产权有瑕疵等为由提出异议的，人民法院对持证人的产权问题不宜主动予以审查，而应以产权无论归属何人，被告均不得随意侵犯的思路（内部掌握），对其异议不予支持，作出合理判决。"广东深圳中院**《关于审理二手房买卖合同纠纷案件若干问题的指导意见（初稿）》**（2009 年 7 月）第 6 条："房屋登记的所有权人出卖共有房屋，合同当事人或其他共有人以出卖人擅自处分房屋侵害了共有人权利为由主张房地产买卖合同无效的，不予支持，但是买受人知道或者应当知道房屋为登记权利人与他人共有的除外。"第 7 条："房地产登记的部分共有人出卖共有房屋的，房屋买卖合同效力待定，应通知其他共有人作为第三人参加诉讼。"辽宁高院**《全省法院民事审判工作座谈会纪要》**（2009 年 5 月 14 日　辽高法〔2009〕120 号）第 1 条："关于不动产确权诉讼与不动产亲属登记的关系。针对已登记在一方当事人名下并已取得权属证书的不动产，另一方当事人就权属争议提起民事诉讼的，如该起诉符合民事诉讼法关于民事案件起诉条件的规定，应按民事案件审理，并就该权属争议作出裁判。"浙江高院**《关于审理涉及房地产登记民事案件若干问题的意见（试行）》**（2009 年 4 月 16 日　浙法民一〔2009〕3 号）第 10 条："房地产登记簿和权属证书记载的登记权利人未经其他实际共有人同意，擅自处分共有的房地产，买受人符合善意取得条件而取得物权，因此造成实际共有人损失的，应由登记权利人承担赔偿责任。"北京高院**《审理买卖合同纠纷案件若干问题的指导意见（试行）》**（2009 年 2 月 3 日　京高法发〔2009〕43 号）第 4 条："对以将来可能取得所有权的财产为标的物的买卖合同，法院不得以出卖人未取得所有权为由认定合同无效。出卖人在合同履行期限届满时仍未取得标的物所有权致使标的物不能交付的，应承担违约责任。"内蒙古包头中院**《关于印发关于审理城镇房屋买卖纠纷案件相关问题的处理意见》**（2008 年 8 月 5 日）第 3 条："父母与子女之间代为卖房问题。1. 父母与子女之间代为卖房是一种委托代理行为，在卖房过程中应当有产权登记人的同意和授权。2. 如果一方擅自卖房，在出卖房屋过程中出示了产权人的身份证原件、伪造了产权人的书面同意手续等，买受人已尽到一般人应注意的审查义务后仍然不能发现，并确信卖房行为是产权人的真实意思表示的，买受人要求确认合同有效的应当支持。3. 在签订合同、付款的过程中产权人的行为使买受人有理由相信买卖行为是产权人真实意思表示或买受人已实际占有和使用房屋的,产权人不得以不同意或不知道为由对抗善意买受人,双方所签合同有效。”上海高院**《关于审理分家析产案件若干问题的意见》**(2007 年 9 月 20 日 沪高法民一〔2007〕20 号)第 5 条:“恋爱期间共同购房,一方未出资但产权登记为两人共有,析产分割的处理。从不动产登记的角度分析,房屋已经确定为恋爱双方共有。双方终止恋爱关系后分割共有财产,符合重大理由需要分割的情形。共有关系终止时,对共有财产的分割,有协议的按协议处理;没有协议的,应当考虑共有人对共有财产的贡献大小,适当照顾共有人生产、生活的实际需要等情况,合理确定未出资方的份额,一般以 10% 到 30% 的份额为宜。”河南郑州中院**《关于审理建设工程及房屋相关纠纷案件若干实务问题的解答》**(2007 年 7 月 27 日)第 1 条:“共有房地产,未经其他共有人书面同意的买卖合同效力及相关权利保障问题。关于该议题,与会代表有两种意见。一种意见认为,这种房屋买卖合同应当认定无效,但不排除善意取得的适用,即买受人是善意第三人且实际取得买受房屋的所有权时,买卖合同有效。其法律依据是《合同法》第 51 条无权处分理论、《城市房地产管理法》第 37 条第 2 项关于共有房地产未经其他共有人书面同意不得转让的规定、《物权法》第 97 条关于共有不动产的处分应当经占份额三分之二以上的按份共有人或者全体共同共有人同意的规定和第 106 条关于不动产物权善意取得制度的规定心关于能否构成善意取得,审判实践中分两种情形:一种是在显性共有的情况下买受人不存在善意取得问题。所谓显性共有,是指房地产的共有人全部登记在产权证上,买受人根据产权证就可以确定房产的共有性质和共有人情况。既然根据房屋产权证上的记载即可查明房产的共有性质和共有人情况,所以不存在善意取得的可能。此时,部分共有人擅自处分共有财产签订的买卖合同应当认定无效,买受人因主观上的不善意,在买卖行为上也无所谓诚信,其债权合同得不到法律的保护。另一种是在隐性共有的情况下可能存在善意第三人和善意取得的情况。所谓隐性共有,是指部分共有人虽未登记在产权证上,但根据法律、法规的规定却实际取得了共有人地位,如夫妻共有财产、家庭财产等,或登记有瑕疵,登记情况不能如实反映房屋共有的真实情况,如漏登、错登等。这时如果买受人构成善意第三人,符合善意取得的条件,则该类部分共有人擅自处分共有财产签订的买卖合同应当认定有效,对其他共有人的损失由擅自处分人赔偿。还有同志提出,关于夫妻共有房屋,因为房屋属于夫妻财产中的重大财产,夫或妻一方对夫妻共有房屋的处分不属于夫或妻因日常生活需要对夫妻共同财产的处分,不适用家事代理的规定;第三人在应当知道作为买卖合同标的物的房屋是夫妻共同财产时,仍只与其中一方签订房屋买卖合同而未取得另一方同意的,不能构成善意取得。另一种意见认为,该类合同是相对有效合同,即在出卖人和买受人之间合同是有效的，至于对其他共有人是否生效，要看另外一些因素，如是否经其同意等。其理论依据是，民事行为可分为负担行为和处分行为，民事负担行为是指当事人为自己创设权利义务的行为，民事处分行为是指直接导致物权变动的行为。根据《物权法》第15条所确立的物权与债权变动区分原则（该条规定将不动产物权变动的原因与结果进行了区分，通说认为该条是对《合同法》第51条无权处分理论的修正），当事人签订房屋买卖合同的行为是一种债权行为，实现房屋所有权的转移则属物权行为；债权合同的效力是独立存在的，合同是否生效，自签订之日起就已确定，而不能通过合同是否履行反过来决定合同的效力。实践中，要求出卖人在签订合同时就对合同标的物有处分权不太现实，事实上，在许多情况下，出卖人在签订合同时并没有处分权，他们都是在合同签订后，根据双方约定的具体情况，积极努力，促成合同的履行的，这也是诚实信用原则的要求。故对擅自处分行为不宜认定无效。这样认定的效果是：第一，可以督促当事人以诚信的方式履行合同，避免出卖人恶意毁约。第二，在买卖合同生效而不动产物权变动未成就的情况下，买受人虽然不取得房屋的所有权，但其仍享有债权请求权，要求出卖人承担违约责任，这样更有利于保护买受人的利益。第三，其他共有人可根据《物权法》第106条的规定在买受人不构成善意取得时行使物上请求权，在构成善意取得时向擅自处分人请求赔偿。基于以上原因，对《城市房地产管理法》第37条第2项的规定应理解为房地产变动的结果条件，而非原因条件，即不符合条件的，不得进行转让登记，但合同效力不受影响。”北京高院、市建委**《关于规范房产执行和协助执行有关问题的通知》**（2006年10月1日　京高法发〔2006〕319号）第14条：“人民法院对被执行人与其他人共有的房产，可以查封，但应当通知共有人。共有人协议分割共有房产，并经债权人认可的，查封的效力及于协议分割后被执行人享有份额内的房产，对其他共有人的房产应当裁定解除查封。需要析产诉讼的，诉讼期间中止对房产的执行。”上海高院**《关于审理“二手房”买卖案件若干问题的解答》**（2005年12月16日）第2条：“审判实践中，经常遇到房屋共有人以其他共有人擅自处分共有财产为由，主张其他共有人对外签订的‘二手房’买卖合同无效。对此问题，应区别不同的情形分别处理。一是房屋出售时，权利登记仅为出卖人一人的，基于不动产的公示、公信原则，买受人有理由相信出卖人系房屋的完全权利人，其与出卖人之间签订的买卖合同，应认定为有效；但如有证据证明买受人存有过错，与出卖人恶意串通，损害其他共有人利益的除外。二是房屋出售时，权利登记为数人的，基于部分共同共有人不得擅自处分共有财产的法律规定，在其他权利人事后不予追认的情况下，应认定买卖合同无效；但买受人有理由相信出卖人有代理权，符合表见代理构成要件的，应确认买卖合同有效。”第3条：“房屋权利人个人购买所得的房屋，配偶或其他亲属因婚姻或亲属关系形成了同住事实，房屋所有权人有义务保障其居住权益,但该权益的存在并不构成对房屋所有权人处分房屋的限制。因此,未经在房屋内共同居住的其他成员同意并不影响房屋所有权人对外签订的房屋买卖合同的效力。”广东高院**《关于审理金融机构借贷纠纷案件的指导意见》**(2005年9月30日　粤高法〔2005〕30号,已于2020年12月31日经粤高法〔2020〕132号废止)第32条:“共同共有的房产登记为个别共同共有人所有,登记的产权人私自与金融机构签订抵押合同并办理抵押登记,金融机构不知情且无重大过失的,应认定抵押合同有效。”上海高院**《关于审理公房承租权确定及使用权转让纠纷案件若干问题的意见》**(2004年9月28日　沪高法民一〔2004〕44号)第4条:“当事人以转让公房使用权时未经在该处有本市常住户口的共同居住人同意为由,诉请确认公房使用权转让合同无效的,应如何处理? 答:根据《上海市房屋租赁条例》第三十八条第二款之规定,公房承租人转让承租权应事先征得在本处有本市常住户口的共同居住人的同意。因此,公房承租人处分其承租权的自由受共同居住人意思表示的限制,在未经共同居住人同意的情况下,从维护居住生存利益角度出发,原则上应确认该转让合同无效。但对于受让人已实际入住公房的,也应本着尊重现状的精神,合理保护受让人的交易安全利益。故实践中,可区分下列情况分别处理:1.原共同居住人已搬离公房,受让人已实际入住该公房的,表明原共同居住人已以事实行为同意承租人转让其公房承租权,当事人再以未经同居住人同意为由诉请确认公房使用权转让合同无效的,不予支持;共同居住人有证据证明其搬离系基于转让人欺诈等行为所致,其原有的居住利益损失可另行向转让人主张赔偿;2.受让人尚未实际入住公房,未搬离公房的共同居住人有证据证明转让人未经其同意而转让该公房使用权,或已搬离公房的共同居住人有证据证明其搬离系基于转让人欺诈等行为所致的,则该转让合同无效,受让人因此产生的损失可另行向转让人主张赔偿。”上海高院**《关于审理房屋拆迁民事案件若干问题的意见(试行)》**(2000年12月13日　沪高法〔2000〕687号)第7条:“被拆迁房屋为共有产,拆迁人和部分共有产人签订协议,或部分共有产人以其余共有产人的被委托人身份签约,其余共有产人要求确认协议无效,经审查委托关系不能成立的,应予支持;部分共有产人以个人名义签约,并保证承担法律后果,但无证据证明其他共有产人同意,其他共有产人要求确认协议无效并予以安置的,应予支持。人民法院判决确认协议无效的,应同时判令返还财产或赔偿损失,对被拆迁人提出要求安置诉讼请求判决支持的,应要求拆迁人提供相应房源,如拆迁人无房源的,可视情况参照货币化安置的有关政策规定,判决货币安置。对按规定可回搬安置,但拆迁人又无法提供房源的,可参照回搬地区的同类房屋,判决货币安置。”第12条:“私房所有人的子女、亲属或其他同住人非经私房所有人明确委托,以私房所有人的名义签订协议,或以自己的名义签订协议,处分私房所有人的财产并取得安置补偿,私房所有人在知道自己权利被侵犯之日起二年内提出异议的，不以视为委托或授权为由驳回私房所有人的诉讼请求。”北京高院、北京国土资源和房屋管理局**《关于在执行案件中涉及房地产若干问题的处理意见》**(2000 年 7 月 3 日　京高法发〔2000〕234 号)第 3 条：“房屋、土地权属的确认，以房屋所有权人、土地使用权人和他项权利人在房地产行政主管部门的登记，或房地产行政主管部门提供的权属证明为准。预售商品房，以房地产主管部门的预售登记为准。”广东高院**《关于审理房屋纠纷案件若干问题的意见(试行)》**(1993 年 11 月 4 日　粤高法发〔1993〕64 号，已于 2020 年 12 月 31 日经粤高法〔2020〕132 号废止)第 10 条：“家庭成员共同生活期间建造的房屋，产权分配有约定的按约定处理；没有分配约定，但出资比例清楚的，可按出资比例确定份额；没有出资但对建房投入较多劳动的家庭成员，可酌情分给一定份额；没有分配约定，各方出资及投入劳动力比例又无法查清的，可认定房屋归全体家庭成员共同共有。其中确有能力而无出资、出力的，不予分配。”第 11 条：“新建房屋的产权，以核发的产权证为准。未发产权证的，以申请手续确定的报建人为产权人。但下列情况可认定为与他人共有(按当时规定合建房屋应经批准而未经批准者除外)：(1)有合建书面协议的；(2)虽无书面合建协议，但主张共有的一方提出足以证明有合建事实证据的；(3)建房时他方有出资(包括金钱、实物、出劳力)，建成后又共同参与管理使用该房屋至今，现报建人或产权登记人不能证明该他方的出资属借贷或资助等性质的，可根据他方出资所占比例，确定其相应的房屋份额。”上海高院**《关于印发〈关于审理房产纠纷案件若干疑难问题的讨论纪要〉的通知》**(1993 年 10 月 27 日　沪高法〔1993〕148 号)第 8 条：“父母所有的房屋拆除以后，购置的联建公助房或优惠价商品房，产权为父母所有；如果子女在购房时为自己居住而出了部分资金或全部资金的，产权为父母和子女共有，共有份额视出资情况酌定。非同住子女出资或同住子女出资时言明资助父母购房的，产权为父母所有。”第 13 条：“父母、子女、兄弟姐妹等家庭成员在共同生活期间，均付出相当资金、材料等建造的房屋或者共同出资购置的房屋，其产权原则上应认定为家庭成员共同共有，但有约定的除外；长期不在一起居住的父母，子女或兄弟姐妹，在建筑或购置房屋时提供了部分资金，但出资人既未在产权证上登记又长期未实际支配和管理该房屋的，出资款一般应认定为出资人资助建房人或购房人，但有证据证明是借贷的或双方另有约定的除外。”

(2)夫妻共有。《民法典》(2021 年 1 月 1 日)第 1060 条：“夫妻一方因家庭日常生活需要而实施的民事法律行为，对夫妻双方发生效力，但是夫妻一方与相对人另有约定的除外。夫妻之间对一方可以实施的民事法律行为范围的限制，不得对抗善意相对人。”第 1062 条：“夫妻在婚姻关系存续期间所得的下列财产，为夫妻的共同财产，归夫妻共同所有：(一)工资、奖金、劳务报酬；(二)生产、经营、投资的收益;(三)知识产权的收益;(四)继承或者受赠的财产,但是本法第一千零六十三条第三项规定的除外;(五)其他应当归共同所有的财产。夫妻对共同财产,有平等的处理权。"**《婚姻法》**(2001 年 4 月 28 日,已于 2021 年 1 月 1 日起失效)第 17 条:"夫妻在婚姻关系存续期间所得的下列财产,归夫妻共同所有……夫妻对共同所有的财产,有平等的处理权。"最高人民法院**《关于适用〈中华人民共和国民法典〉婚姻家庭编的解释(一)》**(2021 年 1 月 1 日　法释〔2020〕22 号)第 28 条:"一方未经另一方同意出售夫妻共同所有的房屋,第三人善意购买、支付合理对价并已办理不动产登记,另一方主张追回该房屋的,人民法院不予支持。夫妻一方擅自处分共同所有的房屋造成另一方损失,离婚时另一方请求赔偿损失的,人民法院应予支持。"第 29 条:"当事人结婚前,父母为双方购置房屋出资的,该出资应当认定为对自己子女个人的赠与,但父母明确表示赠与双方的除外。当事人结婚后,父母为双方购置房屋出资的,依照约定处理;没有约定或者约定不明确的,按照民法典第一千零六十二条第一款第四项规定的原则处理。"第 77 条:"离婚时双方对尚未取得所有权或者尚未取得完全所有权的房屋有争议且协商不成的,人民法院不宜判决房屋所有权的归属,应当根据实际情况判决由当事人使用。当事人就前款规定的房屋取得完全所有权后,有争议的,可以另行向人民法院提起诉讼。"第 78 条:"夫妻一方婚前签订不动产买卖合同,以个人财产支付首付款并在银行贷款,婚后用夫妻共同财产还贷,不动产登记于首付款支付方名下的,离婚时该不动产由双方协议处理。依前款规定不能达成协议的,人民法院可以判决该不动产归登记一方,尚未归还的贷款为不动产登记一方的个人债务。双方婚后共同还贷支付的款项及其相对应财产增值部分,离婚时应根据民法典第一千零八十七条第一款规定的原则,由不动产登记一方对另一方进行补偿。"第 79 条:"婚姻关系存续期间,双方用夫妻共同财产出资购买以一方父母名义参加房改的房屋,登记在一方父母名下,离婚时另一方主张按照夫妻共同财产对该房屋进行分割的,人民法院不予支持。购买该房屋时的出资,可以作为债权处理。"最高人民法院**《关于适用〈中华人民共和国民法典〉时间效力的若干规定》**(2021 年 1 月 1 日　法释〔2020〕15 号)第 1 条:"民法典施行后的法律事实引起的民事纠纷案件,适用民法典的规定。民法典施行前的法律事实引起的民事纠纷案件,适用当时的法律、司法解释的规定,但是法律、司法解释另有规定的除外。民法典施行前的法律事实持续至民法典施行后,该法律事实引起的民事纠纷案件,适用民法典的规定,但是法律、司法解释另有规定的除外。"第 2 条:"民法典施行前的法律事实引起的民事纠纷案件,当时的法律、司法解释有规定,适用当时的法律、司法解释的规定,但是适用民法典的规定更有利于保护民事主体合法权益,更有利于维护社会和经济秩序,更有利于弘扬社会主义核心价值观的除外。"第 3 条:"民法典施行前的法律事实引起的民事纠纷案件,当时的法律、司法解释没有规定而民法典有规定的，可以适用民法典的规定，但是明显减损当事人合法权益、增加当事人法定义务或者背离当事人合理预期的除外。”第4条：“民法典施行前的法律事实引起的民事纠纷案件，当时的法律、司法解释仅有原则性规定而民法典有具体规定的，适用当时的法律、司法解释的规定，但是可以依据民法典具体规定进行裁判说理。”第8条：“民法典施行前成立的合同，适用当时的法律、司法解释的规定合同无效而适用民法典的规定合同有效的，适用民法典的相关规定。”最高人民法院吴晓芳法官《**关于婚姻家庭纠纷审理热点难点问答**》〔载《民事法律文件解读》2012年第8辑（总第92辑）〕第1条：“在处理夫妻债务时，是否应考虑日常家事代理权问题？答：许多国家的亲属法在婚姻的效力中对日常家事代理权都有明确规定，如《瑞士民法典》第166条规定：‘配偶双方中任何一方，于共同生活期间，代表婚姻共同生活处理家庭日常事务。’夫妻因日常家庭事务与第三人所为之法律行为，视为夫妻共同的意思表示，并由夫妻双方共同承担法律责任。夫妻在日常家庭事务范围内互为代理人，互有代理权。超出日常家事代理范围的行为，由行为人自己承担责任。但第三人有理由相信行为人有代理权的，可以适用表见代理。关于日常家庭事务的范围，史尚宽老先生在《亲属法论》中指出：‘为夫妻共同生活通常必要的一切事项，一家之食物、光热、衣着等之购买，保健（正当）娱乐、医疗、子女之教养，家具及日常用品之购置，女仆、家庭教师之雇佣，亲友之馈赠，报纸杂志之订购等。’在日常家事代理权范围之内即使是夫妻一方所欠之债，也应认定为夫妻共同之债，双方应当共同承担清偿责任。但超越日常家事代理权范围之外，以一方名义所欠债务应当认定为个人债务，如一方未经对方同意贷款购买汽车、房屋等所负之巨额债务应当认定为个人之债。除非第三人有理由相信行为人有代理权的，可以适用表见代理。确定家事代理权及其范围、权限是确定夫妻一方以个人名义在婚姻关系存续期间所欠债务性质的重要前提，是平衡配偶的财产权利保护与债权人权利保护冲突的重要手段。婚姻法应当对家事代理权的概念、范围、权限等根据夫妻身份关系的特点和保护市场经济交易安全的需要作出明确具体的规定。在日常家事代理权之外所负之债均应经过双方同意，这是由我国法定的夫妻婚后所得共同制的性质所决定的。夫妻双方对共同共有的财产有平等的处理权，夫妻共同债务作为夫妻共同的消极财产在日常家事代理权之外必须经过双方同意，或以双方名义共同举债，或经过对方同意后以一方名义举债。未经对方同意，又非日常家事代理权权限范围之内所欠债务应当作为举债人的个人之债，由其个人承担清偿责任。《婚姻法司法解释（二）》第二十四条规定的按夫妻共同债务处理的债务并不一定是真正的夫妻共同债务，一些不符合夫妻共同债务实质要件的一方举债，虽然要求夫妻双方对外承担连带责任，但该债务实质上属于一方个人债务，承担了清偿责任的另一方，可以向对方全额追偿。”最高人民法院《**关于适**

用〈中华人民共和国婚姻法〉若干问题的解释(三)》(2011年8月13日 法释〔2011〕18号,已于2021年1月1日起失效)第5条:"夫妻一方个人财产在婚后产生的收益,除孳息和自然增值外,应认定为夫妻共同财产。"第7条:"婚后由一方父母出资为子女购买的不动产,产权登记在出资人子女名下的,可按照婚姻法第十八条第(三)项的规定,视为只对自己子女一方的赠与,该不动产应认定为夫妻一方的个人财产。由双方父母出资购买的不动产,产权登记在一方子女名下的,该不动产可认定为双方按照各自父母的出资份额按份共有,但当事人另有约定的除外。"第10条:"夫妻一方婚前签订不动产买卖合同,以个人财产支付首付款并在银行贷款,婚后用夫妻共同财产还贷,不动产登记于首付款支付方名下的,离婚时该不动产由双方协议处理。依前款规定不能达成协议的,人民法院可以判决该不动产归产权登记一方,尚未归还的贷款为产权登记一方的个人债务。双方婚后共同还贷支付的款项及其相对应财产增值部分,离婚时应根据婚姻法第三十九条第一款规定的原则,由产权登记一方对另一方进行补偿。"第11条:"一方未经另一方同意出售夫妻共同共有的房屋,第三人善意购买、支付合理对价并办理产权登记手续,另一方主张追回该房屋的,人民法院不予支持。夫妻一方擅自处分共同共有的房屋造成另一方损失,离婚时另一方请求赔偿损失的,人民法院应予支持。"最高人民法院《**关于适用〈中华人民共和国婚姻法〉若干问题的解释(二)**》(2004年4月1日 法释〔2003〕19号,已于2021年1月1日起失效)第19条:"由一方婚前承租、婚后用共同财产购买的房屋,房屋权属证书登记在一方名下的,应当认定为夫妻共同财产。"最高人民法院《**关于适用〈中华人民共和国婚姻法〉若干问题的解释(一)**》(2001年12月27日 法释〔2001〕30号,已于2021年1月1日起失效)第17条:"婚姻法第十七条关于'夫或妻对夫妻共同所有的财产,有平等的处理权'的规定,应当理解为:(一)夫或妻在处理夫妻共同财产上的权利是平等的。因日常生活需要而处理夫妻共同财产的,任何一方均有权决定。(二)夫或妻非因日常生活需要对夫妻共同财产做重要处理决定,夫妻双方应当平等协商,取得一致意见。他人有理由相信其为夫妻双方共同意思表示的,另一方不得以不同意或不知道为由对抗善意第三人。"最高人民法院《**关于审理离婚案件中公房使用、承租若干问题的解答**》(1996年2月5日 法发〔1996〕4号,已于2021年1月1日起失效)第2条:"……夫妻共同居住的公房,具有下列情形之一的,离婚后,双方均可承租:(一)婚前由一方承租的公房,婚姻关系存续5年以上的;(二)婚前一方承租的本单位的房屋,离婚时,双方均为本单位职工的;(三)一方婚前借款投资建房取得的公房承租权,婚后夫妻共同偿还借款的;(四)婚后一方或双方申请取得公房承租权的;(五)婚前一方承租的公房,婚后因该承租房屋拆迁而取得房屋承租权的;(六)夫妻双方单位投资联建或联合购置的共有房屋的;(七)一方将其承租的本单位的房屋,交回本单位或交给另一方单位后,另一方单位另给调换房屋的;(八)婚前双方均租有公房,婚后合并调换房屋的;(九)其他应当认定为夫妻双方均可承租的情形。"第9条:"……对夫妻共同出资而取得'部分产权'的房屋,人民法院可参照上述有关解答,予以妥善处理。但分得房屋'部分产权'的一方,一般应按所得房屋产权的比例,依照离婚时当地政府有关部门公布的同类住房标准价,给予对方一半价值的补偿。"最高人民法院**《全国民事审判工作座谈会纪要》**(1993年11月24日 法发〔1993〕37号,已于2021年1月1日起失效)第2条:"……离婚后公房使用权纠纷。因离婚发生的公房使用权纠纷,本地区法规有规定或公房出租人同意法院确认公房使用权的,人民法院在审理离婚案件时,可以一并处理。"最高人民法院**《关于王棣华等人与王庆贞等人房屋继承案的批复》**(1987年8月5日 〔1987〕民他字第14号):"……该案争执之房屋原系王镛、王守瑜、王庆贞之母的财产。出典后,由王镛于1937年出资赎回,解放后,该房屋确权为王镛所有。在王镛与孙跃文婚姻关系存续期间,夫妻任何一方所得之财产,包括上述房屋,应属夫妻共同财产,夫妻一方在处理共同财产时,应取得另一方的同意。王镛在征求孙跃文意见时,孙明确表示不同意将房屋赠与王守瑜,以后在赠与书上又未签字,故赠与应属无效。但鉴于王守瑜已长期掌管使用,王镛生前曾有过赠与的明确表示,其子女当时也表示同意的历史状况,从实际情况出发,以认定一部分为王镛和孙跃文的遗产,一部分属于王守瑜的遗产为宜。按照继承法的规定,双方的遗产分别由他们各自的法定继承人继承。"国税总局**《关于离婚后房屋权属变化是否征收契税的批复》**(1999年6月3日 国税函〔1999〕391号,已于2021年9月1日起失效):"根据我国婚姻法的规定,夫妻共有房屋属共同共有财产。因夫妻财产分割而将原共有房屋产权归属一方,是房产共有权的变动而不是现行契税政策规定征税的房屋产权转移行为。因此,对离婚后原共有房屋产权的归属人不征收契税。"江苏高院**《家事纠纷案件审理指南》**(2019年7月18日)第30条:"《婚姻法解释三》第十条规定的不动产婚内共同还贷及增值的补偿数额应当如何计算?补偿数额可以按以下公式计算:【夫妻共同还贷部分×不动产升值率÷2】。不动产升值率=离婚时不动产价格÷不动产成本(购置时不动产价格+共同已还贷款利息+其他费用)×100%。其他费用包括印花税、契税、营业税、评估费等,不包括公共维修基金、物业费。如果夫妻一方购置不动产后经过一段时间才结婚的,计算不动产成本时,应当以结婚时不动产价格作为计算依据。若在个案中计算所得补偿数额明显低于婚后还贷本息总额的一半时,应当依照《婚姻法》第三十九条第一款规定的原则,判令取得所有权的夫妻一方给予夫妻另一方合理的补偿。"第31条:"婚姻关系存续期间夫妻一方以婚前财产出资购置的不动产以及增值收益的性质应当如何认定?婚姻关系存续期间夫妻一方以婚前财产出全资购置的不动产,所有权登记在出资方名下,该不动产为夫妻一方婚前财产在婚后发生的形态上的转化,不影响财产的性质,除当事人另有约定外,应当认定为夫妻一方的个人财产。基于该不动产所产生的增值收益,应当根据具体情况作出认定。如果购置该不动产的目的是为了投资,则产生的增值收益应当认定为夫妻共同财产。婚姻关系存续期间夫妻一方以婚前财产出全资或者夫妻一方以婚前财产以及夫妻共同财产混合出资购置的不动产,所有权登记在夫妻双方名下或者夫妻另一方名下,除当事人另有约定外,应当认定为夫妻共同财产。离婚时在具体分割不动产时,可以结合出资比例等因素对婚前财产出资方予以多分。"第33条:"婚姻关系存续期间夫妻一方以个人财产出全资购置以个人名义参加房改的不动产,所有权登记在出资方名下,其性质应当如何认定?婚姻关系存续期间夫妻一方以个人财产出全资购置以个人名义参加房改的不动产,所有权登记在出资方名下,离婚时出资方主张为个人财产的,不予支持,除非当事人另有约定或者出资方能够举证证明该不动产的取得与夫妻另一方没有关系且夫妻另一方不会因此而利益受损。离婚时在具体分割不动产时,可以对出资方予以多分。"第34条:"享受本人工龄和已死亡配偶生前工龄优惠后所购房改房的性质应当如何认定?房改房是国家根据职工工龄、职务、工资、家庭人口等各种因素综合考虑后在价值计算上给予职工政策性优惠福利的房屋。此种政策性优惠福利具有人身和财产双重属性,属于财产权益。生存配偶享受本人工龄和已死亡配偶生前工龄优惠后所购房改房,是对原有承租权的承袭和转化,一般应当认定为夫妻共同财产。"第35条:"婚姻关系存续期间夫妻购置所有权登记在夫妻双方以及子女名下或者仅登记在子女名下的不动产的性质应当如何认定?对于婚姻关系存续期间夫妻购置所有权登记在夫妻双方以及子女名下或者仅登记在子女名下的不动产,应当审查夫妻双方进行所有权登记时的真实意思表示,尽可能甄别夫妻双方是否存在逃避债务、规避执行等行为。在排除前述情形的情况下,可以按以下情形分别处理:(1)对于婚姻关系存续期间夫妻购置所有权登记在夫妻双方以及子女名下的不动产,应当认定为夫妻双方与子女共有。所有权登记中未约定为按份共有的,应当认定为共同共有。(2)对于婚姻关系存续期间夫妻购置所有权仅登记在子女名下的不动产,一般应当认定为子女的财产。如果有证据证明夫妻双方将所有权登记在子女名下的真实意思仅是代名登记,夫妻双方并无赠与意思的,该不动产应当认定为夫妻共同财产。但夫妻之间的财产约定不能对抗善意第三人。"第37条:"父母为子女出全资购置不动产的性质应当如何认定?父母为子女出全资购置不动产,除当事人另有约定外,可以按以下情形分别处理:(1)一方父母出全资购置的不动产,无论该出资行为发生在婚前还是婚后,所有权登记在自己子女名下的,该出资可以认定为对自己子女的赠与,该不动产可以认定为出资方子女的个人财产。(2)一方父母出全资购置的不动产,无论该出资行为发生在婚前还是婚后,所有权登记在子女双方名下或者另一方子女名下，该出资可以认定为对子女双方的赠与，该不动产可以认定为共同共有。(3)婚前双方父母共同出全资购置的不动产，所有权无论登记在一方子女或者子女双方名下，该出资可以认定为父母对各自子女的赠与，该不动产可以认定为双方按照各自父母出资份额按份共有。(4)婚后双方父母共同出全资购置的不动产，所有权登记在一方子女名下，该出资可以认定为父母对各自子女的赠与，该不动产可以认定为双方按照各自父母出资份额按份共有。(5)婚后双方父母共同出全资购置的不动产，所有权登记在子女双方名下，该出资可以认定为对子女双方的赠与，该不动产可以认定为共同共有。"第 38 条："婚后一方父母部分出资为子女购置不动产，所有权登记在出资方子女名下，其性质应当如何认定？《婚姻法解释三》第七条规定的'婚后由一方父母出资为子女购买的不动产'，其适用前提是一方父母出全资为子女购置不动产情形。婚后一方父母部分出资为子女购置不动产，夫妻双方支付剩余款项，所有权登记在出资方子女名下，除当事人另有约定外，该不动产应当认定为夫妻共同财产。离婚时在具体分割不动产时，可以结合父母出资比例等因素对出资方子女予以多分。"第 39 条："父母为子女购置不动产出资性质的举证责任应当如何分配？父母为子女购置不动产出资，事后以借贷为由主张返还，子女主张出资为赠与的，应当遵循谁主张谁举证的原则，由父母承担出资为借贷的举证责任。父母不能就出资为借贷提供充分证据证明导致出资性质处于真伪不明状态时，应当由父母承担举证不能的责任。"第 40 条："夫妻一方擅自处分共有不动产应当如何处理？《婚姻法解释三》第十一条规定仅适用于'登记在夫妻一方名下，该方处分'的情形，受让人在符合《中华人民共和国物权法》第一百零六条规定情形下，其主张取得物权的，应予支持。在不符合《中华人民共和国物权法》第一百零六条规定情形下，依照《婚姻法解释一》第十七条第二项的规定，如果受让人能够举证证明'有理由相信其为夫妻双方共同意思表示'的，受让人主张继续履行合同的，亦应予以支持。对'登记在夫妻双方名下、夫妻一方处分'以及'登记在夫妻一方名下，夫妻另一方处分'的情形，可以依照《婚姻法解释一》第十七条第二项的规定，如果受让人能够举证证明'有理由相信其为夫妻双方共同意思表示'的，受让人主张继续履行合同的，应予支持。对于'有理由相信其为夫妻双方共同意思表示'，可以通过审查当事人先前行为是否足以造成确信(在场未表示反对)、是否从公开场所取得(通过中介)、手续是否齐备(本人在场、证件原件、授权委托书)等予以综合判断。"江苏高院**《执行异议及执行异议之诉案件审理指南(二)》**(2019 年 2 月 26 日)第 22 条："执行依据确定的债务人为夫妻一方，执行法院查封、扣押、冻结或处置被执行人在夫妻共有财产中的份额，被执行人的配偶对财产份额提出异议的，适用《民事诉讼法》第二百二十七条进行审查。被执行人的配偶请求排除执行的，不予支持。"第 23 条："执行依据确定的债务人为夫妻一方,夫妻另一方对被执行人个人名下的财产主张权利,或者对登记在其名下的财产是否系共同财产或其份额提出案外人异议的,依照《民事诉讼法》第二百二十七条的规定审查处理,并在执行异议之诉中对案外人享有的份额进行认定,判决不得执行被执行人配偶享有的变现份额。”第 24 条:“执行依据确定的债务人为夫妻一方,执行法院对婚前登记在被执行人名下房屋予以查封,被执行人配偶作为案外人以双方约定该婚前财产归夫妻共有为由提出执行异议,请求排除执行的,依据《婚姻法》第十九条第二款的规定,不予支持。”第 27 条:“执行依据确定的债务人为夫妻一方,被执行人在案涉房产查封前已经协议离婚,约定被查封房产归另一方所有,被执行人原配偶提起执行异议及异议之诉的,区分下列情形处理:(1)案涉房产已经过户登记到被执行人原配偶名下,被执行人原配偶因此提起案外人执行异议之诉,请求排除执行的,如果离婚财产协议分割行为发生在执行依据诉讼或仲裁之前,或者发生在执行依据所确定的债务形成之前的,应予支持。申请执行人有证据证明被执行人系与案外人虚假离婚放弃财产或无偿转让财产的,可根据《合同法》第五十二条、第七十四条规定另行起诉,请求确认夫妻财产分割协议无效或撤销该协议。(2)案涉房产仍在被执行人名下,尚未过户登记到被执行人原配偶名下,被执行人原配偶以其为权利人为由,提出案外人执行异议及执行异议之诉,请求排除执行的,不予支持。但其提供的证据能够证明其对未办理房屋所有权转移登记没有过错,且离婚财产分割行为早于执行依据所确定的债务形成时间的,应予支持。(3)被执行人未履行离婚协议,原配偶在该房产被查封前已通过诉讼、仲裁且已裁决被执行人为其办理房屋变更登记,查封时尚未办理过户登记手续,原配偶提出案外人执行异议之诉,主张该房归其所有,请求排除执行,如果离婚协议签订于执行依据所确定的债务形成之前的,可以参照《异议复议规定》第二十六条第一款第(一)项规定,判决不得对该房屋执行。”广东高院**《印发〈关于审理房屋买卖合同纠纷案件的指引〉的通知》**(2017 年 9 月 12 日　粤高法〔2017〕191 号,已于 2020 年 12 月 31 日经粤高法〔2020〕132 号废止)第 19 条:“夫妻一方擅自出卖共有房屋,买受人要求继续履行合同办理房屋所有权转移登记的,人民法院应当依照《最高人民法院关于适用〈中华人民共和国民事诉讼法〉的解释》第七十三条的规定通知夫妻另一方作为共同被告参加诉讼。买受人也可以申请追加夫妻另一方作为共同被告参加诉讼。买卖合同因出卖人没有处分权不能履行的,人民法院可以向买受人释明变更诉讼请求为解除合同、赔偿损失。但有以下情形之一的,可以判决合同继续履行:(一)夫妻另一方追认买卖合同的;(二)买受人举证证明夫妻另一方知道而未表示反对的;(三)买受人已经按照合同约定支付价款,并占有使用房屋,夫妻另一方未在合理期间提出异议的;(四)有其他情形,可以认定买受人属于《最高人民法院关于适用〈中华人民共和国婚姻法〉若干问题的解释(一)》第十七条规定的'有理由相信其为夫妻双方共同意思表示的'。夫妻一方擅自出卖登记在自己一方名下的共有房屋,已经办理所有权转移登记,另一方请求追回房屋的,依照善意取得的规定审查。"山东高院**《民事审判会议纪要》**(2017年8月)第2条:"……6.关于未经共同共有人同意出售房屋的合同效力问题。房屋的共同共有人处分房屋的,应当符合《民法通则》及最高人民法院司法解释的规定。如果房屋产权共有人登记没有瑕疵的,应当认定部分共有人的擅自处分行为无效。如果登记的房屋共有人与实际共有人不符的,应当区别情况加以处理:产权登记因只登记了部分共有人未登记其他共有人而出现登记瑕疵的,部分共有人处分房产时,如果买受人符合善意取得的条件,应当认定处分行为有效;其法律依据是《合同法》第51条无权处分理论、《房地产管理法》第37条第2项关于共有房地产未经其他共有人书面同意不得转让的规定、《物权法》第97条关于共有不动产的处分应当经占份额三分之二以上的按份共有人或者全体共同共有人同意的规定和106条关于不动产物权善意取得制度的规定。但对于夫妻共有房屋应慎用善意取得制度,因为房屋属于夫妻财产中的重大财产,夫或妻一方对夫妻共有房屋的处分不属于夫或妻因日常生活需要对,夫妻共同财产的处分,不适用家事代理的规定;第三人在应当知道作为买卖合同标的物的房屋是夫妻共同财产时,仍只与其中一方签订房屋买卖合同而未取得另一方同意的,不能构成善意取得。买受人不属于善意取得的,应当认定处分行为无效。部分共有人擅自处分共有房产,买受人有理由相信该处分行为得到了其他共有人认可的,根据《合同法》第四十九条的规定,应当认定有效。"北京高院(单国军庭长)**《关于审理城镇房屋买卖合同案件适用法律若干问题的调研报告》**(2017年2月5日):"……关于法定共有房屋的买卖问题。实践中,最为常见的是夫妻一方将登记在其名下的法定共有房屋擅自转让给他人而发生的纠纷。我们认为,由于婚姻法与物权法相比是特别法,因此该类纠纷应当优先适用最高人民法院《关于适用〈中华人民共和国婚姻法〉若干问题的解释(一)》(法释〔2001〕30号)第17条第(二)项的规定,即买受人有理由相信出卖人转让房屋为夫妻双方共同意思表示的,买卖合同有效。对于不能适用该规定的,实践中对于该类买卖合同的效力争议较大,有合同无效说、善意取得补正合同效力说、善意补正合同效力说和合同完全有效说等不同观点。我们认为,上述观点均有一定的道理,由于我国房屋登记管理制度不完善、文化传统等原因,登记权利人与真实权利人不一致的情况大量存在,特别是夫妻共有房屋登记在一方名下的情况十分普遍,而《物权法》第16条的规定又赋予不动产登记以公信力,因此现实中存在大量信赖物权登记购买房屋的善意买受人,其中又有相当部分是信赖登记并支付了全部或大部分购房款,但尚未办理转移登记的善意买受人。《物权法》第106条规定主要保护的是买受人已经善意取得的房屋不被原权利人追回,我们认为立足现实应将关注的重点放在如何最大限度地保护那些未取得房屋的善意买受人向出卖人主张损害赔偿,使出卖人不能从不诚信的行为中获利。通常认为,在制度设计上赋予善意买受人有权向出卖人主张有效合同解除的违约责任,比让出卖人承担合同无效的缔约过失责任更有利于保护该部分买受人的利益。基于此,我们提出,如果有证据证明买受人信赖房屋登记簿上的物权记载,其为善意的,可以认定买卖合同有效。在合同有效的情况下,无权处分的出卖人不能履行办理房屋所有权转移登记的义务,构成根本违约,合同目的无法实现,善意买受人有权解除合同,要求出卖人承担违约责任,支付违约金或赔偿房屋差价损失等可得利益损失。”北京三中院民二庭**《婚姻家庭案件法律适用疑难问题研讨会意见》**(2016 年 11 月 2 日)第 4 条:“夫妻一方将双方共有房屋卖给第三人,买卖合同是否有效?我们认为,基于最高法院‘买卖合同解释’第三条的规定,合同效力问题已经与物权基础问题分离,故该类无权处分协议一般应当有效,除非转让协议有其他无效事由;对于买受人能否实际取得房屋所有权的问题,应当按照善意取得制度处理;买受人未能依据合同取得房屋的,可以起诉卖房一方主张违约责任,该责任应当由其个人自行承担。”北京高院民一庭**《关于审理婚姻纠纷案件若干疑难问题的参考意见》**(2016 年 7 月 27 日)第 29 条:“婚前由双方或一方出资,登记在一方名下的房产,有证据表明双方是以结婚、长期共同生活使用为目的购房,在离婚时应考虑实际出资情况、婚姻关系存续时间、有无子女等情况由产权登记一方对另一方予以合理补偿。”第 30 条:“离婚诉讼的当事人只有一套共有住房,双方均主张房屋所有权但均无能力补偿对方时,如双方就房屋分割问题无法达成一致,判决双方对房屋按份共有,并在此基础上结合当事人生活需要、房屋结构等因素就房屋使用问题作出处理。”北京高院**《关于审理房屋买卖合同纠纷案件若干疑难问题的会议纪要》**(2014 年 12 月 16 日　京高法发〔2014〕489 号)第 6 条:“夫妻一方未经另一方同意,以自己名义转让登记在自己名下的法定共有房屋,当事人以出卖人在缔约时对房屋没有所有权或者处分权为由主张房屋买卖合同无效的,不予支持。前款房屋已经交付但尚未办理过户登记,不符合《物权法》第 106 条第 1 款规定的善意取得构成要件,买卖合同构成法律上的履行不能,买受人要求继续履行买卖合同办理房屋过户登记的,法院应当释明买受人可以主张解除合同,经释明买受人坚持不变更诉讼请求的,应当判决驳回其诉讼请求。房屋买卖合同解除的,善意买受人有权要求出卖人承担包括赔偿房屋差价损失在内的违约责任。前款房屋已经过户登记到买受人名下,但不符合《物权法》第 106 条第 1 款规定的善意取得其他构成要件,夫妻另一方依据该规定要求追回房屋的,应予支持。‘善意’的判断时点以买受人申请过户登记时为准。”第 7 条:“夫妻一方转让登记在自己名下的法定共有房屋,买受人要求继续履行合同办理房屋过户登记,法院应当对出卖人(登记方)的行为是否构成无权处分或无权代理进行审查,并释明买受人可以申请追加夫妻另一方作为共同被告或第三人参加诉讼，买受人不申请的，法院可以通知夫妻另一方作为无独立请求权第三人参加诉讼。夫妻另一方以出卖人构成无权处分为由要求追回房屋的，可以作为有独立请求权第三人参加诉讼。夫妻另一方向法院表示同意出卖人转让房屋的，可以不追加其参加诉讼。经审查夫妻另一方追认出卖人的处分行为或有证据证明其以自己的行为同意履行的，构成对房屋过户登记债务的加入，应当判决夫妻双方共同为买受人办理房屋过户登记手续；出卖人的行为构成《最高人民法院关于适用〈中华人民共和国婚姻法〉若干问题的解释（一）》第17条第（2）项或《民法通则》第66条第1款规定的，该买卖合同对夫妻另一方具有约束力，应当判决夫妻双方共同为买受人办理房屋过户登记手续。”河南郑州中院**《关于审理房屋纠纷民事案件适用法律问题的若干意见（征求意见稿）》**（2011年7月5日）第15条：“婚前男方购买的房屋，婚后双方共同居住，女方离婚时无经济来源并居无定所的，女方一般可以在离婚后两年内享有该房屋的居住权。但男方给予相应经济帮助的除外。”第16条：“因离婚一方婚前购买房屋并交纳部分款项，婚后取得房产证，虽配偶一方参与清偿房款，并不改变该房屋为个人财产的性质。但在离婚时应考虑房屋增值收益由一方对配偶一方进行合理补偿。”北京高院民一庭**《关于明确离婚时房屋补偿计算标准的通知》**（2014年11月17日）：“……人民法院在审理离婚案件中，根据《最高人民法院适用〈中华人民共和国婚姻法〉若干问题的解释（三）》第十条规定，判决由产权登记一方对另一方进行补偿时，应当查明婚前签订合同支付首付款、银行贷款及还贷、产权登记、夫妻共同支付款项、财产增值、尚未归还贷款情况。产权登记一方对另一方进行房屋补偿的计算公式为：房屋补偿款 = 夫妻共同支付款项（包括本息）÷（房屋购买价 + 全部应付利息）× 房屋评估现值（或夫妻认可房屋现值）× 50%。房屋评估现值以法院委托时确定的时间为准，对房贷的计算标准可通过当事人提供、向各银行查询及通过互联网查询等方式了解。上述计算标准是离婚时夫妻分割财产的基准，人民法院可根据实际案件情况，综合考虑购房与结婚时间、为购房支付的税费等各项支出、妇女及子女权益等多种因素，充分保护双方当事人利益，酌情判定补偿数额。”广东深圳中院**《关于房屋买卖合同纠纷案件的裁判指引》**（2014年8月28日修订）第24条：“夫妻一方签约转让登记在夫妻双方名下的共同共有房屋，善意买受人有证据证明其有合理充分理由相信该转让为夫妻双方共同意思表示，其请求夫妻双方协助办理房屋权属转移登记的，人民法院可予支持。【说明】旨在明确夫妻一方处分双方名下房屋的合同效力问题。根据《婚姻法》的规定，除夫妻间对财产归属有特别约定的外，夫妻关系存续期间取得的财产为法定共同共有。我们在司法实践中发现，在商品房买卖合同纠纷中，相当数量的案件涉及到夫妻财产的认定和处分规则的适用问题，目前司法实践中存在两类具有典型代表性的情形:一是作为出卖人的夫妻有意仅由一方签订买卖合同,如履行过程中房地产市场价格继续上涨,出卖人则以买卖行为未经夫妻双方同意为由拒绝履行合同。二是有部分法院不区分是否存在夫妻共同意思表示,直接以夫妻关系为依据而适用表见代理或'家事代理'规则,判令未签约的夫妻一方承担继续履行或其它违约责任,此种处理方法虽有利于交易安全,但对削弱了其他共有人共有权的效力范围。有鉴于此,我们认为应有必要进一步明确裁判规则。《婚姻法司法解释一》第十七条第(二)项规定:'夫或妻非因日常生活需要对夫妻共同财产做重要处理决定,夫妻双方应当平等协商,取得一致意见。他人有理由相信其为夫妻双方共同意思表示的,另一方不得以不同意或不知道为由对抗善意第三人。'据此,就夫妻一方签约转让登记在夫妻双方名下的共同共有房屋的情形,如买受人有理由相信该转让为夫妻共同意思表示的,夫妻一方不得以不同意或不知道对抗该善意受让人。我们认为,应从以下几个方面理解该规则在商品房买卖合同纠纷中的适用:(一)房屋买卖行为系标的物价值较大的民事行为,依常理不在夫妻日常生活需要的范围之内,属于《婚姻法司法解释一》第十七条所规定的'对夫妻共同财产做重要处理决定'的行为,对于房屋买卖合同纠纷不能适用'家事代理'的规则,亦不能仅以夫妻关系事实推定存在构成表见代理的事由。(二)所谓'他人有理由相信其为夫妻双方共同意思表示',是指虽然买卖合同仅由夫妻一方签署,但未签约的夫妻另一方所作出的某些行为足以使他人有理由相信此转让体现了夫妻双方的一致意见。司法实践中的常见的有,未签约的夫妻一方曾陪同签约一方签署合同且在签约过程中未提出过异议,或未签约的夫妻一方曾直接收取过房款并出具收据等情形。(三)所谓'不得对抗',不仅意指当事人不得以该转让未经夫妻双方同意为由而主张买卖合同无效,还在于买受人有权请求夫妻双方协助办理过户登记,以最终取得该房屋的所有权。首先,《婚姻法司法解释一》前述规定并未明确仅针对合同效力,故可视为所谓'不得对抗'亦指不得对抗善意买受人关于履行合同的主张。并且,在推定为'夫妻共同意思表示'的情况下,未签约的夫妻一方在实质上已经成为了买卖合同的当事人,买卖合同理应对夫妻双方均产生法律约束力。其次,并非所有未经其他共有人同意的房屋转让行为均有害于该部分共有人的利益,只要取得合理对价,不过是其经济利益由不动产实物形态转化为货币或其他财产形式,即使认定夫妻双方均应承担协助办理过户登记的义务,也不会不当地损害未签约一方的合法利益。基于以上考虑,我们认为,如善意买受人有证据证明其有合理充分理由相信房屋买卖行为为夫妻双方共同意思表示,其请求夫妻双方协助办理过户登记的,人民法院可予支持。根据'谁主张谁举证'的举证责任分配原则,买受人对于其'相信转让行为为夫妻共同意思表示'的合理事由负有举证责任。并且,如果买受人不能举证证明该合理理由的存在或证明程度不足以证实共同意思表示的存在，因房屋登记在夫妻双方名下，依物权公示、公信原则则不能认定买受人为《婚姻法司法解释一》第十七条第（二）项规定的‘善意第三人’，无需对非善意的买受人作出交易安全上的特殊法律保护，在未签约的夫妻一方明确表示不同意转让的情况下，出卖人与受让人之间的转让行为不能发生物权变动的后果。”第25条：“夫妻一方签约转让登记在签约一方名下的共同共有房屋，如未经其他共有人同意或追认，买受人请求出卖人协助办理房屋权属转移登记的，人民法院不予支持。因不能取得房屋所有权，买受人请求出卖人承担违约责任或者要求解除合同并主张损害赔偿的，人民法院可予支持。【说明】旨在解决夫妻一方处分自己名下夫妻共有房屋的合同效力问题。此条规定旨在规范夫妻一方擅自转让登记在签约一方名下的共有房屋的问题。我们倾向认为，认定合同有效即已实现了对善意受让人的保护，而《物权法》第一百零六条规定的善意取得前提是已经办理权属转移登记，不能反向推定只要买受人为善意即可主张办理权属转移登记，因未经所有共同共有人同意的处分行为不发生物权变动的效力，在其他共有人不同意转让的情况下，不能判令当事人办理过户登记手续，此时买受人仅可向出卖人主张承担其他形式的违约责任。当然，如果买受人明知或应知该房屋为出卖人与他人共同共有，在未经其他共同共有人授权或同意的情况下，买受人仍然选择签约，则可根据案件事实认定买卖双方属恶意串通或买受人非善意，此时自无另行对买受人进行保护的必要。”广东深圳中院**《关于婚姻家庭纠纷案件的裁判指引》**（2014年5月21日）第18条：“双方恋爱期间一方个人出资买房，产权登记在出资一方名下，双方恋爱关系终止后另一方要求分割上述房产时，人民法院不予支持。”第19条：“双方恋爱期间共同出资买房，产权登记在一方或者双方名下的，双方恋爱关系终止后要求分割上述房产时，人民法院应当按照照顾妇女、儿童权益的原则、考虑有关房屋的产权登记情况以及双方实际出资情况，妥善分割。”第25条：“夫妻一方在婚前购买房产并登记在该方名下，另一方主张其在买房时亦有出资且婚前买房目的即为结婚共同居住，如果并无充分证据显示有关款项属于借款或者赠与等其他性质，人民法院应当认定双方按照各自的出资比例共有房产。”第26条：“夫妻一方婚前出资购买房产，登记在夫妻双方名下，如双方未对该房产作出特别约定，应认定该房产为夫妻共同所有，但在离婚分割该房产时，出资一方可适当多分。”第27条：“婚后由一方父母部分出资为子女购买房产，夫妻双方支付其余款项，如果该房产登记在出资方子女名下，父母出资部分应视为对其子女个人的赠与；如果该房登记夫妻双方名下或者出资方子女配偶名下，父母出资部分应视为对夫妻双方的赠与。”山东临沂中院**《关于审理民事案件的若干指导意见（试行）/婚姻家庭部分》**（2011年3月29日 临中法〔2011〕55号）第8条：“在离婚诉讼中，一方主张另一方单方处分不动产或重要的动产并要求确认无效的，因涉及第三人利益及其诉权保护问题，人民法院一般不予处理,可告知其另行主张。”北京高院《**关于审理房屋买卖合同纠纷案件适用法律若干问题的指导意见(试行)**》(2010年12月22日　京高法发〔2010〕458号)第11条:“出卖人因婚前购买、拆迁安置等原因单独享有房屋所有权,其配偶、其他亲属或被拆迁安置人因婚姻、亲属关系或拆迁政策规定有权居住该房屋,并形成共居事实,居住人以出卖人转让房屋未经其同意,侵害其居住权益为由,要求确认房屋买卖合同无效的,不予支持。但居住人的相关权益应当得到法律保护。”浙江高院民二庭《**关于印发〈商事审判若干疑难问题理解〉的通知**》(2010年6月25日　浙法民二〔2010〕15号)第25条:“担保法解释第五十四条第二款规定,‘共同共有人以其共有财产设定抵押,未经其他共有人的同意,抵押无效。但是,其他共有人知道或者应当知道而未提出异议的视为同意,抵押有效。’当夫或妻一方以共有财产设置抵押,另一方未在合同中签字而又以其不知情为由要求确认抵押无效的,债权人是否可援引表见代理规则主张夫妻共同债务?(永康法院)抵押行为不是夫妻日常生活行为的常态,具有偶然性和独立性,不宜当然认为属于家事代理的范围。配偶一方对外担保等民事行为所产生的民事责任认定,也可能涉及表见代理规则的适用。人民法院应结合涉案夫妻婚姻关系的相关情节,根据合同法第四十九条和最高人民法院《关于当前形势下审理民商事合同纠纷案件若干问题的指导意见》的相关规定,妥当处理相关争议。”上海高院《**婚姻家庭纠纷办案要件指南(三)**》(2010年6月22日　沪高法民一〔2010〕8号)第2条:“……夫妻对共同财产的权利义务是平等的,享有平等的所有权,即不分份额、平等地享有占有、使用、收益、处分的权利。因日常生活需要而处理夫妻共同财产的,任何一方均有权决定。非因日常生活需要对夫妻共同财产做重要处理决定,夫妻双方应当平等协商,取得一致意见。如一方擅自处分重要的共有财产,另一方有权否认该处分的法律效力,但如第三人有理由相信其为夫妻双方共同意思表示的,不得对抗善意第三人。由此给另一方配偶造成损失的,应由擅自处分的一方予以赔偿。此外,夫妻双方应平等地承担家庭财产上的义务。家庭共同生活费用,应以夫妻共同财产负担,不足部分则由夫妻双方以个人财产分担。对于夫妻共同债务,应以共同财产清偿,夫妻双方承担连带责任。至于夫妻一方的个人财产,夫或妻可依自己的意愿独立行使所有权,无须征得对方同意;对婚姻关系存续期间一方所负的个人债务及个人财产所生债务,均应由夫妻个人财产承担清偿责任。”江苏高院《**婚姻家庭案件审理指南**》(2010年5月18日)第1条:“……有效的夫妻财产约定需具备民事法律行为的有效要件,同时为保全证据宜采取书面形式。司法实践中,易引起争议的在于夫妻之间财产赠与的问题,尤其是房产的赠与。关于夫妻之间房产赠与效力如何看待,曾在学界争议很大,集中在这种赠与是否需办理过户手续。有学者主张,《婚姻法》规定夫妻可以对财产进行约定,这种约定受法律保护。那么一方赠与对方房产应当被看作是一种财产的约定，是否办理过户手续并不影响赠与的效力。一旦合同成立，受赠方有权要求对方履行合同。但也有观点认为，无论是婚内赠与还是婚外赠与都应根据《中华人民共和国物权法》（以下简称《物权法》）的规定办理过户手续，如未办理，赠与方可以随时撤销赠与行为。《婚姻法解释三》为这种争议划了句号。该解释第六条规定：'婚前或者婚姻关系存续期间，当事人约定将一方所有的房产赠与另一方，赠与方在赠与房产变更登记之前撤销赠与，另一方请求判令继续履行的，人民法院可以按照合同法第一百八十六条的规定处理。'而根据《中华人民共和国合同法》（以下简称《合同法》）第一百八十六条的规定，赠与人在赠与财产的权利转移之前可以撤销赠与。具有救灾、扶贫等社会公益、道德性质的赠与合同或者经过公证的赠与合同不适用前款规定。该条表明夫妻之间的赠与同样应适用《合同法》的规定。与此相关的问题是，在协议离婚或诉讼离婚中，当事人为离婚达成一揽子协议，其中包括人身关系的解除和财产处理、子女抚养等内容，如果明确约定夫妻共有的房产或一方的房产归子女所有，其后拒不办理过户手续，并要求撤销赠与的是否应得到支持呢？我们倾向于认为这种一揽子协议相关条款具有联系，且该协议得到民政部门或人民法院的审查，当事人应不得随意解除其中某个条款。"第 3 条："房屋登记在夫妻一方名下或第三人名下的产权认定。我国婚姻法既承认婚后所得共同制，同时又认可夫妻一方婚后可拥有个人财产。房屋属于不动产，根据我国物权法相关规定，房屋权利的取得以登记为准。产权登记具有公示、公信的效力。因此，我们提倡所有的夫妻共有房屋宜登记在夫妻共同名下，以避免纠纷。但实际生活中，代表登记的现象一定程度上存在，因此，当夫妻离婚时，房屋问题是争议的焦点，一方主张婚后所购为共同财产，而另一方则强调登记在自己名下为自己单方所有。对这两种不同情况，我们认为：(1)对登记在一方名下的房屋性质认定：由于我国法定夫妻财产制是婚后所得共同制，因此婚姻关系存续期间购买的房屋，原则上首先应认定为夫妻共有。但如登记方主张房屋归其所有，必须承担举证责任，证明该房屋系其个人出资所购，或符合《婚姻法解释三》第七条规定的其父母出资为其购买等情况。(2)对登记在子女名下、父母名下或其他第三人名下的房屋性质认定：对登记在第三人名下的房产，夫妻如主张房屋为共有或一方所有，属于产权争议，主张方自应承担举证责任。对登记在未成年子女名下房屋的权属认定，情形比较复杂。现实生活中，夫妻双方共同出资购买房屋后，可能基于各种因素的考虑将房屋产权登记在未成年子女的名下，但这并不意味着该房屋的真正权利人即为未成年子女，人民法院应审查夫妻双方在购买房屋时的真实意思表示。如果真实意思确实是将购买的房屋赠与未成年子女，离婚时应将房屋认定为未成年子女的财产，由直接抚养未成年子女的一方暂时管理；如果真实意思并不是将房屋赠与未成年子女，离婚时应将该房屋作为夫妻共同财产处理比较适宜。"第 3 条："……离婚案件中按揭房屋的认定和处理。夫妻一方婚前签订不动产买卖合同,以个人财产支付了首付款并在银行贷款,婚后用夫妻共同财产还贷,不动产登记于首付款支付方名下的,离婚时对该不动产性质如何认定及分割?司法实践中一直存在争议,既有认定为登记方所有的,也有认定为夫妻共同所有的。随着《婚姻法解释三》的出台,该争议尘埃落定。《婚姻法解释三》第十条规定:'夫妻一方婚前签订不动产买卖合同,以个人财产支付首付款并在银行贷款,婚后用夫妻共同财产还贷,不动产登记于首付款支付方名下的,离婚时该不动产由双方协议处理。协议不成的,人民法院判决该不动产归产权登记一方,尚未归还的贷款为产权登记一方的个人债务。双方婚后共同还贷的款项及其相对应财产增值部分,离婚时应根据婚姻法第三十九第一款规定的原则,由产权登记一方对一方进行补偿。'"第4条:"夫妻家事代理权。《婚姻法》第十七条第二款规定:'夫妻对共同所有的财产,有平等的处理权。'该规定充分体现了男女平等的原则。但平等并不意味着所有的事务均需双方对外亲自处理,这既不现实也不可能。为此,《婚姻法解释一》第十七条第(一)项进一步明确'夫或妻在处理夫妻共同财产上的权利是平等的,因日常生活需要而处理夫妻共同财产的,任何一方均有权决定'。该规定明确了夫妻对日常生活事务的家事代理权,也即夫妻一方因日常事务在与第三人进行民事交往时所为法律行为,视为夫妻共同的意思表示,配偶他方需承担连带责任。但该条第(二)项同时又规定'夫或妻非因日常生活需要对夫妻共同财产做重要处理决定,夫妻双方应当平等协商,取得一致意见。他人有理由相信其为夫妻双方共同意思表示的,另一方不得以不同意或不知道为由对抗善意第三人'。因此,当涉及夫妻一方对外所为民事法律行为效力与责任承担时,首先需判断该行为是属于日常生活还是非日常生活范畴,然后根据法律规定确定其效力与责任承担。一般来说,涉及家庭柴米油盐事务自然系日常生活,但如涉及住、行、子女教育等事务自然应夫妻互商互量。与家事代理有关的纠纷常见的一类是对夫妻共有房屋的处理。夫妻一方将属于夫妻共有的房屋售与他人,买受人要求夫妻履行合同,而夫妻一方或双方往往以出售行为未与配偶协商,不符合婚姻法和司法解释的规定为由进行抗辩。我们认为,夫妻一方对房屋的处理应不属于日常生活范畴,故如果确实出售方未与配偶协商,私自出售自当认定为无权处分,协议无效。但如果买受人有证据证明其有理由相信该出售行为系夫妻双方的意思表示,且其是善意购买人,则夫妻一方的出售行为构成表见代理,该售房行为合法有效。"内蒙古包头中院**《关于印发关于审理城镇房屋买卖纠纷案件相关问题的处理意见》**(2008年8月5日)第2条:"婚姻关系存续期间,夫妻一方卖房的问题。1.在夫妻财产制度中,夫妻的日常家事代理权在我国婚姻法司法解释中已明确规定,夫或妻因日常生活需要而处理夫妻共同财产的,任何一方有权决定,但对共同财产做重要决定的,双方应当平等协商,取得一致意见。买卖房屋是夫妻对共同财产作出的重要决定，因此一方卖房，应当得到另一方的同意和授权。2. 依据我国普遍适用的夫妻婚后所得共有制度和我国目前房产登记现状，房屋即使登记在一人名下，该财产也可能是夫妻共有财产。因此，在登记方出卖房屋时，买受人应当对夫妻另一方是否同意进行必要的审查。如未作任何审查，仅以产权证为依据签订合同的，未登记一方对该合同不予追认，并请求撤销的，应当予以支持，该合同自始无效。3. 夫妻一方擅自卖房，在出卖房屋过程中出示了另一方的身份证原件、伪造了另一方的书面同意手续等，买受人已尽到一般人应注意的审查义务后仍然不能发现，并确信卖房行为是夫妻共同意思表示的，买受人要求确认合同有效的，应当予以支持。4. 一方出卖夫妻共有房屋时，在签订合同、付款的过程中，另一方的行为使买受人有理由相信买卖行为是夫妻双方共同意思表示或买受人已实际占有和使用房屋的，另一方不得以不同意或不知道为由对抗善意买受人，双方所签合同有效。"山东潍坊中院**《民事审判工作会议纪要(婚姻家庭部分)》**(2008 年)第 3 条："关于夫妻一方处分共有房屋的问题。离婚案件中，一方主张另一方擅自处分了共有房屋，主张另一方的处分行为无效，因共有房屋已由第三人占有，离婚诉讼中如分割该共有房屋则涉及到第三人权益，应先审理离婚案件，一方主张的共有房屋问题应另案解决。"重庆高院**《关于当前民事审判若干法律问题的指导意见》**(2007 年 11 月 22 日)第 22 条："房改房屋的分割。在婚姻关系存续期间，用夫妻共同财产出资购买以一方父母名义参加房改的房屋，按照房改政策，仍应认定为父母所有的财产。购买房屋时的出资，可作为夫妻离婚时的债权妥善处理。以夫妻双方或一方承租的公房参加房改，没有取得房产证明的，不影响认定为夫妻共同财产……"上海高院**《关于审理婚姻家庭纠纷若干问题的意见》**(2007 年 3 月 15 日　沪高法民一〔2007〕5 号)第 9 条："夫妻一方通过福利、补贴等方式取得产权房，但为取得该房产而与用人单位签有服务期协议的，离婚时该房产的处理。夫妻一方在婚后通过福利、单位补贴取得产权房，但同时与用人单位签有服务协议的，由于该方对此房的获得具有较大贡献，且其将来择业的自由会在服务期内受到限制，因此，夫妻离婚时，因服务期问题而导致房产权利受影响的事实尚未发生的，对该房产的分割应考虑尚存服务期的长短、夫妻共同生活的时间，适当多分给签有服务期的一方。"第 12 条："夫妻双方婚后出资购房，产权人可能登记为夫妻双方或其中一方，也可能登记为夫妻双方或某一方与子女，或者只登记为子女一人，如何确定该房产权利。夫妻双方婚后共同出资购买的产权房，无论登记为夫妻双方或一方，均为夫妻共同财声。若产权登记中有子女，则为夫妻双方与子女共同所有。在户权登记中未约定按份共有的，应认定共同共有。至于产权人只登记为子女一人的房屋所有权问题，上海高院《民事法律适用问答》2005 年第 3 期(总第 16 期)问题六已有答复。但鉴于未成年子女未出资，也不承担还贷义务，在处理房产权利时可适当调整子女所得的比例。”第13条:“夫妻一方婚前出资购买的房屋,权利登记在双方名下,离婚时该房产的处理。夫妻一方婚前出资购置房屋,权利登记在双方名下的,为夫妻双方共有财产。如未约定按份共有,可认定共同共有,但在离婚分割该房产时,出资一方可适当多分。”广东高院**《关于审理婚姻纠纷案件若干问题的指导意见》**(2006年11月14日 粤高法发〔2006〕39号,已于2020年12月31日经粤高法〔2020〕132号废止)第9条:“一方婚前以个人财产购买房屋并按揭贷款,房屋预售合同的买受人为该方且产权证登记在该方名下的,该房屋属于其个人财产。另一方婚后参与清偿贷款,不改变该房屋为个人财产的性质,但对以夫妻共同财产或另一方个人财产清偿的贷款部分,离婚时取得房屋所有权的一方应对另一方给予合理的补偿。双方就补偿问题达不成协议的,可以参照该房屋的市场价值,按另一方的出资比例(以夫妻共同财产偿还的贷款部分,各占一半出资额)计算一方应支付给另一方的补偿数额。一方婚前购买的房屋,产权证登记在一方名下,但另一方有证据证明该房屋是在双方认可所购房屋为共同所有的前提下共同出资购买,仅是名义上登记在一方名下的,该房屋应认定为夫妻共同财产。该房屋在离婚时应按夫妻共同财产进行分割,其按揭贷款债务为夫妻共同债务。”山东高院**《关于印发〈全省民事审判工作座谈会纪要〉的通知》**(2005年11月23日 鲁高法〔2005〕201号)第4条:“……关于房改房屋的分割问题。在婚姻关系存续期间,用夫妻共同财产出资购买了以一方父母名义参加房改的房屋。这类房屋在离婚分割时往往产生争议,一方主张是夫妻共同财产,另一方主张属于父母的财产。处理这个问题需要考虑房改政策,因为房改房屋属于国家相关法规规定的政策性房屋交易,应依据国家有关政策精神来进行界定。由于房屋原来属于父母一方承租的公房,房改时也是以父母的名义进行的,购买房屋的价格实行了优惠。按照房改政策,这类房屋仍属于父母的财产,对于购买房屋出资的夫妻共同财产视为一种债权,在离婚时可作为债权妥善处理。对于以夫妻双方或一方承租的公房参加房改后,没有取得房产证明的,不影响认定为夫妻共同财产……”江苏高院民一庭**《婚姻家庭案件疑难问题法律适用研讨会综述》**(2005年5月)第6条:“关于夫妻双方对共同财产的平等处理权。《婚姻法》第十七条第二款规定:夫妻对共同财产有平等处理权。《解释一》第十七条对此作了进一步明确。因日常生活需要而处理夫妻共同财产的,任何一方均有决定权,这是一种当然代理权,第三人可以将此认定为夫妻双方共同意思表示;对于非因日常生活需要对夫妻共同财产所作出的重要处理决定,双方须在平等协商的基础上,取得一致意见。除非他人有理由相信是夫妻共同意思表示,否则该行为是无效的。但是实践中遇到这样的问题:夫妻双方共有的房屋,只登记于一方名下,登记一方未经另一方同意将房屋出售与第三人,夫妻另一方起诉要求确认房屋买卖合同无效。该房屋买卖合同效力如何认定,与会代表形成两种观点：一种观点认为，房屋虽然只登记于一方名下，但属于夫妻共同财产。夫妻双方对共同财产享有平等处理权，一方当事人未经另一方同意，擅自处分房屋，属于无权处分，另一方不予追认的，房屋买卖合同无效。另一种观点认为，从物权理论角度出发，买受人没有义务审查出让人是否结婚、房屋是否为夫妻共同财产的义务，依照所有权登记的公示公信力，第三人有理由相信权属证书登记人有权处分房屋，且从保护交易安全出发，亦应当认定房屋买卖合同有效。如果第三人已取得物权，应予保护；如果第三人未取得物权，可向出售人主张违约赔偿。还有一种观点认为，如果夫妻双方仅此一套房屋且用于居住，应认定合同无效。如非此种情形，同意第二种意见。”江苏高院**《房屋买卖合同纠纷案件疑难问题法律适用研讨会综述》**（2004 年 11 月 27 日）第 2 条：“……关于处理夫妻共有房屋买卖纠纷的价值取向。夫妻如何行使财产权利，不仅关系到夫妻本人的利益，而且关系到与夫妻发生种种民事交往的第三人的利益。夫妻一方与他人订立买卖合同出卖共有房产，另一方却主张买卖合同无效，在保护夫妻另一方与交易相对人的合法权益之间，民事法官应当如何取舍？这确是审判实践中一个难题。最高人民法院《关于适用〈中华人民共和国婚姻法〉若干问题的解释（一）》第十七条第二项规定：夫或妻非因日常生活需要对夫妻共同财产做重要处理决定，夫妻双方应当平等协商，取得一致意见。他人有理由相信其为夫妻双方共同意思表示的，另一方不得以不同意或不知道为由对抗善意第三人。但适用该规定时，谁应当对该‘理由’承担举证责任？与会代表一致认为，对该‘理由’的举证责任，应当由买受人来承担，因为该‘理由’是构成其善意信赖的客观基础，而买受人既然应当对其善意的信赖承担举证责任，当然应当对其据以信赖的客观基础即该‘理由’承担举证责任，只有如此才能证明其信赖是善意的，这样才可以获得保护。这一点与夫妻之间约定财产制对外效力的证明责任不同。司法解释对后者采取的是有利于保护第三人的做法，即夫或妻若想以夫妻之间关于财产的约定来对抗第三人，举证责任在夫妻一方，其必须能够证明该第三人明确、清楚地知道夫妻之间的约定，才可以对抗第三人。因此，在因夫妻一方出卖共有房屋而引发的纠纷中，要注意保护夫妻关系中另一方的合法权益，防止片面强调保护交易安全而忽视保护夫或妻对共同共有的房屋的权利，特别是如果夫妻只有一套住房，且为必需的生活资料，在认定房屋买卖合同的效力时，必须从严掌握。”辽宁沈阳中院**《关于审理房地产案件若干问题的处理意见（之一）》**（2004 年 3 月 27 日）第 11 条：“夫妻一方擅自出卖共有房屋合同效力的认定问题。如果买受人与夫妻一方恶意串通，损害另一方的利益，应当根据《合同法》第 52 条第 2 项的规定确定合同无效。夫妻一方虽未经另一方同意而擅自出卖共同所有的房屋，如果买受人有理由相信出卖人的出卖行为系夫妻双方共同意思表示的，即买受人为善意有偿取得时，应当认定该买卖合同有效，另一方不得以不同意或不知道为由对抗买受人。”上海高院《**民事法律适用问答**》(2003 年第 2 期)第 10 条:“长宁法院民三庭反映,售后公房登记的所有权人未经其他共同居住人同意,将售后公房出售的行为是否有效?答:不动产上的权利以登记为公示要件,买受人没有义务去查明买卖的房屋是否还有其他未经登记的用益权利人。因此,买受人与登记的房屋所有权人达成买卖房屋协议,又无违反国家禁止性法律法规情况的,应确认该协议有效。至于售后公房其他未经登记的同住人的权益,应由出售人负责解决。”上海高院《**关于下发〈关于在民事审判中实施婚姻法的暂行意见〉的通知**》(2001 年 6 月 7 日　沪高法〔2001〕263 号)第 29 条:“夫妻对婚姻关系存续期间所得财产没有约定或约定不明确的,该财产是否作为夫妻共同财产,应按财产的性质、取得方式,根据婚姻法第 17 条、第 18 条的规定作出认定。”第 30 条:“夫或妻以第三人知道夫妻双方约定婚姻关系存续期间所得的财产归各自所有,要求以夫或妻一方所有的财产清偿债务的,应当由夫妻双方就第三人知道该约定这节事实,承担举证责任。”广东高院、广东高检、广东公安厅、广东司法厅《**关于处理婚姻关系中违法犯罪行为及财产等问题的意见**》(2000 年 5 月 30 日　粤高法〔2000〕18 号,已于 2020 年 12 月 31 日经粤高法〔2020〕132 号废止)第 13 条:“夫妻关系存续期间根据房改政策购买的房屋,离婚时,由取得房屋所有权的有过错方给予没有取得房屋所有权的无过错方,按该房屋进入市场的价格(由房屋管理部门评估)一半金额以上的补偿;或者以照顾女方和子女利益原则对房屋的产权作明确分割;夫妻居住有过错方单位尚未进行房改的房屋,或者夫妻双方共同居住承租权属于有过错方的房屋部门直管公房,离婚时,无过错方无房迁出的,法院可判决其暂住二年,有过错方要积极帮助其解决……夫妻双方共同居住的公房,离婚时,双方又均可承租的,依照照顾无过错方、抚养子女一方、生活困难一方原则处理。”上海高院《**关于印发〈处理公有住房出售后纠纷的若干意见〉的通知**》(1996 年 10 月 31 日　沪高法〔1996〕250 号)第 10 条:“婚姻存续期间购得的房屋,房屋产权虽以配偶中一人名义登记的,除有书面约定外,该房屋产权为夫妻共同财产,房产取得时间以房屋买卖合同签订的时间确定。”上海高院《**关于印发〈关于审理房产纠纷案件若干疑难问题的讨论纪要〉的通知**》(1993 年 10 月 27 日　沪高法〔1993〕148 号)第 11 条:“夫妻双方共同购置一方单位提供的优惠价商品房,离婚时,一般应分给提供优惠价房单位一方所有,得房方须按房屋重置价给付对方应有的份额。如果非购房单位一方直接抚养子女,又无其它房可居住,也可判归其所有,得房方亦需按房屋重置价给付对方应有的份额。”北京高院《**关于处理婚姻案件中子女抚育、财产分割及住房安置问题的几点意见**》(1990 年 8 月 30 日　京高法字〔1990〕第 161 号)第 3 条第 2 款:“当事人承租房管部门出租的公房,如果租赁关系是一方婚前与房管部门建立的,双方结婚时间不满 5 年,离婚时承租一方有优先使用权;双方结婚时间已满5年,双方有平等的使用权。"第3款:"婚姻关系存续期间承租房管部门出租的公房的,不论租赁合同中的承租方是夫还是妻,均应视为夫妻双方共同承租,双方有平等的使用权。"第4款:"当事人承租单位所有的公房,离婚时房管产权人单位职工一方,有优先使用权;双方为同一单位职工的,有平等使用权。"第5款:"当事人借用一方父母单位分配给其父母使用的公房的,离婚时有使用权人的子女一方有优先使用权。"第6款:"当事人使用的是一方父母所有的私房,离婚时产权人子女一方有优先使用权。"第7款:"一方当事人为达到离婚目的,长期在外不归已满一年的,离婚时应视其有居住条件。"

2. 参考案例

(1)夫妻共有房屋无权处分合同有效情形。2013年**北京某房屋买卖合同纠纷案**,2009年,王某与孙某签订房屋买卖合同。王某支付购房款后入住。2012年,孙某取得涉案房屋产权证后,以丈夫姜某不同意售房为由拒绝履行。二审诉讼中,姜某同意售房。法院认为:依法成立的合同受法律保护。孙某与王某就涉案房屋所签买卖合同系双方当事人真实意思表示,未违反法律、行政法规强制性规定,合法有效。孙某在签订买卖合同时虽尚未取得房屋所有权证,但依相关规定,在缔约时对标的物没有所有权或处分权的以及在签订买卖合同时未取得房屋所有权证情形,并不影响双方所签买卖合同效力。《物权法》第97条规定:处分共有的不动产或者动产以及对共有的不动产或者动产作重大修缮的,应当经占份额三分之二以上的按份共有人或者全体共同共有人同意,但共有人之间另有约定的除外。依查明事实,涉案房屋系孙某与姜某夫妻共同财产,所有权登记在孙某名下。孙某未经姜某同意,擅自处分共有房屋,侵犯了姜某共有权利,构成无权处分。姜某在诉讼中表示同意孙某将涉案房屋出售给王某,亦同意继续履行买卖合同,故孙某处分涉案房屋已取得共同共有人同意,判决孙某、姜某配合王某办理案涉房屋权属转移登记手续。2013年**北京某房屋买卖合同纠纷案**,2009年,张某购买雷某房,约定雷某办理房产证1个月后配合办理过户手续。张某支付全款后装修并一直居住。2012年,张某诉请确认合同有效并办理过户手续。雷某以该房现登记在其与配偶李某名下、李某不同意卖房为由抗辩。法院认为:处分共有的不动产,应当经占份额三分之二以上的按份共有人或全体共同共有人同意,但共有人之间另有约定的除外。依审理查明事实,涉案房屋系雷某与李某夫妻共同财产,所有权登记在雷某名下,雷某未经李某同意擅自处分共有房屋,侵犯了李某共有权利,构成无权处分。当事人一方以出卖人在缔约时对标的物没有所有权或者处分权为由主张合同无效的,法院不予支持,故张某与雷某所签房屋买卖合同有效。依《物权法》规定,合同有效不一定能引起物权发生变动。本案中,张某要求雷某依合同约定协助办理涉案房屋过户手续,因雷某欠缺处分权,其需征得共有人李某同意,方有权处分共有财产。

李某现明确表示不同意将涉案房屋所有权转让给张某,故张某诉请缺乏法律依据,判决确认合同有效,驳回张某诉请。2011 年 6 月**新疆某房屋买卖合同案**,法院认为:涉案房屋登记的权利人为徐某,基于不动产的公示、公信原则,赵某夫妇有理由相信徐某系该房屋的完全权利人,且徐某夫妇与赵某夫妇系亲戚,在合同签订后,赵某夫妇已付清了全部的购房款,徐某也在 2005 年 7 月将涉案房屋交付赵某夫妇居住使用至今,而在此期间唐某并未提出任何异议。作为买受人,赵某夫妇有理由相信徐某的房屋转让行为是共有人共同意思表示,故案涉《房屋转卖协议》有效。即使徐某擅自处分共有房屋,唐某确实不同意或不知道,由于赵某夫妇是善意、有偿取得该房屋,按照最高人民法院《关于适用〈中华人民共和国婚姻法〉若干问题的解释(一)》第 17 条、最高人民法院《关于贯彻执行〈中华人民共和国民法通则〉若干问题的意见(试行)》第 89 条规定,亦应当维护买受人的合法权益,故唐某以转让房屋未经其同意为由主张徐某与赵某夫妇签订的《房屋转卖协议》无效及要求赵某夫妇、徐某停止侵害、恢复原状、返还财产的诉请不能成立,本院不予支持。2009 年 10 月**重庆某房屋买卖合同案**,法院认为:物权登记的公信力是物权公示制度的法律效果,以保护信赖登记簿登记内容的交易人的利益。不动产办理登记其主要的目的在于公示,使公众了解不动产上所形成的物权状态,最终达到确定物权归属、保护交易安全维护交易秩序的目的。本案中,由于案涉房屋产权登记记载的产权人仅是黄某,根据物权的公示公信原则,被告何某即相信该房屋的产权人只是黄某,而非黄某或与他人共有;同时,虽然该房屋确系代某与黄某的夫妻共有财产,且只有黄某一人与何某签订《房屋买卖协议》,但代某、黄某没有证据证明在交易时,何某知道或应当知道该交易房屋是其夫妻共有财产。故何某因信赖房屋产权登记而与被告黄某签订的《房屋买卖协议》,是双方的真实意思表示,没有法定无效情形,应为有效。2008 年 11 月**云南某房屋买卖合同案**,金某和田某自 1974 年即以夫妻名义共同生活,2004 年,金某及儿子同李某签订房屋买卖合同,将金某名下房产卖予李某,钱证两清后,不到两天该房即被拆迁。2007 年,安置房下来,田某与金某补办结婚证,在李某要求办理过户手续时,田某主张合同无效。法院认为:金某和田某自 1974 年就缔结事实婚姻关系,对外也是以夫妻名义生活,至 2004 年 8 月 20 日订立合同时,金某对外处分夫妻共同房产的行为,李某有正当理由相信或认为这是其夫妻双方的共同意思表示,金某、田某所举证据也不能证实李某在签订房屋买卖合同时并非善意,故依最高人民法院《关于适用〈中华人民共和国婚姻法〉若干问题的解释(一)》规定,房屋买卖合同应为有效,房产是否进行交付,并不是导致合同无效的法定事由。案涉房屋已被拆除,故该房屋的产权登记手续事实上无法办理,故金某、田某应协助李某办理回迁安置房产权登记手续。2008 年 9 月**云南某房屋买卖合同案**,法院认为:陈某、岳某于 2006 年 5 月 28 日订立的《协议》

是双方的真实意思表示,且具备了合同条款要件,虽未明确该房屋的价款,但购房的价款已经在订立《协议》的过程中履行,证人文某当庭证实陈某之妻李某并非不知情,还与买方岳某商谈价格等事宜。故陈某与岳某订立的《协议》应受法律保护。据此,李某要求岳某返还房屋的诉讼请求,依法不能成立。2008 年 8 月**山东某房屋买卖合同案**,法院认为:涉案房屋的房地产权属证书虽然登记的权利人为袁某,无其他共有人,但该房屋系袁某与马某在夫妻关系存续期间取得,应属夫妻共同财产。袁某与刘某签订的房屋买卖合同是双方真实意思表示,不违反法律、行政法规的强制性规定,为有效合同,双方均应按合同的约定履行义务。在房屋出售给刘某后,袁某与马某应及时协助刘某办理过户手续。2008 年 7 月**浙江某房屋买卖合同案**,*丈夫将名下房产擅自卖给兄弟,妻诉*。法院认为:本案方某委托第三人将房产转让给其弟时,买卖双方当事人之间无直接的意思联络,方某之妻宋某亦无证据证明方某弟受让时出于恶意,应认定为善意。同时房产转让价 1 万元也较为合理,且房产已于 1999 年办理了房地产变更登记手续。故方某弟取得讼争房产应为善意取得。2008 年 7 月**辽宁某房屋买卖合同案**,*妻子将单位公房嗣后落在丈夫名下的房产卖给他人,签约时夫在场,离婚后夫诉*。法院认为:夫称其未在协议上签字、对出卖房屋一事不知情的主张,因其虽未在协议上签字,但该房屋买卖事宜发生在夫、妻婚姻关系存续期间,对买受人来讲,有理由相信夫妻一方出卖房屋的行为是夫妻双方的共同意思表示,而且在夫、妻协议离婚时,对房屋产权或承租权的问题上均表示为无住房,对夫从单位分配的诉争房屋只字未提,表明对该房屋的权利,夫与妻已处置完毕,故对夫的该项主张,法院不予采信。关于夫称买受人占有使用诉争房屋是基于出借而非出卖的主张,买受人自 1999 年 10 月起一直在诉争房屋内居住,并持有该房屋的所有权证、契证、契税完税证、房产转让手续费收据等房产手续凭证,而夫手中没有该房屋的相关手续,也提供不出承担过该房屋房改购买产权费用的相关证据,其主张出借房屋给买受人没有事实依据,故对夫的该项主张,不予采信。夫应当继续履行出卖人的义务,协助买受人办理诉争房屋的产权过户手续,由此发生的费用由买受人承担。2008 年 6 月**云南某房屋买卖合同案**,*丈夫将单位公房嗣后落在妻子名下的房产卖给他人,签约时妻不在场*。法院认为:王某与张某系夫妻关系,其婚姻关系期间所取得的财产除有特别约定外,均应视为夫妻共同财产,而其两人并无特别约定,故该房屋应属于夫妻共同财产,房屋产权证证明了该事实。根据《民法通则》的相关规定,处分共有财产需经其他共有人的同意,若未经其他共有人的同意擅自处分共有物的行为,则视为无效行为。在张某与苏某订立合同时,张某是凭购房发票售房,无有效证据证明该房属于张某与王某的夫妻共有财产,苏某依约支付了 60% 的购房款,应为善意取得该房的占有、使用权,法院依法保护第三人的善意取得,对其他共有人造成的损失,应由擅自处分共有物的人负责赔偿。2007年5月**辽宁某房屋买卖合同案**,丈夫将自己名下房产卖给他人,后买受人诉请办理过户。法院认为:夫于签订合同当日即能够将房屋所有权证、土地使用证、契税证原件、楼房钥匙、身份证和户口簿复印件等交付给王某,买受人王某有理由相信夫是诉争房屋合法的所有权人,夫对诉争房屋有处分权,妻虽未在买卖协议上签字,但夫将妻的身份证复印件、户口簿复印件等均交付给买受人王某,基于夫与妻的夫妻关系,王某有理由相信该买卖行为已经取得妻的授权,故王某的购房行为合法有效。2007年4月**辽宁某房屋买卖合同案**(丈夫单独将夫妻共有农村房屋卖给他人,妻诉请确认无效),法院认为:黄某系善意、有偿购买该诉争房屋。首先在黄某与夫签订房屋转让协议后,夫作为出卖方提供了诉争房屋产权证、土地证、出让方的身份证复印件等证件,对买受人黄某而言,有理由相信夫出卖房屋的行为是夫妻双方共同意思表示;其次,黄某已实际向出卖人支付了全部房屋对价,且已实际占有、使用诉争房屋至今。现妻称诉争房屋系其丈夫夫单方出卖,本人并不知晓以及未在房屋转让协议上签字等,但这不足以对抗善意买受人黄某。根据《关于贯彻执行〈中华人民共和国民法通则〉若干问题的意见(试行)》第89条、最高人民法院《关于适用〈中华人民共和国婚姻法〉若干问题的解释(一)》第17条第1款第2项的规定,妻不得以不同意或不知道为由对抗善意买受人黄某,即使夫擅自处分共有房屋,妻确是不同意或不知道的,但由于黄某善意、有偿取得的房屋,也应当维护其合法权益。2008年3月**四川某房屋买卖合同案**,夫以无权处分自己名下的夫妻共有房改房反悔。法院认为:夫通过与单位签订住房部分产权转换为全产权合同,并已实际取得该房屋产权证,其权益应受法律保护,对房屋享有占有、使用、收益和相应的处分权。其后,王某与夫在平等自愿基础上,签订了房屋买卖协议,未违反法律强制性规定和其他限制性规定,王某履行了交付房款义务,并已实际入住该房多年,故案涉房屋买卖合同有效。房屋产权证上无共有权人信息,王某有理由相信夫有权处分诉争房屋,其无义务审查房屋产权人之外的第三人是否同意出售该房屋,故夫应配合办理过户手续。2005年12月**辽宁某房屋买卖合同案**,夫妻分居期间,夫将妻名下1/3产权房卖予肖某,2004年可以办理更名过户。法院认为:诉争房屋系夫与妻共同财产。夫将争议房有偿转让给肖某,虽未经其妻书面同意,但夫在出卖诉争房屋时向买受人出示的夫妻二人身份证及房证的行为,使买受人肖某有理由相信夫的出卖行为系夫妻双方真实意思表示,且肖某支付了合理对价,为善意有偿取得,妻不得以不同意或不知道为由对抗肖某。夫与肖某的房屋买卖行为不违反国家法律、行政法规的强制性规定,应合法有效。2005年11月**辽宁某房屋买卖合同案**,夫卖房给赵某,协商变更面积差解决方案而签第二份合同时,赵某妻单独签字,赵某起诉要求履行第一份协议。一审认为:夫出卖夫妻共同财产房屋,应取得其妻同意,在房屋买卖协议签订时其妻子未到场又未书面授权,并对买卖协议提出异议，故房屋买卖协议无效。双方签订第二份房屋买卖协议时，赵某未到场并未追认，故该协议也无效。二审认为：虽签订第二份《房屋转让协议书》时赵某本人不在场，但其妻子在该协议签字处代替捺了手印，根据表见代理的法律规定，有理由相信赵某妻有代理权，该代理行为有效，故两份《房屋转让协议书》合法有效，后一份《房屋转让协议书》是对前一份《房屋转让协议书》的变更，双方应予履行。2005年**辽宁某房屋买卖合同案**，2003年，张某将2002年获得并未取得产权证的拆迁安置房转售王某并签订《房屋买卖协议书》，收取房款后以未经妻子同意和无产权证主张合同无效。法院认为：张某与王某签订《房屋买卖协议书》时，虽张某未取得所卖房屋《房屋所有权证》，但该房屋买卖合同合法有效。夫或妻非因日常生活需要对夫妻共同财产做重要处理决定，夫妻双方应当平等协商，取得一致意见。他人有理由相信其为夫妻双方共同意思表示的，另一方不得以不同意或不知道为由对抗善意第三人。故张某处分行为有效。2004年5月**辽宁某房屋买卖合同案**，夫、妻调解离婚，承租房归妻，另一套案涉房未约定归属，随即该房被拆迁，妻售之予王某，夫在其身份证复印件上签名并署“此房同意转让”，后夫以其同意转让的非案涉房主张合同无效。法院认为：夫在明知其已与妻离婚的情况下，仍将以夫名义与拆迁人签订的拆迁协议、写有交款人为夫的增加面积款收据、准住通知等全部手续交给妻，并在自己的身份证复印件上载明“此房同意转让”，无论夫是否系基于妻欺骗，也无论“此房同意转让”中的“此房”是否系诉争房屋，作为买受人王某均有理由相信妻系受夫委托出卖房屋，且妻系以夫的名义与王某签订房屋买卖协议，根据《合同法》第49条表见代理的规定，妻的代理卖房行为有效。即使夫本意是同意妻转让原由夫承租的房屋即身份证地址的房屋，由于夫未明确载明“此房”的具体含义，亦属于授权不明，根据《民法通则》第65条第3款规定，夫仍应承担基于授权不明所产生的不利后果，并不能对抗王某。本案系房屋买卖合同纠纷，不是原离婚的当事人重新提起的确认离婚时尚存且未分割的财产为共同财产，并要求分割该共同财产的诉讼，故诉争房屋是否为夫与妻的共同财产均不影响买卖合同的成立，故诉争房屋是否为共同财产，不属于本案审理范围，判决驳回夫诉讼请求。2002年2月**浙江某房屋买卖合同案**，夫名下家庭共有房屋被拆迁取得的安置房被夫卖给赵某，妻、子女主张合同无效。法院认为：共有房屋被拆迁后，安置房亦应为夫及家庭成员共同共有。夫在处分房产时应当取得其他共有人的同意，从现有证据分析，夫一家以原店面房为诊所经营，在诊所被拆迁后，对安置的店面房应成为家庭成员共同关心的大事。在1997年5月25日协商店面屋买卖事宜开始，到5月26日签订协议及之后赵某及时足额支付了购房款达21万元之巨，其中还包括赵某为夫代付信用社欠款7万元还债作为付购房款，赵某也对该房已经实际控制、使用了3年之久。妻等共有人现提出不知此事或以夫所称是其以其他理由搪塞其家庭成员,对这种辩解,本院认为有悖常理,应认定为其他共有人是明知的。即使是夫未经其他共有人同意而擅自处分拆迁安置房屋,在1997年5月26日与赵某签订拆迁安置房的预售协议时,因夫出具了其作为唯一所有权人的权利证书,而作为赵某来讲没有理由不信其权利的正当性,其不知夫处分房产时未经其他共有人同意的权利瑕疵,赵某在房屋买卖过程中没有过失。从《合同法》的鼓励交易、维护交易稳定的立法精神出发,为保护善意相对人的合法权益,根据本案的事实情况,对该房屋买卖协议应确认为有效。

(2)夫妻共有房屋无权处分合同无效情形。2016年**北京某房屋买卖合同纠纷案**,2012年11月,赵某通过中介购买闫某房屋。闫某收取5万元定金后反悔。赵某与中介公司自行依之前所签授权网上签约手续办理了网签,随后诉请继续履行,闫某反诉撤销合同,闫某配偶出庭。2013年,法院判决认定合同有效、无法履行、闫某违约,驳回双方诉请。2014年,赵某诉请解约并赔偿。此时房价已上涨100万元左右。法院认为:生效判决已认定闫某未取得配偶同意即出售房屋,且其配偶拒绝履行房屋买卖合同,最终导致合同无法履行,其行为已构成违约,应承担合同解除违约责任;而守约方可主张损害赔偿范围既包括实际损失,亦包括可得利益损失。关于实际损失,其主要指守约方为履行合同所积极支出费用,若合同因对方违约而解除,该费用支出即转化为守约方实际损失。本案中介行为已完成,赵某为此支付中介费5.6万元即属因合同解除导致的实际损失。关于可得利益损失,此系保护守约方履行利益,在合同因出卖人一方原因无法履行而导致解除时,一旦标的物价格上涨,该标的物涨价预期利益不能为买受人所享有,其损失即属可得利益损失。最高人民法院《关于审理买卖合同纠纷案件适用法律问题的解释》第29条规定,买卖合同当事人一方违约造成对方损失,对方主张赔偿可得利益损失的,人民法院应当根据当事人的主张,依据合同法第113条、第119条,本解释第30条、第31条等规定进行认定。本案赵某主张的预期利益损失属于可得利益损失范畴,在计算和认定时,应综合运用可预见规则、减损规则、损益相抵规则及过失相抵规则等,从守约方主张的可得利益赔偿总额中扣除违约方不可预见损失、守约方不当扩大损失、违约方因违约获得利益、守约方亦有过失所造成损失以及必要交易成本。自减损规则而言,买受人赵某在明知或应知房屋买卖合同因共有产权人异议而无法继续履行情况下,应及时采取措施防止损失扩大,否则,不得就扩大损失要求赔偿。在第一次诉讼一审开庭时,闫某配偶到庭明确表示不同意履行合同,在法律明确规定当共有人拒绝转移房屋所有权时合同继续履行不能情形下,赵某作为理性购买人,应对合同无法履行的诉讼结果具有合理预期。在此情况下,赵某可通过解除合同、主张定金罚则、要求违约赔偿并进行替代房屋购买方式维护自己合法权益,而赵某未在合理期间内购买替代性房屋,其对于此后房价上升风险与损失应自行承担。本案中,赵某与中介公司在出卖人明确拒绝履行情况下,自行依据之前所签授权网上签约手续办理了网签,对自身后续购房造成了实际影响,对房价上涨风险应承担主要责任。房屋价格在诉讼期间已有较大幅度增长,而诉讼周期与此间房屋价格涨幅均非当事人所能合理预见,即使违约方应承担违约责任,但对于其不能控制、不能预见风险与损失应合理限制。而在第一次诉讼一审开庭时,闫某配偶已明确表示合同未经其同意从而拒绝履行,导致合同不能履行,此时点应作为合同无法履行确定时点,法院应以此时点作为评估房屋价值时间,判断房屋价值,对买受人可得利益损失予以赔偿。而本案评估公司作出房地产估价报告时,距离前案一审开庭时间已两年有余,房屋价格大幅上涨已超出一般人合理预期。考虑到诉讼周期及重新鉴定时间成本,在认定预期可得利益损失时,对涉案房屋价值及合理升值部分不再予以重新评估鉴定,而是参考合理的鉴定时点房屋升值具体情况,综合考虑合同履行不能的过错及风险负担、损失的可预见性及减损规则等因素,结合当事人合同违约及履行具体阶段,以及赵某为合同履行仅支付了5万元定金客观情况,判决解除合同,闫某协助注销网签手续、闫某双倍返还定金并赔偿赵某预期利益损失30万元。2014年**某房屋买卖合同纠纷案**,2010年10月,刘某与李某签订购房合同,购买李某名下房产。刘某支付220万元全款后,李某妻子陈某以擅自处分共有房为由不同意,刘某遂诉。法院认为:《物权法》第97条规定:"处分共有的不动产或者动产以及对共有的不动产或者动产作重大修缮的,应当经占份额三分之二以上的按份共有人或者全体共同共有人同意,但共有人之间另有约定的除外。"在案涉房屋共有权人陈某并不同意出售该房屋情况下,李某作为共有权人之一对案涉房屋处分不符合上述法律规定条件。同时,《城市房地产管理法》第38条第4项规定,未经其他共有人书面同意,不得转让共有房地产。该规范虽属管理性强制性规范,但实践中,登记部门在房屋买卖合同当事人申请办理房产权属变更登记时,如未经共有权人同意,则登记部门不予办理登记。本案刘某请求继续履行合同,由于案涉房屋共有权人陈某不同意,故刘某诉请不符合《合同法》第110条关于"法律上或者事实上能够履行"的条件,判决驳回刘某诉讼请求。2015年**北京某房屋买卖合同纠纷案**,2010年,刘某将名下房产售与曹某。2013年,刘某妻张某以该房市场价100万余元、刘某与曹某网签价39万元,双方恶意串通为由诉请确认转让合同无效。刘某与曹某诉讼中关于交易过程的陈述不合常理且自相矛盾。法院认为:民事法律规范不仅是民事裁判规范,亦系民事主体从事民事活动准则。涉案房屋属刘某与张某夫妻共同财产,在未征得张某同意情况下,刘某与曹某就涉案房屋进行交易,违反共有财产交易规则,将可能损害共有人张某利益。《合同法》第52条第2项规定,恶意串通,损害国家、集体或者第三人利益的合同无效。最高人民法院《关于适用〈中华人民共和国民事诉讼法〉的解释》第109条规定:"当事人对欺诈、胁迫、恶意串通事实的证明,以及对口头遗嘱或者赠与事实的证明,人民法院确信该待证事实存在的可能性能够排除合理怀疑的,应当认定该事实存在。”据此,恶意串通合同无效的法律规范包含了“恶意串通”和“损害国家、集体或者第三人利益”两个构成要件。这两个要件事实无法直接证明,只能通过间接证据证明。间接证明依靠经验法则推理,即社会公认的常理。证明恶意串通,要以合同当事人双方主体行为为线索进行审查,借助经验法则判断其可能性。证明恶意串通不能采取“高度盖然性”标准,而应采纳“排除合理怀疑”标准。即在证明恶意串通事实基本可能性后,证明责任发生转移;待对方辩解不成立才可“排除合理怀疑”,从而认定恶意串通成立。“基本可能性+辩解不成立”系恶意串通类真伪不明案件事实的特殊证明方法。本案中,刘某与曹某就涉案房屋转让行为的网签合同价格明显低于正常的市场交易价格,又不能提供证据证明价款已实际支付;交易过程中存在诸多不合常理之处,刘某与曹某陈述亦存在诸多自相矛盾之处,而二人又未能对上述不合常理与陈述矛盾之处作出合理解释。据此,足以认定刘某与曹某恶意串通,转让涉案房屋,损害了共有人张某利益,判决确认案涉房屋转让行为无效。2009年9月**上海某房屋买卖合同案**,2009年2月,薛某经中介介绍,购买吴某妻子胡某名下的房产,与吴某、中介签订房产买卖居间合同后,支付吴某3万元定金。后胡某以未经其同意为由拒售房屋。薛某以居间合同约定无权代理情形下由无权代理人承担违约责任条款起诉吴某,要求返还双倍定金。法院认为:胡某并未授权吴某与薛某签订居间合同,对吴某的签约行为事后亦不予追认,故该合同对胡某不发生效力;同时,鉴于行为人吴某作为代理人,在合同有明确约定情况下,吴某应承担无权代理后果。由于吴某在签约时故意隐瞒了其无权代理的真实情况,有违诚信,致使薛某在此买房过程中付出了时间和精力,且因吴某明显过错导致合同未履行,为此薛某还要另行购房,同时考虑到薛某亦表示将不再向吴某及胡某主张其他权利的实际情况,为减少当事人讼累,薛某要求吴某支付双倍定金的请求应予支持。2009年2月**河南某房屋买卖合同案**,法院认为:因任某在事先未经过其丈夫张某同意的情况下,私自代替张某签名,擅自将登记在其丈夫名下的该套房屋出售给陶某,任某私自处分夫妻共同财产的行为,侵犯了房屋共有人张某的合法权益,故陶某与任某所签订房屋买卖合同为无效合同。2008年5月**海南某房屋买卖合同案**,1998年,林某从单位购得房改房。2002年办下产权证后对外出租。2002年8月1日,林某将该房卖予莫某并签订房屋买卖合同,但未办产权证。2007年,该房拆迁,王某以其为共有人,其夫林某无权处分,卖房合同无效提起诉讼。法院认为:林某未经共有人王某的同意,擅自将案涉房屋以2万元的价格出卖给莫某,且至今未办理产权过户登记,该房屋的所有权尚未转移。故房屋买卖关系应认定为无效。合同无效,林某应返还购房款2万元及利息给莫某,利息从付款日起按中国人民银行同期同类贷款利率计算至还清本金之日止，莫某将房屋退还给王某和林某。2007年5月**上海某房屋买卖合同案**，严某与华父1990年结婚。1992年，华父婚前所建的私房和承租的公房各一间因拆迁，分得新公房2间并由华父成为承租人。2000年房改变为私产，其中使用了严某工龄。2005年，因离婚纠纷，严某以华父将公房以12万元作价卖给华子诉请确认合同无效。法院认为：系争房屋虽为华父婚前个人所有的私房拆迁，安置为公房，但系在严某与华父婚姻关系存续期间使用了严某的工龄而购买的售后产权房，应属夫妻共同财产。至于华子称，系争房屋的购房款是由其出资，但对此其亦未能提供充分证据，华子所称系争房屋在华父与严某婚前即已约定归其所有，但2000年华父将系争房屋购为售后产权房并将产权人登记为华父一人，华子对此并未提出异议，故华子的主张无法得到采信。华父擅自处分夫妻共有财产，合同无效。

（3）父母子女共有房屋一方无权处分情形。2009年**江苏某权属纠纷案**，1972年，任某父经有关部门批准建造一间房屋。1989年，任某将西侧一间房屋从邻居手中购下。任某兄代管两间房期间，办理了一个房产证，并注销了任某父原房产证。1999年，任某将两间房屋售予杨某。2007年，该房被征收而拆除。任某父以其系东侧一间房屋实际所有权人为由，提起确权之诉。法院认为：因合法建造、拆除房屋等事实行为而设立和消灭物权的，自事实行为成就时发生效力。建造房屋属于取得权利的事实行为，房屋建好后即在事实上产生了房屋所有权，建造人亦因此取得该房屋所有权。房屋一经拆除，标的物归于灭失，物权亦随之消灭。任某父在1972年经有关部门批准建造完成靠西一间房屋后，即取得该房屋事实上所有权，但该房屋在任某父起诉前即于2007年3月被拆除，该房屋所有权亦随之消灭。现任某父诉请确认其对该房屋享有所有权，在事实上已成为不可能，其诉请不应支持。杨某于1999年向任某购买诉争房屋，在支付购买款后，任某已实际交付房屋及相关产权证及土地证，房屋由杨某实际居住至拆迁均系事实。鉴于诉争房屋产权证与土地证上所有权人均为任某，任某有权以自己名义处分该房屋，故杨某与任某之间房屋买卖关系已成立。任某父如认为任某将原属其所有房屋擅自出卖给他人，其合法权利被侵犯，可另行主张权利。2009年9月**上海某房屋买卖合同案**，赵某购买吉某与吉某女儿何某名下的房屋，并与吉某签订购房协议，吉某承诺已取得共有人授权，否则导致合同无法履行，其承担双倍返还定金责任。因合同未签，赵某诉请双倍返还定金共计10万元。法院认为：系争房屋属吉某、何某共同所有，吉某与赵某就系争房屋签订了购房协议，因吉某未经何某授权，事后何某亦未追认，故不能认定该协议有效。吉某以其个人名义出具的承诺书有效。现吉某称因其未取得何某授权出售系争房屋，不能履行购房协议，故应依其承诺双倍返还已收取的定金予赵某。2008年2月**上海某房屋买卖合同案**，2007年8月，仇父、仇子登记共有的房屋，由仇父通过中介与瞿某签订出售协议，约定房价款70万元，出卖方毁约，应支付总房款20%的违约金。备案登记的合同并无违约金条款。瞿某支付25万元预付房款后，因房价上涨，仇子以仇父无权处分、仇父和瞿某恶意串通为由要求解除合同。法院认为：瞿某作为相对人基于仇父与仇子的父子关系及仇父持有户口簿及仇子身份证的事实作出仇父有权代表仇子签订合同的判断并无过失。仇父关于其当时持有的只是仇子的身份证复印件的陈述不符合房屋买卖的操作惯例且无事实依据。故可以认定，仇父、仇子就出售系争房屋已经进行了协商，仇子是同意仇父向瞿某出售该房并同意仇父代其在合同上签名且目前并无证据证明仇父与仇子的父子关系存在深刻矛盾，故仇子认为瞿某、中介公司与仇父恶意串通，损害仇子的合法权益，并无事实依据。如仇子认为仇父的行为损害仇子的合法权益的，可另行依法解决。因登记备案并非合同有效的必备条件，虽然双方之间签订的记载有违约责任条款的合同未经登记备案，但其中相关约定并未与同日签订的另一份经登记备案的合同发生冲突及存在相反的意思表示，故瞿某可以此作为合同解除后守约方要求违约方承担赔偿责任的依据。双方约定仇父、仇子违约后单方解除合同的，仇父、仇子按购房总价的20%给付赔偿金，确属过高。故法院对此赔偿款金额依法予以调低至7万元。2007年3月**辽宁某房屋买卖合同案**，杨父去世后，幼子杨某与杨母一起生活，2002年7月，杨某出面提供所有证明材料后将父亲名下的房产售予周某，房款两清，杨母随杨某搬离该房。后杨母及杨父其他继承人以杨某无权处分共有财产起诉，要求确认合同无效。法院认为：杨某在与周某签订房屋买卖契约书时，其向周某提供了该房屋的所有权证、房屋所有权人杨父的死亡证明、杨母的身份证（后被取回），鉴于周某知道杨某是杨父、杨母之子的事实，杨某又提供了出卖房屋的必要证件，周某有理由相信杨某卖房已征得其母亲同意，取得其母亲的代理权。杨某虽未通知该房屋的其他共有人，但杨母继承人亦没有证据证明周某知道诉争房屋还有其他共有人的事实，故买房人周某在主观上是善意、无过失的。杨某与周某签订的房屋买卖协议的行为符合法律关于表见代理的规定，该代理行为有效。房屋买卖协议体现双方当事人的真实意思表示，内容亦不违反国家法律、行政法规的强制性规定，应为有效，故应驳回杨母要求确认诉争房屋买卖合同无效的诉请。2005年9月**辽宁某房屋买卖合同案**，孟某丈夫刘某在入住回迁安置房前死亡，其子又因车祸神志不清住院。2002年，孟某以6万余元将刘某名下的回迁房卖予贾某，并向贾某出示了拆迁、动迁的所有手续，户口本，身份证，结婚证。刘子后主张合同无效。法院认为：案涉回迁房为孟某与其亡夫刘某的共同财产。孟某拥有该房屋的部分所有权，另有部分所有权为刘某的遗产。孟某与刘子等子女对该部分遗产未作处理，他们对该遗产形成共有关系，未经共有人同意，孟某的买卖行为系擅自处分共有财产性质。孟某与贾某进行房屋交易时，孟某向贾某出示的是拆迁、动迁的所有手续，户口本，身份证，结婚证，且贾某知道孟某与刘某系夫妻关系、刘某已病故、房屋的相关手续为刘某的名，贾某对争议房的买受不是基于对该房登记簿的信赖，而只是依据拆迁、动迁的手续，户口本，身份证，结婚证，而该房的相关手续均不是孟某的名，故贾某的该买受行为不适用不动产登记的善意保护制度。且贾某知道刘某已经去世，其应该由此预料到可能发生遗产继承问题，在该买卖过程中，贾某存在过失。故贾某的该买房行为不构成不动产的善意取得，该房屋买卖合同必须经其他共有人的追认。故刘子作为房屋的共有人要求确认贾某与孟某签订的房屋买卖协议无效的诉讼请求，应予支持。

(4)兄弟姐妹共有房屋一方无权处分情形。2014 年**江苏某房屋买卖合同纠纷案**，2000 年，狄某与已故妻子孙某房屋被共同居住的丁某售予万某，并交付钥匙和房产证、装修入住。2012 年，因狄某及女儿管某、女婿丁某换领新证后拒绝办理过户手续致诉。狄某、管某称对丁某售房一事不知情。法院认为：诉争房屋系狄某与案外人孙某婚姻期间内取得的合法财产，应为夫妻共有，孙某去世，诉争房屋归属于孙某份额应作为遗产由其配偶狄某和其女儿管某依法继承，在管某既未明确放弃继承，亦未进行析产分割前，本案诉争房屋应为狄某、管某共有。丁某对其与万某就诉争房屋达成转让协议以及协议主要条款内容无异议，据此，可认定丁某作为出卖人就诉争房屋与万某签订过转让协议。管某对购房款收条无异议，应认定管某作为房屋共有人对其配偶丁某转让房屋一事知晓且同意。狄某自诉争房屋出卖前至本案诉讼发生时一直与丁某、管某共同居住，应认定三人系共同居住的家庭成员。狄某将诉争房屋钥匙、产权证书均交由丁某持有，并事实上交付给万某，且在房屋转让后至诉讼发生时约 12 年时间内从未对诉争房屋买卖、房款交付提出过异议，足见其对诉争房屋买卖是事前知悉且同意的。证人与诉争房屋相邻而居，出庭证实狄某在房屋出卖后，去过万某居住的诉争房屋做过客，进一步佐证了狄某知晓房屋买卖一事。丁某作为共同居住家庭成员，在狄某、管某知晓且同意情况下，将诉争房屋转让给万某，该房屋转让协议应直接约束狄某、管某。判决狄某、管某协助办理过户手续。2009 年 4 月**广东某房屋买卖合同案**，罗某欲将其与妹共有的房屋以 36 万余元卖予李某，罗某和李某分别向中介公司作出书面承诺。罗某承诺主要内容：收到定金，违约双倍返还；李某承诺主要内容：交付定金作为诚意金，违约没收，卖方违约时双倍返还。随后中介公司收取李某 1 万元定金并出具收据。后因罗某不愿意卖房，李某从中介公司拿回定金后，起诉罗某要求再付 1 倍定金。法院认为：双方当事人分别与中介公司签订的承诺书，其实质是居间合同，该承诺书内容所涉及第三人的违约责任并未有第三人的确认或第三人之间的合同予以约束，承诺书仅为双方当事人在中介公司前承诺，向第三人作出的出售或购买房屋的要约邀请。李某意欲达到购买诉争房屋的目的，就须与房屋所有权人协商一致，签订合同才可实现。因诉争房屋是罗某与他人的共有财产,依照法律规定,处分共有财产须征得全体共有人同意,李某明知罗某处分共有财产时并未取得其他共有人的同意或授权,故李某应预见到房屋买卖合同不能签订的可能,且罗某与另一权利人的兄妹关系并不构成法律意义上的表见代理,故在双方当事人之间并未签订房屋买卖合同,李某又无证据证实其与罗某之间已实际完成交易行为的情况下,要求罗某双倍返还定金的诉讼请求应予驳回。

【同类案件处理要点】

夫妻共同共有及其他法定共有房屋仅登记在其中部分共有人名下,未经占份额 2/3 以上的按份共有人或全体共同共有人同意的登记人,或者依法律规定或合同约定非属实际权利人的登记人,擅自以自己名义处分房屋的,除非受让人受让该房屋时系善意且支付了合理的价格并办理了转移登记,否则不发生买受人善意取得的法律效果。

【相关法律风险提示】

1. 购房人应与房屋登记的产权人签订合同,并及时办理过户手续,尽量避免无权处分情形发生。与房屋共有人之一签订房屋买卖合同,即使该部分共有人对权利瑕疵承诺担保,亦非合同得到顺利履行的保障,合同亦可能因无权处分而无效。

2. 与登记的产权人签订房屋买卖合同,有必要留意是否为夫妻共同财产的性质,是否存在其他权属争议;与非登记的产权人签订房屋买卖合同,必须考察房屋的共有及授权情况,以避免合同效力之争。交易时仅看房产证且实地看房,而未去相关部门查验房屋资料,尤其在权属有争议,卖方急于脱手的情况下,此交易可能会被法院认定买受人“在查明房屋共有权利人问题上,主观心理持放任状态,不构成善意第三人”。实践中的“相关部门”,不仅指房管部门,在交易标的为买卖按揭房屋情形,为避免可能产生的法律风险,建议买受人到贷款银行查询贷款合同载明的共有权人。

3. 夫妻一方作为无权处分人在售房合同失效的情况下,理论上及实践中存在这样的争议:产生的是缔约过失责任还是违约责任?合同无效时定金返还或者是违约双倍赔偿?因违约责任产生的夫妻一方返还、赔偿责任是否作为夫妻共同债务?实践中均存在不同的判例。

4. 在取得夫妻关于共有房屋转让的书面同意时,应对涉及的房屋位置及面积明确约定,以免事后产生误解。辽宁沈阳中院(2004)佛中法民一终字第 19 号“崔某与王某等房屋买卖合同纠纷案”中,就存在此种情况,丈夫签字同意“此房同意转让”,但对离婚约定给妻子的一套和离婚时未约定权属的另外一套未予区分,恰恰转让的就是后一套,法院判决认为授权不明,依法由被代理人向第三人承担民事责任，故房屋买卖合同有效。

5. 基于不动产登记簿的公信力，法律赋予不动产登记簿善意保护制度，不动产交易的第三人基于对不动产登记簿公信力的信赖，而取得的不动产物权受法律保护，不需要其他权利人的追认。故购买登记簿上的产权人已死亡的房屋，买受人应对遗产继承人做调查了解。

6. 房产共有人之一虽因故暂时意志不清，但在未被认定为无民事行为能力或限制民事行为能力人之前，其近亲属作为代表出售共有房屋，买受人仍存在合同无效导致购房目的落空的风险。案见辽宁沈阳中院（2005）沈民（2）房终字第450号"贾某与刘某等房屋买卖合同纠纷案"。

7. 作为买卖合同标的的房屋因拆迁而未办理过户手续，买受人起诉要求就安置房办理过户手续时，最好在诉状中予以特别明确，以防止判决执行的困扰。

8. 就产权人已过世的作为遗产的房屋设定买卖，买受人应当对产权人法定继承人及签约人的受权情况作必要了解，同时有中间人或见证人，对所有授权委托情况要进行核验，并保留相关查验记录，保留付款凭证做到有据可查，以避免在无权处分情形时被认定存在重大过失而不构成表见代理，以致影响买卖合同效力。

9. 购买他人出售的单位房改房，应对房屋产权状况做了解，是部分产权还是完全产权，是否附加产权限制条件，能否上市交易。产权是否过户是无权处分情形认定房屋买卖合同是否有效的关键条件之一，此亦房改房买卖未经共有人同意导致合同无效的常见原因。

10. 作为夫妻共同财产的房改房，如未经全部产权人同意而购买，即使经历数年，如无表见代理的特征，依然存在买卖关系无效的风险。

11. 父亲单独将名下房改房屋以合同形式卖给儿子，有书面协议，有父亲曾经打的借条，有儿子提供的现金借款单，有证人。在父母离婚期间，该合同仍有可能会因无权处分而无效。案见上海二中院（2007）沪二中民二（民）终字第920号"华某与严某房屋买卖合同纠纷案"。

12. 处分共有房屋未经授权导致合同目的落空，定金条款因无权处分人的承诺而有效，应视为无权处分人的个人行为，该无权处分人可能需承担缔约过失责任或违约责任。

【附注】

参考案例索引：云南昆明中院（2009）昆民一终字第198号"冯某与刘某房屋买卖合同纠纷案"；北京二中院（2013）二中民终字第10214号"王某与孙某等房屋买卖合同纠纷案"，见《王红诉孙宝珍、姜增光房屋买卖合同纠纷案（房屋买卖中有效合同无法过户问题）》（李俊晔），载《中国审判案例要览》（2014民：246）；北京二中院(2013)二中民终字第00379号“张某与雷某等房屋买卖合同纠纷案”,见《张林诉雷秉欧等房屋买卖合同纠纷案(无权处分共有物合同及处分行为的效力判定)》(陈文文),载《中国审判案例要览》(2014民:269);北京三中院(2016)京03民终716号“闫某与赵某房屋买卖合同纠纷上诉案”,见《无权处分共有房产致买卖合同解除时的损害赔偿》(李丹、张荣华),载《人民司法·案例》(201720:52);北京二中院(2015)二中民终字第01000号“张某与刘某等确认合同无效案”,见《张洪茹诉刘来永、曹燕翔确认合同无效案——恶意串通事实认定的司法技术与证明标准》(李俊晔),载《人民法院案例选》(201606/100:172);见《出卖人出卖登记在其名下的共有房屋不符合法律规定或者共有人约定的条件,买受人请求强制履行房屋买卖合同的纠纷处理》(仲伟珩,最高院民一庭),载《民事审判指导与参考·指导性案例》(201401/57:149);江苏无锡中院(2009)锡民再终字第0039号“任健与任炳荣所有权确定纠纷再审案”,见《对已拆除的房屋能否判决确权》(姚旭斌),载《人民司法·案例》(201104:61);江苏高院(2014)苏审二民申字第01072号“万某等与狄某等房屋买卖合同纠纷案”,见《万学全、万兵诉狄平等人房屋买卖合同纠纷案》,载《最高人民法院公报·案例》(201802/256:41),另见《万学全、万兵诉狄平等人房屋过户登记纠纷案》,载《江苏省高级人民法院公报》(201801/55:49);新疆乌鲁木齐中院(2011)乌中民四终字第333号“唐某与赵某等确认合同效力纠纷上诉案”;重庆江津法院(2009)津法民初字第3815号“代某诉黄某等房屋买卖合同纠纷案”;云南昆明中院(2008)昆民一终字第458号“金某等与李某房屋买卖合同纠纷案”;云南曲靖中院(2008)曲中民终字第651号“李某与陈某等房屋买卖合同纠纷案”;山东东营中院(2008)东民四终字第125号“马某等与刘某房屋买卖合同纠纷案”;浙江衢州中院(2008)衢中民一终字第375号“宋某与方某等房屋买卖合同纠纷案”;辽宁沈阳中院(2008)沈民(2)终字第872号“徐某与赵某房屋买卖合同纠纷案”;云南昆明中院(2008)昆民一终字第72号“王某与苏某等房屋买卖合同纠纷案”;辽宁沈阳中院(2007)沈民(2)房终字第508号“何某等与王某房屋买卖合同纠纷案”;辽宁沈阳中院(2007)沈民(2)房终字第549号“刘某与宋某房屋买卖合同纠纷案”;四川成都中院(2008)成民终字第653号“胡某与王某等房屋买卖合同纠纷案”;辽宁沈阳中院(2005)沈民(2)房终字第1224“杨某与肖某等房屋买卖合同纠纷案”;辽宁沈阳中院(2005)沈民(2)房终字第645号“赵某与王某房屋买卖合同纠纷案”;辽宁沈阳中院(2005)沈民(2)房终字第549号“张某与王某房屋买卖合同纠纷案”;辽宁沈阳中院(2004)佛中法民一终字第19号“崔某与王某等房屋买卖合同纠纷案”;浙江衢州中院(2002)衢中民一终字第49号“李某等与赵某等房屋买卖合同纠纷案”;北京二中院(2015)二中民终字第01000号“张某与刘某等确认合同无效案”;上海二中院(2009)沪二中民二(民)终字第1347号“吴某与薛某房屋买卖合同纠纷案”；河南郑州中院（2009）郑民一终字第397号“陶某与任某房屋买卖合同纠纷案”；海南省海南中院（2008）海南民二终字第232号“王某与林某房屋买卖合同纠纷案”；上海二中院（2007）沪二中民二（民）终字第920号“华某与严某房屋买卖合同纠纷案”；上海二中院（2009）沪二中民二（民）终字第1922号“吉某与赵某房屋买卖合同纠纷案”；上海二中院（2008）沪二中民二（民）终字第228号“仇某等与瞿某房屋买卖合同纠纷案”；辽宁沈阳中院（2007）沈民（2）房终字第228号“杨某等与周某房屋买卖合同纠纷案”；辽宁沈阳中院（2005）沈民（2）房终字第450号“贾某与刘某等房屋买卖合同纠纷案”；广东广州中院（2009）穗中法民五终字第795号“李某与罗某房屋买卖合同纠纷案”。

6. 表见代理的司法认定

——擅卖他人房，是否也有效？

【表见代理】

【案情简介及争议焦点】

2003年，李某夫妇通过马某介绍以1.6万元从他人手中购买一套房屋，登记在李某名下。购买后该房一直无人居住。2005年，保管该房房产证、土地证及房屋钥匙的李某父与马某达成口头售房协议，交房、交证、交钥匙并收取马某购房款1.5万元。2006年，该房面临拆迁，因李某夫妇拒绝协助办理过户手续，马某遂诉。

争议焦点：1.李某父售房行为能否构成表见代理？2.李某夫妇应否办理过户手续？

【裁判要点】

1.李某父出售案涉房屋行为构成表见代理。李某父作为涉案房屋产权人李某的父亲，经手了涉案房屋的买入，保管涉案房屋的产权证、土地证，实际管理涉案房屋，马某有理由相信李某父有权处分该房。马某在与李某父达成口头房屋买卖约定后，支付了部分房款，并在取得李某父保管的产权证与土地证后，办理入住。故马某行为属善意购买，依法应予保护。

2.李某夫妇应协助马某办理房屋过户手续。因代理行为有效，案涉房屋买卖协议应由李某承受。李某夫妇应履行协议约定的义务。由于不动产权利变动以登记为公示原则,房屋买卖关系中卖房人协助买房人办理交易房屋的产权变更是法定义务。在李某父已将涉案房屋权属证书交给马某,并由马某居住的情况后,李某夫妇应协助马某办理涉案房屋的产权变更。

【裁判依据或参考】

1. 法律规定。《民法典》(2021 年 1 月 1 日)第 162 条:“代理人在代理权限内,以被代理人名义实施的民事法律行为,对被代理人发生效力。”第 164 条:“代理人不履行或者不完全履行职责,造成被代理人损害的,应当承担民事责任。代理人和相对人恶意串通,损害被代理人合法权益的,代理人和相对人应当承担连带责任。”第 168 条:“代理人不得以被代理人的名义与自己实施民事法律行为,但是被代理人同意或者追认的除外。代理人不得以被代理人的名义与自己同时代理的其他人实施民事法律行为,但是被代理的双方同意或者追认的除外。”第 169 条:“代理人需要转委托第三人代理的,应当取得被代理人的同意或者追认。转委托代理经被代理人同意或者追认的,被代理人可以就代理事务直接指示转委托的第三人,代理人仅就第三人的选任以及对第三人的指示承担责任。转委托代理未经被代理人同意或者追认的,代理人应当对转委托的第三人的行为承担责任;但是,在紧急情况下代理人为了维护被代理人的利益需要转委托第三人代理的除外。”第 171 条:“行为人没有代理权、超越代理权或者代理权终止后,仍然实施代理行为,未经被代理人追认的,对被代理人不发生效力。相对人可以催告被代理人自收到通知之日起三十日内予以追认。被代理人未作表示的,视为拒绝追认。行为人实施的行为被追认前,善意相对人有撤销的权利。撤销应当以通知的方式作出。行为人实施的行为未被追认的,善意相对人有权请求行为人履行债务或者就其受到的损害请求行为人赔偿。但是,赔偿的范围不得超过被代理人追认时相对人所能获得的利益。相对人知道或者应当知道行为人无权代理的,相对人和行为人按照各自的过错承担责任。”第 172 条:“行为人没有代理权、超越代理权或者代理权终止后,仍然实施代理行为,相对人有理由相信行为人有代理权的,代理行为有效。”第 209 条:“不动产物权的设立、变更、转让和消灭,经依法登记,发生效力;未经登记,不发生效力,但是法律另有规定的除外。依法属于国家所有的自然资源,所有权可以不登记。”第 210 条:“不动产登记,由不动产所在地的登记机构办理。国家对不动产实行统一登记制度。统一登记的范围、登记机构和登记办法,由法律、行政法规规定。”第 211 条:“当事人申请登记,应当根据不同登记事项提供权属证明和不动产界址、面积等必要材料。”第 212 条:“登记机构应当履行下列职责:(一)查验申请人提供的权属证明和其他必要材料;(二)就有关登记事项询问申请人;(三)如实、及时登记有关事项;(四)法律、行政法规规定的其他职责。申请登记的不动产的有关情况需要进一步证明的，登记机构可以要求申请人补充材料，必要时可以实地查看。”第213条：“登记机构不得有下列行为：(一)要求对不动产进行评估；(二)以年检等名义进行重复登记；(三)超出登记职责范围的其他行为。”第214条：“不动产物权的设立、变更、转让和消灭，依照法律规定应当登记的，自记载于不动产登记簿时发生效力。”第215条：“当事人之间订立有关设立、变更、转让和消灭不动产物权的合同，除法律另有规定或者当事人另有约定外，自合同成立时生效；未办理物权登记的，不影响合同效力。”第216条：“不动产登记簿是物权归属和内容的根据。不动产登记簿由登记机构管理。”第217条：“不动产权属证书是权利人享有该不动产物权的证明。不动产权属证书记载的事项，应当与不动产登记簿一致；记载不一致的，除有证据证明不动产登记簿确有错误外，以不动产登记簿为准。”第218条：“权利人、利害关系人可以申请查询、复制不动产登记资料，登记机构应当提供。”第219条：“利害关系人不得公开、非法使用权利人的不动产登记资料。”第220条：“权利人、利害关系人认为不动产登记簿记载的事项错误的，可以申请更正登记。不动产登记簿记载的权利人书面同意更正或者有证据证明登记确有错误的，登记机构应当予以更正。不动产登记簿记载的权利人不同意更正的，利害关系人可以申请异议登记。登记机构予以异议登记，申请人自异议登记之日起十五日内不提起诉讼的，异议登记失效。异议登记不当，造成权利人损害的，权利人可以向申请人请求损害赔偿。”第222条：“当事人提供虚假材料申请登记，造成他人损害的，应当承担赔偿责任。因登记错误，造成他人损害的，登记机构应当承担赔偿责任。登记机构赔偿后，可以向造成登记错误的人追偿。”**《物权法》**(2007年10月1日，已于2021年1月1日起失效)第17条：“不动产权属证书是权利人享有该不动产物权的证明。不动产权属证书记载的事项，应当与不动产登记簿一致；记载不一致的，除有证据证明不动产登记簿确有错误外，以不动产登记簿为准。”第97条：“处分共有的不动产或者动产以及对共有的不动产或者动产作重大修缮的，应当经占份额三分之二以上的按份共有人或者全体共同共有人同意，但共有人之间另有约定的除外。”第106条：“无处分权人将不动产或者动产转让给受让人的，所有权人有权追回；除法律另有规定外，符合下列情形的，受让人取得该不动产或者动产的所有权：(一)受让人受让该不动产或者动产时是善意的；(二)以合理的价格转让；(三)转让的不动产或者动产依照法律规定应当登记的已经登记，不需要登记的已经交付给受让人。受让人依照前款规定取得不动产或者动产的所有权的，原所有权人有权向无处分权人请求赔偿损失。当事人善意取得其他物权的，参照前两款规定。”**《合同法》**(1999年10月1日，已于2021年1月1日起失效)第42条：“当事人在订立合同过程中有下列情形之一，给对方造成损失的，应当承担损害赔偿责任：(一)假借订立合同，恶意进行磋商；(二)故意隐瞒与订立合同有关的重要事实或者提供虚假情况;(三)有其他违背诚实信用原则的行为。”第49条:“行为人没有代理权、超越代理权或者代理权终止后以被代理人名义订立合同,相对人有理由相信行为人有代理权的,该代理行为有效。”第51条:“无处分权的人处分他人财产,经权利人追认或者无处分权的人订立合同后取得处分权的,该合同有效。”**《城市房地产管理法(2019年修正)》**(2020年1月1日)第38条:“下列房地产,不得转让:……(四)共有房地产,未经其他共有人书面同意的……”

2. 行政法规。国务院**《不动产登记暂行条例》**(2019年修订)第16条:“申请人应当提交下列材料,并对申请材料的真实性负责:(一)登记申请书;(二)申请人、代理人身份证明材料、授权委托书;(三)相关的不动产权属来源证明材料、登记原因证明文件、不动产权属证书;(四)不动产界址、空间界限、面积等材料;(五)与他人利害关系的说明材料;(六)法律、行政法规以及本条例实施细则规定的其他材料。不动产登记机构应当在办公场所和门户网站公开申请登记所需材料目录和示范文本等信息。”

3. 司法解释。最高人民法院**《印发〈关于当前形势下审理民商事合同纠纷案件若干问题的指导意见〉的通知》**(2009年7月7日　法发〔2009〕40号)第13条:“合同法第四十九条规定的表见代理制度不仅要求代理人的无权代理行为在客观上形成具有代理权的表象,而且要求相对人在主观上善意且无过失地相信行为人有代理权。合同相对人主张构成表见代理的,应当承担举证责任,不仅应当举证证明代理行为存在诸如合同书、公章、印鉴等有权代理的客观表象形式要素,而且应当证明其善意且无过失地相信行为人具有代理权。”第14条:“人民法院在判断合同相对人主观上是否属于善意且无过失时,应当结合合同缔结与履行过程中的各种因素综合判断合同相对人是否尽到合理注意义务,此外还要考虑合同的缔结时间、以谁的名义签字、是否盖有相关印章及印章真伪、标的物的交付方式与地点、购买的材料、租赁的器材、所借款项的用途、建筑单位是否知道项目经理的行为、是否参与合同履行等各种因素,作出综合分析判断。”最高人民法院**《关于适用〈中华人民共和国合同法〉若干问题的解释(二)》**(2009年5月13日　法释〔2009〕5号,已于2021年1月1日起失效)第12条:“无权代理人以被代理人的名义订立合同,被代理人已经开始履行合同义务的,视为对合同的追认。”第13条:“被代理人依照合同法第四十九条的规定承担有效代理行为所产生的责任后,可以向无权代理人追偿因代理行为而遭受的损失。”最高人民法院**《关于得暐企业有限公司与荣成丰盛源食品有限公司买卖合同纠纷一案仲裁条款效力的请示的复函》**(2005年3月25日　〔2005〕民四他字第11号):“根据你院请示报告所述事实及所附案卷材料分析,蔡志祥既非得暐企业有限公司(以下简称企业公司)的法定代表人,也非该公司的职员,其以企业公司名义于2004年5月5日与荣成丰盛源食品有限公司(以下简称食品公司)签署包含有仲裁条款的协议时未得到企业公司的明确授权,而且企业公司对蔡志祥以本公司名义签署的该协议明确表示不予追认,因此,蔡志祥无权代表企业公司签署此份协议,该协议对企业公司不具有法律约束力。你院的请示意见和青岛中院第一种意见是正确的。青岛中院第二种意见认为蔡志祥的行为构成表见代理,其理由主要有两点:(1)蔡志祥与企业公司之间有密切的联系。(2)在诉讼中蔡志祥接受企业公司的委托,作为其诉讼代理人。首先,仅以蔡志祥与企业公司有密切联系为由认定蔡志祥的行为构成表见代理,显然是缺乏法律依据的。而且从食品公司提交的几份证据材料看,蔡志祥均是代表其本人或者其他公司签署协议,从未代表企业公司签署过协议。其次,关于蔡志祥作为企业公司诉讼代理人的问题。本案蔡志祥签署包含有仲裁条款协议的日期是2004年5月5日,而本案诉讼是企业公司于2004年5月20日向青岛中院提起,青岛中院于2004年5月21日立案。企业公司委托蔡志祥作为本案诉讼代理人是在青岛中院立案之后,授权委托书载明台湾台南地方法院公证处对该委托书的公证日期是2004年11月19日。即企业公司委托蔡志祥作为诉讼代理人是在蔡志祥签署协议之后,蔡志祥签署包含有仲裁条款的协议时,并非是企业公司的诉讼代理人,因此以蔡志祥是企业公司的诉讼代理人作为认定蔡志祥签署包含仲裁条款的协议的行为构成表见代理的理由显然亦不能成立。故青岛中院第二种意见是缺乏根据的。综上,同意你院的请示意见和青岛中院的第一种意见。"最高人民法院**《关于共有人之一擅自出卖共有房屋无效的批复》**(1988年10月24日　〔1988〕民他字第56号):"……崔希舜未经赵文运等房屋共有人同意,于1972年11月4日擅自将郑州市南学街67号院内东屋北头2间出卖给于金明是不合法的。1984年11月,该房屋共有人赵文运等诉至郑州市管城回族区人民法院,要求废除房屋买卖关系。一、二审法院判决买卖关系无效并无不当……"最高人民法院**《关于郑松宽与郑道瀛、吴惠芳等房屋典当卖断纠纷案如何处理的复函》**(1992年9月14日):"……双方当事人讼争的饶平县黄岗镇竹篾街16号右之二房屋一间系余惠卿于1966年8月作为已有房产由其养子郑道瀛经手,以典价270元、典期8年,出典给郑松宽的,当时吴惠芳等人未提出异议。1982年4月,郑道瀛以3000元的价款(包括典价270元)将出典房屋卖断给典权人郑松宽。1984年余惠卿去世前,未提出异议。鉴于郑松宽善意、有偿买断承典房屋已事隔多年,郑道瀛等人翻悔卖断协议,要求赎回房屋的主张不予支持。"最高人民法院**《关于孙世界、孙世明与孙洪武等人房屋继承申诉案的复函》**(1990年2月5日):"……你院冀民〔1989〕150号关于孙世界、孙世明与孙洪武、孙洪德、孙淑芹房屋继承申诉一案,对土改时祖遗房产填写土地房产所有证后的产权确认问题的请示报告收悉。经研究,我们同意你院的第一种意见,即双方诉争之六间房产系祖遗房产,其父辈孙履忠、孙履坦兄弟二人未曾分家析产。在土改填发土地房产所有证时,孙履坦将该房产填写在自己名下,但未载明家庭人数,据土改干部证明:‘该房是哥俩的,土地证填写谁的名都行。’因此,该房产应视为孙履忠、孙履坦之父遗产,按先析产后继承的原则处理为宜。具体如何分割,请根据实际情况酌定。”最高人民法院**《关于刘好福、刘好祯与刘好禄、刘好祥房屋纠纷案的批复》**(1988 年 4 月 13 日 〔1988〕民他字第 16 号):“……至于诉争房屋系属刘氏兄弟共有还是刘好禄个人所有的问题,则应以 1947 年至 1949 年期间刘氏兄弟是否共同生活、共同劳动等情况予以确定,如果在此期间刘好福、刘好祯、刘好祥与刘好禄确已分居另过,且无兄弟共有的其他事实,诉争房屋则可确定归刘好禄所有。”最高人民法院**《关于贯彻执行〈中华人民共和国民法通则〉若干问题的意见(试行)》**[1988 年 4 月 2 日 法(办)发〔1988〕6 号,已于 2021 年 1 月 1 日起失效]第 89 条:“共同共有人对共有财产享有共同的权利,承担共同的义务。在共同共有关系存续期间,部分共有人擅自处分共有财产的,一般认定无效。但第三人善意、有偿取得该财产的,应当维护第三人的合法权益;对其他共有人的损失,由擅自处分共有财产的人赔偿。”最高人民法院**《关于李德成诉邓崇勋房屋买卖纠纷一案的批复》**(1988 年 3 月 21 日 〔1988〕民他字第 6 号):“……李德成于 1974 年经人介绍,与邓崇勋达成房屋买卖协议,李以 400 元价款,购买了邓崇勋以及其母蒋芳淑、妹妹邓洪民共有房屋两间。李德成交付房款时,邓崇勋出具了由本人签字和盖有其母私章的收据,随即李也搬进该房居住,并修建了厨房。1975 年蒋芳淑与邓洪民一同由京返蓉,未提出异议。1980 年邓崇勋曾要李德成与另一买房人彭谦惠一道去房管部门办理税契过户手续。1985 年因政府征用此宅,邓反悔,李才诉至法院。根据我院《关于贯彻执行民事政策法律若干问题的意见》第 55 条和 56 条的规定和本案具体情况,我们同意你院审判委员会的意见,即此房屋买卖关系应为有效。”最高人民法院**《关于非所有权人将他人房屋投资入股应如何处理问题的批复》**(1987 年 2 月 23 日):“……曹碧玉擅自将曹桂芳的房屋入股是一种侵权行为,非产权人的入股属无效的民事行为,人民法院应依法保护曹桂芳的房屋所有权。”最高人民法院**《关于贯彻执行民事政策法律若干问题的意见》**(1984 年 8 月 30 日,已于 2019 年 7 月 20 日起失效)第 55 条:“非所有权人出卖他人房屋的,应废除其买卖关系。部分共有人未取得其他共有人同意,擅自出卖共有房屋的,应宣布买卖关系无效。买方如不知情,买卖关系是否有效应根据实际情况处理。其他共有人当时明知而不反对,事后又提出异议的,应承认买卖关系有效。因买卖关系无效而造成的经济损失,有过错的一方应负责赔偿。”第 56 条:“买卖双方自愿,并立有契约、买方已交付了房款,并实际使用和管理了房屋,又没有其他违法行为,只是买卖手续不完善的,应认为买卖关系有效,但应着其补办房屋买卖手续。”

4. 部门规范性文件。建设部**《房屋登记办法》**(2008 年 7 月 1 日,已于 2019 年

9月6日起失效)第25条:“房屋登记机构应当根据房屋登记簿的记载,缮写并向权利人发放房屋权属证书。房屋权属证书是权利人享有房屋权利的证明,包括《房屋所有权证》《房屋他项权证》等。申请登记房屋为共有房屋的,房屋登记机构应当在房屋所有权证上注明‘共有’字样……”第26条:“房屋权属证书、登记证明与房屋登记簿记载不一致的,除有证据证明房屋登记簿确有错误外,以房屋登记簿为准。”建设部**《城市房地产转让管理规定》**(2001年8月15日)第6条:“下列房地产不得转让:……(四)共有房地产,未经其他共有人书面同意的……”

5. 地方司法性文件。湖北高院民二庭**《当前商事审判疑难问题裁判指引(上)》**(2016年11月)第7条:“表见代理的构成要件。依据《合同法》第四十九条认定表见代理,应当以被代理人的行为与权利外观的形成具有一定的牵连性即被代理人具有过错为前提,以相对人善意、无过错为条件。被代理人无过错,或者相对人有过错的,应认定不构成表见代理。”安徽高院**《关于审理房屋买卖合同纠纷案件适用法律问题的指导意见》**(2012年3月5日)第15条:“共有房屋的部分登记权利人转让房屋,属于无权处分行为,其他登记权利人以转让房屋未经其同意为由主张买卖合同无效的,一般予以支持。但买受人有理由相信出卖人有代理权的除外。共有房屋登记在一人或部分共有人名下,登记权利人转让共有房屋,亦属于无权处分行为,其他共有人主张房屋买卖合同无效的,人民法院应根据《中华人民共和国物权法》第一百零六条第一款的规定进一步审查买受人是否构成善意取得。”北京高院**《关于审理房屋买卖合同纠纷案件适用法律若干问题的指导意见(试行)》**(2010年12月22日　京高法发〔2010〕458号)第5条:“出卖人将登记在其个人名下的法定共有房屋,未经占份额2/3以上的按份共有人或全体共同共有人同意,擅自以自己名义转让给他人,买受人为善意的,可以认定房屋买卖合同有效。买受人符合《物权法》第一百零六条第一款规定的善意取得构成要件办理了房屋所有权转移登记,其他共有人要求追回该房屋的,不予支持……”第19条:“《物权法》第一百零六条第一款规定在适用上应作如下理解:(1)房屋善意取得中‘善意’的判断标准:买受人信赖房屋登记簿中关于物权登记的记载,不知道出卖人无处分权即推定买受人为善意,但确有证据证明买受人明知或因重大过失不知房屋登记簿中物权登记错误或者登记簿中存在异议登记的除外。房屋原权利人对于买受人为恶意负有举证责任。(2)‘以合理的价格转让’是指买卖双方之间存在以合理价格转让房屋的交易行为,且买受人已实际全部或部分支付了房屋价款。(3)房屋善意取得以房屋所有权已经转移登记到买受人名下为生效要件。房屋已经办理转移登记但尚未交付的不影响善意取得的构成,但该事实可以作为判断买受人是否构成善意的因素之一。”上海高院**《关于审理“二手房”买卖案件若干问题的解答》**(2005年12月16日)第2条:“审判实践中,经常遇到房屋共有人以其他共有人擅自处分共有财产为由,主张其他共有人对外签订的'二手房'买卖合同无效。对此问题,应区别不同的情形分别处理。一是房屋出售时,权利登记仅为出卖人一人的,基于不动产的公示、公信原则,买受人有理由相信出卖人系房屋的完全权利人,其与出卖人之间签订的买卖合同,应认定为有效;但如有证据证明买受人存有过错,与出卖人恶意串通,损害其他共有人利益的除外。二是房屋出售时,权利登记为数人的,基于部分共同共有人不得擅自处分共有财产的法律规定,在其他权利人事后不予追认的情况下,应认定买卖合同无效;但买受人有理由相信出卖人有代理权,符合表见代理构成要件的,应确认买卖合同有效。"第3条:"房屋权利人个人购买所得的房屋,配偶或其他亲属因婚姻或亲属关系形成了同住事实,房屋所有权人有义务保障其居住权益,但该权益的存在并不构成对房屋所有权人处分房屋的限制。因此,未经在房屋内共同居住的其他成员同意并不影响房屋所有权人对外签订的房屋买卖合同的效力。"江苏高院**《关于印发〈关于适用中华人民共和国合同法若干问题的讨论纪要(一)〉的通知》**(2005年9月26日　苏高发审委〔2005〕16号)第14条:"人民法院在审理涉及表见代理纠纷案件时,即要注重保护善意相对人利益,又要兼顾被代理人利益。认定构成表见代理的,应当以被代理人的行为与权利外观的形成具有一定的牵连性即被代理人具有一定的过错为前提,以'相对人有理由相信行为人有代理权'即相对人善意无过失为条件。"第15条:"在衡量相对人是否构成善意无过失时,应结合代理原理和经验法则以及案件的具体情况等因素综合作出判断。下列情形下不应当认定为属于合同法第四十九条所称的'相对人有理由相信行为人有代理权':(1)被代理人授权明确,行为人越权代理的;(2)行为人与相对人订立的合同内容明显损害被代理人利益的;(3)基于经验法则,行为人的代理行为足以引起相对人合理怀疑的。"北京高院、北京国土资源和房屋管理局**《关于在执行案件中涉及房地产若干问题的处理意见》**(2000年7月3日　京高法发〔2000〕234号)第3条:"房屋、土地权属的确认,以房屋所有权人、土地使用权人和他项权利人在房地产行政主管部门的登记,或房地产行政主管部门提供的权属证明为准。预售商品房,以房地产主管部门的预售登记为准。"北京高院**《关于审理土地行政案件有关问题的意见(试行)》**(2005年1月10日　京高法发〔2005〕9号)第17条:"权属登记行为合法,但权属登记存在瑕疵,确有补正必要的,法院可以作出确认登记行为合法或者有效判决,并视情况判令权属登记行政主管部门对权属登记瑕疵限期补正。"第18条:"原告对有多个权利主体的同一登记证书中涉及自己的权益部分提起诉讼,经人民法院审查认为该项权属登记确有错误,可以就该部分登记事项作出撤销或者确认无效的判决。原告对单一权利主体领取的权属证书,主张其中的部分权利向人民法院提出诉讼请求,人民法院经审查认为对原告的请求应予支持的,人民法院可以仅就原告请求部分作出裁判。"辽宁沈阳中院《**关于审理房地产案件若干问题的处理意见(之二)**》(2004 年 12 月 2 日沈中法〔2004〕31 号)第 3 条:“关于使用权房屋的同住人口是否能够构成对房屋的共有问题。共有的产生通常是基于当事人的意思表示和法律的直接规定,居住本身不会产生共有。因此,同住人口是否对共同居住的房屋具有共有权,要看该房屋是否已经转化为家庭共同财产或系共同投入所得。在取得公房使用权时,除承租代表人外,其他同住人口作为分房时确定面积等因素的一个重要条件的,或其他同住人口交纳了增加面积款的,或所交旧房为其他同住人口的共有财产的,即使房屋使用权证上未明确记载该同住人口为共同承租人,也可构成共有。否则,仅凭居住不能构成对公有住房使用权的共有。”

6. 参考案例

(1)构成表见代理案例。2015 年**吉林某房屋买卖合同纠纷案**,2014 年,韩某以自己名下房产4 年前被父亲擅自售予崔某为由,诉请判令崔某返还。法院认为:根据法院查明事实,韩某、韩某父、孙某三人于 2010 年在当地派出所辖区共同居住,办理过暂住证明,并曾在当地合意买卖房屋。韩某父银行账户期间多次支取大额款项。韩某期间在账户存入大额款项。韩某外出工作前,与父母一直在涉案房屋共同居住生活。韩某外出工作后,与父母联系密切,交流正常。韩某在审理期间坚持称期间“一直在外地工作,父子关系不好,长时间不联系”主张与查明客观事实相矛盾,且并未作出合理解释。出卖房屋系日常生活中重大处分事项,根据日常生活经验,韩某父决定处分涉案房屋以及决定房屋出卖方式与价格等,与家庭成员必定经过一个协商过程,韩某作为家里未婚成年人、共同生活一方,对于父亲出卖自己名下房屋意图和行为应当知悉。根据查明事实,韩某父在出售涉案房屋前曾贴过出售广告,韩某父家因韩某参加工作而宴请宾客,宴客时韩某在家,当时出售广告已张贴出来。结合韩某曾委托韩某父代办、代取房屋所有权证行为看,韩某在本案审理期间坚持的父亲“背着自己将涉案房屋出售,本人并不知情”的主张显然不符常理,且无相关证据证明。韩某对在自己账户卖房收款同日出现的同等数额重大收支情况,韩某、韩某父庭审中仅辩解两笔款项没有关系,并未作出合理解释。崔某购买涉案房屋时主观是善意的,支付了合理对价,至韩某提起诉讼时已实际占有、使用涉案房屋达 4 年之久。根据证据优势原则和日常经验,可认定韩某当时对韩某父与崔某买卖涉案房屋情况是知情和认可的,并以自己行为对房屋买卖作出了真实意思表示,符合有权代理的法律要件,韩某父对涉案房屋是有权代理韩某进行处分的,韩某应对代理人韩某父行为承担民事责任。判决驳回韩某诉请。2011 年**某房屋买卖合同纠纷案**,张某母死亡后,登记在张某父名下的夫妻共有房屋未作分割,由张某父继续居住。两年后,张某父再婚,与其妻赵某仍在此共同生活。张某留学在外,闻知其父病逝消息回国后发现,赵某已将张某父名下房产转让给齐某。张某诉请赵某和齐某返还房产。法院认为:案涉房屋登记在张某父名下,本为张某父母的夫妻共同财产。张某母死亡后,其配偶、子女均为法定第一顺序继承人。由于当时张某尚在校就读,未婚,故无单独的住房要求,亦未对属于张某母的遗产进行分割。张某父死亡后,其再婚妻子赵某利用掌握在手的张某父名章和未交回公安机关的张某父身份证,将张某父名下房屋出售给齐某。依《继承法》规定,张某父死亡后,其第一顺序继承人有其妻赵某和儿子张某。但案涉房屋并非全部为张某父遗产,其中应将张某母死亡后由张某父和张某继承的遗产析出,即整个房屋二分之一为张某母遗产,另外二分之一为张某父财产。张某母遗产中的二分之一为张某父继承,另外二分之一为张某所有。张某父死亡后,其遗产范围是整个房屋二分之一加上其从张某母遗产中继承的二分之一。赵某虽与张某父结婚,但该房屋系张某父婚前财产,故其并非共有人。在张某父死亡后其作为张某父配偶有权作为法定第一顺序继承人继承张某父遗产的二分之一。赵某擅自处分张某父名下全部房屋,侵犯了张某财产权和继承权,张某有权以赵某和齐某为被告诉请追回自己应从父母遗产中继承份额的房产。张某能否通过诉讼最终从齐某处追回房产,则取决于齐某在购买赵某所售张某父名下房产时是否属于善意取得,即其购房手续是否完备、合法,已进行房屋产权转移登记、支付了对价,且不了解赵某售房时张某父已死亡,不可能出具委托手续,赵某亦无案涉房屋全部产权。如齐某属于善意取得,则为保护交易安全,法院不会判决齐某向张某返还案涉房屋。张某获得救济途径只能是请求赵某返还其应继承份额的房价款并要求赵某赔偿其财产权受到侵害所遭受损失。如齐某不属于善意取得或所购房屋未进行产权变更登记,则张某诉请应得到法院支持。2010 年**某房屋买卖合同纠纷案**,2008 年,陈某与谢某因离婚纠纷而诉至法院。2009 年,谢某将自己名下夫妻共同财产作价 86 万元售予宋某。此外,谢某、宋某与中介公司另签三方协议,约定成交价格 138 万元。生效判决认定谢某与宋某所签售房合同无效,但前述三方协议有效。陈某依前述合同无效判决,申请房管部门撤销了宋某的产权登记。2010 年,陈某诉请宋某返还房屋并恢复原状。法院认为:在无权处分导致善意取得情况下,虽引起该物权变动的合同即原因部分无效,但该物权之所以能变动的结果却是来自《物权法》直接规定。在此情况下,引起物权变动的合同无效,但实际上,该合同却相当于得到了实际履行,因按善意取得制度构成要件,要支付合理价格,而该价格是买卖合同约定的,另行交付房屋、办理过户手续等亦系买卖合同约定的,故实际上是把无效合同当作有效来处理了。本案诉争房屋已由谢某出售给宋某并办理了过户手续。虽陈某经诉讼,法院认定谢某与宋某所签房屋买卖合同无效,但除该合同外,另签有房屋买卖三方合同,且案中已认定房屋转让系依据三方合同,并认定三方合同实际主体为谢某、宋某以及中介公司。在此情况下,陈某仅根据谢某与宋某所签房屋买卖合同无效要求宋某返还房屋并将该房屋产权登记恢复原状，缺乏事实及法律依据，法院不予支持。判决驳回陈某要求宋某返还房屋并将该房屋产权登记恢复原状等诉请。2016年**北京某物权纠纷案**，2002年，王某兄与汪某经协商以自己名义将代管王某分家所得院落卖与汪某，汪某支付对价并实际占有上述房屋。2011年，王某起诉王某兄及汪某要求确认上述农村房屋买卖合同无效。2014年，生效判决驳回王某诉请，认定上述房屋买卖合同有效。2015年，王某以其系涉案院落房屋所有人身份，诉请汪某返还。法院认为：非所有权人擅自处分所占有财产，如第三人是善意、有偿、依法定手续取得该财产所有权的，第三人不负返还义务。王某兄与汪某就涉案院落房屋达成的买卖合同经法院审理，合法有效。王某兄处分涉案院落房屋时虽系无权处分，但处分行为发生时，王某兄长期占有涉案院落，鉴于二人之间系兄弟关系，此时如苛求汪某知晓王家对涉案房屋分家情况，无疑是对汪某审查义务不适当加重，如此，则任何市场交易都将因审查义务过重而变得异常艰难，故汪某在交易时具备合理信赖，其信赖利益理应受保护。同时，在签订合同之时，汪某支付了合理对价。至于王某诉称转让不动产需进行登记，考虑到我国农村不动产登记制度不完善客观实际，并鉴于涉案房屋未曾进行过不动产登记，王某分家之时亦未进行变更登记，此时如要求汪某取得上述房屋需登记，不合实际和情理，在此情形下要求当事人须进行上述登记行为，客观上不利于保护善意第三人合法权益。综上，应认定汪某通过买卖行为已善意取得涉案院落房屋，判决驳回王某诉请。2012年**四川某房屋行政登记纠纷案**，2000年11月，滕某提交虚假的离婚证、单位证明，向房管局申请将名下房屋售予向某，申请表上加盖公章亦系虚假。2012年，滕某丈夫高某以前述房产系夫妻共有房产为由诉请撤销房产证。法院认为：房管局作出被诉具体行政行为于2000年11月，参照当时建设部《城市房屋权属登记管理办法》第8条规定，本案房管局具有对辖区房屋权属登记的行政职权，故其依当事人申请所作被诉具体行政行为系依法行使行政职权行为。滕某申请权属转移登记时提交的离婚证、单位证明及申请表上加盖公章系虚假、伪造。房管局作为房屋权属登记机关，在接受申请人房屋转移登记申请后，对其提交的相关申请材料进行了审核，认定其提交材料齐备，并依法在法定工作时限内作出房屋移转登记，在整个行为中已尽到合理审慎的审查义务，但终因虚假的申请材料导致该房屋权属转移登记事实上错误，理应撤销，但因向某在购买该房屋时属于善意取得，且实际占有使用该房屋，故判决确认房管局权属转移登记行为违法，驳回高某要求撤销该房屋所有权证诉请。2011年**山西某所有权纠纷案**，2010年，李某将同居期间与苏某共同购买、现登记在李某名下的房产通过中介售予王某并办理过户。2011年，因李某、苏某拒绝腾房致诉。法院认为：诉争房屋虽为李某与苏某同居期间购买，但由于王某与李某签订购房合同时该房记载的房屋所有权人为李某，无其他共有人，且公证处又出具了李某为单身的公证书。同时,该房屋买卖行为又经中介公司介绍,故王某完全有理由相信诉争房屋所有权人为李某一人。在购房合同签订后,王某支付了房屋对价,在买卖双方及中介公司参与下,又将原为李某所有的房屋办至王某名下,依《物权法》第106条规定,可确定王某取得该房屋所有权属善意取得,购房合同应为有效。依《物权法》第9条规定,不动产物权的设立、变更、转让和消灭必须经依法登记,发生效力。王某与李某依双方所签购房合同,将原产权为李某的房屋转移登记至王某名下后,王某即取得该房所有权。现李某与苏某无合法依据占有该房屋,故判决李某、苏某腾房。2010年**北京某房屋买卖合同纠纷案**,2009年,李某将房产证载明其占99%、其子占1%的房屋售予张某并办理过户。2010年,李某妻汪某以双方恶意串通为由,诉请确认合同无效。法院认为:涉案房屋所有权证载明李某所占诉争房屋权属份额为99%,李某子占权属份额1%。李某将涉案房屋卖予张某,张某根据李某出具的房屋所有权证载明的所有权人状况及李某作为其子法定代理人而出具的证明监护关系的相应公证书,有理由相信李某有权对涉案房屋进行全权处理。张某在购买涉案房屋时,尽到了受让人注意义务,不存在过错。根据李某、张某陈述及提交的相应交易记录,李某收条、银行电汇凭证、储蓄账户明细账,可认定双方就涉案房屋实际交易价格,该价格比照当时涉案房屋所在地区二手房价格,并不属明显过低。汪某称李某、张某签订存量房屋买卖合同属恶意串通、虚假交易,张某不属善意第三人,但就此未提交充足证据证明,故不予采信。判决驳回汪某诉请。2010年**北京某房屋买卖合同纠纷案**,2008年,宋某在妻子芦某住院期间,将自己名下房产通过中介售予梁某。2010年,芦某以恶意串通为由,诉请确认合同无效。法院认为:依法成立的合同,受法律保护,对当事人具有法律约束力。受让人以合理价格善意受让不动产并依法律规定办理登记的,受让人取得不动产所有权,原所有权人有权向无处分权人请求赔偿损失。本案中,在签订房屋买卖合同时,梁某让宋某提交了本人身份证、持证人为芦某的结婚证,芦某、宋某户口本及配偶同意出售证明,已尽相应审查义务。在此情况下,梁某有理由相信宋某及其配偶芦某同意出售诉争房屋。双方实际成交价格高于评估价格,宋某系以合理价格转让诉争房屋。现诉争房屋已登记在梁某名下。基于以上事实,梁某系善意第三人,其所有权应受法律保护。芦某作为诉争房屋共有人,可依法向宋某主张相应损失。判决驳回芦某诉请。2010年**北京某房屋买卖合同纠纷案**,2009年1月5日,谢某以138万元市场价通过中介出售名下房产予宋某。同年1月12日,谢某与宋某在房管局签订存量房买卖合同,为避税,约定房款为86万元,该份合同后被法院确认无效,房管局据此撤销过户登记。谢某之妻陈某遂起诉宋某要求返还房屋。法院认为:宋某对诉争房屋的占有系基于2009年1月5日所签房屋买卖合同,在不存在生效法律文书确认该合同无效前提下,陈某要求返还诉争房屋的诉请，法院不予支持。善意取得系《物权法》规定的一种所有权取得的特别规定，目的是保护占有或登记的公信力，保护交易安全，鼓励交易，故从善意取得构成要件看，只要构成要件一经具备，即应产生相应法律后果，而不论该登记行为最后是否被撤销，或被撤销后又再行恢复。宋某依据与谢某 2009 年 1 月 12 所签存量房屋买卖合同取得房屋产权并办理登记，完全符合善意取得制度构成要件，产生了善意取得的法律效力。嗣后登记被撤销，并不能因此否认宋某对诉争房屋所享有权利。判决驳回陈某诉请。2010 年**重庆某房屋买卖合同纠纷案**，2000 年，池某与妻子毛某向开发公司预购商品房。2002 年，池某与毛某离婚。2003 年，毛某将前述房产以原价转售李某，并由李某直接与开发公司签订房屋买卖合同，合同中甲方签名处池某签字捺印均系伪造。2010 年，池某以毛某处分前述房产构成无权处分为由，诉请确认无效。法院认为：《物权法》第 106 条规定，无处分权人将不动产或动产转让给受让人的，所有权人有权追回；除法律另有规定外，符合下列情形的，受让人取得该不动产所有权：（一）受让人受让该不动产或动产时是善意的；（二）以合理的价格转让；（三）转让的不动产或动产依照法律规定应当登记的已经登记，不需要登记的已经交付给受让人。受让人依照前款规定取得不动产或动产所有权的，原所有权人有权向无处分权人请求赔偿损失。本案中，毛某在与李某签订房屋买卖合同后，李某及其家人使用诉争房屋多年，毛某未向李某索要房款，而在本案诉讼中才提出其未收到房款，据此可推定当初毛某明知并认可李某向开发公司付款事实。池某、毛某无证据证明受让人李某属恶意取得诉争房屋，故可推定为善意取得。李某购房价格与毛某原购房单价持平，基本符合当时市场行情，可认定系以合理价格转让。李某受让该房屋后办理了产权变更登记，其夫陈某去世后，该房屋已被继承，房屋产权已变更登记在继承人名下。受让人李某取得物权系基于《物权法》直接规定，具有确定性和终局性。双方房屋买卖符合《物权法》第 106 条规定的法律要件，应受法律保护。毛某售房既无池某书面授权，亦未通知共有权利人池某，擅自转让该房屋，侵犯了池某合法权益，池某可依《物权法》规定向无处分权人毛某请求赔偿损失。判决驳回池某诉请。2010 年**浙江某房屋买卖合同纠纷案**，2008 年，郑某将丈夫王某名下房产委托中介出售给项某，并以冒名男子持王某身份证在房管局现场签订买卖合同并办理过户手续。2009 年，王某起诉房管局，要求撤销过户登记。法院认为：依《房屋登记办法》第 33 条规定，申请房屋所有权转移登记，除了应当提交登记申请书、申请人身份证明、房屋所有权证书或者房地产权证书外，还应提交证明房屋所有权发生转移的材料。本案项某通过买卖取得房屋，故申请登记时，房管局应要求申请人提供房屋买卖合同，而房管局以申请人现场在房地产交易、房屋所有权发证申请审批表中填写的房屋买卖相关内容来替代房屋买卖合同，程序上有瑕疵。房产登记机构主要是查验房屋产权证和身份证明真实性，并查实双方申请人是否到场。在办理权属登记时,郑某带了冒名王某男子到场,该男子执有王某真实且仍有效身份证,当场在房地产交易、房屋所有权发证申请审批表上签名,房管局有理由相信该男子即王某。房管局办理转移登记时,作为出卖方的王某并无将争议房屋出卖给项某真实意思表示,房管局作出的房屋登记行为依法应当撤销,但根据《房屋登记办法》第 81 条规定,应优先保护善意第三人利益,故王某请求撤销房管局核发房屋所有权证行为,没有事实和法律依据。判决驳回王某诉请。2009 年**重庆某房屋买卖合同纠纷案**,2008 年,华某购买同村同组唐某房屋并翻建。事后,唐某妻子赵某以不知情为由诉请确认卖房协议无效。法院认为:依最高人民法院《关于贯彻执行〈中华人民共和国民法通则〉若干问题的意见(试行)》第 89 条规定,在共同共有关系存续期间,部分共有人擅自处分共有财产的,一般认为无效。但第三人善意、有偿取得该项财产的,应当维护第三人的合法权利;对其他共有人的损失,由擅自处分共有财产的人赔偿。最高人民法院《关于适用〈中华人民共和国婚姻法〉若干问题的解释(一)》第 17 条规定,夫或妻非因日常生活需要对夫妻共同财产作出处理决定,夫妻双方应当平等协商,取得一致意见。他人有理由相信其为夫妻共同意思表示的,另一方不得以不同意或不知道为由对抗善意第三人。本案中,赵某虽未在案涉卖房协议上签字,但签订协议时在场人证实当时唐某称他说了算,并代赵某签名、捺印。赵某与唐某住在一起,并未离开当地,对华某拆房行为亦未提出异议,故应认定华某有充分理由相信赵某知道并同意唐某卖房与华某,故案涉卖房协议合法有效。判决驳回赵某诉请。2009 年**北京某房屋买卖合同纠纷案**,1997 年,阮某以 12.5 万元从建筑公司购买房屋。2006 年,阮某通过中介以 18.4 万元将该未办产权证房屋转售刘某并将原购房协议交给刘某。2008 年,因第三人温某以其与阮某协议离婚时约定该房归温某所有为由,导致过户争议。中介证明,签约、看房时,温某均与阮某一起。法院认为:案涉售房合同通过中介公司交易,而中介公司能知道阮某要出售该房,是通过阮某及第三人温某共同告知的,且中介公司带刘某去现场看房时,第三人温某在场,由此认定,阮某及第三人温某对此次房屋买卖行为应是明知的。因历史原因案涉房屋当时未能办理房屋产权登记,而阮某在收到房款同时,将原购房协议给了刘某,从而使得刘某足以相信阮某即房屋所有人,因原购房协议在未进行产权登记情况下即为房屋所有权重要证据。第三人温某亦应知道该购房协议重要性,在明知是自己所有房屋情况下,不保留该重要证据,与情理不符。刘某通过中介公司与阮某签订房屋买卖合同,主观上是善意的。刘某以合理价格交付价款后,已实际取得该房所有权,虽在形式上未能办理过户手续,系因当时条件所限,符合善意取得条件,应认定刘某善意取得该房屋所有权。判决案涉房屋归刘某所有。2002 年**福建某房屋买卖合同纠纷案**,1995 年,杨某将名下店房售予包某,包某支付购房款 7000 元,杨某妻子李某在现场。2002年,李某诉请确认该房屋买卖合同无效。法院认为:杨某中标购得案涉房产是夫妻存续期间所得财产,属夫妻共同财产。杨某将店房转让给第三人是基于夫妻之间的家事代理行为,夫或妻一方行为乃是基于夫妻之间家事代理权利而作出的,由此产生的权利义务仍归于夫妻双方。李某虽未在店房买卖协议书上签字,且当时未提出异议,足以使第三人相信杨某有权处分该财产,依民法家事代理制度,夫妻双方互有代理权,夫或妻的一方行为,其法律效力及于双方,故杨某与第三人所签店房买卖协议合法有效。李某无充分证据证明第三人与杨某有恶意串通事实,第三人有理由相信杨某出卖行为是夫妻双方行为,故第三人有偿取得该店房,且使用达七年之久,应认定为善意取得财产。店房转让亦不因未办理过户手续而无效,为维护交易安全和稳定,善意第三人利益应受到法律保护。判决驳回李某诉请。2008年6月**四川某房屋买卖合同案**,2007年6月,吕某通过电话与妻子申某多次通话商定价格后,提供买卖合同签署的所有原件手续,与贺某签订售房合同,并收取了5万元定金。20天后,该房产权证办在申某名下,2个月后申某通知贺某合同因无权处分而无效,随即转售他人。法院认为:吕某代申某签订合同时,提交了申某购买该房屋的买卖合同原件、抵押合同原件、借款合同原件、维修基金票据,并出示了吕某与申某的结婚证原件和申某的身份证原件,且吕某就价款问题接、打电话并声称是与申某协商,贺某据此有理由相信出售房屋系吕某、申某共同意思表示。不久后申某、吕某将房屋另售他人,表明申某、吕某有出售房屋的共同意愿。在此前提下,吕某持有申某身份证原件、房屋相关合同及票据原件应当是基于夫妻共同售房的事由,吕某在签订合同前打电话与申某商量价格也应属实,申某对吕某与贺某签订合同的事实是应当知道并认可的。申某关于其不知道吕某与贺某签订合同的陈述不符合情理,故吕某构成表见代理,案涉买卖合同有效。鉴于吕某、申某已将该房产转让给案外人,导致吕某与贺某签订的房屋买卖合同无法履行,故对贺某要求解除合同的诉请予以支持。吕某与申某违约,应承担双倍返还定金的责任。2007年7月**重庆某房屋买卖合同案**,1994年,周某将父母于50年代修建,周某弟在父母去世后取得《集体土地建设用地使用证》的农村房屋转卖给张某,卖房协议经村委会盖章同意。之后13年间,周家5兄妹偶尔回家上坟均未提异议。2007年,周某以其无权处分遗产房主张合同无效。法院认为:周某出售的房屋原系父母遗留的财产,根据法律规定,该财产应属周某兄妹5人共同共有。共同共有人对共有财产享有共同的权利,承担共同的义务。部分共有人擅自处分共有财产的,第三人属善意、有偿取得该项财产的,应当维护第三人的合法权益。周某在出售兄妹5人共有房屋时,由周某弟出具收条,周某兄妹5人每年返乡,均知道张某在出售的房屋居住,张某并对房屋进行了单间翻修,周某及兄妹等人均未提出异议,张某取得周某及兄妹共同共有房屋属善意、有偿取得。周某与张某所签卖房协议系双方真实意思表示,内容不违法,且有村委会盖章同意,周某等人在房屋出卖后长达13年的时间内均未提异议,故应认定协议有效。2007年4月**辽宁某房屋买卖合同案**,刘某与妻子孟某外出打工期间,将以前购买本村姜某的房屋托亲家付某保管,付某2003年经刘某同意将该房以2.4万元卖予本村村民何某,收取房款后,孟某弟弟将受托保管的房产手续交于何某。2006年,刘某、孟某起诉何某要求腾房,否则支付购房款3万元,后撤回对何某起诉,转而起诉付某要求转交卖房款。法院认为:诉争房系刘某从本村村民姜某手中购买,虽未办更名过户手续,可认定该房系刘某夫妻共同财产。付某与刘某系亲家关系,付某以刘某代理人名义将该房出卖给何某时,付某能将该房交付何某,并能将该房产权证及相关手续交给何某,故付某虽未出示刘某书面授权委托书,但何某有理由相信付某有代理权,其以刘某代理人名义所签协议对刘某有拘束力。因付某未把卖房款交于原房屋所有人刘某、孟某手中,据此又形成了新的债权、债务关系,付某应承担给付刘某、孟某房屋价款的民事责任。2005年12月**辽宁某房屋买卖合同案**,母经女儿同意,代售女儿名下房屋给第三人。法院认为:王某与女儿所签购房协议,虽非双方本人签订,但是女儿在法院询问笔录中明确表示知道其母已将房屋卖与王某,故母代替女儿签订协议书事实上已经女儿委托同意。公民、法人可以通过代理人实施民事法律行为,代理人在代理权限内以被代理人名义实施民事法律行为,被代理人对代理人的代理行为承担民事责任。故当事人所签订的协议是双方的真实意思表示,合法有效,双方应该按照该协议中约定的内容履行各自的义务,判决女儿为王某办理更名过户手续。2005年12月**辽宁某房屋买卖合同案**,1999年11月尹子以尹父名义将尹父名下房产售予李某。李某付全款,尹子将钥匙、房证、契税证交李某。2004年,尹父主张合同无效。一审以无权处分未经追认未办过户为由判决确认合同无效。李某上诉。法院认为:尹父与尹子系父子关系,诉争房产权人是尹父。尹子未经其父同意将诉争房出卖给李某的行为系无权代理行为;但尹子在出卖诉争房屋时持有其父的房证、契税证、诉争房屋钥匙以及尹子与出卖房屋产权人的特殊关系,买房人李某在查看了诉争房屋及房证、契税证后,有理由相信尹父授权尹子代售房屋。买房人基于此种信赖与尹子签订房屋买卖合同,尹子行为已构成表见代理。尹子以尹父名义与李某所签合同有效。尹父主张无效的诉请应予驳回。2005年12月**辽宁某房屋买卖合同案**,袁子与妻朱某在1996年将实际居住的袁父名下公房"永远使用权"售予王某,约定"待房产彻底改革,产权私有时,过户手续由买方负责办理"。同年10月王某付款后入住。1998年,由袁子代办,将争议房屋产权办至袁父名下,产权证随后由王某保管。后王某要求办理更名过户手续未果,于2005年7月起诉。法院认为:因争议房屋长期由袁子及朱某居住使用,其二人与袁父具有特殊的身份关系,对于袁子及朱某代袁父出售房屋的事实,王某完全有理由相信，故袁子与朱某构成表见代理。袁子及朱某将本案争议房屋卖予王某，王某支付房屋对价后，即进住争议房屋，期间长达9年有余，争议房屋在参加房改时，购房款也是由王某支付。袁父虽作为名义上的产权人，但实际已对争议房屋丧失了占有、使用、收益、处分的民事权利。其对争议房屋的出售事实应当知道，王某与袁子及朱某之间的房屋买卖行为，符合对争议房屋善意取得的法律构成要件。买受人王某要求继续履行房屋买卖合同，为其办理房屋更名过户手续的诉讼主张，应受到法律保护。2005年12月**辽宁某房屋买卖合同案**，子将父为承租人的公房卖予王某，付全款，住7年，房改后落户在父名下。法院认为：该争议房原属子、父、母共同承租使用，子在与王某签订购房协议后，其中一笔房款2万元是母于1999年1月6日收取的，故应当认定母知道其子卖房一事，收房款事实是默许其子卖房的行为。父与母是夫妻关系，既然母同意子出卖该争议房，依据最高人民法院《关于适用〈中华人民共和国婚姻法〉若干问题的解释（一）》第17条第2款规定，王某在该争议房已占有使用7年之久，父并未提出异议，王某有理由相信父并没有不同意卖房的意思表示。王某与子签订的购房协议及补充协议，虽未经原房屋承租代表人父签字，子已将房屋交付给王某使用占有多年，并与母收取了王某交付的部分房款及更名过户费用，虽然至今未更名过户，尚欠部分房款，但双方已经按协议均履行了相应的义务，形成了购房事实，父与母系夫妻关系，应当知道其子卖房的实际情况，为此认定王某与子签订的购房协议及补充协议有效，父、母、子有义务将该房产权办理更名王某名下。2001年8月**四川某房屋买卖合同案**，法院认为：陆某之母吴某在陆某夫妇外出打工，信用社催促陆某偿还建房逾期贷款的情况下，为陆某利益，有乡邻多人在场，以陆某之名与汪某反复磋商签订售房协议，并无陆某所说胁迫之事，且房价与该房的市场价格相当。汪某购买该房自住，属善意购买。陆某虽在外打工，但与其母吴某时有联系，对吴某处理其房产，陆某知道或者应当知道而未有异议，故陆某之母吴某的行为已经符合《合同法》第49条关于表见代理的规定，其与汪某签订的售房协议合法有效。汪某已按约履行了付款义务，而陆某则违反协议未将房屋土地使用权转让手续办与汪某，应当承担给付汪某办理产权垫付的费用及办理房屋土地使用权转让手续的民事责任。

（2）不构成表见代理案例。2016年**上海某房屋买卖合同纠纷案**，2014年10月，葛某与肖某签订120万元借款抵押合同并在公证处做了赋予强制执行效力的公证。同日，葛某向李某出具以150万元价格代为售房的授权委托书并公证，葛某与李某兄就前述房屋网签房价款为150万元的买卖合同，约定葛某在2015年1月腾房。2015年4月，李某作为葛某代理人与李某兄签订售房合同并办理过户手续。2016年，葛某起诉李某兄，并以李某、肖某为第三人，要求确认房屋买卖合同无效并将房屋恢复登记至自己名下。法院认为：虽然各方当事人就有关债权、委托等，办理公证文书,且李某按公证委托书代理葛某将系争房屋出售,但法院查明系争房屋买卖合同中,有关房屋交易关键及常规问题的条款空缺,未作约定,葛某与肖某签署抵押借款合同中,同时签署了相应买卖合同、办理了强制执行效力的债权文书和委托公证文书,上述抵押合同并未明确届期不能清偿借款时,抵押系争房屋归肖某所有,故葛某与肖某之间系借款法律关系,葛某抵押系争房屋系为归还借款所作担保,葛某并无出售该房屋真实意思表示。从当事人之间关系及相关合同签订、履行过程等方面看,李某兄与李某为亲兄弟,李某、肖某过往存在代理买卖房屋情况,即便是委托书载明,第三人可与任何人签订房屋买卖合同,但本案李某兄自葛某借款之日即参与到其中,与葛某签订第一份房屋买卖合同,李某兄明知系争房屋设有抵押,涉及债务关系,且有户籍人口实际居住,在后来与第三人签订房屋买卖合同时,对交房时间、逾期交房、逾期付款、抵押权如何涤除、户口如何处理等房屋交易关键环节及常规问题均未约定,明显违背常理,李某兄及李某、肖某亦未提供支付相应房款证据。综观全案,被告及第三人事前经过协商,向原告放贷,事后相互协作,共同配合,在未与原告协商情况下,凭借原告事先出具的委托书,完成了将原告用作担保还款的抵押房产直接进行过户,一定程度上损害了原告合法权益,被告及第三人上述行为,难脱恶意串通之嫌。肖某通过李某自行将抵押房产过户给李某兄,此系通过私力实现债权,该行为不符合《物权法》及《担保法》关于抵押权实现的规定,亦与当事人真实意思表示相悖。民事法律行为是具备一般有效要件、有合法性的民事行为,法律行为依当事人意思表示而生效为常态,意思表示必须真实,这是民事法律行为实质要件,否则为无效民事行为。系争房屋产权虽登记在原告名下,但实际仍然由原告表姐一家长期居住,葛某向肖某借款,同时向李某出具出售系争房屋授权委托书,授权李某以葛某名义出售系争房屋,实际上是一种担保肖某债权得以实现行为,真实意思系为借款,而非买卖系争房屋。同时,肖某利用葛某急需得到借款,使得葛某被迫迎合其意愿,不得已向李某出具出售系争房屋的公证授权委托书,很难说系出于葛某本人意愿。因此,葛某出具委托书,授予李某包括签订房地产买卖合同、收取房款、办理产权过户手续等权利,此民事行为因欠缺意思表示真实一般有效要件,应为无效民事行为。综上所述,第三人李某以葛某名义与李某兄所签房屋买卖合同系以合法形式掩盖非法目的的合同,违反法律禁止性规定,亦非原告真实意思表示,不符合民事法律行为生效要件,依法应为无效。判决确认房屋买卖合同无效,李某兄将系争房屋产权恢复登记至葛某名下,葛某协助肖某恢复抵押登记。2015 年**江苏某物权确认纠纷案**,2006 年,黄某与顾某串通,签订买卖合同并办理按揭,所得贷款由黄某使用。2010 年,顾某将名下该房再次抵押贷款 22 万元并挥霍。2011 年,顾某借钱还清贷款后,又借刘某按揭购房名义办理 30 万元贷款,该房过户至刘某名下。2012 年,顾某无力还款,指使刘某将该房售予职业中介人钱某，钱某支付32万元后将房屋过户至母亲梁某名下。2013年，一直居住该屋的黄某报案。2014年，顾某被法院以合同诈骗罪判处有期徒刑5年半，追缴赃款32万元发还钱某。2015年，黄某诉请确认案涉房屋归其所有。法院认为：产权登记是行政机关对不动产当时权属关系及表现状态的认可和证明，并不创设具体权利义务关系，当事人是否享有对不动产的权利，仍取决于当事人之间民事实体法律关系。案涉房屋现虽登记在梁某名下，但实际购房人为钱某。钱某能否取得案涉房屋所有权，需确定其是否属于善意取得。按正常房屋买卖交易习惯，受让人出于交易安全通常会到实地查看房屋，了解房屋位置、结构、现状。钱某作为房屋买卖职业中介人，熟知交易风险，更应尽到谨慎审查义务。钱某称其知道房屋被出租并到现场看过两次但未碰到人，在此情况下未要求刘某出示租赁合同，亦未询问承租人信息。钱某轻信刘某说辞，在未了解房屋现实状态及人员居住情况下，就与刘某签订房屋买卖合同，未能尽到谨慎注意义务，其受让案涉房屋，不构成法律意义上善意取得。判决案涉房屋归黄某所有。2014年**上海某返还原物纠纷案**，1996年，李某带着女儿张某某与张某再婚。2002年，李某购房并取得房产证。2009年，李某将名下房屋作价135万元售予张某某并办理过户手续。2013年，李某与张某协议离婚。张某起诉张某某、李某，主张李某无权处分，要求追回系争房屋并登记在李某名下。法院认为：无处分权人将不动产或动产转让给受让人的，所有权人有权追回，但受让人系善意取得的除外。系争房屋购买于张某、李某婚姻关系存续期间，双方无婚后财产约定，属夫妻共同财产，张某为该房屋共同共有人。李某未经共有人张某同意，擅自处分系争房屋，属无权处分。张某某系李某女儿，长期与张某、李某共同生活，应知晓系争房屋属张某、李某夫妻共同财产，张某某在未经张某同意情况下，与母亲签订购房合同受让房屋产权，且无证据证明其支付合理对价，不构成善意取得。物权具有追及性，李某无权处分共有房屋，张某某并非善意取得，张某作为共同共有人，有权要求返还原物、将系争房屋恢复至原有登记状态。判决李某、张某某配合张某办理案涉房屋产权变更登记至李某名下手续。2012年**福建某物权保护纠纷案**，2009年，陈某在丈夫林某去世后，将自己名下价值近300万元的夫妻共有房产以110万余元价格售予邻居吴某。一直居住在该房屋内的林某非婚生子杨某诉请确认合同无效。法院认为：案涉房产是在夫妻关系存续期间购买，依《婚姻法》第17条规定，应认定为夫妻共同财产。在林某去世后，该房产应由林某法定继承人包括杨某在内的子女以及陈某等人予以继承，亦即多人共有。同时，由于林某去世后，陈某等人未对林某遗产进行分割，故案涉房屋目前处于陈某及林某子女共同共有状态中。依《物权法》第97条规定："处分共有的不动产或者动产以及对共有的不动产或者动产作重大修缮的，应当经占有份额的三分之二以上的按份共有人或者全体共同共有人同意，但是共有人之间另有约定的除外。”共同共有人陈某在未经其他继承人同意情况下,无权处分该房屋,与吴某所签房地产买卖合同效力待定。杨某作为房屋共有人之一,明确拒绝对此合同进行追认,故合同无效。依法院查明事实,吴某与林某一家关系熟稔,无论经济上还是生活中都有往来,并有证据证明吴某知道杨某存在,故可认定吴某明知陈某无权处分该房屋,其行为存在过错。诉争标的系较高价值房产,即使是一般第三人购买亦应慎重,更应尽到谨慎注意义务。比如,了解房屋产权是否明晰以及该房屋市场价格多少,但吴某未尽到合理审查义务。诉争房屋从建筑面积、地段、均价看,吴某购房款远低于市场价格。最高人民法院《关于适用〈中华人民共和国合同法〉若干问题的解释(二)》第19条规定:“对于合同法第七十四条规定的明显不合理低价,人民法院应当以交易当地一般经营者的判断,并参考交易地物价部门的指导价格或市场交易价,结合其他相关因素综合考虑予以确认;转让价格达不到交易时交易地的指导价或者市场交易价百分之七十的,一般可以视为明显不合理低价。”吴某出价达不到市场价格百分之七十,故应认定吴某购买行为不属于善意范畴。判决确认吴某与陈某所签购房合同无效。2010年**北京某房屋买卖合同纠纷案**,2009年,王某将登记在自己名下房产通过中介售予郭某并收取定金20万元。2010年,王某妻安某以无权处分、未付全款、未办过户为由诉请确认合同无效。法院认为:共同共有人对共有不动产或动产共同享有所有权。在共同共有关系存续期间,部分共有人擅自处分共有财产的,一般认定无效,但第三人善意、有偿取得该财产的,应维护第三人合法权益,对其他共有人损失,由擅自处分共有财产的人赔偿。本案中,王某与郭某签订售房合同时,郭某虽审查了王某所有权证及购房发票,但王某未向郭某披露房屋共有人情况,郭某据此认定王某对该房屋系单独所有,并支付部分房款。郭某在房屋买卖过程中虽无过错,但郭某尚未付清房款,亦未取得房屋所有权,故郭某不具备《物权法》规定的善意取得条件。王某处分其与安某夫妻共有财产,侵犯了安某权益,故售房合同无效。2010年**北京某房屋买卖合同纠纷案**,2009年,张某将其名下夫妻共有房产低于市场价出售给赵某,并制作假证欺瞒妻子刘某。2010年,刘某诉请确认合同无效。法院认为:无处分权人将不动产或动产转让给受让人的,所有权人有权追回;除法律另有规定外,符合下列情形的,受让人取得该不动产或动产的所有权:受让人受让该不动产或动产时是善意的;以合理价格转让;转让的不动产或动产依法应登记的已登记,不需登记的已交付给受让人。本案中,涉案房屋系张某与刘某婚姻关系存续期间取得,系二人夫妻共同财产,张某与赵某就涉案房屋进行交易,应征得刘某同意,否则即是对涉案房屋的无权处分。赵某只有在作为善意第三人情况下,方可善意取得涉案房屋所有权。根据本案查明事实,张某将涉案房屋出售后,伪造房屋所有权证书放在家中,表明了其存在故意隐瞒刘某出售房屋行为,构成对涉案房屋的无权处分。赵某购买涉案房屋价格并非合理市场价格，赵某亦未就其主张的涉案房屋实际交易价格向法院提交相关证据证明，不能认定赵某系以善意第三人身份取得涉案房屋所有权。判决确认案涉房屋买卖合同无效。2014 年**上海某排除妨碍纠纷案**，2008 年 8 月，臧某购得拆迁房并一直居住。2011 年，李某以臧某代理人名义将该房售予谢某并办理过户。随后，谢某将该房转售连某。2012 年，连某起诉谢某，要求交房。生效判决确认李某与谢某所签售房协议无效，驳回连某要求谢某交房诉请。2013 年，连某以其系产权人为由，起诉臧某，要求迁出房屋。法院认为：生效判决已确认案外人李某以臧某代理人身份与谢某就所系争房屋所签买卖合同无效，即第一手房屋买卖并非原始产权人臧某之真实意思表示，该买卖合同对臧某自始不发生法律效力。臧某从 2008 年 8 月起居住在系争房屋内，并占有、使用该房屋至今具有合法依据，故产权人连某在其从未从出售方谢某处获得房屋实际控制权情况下，径行要求实际占有人臧某迁出，法院不予支持。第二手房屋买卖交易中，连某与谢某签约并支付对价，该买卖合同已经生效判决确认为有效合同。鉴于此，连某对系争房屋权利应通过该房地产买卖合同的履行包括房屋权利及实物交付来实现。连某虽取得该房屋产权证，完成权利交付过程，但其自始未取得过系争房屋占有、使用权。对此，连某应依其与谢某所签买卖合同形成的债权请求权向合同相对方主张权利。结合本案看，因第一手买卖合同已被确认无效，案外人谢某自始至终未合法取得系争房屋且客观上无法向连某履行交房义务，故连某应向谢某主张因无法交房导致合同无法继续履行的违约责任，判决驳回连某诉请。2009 年 6 月**广东某房屋买卖合同案**，郭某与苏某共有房屋，在中介公司撮合下，未取得委托书的郭某兄代郭某与张某签订售房合同，苏某捺印，随后张某交定金 4 万元，后因郭某不同意卖房，并转卖他人致诉。张某主张三被告应返还定金 4 万元，并支付约定的违约金 24 万元。法院认为：苏某作为共有人之一，在未取得另一共有人郭某书面同意前，不能出售自有份额。郭某兄未取得郭某的授权委托即代表郭某签字出售房产，是无权代理。故本案苏某、郭某兄签字确认的售房合同无效。本案郭某兄未能出示郭某的授权委托书，仅出示了郭某的房产证和身份证，基于郭某兄与郭某是兄妹关系，郭某兄取得郭某相关证件比常人方便，即使有委托的意思但所委托代理事项也不确定，张某在并不认识郭某的前提下，没有理由相信郭某确实委托郭某兄出售房产，故郭某兄的行为不构成表见代理。合同无效，双方返还。苏某与郭某兄收取张某支付的定金，应予共同返还。张某依据无效合同请求苏某与郭某兄支付违约金，与法律规定相悖，不应支持。2008 年 12 月**云南某房屋买卖合同案**，2007 年 9 月 23 日，赵某通过中介，将登记在儿子名下的房产以 47 万余元售予肖某，并收取 1 万元定金。因赵某以儿子不同意出售为由反悔，2007 年 10 月 8 日，肖某起诉后撤诉。2008 年 2 月 22 日，肖某再次起诉，并申请房屋价值鉴定，经鉴定价值达 58 万余元。法院认为：

赵某在并无涉案房屋处分权的情况下与肖某签订售房合同,其后亦未取得对该房屋的处分权,现房屋所有权人明确表示不认可赵某处分其财产的行为,故导致该合同不能成为有效合同的责任在于赵某,赵某应负主要缔约过失责任。本案中以涉案房屋某一日的市场价值与合同价款的差额作为肖某的信赖利益损害的代价并不恰当,一方面肖某并未主张其购买该房屋的目的是用于出售,因合同不能履行导致其不能在预期再次出售的时点获得相应的利润;另一方面也无证据证明涉案房屋以更高的价格另行出售,故赵某从中获得相应的利益。根据本案确认的事实,赵某与肖某签订合同及收取1万元定金的时间是2007年9月23日,肖某于2007年10月8日就已知道赵某并无涉案房屋的处分权,其购买涉案房屋的目的不能实现,其就应当及时采取措施防止损失扩大。肖某合理的损失应当包括其交付的1万元定金被赵某占用的资金占用费,其不能预期入住该房而需另行购买或租借其他房屋给其带来了额外的支出等,但计算的时间应是其知道合同已无法履行之日起至合理的期间内。由于本案中肖某并未举证证明其未能预期入住该房而需另行购买或租借其他房屋给其带来的额外的损失金额,本院根据赵某无权处分行为的性质、其占用肖某定金的数额和时间,判定赵某赔偿肖某1万元。2007年6月**辽宁某房屋买卖合同案**,1998年,邵某与妻子王某从妻舅燕某处以30万元购买房屋,2000年登记在邵某名下。2003年,经燕某操作,在未征得邵某同意的情况下,李某获得王某签名的房屋转让合同(王某称按燕某提供的空白纸上签字),并于7个月后办理了产权更名手续。2006年,该证被注销,李某遂起诉要求确认与王某签订的房屋转让合同有效。法院认为:在李某购买争议房屋整个过程,没有一份材料中有邵某签字,30万元购买的房屋以14万元出售,且价款分文未收,不能证明李某支付了对价。王某所有的签字都是2003年8月20日形成,在王某签字后的7个多月时李某才办理的房屋交易手续,故不能认定李某的购房行为系善意,故应驳回李某要求确认合同有效的诉讼请求。邵某一直主张对出售房屋的事实不知情,而王某也主张虽签了字但只是按照燕某的要求所为,并不知道签字的具体内容,即使王某擅自处分其与邵某的共有财产即房屋,依前所述,李某的购房行为也不能认定为善意,不能取得房屋。2005年3月**广东某房屋买卖合同案**,2003年,何某提供了产权人为其姐、共有人为其侄的房产证和房主身份证复印件及房主委托卖房的委托书,冯某据此签订购房合同并交了1万元定金。后因房主将该房另售他人,冯某遂起诉何某要求双倍返还定金。法院认为:何某确认讼争房屋属于其姐、侄所有,但何某在诉讼期间提供的授权证明,其姐和侄本人没有到庭证实其真伪,又未经公证部门公证,无法证实该授权委托书的真实性。何某提供的房主的身份证亦只是复印件,不能证实其真伪,何某未能充分举证证明其对出售讼争房屋具有代理权,故何某主体适格。即使何某有代理权,但因何某未能向冯某充分披露被代理人的情况,收取的定金也无证据证明交付了给被代理人，故冯某选择何某作为本案的被告是恰当的。而在办理房屋的交易过户和银行转按揭过程中，同样需要提供有效的委托证明才能办理，造成买卖不能履行的原因同样在何某一方。现房屋另售他人，导致冯某的合同目的不能实现，何某已构成违约，应双倍返还定金给冯某。

【同类案件处理要点】

房屋出售人没有代理权、超越代理权或者代理权终止后以房屋所有权人的名义订立合同，购买人有理由相信出售人有代理权的，构成表见代理，该代理行为有效。

【相关法律风险提示】

1. 表见代理作为广义的无权代理，但因本人与无权代理人之间的关系，具有授予代理权的外观即所谓外表授权，致相对人信其有代理权而与其为法律行为，产生有权代理的法律效果。其成立需具备的实质性条件为相对人依据一定事实，相信或认为行为人有代理权，在此认识基础上与行为人签订合同。产权证上对房屋共有人有明确记载的，为避免认定表见代理的举证困扰和无权处分的不利后果，应尽量与权利人建立直接合同关系，在非权利人场合，应核实委托代理情形，并保留严格审核授权情况的书面证据。

2.《合同法》第 49 条规定的“相对人有理由相信行为人有代理权”，须符合法律规定的标准和常人的判断标准。如行为人持有本人出具的授权委托书，或本人的其他行为方式可推定有授权的意思表示。非产权人的出卖人应有代为处理售房事宜的授权书，买受人应尽量要求该授权书经公证。

3. 购买未取得产权证的夫妻共同所有的房屋，最好有夫妻双方共同作为出卖方签字确认，对于无法全部到场的产权共有人，应当留意并收集一方存在表见代理的证据，比如授权委托书、房屋买卖合同、抵押合同、借款合同、结婚证、产权共有人身份证原件或复印件等。

4. 夫妻共同财产未经一方同意而为处分主张合同无效，从而转售他人，可能会由此承担双倍返还定金或其他经济损失的违约风险。

5. 出售房屋的委托人即使与房屋权利人系近亲属关系，亦可能构成无权代理。兄弟姐妹关系并不构成法律意义上的表见代理的基础。父母子女的特殊关系、居住多年是否可构成表见代理，实践中有不同看法。故对此类无权处分行为，买受人签约时亦应核实授权情况。

6. 买卖集体土地性质的房屋，在合同无效或解除时，返还买受人价款的义务一方可能是表见代理人，也可能是房屋所有权人，其返还房款的履行能力决定合同无效后买受人受损利益的回补现实性。

7. 享有承租权的公房买卖合同签订时,除应对合同效力风险进行判断外,还应就未来产权办理二次过户的风险有所预测,应尽量与承租人及相关近亲属达成一致并取得其书面认可,就违约责任的设定应明确并有针对性。

8. 居间房屋买卖合同签订时,买受人应要求与出卖人在同一合同中作为当事人,约定双方的权利义务关系,尽量避免单独分开与房屋中介成立交易关系,以免相应的违约责任无法产生约束违约方的风险。

9. 作为代理人,即使是亲属,也应及时将代理行为取得的款项交予委托人,财务分明,否则,时日长久,原来基于亲属关系心照不宣收受的款项,若干年后依然是一笔分明的债务。案见辽宁沈阳中院(2007)沈民(2)房终字第397号"付某与刘某等房屋买卖合同纠纷案"。

10. 即使当事人本人以无权代理主张合同无效,亦有可能构成缔约过失。中介方可能会因未能认真审核房屋权属,对无权处分房屋导致合同无效存在缔约过失责任,而被要求承担民事责任。已知合同相对方系无权代理而怠于主张权利或未积极采取合理措施防止损失扩大,可能会因此造成本人就扩大损失主张权利的丧失。

11. 无权处分合同无效,实践中倾向于认定产生无效返还责任,合同约定的违约金条款通常不会被支持,案见广东广州中院(2009)穗中法民五终字第1929号"张某等与郭某房屋买卖合同纠纷案"。

12. 签订房屋买卖合同,应要求对方提供身份证复印件及联系方式,并在该复印件上跨签"本复印件仅用于×年×月×日与××签约使用"。原因:其一,一旦诉讼,需要提供被告住所地等法定信息;其二,防止该身份证复印件被用作他途。

13. 不在他人提供的空白页上签名。签名意味着意思表示,意味着在法律上对书面填充内容的确认。一旦签名确认,无充分证据,推翻很难。如果违背真实意思表示的签字系因受胁迫,在胁迫情形解除后最好及时报警,以之作为受胁迫的最直接证据。

14. 无论是买方,还是卖方,收付款凭证都应保留,尤其在与对方代理人进行交易时更要注意,以免生发付款与否及付款对象之争。

15. 登记产权人以自己名义处分,事后以无权处分主张合同无效,并从无效主张中获利,不仅违背诚实信用原则且依《物权法》之规定,基本不可行。

16. 夫妻协议离婚后,其中一方将另一方所有的暂时性无证房产转让给他人的,他人可适用善意取得制度取得该房产。

17. 以房屋为标的物的不动产买卖中,善意第三人对夫妻共有房产真实权利状况的不知情应要求其不存在重大过失,须尽到一定查询义务。

18. 房屋的合法产权人不能基于物权享有对房屋实际占有的权利，展现了法律成文规定在司法实践中不断被丰富的特殊裁判规则。不动产权利人因各种原因，如无权代理丧失权利，后手买受人基于善意、对价取得该不动产，法律上便形成两种值得保护的权利人：无辜的原始权利人、善意取得的后手权利人。基于交易安全和效率产生的不动产登记制度着眼于对登记簿上权利人的保护，由此奠定了物权法律制度的基石性规则；基于民事活动的公平、善良风俗所必然产生的损害救济，亦同样具有天然的正义性。后手买受人无辜，原始权利人更无辜，舍前者而保护后者，是法律利益衡量后所作权宜抉择。由此提醒购房人：一桩看上去合法无瑕疵的房屋交易，非常有必要实地、多方了解标的物是否存在原始权利缺陷。——案见上海一中院 2014 年 3 月 13 日判决“连某与臧某排除妨害纠纷案”，见《连成贤诉臧树林排除妨害纠纷案》，载《最高人民法院公报·案例》(201510/228:46)

19. 涉“套路贷”房屋买卖合同效力判断，不宜仅凭公证授权文书一律认定有效，要查明当事人真实意思，对隐藏的民事法律行为效力，综合考量依法作出判定。

【附注】

参考案例索引：江苏徐州中院(2011)徐民终字第 1016 号“李某等与周某等房屋买卖合同纠纷上诉案”；吉林高院(2015)吉民提字第 120 号“崔某与韩涛等房屋买卖合同纠纷再审案”，见《房屋买卖合同中有权代理行为的认定》(王钰、于淞合)，载《人民司法·案例》(201714:65)上海一中院 2014 年 3 月 13 日判决“连某与臧某排除妨害纠纷案”，见《连成贤诉臧树林排除妨害纠纷案》，载《最高人民法院公报·案例》(201510/228:46)；见《遗产被转让后，继承人是否有权追回》(《民事审判指导与参考》研究组)，载《民事审判指导与参考·民事审判信箱》(201101/45:245)；见“陈某与宋某返还原物纠纷上诉案”，见《本案是否构成不动产善意取得》(冀东、万丽丽)，载《民事审判指导与参考·地方法院案件解析》(201003/43:193)；北京二中院(2016)京 02 民终 943 号“王某与汪某物权纠纷案”，见《农村房屋善意取得问题的司法审查——北京大兴法院判决王某诉王某某返还原物纠纷案》(樊振国、赵志)，载《人民法院报·案例精选》(20170803:06)；上海二中院(2016)沪 02 民终 9189 号“李辉与葛亮、李帅、肖忠香房屋买卖合同纠纷案”，见《葛某诉李某兄等房屋买卖合同纠纷案》，载《最高人民法院公报·案例》(202102/292:43)；江苏南通中院(2015)通中民终字第 02934 号“黄春涛与顾连英等所有权确认纠纷上诉案”，见《未尽谨慎审查义务不构成善意取得》(刘碧波、莫晴晴)，载《人民司法·案例》(201717:37)；上海一中院(2014)沪一中民二(民)终字第 158 号“张某”，见《张维诉张理等返还原物纠纷案(隐名共有追回权)》(李俊)，载《中国审判案例要览》(2015 民:265)；四川成都中院(2012)成行终字第 221 号“高某与某房管局房屋行政登记案”,见《高国庆等诉四川省成都市城乡房产管理局房屋行政登记案——行政登记的审查范围及行民交叉案件的认定》(王佳舟、郭佳),载《人民法院案例选》(201401/87:380);福建厦门中院(2012)厦民终字第1530号“林佑龙与吴东晖、陈明雪、林伟文、林伟鸿物权保护纠纷案”,见《不动产善意取得的善意要件认定标准》(董迎雪),载《人民司法·案例》(201416:87);山西太原万柏林区法院(2011)万民初字第267号“王某与李某等所有权纠纷案”,见《王帆、方慧诉李亮生、苏来英所有权纠纷案》(郭金凤),载《中国审判案例要览》(2012民:46);北京一中院(2010)一中民终字第16095号“张某与李某等房屋买卖合同纠纷案”,见《汪哲诉李慎国等房屋买卖合同案(善意取得)》(徐冰),载《中国审判案例要览》(2012民:40);北京一中院(2010)一中民终字第06730号“芦某与宋某等房屋买卖合同纠纷案”,见《芦晶诉宋建利、梁磊房屋买卖合同案(善意取得)》(李唯一),载《中国审判案例要览》(2012民:50);北京一中院(2010)一中民终字第14502号“安某与郭某等房屋买卖合同纠纷案”,见《安忠智诉郭翰芳等房屋买卖合同案(善意取得)》(王爱红),载《中国审判案例要览》(2012民:55);北京朝阳区法院(2010)朝民初字第14144号“刘某与张某等房屋买卖合同纠纷案”,见《刘玉兰、张旭诉张敬国、赵立全房屋买卖合同案》(李刚),载《中国审判案例要览》(2012民:150);北京一中院(2010)一中民终字第2635号“陈某与宋某返还原物纠纷案”,见《陈艳华诉宋晓贝返还原物案(善意取得的认定)》(冀东),载《中国审判案例要览》(2011民:9);重庆一中院(2010)渝一中法民终字第1155号“池某某等与李某某等房屋买卖合同纠纷上诉案”,见《不动产善意取得的善意要件认定标准》(董迎雪),载《人民司法·案例》(201416:87);浙江宁波中院(2010)浙甬行终字第16号“王建伟与浙江省宁波市房产管理局房屋所有权登记纠纷上诉案”,见《第三人善意取得对撤销转移登记诉讼之影响》(张光宏),载《人民司法·案例》(201012:103);重庆二中院(2009)渝二中法民终字第419号“赵某与华某等房屋买卖合同纠纷案”,见《赵候英诉华官军等房屋买卖案(家事代理)》(陈庆),载《中国审判案例要览》(2009民:28);北京怀柔区法院(2009)怀民再初字第03960号“刘某与阮某房屋所有权确认纠纷再审案”,见《善意取得他人离婚后无证房产的认定》(王君风、王楠),载《人民司法·案例》(201118:75);福建龙岩中院(2002)岩民终字第290号“李某与杨某房屋买卖合同纠纷案”,见《李招妹诉杨林先房屋买卖合同纠纷案(房屋买卖)》(罗全钗),载《中国审判案例要览》(2003民:12);四川成都中院(2008)成民终字第1675号“申某与贺某房屋买卖合同纠纷案”;重庆五中院(2007)渝五中民终字第1206号“周某与张某房屋买卖合同纠纷案”;辽宁沈阳中院(2007)沈民(2)房终字第397号“付某与刘某等房屋买卖合同纠纷案”;辽宁沈阳中院(2005)沈民(2)房终字第1191号“李某与王某房屋买卖合同纠纷案”；辽宁沈阳中院（2005）沈民（2）房终字第589号“关某与尹某等房屋买卖合同纠纷案”；辽宁沈阳中院（2005）沈民（2）房终字第1183号“袁某与王某等房屋买卖合同纠纷案”；辽宁沈阳中院（2005）沈民（2）房终字第715号“王某与茹某等房屋买卖合同纠纷案”；四川宜宾（2001）宜民三终字第47号“汪某与陆某房屋买卖合同纠纷案”；上海一中院2014年3月13日判决“连某与臧某排除妨害纠纷案”；广东广州中院（2009）穗中法民五终字第1929号“张某等与郭某房屋买卖合同纠纷案”；云南昆明中院（2008）昆民一终字第542号“赵某与肖某等房屋买卖合同纠纷案”；辽宁沈阳中院（2007）沈中民（2）房终字第517号“邵某等与李某房屋买卖合同纠纷案”；广东广州中院（2004）穗中法民四终字第4544号“何某与冯某房屋买卖合同纠纷案”。

7. 违约损害与定金赔偿

——房屋没买成，违约如何赔？

【违约责任】

【案情简介及争议焦点】

2006年2月，陈某买钟某房，协商房款共计74万余元，签约后陈某交了1万元定金，钟某也自愿将房交陈某占有使用。2007年6月，钟某将该房再售案外人王某，合同显示价款为60万余元。陈某以恶意串通起诉钟某和王某要求确认买卖合同无效，2008年3月被二审驳回。2008年5月，王某起诉陈某腾退房屋并支付使用费获得法院支持，判决陈某腾房并支付房屋占用费若干。陈某遂起诉钟某，诉请退还1万元定金，支付约定违约金10万元，并赔偿装修费5.7万余元、搬迁费3000元、购房差价损失42万余元等共计48万余元。钟某反诉支付房屋占有使用费4万余元。诉讼中，法院委托评估案涉房屋现值106万余元。

争议焦点：1. 违约责任如何承担？2. 损失如何确定？

【裁判要点】

1. 违约责任。双方所签房屋买卖合同系双方真实意思表示，应为有效。履行过程中，钟某在收到陈某交付的定金后即自愿交付房产，并不能改变其协助陈某继续办理房产过户手续的主合同义务。虽钟某主张已通知对方付款，但未举证，故钟某在未能证明陈某拒绝履约情况下擅自将房产售予案外人,致本案合同不能履行,应承担违约责任,即赔偿陈某损失。

2. 损失赔偿。陈某因钟某将房屋转售他人,正常后果是另置房产,因房价上涨,房产价差损失是陈某的合同损失,装修损失是实际损失。但在衡量该损失时,除实际损失外,应考虑陈某履约程度,严格来说,陈某只是支付定金,未付房款,尚未履行合同主要义务,故衡量钟某应负赔偿损失责任范围时,应区别对待,此亦为权利与义务对等的法律精神所在。陈某要求钟某支付因钟某违约所造成的损失,应不能超过钟某订立合同时预见到或应当预见到的因违约可能造成的损失,现因市场波动所造成的购房差价已超过钟某订约时能预见范畴,但因本案钟某行为确对陈某可得利益造成一定影响,钟某应予陈某适当赔偿,但此部分赔偿与钟某应按合同支付的违约金并不能重复主张,即陈某仅可就违约金不足赔偿部分要求钟某承担补充赔偿责任,但在本案中,综合考虑陈某仅支付1万元及钟某的具体履行情况及钟某与案外人的买卖情况,确定钟某按合同约定赔付陈某10万元的违约金已合乎情理,故对陈某要求钟某支付42万余元购房差价款主张,不予支持。因在2007年6月陈某已了解涉讼房屋另售给案外人并已过户,且已收到王某要求其搬迁的函件,基于此,陈某在已知钟某违约情况下,未采取适当措施而致损失扩大的,依法不得就扩大损失要求钟某赔偿且陈某实际居住涉讼房屋,享有了该房使用权,故其向钟某主张房屋使用费缺乏依据,不予支持。

【裁判依据或参考】

1. 法律规定。《民法典》(2021年1月1日)第186条:“因当事人一方的违约行为,损害对方人身权益、财产权益的,受损害方有权选择请求其承担违约责任或者侵权责任。”第577条:“当事人一方不履行合同义务或者履行合同义务不符合约定的,应当承担继续履行、采取补救措施或者赔偿损失等违约责任。”第578条:“当事人一方明确表示或者以自己的行为表明不履行合同义务的,对方可以在履行期限届满前请求其承担违约责任。”第582条:“履行不符合约定的,应当按照当事人的约定承担违约责任。对违约责任没有约定或者约定不明确,依据本法第五百一十条的规定仍不能确定的,受损害方根据标的的性质以及损失的大小,可以合理选择请求对方承担修理、重作、更换、退货、减少价款或者报酬等违约责任。”第583条:“当事人一方不履行合同义务或者履行合同义务不符合约定的,在履行义务或者采取补救措施后,对方还有其他损失的,应当赔偿损失。”第584条:“当事人一方不履行合同义务或者履行合同义务不符合约定,造成对方损失的,损失赔偿额应当相当于因违约所造成的损失,包括合同履行后可以获得的利益;但是,不得超过违约一方订立合同时预见到或者应当预见到的因违约可能造成的损失。”第585条:

"当事人可以约定一方违约时应当根据违约情况向对方支付一定数额的违约金，也可以约定因违约产生的损失赔偿额的计算方法。约定的违约金低于造成的损失的，人民法院或者仲裁机构可以根据当事人的请求予以增加；约定的违约金过分高于造成的损失的，人民法院或者仲裁机构可以根据当事人的请求予以适当减少。当事人就迟延履行约定违约金的，违约方支付违约金后，还应当履行债务。"第586条："当事人可以约定一方向对方给付定金作为债权的担保。定金合同自实际交付定金时成立。定金的数额由当事人约定；但是，不得超过主合同标的额的百分之二十，超过部分不产生定金的效力。实际交付的定金数额多于或者少于约定数额的，视为变更约定的定金数额。"第587条："债务人履行债务的，定金应当抵作价款或者收回。给付定金的一方不履行债务或者履行债务不符合约定，致使不能实现合同目的的，无权请求返还定金；收受定金的一方不履行债务或者履行债务不符合约定，致使不能实现合同目的的，应当双倍返还定金。"第588条："当事人既约定违约金，又约定定金的，一方违约时，对方可以选择适用违约金或者定金条款。定金不足以弥补一方违约造成的损失的，对方可以请求赔偿超过定金数额的损失。"第590条："当事人一方因不可抗力不能履行合同的，根据不可抗力的影响，部分或者全部免除责任，但是法律另有规定的除外。因不可抗力不能履行合同的，应当及时通知对方，以减轻可能给对方造成的损失，并应当在合理期限内提供证明。当事人迟延履行后发生不可抗力的，不免除其违约责任。"第591条："当事人一方违约后，对方应当采取适当措施防止损失的扩大；没有采取适当措施致使损失扩大的，不得就扩大的损失请求赔偿。当事人因防止损失扩大而支出的合理费用，由违约方负担。"第592条："当事人都违反合同的，应当各自承担相应的责任。当事人一方违约造成对方损失，对方对损失的发生有过错的，可以减少相应的损失赔偿额。"第593条："当事人一方因第三人的原因造成违约的，应当依法向对方承担违约责任。当事人一方和第三人之间的纠纷，依照法律规定或者按照约定处理。"**《合同法》**（1999年10月1日，已于2021年1月1日起失效）第113条："当事人一方不履行合同义务或者履行合同义务不符合约定，给对方造成损失的，损失赔偿额应当相当于因违约所造成的损失，包括合同履行后可以获得的利益，但不得超过违反合同一方订立合同时预见到或者应当预见到的因违反合同可能造成的损失。经营者对消费者提供商品或者服务有欺诈行为的，依照《中华人民共和国消费者权益保护法》的规定承担损害赔偿责任。"第114条："当事人可以约定一方违约时应当根据违约情况向对方支付一定数额的违约金，也可以约定因违约产生的损失赔偿额的计算方法。约定的违约金低于造成的损失的，当事人可以请求人民法院或者仲裁机构予以增加；约定的违约金过分高于造成的损失的，当事人可以请求人民法院或者仲裁机构予以适当减少。当事人就迟延履行约定违约金的，违约方支付违约金后，还应当履行债务。"第115条:"当事人可以依照《中华人民共和国担保法》约定一方向对方给付定金作为债权的担保。债务人履行债务后,定金应当抵作价款或者收回。给付定金的一方不履行约定的债务的,无权要求返还定金;收受定金的一方不履行约定的债务的,应当双倍返还定金。"第116条:"当事人既约定违约金,又约定定金的,一方违约时,对方可以选择适用违约金或者定金条款。"第119条:"当事人一方违约后,对方应当采取适当措施防止损失的扩大;没有采取适当措施致使损失扩大的,不得就扩大的损失要求赔偿。当事人因防止损失扩大而支出的合理费用,由违约方承担。"***《民法通则》***(1987年1月1日,已于2021年1月1日起失效)第112条:"当事人一方违反合同的赔偿责任,应当相当于另一方因此所受到的损失。当事人可以在合同中约定,一方违反合同时,向另一方支付一定数额的违约金;也可以在合同中约定对于违反合同而产生的损失赔偿额的计算方法。"

2. 司法解释及最高人民法院司法性意见。最高人民法院民一庭***《民事审判实务问答071:房屋差价能否作为非违约方的损失,由违约方予以赔偿》***(2021年7月):"买受人与出卖人通过中介公司签订《房屋买卖合同》,合同约定了出卖人违约时需要支付给买受人30万元违约金。但是,签约后,由于房屋升值巨大,出卖人不愿履行合同。现因房屋升值造成的差价远远大于合同约定的违约金数额30万元。买受人在请求解除合同的情况下,能否请求将房屋差价作为买受人的损失,由违约方出卖人予以赔偿?答:这个问题在审判实践中比较普遍。《民法典》第五百八十四条规定:'当事人一方不履行合同义务或者履行合同义务不符合约定,造成对方损失的,损失赔偿额应当相当于因违约所造成的损失,包括合同履行后可以获得的利益;但是,不得超过违约一方订立合同时预见到或者应当预见到的因违约可能造成的损失。'在有效的《房屋买卖合同》履行过程中,由于出卖人拒绝履行合同,导致买受人需要另行购买相类似的房屋,则其需要支付的另行购房成本就同其之前签约的购房成本之间存在明显的价值之差,此种房屋差价是由于违约方的违约行为造成的,可以作为守约方所遭受的损失。人民法院在当事人已经约定了固定违约金的情况下,能否判决违约方承担房屋差价的违约责任,则涉及《民法典》第五百八十五条第二款规定的适用问题,该款规定:'约定的违约金低于造成的损失的,人民法院或者仲裁机构可以根据当事人的请求予以增加;约定的违约金过分高于造成的损失的,人民法院或者仲裁机构可以根据当事人的请求予以适当减少。'但约定的违约金是否低于造成的损失,则属于事实认定问题,应由人民法院根据案件具体情况加以处理。当然,如果人民法院能够认定约定的违约金低于造成的损失,则可以适用《民法典》第五百八十五条第二款及相关司法解释的规定,对违约金予以调整,以房屋差价作为非违约方的损失,由违约方予以赔偿。"最高人民法院***《关于"商品房买卖适用法律解释的一点咨询"问题的答复》***(2015年1月26日):

"……关于对《最高人民法院关于审理商品房买卖合同纠纷案件适用法律若干问题的解释》(以下简称《解释》)第十六条与第十七条关系及部分文字表述应当如何理解的问题,我们认为:支付违约金和赔偿损失,是当事人不履行合同义务或者履行合同义务不符合约定情形下所应当承担的违约责任的具体形式。《合同法》第一百一十二条、第一百一十三条、第一百一十四条等对如何理解损失赔偿额及当事人请求调整约定的违约金数额如何处理问题,都有较为明确的规定。《解释》正是根据立法本意,对有关问题作出详细、可操作性强的规定。具体而言,《解释》第十六条是关于违约金数额能否进行调整以及如何对违约金数额进行调整的规定,《解释》第十七条是关于合同当事人没有约定违约金数额或者损失赔偿额计算方法时应当根据什么标准确定违约金数额或者损失赔偿额的规定。可见,这两条所要调整和解决的问题、适用范围是有所不同的。前者当事人要求调整此前双方关于违约金的约定,其内容体现了合同法关于违约金以补偿性为基础,以惩罚性为补充的特点。关于违约金和损失赔偿额计算方法问题,依据不同标准,得出的结论也会有所差异。如果当事人对此有约定,只要不违反相关法律法规,人民法院应当予以认可,即并非第十六条规定的损失计算,一定要参照第十七条规定。只有在合同当事人对此无具体约定情形,为统一认识,《解释》第十七条规定了人民法院在审理此类纠纷时应当以何种标准作为参照系来确定违约方的责任,以弥补守约方的损失。综上,在司法实践中,如何认定违约造成的损失,还应结合合同约定并根据个案具体情况妥善作出认定。"最高人民法院《**关于审理买卖合同纠纷案件适用法律问题的解释(2020年修改)**》(2021年1月1日　法释〔2020〕17号)第18条:"买卖合同对付款期限作出的变更,不影响当事人关于逾期付款违约金的约定,但该违约金的起算点应当随之变更。买卖合同约定逾期付款违约金,买受人以出卖人接受价款时未主张逾期付款违约金为由拒绝支付该违约金的,人民法院不予支持。买卖合同约定逾期付款违约金,但对账单、还款协议等未涉及逾期付款责任,出卖人根据对账单、还款协议等主张欠款时请求买受人依约支付逾期付款违约金的,人民法院应予支持,但对账单、还款协议等明确载有本金及逾期付款利息数额或者已经变更买卖合同中关于本金、利息等约定内容的除外。买卖合同没有约定逾期付款违约金或者该违约金的计算方法,出卖人以买受人违约为由主张赔偿逾期付款损失,违约行为发生在2019年8月19日之前的,人民法院可以中国人民银行同期同类人民币贷款基准利率为基础,参照逾期罚息利率标准计算;违约行为发生在2019年8月20日之后的,人民法院可以违约行为发生时中国人民银行授权全国银行间同业拆借中心公布的一年期贷款市场报价利率(LPR)标准为基础,加计30－50%计算逾期付款损失。"第20条:"买卖合同因违约而解除后,守约方主张继续适用违约金条款的,人民法院应予支持;但约定的违约金过分高于造成的损失的,人民法院可以参照民法典第五百八十五条第二款的规定处理。”第21条:“买卖合同当事人一方以对方违约为由主张支付违约金,对方以合同不成立、合同未生效、合同无效或者不构成违约等为由进行免责抗辩而未主张调整过高的违约金的,人民法院应当就法院若不支持免责抗辩,当事人是否需要主张调整违约金进行释明。一审法院认为免责抗辩成立且未予释明,二审法院认为应当判决支付违约金的,可以直接释明并改判。”第22条:“买卖合同当事人一方违约造成对方损失,对方主张赔偿可得利益损失的,人民法院应当根据当事人的主张,依据民法典第五百八十四条、第五百九十一条、第五百九十二条、本解释第二十三条等规定进行认定。”第23条:“买卖合同当事人一方因对方违约而获有利益,违约方主张从损失赔偿额中扣除该部分利益的,人民法院应予支持。”最高人民法院**《2011年全国民事审判工作会议纪要》**(2011年6月)第22条:“对因国家宏观调控政策变化引发的居间报酬纠纷应加以重视。房屋买卖双方确因中介机构的居间行为订立合同的,除合同另有约定外,一方当事人以宏观调控政策调整无法继续履行合同为由,请求解除居间合同并要求返还已支付的居间报酬的,原则上不予支持。但约定的居间报酬确实过高,当事人请求适当酌减的,人民法院可以根据案件具体情况,根据公平原则处理。对于中介机构故意隐瞒真实情况、违规操作,恶意促成买卖双方交易,导致房屋买卖合同无法履行,严重损害委托人利益的,中介机构请求委托人支付居间报酬的,不予支持;委托人请求中介机构赔偿损失的,应当根据当事人的过错程度处理。”最高人民法院**《印发〈关于当前形势下审理民商事合同纠纷案件若干问题的指导意见〉的通知》**(2009年7月7日　法发〔2009〕40号)第5条:“……对于双方当事人在合同中所约定的过分高于违约造成损失的违约金或者极具惩罚性的违约金条款,人民法院应根据合同法第一百一十四条第二款和最高人民法院《关于适用中华人民共和国合同法若干问题的解释(二)》(以下简称《合同法解释(二)》)第二十九条等关于调整过高违约金的规定内容和精神,合理调整违约金数额,公平解决违约责任问题。”第6条:“在当前企业经营状况普遍较为困难的情况下,对于违约金数额过分高于违约造成损失的,应当根据合同法规定的诚实信用原则、公平原则,坚持以补偿性为主、以惩罚性为辅的违约金性质,合理调整裁量幅度,切实防止以意思自治为由而完全放任当事人约定过高的违约金。”第7条:“人民法院根据合同法第一百一十四条第二款调整过高违约金时,应当根据案件的具体情形,以违约造成的损失为基准,综合衡量合同履行程度、当事人的过错、预期利益、当事人缔约地位强弱、是否适用格式合同或条款等多项因素,根据公平原则和诚实信用原则予以综合权衡,避免简单地采用固定比例等‘一刀切’的做法,防止机械司法而可能造成的实质不公平。”第8条:“为减轻当事人诉累,妥当解决违约金纠纷,违约方以合同不成立、合同未生效、合同无效或者不构成违约进行免责抗辩而未提出违约金调整请求的,人民法院可以就当事人是否需要主张违约金过高问题进行释明。人民法院要正确确定举证责任,违约方对于违约金约定过高的主张承担举证责任,非违约方主张违约金约定合理的,亦应提供相应的证据。合同解除后,当事人主张违约金条款继续有效的,人民法院可以根据合同法第九十八条的规定进行处理。”第9条:“在当前市场主体违约情形比较突出的情况下,违约行为通常导致可得利益损失。根据交易的性质、合同的目的等因素,可得利益损失主要分为生产利润损失、经营利润损失和转售利润损失等类型……”第10条:“人民法院在计算和认定可得利益损失时,应当综合运用可预见规则、减损规则、损益相抵规则以及过失相抵规则等,从非违约方主张的可得利益赔偿总额中扣除违约方不可预见的损失、非违约方不当扩大的损失、非违约方因违约获得的利益、非违约方亦有过失所造成的损失以及必要的交易成本。存在合同法第一百一十三条第二款规定的欺诈经营、合同法第一百一十四条第一款规定的当事人约定损害赔偿的计算方法以及因违约导致人身伤亡、精神损害等情形的,不宜适用可得利益损失赔偿规则。”最高人民法院**《关于适用〈中华人民共和国合同法〉若干问题的解释(二)》**(2009年5月13日　法释〔2009〕5号,已于2021年1月1日起失效)第22条:“当事人一方违反合同法第九十二条规定的义务,给对方当事人造成损失,对方当事人请求赔偿实际损失的,人民法院应当支持。”第27条:“当事人通过反诉或者抗辩的方式,请求人民法院依照合同法第一百一十四条第二款的规定调整违约金的,人民法院应予支持。”第28条:“当事人依照合同法第一百一十四条第二款的规定,请求人民法院增加违约金的,增加后的违约金数额以不超过实际损失额为限。增加违约金以后,当事人又请求对方赔偿损失的,人民法院不予支持。”第29条:“当事人主张约定的违约金过高请求予以适当减少的,人民法院应当以实际损失为基础,兼顾合同的履行情况、当事人的过错程度以及预期利益等综合因素,根据公平原则和诚实信用原则予以衡量,并作出裁决。当事人约定的违约金超过造成损失的百分之三十的,一般可以认定为合同法第一百一十四条第二款规定的‘过分高于造成的损失’。”最高人民法院**《关于蔡德成与大连经济技术开发区龙海房地产开发公司、原审第三人大连翻译专修学院商品房买卖合同纠纷一案请示的答复》**(2003年11月30日　〔2003〕民一他字第13号):“……商品房买卖合同因出卖人责任被确认无效后,应按无效合同的处理原则进行处理。关于善意买受人应该返还给出卖人的房屋使用费标准,因为买受人在签订合同时是善意的,所以应该以买受人在合同中的意思表示为标准。也就是说,应该以买受人与出卖人约定的合同总价款除以房屋的设计使用年限,再乘以买受人实际使用该房屋的年限得出的价款作为买受人所获得的利益返回给出卖人。”最高人民法院**《关于审理商品房买卖合同纠纷案件适用法律若干问题的解释(2020年修改)》**(2021年1月1日　法释〔2020〕17号)第12条:“当事人以约定的违约金过高为由请求减少的,应当以违约金超过造成的损失30%为标准适当减少;当事人以约定的违约金低于造成的损失为由请求增加的,应当以违约造成的损失确定违约金数额。"第13条:"商品房买卖合同没有约定违约金数额或者损失赔偿额计算方法,违约金数额或者损失赔偿额可以参照以下标准确定:逾期付款的,按照未付购房款总额,参照中国人民银行规定的金融机构计收逾期贷款利息的标准计算。逾期交付使用房屋的,按照逾期交付使用房屋期间有关主管部门公布或者有资格的房地产评估机构评定的同地段同类房屋租金标准确定。"

3.地方司法性文件。北京高院**《关于立案审判适用法律若干问题的解答(二)》**(2019年11月20日)第10条:"适用不动产专属管辖的合同纠纷案件,若合同未实际履行,是否仍适用不动产专属管辖?依据民事诉讼法第三十三条第(一)项和民事诉讼法解释第二十八条关于不动产专属管辖的规定,此类纠纷无论争议合同是否实际履行,均应适用不动产专属管辖。"天津高院**《关于审理房屋买卖合同纠纷案件若干问题的审判委员会纪要》**(2018年11月26日　津高法〔2018〕230号)第2条:"二手房买卖相关问题……(三)关于违约金问题。合同约定给付违约金的,当事人可以向违约方主张支付违约金,当事人主张的违约金高于或者低于实际损失的,应当依法处理,当事人请求增加违约金的,应当依照《最高人民法院关于适用〈中华人民共和国合同法〉若干问题的解释(二)》第二十九条的规定处理。当事人通过反诉或者抗辩的方式,请求依照《合同法》第一百一十四条第二款的规定调整违约金的,应当承担违约金低于或者高于造成的实际损失的举证责任。(四)关于损失赔偿问题。当事人一方不履行合同义务或者履行合同义务不符合预定给对方造成损失的,应当赔偿损失。按照《合同法》第一百一十三条规定,损失赔偿包括合同履行后获得的利益、一方违约且发生房价涨跌情形的,涨跌差价属于合同履行后可以获得的利益,实际损失金额的确定应结合所处区域的实际情况、守约方的履行情况、违约方订立合同时对房屋涨跌情形的预见能力,当事人的过错程度等因素酌情确定,当时最低额度不应低于房价涨跌差价的50%。房屋价格涨跌差价可以参照以下方式确定:1.双方能够协商确定的,从其约定;2.双方不能协商确定的:(1)原则上可比照最相类似房屋的市场成交价与买卖合同成交价之差确定房屋涨跌差价;(2)无最相类似房屋可比照的,可以通过专业机构评估确定房屋涨跌差价,认定涨跌差价的时间点应以违约方的违约行为确定之日为基础,结合当事人主张权利之日、合同约定的履行期限届满之日,以及双方是否及时采取措施防止损失扩大、涉诉房屋的具体涨跌幅度等合理确定。"江苏高院**《关于审理房地产合同纠纷案件若干问题的解答》**(2018年6月26日　审委会会议纪要〔2018〕3号)第37条:"房差损失如何承担?因一方或双方过错导致商品房买卖合同被解除的,房屋价格涨跌而产生的差价,可以作为损失根据合同双方各自的过错予以承担。"第38条:

“房差损失的数额如何计算？商品房价格涨跌而产生的差价损失的计算方法，商品房买卖合同有约定的，从其约定，没有约定的：(1)可比照起诉时最相类似商品房的市场成交价与买卖合同成交价之差计算；(2)没有最相类似商品房比照的，可委托专业机构评估确定房屋涨跌损失。【说明】关于时间点的确定，存在买卖合同签订时、起诉时、案件审理终结时、委托评估时等不同时点，条文采纳起诉时的标准，使时间予以确定，也符合可预见的规则。”北京高院民一庭**《关于妥善处理涉及“3.17新政”的房屋纠纷案件若干问题的会议纪要》**(2017年12月18日)第5条：“(合同解除后的处理)因‘3.17新政’原因导致合同解除后，出卖人应当将收受的购房款或定金返还给买受人；当事人一方要求另一方承担违约责任或适用定金罚则的，不予支持。开发商将规划性质为商业办公类用房出售给个人的，因‘3.17新政’原因导致该商业办公类用房买卖合同解除的，开发商主张房屋贬值损失补偿的，不予支持。”重庆高院**《关于民事诉讼管辖若干问题的解答》**(2017年10月11日　渝高法〔2017〕256号)第12条：“房屋买卖合同纠纷案件如何确定案件级别管辖？答：当事人依据房屋买卖合同请求交付房屋的，以合同标的金额(或房屋价值)为诉讼标的额并确定案件级别管辖；请求交付房屋并支付违约金、赔偿损失的，以合同标的金额(或房屋价值)以及其他给付数额之和为诉讼标的额确定案件级别管辖；请求交付房屋并办理房屋权属变更登记的，以合同标的金额(或房屋价值)为诉讼标的额确定案件级别管辖。房屋已交付，当事人请求办理房屋权属变更登记并支付违约金、赔偿损失的，以请求给付数额为诉讼标的额确定案件级别管辖；当事人仅请求办理房屋权属变更登记的，由基层人民法院管辖。”四川成都中院**《关于印发〈商品房买卖合同案件的审理指南(试行)〉的通知》**(2017年10月11日　成中法发〔2017〕129号)第1条：“商品房买卖合同纠纷案件不属于政策性房屋买卖合同纠纷，依法不适用民事诉讼法专属管辖的规定。”第21条：“人民法院调整违约金的原则。当事人以商品房买卖合同约定的违约金过高或者过低为由请求人民法院予以调整的，人民法院应当坚持违约金以补偿性为主、惩罚性为辅的基本原则，综合违约方的违约情况、守约方的实际损失、商品房买卖合同履行情况等因素综合予以确定。但对于同一小区同一违约行为所应承担的违约责任，原则上应当采取同一标准确定。但商品房买卖合同另有约定的除外。对于逾期交房违约金标准，商品房买卖合同约定为已付购房款日万分之三(含)以内的，出卖人请求调低的，原则上不予准许；买受人以商品房买卖合同约定的逾期交房违约低于同期、同地段、同类型房屋租金标准为由要求调高的，可予准许。出卖人以商品房买卖合同约定的逾期办理权属证书的违约金标准过高为由请求调整的，如买受人实际损失无法确定，约定标准为已付购房款日万分之一(含)以内的，原则上不宜认定为约定过高。但商品房销售针对特定人群的除外。”第22条：“对《最高人民法院关于审理商品房买卖合同纠纷案件适用法律若干问题的解释》第十八条中'没有约定违约金'的理解。守约方请求违约方支付一定数额的违约金须以商品房买卖合同有明确约定为前提。商品房买卖合同中未约定一方当事人违约时应向守约方支付违约金或者对违约金的数额或者计算方法无约定的,守约方可要求违约方赔偿实际造成的损失。因此,该条中提到的'没有约定违约金',应当理解为当事人虽然约定了违约方要向守约方承担违约责任,且承担的违约责任为支付违约金,但并未对违约金的金额或计算方法作出明确约定。"第28条:"违约金分别主张与分段主张的调整。出卖人以买受人主张的约金数额过高作为抗辩的,应区分以下情形处理:(1)出卖人存在多项违约行为,买受人分别提起诉讼主张违约金,前诉法院已经做出处理的,后诉法院应当综合考虑前后案件的具体情况、买受人的实际损失、前诉案件的赔偿数额等因素综合确定赔偿数额。(2)买受人就出卖人的同一违约行为分段起诉主张违约金,前诉法院已经确定出卖人支付违约金,出卖人有证据证明前诉案件确定的违约金数额加上买受人在后案中主张的违约金数额过分高于其所受实际损失的,对买受人的诉请部分支持或不予支持。(3)买受人就出卖人的同一违约行为既主张迟延履行违约金又主张解除合同违约金,人民法院只能支持解除合同违约金。"广东高院**《印发〈关于审理房屋买卖合同纠纷案件的指引〉的通知》**(2017年9月12日　粤高法〔2017〕191号,已于2020年12月31日经粤高法〔2020〕132号废止)第40条:"房屋买卖合同因一方当事人违约被解除的,守约方可以要求违约方赔偿房屋差价或者转售利益等可得利益损失。计算损失时,应当扣除守约方未采取合理措施不当扩大的损失、守约方因此获得的利益以及取得利益需要支出的必要费用,并综合考虑守约方的履约情况等确定,但不得超过违约方订立合同时预见到或者应当预见到的因违约可能造成的损失。"第44条:"房屋买卖合同被认定无效或者被撤销、解除后,买受人应当将房屋返还给出卖人,并支付房屋占有使用的费用,费用可参照同期同地段同类房屋租金标准计算;出卖人应当将收取的价款返还给买受人,并支付贷款利息。一方当事人起诉请求确认房屋买卖合同无效或者撤销、解除合同并返还财产,人民法院经审理认为合同无效或者应予撤销、解除的,应当向被告释明反诉请求返还财产,避免判决单方返还财产造成当事人利益失衡。合同无效或者被撤销的,一方因房产价值波动受到的损失,由当事人按照各自的过错承担。合同解除的,守约方因房产价值波动受到的损失,由违约方赔偿。"北京高院(单国军庭长)**《关于审理城镇房屋买卖合同案件适用法律若干问题的调研报告》**(2017年2月5日):"……关于解约定金与违约金的适用。依据民法理论,定金通常包括立约定金、成约定金、违约定金和解约定金。实践中房屋买卖合同中约定有定金条款,但对定金性质约定不明,由于解约定金是关于当事人以承担定金处罚为代价任意解除合同的约定,实际上削弱了合同的效力,应当严格限制其适用。因此，当事人在房屋买卖合同中对定金性质约定不明的，不应视为解约定金。当事人在合同中约定了解约定金和违约金，如果当事人已经构成违约，又以承担定金处罚为代价主张解除合同的，解约定金处罚与违约金可以同时适用……关于履行利益和信赖利益损害赔偿的适用。依据民法理论，损害赔偿利益可分为履行利益、信赖利益和维持利益三种。《合同法》第 97 条规定：‘合同解除后，尚未履行的，终止履行；已经履行的，根据履行情况和合同性质，当事人可以要求恢复原状、采取其他补救措施，并有权要求赔偿损失。’我们认为，依该规定，守约方可以同时主张合同解除与赔偿损失，并且，该规定中的“赔偿损失’属于履行利益损失。在房屋买卖合同纠纷案件中，履行利益损失主要体现为守约方因对方违约所受到的房屋差价损失、转售利益损失等可得利益损失。其中房屋差价损失在计算上应采用客观计算的方法，以房屋同期市场价格为参照标准。由于房屋市场价格随时间经过而发生变化，因此确定损害赔偿计算的时间点十分重要，具体包括合同约定的履行期限届满之日、合同解除之日、评估之日、一审法庭辩论终结之日等。实践中通常应从保护守约方的利益出发，允许守约方自行选择，法院也可以守约方的请求为基础，根据案件具体情况确定时间点。损失具体数额可以委托具有评估资质的专业机构进行评估。《合同法》第 58 条规定：‘合同无效或者被撤销后，有过错的一方应当赔偿对方因此所受到的损失，双方都有过错的，应当各自承担相应的责任。’通说认为，合同不成立、无效或被撤销的，有过错的当事人应当承担的是缔约过失责任，缔约过失行为所侵害的是信赖利益，因此过错方赔偿的损失应当以信赖利益范围为限。关于信赖利益损失的范围，我们认为，信赖利益损失不仅限于所受损害，还应当包括所失利益，主要指当事人信赖合同有效成立而丧失另订其他有利合同的机会损失等。当然信赖利益损失不应无限扩大，以不超过履行利益为限。”湖北高院民二庭**《当前商事审判疑难问题裁判指引（上）》**（2016 年 11 月）第 8 条：“违约金的调整原则。法院调整违约金应以当事人请求调整为前提。如果当事人未明确请求调整违约金，但提出合同不成立、合同无效、未违约等抗辩却未获支持的，法院应向其释明是否请求调整违约金。释明后当事人提出调整请求的，法院应予审查。违约方主张违约金约定过高的，应承担证明约定的违约金‘过分高于造成的损失’和‘显失公平’的举证责任。对方未同时请求赔偿损失的，不承担证明损失发生和大小的举证责任。调整后的违约金应足以弥补未违约方的损失，并应根据违约方的过错体现违约金的惩罚性。调整后的逾期付款违约金最高不能超过年利率 24%。”天津高院**《关于依法妥善审理房屋买卖合同纠纷案件的通知》**（2016 年 11 月 16 日津高法〔2016〕158 号）第 5 条：“合同约定给付违约金的，当事人可以向违约方主张支付违约金，当事人主张违约金高于或低于实际损失的，人民法院应当依法处理。当事人请求增加违约金的，应当依照《最高人民法院关于适用〈中华人民共和国合同法〉若干问题的解释（二）》第二十八条的规定处理。认定违约金过分高于造成的损失，应当依照《最高人民法院关于适用〈中华人民共和国合同法〉若干问题的解释（二）》第二十九条的规定处理。”第6条：“1.当事人一方不履行合同义务或者履行合同义务不符合约定给对方造成损失的，应当赔偿损失。按照《合同法》第一百一十三条规定，损失赔偿额包括合同履行后可以获得的利益。一方违约且发生房屋价格涨跌情形的，涨跌差价属于合同履行后可以获得的利益，实际损失金额的确定应结合所处区域实际情况、守约方的履约情况、违约方订立合同时对房屋涨跌情形的预见能力、当事人的过错程度等因素综合判定，但最低额度不应低于房屋价格涨跌差价的50%。2.房屋价格涨跌差价可以参照以下方式确定：（1）双方能够协商确定的，从其约定；（2）双方不能协商确定的：①原则上可比照最相类似房屋的市场成交价与买卖合同成交价之差确定房屋涨跌差价；②无最相类似房屋比照的，可通过专业机构评估确定房屋涨跌差价。认定涨跌差价的时间点应以守约方的请求为基础，结合合同约定的履行期限届满之日、违约方的违约行为确定之日、双方是否及时采取措施防止损失扩大、涉诉房屋的具体涨跌情况等合理确定。”浙江宁波中院**《关于审理商品房买卖合同纠纷案件疑难问题解答》**（2015年5月19日）第10条：“守约方向违约方要求支付违约金，如何判定双方约定的违约金过高或过低？答：原则上应由主张过高或过低的当事人承担举证责任。判断约定的违约金是否过分高于或者低于造成的损失，适用《商品房买卖合同司法解释》第十六条规定。”第11条：“买受人自愿出具承诺书放弃追究出卖人延期交房的违约责任，该承诺书是否有效？答：视该承诺书是否构成格式合同条款而定，如系买受人自愿出具，并非出卖人为重复使用而提供的格式条款，则该承诺书应认定有效，如构成格式条款的，根据我国《合同法》第四十条之规定，应认定无效。”吉林高院**《关于商事案件适用合同解除制度若干问题的解答》**（2014年12月17日）第30条：“合同因违约而解除后，守约方主张继续适用违约金条款的，人民法院应否支持？长期以来，理论界与实务界对此存在较大争议。《最高人民法院关于审理买卖合同纠纷案件适用法律问题的解释》对此问题作出了明确规定。该司法解释第二十六条规定：‘买卖合同因违约而解除后，守约方主张继续适用违约金条款的，人民法院应予支持；但约定的违约金过分高于造成的损失的，人民法院可以参照合同法第一百一十四条第二款的规定处理。’根据合同法第一百七十四条、该司法解释第四十五条的规定，其他有偿合同可以参照适用该司法解释第二十六条的规定。”第33条：“合同解除后，当事人向合同的违约方主张赔偿可得利益损失的，人民法院应否支持？民法通则第一百一十五条规定：‘合同变更或解除，不影响当事人要求赔偿损失的权利。’合同法第九十七条规定：‘合同解除后，尚未履行的，终止履行；已经履行的，根据履行情况和合同性质，当事人可以要求恢复原状，采取其他补救措施，并有权要求赔偿损失。'前述两个条文均未对'损失'进行任何限定,该'损失'仍属于违约损失性质,损失范围应适用合同法第一百一十三条的规定进行认定。因此,合同解除后,当事人可以向合同的违约方主张赔偿可得利益损失,证据充分的,人民法院应予支持。"第34条:"合同解除后,当事人主张按未履行完毕的合同期间计算可得利益损失的,人民法院应否支持?合同解除后,当事人主张按未履行完毕的合同期间计算可得利益损失的,人民法院不应支持。计算可得利益损失的期间应自对方违约致合同不能履行之日起至合同解除后的合理期间届满之日止。例如:营业性房屋租赁合同的出租人违约,承租人解除合同,要求赔偿可得利益损失,前述'合理期间'应认定为另行寻找替代房屋、装修、办理相关许可手续,直到重新开业的期间。"北京高院**《关于审理房屋买卖合同纠纷案件若干疑难问题的会议纪要》**(2014年12月16日　京高法发〔2014〕489号)第3条:"当事人为套取银行贷款虚构房屋买卖事实订立买卖合同,双方并无买卖房屋的真实意思表示,房屋买卖合同无效。当事人尚未还清银行贷款的,对于合同无效的法律后果可以参照《最高人民法院关于审理商品房买卖合同纠纷案件适用法律若干问题的解释》第25条的规定处理。"第19条:"出卖人具有《最高人民法院关于审理商品房买卖合同纠纷案件适用法律若干问题的解释》第8、9条规定的违约情形,导致商品房买卖合同解除,买受人要求同时赔偿房屋涨价损失和不超过已付购房款一倍损失的,可予以支持,但合同另有约定的除外。出卖人有证据证明两项赔偿数额相加过分高于买受人所受实际损失的,可以酌情降低赔偿总额。"第22条:"房屋买卖合同纠纷中,出卖人以买受人主张的违约金数额过高作为抗辩的,应区分以下情形处理:(一)出卖人存在多项违约行为,买受人分别提起诉讼主张违约金,前诉法院已经做出处理的,后诉法院应当综合考虑前后案件的具体情况、买受人的实际损失、前诉案件的赔偿数额等因素综合确定赔偿数额。(二)买受人就出卖人的同一违约行为分段起诉主张违约金,前诉法院已经确定出卖人支付违约金,出卖人有证据证明前诉案件确定的违约金数额加上买受人在后案中主张的违约金数额过分高于其所受实际损失的,应当判决部分驳回直至全部驳回买受人的诉讼请求。(三)买受人就出卖人的同一违约行为先后主张迟延履行违约金和解除合同违约金,前诉法院已经确定出卖人承担迟延履行违约金的,后诉法院在支持解除合同违约金时,应当扣除出卖人已经承担的迟延履行违约金的数额。"广东深圳中院**《关于房屋买卖合同纠纷案件的裁判指引》**(2014年8月28日修订)第30条:"房屋买卖合同约定,一方违约时,对方可要求违约方承担支付违约金或赔偿损失等违约责任,但不得要求对方继续履行合同的,从其约定。【说明】旨在解决守约方不得要求违约方继续履行合同的约定的效力问题。合同法第一百零七条规定,当事人一方不履行合同义务或者履行合同义务不符合约定的,应当承担继续履行、采取补救措施或者赔偿损失等违约责任。根据该规定以及通行的法学理论,在违约责任的承担方式上适用权利人选择主义,即由守约方选择是向法院请求对方继续履行合同,还是就合同不履行请求对方支付违约金或赔偿损失。如果当事人在签订合同时约定一方违约时守约方可要求对方承担支付违约金或赔偿损失的责任,但不得要求对方继续履行合同的,是对守约方追究对方违约责任方式的限制。我们认为,当事人签订该合同时地位是平等的,且合同订立后双方均存在违约的可能,应认为双方追究对方违约责任方式都受到了限制,即双方都同意放弃自己的选择权。此种权利处分不违反法律、行政法规的效力性强制规定,亦不存在显失公平的情形,法院应当予以确认。”第31条:“房屋买卖合同无效或被撤销后,买受人如已获得占用房产的利益,应折成房屋使用费补偿出卖人;出卖人应将收取的购房款及孳息返还给买受人。【说明】旨在规定房屋买卖合同无效或被撤销后损益的处理规则。合同法第五十八条规定,合同无效或者被撤销后,因该合同取得的财产,应当予以返还;不能返还或者没有必要返还的,应当折价补偿。有过错的一方应当赔偿对方因此所受到的损失,双方都有过错的,应当各自承担相应的责任。审判实践中,哪些属于因合同取得的财产,哪些属于应按过错分担的损失,容易产生混淆。我们认为:(1)房屋已经交付,买受人也已占有并使用房屋的,则买受人占用房产的利益为其因合同取得的财产,应返还给出卖人。因占用利益无法实际返还,应折价补偿,通常是参照合同约定的租金标准向出卖人支付房屋使用费。(2)房屋虽交付给买受人,但买受人尚未从占用房产中获取利益的,比如其尚在装修房产过程中合同即被认定无效,则显然不能认定买受人因合同取得了财产。因合同双方均未取得房屋使用利益,故此期间应视为出卖人因合同无效或被撤销所受到的空置损失,该损失应由双方按过错进行分担。(3)如果买受人占有房产期间自己长期无理空置,不予使用,则应视为其已占用获益,应向出卖人支付房屋使用费。(4)出卖人收取的房款以及占用房款获取的利益(即孳息)为其因合同取得的财产,应返还给买受人。综上,当事人已从占用房屋和占用购房款中获益,依法应予以返还,不应采用计算出卖人房屋被占用的损失和买受人利息损失之和,再由双方按过错分担的方法处理,也不应以双方都有过错为由,按房屋被占用的损失和利息损失各自承担或直接抵销的方式处理。当事人因合同无效遭受的其他损失,也应按上述原则处理。其中,买受人已经对房产进行装修的,可以参照最高人民法院《关于审理城镇房屋租赁合同纠纷案件具体应用法律若干问题的解释》第九条的规定处理。”湖南长沙中院**《民事审判裁判疑难解答》**(2014年3月)第18条:“合同纠纷中,原告根据合同约定要求被告支付违约金,被告主张违约金过高,要求法院予以调整,被告此主张系反诉还是反驳?答:反驳是被告提出事实和理由来否定原告的主张,目的是证明原告主张的权利不存在或有瑕疵。反诉是被告提出的一个新的独立的诉,但和本诉的诉讼标的和理由有牵连,目的是吞并、抵消原告的诉讼请求,甚至原告所主张的权利。被告提出变更违约金的请求,仅是为了抵消原告的部分请求,除此之外并没有提出更加积极的、要求原告向自己为一定行为或给付的主张。因此,被告的这种主张不构成反诉,而仅仅是一种抗辩,应当在诉讼中一并处理。审判实践中,有几种情况应当注意:(1)原告要求被告承担合同责任,被告以原告违约抗辩的,如就质量提出异议,经审查异议成立并直接引起标的物的价值减少的,可直接从原告请求的数额中予以扣除,无需反诉。但如被告提出因原告违约,应当再以原告应承担违约金、赔偿金冲抵原告请求数额的,属于反诉,如被告未提出反诉,即使其理由成立,也不能与原告的诉讼请求抵消。(2)原告要求被告承担侵权责任,被告以原告亦有一定过错作为抗辩,经审查属实的,应直接从原告请求的数额中予以扣除,无需被告提起反诉。"第55条:"依据《中华人民共和国合同法》第一百一十四条之规定,约定的违约金过高或过低的,当事人可以请求法院或仲裁机构相应予以减少或增加,具体调整的尺度应如何把握?答:违约金过高或过低,是相对于一方违约给另一方造成的损失而言的,因此,应以违约给对方造成的损失作为标准,来判断违约金是否过高或过低。如当事人的损失能够确定的,可以损失作为判断标准;如损失无法确定的:1. 对当事人在1999年10月1日《中华人民共和国合同法》实施前签订的合同,应当适用《中华人民共和国经济合同法》及相关司法解释。最高法院《关于在审理经济合同纠纷中适用〈中华人民共和国经济合同法〉若干问题的解释》(法经发〔1987〕20号)第九条及《关于审理房地产管理法施行前房地产开发经营案件若干问题的解答》第三十九条均规定,违约金的数额一般以不超过合同未履行部分的价金总额为限,对超过部分,可不予保护。可按照上述两个司法解释的规定来确定违约金是否过高或过低。2. 对当事人在1999年10月1日《中华人民共和国合同法》实施后签订的合同,应当按照《中华人民共和国合同法》第一百一十四条规定之原则,并可以参照最高法院《关于审理商品房买卖合同纠纷案件适用法律若干问题的解释》第十六条规定,即'当事人以约定的违约金过高为由请求减少的,应当以违约金超过造成的损失30%为标准适当减少;当事人以约定的违约金低于造成的损失为由请求增加的,应当以违约造成的损失确定违约金数额。'如果违约造成的损失数额不能确定,原则上违约金的数额一般以不超过合同标的总额的30%为限。"第57条:"合同解除之后,是否还存在违约金?答:《中华人民共和国合同法》第九十八条规定,合同的权利义务终止,不影响合同中结算和清理条款的效力。合同解除是合同权利义务终止的情形之一,合同因一方违约而被解除的场合,合同中的结算和清理条款仍然有效,其中,违约金条款就可包含在内。因而,根据现行法律,违约金不因合同解除而受影响,仍可请求。"第58条:"违约责任形式中,违约金与实际履行能否同时适用?答:违约金依其性质可分为惩罚性违约金和赔偿性违约金。惩罚性违约金可以与其他债务不履行发生的责任并用。赔偿性违约金相当于债务履行的替代,请求违约金后,就不能再请求实际履行或不履行的损害赔偿。根据《中华人民共和国合同法》第一百一十四条之规定,除迟延履行违约金具有惩罚性外,其他形式的违约金仅具有赔偿性,而不具有惩罚性,违约金与实际履行不能并用。如果当事人对惩罚性违约金作出明确约定(如特别约定支付违约金后,仍需继续履行债务等),且该约定不违反法律强制性规定,应认可其效力。但是,约定必须明确,如不明确,应推定为赔偿性违约金。”第 59 条:“当事人在合同中约定违约方应当支付违约金,但未约定违约金的具体数额和计算标准的,如何确定违约金?答:对当事人没有约定违约金的具体数额和计算标准的,可参照中国人民银行规定的金融机构计收贷款利息的标准计算违约金,具体表述为:‘按中国人民银行规定的同期同类逾期贷款利率计算’。”广东深圳中院**《商事审判中的法律适用疑难问题指导意见》**(2013 年)第 2.1 条:“守约方可得利益损失如何认定以及约定的违约金是否过高的问题。在买卖合同纠纷案件中,经常出现因一方违约造成另一方可得利益损失,守约方向违约方主张该损失的情况。司法实务中,法院对可得利益损失的计算和认定,启动举证责任分配。一般情况下,守约方应对其遭受的可得利益损失总额、必要的交易成本承担举证责任;违约方应当承担守约方没有采取合理减损措施而致损失扩大、守约方因违约而获得利益以及守约方亦有过失的举证责任。”第 2.2 条:“违约金是否过高的认定与调整问题。按照合同法的立法精神,违约金的性质是‘以补偿为主,以惩罚为辅’,违约金可以适当高于造成的损失,但不应过分高于造成的损失。对于违约金‘过高’的调整问题,应注意以下方面:①违约金的调整应由当事人提出,法院不应主动调整违约金。当事人可通过抗辩的方式提出违约金调整请求,当事人答辩时认为其不应承担违约责任,可视为其已提出违约金调整请求。②‘过高’的事实依据是违约造成的实际损失,一般情形下,对违约损失的举证责任应由遭受损失的守约方承担。同时,考虑到当事人证明损失的难度,守约方不需准确地证明损失的金额,守约方就其损失的范围、大小作出陈述并进行适当举证即可。③对违约金是否过高的认定,应当以实际损失为基础,兼顾合同的履行情况、当事人的过错程度(是否属于恶意违约)、预期利益、损失是否具有可预见性等因素,由法官根据公平、诚实信用原则予以衡量。对于减少程度应把握‘适当’的尺度,根据个案情况予以裁量。对于没有损失证据的案件,逾期付款违约金,在审判实务中常出现畸轻畸重的情形。通常情形下,可将逾期付款违约金的上限确定为每日千分之一,下限不低于银行贷款逾期还款的违约金,在此上限范围内根据实际情况调整逾期付款违约金。如果超过此上限,应当根据个案慎重考量。”安徽高院**《关于审理房屋买卖合同纠纷案件适用法律问题的指导意见》**(2012 年 3 月 5 日)第 8 条:“房屋买卖合同的当事人以约定的违约金过高为由请求对违约金进行调整,但双方当事人均未举证证明守约方因违约所造成的实际损失，人民法院可以根据《最高人民法院关于适用〈中华人民共和国合同法〉若干问题的解释（二）》第二十九条的规定，结合案件具体情况，在中国人民银行发布的同期同类贷款利率四倍的范围内，对约定的违约金进行调整。”山东高院**《2011 年民事审判工作会议纪要》**（2011 年 11 月 30 日　鲁高法〔2011〕297 号）第 2 条：“……（八）关于商品房买卖合同解除后的损失赔偿问题。依据《合同法》第 97、113 条的规定，合同解除后，当事人有权要求赔偿损失。当事人一方不履行合同义务或者履行合同义务不符合约定，给对方造成损失的，损失赔偿额应当相当于因违约所造成的损失，包括合同履行后可以获得的利益。商品房买卖合同因一方违约被解除的，守约方有权要求违约方赔偿因合同解除造成的损失，损失的范围包括积极损失和可得利益损失。如因出卖人的原因导致合同解除的，买受人请求出卖人赔偿损失的范围是纠纷发生时讼争房屋的现实价值与合同约定价格之间的差价。”山东高院**《2011 年全省民事审判工作会议纪要（讨论稿）》**（2011 年 8 月）第 10 条：“商品房买卖合同中违约损失赔偿的范围问题。根据《关于审理商品房买卖合同纠纷案件适用法律若干问题的解释》第八条规定，‘商品房买卖合同目的不能实现，无法取得房屋的买受人可以请求解除合同、返还已付购房款及利息、赔偿损失，并可能请求出卖人承担不超过已付购房款一倍的赔偿责任’。根据《合同法》第一百一十三条的规定：‘当事人一方不履行合同义务或者履行合同义务不符合约定，给对方造成损失的，损失赔偿额应当相当于因违约所造成的损失，包括合同履行后可以获得的利益’。由于合同法效力高于司法解释，所以买受人解除合同后，所主张的赔偿损失应包括可得利益损失。商品房买卖合同司法解释规定的惩罚性赔偿超出了填补损失的功能作用，更侧重于惩罚与制裁，如果买受人同时请求可得利益损失赔偿与惩罚性赔偿，应予支持。”海南高院**《关于办理商品房买卖合同纠纷案件的指导意见（试行）》**（2011 年 1 月）第 11 条：“双方当事人已经订立商品房买卖合同，买受人仅交付定金，且双方在合同中约定买受人可以按照合同的约定以丧失定金为代价而解除合同，出卖人可以双倍返还定金为代价而解除合同的，从其约定。双方当事人没有前款约定，一方当事人要求解除合同，另一方当事人不同意解除，且合同有继续履行可能的，不应解除合同。”第 12 条：“双方当事人订立商品房买卖合同且买受人已交付部分房款后，出卖人恶意违约，请求解除合同，并愿意承担超过已付购房款一倍的赔偿责任的，如买受人不同意解除合同，且合同有继续履行可能的，不应解除合同。”北京高院**《关于审理房屋买卖合同纠纷案件适用法律若干问题的指导意见（试行）》**（2010 年 12 月 22 日　京高法发〔2010〕458 号）第 2 条：“……因可归责于当事人一方的原因致使房屋买卖合同未能订立，预约协议约定有定金条款的，应当适用定金罚则；没有约定定金条款，或者定金处罚数额不足以弥补守约方实际损失的，违约方应当赔偿守约方因此所受到的信赖利益损失。守约方要求赔偿合同履行的可得利益损失的,一般不予支持。"第23条:"当事人在房屋买卖合同中对定金性质约定不明的,不应视为解约定金。房屋买卖合同中同时约定了解约定金和违约金,当事人一方已构成违约的,在约定条件成就时解约定金处罚与违约金可以同时适用。"第24条:"房屋买卖合同签订后,因一方当事人根本违约致使另一方订立合同的目的不能实现,守约方要求解除合同,并要求违约方赔偿房屋差价损失、转售利益损失等可得利益损失的,应酌情予以支持,但当事人另有约定的除外。在认定和计算可得利益损失时,应从守约方主张的可得利益赔偿总额中扣除守约方未采取合理措施不当扩大的损失、守约方亦有过失所造成的损失、守约方因此获得的利益以及守约方取得利益需要支出的必要的交易成本,并综合考虑守约方的履约情况等因素予以确定。"第25条:"房屋买卖合同不成立、被确认无效或被撤销,信赖合同有效成立致受损害的一方当事人要求另一方赔偿信赖利益损失的,应予支持。信赖利益损失包括所受损害和所失利益(当事人信赖合同有效成立而丧失另订其他有利合同的机会损失等),损失赔偿数额以不超过履行利益为限。"上海高院**《关于商事审判中规范违约金调整问题的意见》**(2009年12月9日　沪高法民二〔2009〕13号)第8条:"法院依据《关于适用〈中华人民共和国合同法〉若干问题的解释(二)》第二十九条第一款判断违约金是否过高时,要避免简单采用固定比例的'一刀切'的认定方式,应当依照公平原则和诚实信用原则,根据案件的具体情形,以违约造成的损失为基准,综合考量以下引述:(1)合同履行程度;(2)违约方的过错程度;(3)合同的预期利益;(4)当事人缔约地位的强弱;(5)是否适用格式合同或条款;(6)当事人是否已在诉请中对违约金进行减让;(7)违约金计算的基数;(8)法官根据具体案件认为应当考量的其他因素。"第9条:"守约方的实际损失无法确定的,法院认定违约金过高进行调整时,根据公平原则和诚实信用原则,在综合考量违约方的恶意程度、当事人缔约地位强弱等因素的基础上,可以参照不超过银行同类贷款利率四倍的标准进行相应调整。"广东深圳中院**《关于审理二手房买卖合同纠纷案件若干问题的指导意见(初稿)》**(2009年7月)第16条:"房地产买卖合同约定违约方承担定金责任后,守约方不可进一步追究违约方其他违约责任的,从约定。"第17条:"当事人既约定定金,又约定赔偿损失的,一方违约时,守约方既可主张定金罚则,又可请求赔偿损失。当事人只约定定金,没有约定赔偿损失的,当定金不足以弥补实际损失时,守约方请求赔偿损失的,予以支持。"第18条:"因一方违约导致另一方订立房屋买卖合同的目的不能实现,另一方主张差价损失的,予以支持。双方对房屋差价有约定的,从约定;没有约定的,以法院委托的评估机构对起诉之日的房屋市场价与双方约定的房屋买卖价款之间的差价确定损失。"第19条:"当事人约定的违约金过分高于守约方的实际损失,违约方虽未明确表示调整违约金,但以合同效力或不构成违约等理由进行抗辩的,应向当事人释明是否申请调整违约金。当事人以约定的违约金过高为由请求减少的,应当以违约金超过实际损失的30%为标准适当减少;当事人以约定的违约金低于造成的损失为由请求增加的,应当以违约造成的损失确定违约金数额。"北京高院**《审理买卖合同纠纷案件若干问题的指导意见(试行)》**(2009年2月3日　京高法发〔2009〕43号)第25条:"当事人依照合同法第一百一十四条第二款的规定,请求增加违约金的,调整后的违约金应以因对方违约造成的损失数额为限。当事人依照合同法第一百一十四条第二款的规定,请求减少违约金的,法院应当尊重当事人的意思自治,保护诚信守约的当事人,依据促进交易及维护交易安全的原则,对约定违约金过分高于造成损失的部分,进行适当减少。前款损失包括积极损失和可得利益损失。当事人对损失数额计算方法没有约定的,法院可以比照守约当事人相同条件下所获取的利益来确定可得利益损失,或者根据公平原则、诚实信用原则以及合同的履行情况确定可得利益损失。对损失数额双方当事人应当分别举证。当事人未提出违约金调整请求的,法院不主动调整,但当事人以合同不成立、合同不生效、合同无效或者没有违约进行免责抗辩的情形除外。当事人在一审程序中经法院释明未请求调整违约金,在二审程序中请求调整的,法院不予支持。"第26条:"当事人同时约定违约金和定金,但没有约定定金性质的,当事人一方违约,对方一并主张定金和违约金的,法院不予支持。当事人同时约定违约金和定金并约定了定金性质的,当事人一方违约,对方依据约定的定金性质一并主张违约定金和违约金的,法院不予支持;当事人一方违约,对方依据约定的定金性质一并主张解约定金和违约金的,法院应予支持。"第27条:"在同一诉讼中,当事人约定的定金不足以弥补当事人一方因对方违约遭受的损失,当事人一方请求赔偿超过定金部分的损失的,法院应予支持。"第30条:"当事人双方均违反合同约定,但违约责任约定明显不对等的,法院可以向当事人释明,当事人不请求的,法院不主动对当事人约定的违约责任进行调整。"山东高院**《关于印发〈全省民事审判工作座谈会纪要〉的通知》**(2008年12月23日　鲁高法〔2008〕243号)第6条:"……(二)关于房地产合同中违约金制度的适用问题。房地产合同中适用违约金的情形比较多,但审判实践中对于违约金的性质、违约金过高的主张方式、判断标准以及如何调整等问题认识不一。《合同法》第一百一十四条等规定已经确定违约金具有补偿和惩罚的双重性质,但以赔偿守约方的损失为主要功能,而非严厉惩罚违约方。由于支付违约金是违约方承担民事责任的主要方式之一,因此对数额过高的违约金条款,人民法院可以根据当事人的请求适当进行调整,对于当事人未提出调整违约金请求的,人民法院不得主动援引合同法的规定干预合同的明确约定;关于当事人申请调整违约金的方式问题,人民法院对当事人主张的方式不宜苛刻要求,当事人可以通过反诉的方式提出,也可以通过抗辩的方式主张,均可视为当事人提出申请;关于违约金过高的认定标准问题,应当以实际损失为基础,兼顾合同的履行情况、当事人的过错程度以及预期利益等因素,由人民法院根据公平原则、诚实信用原则予以衡量。”内蒙古包头中院**《关于印发关于审理城镇房屋买卖纠纷案件相关问题的处理意见》**(2008年8月5日)第5条:“一方违约不履行合同如何处理以及合同确不能履行情况下损失赔偿额的确定问题。除合同另有约定或出现可单方解除合同的法定情形外,无论是合同签订后的预期违约还是合同履行期届满后的实际违约,如另一方坚决要求继续履行买卖合同的,除符合《合同法》第一百一十条规定外,应责令双方继续履行。对于合同确不能继续履行的,违约方应当赔偿因违约给对方造成的损失,包括直接损失和预期可得利益损失,其中预期可得利益损失包括房屋涨跌损失。房屋涨跌损失的确定,可参照以下方式:(1)双方协商确定的,从其约定。(2)双方不能协商确定的:①原则上可比照最相类似房屋的市场成交价(同幢相同楼层及房型、相邻幢同楼层及房型、相同区域内房屋)与买卖合同成交价之差确定房屋涨跌损失;②无最相类似房屋比照的,可通过专业机构评估确定房屋涨跌损失。认定损失的时间点应从保护守约方的利益出发,以守约方的请求为基础,结合合同约定的履行期限届满之日、违约方的违约行为确定之日以及审理中房屋的涨跌情况等,予以合理确定。守约方损失的认定,还应综合考虑守约方的履约情况、违约方能预见的因房屋价值涨跌而产生的损失以及双方是否已采取必要措施防止损失扩大等因素。”湖南高院**《关于房屋买卖、租赁纠纷案件适用法律问题的指导意见(试行)》**(2008年1月21日)第12条:“由于一方原因造成买卖合同无效或无法继续履行的,人民法院在判令过错方赔偿损失时,应综合考虑资金占用、房价变动等因素,尽可能保护诚信方利益。”江苏高院**《关于印发〈关于适用中华人民共和国合同法若干问题的讨论纪要(一)〉的通知》**(2005年9月26日　苏高发审委〔2005〕16号)第26条:“违约金以补偿性为主,兼具惩罚性。”第27条:“人民法院未经当事人请求不得调整违约金的数额。”第28条:“人民法院在认定违约金是否过高时,应以违约造成的损失为基础,兼顾合同的履行情况、当事人的过错、社会经济状况等因素,根据公平原则、诚实信用原则进行衡平。当事人约定的违约金超过造成损失的百分之三十的,可以认定为合同法第一百一十四条第二款规定的‘过分高于造成的损失’。”第29条:“合同中约定了违约金,一方违约未给另一方造成损失的,违约金条款仍应当适用。当事人可以依据合同法第一百一十四条的规定,请求人民法院予以调整。对于故意违约,违约方请求减少违约金的,人民法院不予支持。”第30条:“违约方请求人民法院调整违约金数额的,在提供违约金过高的初步证据后,举证责任转移至守约方。”第31条:“当事人在合同中对损失数额的约定和损失数额的计算方法的约定,视为对违约金的约定。”贵州高院**《关于审理商品房买卖合同纠纷案件若干问题的指导**

意见(一)(试行)》(2005年8月1日)第13条:"人民法院对于违约金的调整只能依据当事人申请,不能依职权主动调整。但当事人约定的违约金条款的适用可能导致双方的权利义务严重失衡时,人民法院可以适当行使释明权。当事人请求调整违约金的,可以抗辩或反诉方式提出。当事人以约定违约金低于造成的损失为由请求违约金调整,并主张依据《解释》第十八条第二款规定的损失计算方法所确定损失额为调整标准,人民法院原则上可以参照'中国人民银行同期同类贷款利率'该计算标准所确定的损失额,从公平原则出发,综合考虑出卖人过错程度、违约行为情节、赔偿能力以及买受人购房方式等因素,在此数额范围内酌情决定违约金数额。"安徽高院《**关于审理合同纠纷案件违约金适用问题的指导意见**》(2005年4月30日)第3条:"当事人在合同中明确约定一方不完全履行、不适当履行须向对方支付违约金外,未明确约定违约方仍须继续履行合同义务的,守约方既要求违约方支付违约金又要求继续履行的,如果符合履行条件的,人民法院应予支持。当事人在合同中明确约定一方不履行合同应向另一方支付违约金的,未明确约定违约方仍须继续履行合同义务的,守约方要求违约方在支付违约金后,又要求违约方继续履行的,人民法院不予支持。"第5条:"当事人在合同中仅选择违约金作为违约责任方式,未约定赔偿损失的,应按照违约金的约定执行。违约金不足以补偿损失的,守约方可以请求人民法院增加违约金,但增加的部分以弥补实际损失金额为限。"第6条:"当事人在合同中同时约定违约金和赔偿损失的,守约方可以选择适用违约金或者赔偿损失。如果约定的违约金低于实际损失的,对于不足部分可以请求赔偿损失;如果约定的违约金高于实际损失的,对于守约方要求赔偿损失的请求,人民法院不予支持。"第7条:"当事人在合同中约定违约方除应赔偿全部损失外,还应以违约金对其惩罚,守约方在获得全部损失赔偿后,又向违约方主张违约金的,人民法院不予支持。"第10条:"在合同合法成立的情况下,当事人约定的违约金虽然低于或者高于实际损失的,但当事人未要求增加或者减少违约金数额,而以合同约定无效作为诉讼请求或者进行抗辩的,人民法院应当向当事人释明,由其决定是否提出增加或者减少违约金的请求。"江苏高院《**房屋买卖合同纠纷案件疑难问题法律适用研讨会综述**》(2004年11月27日)第1条:"……商品房买卖合同中往往约定了违约金条款,当一方当事人违约时,守约方会以之为据追究其违约责任,而违约方一般会以'其并没有违约、不应当承担违约责任'为由进行抗辩。当此种抗辩不能成立时,违约方又会提出其原来的抗辩中包含了'约定的违约金过高、请求予以减少'的意思表示,而请求人民法院予以减少(这种情况往往发生在二审中);或者人民法院发现约定的违约金确实过高,能否根据违约方的这种抗辩,推论其包含了'约定的违约金过高、请求予以减少'的意思表示,从而主动地减少违约金的数额?与会代表大多认为,当事人的'其并没有违约、不应当承担违约责任'抗辩主张与其'约定的违约金过高、请求予以减少'的意思表示,在性质、意义上并不相同:前者为一种抗辩,旨在推卸责任;后者实为一项诉讼请求,旨在减轻责任。再者,二者的逻辑前提也不相同:前者以其不存在归责事由(无违约行为)为前提;后者以其承认存在归责事由(有违约行为)、因而应当承担责任为前提,只是在此前提下,请求减轻其责任。因此,不存在前者包容后者的可能,更不存在着后者包容前者的可能。然而,基于诉讼经济的考虑,在当事人仅提出'其并没有违约、不应当承担违约责任'的抗辩主张时,法官应当及时地予以询问说明。其结果有二:(1)如果法官行使了释明权,当事人又作出了'约定的违约金过高、请求予以减少'的意思表示,则法官应当根据对事实的审查结果,以当事人是否违约为据,而决定是采信其减责的诉讼请求还是免责的抗辩主张;如果当事人仍没有作出'约定的违约金过高、请求予以减少'的意思表示,则应当认为当事人放弃了其违约金降低请求权而只有免责抗辩主张,法官应当根据其是否违约的事实而决定是否采纳该抗辩主张;若不采纳该抗辩主张即追究其违约责任的话,则法官不得主动地降低违约金的数额。(2)如果法官没有行使释明权,当事人也没有作出'约定的违约金过高、请求予以减少'的意思表示的,则只能认为当事人仅有'其并没有违约、不应当承担违约责任'的抗辩主张,而不能认定其中包含了'约定的违约金过高、请求予以减少'的意思表示。与会代表还认为,虽然当事人在一审中没有提出请求减少违约金的意思表示,但在上诉请求和理由中提出这种意思表示的,人民法院在二审中仍然可以作出适当调整。"上海高院**《关于印发〈上海法院民事办案要件指南〉的通知》**(2003年11月25日　沪高法民一〔2003〕10号)第36条:"一方当事人要求另一方当事人支付违约金的,应当举证证明合同对违约金有约定的要件事实或提出相关法律规定。相对方请求调整违约金的,应当举证证明对方主张的违约金应予调整的要件事实。"第38条:"一方当事人行使损害赔偿请求权的,应当举证证明其遭受的损害以及损害与违约行为之间的因果关系。"

4. 地方规范性文件。北京市**《城市房地产转让管理办法》**(2008年12月6日)第27条:"房地产转让当事人可以委托律师和房地产经纪机构代理房地产转让或者提供中介服务。受托人应当忠实、勤勉地履行职责。因受托人过错给房地产转让当事人造成损失的,房地产转让当事人可以要求受托人承担赔偿责任。"

5. 参考案例。2019年**北京某房屋买卖合同纠纷案**,2013年,唐某与尚未取得预售许可证的开发公司签订《定制开发协议》,约定了购买房产的具体楼号、楼层、面积和合同价款等,并约定了在商品房预售合同签订之后保证金冲抵房屋价款,并约定交房时间为2016年6月30日。唐某据此支付开发公司1600万元保证金。2016年10月,因开发公司未依约签订预售合同,唐某要求解除协议,开发公司同意,随后,唐某将《定制开发协议》项下权利义务转让给黄某。黄某因与开发公司就损失赔偿额无法达成一致而起诉。法院认为:当事人在协商并等待正式缔约条件或时机成熟的过程中,为巩固阶段性谈判成果,对已达成一致的事项在签订正式合同前予以明确并约定在将来一定期限内就该谈判事项订立正式的合同,该约定区别于本合同本身,属于预约合同。本案中,《定制开发协议》并非可以完整履行的商品房买卖合同,商品房买卖交易的实现仍有待双方签订商品房预售合同。此外,《定制开发协议》还约定,在商品房预售合同签订之后保证金冲抵房屋价款、《定制开发协议》终止,这表明合同双方当事人对《定制开发协议》与商品房预售合同如何衔接进行了安排,进一步说明《定制开发协议》签订和执行系为保证双方将来签订商品房预售合同,性质上应为预约合同。预约合同以未来签订本约合同为目的,预约合同的意向购房人所支付款项性质和数额均与商品房预售合同中的房屋交付的对价相距甚远,故基于预约合同与本约合同的合同目的和对待给付内容不同,除非合同另有约定,根据权利义务对等原则,预约合同违约责任不等同于本约合同违约责任。同时,签订预约合同并不等同于必然签订本约合同,本约合同签订与否仍具有不确定性,双方当事人正是基于客观上签订条件、时机不具备或主观上特殊的考虑,才签订预约合同而非直接签订本约合同,双方当事人对此均应有所预见。如因客观情况发生变化不能签订本约合同,合同双方应遵循诚实信用原则,在明知或应知上述情形发生时应采取适当措施防止损失扩大,否则无权就扩大部分的损失主张赔偿。本案中,结合唐某意向购买的房屋系位于商业园区定制开发的办公业态产品,《定制开发协议》约定的商品房用途为"办公",以及唐某一次性意向购买包括 9 个楼层建筑面积 8 千余平米房屋等事实,可看出唐某意向购买涉案房屋并非用于居住等基本生活保障用途,应认定唐某系投资性购房人。《定制开发协议》中对于将来要签订商品房预售合同虽有约定,但协议已明示案涉房地产项目尚未取得规划验收批准文件等情况,投资性买受人对案涉房产交易固然可产生合理信赖,但其对交易中存在的风险和不确定因素亦应属于明知。在出卖人取得预售许可等销售条件具备后,买受人应积极联系签订商品房预售合同事宜,为一般防控风险的通常做法,故唐某称其在 2016 年 6 月 30 日之前完全不知情且其从未向开发公司催促或询问不合常情。签订预约合同对于意向购房人而言,可支付较少比例的金额、以当时的市场价格获取未来签订预售合同的机会,而对出卖人而言,在不具法定销售条件之时即可回笼部分开发资金,故唐某与开发公司签订具有预约合同性质的《定制开发协议》符合双方利益。对于因不能实现签订本约合同的机会损失如何赔偿的问题,主要应衡量预约合同内容及履行状态、签订本约意愿、客观障碍、市场风险、政策因素(如鼓励投资还是遏制炒房)等未签订本约合同的原因要件。根据本案查明事实,案涉协议不能履行并非由于政府政策变动,而是可归责于开发公司本身。在此情况下,如仅责令开发公司向黄某返还保证金并按照远低于市场利率的央行基准贷款利率支付利息,而不赔偿黄文贵可能遭受的机会损失,则明显违背诚实信用原则,偏离最基本的公平正义观念。参照2013年12月至2014年6月期间本市住宅销售价格指数酌定黄某的机会损失,判决开发公司返还黄某保证金1600万元并支付利息,另赔偿黄某300万元。2014年**辽宁某房屋买卖合同纠纷案**,2003年,开发公司就其开发项目的工程发包与工程公司签订施工协议,并约定以部分合同标的物抵顶工程款。2004年,陈某与工程公司签订购房合同,约定陈某以300万元购买前述抵顶房产,约定交房日期为2004年9月1日。2005年,因开发公司与工程公司发生纠纷,开发公司将诉争房产另售他人。2012年,该房产经评估已值1100万余元,已支付150万元购房款的陈某起诉工程公司,要求返还房款及利息,并赔偿可得利益损失800万余元。法院认为:《合同法》第119条规定:"当事人一方违约后,对方应当采取适当措施防止损失的扩大;没有采取适当措施致使损失扩大的,不得就扩大的损失要求赔偿。"即,在对方当事人违约甚至根本违约情况下,合同当事人仍负有基于诚实信用原则的合同义务,应及时采取适当措施防止损失扩大,否则不得就扩大损失要求赔偿。本案中,购房合同约定的履行期满后,工程公司尚未完成合同义务,已构成违约。此时,陈某作为已支付150万元购房款买受人,既可要求工程公司承担继续履行及赔偿损失违约责任,亦可请求解除合同,要求工程公司返还已付购房款并赔偿损失。现陈某诉请工程公司按2012年8月市场价格赔偿其房屋增值损失,但自工程公司2004年9月1日违约之日起,陈某一直怠于行使权利。综合近年来房地产市场变化趋势及城市房地产价格本轮大幅上涨的实际情况,如陈某及时行使权利,其依然有机会另觅他处购置房屋,故应认定陈某在本案中所受扩大损失,系其未及时采取适当措施所致。案涉购房合同订立于2004年2月,工程公司当年9月既已构成违约,陈某于2012年提起本案诉讼并主张按当时的市场价格赔偿房屋增值损失,已超出工程公司订立合同时预见到或应预见到的因违反合同约定可能造成的损失范围。案涉购房合同标的物系开发公司用以抵顶工程公司工程款的房屋,因开发公司并非该合同义务主体,且工程公司亦无需赔偿陈某可得利益损失,故陈某请求开发公司承担连带责任基础已不存在。判决解除案涉购房合同,工程公司返还陈某150万元并支付相应利息。2001年**江苏某房屋买卖合同纠纷案**,1996年,百货公司与开发公司签订商品房购销合同,约定总价款1.2亿余元。百货公司据此支付开发公司首期3900万元。1997年,开发公司交房。1998年,双方签订退房协议,约定退房退款,百货公司两个月内清场,但百货公司近3个月才清完场。2000年,生效判决判令开发公司返还百货公司购房余款及利息。其后,开发公司诉请百货公司支付自1997年以来的房屋使用费。法院认为:作为买受人的百货公司根据其与开发公司所签购销合同,已按约履行了相应付款义务,并无《合同法》规定的买受人未支付到期价款的金额达到全部价款五分之一的违约情况。本案合同解除是在双方协商一致基础上达成的，不属于《合同法》第167条所规定情形，故该法条不能在本案中参照适用。依生效判决，开发公司与百货公司所签购销合同及退房协议合法有效。百货公司按购销合同约定，在支付购房款后，依约取得了房屋使用权，并在房产管理部门进行了登记，故百货公司此期间占有、使用该房屋并支付房款对价，系根据双方当事人合同约定，属有权占有。此后，双方又在协商一致基础上签订退房协议，约定退房还款，同时对相关事宜予以明确约定，解除了购销合同。至此，退房协议成为在购销合同解除后确认双方权利义务关系唯一依据。协议签订后，开发公司在通知百货公司停业退房函件中再次明确“其他事项按协议执行”。据此，应认定退房协议系确定双方解除购房合同权利义务关系的“一揽子”协议。在退房协议中，因双方未就房屋使用费问题进行约定，由此说明开发公司放弃了向百货公司主张退房期限前房屋使用费权利。依退房协议，在开发公司向百货公司发出停业通知后两个月内，百货公司仍有权继续占有、使用房屋。此后，百货公司占有、使用房屋已无合法依据，构成不当得利，应向开发公司支付房屋使用费。百货公司与开发公司在退房协议中只约定退还本金3900万元，并未约定退还购房款本金3900万元在实际占有、使用房屋期间利息，且生效判决已对百货公司主张的返还购房款和利息及损失等请求作出终审判决，故对百货公司就购房款利息和经济损失所提请求不予支持。判决百货公司支付开发公司房屋使用费75万余元。2014年**广东某商品房买卖合同纠纷案**，2010年，李某与开发公司签订商品房买卖合同，约定开发公司迟延办证，李某有权解除合同，开发公司按已付购房款日万分之一支付违约金。2012年，因开发公司逾期未办证，李某诉请解除合同，并返还房款168万余元及利息，同时支付违约金。法院认为：案涉商品房买卖合同约定了违约金条款，李某在追究开发公司违约责任时应按司法解释的规定适用约定的违约金条款，如其认为约定的每日万分之一违约金低于造成的损失，可依《合同法》第114条第2款规定，请求法院予以增加，而不应在适用约定违约金条款同时要求赔偿购房款利息损失。鉴于约定的违约金过低，低于购房款按银行同期同类贷款利率计算的利息数额，结合李某庭审陈述，将违约金数额调整为购房款按中国人民银行同期同类贷款利率计算的利息数额。对于契税利息损失是否应予支持问题，双方对此未约定违约责任，李某已支付契税，客观上造成损失，开发公司应予赔偿。判决案涉商品房买卖合同解除，开发公司退还李某购房款168万余元并按人民银行同期同类贷款利率标准支付利息。2012年**海南某商品房买卖合同纠纷案**，2010年，王某与开发公司签订认购书，并支付100万元定金。同日签订商品房买卖合同，约定总房款2600万余元，并约定逾期付款导致合同解除的，买受人应按“累计应付款10%”支付违约金。后因限购，王某无能力支付1000万余元购房余款，双方变更合同为分期付款。因王某未在分期付款期限内支付完毕,双方协议解除合同。但关于违约金计算标准,王某只同意按未支付的550万余元10%计算,而开发公司坚持按总房款2600万余元10%计算。法院认为:合同解除制度设置目的在于因一方当事人根本违约致使合同履行利益不能实现时,对方当事人能从中获得一定补偿。因合同解除意味着交易失败,开发公司合同履行利益不能实现,故无论王某已支付款项多少,其应承担的因根本违约导致合同解除后果的违约责任应是一样的,而不是王某支付的房款越多,开发公司获得救济就应该越少。商品房买卖合同约定的违约责任系为弥补因买受人违约给出卖人带来的损失,违约性质越严重则违约责任越严重,即合同解除的违约责任必然比继续履行情形下违约责任重,故以已付款项多少来衡量解除合同的违约责任,违背当事人订立合同本意,亦不利于维护合同稳定性。结合双方合同约定可知,无论付款方式是按揭贷款还是分期付款,对因买房人逾期付款超90日导致合同解除,买房人应承担总房款10%的违约责任是具体、明确的。开发公司主张以总房款10%计收违约金有事实根据和合同、法律依据。王某在签订商品房买卖合同之前支付定金100万元系为保证正式合同签订。王某已就认购房产与开发公司签订了合同,且已交付了大部分房款,应认定王某所交定金已充抵购房款。另依法律规定,违约金和定金两种违约责任不能同时适用。判决王某支付违约金260万余元,开发公司退还王某定金100万元。2010年**天津某房屋买卖合同纠纷案**,2009年,周某以信息咨询部名义居间作为丙方,与甲、乙方董某、汪某达成房屋买卖居间合同,约定同年11月30日前,乙方将首付款准备齐全,双方开始办理贷款手续,甲方将其名下贷款于该日期前注销完毕,付款程序按相关监管程序执行。2009年,董某以合同未约定汪某付款时间、数额、方式导致其未收到首付款、无法办理贷款注销手续为由诉请解除合同、周某返还中介费。汪某反诉董某支付违约金。法院认为:诉争合同对房屋实际成交价格业已约定,虽对首付款金额、给付时间未明确约定,但合同约定了房屋交易手续按规定实行交易资金代收代付监管的,则付款程序按相关监管程序执行。本案买卖合同为私产房屋,依本市规定,私产二手房买卖款项须由房管部门指定的资金监管中心代收代付,关于交易流程有具体规定。此外,合同约定了首付款准备齐全截止日期。根据交易惯例,办理二手房贷款手续,须先到房管部门打印制式买卖协议,买方将首付款打入资金监管账户后才能到银行办理相关手续,故从该约定中能推论出到房管部门办理相关手续开始时间,至于具体时间虽未约定,但《合同法》对此有明确规定,不会成为履行障碍,故该合同并非无法履行。从合同约定看,合同为买方设定义务是在2009年11月30日前将首付款准备齐全,双方开始办理贷款手续,为卖方设定的义务是自行将其名下贷款于该日期前注销完毕。而根据规定,到房管部门办理交易手续时二手私产房上不应设定有抵押权,打印制式协议后要将首付款交至资金监管账户,此正与合同为双方设定的义务相吻合。根据汪某提供的其出售自己房屋的合同及周某提供的其与董某往来短信可证实汪某已履行将首付款准备齐全的义务,但董某未如约履行合同约定的注销贷款义务,故导致合同未能继续履行责任在董某。周某已履行合同约定的居间义务,且合同关于房屋买卖的约定未能履行责任在董某,合同约定了非丙方原因导致本合同不能履行,则信息服务费不退,故董某要求返还中介费请求,不予支持。判决合同解除,董某返还汪某定金2万元并赔偿违约金4.6万元。2009年**上海某房屋行政诉讼纠纷案**,2008年,沈某购买开发公司商品房。2009年,沈某以开发公司降价销售、不到5个月成交价下跌60万元为由,诉请房管局责令开发公司向其补差价。法院认为:房管局作为本辖区房地产转让行政主管部门,依上海市《房地产转让办法》等相关规定依法履行法定职责。房管局对违反前述办法行为有进行相关行政处罚的具体法定职责,但相关法律法规并未赋予房管局具有责令开发商向购房者作出经济补偿的法定职责。本案中,房管局向沈某所作书面答复意见,告知其"如协商不成,可依法通过法律途径解决合同纠纷"并无不当。判决驳回沈某诉请。2007年**江苏某房屋买卖合同纠纷案**,2001年,章某与开发公司签订商品房买卖合同,约定章某所购房屋使用功能系商业并据此办理了房产证。2003年,章某以其国有土地使用权证载明住宅性质为由,诉请开发公司承担土地变性义务并承担逾期办证违约责任。法院认为:案涉购房合同明确约定,开发公司出售房屋使用功能为商业。依《城市房地产管理法》第31条"房地产转让,房屋的所有权和该房屋占地范围内的土地使用权同时转让"规定,开发公司应在转让商业性质房屋同时,转让该房屋占地范围内商业性质的国有土地使用权。我国法律规定,以出让方式取得土地使用权进行房地产开发,须按土地使用权出让合同约定用途、动工开发期限开发土地。建设单位需改变土地建设用途的,应经有关土地行政主管部门同意并报原批准用地政府批准;在城市规划区内改变土地用途的,在报批前,应先经有关城市规划主管部门同意,故开发公司在经批准用途为住宅的国有土地上,改变建设用途,开发建设商业用房,违反了我国法律有关规定,但因房屋已交付,章某亦向房管部门申领了产权证,故开发公司应依法补办相关手续并报请土地行政主管部门同意及报请原批准用地政府批准,改变开发建设并出售给章某的房屋所占原建设用地范围内土地建设用途后,向章某转让该房占地范围内商业性质的国有土地使用权。判决开发公司准备完备资料,协助章某办理完毕房屋土地使用权过户及申领该房产占地范围内商业性质土地使用权证的手续,开发公司支付章某逾期办证违约金。2014年**广西某商品房买卖合同纠纷案**,2005年,张某与开发公司签订商品房买卖合同并交付200万元房款。1个月后,双方签订退房退款协议,约定2006年3月28日前,如开发公司不提出延长退款期限,又不全部退清房款及违约金,张某有权选择"按商品房买卖合同条款执行"。2006年

4月、5月和7月,开发公司分3次向张某支付约定的违约金。2009年,张某以开发公司未退还全部房款及其余违约金为由,诉请继续履行商品房买卖合同,并支付逾期交房、办证违约金。法院认为:双方通过退房退款协议约定了违约责任。在商品房买卖合同依法有效且无可被撤销法定情形下,"买房人退房、卖房人退款"系合同解除后果之一。既然双方对合同解除后果都作出约定,那么双方就解除合同达成一致则为应有之义。依诉争协议约定,在2006年3月28日退款期限届满时,如开发公司不提出延长退款期限,又不全部退清房款及违约金,张某有权选择"按商品房买卖合同条款执行"。事实上,在前述日期后,张某已通过收取逾期退款违约金行为选择了要求开发公司退款而非选择要求开发公司交房办证。既然如此,张某不能再依商品房买卖合同条款要求开发公司向其交房并办证,亦不能要求开发公司支付相应逾期交房和办证违约金,故判决驳回张某诉请。2011年1月**广东某房屋买卖合同案**,法院认为:涉案《房地产买卖合同》已成立并生效,詹某在支付定金70万元后未再按约履行后续义务构成违约,应承担违约责任。本案二审期间的焦点问题在于詹某应向刘某支付的违约金数额应如何确定。根据相关法律及司法解释,在违约方詹某主张应对违约金数额予以调低的情况下,涉案违约金数额的确定应以刘某的实际损失为基础,兼顾合同的履行情况、当事人的过错程度以及与预期利益差价损失等综合因素,并根据公平原则和诚实信用原则予以衡量。本案中,刘某主张的损失中绝大部分为涉案房屋另行出售的差价损失560万余元,对此刘某仅向法院提交了其于2010年3月29日将涉案房屋另行转让过户给案外人的过户登记价为1856万元的证据,而未提交相关转让合同、银行支付凭证等证据予以佐证,因而并不足以证实其房屋差价损失高达560万余元。同时,涉案合同仅履行至詹某支付了70万元定金、刘某将涉案房屋房产证托管于第三人某某房地产公司的阶段,刘某在詹某违约的1个月后即将房屋另行转让给案外人,再结合詹某违约的过错程度,如认定詹某应按合同约定的标准支付违约金480万余元,有违公平原则。另外,詹某作为主张调低违约金数额的一方,亦无充分证据证实刘某的实际损失。在此情况下,原审法院应根据上述原则,在定金和违约金之间公平酌定违约金支付额,原审法院仅以无法确定刘某的实际损失数额为由酌情认定违约金数额为10万元,尚低于适用定金罚则,明显不足以对违约行为的惩罚,有失公平妥当,故二审改判退还詹某70万元定金时,酌情将詹某应支付刘某的违约金数额调整为人民币100万元。2009年9月**上海某房屋买卖合同案**,2007年10月,傅某从置业公司购房,签订《商品房预售合同》,约定了房价款5%的违约金,在傅某按约交完房款(其中大部分为贷款)后,因为失业,在交房期限届满前请求解除合同,置业公司依预售合同扣除5%违约金10万余元后退回房款。傅某起诉以违约金过高为由,请求减免。置业公司只同意自愿补偿2万元。法院认为:傅某基于自身经济状况的原因,可以按约行使合同的解除权,但应按合同约定承担相应的责任。违约金本身是对合同履行的一种保证,除补偿损失外,也包含了对违约方一定的惩罚性。从双方在合同中约定的违约金计算标准分析,违约金仅为购房总价的5%,于退房时的房产市场而言并不明显过高,同时,房产市场本身也存在波动性,在此情况下,双方自行约定解除合同并已完全履行完毕,并未违反法律规定,故傅某认为违约金过高的主张,不符合法律规定。但基于傅某履行合同时履约状况良好且的确因家庭经济收入受到影响而导致退房,置业公司遂自愿补偿部分钱款,与法不悖,法院予以准许。2009年5月**云南某房屋买卖合同案**,2006年12月18日,郝某与刘某签订房屋买卖合同,约定了房价款12万元的10%作为违约金。2007年1月12日双方签订《情况说明》,明确"由于甲方(刘某)的原因,没有在约定的2006年12月21日前办理交易。乙方(郝某)同意配合甲方近期内(2007年2月21日)取消买卖公证。乙方可以不愿购买甲方的该房屋,乙方可以终止交易的相关合同。"郝某据此要求继续履行合同,同时主张违约金相较房价升值,不足以弥补损失。法院认为:双方未能履行买卖合同的原因在刘某,情况说明中双方对此已明确,且同时明确了解除买卖合同,故对郝某关于要求继续履行合同的诉请不予支持。合同未履行系因刘某违约,情况说明中仅对解除合同进行了约定,并不能免除违约责任,对违约责任的承担应以买卖合同的约定的房价款10%为准,郝某虽主张违约金过低,要求调整,但未提供因对方违约给其造成损失的证据,且双方签约到约定解除时间较短,郝某签约后亦未支付房款,故要求调高违约金的理由不成立。2006年9月**江西某房屋买卖合同案**,法院认为:金某于2004年8月11日支付给何某的5000元属定金,但对该定金的性质,双方未能提供合法、有效、充分的证据予以证明。何某认为该定金属"违约定金",请求适用定金罚则,主张该定金不予返还缺乏事实依据,且合同中"乙方如果没有如期付款,算乙方租房款,每月肆百元"条款,亦为就违约金所作的约定。在何某未提供合法有效的证据证明自己因合同的解除而遭受损失,而金某承担支付房租的违约责任情况下,何某再行要求适用定金罚则,不符合法律规定,若适用定金罚则,亦不符合公平原则。故对何某要求不予返还定金的主张,法院不予支持。2005年5月**辽宁某房屋买卖合同案**,法院认为:王某已按约定交付包某购房定金2万元,但包某在约定的时间并没有为王某办理更名过户手续和交付房屋,应负违约责任。故王某要求包某按约定双倍返还定金的主张,因其理由充分,应予支持。但因双方约定的定金数额超出了法定的定金标准,对此,依法予以调整为1.86万元。对于包某上诉提出的实际并未收到王某交付的定金,收条是先行开具的,而不应承担返还责任的主张,因其无证据予以证明,不予支持。2004年7月**广东某房屋买卖合同案**,法院认为:欧某、陈某之间就讼争房屋买卖合同纠纷一案,已经另案作出生效判决。在另案中,欧某已就陈某的违约行为选择了定金条款而未请求赔偿实际损失,依法应当视为其放弃了要求陈某赔偿实际损失的请求,故法院根据欧某的请求判令5万元定金归欧某所有。但在本案中,欧某就同一买卖合同纠纷的契税问题再次向人民法院起诉,而该房屋契税属于讼争房屋买卖合同损失问题,不属于债权债务关系,欧某的损失已通过另案中没收陈某5万元定金而得到了补偿,欧某就同一事实向法院起诉,法院应不再受理。欧某提出因房屋买卖合同纠纷而支付的契税是债权债务关系,要求陈某返还房屋买卖契税的主张,于法无据,法院不予支持。关于欧某请求执行另案迟延履行金的主张,因属执行问题,故驳回欧某诉讼请求。

【同类案件处理要点】

房屋买卖合同当事人一方不履行合同义务或履行合同义务不符合约定,给对方造成损失的,损失赔偿额应相当于因违约所造成的损失,包括合同履行后可以获得的利益,但不得超过违反合同一方订立合同时预见到或应预见到的因违反合同可能造成的损失。当事人既约定违约金,又约定定金的,一方违约时,对方可选择适用违约金或定金条款。当事人约定的定金不足以弥补一方因对方违约遭受的损失,一方可请求赔偿超过定金部分的损失。合同约定的违约金低于或过分高于所造成的损失,当事人可请求法院或仲裁机构予以适当调整。

【相关法律风险提示】

1. 房屋买卖合同,就对方违约行为已选择适用定金罚则的,只有在举证不足弥补因对方违约造成自己经济损失的情况下,才会再由违约方另行支付违约金,否则不重复适用违约责任。广东佛山中院(2004)佛中法民五终字第1141号"欧某等与陈某等房屋买卖合同纠纷案"中,就出现了已获定金赔偿的守约方,嗣后主张房屋租金、契税损失而被驳回的情形。

2. 房屋买卖合同如存在两份,虽然前一份合同约定的违约金条款在后份登记备案的合同中未提及,但后份合同就该违约条款的缺失并不当然构成对前一合同关于违约责任的变更。实践中,应尽量避免就同一房屋买卖行为前述两份合同。即使根据登记备案需要签订两份,也要尽量避免"阴阳合同"情形出现,即对前后约定条款不同的,要在后一合同中对此效力予以明确,比如前一合同未约定的,后一合同的约定作为补充条款;前一合同有约定的,后一合同有不同约定的,后一合同为合同变更并以此为准。

3. 售房合同无效后果不仅包括约定的定金的双倍返还,还有可能赔偿因缔约过失造成的信赖利益损失。

4. 作为定金合同的从合同亦无效,可能存在无法双倍返还的风险。签约时房屋未取得产权证，但房主享有处分权，不存在现实及将来履行上的法律障碍，但最好在合同中对此提及，并就相应的违约责任作出特别约定。

5. 当事人因迟延履行支付违约金后，仍应承担继续履行合同的义务。基于立约担保而交付定金的，在一方反悔时，向对方只能就定金罚则适用，而无权要求继续履行签订房屋买卖合同的义务。

6. 在有担保人担保合同履行的情况下，应要求担保人在合同上签字并注明担保责任。

7. 当事人约定的违约金超过造成损失的30%的，一般可认定为“过分高于造成的损失”；当事人可请求法院或仲裁机构予以适当减少。

8. 预售合同约定的违约责任对双方具有约束力。无法定理由解除合同，应承担相应违约责任。认为约定的违约金过高，可以申请调整，但是否调整，取决于法院或对方当事人。

9. 为防止对方故意毁约，建议自信的守约方对违约金的约定条款，多费笔墨，不拘于格式条款，以确信该约定损害后果及损害计算为当事人事先所预见。

10. 房屋买卖合同纠纷，诉请房屋返还（腾退）的，应当就迟延履行返还房屋的义务附加租金支付的诉讼请求，比如，按每月多少元，每天多少元，支付至实际交付房屋时止。

11. 陷阱条款：“出卖方如违约，除应在三日内返还所收买方全部房价款外，并应支付该所购房地产总额10%的违约金”。在卖方故意违约并有利可图，而买方希望继续履行并要求卖方承担违约责任情况下，该违约条款陷阱就出来了：该款系以合同解除为条件，并不当然成为出卖方逾期办证、逾期交房甚至拒绝办证等违约行为、毁约行为的法律赔偿后果。案见海南海口中院（2007）海中法民一终字第579号“施某等与某纺织公司房屋买卖合同纠纷案”，两审法院虽均判决购房合同继续履行，但一审打了折扣，按已付房款而非明确约定的“所购房地产总额”的10%确定逾期办证违约金；二审持上述陷阱条款不利于购房人的解释，认为购房人无权获得逾期办证违约金，但因卖方未上诉，故仍维持7万元违约金的一审判决。

12. 预约合同违约责任损害赔偿适用《合同法》违约责任一般规则，损害赔偿责任范围包括因违约行为造成的全部损失，损失数额难以计算的，应在合同当事人签订预约合同可预见范围内，以损失填补为原则，综合考虑违约方过错程度、守约方履约情况、合理的成本支出、本约合同机会成本损失及预约合同内容、签订本约意愿、客观障碍、市场风险、政策因素等涉及未签订本约合同的原因要件等因素，酌情判定损失数额。

【附注】

参考案例索引:广东广州中院(2009)穗中法民五终字第1363号"陈某等与王某房屋买卖合同纠纷案";最高人民法院(2019)最高法民申2826号"再审申请人黄文贵因与被申请人北京宁科置业有限责任公司(以下简称开发公司)及一审第三人唐美兰房屋买卖合同纠纷案",见《商品房买卖预约合同损害赔偿责任范围的认定》(张闻,最高院民一庭;审判长万挺,审判员张纯、潘杰),载《民事审判指导与参考·指导性案例》(201903/79:138);见《合同当事人主张违约方承担可得利益损失赔偿责任时,如何适用减损规则——再审申请人陈连竹与被申请人辽宁省大连海川建设集团有限公司、辽宁省大连寰宇房地产开发有限公司房屋买卖合同纠纷申请再审案》(韦大,最高院民一庭),载《民事审判指导与参考·最高人民法院案件解析》(201403/59:206);最高人民法院(2001)民一终字第100号"某百货公司与某开发公司房屋使用费、赔偿损失纠纷案",见《香港万通百货有限公司与南京新华报业房地产有限公司房屋使用费、赔偿损失纠纷案——合同请求权的认定》(韩延斌,最高院民一庭;审判长刘竹梅,审判员张章,代理审判员韩延斌),载《民事审判指导与参考·最高人民法院二审案件解析》(200201/9:260);广东中山中院(2014)中中法民一终字第90号"中山市荣基房地产有限公司与李萍商品房买卖合同纠纷案",见《购房款利息损失与违约金不可并存》(张煌辉),载《人民司法·案例》(201424:35);海南高院(2012)琼民一终字第49号"王永华与海南雅居乐房地产开发有限公司商品房买卖合同纠纷案",见《合同解除后违约责任应整体承担》(武雪丽、陈玫伊),载《人民司法·案例》(201506:40);天津河东区法院(2010)东民初字第769号"董某与汪某等房屋买卖合同纠纷案",见《董凤义诉汪秋香、周海珠房屋买卖合同纠纷案》(杨桂军、王琪),载《人民法院案例选》(201101/75:132);上海二中院(2009)沪二中行终字第280号"沈某与某房管局行政诉讼案",见《购房后遇房价整体大幅下调可否要求房管部门责令开发商补差价——沈红星诉上海市普陀区住房保障和房屋管理局要求履行法定职责案》(朱晓文),载《人民法院案例选·月版》(201002/14:115);江苏南京中院(2007)宁民四终字第171号"南京名城房地产开发有限公司与章熙霞等房屋买卖合同纠纷上诉案",见《开发商未协助办理土地使用权证的责任承担》(张瑞强),载《人民司法·案例》(200808:74);最高人民法院(2014)民提字第106号"某开发公司与张某等商品房买卖合同纠纷案";广东深圳中院(2011)深中法民五终字第19号"詹某诉刘某房屋买卖合同纠纷案";上海二中院(2009)沪二中民二(民)终字第2002号"倪某等与某置业公司房屋买卖合同纠纷案";云南昆明中院(2009)昆民一终字第231号"郝某与刘某房屋买卖合同纠纷案";江西赣州中院(2006)赣中民一终字第

488 号“何某与金某房屋买卖合同纠纷案”；辽宁沈阳中院（2005）沈民（2）房终字第 418 号“包某与王某房屋买卖合同纠纷案”；广东佛山中院（2004）佛中法民五终字第 1141 号“欧某等与陈某等房屋买卖合同纠纷案”。

8. 黑白合同的法律效力

——阴阳两合同，到底依哪个？

【黑白合同】

【案情简介及争议焦点】

2006 年 1 月 21 日，彭某与日杂公司签订《产权转让协议》，约定以 50 万元受让后者所属房产。彭某依约支付 47 万元后，日杂公司催要余款 3 万元未果后起诉，彭某以在房管部门签订的《房屋买卖合同》主张应付款为 37.2 万元，并有 2006 年 2 月 13 日的契税缴纳证明说明其已付款。同时彭某认为该合同署名时间为 2006 年 1 月 20 日，但实际签订应在 2006 年 2 月 20 日左右，系倒签，可以鉴定。

争议焦点：1. 合同签订时间如何确认？2. 所欠债务如何确认？

【裁判要点】

1. 合同签订时间。彭某称《房屋买卖合同》签订于 2006 年 2 月 20 日左右，缺乏真实性，因其签订购房合同后去办理完税手续的时间是 2006 年 2 月 13 日，日常交易习惯上，不可能先完税，后才签订房屋买卖合同，只有双方签订买卖协议后，才有可能去办理完税手续。

2. 所欠债务确认。彭某认可收到日杂公司的催欠通知，并在收到该通知后未提异议，该通知上明确告知彭某尚欠 3 万元房款。彭某提交日杂公司出具的 37.2 万元的收据复印件一份，用以证明已交纳房款，依协议约定尚欠 12.8 万元，因日杂公司仅请求彭某支付 3 万元购房欠款，故其余部分视为其自愿放弃，故判决彭某支付日杂公司购房欠款 3 万元及利息。

【裁判依据或参考】

1. 法律法规。《契税法》（2021 年 9 月 1 日）第 1 条：“在中华人民共和国境内转移土地、房屋权属，承受的单位和个人为契税的纳税人，应当依照本法规定缴纳契税。"第 9 条:"契税的纳税义务发生时间,为纳税人签订土地、房屋权属转移合同的当日,或者纳税人取得其他具有土地、房屋权属转移合同性质凭证的当日。"第 10 条:"纳税人应当在依法办理土地、房屋权属登记手续前申报缴纳契税。"第 11 条:"纳税人办理纳税事宜后,税务机关应当开具契税完税凭证。纳税人办理土地、房屋权属登记,不动产登记机构应当查验契税完税、减免税凭证或者有关信息。未按照规定缴纳契税的,不动产登记机构不予办理土地、房屋权属登记。"**《民法典》**(2021 年 1 月 1 日)第 143 条:"具备下列条件的民事法律行为有效:(一)行为人具有相应的民事行为能力;(二)意思表示真实;(三)不违反法律、行政法规的强制性规定,不违背公序良俗。"第 146 条:"行为人与相对人以虚假的意思表示实施的民事法律行为无效。以虚假的意思表示隐藏的民事法律行为的效力,依照有关法律规定处理。"第 154 条:"行为人与相对人恶意串通,损害他人合法权益的民事法律行为无效。"第 155 条:"无效的或者被撤销的民事法律行为自始没有法律约束力。"第 156 条:"民事法律行为部分无效,不影响其他部分效力的,其他部分仍然有效。"第 157 条:"民事法律行为无效、被撤销或者确定不发生效力后,行为人因该行为取得的财产,应当予以返还;不能返还或者没有必要返还的,应当折价补偿。有过错的一方应当赔偿对方由此所受到的损失;各方都有过错的,应当各自承担相应的责任。法律另有规定的,依照其规定。"**《合同法》**(1999 年 10 月 1 日,已于 2021 年 1 月 1 日起失效)第 52 条:"有下列情形之一的,合同无效:(一)一方以欺诈、胁迫的手段订立合同,损害国家利益;(二)恶意串通,损害国家、集体或者第三人利益;(三)以合法形式掩盖非法目的;(四)损害社会公共利益;(五)违反法律、行政法规的强制性规定。"第 56 条:"无效的合同或者被撤销的合同自始没有法律约束力。合同部分无效,不影响其他部分效力的,其他部分仍然有效。"**《民法通则》**(1987 年 1 月 1 日,已于 2021 年 1 月 1 日起失效)第 58 条:"下列民事行为无效:……(四)恶意串通,损害国家、集体或者第三人利益的;(五)违反法律或者社会公共利益的……(七)以合法形式掩盖非法目的的。无效的民事行为,从行为开始起就没有法律约束力。"第 60 条:"民事行为部分无效,不影响其他部分的效力的,其他部分仍然有效。"**《城市房地产管理法(2019 年修正)》**(2020 年 1 月 1 日)第 35 条:"国家实行房地产成交价格申报制度。房地产权利人转让房地产,应当向县级以上地方人民政府规定的部门如实申报成交价,不得瞒报或者作不实的申报。"国务院办公厅**《关于进一步做好房地产市场调控工作有关问题的通知》**(2011 年 1 月 26 日　国办发〔2011〕1 号)第 3 条:"……加大应用房地产价格评估技术加强存量房交易税收征管工作的试点和推广力度,坚决堵塞'阴阳合同'产生的税收漏洞。严格执行个人转让房地产所得税征收政策。"

2. 部门规范性文件。住建部、国家发改委**《关于加强房地产经纪管理进一步规**

范房地产交易秩序的通知》(2011 年 5 月 11 日　建房〔2011〕68 号)第 1 条:“加强房地产经纪机构管理。各地要以贯彻落实《房地产经纪管理办法》为契机,依法严肃查处未经备案从事房地产经纪业务、提供或者代办虚假证明材料、协助当事人签订‘阴阳合同’、不履行必要告知说明义务,以及不实行明码标价、违规分解收费项目、变相提高收费标准等违法违规行为。对投诉率高、整改不力的房地产经纪机构,要通过限制网签资格、注销备案、公开曝光、记入信用档案等手段进行惩处,并将有关情况通报税收、金融、工商等部门。”住建部、国家发改委、人力资源和社会保障部《**房地产经纪管理办法**》(2011 年 4 月 1 日,2016 年 3 月 1 日修正,2016 年 4 月 1 日实施)第 25 条:“房地产经纪机构和房地产经纪人员不得有下列行为:……(五)为交易当事人规避房屋交易税费等非法目的,就同一房屋签订不同交易价款的合同提供便利……”国税总局《**关于个人住房转让所得征收个人所得税有关问题的通知**》(2006 年 7 月 18 日　国税发〔2006〕108 号,2018 年 6 月 15 日修改)第 1 条:“对住房转让所得征收个人所得税时,以实际成交价格为转让收入。纳税人申报的住房成交价格明显低于市场价格且无正当理由的,征收机关依法有权根据有关信息核定其转让收入,但必须保证各税种计税价格一致。”国税总局《**关于房地产税收政策执行中几个具体问题的通知**》(2005 年 10 月 20 日　国税发〔2005〕172 号,2018 年 6 月 15 日修改)第 1 条:“《通知》(*指国税总局、财政部、建设部 2005 年 5 月 27 日发布的《关于加强房地产税收管理的通知》——编者注*)第三条第二款中规定的‘成交价格’是指住房持有人对外销售房屋的成交价格。”第 2 条:“《通知》第三条第四款中规定的‘契税完税证明中注明的时间’是指契税完税证明上注明的填发日期。”国税总局、财政部、建设部《**关于加强房地产税收管理的通知**》(2005 年 5 月 27 日　国税发〔2005〕89 号,2018 年 6 月 15 日修改)第 3 条:“……2005 年 6 月 1 日后,个人将购买超过 2 年(含 2 年)的符合当地公布的普通住房标准的住房对外销售,应持该住房的坐落、容积率、房屋面积、成交价格等证明材料及税务部门要求的其他材料,向税务部门申请办理免征营业税手续。税务部门应根据当地公布的普通住房标准,利用房地产管理部门和规划管理部门提供的相关信息,对纳税人申请免税的有关材料进行审核,凡符合规定条件的,给予免征营业税。”建设部《**城市房地产转让管理规定**》(2001 年 8 月 15 日)第 14 条:“国家实行房地产成交价格申报制度。房地产权利人转让房地产,应当如实申报成交价格,不得瞒报或者作不实的申报。房地产转让应当以申报的房地产成交价格作为缴纳税费的依据。成交价格明显低于正常市场价格的,以评估价格作为缴纳税费的依据。”国税总局《**关于契税征收中几个问题的批复**》(1998 年 5 月 29 日　财税字〔1998〕96 号,已于 2021 年 9 月失效)第 1 条:“关于计税价格问题。根据《中华人民共和国契税暂行条例》(以下简称条例)第四条第(一)款及《中华人民共和国契税暂行条例细则》

(以下简称细则)第九条的规定,土地使用权出让、土地使用权出售、房屋买卖的计税依据是成交价格,即土地、房屋权属转移合同确定的价格,包括承受者应交付的货币、实物、无形资产或者其他经济利益。因此,合同确定的成交价格中包含的所有价款都属于计税依据范围。土地使用权出让、土地使用权转让、房屋买卖的成交价格中所包含的行政事业性收费,属于成交价格的组成部分,不应从中剔除,纳税人应按合同确定的成交价格全额计算缴纳契税。"国税总局**《关于销售不动产兼装修行为征收营业税问题的批复》**(1998年1月25日　国税函〔1998〕53号):"纳税人将销售房屋的行为分解成销售房屋与装修房屋两项行为,分别签订两份契约(或合同),向对方收取两份价款。鉴于其装修合同中明确规定,装修合同为房地产买卖契约的一个组成部分,与买卖契约共同成为认购房产的全部合同。因此,根据《中华人民共和国营业税暂行条例》第五条关于'纳税人的营业额为纳税人提供应税劳务、转让无形资产或者销售不动产向对方收取的全部价款和价外费用'的规定,对纳税人向对方收取的装修及安装设备的费用,应一并列入房屋售价,按'销售不动产'税目征收营业税。"财政部**《关于印发〈中华人民共和国契税暂行条例细则〉的通知》**(1997年10月28日　财法字〔1997〕52号,《契税暂行条例》已被2021年9月1日实施的《契税法》宣布失效)第9条:"条例所称成交价格,是指土地、房屋权属转移合同确定的价格。包括承受者应交付的货币、实物、无形资产或者其他经济利益。"

3. 地方司法性文件。天津高院**《关于审理房屋买卖合同纠纷案件若干问题的审判委员会纪要》**(2018年11月26日　津高法〔2018〕230号)第2条:"二手房买卖相关问题……(一)关于合同效力的认定问题。当事人尚未签订房地产行政主管部门要求的《天津市存量房屋买卖协议》(原称《天津市房产买卖协议》),但自行签订后者通过房产中介机构签订的协议书具备了房屋买卖合同主要内容的,一般应认定房屋买卖合同成立,经审查不存在法定无效情形的,应当认定合同有效。当事人明确约定以签订《天津市存量房屋买卖协议》为买卖合同成立、生效要件的,从其约定……"山东高院**《民事审判会议纪要》**(2017年8月)第2条:"……13. 关于二手房买卖中备案合同的效力问题。二手房买卖双方通常签订两份合同,备案合同中的价款一般比较低,目的是为了减少缴纳税款的数额。双方因合同的产生争议时,一种意见认为,应当按照备案合同履行,如果购房人实际支付的价款已经超过备案合同,可以要求售房人返还超额部分。因为备案合同是在房产部门经过登记的,具有公示效力,在双方发生纠纷的情况下,应按照备案合同执行,而且双方在备案合同之外签订另外的价格更高的合同,存在非法避税的目的,数额巨大的甚至构成犯罪,法院作为司法部门绝不能鼓励该种行为,故应认定按照备案合同执行,可以减少国家税收损失,有效地督促房产交易市场的正常运行,减少或杜绝买卖双方非法避税的做法。另一种意见认为，合同行为应当适用当事人意思自治原则，虽然有备案合同，但双方当事人自愿履行备案合同以外的其他合同，法律上不应干涉。”江苏高院《**关于审理房地产合同纠纷案件若干问题的解答**》（2018年6月26日　审委会会议纪要〔2018〕3号）第6条：“签订‘阴阳合同’的如何处理？为避税、套取银行贷款等网签的房屋买卖合同属于双方通谋虚伪的意思表示，应认定为无效，以双方当事人实际履行的房屋买卖合同为准。”河北廊坊中院《**关于印发〈审理房屋买卖合同纠纷案件若干问题的会议纪要〉的通知**》（2018年3月14日　廊中法〔2018〕24号）第21条：“房屋买卖存在‘阴阳合同’的，当事人在房屋买卖合同（包括双方已经签字的网签合同）中为规避国家税收监管，故意隐瞒真实交易价格，该价格条款无效，但该条款无效不影响合同其他部分的效力，交易价格按符合双方真实意思表示的条款认定。当事人以存在逃避税收监管为由，要求确认合同全部无效的，不予支持。当事人对房屋买卖合同（包括双方已经签字的网签合同）的效力及履行存在争议，经审查其名为房屋买卖，实为赠与等其他法律行为的，应根据真实法律行为的性质进行处理。”河北廊坊中院《**关于印发〈审理房屋买卖合同纠纷案件若干问题的会议纪要〉的通知**》（2018年3月14日　廊中法〔2018〕24号）第24条：“房屋买卖合同签订后，因一方当事人根本违约致使另一方订立合同的目的不能实现，守约方要求解除合同，并要求违约方赔偿房屋差价损失、转售利益损失等可得利益损失的，应酌情予以支持。”北京高院民一庭《**关于妥善处理涉及“3.17新政”的房屋纠纷案件若干问题的会议纪要**》（2017年12月18日）第8条：“（规避房地产调控政策行为的处理）法院应加强对以虚假诉讼方式规避‘3.17新政’的甄别与审查，准确认定当事人间真实意图。经审查认定构成虚假诉讼的，应当依法判决驳回当事人的诉讼请求，并依民事诉讼法相关规定进行处罚。各法院对于在案件审理中发现的房产交易的违法、违规行为，应当及时告知住建、金融、税务等相关部门予以处理；必要时可以有针对性地提出司法建议。”四川成都中院《**关于印发〈商品房买卖合同案件的审理指南（试行）〉的通知**》（2017年10月11日　成中法发〔2017〕129号）第5条：“实际履行的商品房买卖合同与备案的商品房买卖合同的效力认定。当事人以实际履行的商品房买卖合同与备案合同约定不一致为由，请求确认实际履行的商品房买卖合同无效的，不予支持。”第6条：“释明权行使。人民法院经审查认定出卖人与买受人之间建立的不是真正的商品房买卖关系，应向当事人进行释明，告知其可以变更诉讼请求，并以真实的法律关系进行审理。如当事人坚持以商品房买卖关系主张权利的，应当驳回其诉讼请求。对于当事人提出‘继续履行商品房买卖合同’的诉讼请求，人民法院应当要求当事人对继续履行的内容进行明确；当事人坚持不明确的，人民法院应当依照民事诉讼法第一百一十九条的规定裁定驳回起诉。”广东高院《**印发〈关于审理房屋买卖合同纠纷案件的**

指引〉的通知》(2017年9月12日 粤高法〔2017〕191号)第18条:“当事人在提交登记机关的房屋买卖合同中虚构交易价格,该价格条款无效。一方请求按照真实的交易价格履行合同的,应予支持。当事人在提交登记机关的房屋买卖合同中虚构交易价格,登记机关按照真实价格核算或者追缴税费,导致交易税费增加,对增加部分税费的负担当事人不能协商一致的,一般由当事人按照法律规定负担。”北京高院(单国军庭长)**《关于审理城镇房屋买卖合同案件适用法律若干问题的调研报告》**(2017年2月5日):“……关于‘阴阳合同’的处理。在房屋买卖过程中,买卖双方因规避税收征管、骗取贷款等原因签订多份买卖合同的情况非常普遍,各份合同中关于房屋价款、履行方式等约定也不一致,其中有的合同属于通谋虚伪意思表示的合同,也有的合同是买卖双方的真实意思表示,也是双方实际履行的合同。我们认为,当事人就履行哪份合同发生争议的,依据合同自由的原则,应当依据当事人真实意思表示的合同约定继续履行。对于当事人在房屋买卖中确实存在规避税收征管、骗取贷款等行为的,必要时可一并建议相关行政主管部门予以处理。”北京高院**《关于审理房屋买卖合同纠纷案件若干疑难问题的会议纪要》**(2014年12月16日 京高法发〔2014〕489号)第4条:“当事人在房屋买卖合同(包括双方已经签字的网签合同)中为规避国家税收监管故意隐瞒真实的交易价格,该价格条款无效,但该条款无效不影响合同其他部分的效力。当事人以逃避国家税收为由,要求确认买卖合同全部无效的,不予支持。当事人对房屋买卖合同(包括双方已经签字的网签合同)的效力及履行存在争议,经审查其名为房屋买卖,实为赠与等其他法律行为的,应根据隐藏法律行为的性质进行处理。”广东深圳中院**《关于房屋买卖合同纠纷案件的裁判指引》**(2014年8月28日修订)第16条:“当事人为逃避税收,约定按照低于实际成交价的虚假价格办理房屋转移登记,该条款应认定为无效,但该条款的无效不影响整个合同的效力。当事人一方主张按照实际成交价办理房屋权属转移登记,双方对税费负担存在争议的,按照合同的内容确定;合同没有约定或者约定不明确的,按照《合同法》第六十一条、第六十二条第(六)项的规定确定。【说明】旨在解决逃避税费的阴阳合同的效力问题。当事人的阴合同中如果约定按照低于实际成交价的虚假价格签订用于备案过户的房屋买卖合同,该条款有逃避税收的用意,属于恶意串通损害国家利益,应认定为无效,但该条款的无效不影响整个合同的效力。当事人在阴合同中有逃避税收的约定,即约定双方将来签订用于办理备案过户手续的阳合同时填写虚假的较低的价款,其后一方又要求在阳合同中填写实际成交价,在双方就由谁负担由此增加的税费无法达成一致的情况下,往往会导致双方未能签订阳合同,无法继续履行合同。当事人要求在阳合同中填写实际成交价,是对其原先违法逃避税收的意图的纠正,应当得到支持。但对于由此增加的税费应由谁负担,主要有三种不同意见。第一种意见认为,根据阴合同中的有关条款和二手房市场的交易习惯，房屋交易各种税费的承担都是由双方协商约定的，而非直接按照法律规定承担。增加的税费由谁负担应当由双方进行协商，方为合理。因该部分税费数额较高，对双方权利义务的影响较大，在双方协商不成导致合同不能履行的情况下，应视为双方就买卖合同的主要条款未能达成一致，房屋买卖合同并未成立，双方均无权要求对方承担违约责任。第二种意见认为，双方就由谁负担所增加的税费虽然约定不明，但按照税法的有关规定，应由纳税义务人负担税费。合同法第六十二条第（二）项也是规定双方对履行费用的负担约定不明确的，由履行义务一方负担。也就是说，此种情况下，不能以双方就主要条款未能达成一致认定合同没有成立。有纳税义务的一方拒绝承担所增加的税费导致合同无法继续履行的，对方可以要求其承担违约责任。第一种意见认定税费负担系主要条款，如果不能达成一致应当视为合同未成立，有一定道理。但该种意见忽视了这样一个事实，即一般来说，买卖双方在税费负担上已经形成了合意，合同已经成立。按照合同未成立处理，往往会给违约方一个解约的借口，对守约方而言极不公平。在审判实践中，按照合同未成立的思路来处理，裁判结果往往有违诚信，有失公平，案件的处理效果差，各方的意见也很大。第二种意见根据合同法六十二条第（六）项的规定认定由纳税人负担增加的税费，尽量维系合同的效力。特别是在负有纳税义务的一方提出解约的情况下，处理的结果更符合诚信原则和公平原则。第三种意见与第二种意见的立场基本一致。但认为在不负有纳税义务的一方提出解约的情况下（近两年因为房价上涨，买受人以此提出解约的情况比较少，而营业税的纳税人一般为出卖人），按照第二种意见处理，可能有失公平。另外，第二种处理意见也没有考虑到很多房屋买卖合同都是约定由其中的一方负担对方作为纳税人应当缴纳的税费（比较常见的是买方负担所有税费的情况），在这种情况下，按照这种思路处理并不符合当事人的真实意思表示，也有违公平。第三种意见认为，对于当事人已经约定由一方负担对方作为纳税人所应缴纳的税费的情况，如果按照第二种意见处理，有违当事人的初衷。双方约定由一方负担另一方应缴纳的税费，一般是与房屋价款一并考虑的，双方所谈好的房屋价款，是在初步计算了应缴税费的基础上达成的。换句话讲，如果在签约时知道税费数额会大幅增加，当事人一方则不会愿意为对方承担税费，或者不会愿意按照原定房屋价款履行合同。当事人一方要求按照实价过户的请求应当支持，但对于超过对方预期数额的税费，应当自行负担。这样处理，更加尊重当事人的约定，也有助于引导双方恪守诚信，积极履约。本指引采纳了第二种意见。”广东深圳中院《**关于审理房地产纠纷案件的裁判指引**》（2014 年 8 月 28 日修订）第 7 条：“当事人为规避税收征管，在租赁登记备案合同中约定低于真实租金标准的租金条款的，该备案的租金条款无效，租金标准依据双方真实意思表示认定。”北京高院《**关于下发〈关**

于妥善处理涉及“新国五条”的房屋纠纷案件若干问题的会议纪要〉的通知》(2013年7月9日)第8条:“(规避房地产调控政策行为的处理)最高人民法院于近日下发了《关于房地产调控政策下人民法院严格审查各类虚假诉讼的紧急通知》,全市三级法院应当认真学习,严格适用。重点加强对签订阴阳合同、房屋确权、借名买房、房屋赠与、以房抵债、离婚财产分割等容易出现虚假诉讼和规避房地产调控政策案件的审查,准确认定当事人间真实的法律关系和交易金额,释明风险、积极引导、慎用调解、依法裁判、及时层报,经审查认定构成虚假诉讼的,应当依法判决驳回当事人的诉讼请求。同时,在案件审理中发现当事人在房屋交易过程中存在违法、违规等行为的,应当及时告知住建、税务等相关部门予以处理,必要时可以有针对性地提出司法建议,积极建立沟通协调的长效机制,共同推动和促进房地产市场平稳健康发展。”安徽高院**《关于在审理房地产案件中认真贯彻“新国五条”精神的通知》**(2013年5月9日)第7条:“对买卖双方为逃税签订‘阴阳合同’引发的纠纷,要审查买卖双方的真实意思表示,结合房产部门公布的指导价进行综合判断。对严重背离指导价的合同,应认定为‘阴阳合同’,向税务部门发司法建议,征缴其偷逃的国家税款并给予的相应行政处罚。对以偷逃税款为目的签订‘以房抵债’协议的,人民法院应判决驳回其要求继续履行合同的诉讼请求。”山东高院**《2011年民事审判工作会议纪要》**(2011年11月30日 鲁高法〔2011〕297号)第2条:“……(十)关于房屋买卖中‘黑白合同’的认定问题。房地产交易中,有些当事人为规避国家税收法律和税收监管,出卖人和买受人通常签订两份价格不同的买卖合同,其中用一份价格较低的合同到有关行政主管部门备案,另一份价格较高的合同为真实的交易价格并实际履行的合同。出卖人与买受人签订两份价格不一致的房屋买卖合同,应以双方实际履行的合同确定各自的权利义务。”山东高院**《2011年全省民事审判工作会议纪要(讨论稿)》**(2011年8月)第13条:“关于二手房买卖中备案合同的效力问题。二手房买卖双方通常签订两份合同,备案合同中的价款一般比较低,目的是减少缴纳税款的数额。双方因合同的产生争议时,一种意见认为,应当按照备案合同履行,如果购房人实际支付的价款已经超过备案合同,可以要求售房人返还超额部分。因为备案合同是在房产部门经过登记的,具有公示效力,在双方发生纠纷的情况下,应按照备案合同执行,而且双方在备案合同之外签订另外的价格更高的合同,存在非法避税的目的,数额巨大的甚至构成犯罪,法院作为司法部门绝不能鼓励该种行为,故应认定按照备案合同执行,可以减少国家税收损失,有效地督促房产交易市场的正常运行,减少或杜绝买卖双方非法避税的做法。另一种意见认为,合同行为应当适用当事人意思自治原则,虽然有备案合同,但双方当事人自愿履行备案合同以外的其他合同,法律上不应干涉。”北京高院**《关于审理房屋买卖合同纠纷案件适用法律若干问题的指导意见(试行)》**(2010年

12 月 22 日　京高法发〔2010〕458 号)第 12 条:“当事人之间就转让同一房屋先后分别签订数份买卖合同,合同中关于房屋价款、履行方式等约定存在不一致,当事人就此产生争议的,应当依据当事人真实意思表示的合同约定继续履行。对于当事人在房屋买卖中确实存在规避税收征管、骗取贷款等行为的,必要时可一并建议相关行政主管部门予以处理。”广东深圳中院**《关于审理二手房买卖合同纠纷案件若干问题的指导意见(初稿)》**(2009 年 7 月)第 8 条:“房地产买卖合同中规避国家税收的价格条款无效。该无效部分不影响其他部分效力的,其他部分仍然有效。当事人以逃避税收为由请求确认合同全部无效的,不予支持。房地产成交价应依据当事人双方的真实意思认定。”第 9 条:“房地产买卖合同中付款方式等其他条款在不同合同中约定不一致的,应认定符合当事人真实意思的条款有效,非真实意思的条款对当事人没有约束力。”第 10 条:“买卖双方为逃避税收在居间买卖合同中约定虚假成交价,一方要求以真实成交价订立现售合同,对方不同意导致现售合同未能订立的,视为房地产买卖合同不成立。原居间买卖合同没有约束力,当事人请求适用定金罚则、赔偿损失或者支付佣金的,不予支持。”上海高院**《关于审理“二手房”买卖案件若干问题的解答》**(2005 年 12 月 16 日)第 8 条:“对于前后合同约定的房价不一致这一情况,根据后合同优先于前合同的原则,原则上应以后订立的合同为准。如一方当事人确有证据证明双方为规避纳税、骗取贷款等,而故意在此后的《上海市房地产买卖合同》等合同中订立虚假价格的,因该项变更非双方变更房价的真实意思,且具有非法目的,不应予以认定,仍应以前合同约定的成交价履行。判断时,除由提出异议方承担举证责任外,还应结合前后合同签订后的履行情况、前后合同约定的成交价与市场价格的差距大小、合同登记备案情况等综合判断。此外,对于当事人确存在规避纳税、骗取贷款等行为的,可一并建议相关部门予以处理。”

4. 地方规范性文件。河南省人民政府办公厅**《关于做好应用房地产评估技术加强存量房交易税收征管工作的通知》**(2011 年 7 月 25 日　豫政办〔2011〕84 号)第 1 条:“目前,在存量房交易过程中交易双方低报成交价格偷逃税款的现象较为普遍,形成了明显的税收漏洞,影响了税法的严肃性,削弱了房地产市场调控的政策效果。应用房地产评估技术加强存量房交易税收征管,是通过加强部门之间的信息交换,建立房地产估价模型,运用计算机信息技术手段,科学评估存量房交易申报价格,防止交易双方采取签订‘阴阳合同’等方式逃避纳税义务。其核心环节是建立存量房交易申报价格比对系统,对各类存量房地产进行评估,以评估值的一定比例作为计税参考值。申报价格低于计税参考值的,如果纳税人不能够按要求陈述、举证,提出正当理由,则以计税参考值作为计税价格。这是财税征收机关在征管实践中探索建立的行之有效的税收风险防范机制。做好应用房地产评估技术加强存量房交易税收征管工作，有利于防止交易双方签订‘阴阳合同’，堵塞税收漏洞，防止税款流失，更好地发挥税收政策对房地产市场的调控作用，规范房地产市场秩序，促进房地产市场健康发展。各级、各有关部门要统一思想，提高认识，互相配合，密切协作，切实做好应用房地产评估技术加强存量房交易税收征管工作。”北京市地税局**《关于调整二手房交易计税价格的通知》**（2006年10月1日　京地税地〔2006〕302号，已于2011年12月10日起失效）第1条：“对于二手房交易涉及税收的计税价格，税务机关应以房屋交易双方签订的《房屋买卖合同》（协议）中确定的成交价格为依据，但对于成交价格低于二手房交易最低计税价格且无正当理由的，均以此最低计税价格作为核定征收税款的基数。”

5. 参考案例。2011年**内蒙古某房屋买卖合同纠纷案**，2007年，多某与开发公司先后签订单价为2150元及1100元每平方米的两份商品房购房合同。双方依后一合同交纳契税。2008年，开发公司诉请多某按前一合同支付余下购房款11万余元，多某以后一合同反诉退还多交房款4万余元，并称已付房款中包括5万元车库款，但该说法与另案生效判决认定矛盾。法院认为：案涉两份合同除价款差异外，前一合同有签订日期及生效日期，后一合同则无签订日期，亦无法确认生效日期，前者形式要件更为齐全，且多某不持有后一合同原件。多某按前一合同向银行贷款并全部支付了购房款，至开发公司起诉前，多某未主张开发公司应返还多支付购房款。多某亦无证据证明其与开发公司之间有其他经济活动，开发公司需使用其个人名义贷款，同时多某还主张其多支付了车库款，但生效判决确认双方之间不存在车库买卖关系。将上述履行行为联系起来，如是双方合意履行后一合同，如此超付购房款行为，明显不符合常理。多某提供的不动产转让无形资产发票和契税完税证明均为在房管部门存档复印件，多某本人并不持有原件，亦不能证明商品房买卖交易全部清结。同时，按价格认证中心鉴定结论，同时期同地段住宅楼单位面积平均售价，与前一合同价格相近，而与后一合同约定价格相去甚远，佐证了前一合同合理性。综上，开发公司关于两份合同形成主张更符合事实。前一合同应系双方关于房屋买卖所作真实意思表示，而后一合同系为规避纳税义务所为。判决多某给付开发公司购房款11万余元。2008年**浙江某买卖合同纠纷案**，2006年，开发公司与粮油公司签订房地产买卖合同，约定房价款1500万余元，并约定楼上房地产及地下室车位由粮油公司提供一个自然人名义办证，楼下一层提供另一自然人并分别办妥房产证及土地证，开发公司表示认可。随后，开发公司分别与王某、周某签订房地产买卖契约并办理过户手续。两份契约所约定总价款1000万余元实际由粮油公司支付。2007年，开发公司以粮油公司为被告，以王某、周某为第三人，诉请支付余款400万余元。法院认为：依开发公司与粮油公司协议约定，房屋过户时所有权人登记为粮油公司指定的两自然人。无论是两买卖合同签订时，还是房屋所有权证办至王某、周某名下之后,支付房款的均为粮油公司;粮油公司从未告知开发公司已付房款系代王某、周某支付;开发公司与粮油公司往来函件中,粮油公司对其系履约主体均未提出异议,故可确认粮油公司系诉争房屋实际购买人。虽从缴纳税款数额看,系依两份买卖契约约定房款数额缴纳,但在当时市场行情里,众所周知,相距25天情况下,房款不可能减少470万元。通过本案事实,有理由推断:后签订买卖合同中关于房款约定并非开发公司与两第三人真实意思表示。对于两买卖合同约定,其中房屋价款部分应属虚伪意思表示;对于其他部分,如将房屋产权办至两第三人名下,此为先前协议已作出约定,故可视为系双方真实意思表示。由于房屋价款约定并不涉及侵害第三人利益问题,故本案中,可直接将两买卖合同中关于房款约定判定为无效,而以开发公司与粮油公司协议中约定为准。判决粮油公司支付开发公司400万余元房款。2014年**广东某转让合同纠纷案**,2013年11月,黎某与袁某签订厂房转让合同,约定转让款为2325万元。同年12月,双方在国土资源部门进行备案登记,备案合同约定成交价格1147万余元。后因袁某拒付转让余款375万元致诉。诉讼中,袁某以黎某未依实际交易价格纳税为由,主张其系行使先履行抗辩权。法院认为:案涉备案合同并非双方真实意思表示,该合同规避纳税义务,损害国家税收利益,应认定无效,双方均应按此前合同履行各自义务。双方所签合同主要义务是黎某交付厂房并办理产权证书交付袁某,袁某给付约定的厂房转让款。黎某依约承担交易税费义务与袁某给付厂房转让款义务性质不对等,不能适用先履行抗辩权。同时,该纠纷正是因黎某为减少交易成本偷逃交易税费而产生,系黎某违反合同约定的交纳税费义务在先,故对其主张袁某支付逾期违约金不予支持。缴纳交易税费义务兼具公法和私法双重属性。本案纠纷中对袁某主张黎某依实际价款缴纳交易税费义务的诉请予以驳回,仅系从合同权利义务判断,并未从公法意义上免除交易主体补足缴纳义务,不存在违反法律禁止性规定或损害国家利益、社会公共利益、他人合法权益情形,故根据民事诉讼相对性审查规则,法院对此不予审理。但鉴于本案涉及当事人公法义务,且存在违法、犯罪的可能性,法院将另行函告相关职能部门予以处理,故判决确认备案合同无效,袁某支付黎某余下转让款。2010年**江苏某房屋买卖合同纠纷案**,2010年,许某与张某签订售房合同,约定房价款80万元。其后,双方为办过户在房管部门签订备案合同约定房价款63.8万元。后张某以此提出应按备案合同价款支付拖欠房款43.8万元,并要求许某支付交易税费4万余元。法院认为:二手房买卖合同送交房管部门登记备案属物权变动的一个手续,房地产登记行政机关依法并不审查二手房合同效力,亦非合同效力法定确认机关,房地产成交价格应依当事人双方真实意思认定。结合前后签订合同履行情况、前后合同约定成交价、合同登记备案情况、双方对价款重大变化解释和介绍交易人证人证言等因素综合判断,许某关于房屋含约定的装修设施成交价格实为80万元的解释更为客观合理,应予认定。之后双方所签备案协议系双方按约定的合同完成房屋过户事项所需,63.8万元房屋成交价格系在办理产权登记备案过程中产生,该价格未明确包含房屋内装修设施价款,其中部分规避国家税收价格条款属无效。现实际发生许某名下营业税、城建税、教育费和个人所得税合计4万余元,因协议中无此项约定,证人证言亦未能反映80万元房款构成,故依相关法律规定,该部分税费由许某承担。判决张某支付许某60万元及利息,房产交易税费4万余元由许某负担。2007年**广东某房屋买卖合同纠纷案**,2004年,喻某购买李某房屋,约定"过户的房产金额按原房产证上的总房价申报"。2009年,喻某诉请继续履行。法院认为:《城市房地产管理法》(2007年修正)第35条规定,国家实行房地产成交价格申报制度。房地产权利人转让房地产,应当向县级以上地方人民政府规定的部门如实申报成交价,不得瞒报或者作不实的申报。建设部《城市房地产转让管理规定》第14条规定:国家实行房地产成交价格申报制度。房地产权利人转让房地产,应当如实申报成交价格,不得瞒报或者作不实的申报。房地产转让应当以申报的房地产成交价格作为缴纳税费的依据。成交价格明显低于正常市场价格的,以评估价格作为缴纳税费的依据。本案喻某与李某在合同中关于"过户的房产金额按原房产证上的总房价申报"约定,违反了法律强制性规定,应为无效。但合同内容部分无效,并不当然导致整个房地产买卖协议无效。喻某与李某之间的房屋买卖合同其他约定是当事人真实意思表示,不具有合同无效情形,合同成立并有效,双方均应严格履行。2007年**上海某房屋买卖合同纠纷案**,2006年,张某委托倪某卖房,倪某遂委托房产中介挂牌出售,龚某看房后以7.2万元成交并同倪某和房产中介签约。龚某与倪某到房管局办理过户手续时,按要求又填写了一份房屋买卖合同,龚某与房产中介约定为少交税款将购房款写为5.5万元。过完户后,龚某以房产中介吃差价为由,索要差价款遭拒后起诉。法院认为:房产中介虽非涉案房屋产权人,但其系得到该房屋实际产权人事前委托和事后认可,属有权转让,又因龚某现场看过房屋,并同意购买和承诺支付购房款,故不存在欺诈,双方购房协议意思表示真实,且双方均已实际履行,该房屋亦已过户至龚某名下,协议应为合法有效。至于龚某与张某所签备案合同,系为履行龚某与房屋中介公司之间转让协议,办理过户手续时订立,双方为少缴税款而将房价约定较低,在实际履行中并非按此价格成交,因该合同非当事人真实意思表示,且该行为损害国家利益,应为无效,故判决驳回龚某诉请。2012年**福建某房屋买卖合同纠纷案**,2010年,器材公司就转让其厂房与日用品公司签订厂房买卖合同,约定购房款800万余元,并约定"因应与政府有关单位需要而起草的任何合同,均以此合同为准"。嗣后办理过户时在房管部门签订的备案合同约定房价款为600万余元,该备案合同复印件由器材公司打上叉号后交给日用品公司。2011

年，因日用品公司拖欠房款致诉。日用品公司称购房款应以备案合同变更的价款为准。法院认为：备案合同显系双方为向房产管理部门办理产权过户手续而签订，依双方所签厂房买卖合同有关“因应与政府有关单位需要而起草的任何合同，均以此合同为准”约定，并结合双方签订备案合同后，器材公司将前述合同复印件载有合同条款的页面都打上叉号才交给日用品公司等情形，显然可以认定备案合同价款并非双方真实意思表示。双方以备案合同约定价款办理产权过户，必然导致国家税收利益受损，损害国家利益。故该约定价格条款应为无效。本案房屋买卖价款应依双方此前所签协议认定。合同部分无效，不影响合同其他部分效力。备案合同约定房屋买卖价格条款无效，但该合同中有关违约责任约定仍然有效。双方此前协议对逾期付款违约责任未作约定，故备案合同违约责任约定应认定为双方补充约定，对双方具有法律拘束力。判决日用品公司支付器材公司剩余购房款并依约定支付逾期利息。2011 年 6 月**广西某房屋买卖合同案**，法院认为：房产中介与谢某于 2010 年 7 月 10 日所签《房地产买卖契约》系双方真实意思表示，契约内容未违反法律规定，合法有效，合同双方当事人均应遵照执行。谢某在一审中请求张某双倍返还定金，二审当中将其请求变更为返还定金 1 万元。张某应否返还，主要还是要看张某是否有违约行为并造成双方的合同无法履行。从本案情况看，张某一直在认真履行合同，帮助谢某办理相关房屋过户登记手续，合同未继续履行的主要原因是谢某未依约交纳房屋交易税费及支付房款。谢某认为张某与其于 2010 年 7 月 12 日签订的房地产买卖契约规避国家税收，是以合法形式掩盖非法目的的无效合同问题，由于向税务机关申报的房屋交易金额是哪方提出的无法查证且以该金额申报获利的是谢某，谢某以该理由不履行合同于法无据。张某在本案中没有违约，亦未造成合同无法履行，谢某未按合同约定交纳房屋交易税费及支付房款致使合同不能履行，应承担相应的违约责任，故谢某请求张某返还定金的理由不能成立。2010 年 9 月**广东某房屋买卖合同案**，法院认为：案涉《房屋买卖合同》系双方当事人真实意思表示，没有违反法律、行政法规的强制性规定，合法有效。而双方签订的《房屋买卖合同补充协议》中约定的条款因涉嫌逃避税收，损害国家利益，故该补充协议为无效合同。双方签订合同后，卖方要求按真实成交价即 163 万元办理产权过户手续，而买方要求按原房地产登记价格办理产权过户手续，双方对该问题未能达成一致意见，视为双方就买卖合同的主要条款未达成合意，故《房屋买卖合同》已无法继续履行，应予解除。合同解除后卖方应将 2 万元定金返还给买方。由于双方对合同主要条款不能达成一致意见，卖方未出具公证委托书的行为并不构成违约，买方未支付首期款及申请银行贷款的行为亦不构成违约。因双方均不存在违约行为，均不需承担违约责任，故对双方以对方违约为由要求对方双倍返还定金或没收定金的诉讼请求法院均不予支持。2010 年 7 月**陕西某房屋买卖合**

同案,法院认为:叶胜某提出第三人叶某和薛某签订房屋买卖合同时,为逃税写了两份房价不一致的合同,应认定其房屋买卖合同无效。经审查,2006 年 6 月 26 日叶某和薛某房屋买卖合同约定房价款为 5.68 万元,房屋地税双方各承担一半。合同双方当事人为规避国家赋税,又写了一份房价款为 2.16 万元的合同(其余内容与原合同相同),同年 7 月 26 日薛某向镇财政所填写契税纳税申报表时以 2.16 万元合同价买受房屋,少申报交税 1056 元[(56,800 元 - 21,600元) ×3%]。叶某与薛某故意规避国家赋税,应由当地税务机关进行查处。但仅以办理变更登记手续偷逃赋税行为要求法院确认双方当事人签订的房屋买卖合同无效,该理由不能成立,依法不予支持。2009 年 11 月**广东某房屋买卖合同案**,法院认为:案涉房屋的买卖,双方前后签订了《房屋买卖协议》与《房地产买卖合同》,本案争议焦点是哪份合同是双方当事人的真实意思表示。依现有证据显示,《房地产买卖合同》签订时间是 2007 年 8 月 23 日,双方在该日共同去房管部门办理过户手续,在同日,卖方签收了银行出具的《二手市场购房贷款意向书》,该银行同意发放 200 万元贷款并在办理相关手续后发放至卖方账户。再依众所周知的事实,金融风暴在 2007 年年底至 2008 年年初才正式爆发,卖方称由于金融风暴的原因导致房价从 229 万元急剧下降到 177 万元,显非合理原因。结合现在二手房交易的现状,本院采信买方的陈述,即《房地产买卖合同》系为避税而签订的,并非双方的真实意思表示,双方实际履行的是《房屋买卖协议》。《房屋买卖协议》对于剩余房款的支付时间定在房管部门办理过户手续并办理房屋抵押登记后,而卖方现无充分证据证实在 2007 年 8 月 23 日后与买方协商如何继续履行合同,而是在本案《房屋买卖协议》尚未解除的情况下,于 2007 年 11 月 23 日将案涉房屋出售给案外人,显已构成违约。在卖方已将案涉房屋另行出售的情况下,《房屋买卖协议》已实际无法继续履行,故判令解除该《房屋买卖协议》,卖方依约赔偿买方合同总价的 5% 即 11.45 万元。2009 年 9 月**上海某房屋买卖合同案**,法院认为:房屋买卖过程中如存有避税与作低房价违规行为,其后果应由包括各方当事人在内的全体参与者承担,张某可向相关职能部门反映,但不能以此推翻或否定整个意向书的效力。因张某已就房屋买卖、房价支付方式、违约责任等与吴某达成意向并收取定金,故在其无正当理由拒绝履行签约义务,应承担双倍返还定金的违约责任。2009 年 9 月**河南某房屋买卖合同案**,1992 年,张某与木材公司下属劳服公司签订集资建房协议,约定"集资金额多退少补",张某缴纳了 3.8 万余元集资建房款,并于 1994 年入住。1998 年,木材公司撤并劳服公司。2003 年,为办产权,张某与木材公司签订协议,约定由公司按房改政策办理产权手续,公司不负责退还个人建房集资款,不支付垫付办证的各项费用。2004 年,双方签订《出售公有住房协议书》,主要内容为案涉集资房价款 2 万余元。张某据此主张返还多交集资款 1.8 万余元。法院认为:为解决 1992 年原劳服公司集资建房遗留的为张某办理房屋产权手续问题，双方 2003 年所签协议有效。本案中，木材公司依双方约定，为张某办理了房屋产权手续，至此，应视为木材公司按双方协议已履行义务，故张某依协议无权要求集资款返还。木材公司称《出售公有住房协议书》是办理房屋产权手续在备案形式上的要求，并未对双方 2003 年关于建房集资款的约定进行变更，符合事实和情理，故对张某要求木材公司返还多交纳的建房集资款，不予支持。2005 年 3 月**辽宁某房屋买卖合同案**（夫以妻擅自处分共有财产主张合同无效，但备案合同上有其签字确认，问题是备案合同为少交契税将房屋价款由 3.8 万元“变更”为 2.3 万元），一审认为：本案中夫作为合同标的物的共同共有人不同意出售该房屋。且方某提供以少交契税为目的与妻书写的买卖房屋合同拟证明夫已追认该买卖房屋行为，但该买卖房屋协议系以合法形式掩盖非法目的，系无效合同。方某以该无效合同拟证明夫对此买卖合同进行追认的主张，不能成立。夫主张方某与妻之间的房屋买卖合同无效，并将房屋返还给夫的诉讼请求，应准予。二审认为：由于双方之买卖合同所约定的真实价款为 3.8 万元，且方某也是按此价格支付的购房款。故方某与妻、夫之买卖合同所约定的合同价款为 3.8 万元，而非 2.3 万元。方某明知所购买房屋价格，却与出卖人恶意串通，将约定的合同价款又通过《房契》形式“变更”为 2.3 万元，由于该种行为损害了国家依法所应缴纳的税收，故双方恶意将房屋价款写成 2.3 万元的行为依法无效，但并不是双方买卖合同无效。故原审法院认定夫捺指印的《房契》无效，并进而认定双方买卖合同关系无效均属不当。2004 年 11 月**黑龙江某房屋买卖合同案**，肖某买房，持第二份降低房款的备案合同到开发商处开发票，因发票开具金额及实际价款问题导致纠纷。法院认为：双方签订第一份购房合同时，肖某已付购房款 24 万元，嗣后，开发公司将房屋交付肖某使用。双方均已实际履行合同义务，该房屋所有权已转移。2001 年 5 月 9 日，双方签订第二份购房合同中，没有解除第一份购房合同，亦没有对第一份合同的内容进行变更和补充说明。为此，2000 年 10 月 1 日，双方签订的购房合同是双方当事人的真实意思表示。开发公司销售给肖某的住房为经济适用住房，该小区经济适用住房基准价格为每平方米建筑面积 1850 元。按照双方签订的第二份合同，房价为 19 万元，建筑面积 127.41 平方米，折合建筑面积每平方米 1491.25 元，低于该小区基准价格，超出正常售房价格。证人亦证实双方签订第二份购房合同的目的是少向国家交纳交易税。为此，本院认定双方签订的 19 万元购买争议之房不是双方真实意思表示。双方真实意思表示是为减少向国家交纳税费，该合同损害国家利益，应为无效，不受法律保护。肖某以此合同要求开发公司返还购房款等系无理要求，法院不予支持。

【同类案件处理要点】

二手房屋买卖过程中如存有通过签订“黑白（阴阳）合同”避税与作低房价违

规行为,其后果应由包括各方当事人在内的全体参与者承担。一方可向相关职能部门反映,但不能以此推翻或否定整个房屋买卖合同的效力。就同一房屋买卖行为签订数份合同,如存在约定抵触之处,通常以后签订为准,但在"黑白(阴阳)合同"情形,真实意思表示并得到实际履行的合同应具有优于备案合同的效力。

【相关法律风险提示】

1."黑白合同"签订的时间点、自认的签订时间与实际缴纳契税时间,虽可按后签合同变更先前合同、先签合同再完税的法律常识、交易习惯上找出漏洞,但风险依然比漏洞还大。"黑白合同"情形对卖方的风险不言而喻,对买方而言,如果依"黑白合同"价款主张应付款时,在实际付款多于该应付款时,同样会面临着明知应付款还多付款的违背常理,以及被判重复支付欠付款的风险,河南郑州中院(2008)郑民二终字第1801号"张某与某木材公司房屋买卖合同纠纷案"可见端倪。

2.在"阴阳合同"情形,前一份无房屋共有人签名同意,而备案合同却有共有人签名同意,但备案合同却因虚构价格存在恶意串通、以合法形式掩盖非法目的的无效情形,是否签字也无效呢?辽宁沈阳中院(2005)沈民(2)房终字第1304号"方某与孙某等房屋买卖合同纠纷案"中,一审判决认为无效,二审改判有效,争议产生仍与黑白合同签订行为关联。

3.商品房买卖"黑白合同"风险:同一买卖,存在两份合同,如买受人为取得购房发票,持价款少的合同主张开具发票,开发商如何是好?一旦开具,认定合同价款已变更又多了一份新证据。黑龙江哈尔滨中院(2004)哈民二终字第1945号"肖某与某开发公司房屋买卖合同纠纷案"中便出现了这样的问题:买受人持备案合同要求开发票,遭开发商拒绝,法院认定价款应依第一份合同,第二份合同不构成价款的变更,证据就是小区房产销售正常价格及证人证言。对买受人而言,以开具价款少的发票作为凭证,在嗣后再次转让计算营业税、个人所得税时,也会埋下税费相对增加的后患。

4.对"黑白合同"一方当事人而言,以"阴阳合同"规避法律,属于"以合法形式掩盖非法目的"作为一方中止履行的理由,司法实践中鲜有抗辩成功者,理由如:(1)"向税务机关申报的房屋交易金额是哪方提出的无法查证"[广西柳州中院(2011)柳市民一终字第157号"谢某诉张某等房屋买卖合同纠纷上诉案"];(2)"规避国家赋税,应由当地税务机关进行查处",仅此不足以请求确认合同无效[陕西汉中中院(2010)汉中民终字第445号"叶某诉薛某房屋买卖合同纠纷上诉案"];(3)"损害了国家依法所应缴纳的税收……但并未导致双方买卖合同无效"[辽宁沈阳中院(2005)沈民(2)房终字第1304号"方某与孙某等房屋买卖合同纠纷案"]。

5. 二手房买卖交易中，备案合同并无特别优先于非备案合同效力，如有证据证明备案合同系为过户时避税或贷款而并不体现双方真实交易对价意思表示的，应依体现当事人双方真实交易对价意思表示的非备案合同进行房屋价格和付款方式的相关认定。

【附注】

参考案例索引：重庆五中院(2008)渝五中民终字第319号“彭某与某日杂公司等房屋买卖合同纠纷案”；内蒙古高院(2011)内民提一字第17号“某开发公司与多志奇房屋买卖合同纠纷案”，见《赤峰立仁房地产开发有限责任公司与多某某房屋买卖合同纠纷再审案》，载《审判监督指导・裁判文书选登》(201202/40:168)；最高人民法院“某粮油公司与某开发公司买卖合同纠纷案”，见《对虚伪意思表示的认定及司法处理——宁波市鄞州昌盛粮油有限公司和宁波志达房地产有限公司买卖协议纠纷申请再审案》(梁曙明，最高院立案庭)，载《立案工作指导・申诉与申请再审疑案评析》(200803/18:53)；广东中山中院(2014)中中法民一终字第1132号“黎炎珍与袁孔华转让合同纠纷案”，见《未足额缴纳税费不构成拒付交易款的先履行抗辩》(张煌辉)，载《人民司法・案例》(201522:45)；江苏张家港法院(2010)张乐民初字第0468号“许某与张某等房屋买卖合同纠纷案”，见《许某诉张建兴、黄平房屋买卖协议与备案合同有异纠纷案》，载《江苏省高级人民法院公报》(201104/16:31)；广东深圳南山区法院(2007)深南法民三初字第997号“喻某与李某等房屋买卖合同纠纷案”，见《原告喻世勇与被告李浩、被告郑先平、第三人田阳房屋买卖合同纠纷及二被告反诉、第三人单独起诉案(善意第三人、恶意串通)》(谭素青、刘丽梅)，载《中国审判案例要览》(2010民:5)；上海崇明法院(2007)崇民一(民)初字第612号“龚某诉某房产中介等房屋买卖合同案”，见《龚福明诉上海天蓬房地产投资咨询有限公司第八分公司等买卖合同案》(高佳运)，载《人民法院案例选》(200804/66:163)；福建厦门海沧区法院(2012)海民初字第2192号“某器材公司与某日用品公司房屋买卖合同纠纷案”；广西柳州中院(2011)柳市民一终字第157号“谢某诉张某等房屋买卖合同纠纷上诉案”；广东深圳宝安区法院(2010)深宝法民三初字第1011号“徐某诉刘某房屋买卖合同纠纷案”；陕西汉中中院(2010)汉中民终字第445号“叶某诉薛某房屋买卖合同纠纷上诉案”；广东广州中院(2009)穗中法民五终字第3840号“曾某与赖某房屋买卖合同纠纷上诉案”；上海二中院(2009)沪二中民二(民)终字第1928号“张某与吴某房屋买卖合同纠纷案”；河南郑州中院(2008)郑民二终字第1801号“张某与某木材公司房屋买卖合同纠纷案”；辽宁沈阳中院(2005)沈民(2)房终字第1304号“方某与孙某等房屋买卖合同纠纷案”；黑龙江哈尔滨中院(2004)哈民二终字第1945号“肖某与某开发公司房屋买卖合同纠纷案”。

9. 无证房买卖合同效力

——没有产权证，买卖不合法？

【禁止规范】

【案情简介及争议焦点】

2005 年 4 月，木材厂职工魏某因厂里拆迁被确定安置一套位置、面积明确的房屋。次月即与颜某签订购销协议，以 20 万元作价出售。事后魏某以签约时未取得房产证、木材厂文件规定职工才有购房条件、该房系与女儿的共有财产，签约属其无权处分主张合同无效。

争议焦点：1. 未取得权属证书是否影响合同效力？2. 是否无权处分？

【裁判要点】

1. 权属问题。本案讼争房虽未登记领取权属证书，但魏某安置房的权属及位置明确，在将来亦可取得产权。《城市房地产管理法》并未明令禁止预售商品房在取得权属证书之前签订转让合同，拆迁安置房在被拆迁人尚未取得产权时，从权属确定层面来看和“预售商品房”一样，亦属虽“未依法登记领取权属证书”，但产权处于“可以期待”状态，故拆迁安置房在未依法登记领取权属证书时，签订转让合同并不违反法律禁止性规定。

2. 共有问题。魏某提交的木材厂文件只能证明当时该厂规定了职工购房条件，不能证明讼争房系魏某与女儿共同购买，魏某关于其出售房屋系无权处分的主张不能成立。从诚实信用、鼓励交易原则出发，应本案应认定魏某、颜某所签房屋买卖协议合法有效。

【裁判依据或参考】

1. 法律法规。《民法典》（2021 年 1 月 1 日）第 214 条：“不动产物权的设立、变更、转让和消灭，依照法律规定应当登记的，自记载于不动产登记簿时发生效力。”第 215 条：“当事人之间订立有关设立、变更、转让和消灭不动产物权的合同，除法律另有规定或者当事人另有约定外，自合同成立时生效；未办理物权登记的，不影响合同效力。”第 216 条：“不动产登记簿是物权归属和内容的根据。不动产登记簿由登记机构管理。”第 217 条：“不动产权属证书是权利人享有该不动产物权的证明。不动产权属证书记载的事项，应当与不动产登记簿一致；记载不一致的，除有证据证明不动产登记簿确有错误外，以不动产登记簿为准。”第595条：“买卖合同是出卖人转移标的物的所有权于买受人，买受人支付价款的合同。”第597条：“因出卖人未取得处分权致使标的物所有权不能转移的，买受人可以解除合同并请求出卖人承担违约责任。法律、行政法规禁止或者限制转让的标的物，依照其规定。”**《物权法》**(2007年10月1日，已于2021年1月1日起失效)第9条：“不动产物权的设立、变更、转让和消灭，经依法登记，发生效力；未经登记，不发生效力，但法律另有规定的除外……”第14条：“不动产物权的设立、变更、转让和消灭，依照法律规定应当登记的，自记载于不动产登记簿时发生效力。”第15条：“当事人之间订立有关设立、变更、转让和消灭不动产物权的合同，除法律另有规定或者合同另有约定外，自合同成立时生效；未办理物权登记的，不影响合同效力。”第106条：“无处分权人将不动产或者动产转让给受让人的，所有权人有权追回；除法律另有规定外，符合下列情形的，受让人取得该不动产或者动产的所有权：(一)受让人受让该不动产或者动产时是善意的；(二)以合理的价格转让；(三)转让的不动产或者动产依照法律规定应当登记的已经登记，不需要登记的已经交付给受让人。受让人依照前款规定取得不动产或者动产的所有权的，原所有权人有权向无处分权人请求赔偿损失。当事人善意取得其他物权的，参照前两款规定。”**《合同法》**(1999年10月1日，已于2021年1月1日起失效)第44条：“依法成立的合同，自成立时生效。法律、行政法规规定应当办理批准、登记等手续生效的，依照其规定。”第45条：“当事人对合同的效力可以约定附条件。附生效条件的合同，自条件成就时生效。附解除条件的合同，自条件成就时失效。当事人为自己的利益不正当地阻止条件成就的，视为条件已成就；不正当地促成条件成就的，视为条件不成就。”第130条：“买卖合同是出卖人转移标的物的所有权于买受人，买受人支付价款的合同。”第132条：“出卖的标的物，应当属于出卖人所有或者出卖人有权处分。法律、行政法规禁止或者限制转让的标的物，依照其规定。”第150条：“出卖人就交付的标的物，负有保证第三人不得向买受人主张任何权利的义务，但法律另有规定的除外。”**《民法通则》**(1987年1月1日，已于2021年1月1日起失效)第62条：“民事法律行为可以附条件，附条件的民事法律行为在符合所附条件时生效。”**《民法总则》**(2017年10月1日，已于2021年1月1日起失效)第158条：“民事法律行为可以附条件，但是按照其性质不得附条件的除外。附生效条件的民事法律行为，自条件成就时生效。附解除条件的民事法律行为，自条件成就时失效。”**《城市房地产管理法(2019年修正)》**(2020年1月1日)第38条：“下列房地产，不得转让：……(六)未依法登记领取权属证书的……”国务院**《不动产登记暂行条例》**(2019年修订)第22条：“登记申请有下列情形之一的，不动产登记机构应当不予登记，并书面告知申请人:(一)违反法律、行政法规规定的;(二)存在尚未解决的权属争议的;(三)申请登记的不动产权利超过规定期限的;(四)法律、行政法规规定不予登记的其他情形。"

2. 司法解释及最高人民法院司法性文件。最高人民法院**《第八次全国法院民事商事审判工作会议(民事部分)纪要》**(2016 年 11 月 30 日)第 13 条:"城市房地产管理法第三十九条第一款第二项规定并非效力性强制性规定,当事人仅以转让国有土地使用权未达到该项规定条件为由,请求确认转让合同无效的,不予支持。"最高人民法院民一庭负责人**《关于当前民事审判工作中的若干具体问题》**(2015 年 12 月 24 日)第 1 条:"……关于处分权受限制的房地产转让合同效力。合同效力问题的实质是公权力对私法自治的评价。大家都知道,在房地产领域,存在土地出让、合作开发和房屋买卖的一、二、三级市场,从公权力的干预程度上看,是依次减弱的,因此,在对合同效力的把握上,也要依次放宽。要特别注意这三个市场在经济制度、法律制度和法理等方面存在的不同安排和规则。实践中,出卖人在签订房产转让合同时未取得房屋所有权证书、未经其他共有权人同意或者房产已经设定抵押或被依法查封的,房产转让合同的效力问题争议较大。我们认为,总体上看,房地产转让已经属于房地产三级市场,应该更多地发挥私法自治的功能。具体法律适用上,买卖合同司法解释即《最高人民法院关于审理买卖合同纠纷案件适用法律问题的解释》……"最高人民法院**《关于审理买卖合同纠纷案件适用法律问题的解释(2020 年修改)》**(2021 年 1 月 1 日　法释〔2020〕17 号)第 20 条:"买卖合同因违约而解除后,守约方主张继续适用违约金条款的,人民法院应予支持;但约定的违约金过分高于造成的损失的,人民法院可以参照民法典第五百八十五条第二款的规定处理。"第 21 条:"买卖合同当事人一方以对方违约为由主张支付违约金,对方以合同不成立、合同未生效、合同无效或者不构成违约等为由进行免责抗辩而未主张调整过高的违约金的,人民法院应当就法院若不支持免责抗辩,当事人是否需要主张调整违约金进行释明。一审法院认为免责抗辩成立且未予释明,二审法院认为应当判决支付违约金的,可以直接释明并改判。"第 22 条:"买卖合同当事人一方违约造成对方损失,对方主张赔偿可得利益损失的,人民法院应当根据当事人的主张,依据民法典第五百八十四条、第五百九十一条、第五百九十二条、本解释第二十三条等规定进行认定。"第 23 条:"买卖合同当事人一方因对方违约而获有利益,违约方主张从损失赔偿额中扣除该部分利益的,人民法院应予支持。"最高人民法院**《关于转发住房和城乡建设部〈关于无证房产依据协助执行文书办理产权登记有关问题的函〉的通知》**(2012 年 6 月 15 日　法〔2012〕151 号)第 1 条:"各级人民法院在执行程序中,既要依法履行强制执行职责,又要尊重房屋登记机构依法享有的行政权力;既要保证执行工作的顺利开展,也要防止'违法建筑'等不符合法律、行政法规规定的房屋通过协助执行行为合法化。”第 2 条：“执行程序中处置未办理初始登记的房屋时，具备初始登记条件的，执行法院处置后可以依法向房屋登记机构发出《协助执行通知书》；暂时不具备初始登记条件的，执行法院处置后可以向房屋登记机构发出《协助执行通知书》，并载明待房屋买受人或承受人完善相关手续具备初始登记条件后，由房屋登记机构按照《协助执行通知书》予以登记；不具备初始登记条件的，原则上进行‘现状处置’，即处置前披露房屋不具备初始登记条件的现状，买受人或承受人按照房屋的权利现状取得房屋，后续的产权登记事项由买受人或承受人自行负责。”第 3 条：“执行法院向房屋登记机构发出《协助执行通知书》，房屋登记机构认为不具备初始登记条件并作出书面说明的，执行法院应在 30 日内依照法律和有关规定，参照行政规章，对其说明理由进行审查。理由成立的，撤销或变更《协助执行通知书》并书面通知房屋登记机构；理由不成立的，书面通知房屋登记机构限期按《协助执行通知书》办理。”最高人民法院《**印发〈关于当前形势下审理民商事合同纠纷案件若干问题的指导意见〉的通知**》（2009 年 7 月 7 日　法发〔2009〕40 号）第 15 条：“正确理解、识别和适用合同法第五十二条第（五）项中的‘违反法律、行政法规的强制性规定’，关系到民商事合同的效力维护以及市场交易的安全和稳定。人民法院应当注意根据《合同法解释（二）》第十四条之规定，注意区分效力性强制规定和管理性强制规定。违反效力性强制规定的，人民法院应当认定合同无效；违反管理性强制规定的，人民法院应当根据具体情形认定其效力。”第 16 条：“人民法院应当综合法律法规的意旨，权衡相互冲突的权益，诸如权益的种类、交易安全以及其所规制的对象等，综合认定强制性规定的类型。如果强制性规范规制的是合同行为本身即只要该合同行为发生即绝对地损害国家利益或者社会公共利益的，人民法院应当认定合同无效。如果强制性规定规制的是当事人的‘市场准入’资格而非某种类型的合同行为，或者规制的是某种合同的履行行为而非某类合同行为，人民法院对于此类合同效力的认定，应当慎重把握，必要时应当征求相关立法部门的意见或者请示上级人民法院。”最高人民法院《**关于适用〈中华人民共和国合同法〉若干问题的解释（二）**》（2009 年 5 月 13 日　法释〔2009〕5 号，已于 2021 年 1 月 1 日起失效）第 14 条：“合同法第五十二条第（五）项规定的‘强制性规定’，是指效力性强制性规定。”最高人民法院《**关于未取得无船承运业务经营资格的经营者与托运人订立的海上货物运输合同或签发的提单是否有效的请示的复函**》（2007 年 11 月 28 日　〔2007〕民四他字第 19 号）：“……本案中深圳龙峰国际货运代理公司在未取得无船承运业务经营资格的情况下签发了未在交通主管部门登记的提单，违反了《海运条例》的规定，受理案件的法院应当向有关交通主管部门发出司法建议，建议交通主管部门予以处罚。但深圳龙峰国际货运代理公司收到货物后应托运人的要求签发提单的行为，不属于《中华人民共和国合同法》第五十二条第(五)项规定的违反法律、行政法规的强制性规定的情形,该提单应认定为有效。"最高人民法院副院长**《在全国民商事审判工作会议上的讲话——充分发挥民商事审判职能作用为构建社会主义和谐社会提供司法保障》**(2007年5月30日):"……第二,关于合同无效的认定问题。鼓励交易是合同法的重要精神,要谨慎地认定合同无效,人民法院审理合同纠纷案件不应产生阻碍合法交易的后果。首先,人民法院只能依据全国人大及其常委会制定的法律和国务院制定的行政法规认定合同无效,而不能直接援引地方性法规和行政规章作为判断合同无效的依据。如果违反地方性法规或者行政规章将导致损害社会公共利益,则可以根据合同法第五十二条第(四)项的规定,以损害公共利益为由确认合同无效。其次,只有违反法律和行政法规的强制性规定才能确认合同无效。而强制性规定又包括管理性规范和效力性规范。管理性规范是指法律及行政法规未明确规定违反此类规范将导致合同无效的规范。此类规范旨在管理和处罚违反规定的行为,但并不否认该行为在民商法上的效力。例如《商业银行法》第三十九条即属于管理性的强制规范。效力性规定是指法律及行政法规明确规定违反该类规定将导致合同无效的规范,或者虽未明确规定违反之后将导致合同无效,但若使合同继续有效将损害国家利益和社会公共利益的规范。此类规范不仅旨在处罚违反之行为,而且意在否定其在民商法上的效力。因此,只有违反了效力性的强制规范的,才应当认定合同无效。最后,物权法第十五条确定了原因行为和物权变动的区分原则。该原则强调合同等原因行为的效力应受合同法的调整,物权的设立、变更、转让和消灭等物权变动则受物权法的规制,原因行为的效力不受物权变动要件的影响。该原则对于保护交易安全具有重要作用,虽然主要规定在不动产物权方面,但除非法律另有规定,该原则同样体现在其他物权变动方面。"最高人民法院**《关于适用〈中华人民共和国合同法〉若干问题的解释(一)》**(1999年12月29日　法释〔1999〕19号,已于2021年1月1日起失效)第4条:"合同法实施以后,人民法院确认合同无效,应当以全国人大及其常委会制定的法律和国务院制定的行政法规为依据,不得以地方性法规、行政规章为依据。"第9条:"依照合同法第四十四条第二款的规定,法律、行政法规规定合同应当办理批准手续,或者办理批准、登记等手续才生效,在一审法庭辩论终结前当事人仍未办理批准手续的,或者仍未办理批准、登记等手续的,人民法院应当认定该合同未生效;法律、行政法规规定合同应当办理登记手续,但未规定登记后生效的,当事人未办理登记手续不影响合同的效力,合同标的物所有权及其他物权不能转移。合同法第七十七条第二款、第八十七条、第九十六条第二款所列合同变更、转让、解除等情形,依照前款规定处理。"最高人民法院**《关于买卖房屋的民事行为未完成买卖关系没有成立的批复》**(1988年12月29日　〔1988〕民他字第55号):"……本案双方当事人约定以收取定金的方式和限期四个月作为成交房屋买卖的条件，但期限到来后，买方既未交付房价款，也未对讼争房屋实际进行管理、使用；卖方要求退还买方定金，只因买方不同意而未果。这些情况说明，买卖房屋的民事行为并未完成，双方当事人之间的房屋买卖关系也就没有成立。"

3. 部门规范性文件。建设部《**关于印发〈城市房屋拆迁工作规程〉的通知**》(2005年12月1日　建住房〔2005〕200号)第5条："需要拆迁的项目，应当按照《城市房屋拆迁管理条例》第七条的规定取得房屋拆迁许可证。对于面积较大或者户数较多的拆迁项目，房屋拆迁管理部门应当在核发拆迁许可证前，就拆迁许可有关事项召开听证会，听取拆迁当事人意见。需听证项目的面积或者户数的具体标准，由省、自治区和直辖市人民政府建设(房地产)行政主管部门制定。"第8条："在取得拆迁许可前，拆迁人应当对拆迁范围内房屋情况进行摸底，区分有产权证与无产权证房屋。对于未取得房产证但能够证明该房屋是合法拥有的，由所在地房地产管理部门确认后，依法补偿；对于手续不全或者无产权产籍的房屋，应当经有关部门进行合法性认定后，依据相关法律法规处理；对于存在产权或者使用权(承租权)争议的，应当通过民事诉讼后，按照诉讼结果依法补偿。"建设部《**城市房地产转让管理规定**》(2001年8月15日)第6条："下列房地产不得转让：……(六)未依法登记领取权属证书的……"建设部《**对"关于适用〈城市房屋权属登记管理办法〉规定有关问题的请示"的答复**》(2000年7月25日)第2条："对一九九八年一月一日以前颁发的房屋权属证书，如发现有错误，为了保护房屋产权人的合法权益，房屋权属登记机关应当予以纠正；对房屋权利灭失，而权利人未在规定期限内办理房屋权属注销登记的，可以注销房屋权属证书。"建设部《**已购公有住房和经济适用住房上市出售管理暂行办法**》(1999年5月1日)第9条："……在本办法实施前，尚未领取土地使用权证书的已购公有住房和经济适用住房在2000年底以前需要上市出售的，房屋产权人可以凭房屋所有权证书先行办理交易过户手续，办理完毕房屋所有权转移登记手续之日起三十日内由受让人持变更后的房屋所有权证书到房屋所在地的市、县人民政府土地行政主管部门办理土地使用权变更登记手续。"

4. 地方司法性文件。江苏高院《**关于执行疑难问题的解答**》(2018年8月22日)第2条："在国有建设用地上建造的无证房屋，是否可以处置？依据《最高人民法院关于转发住房与城乡建设部〈关于无证房产依据协助执行文书办理产权登记有关问题的函〉的通知》(法〔2012〕151号)，对于国有建设用地上建造的无证房屋可以处置。执行法院应就该房屋是否可转化为有证房屋征求行政机关意见，并作为确定无证房屋价值的参考。处置未办理初始登记的房屋，具备初始登记条件的，执行法院处置后应当向房屋登记机构发出《协助执行通知书》；暂时不具备初始登记条件的，执行法院处置后应当向房屋登记机构发出《协助执行通知书》，并载明待房屋买受人或承受人完善相关手续具备初始登记条件后,由房屋登记机构按照《协助执行通知书》予以登记;不具备初始登记条件的,原则上进行'现状处置',即处置前披露房屋不具备初始登记条件的现状,买受人或承受人按照房屋的权利现状取得房屋,后续的产权登记事项由买受人或承受人自行负责。"河北廊坊中院**《关于印发〈审理房屋买卖合同纠纷案件若干问题的会议纪要〉的通知》**(2018 年 3 月 14 日 廊中法〔2018〕24 号)第 22 条:"当事人签订合同将房屋(包括拆迁安置用房等)的购买指标转让给他人,当事人一方主张转让合同无效的,一般不予支持。出卖人以将来取得所有权的房屋为标的物的买卖合同,不应仅以出卖人在签订合同时未取得房屋所有权为由认定买卖合同无效。出卖人在合同履行期限届满时仍未取得房屋所有权,致使买受人不能办理房屋所有权转移登记的,应当承担相应的违约责任。"北京高院**《北京法院执行办案规范——不动产的执行》**(2018 年 2 月 6 日)第 4 条:"【查控时权属判断的特别规则】根据物权法第二十八条、第二十九条判断属于被执行人所有的土地使用权、房屋,但尚未办理过户登记的,执行法院可以查封。"第 14 条:"【未登记建筑物的查封】查封尚未进行权属登记的建筑物时,人民法院应当通知其管理人或者该建筑物的实际占有人,并在显著位置张贴公告。"第 30 条:"【无证房产的执行之一】人民法院在执行无证房产的过程中,既要依法履行强制执行职责,又要尊重房屋登记机构依法享有的行政权力;既要保证执行工作的顺利开展,也要防止'违法建筑'等不符合法律、行政法规规定的房屋通过协助执行行为合法化。"第 31 条:"【无证房产的执行之二】执行程序中处置未办理初始登记的房屋时,具备初始登记条件的,执行法院处置后可以依法向房屋登记机构发出协助执行通知书;暂时不具备初始登记条件的,执行法院处置后可以向房屋登记机构发出协助执行通知书,并载明待房屋买受人或承受人完善相关手续具备初始登记条件后,由房屋登记机构按照协助执行通知书予以登记;不具备初始登记条件的,原则上进行'现状处置',即处置前披露房屋不具备初始登记条件的现状,买受人或承受人按照房屋的权利现状取得房屋,后续的产权登记事项由买受人或承受人自行负责。"第 32 条:"【无证房产的执行之三】执行法院向房屋登记机构发出协助执行通知书,房屋登记机构认为不具备初始登记条件并作出书面说明的,执行法院应在三十日内依照法律和有关规定,参照行政规章,对其说明理由进行审查。理由成立的,撤销或变更协助执行通知书并书面通知房屋登记机构;理由不成立的,书面通知房屋登记机构限期按协助执行通知书办理。"广东高院**《印发〈关于审理房屋买卖合同纠纷案件的指引〉的通知》**(2017 年 9 月 12 日 粤高法〔2017〕191 号,已于 2020 年 12 月 31 日经粤高法〔2020〕132 号废止)第 7 条:"当事人以房屋买卖合同存在下列情形之一为由主张合同无效的,不予支持:(一)出卖人未领取权属证书的;(二)买卖未经抵押权人同意的;(三)买卖未经预告登记权利人同意的;(四)房屋被国家机关依法采取查封等强制措施的;(五)部分共有人擅自出卖共有房屋的;(六)按份共有人违反法律规定转让其份额,侵害其他共有人优先购买权的;(七)出租人违反法律规定出售房屋,侵害承租人优先购买权的;(八)违反政府房地产市场调控政策,但不违反法律、行政法规效力性强制性规定或者公序良俗的。”山东高院**《民事审判会议纪要》**(2017 年 8 月)第 2 条:“……7. 未取得国有土地使用权证即对外转让的合同效力问题。对此问题,存在着有效、无效及效力待定等三种意见。无效说认为,转让方至起诉前既未取得土地使用权证书,也未取得有批准权的人民政府同意转让,根据《最高人民法院关于审理涉及国有土地使用权合同纠纷案件适用法律问题的解释》第九条、《城市房地产管理法》第三十八、三十九条的规定,此种情形下的土地使用权转让合同应为无效。有效说认为,转让方实际上只是将自己在出让合同上的权利义务转让给受让方,只要转让合同上有出让方法定代表人的签字,即应当认定已经取得又批准权的人民政府同意,应确认该转让行为有效。效力待定说认为,未取得国有土地使用权证即转让的行国可以因国家有权部门的补正而有效,因此属于效力待定行为。我们认为应当认定有效。主要理由是:国有土地使用权转让合同作为债权合同,根据《物权法》第十五条规定,其效力独立于物权登记行为。只要符合《民法通则》《合同法》所规定的民事行为有效条件,合同即成立生效,至于转让人是否取得土地使用权证书,转让的标的物是否达到《城市房地产管理法》第 39 条规定的条件,能否完成转让行为,只是合同履行的问题,并不影响合同的效力,可通过瑕疵担保责任制度对受让人进行救济。《城市房地产管理法》第三十九条属于管理性规范,该条规定的转让条件应当理解为房地产变动的结果条件而不是原因条件,不符合该条件时,房地产不得进行转让登记,但转让合同的效力不受影响,转让合同仍应认定有效。”上海高院**《关于财产保全工作的规定》**(2017 年 7 月 17 日)第 65 条:“查封尚未进行权属登记的建筑物和土地使用权的,可以通知有关登记机关协助执行预查封。查封尚未进行权属登记的建筑物时,还应当通知其管理人或者该建筑物的实际占有人,并在显著位置张贴公告。土地、房屋权属在预查封期间登记在被申请人名下的,预查封登记自动转为查封登记,预查封转为查封后,查封期限从预查封之日起开始计算。”第 66 条:“下列房产虽未进行权属登记,也可以进行预查封:(一)被申请人为房地产企业,已办理了商品房预售许可证且尚未出售的房屋;(二)被申请人购买的已由房地产企业办理了房屋权属初始登记的房屋;(三)被申请人购买的办理了商品房预售合同登记备案手续或者商品房预告登记的房屋。”北京高院(单国军庭长)**《关于审理城镇房屋买卖合同案件适用法律若干问题的调研报告》**(2017 年 2 月 5 日):“……关于《城市房地产管理法》第 38 条第(六)项规定的性质问题。《城市房地产管理法》第 38 条第(六)项规定:‘未依法登记领取权属证书的’房屋不得转让。实践中就该规定的性质存在争议,有观点认为该规定属于《合同法》第 52 条第(五)项规定的法律强制性规定,违反该规定的房屋买卖合同无效。我们认为,依据民法理论,强制性法律规范大致可分为管理性的强制性规范及效力性的强制性规范。最高人民法院《关于适用〈中华人民共和国合同法〉若干问题的解释(二)》(法释〔2009〕5 号)第 14 条规定,合同法第 52 条第(五)项规定的'强制性规定',是指效力性强制性规定。因此,只有违反了效力性强制性规定的合同,才会导致合同无效的后果,而仅仅违反管理性强制性规范并不影响其在私法上的效力。上述《城市房地产管理法》的规定在性质上应当属于管理性的强制性规范,不应作为认定合同无效的法律依据……关于未办理宣示登记房屋买卖的问题。《物权法》第 31 条规定:'依照本法第二十八条至第三十条规定享有不动产物权的,处分该物权时,依照法律规定需要办理登记的,未经登记,不发生物权效力。'依据民法理论,房屋登记分为设权登记和宣示登记,该规定中的'登记'属于宣示登记,权利人依据《物权法》第 28 至 30 条规定即可成为房屋的所有权人,办理登记只是为了宣示既有权利的存在,因此,前述规定中的'不发生物权效力'是指不发生物权变动的效力,而不影响房屋买卖合同的效力。"广东高院**《关于执行案件法律适用疑难问题的解答意见》**(2016 年 3 月 3 日)第 8 条:"……针对产权证件不完善的房产,如不具备初始登记条件,原则上进行'现状处置',即处置前披露房产产权证件不完善的现状,买受人或承受人按照房产的权利现状取得房屋,后续的产权登记事项由买受人或承受人自行负责;如具备初始登记条件的,执行法院处置后可以依法向房屋登记机构发出《协助执行通知书》;暂时不具备初始登记条件的,执行法院处置后可以向房屋登记机构发出《协助执行通知书》,并载明待房屋买受人或承受人完善相关手续具备初始登记条件后,由房屋登记机构按照《协助执行通知书》予以登记。"江苏高院**《执行异议之诉案件审理指南》**(2015 年 7 月 2 日)第 18 条:"人民法院对被执行人购买但尚未办理产权过户登记手续的房屋实施预查封的情形下,案外人请求解除合同返还房屋,并提起执行异议之诉的,应如何处理?根据《民诉法解释》第三百一十二条第二款的规定,案外人在执行异议之诉案件中同时提出确认其权利的诉讼请求的,人民法院可以在判决中一并作出裁判。据此,在执行异议之诉案件中,案外人除了可以提出确权的诉讼请求外,不得提出解除合同等其他诉讼请求。因此,人民法院对被执行人购买但尚未办理产权过户登记手续的房屋采取预查封措施的情形下,案外人请求依据合同约定或法律规定解除合同返还房屋的,不能直接提起执行异议之诉,而必须先行提出解除合同之诉,在合同依法解除后方可依据生效法律文书提出执行异议和执行异议之诉。"北京高院**《关于审理房屋买卖合同纠纷案件若干疑难问题的会议纪要》**(2014 年 12 月 16 日　京高法发〔2014〕489 号)第 5 条:"当事人签订合同将房屋(包括拆迁安置用房等)的购买指标转让给他人,当事人一方主张转让合同无效的，一般不予支持，但当事人转让经济适用住房等政策性保障住房购房指标的除外。”北京高院**《关于印发修订后的〈北京市法院执行工作规范〉的通知》**(2014 年 1 月 1 日)第 421 条：“【无初始登记房产执行中的产权登记】执行程序中处置未办理初始登记的房屋时，具备初始登记条件的，执行法院处置后可以依法向房屋登记机构发出协助执行通知书；暂时不具备初始登记条件的，执行法院处置后可以向房屋登记机构发出协助执行通知书，并载明待房屋买受人或承受人完善相关手续具备初始登记条件后，由房屋登记机构按照协助执行通知书予以登记；不具备初始登记条件的，原则上进行‘现状处置’，即处置前披露房屋不具备初始登记条件的现状，买受人或承受人按照房屋的权利现状取得房屋，后续的产权登记事项由买受人或承受人自行负责。执行法院向房屋登记机构发出协助执行通知书，房屋登记机构认为不具备初始登记条件并作出书面说明的，执行法院应在三十日内依照法律和有关规定，参照行政规章，对其说明理由进行审查。理由成立的，撤销或变更协助执行通知书并书面通知房屋登记机构；理由不成立的，书面通知房屋登记机构限期按协助执行通知书办理。”广东深圳中院**《商事审判中的法律适用疑难问题指导意见》**(2013 年)第 1.2 条：“关于合同效力的认定。《合同法》第 52 条第(五)项规定‘违反法律、行政法规的强制性规定’，合同无效。《最高人民法院关于适用〈中华人民共和国合同法〉若干问题的解释(二)》第 14 条规定‘《合同法》第 52 条第(五)项规定的强制性规定，是指效力性强制性规定。’这一解释采纳了理论界将强制性规范区分为效力性规范和管理性规范的主张，将《合同法》第 52 条所规定的强性规定解释为效力性规定。按照这一解释，违反效力性规定的合同无效，违反管理性规定的合同未必无效。但在实践中，判断某一强制性规定是效力性规定还是管理性规定，确实有一定难度。通常的理解是如果该强制性规范规制的是合同行为(法律行为)本身，即只要该合同行为发生即绝对地损害国家利益或者社会公共利益的，那么这个强制性规范就属于效力性，违反这个强制性定的合同应当认定无效。如果强制性规定规制的是当事人的‘市场准入’资格而非某种类型的合同行为，或者规制的是某种合同的行为(事实行为)而非某类合同行为(法律行为)，则不能轻易否定合同的效力。在认定合同效力时，要慎重把握这一区别。”安徽高院**《关于审理房屋买卖合同纠纷案件适用法律问题的指导意见》**(2012 年 3 月 5 日)第 2 条：“当事人以期房不能转让为由请求确认转让合同无效的，一般不予支持；转让人在转让合同履行期限届满时仍未取得房屋所有权，致使受让人不能办理房屋所有权转移登记，受让人请求解除合同并要求转让人承担违约责任的，应予支持。”第 9 条：“《中华人民共和国城市房地产管理法》第三十八条第(六)项‘未依法登记领取权属证书的’房屋不得转让的规定，在性质上不属于《最高人民法院关于适用〈中华人民共和国合同法〉若干问题的解释(二)》第十四条规定的‘效力性强制性规定’,买受人仅以出卖人签订合同时未取得房屋权属证书为由请求确认合同无效的,不予支持。《中华人民共和国城市房地产管理法》第三十九条第一款第(二)项的规定在性质上也不属于上述司法解释第十四条规定的‘效力性强制性规定’,不应作为认定房屋买卖合同无效的法律依据。”山东高院**《2011年民事审判工作会议纪要》**(2011年11月30日　鲁高法〔2011〕297号)第2条:“……(三)未取得不动产权属证书的房屋买卖合同的效力问题。《城市房地产管理法》第38、39条的规定是法律限制未依法登记取得权属证书的房屋转让的管理性规范,而非效力性规范,未取得权属证书的房屋买卖合同不违反法律的强制性规定,应依法认定有效,如果第三人主张房屋所有权导致房屋买卖合同不能履行的,出卖人应当承担权利瑕疵担保责任。”山东高院**《2011年全省民事审判工作会议纪要(讨论稿)》**(2011年8月)第7条:“未取得国有土地使用权证即对外转让的合同效力问题。对此问题,存在着有效、无效及效力待定等三种意见。无效说认为,转让方至起诉前既未取得土地使用权证书,也未取得有批准权的人民政府同意转让,根据《最高人民法院关于审理涉及国有土地使用权合同纠纷案件适用法律问题的解释》第九条、《城市房地产管理法》第三十八、三十九条的规定,此种情形下的土地使用权转让合同应为无效。有效说认为,转让方实际上只是将自己在出让合同上的权利义务转让给受让方,只要转让合同上有出让方法定代表人的签字,即应当认定已经取得又批准权的人民政府同意,应确认该转让行为有效。效力待定说认为,未取得国有土地使用权证即转让的情况可以因国家有权部门的补正而有效,因此属于效力待定行为。我们认为应当认定有效。主要理由是:国有土地使用权转让合同作为债权合同,根据《物权法》第十五条规定,其效力独立于物权登记行为。只要符合《民法通则》《合同法》所规定的民事行为有效条件,合同即成立生效,至于转让人是否取得土地使用权证书,转让的标的物是否达到《城市房地产管理法》第三十九条规定的条件,能否完成转让行为,只是合同履行的问题,并不影响合同的效力,可通过瑕疵担保责任制度对受让人进行救济。《城市房地产管理法》第三十九条属于管理性规范,该条规定的转让条件应当理解为房地产变动的结果条件而不是原因条件,不符合该条件时,房地产不得进行转让登记,但转让合同的效力不受影响,转让合同仍应认定有效。”河南郑州中院**《关于审理房屋纠纷民事案件适用法律问题的若干意见》**(2011年7月14日)第5条:“《中华人民共和国城市房地产管理法》第三十八条第(六)项‘未依法登记领取权属证书’的房屋不得转让的规定,在性质上不属于《最高人民法院关于适用〈中华人民共和国合同法〉若干问题的解释(二)》第十四条规定中的‘效力性强制性规定’,不应作为认定房屋买卖合同无效的法律依据。”北京高院**《关于审理房屋买卖合同纠纷案件适用法律若干问题的指导意见(试行)》**(2010年12月22日　京高法发〔2010〕458号)第3

条:"《城市房地产管理法》第三十八条第(六)项'未依法登记领取权属证书'的房屋不得转让的规定,在性质上不属于《最高人民法院关于适用〈中华人民共和国合同法〉若干问题的解释(二)》第十四条规定中的'效力性强制性规定',不应作为认定房屋买卖合同无效的法律依据。"第4条:"对以将来可能取得所有权的房屋为标的物的买卖合同,法院不应仅以出卖人在签订合同时尚未取得房屋所有权为由认定买卖合同无效。出卖人在合同履行期限届满时仍未取得房屋所有权,致使买受人不能办理房屋所有权转移登记的,应当承担相应的违约责任。前款所称将来可能取得所有权的房屋,包括尚未取得所有权的已购商品房及已购按经济适用住房管理的房屋等。"浙江高院**《关于审理涉及房地产登记民事案件若干问题的意见(试行)》**(2010年4月16日　浙法民一〔2009〕3号)第20条:"当事人签订买卖房屋或者其他不动产物权的协议,为保障将来实现物权,按照约定可以向登记机构申请预告登记。预告登记后,未经预告登记的权利人同意,处分该不动产的,不发生物权效力。预告登记后,债权消灭或者自能够进行不动产登记之日起三个月内未申请登记的,预告登记失效。"广东广州中院**《关于审理预售商品房合同纠纷若干问题的指导意见》**(2010年)第9条:"根据七部委的意见,预售商品房未办证之前不得再行转让,但买受人通过与第三人签订买卖合同或者通过委托拍卖的形式将未领取房产证的商品房再行转让引发纠纷的,应如何处理?七部委的意见并非法律、行政法规,不能作为认定合同无效的依据,故合同应为有效。办证的诉讼请求因为行政主管部门明确不能办证,以实际无法履行为由驳回诉讼请求,待具备办证条件后再起诉办理。如果转让合同的出卖人(同时是预售合同的买受人)以无法办证为由起诉解除转让合同,因无法办证影响的是转让合同的买受人的权利,故以不予支持为宜。如果转让合同的买受人以无法办证起诉解除合同,则以签约目的无法实现为由予以支持。"广东深圳中院**《关于审理二手房买卖合同纠纷案件若干问题的指导意见(初稿)》**(2009年7月)第2条:"出卖人在取得《房地产证》之前与他人订立房屋买卖合同,房屋买卖合同的当事人以出卖人未取得《房地产证》为由主张合同无效的,不予支持。"北京高院**《审理买卖合同纠纷案件若干问题的指导意见(试行)》**(2009年2月3日　京高法发〔2009〕43号)第4条:"对以将来可能取得所有权的财产为标的物的买卖合同,法院不得以出卖人未取得所有权为由认定合同无效。出卖人在合同履行期限届满时仍未取得标的物所有权致使标的物不能交付的,应承担违约责任。"山东高院**《关于印发〈全省民事审判工作座谈会纪要〉的通知》**(2008年12月23日　鲁高法〔2008〕243号)第6条:"……(一)关于房地产合同效力的认定问题。鼓励交易,维护交易安全是合同法、物权法的重要精神,实践中要谨慎正确地认定房地产合同的效力,防止出现阻碍合法交易的后果。一是根据最高人民法院关于适用合同法司法解释的规定,人民法院只能依据法律和行政法规来认定合同效力,而不能直接援引地方性法规和行政规章作为判断合同效力的依据。如果违反地方性法规或者部门规章将导致损害社会公共利益的,可以根据《合同法》第五十二条第(四)项的规定,以损害社会公共利益为由确认合同无效;二是只要违反法律和行政法规的强制性规定才能确认合同无效。根据最高人民法院近几年颁布的几个司法解释的精神,强制性规定包括管理性规范和效力性规范。管理性规范是指法律及行政法规未明确规定违反此类规范将导致合同无效的规范,此类规范旨在管理和处罚违反规定的行为,但并不否认该行为在民法上的效力。效力性规范规定是指法律及行政法规明确规定违反该类规定将导致合同无效的规范,或者虽未明确规定违反之后将导致合同无效,但若使合同继续有效将损害国家利益和社会公共利益的规范,此类规范旨在否定其在民法上的效力,因此,只要违反效力性的强制性规范的,才应当认定房地产合同无效;三是根据《物权法》关于债权效力与物权效力相区分的原则,根据该原则,房地产合同效力的认定要依据合同法的规定,而房地产的物权变动则受物权法的规制,房地产合同的效力不受房地产变动要件的影响。”湖南高院**《关于房屋买卖、租赁纠纷案件适用法律问题的指导意见(试行)》**(2008 年 1 月 4 日)第 1 条:“在审理商品房买卖合同纠纷案件中,对出卖人不具有房地产开发资质的,未取得土地使用权证、建设用地规划许可证的,出售房屋权属不明的,一般应认定合同无效。但在一审法庭辩论终结前完善了相关手续的,可认定合同有效。”第 3 条:“转让购房指标的,只要不违反法律、行政法规的强制性规定,一般认定有效。经出卖人同意,买受人将预约协议的权利义务转让给第三人的,一般应认定该转让行为有效。”江苏高院**《全省民事审判工作座谈会纪要(征求意见稿)》**(2007 年 12 月 21 日　苏高法电〔2007〕594 号)第 3 条:“未依法登记领取权属证书转让房地产的,分以下情形处理:转让的标的物属于违法建筑的,应当依照房地产管理法第三十七条规定认定合同无效;转让的标的物属于因生效法律文书、继承或者受遗赠、合法建造取得物权而未办理登记领取权属证书的,应当依照物权法第三十一条规定认定合同有效;转让的标的物属于连环买卖中登记在他人名下但出卖人有权处分的,应当认定合同有效,并判决补办相关权属变更登记手续。”河南郑州中院**《关于审理建设工程及房屋相关纠纷案件若干实务问题的解答》**(2007 年 7 月 27 日)第 2 条:“能办理而暂时未取得权属证书房屋买卖合同的效力问题。多数与会同志认为该类合同应当认定为有效合同。其理由如下:首先,该类合同不是无权处分合同,出卖人虽然尚未拿到房屋的权属证书,但其处分的是已经实际取得的权利或可视为对未来物的处分。其次,该类合同并不违反法律、法规的强制性规定。虽然我国《城市房地产管理法》第 37 条第 6 项规定未依法登记领取权属证书的房屋不得转让,但依据强制性规范可以分为效力性规范和管理性规范的理论通说,对于强制性规范应当加以区分对待,只有违反效力性规范的合同才能被认定为无效，而《城市房地产管理法》第 37 条第 6 项的规定，应当属于管理性规范。未依法登记领取权属证书的，不能办理产权过户手续，但这不影响房屋买卖合同的法律效力，办理产权过户手续是合同的履行问题而非其效力问题。应该规定将债权行为和物权变动合理、有效地分离开来，奉行鼓励交易和诚实信用原则，在不损害他人利益的情况下，尽量尊重当事人签订合同时的意思表示。因此，对此类案件应认定有效。最后，对单位集资房的买卖无需经过单位的同意。虽然出卖人从单位取得房屋时带有身份性，但其与买受人之间转让的仍然是财产权或财产性权利，而不是身份权，故该类合同的效力与是否取得单位的同意无关，且当事人买卖单位集资房也并不损害第三人的合法权益和社会公共利益。少数与会者认为该类合同应当认定为无效合同。其认为《物权法》第 15 条只是将物权变动的原因与结果进行区分，当事人签订合同后未进行物权登记的不影响之前债权合同的效力而并不是说出卖人未取得权属证书的买卖合同是有效的，法院判决此类合同有效则若此后出卖人不能取得产权证就必然损害买受人的利益，不利于交易安全。"北京高院、市建委**《关于规范房产执行和协助执行有关问题的通知》**（2006 年 10 月 1 日　京高法发〔2006〕319 号）第 18 条："下列房屋虽未进行房屋所有权登记，人民法院也可以进行预查封：（一）作为被执行人的房地产开发企业，已办理了商品房预售许可证且尚未出售的房屋；（二）被执行人购买的已由房地产开发企业办理了房屋权属初始登记的房屋；（三）被执行人购买的办理了商品房预售合同登记备案手续的房屋；（四）被执行人购买第三人的房屋已经支付部分或者全部价款并实际占有该财产，申请执行人已向第三人支付剩余价款或者第三人同意剩余价款从该财产变价款中优先支付的。预查封的期限和效力等同于正式查封。"上海高院**《关于审理"二手房"买卖案件若干问题的解答》**（2005 年 12 月 16 日）第 4 条："……房屋买卖合同的买方在尚未取得房屋所有权证之前，其虽不能享有房屋所有权，但享有买卖合同上的债权。而债权转让是合同法赋予合同当事人的权利之一，没有理由不允许当事人转让自己的合同权利，因此买方再予转让并不违反法律禁止性规定。至于上海市目前关于'期房限转'的地方性规定，其所规定的是当事人在取得房屋所有权证之前的再转让行为，房地产登记部门不予办理登记，该规定所产生的后果是受让方可能要承担无法实际取得房屋的风险，但并不影响转让合同的效力。"江苏高院**《房屋买卖合同纠纷案件疑难问题法律适用研讨会综述》**（2004 年 11 月 27 日）第 2 条："……如何理解、适用'未依法登记领取权属证书的房地产不得转让'的法律规定？《城市房地产管理法》第三十七条第六项规定：未依法登记领取权属证书的房地产不得转让。对于违反这一规定而进行房地产转让的合同效力问题，实践中掌握得并不一致。有的认为转让行为有效，其理由在于，这条规定是基于行政管理的目的而规定的，在理论上属于取缔规定，并不能否认转让合同的效力。有的认为转让行为无效,其理由在于,既然法律是这样规定的,就应该严格遵守。与会代表认为,这个问题急需统一裁量标准,并认为转让未依法登记领取权属证书的房地产,转让合同的效力不能一概认定为无效。根据《合同法》第五十一条的规定,这种转让行为属于无权处分,其效力也应当是待定的:如果出卖人以后办理了权属登记手续,即其以后取得了处分权,则转让行为的效力由待定状态转为有效状态;若出卖人以后无法取得处分权,则转让行为的效力才从待定状态转为无效状态。与会代表还认为,适用该规定时,具体可分三种情形处理。第一,基于生效裁判而取得的场合,因这种取得方式是法定主义的取得方式,公开作出、宣布的生效裁判客观上已经起到了公示的作用。因此,自裁判生效之日起,取得人已经取得了房屋的所有权,虽未依法登记领取权属证书即将房屋又出售给他人的,无论是处分行为还是负担行为(买卖合同)的效力都不会受到影响,都应当是有效的。基于这种转让行为,虽然需要补办有关登记手续,但买受人对房屋所享有的权利已毋庸置疑。第二,因继承或建造而取得房屋,应进行物权公示,即依法登记领取权属证书,在此之前不能谓取得人已取得了所有权,故其将房屋又出卖于他人的,实为无权处分行为,买卖合同的效力应当是待定的,尚需根据以后的情况最终确定其是有效的还是无效的。但有观点认为,这种情形与出卖他人之物不同,如果取得人提供充分证据其是事实上的权利人,可以认定转让合同有效,并判决出卖人必须先将房屋登记于自己名下,再过户登记于买受人名下。第三,经过审查,若出卖人能够依法登记领取权属证书但故意拖延办理的,可以认为出卖人嗣后(即买卖合同订立后)是能够取得处分权的,因此买卖合同的效力应当由待定状态转为有效,对出卖人的无效主张不予支持。"辽宁沈阳中院《**关于审理房地产案件若干问题的处理意见(之一)**》(2004 年 3 月 27 日)第 16 条买卖动迁手续引起的纠纷问题:"(1)动迁手续可以成为买卖合同的客体。动迁手续是对产权调换的房屋的一种期待性权利。买卖动迁手续形式上虽然为权利买卖,但实质上仍为动迁手续所表现的未来物即房屋的买卖,根据现行民法法理,未来物可以成为买卖合同的标的物。(2)出卖人必须是原房屋的所有权人或依法取得动迁手续并有权处分的人。包括依法继承、买卖、赠与等取得动迁手续的人。无处分权人处分他人的动迁手续后未取得处分权,事后亦未得到权利人追认的,应当根据《合同法》第 51 条之规定,确认合同无效。(3)买卖动迁手续须经拆迁人同意。拆迁安置本质上是民事行为,须由拆迁人与被拆迁人(原房屋所有人)签订拆迁安置协议,拆迁人与被拆迁人是该协议的主体,是该协议权利与义务的享有者和承担者。而当被拆迁人将动迁手续转让给他方后,属于将拆迁安置协议中的权利与义务均转让给了受让人,未经原协议的另一方即拆迁方同意,合同承受(拆迁安置协议中被拆迁人承担义务部分)不发生法律效力。"

5. 参考案例

(1)有效案例。 2015年**江苏某执行异议纠纷案**,2014年,法院查封陶某向开发公司购买、未领取权属证书的房屋。王某以其从陶某处购买该房、支付全款、装修入住为由提出案外人异议。法院认为:最高人民法院《关于人民法院民事执行中查封、扣押、冻结财产的规定》第17条规定,被执行人将其所有的需要办理过户登记的财产出卖给第三人,第三人已经支付部分或者全部价款并实际占有,但尚未办理产权过户登记手续的,人民法院可以查封、扣押、冻结;第三人已经支付全部价款并实际占有,但未办理过户登记手续的,如果第三人对此没有过错,人民法院不得查封、扣押、冻结。《城市房地产管理法》第38条第1款第6项规定,未依法登记领取权属证书的房地产不得转让。陶某在未依法登记领取权属证书情况下,将案涉商品房转卖给王某,后者至今未能办理房屋过户登记手续。王某购买该房屋时应知晓陶某未依法登记领取权属证书,在该房屋未依法登记领取权属证书情况下,仍违法交易,导致其至今未能办理产权过户登记手续,对此显然存在过错,故王某即使支付全部购房款并实际占有,其亦无权要求法院解除对该房屋查封。裁定驳回案外人王某异议。2012年**江苏某房屋买卖合同纠纷案**,2009年,马某通过中介购买赵某房屋,约定小区统一办理权属登记时再过户。2012年,马某诉请过户,赵某称合同无效。法院认为:赵某对涉案房屋享有实质上的处分权,房屋买卖合同系合同双方真实意思表示。马某与赵某签订房屋买卖合同时,赵某未依法登记领取权属证书,属《城市房地产管理法》所规定的不得转让情形。但该法相关规定一般认为属管理性强制性规定,而非属决定合同效力的效力性强制性规定,故双方所签房屋买卖合同并不违反强制性法律规定,应认定为有效。合同当事人应遵循诚实信用原则,根据合同性质、目的和交易习惯履行通知、协助等义务。本案中,双方签订售房合同,并约定赵某办好涉案房屋权属证书后,由赵某协助中介公司将该房屋权属证书办至马某名下,该合同系双方当事人真实意思表示,内容不违反强制性法律规定,双方当事人应依约履行己方义务。合同签订后,马某已履行支付房款义务,赵某亦于合同签订后将房屋交付给马某实际使用,且马某起诉时,案涉房屋已具备办理权属证书条件,判决赵某协助马某办理过户手续。2011年**江苏某合同纠纷案**,2009年,翁某与杨某签订房地产转让合同,约定翁某将受让于开发公司房地产(土地使用权证虽已办到翁某名下)转让给杨某,因无房产证,故短期内无法完成房屋过户。双方约定缔约后三年内无法办理过户手续,则翁某将涉案房产使用权及拆迁、拆除等收益权转让给杨某。2010年,双方发生争议,翁某主张合同无效。法院认为:案涉房地产由翁某从案外人开发公司受让而来,土地使用权证虽已办至翁某名下,土地性质为出让,但地上建筑物无房屋所有权证,短期内无法完成房屋过户登记手续。对此事实,本案双方当事人在订立涉案协议时均明知,且认为属遗留问题。由于不确定能否办理以及何时能办理地上建筑物过户手续,双方当事人在涉案协议中约定三年为限,并约定相应后果,故案涉协议并不是确定的房地产产权买卖合同,而是包括可转换给付内容的风险协议,其内容并不违反《城市房地产管理法》第38条第6款关于未依法登记领取权属证书的房地产不得转让的规定。翁某以涉案协议违法为由主张无效的理由不成立。双方当事人抱有自甘承受不能过户的风险之意图缔结涉案协议,对地上建筑物不能过户之情形下的履行方式也作了专门约定。翁某提交规划部门的违法建设拆除通知书,只说明城建档案馆没有涉案地上建筑物的建设工程档案,及对该地上建筑物的改扩建属于违法建设,并没有认定涉案协议所指的地上建筑物本身为违法建设。由于双方约定的三年办证期限尚未届满,杨某在本案中亦主张正在积极办理地上建筑物产权手续,故翁某以目前履行不能为由主张协议无效或解除不能得到支持。因案涉协议内容不违反我国法律、行政法规强制性规定,且系双方当事人真实意思表示,暂无房产证并不等于今后亦不能办证,因而不影响涉案协议效力,判决继续履行。2013年**江苏某买卖合同纠纷案**,2010年,村民王某房屋被依法征收,其所享有的安置房购买资质和购房优惠条件以1.75万元转让给胡某。2013年,王某诉请确认转让协议无效。法院认为:当事人在不违反法律及行政法规前提下,有依法自愿订立合同的权利。本案中所涉安置房购买资格是有关部门对房屋征收对象在获得征收补偿款后所给予的政策性优惠,本案所涉买卖行为,并不为国家法律或行政法规所禁止。王某房屋被拆迁,其享有被安置权,该权利系王某房屋被拆迁而享有的一项财产性权利,王某将其房屋被拆迁后享有的房屋安置权利转让给胡某,其本质上是一种财产权利转移,该协议系双方当事人真实意思表示,应为有效。判决驳回王某诉请。2008年**湖南某商品房买卖合同纠纷案**,2003年,熊某将定向购买商品房的认购权以2.5万元价格转让给同一政府系统单位工作的张某。因熊某事后拒办更名手续致诉。法院认为:熊某基于政府系统单位职工特定身份,有权取得购买本单位定向销售房屋资格。案涉购房指标转让实质系对熊某预期定购房屋资格的转让,是一种权利转让。事后,购房户与开发商签订商品房买卖合同,实际取得购买商品房资格。张某和熊某约定有偿转让指标,张某亦实际支付了转让费,并以熊某名义向开发商交纳了购房款,该指标转让合同已实际履行。对于基于特定身份取得的房屋定购资格能否转让,我国现行法律、行政法规未作强制性规定。本案中,张某与熊某关于房屋定购资格转让的意思表示真实,开发商亦以允许交纳过户费用办理房屋更名手续方式,对此种转让予以认可,故应认定该定向购买商品房指标转让合同有效,故判决确认案涉认购指标转让协议有效,熊某配合张某办理房屋更名过户手续,相关费用由张某负担,张某支付给熊某余下购房指标转让费。2008年**湖北某财产权属纠纷案**,2001年,刘某在家里人不同意购买畜牧局福利房情况下,将购房资格转让给郑某，由郑某付款，以刘某名义取得福利房。2006年，刘某丈夫姜某诉请确认房屋为共有财产，郑某作为第三人亦主张所有权。法院认为：房地产管理机关对房屋所有权予以登记并颁发房产证，本身并非赋权行为，不直接创设权利，亦非申请人取得房屋所有权根据，不能脱离民事法律关系当事人作出意思表示的行为及其效力的发生（如当事人协议流转等），往往存在登记房主与实质房主不一致情况，但房屋所有权登记对社会公众产生一种证明力、公定力、公示力，非经法定程序不得撤销。本案中，诉争房屋所有人登记为刘某，并不意味着房屋属刘某所有。从刘某与姜某夫妻身份来看，刘某作为畜牧局退休职工，享有购买福利房待遇，该福利待遇是国家赋予公职人员基于其特定身份、专属人身权的一种财产请求权；在姜某不同意购买该福利房及双方无钱购买情形下，刘某与郑某协议由郑某出资以刘某名义购买并由刘某从中获得部分差价，实质上是刘某把福利待遇转化为经济利益、亲情利益等潜在利益。该协议是刘某与郑某真实意思表示，已发生效力并基本履行，郑某已缴纳全部房款并自畜牧局交房后一直占有、使用该房屋，应认定郑某为该房屋实质房主。刘某在夫妻关系存续期间利用购买福利房机遇，并未投入个人财产或共同财产而在实施特定的经营行为后获得了一定利益，收获的利益才是夫妻双方的共同财产。郑某要求本院确认房屋归其所有，因该房屋现经法定机关登记为刘某所有，本院现仅从物权民事法律关系确认郑某享有占有、使用和收益的权利，至于房屋的所有权，可在条件成就后按照法定程序向法定机关申请登记确认。2008年**江苏某房屋买卖合同纠纷案**，2008年，运输公司将土地使用权、厂房等转让给工艺公司，注明房屋未领取房产证。因工艺公司交纳4万元定金后，以无证房屋买卖、合同无效为由拒付房款致诉。运输公司诉请工艺公司支付30万元违约金。法院认为：《物权法》第15条规定："当事人之间订立有关设立、变更、转让和消灭不动产物权的合同，除法律另有规定或者合同另有约定外，自合同成立时生效；未办理物权登记的，不影响合同效力。"该条款明确了原因行为和物权变动区分原则，强调合同等原因行为效力应受《合同法》调整，物权设立、变更、转让和消灭等物权变动则受《物权法》规制，原因行为效力不受物权变动要件影响。房屋登记只是一种公示方法，房屋登记与房屋买卖合同相结合才发生不动产物权变动法律效果。当事人未办理登记手续只是不发生所有权转移，并不影响买卖合同本身效力。法律、行政法规强制性规定应区分为效力性规范与管理性规范两种，只有违反效力性规范才导致合同无效。《城市房地产管理法》第38条第6项规定是管理性规范，不是效力性规范，违反该条款并不必然导致合同无效。双方签订关于土地及附属用房转让协议所涉房屋虽未办理产权证，但并不影响双方协议效力。电子公司违反协议约定，应承担相应违约责任。判决电子公司支付运输公司违约金26万元。2007年**福建某房屋买卖合同纠纷案**，2005年，刘某购买余某夫妇按揭房屋并签订了预约合同，对价款、过户、违约责任均做了明确约定。2007 年，刘某依约支付大半房款后，余某夫妇以预约合同买卖无证房产、合同无效为由诉至法院。法院认为：《城市房地产管理法》规定未依法登记领取权属证书的房地产不得转让，该条款立法目的并不在于禁止交易或限制合同自由，未依法登记领取权属证书的房地产当事人不能办理所有权过户手续，不等于禁止房地产买卖。诉争房屋系余某夫妇购买所得，权属明晰，享有相应处分权，与刘某所签房屋买卖合同系双方真实意思体现，不违反法律规定，应为合法有效。经银行与刘某同意，判决余某夫妇继续履行预约合同，办理过户手续，刘某代余某夫妇向银行偿还按揭款余下所有本息，消灭抵押权。2007 年**广东某房屋买卖合同纠纷案**，2004 年，喻某购买李某尚未取得房产证的政策性安居房。2009 年，喻某以该房在 2007 年已具备过户条件为由诉请继续履行。法院认为：《城市房地产管理法》（1994 年）第 37 条第 6 项规定未依法登记领取权属证书的房地产不得转让，应当理解为依法登记领取权属证书是房地产变动的结果条件，而不是原因条件；不符合该条件的，房地产不得进行转让登记，不能发生物权变动的结果，但买卖合同效力不受影响，买卖合同仍有效。《物权法》第 15 条规定，当事人之间订立有关设立、变更、转让和消灭不动产物权的合同，除法律另有规定或者合同另有约定外，自合同成立时生效；未办理物权登记的，不影响合同效力。李某与喻某所签合同实质是约定以国土局办理出卖方一手商品房房产证作为条件、在条件成就后李某再行转让涉案房屋与喻某，该约定未违反法律、行政法规强制性规定。虽然涉案房屋未办理商品房房地产证，该合同转让产权目的只有在办理商品房房产证这一条件成就后方能实现，但条件是否实际成就并不影响合同本身效力，且在 2007 年 8 月涉案房屋性质已变更为市场商品房，具备产权过户条件，故李某与喻某所签合同有效。2007 年**福建某房屋买卖合同纠纷案**，2005 年，余某将所购单位、未领取房产证房屋售予刘某。2007 年，因余某以未领取权属证书房屋不得转让、售房合同无效为由拒办过户手续致诉。法院认为：《城市房地产管理法》规定未依法登记领取权属证书的房地产不得转让，但该条款立法目的并不在于禁止交易或限制合同自由。未依法登记领取权属证书的房地产当事人不能办理所有权过户手续，不等于禁止房地产买卖。本案诉争房屋系余某购买所得，权属明晰，余某享有相应处分权。案涉房屋买卖合同系双方真实意思体现，不违反法律规定，应为合法有效，双方应按合同约定继续履行。在本案审理过程中，对涉案房屋买卖合同效力，双方仍持有不同理解，第三人银行亦是在本院追加之后才参与诉讼并发表对涉案合同效力的处理意见，故违约金计算宜以法院确认合同效力之后，被告仍未依约履行合同义务时起算。判决合同继续履行，余某协助办理过户手续，自法院确定的履行截止日次日起至实际履行办理变更登记手续之日支付相应违约金。2005 年**福建某房屋买卖合同纠纷案**，1999 年，何某从张某处借款，并以尚未办理所有权登记的拆迁安置房抵偿，随后将办下来的国有土地使用证交张某保管。此后，该房一直由张某管理使用。2005年，张某起诉要求确认合同有效。法院认为：《房地产管理法》关于“未依法登记领取权属证书的房地产不得转让”规定属管理性禁止性规范，而非效力性禁止性规范，违反该规定所签房屋买卖合同，并不当然无效。本案诉争房产系拆迁安置取得的房产，拆迁前房产属何某所有，并由其办理了拆迁安置手续，安置后房产并已领取了国有土地使用证，表明诉争房产权属明确，具有合法权利来源，仅未及时领取房屋所有权证，不应列入《房地产管理法》规定的“未依法登记领取权属证书的房地产不得转让”涵盖范围，故应认定诉争房产买卖合同有效。2008年**湖南某商品房买卖合同纠纷案**，2003年，熊某将定向购买商品房的认购权以2.5万元价格转让给同一政府系统单位工作的张某。因熊某事后拒办更名手续致诉。法院认为：熊某基于政府系统单位职工特定身份，有权取得购买本单位定向销售房屋资格。案涉购房指标转让实质系对熊某预期定购房屋资格的转让，是一种权利转让。事后，购房户与开发商签订商品房买卖合同，实际取得购买商品房资格。张某和熊某约定有偿转让指标，张某亦实际支付了转让费，并以熊某名义向开发商交纳了购房款，该指标转让合同已实际履行。对于基于特定身份取得的房屋定购资格是否能够进行转让，我国现行法律、行政法规未作强制性规定。本案中，张某与熊某关于房屋定购资格转让的意思表示真实，开发商亦已允许交纳过户费用办理房屋更名手续方式，对此种转让予以认可，故应认定该定向购买商品房指标转让合同有效。故判决确认案涉认购指标转让协议有效，熊某配合张某办理房屋更名过户手续，相关费用由张某负担，张某支付给熊某余下购房指标转让费。2011年4月**江苏某房屋买卖合同案**，法院认为：虽根据《城市房地产管理法》相关规定，未取得相关权属证书的房屋不得转让，但该规定属于管理性而非效力性强制性规定，不能据此认定房屋买卖合同无效，当然也就不能产生相互返还的法律后果。故本案诉争房屋虽经数次转让且从未取得相关权属证书，但并不影响历次转让合同的效力。本案中，吴某从其上手继受了本案诉争房屋的相关权利，其又从刘某处获得了刘某与开发公司签订的协议中的全部权利，故其可以要求开发公司、刘某的上家于某、高某协助办理相关权属证书，吴某起诉开发公司的原告主体适格。2010年5月**重庆某房屋买卖合同案**，法院认为：双方签订《房屋买卖协议》时，我国实施的《城市房地产管理法》关于“未依法登记领取权属证书的房地产不得转让”的规定，属于管理性强制规定而非效力性强制规定，违反该规定，并不一定导致合同无效，而只是发生登记机构从行政管理的角度不给予登记，不得对抗善意第三人等后果，案涉房屋买卖合同签订时，集资房尚处于在建过程中，故赵某对在建的集资房尚不享有所有权，而是享有将来获得该房的权利，赵某就该房转让与肖某签订协议有效。2009年7月**广东某房屋买卖合同案**，一审认为：《城市房地产管理法》关于"未依法登记领取权属证书的房产不得转让"的规定,是指买卖行为因尚未登记领取权属证书而不能彻底完成及发生所有权转移的合同履行目的。依法登记领取权属证书只是物权变动的成立要件,而非买卖合同的生效要件。故不得据此确认本案争议的买卖关系无效。同时双方在房屋买卖时,杜某对该房屋尚未领取权属证书的事实是清楚的,故推定双方对交易的风险和各自的权利义务是知晓和同意的,应对双方产生约束力。杜某与郑某签订的《房屋买卖合同》是双方当事人的真实意思表示,且双方买卖房屋的合同目的可以实现,故该合同合法有效。二审认为:杜某主张无效的理据是未领取权属证书的房屋不能出售的相关规定。最高人民法院《关于适用〈中华人民共和国合同法〉若干问题的解释(二)》第14条规定,《合同法》第52条第5项规定的"强制性规定",是指效力性强制性规定;也就是说,导致合同无效的违法内容须是违反法律效力性强制性规定。杜某所引用的法律规定或规章,都不属于效力性强制性法律规定。本案合同约定买卖的房屋,虽未取得权属证书,但该权属证书的审查正在进行,无论将来是否能够出具归属于杜某或郑某的权证,影响的是双方当事人的合同目的,并不是影响合同效力,故杜某要求确认合同无效,缺乏法律依据,不予采纳。2008年12月**重庆某房屋买卖合同案**,法院认为:袁某与张某签订《购房委托代理合同》,虽名为委托代理合同,实际上就是张某将其享有的参加医院集资建房的资格和权利有偿转让给袁某的合同。在袁某与张某签订该合同时,张某仅仅是取得了参与医院集资建房的资格,并未与医院建立平等主体之间的合同关系,故张某所辩其转让合同中的权利和义务未经过医院同意而无效的理由不能成立。同时在双方签订《购房委托代理合同》时,并无具体的房屋存在,仅仅就是一个资格的转让,故双方签订的合同亦不违背《城市房地产管理法》规定,合同应为有效。2008年6月**四川某房屋买卖合同案**,2002年9月,田某从省机械公司购买经济适用房,付清全款,但尚未取得产权证。2004年7月,田某通过中介与李某签订购房合同,将该房以35万余元价格转售李某,约定李某支付首付款12万元后即可入住并装修。嗣后,李某将其另一套住房卖予中介经办人员。2007年,田某以受欺诈和买卖无产权证的经济适用房起诉主张合同无效。法院认为:田某系完全民事行为能力人,其在进行房屋买卖的交易过程中,作为出卖人,对收取李某支付的购房款并向李某交付房屋的行为性质明知,对该行为将会产生的法律后果也是明知或应知。况且即使依一般人的通常认知,也能够对上述行为的性质自行作出明确的判断。李某作为房屋买卖合同的买受人,并不必然负有向卖房一方当事人告知相关法律规定的义务,相对于具有完全行为能力的田某而言,并不能构成法律意义上的欺诈。我国实行不动产登记制度,不动产登记只是物权变动的成立要件,而非买卖合同的生效要件。田某根据其与省机械公司签订的购房合同,实际取得了房屋,并已付清全款,涉案房屋的权属明确,相关房屋权属证的办理和实际取得处于完全能够实现的可期待状态,交易手续和产权过户也均可完成,在此前提下形成的本案讼争购房合同系双方真实意思表示,且该行为并不损害国家、集体、他人和社会公共利益,应认定有效。2007 年 10 月**海南某房屋买卖合同案**,1993 年 4 月,实业公司与保险公司签订房屋购销合同,约定保险公司将某别墅作价 118 万余元卖给实业公司。其时,该别墅尚登记在某工程公司名下。在实业公司付款 112 万余元后,保险公司至今未办理过户手续,相反该房产在 1995 年因工程公司欠款被法院查封并在 2006 年 6 月被强制拍卖。实业公司诉请解除合同并返还房款。法院认为:保险公司将登记在他人名下的别墅卖给实业公司,一直未办理该房屋的产权证,该房产后被他人用以抵押贷款,其后被人民法院强制执行。在履行合同中,实业公司尚有余款未付清,但这并不能构成保险公司不能办证的抗辩理由。根据《合同法》第 94 条第 4 项的规定,因房屋买卖合同目的不能实现,实业公司可诉请解除合同。合同被解除后,因该合同取得的财产,应当予以返还,故本案不能依据涉案房产的现存价值进行返还,应依保险公司因该房屋买卖合同而取得的价款进行返还。

(2)无效案例。2010 年 5 月**广东某房屋买卖合同案**,法院认为:双方虽未签订正式的房屋买卖合同,但双方签订的《集资确认表》中确认了涉案房产的房号、房屋单价、总价、应交首期款等。陈某也依约支付了部分房款。之后投资公司又向陈某发出了《入伙通知书》,将陈某作为业主,通知其验房时间以及对陈某提出变更户型的处理情况。故双方当事人之间的法律关系虽名为集资,实质系房屋买卖关系。因涉案房产并未取得房地产权证书,根据《城市房地产管理法》第 38 条第 6 项,未依法登记领取权属证书的房地产不得转让。故投资公司将没有取得权属证书将房屋出售给陈某的行为,违反了法律的强制性规定,应为无效。2010 年 3 月**河南某房屋买卖合同案**,法院认为:换房协议所涉土地使用权为出让性质,潘某未取得该房地产房屋所有权证书,依《城市房地产管理法》第 38 条第 6 项之规定,双方签订的换房协议应为无效合同,因双方均明知案涉房屋未取得房屋所有权证书,故对合同无效均应承担相应的责任。2009 年 6 月**云南某房屋买卖合同案**,法院认为:本案双方之间的铺面转让属于房屋买卖行为,居委会作为房屋出卖人,应保证出卖的房屋是合法的,是国家承认和保护的房屋。根据本案查明的事实,居委会转让给吕某的铺面未依法登记领取权属证书,违反了《城市房地产管理法》第 38 条第 6 项的规定,且该铺面并不能通过补办房屋产权证书的手续来完善该权利上的瑕疵,而是属于不能进入市场流通的标的物,故双方签订的《铺面转让协议》因违反了法律的强制性规定,应认定为无效合同。2008 年 11 月**海南某房屋买卖合同案**,法院认为:李某和张某、中介公司三方于 2008 年 1 月 27 日签订《房屋买卖居间合同》约定,张某将案涉房屋转让给李某。在转让该房屋时张某尚未取得土地房屋权证,违反了《城市房地产管理法》第38条“未依法登记领取权属证书的房地产,不得转让”的规定,属于违反法律的强制性规定,应认定三方签订的《房屋买卖居间合同》无效。2006年6月**四川某房屋买卖合同案**,2001年3月,邓某以挂靠的建筑公司分公司名义承包工程,约定分得部分房屋,邓某遂将该房作价23万余元售予雷某,雷某支付房款20万余元后入住,约定过户后支付尾款3万元。该房一直未办权属证书。2005年因拆迁,雷某获得补偿款28万余元,以邓某未依约办理产权证拒付尾款3万余元。法院认为:邓某以建筑公司分公司名义承包工程,依据承包协议获得案涉房产的处分权,故为本案适格主体。邓某在未依法登记取得门面房产权属证书的情形下,转让给雷某,依《城市房地产管理法》相关规定,当属无效。双方所签购房合同无效,应当各自返还财产,即邓某返还房款,雷某退回房屋,因房已拆迁,已无返还可能,考虑到雷某已足额领取拆迁补偿费,其支付的购房款及损失得到了相应的弥补,故适用公平原则,判决由雷某按原约定房价,以拆迁面积为准,折价补偿邓某27万余元为宜。

【同类案件处理要点】

《城市房地产管理法》第38条第6项“未依法登记领取权属证书”的房屋不得转让的规定,系对房屋交易过程中为维护交易安全而制定的一种原则意义上的管理性规定,旨在规范房屋交易中的行政管理,而非禁止交易关系。这一规定在性质上不属于“效力性强制性规定”,而属于取缔型的禁止规范。故违反上述规定并不必然导致交易行为及缔约合同的无效。对以将来可能取得所有权的财产为标的物的买卖合同,不因出卖人未取得所有权而导致合同无效,但出卖人在合同履行期限届满时仍未取得标的物所有权致使标的物不能交付的,应承担违约责任。

【相关法律风险提示】

1.《城市房地产管理法》第38条关于“未依法登记领取权属证书”不得转让的房产的适用范围,理论上及实务中不乏争议,地方司法裁判亦呈现不同样态。笔者认为:就将来取得产权的房屋设定买卖,并不必然导致因当下未领取权属证书而致交易行为的无效;《城市房地产管理法》规定的不得转让的房屋一般是指自始至终都不能办理权属登记的房屋;该条款主要针对不认定无效即不能达到法律、行政法规的立法目的,并将会损害国家、集体、他人利益及社会公共利益的买卖合同;其设置目的是对在房屋所有权人尚不明确的情况下,对房地产权属进行转让和实际变动行为的一种限制,而不必然产生否定房屋买卖合同的效力。

2. 我国实行不动产登记制度,但不动产登记只是物权变动的生效要件,而非买卖合同的生效要件。问题是:嗣后取得合法处分权,不妨碍订约时该标的房屋无权属证的交易行为效力，但至纠纷成诉，合法处分权前提下仍不能判断权属能否最后取得或取得已无意义，能否适用《城市房地产管理法》第 38 条第 6 项认定合同效力，依然存在讨论余地。故四川成都中院(2006)成民终字第 1297 号“雷某与邓某房屋买卖合同纠纷案”，适用该条确认合同无效，双方返还，平衡了双方利益，亦不显突兀。

3. 以无产权证的房屋为标的的买卖合同签订后，在未办产权证前，买受人亦未依约支付购房尾款，一旦拆迁导致该房权属证书无法办理或办理已无意义，出卖人能否要回尾款？四川成都中院(2006)成民终字第 1297 号“雷某与邓某房屋买卖合同纠纷案”中，法院判决考虑到买受人已足额领取拆迁款，基于损失弥补和公平原则，由买受人按约定房价、拆迁补偿实际面积折价补偿出卖人。对房屋买卖双方而言，启示就是：签约时明知房屋产权不能及时办理，或在产权办理之前出现受阻事宜导致无法办理或办理无意义的，约定买受人以领取权属证为尾款支付条件的条款时，应予以充分的风险评估并预先对违约责任进行约定。

4. 拆迁安置房、产权人已去世的遗产房、集资房、预售房、房改房，以之作为买卖合同的标的，实践中多出现“无证转让”情形，一方面存在上述法律适用上的争点；另一方面也因真正权利人的扑朔迷离易造成无权处分情形发生。故此类房屋交易，需要对权属状况的审核、风险评估慎之又慎。

5. 作为房产出卖人，给购房人办理产权证书是其房屋买卖合同中的一项主要义务，如不能办理房产权属证明，即使已为交付，亦不能视为已履行合同主要义务，仍应依法承担合同无效或根本违约的法律责任。

【附注】

参考案例索引：四川成都中院(2008)成民终字第 732 号“颜某与魏某房屋买卖合同纠纷案”；江苏南通港闸区法院(2015)港执异字第 00004 号“王智勇与陈萍查封房屋执行异议案”，见《第三人购买被执行人房屋被法院查封的救济》(张善华、顾建兵)，载《人民司法·案例》(201717:109)；江苏扬州邗江区法院(2012)扬邗民初字第 0154 号“马某与赵某等买卖合同纠纷案”，见《马金芳诉赵年霞等在未取得权属证书情况下签订的房屋买卖合同被认定为有效案》，载《江苏省高级人民法院公报》(201402/32:52)；江苏高院(2011)苏民终字第 0025 号“杨某与翁某等合同纠纷案”，见《杨光启诉翁元麟、温露西解除合同行为无效请求判令其继续履行房地产转让合同纠纷案》，载《江苏省高级人民法院公报》(201105/17:59)；江苏宿迁中院(2013)宿中民终字第 0383 号“王某与胡某合同纠纷案”，见《王启宗诉胡亮亮确认拆迁安置房购置权转让协议无效被判败诉案》，载《江苏省高级人民法院公报》(201402/32:59)；湖南长沙中院(2008)长中民一终字第 1888 号“张某诉熊某商品房买卖合同纠纷案”，见《张益华诉熊群先商品房买卖合同纠纷案》(竺雨迪、钟建林)，载《人民法院案例选》(201204/82:120)；湖北宜昌中院(2006)宜中民一终字第00745号“姜某与刘某等财产权属纠纷案”，见《姜廷忠与刘立秀、郑阿银财产权属案(不动产权属证书效力)》(田胜军)，载《中国审判案例要览》(2008民:33)；江苏南京中院(2008)宁民四终字第2617号“福溢工艺(南京)有限公司与南京赛特欧运输设备制造有限公司房屋买卖合同纠纷上诉案”，见《房屋未领取产权证不影响协议转让》(钱锋、唐明)，载《人民司法·案例》(200908:28)；福建厦门集美区法院(2007)集民初字第503号“刘某诉余某等房屋买卖案”，见《刘烈昉与被告余深斌、魏锦春、第三人中国建设银行股份有限公司厦门湖里支行房屋买卖、抵押权纠纷案》(陈玮斌)，载《人民法院案例选》(200804/66:178)；广东深圳南山区法院(2007)深南法民三初字第997号“喻某与李某等房屋买卖合同纠纷案”，见《原告喻世勇与被告李浩、被告郑先平、第三人田阳房屋买卖合同纠纷及二被告反诉、第三人单独起诉案(善意第三人、恶意串通)》(谭素青、刘丽梅)，载《中国审判案例要览》(2010民:5)；福建厦门集美区法院(2007)集民初字第503号“刘某与余某等房屋买卖、抵押纠纷案”，见《刘烈防诉余深斌等房屋买卖、抵押权案(预约和本约效力、无产权证房屋买卖)》(陈玮斌)，载《中国审判案例要览》(2008民:190)；福建福州中院(2005)榕民终字第1789号“张某诉何某等房屋买卖合同案”，见《张瑞龙诉何少玲、张彩兰房屋买卖合同纠纷案》(黄勤武)，载《人民法院案例选》(200703/61:189)；江苏徐州中院(2011)徐民终字第241号“吴某与某开发公司等房屋买卖合同纠纷上诉案”；重庆一中院(2010)渝一中法民终字第1721号“赵某等与肖某房屋买卖合同纠纷上诉案”；广东广州中院(2009)穗中法民五终字第1365号“杜某诉郑某等房屋买卖合同纠纷上诉案”；重庆江北区法院(2008)江法民初字第3656号“袁某诉张某房屋买卖合同纠纷案”；四川成都中院(2008)成民终字第1271号“田某与李某等房屋买卖合同纠纷案”；海南海口中院(2007)海中法民一终字第839号“某保险公司与某实业公司房屋买卖合同纠纷案”；广东深圳中院(2010)深中法民五终字第531号“某投资公司与陈某房屋买卖合同纠纷上诉案”；河南信阳中院(2010)信中法民终字第130号“杨某与潘某互易纠纷上诉案”；云南昆明中院(2009)昆民一初字第2号“吕某等诉某居委会房屋买卖合同纠纷案”；海南三亚中院(2008)三亚民一终字第133号“张某与李某房屋买卖合同纠纷上诉案”；四川成都中院(2006)成民终字第1297号“雷某与邓某房屋买卖合同纠纷案”。

10. 村建集体土地租赁房

——所谓小产权,是不是合法?

【小产权房】

【案情简介及争议焦点】

2010年7月,张某签约"集资"购买某开发公司在某村开发的一套公寓房,在交付定金2万元后得知该房系小产权房,无合法销售手续,亦无法办证,遂诉请确认合同无效,退还定金及利息。

争议焦点:1.合同效力如何?2.合同无效后果是什么?

【裁判要点】

1.合同无效。开发公司并无房地产开发、销售资质且无证据证明所销售的公寓房产系合法所有,其以"集资款"名义收取张某款项违反了法律法规的强制性规定,故本案开发公司与张某就案涉公寓房屋达成的买卖关系违反了法律法规的禁止性规定,应认定无效。

2.无效后果。合同无效,开发公司应将所收定金返还,并支付占用该款期间利息,该利息应按中国人民银行规定的同期同类贷款利率标准,从被告收款之日起算至返还之日止。

【裁判依据或参考】

1.法律法规。《民法典》(2021年1月1日)第8条:"民事主体从事民事活动,不得违反法律,不得违背公序良俗。"第143条:"具备下列条件的民事法律行为有效:(一)行为人具有相应的民事行为能力;(二)意思表示真实;(三)不违反法律、行政法规的强制性规定,不违背公序良俗。"第153条:"违反法律、行政法规的强制性规定的民事法律行为无效。但是,该强制性规定不导致该民事法律行为无效的除外。违背公序良俗的民事法律行为无效。"第155条:"无效的或者被撤销的民事法律行为自始没有法律约束力。"第156条:"民事法律行为部分无效,不影响其他部分效力的,其他部分仍然有效。"第157条:"民事法律行为无效、被撤销或者确定不发生效力后,行为人因该行为取得的财产,应当予以返还;不能返还或者没有必要返还的,应当折价补偿。有过错的一方应当赔偿对方由此所受到的损失;各方都有过错的,应当各自承担相应的责任。法律另有规定的,依照其规定。"第244条:

"国家对耕地实行特殊保护,严格限制农用地转为建设用地,控制建设用地总量。不得违反法律规定的权限和程序征收集体所有的土地。"**《合同法》**(1999年10月1日,已于2021年1月1日起失效)第52条:"有下列情形之一的,合同无效:……(五)违反法律、行政法规的强制性规定。"**《民法通则》**(1987年1月1日,已于2021年1月1日起失效)第58条:"下列民事行为无效:……(五)违反法律或者社会公共利益的……无效的民事行为,从行为开始起就没有法律约束力。"**《城市房地产管理法(2019年修正)》**(2020年1月1日)第9条:"城市规划区内的集体所有的土地,经依法征用转为国有土地后,该幅国有土地的使用权方可有偿出让,但法律另有规定的除外。"第38条:"下列房地产,不得转让:……(六)未依法登记领取权属证书的……"**《土地管理法(2019年修正)》**(2020年1月1日)第11条:"农民集体所有的土地依法属于村农民集体所有的,由村集体经济组织或者村民委员会经营、管理;已经分别属于村内两个以上农村集体经济组织的农民集体所有的,由村内各该农村集体经济组织或者村民小组经营、管理;已经属于乡(镇)农民集体所有的,由乡(镇)农村集体经济组织经营、管理。"第59条:"乡镇企业、乡(镇)村公共设施、公益事业、农村村民住宅等乡(镇)村建设,应当按照村庄和集镇规划,合理布局,综合开发,配套建设;建设用地,应当符合乡(镇)土地利用总体规划和土地利用年度计划,并依照本法第四十四条、第六十条、第六十一条、第六十二条的规定办理审批手续。"第62条:"农村村民一户只能拥有一处宅基地,其宅基地的面积不得超过省、自治区、直辖市规定的标准。人均土地少、不能保障一户拥有一处宅基地的地区,县级人民政府在充分尊重农村村民意愿的基础上,可以采取措施,按照省、自治区、直辖市规定的标准保障农村村民实现户有所居。农村村民建住宅,应当符合乡(镇)土地利用总体规划,不得占用永久基本农田,并尽量使用原有的宅基地和村内空闲地。编制乡(镇)土地利用总体规划、村庄规划应当统筹并合理安排宅基地用地,改善农村村民居住环境和条件。农村村民住宅用地,经乡(镇)人民政府审核,由县级人民政府批准;其中,涉及占用农用地的,依照本法第四十四条的规定办理审批手续。农村村民出卖、出租、赠与住宅后,再申请宅基地的,不予批准。国家允许进城落户的农村村民依法自愿有偿退出宅基地,鼓励农村集体经济组织及其成员盘活利用闲置宅基地和闲置住宅。国务院农业农村主管部门负责全国农村宅基地改革和管理有关工作。"第63条:"土地利用总体规划、城乡规划确定为工业、商业等经营性用途,并经依法登记的集体经营性建设用地,土地所有权人可以通过出让、出租等方式交由单位或者个人使用,并应当签订书面合同,载明土地界址、面积、动工期限、使用期限、土地用途、规划条件和双方其他权利义务。前款规定的集体经营性建设用地出让、出租等,应当经本集体经济组织成员的村民会议三分之二以上成员或者三分之二以上村民代表的同意。通过出让等方式取得的集体经营性建设用地使用权可以转让、互换、出资、赠与或者抵押，但法律、行政法规另有规定或者土地所有权人、土地使用权人签订的书面合同另有约定的除外。集体经营性建设用地的出租，集体建设用地使用权的出让及其最高年限、转让、互换、出资、赠与、抵押等，参照同类用途的国有建设用地执行。具体办法由国务院制定。”第64条：“集体建设用地的使用者应当严格按照土地利用总体规划、城乡规划确定的用途使用土地。”第66条：“有下列情形之一的，农村集体经济组织报经原批准用地的人民政府批准，可以收回土地使用权：（一）为乡（镇）村公共设施和公益事业建设，需要使用土地的；（二）不按照批准的用途使用土地的；（三）因撤销、迁移等原因而停止使用土地的。依照前款第（一）项规定收回农民集体所有的土地的，对土地使用权人应当给予适当补偿。收回集体经营性建设用地使用权，依照双方签订的书面合同办理，法律、行政法规另有规定的除外。”国务院**《关于开展农村承包土地的经营权和农民住房财产权抵押贷款试点的指导意见》**（2015年8月10日　国发〔2015〕45号）第1条：“……切实尊重农民意愿，‘两权’抵押贷款由农户等农业经营主体自愿申请，确保农民群众成为真正的知情者、参与者和受益者。流转土地的经营权抵押需经承包农户同意，抵押仅限于流转期内的收益。金融机构要在财务可持续基础上，按照有关规定自主开展‘两权’抵押贷款业务。”第2条：“……（三）建立抵押物处置机制，做好风险保障。因借款人不履行到期债务或者发生当事人约定的情形需要实现抵押权时，允许金融机构在保证农户承包权和基本住房权利前提下，依法采取多种方式处置抵押物。完善抵押物处置措施，确保当借款人不履行到期债务或者发生当事人约定的情形时，承贷银行能顺利实现抵押权。农民住房财产权（含宅基地使用权）抵押贷款的抵押物处置应与商品住房制定差别化规定。探索农民住房财产权抵押担保中宅基地权益的实现方式和途径，保障抵押权人合法权益。对农民住房财产权抵押贷款的抵押物处置，受让人原则上应限制在相关法律法规和国务院规定的范围内。（四）完善配套措施，提供基础支撑。试点地区要加快推进农村土地承包经营权、宅基地使用权和农民住房所有权确权登记颁证，探索对通过流转取得的农村承包土地的经营权进行确权登记颁证。农民住房财产权设立抵押的，需将宅基地使用权与住房所有权一并抵押。按照党中央、国务院确定的宅基地制度改革试点工作部署，探索建立宅基地使用权有偿转让机制。依托相关主管部门建立完善多级联网的农村土地产权交易平台，建立‘两权’抵押、流转、评估的专业化服务机制，支持以各种合法方式流转的农村承包土地的经营权用于抵押。建立健全农村信用体系，有效调动和增强金融机构支农的积极性。”第3条：“……（二）选择试点地区。‘两权’抵押贷款试点以县（市、区）行政区域为单位。农村承包土地的经营权抵押贷款试点主要在农村改革试验区、现代农业示范区等农村土地经营权流转较好的地区开展；农民住房财产权抵押贷款试点原则上选择国土资源部牵头确定的宅基地制度改革试点地区开展。省级人民政府按照封闭运行、风险可控原则向指导小组办公室推荐试点县（市、区），经指导小组审定后开展试点。各省（区、市）可根据当地实际，分别或同时申请开展农村承包土地的经营权抵押贷款试点和农民住房财产权抵押贷款试点。（三）严格试点条件。‘两权’抵押贷款试点地区应满足以下条件：一是农村土地承包经营权、宅基地使用权和农民住房所有权确权登记颁证率高，农村产权流转交易市场健全，交易行为公开规范，具备较好基础和支撑条件；二是农户土地流转意愿较强，农业适度规模经营势头良好，具备规模经济效益；三是农村信用环境较好，配套政策较为健全。”中共中央、国务院**《关于切实加强农业基础建设进一步促进农业发展农民增收的若干意见》**（2007 年 12 月 31 日　中发〔2008〕1 号）第 6 条：“……严格农村集体建设用地管理，严禁通过‘以租代征’等方式提供建设用地。城镇居民不得到农村购买宅基地、农民住宅或‘小产权房’。”国务院办公厅**《关于严格执行有关农村集体建设用地法律和政策的通知》**（2007 年 12 月 30 日　国办发〔2007〕71 号）第 2 条：“……农村住宅用地只能分配给本村村民，城镇居民不得到农村购买宅基地、农民住宅或‘小产权房’。单位和个人不得非法租用、占用农民集体所有土地搞房地产开发……”第 3 条：“……严格控制农民集体所有建设用地使用权流转范围。农民集体所有的土地使用权不得出让、转让或者出租用于非农业建设。符合土地利用总体规划并依法取得建设用地的企业发生破产、兼并等情形时，所涉及的农民集体所有建设用地使用权方可依法转移。其他农民集体所有建设用地使用权流转，必须是符合规划、依法取得的建设用地，并不得用于商品住宅开发。”第 4 条严格禁止和严肃查处“以租代征”转用农用地的违法违规行为：“近年来，一些地方出现了违反土地利用总体规划和土地利用年度计划，规避农用地转用和土地征收审批，通过出租（承租）、承包等‘以租代征’方式非法使用农民集体所有土地进行非农业项目建设的行为。对此，必须严格禁止，并予以严肃查处。国土资源管理部门要对‘以租代征’的违法违规问题进行全面清查，并严格依法依纪处理。严肃追究瞒案不报、压案不查的责任。严肃处理以罚代法、处罚不到位的行为。国家机关工作人员批准‘以租代征’占地建设的，要追究其非法批地的法律责任，涉嫌犯罪的要及时移送司法机关依法处理；应给予政纪处分的，依据《行政机关公务员处分条例》等规定办理。单位和个人擅自通过‘以租代征’占地建设的，要追究其非法占地的法律责任，涉嫌犯罪的要及时移送司法机关依法处理。对纠正、整改土地违法违规行为不力的地区和土地违法违规行为大量发生、造成严重后果的地区，实行问责制，由国家土地总督察责令限期整改，限期整改期间暂停该地区农用地转用和土地征收审批。”国务院**《关于深化改革严格土地管理的决定》**（2004 年 10 月 21 日　国发〔2004〕28 号）第 10 条：“……农村集体建设用地，必须符合土地利用总体规划、村庄和集镇规划,并纳入土地利用年度计划,凡占用农用地的必须依法办理审批手续。禁止擅自通过'村改居'等方式将农民集体所有土地转为国有土地。禁止农村集体经济组织非法出让、出租集体土地用于非农业建设。改革和完善宅基地审批制度,加强农村宅基地管理,禁止城镇居民在农村购置宅基地。引导新办乡村工业向建制镇和规划确定的小城镇集中。在符合规划的前提下,村庄、集镇、建制镇中的农民集体所有建设用地使用权可以依法流转。"国务院**《关于促进房地产市场持续健康发展的通知》**(2003年8月12日　国发〔2003〕18号)第20条:"……严禁任何单位和个人与乡村签订协议圈占土地,使用农村集体土地进行房地产开发。"国务院办公厅**《关于加强土地转让管理严禁炒卖土地的通知》**(1999年5月6日　国办发〔1999〕39号)第2条:"农民集体土地使用权不得出让、转让或出租用于非农业建设;对符合规划并依法取得建设用地使用权的乡镇企业,因发生破产、兼并等致使土地使用权必须转移的,应当严格依法办理审批手续。农民的住宅不得向城市居民出售,也不得批准城市居民占用农民集体土地建住宅,有关部门不得为违法建造和购买的住宅发放土地使用证和房产证。"国务院**《城市房地产开发经营管理条例(2020年修正)》**(2020年11月29日)第10条:"确定房地产开发项目,应当符合土地利用总体规划、年度建设用地计划和城市规划、房地产开发年度计划的要求;按照国家有关规定需要经计划主管部门批准的,还应当报计划主管部门批准,并纳入年度固定资产投资计划。"第11条:"确定房地产开发项目,应当坚持旧区改建和新区建设相结合的原则,注重开发基础设施薄弱、交通拥挤、环境污染严重以及危旧房屋集中的区域,保护和改善城市生态环境,保护历史文化遗产。"第12条:"房地产开发用地应当以出让方式取得;但是,法律和国务院规定可以采用划拨方式的除外。土地使用权出让或者划拨前,县级以上地方人民政府城市规划行政主管部门和房地产开发主管部门应当对下列事项提出书面意见,作为土地使用权出让或者划拨的依据之一:(一)房地产开发项目的性质、规模和开发期限;(二)城市规划设计条件;(三)基础设施和公共设施的建设要求;(四)基础设施建成后的产权界定;(五)项目拆迁补偿、安置要求。"国务院**《关于发展房地产业若干问题的通知》**(1992年11月4日　国发〔1992〕61号,2016年2月18日经住建部第1041号文宣布失效)第1条:"……集体所有土地,必须先行征用转为国有土地后才能出让。农村集体经济组织以集体所有的土地资产作价入股,兴办外商投资企业和内联乡镇企业,须经县级人民政府批准,但集体土地股份不得转让。"国务院**《批转第二次全国农村房屋建设工作会议纪要的通知》**(1982年1月7日,2016年6月25日经国发〔2016〕38号文宣布失效)第3条:"……社员建房和村镇建设用地,必须履行申请审批手续。集体划给社员的宅基地,社员可长期使用,所有权仍归集体,严禁买卖,出租和违法转让。"全国人大常委会法制工作委员会**《关于卖房**

等行为是否按土地管理法第四十七条规定的买卖或以其他形式非法转让土地的行为予以处罚的答复》(1991 年 5 月 23 日):“问:卖房等行为是否可以按土地管理法第四十七条规定予以处罚?(浙江省人大常委会工委,1990 年 9 月 4 日)答:所述卖房等行为有些确实有问题,涉及的法律问题须另行研究作出规定,不宜将这些行为按土地管理法第四十七条规定的买卖或以其他形式非法转让土地行为予以处罚。”

2. 司法解释及司法文件。最高人民法院《**2015 年全国民事审判工作会议纪要**》(2015 年 4 月 19 日)第 34 条:“对于未履行相关土地征收、征用手续即占用耕地进行房屋建设引发的合作开发房地产及房屋买卖合同民事纠纷,应先由行政机关解决该被侵占耕地的保护问题。在行政机关未对违法占用耕地的行为进行处理之前,人民法院不宜直接审理民事纠纷。”最高人民法院《**关于个人违法建房出售行为如何适用法律问题的答复**》(2010 年 11 月 1 日　法〔2010〕395 号)第 1 条:“你院请示的在农村宅基地、责任田上违法建房出售如何处理的问题,涉及面广,法律、政策性强。据了解,有关部门正在研究制定政策意见和处理办法,在相关文件出台前,不宜以犯罪追究有关人员的刑事责任。”最高人民法院《**关于为推进农村改革发展提供司法保障和法律服务的若干意见**》(2008 年 12 月 3 日　法发〔2008〕36 号)第 2 条:“……依法保障农户宅基地用益物权,促进宅基地制度的严格管理与完善。宅基地使用权承载着广大农民居者有其屋的社会功能,是农村土地管理制度的重要内容。对违反法律、行政法规以及相关国家政策的宅基地转让行为,以及其他变相导致农民丧失宅基地使用权的行为,应当依法确认无效。要着眼于宅基地制度的严格管理和完善,着眼于农户宅基地用益物权的维护与保障,做好相关案件的审判和执行工作。”最高人民法院行政审判庭《**关于人民法院判决没收房屋是否包括没收房屋占地面积内土地及村民互换农村土地承包经营权行为效力问题的答复**》(2008 年 4 月 11 日　〔2007〕行他字第 19 号)第 1 条:“人民法院判决没收犯罪分子在集体土地上的房屋,并不能改变所占集体土地的性质。”第 2 条:“根据《最高人民法院关于审理涉及农村土地承包纠纷案件适用法律问题的解释》第十四条的规定,农村集体土地的承包人之间签订的互换承包地使用权协议,不宜仅以未向发包方备案,认定该协议约定的内容无效。”最高人民法院负责人《**坚持司法为民　坚持司法和谐　推动公正高效权威民事审判制度建设——在全国民事审判工作座谈会上的讲话**》(2007 年 4 月 9 日):“……《民法通则》第 6 条规定,民事活动必须遵守法律,法律没有规定的,应当遵守国家政策。因此,我们在审理案件的时候,如果法律对某类纠纷没有明确规定,应该首先查找国家政策对此有没有规定,国家政策有规定的,适用国家政策进行裁判,而不能根据法官个人的理解进行自由裁量。例如,城镇居民与农村居民签订了购买宅基地或者房屋的合同,农村居民不交付宅基地或者房屋，城镇居民向法院起诉，要求农村民居履行合同，此类合同如何处理？目前法律包括《物权法》在内都没有对是否允许城镇居民在农村购买宅基地或者房屋作出明确规定，因此裁判时就需要适用国家政策。考虑到目前我国农村社会保障体系尚未全面建立，宅基地使用权和房屋是农民安身立命之本，现在放开宅基地使用权和房屋的转让的条件尚不成熟，因此，国家政策禁止城镇居民在农村购买宅基地或者房屋。国务院办公厅 1999 年 5 月 6 日发布的《关于加强土地转让管理严禁炒卖土地的通知》第 2 条第 2 款规定：农村的住宅不得向城市居民出售。2004 年 12 月 24 日，国务院《关于深化改革严格土地管理的决定》再次强调，'加强农村宅基地管理，禁止城镇居民在农村购置宅基地'。因此，根据目前的国家政策，人民法院不应支持城镇居民要求在农村购买宅基地或者房屋的诉讼请求。"

3. 部门规范性文件。住建部、国家发改委、财政部、自然资源部**《关于进一步规范发展公租房的意见》**（2019 年 5 月 7 日　建保〔2019〕55 号）第 2 条："……（二）保障方式和标准。对低保、低收入住房困难家庭和分散供养特困人员，可以实物配租为主、租赁补贴为辅；对中等偏下收入住房困难家庭，可以租赁补贴为主、实物配租为辅。具体保障方式可结合保障对象意愿和公租房供给因地制宜确定。严格保障标准，实物配租公租房单套建筑面积原则上控制在 60 平方米以内。合理确定租赁补贴标准，建立动态调整机制，并根据保障对象的收入水平实行分档补贴，支持保障对象租赁到适宜的住房。（三）多渠道筹集房源。有新增公租房实物供给需求的，可立足当地实际，制定在商品住房项目中配建公租房的政策，明确配建比例。利用集体建设用地建设租赁住房的试点城市，可将集体建设用地建设的租赁住房长期租赁作为公租房，租赁期限一般不低于 5 年。鼓励政府将持有的存量住房用作公租房。新筹集的公租房要做到布局合理、设计科学、质量可靠、配套完善。（四）准入、使用、退出管理。各地要建立常态化申请受理机制，强化部门协同和信息共享，加强资格审核，确保保障对象符合相应的准入条件。完善公租房配租方式，根据保障对象的住房、收入和财产以及申请时间等因素，可通过综合评分、随机摇号等方式确定排序。定期检查公租房使用情况，确保公租房房源依法合规使用。定期复核保障对象家庭人口、住房和经济状况变化情况，及时调整保障方式、保障标准等。健全公租房退出管理机制，对违规使用公租房或不再符合保障条件的承租人，综合运用租金上调、门禁管控、信用约束、司法追究等多种方式，提升退出管理效率。"第 3 条："……加大对新就业无房职工、城镇稳定就业外来务工人员的保障力度。（一）保障范围和目标。各地要坚持既尽力而为又量力而行，根据财政承受能力，重点保障环卫、公交等公共服务行业以及重点发展产业符合条件的青年职工和外来务工人员，具体准入条件由直辖市、市县人民政府住房保障主管部门合理确定，报经本级人民政府批准后，向社会公布实施，并及时进行动态调整。可设立最长保障期限,重在解决阶段性住房困难。住房保障主管部门要与用人单位精准对接,搞清需求,合理确定公租房供给数量、租金标准等。(二)保障方式和标准。实物保障以配租集体宿舍为主,以小户型住宅为辅。新就业无房职工和外来务工人员较为集中的开发区和产业园区,根据用工数量,在产业园区配套建设行政办公及生活服务设施的用地中,可通过集中建设或长期租赁、配建等方式,增加集体宿舍形式的公租房供应,面向用工单位或园区就业人员出租。按照国务院规定开展试点的城市,企业(单位)依法取得使用权的土地,在符合规划、权属不变的前提下,可建设公租房,面向本单位职工出租,促进职住平衡。租赁补贴发放范围、补贴标准等由各地因地制宜确定。(三)准入、使用、退出管理。对新就业无房职工和城镇稳定就业外来务工人员,政府筹集的公租房主要面向其用人单位定向供应,职工向用人单位提交申请。用人单位依照当地有关规定,协助住房保障等部门对职工保障资格进行审核,对定向供应的公租房进行分配,切实履行对入住职工的管理责任,并督促不再符合条件的人员退出保障,确保公租房合规使用。研究制定面向用人单位定向供应公租房的管理办法,并指导用人单位制定本单位的实施细则,加强对用人单位的监督管理。”中国人民银行、中国银监会、中国保监会、财政部、国土资源部、住建部**《关于印发〈农民住房财产权抵押贷款试点暂行办法〉的通知》**(2016年3月15日　银发〔2016〕78号)第2条:“本办法所称农民住房财产权抵押贷款,是指在不改变宅基地所有权性质的前提下,以农民住房所有权及所占宅基地使用权作为抵押、由银行业金融机构(以下称贷款人)向符合条件的农民住房所有人(以下称借款人)发放的、在约定期限内还本付息的贷款。”第4条:“借款人以农民住房所有权及所占宅基地使用权作抵押申请贷款的,应同时符合以下条件:(一)具有完全民事行为能力,无不良信用记录;(二)用于抵押的房屋所有权及宅基地使用权没有权属争议,依法拥有政府相关主管部门颁发的权属证明,未列入征地拆迁范围;(三)除用于抵押的农民住房外,借款人应有其他长期稳定居住场所,并能够提供相关证明材料;(四)所在的集体经济组织书面同意宅基地使用权随农民住房一并抵押及处置。以共有农民住房抵押的,还应当取得其他共有人的书面同意。”第12条:“因借款人不履行到期债务,或者按借贷双方约定的情形需要依法行使抵押权的,贷款人应当结合试点地区实际情况,配合试点地区政府在保障农民基本居住权的前提下,通过贷款重组、按序清偿、房产变卖或拍卖等多种方式处置抵押物,抵押物处置收益应由贷款人优先受偿。变卖或拍卖抵押的农民住房,受让人范围原则上应限制在相关法律法规和国务院规定的范围内。”国土资源部、中央农村工作领导小组办公室、财政部、农业部**《关于农村集体土地确权登记发证的若干意见》**(2011年11月1日)第8条:“村委会办公室、医疗教育卫生等公益事业和公共设施用地、乡镇企业用地及其他经依法批准用于非住宅建设的集体土地,应当依法进行确权登记发证,确认集体建设用地使用权。将集体土地使用权依法确认到每个权利主体。凡依法使用集体建设用地的单位或个人应申请确权登记。对于没有权属来源证明的集体建设用地,应查明土地历史使用情况和现状,认定合法使用的,由村委会出具证明并公告30天无异议的,经乡(镇)人民政府审核,报县级人民政府审批,确权登记发证。”第10条:“结合全国土地登记规范化检查工作,全面加强土地登记规范化建设。严格禁止搞虚假土地登记,严格禁止对违法用地未经依法处理就登记发证。对于借户籍管理制度改革或者擅自通过‘村改居’等方式非经法定征收程序将农民集体所有土地转为国有土地、农村集体经济组织非法出让或出租集体土地用于非农业建设、城镇居民在农村购置宅基地、农民住宅或‘小产权房’等违法用地,不得登记发证。对于不依法依规进行土地确权登记发证或登记不规范造成严重后果的,严肃追究有关人员责任。”国土资源部**《关于加强保障性安居工程用地管理有关问题的通知》**(2011年4月29日 国土资电发〔2011〕53号,已于2016年5月27日起失效)第3条:“严禁擅自利用农村集体土地兴建公共租赁住房。各地要严格执行国务院《关于严格执行有关农村集体建设用地法律和政策的通知》(国办发〔2007〕71号),坚决制止乱占滥用耕地的建设行为,严禁擅自利用农村集体建设用地兴建公共租赁住房。对于商品住房价格较高、建设用地紧缺的个别直辖市,确需利用农村集体建设用地进行公共租赁住房建设试点的,城市人民政府必须按照控制规模、优化布局、集体自建、只租不售、土地所有权和使用权不得流转的原则,制订试点方案,由省级人民政府审核同意,报国土资源部审核批准后方可试点。未经批准,一律不得利用农村集体建设用地建设公共租赁房。”第5条:“坚决制止和严肃查处‘小产权房’等违法违规行为。各级国土资源管理部门要严格执行有关农村集体建设用地法律和政策,切实加大土地执法力度,主动会同有关部门,及时调查发现和查处利用集体土地建设‘小产权房’行为;对于已建、已售‘小产权房’用地不得受理其土地登记,不得以任何方式补办土地审批手续。已查清是违法占用农村集体土地建设‘小产权房’的,应一律停建停售,依法依规分类调查处理。各地要进一步强化土地执法监管措施,有效预防和杜绝借新农村建设、保障性安居工程建设等违法占用农村集体土地建设‘小产权’房的行为。”国土资源部**《关于严格建设用地管理促进批而未用土地利用的通知》**(2009年8月11日 国土资发〔2009〕106号)第4条:“……严肃查处违反土地管理法律法规新建‘小产权房’和高尔夫球场项目用地。必须严格按照《土地管理法》和《关于严格执行有关农村集体建设用地法律和政策的通知》(国办发〔2007〕71号)的规定执行。对在建在售的以新农村建设、村庄改造、农民新居建设和设施农业、观光农业等名义占用农村集体土地兴建商品住宅,在地方政府统一组织协调下,必须采取强力措施,坚决叫停管住并予以严肃查处。”国土资源部**《关于进一步加快宅基地使用权登记**

发证工作的通知》(2008年7月8日　国土资发〔2008〕146号,已于2016年5月27日起失效)第3条:"……严格执行城镇居民不能在农村购买和违法建造住宅的规定。对城镇居民在农村购买和违法建造住宅申请宅基地使用权登记的,不予受理……"建设部《**房屋登记办法**》(2008年7月1日,已于2019年9月6日起失效)第8条:"办理房屋登记,应当遵循房屋所有权和房屋占用范围内的土地使用权权利主体一致的原则。"第82条:"依法利用宅基地建造的村民住房和依法利用其他集体所有建设用地建造的房屋,可以依照本办法的规定申请房屋登记。法律、法规对集体土地范围内房屋登记另有规定的,从其规定。"第87条:"申请农村村民住房所有权转移登记,受让人不属于房屋所在地农村集体经济组织成员的,除法律、法规另有规定外,房屋登记机构应当不予办理。"第89条:"房屋登记机构对集体土地范围内的房屋予以登记的,应当在房屋登记簿和房屋权属证书上注明'集体土地'字样。"建设部、新闻出版总署、公安部、国家工商局《**关于印发〈房屋权属证书印制管理办法〉的通知**》(2002年8月1日　建住房〔2002〕158号,已于2017年12月12日废止)第2条:"房屋权属证书是房屋权利人依法拥有房屋所有权,并对房屋行使占有、使用、收益和处分的唯一合法凭证。"第3条:"房屋权属证书包括《房屋所有权证》《房屋共有权证》《房屋他项权证》或者《房地产权证》《房地产共有权证》《房地产他项权证》。"建设部《**关于清理检查房屋权属证书印制发放工作的通知**》(2001年9月13日　建住房〔2001〕193号,2011年1月19日已失效——编者注)第2条:"北京印钞厂为目前全国房屋所有权证、房屋共有权证、房屋他项权证的唯一合法印制单位,1998年7月全国全面启用统一的房屋权属证书后,其他任何单位印制的上述房屋权属证书均为假房屋权属证书。自本通知下发之日起,假房屋权属证书要立即封存并停止发放和使用。"第3条:"已发出的假房屋权属证书,房屋权属登记发证机关要坚决限期收回,并尽快向房地产权利人无偿换发合法的房屋权属证书。收回假房屋权属证书和换发合法房屋权属证书的具体方案,应报经当地人民政府批准,并向省、自治区建设行政主管部门、直辖市房地产行政主管部门备案后实施。"建设部《**关于整顿全国房屋所有权登记发证秩序的通知**》(1997年4月21日　建房〔1997〕62号,2011年1月19日已失效——编者注)第1条:"要根据《城市房地产管理法》的规定,建立健全具有政府行政职能的房地产管理机构,依法开展房屋所有权登记发证工作;凡不具有政府确定的房地产行政管理职能的机构,如房产经营公司等一律不得承担房屋所有权登记发证工作。"第2条:"坚决制止住房制度改革办公室等非房地产管理部门颁发《房屋所有权证》。非房地产管理部门颁发的《房屋所有权证》,一律无效,并要求产权人限期到房地产管理部门进行登记;同时根据情况依法追究违法发证单位的行政或法律责任。"国家土地管理局《**对福建省土地管理局关于对若干土地违法行为定性问题的请示的批复**》(1995年9

月 11 日　国土批〔1995〕50 号）第 1 条："一些单位以国家建设需要的名义，未经人民政府及土地管理部门批准私自与村委会签订征地协议，并支付相应的征地费用，属于未经批准非法占用土地的行为，应按照非法占用土地的规定处理。"第 2 条："这些单位在非法取得集体土地后，又将集体土地再次非法转让，牟取高额非法所得，违反有关土地转让的法律规定，应按非法转让土地的行为论处。对于非法转让土地的欺诈行为，建议由有关部门按有关民事规定处理。"国家土地管理局**《关于印发〈确定土地所有权和使用权的若干规定〉的通知》**［1995 年 5 月 1 日　〔1995〕国土（籍）字第 26 号，已于 2010 年 12 月 3 日经国土资发〔2010〕190 号将"征用"统一修改为"征收"］第 48 条："非农业户口居民（含华侨）原在农村的宅基地，房屋产权没有变化的，可依法确定其集体土地建设用地使用权。房屋拆除后没有批准重建的，土地使用权由集体收回。"第 49 条："接受转让、购买房屋取得的宅基地，与原有宅基地合计面积超过当地政府规定标准，按照有关规定处理后允许继续使用的，可暂确定其集体土地建设用地使用权。继承房屋取得的宅基地，可确定集体土地建设用地使用权。"国家土地管理局**《对安徽省关于土地有偿使用中几个问题的请示的复函》**（1993 年 2 月 17 日，已于 2003 年 2 月 20 日经国土资发〔2003〕48 号文停止执行）第 4 条："国发〔1992〕61 号文件规定'集体土地股份不得转让'是指已作入股的集体土地资产权属关系不能擅自变化，以保证集体土地使用者的合法权益。根据国家土地管理局〔1992〕国土（法）字第 182 号文规定：'如转让，集体土地须征为国有，办理出让手续'。如果以集体土地入股进行房地产开发，目的是转让经营，也就是进行股份转让，与国发〔1992〕61 号文件规定是不符的。"国家土地管理局政策法规司**《关于对〈土地管理法〉有关问题请示的答复》**（1992 年 6 月 13 日　国土函字第 172 号）第 2 条："……同意你局在该文中提出的对'农业集体经济组织'的理解，即'农业集体经济组织'必须有一定组织机构、管理人员、资金，具有一定的民事权利能力和民事行为能力，能够以自己的名义独立承担民事责任。《土地管理法》第八条规定'村农民集体所有的土地已经分别属于村内两个以上农业集体经济组织所有的，可以属于各该农业集体经济组织的农民集体所有'，根据上述规定，在生产队解体改为村民小组后，原生产队所有的土地，可以属于该村民小组相应的农业集体经济组织的农民集体所有，不应理解为村民小组拥有土地所有权。"国家土地管理局**《关于对浙土复〔1990〕8 号请示的答复》**（1990 年 8 月 25 日，已于 2003 年 2 月 20 日经国土资发〔2003〕48 号文停止执行）："……原宅基地使用者未经依法批准通过他人出资翻建房屋，给出资者使用，并从中牟利或获取房屋产权，是属于'以其他形式非法转让土地'的违法行为之一。"

4. 地方司法性文件。河南高院赔偿委员会办公室**《关于审理违法征收、违法强拆类行政赔偿案件的工作指南（试行）》**（2020 年 4 月 30 日）第 15 条："'小产权'

房被违法拆除的,如何处理?非农村集体经济组织成员购买农村宅基地上房屋或者'购买'宅基地建造房屋被违法强制拆除,买受人要求按照市场价格或者农村集体经济组织成员的安置补偿标准赔偿房屋价值损失的,不予支持。但农村集体经济组织对买卖行为予以认可,赔偿义务机关亦未对房屋或宅基地登记的权利人进行相应的补偿或者赔偿,买受人要求按照房屋建筑成本赔偿损失的,可予支持。"江苏高院《**关于执行疑难问题的解答**》(2018 年 8 月 22 日)第 1 条:"在集体土地上建造的房屋,是否可以处置?(一)在集体土地上未经批准建造的房屋,是否可以处置?参照《最高人民法院关于转发住房与城乡建设部〈关于无证房产依据协助执行文书办理产权登记有关问题的函〉的通知》(法〔2012〕151 号),可以进行'现状处置'。处置时应在拍卖公告中披露房屋不具备登记条件的现状及土地性质,买受人或承受人按照房屋现状取得房屋,后续的产权登记事项及将来可能面临的拆除、拆迁及补偿不能等风险由买受人或承受人自行负责。变价不成的,债权人可以接受该房屋抵债。变价或抵债裁定中应载明上述内容和风险。(二)在租赁的集体土地上建造的厂房及厂区内的办公楼、宿舍、仓库等,是否可以处置?在不改变租赁合同前提下,可不征得集体经济组织同意进行'现状处置',但处置前应告知集体经济组织。处置时应当充分披露租赁合同内容,特别是公告租赁剩余期限、租金标准及支付等情况。确定保留价需考虑租金支付情况。成交或抵债后,被执行人作为承租人的权利义务由受让人继受。拍卖前租赁期限已届满,租赁合同对于房屋归属及补偿有约定的,尊重租赁合同的约定。如约定房屋收归集体组织但给予承租人(被执行人)补偿的,执行补偿款。没有约定收归集体组织的,被执行人继续使用租赁土地,集体组织没有提出异议的,原租赁合同继续有效,但租赁期限为不定期,执行法院可以对房屋进行处置。租金标准及支付方式由执行法院与集体组织协商确定。不能协商确定的,执行法院可以参照市价标准确定。"江苏高院《**关于审理房地产合同纠纷案件若干问题的解答**》(2018 年 6 月 26 日　审委会会议纪要〔2018〕3 号)第 12 条:"小产权房买卖如何处理?小产权房属于行政机关处理的范畴,人民法院对于小产权房买卖不予受理。已经受理的,驳回起诉。【说明】有观点认为,小产权房买卖应予受理,合同认定为无效。本条认为由政府部门处理更为妥当,法院不予受理。"北京高院民一庭《**关于审理婚姻纠纷案件若干疑难问题的参考意见**》(2016 年 7 月 27 日)第 35 条:"对于已被有权机关认定为违法建筑的小产权房,不予处理;但违法建筑已经行政程序合法化的,可以对其所有权归属做出处理。对于虽未经行政准建,但长期存在且未受到行政处罚的房屋,可以对其使用做出处理。在处理使用时,人民法院应向当事人释明变更相关诉讼请求。在处理相关房屋的使用归属时,能分割的进行分割,不能分割的可采用协商、竞价、询价等方式进行给予适当补偿。在涉小产权房分割案件中,应在判决论理部分中明确使用处理的判决内容不代表对小产权房合法性的认定,不能以此对抗行政处罚、不能作为产权归属证明或拆迁依据等。”山东高院**《2011年民事审判工作会议纪要》**(2011年11月30日　鲁高法〔2011〕297号)第2条:“……对于因买卖在集体所有的土地上开发的‘小产权房’而引发的纠纷案件,要严格贯彻国家的公共政策和诚信交易秩序,依法确认‘小产权房’买卖合同无效,并通过出卖人承担缔约过失责任等方式避免当事人之间利益关系失衡。在国际金融危机影响尚未完全消退、房地产市场宏观调控不断强化的背景下,应当准确把握宏观经济形势对房地产市场的客观变化,依法保护守法履约行为,制裁违约行为,保护消费者合法权益;依法规制房地产开发行为,制裁哄抬房价、捂盘惜售、欺诈消费者等违法行为……(二)关于集体土地以租代征合同的效力问题。所谓以租代征,是指土地使用者与农村集体经济组织直接签订土地租赁合同,以承租的方式占有使用农村集体土地进行开发建设。以租代征是名为租赁,实为征收的违法行为,违反了我国土地管理法的强制性规定,除符合《土地管理法》第63条规定的情形外,应依法认定土地租赁合同无效。”河南郑州中院**《关于审理房屋纠纷民事案件适用法律问题的若干意见(征求意见稿)》**(2011年7月5日)第10条:“当事人向人民法院起诉,对按国家法律政策不能办理产权登记的商品房之外房屋请求办理产权证书的,人民法院不予受理。当事人向人民法院起诉,请求对小产权房办理产权证书的,人民法院不予受理。”山东临沂中院**《关于印发〈临沂市中级人民法院关于审理民事案件的若干指导意见(试行)〉的通知》**(2011年3月29日　临中法〔2011〕55号)第5条:“……5. 对于在集体土地上建设的小产权房,人民法院不宜确认其权属,但对于侵权人,仍可参照本指导意见中关于多占宅基地被侵占的处理原则责令其承担侵权责任。6. 不属同一集体组织的成员购买农村宅基地、房产或小产权房的,相应交易行为无效。如系出售方反悔,购买方的损失数额应参照评估价(或拆迁补偿价)与原购买价之间的数额确定,并由出售方承担主要过错责任……”海南高院**《关于办理商品房买卖合同纠纷案件的指导意见(试行)》**(2011年1月)第22条:“城镇居民就农村集体土地上修建的‘小产权房’与他人所签订的买卖合同无效,由此而造成的损失由双方按过错责任大小分担。”山东临沂中院**《民事审判工作座谈会纪要》**(2009年11月10日　临中法〔2009〕109号)第4.1条:“关于小产权房问题。小产权房产生的背景原因非常复杂,处理起来亦因以点带面问题非常棘手。实践中可根据有无相关职权部门颁发的权属证书确认其法律效力,不予主动的实质审查。对于其买卖合同的效力,可根据其是否同一村集体组织成员的身份予以确认。”山东高院**《关于印发〈全省民事审判工作座谈会纪要〉的通知》**(2008年12月23日　鲁高法〔2008〕243号)第6条:“……对于农村集体经济组织自行开发的‘小产权房’的买卖问题,按照我国现行房地产管理法规的规定,我国集体所有的土地在未办理国家征收手续转为国有土地之前,禁止进入房地产市场,由此,集体经济组织开发'小产权房'的行为是不受法律保护的,买卖'小产权房'合同实质上变相买卖农村宅基地,也不可能办理物权变动手续,因此,'小产权房'的买卖合同也应当认定为无效。"广东高院**《关于审理农村集体土地出让、转让、出租用于非农业建设纠纷案件若干问题的指导意见》**(2001年10月30日　粤高法发〔2001〕42号,已于2020年12月31日经粤高法〔2020〕132号废止)第1条:"人民法院审理农村集体土地出让、转让、出租用于非农业建设纠纷案件,如果涉及的土地在起诉前没有被依法批准为建设用地或经行政主管部门依法批准补办了征用手续转为国有土地,仍属于农用地且当事人已在该地块进行非农业建设的,裁定驳回起诉,并告知当事人向行政主管部门申请处理。当事人在行政主管部门对涉及的土地及其地上建筑物、构筑物或其他设施进行处理后,可就因履行合同而发生的财产纠纷再向人民法院提起民事诉讼。"第12条:"当事人将农村村民住宅建设用地转让、出租或以合建形式变相转让农村村民住宅建设用地而签订的合同,一般应认定无效……"浙江高院**《关于为推进农村土地流转和集体林权制度改革提供司法保障的意见》**(2009年7月23日　浙高法〔2009〕250号)第6条:"依法支持宅基地使用权流转。对各地在农村住房改造和城乡统筹改革中采取的集体土地调换、农民宅基地串换、宅基地置换和流转试点等,只要解决好'地从哪里来、房在哪里建、钱从哪里出、人往哪里走'等问题,且农民自愿,不损害农民合法权益,确保农民相应获得住房、社会保险等必要保障的,应当予以确认和支持。对就业稳定、愿意进城镇定居的农户,通过经济补偿、宅基地置换城镇住房、纳入城镇职工基本养老体系等办法,支持其退出农村宅基地,拓宽农村建设发展的空间。"第9条:"依法支持农村信贷担保机制的完善。承包人或者其他合法权利人以股份经济合作社股权、农村土地流转后衍生的经营权等权利质押,或者以农村集体经营性建设用地使用权、林权、农村住房抵押等新型贷款担保方式贷款的,只要当事人依据相关规定办理了抵押或出质登记的,对抵押权和质权应当予以确认和保护,依法支持创新贷款担保方式,扩大农村有效担保物范围,拓宽农村融资渠道。但在审判和执行中,应当注意保障农民享有的承包土地和必要的生活住房,防止农民彻底丧失承包土地和基本生活住房。"山东潍坊中院**《民事审判工作会议纪要》**(2008年)第5条:"……2.关于使用未被征收的农村集体土地建设商品房并对外进行销售的行为的效力问题。一些'城中村'在本村集体土地上建设商品房,然后对外销售,根据'房随地走,房地一致'的原则,集体土地上房产转让必然导致集体土地使用权的转让,上述转让行为违反《中华人民共和国土地管理法》第六十三条的强制性规定,因而是无效的。另外,这些房屋虽然建在农村集体土地之上,但由于其特殊的地理关系,构成了城市的一部分,应当纳入城市的管理,根据《城市房地产管理法》的有关规定,进行商品房开发建设应当使用国有出让土地，开发建设单位需要具备相应的资质条件，进行商品房预售应当办理许可证等手续，因而这些房屋的开发建设和销售行为也应是无效的……”河南郑州中院**《关于审理建设工程及房屋相关纠纷案件若干实务问题的解答》**（2007 年 7 月 27 日）第 2 条：“依法不能取得产权证书房屋买卖合同的效力问题。此议题下的讨论主要集中在对‘宅基地房’和‘小产权房’买卖合同效力的认定上。与会人员多数意见认为这类买卖合同应当认定无效。主要理由是：首先，这类房屋买卖必然涉及宅基地和集体土地的买卖，而宅基地买卖、集体土地的买卖是我国法律、法规所禁止的。其次，宅基地使用权是集体经济组织成员享有的权利，与特定的身份关系相联系，不允许转让。目前农村私房买卖中买房人名义上是买房，实际上是买地，在房地一体的格局下，处分房屋同时也处分了宅基地，损害了集体经济组织的权益，是法律法规明确禁止的。第三，目前，农村这类房屋买卖无法办理产权变更登记，故买卖虽完成，但买受人始终无法获得所有权人的保护。第四，认定买卖合同有效不利于保护出卖人的利益，在许多案件中，出卖人相对处于弱者的地位，其要求返还私有房屋的要求关系到其生存权益。所以，与会者认为，此类合同的效力以认定无效为原则，以认定有效为例外，如果买卖双方都是同一集体经济组织的成员，经过了宅基地审批手续的，可以认定有效。但也有少数与会者有不同意见，他们认为虽然‘小产权房’以及违章建筑等房屋不能办理不动产登记，但建筑物本身仍有一定的价值和使用价值，可将之视为动产进行买卖，这样处理更能发挥物的效用。”辽宁沈阳中院**《关于审理房地产案件若干问题的处理意见（之二）》**（2004 年 12 月 2 日　沈中法〔2004〕31 号）第 15 条：“关于集体所有‘建设用地’（村办、乡办企业用地）买卖合同的效力问题。乡镇建设用地是指农村集体投资或农民投资兴办的乡镇企事业单位、村办企业、农村村民住宅、乡镇公共设施、公益事业建设所使用的土地。该建设用地使用权只有在一种情况下才可以转让，即《土地管理法》第六十三条规定的，符合土地利用总体规划并依法取得建设用地的企业，因破产、兼并等情况而致使土地使用权依法发生转移的，不受集体土地使用权不得转让的限制，但宅基地原则上不得转让。另外，集体建设用地也可以进行抵押，但该土地使用权的抵押仅限于建筑物所占用的集体土地。”

5. 地方规范性文件。上海市发改委、房管局**《关于印发〈上海市实物配租廉租住房租金标准管理办法〉的通知》**（2020 年 5 月 1 日　沪发改规范〔2020〕3 号）第 4 条：“（租金标准计算方式）廉租住房租金标准 = 基准租金标准 ×（1 + 上下浮动幅度）基准租金标准参照房源所在区域市场租金的 80% 确定。房源所在区域的市场租金，应按照周边一定时期、一定区域内相似房源的市场评估租金标准确定。市场评估租金标准由住房保障实施机构按有关规定自行组织调查或委托第三方评估机构确定。上下浮动幅度由市、区住房保障实施机构统筹考虑楼层、朝向、位置等因素具体确定,最多不超过±20%。"上海市房管局**《关于印发〈上海市廉租住房申请对象住房面积核查办法〉的通知》**(2020年1月1日)第6条:"住房居住面积认定的特殊规定。有下列情形之一,并且能提供相关书面凭证的申请对象,其户口所在地住房居住面积不作计算:(一)户口登记在单位集体户口或者社区公共户口内的。(二)按照政策入沪并取得本市城镇常住户口,不拥有其户口所在地住房的产权、土地使用权或者公有住房承租权,且其户口所在地内也无直系亲属或者虽有直系亲属但其直系亲属(含直系亲属配偶)在其申请时不拥有及申请前5年内不曾拥有该住房的产权、土地使用权或者公有住房承租权的。(三)离婚判决书或者协议书中明确无住房安置,也没有获得离婚住房安置补贴款,离婚后户口仍保留在原结婚住房处,且原结婚住房为原配偶一方所有或者其他人所有的;但该住房处有其直系亲属,且其直系亲属申请时需要计算居住面积的除外。(四)户口保留在已灭失的住房或者在提出申请时5年前已出售的住房处的。(五)因原有住房出售、征收(拆迁)以及离婚后将户口迁入朋友或者除父母、配偶、子女以外的其他亲属住房,本人在外租房居住的。特定情况下核定面积家庭成员的住房居住面积计算,按照下列规定执行:(一)在申请对象提出申请时5年内出售或者赠与原有住房并购入住房的,按照原有住房与购入住房之中面积较大的住房计算住房居住面积;在申请对象提出申请时5年内出售或者赠与原有住房但未购入住房的,按照原有住房计算住房居住面积。(二)根据离婚判决书或者协议书,在申请对象提出申请前5年内获得离婚住房安置补贴款但未购买住房的,其住房安置补贴款,按照离婚判决书或者协议书生效时申请对象户籍所在区的存量住房每平方米成交均价折算住房居住面积;获得离婚住房安置的,按照安置住房情况计算住房居住面积。存量住房每平方米成交均价按照所在区统计部门定期发布的相关数据执行。(三)同一住房内多个家庭先后申请廉租住房保障的,需将该住房内已取得廉租住房保障资格家庭的配租面积(不含托底保障面积)计入该处住房总面积。"上海市房管局**《关于印发〈上海市廉租住房申请审核实施细则〉的通知》**(2020年1月1日　沪房规范〔2019〕10号)第3条:"(申请人员范围)单身人士申请廉租住房的,本人为申请人;家庭申请廉租住房的,家庭成员为共同申请人。共同申请人应当共同居住生活,并且相互之间具有法定赡养、抚养或者扶养关系,主要包括具有下列关系的人员:(一)配偶(结婚需满1年);(二)父母与子女;(三)父母、子女与祖父母或者外祖父母;(四)祖父母或者外祖父母与父母双亡的孙子女或者外孙子女;(五)兄、姐与父母双亡的未成年弟、妹。下列人员的申请,应当按照以下规定:(一)配偶应当一同申请;(二)未成年子女以及不得单独申请廉租住房的成年单身子女应当与其父母一同申请;(三)父母离婚后,与子女共同生活的一方死亡、另一方不愿与子女一同申请的,未成年子女以及不得单独申请廉租住房的成年单身子女应当与本条第一款规定的具有法定赡养、抚养或扶养关系的家庭成员一同申请；（四）父母双亡并且不具有完全民事行为能力的子女，应当与本条第一款规定的具有法定赡养、抚养或扶养关系的家庭成员一同申请；（五）离婚人士，需离婚满3年，方可申请廉租住房。”上海市房管局**《关于印发〈上海市廉租住房租金配租管理实施细则〉的通知》**（2020年1月1日　沪房规范〔2019〕8号）第5条：“（自行租赁住房）申请人签订租赁补贴协议后，需自行租赁住房，并与住房出租人签订居住房屋租赁合同，租赁合同期限原则上不少于12个月。街道（乡镇）人民政府和区住房保障实施机构应当为申请人自行租赁住房提供必要的帮助和服务。申请人自行租赁的住房应当满足以下要求：（一）符合本市居住房屋租赁管理的有关法律法规规章要求，具备有效的《不动产权证书》或者《租用居住公房凭证》等权属材料；（二）住房出租方为个人的，出租人在出租住房后不会造成自身居住困难；（三）申请人租赁住房后，其原住房面积和租赁住房面积之和原则上应当达到本市廉租住房保障面积标准。”海南省**《关于加强村镇规划建设管理工作的意见》**（2011年7月22日　琼府〔2001〕53号）第2条：“……禁止城镇居民到农村非法购买宅基地建房，违者予以没收。禁止变相通过联营合作、入股等形式建设‘小产权房’、出售‘小产权房’，违者予以没收或拆除。”四川省人民政府办公厅**《关于进一步加强农村土地管理工作的意见》**（2011年6月27日　川办发〔2011〕31号）第6条：“加强农村建设用地管理。兴办乡镇企业、乡（镇）村公共设施和公益事业建设等需要使用集体经济组织农民集体所有土地的，必须符合乡（镇）土地利用总体规划和镇规划、乡规划、村庄规划，纳入土地利用年度计划，并依法办理规划建设许可证及农用地转用和建设项目用地审批手续。严禁以兴办‘乡镇企业’、‘乡（镇）村公共设施和公益事业建设’为名，非法占用（租用）农民集体所有土地进行非农业建设。严禁利用农村集体土地或利用乡（镇）企业自用土地建设公共租赁住房和建设、销售‘小产权’房。严禁以‘农村土地流转’为名配置建设用地，非法占用农用地进行非农建设。”海南省住房和城乡建设厅**《关于强化村镇规划建设管理、坚决遏制违章建筑的通知》**（2010年8月4日　琼建村〔2010〕169号）第3条：“各地要切实维护村镇规划建设管理等有关法律法规的权威性、统一性和严肃性，按照‘属地管理’的原则，坚持防堵结合、标本兼治，通过组织拆除、不向违章建筑包括小产权房提供水、电、气，不向未报批建筑项目供应水泥等建筑材料和落实违章建筑拆除不予补偿等措施，营造整治村镇违章建筑的高压态势。”哈尔滨市人民政府办公厅**《关于转发哈尔滨市查处违法建设小产权房工作实施方案的通知》**（2009年9月18日　哈政办综〔2009〕67号）：“‘小产权房’一般是指在农民集体土地上违法建设、向社会公众租售的非法建筑。为贯彻落实国家有关部门关于‘集体土地不得用于商品住宅开发建设，城镇居民不得到农村购买宅基地’和‘采取坚决措施制止小产权房违法建设行为’的总体要求，经市政府同意，决定对近年来我市郊区和城乡接合部地区出现的违法开发建设‘小产权房’问题,依法开展集中查处工作,特制定本实施方案。”第2条第3款:“坚持查事与查人相结合的原则。依据城乡规划、国土、建设、房地产管理等相关法律、法规和《违反土地管理规定行为处分办法》(监察部、人力资源和社会保障部、国土资源部第15号令)、《最高人民法院关于审理破坏土地资源刑事案件具体应用法律若干问题的解释》(法释〔2000〕14号)等规定,严肃追究相关单位和人员的责任。同时,严查‘小产权房’违法建设过程中权钱交易等腐败行为。对干部包庇、纵容违法建设,公务人员违纪谋取私利,查证属实的,一律就地免职,并依照党纪政纪严肃处理;涉嫌犯罪的,移交司法机关追究刑事责任。”新乡市人民政府办公室**《关于印发新乡市增加农民财产性收入若干意见的通知》**(2010年4月8日　新政办〔2010〕83号,已于2017年11月15日起失效)第2条:“培育和规范农村房产流转市场,增加农民房屋财产收益。依法保护农民房屋物权权益。农民在新型农村社区建设的住房,依法办理新型农村社区住房产权证。探索建立新型农村社区住房流转市场。允许建造在集体所有土地上新型农村社区住房在市域范围内进入市场有条件进行流转、租赁、抵押,使新型农村社区住房成为可以保值增值的财产,为农民提供更多的财产性收入。新型农村社区住房进行转让或抵押时,采用房随地走的方式,首先要办理宅基地使用权转让或抵押手续,宅基地价格由国土部门制定。新型农村社区住房首先在各个村集体经济组织成员之间进行流转。确需向城镇居民流转的,要建立完善新型农村社区住房向城镇居民流转的管理办法(办法另行制定),在土地收益、税收等方面进行规范,严禁出现小产权房。社区居民流转、出租住房后,不得再申请宅基地。金融部门要建立新型农村社区住房抵押贷款长效机制,积极开展好新型农村社区住房产权抵押贷款试点,实行稳定的农民住房抵押贷款利率,建立个人信用登记制度及新型农村社区住房贷款信息库,为资本等生产要素向农村流动创造条件。”广州市国土资源和房屋管理局**《关于不要购买“小产权房”的公告》**(2009年6月5日):“……我局再次郑重提醒广大市民,不要抱有任何侥幸心理去购买‘小产权房’,购买‘小产权房’将无法办理房屋产权登记,不能享有依法保障的不动产权。这类房屋所谓的‘集资房合建协议’、‘律师公证合同’等不具有法律效力,不受法律保护。‘小产权房’因没有经过规划、土地、建设等部门的审批,在房屋质量、配套设施、物业管理、水电等方面都可能存在问题,会给购买者的生活安全带来种种隐患。”中共北京市委**《关于率先形成城乡经济社会发展一体化新格局的意见》**(2008年12月25日)第3条第2款:“……在北京城市总体规划和土地利用规划确定的城镇建设用地范围外,经批准占用农村集体土地建设非公益性项目,允许农民依法通过多种方式参与开发经营并保障农民合法权益。加快建立城乡统一的建设用地市场,制定农村集体建设用地使用权划拨、出让、转让、出租、抵押等管理办法,保障符合规划的农村集体建设土地与国有土地享有平等权益。开展村庄综合整理试点,盘活存量,拓展发展空间。”大理白族自治州人民政府办公室**《转发云南省人民政府办公厅〈关于严格执行有关农村集体建设用地法律和政策文件〉的通知》**(2008年7月8日　大政办发〔2008〕54号)第3条:“……禁止提供集体建设用地给不符合条件的农民建住宅。对城镇居民到农村购买宅基地、农民住宅或‘小产权房’的,房产管理部门、国土资源管理部门不得予以办理确权发证和过户手续,规划建设部门不得予以办理规划许可和施工许可等审批手续。”宁夏回族自治区人民政府办公厅**《关于严格执行有关农村集体建设用地法律政策的通知》**(2008年3月4日　宁政办发〔2008〕41号)第3条:“……农村住宅用地只能分配给本村村民,不允许城镇居民到农村购买宅基地、农民住宅或‘小产权房’。单位个人不得非法租用、占用农民集体所有土地搞房地产开发……其他任何单位和个人进行非农业建设,需要使用土地的,必须依法申请国有土地,不得自行与农村集体经济组织或个人签订协议将农用地和未利用地转为建设用地。非法占用耕地改作他用,造成耕地大量毁坏的要依法追究刑事责任。”陕西省人民政府**《关于进一步加快解决城市低收入家庭住房困难的若干意见》**(2007年11月17日　陕政发〔2007〕62号)第3条第4款:“严格审批集资建房。单位集资合作建房只能由距离城区较远的独立工矿企业和住房困难户较多的企业,在符合城市规划前提下,利用自用土地组织实施。各级国家机关一律不得搞单位集资合作建房;任何单位不得新征用或新购买土地搞集资合作建房。”安徽省人民政府办公厅**《关于进一步加强农村建设用地管理的通知》**(2007年9月14日　皖政办〔2007〕64号)第2条:“……禁止非法压低地价招商引资,严禁以租代征、越权审批、先用后批、边用边批、少批多用、批东建西等土地违法违规行为,严禁城镇居民在农村购买宅基地建房,严禁为违法占地建造的‘小产权’住宅发放土地使用证。”

6. 参考案例。2016年**河南某合同纠纷案**,2012年,城中村改造指挥部向吴某借款700万元。2013年,镇政府作为担保人,三方签订还款协议,约定指挥部以城中村改造后新建商业房700平方米顶抵欠款。后指挥部被撤销,相关权利义务由居委会承担。2015年,吴某以抵债商业房系集体土地性质,诉请居委会、镇政府连带还款。法院认为:本案原债权债务关系为借款关系。还款协议约定以交付商业房代替原借款合同约定的偿还货币义务,以消灭原债权债务关系,因未实际交付商业房,应认定为以物抵债而非代物清偿协议。还款协议约定以房抵债,但依“地随房走”一般原则,案涉宅基地使用权将与房屋一并实现流转。依《土地管理法》第8条规定,宅基地属农民集体所有。吴某非集体组织成员,不享有该集体组织宅基地使用权,不能通过以物抵债方式受让该宅基地上房屋,故还款协议违反强制性法律规定,依法应认定无效。国务院规范性文件明确限制非集体经济组织成员购买农村集体土地上房屋,如国务院办公厅《关于加强土地转让管理严禁炒卖土地的通知》(国办发〔1999〕39号)、中共中央、国务院《关于切实加强农业基础建设进一步促进农业发展农民增收的若干意见》(中发〔2008〕1号)。相关部门规章和规范性文件限制非集体经济组织成员办理农村集体土地上房屋产权登记。如建设部《房屋登记办法》第87条规定。国土资源部、中央农村工作领导小组办公室、财政部、农业部《关于农村集体土地确权登记发证的若干意见》(国土资发〔2011〕178号)第10条规定。上述规定虽非法律、行政法规强制性规定,不宜直接作为认定合同无效依据,但上述规定系依上位法律规定作出,对认定合同效力有参照意义。判决居委会支付吴某700万元及利息,镇政府对居委会不能清偿部分在二分之一范围内向吴某承担连带赔偿责任。2016年**天津某合同纠纷案**,2013年,张某与蔬菜专业合作社签订农业大棚土地租赁合同,约定租赁期20年,总租赁款8.2万元。2015年,张某以该农业大棚土地租赁合同违反法律法规强制性规定为由,诉请确认合同无效。法院认为:虽然双方所签名为农业大棚土地租赁合同,但双方实际履行的系以租赁大棚合同形式代替售卖房屋实质。《土地管理法》第36条第2款规定:“禁止占用耕地建窑、建坟或者擅自在耕地上建房、挖砂、采石、采矿、取土等。”第44条第1款规定:“建设占用土地、涉及农用地转为建设用地的,应当办理农用地转用审批手续。”上述规定为效力性强制性规定,在耕地上建造房屋违反了上述规定,故农业大棚土地租赁合同应属无效。依《合同法》第58条规定,合同无效或者被撤销后,因该合同取得的财产,应当予以返还。结合张某使用时间、双方约定租赁期限及租金等情况,判决合作社返还张某6万余元。2011年**江苏某买卖合同纠纷案**,2007年,开发公司将老年公寓社会福利项目改建成商业别墅。2008年,开发公司与王某签订入住协议,通过“以租代售”方式销售公寓。2010年,检察院对村委会等涉嫌非法转让土地使用权罪进行立案侦查。2011年,村委会诉请确认开发公司与王某所签入住协议无效。法院认为:开发公司与王某所签入住协议中入住期限约定为已入住的老人百年后其家庭成员达到老年人标准的,入住协议继续履行,该约定使得出租人在协议签订后已丧失其对出租房屋的处分权,入住协议并未约定具体租金标准、租赁期限,且押金金额标准远高于正常房屋租赁合同押金标准,故入住协议并不具备租赁协议基本特征,不应认定为租赁协议,同时,开发公司实际股东承认采用“以租代售”方式对外出售房屋,部分入住户亦承认签订入住协议实质就是购房协议。综上,入住协议表现形式系租赁协议,但其实质为买卖协议。村委会及开发公司未经有批准权人民政府批准,擅自改变土地用途,商业开发划拨土地,并以入住协议形式向购房户转让划拨建设用地上房产,违反《土地管理法》《城市房地产管理法》强制性规定,亦妨害了国家土地管理秩序,村委会与开发公司在明知涉案土地属政府划拨社会福利使用权性质,却为牟取不正当利益,而多次商议采用变更老年公寓建设规划方式建设联排别墅并予以销售。“老年公寓”最终被砌建成别墅，并进行销售，该行为是以获取不正当利益为目的，且已损害国家、集体或第三人利益。王某作为别墅购房户，明知所购别墅根本无法办理两证，仍与对方签订表现形式为租赁而实质为买卖的入住协议，以实现其买卖别墅目的。判决确认开发公司与王某所签入住协议无效，双方返还。2009 年**福建某合同纠纷案**，2007 年，开发公司受让陈某集体土地并开发建设成老年公寓。吴某与开发公司签订房屋使用权转让协议，并支付 54 万余元。2009 年，吴某以开发公司名为老年公寓，实为商品房开发为由，诉请确认合同无效。法院认为：《土地管理法》第 43 条第 1 款规定：“任何单位和个人进行建设，需要使用土地的，必须依法申请国有土地；但是，兴办乡镇企业和村民建设住宅经依法批准使用本集体经济组织农民集体所有的土地的，或者乡（镇）村公共设施和公益事业建设经依法批准使用农民集体所有的土地的除外。”第 63 条规定：“农民集体所有的土地的使用权不得出让、转让或者出租用于非农建设；但是，符合土地利用总体规划并依法取得建设用地的企业，因破产、兼并等情形致使土地使用权依法发生转移的除外。”由此可见，法律对农村集体土地的建设用地原则上限定在农用范围，非农建设范围则采取了列举形式，除上述法定情形外任何单位和个人均不得基于建设用地目的使用农村集体土地。诉争使用权房建设土地系陈某声明“转让”的农村宅基地，开发公司并未提供证据证明老年公寓符合上述规定已获得用地许可，即便老年公寓因属于乡（镇）村公共设施和公益事业建设使用农村集体土地情形而获得用地许可，开发公司将该项目使用权房转让给吴某作为个人住宅使用，其实质已不再是基于乡（镇）村公共设施和公益事业目的使用该项目下集体土地，而已改变为基于个人住宅而使用该宗土地。由于吴某并非本集体经济组织成员，其使用诉争房屋项下土地行为不属于农民使用宅基地等农用情形，亦非法定可用于非农建设情形，其使用诉争房屋项下农村集体土地行为实质上将超越《土地管理法》强制性规定，开发公司所签使用权转让协议客观上将产生吴某违反法律强制性规定而使用农村集体土地效果，故案涉房屋使用权转让协议因违反法律强制性规定，应属无效。诉争合同明确载明了涉案房屋位置、建设用地等基本情况，双方均应知道购买的使用权房属于农村集体土地上建设房屋，吴某通过协议购买使用权房行为将违反法律强制性规定，故应认定双方具有同等过错，对吴某主张因合同无效产生的购房款利息及中介费损失，应由双方平均负担，判决确认房屋使用权转让协议无效，开发公司返还吴某购房款，并赔偿利息及中介费损失的 50%。2002 年**浙江某土地使用权纠纷案**，1992 年，房产公司在村留地上建房。1994 年 6 月，李某与房产公司签订商品房买卖合同。李某付款、入住并办理了房产证，因属集体土地，一直未办理土地使用权证书。2002 年，李某诉请房产公司办理国有土地使用权证。法院认为：诉争房屋所涉及的土地系村集体留地,按有关政策规定,集体留地在交纳一定费用即土地出让金后,可进行开发建设。虽然房产公司在建造房屋时未交纳相关费用,出售房屋时亦未取得国有土地使用权证,其行为具有一定违规性质,但由于在房产公司建设房屋时,国家对商品房开发转让尚未有具体规定,本市对国有土地使用权出让、转让亦未有明确规定,故房产公司行为尚不具有明显违法性。只要补交了土地出让金,类似集体土地即可转为国有土地,此仅属补办手续问题。而且,房屋已交付使用多年,并已办理房屋所有权证,房管部门对双方之间房屋转让行为已予以认可,该房屋买卖合同以认定有效为宜。由于房产公司是按商品房销售该房屋的,且按当时市场行情,每平方米售价也明显包含土地使用费。李某要求房产公司办理国有土地使用权证诉请,合情合理合法,应予支持。但考虑到这是一个历史遗留问题,实际处理过程中有一定难度。房产公司对土地出让金交付问题,也还在与有关部门协商之中,故在时间上应适当放宽,但李某要求房产公司赔偿律师费及其他相关费用损失的诉请,依据不足,不予支持。判决房产公司应在本判决生效后 6 个月内为李某办理国有土地使用权证,办证所需一切费用,由房产公司承担。2011 年 11 月**北京某居间合同案**,法院认为:张某促成李某购买未取得房屋产权证的小产权房屋,其居间行为违反法律强制性规定,依法不应收取居间服务费,但其在履行居间服务过程中,向李某提供了中转用房,故其有权要求李某给付其因居间行为支出的必要费用。李某已经在中转用房中居住,现李某要求张某退还其服务费 2000 元的诉讼请求,理由不当,证据不足,法院不予支持;要求张某给付其搬家费的诉讼请求,于法无据,法院不予支持;要求张某给付其库房预期租金的诉讼请求,因张某已向其提供了合理期限的中转用房,对于因李某与装修队发生纠纷,而超过合理装修期限后的房租损失,不应由张某继续负担,故对其该项诉讼请求,法院不予支持。2011 年 5 月**河南某房屋买卖合同案**,法院认为:当事各方争执的房屋所占用的土地为国有土地,但长期由居委会管理、使用。经查证,该房屋并未办理土地、建设、规划、契税等法律手续,更未办理房产登记手续,故应认定诉争房屋为小产权房。根据相关法律规定,该房属于禁止流转范围。故案涉房屋买卖合同无效。2010 年 10 月**山东某房屋买卖合同案**,法院认为:无证据证实涉案房屋建设用地履行了审批手续、涉案房屋曾取得相应的权利证书,即使该房屋确系村委开发,亦属于小产权房,依法不能随意买卖。故双方签订的楼房买卖合同违反了国家有关法律规定,属无效合同。2010 年 9 月**浙江某定金合同案**,法院认为:朱某与瞿某、吴某之间的买卖合同关系,违反了国务院办公厅《关于严格执行有关农村集体建设用地法律和政策的通知》的规定,即城镇居民不得到农村购买宅基地、农民住宅或"小产权房"。因此,根据相关法律法规的规定,案涉买卖合同关系无效,由此而产生的定金合同也无效。合同无效后,因该无效合同而取得的财产即定金 2 万元应当返还,一审认为朱某存在较大过错,仅判决返还一半即 1 万元不当。2010 年 4 月**河南某房屋买卖合同案**,法院认为:案涉房屋所占用土地为村集体土地,开发公司作为房地产开发企业,未在政府房地产主管部门办理相关建设审批手续,即面向社会公众进行销售违反了我国相关法律和行政法规的禁止性规定,故郭某与开发公司所签订城改房买卖合同为无效合同。因郭某作为完全民事行为能力人,签约时应知该房与正常商品房存在差异而仍签订买卖合同,存在一定过错,但开发公司在开发证照不全的情况下,予以开发并出售给郭某,其过错与郭某相比较大,应适当赔偿郭某损失即利息,对郭某要求开发公司赔偿房屋差价 19 万余元的诉请不予支持。保险公司组织签约客户团购案涉房产,郭某和保险公司签订保险合同,可享受保险利益,也因此获得了购买房产的优惠权,因保险公司未和郭某签订过买卖房产协议,故与本案不属同一法律关系,郭某要求保险公司承担共同赔偿责任的请求不予采信,判决开发公司返还郭某已交购房款 5.7 万元及利息。

【同类案件处理要点】

城市居民或非同一集体经济组织成员购买农村集体土地建设的“小产权房”违反国家法律和行政法规的相关规定,不具有合法性。经省级人民政府审核同意和国土资源部审核批准的“村集体租赁房”允许出租,但不能出售或变相的“以租代售”。

【“小产权房”买卖、村集体租赁房“以租代售”前景】

笔者认为,在目前法律、法规明确规定村集体土地严禁用于非农业建设的立法背景下,农村“小产权房”不具有合法性。“村集体租赁房”作为个别地区的试点,也必将面临诸多理论及实践上的挑战:实际操作中,如何把握“只租不售”的底线?

现行法律法规不承认农村“小产权房”。但在城市房价高,国有土地使用权出让金所占城市房价比重居高难下,“集体土地集体所有”、相关政策和法律法规在“以租代征”“以租代售”认定上的标准缺乏的背景下,无须缴纳出让金的集体土地上兴建“小产权房”必然形成大幅利润空间,乡村集体组织、开发商结成的利益链条,通过“以租代征”“以租代售”的所谓“擦边球”操作,与消费者对住房的刚性需求及改善性需求一旦结合,便形成了目下积重难返的“小产权”房屋交易现实。

“村集体租赁房”与其说是对农村集体土地出租房屋建设的一种改革“探索”或“创新”,不如说是一种对集体土地上房屋“以租代售”的当地政策保护,为最终“小产权房”之路的合法化留下隐患,或者机遇。故“村集体租赁房”的开发建设,要么通过立法修订消除其面临的诸多法律障碍,要么在现行法律框架下,通过国家征用变更土地使用权性质,统一纳入保障性住房建设开发行列。而对于已建、已售的乡村“小产权房”的处理,久拖不决只会形成更多集体土地房屋交易的乱象。困境解决之道,不仅面临法律、政策的调适,且对违规操作的既得利益者的处理结果,因追溯时效与时间、违规主体存亡与否,处罚力度与范围均无法做到公平。其结果,需要政府对现实作出一定的妥协,惩前毖后,在以后加大执法力度,杜绝乱象在更大范围蔓延或再生。更远的将来,城乡二元对立消除、城乡户籍一体化实现,“小产权”房的一切问题都会真正的迎刃而解。

乱久必治,曲中求直。农村“小产权”房的未来,扑朔迷离,但一定会有光明的结果。

【相关法律风险提示】

1. 城市居民或非同一集体经济组织成员购买农村所谓“村产权”“乡产权”房不合法。价格或许便宜,风险一定很大。

2. 集体土地上建造的房屋,以“廉租房”“公租房”“集资房”“新农村工程房”“新居工程房”等名义,或变相的“以租代售”进行房屋交易,因为无法办理产权过户,合同效力无法补正,故交易的合法性不受法律保障。

3. 任何开发公司或乡镇政府向城市居民或非统一集体经济组织成员颁发的房屋“所有权证”或“集体土地使用权证”不具有合法性。

4. 小产权房买卖合同无效,因买受人对房屋权属存在审核义务,故对合同无效亦存在过错,故存在房款返还时,是否支持利息,法院有不同判例。

5. 明知涉案土地属政府划拨社会福利性质,却以建设老年公寓名义开发商业别墅,所签“以租代售”入住协议应认定无效。

6. 非本农村集体经济组织成员购买在该组织集体土地上修建的“使用权房”或“房屋使用权”合同,应认定为无效。

【附注】

参考案例索引:广东深圳宝安区法院(2010)深宝法民三初字第1182号“张某诉某开发公司房屋买卖合同纠纷案”;最高人民法院(2016)最高法民申3285号“吴某与某居委会等借款合同纠纷案”,见《以农村集体土地上房屋偿还非集体经济组织成员借款的协议效力及法律后果——嵩县城关镇北店街社区居民委员会、嵩县城关镇人民政府与闫景梅、吴晓乐、吴东洋借款合同纠纷案》(谢爱梅,最高院民一庭;审判长张纯,代理审判员赵风暴、谢爱梅),载《民事审判指导与参考·最高人民法院案件解析》(201701/69:191);天津一中院(2016)津01民终3900号“张某与某合作社合同纠纷案”,见《合同目的应作为法院判定合同效力的重要原因——天津一中院判决张某诉某蔬菜专业合作社合同纠纷案》(刘艳),载《人民法院报·案例精选》(20170105:06);江苏扬州中院(2011)扬民终字第0546号“某村委会与王某等合同纠纷案”，见《维扬区经圩村委会诉王春福、经圩老年公寓公司“以租代售”社会福利用地所建别墅合同无效纠纷案》，载《江苏省高级人民法院公报》(201203/21:43)；福建厦门集美区法院(2009)集民初字第1466号“吴某与某开发公司合同纠纷案”，见《吴清方诉厦门市寿石山老年公寓开发建设有限公司合同纠纷案》(余巍)，载《人民法院案例选》(201001/71:183)；浙江金华婺城区法院(2002)婺民一初字第120号“李某与某房产公司等土地使用权纠纷案”，见《李建明诉金华市红旗商品住宅经营公司等案(房屋土地使用权)》(施春荣)，载《中国审判案例要览》(2003民:3)；北京二中院(2011)二中民终字第20914号“李某与张某居间合同纠纷上诉案”；河南济源法院(2010)济民二初字第63号“牛某诉孟某等房屋买卖合同纠纷案”；山东青岛中院(2010)青民一终字第1640号“张某与张某房屋买卖合同纠纷案”；浙江丽水中院(2010)浙丽商终字第265号“朱某与瞿某等定金合同纠纷上诉案”；河南郑州中院(2010)郑民三终字第351号“郭某与某开发公司等房屋买卖合同纠纷上诉”。

中编　典型房屋类型
——二手房篇

11. 精神病人的卖房效力

——患有精神病,卖房何程序?

【合同主体】

【案情简介及争议焦点】

夫亡,其妻李某患精神分裂症。夫兄赵某持李某身份证件,以抵债为由,将李某名下公房以7万元低价售与张某。

争议焦点:1. 赵某是否有权代理? 2. 张某是否善意取得?

【裁判要点】

1. 买卖合同因无权代理而无效。赵某未取得李某法定代理人书面授权,亦无充分证据证明其受李某法定代理人口头授权,故应认定赵某无权代理李某处分案涉房屋。即便张某与李某间存在债权债务关系,赵某亦无权以李某名义将房屋处分给张某用以抵债,故合同无效。

2. 张某的行为不能构成善意取得。张某明知房屋产权人系李某,仅凭现有证据不能证明张某有充分理由相信赵某取得处分该房代理权,况张某实际并未支付合理对价,故不能认定张某善意。合同被确认无效后,因该合同取得的财产应返还,故张某应将案涉房屋归还李某。

【裁判依据或参考】

1. 法律规定。《民法典》(2021年1月1日)第21条:"不能辨认自己行为的成年人为无民事行为能力人,由其法定代理人代理实施民事法律行为。八周岁以上的未成年人不能辨认自己行为的,适用前款规定。"第22条:"不能完全辨认自己行为的成年人为限制民事行为能力人,实施民事法律行为由其法定代理人代理或者经其法定代理人同意、追认;但是,可以独立实施纯获利益的民事法律行为或者与其智力、精神健康状况相适应的民事法律行为。"第23条:"无民事行为能力人、限制民事行为能力人的监护人是其法定代理人。"第24条:"不能辨认或者不能完全辨认自己行为的成年人,其利害关系人或者有关组织,可以向人民法院申请认定该成年人为无民事行为能力人或者限制民事行为能力人。被人民法院认定为无民事行为能力人或者限制民事行为能力人的,经本人、利害关系人或者有关组织申请,人民法院可以根据其智力、精神健康恢复的状况,认定该成年人恢复为限制民事行为能力人或者完全民事行为能力人。本条规定的有关组织包括:居民委员会、村民委员会、学校、医疗机构、妇女联合会、残疾人联合会、依法设立的老年人组织、民政部门等。"第28条:"无民事行为能力或者限制民事行为能力的成年人,由下列有监护能力的人按顺序担任监护人:(一)配偶;(二)父母、子女;(三)其他近亲属;(四)其他愿意担任监护人的个人或者组织,但是须经被监护人住所地的居民委员会、村民委员会或者民政部门同意。"第34条:"监护人的职责是代理被监护人实施民事法律行为,保护被监护人的人身权利、财产权利以及其他合法权益等。监护人依法履行监护职责产生的权利,受法律保护。监护人不履行监护职责或者侵害被监护人合法权益的,应当承担法律责任。因发生突发事件等紧急情况,监护人暂时无法履行监护职责,被监护人的生活处于无人照料状态的,被监护人住所地的居民委员会、村民委员会或者民政部门应当为被监护人安排必要的临时生活照料措施。"第35条:"监护人应当按照最有利于被监护人的原则履行监护职责。监护人除为维护被监护人利益外,不得处分被监护人的财产。未成年人的监护人履行监护职责,在作出与被监护人利益有关的决定时,应当根据被监护人的年龄和智力状况,尊重被监护人的真实意愿。成年人的监护人履行监护职责,应当最大程度地尊重被监护人的真实意愿,保障并协助被监护人实施与其智力、精神健康状况相适应的民事法律行为。对被监护人有能力独立处理的事务,监护人不得干涉。"**《民事诉讼法》**(2017年6月27日修正)第177条:"人民法院审理选民资格案件、宣告失踪或者宣告死亡案件、认定公民无民事行为能力或者限制民事行为能力案件、认定财产无主案件、确认调解协议案件和实现担保物权案件,适用本章规定。本章没有规定的,适用本法和其他法律的有关规定。"第171、172条,改为第188、189条。第188条:"人民法院受理申请后,必要时应当对被请求认定为无民事行为能力或者限制民事行为能力的公民进行鉴定。申请人已提供鉴定结论的,应当对鉴定结论进行审查。"第189条:"人民法院审理认定公民无民事行为能力或者限制民事行为能力的案件,应当由该公民的近亲属为代理人,但申请人除外。近亲属互相推诿的,由人民法院指定其中一人为代理人。该公民健康情况许可的,还应当询问本人的意见。人民法院经审理认定申请有事实根据的,判决该公民为无民事行为能力或者限制民事行为能力人;认定申请没有事实根据的,应当判决予以驳回。"**《合同法》**(1999年10月1日,已于2021年1月1日起失效)第47条:"限制民事行为能力人订立的合同,经法定代理人追认后,该合同有效,但纯获利益的合同或者与其年龄、智力、精神健康状况相适应而订立的合同,不必经法定代理人追认。相对人可以催告法定代理人在一个月内予以追认。法定代理人未作表示的,视为拒绝追认。合同被追认之前,善意相对人有撤销的权利。撤销应当以通知的方式作出。"

第 48 条："行为人没有代理权、超越代理权或者代理权终止后以被代理人名义订立的合同，未经被代理人追认，对被代理人不发生效力，由行为人承担责任。相对人可以催告被代理人在一个月内予以追认。被代理人未作表示的，视为拒绝追认。合同被追认之前，善意相对人有撤销的权利。撤销应当以通知的方式作出。"**《民法通则》**（1987 年 1 月 1 日，已于 2021 年 1 月 1 日起失效）第 13 条："不能辨认自己行为的精神病人是无民事行为能力人，由他的法定代理人代理民事活动。不能完全辨认自己行为的精神病人是限制民事行为能力人，可以进行与他的精神健康状况相适应的民事活动；其他民事活动由他的法定代理人代理，或者征得他的法定代理人的同意。"第 14 条："无民事行为能力人、限制民事行为能力人的监护人是他的法定代理人。"第 17 条："无民事行为能力人或者限制民事行为能力人的精神病人，由下列人员担任监护人：（一）配偶；（二）父母；（三）成年子女；（四）其他近亲属……"第 58 条："下列民事行为无效：（一）无民事行为能力人实施的；（二）限制民事行为能力人依法不能独立实施的……"

2. 司法解释及最高人民法院司法性意见。最高人民法院民一庭**《民事审判实务问答 066：买受人从开发商处购买房屋，尚未办理产权登记，又将该房屋转卖给第三人，第三人能否直接请求开发商协助办理权属证书》**（2021 年 7 月）："……第一种观点认为，基于合同相对性原则，第三人只能要求买受人协助办理房屋产权变更登记，不能直接向开发商主张。第二种观点认为，前后合同处于连续状态，第三人代替了买受人的位置，为交易便捷，可以在判决中省略登记，最终买受人可直接要求开发商协助办理产权变更登记。我们同意第一种观点，理由是：（1）符合合同相对性的法理。《民法典》第一百一十九条规定：'依法成立的合同，对当事人具有法律约束力。'合同在相对人之间发生效力，除法律明确规定外，一般不能约束合同以外的第三人。对于连环买卖，虽然针对同一标的物，且交易彼此连续，但仍属于不同的主体和不同的法律关系，故第三人不能突破合同相对性直接向出卖人主张权利，除非符合《民法典》第五百三十五条关于代位权的规定。（2）防止国家税收流失。根据我国房地产税收有关法律规定，二手房交易需要缴纳营业税、个人所得税、契税等税种，如果允许第三人直接向出卖人即开发商主张过户，将使中间环节的税收被规避，导致国有资产流失，同时有民事审判阻碍国家征税行政权之嫌。（3）合理平衡债权人利益。如果允许第三人直接向出卖人即开发商请求过户，买受人的债权人利益可能会受损。特别在买受人恶意逃债时，其与第三人虚构房屋买卖合同，由第三人通过法院裁判获得房屋所有权，使买受人的债权人的利益落空。"最高人民法院**《关于适用〈中华人民共和国婚姻法〉若干问题的解释（三）》**（2011 年 8 月 13 日　法释〔2011〕18 号，已于 2021 年 1 月 1 日起失效）第 8 条："无民事行为能力人的配偶有虐待、遗弃等严重损害无民事行为能力一方的人身权利或者财产权益行为,其他有监护资格的人可以依照特别程序要求变更监护关系;变更后的监护人代理无民事行为能力一方提起离婚诉讼的,人民法院应予受理。”最高人民法院**《关于贯彻执行〈中华人民共和国民法通则〉若干问题的意见(试行)》**[1988年4月2日 法(办)发〔1988〕6号,已于2021年1月1日起失效]第5条:“精神病人(包括痴呆症人)如果没有判断能力和自我保护能力,不知其行为后果的,可以认定为不能辨认自己行为的人;对于比较复杂的事物或者比较重大的行为缺乏判断能力和自我保护能力,并且不能预见其行为后果的,可以认定为不能完全辨认自己行为的人。”第7条:“当事人是否患有精神病,人民法院应当根据司法精神病学鉴定或者参照医院的诊断、鉴定确认。在不具备诊断、鉴定条件的情况下,也可以参照群众公认的当事人的精神状态认定,但应以利害关系人没有异议为限。”第8条:“在诉讼中,当事人及利害关系人提出一方当事人患有精神病(包括痴呆症),人民法院认为确有必要认定的,应当按照民事诉讼法(试行)规定的特别程序,先作出当事人有无民事行为能力的判决。确认精神病人(包括痴呆症人)为限制民事行为能力人的,应当比照民事诉讼法(试行)规定的特别程序进行审理。”第20条:“监护人不履行监护职责,或者侵害了被监护人的合法权益,民法通则第十六条、第十七条规定的其他有监护资格的人或者单位向人民法院起诉,要求监护人承担民事责任的,按照普通程序审理,要求变更监护关系的,按照特别程序审理;既要求承担民事责任,又要求变更监护关系的,分别审理。”第67条第1款:“间歇性精神病人的民事行为,确能证明是在发病期间实施的,应当认定无效。”

3. 部门规范性文件。自然资源部**《不动产登记暂行条例实施细则(2019年修改)》**(2019年7月24日)第11条:“无民事行为能力人、限制民事行为能力人申请不动产登记的,应当由其监护人代为申请。监护人代为申请登记的,应当提供监护人与被监护人的身份证或者户口簿、有关监护关系等材料;因处分不动产而申请登记的,还应当提供为被监护人利益的书面保证。父母之外的监护人处分未成年人不动产的,有关监护关系材料可以是人民法院指定监护的法律文书、经过公证的对被监护人享有监护权的材料或者其他材料。”建设部**《房屋登记办法》**(2008年7月1日,已于2019年9月6日起失效)第14条:“未成年人的房屋,应当由其监护人代为申请登记。监护人代为申请未成年人房屋登记的,应当提交证明监护人身份的材料;因处分未成年人房屋申请登记的,还应当提供为未成年人利益的书面保证。”

4. 地方司法性文件。重庆高院**《关于当前民事审判若干法律问题的指导意见》**(2007年11月22日)第50条:“关于认定无民事行为能力人或限制行为能力人的问题。诉讼中一般不要通过特别程序认定当事人为无民事行为能力人或限制民事行为能力人。当事人及利害关系人以书面方式提出一方当事人患有精神病,并要求确认其为无民事行为能力人或限制民事行为能力人的,人民法院认为确有必要的，可以启动特别程序予以认定。如当事人拒绝作精神鉴定且无委托代理人的，人民法院可让其近亲属作为诉讼代理人参与诉讼。”北京高院**《关于规范有关案件受理费工作的几点意见(试行)》**(2006 年 2 月 24 日　京高法〔2006〕49 号)第 10 条：“无民事行为能力人或者限制民事行为能力人请求司法救助的，可由其法定代理人代为提出。无民事行为能力人或者限制民事行为能力人与其法定代理人发生诉讼的，可由与该争议事项无利害关系的其他法定代理人代为提出司法救助请求。”

5. 地方规范性文件。山西省住房和城乡建设厅**《关于印发〈房屋登记办法〉实施细则的通知》**(2011 年 6 月 1 日　晋建房字〔2011〕159 号)第 9 条：“未成年人、无民事行为能力人或者限制民事行为能力人的房屋，应当由其法定监护人代为申请房屋登记。”第 10 条：“无民事行为能力人或者限制民事行为能力人的监护人申请房屋登记，应当提交人民法院出具的被代理人无民事行为能力或者限制民事行为能力的证明和监护人有效身份的证明。被监护人的房屋申请转移或者抵押登记，监护人还应当提供经公证的转移、抵押房屋目的是为被监护人利益的书面保证。房屋登记机构应当将有关未成年人、无民事行为能力人或者限制民事行为能力人及其监护人的相关信息在登记簿中进行附记。”浙江省国土资源厅**《关于印发〈浙江省土地登记实施细则〉的通知》**(2010 年 3 月 1 日　浙土资办〔2009〕143 号)第 9 条：“未成年人等限制民事行为能力人、无民事行为能力人的土地使用权，应当由其监护人代为申请登记。监护人代为申请登记的，应当提交证明监护人身份的材料；因处分被监护人土地权利申请登记的，还应当提供经过公证的为被监护人利益的书面保证。”吉林省住房和城乡建设厅**《关于印发〈吉林省房屋登记若干问题暂行规定(一)〉的通知》**(2009 年 12 月 29 日　吉建房〔2009〕38 号)第 12 条：“无民事行为能力人和限制民事行为能力人的房屋，应当由其监护人代为申请登记。监护人代为申请的，应当提交证明监护人身份的材料。监护人为父母的，应提交户籍证明；监护人为法院指定的，应当提交法律文书；监护人为以上两种情形之外的，应当提交经公证的监护证明材料。”山东省建设厅**《关于印发〈山东省实施房屋登记办法细则〉的通知》**(2009 年 5 月 1 日　鲁建发〔2009〕5 号)第 11 条：“无民事行为能力人或限制民事行为能力人的房屋，应当由其监护人代为申请登记。监护人代为申请登记的，应当提交监护人的身份证明材料。监护人处分无民事行为能力或限制民事行为能力人的房屋申请登记的，由全部监护人共同申请，并提交为被监护人利益的书面保证。无民事行为能力或限制民事行为能力的人应当由法院认定，未成年人除外。”北京市建委**《关于印发〈房屋登记工作规范(试行)〉的通知》**(2009 年 2 月 20 日　京建权〔2008〕827 号，已于 2018 年 6 月 28 日起失效)第 2 条：“……无(限制)民事行为能力人的房屋登记，由其监护人代为申请，提交监护人身份证明、被监护人居民身份证或户口簿(未成年人)、证明法定监护关系的户口簿,或者其他能够证明监护关系的法律文件;因处分未成年人房屋申请登记的,还应当提供由监护人出具的为被监护人利益的书面保证原件。”上海市房屋土地管理局**《关于印发〈上海市房地产登记权利人资格及不予受理登记的规定〉的通知》**(1996年4月24日　沪房地籍〔1996〕322号)第1条:“权利人自行办理房地产登记的,必须具有完全民事行为能力。即十八周岁以上公民,或十六周岁以上不满十八周岁的公民,以自己的劳动收入为主要生活来源的,可自办房地产登记。”第2条:“限制行为能力的人(10周岁以上的未成年人和不能完全辨认自己行为的精神病人)和无民事行为能力的人(不满十周岁以下的未成年人和不能辨认自己行为的精神病人),可由他们的法定代理人即监护人代理登记。登记时,代理人应出具代理人证明。”

6. 参考案例。2009年2月**河南某房屋买卖合同案**,*2005年12月8日,李某与来某签订房屋买卖合同,以9万元买房一套。后来某之母提出申请,经司法鉴定,认为“从2004年5月开始就已处于精神失常状况”,法院据此宣告来某为无民事行为能力人。*法院认为:生效判决已宣告来某为无民事行为能力人。且根据司法鉴定书,来某从2004年5月始就已处于精神失常状态,即2005年12月8日签订房地产买卖契约时,来某就已处于精神分裂症发病期。案涉协议因来某处于精神分裂症发病期签订,故该民事行为系无效民事行为。由于李某不能提供证据证明来某在签订上述合同时具有完全民事行为能力,故双方签订房地产买卖契约无效。2009年1月**上海某房屋买卖合同案**,法院认为:郑兄虽于1998年4月被诊断患有分裂样精神病,但其始终正常工作,从该次诊断至2007年11月长达9年多的时间内,郑兄未再接受治疗。且郑兄于2001年1月以其本人名义购买了另套房屋并亲自办理了购房的相关手续。故在无确实充分的证据能证明郑兄在2000年7月期间为限制民事行为能力或无民事行为能力的情况下,应认定对于郑弟购买系争房屋产权可能产生的后果及对自己的影响,郑兄有能力估计并作出判断。故对于郑兄以其在系争房屋购买产权期间无民事行为能力为由,要求确认郑弟与某公司签订的《公有住房出售合同》无效的请求,因缺乏依据,不予支持。2008年5月**北京某房屋买卖合同案**,法院认为:当事人对自己提出的主张,有提供证据予以证明的责任。原告方认为自己在与被告转让房屋承租权时,系无民事行为能力人,应承担举证证明的责任。根据鉴定机构的鉴定,结论为:原告目前系精神分裂症患者,但无法评价原告签订合同时的民事行为能力状况。故本院认为原告方并未提供充分证据证明原告在进行房屋承租权转让时系无民事行为能力人。且原、被告在办理诉争房屋承租权变更手续时,其母亲亦表示同意原告将诉争房屋承租权转让给被告。故原告将自己所有的诉争房屋承租权转让给被告,未违反行为能力方面的禁止性规定的情形存在,应为有效的民事行为。原告关于未取得产权登记证书的房屋不能买卖的诉称，因双方是有偿转让房屋承租权的行为，非房屋买卖行为，故对此诉称，本院不予采信，判决驳回原告诉讼请求。2007年1月**辽宁某房屋买卖合同案**，2004年，王某以8万元从产权人于某手里购得房屋，并办理了过户，随即以12万元卖给张某，再次办理过户至张某名下。张某诉请一直居住该房的于某腾房，因于某系三级残精神病人，属限制民事行为能力人，法院判决驳回张某诉讼请求。张某只得起诉王某，王某被判返款并赔偿损失。2006年9月，王某起诉于某，要求返款并赔偿。法院认为：于某作为限制民事行为能力人，只能进行与他的健康状况相适应的民事活动，其他民事活动由他的法定代理人代理或者征得他的法定代理人的同意。本案中于某作为出卖人与王某签订房屋买卖合同进行房屋交易的民事行为，未征得他的法定代理人的同意，该民事行为无效。于某收取的6万元房款应当返还给王某，王某亦应返还于某的原房屋权属证明手续。2005年12月**辽宁某房屋买卖合同案**，法院认为：陈某系限制民事行为能力人，其监护人未能尽到监护责任，导致陈某与钱某房屋买卖结果的发生，并造成房屋买卖协议无效后，由于房价上涨而产生的差价损失。因当时双方交易的诉争房屋为使用权，钱某应归还的和陈某要求返还的均是诉争房屋的使用权，故应按诉争房屋使用权的差价款54,958元作为认定损失的依据。现陈某主张钱某明知陈某是一名精神病人而与其签订房屋买卖协议，应认定钱某属有过错一方，由钱某承担赔偿差价损失，但陈某不能举证证明钱某明知陈某是精神病人而故意与其签订房屋买卖协议且当时双方的房屋交易并非显失公平，故陈某提出应由钱某承担经济损失责任的主张，本院不予支持。另外，造成双方签订的合同无效的损失还应包括装修损失16,821元，亦应由出卖人承担。2005年11月**辽宁某房屋买卖合同案**，法院认为：关于李某主张夏某曾于1981年患癫痫病，被市精神卫生中心鉴定为重性精神病，为无民事行为能力人，不具有独立交易房屋能力的问题。李某为此提供了市精神卫生中心于2005年6月8日出具的门诊病历首页复印件及MMPI报告、PSE测试报告复印件，结论为癫痫所致精神障碍。依照《民事诉讼法》的有关规定，公民是否具有民事行为能力，应基于申请人的申请，由人民法院依照《民事诉讼法》规定的特别程序予以确认，在未经人民法院依照法定程序确认前，本院依照普通程序无法确定李某是否为无民事行为能力人，且李某所举精神卫生中心的证据均为2005年6月8日形成，不能直接证明2003年夏某在出售房屋时的精神状况。故李某的此项上诉请求，法院不予支持。现有证据不能证明牛某在购房时知道有李某的财产份额而执意购买，同时，已登记的房屋权利具有公示和公信力，诉争房屋所有权证载明的房屋所有权人为夏某，夏某与李某虽经法院调解离婚，并将诉争房屋东屋归李某所有，中间厨房共用，但李某与夏某均未进行变更登记，对外不具有公示和公信力。李某与夏某离婚后直至夏某卖房前，一直未在诉争房屋居住。以上表明，孙某在代夏某出卖房屋时，买受人牛某有理由相信其所购买的房屋为夏某所有，现有证据不能证明牛某买房时具有恶意，且牛某已支付了对价，并实际占有诉争房屋，为保护交易安全，本院对此买卖关系予以确认。

【同类案件处理要点】

精神病人等无民事行为能力或限制民事行为能力人与他人签订房屋买卖合同进行房屋交易的民事行为，未征得其法定代理人的同意或事后追认，该民事行为无效。

【相关法律风险提示】

1. 虽然出售房屋的出卖人与产权证上的房屋产权人一致，出售价格也相对合理，但若卖房人为限制民事行为能力人或无民事行为能力人，买卖合同效力依然受到影响，乃至无效。故即使是一宗看上去很正常的买卖，也要尽可能对出卖人精神状态有所判断和做必要的背景调查，对于出卖人明显存在精神疾病的，有必要取得其法定代理人或近亲属对交易行为的书面确认。

2. 虽然房屋买卖合同的签订再正常不过，买卖双方主体具备交易资格、无其他违法行为，交付了房款并办理了过户，但因前手的买卖合同瑕疵，即便所有的交易均办理登记手续，但在最初的产权人出卖房屋并过户后，因其无民事行为能力或限制民事行为能力，最后取得房屋的登记产权人，依善意、依合法成立的房屋买卖合同要求该民事行为能力欠缺之人腾退房屋，依然存在不能获得法院支持的风险。辽宁沈阳中院（2007）沈民（2）房终字第 38 号“王某与于某房屋买卖合同纠纷案”揭示了法律和情理的两难。买受人对交易房屋居住现状及居住人身份、与该房屋关系的了解成为必要。

3. 签订房屋买卖合同因主体资格不适导致无效后，受让人将房屋另行转给善意第三人，第三人因获取房屋所有权或使用权目的不能实现的，受让人并不因其与第三人的善意取得而免于承担违约责任。

4. 购房合同的发票和装修房屋的票据应当长时间留存，不仅是作为房屋所有权的证明，而且在嗣后合同因各种原因导致无效主张经济损失时，可作为凭据。

5. 买卖合同对方的行为能力直接影响合同效力。就以往的行为能力鉴定，应当提供过去一段时间内的就诊治疗情况。如不能证明签约当时的行为能力，仅以现时的鉴定结论，难以获得法院作出买卖合同无效认定。案见北京丰台法院（2008）丰民初字第 2016 号“宋某诉吴某房屋买卖合同纠纷案”。

【附注】

参考案例索引：上海二中院（2009）沪二中民二（民）终字第 1866 号“张某与李某房屋买卖合同纠纷案”；河南郑州中院（2009）郑民一终字第 430 号“李某与来某

房屋买卖合同纠纷案”；上海二中院（2009）沪二中民二（民）终字第 26 号“郑兄诉郑弟等房屋买卖合同纠纷上诉案”；北京丰台法院（2008）丰民初字第 2016 号“宋某诉吴某房屋买卖合同纠纷案”；辽宁沈阳中院（2007）沈民（2）房终字第 38 号“王某与于某房屋买卖合同纠纷案”；辽宁沈阳中院（2005）沈中民（2）房终字第 1141 号“陈某与钱某房屋买卖合同纠纷案”；辽宁沈阳中院（2005）沈民（2）房终字第 977 号“李某与夏某等房屋买卖合同纠纷案”。

12. 未成年房主卖房程序

——房主是孩子，卖房有无效？

【合同主体】

【案情简介及争议焦点】

1995 年朱某父逝，生前与朱某母的夫妻共同财产由朱某叔看管。1998 年，朱某母再婚。1999 年，经其他亲属见证，朱某叔与年仅 16 周岁的朱某签订售房合同，并支付了 3600 元房款。2005 年因征地拆迁补偿，朱某母及朱某姐以售房合同无效为由起诉朱某叔，朱某被追加为第三人。

争议焦点：1. 房屋权属状况如何？ 2. 合同效力如何？

【裁判要点】

1. 房屋权属。朱某与母、姐因朱某父去世，对父母的夫妻共同所有房屋均享有继承权。

2. 合同无效。朱某未经其他共有人同意，单独将共有房屋转让给叔父且转让时其系限制民事行为能力人，不能独立实施售房行为，其他共有人在知情后又拒绝追认，故该售房行为当属无效。朱某叔作为朱某的叔父应知晓该房屋为共同共有财产，在未取得共同共有人同意的情况下，与朱某订立该房屋转让协议，该行为不符合善意取得的情形，不应受法律保护。

【裁判依据或参考】

1. 法律规定。《民法典》（2021 年 1 月 1 日）第 15 条：“自然人的出生时间和死亡时间，以出生证明、死亡证明记载的时间为准；没有出生证明、死亡证明的，以户籍登记或者其他有效身份登记记载的时间为准。有其他证据足以推翻以上记载时间的,以该证据证明的时间为准。"第17条:"十八周岁以上的自然人为成年人。不满十八周岁的自然人为未成年人。"第18条:"成年人为完全民事行为能力人,可以独立实施民事法律行为。十六周岁以上的未成年人,以自己的劳动收入为主要生活来源的,视为完全民事行为能力人。"第19条:"八周岁以上的未成年人为限制民事行为能力人,实施民事法律行为由其法定代理人代理或者经其法定代理人同意、追认;但是,可以独立实施纯获利益的民事法律行为或者与其年龄、智力相适应的民事法律行为。"第20条:"不满八周岁的未成年人为无民事行为能力人,由其法定代理人代理实施民事法律行为。"第21条:"不能辨认自己行为的成年人为无民事行为能力人,由其法定代理人代理实施民事法律行为。八周岁以上的未成年人不能辨认自己行为的,适用前款规定。"第22条:"不能完全辨认自己行为的成年人为限制民事行为能力人,实施民事法律行为由其法定代理人代理或者经其法定代理人同意、追认;但是,可以独立实施纯获利益的民事法律行为或者与其智力、精神健康状况相适应的民事法律行为。"第23条:"无民事行为能力人、限制民事行为能力人的监护人是其法定代理人。"第24条:"不能辨认或者不能完全辨认自己行为的成年人,其利害关系人或者有关组织,可以向人民法院申请认定该成年人为无民事行为能力人或者限制民事行为能力人。被人民法院认定为无民事行为能力人或者限制民事行为能力人的,经本人、利害关系人或者有关组织申请,人民法院可以根据其智力、精神健康恢复的状况,认定该成年人恢复为限制民事行为能力人或者完全民事行为能力人。本条规定的有关组织包括:居民委员会、村民委员会、学校、医疗机构、妇女联合会、残疾人联合会、依法设立的老年人组织、民政部门等。"第26条:"父母对未成年子女负有抚养、教育和保护的义务。成年子女对父母负有赡养、扶助和保护的义务。"第27条:"父母是未成年子女的监护人。未成年人的父母已经死亡或者没有监护能力的,由下列有监护能力的人按顺序担任监护人:(一)祖父母、外祖父母;(二)兄、姐;(三)其他愿意担任监护人的个人或者组织,但是须经未成年人住所地的居民委员会、村民委员会或者民政部门同意。"第28条:"无民事行为能力或者限制民事行为能力的成年人,由下列有监护能力的人按顺序担任监护人:(一)配偶;(二)父母、子女;(三)其他近亲属;(四)其他愿意担任监护人的个人或者组织,但是须经被监护人住所地的居民委员会、村民委员会或者民政部门同意。"第34条:"监护人的职责是代理被监护人实施民事法律行为,保护被监护人的人身权利、财产权利以及其他合法权益等。监护人依法履行监护职责产生的权利,受法律保护。监护人不履行监护职责或者侵害被监护人合法权益的,应当承担法律责任。因发生突发事件等紧急情况,监护人暂时无法履行监护职责,被监护人的生活处于无人照料状态的,被监护人住所地的居民委员会、村民委员会或者民政部门应当为被监护人安排必要的临时生活照料措施。"第35条:"监护人应当按照最有利于被监护人的原则履行监护职责。监护人除为维护被监护人利益外，不得处分被监护人的财产。未成年人的监护人履行监护职责，在作出与被监护人利益有关的决定时，应当根据被监护人的年龄和智力状况，尊重被监护人的真实意愿。成年人的监护人履行监护职责，应当最大程度地尊重被监护人的真实意愿，保障并协助被监护人实施与其智力、精神健康状况相适应的民事法律行为。对被监护人有能力独立处理的事务，监护人不得干涉。"**《物权法》**(2007 年 10 月 1 日，已于 2021 年 1 月 1 日起失效)第 17 条："不动产权属证书是权利人享有该不动产物权的证明。不动产权属证书记载的事项，应当与不动产登记簿一致；记载不一致的，除有证据证明不动产登记簿确有错误外，以不动产登记簿为准。"第 106 条："无处分权人将不动产或者动产转让给受让人的，所有权人有权追回；除法律另有规定外，符合下列情形的，受让人取得该不动产或者动产的所有权：(一)受让人受让该不动产或者动产时是善意的；(二)以合理的价格转让；(三)转让的不动产或者动产依照法律规定应当登记的已经登记，不需要登记的已经交付给受让人。受让人依照前款规定取得不动产或者动产的所有权的，原所有权人有权向无处分权人请求赔偿损失。当事人善意取得其他物权的，参照前两款规定。"**《城市房地产管理法(2019 年修正)》**(2020 年 1 月 1 日)第 38 条："下列房地产，不得转让：……(四)共有房地产，未经其他共有人书面同意的……"**《未成年人保护法(2020 年修订)》**(2021 年 6 月 1 日)第 11 条："任何组织或者个人发现不利于未成年人身心健康或者侵犯未成年人合法权益的情形，都有权劝阻、制止或者向公安、民政、教育等有关部门提出检举、控告。国家机关、居民委员会、村民委员会、密切接触未成年人的单位及其工作人员，在工作中发现未成年人身心健康受到侵害、疑似受到侵害或者面临其他危险情形的，应当立即向公安、民政、教育等有关部门报告。有关部门接到涉及未成年人的检举、控告或者报告，应当依法及时受理、处置，并以适当方式将处理结果告知相关单位和人员。"第 16 条："未成年人的父母或者其他监护人应当履行下列监护职责：……(七)妥善管理和保护未成年人的财产……"第 17 条："未成年人的父母或者其他监护人不得实施下列行为：……(十)违法处分、侵吞未成年人的财产或者利用未成年人牟取不正当利益……"第 24 条："未成年人的父母离婚时，应当妥善处理未成年子女的抚养、教育、探望、财产等事宜，听取有表达意愿能力未成年人的意见。不得以抢夺、藏匿未成年子女等方式争夺抚养权。未成年人的父母离婚后，不直接抚养未成年子女的一方应当依照协议、人民法院判决或者调解确定的时间和方式，在不影响未成年人学习、生活的情况下探望未成年子女，直接抚养的一方应当配合，但被人民法院依法中止探望权的除外。"第 106 条："未成年人合法权益受到侵犯，相关组织和个人未代为提起诉讼的，人民检察院可以督促、支持其提起诉讼；涉及公共利益的，人民检察院有权提起公益诉讼。"第 107 条："人民法院审理继承案件,应当依法保护未成年人的继承权和受遗赠权。人民法院审理离婚案件,涉及未成年子女抚养问题的,应当尊重已满八周岁未成年子女的真实意愿,根据双方具体情况,按照最有利于未成年子女的原则依法处理。"第 108 条:"未成年人的父母或者其他监护人不依法履行监护职责或者严重侵犯被监护的未成年人合法权益的,人民法院可以根据有关人员或者单位的申请,依法作出人身安全保护令或者撤销监护人资格。被撤销监护人资格的父母或者其他监护人应当依法继续负担抚养费用。"第 118 条:"未成年人的父母或者其他监护人不依法履行监护职责或者侵犯未成年人合法权益的,由其居住地的居民委员会、村民委员会予以劝诫、制止;情节严重的,居民委员会、村民委员会应当及时向公安机关报告。公安机关接到报告或者公安机关、人民检察院、人民法院在办理案件过程中发现未成年人的父母或者其他监护人存在上述情形的,应当予以训诫,并可以责令其接受家庭教育指导。"**《合同法》**(1999 年 10 月 1 日,已于 2021 年 1 月 1 日起失效)第 47 条:"限制民事行为能力人订立的合同,经法定代理人追认后,该合同有效,但纯获利益的合同或者与其年龄、智力、精神健康状况相适应而订立的合同,不必经法定代理人追认。相对人可以催告法定代理人在一个月内予以追认。法定代理人未作表示的,视为拒绝追认。合同被追认之前,善意相对人有撤销的权利。撤销应当以通知的方式作出。"第 48 条:"行为人没有代理权、超越代理权或者代理权终止后以被代理人名义订立的合同,未经被代理人追认,对被代理人不发生效力,由行为人承担责任。相对人可以催告被代理人在一个月内予以追认。被代理人未作表示的,视为拒绝追认。合同被追认之前,善意相对人有撤销的权利。撤销应当以通知的方式作出。"**《民法通则》**(1987 年 1 月 1 日,已于 2021 年 1 月 1 日起失效)第 12 条:"十周岁以上的未成年人是限制民事行为能力人,可以进行与他的年龄、智力相适应的民事活动;其他民事活动由他的法定代理人代理,或者征得他的法定代理人的同意。不满十周岁的未成年人是无民事行为能力人,由他的法定代理人代理民事活动。"第 14 条:"无民事行为能力人、限制民事行为能力人的监护人是他的法定代理人。"第 18 条:"监护人应当履行监护职责,保护被监护人的人身、财产及其他合法权益,除为被监护人的利益外,不得处理被监护人的财产。监护人依法履行监护的权利,受法律保护。监护人不履行监护职责或者侵害被监护人的合法权益的,应当承担责任;给被监护人造成财产损失的,应当赔偿损失。人民法院可以根据有关人员或者有关单位的申请,撤销监护人的资格。"

2. 司法解释。最高人民法院**《关于中国信达资产管理公司福州办事处与张景宗、雷珊珊、张瑱瑱、厦门正丰源保税有限公司借款合同纠纷一案请示的复函》**(2002 年 2 月 8 日 〔2001〕民一他字第 34 号):"张景宗在购房合同的买方一栏除署上自己的名字外,还署上其未成年女儿张瑱瑱的名字,是将所购房屋的一部分权利赠与给张瑱瑱的行为。由于所购房屋尚未办理所有权证，张瑱瑱尚未取得赠与房屋的权利，故张景宗此时有权处分所购房屋。购房合同书上的买方是张景宗和张瑱瑱的名字，而张景宗是张瑱瑱的法定监护人，张瑱瑱是未成年人，无法向其征询意见，故保税区建行有理由相信张景宗具有对该房屋的处分权，因而与其签订了抵押合同，并依法办理了抵押登记，这充分表明，保税区建行尽到了注意义务，是没有过错的，因而是善意的。根据最高人民法院《关于贯彻执行〈中华人民共和国民法通则〉若干问题的意见（试行）》第89条的规定，应当维护保税区建行的合法权益，依法确认抵押合同的效力。"最高人民法院**《关于贯彻执行〈中华人民共和国民法通则〉若干问题的意见（试行）》**［1988年4月2日　法（办）发〔1988〕6号，已于2021年1月1日起失效］第2条："十六周岁以上不满十八周岁的公民，能够以自己的劳动取得收入，并能维持当地群众一般生活水平的，可以认定为以自己的劳动收入为主要生活来源的完全民事行为能力人。"第3条："十周岁以上的未成年人进行的民事活动是否与其年龄、智力状况相适应，可以从行为与本人生活相关联的程度、本人的智力能否理解其行为，并预见相应的行为后果，以及行为标的数额等方面认定。"第6条："无民事行为能力人、限制民事行为能力人接受奖励、赠与、报酬，他人不得以行为人无民事行为能力、限制民事行为能力为由，主张以上行为无效。"第10条："监护人的监护职责包括：保护被监护人的身体健康，照顾被监护人的生活，管理和保护被监护人的财产，代理被监护人进行民事活动，对被监护人进行管理和教育，在被监护人合法权益受到侵害或者与人发生争议时，代理其进行诉讼。"第12条："民法通则中规定的近亲属，包括配偶、父母、子女、兄弟姐妹、祖父母、外祖父母、孙子女、外孙子女。"第20条："监护人不履行监护职责，或者侵害了被监护人的合法权益，民法通则第十六条、第十七条规定的其他有监护资格的人或者单位向人民法院起诉，要求监护人承担民事责任的，按照普通程序审理；要求变更监护关系的，按照特别程序审理；既要求承担民事责任，又要求变更监护关系的，分别审理。"第21条："夫妻离婚后，与子女共同生活的一方无权取消对方对该子女的监护权，但是，未与该子女共同生活的一方，对该子女有犯罪行为、虐待行为或者对该子女明显不利的，人民法院认为可以取消的除外。"最高人民法院**《关于贯彻执行〈中华人民共和国继承法〉若干问题的意见》**（1985年9月11日　法〔民〕发〔1985〕22号，已于2021年1月1日起失效）第8条："法定代理人代理被代理人行使继承权、受遗赠权，不得损害被代理人的利益。法定代理人一般不能代理被代理人放弃继承权，受遗赠权。明显损害被代理人利益的，应认定其代理行为无效。"

3. 部门规范性文件。自然资源部**《不动产登记暂行条例实施细则（2019年修改）》**（2019年7月24日）第11条："无民事行为能力人、限制民事行为能力人申请不动产登记的,应当由其监护人代为申请。监护人代为申请登记的,应当提供监护人与被监护人的身份证或者户口簿、有关监护关系等材料;因处分不动产而申请登记的,还应当提供为被监护人利益的书面保证。父母之外的监护人处分未成年人不动产的,有关监护关系材料可以是人民法院指定监护的法律文书、经过公证的对被监护人享有监护权的材料或者其他材料。"建设部**《房屋登记办法》**(2008 年 7 月 1 日,已于 2019 年 9 月 6 日起失效)第 14 条:"未成年人的房屋,应当由其监护人代为申请登记。监护人代为申请未成年人房屋登记的,应当提交证明监护人身份的材料;因处分未成年人房屋申请登记的,还应当提供为未成年人利益的书面保证。"第 25 条:"房屋登记机构应当根据房屋登记簿的记载,缮写并向权利人发放房屋权属证书。房屋权属证书是权利人享有房屋权利的证明,包括《房屋所有权证》《房屋他项权证》等。申请登记房屋为共有房屋的,房屋登记机构应当在房屋所有权证上注明'共有'字样……"第 26 条:"房屋权属证书、登记证明与房屋登记簿记载不一致的,除有证据证明房屋登记簿确有错误外,以房屋登记簿为准。"国税总局**《关于继承土地、房屋权属有关契税问题的批复》**(2004 年 9 月 2 日　国税函〔2004〕1036 号,已于 2021 年 9 月 1 日废止)第 1 条:"对于《中华人民共和国继承法》规定的法定继承人(包括配偶、子女、父母、兄弟姐妹、祖父母、外祖父母)继承土地、房屋权属,不征契税。"

4. 地方司法性文件。江苏高院**《关于执行疑难问题的解答》**(2018 年 8 月 22 日)第 4 条:"对于被执行人与案外人(含配偶)共有的财产以及未成年子女名下财产,如何执行?生效法律文书仅载明被执行人个人为债务人,对于下列财产,执行法院可以执行。(一)被执行人配偶名下的存款、股权(股份)、金融理财产品等,婚后登记在被执行人配偶单方名下的房产、车辆以及婚后登记在被执行人和其配偶双方名下的房产、车辆等财产;(二)登记在被执行人及其他人名下的共有财产以及登记在案外人名下但案外人承认属于被执行人财产或同意作为被执行人财产接受强制执行的财产;(三)对于被执行人未成年子女名下与其收入明显不相称的较大数额存款,登记在被执行人未成年子女单方名下的房产、车辆或者登记在被执行人和其未成年子女名下的房产等,执行法院可以执行。对于共有财产,应当先行实物分割后执行,但不能实物分割或分割会导致财产价值明显减损的,执行法院可以整体处置。对于处置后变价款的执行,以被执行人在共有财产中所占份额为限。被执行人在共有财产中所占份额,以登记公示为准;没有登记公示的,按照出资额确定;不能确定出资额的,视为等额享有。但对于被执行人配偶单方名下以及被执行人与其配偶双方名下的夫妻共同财产,原则上以 1/2 份额为限执行。在人民法院整体处置前,共有人愿意支付被执行人应有份额部分对应的价款申请排除执行,债权人和债务人对此予以认可的,人民法院可以准许。处置时鼓励共有人积极参与竞买,共有人竞买成交后仅需支付被执行人应有份额部分对应的价款即可。共有人及未成年人子女基于实体权利提出异议的,适用民事诉讼法第227条审查处理。”广东深圳中院**《关于婚姻家庭纠纷案件的裁判指引》**(2014年5月21日)第28条:“夫妻双方在婚姻关系存续期间购买房产登记在未成年子女名下,双方当事人在离婚时主张该房产为夫妻共同财产的,人民法院在离婚案件中不予处理,告知有关当事人在离婚后另行主张分割共有财产。”广东深圳中院**《关于婚姻家庭纠纷案件的裁判指引》**(2006年7月1日)第27条:“婚后由一方父母部分出资为子女购买房产,夫妻双方支付其余款项,如果该房产登记在出资方子女名下,父母出资部分应视为对其子女个人的赠与;如果该房登记夫妻双方名下或者出资方子女配偶名下,父母出资部分应视为对夫妻双方的赠与。”第28条:“夫妻双方在婚姻关系存续期间购买房产登记在未成年子女名下,双方当事人在离婚时主张该房产为夫妻共同财产的,人民法院在离婚案件中不予处理,告知有关当事人在离婚后另行主张分割共有财产。”上海高院**《关于印发〈关于审理宅基地房屋纠纷若干问题的意见(试行)〉的通知》**(2007年12月17日　沪高法民一〔2007〕24号)第2条:“宅基地房屋中未成年人权利的确认。根据《土地管理法》第62条‘农村村民一户只能拥有一处宅基地’的规定,通常宅基地使用权的取得是以户的名义获得。农村集体经济组织在确定一户农村村民的宅基地使用权面积和房屋的建筑面积时,一般以该户农村村民的人数作为主要参考依据。未成年人基于其在农村集体经济组织中的身份,与其他成员以一户的名义共同取得了宅基地使用权和房屋建设的许可,其父母等投资建造房屋的行为可视为包括未成年人在内的一户农村村民的共同投资。《物权法》第142条规定:‘建设用地使用权人建造的建筑物、构筑物及其附属设施的所有权属于建设用地使用权人’,农村建房用地审批文件中核定的未成年人可认定为宅基地房屋的共同所有权人。”重庆高院**《关于当前民事审判若干法律问题的指导意见》**(2007年11月22日)第50条:“关于认定无民事行为能力人或限制行为能力人的问题。诉讼中一般不要通过特别程序认定当事人为无民事行为能力人或限制民事行为能力人。”北京高院**《关于行政审判适用法律问题的解答(二)》**(2007年4月11日　京高法发〔2007〕113号)第2条:“答:行政登记机关在办理行政登记时,尽到了必要合理注意义务,但当事人确属无民事行为能力人或者限制民事行为能力人,可不认定行政登记行为违法。此类案件的处理,可视行政登记行为的具体特点、情况分别作出判决驳回原告诉讼请求、撤销、确认无效或者以其他方式予以处理。”上海高院**《关于房屋动拆迁补偿款分割民事案件若干问题的解答》**(2004年1月12日　沪高法民一〔2004〕3号)第4条:“在公房内居住的未成年人问题如何解决?答:对在公房内居住的未成年人实际承担监护义务的人,可以就该房屋的拆迁补偿款适当多分。承租人或同住人允许他人未成年子女在自己承租的公房内居住的,一般可认定为属于帮助性质,并不当然等于同意该未成年人取得房屋的权利份额。因此,在这种情况下,该未成年人无权主张分割房屋拆迁补偿款,除非其能够证明其居住权并非基于他人的帮助而取得。当事人对该未成年人入住的相关问题另有约定的,依约定处理。”

5. 地方规范性文件。山西省住房和城乡建设厅***《关于印发〈房屋登记办法〉实施细则的通知》***(2011年6月1日　晋建房字〔2011〕159号)第9条:“未成年人、无民事行为能力人或者限制民事行为能力人的房屋,应当由其法定监护人代为申请房屋登记。”第10条:“无民事行为能力人或者限制民事行为能力人的监护人申请房屋登记,应当提交人民法院出具的被代理人无民事行为能力或者限制民事行为能力的证明和监护人有效身份的证明。被监护人的房屋申请转移或者抵押登记,监护人还应当提供经公证的转移、抵押房屋目的是为被监护人利益的书面保证。房屋登记机构应当将有关未成年人、无民事行为能力人或者限制民事行为能力人及其监护人的相关信息在登记簿中进行附记。”浙江省国土资源厅***《关于印发〈浙江省土地登记实施细则〉的通知》***(2010年3月1日　浙土资办〔2009〕143号)第9条:“未成年人等限制民事行为能力人、无民事行为能力人的土地使用权,应当由其监护人代为申请登记。监护人代为申请登记的,应当提交证明监护人身份的材料;因处分被监护人土地权利申请登记的,还应当提供经过公证的为被监护人利益的书面保证。”吉林省住房和城乡建设厅***《关于印发〈吉林省房屋登记若干问题暂行规定(一)〉的通知》***(2009年12月29日　吉建房〔2009〕38号)第12条:“无民事行为能力人和限制民事行为能力人的房屋,应当由其监护人代为申请登记。监护人代为申请的,应当提交证明监护人身份的材料。监护人为父母的,应提交户籍证明;监护人为法院指定的,应当提交法律文书;监护人为以上两种情形之外的,应当提交经公证的监护证明材料。”山东省建设厅***《关于印发〈山东省实施房屋登记办法细则〉的通知》***(2009年5月1日　鲁建发〔2009〕5号)第11条:“无民事行为能力人或限制民事行为能力人的房屋,应当由其监护人代为申请登记。监护人代为申请登记的,应当提交监护人的身份证明材料。监护人处分无民事行为能力或限制民事行为能力人的房屋申请登记的,由全部监护人共同申请,并提交为被监护人利益的书面保证。无民事行为能力或限制民事行为能力的人应当由法院认定,未成年人除外。”北京市建委***《关于印发〈房屋登记工作规范(试行)〉的通知》***(2009年2月20日　京建权〔2008〕827号,已于2018年6月28日起失效)第2条:“……无(限制)民事行为能力人的房屋登记,由其监护人代为申请,提交监护人身份证明、被监护人居民身份证或户口簿(未成年人)、证明法定监护关系的户口簿,或者其他能够证明监护关系的法律文件;因处分未成年人房屋申请登记的,还应当提供由监护人出具的为被监护人利益的书面保证原件。”上海市房屋土地管理局《关于印发〈上海市房地产登记权利人资格及不予受理登记的规定〉的通知》(1996年4月24日　沪房地籍〔1996〕322号)第1条:“权利人自行办理房地产登记的,必须具有完全民事行为能力。即十八周岁以上公民,或十六周岁以上不满十八周岁的公民,以自己的劳动收入为主要生活来源的,可自办房地产登记。”第2条:“限制行为能力的人10周岁以上的未成年人和不能完全辨认自己行为的精神病人和无民事行为能力的人不满十周岁以下的未成年人和不能辨认自己行为的精神病人,可由他们的法定代理人即监护人代理登记。登记时,代理人应出具代理人证明。”

6. 参考案例。2011年4月**重庆某房屋买卖合同案**,法院认为:根据区移民局与谢某签订的《房屋拆迁补偿安置协议书》载明的内容,被拆迁人是谢某,安置房屋即本案争议房屋的所有权归谢某,并未载明其女儿享有房屋所有权。其后该房屋的产权证登记的权利人也是谢某,并未将其女儿登记为共有人,故谢某是本案争议房屋的唯一所有权人,有权独立处分其房屋。即使谢某认为其女儿是房屋共有人,也只是谢某单方的意思表示,并未对外公示,不能对抗冯某,其处分房屋的行为应由谢某向其女儿承担侵权损害赔偿的民事责任,不影响本案双方当事人之间房屋买卖合同的效力。故谢某应履行协助冯某办理房屋产权登记的义务。2010年1月**四川某房屋买卖合同案**,法院认为:原告与二被告签订的合同系双方真实意思表示,合法有效,双方应依约履行。原告在购买房屋后向被告李某夫妇支付了相应房款,二被告将房屋交付后原告已实际入住,二被告应依约协助原告办理该房屋的产权过户手续,使原告取得该房屋的合法所有权。故本院对原告的诉请予以支持。被告李某之子虽尚未成年,但被告李某夫妇作为监护人有权代理其作出处分,不影响合同效力。2009年6月**上海某房屋买卖合同案**,法院认为:高某1认为,其系讼争房屋的共有人。金某非高某1的监护人,原告购买讼争房屋,未征得其监护人同意,故合同无效。本院认为,《定金协议》《上海市房地产买卖合同》《补充协议》系金某以本人及高某、高某1的名义与原告所签,此时,这些文件的效力处于待定状态。但从原告委托律师向高某发出的信函中披露了金某出售讼争房屋的信息后,高某就委托金某出售讼争房屋事宜出具了《委托书》等分析,高某所称该《委托书》并非委托金某出售房屋,仅作办理抵押登记之用,与《委托书》的内容不符,故可以认定高某追认了金某签订合同的行为。根据《合同法》规定,无处分权的人处分他人财产,经权利人追认或者无处分权的人订立合同后取得处分权的,该合同有效。关于金某与高某1的代理关系问题。由于在《上海市房地产登记册》的备注栏载明,高某1的监护人为金某,表明金某为高某1的代理人。即便如高某1所称,“监护人”的记载为错误信息,对相对人而言是难以判断的。根据《合同法》第49条的规定,行为人没有代理权、超越代理权或者代理权终止后以被代理人名义订立合同,相对人有理由相信行为人有代理权的,该代理行为有效,故本案讼争合同有效。2008年11月**云南某房屋买卖合同案**,2007年9月21日,李某通过中介卖房给张某,并收取1万元押金。1个月后,继承权公证书确认该房为遗产,李某为产权人,其未成年的女儿胡某为共有人。后李某和胡某主张合同无效。法院认为:胡某系未成年人,李某作为胡某的法定代理人,有权代理胡某进行民事活动。虽然李某主张其与张某签订买卖合同时胡某不知道该房屋买卖的情况,故双方所签合同应为无效,但在嗣后继承权公证书作出后,李某作为胡某的法定代理人仍将本案诉争房屋的产权证及共有权证原件交给中介公司行为,表明胡某知道该房屋买卖的事实且李某有权代理胡某进行该民事活动,故案涉买卖合同应为有效。合同有效,双方应当继续履行合同,李某应按合同约定办理产权过户。2007年9月**浙江某房屋买卖合同案**,法院认为:《民法通则》第18条并未完全禁止监护人处分未成年子女的财产,却规定监护人为了被监护人的利益,可合理地利用或处分被监护人的财产,结合本案,虽无证据证明直接为子女利益,但被告赵某因企业困难出让营业房,其企业经营状况好坏关乎抚养能力状态,也可说是间接为子女利益,且作为善意的原告无法知道赵某处分财产真正目的。依据《合同法》规定,行为人没有代理权、超越代理权或者代理权终止后以被代理人名义订立合同,相对人有理由相信行为人有代理权的,该代理行为有效。赵某作为其子的法定代理人代理民事活动,符合表见代理的有关规定。即使本案中监护人损害了未成年子女利益,也应由监护人承担责任。故三被告以损害未成年子女利益为由主张合同无效的意见,本院不予采纳。

【同类案件处理要点】

未成年人作为房屋所有权人未经其法定代理人同意或事后追认,与他人签订房屋买卖合同进行房屋交易的,该合同无效。

【相关法律风险提示】

1. 虽然未成年人的法定代理人可代未成年人为民事行为,但未成年人作为房屋共有人的出卖合同,买受人依然需要在合同签订和履行中对代理权的合法性尽到审核义务,对未成年人一方的法定代理人与委托代理人权源均需注意。

2. 与未成年人签订房屋买卖合同,应当有其法定代理人在场并在合同上作为当事人一方签字。

3. 未成年人作为非登记在册的房屋共有人,虽依继承或依约定享有房屋所有权,但买受人可依善意取得其房屋。

【附注】

参考案例索引:江西赣州中院(2006)赣中民一终字第340号"朱某与邬某等房

屋买卖合同纠纷案”；重庆二中院（2011）渝二中法民终字第276号“谢某与冯某房屋买卖合同纠纷上诉案”；四川成都高新技术产业开发区法院（2010）高新民初字第113号“喻某诉李某等房屋买卖合同纠纷案”；上海一中院（2007）沪一中民二（民）初字第133号“张某等诉金某等房屋买卖合同纠纷案”；云南昆明中院（2008）昆民一终字第431号“李某等与张某房屋买卖合同纠纷案”；浙江新昌法院（2007）新民一初字第797号“施某诉赵某等房屋买卖合同纠纷案”。

13. 境外人士购房之程序

——外国人买房，是不是合法？

【合同主体】

【案情简介及争议焦点】

2008年3月，在香港工作的美籍公民李某出具境外个人购房自住承诺书，通过房产中介在上海购买黄某的房屋，“保证上列所购商品房用于本人及家属的居住，并自觉遵守中国政府《关于规范房地产市场外资准入和管理的意见》的有关规定，如有违反，愿承担由此产生的一切法律责任及经济责任”。随后李某依《居间协议》交给黄某定金50万元，其中房产中介暂时保管40万元。因房管局咨询回复李某的意见称“按照六部委《关于规范房地产市场外资准入和管理的意见》，不得在中国境内购房。”李某诉请要求解除与黄某、房产中介签订的《居间合同》并返还50万元定金。

争议焦点：1. 合同应否解除？2. 李某是否违约？

【裁判要点】

1. 合同解除。李某与房产中介、黄某间的房地产买卖居间协议应为三方真实意思表示，但该居间协议约定的内容却无法完成。根据六部委《关于规范房地产市场外资准入和管理的意见》规定，境外机构在境内设立分支、代表机构和在境内学习时间超过1年的境外个人可以购买符合实际需要的自用、自住商品房，不得购买非自用、非自住商品房；在境内没有设立分支、代表机构的境外机构和在境内工作、学习时间一年以下的境外个人，不得购买商品房。李某作为美国籍公民，其工作地在香港，不具备上述《意见》规定的购房条件，且房产中介、黄某也未能提供相关证据证明李某具备了相应的购房条件,李某承诺其了解《意见》内容并不代表居间协议能实际履行,即使李某与黄某间签订了房地产买卖合同,双方间仍无法办理系争房屋的过户手续。故合同应予解除。

2. 违约责任。李某与房产中介、黄某在签订居间协议时对该种后果应当明知,故对无法办理过户双方均有责任;特别是作为中介方的房产中介,应充分提醒买卖双方的交易风险,而不是仅仅让李某承诺遵守规定,否则责任自负。李某签订房地产买卖合同是为了取得系争房屋产权,在该目的无法达到的情况下,李某未与黄某签订房地产买卖合同并不构成违约,房产中介、黄某理应向李某返还所收取的款项。故李某要求解除房地产买卖居间协议、判令房产中介返还定金40万元、黄某返还定金10万元之诉请,理由正当,法院依法予以支持。

【裁判依据或参考】

1. 国务院文件。国务院**《关于坚决遏制部分城市房价过快上涨的通知》**(2010年4月17日　国发〔2010〕10号):"(三)……对境外机构和个人购房,严格按有关政策执行……"国务院办公厅**《转发建设部等部门关于做好稳定住房价格工作意见的通知》**(2005年5月9日　国办发〔2005〕26号)第7条:"根据《中华人民共和国城市房地产管理法》有关规定,国务院决定,禁止商品房预购人将购买的未竣工的预售商品房再行转让。在预售商品房竣工交付、预购人取得房屋所有权证之前,房地产主管部门不得为其办理转让等手续;房屋所有权申请人与登记备案的预售合同载明的预购人不一致的,房屋权属登记机关不得为其办理房屋权属登记手续。实行实名制购房,推行商品房预销售合同网上即时备案,防范私下交易行为……"国务院办公厅**《转发人事部、财政部关于来华定居工作专家工作安排及待遇等问题规定的通知》**(1995年1月1日　国办发〔1994〕102号)第7条:"……愿意在我国购买住房的,可按照国家有关规定,比照国内同等人员的条件购买。"

2. 司法解释。最高人民法院**《关于李晓波诉红十字国际委员会东亚地区代表处房屋租赁合同纠纷一案豁免问题的请示的复函》**(2009年10月14日　〔2009〕民四他字第25号):"……中国公民李晓波因与红十字国际委员会东亚地区代表处(以下简称东亚地区代表处)就房屋租赁合同产生纠纷,以东亚地区代表处为被告向北京市朝阳区人民法院提起诉讼,东亚地区代表处向人民法院提出豁免申请。《中华人民共和国政府和红十字国际委员会协议》第四条第一款规定,红十字国际委员会及其财产和资产享有法律程序豁免,包括免受搜查、征用、没收、征收。在特殊情况下,经红十字国际委员会明示放弃其豁免时,不在此限。东亚地区代表处作为红十字国际委员会在我国境内设立的代表机构,享有该条规定的法律程序豁免。双方当事人在租赁合同第十条中的约定系对准据法的约定,并不构成东亚地区代表处对豁免权的放弃，也没有其他证据证实该会愿意接受我国法院的管辖。同意你院请示报告的处理意见。”最高人民法院《**关于共有人之一私自与外籍华人违反法律进行房产抵押买卖交易无效的复函**》（1990年10月26日　〔1990〕民他字第35号）：“……根据1984年余性本、王雪霞等人共同签署的‘房屋分割协议书’的约定，双方当事人所争议的房屋应属王雪霞及余学强等六个子女共有。王雪霞事先未经全体共有人的同意，私自向沈云抵押、出卖房屋，侵犯了其他共有人的权益，而且双方当事人的抵押、买卖房屋行为又均未按照我国的房屋管理规定进行，也未得到房屋主管部门的认可。因此，应认定沈云与王雪霞的房屋抵押、买卖交易行为无效。对沈云提出的确认房屋产权的请求不予支持，王雪霞应返还沈云的钱款，由此造成的损失应根据双方的责任相应承担。”

3. 部门规范性文件。住建部、商务部、国家发改委、人民银行、工商总局、外汇局《**关于调整房地产市场外资准入和管理有关政策的通知**》（2015年8月19日　建房〔2015〕122号）第3条：“境外机构在境内设立的分支、代表机构（经批准从事经营房地产的企业除外）和在境内工作、学习的境外个人可以购买符合实际需要的自用、自住商品房。对于实施住房限购政策的城市，境外个人购房应当符合当地政策规定。”住建部《**关于进一步规范境外机构和个人购房管理的通知**》（2010年11月4日　建房〔2010〕186号）第1条：“境外个人在境内只能购买一套用于自住的住房。在境内设立分支、代表机构的境外机构只能在注册城市购买办公所需的非住宅房屋。法律法规另有规定的除外。”第2条：“各地房地产主管部门在办理境外个人的商品房预售合同备案和房屋产权登记时，除应当查验《城市商品房预售管理办法》《房屋登记办法》规定的材料及验证购房人持有房屋情况外，还应当查验：1. 有关部门出具的境外个人（不含港澳台居民和华侨）在境内工作超过一年的证明；港澳台居民和华侨在境内工作、学习和居留的证明。2. 境外个人名下在境内无其他住房的书面承诺。”第3条：“各地房地产主管部门在办理境外机构的商品房预售合同备案和房屋产权登记时，除应当查验《城市商品房预售管理办法》《房屋登记办法》规定的材料及验证购房人持有房屋情况外，还应当查验：1. 有关部门出具的在境内设立分支、代表机构的批准文件和注册证明。2. 境外机构所购房屋是实际办公所需的书面承诺。”第4条：“境外机构和个人申请购房结汇，应当严格按照《关于规范房地产市场外汇管理有关问题的通知》（汇发〔2006〕47号）办理。外汇指定银行在为申请人办理购房结汇时，应当严格审核境外机构和个人提交的申请材料，对于符合规定的，外汇指定银行在为申请人办理购房结汇手续后，应当严格按照相关规定，在外汇局直接投资外汇管理信息系统办理即时备案登记。”住建部《**关于进一步加强房地产市场监管完善商品住房预售制度有关问题的通知**》（2010年4月13日　建房〔2010〕53号）第10条：“严格预售商品住房退房管理。商品住房严格实行购房实名制,认购后不得擅自更改购房者姓名。各地要规范商品住房预订行为,对可售房源预订次数做出限制规定。购房人预订商品住房后,未在规定时间内签订预售合同的,预订应予以解除,解除的房源应当公开销售。已签订商品住房买卖合同并网上备案、经双方协商一致需解除合同的,双方应递交申请并说明理由,所退房源应当公开销售。”财政部、国税总局**《关于对外资企业及外籍个人征收房产税有关问题的通知》**(2009 年 1 月 1 日　财税〔2009〕3 号)第 1 条:“自 2009 年 1 月 1 日起,对外资企业及外籍个人的房产征收房产税,在征税范围、计税依据、税率、税收优惠、征收管理等方面按照《中华人民共和国房产税暂行条例》(国发〔1986〕90 号)及有关规定执行……”国家外汇管理局**《关于印发〈个人外汇管理办法实施细则〉的通知(2016 年修改)》**(2016 年 5 月 29 日)第 21 条:“境外个人在境内买卖商品房及通过股权转让等并购境内房地产企业所涉外汇管理,按《国家外汇管理局、建设部关于规范房地产市场外汇管理有关问题的通知》等有关规定办理。”国家外汇管理局、建设部**《关于规范房地产市场外汇管理有关问题的通知》**(2006 年 9 月 1 日　汇发〔2006〕47 号,其中第 6 条已于 2015 年 5 月 4 日修改)第 1 条:“境外机构在境内设立的分支、代表机构(以下简称‘境内分支、代表机构’)在注册登记地购买符合实际需要的自用商品房应按以下规定办理:(一)从境外汇入购房款的,应持以下文件向外汇指定银行申请,外汇指定银行进行真实性审核确认后,将购房外汇资金结汇后直接划入房地产开发企业的人民币账户:1. 商品房销售合同或预售合同;2. 境内分支、代表机构获准设立的批准文件和有效登记证明;3. 房地产主管部门出具的该境内分支、代表机构在注册登记地购房的商品房预售合同登记备案等相关证明;4. 所购商品房符合实需自用原则的书面承诺。房地产开发企业的经常项目外汇账户不得保留境内分支、代表机构境外汇入的购房款。(二)从境内外汇账户支付购房款的,应持本条第(一)款规定的各项文件向外汇指定银行申请,外汇指定银行进行真实性审核确认后,将购房结汇资金直接划入房地产开发企业人民币账户。境内代表机构经常项目账户资金不得结汇购买境内商品房。”第 2 条:“在境内工作、学习时间超过一年的境外个人,可购买符合实际需要的自住商品房,并按以下规定办理:(一)从境外汇入购房款的,应持以下文件向外汇指定银行申请,外汇指定银行进行真实性审核确认后,将购房外汇资金结汇后划入房地产开发企业的人民币账户:1. 商品房销售合同或预售合同;2. 有效护照等身份证明;3. 一年期以上的境内有效劳动雇佣合同或学籍证明;4. 房地产主管部门出具的该境外个人在所在城市购房的商品房预售合同登记备案等相关证明。房地产开发企业的经常项目外汇账户不得保留境外个人境外汇入的购房款。(二)从境内外汇账户支付购房款的,应持本条第(一)款规定的各项文件向外汇指定银行申请,外汇指定银行进行真实性审核确认后,将购房结汇资金直接划入房地产开发企业人民币账户。”第3条:“港澳台居民和华侨因生活需要,可在境内购买一定面积的自住商品房,并按以下规定办理:(一)从境外汇入购房款的,应持以下文件向外汇指定银行申请,外汇指定银行进行真实性审核确认后,将购房外汇资金结汇后划入房地产开发企业的人民币账户:1. 商品房销售合同或预售合同;2.《港澳居民往来内地通行证》等有效身份证明;3. 房地产主管部门出具的该境外个人在所在城市购房的商品房预售合同登记备案等相关证明。房地产开发企业的经常项目外汇账户不得保留港澳台居民和华侨境外汇入的购房款。(二)从境内外汇账户支付购房款的,应持本条第(一)款规定的各项文件向外汇指定银行申请,外汇指定银行进行真实性审核确认后,将购房结汇资金直接划入房地产开发企业人民币账户。”建设部、商务部、国家发改委、中国人民银行、国家工商总局、国家外汇管理局**《关于规范房地产市场外资准入和管理的意见》**(2006年7月11日　建住房〔2006〕171号)第1条:“境外机构和个人在境内投资购买非自用房地产,应当遵循商业存在的原则,按照外商投资房地产的有关规定,申请设立外商投资企业;经有关部门批准并办理有关登记后,方可按照核准的经营范围从事相关业务。”第10条:“境外机构在境内设立的分支、代表机构(经批准从事经营房地产业的企业除外)和在境内工作、学习时间超过一年的境外个人可以购买符合实际需要的自用、自住商品房,不得购买非自用、非自住商品房。在境内没有设立分支、代表机构的境外机构和在境内工作、学习时间一年以下的境外个人,不得购买商品房。港澳台地区居民和华侨因生活需要,可在境内限购一定面积的自住商品房。”第11条:“符合规定的境外机构和个人购买自用、自住商品房必须采取实名制,并持有效证明(境外机构应持我政府有关部门批准设立驻境内机构的证明,境外个人应持其来境内工作、学习,经我方批准的证明,下同)到土地和房地产主管部门办理相应的土地使用权及房屋产权登记手续。房地产产权登记部门必须严格按照自用、自住原则办理境外机构和个人的产权登记,对不符合条件的不予登记。”第12条:“外汇管理部门要严格按照有关规定和本意见的要求审核外商投资企业、境外机构和个人购房的资金汇入和结汇,符合条件的允许汇入并结汇;相关房产转让所得人民币资金经合规性审核并确认按规定办理纳税等手续后,方允许购汇汇出。”国务院侨务办公室、建设部**《关于归侨眷职工因私出境租住公房和参加房改买房问题的规定》**(1998年4月21日　侨内会发〔1998〕002号)第2条:“出境定居的归侨、侨眷职工,在出境前已经按国家及地方的房改政策规定参加房改买房的,出境定居后,其房产权属不变。”第3条:“出境定居的离休、退休、退职职工的原同住亲属(指其配偶、父母、子女及其配偶、兄弟姐妹、祖父母、外祖父母、孙子女、外孙子女以及与其有长期抚养关系的其他亲属),凡同住一年以上者,可继续租住原公房,并按当地标准缴纳房租;原居住地施行房改售房时,经产权单位同意,可以按当地房改政策购买原公有住房。”第4条:“港澳同胞眷属职工、外籍华人眷属职工因私出境租住公房和参加房改买房,可以比照本规定办理。”国税总局**《关于外籍个人取得有关补贴征免个人所得税执行问题的通知》**(1997年4月9日　国税发〔1997〕54号)第1条:“对外籍个人以非现金形式或实报实销形式取得的合理的住房补贴、伙食补贴和洗衣费免征个人所得税,应由纳税人在初次取得上述补贴或上述补贴数额、支付方式发生变化的月份的次月进行工资薪金所得纳税申报时,向主管税务机关提供上述补贴的有效凭证,由主管税务机关核准确认免税。”财政部、国税总局**《关于对外籍职员的在华住房费准予扣除计算纳税的通知》**(1988年1月1日)第1条:“外商投资企业和外商驻华机构租房或购买房屋免费供外籍职员居住,可以不计入其职员的工资、薪金所得缴纳个人所得税。在缴纳企业所得税时,其购买的房屋可以提取折旧计入费用,租房的租金可列为费用支出。”第2条:“外商投资企业和外商驻华机构将住房费定额发给外籍职员,可以列为费用支出,但应计入其职员的工资、薪金所得。该职员能够提供准确的住房费用凭证单据的,可准其按实际支出额,从应纳税所得额中扣除。”

4. 地方司法性文件。浙江高院民一庭**《关于审理受房地产市场调控政策影响的房屋买卖合同纠纷案件的若干意见(试行)》**(2011年4月22日)第8条:“实际买受人为规避限购、禁购政策,以他人名义与出卖人订立合同并办理房屋权属证书后,以其系实际买受人为由,请求确认其为房屋产权人的,不予支持,但调控政策重新调整并准许其取得产权的除外。”北京高院**《关于审理房屋买卖合同纠纷案件适用法律若干问题的指导意见(试行)》**(2010年12月22日　京高法发〔2010〕458号)第15条:“当事人约定一方以他人名义购买房屋,并将房屋登记在他人名下,借名人实际享有房屋权益,借名人依据合同约定要求登记人(出名人)办理房屋所有权转移登记的,可予支持。但是,该房屋因登记人的债权人查封或其他原因依法不能办理转移登记,或者涉及善意交易第三人利益的除外。当事人一方提供证据证明其对房屋的购买确实存在出资关系,但不足以证明双方之间存在借名登记的约定,其主张确认房屋归其所有或要求登记人办理房屋所有权转移登记的,不予支持;其向登记人另行主张出资债权的,应当根据出资的性质按照相关法律规定处理。”第16条:“借名人违反相关政策、法规的规定,借名购买经济适用住房等政策性保障住房,并登记在他人名下,借名人主张确认房屋归其所有或者依据双方之间的约定要求登记人办理房屋所有权转移登记的,一般不予支持。”第17条:“登记人将登记在其名下的房屋擅自转让给他人,借名人以其对房屋享有实际权利为由,要求确认买卖合同无效的,不予支持,但借名人能够证明买受人知道或应当知道房屋存在借名登记的除外。买受人、借名人均要求继续履行合同的,可以参照本意见第十三条第一款的规定处理。”上海高院**《关于印发〈关于内外销商品住房交易并轨后如何审理相关案件的意见〉的通知》**(2001年8月30日　沪高法〔2001〕429号)

第1条:“境外(包括外国和中国香港、澳门、台湾,下同)法人、自然人或其他组织,2001年8月1日后在本市购买、租赁商品住房(包括新建商品房、存量商品房、二手房),因纠纷诉至法院,人民法院应在租售对象、交易示范合同和手续、交易收费、交易信息及土地使用年限上对当事人实行同一待遇,不因买受人、租赁人的身份而区别对待。”第2条:“对境外法人、自然人或其他组织在2001年8月1日前以各种形式购买本市原内销商品房,发生纠纷诉至法院尚未审结的案件,人民法院不应再以内外销房买卖主体的差别而确认合同无效,并可视情在判决书本院认为部分告知受让人按照上海市房屋土地资源管理局《关于房地产转让的受让人范围的通知》(沪房地交〔1997〕812号)的规定补交土地出让金。”第3条:“对境外法人、自然人或其他组织在2001年8月1日前承租本市内销商品住房发生纠纷诉至法院尚未审结的案件,人民法院应确认双方所签合同为有效合同。”第4条:“2001年8月1日前境外法人、自然人或其他组织以境内法人、自然人或其他组织名义签订原内销商品房买卖合同,但另约定内销商品住房产权归境外法人、自然人或其他组织的,购房人向法院起诉要求确认该内销商品住房归其所有,案件尚未审结的,人民法院可予支持。但人民法院应在‘本院认为’中告知境外购房人应按上海市房屋土地资源管理局的规定补交土地出让金。”第5条:“2001年8月1日之前已经生效的涉及境外法人、自然人或其他组织购买、租赁内销商品住房案件的民事裁判,不适用本意见。”上海高院《**关于印发〈关于审理房产纠纷案件若干疑难问题的讨论纪要〉的通知**》(1993年10月27日　沪高法〔1993〕148号)第24条:“外国人、华侨、港、澳、台胞借我国居民名义以人民币购买内销房的,应确认合同系规避法律的行为,诉讼中可将系争房屋拍卖,发还境外人原出资部分,增值部分依法予以收缴。”

5. 地方规范性文件。北京市建委等九部门《**关于贯彻国办发〔2008〕131号文件精神促进本市房地产市场健康发展的实施意见**》(2009年1月22日　京建办〔2009〕43号)第6条:“自2009年1月1日至12月31日,暂停执行《关于规范境外机构和境外个人购买商品房的通知》(京建交〔2007〕103号)中,对境外个人在京购房的居住年限和所购房屋的有关规定。”北京市建委、北京市人民政府外事办公室、北京市公安局、北京市工商局、北京市商务局《**关于规范境外机构和境外个人购买商品房的通知**》(2007年1月29日　京建交〔2007〕103号)第1条:“境外个人购买自住商品房。凡境外个人(含港澳台侨个人)购买商品房的,在办理预售登记和权属登记时,除提交房屋交易权属管理部门有关登记规范规定的文件外,还应分别提交以下材料的原件和复印件一份:1. 港澳人员提交有效的《港澳人员来往大陆通行证》和《港澳居民身份证》、华侨提交有效的《中华人民共和国护照》和驻在国长期居留身份证件、台湾居民提交有效的《台湾居民来往大陆通行证》,港澳台个人和华侨还需提交北京市公安局出入境管理处出具的《境外个人在境内居留状况证明》。2. 外国个人提交有效的护照和北京市公安局出入境管理处出具的《境外个人在境内居留状况证明》。3. 各国驻华大使馆、各国际组织驻华代表机构享有外交特权与豁免的人员提交外交部同意其购房的照会。境外个人在本市购买自住商品房的,一人只能购买一套住宅,法律法规另有规定的,从其规定。交易权属管理部门通过全市统一信息平台的交易权属管理系统验证其购房情况。”第 2 条:“境外机构购买自用商品房,在办理预售登记和权属登记时,除须提交房屋交易权属管理部门有关登记规范规定的文件外,还须提交相关管理部门核发的该境外机构在北京设立分支、代表机构的营业执照或登记证书;各国驻华大使馆、各国际组织驻华代表机构提交外交部同意其购房的照会。”第 3 条:“境外机构和境外个人购买自用、自住商品房的,在办理预售登记和权属登记时,须提交所购商品房符合实际需要自用、自住原则的书面承诺;购买后不得随意出租、转让,但境外机构在北京设立的分支、代表机构注销的,可以按规定办理商品房的转移登记手续。”第 4 条:“境外机构和境外个人投资本市非自用、自住商品房,应当遵循商业存在的原则,按照外商投资房地产的有关规定,申请设立外商投资企业,在办理预售登记和权属登记时,除须提交房屋交易权属管理部门有关登记规范规定的文件外,还须提交商务管理部门核发的《外商投资企业批准证书》和工商管理部门核发的《营业执照》。原自用、自住商品房进行出租、转让的,按上述原则办理。”

6. 参考案例。2010 年 11 月**广东某房屋买卖合同案**,法院认为:2010 年 3 月,双方签订房屋买卖合同后,林某向张某支付了定金 5 万元,其已履行了合同约定的义务。但在申请银行按揭贷款后,银行依据建设部等六部委共同下发的《关于规范房地产市场外资准入和管理的意见》及国务院《关于坚决遏制部分城市房价过快上涨的通知》,对在境内工作、学习不满 1 年的境外人士林某拒绝发放贷款承诺书,导致购房合同无法继续履行,故对该合同应予解除。林某在合同签订后已积极履行了合同义务,并不存在违约行为,合同无法继续履行非因林某违约行为造成,故张某应返还林某定金 5 万元。2010 年 7 月**广东某房屋买卖合同案**,2009 年 5 月,香港居民梁某通过深圳某房产中介购买李某房屋,签订《二手房预约买卖及居间服务合同》,约定用途为办公,并约定过户时写黄某名字,梁某交了 2 万元定金。李某在指定银行办理了信用卡,因到期未收到房款,发函没收定金。梁某以其系香港人,在内地购买办公用房违反国务院六部委《关于规范房地产市场外资准入和管理的意见》以及深国房〔2007〕254 号文件规定,李某不配合办理按揭手续、借黄某名购房等理由主张合同无效,诉请李某返还定金。法院认为:国务院六部委于 2006 年 7 月 11 日发布的《关于规范房地产市场外资准入和管理的意见》以及深国房〔2007〕254 号文件均非法律和行政法规,深国房〔2007〕254 号文件关于港澳台地区居民和华侨只能购买一套用于自住的商品房(住宅类)的规定亦不是效力性强制性规定。

涉案合同中明确指明该房产用途为“办公”，表明各方在签订合同时明知该房产用途，仍作出了买卖该房产的真实意思表示，至于合同中是否约定过户时写黄某的名字以及约定的原因不影响合同的效力。故梁某以自己为香港人，在内地购买办公用房产违反了地方规范性文件的规定为由，要求确认本案所涉《二手房预约买卖及居间服务合同》无效，理由不能成立。梁某称李某违约不配合梁某办理按揭手续，但未能提交任何证据，应该承担举证不能的后果。根据李某、房产中介提交的证据，李某已按约定于2009年5月11日下午在指定银行办理开通了信用卡用于收取房款，而梁某却未能办理相应的贷款手续以及按照合同约定支付首期款，故判决驳回梁某的诉讼请求。2009年7月**上海某房屋买卖合同案**，法院认为：鉴于相关政策对境外人士购买第二套房屋作出限制，导致双方所签订的房地产买卖合同无法继续履行，故双方就此解除房地产买卖合同，并无不当。至于导致合同解除的责任问题，吴某称其在签订买卖合同之前对陈某是否另有住房并不清楚，但依据陈某提供的证人证言均可证明，双方在协商系争房屋的买卖过程中，确曾提起过陈某已另有房屋之事实，鉴于该证人证言均系为双方当事人提供中介服务的相关人员出具，其证言具有较高的可信度，吴某对证人证言虽予否认，但未提供反驳之依据，故认定导致系争房地产买卖合同解除系双方对于相关境外人士买卖房屋的政策了解不尽完善所致。依据诚实信用原则，合同解除的责任不能归责于买卖任何一方，双方应当妥善解决合同解除后的钱款返还问题。审理中，陈某已提供了相关的证据材料证明其已向吴某委托收取购房款的中介公司支付了80万元房款，故吴某理应如数返还。至于中介公司未能将收取的房款全额转交给吴某的问题，吴某可另行与中介公司协商解决，与陈某无关。2007年7月**海南某房屋买卖合同案（先履行义务）**，2006年4月，台湾居民施某在已购买一套住宅的情况下，又与开发公司签订《房地产买卖合同》，再以120万元购买4个车库。约定先支付70万元，“房产交付后，开发公司应及时通知施某携带相关有效证件，在3日内到房地产交易管理部门办理过户登记手续，在房产管理部门受理当日，施某支付剩余50万元购房款。”“开发公司如违约，除应在三日内返还所收施某的全部房价款外，并应支付该所购房地产总额10%的违约金给施某。”后开发公司以该房签约前已被法院查封，施某一直不付余款，且2006年8月15日，国家商务部、建设部、发改委、人民银行、工商总局、国家外汇管理局等六部委制定《关于规范房地产市场外资准入和管理的意见》，限制境外机构和境外个人购买非自用、非自住商品房，故合同应无效。法院认为：因六部委在案涉合同签订后制定的限制境外人士在大陆置产的《意见》并未作出溯及既往的特别规定，故对各方当事人签订的该份合同没有约束力。至于各方当事人在签订合同前讼争房产被法院查封，虽签订合同时开发公司对讼争房产依法没有处分的权利，但由于开发公司在签订合同后，已清偿了债务并已由法院解除了查封,依法取得了对讼争房产的处分权,依《合同法》第51条规定应认定合同有效。合同签订后,施某已依约向开发公司支付了购房款70万元及其他有关费用,并按合同约定递交了办证材料,委托办理产权证。按合同约定,开发公司应及时通知施某携带相关有效证件,在3日内到房地产交易管理部门办理过户登记手续,在房产管理部门受理当日,施某支付剩余50万元购房款。故开发公司负有先履行义务。即便存在法院查封无法办理过户手续等履行障碍,开发公司也应在障碍消除后,及时履行合同,其先履行义务并不因此消除。故在开发公司通知施某前往房产管理部门申请办理过户登记获受理之前,施某有权不支付剩余购房款。开发公司在法院解除查封,合同履行障碍消除后,却以种种理由拒不协助施某办理产权过户登记手续,并以施某未先行支付50万元购房款进行抗辩,违反了诚实信用的原则和合同的约定,应承担违约责任。在《房地产买卖合同》中,各方当事人约定:开发公司如违约,除应在3日内返还所收施某的全部房价款外,并应支付该所购房地产总额10%的违约金给施某。该条款虽未明确写明"解除合同"的字样,但返还全部购房款是以解除合同为前提的。从上述约定可以看出,该条款系解除合同的违约责任条款。由于各方当事人未对开发公司违约而施某要求继续履行合同时的违约责任进行约定,故施某在请求继续履行合同的情况下要求开发公司支付10万元的违约金,没有合同依据。2007年5月**四川某房屋买卖合同案**,2006年2月,外籍人士董某通过中介购房,约定董某支付3万元定金,中介转付魏某"订金"2万元,余下定金1万元在领证当日由中介转付。签约当日,董某支付中介3万元,中介出具3万元定金收据,魏某出具收到中介转付的2万元定金收据。后魏某以董某入住后换锁侵害其权益为由拒绝履行,并草拟协议,载明同意支付中介费及董某5000元违约金以解除合同。董某诉讼中提供了录音资料,证明其欲继续履行合同,而魏某夫妇以各种理由拖延履行的情况,中介也出具证明。魏某又提出董某系外籍人士购房未经审批,合同无效抗辩。法院认为:魏某提供的《公民私房外销国家安全事项审查》办事指南中虽明确对外销的私房应经国家安全部门审查,但其依据为地方规章,而在《国家安全法》及实施细则中并无相关规定,故魏某所述双方所签合同因违反法律、法规而无效的理由不成立。虽合同中曾将董某应给付的3万元作为"订金"的表述,但针对该款项在"订金"表述的前后文字中又均表述为"定金",同时中介在收取董某给付该款后出具的收据,也载明为购房"定金",故对董某给付的3万元,应认定为定金。虽中介向魏某转交的定金数额为2万元,但中介未全额转交董某给付的定金是基于魏某与中介之间的特别约定,不能因此否认董某已全面履行了定金给付义务的事实。根据董某在诉讼中举出的视听资料以及中介出具的《情况说明》,证明在合同约定的付款期限内,魏某有妨碍董某给付购房款的行为,同时魏某的丈夫徐某在双方协商是否继续履行购房合同过程中明确表示不愿出售该房，并在自己草拟的协议中承诺愿意赔付董某违约金。故应认定本案涉及的购房合同未能顺利履行系魏某单方原因所致，魏某应承担相应的违约责任。至于徐某提出的董某更换门锁侵害其权益的问题，因魏某在合同签订后已将房屋交付董某使用，董某接受房屋后更换门锁符合情理，未侵害魏某合法权益，不应成为魏某解约正当理由。魏某收取定金后，不愿履行合同义务，故应双倍返还董某定金 6 万元。

【同类案件处理要点】

境外机构或个人违反建设部等六部委共同下发的《关于规范房地产市场外资准入和管理的意见》及国务院《关于坚决遏制部分城市房价过快上涨的通知》关于限购规定，并不必然导致合同无效。但因违反上述政策或行政规章，导致买受人取得系争房屋产权的合同目的无法达到，在合同无法实际履行的情况下，买受人有权要求解除合同。

【相关法律风险提示】

1. 以外籍身份购房违反相关规定主张合同无效，因非属违反法律或行政法规强制性规定，通常难获法院支持，相应地，主张无效返还定金或购房款亦不会被支持。案见广东深圳宝安区法院(2010)深宝法民三初字第 1002 号“张某诉林某房屋买卖合同纠纷案”。

2. 房产中介为规避责任，在明知买受人的境外身份不符合购房条件仍予居间服务，即便签署“境外个人购房承诺”等免责声明，对合同不能履行的后果仍应承担相应责任。案见上海一中院(2009)沪一中民二(民)终字第 1061 号“某房产中介与李某居间合同纠纷上诉案”。

3. 当事人行为在嗣后出台的法律法规中属于禁止性范围，但因行为在前，立法在后，先前行为并不因嗣后法律规定而无效。相关规定对境外人士购房居住年限及购房用途予以限定，但限定日之前签订的房屋买卖合同并不成为约束对象。案见海南海口中院(2007)海中法民一终字第 579 号“施某等与某纺织公司房屋买卖合同纠纷案”。

【附注】

参考案例索引：上海一中院(2009)沪一中民二(民)终字第 1061 号“某房产中介与李某居间合同纠纷上诉案”；广东深圳宝安区法院(2010)深宝法民三初字第 1002 号“张某诉林某房屋买卖合同纠纷案”；广东深圳中院(2010)深中法民四终字第 45 号“梁某与李某等房屋买卖及居间合同纠纷上诉案”；上海一中院(2009)沪

一中民二(民)终字第2075号“吴某与陈某房屋买卖合同纠纷上诉案”;海南海口中院(2007)海中法民一终字第579号“施某等与某纺织公司房屋买卖合同纠纷案”;四川成都中院(2007)成民终字第1363号“魏某与董某房屋买卖合同纠纷案”。

14. 约定不明与合同解释

——约定不清楚,如何来解释?

【合同解释】

【案情简介及争议焦点】

2006年3月15日,王某与李某签订房屋买卖合同,王某先交了4万元定金,合同约定“余款于2006年交钥匙之日付给甲方(李某),甲方将房产证权交给乙方(王某)”。具体交房日期未明。因双方对合同的履行有争议,故诉至法院。二审中,证人证明如此约定系因李某所购单位房腾房时间不能确定所致。

争议焦点:1. 交房时间是否确定? 2. 合同是否继续履行?

【裁判要点】

1. 合同解释。双方签约时因李某所购单位住房交房时间无法确定,对于卖与王某房屋的交房时间不能确定,为此双方商定为2006年交钥匙的时间为王某交付余款时间。故争议条款应解释为在合同订立的2006年3月15日起至2006年12月31日止的任何一日,此期间内,李某交钥匙时王某就应交付余款,余款付清后李某交房产证,即本案王某付款附条件。

2. 继续履行。双方所签房屋买卖合同对房屋交付方式及日期、付款方式及日期明确,不影响双方对该合同履行,现已具备履行条件,故判决继续履行双方所签二手房买卖合同。

【裁判依据或参考】

1. 法律规定。《民法典》(2021年1月1日)第466条:“当事人对合同条款的理解有争议的,应当依据本法第一百四十二条第一款的规定,确定争议条款的含义。合同文本采用两种以上文字订立并约定具有同等效力的,对各文本使用的词句推定具有相同含义。各文本使用的词句不一致的，应当根据合同的相关条款、性质、目的以及诚信原则等予以解释。”第 496 条：“格式条款是当事人为了重复使用而预先拟定，并在订立合同时未与对方协商的条款。采用格式条款订立合同的，提供格式条款的一方应当遵循公平原则确定当事人之间的权利和义务，并采取合理的方式提示对方注意免除或者减轻其责任等与对方有重大利害关系的条款，按照对方的要求，对该条款予以说明。提供格式条款的一方未履行提示或者说明义务，致使对方没有注意或者理解与其有重大利害关系的条款的，对方可以主张该条款不成为合同的内容。”第 497 条：“有下列情形之一的，该格式条款无效：（一）具有本法第一编第六章第三节和本法第五百零六条规定的无效情形；（二）提供格式条款一方不合理地免除或者减轻其责任、加重对方责任、限制对方主要权利；（三）提供格式条款一方排除对方主要权利。”第 498 条：“对格式条款的理解发生争议的，应当按照通常理解予以解释。对格式条款有两种以上解释的，应当作出不利于提供格式条款一方的解释。格式条款和非格式条款不一致的，应当采用非格式条款。”第 509 条：“当事人应当按照约定全面履行自己的义务。当事人应当遵循诚信原则，根据合同的性质、目的和交易习惯履行通知、协助、保密等义务。当事人在履行合同过程中，应当避免浪费资源、污染环境和破坏生态。”第 510 条：“合同生效后，当事人就质量、价款或者报酬、履行地点等内容没有约定或者约定不明确的，可以协议补充；不能达成补充协议的，按照合同相关条款或者交易习惯确定。”第 511 条：“当事人就有关合同内容约定不明确，依据前条规定仍不能确定的，适用下列规定：（一）质量要求不明确的，按照强制性国家标准履行；没有强制性国家标准的，按照推荐性国家标准履行；没有推荐性国家标准的，按照行业标准履行；没有国家标准、行业标准的，按照通常标准或者符合合同目的的特定标准履行。（二）价款或者报酬不明确的，按照订立合同时履行地的市场价格履行；依法应当执行政府定价或者政府指导价的，依照规定履行。（三）履行地点不明确，给付货币的，在接受货币一方所在地履行；交付不动产的，在不动产所在地履行；其他标的，在履行义务一方所在地履行。（四）履行期限不明确的，债务人可以随时履行，债权人也可以随时请求履行，但是应当给对方必要的准备时间。（五）履行方式不明确的，按照有利于实现合同目的的方式履行。（六）履行费用的负担不明确的，由履行义务一方负担；因债权人原因增加的履行费用，由债权人负担。”《合同法》（1999 年 10 月 1 日，已于 2021 年 1 月 1 日起失效）第 41 条：“对格式条款的理解发生争议的，应当按照通常理解予以解释。对格式条款有两种以上解释的，应当作出不利于提供格式条款一方的解释。格式条款和非格式条款不一致的，应当采用非格式条款。”第 61 条：“合同生效后，当事人就质量、价款或者报酬、履行地点等内容没有约定或者约定不明确的，可以协议补充；不能达成补充协议的，按照合同有关条款或者交易习惯确定。”第62条:“当事人就有关合同内容约定不明确,依照本法第六十一条的规定仍不能确定的,适用下列规定:……(四)履行期限不明确的,债务人可以随时履行,债权人也可以随时要求履行,但应当给对方必要的准备时间……”第67条:“当事人互负债务,有先后履行顺序,先履行一方未履行的,后履行一方有权拒绝其履行要求。先履行一方履行债务不符合约定的,后履行一方有权拒绝其相应的履行要求。”第125条:“当事人对合同条款的理解有争议的,应当按照合同所使用的词句、合同的有关条款、合同的目的、交易习惯以及诚实信用原则,确定该条款的真实意思……”

2. 司法解释。最高人民法院**《关于适用〈中华人民共和国民法典〉时间效力的若干规定》**(2021年1月1日　法释〔2020〕15号)第9条:“民法典施行前订立的合同,提供格式条款一方未履行提示或者说明义务,涉及格式条款效力认定的,适用民法典第四百九十六条的规定。”最高人民法院**《关于适用〈中华人民共和国合同法〉若干问题的解释(二)》**(2009年5月13日　法释〔2009〕5号,已于2021年1月1日起失效)第6条:“提供格式条款的一方对格式条款中免除或者限制其责任的内容,在合同订立时采用足以引起对方注意的文字、符号、字体等特别标识,并按照对方的要求对该格式条款予以说明的,人民法院应当认定符合合同法第三十九条所称‘采取合理的方式’。提供格式条款一方对已尽合理提示及说明义务承担举证责任。”

3. 地方司法性文件。北京高院**《关于审理房屋买卖合同纠纷案件适用法律若干问题的指导意见(试行)》**(2010年12月22日　京高法发〔2010〕458号)第12条:“当事人之间就转让同一房屋先后分别签订数份买卖合同,合同中关于房屋价款、履行方式等约定存在不一致,当事人就此产生争议的,应当依据当事人真实意思表示的合同约定继续履行。对于当事人在房屋买卖中确实存在规避税收征管、骗取贷款等行为的,必要时可一并建议相关行政主管部门予以处理。”第23条:“当事人在房屋买卖合同中对定金性质约定不明的,不应视为解约定金。房屋买卖合同中同时约定了解约定金和违约金,当事人一方已构成违约的,在约定条件成就时解约定金处罚与违约金可以同时适用。”北京高院**《审理买卖合同纠纷案件若干问题的指导意见(试行)》**(2009年2月3日　京高法发〔2009〕43号)第32条:“合同对标的物交付和价款支付的约定有先后履行顺序的,后履行一方履行义务的时间可以因对方迟延履行义务而相应顺延。先履行一方主张逾期付款或者逾期交付标的物违约责任的,在时间计算上应扣除其迟延履行义务的相应期间,或者采取其他合理方式减轻对方的责任承担。出卖人迟延交付标的物但不影响买受人实现合同目的,买受人拒绝支付价款的,法院不予支持。”第38条:“出卖人履行交付义务后,诉请买受人支付价款,买受人以出卖人违约在先进行抗辩的,法院应当区别情况进行审理:(一)买受人拒绝给付价款、不同意支付违约金或赔偿损失,或者主张出卖人应采取减少价款等补救措施的，属于行使抗辩权；（二）买受人主张出卖人应支付违约金、赔偿损失或者要求解除合同的，应当提起反诉或者通过另诉解决；（三）买受人以出卖人违约进行抗辩，但未明确主张的，法院可以向买受人进行释明，由其明确主张。”

4. 参考案例。 2014 年**重庆某商品房预售合同纠纷案**，2009 年，开发公司与何某签订商品房预售合同，约定开发公司在 2011 年 6 月 30 日前交房时，与该房屋正常使用直接关联的基础设施和配套设施，包括通电，须符合使用条件，否则视为延期交楼，构成违约。2013 年，何某收房入住后发现，房屋接通的是临时用电而非城市生活用电，认为开发公司违约，应承担相应责任。法院认为：开发公司作为全国知名的大型地产企业，其占有的社会资源和信息量是作为相对方的何某无法企及的，故在预售合同的整个缔约、履约过程中，开发公司一直处于主动和优势地位，掌控更多关键信息，拥有更多话语权；相反，何某等购房者多处于被动地位，信息基本来源于对方，没有更多与对方讨价还价机会。关于房屋交易专业知识，作为专业团队的开发公司，相对于一般购房者的何某而言，同样具有绝对优势；而对于期房，开发公司还拥有对未来房屋质量、小区及周边环境等关键信息的绝对掌控，何某对此知之较少，缔约多是基于对开发公司的信赖，这种信赖甚至是盲目的。售房者不会及时、准确、完整地披露所有交易信息，以便充分满足购房者知情权，相反，其通常总是充分利用自己交易优势来实现自己利益最大化。基于上述情况，法院对有争议合同条款解释，在尊重合同自由同时，应充分顾及交易实质正义。合同解释必须符合交易目的。本案中，商品房是城市住房来源之一，必须满足城市居住生活所需，其中，稳定的生活供电是基础条件之一。既然合同约定“通电”必须符合“使用条件”，那么，此处“通电”必定是指电力能长期供应，且持续稳定，通常指接入城市生活供电网络。而临时用电通常并不能保证其供应是长期、持续和稳定的，故并不符合《供电营业规则》规定，不能将之视为合同约定的符合“使用条件”的“通电”。《合同法》和《消费者权益保护法》规定，当合同当事人对格式条款理解发生分歧时，应适用特殊解释方法，作出对格式条款拟订者不利的解释，以便限制权利滥用，维护正常交易秩序，保障消费者利益，体现正义精神。本案中关于商品房“通电”的格式条款约定，因双方对其具体内涵理解不一致，法院对此应作出不利于开发公司的解释，认定“通电”并非接入临时用电，开发公司未按约履行义务。当对合同条款理解发生歧义时，一般应根据交易规则、交易习惯或生活常识，按照大多数人理解进行解释。本案中，双方对预售合同中关于“通电”条款理解产生歧义，法院应根据大多数房屋交易者（尤其是一般购房者）通常的、合理的认知标准进行解释。一般认为，城市住房所接入的应是城市公共生活用电网络，持续、稳定、有保障，而临时用电不确定、不稳定，不能满足居住生活所需，故开发公司关于房屋接通临时用电符合约定的辩称，不足为信。判决开发公司承担违约责任。1999 年**广东某商品房**

预售合同纠纷案,1996年,电子公司与开发公司签订商品房销售合同,约定合同经公证后生效。同日,电子公司、开发公司与银行签订补充协议,约定合同终止时银行担保开发公司退房款责任,并约定由公证处出具公证证明。随后,电子公司与开发公司到公证处,双方就商品房销售合同进行公证。1997年,因开发公司未能按时交房,电子公司诉请终止合同并要求开发公司、银行共同退还房款及利息。法院认为:从内容上看,即使无补充协议,商品房销售合同也是完整的,当事人对该合同履行也不会产生歧义,故补充协议与商品房销售合同既有一定联系,同时亦具有一定独立性。本案电子公司向开发公司支付购房款,依据的是购房合同而非补充协议。同样,电子公司向法院起诉要求开发公司退房款及利息,主要也是依据购房合同,因开发公司未能按时交房,如开发公司能按时交房,则不会产生本案纠纷,亦不会出现银行应否承担保证责任问题。案涉补充协议并非完全独立合同,其实际上是希望就有关保证问题和退房、退款时间问题对主合同进行补充。两份协议虽对公证条款约定在字面上略有不同,但从两份协议前后顺序判断,如补充协议仅要求进行公证,而不要求公证是协议生效条件,则该项规定无任何实际意义。从两份协议连续性考虑,补充协议约定进行公证目的只能解释为同主合同一样,即该约定是补充协议所附生效条件,只有经过公证补充协议才能生效。判决案涉商品房销售合同终止履行,电子公司退房、开发公司退款及利息。2011年8月**上海某房屋买卖合同案**,法院认为:李某与郑某所签《房地产买卖居间协议》,系当事人真实意思表示,双方均应恪守诚信,按约履行。鉴于双方在该协议中记载的交易标的物为"602室房屋及车位",而此后李某又无法提供车位的产权证明,导致双方对所交易房屋的标的范围产生歧义,而李某在尚未与郑某就此问题予以协商解决,并解除双方间签订的居间协议的情况下,即将房屋另行出售,显属不当,故李某理应将已收取郑某的定金2万元返还给郑某。2010年11月**广东某房屋买卖合同案**,法院认为:双方在《房屋买卖中介合同》中同时约定了"付清所有楼款当日交楼"和"业主在2010年1月15日当天交付房屋",而事实上,双方当事人并未在2010年1月15日办理交楼手续,在诉讼前,王某对此并未提出异议,故双方对于交楼时间的意思已经明确为"付清所有楼款当日交楼"。由于王某剩余楼款是以按揭方式支付,在签订上述合同之时,交易双方对于银行具体批准按揭手续和发放贷款的时间难以具体预测,故王某应给李某必要的履行准备时间。虽然双方在2010年4月30日才办理交接手续,但双方在办理交接手续之时,李某将2010年3月4日至4月30日的租金交付给了王某,即王某实际从2010年3月4日已经开始享有房屋所有者的权利。在此情况下,王某要求李某支付逾期交楼违约金,依据不充分,不予支持。2003年12月**广东某房屋买卖合同案**,法院认为:冼某对协议约定的铺位单价为4800元负有举证责任,其虽提供了有双方签名的合同以证实,但朱某亦提供了有双方签名的合同以证实所主张协议约定的铺位单价是 4080 元，而对此冼某不能举证予以推翻，故其应承担因举证不能所导致的法律后果，即双方对铺位单价的约定不能确定为 4800 元。而对于朱某就协议约定的铺位单价为 4080 元的主张，因已构成自认，其行为产生的直接后果是免除冼某证实协议约定铺位的单价为 4080 元的证明责任。因双方当事人均无法否定对方提交的协议书的真实性，而当双方约定的单价在数额上不一致时，本案关于铺位单价的确认实际上是需要确定当事人关于铺位单价约定的真实意思表示。因双方无法达成补充协议，从合同的有关条款无法直接对铺位单价予以解释，而双方又不存在交易习惯，故应按照有利于实现合同目的方式以及不利于起草人的解释规则来予以确定。首先，从尽快实现房屋的买卖交易及维护交易秩序上来看，应确定争议铺位的单价为 4080 元；其次，因两份合同均是冼某书写的，故亦应作不利于冼某的解释确定为该价款。

【同类案件处理要点】

二手房买卖合同双方当事人对合同条款的理解有争议的，应当按照合同所使用的词句、合同的条款、合同的目的、交易习惯以及诚实信用原则，确定该条款的真实意思。

【相关法律风险提示】

1. 二手房买卖过程中，对于办证、交房等履行步骤不仅在合同中要有提及，还要有明确的日期约定，否则因履行期限及方式不明导致合同争议，被认为合同存在重大条款约定不明的事实，且事后双方无法达成一致，无继续履行的可能性而解除合同，即使对于已交定金一方，亦不适用定金罚则。

2. 对于负有付款和办证同时履行义务的双方而言，卖方不履行交房、办证义务，如买方不通过提存或其他适当方式履行己方合同义务，可能会被法院认为亦未履行义务。

3. 房屋买卖合同买卖双方各持的一份文本应核对一致，对空栏部分的填写或涂销亦应保持一致，以免发生事后两份合同不同条款存在争议的情形。如广东佛山中院（2003）佛中法民一终字第 2699 号“冼某与朱某房屋买卖合同纠纷案”中，就存在双方就房屋售价计算标准的约定存在两个不一致的版本。

4. 补充协议约定公证条款，但未明确约定以公证作为生效条件的，应从主从协议连续性及整体性考虑，对该条款作出解释。

【附注】

参考案例索引：云南昆明中院（2008）昆民一终字第 294 号“王某与李某房屋买卖合同纠纷案”；重庆五中院（2014）渝五中法民终字第 00735 号“何某与某开发公

司商品房预售合同纠纷案”,见《商品房预售合同格式条款的解释——重庆五中院判决何志刚诉恒大公司商品房预售合同纠纷案》(黄淳、肖飞),载《人民法院报·案例精选》(20150108:06);最高人民法院(1999)民监字第687号“某电子公司与某开发公司等商品房预售合同纠纷案”,见《中国电子工业深圳总公司与无锡灵山商业旅游城置业有限公司、交通银行无锡市东门办事处商品房预售合同纠纷申请再审案——约定条件未成就,合同不发生法律效力》(高珂,最高院审监庭),载《审判监督指导·案例评析》(200203/7:147);上海一中院(2011)沪一中民二(民)终字第1946号“李某与郑某房屋买卖合同纠纷上诉案”;广东广州中院(2010)穗中法民五终字第3244号“王某与李某房屋买卖合同纠纷上诉案”;广东佛山中院(2003)佛中法民一终字第2699号“冼某与朱某房屋买卖合同纠纷案”。

15. 定金条款表述与适用

——定金有约定,性质如何分?

【定金规则】

【案情简介及争议焦点】

2007年3月,徐某与文某约定,前者以37.6万元购买后者房屋,并交付定金6000元,文某向徐某出具了定金收条一张。后因文某反悔拒绝订约并将案涉房屋另售他人,徐某起诉要求确认合同有效。

争议焦点:1.收条性质如何?2.违约责任如何承担?

【裁判要点】

1.收条性质。收条虽载明了房屋产权证号及房屋总价款,但未对房屋面积、四至界址、房屋价款及房屋交付时间及办理房屋产权过户手续的时间等主要条款形成书面约定。故徐某提供的证据不能证明其与文某已订立房屋买卖协议。文某收取的6000元不是合同履行定金,而是订约定金。徐某可选择订立合同或放弃定金,文某也可选择订立合同或双倍返还定金。

2.违约责任。文某在收受徐某定金后拒绝与徐某订立合同,而与案外人订立买卖合同并收受全部购房款,构成缔约违约,应承担违约责任。本案中,因徐某未提出支付违约金的诉讼请求,故对徐某提出的依法确认房屋买卖合同有效并继续履行的诉讼请求,应予驳回。

【裁判依据或参考】

1. 法律规定。《**民法典**》(2021 年 1 月 1 日)第 577 条:“当事人一方不履行合同义务或者履行合同义务不符合约定的,应当承担继续履行、采取补救措施或者赔偿损失等违约责任。”第 578 条:“当事人一方明确表示或者以自己的行为表明不履行合同义务的,对方可以在履行期限届满前请求其承担违约责任。”第 583 条:“当事人一方不履行合同义务或者履行合同义务不符合约定的,在履行义务或者采取补救措施后,对方还有其他损失的,应当赔偿损失。”第 584 条:“当事人一方不履行合同义务或者履行合同义务不符合约定,造成对方损失的,损失赔偿额应当相当于因违约所造成的损失,包括合同履行后可以获得的利益;但是,不得超过违约一方订立合同时预见到或者应当预见到的因违约可能造成的损失。”第 585 条:“当事人可以约定一方违约时应当根据违约情况向对方支付一定数额的违约金,也可以约定因违约产生的损失赔偿额的计算方法。约定的违约金低于造成的损失的,人民法院或者仲裁机构可以根据当事人的请求予以增加;约定的违约金过分高于造成的损失的,人民法院或者仲裁机构可以根据当事人的请求予以适当减少。当事人就迟延履行约定违约金的,违约方支付违约金后,还应当履行债务。”第 586 条:“当事人可以约定一方向对方给付定金作为债权的担保。定金合同自实际交付定金时成立。定金的数额由当事人约定;但是,不得超过主合同标的额的百分之二十,超过部分不产生定金的效力。实际交付的定金数额多于或者少于约定数额的,视为变更约定的定金数额。”第 587 条:“债务人履行债务的,定金应当抵作价款或者收回。给付定金的一方不履行债务或者履行债务不符合约定,致使不能实现合同目的的,无权请求返还定金;收受定金的一方不履行债务或者履行债务不符合约定,致使不能实现合同目的的,应当双倍返还定金。”第 588 条:“当事人既约定违约金,又约定定金的,一方违约时,对方可以选择适用违约金或者定金条款。定金不足以弥补一方违约造成的损失的,对方可以请求赔偿超过定金数额的损失。”《**合同法**》(1999 年 10 月 1 日,已于 2021 年 1 月 1 日起失效)第 42 条:“当事人在订立合同过程中有下列情形之一,给对方造成损失的,应当承担损害赔偿责任:(一)假借订立合同,恶意进行磋商;(二)故意隐瞒与订立合同有关的重要事实或者提供虚假情况;(三)有其他违背诚实信用原则的行为。”第 115 条:“当事人可以依照《中华人民共和国担保法》约定一方向对方给付定金作为债权的担保。债务人履行债务后,定金应当抵作价款或者收回。给付定金的一方不履行约定的债务的,无权要求返还定金;收受定金的一方不履行约定的债务的,应当双倍返还定金。”第 116 条:“当事人既约定违约金,又约定定金的,一方违约时,对方可以选择适用违约金或者定金条款。”《**担保法**》(1995 年 10 月 1 日,已于 2021 年 1 月 1 日起失效)第 89 条:“当事人可以约定一方向对方给付定金作为债权的担保。债务人履行债务后,定金应当抵作价款或者收回。给付定金的一方不履行约定的债务的,无权要求返还定金;收受定金的一方不履行约定的债务的,应当双倍返还定金。"第 90 条:"定金应当以书面形式约定。当事人在定金合同中应当约定交付定金的期限。定金合同从实际交付定金之日起生效。"第 91 条:"定金的数额由当事人约定,但不得超过主合同标的额的百分之二十。"《**民法通则**》(1987 年 1 月 1 日,已于 2021 年 1 月 1 日起失效)第 89 条:"……当事人一方在法律规定的范围内可以向对方给付定金。债务人履行债务后,定金应当抵作价款或者收回。给付定金的一方不履行债务的,无权要求返还定金;接受定金的一方不履行债务的,应当双倍返还定金……"第 112 条:"当事人一方违反合同的赔偿责任,应当相当于另一方因此所受到的损失。当事人可以在合同中约定,一方违反合同时,向另一方支付一定数额的违约金;也可以在合同中约定对于违反合同而产生的损失赔偿额的计算方法。"

2. 司法解释。最高人民法院《**关于审理买卖合同纠纷案件适用法律问题的解释(2020 年修改)**》(2021 年 1 月 1 日　法释〔2020〕17 号)第 18 条:"买卖合同对付款期限作出的变更,不影响当事人关于逾期付款违约金的约定,但该违约金的起算点应当随之变更。买卖合同约定逾期付款违约金,买受人以出卖人接受价款时未主张逾期付款违约金为由拒绝支付该违约金的,人民法院不予支持。买卖合同约定逾期付款违约金,但对账单、还款协议等未涉及逾期付款责任,出卖人根据对账单、还款协议等主张欠款时请求买受人依约支付逾期付款违约金的,人民法院应予支持,但对账单、还款协议等明确载有本金及逾期付款利息数额或者已经变更买卖合同中关于本金、利息等约定内容的除外。买卖合同没有约定逾期付款违约金或者该违约金的计算方法,出卖人以买受人违约为由主张赔偿逾期付款损失,违约行为发生在 2019 年 8 月 19 日之前的,人民法院可以中国人民银行同期同类人民币贷款基准利率为基础,参照逾期罚息利率标准计算;违约行为发生在 2019 年 8 月 20 日之后的,人民法院可以违约行为发生时中国人民银行授权全国银行间同业拆借中心公布的一年期贷款市场报价利率(LPR)标准为基础,加计 30 – 50% 计算逾期付款损失。"第 20 条:"买卖合同因违约而解除后,守约方主张继续适用违约金条款的,人民法院应予支持;但约定的违约金过分高于造成的损失的,人民法院可以参照民法典第五百八十五条第二款的规定处理。"第 21 条:"买卖合同当事人一方以对方违约为由主张支付违约金,对方以合同不成立、合同未生效、合同无效或者不构成违约等为由进行免责抗辩而未主张调整过高的违约金的,人民法院应当就法院若不支持免责抗辩,当事人是否需要主张调整违约金进行释明。一审法院认为免责抗辩成立且未予释明,二审法院认为应当判决支付违约金的,可以直接释明并改判。"第 22 条:"买卖合同当事人一方违约造成对方损失,对方主张赔偿可得利益损失的,人民法院应当根据当事人的主张,依据民法典第五百八十四条、第五百九十一条、第五百九十二条、本解释第二十三条等规定进行认定。”第23条：“买卖合同当事人一方因对方违约而获有利益，违约方主张从损失赔偿额中扣除该部分利益的，人民法院应予支持。”最高人民法院**《印发〈关于当前形势下审理民商事合同纠纷案件若干问题的指导意见〉的通知》**（2009年7月7日　法发〔2009〕40号）第9条：“在当前市场主体违约情形比较突出的情况下，违约行为通常导致可得利益损失。根据交易的性质、合同的目的等因素，可得利益损失主要分为生产利润损失、经营利润损失和转售利润损失等类型……”第10条：“人民法院在计算和认定可得利益损失时，应当综合运用可预见规则、减损规则、损益相抵规则以及过失相抵规则等，从非违约方主张的可得利益赔偿总额中扣除违约方不可预见的损失、非违约方不当扩大的损失、非违约方因违约获得的利益、非违约方亦有过失所造成的损失以及必要的交易成本。存在合同法第一百一十三条第二款规定的欺诈经营、合同法第一百一十四条第一款规定的当事人约定损害赔偿的计算方法以及因违约导致人身伤亡、精神损害等情形的，不宜适用可得利益损失赔偿规则。”最高人民法院**《关于适用〈中华人民共和国合同法〉若干问题的解释（二）》**（2009年5月13日　法释〔2009〕5号，已于2021年1月1日起失效）第22条：“当事人一方违反合同法第九十二条规定的义务，给对方当事人造成损失，对方当事人请求赔偿实际损失的，人民法院应当支持。”最高人民法院**《关于适用〈中华人民共和国担保法〉若干问题的解释》**（2000年12月13日　法释〔2000〕44号，已于2021年1月1日起失效）第115条：“当事人约定以交付定金作为订立主合同担保的，给付定金的一方拒绝订立主合同的，无权要求返还定金；收受定金的一方拒绝订立合同的，应当双倍返还定金。”第117条：“定金交付后，交付定金的一方可以按照合同的约定以丧失定金为代价而解除主合同，收受定金的一方可以双倍返还定金为代价而解除主合同。对解除主合同后责任的处理，适用《中华人民共和国合同法》的规定。”第118条：“当事人交付留置金、担保金、保证金、订约金、押金或者订金等，但没有约定定金性质的，当事人主张定金权利的，人民法院不予支持。”第120条：“因当事人一方迟延履行或者其他违约行为，致使合同目的不能实现，可以适用定金罚则。但法律另有规定或者当事人另有约定的除外。当事人一方不完全履行合同的，应当按照未履行部分所占合同约定内容的比例，适用定金罚则。”第121条：“当事人约定的定金数额超过主合同标的额百分之二十的，超过的部分，人民法院不予支持。”最高人民法院**《关于买卖房屋的民事行为未完成买卖关系没有成立的批复》**（1988年12月29日　〔1988〕民他字第55号）：“……本案双方当事人约定以收取定金的方式和限期四个月作为成交房屋买卖的条件，但期限到来后，买方既未交付房价款，也未对讼争房屋实际进行管理、使用；卖方要求退还买方定金，只因买方不同意而未果。这些情况说明，买卖房屋的民事行为并未完成，双方当事人之间的房屋买卖关系也就没有成立。据此,建议你院依审判监督程序处理,并做好当事人的工作。处理时以判决形式结案为宜。”

3. 地方司法性文件。广东深圳中院**《关于审理房地产纠纷案件的裁判指引》**(2014年8月28日修订)第19条:“合同约定当事人一方向另一方交付履约保证金、担保金、押金等,并约定收款一方有权在对方违约时没收该笔费用,但未约定付款方在对方违约时有权要求双倍返还该笔费用的,应认定前述费用不具有定金性质,当事人就该费用主张定金权利的,不予支持。”北京高院**《关于审理房屋买卖合同纠纷案件适用法律若干问题的指导意见(试行)》**(2010年12月22日 京高法发〔2010〕458号)第2条:“当事人签订的预购书、购房意向书等协议已经具备了拟购房屋的基本状况、价款数额、价款支付方式等合同主要内容的,可以认定为房屋买卖合同,但当事人另有约定的除外。因可归责于当事人一方的原因致使房屋买卖合同未能订立,预约协议约定有定金条款的,应当适用定金罚则;没有约定定金条款,或者定金处罚数额不足以弥补守约方实际损失的,违约方应当赔偿守约方因此所受到的信赖利益损失。守约方要求赔偿合同履行的可得利益损失的,一般不予支持。”第23条:“当事人在房屋买卖合同中对定金性质约定不明的,不应视为解约定金。房屋买卖合同中同时约定了解约定金和违约金,当事人一方已构成违约的,在约定条件成就时解约定金处罚与违约金可以同时适用。”第24条:“房屋买卖合同签订后,因一方当事人根本违约致使另一方订立合同的目的不能实现,守约方要求解除合同,并要求违约方赔偿房屋差价损失、转售利益损失等可得利益损失的,应酌情予以支持,但当事人另有约定的除外。在认定和计算可得利益损失时,应从守约方主张的可得利益赔偿总额中扣除守约方未采取合理措施不当扩大的损失、守约方亦有过失所造成的损失、守约方因此获得的利益以及守约方取得利益需要支出的必要的交易成本,并综合考虑守约方的履约情况等因素予以确定。”第25条:“房屋买卖合同不成立、被确认无效或被撤销,信赖合同有效成立致受损害的一方当事人要求另一方赔偿信赖利益损失的,应予支持。信赖利益损失包括所受损害和所失利益(当事人信赖合同有效成立而丧失另订其他有利合同的机会损失等),损失赔偿数额以不超过履行利益为限。”北京高院**《审理买卖合同纠纷案件若干问题的指导意见(试行)》**(2009年2月3日 京高法发〔2009〕43号)第26条:“当事人同时约定违约金和定金,但没有约定定金性质的,当事人一方违约,对方一并主张定金和违约金的,法院不予支持。当事人同时约定违约金和定金并约定了定金性质的,当事人一方违约,对方依据约定的定金性质一并主张违约定金和违约金的,法院不予支持;当事人一方违约,对方依据约定的定金性质一并主张解约定金和违约金的,法院应予支持。”第27条:“在同一诉讼中,当事人约定的定金不足以弥补当事人一方因对方违约遭受的损失,当事人一方请求赔偿超过定金部分的损失的，法院应予支持。”该指导意见说明对第二十六条的理解与适用：“……根据定金具体性质，定金通常包括立约定金、成约定金、证约定金、违约定金和解约定金。但立约定金（存在一个独立的约定定金的合同，以保证其后主合同的签订）、成约定金（合同成立或者生效所附的条件）、证约定金（保证合同履行，与违约金类似）等主要是学理上的分类，在审判实践中并不多见，而且学理上的概念也并不统一。同时，立约定金和成约定金均存在于合同成立或生效前，不适用本条指导意见规定的合同已生效情形；证约定金则与违约金性质相同。因此，本指导意见对上述几种定金形态未作规定，只就实践中可见的违约定金、解约定金进行了区分、规定。因违约定金与违约金在目的、性质、功能等方面基本是相同的，故二者不能并用，而应由守约方选择适用。根据《中华人民共和国担保法》若干问题的解释第一百一十七条的规定，当事人是可以定金为代价解除合同的，而无论合同履行是否构成违约，因此解约定金和违约金在目的、性质、功能等方面是有区别的，二者可以并用。”上海高院***《关于印发〈上海法院民事办案要件指南〉的通知》***（2003年11月25日沪高法民一〔2003〕10号）第37条：“一方当事人拒退定金或者另一方当事人要求双倍返还定金的，应当举证证明双方对定金的约定、定金已实际交付的要件事实。”第38条：“一方当事人行使损害赔偿请求权的，应当举证证明其遭受的损害以及损害与违约行为之间的因果关系。”

4. 参考案例。2011年**北京某房屋租赁合同纠纷案**，2010年，生物公司与商场签订意向书，约定前者意向租用后者商铺，并交纳1万元“认租意向金”“享有同等条件下优先承租上述意向商铺的权利”。后因生物公司以不满意现场为由拒签合同、商场拒退意向金致诉。法院认为：最高人民法院《关于适用〈中华人民共和国担保法〉若干问题的解释》规定，当事人交付留置金、担保金、订约金、押金或者订金等，但没有约定定金性质的，当事人主张定金权利的，人民法院不予支持。意向书是否具有合同效力，应结合其本身的保留性、条款完备性、主体指向排他性等因素进行综合判断。意向书中所约定的意向金，如缺乏担保功能、在合同成立前交纳，既不属于违约金，亦不属预付款，就其性质仅能描述为“立约诚意金”。本案中，通过合同表述，生物公司交付商场的一万元系租赁铺位的认租意向金，即表明生物公司交纳该款是向商场表达了与商场签订租赁合同的愿望，从中不能体现出生物公司交纳该款具有保证与商场签订租赁合同的担保意思表示。双方在合同中还约定了生物公司交纳意向金后，享有同等条件下优先承租上述商铺权利，故生物公司交纳该款目的应为享有优先承租权。因该意向书系商场提供给生物公司的格式合同，在双方对格式合同中条款理解产生分歧时，根据法律规定，应作出不利于提供格式条款一方的解释，故商场认为该款系定金，生物公司对此不予认可情况下，应作出对商场不利的解释，即该款并非定金性质。在生物公司表示不同意与商场签订租赁合同后,即表明生物公司取消了与商场签订租赁合同意向,双方应就此恢复到签订意向书之前状态,即商场可将该商铺再行招商,同时应将该一万元意向金退还,故判决商场返还生物公司1万元。2014年**江苏某商品房销售合同纠纷案**,1983年,张某将其父亲年前以1100元购买的房屋随同证明房屋产权的契纸交给实业公司,并收取2000元。2008年,张某起诉实业公司,提出2000元系房屋使用费,要求返还房屋。法院认为:张某与实业公司虽未订立书面房屋买卖合同,但张某认可1983年将诉争房屋移交给实业公司时收取了2000元,而张某之父在1982年购买该房屋时支付的房款为1100元,即使考虑张某父亲对房屋进行过翻修,将该2000元认定为房屋买卖价款,亦符合常理。且房屋由张某移交他人使用已长达20多年,该2000元对价与使用该房屋20多年应付的费用相比甚微。由于交付2000元款项时,双方并无房屋使用期限的约定,根据当时房屋的价格,张某主张2000元属房屋使用费,不合常理,该数额与当时房屋的价格相当,更符合购房款性质。1983年,我国房屋登记制度尚不完善,房屋产权转让时不办理过户登记而采取移交产权证明形式的情况也较普遍。张某将房屋移交实业公司使用时,将政府颁发的证明房屋产权的契纸也交与实业公司,能体现张某转让房屋产权的真实意思。张某从把诉争房屋移交给实业公司使用到起诉时已超过20年,实业公司的占有使用是连续的、公开的、和平的,而张某在长达20多年的时间内,未就此主张过权利,表明其长期对他人占有使用该房屋并无异议,如认定张某未转让房屋产权,其作为所有人长期怠于行使权利,与一般房屋所有人对权利的关注,形成较大反差,明显不合常理。综上所述,张某与实业公司之间已形成房屋买卖合同关系,该买卖合同合法有效。基于有效的合同关系,张某并无请求返还房屋的权利,故判决驳回张某诉请。2011年5月**上海某房屋买卖合同案**,法院认为:卖方在系争房屋已被法院生效判决判令过户给案外人,被有关法院多次查封,并有银行和个人两笔高额抵押贷款的情况下,仍向买方出售该房屋,且在居间协议上仅记载房屋的负担为银行抵押贷款80万元,隐瞒了系争房屋存在多重权利限制的情况,已构成欺诈。卖方事实上也未能在协议约定的期限之前消除系争房屋上的权利限制,无法继续履行协议,已同时构成违约。现买方选择根据协议约定追究卖方的违约责任,不再要求撤销居间协议,于法不悖,予以照准。根据居间协议和变更契约单的约定,违约方应适用定金罚则,数额为60万元。卖方作为定金的收取方,不履行协议约定的,依法应承担双倍返还定金的违约责任。但鉴于该定金约定与买方的损失相比明显过高,且买方完全可以通过查阅公开的房地产登记资料而了解系争房屋的真实情况,却未进行查阅或要求居间方提供资料,轻率签约,也存在一定过错,故本院酌情调整违约定金数额为30万元。2011年4月**湖南某房屋买卖合同案**,法院认为:鲍某辩称本案讼争的5万元款项系购房定金且认为双方最终未签订房屋买卖协议系刘某不讲诚信造成,故不应退还。对此本院认为,《担保法》第 89 条规定“当事人可以约定一方向对方给付定金作为债权的担保”,第 90 条规定“定金应当以书面形式约定”。本案中双方并未签订金额为 5 万元的书面定金合同。对照上述法律规定,可知本案所涉的 5 万元款项不具备法律规定的定金性质,因而不是定金。相反,双方关于本案所涉 5 万元的协商过程足以表明系预付购房款。因此鲍某有关本案所涉 5 万元系定金的辩称意见无法律依据和事实依据,应不予支持。2010 年 10 月**广东某房屋买卖合同案**,法院认为:因王某构成根本违约,故其应承担向李某双倍返还定金的责任。王某主张其与李某签订的补充协议约定,若王某反悔违约,应将该浮动利润付给李某即可,该约定与买卖合同中的定金约定冲突,故本案应适用补充协议的约定,李某无权主张定金罚则。本院认为,首先,该补充协议的条款约定的是浮动利润的归属及损失赔偿,并未明确排除买卖合同中定金罚则的适用;其次,该补充协议同时约定李某应向王某付清 20 万元订金,而从订金数额及合同实际履行的情况看,该 20 万元订金就是指买卖合同中约定的 20 万元定金。既然补充协议在约定浮动利润赔偿的同时,又约定 20 万元定金的付款事宜,可见补充协议并未对买卖合同中的定金约定及适用作出修改。故李某在本案中选择要求王某承担双倍返还定金的责任,具有合同依据。至于李某又另案起诉请求王某支付浮动利润损失,应否支持及支持多少,属于该案审查范围,不影响本案处理。2010 年 9 月**新疆某房屋买卖合同案**,法院认为:于某收取何某的 1 万元虽在收据上写为“订金”,但其后出具的承诺书中又将该 1 万元写为“定金”,故应视为于某将该款项的性质变更为定金。根据承诺书的内容,于某为转让房产而收取何某定金 1 万元,故该定金为立约定金。当事人约定以交付定金作为订立主合同担保的,收受定金的一方拒绝订立合同的,应双倍返还定金。于某在收取何某的定金后未按承诺履行,其提出双方均有过错无相应证据证明,故合同未订立是因于某拒绝而非何某的过错所造成,于某应双倍返还所收取的定金 1 万元。2006 年 4 月**上海某房屋买卖合同案**,法院认为:根据双方提供的证据以及庭审陈述证实,双方未能签订案涉房屋的买卖合同,系卖方未能及时办妥该房屋的产证以及双方对房屋买卖合同所涉及的房屋维修基金的承担、违约金比例的调整、面积差异等具体细节意见有分歧。故卖方认为买方没有购买房屋的诚意,反悔在先,理应没收诚意金的依据不充分。卖方现已明确表示不再将房屋出售给买方,理应将买方预付的诚意金 6000 元返还给买方。

【同类案件处理要点】

二手房买卖合同签订和履行过程中,给付定金一方不履行约定义务的,无权要求返还定金;收受定金的一方不履行约定义务的,应当双倍返还定金。当事人交付留置金、担保金、保证金、订约金、押金或者订金等但是没有约定定金性质的,当事人主张定金权利的,人民法院不予支持。

【相关法律风险提示】

1."定金"与"订金"。能够发生双倍返还的为"定金"。如约定"订金",则在一方违约时,不适用定金罚则。故购房合同中对"定金"的表述应明确,字面及解释均应符合法律规定的形式,嗣后的该款收据内容表述亦应明确为购房"定金",任何表述为"订金""小订""定钱""押金""保证金""信誉金""诚意金""意向金""代购金""违约担保金"的做法,或对该款支付、收取的不一致表述,均有可能导致不适用定金罚则的法律后果。同时也要避免合同与收据对"定金"表述的不一致性。

2.通过中介购房常见证据效力。房屋买卖合同解除或中止履行后,就解除或中止原因,由中介出具的双方签订和履行购房合同中的相关情况所作的说明,一般认为具备客观性,符合民事诉讼证据的基本特征。对买受人举出的视听资料,如出卖人对该谈话事实无异议,该视听资料也符合民事诉讼证据的基本特征,应作为定案依据。故购房合同签订后,应随时保留、尽力收集己方履行合同,对方拖延履行、拒绝履行的证据,包括中介出具的证明或情况说明,谈话录音。在履行合同过程中,就合同履行所为的任何交涉,尤其是在争议产生后,就合同履行的沟通,表述上应注意厘清法律责任,以免贻人口实。

3.起诉要求继续履行合同或确认合同有效,如未获支持,又未主张违约金,则有可能会被驳回诉讼请求,就违约金的主张只能另行起诉。

4.买方交付定金作为签订房屋买卖合同的担保,应属立约定金。作为立约定金,其法律效力的发生与主合同是否发生法律效力并无关系,其生效是独立的,在主合同之前即成立。买受人交付定金,有必要对定金性质予以明确:履约定金还是立约定金。如系后者,出卖方选择拒绝订立合同时,买受人只能接受双倍返还定金的赔偿。定金收据虽为合同,但无法承载规范的房屋买卖合同所具备的必要条款。故房屋交易达成意向,不仅需要拟定尽可能内容详尽的合同,且应成为交付定金的前提。

5.定金或订金交付前,一定要确定权属主体、卖方资质,现场看房,到房管部门验证,就主要的交易条款达成意向并确定,一防遇到骗子,二防事后扯皮。尤其在面对低价诱惑时更应谨慎耐心,勿图省事,避免仓促交易而上当受骗。

【附注】

参考案例索引:江西赣州中院(2008)赣中民一终字第14号"徐某与文某等房屋买卖合同纠纷案";北京一中院(2011)一中民终字第987号"某生物公司与某商场租赁合同纠纷案",见《北京靓妃生物科技有限公司诉北京喜隆多购物中心有限公司租赁合同纠纷案》(王华伟、杨志东),载《人民法院案例选》(201203/81:246);上海虹口区法院(2011)虹民三(民)初字第218号"邵某诉叶某等房屋买卖合同纠纷案";湖南长沙芙蓉区法院(2011)芙民初字第258号"刘某诉鲍某房屋买卖合同纠纷案";广东深圳中院(2010)深中法民五终字第1543号"王某等与李某房屋买卖合同纠纷上诉案";新疆乌鲁木齐中院(2010)乌中民四终字第583号"于某与何某房屋买卖合同纠纷上诉案";上海闸北区法院(2005)闸民三(民)再初字第1号"吴某诉张某房屋买卖合同纠纷再审案"。

16. 合同签订真实性判定

——合同签没签,如何来证明?

【无权代理】

【案情简介及争议焦点】

2003年10月,张某与陈某离婚。2005年4月,张某病逝。2005年6月,陈某起诉张某法定继承人主张离婚后发现的现由吴某居住的房屋财产分配权,被法院驳回。

2008年6月,吴某持两份购房合同及相关证据(补充协议复印件、张某出具的委托书、证人证言、契税完税证、由张某签字的房地产转让登记申请书、产权证原件等证据)起诉陈某及张某的法定继承人,要求配合办理过户手续。该合同显示系2002年吴某与张某签订,房款15万元,其时该房登记在张某名下,但该两份合同尾部签名栏无张某签字,其中一份封面还打有"×"。

争议焦点:1.合同效力如何?2.配合过户义务履行主体是谁?

【裁判要点】

1.房屋买卖合同成立并生效。吴某提供的两份买卖合同中,张某签名虽非在合同尾部签名一栏,但陈某对张某签名的真实性未提出明确异议,故签名真实性可认定;其中一份合同封面上虽有"×",但并不能以此推断该份合同作废。系争房屋产权证载明张某一人,张某与陈某当时系夫妻关系,吴某有理由相信张某行为系代表夫妻的共同行为;同时,吴某提供了相关购房手续,结合吴某实际入住系争房屋、陈某与张某之后的协议离婚对财产进行了分割等事实,各证据间能相互印证且已形成证据链,故应认定吴某与张某间买卖合同有效。

2. 本案被告应协助办理过户。张某对系争房屋产权转移有协助办理的义务,鉴于张某已死亡,故上述配合义务由陈某及张某的法定继承人承担,故各被告应协助吴某办理过户。

【裁判依据或参考】

1. 法律规定。《民法典》(2021 年 1 月 1 日)第 162 条:"代理人在代理权限内,以被代理人名义实施的民事法律行为,对被代理人发生效力。"第 164 条:"代理人不履行或者不完全履行职责,造成被代理人损害的,应当承担民事责任。代理人和相对人恶意串通,损害被代理人合法权益的,代理人和相对人应当承担连带责任。"第 171 条:"行为人没有代理权、超越代理权或者代理权终止后,仍然实施代理行为,未经被代理人追认的,对被代理人不发生效力。相对人可以催告被代理人自收到通知之日起三十日内予以追认。被代理人未作表示的,视为拒绝追认。行为人实施的行为被追认前,善意相对人有撤销的权利。撤销应当以通知的方式作出。行为人实施的行为未被追认的,善意相对人有权请求行为人履行债务或者就其受到的损害请求行为人赔偿。但是,赔偿的范围不得超过被代理人追认时相对人所能获得的利益。相对人知道或者应当知道行为人无权代理的,相对人和行为人按照各自的过错承担责任。"第 172 条:"行为人没有代理权、超越代理权或者代理权终止后,仍然实施代理行为,相对人有理由相信行为人有代理权的,代理行为有效。"第 215 条:"当事人之间订立有关设立、变更、转让和消灭不动产物权的合同,除法律另有规定或者当事人另有约定外,自合同成立时生效;未办理物权登记的,不影响合同效力。"第 465 条:"依法成立的合同,受法律保护。依法成立的合同,仅对当事人具有法律约束力,但是法律另有规定的除外。"第 490 条:"当事人采用合同书形式订立合同的,自当事人均签名、盖章或者按指印时合同成立。在签名、盖章或者按指印之前,当事人一方已经履行主要义务,对方接受时,该合同成立。法律、行政法规规定或者当事人约定合同应当采用书面形式订立,当事人未采用书面形式但是一方已经履行主要义务,对方接受时,该合同成立。"第 491 条:"当事人采用信件、数据电文等形式订立合同要求签订确认书的,签订确认书时合同成立。当事人一方通过互联网等信息网络发布的商品或者服务信息符合要约条件的,对方选择该商品或者服务并提交订单成功时合同成立,但是当事人另有约定的除外。"第 562 条:"当事人协商一致,可以解除合同。当事人可以约定一方解除合同的事由。解除合同的事由发生时,解除权人可以解除合同。"《**合同法**》(1999 年 10 月 1 日,已于 2021 年 1 月 1 日起失效)第 10 条:"当事人订立合同,有书面形式、口头形式和其他形式。法律、行政法规规定采用书面形式的,应当采用书面形式。当事人约定采用书面形式的,应当采用书面形式。"第 36 条:"法律、行政法规规定或者当事人约定采用书面形式订立合同,当事人未采用书面形式但一方已经履行主要义务,对方接受的,该合同成立。"第 37 条:"采用合同书形式订立合同,在签字或者盖章之前,当事人一方已经履行主要义务,对方接受的,该合同成立。"第 44 条:"依法成立的合同,自成立时生效……"第 107 条:"当事人一方不履行合同义务或者履行合同义务不符合约定的,应当承担继续履行、采取补救措施或者赔偿损失等违约责任。"第 108 条:"当事人一方明确表示或者以自己的行为表明不履行合同义务的,对方可以在履行期限届满之前要求其承担违约责任。"

2. 司法解释。最高人民法院《**关于房地产调控政策下人民法院严格审查各类虚假诉讼的紧急通知**》(2013 年 6 月 28 日　法明传〔2013〕359 号)第 2 条:"在审理相关纠纷案件时,要认真审查当事人的诉讼请求及相关的证据,遇到以下情况,要慎重对待,妥善处理:1. 当事人在以房抵债协议中约定管辖法院,但抵债的房产与协议管辖法院属异地的,要严格按照民事诉讼法关于专属管辖的规定认定协议管辖的效力;2. 借贷等债权债务关系仅有借据和双方的认可,但未提供款项来等证据的,对债权债务关系的真实有效性要严格审查,不能简单认定;3. 双方以债权债务纠纷为由诉讼至法院,但是立案后对案件事实及实体处理等均无争议并迅速达成'以房抵债'协议的,务必在严格依法查明案件事实的基础上决定是否出具调解书;4. 当事人在人民法院调解组织等主持下达成包含以房抵债内容的调解协议,并共同申请司法确认的,应当加大审查确认力度,慎重出具确认调解协议有效的裁定;5. 当事人对以房抵债生效法律文书或者调解协议申请执行的,原则上不得出具以房抵债裁定书或者要求登记机构办理过户的协助执行通知书,当事人要求以房产清偿债务的,应当采取拍卖等执行变价措施;6. 对其他可能存在虚假诉讼的纠纷案件,亦应依法审查。"最高人民法院《**关于审理买卖合同纠纷案件适用法律问题的解释(2020 年修改)**》(2021 年 1 月 1 日　法释〔2020〕17 号)第 1 条:"当事人之间没有书面合同,一方以送货单、收货单、结算单、发票等主张存在买卖合同关系的,人民法院应当结合当事人之间的交易方式、交易习惯以及其他相关证据,对买卖合同是否成立作出认定。对账确认函、债权确认书等函件、凭证没有记载债权人名称,买卖合同当事人一方以此证明存在买卖合同关系的,人民法院应予支持,但有相反证据足以推翻的除外。"第 5 条:"出卖人仅以增值税专用发票及税款抵扣资料证明其已履行交付标的物义务,买受人不认可的,出卖人应当提供其他证据证明交付标的物的事实。合同约定或者当事人之间习惯以普通发票作为付款凭证,买受人以普通发票证明已经履行付款义务的,人民法院应予支持,但有相反证据足以推翻的除外。"最高人民法院《**关于适用〈中华人民共和国合同法〉若干问题的解释(二)**》(2009 年 5 月 13 日　法释〔2009〕5 号,已于 2021 年 1 月 1 日起失效)第 1

条:“当事人对合同是否成立存在争议,人民法院能够确定当事人名称或者姓名、标的和数量的,一般应当认定合同成立。但法律另有规定或者当事人另有约定的除外。对合同欠缺的前款规定以外的其他内容,当事人达不成协议的,人民法院依照合同法第六十一条、第六十二条、第一百二十五条等有关规定予以确定。”第2条:“当事人未以书面形式或者口头形式订立合同,但从双方从事的民事行为能够推定双方有订立合同意愿的,人民法院可以认定是以合同法第十条第一款中的‘其他形式’订立的合同。但法律另有规定的除外。”第5条:“当事人采用合同书形式订立合同的,应当签字或者盖章。当事人在合同书上摁手印的,人民法院应当认定其具有与签字或者盖章同等的法律效力。”最高人民法院**《关于章春云等与张文斌房地产确权纠纷案的复函》**(2001年9月3日 〔2001〕民监他字第16号):“依据最高人民法院《关于贯彻执行〈民法通则〉若干问题的意见(试行)》第89条的规定,本案第三人张文斌通过买卖交易方式取得的42号房产行为,应该认定为有效。首先,从章春云与章玉生养父子关系以及丘银英遗嘱上看,章玉生是42号房产权共有人之一。其次,在双方签订房屋买卖协议时,章玉生持丘银英为所有权人的房屋权证、丘银英的公证遗嘱,将上述房产出卖给张文斌,张文斌只能认为章玉生是该房屋产权人,对其只享有部分房产权的事实是不知道的。张文斌已按照房屋买卖协议的约定,全部履行了付款义务,办理了房屋过户手续,取得了该房屋所有权证。因此,第三人善意、有偿取得的房产,依法予以保护。”最高人民法院**《关于范怀与郭明华房屋买卖是否有效问题的复函》**(1992年7月9日):“……房屋买卖系要式法律行为。农村的房屋买卖也应具备双方订有书面契约、中人证明、按约定交付房款以及管理房屋的要件,要求办理契税或过户手续的地方,还应依办理该项手续后,方能认定买卖有效。本案范怀与郭明华双方既未订立买卖房屋的书面契约,亦未按口头约定付清房款,不具备所有权转移的基本要件,故同意你院审判委员会第一种意见,即:双方口头房屋买卖协议无效,对由此而产生的其他争议,争取合情合理的调解解决。”

3. 地方司法性文件。北京高院**《关于立案审判适用法律若干问题的解答(二)》**(2019年11月20日)第6条:“民事诉讼法解释第十八条第二款中的‘合同履行地’如何理解适用?合同中明确约定的履行地点为合同履行地,没有约定或约定不明确的,应当依据民事诉讼法解释第十八条第二款确定‘合同履行地’。正确理解适用本条款,应将‘争议标的’理解为诉讼请求所指向的合同义务。以买卖合同为例,合同义务为‘交付标的物’或‘给付价款’。如果卖方是原告,无论原告的诉讼请求是继续履行合同、给付价款还是解除合同、返还货物、要求被告承担违约责任,诉求的指向均是买方的‘给付价款’义务,争议标的为‘给付货币’,应以接收货币一方所在地即卖方所在地为合同履行地。如果买方是原告,无论原告的诉讼请求是继续履行合同、交付标的物还是解除合同、返还价款、要求被告承担违约责任，诉求的指向均是卖方的‘交付标的物’义务。若合同标的物为不动产，应以不动产所在地为合同履行地；若合同标的物为非不动产，应以履行‘交付标的物’义务一方即卖方住所地为合同履行地。即时结清的合同（如集市买卖）产生的纠纷，以交易行为地为合同履行地。法律、司法解释对合同履行地有特别规定的，从其规定。合同当事人仅要求变更、撤销、解除合同、确认合同效力或合同是否成立的，如果合同中对履行地点没有约定，且不属于法律或者司法解释对合同履行地有特殊规定情形的，应以被告住所地确定管辖。”天津高院**《关于依法妥善审理房屋买卖合同纠纷案件的通知》**（2016年11月16日　津高法〔2016〕158号）第3条：“当事人尚未签订房地产行政主管部门要求的《天津市房产买卖协议》，但自行签订或者通过房产中介机构签订的协议书具备了房屋买卖合同主要内容的，应认定房屋买卖合同成立。经审查不存在法定无效情形的，应当认定合同有效……”北京高院**《关于审理房屋买卖合同纠纷案件适用法律若干问题的指导意见（试行）》**（2010年12月22日　京高法发〔2010〕458号）第27条：“房屋中介机构对于房屋权属状况等订约相关事项及当事人的订约能力负有积极调查并据实报告的义务。房屋中介机构违反忠实居间义务，严重损害委托人利益的，不得要求委托人支付中介服务费用及从事居间活动的必要费用。委托人有损失的，房屋中介机构应当承担相应的损害赔偿责任。”上海高院**《关于印发〈上海法院民事办案要件指南〉的通知》**（2003年11月25日　沪高法民一〔2003〕10号）第22条：“合同当事人一方认为合同另一方当事人违约的，一般应当举证证明：（一）当事人双方之间存在有效合同；（二）对方当事人有不履行合同义务或履行合同义务不符合约定的事实。但主张对方当事人不履行的义务为积极义务的除外；（三）具体违约的责任承担方式所要求的事实。”第24条：“请求相对方承担违约责任的一方提出双方间具体合同载体证明成立的，除第二十九条规定的既定情形外，可先推定双方间存在有效合同。”第25条：“否认存在合同的一方当事人应举证证明，对方当事人提出的合同载体证据不具有证明效力。”第26条：“否认双方就合同成立达成一致的一方当事人，应举证证明合同订立过程中的要约、承诺不符合《合同法》相关规定的要件事实。”第27条：“一方当事人主张合同不符合《合同法》规定的生效条件的，应就合同不生效的要件事实负举证责任。”第29条：“人民法院经审查当事人提供的证据，能够确认合同无效的，当事人不得行使违约请求权或者合同解除请求权。”

4. 参考案例。 2012年**某房屋买卖合同纠纷案**，*2000年，房管局收到出卖人为唐某、买受人为程某的房屋买卖过户材料并据此办理过户。2007年，唐某以其未签署买卖合同为由，起诉程某返还房屋。经查，合同上唐某签字系程某丈夫向某代签，加盖的唐某私章为唐某否认。*法院认为：依法成立的合同，对当事人具有法律约束力,并受法律保护。当事人达成合意是合同成立必备要件。《合同法》第32条规定:“当事人采用合同书形式订立合同的,自双方当事人签字或者盖章时合同成立。”该条明确了当事人在合同书上签字或盖章时间为合同成立时间,不仅确认了当事人达成合意外在表现形式为签字或盖章,且赋予了盖章与签字在合同成立上同等法律效力。因此,经当事人签字或盖章的合同应是当事人达成合意的体现,对双方当事人具有法律拘束力。依法成立的法人或其他组织均有登记备案的公章,经登记备案的公章对外具有公示效力,故通常情况下,法人或其他组织在对外签订合同时,采用盖章形式。而自然人私章无登记备案要求,对外不具有公示效力,在私章所代表一方否认该私章为其所有、盖章行为系其所为时,该方当事人实质是否认与对方当事人达成合意成立了合同关系,此时涉及就合同关系是否成立的举证责任分配问题。依最高人民法院《关于民事诉讼证据的若干规定》第5条规定,在合同纠纷案件中,主张合同关系成立的一方当事人对合同订立的事实承担举证责任。即在双方当事人就合同关系是否成立存在争议情况下,应由主张合同关系成立的一方当事人承担举证责任,故在私章所代表一方否认该私章为其所有、盖章行为系其所为情形,即否认与对方成立合同关系时,应由主张合同关系成立的一方当事人承担举证责任,该方当事人应举证证明该枚私章为对方所有以及盖章行为为对方所为或对方委托他人所为。本案中,唐某否认合同上私章为其所有,亦否认在合同书上盖过私章,实质是否认与程某订立过涉案房屋买卖合同,在此情况下,程某应举证证明其与唐某之间成立了房屋买卖合同关系,即私章为唐某所有且盖章行为亦为唐某所为。唐某与开发公司签订购房合同时,虽亦在合同上加盖私章,但在唐某否认与程某签订过房屋买卖合同时,程某未举证证明涉案买卖合同上“唐某”私章和唐某与开发公司所签购房合同上唐某私章为同一枚私章。唐某买受该房屋时盖有私章行为并不必然推导出涉案买卖合同上盖有“唐某”私章就是本案当事人唐某私章,亦不能证明加盖“唐某”私章行为就是唐某所为。办理涉案房屋过户登记时,唐某具有签署自己姓名的行为能力,向某是房地产公司销售人员,应知道“代替”他人签名的民事法律后果,尤其是程某一方在诉讼中主张唐某已到办理登记过户现场情况下。程某应就本应由唐某亲笔书写的名字却由向某所替代作出合理解释,但程某一方在庭审中仍不能就为何收到购房款收据及“唐某”签名亦由其夫向某所代写作出合理解释,故程某既未能举证证明涉案买卖合同及办理房屋过户登记相关手续上加盖“唐某”印章为唐某所有,亦未能就本应唐某书写并签名的卖方申请书及收条为何由程某之夫书写作出合理解释,本案无证据显示唐某本人有出卖涉案房屋意思表示,亦无证据表明唐某曾委托他人办理过房地产买卖及转移登记,故不能认定唐某与程某之间成立房地产买卖合同关系。判决程某将诉争房屋返还给唐某。2004年**福建某商品房预售合同纠纷案**,2000年5月,开发公司以其开发的房地产作为出资设立投资公司。同年6月,实业公司与房产公司、投资公司签订重组协议,第5条约定实业公司以合作投资等方式购买开发公司开发的价值1.3亿余元房产。随后,实业公司与开发公司签订商品房买卖合同并履行。2003年,实业公司以开发公司隐瞒转让房产入股事实,欺诈其签订商品房买卖合同,诉请撤销。诉讼中,实业公司对开发公司提供的重组协议真实性提出异议,经鉴定,结论为公章真实、"前二页与第三页系不同印刷机具分别印制"。对此,实业公司出具说明,称重组协议全部合同正本已交开发公司,其与房产公司仅留复印件。房产公司作为证人,在该说明上加盖了公章。开发公司称文本原件各一份,"未注意到实业公司有几台打印机"。法院认为:依最高人民法院《关于民事诉讼证据的若干规定》第2条、第10条及第34条规定,当事人对自己提出的诉讼请求所依据的事实或反驳对方诉讼请求所依据的事实有责任提供证据加以证明。当事人向法院提供书证的,应提供原件,并在法院指定的举证期限内积极、全面、正确地完成举证义务。据此,实业公司作为签约一方主体,对其主张的合同撤销权负有法律上履行提供协议原件义务,但其自始未能提供,亦未能提供证据证明开发公司提供的原件非真实制作而成以及内容非其真实意思表示。依《民事诉讼法》第70条规定,房产公司作为知晓案件事实证人,有义务出庭作证,作为协议签约一方亦应出具协议原件,以证实实业公司所持协议复印件与原件无异,但房产公司未就实业公司与开发公司争议的待证事实出庭或提供协议原件,故房产公司出具的证明不具有证明力,不予采纳。在双方当事人对协议形式与内容主张不一、实业公司作为签约一方又不能提供协议原件或相反证据证明开发公司协议原件不真实情况下,法院依优势证据原则认定开发公司提供的协议原件为三方当事人真实意思表示,并以此认定实业公司知道开发公司已将商品房买卖合同项下房产作为投资投入,故对实业公司关于开发公司所持协议原件内容为其变造,并对其隐瞒了该事实,已构成欺诈的主张,法院不予支持。2015年**湖南某行政诉讼案**,2014年,生效判决确认第三人独家销售开发公司商品房期间,办理部分"网签"信息虚假,故判决撤销。2015年,开发公司据此要求住建委撤销时,住建委以需双方共同申请为由拒绝。法院认为:案涉网签行为虽从具体操作形式上看,只需房地产开发企业独自操作即可完成,但房地产开发企业首先需住建委以授予密码方式批准其获得登录网签系统资格才能进行登录操作,而登录后的网签信息撤销无论买卖双方是否达成一致,最终均须向住建委提出申请并经住建委同意方能实现。由此可见,决定网签行为能否完成和存续及认定网签信息是否真实权力在住建委,只是在一般情况下住建委默认房地产开发企业所登录网签信息真实性,故开发公司所诉"网签"行为实质上系住建委对商品房交易信息网上备案登记行为,住建委对该行为具有法定监管职责,事实上住建委亦对其行使了监管职权。由于网签登记信息准确与否,直接影响到商品房买卖双方权利义务,住建委作为登记机关,应在其职责范围内确保登记信息真实、合法、有效。本案所涉房屋网签登记信息已由法院生效判决确认系由第三人虚构所得,开发公司与第三人之间并无真实交易关系,该网签登记行为缺乏基本证据和事实根据,判决撤销。2013 年**北京某商品房预售合同纠纷案**,2005 年,张某在开发公司售楼处与开发公司委托的售房代理机构工作人员王某签订定房通知单,约定房屋位置、房价款及装修标准,张某据此交纳 5000 元。2013 年,张某诉请继续履行。开发公司以王某签约未经其追认为由抗辩称合同未成立。法院认为:行为人没有代理权、超越代理权或代理权终止后以被代理人名义订立合同,相对人有理由相信行为人有代理权的,该代理行为有效。本案中,虽然张某提供的商品房买卖合同未加盖开发公司公章,仅有该公司工作人员王某签章,但依查明事实,王某受开发公司指派在开发公司售楼处负责签订合同相关事宜,且曾作为开发公司委托代理人就其余在售房屋签订商品房买卖合同。在张某交付定金后,王某在开发公司售楼处以开发公司名义与张某签订商品房买卖合同,签约时并未声明自己不具有代表开发公司对外签约权利,故王某签约行为及双方签约地点足以使张某有理由相信王某具有代表开发公司对外签订合同的权限,王某签约行为构成表见代理,故张某与开发公司之间的商品房买卖合同有效成立,双方均应依约行使权利、履行义务。现诉争房屋已具备交付条件,张某表示可支付全部购房款,故判决双方继续履行合同,张某支付开发公司购房款,开发公司交房并办理过户。2010 年**北京某房屋买卖合同纠纷案**,2009 年,沈某就出卖名下房屋与安某在房屋权属登记中心填写了《存量房自行成交网上签约申请表》《存量房买卖合同信息表(自行成交)》,明确了房屋价款及位置等信息。事后,沈某以房屋售价过低为由,拒绝与安某签订书面合同致诉。法院认为:当事人对合同是否成立存在争议,法院能确定当事人名称或姓名、标的和数量的,一般应认定合同成立。对合同欠缺上述内容以外的其他内容,当事人达不成协议的,法院根据法律有关规定予以确定。本案中,在申请表和信息表中,房屋买卖合同主要条款(包括买卖双方、买卖标的、价款、价款支付方式等)均已由沈某与安某进行了确认。双方向税务部门交纳了房屋相关税费,沈某还履行了部分附随义务,向安某交付了房屋电卡及供暖合同。沈某虽提供了双方往来电话信息,用于证明双方之间协商房款过程,但该协商过程是在双方已明确了房款数额后,沈某就已明确房款数额反悔而再次协商的过程。双方在往来信息中并未就新的房款达成一致意见。据此,应认定双方合同已成立,判决继续履行。2010 年**北京某房屋买卖合同纠纷案**,2010 年,叶某代理丈夫江某出售江某名下央产房予武某,武某支付定金 2 万元及中介费、供暖费、物业费后发现江某早已去世,遂诉请确认合同无效,并返还已付款项、赔偿其信赖利益损失。法院认为:叶某以江某名义与武某签订房屋买卖合同时,隐瞒了案涉房屋所有权人江某已去世事实,该事实属于订立合同的重要事实,其直接影响了购买人武某真实意思表示,且合同当事人江某已去世,不具备民事行为能力,故双方就案涉房屋所签房屋买卖合同并未成立,自始不发生法律效力。因合同未能成立,叶某据此收取定金,应返还武某。叶某隐瞒订立合同相关重要事实,给另一方当事人武某造成损失的,应承担赔偿责任,武某已支付的中介费、供暖费及物业费,系武某直接损失,叶某应赔偿。对于武某主张的信赖利益损失,考虑武某仅支付了 2 万元定金,房屋亦尚未交付使用,以及北京市房屋价格上涨趋势,法院判决确认房屋买卖合同不成立、叶某返还武某相关费用同时,酌情判决叶某赔偿武某信赖利益损失 4 万元。2010 年**河南某物权纠纷案**,2005 年,李某欲转让其名下房产,通过中间人黎某介绍,刘某看房后欲购买,由黎某从李某处要走该房院钥匙并交给刘某。2006 年,刘某在双方未签订房屋买卖书面协议、未给付李某任何款项情况下,擅自清理房内财产并对房屋进行翻建。李某诉请刘某返还房屋及财产。法院认为:本案李某对涉案房产持有房地产行政管理部门为其颁发的权属证书,证明其对涉案争议房产享有合法物权。最高人民法院《关于民事诉讼证据的若干规定》第 5 条规定:"在合同纠纷案件中,主张合同关系成立并生效的一方当事人对合同订立和生效的事实承担举证责任……对代理权发生争议的,由主张有代理权一方当事人承担举证责任。"本案刘某主张双方买卖合同已成立,且介绍人是李某代理人,但其既提交不出充分证据证明黎某是李某代理人,具有出卖房屋代理权,亦未提交充分有力证据证明双方之间如何协商及协议详细条款和内容,故刘某对其主张应负举证不能的法律后果,本案双方买卖合同并未成立,对刘某所主张的李某系基于已成立合同而将房院交付、本案应定性为房屋买卖合同纠纷观点,应不予采信。依《合同法》第 10 条规定:"当事人订立合同,有书面形式、口头形式和其他形式。法律、行政法规规定采用书面形式的,应当采用书面形式。"《城市房地产管理法》第 40 条规定:"房地产转让,应当签订书面转让合同,合同中应当载明土地使用权取得的方式。"依上述法律、行政规定,房地产转让合同系不动产权属转让且一般标的较大,为要式合同,转让过程中出让方和受让方权利义务关系多而复杂,应以书面形式予以明确、固定,以便权利行使和义务履行。本案双方未签订书面的房屋买卖合同,刘某亦未给付房屋价款,其房屋买卖转让关系根本没有成立,刘某在房屋买卖合同尚未成立且未支付房地产价款情况下,占据李某房院行为已构成对李某财产权的侵犯,故本案应定性为侵权即物权保护纠纷,判决刘某从案涉房院内搬出,并将该房院及相关财产返还给李某。2009 年**黑龙江某商品房买卖合同纠纷案**,2008 年,梁某与开发公司签订购房合同并支付首付款。在办理按揭手续过程中,韩某拿出该房房卡、钥匙及装修证据到房管部门提出异议。开发公司不认可与韩某签订购房合同。2009 年,梁某起诉韩某及开发公司,要求确认诉争房屋所有权。法院认为:梁某与开发公司所签商品房买卖合同符合《合同法》成立要件,应确认该合同成立。对韩某当庭提供的商品房买卖合同、房卡、购水票据、钥匙来证实该房屋产权应归其所有的主张,因购房合同未有双方签字、盖章和给付款收据,其他证据亦均系在开发公司不知情情况下所得,且无其他证据予以佐证,故不予支持。判决确认梁某与开发公司所签合同有效。2002 年**上海某商品房预售合同纠纷案**,2001 年,陈某与开发公司签订预定协议。嗣后,陈某与开发公司签订预售合同并支付部分房款,开发公司开具发票。两天后,开发公司以陈某延期签订预售合同,原预定协议无效,且开发公司未在预售合同上签字为由,要求陈某领取退款。2002 年,陈某诉请确认双方预售合同成立。法院认为:案涉预定协议中明确约定了房屋售价、方位等,双方就诉争房屋本已存在预约关系前提下,开发公司将合同条款已齐备的预售合同文本给陈某签字盖章,合同确定的售价、方位等亦和预定书一致,可见双方具有明确的订立合同意思,内容具体确定,这已不同于开发公司所称系协商合同条款的要约邀请,而是符合要约条件,构成要约。陈某在该合同文本上签字盖章,是对开发公司发出要约的承诺,陈某签好后交给了开发公司,承诺已到达要约人,承诺生效。开发公司随后按预售合同约定的首期房款数额收取了首期房款亦表明双方已在实际履行预售合同,故双方预售合同已成立。双方所订合同文本上仅缺少开发公司盖章的形式,合同完全是开发公司真实意思表示的反映,开发公司不盖章并不影响合同成立。开发公司利用其在售房过程中的优势地位,以书面合同未盖章为由,随意推翻双方达成合意且已实际履行的预售合同,缺乏事实和法律依据,亦有违诚实信用原则,故其主张不能支持。判决案涉预售合同依法成立。2015 年**江苏某房屋买卖合同纠纷案**,2001 年,陆某与卢某签订房屋买卖协议,村主任起草协议并与村支书、会计见证。2004 年,陆某去世。2010 年,陆某儿子起诉卢某,请求确认房屋买卖合同无效。司法鉴定意见倾向性认定:协议上陆某签名非本人所写。法院认为:陆某与卢某是否存在案涉房屋买卖关系,应从买卖协议主要内容、实际履行行为,结合证人证言、日常生活经验等方面综合审查分析,以确定房屋买卖是否陆某真实意思表示。村主任、书记、会计关于案涉房屋买卖发生时间、地点及现场人员等基本事实的陈述,内容一致,并无分歧,证明当时房屋买卖协议系陆某与卢某自愿达成的合意。证人与本案双方当事人均无利害关系,从情理分析不太可能作出对陆某不利的虚假陈述。协议起草人既是当时村委会主任,又与卖方陆某存在亲戚关系,故其两重身份使得其证言具有较强真实性和可信度。上述证人证言应作为认定本案事实有效证据。卢某对房款支付情况已作合理说明,并得到证人证言印证。虽然前后陈述不完全一致,但并无明显矛盾之处,且始终以替代陆某偿还他人债务方式支付房款为主要表述内容,故不能以卢某陈述中个别细节差异否定案涉房屋买卖关系真实性。而案涉房屋售价与当时市场行情基本相当,不存在明显不合理情形。

从合同履行情况看,卢某对案涉房屋居住使用多年,如系暂住,不会对房屋实施加高等改建行为,事实上,陆某亦未对此提异议,且与日常生活经验不符。如原告对陆某房屋享有继承权,在长达7年时间内不向卢某主张权利,亦显不合情理。司法鉴定意见倾向性认定协议上陆某签名非本人所写,但作为一种法定证据形式,鉴定意见不当然等同于对案件事实的认定,尚不足以推翻卢某主张的事实,判决驳回陆某诉请。2010年9月**上海某房屋买卖合同案**,法院认为:管某与孙某签订的房屋买卖合同依法成立并生效。涉案房屋买卖合同明确约定了房屋转让价款,管某本人在合同上签字,又在载明"本人委托许某、仲某二人收到孙某房屋款人民币陆拾万元整(60万)"的收条上签字,故管某提出房屋转让价畸低且孙某分文未付等主张,本院难以采信。管某关于该合同不具备民事特征、不能依法成立的主张,没有法律依据。管某申请对收条上加盖的"上海欣农饲料科技有限公司"的印章进行鉴定,因管某、许某已分别在收条落款"委托人"和"收款人"处签名,故对该印章的鉴定结论并不影响收条本身的真实性,对当事人的鉴定申请不予采纳。2010年5月**新疆某房屋买卖合同案**,法院认为:案外人于某持有经过公证的段某出具的授权委托书,将段某房屋卖给杨某。该授权委托书经过公证且段某的签名经过司法鉴定才能辨别真伪,故杨某完全有理由相信案外人于某具有代理权,符合《合同法》表见代理的法律规定。房屋产权过户到杨某名下后,杨某又委托王某与刘某签订转让合同,并已办理完毕过户手续。该合同不符合《合同法》关于合同无效的法定情形,故杨某与刘某签订的房产转让合同合法有效。2010年3月**福建某房屋买卖合同案**,法院认为:本案争议的事实焦点是林某主张的其向金某购买了案涉房屋的事实是否成立问题。林某提交的《卖断契》是委托他人书写,如今书写《卖断契》内容的人及金某均已死亡。签名与印章的真实性无从考证。仅凭该《卖断契》不能证明林某向金某购买讼争房屋的事实。但证人证实在林某与金某协商买卖房屋时,在场并亲耳听见双方商定的房屋买卖价为2000元的证言、1989年9月18日居委会在林某《报告》中作了签注并加盖公章的证据、房管局于1989年11月9日作出的《公告》以及该公告的"贴告费5元"的收款收据以及张某在答辩状中所作的陈述、案涉房屋长期由林某居住使用直至2006年拆迁时止,金某及其女儿张某在将近20年的时间里既未要求林某支付租金,亦未向林某提出收房等事实,形成了证据锁链。据此,对林某主张其向金某购买了案涉房屋的事实予以采信。2008年3月**辽宁某房屋买卖合同案**,2003年8月,李某通过其舅(亦为余某之叔),将两间房屋以800元卖给表兄余某,在余某付款后将房证、土地证、名章交给余某持有。2006年8月,该房被拆迁。余某诉请确认合同有效。法院认为:虽然落款处的卖主签名是加盖的名章,但结合本案相关事实,如诉争房屋的所有权证、集体土地建设用地使用证均在买主余某处,该房自2003年8月起至被拆除期间一直由余某占有使用以及该契约书涉及的证人均证实双方房屋买卖行为客观存在、契约形成真实有效,以上客观事实形成的证据链表明售房合同是双方真实意思表示,且内容不违反国家法律、行政法规的强制性规定,故合法有效。李某以未与余某签订过《房产交易契约书》为由,要求驳回诉讼请求的主张,因其未能提供相应证据证明,亦未能对诉争房屋的所有权证、集体土地建设用地使用证均在余某处,及该房自2003年8月起至被拆除期间一直由余某占有使用的事实作出合理解释,其该项抗辩理由不能成立。2008年3月**山东某房屋买卖合同案**,2006年7月4日,刘某与车某签订售房协议,约定登记在刘某名下的房屋以21万元卖予车某,已付定金9.1万元,因现房出租,故待2007年7月5日租赁期满后车某支付余款,刘某交房,并有两位见证人签名捺印。2007年7月4日,车某携余款收房遭拒致诉。刘某称该房系夫妻共有财产,当初其欠车某借款7万元,连利息2.1万元算的定金系乘人之危。法院认为:双方所签售房协议内容明确,并有双方和见证人签名捺印,应为有效。刘某主张签订房屋买卖协议不是双方的真实意思,交付的定金实为借款本息,但未能提供证据,车某亦不予认可,故刘某这一主张不能成立。车某提交的权属证明,载明房屋所有权人和土地使用者均为刘某,刘某主张涉案商品房是刘某夫妻共同财产没有证据予以证明,故不予支持。2007年10月**海南某房屋买卖合同案**,2005年9月1日,游某口头将自有房屋以14.8万元售予陈某,陈某交了1.8万元后,游某书写"已收买房款1.8万元"的收据,后陈某以该房无土地证,而房产证又办理了抵押为由不同意购买。事后游某将该房转让他人并以买房款为定金不予退还致诉。法院认为:双方达成口头买卖房屋协议后,陈某已支付1.8万元购房款,有游某书写的收款收据为凭,游某主张该款是购房定金,无证据证明,故该主张不予支持。由于协议未采取书面形式,对协议约定内容双方陈述不一致。造成合同解除的原因,双方都有过错。且游某已将该房屋出售他人,继续履行该口头买卖房屋协议已不可能,陈某故请求游某返还已付购房款符合法律规定。

【同类案件处理要点】

在二手房买卖合同各方当事人对口头合同效力或合同成立与否存在争议时,法官应依法定程序,全面、客观地审核证据,依据法律规定,遵循法官职业道德,运用逻辑推理和日常生活经验,对证据有无证明力和证明力大小独立进行判断。

【相关法律风险提示】

1.房屋买卖合同应采用书面形式,因为引发争议点多,口头约定如无证据支持,极易导致合同无法履行且责任无法分清;同时,当事人应在合同尾部签名或捺印、盖章,能够本人签名的,应尽量让当事人本人在合同最后签名栏签名,以免当事人或其法定代理人对合同真实性提出异议时，有充分的事实依据。

2. 通常认为合同当事人签名在真实性方面较名章更有说服力，在当事人否认自己提供名章或名章虚假的情况下，如有其他证据支持，可以推翻；相反，在对方否认名章真实性，但结合其他相关事实，可以认定合同签署的真实性。故合同签名栏应尽量避免加盖名章来代替签名，签名伪造较之印章作假，能鉴定出来的可能性相对较大。

3. 在房屋产权人已去世，继承人不清楚、房屋权属不清楚的房屋买卖合同，应查实共有情况后，由所有共有人或其代理人作为合同当事人一方签字，尽力避免无权处分情形发生。

4. 房屋买卖合同签订后，权利人应及时办理过户，存在过户办理障碍时，应及时通过法律途径主张权利，以免日久生变。

5. 以房屋冲抵欠款，通过签订房屋买卖协议，欠款充当定金的做法，为避免将来被认定违背他人真实意思表示或乘人之危之嫌，最好签订书面房屋买卖合同，并有见证人签名捺印。

6. 依现行物权登记制度，买卖房屋行为并不依凭房产证是否办理更名登记确认其效力、是否办理更名登记是合同的履行行为。

7. 合同因欺诈或乘人之危可诉请撤销，但要注意撤销期限 1 年的限制，同时，举证前述两种无效或撤销情形之存在，实践中如无充分证据，基本上难实现。

8. 购房合同上仅加盖署名出卖人姓名的私章而无亲笔签名，出卖人予以否认，买受人不能提供其他证据的，不能认定合同成立。

9. 签订合同的一方当事人主张对方向法院提供的合同文本原件不真实，即应向法院提供自己所持合同文本原件及其他相关证据；如不能向法院提供合同文本原件，亦不能提供其他确有证明力证据以否定对方当事人提供的合同文本原件真实性的，法院应依优势证据原则，认定对方合同文本原件真实。

10. 有确切证据证明当事人网签行为无效或网签信息虚假时，有利害关系一方当事人有权诉请撤销该网签具体行政行为。

11. 以口头形式订立房屋买卖合同时出具房款收条，如双方对买卖标的及数量存在争议，且不能证明“一方已经履行主要义务，对方接受的”，该合同尚未成立。买受人可根据缔约过失责任请求赔偿机会利益损失，但不能要求对方赔偿房价上涨的可得利益损失。

12. 房地产开发企业工作人员以公司名义签约行为及双方签约地点足以使购房人有理由相信该工作人员具有代表公司对外签订合同权限的，虽然合同上未加盖公司公章，该工作人员签约行为仍构成表见代理。

13. 房屋出卖人隐瞒房屋所有权人已去世的影响合同订立重要事实，导致合同不成立的,出卖人应赔偿买受人信赖利益损失。

14. 房地产转让合同为要式合同,应以书面形式予以明确、固定。房产买卖双方如未签订书面合同、未履行相关权利义务,法院应认定买卖合同不成立;卖方占有买方房产构成侵权,应承担相应侵权后果。

15. 当事人虽有房卡、钥匙并进行装修,但未签购房合同,且无其他证据证明购房合同成立的,不能对抗其他权利人。

16. 购房人依预定协议在开发商提供的预售合同上签字盖章并实际履行,开发商接受后,又以未加盖公章为由反悔的,不予支持。

【附注】

参考案例索引:上海一中院(2009)沪一中民二(民)终字第1191号"吴某等与陈某等房屋买卖合同纠纷案";最高人民法院(2012)民抗字第55号"唐某与程某房屋买卖合同纠纷案",见《唐兰与程永莉房屋买卖合同纠纷案》(审判长姜伟,审判员张华、张代恩),载《最高人民法院公报·最高人民法院发布五起典型案例》(201508/226:30),另见《唐某与程某房屋买卖纠纷抗诉案》,载《审判监督指导·最高人民检察院公布13起检察机关民事诉讼监督典型案例》(201501/51:161),另见《在合同纠纷案件中,主张合同关系成立的一方当事人对合同订立的事实承担举证责任——唐兰与程永莉房屋买卖合同纠纷抗诉案》(沈忱,最高院审监庭书记员),载《审判监督指导·案例评析》(201302/44:131);最高人民法院(2004)民一终字第104号"某实业公司与某开发公司商品房预售合同纠纷案",见《福建三木集团股份有限公司与福建省泉州市煌星房地产发展有限公司商品房预售合同纠纷案》(审判长胡仕浩,审判员张雅芬,代理审判员张颖新),载《最高人民法院公报·裁判文书选登》(2006:209),另见《民事欺诈行为构成要件的认定及优势证据原则在民事审判实践中的具体运用——福建三木集团股份有限公司与福建省泉州市煌星房地产发展有限公司商品房预售合同纠纷上诉案》(张雅芬,最高院民一庭),载《民事审判指导与参考·最高人民法院二审案件解析》(200602/26:213);湖南长沙岳麓区法院(2015)岳行初字第00117号"某开发公司与某建委行政诉讼案",见《湖南名富置业发展有限公司诉长沙市住房和城乡建设委员会不履行法定职责案——商品房"网签"中行政机关的职责认定及作为义务》(舒秋膂、刘翰旻),载《人民法院案例选》(201703/109:210);北京二中院(2013)二中民再终字第09048号"张某与某开发公司商品房预售合同纠纷案",见《张西萍诉北京京电房地产开发经营公司商品房预售合同纠纷案(仅有签售人员签章的商品房买卖合同的效力认定)》(黄伟、李佳佳),载《中国审判案例要览》(2014民:240);北京二中院(2010)二中民终字第05439号"沈某与安某房屋买卖合同纠纷案",见《沈海星诉安香云房屋买卖合同纠纷案》(胡昌明、徐娟),载《人民法院案例选》(201202/80:95);北京朝阳区法院(2010)朝民初字第23441号“武某与叶某等房屋买卖合同纠纷案”,见《武春梅诉叶完秀、江玲房屋买卖合同案(信赖利益损失之赔偿范围)》(叶永尧),载《中国审判案例要览》(2011民:174);河南商丘中院(2010)商民终字第1292号“李某与刘某等物权纠纷案”,见《房地产转让合同签订形式对房产买卖效力的影响——河南商丘中院判决李学忠诉刘勤涛、孙敬物权纠纷案》(梁锦学、陈洁),载《人民法院报·案例指导》(20111222:06);黑龙江七台河桃山区法院(2009)桃民初字第30号“梁海权与韩树凡、辽宁伍豪房地产开发有限公司商品房买卖合同纠纷案”,见《裁判要旨·民事》(纪凤岩),载《人民法院案例选·月版》(200906/6:223);上海一中院(2002)沪一中民二(民)终字第221号“陈某与某开发公司商品房预售合同纠纷案”,见《陈海燕诉上海京城房地产开发公司商品房预售合同案(商品房预售)》(陆罡),载《中国审判案例要览》(2003民:20);江苏盐城中院(2015)盐民再终字第00032号“陆某与卢某房屋买卖合同纠纷案”;最高人民法院(2010)民申字第163号“张某与冯某等侵权纠纷案”;上海高院(2010)沪高民一(民)申字第1036号“李某等与孙某房屋买卖合同纠纷再审案”;新疆乌鲁木齐中院(2010)乌中民四终字第223号“段某与杨某等房屋买卖合同纠纷上诉案”;福建高院(2010)闽民再申字第5号“张某等与林某申请房屋买卖合同纠纷再审案”;辽宁沈阳中院(2008)沈民(2)终字第249号“李某与余某房屋买卖合同纠纷案”;山东东营中院(2008)东民四终字第17号“刘某与车某房屋买卖合同纠纷案”;海南省海南中院(2007)海南民二终字第419号“游某与陈某房屋买卖合同纠纷案”。

17. 购房合同的性质判定

——真贷假买卖,羊头当狗肉?

【合同性质】

【案情简介及争议焦点】

2004年,为套取现金,高某及妻张某共同与王某签订房屋买卖合同,以王某名义购房,并向银行申请抵押贷款18万元并支付给高某,合同未约定过户及交房时间,王某一直亦未居住。因未还贷,银行起诉,法院判决王某归还银行借款本息,逾期银行有权行使抵押权。2006年,居住该房的张某起诉要求确认房屋买卖合同无效。

争议焦点:1. 合同效力如何? 2. 无效后果是什么?

【裁判要点】

1. 合同无效。案涉买卖合同签订目的系为套取银行贷款且王某除以贷款方式支付高某18万元外未支付其余房款,另从合同未约定交房时间、买方一直未入住情况看,双方系以签订买卖合同的合法形式掩盖套取银行贷款的非法目的而签订“买卖合同”,应认定无效。

2. 无效后果。合同无效,高某应返还王某18万元,王某应在还清银行贷款本息后涤除案涉房屋上的抵押权,并协助高某、张某恢复产权登记原状。王某若有其他损失可另行主张。

【裁判依据或参考】

1. 法律规定。《**民法典**》(2021年1月1日)第143条:“具备下列条件的民事法律行为有效:(一)行为人具有相应的民事行为能力;(二)意思表示真实;(三)不违反法律、行政法规的强制性规定,不违背公序良俗。”第146条:“行为人与相对人以虚假的意思表示实施的民事法律行为无效。以虚假的意思表示隐藏的民事法律行为的效力,依照有关法律规定处理。”第154条:“行为人与相对人恶意串通,损害他人合法权益的民事法律行为无效。”第155条:“无效的或者被撤销的民事法律行为自始没有法律约束力。”第156条:“民事法律行为部分无效,不影响其他部分效力的,其他部分仍然有效。”第157条:“民事法律行为无效、被撤销或者确定不发生效力后,行为人因该行为取得的财产,应当予以返还;不能返还或者没有必要返还的,应当折价补偿。有过错的一方应当赔偿对方由此所受到的损失;各方都有过错的,应当各自承担相应的责任。法律另有规定的,依照其规定。”《**合同法**》(1999年10月1日,已于2021年1月1日起失效)第52条:“有下列情形之一的,合同无效:……(二)恶意串通,损害国家、集体或者第三人利益;(三)以合法形式掩盖非法目的;(四)损害社会公共利益;(五)违反法律、行政法规的强制性规定。”第58条:“合同无效或者被撤销后,因该合同取得的财产,应当予以返还;不能返还或者没有必要返还的,应当折价补偿。有过错的一方应当赔偿对方因此所受到的损失,双方都有过错的,应当各自承担相应的责任。”《**民法通则**》(1987年1月1日,已于2021年1月1日起失效)第58条:“下列民事行为无效:……(七)以合法形式掩盖非法目的的。无效的民事行为,从行为开始起就没有法律约束力。”

2. 司法解释。最高人民法院《**印发〈关于当前形势下进一步做好房地产纠纷案件审判工作的指导意见〉的通知**》(2009年7月9日　法发〔2009〕42号)第8条:“……在审理因商品房买受人拖欠银行贷款产生的纠纷案件中,要依法保护银行的合法权益;对涉嫌利用虚假房地产交易套取银行信贷资金等违法犯罪活动的,要及时向侦查机关提供线索……”最高人民法院**《关于审理涉及国有土地使用权合同纠纷案件适用法律问题的解释(2020年修改)》**(2021年1月1日　法释〔2020〕17号)第21条:“合作开发房地产合同约定提供土地使用权的当事人不承担经营风险,只收取固定利益的,应当认定为土地使用权转让合同。”第22条:“合作开发房地产合同约定提供资金的当事人不承担经营风险,只分配固定数量房屋的,应当认定为房屋买卖合同。”第23条:“合作开发房地产合同约定提供资金的当事人不承担经营风险,只收取固定数额货币的,应当认定为借款合同。”第24条:“合作开发房地产合同约定提供资金的当事人不承担经营风险,只以租赁或者其他形式使用房屋的,应当认定为房屋租赁合同。”最高人民法院**《关于审理技术合同纠纷案件适用法律若干问题的解释(2020年修改)》**(2021年1月1日　法释〔2020〕17号)第42条:“当事人将技术合同和其他合同内容或者将不同类型的技术合同内容订立在一个合同中的,应当根据当事人争议的权利义务内容,确定案件的性质和案由。技术合同名称与约定的权利义务关系不一致的,应当按照约定的权利义务内容,确定合同的类型和案由……”最高人民法院**《关于民事诉讼证据的若干规定(2019年修正)》**(2020年5月1日　法释〔2019〕19号)第2条:“人民法院应当向当事人说明举证的要求及法律后果,促使当事人在合理期限内积极、全面、正确、诚实地完成举证。当事人因客观原因不能自行收集的证据,可申请人民法院调查收集。”第8条:“《最高人民法院关于适用〈中华人民共和国民事诉讼法〉的解释》第九十六条第一款规定的事实,不适用有关自认的规定。自认的事实与已经查明的事实不符的,人民法院不予确认。”第53条:“诉讼过程中,当事人主张的法律关系性质或者民事行为效力与人民法院根据案件事实作出的认定不一致的,人民法院应当将法律关系性质或者民事行为效力作为焦点问题进行审理。但法律关系性质对裁判理由及结果没有影响,或者有关问题已经当事人充分辩论的除外。存在前款情形,当事人根据法庭审理情况变更诉讼请求的,人民法院应当准许并可以根据案件的具体情况重新指定举证期限。”最高人民法院**《关于印发〈全国法院知识产权审判工作会议关于审理技术合同纠纷案件若干问题的纪要〉的通知》**(2001年6月19日　法〔2001〕84号)第33条:“技术合同名称与合同约定的权利义务关系不一致的,应当按照合同约定的权利义务内容,确定合同的类型和案由,适用相应的法律、法规。”最高人民法院**《印发〈关于审理房地产管理法施行前房地产开发经营案件若干问题的解答〉的通知》**(1995年12月27日　法发〔1996〕2号,2013年1月18日起经法释〔2013〕2号废止)第22条:“名为合作建房,实为土地使用权转让的合同,可按合同实际性质处理。如土地使用权的转让符合法律规定的,可认定合同有效,不因以合作建房为名而认定合同无效。”最高人民法院**《关于李玉彬诉万县市中意**

皮鞋厂房屋买卖纠纷案如何处理的复函》(1992年8月15日):"……双方于1983年6月1日签订的'房屋租佃合同'和1984年12月10日签订的'房主申明',名为房屋租佃,实为房屋买卖。根据有关法律、政策关于机关、团体、企业事业单位不得擅自购买私有房屋的规定,同意你院审判委员会第二种意见,即双方签订的'房屋租佃合同'和'房主申明'应认定无效,李玉彬一方多收的楼上一间的房租和600元卖房款应返还对方并赔偿利息损失。"最高人民法院**《关于黄东与樊而统房屋典当纠纷应认定为抵押借款的函复》**(1992年3月16日):"……此案应认定为抵押借款纠纷。同时,根据《中华人民共和国银行管理暂行条例》(因相关内容已有《银行法》《商业银行法》《非法金融机构和非法金融业务活动取缔办法》代替,2001年10月6日被国务院废止——编者注)第二十八条第二款和《中华人民共和国私营企业暂行条例》第十二条第二款的规定,个人不得经营带有金融业务性质的典当业。故一审法院对此案的处理并无不当。"最高人民法院**《关于金德辉诉佳木斯市永恒典当商行房屋典当案件应如何处理问题的复函》**(1992年3月16日):"……本案双方当事人以'当票'的形式签订的协议,从其内容看,它不同于民间的一般房屋典当,不是以使用、收益为目的,实质上是以房屋作抵押向典当商行借款的合同,故定为抵押借款合同纠纷为宜。对典当商行先扣除利息的做法,不应支持。具体处理时,可参照我院《关于人民法院审理借贷案件的若干意见》第六条、第七条和第十七条的规定,根据本案具体情况,合情合理地解决。"最高人民法院**《关于房屋借用纠纷的批复》**(1985年8月12日):"……诉争之房屋,原为肖思九所有,产权明确。肖既是借给王家使用,又没有商定借用期限,肖则有权随时收回,王家对借住的房屋有修缮的义务,不能以房屋借用人变换或借居时间长,对房屋进行过修缮,而视为取得了所有权。据此,我们原则上同意你院审判委员会讨论时的第一种意见,即诉争之房屋仍应归肖思九所有。"

3. 部门规范性文件。国税总局**《关于有偿转让资产使用权的行为征收营业税问题的批复》**(1996年11月6日　国税函〔1996〕636号):"……根据《营业税税目注释》第七条第六款的规定:'租赁业,是指在约定的时间内将场地、房屋、物品、设备或设施等转让他人使用的业务'。你区畜牧厅工商联合企业总公司将饭店大楼等资产有偿转让给香港新华国际有限公司使用的行为,属于营业税法规定的租赁行为,应按营业税'服务业—租赁业'征收营业税。"建设部房地产业司**《关于城市房屋租赁管理给黑龙江省建委的复函》**(1996年1月30日　〔96〕建房市字第04号)第2条:"各企事业单位和个人利用自有房屋与他人进行联营、承包经营、入股经营等活动,房屋所有权未发生变更的,应按照房屋租赁进行管理;房屋所有权发生变更的,应按照房地产转让进行管理。"中国人民银行办公厅**《关于天津永基房地产开发有限公司非法集资问题的批复》**(2001年4月2日　银办函〔2001〕177

号)："……你分行辖内天津永基房地产开发有限公司采取向社会公众出售房产，同时又约定包租所出售的房产，并承诺在一定期限后回购该房产的形式筹集资金，属于向社会公众筹集资金并承诺向出资人还本付息的非法集资行为……"中国人民银行**《关于转发上海高院有关规范存贷款行为司法建议的通知》**(1999年12月10日　银发〔1999〕200号)第1条："……当前，法院在审理涉及金融机构贷款纠纷案件中发现金融机构在制定或使用格式合同中主要存在如下问题：……一些金融机构工作人员在签订合同时未认真审查，即随意套用格式合同文本签订合同，致使合同名称与合同性质实际不符，产生争议。如有的合同，实际上是质押借款合同，金融机构却使用抵押借款的格式合同与对方签约。有的合同名为保证借款合同，但在合同条款中又有抵押人以房产作抵押的约定。有的抵押合同实际上是第三人提供财产为借款人借款进行抵押担保，但签订合同时，却使用借款人以自己财产作抵押的格式合同，诉讼中抵押人即以该抵押系用于自己向银行申请借款为由拒绝为借款人承担抵押担保责任。由于这些问题主要是金融机构工作失职造成，给法院的审理带来难度，也给金融机构自身主张权利增添不利因素。"建设部**《对〈关于不得给一平方米单位产权颁发"房屋所有权证"的通知〉的补充说明》**(1997年7月28日　〔97〕建房字第019号)第1条："我司1994年2月7日以建房管字第09号文件下发了《关于不得给一平方米单位产权颁发'房屋所有权证'的通知》，意在制止以出售'一平方米'单位产权为由搞变相集资，扰乱金融秩序和房地产管理秩序的违法违纪活动。此类售房由于没有具体的权属单位界限，不能确定权属范围，买房人的合法权益也无权给予保障。为维护正常金融秩序，保障产权人合法权益，我部发文通知不得给'一平方米'单位产权颁发'房屋所有权证'。"第2条："对已建成的商业、办公或其他楼宇分割出售的，如有明确的权属范围和具体的权属界限，不同于搞变相集资的'一平方米'产权出售，应视为正常的房产交易。可以凭买卖合同、售房发票及其他有关文书办理产权过户手续，并在《房屋所有权证》中的测绘图件上对权属界限准确反映。"

4. 地方司法性文件。江苏高院**《关于审理房地产合同纠纷案件若干问题的解答》**(2018年6月26日　审委会会议纪要〔2018〕3号)第46条："以商品房买卖合同担保民间借贷的如何处理？对于能够认定当事人签订商品房买卖合同系为民间借贷担保的，按照《最高人民法院关于审理民间借贷案件适用法律若干问题的规定》第24条的规定，应按照民间借贷法律关系审理，不认可让与担保的效力。"广东高院**《印发〈关于审理房屋买卖合同纠纷案件的指引〉的通知》**(2017年9月12日　粤高法〔2017〕191号，已于2020年12月31日经粤高法〔2020〕132号废止)第12条："出卖人为套取贷款与他人签订虚假的房屋买卖合同，应当依照民法总则第一百四十六条第一款的规定，认定买卖合同无效。金融机构知道或者应当知道房屋买卖合同虚假,仍然与买受人签订房屋担保贷款合同的,该贷款合同亦属虚假,应当认定无效。该贷款合同关系实际存在于金融机构与出卖人之间,合同效力依照民法总则第一百四十六条第二款的规定处理。"第 13 条:"一方当事人主张房屋买卖合同实为民间借贷合同的担保的,应当举证证明民间借贷合同关系的存在。当事人以签订房屋买卖合同作为民间借贷合同的担保,出借人主张就买卖合同项下的房屋优先受偿的,不予支持。出借人请求履行房屋买卖合同的,应当依照《最高人民法院关于审理民间借贷案件适用法律若干问题的规定》第二十四条的规定处理。当事人以签订房屋买卖合同作为民间借贷合同的担保,双方已经办理房屋所有权转移登记,借款人以不存在真实的买卖合同关系为由,主张合同无效并请求返还房屋的,人民法院应当向当事人释明变更诉讼请求为返还借款本息与房屋过户登记时或债务履行期限届满时房屋价值的差额。"第 37 条:"当事人约定以办理房屋担保贷款作为付款方式的,出卖人拒绝配合办理担保贷款,买受人符合下列条件之一的,可以支持其继续履行合同的诉讼请求:(一)已经依约付清购房款,或者同意在合理期限内一次性付清全部购房款且有充分证据证明其有履行能力的;(二)同意代为清偿债务以消灭房屋上的抵押权,并且同意在合理期限内一次付清购房款且有充分证据证明其有履行能力的;(三)已经取得银行贷款承诺函,且贷款银行在诉讼中明确表示同意按照承诺函发放贷款的。除上述情形外,一般应当依照合同法第一百一十条第一项关于合同事实上不能履行的规定,对买受人继续履行合同的诉讼请求不予支持。"北京高院(单国军庭长)**《关于审理城镇房屋买卖合同案件适用法律若干问题的调研报告》**(2017 年 2 月 5 日):"……关于管辖权的确定问题。《民事诉讼法》第 24 条规定:'因合同纠纷提起的诉讼,由被告住所地或者合同履行地人民法院管辖。'第 34 条规定:'因不动产纠纷提起的诉讼,由不动产所在地人民法院专属管辖。'我们认为,涉及不动产纠纷的案件从性质上可以分为涉及不动产的权属纠纷和涉及不动产的合同纠纷两类。涉及不动产权属纠纷的案件,应适用专属管辖,由不动产所在地法院管辖。而涉及不动产合同纠纷的案件应适用合同管辖,由被告住所地或合同履行地法院管辖。房屋买卖合同纠纷应当属于后者。"浙江宁波中院**《关于审理商品房买卖合同纠纷案件疑难问题解答》**(2015 年 5 月 19 日)第 12 条:"商品房买卖合同签订或履行中,出卖人存在欺诈行为的,买受人可否要求以《消费者权益保护法》主张损失赔偿?答:考虑到商品房买卖合同通常标的额较大,如果适用《消费者权益保护法》的三倍赔偿对开发商要求过于苛责,故一般不适用新消法的规定,可参照适用《商品房买卖合同司法解释》第八、九条的规定。"广东深圳中院**《关于房屋买卖合同纠纷案件的裁判指引》**(2014 年 8 月 28 日修订)第 14 条:"在以担保贷款为付款方式的商品房预售合同纠纷中,买受人因出卖人违约起诉要求解除商品房预售合同,同时又要求解除担保贷款合同的,人民法院应通知贷款银行作为第三人参加诉讼。贷款银行参加诉讼并提出独立的诉讼请求的，将贷款银行列为有独立请求权的第三人，出卖人违约程度达到解除条件的，应在判决解除商品房预售合同的同时，判决解除担保贷款合同，由出卖人退还买受人已付的全部购房款（包括买受人已付给出卖人的首期款及已向贷款银行偿还的贷款本金和利息），并由出卖人直接向贷款银行偿还买方尚欠的贷款本金和利息。贷款银行参加诉讼但未提出独立诉讼请求的，列为无独立请求权的第三人。出卖人违约程度达到解除条件的，应判令解除商品房预售合同，由出卖人返还买受人已付全部购房款，并向买受人支付违约金及（或）赔偿买受人所受全部损失；但对担保贷款合同不做处理，留由担保贷款合同的当事人另循法律途径解决。【说明】旨在解决商品房预售合同解除时担保贷款合同的处理问题。我国金融信贷体系的发展完善及人们消费观念的改变，通过银行按揭、分期付款的方式预购商品房的现象已逐渐普及。近年来，法院受理的牵涉到担保贷款的商品房预售合同纠纷案件越来越多。在商品房预售合同及担保贷款合同签订后，因迟延交楼、不能交楼或因开发商其他的根本违约行为，致使房地产预售合同达到法律规定或合同约定的解除条件时，购房方起诉要求解除商品房预售合同的，担保贷款合同应如何处理？《商品房买卖司法解释》第二十四条及第二十五条规定，是法院在处理上述问题时的原则性、基础性依据。但该规定比较原则和抽象，不易操作。为指导审判实践，特提出上述具体意见。关于担保贷款合同与商品房预售合同的关系，有人认为，签订担保贷款合同的根本目的是支付购房款，并且，担保贷款合同是在商品房预售合同的基础上、根据商品房预售合同中有关付款方式的条款而签订的，其实质就是商品房预售合同的付款协议，具有从属性，是从合同。我们不同意该观点。担保贷款合同虽是为支付购房款而签订，但其所体现的是购房方和贷款方之间的借贷、抵押关系以及开发商与贷款人之间的保证关系，而商品房预售合同仅仅体现买卖双方的房屋买卖关系，二个合同所体现的法律关系显然不同。所以，二者是两个独立的合同，不是主从合同的关系。如法院判决解除商品房预售合同，担保贷款合同应如何处理？根据审判实践，大体可分两种情况进行处理：第一，贷款银行作为有独立请求权第三人参加诉讼并要求买卖双方提前偿还所有贷款本金和利息的，担保贷款合同应同时解除。第二，如贷款银行虽作为第三人参加诉讼但未提出独立诉讼请求，则法院对担保贷款合同法律关系不做出处理，而应留由当事人另循法律途径解决，以保障担保贷款合同当事人的合同权利以及选择合同救济方式的权利。关于在商品房预售合同和担保贷款合同同时解除的情况下，应由谁向贷款银行偿还尚欠的贷款本金及利息的问题。有人认为，在商品房预售合同和担保贷款合同同时解除时，开发商应将全部购房款退还给购房方。对于贷款银行尚未收回的贷款本金及利息，则当然应依照《担保法》的有关规定和担保贷款合同的约定，由购房方

(即担保贷款合同的借款人)对贷款银行承担第一还款责任,由开发商承担保证还款责任。我们认为,如因开发商的违约行为导致解除房地产买卖合同及担保贷款合同,则开发商应退还购房方的首期款及购房方已向贷款银行支付的几期按揭款本金及利息。而对于尚欠银行的贷款本金及利息,则应直接由开发商向贷款银行清偿,购房方不承担清偿责任。理由是:(1)导致房地产预售合同及按揭贷款合同解除的过错责任全部在于开发商,购房者没有任何过错或违约行为,没有承担民事过错责任或违约责任的基础;解除房地产预售合同是购房方依法、依约行使自己合法权利的结果,如果仍将偿还贷款的责任加于购房方,将使无过错的购房者刚从一个深渊里解脱出来又掉进另一个深渊,对购房者极不公平。(2)直接由开发商向贷款银行归还尚欠贷款本金和利息,并不影响贷款人的利益。首先,银行对房屋享有合法有效的抵押权,在开发商无偿还能力时可以通过实现抵押权收回贷款。其次,按照商业惯例,银行在为某一开发商提供整个楼盘的按揭贷款业务时,往往要求开发商提供一定数额的按揭保证金存放在该行,在开发商不履行义务时可迳直扣划保证金来收回贷款。”第 32 条:“当事人订立房屋买卖合同,并约定出卖人以该房屋所有权作为对买受人其他债权的担保的,应当认定为担保合同。担保人在签约后已将房屋权属移转登记至债权人,担保人以被担保债权已完全受偿为由,请求债权人办理房屋权属回复登记的,人民法院可予支持,但房屋已被第三人善意取得的除外。担保人在签约后未将房屋权属移转登记至债权人,债权人请求担保人履行买卖合同并协助办理房屋权属转移登记的,人民法院不予支持。【说明】旨在解决房屋买卖让与担保问题。当事人通过订立或履行房屋买卖合同,并以该房屋所有权或履行该房屋买卖合同作为买受人其他债权的担保的,本质上属担保合同关系,实践中主要存在以下两种情形:(1)当事人订立房屋买卖合同并移转房屋所有权,作为对买受人其他债权的担保,约定如买受人的其他债权未获清偿,则买受人可就该房屋通过折价、变卖等形式受偿。此种情形中,当事人之间虽然订立了房屋买卖合同并移转了房屋的所有权,但当事人的真实意思在于通过移转房屋所有权来实现债权的担保,只是因为目前法律尚未确认让与担保的担保物权地位,故而当事人选择采用了订立房屋买卖合同的形式来完成担保,属于民法上的让与担保。(2)当事人订立房屋买卖合同,并约定如买受人的其他债权未受清偿,则出卖人应履行房屋买卖合同将房屋所有权移转至买受人。此种情形中,当事人虽未直接移转房屋所有权,但或将房屋买卖合同的履行作为担保(即买受人仍应支付约定的购房款,但约定的价款可能低于市场价格,有学者称之为‘后让与担保’),或意在通过履行房屋买卖合同实现以房抵债,亦属于广义上的让与担保。明确当事人之间的房屋买卖合同为担保合同性质,目的在于确定此类合同的效力。首先,目前司法实务中尤其是商事审判实践中对于让与担保等非典型担保总体持开放态度,即,如被担保债权的内容及担保的形式不违反法律、行政法规的强制性规定，原则上应承认非典型担保的合同效力，对于当事人在市场经济条件下自行对其不动产权利作出的合法处分，应当予以确认。其次，如果被担保债权不属于合法债权，在认定该房屋买卖合同属担保行为的前提下，则可以适用《最高人民法院关于适用〈中华人民共和国担保法〉若干问题的解释》第八条的规定，依法认定担保合同（买卖合同）无效，避免当事人通过合法形式实现非法目的。在担保人已将房屋权属移转登记至债权人的情况下，因担保行为的目的在于保障债权的实现，如债权人的被担保债权已经得到清偿，其继续享有房屋所有权已无法律或合同依据，根据《民法通则》第九十三条关于不当得利应予返还的规定，则其应将房屋交还担保人，并将房屋权属回复登记至担保人。其次，该规定也利于防止当事人在让与担保关系中作出类似'流质契约'的约定，以保护担保人的合法权益。如债权人的被担保债权尚未得到清偿，因让与担保约定在当事人之间仍然具有法律约束力，则买受人有权依据担保合同对抗出卖人的追回房屋请求。在担保人未将房屋权属移转登记至债权人的情况下，我们认为，首先，虽然法律、行政法规不禁止当事人采用让与担保形式，但在国家继续推行房地产市场调控政策的背景下，不排除当事人可能虚构债权债务和让与担保约定，通过虚假诉讼实现规避限购政策和税收征管的风险，当前形势下不宜支持债权人的继续履行及房屋过户请求。其次，非典型担保尚处于实践探索阶段，目前没有法律、行政法规对让与担保作出明确规范，债权人既已选择接受这种非典型担保形式，理应负有相应的注意义务，采取一定措施以规避风险，例如出借人完全可以选择在房屋权属移转登记后再支付出借款项。因此，通过司法裁判来帮助当事人实现与完成让与担保，尚显操之过急，裁判规则应当能够促使债权人对其面临的债权实现风险形成理性判断。第三，《物权法》第一百八十六条明确规定禁止'流质契约'，虽然该规定系针对实现抵押权的特别规定，但基于同样的立法目的考量，为防止担保人因眼前急迫需要而作出不利选择，出于民法上的公平原则，不宜支持债权人的继续履行及办理房屋过户的请求。基于以上考虑，我们认为，担保人未将房屋权属移转登记至债权人，债权人请求担保人履行买卖合同并协助办理房屋权属转移登记的，人民法院不予支持。让与担保情形中的善意第三人保护问题。我们认为，基于物权法定原则，让与担保尚不属于法定的担保物权形式，也不具备特定的权属登记方式，故而债权人取得担保房屋的所有权不具有让与担保的公示内容。如果房屋所有权移转登记至债权人后，第三人因信赖该所有权登记而向债权人购买该房屋，在第三人其后亦取得房屋权属登记的情况下，则依法构成善意取得，此时担保人不得向善意第三人主张追回该房屋。根据前述规定，在采取让与担保的情况下，债权人承担了一定的交易风险，而由债务人承担房屋被第三人善意取得的风险，于平等、公平原则亦无不符。"广东深圳中院《**关于审理房地产纠纷案件的裁**

判指引》(2014 年 8 月 28 日修订)第 20 条:"当事人主张的法律关系的性质或者民事行为的效力与人民法院根据案件事实作出的认定不一致,人民法院应告知当事人可以变更诉讼请求,当事人经释明后仍不变更的,可驳回其诉讼请求。"北京高院《**关于下发〈关于妥善处理涉及"新国五条"的房屋纠纷案件若干问题的会议纪要〉的通知**》(2013 年 7 月 9 日)第 8 条:"(规避房地产调控政策行为的处理)最高人民法院于近日下发了《关于房地产调控政策下人民法院严格审查各类虚假诉讼的紧急通知》,全市三级法院应当认真学习,严格适用。重点加强对签订阴阳合同、房屋确权、借名买房、房屋赠与、以房抵债、离婚财产分割等容易出现虚假诉讼和规避房地产调控政策案件的审查,准确认定当事人间真实的法律关系和交易金额,释明风险、积极引导、慎用调解、依法裁判、及时层报,经审查认定构成虚假诉讼的,应当依法判决驳回当事人的诉讼请求。同时,在案件审理中发现当事人在房屋交易过程中存在违法、违规等行为的,应当及时告知住建、税务等相关部门予以处理,必要时可以有针对性地提出司法建议,积极建立沟通协调的长效机制,共同推动和促进房地产市场平稳健康发展。"江苏高院《**关于民间借贷纠纷案件审理中若干问题的会议纪要**》(2013 年 6 月 21 日)第 3 条:"……当事人之间以借贷为目的签订房屋买卖合同作为担保的,人民法院应当认定双方名为房屋买卖实为民间借贷关系。出借人以房屋买卖关系提起诉讼,请求履行房屋买卖合同并办理房屋过户登记手续的,人民法院应当向其释明按照民间借贷关系变更诉讼请求;出借人坚持不予变更的,人民法院应当判决驳回其诉讼请求。"浙江高院民一庭《**关于审理受房地产市场调控政策影响的房屋买卖合同纠纷案件的若干意见(试行)**》(2011 年 4 月 22 日)第 8 条:"实际买受人为规避限购、禁购政策,以他人名义与出卖人订立合同并办理房屋权属证书后,以其系实际买受人为由,请求确认其为房屋产权人的,不予支持,但调控政策重新调整并准许其取得产权的除外。"北京高院《**关于审理房屋买卖合同纠纷案件适用法律若干问题的指导意见(试行)**》(2010 年 12 月 22 日　京高法发〔2010〕458 号)第 15 条:"当事人约定一方以他人名义购买房屋,并将房屋登记在他人名下,借名人实际享有房屋权益,借名人依据合同约定要求登记人(出名人)办理房屋所有权转移登记的,可予支持。但是,该房屋因登记人的债权人查封或其他原因依法不能办理转移登记,或者涉及善意交易第三人利益的除外。当事人一方提供证据证明其对房屋的购买确实存在出资关系,但不足以证明双方之间存在借名登记的约定,其主张确认房屋归其所有或要求登记人办理房屋所有权转移登记的,不予支持;其向登记人另行主张出资债权的,应当根据出资的性质按照相关法律规定处理。"第 16 条:"借名人违反相关政策、法规的规定,借名购买经济适用住房等政策性保障住房,并登记在他人名下,借名人主张确认房屋归其所有或者依据双方之间的约定要求登记人办理房屋所有权转移登记的,一般不予支持。"北京高院**《关于印发〈北京市法院关于审理个人购房贷款纠纷案件座谈会纪要〉的通知》**(2007 年 8 月 9 日　京高法发〔2007〕273 号)第 1 条:“个人购房贷款合同的效力问题:1. 在个人购房贷款合同履行过程中,查明开发商以使用贷款为目的、以其他个人名义贷款,由自己作为担保人,并将贷款用于本企业经营的,开发商应为贷款的实际使用人,上述行为属于借款人、担保人(开发商)擅自改变借款用途的违约行为,该违约行为不影响个人购房贷款合同的效力,在审理中应认定贷款合同有效。2. 在个人购房贷款合同履行过程中,出现了符合《中华人民共和国合同法》第五十四条第二款规定的情形,利益受损害方有权请求人民法院变更或撤销贷款合同。如其不行使请求人民法院变更或撤销贷款合同的权利,在审理中仍应认定贷款合同有效。”第 2 条:“举证责任:1. 借款人下落不明的,银行可直接诉连带保证人(开发商),银行对其是否履行放款义务负有举证责任。2. 由于借款人、开发商均下落不明,不能出庭参加诉讼,导致个人购房贷款合同的主要履行事实无法查清时,银行对其是否按约定履行放款义务负有举证责任。”第 3 条:“个人购房贷款合同案件民事责任认定问题:1. 借款人及开发商下落不明,借款所购房屋产权登记在借款人名下,且银行已向法院举证证明其履行了发放贷款的义务,应由借款人按借款合同约定承担还款责任,开发商作为担保人承担连带保证责任。2. 借款人抗辩认为购房并非其真实意思表示,但开发商下落不明,借款人无其他证据证明其抗辩理由,且借款所购房屋的产权登记在借款人名下,应按借款合同约定,由借款人承担还款义务,开发商作为担保人承担连带保证责任。3. 借款人下落不明或借款人抗辩认为购房并非其真实意思表示,向银行支付首付款及月供款均由开发商负责,开发商亦认可上述借款合同履行事实,且借款人未实际占有借款所购房屋,则开发商系以融资为目的并实际使用贷款,借款人及开发商的民事责任按以下原则处理:(1)借款人系因开发商欺诈、胁迫而签订借款合同的,由于其未参与合同履行,应由开发商向银行承担偿还贷款本息的责任,借款人不承担还款责任。(2)借款人明知开发商系以融资为目的以借款人的名义贷款,仍向开发商提供身份证明,并与银行签订借款合同的,由开发商向银行承担偿还贷款本息的责任;借款人虽未参与合同履行,亦未实际占有借款所购房屋,但其帮助开发商套取银行按揭贷款并造成损失,借款人应就其过错向银行承担不超过开发商不能偿还部分 10% 的赔偿责任。”第 4 条:“……在审理个人购房贷款合同纠纷案件中,有充足证据证明案件具有骗取银行贷款的犯罪嫌疑情形的,应将有关案件材料移送公安机关处理,在公安机关立案后,应当裁定驳回起诉。”湖南高院**《关于房屋买卖、租赁纠纷案件适用法律问题的指导意见(试行)》**(2008 年 1 月 21 日)第 7 条:“出卖人与买受人恶意串通,为骗取借款签订虚假的商品房买卖合同,贷款银行请求撤销借款合同,由买受人和出卖人承担连带清偿责任的,应予支持。”重庆高院执行局**《关于规范执行按揭房案件的若**

干意见(试行)的通知》(2003年12月11日)第10条:"'假按揭'主要指:(一)开发商为了套现等目的,与购房人甚至与自己的员工恶意串通,签订'假按揭'合同,严重损害银行利益的;(二)开发商为了提前收回投资利益或利润,采取假借他人身份证与银行签订商品房借款抵押按揭贷款合同,或者一房数卖,多次收取房款,损害银行的利益或购房人利益的;(三)开发商通过提高售房单价的方法,与购房人合谋达到'零首付'的目的,套取银行资金,将风险全部转移给银行的;(四)有其他行为的'假按揭'等。"第11条:"执行中发现'假按揭'情形已构成诈骗等犯罪的,应将相关证据材料移送公安机关立案侦查,待追回赃款后再进行民事案件的执行。"

5. 参考案例。①虚假按揭。2013年**江苏某预售合同纠纷案**,2008年,开发公司为融资需要,以8名职工名义,就开发房产做假按揭。2012年,其中以王某名义做的按揭房被开发公司转让给赵某后,因王某注销贷款账户引发纠纷,开发公司起诉王某要求确认合同无效,并办理产权注销手续,恢复登记至开发公司名下。法院认为:合同签订后,约定的购房首付款由开发公司支付,随后,开发公司以王某名义缴纳了契税、物业维修基金和所有权登记费,故应认定王某签约时明知自己不需履行合同亦不准备实际履行合同。同时,王某亦未按约归还贷款,而是开发公司以王某名义归还,自始未向开发公司缴纳购房款亦未主张偿还购房贷款。结合其他借名按揭贷款证人证言,应认定王某对开发公司借其名义签订商品房买卖合同进行所有权转移真实目的系明知。本案开发公司与王某借签订商品房买卖合同之名,掩盖违规向银行抵押贷款套取银行信贷资金的目的,故依《合同法》第52条第3项规定,依法判决本案商品房买卖合同无效,王某在涉案房屋抵押借款结清之日起10日内协助开发公司注销房屋抵押登记,并协助开发公司办理涉案房屋产权登记。2012年**上海某保证合同纠纷案**,2007年,开发公司与陈某串通,借陈某名义向银行办理按揭贷款,并办理了抵押权预告登记,同时约定开发公司提供阶段性(贷款合同签署之日起至抵押有效设定,相关权利证明文件交付银行执管之日止)连带保证责任。2011年,陈某诉开发公司商品房预售合同纠纷案的生效判决确认该商品房预售合同无效,贷款合同一并解除,陈某应归还银行贷款。随后,银行诉请开发公司与陈某连带清偿逾期贷款。法院认为:依最高人民法院《关于适用〈中华人民共和国担保法〉若干问题的解释》第10条规定,开发公司提供阶段性连带保证的主合同为系争贷款合同,现主合同虽被解除,在开发公司与银行未在保证合同中另有约定情况下,开发公司仍应对债务人相关民事责任承担连带清偿的保证责任。所谓阶段性连带保证,其本意即让开发商为借款人在该阶段内向银行履行还款义务提供保证,亦为银行获得安全的房屋抵押担保的等待过程提供保证。一旦房屋抵押设定成功,该阶段性保证任务完成,即阶段性保证期间届满之时即是银行获得借款人房屋抵押担保之时。本案抵押预告登记在未变更为抵押权设立登记前,依物权法定原则，银行就抵押房屋处分并优先受偿权利在行使要件上有所欠缺，即开发公司提供阶段性连带保证期限届满条件未成就，且该期限届满条件未成就并非银行造成，而是开发公司与陈某恶意串通，以商品房买卖为名，行开发公司融资之实，损害了银行利益，危及银行贷款安全，陈某与开发公司具有明显过错，故开发公司应对陈某因贷款合同所产生所有债务承担连带清偿责任。至于开发公司承担连带清偿责任后与陈某之间权利义务关系，双方可能另行存在约定，可另行解决，本案不予处理追偿权问题，故判决开发公司对陈某所欠银行贷款本息承担连带清偿责任。2017 年**江苏某借款合同纠纷案**，2014 年，为套取贷款，开发公司与金某协商，通过“假按揭”方式向银行贷款，资金由开发公司实际支配使用，贷款亦由其通过金某还款账户分期偿还。为此，开发公司与金某签订商品房买卖合同，再以购房贷款名义，由金某作为借款人，开发公司为保证人，与银行签订个人住房借款合同，套得了银行贷款。后开发公司破产，未能按期还款，银行起诉。法院认为：《民法总则》第 146 条规定的通谋虚伪表示是指行为人与相对人进行通谋，对外作出虚假意思表示，并以此而实施的法律行为。《合同法》上的“以合法形式掩盖非法目的”行为通常表现为脱法行为、通谋虚伪行为和兼具二者的混合行为。“恶意串通，损害国家、集体或者第三人利益”行为中的恶意串通，不仅包括虚伪表示，而且还包括双方通谋而为与效果意思相同的表示，且以侵害国家、集体或者第三人利益为无效的必须要件。就本案“假按揭”中购房人与开发商之间通谋虚伪行为而言，虽然在主体要件方面适格，但购房人与开发商之间并无真实购房意愿，实为双方为套取银行资金而为之，系双方虚伪故意，通谋实施，属于《民法总则》第 146 条第 1 款规定的“行为人与相对人以虚假的意思表示实施的民事法律行为”，因意思表示要件为无效要件，故案涉商品房买卖合同依法应认定为无效。案涉购房合同与借款合同，从内容来看虽密不可分，但两份合同之间并非主从合同关系，两份合同均存在独立意思表示，而为相对独立的法律关系，故购房合同无效并不必然导致借款合同无效，还应分析银行在贷款发放中的主观意图，是否系善意第三人。民法中“善意”系指不知道伪装行为，对“善意”认定以法律推定为主要方式。本案中，开发商和名义购房人均未能提供证据证明将“假按揭”情况已告知银行，或银行已知道或应当知道“假按揭”情况，在此情形下，银行应被推定为善意第三人。故而开发商与名义购房人伪装行为无效，不能对抗名义购房人与银行之间签订借款合同效力。判决金某偿还银行贷款，开发公司承担担保责任。2015 年**河南某借款合同纠纷案**，2003 年，吴某用妻兄李某身份证、房产证在银行抵押贷款 8 万元，吴某承诺承担连带保证责任。2015 年，银行诉请李某偿还贷款本息，吴某连带清偿，银行对抵押房产享有优先受偿权。法院认为：《民法通则》第 66 条第 1 款规定：“没有代理权、超越代理权或者代理权终止后的行为，只有经过被代理人的追认，被代理人才承担民事责任。

未经追认的行为,由行为人承担民事责任。本人知道他人以本人名义实施民事行为而不作否认表示的,视为同意。”李某与吴某系亲戚关系,吴某用李某身份证、房产证在银行贷款并办理房产抵押登记,在与银行所签个人购房借款合同、借款承诺书、抵押承诺函等贷款手续上签名虽非李某本人所签,但李某在该事实发生后,一直未作否认表示。依《民法通则》第66条第1款规定,应视为李某同意该行为。李某辩称其身份证一直在其岳母处,说明对其身份证未尽到妥善保管义务。李某辩称对贷款事实不知情,与常理不相符合,其应知吴某贷款事实,故李某应承担还款责任。吴某在担保承诺函上签名确认行为,表明其对给李某上述借款同意承担连带保证责任,故吴某作为李某担保人应承担连带清偿责任。判决李某偿还银行贷款本息,吴某承担连带清偿责任,银行对李某抵押房产享有优先受偿权。2015年**辽宁某借款合同纠纷案**,2004年,巴某配合开发公司,签订虚假购房合同,据此向银行申请12万元贷款,银行办理抵押权预告登记。2005年,开发公司将该房另售刘某并收取全款。2014年,银行诉请巴某偿还余款10万余元。法院认为:巴某系开发公司员工,其无购房意愿,在签订购房合同后,未付首付款,未主张交房,亦未偿贷,而是由开发公司偿还本息。足以证明巴某与开发公司之间购房合同并非双方真实意思表示,而是双方共同合意以房屋买卖合法形式达到套取银行贷款目的,该行为扰乱了正常社会金融秩序,依《合同法》第52条第3项规定,房屋买卖合同应认定无效。银行与巴某所签抵押贷款合同中贷款部分不存在合同无效法定情形,银行请求巴某偿还借款本息有事实根据和法律依据。依《物权法》第187条规定,建筑物或在建建筑物抵押的,应当办理抵押登记,抵押权自登记时设立。该法第20条规定,当事人签订买卖房屋或者其他不动产物权的协议,为保障将来实现物权,按照约定可以向登记机构申请预告登记。本案中,案涉房屋仅办理抵押预告登记,该预告登记并不直接导致担保物权设立或变更,而是银行对将来担保物权设立享有请求权。在银行对案涉房屋并未取得现实抵押权情况下,其主张享有抵押物优先受偿权无法律依据,判决银行与巴某所签借款合同有效,巴某应偿还银行借款本金10万余元及利息。2014年**江苏某借款合同纠纷案**,2008年,开发公司为套取银行贷款,以钱某名义在银行办理按揭贷款,开发公司提供“抵押有效设立前”的阶段性连带保证责任。后因钱某未依约偿还借款,银行诉请钱某、开发公司连带清偿借款。法院认为:虽然开发公司为融资目的与钱某恶意串通,以钱某名义向银行申请贷款,但现有证据不能证明开发公司或钱某将上述情况告知了银行,亦不能证明银行知道或应当知道欺诈行为存在,故不能认定银行与开发公司及钱某存在恶意串通情形。在与钱某订立借款合同、抵押合同中,银行属于被欺诈方,银行因受欺诈而与钱某所签按揭购房合同属可撤销合同,银行作为被欺诈方,享有合同撤销权。现银行以诉讼请求表明放弃撤销权,撤销权因此消灭,据此应认定银行与钱某所签按揭购房合同有效。案涉合同因银行放弃撤销权而归于有效，且银行作为被欺诈方，无需追究合同各方缔约过失责任，故本案并不涉及审查银行签订合同的过错问题。根据合同相对性原则，银行与钱某所签借款合同和抵押合同，仅在合同双方当事人之间产生民事权利义务关系，并对合同双方当事人产生法律约束力，故银行要求钱某还款的诉请应予支持。最高人民法院《关于适用〈中华人民共和国担保法〉若干问题的解释》第10条规定，主合同解除后，担保人对债务人应当承担的民事责任仍应承担担保责任。但是，担保合同另有约定的除外。开发公司提供阶段性连带保证的主合同系案涉借款合同，现借款合同因银行提起诉讼而解除，开发公司与银行在保证合同中对主合同解除后的担保责任并无特别约定，而合同约定开发公司提供阶段性连带保证的期限为贷款合同签署之日起至抵押有效设定，相关权利证明文件交付银行执管之日止。本案诉讼阶段，抵押并未有效设定，开发公司提供的阶段性连带保证的期限届满条件未成就，故保证人开发公司仍应对钱某因贷款合同所产生的所有债务承担连带清偿责任。判决钱某偿还银行借款本息及律师费，开发公司承担连带清偿责任。2012年**浙江某房屋买卖合同纠纷案**，2008年，陈某未能归还许某8万元借款，双方遂约定以虚假按揭方式从银行套现。随后，许某让陈某委托中介公司员工王某全权办理相关事宜。2009年，朱某代陈某归还按揭款54万元后，王某以陈某名义将房产转让给朱某，朱某又将该市值111万元的房产以98万元价格转让给胡某并办理过户手续。2011年，陈某起诉王某、朱某、许某、中介公司，要求确认房屋转让合同无效，各被告共同赔偿其损失。法院认为：许某、王某、朱某与陈某行为违反《合同法》第52条第3项规定，系以合法形式掩盖非法目的，故王某代陈某与朱某所签房屋买卖合同违反法律强制性规定，应认定无效。对该无效合同给陈某造成的经济损失，许某、王某、朱某与陈某均有过错，应各自承担相应责任。许某明知陈某本意是通过虚构转让涉案房产向银行套取贷款而非真实转让房屋，还串通他人低价转让，应承担主要责任；陈某目的非法，为套取贷款签署委托书并办理公证手续，使他人有可乘之机，对损害结果发生有一定责任，应承担次要责任。朱某将房产以市场价格出售给案外人胡某且已办理过户、交接手续，导致涉案房产无法返还，王某、朱某、许某作为共同侵权人应对陈某共同承担赔偿责任。关于侵害他人财产权损害赔偿认定，《侵权责任法》第19条明确规定按照损失发生时市场价格或其他方式计算，而审判实践中坚持以损失发生时市场价格为基本判断标准，只有在市场价格不能确定或确定价格有失公平情况下，才采取其他计算方式。对赔偿范围，应坚持客观认定标准，即实际损失多少赔偿多少，既要对财产直接损失进行赔偿，又要对正常情况下可得利益即间接损失进行赔偿；受害人对损害发生或扩大有过失的，依过失相抵原则，法院应酌定减轻加害人赔偿责任，对其过失相抵后损失予以赔偿。本案系许某为实现对陈某个人债权而串通王某、朱某所为,无证据表明该行为系中介公司法人意志,故中介公司不应承担赔偿责任。朱某将涉案房产转售给案外人并办理过户登记手续,因案外人属善意取得,其有权取得涉案房产所有权,此时房屋已无法返还,实际损失已发生,故应按此时房屋评估价111万元进行赔偿。朱某支付的银行按揭款、物管费,应从111万元中扣除,为过户支付的城建税等系其侵权成本,不应扣除。朱某将涉案房产出售给案外人获取房款98万元,与其为陈某垫付银行按揭款和物管费差额为43万余元,因该部分款项尚在,未实际损失,故应全额返还陈某。涉案房屋在2009年12月评估价111万元与出售给案外人的98万元差额为13万元,属实际损失,应由许某、王某、朱某负主要赔偿责任。许某、王某、朱某赔偿责任在2009年12月即已产生,但均未履行,故对由此产生的相应利息损失亦应一并赔偿。判决王某代表陈某与朱某所签房屋转让合同无效,王某、朱某、许某赔偿陈某经济损失53万余元及相应利息损失并互负连带责任,王某、朱某、许某赔偿陈某房屋评估费4400元,并互负连带责任。2004年**广东某借款合同纠纷案**,2000年,开发商为筹措开发资金,以张某等100多人名义,通过分别与银行签订《个人住房抵押贷款合同》,从银行套取现金2000万余元,其中以张某名义套取54万余元。2003年,因开发商资金紧张,导致断供,银行诉请张某及开发商连带偿还剩余房贷51万余元本息。法院认为:案涉《个人住房抵押贷款合同》虽具有民事法律行为形式要件,但却欠缺民事法律行为生效的法定实质要件,且银行明知张某、开发商办理假按揭套现,违反《商业银行法》及《合同法》相关规定,应认定无效。基于本案实际情况,合同各方对合同无效均有过错,且张某并未真正使用该款,故其赔偿责任酌情以主债务人不能清偿部分的四分之一为宜。因本案为借款关系,故银行依合同约定的按月供楼的逾期罚息应改为长期贷款利率计付,判决开发商返还借款,张某在开发商不能清偿部分的四分之一范围内承担赔偿责任。2002年**上海某借款合同纠纷案**,1996年,开发公司先后以郑某等66人名义签订虚假商品房销售合同并向银行办理贷款,其中以郑某名义贷款20万元。2000年8月,因开发公司中断一直以郑某名义的按揭还款行为,银行诉请郑某及开发公司连带偿还余下贷款16万余元及利息。法院认为:银行虽然主张郑某向其借款的手续都是由开发公司代为办理,但并未提供郑某委托代办借款的依据,同时开发公司亦否认在事实上代郑某向银行借款,郑某亦同样否认借款事实存在,故应认定银行所称借款合同系银行单方意思表示,郑某未与银行签订借款合同,银行与郑某之间的借款合同不成立。开发公司事实上取得银行20万元借款后,又实际上向银行履行还本付息义务,表明实际借款主体系开发公司而非郑某。这一借款关系基于借款事实而产生,并非基于合法有效的借款合同。相应地,开发公司在本案中应承担因借款关系产生的民事责任。开发公司与银行之间的虚假按揭贷款行为,扰乱了正常的金融秩序,属无效行为,双方均有过错,银行已取得的开发公司所支付的利息及违约金应折抵借款本金，故判决开发公司返还银行借款本金8万余元及2000年9月1日至清偿日止按同期银行贷款利率计算的利息损失。2000年**广东某抵押借款合同纠纷案**，1998年，刘某就购买开发公司商品房与银行签订抵押借款合同。2000年，因逾期未偿还贷款，银行诉请解除合同并主张优先受偿权。刘某以开发公司借其名购房、首期房款及后续按揭款均由开发公司交纳为由主张免责。法院认为：抵押借款合同形式上是刘某以其向开发公司所购房屋作抵押向银行借款，但实际上刘某并未向开发公司交纳首期房款，其后的二、三期还贷本息也是开发公司提供，故可认定本案实质上是开发公司为筹集资金借刘某名义以公司房产作抵押向银行借款，且其后所得款项也全部由公司支配使用，故开发公司是本案实际借款人、抵押人。借款、抵押均为开发公司真实意思表示，且该抵押已进行了抵押登记备案，故该抵押借款行为有效，银行对抵押房产享有优先受偿权。开发公司与刘某逾期履行合同约定的还款义务，首先由开发公司对借款负清偿责任。刘某在抵押借款合同上签名，应对自己民事行为所引起的法律后果承担相应民事责任。判决案涉购房抵押借款合同终止履行，开发公司偿还银行借款本金33万余元及利息，刘某承担连带清偿责任，银行对案涉房屋享有优先受偿权。②**房屋回购**。2018年**陕西某转让合同纠纷案**，2014年，投资公司与实业公司签订项目转让协议，约定：前者受让后者城中村项目改造权，后者同意成立项目公司通过挂牌方式将项目土地使用权确权给前者，并同意通过出让项目公司100%股权形式将该部分土地使用权转让给前者，同时按每亩土地单价630万元/亩确定交易总价；协议履行期间，投资公司以低价购买项目公司房产并签订商品房买卖合同作为履约担保；实业公司正常履约期间，投资公司不得处分房屋。随后，投资公司依约交付3亿元履约定金。2015年，双方因合同迟延履行引发纠纷。关于3亿元系购房款还是履约担保定金成为双方争议焦点。法院认为：案涉项目转让协议明确约定3亿元性质为履约定金，该笔资金虽先进入共管账户，但之后需支付至协议约定的账户或实业公司指定账户。投资公司与项目公司签订商品房买卖合同目的并非真正买卖商品房，而是作为项目转让协议履约担保。商品房买卖合同签订价格远低于网上登记预售均价，只为确保网签合同总额不低于3亿元，亦可印证其真实目的为提供担保而非买卖商品房。在实业公司正常履约前提下，投资公司持有该商业物业期间不会向第三方转售或要求实业公司实际交付物业。此亦说明投资公司签订商品房买卖合同目的非为实际取得商品房，而是为督促实业公司正常履行项目转让协议。实业公司向投资公司出具收据确认收款，项目公司并未向投资公司出具收款收据和该款对应发票。实业公司开具收据行为亦印证了实业公司与项目公司之间并不存在真实的商品房买卖合同关系。项目转让协议约定商品房买卖合同最终需要撤销，亦进一步印证了签订商品房买卖合同真实目的是提供担保。综上,投资公司与项目公司签订商品房买卖合同系项目公司为实业公司履行项目转让协议项下合同义务提供担保,担保人为项目公司,担保权人为投资公司。因此,投资公司支付的3亿元并非商品房买卖合同项下购房款,而是因履行项目转让协议而向实业公司支付的定金。2017年**新疆某合同效力纠纷案**,2011年,投资公司与开发公司签订订购协议,约定前者订购后者房屋若干,后者股东张某自愿将其所持公司50%股权变更至前者指定的赵某名下,待后者将房屋过户给前者后,再由前者协助股权变更至张某名下。同日,赵某与张某签订股权转让协议并办理股权变更登记手续。后因合同履行问题发生纠纷,张某向法院起诉,要求确认股权转让协议无效、赵某返还50%股权。法院认为:协议系股权转让、股权让与还是股权质押性质的认定标准,不能仅看合同形式或名称,而要探究当事人真实意思表示。如当事人真实意思系通过转让标的物方式为主合同提供担保,则此种合同属让与担保合同,而非股权转让或股权质押。让与担保合同系双方真实意思表示,不违反法律、行政法规强制性规定,依法应认定合同有效。在已完成股权变更登记情况下,可参照最相近担保物权规定,认定其具有物权效力。在主债务期限届满后仍未履行情况下,名义上的股权受让人对变价后股权价值享有优先受偿权,但原则上无权对股权进行使用收益,不能享有《公司法》规定的股东所享有的参与决策、选任管理者、分取红利的权利。案涉房产订购合同及股权转让协议中关于股权转让约定仅为在担保期间以案涉股权为开发公司履行房产过户义务提供担保,其不应违反《物权法》关于禁止流押的规定,不能认定赵某实质取得案涉股权。在担保权存续期间,赵某只能根据约定在有限范围内行使股权,并非将股权转让给赵某。若赵某滥用股权,则构成违约,应对违约造成的损失进行赔偿。当然,关于案涉开发公司50%股权最终归属,应根据房屋订购合同约定,视该条约定房产过户义务履行情况而定。在房产依约过户之后,股权应返还给张某。本案中,开发公司尚未履行房屋定购合同约定的房产过户义务,赵某将案涉开发公司50%股权返还给张某的条件尚未成就,故张某请求赵某将案涉开发公司50%股权返还给张某诉请不能得到支持。因案涉买卖房屋能否依约办理过户关系到该股权能否返还给张某问题,关系到张某利益,故开发公司现有股东应依据诚实信用原则,依法依约及时履行案涉房屋过户手续,以使案涉担保人张某权利不受非法损害。如开发公司存在为自己利益不正当地阻止股权回转条件成就情形,张某可根据《合同法》第45条规定的相关法理,主张股权回转条件成就,诉请将案涉股权返还给张某。由于本案张某系以案涉房产订购合同及股权转让协议无效为由请求判令将案涉股权返还给张某,故在上述条款和协议有效,股权回转条件尚未成就情形下,张某该诉请不能得到支持。若张某有证据证明存在着前述不正当地阻止股权回转条件成就情形,可另行主张权利。判决驳回张某诉请。2016年**海南某合同纠纷案**,2011年,生效判决判令开发公司支付建筑公司工程款、建筑公司享有优先受偿权。执行中，刘某以其2008年与开发公司签订购房合同、回购协议并办理预告登记为由提出案外人执行异议。法院认为：开发公司与刘某虽签订购房合同及回购承诺书，并发生资金转入，但各方对债权债务性质为商品房买卖还是民间借贷各执一词，在双方证据均有缺陷情况下，应结合当事人提交的证据，探究当事人真实意思表示，进而对合同当事人之间法律关系性质作出判断。从本案当事人签约目的及履行情况看，双方真实意思并非以取得涉案商铺所有权为目的，而是为了实现资金融通，签订购房合同系为担保债权实现，开发公司与刘某之间形成的是民间借贷关系。从合同签订时间点上看，表明刘某从项目建成前后均无购房意愿，开发公司自始至终不认为是房屋买卖。这种回购协议本身表明双方当事人在一定程度上否定了房屋买卖合同性质中转移所有权特征。从购房价格和面积、银行账目往来来看，本案存在着有悖于一般房屋买卖合同情形，刘某仅以预告登记未被撤销来证明涉案商铺未被开发公司回购，其事实根据和法律依据尚不够充分。开发公司与刘某签订购房、回购协议，并非以取得涉案商铺所有权为目的，而是为了实现资金融通，开发公司取得资金用于续建项目，刘某则收取利息，双方订立购房、回购协议目的系为担保债权实现。双方之间法律关系认定为民间借贷关系证据已较充分，可达到民事诉讼要求的高度盖然性标准。《物权法》第186条规定，抵押权人在债务履行期限届满前，不得与抵押人约定债务人不履行到期债务时抵押财产归债权人所有。该规定主要是基于平衡双方当事人利益考虑，防止居于优势地位的债权人牟取不当暴利，损害债务人特别是其他债权人利益。作为借贷担保，亦应遵循《物权法》有关禁止流质规定，且如按双方约定的价款履行合同，亦损害了开发公司其他债权人和开发公司合法利益。依《合同法》第52条第1款第5项规定，判决确认刘某与开发公司所签购房合同无效。2009年**广东某商品房预售合同纠纷案**，2004年，林某按揭购房，与开发商所签商品房买卖合同第6条约定“买受人在银行按揭批准后，累计拖欠六期应供款，则自愿放弃原合同业权，该房产从第七期起将与买受人没有任何关系”。后因林某迟延还贷，开发商依约向银行支付回购款190万余元后起诉林某，要求解除商品房买卖合同并支付其违约金。法院认为：开发公司基于与林某和银行所签合同，具有两个法律身份，形成了两个法律关系，即开发公司与林某之间形成的买卖合同关系；开发公司与林某和银行之间形成担保合同关系。依按揭贷款合同约定，银行所取得的是抵押物优先受偿权，并不能产生房屋买卖和房屋产权变动效果，且依《担保法》第40条规定，在抵押合同中不能约定抵押人无力承担还款义务时，抵押物直接归抵押权人所有，故银行亦不可能依抵押贷款合同直接取得房屋。从开发公司回购行为性质分析，应界定为开发公司承担保证责任的一种形式，同时亦系银行实现债权方式，故回购只是在银行依法实现抵押权时，开发公司回购房屋,付清贷款。亦即在对房产依法拍卖变卖时,为避免流拍或所拍卖价格不足以清偿贷款,开发公司才负有回购义务,同时在回购房款不足以清偿贷款情况下,还要继续承担保证义务。依《担保法》第31条规定:保证人在向债权人履行了担保责任后,享有向债务人追偿的权利,故开发公司在履行保证回购责任之后取代银行所取得的只是抵押权人的法律地位,即享有的是代位追偿权。在银行并未取得房屋,开发公司亦未向银行出售房屋情况下,开发公司提出其在履行保证回购责任后,是银行解除抵押权,由开发公司收回诉争房屋,缺乏法律依据,不予采信。《物权法》第186条规定:"抵押权人在债务履行期届满前,不得与抵押人约定债务人不履行到期债务时抵押财产归债权人所有。"最高人民法院《关于适用〈中华人民共和国担保法〉若干问题的解释》第57条第1款规定:"当事人在抵押合同中约定,债务履行期届满抵押权人未受清偿时,抵押物的所有权转移为债权人所有的内容无效。"上述规定情形均是法律对"流质契约"的禁止。案涉商品房买卖合同第6条实质与"流质契约"本质一样,即在未经折价变卖或拍卖情况下开发公司直接获得抵押房屋显然有违公平合理原则,且违反了抵押权本质属性,违反了法律关于抵押权流质契约的禁止规定,故该条款应属无效。由于开发公司与林某之间的房屋买卖合同主合同义务已实际履行,开发公司亦已收齐诉争房屋全部购房款,故开发公司不能以林某未履行担保借款合同中的还款义务的事实理由,再以买卖合同卖方主体地位来主张解除房屋买卖合同,判决驳回开发公司诉请。2008年**四川某房屋买卖合同纠纷案**,2006年,罗某与何某签订售房合同,约定罗某将名下房产作价15万元售予何某,罗某售出后每月支付何某1.5万元资金占用费,罗某有权在3个月内即2006年9月13日之前付清全部15万元债务后回购该房屋。随后办理过户手续,并由罗某与何某签订租赁协议。2007年,罗某以双方协议名为买卖,实为借贷担保为由,诉请确认买卖房屋部分无效,何某返还房屋。法院认为:罗某与何某自愿签订协议,约定罗某将涉案房屋卖给何某,并就房屋价款及产权过户时间作了约定。该协议具备房屋买卖合同基本条款,双方当事人关于买卖涉案房屋意思表示真实、明确。在何某依约支付完购房款后,罗某协助何某办理了该房屋过户登记,何某已依法取得该房屋所有权证书,成为该房屋合法所有权人。双方所签协议中关于罗某有权收回该房屋时间和条件、签订协议后涉案房屋使用及资金占用费等特别约定,应视为双方就该次房屋买卖所设定附带条件。以上附带条件设定,并不影响双方之间房屋买卖关系成立和生效,不足以就此认定双方之间形成的是借款合同关系。罗某并未提供证据证明其已于约定日期前支付回购款,故其无权回购该房屋。此外,根据罗某于此后作为承租人与作为出租人的何某签订房屋出租协议事实,应认定罗某认可何某系该房屋所有权人,双方之间另就涉案房屋形成了租赁关系。关于何某取得该房屋所有权条件,双方约定的是何某支付完购房款,而非罗某未按期归还债务，故不能以双方约定违反了我国法律强制性规定为由而认定协议中关于房屋买卖部分无效。判决驳回罗某诉请。2007 年**广东某房屋买卖合同纠纷案**，2006 年，李某按揭购买开发公司房产。借款合同约定发生李某逾期还款等违约事实的，开发公司有权"以销售价回购该房产"。2008 年，因李某累计 14 期未还款，开发公司代偿后，诉请法院确认其回购权。法院认为：本案属于确认之诉，即确认当事人之间是否存在某种民事法律关系的诉。案涉买卖合同是双方真实意思表示，双方均应受其约束。李某已依约采用按揭方式付清购房款，本案所涉房屋应归属李某所有。从开发公司诉讼请求文义上理解，开发公司请求的是确认其回购案涉房产行为合法。因该回购行为尚未发生，法院无法确认尚未发生的行为产生的民事法律关系是否存在。按开发公司扩大解释，即请求法院确认其有权回购房产，因借款合同约定"以销售价回购房产"是开发公司可选择的一种承担保证责任的还款方式，是开发公司向贷款人所作承诺，是贷款人实现其收回贷款的保障，该约定并未约束借款人即本案李某，对李某无约束力。开发公司所称回购，实为房屋买卖，即由李某将房屋卖回给开发公司，既然是房地产买卖，按照相关法律规定应签订要式房地产转让合同，对标的物、价款、支付方式、房产交付时间等房地产转让合同的主要内容作出约定，但本案借款合同对房产交付时间、方式等主要内容未作约定，李某亦未明确表示同意开发公司按销售价回购房产，因双方之间对"回购"的民事权利义务未作明确约定，不能认定开发公司与李某之间就案涉房产达成了"回购"协议。在既不存在回购事实，又不存在明确有效的回购协议情况下，开发公司诉请无论是要求确认回购行为合法还是要求确认其享有回购房产的合同权利，均无事实和法律依据。至于开发公司替李某向银行偿还贷款所受损失，可另寻法律途径解决。判决驳回开发公司诉请。2005 年**江苏某房屋买卖合同纠纷案**，2003 年，周某为偿还贷款，将 10 万元所购房屋以 7 万元转售张某，并约定其享有原价赎回权。2004 年，张某将该市值 18 万元的房屋以 9 万元价格售予沈某。2005 年，周某诉请张某赔偿损失。法院认为：张某与沈某订立房屋买卖合同，并已履行过户手续，沈某取得了该房屋所有权。周某与张某之间买回约定是一种债权，不能对抗物权，故周某不能主张张某与沈涛买卖合同无效，亦无权要求张某赔偿损失。判决驳回周某诉请。③**实为借贷**。2015 年**新疆某商品房房屋买卖合同纠纷案**，2013 年，汤某与开发公司先后签订多份借款合同，通过实际出借并接受他人债权转让，取得对开发公司合计 2.6 亿元借款债权。为担保该借款合同履行，汤某与开发公司分别签订多份商品房预售合同，并办理备案登记。2014 年，双方经对账，确认开发公司尚欠汤某借款本息 3.6 亿余元。双方随后重新签订商品房买卖合同，约定开发公司将其名下房屋出售给汤某，上述欠款本息转为已付购房款，剩余购房款 3800 万余元，待办完过户后一次性支付给开发公司。汤某提交与开发公司对账表显示,双方之间借款利息系分别按月利率3%和4%、逾期利率10%计算,并计算复利。2015年,汤某以开发公司逾期交房为由诉请支付违约金及相关损失。法院认为:案涉商品房买卖合同签订前,开发公司与汤某之间确实存在借款合同关系,且为履行借款合同,双方签订了相应预售合同,并办理了预购商品房预告登记。但双方系争商品房买卖合同系在开发公司未偿还借款本息情况下,经重新协商并对账,将借款合同关系转变为商品房买卖合同关系,将借款本息转为已付购房款,并对房屋交付、尾款支付、违约责任等权利义务做了约定。民事法律关系产生、变更、消灭,除基于法律特别规定,需通过法律关系参与主体意思表示一致形成。民事交易活动中,当事人意思表示发生变化并不鲜见,该意思表示变化,除为法律特别规定所禁止外,均应予准许。本案双方经协商一致终止借款合同关系,建立商品房买卖合同关系,并非为双方之间借款合同履行提供担保,而是借款合同到期开发公司难以清偿债务时,通过将开发公司所有商品房出售给汤某方式,实现双方权利义务平衡的一种交易安排。该交易安排并未违反法律、行政法规强制性规定,不属《物权法》第186条规定禁止情形,亦不适用最高人民法院《关于审理民间借贷案件适用法律若干问题的规定》第24条规定。尊重当事人嗣后形成的变更法律关系性质的一致意思表示,系贯彻合同自由原则题中应有之义。开发公司所持本案商品房买卖合同无效主张,不予采信。在确认商品房买卖合同合法有效情况下,由于双方当事人均认可该合同项下已付购房款系由原借款本息转来,且开发公司提出该欠款数额包含高额利息。在当事人请求司法确认和保护购房者合同权利时,法院对基于借款合同实际履行而形成的借款本金及利息数额应予审查,以避免当事人通过签订商品房买卖合同等方式,将违法高息合法化。经审查,双方之间借款利息计算方法,已超出法律规定的民间借贷利率保护上限。对双方当事人包含高额利息的欠款数额,依法不能予以确认。由于法律保护的借款利率明显低于当事人对账确认的借款利率,故应认为汤某作为购房人,尚未足额支付合同约定购房款,开发公司未按约定时间交付房屋,不应视为违约。汤某以开发公司逾期交付房屋构成违约为事实依据,要求开发公司支付违约金及律师费,缺乏事实和法律依据。判决驳回汤某诉请。2016年**广西某案外人执行异议纠纷案**,2003年,物业公司与投资公司签订购房合同,约定物业公司支付600万元购房款购买投资公司综合楼,随后双方又通过租赁合同返租给投资公司并由物业公司提供物业服务。2007年,法院依信用社申请查封该房屋,物业公司提案外人异议,法院以购房交易存在诸多不合常理之处为由予以驳回。物业公司遂提案外人执行异议之诉,但其未充分举证证明600万元已实际支付。法院认为:依最高人民法院《关于人民法院民事执行中查封、扣押、冻结财产的规定》第17条关于"被执行人将其所有的需要办理过户登记的财产出卖给第三人,第三人已经支付部分或者全部价款并实际占有该财产,但尚未办理产权过户登记手续的，人民法院可以查封、扣押、冻结；第三人已经支付全部价款并实际占有，但未办理过户登记手续的，如果第三人对此没有过错，人民法院不得查封、扣押、冻结”规定，买受人基于正当的不动产买卖关系，在已支付全款、实际占有且对未办理过户登记无过错情况下，其虽未取得标的物所有权，但该买受人仍享有排除普通金钱债权强制执行权利。该条司法解释规定，系在买受人对所买受不动产权利保护与普通金钱执行债权人权利保护发生冲突时，基于对正当买受人合法权利特别保护目的而设置的特别规则，该规则实质上系以牺牲普通金钱债权人正当权利为代价而确立的，故法院在适用该司法解释规定对买受人利益进行特别保护时，应严格审查买受人与被执行人之间不动产买卖协议正当性，以及该条所规定付款、实际占有和过错等要件是否具备。案涉综合楼交易合同签订与收条出具时间不符合一般交易规则、合同备案登记手续办理不符合通常要求和做法、合同注明商品房预售许可证号与实际预售证号不符。另从案涉合同中有关房屋单价、用途等诸多房屋买卖合同重要条款缺失或自相矛盾情况看，物业公司与投资公司并未尽到一般房屋交易行为所应有注意义务，故依现有证据不足以认定双方之间存在房屋买卖真实意思表示。物业公司未能提供600万元现金来源及任何银行汇款或转账凭证等证据佐证情况下，仅凭收款收据，不足以认定物业公司已全额支付购房款。合同约定交房时间在双方签订合同之前，此亦不符合房屋买卖常理。且物业公司在与投资公司签订案涉合同前，双方已存在物业服务合同关系，物业公司于2003年已基于物业服务合同实际占有案涉综合楼，故现有证据不足以证明物业公司系基于案涉合同取得对综合楼的实际占有。判决驳回物业公司诉请。2016年**江苏某案外人执行异议纠纷案**，2010年，陈某与开发公司签订购房合同，将市场价为5500万元的房价款约定为1000万元。2011年，双方签订回购协议，约定了开发公司不同时期回购房屋所应支付的购房款。其间，开发公司与林某所签承诺书载明林某提供开发公司借款5000万元，由陈某等人与开发公司分别所签购房合同标的房屋作抵押。2012年，依债权人信托公司申请，法院查封开发公司名下房产，陈某提出执行异议，被驳回后提起案外人执行异议之诉。法院认为：尽管陈某提供的与开发公司所签购房合同、回购协议、转账凭证、收款收据、房屋交付确认书及房屋预售网签备案等证据能证明其与开发公司之间存在形式上的房屋买卖关系，但双方之间存在真实房屋买卖关系证据尚有不足。主要理由为：开发公司作为诉争房屋出卖人，认为其与陈某之间房屋买卖关系意思表示虚假，双方并不存在真实房屋买卖关系。开发公司认为陈某所购房屋实为该公司为担保林某债权而签订，林某是陈某等出借款项的集资转贷人，其与开发公司系民间借贷关系。该意见与开发公司、林某等所签备忘录内容相印证，开发公司该主张具有可信性。陈某与开发公司所签购房合同购房价格约定与常理不符，亦背离市场行情。作为房屋购销合同,购房人目的是取得房屋,出卖方目的是获得售房款,但双方回购协议却明确约定开发公司享有合同解除权和回购权,且解除权与回购权行使时间均在约定的房屋交付使用时间之前,明显与房屋购销合同目的不符。同时,回购协议还约定了开发公司行使解除权条件及不同回购时间需支付的固定回购款,而陈某亦自认回购款是按时间和一定利息标准进行计算的,其利息标准远高于一般银行同期同类贷款利息,利息达到年利率36%,此亦与房屋买卖合同特征不符。结合开发公司有关资金链断裂债务无法及时偿还、房屋未经竣工验收以及案涉房屋于2012年即被信托公司申请查封情况,陈某所持购房款收据、房屋确认书及房屋预售网签备案等,实有以房屋买卖形式保证债权实现或排除强制执行目的,亦难以证明双方存在真实房屋买卖关系。陈某虽认为其与开发公司存在民间借贷关系亦不影响之后双方成立房屋买卖关系,但其并未举示借款合同和借贷关系转化为房屋买卖关系相应证据。判决驳回陈某诉请。2016年**海南某执行异议纠纷案**,2008年,刘某与开发公司签订商品房购房合同及回购协议,约定以500万元购买开发公司商铺,开发公司一年后以1300万余元回购。2011年3月,商铺验收合格,生效判决确认建筑公司就涉案商铺享有工程款优先受偿权。2012年,刘某与开发公司办理预告登记,并就建筑公司执行申请提出异议,法院中止执行后,建筑公司起诉,要求许可继续执行。诉讼中,刘某提交的交房确认书及入伙协议显示2010年8月已交房入住。另案生效判决确认开发公司与刘某所签购房合同无效,双方之间真实法律关系属民间借贷。法院认为:生效判决已确认开发公司与刘某所签购房合同无效,双方之间真实法律关系属民间借贷,双方所签购房合同、回购承诺及预告登记均作为借贷担保。刘某对涉案商铺不享有所有权或使用权,亦不享有抵押权,且双方未办过户手续,商铺仍属开发公司所有,故预告登记亦非双方当事人之间真实意思表示,故其预告登记事实不具备阻断法院强制执行效力。《建筑法》第61条第2款规定,建筑工程竣工经验收合格后,方可交付使用;未经验收或者验收不合格的,不得交付使用。本案中,刘某提交的交房确认书及入伙协议载明交房时间早于涉案商铺验收合格时间近半年,另案审理的刘某诉建筑公司排除妨害纠纷,亦说明刘某并未实际占有涉案商铺。仅凭交房确认书及入伙协议认定刘某已实际占有涉案商铺,证据上未达到民事诉讼要求的证据高度盖然性标准,与事实不符。《消费者权益保护法》第2条规定,消费者仅指生活消费,故最高人民法院《关于建设工程价款优先受偿权问题的批复》第2条所指称"消费者",亦为生活消费。刘某虽签有购房合同,但其真实意思表示为通过借贷获得利益,不能认定为"消费者",不享有消费者优先权。判决许可对涉案商铺继续执行。2015年**吉林某房屋买卖合同纠纷案**,2009年,严某与开发公司签订商品房买卖合同。2012年,严某以开发公司逾期交房为由,诉请解除合同、开发公司双倍返还房款并支付逾期交房违约金。潘某以其作为前述房屋买受人、严某与开发公司之间系民间借贷关系为由，申请作为第三人参加诉讼。严某拒绝以民间借贷纠纷案由提出并变更诉请。法院认为：严某与开发公司之间一系列有违常理行为，表明双方虽签订房屋买卖合同，但均不注重标的物具体情况、价格是否合理、能否交付等合同主要内容，且在签订合同前后均无实际交接房屋意思表示，合同约定交房时间并不具有实际意义。据此，开发公司提出案涉房屋买卖合同是形式上的合同，并非真实意义上房屋买卖合同主张有充分事实依据。虽然严某最终主张房款收据和借款收据中，未发生借款，但其对房款来源陈述不符常理，其提供的证人证言亦未能直接证实严某交付郑某款项金额，故仅凭严某所持房款收据，不足以认定其实际支付了相应款项。相反，开发公司提供的借款收据和还款收据相对应，还款收据和银行汇款凭证相对应，借款收据、还款收据、银行汇款凭证和财务明细账相对应，完整体现了借款法律关系应有特征，足以证明案涉借款事实已发生。严某证据不足以使人确信其待证事实存在具有高度可能性，其主张双方形成房屋买卖关系依据不足。依查明事实，双方之间法律关系应为借贷关系，签订房屋买卖合同目的为担保严某债权实现。法院已向严某释明如双方成立借款关系，是否变更诉请，严某明确表示不变更情况下，裁定驳回严某起诉。2014 年**某民间借贷纠纷案**，2011 年 7 月，开发公司与吴某签订商品房买卖合同，约定吴某以 4960 万元总房款购买开发公司的预售房屋。同日，双方签署回购协议，约定开发公司“欲将回购”吴某所购商品房，回购款须在原购房款之外，按每 1 个月增加 100 万元标准计算。随后，双方办理了商品房买卖合同备案登记手续，吴某向开发公司汇款，开发公司出具收到 4960 万元借条，并为吴某开具部分发票。2012 年 12 月，吴某诉请开发公司履行回购协议，偿还本金 4960 万元及利息。法院认为：不签订书面借款合同，只用签订商品房买卖合同并登记备案方式作为担保，同时签订回购协议，然后再用出借人向借款人实际交付款项方式建立债权债务关系，是目前一些民间借贷当事人选择的借贷方式。判断当事人之间法律关系性质，不能仅看合同名称、形式和内容，更重要的是分析当事人之间法律关系实质。本案中，案涉商品房买卖合同中售房方并未准备实际交付房屋，而购房一方亦不关心取得所购房屋产权，双方当事人关注点集中在回购协议及相应违约金上。双方在合同签订和履行中的做法，可印证双方之间并非真正商品房买卖合同关系。仅凭双方办理了商品房买卖备案登记手续和开发公司为吴某开具部分发票行为，并不能证明商品房买卖合同关系真实性，故开发公司与吴某签订商品房买卖合同与回购协议，并非以取得案涉房屋所有权为目的，而是为了实现资金融通。卖方取得资金用于竞拍土地，买方收取利息，商品房买卖合同不过是为了担保吴某债权实现。双方之间真实法律关系是民间借贷。判决开发公司偿还吴某 4960 万元本金及利息，利息按同期中国人民银行贷款基准利率的 4 倍计算，其中应扣除已支付的 300 万元。2013 年**广西某商品房买卖合同纠纷案**,2007 年,开发公司为偿还严某等 5 人的 340 万元到期借款,与杨某签订商品房买卖合同,约定杨某购买开发公司 1400 余平方米的 53 间商铺。在杨某付全款后,开发公司撤销了与严某等 5 人的购房备案登记,而办理了与杨某的购房合同备案登记。同时,开发公司向杨某账户汇入 61.1 万元,其称系借贷利息,另向杨某开具购房发票,但未将发票原件交付杨某,后又在税务部门做了缴销。2008 年,杨某诉请开发公司交付房屋。法院认为:法律关系性质应依当事人真实意思表示予以认定。本案现有证据证明,开发公司与杨某之间应为借贷关系:就开发公司而言,其签订商品房买卖合同真实目的,系向杨某借款以偿付严某等人已届清偿期的 340 万元借款,防止案涉房屋因就前述债权提供担保、办理了登记备案而丧失所有权。对此,有开发公司与严某等 5 人在先类似交易模式、开发公司向杨某支付 61.1 万元借款利息、开发公司持有发票原件等证据和事实佐证。如开发公司真实意思表示系以 340 万元价款出售案涉房屋,则直接依其与严某等 5 人所签合同之约定即可实现,无需徒增与杨某协商签订买卖合同、以杨某支付 340 万元购房款偿还严某等人 340 万元借款、撤销严某等 5 人备案登记后再申请将杨某作为购房者登记备案等繁琐步骤和程序。发票是交易真实发生证明,更是办理不动产权属登记重要依据。本案中,杨某作为买受人,在交纳了全部房款后,始终未向开发公司索要发票原件,直到本案诉讼中向法院提交的亦仅系复印件。且近三年时间内未要求办理权属登记,明显不符合交易习惯。开发公司作为售房一方,在始终认可收到杨某房款情况下,未将发票原件交付杨某,嗣后却将该发票连同其他各联在当地税务机关作了缴销,充分说明开发公司否认房产交易真实性。而缴销行为发生在非诉讼中,则从另一侧面证明开发公司否认与杨某之间存在真实房产交易关系的态度是一贯的,故仅凭杨某提供的发票复印件,尚不能认定其与开发公司之间存在商品房买卖合同关系。杨某收到开发公司支付的 61.1 万元,杨某对该款项性质始终以商业秘密为由拒绝作出说明,考虑到民间借贷支付利息一般做法,综合全案情况分析,在杨某未能举证证明双方存在其他经济往来情况下,认定开发公司主张上述款项系其向杨某借用 340 万元而支付利息主张具有更高可信度。再者,案涉商品房买卖合同以一口价 340 万元方式,交易了 1400 余平方米的 53 间商铺,亦与一般房地产交易习惯不符。综上,书面借款合同并非认定债权债务关系不可缺少要件。杨某向开发公司支付 340 万元并收取利息行为,足以认定双方之间成立了债权债务关系。双方签订商品房买卖合同并办理备案登记行为,足以认定双方之间成立了一种非典型担保关系。杨某作为债权人,可以适当方式就合同项下商铺主张权利,以担保其债权实现。但其请求直接取得案涉商铺所有权主张,违反了《物权法》关于禁止流质的规定,不予支持。判决驳回杨某诉请。2009 年**某房屋买卖合同纠纷案**,2005 年,因欠张某 311 万元债务,开发公司与张某签订商品房买卖合同，约定张某以该款购买开发公司面积约2000平方米的网点房，如开发公司在2006年3月1日前还清欠款，则上述合同及收款收据作废，否则生效。2006年4月，因开发公司未偿还欠款，张某诉请开发公司按购房合同交付市场价值约1000万元的网点房。法院认为：双方协议并非重新构成债的关系，只是一个督促对方履债的约定，不能作为主合同，故担保合同基于的主从关系并不存在。双方通过协议和商品房买卖合同确立的是一种以房抵债协议，非为流质契约，并不违反《担保法》《物权法》等法律规定，应为有效。作为一直拖欠款项的开发公司，愿意以房抵债，不属张某利用优势进行胁迫，亦不属于开发公司没有经验，完全系因其违约至此的一种自愿行为，故即使案涉网点房实际成交价远低于评估值，亦不能作为显失公平予以撤销，实属当事人对自己权利的一种处分。判决案涉房产归张某所有，开发公司办理过户手续。2016年**四川某民间借贷合同纠纷案**，2014年，罗某以周某名义向蓝某提供600万元借款，开发公司以商铺提供借款担保并与罗某签订商品房买卖合同、办理备案登记。2015年，因蓝某逾期未偿，罗某诉请确认商品房买卖合同有效。法院认为：从正常商品房买卖合同交易习惯来看，买受人在与出卖人签订商品房买卖合同后，应按合同约定向出卖人公司账户转入购房款，并向出卖人索要正式税务登记发票，而罗某并未履行向开发公司账户转入首期购房款义务，亦未取得开发公司出具的正式税务发票。另外，如罗某真正是以购买开发公司商品房为目的，那么，其关注的应是开发公司是否能按商品房买卖合同约定按时交付所涉商品房，并在开发公司出现违约情况下选择追究其违约责任或解除商品房买卖合同，但罗某却先后两次在与蓝某签订借款合同同时，又向开发公司出具承诺书，同意在蓝某归还罗某借款之后，开发公司有权单方面解除与罗某所签商品房买卖合同，且罗某无条件配合开发公司到房管部门办理商品房买卖合同注销备案登记。虽然罗某认为自己系受胁迫才出具承诺书，但其作为债权人对自己资金处于实际控制支配地位，在向蓝某提供借款之前，罗某完全可拒绝出具承诺书，故对罗某该主张不予采信。罗某在开发公司为诉争房屋办理备案登记手续后，才向蓝某提供最后一批借款492万元，且在当日还要求蓝某向其出具了5张借款金额为50万元借条作为上述借款利息担保。本案中，罗某与蓝某在发生民间借贷关系之前并不相识，亦无经济往来，罗某为确保向蓝某提供的资金安全，必然会要求蓝某提供相应担保。鉴于蓝某是开发公司法定代表人特殊身份，其行为可代表开发公司，故开发公司与罗某之间所签商品房买卖合同实质上是为罗某提供给蓝某的资金作担保，故该商品房买卖合同应属借款合同从合同。双方未办抵押登记，该担保方式属非典型担保。虽然本案因罗某起诉时间早于最高人民法院《关于审理民间借贷案件适用法律若干问题的规定》生效时间，不适用该规定，但根据双方所签借款合同约定，在蓝某未按期归还借款时，罗某有权将出借款转为对开发公司的购房款,该约定实质是在蓝某不履行返还罗某借款义务情况下,罗某即可通过取得开发公司用于担保的房屋所有权方式实现其债权,该约定明显违反了《物权法》第186条“抵押权人在债务履行期届满前,不得与抵押人约定债务人不履行到期债务时抵押财产归债权人所有”规定,依法应认定无效。因“流质条款”无效并不必然导致担保无效,故罗某作为债权人可在蓝某不能履行偿还借款情况下,要求开发公司承担相应担保责任。因罗某按商品房买卖合同关系起诉开发公司与法院查明的法律关系性质不同,在法院已释明而罗某不变更诉请情况下,判决驳回罗某起诉。2016年**内蒙古某借款合同纠纷案**,2011年,王某出借500万元给张某,张某设立商贸公司。2015年,王某与商贸公司法定代表人郑某签订商品房买卖合同,约定王某以497万余元购买商贸公司40间商铺,并明确约定系为缓解商贸公司股东张某所欠王某借款,所签该商品房合同系虚设的,商贸公司不承担一切责任。嗣后王某诉请确认其与商贸公司所签商品房买卖合同有效。法院认为:债务人将合同义务全部或部分转移给第三人的,不仅应经债权人同意,且第三人须与债务人就债务转移达成合意。本案中,王某与张某形成的借款合同义务要想转移至商贸公司名下,不仅应经债权人王某同意,且商贸公司须与债务人张某就债务转移达成合意。本案王某与商贸公司虽签订商品房买卖合同,并由商贸公司为王某出具了收据,该债务承担征得了债权人王某同意,但因王某提供的证据不足以证明商贸公司与张某就债务转移达成合意,该债务承担欠缺必要生效条件,再加之本案争议房屋已被法院另案查封,故对于王某诉请,不予支持。张某在本案中应以第三人身份参加诉讼,并提供其与商贸公司就债务转移达成合意的相关证据。因张某提供的证据不足以证明其与商贸公司就借款债务转移达成了合意,且难以证明其与王某形成的借款合同债务以王某交付购房款名义转入商贸公司账上,故案涉商品房买卖合同尚未生效,判决驳回王某全部诉请。2013年**浙江某借款合同纠纷案**,2008年,就开发公司所欠投资公司5000万元借款,各自关联公司房产公司、商贸公司加入,四方签订债务重组协议,约定投资公司债权转让给商贸公司,房产公司以36套商铺为开发公司所欠商贸公司借款提供担保,并采取签订预售合同且办理预售备案方式进行,预售款由开发公司支付,同时约定开发公司逾期未偿商贸公司借款,商贸公司可选择履行或解除预售合同。法院认为:债务重组协议约定的债权债务变更、转移、偿还,以预售商品房方式为借款提供担保等内容,未违反法律、行政法规禁止性规定,亦未损害国家、集体或他人利益。该协议中关于以房屋抵偿债务约定因有失公平,又与《担保法》中关于流质契约规定相冲突,应属无效。但合同部分无效,不影响其他部分效力。房产公司与商贸公司间所签商品房买卖合同,是房产公司提供借款担保方式,应认定有效,但商贸公司不能据此取得用于担保的房屋抵偿债务。判决确认房产公司与商贸公司、开发公司、投资公司所签债务重组协议中逾期未还款商贸公司有权选择预售商品房抵偿债务并取得房屋产权的相关内容无效。2012 年**福建某房屋买卖合同纠纷案**,2010 年,何某以较低市价签约购买曾某房屋。2012 年,何某诉请曾某办理过户手续。曾某以双方实为民间借贷、出具收据但未实际收到 140 万余元购房款作为抗辩理由。法院认为:曾某主张其虽出具收据,但实际未收到购房款,然曾某提交的银行转账单体现其于出具收据后还通过转账形式陆续向何某支付款项,曾某关于未收到房款主张与其转账行为有悖常理,法院不予采信。双方当事人签订购房协议后,何某提供的收据上载明曾某已分两期全部收到购房款,何某义务已履行完毕,其要求曾某将诉争房屋过户诉请应予支持。虽然曾某已将诉争房屋作为向银行借款抵押物,并办理了抵押登记,但银行所享有主要权利是在曾某不能履行合同主债务时,就诉争房产拍卖或折价款享有优先受偿权利,相对于曾某而言是一种"或有债务",且何某亦明确表示愿意在过户前先行按"最高额抵押借款协议"约定代抵押人向抵押权人履行抵押权清偿义务,再向抵押人另行主张代偿债务产生之债权,故判决曾某履行购房协议,将案涉房产过户给何某。2012 年**重庆某商品房买卖合同纠纷案**,2010 年,张某与开发公司签订商品房买卖合同,约定张某以 3000 万元购买开发公司酒店 1—3 层房屋,并约定超过 6 个月未交房,上述合同自动解除,出卖人每月向购房人支付违约金 114 万元,直至退还全部房款为止。2011 年 12 月,张某诉请开发公司交房并办理房产证等。开发公司以其从 2010 年 11 月至 2011 年 10 月共支付违约金 1248 万元、2012 年 10 月偿还张某 3500 万元,双方名为房屋买卖,实为借款担保为由抗辩。法院认为:当事人以签订买卖合同作为民间借贷合同担保,借款到期后借款人不能还款,出借人请求履行买卖合同的,法院应按民间借贷法律关系审理,并向当事人释明变更诉讼请求。当事人拒绝变更的,法院裁定驳回起诉。本案双方当事人形式上虽签订商品房买卖合同,但房屋已在双方签约前作为酒店正式开业经营。张某所购房屋为 3 层,开发公司将用于酒店经营所必需重要功能区域房屋单独分解出售,有违常理。此外,房屋为现房,卖方已具备交付条件,但双方在合同约定交房期限到期后,并未有交接房屋意思表示,卖方反而从合同签订当月开始向买方支付逾期交房违约金,还约定由卖方负责人及关联公司对合同履行提供担保,此系列行为明显不符合房屋买卖一般交易习惯,故认定双方合同名为房屋买卖,实为借款担保,判决驳回张某诉请。2012 年**河南某借款合同纠纷案**,2009 年,蔡某与开发公司签订商品房买卖合同,蔡某据此支付 600 万元购房款。补充协议约定:蔡某同意开发公司于 2010 年 4 月 24 日前,按原价回购上述房屋,并配合解除商品房买卖合同;开发公司承诺每月 24 日前,将按月息 2.2% 向蔡某支付利息。2011 年 7 月 24 日后,因经济变故,开发公司未依约定支付利息,同时将涉案房屋抵押给第三人。蔡某诉请解除双方合同,开发公司按房屋评估价赔偿其损失。法院认为:回购,从字面解释是购回卖出之物。中国人民银行制定的《银行间债券回购业务暂行规定》第3条规定:"回购是指债券持有人(卖方)在卖出债券给债券购买人(买方)时,买卖双方约定在将来某一日期以约定的价格,由卖方向买方买回相等数量的同品种债券的交易行为。"回购在法律上的特征是标的物在一定条件下所有权的回归。而回购协议作为短期抵押资金融资方式,如用于房地产买卖的范畴中就会产生新的问题。房地产在财产表现形式上属不动产,房产交易作为独特的商品交易,其自由度和交易程序受到国家强制性限制。依《物权法》规定,房产回购即为房地产二次转让,应按规定缴纳税费即办理必要的房产登记手续,这增加了不必要的交易成本,故从严格意义上说,房产回购不是一种规范的融资手段。判断合同性质不应仅根据合同名称,应以合同内容,即合同权利义务条款作为依据。本案中,购房合同约定的蔡某向开发公司支付600万元款项并按月收取利息,开发公司到期返还本金等,均符合借款合同特征。依双方约定,买卖房屋并非双方真实合同目的,而是开发公司以其所售商品房为600万元借款提供抵押担保,双方以商品房买卖合同形式代替借款担保合同,故本案合同性质应认定为名为商品房买卖合同,实为借款合同。另,双方虽约定开发公司如不按时返还借款,蔡某有权以商品房买卖合同形式取得房屋所有权,但该合同条款因违反《担保法》第40条"订立抵押合同时,抵押权人和抵押人在合同中不得约定在债务履行期届满抵押权人未受清偿时,抵押物的所有权转移为债权人所有"规定而无效。因双方当事人法律关系为借贷关系而非房屋买卖关系,蔡某主张以合同条款作为确定其损失依据,不能得到支持。判决开发公司偿还蔡某本金600万元,并从2011年7月25日起至借款还清之日止按中国人民银行同期同类贷款利率四倍支付利息。2007年,李某提供借款予胡某,双方同时签订房屋买卖合同、租赁协议,约定在胡某售房予李某、胡某按每月1.2万元租金租赁该房,期满付清租金并退还买房款后,李某无条件放弃该房地产所有权和使用权。2009年,因胡某租赁期满,胡某未付清租金又不退还房款,李某依约起诉要求收回房屋。2009年**江苏某民间借贷纠纷案**,2007年,李某提供借款予胡某,双方同时签订房屋买卖合同、租赁协议,约定在胡某售房予李某、胡某按每月1.2万元租金租赁该房,期满付清租金并退还买房款后,李某无条件放弃该房地产所有权和使用权。2009年,因胡某租赁期满,胡某未付清租金又不退还房款,李某依约起诉要求收回房屋。法院认为:李某与胡某虽然签订的是"房屋买卖合同",但依该合同约定,房屋买卖并非双方当事人真实意思之表示,双方之间进行的房屋买卖不是实现合同的根本目的,即名为房屋买卖实为借贷关系,获取该借款、收回借款本息才是双方当事人实现合同的根本目的,故李某主张继续履行房屋买卖合同、返还房屋诉请不能予以支持。鉴于双方约定的每月"租金"即利息1.2万元,未超过法律规定标准,法院应予支持。胡某在合同约定的使用期限届满后,既未按时足额支付利息，亦未返还该借款，已构成违约，应承担继续返还借款本金、支付利息责任。对于李某主张赔偿的违约损失问题，鉴于双方约定的每天400元违约金，明显高于相关法律规定，因胡某未能足额支付利息或及时返还该借款，给李某造成实际损失即利息损失，该违约损失约定不能超过给其实际造成损失30%，故判决胡某偿还借款本金，利息应自逾期之日起至判决确定的给付之日止，按中国人民银行公布的同期同类贷款利率的4倍予以计算。2008年**四川某房屋买卖合同纠纷案**，2006年，罗某与何某签订售房合同，约定罗某将名下房产作价15万元售予何某，罗某售出后每月支付何某1.5万元资金占用费，罗某有权在3个月内即2006年9月13日之前付清全部15万元债务后回购该房屋。随后办理过户手续，并由罗某与何某签订租赁协议。2007年，罗某以双方协议名为买卖，实为借贷担保为由，诉请确认买卖房屋部分无效，何某返还房屋。法院认为：罗某与何某自愿签订协议，约定罗某将涉案房屋卖给何某，并就房屋价款及产权过户时间作了约定。该协议具备房屋买卖合同基本条款，双方当事人关于买卖涉案房屋意思表示真实、明确。在何某依约支付完购房款后，罗某协助何某办理了该房屋过户登记，何某已依法取得该房屋所有权证书，成为该房屋合法所有权人。双方所签协议中关于罗某有权收回该房屋时间和条件、签订协议后涉案房屋使用及资金占用费等特别约定，应视为双方就该次房屋买卖所设定附带条件。以上附带条件设定，并不影响双方之间房屋买卖关系成立和生效，不足以就此认定双方之间形成的是借款合同关系。罗某并未提供证据证明其已于约定日期前支付回购款，故其无权回购该房屋。此外，根据罗某于此后作为承租人与作为出租人的何某签订房屋出租协议事实，应认定罗某认可何某系该房屋所有权人，双方之间另就涉案房屋形成了租赁关系。关于何某取得该房屋所有权条件，双方约定的是何某支付完购房款，而非罗某未按期归还债务，故不能以双方约定违反了我国法律强制性规定为由而认定协议中关于房屋买卖部分无效。判决驳回罗某诉请。④**其他情形**。2015年**云南某房屋买卖合同纠纷案**，2013年8月，洪某与开发公司签订商品房买卖合同，约定洪某分期支付共计9000万余元购买开发公司已建成商铺，4个月后交房。随后，洪某一次性支付上述款项，开发公司开出收据。2014年，洪某诉请开发公司交房并支付逾期交房违约金1800万余元。开发公司主张双方系民间借贷关系，并举出其向洪某转款736万元证据，证明此“私人汇款”系借款高息。法院认为：一项民事交易特别是类似本案重大交易达成，往往存在复杂背景，并非一蹴而就且一成不变。当事人意思表示此间历经某种变化并最终明确情况并不鲜见。合同在性质上属原始证据、直接证据，应重视其相对于传来证据、间接证据所具有的较高证明力，并将其作为确定当事人法律关系性质的逻辑起点和基本依据。若要否定书面证据所体现法律关系，并确定当事人之间存在缺乏以书面证据为载体的其他民事法律关系，须在证据审核方面给予更为审慎的分析研判。依最高人民法院《关于适用〈中华人民共和国合同法〉若干问题的解释(二)》第7条规定,“交易习惯”是指不违反法律、行政法规强制性规定的,在交易行为当地或某一领域、某一行业通常采用并为交易对方订立合同时所知道或应当知道的做法,或当事人双方经常使用的习惯做法。本案不涉及运用交易习惯弥补当事人合同约定不明确、不完整所导致权利义务确定性不足问题:交付时间上,案涉房产存在违反规划超建楼层事实,当事人约定迟延4个月交付有其合理性;房屋价格上,从当事人之间密切关系及地方政府出台预售政策情形看,应认定交易价格符合合理区间;付款上,虽约定分期支付,但洪某一次性支付应属合同履行变更;收据问题上,发票系办房地产变更登记过程中所必需,认定先行开具收据违背交易习惯缺乏足够事实和法律依据;关于736万元性质,双方所述均无合同依据且无其他证据佐证,亦不宜据此通过解释和推断得出推翻书面证据所反映当事人法律关系存在的结论。洪某与开发公司签订房屋买卖合同且已备案登记,在实际履行过程中,虽有些事实可能引发不同认识和判断,但在无任何直接证据证明双方存在民间借贷法律关系,且开发公司对其所主张民间借贷法律关系诸多核心要素陈述并不一致情况下,认定本案系民间借贷性质缺乏充分事实依据。考虑到洪某对其收取736万元款项性质的主张未能提供充分证据,为更好平衡当事人利益,该款可从违约金总额中予以相应扣减。判决开发公司交付洪某商铺并办理产权变更登记,同时支付洪某违约金1100万余元。2011年**山西某商品房买卖合同纠纷案**,2007年,朱某与开发公司签订14份商品房买卖合同并办理了销售备案登记手续,开发公司开具了1035万余元发票。次日,双方又签订借款协议,约定开发公司向朱某借款1100万元,开发公司自愿将前述商品房抵押给朱某,并约定如按期偿还借款,购房协议不再履行;否则,购房协议应继续履行。因到期未偿,朱某起诉要求继续履行14份商品房买卖合同。法院认为:双方当事人基于同一笔款项先后签订了14份商品房买卖合同和借款协议,且办理了销售备案登记手续,依法应认定上述合同和协议均成立并已生效。《担保法》第40条规定:“订立抵押合同时,抵押权人和抵押人在合同中不得约定在债务履行期届满抵押权人未受清偿时,抵押物的所有权转移为债权人所有。”《物权法》第186条规定:“抵押权人在债务履行期届满前,不得与抵押人约定债务人不履行到期债务时抵押财产归债权人所有。”此系法律上禁止流押规定。禁止流押立法目的系防止损害抵押人利益,以免造成对抵押人实质上不公平。本案借款协议中诉争条款并非法律禁止的流押条款,理由:第一,开发公司到期未偿借款时,朱某并不能直接依上述约定取得“抵押物”所有权,其只能通过履行商品房买卖合同实现。第二,双方当事人在借款协议中约定以签订商品房买卖合同形式为借款协议提供担保,并为此在借款协议中为案涉14份商品房买卖合同附设了解除条件,该约定并不违反法律、行政法规强制性规定。实际上,双方当事人对履行14份商品房买卖合同或借款协议具有选择性,且从合同选择履行角度看,开发公司更具主动性。第三,开发公司如认为履行14份商品房买卖合同对其不公平,损害其利益,其完全可依《合同法》相关规定行使合同撤销权,但其未在法定除斥期间内行使,而是拒绝履行生效合同,其主张不符合诚信原则,不应得到支持,故案涉14份商品房买卖合同与借款协议均为依法成立并生效的合同。借款协议约定的商品房买卖合同解除条件未成就,判决继续履行案涉14份商品房买卖合同。2016年**某房屋买卖合同纠纷案**,2012年,开发公司向李某借款,同时签订商品房预售合同并办理备案登记,借款补充协议约定:预售合同为担保借款还款,借款到期前,开发公司应以2.6亿元回购,否则办过户;一旦回购,购房合同终止。2015年,因开发公司逾期未归还借款,双方重签商品房买卖合同,约定开发公司所欠李某本息合计3.6亿元转为购房款。因开发公司未按约交房致诉。法院认为:民事法律关系产生、变更、消灭,除基于法律特别规定,需通过法律关系参与主体意思表示一致形成。而民事交易活动过程中,当事人意思表示发生变化情况并不鲜见,该意思表示变化,除为法律特别规定所禁止外,均应予以准许。最高人民法院《关于审理民间借贷案件适用法律若干问题的规定》第24条第1款规定,当事人以签订买卖合同作为民间借贷合同的担保,借款到期后借款人不能还款,出借人请求履行买卖合同的,人民法院应当按照民间借贷法律关系审理,并向当事人释明变更诉讼请求。当事人拒绝变更的,人民法院裁定驳回起诉。上述司法解释规定针对的是当事人以签订买卖合同作为民间借贷合同担保情形,而本案当事人之间第二次签订商品房买卖合同,非为借款合同提供担保,而是借款已到期、借款人无法偿还借款情况下,双方经协商对账作出的变更双方之间法律关系的约定。该约定只要不存在法定无效情形,均应合法有效,双方之间法律关系应据此认定。考虑借款合同事实背景,在当事人将该欠款转化为已付购房款,并请求司法确认和保护购房者合同权利时,应避免当事人通过签订商品房买卖合同方式,将违法高息合法化。对于超出法定保护范畴的高息,不能确认其转为购房款。2011年**江苏某合作开发合同纠纷案**,2003年,开发公司与电子公司签订房产开发协议,约定电子公司以厂房作为投资,由开发公司通过出让取得开发权,为补偿电子公司厂房拆迁、停产损失、人员安置及土地收益共1300万余元,开发公司保证电子公司获得建成房屋的C栋全部面积,"所有债权债务由开发公司负责"。开发公司据此与土地部门签订出让合同后,成立项目公司即房产公司。2004年,市政公司与房产公司签订合作开发合同,但施工中更改设计,将原C栋房产建造计划取消。电子公司诉请开发公司、房产公司、市政公司赔偿房产折价款。法院认为:从开发公司与电子公司所签房产开发协议内容看,电子公司不承担项目开发中任何经营风险,而只获得相关房产,故该协议虽名为房产开发协议,但实际系房屋买卖。该协议系当事人真实意思表示,内容不违反法律、行政法规强制性规定,故该协议合法有效。开发公司之所以保证将开发项目中房产给电子公司,系基于项目开发所受让土地上电子公司应获得的厂房拆迁、停产损失、人员安置及土地收益折价共1300万余元,而电子公司在其土地被土地部门出让后未得到任何补偿,电子公司1300万余元应得到回报。由于房产开发协议中约定给电子公司的房产并未建造,且已开发房产基本销售完毕,开发公司、房产公司返还房产义务已无法履行,但其应将相应房产折价赔偿。市政公司与房产公司签订合作开发合同时,两公司董事长、总经理均为孙某,孙某亦占有两公司多数股份。虽然两公司签订了合作开发经营房地产合同,但从市政公司提供给税务部门不同版本的合作开发合同及其认为履行合同相关付款凭证看,并不能真正证明两公司之间合作开发关系,但双方之间通过合作开发方式将土地使用权转移至市政公司名下,使房产公司失去了对外承担相关责任的财产能力,对电子公司利益产生严重影响,属恶意串通损害第三人利益行为,故该合作开发合同应认定为无效。因市政公司已获得项目利益,故判决开发公司按评估结果给付电子公司房产折价款2807万余元,房产公司与市政公司连带给付电子公司房产折价款2025万余元。2009年**新疆某商品房预售合同纠纷案**,1997年,邮政局与开发公司签订代建合同,约定代建价格按1880元/平方米计算,并约定代建价格为开发公司建成房屋的全部对价。1998年,双方签订补充协议,约定将砖混结构改为框架结构,约定计价方式为取差价。嗣后,开发公司缴纳出让金、取得土地使用权并开发、办理预售许可证。2003年,开发公司诉请邮政局按房屋评估市场价支付购房欠款。法院认为:案涉代建合同约定表明开发公司按邮政局要求开发住宅小区并出售给邮政局,邮政局支付价款获得产权。开发公司通过与土地局签订出让合同,缴纳土地出让金取得土地使用权,办理了开发商品房相关手续,取得了商品房预售许可证,双方所签代建协议符合商品房预售合同法律特征,且未违反法律、行政法规禁止性规定,应为有效。尽管双方当事人曾约定过计价方式是取差价,但在实践中并不可行。若委托鉴定单位对小区住宅砖混结构与框架结构差价进行鉴定的话,首先要按框架结构图纸委托设计一份砖混结构图纸,然后要依据同等地段、同等地质条件、相同设计建筑物造价来进行参照,这一鉴定过程虽在理论上可行,但实际操作难度较大,涉及框架结构、砖混结构鉴定及重新设计。在认定双方为商品房预售法律关系前提下,委托鉴定单位按小区实际建设情况,对合同签订时该住宅市场价值进行评估,符合本案实际情况,且未损害双方当事人利益,可作为解决双方当事人对款项结算争议的依据。判决邮政局支付开发公司购房款2亿余元及利息,开发公司将规划许可证更名并交付邮政局。2009年**湖南某买卖合同纠纷案**,2006年4月,开发公司、黄某、销售公司签订合作销售合同,约定销售公司代理销售房产,底价2800元/平方米,黄某需在7天内帮开发公司借款500万元。第二天，黄某同乡陈某与开发公司签订商品房买卖合同，约定陈某以单价500元/平方米购买1万余平方米，总价共计500万余元。2006年12月，开发公司以陈某乘人之危签订合同属显失公平为由，诉请撤销商品房买卖合同。经鉴定，诉争房屋土地成本与工程成本相加等于每平方米1700余元，销售底价2800元/平方米，市场价3000余元/平方米。法院认为：将合作销售合同与商品房买卖合同内容及实际履行相比较，应认定陈某与开发公司签订房屋买卖合同真实意思是以买卖形式对开发公司进行融资，并以房屋作为出借人融资担保。当事人约定的该种合同形式在担保法律上称为"流抵契约"或"流质契约"，是指当事人约定如抵押人到期不还款，抵押物即归抵押权人所有。流抵契约极易造成债权人压迫债务人，低价取得债务人财产，使得双方交易有违公平原则。《担保法》第40条规定："订立抵押合同时，抵押权人和抵押人在合同中不得约定在债务履行期届满抵押权人未受清偿时，抵押物的所有权转移为债权人所有。"该合同因违反法律强制性规定应为无效。同时，陈某乘开发公司亟需资金之危，与开发公司订立了违背开发公司真实意思的房屋买卖合同，房屋价格又显失公平，依《合同法》第54条规定，法院可根据开发公司请求依法予以撤销。2009年**黑龙江某房屋买卖合同纠纷案**，1997年，何某与贸易公司签订《房屋购买租赁协议书》，约定何某"购买承租"贸易公司房屋，特别约定"本协议所签房屋面积产权归乙方（何某）"。何某据此交付约定的32万余元，贸易公司开具收款收据载明系"房款"。2001年，市政府以上述房屋系无证临时房屋为由责令限期拆除。何某诉请返还购房款及利息、装修费及车库工程款。法院认为：本案协议性质应从协议约定全部条款内容综合分析判断。从内容上看，不能单纯认定协议性质为租赁关系。因双方特别约定"本协议所签房屋面积产权归乙方"内容，该约定显然与租赁合同关系不符，实际上体现了买卖合同性质。特别是从实际履行情况看，协议签订后，何某给付贸易公司款项，贸易公司出具收款收据上均载明系房款。综合实际情况，应认定本案协议性质为房屋买卖合同。因案涉房屋属临时建筑，依法不能办理产权手续。依《城市房地产管理法》第37条"未依法登记领取权属证书的，不得转让"规定，贸易公司将案涉临时建筑出售给何某，应认定双方所签协议无效。因协议无效属双方混合过错导致，故对本案实际损失，房款利息损失应由何某自行承担；对房屋装修损失和车库工程款损失，应由贸易公司承担60%责任为宜；何某对房屋已使用3年，应给付相应使用费5万余元。2008年**某房屋买卖合同纠纷案**，2004年，开发公司与投资公司签订合作开发协议，约定开发公司负责拆迁、建设、办理相关手续、为购房人办理房屋及土地权属证书；投资公司负责按约定价格整体包销，向开发公司支付款项，并约定投资公司对建设施工工程有监督管理权利和义务。2005年，小区建成，投资公司同意接收，投资公司购房人入住。2007年，投资公司诉请开发公司为购房人办理房屋及土地权属证书,开发公司以双方系商品房买卖合同、其未办理销售许可证为由,抗辩称合同无效。法院认为:《合同法》第125条规定,在双方当事人签订的合同名称与合同的性质不符合时,应当根据合同的性质确定合同类型。当合同的性质难以确定时,应当按照合同所使用的词句、合同的有关条款、合同的目的、交易习惯以及诚实信用原则等,来确定合同的性质。从案涉合同约定内容看,与房屋买卖特性并不相符。投资公司依约对整个工程进行了设计、监督并按工程进度支付工程款,另外,在工程施工中有很多分项工程是投资公司与工程队所签施工协议,如消防、防水、水暖、道路工程等,还有对开发公司对外所欠工程材料款,为了不影响工程施工,投资公司还代付款项。工程后期双方发生纠纷后,亦系投资公司最终完成了工程建设工作。本案双方当事人合同约定的名称为合作开发协议,此系双方当事人真实意思表示,法院对合同性质难以认定时,依当事人合同约定内容定性,既尊重了当事人约定,又有合同依据,且双方所签合同不违反法律、行政法规规定。依双方约定认定合同性质,既有利于合同目的的实现,亦有利于双方当事人遵守诚实信用原则。在本案中,双方当事人虽未明确约定利润共享等条款,但从双方签订合同目的,可看出通过双方共同投资,开发公司获取了建设房屋所得利润,而投资公司获取的是销售房屋所得利润,故双方实际上是共享了投资利润。在本案中开发公司之所以主张合同性质是房屋买卖,其目的是以双方未办理商品房买卖销售许可证为由,认定双方所签合同无效从而达到毁约目的,开发公司此一主张既不符合诚实信用原则,亦不符合《合同法》立法精神,故本案诉争合同应认定为合作开发协议。判决确认合作开发协议有效,投资公司支付剩余款项,开发公司为投资公司购房者办理房屋及土地权属证书。2001年**福建某转让合同纠纷案**,1996年,开发公司与房产公司签订楼盘权益转让合同,约定开发公司将大厦权益以6190万元价格转让给房产公司,由房产公司对外进行销售,开发公司无条件给予配合,所有收入汇入房产公司指定账户。1997年,通信公司以8500万余元价格购买整个楼盘,将两笔各3000万余元分别汇入开发公司、房产公司账户后,尚有1400万余元未付。1999年,房产公司诉请开发公司继续履行,并承担未完成配套工程的违约金;开发公司反诉房产公司返还代收售房款4000万余元。法院认为:依房产公司与开发公司所签楼盘权益转让合同约定,房产公司作为受让方承接大厦各项权益,承担大厦销售风险。双方当事人签订合同意思表示真实,不违反法律、法规禁止性规定,应认定合同有效。依合同约定,房产公司已向开发公司支付部分房屋转让款3000万余元。由于双方对大厦未完工程项目发生争议,开发公司未依约完成大厦确界、排污、消防等各项配套工程,导致大厦不能按时竣工验收交付;房产公司亦未依合同约定,在将大厦出售通信公司并收取大部分售楼款后,继续向开发公司付款,故双方在履行合同中均有违约行为。通信公司已买受大厦并支付了大部分购楼款,房产公司和开发公司签订合同目的已实现,双方违约责任可自行承担。房产公司依据合同应收取售房差价依法予以保护。开发公司主张依国家计划委员会、建设部《关于房地产中介服务收费的通知》规定,房产公司只能收取中介费用,不符合双方订立合同真实目的,不予支持。判决房产公司扣除差价房款后,返还开发公司楼盘权益转让款1700万余元。1999年**贵州某商品房预售合同纠纷案**,1993年,实业公司与开发公司签订代征代建工程承包合同,约定开发公司为实业公司代征代建办公住宅楼,实业公司按获得房屋面积固定价支付建房进度资金。随后,开发公司取得相关土地、规划、建设手续。1997年,双方办理房屋交接手续。其中1号楼底层5套房屋已被开发公司用于安置杨某等7人。实业公司诉请开发公司支付逾期交房违约金并交付杨某等7人占有的1号楼底层5套房屋。法院认为:开发公司与实业公司所签合同虽名为代征代建,但开发公司独立办理了建设、规划等工程项目审批手续,并取得了该工程项目国有土地使用权,故双方合同实际上是商品房预售合同。双方应按合同约定履行各自义务,开发公司将1号楼底层5套房屋用于安置拆迁户构成违约。杨某等7人因原有房屋被拆除,分别与开发公司签订拆迁安置协议行为是善意的,拆迁协议内容合法,其权益应予保护。开发公司在诉争5套房屋建成前,先后与实业公司、杨某等7人签订转让该房屋合同,根据本案实际情况,应由开发公司对实业公司承担违约赔偿责任、对杨某等7人履行交付房屋义务,以保护实业公司、杨某等7人合法权益。开发公司以建筑成本提高为由,请求重新核定房屋售价主张,因双方在合同中对此特别约定了建筑面积按不变价计算价款,故不予支持。开发公司对住宅楼工程、办公楼工程均逾期交付,无证据证实系由不可抗力造成,应按合同约定向实业公司支付违约金。判决1号楼底层5套房屋产权分别归杨某等7户所有,开发公司赔偿实业公司未取得该5套房损失15万元并支付实业公司逾期交房违约金。2016年**北京某房屋买卖合同纠纷案**,1998年,李某父母立遗嘱,将夫妻共有房产留给李某继承,并进行公证。2003年,李某父去世。2012年,李某与母亲祁某签订房屋买卖合同,由李某完全购买祁某房产,但李某未付款。2015年,祁某去世。李某兄、姐以李某取得继承权后又签订买卖合同,应视为放弃继承权,因未付款,故诉请继承遗产。法院认为:就案涉房屋权属而言,各方均认可其为李某父母的夫妻共同财产,然二人早在1998年即已订立由李某继承的遗嘱并进行了公证,故在李某父亲去世后,依其所立公证遗嘱效力,李某成为该房屋共有权人之一。就另一共有权人祁某而言,在案涉房屋买卖合同签订前,未有证据显示祁某存在撤销遗嘱表示及祁某与李某关系恶化迹象,故可推定祁某并不存在让李某以支付对价方式获得房屋权属意愿。从房屋买卖合同内容分析,其中虽约定了房屋价格,但对交付时间、违约责任、付款方式和期限等重要条款均未明确,且在合同签订直至祁某去世期间,未有证据显示祁某向李某主张过购房款。在未收到任何房款前提下,祁某即将房屋过户至李某名下,此举与房屋买卖交易习惯不符。从处分权角度分析,在签订房屋买卖合同时,祁某并非房屋完全所有权人,李某无视己方权属份额,再通过买卖以支付祁某全部购房款方式获得过户登记,违背常识。祁某与李某为母子关系,双方长期生活在一起,李某亦承担了赡养母亲义务,在此前提下,祁某再将案涉房屋卖与自己儿子并从中获取房款行为缺乏动机性意义。此外,对于房屋买卖合同签订原则,李某亦提供证据,从便于过户、减少支出等方面作出了合理解释。结合上述分析及祁某遗嘱和生前行为,应认定祁某与李某之间并不存在真正的房屋买卖行为,而是形成了赠与行为。具体而言,即两人内心意思与外部表示行为并不一致,双方合作完成了通谋虚伪行为,形成了真假两项意思表示,虚假的房屋买卖意思表示浮现于表面,真实的房屋赠与意思表示则被隐藏,应认定双方之间已形成合法有效的赠与合同关系。判决驳回李某兄、姐诉请。1999 年**江苏某买卖合同纠纷案**,1998 年,五金公司商厦需拆除重建,因资金不足,五金公司与邮电局签订售房协议,约定邮电局预付 40 万元,待房屋竣工后取得其中楼层的部分房屋产权。嗣后,五金公司以其不具备商品房预售资格等理由,要求确认其与邮电局签订的售房协议无效。法院认为:五金公司并非房地产开发企业,其与邮电局所签售房协议不是以营利为目的,而是因道路改造,重建房屋资金困难,以完成城区统建任务为目的,故该协议不属商品房预售性质。从协议条款看,是以邮电局支付一定资金,并在楼房竣工后取得特定楼层房屋产权为内容,协议名称与内容反映了双方之间确立的是待建房屋买卖合同关系。合资建房协议是五金公司单方意思表示,该协议并未成立。邮电局拒绝接受该协议,坚持履行原售房协议,反映了其购买房屋而非合资建房的真实意思,且即使合资建房协议成立,其内容亦不具备合资建房的法律特征,故本案案由应为待建房屋买卖合同纠纷。案涉协议是双方当事人在平等互利、等价有偿基础上签订的,且协议内容不违反国家有关法律规定,应为有效协议。协议中"公证后生效"条款约定,因在合同签订后所附条件即经公证机关公证尚未成就情况下,双方已实际履行,应视为双方对原约定条款变更。判决驳回五金公司诉请。2009 年 9 月**安徽某房屋买卖合同案**,1998 年,沙某与建设公司签订《合同书》,约定沙某"承租"建设公司商位,租期 25 年,"租金"18 万余元,付款方式为 10 个月内付清,又称若沙某资金有困难,"可改买为租,租金为每平方米 100 元,另签租赁合同"。建设公司出具给沙某的收款收据注明"购房款",当时的经办人书面作证称双方实系买卖关系。与沙某同样情形的三户起诉最终调解确认为买卖关系。沙某仲裁要求办理房产证获得支持,但法院以仲裁裁决认定事实主要证据不足、适用法律错误裁定不予执行,沙某遂诉。诉讼中建设公司提交了正式的租赁费发票。法院认为:从双方在合同中约定租赁期限、租金支付方式等内容看,明显不符合租赁合同一般交易规则。交易中形成的发票或收据是证明合同当事人设定、履行合同及确定合同关系性质的有力证据。在沙某向建设公司付款后，建设公司开具的收据均载明为购房款，而非建设公司所主张的房租。尽管建设公司在诉讼中出具了建设公司租赁费发票以证明双方之间的房屋租赁关系，但该发票是建设公司在双方发生纠纷后单方开具，且为向税务部门报税之用，故不具有否定或变更之前业已形成的法律关系性质的证据效力。经办人作为双方订立和履行合同关系过程中重要参与人，具有特殊的身份，其证言的证明力在建设公司无充分理由及证据否定的情况下，应予确认。与本案相类似的其他案件最终均明确为房屋买卖关系，显示名为租赁实为买卖是建设公司根据其土地使用权权利受限的情形下所采取的特有的经营方式并在特定时期内具有的交易习惯。故应确认本案合同性质名为租赁实为买卖。沙某诉请解除其与建设公司签订的合同，但无证据证明已具备合同解除条件。其真意应为请求法院确认双方间合同性质应从名义向真实意思回归；否则，该合同一经解除即具有溯及力，沙某请求判令建设公司为其办理产权证照的诉讼请求就丧失了合同基础。合同性质的重新确认只能通过合同解释而非合同解除进行，双方间的合同虽名为租赁，实为买卖，但仍是界定当事人房屋买卖权利义务关系的依据，无须解除。2008 年 11 月**海南某房屋买卖合同案**，1993 年，伍某将建于划拨地上的房屋售予信用社，约定房款 108 万元以办理贷款抵押方式支付。随后双方签订抵押借款合同，伍某取得全部款项。信用社未经报批就拆旧翻新，建起 7 层职工宿舍。2007 年，信用社诉请办理过户手续。法院认为：虽伍某主张双方签有抵押贷款合同，但未能提供证据证明该合同实际存在；退一步说，即使伍某的主张成立，则依其主张，《购房合同》签订在前，抵押贷款合同签订在后，而根据购房合同约定，信用社是以抵押贷款的方式向对方支付购房款，双方办理抵押贷款手续是为了方便履行《购房合同》。这说明即使存在《抵押贷款合同》，双方签订该合同的真实意思表示是为了履行《购房合同》，而不是为了在双方之间成立抵押贷款关系。另从《购房合同》的内容来看，双方明确约定伍某将涉案房屋转让给信用社，房屋归信用社所有，而办理抵押贷款手续只是信用社履行交付房款的方式，且从《购房合同》签订后信用社以抵押贷款方式支付购房款、伍某交付房屋和有关产权证、信用社将伍某所建房屋拆除重建而伍某对此十几年未提出异议等合同履行情况来看，双方履行的是《购房合同》。故双方就涉案房产所建立的法律关系的性质是房屋买卖关系，而非房屋抵押借款关系。伍某在签订《购房合同》及履行该合同时其真实意思表示均是要将涉案房产转让给信用社，但在合同履行的过程中，伍某看到房地产价格较转让时已大幅上涨，便拒绝继续履行合同并主张合同无效，违背了诚实信用原则。且依最高人民法院《关于适用〈中华人民共和国合同法〉若干问题的解释（一）》规定，不能适用《城市私有房屋管理条例》第 13 条而认定购房合同无效。事实上，2002 年 11 月 1 日已取消了对机关团体购买私房的审批手续。另,《城市房地产管理法》于1995年1月1日起实施,而本案房屋买卖行为发生在1993年,根据法无溯及力的原则,本案的房屋买卖行为不能适用该法,故从诚实信用、鼓励交易的原则出发,应认定合同有效。2008年7月**四川某房屋买卖合同案**,2006年,罗某售房予何某,约定何某支付15万元购房款后,罗某再每月支付何某"资金占用费"1.5万元,如此期间罗某愿意收回房屋,须将所有债务一次性结清。随后何某支付15万元,并办理了过户手续,同时通过签订免费半年的租赁协议,将房屋交由罗某居住。一审认定协议性质为采让与担保性质的借贷,房屋买卖条款属流押无效。何某不服上诉。法院认为:罗某与何某所签协议,具备房屋买卖合同的基本条款,在何某依约支付完购房款后,何某已依法取得该房屋的房屋所有权证书,成为该房屋的合法所有权人。协议中关于罗某有权收回该房屋的时间和条件、签订协议后涉案房屋的使用以及资金占用费等特别约定,应视为双方就该次房屋买卖所设定的附带条件,该条件的设定,并不影响双方之间房屋买卖关系的成立和生效,不足以就此认定双方之间形成了借款合同关系。罗某关于其系以涉案房屋为担保向何某借款的主张,与双方实际办理的是产权过户登记而非抵押登记不符,且双方约定的何某取得房屋所有权的条件是何某支付完购房款,而非罗某未按期归还债务,此不符合我国立法所规范的流押的法律特征,故不能以此违反了我国法律关于禁止流押的强制性规定为由而认定协议中关于房屋买卖部分无效。2005年11月**辽宁某房屋买卖合同案**,崔姐为贷款,2000年8月20日将名下房卖给崔弟并办过户,崔姐夫以无权处分起诉,2004年12月一审确认买卖合同无效,二审改判合同有效,驳回崔姐夫诉请。崔姐遂以重大误解起诉要求撤销与崔弟的买卖合同。一审认为:崔姐与崔弟签订房屋买卖合同的真实意思是为了向银行贷款,而不是买卖。由此可证明,崔姐提出其对该合同性质存在重大误解的主张,依法成立,崔姐具有对该合同的撤销权。因该房屋买卖合同的真实意思是为了向银行多贷款,故崔姐应预知到该合同的撤销事由日期应为借款合同约定的还清贷款之日,即2004年10月21日。但因本院于2004年12月确定了双方的房产转让行为无效,故崔姐应当知道撤销事由之日应为该合同被依法确认为有效的判决生效之日,即2005年6月15日。故崔姐提出的诉讼请求,符合法律规定,予以支持,判决撤销崔姐、崔弟之间签订的房屋买卖合同,确认案涉房屋所有权人为崔姐。二审认为:双方签订的房屋买卖合同的目的是为共同经营的公司筹集资金,为向银行多贷款而签订。在签订合同时,双方意思表示一致,且对由此而产生的房屋所有权变更的法律后果应当清楚,而在履行过程中,双方均未提异议,争议房屋已经房产部门批准变更所有权人为崔弟。故崔姐以在签订合同时出于对崔弟的信任,目的是多贷款,买卖房屋不是真正目的,也不会使房屋产权真正发生变化,而对实际法律后果产生重大误解,请求撤销双方所签订的房屋买卖合同的主张,因其不符合重大误解的情形,且其主张撤销双方签订的房屋买卖合同并不具备法定撤销条件,对其主张难予支持。在崔姐夫另案诉讼中,生效判决已确认合同有效。至于崔弟未支付购房款,并对应否支付购房款提出异议,认为系基于双方共同投资经营而理应获取的财产分配,系属双方在履行过程中对支付购房款产生的争议,故崔姐所主张撤销该合同,法院不予支持。从合同签订之日起,崔姐即应当知道房屋将变更所有权人为崔弟的法律后果,其行使撤销权的期限应从 2000 年 8 月 20 日起至 2001 年 8 月 20 日止。即便按崔姐所称,双方自 2003 年 11 月就争议房屋产生了纠纷,即崔姐无法将争议房屋的权属变更回其所有,其也应在 2004 年 11 月前行使撤销权,因崔姐未在法定的期限内行使撤销权,故该撤销权消灭,崔姐已丧失了对该房屋买卖合同行使撤销权。2005 年 8 月**辽宁某房屋买卖合同案**,农村房屋先签买卖合同,后签 15 年的租赁协议,租金与前一合同约定的房款相同,并一次性支付,后因履行中房屋被认为损坏引起纠纷。一审认为:租赁协议系双方真实意思表示,合法有效。房屋部分遭损坏后,双方又解除该租赁协议,系双方自愿,应予支持。段某已居住使用了 1 年,应扣除 1 年的租金,其余租金李某应予返还。段某在其租住房被毁时及时通知了李某,李某应当履行维护房屋的义务,李某没有及时有效维修房屋系违约行为,应当承担违约责任,赔偿段某故而遭受的损失。段某在租赁房屋期间对房屋有保护管理的义务,但段某在第三人以明显意图损坏房屋时没有以积极的方式加以阻止,对房屋破坏的结果亦有过失。段某于房屋部分毁损后去旅店食宿致使损失扩大,应就扩大部分自行承担。二审认为:买卖协议系双方真实意思表示,租赁协议并非双方当事人本意。李某交付房屋后,该房屋毁损、灭失的风险由段某承担。段某交付房款入住 1 年后,该房屋被李某母亲部分损毁,段某的财产损失应由侵权行为人承担民事责任。李某作为房屋买卖合同相对人,并未实施侵权行为,其就房屋买卖协议并无违约。但因该房屋受损后,已无法居住使用,段某、李某均同意解除买卖合同,应予支持。段某已实际使用房屋 1 年,应支付实际使用期间的房屋使用费。2004 年 4 月**辽宁某房屋买卖合同案**,朱某将其房屋以为朋友宋某作贷款抵押担保而与曾某签订房屋买卖协议,约定了交付日期,宋某做担保人,因宋某终未还款,曾某诉请朱某交房。法院认为:双方达成的《房屋买卖协议》合法有效。曾某已给付朱某购房款,朱某应履行交付房屋义务。至于朱某主张宋某与曾某恶意串通,因举不出相应证据加以证明,故法院不予认定和支持。

【同类案件处理要点】

当合同名称与合同内容不符时,应当以合同最终实现的目的来认定合同的性质。

【相关法律风险提示】

1. 借名或借房(抵押担保)为他人贷款提供便利,在实际用资人无法偿贷时,出借人作为合同相对人,负有直接清偿义务。

2. 我国物权制度中并无让与担保制度,学理上通说认为应归于非典型担保的“类物权”,由于涉及对物权法定原则的遵循,所谓让与担保只能以债权的性质存在。但其仍属于合法的民事权利,仍要受到《民法通则》《合同法》等民事实体法的保护。房屋买卖合同签订后,虽办理过户手续,但卖方为回赎房屋设定限制出售条款,符合让与担保的法律特征,但也有可能会被认定为名为房屋买卖实为借贷,案见四川成都中院(2008)成民终字第2318号“何某与罗某等房屋买卖合同纠纷案”一审(二审改判认为合法)。

3. 以抵押借款方式成立房屋买卖关系,易导致法律关系上的争议,应尽量避免买卖双方义务履行的模棱两可表述或设计。因决定合同的本质是当事人的意思表示,而非合同的形式,合同性质的重新确认只能通过合同解释而非合同解除进行。为借贷目的而拟定房屋买卖合同,为避免名实不副导致合同效力之争,应尽量回避“流押”“投资回报”字眼,并最好办理过户,将回赎条款设定为买卖合同的所附条件。

4. 以长期租赁的形式实现买卖合同的目的,存在产权未过户的最大风险,买受人应对此有充分估量。

5. 对是否构成“名为商品房买卖实为民间借贷”法律关系的判断,应将书面合同作为判断的逻辑起点和基本依据。反驳一方所作举证虽构成合理怀疑,但未达到高度可能性证明标准情况下,不宜简单否定既存外化法律关系对当事人真实意思体现和反映。

6. 借款人逾期未归还借款,借贷双方协议终止借款合同并建立商品房买卖合同关系,除存在法定无效情形的,应按当事人意思表示确定双方法律关系转化。欠款转为购房款的,违法高息不受保护。

7. 名为商品房买卖合同,实为融资担保的流抵契约,约定权利义务显失公平,严重损害债务人利益,法院可依当事人申请予以撤销。

8. 开发商为套取银行资金,与自然人串通签订虚假的预售商品房买卖合同,以该自然人名义与银行签订商品房抵押贷款合同而获得银行贷款,当商品房买卖合同被依法确认无效后,开发商与该自然人应对银行贷款共同承担连带清偿责任。

9. 当事人知道或应当知道他人持自己身份证、房产证,以自己名义办理抵押贷款,并长期不作否认表示的,构成容忍的表见代理,视为同意。

10. 以虚假房屋买卖合同办理银行贷款的,房屋买卖合同无效,贷款合同有效。名义借款人负有还款义务,名义借款人与实际借款人之间的权利义务关系应另行处理。

11. 购房借款合同签订中,银行一方未尽严格的合同审查程序,默许开发商通过制造虚假购房借款合同获得巨额周转资金的,应认定借款合同无效,银行与开发商存在共同过错。

12. 当事人之间名为购房,实为借贷,虽办理预告登记,因回购条款违反禁止流质规定，且损害债务人和其他债权人合法利益，购房合同应认定无效。

13. 按揭贷款合同中约定开发商的回购义务，法律性质上应界定为一种保证责任方式。开发商履行回购义务后享有的是代位追偿权，不能依合同约定直接取得房屋所有权。

14. 双方当事人在房屋买卖合同中约定房屋回购、资金占用费情形，在无充分证据证明双方名为买卖，实为借贷担保情况下，不宜轻易否定房屋买卖合同效力。在司法实践中，应结合双方约定具体内容、意思表示明确程度以及履行实际状况等加以综合判断。

15. 房屋买卖合同中附有赎回的特别约定性质上是一种补偿权，只能在买卖当事人之间发生效力，不能对抗第三人。

16. 双方当事人在房屋买卖合同中约定房屋回购、资金占用费情形，在无充分证据证明双方名为买卖，实为借贷担保情况下，不宜轻易否定房屋买卖合同效力。在司法实践中，应结合双方约定具体内容、意思表示明确程度以及履行实际状况等加以综合判断。

17. 以预售商品房形式体现的借款担保关系其本质为后让与担保，其中流质契约约定无效，但不影响合同其他部分效力。后让与担保在实行过程中，需对担保物价值进行清算，担保权人并不能直接取得担保物所有权以抵偿债务。

18. 当事人签订商品房买卖合同作为民间借贷合同担保的，借款到期后借款人不能还款，出借人向法院起诉履行商品房买卖合同且拒绝按民间借贷法律关系变更诉请的，法院应裁定驳回起诉。

19. 法律关系性质应依当事人真实意思表示予以认定。书面借款合同并非认定债权债务关系不可缺少要件。充分证据证明当事人以签署商品房买卖合同并办理备案登记方式进行民间借贷的，应认定双方之间成立了一种非典型担保关系。债权人可以适当方式就合同项下不动产主张权利，以担保其债权实现，但其请求直接取得案涉不动产所有权主张，违反了《物权法》关于禁止流质规定，应不予支持。

20. 当事人通过转让标的物方式为主合同提供担保的让与担保合同有效。在已完成股权变更登记情况下，可参照最相近担保物权规定，认定其具有物权效力。

21. 合同当事人签订购房合同真实目的是购房还是担保，应综合主合同和购房合同内容及实际履行情况等进行判断，剖析合同当事人所签购房合同真实意图，进而明确购房合同性质。

【附注】

参考案例索引：上海一中院（2009）沪一中民二（民）终字第1453号“王某与张某等房屋买卖合同纠纷案”；①**虚假按揭**。江苏徐州中院（2013）徐民终字第0006号“某开发公司与王某预售合同纠纷案”，见《徐州大舜房地产开发有限公司诉王志强商品房预售合同纠纷案》,载《最高人民法院公报·案例》(2013:547),另见《大舜公司诉王志强双方签订虚假商品房买卖合同套取银行资金被认定无效案》,载《江苏省高级人民法院公报》(201402/32:48);上海二中院(2012)沪二中民六(商)终字第138号"某银行与某开发公司等保证合同纠纷案",见《中国光大银行股份有限公司上海青浦支行诉上海东鹤房地产有限公司、陈思绮保证合同纠纷案》,载《最高人民法院公报·案例》(201409/215:36);江苏常州中院(2017)苏04民终3746号"某银行与金某借款合同纠纷案",见《"假按揭"虚伪意思表示的司法规制——江苏常州钟楼法院判决建行常州分行诉金某等金融借款合同纠纷案》(胡传朋、陈德严),载《人民法院报·案例精选》(20181220:06);河南商丘中院(2015)商民终字第767号"某银行与李某等借款合同纠纷案",见《中国工商银行睢县支行诉李继明、吴新建借款合同纠纷案——容忍的表见代理的认定》(梁琎学),载《人民法院案例选》(201702/108:116);辽宁大连中院(2015)大审民再终字第42号"某银行与巴某等借款合同纠纷案",见《交通银行股份有限公司大连金州支行诉巴德仁等借款合同纠纷案》(张钱),载《人民法院案例选》(201605/99:136);江苏南京中院(2014)宁商再终字第17号"某银行与钱某等借款合同纠纷案",见《中国农业银行股份有限公司南京城北支行与钱建明、南京蟠龙金陵建设开发有限公司等借款合同纠纷案》,载《江苏省高级人民法院公报》(201504/40:80);浙江杭州中院(2012)浙杭民终字第396号"陈建立与王晓萍、朱颂华、许国平、杭州新邦手房地产代理有限公司房屋买卖合同纠纷案",见《侵权损害赔偿计算时间点与范围的确定》(付春杰),载《人民司法·案例》(201404:79);广东珠海金湾区法院(2004)金民二初字第527号"某银行与张某等借款合同纠纷案",见《中国工商银行珠海市分行房地产信贷部诉张爱忠、珠海东北金城房产开发公司借款合同纠纷案》(梁蔓冰),载《人民法院案例选》(200803/65:221);上海一中院(2002)沪一中民三(商)终字第442号"某银行与郑某等借款合同纠纷案",见《中国建设银行上海市松江支行诉郑志星等借款合同案》(徐东),载《中国审判案例要览》(2003商:42);广东广州中院(2000)穗中法房终字第2375号"某银行与某房产公司等抵押借款合同纠纷案",见《中国建设银行番禺支行诉广州百胜房产有限公司等案(房屋抵押借款合同)》(闵海蓉),载《中国审判案例要览》(2001民:65)。②**房屋回购**。最高人民法院(2018)最高法民终431号"陕西长通投资开发有限公司等与汇通国基房地产开发有限责任公司、汇通国基房地产开发有限责任公司西安分公司、深圳市鹏跃投资发展有限公司项目转让合同纠纷案",见《"商品房买卖合同"性质的认定——长通公司、汇通公司、汇通西安分公司与鹏跃公司项目转让合同纠纷案》(合议庭成员:审判长钱小红,审判员奚向阳、张颖新;编写人钱小红、王智锋;审核人张勇健),载《最高人民法院第一巡回法庭典型民商事案件裁判观点与文书指导(第1

卷)》(202008:273);最高人民法院(2017)最高法民再136号“赵新莲与新疆爱家园投资有限公司、张世贵确认合同无效纠纷案”(审判长张雪楳,审判员高燕竹、林海权),见《股权让与担保的性质与效力》(执笔人麻锦亮,核稿人贺小荣),载《最高人民法院民事审判第二庭法官会议纪要》(X02-2018:17);海南高院(2016)琼民再11号“某建筑公司与某开发公司合同纠纷案”,见《海南国盛建工集团有限公司与洋浦东泰房地产开发有限公司、刘益成确认合同无效纠纷案》,载《审判监督指导·争鸣》(201602/56:20);广东广州中院(2009)穗中法民五终字第2072号“某开发公司与林某商品房预售合同纠纷案”,见《广州侨鑫房地产开发有限公司诉林潮森、陈瓦丽商品房预售合同纠纷案》(李新程),载《人民法院案例选》(201201/79:187);四川成都中院(2008)成民终字第2318号“何春霖与罗开明等房屋买卖合同纠纷上诉案”,见《约定资金占用费的房屋买卖合同之性质》(王强、靳玉馨),载《人民司法·案例》(200912:27);广东深圳龙岗区法院(2007)深龙法民初字第8014号“某开发公司与李某房屋买卖合同纠纷案”,见《深圳市志健实业有限公司诉李琼房屋买卖案(商品房回购)》(林健权、何乐彬),载《中国审判案例要览》(2009民:132);江苏盱眙法院(2005)盱民一初字第654号“周某与张某房屋买卖合同纠纷案”,见《周德明诉张新江房屋买卖纠纷案(附赎回约定的买卖合同)》(赵荣贵),载《中国审判案例要览》(2006民:176)。③**实为借贷**。最高院(2015)民一终字第180号“汤某等与某开发公司商品房买卖合同纠纷案”(审判长辛正郁,代理审判员潘杰、沈丹丹),见《汤龙、刘新龙、马忠太、王洪刚诉新疆鄂尔多斯彦海房地产开发有限公司商品房买卖合同纠纷案》,载《最高人民法院关于发布第15批指导性案例的通知》(20161228/15:72);最高人民法院(2016)最高法民申3635号“某物业公司与某投资公司等案外人执行异议纠纷案”,见《再审申请人南宁市万智物业服务有限公司与被申请人广西海潮农业投资有限责任公司、南宁市邕宁区农村信用合作联社,原审被告深圳市有荣配销有限公司案外人执行异议之诉纠纷案》(审判长刘敏,审判员汪治平、孙祥壮),载《民事审判指导与参考·执行异议之诉案例选登》(201703/71:67);最高人民法院(2016)最高法民终369号“陈某与某信托公司等案外人执行异议之诉纠纷案”,见《上诉人陈亮与被上诉人中信信托有限责任公司、昆山红枫房地产有限公司案外人执行异议之诉纠纷案》(审判长贾劲松,审判员李春,代理审判员高榉),载《民事审判指导与参考·执行异议之诉案例选登》(201703/71:74);海南高院(2016)琼民再10号“刘某与某建筑公司等执行异议纠纷案”,见《刘益成与海南国盛建工集团有限公司、洋浦东泰房地产开发有限公司执行异议纠纷案》,载《审判监督指导·争鸣》(201602/56:5);吉林高院(2015)吉民一终字第103号“严哲与延边威远房地产开发有限公司、潘宏立房屋买卖合同纠纷案”,载《审判监督指导·优秀裁判文书选登》(201704/62:119);“吴俊妮与安华房地产开发有限公司民间借贷纠纷案”,见《是民间借贷还是商品房买卖》(韩玫,最高院民一庭),载《民事审判指导与参考·指导性案例》(201402/58:96);最高人民法院(2013)民提字第135号“某开发公司与杨某商品房买卖合同纠纷案”,见《广西嘉美房地产开发有限责任公司与杨伟鹏商品房买卖合同纠纷案》(审判长张勇健,审判员韩玫,代理审判员沈丹丹),载《民事审判指导与参考·裁判文书选登》(201402/58:192),另见《意思与表示不一致时,对法律关系性质的司法认定——广西嘉美房地产开发有限责任公司与杨伟鹏商品房买卖合同纠纷申请再审案》(梁曙明、刘牧晗,最高院立案二庭),载《立案工作指导·申诉与申请再审疑案评析》(201304/39:55),另见《借贷关系中签订房屋买卖合同并备案登记属于让与担保》(梁曙明、刘牧晗),载《人民司法·案例》(201416:4);最高人民法院裁定“某实业公司与张某买卖合同纠纷申请再审案”,见《论流质契约及显失公平问题——大昌公司与张春成房屋买卖合同纠纷申请再审案》(李春,最高院立案庭),载《立案工作指导·申诉与申请再审疑案评析》(200904/23:135);另见《合同显失公平的认定》(张豪),载《人民司法·案例》(200912:23);四川高院(2016)川民申2333号、四川宜宾中院(2016)川15民终272号“罗某与某开发公司等民间借贷纠纷案”,见《罗秀英诉四川新鹏房地产开发有限责任公司、第三人蓝秀彬商品房销售合同纠纷案——当事人签订商品房买卖合同作为民间借贷合同的担保的,人民法院应按照民间借贷法律关系审理》(李焕培),载《人民法院案例选》(201708/114:84);内蒙古乌兰察布中院(2016)内09民终184号“王桶与察右后旗北方批发商贸城有限责任公司借款合同纠纷上诉案”,见《不承担债务第三人与贷款人签订房屋买卖合同的效力》(史秀永、武大喜),载《人民司法·案例》(201723:76);浙江宁波中院(2013)浙甬商终字第447号“福建华辰房地产有限公司与宁波亚信商贸有限公司、宁波富邦世纪商业广场开发有限公司、宁波亚信投资有限公司借款合同纠纷案”,见《后让与担保权人不能直接以物抵债》(袁士增、马艳华),载《人民司法·案例》(201416:9);福建厦门中院(2012)厦民终字第2402号“曾某与何某等房屋买卖合同纠纷案”,见《曾毅贤、何文伟与曾立伟房屋买卖合同案(名为房屋买卖实为借贷合同案件的处理)》(陈彤、孙蕾),载《中国审判案例要览》(2013民:71);重庆五中院(2012)渝五法民初00012号“张某与某开发公司商品房买卖合同纠纷案”,见《名为房屋买卖实为借款担保的认定——重庆五中院判决张桌玮诉怡豪公司商品房销售合同纠纷案》(张华荣),载《人民法院报·案例精选》(20140911:06);河南高院(2012)豫法民三终字第26号“蔡某与某开发公司借款合同纠纷案”,见《银根紧缩背景下假购房真借贷合同的处理——河南高院判决蔡常诉瑞信公司借款合同纠纷案》(关晓海),载《人民法院报·案例指导》(20120705:06);江苏邳州法院(2009)邳民一初字第1077号“李某与胡某等民间借贷纠纷案”,见《合同效力不因约定违反物权法定原则而无效——李桂允诉惠亚军等三人民间借贷案》(李晓东),载《人民法院案例选·月版》(200911/11:101)见《李桂允诉惠亚军等三人民间借贷案(民间借款合同)》(李晓东),载《中国审判案例要览》(2010民:199);四川成都中院(2008)成民终字第2318号"何春霖与罗开明等房屋买卖合同纠纷上诉案",见《约定资金占用费的房屋买卖合同之性质》(王强、靳玉馨),载《人民司法·案例》(200912:27)。④**其他情形**。最高人民法院(2015)民一终字第78号"洪某与某开发公司房屋买卖合同纠纷案",见《洪秀凤与昆明安钡佳房地产开发有限公司房屋买卖合同纠纷案》(审判长辛正郁,代理审判员潘杰、司伟),载《最高人民法院公报·裁判文书选登》(201601/231:35),另见《如何正确适用证据规则认定当事人之间法律关系的性质——上诉人洪秀凤与被上诉人昆明安钡佳房地产开发有限公司房屋买卖合同纠纷案》(司伟,最高院民一庭),载《民事审判指导与参考·最高人民法院案件解析》(201503/63:186);最高人民法院(2011)民提字第344号"朱某与某开发公司商品房买卖合同纠纷案",见《朱俊芳与山西嘉和泰房地产开发有限公司商品房买卖合同纠纷案》(审判长辛正郁,审判员王友祥,代理审判员仲伟珩),载《最高人民法院公报·裁判文书选登》(201412/218:18);见《当事人协商一致终止借款合同关系并建立商品房买卖合同关系的,如何确定双方法律关系的性质及借款本息数额》(沈丹丹,最高院民一庭),载《民事审判指导与参考·指导性案例》(201601/65:165);最高人民法院"某电子公司与某开发公司等合作开发合同纠纷案",见《对合同性质和效力的认定应紧扣合同内容——无锡市市政建设综合开发有限公司与无锡华文达电子化工有限公司、无锡市荣耀置业有限公司、无锡市荣耀世纪房地产开发有限公司合资、合作开发房地产合同纠纷申请再审案》(武建华,最高院立案庭),载《立案工作指导·案件受理》(201103/30:156);最高人民法院"某邮政局与某开发公司等商品房预售合同纠纷案",见《代建合同与商品房预售合同的区别——新疆维吾尔自治区邮政局与乌鲁木齐市圣博特房地产开发有限公司商品房预售合同纠纷上诉案》(王毓莹,最高院民一庭),载《民事审判指导与参考·最高人民法院案件解析》(200903/39:221);最高人民法院裁定"某开发公司与陈某买卖合同纠纷申请再审案",见《假买卖合同形式下的真融资担保协议——陈玲玲与益阳市鸿基房地产开发有限公司商品房买卖合同纠纷申请再审案》(于金陵,最高院立案庭),载《立案工作指导·申诉与申请再审疑案评析》(200903/22:85);最高人民法院"何某与某贸易公司房屋买卖合同纠纷案",见《"名不符实"合同性质的认定与过错责任承担问题——何淑萍与哈尔滨金展贸易有限公司房屋买卖合同纠纷再审案》(徐瑞柏,最高院民一庭),载《民事审判指导与参考·最高人民法院案件解析》(200903/39:173);见《当事人的约定不违反法律、行政法规强制性规定的,应以当事人的意思表示认定合同性质》(孙延平,最高院民一庭),载《民事审判指导与参考·指导性案例》(200804/36:132);最高人民法院(2001)民一终字第34号"某房产公司与某开发公司等转让合同纠纷案",见《福建龙宇房地产有限公司等与福州市直房地产开发有限公司、福州金源房地产有限公司楼盘权益转让合同纠纷上诉案——包销合同与转让合同的认定和处理》(贾劲松,最高院民一庭;审判长程新文,审判员王文芳,代理审判员贾劲松),载《民事审判指导与参考·最高人民法院二审案件解析》(200104/8:193);最高人民法院(1999)民终字第5号"某开发公司与杨某等商品房预售、拆迁安置纠纷案",见《贵阳市城乡房地产开发公司、贵州黔能企业(集团)公司与贵州省新新建筑工程公司、杨远明等7人商品房预售、拆迁安置上诉案——如何区分房屋建设工程承包合同与商品房预售合同》(俞宏武,最高院民事审判庭;审判长郭彦祯,代理审判员谢卫东、杨兴业),载《民事审判指导与参考·最高人民法院二审案件解析》(200102/6:179),另载《民事审判指导与参考·最高人民法院裁判文书选登》(200002/2:328);北京三中院(2016)京03民终7576号"李某与张某等房屋买卖合同纠纷案",见《李彩玲、李小平诉张春翎、李天一房屋买卖合同纠纷案——通谋虚假表示的判断及效力认定规则》(史智军),载《人民法院案例选》(201706/112:89);江苏淮阴中院(1999)淮民终字第104号"某五金公司与某邮电局等买卖合同纠纷案",见《涟水县五金大楼诉涟水县电信局等待建房屋买卖合同案》(李涛),载《中国审判案例要览》(2000商:399);安徽高院(2009)皖民提字第0024号"某建设公司与沙某房屋买卖合同纠纷再审案";海南三亚中院(2008)三亚民一终字第150号"伍某等与某清算组房屋买卖合同纠纷案";四川成都中院(2008)成民终字第2318号"何某与罗某等房屋买卖合同纠纷案";辽宁沈阳中院(2005)沈民(2)房终字第991号"崔弟与崔姐房屋买卖合同纠纷案";辽宁沈阳中院(2005)沈民(2)房终字第709号"段某与李某房屋买卖合同纠纷案";辽宁沈阳中院(2004)沈民(2)房终字第211号"朱某与曾某房屋买卖合同纠纷案"。

18. 购房尾款的支付时间

——全款须到位,还是先交房?

【履行顺序】

【案情简介及争议焦点】

2009年12月,王某以总价款60万元购买茅某二手房一套并签订房屋买卖合同,关于尾款支付约定"全款到位交房,交房时支付尾款1万元",关于交房约定"茅某于2010年2月5日前腾出系争房屋并通知王某进行验收交接,王某应在收到通知之日起的三日内对房屋及其装饰、设备情况进行查验,查验后茅某将房屋钥匙交付给王某作为房屋转移占有的标志"。签约后,王某支付茅某房款59万元,茅某于2010年3月19日要求王某支付尾款1万元未果,遂诉至法院追索。王某主张以茅某逾期交房应付违约金、未结清物业费抗辩。

争议焦点:1.尾款应否支付? 2.是否逾期交房?

【裁判要点】

1.尾款。合同明确约定"全款到位交房,交房时王某支付给茅某购房尾款1万元",现双方确认已于2010年3月19日交房,而王某未能按约定支付尾款,故茅某诉请应予支持。

2.抗辩。王某称茅某存在逾期交房等诸多违约行为及收取约定交房日以后租金的情况,即使属实,与本案亦非同一法律关系,故不能成为王某拒绝向茅某支付购房尾款之理由。

【裁判依据或参考】

1.法律规定。《民法典》(2021年1月1日)第465条:"依法成立的合同,受法律保护。依法成立的合同,仅对当事人具有法律约束力,但是法律另有规定的除外。"第525条:"当事人互负债务,没有先后履行顺序的,应当同时履行。一方在对方履行之前有权拒绝其履行请求。一方在对方履行债务不符合约定时,有权拒绝其相应的履行请求。"第526条:"当事人互负债务,有先后履行顺序,应当先履行债务一方未履行的,后履行一方有权拒绝其履行请求。先履行一方履行债务不符合约定的,后履行一方有权拒绝其相应的履行请求。"第527条:"应当先履行债务的当事人,有确切证据证明对方有下列情形之一的,可以中止履行:(一)经营状况严重恶化;(二)转移财产、抽逃资金,以逃避债务;(三)丧失商业信誉;(四)有丧失或者可能丧失履行债务能力的其他情形。当事人没有确切证据中止履行的,应当承担违约责任。"第528条:"当事人依据前条规定中止履行的,应当及时通知对方。对方提供适当担保的,应当恢复履行。中止履行后,对方在合理期限内未恢复履行能力且未提供适当担保的,视为以自己的行为表明不履行主要债务,中止履行的一方可以解除合同并可以请求对方承担违约责任。"第577条:"当事人一方不履行合同义务或者履行合同义务不符合约定的,应当承担继续履行、采取补救措施或者赔偿损失等违约责任。"第579条:"当事人一方未支付价款、报酬、租金、利息,或者不履行其他金钱债务的,对方可以请求其支付。"第583条:"当事人一方不履行合同义务或者履行合同义务不符合约定的,在履行义务或者采取补救措施后,对方还有其他损失的,应当赔偿损失。"《合同法》(1999年10月1日,已于2021年1月1日起失效)第61条:"合同生效后,当事人就质量、价款或者报酬、履行地点等内容没有约定或者约定不明确的,可以协议补充;不能达成补充协议的,按照合同有关条款或者交易习惯确定。"第62条:"当事人就有关合同内容约定不明确,依照本法第六十一条的规定仍不能确定的,适用下列规定:……(四)履行期限不明确的,债务人可以随时履行,债权人也可以随时要求履行,但应当给对方必要的准备时间……"第66条:"当事人互负债务,没有先后履行顺序的,应当同时履行。一方在对方履行之前有权拒绝其履行要求。一方在对方履行债务不符合约定时,有权拒绝其相应的履行要求。"第67条:"当事人互负债务,有先后履行顺序,先履行一方未履行的,后履行一方有权拒绝其履行要求。先履行一方履行债务不符合约定的,后履行一方有权拒绝其相应的履行要求。"第68条:"应当先履行债务的当事人,有确切证据证明对方有下列情形之一的,可以中止履行:(一)经营状况严重恶化;(二)转移财产、抽逃资金,以逃避债务;(三)丧失商业信誉;(四)有丧失或者可能丧失履行债务能力的其他情形。当事人没有确切证据中止履行的,应当承担违约责任。"第69条:"当事人依照本法第六十八条的规定中止履行的,应当及时通知对方。对方提供适当担保时,应当恢复履行。中止履行后,对方在合理期限内未恢复履行能力并且未提供适当担保的,中止履行的一方可以解除合同。"第94条:"有下列情形之一的,当事人可以解除合同:……(二)在履行期限届满之前,当事人一方明确表示或者以自己的行为表明不履行主要债务……"第108条:"当事人一方明确表示或者以自己的行为表明不履行合同义务的,对方可以在履行期限届满之前要求其承担违约责任。"第167条:"分期付款的买受人未支付到期价款的金额达到全部价款的五分之一的,出卖人可以要求买受人支付全部价款或者解除合同。出卖人解除合同的,可以向买受人要求支付该标的物的使用费。"

2. 司法解释及最高人民法院司法性文件。最高人民法院**《印发〈关于当前形势下审理民商事合同纠纷案件若干问题的指导意见〉的通知》**(2009年7月7日 法发〔2009〕40号)第17条:"在当前情势下,为敦促诚信的合同一方当事人及时保全证据、有效保护权利人的正当合法权益,对于一方当事人已经履行全部交付义务,虽然约定的价款期限尚未到期,但其诉请付款方支付未到期价款的,如果有确切证据证明付款方明确表示不履行给付价款义务,或者付款方被吊销营业执照、被注销、被有关部门撤销、处于歇业状态,或者付款方转移财产、抽逃资金以逃避债务,或者付款方丧失商业信誉,以及付款方以自己的行为表明不履行给付价款义务的其他情形的,除非付款方已经提供适当的担保,人民法院可以根据合同法第六十八条第一款、第六十九条、第九十四条第(二)项、第一百零八条、第一百六十七条等规定精神,判令付款期限已到期或者加速到期。”最高人民法院**《关于审理民事案件适用诉讼时效制度若干问题的规定(2020年修改)》**(2021年1月1日　法释〔2020〕17号)第4条:“未约定履行期限的合同,依照民法典第五百一十条、第五百一十一条的规定,可以确定履行期限的,诉讼时效期间从履行期限届满之日起计算;不能确定履行期限的,诉讼时效期间从债权人要求债务人履行义务的宽限期届满之日起计算,但债务人在债权人第一次向其主张权利之时明确表示不履行义务的,诉讼时效期间从债务人明确表示不履行义务之日起计算。”最高人民法院副院长李国光**《在全国法院技术合同审判工作座谈会上的讲话》**(1999年11月26日)第2条:“……过去,我们在审理技术合同纠纷案件时,往往是按照合同双方是否履行了各自的义务来确定违约责任的,即使合同约定了先后履行顺序而先履行一方不履行债务或者后履行债务的一方有确切的证据证明先履行债务的一方不能履行债务的,合同的另一方也要履行自己的债务,否则,照样承担合同的违约责任。现在,合同法规定了同时履行抗辩权、后履行抗辩权和不安抗辩权制度,那么再遇到这样的情况,就要根据《合同法》第六十六条、第六十七条或者第六十八条的规定进行处理,不能再认定依法行使抗辩权的一方当事人违约。”

3.地方司法性文件。广东高院**《印发〈关于审理房屋买卖合同纠纷案件的指引〉的通知》**(2017年9月12日　粤高法〔2017〕191号,已于2020年12月31日经粤高法〔2020〕132号废止)第36条:“买受人请求出卖人交付房屋或者办理房屋所有权转移登记,出卖人以买受人未履行付款义务抗辩,经审查合同约定买受人支付剩余购房款的义务先于或者与出卖人的交房、过户义务同时履行的,人民法院可以向出卖人释明反诉请求买受人支付剩余购房款,出卖人不提起反诉且合同符合继续履行条件的,可以作出同时履行判决,即出卖人在买受人依合同约定支付剩余购房款时,交付房屋、协助买受人办理房屋所有权转移登记。”北京高院**《审理买卖合同纠纷案件若干问题的指导意见(试行)》**(2009年2月3日　京高法发〔2009〕43号)第32条:“合同对标的物交付和价款支付的约定有先后履行顺序的,后履行一方履行义务的时间可以因对方迟延履行义务而相应顺延。先履行一方主张逾期付款或者逾期交付标的物违约责任的,在时间计算上应扣除其迟延履行义务的相应期间,或者采取其他合理方式减轻对方的责任承担。出卖人迟延交付标的物但不影响买受人实现合同目的,买受人拒绝支付价款的,法院不予支持。”第38条:“出卖人履行交付义务后,诉请买受人支付价款,买受人以出卖人违约在先进行抗辩的,法院应当区别情况进行审理:(一)买受人拒绝给付价款、不同意支付违约金或赔偿损失,或者主张出卖人应采取减少价款等补救措施的,属于行使抗辩权;(二)买受人主张出卖人应支付违约金、赔偿损失或者要求解除合同的,应当提起反诉或者通过另诉解决;(三)买受人以出卖人违约进行抗辩,但未明确主张的,法院可以向买受人进行释明,由其明确主张。"北京高院**《审理民商事案件若干问题的解答之五(试行)》**(2007年5月18日　京高法发〔2007〕168号)第18条:"……合同履行抗辩权是法律明确规定的对抗或否认对方请求权的权利,在诉讼中体现为反驳。只要当事人在答辩中有明确的意思表示,法院就应该对其是否成立的事实进行审理,而不应要求当事人另行提起诉讼或反诉。"辽宁高院**《关于当前商事审判中适用法律若干问题的指导意见》**(2005年1月26日　辽高法〔2005〕29号)第26条:"……合同没有约定债务履行期限或债务履行期限约定不明的,按照《中华人民共和国合同法》第六十二条第(四)项的规定,债务人可以随时履行,债权人也可以随时要求履行。此种情况下,诉讼时效期间从债权人第一次主张权利而未得到实现的次日起或债务人明确表示拒绝履行债务的次日起计算。如果从交易习惯上可以判定债务履行期间的,按交易习惯确定的期间届满的次日起计算诉讼时效。"上海高院**《上海法院民事办案要件指南》**(2003年11月25日　沪高法民一〔2003〕10号)第33条:"一方当事人主张另一方当事人履行合同不符合合同约定构成违约的,应当提供证据证明该要件事实。"北京高院**《关于办理各类案件有关证据问题的规定(试行)》**(2001年10月1日)第84条:"在合同纠纷案件中,被告根据《中华人民共和国合同法》第六十六条的规定主张同时履行抗辩权的,原告负有证明自己已按约定履行或者已提出履行请求的举证责任。被告根据《中华人民共和国合同法》第六十七条的规定主张后履行抗辩权的,原告负有证明自己已按约定履行的举证责任。"

4. 参考案例。2007年**江苏某商品房预售合同纠纷案**,2003年,梁某代理开发公司与丁某签订售房合同,约定房款20万余元,丁某支付17万余元后,尚欠3.5万元。2006年,开发公司以丁某迟延付款为由发函通知丁某解除合同,随后将该房以38万元价格售予王某。法院认为:根本违约是指在合同履行中,一方当事人的违约行为导致对方不能实现合同目的,对方当事人可据此解除合同。本案中,双方约定购房款为20万余元,丁某已付17万余元,尚欠3.5万元。作为购房人,丁某已履行了主要付款义务,开发公司订立合同主要目的亦已实现,况且销售方亦有部分义务尚未履行,故丁某拖欠小部分尾款行为不构成根本违约。开发公司在明知与丁某订立合同尚未解除情况下,又与王某订立买卖合同,并帮助其办理房产过户手续,构成违约,且属恶意,符合一房二卖特征。依最高人民法院《关于审理商品房买卖合同纠纷案件适用法律若干问题的解释》第8条规定,商品房买卖合同订立后,出卖人又将该房屋出卖给第三人的,无法取得房屋的买受人可以请求解除合同,返还已付购房款及利息、赔偿损失,并可以请求出卖人承担不超过已付房款一倍的赔偿责任。综合开发公司过错程度及本案具体情况,判决合同解除,开发公司返还房款并承担5万元惩罚性赔偿责任,同时支付丁某可得利益损失23万余元。

2006年**广东某房屋买卖合同纠纷案**,1999年,罗某买物业公司房,约定逾期交纳购房款需按日万分之四支付迟延履行违约金。2004年,罗某以房屋存在墙体开裂等质量问题为由,拒付最后一期房款。法院认为:双务合同履行中,当事人行使抗辩权范围应与对方不当履行或部分瑕疵履行情况相适应,即针对不当履行,后履行方一般只能根据具体情形行使抗辩权,如轻微瑕疵履行未影响履行利益,抗辩一方不得拒绝履行己方主给付义务,否则无交易安全可言,其权利行使超过合理界限,被视为权利滥用。案涉房屋经鉴定存在一定质量问题,且多与物业公司有关,需采取措施修缮,经罗某交涉,物业公司至今未履行维修义务,罗某因此拒付最后一期购房款虽不符合《合同法》有关抗辩权行使条件,但鉴于其主观上无违约故意,客观上又存在物业公司履约不当情况,依公平合理原则,判决罗某支付剩余购房款时,支付迟延期间法定孳息。2011年1月**河南某房屋买卖合同案**,法院认为:本案的焦点为房屋买卖合同关系中卖方办理房屋过户和买方付清剩余房款谁为先履行义务的一方,即双方于2009年9月23日签订的《协议书》中所载"房产证办理完毕后,一次性付清余下房款"中的"房产证办理完毕后"如何理解,是指卖方将诉争房屋的房产证办理到自己名下,还是卖方将诉争房屋的房产证过户到买方名下。庭审中买方明确表示该表述是指卖方的房产证办理完毕后支付余款。由此可见在卖方将诉争房屋的房产证办理完毕后,买方应将剩余的房款支付给卖方,这是办理房屋过户的前提条件。买方称依据《协议书》卖方应先将房屋过户,自己的付款条件不成就的理由不能成立。卖方在将诉争房屋的房产证办理完毕并告知买方后,买方至今未将剩余房款支付给卖方,故买方要求卖方继续履行合同义务办理房屋过户手续无事实和法律依据。本案所涉及的户口迁移问题因在双方的《协议书》中未约定且涉及相关行政部门的审批制度,属于行政管理的范畴,不属于民事法律关系调整的范围,故买方的该项上诉请求依法不予支持。2010年9月**新疆某房屋买卖合同案**,法院认为:卖方认为按照合同第8条的规定,买方应在2009年12月19日前付清剩余房款25.4万元,付清房款在先,过户办理在后。至于合同约定的除银行贷款以外的款项是指公证费、律师费、保险费、工本费、手续费等一些不可预见的费用。而买方则认为,办理过户手续在先,付清剩余房款在后。从双方履约情况来看,本院采纳买方的答辩意见,理由如下:第一,本案双方当事人是通过中介公司介绍建立的买卖关系,合同的样本系中介公司提供,合同第4条除付款时间、付款数额是手填之外,其余内容为事先打印好的内容。而第8条的内容则是双方协商一致后另行手写的,故合同第8条应该是对合同第4条约定的变更和补充。第二,如果如卖方所述在付款上应按合同第4条约定方式进行,那么在买方2009年12月19日还未将剩余房款付清的情况下,卖方完全可以拒绝将房产证原件及房屋钥匙交与买方,但卖方不仅将钥匙交与了买方,在此之后还将产证也交与买方,上述行为应当视为对余款的支付时间双方是按合同第8条的约定来履行的。第三,诉争房屋是按揭房,2010年1月卖方才将房产证办在己方名下,作为买方在卖方还未取得房产证,产证还处在一种不确定状态时就将剩余房款全部付清,从而将之后的交易风险全部转嫁在自己身上的做法与日常交易习惯不符。第四,从常理分析,房屋买卖中在房款双方已谈妥的情况下,卖方此时更多的关注点在于房款何时给付,在签订合同之时,卖方在确定了定金、银行贷款的交付后,不考虑如何约定剩余房款的履行,除去约定律师费等不能确定是否会实际发生的费用及工本费、保险费等一些小额款项上,这种做法是违背常规的,因此合同第8条除银行按揭款以外的款项应当理解为剩余房款。综上所述,在买方已按照合同履行了己方义务的情况下,卖方拒绝办理过户的行为有违诚实信用这一民法基本原则,故判决卖方协助买方办理过户手续。2009年12月**河南某房屋买卖合同案**,2007年9月17日,王某与侯某协商,购买侯某尚未取得产权的房屋,约定价款27万元,先交定金1万元,"余款过户前两天交付"。2008年10月21日,侯某取得房屋产权证。王某要求继续履行合同,庭审中提交了与侯某的通话录音,认为该录音能证明侯某多次变更过户时间,不愿履行合同,但录音中显示侯某催交房款、王某因担心而未交房款内容。法院认为:侯某将涉案房屋售与王某,双方未签规范的买卖合同,侯某出具的收条中虽显示了房屋位置,交易价格及定金,但双方并未约定交付款的具体时间。"余款过户前两天交付"属约定不明,应依《合同法》第61条规定,按合同有关条款或交易习惯确定,本案交易成功的前提,应是由王某先支付购房款。因履行期限不明确,依《合同法》第62条规定,债务人可以随时履行,债权人也可以随时要求履行,但应当给对方必要的准备时间。通话录音显示了侯某催交购房款事实,亦显示出王某因出于担心而未交款事实。依《合同法》第67条规定,因王某未先履行付款义务,要求侯某履行办理房产权过户手续,侯某拒绝其相应的履行要求不违反法律的规定。本案双方当事人虽有房屋买卖意向,但未签房屋买卖合同,又未约定购房款和办理过户手续的具体时间,因当事人之间的不信任又导致了本案诉讼,双方之间的房屋买卖意向,不应继续履行。侯某应退还王某所交定金1万元,因该房一直由侯某一方占有,侯某未受经济损失,而王某交付的1万元一直由侯某持有,侯某应按法定贷款利率补偿王某经济损失。2008年12月**广东某房屋买卖合同案**,2008年4月,刘某作为卖方,与卢某签订房屋买卖合同,约定"买卖双方应在本合同签订后23天内共同到房管部门办理交易过户递件手续,首期楼价款(已包含定金)共计12万元应在取得房地产交易中心收缴证件收据当天支付","卖方在收齐买方楼款时交税过户",并约定了房款10%即4万元的违约金。卢某依约交了4万元定金后,要求共同办理过户手续,刘某以未收到全款为由拒绝。法院认为:合同双方虽对"卖方在收齐买方楼款时交税过户"的文义存在不同理解,但根据本市二手房买卖的流程和交易惯例，只有在办妥递件手续后，才能办理下一步的问税、交税及过户手续。因此，无论双方对付款条件是否存在不同理解，上述条款并未改变这一交易流程，也并未改变双方均需共同在签约后23天内办理交易过户递件手续这一时间约定，作为卖方的刘某在收齐楼款前也仍需履行办理过户递件手续的义务，刘某关于其仅得在卢某支付全部购房款后才需履行递件手续义务的抗辩理据不足。在合同有明确约定的情况下，刘某在收取卢某支付的定金后，却以怀疑对方的诚信及唯恐办证后余款难以追收为由，拒绝在合同约定的期限内与卢某共同到房管部门办理交易过户递件手续，且在卢某多次通过函件及电话敦促后仍不积极履行递件义务，其行为已构成违约，应承担违约责任。2008年3月**四川某房屋买卖合同案，**2004年11月，刘某按揭购买房屋，总价款41万余元。2006年12月，刘某将该房以51万元转售给王某，约定付款方式为：王某第一次支付定金1万元，第二次付款10万元，第三次余款待王某拿到房屋产权证复印件的同时付清40万元；还约定：刘某应协助王某办理房屋的过户换证手续或办理公证手续，所产生的一切费用由王某支付。随后王某支付11万元，并居住房屋，同时支付银行按揭。后因王某以未收到产权证复印件为由拒绝付余款40万元，刘某亦以未收到余款为由不办过户。法院认为：转让标的物虽已为抵押，但法律、法规未规定该争议房屋不能够转让，故王某与刘某所签订的售房协议合法有效。双方当事人合同中约定了付款方式，未约定王某支付余款与刘某协助办理房屋产权变更手续的先后履行顺序。故依《合同法》第66条之规定，在王某未按照合同约定付清40万元的情况下，刘某可拒绝协助其办理产权变更登记手续。2006年5月**广东某房屋买卖合同案，**2004年，刘某购买黄某二手房，交房后发现不符合约定交吉条件，拒付余下房款2万元。黄某曾承诺"交吉条件与承诺不符，本人同意向刘某支付5000元作赔偿。"法院认为：刘某已使用诉争房屋，黄某要求刘某支付余款，合法合理，应予支持。由于黄某曾承诺"交吉条件与承诺不符"，同意赔偿5000元，故该赔偿款应在上述余款中折抵，抵后差额1.5万元应由刘某作为尾款实际支付给黄某。从黄某向刘某发出的承诺书的内容可认定，黄某所售刘某房屋交吉条件与双方约定的交吉条件不符，在此情况下刘某暂时未支付余款，符合行使同时履行抗辩权的条件，不构成违约。2004年8月**广东某房屋买卖合同案，**法院认为：依据《购房协议》的"乙方缴交人民币贰万元定金后可入住，其余款项人民币肆万元于2002年12月20日前交清"，表明双方当事人约定的房屋总价款为6万元，温某认为签订购房协议的当日已向乐某交付了2万元作为购房定金，但乐某对此予以否认。按照一般交易习惯，买方向卖方交付定金时，要么是在买卖协议中明确定金已付，要么是由卖方出具收取定金的收据；经对本案《购房协议》的内容进行审查，并无法得出该定金已当日交付的结论，温某也没有提供乐某已收取其定金的证据，故温某所主张的在2002年3月1日已向乐某交付了2万元定金不予确认。从温某提供的《收据》,应依法确认温某是在2002年7月27日向乐某支付了2.2万元,其中包含定金2万元及单车房使用费2000元。依双方协议,温某应于2002年12月20日前将购房余款交清,温某现未依约履行,已构成违约,乐某依约有权收回房屋,故乐某请求温某腾退已交付房屋应予支持。协议虽未约定温某违约时单车房如何处理,但乐某将配套的单车房有偿交由温某使用,是以温某依约履行购房协议取得房屋所有权为前提的,现乐某收回房屋,购房协议主要内容已解除,单车房也失去了配套使用的意义,故单车房也应归还乐某。综上,乐某主张解除该购房协议应予支持。购房协议解除后,按双方约定,温某视为自动放弃2万元定金,按《担保法》规定,给付定金的一方不履行约定债务时,无权要求返还定金,但定金不得超过主合同标的额的20%,本案主合同标的额是6万元,故定金最高只能是1.2万元,过高部分乐某应当退还;温某已交付的单车房使用费,乐某亦应返还。

【同类案件处理要点】

二手房买卖合同当事人对付款和交房约定有先后履行顺序,先履行一方未履行的,后履行一方有权拒绝其履行要求。先履行一方履行债务不符合约定的,后履行一方有权拒绝对方相应的履行要求。

【相关法律风险提示】

1.通常二手房买卖合同约定尾款在交房时或办理过户手续时支付,虽然可能在同一天发生,但亦存在先后顺序。一旦较真,谁先谁后,就易成为任何一方的借口,导致纠纷产生。如上海一中院(2010)沪一中民二(民)终字第3699号“茅某等诉王某房屋买卖合同纠纷上诉案”,法院判决虽认定买方违约,但合同约定的卖方“腾房并通知验收、交房”并非无可究之处。为防止此种情形出现,当事双方应对具体交房通知的时间、方式以及交房后尾款支付方式、因房屋质量等问题导致交接出现困阻后的补救方案进行明确约定。

2.房屋对房款或定金交付有明确日期约定的,主张在该日期已履行付款义务的买方应承担举证责任。对于明确约定支付定金后入住的,对于未支付定金而入住的,双方应有书面说明。广东佛山中院(2004)佛中法民五终字第209号“温某与乐某房屋买卖合同纠纷案”中,双方就有“入住前支付定金”的约定,买方入住后,嗣后即主张已支付定金,但法院依查明事实未予认定。

3.争议条款:(1)在未具体约定过户日期情形下,“余款过户前两天交付”的约定极易混淆事实。案见河南商丘中院(2009)商民终字第1116号“侯某等与王某房屋买卖合同纠纷案”。(2)“买方拿到产权证复印件同时付清余款”,对买方而言,应明确为变更后的产权证；对卖方而言，应注意该条款通常会被理解为先办下过户手续，而买受人的付款义务在后，案见四川成都中院（2008）成民终字第 342 号“刘某等与王某房屋买卖合同纠纷案”。（3）“除银行贷款以外的款项待房产证过户完毕后付清”，“其他款项”是否指“工本费、律师费、保险费”，是否包括“房屋尾款”。案见新疆乌鲁木齐中院（2010）乌中民四终字第 550 号“陈某与朱某房屋买卖合同纠纷上诉案”。（4）“卖方在收齐买方楼款时交税过户”，卖方的过户递件手续须先行情形，卖方以收全款抗辩理据不足，案见广东广州中院（2008）穗中法民五终字第 4333 号“刘某与卢某房屋买卖合同纠纷案”。

【附注】

参考案例索引：上海一中院（2010）沪一中民二（民）终字第 3699 号“茅某等诉王某房屋买卖合同纠纷上诉案”；江苏扬州中院（2007）扬民一终字第 0386 号“丁某与某开发公司商品房预售合同纠纷案”，见《丁厚宝诉宝应县环宇房地产开发有限公司商品房预售合同纠纷案》，载《江苏省高级人民法院公报·裁判文书》（200903/3：85）；广东广州中院（2006）穗中法民五终字第 430 号“某物业公司诉罗某等房屋买卖合同案”，见《广州市番禺碧桂园物业发展有限公司诉苏琼、罗庆房屋买卖合同纠纷案》（高镜），载《人民法院案例选》（200703/61：181）；河南洛阳中院（2011）洛民终字第 150 号“赵某诉韩某房屋买卖合同纠纷案”；新疆乌鲁木齐中院（2010）乌中民四终字第 550 号“陈某与朱某房屋买卖合同纠纷上诉案”；河南商丘中院（2009）商民终字第 1116 号“侯某等与王某房屋买卖合同纠纷案”；广东广州中院（2008）穗中法民五终字第 4333 号“刘某与卢某房屋买卖合同纠纷案”；四川成都中院（2008）成民终字第 342 号“刘某等与王某房屋买卖合同纠纷案”；广东广州中院（2005）穗中法民四终字第 4170 号“刘某与黄某房屋买卖合同纠纷案”；广东佛山中院（2004）佛中法民五终字第 209 号“温某与乐某房屋买卖合同纠纷案”。

19. 房屋相关费用的结清

——物业暖气费，该由谁来交？

【附随义务】

【案情简介及争议焦点】

2005 年，孙某通过胡某将房屋卖给范某，约定孙某将该房所欠单位采暖费5000元作为保证金,以胡某名义存入银行,定期1年,孙某保管存单,待采暖费问题解决后,胡某归还该款给孙某。因到期后,采暖费问题久拖未决,胡某以挂失方式取出保证金并改为活期致诉。

争议焦点:1. 合同先后履行顺序如何? 2. 胡某、范某取出存款是否违约?

【裁判要点】

1. 先履行义务。 按照双方所签采暖费条款的约定,应由孙某先将原拖欠供暖单位的采暖费问题解决后,范某再支付剩余购房款,而孙某至今未将拖欠采暖费问题解决,在该问题解决前,孙某无权索要尚余的购房款本息,范某及胡某亦有权拒绝给付余款。

2. 改存期性质。 胡某与范某将5000元定期存款取出,改为活期,因该款项仍在胡某处保管,现尚未达到应支付给孙某的条件,待具备交付条件时,孙某可另行主张权利。

【裁判依据或参考】

1. 法律法规。《民法典》(2021年1月1日)第158条:"民事法律行为可以附条件,但是根据其性质不得附条件的除外。附生效条件的民事法律行为,自条件成就时生效。附解除条件的民事法律行为,自条件成就时失效。"第159条:"附条件的民事法律行为,当事人为自己的利益不正当地阻止条件成就的,视为条件已经成就;不正当地促成条件成就的,视为条件不成就。"第466条:"当事人对合同条款的理解有争议的,应当依据本法第一百四十二条第一款的规定,确定争议条款的含义。合同文本采用两种以上文字订立并约定具有同等效力的,对各文本使用的词句推定具有相同含义。各文本使用的词句不一致的,应当根据合同的相关条款、性质、目的以及诚信原则等予以解释。"第509条:"当事人应当按照约定全面履行自己的义务。当事人应当遵循诚信原则,根据合同的性质、目的和交易习惯履行通知、协助、保密等义务。当事人在履行合同过程中,应当避免浪费资源、污染环境和破坏生态。"第510条:"合同生效后,当事人就质量、价款或者报酬、履行地点等内容没有约定或者约定不明确的,可以协议补充;不能达成补充协议的,按照合同相关条款或者交易习惯确定。"第511条:"当事人就有关合同内容约定不明确,依据前条规定仍不能确定的,适用下列规定:(一)质量要求不明确的,按照强制性国家标准履行;没有强制性国家标准的,按照推荐性国家标准履行;没有推荐性国家标准的,按照行业标准履行;没有国家标准、行业标准的,按照通常标准或者符合合同目的的特定标准履行。(二)价款或者报酬不明确的,按照订立合同时履行地的市场价格履行；依法应当执行政府定价或者政府指导价的，依照规定履行。（三）履行地点不明确，给付货币的，在接受货币一方所在地履行；交付不动产的，在不动产所在地履行；其他标的，在履行义务一方所在地履行。（四）履行期限不明确的，债务人可以随时履行，债权人也可以随时请求履行，但是应当给对方必要的准备时间。（五）履行方式不明确的，按照有利于实现合同目的的方式履行。（六）履行费用的负担不明确的，由履行义务一方负担；因债权人原因增加的履行费用，由债权人负担。"**《民法通则》**（1987 年 1 月 1 日，已于 2021 年 1 月 1 日起失效）第 62 条："民事法律行为可以附条件，附条件的民事法律行为在符合所附条件时生效。"**《合同法》**（1999 年 10 月 1 日，已于 2021 年 1 月 1 日起失效）第 45 条："当事人对合同的效力可以约定附条件。附生效条件的合同，自条件成就时生效。附解除条件的合同，自条件成就时失效。当事人为自己的利益不正当地阻止条件成就的，视为条件已成就；不正当地促成条件成就的，视为条件不成就。"**《住宅专项维修资金管理办法》**（2008 年 2 月 1 日）第 28 条："房屋所有权转让时，业主应当向受让人说明住宅专项维修资金交存和结余情况并出具有效证明，该房屋分户账中结余的住宅专项维修资金随房屋所有权同时过户。受让人应当持住宅专项维修资金过户的协议、房屋权属证书、身份证等到专户管理银行办理分户账更名手续。"

2. 司法解释。最高人民法院**《关于买卖房屋的民事行为未完成买卖关系没有成立的批复》**（1988 年 12 月 29 日　〔1988〕民他字第 55 号）："……本案双方当事人约定以收取定金的方式和限期四个月作为成交房屋买卖的条件，但期限到来后，买方既未交付房价款，也未对讼争房屋实际进行管理、使用；卖方要求退还买方定金，只因买方不同意而未果。这些情况说明，买卖房屋的民事行为并未完成，双方当事人之间的房屋买卖关系也就没有成立……"

3. 部门规范性文件。国务院机关事务管理局、中共中央直属机关局**《中央在北京单位已购公房上市出售管理办法》**（2003 年 10 月 1 日）第 12 条："已购公房上市出售后，买受人应与该房屋的供暖、物业部门签订新的协议，新发生的供暖、物业管理等费用由买受人承担，原产权单位及出售人所在单位不再承担该房屋的上述费用。房屋的公共维修基金按有关规定执行。"

4. 地方司法性文件。广东高院**《印发〈关于审理房屋买卖合同纠纷案件的指引〉的通知》**（2017 年 9 月 12 日　粤高法〔2017〕191 号，已于 2020 年 12 月 31 日经粤高法〔2020〕132 号废止）第 33 条："商品房出卖人以买受人没有缴纳公共维修基金、前期物业费等为由拒绝交付商品房的，不予支持。"广东深圳中院**《关于审理房地产纠纷案件的裁判指引》**（2014 年 8 月 28 日修订）第 13 条："买受人在房地产开发企业通知其接收房屋后，以房屋权属未登记至其名下且其未实际办理接收手续，作为拒付物业服务费抗辩的，对该抗辩不予支持，但买受人有正当理由拒绝接收房屋的除外。”第14条:“拍卖人接受法院委托拍卖房产时,未公示或以其他方式明确说明原业主拖欠的物业费、本体维修基金和水电费等费用由竞买人承担的,物业服务企业请求竞得人承担前述费用的,不予支持。物业服务企业不得以前述费用未支付为由,拒绝为竞得人办理入伙手续或提供物业服务。”第15条:“出卖人与买受人签订的买卖合同中,未明确约定出卖人拖欠的物业费、本体维修基金和水电费等费用由买受人承担,物业服务企业请求买受人承担该费用的,不予支持。物业服务企业不得以前述费用未支付为由,拒绝为买受人办理入伙手续或提供物业服务。”第16条:“个别业主起诉房地产开发企业,请求其按《深圳经济特区物业管理条例》和《深圳市房屋公用设施专用基金管理规定》的有关规定,将首期归集的专项维修资金划入行政主管部门指定的物业专项维修资金专户的,可予支持。”第17条:“追索物业专项维修资金的案件中,当事人对物业专项维修资金请求权提出诉讼时效抗辩的,对该抗辩不予支持。”浙江温州中院民四庭《**审理商品房买卖合同纠纷案件疑难问题参考意见**》(2010年4月30日)第29条:“出卖人向人民政府的有关职能部门缴纳本应由买受人负担的物业专项维修资金后,向人民法院起诉追偿,适用民法通则关于诉讼时效的规定。”湖南高院《**关于房屋买卖、租赁纠纷案件适用法律问题的指导意见(试行)**》(2008年1月21日)第11条:“出卖人和买受人对供水、供电、供热、燃气、通讯设施建设费的承担有约定的,从其约定。未作约定,如该费用已包含在物价部门备案的房屋价格构成中,出卖人再向买受人收取的,不予支持。既无约定,也未备案的,如经供水、供电、供热、燃气、通讯公司等授权收取,或者虽未经授权,但出卖人已在合理范围内垫付费用,要求买受人支付的,应予支持。”

5. 地方规范性文件。北京市《**物业管理办法**》(2010年4月20日)第35条:“物业转让时,业主应当向受让人说明专项维修资金交存和结余情况,该物业分户账中结余的专项维修资金随物业同时过户。”第38条:“业主转让或者出租物业时,应当将管理规约、物业服务合同、有关费用交纳情况等事项告知受让人或者承租人,并自买卖合同或者租赁合同签订之日起15日内,将买卖或者出租情况告知物业服务企业。业主转让物业的,应当与物业服务企业、专业性服务企业结清相关费用。”吉林省《**物业管理办法**》(2009年5月1日)第51条:“……物业出售或者更名的,应当与物业服务企业或者其他管理人结清物业服务费用。”第63条:“业主转让物业时,交易双方对物业专项维修资金有约定的,从其约定;没有约定的,物业专项维修资金剩余部分直接过户给物业买受人。”福建省《**物业管理条例**》(2007年7月1日)第45条:“业主出租或者出售物业的,应当在物业租赁或者买卖合同中,对物业服务费用的交纳作出约定,并在合同签订后十日内,将物业承租人或者买受人、出租期限及物业服务费用的交纳等约定事项书面告知业主委员会和物业管理企业。”北京市人民政府《关于印发北京市已购公有住房上市出售实施办法的通知》(2003 年 3 月 1 日　京政发〔2003〕3 号)第 7 条:“已购公有住房上市出售涉及的供暖费、物业管理费和公共维修基金等事项,出售人应如实告知买受人,并将处理方式写入房屋买卖合同条款中。鼓励有条件的单位改革现行供暖费、物业管理费由单位支付的方式,实行货币分配。”

6.参考案例。2012 年**江苏某供用热力合同纠纷案**,2007 年,开发公司与吴某签订商品房预售合同,附件约定了业主委员会成立前业主缴纳供暖、供热水标准。2011 年,吴某以其未使用暖气及热水为由,在按约定标准的 60% 缴纳 2010 年供热费用后,向开发公司提交停用报告,要求停用热水及暖气。2012 年,开发公司起诉要求解除与吴某的供热合同并支付后期基本供热费用(供热设备的维护费)。吴某称只申请停用,不同意解除合同。法院认为:开发公司与吴某所签《预售合同》系双方真实意思表示,合法有效,受法律保护,双方均应按约履行。买卖契约中双方不仅对商品房买卖的具体条款进行了约定,还对供暖、供热水时间和使用费用进行了约定,明确约定了由开发公司履行供暖、供热水义务,吴某按照标准履行支付使用费的义务,故开发公司与吴某之间形成了供用热力的合同关系。对开发公司要求确认双方热力代供关系已解除的请求,因吴某提交的停用报告中仅要求停用热水及暖气,并未要求解除双方之间的供热合同,在审理中吴某亦不同意解除双方之间的供热合同,且开发公司提供的供热水、供暖服务的对象为小区全体业主,相关设施系小区业主的公共设施,解除供热合同势必会影响到吴某房屋的价值以及其他业主的合法权益,是否解除供热应由业主大会决定,故对开发公司的该项请求,法院不予支持。开发公司主张的供热费用,因该费用中不仅包含了暖气、热水费用还包含了供暖设备的维护费用,吴某虽申请停用暖气及热水,但是供暖设备的维护费用吴某应当支付;结合吴某亦认可开发公司供热的成本已高于收取的供热费用,且吴某已按供暖期向开发公司缴纳了 2010 年供热费用,应视为双方已对《预售合同》中约定的供热费用的标准进行了变更,法院酌定由吴某按其支付的 2010 年供热费用的缴费标准的 60% 向开发公司支付供热费用。2010 年 11 月**重庆某房屋买卖合同案**,法院认为:案涉《房屋买卖合同》有效。从该合同中约定的双方履行顺序看,第一步应为买方于 2009 年 3 月 8 日支付卖方购房定金 1 万元。第二步为卖方缴清讼争房屋的物管费、水电费、气费、闭路电视费、大修基金、五通费,并向买方交付相关手续及发票,清理讼争房屋的露台。第三步为双方于 2009 年 3 月 25 日至银行,买方支付 14 万元给卖方,为其还清讼争房屋所涉贷款,并于当日双方至公证处办理委托公证事宜、卖方向买方交房。卖方交房时需保证房内原有装修未被破坏,厨房、卫生间等厨具、洁具、燃气灶、热水器等完好无损。第四步为买方于 2009 年房交会期间将剩余房款 9.8 万元交付卖方。现双方对履行此合同的第二步出现争议,对于卖方是否已将物业管理费、水费、电费、气费缴清的问题,根据当地居民委员会出具的证明所述讼争房屋所在小区一直无物业管理公司,一直都是业主自治管理,卖方2009年3月25日前的物业管理费、水、电、气费已缴清,本院予以认可。但因卖方未能证明其于2009年3月25日完成清理讼争房屋后露台的义务,买方支付购房款的时间顺延系行使先履行抗辩权,并未违约。收受定金的卖方不履行合同义务,卖方应承担双倍返还定金的责任。2010年7月**新疆某房屋买卖合同案,**法院认为:根据房屋买卖合同中"办理入住时买方向卖方支付剩余房款3.3万元"的约定,买方应在卖方向其交付房屋时支付剩余房款3.3万元。双方在签订房屋买卖合同后关于交付房屋办理入住无相关的履行手续,而卖方对其向买方交付房屋的时间未能举证,买方在庭审中认可其于2007年10月1日入住且当日又将该房屋予以租赁,故卖方向买方交付房屋的时间应为2007年10月1日。另因买方于2007年10月1日接收房屋并将该房屋租赁收益,从公平原则出发,其也应将剩余房款付清。故买方应在2007年10月1日向卖方支付剩余房款3.3万元,逾期应承担自2007年10月至2009年12月的欠款利息,即3.3万元×4.875‰×27个月=4343.63元。根据合同约定,买方购买房屋后于2007年10月1日占有使用,其并无交纳此前暖气费的义务,也无代为卖方交纳暖气费并行使追偿的权利;同时卖方亦举证证实了其购买房屋的时间为2007年4月10日,故买方要求卖方承担2003年至2006年的暖气费4790.28元无事实及法律依据,不予支持。2010年6月**新疆某房屋买卖合同案,**法院认为:买方虽称卖方未交纳房屋维修基金,但也认可自己至今也未将该房的房屋维修基金代卖主进行垫付,故双方虽在《房屋转让合同》中有"合同签订前甲方(卖方)涉及该房屋的一切费用、债权、债务、暖气费、物业管理费等甲方须结清"的约定,但就该笔费用在双方之间尚未实际产生债权债务,故买方现以卖方未交纳公共维修基金,从而拒付剩余房款1万元的抗辩事由不能成立。2007年4月**辽宁某房屋买卖合同案,**法院认为:双方签订《房屋买卖协议书》,已形成合同权利、义务关系,陈某应履行合同约定的结清房屋交接前的采暖费义务,但其未及时结清采暖费,以致杨某垫付了采暖费后,与陈某形成了债权债务关系,陈某应将该款支付给杨某。故本院对杨某要求陈某给付垫交的采暖费的诉讼主张予以支持。2003年7月**海南某房屋买卖合同案,**法院认为:购房协议虽不够规范,双方约定的权利义务不够具体,但该协议已实际履行,只是双方在履行过程中对价款及付款方式发生争议。公路局称如丁某一次性交清全部购房款,可按双方口头约定的价格收取购房款,如丁某不一次性付清全部购房款,则按双方签订的协议书执行的诉讼主张,其盖然性大于丁某主张的,分期付款也按口头协议的房价交款的抗辩。从丁某写收据的时间在先,双方签订的时间在后,也可以证实这一点。对丁某已向公路局代理人交付的购房款总数及交款时间,双方均无异议,故因未一次性交清，公路局主张应按协议约定的非优惠价款计算，由丁某支付余款的诉请应予支持。

【同类案件处理要点】

二手房买卖合同当事人对房屋交接前涉及该房屋的物业、暖气、水电、煤气、电话、电视有线、维修基金等费用的结清有约定的，依约定处理。出卖人应缴而未缴上述费用，买受人在垫付后可向出卖人追偿。

【相关法律风险提示】

1. 现状出售的二手房，应对交吉条件作出约定，详细清点待移交的设备设施，明确各项应付费用（如水电、煤气、电话、电视有线、物业费、供暖费等）的缴纳义务，并在实际履行交接时，按列明的清单清点、检验，对设施、设备缺省或影响使用的功能缺陷，应在清单中预先告知，以免事后起纠纷。买受人无证据证明存在上述未结清费用，不能以出卖人未提供相关交费凭证拒绝履行自己的义务。在买受人未垫付上述应由出卖人缴纳而未缴纳的费用情况下，无权向出卖人行使追偿权。

2. 以他人名义存款作为交房保证金，并自行持有存单，以此达到质押担保目的但又未办理登记备案手续的，存在他人通过挂失取款的风险。案见辽宁沈阳中院（2007）沈民（2）房终字第40号“孙某与胡某房屋买卖合同纠纷案”。

【附注】

参考案例索引：辽宁沈阳中院（2007）沈民（2）房终字第40号“孙某与胡某房屋买卖合同纠纷案”；江苏南京江宁区法院2012年6月14日判决“某开发公司与吴某合同纠纷案”；重庆南岸区法院（2010）南法民初字第5421号“张某诉罗某房屋买卖合同纠纷案”；新疆乌鲁木齐中院（2010）乌中民四终字第429号“郭某与包某房屋买卖合同纠纷上诉案”；新疆乌鲁木齐中院（2010）乌中民四终字第385号“洪某等诉雷某房屋买卖合同纠纷上诉案”；辽宁沈阳中院（2007）沈民（2）房终字第382号“陈某与杨某房屋买卖合同纠纷案”；海南省海南中院（2003）海南民二终字第290号“某公路局与丁某等房屋买卖合同纠纷案”。

20. 房屋质量的交接处理

——收房交钥匙,房屋非原状?

【恢复原状】

【案情简介及争议焦点】

2008 年 5 月,买方与卖方签订购房合同,约定验房后签订房屋交接书作为移转占有的标志;卖方承诺签约后至交接期间,保持房屋各项装饰及附属设施的完整。双方补充约定,卖方应保证交房时房屋状态与买方签约前“初次验看时保持一致(不包含违章拆除部分)”。约定总房款 445 万元,交房时间为 2008 年 7 月 13 日。

2006 年 7 月,该房因落地窗及锅炉等属违章建筑被当地房管局限制交易,2008 年 4 月该限制被注销。

2008 年 8 月 6 日,已取得产权证,付清全款的买方委托李某办理交房事宜,买方认为房屋存在部分灯具、插座、空调损坏现象,同时落地窗、锅炉被卖方拆除,属于重大瑕疵,不符合基本的交房条件,遂诉请逾期交房违约金及破坏房屋原状的赔偿金共计 20 万元。

争议焦点:1. 违章拆除是否合法? 2. 卖方是否构成逾期交付?

【裁判要点】

1. 违章拆除合法。从卖方提供的房产登记信息分析,系争房屋存在违章搭建且被限制交易,而卖方排除限制交易的时间在双方签订合同之前。因合同上明确了装修不包含违章拆除部分,故对于买方认为卖方拆除的违章设施破坏了原房屋的装修的理由,法院难以采信;因双方未约定拆除违章建筑物的归属,故对于买方认为该违章建筑物归其所有的理由,法院亦不予采信;至于买方提到的花园内的锅炉问题,因买方未能提供足够的证据证明卖方系在合同签订后拆除的,故对于买方要求赔偿锅炉损失的请求,法院不予支持;由于买方要求卖方赔偿其因装修损坏违约金的请求,缺乏事实及法律依据,故法院无须对该损失进行评估。

2. 逾期交房违约。合同明确约定了交房时间,虽卖方提出了在此日期前进行了交房,但仅提供了证人证言,因该证人证言为孤证,无其他证据支持,故法院难以采信。2008 年 8 月 6 日双方进行了交房,虽买方认为因房屋现状与原状不同而拒绝收房,但从看房记录来分析,系争房屋的现状仅有很小的瑕疵,远未达到拒收房屋的状况,故法院确认双方的交房时间为 2008 年 8 月 6 日,由于卖方未能及时与买方交接房屋,故对于买方要求卖方支付逾期交房违约金的请求,法院应予支持,但买方所计算的时间、金额均有误,对此法院予以调整。

【裁判依据或参考】

1. 法律及司法解释规定。《民法典》(2021 年 1 月 1 日)第 615 条:“出卖人应当按照约定的质量要求交付标的物。出卖人提供有关标的物质量说明的,交付的标的物应当符合该说明的质量要求。”**《物权法》**(2007 年 10 月 1 日,已于 2021 年 1 月 1 日起失效)第 35 条:“妨害物权或者可能妨害物权的,权利人可以请求排除妨害或者消除危险。”第 36 条:“造成不动产或者动产毁损的,权利人可以请求修理、重作、更换或者恢复原状。”第 37 条:“侵害物权,造成权利人损害的,权利人可以请求损害赔偿,也可以请求承担其他民事责任。”第 38 条:“本章规定的物权保护方式,可以单独适用,也可以根据权利被侵害的情形合并适用……”**《合同法》**(1999 年 10 月 1 日,已于 2021 年 1 月 1 日起失效)第 112 条:“当事人一方不履行合同义务或者履行合同义务不符合约定的,在履行义务或者采取补救措施后,对方还有其他损失的,应当赔偿损失。”第 113 条:“当事人一方不履行合同义务或者履行合同义务不符合约定,给对方造成损失的,损失赔偿额应当相当于因违约所造成的损失,包括合同履行后可以获得的利益,但不得超过违反合同一方订立合同时预见到或者应当预见到的因违反合同可能造成的损失。”第 121 条:“当事人一方因第三人的原因造成违约的,应当向对方承担违约责任。当事人一方和第三人之间的纠纷,依照法律规定或者按照约定解决。”**《民法通则》**(1987 年 1 月 1 日,已于 2021 年 1 月 1 日起失效)第 112 条:“当事人一方违反合同的赔偿责任,应当相当于另一方因此所受到的损失。当事人可以在合同中约定,一方违反合同时,向另一方支付一定数额的违约金;也可以在合同中约定对于违反合同而产生的损失赔偿额的计算方法。”最高人民法院**《关于民事诉讼证据的若干规定(2019 年修正)》**(2020 年 5 月 1 日　法释〔2019〕19 号)第 31 条:“当事人申请鉴定,应当在人民法院指定期间内提出,并预交鉴定费用。逾期不提出申请或者不预交鉴定费用的,视为放弃申请。对需要鉴定的事项负有举证责任的当事人,在人民法院指定的期限内无正当理由不提出鉴定申请或者不预交鉴定费用,或者拒不提供相关材料,致使待证事实无法查明的,应当承担举证不能的法律后果。”第 32 条:“人民法院准许鉴定申请的,应当组织双方当事人协商确定具备相应资格的鉴定人。当事人协商不成的,由人民法院指定。人民法院依职权委托鉴定的,可以在询问当事人的意见后,指定具备相应资格的鉴定人。人民法院在确定鉴定人后应当出具委托书,委托书中应当载明鉴定事项、鉴定范围、鉴定目的和鉴定期限。”第 34 条:“人民法院应当组织当事人对鉴定材料进行质证。未经质证的材料,不得作为鉴定的根据。经人民法院准许,鉴定人可以调取证据、勘验物证和现场、询问当事人或者证人。”第 85 条:“人民法院应当以证据能够证明的案件事实为根据依法作出裁判。审判人员应当依照法定程序,全面、客观地审核证据,依据法律的规定,遵循法官职业道德,运用逻辑推理和日常生活经验,对证据有无证明力和证明力大小独立进行判断,并公开判断的理由和结果。”第 88 条:“审判人员对案件的全部证据,应当从各证据与案件事实的关联程度、各证据之间的联系等方面进行综合审查判断。”

2. 地方司法性文件。北京高院**《关于审理房屋买卖合同纠纷案件适用法律若干问题的指导意见(试行)》**(2010 年 12 月 22 日　京高法发〔2010〕458 号)第 2 条:“当事人签订的预购书、购房意向书等协议已经具备了拟购房屋的基本状况、价款数额、价款支付方式等合同主要内容的,可以认定为房屋买卖合同,但当事人另有约定的除外。因可归责于当事人一方的原因致使房屋买卖合同未能订立,预约协议约定有定金条款的,应当适用定金罚则;没有约定定金条款,或者定金处罚数额不足以弥补守约方实际损失的,违约方应当赔偿守约方因此所受到的信赖利益损失。守约方要求赔偿合同履行的可得利益损失的,一般不予支持。”第 24 条:“房屋买卖合同签订后,因一方当事人根本违约致使另一方订立合同的目的不能实现,守约方要求解除合同,并要求违约方赔偿房屋差价损失、转售利益损失等可得利益损失的,应酌情予以支持,但当事人另有约定的除外。在认定和计算可得利益损失时,应从守约方主张的可得利益赔偿总额中扣除守约方未采取合理措施不当扩大的损失、守约方亦有过失所造成的损失、守约方因此获得的利益以及守约方取得利益需要支出的必要的交易成本,并综合考虑守约方的履约情况等因素予以确定。”第 25 条:“房屋买卖合同不成立、被确认无效或被撤销,信赖合同有效成立致受损害的一方当事人要求另一方赔偿信赖利益损失的,应予支持。信赖利益损失包括所受损害和所失利益(当事人信赖合同有效成立而丧失另订其他有利合同的机会损失等),损失赔偿数额以不超过履行利益为限。”上海高院**《关于审理“二手房”买卖案件若干问题的解答》**(2005 年 12 月 16 日)第 7 条:“答:买卖合同的出卖人应就买卖标的物向买受人承担质量瑕疵担保责任。但由于‘二手房’买卖中的标的物一般已使用一定年限,并存在装修、装饰等现状,买受人对房屋的瑕疵状况也应有理性的判断。因此,对于出卖人故意隐瞒房屋质量瑕疵的,应承担赔偿责任。对于出卖人已如实告知瑕疵或买受人已明知瑕疵的,则出卖人不承担责任。对于房屋的隐蔽瑕疵,如并非出卖人在装潢、使用过程中所产生,而系房屋本身所固有的,若没有证据证明出售一方对此是知晓的,出卖人亦不承担瑕疵担保责任,但买受人可以房屋所有人身份,依据因合同转让而取得的权利,向开发商主张保修责任或赔偿责任。”

3. 参考案例。2015年**江苏某商品房预售合同纠纷案**,2011年,因房屋质量问题导致李某购买商品房无法入住,李某诉请开发公司按每月2.1万元标准赔偿其租房损失。原审法院采信物价局价格认证中心询价意见按9000元标准计算李某损失。法院认为:法院应以证据能证明的案件事实为依据依法作出裁判,无论是当事人提供的证据,还是法院依职权调取的证据,均应客观真实反映案件事实,并经双方当事人质证后,才能作为定案依据。对于政府机关及其他职能部门出具的询价意见、咨询意见等证据材料,法院应对其真实性、合法性以及与待证事实的关联性进行判断,如上述证据不能反映案件客观真实情况,则不能作为法院认定案件事实根据。本案中,开发公司违反合同约定,交付的房屋存在质量问题致李某不能正常居住,应承担违约责任。李某请求以同期房屋租金为标准计算其因房屋质量问题而造成的实际损失,法院应予支持。根据市场一般行情,决定房屋租赁价格的因素主要包括房屋面积、户型、地理位置、装潢档次、周边环境等因素,物价局价格认证中心出具的询价意见仅是认定房屋租赁价格的参考和证据材料,而不应成为认定涉案房屋租金标准的直接依据。根据法院查明事实,物价局价格认证中心出具的房屋租金标准远低于同区位同类房屋实际市场租赁价格,故该询价标准不符合当时涉案房屋租赁市场价格实际情形。在计算涉案房屋租金实际损失时,应综合房屋市场租赁价格真实情况据实予以认定。李某提交的同地段房屋租赁协议虽证明涉案小区有业主出租房屋租金可达到每月2.1万元以上,但该租金价格仅系个别业主根据自己房屋的区位及装修情况,结合租房人实际需求,协商达成的价格,并不具有普遍性。法院酌定本案年度每平方米每月租金按2010年61.36元、2011年67.82元标准计算,判决开发公司赔偿李某租金损失27万余元及其他费用。2011年4月**广东某房屋买卖合同案**,法院认为:双方所签《房产买卖合同》及补充协议系当事人真实意思表示,未违反法律、行政法规的禁止性规定,合法有效,当事人应全面履行合同约定义务。买方已履行支付购房款义务,卖方应按约定将涉案房屋交付原告,但卖方未向买方履行交房手续,未将《家私家电及其他设施清单》列明的家私电器悉数移交给买方,已属违约,应承担违约责任。买方诉请卖方赔偿因卖方拆除屋内原有设施(具体见清单)而造成的损失1.5万元,经现场查看,《家私家电及其他设施清单》列明的家私电器仅有部分不在涉案房屋内,而该部分家私电器因清单上未注明其品牌、规格、新旧率等信息,导致无法对这部分家私电器的价值进行评估,买方作为接收家私电器的一方,应顾虑到交易可能存在的风险,而与卖方在签订《家私家电及其他设施清单》时未对移交物品详加说明,以致未能证明上述部分家私电器的损失价值,应承担举证不能的不利后果,故对买方要求卖方赔偿损失的该项诉讼请求不予支持。2011年3月**天津某房屋买卖合同案**,法院认为:

关于所需交付的房屋现状,双方在合同中虽未对房屋现状进行具体明确的描述和记载,但双方在缔约前,买方已查勘房屋,双方亦约定以现状房屋交付,故卖方在收取房屋价款后,应本着诚实信用之原则,向买方交付与原查勘房屋时现状相符的房屋。鉴于双方对房屋现状的评判标准存有异议,依据第三方出具的评估报告所描述的现状为界定诉争房屋现状的标准较为公平。同时,从房屋使用功能及交易习惯看,一套房屋内,门、窗、暖气设施、照明顶灯、电源线面板、空气开关罩盒面板等系满足房屋使用功能不可缺少的必要设施,卖方将房屋内的门、窗、暖气、顶灯拆卸走,违背了诚实信用的原则及双方的合同约定,买方拒绝接收房屋属于行使法律赋予的抗辩权,诉争房屋至今仍未办理交付手续,责任在于卖方,依照合同就逾期交付房屋的约定,应向买方支付总房款10%的违约金,同时酌情向买方支付一定补偿,由买方自行恢复。2011年3月**山东某房屋买卖合同案**,朱某与丁某因房屋买卖合同纠纷诉至法院,2010年7月,法院作出调解书。因丁某未在调解书确认的日期交房,并造成房屋损害,起诉要求支付逾期交房的违约金及损害赔偿。法院认为:因房屋交付问题所发生的争议,已经生效法律文书予以处理。朱某再次起诉,违反"一事不再理"的诉讼原则,其起诉应予驳回。2010年8月**上海某房屋买卖合同案**,法院认为:当事人应按照约定全面履行自己的义务。根据买卖合同的约定及双方协商变更后实际履行的事实,不存在买方所谓的逾期交房。房屋交接后,买方理应支付房屋余款。作为交接手续的书面记载,房屋交接书的签字认可,表明双方已完成了交接手续。且买方亦实际入住至今,其拒绝支付房屋余款,构成违约,故买方要求卖方支付余款并承担违约责任,并无不当,应予支持。至于买方提出的有物品缺失损坏,首先,买方若对交接物品有异议,本应在签收交接书前提出;其次,即便物品存在瑕疵,买方亦只能要求卖方修理或合理降低对价,无法构成拒付房款的抗辩理由,而现买方之一在房屋交接书上签字认可,应视为买方认可交付的房屋及物品符合约定。但应指出的是,从买方提供的照片看,被损坏的沙发较为明显,如系之前即被损坏,签收交接书前不可能未被发现,显然在双方发生纠纷后被损的可能性更合理。为避免累讼,法院酌情在房款中扣除沙发的损坏价值;另外,考虑到双方发生纠纷的情况,法院酌情降低违约金数额。2009年6月**上海某房屋买卖合同案**,法院认为:从房屋装修的常理分析,橱柜应属不可移动的物品,应认定为固定装修,因此卖方拆除橱柜显然不符合合同约定,但由于双方未签订固定装修的明细表,亦无法确认卖方拆除橱柜的价值,故对于该固定装修的金额,法院酌情确定价值为5000元,即卖方应支付买方上述价值的违约金。2009年2月**广东某房屋买卖合同案**,2006年,林某购买了王某房屋,因合同履行纠纷致诉,次年,法院判决林某支付尾款,王某交钥匙。因林某支付尾款后,王某未交钥匙后再诉,2008年4月1日,王某在诉讼中将钥匙交法院,经勘查,门窗及装修遭人为毁坏,经评估修复费用

1.2万余元，产生评估费3000元。法院认为：王某未依约在收到林某支付的购房尾款时，将涉案房屋使用权实际交给林某。王某将涉案房屋的钥匙通过法院转交给林某，应当视该日为王某履行交房时间。王某于2008年1月23日已收齐全部楼款，而将房屋交付林某的时间是2008年4月1日，故王某存在迟延交房行为，应支付违约金。涉案房屋门窗及装修被毁坏，作为房屋的一部分，上述门窗及装修的拆除或破坏即失去使用价值，因该破坏均发生在王某交房给林某之前，作为卖方，王某未将案涉物业现状告知买方，应对涉案房屋交付前的损坏承担赔偿责任，故修复价格及评估费应由王某承担。2009年1月**广东某房屋买卖合同案**，法院认为：买方称涉案房屋存在漏水等质量问题，虽提供了相关人员证言，但卖方对此未予认可，买方又未申请证人到庭质证，故该证言的证明力不能得到确认。加之买方在未与卖方办理房屋交接手续的情况下，擅自撬门进入该房，后又进行过施工，导致现场已无法复原，漏水的成因及修复的方案、费用也均已无法得到有效的确定，故其主张对方赔偿房屋修复费的诉请无法支持。因本案中卖方已将房门钥匙交付给中介公司，在房产过户的基础上，只要付清购房余款，买方是可得到钥匙取得房屋的，但其实际却未付清房款，对于由此造成的损失其也负有相应责任，判决买方支付剩余房款2万元，卖方赔偿买方3050元。2005年5月**辽宁某房屋买卖合同案**，2003年8月，陈某签约购买吕某房，因吕某儿子对卖房有意见，故约定“卖方协助买方腾房，日期定于10月1日前，余5000元搬家付款。”2003年10月吕某出具收条，载明因未腾房，水电费、采暖费未结清，按协议上写陈某留5000元未给吕某。后通过法院强制执行，房屋腾退后交付给陈某。因陈某以逾期交房应承担违约金为由拒付5000元余款致诉。法院认为：根据双方协议，诉争余款5000元并非定金，亦非合同约定的违约金，其只是房款的一部分。双方在履行交付房款义务上，约定履行方式分为两部分进行，其中首付款在签订合同时给付，余款5000元在交钥匙时给付。陈某在与吕某签订合同交付首付款时已知吕某之子对吕某卖房有异议，其并未要求撤销合同，只是在购房协议上附加注明卖方协助买方腾房，日期定于10月1日前，余5000元搬家付款。并未约定如未按时腾房则余款作为违约赔偿，不予给付。结合吕某于2003年10月6日所写收条内容，可认定该5000元是双方约定吕某履行搬家、腾房义务后，陈某再给付吕某该款，现吕某已履行搬家义务，诉争房屋已由陈某控制并出卖，给付余下房款的条件已成就，故陈某应给付余下房款5000元。

【同类案件处理要点】

二手房买卖合同的出卖人应就买卖标的物向买受人承担质量瑕疵担保责任。

【相关法律风险提示】

1.“交钥匙”与“交房”非同一概念，交了钥匙不等于交付房屋，往往出卖人交了钥匙,但因租赁关系或共有关系或其他原因,导致对出卖房屋有异议的案外人或第三人占据房屋,不予交付,而此情况下,是否出卖人承担责任或有能力解决实际交房问题,皆不明确,故二手房买卖合同中应对出卖人的全面履行交房义务及违约责任约定明确。案见广东广州中院(2008)穗中法民五终字第4106号"王某与林某房屋买卖合同纠纷案"。

2. 二手房签约前,买受人对房屋内居住人员的情况应有所了解,对是否影响合同生效后的履行存在障碍应有判断,并在合同中对出卖人虽交了钥匙但买受人仍无法入住的违约责任及损失赔偿应做约定。

3. "交房"通常与"交钥匙"合二为一,如何交钥匙,有必要在合同中明确程序。在发生争议情况下,一方辩称已交付,一方辩称索要过,均称遭到对方拒绝,如何避免举证上的困扰,可事先约定一方行使权利或履行义务遭拒时,有一个双方都认可的确认途径,尽量较之提存公证简便,比如约定双方都认可的第三方单位或自然人,明确双方遵守的通知方式。

4. 因履行法院生效判决而为房屋腾退、交付义务,为防止强制腾退义务人进行破坏,对房屋现状的确认、交钥匙及验房最好由具有公信力的第三方参与,起到证据保护的见证作用,同时对现场情况最好有照片说明。否则导致责任无法认定,案见上海二中院(2009)沪二中民二(民)终字第73号"孙某等与吴某房屋买卖合同纠纷上诉案"。对履行法院生效判决确定的腾房义务,原房主故意破坏造成损害提起诉讼是否属于"一事不再理"有不同认识。案见山东青岛中院(2011)青民一终字第406号"朱某与丁某等房屋买卖合同纠纷上诉案"。

5. 房屋交付前出于报复故意毁坏门窗锁及装修,导致非吉屋、非现状移交,如经鉴定非自然损坏而系人为破坏,可能产生不菲的修复费用及评估费用。

6. 买受方对二手房屋进行现场勘查及验收时,注意查看房屋墙壁、墙角、天花板是否有裂痕有渗漏,尤其阳台、卫生间附近地板是否潮湿发霉,门窗的通风、采光状况是否良好,管线灯座是否正常,主体承重结构是否改动等。并将看房结果形成记录,由双方签字确认。

7. 对于明确约定"现状交付"的二手房,对未来房屋交付的"现状",应尽可能详细地事先列明交接清单,此外,还应列明交接家私家电或其他设施的价值,以免交接时发现破坏或缺失,为提起损害赔偿标准提供依据,否则,因无法举证可能导致诉请被驳回。案见广东深圳宝安区法院(2011)深宝法民三初字第244号"高某诉王某房屋买卖合同纠纷案"。

【附注】

参考案例索引:北京一中院(2010)一中民终字第20855号"刘某与万某等承租

人优先购买权纠纷案”;河北秦皇岛中院(2009)秦民一终字第448号“付某与毕某互易合同纠纷案”;最高人民法院(2015)民申字第2378号“孙某与某开发公司等第三人撤销之诉案”;北京高院(2014)高民终字第483号“某工业局与某工程公司等撤销权纠纷案”;广东中山中院(2014)中中法民一终字第1132号“黎炎珍与袁孔华转让合同纠纷案”;湖南长沙中院(2008)长中民一终字第1888号“张某诉熊某商品房买卖合同纠纷案”;浙江宁波中院(2013)浙甬民二终字第594号“牟某与郑某房屋买卖合同纠纷案”;湖北秭归法院(2012)鄂秭归民初字第00780号“杜某与吴某等农村房屋买卖合同纠纷案”;上海一中院(2009)沪一中民二(民)终字第316号“周某等诉柯某等房屋买卖合同纠纷上诉案”,法院判决卖方支付逾期交房违约金5万余元;江苏南京中院(2015)宁商民再终字第29号“李某与某开发公司商品房预售合同纠纷案”;广东深圳宝安区法院(2011)深宝法民三初字第244号“高某诉王某房屋买卖合同纠纷案”;天津二中院(2011)二中民四终字第103号“张某等与韩某等房屋买卖合同纠纷上诉案”;山东青岛中院(2011)青民一终字第406号“朱某与丁某等房屋买卖合同纠纷上诉案”;上海二中院(2010)沪二中民二(民)终字第1636号“管某与尹某等房屋买卖合同纠纷上诉案”;上海一中院(2009)沪一中民二(民)终字第1259号“王某等与董某房屋买卖合同纠纷上诉案”;广东广州中院(2008)穗中法民五终字第4106号“王某与林某房屋买卖合同纠纷案”;上海二中院(2009)沪二中民二(民)终字第73号“孙某等与吴某房屋买卖合同纠纷上诉案”;辽宁沈阳中院(2005)沈民(2)房终字第303号“陈某与吕某房屋买卖合同纠纷案”。

21. 按揭未办理责任认定

——按揭办不来,哪一方责任?

【责任认定】

【案情简介及争议焦点】

2009年3月,王某与丈夫史某通过中介,按揭购买应某房屋,并由王某与应某签订房屋买卖合同,约定“因信誉问题或不能提供有效按揭资料,无论何种理由被银行全部或部分拒绝,则乙方(买方)最迟应在2009年4月18日前向甲方(卖方)以现金方式付清该笔房款。如不能付清的视作乙方违约,同时把已过户到乙方名下的房屋权证全部重新过户到甲方的名下,过户所需要的一切费用均由乙方承担。”2009 年 4 月,应某与王某夫妇一起到中介公司,并由应某与史某签订补充协议,将按揭不成买方以现金付全款的“最迟时间”改为 2009 年 6 月 20 日。随后买方支付定金及首付款 50 万余元,双方办理过户手续。中介公司工作人员于 2009 年 6 月 18 日通知双方于次日下午去指定银行办理按揭贷款手续。2009 年 6 月 26 日,应某以买方未办理按揭手续,也不付清剩余购房款 48 万元发函要求解除合同,致诉。

争议焦点:1. 夫妻分别签署的两份合同是否有效? 2. 按揭未办成的责任在谁?

【裁判要点】

1. 两份合同效力。应某与王某所签房屋买卖合同及应某与史某所签补充协议均系双方当事人真实意思表示,对双方当事人均具有约束力,双方应按约履行。王某与史某虽然分别只在一份合同中签字,但因系夫妻,又共同参与了该房屋买卖全过程,故应认定王某与史某对该房屋买卖合同及补充协议内容完全知晓,案涉房屋买卖合同与补充协议均应合法有效。

2. 买方构成违约。合同履行过程中,中介公司工作人员于 2009 年 6 月 18 日通知双方于次日下午去指定银行办理按揭贷款手续。而按揭贷款是买方为实现履行合同约定的付款义务的方式之一,应某在此项活动中仅是为卖方实现目的之协助义务。故是否积极办理按揭手续是卖方能否实现合同目的的一项既关键而又十分重要的工作。补充协议约定不但明确了买方最后履行期限及补救措施且明确了解除合同的事由。因未在约定的最后履行期限内积极完成银行按揭贷款的办理工作,应视为该贷款已被银行全部拒绝。买方在此情况下,未依约在 2009 年 6 月 20 日前向应某以现金方式付清该款,已构成违约,且因买方违约致使应某作为买卖合同出卖人不能实现合同目的,应某依法享有合同解除权,合同自通知到达对方时解除。

【裁判依据或参考】

1. 法律规定。《民法典》(2021 年 1 月 1 日)第 577 条:“当事人一方不履行合同义务或者履行合同义务不符合约定的,应当承担继续履行、采取补救措施或者赔偿损失等违约责任。”第 578 条:“当事人一方明确表示或者以自己的行为表明不履行合同义务的,对方可以在履行期限届满前请求其承担违约责任。”第 580 条:“当事人一方不履行非金钱债务或者履行非金钱债务不符合约定的,对方可以请求履行,但是有下列情形之一的除外:(一)法律上或者事实上不能履行;(二)债务的标的不适于强制履行或者履行费用过高；(三)债权人在合理期限内未请求履行。有前款规定的除外情形之一，致使不能实现合同目的的，人民法院或者仲裁机构可以根据当事人的请求终止合同权利义务关系，但是不影响违约责任的承担。"第590条："当事人一方因不可抗力不能履行合同的，根据不可抗力的影响，部分或者全部免除责任，但是法律另有规定的除外。因不可抗力不能履行合同的，应当及时通知对方，以减轻可能给对方造成的损失，并应当在合理期限内提供证明。当事人迟延履行后发生不可抗力的，不免除其违约责任。"**《合同法》**(1999年10月1日，已于2021年1月1日起失效)第71条："债权人可以拒绝债务人提前履行债务，但提前履行不损害债权人利益的除外……"第94条："有下列情形之一的，当事人可以解除合同：(一)因不可抗力致使不能实现合同目的；(二)在履行期限届满之前，当事人一方明确表示或者以自己的行为表明不履行主要债务；(三)当事人一方迟延履行主要债务，经催告后在合理期限内仍未履行；(四)当事人一方迟延履行债务或者有其他违约行为致使不能实现合同目的；(五)法律规定的其他情形。"第107条："当事人一方不履行合同义务或者履行合同义务不符合约定的，应当承担继续履行、采取补救措施或者赔偿损失等违约责任。"第108条："当事人一方明确表示或者以自己的行为表明不履行合同义务的，对方可以在履行期限届满之前要求其承担违约责任。"

2. 司法解释。最高人民法院**《关于适用〈中华人民共和国合同法〉若干问题的解释(二)》**(2009年5月13日　法释〔2009〕5号)第26条："合同成立以后客观情况发生了当事人在订立合同时无法预见的、非不可抗力造成的不属于商业风险的重大变化，继续履行合同对于一方当事人明显不公平或者不能实现合同目的，当事人请求人民法院变更或者解除合同的，人民法院应当根据公平原则，并结合案件的实际情况确定是否变更或者解除。"

3. 地方司法性文件。北京高院**《关于审理房屋买卖合同纠纷案件适用法律若干问题的指导意见(试行)》**(2010年12月22日　京高法发〔2010〕458号)第21条："房屋买卖合同履行过程中，一方当事人构成根本违约的，守约方有权解除合同，违约方不享有合同法定解除权。如果因不可抗力或情事变更等原因，致使合同目的无法实现的，合同双方均有权要求解除合同。"浙江高院民二庭**《关于印发〈商事审判若干疑难问题理解〉的通知》**(2010年6月25日　浙法民二〔2010〕15号)第26条："按揭购房者将所购房屋作为按揭借款的抵押物，在房屋尚未建成时，购房者按揭断供，银行要求归还借款，并对抵押物主张优先受偿权的，如何处理？对未领取房屋产权证(包括房屋开发商未取得房屋产权证和房屋开发商已取得房屋产权证、而抵押人尚未取得房屋产权证这两种情况)的房产进行的预抵押登记是否有效？(杭州上城法院、下城法院)就前述问题，杭州市中级人民法院民二庭曾函询中国银监会浙江监管局。结合该局的回复意见,倾向认为:按揭购房法律关系涉及银行、购房人、房地产开发商三方,其中购房人与银行之间存在抵押借款关系。与现房抵押不同,按揭购买期房的抵押登记应属于物权法第二十条所规定的不动产预告登记,在按揭购房人取得房屋产权证并办理正式的抵押登记之前,银行的抵押权尚未确立。当按揭购房者断供违约时,银行有权解除合同,提前收回全部贷款;银行对抵押期房主张优先受偿权的,应等期房变现后办理正式的房屋抵押登记,并根据物权法第一百九十五条的规定,以抵押房屋折价或者以拍卖、变卖房屋所得的价款优先受偿。"广东深圳中院《**关于审理二手房买卖合同纠纷案件若干问题的指导意见(初稿)**》(2009 年 7 月)第 13 条:"出卖人或买受人的违约行为应根据房地产买卖合同的约定和双方的举证进行综合审查判断,一般不宜以房屋中介出具的证明或房屋中介的工作人员的证言单独作为认定出卖人或买受人违约的依据。"第 20 条:"二手房买卖合同约定,买受人以担保贷款方式付款,因当事人一方原因未能订立二手房担保贷款合同并导致二手房买卖合同不能继续履行的,对方当事人可以请求解除合同和赔偿损失。因不可归责于当事人双方的事由未能订立二手房担保贷款合同并导致二手房买卖合同不能继续履行的,当事人可以请求解除合同,出卖人应当将收受的购房款本金及其利息或者定金返还买受人。"北京高院《**审理买卖合同纠纷案件若干问题的指导意见(试行)**》(2009 年 2 月 3 日　京高法发〔2009〕43 号)第 29 条:"出卖人没有履行或者无法履行从给付义务,致使买受人不能实现合同目的,买受人主张解除合同的,法院应予支持。订立合同时,买受人知道或者应当知道出卖人无法履行从给付义务的,买受人应当对合同解除承担违约责任。"第 31 条:"合同法第一百零七条规定的继续履行、采取补救措施或者赔偿损失等违约责任,在适用时没有先后顺序。当事人一方不履行合同义务的,应当承担继续履行或者赔偿损失的违约责任,对方可以同时请求继续履行和赔偿损失。当事人一方履行合同义务不符合约定的,应当承担采取补救措施或者赔偿损失的违约责任,对方可以同时请求采取补救措施和赔偿损失。当事人一方只履行部分合同义务的,应当承担继续履行、采取补救措施或者赔偿损失的违约责任,对方可以同时请求继续履行、采取补救措施和赔偿损失。"上海高院《**关于印发〈上海法院民事办案要件指南〉的通知**》(2003 年 11 月 25 日　沪高法民一〔2003〕10 号)第 48 条:"以对方迟延履行为由要求解除合同的,须举证证明对方迟延履行主要合同义务,且经催告后,在合理期限内仍未履行的要件事实。"第 49 条:"以对方根本违约为由要求解除合同的,须举证证明对方当事人存在使合同目的不能实现的根本违约行为的要件事实。"

4. 参考案例。2011 年**广东某抵押借款合同纠纷案**,2000 年,罗某就按揭购买开发公司预售商铺与银行、开发公司签订个人住房按揭借款合同,在依购房合同交付20万元首付款,按借款合同支付按揭款17万余元后,因开发公司长期不能办理房产证,罗某诉请解除合同。又因罗某拒付按揭,银行诉请解除按揭借款合同。法院就两案合并审理。法院认为:本案符合合同约定解除情形。最高人民法院《关于审理商品房买卖合同纠纷案件适用法律若干问题的解释》第25条第2款规定"商品房买卖合同被确认无效或者被撤销、解除后,商品房担保贷款合同也被解除的,出卖人应将收受的购房贷款和购房款的本金及利息分别返还担保权人和买受人",但并未免除房屋购买人对贷款人还款义务。依最高人民法院《关于适用〈中华人民共和国担保法〉若干问题的解释》第47条规定,以依法获准尚未建造的或者正在建造中的房屋或者其他建筑物抵押的,当事人办理了抵押物登记,人民法院可以认定抵押有效。本案抵押事项在房管局办理了商品房预售抵押备案中得到了体现,商品房预售抵押备案属于抵押物登记的一种形式。该抵押物虽尚未取得房地产权证,但仍应视为准物权,依前述司法解释第10条"主合同解除后,担保人对债务人应当承担的民事责任仍应承担担保责任"规定,本案合同虽被解除,但抵押借款合同债权尚未清结,故抵押权仍存在,抵押权人对处理抵押物价款有优先受偿权。判决解除案涉购房合同、按揭借款合同,开发公司应偿还罗某已支付的首付20万元及已支付按揭款及利息17万余元,罗某、开发公司连带偿还银行余下贷款本金及利息30万余元,银行对案涉抵押房产享有优先受偿权。2013年**上海某合同纠纷案**,2010年,肖某与开发公司签订商品房预售合同、与银行签订按揭抵押贷款合同后,支付了首付款,银行取得按揭房屋的抵押权人预告登记证明。2012年,因开发公司迟延交房,肖某诉请依约解除合同,同时列银行为被告。法院认为:依最高人民法院《关于审理商品房买卖合同纠纷案件适用法律若干问题的解释》第25条规定,商品房买卖合同的双方仅就买卖合同提起诉讼时,按揭银行有权作为独立请求权的第三人主动要求参加该案诉讼。本案并非银行主动申请参加诉讼,故前述司法解释并不适用。肖某作为原告起诉时一并要求解除预售合同及按揭贷款合同,并将作为按揭贷款合同一方当事人的银行列为被告,银行针对肖某诉请,行使抗辩及反诉权利和机会,程序上已获相当保障,故本案中银行应被列为被告而非有独立请求权第三人。预售合同解除,按揭贷款合同目的已无法实现,依前述司法解释第24条规定,购房人有权解除按揭贷款合同,并溯及于合同成立时即消灭效力,故按揭贷款合同解除后即对双方不再具有约束力,原则上应恢复原状,即购房人应返还所贷全部款项,银行应返还购房人已偿还本金及利息。银行因按揭贷款合同解除所受损失,可要求购房人予以赔偿。在合同解除系开发商违约导致情形,购房人向银行承担的损失赔偿责任最终亦应由开发商承担。为减轻讼累,在商品房买卖合同纠纷和按揭抵押贷款合同纠纷合并审理时,可由贷款实际收取方即开发商直接将购房贷款返还银行,并直接向银行承担购房人应承担的责任。鉴于银行尚未就系争房屋取得实在之抵押权,仅为抵押权预告登记,故不存在抵押权行使问题。当开发公司怠于履行归还剩余贷款义务时,银行可拒绝办理系争房屋上设定的抵押权预告登记涤除手续,以保障其债权实现。判决解除预售合同及按揭抵押贷款合同,开发公司返还肖某房款本金及已向银行归还的贷款本金及利息,偿还银行剩余贷款,在清偿上述贷款后,银行办理诉争房屋上抵押权预告登记的涤除手续。2013年**江苏某商品房买卖合同纠纷案**,2011年,刘某与开发公司签订商品房买卖合同,约定刘某按揭购买开发公司房屋。刘某支付首付款24万余元后,双方所签补充协议关于"银行按揭付款方式"条款约定:如买受人的按揭申请未获银行最终审批同意,买受人应在银行审批终了之日起5日内付清剩余房款。该份补充协议文本由开发公司提供,全文字号为"小五号",前述约定在补充协议中未作任何特别提示。2012年,因银行以刘某为在校学生无还款能力为由,未予批准贷款50万余元申请。刘某在与开发公司协商退房未果后起诉。法院认为:"付款方式及期限"系商品房买卖合同中主要条款,开发公司作为专业从事房产开发与销售企业,应遵循诚实信用与契约自由原则,在与购房人充分协商基础上在合同正本中作出详尽约定。本案中,开发公司并未就如贷款申请未获批准应如何付款与刘某协商,而是以格式条款方式要求如银行贷款申请未获批准,则买受人应在5日内付清余款。该格式条款所在补充协议全文为"小五号",字体较小,开发公司对该条款未作任何加粗或变换字体等特别提示,且未举证证明其在订约时提请刘某予以充分注意,故该补充约定不能代表双方已就此形成合意。商品房买卖特点之一即是标的额巨大,对于选择以首付款与银行按揭相结合作为付款方式的购房人而言,如按揭申请未获批准,则很难在短期内一次性付清余款,故该补充约定显然加重了购房人付款义务,应认定开发公司就支付房款的订约方式有违诚实信用原则,其拟定的格式条款,不仅违反了格式条款提供方应公平合理分配双方权利义务的法律规定,同时亦显然加重了刘某合同义务,属于《合同法》第40条规定的"加重对方责任"情形。最高人民法院《关于适用〈中华人民共和国合同法〉若干问题的解释(二)》第10条规定,提供格式条款的一方当事人违反《合同法》第39条第1款规定,并具有《合同法》第40条规定情形之一的,法院应认定该格式条款无效。根据上述规定,法院认定开发公司就付款方式补充约定无效。最高人民法院《关于审理商品房买卖合同纠纷案件适用法律若干问题的解释》第23条规定,商品房买卖合同约定,买受人以担保贷款方式付款,因当事人一方原因未能订立商品房担保贷款合同并导致商品房买卖合同不能继续履行的,对方当事人可以请求解除合同和赔偿损失。因不可归责于当事人双方的事由未能订立商品房担保贷款合同并导致商品房买卖合同不能继续履行的,当事人可以请求解除合同,出卖人应当将收受的购房款本金及其利息或者定金返还买受人。本案中,刘某虽向银行提交了贷款申请手续,但因其客观的学生身份导致申请未获批准,刘某对此并无过错。此种情况下,刘某请求解除与开发公司所签商品房买卖合同,依法应予准许,开发公司应退还刘某首付款。判决刘某与开发公司所签商品房买卖合同解除,开发公司退还刘某购房款24万余元。2012年**浙江某商品房预售合同纠纷案**,2011年,孙某与开发公司签订商品房买卖合同,约定"由买受人在签订本合同前向符合条件的银行申请按揭贷款,买受人应向指定银行提供完整有效的申请资料,办妥按揭贷款所需相关手续材料,逾期视为买受人违约",并约定了违约金计算方法。2012年1月,开发公司在房屋结顶后,向孙某发出告知函,要求孙某7日内办妥按揭贷款所需手续,1个月后向孙某发律师函,因孙某仍未履行导致诉讼。法院认为:依法律规定,当事人应依约全面履行自己义务,就履行期限约定不明的,依《合同法》第61条规定仍不能确定的,债务人可随时履行,债权人可随时要求履行,但应给对方必要准备时间。依本案商品房买卖合同约定,孙某需办妥按揭贷款手续。即使孙某在签约前客观上无法办妥按揭贷款手续,亦只能视为双方对履行合同义务时间约定不明确。开发公司在房屋结顶后向孙某发出告知函,告知孙某7日内依约办妥按揭贷款所需手续,已给予孙某必要准备时间,但孙某在接函后仍怠于履行,后开发公司发出律师函催告履行,继而起诉,应视为孙某违约。违约期间应自孙某收函7日后起算至其办妥按揭贷款所需相关手续日期。判决孙某支付开发公司违约金2万余元。2006年**北京某购房贷款合同纠纷案**,2003年,刘某按揭购房,与银行、开发商签订《个人住房抵押贷款加阶段性保证借款合同》,约定刘某负责办证,银行协助配合;开发商对刘某的贷款承担连带责任,保证期间自借款合同生效之日起至办妥房屋抵押登记止。2004年,开发商办好房产证后交至银行,过了1年银行亦未办理抵押登记,后因刘某涉嫌犯罪其房产被查封。2005年,银行诉请刘某履行全部还款责任,开发商承担连带责任。法院认为:刘某未依约还贷,银行有权解除合同,提前收回贷款本息,因所涉房屋至今未办妥抵押登记,故开发商解除保证责任条件未成就。刘某是办妥房屋抵押登记的合同义务人,银行作为抵押权人负有配合刘某办理抵押登记的义务。在刘某未亲自办理又不授权他人办理情况下,即使银行单方申请亦不能完成抵押登记,故除非有证据证明刘某积极办理房屋抵押登记而银行怠于配合,否则,不能认定银行不作为属于不正当地阻止条件成就。因担保物权未成立,故亦不存在银行放弃物的担保问题,但银行在长达近1年时间里,其未举证证明曾催促过刘某共同向登记机关申请抵押登记,致使抵押权不成立,开发商本可解除的保证责任未能解除,银行和刘某具有一定过错,故判决开发商对刘某未清偿的借款本息中的80%承担保证责任。2000年**广东某房屋买卖合同纠纷案**,1999年,朱某与开发商签订商品房预售契约并支付首付款6万余元,同时与银行签订按揭合同,由银行支付开发公司13万余元余下房款,开发公司为朱某向银行借款提供连带责任保证,贸易公司为开发公司提供再担保。2001年,因开发公司停工一年多,无法交付房屋,朱某以开发公司为被告、银行为有独立请求权第三人、贸易公司为无独立请求权第三人,诉请解除合同并返还购房款、赔偿损失。法院认为:案涉预售契约及按揭合同合法有效。朱某、开发公司之间存在商品房预售合同关系,朱某与银行之间为抵押借款关系,开发公司为朱某向银行的借款提供连带责任保证,贸易公司为开发公司提供再担保。朱某是利用银行按揭方式购买在建房屋,故朱某与银行所签按揭合同是基于朱某与开发公司签订商品房预售契约存在而签订的,具有从属性。本案中,银行为有独立请求权的第三人。朱某依约已支付购房款给开发公司,但开发公司至今仍未能将房屋建成并交付使用,已构成根本违约。根据合同约定,朱某有权单方解约,并已依约向开发公司发出解约通知书,故预售契约应予解除,按揭合同应终止履行。致使上述合同终止的过错责任在于开发公司,为此,开发公司应承担违约责任,赔偿朱某及有独立请求权第三人银行由此造成的损失。贸易公司作为开发公司与银行按揭合作的再担保人,应根据按揭合作协议,为开发公司违约责任负连带清偿责任。银行主张的贷款余额本息,应由开发公司承担,并由朱某及贸易公司负连带清偿责任,朱某、贸易公司代为还款后有权向开发公司追偿。朱某已付给银行的按揭楼款本息应由开发公司负责赔偿。朱某已付给开发公司的首期楼款应由开发公司负责返还,并计付占用资金利息。同时,应赔偿朱某因办理购房手续必须支付并已支付的其他费用及因楼宇按揭而支付的利息。朱某诉请开发公司按每日1‰计付违约金为迟延交楼违约金,因购房合同已解除,房屋不具备交付使用条件,故该违约金诉请不予支持。有独立请求权的银行主张抵押物优先受偿权,因担保物为在建房屋,尚未取得房屋产权,是权益抵押而非物权抵押,故该请求不予支持。判决解除朱某与开发公司所签预售契约,终止履行朱某与银行所签按揭合同,开发公司清还银行已付房款13万余元及利息,朱某、贸易公司对该欠款承担连带清偿责任,开发公司返还朱某购房款6万余元及利息、赔偿朱某已付按揭房款2万余元及利息和其他购房费用750元。2011年6月**重庆某房屋买卖合同案**,法院认为:本案的争议焦点在于双方所签《房屋买卖合同》约定的购房款支付方式究竟是按揭贷款还是现金付款。合同约定房款支付方式选定为按揭贷款,事实上卖方也配合买方到银行办理了按揭贷款的相关手续。且卖方是在收取了买方首付款8万元后才签署银行按揭贷款的相关手续。作为常人,应明白买方购买该房屋付款是通过银行按揭贷款这一方式的。合同中虽约定有现金付款方式,即双方约定“过户时,买方向卖方支付该房屋的余款,同时交房给买方”,因该条约定与查明的双方系办理按揭贷款方式支付购房尾款和因卖方新购房屋未装修好双方约定迟延交房的事实不符,按照按揭贷款方式买方已付清房屋款项且该条并未约定房屋余款金额。故对卖方辩称在过户时买方需缴清购房尾款的理由,不予采信。卖方未配合买方办理产权过户手续即双方不能办理按揭贷款，致使买方不能实现买房目的，卖方行为已构成违约，应承担相应的违约责任。2011年3月**四川某房屋买卖合同案**，法院认为：双方在《房屋购销合同》并未约定明确的按揭办理期限，《房屋购销合同》签订于2010年10月15日，截至2010年11月28日，共计44日，即买方得到的办理按揭的时间为44天，尚未超出合理期限，买方还有权要求卖方给付合理期限办理按揭手续。因卖方拒绝继续等待办理按揭手续，买方同意一次性支付房款，系提前履行付款义务，根据《合同法》第71条"债权人可以拒绝债务人提前履行债务，但提前履行不损害债权人利益的除外"的规定，卖方无证据证明买方提前全额支付房款有损其作为债权人的利益，故卖方以买方在44天内未办理好按揭而要求解除合同的理由欠充分，其解除行为无效。2011年2月**广东某房屋买卖合同案**，法院认为：卖方在未举证证明买方存在过错的情况下，即便卖方未收到中介公司应转交的5万元定金款项，其也不得以此为由对抗无过错且善意的买方。《房屋买卖合约》中约定买方应于2010年1月15日前向卖方支付部分首期款25万元，但由于卖方拒不配合买方办理转按揭手续，违约在先，买方在此情形下有权拒付该部分首期款，故卖方认为买方存在违约行为的抗辩意见，不予采纳。由于卖方违约，应向买方承担相应的违约责任。2010年9月**广东某房屋买卖合同案**，法院认为：本案的争议焦点在于买方未成功申请到银行按揭贷款支付房款是否需承担违约责任。买方认为国家出台了房产调控政策导致其贷款不能，属于合同约定的"因国家政策原因导致贷款有变，买卖双方应终止合同相关事宜"。对此本院认为，买方向卖方支付了定金5万元、向监管账户存入首期款人民币19万元后，向银行申请96万元的按揭贷款，银行已受理并在上报审批中，银行在审批过程中通知买方需增加8万元首付款，可贷款88万元，买方不同意，并申请退回了监管款，案涉购房总价款为110万元，银行可贷款金额88万元占合同房价的80%，银行并未要求买方提高首付比例。2010年4月17日国家房产调控政策公布后，买方所购房产建筑面积为88.83平方米，此种房产买卖情况并不在2010年4月17日的国家房产调控范围之内。可见，造成买方最终贷款不成功的原因不是国家政策的变化，而是买方未按银行的要求申请贷款所致。故对买方认为是国家出台房产调控政策导致买方贷款有变、合同应当终止的主张不予采纳。买方未按合同约定支付房款已构成根本违约，依双方合同约定，卖方可没收买方已支付的定金5万元，故对买方要求卖方返还5万元定金的诉讼请求，本院不予支持。2009年10月**河南某房屋买卖合同案**，法院认为：刘某依合同约定按时支付了所买房屋的定金及首付款项3万余元后，未按银行要求参加财产保险，致使银行未能批准刘某的按揭贷款申请。因双方所签合同未明确约定具体付款时间，在刘某未支付下余房款的情况下，开发公司没有经催告后3个月的合理履行期限而单方解除与刘某的购房合同，并在刘某起诉后又将房屋卖给他人，致使刘某与开发公司签订的《商品房买卖合同》无法继续履行，开发公司应承担退还刘某已交房款并赔偿其损失的民事责任。2009 年 10 月**广东某房屋买卖合同案**，法院认为：案涉房屋已具备由业主即卖方申请递件、办理产权过户的条件，而卖方至今未向房管部门递件，其在本案庭审中，经询问，卖方不愿意正面表达继续履行合同义务的意思表示，由此可知，卖方已无继续履行合同的意愿，同时，卖方亦未能举证证明买方存在迟延办理转按手续或者拒不提交相关资料而存在违约的情形；另外，买方已向卖方支付高达 30 万元的定金，可表明其购买案涉房屋的目的很明确，其履行合同的意思与愿意应当是真实的。在现有的证据不能证明买方违约的情况下，卖方称买方拒绝办理转按手续、构成违约在先的抗辩理由缺乏充分的事实依据。在买方作为购买方已履行合同相应义务，卖方在具备申请递件的情况下不申请递件，以自己的行为表明不履行主要债务，违反诚实信用原则，并致买方的合同目的无法实现，对买方的合法权益造成了影响，卖方的行为已构成违约，依法应承担违约责任，判决双方合同解除，卖方双倍返还定金合计 60 万元。2009 年 9 月**上海某房屋买卖合同案**，2008 年 11 月，袁某签约购买宣某房，约定房款 44 万元，另约定了违约损失赔偿责任及 20% 总房款的违约金。袁某依约支付首期房款后，余款因通过中介办理银行贷款未获批准，亦未依约自行筹款，宣某遂依约起诉，要求解除合同，并支付违约金及租房损失 10 万元。法院认为：袁某支付首期房款后，即使贷款申请未获银行审核通过，其也应按约定积极筹款支付剩余房款，但袁某未在约定期限内履行该义务，构成违约。宣某依法享有合同解除权。宣某依约主张解除合同的，应通知对方，合同自通知到达对方时解除。宣某一审诉状中明确要求解除合同，该诉状送达袁某之日即为合同解除之日。鉴于袁某未能履约系贷款不能办理所致，非恶意违约且宣某签约后未将房屋交付袁某，宣某虽提出为履行合同按时交房而腾空房屋在外租房，但按合同约定和交易习惯，宣某此举并无必要，其亦未能提供因对方违约造成其实际损失的依据，根据公平原则，对宣某主张的违约金金额予以调整为 1 万元。2009 年 9 月**上海某房屋买卖合同案**，2009 年 3 月，唐某与汤某及中介签订房屋买卖合同，约定购房款 79.5 万元，双方共同于 2009 年 4 月 30 日前办过户，逾期超过 7 天，非违约方可解除合同，违约方支付 20% 赔偿金，随后唐某支付了定金及房款 16 万元。2009 年 4 月 29 日，唐某与银行及担保公司签订《住房公积金个人购房担保借款合同》，同日与银行签订《个人住房抵押借款合同》，共计贷款 63 万余元。同年 5 月 31 日唐某向汤某发律师函，要求后者于 6 月 8 日前办理过户手续，6 月 4 日，汤某回函表示愿意配合办理。6 月 10 日，汤某向唐某发通知，要求于 6 月 17 日前配合至交易中心办理过户手续。是日，终因房龄不足 2 年，营业税和个人所得税缴纳起争议，汤某要求第三方担保导致过户未果，唐某依约主张赔偿金 15 万余元。法院认为：双方在办理过户手续过程中，因汤某要求第三方出具书面承诺，保证资金到位为支付前提，才同意支付应由汤某支付的营业税及个人所得税，故造成双方无法办理过户手续，汤某的行为已构成违约，唐某据此有权解除合同。合同解除后，汤某应将已收取房款返还给唐某，并依约承担相应违约责任。唐某为证明实际损失，提供了证人证言，证明房价上涨了约10%左右，并出具了有关发票，金额约2万元。从公平合理原则出发，并基于唐某与汤某的利益平衡角度考虑，法院确定由汤某向唐某支付赔偿金计11万元。2007年6月**辽宁某房屋买卖合同案**，2006年10月，王某与兰某通过中介签订房屋买卖合同一份，约定“乙方办理贷款，甲方给予配合，是先贷款后更名，还是先更名后贷款视有利于速度快为原则。但主要原则是契证和贷款二项全部到位，乙方全部交齐房款，甲方交房屋钥匙。”随后王某交了5000元定金。次月，为避税，签备案合同将价款由21万余元改为18万元，兰某应王某到银行办理按揭贷款的要求，在未收到首付款情况下，出具已收到8万元首付款的证明，嗣后觉得存在交易风险，在王某要求办理过户时，以房款未交齐为由拒绝，致诉。法院认为：双方签订的房屋买卖合同对房款的交付、如何贷款，更名时间、税费的种类及负担均约定不明，双方又未达成补充协议。故王某在仅交付定金5000元的情况下要求兰某办理房产更名过户并交纳税款，无法律依据及事实依据。双方约定的履行方式和履行期限极其含混和不明确，不能确认兰某具有先履行办理房屋更名手续的义务。兰某认为合同履行过程中，在未收到王某房款的情况下而受王某的诱导从而写下已收到首付款8万元的证明且王某承认用自己的房产贷款，根据交易习惯，其应履行房款给付义务后，兰某才应协助更名过户，故兰某合理怀疑此次交易具有不安全因素，提出不安抗辩，应予采纳。对王某要求办理房产更名过户的请求不予支持。

【同类案件处理要点】

二手按揭房屋买卖当事人一方不履行合同义务或者履行合同义务不符合约定的，应当承担继续履行、采取补救措施或者赔偿损失等违约责任。

【相关法律风险提示】

1. 按揭购买二手房，在合同已明确约定按揭未获批准情况下由买方采取补救方案即现金全部付款的情况下，买方未积极履行义务或履行义务不符合约定的，应承担违约责任。案见浙江宁波鄞州区法院（2009）甬鄞民初字第4379号“应某诉王某等房屋买卖合同纠纷案”。

2. 既约定系按揭购买二手房，又约定“过户时，买方向卖方支付余下房款，卖方同时交房给买方”，易生现金购房与按揭购房无谓之争。案见重庆市长寿区法院（2011）长法民初字第1255号“但某诉何某房屋买卖合同纠纷案”。故在按揭购买二手房情形,对交房付款条件的约定,为避免纷争,双方可就“余下房款”做详细约定。

3. 按揭手续办理可能有周期且有可能超出卖房人心里预期,又因涉及案外人多,尤其在无法判别买受人是否怠于履行的情况下,极易出现一方毁约的现象。案见四川成都高新区法院(2011)高新民初字第 90 号“杨某诉许某房屋买卖合同纠纷案”。故签约之前,应充分咨询、了解相关按揭事宜,对办理按揭手续的合理期限及可能出现的办理迟延有预期、有应对。

4. 因受调控政策导致按揭受阻,依然需要区分政策影响程度以及义务一方拒绝履行理由是否合理,从而判定违约责任承担。案见广东深圳宝安区法院(2010)深宝法民三初字第 971 号“张某诉刘某房屋买卖合同纠纷案”。

5. 争议条款:“乙方办理贷款,甲方给予配合,是先贷款后更名,还是先更名后贷款视有利于速度快为原则。”实践中,往往为了按揭成功需要卖方出具一系列手续,比如首付款证明,在未付款或首付未实际达到银行要求的比例情况下,出卖方出具虚假证明,则存在明显的风险,不出具证明又使合同履行出现障碍,有违约定的“有利于速度快”原则和贷款先到位约定。案见辽宁沈阳中院(2007)沈民(2)房终字第 641 号“王某春与王某兰房屋买卖合同纠纷案”。故签约时,双方对履行方式和履行期限应予明确,不做含混、模糊约定。

【附注】

参考案例索引:浙江宁波鄞州区法院(2009)甬鄞民初字第 4379 号“应某诉王某等房屋买卖合同纠纷案”;广东梅州中院再审“某银行与某实业公司等抵押借款合同纠纷案”,见《合同解除后,房屋买受人有义务向贷款人偿还尚欠的贷款本金及利息,贷款人对房屋买受人原购买的店铺有优先受偿权——罗有基、赵爱莲与梅州市东辰有限公司、中国农业银行梅州分行购买房屋、抵押借款合同纠纷案》(曾洪坚,广东梅州中院),载《全国法院再审典型案例评注(上)》(2011:378);上海一中院(2013)沪一中民二(民)终字第 325 号“肖某与某开发公司等合同纠纷案”,见《肖树生、陈晓玲诉上海博锦房地产开发中心有限公司、上海银行股份有限公司青浦支行商品房预售合同纠纷、按揭贷款合同纠纷案——商品房买卖合同纠纷与按揭贷款合同纠纷的合并审理》(金绍奇),载《人民法院案例选》(201502/92:130),另见《商品房预售合同与按揭贷款合同一并解除后由开发商偿还银行按揭贷款》(金绍奇),载《人民司法·案例》(201614:13);江苏淮安中院(2013)淮中民终字第 0475 号“刘某与某开发公司商品房买卖合同纠纷案”,见《明显加重购房人付款义务的格式条款无效——江苏淮安中院判决刘岩诉淮安恒大房产公司商品房买卖合同案》(孙坚),载《人民法院报·案例指导》(20130822:06);浙江宁波镇海区法院

(2012)甬镇民初字第406号“某开发公司与孙某等商品房预售合同纠纷案”，见《宁波镇海维科房地产开发有限公司诉孙丽丽、王磊商品房预售合同纠纷案》(郑尚强)，载《人民法院案例选》(201301/83:26)；北京高院(2006)高民终字第547号“某银行与刘某等购房贷款合同纠纷案”，见《中国建设银行北京朝阳支行诉刘五一、北京香江花园房地产开发公司购房贷款合同纠纷案》(李琴)，载《人民法院案例选》(200801/63:212)；广东从化法院(2000)从法民初字第394号“朱某与某开发公司买卖合同纠纷案”，见《朱蕾诉广州流溪河房地产开发有限公司案(楼宇按揭)》(肖少珍)，载《中国审判案例要览》(2002民:16)；重庆市长寿区法院(2011)长法民初字第1255号“但某诉何某房屋买卖合同纠纷案”；四川成都高新区法院(2011)高新民初字第90号“杨某诉许某房屋买卖合同纠纷案”；广东广州中院(2010)穗中法民五终字第3636号“李某与施某房屋买卖合同纠纷上诉案”；广东深圳宝安区法院(2010)深宝法民三初字第971号“张某诉刘某房屋买卖合同纠纷案”；河南郑州中院(2008)郑民再终字第211号“某开发公司与刘某商品房买卖合同纠纷案”；广东广州天河区法院(2009)天法民四初字第721号“徐某诉邹某房屋买卖合同纠纷案”；上海二中院(2009)沪二中民二(民)终字第1749号“宣某等与袁某等房屋买卖合同纠纷案”；上海二中院(2009)沪二中民二(民)终字第1869号“汤某等与唐某房屋买卖合同纠纷案”；辽宁沈阳中院(2007)沈民(2)房终字第641号“王某春与王某兰房屋买卖合同纠纷案”。

22. 转按揭二手房屋纠纷

——转手按揭房，贷款如何偿？

【违约责任】

【案情简介及争议焦点】

2008年4月，童某将按揭房屋作价21万元售与刘某，约定余下10万元按揭款由刘某承担，“如刘某未按贷款合同约定按时足额还款造成童某信用受损，则刘某应按贷款额度的5‰每月赔偿给童某”，“任何一方违约，应支付对方违约金3万元”。2010年5月，刘某将该房作价23万元售予吴某。2010年6月起，刘某连续3个月停止支付贷款。

争议焦点：1. 刘某是否根本违约？2. 能否解除合同？

【裁判要点】

1. 不构成根本违约。本案刘某已履行主要合同义务且有继续履行意愿,其3个月未按期支付银行按揭贷款并未导致合同目的无法实现,不构成根本违约。另考虑到刘某已与第三人就该房屋签订买卖合同,解除本案合同将给吴某利益造成影响,故本案合同应继续履行。

2. 违约责任的认定。双方签订的合同中既约定了概括性赔偿违约金3万元,又约定了具体性赔偿违约金即当刘某未按期归还房贷应按贷款额度的5‰每月赔偿给卖方,故童某依法可选择适用,但赔偿违约金的支付应与违约所造成的损失相当,鉴于刘某违约行为系非根本性违约,实际造成童某的损失亦较轻,故对刘某提出要求减少违约金的意见予以采纳。

【裁判依据或参考】

1. 法律规定。《**民法典**》(2021年1月1日)第465条:“依法成立的合同,受法律保护。依法成立的合同,仅对当事人具有法律约束力,但是法律另有规定的除外。”第525条:“当事人互负债务,没有先后履行顺序的,应当同时履行。一方在对方履行之前有权拒绝其履行请求。一方在对方履行债务不符合约定时,有权拒绝其相应的履行请求。”第526条:“当事人互负债务,有先后履行顺序,应当先履行债务一方未履行的,后履行一方有权拒绝其履行请求。先履行一方履行债务不符合约定的,后履行一方有权拒绝其相应的履行请求。”第546条:“债权人转让债权,未通知债务人的,该转让对债务人不发生效力。债权转让的通知不得撤销,但是经受让人同意的除外。”第547条:“债权人转让债权的,受让人取得与债权有关的从权利,但是该从权利专属于债权人自身的除外。受让人取得从权利不因该从权利未办理转移登记手续或者未转移占有而受到影响。”第548条:“债务人接到债权转让通知后,债务人对让与人的抗辩,可以向受让人主张。”第577条:“当事人一方不履行合同义务或者履行合同义务不符合约定的,应当承担继续履行、采取补救措施或者赔偿损失等违约责任。”第579条:“当事人一方未支付价款、报酬、租金、利息,或者不履行其他金钱债务的,对方可以请求其支付。”第583条:“当事人一方不履行合同义务或者履行合同义务不符合约定的,在履行义务或者采取补救措施后,对方还有其他损失的,应当赔偿损失。”《**合同法**》(1999年10月1日,已于2021年1月1日起失效)第67条:“当事人互负债务,有先后履行顺序,先履行一方未履行的,后履行一方有权拒绝其履行要求。先履行一方履行债务不符合约定的,后履行一方有权拒绝其相应的履行要求。”第94条:“有下列情形之一的,当事人可以解除合同:(一)因不可抗力致使不能实现合同目的;(二)在履行期限届满之前,当事人一方明确表示或者以自己的行为表明不履行主要债务;(三)当事人一方迟延履行主要债务,经催告后在合理期限内仍未履行;(四)当事人一方迟延履行债务或者有其他违约行为致使不能实现合同目的;(五)法律规定的其他情形。"第107条:"当事人一方不履行合同义务或者履行合同义务不符合约定的,应当承担继续履行、采取补救措施或者赔偿损失等违约责任。"第108条:"当事人一方明确表示或者以自己的行为表明不履行合同义务的,对方可以在履行期限届满之前要求其承担违约责任。"第113条:"当事人一方不履行合同义务或者履行合同义务不符合约定,给对方造成损失的,损失赔偿额应当相当于因违约所造成的损失,包括合同履行后可以获得的利益,但不得超过违反合同一方订立合同时预见到或者应当预见到的因违反合同可能造成的损失。经营者对消费者提供商品或者服务有欺诈行为的,依照《中华人民共和国消费者权益保护法》的规定承担损害赔偿责任。"第114条:"当事人可以约定一方违约时应当根据违约情况向对方支付一定数额的违约金,也可以约定因违约产生的损失赔偿额的计算方法。约定的违约金低于造成的损失的,当事人可以请求人民法院或者仲裁机构予以增加;约定的违约金过分高于造成的损失的,当事人可以请求人民法院或者仲裁机构予以适当减少。当事人就迟延履行约定违约金的,违约方支付违约金后,还应当履行债务。"第119条:"当事人一方违约后,对方应当采取适当措施防止损失的扩大;没有采取适当措施致使损失扩大的,不得就扩大的损失要求赔偿。当事人因防止损失扩大而支出的合理费用,由违约方承担。"第121条:"当事人一方因第三人的原因造成违约的,应当向对方承担违约责任。当事人一方和第三人之间的纠纷,依照法律规定或者按照约定解决。"**《民法通则》**(1987年1月1日,已于2021年1月1日起失效)第112条:"当事人一方违反合同的赔偿责任,应当相当于另一方因此所受到的损失。当事人可以在合同中约定,一方违反合同时,向另一方支付一定数额的违约金;也可以在合同中约定对于违反合同而产生的损失赔偿额的计算方法。"

2. 司法解释。最高人民法院**《关于适用〈中华人民共和国民法典〉有关担保制度的解释》**(2021年1月1日　法释〔2020〕28号)第64条:"在所有权保留买卖中,出卖人依法有权取回标的物,但是与买受人协商不成,当事人请求参照民事诉讼法'实现担保物权案件'的有关规定,拍卖、变卖标的物的,人民法院应予准许。出卖人请求取回标的物,符合民法典第六百四十二条规定的,人民法院应予支持;买受人以抗辩或者反诉的方式主张拍卖、变卖标的物,并在扣除买受人未支付的价款以及必要费用后返还剩余款项的,人民法院应当一并处理。"第67条:"在所有权保留买卖、融资租赁等合同中,出卖人、出租人的所有权未经登记不得对抗的'善意第三人'的范围及其效力,参照本解释第五十四条的规定处理。"最高人民法院**《印发〈关于当前形势下审理民商事合同纠纷案件若干问题的指导意见〉的通知》**

(2009 年 7 月 7 日　法发〔2009〕40 号)第 5 条:“……对于双方当事人在合同中所约定的过分高于违约造成损失的违约金或者极具惩罚性的违约金条款,人民法院应根据合同法第一百一十四条第二款和最高人民法院《关于适用中华人民共和国合同法若干问题的解释(二)》(以下简称《合同法解释(二)》)第二十九条等关于调整过高违约金的规定内容和精神,合理调整违约金数额,公平解决违约责任问题。”第 10 条:“人民法院在计算和认定可得利益损失时,应当综合运用可预见规则、减损规则、损益相抵规则以及过失相抵规则等,从非违约方主张的可得利益赔偿总额中扣除违约方不可预见的损失、非违约方不当扩大的损失、非违约方因违约获得的利益、非违约方亦有过失所造成的损失以及必要的交易成本。存在合同法第一百一十三条第二款规定的欺诈经营、合同法第一百一十四条第一款规定的当事人约定损害赔偿的计算方法以及因违约导致人身伤亡、精神损害等情形的,不宜适用可得利益损失赔偿规则。”最高人民法院**《关于适用〈中华人民共和国合同法〉若干问题的解释(二)》**(2009 年 5 月 13 日　法释〔2009〕5 号,已于 2021 年 1 月 1 日起失效)第 22 条:“当事人一方违反合同法第九十二条规定的义务,给对方当事人造成损失,对方当事人请求赔偿实际损失的,人民法院应当支持。”第 29 条:“当事人主张约定的违约金过高请求予以适当减少的,人民法院应当以实际损失为基础,兼顾合同的履行情况、当事人的过错程度以及预期利益等综合因素,根据公平原则和诚实信用原则予以衡量,并作出裁决。当事人约定的违约金超过造成损失的百分之三十的,一般可以认定为合同法第一百一十四条第二款规定的‘过分高于造成的损失’。”最高人民法院**《关于审理商品房买卖合同纠纷案件适用法律若干问题的解释(2020 年修改)》**(2021 年 1 月 1 日　法释〔2020〕17 号)第 12 条:“当事人以约定的违约金过高为由请求减少的,应当以违约金超过造成的损失 30% 为标准适当减少;当事人以约定的违约金低于造成的损失为由请求增加的,应当以违约造成的损失确定违约金数额。”

3. 地方司法性文件。北京高院**《关于审理房屋买卖合同纠纷案件适用法律若干问题的指导意见(试行)》**(2010 年 12 月 22 日　京高法发〔2010〕458 号)第 24 条:“房屋买卖合同签订后,因一方当事人根本违约致使另一方订立合同的目的不能实现,守约方要求解除合同,并要求违约方赔偿房屋差价损失、转售利益损失等可得利益损失的,应酌情予以支持,但当事人另有约定的除外。在认定和计算可得利益损失时,应从守约方主张的可得利益赔偿总额中扣除守约方未采取合理措施不当扩大的损失、守约方亦有过失所造成的损失、守约方因此获得的利益以及守约方取得利益需要支出的必要的交易成本,并综合考虑守约方的履约情况等因素予以确定。”广东深圳中院**《关于审理二手房买卖合同纠纷案件若干问题的指导意见(初稿)》**(2009 年 7 月)第 15 条:“买卖双方在房地产买卖合同中未约定卖方赎楼和买方取得贷款承诺函的先后顺序，双方都以行使同时履行抗辩权或先履行抗辩权为由，拒绝先履行各自义务，导致合同无法继续履行的，一方主张另一方违约的，不予支持。如双方都表示无意履行合同的，视为双方对解除合同达成了一致意见，应予解除合同；如双方或一方主张继续履行合同的，应给予双方合理期限，各自履行自己的义务，一方未在期限内履行义务的，应承担违约责任。”北京高院《**审理买卖合同纠纷案件若干问题的指导意见(试行)**》(2009 年 2 月 3 日　京高法发〔2009〕43 号)第 25 条：“当事人依照合同法第一百一十四条第二款的规定，请求增加违约金的，调整后的违约金应以因对方违约造成的损失数额为限。当事人依照合同法第一百一十四条第二款的规定，请求减少违约金的，法院应当尊重当事人的意思自治，保护诚信守约的当事人，依据促进交易及维护交易安全的原则，对约定违约金过分高于造成损失的部分，进行适当减少……”湖南高院《**关于房屋买卖、租赁纠纷案件适用法律问题的指导意见(试行)**》(2008 年 1 月 21 日)第 5 条：“在审理以担保贷款为付款方式的商品房买卖合同纠纷案件时，出卖人或买受人请求确认商品房买卖合同无效或撤销、解除商品房买卖合同的，人民法院应当告知贷款银行参加诉讼。”江苏高院《**关于印发〈关于适用中华人民共和国合同法若干问题的讨论纪要(一)〉的通知**》(2005 年 9 月 26 日　苏高发审委〔2005〕16 号)第 29 条：“合同中约定了违约金，一方违约未给另一方造成损失的，违约金条款仍应当适用。当事人可以依据合同法第一百一十四条的规定，请求人民法院予以调整。对于故意违约，违约方请求减少违约金的，人民法院不予支持。”第 31 条：“当事人在合同中对损失数额的约定和损失数额的计算方法的约定，视为对违约金的约定。”上海高院《**关于印发〈上海法院民事办案要件指南〉的通知**》(2003 年 11 月 25 日　沪高法民一〔2003〕10 号)第 36 条：“一方当事人要求另一方当事人支付违约金的，应当举证证明合同对违约金有约定的要件事实或提出相关法律规定。相对方请求调整违约金的，应当举证证明对方主张的违约金应予调整的要件事实。”第 38 条：“一方当事人行使损害赔偿请求权的，应当举证证明其遭受的损害以及损害与违约行为之间的因果关系。”

4. 参考案例。2011 年**某房屋买卖合同纠纷案**，2006 年，王某与孙某签订房屋买卖合同，约定王某将按揭房作价 100 万元转让给孙某。王某所欠按揭银行贷款 60 万元由孙某支付，余款 40 万元由孙某直接支付给王某。因孙某未在约定还款期限届满前向信用社代偿贷款，王某将房屋另售他人。2007 年，孙某诉请继续履行。法院认为：孙某与王某关于付款方式约定，实际上是约定孙某向合同以外第三人即信用社履行王某所欠借款债务，符合《合同法》第 64 条关于当事人约定由债务人向第三人履行到期债务即“向第三人履行”规定。从信用社催收还款行为及态度看，信用社既接受了王某直接还款行为，亦接受了孙某代偿贷款本息行为，但信用社并未认为王某已将所欠借款债务转移给孙某,否则信用社不会向王某催收,亦不会接受王某还款。即便能认定信用社在贷款到期后有向孙某催收行为,但依《合同法》第64条"当事人约定由债务人向第三人履行债务的,债务人未向第三人履行债务或者履行债务不符合约定,应当向债权人承担违约责任"规定,在孙某未向信用社履行房屋买卖合同约定的还款义务时,其应向王某承担违约责任,而非向信用社承担违约责任。《合同法》第84条规定:"债务人将合同的义务全部或者部分转移给第三人的,应当经债权人同意。"本案中,就王某与信用社所订立抵押借款合同,王某和孙某并未与信用社签订王某借款债务转移合同,该抵押借款合同当事人亦始终未发生变更,实际还款中,王某亦未退出债务人地位,故房屋买卖合同关于还款方式约定不符合债务转移法律特征,不属于债务转移,应属向第三人履行约定。因孙某未依约在还款期限届满前,向信用社支付借款,使王某签订房屋买卖合同目的不能实现,构成根本违约,王某因此有权解除合同。判决驳回孙某诉请。2011年4月**安徽某房屋买卖合同案**,法院认为:双方所签房屋买卖协议,合法有效,应全面履行。买方依约履行了给付首付款义务,并交纳了契税等相关费用,装修入住,并依约定,使用卖方交给的银行卡偿还按揭贷款,履行了自己的义务。卖方将用于偿还按揭贷款的银行卡挂失并重新办理新银行卡,致使买方不能按照协议履行偿还贷款义务,该行为构成违约,应承担违约责任。但协议中关于"不论房价涨落,均不得单方终止协议,如单方终止协议,将按违约时该房屋市场价值的80%支付违约金"的约定,只有在双方违约行为致使房屋买卖不成的情况下,才能适用。对于卖方上述违约行为,可以责令其继续履行使买方获得救济。买方虽占有、使用该房屋,但因讼争房屋的按揭贷款未完全清偿,双方未办理房屋产权变更登记,不发生物权变动效力,故对买方要求确认讼争房屋归其所有的诉请,不予支持。买方要求以自己名义还贷,实质上等于变更按揭贷款债务人,应征得债权人(银行)的同意,买方未提供债权人(银行)同意的证据,故对其该诉讼请求不予支持。卖方挂失重办银行卡的违约行为,可责令其继续履行的方式承担违约责任,故对买方要求卖方支付房价30%的违约金7万余元的请求,也不予支持。2011年3月**广东某房屋买卖合同案**,法院认为:根据法院向担保公司的调查,涉案房产之所以无法进行赎楼是因为卖方原抵押贷款的银行不予配合。卖方没有证据证明买方与担保公司之间存在串通行为,亦无任何证据证明涉案房产无法进行赎楼是因为买方的原因所致。银行的个人借款合同格式文本约定,贷款期限在1年以内(含1年)的,不得提前归还部分本金。卖方的贷款期限在1年以内,卖方提前还款很可能遭银行拒绝。不管银行不予配合担保公司赎楼的原因为何,在担保公司赎楼不成功的情况下,根据合同约定,卖方须在签署合同之日起60日内(含当日)自行完成赎楼,卖方未在上述期限内完成赎楼、注销抵押登记,并将房地产证原件交予替双方托管保证金的第三方处，即构成违约。截至买方起诉之日，卖方的违约行为已经超过了7天期限，买方依约有权主张解除涉案合同，并要求卖方支付违约金。2010年3月**上海某房屋买卖合同案**，法院认为：根据第一份协议，买方支付定金5万元，卖方交房。双方之后按约履行了付款和交房义务，买方也对房屋进行了装修并入住至今。鉴于买方在之后的房款支付问题上发生困难，双方经协商并签订补充协议书，卖方同意买方在5年内分期付清，卖方的银行贷款由买方按月支付等，此系双方的真实意思表示，双方应遵守约定。虽买方就2007～2008年度及2008～2009年度两期房款逾期支付，但根据买方在原审中提供的证据，可证实买方一直为房款的支付问题积极与卖方协商解决且在诉讼过程中将全部房款汇入法院账户并自愿承担两笔逾期房款的双倍的银行利息，故法院综合本案的实际情况，不支持卖方要求解除合同的诉讼请求。2008年6月**上海某房屋买卖合同案**，2005年1月，黄某与姜某签订售房合同，将按揭房屋以160万元转售黄某，约定"如因银行方面原因转按揭于2005年2月20日前还未成功，之后的每月贷款利息均由买方支付，双方交易费用自理。"并约定黄某"于双方向房地产交易中心办理过户交易后五个工作日内支付100万元，由银行放款于卖方，贷款不足部分于交易过户当日买方以现金方式补足。"签约后，黄某依约付款60万元，因银行方面的政策原因，转按揭手续未在约定期限办理。2005年4月，黄某起诉要求继续履行，并在法院主持下黄某支付余款，办理了过户手续，因2005年6月营业税开征，姜某支付了营业税、城建税等近9万元。2006年2月，黄某起诉要求判令姜某赔偿合同迟延履行期间其在外租房损失2万余元，姜某反诉要求黄某承担税费损失和贷款利息损失。法院认为：姜某虽在另案中主张过要求黄某支付营业税的诉讼请求，但姜某作为该税负担的义务主体，在其未实际支付该笔税款的情况下是无法获得法院支持的。由于黄某与姜某在履行房屋买卖合同过程中，黄某在得知银行停止办理转按揭后，未及时通知姜某以协商解决问题，又未采取其他方式及时支付房屋余款100万元，故黄某的行为构成违约。姜某因黄某的违约行为造成其增加支出税款的经济损失，应由黄某负担。黄某在距离系争房屋不远处另有住房的情况下，以姜某要求物业公司对系争房屋停水停电影响其居住使用，应赔偿其在外租房居住的租金，任意扩大了损失，故不予支持。2006年7月**广东某房屋买卖合同案**，2005年，莫某将按揭房通过中介售予谢某，约定莫某收到谢某1万元定金7天内向抵押银行申请转按揭手续，并协助谢某办理申请银行贷款手续。后因莫某称银行同意贷款不足4成甚至3成，谢某有解约意。谢某以莫某未申请转按揭构成违约应双倍返还定金。法院认为：莫某未能举证证明其已在收到谢某定金7天内向抵押银行申请办理转按手续，应认为尚未履行其合同义务。鉴于谢某在中介公司告知银行只同意办理4成甚至3成的按揭贷款后，表示无法承受且双方均有解约意愿，故判决解除双方房屋买卖合同关系。至今转按揭手续未能办理,责任不能归责于谢某与莫某,由于谢某与莫某双方对解除合同不存有责任,谢某所交定金应由莫某返还,谢某要求莫某双倍返还定金理据不足,不予支持。

【同类案件处理要点】

需办转按揭的二手房买卖,在一方当事人根本违约致合同履行利益不能实现情况下,对方当事人可行使法定或约定解除权。合同约定了违约金,一方违约未给另一方造成损失的,违约金条款仍应适用。对过分过于实际损失的违约金,当事人可请求法院予以调整。

【相关法律风险提示】

1. 购买二手按揭房屋,卖方是否符合赎楼、注销抵押登记的条件,将直接影响到合同的履行,如果不能办理转按揭或注销抵押登记,则卖方可能构成违约,案见广东深圳中院(2011)深中法民五终字第162号“沈某与张某等房屋买卖合同纠纷上诉案”;由买方以卖方名义继续还款,在买方违约情况下,卖方依然需要对银行承担还款的合同责任,卖方只享有向买方主张违约责任的权利,案见浙江舟山中院(2011)浙舟民终字第50号“童某等与刘某等房屋买卖合同纠纷上诉案”。

2. 转按揭房屋买卖合同通常会约定“按揭不足部分,由买方以现金方式补足”,但若按揭因政策停缓等不可抗力导致受阻,在卖方明显无责的情况下,合同无法继续履行的后果,依据前款通行约定,往往由买方来承担违约的法律后果,包括新增加的贷款利息、税费负担。

3. 按揭房买受人采用继续使用出卖人名义向银行偿还按揭贷款,在出卖人更换银行卡违约导致买受人无法继续偿还按揭款的情况下,买受人起诉,可以要求继续履行合同,如要求法院直接确认其所有权,或要求以买受人名义直接向银行偿还按揭款,均无法律依据。案见安徽五河法院(2011)五民一初字第00866号“钟某等诉陈某等房屋买卖合同纠纷案”。

4. 合同约定的先履行义务,因情势变化导致履行受阻或履行无必要的,先履行义务人应对此举证。广东广州中院(2006)穗中法民五终字第162号“莫某与谢某等房屋买卖合同纠纷案”,约定出卖人有申请转按揭的义务,因最终未在约定期限内办理,其应就系其所称买受人不满意按揭贷款成数所致进行举证;广东广州中院(2005)穗中法民四终字第3832号“庞某与马某等房屋买卖合同纠纷案”,约定出卖人就案涉房抵押手续办理完毕,因未履行,应当就其所称的系买受人因不愿承担实际高出的面积差价款而取回首付款进行举证。

5. 合同履行中的通知、协助等附随义务的不作为,亦可能成为一方违约的口实。在转按揭房屋买卖合同履行中,在非归因于买卖双方的情况下导致转按揭办理受阻,买方有义务通知卖方协商解决的途径。

【附注】

参考案例索引:浙江舟山中院(2011)浙舟民终字第50号"童某等与刘某等房屋买卖合同纠纷上诉案",判决刘某赔偿童某违约金5000元;最高人民法院"孙某与王某等房屋买卖合同纠纷案",见《涉他合同与债权债务转让合同之识别——孙永福与王义友、赵艳红房屋买卖合同纠纷案》(张爱珍,最高院审监庭),载《审判监督指导·案例评析》(201101/35:142);安徽五河法院(2011)五民一初字第00866号"钟某等诉陈某等房屋买卖合同纠纷案";广东深圳中院(2011)深中法民五终字第162号"沈某与张某等房屋买卖合同纠纷上诉案";上海一中院(2010)沪一中民二(民)终字第916号"赵某等与娄某房屋买卖合同纠纷上诉案";上海一中院(2008)沪一中民二(民)再终字第2号"黄某与姜某房屋买卖合同纠纷案";广东广州中院(2006)穗中法民五终字第162号"莫某与谢某等房屋买卖合同纠纷案"。

23. 逾期交房的损失计算

——逾期交房屋,违约如何赔?

【违约损失】

【案情简介及争议焦点】

2006年12月,段某将单位集资合作房所有权(指标)作价2.8万元转让给田某,后田某又分次支付集资款19万余元。2009年11月,单位将竣工房屋交付段某。因段某拒不交付田某,田某起诉段某要求交房办证,并提交了租房合同,要求承担逾期交房违约金6万元。

争议焦点:1. 协议是否有效? 2. 逾期交房是否支付租金损失?

【裁判要点】

1. 协议有效。案涉集资房转让协议并非是转让房屋,而转让的是一种资格,是一种集资权属的转让,不能适用房屋转让的相应法律法规,故双方协议不违反《城市房地产管理法》和《经济适用住房管理办法》的规定。与此同时,最高人民法院《关于适用〈中华人民共和国合同法〉若干问题解释(二)》第14条明确规定,《合同法》第52条第5项规定的"强制性规定",是指效力性强制性规定,就本案而言,双方签订协议的最终标的虽是房屋,但协议并不损害国家、集体和他人利益,其协议内容不涉及合同效力的强制性规定,不能认定为无效。

2. 租金标准。合同有效,因被告未依约交房已构成违约,但买方主张6万元违约金明显过高,按最高人民法院《关于审理商品房买卖合同纠纷案件适用法律若干问题的解释》第17条逾期交付使用房屋的按照逾期交付使用期间有关部门公布或有资格房地产评估机构评定的同地段同类房屋租金标准确定,结合本地区房屋租赁现状和涉案房屋具体位置,参照该条解释规定,本院认为以每月900元租金标准作为延期交付钥匙的违约金较为适宜,违约责任的起算时间以买方收到单位交付钥匙的次月起计算,即自2009年12月开始计算较为适宜。

【裁判依据或参考】

1. 法律规定。《民法典》(2021年1月1日)第577条:"当事人一方不履行合同义务或者履行合同义务不符合约定的,应当承担继续履行、采取补救措施或者赔偿损失等违约责任。"第582条:"履行不符合约定的,应当按照当事人的约定承担违约责任。对违约责任没有约定或者约定不明确,依据本法第五百一十条的规定仍不能确定的,受损害方根据标的的性质以及损失的大小,可以合理选择请求对方承担修理、重作、更换、退货、减少价款或者报酬等违约责任。"第583条:"当事人一方不履行合同义务或者履行合同义务不符合约定的,在履行义务或者采取补救措施后,对方还有其他损失的,应当赔偿损失。"第584条:"当事人一方不履行合同义务或者履行合同义务不符合约定,造成对方损失的,损失赔偿额应当相当于因违约所造成的损失,包括合同履行后可以获得的利益;但是,不得超过违约一方订立合同时预见到或者应当预见到的因违约可能造成的损失。"第585条:"当事人可以约定一方违约时应当根据违约情况向对方支付一定数额的违约金,也可以约定因违约产生的损失赔偿额的计算方法。约定的违约金低于造成的损失的,人民法院或者仲裁机构可以根据当事人的请求予以增加;约定的违约金过分高于造成的损失的,人民法院或者仲裁机构可以根据当事人的请求予以适当减少。当事人就迟延履行约定违约金的,违约方支付违约金后,还应当履行债务。"第589条:"债务人按照约定履行债务,债权人无正当理由拒绝受领的,债务人可以请求债权人赔偿增加的费用。在债权人受领迟延期间,债务人无须支付利息。"第590条:"当事人一方因不可抗力不能履行合同的,根据不可抗力的影响,部分或者全部免除责任,但是法律另有规定的除外。因不可抗力不能履行合同的,应当及时通知对方,以减轻可能给对方造成的损失,并应当在合理期限内提供证明。当事人迟延履行后发生不可抗力的,不免除其违约责任。"第591条:"当事人一方违约后,对方应当采取适当措施防止损失的扩大;没有采取适当措施致使损失扩大的,不得就扩大的损失请求赔偿。当事人因防止损失扩大而支出的合理费用,由违约方负担。”第592条:“当事人都违反合同的,应当各自承担相应的责任。当事人一方违约造成对方损失,对方对损失的发生有过错的,可以减少相应的损失赔偿额。”第601条:“出卖人应当按照约定的时间交付标的物。约定交付期限的,出卖人可以在该交付期限内的任何时间交付。”**《合同法》**(1999年10月1日,已于2021年1月1日起失效)第94条:“有下列情形之一的,当事人可以解除合同:(一)因不可抗力致使不能实现合同目的;(二)在履行期限届满之前,当事人一方明确表示或者以自己的行为表明不履行主要债务;(三)当事人一方迟延履行主要债务,经催告后在合理期限内仍未履行;(四)当事人一方迟延履行债务或者有其他违约行为致使不能实现合同目的;(五)法律规定的其他情形。”第112条:“当事人一方不履行合同义务或者履行合同义务不符合约定的,在履行义务或者采取补救措施后,对方还有其他损失的,应当赔偿损失。”第113条:“当事人一方不履行合同义务或者履行合同义务不符合约定,给对方造成损失的,损失赔偿额应当相当于因违约所造成的损失,包括合同履行后可以获得的利益,但不得超过违反合同一方订立合同时预见到或者应当预见到的因违反合同可能造成的损失……”第114条:“当事人可以约定一方违约时应当根据违约情况向对方支付一定数额的违约金,也可以约定因违约产生的损失赔偿额的计算方法。约定的违约金低于造成的损失的,当事人可以请求人民法院或者仲裁机构予以增加;约定的违约金过分高于造成的损失的,当事人可以请求人民法院或者仲裁机构予以适当减少。当事人就迟延履行约定违约金的,违约方支付违约金后,还应当履行债务。”第116条:“当事人既约定违约金,又约定定金的,一方违约时,对方可以选择适用违约金或者定金条款。”**《民法通则》**(1987年1月1日,已于2021年1月1日起失效)第112条:“当事人一方违反合同的赔偿责任,应当相当于另一方因此所受到的损失。当事人可以在合同中约定,一方违反合同时,向另一方支付一定数额的违约金;也可以在合同中约定对于违反合同而产生的损失赔偿额的计算方法。”

2. 司法解释。最高人民法院**《第八次全国法院民事商事审判工作会议(民事部分)纪要》**(2016年11月30日)第24条:“已经合法占有转让标的物的受让人请求转让人办理物权变更登记,登记权利人请求无权占有人返还不动产或者动产,利害关系人请求确认物权的归属或内容,权利人请求排除妨害、消除危险,对方当事人以超过诉讼时效期间抗辩的,均应不予支持。”最高人民法院**《印发〈关于当前形势下审理民商事合同纠纷案件若干问题的指导意见〉的通知》**(2009年7月7日　法发〔2009〕40号)第9条:“在当前市场主体违约情形比较突出的情况下,违约行为通常导致可得利益损失。根据交易的性质、合同的目的等因素,可得利益损失主要分为生产利润损失、经营利润损失和转售利润损失等类型……”第10条:“人民法院在计算和认定可得利益损失时,应当综合运用可预见规则、减损规则、损益相抵规则以及过失相抵规则等,从非违约方主张的可得利益赔偿总额中扣除违约方不可预见的损失、非违约方不当扩大的损失、非违约方因违约获得的利益、非违约方亦有过失所造成的损失以及必要的交易成本。存在合同法第一百一十三条第二款规定的欺诈经营、合同法第一百一十四条第一款规定的当事人约定损害赔偿的计算方法以及因违约导致人身伤亡、精神损害等情形的,不宜适用可得利益损失赔偿规则。”最高人民法院**《关于适用〈中华人民共和国合同法〉若干问题的解释(二)》**(2009年5月13日 法释〔2009〕5号,已于2021年1月1日起失效)第22条:“当事人一方违反合同法第九十二条规定的义务,给对方当事人造成损失,对方当事人请求赔偿实际损失的,人民法院应当支持。”最高人民法院**《关于审理商品房买卖合同纠纷案件适用法律若干问题的解释(2020年修改)》**(2021年1月1日 法释〔2020〕17号)第13条:“商品房买卖合同没有约定违约金数额或者损失赔偿额计算方法,违约金数额或者损失赔偿额可以参照以下标准确定:逾期付款的,按照未付购房款总额,参照中国人民银行规定的金融机构计收逾期贷款利息的标准计算。逾期交付使用房屋的,按照逾期交付使用房屋期间有关主管部门公布或者有资格的房地产评估机构评定的同地段同类房屋租金标准确定。”

3. 地方司法性文件。浙江宁波中院**《关于民事执行中疑难问题的处理意见(一)》**(2015年5月19日)第4条:“案外人占有应腾退房屋的,如何执行。案外人占有应腾退房屋的,在执行法院张贴了迁出房屋公告且公告期满后,仍拒不迁出房屋的,属于妨碍、抗拒执行的行为,适用《执行规定》第100条第(7)项,可视情节轻重,直接对其采取罚款或拘留措施。”北京高院**《审理买卖合同纠纷案件若干问题的指导意见(试行)》**(2009年2月3日 京高法发〔2009〕43号)第26条:“当事人同时约定违约金和定金,但没有约定定金性质的,当事人一方违约,对方一并主张定金和违约金的,法院不予支持。当事人同时约定违约金和定金并约定了定金性质的,当事人一方违约,对方依据约定的定金性质一并主张违约定金和违约金的,法院不予支持;当事人一方违约,对方依据约定的定金性质一并主张解约定金和违约金的,法院应予支持。”第27条:“在同一诉讼中,当事人约定的定金不足以弥补当事人一方因对方违约遭受的损失,当事人一方请求赔偿超过定金部分的损失的,法院应予支持。”江苏高院**《关于印发〈关于适用中华人民共和国合同法若干问题的讨论纪要(一)〉的通知》**(2005年9月26日 苏高发审委〔2005〕16号)第26条:“违约金以补偿性为主,兼具惩罚性。”第27条:“人民法院未经当事人请求不得调整违约金的数额。”第28条:“人民法院在认定违约金是否过高时,应以违约造成的损失为基础,兼顾合同的履行情况、当事人的过错、社会经济状况等因素,根据公平原则、诚实信用原则进行衡平。当事人约定的违约金超过造成损失的百分之三十的，可以认定为合同法第一百一十四条第二款规定的‘过分高于造成的损失’。”第29条：“合同中约定了违约金，一方违约未给另一方造成损失的，违约金条款仍应当适用。当事人可以依据合同法第一百一十四条的规定，请求人民法院予以调整。对于故意违约，违约方请求减少违约金的，人民法院不予支持。”第30条：“违约方请求人民法院调整违约金数额的，在提供违约金过高的初步证据后，举证责任转移至守约方。”第31条：“当事人在合同中对损失数额的约定和损失数额的计算方法的约定，视为对违约金的约定。”上海高院**《关于印发〈上海法院民事办案要件指南〉的通知》**(2003年11月25日　沪高法民一〔2003〕10号)第38条：“一方当事人行使损害赔偿请求权的，应当举证证明其遭受的损害以及损害与违约行为之间的因果关系。”

4. 参考案例。2011年3月**新疆某房屋买卖合同案**，法院认为：买方对欠付卖方1万元房款的事实无异议。现卖方已将房屋交付买方，买方应向卖方支付剩余房款1万元。故对卖方要求买方支付房款1万元的诉讼请求，予以支持。针对买方的反诉，买方与卖方的房产转让合同未明确约定卖方向买方交付房屋的时间，买方亦无有效证据证实双方对逾期交房的责任有明确的约定。故买方反诉要求卖方赔偿逾期交房租金4427元的诉讼请求，无事实及法律依据，不予支持。2009年2月**广东某房屋买卖合同案**，法院认为：根据双方协议约定，卖方收到买方支付的购房款尾数时，应将涉案房屋的使用权交给买方。双方所约定的交付物业与使用应是指将房屋的使用权实际交付买方。卖方于2008年4月1日将涉案房屋的钥匙通过法院转交给买方，应视该日为卖方履行交付涉案房屋给买方使用的时间。卖方于2008年1月23日已收齐全部楼款，而将房屋交付买方的时间是2008年4月1日，故卖方存在迟延交楼的行为，卖方依法应支付迟延交楼的违约金，计算违约金的起算日期应按合同的约定为卖方收齐楼款日(2008年1月23日)之次日(2008年1月24日)，计算违约金的终止日期应为卖方交楼之日(2008年4月1日)，迟延交楼的天数为69天，涉案房屋的总价款为23万元，根据合同约定，迟延交楼的违约金应为：23万元×1‰×69=15,870元。买方要求卖方赔偿因迟延交楼而造成的租金损失，因买方已要求卖方承担迟延交楼的违约金，再要求卖方承担租金损失的违约责任，属于要求对方承担双重违约责任，无法律依据，故不予支持。2008年6月**山东某房屋买卖合同案**，*刘某买王某房，嗣后提供两份租赁合同，以证明该房系其以每年8000元的标准出租，并以此向王某主张逾期交房租金损失，同时诉请其他经济损失，但未提供证据。*法院认为：刘某提供两份租赁合同拟证明其将涉案房屋以每年8000元的租金租给他人，并以此作为王某逾期交房为其造成经济损失的计算依据，但该租金的计算标准不具有权威性，不能代表租赁市场的价格，故对该计算标准不予采信。刘某要求王某赔偿经济损失的主张,因无确切数据予以支持,无法确定具体数额,故该诉讼请求亦不予支持。2007 年 8 月**广东某房屋买卖合同案**,法院认为:案涉房屋买卖合同合法有效。买方已依照约定履行了交付价款的义务,卖方除有办理产权登记移转的义务外,还有实际交付房屋的义务。卖方未按合同约定履行实际交付房产的义务,应承担违约责任。双方在合同中并未约定延期交付房产的违约责任承担方式,买方主张卖方按指导租金的标准支付逾期交房违约金,其实质是赔偿损失的请求,应予支持,但卖方已以 2 万元购房款折抵了买方 2007 年 6 月至 10 月期间不能使用房产的损失,买方仍请求此期间的延期交房损失,不予支持。如卖方在 2007 年 10 月 31 日前仍未能履行交付房产的义务,则卖方应自 2007 年 11 月 1 日始按指导租金的标准赔偿(《深圳市 2007 年房屋租赁指导租金》同路段指导租金 24 元/月/平方米 ×91.42 平方米)买方经济损失至房产实际交付时止。

【同类案件处理要点】

二手房买卖合同签订后,卖方未依约交付房屋的,应承担违约责任。未约定逾期交房的违约责任承担方式,买方主张按逾期交付使用期间有关部门公布或有资格房地产评估机构评定的同地段同类房屋租金标准,结合本地区房屋租赁现状和涉案房屋具体位置,来确定逾期交付违约金或赔偿损失的,应予支持。

【相关法律风险提示】

1. 因出卖方迟延交房,买方持与他人签订的转租协议起诉主张租金损失,可能会被法院以租金计算标准不客观而驳回。案见山东东营法院(2008)东民四终字第 103 号"刘某与王某房屋买卖合同纠纷案"。故房屋买卖合同应对一方迟延交房或迟延付款的违约责任有明确约定。

2. 房屋的交付往往以"交钥匙"为标志,但小小的一把钥匙如何交接,为避免履行过程中人为的阻挠,最好设定第三方程序:在买方以其他原因拒绝接收钥匙或联系不上的情况下,卖方应在约定日期前,将钥匙置于居间的房产中介或双方认可的具有公信力的第三方处,卖方与房产中介签订交接清单时视为交付房屋。买方索取钥匙主张交付、卖方交付钥匙被拒绝,均应保留好相关证据,比如证人证言、提存证据、短信证据、录音证据等。

3. 二手房屋买卖,双方对房屋交付日期应有明确约定,对逾期交付可以参照该房屋当地当时出租的标准,约定迟延履行的违约赔偿条款,以免将来对损失举证上的困扰。

【附注】

参考案例索引：重庆黔江区法院（2010）黔法民初字第00071号“田某等诉段某等买卖合同纠纷案”；新疆乌鲁木齐中院（2011）乌中民四终字第4号“林某与李某房屋买卖合同纠纷上诉案”；广东广州中院（2008）穗中法民五终字第4106号“王某与林某房屋买卖合同纠纷上诉案”；山东东营法院（2008）东民四终字第103号“刘某与王某房屋买卖合同纠纷案”；广东深圳福田区法院（2007）深福法民三初字第1880号“刘某诉王某等房产买卖合同纠纷案”。

24. 解除合同的通知效力

——解除发通知，是否有效力？

【合同解除】

【案情简介及争议焦点】

2005年11月，苏某售房给林某，房价40万余元，约定逾期付款每日按未付款的1‰支付违约金，逾期30天，苏某有权不再出售。签约当日，林某首付40%后，苏某交房。

因林某未依约后续付款，苏某起诉要求解除合同。2010年3月，林某付清剩余房款19万元。2010年5月，生效判决驳回苏某要求解除合同的诉请，判决林某支付苏某逾期付款违约金7.9万余元。2010年6月，苏某以林某19万元付款逾期，两次发函给林某要求解除合同，均被“原址无此人”退回。2010年7月，苏某在本市日报上刊登解除合同通知后，起诉要求确认合同解除及后续违约金。

争议焦点：1. 解除合同通知的效力如何？2. 逾期付款违约金应否支持？

【裁判要点】

1. 解除通知的效力。苏某以生效判决之后的行为起诉要求确认其解除合同通知的效力，不违反“一事不再理”的原则。苏某首次诉请解除合同，已经生效判决驳回，其后虽两次发函通知解除被退回后登报声明，因林某付款行为发生在生效判决前，该判决已驳回苏某要求继续履行的诉讼请求，之后林某并无违约行为，故苏某要求解除合同的诉讼请求应予驳回。

2. 逾期付款违约金。双方已在房屋买卖合同中明确约定了林某支付购房款的期限及方式,但林某在2010年3月才支付余下的购房款项,故应按合同约定向苏某支付后续违约金。

【裁判依据或参考】

1. 法律规定。《民法典》(2021年1月1日)第562条:"当事人协商一致,可以解除合同。当事人可以约定一方解除合同的事由。解除合同的事由发生时,解除权人可以解除合同。"第563条:"有下列情形之一的,当事人可以解除合同:(一)因不可抗力致使不能实现合同目的;(二)在履行期限届满前,当事人一方明确表示或者以自己的行为表明不履行主要债务;(三)当事人一方迟延履行主要债务,经催告后在合理期限内仍未履行;(四)当事人一方迟延履行债务或者有其他违约行为致使不能实现合同目的;(五)法律规定的其他情形。以持续履行的债务为内容的不定期合同,当事人可以随时解除合同,但是应当在合理期限之前通知对方。"第564条:"法律规定或者当事人约定解除权行使期限,期限届满当事人不行使的,该权利消灭。法律没有规定或者当事人没有约定解除权行使期限,自解除权人知道或者应当知道解除事由之日起一年内不行使,或者经对方催告后在合理期限内不行使的,该权利消灭。"第565条:"当事人一方依法主张解除合同的,应当通知对方。合同自通知到达对方时解除;通知载明债务人在一定期限内不履行债务则合同自动解除,债务人在该期限内未履行债务的,合同自通知载明的期限届满时解除。对方对解除合同有异议的,任何一方当事人均可以请求人民法院或者仲裁机构确认解除行为的效力。当事人一方未通知对方,直接以提起诉讼或者申请仲裁的方式依法主张解除合同,人民法院或者仲裁机构确认该主张的,合同自起诉状副本或者仲裁申请书副本送达对方时解除。"第566条:"合同解除后,尚未履行的,终止履行;已经履行的,根据履行情况和合同性质,当事人可以请求恢复原状或者采取其他补救措施,并有权请求赔偿损失。合同因违约解除的,解除权人可以请求违约方承担违约责任,但是当事人另有约定的除外。主合同解除后,担保人对债务人应当承担的民事责任仍应当承担担保责任,但是担保合同另有约定的除外。"第567条:"合同的权利义务关系终止,不影响合同中结算和清理条款的效力。"《合同法》(1999年10月1日,已于2021年1月1日起失效)第69条:"当事人依照本法第六十八条(*不安抗辩权——编者注*)的规定中止履行的,应当及时通知对方。对方提供适当担保时,应当恢复履行。中止履行后,对方在合理期限内未恢复履行能力并且未提供适当担保的,中止履行的一方可以解除合同。"第93条:"当事人协商一致,可以解除合同。当事人可以约定一方解除合同的条件。解除合同的条件成就时,解除权人可以解除合同。”第94条：“有下列情形之一的，当事人可以解除合同：(一)因不可抗力致使不能实现合同目的；(二)在履行期限届满之前，当事人一方明确表示或者以自己的行为表明不履行主要债务；(三)当事人一方迟延履行主要债务，经催告后在合理期限内仍未履行；(四)当事人一方迟延履行债务或者有其他违约行为致使不能实现合同目的；(五)法律规定的其他情形。”第96条：“当事人一方依照本法第九十三条第二款、第九十四条的规定主张解除合同的，应当通知对方。合同自通知到达对方时解除。对方有异议的，可以请求人民法院或者仲裁机构确认解除合同的效力。法律、行政法规规定解除合同应当办理批准、登记等手续的，依照其规定。”第97条：“合同解除后，尚未履行的，终止履行；已经履行的，根据履行情况和合同性质，当事人可以要求恢复原状、采取其他补救措施，并有权要求赔偿损失。”第108条：“当事人一方明确表示或者以自己的行为表明不履行合同义务的，对方可以在履行期限届满之前要求其承担违约责任。”

2. 司法解释。最高人民法院**《关于适用〈中华人民共和国民法典〉时间效力的若干规定》**(2021年1月1日　法释〔2020〕15号)第10条：“民法典施行前，当事人一方未通知对方而直接以提起诉讼方式依法主张解除合同的，适用民法典第五百六十五条第二款的规定。”第25条：“民法典施行前成立的合同，当时的法律、司法解释没有规定且当事人没有约定解除权行使期限，对方当事人也未催告的，解除权人在民法典施行前知道或者应当知道解除事由，自民法典施行之日起一年内不行使的，人民法院应当依法认定该解除权消灭；解除权人在民法典施行后知道或者应当知道解除事由的，适用民法典第五百六十四条第二款关于解除权行使期限的规定。”最高人民法院**《关于适用〈中华人民共和国合同法〉若干问题的解释(二)》**(2009年5月13日　法释〔2009〕5号，已于2021年1月1日起失效)第24条：“当事人对合同法第九十六条、第九十九条规定的合同解除或者债务抵销虽有异议，但在约定的异议期限届满后才提出异议并向人民法院起诉的，人民法院不予支持；当事人没有约定异议期间，在解除合同或者债务抵销通知到达之日起三个月以后才向人民法院起诉的，人民法院不予支持。”第26条：“合同成立以后客观情况发生了当事人在订立合同时无法预见的、非不可抗力造成的不属于商业风险的重大变化，继续履行合同对于一方当事人明显不公平或者不能实现合同目的，当事人请求人民法院变更或者解除合同的，人民法院应当根据公平原则，并结合案件的实际情况确定是否变更或者解除。”最高人民法院**《关于民事诉讼证据的若干规定(2019年修正)》**(2020年5月1日　法释〔2019〕19号)第2条：“人民法院应当向当事人说明举证的要求及法律后果，促使当事人在合理期限内积极、全面、正确、诚实地完成举证。当事人因客观原因不能自行收集的证据，可申请人民法院调查收集。”第8条：“《最高人民法院关于适用〈中华人民共和国民事诉讼法〉的解释》第九十六条第一款规定的事实,不适用有关自认的规定。自认的事实与已经查明的事实不符的,人民法院不予确认。"第53条:"诉讼过程中,当事人主张的法律关系性质或者民事行为效力与人民法院根据案件事实作出的认定不一致的,人民法院应当将法律关系性质或者民事行为效力作为焦点问题进行审理。但法律关系性质对裁判理由及结果没有影响,或者有关问题已经当事人充分辩论的除外。存在前款情形,当事人根据法庭审理情况变更诉讼请求的,人民法院应当准许并可以根据案件的具体情况重新指定举证期限。"

3.地方司法性文件。广东高院**《印发〈关于审理房屋买卖合同纠纷案件的指引〉的通知》**(2017年9月12日　粤高法〔2017〕191号,已于2020年12月31日经粤高法〔2020〕132号废止)第43条:"合同解除权行使期限届满或者解除权放弃后,对方当事人经催告仍然不履行合同,守约方主张依照合同约定或者法律规定解除合同的,应予支持。"湖北高院民二庭**《当前商事审判疑难问题裁判指引(上)》**(2016年11月)第10条:"人民法院在诉讼中应审查当事人是否享有解除权。《最高人民法院关于适用〈中华人民共和国合同法〉若干问题的解释(二)》第二十四条规定:'当事人对合同法第九十六条、第九十九条规定的合同解除或者债务抵销虽有异议,但在约定的异议期限届满后才提出异议并向人民法院起诉的,人民法院不予支持;当事人没有约定异议期间,在解除合同或者债务抵销通知到达之日起三个月以后才向人民法院起诉的,人民法院不予支持。'适用该条规定时应首先审查解约方是否享有约定的或者法定的解除权,不能仅以异议期限届满对方未提出异议并向人民法院起诉为由认定合同已解除。"第11条:"当事人可以在诉讼中行使合同解除权。当事人行使合同解除权,可以采取诉讼的方式,也可以在诉讼中行使。《合同法》第九十六条第一款规定:当事人一方依照本法第九十三条第二款、第九十四条的规定主张解除合同的,应当通知对方。合同自通知到达对方时解除。对方有异议的,可以请求人民法院或者仲裁机构确认解除合同的效力。因此,人民法院或仲裁机构仅仅是确认解除合同的效力,并非依职权裁判合同解除。即使当事人在起诉时使用'诉请法院判决解除合同'等表述,请求解除合同之诉本质上为确认解除合同效力之诉,法院仍应认定当事人请求法院确认主张解除合同的意思表示有效,在主文的表述方面应当为:确认××解除合同的行为有效,合同已于××时间解除。当事人一方先行发出解除通知然后起诉请求解除合同或请求确认合同已解除的,或者对方收到解除通知后向法院提出请求确认合同解除无效之诉的,如确认合同解除有效,合同解除时间为解除通知到达合同相对方之日。当事人一方未先行通知即直接向法院起诉请求解除合同的,原告递交起诉状并经由法院向被告送达的行为视为向合同相对方发出了解除合同的通知,如确认合同解除有效,合同解除的时间为起诉状副本送达至被告之日。当事人一方因合同履行产生争议,起诉时未主张解除合同，在法庭辩论终结前当事人任何一方提出解除合同的诉请，如依法受理后确认合同解除有效，合同解除的时间为解除合同的诉请送达至相对方之日。”吉林高院**《关于商事案件适用合同解除制度若干问题的解答》**（2014 年 12 月 17 日）第 1 条：“未生效合同能否作为合同解除的对象？成立但未生效的合同能否作为合同解除的对象，合同法未作明确规定。《最高人民法院关于审理外商投资企业纠纷案件若干问题的规定（一）》第五条规定：‘外商投资企业股权转让合同成立后，转让方和外商投资企业不履行报批义务，经受让方催告后在合理的期限内仍未履行，受让方请求解除合同并由转让方返还其已支付的转让款、赔偿因未履行报批义务而造成的实际损失的，人民法院应予支持。’第八条规定：‘外商投资企业股权转让合同约定受让方支付转让款后转让方才办理报批手续，受让方未支付股权转让款，经转让方催告后在合理的期限内仍未履行，转让方请求解除合同并赔偿因迟延履行而造成的实际损失的，人民法院应予支持。’根据前述规定，未生效的合同可以作为合同解除的对象。”第 4 条：“当事人在合同中作出类似‘任何一方违约，对方即可解除合同’的约定，是否只要一方发生违约行为，对方当事人即可依据合同法第九十三条第二款的规定享有解除权？当事人在合同中作出类似‘任何一方违约，对方即可解除合同’的约定，在形式上属于约定解除合同的条件，但应认定对解除条件的约定不明，当事人是否享有合同解除权，应根据合同法第九十四条关于法定解除的规定进行认定。”第 10 条：“解除合同的通知是否必须采取书面通知的形式？对于解除合同通知的形式，合同法未作明确规定，为不要式。当事人可以采用书面形式、口头形式和其他形式通知解除合同，只要解除权人通过一定的形式向对方当事人表达了解除合同的意思且该意思表示为对方所知悉，即可发生解除合同的效力。”第 11 条：“解除合同的通知能否撤回？解除合同的通知在法律性质上属于意思表示，解除合同通知的撤回可以参照适用合同法第十七条关于‘要约可以撤回。撤回要约的通知应当在要约到达受要约人之前或者与要约同时到达受要约人’的规定，即‘解除合同的通知可以撤回。撤回的通知应在解除合同的通知到达对方当事人之前或者与解除合同的通知同时到达对方当事人’。”第 12 条：“解除合同的通知能否撤销？根据合同法第九十六条的规定，合同自通知到达对方时解除。因此，解除合同的通知不能撤销。但是，如果对方当事人同意撤销则应允许撤销，因为在这种情况下实际上是双方当事人协商一致恢复原合同关系。解除合同通知的撤销可以参照适用合同法第八十条第二款关于‘债权人转让权利的通知不得撤销，但经受让人同意的除外’的规定，即‘解除合同的通知不得撤销，但经对方当事人同意的除外’。”第 13 条：“当事人未向对方当事人发出解除合同的通知，起诉请求解除合同，人民法院应否受理？根据合同法第九十六条的规定，合同解除权为形成权，即当事人单方通知即可产生解除合同的法律效力，但并未排除当事人请求人民法院判决解除合同的权利,亦未将通知作为当事人起诉的前置程序。实践中,当事人往往更倾向于选择以裁判方式来行使合同解除权并请求人民法院对合同解除的法律后果一并作出裁判。如果对此类案件不予受理,要求解除权人先行通知解除,就解除的法律后果再行起诉,将增大守约方的维权成本。因此,当事人未向对方当事人发出合同解除通知,起诉请求判令解除合同,符合民事诉讼法第一百一十九条规定的,人民法院应予以受理。"第14条:"当事人依照合同法第九十六条的规定通知解除后,又起诉请求判令解除合同并对合同解除的法律后果一并作出裁判,人民法院应如何处理?此种情形下,合同自通知到达对方时已经解除,法院判决在合同解除纠纷中的作用,仅仅是确认当事人有无解除合同的权利,以及当事人是否已经合法解除了合同,而不是代替当事人作出解除合同的决定,或者决定当事人之间的合同应当自何时起解除。人民法院经审理,认定当事人解除合同符合法律规定的,应当在判决论理部分确认合同已于解除通知到达之日解除,进而对合同解除的法律后果直接作出裁判,不应将解除合同的内容写入判决主文。"第15条:"当事人未向对方当事人发出解除合同的通知,亦未明确提出解除合同的诉讼请求,以对方违约为由直接请求合同解除的法律后果的,人民法院应如何处理?人民法院应当正确识别当事人的诉讼请求,当事人作出解除合同的意思表示,并非一定要提出'解除合同'的字样。当事人以对方违约为由直接起诉请求对合同解除的法律后果进行裁判,例如买卖合同的买受人以质量不合格为由请求退货并返还货款的,人民法院应当认定当事人提出了解除合同的诉讼请求,并将合同应否解除作为案件审理的重点。必要时,人民法院可以让原告明确其是否将'解除合同"作为诉讼请求。"北京高院**《关于审理房屋买卖合同纠纷案件适用法律若干问题的指导意见(试行)》**(2010年12月22日　京高法发〔2010〕458号)第21条:"房屋买卖合同履行过程中,一方当事人构成根本违约的,守约方有权解除合同,违约方不享有合同法定解除权。如果因不可抗力或情事变更等原因,致使合同目的无法实现的,合同双方均有权要求解除合同。"北京高院**《审理买卖合同纠纷案件若干问题的指导意见(试行)》**(2009年2月3日　京高法发〔2009〕43号)第29条:"出卖人没有履行或者无法履行从给付义务,致使买受人不能实现合同目的,买受人主张解除合同的,法院应予支持。订立合同时,买受人知道或者应当知道出卖人无法履行从给付义务的,买受人应当对合同解除承担违约责任。"北京高院**《审理民商事案件若干问题的解答之五(试行)》**(2007年5月18日　京高法发〔2007〕168号)第17条:"当事人无法协议解除合同,继续履行又有现实困难的,法院应如何处理?当事人无法协议解除合同,继续履行又有现实困难的,法院应认定合同一方当事人或双方当事人的合同目的已经不能实现,判令合同解除。对于合同解除的后果,法院应根据《合同法》第九十七条规定的内容,及当事人对合同解除后的处理约定行使释明权，以决定是否一并处理合同解除后当事人之间债权债务的实体问题。”第18条：“……合同履行抗辩权是法律明确规定的对抗或否认对方请求权的权利，在诉讼中体现为反驳。只要当事人在答辩中有明确的意思表示，法院就应该对其是否成立的事实进行审理，而不应要求当事人另行提起诉讼或反诉。”江苏高院**《关于印发〈关于适用中华人民共和国合同法若干问题的讨论纪要(一)〉的通知》**(2005年9月26日　苏高发审委〔2005〕16号)第20条：“当事人在提起诉讼前未通知对方解除合同，起诉时要求解除合同，对方当事人以诉讼前未通知为由进行抗辩的，人民法院不予支持。”第21条：“当事人在合同中约定了解除合同的条件的，约定的解除条件应当优先适用。”第22条：“当事人应当及时行使合同解除权，对因解除权行使不及时造成损失扩大的部分，当事人要求行使合同解除权人承担的，人民法院应当支持。”第23条：“解除合同条件成就后，享有合同解除权的当事人仍然接受违约方履行合同的，应视为解除权人对解除权的放弃。”第24条：“当事人一方因对方违约要求解除合同，同时又要求违约方按照合同中约定的违约金条款承担违约责任的，人民法院应当支持。”上海高院**《关于处理房屋租赁纠纷若干法律适用问题的解答(三)》**(2005年8月29日　沪高法民一〔2005〕16号)第33条：“如何确定合同解除的时间？一般情况下，可以分以下三种情况：1. 诉讼之前，双方当事人协商解除租赁合同的，协商确定之日为合同解除之日；2. 一方当事人行使合同解除权，对方有异议提起诉讼，经法院审理后认为行使合同解除权并无不当的，解除合同通知送达之日为合同解除之日；3. 一方当事人行使合同解除权，对方有异议提起诉讼，经法院审理认为该当事人无合同解除权，但双方当事人在诉讼中均同意解除合同的，可以在判决或调解书中明确合意解除之日为合同解除之日……《合同法》第九十六条第一款规定：‘当事人一方依照本法第九十三条第二款、第九十四条的规定主张解除合同的，应当通知对方。合同自通知到达对方时解除。对方有异议的，可以请求人民法院或者仲裁机构确认解除合同的效力’。因此，双方当事人就是否有合同解除权产生争议时，经法院审查认为一方当事人确有解除权的，有解除权一方的通知到达对方时解除权即产生效力，合同解除。这种情况下，由于合同解除是已经存在的事实，法院可以在判决说理部分确认合同业已解除，如果判决主文中需要确认合同解除的，应当注意合同解除之日为通知送达之日。经审查认为一方当事人无解除权的，则通知到达对方时并不能产生合同解除的效力，合同应当继续履行。合同继续履行并不排除双方当事人可以在诉讼过程中就解除合同达成一致。”上海高院**《关于印发〈上海法院民事办案要件指南〉的通知》**(2003年11月25日　沪高法民一〔2003〕10号)第41条：“主张解除合同的一方，一般应当举证证明：(一)当事人双方之间存在有效合同；(二)合同解除条件已经成就的要件事实；(三)权利人行使解除权的要件事实。”〔说明：根据合同法的相关规定，合同解除权人可以通过行使解除权解除合同,而不是都要经过法院的认定才能解除合同。但是,解除合同所需的条件具备后,合同也不是当然解除的,解除权人还须作出解除合同的意思表示,并将该意思表示通知对方,方能发生解除的效果。因此,在诉讼中主张合同已经解除的一方,就应当对已经发生合同解除效力所要具备的前述要件事实承担举证责任。解除合同的通知以口头形式作出的,只要能够提供证据证明,也是可以的。当然,在司法实践中,当事人往往诉请法院"依法解除合同",这种主张实际上既有解除权人尚未行使解除权,而以诉讼方式替代解除通知而诉请解除合同的,也有表面上是要求"依法解除合同"而实质上是要求法院确认合同已经解除的情形。因此,当事人的意思到底是要确认合同已经解除,还是要求解除合同,要根据当事人在诉讼中表示出来的意思来综合判断。〕第48条:"以对方迟延履行为由要求解除合同的,须举证证明对方迟延履行主要合同义务,且经催告后,在合理期限内仍未履行的要件事实。"〔说明:在合同约定的履行期届满时未履行或者未完全履行合同,即为迟延履行。需要注意的是,在未约定履行期限的合同中,债权人要求债务人履行债务的通知与催告已经迟延履行的债务人的催告是有不同法律意义的,不可混淆。未约定履行期限的合同的债权人须首先通知债务人履行合同义务的期限,当债务人在该期限到来仍未履行时,债权人方可催告其履行。以迟延履行为由要求解除合同的,虽然有些时候会因迟延履行的属于消极违约而不能举证,但对积极违约行为还是可以举证的,同时,由于在此情况下行使解除权还需要催告,因此,如果能够举证已经催告的,则由于催告产生在迟延履行之后,因此,也可以作为证明对方迟延履行的证据。当然,合同解除权人催告迟延履行方履行的宽限期应当合理。如果当事人对该期限是否合理发生争议,法官应当依据合同的性质、履行合同的一般情况进行判断。〕

4.参考案例。2008年**某房屋租赁合同纠纷案**,2003年,实业公司与商贸公司签订租赁合同。2004年,实业公司以商贸公司拖欠租金超过60日为由,依约通知解约。商贸公司以房屋尚需维修为由不同意,实业公司起诉,要求确认合同解除,一审法院未支持,二审法院改判支持,确认双方合同解除。2005年,因商贸公司拒绝腾退房屋,实业公司诉请腾房并主张房屋占用费,有关合同解除日确定,成为双方争议焦点之一。法院认为:依《合同法》第96条规定:"当事人一方依据本法第九十三条第二款、第九十四条的规定主张解除合同的,应当通知对方。合同自通知到达对方时解除。对方有异议的,可以请求人民法院或者仲裁机构确认解除合同的效力。法律、行政法规规定解除合同应当办理批准、登记等手续的,依照其规定。"合同双方当事人均有权请求法院或仲裁机构确认解除合同效力。根据当事人诉请不同,解除合同效力起算时间点亦不同。如一方当事人请求确认解除合同通知效力的,法院经审查认为对方异议不成立,则合同自通知到达对方时解除;如一方当事人起诉请求判令解除合同，法院经审查认为符合约定解除或法定解除条件的，则合同自法院判决生效之日起解除。法院判决解除合同与法院确认一方当事人解除合同通知效力，两者法理基础不同，前者由法院直接解除有效合同，后者系法院对已解除合同判断是否有效。请求解除合同面向未来，前提是合同能否解除处于不确定状态而要求法院在未来予以解除；确认解除合同通知效力面向过去，是解决合同是否已解除问题。本案中，实业公司通知商贸公司解除合同，但商贸公司提出异议，不同意解除合同，实业公司才起诉到法院要求解除双方所签合同，后经二审法院判决解除房屋租赁合同，故应从法院判决生效日期开始起算商贸公司占用房屋期间使用费。2016 年**上海某房屋租赁合同纠纷案**，1996 年，贸易公司承租实业公司仓库。2014 年 9 月 18 日，实业公司以贸易公司拖欠租金为由，提起诉讼要求解除租赁合同。同年 10 月 16 日，贸易公司向实业公司发出通知函，确认合同自通知函发出之日解除，但认为其已按约付款，实业公司无合同单方解除权。10 月 20 日，实业公司申请撤回前案诉讼，并致函贸易公司，称经过对账，确认贸易公司已支付租金，故要求贸易公司继续履行租赁合同。10 月 22 日，贸易公司致函实业公司，认为租赁合同已解除。10 月 24 日，实业公司回函，不同意贸易公司关于租赁合同已解除意见。贸易公司于 2015 年 3 月 1 日完成了清场退租工作。实业公司遂提起诉讼，请求解除租赁合同，并支付相应租金和违约金。法院认为：根据法律规定，当事人以诉讼方式行使合同单方解除权的，解除合同意思表示自起诉状副本到达相对人时生效。解除人作出意思表示行为是发送起诉状副本，而非起诉行为本身，故解除人撤诉的，并不能自动撤销解除合同意思表示。同时，如相对人对合同解除有异议的，应在法定期间内请求法院或仲裁机构确认解除行为效力；如相对人未提起上述请求，反而以明示方式同意解除合同的，可认为当事人对合同解除形成了合意。理论上，法律不应允许当事人随意撤销解除合同的意思表示，以免使法律关系复杂化，并损害相对人合理信赖；只有经过相对人同意或有其他撤销事由的，才允许解除人撤销解除合同的意思表示。本案中，实业公司提起前案诉讼要求解除合同，起诉状副本到达贸易公司时，其解除合同意思表示生效。后实业公司撤回前案诉讼，但贸易公司并未同意其撤销解除合同的意思表示，实业公司亦未证明有其他撤销事由，故实业公司不应撤销解除合同的意思表示。贸易公司于 2014 年 10 月 16 日书面确认合同解除，其虽对违约责任有异议，但对合同解除本身并无异议，可认为当事人就解除租赁合同形成了合意。贸易公司确认合同解除后，逐步搬离了系争仓库，如允许实业公司随意撤销解除合同意思表示，恢复合同履行，将导致贸易公司利益受损。根据诚实信用原则，当事人在从事民事活动时，应善意诚信，并不得滥用权利。本案中，如实业公司认为贸易公司欠付租金的，应及时查账并与贸易公司对账。但实业公司在未查明事实情况下，便提起前案诉讼并要求解除合同,后又以认识错误为由撤诉并要求继续履行合同,实业公司有滥用合同权利之嫌,有违诚实信用原则。根据公平原则,当事人应以公平观念从事民事活动,注意维护相互利益公平。本案中,贸易公司基于对实业公司解除合同行为信赖,改变了原有经营计划,搬离了系争仓库。如法院支持实业公司恢复履行租赁合同主张,将大大增加贸易公司搬迁费用及经营成本,有违公平原则。禁止反言原则是英美法一项原则,该原则禁止当事人提出与以前言行相反的主张,以免损害他人利益。我国法律未明确规定该原则,但司法实践亦可适当参考该项原则的理念。本案中,实业公司起诉要求解除合同后,又撤诉要求继续履行合同,其主张自相矛盾,并有损贸易公司利益,故法院有必要在查明事实基础上,对实业公司行为施加必要限制。判决确认实业公司与贸易公司租赁合同于2014年10月16日解除;贸易公司支付实业公司自2014年10月1日起至2015年2月28日止的房屋使用费12.5万元。2014年**天津某租赁合同纠纷案**,1998年,加油站租赁灯泡厂房地产,租期20年。2000年,石油公司收购加油站,各方协商继续履行租赁合同。2013年,商贸公司通过产权交易取得上述房地产。其后,商贸公司以内部资产整合为由两次向石油公司发函要求解除租赁合同,并在第3次以无法办理房地产权属变更事项为由发函要求解约,石油公司收函后未在3个月内以诉讼方式提出异议。在石油公司拒绝腾退情况下,商贸公司围堵加油站,同时诉请确认合同解除并要求腾退场地、赔偿损失。法院认为:灯泡厂在向商贸公司转让房地产时,同时具有概括转让租赁合同出租方权利、义务的意思表示,且因石油公司同意向商贸公司交纳租金,说明石油公司及加油站同意出租方权利、义务的概括转让,商贸公司已成为租赁合同出租方。具备出租人资格并不意味着可以随意解除合同。商贸公司前两次发函以内部资产整合为由要求解除租赁合同,并未依《合同法》第96条规定行使解除权。第3次以无法办理房地产权属变更事项为由发函要求解约,符合《合同法》规定的行使解除权方式,又因石油公司在收到解约通知后3个月内未提起诉讼行使异议权,双方租赁合同于第3次通知到达时解除。依《合同法》第97条规定,合同解除后,当事人可以要求恢复原状、采取其他补救措施,并有权要求赔偿损失。故本案合同解除后,双方当事人均拥有损害赔偿请求权。本案中,商贸公司仅主张恢复原状和占地使用费,石油公司亦未就涉诉不动产恢复原状后补救措施及赔偿问题提起反诉,而此问题应结合前后合同约定及相关法律规定,在分析各方导致合同解除的过错程度基础上,综合考量,宜在当事人主张损害赔偿时一并解决。至于商贸公司要求支付占地使用费一节,因其围堵加油站已导致加油站不具备经营并产生利益可能,故该项诉请不予支持。判决确认双方租赁合同解除,石油公司和加油站腾空场地并移交商贸公司。2013年**辽宁某房屋租赁合同纠纷案**,2004年,周某与陈某签订房屋租赁协议,约定年租金10万元,其后双方数次续签。其间,陈某高额转租给科技公司。2012 年 6 月 6 日，周某以陈某迟延交付租金为由通知解除租赁协议。一周后，陈某以汇款方式支付周某拖欠租金 10 万元。2013 年 2 月 25 日，陈某向周某发出解约通知并退还钥匙。其后，周某以陈某迟延交纳租金、擅自装修、转租等为由，诉请解除租赁协议并赔偿其转租收益。法院认为：租赁协议约定了解除条件，陈某未在约定期限交付租金，约定解除条件成就，周某据此发出解除通知，按《合同法》第 93 条、第 96 条第 1 款规定，案涉协议于周某解除通知到达陈某之日起解除。对租赁房屋装修改动非协议约定解除条件，亦非法定解除条件，陈某对外转租部分房屋虽未经周某明确同意，但鉴于双方存在长期租赁合同关系，且在双方续签租赁协议前，转租关系一直存在，周某之前从未提出异议，可推定周某对陈某转租行为默认，依最高人民法院《关于审理城镇房屋租赁合同纠纷案件具体应用法律若干问题的解释》第 16 条规定，陈某转租行为不构成协议解除理由。法律未规定在租赁期内承租人转租获利应归出租人所有，协议亦无相关约定，但因协议解除后陈某继续占有租赁房屋无合法依据，陈某对协议解除后占有租赁房屋的占用费用和基于租赁房屋所获收益应支付给周某，因陈某向周某发出同意解除租赁协议并要求接收房屋退还钥匙通知后，周某未积极配合接收房屋，按《合同法》第 119 条第 1 款规定，周某对由此导致损失扩大部分应自行承担责任。即，陈某应向周某支付 2012 年 6 月 6 日至 2013 年 2 月 26 日期间的房屋占用费用 72329 元和转租收益 20457 元，此期间以后的房屋损失应由周某自行承担，因陈某已向周某支付年度租金 10 万元，故判决解除租赁协议，陈某及第三人科技公司腾空房屋返还周某，陈某将房屋恢复原状并给付周某经济损失 12124 元。2012 年**江苏某租赁合同纠纷案**，1998 年，电缆公司与贸易公司签订房屋租赁合同，约定基础年租金 150 万元。2000 年，双方补充协议下调基础年租金为 130 万元。2008 年，电缆公司要求恢复原租金标准遭拒后，发出解除合同通知，2 个月后，电缆公司起诉要求确认合同已解除。法院认为：电缆公司发出解除合同通知，依最高人民法院《关于适用〈中华人民共和国合同法〉若干问题的解释（二）》第 24 条规定，贸易公司异议期为三个月。该异议期尚未届满，电缆公司又诉至法院要求解除合同，此时解除合同通知失效亦不发生法律效力，本案应围绕电缆公司诉请进行审理。本案中，电缆公司通知解除和后来诉请解除的缘由在于其作为出租方单方要求涨价，对此，双方应通过协商解决，因该项合同签订属于收益与风险并存的商事行为，其经营风险应由双方各自承担，况且该地段房屋租价渐涨在某种意义上说亦是承租人苦心经营的成果，而其收回投资实现收益亦系一个长期而艰难的过程，电缆公司作为出租人在承租人投资收回效益出现之时，即以通知解除为要挟欲实现其租价翻番，的确有失公允和诚信，不能得到支持。判决驳回电缆公司诉请。2012 年**天津某财产权属纠纷案**，2004 年，商贸公司就名下商业楼转让与工贸公司签订协议。2005 年 12 月 18 日，工贸公司向商贸公司发出《通报函》,提议解除合同。2006年6月28日,商贸公司提起诉讼,请求解除转让协议。工贸公司称,参照最高人民法院《关于审理商品房买卖合同纠纷案件适用法律若干问题的解释》第15条第2款规定,商贸公司未在工贸公司《通报函》发出后三个月内行使解除权,其解除权已在起诉前消灭。法院认为:最高人民法院《关于审理商品房买卖合同纠纷案件适用法律若干问题的解释》第1条明确规定:"本解释所称的商品房买卖合同,是指房地产开发企业将尚未建成或者已竣工的房屋向社会销售并转移房屋所有权于买受人,买受人支付价款的合同。"商贸公司并非房地产开发企业,其系向特定的对象工贸公司及王某出售房屋,而非向社会销售,故案涉协议并非该司法解释所称的商品房买卖合同,本案不适用上述司法解释。解除权行使期限属于除斥期间,超过权利行使期限,解除权消灭,故该期限的确定对当事人的权利义务具有重大影响,在法无明文规定的情况下,工贸公司请求参照适用上述司法解释就商品房买卖合同所规定的解除权行使期限,缺乏事实与法律依据。根据《合同法》第95条规定,法律没有规定或者当事人没有约定解除权行使期限,经对方催告后在合理期限内不行使的,该权利消灭。对房屋买卖合同的解除权行使期限,法律没有规定,本案当事人在合同中亦未约定,何为"合理期限",应由法院结合具体案情予以认定。本案中,转让协议签订后,商贸公司已将案涉房屋交付给工贸公司管理、经营,工贸公司已支付了首付款,并向案涉房屋内的租户收取租金及保证金。一旦合同解除,不仅涉及商贸公司、工贸公司及王某之间的权利义务关系,还涉及资产及租户移交等诸多问题,且工贸公司在2005年12月发出的《通报函》亦只是表明"拟与贵公司(商贸公司)协商解除上述协议",故商贸公司需充分时间对是否解除合同进行研究。工贸公司在发出《通报函》后至商贸公司起诉前,既未履行《补充协议》项下的付款义务,亦未表达过继续履行合同的意愿,其违约行为始终处于延续状态。综合本案情况,商贸公司收到《通报函》后,于2006年6月28日提起诉讼,并未超出合理期限。2011年3月**江苏某房屋买卖合同案**,法院认为:双方在合同签订后未能就价格问题重新达成协议,故双方均应按2010年6月3日的合同要求履行。2010年10月15日,买方向卖方发函,催告卖方在合理期限内履行产权变更手续,买方已履行了必要的催告义务,而卖方在买方催告的合理期限内仍未履行合同义务。根据我国《合同法》规定,给付定金的一方不履行约定的义务的,无权要求返还定金;收受定金的一方不履行约定的义务的,应当双倍返还定金。现卖方不履行约定义务,故其收取买方的1万元定金应双倍返还,买方的该项请求应予支持。买方现要求解除双方所签订的房地产买卖契约,卖方亦同意解除,故法院对双方2010年6月3日签订的合同予以解除。2010年12月**山东某房屋买卖合同案**,法院认为:双方就涉案房屋签订的合同中并未约定解除条件,在买方经催告后仍未履行交付剩余房款的义务的情况下,卖方有权依据《合同法》之有关规定行使其法定解除权。卖方于2009年1月13日向买方发出解除合同通知。买方在接到催告后仍未履行交纳剩余房款的义务，亦未请求人民法院或者仲裁机构确认解除合同的效力，因此双方之间的《房屋买卖合同》及《房屋买卖合同补充协议》应当予以解除。卖方解除合同的行为符合《合同法》有关规定，合法有效。合同解除后，买方应当将涉案房屋返还卖方，卖方亦应将买方已付购房款550万元予以返还。2010年8月**浙江某房屋买卖合同案**，法院认为：在合同履行中，买方在约定的付款期限内通知卖方收取首付房款，而卖方拒不同意按约将该首付房款用于付清其欠开发商的房款，该行为已构成违约，应承担违约责任。买方发信给卖方，虽卖方拒收，但因该信封上已注明其内容为解除合同通知书，应视为该解除合同的意向已通知卖方，故合同中涉及双方之间房屋买卖合同已于2009年9月12日因王某拒收该通知而解除。2010年5月**广东某房屋买卖合同案**，法院认为：涉案《房产买卖合同》约定的26万元首期款支付期限为2009年9月20日之前，但合同并未明确约定买方逾期支付该首期款卖方即有权单方解除合同。在合同履行过程中，双方均认可已协商同意延长首期款的支付期限，即如卖方所称买方确有逾期支付首期款的情况，按照我国《合同法》规定，当事人一方迟延履行主要债务经催告后在合理期限内仍未履行的，另一方当事人方可解除合同，而本案中卖方未经催告即于9月23日向买方发出解除合同的通知，其行为并不符合上述法律规定；同时，就涉案合同的履行情况来看，买方在9月22日16时18分向卖方发出"我明天9时30分直接到银行交款，不好意思耽误时间了"的短信，表明买方已积极表示将于次日履行合同，房产中介亦证实买方在9月23日即前往办理资金监管手续，距离卖方所主张的9月22日仅相隔一天，故买方即使存在迟延付款行为，也尚未达到致使合同目的无法实现的程度。本案中，在并不满足合同约定及法律规定的合同解除条件的情况下，卖方单方解除合同并将房产转让给案外人，导致涉案合同最终无法履行，卖方行为已构成根本违约，应向买方返还定金5万元及支付违约金5万元。2009年1月**上海某房屋买卖合同案**，法院认为：根据合同约定，买方逾期未付款，超过30日的，卖方应书面催告买方，自催告之日起7日内买方仍未付款的，卖方有权单方解除合同。在卖方向买方催告后，买方仍未履行付款义务，卖方于2007年7月11日向买方发出解除合同的通知，明确解除与买方签订的上海市房地产买卖合同，故法院确定2007年7月11日解除合同的通知到达买方时为合同解除日。2004年8月**广东某房屋买卖合同案**，法院认为：钟某在诉讼中明确承认其在签订《房屋买卖合同》后曾提出解除合同。但钟某与罗某未就解除该合同达成一致意见，合同并未实际解除。与此同时，罗某认为钟某违约在先，其本人依约有权解除合同。根据《合同法》第94条规定，钟某以其行为表明将不履行合同，罗某可行使单方解除权。该法第96条规定："当事人一方依照本法第九十三条第二款、第九十四条的规定主张解除合同的,应当通知对方。合同自通知到达对方时解除……"罗某在诉讼中没有举证证明其已通知钟某解除合同,故合同尚未解除。鉴于罗某与钟某的《房屋买卖合同》未解除,罗某在此情况下擅自处分合同标的物,致使合同无法履行,合同目的无法实现。其行为已构成违约,依据合同约定,罗某理应返还钟某已支付的购房款1万元。

【同类案件处理要点】

二手房买卖合同约定的解除条件成就,或因不可抗力、对方预期违约,或对方迟延履行主要债务经催告后在合理期限仍未履行,或对方迟延履行或其他违约行为导致合同目的落空的,一方提出解除合同的,解除通知到达对方时合同解除。对方有异议的,可请求法院或者仲裁机构确认解除合同的效力。

【相关法律风险提示】

1. 催告对方履行合同义务,或提出解除合同的通知,建议以特快专递或普通快递方式进行,注意在快件详情单上注明快递文件的内容,并向快递单位索取、保留对方或对方工作人员签收的回执,以避免对方抗辩称未收到或收到的非特定文件时作为证据使用。信封上注明快递文件内容系"解除合同通知",对方拒绝签收的,法院也可能认定合同一方已尽通知义务。案见浙江宁波中院(2010)浙甬民二终字第342号"王某与朱某房屋买卖合同纠纷上诉案"。

2. 二手房购房合同约定了违约金的,诉讼中对违约金计算的终息日,应强调系"暂计至",判决书中表明的"逾期未付……加倍"内容通常系对判决确认债务内容的履行要求,并非完整的债务内容。尤其在二手房买卖合同历经诉累,卖方解除合同不得,对方持续违约情形下,对利息或违约金的计算依据通过生效判决获得最大限度的保护,具有现实意义。案见广东广州中院(2010)穗中法民五终字第3753号"苏某与林某房屋买卖合同纠纷上诉案"。

3. 对签约后付款义务的履行方式,约定了明确期限的,最好在合同中将款项接收账号予以明确,以入账日期作为付款义务、收款义务履行的标志,避免认定付款义务是否逾期时的纷扰。

4. 在一方先行违约符合约定解除合同的情况下,另一方解除合同,应当通知对方,未经通知的,合同尚未解除,自行坚持解除,可能被对方作为主张逾期违约的理由。案见广东佛山中院(2004)佛中法民五终字第1156号"罗某与钟某房屋买卖合同纠纷案"。

5. 在一方迟延履行主要合同义务的情况下,对方提出解除合同的,应先提出要求履行的催告,并给予合理的履行期限,径行提出解除通知的,可能构成违约。案见广东深圳中院(2010)深中法民五终字第911号"王某等与李某房屋买卖合同纠纷上诉案"。

【附注】

参考案例索引：广东广州中院（2010）穗中法民五终字第3753号“苏某与林某房屋买卖合同纠纷上诉案”；见《法院判决解除合同后如何起算解除日期》（吴晓芳，最高院民一庭），载《民事审判指导与参考·指导性案例》（200803/35:142）；上海一中院（2016）沪01民终127号“某管业公司与某实业公司租赁合同纠纷案”，见《对当事人撤销解除合同意思表示的合法限制——上海一中院判决日丰公司诉江南公司租赁合同纠纷案》（郑卫青），载《人民法院报·案例精选》（20160901:06）；天津一中院（2014）一中民四终字第527号“天津同裕晟商贸有限公司与中国石油天然气股份有限公司天津销售分公司等租赁合同纠纷案”，见《不动产租赁合同解除权及异议权的行使与限制》（邢小鹏、马晓瀛、尹春海、刘俊），载《人民司法·案例》（201614:56）；辽宁沈阳中院（2013）沈中民二终字第1456号“陈某与周某租赁合同纠纷案”，见《陈铁兵与周晓华房屋租赁合同纠纷案——房屋租赁合同解除事由及法律责任承担问题分析》（邢丹、刘冬），载《人民法院案例选》（201502/92:164）；江苏南京中院（2012）宁民再终字第12号“某贸易公司与某电缆公司租赁合同纠纷案”，见《诺亚公司等诉南京电线电缆公司房屋租赁合同解除权纠纷案》，载《江苏省高级人民法院公报》（201206/24:70）；最高人民法院（2012）民申字第310号“某商贸公司与某工贸公司等财产权属纠纷案”；江苏常州戚墅堰区法院（2011）戚民初字第7号“潘某诉许某等房屋买卖合同纠纷案”；山东青岛中院（2010）青民一终字第1106号“某集团公司诉某建材公司房屋买卖合同纠纷上诉案”；浙江宁波中院（2010）浙甬民二终字第342号“王某与朱某房屋买卖合同纠纷上诉案”；广东深圳中院（2010）深中法民五终字第911号“王某等与李某房屋买卖合同纠纷上诉案”；上海一中院（2008）沪一中民二（民）终字第3395号“郭某等与陆某房屋买卖合同纠纷上诉案”；广东佛山中院（2004）佛中法民五终字第1156号“罗某与钟某房屋买卖合同纠纷案”。

25. 二手房过户税费争议

——税费有争议，究竟谁来担？

【税费负担】

【案情简介及争议焦点】

2007年9月，黄某作为甲方，将自有按揭房产以200万元售与刘某，约定“买卖双方需交纳税、费均由乙方支付”。后因该房取得房产证未满5年,按本市规定,二手房屋交易过户,购买未满5年转让的需缴交转让收入×5.5%的营业税,购买超过5年(含5年)的免征营业税,购买时间以房地产证或契税完税证填发日期为准;自用未满5年转让的需缴交个人转让房产收入×5%×20%的个人所得税,自用满5年(含5年)且是唯一住房的免征个人所得税,个人自用房屋的时间以房产证核准发证时间或契税完税证填发时间为开始时间。刘某以黄某承诺过该房已满5年为由拒绝负担该费用,黄某辩称居住使用满5年,未承诺办证满5年。黄某起诉后,刘某反诉,均要求对方承担违约责任。

争议焦点:1.合同是否解除?2.税费争议如何处理?

【裁判要点】

1.合同解除。双方所签合同有效。现双方均同意解除合同,符合《合同法》协商一致可解除合同的规定,双方既已不再交易,黄某应退还刘某购房款及支付占用该款项期间利息。

2.税费争议。由于黄某就涉讼房屋办理了抵押贷款,双方商定房屋买卖合同时,涉讼房屋的房产证由贷款银行收执,未能明确房产证核发日期,双方对涉讼房屋购买时间和个人自用房屋时间有错误认识,导致双方最终因交易税费负担问题产生争议,而未能继续履行合同,故合同解除不可归责于双方,双方分别要求对方支付违约金的请求依据不足,不予支持。

【裁判依据或参考】

1.法律法规或其他规范性文件

(1)综合规定

①法律法规及地方司法性规定。《民法典》(2021年1月1日)第466条:“当事人对合同条款的理解有争议的,应当依据本法第一百四十二条第一款的规定,确定争议条款的含义。合同文本采用两种以上文字订立并约定具有同等效力的,对各文本使用的词句推定具有相同含义。各文本使用的词句不一致的,应当根据合同的相关条款、性质、目的以及诚信原则等予以解释。”第509条:“当事人应当按照约定全面履行自己的义务。当事人应当遵循诚信原则,根据合同的性质、目的和交易习惯履行通知、协助、保密等义务。当事人在履行合同过程中,应当避免浪费资源、污染环境和破坏生态。”第510条:“合同生效后,当事人就质量、价款或者报酬、履行地点等内容没有约定或者约定不明确的,可以协议补充;不能达成补充协议的,按照合同相关条款或者交易习惯确定。”国家税务总局**《关于个人转让住房享受**

税收优惠政策判定购房时间问题的公告》(2017年3月17日):"……个人转让住房,因产权纠纷等原因未能及时取得房屋所有权证书(包括不动产权证书,下同),对于人民法院、仲裁委员会出具的法律文书确认个人购买住房的,法律文书的生效日期视同房屋所有权证书的注明时间,据以确定纳税人是否享受税收优惠政策。"山东高院《**民事审判会议纪要**》(2017年8月)第2条:"……14.关于二手房买卖中过户费用的承担问题。房地产转让过程中,在办理房屋所有权或土地使用权变更登记时,需要缴纳登记费、工本费测绘费、印花税、营业税、个人所得税、契税等多种税和费,有些转让合同中约定'交易过户过程中发生的一切费用由受让方承担'。双方对'一切费用'的解释有争议。一种观点认为,虽然国家税法规定转让方是营业税、个人所得税等税收的法定纳税人,但是房地产转让双方可以约定该缴费、缴税义务由一方承担,该约定对双方当事人具有约束力,但该约定不能对税务机关及第三方产生约束力。双方当事人应当按照合同约定履行,双方没有特别约定应当由出卖方承担的费用时,'一切费用'按照通常的交易习惯理解为统指过户需要的各种税和费。另一种观点认为,房地产过户既需要交纳税又需要交纳费,税与费指向不同,'一切费用'仅指登记费、工本费测绘费等各种费,不包括营业税等各种税,按照法律规定,营业税、个人所得税等税应当由转让方交纳,对于因房屋交付后房屋增值部分产生的税收,因买受方获利应由买受方承担。"北京高院《**关于下发〈关于妥善处理涉及"新国五条"的房屋纠纷案件若干问题的会议纪要〉的通知**》(2013年7月9日)第4条:"('新国五条'施行前签订买卖合同税费增加的处理)当事人在'新国五条'施行前签订房屋买卖合同,但未在'京十九条'施行前办理网上签约,因国家政策调控导致办理房屋过户需要缴纳的个人所得税增加,当事人就合同履行及税费负担发生争议的,可以按以下情形处理:1.当事人一方同意支付增加税费,并要求继续履行合同的,应予支持,另一方要求解除合同的,不予支持。2.当事人双方就增加的税费如何负担无法达成一致,属于因不可归责于双方当事人的原因导致合同难以履行,当事人据此要求解除合同的,一般应予支持;出卖人应当将收受的购房款或定金返还给买受人;当事人一方要求赔偿损失或适用定金罚则的,不予支持。3.确有证据证明因国家政策调控导致税费增加的数额较小,且对当事人履约能力不构成严重影响的,合同应当继续履行,当事人一方要求解除合同的,不予支持;由此增加的税费依据合同约定予以承担,合同没有约定或约定不明的,依据国家税收法规规定由出卖人承担。4.当事人依合同约定的履行期限在'京十九条'施行前能够完成房屋过户或网上签约,因可归责于一方当事人的原因导致合同迟延履行,在此期间由于国家政策调控导致税费增加,守约方主张继续履行合同,并要求违约方承担增加税费的,应予支持。"第5条:"('新国五条'施行后签订买卖合同税费增加的处理)当事人在'新国五条'施行后签订房屋买卖合同,合同对税费负担有约定的,从其约定,没有约定或约定不明的,依据国家相关税收法规确定税费缴纳主体,当事人一方以税费增加为由要求解除合同的,不予支持。"第6条:"('京十九条'施行前已受理案件的处理)'京十九条'施行前,买受人已经向法院起诉要求继续履行合同办理房屋过户登记,经审查房屋买卖合同签订在'新国五条'施行之前,但未办理网上签约,法院应当向双方当事人释明因国家政策调控导致税费增加,并告知其可以变更、增加诉讼请求或提起反诉,当事人一方要求解除合同或要求违约方承担增加税费的,按本纪要第四条规定的内容处理。前述案件已经进入二审程序的,法院应当组织当事人就增加税费如何负担进行调解,调解不成的,应当在原审诉讼请求范围内继续审理并作出判决。"山东高院**《2011年全省民事审判工作会议纪要(讨论稿)》**(2011年8月)第14条:"关于二手房买卖中过户费用的承担问题。房地产转让过程中,在办理房屋所有权或土地使用权变更登记时,需要缴纳登记费、工本费测绘费、印花税、营业税、个人所得税、契税等多种税和费,有些转让合同中约定'交易过户过程中发生的一切费用由受让方承担'。双方对'一切费用'的解释有争议。一种观点认为,虽然国家税法规定转让方是营业税、个人所得税等税收的法定纳税人,但是房地产转让双方可以约定该缴费、缴税义务由一方承担,该约定对双方当事人具有约束力,但该约定不能对税务机关及第三方产生约束力。双方当事人应当按照合同约定履行,双方没有特别约定应当由出卖方承担的费用时,'一切费用'按照通常的交易习惯理解为统指过户需要的各种税和费。另一种观点认为,房地产过户既需要交纳税又需要交纳费,税与费指向不同,'一切费用'仅指登记费、工本费测绘费等各种费,不包括营业税等各种税,按照法律规定,营业税、个人所得税等税应当由转让方交纳,对于因房屋交付后房屋增值部分产生的税收,因买受方获利应由买受方承担。"**《合同法》**(1999年10月1日,已于2021年1月1日起失效)第94条:"有下列情形之一的,当事人可以解除合同:(一)因不可抗力致使不能实现合同目的;(二)在履行期限届满之前,当事人一方明确表示或者以自己的行为表明不履行主要债务;(三)当事人一方迟延履行主要债务,经催告后在合理期限内仍未履行;(四)当事人一方迟延履行债务或者有其他违约行为致使不能实现合同目的;(五)法律规定的其他情形。"**《税收征收管理法(2015年修正)》**(2015年4月24日)第4条:"法律、行政法规规定负有纳税义务的单位和个人为纳税人。法律、行政法规规定负有代扣代缴、代收代缴税款义务的单位和个人为扣缴义务人。纳税人、扣缴义务人必须依照法律、行政法规的规定缴纳税款、代扣代缴、代收代缴税款。"第63条:"纳税人……进行虚假的纳税申报,不缴或者少缴应纳税款的,是偷税。对纳税人偷税的,由税务机关追缴其不缴或者少缴的税款、滞纳金,并处不缴或者少缴的税款百分之五十以上五倍以下的罚款;构成犯罪的,依法追究刑事责任……"**《税收征收管理法实施细则(2016年修订)》**

(2016年2月6日)第3条:"任何部门、单位和个人作出的与税收法律、行政法规相抵触的决定一律无效,税务机关不得执行,并应当向上级税务机关报告。纳税人应当依照税收法律、行政法规的规定履行纳税义务;其签订的合同、协议等与税收法律、行政法规相抵触的,一律无效。"国务院办公厅**《关于促进房地产市场平稳健康发展的通知》**(2010年1月7日　国办发〔2010〕4号)第4条:"继续实施差别化的住房税收政策。要严格执行国家有关个人购买普通住房与非普通住房、首次购房与非首次购房的差别化税收政策。对不符合规定条件的,一律不得给予相关税收优惠。同时,要加快研究完善住房税收政策,引导居民树立合理、节约的住房消费观念。"国税总局**《关于实施房地产税收一体化管理若干具体问题的通知(2018年修改)》**(2018年6月15日)第2条:"……各地要按照《通知》的要求,在契税征收场所或房地产权属登记场所,代开销售不动产发票。要在代开销售不动产发票时,及时征收营业税及城市维护建设税和教育费附加、个人所得税、土地增值税、印花税等税收,并按国家规定的税款入库预算级次缴入国库。"第3条:"严格坚持依法治税。对于存量房交易环节所涉及的营业税及城市维护建设税和教育费附加、个人所得税、土地增值税、印花税、契税等税种,各地要依法征收,不得以任何理由和借口,对税法及相关税收政策进行变通和调整。"建设部**《城市房地产转让管理规定》**(2001年8月15日)第16条:"房地产管理部门在办理房地产转让时,其收费的项目和标准,必须经有批准权的物价部门和建设行政主管部门批准,不得擅自增加收费项目和提高收费标准。"

②北京市相关规定。北京市地税局**《转发国家税务总局〈关于个人住房转让所得征收个人所得税有关问题〉的通知》**(2006年8月8日　京地税个〔2006〕348号,2018年6月15日修改)第1条:"对个人出售住房应缴纳的个人所得税,由税务机关在代开销售不动产发票时与应缴纳的增值税、契税、土地增值税等税收一并办理,并且填写相应的申报表。"北京市地税局、市财政局、市建委**《关于个人销售已购住房有关税收征管问题的补充通知(2014年修改)》**(2014年8月5日　京地税营〔2014〕96号)第1条第3款:"首次上市交易的已购公房、危改回迁房、合作社集资建设住房、安居房、康居房、绿化隔离地区农民安置住房等具有保障性质的住房,以及历史文化街区中的腾退私房,均视同普通住房。历史文化街区中的腾退私房系指在历史文化街区范围内,由市区政府组织,采取交易腾退模式实施改造的平房院落修缮项目中涉及的私有住房,有关税收征管问题依照京地税营〔2005〕345号文件办理。本通知自发布之日起执行。"

(2)契税规定

①法律法规规定。《契税法》(2021年9月1日)第1条:"在中华人民共和国境内转移土地、房屋权属,承受的单位和个人为契税的纳税人,应当依照本法规定

缴纳契税。”第3条:“契税税率为百分之三至百分之五。契税的具体适用税率,由省、自治区、直辖市人民政府在前款规定的税率幅度内提出,报同级人民代表大会常务委员会决定,并报全国人民代表大会常务委员会和国务院备案。省、自治区、直辖市可以依照前款规定的程序对不同主体、不同地区、不同类型的住房的权属转移确定差别税率。”第4条:“契税的计税依据:(一)土地使用权出让、出售,房屋买卖,为土地、房屋权属转移合同确定的成交价格,包括应交付的货币以及实物、其他经济利益对应的价款;(二)土地使用权互换、房屋互换,为所互换的土地使用权、房屋价格的差额;(三)土地使用权赠与、房屋赠与以及其他没有价格的转移土地、房屋权属行为,为税务机关参照土地使用权出售、房屋买卖的市场价格依法核定的价格。纳税人申报的成交价格、互换价格差额明显偏低且无正当理由的,由税务机关依照《中华人民共和国税收征收管理法》的规定核定。”第6条:“有下列情形之一的,免征契税:……(四)婚姻关系存续期间夫妻之间变更土地、房屋权属;(五)法定继承人通过继承承受土地、房屋权属……”第7条:“省、自治区、直辖市可以决定对下列情形免征或者减征契税:(一)因土地、房屋被县级以上人民政府征收、征用,重新承受土地、房屋权属;(二)因不可抗力灭失住房,重新承受住房权属。前款规定的免征或者减征契税的具体办法,由省、自治区、直辖市人民政府提出,报同级人民代表大会常务委员会决定,并报全国人民代表大会常务委员会和国务院备案。”第9条:“契税的纳税义务发生时间,为纳税人签订土地、房屋权属转移合同的当日,或者纳税人取得其他具有土地、房屋权属转移合同性质凭证的当日。”第10条:“纳税人应当在依法办理土地、房屋权属登记手续前申报缴纳契税。”第11条:“纳税人办理纳税事宜后,税务机关应当开具契税完税凭证。纳税人办理土地、房屋权属登记,不动产登记机构应当查验契税完税、减免税凭证或者有关信息。未按照规定缴纳契税的,不动产登记机构不予办理土地、房屋权属登记。”财政部、税务总局**《关于贯彻实施契税法若干事项执行口径的公告》**(2021年9月1日)第1条:“关于土地、房屋权属转移。(一)征收契税的土地、房屋权属,具体为土地使用权、房屋所有权。(二)下列情形发生土地、房屋权属转移的,承受方应当依法缴纳契税:1. 因共有不动产份额变化的;2. 因共有人增加或者减少的;3. 因人民法院、仲裁委员会的生效法律文书或者监察机关出具的监察文书等因素,发生土地、房屋权属转移的。”第2条:“关于若干计税依据的具体情形……(二)先以划拨方式取得土地使用权,后经批准转让房地产,划拨土地性质改为出让的,承受方应分别以补缴的土地出让价款和房地产权属转移合同确定的成交价格为计税依据缴纳契税。(三)先以划拨方式取得土地使用权,后经批准转让房地产,划拨土地性质未发生改变的,承受方应以房地产权属转移合同确定的成交价格为计税依据缴纳契税。(四)土地使用权及所附建筑物、构筑物等(包括在建的房屋、其他建筑物、构筑物和其他附着物)转让的,计税依据为承受方应交付的总价款……(六)房屋附属设施(包括停车位、机动车库、非机动车库、顶层阁楼、储藏室及其他房屋附属设施)与房屋为同一不动产单元的,计税依据为承受方应交付的总价款,并适用与房屋相同的税率;房屋附属设施与房屋为不同不动产单元的,计税依据为转移合同确定的成交价格,并按当地确定的适用税率计税。(七)承受已装修房屋的,应将包括装修费用在内的费用计入承受方应交付的总价款。(八)土地使用权互换、房屋互换,互换价格相等的,互换双方计税依据为零;互换价格不相等的,以其差额为计税依据,由支付差额的一方缴纳契税。(九)契税的计税依据不包括增值税。"第 4 条:"关于纳税义务发生时间的具体情形。(一)因人民法院、仲裁委员会的生效法律文书或者监察机关出具的监察文书等发生土地、房屋权属转移的,纳税义务发生时间为法律文书等生效当日。(二)因改变土地、房屋用途等情形应当缴纳已经减征、免征契税的,纳税义务发生时间为改变有关土地、房屋用途等情形的当日。(三)因改变土地性质、容积率等土地使用条件需补缴土地出让价款,应当缴纳契税的,纳税义务发生时间为改变土地使用条件当日。发生上述情形,按规定不再需要办理土地、房屋权属登记的,纳税人应自纳税义务发生之日起 90 日内申报缴纳契税。"财政部、国家税务总局、住房城乡建设部**《关于调整房地产交易环节契税、营业税优惠政策的通知》**(2016 年 2 月 22 日　财税〔2016〕23 号)第 1 条:"关于契税政策。(一)对个人购买家庭唯一住房(家庭成员范围包括购房人、配偶以及未成年子女,下同),面积为 90 平方米及以下的,减按 1% 的税率征收契税;面积为 90 平方米以上的,减按 1.5% 的税率征收契税。(二)对个人购买家庭第二套改善性住房,面积为 90 平方米及以下的,减按 1% 的税率征收契税;面积为 90 平方米以上的,减按 2% 的税率征收契税。家庭第二套改善性住房是指已拥有一套住房的家庭,购买的家庭第二套住房。(三)纳税人申请享受税收优惠的,根据纳税人的申请或授权,由购房所在地的房地产主管部门出具纳税人家庭住房情况书面查询结果,并将查询结果和相关住房信息及时传递给税务机关。暂不具备查询条件而不能提供家庭住房查询结果的,纳税人应向税务机关提交家庭住房实有套数书面诚信保证,诚信保证不实的,属于虚假纳税申报,按照《中华人民共和国税收征收管理法》的有关规定处理,并将不诚信记录纳入个人征信系统。按照便民、高效原则,房地产主管部门应按规定及时出具纳税人家庭住房情况书面查询结果,税务机关应对纳税人提出的税收优惠申请限时办结。"第 3 条:"关于实施范围。北京市、上海市、广州市、深圳市暂不实施本通知第一条第二项契税优惠政策及第二条营业税优惠政策,上述城市个人住房转让营业税政策仍按照《财政部　国家税务总局关于调整个人住房转让营业税政策的通知》(财税〔2015〕39 号)执行。"国家税务总局**《关于契税纳税申报有关问题的公告》**(2015 年 9 月 25 日)第 1 条:"根据人民法院、仲裁委员会的生效法律文书发生土地、房屋权属转移,纳税人不能取得销售不动产发票的,可持人民法院执行裁定书原件及相关材料办理契税纳税申报,税务机关应予受理。”第2条:“购买新建商品房的纳税人在办理契税纳税申报时,由于销售新建商品房的房地产开发企业已办理注销税务登记或者被税务机关列为非正常户等原因,致使纳税人不能取得销售不动产发票的,税务机关在核实有关情况后应予受理。”财政部、国税总局**《关于购房人办理退房有关契税问题的通知》**(2011年4月26日　财税〔2011〕32号,已于2021年9月1日起失效):“……对已缴纳契税的购房单位和个人,在未办理房屋权属变更登记前退房的,退还已纳契税;在办理房屋权属变更登记后退房的,不予退还已纳契税。”财政部、国税总局、住建部**《关于调整房地产交易环节契税个人所得税优惠政策的通知》**(2010年10月1日　财税〔2010〕94号,其中第1条已被财政部、国税总局2021年9月1日实施的《关于契税法实施后有关优惠政策衔接问题的公告》宣布失效)第1条:“(一)对个人购买普通住房,且该住房属于家庭(成员范围包括购房人、配偶以及未成年子女,下同)唯一住房的,减半征收契税。对个人购买90平方米及以下普通住房,且该住房属于家庭唯一住房的,减按1%税率征收契税。征收机关应查询纳税人契税纳税记录;无记录或有记录但有疑义的,根据纳税人的申请或授权,由房地产主管部门通过房屋登记信息系统查询纳税人家庭住房登记记录,并出具书面查询结果。如因当地暂不具备查询条件而不能提供家庭住房登记查询结果的,纳税人应向征收机关提交家庭住房实有套数书面诚信保证。诚信保证不实的,属于虚假纳税申报,按照《中华人民共和国税收征收管理法》的有关规定处理。具体操作办法由各省、自治区、直辖市财政、税务、房地产主管部门共同制定。(二)个人购买的普通住房,凡不符合上述规定的,不得享受上述优惠政策。”国家税务总局**《关于承受装修房屋契税计税价格问题的批复》**(2007年6月1日　国税函〔2007〕606号,2021年9月1日失效):“……房屋买卖的契税计税价格为房屋买卖合同的总价款,买卖装修的房屋,装修费用应包括在内。”国务院**《契税暂行条例(2019年修订)》**(1997年7月7日,已于2019年3月2日修订)第1条:“在中华人民共和国境内转移土地、房屋权属,承受的单位和个人为契税的纳税人,应当依照本条例的规定缴纳契税。”第3条:“契税税率为3%~5%。契税的适用税率,由省、自治区、直辖市人民政府在前款规定的幅度内按照本地区的实际情况确定,并报财政部和国家税务总局备案。”第4条:“契税的计税依据:(一)国有土地使用权出让、土地使用权出售、房屋买卖,为成交价格;(二)土地使用权赠与、房屋赠与,由征收机关参照土地使用权出售、房屋买卖的市场价格核定;(三)土地使用权交换、房屋交换,为所交换的土地使用权、房屋的价格的差额。前款成交价格明显低于市场价格并且无正当理由的,或者所交换土地使用权、房屋的价格的差额明显不合理并且无正当理由的,由征收机关参照市场价格核定。”第8条：“契税的纳税义务发生时间，为纳税人签订土地、房屋权属转移合同的当天，或者纳税人取得其他具有土地、房屋权属转移合同性质凭证的当天。”第9条：“纳税人应当自纳税义务发生之日起10日内，向土地、房屋所在地的契税征收机关办理纳税申报，并在契税征收机关核定的期限内缴纳税款。”第11条：“纳税人应当持契税完税凭证和其他规定的文件材料，依法向土地管理部门、房产管理部门办理有关土地、房屋的权属变更登记手续。纳税人未出具契税完税凭证的，土地管理部门、房产管理部门不予办理有关土地、房屋的权属变更登记手续。”财政部、国税总局**《关于自然人与其个人独资企业或一人有限责任公司之间土地房屋权属划转有关契税问题的通知》**（2008年11月17日　财税〔2008〕142号，已于2016年8月18日失效）：“根据《财政部、国家税务总局关于企业改制重组若干契税政策的通知》（财税〔2003〕184号）第七条规定，‘企业改制重组过程中，同一投资主体内部所属企业之间土地、房屋权属的无偿划转，不征收契税’。自然人与其个人独资企业、一人有限责任公司之间土地、房屋权属的无偿划转属于同一投资主体内部土地、房屋权属的无偿划转，可比照上述规定不征收契税。”国税总局**《关于无效产权转移征收契税的批复》**（2008年5月20日　国税函〔2008〕438号，已于2021年9月1日起失效）：“按照现行契税政策规定，对经法院判决的无效产权转移行为不征收契税。法院判决撤销房屋所有权证后，已纳契税款应予退还。”国税总局**《关于进一步加强房地产税收管理的通知》**（2005年7月1日　国税发〔2005〕82号）第2条：“……纳税人申报缴纳契税时，要填报总局统一制定的契税纳税申报表（另文下发），并附送购房发票、房地产转让合同和有效身份证件复印件等。征收机关要对纳税申报表及有关附件资料的完整性、准确性进行审核。审核无误后，办理征缴手续，开具统一的契税完税证明……”第4条：“……对转让或承受房地产应缴纳的税收，如营业税及附加、个人所得税、土地增值税、印花税等，凡可在一个窗口一并征收的，可在交易双方办理产权过户或缴纳契税时一并征收。为了方便纳税人，及时掌握二手房交易价格情况，可在契税征收场所或房地产权属登记场所代开财产转让销售发票。”财政部、国税总局**《关于城镇房屋拆迁有关税收政策的通知》**（2005年3月22日　财税〔2005〕45号，该通知第2条已于2012年12月6日被财税〔2012〕82号废止）第1条：“对被拆迁人按照国家有关城镇房屋拆迁管理办法规定的标准取得的拆迁补偿款，免征个人所得税。”第2条：“对拆迁居民因拆迁重新购置住房的，对购房成交价格中相当于拆迁补偿款的部分免征契税，成交价格超过拆迁补偿款的，对超过部分征收契税。”财政部、国税总局**《关于企业以售后回租方式进行融资等有关契税政策的通知》**（2012年12月6日　财税〔2012〕82号）第3条：“市、县级人民政府根据《国有土地上房屋征收与补偿条例》有关规定征收居民房屋，居民因个人房屋被征收而选择货币补偿用以重新购置房屋，并且购房成交价格不超过货币补偿的,对新购房屋免征契税;购房成交价格超过货币补偿的,对差价部分按规定征收契税。居民因个人房屋被征收而选择房屋产权调换,并且不缴纳房屋产权调换差价的,对新换房屋免征契税;缴纳房屋产权调换差价的,对差价部分按规定征收契税。”财政部**《关于印发〈中华人民共和国契税暂行条例细则〉的通知》**(1997年10月28日 财法字〔1997〕52号,《契税暂行条例》已被2021年9月1日实施的《契税法》宣布失效)第3条:“条例所称承受,是指以受让,购买、受赠、交换等方式取得土地、房屋权属的行为。”第7条:“条例所称房屋买卖,是指房屋所有者将其房屋出售,由承受者交付货币、实物、无形资产或者其他经济利益的行为。条例所称房屋赠与,是指房屋所有者将其房屋无偿转让给受赠者的行为。条例所称房屋交换,是指房屋所有者之间相互交换房屋的行为。”第8条:“土地、房屋权属以下列方式转移的,视同土地使用权转让、房屋买卖或者房屋赠与征税:(一)以土地、房屋权属作价投资、入股;(二)以土地、房屋权属抵债;(三)以获奖方式承受土地、房屋权属;(四)以预购方式或者预付集资建房款方式承受土地、房屋权属。”第13条:“条例所称城镇职工按规定第一次购买公有住房的,是指经县以上人民政府批准,在国家规定标准面积以内购买的公有住房。城镇职工享受免征契税,仅限于第一次购买的公有住房。超过国家规定标准面积的部分,仍应按照规定缴纳契税。”财政部**《关于对未建成房屋产权转让征收契税问题的复函》**(1994年1月22日 〔94〕财农税字第2号)第1条:“西安祥发公司出售的‘祥发大厦’是在西安市未央区乡镇企业管理局已建五层的‘西安汽车大厦’基础上续建的,西安祥发公司取得已建五层的‘西安汽车大厦’的产权,构成纳税行为。应由产权承受人向当地财政征收机关照章缴纳契税,办理契证手续。”第3条:“产权承受人所持房屋交易合同(契约),未办理契税手续的为白契,应照章补缴契税。”财政部**《关于退离休干部购买公房契税问题的批复》**(1986年11月5日 〔86〕财农字第380号)第2条:“离、退休干部购买房屋自住,不论购买公房或私房,原则上应照章纳税。对于确因生活困难无力交税的,由本人申请,经县人民政府批准,可给予减税或免税照顾。”

②北京市相关规定。北京市人大常委会**《关于北京市契税具体适用税率等事项的决定》**(2021年9月1日)第1条:“契税税率为百分之三。”第2条:“符合《中华人民共和国契税法》第七条规定情形的,免征契税:(一)因土地、房屋被县级以上人民政府征收、征用,重新承受土地、房屋权属,其成交价格没有超出土地、房屋补偿费、安置补助费的部分。(二)因不可抗力灭失住房,重新承受住房权属的。”北京市**《契税管理规定》**(2010年11月27日)第2条:“本市行政区域内土地使用权、房屋所有权发生转移时,承受的企业、事业单位、国家机关、军事单位、社会团体、其他组织和个体经营者以及其他个人为契税的纳税人,应当依照《条例》及其细

则和本规定缴纳契税。经批准转让以划拨方式取得土地使用权的房地产时，房地产转让双方均为纳税人。”第5条：“契税税率为3%。”第6条：“契税的计税依据如下：（一）国有土地使用权出让、土地使用权出售、房屋买卖，为成交价格。（二）土地使用权赠与、房屋所有权赠与，由契税征收机关参照同类土地使用权出售、房屋买卖的市场价格或者评估价格核定。（三）土地使用权交换、房屋所有权交换、土地使用权与房屋所有权交换，为交换价格的差额。（四）以划拨方式取得土地使用权的，经批准转让房地产时，除承受方按规定缴纳契税外，房地产转让者应当补缴契税，计税依据为补缴的土地使用权出让费用或者土地收益。（五）承受土地、房屋部分权属的，为所承受部分权属的成交价格；当部分权属改为全部权属时，为全部权属的成交价格，原已缴纳的部分权属的税款应予扣除。前款成交价格明显低于市场价格和交换价格的差额明显不合理，并且无正当理由的，由契税征收机关参照市场价格核定。”第7条：“免税规定：（一）因不可抗力灭失住房而重新购买住房的，免征契税。（二）土地、房屋被县级以上人民政府征用、占用后，重新承受土地、房屋权属的，其成交价格没有超出土地、房屋补偿费、安置补助费的部分，免征契税。（三）城镇职工第一次购买公有住房的，在本市规定标准面积以内的部分免征契税，超过的部分，仍应按照规定缴纳契税。因原住房未达到本市规定标准面积而重新购买公有住房的，视为第一次购房……”第8条：“契税的纳税义务发生时间，为纳税人签订土地、房屋权属转移合同的当天，或者纳税人取得具有合同效力的契约、协议、合约、单据、确认书以及由市财政局和市地方税务局确定的其他凭证的当天。纳税人因改变土地、房屋用途应当补缴已经减征、免征契税的，其纳税义务发生时间为改变有关土地、房屋用途的当天。”第11条：“纳税人已缴纳契税，但土地、房屋权属转移未能实现的，经契税征收机关批准，可准予退税。”北京市**《职工购买公有住宅楼房管理办法》**（2007年11月23日）第6条：“……职工第一次购买公有住宅楼房，免征契税，自住期间免征房产税、土地使用税。”北京市地税局、市财政局、市建委**《关于个人销售已购住房有关税收征管问题的补充通知（2014年修改）》**（2014年8月5日　京地税营〔2014〕96号）第3条：“纳税人销售已购住房的购房时间，可按契税完税凭证、契税核定证明或房屋产权证上记载的时间孰先原则确定。首次上市交易的已购公房、危改回迁房、合作社集资建设住房、安居房、康居房、绿化隔离地区农民安置住房等具有保障性质的住房，由于合理客观原因，购房人未能及时取得房屋所有权证书并办理契税手续的，购房时间的认定可凭原购房发票或合法付款票据证明的第一笔购房款交纳时间作为购房时间。”北京市地税局**《关于房屋交换征收契税问题的通知》**（2005年3月18日　京地税地〔2005〕134号，已于2018年10月16日被宣布失效）第1条：“房屋所有人双方自愿交换房屋，属于商品市场买卖行为，因此，对于房屋交换价值不相等涉及的契税征收，凡多交付价款的一方承受的房屋符合普通住宅标准的,执行'个人购买自用普通住宅暂减半征收契税'的政策。"第3条:"对房屋交换价值相等免征契税的,以契税纳税申报表代替契税核定通知书。即,对于房屋交换价格相等计税依据为零的,使用两张《北京市地方税务局契税纳税申报表》,其中一张申报表由税务机关在'备注栏'中注明'应纳税额为零',并加盖税务所契税征收专用章,交纳税人办理土地房屋权属转移手续,另一张申报表由税务机关留存。"北京市国土资源和房屋管理局**《关于印发〈鼓励单位和个人购买北京旧城历史文化保护区四合院等房屋试行规定〉的通知》**(2004年4月12日　京国土房管改〔2004〕375号)第5条第2款:"个人购买四合院,符合普通住宅标准的,暂享受'减半征收契税'的优惠政策。"北京市财政局、北京市地税局**《关于明确契税政策和执行中有关问题的通知》**(2004年1月9日　京财税〔2004〕16号)第1条第1款:"单位和个人使用拆迁补偿费、安置补助费(包括被拆迁房屋产权单位向房屋使用人支付的补偿款)承受土地、房屋权属,不限制用途,对成交价格未超出拆迁补偿费、安置补偿费的部分免征契税。"第1条第2款:"根据《北京市人民政府关于印发北京市已购公有住房上市出售实施办法的通知》(京政发〔2003〕3号),居民在2003年3月1日之后上市出售已购公有住房前后一年内新购各类商品房的,按新购商品房与出售已购公有住房成交价的差额计征契税。"第1条第4款:"以拆迁补偿款、出售已购公有住房收入购买商品房的,在享受拆迁补偿费、安置补助费部分免征契税的同时,还可以享受有关出售已购公有住房差额计征契税的规定。"

(3)土地增值税规定

①法律法规规定。国家税务总局**《关于发布〈纳税人转让不动产增值税征收管理暂行办法〉的公告》**(2016年5月1日,全文中"地税机关""国税机关"的内容于2018年6月15日修改为"税务机关")第2条:"纳税人转让其取得的不动产,适用本办法。本办法所称取得的不动产,包括以直接购买、接受捐赠、接受投资入股、自建以及抵债等各种形式取得的不动产。房地产开发企业销售自行开发的房地产项目不适用本办法。"第3条:"一般纳税人转让其取得的不动产,按照以下规定缴纳增值税:(一)一般纳税人转让其2016年4月30日前取得(不含自建)的不动产,可以选择适用简易计税方法计税,以取得的全部价款和价外费用扣除不动产购置原价或者取得不动产时的作价后的余额为销售额,按照5%的征收率计算应纳税额。纳税人应按照上述计税方法向不动产所在地主管地税机关预缴税款,向机构所在地主管国税机关申报纳税。(二)一般纳税人转让其2016年4月30日前自建的不动产,可以选择适用简易计税方法计税,以取得的全部价款和价外费用为销售额,按照5%的征收率计算应纳税额。纳税人应按照上述计税方法向不动产所在地主管地税机关预缴税款,向机构所在地主管国税机关申报纳税。(三)一般纳税人转

让其2016年4月30日前取得(不含自建)的不动产,选择适用一般计税方法计税的,以取得的全部价款和价外费用为销售额计算应纳税额。纳税人应以取得的全部价款和价外费用扣除不动产购置原价或者取得不动产时的作价后的余额,按照5%的预征率向不动产所在地主管地税机关预缴税款,向机构所在地主管国税机关申报纳税。(四)一般纳税人转让其2016年4月30日前自建的不动产,选择适用一般计税方法计税的,以取得的全部价款和价外费用为销售额计算应纳税额。纳税人应以取得的全部价款和价外费用,按照5%的预征率向不动产所在地主管地税机关预缴税款,向机构所在地主管国税机关申报纳税。(五)一般纳税人转让其2016年5月1日后取得(不含自建)的不动产,适用一般计税方法,以取得的全部价款和价外费用为销售额计算应纳税额。纳税人应以取得的全部价款和价外费用扣除不动产购置原价或者取得不动产时的作价后的余额,按照5%的预征率向不动产所在地主管地税机关预缴税款,向机构所在地主管国税机关申报纳税。(六)一般纳税人转让其2016年5月1日后自建的不动产,适用一般计税方法,以取得的全部价款和价外费用为销售额计算应纳税额。纳税人应以取得的全部价款和价外费用,按照5%的预征率向不动产所在地主管地税机关预缴税款,向机构所在地主管国税机关申报纳税。"第4条:"小规模纳税人转让其取得的不动产,除个人转让其购买的住房外,按照以下规定缴纳增值税:(一)小规模纳税人转让其取得(不含自建)的不动产,以取得的全部价款和价外费用扣除不动产购置原价或者取得不动产时的作价后的余额为销售额,按照5%的征收率计算应纳税额。(二)小规模纳税人转让其自建的不动产,以取得的全部价款和价外费用为销售额,按照5%的征收率计算应纳税额。除其他个人之外的小规模纳税人,应按照本条规定的计税方法向不动产所在地主管地税机关预缴税款,向机构所在地主管国税机关申报纳税;其他个人按照本条规定的计税方法向不动产所在地主管地税机关申报纳税。"第5条:"个人转让其购买的住房,按照以下规定缴纳增值税:(一)个人转让其购买的住房,按照有关规定全额缴纳增值税的,以取得的全部价款和价外费用为销售额,按照5%的征收率计算应纳税额。(二)个人转让其购买的住房,按照有关规定差额缴纳增值税的,以取得的全部价款和价外费用扣除购买住房价款后的余额为销售额,按照5%的征收率计算应纳税额。个体工商户应按照本条规定的计税方法向住房所在地主管地税机关预缴税款,向机构所在地主管国税机关申报纳税;其他个人应按照本条规定的计税方法向住房所在地主管地税机关申报纳税。"第6条:"其他个人以外的纳税人转让其取得的不动产,区分以下情形计算应向不动产所在地主管地税机关预缴的税款:(一)以转让不动产取得的全部价款和价外费用作为预缴税款计算依据的,计算公式为:应预缴税款=全部价款和价外费用÷(1+5%)×5%。(二)以转让不动产取得的全部价款和价外费用扣除不动产购置原价或者取得不动产时的作价后的余额作为预缴税款计算依据的,计算公式为:应预缴税款 =(全部价款和价外费用 - 不动产购置原价或者取得不动产时的作价)÷(1 +5%)×5%。”**《土地增值税暂行条例》**(1994 年 1 月 1 日)第 2 条:“转让国有土地使用权、地上的建筑物及其附着物(以下简称转让房地产)并取得收入的单位和个人,为土地增值税的纳税义务人(以下简称纳税人),应当依照本条例缴纳土地增值税。”第 6 条:“计算增值额的扣除项目:(一)取得土地使用权所支付的金额;(二)开发土地的成本、费用;(三)新建房及配套设施的成本、费用,或者旧房及建筑物的评估价格;(四)与转让房地产有关的税金;(五)财政部规定的其他扣除项目。”**《土地增值税暂行条例实施细则》**(1995 年 1 月 27 日　财法字〔1995〕6 号)第 2 条:“条例第二条所称的转让国有土地使用权、地上的建筑物及其附着物并取得收入,是指以出售或者其他方式有偿转让房地产的行为。不包括以继承、赠与方式无偿转让房地产的行为。”第 7 条:“条例第六条所列的计算增值额的扣除项目,具体为:(一)取得土地使用权所支付的金额,是指纳税人为取得土地使用权所支付的地价款和按国家统一规定交纳的有关费用……(四)旧房及建筑物的评估价格,是指在转让已使用的房屋及建筑物时,由政府批准设立的房地产评估机构评定的重置成本价乘以成新度折扣率后的价格。评估价格须经当地税务机关确认。(五)与转让房地产有关的税金,是指在转让房地产时缴纳的营业税、城市维护建设税、印花税。因转让房地产交纳的教育费附加,也可视同税金予以扣除……”财政部、国税总局**《关于调整房地产交易环节税收政策的通知》**(2008 年 11 月 1 日　财税〔2008〕137 号,其中第 1 条已被财政部、国税总局、住建部《关于调整房地产交易环节契税个人所得税优惠政策的通知》废止)第 3 条:“对个人销售住房暂免征收土地增值税。”财政部、国税总局**《关于土地增值税若干问题的通知》**(2006 年 3 月 2 日　财税〔2006〕21 号)第 2 条:“纳税人转让旧房及建筑物,凡不能取得评估价格,但能提供购房发票的,经当地税务部门确认,《条例》第六条第(一)、(三)项规定的扣除项目的金额,可按发票所载金额并从购买年度起至转让年度止每年加计 5% 计算。对纳税人购房时缴纳的契税,凡能提供契税完税凭证的,准予作为‘与转让房地产有关的税金’予以扣除,但不作为加计 5% 的基数。对于转让旧房及建筑物,既没有评估价格,又不能提供购房发票的,地方税务机关可以根据《中华人民共和国税收征收管理法》(以下简称《税收征管法》)第 35 条的规定,实行核定征收。”财政部、国税总局**《关于土地增值税一些具体问题规定的通知》**(1995 年 5 月 25 日　财税字〔1995〕48 号)第 1 条:“对于以房地产进行投资、联营的,投资、联营的一方以土地(房地产)作价入股进行投资或作为联营条件,将房地产转让到所投资、联营的企业中时,暂免征收土地增值税。对投资、联营企业将上述房地产再转让的,应征收土地增值税。”

②北京相关规定。北京市地税局**《关于个人转让二手房征收土地增值税问题的通知》**(2006 年 11 月 10 日　京地税地〔2006〕456 号):“根据《财政部、国家税务总局关于土地增值税若干问题的通知》(财税〔2006〕21 号,其中第 5 条‘关于以房地产进行投资或联营的征免税问题’已于 2006 年 3 月 2 日失效)文件精神,为进一步提高工作效率,方便纳税人在契税‘一窗式’办理缴纳土地增值税,现就个人转让二手房征收土地增值税时扣除项目金额确认的有关问题明确如下,请依照执行。一、凡能够提供购房发票的,扣除项目金额按以下标准确认:(一)取得房地产时有效发票所载的金额;(二)按发票所载金额从购买年度起至转让年度止每年加计 5% 的金额;(三)按国家规定统一交纳的与转让房地产有关税金;(四)取得房地产时所缴纳的契税。二、凡不能够提供购房发票,但能够提供房地产评估机构按照重置成本评估法,评定的房屋及建筑物价格评估报告的,扣除项目金额按以下标准确认:(一)取得国有土地使用权时所支付的金额证明;(二)中介机构评定的房屋及建筑物价格(不包括土地评估价值),需经地方主管税务机关对评定的房屋及建筑物价格进行确认;(三)按国家规定统一交纳的与转让房地产有关的税金和价格评估费用。三、对既不能够提供购房发票证明,又不能提供房屋及建筑物价格评估报告的,税务机关可采取核定征收办法,按转让二手房交易价格全额的 1% 征收率计征土地增值税……”北京市地税局**《关于调整土地增值税减免税申报资料问题的通知》**(2004 年 7 月 19 日　京地税地〔2004〕368 号)第 2 条:“对以下减免税项目仍应按原规定程序办理:(一)对房地产开发企业纳税人建造普通标准住宅出售,增值额未超过扣除金额 20% 的,免征土地增值税项目;(二)对个人转让居住满三年未满五年的非普通标准住宅,减半征收土地增值税项目。”北京市国土资源和房屋管理局**《关于印发〈鼓励单位和个人购买北京旧城历史文化保护区四合院等房屋试行规定〉的通知》**(2004 年 4 月 12 日　京国土房管改〔2004〕375 号)第 4 条:“单位和个人购买四合院,以出让方式取得国有土地使用权的,可按出让合同约定在 3 年内分期等额交纳地价款。交清地价款后,购房人可以按规定申请办理土地使用证。”第 5 条第 3 项:“个人转让普通标准住宅或转让居住满五年或五年以上的非普通标准住宅,在其转让时暂免征土地增值税;转让居住满三年未满五年的非普通标准住宅,减半征收土地增值税。”北京市地税局**《关于印发〈土地增值税纳税指南〉的通知》**(1996 年 6 月 7 日　京地税二〔1996〕251 号)第 1 条:“土地增值税是以纳税人转让国有土地使用权、地上的建筑物及其附着物所取得的增值额为征税对象,按照规定的税率计征的一种税。国务院在 1993 年 12 月 13 日发布了《中华人民共和国土地增值税暂行条例》(以下简称《条例》),财政部于 1995 年 1 月 27 日公布了《中华人民共和国土地增值税暂行条例实施细则》(以下简称《细则》),土地增值税从 1994 年 1 月 1 日起在全国开征。本市自《细则》公布之日起实施土地增值税。”第 2

条:“转让国有土地使用权、地上的建筑物及其附着物,并取得收入的行为,都是土地增值税的征税范围……转让房地产的,只对转让后取得的增值收入征税,虽然发生转让房地产行为,但没有增值收入,如:通过继承、赠与等无偿转让房地产的行为不在土地增值税的征税范围……”第4条:“土地增值税的征税对象是转让房地产所取得的增值额。增值额就是纳税人转让房地产取得的收入减除《条例》和《细则》规定的扣除项目金额后的余额……”

(4)营业税规定

①法律法规规定。财政部、国家税务总局、住房城乡建设部**《关于调整房地产交易环节契税、营业税优惠政策的通知》**(2016年2月22日　财税〔2016〕23号)第2条:“关于营业税政策。个人将购买不足2年的住房对外销售的,全额征收营业税;个人将购买2年以上(含2年)的住房对外销售的,免征营业税。办理免税的具体程序、购买房屋的时间、开具发票、非购买形式取得住房行为及其他相关税收管理规定,按照《国务院办公厅转发建设部等部门关于做好稳定住房价格工作意见的通知》(国办发〔2005〕26号)、《国家税务总局、财政部、建设部关于加强房地产税收管理的通知》(国税发〔2005〕89号)和《国家税务总局关于房地产税收政策执行中几个具体问题的通知》(国税发〔2005〕172号)的有关规定执行。”第3条:“关于实施范围。北京市、上海市、广州市、深圳市暂不实施本通知第一条第二项契税优惠政策及第二条营业税优惠政策,上述城市个人住房转让营业税政策仍按照《财政部、国家税务总局关于调整个人住房转让营业税政策的通知》(财税〔2015〕39号)执行。”国家税务总局**《关于进一步简化和规范个人无偿赠与或受赠不动产免征营业税、个人所得税所需证明资料的公告》**(2015年11月10日)第1条:“纳税人在办理个人无偿赠与或受赠不动产免征营业税、个人所得税手续时,应报送《个人无偿赠与不动产登记表》、双方当事人的身份证明原件及复印件(继承或接受遗赠的,只须提供继承人或接受遗赠人的身份证明原件及复印件)、房屋所有权证原件及复印件。属于以下四类情形之一的,还应分别提交相应证明资料:(一)离婚分割财产的,应当提交:1.离婚协议或者人民法院判决书或者人民法院调解书的原件及复印件;2.离婚证原件及复印件。(二)亲属之间无偿赠与的,应当提交:1.无偿赠与配偶的,提交结婚证原件及复印件;2.无偿赠与父母、子女、祖父母、外祖父母、孙子女、外孙子女、兄弟姐妹的,提交户口簿或者出生证明或者人民法院判决书或者人民法院调解书或者其他部门(有资质的机构)出具的能够证明双方亲属关系的证明资料原件及复印件。(三)无偿赠与非亲属抚养或赡养关系人的,应当提交:人民法院判决书或者人民法院调解书或者乡镇政府或街道办事处出具的抚养(赡养)关系证明或者其他部门(有资质的机构)出具的能够证明双方抚养(赡养)关系的证明资料原件及复印件。(四)继承或接受遗赠的,应当提交:1.房屋产权所有人死

亡证明原件及复印件;2.经公证的能够证明有权继承或接受遗赠的证明资料原件及复印件。”财政部、国家税务总局**《关于调整个人住房转让营业税政策的通知》**(2015年3月31日　财税〔2015〕39号)第1条:“个人将购买不足2年的住房对外销售的,全额征收营业税;个人将购买2年以上(含2年)的非普通住房对外销售的,按照其销售收入减去购买房屋的价款后的差额征收营业税;个人将购买2年以上(含2年)的普通住房对外销售的,免征营业税。”国务院办公厅**《关于促进房地产市场健康发展的若干意见》**(2008年12月20日　国办发〔2008〕131号)第5条:“对住房转让环节营业税暂定1年实行减免政策。将现行个人购买普通住房超过5年(含5年)转让免征营业税,改为超过2年(含2年)转让免征营业税;将个人购买普通住房不足2年转让的,由按其转让收入全额征收营业税,改为按其转让收入减去购买住房原价的差额征收营业税。将现行个人购买非普通住房超过5年(含5年)转让按其转让收入减去购买住房原价的差额征收营业税,改为超过2年(含2年)转让按其转让收入减去购买住房原价的差额征收营业税;个人购买非普通住房不足2年转让的,仍按其转让收入全额征收营业税。以上政策暂定执行至2009年12月31日。”财政部、国税总局**《关于个人金融商品买卖等营业税若干免税政策的通知》**(2009年1月1日　财税〔2009〕111号)第2条:“个人无偿赠与不动产、土地使用权,属于下列情形之一的,暂免征收营业税:(一)离婚财产分割;(二)无偿赠与配偶、父母、子女、祖父母、外祖父母、孙子女、外孙子女、兄弟姐妹;(三)无偿赠与对其承担直接抚养或者赡养义务的抚养人或者赡养人;(四)房屋产权所有人死亡,依法取得房屋产权的法定继承人、遗嘱继承人或者受遗赠人……”国税总局**《关于个人销售拆迁补偿住房征收营业税问题的批复》**(2007年7月16日　国税函〔2007〕768号)第1条:“房地产开发公司对被拆迁户实行房屋产权调换时,其实质是以不动产所有权为表现形式的经济利益的交换。房地产开发公司将所拥有的不动产所有权转移给了被拆迁户,并获得了相应的经济利益,根据现行营业税有关规定,应按‘销售不动产’税目缴纳营业税;被拆迁户以其原拥有的不动产所有权从房地产开发公司处获得了另一处不动产所有权,该行为不属于通过受赠、继承、离婚财产分割等非购买形式取得的住房。”第2条:“被拆迁户销售与房地产开发公司产权调换而取得的拆迁补偿住房时,应按《国家税务总局、财政部、建设部关于加强房地产税收管理的通知》(国税发〔2005〕89号)文件的规定确定该住房的购买时间。”国税总局**《关于房地产税收政策执行中几个具体问题的通知》**(2005年10月20日　国税发〔2005〕172号,2018年6月15日修改)第1条:“《通知》(指国税总局、财政部、建设部2005年5月27日发布的《关于加强房地产税收管理的通知》——编者注)第三条第二款中规定的‘成交价格’是指住房持有人对外销售房屋的成交价格。”第2条:“《通知》第三条第四款中规定的‘契税完税证明中注明的时间'是指契税完税证明上注明的填发日期。"第3条:"纳税人申报时,同时出具房屋产权证和契税完税证明且二者所注明的时间不一致的,按照'孰先'的原则确定购买房屋的时间。即房屋产权证上注明的时间早于契税完税证明上注明的时间的,以房屋产权证明的时间为购买房屋的时间;契税完税证明上注明的时间早于房屋产权证上注明的时间的,以契税完税证明上注明的时间为购买房屋的时间。"第5条:"根据国家房改政策购买的公有住房,以购房合同的生效时间、房款收据的开具日期或房屋产权证上注明的时间,按照'孰先'的原则确定购买房屋的时间。"第6条:"享受税收优惠政策普通住房的面积标准是指地方政府按国办发〔2005〕26号文件规定并公布的普通住房建筑面积标准。对于以套内面积进行计量的,应换算成建筑面积,判断该房屋是否符合普通住房标准。"国税总局、财政部、建设部**《关于加强房地产税收管理的通知》**(2005年5月27日　国税发〔2005〕89号)第3条:"……2005年6月1日后,个人将购买超过2年(含2年)的符合当地公布的普通住房标准的住房对外销售,应持该住房的坐落、容积率、房屋面积、成交价格等证明材料及地方税务部门要求的其他材料,向地方税务部门申请办理免征营业税手续……"国税总局**《关于销售不动产兼装修行为征收营业税问题的批复》**(1998年1月25日　国税函〔1998〕53号):"纳税人将销售房屋的行为分解成销售房屋与装修房屋两项行为,分别签订两份契约(或合同),向对方收取两份价款。鉴于其装修合同中明确规定,装修合同为房地产买卖契约的一个组成部分,与买卖契约共同成为认购房产的全部合同。故,根据《中华人民共和国营业税暂行条例》第五条关于'纳税人的营业额为纳税人提供应税劳务、转让无形资产或者销售不动产向对方收取的全部价款和价外费用'的规定,对纳税人向对方收取的装修及安装设备的费用,应一并列入房屋售价,按'销售不动产'税目征收营业税。"国税总局**《关于经营房地产收入纳税义务发生时间的通知》**(1994年4月7日　国税发〔1994〕086号):"……房地产经营的营业税纳税义务发生时间,仍应按营业税暂行条例及其实施细则的有关规定执行。纳税人采取预收款方式转让土地使用权或者销售不动产的,仍应以收到预收款的当天为纳税义务发生时间。"国税局**《土地使用权转让及出售建筑物和经济权益转让征收营业税具体办法》**(1992年9月1日　国税发〔1992〕165号)第1条:"在中华人民共和国境内发生土地使用权转让及出售建筑物、经济权益转让行为的单位和个人,为营业税的纳税义务人(以下简称纳税人),应依照本办法的规定缴纳营业税……"第3条:"'土地使用权转让及出售建筑物'税目、'经济权益转让'税目的税率为5%。"第4条:"……出售建筑物,是指有偿转让建筑物所有权的行为。出售其他土地附着物所有权的行为,以出售永久使用权,有限产权方式销售建筑物的行为,比照出售建筑物征税。在出售建筑物、其他土地附着物时连同建筑物、其他土地附着物所占土地的使用权一并转让的行为,也按本税目征税。以建筑物或其他土地附着物投资、入股，参与接受投资方利润分配，共同承担投资风险的行为，不征收营业税……”第5条：“‘土地使用权转让及出售建筑物’、‘经济权益转让’营业税的计税依据为纳税人因发生该项行为从受让方或购买方取得的全部收入。纳税人发生该项行为以非货币形式取得经济利益的，应按国家规定价格或国家规定的作价办法计算该项经济利益的货币额作为计税依据；国家没有规定价格或作价办法的，由当地税务机关参照国家对同类经济利益所规定的价格或作价办法核定计税依据。”

②北京市相关规定。北京市**《职工购买公有住宅楼房管理办法》**（2007年11月23日）第6条：“单位以准成本价向职工出售公有住宅楼房，依法免征营业税，固定资产投资方向调节税适用零税率……”北京市地税局**《关于调整二手房交易计税价格的通知》**（2006年10月1日　京地税地〔2006〕302号）第1条：“对于二手房交易涉及税收的计税价格，税务机关应以房屋交易双方签订的《房屋买卖合同》（协议）中确定的成交价格为依据，但对于成交价格低于二手房交易最低计税价格且无正当理由的，均以此最低计税价格作为核定征收税款的基数。”第2条：“对于不同类别的房地产，按不同建成年代、不同楼层、不同房屋类型进行相应系数修正，以修正后的价格作为计税价格征收税款。”

（5）个人所得税规定

①法律法规规定。财政部、税务总局**《关于契税法实施后有关优惠政策衔接问题的公告》**（2021年9月1日）第1条：“夫妻因离婚分割共同财产发生土地、房屋权属变更的，免征契税。”第2条：“城镇职工按规定第一次购买公有住房的，免征契税。公有制单位为解决职工住房而采取集资建房方式建成的普通住房或由单位购买的普通商品住房，经县级以上地方人民政府房改部门批准、按照国家房改政策出售给本单位职工的，如属职工首次购买住房，比照公有住房免征契税。已购公有住房经补缴土地出让价款成为完全产权住房的，免征契税。”**《个人所得税法》**（2011年9月1日）第2条：“下列各项个人所得，应纳个人所得税：……九、财产转让所得……”第3条：“个人所得税的税率：……财产转让所得……税率为百分之二十。”第6条：“应纳税所得额的计算：……五、财产转让所得，以转让财产的收入额减除财产原值和合理费用后的余额，为应纳税所得额……”财政部、国税总局、住建部**《关于调整房地产交易环节契税、个人所得税优惠政策的通知》**（2010年10月1日　财税〔2010〕94号）第2条：“对出售自有住房并在1年内重新购房的纳税人不再减免个人所得税。”财政部、国税总局**《关于个人无偿受赠房屋有关个人所得税问题的通知》**（2009年5月25日　财税〔2009〕78号，其中第3条于2019年6月13日废止）第1条：“以下情形的房屋产权无偿赠与，对当事双方不征收个人所得税：（一）房屋产权所有人将房屋产权无偿赠与配偶、父母、子女、祖父母、外祖父母、孙子女、外

孙子女、兄弟姐妹;(二)房屋产权所有人将房屋产权无偿赠与对其承担直接抚养或者赡养义务的抚养人或者赡养人;(三)房屋产权所有人死亡,依法取得房屋产权的法定继承人、遗嘱继承人或者受遗赠人。”第3条:“除本通知第一条规定情形以外,房屋产权所有人将房屋产权无偿赠与他人的,受赠人因无偿受赠房屋取得的受赠所得,按照‘经国务院财政部门确定征税的其他所得’项目缴纳个人所得税,税率为20%。”第4条:“对受赠人无偿受赠房屋计征个人所得税时,其应纳税所得额为房地产赠与合同上标明的赠与房屋价值减除赠与过程中受赠人支付的相关税费后的余额。赠与合同标明的房屋价值明显低于市场价格或房地产赠与合同未标明赠与房屋价值的,税务机关可依据受赠房屋的市场评估价格或采取其他合理方式确定受赠人的应纳税所得额。”第5条:“受赠人转让受赠房屋的,以其转让受赠房屋的收入减除原捐赠人取得该房屋的实际购置成本以及赠与和转让过程中受赠人支付的相关税费后的余额,为受赠人的应纳税所得额,依法计征个人所得税。受赠人转让受赠房屋价格明显偏低且无正当理由的,税务机关可以依据该房屋的市场评估价格或其他合理方式确定的价格核定其转让收入。”财政部、国税总局**《关于企业为个人购买房屋或其他财产征收个人所得税问题的批复》**(2008年6月10日　财税〔2008〕83号)第1条:“根据《中华人民共和国个人所得税法》和《财政部、国家税务总局关于规范个人投资者个人所得税征收管理的通知》(财税〔2003〕158号)的有关规定,符合以下情形的房屋或其他财产,不论所有权人是否将财产无偿或有偿交付企业使用,其实质均为企业对个人进行了实物性质的分配,应依法计征个人所得税。(一)企业出资购买房屋及其他财产,将所有权登记为投资者个人、投资者家庭成员或企业其他人员的;(二)企业投资者个人、投资者家庭成员或企业其他人员向企业借款用于购买房屋及其他财产,将所有权登记为投资者、投资者家庭成员或企业其他人员,且借款年度终了后未归还借款的。”国税总局**《关于个人住房转让所得征收个人所得税有关问题的通知》**(2006年7月18日　国税发〔2006〕108号,该通知第3条已于2010年10月1日被财税〔2010〕94号废止)第1条:“对住房转让所得征收个人所得税时,以实际成交价格为转让收入。纳税人申报的住房成交价格明显低于市场价格且无正当理由的,征收机关依法有权根据有关信息核定其转让收入,但必须保证各税种计税价格一致。”第5条:“……按照《财政部、国家税务总局、建设部关于个人出售住房所得征收个人所得税有关问题的通知》(财税字〔1999〕278号)的规定,对出售自有住房并拟在现住房出售1年内按市场价重新购房的纳税人,其出售现住房所缴纳的个人所得税,先以纳税保证金形式缴纳,再视其重新购房的金额与原住房销售额的关系,全部或部分退还纳税保证金;对个人转让自用5年以上,并且是家庭唯一生活用房取得的所得,免征个人所得税……”财政部、国税总局**《关于城镇房屋拆迁有关税收政策的通知》**(2005年3月22日　财税〔2005〕45 号）第 1 条："对被拆迁人按照国家有关城镇房屋拆迁管理办法规定的标准取得的拆迁补偿款，免征个人所得税。"财政部、国税总局、建设部**《关于个人出售住房所得征收个人所得税有关问题的通知》**（1999 年 12 月 2 日　财税字〔1999〕278 号）第 1 条："根据个人所得税法的规定，个人出售自有住房取得的所得应按照'财产转让所得'项目征收个人所得税。"第 2 条："个人出售自有住房的应纳税所得额，按下列原则确定：（一）个人出售除已购公有住房以外的其他自有住房，其应纳税所得额按照个人所得税法的有关规定确定。（二）个人出售已购公有住房，其应纳税所得额为个人出售已购公有住房的销售价，减除住房面积标准的经济适用住房价款、原支付超过住房面积标准的房价款、向财政或原产权单位缴纳的所得收益以及税法规定的合理费用后的余额。已购公有住房是指城镇职工根据国家和县级（含县级）以上人民政府有关城镇住房制度改革政策规定，按照成本价（或标准价）购买的公有住房。经济适用住房价格按县级（含县级）以上地方人民政府规定的标准确定。（三）职工以成本价（或标准价）出资的集资合作建房、安居工程住房、经济适用住房以及拆迁安置住房，比照已购公有住房确定应纳税所得额。"第 4 条："对个人转让自用 5 年以上、并且是家庭唯一生活用房取得的所得，继续免征个人所得税。"

②北京市相关规定。北京市地税局、北京市住建委**《关于进一步加强房地产市场调控有关税收问题的公告》**（2011 年 3 月 17 日　2011 年第 5 号）第 2 条："关于严格执行个人转让房地产所得税征收政策问题。（一）凡按照《财政部、国家税务总局、建设部关于个人出售住房所得征收个人所得税有关问题的通知》（财税〔1999〕278 号）的规定，个人转让自用 5 年以上、并且是家庭唯一生活用房的，享受免征个人所得税政策的，应向主管税务机关申报售房人及家庭成员情况，如实填写《售房人家庭唯一住房承诺表》。（二）主管税务机关应根据纳税人提供的《售房人家庭唯一住房承诺表》，通过北京市房屋交易权属系统对售房人及其家庭成员住房登记记录进行查询和核验，并将查询结果打印存档。（三）查询结果显示纳税人家庭此前已办理房屋权属登记手续或已办理房屋网上签约手续的，此次售房不属于家庭唯一住房条件，应依法缴纳个人所得税。"财政部、税务总局**《关于个人取得有关收入适用个人所得税应税所得项目的公告》**（2019 年 1 月 1 日）第 2 条："房屋产权所有人将房屋产权无偿赠与他人的，受赠人因无偿受赠房屋取得的受赠收入，按照'偶然所得'项目计算缴纳个人所得税。按照《财政部、国家税务总局关于个人无偿受赠房屋有关个人所得税问题的通知》（财税〔2009〕78 号）第一条规定，符合以下情形的，对当事双方不征收个人所得税：（一）房屋产权所有人将房屋产权无偿赠与配偶、父母、子女、祖父母、外祖父母、孙子女、外孙子女、兄弟姐妹；（二）房屋产权所有人将房屋产权无偿赠与对其承担直接抚养或者赡养义务的抚养人或者赡养

人;(三)房屋产权所有人死亡,依法取得房屋产权的法定继承人、遗嘱继承人或者受遗赠人。前款所称受赠收入的应纳税所得额按照《财政部　国家税务总局关于个人无偿受赠房屋有关个人所得税问题的通知》(财税〔2009〕78 号)第四条规定计算。"财政部、国税总局、住建部**《关于调整房地产交易环节契税个人所得税优惠政策的通知》**(2010 年 10 月 1 日　财税〔2010〕94 号,第 1 条于 2021 年 9 月 1 日实施的财政部、税务总局《关于契税法实施后有关优惠政策衔接问题的公告》修改)第 2 条:"对出售自有住房并在 1 年内重新购房的纳税人不再减免个人所得税。"北京市地税局**《转发国家税务总局〈关于个人住房转让所得征收个人所得税有关问题〉的通知》**(2006 年 8 月 8 日　京地税个〔2006〕348 号,2018 年 6 月 15 日修改)第 1 条:"对个人出售住房应缴纳的个人所得税,由税务机关在代开销售不动产发票时与应缴纳的增值税、契税、土地增值税等税收一并办理,并且填写相应的申报表。"第 2 条:"对住房转让所得征收个人所得税时,以实际成交价格为转让收入。纳税人申报的住房成交价格明显低于市场价格且无正当理由的,按国家税务总局北京市税务局关于二手房交易计税价格的有关文件规定执行。"第 3 条:"对于纳税人未能提供完整、准确的有关凭证,不能正确计算应纳税额的,可以采取核定征税。核定征收率暂按 1% 执行。"第 4 条:"对不采取核定征税的,其装修费按合法有效发票据实扣除,同时不得超过以下扣除比例,即:已购公有住房、经济适用房扣除限额为房屋原值的 15%;商品房及其他住房扣除限额为房屋原值的 10%。"第 5 条:"个人出售已购公有住房,确定房屋原值时按经济适用房基准价格每建筑平方米 4000 元标准执行。"第 6 条:"对出售自有住房并拟在现住房出售后 1 年内按市场价重新购房的纳税人,其出售现住房所缴纳的个人所得税,视其重新购房的价值可全部或部分予以免税。具体办法为:购房金额大于或等于原住房销售额的,可申请全额退还出售住房时缴纳的个人所得税;购房金额小于原住房销售额的,按照购房金额占原住房销售额的比例,可申请同比例退还出售住房时缴纳的个人所得税。"第 7 条:"对个人转让自用 5 年以上、并且是家庭惟一生活用房取得的所得,免征个人所得税。税务机关对纳税人的申报内容审核后,及时办理免税手续。"北京市地税局**《开具个人所得税完税证明管理暂行办法》**(2006 年 1 月 1 日　京地税个〔2006〕239 号,于 2017 年 9 月 27 日起失效)第 3 条:"代扣代缴义务人在代扣税款时为纳税人开具的《中华人民共和国代扣代收税款凭证》、自行申报纳税人缴纳税款时取得的《中华人民共和国税收通用完税证》或《中华人民共和国税收缴款书》,是缴纳税款的完税凭证,与完税证明具有同等证明作用。"北京市建委等九部门**《关于贯彻国办发〔2008〕131 号文件精神促进本市房地产市场健康发展的实施意见》**(2009 年 1 月 22 日　京建办〔2009〕43 号,该地方工作文件第 2 条第 5 款已于 2010 年 10 月 1 日起停止执行)第 4 条:"自 2009 年 1 月 1 日至 12 月 31 日,个人转让购买超过 2

年(含2年)的住房,普通住房免征营业税,非普通住房按其转让收入与购买该住房价款的差额征收营业税;个人转让购买不足2年的住房,普通住房按其转让收入与购买该住房价款的差额征收营业税,非普通住房按其转让收入全额征收营业税。”

(6)印花税规定

①法律法规规定。财政部、国税总局《**关于调整房地产交易环节税收政策的通知**》(2008年11月1日　财税〔2008〕137号,其中第1条已被财政部、国税总局、住建部《关于调整房地产交易环节契税个人所得税优惠政策的通知废止)第2条:“对个人销售或购买住房暂免征收印花税。”

②北京市相关规定。北京市地税局、北京市房屋土地管理局《**关于房地产交易缴纳印花税的通知**》(1998年6月4日　京地税一〔1998〕263号)第1条:“凡进行房屋买卖的,签订的购房合同应按产权转移书据所载金额万分之五缴纳印花税,房地产交易管理部门在办理买卖过户手续时,应监督买卖双方在转让合同或协议上贴花注销完税后,再办理立契过户手续。”第2条:“在办理房地产权属证件时,应按权利许可证照,按件交纳印花税五元,房地产权属管理部门应监督领受人在房地产权属证上按件贴花注销完税后,再办理发证手续。”

(7)工本手续费规定

①法律法规规定。《**物权法**》(2007年10月1日,已于2021年1月1日起失效)第22条:“不动产登记费按件收取,不得按照不动产的面积、体积或者价款的比例收取。具体收费标准由国务院有关部门会同价格主管部门规定。”国家发展改革委、财政部《**关于不动产登记收费标准等有关问题的通知**》(2016年12月6日　发改价格规〔2016〕2559号)第1条:“不动产登记收费标准。县级以上不动产登记机构依法办理不动产权利登记时,根据不同情形,收取不动产登记费。(一)住宅类不动产登记收费标准。落实不动产统一登记制度,实行房屋所有权及其建设用地使用权一体登记。原有住房及其建设用地分别办理各类登记时收取的登记费,统一整合调整为不动产登记收费,即住宅所有权及其建设用地使用权一并登记,收取一次登记费。规划用途为住宅的房屋(以下简称住宅)及其建设用地使用权申请办理下列不动产登记事项,提供具体服务内容,据实收取不动产登记费,收费标准为每件80元。1.房地产开发企业等法人、其他组织、自然人合法建设的住宅,申请办理房屋所有权及其建设用地使用权首次登记;2.居民等自然人、法人、其他组织购买住宅,以及互换、赠与、继承、受遗赠等情形,住宅所有权及其建设用地使用权发生转移,申请办理不动产转移登记;3.住宅及其建设用地用途、面积、权利期限、来源等状况发生变化,以及共有性质发生变更等,申请办理不动产变更登记;4.当事人以住宅及其建设用地设定抵押,办理抵押权登记(包括抵押权首次登记、变更登记、转移登记);5.当事人按照约定在住宅及其建设用地上设定地役权,申请办理地役

权登记(包括地役权首次登记、变更登记、转移登记)。为推进保障性安居工程建设,减轻登记申请人负担,廉租住房、公共租赁住房、经济适用住房和棚户区改造安置住房所有权及其建设用地使用权办理不动产登记,登记收费标准为零。(二)非住宅类不动产登记收费标准。办理下列非住宅类不动产权利的首次登记、转移登记、变更登记,收取不动产登记费,收费标准为每件550元。1.住宅以外的房屋等建筑物、构筑物所有权及其建设用地使用权或者海域使用权;2.无建筑物、构筑物的建设用地使用权;3.森林、林木所有权及其占用林地的承包经营权或者使用权;4.耕地、草地、水域、滩涂等土地承包经营权;5.地役权;6.抵押权。不动产登记机构依法办理不动产查封登记、注销登记、预告登记和因不动产登记机构错误导致的更正登记,不得收取不动产登记费。"第2条:"证书工本费标准。不动产登记机构按本通知第一条规定收取不动产登记费,核发一本不动产权属证书的不收取证书工本费。向一个以上不动产权利人核发权属证书的,每增加一本证书加收证书工本费10元。不动产登记机构依法核发不动产登记证明,不得收取登记证明工本费。"第3条:"收费优惠减免。对下列情形,执行优惠收费标准。(一)按照本通知第一条规定的收费标准减半收取登记费,同时不收取第一本不动产权属证书的工本费:1.申请不动产更正登记、异议登记的;2.不动产权利人姓名、名称、身份证明类型或者身份证明号码发生变更申请变更登记的;3.同一权利人因分割、合并不动产申请变更登记的;4.国家法律、法规规定予以减半收取的。(二)免收不动产登记费(含第一本不动产权属证书的工本费):1.申请与房屋配套的车库、车位、储藏室等登记,不单独核发不动产权属证书的(申请单独发放权属证书的,按本通知第一条规定的收费标准收取登记费);2.因行政区划调整导致不动产坐落的街道、门牌号或房屋名称变更而申请变更登记的;3.小微企业(含个体工商户)申请不动产登记的;4.农村集体经济组织成员以家庭承包或其他方式承包取得农用地的土地承包经营权申请登记的;5.农村集体经济组织成员以家庭承包或其他方式承包取得森林、林木所有权及其占用的林地承包经营权申请登记的;6.依法由农民集体使用的国有农用地从事种植业、林业、畜牧业、渔业等农业生产,申请土地承包经营权登记或国有农用地使用权登记的;7.因农村集体产权制度改革导致土地、房屋等确权变更而申请变更登记的;8.国家法律、法规规定予以免收的。(三)只收取不动产权属证书工本费,每本证书10元:1.单独申请宅基地使用权登记的;2.申请宅基地使用权及地上房屋所有权登记的;3.夫妻间不动产权利人变更,申请登记的;4.因不动产权属证书丢失、损坏等原因申请补发、换发证书的。"第5条:"登记费缴纳。不动产登记费由登记申请人缴纳。按规定需由当事各方共同申请不动产登记的,不动产登记费由登记为不动产权利人的一方缴纳;不动产抵押权登记,登记费由登记为抵押权人的一方缴纳;不动产为多个权利人共有(用)的,不动产登记费由共有

(用)人共同缴纳,具体分摊份额由共有(用)人自行协商。房地产开发企业不得把新建商品房办理首次登记的登记费,以及因提供测绘资料所产生的测绘费等其他费用转嫁给购房人承担;向购房人提供抵押贷款的商业银行,不得把办理抵押权登记的费用转嫁给购房人承担。”财政部、国家发改委**《关于重新发布中央管理的住房城乡建设部门行政事业性收费项目的通知》**(2015 年 9 月 8 日　财税〔2015〕68 号):“按照国务院关于推进收费清理改革的要求,为进一步规范行政事业性收费管理,现将重新审核后中央管理的住房城乡建设部门行政事业性收费项目及有关问题通知如下:……四、房屋转让手续费。由县级以上地方住房城乡建设部门所属房地产交易机构在办理房屋转让手续时收取。其中,新建住房转让手续费由转让方缴纳,存量住房转让手续费由转让和受让双方各承担 50%。非住房转让手续费的收取范围、对象和方式,按照省级财政、价格主管部门的有关规定执行。五、房屋登记费。由县级以上地方住房城乡建设部门所属房地产登记机构依法对房屋权属进行登记时向登记申请人收取。房地产登记机构按规定核发一本房屋权属证书免收证书工本费;向一个以上房屋权利人核发房屋权属证书时,每增加一本证书可加收证书工本费。不动产登记收费政策明确后,房屋登记收费统一按不动产登记收费政策执行。”建设部**《房屋登记办法》**(2008 年 7 月 1 日,已于 2019 年 9 月 6 日起失效)第 16 条:“申请房屋登记的,申请人应当按照国家有关规定缴纳登记费。”国家发改委、财政部**《关于规范房屋登记费计费方式和收费标准等有关问题的通知》**(2008 年 5 月 1 日　发改价格〔2008〕924 号,已于 2017 年 7 月 13 日起失效)第 1 条:“房屋登记费是指县级以上地方人民政府房地产主管部门对房屋权属依法进行各类登记时,向申请人收取的费用。”第 2 条:“房屋登记费按件收取,不得按照房屋的面积、体积或者价款的比例收取。”第 3 条:“住房登记收费标准为每件 80 元;非住房房屋登记收费标准为每件 550 元。住房登记一套为一件;非住房登记的房屋权利人按规定申请并完成一次登记的为一件。”第 4 条:“房屋登记收费标准中包含房屋权属证书费。房地产主管部门按规定核发一本房屋权属证书免收证书费。向一个以上房屋权利人核发房屋权属证书时,每增加一本证书加收证书工本费 10 元。”第 5 条:“房屋登记费向申请人收取。但按规定需由当事人双方共同申请的,只能向登记为房屋权利人的一方收取。”第 6 条:“房屋查封登记、注销登记和因登记机关错误造成的更正登记,不收取房屋登记费。房屋权利人因丢失、损坏等原因申请补领证书,只收取房屋权属证书费。农民利用宅基地建设的住房登记,不收取房屋登记费,只收取房屋权属证书工本费。经济适用住房登记,以及因房屋坐落的街道或门牌号码变更、权利人名称变更而申请的房屋变更登记,按本通知第三条规定的收费标准减半收取。”国家计委、建设部**《关于规范住房交易手续费有关问题的通知》**(2002 年 3 月 1 日　计价格〔2002〕121 号,已于 2016 年 6 月 13 日起失效)第

3 条:“住房交易手续费按以下标准计收:(一)住房转让手续费。按住房建筑面积收取。收费标准为:新建商品住房每平方米 3 元,存量住房每平方米 6 元。新建商品房转让手续费由转让方承担,经济适用房减半计收;存量住房转让手续费由转让双方各承担 50% 。……以上收费标准为最高限额。省、自治区、直辖市价格主管部门可根据本地区住房交易量及经济发展状况确定具体收费标准。”第 7 条:“住房以外的其他房地产交易手续费收费标准由各省、自治区、直辖市价格主管部门会同建设(房地产)行政主管部门参照本通知规定制定。”国家土地管理局、国家测绘局、国家物价局、财政部**《关于土地登记收费及其管理办法》**[1990 年 7 月 21 日〔1990〕国土(籍)字第 93 号,已于 2017 年 11 月 29 日起失效]第 2 条:“凡国有土地使用者,集体土地所有者,集体土地建设用地使用者,均按本办法交纳土地登记费。”

②北京市相关规定。北京市发改委**《关于房屋登记收费计费方式和收费标准的函》**(2008 年 8 月 28 日　京发改〔2008〕1453 号)第 1 条:“住房登记收费标准为每件 80 元、非住房房屋登记收费标准为每件 550 元。住房登记一套为一件;非住房登记的房屋权利人按规定申请并完成一次登记的为一件。”第 2 条:“房屋登记收费标准中包含房屋权属证书费。市和各区县建委、房管局按规定核发一本房屋权属证书免收证书费。向一个以上房屋权利人核发房屋权属证书时,每增加一本证书加收证书工本费 10 元。”第 3 条:“房屋登记费向申请人收取。但按规定需由当事人双方共同申请的,只能向登记为房屋权利人的一方收取。”第 4 条:“房屋查封登记、注销登记和因登记机关错误造成的更正登记,不收取房屋登记费。房屋权利人因丢失、损坏等原因申请补领证书,只收取房屋权属证书费。农民利用宅基地建设的住房登记,不收取房屋登记费,只收取房屋权属证书工本费。经济适用住房登记,以及因房屋坐落的街道或门牌号码变更、权利人名称变更而申请的房屋变更登记,按本函第一条规定的收费标准减半收取。”北京国土资源和房屋管理局**《关于房屋买卖手续费收费标准有关问题的通知》**(2000 年 2 月 25 日　京国土房屋计字〔2000〕40 号)第 1 条:“北京市物价局、北京市财政局《关于房屋买卖手续费收费标准的通知》(京价(收)〔2000〕第 006 号)中‘本通知文到之日起执行’的日期是指 2000 年 2 月 16 日。不论房屋买卖合同何时签订,均以办理房屋买卖手续的日期为准。”第 2 条:“房屋建筑面积按平方米计算,小数部分四舍五入。”第 3 条:“对经济适用住房按 50% 收取房屋买卖手续费。经济适用住房是指经市建委开发办批准的经济适用住房项目的房屋。”第 4 条:“房改售房免收房屋买卖手续费。房改房是指经各级房改部门(含中直、国管、解放军系统)批准方案的,并按北京市规定的房改价格出售的房屋。”第 5 条:“经市政府及有关部门批准的企业改革改造改组中涉及房屋权属转移的免收房屋买卖手续费,是指经市政府或其他有关部门批准的上

市公司及市经济体制改革委员会批准的‘三改’企业，涉及房屋权属转移的免收房屋买卖手续费。”第6条：“房屋产权置换的买卖手续费按面积较大的计收。”第7条：“2000年2月16日及其以后按交易额1%收取的房屋买卖手续费，如当事人要求退款，由执收单位负责退款，房改售房退返全部手续费，其他房屋买卖退返手续费的差额部分。”

2. 参考案例。2014年**广东某房屋转让合同纠纷案**，2013年11月，黎某与袁某签订厂房转让合同，约定转让款为2325万元。同年12月，双方在国土资源部门进行备案登记，备案合同约定成交价格1147万余元。后因袁某拒付转让余款375万元致诉。诉讼中，袁某以黎某未依实际交易价格纳税为由，主张其系行使先履行抗辩权。法院认为：案涉备案合同并非双方真实意思表示，该合同规避纳税义务，损害国家税收利益，应认定无效，双方均应按此前合同履行各自义务。双方所签合同主要义务是黎某交付厂房并办理产权证书交付袁某，袁某给付约定的厂房转让款。黎某依约承担交易税费义务与袁某给付厂房转让款义务性质不对等，不能适用先履行抗辩权。同时，该纠纷正是因黎某为减少交易成本偷逃交易税费而产生，系黎某违反合同约定的交纳税费义务在先，故对其主张袁某支付逾期违约金不予支持。缴纳交易税费义务兼具公法和私法双重属性。本案纠纷中对袁某主张黎某依实际价款缴纳交易税费义务的诉请予以驳回，仅系从合同权利义务判断，并未从公法意义上免除交易主体补足缴纳义务，不存在违反法律禁止性规定或损害国家利益、社会公共利益、他人合法权益情形，故根据民事诉讼相对性审查规则，法院对此不予审理。但鉴于本案涉及当事人公法义务，且存在违法、犯罪的可能性，法院将另行函告相关职能部门予以处理，故判决确认备案合同无效，袁某支付黎某余下转让款。2011年1月**广东某房屋买卖合同案**，法院认为：买方在签订合同日支付定金70万元后再未履行后续义务，构成违约，应承担违约责任。买方称，合同未对营业税等五项税费的负担作出明确约定，合同因缺少必要条款而未成立。法院认为，我国税法对各类税种及纳税义务人均作出了明确规定，合同有约定的依约定，合同未约定的应按法律法规的规定确定税费的承担人。故买方以税费负担约定不明主张合同未成立，法院不予支持。2010年12月**上海某房屋买卖合同案**，法院认为：房屋买卖合同的签订需双方就转让款的金额、支付方式、税费负担、房屋交付等诸多事宜达成一致意见，其中税费的负担关系当事人的交易成本，是买卖双方在交易协商过程中的考量因素之一，可由双方协商确定。双方虽在意愿书中约定所有税费由买方负担，但根据查明事实可知，买方当时对于税费负担的承诺是在中介方经办人员按照转让价格2%标准估算个人所得税的情况下作出的，而此后卖方主张按照国家规定的转让价格与原先购入价差额的20%标准缴纳个人所得税，显然大大提高了买受人的交易成本，买受人据此与出售人再行协商税费负担内容，实属合理，并非违约。据此,买方与卖方因个人所得税的负担未能达成一致意见,导致无法签订房地产买卖合同,系无法归责于双方的原因所致,现双方所定的签约期限已过,亦无法就签订房地产买卖合同重新达成一致,卖方理应将收取的定金返还买方。2010 年 6 月**江西某房屋买卖合同案**,法院认为:按照税法和相关法规政策规定,存量房交易时发生营业税、个人所得税、城市维护建设税、教育费附加、印花税、契税、房屋交易手续费、房屋登记费、土地使用权证的分户(转移)登记费、土地使用权证的工本费等税费,其中出卖方承担的税费多为税金,而买受方承担的税费多为行政事业性收费,买受方承担的税金仅涉及印花税、契税。虽然我国税收管理方面的法律法规对于各种税收的征收明确规定了纳税义务人,但是并未禁止纳税义务人与合同相对人约定由合同相对人或第三人缴纳税金。"所需的税费由乙方承担"中的"税费"包括营业税、个人所得税、城市维护建设税、教育费附加、印花税、契税等,其理由:(1)房屋产权登记部门实际承担了房屋产权过户时地方税收的协税义务,房屋产权登记部门在发放所有权证时,通常要审查房屋交易的完税证明或者凭证,如未完税,原则上不予发证。故人们通常在办理房屋产权过户登记时才向税务部门完税。(2)按照合同目的解释,买方购买卖方的房屋是为了能够占有、使用、受益和取得房屋所有权,卖方的目的是将房屋出售并取得售房款,本案中买方收到卖方的房产证后,应及时向房屋产权管理部门申请办理房屋权属证书,办理过程中将产生相关的税费;根据相关规定,买受方承担的税金仅涉及印花税、契税,卖方在合同中特别约定"所需的税费由乙方承担",其目的是要求买方承担除印花税、契税以外的其他税费。(3)根据文义解释法理解,按照双方合同第 2 条的约定,卖方只需在买方交付购房款之日将房产证交给乙方,卖方交付的应该是产权尚未过户时的房产证,买方若申请办理房屋产权过户登记,卖方只承担协助义务,因双方对税费的承担责任作出明确约定,故本案中卖方实际缴纳的营业税、个人所得税、城市维护建设税、教育费附加、印花税等应当由买方承担。2009 年 9 月**上海某房屋买卖合同案**,2009 年 4 月,吴某通过中介购买张某房屋,房款 200 万余元,三方签订《委托购买意向书》,约定 5 月 15 日前签订正式合同,合同申报价为 170 万元。张某收取 5 万元定金后,在中介通知签合同时,以房龄不满 2 年产生交易税负担约定不明及作低交易价格属于违法条款不受法律保护,提出重签意向书。吴某交涉未果,遂诉请解除意向书,双倍返还定金。法院认为:张某作为完全民事行为能力人,对房屋交易这一重大民事行为将产生的法律后果应系明知,其在签订意向书后以交易时房龄未满 2 年为由要求撤销意向书,鉴于张某作为出售人对房屋在交易时的房龄这一客观事实应知晓,且根据张某陈述,其就房屋在交易时房龄是否满 2 年将直接决定相关税费缴纳标准的规定亦为了解,故张某要求吴某分担增加的税费否则拒绝交易既缺乏法律依据,又不符合情理,不应支持。房屋买卖过程中如存有避税与作低房价违规行为，其后果应由包括各方当事人在内的全体参与者承担，张某可向相关职能部门反映，但不能以此推翻或否定整个意向书的效力。因张某已就房屋买卖、房价支付方式、违约责任等与吴某达成意向并收取定金，故在其无正当理由拒绝履行签约义务，应承担双倍返还定金的违约责任。2009 年 6 月**河南某房屋买卖合同案**，2008 年 1 月，王某购买牛某名下面积为 113 平方米的经济适用房，购房合同约定“过户所有税费及相关费用由买方负担”，并约定了 2 万元的违约金。王某在支付了定金、按揭费及向房管部门交纳契税、印花税共计 2 万余元后，因该经济适用房超标，需补交超标面积款，就该款负担问题未达成一致，致诉。法院认为：因案涉房屋面积超出了牛某应享受的经济适用房标准，在办理过户手续时需按市场价格向房管部门补交部分房款，对该部分房款应由谁交纳，本案双方未达成一致意见，牛某以“全部税费及相关费用”由买方负担的合同约定，主张其不应负担。但根据《合同法》第 132 条规定，牛某作为出卖人，应负有标的物可自由过户的义务，故因牛某未就本案争议房屋向房管部门补交超标面积的价款，致使本案双方至今未能到房管部门办理过户手续，且补交价款并不属于税费，故本案合同不能按约履行的过错在牛某。王某为履行购房合同已支付的佣金、按揭费、契税、印花税应由牛某赔偿。牛某可在赔偿后，自行按法律规定向有关部门要求退还契税。2009 年 2 月**云南某房屋买卖合同案**，支某委托沙某通过中介公司卖房给洪某，售房合同约定“办理房屋交房前涉及该房的有关费用由卖方承担，办理房屋所有权变更登记交易的营业税、个税由卖方承担，其他税费由买方承担”，办理过程中，沙某与羊某共同对支某作出书面承诺，该二人“协助买方办理该房屋产权过户手续，交纳一切相关税费和一切费用，支某不再承担售房发生的一切费用。在办理过户手续中，支某所交纳的费用由羊某、沙某二人承担交纳。”中介公司经办人羊某最终垫付了营业税 1 万余元，并由洪某持有。洪某起诉要求支某承担该费用。法院认为：依双方所签售房合同约定，办理房屋所有权变更登记交易的营业税、个税由卖方承担，其他税费由买方承担。故诉争营业税应由支某承担。虽然支某认为羊某和沙某向其出具过《承诺书》，承诺由其二人交纳一切相关税费和一切费用，支某不再承担售房发生的一切费用。但这是由羊某和沙某向支某所作出的承诺，并未涉及洪某，也无证据表明洪某知道并且同意营业税款承担人转移为其他人。故该承诺对洪某并不产生效力。沙某证明其并未支付过该笔税款，而是由洪某交纳。羊某在完税证备注栏注明的内容也同样证明了该情况。结合售房合同约定，该笔税费应由支某承担，在洪某已垫付了该款项的情况下，其要求支某偿还该款项的诉讼请求，应予支持。2008 年 6 月**四川某房屋买卖合同案**，2007 年 11 月，胡某作为甲方，将自有房屋出售给韩某，购房合同约定“如该房出现 20% 个税则甲方将定金退还乙方，双方免责”。后因要求胡某办理过户未果，韩某起诉要求返还定金 1 万元并依约支付 5 万元违约金。胡某称该房系夫妻共有,其系无权处分,且房屋未过户系因胡某不愿意负担20%个税。法院认为:胡某为所售房屋的登记权利人,并无证据证明其在签订合同前明确告知韩某该房系夫妻共同财产,而对无权处分行为效力的否定应由被侵权的权利人主张,胡某作为处分人主张合同无效违反了诚实信用原则,且本案仅涉及违约金问题,不涉及房屋权属转移的问题,对权利人的合法权利并无影响。故本案房屋买卖合同有效。双方当事人明确约定,办理产权过户的全部税和费由韩某承担,并约定:"如该房出现20%个税则甲方将定金退还乙方,双方免责",表明双方是为韩某利益而将"出现20%个税"约定为合同解除条件,在"出现20%个税"时,应由韩某选择是承担税费并继续履行合同,还是解除合同。胡某无证据证明韩某有因不愿负担税费而解除合同的意思表示,故胡某称合同没有履行系因韩某发现房屋买卖税费过高而自行放弃购房,并非胡某违约的理由不成立。本合同中既约定了定金条款,又约定了违约金条款,韩某选择要求胡某支付违约金5万元,应予支持,同时,胡某应向韩某返还已支付的定金1万元。2008年6月**云南某房屋买卖合同案**,2007年7月,赵某购买朱某房并依合同支付1万元定金。后因双方对过户营业税负担产生争议,赵某要求降价未达成一致,朱某遂将房屋另售他人,赵某起诉要求双倍返还定金。法院认为:赵某在双方合同生效后要求降低房屋价格并致双方发生争议,继而导致双方未能在约定的时间内办理产权过户手续,赵某违约在先,但并未构成根本性违约,合同仍有继续履行的条件。此时,朱某可依法向赵某主张继续履行合同等违约责任,或提出解除合同的主张,但其既未主张违约责任又未主张解除合同,而是在合同尚未解除之前就将房屋卖与他人,导致双方合同失去继续履行的客观条件,构成根本性违约。因朱某已将房屋卖与他人,双方合同已无实际履行可能,符合《合同法》规定的法定解除情形,应当予以解除,朱某收取的定金1万元应当退还赵某。2007年12月**北京某房屋买卖合同案**,法院认为:本案争议的焦点是房屋买卖过程中需缴纳的税款是否均应由买方负担。首先,根据我国税收法律、行政法规的规定,房屋出卖人依法应当缴纳营业税、个人所得税、土地增值税等,而房屋买受人依法应缴纳契税、印花税等。依据《税收征收管理法》第4条及《税收征收管理法实施细则》第3条之规定,负有纳税义务的单位或个人必须依照规定履行纳税义务、缴纳税款,其签订的合同与税收法律、行政法规相抵触的,一律无效。其次,虽然双方在居间合同备注中载明"此次交易成交价为卖方净得价,买卖过程中发生的相关费用由买方按照国家规定缴纳",但该约定并未明确"相关费用"包括双方在交易过程中各自应当缴纳的税款。最后,双方签订的买卖合同系居间合同成立后所签订的合同,该合同明确约定交易过程中产生的税费及相关费用由双方按照国家有关规定缴纳,该约定的内容具体、明确且系双方真实的意思表示,双方均应严格履行。综上所述,此次房屋买卖双方应各自负担国家法律、法规规定应缴纳的税款，原审判决认定房屋交易过程的税款均应由买方负担是错误的，本院依法予以纠正。现双方买卖房屋的产权因税款负担问题所产生的争议而尚未依照约定期限过户，而将房屋所有权过户到买方名下本系卖方应履行的合同义务，现买方要求卖方将本案涉案房屋的所有权过户到其名下，本院予以支持。双方的争议系因税款的负担而起，但根据查明的事实，买方在履行合同过程中并无违反合同的行为，卖方以买方迟延履行合同为由提出解除合同的事实依据不足，不应支持，原判确认双方合同已经解除乃基于错误认定所致，本院一并予以纠正。关于买方要求卖方支付迟延履行过户义务的违约金请求，虽双方合同约定2007年4月30日前办理房屋产权过户手续，但因双方在履行过程中对税款的负担产生争议，数日后随即进入诉讼阶段，故本院对买方主张该期间的违约金请求不予支持。2007年3月**辽宁某房屋买卖合同案**，一审认为：双方所签房屋买卖协议产生纠纷的原因是营业税由谁来交的问题，双方所签房屋买卖协议和补充协议书中未明确规定营业税由谁来交，应属协议中的未尽事宜，故该问题应按税务部门的有关规定办理。鼓励交易是《合同法》的一个重要目标，也是统一合同法所需要具有的方式和规范功能。双方所签房屋买卖协议、补充协议书是当事人之间的合意表示，符合合同订立的要求，具有法律的约束力，该协议是具有法律效力、生效的协议。在本案中因不具备解除合同的原因及条件，判决双方继续全面履行所签协议，营业税问题按税务部门的有关规定办理。二审认为：因买受人曾某在一审的诉讼请求为"解除、撤销和杨某签订的房屋买卖协议，返还定金5万元；黄某返还中介费"，曾某诉讼目的是消灭其与杨某签订的合同效力，且杨某未提起反诉要求曾某继续履行合同，故原审判决曾某继续全面履行合同超出了曾某的诉请范围。故曾某此项主张，不予支持。改判驳回曾某的全部诉讼请求。2006年4月**广东某房屋买卖合同案**，2005年，何某与梁某签订购房合同，约定因房屋过户产生的税费全部由买方负担。因何某无法提供原始购房发票，结果营业税全征，为1.25万元。梁某认为该税费系何某责任，不应自己承担。后虽过户至梁某名下，但因税费争议，梁某仍有2.5万元房屋尾款未支付。何某诉称梁某违约，请求解除合同。法院认为：何某已办理好涉案房产的权属变更登记，在梁某支付购房款时，因双方对房屋的税费负担产生分歧，导致梁某至今仍有2.5万元购房余款未支付。鉴于涉案房屋已交付并已办理权属变更登记，且梁某一直同意支付购房余款给何某，合同应继续履行。对何某要求解除合同的请求，法院不予支持。依合同约定，办理房屋过户的税费，全部由梁某负担。因双方当事人在签订合同前都已了解房屋的状况，合同亦已约定清楚办证税费的负担情况，何某请求梁某支付办理房屋过户的全部税费有理，应予支持。2004年9月**黑龙江某房屋买卖合同案**，合同约定"余款5000元待买方拿到房屋产权证后，再交付卖方"。法院认为：卖方赵某主张买方刘某应承担其办理该房所有权证期间的各种费用,因双方并无约定,故对其主张,不予支持。关于赵某提出刘某尚欠5000元购房款,因双方口头补充约定了该款待赵某取得房屋产权证后交付,应依约办理。故判决赵某履行将房屋产权过户给刘某的义务,刘某予以协助。2003年9月**广东某房屋买卖合同案**,法院认为:邹某与冯某房产交易关系成立。本案中,邹某的房屋已出售给冯某,邹某在履行合约中取得的利益应予以保护。邹某提出支付余款的诉讼请求予以支持;但邹某提出要求冯某支付违约金,因双方没有在协议中约定,故不符合法律规定,不予支持。至于冯某提出已替邹某支付了个人所得税1.8万余元及4800元租金,要在余下欠2.6万余元购房款中相互扣除,这是另一种法律关系,冯某可另案起诉。法院判决冯某支付余款2.6万余元。

【同类案件处理要点】

法律虽规定房产过户税费的纳税义务人为出卖方,但并不禁止当事人在房产交易过程中自行约定相关税费的承担主体。二手房买卖合同双方当事人对交易过程中的税费负担未约定或约定不明,经协商不能达成补充协议的,应按照税务部门对各类税种及纳税义务人的明确规定确定税费承担人。

【相关法律风险提示】

1. 房屋买卖合同中明确约定"办理房屋过户手续的相关费用均由买方承担",对于买方而言,营业税、个人所得税等需要出卖方承担的费用,可能也会被认为被约定所变更,而一概由买方承担。故与税费负担相关的如出卖方家庭成员名下住房情况、标的房屋是否为普通住宅、是不是保障性政策房、自用年限是否满5年、是否有本地户口、标的房屋原始购买发票是否保留等基本情况,买受人都应事先核实清楚。

2. "居住使用年限"不等于"办理产权证年限"。二手房交易过户,可能影响税费负担比例的是后者而非前者,故签约时要对出卖方的承诺予以充分注意。

3. 过户手续办理中的税费负担应有明确约定。如无约定,实践中倾向于由双方各自承担应承担的费用。如果在合同中约定"买方拿到产权证后再交付余款",则会认为是办证费用由卖方承担的约定,如黑龙江哈尔滨中院(2004)哈民一终字第1272号"赵某与刘某房屋买卖合同纠纷案"。但税费约定不明时,买方先行垫付的,法院可能会以该约定不明的款项属另一法律关系而不予与房款抵扣,直接判决买方支付房款,如广东佛山中院(2003)佛中法民一终字第1629号"冯某等与邹某房屋买卖合同纠纷案"。

4. 房屋买卖合同约定了个税可能出现时"卖方将定金退还买方,双方免责"的负担原则,卖方以此为由主张解除合同时,应对税费产生负举证责任,同时该条款会被认为系为买方利益而设定,应由买方选择是否解除合同,卖方单方解除合同,构成违约。

5.即便对于缴纳税费义务负担主体有明确约定,但最终持有缴费凭证人与实际缴费主体不一致,或第三方垫付但不能明确被垫付主体,或当事人双方对该被垫付的结果有不同解释的情况下,最好通过在合同中预先明确,或者对房屋总价款的构成作出限定性说明,以免第三方向其中一方追偿时,仍面临谁负担的困惑。

6.合同履行中产生争议,即使一方违约,另一方在合同未解除情况下根本性违约如实际转售,仍产生双方违约责任。

7.争议条款:"此次交易成交价为卖方净得价,买卖过程中发生的相关费用由买方按照国家规定缴纳",该约定并未明确"相关费用"包括双方在交易过程中各自应当缴纳的税款,且与合同约定的"交易过程中产生的税费及相关费用由双方按照国家有关规定缴纳"对照,法院可能认为,卖方的"净得价"仍需依法缴税。案见北京一中院(2007)一中民终字第13227号"孙某与谢某等房屋买卖合同纠纷上诉案"。

8.购买部分房产,办理过户时,存在分户办理权属证的情况,在约定过户费由买方负担的情况下,所有分户办证费用是否包含在内,应在合同中预先明确约定,以免事后生争端。

9.二手房交易,作为买方,除了了解并约定交易税费负担外,对相关物业费用亦应有所关注,主要有水费、电费、燃气费、暖气费、有线电视/网络电视收视费、电话费、宽带费、垃圾清理费、物业费、物业更名费、房屋维修金、车位费等,确认是否结清,并要求原房东出具缴费结清证明。

【附注】

参考案例索引:广东广州中院(2008)穗中法民五终字第4519号"黄某等与刘某等房屋买卖合同纠纷案";广东深圳中院(2011)深中法民五终字第19号"刘某与詹某房屋买卖合同纠纷上诉案";上海一中院(2010)沪一中民二(民)终字第3970号"苗某与韩某等房屋买卖合同纠纷上诉案";江西赣州中院(2010)赣中民一终字第137号"刘某与张某房屋买卖合同纠纷上诉案";上海二中院(2009)沪二中民二(民)终字第1928号"张某与吴某房屋买卖合同纠纷案";河南郑州中院(2009)郑民一终字第1430号"牛某与王某房屋买卖合同纠纷案";云南昆明中院(2009)昆民一终字第23号"洪某与支某房屋买卖合同纠纷案";四川成都中院(2008)成民终字第1480号"胡某与韩某房屋买卖合同纠纷案";云南昆明中院(2008)昆民一终字第83号"朱某与赵某房屋买卖合同纠纷案";北京一中院(2007)一中民终字第13227号"孙某与谢某等房屋买卖合同纠纷上诉案";辽宁沈

阳中院(2007)沈民(2)房终字第1号“曾某与杨某等房屋买卖合同纠纷案”;广东佛山中院(2006)佛中法民五终字第151号“何某与梁某房屋买卖合同纠纷案”;黑龙江哈尔滨中院(2004)哈民一终字第1272号“赵某与刘某房屋买卖合同纠纷案”;广东佛山中院(2003)佛中法民一终字第1629号“冯某等与邹某房屋买卖合同纠纷案”。

26. 户口迁移的违约责任

——房屋已售出,户口不迁走?

【户口迁移】

【案情简介及争议焦点】

2007年2月,王某与钱某签订售房协议,约定王某将房屋作价80万元售与钱某,先付77万元,尾款3万元作为押金,待王某在3年内迁出所有户口即付该款,超过3年未全部迁出,从2010年2月起,每满一年扣除押金1万元。2005年8月,王某与单某离婚,单某获取房屋折价款30万元后自行解决居住;2005年12月,单某等3人户口空挂在案涉房屋,钱某据此要求王某返还押金。王某以户口未全部迁出拒绝退还致诉。

争议焦点:1.卖方未迁户是否违约?2.押金是否返还?

【裁判要点】

1.卖方履行迁户义务存在瑕疵。本案双方所签房屋买卖合同及补充协议系双方真实意思表示,故合法有效。在补充协议中双方约定,房屋买卖押金3万元的返还以王某将单某等3人的户口迁移出系争房屋为对价。而在履行补充协议过程中,因单某等3人无处落户,王某只能通过有关部门将单某等3人的户口空挂,并未迁移出系争房屋。户口空挂与实际迁移尚有差别,故王某在履行协议约定的户口迁出义务上存有瑕疵,王某对此应承担相应的责任。

2.根据公平原则酌定押金返还。根据当前户籍政策,户口空挂只是为解决居民的身份证和户籍问题,不影响新入户的房屋买受人包括动迁在内的任何经济权益。本案中单某等3人户口空挂于系争房屋内,对钱某权益影响较为轻微。故对于押金返还,法院根据协议约定、售房原因、户口空挂造成的影响等实际情况予以综合分析,酌定钱某返还王某押金1.5万元。

【裁判依据或参考】

1. 法律法规及司法解释。《民法典》(2021年1月1日)第577条:“当事人一方不履行合同义务或者履行合同义务不符合约定的,应当承担继续履行、采取补救措施或者赔偿损失等违约责任。”第579条:“当事人一方未支付价款、报酬、租金、利息,或者不履行其他金钱债务的,对方可以请求其支付。”第580条:“当事人一方不履行非金钱债务或者履行非金钱债务不符合约定的,对方可以请求履行,但是有下列情形之一的除外:(一)法律上或者事实上不能履行;(二)债务的标的不适于强制履行或者履行费用过高;(三)债权人在合理期限内未请求履行。有前款规定的除外情形之一,致使不能实现合同目的的,人民法院或者仲裁机构可以根据当事人的请求终止合同权利义务关系,但是不影响违约责任的承担。”第581条:“当事人一方不履行债务或者履行债务不符合约定,根据债务的性质不得强制履行的,对方可以请求其负担由第三人替代履行的费用。”最高人民法院《**关于适用〈中华人民共和国民法典〉时间效力的若干规定**》(2021年1月1日　法释〔2020〕15号)第11条:“民法典施行前成立的合同,当事人一方不履行非金钱债务或者履行非金钱债务不符合约定,对方可以请求履行,但是有民法典第五百八十条第一款第一项、第二项、第三项除外情形之一,致使不能实现合同目的,当事人请求终止合同权利义务关系的,适用民法典第五百八十条第二款的规定。”《**合同法**》(1999年10月1日,已于2021年1月1日起失效)第113条:“当事人一方不履行合同义务或者履行合同义务不符合约定,给对方造成损失的,损失赔偿额应当相当于因违约所造成的损失,包括合同履行后可以获得的利益,但不得超过违反合同一方订立合同时预见到或者应当预见到的因违反合同可能造成的损失……”第114条:“当事人可以约定一方违约时应当根据违约情况向对方支付一定数额的违约金,也可以约定因违约产生的损失赔偿额的计算方法。约定的违约金低于造成的损失的,当事人可以请求人民法院或者仲裁机构予以增加;约定的违约金过分高于造成的损失的,当事人可以请求人民法院或者仲裁机构予以适当减少。当事人就迟延履行约定违约金的,违约方支付违约金后,还应当履行债务。”

2. 地方司法性文件。北京高院《**关于立案审判适用法律若干问题的解答(二)**》(2019年11月20日)第27条:“原告基于所有权要求被告腾退房屋的返还原物纠纷案件,如何收取诉讼费?此类案件当事人的诉讼请求为腾退房屋,还复完整的所有权权能,该请求具有财产给付内容,属于财产案件范畴,应根据诉讼请求的标的额收取诉讼费。以排除妨害纠纷起诉要求腾退房屋的,按返还原物纠纷处理。”江苏高院《**关于审理房地产合同纠纷案件若干问题的解答**》(2018年6月26日　审委会会议纪要〔2018〕3号)第49条:“户口问题如何处理?房屋买卖中,当事人约定出卖人迁出户口,并由买受人迁入户口,但嗣后出卖人拒不迁出户口而引发纠纷的,由于户口迁移涉及相关行政部门的审批制度,属于行政管理范畴,不属于民事案件的受理范围。经释明,当事人仍坚持主张迁移户口的,应裁定不予受理或驳回起诉。买受人以户口不能迁移主张解除合同或要求出卖人承担违约责任的,应当受理。"广东高院**《印发〈关于审理房屋买卖合同纠纷案件的指引〉的通知》**(2017年9月12日　粤高法〔2017〕191号,已于2020年12月31日经粤高法〔2020〕132号废止)第35条:"存量房屋的买受人起诉请求出卖人迁出户籍,不属于民事案件的受理范围。出卖人迁出户籍对房屋买卖合同的订立和房屋价格的确定有重大影响,买受人因出卖人拒不迁出户籍主张解除合同并赔偿损失的,应予支持。"上海高院**《关于审理"二手房"买卖案件若干问题的解答》**(2005年12月16日)第10条:"对于'二手房'买卖中,当事人约定出卖人迁出户口,并由买受人迁入户口,但嗣后因出卖人拒不迁出户口而引发纠纷的,我们已在2003年第3期《民事法律适用问答》中,对此问题作了明确,但实践中仍有不同理解。经研究,我们认为,当事人虽在买卖合同中就户口迁移事宜作出了约定,但户口迁移涉及相关行政部门的审批制度,属于行政管理范畴,不属于民事案件的受理范围。经释明后,当事人仍坚持主张迁移户口的,应裁定不予受理或驳回起诉。"上海高院**《关于印发〈处理公有住房出售后纠纷的若干意见〉的通知》**(1996年10月31日　沪高法〔1996〕250号)第13条:"购得的房屋在法定限制上市的期限内,由于离婚、继承等原因要求分割该房的,房屋能分割的尽可能予以分割。对房屋能予分室分割的,可确定各方的房屋产权;对无法分割实房的,除双方协议一方得实房,一方得房屋折价款外,一般暂不分割,确定房屋产权共有。在产权共有期间,对无亲属关系的当事人,可参照租赁私房的规定由住房方给付让房方一定的房屋使用费,待该房依法能上市交易时,按当时的市场价,由一方得房屋折价款。法院只能就房屋的产权、使用权作出判决,不应对当事人户口迁移作出判决。"

3. 地方规范性文件。上海市公安局、上海市房产管理局、上海市住房制度改革办公室**《关于本市居民购买住房后凭〈购买私房证明〉办理户口迁移的补充通知》**(1992年10月20日　〔1992〕沪公〔户〕165号)第1条:"凡本市居民购买优惠价房以及通过住宅合作社、集资建房、联建公助、互换产权房等形式(含商品价、成本价、标准价、优惠价、补贴价)购得住房后,其户口迁移、申报手续可按上海市房产管理局、上海市公安局沪房(91)私字发第384号文《关于居民购买私房应凭〈购买私房证明〉办理户口迁移的通知》的有关手续办理。"上海市**《常住户口管理规定》**(2010年11月2日)第16条:"户口迁移应当由迁移人本人到公安派出所办理。迁移人因故无法办理迁移手续的,可书面委托有民事行为能力的家庭成员办理。涉及全户迁移的,迁移人应当书面委托户主或有完全民事行为能力的户内成员办理。"第39条:"公安派出所可以按实际需要择址设立'公共户'。本市居民(含本市户口待定人员）因房屋出售、房屋拆迁、婚姻关系变化、租赁房退租等原因确无他处落户的，或因家庭矛盾、集体户所在单位不同意迁入等原因造成不能办理正常落户手续的，可向落户地公安派出所申请在‘公共户’办理户口登记，经公安派出所批准后，办理入户手续。”

4. 参考案例。 2016 年**北京某房屋买卖合同纠纷案**，2016 年 4 月，王某购买廖某学区房，因房屋升值，廖某拒绝继续履行，并拟将孩子户口迁回并在即将开学时使用该房对应的学籍。王某诉请继续履行，并提出保全申请，要求禁止廖某使用该房屋对应的学籍。法院认为：《民事诉讼法》第 100 条第 1 款规定：“人民法院对于可能因当事人一方的行为或者其他原因，使判决难以执行或者造成当事人其他损害的案件，根据对方当事人的申请，可以裁定对其财产进行保全、责令其作出一定行为或者禁止其作出一定行为；当事人没有提出申请的，人民法院在必要时也可以裁定采取保全措施。”本案中，案涉房屋买卖合同中，廖某曾承诺涉案房屋为学区房，且学区名额未被使用，现廖某明确表示要求解除合同，并计划使用涉案房屋学区名额登记报名。根据现行规定，由于该学位在 6 年内只能使用一次，廖某一旦使用该学位会给王某带来不可弥补损失，且时间紧迫，符合前述关于行为保全的法律规定，遂裁定禁止廖某使用涉案房屋及该房屋对应户口的学位。2011 年 1 月**河南某房屋买卖合同案**，法院认为：本案所涉及的户口迁移问题因在双方的房屋买卖合同中未约定且涉及相关行政部门的审批制度，属于行政管理的范畴，不属于民事法律关系调整的范围，故买方的该项诉请依法不予支持。2010 年 8 月**上海某房屋买卖合同案**，法院认为：系争房屋的买卖合同约定，潘某负有将系争房屋内的原有户口迁出的义务，并约定了相应的违约赔偿责任。嗣后，潘某也向买方出具保证书，再次承诺了上述责任，故潘某应按约定及承诺，按期履行自己的义务。现有关户口虽于 2010 年 8 月 11 日迁出，但已超过了双方约定的期限，应承担违约责任。鉴于潘某认为违约赔偿金额过高，曾多次要求予以调整，且买方确无足够证据证明，因上述户口迁移问题给其造成的损失事实，兼顾合同的履行情况及潘某的过错程度，调整相应的违约金数额为 1 万元。2010 年 6 月**上海某房屋买卖合同案**，法院认为：本案的争议焦点是买方是否构成违约。双方在签订居间合同、买卖合同的同日又签订了补充协议，对系争房屋内原留有的一个户口如何处理作了约定。即使签订合同时，买方还不知道所购房屋内留有原卖家户口的情况，但在签订补充协议时买方有义务在充分了解所购房产的相关信息后再作出慎重选择，买方称系受卖方及居间方欺诈所致以及其根据口头约定在 3 天内作出了不履行合同的意思表示，但未能提供充分有效的证据予以证明，本院难以采信。因户口信息并非不能预见且该户口也不影响房屋产权的转移，故不符合法律规定的不可抗力的情形。买方在协议约定的若该户口问题与其产生纠纷，由卖方承担责任的情形尚未出现的情况下,提出解除合同,已构成违约,应承担相应的违约责任。买方交付卖方的1万元意向金已转为定金,根据定金罚则,买方无权要求卖方返还定金。2010年6月**上海某房屋买卖合同案**,法院认为:系争房屋买卖合同合法有效,双方当事人均应积极全面履行合同约定的义务。由于在合同中有关于原房屋中户口迁移的约定,且买方同时与包括卖方在内的其他权利人共同签署了关于该整幢房屋的全部合同,故买方购买包括系争房屋在内的整幢房屋的意思表示明确,双方均应明知。现虽然卖方所在的家庭户籍已迁移,但应明知该房屋内尚留有其亲属的户籍未迁出,故法院认为若排除卖方责任,则关于户口问题的约定形同虚设,导致6个产权人之间互相推诿,有违《合同法》诚实信用和公平的原则。鉴于目前卖方未充分履行合同约定的户口迁移的义务,故其要求买方履行支付尾款的义务,尚不具备条件。判决卖方要求毛某等买方支付购房尾款2万元的诉讼请求不予支持。2009年4月**上海某房屋买卖合同案**,法院认为:在双方签订的《上海市房地产买卖合同》住房户口迁移特别告知中,告知双方对于系争房屋内户口问题予以特别注意并可在补充条款内约定户口迁移条款,买方在签订合同时对于遗留户口问题应予以特别注意。实际上在签订该合同时,买方已经知晓系争房屋内遗留户口问题且在补充条款以及2009年1月7日的补充协议中与卖方就户口遗留问题达成书面协议。现实中,户籍问题并不会对房屋买卖以及房屋产权的转移造成障碍,案涉房屋买卖合同亦可以继续履行,买方通过签订合同购买系争房屋的目的应能实现,况且双方之间就户口问题已达成协议。户籍问题并不是不能预见、不能避免并不能克服的客观情况,买方以户籍问题系不可抗力而不能实现合同目的为由要求退还定金,并无法律依据,本院不予准许。2009年3月**上海某房屋买卖合同案**,法院认为:卖方转让房屋时对其房屋中的户口情况及实际居住情况应为知晓,其向朱某故意隐瞒事实当非善意。系争房屋中因有案外人韩某户口,且其实际居住在内造成朱某无法入住,由此令买方遭受损失已属客观事实,对此卖方负有责任。双方在房屋买卖合同的补充条款中约定,卖方负有在2008年1月15日之前迁出房屋内所有户口的义务,逾期未迁出则每日按房价的5‰支付违约金,并承担未及时迁出户口给买方造成的损失。此条款系针对卖方迟延办理户口迁出手续而作的特别约定,现卖方未完成此义务,且系争房屋内存在案外人的户口对买方行使物权再次转让构成一定障碍,卖方理应承担违约责任。关于日5‰的违约金计算标准,卖方提出该标准过高要求予以调整,法院经与买方的损失程度相比较后认为,卖方关于违约金标准过高的主张成立,故可适当调整为日2‰。判决被卖方应支付买方违约金,违约金以房款63万元为本金,按照日2‰从2008年1月16日起计算至卖方协助办理案外人户口迁出之日止。

【同类案件处理要点】

二手房买卖合同一方当事人因户口迁出问题提起诉讼,因户口迁移属于行政管理问题,不属于民事案件的受理范围,故对买受人要求出卖方将户口迁出的诉讼请求不予支持。但买受人以出卖方逾期迁出户口构成违约为由,要求出卖方承担违约责任的诉请,属于民事案件受理范围。

【相关法律风险提示】

1. 二手房买卖合同,双方应约定卖方户口迁出问题,如未约定,诉讼中买方提出,法院可能以"非属民事法律关系调整范围"为由不予支持。案见河南洛阳中院(2011)洛民终字第150号"赵某与韩某房屋买卖合同纠纷上诉案"。案见上海二中院(2010)沪二中民二(民)终字第1212号"吴某与毛某等房屋买卖合同纠纷上诉案"。

2. 对户口迁出的约定,应注意到该住处除出卖人以外是否存在其他近亲属或亲属的户口,在迁出存在障碍的情况下,违约责任应当对此约定明确。

【附注】

参考案例索引:上海二中院(2010)沪二中民二(民)终字第1895号"钱某与王某房屋买卖合同纠纷上诉案";北京海淀区法院(2016)京0108民初16170号"王某与廖某房屋买卖合同纠纷案",见《王素菁诉廖志华房屋买卖合同纠纷案——房屋户籍对应的学位可作为行为保全对象》(赵赓、许暘),载《人民法院案例选》(201702/108:109);河南洛阳中院(2011)洛民终字第150号"赵某与韩某房屋买卖合同纠纷上诉案";上海二中院(2010)沪二中民二(民)终字第1522号"俞某等与潘某房屋买卖合同纠纷上诉案";上海一中院(2009)沪一中民二(民)终字第1373号"王某等与周某房屋买卖合同纠纷上诉案";上海二中院(2010)沪二中民二(民)终字第1212号"吴某与毛某等房屋买卖合同纠纷上诉案";上海徐汇区法院(2009)徐民三(民)初字第609号"王某等诉周某房屋买卖合同纠纷案";上海一中院(2009)沪一中民二(民)终字第468号"朱某与徐某房屋买卖合同纠纷上诉案"。

27. 土地出让金补交责任

——土地出让金,该哪方补交?

【划拨土地】

【案情简介及争议焦点】

2008年10月,鲍某将划拨土地上的房产证(黄证)以略低于市场价的价格转让给陈某,约定"在办理买卖过户手续时,双方各自承担法定税收费用",合同"特别告知"中载明"非居住房屋,按照法律、法规、规章规定,划拨土地上房地产买卖,买受人应办理土地使用权出让手续,按规定缴纳土地使用权出让金"。办理过户时,因对何方缴纳土地出让金存在争议致诉。

争议焦点:1.买受人是否尽到注意义务?2.土地出让金由哪方负担?

【裁判要点】

1.注意义务。案涉房产买卖合同约定,在办理买卖过户手续时,双方各自承担法定税收费用。签约时,陈某作为买受人已看过该商铺产权证,而该类划拨土地上的房地产权利凭证与出让土地上的房地产权利凭证在颜色上即有明显区别,故陈某应预见到该类"黄证"商铺需缴纳的税费可能与"绿证"商铺需缴纳的税费有区别,且该份合同又作了特别告知。

2.税金负担。综观系争商铺买卖的实际履行情况,双方已就系争商铺完成了实物交付,陈某已获取了该商铺的使用收益权能,现为最终取得该商铺的完全产权,而要求鲍某协助办理该商铺产权之过户登记手续,在有明确约定情况下,故由作为买受人的陈某承担并无不当。

3.二手房交易,作为买方,可到房屋所在地派出所查询户口及迁出情况,此外,做好"交钥匙"工作,看小区大门及单元门门禁卡、电梯卡、防盗门、信箱钥匙、房间门、地下车库、厕所门、厨房门钥匙是否存在及齐备;拿到钥匙后,装修前先更换客厅进门和防盗门锁。

【裁判依据或参考】

1.法律法规。《民法典》(2021年1月1日)第466条:"当事人对合同条款的理解有争议的,应当依据本法第一百四十二条第一款的规定,确定争议条款的含义。合同文本采用两种以上文字订立并约定具有同等效力的,对各文本使用的词句推定具有相同含义。各文本使用的词句不一致的,应当根据合同的相关条款、性质、目的以及诚信原则等予以解释。"第510条:"合同生效后,当事人就质量、价款或者报酬、履行地点等内容没有约定或者约定不明确的,可以协议补充;不能达成补充协议的,按照合同相关条款或者交易习惯确定。"第511条:"当事人就有关合同内容约定不明确,依据前条规定仍不能确定的,适用下列规定:……(六)履行费用的负担不明确的,由履行义务一方负担;因债权人原因增加的履行费用,由债权人负担。"第577条:"当事人一方不履行合同义务或者履行合同义务不符合约定的,应当承担继续履行、采取补救措施或者赔偿损失等违约责任。"第579条:"当事人一方未支付价款、报酬、租金、利息，或者不履行其他金钱债务的，对方可以请求其支付。”**《合同法》**（1999年10月1日，已于2021年1月1日起失效）第113条：“当事人一方不履行合同义务或者履行合同义务不符合约定，给对方造成损失的，损失赔偿额应当相当于因违约所造成的损失，包括合同履行后可以获得的利益，但不得超过违反合同一方订立合同时预见到或者应当预见到的因违反合同可能造成的损失……”**《城市房地产管理法(2019年修正)》**（2020年1月1日）第19条：“土地使用权出让金应当全部上缴财政，列入预算，用于城市基础设施建设和土地开发。土地使用权出让金上缴和使用的具体办法由国务院规定。”第40条：“以划拨方式取得土地使用权的，转让房地产时，应当按照国务院规定，报有批准权的人民政府审批。有批准权的人民政府准予转让的，应当由受让方办理土地使用权出让手续，并依照国家有关规定缴纳土地使用权出让金……”第44条：“以出让方式取得土地使用权的，转让房地产后，受让人改变原土地使用权出让合同约定的土地用途的，必须取得原出让方和市、县人民政府城市规划行政主管部门的同意，签订土地使用权出让合同变更协议或者重新签订土地使用权出让合同，相应调整土地使用权出让金。”第51条：“设定房地产抵押权的土地使用权是以划拨方式取得的，依法拍卖该房地产后，应当从拍卖所得的价款中缴纳相当于应缴纳的土地使用权出让金的款额后，抵押权人方可优先受偿。”国务院**《关于深化改革严格土地管理的决定》**（2004年10月21日　国发〔2004〕28号）第17条：“……经依法批准利用原有划拨土地进行经营性开发建设的，应当按照市场价补缴土地出让金。经依法批准转让原划拨土地使用权的，应当在土地有形市场公开交易，按照市场价补缴土地出让金；低于市场价交易的，政府应当行使优先购买权。”国务院**《关于加强国有土地资产管理的通知》**（2001年4月30日　国发〔2001〕15号）第4条：“……土地使用权抵押应当依法办理抵押登记。设定房地产抵押权的土地使用权是以划拨方式取得的，依法拍卖该房地产后，受让人应当依法与土地所在地的土地行政主管部门签订土地使用权出让合同，从拍卖价款中缴纳土地使用权出让金后，抵押权人方可优先受偿。以营利为目的，房屋所有人将以划拨方式取得国有土地使用权后所建房屋出租的，应将租金中所含土地收益上缴国家……”

2. 部门规范性文件。国务院机关事务管理局、中共中央直属机关局**《中央在京单位已购公有住房上市出售管理办法》**（2003年10月1日）第9条：“上市出售的已购公房，由买受人在办理房屋权属登记手续时按当年房改成本价的1%补交土地出让金或相当于土地出让金的价款。”国土资源部**《关于已购公有住房和经济适用住房上市出售中有关土地问题的通知》**（1999年9月22日　国土资用发〔1999〕31号）第3条：“土地出让金或相当于土地出让金价款由购买方缴纳，购买方应在交易双方签订房屋买卖合同后，持房屋买卖合同、原房屋产权人的房屋所有权证及国有土地使用证或土地产权证明等材料到房屋所在地市、县土地行政主管部门办理有关手续。已购公有住房和经济适用住房所在宗地为划拨土地的，需缴纳出让金，办理土地出让手续；已购公有住房所在宗地为出让土地的，需缴纳相当于土地出让金的价款，办理土地转让手续。购房者在缴纳了有关价款后，方可领取国有土地使用证，取得出让土地使用权。”建设部**《关于已购公有住房和经济适用住房上市出售若干问题的说明》**（1999年7月27日）第6条：“已购公有住房和经济适用住房上市出售成交价格，按照政府宏观指导下的市场原则，由交易双方协商议定。（根据三部文件规定，土地出让金或相当于土地出让金的价款需由购买人交纳。）按照《城市房地产管理法》的规定，应向房地产交易管理部门如实申报成交价格。房地产交易管理部门要对所申报的成交价格进行核实，对需要评估的房屋进行现场查勘和评估，并以核实的价格作为计征有关税费和收费分配的依据。”第7条：“由于房改成本价及经济适用住房价格中均不含土地使用权价款，因此根据现行法律制度，三部文件明确：已购公有住房和经济适用住房上市出售时，均需由购买人缴纳土地出让金或相当于土地出让金的价款。对于经济适用住房，由于其土地使用权是以划拨方式取得的，个人购买时价格中不含土地出让金，因此已购经济适用住房上市出售时，应当按照《城市房地产管理法》的规定，由购买人向国家补交土地出让金。对于已购公有住房，则有两种情况。一种情况是其原土地使用权以划拨方式取得的，应当按规定由购买人向国家补交土地出让金。另一种情况是原土地使用权以出让方式取得的，如原单位购买了商品住房（价格中包含了开发商已向国家缴纳的土地出让金）再根据房改政策按房改成本价出售给职工，按现行的法律规定，其上市出售时，不需要再向国家补交土地出让金。但因为应由新的购买人缴纳相当于土地出让金的价款，所不同的是这部分价款应当根据原投资渠道分别上交财政或返还原产权单位。土地出让金和相当于土地出让金的价款在缴纳标准上是一致的，即均为不低于该住房坐落位置的标定地价的10%，具体比例由各地确定。考虑到目前多数地方尚没有标定地价资料，而二级市场的开放又是当务之急，实际操作中各地可根据具体情况确定征收方式。如北京市经研究论证，并经国务院房改五人小组原则同意，拟按房屋成交价的3%（相当于标定地价的10%）作为应缴纳土地出让金或相当于土地出让金的价款，以便操作执行。购买人缴纳土地出让金或相当于土地出让金的价款后，按出让土地使用权的商品住宅办理产权登记。”财政部、国土资源部、建设部**《已购公有住房和经济适用住房上市出售土地出让金和收益分配管理的若干规定》**（1999年7月15日　财综字〔1999〕113号）第2条：“已购公有住房和经济适用住房上市出售时，由购房者按规定缴纳土地出让金或相当于土地出让金的价款。缴纳标准按不低于所购买的已购公有住房和经济适用住房座落位置的标定地价的10%确定。购房者缴纳土地出让金或相当于土地出让金的价款后，按出让土地使用权的商品住宅办理产权登记。"第 3 条："职工个人上市出售已购公有住房取得的价款，扣除住房面积标准的经济适用住房价款和原支付超过住房面积标准的房价款以及有关税费后的净收益，按规定缴纳所得收益。其中，住房面积标准内的净收益按超额累进比例或一定比例缴纳；超过住房面积标准的净收益全额缴纳。职工个人上市出售已购经济适用住房，原则上不再缴纳所得收益。"

3. 地方司法性文件。辽宁沈阳中院《**关于审理房地产案件若干问题的处理意见(之一)**》(2004 年 3 月 27 日)第 9 条："农用地未经征地建设商品房后出卖行为的处理问题。农用地转为建设用地必须办理农用地征用(转用)审批手续。在未经征用的农用地上建设的房屋，属于依法应予拆除或没收之物，买卖此类商品房合同应认定为无效合同。对于这类房屋出卖人不享所有权。对违反土地利用总体规划擅自将农用地改为建设用地的，限期拆除在非法转让或非法占用的土地上新建的建筑物和其他设施，恢复土地原状；对符合土地利用总体规划的，没收在非法转让或非法占用的土地上新建的建筑物和其他设施。"北京高院、北京市国土资源和房屋管理局《**关于在执行案件中涉及房地产若干问题的处理意见**》(2000 年 7 月 3 日　京高法发〔2000〕234 号)第 9 条："人民法院对已经依法抵押的集体土地使用权、未交足土地出让金的土地使用权或者预售商品房进行处分时，应当与房地产行政主管部门取得一致意见后再处分。"

4. 地方规范性文件。北京市《**限价商品住房管理办法(试行)**》(2008 年 1 月 1 日　京建住〔2008〕226 号)第 26 条："购房人取得房屋权属证书后 5 年内不得转让所购住房。确需转让的，可向户口所在区县住房保障管理部门申请回购，回购价格按购买价格并考虑折旧和物价水平等因素确定。回购的房屋继续作为限价商品住房向符合条件家庭出售。购房人在取得房屋权属证书 5 年后转让所购住房的，应按届时同地段普通商品住房和限价商品住房差价的一定比例交纳土地收益等价款。具体比例由市建设、国土资源、发展改革、财政等部门研究确定，经市政府批准后实施，并可根据房地产市场变化等情况按程序适时调整交纳比例。"北京市国土资源和房屋管理局《**关于加强经济适用住房交易管理有关问题的通知**》(2004 年 5 月 20 日　京国土房管市一〔2004〕501 号)第 5 条："已购经济适用住房住满 5 年后，交易时出售人按成交价格的 10% 缴纳综合地价款的，购房人不需要补交成交价格 3% 的土地出让金。"第 6 条："以原价出售已购经济适用住房的，新的购房人须按规定取得经济适用住房购房资格，超标的按规定补交综合地价款，其所购房屋仍按经济适用住房产权管理，不补交成交价格 3% 的土地出让金。"北京市财政局、北京市地税局、北京市国土资源和房屋管理局《**关于个人出售住房征收个人所得税有关问题的通知**》(2003 年 6 月 24 日　京财税〔2003〕732 号，本法规第 4 条已于

2010年10月1日京财税〔2010〕2325号停止执行)第2条:“……根据京政发〔2003〕3号的规定,已购公有住房产权人补交土地出让金后,所购公有住房即变成商品房。出售此类商品房,其应纳税所得额为商品房销售款,减去住房面积的经济适用住房价款、补交的土地出让金以及税法规定的合理费用后的余额。其应纳个人所得税税额的计算公式为:应纳税所得额=销售额-住房建筑面积×4000元/平方米-补交的土地出让金-合理费用。应纳税额=应纳税所得额×20%……个人从市场上购买已购公有住房,按规定补交土地出让金后,此公有住房变成商品房。出售此类商品房,其应纳税所得额为商品房销售额,减去购买价款、补交的土地出让金和合理费用后的余额。其应纳个人所得税税额的计算公式为:应纳税所得额=销售额-购买价款-补交的土地出让金-合理费用。应纳税额=应纳税所得额×20%。”北京市国土资源和房屋管理局**《关于执行〈北京市已购公有住房上市出售实施办法〉中土地出让金收征有关问题的补充通知》**(2003年5月10日 京国土房管出〔2003〕397号):“《北京市已购公有住房上市出售实施办法》(京政发〔2003〕3号)已经市政府公布实施,第十一条‘已购经济适用住房上市出售,由购买人按成交额的3%补交土地出让金。’我市经济适用住房的价格经由相关部门严格审核,限价销售,且经济适用住房均为近年内建成,原则上上市出售成交价格不低于政府限价。成交价格明显低于市场价格或政府限价的,土地出让金的征收部门可委托具备房地产评估资质的评估机构进行评估,评估价格征收相关税费,评估费用由交易双方共同负担。”北京市国土资源和房屋管理局**《关于执行〈北京市已购公有住房上市出售实施办法〉有关问题的通知》**(2003年2月27日 京国土房管市一〔2003〕139号)第6条:“关于实施办法第六条‘补交土地出让金或土地收益’一款的执行问题:(一)已购公有住房上市出售时,由购房人按实施办法规定的标准缴纳土地出让金或相当于土地出让金的价款后,权属登记部门应在附记栏中注记土地出让金或相当于土地出让金的价款缴纳情况并加盖印章,核发商品房房屋所有权证。(二)按房改成本价购买公有住房的城镇居民,自愿在房屋出售前按照实施办法规定的标准补交土地出让金或相当于土地出让金的价款申请办理商品房房屋所有权证的,亦按上款办法办理。(三)为方便群众办事,提高办公效率,计收土地出让金或相当于土地出让金的价款手续与权属登记手续一并归由权属登记部门负责办理。”第7条:“关于实施办法第十一条‘已购经济适用住房上市出售,由购买人按成交额的3%补交土地出让金’一条的执行问题:购买上市出售的经济适用住房的,由买受人到各区、县国土房管局权属登记部门直接办理缴纳土地出让金或相当于土地出让金的价款手续并申领商品房房屋所有权证。已购经济适用住房上市出售,已按‘京国土房管住字〔2001〕721号’规定补交了超标面积的土地出让金价款的,应在购房人补交土地出让金或相当于土地出让金的价款中依《通知书》《收据》予以核减。”北京市人民政府**《关于印发北京市已购公有住房上市出售实施办法的通知》**(2003 年 3 月 1 日　京政发〔2003〕3 号)第 6 条:“上市出售的已购公有住房,由买受人在办理房屋权属登记手续时按照当年房改成本价的 1% 补交土地出让金或土地收益。权属登记部门在制发房屋所有权证时,应在附记栏中注明土地出让金或土地收益缴纳情况并加盖印章。按房改成本价购买公有住房的城镇居民,也可以按照当年房改成本价的 1% 补交土地出让金或土地收益后,向房屋所在区、县国土房管局申请办理商品房房屋所有权证。已购公有住房的土地使用权是以划拨方式取得的,前述补交的土地出让金或土地收益依法上缴财政,专项用于城市基础设施建设;已购公有住房的土地使用权是以出让方式取得的,按已购公有住房原产权单位的财务隶属关系和财政体制,分别上缴中央财政和地方财政或返还原产权单位,专项用于发放住房补贴。其中,已购公有住房原产权单位属行政机关的,全额上缴财政;属事业单位的,50% 上缴财政,50% 返还原产权单位;属企业的,全额返还原产权单位。”第 11 条:“已购经济适用住房上市出售,由购买人按成交额的 3% 补交土地出让金。”北京市人民政府办公厅**《转发市建委等部门〈关于北京市城镇居民购买经济适用住房有关问题补充规定〉的通知》**(2002 年 12 月 10 日　京政办发〔2002〕53 号,已于 2010 年 12 月 30 日京政发〔2010〕44 号废止)第 10 条:“购房家庭购买超过规定面积标准的经济适用住房,须在办理立契过户手续前,到房屋管理部门暂按经济适用住房价格的 10% 补交综合地价款。超过规定面积购买的住房部分按经济适用住房产权管理,并应在产权证中注明,今后上市不再补交土地出让金。”北京市国土资源和房屋管理局**《关于解决 80 年代按三分之一价款所购公有住房上市出售问题的通知》**(2001 年 11 月 26 日　京国土房管市一字〔2001〕1198 号)第 3 条:“购买上市交易的上述房屋的,按现行有关规定由购买人按房屋成交价的 3% 补交土地出让金。”北京市国土资源和房屋管理局**《关于办理绿化隔离地区新村建设房屋权属登记的通知》**(2001 年 11 月 1 日　京国土房管权字〔2001〕1073 号)第 3 条:“按划拨方式供地的农民自住房可核发经济适用房房屋所有权证。在上市出售时,由买房人按照销售额交纳 3% 的土地出让金后所购房屋核发商品房房屋所有权证。”北京市建委、北京市发展计划委员会、北京市国土资源和房屋管理局、北京市财政局、北京市监察局**《关于北京市城镇居民购买经济适用住房程序的通知(试行)》**(2001 年 1 月 1 日　京建开〔2001〕276 号)第 7 条:“购房家庭购买超过规定面积的经济适用住房,购房家庭须在办理立契过户手续前,到房地产管理部门暂按经济适用住房价格的 10% 补交综合地价款。上述住房按经济适用住房产权管理,其中超过规定面积购买部分在产权证中注记。再上市时,该部分不再补交土地出让金。”北京市人民政府**《关于调整本市城市房屋拆迁补偿办法的批复》**(2000 年 5 月 22 日　京政函〔2000〕60 号)第 2 条:“拆除原划拨土地上的成套住宅房屋,对被拆除房屋使用人的补偿款中不含土地出让金,具体标准参照已购公有住房上市有关规定执行。”北京市《**房地产抵押管理办法**》(1994 年 4 月 20 日,已于 2010 年 11 月 27 日废止)第 26 条:“以土地使用权设定抵押的,抵押权人实现抵押权时,其权利及于土地使用权和地上建筑物、其他附着物。处分房屋时,其房屋使用权范围内的土地使用权是以划拨方式取得的,划拨土地使用权应随房屋一同转移;划拨土地使用权连同地上房屋一同出售、拍卖的,其出售、拍卖所得款项,须扣除应补交的土地出让金后,再按规定顺序分配。”

5. 参考案例。2001 年**四川某房屋买卖合同纠纷案**,1997 年,于某将 4 年前购买划拨地上建成的商品房卖给董某,约定于某承担土地使用权出让金。1999 年,因董某申请办理产权变更登记手续遭拒致诉。法院认为:案涉房屋买卖协议成立后,房产所有权未转移前,双方当事人建立的债权债务关系仍存在。于某一审诉讼前,早已分别办理涉案房屋产权证和土地使用权证,成为该房屋合法产权人。于某以合法产权人身份与董某签订房屋买卖协议,依法成立。根据“地随房走”原则,于某在出售自有房产时,其以划拨方式取得的土地使用权,在依法补办相应手续后,亦可依法转让,故判决确认双方协议依法成立,于某履行房地产转让中卖方应承担的转让登记义务,转让房屋占用范围内土地使用权出让金,先由董某垫付,然后依约凭有效票据,由于某补偿。2015 年**辽宁某房屋买卖合同纠纷案**,2011 年,化学厂与拍卖公司签订委托拍卖合同。王某以 725 万元竞买成功。2013 年,因化学厂以拍卖房屋系划拨土地、合同无效为由拒办过户手续致诉。法院认为:《城市房地产管理法》第 40 条第 1 款和《拍卖法》第 8 条规定,拍卖划拨土地上的房屋,应当报经有批准权的人民政府审批。本案中,化学厂委托拍卖公司拍卖案涉房屋所附着土地,属国有划拨土地,且未经有批准权政府审批,确系违反前述法律规定行为。依《城市房地产管理法》第 67 条,违反前述规定,由县级以上人民政府土地管理部门责令缴纳土地使用权出让金,没收违法所得,可以并处罚款。从国家对转让划拨土地房地产处罚方式来看,政府对划拨土地的行政管理,是通过对债权合同的管制实现的,而不是通过对物权变动限制来落实对划拨土地使用权的监管,且并无将违法后果明确为交易或转让无效的规定,故上述规定非属《合同法》第 52 条第 5 项和最高人民法院《关于适用〈中华人民共和国合同法〉若干问题的解释(二)》第 14 条规定的效力性强制性规定。《城市房地产管理法》第 40 条第 1 款和《拍卖法》第 8 条规定中的“人民政府审批”,是指对债权合同履行行为的审批,即对转让划拨土地上房地产合同应办理批准手续。对未办理批准手续的,应适用《合同法》第 44 条“依法成立的合同,自成立时生效。法律、行政法规规定应当办理批准、登记等手续生效的,依照其规定”和最高人民法院《关于适用〈中华人民共和国合同法〉若干问题的解释(一)》第 9 条“依照合同法第四十四条第二款的规定,法律、行政法规规定合同应当办理批准手续，或者办理批准、登记等手续才生效，在一审法庭辩论终结前当事人仍未办理批准手续的，或者仍未办理批准、登记等手续的，人民法院应当认定该合同未生效"规定。本案化学厂通过委托拍卖方式转让案涉房屋及其附着国有划拨土地使用权合同行为，因未经有批准权政府审批，应确认依法成立但尚未生效，不涉及认定合同无效问题，故化学厂关于拍卖行为及拍卖成交确认书应属无效的主张，依据不足，法院不予支持。2014 年**安徽房屋买卖合同纠纷案**，2007 年，杨某将划拨土地上自建住宅楼以 8.5 万元转让给曹某，并约定税费及土地出让金由曹某缴纳。2010 年，曹某向镇土地管理所递交了交纳土地出让金申请。其间，双方矛盾。杨某诉请确认合同无效。法院认为：案涉房屋系杨某自建取得，且已领取产权证书，依《物权法》第 39 条规定，杨某对该房屋享有占有、使用、收益和处分的权利，故杨某将该房屋出售给曹某系其依法行使财产处分权，故杨某有权将其自建取得的私有房屋出售给曹某。《城市房地产管理法》第 40 条第 1 款规定："以划拨方式取得土地使用权的，转让房地产时，应当按照国务院有关规定，报有批准权的人民政府审批"。最高人民法院《关于审理涉及国有土地使用权合同纠纷案件适用法律若干问题的解释》第 12 条规定："土地使用权人与受让方订立合同转让划拨土地使用权，起诉前经有批准权的人民政府同意转让，并由受让方办理土地使用权出让手续的，土地使用权人与受让方订立的合同可以按照补偿性质的合同处理。"依此，以划拨方式取得土地使用权的，转让房地产时，未报请有批准权的人民政府审批同意，划拨土地使用权转让行为并不当然无效，可通过效力补正。《物权法》第 143 条规定："建设用地使用权人有权将建设用地使用权转让、互换、出资、赠与或者抵押，但法律另有规定的除外。"《城市房地产管理法》第 61 条第 3 款规定："房地产转让或者变更时，应当向县级以上地方人民政府房产管理部门申请房产变更登记，并凭变更后的房屋所有权证书向同级人民政府土地管理部门申请土地使用权变更登记。"依上述法律可知，我国法律对以划拨方式取得的土地使用权并未禁止转让，只要当事人履行了相关法定手续，仍可将其转让。本案中，住宅楼买卖协议目的是转移房屋所有权，尚未改变土地使用权性质，未损害国家利益和社会公共利益。故《城市房地产管理法》第 40 条、第 61 条规定，均属于管理性而非效力性强制规定，违反该类规定并不导致合同无效，只是应受行政主管部门行政处罚。该案中，双方当事人已明确约定了土地使用权转让及土地出让金缴纳事宜，且依据上述法律该约定并不违反法律规定，故杨某以签订住宅楼买卖协议时该房屋所占土地系国有划拨土地不能转让为由，主张房屋买卖协议无效，理由不能成立。《合同法》第 44 条规定："依法成立的合同，自成立时生效。法律、行政法规规定应当办理批准、登记等手续的，依照其规定。"《民法通则》第 55 条规定："民事法律行为应当具备下列条件：（一）行为人具有相应的民事行为能力；（二）意思表示真实；（三）不违反法律或者社会公共利益。”本案中,杨某与曹某均具有相应民事行为能力,且双方关于房屋买卖意思表示真实。虽案涉房屋所占土地为国有划拨土地,《城市房地产管理法》规定此类土地转让时,应报有批准权的人民政府审批,但政府审批不是对土地使用权转让合同或房屋买卖合同的审批,而是对国有划拨土地使用权实际发生转移的审批,故政府审批不是此类合同成立的生效要件。杨某与曹某所签住宅楼买卖协议,无需办理登记或审批手续,双方订立时即已生效。故对杨某诉请,不予支持。2013 年**江苏某房屋买卖合同纠纷案**,2011 年,曹某通过中介购买崔某房屋,签约并支付定金后,以该房屋系划拨土地为由,诉请确认合同无效。法院认为:依《物权法》第 147 条规定,建筑物、构筑物及其附属设施转让、互换、出资或者赠与的,该建筑物、构筑物及其附属设施占用范围内的建设用地使用权一并处分。因而本案当事人约定转让房屋则该房屋占用建设用地使用权亦应依法转让。由于该房屋所占用建设用地使用权系崔某通过划拨方式取得,依《城市房地产管理法》第 40 条第 1 款规定,该房地产转让时应报有批准权的人民政府审批,获得批准后还应缴纳土地使用权出让金。依最高人民法院《关于适用〈中华人民共和国合同法〉若干问题的解释(二)》第 14 条规定,《合同法》第 52 条第 5 项规定的“强制性规定”,是指效力性强制性规定。因此,合同内容违反法律、法规效力性强制性规定而无效,但仅违反管理性强制性规定的,则应根据具体情况认定其效力。本案中,崔某房屋所在小区土地使用权均为划拨取得,崔某转让房屋不改变土地使用性质,仍为居住而使用房屋及土地,故不涉及国家利益和公共利益,且该小区未列入政府拆迁计划范围,政府不存在不予审批理由,故曹某完全可通过采取缴纳土地出让金或土地收益方式取得原划拨土地使用权。最高人民法院《关于审理涉及国有土地使用权合同纠纷案件适用法律问题的解释》第 11 条“土地使用权人未经有批准权的人民政府批准,与受让方订立合同转让划拨土地使用权的,应当认定合同无效”规定所规范的是直接以土地使用权为合同标的的转让行为,因土地使用权转让有可能改变土地使用性质,涉及规划变更,同时,划拨土地为无偿取得,故需政府审批前置,而当事人在转让划拨土地上房地产时约定将占用的国有划拨土地使用权概括转让,不适用该司法解释对合同效力规定。判决驳回曹某诉请。2011 年**安徽某房屋买卖合同纠纷案**,2007 年,杨某就其在街道上所建商住楼售予曹某签订买卖协议。2009 年,杨某以该房屋所占土地为国有划拨土地为由,诉请确认房屋买卖合同无效。法院认为:双方就案涉房屋签订买卖协议,目的系转让房屋所有权,且不改变土地使用权性质。虽《城市房地产管理法》第 40 条规定,以划拨土地方式取得土地使用权的,转让房地产时,应按国务院规定,报有批准权的人民政府审批,但该法并未规定此类合同无效。依该法第 40 条、第 61 条规定,只要当事人履行了相关法定手续,法律允许其转让而非一律禁止,故诉争协议不违反法律法规有关效力性强制性规定。双方均系完全民事行为能力人,协议签订系双方真实意思表示,故房屋买卖合同不存在无效事由,应为有效,判决驳回杨某诉请。2011年**江苏某房屋买卖合同纠纷案**,2000年,雕刻厂法定代表人杨某与开发公司签订拆迁安置合同,将雕刻厂房屋低价转让给开发公司。2009年,杨某退休,雕刻厂工会主席作为厂里负责人以雕刻厂名义起诉开发公司、杨某,以房屋占用土地系划拨性质为由,要求确认合同无效。法院认为:雕刻厂虽工商登记注册法定代表人仍为杨某,但因其已退休,并作为本案被告之一参加诉讼,故由单位工会主席参加诉讼作为负责人代表雕刻厂参加诉讼不违反法律规定,原告主体适格。依法律及行政法规规定,以划拨方式取得国有土地使用权的,转让房地产时,应当按照国务院规定,报有批准权的人民政府审批。房地产转让、抵押时,房屋的所有权和该房屋占有范围内的土地使用权同时转让、抵押。划拨土地使用权未经有批准权的人民政府批准不得转让;已经订立转让合同的,合同无效。本案中,诉争房屋占有范围内土地使用权人为电器厂,1999年经行政划拨归雕刻厂并申领房产证,但雕刻厂未经有批准权的政府批准将该房屋出售给开发公司,且至一审起诉前亦未能提交审批手续,房屋买卖合同因违反法律、行政法规强制性规定,判决确认无效。2009年**河南某行政诉讼案**,2001年,钱某购买电影公司房产并办理过户手续。2003年,县政府批复同意收回土地并出让给钱某作为商业用地使用,钱某据此办理了国有土地使用证。2006年,房管局以电影公司转让划拨土地未经批准为由注销钱某房屋所有权证。法院认为:房管局依《城市房地产管理法》规定享有作出被诉处理决定的法定职权。依《物权法》规定,不动产权属证书是权利人享有该不动产物权证明。本案中,房管局注销了钱某所持房屋所有权证,对钱某财产权利产生直接影响,钱某与本案被诉处理决定存在法律上利害关系,具备原告主体资格。房管局在为钱某办理房产登记时,依据的是电影公司与钱某所签房产买卖协议,在协议未被确认无效情况下,该转让协议可作为房屋转让登记依据。案涉房产在办理房产转让登记后,县政府对涉案房产占有土地进行了批复,同意将该宗国有土地使用权收回并出让给钱某作为商业用地使用,钱某在接到此批复后,办理了国有土地使用证,证明县政府已对该房产转让协议及房屋转让登记行为认可。判决撤销房管局注销决定。2006年**江苏某房屋买卖合同纠纷案**,2004年,工商局将其开办的3000余平米的市场土地、房屋所有权以300万元整体转让给科技公司,科技公司依约支付了前期80万元保证金后,承诺如不履行合同,已付款全部交给工商局。2006年,科技公司得知划拨土地转为出让土地,其作为受让人尚需交纳100万余元土地出让金,起诉时以国有资产转让未经审批导致转让协议无效为由要求退还80万元。法院认为:双方所签房地产转让协议因涉及以划拨方式取得的国有土地使用权未经市、县人民政府土地管理部门批准而无效,但该协议效力在一审辩论终结前是可以补正的,协议效力未能补正导致无效的过错方是科技公司。双方在协议被宣告无效前,协议效力可补正期间达成一致意思表示,即科技公司已表示将保证金全部交给工商局,根据诚实信用和禁止反言原则,科技公司要求工商局返还保证金,因科技公司已作处分,赔偿了对方损失,故其要求返还的诉请不予支持。2010 年 7 月**重庆某房屋买卖合同案**,法院认为:双方所签房屋转让协议合法有效。因转让房屋是集资房,又未办理产权,亦未对房屋面积进行测绘,约定房屋面积与房地证面积相差约 6.6 平方米,但双方约定系按房屋总价转让,未对房屋转让单价进行约定,亦未对误差面积的补退房款进行约定。另卖方在办理产权证前已转让房屋,因涉及办理产权证的遗留问题,经区委办、区府办协调处理,买方自愿按变更的土地用途、类型办理房屋产权证,由此产生的土地出让金等 3712 元,应由买方负担,况且双方转让协议亦未约定办理产权登记的费用负担,但改变房屋所有权的土地用途、类型是买方的意思表示。根据《合同法》第 61 条"合同生效后,当事人就质量、价款或者……约定不明确的,可以协议补充;不能达成补充协议的,按照合同有关条款或者交易习惯确定"的规定,买方要求卖方退还误差面积的房款 3582 元和垫支办理产权费用 3712 元的诉讼请求,不予支持。2009 年 3 月**上海某房屋买卖合同案**,法院认为:案涉房屋的产证于 2006 年 5 月 16 日核发,周某、张某早应知道产证中有"划拨"字样,应在签订协议前对该房屋是否交纳土地出让金及该土地出让金应由谁负担等问题有所了解,故周某、张某以产证中有"划拨"字样需与张某、柴某协商"协议"以外的有关承担土地出让金问题为由未按约签订合同,且在双方约定延期签订合同后周某、张某仍未按协议约定与张某、柴某签订合同,周某、张某的上述行为已经构成违约,应承担相应的违约责任。2008 年月**辽宁某房屋买卖合同案**,2002 年 3 月,范某与集团公司签订购房协议,购买集团公司开发的房产,并支付了全部房款,集团公司以买卖方式为范某办理产权证后,因期间市政府对该划拨地实行有偿使用政策,就土地使用证办理新增加费用由谁负担产生纠纷致诉。法院认为:因集团公司未依约按商品房正规销售方式为范某开具相关正式发票及手续,而承诺为范某办理房产证及土地使用权证。实际办证过程中,集团公司也是以其自有房出售的二手房交易为范某办理相关房产登记手续。集团公司既以开发建设方式取得房屋所有权后进行二手房交易,其亦应按政府规定补交划拨土地使用权的出让金,而后履行为范某办理房屋转让后土地使用权更名手续。未能办理所售房屋的土地使用证,集团公司应承担责任。范某购买案涉房屋后,在集团公司为其办理中政府划拨地实行有偿使用政策,考虑到该政策系双方无法预料,集团公司应承担 80% 的费用,范某承担 20% 费用。2007 年 7 月**贵州某房屋买卖合同案**,买方称其 1999 年花 1.8 万元购买卖方的自有福利房,是按市场价进行的交易,受益方系卖方,过户时应由卖方缴纳土地出让金 8000 元。法院认为:双方签订合同买卖的标的物是房改房,是卖方通过房改政策购买的住房，由于买卖发生在《已购公有住房和经济适用住房上市出售管理暂行办法》出台以后，故双方的买卖行为就应严格按照此办法的规定来进行规范，双方均认可在交易时未缴纳土地收益金，即卖方尚未取得该房屋的土地使用权，故双方进行房屋买卖时，卖方的住房并不具备上市出售的条件，应属无效。2004年7月**浙江某房屋买卖合同案**，2001年，国资局批复粮食局，将下属粮管所案涉房地产公开拍卖，羊某以15万余元竞得并返租给粮管所。拍卖行将拍卖款转交给国资局。后经评估，该地块需缴纳30万余元的土地出让金，并确定在随后的拆迁范围，导致双方产生争议。法院认为：由于争议的房产属粮管所所有且在拍卖后羊某也是与粮管所签订的房屋买卖协议，故房屋买卖关系中的出卖人应当是粮管所，羊某是买受人。根据《拍卖法》的规定，拍卖活动可以委托代理人进行，故粮管所向粮食局的报告，可视为拍卖委托行为。拍卖价款虽由拍卖人直接缴纳给国资局，不能据此认定粮食局实际处分该款，故在粮管所主体资格未消亡前，本案合同责任人不应是粮食局。由于房屋已经交付买受人使用，且在客观上，羊某作为买受人也已将所购房屋出租他人，故应认为房屋买卖的合同目的已经实现，出卖人粮管所并未构成根本违约。一方面，虽然根据《合同法》的规定，出卖人负有转移所有权的义务，但在出卖人未履行该义务的情况下，买受人可以请求出卖人履行该义务；另一方面，由于本案出卖的划拨土地上的房屋，该房屋系粮管所因企业改制需要而出卖，转让时要补交出让金，对此需进行土地评估，故在时间上不能及时办理过户手续，难以确定是某方当事人的原因所致，认定出卖人构成违约也缺乏证据。事实上，之故产生本案的争议，是由于集镇规划的原因，买受人所购房屋将被拆迁，这在法律上属于买卖标的物的风险承担问题。根据《合同法》第142条的规定，本案中，不论房屋被拆迁后的拆迁补偿是否超过房屋购买价，有关拆迁所产生的权利由买受人羊某享有，风险也由羊某承担。2003年7月**山东某房屋买卖合同案**，法院认为：1999年11月11日，杨某向有关部门缴纳了土地出让金2.9万余元，取得了土地使用权。在与张某签订的《商品楼房预购销合同》及《房地产买卖契约》中，只对房产进行了约定，未对土地转让进行约定，故张某要求杨某协助其办理土地转让手续，应向杨某支付已缴纳的土地转让费用。原一审判决认定，张某所购商品楼价款中含有土地出让金，认定事实错误。再审判决认定商品楼价款中未含土地出让金是正确的。《土地管理法》明确规定，土地所有权归国家，任何单位、个人未经许可，不得买卖土地。土地出让金的收取方只能是国家或国家授权的相关部门。再审判决张某支付给杨某土地出让金5760元，表述不当，应纠正为张某支付杨某已缴纳的土地出让金费用5760元；办理土地使用权变更登记过程中的有关费用承担问题，双方未作出约定，法律也无明确规定，按房地产买卖习惯，再审判决由最后获得土地使用权的张某缴纳，公平合理，应予维持。

【同类案件处理要点】

购买划拨土地上的房屋,应由购买人补交土地出让金,交易双方另有约定的除外。

【相关法律风险提示】

1. 购买划拨土地上建造的房产,交易双方应明确出卖人是否已补交土地出让金,是否符合房屋(土地)转让条件;无论出卖人是否已缴纳土地出让金,出卖人现转让的房屋价款是否包含土地出让金,均需在合同中明确,否则影响过户。

2. 购买划拨土地上房屋,在双方对土地出让金未约定情况下,法院可能认为变更土地用途和类型系买方自愿,由此产生的土地出让金应由买方承担。案见重庆巴南区法院(2010)巴法民初字第 2488 号"唐某诉黄某房屋买卖合同纠纷案"。

3. 对于房屋出卖人持有的产权证上已明确标明土地使用权类型系"划拨"性质的,应视为卖方尽到告知义务,买方以此作为重大误解要求撤销合同,不会得到法院支持。案见上海一中院(2009)沪一中民二(民)终字第 721 号"张某等与周某等房屋买卖合同纠纷上诉案"。

4. 办理产权手续,还应包括办理土地使用权证,由此产生的费用应在房屋买卖合同中明确约定,同时对于因乙方迟延办理,因政策原因导致办证费用新增的损失承担亦应明确。

5. 企业自行开发的房产,涉及土地划拨性质的变更,应明确与职工签订的房屋买卖合同性质,商品房买卖与二手房买卖性质的不同,可能导致土地出让金缴纳的主体不同。案见辽宁沈阳中院(2008)沈民二终字第 626 号"某集团公司与范某房屋买卖合同纠纷案"。

6. 对于房屋办理土地使用权证是否需要交纳土地出让金及由谁负担,即购房款是否包含土地出让金,双方在合同中应当明确。山东东营中院(2003)东民再终字第 12 号"张某与杨某房屋买卖合同纠纷再审案"一审判决认为包含,二审认为并未包含,法律未规定、合同未约定情况下,根据交易习惯,判决由最后获得土地使用权的买受人缴纳。

【附注】

参考案例索引:上海二中院(2010)沪二中民二(民)终字第 1497 号"鲍某与陈某房屋买卖合同纠纷上诉案";四川德阳中院"于某与董某等房屋买卖合同纠纷案",见《于存库诉董成斌、董成珍房屋买卖纠纷案》,载《最高人民法院公报·案例》(2001:268);辽宁高院(2015)辽审四民申字第 1634 号"大连油脂化学厂与王军等物权确认纠纷再审申请案",见《合同报批义务的性质与履行》(李钢、刘冬艳、陈晨),载《人民司法·案例》(201723:66);安徽宣城中院"杨某诉曹某房屋买卖合同纠纷案”，见《划拨土地上私有房屋转让合同具有法律效力》（吴环），载《人民司法·案例》（201418:99）；江苏南通中院（2013）通中民终字第0897号“曹某与崔某等房屋买卖合同纠纷案”，见《划拨土地上房屋买卖合同效力的认定——江苏南通中院判决曹平等诉崔利斌等房屋买卖纠纷案》（张建平、金永南），载《人民法院报·案例指导》（20131121:06）；安徽宣城中院（2011）宣中民四终字第00007号“杨某与曹某房屋买卖合同纠纷案”，见《杨陆锦诉曹宏慧房屋买卖合同纠纷案——划拨土地上的私有房屋可以转让》（吴环），载《人民法院案例选》（201402/88:120），另见《划拨土地上私有房屋转让合同具有法律效力》（吴环），载《人民司法·案例》（201418:99）；江苏常州中院（2011）常民终字第331号“某雕刻厂与某开发公司房屋买卖合同纠纷案”，见《常州市工艺雕刻厂诉江苏高成房地产公司房屋买卖合同纠纷案》，载《江苏省高级人民法院公报》（201204/22:34）；河南商丘中院（2009）商行终字第13号“钱某与某房管局行政诉讼案”，见《钱永学诉睢县房地产管理局注销房屋所有权行政处理案》（杨艳华、王宏伟），载《人民法院案例选》（200904/70:503），另见《未经批准转让划拨土地上房产的效力认定》（梁锦学、杨艳华、王宏伟），载《人民司法·案例》（200918:99）；江苏扬州中院（2006）扬民一终字第0353号“某科技公司与某工商局等买卖合同纠纷案”，见《北京中睿昊天信息科技有限公司上海分公司诉江苏省扬州工商行政管理局等房地产买卖合同纠纷案（房地产买卖合同）》（成谷俗），载《中国审判案例要览》（2007民:155）；重庆巴南区法院（2010）巴法民初字第2488号“唐某诉黄某房屋买卖合同纠纷案”；上海一中院（2009）沪一中民二（民）终字第721号“张某等与周某等房屋买卖合同纠纷上诉案”；辽宁沈阳中院（2008）沈民二终字第626号“某集团公司与范某房屋买卖合同纠纷案”；贵州遵义红花岗区法院（2007）红民南初字第159号“陈某诉黄某房屋买卖纠纷案”；浙江金华中院（2003）金中民一终字第180号“某粮食局等与羊某房屋买卖合同纠纷案”；山东东营中院（2003）东民再终字第12号“张某与杨某房屋买卖合同纠纷再审案”。

28. 口头合同效力与认定

——合同无书面，能不能算数？

【口头合同】

【案情简介及争议焦点】

2003年，许某在与单位签订集资建房协议后，收取同事干某6万元；

许某在其向单位交纳首期房款后，将集资建房协议与交款收据交由干某收执，干某出具给许某的收条上载明“在本月二十几号洽谈好后，再作最后决定”。2009年，干某先后交付集资款14万余元后，起诉要求许某办理交房及过户手续。许某称双方系借款关系且买卖无权属证房屋无效。

争议焦点：1. 本案法律关系如何？2. 口头合同效力如何？

【裁判要点】

1. 本案法律关系。根据本案许某与干某之间收款及收条内容的事实，以一般常理推断，可以认定干某与许某之间存在的是房屋买卖合同关系，而非许某抗辩所称的借款合同关系。

2. 口头合同效力。依《合同法》相关规定，双方之间买卖合同虽未有书面形式，但系双方当事人真实意思表示，并不影响该合同效力。另案涉房屋系许某在原单位全额集资房，虽尚未修建，但许某有完全的处分权，故房屋是否已修建并不影响买卖合同效力。依《物权法》第15条“当事人之间订立有关设立、变更、转让和消灭不动产物权的合同，除法律另有规定或者合同另有约定外，自合同成立时生效；未办理物权登记的，不影响合同效力”以及《合同法》第44条“依法成立的合同，自成立时生效”的规定，许某应履行交房及办过户义务。

【裁判依据或参考】

1. 法律规定。《民法典》(2021年1月1日)第133条：“民事法律行为是民事主体通过意思表示设立、变更、终止民事法律关系的行为。”第135条：“民事法律行为可以采用书面形式、口头形式或者其他形式；法律、行政法规规定或者当事人约定采用特定形式的，应当采用特定形式。”第136条：“民事法律行为自成立时生效，但是法律另有规定或者当事人另有约定的除外。行为人非依法律规定或者未经对方同意，不得擅自变更或者解除民事法律行为。”第137条：“以对话方式作出的意思表示，相对人知道其内容时生效。以非对话方式作出的意思表示，到达相对人时生效。以非对话方式作出的采用数据电文形式的意思表示，相对人指定特定系统接收数据电文的，该数据电文进入该特定系统时生效；未指定特定系统的，相对人知道或者应当知道该数据电文进入其系统时生效。当事人对采用数据电文形式的意思表示的生效时间另有约定的，按照其约定。”第140条：“行为人可以明示或者默示作出意思表示。沉默只有在有法律规定、当事人约定或者符合当事人之间的交易习惯时，才可以视为意思表示。”第142条：“有相对人的意思表示的解释，应当按照所使用的词句，结合相关条款、行为的性质和目的、习惯以及诚信原则，确定意思表示的含义。无相对人的意思表示的解释，不能完全拘泥于所使用的词句，而应当结合相关条款、行为的性质和目的、习惯以及诚信原则，确定行为人的真实意思。”第469条:“当事人订立合同,可以采用书面形式、口头形式或者其他形式。书面形式是合同书、信件、电报、电传、传真等可以有形地表现所载内容的形式。以电子数据交换、电子邮件等方式能够有形地表现所载内容,并可以随时调取查用的数据电文,视为书面形式。”第470条:“合同的内容由当事人约定,一般包括下列条款:(一)当事人的姓名或者名称和住所;(二)标的;(三)数量;(四)质量;(五)价款或者报酬;(六)履行期限、地点和方式;(七)违约责任;(八)解决争议的方法。当事人可以参照各类合同的示范文本订立合同。”第471条:“当事人订立合同,可以采取要约、承诺方式或者其他方式。”第472条:“要约是希望与他人订立合同的意思表示,该意思表示应当符合下列条件:(一)内容具体确定;(二)表明经受要约人承诺,要约人即受该意思表示约束。”第479条:“承诺是受要约人同意要约的意思表示。”第480条:“承诺应当以通知的方式作出;但是,根据交易习惯或者要约表明可以通过行为作出承诺的除外。”第481条:“承诺应当在要约确定的期限内到达要约人。要约没有确定承诺期限的,承诺应当依照下列规定到达:(一)要约以对话方式作出的,应当即时作出承诺;(二)要约以非对话方式作出的,承诺应当在合理期限内到达。”第483条:“承诺生效时合同成立,但是法律另有规定或者当事人另有约定的除外。”第486条:“受要约人超过承诺期限发出承诺,或者在承诺期限内发出承诺,按照通常情形不能及时到达要约人的,为新要约;但是,要约人及时通知受要约人该承诺有效的除外。”第488条:“承诺的内容应当与要约的内容一致。受要约人对要约的内容作出实质性变更的,为新要约。有关合同标的、数量、质量、价款或者报酬、履行期限、履行地点和方式、违约责任和解决争议方法等的变更,是对要约内容的实质性变更。”第489条:“承诺对要约的内容作出非实质性变更的,除要约人及时表示反对或者要约表明承诺不得对要约的内容作出任何变更外,该承诺有效,合同的内容以承诺的内容为准。”**《合同法》**(1999年10月1日,已于2021年1月1日起失效)第10条:“当事人订立合同,有书面形式、口头形式和其他形式。法律、行政法规规定采用书面形式的,应当采用书面形式。当事人约定采用书面形式的,应当采用书面形式。”第36条:“法律、行政法规规定或者当事人约定采用书面形式订立合同,当事人未采用书面形式但一方已经履行主要义务,对方接受的,该合同成立。”第37条:“采用合同书形式订立合同,在签字或者盖章之前,当事人一方已经履行主要义务,对方接受的,该合同成立。”第44条:“依法成立的合同,自成立时生效……”第64条:“当事人约定由债务人向第三人履行债务的,债务人未向第三人履行债务或者履行债务不符合约定,应当向债权人承担违约责任。”第65条:“当事人约定由第三人向债权人履行债务,第三人不履行债务或者履行债务不符合约定,债务人应当向债权人承担违约责任。”第107条:“当事人一方不履行合同义务或者履行合同义务不符合约定的,应当承担继续履行、采取补救措施或者赔偿损失等违约责任。"《**民法通则**》(1987年1月1日,已于2021年1月1日起失效)第56条:"民事法律行为可以采用书面形式、口头形式或者其他形式。法律规定用特定形式的,应当依照法律规定。"第65条:"民事法律行为的委托代理,可以用书面形式,也可以用口头形式。法律规定用书面形式的,应当用书面形式……"

2. 司法解释。最高人民法院《**关于适用〈中华人民共和国合同法〉若干问题的解释(二)**》(2009年5月13日　法释〔2009〕5号,已于2021年1月1日起失效)第1条:"当事人对合同是否成立存在争议,人民法院能够确定当事人名称或者姓名、标的和数量的,一般应当认定合同成立。但法律另有规定或者当事人另有约定的除外。对合同欠缺的前款规定以外的其他内容,当事人达不成协议的,人民法院依照合同法第六十一条、第六十二条、第一百二十五条等有关规定予以确定。"第2条:"当事人未以书面形式或者口头形式订立合同,但从双方从事的民事行为能够推定双方有订立合同意愿的,人民法院可以认定是以合同法第十条第一款中的'其他形式'订立的合同。但法律另有规定的除外。"第5条:"当事人采用合同书形式订立合同的,应当签字或者盖章。当事人在合同书上摁手印的,人民法院应当认定其具有与签字或者盖章同等的法律效力。"最高人民法院《**关于民事诉讼证据的若干规定(2019年修正)**》(2020年5月1日　法释〔2019〕19号)第1条:"原告向人民法院起诉或者被告提出反诉,应当提供符合起诉条件的相应的证据。"第2条:"人民法院应当向当事人说明举证的要求及法律后果,促使当事人在合理期限内积极、全面、正确、诚实地完成举证。当事人因客观原因不能自行收集的证据,可申请人民法院调查收集。"第3条:"在诉讼过程中,一方当事人陈述的于己不利的事实,或者对于己不利的事实明确表示承认的,另一方当事人无需举证证明。在证据交换、询问、调查过程中,或者在起诉状、答辩状、代理词等书面材料中,当事人明确承认于己不利的事实的,适用前款规定。"第4条:"一方当事人对于另一方当事人主张的于己不利的事实既不承认也不否认,经审判人员说明并询问后,其仍然不明确表示肯定或者否定的,视为对该事实的承认。"最高人民法院《**关于范怀与郭明华房屋买卖是否有效问题的复函**》(1992年7月9日):"……房屋买卖系要式法律行为。农村的房屋买卖也应具备双方订有书面契约、中人证明、按约定交付房款以及管理房屋的要件,要求办理契税或过户手续的地方,还应依办理该项手续后,方能认定买卖有效。本案范怀与郭明华双方既未订立买卖房屋的书面契约,亦未按口头约定付清房款,不具备所有权转移的基本要件,故同意你院审判委员会第一种意见,即:双方口头房屋买卖协议无效,对由此而产生的其他争议,争取合情合理的调解解决。"

3. 地方司法性文件。北京高院《**关于审理房屋买卖合同纠纷案件适用法律若干问题的指导意见(试行)**》(2010年12月21日　京高法发〔2010〕458号)第10

条:“房屋权利人依据《物权法》第二十八条至第三十条规定取得房屋所有权,尚未办理宣示登记即转让房屋的,不影响房屋买卖合同的效力。买受人要求办理房屋所有权转移登记,经审查诉讼请求应予支持的,应当判决房屋权利人将房屋登记到自己名下后,再为买受人办理所有权转移登记。”上海高院**《关于印发〈上海法院民事办案要件指南〉的通知》**(2003 年 11 月 25 日 沪高法民一〔2003〕10 号)第 22 条:“合同当事人一方认为合同另一方当事人违约的,一般应当举证证明:(一)当事人双方之间存在有效合同;(二)对方当事人有不履行合同义务或履行合同义务不符合约定的事实。但主张对方当事人不履行的义务为积极义务的除外;(三)具体违约的责任承担方式所要求的事实。”第 24 条:“请求相对方承担违约责任的一方提出双方间具体合同载体证明成立的,除第二十九条规定的既定情形外,可先推定双方间存在有效合同。”第 25 条:“否认存在合同的一方当事人应举证证明,对方当事人提出的合同载体证据不具有证明效力。”第 26 条:“否认双方就合同成立达成一致的一方当事人,应举证证明合同订立过程中的要约、承诺不符合《合同法》相关规定的要件事实。”第 27 条:“一方当事人主张合同不符合《合同法》规定的生效条件的,应就合同不生效的要件事实负举证责任。”第 29 条:“人民法院经审查当事人提供的证据,能够确认合同无效的,当事人不得行使违约请求权或者合同解除请求权。”北京高院**《关于经济审判工作中一些具体问题处理方法的总结》**(1987 年 12 月 15 日)第 4 条:“……对于口头协议纠纷,应根据不同情况作不同处理。如果双方当事人对口头协议的存在有异议,又无证据证明协议存在的,该案可不受理;如果已经受理,可依据民事诉讼法(试行)第八十一条裁定驳回起诉。如果双方当事人对协议的存在无异议,而对协议中有关质量、期限、履行地点或价款有异议,又不能通过协商达成协议的,可依照民法通则第八十八条规定的精神处理。”

4. 参考案例。2015 年**北京某房屋买卖合同纠纷案**,2002 年,谢某购买房产,后该房登记在李某名下。2014 年,倪某以其向谢某支付全部购房款,通过谢某向李某购买该房屋为由,诉请李某及李某妻吴某继续履行并办理过户手续。法院认为:倪某主张双方之间房屋买卖合同成立,有责任提供证据证明该主张。本案中不存在书面合同,审查重点在于倪某所称与李某曾订立口头购房合同能否得到证实。口头合同不存在有形载体,只能通过间接事实予以推理证实。倪某主张谢某是李某代理人,但未能提供证据证明。即使存在所谓代理行为,谢某出售李某所有房屋亦属无权代理,无权代理效力还取决于是否构成表见代理。本案中不存在任何情形使得倪某有理由相信谢某有出售房屋代理权。本案中对于房屋价款数额来源于倪某和谢某陈述,无任何证据证明李某本人对此予以认可或授权谢某商定房屋价款,故房屋价款这一最主要合同要素难以确定。倪某主张的已付购房款均指向谢某,并未直接支付给李某,故不论倪某主张的支付购房款事实是否得以证实,其主张事实本身就无法与李某形成关联性,故无法以支付全部购房款主张推理出合同成立事实。综上,倪某难以证明其与李某之间就诉争房屋成立房屋买卖合同关系。即使房屋买卖合同成立并有效,因诉争房屋购买于李某与吴某婚姻关系存续期间,属二人共同财产,故出卖人李某须有权处分诉争房屋,才发生物权转移效果。《物权法》第97条规定:处分共有的不动产或者动产以及对共有的不动产或者动产作重大修缮的,应当经占份额三分之二以上的按份共有人或者全体共同共有人同意,但共有人之间另有约定的除外。从各方当事人陈述来看,倪某和谢某均未在房屋交易过程中见过吴某,且谢某作为所谓代理人,亦称不让吴某知道房屋交易情况。诉争房屋作为李某与吴某夫妻共同财产,在交易过程中必须征得吴某同意,而吴某对此并不知情,故假定合同成立,该合同亦因吴某不知情而不能履行。判决驳回倪某诉请。2014年**广西某房屋买卖合同纠纷案**,2013年,陈某售房给何某,备案合同约定房款16万元,房管部门评估后认定价格为34万余元,双方据此补交税款并办理过户手续,何某支付陈某30万元。2014年,陈某以双方实际价格应为40万余元,备案合同约定16万元系避税为由主张撤销。法院认为:《合同法》第10条规定:“当事人订立合同,有书面形式、口头形式和其他形式。”最高人民法院《关于适用〈中华人民共和国合同法〉若干问题的解释(二)》第2条规定:“当事人未以书面形式或者口头形式订立合同,但从双方从事的民事行为能够推定双方有订立合同意愿的,人民法院可以认定是以合同法第十条第一款中的‘其他形式’订立的合同。但法律另有规定的除外。”合同除书面形式和口头形式,还可以其他形式成立,可根据当事人行为或特定情形推定合同成立。案涉房屋买卖合同签订后,双方付款、过户,均履行了购房合同主要义务,从双方外部行为可推定陈某与覃某对购房合同价款进行了变更。另外,依第54条“下列合同,当事人一方有权请求人民法院或者仲裁机构变更或者撤销:(一)因重大误解订立的;(二)在订立合同时显失公平的。一方以欺诈、胁迫的手段或者乘人之危,使对方在违背真实意思的情况下订立的合同,受损害方有权请求人民法院或者仲裁机构变更或者撤销”规定,合同是否可撤销,取决于合同是否具有法定可撤销事由。经评估,案涉评估价是34万余元,虽然该价款与购房合同约定的16万元房屋价款相差甚远,但如前所述,陈某与覃某已以其实际行为将房屋价款变更为30万元,该价款与房屋评估价值相差不大,不属显失公平情形。判决驳回陈某诉请。2007年**福建某房屋买卖合同纠纷案**,2005年,薛某以留学归国人员名义申购的经济适用房交房后,通过中介公司与张某签订房屋买卖合同。2007年,张某支付首期款、装修入住后,因房屋办至薛某妻李某名下,李某以不知情为由拒绝协助办理过户手续致诉。法院认为:诉争房产是薛某以留学归国人员名义申购的经济适用房,李某与薛某离婚协议约定诉争房产归李某所有,此约定对协议双方内部具有约束力,但在诉争房产未办妥初始登记产权证前,该约定不具有当然对抗善意买受人效力。销售合同、缴税票据体现薛某为买受人,诉争房产离婚分割约定李某亦未告知房产开发单位,此后交房通知、商品房使用说明书和质量保证书等,仍记载权属人为薛某。诉争房产交房后,薛某便联系中介公司帮李某卖房,李某应薛某联系的中介要求,将房屋钥匙交给中介公司以方便看房,还陪同中介公司经办人查看了房屋,表明李某存在出售诉争房屋的意思表示,并对薛某帮其联系的中介公司介绍卖房持积极认可态度。张某经中介公司居间介绍,凭房产现有资料(经济适用房的申购人、购房合同签订人均为薛某)直接与薛某本人签订买卖协议。交易时购房合同及购房发票原件交付张某保管,房产亦交付张某入住,张某主观上系善意。诉争房产未取得产权证且记载权利人为薛某情况下,购房首期款付款当日李某便及时接收薛某转交的购房进度款,结合首期款部分款项结清按揭后李某未缴交银行按揭款事实,以及证人证词,交房后李某长期未实施房产管理及缴交物业费用等事实,可认定李某对以薛某名义进行诉争房产交易明知并积极认可,其完全清楚并认可房产买卖协议约定内容,故应认定李某与薛某间存在口头授权委托卖房的事实。李某委托薛某卖房并实际占有出售房产利益后却又主张对房产交易不知情,违背诚实信用和公平、等价有偿原则。判决李某、薛某协助张某办理诉争房产过户手续。2015年**重庆某合同纠纷案**,2005年,李某与赵某口头约定,赵某将拆迁安置房出售给李某,李某因此支付购房款3万元,赵某出具收条。2013年,赵某取得房屋后转卖秦某。李某诉请解除房屋买卖合同并返还预付款、赔偿房屋增值损失120万余元。法院认为:《合同法》第10条规定,当事人订立合同,有书面形式、口头形式和其他形式。法律、行政法规规定采用书面形式的,应当采用书面形式。《城市房地产管理法》第41条规定,房地产转让,应当签订书面转让合同,合同中应当载明土地使用权取得的方式。故本案双方当事人协商转让房屋,应依法采用书面形式签订合同。但李某仅能提供收条一份,收条属于用以证明赵某收取房款的证据,而不具有书面合同形式。《合同法》第12条规定,合同的内容由当事人约定,一般包括以下条款:(一)当事人的名称或者姓名和住所;(二)标的;(三)数量;(四)质量;(五)价款或者报酬;(六)履行期限、地点和方式;(七)违约责任;(八)解决争议的方法。最高人民法院《关于适用〈中华人民共和国合同法〉若干问题的解释(二)》第1条第1款规定,当事人对合同是否成立存在争议,人民法院能够确定当事人名称或者姓名、标的和数量的,一般应当认定合同成立。由于本案双方当事人口头协议中对于标的和数量存在争议,收条并不能证明实际出售房屋的具体面积,尚未形成合意,该合同尚未成立。《合同法》第36条规定,法律、行政法规规定或者当事人约定采用书面形式订立合同,当事人未采用书面形式但一方已经履行主要义务,对方接受的,该合同成立。在双方当事人对于出售房屋面积存有争议的前提下,房屋价款总额亦不能确定,尚不足以证明李某实际交付3万元满足已经履行主要义务的条件，不能当然适用该规定认定合同成立。《合同法》第42条规定，当事人在订立合同过程中有下列情形之一，给对方造成损失的，应当承担损害赔偿责任：(一)假借订立合同，恶意进行磋商；(二)故意隐瞒与订立合同有关的重要事实或者提供虚假情况；(三)有其他违背诚实信用原则的行为。赵某在将房屋出售给李某后，未经买方同意，擅自将争议房屋出售给秦某，违背了诚实信用原则，应承担缔约过失责任。虽然李某对于合同未能依法成立存在一定过错，但是双方已达成了口头协议出售房屋，赵某一方违法诚实信用原则对外转卖房屋，导致不能进一步磋商以达到满足合同成立的条件，故赵某应承担因缔约过失产生损失的全部赔偿责任。缔约过失责任赔偿范围，应以对方缔约过失造成的实际损失为标准，包括造成的订约机会丧失而受到的损失。根据李某在房屋买卖期间向信用社贷款利率，以及同期房屋价格大幅度上涨的实际情况，酌情认定按照购房款3万元的资金利息计算损失，判决赵某返还李某3万元并按银行同期贷款利率4倍支付利息。2011年5月**河南某房屋买卖合同案**，法院认为：民事活动中，当事人虽未以书面形式订立合同，但从双方从事的民事行为能够推定双方有订立合同的意愿，即可认定存在合同关系，当事人均应依照诚实信用原则履行合同义务。本案中，时某长期在诉争房屋内居住，并持有该房屋的房产证、土地证、产权界定卡以及滑某夫妇办理房屋产权证书的票据和申请表；同时，滑某亦认可收到时某之子即原女婿转交的现金3万元。综合双方的上述行为，时某称双方系房屋买卖合同关系的说法更为符合常理，双方虽未订立书面协议但存在买卖房屋的合意，并已实际履行。时某作为买受人支付价款后，出卖人滑某夫妇除交付房屋及相关权属证书外还应依约协助对方办理产权过户手续，其未履行该义务应当承担违约责任。对于滑某夫妇称双方系房屋借用关系的抗辩理由，因未提交证据证明，也与双方实施的行为相互矛盾，本院不予支持。庭审提交的录音证据“关于你那证，前几年去办了几回，没办成，当时办成也就拿了”及滑某夫妇的陈述均证实时某儿子交付3万元的事实存在，滑某夫妇称此款与诉争房屋无关且低于房屋实际价值，但未举证证明，故本院对此项理由亦不予支持。2010年7月**上海某房屋买卖合同案**，法院认为：1995年3月28日，侯某与黄某签订房屋买卖合同后，侯某夫妇相继离开农场，系争房屋由黄某夫妇使用至1998年。侯某称其与黄某之间签订的房屋买卖合同实质上是借款抵押合同，但未能提供相关证据佐证，且双方对于借款利率、还款时间等均未约定，有违借款的惯例。至于侯某妻称侯某未经其同意一人出售该房屋，合同应无效。鉴于其在审理中自认该房屋自1983年分配后一直由其与侯某共同使用至离开农场后，房屋作为家庭生活的重要财产，其十多年来对该房屋的状况不进行必要的了解，显然有违生活常理。而周某自1998年与黄某妻签订该房屋售购房协议书并支付房款后，一直实际使用该房屋至今，并持有与该房屋有关的原始资料，符合本市当时转让房屋的惯例，故应认定周某与黄某妻之间的房屋买卖行为除产权变更登记手续之外已履行完毕。故判令该房屋登记的权利人侯某协助该房屋的实际权利人周某办理系争房屋的产权过户手续，以解决该房屋登记的权利人与实际权利人不统一的矛盾并无不当。2009 年 8 月**安徽某房屋买卖合同案**，法院认为：当事人订立合同，有书面形式、口头形式和其他形式。口头合同属于合同形式之一，且法律尚未禁止以口头形式订立合同。本案牛某、陈某与张某虽未以书面形式订立房屋买卖合同，但牛某、陈某对双方存在房屋买卖口头协议不持异议，且张某支付了购房款，牛某、陈某交付了房屋及房产证，双方已履行完毕。现陈某以涉案房屋买卖系口头协议应认定无效的申请再审理由不符合法律规定，不能成立。张某自 1992 年入住涉案房屋，并于 1993 年将该房屋翻建成二层楼房，牛某、陈某作为张某邻居，对此应明知，却一直未提出异议，可推定陈某对牛某卖房一事是明知并予认可，故牛某、陈某以牛某的卖房行为未经陈某同意要求确认房屋买卖协议无效的申请再审理由，无事实和法律依据，亦不能成立。2009 年 1 月**浙江某房屋买卖合同案**，法院认为：依法成立的合同受法律保护，对当事人具有法律约束力，当事人应按合同约定全面履行自己的义务。本案中，双方先达成口头房屋买卖协议，后由被告女儿出面与作为买方的原告签订书面购房协议，且被告的女儿薛某从收取定金及首笔购房款均与被告共同参与卖房事宜，薛某与买方所签订的书面购房合同的内容又与双方的口头买卖协议完全一致，故买方完全有理由相信薛某是代表被告与买方签订的买卖合同。被告辩称其于 2008 年下半年才知道买方与薛某签订购房协议，难以令人信服，本院不予采信。案涉购房合同系双方自愿签订的，未违反法律行政法规的禁止性规定，应认定为有效，双方均应受其约束。2007 年 3 月**江西某房屋买卖合同案**，法院认为：李某与赖某双方已达成口头购房协议，李某并已收受购房定金，这是双方在房屋买卖过程中的认购、订购或预订的一种民事法律行为。而后，李某以"我现在考虑得更远些，我还是不打算卖这个房子"为由，擅自将购房定金 2 万元退还赖某，负有完全违约过错，应按法律规定承担双倍返还定金的民事责任。李某称诉争房屋系其夫妻共同财产，未经过共有人同意，购房合同无效。即使如此，过错亦全在李某。赖某系善意有偿取得该房屋没有过错。2003 年 5 月**海南某房屋买卖合同案**，法院认为：钟某在 1992 年 3 月已经搬入争执房屋居住，双方虽未签订书面的房屋买卖协议，但并不违反法律、法规的强制性规定。钟某自 1992 年 3 月起分 3 次向孙某付款共计 5 万元，孙某第一次出具的是借条，但后来两次均出具的是收条，并将土地证交给钟某；钟某搬入居住后曾按风俗摆"进宅酒"宴请亲友，也在该房屋中安放祖宗牌位、办理婚丧嫁娶等仪式，并以居民身份参加社区活动，符合民事活动可以采取口头形式或其他形式的规定，应认定双方的房屋买卖关系已经成立；孙某主张双方是借钱、借房而并非房屋买卖，但不能提供证据予以证实;故孙某主张钟某侵犯其房屋所有权无事实根据,予以驳回,并责令双方依法补办房屋过户登记手续。2002 年 9 月**浙江某房屋买卖合同案**,1994 年,弟将与父母共有民房转让给兄,2001 年因工程征地导致权属争议。法院认为:证人系村级自治组织及政府职能部门工作人员,与双方均无利害关系,对其职务活动中所作出的证言互相印证,可以采信,证实弟在向有关部门反映情况时承认将房屋卖给兄的事实。且这些证言与兄付款和居住管理房屋情况互相印证,况且弟也无证据证明其主张的双方系借款及租房的关系,综合分析双方举证情况,应认定双方系房屋买卖关系。本案中双方买卖房屋未订立书面契约,形式上有欠缺,但这对合同的效力并无影响,依据最高人民法院关于适用《中华人民共和国合同法》有关问题的司法解释中明确,在确认合同效力时,对《合同法》实施以前成立的合同,适用当时的法律合同无效而适用《合同法》有效的,则适用《合同法》。现行《合同法》规定当事人订立合同,可以采取口头形式,同时法律、法规规定应采用书面形式订立合同,当事人未采用书面形式但一方已履行主要义务,对方接受的,该合同成立,本案中兄已实际管理使用房屋多年,并已付清房款,故双方之间的房屋买卖行为依法成立,对双方均具有法律约束力。但兄应补交契税。

【同类案件处理要点】

房屋买卖行为是要式法律行为,但对于房屋买卖合同本身所采取口头、书面或其他形式,不影响合同的效力。

【相关法律风险提示】

1. 二手房交易从预约交定金或订金开始,就应采用书面形式,就双方之间建立的法律关系及权利义务进行明确约定,防止一方反悔时因为口头合同举证上的困阻造成违背真实意思表示的不利后果。

2. 卖方收取定金时,应就房屋买卖的主要条款如付款、交房、过户、税费负担等与买方达成一致并形成书面合同,以免事后因约定不明,导致履行受阻。

3. 通过第三人口头购买夫妻一方名下房产,买受人不仅应证明口头合同成立并生效,还需证明无权处分情形,其构成善意取得。

【附注】

参考案例索引:重庆北碚区法院(2009)碚法民初字第 4305 号“胡某诉王某房屋买卖合同纠纷案”;北京二中院(2015)二中民终字第 11634 号“倪某与李某等房屋买卖合同纠纷案”,见《倪朝、王燕诉李国兴、吴圣玲房屋买卖合同纠纷案——物权变动二阶模式与房屋买卖合同效力》(李俊晔),载《人民法院案例选》(201712/

118:86)；广西河池中院(2014)河市民一终字第191号“陈某与覃某等房屋买卖合同纠纷案”，见《陈慧诉覃才勋、何杏玲、何淑云房屋买卖合同纠纷案(阴阳合同问题)》(韦明升)，载《中国审判案例要览》(2015商:112)；福建厦门中院(2007)厦民终字第2115号“张某与李某等房屋买卖合同纠纷案”，见《张开欣诉李柱瑞、薛兴国房屋买卖合同案(善意取得)》(孙玉玲)，载《中国审判案例要览》(2008民:1)；重庆二中院(2015)渝二中法民终字第1037号“李某与赵某等房屋买卖合同纠纷案”；河南洛阳中院(2011)洛民终字第756号“滑某等与时某房屋买卖合同纠纷上诉案”；上海二中院(2010)沪二中民二(民)终字第1475号“侯某等与周某等房屋买卖合同纠纷上诉案”；安徽高院(2009)皖民申字第00078号“陈某等与张某房屋买卖合同效力纠纷再审案”；浙江宁波镇海区法院(2009)甬镇民初字第1097号“李某诉薛某房屋买卖合同纠纷案”；江西赣州中院(2007)赣中民一终字第56号“李某与赖某房屋买卖合同纠纷案”；海南三亚中院(2003)三亚民一终字第46号“孙某与钟某方某侵权纠纷上诉案”；浙江宁波中院(2002)甬民终字第805号“许某等与干某房屋买卖合同纠纷案”。

29. 无可归责于双方情形
——合同未签成，责任应在谁？

【双方无责】

【案情简介及争议焦点】

2008年5月，朱某通过中介公司购买张某房产，约定房价款131.5万元，三方签订《房地产买卖居间协议》后，朱某依约交纳5万元定金。1个月后，双方未依约签订《房地产买卖合同》。对未签约原因，朱某主张因对方提出作低房价而不能协商一致，张某与中介公司称系朱某无法借到购房款、要与爱人商量为由拒签。

争议焦点：1.合同未签之原因是什么？2.定金是否返还？

【裁判要点】

1.未签约原因。三方签订的房地产居间买卖协议合法有效，对最终未签订房地产买卖合同的原因双方各执一词。朱某主张其因不愿作低房价，要求以131.5万元合同价成交，但张某不同意。张某主张其同意以该合同价签约，虽该主张有中介公司陈述印证,但考虑到中介公司工作人员实际代理张某与朱某洽谈买卖房屋事宜,故张某的上述主张本院难以采信。

2. 定金应返还。因双方就合同价格最终未能协商一致,而导致未签订房地产买卖合同且属于不可归责于合同任何一方的原因所致,故张某所收取的定金5万元依法应返还朱某。

【裁判依据或参考】

1. 法律规定。《**民法典**》(2021年1月1日)第562条:"当事人协商一致,可以解除合同。当事人可以约定一方解除合同的事由。解除合同的事由发生时,解除权人可以解除合同。"第563条:"有下列情形之一的,当事人可以解除合同:(一)因不可抗力致使不能实现合同目的;(二)在履行期限届满前,当事人一方明确表示或者以自己的行为表明不履行主要债务;(三)当事人一方迟延履行主要债务,经催告后在合理期限内仍未履行;(四)当事人一方迟延履行债务或者有其他违约行为致使不能实现合同目的;(五)法律规定的其他情形。以持续履行的债务为内容的不定期合同,当事人可以随时解除合同,但是应当在合理期限之前通知对方。"第564条:"法律规定或者当事人约定解除权行使期限,期限届满当事人不行使的,该权利消灭。法律没有规定或者当事人没有约定解除权行使期限,自解除权人知道或者应当知道解除事由之日起一年内不行使,或者经对方催告后在合理期限内不行使的,该权利消灭。"第566条:"合同解除后,尚未履行的,终止履行;已经履行的,根据履行情况和合同性质,当事人可以请求恢复原状或者采取其他补救措施,并有权请求赔偿损失。合同因违约解除的,解除权人可以请求违约方承担违约责任,但是当事人另有约定的除外。主合同解除后,担保人对债务人应当承担的民事责任仍应当承担担保责任,但是担保合同另有约定的除外。"第567条:"合同的权利义务关系终止,不影响合同中结算和清理条款的效力。"《**合同法**》(1999年10月1日,已于2021年1月1日起失效)第97条:"合同解除后,尚未履行的,终止履行;已经履行的,根据履行情况和合同性质,当事人可以要求恢复原状、采取其他补救措施、并有权要求赔偿损失。"第117条:"因不可抗力不能履行合同的,根据不可抗力的影响,部分或者全部免除责任,但法律另有规定的除外。当事人迟延履行后发生不可抗力的,不能免除责任。本法所称不可抗力,是指不能预见、不能避免并不能克服的客观情况。"第410条:"委托人或者受托人可以随时解除委托合同。因解除合同给对方造成损失的,除不可归责于该当事人的事由以外,应当赔偿损失。"《**民法通则**》(1987年1月1日,已于2021年1月1日起失效)第153条:"本法所称的'不可抗力',是指不能预见、不能避免并不能克服的客观情况。"

2. 司法解释及最高人民法院司法性文件。最高人民法院《**关于适用〈中华人民**

共和国合同法〉若干问题的解释（二）》（2009年5月13日　法释〔2009〕5号，已于2021年1月1日起失效）第26条："合同成立以后客观情况发生了当事人在订立合同时无法预见的、非不可抗力造成的不属于商业风险的重大变化，继续履行合同对于一方当事人明显不公平或者不能实现合同目的，当事人请求人民法院变更或者解除合同的，人民法院应当根据公平原则，并结合案件的实际情况确定是否变更或者解除。"最高人民法院**《关于审理商品房买卖合同纠纷案件适用法律若干问题的解释（2020年修改）》**（2021年1月1日　法释〔2020〕17号）第4条："出卖人通过认购、订购、预订等方式向买受人收受定金作为订立商品房买卖合同担保的，如果因当事人一方原因未能订立商品房买卖合同，应当按照法律关于定金的规定处理；因不可归责于当事人双方的事由，导致商品房买卖合同未能订立的，出卖人应当将定金返还买受人。"最高人民法院副院长唐德华**《在浙江省全省民事审判工作会议上的讲话——关于民事审判工作形势与任务》**（2000年）"……在审判实践中，审判人员往往忽视合同签订自愿这一重要原则，比如合同中双方当事人约定的风险责任条款，法院以公平原则，情势变更原则任意免除或减轻一方责任，把合同中双方当事人约定的责任承担以法官自由裁量权代替，有很大的随意性，尤其是情势变更本来是因不可归责于当事人的事由发生了无法预见的重大变化，按原合同履行显失公正因而变更其法律后果，使裁决达到公平、公正。任意适用情势变更反而有失公平、公正。"最高人民法院**《关于印发〈全国经济审判工作座谈会纪要〉的通知》**（1993年5月6日　法发〔1993〕8号）第2条第6款："市场对从事经营活动的当事人来说，既有机遇，也有风险。人民法院作为商品交易纠纷的最终裁判，要按照法律规定、商业习惯，注意正确确定风险的承担。应当由某一当事人承担的风险损失，不应转嫁给其他人。一方当事人在对方严重违约时采取合理的自我保护措施的，应当给予支持。由于不可归责于当事人双方的原因，作为合同基础的客观情况发生了非当事人所能预见的根本性变化，以致按原合同履行显失公平的，可以根据当事人的申请，按情势变更的原则变更或解除合同。"

3. 地方司法性文件。北京高院（单国军庭长）**《关于审理城镇房屋买卖合同案件适用法律若干问题的调研报告》**（2017年2月5日）："……关于解除权的行使主体。《合同法》第94条规定：'有下列情形之一的，当事人可以解除合同'，并未规定解除权的行使主体。我们认为，应当区分合同解除是由于一方当事人的根本违约行为还是不可归责于双方当事人的事由导致的。因一方当事人的根本违约行为致使合同解除的，只有守约方才享有合同解除权，违约方不得解除合同；因不可归责于双方当事人的事由致使合同目的无法实现的，双方均有权解除合同。"广东深圳中院**《关于房屋买卖合同纠纷案件的裁判指引》**（2014年8月28日修订）第17条："房屋买卖合同成立后，因房地产调控政策的实施这一不可归责于当事人双方的事由,致使合同不能继续履行,当事人请求解除合同的,人民法院可予支持。合同解除后,当事人一方请求受房地产调控政策影响而不能履行合同的另一方合理分担其为订立合同而实际发生的费用等合理损失的,人民法院可予支持。【说明】旨在解决限购、限贷等房地产调控政策影响下合同的解除问题。2010 年以来,中央和很多地方政府陆续出台了一系列房地产调控政策,特别是限贷政策和一些城市限购政策的出台,导致大量已经签订的房屋买卖合同无法履行或者难以履行,引发大量纠纷。各地法院在该类案件的处理上主要有两种意见,一是认定合同因房地产调控政策的实施不能继续履行属于不可归责于当事人双方的事由致使合同不能继续履行,当事人可以请求解除合同;二是支持买受人以不可抗力免责的主张或者适用情事变更原则对合同予以变更或者解除。我们倾向于第一种意见,主要基于以下三点:(1)《商品房买卖司法解释》第四条、第二十三条中已有'不可归责于当事人双方的事由'的规定,司法实践中也普遍接受了这一做法。(2)不可抗力和情事变更原则的适用条件非常严格。不可抗力必须是不能预见、不能避免并不能克服的客观情况,情事变更原则也指的是情事发生不能预见、不能避免的重大变化,将房地产调控政策认定为不可抗力或者情事变更,会激发对房地产调控政策的负面评价。(3)根据最高人民法院通知要求,如适用情事变更原则,则需要层报高级人民法院及最高人民法院审核,会拖延案件的审理时间,不利于纠纷的快速解决,可能会造成当事人损失的扩大。本条第二款涉及到合同解除与债务不履行的损害赔偿责任是否可以并存的问题。世界各国和各地区对此有不同的立法例。我国《合同法》第九十七条规定:'解除合同后,当事人可以要求赔偿损失。'《合同法》采取的是合同解除与债务不履行的损害赔偿责任并存的做法。问题在于,合同因不可归责于双方的事由解除,既不属于约定解除(当事人协商解除,对损害责任也会协商一致),也不属于《合同法》第九十四条所规定的法定解除(守约方因对方根本违约单方解除合同)。以买受人因房地产调控政策实施而不能履行合同的情形为例,合同因不可归责于双方的事由解除后,买受人并不构成违约,也谈不上承担违约责任。在适用本条规定解除合同后,买受人由此摆脱了沉重的合同枷锁,但作为出卖人,在没有违约的情况下,不仅合同目的部分或者全部不能实现,还会因此而遭受损失。本条是基于公平原则对失衡的利益进行调整。如果允许一方可以解除合同,摆脱履约困境,却对另一方由此而发生的损失不予补偿,就会造成新的利益失衡。基于这一考虑,在房屋买卖合同纠纷案件中,买受人依本条解除合同后,出卖人请求买受人赔偿其合理损失,譬如为订立合同而实际支出的费用等,人民法院应予支持。"浙江高院民一庭**《关于审理受房地产市场调控政策影响的房屋买卖合同纠纷案件的若干意见(试行)》**(2011 年 4 月 22 日)第 2 条:"纯粹因受限贷、限购、禁购等调控政策的直接影响,合同确实无法继续履行的,不属于'不可抗力',一般应认定属于《解释》第四条、第二十三条规定的‘不可归责于当事人双方的事由’。当事人据此请求解除合同的,可予以支持,但当事人另有约定的除外。”北京高院**《关于审理房屋买卖合同纠纷案件适用法律若干问题的指导意见(试行)》**(2010 年 12 月 22 日　京高法发〔2010〕458 号)第 21 条:“房屋买卖合同履行过程中,一方当事人构成根本违约的,守约方有权解除合同,违约方不享有合同法定解除权。如果因不可抗力或情事变更等原因,致使合同目的无法实现的,合同双方均有权要求解除合同。”

4. 参考案例。2011 年 6 月**上海某房屋买卖合同案**,法院认为:双方就系争房屋的买卖已达成初步一致意向,其中有关定金的条款亦发生法律效力。根据协议约定,双方应在 7 日内签署房屋买卖合同,但嗣后,双方就交房时间、付款时间、尾款数额等分别提出更改或补充的要求,可认为双方对居间协议中关于买卖部分的条款的进一步协商,乃至在未商妥的情况下双方同意延长签约时间至 2011 年 3 月 15 日。虽从特别补充协议之行文表述看,3 月 15 日是双方确认的签约截止时间,而非磋商截止日期,从逻辑上讲,在该日期前,包括未尽事宜在内的房屋买卖的相关问题双方应当均已磋商完毕,但当事人在审理中亦确认买卖双方并未就进一步协商的细节达成一致意见。分析当事人对居间协议的内容提出的新要求是否系对条款的实质变更而构成违约,主要应区分是否确实属于当事人(善意)补充或变更约定,并据此进行合情合理的处理。买方在卖方拒绝提前交房后同意按原定时间处理,属撤回新要约,对原居间协议无变更,至于其发出《催告函》要求解约的行为,因在此之后,买方仍积极参与协商,故其之后的行为已变更了提前解约的意思表示。而卖方要求明确付款时间,从理论上讲,居间协议中对付款时间以具体情形表述,虽然在履行时无碍,但卖方强调要求明确付款时间,亦是出于担心付款时间过晚造成交房延迟,是对签订买卖合同后诚实全面履约的考虑,应认为卖方提出该要求善意。至于卖方抗辩买方未付足定金构成违约,因买方一直催促签订买卖合同,而卖方并无证据证明买方拒绝支付定金余款且该事由非导致不能签订房屋买卖合同的根本违约理由,故卖方该项辩称本院不予采信。综上,当事人双方未就相关问题协商一致,不能认为是任何一方当事人违反定金条款的约定致最终未能签订买卖合同,因而不能适用定金罚则,现原、卖方双方均有解除买卖意向,故卖方应返还所收定金。2010 年 7 月**广东某房屋买卖合同案**,法院认为:双方所签房屋买卖合同系双方真实意思表示,未违反法律法规的强制性规定,合法有效。合同签订后,国务院颁布了《关于坚决遏制部分城市房价过快上涨的通知》,该通知规定贷款购买第二套住房的,贷款首付款比例不得低于 50%。买方在与卖方签订《房地产买卖合同》前已按揭购有一套住房,按通知规定买方贷款购买第二套房首付款比例不得低于 50%,故买方无法按房地产买卖合同约定向银行贷款支付给卖方,该事由不可归责于双方当事人,买方要求解除合同理由充分,卖方接到买方解除合同通知后亦同意解除合同,双方均确认双方签订的买卖合同已解除。合同解除后,卖方应将已收受的定金 2 万元返还买方。买方诉请卖方支付定金产生的利息,无合同和法律依据,不予支持。因不可归责于双方当事人的事由引致房地产买卖合同解除,买方无须承担违约责任。卖方反诉要求买方支付违约金 5 万元的反诉请求,不符合法律规定,亦不予支持。2010 年 12 月**上海某房屋买卖合同案**,法院认为:涉案《不动产买卖意愿书》系买方与中介公司签订,签订后当日卖方与中介公司签订《卖方签认书》,明确签约时间电话预约且之后经各方信函、电话往来,双方实际已于 2010 年 7 月 1 日均按约商谈签订房屋买卖合同事宜,但对买方按照何种标准支付卖方的卖房个人所得税有争议,因此未能签订房屋买卖合同。就系争房屋的买卖情况来说,即使按政策可由纳税人自由选择按何种标准纳税,但事实上选择不同标准缴纳卖方所得税,在纳税数额上存在很大差别,在买方按数额相对大的纳税标准为卖方缴纳税款的情况下卖方可能获得数额相对更大的退税款,故按照不同标准缴纳卖方所得税对于双方买卖房屋的成本有较大影响,双方为此争议而导致房屋买卖合同最终未能签订,属于不可归责于买卖双方的原因,双方均不存在违约。2010 年 10 月**广东某房屋买卖合同案**,法院认为:双方签订《二手房预约买卖合同》是双方当事人的真实意思表示,未违反法律、行政法规的强制性规定,应认定为有效。现买方未办妥贷款承诺函,而卖方亦未办妥赎楼手续,但上述合同并未约定买方支付首期款或办妥贷款承诺函的时间,亦未约定卖方办理赎楼手续的时间,而双方均以对方未履行上述合同义务而拒绝履行自己的合同义务,故涉案合同无法继续履行。鉴于双方均要求解除涉案合同,涉案合同应予解除,合同的解除不可归责于任何一方当事人,卖方应将定金返还买方。2010 年 9 月**广东某房屋买卖合同案**,法院认为:由于国务院于 2010 年 4 月 17 日开始实行更为严格的差别化住房信贷政策,商业银行普遍收紧放贷条件或暂停放贷。此次调整,与商业银行对自身贷款政策进行个别调整不同,属于国家行政机关在全国范围内进行政策调整,更具普遍性和强制力,对贷款申请人来说缺乏可选择性和风险规避可能。在此背景下,买方未获得银行按揭贷款并使双方合同履行不能的原因,不可归责于合同双方,原卖方在合同履行过程中亦无其他违约情形,故对于双方要求认定对方违约并承担违约责任的主张,均不予支持。因双方均已无继续履行合同的可能和意愿,本院支持买方关于解除《二手房买卖合同》的主张。合同解除后,买方基于房屋买卖目的而交纳给卖方的定金 3 万元、交楼押金 1 万元理应如数返还买方。2010 年 8 月**上海某房屋买卖合同案**,法院认为:合同中未约定签订房地产买卖合同的具体期限,也未约定签订房地产买卖合同与支付首付款的先后次序。杜某主张先签订买卖合同,后支付首付款。姚某则主张先支付首付款,后签订房地产买卖合同。由此导致双方未签订合同,双方均未违约。因房地产买卖合同条款需重新磋商后确定,双方在诉讼中也无法磋商一致,双方对房地产买卖合同无法签订均不承担责任。定金合同已无法继续履行,杜某主张返还定金的诉讼请求,应予准许。2010 年 8 月**广东某房屋买卖合同案**,法院认为:由于定金合同的履行与否并不影响主合同的效力,而定金合同本身并不存在信赖上利益,故当事人双方均不因定金合同的履行不当而承担缔约过失责任。因此蔡某未按《二手房买卖合同》约定足额支付定金不构成违约,无须承担违约责任。按合同约定,马某须于签署本合同之日起的 3 日内出具公证委托书给替买卖双方监管定金及交楼押金的第三方及担保公司指定人员以办理担保融资赎楼手续。该期限届满后,马某未履行相关义务,其原因是蔡某未按合同约定足额支付定金。虽如前述,蔡某的行为不构成违约,马某无权要求蔡某补交未交的 3 万元定金,但马某系因对法律规定认识上的错误而不当地行使先履行抗辩权,主观上并无过错,其行为亦不构成违约。2009 年 6 月**上海某房屋买卖合同案**,法院认为:案涉房屋买卖意向现已无法继续履行且买方要求解除该买卖意向而卖方予以同意,故依法予以支持。卖方的证人贺某、王某系卖方的朋友,买方对该两位证人的证言提出异议,属合理怀疑,据此本院对卖方的证人证言难以采信。对于买方证人中介公司经办人李某的证言,卖方虽持有部分异议,但仍充分肯定该证人作证的大部分内容,在卖方没有确切证据证明该证人与本案有利害关系的情况下,卖方否定该证人证言值得商榷。但即便证人李某所言卖方 2 月 13 日来晚了一节属实亦不能推导出正因为卖方来晚了导致无法下载买卖合同并最终导致双方不能签订买卖合同。因此,无法履行买卖意向的约定不可归责于买方与卖方之任何一方,也正因为此,买方要求卖方双倍返还买方定金的诉讼请求及损失,本院不予支持;但是,买方已支付的定金,卖方应当予以返还。2009 年 5 月**四川某房屋买卖合同案**,法院认为:本案中买方签订购房订单、交纳定金后,在与房产置换公司协商订立购房合同中由于双方对修改合同条款未达成一致,导致双方最终未签订购房合同。本案案涉定金的性质为立约定金,其目的是为担保合同的签订而设立,本案事实表明当事人双方均非拒绝订立合同,而是就合同条款协商不成而未订立合同,根据关于适用担保法若干问题的解释相关规定,双方均不应承担定金责任。案涉合同未能订立的原因并非是其中一方,而是因不能归责于双方的事由,故出卖人也应当将定金返还给买受人买方。由于房产置换公司系受华某委托订立合同,故合同的权利义务应由委托人华某承担,华某应返还收取的定金 1 万元。2009 年 5 月**上海某房屋买卖合同案**,法院认为:赵某与印某分别与中介方签订的居间合同合法有效。赵某已按约支付意向金,该意向金转为定金由印某收取后,双方因赵某在签订买卖合同当天如何支付买房首付款产生争议且协商不成而未能签订房屋买卖合同,而赵某与居间方签订的居间合同中约定赵某在签订房屋买卖合同当天支付房款 35 万元,并未约定该款是直接支付给印某还是通过第三方监管支付,故印某与赵某未能最终签订房屋买卖合同是由于不能归责于其中任何一方的事由,印某收取赵某的定金应原额返还。因诉争定金系印某向赵某收取,现赵某要求返还,与居间方并无直接关系,故印某主张应追加居间方为本案当事人,不予支持。2009 年 4 月**上海某房屋买卖合同案**,法院认为:买方向卖方交付的 10 万元定金,系为保证双方就买卖系争房屋签订房地产买卖合同而交付,性质为立约定金。双方在协议中对附赠设备、交房时间、贷款宽限期、车位等未作约定,而上述内容尤其是交房时间等应为房屋买卖合同的必备内容,故买方就上述内容提出要求,卖方未予接受,即为双方协商不成,双方因此而未能最终签订房地产买卖合同,属于不能归责于任何一方的事由,因此解约,卖方应返还定金。2008 年 11 月**广东某房屋买卖合同案**,法院认为:由于黄某就涉讼房屋办理了抵押贷款,双方商定房屋买卖合同时,涉讼房屋的房产证由贷款银行收执,未能明确房产证核发日期,双方对涉讼房屋购买时间和个人自用房屋时间有错误认识,导致双方最终因交易税费负担问题产生争议,而未能继续履行合同,故合同解除不可归责于双方,双方分别要求对方支付违约金的请求依据不足,不予支持。2006 年 4 月**四川某房屋买卖合同案**,法院认为:由于在办理房屋买卖公证手续时出卖人张某的房产证与其补办的结婚证不一致,致使双方未能及时办理房屋买卖公证,但此次未能办理房屋买卖公证手续的责任不应由购买人易某承担。至于以后为何不继续办理房屋买卖过户或公证手续,双方各说不一,均未能提交有效证据证明系对方原因造成。由于在本案审理期间张某均表示不愿意再将房屋买给易某,即不愿意履行双方所签房屋买卖合同,在此情况下杨某夫妇再占有易某交付的定金无法律依据和合同依据。易某要求张某退还 5000 元定金的诉讼请求应该予以支持。

【同类案件处理要点】

二手房买卖合同签订后,因不可归责于双方当事人的事由引致合同解除,双方无须承担违约责任。

【相关法律风险提示】

1. 阴阳合同、税费负担、遗漏条款等,往往是二手房交易过程中一方提出解约理由的原因。当事各方应对交房时间和付款时间有明确约定,尽量不要采用口头约定方式,在无证据证明,对方否认情况下,口头约定相当于无约定。

2. 因受房地产市场国家调控政策影响,导致首付款、税费增加能否被认定为情势变更,而属于“因不可归责于任何一方的原因导致合同解除”,实践中仍需要根据具体情形,由法官甄判。

【附注】

参考案例索引：上海二中院(2009)沪二中民二(民)终字第1238号“朱某与张某房屋买卖合同纠纷案”；上海杨浦区法院(2011)杨民四(民)初字第953号“丁某诉裴某等定金合同纠纷案”；广东深圳宝安区法院(2010)深宝法民三初字第876号“袁某诉刘某房屋买卖合同纠纷案”；上海一中院(2010)沪一中民二(民)终字第3970号“苗某与韩某等房屋买卖合同纠纷上诉案”；广东深圳中院(2010)深中法民五终字第2043号“王某与李某房屋买卖合同纠纷上诉案”；广东深圳宝安区法院(2010)深宝法民三初字第983号“谈某诉刘某等房屋买卖合同纠纷案”；上海二中院(2010)沪二中民二(民)终字第1700号“姚某与杜某房屋买卖合同纠纷上诉案”；广东深圳中院(2010)深中法民五终字第1373号“蔡某与马某房屋买卖合同纠纷上诉案”；上海徐汇区法院(2009)徐民三(民)初字第949号“石某诉郑某房屋买卖合同纠纷案”；四川成都中院(2009)成民终字第1406号“肖某与华某等定金合同纠纷上诉案”；上海一中院(2009)沪一中民二(民)终字第1338号“印某与赵某房屋买卖合同纠纷案”；上海一中院(2009)沪一中民二(民)终字第1090号“张某与靖某定金合同纠纷上诉案”；广东广州中院(2008)穗中法民五终字第4519号“黄某等与刘某等房屋买卖合同纠纷上诉案”；四川成都中院(2006)成民终字第1382号“张某等与易某房屋买卖合同纠纷案”。

30. 买方拒绝履行的理由
——不想买房了，理由是否足？

【拒绝履行】

【案情简介及争议焦点】

2009年3月2日，向某通过中介公司购买莫某房，三方签订居间协议，约定了30日内签订正式合同，向某依约交付了2万元定金。3月10日，莫某申办案涉房屋房地产权证，次日获核准。4月7日，向某收到莫某催告函，要求4月10日共同去签正式合同，向某以担心孩子可能迟延报户口为由拒签。诉讼中，中介公司作证称3月31日其依莫某要求，已通知向某妻子签约，并提供了通话记录。为证明莫某违约，向某提供了莫某4月3日才领取房地产权证的证据，莫某称该日期系事后补签，其委托他人于3月27日就已实际领取系争房地产权证。

争议焦点:1.莫某是否有签约资格?2.向某是否违约?

【裁判要点】

1.莫某具有案涉房屋处分权。不动产物权的设立、变更、转让和消灭,依照法律规定应当登记的,自记载于不动产登记簿时发生效力。只有不动产登记簿才是物权归属和内容的根据,是物权公示的方式。房屋权属证是权利人享有该不动产物权的证明,而非物权公示的方式。2009年3月10日,莫某申办系争房屋的房地产权证,并于3月11日予以核准。故莫某于2009年3月11日已成为系争房屋的房地产权利人,已完全具备对系争房屋的处分权。

2.本案向某应承担违约责任。本案双方就系争房屋买卖的主要条款包括房屋坐落、价格、支付方式等达成一致,故合同成立并生效,双方应依诚实信用原则全面履行。向某于履行期限届满前未签约亦未提出解除合同。中介公司表示已按莫某要求,在3月31日以电话方式通知向某妻子可签约。此后,莫某又发函要求向某在合理期限内签约,向某以担心孩子可能迟延报户口为由拒绝签约,故导致签约未果的责任在向某,向某违约,所交定金不应退还。

【裁判依据或参考】

1.法律规定。《民法典》(2021年1月1日)第186条:"因当事人一方的违约行为,损害对方人身权益、财产权益的,受损害方有权选择请求其承担违约责任或者侵权责任。"第562条:"当事人协商一致,可以解除合同。当事人可以约定一方解除合同的事由。解除合同的事由发生时,解除权人可以解除合同。"第563条:"有下列情形之一的,当事人可以解除合同:(一)因不可抗力致使不能实现合同目的;(二)在履行期限届满前,当事人一方明确表示或者以自己的行为表明不履行主要债务;(三)当事人一方迟延履行主要债务,经催告后在合理期限内仍未履行;(四)当事人一方迟延履行债务或者有其他违约行为致使不能实现合同目的;(五)法律规定的其他情形。以持续履行的债务为内容的不定期合同,当事人可以随时解除合同,但是应当在合理期限之前通知对方。"第577条:"当事人一方不履行合同义务或者履行合同义务不符合约定的,应当承担继续履行、采取补救措施或者赔偿损失等违约责任。"第578条:"当事人一方明确表示或者以自己的行为表明不履行合同义务的,对方可以在履行期限届满前请求其承担违约责任。"第579条:"当事人一方未支付价款、报酬、租金、利息,或者不履行其他金钱债务的,对方可以请求其支付。"第580条:"当事人一方不履行非金钱债务或者履行非金钱债务不符合约定的,对方可以请求履行,但是有下列情形之一的除外:(一)法律上或者事实上不能履行;(二)债务的标的不适于强制履行或者履行费用过高;(三)债权人在合理期限内未请求履行。有前款规定的除外情形之一,致使不能实现合同目的的,人民法院或者仲裁机构可以根据当事人的请求终止合同权利义务关系,但是不影响违约责任的承担。"第 581 条:"当事人一方不履行债务或者履行债务不符合约定,根据债务的性质不得强制履行的,对方可以请求其负担由第三人替代履行的费用。"第 583 条:"当事人一方不履行合同义务或者履行合同义务不符合约定的,在履行义务或者采取补救措施后,对方还有其他损失的,应当赔偿损失。"第 584 条:"当事人一方不履行合同义务或者履行合同义务不符合约定,造成对方损失的,损失赔偿额应当相当于因违约所造成的损失,包括合同履行后可以获得的利益;但是,不得超过违约一方订立合同时预见到或者应当预见到的因违约可能造成的损失。"第 585 条:"当事人可以约定一方违约时应当根据违约情况向对方支付一定数额的违约金,也可以约定因违约产生的损失赔偿额的计算方法。约定的违约金低于造成的损失的,人民法院或者仲裁机构可以根据当事人的请求予以增加;约定的违约金过分高于造成的损失的,人民法院或者仲裁机构可以根据当事人的请求予以适当减少。当事人就迟延履行约定违约金的,违约方支付违约金后,还应当履行债务。"第 590 条:"当事人一方因不可抗力不能履行合同的,根据不可抗力的影响,部分或者全部免除责任,但是法律另有规定的除外。因不可抗力不能履行合同的,应当及时通知对方,以减轻可能给对方造成的损失,并应当在合理期限内提供证明。当事人迟延履行后发生不可抗力的,不免除其违约责任。"第 592 条:"当事人都违反合同的,应当各自承担相应的责任。当事人一方违约造成对方损失,对方对损失的发生有过错的,可以减少相应的损失赔偿额。"**《合同法》**(1999 年 10 月 1 日,已于 2021 年 1 月 1 日起失效)第 44 条:"依法成立的合同,自成立时生效……"第 97 条:"合同解除后,尚未履行的,终止履行;已经履行的,根据履行情况和合同性质,当事人可以要求恢复原状、采取其他补救措施、并有权要求赔偿损失。"第 107 条:"当事人一方不履行合同义务或者履行合同义务不符合约定的,应当承担继续履行、采取补救措施或者赔偿损失等违约责任。"第 115 条:"当事人可以依照《中华人民共和国担保法》约定一方向对方给付定金作为债权的担保。债务人履行债务后,定金应当抵作价款或者收回。给付定金的一方不履行约定的债务的,无权要求返还定金;收受定金的一方不履行约定的债务的,应当双倍返还定金。"

2. 司法解释。最高人民法院**《关于审理买卖合同纠纷案件适用法律问题的解释(2020 年修改)》**(2021 年1 月1 日　法释〔2020〕17 号)第19 条:"出卖人没有履行或者不当履行从给付义务,致使买受人不能实现合同目的,买受人主张解除合同的,人民法院应当根据民法典第五百六十三条第一款第四项的规定,予以支持。"第 20 条:"买卖合同因违约而解除后,守约方主张继续适用违约金条款的,人民法院应予支持;但约定的违约金过分高于造成的损失的,人民法院可以参照民法典第五百八十五条第二款的规定处理。"第21条:"买卖合同当事人一方以对方违约为由主张支付违约金,对方以合同不成立、合同未生效、合同无效或者不构成违约等为由进行免责抗辩而未主张调整过高的违约金的,人民法院应当就法院若不支持免责抗辩,当事人是否需要主张调整违约金进行释明。一审法院认为免责抗辩成立且未予释明,二审法院认为应当判决支付违约金的,可以直接释明并改判。"第22条:"买卖合同当事人一方违约造成对方损失,对方主张赔偿可得利益损失的,人民法院应当根据当事人的主张,依据民法典第五百八十四条、第五百九十一条、第五百九十二条、本解释第二十三条等规定进行认定。"第23条:"买卖合同当事人一方因对方违约而获有利益,违约方主张从损失赔偿额中扣除该部分利益的,人民法院应予支持。"第31条:"出卖人履行交付义务后诉请买受人支付价款,买受人以出卖人违约在先为由提出异议的,人民法院应当按照下列情况分别处理:(一)买受人拒绝支付违约金、拒绝赔偿损失或者主张出卖人应当采取减少价款等补救措施的,属于提出抗辩;(二)买受人主张出卖人应支付违约金、赔偿损失或者要求解除合同的,应当提起反诉。"最高人民法院**《关于适用〈中华人民共和国合同法〉若干问题的解释(二)》**(2009年5月13日　法释〔2009〕5号,已于2021年1月1日起失效)第26条:"合同成立以后客观情况发生了当事人在订立合同时无法预见的、非不可抗力造成的不属于商业风险的重大变化,继续履行合同对于一方当事人明显不公平或者不能实现合同目的,当事人请求人民法院变更或者解除合同的,人民法院应当根据公平原则,并结合案件的实际情况确定是否变更或者解除。"

3. 地方司法性文件。北京高院(单国军庭长)**《关于审理城镇房屋买卖合同案件适用法律若干问题的调研报告》**(2017年2月5日):"……关于强制履行的适用。按照约定全面履行合同义务是合同信守原则的基本要求,强制履行是《合同法》第107条规定的违约责任承担方式之一,只有合同继续履行才能实现当事人签订合同的目的,因此买卖双方就合同是否继续履行存在争议时,原则上应当判决合同强制继续履行。当然,强制履行存在以下例外:其一是《合同法》第93条第2款规定了合同约定解除权。依据合同自由的原则,合同约定当事人享有解除权的应从其约定。在房屋买卖中最为常见的是合同中关于解约定金的约定,当事人可以以承担定金处罚为代价解除合同。其二是《合同法》第110条关于不能强制履行情形的规定。在符合上述规定的情形下,房屋买卖合同也无法强制履行。其三是在某些情况下,合同虽然不存在不能强制履行的法定事由,但合同继续履行确实存在现实困难,如果判决强制履行会导致不良的社会效果或实际无法执行,在这种情况下应当赋予法官一定的自由裁量权,在利益保护上适度向相对弱势方倾斜,依据公平合理的原则妥善处理。但法院在行使裁量权时应当严格审慎,不得任意扩大适用范围。”吉林高院**《关于商事案件适用合同解除制度若干问题的解答》**(2014 年 12 月 17 日)第 6 条:“违约方能否主张解除合同？通常认为,根据合同法第九十四条的规定,合同解除权归属于守约方,违约方不享有合同解除权。但是,法律和司法解释均有例外规定。例如:合同法第二百六十八条、第四百一十条,《最高人民法院关于审理商品房买卖合同纠纷案件适用法律若干问题的解释》第二十三条、第二十四条,《最高人民法院关于审理融资租赁合同纠纷案件适用法律问题的解释》第十一条。因此,如因不可归责于合同当事人的原因致使合同履行不能,合同当事人均可请求解除合同。”第 7 条:“合同解除权能否放弃？依照合同法第九十三条第二款、第九十四条的规定,享有合同解除权的当事人行使解除权并非法律的强制性规定,在解除合同的条件成就后,解除权人可以选择解除合同,也可以选择继续履行合同。解除权人放弃解除权属于对自身权利的处分,应当予以准许。”第 8 条:“合同法第九十四条规定的‘法定解除权’能否预先放弃？合同法第九十四条规定的‘法定解除权’是合同法赋予当事人的一项重要合同救济权利,如果确立当事人在合同中约定预先放弃法定解除权这一规则,其将不可避免地成为占优势地位的合同当事人签订不平等合同条款的工具,违反合同法第五条的公平原则和第六条的诚实信用原则。因此,合同中有关预先放弃法定解除权的条款应当认定无效。”第 9 条:“合同解除权的放弃如何认定？合同解除权的放弃可以书面形式、口头形式和其他形式作出。合同解除权产生以后,解除权人作出下列行为之一的,可以认定为合同解除权的放弃:(1)以书面形式或口头形式明确表示放弃合同解除权;(2)接受对方继续履行合同;(3)解除权人起诉要求对方当事人继续履行合同。”北京高院**《审理买卖合同纠纷案件若干问题的指导意见(试行)》**(2009 年 2 月 3 日　京高法发〔2009〕43 号)第 38 条:“出卖人履行交付义务后,诉请买受人支付价款,买受人以出卖人违约在先进行抗辩的,法院应当区别情况进行审理:(一)买受人拒绝给付价款、不同意支付违约金或赔偿损失,或者主张出卖人应采取减少价款等补救措施的,属于行使抗辩权;(二)买受人主张出卖人应支付违约金、赔偿损失或者要求解除合同的,应当提起反诉或者通过另诉解决;(三)买受人以出卖人违约进行抗辩,但未明确主张的,法院可以向买受人进行释明,由其明确主张。”北京高院**《审理民商事案件若干问题的解答之五(试行)》**(2007 年 5 月 18 日　京高法发〔2007〕168 号)第 17 条:“当事人无法协议解除合同,继续履行又有现实困难的,法院应如何处理？当事人无法协议解除合同,继续履行又有现实困难的,法院应认定合同一方当事人或双方当事人的合同目的已经不能实现,判令合同解除。对于合同解除的后果,法院应根据《合同法》第九十七条规定的内容,及当事人对合同解除后的处理约定行使释明权,以决定是否一并处理合同解除后当事人之间债权债务的实体问题。”

4. 参考案例。2009年**山西某房屋买卖合同纠纷案**,1999年,物价局与开发公司签订协议,约定开发公司在自有土地上为物价局建办公大楼。2004年,物价局以其已支付1500万元购房款、开发公司仍有部分房屋未交付为由,诉请解除合同并退还房款、赔偿损失。开发公司称剩余房屋权属证书即将办完。法院认为:《合同法》第94条规定,当事人一方迟延履行债务或者有其他违约行为致使不能实现合同目的,可以解除合同。该规定表明,只有违约方违约行为足以导致合同目的不能实现,守约方才能行使合同解除权。本案中,开发公司虽向物价局交付剩余房屋存在违约,但开发公司诉讼中取得了剩余房屋权属证明,双方办理土地使用权及房屋产权变更过户已无法律上障碍,故从鼓励交易及财产有效利用方面考虑,本案合同应继续履行。物价局诉请解除合同,不予支持。判决案涉合同有效,双方应依约履行;开发公司依约交房并交付相关权属证书,物价局支付剩余购房款200万元。2001年**浙江某房屋买卖合同纠纷案**,1994年,开发公司与煤炭公司签订商品房预售合同,约定"电按当地水电部门要求做""空调机房由开发公司按标准配套"。1995年,双方因装修问题成讼。1996年,二审判决继续履行后,开发公司依判决要求,在收到煤炭公司工程款后60日内通知煤炭公司接收房屋。煤炭公司仍以不符合接收条件为由拒收。开发公司后将房屋出售给银行,银行拆除原装修部分后重新进行了装修。法院认为:双方所签商品房预售合同有效。由于双方在协议中对是否将公配电改为专配电和专用房所需费用由谁负担、是否设中央空调等诉争问题约定笼统,以及在房屋其他设施、装修等问题上约定不明确,造成协议约定与施工图纸不一致,致使双方在履行协议中产生分歧,且长期无法达成共识,导致合同难以履行,对此双方均有责任。二审判决后,开发公司依判决要求,在收到煤炭公司工程款后60日内通知煤炭公司按二审判决判令条件接收房屋。煤炭公司仍以不符合接收条件为由拒收。此时未完工程装修质量是否合格应以二审判决指定的鉴定单位验收意见来确定,当事人单方是否认可不是衡量诉争工程质量合格与否标准。开发公司向煤炭公司请求交付房屋,已履行自己义务。鉴于煤炭公司以不符合接收条件为由拒收房屋,开发公司再次通知煤炭公司,如其再不接收房屋,开发公司将依二审判决和合同相应条款,没收定金,将房屋另售他人,煤炭公司仍不予理会,开发公司遂将诉争商品房出售给银行,诉争房屋现状是银行已拆除原装修部分并重新进行了装修。此种情况下,继续履行合同将给双方当事人造成新的损失,并会产生新的诉讼,且本案争议时间已长达数年,双方早已失去合作基础,故开发公司诉请解除合同,应予支持。判决解除双方合同,开发公司返还房款及利息。2000年**广东某房屋买卖合同纠纷案**,1994年,投资公司与开发公司签订购房合同,其后,双方与银行又签订按揭贷款合同。1996年,银行以投资公司不履行还款义务为由起诉,生效判决判令投资公司支付银行7400万余元购房款,法院依银行申请对案涉房屋采取了查封措施。1997年,投资公司诉请开发公司、银行承担逾期交房违约责任,获生效判决支持。1999年,投资公司在未履行交付银行购房款义务情况下,以房屋被查封、开发公司未交房为由,诉请解除购房合同、开发公司和银行赔偿其损失。法院认为:投资公司于1997年曾向法院起诉,以其与开发公司所签购房合同和开发公司迟延交房事实为依据,请求开发公司承担违约责任,法院已作出生效判决。此次,投资公司又以开发公司仍未能交房为由起诉,请求解除合同,法院依《民事诉讼法》关于受案条件规定予以受理并无不当。前案中,投资公司选择依据合同追究开发公司迟延交房违约责任,实际上即是选择继续履行合同,并放弃了在同样条件下解除合同权利。在此之后,开发公司未向投资公司交付房屋的原因是由于投资公司未履行生效判决中确定其应履行的向银行返还贷款义务,致使案涉房屋至今仍被查封,故在法院就前案作出生效判决后,开发公司未发生新的违约事实。投资公司与开发公司之间虽存在两个稍有差别的房屋买卖合同,但两个合同标的物相同,主要权利、义务相同,所确认的是同一个商品房买卖法律关系。投资公司提出开发公司不交房应解除合同的请求缺乏事实依据,判决驳回投资公司诉请。2016年**内蒙古某房屋买卖合同纠纷案**,2007年,常某与齐某签订售房协议,约定常某将自有未办产权证房屋出售给齐某,常某据此收取房款、交付房屋。2013年,齐某将该房交开发商拆迁,并获得安置补偿房,因齐某以补偿楼房至今未办理房产证为由拒付剩余购房款2000元致诉。法院认为:《合同法》第67条规定,只有在先履行义务的一方未履行义务或者履行义务不符合约定情况下,后履行一方才能行使先履行抗辩权。此处所称义务,是指合同中约定的主给付义务而非从给付义务。如先履行一方履行了主给付义务而未履行从给付义务的,后履行一方一般不能行使先履行抗辩权。同时,依《合同法》第110条第1项规定,当事人一方不履行非金钱债务或者履行非金钱债务不符合约定的,对方可以要求继续履行,但在法律上或者事实上不能继续履行的除外。案涉售房协议有效。依协议约定,常某应先履行办理房产证义务,待房产证办妥后才能要求齐某交付剩余购房款2000元,但本案标的房屋已由常某交付齐某使用,常某履行了前期主给付义务;标的房屋不仅被开发商拆迁,且齐某在拆迁房屋时未通知常某,以致常某在法律及事实上无法为齐某所购房屋办理房产证。依《合同法》第110条规定,齐某不能要求常某履行所约定办理房产证这一义务。另外,常某出售给齐某房屋被开发商拆迁后,齐某不仅得到了相应补偿,且获得了一定利益,故常某无需承担赔偿损失等违约责任。在常某不能办理房产证情况下,齐某应依约支付常某剩余购房款2000元。判决齐某支付常某剩余购房款2000元。2001年**海南某合同纠纷案**,1999年7月,王某与工贸公司签订集贸市场摊位转让合同,约定工贸公司应为王某办理"永久使用证"。2001年,王某以工贸公司未能履行办证义务诉请解约并返还转让款。

法院认为:王某与工贸公司所签转让合同,虽成立于《合同法》实施之前,但因该合同约定的履行期限跨越了《合同法》实施之日,故该合同纠纷应适用《合同法》有关规定。由于建设部房地产司于1994年2月7日发布的《关于不得给一个平方米单位产权颁发"房屋所有权证"的通知》不是法律,亦非行政法规,故其不能作为认定合同无效的法律依据。又因双方当事人所签合同主体合格,意思表示真实,且双方已基本履行了合同约定义务,故该合同应确认为有效合同,依法应予保护。至于摊位使用证问题,由于房产部门根本不予办理,故合同约定的摊位使用权证办理属于事实上不能履行,且该使用证有无,并不影响王某对所购摊位所有权的拥有,王某现已实际行使对摊位的占有、使用、收益、处分的所有权权能,且现行法律亦无禁止摊位所有权转让规定,双方转让行为亦不违反社会公共利益。判决驳回王某诉请。2010年**福建某商品房买卖合同纠纷案**,2007年,开发公司与俞某签订商铺认购书,约定俞某以1.7亿余元购买商铺,首付款6360万元于30日内支付,开发公司应在收到该款后30日内领取商品房预售许可证。俞某支付5860万元后,以开发公司将合同约定房屋售予他人、他人就该房屋设定抵押、开发公司因此丧失商业信誉为由主张行使不安抗辩权,解除合同,并以开发公司未及时领取预售许可证为由主张开发公司支付违约金。法院认为:俞某主张不安抗辩权的理由是开发公司丧失商业信誉,依据是其与案外人签订另一购房合同后,案外人将合同约定的房屋设定抵押。然而,案外人与开发公司是两个不同法人,以案外人违约为由在本案合同履行中行使不安抗辩权,不符合合同相对性原则。根据《合同法》第68条规定,俞某关于其行使不安抗辩权的主张,依据不足。《合同法》第69条规定了行使不安抗辩权要件,即使俞某有权行使不安抗辩权,亦应及时通知对方。但无证据证明俞某履行过通知义务。故俞某关于其行使不安抗辩权的主张,缺乏事实和法律依据,不应支持。俞某虽主张其已向开发公司支付了大部分订金,履行了支付订金的主要义务,并享有不安抗辩权,但按认购书约定,开发公司应在收到俞某订金后30日内领取预售许可证并与俞某签订购房合同。据此,应认定俞某负有先履行义务,但俞某至今仅支付了5860万元订金,其主张行使不安抗辩权的理由不能成立。故应认定俞某违约,其无权向开发公司主张违约金。由于俞某违约在先,即使后来开发公司未及时领取预售许可证并与俞某签订购房合同,亦不应向俞某支付违约金。本案认购书解除后,双方权利义务终止。因房屋交易尚未完成,应返还一方占有另一方的财产。判决开发公司返还占有俞某的5860万元购房订金及利息。2011年**安徽某房屋买卖合同纠纷案**,2007年,杨某就其在街道上所建商住楼售予曹某签订买卖协议。2009年,杨某以该房屋所占土地为国有划拨土地为由,诉请确认房屋买卖合同无效。法院认为:双方就案涉房屋签订买卖协议,目的系转让房屋所有权,且不改变土地使用权性质。虽《城市房地产管理法》第40条规定,以划拨土地方式取得土地使用权的,转让房地产时,应按国务院规定,报有批准权的人民政府审批,但该法并未规定此类合同无效。依该法第40条、第61条规定,只要当事人履行了相关法定手续,法律允许其转让而非一律禁止,故诉争协议不违反法律法规有关效力性强制性规定。双方均系完全民事行为能力人,协议签订系双方真实意思表示,故房屋买卖合同不存在无效事由,应为有效,判决驳回杨某诉请。2010年7月**上海某房屋买卖合同案**,法院认为:买卖双方、房产中介于2009年6月初签订了《房地产买卖居间协议》,该协议对系争房屋买卖的相关事宜已作出了约定,对各方当事人具有法律约束力,各方应根据协议约定全面履行各自义务,否则应承担相应的民事责任。根据上述协议约定,在房屋买卖过程中,买方与卖方还应签署《上海市房地产买卖合同》,故双方应根据该项约定,本着诚实信用原则,在居间公司的召集下,积极主动履行自己的签约义务,即使因客观原因确不能如期参加签约,亦应征得对方当事人谅解和认可。根据买方在7月8日前曾向房产中介表露不愿意购买系争房的意愿、此后的签约过程以及7月18日双方未能签订协议的主要原因,应认定系由买方自身的原因未能按约签订《上海市房地产买卖合同》。买方认为其对合同不能继续履行并无过错,系卖方恶意毁约,致履约不成,但并无相应的事实依据,不予采信,故对买方要求双倍返还定金10万元的诉讼请求,不予支持。2010年6月**河南某房屋买卖合同案**,法院认为:买方与卖方签订的房屋买卖协议中约定:卖方负责办理房产证过户手续及水、电、气、暖接通等售房前的费用,不收买方任何费用。售房前的产权、事务纠纷等由卖方出面负责解决。现卖方履行了上述义务并将该房已实际交付买方,为买方办理了房产过户手续,买方即应按协议约定全面履行付款义务,支付下欠房款60,000元。根据上述协议内容,双方对土地使用证的办理义务未予约定,买方要求卖方为其办理土地转移手续的主张证据不足,买方以卖方未办理土地转移手续为由拒付剩余房款无事实依据。2009年5月**上海某房屋买卖合同案**,陈某买黄某房,商定价款48万元,为避税,正式合同签38万元,约定逾期付款违约金,另有20%房款的违约金,另10万元以装修补偿名义私下支付。签约第3天,陈某以受欺诈主张解除合同,在黄某致催告函后仍未履行付款义务。诉讼中,陈某以避税属"以合法形式掩盖非法目的"主张无效,又以装修不值10万元主张重大误解和显失公平。法院认为:系争房屋以48万元进行交易是双方的真实意思表示,双方将房款分解而避税的行为,可由有关税务行政机关责令补正,不影响双方对房屋总价的确定,合同中关于双方为避税而约定的房价条款无效,其余合同条款有效。鉴于陈某签约后即表示解除合同,在黄某多次函告催促履行未果后,黄某依法有权行使单方解除权,陈某收到黄某解约函之日即为合同终止之日。合同终止后,黄某应将收取的房款返还陈某,并有权依约主张逾期付款违约责任;同时依约定,违约方应另向守约方支付总房价款20%的违约金。根据法律规定,若约定的违约金过分高于造成的损失的,当事人可请求适当减少。黄某自认于发出解约函时,系争房屋总价下降约5%,陈某以违约金过高为由要求调整,可予准许,法院酌情调整违约金为4.8万元。2007年**辽宁某房屋买卖合同案**,2006年12月,吴某通过中介购买李某房屋,看房并查验了该房的动迁、回迁手续,随后签订房屋转让协议,未书面约定交房付款期间,吴某交了1万元定金及2000元中介费后,李某补交契税并办下产权证,事后吴某以对方未腾房、房源不真实为由要求退定金和中介费。法院认为:吴某与李某签订的房屋转让协议是双方真实意思表示,不违反法律禁止性规定,合法有效。吴某主张陈某存在欺诈、在卖房时未告知其房屋产权状况,因吴某为李某出具了收取房屋全部动迁手续的收据,可知吴某在明知房屋权属状况下购买该房,故吴某的该项主张与事实不符,不予支持,吴某无权要求返还中介费。协议中没有约定付款与交房期限,吴某主张双方有口头约定,但未举证,且李某否认,故吴某的该项主张,缺乏事实依据,法院不予支持。吴某至今没有交付购房款,现争议房屋的相关权属证书已经下发,李某明确表示可以继续交易,吴某表示不同意购买此房。可见由于买受人吴某的不同意购买房屋,致使双方房屋转让协议不能履行。转让协议不能履行的责任在于交纳定金的一方,依据定金罚则,交纳定金一方即吴某无权要求返还定金。2005年11月**辽宁某房屋买卖合同案**,法院认为:双方签订合同后,买方明确表示不愿继续履行,卖方在履行合同过程中无违约事实存在,故对买方要求解除合同并退还定金的诉讼请求不予支持。关于买方提出卖方与中介共同隐瞒该房屋结构,导致买方误签合同,该房屋下水道不是单甩,租房户始终未走及卖方没有房屋所有权证的主张,因缺乏事实依据,且该房屋下水道是不是单甩不属于合同中约定的内容,故不予采纳。

【同类案件处理要点】

二手房买卖合同签订后,买方不履行合同付款义务或者履行付款义务不符合约定,又无合理抗辩理由的,应当承担继续履行、采取补救措施或者赔偿损失等违约责任。

【相关法律风险提示】

1. 二手房买卖合同签订后,在合同具备继续履行条件下,出卖方无违约情形,买方拒绝履行的理由不成立的,可能需承担继续履行合同时,另外支付违约金或没收定金的违约责任。

2. 就无产权证的房屋签订买卖合同,但房屋权属明确或嗣后完善权属证明,通常不会认定所签合同无效。故对无产权证的房屋,如心存疑虑,可多做核实;一旦交了定金,事后反悔,卖方的房屋权属不成问题,因买方不继续履行合同,必然要承担违约责任。案见上海二中院(2009)沪二中民二(民)终字第1355号"向某与莫某房屋买卖合同纠纷案"。

3. 以备案合同避税条款属于"违反法律法规强制性规定""以合法形式掩盖非法目的""重大误解""显失公平"为由要求认定合同无效或以此解除合同的,实践中通常不会得到法院支持。

4. 在双方对付款期限、交房期限未明确约定情况下,买方以卖方未腾房、租客未搬走为由作为解约理由的,不会被支持。案见辽宁沈阳中院(2005)沈民(2)房终字第786号"谢某与曹某房屋买卖合同纠纷案"。

5. 在双方签约时,房屋权属证明材料已由买方核验或持有的,事后买方以出卖方隐瞒非普通住宅的房屋性质、隐瞒房屋的结构为由要求解约的,难以被支持。案见辽宁沈阳中院(2007)沈民(2)房终字第690号"吴某与李某等房屋买卖合同纠纷案"。

【附注】

参考案例索引:上海二中院(2009)沪二中民二(民)终字第1355号"向某与莫某房屋买卖合同纠纷案";最高人民法院(2009)民一终字第64号"某物价局与某开发公司商品房买卖合同纠纷案",见《合同一方当事人不构成根本性违约,另一方当事人请求解除合同不予支持——山西省物价局与太原市双燕房地产开发有限公司商品房买卖合同纠纷上诉案》(张雅芬,最高院民一庭),载《民事审判指导与参考·最高人民法院案件解析》(201001/41:242);最高人民法院(2001)民一提字第4号"某开发公司与某煤炭公司商品房买卖合同纠纷案",见《江苏省苏州市国有房产发展公司与浙江省江山市煤建有限公司商品房买卖合同纠纷提审案》(审判长何抒,代理审判员陈佳、高珂),载《审判监督指导·裁判文书选登》(200303/11:301);最高人民法院(2000)民终字第4号"某开发公司与某投资公司商品房预售合同纠纷案",见《武汉泰合房地产开发有限公司与广东省中振投资有限公司预售商品房合同纠纷上诉案》(审判长张雅芬,审判员冯小光、韩玫),载《民事审判指导与参考·最高人民法院裁判文书选登》(200104/8:305);内蒙古察哈尔右翼后旗法院(2016)内0928民初811号"常某与齐某房屋买卖合同纠纷案",见《非金钱债务的先履行抗辩权行使——内蒙古察右后旗法院判决常某诉齐某房屋买卖合同纠纷案》(史秀永),载《人民法院报·案例精选》(20170622:06);海南海口振东区法院(2001)振民初字第667号"王某与某工贸公司等合同纠纷案",见《王政诉海南国际中环工贸(集团)公司等案(摊位转让合同、合同效力)》(林海),载《中国审判案例要览》(2002民:69);最高人民法院(2010)民一终字第13号"俞某与某开发公司商品房买卖(预约)合同纠纷案";安徽宣城中院(2011)宣中民四终字第00007号"杨某与曹某房屋买卖合同纠纷案";上海二中院(2009)沪二中民二(民)终字第

2379号"潘某与曾某等房屋买卖合同纠纷上诉案";河南濮阳中院(2010)濮中法民一终字第995号"卜某与张某买卖合同纠纷上诉案";上海二中院(2009)沪二中民二(民)终字第991号"黄某与陈某等房屋买卖合同纠纷案";辽宁沈阳中院(2007)沈民(2)房终字第690号"吴某与李某等房屋买卖合同纠纷案";辽宁沈阳中院(2005)沈民(2)房终字第786号"谢某与曹某房屋买卖合同纠纷案"。

31. 卖方违约与继续履行

——不想卖房了,能不能解约?

【继续履行】

【案情简介及争议焦点】

2009年6月,李某与王某签订《房产买卖合同》,约定李某以320万元购买王某房屋,定金20万元。2009年10月,王某取得房产证;同年12月,王某将该房产出售给他人并办理过户手续。其后,王某起诉李某支付逾期付款利息及物业管理费,被法院认定为根本违约而驳回。2010年,李某起诉王某要求双倍返还定金,王某夫承担连带责任。

争议焦点:1. 王某是否构成根本违约? 2. 王某夫应否承担连带责任?

【裁判要点】

1. 根本违约。案涉《房产买卖合同》合法有效。合同签订后,李某迟延办理首期款监管手续构成违约,依《合同法》有关规定,王某亦应催告李某履行该义务;买方经催告在合理期限内仍未履行的,卖方可解除合同。但王某未能提供充分证据证明其已催告履行,更在未通知李某解除合同情况下,就自行将涉案房产另行出售并过户给他人,造成李某合同目的不能实现,王某虽曾起诉主张李某迟延支付首期款构成违约,请求李某支付迟延付款利息,但当时王某已将房产出售并过户他人,故王某的该起诉并非有效的履约催告,构成根本违约。

2. 违约责任。李某已依约向王某交纳定金20万元,因王某构成根本违约,故王某应承担向李某双倍返还定金的责任。王某和李某签订买卖合同是在其与王某夫的夫妻关系存续期间,王某以个人名义所负债务应按夫妻共同债务处理,且王某夫妇不能证明李某与王某明确约定为个人债务,或证明李某知道王某夫妇约定此债务为个人债务,故王某夫承担连带责任。

【裁判依据或参考】

1. 法律规定。《民法典》(2021年1月1日)第465条:"依法成立的合同,受法律保护。依法成立的合同,仅对当事人具有法律约束力,但是法律另有规定的除外。"第525条:"当事人互负债务,没有先后履行顺序的,应当同时履行。一方在对方履行之前有权拒绝其履行请求。一方在对方履行债务不符合约定时,有权拒绝其相应的履行请求。"第526条:"当事人互负债务,有先后履行顺序,应当先履行债务一方未履行的,后履行一方有权拒绝其履行请求。先履行一方履行债务不符合约定的,后履行一方有权拒绝其相应的履行请求。"第527条:"应当先履行债务的当事人,有确切证据证明对方有下列情形之一的,可以中止履行:(一)经营状况严重恶化;(二)转移财产、抽逃资金,以逃避债务;(三)丧失商业信誉;(四)有丧失或者可能丧失履行债务能力的其他情形。当事人没有确切证据中止履行的,应当承担违约责任。"第528条:"当事人依据前条规定中止履行的,应当及时通知对方。对方提供适当担保的,应当恢复履行。中止履行后,对方在合理期限内未恢复履行能力且未提供适当担保的,视为以自己的行为表明不履行主要债务,中止履行的一方可以解除合同并可以请求对方承担违约责任。"第577条:"当事人一方不履行合同义务或者履行合同义务不符合约定的,应当承担继续履行、采取补救措施或者赔偿损失等违约责任。"第579条:"当事人一方未支付价款、报酬、租金、利息,或者不履行其他金钱债务的,对方可以请求其支付。"第583条:"当事人一方不履行合同义务或者履行合同义务不符合约定的,在履行义务或者采取补救措施后,对方还有其他损失的,应当赔偿损失。"**《合同法》**(1999年10月1日,已于2021年1月1日起失效)第44条:"依法成立的合同,自成立时生效……"第67条:"当事人互负债务,有先后履行顺序,先履行一方未履行的,后履行一方有权拒绝其履行要求。先履行一方履行债务不符合约定的,后履行一方有权拒绝其相应的履行要求。"第94条:"有下列情形之一的,当事人可以解除合同:(一)因不可抗力致使不能实现合同目的;(二)在履行期限届满之前,当事人一方明确表示或者以自己的行为表明不履行主要债务;(三)当事人一方迟延履行主要债务,经催告后在合理期限内仍未履行;(四)当事人一方迟延履行债务或者有其他违约行为致使不能实现合同目的;(五)法律规定的其他情形。"第107条:"当事人一方不履行合同义务或者履行合同义务不符合约定的,应当承担继续履行、采取补救措施或者赔偿损失等违约责任。"第108条:"当事人一方明确表示或者以自己的行为表明不履行合同义务的,对方可以在履行期限届满之前要求其承担违约责任。"第118条:"当事人一方因不可抗力不能履行合同的,应当及时通知对方,以减轻可能给对方造成的损失,并应当在合理期限内提供证明。"第121条:"当事人一方因第三人的原因造成违约的,应当向对方承担违约责任。当事人一方和第三人之间的纠纷,依照法律规定或者按照约定解决。”

2. 司法解释及最高人民法院司法性意见。 最高人民法院**《关于适用〈中华人民共和国民法典〉时间效力的若干规定》**(2021年1月1日　法释〔2020〕15号)第11条:“民法典施行前成立的合同,当事人一方不履行非金钱债务或者履行非金钱债务不符合约定,对方可以请求履行,但是有民法典第五百八十条第一款第一项、第二项、第三项除外情形之一,致使不能实现合同目的,当事人请求终止合同权利义务关系的,适用民法典第五百八十条第二款的规定。”最高人民法院民一庭**《民事审判实务问答071:房屋差价能否作为非违约方的损失,由违约方予以赔偿》**(2021年7月):“买受人与出卖人通过中介公司签订《房屋买卖合同》,合同约定了出卖人违约时需要支付给买受人30万元违约金。但是,签约后,由于房屋升值巨大,出卖人不愿履行合同。现因房屋升值造成的差价远远大于合同约定的违约金数额30万元。买受人在请求解除合同的情况下,能否请求将房屋差价作为买受人的损失,由违约方出卖人予以赔偿?答:这个问题在审判实践中比较普遍。《民法典》第五百八十四条规定:‘当事人一方不履行合同义务或者履行合同义务不符合约定,造成对方损失的,损失赔偿额应当相当于因违约所造成的损失,包括合同履行后可以获得的利益;但是,不得超过违约一方订立合同时预见到或者应当预见到的因违约可能造成的损失。’在有效的《房屋买卖合同》履行过程中,由于出卖人拒绝履行合同,导致买受人需要另行购买相类似的房屋,则其需要支付的另行购房成本就同其之前签约的购房成本之间存在明显的价值之差,此种房屋差价是由于违约方的违约行为造成的,可以作为守约方所遭受的损失。人民法院在当事人已经约定了固定违约金的情况下,能否判决违约方承担房屋差价的违约责任,则涉及《民法典》第五百八十五条第二款规定的适用问题,该款规定:‘约定的违约金低于造成的损失的,人民法院或者仲裁机构可以根据当事人的请求予以增加;约定的违约金过分高于造成的损失的,人民法院或者仲裁机构可以根据当事人的请求予以适当减少。’但约定的违约金是否低于造成的损失,则属于事实认定问题,应由人民法院根据案件具体情况加以处理。当然,如果人民法院能够认定约定的违约金低于造成的损失,则可以适用《民法典》第五百八十五条第二款及相关司法解释的规定,对违约金予以调整,以房屋差价作为非违约方的损失,由违约方予以赔偿。”最高人民法院**《印发〈关于当前形势下审理民商事合同纠纷案件若干问题的指导意见〉的通知》**(2009年7月7日　法发〔2009〕40号)第17条:“在当前情势下,为敦促诚信的合同一方当事人及时保全证据、有效保护权利人的正当合法权益,对于一方当事人已经履行全部交付义务,虽然约定的价款期限尚未到期,但其诉请付款方支付未到期价款的,如果有确切证据证明付款方明确表示不履行给付价款义务,或者付款方被吊销营业执照、被注销、被有关部门撤销、处于歇业状态，或者付款方转移财产、抽逃资金以逃避债务，或者付款方丧失商业信誉，以及付款方以自己的行为表明不履行给付价款义务的其他情形的，除非付款方已经提供适当的担保，人民法院可以根据合同法第六十八条第一款、第六十九条、第九十四条第（二）项、第一百零八条、第一百六十七条等规定精神，判令付款期限已到期或者加速到期。”最高人民法院**《关于适用〈中华人民共和国合同法〉若干问题的解释（二）》**（2009 年 5 月 13 日　法释〔2009〕5 号，已于 2021 年 1 月 1 日起失效）第 26 条：“合同成立以后客观情况发生了当事人在订立合同时无法预见的、非不可抗力造成的不属于商业风险的重大变化，继续履行合同对于一方当事人明显不公平或者不能实现合同目的，当事人请求人民法院变更或者解除合同的，人民法院应当根据公平原则，并结合案件的实际情况确定是否变更或者解除。”最高人民法院**《印发〈关于处理涉及汶川地震相关案件适用法律问题的意见（二）〉的通知》**（2009 年 3 月 23 日　法发〔2009〕17 号）第 4 条：“因地震灾害致使在合理期限内出卖人迟延交付房屋或者买受人迟延支付购房款，当事人一方请求解除合同的，人民法院不予支持，但当事人另有约定的除外。”最高人民法院**《关于房屋买卖双方约定的生效条件不具备可不认定买卖关系成立的复函》**（1989 年 12 月 31 日　〔89〕民他字第 38 号）：“……该案当事人双方的房屋买卖协议已载明要经公证机关公证后买卖方能生效，既然公证机关不予公证，就不具备双方约定的生效条件。根据本案的实际情况，以不认定王欣然、任桂香与邓志荣的房屋买卖关系成立为宜。”最高人民法院**《关于买卖房屋的民事行为未完成买卖关系没有成立的批复》**（1988 年 12 月 29 日　〔1988〕民他字第 55 号）：“……本案双方当事人约定以收取定金的方式和限期四个月作为成交房屋买卖的条件，但期限到来后，买方既未交付房价款，也未对讼争房屋实际进行管理、使用；卖方要求退还买方定金，只因买方不同意而未果。这些情况说明，买卖房屋的民事行为并未完成，双方当事人之间的房屋买卖关系也就没有成立……”

3. 地方司法性文件。天津高院**《关于审理房屋买卖合同纠纷案件若干问题的审判委员会纪要》**（2018 年 11 月 26 日　津高法〔2018〕230 号）第 2 条：“二手房买卖相关问题……（二）关于合同继续履行问题。当事人按照房地产行政主管部门的要求签订的《天津市存量房屋买卖协议》以后，一方已依约履行主要义务并主张继续履行合同，另一方拒绝履行所有权转移登记、交接房款、交付房屋等后续合同义务，除符合《合同法》第一百一十条规定的情形外，应予支持。当事人已经签订房产买卖协议或者已经与房产中介机构签订包含居间合同内容的房产买卖协议，但尚未签订《天津市存量房屋买卖协议》的，一方主张继续履行合同，另一方拒绝履行合同义务的，除符合《合同法》第一百一十条规定的情形外，应当综合考量房地产行政主管部门的意见、合同履行进度、房款交付情况、房屋实际状态等因素，确定涉案房屋买卖合同是否具备继续履行的条件,如果具备继续履行的条件,可以支持当事人继续履行合同的诉讼请求;如果不具备继续履行合同条件,可以向当事人释明无法执行的风险,并告知其可以变更诉讼请求。当事人对合同的履行与解除有特别约定的,从其约定。当事人要求继续履行合同,应当在诉讼请求中明确具体履行内容,如支付购房款、交付房屋、办理所有权转移登记等。对于出卖人不履行所有权转移登记义务的,买受人可以按合同约定要求出卖人履行所有权转移登记义务,但不能直接请求人民法院确认房屋所有权归其所有。房屋买卖合同项下房屋设定的抵押权未消灭,买受人请求出卖人依照房屋买卖合同的约定办理房屋所有权转移登记手续的,可以买受人释明变更诉讼请求为代为清偿债务涤除抵押权后办理所有权转移登记。诉讼中,可以依法追加抵押权人作为第三人参加诉讼。”江苏高院**《关于审理房地产合同纠纷案件若干问题的解答》**(2018 年 6 月 26 日　审委会会议纪要〔2018〕3 号)第 48 条:“当事人主动违约如何处理?房屋买卖合同签订后,当事人无正当理由愿意以承担定金罚则而解除合同的,不予支持,除非另一方当事人同意。”河北廊坊中院**《关于印发〈审理房屋买卖合同纠纷案件若干问题的会议纪要〉的通知》**(2018 年 3 月 14 日　廊中法〔2018〕24 号)第 25 条:“房屋买卖合同签订后,一方当事人不同意继续履行,愿意以承担违约责任为代价解除合同,而另一方坚持要求继续履行,经审查合同不存在法律规定不能继续履行情形的,应当判决双方继续履行合同。”第 26 条:“出卖人在签订房屋买卖合同后死亡,房屋产权未办理过户登记的,买受人有权请求出卖人的继承人协助办理房屋过户登记。”广东高院**《印发〈关于审理房屋买卖合同纠纷案件的指引〉的通知》**(2017 年 9 月 12 日　粤高法〔2017〕191 号,已于 2020 年 12 月 31 日经粤高法〔2020〕132 号废止)第 42 条:“有权解除合同的当事人继续履行合同或者接受对方履行的,视为放弃合同解除权。”四川成都中院**《2017 成都市中级人民法院审判工作会会议纪要》**(2017 年 8 月 15 日)第 54 条:“因出卖人原因导致合同解除,买受人请求出卖人赔偿房屋涨价损失的,人民法院应否支持?在房屋价格上涨的情形下,因出卖人违约导致合同解除,买受人请求出卖人赔偿房屋涨价损失的,应予支持。”湖北高院民二庭**《当前商事审判疑难问题裁判指引(上)》**(2016 年 11 月)第 9 条:“人民法院不能代替当事人行使合同解除权。合同一方起诉要求继续履行合同约定的非金钱债务,人民法院审查后认为属于《合同法》第一百一十条规定的三种除外情形的,不能代替当事人行使合同解除权,直接判决解除合同、对方以其他方式承担违约责任。如果法院审查后认为不能判决继续履行合同,经释明后原告坚持不变更诉讼请求的,应判决驳回其诉讼请求。”天津高院**《关于依法妥善审理房屋买卖合同纠纷案件的通知》**(2016 年 11 月 16 日　津高法〔2016〕158 号)第 4 条:“当事人按照房地产行政主管部门的要求签订《天津市房产买卖协议》以后,一方已依约履行主要义务并主张继续履行合同，另一方拒绝履行产权过户、交接房款、交付房屋等后续合同义务，除属于《合同法》第一百一十条规定情形以外，人民法院应予支持。当事人已经签订房产买卖协议或者已经与房产中介机构签订包含居间内容的房产买卖协议，但尚未签订《天津市房产买卖协议》的，一方主张继续履行合同，另一方拒绝履行合同义务的，除属于《合同法》第一百一十条规定情形以外，人民法院应综合考量房地产行政主管部门意见、合同履行进度、房款交付情况、房屋实际状态等因素，确定涉案房屋买卖合同是否具备继续履行的条件。如果具备继续履行合同条件的，人民法院可以支持当事人继续履行合同的诉讼请求。如果不具备继续履行合同条件的，人民法院可以向当事人释明无法执行的风险，并告知其可以变更诉讼请求。当事人对合同的履行与解除有特别约定的，从其约定。当事人要求继续履行合同，应当在诉讼请求中明确具体履行内容，如支付购房款、交付房屋、办理产权过户登记等。对于出卖人不履行产权过户义务的，买受人可以按合同约定要求出卖人履行产权过户义务，但不能直接请求人民法院确认房屋产权归其所有。”安徽合肥中院**《关于妥善审理房价波动后二手房买卖合同纠纷案件的通知》**（2016 年 5 月　合中法〔2016〕第 11 号）第 3 条：“对于出卖人要求解除房屋买卖合同的，应当审查其是否具备合同约定或者法律规定的解除条件。出卖人仅因房价上涨，违反诚实信用原则要求增加价款或者解除合同的，依法不予支持。买受人要求继续履行房屋买卖合同的，除存在确实不适于履行情形的，可以予以支持。”第 4 条：“房屋买卖合同因出卖人违约导致合同解除的，应当根据合同约定、法律规定及当事人的诉讼请求，合理确定出卖人承担双倍返还定金、支付违约金、赔偿损失等违约责任。实际损失的具体数额，可以综合考虑违约方的过错程度、守约方的履行情况、成本支出、房价上涨以及双方是否已采取必要措施防止损失扩大等因素依法确定。”吉林高院**《关于商事案件适用合同解除制度若干问题的解答》**（2014 年 12 月 17 日）第 16 条：“当事人起诉既请求解除合同，又请求确认合同无效，人民法院应当如何处理？人民法院应当依法受理，并首先审理合同效力，认定合同无效的，应径行驳回解除合同的诉讼请求；认定合同有效的，应对解除合同的诉讼请求进行审理，并依法判决。”第 17 条：“当事人起诉既请求解除合同，又请求继续履行，人民法院应当如何处理？人民法院应当告知当事人‘解除合同’和‘继续履行’的诉讼请求互相矛盾，其应当做出选择。当事人拒绝做出选择的，人民法院应当以诉讼请求不具体为由，依照民事诉讼法第一百一十九条和一百二十三条的规定，裁定不予受理。已经受理的，裁定驳回起诉。”第 18 条：“人民法院受理一方当事人请求继续履行合同的案件以后，对方当事人单方通知解除合同，能否产生解除合同的效力？人民法院受理一方当事人请求继续履行合同的案件以后，对方当事人单方通知解除合同，其目的在于对抗原告继续履行的诉讼请求，如果简单认定合同自通知到达之时解除，有违诚实信用原则。人民法院应当依法审查该解除合同行为的效力,符合法律规定的,认定合同自通知到达之时解除;不符合法律规定的,认定该解除合同行为无效。"第 20 条:"判令继续履行合同的民事判决生效后,当事人以该民事判决执行不能为由另行起诉解除合同,人民法院应否受理? 应当区分不同情形分别对待。(1)如果该民事判决确定的义务为非金钱债务,且未能执行系因该债务在该民事判决生效之后出现合同法第一百一十条第一项规定的'法律上或事实上不能履行'情形的,当事人另行起诉解除合同的,人民法院应当受理;(2)如果该民事判决确定的义务为非金钱债务,且未能执行系因该债务在该民事判决生效之前出现合同法第一百一十条第一项规定的'法律上或事实上不能履行'情形的,当事人另行起诉解除合同的,人民法院不应受理,但应告知当事人可以对该民事判决申请再审;(3)如果该民事判决确定的义务为金钱债务,由于金钱债务不存在履行不能,当事人另行起诉解除合同违反'一事不再理'原则,人民法院不应受理。"第 21 条:"合同解除的时间如何确定?实践中应当区分以下情形认定:(1)当事人协商一致解除合同的,解除协议成立并生效的时间作为合同解除的时间;(2)当事人通知解除合同的,合同解除通知到达对方当事人的时间作为合同解除的时间;(3)当事人起诉请求解除合同并得到人民法院判决支持的,原告起诉状副本送达对方当事人的时间作为合同解除的时间;(4)当事人双方对合同是否解除存在争议,法院审理后认为主张解除的当事人无合同解除权,但当事人在诉讼中均同意解除合同的,以双方合意解除的时间作为合同解除时间;(5)法律、行政法规规定解除合同应当办理批准、登记手续的,批准、登记的时间作为合同解除的时间。"北京高院**《关于审理房屋买卖合同纠纷案件若干疑难问题的会议纪要》**(2014 年 12 月 16 日　京高法发〔2014〕489 号)第 11 条:"当事人要求继续履行房屋买卖合同,但诉讼请求中没有具体履行内容的,法院应当向当事人释明,要求其变更诉讼请求明确具体履行内容,如支付购房款、交付房屋、办理房屋过户登记等,并告知仅判决继续履行合同存在履行内容不明确无法执行的风险;当事人坚持不变更的,可以根据当事人的请求作出相应的判决,并告知当事人在履行中发生新的争议可就具体履行内容另行起诉。"北京高院**《关于印发〈关于规范合同纠纷级别管辖及案件受理费问题的意见〉的通知》**(2014 年 11 月 15 日　京高法发〔2014〕450 号)第 2 条:"当事人的诉讼请求仅为确认合同效力、继续履行合同或者变更、解除、撤销合同的,应以合同标的总额作为诉讼请求标的额,据以确定级别管辖并收取案件受理费。当事人请求确认部分合同条款的效力、继续履行部分合同义务或者变更、撤销部分合同条款的,应以诉讼请求涉及的合同标的额作为诉讼请求标的额,据以确定级别管辖并收取案件受理费。当事人仅请求对方履行一定的行为,如交付单证、返还印章、账簿等的,按件收取案件受理费。"第 3 条:"当事人在请求确认合同效力或者变更、解除、撤销合同的同时,又提出返还财产、支付违约金、赔偿损失等其他诉讼请求的，应按照诉讼请求标的额较高的一项确定级别管辖并收取案件受理费。当事人请求继续履行合同的，应以诉讼请求涉及的合同标的额加上其他请求金额作为诉讼请求标的额，据以确定级别管辖并收取案件受理费。"第 4 条："当事人提出返还财产、支付违约金、赔偿损失等其他诉讼请求，未提出确认合同效力、继续履行合同或者变更、解除、撤销合同诉讼请求的，应以其诉讼请求的金额作为诉讼请求标的额，据以确定级别管辖并收取案件受理费。"安徽高院**《关于审理房屋买卖合同纠纷案件适用法律问题的指导意见》**(2012 年 3 月 5 日)第 16 条："房屋买卖合同签订后，买受人已交付了全部价款并合法占有了房屋，在申请登记机构办理房屋所有权转移登记期间，该买受人对转移登记尚未完成没有过错，或者因出卖人原因无法办理转移登记，出卖人的债权人请求人民法院查封、拍卖、变卖该房屋，买受人提出异议的，应予支持。但有证据证明买受人与出卖人恶意串通损害债权人利益的除外。"第 17 条："房屋买卖合同签订后，出卖人未依约协助买受人办理房屋所有权转移登记，买受人提起确权之诉，请求确认房屋归其所有的，人民法院应当对买受人进行释明，告知变更诉讼请求为主张出卖人协助办理房屋所有权转移登记，买受人坚持不予变更的，应当驳回其诉讼请求。买受人请求出卖人履行协助办理房屋所有权转移登记义务的，不受法律规定的诉讼时效期间的限制。"上海高院**《关于印发〈立案问题解答(三)〉的通知》**(2011 年 9 月 23 日　沪高法立〔2011〕7 号)第 5 条："在当事人双方或一方部分没有履行合同义务的情况下，当事人诉请要求继续履行合同的，法院应当如何计收诉讼费并据以确定级别管辖法院？答：最高法院法复〔1996〕5 号《关于案件级别管辖规定几个问题的批复》第一条规定'在当事人双方或一方全部没有履行合同义务的情况下，发生纠纷提起诉讼，如当事人在诉讼请求中明确要求全部履行合同的，应以合同总金额加上其他请求金额作为诉讼标的金额，并据以确定级别管辖；如当事人在诉讼请求中要求解除合同的，应以其具体的诉讼请求金额来确定诉讼标的金额，并据以确定级别管辖'。虽然该批复针对的是当事人双方或一方全部没有履行合同义务这种情况，而我们要解决的是当事人双方或一方部分没有履行合同义务这种情况下，但两者原理相同。据此，我们不难推出：在当事人双方或一方部分没有履行合同义务这种情况下，当事人诉请要求继续履行合同的，应以要求继续履行部分的合同金额(即合同尚未履行部分)作为诉请标的金额计收案件受理费。当然，当事人还有其他请求金额的，也应加上其他请求金额作为该当事人的诉请标的总金额来计收案件受理费。"河南郑州中院**《关于审理房屋纠纷民事案件适用法律问题的若干意见》**(2011 年 7 月 14 日)第 3 条："房屋转让未办理登记，不能发生物权变动效力，但是不影响合同效力。但基于判决、仲裁、征收、继承、建造等原因发生的物权变动除外。"浙江杭州中院民一庭**《关于审理建设工程及房屋相关纠纷案件若干实务问**

题的解答》(2010 年 11 月 1 日)第 2.3 条:“对于因买卖一方违反意向书约定,致使正式房屋买卖合同无法签订而产生的违约责任,应如何认定处理? 答:首先,根据本地区的房产交易实际情况及相关规定,房屋交易必须要签订相应的正式房屋转让合同方可实施。因此,上述意向书的内容约定即使完备,但也只能认定为正式房屋交易行为实施前的预约。其次,因一方违约行为而无法达成本约,即签订正式的房屋买卖合同情形下,其违约责任也仅能是该预约合同项下的违约责任,交易双方的实际损失也应限定在为准备达成本约而支出的费用范围内。对于未达成本约所产生的预期利益损失,即房屋交易的价差,则一般情形下不属于赔偿范围。第三,对于一方当事人主张继续履行该意向书约定,签订正式买卖合同的。一般情形下,应不予支持。对于因国家政策原因导致签订意向书时约定的交易条件发生变更,且双方也未能就变更协议内容达成一致意见的,一方当事人主张解除该意向书,应予以支持,并结合案件具体情形确定相应的违约责任。第四,根据《合同法》第 424 条、第 427 条的规定,中介方作为居间人所要促成成立的应当是正式的房屋买卖合同,而非仅仅是意向书。在正式的房屋买卖合同没有成立的情况下,中介方仅能请求支付其从事居间活动支出的必要费用。”浙江高院民一庭《**关于审理受房地产市场调控政策影响的房屋买卖合同纠纷案件的若干意见(试行)**》(2011 年 4 月 22 日)第 4 条:“调控政策实施前订立的合同约定以按揭贷款方式付款,现买受人举证证明其确因首付款比例提高、不能办理按揭贷款等导致无法继续履行,而请求解除合同的,可予以支持;出卖人应当将收受的购房款或者定金返还买受人。出卖人请求买受人承担其为订立合同而实际发生的费用等合理损失的,可酌情予以支持。”第 5 条:“调控政策实施前订立的合同在限贷政策实施后,买受人既未按约履行也未提出解约,经出卖人催告后仍未在合理期限内履行或提出解约,出卖人请求继续履行合同或解除合同,并由买受人承担违约责任的,应予以支持。”第 8 条:“实际买受人为规避限购、禁购政策,以他人名义与出卖人订立合同并办理房屋权属证书后,以其系实际买受人为由,请求确认其为房屋产权人的,不予支持,但调控政策重新调整并准许其取得产权的除外。”北京高院《**关于审理房屋买卖合同纠纷案件适用法律若干问题的指导意见(试行)**》(2010 年 12 月 22 日　京高法发〔2010〕458 号)第 21 条:“房屋买卖合同履行过程中,一方当事人构成根本违约的,守约方有权解除合同,违约方不享有合同法定解除权。如果因不可抗力或情事变更等原因,致使合同目的无法实现的,合同双方均有权要求解除合同。”第 22 条:“房屋买卖合同签订后,一方当事人不同意继续履行,愿意以承担相应违约责任为代价解除合同,而另一方坚持要求继续履行,经审查合同继续履行不存在现实困难的,应当判决双方继续履行合同,但合同另有解约定金等约定或符合《合同法》第一百一十条规定情形的除外。”浙江高院民二庭《**关于印发〈商事审判若干疑难问题理解〉的通知**》

(2010年6月25日　浙法民二〔2010〕15号)第24条:“合同违约一方是否有权提出解除合同?非合同解除权一方当事人在请求继续履行合同时,是否必须先行提起异议确认之诉?(湖州中院、嘉兴南湖法院)合同解除包括约定解除和法定解除,根据意思自治的原理,当事人(包括违约一方当事人)基于合同约定解除合同的,应依法予以认可。在合同未约定情况下,违约一方当事人是否可以解除合同的问题,学理上和实践中尚存在争议。一般认为,(1)最高人民法院2009年4月24日发布法释〔2009〕5号《关于适用〈中华人民共和国合同法〉若干问题的解释(二)》(以下简称合同法解释二)第二十六条和《关于当前形势下审理民商事合同纠纷案件若干问题的指导意见》关于适用情势变更原则的规定,应包括违约一方当事人以市场条件发生了符合适用情势变更原则的变化为由请求人民法院解除合同。(2)《最高人民法院公报》2006年第7期公布的江苏省南京新宇房产开发有限公司诉冯玉梅商铺买卖合同纠纷案的裁判摘要认为,‘根据合同法第一百一十条的规定,有违约行为的一方当事人请求解除合同。没有违约行为的另一方当事人要求继续履行合同,当违约方继续履约所需要的财力、物力超过合同双方基于合同履行所能获得的利益,合同已不具有继续履行的条件时,为衡平双方当事人利益,可以允许违约方解除合同,但必须由违约方向对方承担赔偿责任,以保证对方当事人的现实既得利益不因合同解除而减少。’该裁判摘要的意旨值得关注。审判实践中对于违约方提出解除或确认解除合同的主张宜采十分慎重的态度,防止违约方通过合同解除转嫁商业风险。(3)根据合同法第一百一十九条的规定,守约方有采取适当措施防止损失扩大的不真正合同义务。人民法院在必要时,应结合该规定精神,向主张或请求继续履行合同的守约方作出适当释明,以引导当事人提出合理诉求。(4)前述最高人民法院宋晓明庭长接受《法律适用》记者采访时,就合同解除的通知与诉讼的关系、解除权的行使期限问题、守约方接受违约方的履行是否即放弃了合同解除权问题以及合同解除与违约金条款适用问题等阐述了意见,可供参阅。如请求继续履行合同的一方对对方在诉讼前解除合同通知的效力提出异议,人民法院可以根据当事人的请求对相关问题一并审理。(5)涉财务风险企业案件审理中对违约方合同解除相关问题的处理,可参照我院浙高法〔2010〕13号《关于审理涉财务风险企业债务纠纷案件若干问题指导意见》的相关意见。”北京高院**《审理民商事案件若干问题的解答之五(试行)》**(2007年5月18日　京高法发〔2007〕168号)第17条:“当事人无法协议解除合同,继续履行又有现实困难的,法院应如何处理?当事人无法协议解除合同,继续履行又有现实困难的,法院应认定合同一方当事人或双方当事人的合同目的已经不能实现,判令合同解除。对于合同解除的后果,法院应根据《合同法》第九十七条规定的内容,及当事人对合同解除后的处理约定行使释明权,以决定是否一并处理合同解除后当事人之间债权债务的实体问题。”第18

条:"……合同履行抗辩权是法律明确规定的对抗或否认对方请求权的权利,在诉讼中体现为反驳。只要当事人在答辩中有明确的意思表示,法院就应该对其是否成立的事实进行审理,而不应要求当事人另行提起诉讼或反诉。"上海高院**《关于审理"二手房"买卖案件若干问题的解答》**(2005 年 12 月 16 日)第 6 条:"……按照约定全面履行合同义务是合同履行的一项基本原则。因此,除合同另有约定或出现可单方解除合同的法定情形外,无论是合同签订后的预期违约还是合同履行期届满后的实际违约,如另一方坚决要求继续履行的,除符合《合同法》第一百一十条规定外,应责令双方继续履行。在履行义务的同时,另一方还有其他损失的,应当赔偿损失。对于确不能继续履行的,违约方应当赔偿因违约而给对方造成的损失,包括直接损失和预期可得利益损失……"上海高院**《关于印发〈上海法院民事办案要件指南〉的通知》**(2003 年 11 月 25 日 沪高法民一〔2003〕10 号)第 34 条:"一方当事人要求另一方当事人继续履行合同,相对方抗辩认为该合同不可能继续履行的,应当提供证据证明合同不可能继续履行的要件事实。"第 41 条:"……根据合同法的相关规定,合同解除权人可以通过行使解除权解除合同,而不是都要经过法院的认定才能解除合同。但是,解除合同所需的条件具备后,合同也不是当然解除的,解除权人还须作出解除合同的意思表示,并将该意思表示通知对方,方能发生解除的效果。因此,在诉讼中主张合同已经解除的一方,就应当对已经发生合同解除效力所要具备的前述要件事实承担举证责任。解除合同的通知以口头形式作出的,只要能够提供证据证明,也是可以的。当然,在司法实践中,当事人往往诉请法院'依法解除合同',这种主张实际上既有解除权人尚未行使解除权,而以诉讼方式替代解除通知而诉请解除合同的,也有表面上是要求'依法解除合同'而实质上是要求法院确认合同已经解除的情形。因此,当事人的意思到底是要确认合同已经解除,还是要求解除合同,要根据当事人在诉讼中表示出来的意思来综合判断。"上海高院**《关于印发〈关于审理房产纠纷案件若干疑难问题的讨论纪要〉的通知》**(1993 年 10 月 27 日 沪高法〔1993〕148 号)第 19 条:"审理房屋买卖案件,应尊重双方当事人的意思表示,只要双方的约定不违反法律政策,不损害国家利益、公共利益和他人利益,就应维护合同效力,因合同履行发生纠纷,只要合同能全部履行的,就应全部履行,能部分履行的,应部分履行,不能用赔偿损失代替合同履行。"第 20 条:"双方自愿,依法订立的房屋买卖合同,并经房产交易管理所批准,虽未办理所有权转移登记手续,后因出卖方反悔而产生的纠纷,应确认双方原定的合同有效,继续履行合同。确因出卖方的原因而致合同无法履行的,除判决出卖方退还全部价款外并可责令出卖方赔偿买受方购买同类房屋所要支去的价款与原购房价款之间的差额。"第 21 条:"双方自愿,依法订立房屋买卖合同并已实际交付房屋和房价款的,虽未办理所有权转移登记手续,应认定双方买卖合同有效,并责令双方到房管部门补办手续。"

4. 参考案例。 2013 年**某房屋买卖合同纠纷案**，房屋差价能否作为非违约方损失，由违约方予以赔偿？处理意见：《合同法》第 113 条规定，当事人一方不履行合同义务或者履行合同义务不符合约定，给对方造成损失的，损失赔偿额应当相当于因违约所造成的损失，包括合同履行后可以获得的利益，但不得超过违反合同一方订立合同时预见到或者应当预见到的因违反合同可能造成的损失。房屋买卖合同履行过程中，由于出卖人拒绝履行合同，导致买受人需另行购买相类似房屋，则其需支付的另行购房成本即同其之前签约的购房成本之间存在明显价值之差，此种房屋差价系因违约方违约行为造成，可作为守约方所遭受损失。在当事人已约定固定违约金情况下，能否判决违约方承担房屋差价的违约责任，则涉及《合同法》第 114 条第 2 款规定的违约金调整问题。对此，属于事实认定问题，应由法院根据案件具体情况加以处理。当然，如法院能认定约定的违约金低于造成的损失，则可适用《合同法》第 114 条及相关司法解释规定，对违约金予以调整，以房屋差价作为非违约方损失，由违约方予以赔偿。2016 年**上海某房屋买卖合同纠纷案**，2013 年，黄某将房屋作价 169 万元售予陆某并交付。2015 年，陆某诉请过户遭拒，遂诉请解除合同，并返还房款及利息，同时赔偿房屋增值损失 54 万元。黄某反诉陆某支付占有房屋期间的使用费。法院认为：案涉房屋买卖合同系以房屋所有权转移为核心给付义务的一时性合同，履行行为不具有持续性。故此类合同解除具有溯及力，即导致合同关系自始消灭，已完成的履行行为均丧失合同依据。故在合同解除前提下，双方当事人就已交付房屋及支付房款应互相返还。最高人民法院《关于审理买卖合同纠纷案件适用法律问题的解释》第 31 条规定，买卖合同当事人一方因对方违约而获有利益，违约方主张从损失赔偿中扣除该部分利益的，人民法院应予支持。依该规定，一方违约造成相对人损失并同时产生相应利益的，应采取损益相抵的处理方式。关于陆某已占有房屋期间，黄某对陆某享有不当得利返还请求权，而陆某对黄某享有履行利益损失赔偿请求权。根据损益相抵原则，二者互相抵销，故对黄某主张房屋使用费请求不予支持。陆某主张的房屋增值差价系根据合同约定计算的交易价值可得利益，而房屋占有利益系标的物使用价值可得利益。二者均属可得利益损失，但并不等同，亦未互相涵盖，故陆某主张房屋差价损失并不导致其占有可得利益损失赔偿请求权消灭。判决系争房屋买卖合同解除；陆某返还房屋，黄某返还已付房款，并按收款日期分段支付利息；黄某向陆某赔偿房屋差价损失 54 万元。2014 年**某房屋买卖合同纠纷案**，2010 年 10 月，刘某与李某签订购房合同，购买李某名下房产。刘某支付 220 万元全款后，李某妻子陈某以擅自处分共有房为由不同意，刘某遂诉。法院认为：《物权法》第 97 条规定："处分共有的不动产或者动产以及对共有的不动产或者动产作重大修缮的，应当经占份额三分之二以上的按份共有人或者全体共同共有人同意,但共有人之间另有约定的除外。”在案涉房屋共有权人陈某并不同意出售该房屋情况下,李某作为共有权人之一对案涉房屋处分不符合上述法律规定条件。同时,《城市房地产管理法》第38条第4项规定,未经其他共有人书面同意,不得转让共有房地产。该规范虽属管理性强制性规范,但实践中,登记部门在房屋买卖合同当事人申请办理房产权属变更登记时,如未经共有权人同意,则登记部门不予办理登记。本案刘某请求继续履行合同,由于案涉房屋共有权人陈某不同意,故刘某诉请不符合《合同法》第110条关于“法律上或者事实上能够履行”条件,判决驳回刘某诉请。2014年**某房屋买卖合同纠纷案**,2010年,张某通过中介购买李某二手房并依约支付了全部房款。由于房价上涨,李某多次找借口拖延时间,不协助张某办理产权过户手续。后当地房地产调控政策实施细则出台,按限购政策,张某丧失了购房资格。张某诉请继续履行合同或赔偿损失。处理意见:为遏制当前部分一、二线城市房地产市场价格上涨过快,国家出台了一系列调控政策。由于相关政策不断升级且陆续出台,实务中因合同订立、履行等遇到阻碍而产生纠纷,法院需根据不同情况,作出妥善处理。本案中,由于张某被认定为限购对象,不具备购房主体资格,法院不宜判令合同继续履行,应判令解除房屋买卖合同。结合双方履约情况分析,张某作为守约一方,已履行合同义务,如李某亦依约履行,双方完全可在政策出台前完成房屋过户手续,合同目的即能实现,故对张某请求合同继续履行主张虽不能支持,但是其主张追究李某违约责任并赔偿其损失合理诉求,法院应在查明事实基础上予以保护。2011年**江苏某房屋买卖合同纠纷案**,2009年,开发公司与李某签订商品房买卖合同,约定房款68万余元,签约时支付14万余元,同时约定逾期付款超过90天,开发公司有权解除合同。李某迟延1个月交付第2笔48万元,开发公司开具收款收据。因李某因按揭问题迟延10个月交付尾款6万元,开发公司诉请解除合同。法院认为:开发公司主张能否成立,应结合案件事实及李某迟延交付是否导致合同目的不能实现而定。根据双方合同约定,李某作为房屋买受人,如逾期付款超过90日,开发公司有权解除合同。由于李某未能按约付清全部房款,尚欠6万元,在该迟延付款行为达到90日后,开发公司按合同约定可行使解除权。但开发公司并未向李某发出解除合同通知,而是其后开具收款收据。开发公司行为应视为其对李某付款行为认可,亦表明开发公司接受了李某继续履行合同意思表示。李某在按约支付余款时未能付清全部余款,虽有违双方合同约定,但并非李某故意,而是由于办理贷款导致。李某在剩余6万元交付上虽构成迟延,但其已履行了合同主要付款义务,并缴纳了相关各项税费,故该迟延行为并不影响双方合同目的的实现。在此情况下,如仅以李某迟延付款6万元为由解除双方合同,则有违公平,亦会影响市场交易行为稳定性,且李某在审理期间将剩余6万元支付给开发公司,虽未征得开发公司同意,但能表明其继续履行合同诚意，故对开发公司要求解除合同诉请，不应予以支持，判决李某支付开发公司违约金1800元。2007年**内蒙古某房屋买卖合同纠纷案**，2002年，家具公司以商品房买卖合同纠纷起诉开发公司。2005年，生效判决判令继续履行。执行法院据此为家具公司办理过户手续后，因开发公司拒不结算，法院裁定终结执行。2006年，开发公司以家具公司未支付剩余购房款1200万元为由诉请解除合同。法院认为：生效裁判所确认事实作为有效民事诉讼证据，属于司法认知所适用证据之一，即属于无可争执的不证自明事实，当事人可直接以生效裁判文书确认事实作为证据证明自己主张。如当事人不服，只能通过法律规定的审判监督程序予以纠正后，方可恢复诉讼。同时，生效裁判文书是国家审判机关依审判程序所确认事实，这些事实预先确定了后续纠纷中同一待定事实的认定，故审判实践中，对于当事人所提供生效裁判文书，法院可依其所确认事实直接作出判断，并免除一方当事人举证责任。依《民事诉讼法》相关规定，"对判决、裁定已经发生法律效力的案件，当事人又起诉的，告知原告按照申诉处理，但人民法院准许撤诉的裁定除外。"本案开发公司起诉前，已经生效判决确认案涉商品房买卖合同合法有效，继续履行，对于开发公司关于解除前述合同请求应予驳回。开发公司嗣后作为原告再次提起诉讼，仍请求解除双方所签商品房买卖合同，确认家具公司逾期付款违约责任。该项诉请除了迟延付款违约金数额有所增加和书写的"终止"与"解除"表述存在差异外，与前案生效判决一案诉讼请求与事实理由均相同。如开发公司对前案生效判决不服，除依法启动审判监督程序对案件重新审理外，不能就同一事实和理由再行提起诉讼主张与生效判决相同内容，故开发公司起诉属"重复起诉"，违反了"一事不再理"民事诉讼原则，裁定驳回开发公司起诉。2006年**江苏某房屋买卖合同纠纷案**，2004年，周某与制品厂签订商铺出售意向合同，约定周某以210万元购买制品厂商铺，周某先支付定金8万元，产权过户后支付60%房款。因制品厂收到定金后拒绝提供收款账户，周某起诉。2005年，生效判决判令继续履行。随后，制品厂要求周某支付全款未果，起诉周某，要求解除合同。法院认为：双方因案涉意向合同履行及解除问题产生纠纷，已经法院审理后作出生效判决，明确双方继续履行。制品厂现又起诉要求解除与周某之间原签订的意向合同，该争议与前案涉及的房屋买卖法律关系不仅当事人一致、法律关系一致，诉讼请求亦并无不同。虽然从表面上看，因当事人主体地位不同而表述不一，但实质上均为合同履行或解除而起争议。本案与前案唯一不同是制品厂以"周某未在判决后按判决确定的15天给付款项"，即制品厂主张的"新发生的违约事实"。对判决后"新发生的违约事实"能否提起新的诉讼，是否按一事不再理制度来处理，应区别对待。本案中，双方对前案判决均认可，对前案生效判决在履行中产生争议，此争议应属执行程序中解决内容，并不须由新的诉讼加以解决。一项生效判决，对双方当事人均有法律约束力,除非当事人认为有错误,可按《民事诉讼法》规定申请再审外,应自觉按生效裁判确定的给付内容予以正确、及时地履行。依《民事诉讼法》规定,发生法律效力的民事判决、裁定,当事人必须履行。一方拒绝履行的,对方当事人可以向人民法院申请执行,也可以由审判员移送执行员执行。因此,在具有给付内容的判决生效后,当事人获得了申请法院强制执行权利。周某已按法律规定申请原审法院执行,且法院亦已受理周某执行申请,制品厂再次提起诉讼,意在改变原生效判决内容,其起诉因缺乏法律依据,故应予驳回。2017 年**上海某房屋买卖合同纠纷案**,2016 年,黄某、顾某签订房地产居间协议,约定朱某为双方交易提供居间服务,并约定 2016 年 10 月 10 日前共同至房地产交易中心办理转让过户手续。同年 10 月 8 日,黄某向中介表示希望延期办理过户,恰好顾某因贷款事宜亦表示延期办理的意愿。2016 年 10 月 25 日,顾某要求付款时,黄某以其逾期付款为由发出解除合同通知。法院认为:综合证人证词,由于黄某在 10 月 8 日曾向中介表示过希望延期办理过户的意思,恰好顾某因贷款事宜亦表示延期办理的意愿,故二者之间就 10 月 10 日不办理过户手续有一致意思表示。合同订立后,合同双方均要善意履行。按照常理,合同双方委托中介之后,有关房屋买卖的一切事宜均由中介负责联系沟通。在黄某已向中介表示希望延期几天,而顾某亦同时向中介表示希望延后几天情况下,两者延后几天办理过户手续意思表示真实、清晰、明确,在双方未进一步磋商确定履行过户和交付房款合同义务具体时间情形下,此时的黄某未经双方磋商即行使合同约定的解除权,既有违双方要重新确定进一步履行合同的合意,亦有违善意履行合同的基本准则,且对合同相对方要求过于苛刻。从本案分析,顾某提出的延后天数也是在可接受范围内。双方买卖合同继续履行符合双方变更履行期限意思表示,亦更为公平和妥当。判决黄某协助顾某将系争房屋产权过户至顾某名下。2013 年**上海某房屋买卖合同纠纷案**,2002 年,杜某姐将名下房屋口头作价 27 万元售予杜某。杜某支付 15 万元后未付余款,亦未办理产权过户手续。2013 年,杜某诉请继续履行,杜某姐反诉解除协议。该房屋在 2013 年市场价已达到 160 万元以上。法院认为:所谓情势变更,是指合同成立以后客观情况发生了当事人在订立合同时无法预见的、非不可抗力造成的,不属于商业风险的重大变化,继续履行合同对于一方当事人明显不公平或不能实现合同目的,当事人可请求法院变更或解除合同。在合同长期履行僵局中,合同延拖情况已远远超出当事人预料。也许客观情况变化本身是缓慢、平稳而持续的,无法被视为遽然剧烈,但相比合同缔约时情况,却可能已构成了当初难以想象的天翻地覆的剧烈变化。此时,法院应适用情势变更规则,以变更或解除合同方式恢复双方利益平衡。通常而言,如合同尚未得到任何履行,当事人另行寻求交易成本很小,则应以合同解除为原则;如合同已得到部分履行,当事人另行寻求交易成本很大或几乎不可能,则应以合同变更为宜。本案中,双方口头达成系争房屋买卖合同,本应按约履行,但杜某仅支付部分房款15万元,尚有12万元余款未支付;杜某姐亦仅交付了房屋,未配合杜某办理过户手续。鉴于无证据证明双方在口头约定时明确了支付余款与办理过户时间和先后顺序,双方均有同时履行抗辩权,无法确定系其中一方违约在先。在过去十年时间中,系争房屋买卖合同始终未能完全履行,同时亦未解除,双方均可通过法律途径尽早解决纠纷,却始终僵持直至本案诉讼。在此期间,市场房价持续上涨,与2002年相比已发生巨大变化,显非双方在口头缔约之时所能预料。如继续按2002年约定房价履行合同,将对双方造成明显利益失衡。而双方显然均已意识到此点,才会多次对重新约定房价进行磋商,应认定杜某姐有权要求对房价进行调整。根据本案实际情况,考虑系争房屋当前市场价、杜某已付房款比例,以及原定房价中亲情因素,可酌情确定杜某还应支付房款余款为53万元。双方之间就系争房屋买卖合同应在依法调整房价后继续履行。判决杜某支付杜某姐购房余款53万元,杜某姐协助杜某办理过户手续。2012年**上海某房屋买卖合同纠纷案**,2009年,屠某将拆迁安置房以26.5万元价格售予何某。何某依约支付11万元后,因售房合同为避税而约定的更名手续不符合政策规定而未能办理,双方就办过户、交第二期购房款15.5万元履行顺序产生纠纷。2010年,屠某将该房产以23万元价格转让给孙某,何某起诉,法院判决确认屠某与孙某所签售房合同无效。2011年,何某诉请继续履行与屠某售房合同。法院认为:何某与屠某所签售房合同有效,但双方订立的更名条款以逃避国家房地产交易税收为目的,因违反国家房地产交易税收规定,依法应确认无效,且双方均负有过错。在双方更名约定无效情况下,双方可用办理房屋产权变更登记手续方式,继续履行合同。此时,双方对先付二期购房款还是先协助办理房屋产权变更登记手续争议,应协商解决,协商不一致时,可按同时履行各自义务方式履行,以保障双方合同目的实现。而且,比较双方所签合同与屠某与孙某所签合同约定购房价款金额,履行前一合同,更加有利于实现屠某出卖房屋而取得购房价款合同目的。继续履行前一合同,亦符合相关法律规定的尽量促成合同履行的基本原则。屠某以合同目的不能实现为由,要求解除合同理由依法不能成立。双方在合同约定和履行过程中均存在过错,根据法律规定,双方应各自承担相应责任,故何某要求屠某赔偿损失请求,依法不予支持。鉴于二审期间,何某同意承担办理房屋变更登记相关费用,补偿屠某损失4万元,其意思表示有利于合同继续履行和平衡双方当事人利益,依法予以准许。判决何某与屠某所签售房合同继续履行,何某给付屠某购房价款,余款4万元及补偿损失4万元,由何某于取得房屋产权证后一次性给付屠某。2010年**北京某房屋买卖合同纠纷案**,2009年,沈某就出卖名下房屋与安某在房屋权属登记中心填写了《存量房自行成交网上签约申请表》《存量房买卖合同信息表(自行成交)》,明确了房屋价款及位置等信息。事后,沈某以房屋售价过低为由,拒绝与安某签订书面合同致诉。法院认为:当事人对合同是否成立存在争议,法院能确定当事人名称或姓名、标的和数量的,一般应认定合同成立。对合同欠缺上述内容以外的其他内容,当事人达不成协议的,法院根据法律有关规定予以确定。本案中,在申请表和信息表中,房屋买卖合同的主要条款(包括买卖双方、买卖标的、价款、价款支付方式等)均已由沈某与安某进行了确认。双方向税务部门交纳了房屋相关税费,沈某还履行了部分附随义务,向安某交付了房屋电卡及供暖合同。沈某虽提供了双方往来电话信息,用于证明双方之间协商房款过程,但该协商过程是在双方已明确了房款数额后,沈某就已明确房款数额反悔而再次协商的过程。双方在往来信息中并未就新的房款达成一致意见。据此,应认定双方合同已成立,判决继续履行。2011 年 3 月**河南某房屋买卖合同案**,法院认为:谢某与曹某经中间人介绍达成房屋买卖的口头协议,双方履行了付款、交房义务,房屋买卖已实际履行,谢某要求曹某协助办理房屋产权转让手续的诉讼请求合理,应予支持。曹某及刘某称该房屋属夫妻共有财产,曹某未经共有人同意单独处分该房产的行为无效。因该房买卖过程中,刘某应知买卖事实的存在且参与买卖房款交接时未提出异议,默认了买卖关系,故该理由不能成立。刘某辩称该房屋的房屋所有权证并未交给谢某,但刘某提交的房屋所有权证上显示的房屋结构和使用面积与涉案房屋不符,故该理由亦不能成立。曹某称2005 年 3 月 9 日的收条只是与谢某之间的经济往来,不是购房款,因曹某在庭审中承认收取谢某的款项为购房款,故该理由亦不能成立,判决双方继续履行。2010 年 9 月**浙江某房屋买卖合同案**,法院认为:买方在原审中提供的与卖方的通话录音和证人罗某的证言,能够证明卖方在签约后的第二天表示不再卖房的事实以及后来双方当事人会同中介就返还定金及赔偿损失事项进行协商的事实。卖方主张其并未表示不再卖房,双方协商的是协议是否可以变更,但并无证据佐证,本院不予采信。因双方当事人表示不再买卖房屋,故双方的协议实际已经解除。卖方违约,应当向买方双倍返还定金。2010 年 6 月**广东某房屋买卖合同案**,法院认为:"如卖方在收到定金后不依本合约条款将该楼宇售与买方则卖方除须退还所有买方已付之楼款外并须以同等金额赔偿买方以弥补买方之损失,唯买方不可要求进一步赔偿或逼使卖方履行此合约"的该条款,应理解为卖方仅收到定金后,合同未进入实质性的履行,其不履行合同的情形下买方才不能逼使卖方履行此合约。现本案双方签订合同后,买方已依约向卖方支付相应的购房款,卖方亦将房屋交付给买方使用长达 7 年,且在长达 7 年的时间卖方未通知买方要求解除合同,直至 2009 年 12 月卖方才起诉要求解除,故不予支持,判决卖方协助办理过户手续。二审法院维持一审判决,理由:案涉条款虽然赋予卖方在给予对方赔偿的情况下解除合同的权利,但该权利应在合理期限内行使。根据现有证据显示,案涉房屋已交付买方使用长达七年多的时间，现卖方提出解除合同，不履行房屋过户义务，显然有违诚实信用原则。卖方不同意履行过户义务的理由不充分，法院不予支持。2010年5月**上海某房屋买卖合同案**，法院认为：签约时，因双方对系争房屋内电器、附属设施的归属有异议，只签订了三份合同，拒绝签完剩余合同，签约遂中止，嗣后，卖方也拒绝再签署剩余合同，故整个签约过程未完成，合同未成立，买方要求继续履行合同，依据不足，法院不予支持。卖方拒绝签订买卖合同，应承担相应的损害赔偿责任。赔偿应以受损害当事人的损失为限，在合同未成立的情况下，买方要求按总房款的20%支付违约金无依据，法院不予支持；买方要求赔偿房屋差价损失，法院认为，该损失应为扩大损失，而买方在当日已知卖方拒签合同，其后于2009年5月22日致函卖方要求解除合同，对合同无法履行已属明知，在此情况下，买方有责任避免损失扩大，故买方要求赔偿房屋差价损失的诉请，不予支持。买方未按居间合同约定履行相应义务，应承担返还定金2万元和支付违约金2万元的责任。2009年3月**云南某房屋买卖合同案**，2005年，朱某合法取得国有土地使用权，并获准新建房屋。2007年6月，朱某与姚某达成售房协议，约定先付定金10万元，余款1年内付清，否则“到期未付余款，本合同失效。每拖欠一天罚款500元，以此类推。”“房款全部付清后，卖方将土地证转给买方，由乙方负责自己办理房产证。”后因双方办理公证时无产权证受阻而未继续履行。2008年7月，姚某将余款提存于公证处，产生公证费4470元，遂起诉要求朱某继续履行并承担违约责任。法院认为：朱某所主张的《城市房地产管理法》关于“未依法登记领取权属证书的房地产不得转让”的规定，属于取缔型的禁止而非效力性规范，故违反上述规定并不必然导致交易行为及缔约合同的无效。具体而言，根据《物权法》第30条规定，因合法建造、拆除房屋等事实行为设立或者消灭物权的，自事实行为成就时发生效力。本案中，朱某就诉争房屋的建盖合法，并以该事实行为原始取得该房屋的所有权，其不以登记作为该权利取得的必要条件，故本案朱某依法对诉争房屋予以处分，即与姚某签订《售房协议书》的行为具有相应法律依据。根据售房协议约定，姚某应在2008年6月30日前向朱某付清全部购房款项。虽然姚某主张朱某在此期日前拒绝收取购房尾款的相应事实，但无充分证据予以证实。为此，姚某因未在合同约定付款期限内付清相应购房尾款，该情形构成违约，姚某应当承担违约责任(包括继续履行相应的付款义务)。与此同时，鉴于姚某此后因朱某拒绝收取购房尾款而向公证处提存该购房款的行为，应系对付款义务的实际履行，而根据售房协议关于过户的约定，现朱某在姚某已实际履行付款义务的情况下，至今未按约转交土地证并履行相应协助义务的行为已经构成违约，其亦应承担相应的违约责任。因合同条款关于逾期付款的法律后果系“合同失效”与“合同继续履行，并按每拖欠一天罚款1000元承担违约责任”的约定相互矛盾，现双方当事人对此不能协商一致的情况下，上述约定对合同双方均无拘束力。故朱某在姚某付清购房尾款的情况下,拒绝履行合同对等义务的行为仍然构成违约,应承担继续履行并补偿姚某提存费用的责任。

【同类案件处理要点】

二手房买卖合同签订后,一方当事人不同意继续履行,愿意以承担相应违约责任为代价解除合同,而另一方坚持要求继续履行,经审查合同继续履行不存在现实困难的,应当判决双方继续履行合同,但合同另有解约定金等约定或因不可抗力导致不能履行合同的除外。

【相关法律风险提示】

1. 契约即法。双方就房屋交易的意思表示达成一致,卖方收取定金后,无法定或约定理由拒绝继续履行,不仅有可能需要承担违约责任,且同时仍需继续履行。

2. 在买方逾期支付购房款情况下,卖方并不当然享有解除合同权利,合同亦不当然自动解除,卖方未依法履行通知或催告义务情况下,将房屋另售他人,可能会被认定"一房二卖"、根本违约,而承担相应责任。

3. 卖方在签订二手房买卖合同时,接受买受人分期付款的,应将付款日期及条件约定明确,将违约认定的程序设定简单明了,将违约责任的后果及解除合同的程序设定清晰,比如可以"短信通知双方认可的手机联系方式"达到解除合同的目的。对卖方而言,付款期限及解约条件约定不清,可能导致售房合同签订后,长期得不到履行,尤其在需要卖房回款另有急用的情况下,往往无法在短期内解除合同,造成进退失措,左右掣肘。故房屋买卖合同中应注明交易双方各自的联系地址和方式,且约定该通讯地址及联系方式"为所有通知、文件、资料等送达途径。上述通讯地址或联系方式如有变更,应在变更后3日内书面通知本合同其他各方,否则仍以原地址或方式为所有通知、文件、资料等送达途径。通过邮寄送达的,以投邮当日视为送达"。

4. 二手房交易双方约定就房屋买卖合同进行公证的,双方应先核实是否符合公证办理的条件,如未取得房产权属证明的房屋,虽可以进行合法交易,但却可能无法办理公证,在此情况下如何履行,如双方不能达成一致,任何一方反悔,都有可能构成违约。案见云南昆明中院(2009)昆民一终字第5号"朱某等与姚某等房屋买卖合同纠纷案"。

5. 在买受人以按揭贷款方式购买二手房情形,办理贷款手续需要交易双方配合,实践中本身因为银行、担保公司办理贷款手续的审批过程有一定周期,如果该期间一方懈怠,往往容易在双方之间形成不信任的状态,一旦受到房产市场价格波动的影响,就会发生双方互相指责违约的情形。对出卖人而言,签约前应详细了解买方付款方式，买受人办理按揭的，需要双方各自提供的手续是否完备、正常的贷款到账流程多久、对容易认为拖延的环节应通过违约条款加以防范。

6. 卖方为赋予自己不受限制的自由解约权利，约定"赔偿同等已付购房款后可解约"，在收受购房款并为交付已数年，但始终未过户情况下，诉请依约解除，可能不会被支持。案见广东广州中院（2010）穗中法民五终字第1423号"苏某等与张某房屋买卖合同纠纷上诉案"。

【附注】

参考案例索引：广东深圳中院（2010）深中法民五终字第1543号"王某等与李某房屋买卖合同纠纷上诉案"；见《房屋差价能否作为非违约方的损失，由违约方予以赔偿》（《民事审判指导与参考》研究组），载《民事审判指导与参考·民事审判信箱》（201304/56：228）；上海一中院（2016）沪01民终3250号"黄某与白某等房屋买卖合同纠纷案"，见《违约责任认定中损益相抵原则的适用》（李兴），载《人民司法·案例》（201629：61）；见《出卖人出卖登记在其名下的共有房屋不符合法律规定或者共有人约定的条件，买受人请求强制履行房屋买卖合同的纠纷处理》（仲伟珩，最高院民一庭），载《民事审判指导与参考·指导性案例》（201401/57：149）；见《购房人因卖房人违约而遭遇限购政策，还能否请求合同继续履行》（《民事审判指导与参考》研究组），载《民事审判指导与参考·民事审判信箱》（201401/57：244）；江苏徐州中院（2011）徐民终字第2123号"某开发公司与徐某商品房买卖合同纠纷案"，见《约定解除权行使条件的认定》（葛文，江苏徐州中院；吴晓芳，最高院民一庭），载《民事审判指导与参考·指导性案例》（201203/51：148），另见《盛泰公司以延期支付部分尾款为由诉李大伟商品房买卖合同纠纷案》，载《江苏省高级人民法院公报》（201205/23：31）；最高人民法院（2007）民一终字第68号"某开发公司与某家具公司商品房买卖合同纠纷案"，见《已经人民法院判决生效认定的事实，当事人再行提起诉讼，人民法院依法予以驳回——内蒙古业成房地产开发有限责任公司与内蒙古三A家具有限公司〈商品楼买卖合同〉纠纷上诉案》（张雅芬，最高院民一庭），载《民事审判指导与参考·最高人民法院二审案件解析》（200704/32：228）；江苏高院（2006）苏民终字第0191号"周某与某制品厂房屋买卖合同纠纷案"，见《周玉华与南通市豆制品厂房屋买卖合同纠纷案》，载《民事审判指导与参考·下级法院裁判文书选登》（200702/30：266）；上海一中院（2017）沪01民终7126号"顾某与黄某房屋买卖合同纠纷案"，见《买卖双方向居间人做出的一致意思表示构成对原合同约定的变更——上海一中院判决顾某诉黄某房屋买卖合同纠纷案》（芦苗苗、王启扬），载《人民法院报·案例精选》（20180104：06）；上海虹口区法院（2013）虹民三（民）初字第309号"杜某与杜某姐房屋买卖合同纠纷案"，见

《情势变更对合同长期履行僵局的适用——上海市虹口区法院判决杜小宝诉杜月娣房屋买卖合同纠纷案》(高行玮、张浩),载《人民法院报 · 案例指导》(20140327:06);江苏扬州中院(2012)扬民终字第0058号"车顺康等与屠根美房屋买卖合同纠纷上诉案",见《逃避房地产交易税费条款无效后的合同效力及其履行》(邵国荣、谷丹),载《人民司法 · 案例》(201320:81);北京二中院(2010)二中民终字第05439号"沈某与安某房屋买卖合同纠纷案";河南南阳中院(2011)南民再字第55号"曹某等与谢某房屋买卖合同纠纷案";浙江宁波中院(2010)浙甬民二终字第439号"李某与段某房屋买卖合同纠纷上诉案";广东广州中院(2010)穗中法民五终字第1423号"苏某等与张某房屋买卖合同纠纷上诉案";上海二中院(2010)沪二中民二(民)终字第987号"黄某等与毛某房屋买卖合同纠纷上诉案";云南昆明中院(2009)昆民一终字第5号"朱某等与姚某等房屋买卖合同纠纷案"。

32. 逾期过户的法律责任

——逾期未过户,理由足不足?

【逾期过户】

【案情简介及争议焦点】

2007年7月,杨某与赵某签订售房合同,约定房款36万元,定金1万元,并约定了付款和交房时间,特别约定"房屋未经房屋产权登记机关办理过户之前,除发生乙方逾期付款及甲方逾期交房的情况外,甲、乙双方均不得毁约,否则,违约方应向对方支付房屋成交总价的20%的违约金等",逾期付款及交房违约金比例栏均留白。因杨某交了定金,赵某不办过户致诉。诉讼中,杨某主张20%房款作为违约金,而赵某主张继续履行合同。

争议焦点:1. 赵某是否违约?2. 违约责任如何认定?

【裁判要点】

1. 赵某违约。双方所签售房合同有效。杨某依约履行了支付定金的义务,而赵某却未能按照约定履行其协助办理房屋过户登记义务,致双方合同一直未能全面履行,构成违约。

2. 驳回诉请。赵某确属逾期履行,理应承担违约责任,但双方合同只约定了毁约的违约责任,并未约定逾期履行所承担违约责任的数额问题。在合同并没有明确约定的情况下,杨某要对其损失加以证明。杨某单独的录音证据并不能证明赵某有毁约行为。故本案也不适用该合同有关毁约的约定,应驳回杨某要求承担赵某违约责任的诉请。杨某如认为其有损失并能确定或发生赵某毁约导致双方确实不能继续履行合同,杨某均可另行提起诉讼。

【裁判依据或参考】

1. 法律规定。《民法典》(2021 年 1 月 1 日)第 209 条:“不动产物权的设立、变更、转让和消灭,经依法登记,发生效力;未经登记,不发生效力,但是法律另有规定的除外。依法属于国家所有的自然资源,所有权可以不登记。”第 210 条:“不动产登记,由不动产所在地的登记机构办理。国家对不动产实行统一登记制度。统一登记的范围、登记机构和登记办法,由法律、行政法规规定。”第 211 条:“当事人申请登记,应当根据不同登记事项提供权属证明和不动产界址、面积等必要材料。”第 212 条:“登记机构应当履行下列职责:(一)查验申请人提供的权属证明和其他必要材料;(二)就有关登记事项询问申请人;(三)如实、及时登记有关事项;(四)法律、行政法规规定的其他职责。申请登记的不动产的有关情况需要进一步证明的,登记机构可以要求申请人补充材料,必要时可以实地查看。”第 215 条:“当事人之间订立有关设立、变更、转让和消灭不动产物权的合同,除法律另有规定或者当事人另有约定外,自合同成立时生效;未办理物权登记的,不影响合同效力。”第 216 条:“不动产登记簿是物权归属和内容的根据。不动产登记簿由登记机构管理。”第 217 条:“不动产权属证书是权利人享有该不动产物权的证明。不动产权属证书记载的事项,应当与不动产登记簿一致;记载不一致的,除有证据证明不动产登记簿确有错误外,以不动产登记簿为准。”第 465 条:“依法成立的合同,受法律保护。依法成立的合同,仅对当事人具有法律约束力,但是法律另有规定的除外。”第 525 条:“当事人互负债务,没有先后履行顺序的,应当同时履行。一方在对方履行之前有权拒绝其履行请求。一方在对方履行债务不符合约定时,有权拒绝其相应的履行请求。”第 526 条:“当事人互负债务,有先后履行顺序,应当先履行债务一方未履行的,后履行一方有权拒绝其履行请求。先履行一方履行债务不符合约定的,后履行一方有权拒绝其相应的履行请求。”第 577 条:“当事人一方不履行合同义务或者履行合同义务不符合约定的,应当承担继续履行、采取补救措施或者赔偿损失等违约责任。”第 583 条:“当事人一方不履行合同义务或者履行合同义务不符合约定的,在履行义务或者采取补救措施后,对方还有其他损失的,应当赔偿损失。”**《物权法》**(2007 年 10 月 1 日,已于 2021 年 1 月 1 日起失效)第 9 条:“不动产物权的设立、变更、转让和消灭,经依法登记,发生效力;未经登记,不发生效力,但法律另有规定的除外……”第 14 条:“不动产物权的设立、变更、转让和消灭,依照法律规定应当登记的,自记载于不动产登记簿时发生效力。"第15条:"当事人之间订立有关设立、变更、转让和消灭不动产物权的合同,除法律另有规定或者合同另有约定外,自合同成立时生效;未办理物权登记的,不影响合同效力。"**《合同法》**(1999年10月1日,已于2021年1月1日起失效)第67条:"当事人互负债务,有先后履行顺序,先履行一方未履行的,后履行一方有权拒绝其履行要求。先履行一方履行债务不符合约定的,后履行一方有权拒绝其相应的履行要求。"第94条:"有下列情形之一的,当事人可以解除合同:……(三)当事人一方迟延履行主要债务,经催告后在合理期限内仍未履行;(四)当事人一方迟延履行债务或者有其他违约行为致使不能实现合同目的……"第107条:"当事人一方不履行合同义务或者履行合同义务不符合约定的,应当承担继续履行、采取补救措施或者赔偿损失等违约责任。"第108条:"当事人一方明确表示或者以自己的行为表明不履行合同义务的,对方可以在履行期限届满之前要求其承担违约责任。"第117条:"因不可抗力不能履行合同的,根据不可抗力的影响,部分或者全部免除责任,但法律另有规定的除外。当事人迟延履行后发生不可抗力的,不能免除责任。本法所称不可抗力,是指不能预见、不能避免并不能克服的客观情况。"第118条:"当事人一方因不可抗力不能履行合同的,应当及时通知对方,以减轻可能给对方造成的损失,并应当在合理期限内提供证明。"第121条:"当事人一方因第三人的原因造成违约的,应当向对方承担违约责任。当事人一方和第三人之间的纠纷,依照法律规定或者按照约定解决。"**《民法通则》**(1987年1月1日,已于2021年1月1日起失效)第62条:"民事法律行为可以附条件,附条件的民事法律行为在符合所附条件时生效。"

2. 司法解释。最高人民法院**《关于适用〈中华人民共和国民法典〉时间效力的若干规定》**(2021年1月1日　法释〔2020〕15号)第11条:"民法典施行前成立的合同,当事人一方不履行非金钱债务或者履行非金钱债务不符合约定,对方可以请求履行,但是有民法典第五百八十条第一款第一项、第二项、第三项除外情形之一,致使不能实现合同目的,当事人请求终止合同权利义务关系的,适用民法典第五百八十条第二款的规定。"最高人民法院**《关于适用〈中华人民共和国合同法〉若干问题的解释(二)》**(2009年5月13日　法释〔2009〕5号,已于2021年1月1日起失效)第22条:"当事人一方违反合同法第九十二条规定的义务,给对方当事人造成损失,对方当事人请求赔偿实际损失的,人民法院应当支持。"第26条:"合同成立以后客观情况发生了当事人在订立合同时无法预见的、非不可抗力造成的不属于商业风险的重大变化,继续履行合同对于一方当事人明显不公平或者不能实现合同目的,当事人请求人民法院变更或者解除合同的,人民法院应当根据公平原则,并结合案件的实际情况确定是否变更或者解除。"最高人民法院**《印发〈关于处理涉及汶川地震相关案件适用法律问题的意见(二)〉的通知》**(2009年3月23日法发〔2009〕17号)第4条:“因地震灾害致使在合理期限内出卖人迟延交付房屋或者买受人迟延支付购房款,当事人一方请求解除合同的,人民法院不予支持,但当事人另有约定的除外。”最高人民法院**《关于李杰与符文海房屋买卖纠纷案如何处理的复函》**(1993年2月17日):“……双方当事人买卖房屋出于自愿,李杰交付了房屋价款,有符文海所立具有房屋买卖内容、收取房屋价款的字据,符文海将产权证交给了李杰,由李杰实际管理使用该房屋多年,只是由于‘文革’期间,当地房管部门停办私房买卖登记业务等原因,未能及时办理产权转移登记手续。据此,我们研究认为,依照最高人民法院一九八四年《关于贯彻执行民事政策法律若干问题的意见》第五十六条的规定和有关法律规定精神,以认定符文海与李杰的房屋买卖关系有效为宜。”

3.地方司法性文件。广东高院**《印发〈关于审理房屋买卖合同纠纷案件的指引〉的通知》**(2017年9月12日　粤高法〔2017〕191号,已于2020年12月31日经粤高法〔2020〕132号废止)第41条:“买受人请求办理房屋所有权转移登记的案件,人民法院可以告知其申请对房屋采取保全措施。”四川成都中院**《2017成都市中级人民法院审判工作会会议纪要》**(2017年8月15日)第49条:“房屋不具备交付或者办证条件下,买受人请求出卖人履行交付和办证等继续履行违约责任的,如何处理?买受人以合同约定的交房期限或者办证期限已经届满,出卖人构成逾期交房或者办证违约为由,请求出卖人履行交房或者办证义务,一审法庭辩论终结前尚不具备交房或者办证条件的,人民法院对该请求不予支持。”第50条:“出卖人协助办证义务如何确定?商品房买卖合同约定由买受人委托出卖人代为办理房屋权属证书的,出卖人负有将办理权属证书所需资料、费用以及买受人代为缴纳的税、费及相关资料提交给办证机关,协助办理权属变更登记的义务以及代为领取权属证书或权属证书颁发后及时通知买受人领取的义务。商品房买卖合同约定由买受人与出卖人共同办理房屋权属证书的,出卖人负有将办理权属证书所需应由出卖人提交的资料及费用交由办证机关,协助办理权属变更登记并告知买受人的义务。”第51条:“交易房屋不具备交付或者办证条件下,买受人可否主张逾期交付或者逾期办证的违约金?房屋买卖合同在事实上已经不具备继续履行的情况下,买受人请求出卖人承担逾期交房或者逾期办证违约金的,不予支持。此时,人民法院应当行使释明权,告知当事人可以变更诉讼请求。房屋买卖合同暂不具备交付或者办证等继续履行条件,买受人请求出卖人承担逾期交房或者逾期办证等继续履行违约金的,可予支持。如果该合同因无法履行而最终被解除的,人民法院在确定出卖人所应承担的合同解除违约责任时,应当考虑出卖人先前已经承担违约责任的情况。”第52条:“如何把握对逾期交房和逾期办证违约金的调整原则?当事人以合同约定的违约金过高或者过低为由请求人民法院予以调整的,人民法院应当坚持违约金以补偿性为主、惩罚性为辅的基本原则,综合违约方的违约情况、守约方的实际损失、商品房买卖合同履行情况等因素综合予以确定。但对于同一小区同一违约行为所应承担的违约责任,原则上应当采取同一标准确定,但合同另有约定的除外。对于逾期交房违约金标准,合同约定标准为已付购房款日万分之三(含)以内的,出卖人请求调低的,原则上不予准许;买受人以合同约定的逾期交房违约金低于同期、同地段、同类型房屋租金标准为由要求调高的,可予准许。出卖人以商品房买卖合同约定的逾期办理权属证书的违约金标准过高为由请求调整的,如买受人实际损失无法确定,合同约定标准为已付购房款日万分之一(含)以内的,原则上不宜认定为约定过高。"北京高院办公室**《关于规范房屋买卖合同案件受理费的通知》**(2015 年 3 月 11 日　京高法网发〔2015〕184 号)第 3 条:"当事人仅提出交付房屋、协助办理产权过户手续其中一项诉讼请求的,人民法院应当询问当事人是否就另一项诉求提出过诉讼。如果当事人曾就另一项诉求提起过诉讼的,人民法院应当核实前一次诉讼收取案件受理费的情况。如果前一次诉讼按件收取案件受理费的,本次诉讼应以合同约定的房屋价款作为诉讼请求标的额收取案件受理费;如果前一次诉讼按照合同约定的房屋价款作为诉讼请求标的额收取案件受理费,本次诉讼按件收取案件受理费。"第 4 条:"当事人仅就交付房屋、协助办理产权过户手续其中一项诉讼请求提起诉讼的,人民法院应当就诉讼收费问题进行释明。"广东深圳中院**《关于房屋买卖合同纠纷案件的裁判指引》**(2014 年 8 月 28 日修订)第 28 条:"出卖人未依约协助买受人办理房屋权属转移登记,买受人请求确认房屋归其所有的,人民法院应当对买受人进行释明,告知其变更诉讼请求为出卖人协助办理房屋权属转移登记,买受人坚持不变更的,驳回该项诉讼请求。房屋买卖合同约定的办理房屋权属转移登记期限在《中华人民共和国物权法》实施前已经届满,买受人已向出卖人支付全部价款并实际占有房屋,且买受人对未办理房屋权属转移登记无过错,其请求确认房屋归其所有的,人民法院可予支持。【说明】旨在明确买受人确权请求应否支持的问题。《物权法》第九条规定:'不动产物权的设立、变更、转让和消灭,经依法登记,发生效力;未经登记,不发生效力,但法律另有规定的除外。'在《物权法》实施之后,就商品房而言,只有办理房屋权属转移登记后,才能认定买受人已经取得房屋的所有权。就前述法律所规定的例外情形,则只有如下三种:(1)法院、仲裁委员会的法律文书或者人民政府的征收决定导致物权设立、变更、转让或者消灭的,自法律文书或者人民政府的征收决定等生效时发生效力;(2)因继承或者受遗赠取得物权的,自继承或者受遗赠开始时发生效力;(3)因合法建造、拆除房屋等事实行为设立或者消灭物权的,自事实行为成就时发生效力。因此,如不属于以上三种例外情形,当事人之间签订买卖合同后,即使已经付清房款并交付房屋,因尚未办理商品房权属转移登记,则买受人享有的仍是合同债权，在出卖人不履行办理权属转移登记的义务时，买受人可以要求其履行该合同义务，但依法尚未发生物权变动的效果，其关于确权的请求缺乏法律依据。在物权法实施之前，虽然《城市房地产管理法》第六十一条第三款以及《城市房地产开发经营条例》第三十三条已规定转让房地产时应向行政主管部门申请房产权属变更登记，但《城市房地产管理法》中多为行政管理性的规定，且前述法律、行政法规并未明确规定权属变更登记系产生物权变动效力的前提条件。根据‘法不溯及既往’的法律适用原则，对于《物权法》实施前的房屋确权遗留问题，不宜以未办理权属登记为由不加区分地驳回当事人的确权请求。在买受人已经依约全部履行了其合同义务，并已实际占有房屋，且对未办理产权转移登记没有过错的情况下，如仍然认为其仅享有债权，则既不利于保护其合法权益，也容易激化矛盾。这种处理思路已经体现在最高人民法院之前颁布的司法解释规定之中。例如《最高人民法院关于审理企业破产案件若干问题的规定》第七十一条规定，尚未办理产权证书或者产权过户手续但已向买方交付的财产，不属于破产财产。从该规定内容可知，破产企业已向买方交付的财产虽未办理产权证书或者产权过户手续，但已不属于破产企业所有的财产，言下之意即该产权所有权已转移归买方。又如，《最高人民法院关于人民法院民事执行中查封、扣押、冻结财产的规定》第十七条规定：‘被执行人将其所有的需要办理过户登记的财产出卖给第三人，第三人已经支付全部价款并实际占有该财产，但未办理过户登记手续的，如果第三人对此没有过错，人民法院不得查封、扣押、冻结。’从该规定也可以看出，如买受人已经支付全部房款并占有房产，如其对房产未办理过户手续又没有过错，该房产则不应再视为出卖人的财产。《民事诉讼法》2007 年修订后规定了执行异议之诉制度，根据《民事诉讼法》第二百二十七条及《最高人民法院关于适用〈中华人民共和国民事诉讼法〉执行程序若干问题的解释》第十五条的规定，执行异议之诉案件审理的重点即在于审查执行异议人对标的物是否享有所有权或其它足以阻止执行的实体权利。在实践中，大量进入诉讼的执行异议纠纷往往就是因为执行标的物买受人未能取得权属转移登记而产生，本条规定也能为执行异议之诉案件的处理提供裁判依据。”安徽高院**《关于审理房屋买卖合同纠纷案件适用法律问题的指导意见》**（2012 年 3 月 5 日）第 16 条：“房屋买卖合同签订后，买受人已交付了全部价款并合法占有了房屋，在申请登记机构办理房屋所有权转移登记期间，该买受人对转移登记尚未完成没有过错，或者因出卖人原因无法办理转移登记，出卖人的债权人请求人民法院查封、拍卖、变卖该房屋，买受人提出异议的，应予支持。但有证据证明买受人与出卖人恶意串通损害债权人利益的除外。”第 17 条：“房屋买卖合同签订后，出卖人未依约协助买受人办理房屋所有权转移登记，买受人提起确权之诉，请求确认房屋归其所有的，人民法院应当对买受人进行释明，告知变更诉讼请求为主张出卖人协助办理房屋所有权转移登记,买受人坚持不予变更的,应当驳回其诉讼请求。买受人请求出卖人履行协助办理房屋所有权转移登记义务的,不受法律规定的诉讼时效期间的限制。"北京高院《**关于审理房屋买卖合同纠纷案件适用法律若干问题的指导意见(试行)**》(2010 年 12 月 22 日　京高法发〔2010〕458 号)第 20 条:"房屋买卖合同签订后,出卖人未依约为买受人办理房屋所有权转移登记,买受人提起房屋确权之诉,要求确认房屋归其所有的,法院应当行使释明权,告知其应当变更诉讼请求要求出卖人办理所有权转移登记,买受人坚持不变更的,对其诉讼请求,不予支持。"第 21 条:"房屋买卖合同履行过程中,一方当事人构成根本违约的,守约方有权解除合同,违约方不享有合同法定解除权。如果因不可抗力或情事变更等原因,致使合同目的无法实现的,合同双方均有权要求解除合同。"第 22 条:"房屋买卖合同签订后,一方当事人不同意继续履行,愿意以承担相应违约责任为代价解除合同,而另一方坚持要求继续履行,经审查合同继续履行不存在现实困难的,应当判决双方继续履行合同,但合同另有解约定金等约定或符合《合同法》第一百一十条规定情形的除外。"浙江高院《**关于审理涉及房地产登记民事案件若干问题的意见(试行)**》(2010 年 4 月 16 日　浙法民一〔2009〕3 号)第 3 条:"房屋买卖、土地使用权出让和转让等房地产转让合同合法有效,受让人请求转让人履行合同,并协助办理房地产登记过户手续的,应予支持。"第 15 条:"当事人之间订立有关设立、变更、转让和消灭不动产物权的合同,除法律另有规定或者合同另有约定外,自合同成立时生效;未办理物权登记的,不影响合同效力。"上海高院《**关于审理"二手房"买卖案件若干问题的解答**》(2005 年 12 月 16 日)第 9 条:"在买卖合同履行过程中,双方间存在的是债权债务关系,买受人只能依据合同约定,要求出卖人履行合同义务,包括按约将标的物的所有权移转给买受人。买受人不能依据买卖合同而直接取得标的物的所有权,实践中也可能由于出现法律上或者事实上不能履行等法定情形,而导致买受人不能实际取得标的物所有权的情况发生。同时,确权之诉系对民事权利是否存在、如何归属等加以确认,而如前述,在出卖人未自动履行所有权移转义务前,买受人尚未取得标的物的所有权,其依据合同约定要求确认房屋所有权归其所有,缺乏基础。因此,对出卖人不履行产权过户义务的,买受人不能直接要求确认房屋产权归其所有,只能按合同约定要求出卖人履行产权过户义务。"上海高院《**关于印发〈上海法院民事办案要件指南〉的通知**》(2003 年 11 月 25 日　沪高法民一〔2003〕10 号)第 48 条:"以对方迟延履行为由要求解除合同的,须举证证明对方迟延履行主要合同义务,且经催告后,在合理期限内仍未履行的要件事实。"第 49 条:"以对方根本违约为由要求解除合同的,须举证证明对方当事人存在使合同目的不能实现的根本违约行为的要件事实。"

4. 参考案例。2007 年**重庆某房屋买卖合同纠纷案**,1998 年,银行与实业公司签订财产转让协议，约定实业公司以3500万元受让银行房产。同日，双方签订补充协议，约定实业公司向银行借款3000万元作为支付转让款。2006年，生效判决判令实业公司偿还银行借款本金2400万余元及利息。2007年，实业公司以银行未履行财产转让协议，一直未办房产过户手续为由，诉请继续履行并依约支付违约金50万元及损失。法院认为：房产买卖合同属转移财产合同，该类合同核心内容是标的物财产所有权的移转。若只有实际交付行为而缺少过户登记手续的，无法通过转让、抵押等手段对房产进行处分。银行在签订转让协议后，直至本案进入审理阶段，一直未为实业公司办理涉案房产过户手续。尤其案涉房产在1998年被冻结，不得过户和抵押，故银行无法履行过户手续，无疑已构成违约。案涉财产转让协议与补充协议系密切关联的两份协议。依该两份协议及相关事实，可认定银行与实业公司之间买卖房产及借款合同关系为同一特定交易事实两方面。实业公司欲向银行清偿借款本息，必然通过对所购房产进行出售、抵押或出租等处分行为获得收益方式实现。银行对实业公司支付购房款来源和能力，及其为实业公司办理房产过户手续的产权确认功能和房产处分的融资功能亦系明知，故银行存在过错。实业公司向银行支付购房款后，银行不能如期办理过户手续，导致实业公司不能顺利处置房产，并造成实业公司不能按期偿还银行借款本息后果。故在法院判决实业公司偿还银行本息后，实业公司亦有权向银行请求赔偿因不能如期办理产权过户手续而给实业公司造成的经济损失。尽管双方所签协议未明确约定损失具体数额，但未约定不等于无损失。鉴于生效判决判令实业公司偿还借款本息，可认定实业公司因银行严重违约行为所致损失远非约定的50万元违约金所能弥补。鉴于双方协议未约定损失数额，同时考虑到银行严重违约行为导致实业公司迄今不能正常处分所购房产并发挥房产流转融资功能，双方在3500万元购房款方面形成了类似于资金占用关系，故基于公平原则，将3500万元购房款分期利息认定为实业公司损失较为公平和妥当。根据实业公司请求，依《合同法》第114条规定，增加违约金数额以弥补银行违约所造成损失，从而体现违约金的补偿违约损失之功能。判决银行继续履行财产转让协议同时，支付实业公司违约金50万元，并支付3500万元购房款为基数的利息。2011年3月**新疆某房屋买卖合同案**，法院认为：虽然张某与牛某约定于2008年5月30日前协助办理过户手续，否则，按已付房款25万元每月15%的利息承担违约责任的约定。但2009年2月17日，牛某在张某未按协议办理过户，违约事实已经明确的情形下，又给张某出具了还款协议，该还款协议中另行约定了过户时间和尾款的给付时间，并未对违约金进行约定，也未按前期双方约定的延期办证违约金与尾款进行冲减，故应认为双方对合同进行了变更。双方应按变更后的还款协议履行各自义务。故牛某诉请要求张某按原协议承担违约责任无事实和法律依据，不予支持。2009年3月**上海某房屋买卖合同案**，法院认为:现有证据能够证明担保公司因卖方的资信问题而未予担保,以致银行未能放贷,之后买方又向另一银行申请转按揭贷款,银行通过审批后于 9 月 21 日放款至上海市住房置业担保有限公司。至此,可认为买受人已具备履行合同的约定条件,卖方应协助买方及时办理房屋过户手续。合同约定逾期过户卖方应承担已收款日 2% 的违约责任,法院认为上述违约金约定过高,根据买方的实际损失及目前房地产市场的情况综合考虑,酌定卖方应付买方违约金 2 万元,买卖合同继续履行。2008 年 12 月**广东某房屋买卖合同案**,2008 年 4 月,刘某作为卖方,与卢某签订房屋买卖合同,约定“买卖双方应在本合同签订后 23 天内共同到房管部门办理交易过户递件手续,首期楼价款(已包含定金)共计 12 万元应在取得房地产交易中心收缴证件收据当天支付”,“卖方在收齐买方楼款时交税过户”,并约定了房款 10% 即 4 万元的违约金。卢某依约交了 4 万元定金后,要求共同办理过户手续,刘某以未收到全款为由拒绝。法院认为:合同双方虽对“卖方在收齐买方楼款时交税过户”的文义存在不同理解,但根据本市二手房买卖的流程和交易惯例,只有在办妥递件手续后,才能办理下一步的问税、交税及过户手续。因此,无论双方对付款条件是否存在不同理解,上述条款并未改变这一交易流程,也并未改变双方均需共同在签约后 23 天内办理交易过户递件手续这一时间约定,作为卖方的刘某在收齐楼款前也仍需履行办理过户递件手续的义务,刘某关于其仅得在卢某支付全部购房款后才需履行递件手续义务的抗辩理据不足。在合同有明确约定的情况下,刘某在收取卢某支付的定金后,却以怀疑对方的诚信及唯恐办证后余款难以追收为由,拒绝在合同约定的期限内与卢某共同到房管部门办理交易过户递件手续,且在卢某多次通过函件及电话敦促后仍不积极履行递件义务,其行为已构成违约,应承担违约责任。2008 年 6 月**陕西某房屋买卖合同案**,1994 年 11 月,徐某将自有房屋以 2 万元卖与黄某,约定余款 5000 元待过户手续办妥后支付。1997 年 3 月,因落实政策,该房土地使用权登记在某宗教委员会名下。2007 年,徐某以过户永远不能实现主张合同无效。法院认为:徐某与黄某所签房屋买卖契约系双方自愿,并未违反国家相关法规规定,属合法有效合同,且双方已按约履行了价款和房屋交付,黄某已实际占有居住 13 年之久。其买卖合同从成立时即具有法律约束力,买卖双方非依法律规定或取得对方同意,不得单方变更或解除。徐某与黄某在签订买卖契约时,徐某作为原房主,其房产、土地使用权证俱全,而在买卖关系成立并按约履行的两年多时间后,其土地使用权才发生变更,当时并不存在相关法律规定的“不得转让”情形,故买卖关系已成立,因未及时办理过户登记,后该房的土地使用权发生了变更,当事人则应按政府对此问题的处理办法去主张房屋产权。2005 年 9 月**广东某房屋买卖合同案**,法院认为:案涉合同约定“卖方逾期 15 天仍未交付房地产时,合同即告解除”。此处的“交付房地产”应理解为房屋本身的交付,不涉及房屋产权证书的办理。对于产权证书的办理是否导致合同解除,双方未有约定。故本案不适用合同的约定解除。卖方未在合理期限内协助买方办理产权过户手续,已构成违约。虽然卖方迟延履行义务,但是买方在本案中却没有提供证据证明其已催告卖方履行,故买方不符合合同法定解除的条件。卖方已明确表示愿意继续履行合同,且买方又不具备合同解除权,故判决驳回买方要求解除合同并由卖方赔偿损失的诉请。2004 年 10 月**广东某房屋买卖合同案**,法院认为:林某与吴某所签房屋买卖合同有效。该合同约定:双方同意于合同签订之日起 80 日内即 2003 年 9 月 20 日前携带有关资料到房地产管理部门办理过户手续。林某在收到吴某的定金后,未在约定期限内办理讼争房屋产权过户手续,已构成违约,现吴某按约定请求解除双方所签合同并退回购房定金 1 万元符合法律规定,应予支持。对林某所请求的 1 万元违约金,因考虑到林某在合同签订后,积极为办理房产过户手续做准备工作,并于 2003 年 9 月 12 日领取房产证,这是其积极履约的重要表现,故按合同约定以定金 1 万元的 1 倍支付违约金有失公平,应按中国人民银行同期贷款利率计算违约金较为合理。

【同类案件处理要点】

二手房屋买卖合同合法有效,未办理物权登记的,不影响合同效力。买方请求卖方履行合同,并协助办理房屋登记过户手续的,应予支持。

【相关法律风险提示】

1. 房屋买卖格式合同尾部通常有"双方约定的补充条款",对合同条款及附件内容的手写修改或补充,其效力应优先于合同的其他约定。合同空白栏尤其有关逾期付款、逾期交房违约金比例的填充应予明确,空白即视为相关违约责任的未予约定,且存在对方当事人事后补充不利于己的条款之风险。案见河南郑州中院(2009)郑民一终字第 207 号"杨某与赵某房屋买卖合同纠纷案"。

2. 在对方违约而违约责任未约定或约定不明的情况下,如一味坚持自己要求对方承担违约责任,而拒绝继续履行,可能导致被驳回诉讼请求的后果。案见河南郑州中院(2009)郑民一终字第 207 号"杨某与赵某房屋买卖合同纠纷案"。

3. "毁约"与"违约"在合同约定中应有明确界定,相应的责任后果是否统一有必要加以澄清,否则,在一方"违约",有很难认定为根本违约的程度,事后在诉讼中又同意继续履行情况下,很难认定其为"毁约",相应的"毁约"条款即难适用。

4. 即便是合同有明确约定"先交全款再办过户",如过户手续的办理,系因双方递件手续在先,税款交纳在后,因卖方拒绝配合递件,亦会被认为违约,由此导致合同解除的,应承担违约责任。案见广东广州中院(2008)穗中法民五终字第 4333 号

"刘某与卢某房屋买卖合同纠纷案"。

5. 未及时办理过户,嗣后因政策原因导致过户手续办理成为难题,并不能当然成为卖方主张合同无效的理由。案见陕西汉中中院(2008)汉中民终字第215号"徐某与黄某房屋买卖合同纠纷案"。

6. 过户手续迟延办理通常会成为卖方的主要责任,在卖方无证据证明已尽通知义务情况下,买方未履行催告或协助义务通常不会认定构成违约。

7. 在合同已对履行义务的先后顺序有明确约定情况下,作为房屋买卖合同的卖方,以怀疑对方的诚信及担心过户后余款难以追回为由,要求"先交全款再办过户"如无合同依据,则构成单方变更合同,可能会承担违约责任。案见广东广州中院(2008)穗中法民五终字第4333号"刘某与卢某房屋买卖合同纠纷案"。

8. 过户与办证应明确约定。"卖方逾期15天仍未交付房地产时,合同即告解除",该约定中的"交付房地产"应理解为房屋本身的交付,不涉及房屋产权证书的办理。案见广东佛山中院(2005)佛中法民五终字第632号"程某与林某等买卖合同纠纷上诉案"。

【附注】

参考案例索引:河南郑州中院(2009)郑民一终字第207号"杨某与赵某房屋买卖合同纠纷案";最高人民法院(2007)民二终字第202号"某实业公司与某银行买卖合同纠纷案",见《严重违约所导致的损失的界定——重庆市毛氏实业(集团)有限公司与中国农业银行重庆市巴南支行买卖合同纠纷案》(审判长叶小青,审判员陈明焰、王闯),载《最高人民法院商事审判指导案例·合同卷(下)》(V1-2011:575);新疆乌鲁木齐中院(2011)乌中民四终字第94号"牛某等与张某房屋买卖合同纠纷上诉案";上海一中院(2009)沪一中民二(民)终字第149号"钱某与马某房屋买卖合同纠纷上诉案";广东广州中院(2008)穗中法民五终字第4333号"刘某与卢某房屋买卖合同纠纷案";陕西汉中中院(2008)汉中民终字第215号"徐某与黄某房屋买卖合同纠纷案";广东佛山中院(2005)佛中法民五终字第632号"程某与林某等买卖合同纠纷上诉案";广东佛山中院(2004)佛中法民五终字第1176号"林某与吴某房屋买卖合同纠纷案"。

33. 逾期付款的法律后果

——逾期不付款，违约如何担？

【逾期付款】

【案情简介及争议焦点】

2010年4月，费某通过中介，售房予周某。约定双方拟定于2010年5月30日办理过户手续。合同最后手写补充条款又约定上述日期前周某卖房款不能到账，可根据实际情况再行协商，延后时间不作违约。周某交付定金3万元后，因周某自有房屋未顺利出售，导致双方迟迟未办过户。

争议焦点：1. 付款日期是否约定？2. 合同是否生效？

【裁判要点】

1. 约定付款日。案涉房屋买卖合同原定在2010年5月30日前将系争房屋交易过户，按一般理解周某应在此日期前付清房款；但该合同最后补充条款中又约定，如在上述日期前周某房款不能到位，可另行协商，延后时间不作违约；该补充条款系手写而成，处于合同最末位置，从其内容、形式和位置均应视为特别约定，其效力高于之前约定打印条款之内容。

2. 合同未生效。补充条款中，双方对具体的延后期限即房款支付期限未作明确约定，且在此后亦未协商一致，因房款支付履行期限系房屋买卖合同重要条款之一，故在该条款缺失状态下，双方签订的房屋买卖合同未能生效。因周某交付的3万元定金系依合同约定，故在合同未生效的情形下，费某应返还周某该款项。至于合同未能生效履行给各方造成的损失，应根据双方在缔约过程中的过错予以赔偿。鉴于双方均未就损失举证，故法院对此不作处理。

【裁判依据或参考】

1. 法律规定。《民法典》(2021年1月1日)第562条："当事人协商一致，可以解除合同。当事人可以约定一方解除合同的事由。解除合同的事由发生时，解除权人可以解除合同。"第563条："有下列情形之一的，当事人可以解除合同：(一)因不可抗力致使不能实现合同目的；(二)在履行期限届满前，当事人一方明确表示或者以自己的行为表明不履行主要债务；(三)当事人一方迟延履行主要债务，经催告后在合理期限内仍未履行;(四)当事人一方迟延履行债务或者有其他违约行为致使不能实现合同目的;(五)法律规定的其他情形。以持续履行的债务为内容的不定期合同,当事人可以随时解除合同,但是应当在合理期限之前通知对方。”第577条:“当事人一方不履行合同义务或者履行合同义务不符合约定的,应当承担继续履行、采取补救措施或者赔偿损失等违约责任。”第579条:“当事人一方未支付价款、报酬、租金、利息,或者不履行其他金钱债务的,对方可以请求其支付。”**《合同法》**(1999年10月1日,已于2021年1月1日起失效)第45条:“当事人对合同的效力可以约定附条件。附生效条件的合同,自条件成就时生效。附解除条件的合同,自条件成就时失效。当事人为自己的利益不正当地阻止条件成就的,视为条件已成就;不正当地促成条件成就的,视为条件不成就。”第94条:“有下列情形之一的,当事人可以解除合同:(一)因不可抗力致使不能实现合同目的;(二)在履行期限届满之前,当事人一方明确表示或者以自己的行为表明不履行主要债务;(三)当事人一方迟延履行主要债务,经催告后在合理期限内仍未履行;(四)当事人一方迟延履行债务或者有其他违约行为致使不能实现合同目的;(五)法律规定的其他情形。”第107条:“当事人一方不履行合同义务或者履行合同义务不符合约定的,应当承担继续履行、采取补救措施或者赔偿损失等违约责任。”第108条:“当事人一方明确表示或者以自己的行为表明不履行合同义务的,对方可以在履行期限届满之前要求其承担违约责任。”

2. 司法解释。最高人民法院**《关于审理买卖合同纠纷案件适用法律问题的解释(2020年修改)》**(2021年1月1日　法释〔2020〕17号)第18条:“买卖合同对付款期限作出的变更,不影响当事人关于逾期付款违约金的约定,但该违约金的起算点应当随之变更。买卖合同约定逾期付款违约金,买受人以出卖人接受价款时未主张逾期付款违约金为由拒绝支付该违约金的,人民法院不予支持。买卖合同约定逾期付款违约金,但对账单、还款协议等未涉及逾期付款责任,出卖人根据对账单、还款协议等主张欠款时请求买受人依约支付逾期付款违约金的,人民法院应予支持,但对账单、还款协议等明确载有本金及逾期付款利息数额或者已经变更买卖合同中关于本金、利息等约定内容的除外。买卖合同没有约定逾期付款违约金或者该违约金的计算方法,出卖人以买受人违约为由主张赔偿逾期付款损失,违约行为发生在2019年8月19日之前的,人民法院可以中国人民银行同期同类人民币贷款基准利率为基础,参照逾期罚息利率标准计算;违约行为发生在2019年8月20日之后的,人民法院可以违约行为发生时中国人民银行授权全国银行间同业拆借中心公布的一年期贷款市场报价利率(LPR)标准为基础,加计30－50%计算逾期付款损失。”第27条:“民法典第六百三十四条第一款规定的‘分期付款’,系指买受人将应付的总价款在一定期限内至少分三次向出卖人支付。分期付款买卖合同的约定违反民法典第六百三十四条第一款的规定，损害买受人利益，买受人主张该约定无效的，人民法院应予支持。”第28条：“分期付款买卖合同约定出卖人在解除合同时可以扣留已受领价金，出卖人扣留的金额超过标的物使用费以及标的物受损赔偿额，买受人请求返还超过部分的，人民法院应予支持。当事人对标的物的使用费没有约定的，人民法院可以参照当地同类标的物的租金标准确定。”最高人民法院**《关于适用〈中华人民共和国合同法〉若干问题的解释（二）》**（2009年5月13日　法释〔2009〕5号，已于2021年1月1日起失效）第26条：“合同成立以后客观情况发生了当事人在订立合同时无法预见的、非不可抗力造成的不属于商业风险的重大变化，继续履行合同对于一方当事人明显不公平或者不能实现合同目的，当事人请求人民法院变更或者解除合同的，人民法院应当根据公平原则，并结合案件的实际情况确定是否变更或者解除。”最高人民法院**《印发〈关于处理涉及汶川地震相关案件适用法律问题的意见（二）〉的通知》**（2009年3月23日　法发〔2009〕17号）第4条：“因地震灾害致使在合理期限内出卖人迟延交付房屋或者买受人迟延支付购房款，当事人一方请求解除合同的，人民法院不予支持，但当事人另有约定的除外。”第5条：“商品房买卖合同约定买受人以担保贷款方式付款，因地震导致未能订立商品房担保贷款合同并致使商品房买卖合同不能继续履行的，当事人可以请求解除合同，出卖人应当将收受的购房款本金及其利息或者定金返还买受人。”最高人民法院**《关于在执行工作中如何计算迟延履行期间的债务利息等问题的批复》**（2009年5月18日　法发〔2009〕6号）第1条：“人民法院根据《中华人民共和国民事诉讼法》第二百二十九条计算‘迟延履行期间的债务利息’时，应当按照中国人民银行规定的同期贷款基准利率计算。”第2条：“执行款不足以偿付全部债务的，应当根据并还原则按比例清偿法律文书确定的金钱债务与迟延履行期间的债务利息，但当事人在执行和解中对清偿顺序另有约定的除外。”附：具体计算方法：“（1）执行款＝清偿的法律文书确定的金钱债务＋清偿的迟延履行期间的债务利息。（2）清偿的迟延履行期间的债务利息＝清偿的法律文书确定的金钱债务×同期贷款基准利率×2×迟延履行期间。”

3. 地方司法性文件。四川成都中院**《2017成都市中级人民法院审判工作会议纪要》**（2017年8月15日）第52条：“如何把握对逾期交房和逾期办证违约金的调整原则？当事人以合同约定的违约金过高或者过低为由请求人民法院予以调整的，人民法院应当坚持违约金以补偿性为主、惩罚性为辅的基本原则，综合违约方的违约情况、守约方的实际损失、商品房买卖合同履行情况等因素综合予以确定。但对于同一小区同一违约行为所应承担的违约责任，原则上应当采取同一标准确定，但合同另有约定的除外。对于逾期交房违约金标准，合同约定标准为已付购房款日万分之三（含）以内的，出卖人请求调低的，原则上不予准许；买受人以合同约定的逾期交房违约金低于同期、同地段、同类型房屋租金标准为由要求调高的,可予准许。出卖人以商品房买卖合同约定的逾期办理权属证书的违约金标准过高为由请求调整的,如买受人实际损失无法确定,合同约定标准为已付购房款日万分之一(含)以内的,原则上不宜认定为约定过高。”北京高院**《关于审理房屋买卖合同纠纷案件若干疑难问题的会议纪要》**(2014年12月16日　京高法发〔2014〕489号)第15条:“买受人要求出卖人交付房屋或办理房屋过户登记,经审查合同约定买受人支付剩余购房款的义务先于或与出卖人的交房、过户义务同时履行,且买受人同意依约支付剩余购房款但出卖人拒绝受领的,法院应当向出卖人释明可以反诉要求支付剩余购房款,经释明出卖人坚持不反诉,仅以买受人未支付剩余购房款作为拒绝履行抗辩的,法院应当依据买受人的诉讼请求判决:‘出卖人在买受人依合同约定支付剩余购房款时,交付房屋、协助买受人办理房屋过户登记手续’。”北京高院**《关于审理房屋买卖合同纠纷案件适用法律若干问题的指导意见(试行)》**(2010年12月21日　京高法发〔2010〕458号)第21条:“房屋买卖合同履行过程中,一方当事人构成根本违约的,守约方有权解除合同,违约方不享有合同法定解除权。如果因不可抗力或情事变更等原因,致使合同目的无法实现的,合同双方均有权要求解除合同。”第22条:“房屋买卖合同签订后,一方当事人不同意继续履行,愿意以承担相应违约责任为代价解除合同,而另一方坚持要求继续履行,经审查合同继续履行不存在现实困难的,应当判决双方继续履行合同,但合同另有解约定金等约定或符合《合同法》第一百一十条规定情形的除外。”北京高院**《审理买卖合同纠纷案件若干问题的指导意见(试行)》**(2009年2月3日　京高法发〔2009〕43号)第29条:“出卖人没有履行或者无法履行从给付义务,致使买受人不能实现合同目的,买受人主张解除合同的,法院应予支持。订立合同时,买受人知道或者应当知道出卖人无法履行从给付义务的,买受人应当对合同解除承担违约责任。”第31条:“合同法第一百零七条规定的继续履行、采取补救措施或者赔偿损失等违约责任,在适用时没有先后顺序。当事人一方不履行合同义务的,应当承担继续履行或者赔偿损失的违约责任,对方可以同时请求继续履行和赔偿损失。当事人一方履行合同义务不符合约定的,应当承担采取补救措施或者赔偿损失的违约责任,对方可以同时请求采取补救措施和赔偿损失。当事人一方只履行部分合同义务的,应当承担继续履行、采取补救措施或者赔偿损失的违约责任,对方可以同时请求继续履行、采取补救措施和赔偿损失。”江苏高院**《关于印发〈关于适用中华人民共和国合同法若干问题的讨论纪要(一)〉的通知》**(2005年9月26日　苏高发审委〔2005〕16号)第33条:“对于逾期付款行为,当事人在合同中约定逾期付款违约金计算标准的,按合同约定处理。当事人在合同中既没有约定逾期付款违约金计算标准,又未约定应承担逾期付款损失的,应当按照中国人民银行规定的银行同期贷款率计算损失。违约造成的损失超过上述计算标准计算的数额，当事人对超出部分的损失要求违约方承担的，人民法院应当支持。”上海高院**《关于印发〈上海法院民事办案要件指南〉的通知》**（2003年11月25日　沪高法民一〔2003〕10号）第41条：“……根据合同法的相关规定，合同解除权人可以通过行使解除权解除合同，而不是都要经过法院的认定才能解除合同。但是，解除合同所需的条件具备后，合同也不是当然解除的，解除权人还须作出解除合同的意思表示，并将该意思表示通知对方，方能发生解除的效果。因此，在诉讼中主张合同已经解除的一方，就应当对已经发生合同解除效力所要具备的前述要件事实承担举证责任。解除合同的通知以口头形式作出的，只要能够提供证据证明，也是可以的。当然，在司法实践中，当事人往往诉请法院‘依法解除合同’，这种主张实际上既有解除权人尚未行使解除权，而以诉讼方式替代解除通知而诉请解除合同的，也有表面上是要求‘依法解除合同’而实质上是要求法院确认合同已经解除的情形。因此，当事人的意思到底是要确认合同已经解除，还是要求解除合同，要根据当事人在诉讼中表示出来的意思来综合判断。”

4. 参考案例。2014年**江苏某房屋买卖合同纠纷案**，2011年，花某与开发公司签订购房合同，约定优惠44万余元，花某支付345万元，“如买受人不按时付款，则出卖人可以取消优惠”。2013年，因开发公司未按期交房，花某诉请解除合同、返还房款及利息，并赔偿可得利益损失即优惠差价44万余元。开发公司以花某迟延2天支付第二批付款155万元为由抗辩。法院认为：《合同法》第97条规定，合同解除后，尚未履行的，终止履行；已经履行的，根据履行情况和合同的性质，当事人可以要求恢复原状、采取其他补救措施、并有权要求赔偿损失。购房合同有效，因开发公司不能按期交房，其已构成违约，并导致合同解除，依法应承担赔偿损失等违约责任。中国人民银行发布的利率信息，对法院司法实践活动具有参照执行作用；商业银行利率标准，只能在本行内部执行，不具规范性，故花某要求按省农商行利率标准计算利息损失意见，无法律依据，依法不予支持。花某利息损失应按中国人民银行同期同类贷款基准利率计算。《合同法》第39条、第40条规定，采取格式条款订立合同的，提供格式条款的一方应当采取合理的方式提请对方注意免除或者限制其责任的条款；提供格式条款一方免除其责任、加重对方责任、排除对方主要权利的条款无效。案涉购房合同具备格式合同法律特征，属开发公司提供的格式合同。开发公司无证据证明对买卖合同中“如买受人不按时付款，则出卖人可以取消优惠”内容已尽法律规定的合理说明义务，故该条款此项内容无效。依《合同法》第113条规定，当事人一方不履行合同，给对方造成损失的，损失赔偿额应当相当于因违约所造成的损失，包括合同履行后可以获得的利益，但不得超过违反合同一方订立合同时预见到或者应当预见到的因违反合同可能造成的损失。如开发公司履行合同按期交房,则花某可获得44万余元优惠利益。故花某要求开发公司赔偿期待利益损失诉请,依法予以支持。花某逾期两日付款155万元,应承担违约责任,依合同规定,应按日向开发公司支付逾期应付款万分之五的违约金1550元。判决开发公司返还花某购房款并赔偿利息损失,同时赔偿花某可得利益损失44万余元,花某支付逾期付款违约金1550元。2010年8月**广东某房屋买卖合同案**,法院认为:案涉协议有效。卖方依约办理了公证委托书,亦取得了涉案房屋的权利证书,已履行了合同约定的义务。根据合同约定,买方应于卖方办出房地产证后10日内将首期楼款存入经纪方指定的账号,但买方却嗣后起诉要求确认案涉协议无效,并要求卖方返还已支付的楼款,买方起诉的行为表明买方拒绝支付剩余楼款并继续履行合同,已构成根本违约,理应承担违约责任,根据合同约定如买方未能履行本合同之条款以致本合同不能顺利完成,则已付之定金由卖方没收,故对买方认为卖方违反合同应向买方支付双倍定金的诉请,本院不予支持。2009年1月**上海某房屋买卖合同案**,法院认为:根据案涉房屋买卖合同约定,买方履行支付66万元房款的义务在先,卖方交付房屋的义务在后,因买方逾期支付房款,故卖方拒绝向买方交付房屋并不违反法律规定。买方据此要求卖方承担逾期交付房屋的违约金,无事实和法律依据,不予支持。2008年3月**重庆某房屋买卖合同案**,2004年5月,何某将其合法取得的房地产作价40万元转让给文某,约定先交定金2万元,余款待土地证和产权证变更为文某后10天内付清全部余款。交了定金,办了权属变更,文某未支付欠款,只是出具一纸38万元的欠条。何某一直也未交房和交变更后的权属证书。2007年1月,文某通过法院强制执行,第三人张某占有的房屋始交付给文某,文某将其另租他人。期间,何某多次催要欠款未果,以根本违约诉文某,要求解除合同。法院认为:何某与文某自愿签订房屋买卖协议,该协议是双方当事人的真实意思表示,符合法律规定,属于有效合同。协议签订后,何某履行了协议约定的义务,文某应履行付清余款的义务。文某未在协议约定的时间内支付尚欠房款,构成违约。诉争房产有案外人在其中居住,直至2007年1月才被强制迁出。因何某未将买卖标的物全部交与买受人文某,文某以此拒付尚欠房款的行为未构成根本性违约,故判决驳回何某要求解除合同的诉讼请求。

【同类案件处理要点】

二手房买受人逾期付款,合同中已约定逾期付款违约金计算标准的,按合同约定处理。合同中既未约定计算标准,又未约定相应损失赔偿的,应按照中国人民银行规定的银行同期贷款率计算损失。违约造成的损失超过上述计算标准计算的数额,当事人对超出部分的损失可以要求违约方承担。

【相关法律风险提示】

1. 在约定先交房后付款情况下，交房义务的未完全履行有可能成为买方拖欠付款的抗辩理由，故房屋买卖合同应尽可能约定将买方的主要付款义务履行作为卖方交房的基础。

2. 在一方逾期付款，另一方接受的，则可能认为是对逾期付款违约责任的放弃。在不接受时，若被法院认定买方逾期有合理理由，相反卖方拒绝接收并不履行义务构成违约。故以对方违约并提出解除合同时，要慎重，一定要有充分的理由和证据。

3. 争议条款：(1)“到期未付余款，本合同失效。每拖欠一天罚款 500 元，以此类推。”该条款关于逾期付款的法律后果系“合同失效”还是“继续履行，并按每日 500 元支付罚款”的约定相互矛盾。该约定可能会被法院认定无效。案见云南昆明中院(2009)昆民一终字第 5 号“朱某等与姚某等房屋买卖合同纠纷案”。(2)“买方逾期 15 日未付清应付房款的，作悔约处理，本合同即告解除，买方所交定金，卖方不予退回，已付购房款卖方在 7 日内退回买方；另赔偿卖方 2 万元违约金”。该条款规定的实际是逾期付款导致合同解除时的违约责任，如果逾期付款，合同又未被认定解除，违约责任实际上并不能依此款主张，出现漏洞。案见广东佛山中院(2006)佛中法民五终字第 151 号“何某与梁某房屋买卖合同纠纷上诉案”。

【附注】

参考案例索引：上海嘉定区法院(2011)嘉民三(民)初字第 43 号“周某诉费某定金合同纠纷案”；江苏泰州中院(2014)泰中民四终字第 0096 号“花荣华与江苏省泰州市明源房地产开发有限公司商品房买卖合同纠纷案”，见《商品房买卖合同约定的优惠差价在合同解除后属于期待利益损失》(丁万志)，载《人民司法·案例》(201414:47)；广东深圳宝安区法院(2010)深宝法民三初字第 871 号“梁某诉漆某房屋买卖合同纠纷案”；上海一中院(2008)沪一中民二(民)终字第 3404 号“朱某等与范某房屋买卖合同纠纷上诉案”；重庆五中院(2008)渝五中民终字第 307 号“何某与文某房屋买卖合同纠纷案”。

34. 房屋面积差异的处理

——面积缩了水,房款是否退?

【面积差异】

【案情简介及争议焦点】

2006年12月14日,杨某购买银行所有的房屋,协议约定价款180万元,银行持有的国有土地证和产权证分别显示土地面积为395.79平方米、建筑面积为724.16平方米,协议对四址地界表述为"以上两证权属界定为准"。经双方勘查丈量后,杨某支付了购房款,因办理过户手续时,被国土局以土地证上登记面积中部分空地面积属银行与他人共有使用权不能过户为由不予办理过户。杨某遂主张退回少算面积的地价款40万元。

争议焦点:1. 协议关于权属界定的约定效力? 2. 杨某的诉讼请求是否成立?

【裁判要点】

1. 权属界定约定应为有效。杨某与银行签订买卖协议,根据国有土地使用权证和房屋所有权证,双方共同现场勘查丈量,杨某应知银行出让的房屋所附带空地属共有,合同对四址地界表述为"以上两证权属界定为准",该协议意思表示真实,符合法律规定,应予保护。

2. 应驳回杨某的诉讼请求。杨某主张对共有权属面积部分土地进行价值评估,由银行支付非属自有使用权部分的相应偿付价款,不符合国有土地出让的法律规定,依法应予驳回。

【裁判依据或参考】

1. 法律规定。《民法典》(2021年1月1日)第563条:"有下列情形之一的,当事人可以解除合同:(一)因不可抗力致使不能实现合同目的;(二)在履行期限届满前,当事人一方明确表示或者以自己的行为表明不履行主要债务;(三)当事人一方迟延履行主要债务,经催告后在合理期限内仍未履行;(四)当事人一方迟延履行债务或者有其他违约行为致使不能实现合同目的;(五)法律规定的其他情形。以持续履行的债务为内容的不定期合同,当事人可以随时解除合同,但是应当在合理期限之前通知对方。”第577条:“当事人一方不履行合同义务或者履行合同义务不符合约定的,应当承担继续履行、采取补救措施或者赔偿损失等违约责任。”**《测绘法》**(2002年12月1日)第20条:“城市建设领域的工程测量活动,与房屋产权、产籍相关的房屋面积的测量,应当执行由国务院建设行政主管部门、国务院测绘行政主管部门负责组织编制的测量技术规范……”**《合同法》**(1999年10月1日,已于2021年1月1日起失效)第44条:“依法成立的合同,自成立时生效。法律、行政法规规定应当办理批准、登记等手续生效的,依照其规定。”第54条:“下列合同,当事人一方有权请求人民法院或者仲裁机构变更或者撤销:(一)因重大误解订立的;(二)在订立合同时显失公平的。一方以欺诈、胁迫的手段或者乘人之危,使对方在违背真实意思的情况下订立的合同,受损害方有权请求人民法院或者仲裁机构变更或者撤销。当事人请求变更的,人民法院或者仲裁机构不得撤销。”第55条:“有下列情形之一的,撤销权消灭:(一)具有撤销权的当事人自知道或者应当知道撤销事由之日起一年内没有行使撤销权;(二)具有撤销权的当事人知道撤销事由后明确表示或者以自己的行为放弃撤销权。”第56条:“无效的合同或者被撤销的合同自始没有法律约束力。合同部分无效,不影响其他部分效力的,其他部分仍然有效。”第132条:“出卖的标的物,应当属于出卖人所有或者出卖人有权处分。法律、行政法规禁止或者限制转让的标的物,依照其规定。”

2. 部门规范性文件。建设部办公厅**《关于〈关于房屋权属登记中如何界定不计算建筑面积的公共通道的请示〉的复函》**(2005年5月27日):“……临街商铺依照有关规定分割为不同商业单元的,其底层外走廊不论是否有柱,是否有维护结构,各商业单元的客户和其他不特定的社会公众均可通行。因此,临街商铺底层外走廊属于《关于房屋建筑面积计算和房屋权属登记有关问题的通知》(建住房〔2002〕74号)第三条第(八)项规定的‘作为公共道路街巷通行’的情形,在房屋权属登记中,不计算建筑面积。”建设部**《关于房屋建筑面积计算与房屋权属登记有关问题的通知》**(2002年3月27日　建住房〔2002〕74号)第1条:“在房屋权属证书附图中应注明施测的房产测绘单位名称、房屋套内建筑面积(在图上标注尺寸)和房屋分摊的共有建筑面积。”第3条:“……临街楼房、挑廊下的底层作为公共道路街巷通行的,不论其是否有柱,是否有维护结构,均不计算建筑面积……”

3. 地方司法性文件。辽宁沈阳中院**《关于审理房地产案件若干问题的处理意见(之一)》**(2004年3月27日)第10条:“……(5)合同约定面积与产权登记面积发生误差的处理原则。按套(单元)内建筑面积或者建筑面积计价的,当事人在合同中载明合同约定面积与产权登记面积发生误差的处理方式,依约定处理。合同未作约定的,按以下原则处理:(1)面积误差比在3%以内(含3%)的,据实结算房价款;(2)面积误差比超出3%时,买受人要求退房的。人民法院应予支持。房地产开发企业应当在买受人提出退房之日起 30 日内将买受人已付房价款退还给买受人,同时支付已付房价款利息。买受人不退房的,产权登记面积大于合同约定面积时,面积误差比在3%以内(含3%)部分的房价款由买受人补足;超出3%部分的房价款由房地产开发企业承担,产权归买受人。产权登记面积小于合同约定面积时,面积误差比在3%以内(含3%)部分的房价款由房地产开发企业返还买受人;超出3%部分的房价款由房地产开发企业双倍返还买受人……"

4. 参考案例。2017年**北京某房屋买卖合同纠纷案**,2014年,供销公司购买林某别墅,约定房款3200万元。2016年,供销公司支付700万元后,以林某别墅绿植隔离带向外扩展部分并不包括在房产证面积中为由,诉请林某损害赔偿300万元。林某反诉解除合同,亦主张损害赔偿700万余元。法院认为:林某作为涉案别墅所有权人,签订房屋买卖合同当时又是涉案别墅相邻别墅所有权人,其应当知悉涉案别墅绿植屏障向外扩展事实。在供销公司签订房屋买卖合同前实地查看涉案别墅时,林某应自己告知或委托中介告知供销公司涉案别墅绿植隔离带外扩情况,因绿植隔离带外扩情况对涉案别墅成交价格将产生一定影响。林某并未告知供销公司涉案别墅绿植隔离带外扩情况,林某交付给供销公司的涉案别墅实际情况与产权证书登记情况并不完全一致,故可认定林某在缔约过程中存在瑕疵行为,违反了诚实信用原则和先合同义务。在此情形下林某不享有合同解除权。涉案别墅绿植隔离带向外扩展部分,在整个涉案别墅面积中所占比例较小,对涉案别墅成交价款影响不大,林某在缔约过程中存在瑕疵行为,但不属于重大违约行为,供销公司不能以此为由拒绝履行其根据合同约定应承担的后续办理过户和支付剩余房款2500万元义务。供销公司以林某瑕疵行为来拒绝履行自己应承担的主要义务,不符合《合同法》诚实信用原则和公平原则,故供销公司拒不履行合同主要义务行为,属于不当行使履行抗辩权,应承担相应损害赔偿责任。综合本案情况,法院酌定供销公司赔偿林某损失250万元。供销公司对涉案别墅占地范围产生了一定错误认识,而产生该错误认识的原因应归责于出卖人林某,作为别墅出卖人的林某亦应就其缔约过程中瑕疵行为承担相应责任。根据本案绿植隔离带外扩概况,法院酌定涉案别墅总价款由3200万元变更为3150万元。供销公司请求林某配合其办理涉案别墅过户手续的请求,法院予以支持。鉴于房屋买卖合同继续履行,供销公司已支付700万元首付款林某不予退还。根据权利义务对等原则和双方当事人合同约定,供销公司亦应于过户当天将剩余房款2450万元支付给林某。供销公司在房屋买卖合同履行过程中属于主要违约方,其亦未提供证据证明其有何种直接损失,故其要求林某赔偿损失300万元请求,不应支持。判决继续履行,房屋总价款由3200万元变更为3150万元,林某协助办理过户,供销公司支付剩余房款2450万元并赔偿林某损失250万元。2005年**福建某居间合同纠纷案**,2005年,许某作为买方与房产中介、卖方签订房产定购协议,约定签约之日许某交卖方定金1万元,支付中介费8500元。后许某以房屋面积与产权证上面积不一致为由拒收房屋,亦拒交中介费,房产中介认为合同成立即应支付中介费。法院认为:只要居间人促成合同成立,在合同不能履行情形,如系因买方对所欲购房产未尽了解、审查的谨慎注意义务,非因居间人所提供标的物信息与实际情况不符,委托人即应依约支付报酬。本案中,房产中介已促成许某与出卖人签订房产定购协议,符合居间合同法律规定,许某理应依约支付中介费。至于定购协议对涉诉房产面积、用途,与产权证不一致问题,作为买方的许某,对其所欲购买房产负有了解、审查义务,其未尽到谨慎注意义务,对此所产生后果应由许某自行承担,故判决许某支付房产中介约定的居间费。2000年**江苏某转让合同纠纷案**,1997年,信用社将原属织染厂厂房转让给实业公司,实业公司法定代表人两次察看房屋并按实际丈量面积确定总价款。2000年,实业公司以信用社代办产权证产权面积少于合同约定面积1600余平方米为由诉请信用社承担违约责任。法院认为:案涉房地产转让合同中虽载明房屋面积,但这一数据并非由双方准确、规范地丈量确定。当时双方一致明确转让房屋就是实业公司法定代表人察看过两次的原织染厂内现有房屋。在实业公司接收前,双方均未对上述房屋进行过拆除。在申办房屋所有权证过程中,实业公司亦未对已接收认可的房屋数、房屋所有权证登记的房屋建筑面积提出异议。实业公司与信用社对房地产转让总价确定,并不是在商定每平方米房屋价格后,按实际丈量面积计算确定,而是由双方实地察看认可这些房屋和土地后,以商定一个总价格形式成交的,故实业公司现以信用社违反约定少交房屋为由,要求信用社返还缩水面积厂房价款诉请,缺乏确凿证据,不予支持。判决驳回实业公司诉请。2011年9月**北京某房屋买卖合同案**,法院认为:陈某在签订买卖定金协议书前已对涉案房屋进行现场勘验,对房产中介出售的房屋的权属状况、设备、装修等情况进行了了解,故对陈某关于房产中介出售的房屋面积与实际面积不符以及房产中介在签订买卖定金协议书时未向其出示涉案房屋的代理出售公证委托书和相关证件、房主也不在场的意见,不予采纳。依照双方当事人在买卖定金协议书中的约定,陈某无正当理由不继续履行合同,定金1万元不予返还。2011年5月**浙江某房屋买卖合同案**,法院认为:如何理解双方签订的房屋买卖协议第4条:"若房屋面积与架空层面积与房产证上的不同,应以房产证上为准,购房款多退少补"。卖方认为该条约定是指应以房产证上的面积计算房价;买方认为该条款中的约定是指房屋面积,并不包括阁楼面积,根据本市相关文件规定5楼阁楼是不计价、不计面积的。本院认为,一是根据当时卖方享受的拆迁安置政策看,5楼不上浮,不下调,阁楼不计面积、不计价;

从该条文理解阁楼是住宅房屋一个整体的从物,应当随着主物转让而转让。二是根据双方签订的房屋买卖协议中房屋面积与房产证面积是否相符,本院认为应当是符合客观实际情况的,根据卖方提交的房产证记载建筑面积为198.24平方米,但从附记中记载其中包括阁楼一间,建筑面积为61.6平方米,实际房屋面积为136.64平方米与双方签订房屋买卖协议相符。三是双方签订的房屋买卖协议中的房屋面积与房产证面积是双方当事人对第5楼房屋实际面积的理解,并不是双方当事人之间对阁楼要求计算价款的特别约定,故卖方要求支付阁楼价款的事实理由及依据不足,不予支持。2011年3月**重庆某房屋买卖合同案**,法院认为:卖方售房时,该房屋已经竣工并交付使用且具有产权证,登记的面积为112.37平方米,虽双方在合同中载明了房屋的总价款和房屋面积,但双方是以房屋一套为单位商议的房价款,并非按房屋面积及单价计算,且新旧两证的标的物均系案涉房屋,权证对象系同一标的物,因采用的计算房屋面积标准不同,公摊面积的分摊方式计算方式不一样,造成新、旧证确定的房屋面积产生了误差,房屋实际面积并未发生实质性的变化,故卖方以增加面积10.87平方米,应由买方补差价2.7万余元的诉请不予支持。2011年2月**河南某房屋买卖合同案**,法院认为:根据双方协议约定,房屋面积以实际面积为准,参照双方认可的诉争房屋的面积计算,故房屋实际面积是房款是否付清的关键。该房屋经房管局丈量,面积为277.16平方米,同时双方庭审中认可的讼争房屋的面积也为270平方米左右。买方虽已付清全部房款,但不能确认其多支付卖方房款的具体数额,故对于买方要求卖方退还其多支付的房款1.7万余元的请求不予支持。2010年3月**上海某房屋买卖合同案**,买方主张与卖方签订的厂房转让合同中约定的总面积为1300平方米左右,而实际的房地产权证上注明的建筑面积为858.89平方米,即便算土地面积亦只有1121平方米,与实际的面积相差很大,卖方对该厂房熟知而买方租用仅3个月有余,故卖方将858.89平方米的厂房作1300平方米出让,致使买方利益严重受损,卖方应返还不当得利。法院认为:买方在受让该房屋前,已承租系争房屋3个月有余,对此应认为买方对该受让的厂房有足够了解,尽管该转让合同所约定的总面积与事后取得的房地产权证上载明的房屋建筑面积或宗地面积均有出入,且出入较大,然买方作为一名完全民事行为能力人,且在承租厂房相当时间后受让该厂房,应具有足够的认知程度,其应当对所产生的相应法律后果负责。从双方签订的转让合同中亦不能反映系按每平方米单价交易,买方在法定期限内亦未申请撤销合同,故买方主张超出房屋的实际面积外的价款为不当得利,缺乏依据,法院不予支持。2010年3月**广东某房屋买卖合同案**,法院认为:双方所签订房屋买卖合同约定房价20万元,在庭审中双方均确认实际交易价格为28万元,均未特别约定每平方米的单价,即双方实际系以套为交易单位,买方亦未提供证据证实在房屋交付使用后或合同签订后1年内,其对房屋面积差异问题向卖方提出异议,依照《合同法》相关规定,双方对案涉房屋以28万元成交,合法有效。现买方诉请卖方赔偿面积差异的20万元损失,依据不足,不予支持。2009年5月**重庆某房屋买卖合同案**,法院认为:案涉房屋买卖协议约定转让房屋的总价款6万元,未约定按平方面积买卖房屋,亦未约定以房屋产权转移登记时的房屋建筑面积多补少退房款,即使协议约定的房屋面积与卖方过户登记的房屋面积有差异,由于买方是以获取房屋总价款6万元为对价实际交付全部房屋给卖方,房屋面积差异不影响房屋总价款。故双方以6万元价格整体买卖房屋之意思表示真实,协议约定明确,不存在补缺性法律规定适用的情形,卖方不再承担按平方面积补付买方57.37平方米房屋价款的义务。

【同类案件处理要点】

二手房买卖合同未约定单价或是房屋面积以房产证为准等内容,应认定双方之间的房屋买卖是按套计价,且根据目前的二手房交易习惯,二手房买卖一般双方都亲自到实地看房,买卖双方对房屋的实际情况包括面积情况都应事先了解,故对一方当事人事后要求补交面积差价款的,一般不予支持,但双方对面积单价及面积差额进行特别约定的除外。

【相关法律风险提示】

1. 陷阱条款:"该房地产建筑面积91.5平方米,以房产证为准。"对买受人而言,通常会认为该房的建筑面积系出于房产证,且明确"以房产证为准",不会存在任何风险。陷阱在于,该条暗含着购买方已就房屋建筑面积与房产证做了核对,已对房产证原件做了审核,故在该房为抵押性质、共有性质等影响合同履行和效力的情形出现时,购买人出于明知的主观状态可能会得到认定,甚至后果自负。广东佛山中院(2006)佛中法民五终字第330号"胡某与刘某等房屋买卖合同纠纷案",法院认为:买受人审查出卖人有关房屋的所有权等情况是一项最基本的活动,买受人称在签订认购书前没有看到过出卖人的房地产权证和不知道该房屋已抵押的情形有违常理。故防范方法:不管房产证是在出卖方、中介,还是银行、房管所,都要想办法去看,眼见为实,而且不仅要看,还要验明真伪。即使真实,还是要就房屋实际面积与登记面积是否可能存在差异、房屋权属的原始取得是否合法、房屋权属是否存在其他纠纷导致移交出现障碍,做必要的留心。

2. 持证权利人登记面积与实际产权面积或使用面积不一致,除了测量误差外,还存在过户时共有面积剔除的可能。陕西汉中中院(2009)汉中民终字第359号"杨某等与某农行房屋买卖合同纠纷案"中,受让人实地对权证面积进行测量,但对四址地界表述"以上两证权属界定为准"可能存在的风险未引起重视,导致法院最终认定持证人已事先对此权属瑕疵做了披露,风险应由买受人承担。

3. 在明确约定房地产交易标的面积和价款情况下,买受人对最终能确定权属的受让面积减少补偿方案仍有必要约定。

4. 二手房买卖协议约定总价成交,或虽有面积约定,但未约定单位平方米价格情况下,嗣后买方以实际面积与产权登记面积不符,诉请补面积差价的,一般不会得到支持。案见广东广州中院(2010)穗中法民五终字第456号“杨某等与张某等房屋买卖合同纠纷上诉案”;重庆江津区法院(2009)津法民初字第1420号“李某诉何某等房屋买卖合同纠纷案”。

5. 二手房买卖前后,因采用的计算房屋面积标准不同,公摊面积的分摊方式计算方式不一样,造成新、旧证确定的房屋面积产生了误差,因房屋实际面积并未发生实质性的变化,当事人一方诉请补差价的,不予支持。案见重庆巫山法院(2011)山法民初字第328号“韩某诉代某房屋买卖合同纠纷案”。

6. 二手房交易前,买卖双方实际上关注单价与总价,限于精力和测量条件,对计算基础的房屋面积的真实性往往关注不够,一旦出现实际面积、产权面积前后相差,容易产生纷争。对买方而言,对房屋面积真实性的了解,应不仅限于卖方手中的购房合同对面积的记载,也不仅限于房产证上登记面积,而是有必要在现场勘查时做一简单测量;对卖方而言,可以明确约定现有房屋面积的依据,不因将来产权证或实测面积的前后差异,而影响案涉房屋整体价格的确定。

【附注】

参考案例索引:陕西汉中中院(2009)汉中民终字第359号“杨某等与某农行房屋买卖合同纠纷案”;北京高院(2017)京民终289号“中国供销集团有限公司与林光荣等房屋买卖合同纠纷上诉案”,见《权利义务相一致原则在合同履行中的适用》(齐晓丹),载《人民司法·案例》(201723:71);福建厦门中院(2005)厦民终字第2390号“某房产中介诉许某居间合同案”,见《厦门市龙城房地产营销策划代理有限公司诉委托人许雪贞给付居间服务费,许雪贞以未订立买卖合同且房地产定购协议约定的房产本身不存在为由拒绝给付案》(林月蓉、赖华平),载《人民法院案例选》(200603/57:92);江苏太仓法院(2000)太民初字第96号“某实业公司与某信用社等转让合同纠纷案”,见《陕西国际经济技术合作上海公司诉江苏省太仓市双凤农村信用合作社等案(房地产转让合同、面积出入)》(戴惠亚),载《中国审判案例要览》(2001民:96);北京二中院(2011)二中民终字第16911号“陈某与某房产中介合同纠纷上诉案”;浙江余姚法院(2011)甬余民初字第1041号“赵某等诉邵某房屋买卖合同纠纷案”;重庆巫山法院(2011)山法民初字第328号“韩某诉代某房屋买卖合同纠纷案”;河南驻马店中院(2011)驻民三终字第17号“王某与段某房屋买卖合同纠纷上诉案”;上海一中院(2010)沪一中民二(民)终字第249号“李某与朱某房屋买卖合同纠纷上诉案”;广东广州中院(2010)穗中法民五终字第456号“杨某等与张某等房屋买卖合同纠纷上诉案”;重庆江津区法院(2009)津法民初字第1420号“李某诉何某等房屋买卖合同纠纷案”。

35. 判决确权与卖房效力

——名义产权人,买卖何效力?

【民行交叉】

【案情简介及争议焦点】

2003年,登记在王某名下的房产被王某孙女婿万某伪造公证委托书售予范某并办过户,王某继承人吴某提起行政诉讼,生效判决撤销了房管局颁证给范某的具体行政行为。2009年1月,范某起诉要求确认房屋买卖合同有效。

争议焦点:1.万某是否构成表见代理?2.范某是否构成善意取得?

【裁判要点】

1.万某构成表见代理。万某系王某亲属,在王某年事已高且不在系争房屋内居住的情况下,由万某代理售房,足以使人相信存在委托的可能性。万某向范某出示的委托书及公证书虽系伪造,但该委托书形式上经过公证,足以使一般交易者对此产生信赖。万某未经授权以王某名义与范某签订房屋买卖合同的行为,因范某为善意相对人,有足够理由相信万某有代理权;且支付了相应对价,实际居住系争房屋至今,故从维护交易稳定角度出发,应认定系争房屋买卖合同有效。吴某如因此无权处分行为遭受损失,可另行要求无权代理人赔偿。

2.范某构成善意取得。系争房屋转移登记虽被生效判决撤销,范某取得系争房屋所有权并非基于《物权法》上的善意取得制度,但不影响作为善意相对人的范某基于表见代理制度取得系争房屋的所有权。故范某诉请要求确认其与万某所签房屋买卖合同有效,应予支持。

【裁判依据或参考】

1.法律规定。《民法典》(2021年1月1日)第162条:“代理人在代理权限内,以被代理人名义实施的民事法律行为,对被代理人发生效力。”第 164 条:“代理人不履行或者不完全履行职责,造成被代理人损害的,应当承担民事责任。代理人和相对人恶意串通,损害被代理人合法权益的,代理人和相对人应当承担连带责任。”第 168 条:“代理人不得以被代理人的名义与自己实施民事法律行为,但是被代理人同意或者追认的除外。代理人不得以被代理人的名义与自己同时代理的其他人实施民事法律行为,但是被代理的双方同意或者追认的除外。”第 171 条:“行为人没有代理权、超越代理权或者代理权终止后,仍然实施代理行为,未经被代理人追认的,对被代理人不发生效力。相对人可以催告被代理人自收到通知之日起三十日内予以追认。被代理人未作表示的,视为拒绝追认。行为人实施的行为被追认前,善意相对人有撤销的权利。撤销应当以通知的方式作出。行为人实施的行为未被追认的,善意相对人有权请求行为人履行债务或者就其受到的损害请求行为人赔偿。但是,赔偿的范围不得超过被代理人追认时相对人所能获得的利益。相对人知道或者应当知道行为人无权代理的,相对人和行为人按照各自的过错承担责任。”第 172 条:“行为人没有代理权、超越代理权或者代理权终止后,仍然实施代理行为,相对人有理由相信行为人有代理权的,代理行为有效。”第 186 条:“因当事人一方的违约行为,损害对方人身权益、财产权益的,受损害方有权选择请求其承担违约责任或者侵权责任。”第 187 条:“民事主体因同一行为应当承担民事责任、行政责任和刑事责任的,承担行政责任或者刑事责任不影响承担民事责任;民事主体的财产不足以支付的,优先用于承担民事责任。”第 209 条:“不动产物权的设立、变更、转让和消灭,经依法登记,发生效力;未经登记,不发生效力,但是法律另有规定的除外。依法属于国家所有的自然资源,所有权可以不登记。”第 210 条:“不动产登记,由不动产所在地的登记机构办理。国家对不动产实行统一登记制度。统一登记的范围、登记机构和登记办法,由法律、行政法规规定。”第 211 条:“当事人申请登记,应当根据不同登记事项提供权属证明和不动产界址、面积等必要材料。”第 212 条:“登记机构应当履行下列职责:(一)查验申请人提供的权属证明和其他必要材料;(二)就有关登记事项询问申请人;(三)如实、及时登记有关事项;(四)法律、行政法规规定的其他职责。申请登记的不动产的有关情况需要进一步证明的,登记机构可以要求申请人补充材料,必要时可以实地查看。”第 213 条:“登记机构不得有下列行为:(一)要求对不动产进行评估;(二)以年检等名义进行重复登记;(三)超出登记职责范围的其他行为。”第 214 条:“不动产物权的设立、变更、转让和消灭,依照法律规定应当登记的,自记载于不动产登记簿时发生效力。”第 215 条:“当事人之间订立有关设立、变更、转让和消灭不动产物权的合同,除法律另有规定或者当事人另有约定外,自合同成立时生效;未办理物权登记的,不影响合同效力。”第 216 条:“不动产登记簿是物权归属和内容的根据。不动产登记簿由登记机构管理。”第217条：“不动产权属证书是权利人享有该不动产物权的证明。不动产权属证书记载的事项，应当与不动产登记簿一致；记载不一致的，除有证据证明不动产登记簿确有错误外，以不动产登记簿为准。”第218条：“权利人、利害关系人可以申请查询、复制不动产登记资料，登记机构应当提供。”第219条：“利害关系人不得公开、非法使用权利人的不动产登记资料。”第220条：“权利人、利害关系人认为不动产登记簿记载的事项错误的，可以申请更正登记。不动产登记簿记载的权利人书面同意更正或者有证据证明登记确有错误的，登记机构应当予以更正。不动产登记簿记载的权利人不同意更正的，利害关系人可以申请异议登记。登记机构予以异议登记，申请人自异议登记之日起十五日内不提起诉讼的，异议登记失效。异议登记不当，造成权利人损害的，权利人可以向申请人请求损害赔偿。”第222条：“当事人提供虚假材料申请登记，造成他人损害的，应当承担赔偿责任。因登记错误，造成他人损害的，登记机构应当承担赔偿责任。登记机构赔偿后，可以向造成登记错误的人追偿。”**《物权法》**（2007年10月1日，已于2021年1月1日起失效）第16条：“不动产登记簿是物权归属和内容的根据。不动产登记簿由登记机构管理。”第17条：“不动产权属证书是权利人享有该不动产物权的证明。不动产权属证书记载的事项，应当与不动产登记簿一致；记载不一致的，除有证据证明不动产登记簿确有错误外，以不动产登记簿为准。”第28条：“因人民法院、仲裁委员会的法律文书或者人民政府的征收决定等，导致物权设立、变更、转让或者消灭的，自法律文书或者人民政府的征收决定等生效时发生效力。”**《合同法》**（1999年10月1日，已于2021年1月1日起失效）第49条：“行为人没有代理权、超越代理权或者代理权终止后以被代理人名义订立合同，相对人有理由相信行为人有代理权的，该代理行为有效。”第51条：“无处分权的人处分他人财产，经权利人追认或者无处分权的人订立合同后取得处分权的，该合同有效。”第110条：“当事人一方不履行非金钱债务或者履行非金钱债务不符合约定的，对方可以要求履行，但有下列情形之一的除外：（一）法律上或者事实上不能履行……”

2. 司法解释。最高人民法院**《关于适用〈中华人民共和国民法典〉物权编的解释（一）》**（2021年1月1日　法释〔2020〕24号）第1条：“因不动产物权的归属，以及作为不动产物权登记基础的买卖、赠与、抵押等产生争议，当事人提起民事诉讼的，应当依法受理。当事人已经在行政诉讼中申请一并解决上述民事争议，且人民法院一并审理的除外。”第7条：“人民法院、仲裁机构在分割共有不动产或者动产等案件中作出并依法生效的改变原有物权关系的判决书、裁决书、调解书，以及人民法院在执行程序中作出的拍卖成交裁定书、变卖成交裁定书、以物抵债裁定书，应当认定为民法典第二百二十九条所称导致物权设立、变更、转让或者消灭的人民法院、仲裁机构的法律文书。”最高人民法院**《关于审理房屋登记案件若干问题的规**

定》(2010年11月18日　法释〔2010〕15号)第8条:“当事人以作为房屋登记行为基础的买卖、共有、赠与、抵押、婚姻、继承等民事法律关系无效或者应当撤销为由,对房屋登记行为提起行政诉讼的,人民法院应当告知当事人先行解决民事争议,民事争议处理期间不计算在行政诉讼起诉期限内;已经受理的,裁定中止诉讼。”最高人民法院**《关于适用〈中华人民共和国合同法〉若干问题的解释(二)》**(2009年5月13日　法释〔2009〕5号,已于2021年1月1日起失效)第12条:“无权代理人以被代理人的名义订立合同,被代理人已经开始履行合同义务的,视为对合同的追认。”第13条:“被代理人依照合同法第四十九条的规定承担有效代理行为所产生的责任后,可以向无权代理人追偿因代理行为而遭受的损失。”最高人民法院**《关于审理房屋登记行政案件中发现涉嫌刑事犯罪问题应如何处理的答复》**(2008年9月23日　〔2008〕行他字第15号)第1条:“第三人购买的房屋不属于善意取得,参照民法通则第五十八条和合同法第五十二条、第五十九条的规定,房屋买卖行为属于无效的行为,人民法院应当依法判决撤销被诉核发房屋产权证行为。”第2条:“第三人购买的房屋属于善意取得,房屋管理机关未尽审慎审查职责的,依据物权法第一百零六条等有关法律的规定,第三人的合法权益应当予以保护,人民法院可以判决确认被诉具体行政行为违法。”第3条:“如果不能确定第三人购买的房屋是否属于善意取得,应当中止案件审理,待有权机关作出有效确认后,再恢复审理。”最高人民法院、国土资源部、建设部**《关于依法规范人民法院执行和国土资源房地产管理部门协助执行若干问题的通知》**(2004年3月1日　法发〔2004〕5号)第5条:“人民法院查封时,土地、房屋权属的确认以国土资源、房地产管理部门的登记或者出具的权属证明为准。权属证明与权属登记不一致的,以权属登记为准。在执行人民法院确认土地、房屋权属的生效法律文书时,应当按照人民法院生效法律文书所确认的权利人办理土地、房屋权属变更、转移登记手续。”最高人民法院**《关于房地产管理机关能否撤销错误的注销抵押登记行为问题的批复》**(2003年11月20日　法释〔2003〕17号):“房地产管理机关可以撤销错误的注销抵押登记行为。”最高人民法院**《关于不服政府或房地产行政主管部门对争执房屋的确权行为提起诉讼人民法院应作何种案件受理问题的函》**(1993年4月17日　法函〔1993〕33号):“当事人对人民政府或房地产行政主管部门关于房屋产权争议的确权决定不服而提起诉讼的,人民法院应作为行政案件受理。”最高人民法院**《关于房地产案件受理问题的通知》**(1992年11月25日　法发〔1992〕38号)第2条:“公民、法人和其他组织对人民政府或者其主管部门就有关土地的所有权或者使用权归属的处理决定不服,或对人民政府或者其主管部门就房地产问题作出的行政处罚决定不服,依法向人民法院提起的行政诉讼,由房地产所在地人民法院的行政审判庭依法受理。”

3. 部门规范性文件。建设部《***房屋登记办法***》(2008年7月1日,已于2019年9月6日起失效)第11条:“申请房屋登记,申请人应当向房屋所在地的房屋登记机构提出申请,并提交申请登记材料。申请登记材料应当提供原件。不能提供原件的,应当提交经有关机关确认与原件一致的复印件。申请人应当对申请登记材料的真实性、合法性、有效性负责,不得隐瞒真实情况或者提供虚假材料申请房屋登记。”第20条:“登记申请符合下列条件的,房屋登记机构应当予以登记,将申请登记事项记载于房屋登记簿:(一)申请人与依法提交的材料记载的主体一致;(二)申请初始登记的房屋与申请人提交的规划证明材料记载一致,申请其他登记的房屋与房屋登记簿记载一致;(三)申请登记的内容与有关材料证明的事实一致;(四)申请登记的事项与房屋登记簿记载的房屋权利不冲突;(五)不存在本办法规定的不予登记的情形。登记申请不符合前款所列条件的,房屋登记机构应当不予登记,并书面告知申请人不予登记的原因。”第22条:“有下列情形之一的,房屋登记机构应当不予登记:(一)未依法取得规划许可、施工许可或者未按照规划许可的面积等内容建造的建筑申请登记的;(二)申请人不能提供合法、有效的权利来源证明文件或者申请登记的房屋权利与权利来源证明文件不一致的;(三)申请登记事项与房屋登记簿记载冲突的;(四)申请登记房屋不能特定或者不具有独立利用价值的;(五)房屋已被依法征收、没收,原权利人申请登记的;(六)房屋被依法查封期间,权利人申请登记的;(七)法律、法规和本办法规定的其他不予登记的情形。”第76条:“利害关系人认为房屋登记簿记载的事项错误,而权利人不同意更正的,利害关系人可以持登记申请书、申请人的身份证明、房屋登记簿记载错误的证明文件等材料申请异议登记。”第78条:“异议登记期间,房屋登记簿记载的权利人处分房屋申请登记的,房屋登记机构应当暂缓办理。权利人处分房屋申请登记,房屋登记机构受理登记申请但尚未将申请登记事项记载于房屋登记簿之前,第三人申请异议登记的,房屋登记机构应当中止办理原登记申请,并书面通知申请人。”第79条:“异议登记期间,异议登记申请人起诉,人民法院不予受理或者驳回其诉讼请求的,异议登记申请人或者房屋登记簿记载的权利人可以持登记申请书、申请人的身份证明、相应的证明文件等材料申请注销异议登记。”第80条:“人民法院、仲裁委员会的生效法律文书确定的房屋权利归属或者权利内容与房屋登记簿记载的权利状况不一致的,房屋登记机构应当按照当事人的申请或者有关法律文书,办理相应的登记。”第81条:“司法机关、行政机关、仲裁委员会发生法律效力的文件证明当事人以隐瞒真实情况、提交虚假材料等非法手段获取房屋登记的,房屋登记机构可以撤销原房屋登记,收回房屋权属证书、登记证明或者公告作废,但房屋权利为他人善意取得的除外。”第92条:“申请人提交错误、虚假的材料申请房屋登记,给他人造成损害的,应当承担相应的法律责任。房屋登记机构及其工作人员违反本办法规定办理房屋登记,给他人造成损害的,由房屋登记机构承担相应的法律责任。房屋登记机构承担赔偿责任后,对故意或者重大过失造成登记错误的工作人员,有权追偿。”住建部**《关于印发〈房屋登记簿管理试行办法〉的通知》**(2008年5月6日建住房〔2008〕84号,已于2017年12月12日起失效)第12条:“登记机构应建立严格的录入、审查和管理制度,明确登录人员,保证登记簿的记载信息与登记最终审核结果一致。未经合法程序,不得对登记簿记载的内容进行更改。”

4. 地方司法性文件。北京高院**《关于立案审判适用法律若干问题的解答(二)》**(2019年11月20日)第11条:“如何理解适用行政诉讼法解释第九条中‘因行政行为导致不动产物权变动’从而确定行政诉讼的不动产专属管辖?依据行政诉讼法解释第九条的规定,行政诉讼法第二十条规定的‘因不动产提起的行政诉讼’是指因行政行为导致不动产物权变动而提起的诉讼。不动产物权的变动,包括不动产物权的设立、变更、转让和消灭。下列案件属于因行政行为导致不动产物权变动引发的行政诉讼,适用不动产专属管辖:(一)对行政机关作出的土地房屋征收征用决定不服提起的诉讼;(二)对不动产权属登记行为不服提起的诉讼,但《最高人民法院关于审理房屋登记案件若干问题的规定》第七条规定的请求房屋登记机构履行房屋移转登记、查询、复制登记资料等职责的,对房屋登记机构收缴房产证行为提起行政诉讼的,对行政复议改变房屋登记行为提起行政诉讼的案件除外;(三)对行政机关作出的没收不动产决定、限期拆除决定、强制拆除决定以及实施的强制拆除行为不服提起的诉讼;(四)对房屋拆迁许可决定不服提起的诉讼。下列案件不属于因行政行为导致不动产物权变动引发的行政诉讼,不适用不动产专属管辖:(一)城市规划管理行政案件;(二)因拆迁许可前置的立项、规划等行为引发的案件;(三)对拆迁裁决、房屋征收补偿决定不服提起的诉讼案件;(四)涉及不动产的政府信息公开案件;(五)举报人向行政机关举报查处不动产违法行为后,对行政机关作出或不作出答复的行为不服提起的诉讼案件。但在行政机关申请人民法院强制执行的案件中,若执行对象为不动产,根据行政诉讼法解释第一百五十七条的规定,应由不动产所在地的基层人民法院受理。”山东高院**《民事审判会议纪要》**(2017年8月)第2条:“……18. 关于房地产纠纷中的民行交叉问题。对于已经登记的房屋或土地,或因遗产分割或共有或顶名购房的原因,未登记产权人对此主张权利,对方以产权登记对抗。该类案件是先行行政诉讼解决登记问题还是先行民事诉讼解决实体权益,实践中有争议。产权登记仅是一种依当事人申请进行的行政登记行为,该登记证书在民事诉讼中具有对争议事实的推定证明力,允许当事人提供反驳证据来推翻,对当事人争议的审查基础是民事实体权利。因行政诉讼侧重的是对行政行为合法性的审查,民事诉讼侧重的是对当事人实体权利的审查,应通过民事确权之诉解决权利归属。《最高人民法院关于审理房屋登记案件若干问题的规定》第八条也对类似情形作出应先行民事诉讼的规定，故该类案件不必通过行政诉讼撤销产权证。”天津高院**《关于因直管公产房屋租赁产生争议案件受理问题的审判委员会纪要》**（2015年6月8日　津高法〔2015〕103号）第4条：“行政诉讼案件受理范围。人民法院受理公民、法人或者其他组织因直管公产房屋租赁产生争议提起的下列行政诉讼：（一）对房屋管理机关依职权变更直管公产房屋承租人不服的；（二）申请变更直管公产房屋承租人，房屋管理机关拒绝履行或者不予答复的；（三）人民法院认为应当受理的其他因直管公产房屋租赁产生争议的行政诉讼。”第5条：“行政诉讼适格被告。1.房管站等直管公产房屋的经营管理单位不具备行政主体资格；负责管理涉诉直管公产房屋的区县房管局是行政诉讼被告。2.经授权的市房产总公司或区县房产总公司等经营管理单位是行政诉讼被告。3.经复议的案件，复议机关决定维持原行政行为的，作出原行政行为的行政机关和复议机关是共同被告；复议机关改变原行政行为的，复议机关是被告。复议机关在法定期限内未作出复议决定，公民、法人或者其他组织起诉原行政行为的，作出原行政行为的行政机关是被告；起诉复议机关不作为的，复议机关是被告。”第6条：“行政诉讼第三人。1.行政案件受理后，如原告未将直管公产房屋的经营管理单位、置换经营单位、承租人或原承租人列为第三人，人民法院应当将其列为第三人并通知参加诉讼。2.承租人或原承租人的近亲属、其他与直管公产房屋租赁争议的行政行为有利害关系的人可以作为第三人申请参加诉讼。”上海高院**《物权民事纠纷办案要件指南（总则部分）》**（2012年7月9日）第6条：“……【说明】……对于基于非法律行为的物权变动，如依人民法院、仲裁委员会的法律文书或者人民政府的征收决定等引发的物权变动，因继承或者受遗赠引发的物权变动，因合法建造、拆除房屋等事实行为引发的物权变动，当事人无需主张物权变动，因为法定的非法律行为一旦出现，相应的物变动便依据法律规定自行完成，无需他人协助，如果当事人对物权归属有争议的，可以提起物权确认之诉，对此后文将详述。不过应予注意的是，虽然非法律行为能够直接引起物权变动，但是后续的变动登记、交付等行为，可能仍需他人的协助或配合，他人亦应积极履行前述义务，当然这种义务不是协助进行物权变动的义务。”第8条：“……【说明】……通过法院、仲裁的裁决等取得了标的物物权。物权法第二十八条规定：‘因人民法院、仲裁委员会的法律文书或者人民政府的征收决定等，导致物权设立、变更、转让或者消灭的，自法律文书或者人民政府的征收决定等生效时发生效力。’此规则与物权变动的一般规则不同，其不以登记或交付为物权变动的要件，而是以有关机关作出的裁决或决定生效为变动要件。人民法院、仲裁委员会的法律文书包括判决、裁定、决定、调解书以及各种命令、通知等，其中判决又可分为给付判决、确认判决和形成判决，但并不是人民法院作出的所有法律文书都可以直接引起物权变动。一般认为，只有形成性的法律文书才属于物权法所规定引发物权变动效力的法律文书,即法院、仲裁委员会作出的具有形成力的判决书、调解书、裁定书等。所谓形成力,指的就是可以使得既存的法律关系发生消灭或变更的效力,该形成力改变的是动产或不动产上物权的归属和内容,一旦生效便发生物权变动。这里需要注意三个问题:第一,确认性法律文书、给付性法律文书不会直接导致物权变动。通过确认性的民事法律文书,只能达到确认某个民事法律关系的存在或不存在的目的,本身并不会直接导致物权的变动,例如,房屋本为甲所有,但是登记簿上错误地将乙记载为所有权人,甲请求法院归其所有,法院作出确认归甲所有的判决后,所有权没有发生变动,因为房屋本来就是归甲所有,法院确认判决只是证明登记簿记载错误的证据而已。给付性的民事法律文书仅仅是为了实现已经存在的法律关系或法律状态,而非改变既存的法律关系或状态,其不会引发物权的设立、转让、变更或者消灭,如出卖人未履行将房屋过户登记的义务,买受人要求协助登记过户,在法院作出应履行该义务的给付判决后,此时房屋所有权并未发生转移,待出卖人自愿履行或强制执行后,方发生转移。第二,具有形成力的民事法律文书的主要类型。一是确认物权变动行为无效或撤销该行为的判决书、调解书或裁决书,该情形下除非该动产或不动产已为他人善意取得,否则出卖人、转让人无须登记或交付,自判决生效时就重新成为该动产或不动产的物权人。二是共有动产或不动产的裁判分割,作出的分割共有动产或不动产的判决书、调解书等,无须登记或交付即发生物权变动之效力。第三,因不同判决生效的时间不同,其所引起的物权变动的具体时间也存在差异。依照民事诉讼法的规定,地方各级法院作出的、法律允许上诉的一审判决,当事人未在上诉期内提起上诉的,上诉期限届满,判决即发生法律效力。因此,因该类判决引起的物权变动生效的时间应为上诉期限届满之日。最高法院作出的判决、中级以上法院作出的二审判决和地方各级法院作出的不准上诉的一审判决,一经作出立即生效。因此,因该类判决引起的物权变动生效的时间应为判决作出之日。此外,根据最高人民法院《关于人民法院民事执行中拍卖、变卖财产的规定》第 29 条的规定,不动产、有登记的特定动产拍卖成交或者抵债后,该不动产、特定动产的所有权自拍卖成交或者抵债裁定送达买受人或者承受人时起转移。”山东高院**《2011 年民事审判工作会议纪要》**(2011 年 11 月 30 日　鲁高法〔2011〕297 号)第 1 条:“……(二)关于人民法院生效法律文书与不动产登记的关系。依据《物权法》第 28 条的规定,人民法院作出的生效法律文书可以直接引起物权变动,无需进行不动产登记而变动物权。换言之,人民法院作出的法律文书生效之时,即应认定不动产物权已经发生转移,生效法律文书确定的不动产物权的权利人可以持该法律文书办理不动产物权的变更登记手续,登记机关是否办理不动产变更登记手续,均不影响不动产物权的变动。”河南郑州中院**《关于审理房屋纠纷民事案件适用法律问题的若干意见》**

(2011年7月14日)第4条:"当事人以作为房屋登记行为基础的买卖、共有、赠与、抵押、婚姻、继承等民事法律关系无效或应当撤销为由,对房屋登记行为提起行政诉讼,又向人民法院提起民事诉讼的,民事诉讼继续审理。"山东高院**《2011年全省民事审判工作会议纪要(讨论稿)》**(2011年8月)第18条:"关于房地产纠纷中的民行交叉问题。对于已经登记的房屋或土地,或因遗产分割或共有或顶名购房的原因,未登记产权人对此主张权利,对方以产权登记对抗。该类案件是先行行政诉讼解决登记问题还是先行民事诉讼解决实体权益,实践中有争议。产权登记仅是一种依当事人申请进行的行政登记行为,该登记证书在民事诉讼中具有对争议事实的推定证明力,允许当事人提供反驳证据来推翻,对当事人争议的审查基础是民事实体权利。因行政诉讼侧重的是对行政行为合法性的审查,民事诉讼侧重的是对当事人实体权利的审查,应通过民事确权之诉解决权利归属。最高人民法院《关于审理房屋登记案件若干问题的规定》第八条也对类似情形作出应先行民事诉讼的规定,故该类案件不必通过行政诉讼撤销产权证。"浙江高院**《关于审理涉及房地产登记民事案件若干问题的意见(试行)》**(2010年4月16日　浙法民一〔2009〕3号)第2条:"在权属纠纷民事案件中,当事人主张房地产登记簿和权属证书上记载的物权状况与真实的权利状况不一致的,可以告知当事人先行向登记机构申请更正登记、异议登记或提起行政诉讼,对错误登记予以更正;在错误登记更正期间,可裁定中止民事诉讼。当事人坚持进行民事诉讼而不同意先行更正错误登记的,人民法院应当审查当事人提供的证据是否足以推翻房地产登记簿和权属证书记载的内容;可以通过对当事人主张的基础性民事法律关系,如共有、析产、继承、合伙等民事法律关系的审查,确定物权归属和内容。"第12条:"涉及房地产登记的民事案件,如存在民事、行政争议交叉的情形,应当遵循民事诉讼法第一百三十六条第(五)项规定的'依据优先审理'原则,确定案件审理的先后顺序。如民事争议的解决必须依赖于行政争议的解决,应当向当事人释明先行解决行政争议,并可裁定中止民事诉讼。"第17条:"不动产权属证书是权利人享有该不动产物权的证明。不动产权属证书记载的事项,应当与不动产登记簿一致;记载不一致的,除有证据证明不动产登记簿确有错误外,以不动产登记簿为准。"浙江高院**《关于审理涉及房地产登记民事案件若干问题的意见(试行)》**(2009年4月16日　浙法民一〔2009〕3号)第12条:"涉及房地产登记的民事案件,如存在民事、行政争议交叉的情形,应当遵循民事诉讼法第一百三十六条第(五)项规定的'依据优先审理'原则,确定案件审理的先后顺序。如民事争议的解决必须依赖于行政争议的解决,应当向当事人释明先行解决行政争议,并可裁定中止民事诉讼。"北京高院**《关于行政审判适用法律问题的解答(二)》**(2007年4月11日　京高法发〔2007〕113号)第1条:"……登记机关在进行行政登记时,根据相关法律、法规及规定对申请人提交的证件、证明材料进行审查应理解为是否符合法律规定的要求进行审查(形式审查)。但考虑其作为行政登记的专门机构,在具体案件的司法审查中,可要求行政登记机关在形式审查时履行较高的必要合理注意义务。例如,申请人在登记机关预留有印章、签名的,登记机关应当就申请件与预留件进行比对,并对是否一致作出合理注意义务的判断。”第16条:“……法院在审理行政案件时,出现了与民事案件的‘交叉’,应认真分析行政案件与民事案件之间的法律关系,如果被诉的行政行为是以民事案件的审理结果为前提,则行政案件应当中止审理,民事案件审理终结后,再行审理;如果民事案件的审理以行政案件的审理结果为前提,则行政案件应当继续审理。”北京高院、市建委**《关于规范房产执行和协助执行有关问题的通知》**(2006年10月1日　京高法发〔2006〕319号)第27条:“人民法院制作的房屋所有权转移裁定送达权利受让人时即发生法律效力,人民法院协助执行通知书中应当注明裁定生效时间。市或区县建委依据生效法律文书进行权属登记时,当事人的房屋权利应当追溯到上款所列裁定生效之时。”上海高院**《关于审理“二手房”买卖案件若干问题的解答》**(2005年12月16日)第2条:“审判实践中,经常遇到房屋共有人以其他共有人擅自处分共有财产为由,主张其他共有人对外签订的‘二手房’买卖合同无效。对此问题,应区别不同的情形分别处理。一是房屋出售时,权利登记仅为出卖人一人的,基于不动产的公示、公信原则,买受人有理由相信出卖人系房屋的完全权利人,其与出卖人之间签订的买卖合同,应认定为有效;但如有证据证明买受人存有过错,与出卖人恶意串通,损害其他共有人利益的除外。二是房屋出售时,权利登记为数人的,基于部分共同共有人不得擅自处分共有财产的法律规定,在其他权利人事后不予追认的情况下,应认定买卖合同无效;但买受人有理由相信出卖人有代理权,符合表见代理构成要件的,应确认买卖合同有效。”北京高院**《关于审理土地行政案件有关问题的意见(试行)》**(2005年1月10日　京高法发〔2005〕9号)第17条:“权属登记行为合法,但权属登记存在瑕疵,确有补正必要的,法院可以作出确认登记行为合法或者有效判决,并视情况判令权属登记行政主管部门对权属登记瑕疵限期补正。”第18条:“原告对有多个权利主体的同一登记证书中涉及自己的权益部分提起诉讼,经人民法院审查认为该项权属登记确有错误,可以就该部分登记事项作出撤销或者确认无效的判决。原告对单一权利主体领取的权属证书,主张其中的部分权利向人民法院提出诉讼请求,人民法院经审查认为对原告的请求应予支持的,人民法院可以仅就原告请求部分作出裁判。”江苏高院**《房屋买卖合同纠纷案件疑难问题法律适用研讨会综述》**(2004年11月27日)第2条:“……关于不动产登记公信力制度的保护范围。不动产登记具有权利正确性推定的作用和社会公信力。不动产登记簿上登记的不动产权利状况推定为实际的权利状况,即使是登记的权利状况与实际的权利状况不一致,法律仍保护善意的第三人对登记簿所公示的权利状况的信赖。善意的第三人可以取得相应的不动产的权利。但在买受人取得不动产权利之前,第三人主张对该房屋享有所有权,并主张该买卖合同无效,如果审查结果认为第三人确为真正的所有权人,如何保护买受人?该房屋买卖合同能否继续履行?一种意见认为,不动产物权公信原则是指任何人因为相信登记记载的权利而与权利人从事了移转该权利的交易,该项交易应当受到保护。从法律规定来看,房屋既然登记在出卖人的名下,那么他就有处分权,因此买卖合同是有效的;从价值导向来看,既然要保护交易安全,就应当继续履行合同。至于实际权利人,可通过向出卖人主张返还不当得利的方式得到救济。另一种意见认为,不动产登记的公信力制度要求在出卖人与买受人之间已经完成了物权转移。也就是说,在出卖人与买受人之间尚未完成物权转移时,若经审查发现,原来出卖人并非真正的权利人,就无权处分该房屋,转让合同效力待定。既然真正的物权人主张权利,说明其对出卖人的处分行为持否认态度,是不追认的,该买卖合同为无效合同,因此也无继续履行的可能与必要。至于买受人的保护问题,可以通过追究出卖人的缔约过失责任、责令其赔偿买受人的信赖利益损失予以解决。"上海高院**《关于房屋权属争议案件几个问题的通知》**(1999 年 9 月 6 日　沪高法〔1999〕511 号)第 1 条:"行政机关对争议的权属进行了确权发证,当事人对权属仍有争议,以民事案件起诉要求法院重新确权的,人民法院应以民事案件予以受理。"第 2 条:"行政机关对争议的权属进行了确权发证,当事人不服,以行政案件起诉要求撤销、变更行政确认的,人民法院应以行政案件予以受理。"第 3 条:"当事人同时提起民事诉讼和行政诉讼的,行政诉讼应中止审理,待民事案件审理终结后,再行裁判。"第 4 条:"人民法院在审理此类民事案件时,不受当事人是否进行行政诉讼,或行政诉讼在民事案件受理之前、之后的影响,民事案件应继续审理直至终结。"

5. 地方规范性文件。北京高院、北京国土资源和房屋管理局**《关于在执行案件中涉及房地产若干问题的处理意见》**(2000 年 7 月 3 日　京高法发〔2000〕234 号)第 15 条:"房地产行政主管部门协助人民法院执行裁定和生效的其他法律文书,办理房地产相关手续时,如一方当事人拒绝配合,房地产行政主管部门仍应当协助人民法院执行,办理相关手续。"第 16 条:"房地产行政主管部门协助人民法院执行生效的裁定和其他生效法律文书,办理房地产权属转移登记时,被执行人应当交回房地权属证书;拒不交回的,房地产行政主管部门可以直接注销其证书,并办理新的房地产权属证书。"

6. 参考案例。2015 年**广东某商品房销售合同纠纷案**,2012 年 9 月,建筑公司诉开发公司施工合同纠纷案被法院受理。同年 10 月,持有开发公司 50% 股权的黄某与开发公司签订商品房买卖合同,约定黄某以 2800 万余元购买开发公司房产,随后办理过户。2014 年,前案判决将黄某部分房产判给建筑公司。黄某遂提起第三人撤销之诉。法院认为:《民事诉讼法》第 56 条规定,有独立请求权的第三人和无独立请求权的第三人,因不能归责于本人的事由未参加诉讼,但有证据证明发生法律效力的判决、裁定、调解书的部分或者全部内容错误,损害其民事权益的,可以自知道或者应当知道其民事权益受到损害之日起六个月内,向作出该判决、裁定、调解书的人民法院提起第三人撤销之诉。故民事诉讼的第三人包括对案件诉讼标的有独立请求权的人,以及虽无此请求权,但同案件处理结果有法律上利害关系的人。在建筑公司诉开发公司建设工程施工合同纠纷一案中,生效判决判令开发公司将案涉房产交付建筑公司并协助办理过户手续,而本案黄某主张其已向开发公司买受案涉房产并办理了过户手续。故建筑公司诉开发公司一案终审判决结果影响黄某对案涉房产权利,其应为该案第三人。根据前案生效判决查明事实及黄某本案起诉内容,其与开发公司系在建筑公司诉开发公司一案诉讼过程中,就案涉房屋签订买卖合同,当时黄某为持有开发公司 50% 股份的股东。在前案审理结果势必影响黄某重大权益情况下,黄某未举证证明其在提起本案撤销之诉前,知悉判决结果较知晓该案整个诉讼过程的条件有何不同。故法院依据黄某股东身份、当时持股比例,以及案涉房屋买卖合同签订与前案起诉时间关系,推定黄某知晓前案,符合常理和企业一般经营决策惯例。在黄某应知晓前案诉讼,而其不能证明因不能归责于本人事由未参加该案诉讼情况下,其提起本案诉讼不符合《民事诉讼法》第 56 条关于第三人撤销之诉的受理条件,裁定不予受理黄某起诉。2009 年 6 月**河南某房屋买卖合同案**,2002 年 12 月 19 日,夏某将其名下房产以 12 万余元售予姚某并办过户,次日,法院判决准许夏某与李某离婚,并认定夏某单方处置夫妻共同财产行为无效,案涉房产归李某所有。2005 年 3 月,李某因诈骗入狱刑满释放后提起行政诉讼,2006 年 4 月,法院生效法律文书撤销房管局为姚某颁证行为。该房现已过户至李某名下,但夏某收取的 12 万余元购房款未返还给姚某。法院认为:姚某与夏某的房屋买卖已被法院生效法律文书认定为无效民事行为,姚某基于该买卖行为取得的房屋所有权证也已被人民法院撤销,故姚某要求夏某返还姚某支付的购房款的诉讼请求符合法律规定。本案债务发生在李某、夏某夫妻关系存续期间,李某认为该债务不属于夫妻共同债务,依据最高人民法院《关于适用〈中华人民共和国婚姻法〉若干问题的解释(一)》第 18 条规定,其应承担举证责任,因其未举证证明本案债务具有上述规定中可以"除外"的情形,故应按照夫妻共同债务予以处理,应当与夏某共同返还姚某购房款。2007 年 3 月**辽宁某房屋买卖合同案**,胡某与宁某 2002 年协议离婚,约定承租人登记为胡某的公房归女儿所有,"女方可出租可出卖,所得现金须归女儿所有"。2004 年,宁某以 1 万元卖给陈某并做了交付,但未办过户,名义承租人一直未变。法院认为:依《婚姻法》第 39 条规定,离婚时,夫妻的共同财产由双方协议处理；协议不成时，由人民法院根据财产的具体情况，照顾子女和女方权益的原则判决，胡某与宁某在离婚协议中对诉争房屋的权属和处分权作出约定系双方当事人真实意思表示，不违反法律法规的禁止性规定，故合法有效，对双方当事人具有约束力，宁某据此取得了对诉争房屋使用权进行转让的权利。公有住房承租使用权是我国特有的公房租赁制度的产物，公房承租使用权具有社会福利性质。公有住房使用权人在法律允许的范围内，对公有房屋享有的占有、使用、部分收益和有限处分的权利。这种权利应属于用益物权，系物权的一种，具有不可追夺的特征。诉争房屋使用权人宁某虽然在未经产权人同意的情况下转让公有住房使用权，但并未改变该房屋所有权的归属，不会对产权人的产权造成侵害，且宁某与陈某之间的交易行为，系双方当事人的真实意思表示，故合法有效。2007 年 1 月**辽宁某房屋买卖合同案**，1999 年 4 月，卢某以其父亲生前一直居住的公房被姑姑即名义承租人强占诉请腾房，被驳回。1999 年 5 月，再审判决支持，认为卢某为合法使用权人，卢姑仅是准住名义人，对诉争房屋无权享有合法使用权。2004 年 9 月，再审判决维持。期间的 2000 年 4 月，卢姑参加房改，办理了诉争房的产权，同时与卢家有深交的刘某同卢姑签订房屋买卖合同。2005 年 1 月，刘某诉请卢某腾房的诉讼也有了最终结果，法院以刘某与卢某无合同关系为由驳回。现卢某起诉刘某、卢姑，要求确认其房屋买卖合同无效。法院认为：因卢某的诉讼请求是要求确认刘某与卢姑签订的房屋买卖协议无效，属于确认之诉，故卢某的诉讼请求不适用于诉讼时效的规定。再审判决已确认卢某对房屋享有合法居住权。买受人刘某与卢父生前有交往，也应该明知该诉争房屋回迁后一直由卢某及卢父居住的事实。二人均明知诉争房屋回迁后一直由卢某居住事实的情况下，进行买卖诉争房屋，属恶意串通侵害了卢某对该房屋的合法权益利，故卢姑与刘某订立的诉争房屋买卖合同无效。2005 年 11 月**辽宁某房屋买卖合同案**，张某卖房予于某，以本人办过户未到场为由通过行政诉讼撤销了房管局颁证行为，于某诉请继续履行。法院认为：已发生法律效力的终审行政判决确认房产局交易审批的具体行政行为程序违法，并判决撤销该局作出的交易审批行为。张某与于某签订的《房屋买卖协议书》是否有效，非属行政案件审理范围。前述生效行政判决并未变更已生效民事判决对交易双方的拘束力。故张某提出“于某的房证已被撤销，双方所签买卖协议应属无效”的主张，不予支持。因生效民事判决确认涉案《房屋买卖协议书》有效，则在无法定解除或双方协商一致解除合同的情况下，该合同对签约双方仍具有约束力。张某现持有交易房屋的所有权证，其尚未履行协助办理更名过户的法定义务，故于某要求“张某继续履行房屋买卖协议，协助其办理诉争房产的房屋所有权证”的诉讼请求，应予支持。2003 年 9 月**辽宁某房屋买卖合同案**，妻以 6.5 万元售名下房改房予王某，王某随即以 6.7 万元转让给周某，并办理了房产更名手续,3个月后拆迁补偿10万余元。夫先提起行政诉讼,要求撤销房管局更名行为,并获法院支持。随后夫以无权处分等理由诉合同无效。法院认为:周某系善意、有偿取得诉争房屋所有权,夫即使不知道或不同意妻的出卖行为,也不影响周某依据合法有效的合同关系维护自己的合法权益。夫称诉争房屋系其妻单方出卖,本人并不知晓,并举证该期间他本人到大连等地公出以及未在备案合同文本上签字等,但这不足以对抗善意买受人周某。因为从周某与王某签订《房屋转让协议书》,到与妻签订正式的《房地产转让合同》以及出卖方妻为办理房产转让和产权过户提供的户口本、结婚证、"夫的书面同意书"、诉争房屋契证、产权证、出让方的身份证原件等一系列必需的证件,双方在房屋买卖合同成立并已实际履行的情况下,对后续事宜如水、电等费用的结算达成一致,房产局向周某核发了该房的所有权证,财政局也核发了该房的契证,这对买受人周某而言,有理由相信妻出卖共有房屋的意思表示为夫妻双方共同意思表示,即买受人周某为善意。根据最高人民法院《关于适用〈中华人民共和国婚姻法〉若干问题的解释(一)》第17条第2项及《民通意见》第89条规定,夫不得以不同意或不知道为由对抗善意买受人周某,而且周某已实际向出卖人妻支付了房屋对价,且已实际占有、使用诉争房屋并取得房屋所有权证。即使妻擅自处分共有房屋,夫确是不同意或不知道的,但由于周某善意、有偿取得的房屋,也应当维护其合法权益。夫诉房产局房地产转让审批的行政诉讼案的两审判决,对本案妻、周某之间的房地产转让合同效力不产生影响。公民之间的房地产转让行为属于民事行为,基于该民事行为所达成的意思表示一致,为民事合同。民事合同是当事人间设立、变更、终止民事权利义务关系的协议,民事合同的效力,只能依据合同法的规定依法确认,凡依法不具有法定无效情形的,均应为有效。建设部《城市房地产转让管理规定》及《已购公有住房和经济适用住房上市出售管理暂行办法》虽规定在城市规划区国有土地范围内房屋转让须经过审批,但其着眼点是基于行政管理和保障国家税费及时准确收缴。由于前述规定和办法系部门规章,其规定的审批行为均不能产生影响合同效力的问题,即当事人间的交易行为是否经过行政审批及审批行为是否正确,不影响诉争房屋买卖合同的效力。因为合同具有相对性,只在合同当事人间有约束力,其本质在于双方的合意,不受合同以外的其他主体行为的影响。夫所诉房产局的行政审批行为是否合法,与妻、周某所签订房地产转让合同是否有效是两个独立的法律关系,且不互为前提,也不互相制约,房产局房产转让审批的具体行政行为被行政判决撤销并不能导致双方当事人合意成立的,且不违反法律、行政法规强制性规定、不损害社会公共利益的民事合同无效,故判决驳回杨某诉讼请求。

【同类案件处理要点】

在涉及民事与行政交叉问题的房屋权属登记案件中,如被诉的行政行为是以民事案件的审理结果为前提，则行政案件应中止审理，民事案件审理终结后，再行审理；如民事案件的审理以行政案件的审理结果为前提，则行政案件应继续审理。房屋产权转移登记虽被生效判决撤销，受让人不能基于《民法典》上的善意取得制度取得系争房屋的所有权，但不影响其作为善意相对人基于表见代理制度取得系争房屋的所有权。

【相关法律风险提示】

1. 无权处分行为符合表见代理情形，存在权利人和善意相对人两种需要保护的利益，同时亦可能存在上海二中院（2009）沪二中民二（民）终字第1448号“吴某与范某等房屋买卖合同纠纷案”中行政和民事两种相互冲突的判决。实际上无论怎样裁判，或者说法律确定保护哪一方无辜者的利益，情理上乃至法理上均不缺乏依据：相对人固然可以依善意及表见代理制度取得，但撤销颁证行为的生效行政判决包含了买受人实现过户在法律上存在的障碍。防范之法，除审查权属状态外，对有代理人代为交易的情形，应就授权真实性更为留意。

2. 购买房屋前，签约人虽为产权人，作为房产共有人的配偶另一方也书面同意出售，但仍可能存在冠名产权人之外的其他权利人嗣后主张权利，按《民法典》规定，善意取得不动产有法律依据，仍需要买受人就对价、善意进行举证，为避免诉讼风险，买受人在源头上对权属是否存在争议有必要多做一些了解。

3. 无论是正式签订的购房合同，还是为登记签订的备案合同，当事人主体应保持一致，善始善终，对于委托他人签订的，务必核实并保留授权凭证。

4. 房屋买卖合同订立后，应及时办理产权过户手续，即使依合同取得的所有权受法律保护，但因未登记，不能产生对抗第三人的效力。

5. 夫妻离婚就房产约定归孩子的，与孩子一同生活的离婚夫妻一方处分该房产，是否必须征求对方或孩子意见，未征求意见是否必然导致转让房屋合同无效，依现行法律条文推导不出明确结论。笔者认为，除非该处分行为明显侵害作为受益人的未成年人利益，买受人又难以认定为善意，否则应认定合同有效。

【附注】

参考案例索引：上海二中院（2009）沪二中民二（民）终字第1448号“吴某与范某等房屋买卖合同纠纷案”；最高人民法院（2015）民一终字第37号“黄某与某实业公司等商品房销售合同纠纷案”；河南郑州中院（2009）郑民再终字第23号“姚某与李某等房屋买卖合同纠纷案”；辽宁沈阳中院（2007）沈民（2）房终字第11号“胡某与陈某等房屋买卖合同纠纷案”；辽宁沈阳中院（2007）沈中民（2）房终字第14号“刘某与卢某房屋买卖合同纠纷案”；辽宁沈阳中院（2005）沈民（2）房终字第

920 号"张某等与于某房屋买卖合同纠纷案";辽宁沈阳中院(2003)沈民(2)房终字第 560 号"周某与杨某房屋买卖合同纠纷案"。

36. 隐名代理与借名购房

——代人买卖房,合同有无效?

【隐名代理】

【案情简介及争议焦点】

2007 年 7 月,张某通过中介购房,并与徐某签订定金合同,交了 1 万元定金,后以徐某非产权人受欺诈为由主张撤销合同并返还定金。案涉房屋系产权人尹某委托徐某出售并将委托书作了公证。同年 8 月,张某以更低价另购房屋,11 月,尹某将该案涉房屋另售他人。

争议焦点:1. 本案是否构成隐名代理? 2. 定金是否退还?

【裁判要点】

1. 隐名代理认定。徐某以己名义所实施的代理行为不违反《合同法》第 403 条关于"隐名代理"之规定,无论徐某对相对人披露被代理人的具体情况在实施该代理行为前后,均不影响其委托代理关系成立。即若受托人徐某因委托人原因对第三人张某不履行合同义务时,张某可直接选定委托人主张其相应的合同权利。为此,本案张某认为徐某故意隐瞒争议房屋权属状况,且在未披露其与房屋产权人就该套房屋存在代理关系情况下即以自己作为出卖方与张某订约,该行为已对张某构成欺诈的主张缺乏事实和法律依据,故案涉合同应认定有效。

2. 违约没收定金。张某要求撤销合同并返还所付定金缺乏法律和事实依据,不应支持。

【裁判依据或参考】

1. 法律法规及司法解释。《民法典》(2021 年 1 月 1 日)第 162 条:"代理人在代理权限内,以被代理人名义实施的民事法律行为,对被代理人发生效力。"第 164 条:"代理人不履行或者不完全履行职责,造成被代理人损害的,应当承担民事责任。代理人和相对人恶意串通,损害被代理人合法权益的,代理人和相对人应当承担连带责任。"第 209 条:"不动产物权的设立、变更、转让和消灭,经依法登记,发生效力；未经登记，不发生效力，但是法律另有规定的除外。依法属于国家所有的自然资源，所有权可以不登记。”第210条：“不动产登记，由不动产所在地的登记机构办理。国家对不动产实行统一登记制度。统一登记的范围、登记机构和登记办法，由法律、行政法规规定。”第211条：“当事人申请登记，应当根据不同登记事项提供权属证明和不动产界址、面积等必要材料。”第212条：“登记机构应当履行下列职责：（一）查验申请人提供的权属证明和其他必要材料；（二）就有关登记事项询问申请人；（三）如实、及时登记有关事项；（四）法律、行政法规规定的其他职责。申请登记的不动产的有关情况需要进一步证明的，登记机构可以要求申请人补充材料，必要时可以实地查看。”第213条：“登记机构不得有下列行为：（一）要求对不动产进行评估；（二）以年检等名义进行重复登记；（三）超出登记职责范围的其他行为。”第214条：“不动产物权的设立、变更、转让和消灭，依照法律规定应当登记的，自记载于不动产登记簿时发生效力。”第215条：“当事人之间订立有关设立、变更、转让和消灭不动产物权的合同，除法律另有规定或者当事人另有约定外，自合同成立时生效；未办理物权登记的，不影响合同效力。”第216条：“不动产登记簿是物权归属和内容的根据。不动产登记簿由登记机构管理。”第217条：“不动产权属证书是权利人享有该不动产物权的证明。不动产权属证书记载的事项，应当与不动产登记簿一致；记载不一致的，除有证据证明不动产登记簿确有错误外，以不动产登记簿为准。”第218条：“权利人、利害关系人可以申请查询、复制不动产登记资料，登记机构应当提供。”第219条：“利害关系人不得公开、非法使用权利人的不动产登记资料。”第220条：“权利人、利害关系人认为不动产登记簿记载的事项错误的，可以申请更正登记。不动产登记簿记载的权利人书面同意更正或者有证据证明登记确有错误的，登记机构应当予以更正。不动产登记簿记载的权利人不同意更正的，利害关系人可以申请异议登记。登记机构予以异议登记，申请人自异议登记之日起十五日内不提起诉讼的，异议登记失效。异议登记不当，造成权利人损害的，权利人可以向申请人请求损害赔偿。”第222条：“当事人提供虚假材料申请登记，造成他人损害的，应当承担赔偿责任。因登记错误，造成他人损害的，登记机构应当承担赔偿责任。登记机构赔偿后，可以向造成登记错误的人追偿。”**《物权法》**（2007年10月1日，已于2021年1月1日起失效）第17条：“不动产权属证书是权利人享有该不动产物权的证明。不动产权属证书记载的事项，应当与不动产登记簿一致；记载不一致的，除有证据证明不动产登记簿确有错误外，以不动产登记簿为准。”**《合同法》**（1999年10月1日，已于2021年1月1日起失效）第402条：“受托人以自己的名义，在委托人的授权范围内与第三人订立的合同，第三人在订立合同时知道受托人与委托人之间的代理关系的，该合同直接约束委托人和第三人，但有确切证据证明该合同只约束受托人和第三人的除外。”第403条：“受托人以自己的名义与第三人订立合同时,第三人不知道受托人与委托人之间的代理关系的,受托人因第三人的原因对委托人不履行义务,受托人应当向委托人披露第三人,委托人因此可以行使受托人对第三人的权利,但第三人与受托人订立合同时如果知道该委托人就不会订立合同的除外。受托人因委托人的原因对第三人不履行义务,受托人应当向第三人披露委托人,第三人因此可以选择受托人或者委托人作为相对人主张其权利,但第三人不得变更选定的相对人。委托人行使受托人对第三人的权利的,第三人可以向委托人主张其对受托人的抗辩。第三人选定委托人作为其相对人的,委托人可以向第三人主张其对受托人的抗辩以及受托人对第三人的抗辩。"国务院办公厅《**转发建设部等部门关于做好稳定住房价格工作意见的通知**》(2005 年 5 月 9 日　国办发〔2005〕26 号)第 7 条:"根据《中华人民共和国城市房地产管理法》有关规定,国务院决定,禁止商品房预购人将购买的未竣工的预售商品房再行转让。在预售商品房竣工交付、预购人取得房屋所有权证之前,房地产主管部门不得为其办理转让等手续;房屋所有权申请人与登记备案的预售合同载明的预购人不一致的,房屋权属登记机关不得为其办理房屋权属登记手续。实行实名制购房,推行商品房预销售合同网上即时备案,防范私下交易行为……"最高人民法院《**关于适用〈中华人民共和国民法典〉物权编的解释(一)**》(2021 年 1 月 1 日　法释〔2020〕24 号)第 2 条:"当事人有证据证明不动产登记簿的记载与真实权利状态不符、其为该不动产物权的真实权利人,请求确认其享有物权的,应予支持。"第 3 条:"异议登记因民法典第二百二十条第二款规定的事由失效后,当事人提起民事诉讼,请求确认物权归属的,应当依法受理。异议登记失效不影响人民法院对案件的实体审理。"第 4 条:"未经预告登记的权利人同意,转让不动产所有权等物权,或者设立建设用地使用权、居住权、地役权、抵押权等其他物权的,应当依照民法典第二百二十一条第一款的规定,认定其不发生物权效力。"

2. 部门规范性文件。住建部《**关于进一步规范境外机构和个人购房管理的通知**》(2010 年 11 月 4 日　建房〔2010〕186 号)第 1 条:"境外个人在境内只能购买一套用于自住的住房。在境内设立分支、代表机构的境外机构只能在注册城市购买办公所需的非住宅房屋。法律法规另有规定的除外。"第 2 条:"各地房地产主管部门在办理境外个人的商品房预售合同备案和房屋产权登记时,除应当查验《城市商品房预售管理办法》《房屋登记办法》规定的材料及验证购房人持有房屋情况外,还应当查验:1. 有关部门出具的境外个人(不含港澳台居民和华侨)在境内工作超过一年的证明;港澳台居民和华侨在境内工作、学习和居留的证明。2. 境外个人名下在境内无其他住房的书面承诺。"住建部《**关于进一步加强房地产市场监管完善商品住房预售制度有关问题的通知**》(2010 年 4 月 13 日　建房〔2010〕53 号)第 10 条:"严格预售商品住房退房管理。商品住房严格实行购房实名制,认购后不得擅自更改购房者姓名。各地要规范商品住房预订行为，对可售房源预订次数做出限制规定。购房人预订商品住房后，未在规定时间内签订预售合同的，预订应予以解除，解除的房源应当公开销售。已签订商品住房买卖合同并网上备案、经双方协商一致需解除合同的，双方应递交申请并说明理由，所退房源应当公开销售。”建设部、商务部、国家发改委、中国人民银行、国家工商总局、国家外汇管理局《**关于规范房地产市场外资准入和管理的意见**》（2006 年 7 月 11 日　建住房〔2006〕171 号）第 10 条：“境外机构在境内设立的分支、代表机构（经批准从事经营房地产业的企业除外）和在境内工作、学习时间超过一年的境外个人可以购买符合实际需要的自用、自住商品房，不得购买非自用、非自住商品房。在境内没有设立分支、代表机构的境外机构和在境内工作、学习时间一年以下的境外个人，不得购买商品房。港澳台地区居民和华侨因生活需要，可在境内限购一定面积的自住商品房。”第 11 条：“符合规定的境外机构和个人购买自用、自住商品房必须采取实名制，并持有效证明（境外机构应持我政府有关部门批准设立驻境内机构的证明，境外个人应持其来境内工作、学习，经我方批准的证明，下同）到土地和房地产主管部门办理相应的土地使用权及房屋产权登记手续。房地产产权登记部门必须严格按照自用、自住原则办理境外机构和个人的产权登记，对不符合条件的不予登记。”建设部《**关于贯彻〈国务院办公厅转发建设部等部门关于做好稳定住房价格工作意见的通知〉的通知**》（2005 年 5 月 26 日　建住房电〔2005〕33 号）第 3 条：“当前一些地方出现的投机炒房行为，是造成住房价格过快上涨、市场秩序混乱的重要原因。根据城市房地产管理法的有关规定，国务院决定禁止商品房预购人将购买的未竣工的预售商品房再行转让。同时，实行实名制购房，推行商品房预销售合同网上即时备案。各地房地产主管部门要坚决贯彻执行国务院关于禁止期房转让的决定，认真组织实施，在预售合同备案、房屋权属登记等环节严格把关。直辖市、计划单列市、省会城市和住房价格上涨过快的重点城市，今年 6 月底前要基本实现商品房预销售合同网上即时备案，其他有条件的市县也要抓紧推进这项工作。地方有关期房交易的规定与国务院决定不一致的，应停止执行。要积极配合税务部门加强相关税收的征管，落实区别征收营业税等税收政策，加大对投机性投资性购房行为的调节力度……”国家土地管理局《**关于贯彻〈城市房地产管理法〉若干问题的批复**》（1995 年 3 月 11 日）第 8 条：“目前，国务院尚未对预售商品房是否可以再行转让的问题作出规定。如果你省作出规定可以再行转让预售商品房，为了有利于保障交易双方当事人的合法权益，特别是确保商品房预购人在房屋建成后能够顺利办理土地登记手续，在国家作出统一规定前，建议规定如商品房预购人再行转让预售商品房时，商品房预购人应当到土地管理部门办理土地予登记变更手续。”

3. 地方司法性文件。江苏高院《**执行异议及执行异议之诉案件审理指南**

(二)》(2019年2月26日)第14条:“金钱债权执行中,执行法院对案涉房屋采取查封措施后,案外人以其与被执行人存在借名买房关系,且系房屋实际所有权人为由提出异议的,应裁定驳回异议。由此引发的执行异议之诉案件,应驳回其诉讼请求。”第15条:“金钱债权执行中,执行法院对登记在被执行人名下的房屋采取强制执行措施,案外人与被执行人为套取银行贷款而虚构房屋买卖事实订立买卖合同的,该案外人以其系房屋实际所有权人为由,提起执行异议之诉,请求排除对该房屋执行的,不予支持。”吉林高院**《关于审理执行异议之诉案件若干疑难问题的解答(二)》**(2018年12月24日)第16条:“金钱债权执行中,申请执行人对登记在被执行人以外的第三人名下的财产请求实施执行,该第三人作为权利登记人以其未书面同意对案涉财产实施执行为由提出异议的,人民法院该如何处理?答:金钱债权执行中,申请执行人请求对登记在被执行人以外的第三人名下的财产实施执行,该第三人作为权利登记人书面同意对案涉财产实施执行的,人民法院可以继续执行;该第三人作为权利登记人仅以其未书面同意对案涉财产实施执行为由提出异议的,应当按照《中华人民共和国民事诉讼法》第二百二十五条的规定主张权利。”第17条:“金钱债权执行中,申请执行人对登记在被执行人以外的第三人名下的财产请求实施执行,该第三人作为权利登记人就案涉财产提出权属主张的,人民法院该如何处理?答:金钱债权执行中,申请执行人请求对登记在被执行人以外的第三人名下的财产实施执行,该第三人作为权利登记人书面同意对案涉财产实施执行的,人民法院可以继续执行;该第三人作为权利登记人就案涉财产提出权属主张的,人民法院作出执行异议裁定中止执行后,除法律另有规定外,申请执行人可以按照《中华人民共和国民事诉讼法》第二百二十七条的规定提起执行异议之诉。”第18条:“金钱债权执行中,申请执行人请求对登记在被执行人以外的第三人名下的财产实施执行的,人民法院是否可以要求申请执行人提供证据?答:金钱债权执行中,申请执行人请求对登记在被执行人以外的第三人名下的财产实施执行,该第三人作为权利登记人就案涉财产提出权属主张的,根据执行异议之诉案件审理的需要,人民法院可以要求申请执行人提供证据证明被执行人对案涉财产的权属具有正当利益,而依法实现该正当利益所发生的行为后果足以保证将案涉财产纳入被执行人责任财产的范围。”第22条:“金钱债权执行中,申请执行人请求对被执行人转让给他人且已经办理了权属登记的不动产实施执行,而受让人作为权利登记人就案涉不动产提出权属主张的,人民法院该如何处理?答:金钱债权执行中,申请执行人请求对被执行人转让给他人且已经办理了权属登记的不动产实施执行,而受让人作为权利登记人就案涉不动产提出权属主张的,按照以下情形分别处理:(一)被执行人将案涉不动产转让给受让人的行为依法应当确认无效的,对申请执行人继续执行的请求,人民法院应当支持。(二)被执行人与受让人之间并无真实的转让案涉不动产所有权的意思表示,双方系以签订不动产买卖合同及办理所有权转移登记的方式作为借款合同的担保的,对申请执行人继续执行的请求,人民法院应当支持。(三)被执行人将案涉不动产转让给受让人的行为系无偿转让或以明显不合理的低价转让,申请执行人有证据证明该转让行为对其债权的实现造成损害且其债权人撤销权尚未超过法律规定的行使期间的,申请执行人请求继续执行的,人民法院可以支持;但该受让人已经基于合理的价格补足价款并按照人民法院要求交付执行的,申请执行人仍请求继续执行的,人民法院不予支持。"江苏高院**《关于审理房地产合同纠纷案件若干问题的解答》**(2018年6月26日　审委会会议纪要〔2018〕3号)第8条:"为骗取贷款而签订的商品房买卖合同的效力如何认定?出卖人与名义买受人串通,虚构商品房买卖事实,订立商品房买卖合同,通过名义买受人向信贷机构办理抵押贷款的,出卖人与名义买受人之间签订的商品房买卖合同无效。"第23条:"借名买房如何处理?当事人约定一方以他人名义购买房屋,并将房屋登记在他人名下,借名人实际享有房屋权益,借名人要求确认其权属的,人民法院不予支持。借名人依据合同约定要求登记人(出名人)办理房屋所有权转移登记的,可予支持。但是,该房屋因登记人的债权人查封或其他原因依法不能办理转移登记,或者涉及善意交易第三人利益的除外。当事人一方提供证据证明其对房屋的购买确实存在出资关系,但不足以证明双方之间存在借名登记的约定,其主张要求登记人办理房屋所有权转移登记的,不予支持;其向登记人另行主张出资债权的,应当根据出资的性质按照相关法律规定处理。【说明】有观点认为,从真实意思表示出发,应支持借名人的确权主张。本条维护物权登记的公示公信效力,不支持直接确权的主张。"河北廊坊中院**《关于印发〈审理房屋买卖合同纠纷案件若干问题的会议纪要〉的通知》**(2018年3月14日　廊中法〔2018〕24号)第11条:"实际买受人为规避限购、限贷,以他人名义与出卖人订立房屋买卖合同并办理房屋产权证书后,以其系实际买受人为由,请求确认其为房屋产权人或者依据双方之间的约定要求登记人办理房屋所有权转移登记的,不予支持,但调控政策重新调整并准许其取得产权的除外。"第12条:"非限购政策下,当事人约定一方以他人名义购买房屋,并将房屋登记在他人名下,借名人实际享有房屋权益,借名人依据合同约定要求登记人办理房屋所有权转移的,可予支持。但该房屋因登记人的债权人查封或其他原因依法不能办理转移登记,或者涉及善意交易第三人利益的除外。当事人一方提供证据证明其对房屋的购买确实存在出资关系,但不足以证明双方之间存在借名登记的约定,其主张确认房屋归其所有或要求登记人办理房屋所有权登记的,不予支持;其向登记人另外张出资债权的,应当根据出资的性质按照相关法律规定处理。"第14条:"登记人将登记在其名下的房屋转让给他人,借名人以其对房屋享有实际权利为由,要求确认买卖合同无效的,一般不予支持,但借名人能够证明买受人知道或应当知道房屋存在借名登记的除外。”北京高院**《北京法院执行办案规范——不动产的执行》**(2018年2月6日)第2条:“【查控时权属判断的一般规则】人民法院可以查封登记在被执行人名下的不动产。未登记的建筑物和土地使用权,依据土地使用权的审批文件和其他相关证据确定权属。对于登记在第三人名下的不动产,第三人书面确认该财产属于被执行人的,人民法院可以查封,查封时应当提交案外人书面确认书的复印件。”第4条:“执行法院对登记在案外人名下财产采取执行措施,该案外人提出执行异议的,应根据《民事诉讼法》第二百二十七条审查处理。审理中应对执行标的的权属流转的基础法律关系进行重点审查并对其效力作出认定,比如案外人取得执行标的的资金来源及支付情况;被执行人与案外人是否存在特殊关系;交易行为是否虚假或恶意等……”广东高院**《印发〈关于审理房屋买卖合同纠纷案件的指引〉的通知》**(2017年9月12日　粤高法〔2017〕191号,已于2020年12月31日经粤高法〔2020〕132号废止)第28条:“借他人名义购买房屋,借名人请求确认房屋归其所有的,不予支持。借名人请求出名人(登记权利人)协助办理房屋所有权转移登记的,可予支持,但房屋在限购范围内,借名人不具有购房资格的除外。出名人将房屋出卖给第三人,借名人以无权处分为由主张追回房屋的,不予支持。”山东高院**《民事审判会议纪要》**(2017年8月)第2条:“……16.关于房屋买卖合同中居间人的相关权利义务问题。对于通过房屋中介订立买卖合同的买卖双方发生纠纷,买受人请求返还或出卖人请求没收托管在房屋中介的定金,守约方可要求房屋中介作为第三人参加诉讼。买卖合同的违约方与受托保管定金的房屋中介基于不同的发生原因,但对托管定金均负有返还义务,构成不真正连带债务。守约方可要求买卖合同的违约方或房屋中介对托管定金的返还承担居间人故意隐瞒影响合同效力的情形促成合同订立的,合同无效或被撤销后,居间人违反诚信原则应承担违约责任,按照最高人民法院征求意见稿的精神,不应向委托人主张报酬,并向损失方承担损害赔偿责任。”北京高院(单国军庭长)**《关于审理城镇房屋买卖合同案件适用法律若干问题的调研报告》**(2017年2月5日):“……关于借名买房纠纷的处理。实践中,由于购房资格限制、逃避债务、获取贷款等原因,买卖双方约定,一方以他人名义购买房屋,并将房屋登记在他人名下,借名人实际享有房屋权益的情形十分常见,双方就房屋权属发生纠纷应如何处理?我们认为,当事人之间关于借名买房的约定,只要不违反法律、行政法规的强制性规定,即属有效,当事人应当依据约定履行。因此,在不涉及善意交易第三人,且房屋依法能够办理转移登记的情况下,借名人依据约定要求登记人办理房屋所有权转移登记的,应予支持。对于当事人一方提供的证据能够证明其对房屋的购买确实存在出资关系,但不足以证明双方之间存在借名登记意思表示的,房屋应归登记人所有,出资人只能依据出资的性质向登记人主张债权。对于实践中经常出现的借名人违反相关政策、法规的规定，借名购买经济适用住房等政策性保障住房的，由于政策性保障住房的购买对于购房资格有特殊的要求和严格的审查公示程序，双方之间的借名购房行为属违法行为，因此，借名人主张确认房屋归其所有或者依据双方之间的约定要求登记名义人办理房屋所有权转移登记的，不应得到支持。关于登记人未经借名人同意将登记在其名下的房屋擅自转让给他人，买卖合同是否有效的问题，我们认为，在登记人依约定将房屋所有权转移登记到借名人名下前，登记人是物权法意义上的房屋所有权人，其对外转让房屋不属于《合同法》第51条的无权处分行为，借名人以其对房屋享有实际权利为由，要求确认房屋买卖合同无效的，不应支持。当然，为保护借名人的利益，如果借名人能够证明买受人知道或者应当知道房屋存在借名登记，买受人为恶意的，房屋买卖合同无效。”湖北高院民二庭**《当前商事审判疑难问题裁判指引(上)》**(2016年11月)第1条：“合同效力的审查和确认。除《合同法》第五十二条规定的‘当事人恶意串通损害第三人利益中的第三人之外，提起确认合同无效之诉的主体一般以合同的当事人为限。人民法院在审理合同纠纷案件时应主动审查合同是否存在《合同法》第五十二条规定的无效情形，不以当事人是否诉请或主张合同无效为前提条件。当事人未主张合同无效而人民法院审查后认为合同无效的，应向原告释明；原告坚持不变更诉讼请求的，可以在不超出当事人诉请的范围内作出判决。”江苏高院**《执行异议之诉案件审理指南》**(2015年7月2日)第19条：“案外人以其与被执行人之间存在借名买房关系为由主张对登记在被执行人名下的执行标的停止执行的，如何处理？人民法院针对登记在被执行人名下的房屋实施强制执行，案外人以其与被执行人存在借名登记关系，其系房屋实际所有权人为由，请求对该标的物停止执行并确认所有权的，原则上不予支持。但是案外人有充分证据证明被执行人只是名义产权人、案外人才是真正产权人，且不违反国家利益、社会公共利益的除外。在此类案件的审判实践中，要对借名登记关系成立与否从严审查，防止被执行人与案外人以此为由逃避债务、规避执行。”吉林高院**《关于商事审判若干疑难问题的解答(一)》**(2014年12月16日)第21条：“通谋虚伪表示下合同的效力如何认定？所谓通谋虚伪表示，是指表意人与相对方串通后，作出与内心真实意思不符的虚假意思表示。例如：作为公务员的哥哥为规避财产申报，签订虚假的房屋买卖合同，将其所有的房屋出卖给弟弟，并完成所有权变更登记，哥哥并未转移房屋占有，弟弟亦未支付购房款。民法通则第五十五条规定：‘民事法律行为应当具备下列条件：(一)行为人具有相应的民事行为能力；(二)意思表示真实；(三)不违反法律或者社会公共利益。’意思表示真实是民事法律行为的生效要件之一，通谋虚伪表示下的合同应认定无效。如涉及第三人利益的保护问题，可适用物权法第一百零六条关于善意取得的相关规定进行处理。”北京高院**《关于审理房屋买卖合同**

纠纷案件若干疑难问题的会议纪要》(2014 年 12 月 16 日　京高法发〔2014〕489 号)第 10 条:“借名人以出名人(登记人)为被告提起诉讼,要求确认房屋归其所有的,法院应当向其释明,告知其可以提起合同之诉,要求出名人为其办理房屋过户登记手续。《北京市高级人民法院关于审理房屋买卖合同纠纷案件适用法律若干问题的指导意见(试行)》第 16 条规定中的政策性保障住房包括经济适用住房、两限房等保障中低收入家庭住房困难的房屋。借名人要求办理房屋过户登记手续,经审查借名购买的经济适用住房的原购房合同系 2008 年 4 月 11 日(含)之前签订的,可以参照前述指导意见第 6 条第 2 款的规定处理。房屋腾退纠纷中,被告方以双方之间存在借名买房关系作为抗辩的,法院应当释明其可以提出反诉要求办理房屋过户登记手续,当事人坚持不反诉的,应就其抗辩是否成立进行审理并作出判定。”广东深圳中院《**关于房屋买卖合同纠纷案件的裁判指引**》(2014 年 8 月 28 日修订)第 33 条:“当事人约定一方出资以另一方名义购买房屋,并将房屋登记在另一方名下,出资人有证据证明其符合政策规定的购房条件,并请求登记权利人协助办理房屋所有权转移登记的,人民法院可予支持,但房屋已被他人善意取得的除外。【说明】旨在解决借名买房合同效力问题。对于借名买房协议的效力,有两种不同意见。一种意见认为,法律和行政法规并未禁止借名买房,出资人和登记权利人之间达成的借名买房协议本质上属于委托合同关系,当事人即便存在通过借名买房规避限购政策的行为,由于该行为没有违反法律、行政法规的强制性规定,应当认定为有效。另一种意见认为,通常情况下,法律并不禁止当事人的借名买房行为,但如当事人通过借名买房、挂名登记等方式规避限购政策,则会影响到房地产调控政策的实施效果,进而对国家宏观经济秩序造成一定程度的破坏。因此,人民法院应当在司法层面对该类行为给予否定评价。对于无效的理由,有三种看法:1. 构成双方恶意串通,损害第三人利益。这种意见认为双方的行为致使其他具有购房资格的不特定第三人丧失购房机会,实际损害了该第三人的利益,因而应按《合同法》第五十二条第(二)项规定认定无效。2. 构成以合法形式掩盖非法目。3. 构成损害社会公共利益。限购政策属于国家因限制房价过快上涨这一社会公共利益需要而制定的公共政策,属于公共秩序的一部分,有助于弥补法律强制性规定的不足,故对该政策的违反构成对社会公共利益的损害,故应按《合同法》第五十二条第(四)项规定为由认定无效。第二种意见认定借名买房协议无效的三个理由均难以成立。(1)对于第一种无效理由,出资人与登记权利人的协议目的只在于使出资人实际购得房屋,并不具有明显的相互串通、故意损害他人利益的目的。(2)对于第二种无效理由,双方行为仅系规避国家政策,行为本身并没有直接违反法律法规规定,难以认定为《合同法》第五十二条第(三)项所规定的‘非法’。(3)对于第三种无效理由,限购政策只是一种行政调控手段,是通过限制办理过户登记的方式限制购房。由于借名买房有其本身的风险，限购政策是通过增加这种风险来限制借名买房，而不在杜绝借名买房。意思自治的领域由法律和行政法规的强制性规定划定边界，以损害社会公共利益认定合同无效，必须慎之又慎，只能作为弥补法律漏洞、克服法律局限性的工具，而不能作为普遍适用的规则，更不能成为行政权力的工具。如果扩大适用，就会取代法律和行政法规，过度侵入意思自治的领域，法官也就越俎代庖，实际行使了立法权。基于以上考虑，借名买房协议一般应认定为有效。当然，如果借名购买经济适用房等政策性保障性住房，占用有限的社会保障资源，构成恶意串通，损害国家、集体或者第三人利益的，则另当别论。在借名买房协议有效的情况下，在出资人符合政策规定的购房条件，不属于限购对象的情况下，出资人可以根据借名买房协议请求出借人协助办理房屋过户。"北京高院**《关于审理民间借贷案件若干问题的会议纪要》**（2013 年 12 月 27 日）第 16 条："由一方或双方父母出资为子女结婚购买房产或机动车辆，出资的父母仅以付款凭证为据以民间借贷为由，起诉夫妻还款的，人民法院应当裁定驳回其起诉。"北京高院**《关于下发〈关于妥善处理涉及"新国五条"的房屋纠纷案件若干问题的会议纪要〉的通知》**（2013 年 7 月 9 日）第 8 条："（规避房地产调控政策行为的处理）最高人民法院于近日下发了《关于房地产调控政策下人民法院严格审查各类虚假诉讼的紧急通知》，全市三级法院应当认真学习，严格适用。重点加强对签订阴阳合同、房屋确权、借名买房、房屋赠与、以房抵债、离婚财产分割等容易出现虚假诉讼和规避房地产调控政策案件的审查，准确认定当事人间真实的法律关系和交易金额，释明风险、积极引导、慎用调解、依法裁判、及时层报，经审查认定构成虚假诉讼的，应当依法判决驳回当事人的诉讼请求。同时，在案件审理中发现当事人在房屋交易过程中存在违法、违规等行为的，应当及时告知住建、税务等相关部门予以处理，必要时可以有针对性地提出司法建议，积极建立沟通协调的长效机制，共同推动和促进房地产市场平稳健康发展。"上海高院**《物权民事纠纷办案要件指南（总则部分）》**（2012 年 7 月 9 日）第 8 条："……【说明】……（5）自己系实际的隐名物权人。现实中存在较多的隐名物权现象，即本人出于特定考虑，让受托人在享有代理权的前提下，不表明本人的委托人身份，或者披露受托人的受托人身份，直接以受托人名义与第三人进行交易，所取得物权形式上亦为受托人所有。这种委托关系而为的代理行为，按照《合同法》第四百零四条的规定：'受托人处理委托事务取得的财产，应当转交给委托人'，受托人基于代理行为所取得的财产也应当为委托人所有，也就是说，一旦产生权属争议，还是应查明真实的物权状态，而不能简单以表面的物权公示状态为准，确定由隐名物权人享有物权。如买房时，甲委托乙以乙的名义购买，并登记在乙名下，并私下约定房屋产权为甲所有，甲应为房屋所有权人。"北京高院**《关于妥善处理涉及住房限购政策的房屋买卖合同纠纷案件若干问题的会议**

纪要》(2011年12月13日)第9条:“因住房限购政策的限制,当事人约定一方以他人名义购买房屋,并将房屋登记在他人名下,借名人以其系实际买受人为由,要求确认房屋归其所有或办理房屋过户登记的,不予支持;借名人因自身条件变化或政策发生调整等原因符合住房限购政策的,可以判决登记人为其办理房屋过户登记手续。”山东高院**《2011年全省民事审判工作会议纪要(讨论稿)》**(2011年8月)第11条:“关于顶名购买单位自建房的问题。顶名买房是指房屋的实际出资人利用他人专属的分房资格、为享受他人因该分房资格带来的各种优惠等,借用他人名义购买房屋的行为,被顶名人或为此收取部分费用或无偿。房屋的实际出资人为事实购房人或真正购房人,被借名(或顶名)之人为登记购房人。近几年,房地产市场价格不断攀升,以各种名义开发的单位自建房仍然存在,单位自建房、单位团购房与市场运作开发的房屋,存在着价格、物业管理等方面的悬殊,由此带来的问题是,顶名房屋买卖现象大量出现,随之出现是各类顶名买房纠纷,顶名购房中存在着三方法律关系,顶名者与被顶名者间的法律关系,顶名者、被顶名者分别与开发商间的法律关系。顶名者与被顶名者间因顶名行为而在彼此间设置了权利义务关系,形成合同关系。就合同的性质与效力形成两种观点。观点一,买卖合同有效说。外部人员顶单位内部职工名义购房,或者单位内部职务低的人员顶职务高的人员名义购房,这样的顶名买房合同实际是,被顶名者与顶名者现在签订合同买卖被顶名者将来一定时间取得的房屋,顶名者为此向被顶名者支付对价,该买卖关系的标的物最终指向的是房屋,买卖合同签订时,被顶名者对争议房屋享有的是期待权益,该项期待权益是一定时间后取得的房屋债权(指顶名人与开发商签订买卖房屋合同前)或房屋所有权(顶名人与开发商签订买卖房屋合同后取得房屋所有权证前)。该项交易行为系双方意思真实表示,在顶名买房合同中,被顶名者处分房屋的背后处分的实际是基于其单位职工的特殊身份享有的单位福利,属于私权利的范畴,该处分行为主观上并无损害第三人利益的故意,不违反法律和行政法规的强制性规定,公权力不宜给予过多的限制,应认定合法有效为宜。单位自建房通常以开发商的名义开发并与职工签订买房合同,因此在顶名买房中存在的是顶名人与被顶名人间的买卖关系、被顶名人与开发商的买卖关系,顶名人与开发商间一般不存在直接的法律关系。若开发商同意办理合同更名,则顶名人与被顶名人、开发商三者间形成合同权利义务概括转让关系,被顶名人将其与开发商签订的买卖合同中的权利义务概括转让给顶名人。在顶名买房关系中,单位给予其职工的福利专属于职工本人,职工对该福利的再次处分单位不宜作过多限制,单位内部规章制度若对此做出约束,职工违反该制度承担的是违纪违章行为,而不宜因此认定顶名合同无效。司法实践中单位对内部职工顶名买房的行为一般持默许态度不作过多干涉。观点二,委托合同有效说。依据《合同法》第403条之规定,顶名人与被顶名人形成委托合同关系，由被顶名人以自己的名义与开发商签订商品房买卖合同并履行该项合同，被顶名人系表面上的合同当事人和房屋权利人，顶名人系实际上的合同当事人和房屋权利人。若开发商在签订合同时知道委托人并不就此拒绝签订合同时，顶名人可以介入合同行使被顶名人对开发商的权利。被顶名人向开发商披露顶名人的，开发商可以选择顶名人或被顶名人作为合同相对人。该委托行为系双方意思表示真实，主观上并无损害第三人利益的故意，不违反法律和行政法规的强制性规定，应认定合法有效。”北京高院**《关于审理执行异议之诉案件适用法律若干问题的指导意见（试行）》**（2011 年 7 月 28 日　京高法发〔2011〕254 号）第 19 条：“法院在执行生效法律文书确定的金钱债权过程中，对登记在被执行人名下的特定房屋实施强制执行，案外人以其与被执行人之间存在借名买房关系，其是房屋实际所有权人为由，要求对该房屋停止执行的，一般不予支持；申请执行人要求对该房屋许可执行的，一般应予支持。”河南郑州中院**《关于审理房屋纠纷民事案件适用法律问题的若干意见（征求意见稿）》**（2011 年 7 月 5 日）第 8 条：“当事人约定一方以他人名义购买房屋，并将房屋登记在他人名下，借名人实际享有房屋权益，借名人依据合同要求登记人（出名人）办理房屋所有权转移登记的，可予支持。但是该房屋因法定原因不能办理转移登记以及存在规避相关限购政策情况的除外。”浙江高院民一庭**《关于审理受房地产市场调控政策影响的房屋买卖合同纠纷案件的若干意见（试行）》**（2011 年 4 月 22 日）第 8 条：“实际买受人为规避限购、禁购政策，以他人名义与出卖人订立合同并办理房屋权属证书后，以其系实际买受人为由，请求确认其为房屋产权人的，不予支持，但调控政策重新调整并准许其取得产权的除外。”北京高院**《关于审理房屋买卖合同纠纷案件适用法律若干问题的指导意见（试行）》**（2010 年 12 月 22 日　京高法发〔2010〕458 号）第 15 条：“当事人约定一方以他人名义购买房屋，并将房屋登记在他人名下，借名人实际享有房屋权益，借名人依据合同约定要求登记人（出名人）办理房屋所有权转移登记的，可予支持。但是，该房屋因登记人的债权人查封或其他原因依法不能办理转移登记，或者涉及善意交易第三人利益的除外。当事人一方提供证据证明其对房屋的购买确实存在出资关系，但不足以证明双方之间存在借名登记的约定，其主张确认房屋归其所有或要求登记人办理房屋所有权转移登记的，不予支持；其向登记人另行主张出资债权的，应当根据出资的性质按照相关法律规定处理。”第 16 条：“借名人违反相关政策、法规的规定，借名购买经济适用住房等政策性保障住房，并登记在他人名下，借名人主张确认房屋归其所有或者依据双方之间的约定要求登记人办理房屋所有权转移登记的，一般不予支持。”第 17 条：“登记人将登记在其名下的房屋擅自转让给他人，借名人以其对房屋享有实际权利为由，要求确认买卖合同无效的，不予支持，但借名人能够证明买受人知道或应当知道房屋存在借名登记的除外。买受人、借名人均要求继续履行合同的,可以参照本意见第十三条第一款的规定处理。”湖南高院《**关于房屋买卖、租赁纠纷案件适用法律问题的指导意见(试行)**》(2008 年 1 月 21 日)第 6 条:“根据最高人民法院《关于审理商品房买卖合同纠纷案件适用法律若干问题的解释》第二十五条第二款的规定,商品房买卖合同被确认无效或者被撤销、解除后,商品房担保贷款合同也被解除的,出卖人应当将收受的购房贷款和购房款的本金及利息分别返还担保权人和买受人。买受人以前述规定为由请求免除其贷款偿还责任的,不予支持。”第 7 条:“出卖人与买受人恶意串通,为骗取借款签订虚假的商品房买卖合同,贷款银行请求撤销借款合同,由买受人和出卖人承担连带清偿责任的,应予支持。”北京高院《**关于印发〈北京市法院关于审理个人购房贷款纠纷案件座谈会纪要〉的通知**》(2007 年 8 月 9 日　京高法发〔2007〕273 号)第 1 条:“个人购房贷款合同的效力问题:1. 在个人购房贷款合同履行过程中,查明开发商以使用贷款为目的、以其他个人名义贷款,由自己作为担保人,并将贷款用于本企业经营的,开发商应为贷款的实际使用人,上述行为属于借款人、担保人(开发商)擅自改变借款用途的违约行为,该违约行为不影响个人购房贷款合同的效力,在审理中应认定贷款合同有效。2. 在个人购房贷款合同履行过程中,出现了符合《中华人民共和国合同法》第五十四条第二款规定的情形,利益受损害方有权请求人民法院变更或撤销贷款合同。如其不行使请求人民法院变更或撤销贷款合同的权利,在审理中仍应认定贷款合同有效。”第 2 条:“举证责任:1. 借款人下落不明的,银行可直接诉连带保证人(开发商),银行对其是否履行放款义务负有举证责任。2. 由于借款人、开发商均下落不明,不能出庭参加诉讼,导致个人购房贷款合同的主要履行事实无法查清时,银行对其是否按约定履行放款义务负有举证责任。”第 3 条:“个人购房贷款合同案件民事责任认定问题:1. 借款人及开发商下落不明,借款所购房屋产权登记在借款人名下,且银行已向法院举证证明其履行了发放贷款的义务,应由借款人按借款合同约定承担还款责任,开发商作为担保人承担连带保证责任。2. 借款人抗辩认为购房并非其真实意思表示,但开发商下落不明,借款人无其他证据证明其抗辩理由,且借款所购房屋的产权登记在借款人名下,应按借款合同约定,由借款人承担还款义务,开发商作为担保人承担连带保证责任。3. 借款人下落不明或借款人抗辩认为购房并非其真实意思表示,向银行支付首付款及月供款均由开发商负责,开发商亦认可上述借款合同履行事实,且借款人未实际占有借款所购房屋,则开发商系以融资为目的并实际使用贷款,借款人及开发商的民事责任按以下原则处理:(1)借款人系因开发商欺诈、胁迫而签订借款合同的,由于其未参与合同履行,应由开发商向银行承担偿还贷款本息的责任,借款人不承担还款责任。(2)借款人明知开发商系以融资为目的以借款人的名义贷款,仍向开发商提供身份证明,并与银行签订借款合同的,由开发商向银行承担偿还贷款本息的责任；借款人虽未参与合同履行，亦未实际占有借款所购房屋，但其帮助开发商套取银行按揭贷款并造成损失，借款人应就其过错向银行承担不超过开发商不能偿还部分10%的赔偿责任。"第4条："在审理个人购房贷款合同纠纷案件中，有充足证据证明案件具有骗取银行贷款的犯罪嫌疑情形的，应将有关案件材料移送公安机关处理，在公安机关立案后，应当裁定驳回起诉。"北京高院、市建委**《关于规范房产执行和协助执行有关问题的通知》**（2006年10月1日　京高法发〔2006〕319号）第10条："登记在案外人名下的房屋，案外人（登记名义人）书面认可该房屋实际属于被执行人时，人民法院可以采取查封措施，查封时应当提交案外人书面确认书的复印件。"上海高院**《关于印发〈关于审理房产纠纷案件若干疑难问题的讨论纪要〉的通知》**（1993年10月27日　沪高法〔1993〕148号）第25条："无当地户口的人和单位购买城镇、郊区商品房屋的，符合本地房屋买卖法规规定的，可以认定买卖有效。无当地户口的人或单位借用他人名义购买城镇、郊区商品房的可根据本地区有关规定酌情处理。"

4. 参考案例。2012年**某房屋买卖合同纠纷案**，2006年，钱某按揭购房，赵某支付部分首付款。2009年，赵某以其年龄不符合按揭购房条件，故借用有着长期同居关系的钱某名义购房为由诉请确权。法院认为：不动产权属证书是权利人享有该不动产物权法定证明。法律上一般推定不动产权属证书上登记人为产权人，作为实际购房人要推翻法律上这种推定，须提供充分证据证明实际购房人与名义产权人是一种委托代理关系，同时还须有证据证明购房款由实际购房人直接支付。本案中，赵某与钱某关系一度非常密切，赵某称与钱某较长时间同居，钱某亦认可在不了解赵某婚姻状况情况下与赵某处过朋友。银行记录表明，钱某及其亲属多次向赵某及其儿子银行账户内存款、汇款，双方经济关系复杂。查明协议真实性，即是否赵某借用钱某姓名购房事实真相难度较大。依民事诉讼证据规则，在合同纠纷案件中，主张合同关系成立并生效一方当事人对合同订立和生效事实承担举证责任。本案中赵某未尽到主张该协议真实、合法有效举证责任，应承担相应不利后果。据此，有理由推定诉争协议内容非双方当事人真实意思表示，不能确认协议真实有效，判决驳回赵某诉请。赵某支付的购房部分首付款及发生的其他费用，可另行主张。2010年**江苏某所有权确认纠纷案**，2000年，张某因不符合按揭贷款条件，以同单位王某名义签订购房合同并交首付款，此后贷款亦由张某支付。2001年，开发商将房屋交付给张某，张某装修并入住。2009年，王某将该房产权办至自己名下。张某诉请确认房屋权属。法院认为：《物权法》第19条规定："权利人、利害关系人认为不动产登记簿记载的事项错误的，可以申请更正登记。不动产登记簿记载的权利人书面同意更正或者有证据证明登记确有错误的，登记机构应当予以更正。不动产登记簿记载的权利人不同意更正的，利害关系人可以申请异议登记。登记机构予以异议登记的,申请人在异议登记之日起十五日内不起诉,异议登记失效。异议登记不当,造成权利人损害的,权利人可以向申请人请求损害赔偿。”第33条规定:“因物权的归属、内容发生争议的,利害关系人可以请求确认权利。”故利害关系人对登记在他人名下房屋请求确认物权的,如当事人之间有协议明确约定了房屋物权归属且该协议合法有效的,则应依协议确认房屋权利主体;如无协议约定,则应综合分析当事人所提供证据,判断出资并实际使用该房屋是否物权人意思表示,从而认定实际购买人是否真正权利人。房屋产权登记系登记机关对不动产当时权属关系及表现状态的认可和证明,其并不创设具体权利义务关系,当事人是否享有对不动产的权利,仍取决于当事人之间民事实体法律关系。解决案涉房屋归属问题,应看购房时双方当事人真实意思表示,并结合房款支付、房屋交付、居住、使用情况等进行综合分析,再确定房屋归属。本案中,诉争房屋购买时系张某借用王某名义购买,购房首付款系张某支付,按揭贷款由张某偿还,该房屋在购买后一直由张某居住和使用。王某不能提供充分证据证明其为该房屋实际购买者,故判决确认案涉房屋为张某所有。2009年**某房屋买卖合同纠纷案**,2000年,吴某与开发公司签订购房合同,并与银行签订贷款合同。2002年,郑某与吴某签订协议,约定前述房屋系郑某借用吴某名义购房。2007年,房管局向吴某颁发产权证。郑某诉请确认该房为其所有。法院认为:依《物权法》第17条规定,不动产权属证书是权利人享有该不动产物权的证明。该证书是权利外在表现形式,只具有推定的证据效力,与实际权利状况并不一定完全吻合。原告认为该权属证书记载的权利人错误,对该不动产主张权利的,有责任提供证据加以证明。如证据足以证明原告才是真正权利人的,应否定不动产权属证书记载的权利人权利,支持原告诉请。本案中,对争议房屋付款情况,郑某向法院提交了支付全部购房款发票原件、贷款银行储蓄存款存折原件(户名为吴某)和吴某身份证原件,同时郑某明确陈述了贷款银行及每月按揭还款数额。吴某对还款地点、月供付款数额、还款时间均不能明确陈述,对存折开户日期陈述也是错误的。据此,可确信购房款是郑某支付的。双方所签协议书约定,因郑某尚未取得某市户口,故使用吴某名义购房,吴某对该房产不具有实际产权,郑某享有实际产权。根据购房款为郑某所支付以及上述约定这两组证据,足以证明案涉房屋所有权人应认定为郑某,吴某只是郑某买房借用名义产权人而已。判决确认诉争房屋归郑某所有。2009年**广东某房屋买卖合同纠纷案**,2006年12月,鹰潭中院判决蔡某偿还开发公司欠款530万元。2007年1月,开发公司申请执行。2007年8月,东莞中院判决刘某以蔡某名义购房的协议有效,确认蔡某名下所购房权益归属刘某并办理过户手续。同年10月,东莞中院依申请执行时,发现该房已被鹰潭中院查封。鹰潭中院知晓东莞中院判决情况后,以蔡某欠开发公司530万元系其代理刘某购房产生,故裁定追加刘某为被执行人。2008 年 2 月,鹰潭中院不顾刘某异议,将案涉房产拍卖,得款 735 万元。法院认为:依最高人民法院《关于人民法院执行工作若干问题的规定(试行)》第 102 条第(3)项规定,执行标的物是其他法院或仲裁机构正在审理的案件的争议标的物,需要等待该案件审理完毕确定权属的,应当中止执行。本案东莞中院既已针对争议标的物作出了确权判决,认定刘某系争议房屋所有权人,该判决效力即应维持。两地判决虽查明了刘某与蔡某之间存在委托关系,但并未判决蔡某应承担民事责任由刘某来承担。鹰潭中院以代理关系为依据裁定追加刘某为被执行人承担蔡某应承担的责任,有以执代审之嫌。同时,该执行追加亦不符合前述执行规定中关于追加被执行主体法定情形。根据本案法律事实,东莞中院就争议标的物权属问题作出确权判决后,鹰潭中院不顾上述确权判决内容,以及案外人刘某所提异议,强行拍卖的做法错误,应将已执行的争议房产执行回转,或将拍卖款项返还给刘某。2007 年**福建某财产权属纠纷案**,1988 年,黄某与李某夫妻关系存续期间,向张某购房。1992 年,黄某将该房屋翻建。1995 年,黄某取得该房产权证。2004 年,黄某、李某夫妻关系不和期间,黄某兄起诉黄某、李某,以案涉房屋系委托代购代建为由要求确权。诉讼中,黄某对黄某兄所陈述及举证信函、照片、录音资料予以认可。法院认为:诉争房屋原始购房合同、翻建房屋申请报告、工程协议书、房屋租赁合同书、房产契证均登记为黄某名字,上述书证体现了诉争房从购买、翻建到使用均系黄某所为,黄某并以自己名义办理了房屋产权登记手续,依法取得诉争房屋产权,因该房屋系黄某与李某在夫妻关系存续期间购置和翻建,故诉争房应认定为黄某与李某夫妻共同财产。黄某兄提供的照片、信函均系诉争房购买多年后黄某与黄某兄兄弟内部书信往来,不能以此证明诉争房屋购买时原始客观情况。黄某兄所提供录音资料,因谈话背景和目的不明,李某认为存在剪接和翻录迹象,录音资料涉及本案诉争房屋产权归属问题的重要内容李某表示异议,且录音资料本身亦无法证明李某明确承认诉争房系黄某兄委托黄某代为购买和翻建事实。虽然黄某对黄某兄所提供一系列证据表示认可,但因其与黄某兄、李某之间存在利害关系,其所作陈述将直接影响黄某兄、李某利益。由于诉争房产属于黄某和李某夫妻共同财产,本案中客观存在李某与黄某婚姻不和要求离婚情节,故黄某个人不能以现在的口头陈述推翻诉争房屋原始书证和其原来已实施行为。现仅凭黄某陈述不足以认定黄某兄所提供上述证据真实性、客观性和有效性。综上,黄某兄在本案中所提供一系列证据均不能证明诉争房屋系其委托黄某代购代建事实,上述证据证明力不足以对抗诉争房屋原始产权记载,故判决驳回黄某兄诉请。2007 年**北京某财产权属纠纷案**,1997 年,田某以姚某名义购买经济适用房并实际支付房款、占有和使用房屋。2004 年,田某已具备购买经济适用房条件,起诉姚某,要求办理过户。法院认为:诉争房屋系经济适用房,依有关规定,购买经济适用房需具备特定条件。

姚某具备购买经济适用房条件,其在无购房款情况下,将其享有的购买经济适用房指标转给具有亲戚关系但当时不具备购买经济适用房条件的田某,并允许田某以其名义购买。田某支付全款购买争议房屋后,对房屋进行了装修,并经姚某同意以其名义办理了所有权登记,将房屋所有权登记在姚某名下。其后,田某居住使用争议房屋至今,并一直持有以姚某名义办理的购房合同、房屋所有权证等凭证,办理房屋产权登记的费用及物业费等亦由田某负担和缴纳,故争议房屋应认定为田某购买。田某当时不具备政策规定的购买经济适用房条件,之所以能购买争议房屋,是行使了本应由姚某享有的购买经济适用房权利,故田某应给予姚某合理补偿,补偿数额由法院参照争议房屋所在区域商品房价格酌定。根据北京市国土资源和房屋管理局、北京市建委会、北京市发改委、北京市财政局2004年4月30日下发《关于已购经济适用住房上市出售有关问题的通知》,已明确规定在一定条件下允许经济适用房出售转让,故判决姚某将案涉房屋过户至田某名下,双方相互配合、各自出具符合要求的文件,相关费用由田某负担;田某给付姚某房屋补偿款20万元

2003年**云南某借款担保纠纷案**,1998年,实业公司借张某名向开发公司购房。1999年1月,实业公司向银行贷款7000万余元,张某以名下房产提供抵押担保并办理了登记。1999年10月17日,开发公司申请仲裁请求终止购房合同履行。同年10月27日,银行诉请实业公司偿还贷款,并起诉张某要求承担抵押担保责任。开发公司以独立请求权第三人请求参加诉讼,一审法院以开发公司拒交诉讼费为由,未同意其参加诉讼。二审判决认定抵押有效。2000年1月,仲裁裁决购销合同无效。法院认为:本案开发公司与张某及实业公司的房屋购销合同已经仲裁裁决为无效,开发公司因此作为房屋原所有权人,取得了根据仲裁裁决请求实业公司及张某返还房产权利。本案抵押关系效力认定将对开发公司实体权利义务产生实质性影响,故应认定开发公司属于与"案件处理结果有法律上的利害关系"的民事主体,有权参与到本案诉讼程序中,发表自己意见,对原告主张进行抗辩,以维护自身合法权益。本案二审认定银行与张某抵押关系有效,则银行对抵押房产享有合法担保物权,抵押房屋不受开发公司追索,故一审未允许开发公司作为第三人参加诉讼,剥夺了开发公司依法享有的作为第三人参加诉讼、进行抗辩、维护自身合法权益的诉讼权利;二审在开发公司未参加诉讼前提下作出判决,使开发公司在未能行使抗辩权情形下,丧失了追回房屋权利,故原审严重违反法定程序,应予撤销,发回一审法院重审。2000年**广东某借款合同纠纷案**,1998年,应房产公司筹集资金要求,银行、房产公司及公司职工刘某签订借款抵押合同,刘某以所"购买"公司房产向银行抵押贷款34万元并办理了抵押登记,但首期房款并未向公司交纳,后期按揭款也由公司提供。因房产公司和刘某逾期未再偿还按揭款致诉。法院认为:案涉抵押借款合同形式上是刘某以其向房产公司购房作抵押向银行借款,但实际上

刘某并未向房产公司交纳首期房款，其后的按揭还贷本息也是房产公司提供，故可认定本案实质上是房产公司为筹集资金借刘某名义以公司房产做抵押向银行借款，且其后所得款项也全部由公司支配使用，故房产公司系本案实际借款人、抵押人。借款、抵押均系房产公司真实意思表示，且该抵押已进行了抵押登记，故该抵押借款行为有效，银行对抵押房产享有优先受偿权。房产公司与刘某逾期履行合同约定的还款义务，首先由房产公司对借款负清偿责任，刘某在抵押借款合同上签名，应对自己民事行为所引起的法律后果承担相应民事责任，故应承担连带责任，同时银行可就抵押房产享有优先受偿权。2005 年**河南某借款合同纠纷案**，2003 年，吴某用妻兄李某身份证、房产证在银行抵押贷款 8 万元，吴某承诺承担连带保证责任。2015 年，银行诉请李某偿还贷款本息，吴某连带清偿，银行对抵押房产享有优先受偿权。法院认为：《民法通则》第 66 条第 1 款规定："没有代理权、超越代理权或者代理权终止后的行为，只有经过被代理人的追认，被代理人才承担民事责任。未经追认的行为，由行为人承担民事责任。本人知道他人以本人名义实施民事行为而不作否认表示的，视为同意。"李某与吴某系亲戚关系，吴某用李某身份证、房产证在银行贷款并办理房产抵押登记，在与银行所签个人购房借款合同、借款承诺书、抵押承诺函等贷款手续上签名虽非李某本人所签，但李某在该事实发生后，一直未作否认表示。依《民法通则》第 66 条第 1 款规定，应视为李某同意该行为。李某辩称其身份证一直在其岳母处，说明对其身份证未尽到妥善保管义务。李某辩称对贷款事实不知情，与常理不相符合，其应知吴某贷款事实，故李某应承担还款责任。吴某在担保承诺函上签名确认行为，表明其对给李某上述借款同意承担连带保证责任，故吴某作为李某担保人应承担连带清偿责任。判决李某偿还银行贷款本息，吴某承担连带清偿责任，银行对李某抵押房产享有优先受偿权。2014 年**上海某借款合同纠纷案**，2006 年，邵某借公公吴某名购房，邵某弟媳以担任法定代表人的贸易公司名义开具 31 万元支票，由邵某弟转交邵某，最后由吴某与开发公司签约并付款。2008 年，邵某离婚。2013 年，贸易公司就未归还 13 万余元借款，诉请吴某、邵某及邵某弟共同偿还。法院认为：吴某将系争款项支付给开发公司，用于购买案涉房屋，并在相关动迁计划转让承诺书、房产买卖合同上均有署名，应认定吴某上述行为属房屋买卖行为，该行为具有公开性及公示性，且客观上亦存在贸易公司为吴某支付购房钱款事实，同时因吴某使用了该钱款购房，故应构成事实上的借贷法律关系。根据该钱款变动以及吴某购房事实，要求吴某承担还款义务，具有相应事实和法律依据。吴某认为其仅系名义购房人及名义所有人，故不应承担还款义务主张不能成立。邵某弟在本案所涉钱款出借中未签订过相关合同，亦未出具过收条，无证据证明其从相关钱款使用中得利，故不承担责任。考虑到贸易公司出借钱款实际用于垫付房款，该房购房登记人是吴某，实际出资人和受益人是邵某,判决吴某、邵某共同偿还贸易公司13万余元。2013年**北京某所有权确认纠纷案**,2009年,王某支付侄子刘某140万元借名购房,其后刘某与文某结婚。2011年3月,刘某将该房变更登记为其与文某共有。同年6月,刘某与文某协议离婚,约定该"赠与"房出售后所得款140万元归王某,余款二人平分。2012年,王某诉请刘某、文某返还该房。法院认为:各方当事人虽对王某与刘某之间系借名购房合同关系还是房屋赠与关系存在争议,但均对王某实际出资购买涉案房屋事实不持异议。案涉离婚协议载明刘某与文某归还王某140万元的意思表示,该意思表示与文某主张王某赠与涉案房屋事实相悖,且文某未能作出充分合理解释,故文某所持涉案房屋来源于王某赠与意见既无依据又与事实不符,不予采纳。《物权法》第16条规定,不动产登记簿是物权归属和内容的根据。刘某以其自己名义购买涉案房屋,涉案房屋登记至刘某名下,在无相反证据予以否定情况下,刘某所有权人身份应受尊重。王某以其与刘某就涉案房屋借名购房事宜所签协议主张涉案房屋归其所有,但其与刘某之间约定不足以对抗物权登记效力,故其该项主张不能成立。根据相关规定,当事人约定一方以他人名义购买房屋并将房屋登记在他人名下,借名人实际享有房屋权益,借名人依合同约定要求登记人(出名人)办理房屋所有权转移登记的,可予支持。现王某以协议为据主张刘某、文某办理涉案房屋权属转移登记手续,但王某与刘某之间借名购房合同关系仅约束王某与刘某二人。因涉案房屋登记在刘某与文某二人名下,故王某无权以其与刘某之间存在借名购房合同关系为由主张刘某、文某办理涉案房屋权属转移登记手续。刘某、文某的更名行为并非本案争议法律关系,不宜在本案中直接审查,王某应就该问题另行主张。在权属登记现状尚未被否定情况下,王某主张刘某、文某为其办理涉案房屋权属转移登记手续,于法无据,判决驳回王某诉请。2013年**北京某房屋买卖合同纠纷案**,2003年,徐某以朱某名义购买经济适用房并签订借名购房协议、实际支付全款、装修后入住。2013年,仍不符合本市"限购"政策的徐某诉请朱某办理过户手续。法院认为:当事人对自己提出的诉讼请求所依据事实或反驳对方诉讼请求所依据事实有责任提供证据加以证明。没有证据或证据不足以证明当事人事实主张的由负有举证责任的当事人承担不利后果。本案中,依查明事实,徐某与朱某之间存在书面借名登记约定,根据借名购房协议、购房款实际出资及房屋居住使用情况,并结合证人证言,足以认定徐某与朱某之间构成借名登记购房法律关系。借名人依借名登记购房协议要求登记人办理房屋所有权转移登记的,不仅要证明双方之间存在合法、有效的借名登记购房协议,还需证明具备房屋产权转移登记的现实条件。本案中,徐某要求朱某办理涉案房屋产权转移过户登记,前提是与朱某存在合法、有效的借名买房合同关系。由于徐某无本市户口,亦不在本市缴纳社会保险,故即使双方之间借名购房约定有效,依本市"限购"政策,亦无法为其办理房屋过户手续。判决驳回徐某诉请。2012年**北京某物权纠纷案**,2005年,电力公司嫌企业贷款购房手续麻烦,且首付比例高,遂借翟某、刘某名义向开发公司按揭购房。2007年,该房登记在翟某、刘某名下。2011年,电力公司诉请确权并办理变更手续。法院认为:一般说来,同一物上法律物权与事实物权应一致,但本案中,基于电力公司保留物权的意思表示,使法律物权与事实物权发生了分离。依《物权法》规定,不动产物权经法律行为而取得、设定、丧失及变更,非经登记不发生效力。现行民法从保护交易安全出发,注重权利外观,将登记作为不动产物权法定公示方式,赋予登记以公信力。但赋予登记以公信效力,仅是为保护因善意信赖登记而取得不动产权利的第三人所设,而在当事人之间,登记名义人尚不能仅主张登记之公信力以否认真实权利存在,倘登记原因存在瑕疵,在第三人取得不动产权利前,真正权利人仍得对登记名义人主张其真正权利之存在。换言之,在不涉及第三人利益情况下,当事实物权与法律物权发生不一致时,法律注重客观事实,虽事实物权人对不动产支配缺少登记的公示形式,但只要有充分证据证明事实物权人有合法依据足以确定该不动产最终归属,即应保护该事实物权人真实权利。本案中,电力公司所举证据可形成证据链,充分证明电力公司系以翟某、刘某名义购买诉争房屋,并实际支付了首付款,剩余房款每月按期偿还银行按揭贷款,系该房屋真正购买人,亦系该房屋实际所有权人。刘某仅凭公证书无法证明其对诉争房屋享有实际产权和完全使用权。判决诉争房屋归电力公司所有,翟某与刘某应立即协助电力公司办理房屋所有权转移手续。因上述房屋过户产生费用由电力公司负担。2012年**福建某房产过户纠纷案**,2004年,熊某与其姐、姐夫谢某签订购房落户协议,约定由熊某出资购房,登记在熊某姐名下后再以赠与方式过户给熊某。2012年,熊某诉请熊某姐、谢某以赠与方式将房屋过户并依约定承担税费。法院认为:认定借用他人名义购房时的实际出资人,应从双方书面协议,还款手续、购房发票、产权证书持有人及双方还款能力、卖方证言、常理推断等证据综合判断。案涉购房落户协议有效。从谢某、熊某姐公证委托熊某就诉争房产行使抵押、出售等几乎完全的物权可知,熊某姐只是名义上购买人,因正常情况下房产所有权人不会将所有权几乎全部让渡给受托人。综合其他证据,应认定案涉房产由熊某出资购买。判决谢某、熊某姐按照合同约定履约,将案涉房屋以赠与方式过户给熊某并负担相关税费。2012年**上海某房屋买卖合同纠纷案**,2003年,廖某出资购买房屋并登记在廖某妹名下。2004年,廖某弟以该房与廖某前述房屋置换,随后廖某弟用置换房屋再与廖某兄房屋置换。2009年,上述四人共同签署关于家庭财产信托确认协议,约定廖某妹名下房屋初始金额出资人为廖某,房屋实际产权人为廖某兄,廖某兄与廖某妹同意合适时办理过户手续。2012年,因廖某妹拒绝办理过户手续,廖某兄起诉。法院认为:因物权归属、内容发生争议的,利害关系人可请求确认权利。基于不动产登记公信力,法律上一般推定不动产权属证书上载明的登记人是产权人。在以他人名义购房情况下,实际购房人能提供充分证据证明其为真实购房人,且能证明购房款由其支付,则可确认其为房屋实际所有权人。本案中,廖某兄与廖某妹双方均认可系争房屋由案外人廖某出资购买,权利人登记在廖某妹名下。该房屋在数年内曾几经置换,2009 年由各方共同签署的关于家庭财产信托的确认协议中对系争房屋权属已明确作出书面约定,廖某妹作为具有完全民事行为能力人,对该确认协议中约定其名下系争房屋实际产权人为廖某兄内容应有正确理解。此后,廖某妹亦未以欺诈为由主张过撤销该协议,故其以此来证明其受到欺诈及关于该确认决议内容是虚假的抗辩理由,依据不足,不予采信。该份协议系当事人真实意思表示且于法不悖,具有法律效力,当事人应依约履行自己义务。判决诉争房屋归廖某兄所有,廖某妹协助过户手续。2012 年**江苏某物权纠纷案**,2010 年,程某借宋某名购买邻居陈某房屋,并实际通过宋某支付定金与房款共 12.6 万元。2011 年,房屋登记在宋某名下。2012 年,程某诉请过户,诉讼中变更诉请为返还房款。法院认为:房屋登记簿关于房产权属及变动状况之记载对房屋产权的归属具有公示效力,但是如果有证据证明房屋登记簿或房屋权属证书记载的房产权属及变动状况与实际情况不符时,应当以证据证明的事实确认房屋产权的真实归属。涉案房屋在买卖过程中形成的相关材料原件以及价款来源、支付的相关凭证原件持有状况是证明实际购买人、实际出资人的最重要的证据材料。首先,本案中涉案房屋购房合同原件、卖房人收取定金收条原件、存在宋某名下账户的购房款存款原件、卖房人收取购房款的收条原件均由程某持有。其次,程某举证银行取款记录能支付购房定金、剩余房款时间相互印证,结合证人证言,能证明实际支付购房款款项来源于程某。宋某系完全民事行为能力人,如其系实际购房人,即使系通过程某的中介购买,购房过程形成的合同、支付定金及房款等重要资料原件亦应在宋某本人处,自行持有。而事实上,上述所有证据原件均在程某处,宋某对此自始至终未能作出合理的、令人信服的解释。宋某所举证据不能证明购房款系其实际支付,其证据证明力远远低于程某提供的无论从时间上,还是数额上皆能与房款支付时间、房款数额相吻合的相关证据的证明力。综上,程某所举合同原件、支取存款银行记录、借款人证人证言、卖房人收到定金及房款收据原件,真实、充分、证明力强,能相互印证,并能证明程某委托宋某买房并实际支付购房款事实。宋某所举证据不能形成完整的证据链条,不能证明涉案房屋系其购买且实际支付了购房款。其将房屋产权过户至自己名下并继续占有房屋,于法无据,应当返还。鉴于程某放弃确认案涉房屋所有权归其所有,故判决宋某返还程某购房款 12.6 万元及利息。2011 年**山东某房屋买卖合同纠纷案**,2006 年,因外地人购房无法办理贷款,包某遂以儿媳李某的妹妹李某琼名义按揭购房,三方对此私下签有协议。2011 年,包某诉请确认其系案涉房屋实际购买人。法院认为:依《合同法》第52条第1款第5项规定,违反法律、行政法规强制性规定的,为无效合同。最高人民法院《关于适用〈中华人民共和国合同法〉若干问题的解释(二)》第14条进一步将此"强制性规定"限缩解释为"效力性强制性规定"。本案双方达成顶名协议目的系为规避金融机构关于按揭贷款的政策性规定,不属于违反法律、行政法规规定,更不违反效力性强制性规定。根据合同自治原则,只要协议内容系双方当事人真实意思表示,未违反效力性强制性规定,签订过程中不存在欺诈、胁迫等手段的,协议应认定有效。案涉协议各方当事人虽存在规避金融机构关于按揭贷款政策性规定合意,但从协议约定内容可知,双方不存在损害国家、集体、第三人利益意图。事实上,协议签订后,包某严格按贷款合同约定还款时间及还款金额履行还款义务,未损害任何他人利益,故案涉协议亦不属因恶意串通损害国家、集体或第三人利益而无效的合同。双方所签顶名协议对顶名委托人、受托人、保证人身份及顶名事项作出明确约定,不能仅以案外人李某持有首付收据这一事实确认实际购房人。判决确认案涉房屋实际购买人为包某。2011年**北京某委托合同纠纷案**,2001年,美籍华人章某借谭某名在京按揭购房。2011年,因谭某拒办过户手续致诉。法院认为:谭某与章某所签信托协议系双方真实意思表示,未有违反法律、法规之处,应为有效,双方当事人均应依约履行。依信托协议约定,章某系房屋实际购买人,故章某要求谭某协助办理产权过户手续诉请于法有据。谭某称其与开发公司所签商品房买卖合同存在规避法律问题,属无效合同,并认为判决合同有效无法执行,因谭某就其该项抗辩未提供充分的法律依据,商品房买卖合同并未违反法律法规强制性规定,故判决谭某协助章某办理案涉房屋提前还贷手续,同时,章某按银行提出的还款数额及期限将尚未偿还的全部贷款汇入银行为谭某偿还贷款设定的指定账户内;案涉房屋抵押贷款手续解除后,谭某及开发公司协助章某办理产权过户手续,将案涉房屋过户至章某名下。2011年**北京某所有权确认纠纷案**,2011年,李某以长期居住、登记在杨某名下房屋系其2001年所购,遂提起确权之诉,并提交了交付购房款及税费证明及开发商证明等证据。法院认为:当事人对自己所提诉请或反驳对方诉请所依据事实有责任举证证明,无证据或证据不足以证明当事人事实主张的,由负有举证责任的当事人承担不利后果。为证明自己系诉争房屋真正权属人,李某提供了原始房屋产权证书、购房过程中产生的税费票据等购房书证,诉争房屋开发商出具的证明以及证人证言等证据,证据之间可相互印证,形成了完整合理证据链条,结合李某以所有权人身份对诉争房屋长期居住使用事实,法院认定李某系以杨某之名办理购房手续以购买诉争房屋,系诉争房屋真实所有权人。杨某虽主张其支付了购房款,系真正产权人,但未能就此提供充分有效证据支持,且其从未以所有权人之名对诉争房屋进行管理使用,亦未实际控制房屋,其辩称理由与常理及事实不符。判决确认案涉房屋为李某所有。2010年**江苏某物权纠纷案**,2000年,张某因无固定收入或公务员身份,借用夫兄王某名义购房,并交纳首付款、装修、入住、交纳按揭款。2009年,张某与丈夫分居,王某将该房登记在自己名下。张某诉请确权。法院认为:案涉房屋虽登记在王某名下,但因发生争议,故不能因此作出该房屋所有权即归王某所有的确认,因房屋产权登记仅系一种行政审查,属行政确认而非行政确权。产权登记系行政机关对不动产当时权属关系及表现状态的认可和证明,其并不创设具体权利义务关系,当事人是否享有对不动产的权利,仍取决于当事人之间民事实体法律关系。本案中,张某对购房原因和支付首付款事实陈述一致,且案外人证言与张某陈述一致,张某陈述的购房原因和支付首付款事实能使人产生内心确信,故法院予以采信。综合王某自认张某部分偿还诉争房屋贷款事实,以及还款活期存折在张某处等证据,可证明按揭贷款系由张某偿还事实。结合张某持有电费发票、缴纳物业费等原始凭证,及装修工人、物业公司工作人员证人证言,应认定该房屋在交付后,一直由张某居住和使用。王某不能提供充分证据证明其为该房屋实际购买者,故判决确认诉争房屋为张某夫妻所有。2009年**北京某所有权纠纷案**,2001年,赵某借朱某名购房,并与朱某父签有备忘录。2009年,赵某诉请过户时遭拒。庭审中,赵某提供了与朱某通话录音。法院认为:当事人对自己提出的诉讼请求所依据的事实或者反驳对方诉讼请求所依据的事实有责任提供证据加以证明。没有证据或者证据不足以证明当事人的事实主张的,由负有举证责任的当事人承担不利后果。赵某提交的录音证据虽无法确定所提交鉴定的录音机是否为原始载体,但检验结果明确载明音频文件中未发现剪辑、删改,故对该录音证据真实性应予确认。民事活动应当遵循自愿、公平、等价有偿、诚实信用原则。诉争房屋购房等手续虽系朱某与开发商、银行等机构签订,房屋所有权证记载所有权人亦为朱某,但赵某提供的其与朱某父所签备忘录、朱某父证人证言均证明了赵某系借朱某身份证,以朱某名义办理的诉争房屋购买、按揭贷款等购房手续,所购房屋费用均由赵某负担,该房屋所有权归赵某的事实,且朱某亦曾在电话中对借用身份证、购房前期费用均由赵某支付的事实予以认可。判决确认诉争房屋所有权归赵某所有。2009年**北京某所有权纠纷案**,2003年,丁某购房。2009年,丁某与周某离婚诉讼期间,卢某以其授权丁某购房、支付房款及物业费等费用为由,诉请确认借名购房事实。丁某认可卢某所述事实。法院认为:根据相关法律规定,不动产物权实行统一登记制度。不动产权属证书是记载权利人享有该不动产物权证明。诉争房屋系由丁某署名购买,周某出具了授权委托书,委托丁某办理银行贷款等事项,后丁某取得银行贷款,并最终取得房屋产权证书。因诉争房屋产权登记在丁某名下,依照物权公示、公信原则,丁某应为诉争房屋的产权人。现卢某以诉争房屋是其委托丁某购买,其为实际出资人并使用房屋至今为由,对诉争房屋权属提出异议,请求确认其对该房屋享有所有权。为此，卢某提供了付款凭证等证据加以证明。根据现有证据，虽然卢某向丁某名下资金账户注入了部分款项，但卢某并不能据此证明其与丁某之间属于委托代理购房关系及其向丁某的付款就是购买诉争房屋付款，因而卢某不能据此请求确认其对诉争房屋所有权。卢某提供的交纳供暖、物业等费用及其他相关单据只能证明卢某居住、使用了诉争房屋，但并不能证明诉争房屋由其所有。审理中，虽然丁某对卢某主张及陈述均表认可，但由于丁某与周某正在进行离婚诉讼，而周某主张该房屋为夫妻共同财产，则丁某陈述，法院无法采信。判决驳回卢某诉请。2009 年**浙江某商品房买卖合同纠纷案**，2003 年，王某为便于按揭贷款手续办理，以继子陆某名义购房。2007 年，开发公司为办理过户手续，就前述房屋与王某签订商品房买卖合同。2008 年，陆某以开发公司一房二卖为由诉请赔偿。法院认为：依最高人民法院《关于民事诉讼证据的若干规定》第 5 条第 3 款规定，对代理权发生争议的，由主张有代理权一方当事人承担举证责任。结合本案案情，王某提交的首付款收款收据、最高额抵押贷款合同、取款凭证、余款收款收据、银行存折、存款凭条、个人贷款还款凭证等相关证据，形成了完整证据锁链，证实购房过程中首付款支付、按揭贷款及利息偿还、余款支付均系由王某本人承担和履行。陆某主张购房款项系其交付给王某，委托王某代为缴纳的，但王某对此明确表示否认，认为双方之间不存在代理关系，且陆某在庭审中对购房款来源和支付情况亦未说明清楚，显不合常理。在此情况下陆某未进一步举证证明双方之间存在委托代理关系，故陆某提出购房款项系其委托王某代为缴纳的主张依据和理由不充分，不予采纳。《民法通则》第 4 条规定，民事活动应当遵循自愿、公平、等价有偿、诚实信用的原则。在民事活动中当事人的权利和义务应当一致。《合同法》第 130 条规定，买卖合同是出卖人转移标的物的所有权于买受人，买受人支付价款的合同。本案中，王某购买房屋时，金融政策明确规定借款人必须具有稳定合法收入来源，有按期偿还借款本息能力。虽然个人住房借款合同是由陆某本人签名，但综观全案事实，结合证人证言、借款合同、居委会证明和王某本人陈述，可认定王某借陆某之名买房，实际是因王某无固定工作，故借用了上班的陆某名义，以达到方便办理按揭贷款目的。综观整个购房过程，王某在以陆某名义订立购房合同后，积极依约履行了相关付款合同义务，其支付房屋价款目的系取得所购房屋财产所有权。而陆某在此过程中未履行任何合同义务，同时从合同签订、房屋交付到办理产权证明，陆某均未向开发公司或王某提出过异议或主张，故其并非真实合同主体，故本案中虽存在王某借用陆某名义与签订购房合同、王某与开发公司签订购房合同事实，但合同真实主体一致，均为王某，故依法据实认定王某系借用陆某名义为自己购房。虽然购房手续存在先陆某后王某的形式表象，但在合同签订、支付房款、交付房屋直至办理产权证明的全过程中，均由王某具体经手办理、承担义务、享受权利,相关凭证和手续亦均由王某持有。鉴于王某与陆某的特殊关系,以及合同一直是由开发公司和王某在履行,开发公司不存在“一房两卖”以获取两次房款的意图和行为。通过前述分析,本案商品房买卖合同性质应认定为借用他人名义买房。至于借用他人名义买房合同效力问题,因《合同法》奉行合同自由原则,在不违反社会公德和社会公共利益以及法律强行性规范前提下,允许当事人自由订立合同,故王某借用陆某名义与开发公司订立的购房合同有效。王某依约付清了购房款项,开发公司与其另行订立购房合同、向其交付房屋并为其办理土地使用权证、房屋所有权证符合双方合同约定。至于开发公司与王某另行订立购房合同,无非是办理王某名下产权证明所需。判决驳回陆某诉请。2008 年**北京某不动产登记纠纷案**,2000 年,吴某与开发公司签订商品房预售合同。2002 年 11 月,郑某与吴某签订协议,载明因限购政策,郑某借用吴某名义签约购房。2007 年,该房办至吴某名下。郑某诉请确认房屋产权。法院认为:本案涉及两个法律关系:一是吴某作为买受人与开发公司之间形成的房屋买卖法律关系,二是郑某依据协议书与吴某之间形成的委托购房法律关系。郑某本应以自己名义购买诉争房屋,取得诉争房屋所有权,但其以保留所有权意思表示,依据协议书委托吴某购买诉争房屋,致使吴某对房屋享有法律上所有权,而郑某自身则享有事实意义上所有权。由于物权直接体现了物权公示原则要求,故法律赋予法律物权以权利正确性推定效力,即法律物权人在行使权利时,无需举证证明其权利正确性;而事实物权人欲取得法律认可和保护,即须举证来推翻法律物权正确性推定,以证明事实物权正确性。房屋产权证书是登记机关颁发给权利人作为其享有权利的证明,具有证据资格,但并不能直接决定实体法律关系存在与否。房屋产权证书是权利外在表现形式,只具有推定证据效力,与实际权利状况并不一定完全吻合。本案中,吴某取得诉争房屋产权登记,可推定其为权利人,但依郑某提交协议书、购房发票等相关证据,可确认吴某取得诉争房屋法律上所有权系基于郑某委托,吴某作为受托人负有将诉争房屋返还给郑某义务,郑某才对该房屋享有事实上所有权。依据物权人真实权利优先保护原则,郑某有权要求吴某注销其产权登记,并将诉争房屋产权变更登记到郑某名下。判决确认案涉房屋为郑某所有。2007 年**北京某财产权属纠纷案**,1993 年,实业公司借郭某名购房。2007 年,实业公司诉请过户。郭某以其已与他人签订购房合同,其系有权处分为由抗辩。法院认为:实业公司在要求郭某为其购房时,国家限制企事业单位公买私房。双方商定由郭某以自己名义为实业公司购买诉争房屋,实业公司支付购房款。郭某按实业公司要求购房后,将房屋所有权证交由实业公司保管。现国家已取消企事业单位购买私有房屋需审批的行政许可,现行法律、行政法规对于企事业单位购买城市私有房屋并无禁止性规定。根据以上事实及理由,诉争房屋应确认归实业公司所有。郭某虽以自己名义与他人就诉争房屋签订了房屋买卖合同，但该买卖合同尚未履行完毕，房屋权属登记并未发生改变。至于郭某是否有权处分诉争房屋、其与他人所签房屋买卖合同是否具有法律效力等问题，与本案不属同一法律关系，本案对此不予处理。判决确认郭某名下诉争房产归实业公司所有。2007 年**北京某财产权属纠纷案**，2002 年，郑某借吴某名购买房屋。2007 年，郑某诉请确权时，吴某以其系登记产权人为由抗辩。法院认为：公民的合法民事权益受法律保护。对于诉争房屋，虽然吴某拥有产权证，但并不能提供其对该房屋实际享有所有权的充分证据。根据双方所签协议及履行情况，可明确郑某系以吴某名义购买该房。从双方提交的付款情况证据看，郑某持有交付房款的发票原件，还持有储蓄存款存折原件和吴某身份证原件，并能明确每月实际存款数额等情况。吴某称是其支付了房款和月供，但未能提供任何证据证明其曾交付过上述款项，故应认定郑某实际支付了购房款及月供，这与双方在协议中的约定也是相吻合的。房屋产权证书是登记机关颁发给权利人作为其享有权利的证明，具有证据资格，但并不能直接决定实体法律关系存在与否。房屋产权证书是权利外在表现形式，只具有"推定的证据效力"，与实际权利状况并不一定完全吻合。本案中，经实体审查，虽然该房屋所有权证上显示所有权人为吴某，且吴某亦实际持有该房所有权证书，但并无证据证明其对该房屋拥有实体所有权。依据相应证据，可认定郑某是以吴某名义购买上述房屋，并实际支付了全部购房款，是该房屋真正购买人和实际所有权人。判决确认诉争房屋为郑某所有。2007 年**北京某财产权属纠纷案**，2004 年 9 月，冯某委托任某代购房屋并签订协议，相关费用由冯某委托的案外人公司支付。2006 年，因任某取得房产证后以该房属其与张某夫妻共同财产为由拒办过户致诉。法院认为：冯某与任某所签协议明确案涉房屋是任某以自己名义代冯某购买的，产权人为冯某，且所有购房款项和按揭贷款均由冯某支付。结合已查明事实，即所有购房支出款项及按揭还款均由冯某委托的案外人公司支付而非任某或其妻子张某支付，可认定冯某和任某所签合同内容真实可靠，反映了客观事实。根据我国《婚姻法》有关规定，在婚姻关系存续期间夫妻双方所得财产归夫妻共同所有。本案中，张某主张其与任某共同购买房屋，但现无证据证明任某和张某以其所得的共同或各自财产出资购买诉争房屋，亦无证据证明任某或张某与支付购房款项及按揭还款的案外人公司存在任何债权债务关系或委托代付关系，故张某提出诉争房屋属于其夫妻共同财产，任某无权独自处分的主张，无事实和法律依据。判决确认诉争房屋归冯某所有，任某应办理过户手续。2006 年**湖北某房屋买卖合同纠纷案**，1992 年，吴某将其营业部执照和银行账户借给机械厂所属营业部并受聘担任营业员，后以机械厂名义购得集资建房 2 套，厂长在其付款收据上签署"同意报销"。1994 年，集资房产权登记在吴某名下，并就其中一套由吴某租赁作为承包经营场所。1998 年，房屋产权均变更在机械厂名下时，吴某出资购买了其中一套并取得产权,但吴某认为该房原来自己交纳的集资款应由机械厂返还。法院认为:案涉集资款收据及购房合同,足以证实吴某经手购房是履行单位授权的职务行为。银行转账记载亦证明集资款是从机械厂所属营业部营业款中支付,不存在吴某个人出资购房后又将房屋转让给机械厂事实。仅凭本应由企业报账的付款收据,不能证明集资购房款系吴某个人出资及双方约定从其应交货款中抵付事实,且吴某自产权变更登记在机械厂名下应知自己权利被侵害迄今已超2年诉讼时效,故判决驳回吴某诉请。2000年**广东某抵押借款纠纷案**,1998年,刘某就购买开发公司商品房与银行签订抵押借款合同。2000年,因逾期未偿还贷款,银行诉请解除合同并主张优先受偿权。刘某以开发公司借其名购房、首期房款及后续按揭款均由开发公司交纳为由主张免责。法院认为:抵押借款合同形式上是刘某以其向开发公司所购房屋作抵押向银行借款,但实际上刘某并未向开发公司交纳首期房款,其后的二、三期还贷本息也是开发公司提供,故可认定本案实质上是开发公司为筹集资金借刘某名义以公司房产作抵押向银行借款,且其后所得款项也全部由公司支配使用,故开发公司是本案实际借款人、抵押人。借款、抵押均为开发公司真实意思表示,且该抵押已进行了抵押登记备案,故该抵押借款行为有效,银行对抵押房产享有优先受偿权。开发公司与刘某逾期履行合同约定的还款义务,首先由开发公司对借款负清偿责任。刘某在抵押借款合同上签名,应对自己民事行为所引起的法律后果承担相应民事责任。判决案涉购房抵押借款合同终止履行,开发公司偿还银行借款本金33万余元及利息,刘某承担连带清偿责任,银行对案涉房屋享有优先受偿权。2000年**湖南某房屋买卖合同纠纷案**,1999年6月,徐某售房,与徐某有隙的邻居贺某委托王某隐名购房。王某与徐某签订购房合同后,因贺某翻修该房,徐某以受欺诈为由诉请返还房屋。法院认为:王某代理贺某与徐某签订购房合同,系在双方平等协商一致基础上进行。在协商过程中,王某虽未明确告知徐某关于被代理人贺某真实身份情况,但徐某亦不主动查明贺某真实身份,在签订购房合同时又未明确要求买主到场签字,说明徐某当时对房屋买主身份情况并无特别要求,且从房屋买卖整体过程看,卖房系徐某真实意思表示,现房屋原物已不存在,无法准确评估房屋实际价格,徐某亦未提供证据证实其与其他买主商议价格高于购房合同约定价格,无证据证实约定价格低于房屋实价,故代理人王某与被代理人贺某共同隐瞒买主真实身份情况行为虽有不当,但尚未因此造成徐某作出错误意思表示,亦未给徐某造成重大经济损失,不构成欺诈。王某在购房合同上签字时误将贺某姓名写错,亦系笔误,且作为被代理人的贺某承认该代理行为不影响购房合同效力。购房合同签订后虽未办理过户登记手续,但系徐某反悔并要求有关部门停办手续所致,且依法律规定,依法需要登记的合同未进行登记的,只影响合同生效时间,而不影响合同成立效力,故在双方钱物两清、已实际履行了购房合同情况下，徐某以此为由要求宣布购房合同无效亦无法律依据。判决驳回徐某诉请。2015年**辽宁某借款合同纠纷案**，2004年，巴某配合开发公司，签订虚假购房合同，据此向银行申请12万元贷款，银行办理抵押权预告登记。2005年，开发公司将该房另售刘某并收取全款。2014年，银行诉请巴某偿还余款10万余元。法院认为：巴某系开发公司员工，其无购房意愿，在签订购房合同后，未付首付款，未主张交房，亦未偿贷，而是由开发公司偿还本息。足以证明巴某与开发公司之间购房合同并非双方真实意思表示，而是双方同合意以房屋买卖合法形式达到套取银行贷款目的，该行为扰乱了正常社会金融秩序，依《合同法》第52条第3项规定，房屋买卖合同应认定无效。银行与巴某所签抵押贷款合同中贷款部分不存在合同无效法定情形，银行请求巴某偿还借款本息有事实根据和法律依据。依《物权法》第187条规定，建筑物或在建建筑物抵押的，应当办理抵押登记，抵押权自登记时设立。该法第20条规定，当事人签订买卖房屋或者其他不动产物权的协议，为保障将来实现物权，按照约定可以向登记机构申请预告登记。本案中，案涉房屋仅办理抵押预告登记，该预告登记并不直接导致担保物权设立或变更，而是银行对将来担保物权设立享有请求权。在银行对案涉房屋并未取得现实抵押权情况下，其主张享有抵押物优先受偿权无法律依据，判决银行与巴某所签借款合同有效，巴某应偿还银行借款本金10万余元及利息。2010年6月**重庆某房屋买卖合同案**，2006年7月，宋某购买开发公司商品房，已交全款67万余元，未过户前，转售给游某并由开发公司与游某签订售房合同。2008年，开发公司将案涉房屋办在游某指定的亲属名下。因宋某未收到退房款而起诉开发公司和游某。法院认为：宋某与游某签订的协议书系合同权利义务的转让，该协议已生效，双方均应按约履行。游某在履行与宋某协议中，无论是以自己名义买房，还是以他人名义买房，是游某对自己权利的处分，不影响与宋某协议的效力。2009年7月重庆某房屋买卖合同案，2005年，医院职工谢某认购单位集资房，医院制定的"集资建房实施方案"规定"不得以他人名义办理产权等手续"。随后，谢某与非职工的但某签订《集资建房转让协议》，将该指标以1万元转让。2008年，因谢某未通知但某自行缴纳集资购房尾款，但某要求补偿给谢某不得，遂起诉谢某要求确认合同有效并继续履行。法院认为：但某与谢某签订《集资建房转让协议》时，并没有具体的集资房屋，双方签订的《集资建房转让协议》实际上就是谢某将其享有的参加医院集资建房的资格和权利有偿的转让给但某。在但某与谢某签订该合同时，谢某仅仅是取得了参与医院集资建房资格，并未与医院建立平等主体之间的合同关系，故谢某所辩其转让协议中的权利和义务未经医院同意而无效及违反了"根据合同性质不得转让的"而无效的理由不能成立，同时亦未违反《合同法》中的"出卖的标的物，应当属于出卖人所有或者出卖人有权处分"的规定。双方签订《集资建房转让协议》时，并无具体的房屋存在，仅仅就是一个资格的转让,故协议亦不违背《城市房地产管理法》规定。至于谢某辩称的该协议违反了建住房〔2007〕258 号文和《重庆市经济适用住房管理暂行办法》而无效的问题。因按照法律规定只有违反了全国人大及其常委会制定的法律和国务院制定的行政法规的合同或协议才无效,而上述文件和办法并非属全国人大及其常委会制定的法律和国务院制定的行政法规,不能作为认定《集资建房转让协议》无效的依据,故判决合同有效,继续履行。2009 年 3 月**上海某房屋买卖合同案**,法院认为:虽房地产权利人以房地产交易中心登记为准,但当事人之间约定产权实际归属的在当事人之间有效。本案系争房屋首付款由公司支付、房屋相关材料原件由公司保管以及公司众多员工的证人证言可证实系争房屋由高某以竺某名义购买。实际出资公司系中日合资企业,高某作为公司日方的代表任公司董事(长),现公司明确表示不主张系争房屋的产权,相关产权系高某所有,相关费用系公司为日方垫付,于法不悖。在竺某、高某之间,竺某是系争房屋权利的名义所有人,高某作为实际所有人的约定是有效的。高某居住使用系争房屋是基于上述约定。竺某提交的租赁协议,高某没有签字,合同没有成立。公司作为担保人盖章,公司的解释是方便支付每月的房贷还款,故该份租赁协议亦非当事人真实意思表示。2000 年 10 月,竺某曾以当年 3 月购房经济困难为由向公司申请过补助,可印证当时竺某经济能力有限,其提供的证据亦不能与系争房屋首付款的金额相吻合。2001 年竺某虽曾至税务机关开具一张列明为同年 7 月至 9 月房租的发票给公司,但仅是公司借用竺某名义买房后内部入账的需要。公司虽因故暂停将 2008 年 1 月至 3 月的银行贷款按期打入竺某银行账户,导致竺某先行支付,但同年 4 月 9 日,公司即将钱款一并打入竺某银行账户,并一直按期支付至今,并未影响银行贷款的归还;此外,高某的个人来往明细账中,相对应的每月按期借方金额明确是付购房款,事实上均用于同期还银行购房贷款。判决诉争房屋的产权归高某所有。2007 年 4 月**辽宁某房屋买卖合同案**,孟某与王某离婚,生效判决认定王某承租的公房其中一间由孟某承租使用,但孟某一直未居住。王某再婚,2005 年 5 月 1 日与现妻高某一同签约将公房转售宋某,合同由宋某儿子张某以自己名义签署。2005 年 10 月 26 日,宋某与王某夫妇签订房屋转让备案协议,办理了公房承租人为宋某的租赁证,并居住该房。孟某以无权处分,合同无效起诉。法院认为:因争议房出卖前承租人已更名为王某,共同承租人并无孟某,且孟某在王某出卖房屋时尚未在争议房居住,王某现妻高某当时也同意卖房,无证据证明宋某买房时已知该房部分归孟某承租使用,故宋某有理由相信王某有权出卖争议房。因宋某已支付了合同对价,并办理了房屋更名手续,故宋某是善意有偿取得人,买卖合同有效。因宋某与张某系母子关系,且 2005 年 10 月 26 日的房屋转让协议上当事人为王某和宋某,故 2005 年 5 月 1 日的房屋买卖协议书系张某隐名代理母亲宋某买房,应认定宋某与张某在本案房屋买卖过程中是委托关系。孟某所受损失，依法可向王某主张。2007 年 3 月**辽宁某房屋买卖合同案**，梁某付款 40 万余元给梁某兄担任法定代表人的开发公司，开发公司出具收据表明收到购房款。随后梁某在登记为梁某兄的房屋居住数年后，起诉要求确认与开发公司房屋买卖合同有效并要求梁某兄办理更名手续。法院认为：梁某提供的证据只是证明了梁某向开发公司交付了购房款，但并未指定具体的买卖标的物即房屋且开发公司及梁某兄也均否认该争议房屋卖给了梁某，不足以证明梁某买受的房屋为该争议房屋及梁某是向梁某兄购买的该争议房屋。虽然梁某兄为开发公司的法定代表人但开发公司与梁某兄是完全独立的两个主体，不能证明开发公司收到购房款就等同于梁某兄收到购房款。梁某本人虽在该争议的房屋居住多年但鉴于梁某与开发公司梁某兄的特殊身份关系，其在此居住并有户籍不能证明其买受的房屋为该争议房屋。梁某兄为该争议房屋的登记所有权人，故梁某主张其向开发公司买受的房屋即与开发公司存在房屋买卖关系却要求梁某兄履行更名义务显属不当，应驳回其诉讼请求。

【同类案件处理要点】

房屋权利人虽应以房地产交易中心登记为准，但当事人之间约定产权实际归属的，该约定在当事人之间有效。二手房买受人基于他人委托，以自己名义购买房屋的，应将处理委托事务取得的财产转交给实际购买人。隐名或借名人违反相关政策、法规规定购房，并登记在他人名下，隐名或借名人主张确认房屋归其所有或者依据双方之间的约定要求登记人办理房屋所有权转移登记的，一般不予支持。

【相关法律风险提示】

1. 借他人之名购买房屋，如系规避法律禁止性规定，有可能导致最终合同无效的风险。

2. 非产权人的受托人基于私下委托以自己名义签订售房协议，构成隐名代理，买方以受欺诈主张合同无效难以被法院支持。故买方对房屋产权人身份审查的义务在签约前就应完成，并不应受中介方承诺或担保的影响。案见云南昆明中院(2008)昆民一终字第 63 号“张某与徐某等房屋买卖合同纠纷案”。

3. 借名购房必然意味着登记物权非属实际权利人所有，在借名行为不违背法律禁止性规定情况下，借用人只享有债权，在借名人无权处分情形，存在借用人丧失房屋所有权而无法向第三人追及的风险。如不能证明借名购房的事实，甚至连向借名人主张过户的权利都会丧失，即双方只有单纯的金钱借贷或垫付的债权关系。

4. 经开发商同意，从亲友手中购买转售商品房，即使实际交款并入住，但产权人未变更，亦无书面的房屋买卖合同可资证明，就会存在辽宁沈阳中院（2007）沈民（2）房终字第309号“梁某与某开发公司房屋买卖合同纠纷案”中的风险：即便是兄妹，证据面前只能说明法律事实：交了钱，不过是双方还没选房没签合同或是替人垫付；住了房，不过是私下借住而已。故购买转售商品房，不仅要签订书面合同，还要最终达致产权过户的结果。

【附注】

参考案例索引：云南昆明中院（2008）昆民一终字第63号“张某与徐某等房屋买卖合同纠纷案”；解放军总直属队军事法院“赵某与钱某房屋买卖合同纠纷案”，见《借他人名义购房协议的效力认定》（包遵耀），载《民事审判指导与参考·地方法院案件解析》（201203/51：228）；江苏徐州中院（2010）徐民终字第847号“张梅与王锦洲房屋所有权确认纠纷案”，见《以他人名义购房办证房屋确权纠纷的处理》（王松，徐州中院），载《民事审判指导与参考·地方法院案件解析》（201004/44：245）；见《不动产权属证书是权利人对该不动产享有物权的证明》（杨永清，最高院民一庭），载《民事审判指导与参考·指导性案例》（200902/38：210）；最高人民法院《关于广东、江西两地法院执行东莞市虎门镇解放路55号粤信花艺海滨花园房产争议案答复函》（〔2009〕执协字第3－1号），见《关于广东、江西两地法院执行东莞市虎门镇解放路55号粤信花艺海滨花园房产争议案》（董志强，最高院执行局），载《执行工作指导·案例分析》（200903/31：63）；福建厦门中院“黄得恩、颜珊珊与李惠妮、黄得智财产权属纠纷案”，见《当事人在诉讼上自认效力的审查》（林巧玲，福建厦门中院），载《民事审判指导与参考·地方法院案件评析》（200703/31：255）；北京高院（2007）高民提字第529号“田某与姚某财产权属纠纷案”，见《田小军与姚宏伟财产权属纠纷再审案》，载《审判监督指导·裁判文书选登》（200801/23：199）；最高人民法院（2003）民一监字第369号“某银行与某实业公司等借款担保合同纠纷案”，见《中国农业银行昆明市官渡区支行与昆明策裕集团有限公司等借款担保合同纠纷再审案——对遗漏了应当参加诉讼的当事人的认定和处理》（董华，最高人民法院），载《审判监督指导·案例评析》（200602/20：83），另见最高人民法院（2011）执监字第82号“中国农业银行昆明市官渡区支行与云南策裕集团有限公司、昆明富亨房地产开发经营公司执行申诉案”，见《“房地一体”在抵押权实现过程中的适用——昆明富亨房地产开发经营公司执行申诉案评析》（乔宇，最高院执行局），载《执行工作指导·案例分析》（201201/41：67）；广东广州中院（2000）穗中法房终字第2375号“某银行与某房产公司等借款合同纠纷案”，见《中国建设银行番禺支行与刘剑锋、广州百胜房产有限公司房屋抵押借款合同纠纷上诉案——关于按揭合同与购房合同关系的处理》(肖平、闵海蓉),载《民事审判指导与参考·地方法院二审案件解析》(200101/5:307),另见《中国建设银行番禺支行诉广州百胜房产有限公司等案(房屋抵押借款合同)》(闵海蓉),载《中国审判案例要览》(2001民:65);河南商丘中院(2015)商民终字第767号“某银行与李某等借款合同纠纷案”,见《中国工商银行睢县支行诉李继明、吴新建借款合同纠纷案——容忍的表见代理的认定》(梁琎学),载《人民法院案例选》(201702/108:116);上海一中院(2014)沪一中民四再终字第5号“吴德成与仲山恒雄、上海曦耕贸易有限公司、邵怡民间借贷纠纷案”,见《对“三无”借贷案应适用“三查”》(任静远),载《人民司法·案例》(201508:47);北京二中院(2013)二中民终字第14036号“王某与刘某等所有权确认纠纷案”,见《王京英诉刘志轩、刘婷婷所有权确认纠纷案(借名购房与所有权确认)》(高磊),载《中国审判案例要览》(2014民:10);北京一中院(2013)一中民终字第8594号“徐某与朱某房屋买卖合同纠纷案”,见《徐桂云与朱春婷房屋买卖合同纠纷案(住房“限购”政策下借名登记购房行为的效力及纠纷处理原则)》(张英周),载《中国审判案例要览》(2014民:276);北京一中院(2012)一中民终字第5748号“某电力公司与翟某等物权纠纷案”,见《北京德威特电力系统自动化有限公司诉翟富昌、刘太华物权确认案(确认不动产所有权的依据)》(汤苏莉),载《中国审判案例要览》(2013民:1);福建厦门中院(2012)厦民终字第2040号“熊某与谢某等房产过户案”,见《熊艳丽诉谢富等房产过户案(借名买房合同)》(王俭、孙旭东),载《中国审判案例要览》(2013民:35);上海一中院(2012)沪一中民二(民)终字第2221号“廖皖苏与林志房屋买卖合同纠纷案”,见《实际购房人需提供支付房款等证据证明其为所有权人》(万发文),载《人民司法·案例》(201404:48);江苏东海法院(2012)东民初字第0607号“程某与宋某等物权纠纷案”,见《程杰、董先海诉宋彦静因房屋权属登记状况名实不符要求返还房屋纠纷案》,载《江苏省高级人民法院公报》(201401/31:70);山东东营河口区法院(2011)河民初字第406号“包某与孙某等房屋买卖合同纠纷案”,见《包如生、刘淑兰诉李自琼、孙济宁房屋购买人确认纠纷案——顶名购房协议的效力认定》(徐秀红),载《人民法院案例选》(201302/84:165);北京一中院(2011)一中民终字第12448号“章某与谭某等委托合同纠纷案”,见《章亮虹诉谭虹玲、华润置地(北京)股份有限公司委托合同案(借名买房)》(刘海云),载《中国审判案例要览》(2012商:99);北京二中院(2011)二中民终字第13070号“李某与杨某所有权确认纠纷案”,见《李磊诉阳少平所有权确认案》(史智军),载《中国审判案例要览》(2012民:3);江苏徐州中院(2010)徐民终字第847号“张某与王某等物权纠纷案”,见《张梅、王福洲诉王锦洲以被告名义购房办证所有权确认纠纷案》,载《江苏省高级人民法院公报》(201003/9:54);北京一中院(2009)—中民终字14975号“赵某与朱某所有权纠纷案”,见《赵有利诉朱力南借名买房案(房屋所有权确权)》(宋少源),载《中国审判案例要览》(2010 民:13);北京二中院(2009)二中民终字第19627 号“卢某与周某等所有权纠纷案”,见《卢丹妮诉周澜华、丁宇博所有权纠纷案(不动产公示)》(朱伟),载《中国审判案例要览》(2010 民:18);浙江绍兴中院(2009)浙绍民终字第 485 号“陆某与某开发公司等商品房买卖合同纠纷案”,见《陆飞诉浙江五洲建设投资集团有限公司、王亚萍商品房买卖合同案(商品房买卖合同)》(王安洁),载《中国审判案例要览》(2010 民:178);北京高院(2008)高民终字第 862 号“郑磊与吴重凡不动产登记纠纷上诉案”,见《不动产权属登记在确认物的归属关系中的效力》(冀东、陈雯),载《人民司法·案例》(200816:31);北京东城区法院(2007)东民初字第 01026 号“某实业公司与郭某财产权属纠纷案”,见《广州市经济技术协作发展总公司办公室诉郭惠卿财产权属案(单位以个人名义购买房屋的产权归属)》(赵世浩),载《中国审判案例要览》(2008 民:9);北京一中院(2007)一中民初字第 6945 号“郑某与吴某财产权属纠纷案”,见《郑磊诉吴重凡财产权属案(确认房屋权属)》(冀东),载《中国审判案例要览》(2008 民:12);北京二中院(2007)二中民终第 13102 号“冯某与任某等财产所有权纠纷案”,见《冯震宇诉任军等财产所有权案(委托购房协议的效力)》(刘德恒),载《中国审判案例要览》(2008 民:251);湖北宜昌中院(2006)宜中立民终字第 38 号“吴某与某机械厂房屋买卖合同纠纷案”,见《吴春喜诉国营武汉船用机械厂房屋买卖合同纠纷案(房屋买卖合同)》(闫友斌),载《中国审判案例要览》(2007 民:118);广东广州中院(2000)穗中法房终字第 2375 号“某银行与某房产公司等抵押借款合同纠纷案”,见《中国建设银行番禺支行诉广州百胜房产有限公司等案(房屋抵押借款合同)》(闵海蓉),载《中国审判案例要览》(2001 民:65);湖南娄底中院(2000)娄中民终字第 254 号“徐某与王某等房屋买卖合同纠纷案”,见《徐琼玉等诉王雪艳等案(房屋买卖合同、欺诈、登记、翻建)》(方邑),载《中国审判案例要览》(2001 民:87);辽宁大连中院(2015)大审民再终字第 42 号“某银行与巴某等借款合同纠纷案”;重庆一中院(2010)渝一中法民终字第 960 号“游某与宋某房屋买卖合同纠纷上诉案”;重庆一中院(2009)渝一中法民终字第 3903 号“谢某与但某房屋买卖合同纠纷案”;上海浦东新区法院(2008)浦民一(民)初字第 6042 号“高某诉竺某所有权确认纠纷案”;辽宁沈阳中院(2007)沈民(2)房终字第 605 号“孟某与王某房屋买卖合同纠纷案”;辽宁沈阳中院(2007)沈民(2)房终字第 309 号“梁某与某开发公司房屋买卖合同纠纷案”。

37. 拖欠房款与诉讼时效

——付款太迟延，是否过时效？

【诉讼时效】

【案情简介及争议焦点】

2005年5月，陈某售房予温某，按房价款5%收定金9万余元。2005年8月，陈某被判有期徒刑，2008年8月，陈某刑满释放。2008年12月，陈某以温某在2005年8月过户后未按约支付后期房款严重违约为由，将温某其后支付的部分房款作为违约金并开具违约金收据予温某。2009年1月，陈某起诉要求温某支付剩余房款9万余元。温某称已付清且已过诉讼时效。

争议焦点：1. 购房款是否适用诉讼时效？2. 违约金是否适用时效？

【裁判要点】

1. 购房款本金。双方所签协议系双方当事人真实意思表示，合法有效，应恪守履行。在双方签订上述协议中，卖方签约目的是交付房屋及办理过户手续，买方签约目的是获取房屋并支付购房款。从双方履行情况看，卖方已履行完其合同义务，交付房屋并办理了产权转移手续，但买方并未完全履行其主要义务，至今未付清全部购房款。因购房款系获取房屋所有权的对价，故购房款本金不应适用诉讼时效，现买方以诉讼时效已过为由拒绝支付其余购房款，使得卖方合同目的无法实现，违反了公平合理、等价有偿的民法基本原则，不予支持。

2. 违约金时效。违约金系普通债权，与物权无关，应适用诉讼时效的规定，即卖方提起本案诉讼之日往前倒推两年以前的违约金的请求不应支持。买方所付定金转化为违约金后，已足以弥补卖方的实际损失，对于剩余房款（不含卖方没收的定金），应由买方支付。

【裁判依据或参考】

1. 法律规定。《民法典》（2021年1月1日）第188条："向人民法院请求保护民事权利的诉讼时效期间为三年。法律另有规定的，依照其规定。诉讼时效期间自权利人知道或者应当知道权利受到损害以及义务人之日起计算。法律另有规定的,依照其规定。但是,自权利受到损害之日起超过二十年的,人民法院不予保护,有特殊情况的,人民法院可以根据权利人的申请决定延长。”第193条:“人民法院不得主动适用诉讼时效的规定。”第196条:“下列请求权不适用诉讼时效的规定:(一)请求停止侵害、排除妨碍、消除危险;(二)不动产物权和登记的动产物权的权利人请求返还财产;(三)请求支付抚养费、赡养费或者扶养费;(四)依法不适用诉讼时效的其他请求权。”第197条:“诉讼时效的期间、计算方法以及中止、中断的事由由法律规定,当事人约定无效。当事人对诉讼时效利益的预先放弃无效。”**《合同法》**(1999年10月1日,已于2021年1月1日起失效)第107条:“当事人一方不履行合同义务或者履行合同义务不符合约定的,应当承担继续履行、采取补救措施或者赔偿损失等违约责任。”**《民法通则》**(1987年1月1日,已于2021年1月1日起失效)第135条:“向人民法院请求保护民事权利的诉讼时效期间为二年,法律另有规定的除外。”第137条:“诉讼时效期间从知道或者应当知道权利被侵害时起计算。但是,从权利被侵害之日起超过二十年的,人民法院不予保护。有特殊情况的,人民法院可以延长诉讼时效期间。”第138条:“超过诉讼时效期间,当事人自愿履行的,不受诉讼时效限制。”第139条:“在诉讼时效期间的最后六个月内,因不可抗力或者其他障碍不能行使请求权的,诉讼时效中止。从中止时效的原因消除之日起,诉讼时效期间继续计算。”第140条:“诉讼时效因提起诉讼、当事人一方提出要求或者同意履行义务而中断。从中断时起,诉讼时效期间重新计算。”

2. 司法解释。最高人民法院**《关于适用〈中华人民共和国民法典〉时间效力的若干规定》**(2021年1月1日　法释〔2020〕15号)第1条:“民法典施行后的法律事实引起的民事纠纷案件,适用民法典的规定。民法典施行前的法律事实引起的民事纠纷案件,适用当时的法律、司法解释的规定,但是法律、司法解释另有规定的除外。民法典施行前的法律事实持续至民法典施行后,该法律事实引起的民事纠纷案件,适用民法典的规定,但是法律、司法解释另有规定的除外。”第2条:“民法典施行前的法律事实引起的民事纠纷案件,当时的法律、司法解释有规定,适用当时的法律、司法解释的规定,但是适用民法典的规定更有利于保护民事主体合法权益,更有利于维护社会和经济秩序,更有利于弘扬社会主义核心价值观的除外。”第3条:“民法典施行前的法律事实引起的民事纠纷案件,当时的法律、司法解释没有规定而民法典有规定的,可以适用民法典的规定,但是明显减损当事人合法权益、增加当事人法定义务或者背离当事人合理预期的除外。”第4条:“民法典施行前的法律事实引起的民事纠纷案件,当时的法律、司法解释仅有原则性规定而民法典有具体规定的,适用当时的法律、司法解释的规定,但是可以依据民法典具体规定进行裁判说理。”第8条:“民法典施行前成立的合同,适用当时的法律、司法解释的规定合同无效而适用民法典的规定合同有效的,适用民法典的相关规定。”最高人民法院《**关于审理民事案件适用诉讼时效制度若干问题的规定(2020 年修改)**》(2021 年 1 月 1 日　法释〔2020〕17 号)第 4 条:"未约定履行期限的合同,依照民法典第五百一十条、第五百一十一条的规定,可以确定履行期限的,诉讼时效期间从履行期限届满之日起计算;不能确定履行期限的,诉讼时效期间从债权人要求债务人履行义务的宽限期届满之日起计算,但债务人在债权人第一次向其主张权利之时明确表示不履行义务的,诉讼时效期间从债务人明确表示不履行义务之日起计算。"第 19 条:"诉讼时效期间届满,当事人一方向对方当事人作出同意履行义务的意思表示或者自愿履行义务后,又以诉讼时效期间届满为由进行抗辩的,人民法院不予支持。当事人双方就原债务达成新的协议,债权人主张义务人放弃诉讼时效抗辩权的,人民法院应予支持。超过诉讼时效期间,贷款人向借款人发出催收到期贷款通知单,债务人在通知单上签字或者盖章,能够认定借款人同意履行诉讼时效期间已经届满的义务的,对于贷款人关于借款人放弃诉讼时效抗辩权的主张,人民法院应予支持。"最高人民法院《**关于买受人在交易时未支付价款向出卖人出具没有还款日期的欠款条诉讼时效期间应从何时开始计算问题的请示的答复**》(2006 年 3 月 10 日　〔2005〕民二他字第 35 号):"……根据你院报告所述情况,冯树根向广州市白云农业综合服务有限公司(以下简称白云农业公司)购买农药,双方并未签订书面买卖合同,也无证据证明双方对合同的履行期限进行约定,因此,该合同属于未定履行期限的合同。根据《中华人民共和国合同法》第六十二条第(四)项及《中华人民共和国民法通则》第八十八条第二款第(二)项、第一百三十七条的规定,本案诉讼时效期间应从白云农业公司向冯树根主张权利时起算。"最高人民法院《**关于超过诉讼时效期间后债务人向债权人发出确认债务的询证函的行为是否构成新的债务的请示的答复**》(2004 年 6 月 4 日　〔2003〕民二他字第 59 号)"……对债务人于诉讼时效期间届满后主动向债权人发出询证函核对贷款本息行为的法律后果问题可参照本院上述《关于超过诉讼时效期间借款人在催款通知单上签字或盖章的法律效力问题的批复》的规定进行认定和处理。"最高人民法院《**关于印发〈人民法院民事诉讼风险提示书〉的通知**》(2003 年 12 月 24 日　法发〔2003〕25 号)第 4 条:"当事人请求人民法院保护民事权利的期间一般为二年(特殊的为一年)。原告向人民法院起诉后,被告提出原告的起诉已超过法律保护期间的,如果原告没有对超过法律保护期间的事实提供证据证明,其诉讼请求不会得到人民法院的支持。"最高人民法院《**关于对甘肃省高级人民法院甘高法〔2003〕183 号请示的答复**》(2003 年 11 月 28 日　〔2003〕民二他字第 40 号):"……只要'主债务没有超过诉讼时效期间',无论债权人是否向保证人主张过权利,均不影响债权人依照 144 号通知规定,向保证人主张权利。"最高人民法院《**关于民事诉讼证据的若干规定(2019 年修正)**》(2020 年 5 月 1 日　法释〔2019〕19 号)第 1 条:"原告向人民法院起诉或者被告提出反诉,应当提供符合起诉条件的相应的证据。"第 2 条:"人民法院应当向当事人说明举证的要求及法律后果,促使当事人在合理期限内积极、全面、正确、诚实地完成举证。当事人因客观原因不能自行收集的证据,可申请人民法院调查收集。"第 3 条:"在诉讼过程中,一方当事人陈述的于己不利的事实,或者对于己不利的事实明确表示承认的,另一方当事人无需举证证明。在证据交换、询问、调查过程中,或者在起诉状、答辩状、代理词等书面材料中,当事人明确承认于己不利的事实的,适用前款规定。"第 4 条:"一方当事人对于另一方当事人主张的于己不利的事实既不承认也不否认,经审判人员说明并询问后,其仍然不明确表示肯定或者否定的,视为对该事实的承认。"第 85 条:"人民法院应当以证据能够证明的案件事实为根据依法作出裁判。审判人员应当依照法定程序,全面、客观地审核证据,依据法律的规定,遵循法官职业道德,运用逻辑推理和日常生活经验,对证据有无证明力和证明力大小独立进行判断,并公开判断的理由和结果。"第 88 条:"审判人员对案件的全部证据,应当从各证据与案件事实的关联程度、各证据之间的联系等方面进行综合审查判断。"最高人民法院**《关于超过诉讼时效期间当事人达成的还款协议是否应当受法律保护问题的批复》**(1997 年 4 月 16 日　法复〔1997〕4 号,已于 2021 年 1 月 1 日起失效):"……根据《中华人民共和国民法通则》第九十条规定的精神,对超过诉讼时效期间,当事人双方就原债务达成还款协议的,应当依法予以保护。"最高人民法院**《关于债务人在约定的期限届满后未履行债务而出具没有还款日期的欠款条诉讼时效期间应从何时开始计算问题的批复(2020 年修改)》**(1994 年 3 月 26 日　法复〔1994〕3 号,2020 年修改,2021 年 1 月 1 日起实施):"……双方当事人原约定,供方交货后,需方立即付款。需方收货后因无款可付,经供方同意写了没有还款日期的欠款条。根据民法典第一百九十五条的规定,应认定诉讼时效中断。如果供方在诉讼时效中断后一直未主张权利,诉讼时效期间则应从供方收到需方所写欠款条之日起重新计算。"最高人民法院**《关于企业或个人欠国家银行贷款逾期两年未还应当适用民法通则规定的诉讼时效问题的批复》**(1993 年 2 月 22 日　法复〔1993〕1 号,已于 2021 年 1 月 1 日起失效):"……确已超过诉讼时效期间,并且没有诉讼时效中止、中断或者延长诉讼时效期间情况的,人民法院应当判决驳回其诉讼请求。"最高人民法院**《关于适用〈中华人民共和国民事诉讼法〉的解释》**(2021 年 1 月 1 日　法释〔2020〕20 号)第 219 条:"当事人超过诉讼时效期间起诉的,人民法院应予受理。受理后对方当事人提出诉讼时效抗辩,人民法院经审理认为抗辩事由成立的,判决驳回原告的诉讼请求。"最高人民法院**《关于当事人的诉讼请求超过诉讼时效人民法院不再予以保护的函复》**(1992 年 4 月 11 日　〔1991〕民他字第 62 号):"……王起诉时,已经超过诉讼时效。因此,依照《中华人民共和国民法通则》第 135 条、137 条关于诉讼时效期间及超过诉讼时效不予保护的规定,本案应予再审,撤销原一、二审判决,驳回王华珠的诉讼请求。”最高人民法院**《关于贯彻执行〈中华人民共和国民法通则〉若干问题的意见(试行)》**[1988年4月2日　法(办)发〔1988〕6号,已于2021年1月1日起失效]第171条:“过了诉讼时效期间,义务人履行义务后,又以超过诉讼时效为由翻悔的,不予支持。”第173条:“诉讼时效因权利人主张权利或者义务人同意履行义务而中断后,权利人在新的诉讼时效期间内,再次主张权利或者义务人再次同意履行义务的,可以认定为诉讼时效再次中断。权利人向债务保证人、债务人的代理人或者财产代管人主张权利的,可以认定诉讼时效中断。”第174条:“权利人向人民调解委员会或者有关单位提出保护民事权利的请求,从提出请求时起,诉讼时效中断。经调处达不成协议的,诉讼时效期间即重新起算;如调处达成协议,义务人未按协议所定期限履行义务的,诉讼时效期间应从期限届满时重新起算。”

3.地方司法性文件。北京高院**《审理民商事案件若干问题的解答之五(试行)》**(2007年5月18日　京高法发〔2007〕168号)第16条:“无效合同是否适用诉讼时效期间的规定?请求确认合同无效的,不应适用诉讼时效期间的规定。因合同无效而产生的返还财产或赔偿损失请求权,应适用诉讼时效期间的规定。诉讼时效自合同约定的履行期限届满之次日起算。”山东高院**《关于当前审理民商事案件中适用法律若干问题意见》**(2005年12月22日)第2条第1款:“……在诉讼中,债务人对已超过诉讼时效的债务,未提出时效抗辩的,人民法院不应主动审查诉讼时效是否完成。当事人在一审中不对诉讼时效提出抗辩,应视为放弃时效利益,二审或再审程序中主张债务已超过诉讼时效的,人民法院不予审查。”辽宁高院**《关于当前商事审判中适用法律若干问题的指导意见》**(2005年1月26日　辽高法〔2005〕29号)第26条:“合同没有约定债务履行期限或债务履行期限约定不明的,按照《中华人民共和国合同法》第六十二条第(四)项的规定,债务人可以随时履行,债权人也可以随时要求履行。此种情况下,诉讼时效期间从债权人第一次主张权利而未得到实现的次日起或债务人明确表示拒绝履行债务的次日起计算。如果从交易习惯上可以判定债务履行期间的,按交易习惯确定的期间届满的次日起计算诉讼时效。”第27条:“超过诉讼时效期间当事人达成还款协议的时效起算问题:最高人民法院法复〔1997〕4号《关于超过诉讼时效期间当事人达成还款协议是否应受法律保护的批复》应作如下理解:(1)自然债务应予保护的前提是债权人与债务人就已超过诉讼时效的债权债务重新达成协议,主观要件在于双方有继续履行债的新的合意,债务人有愿继续偿还债务的意思表示;(2)形式要件表现为达成新的协议;(3)内容体现出对原债权债务的确认及履行方式达到了一致;符合上述三个标准的还款协议,应受法律的保护,诉讼时效从还款协议确定给付时间的次日重新起算。”广东高院**《关于民商事审判适用诉讼时效制度若干问题的指导意见》**

(2003年9月25日 粤高法〔2003〕200号,已于2020年12月31日经粤高法〔2020〕132号废止)第2条:"无效合同产生债务的诉讼时效的起算,根据以下情形确定:(一)一方当事人履行合同义务后,因对方没有履行合同义务,而请求对方履行合同义务或返还财产、赔偿损失的,诉讼时效从合同约定的履行期届满之日起计算;(二)合同双方当事人依合同约定履行了各自义务,尔后合同被仲裁机关仲裁裁决或法院判决确认无效,一方当事人请求对方返还依无效合同取得的财产和赔偿损失的,诉讼时效从确认合同无效的仲裁裁决或判决生效之日起计算;(三)合同双方当事人均没有完全履行合同义务,一方当事人要求对方承担赔偿责任的,诉讼时效从合同约定的履行期限届满之日起计算。"第3条:"债务没有约定履行期限的,诉讼时效的起算根据以下情形确定:(一)债权人要求债务人履行债务,并向债务人明确债务履行期限的,诉讼时效从债权人确定的履行期限届满之日起计算;(二)债权人要求债务人履行债务,债务人明确表示拒绝履行的,诉讼时效从债务人表示拒绝履行之日起计算;(三)债务人向债权人出具了履行债务计划,债权人没有异议的,诉讼时效从履行计划载明的最后履行期届满之日起计算。"第6条:"债权的诉讼时效届满后,债务人向债权人出具还款计划书或还款承诺书的,该债权的诉讼时效重新起算。"北京高院**《审理民商事案件若干问题的解答之四(试行)》**(2003年3月5日 京高法发〔2005〕61号)第18条:"当事人起诉后撤诉,或者法院依法裁定按当事人自动撤诉处理的案件,符合诉讼时效因提起诉讼而中断的规定,应认定诉讼时效中断。"第19条:"诉讼时效因债权人向债务人主张权利而中断。债权人应证明其在诉讼时效期间内向债务人主张过债权的事实。为解决送达难或受送达人拒绝签收主张债权送达文件的问题,除以直接的送达方式送达至受送达人外,以快件专递方式邮寄送达而没有受送达人签收手续的,如债权人对送达文件中载明的受送达人的法定地址、收件人的称谓、需送达文件的全部内容、加盖的印章及送交办理快件邮寄手续过程进行公证证明的,法院应当确认其主张债权的效力,并发生诉讼时效中断的后果。"江苏高院**《2001年全省民事审判工作座谈会纪要》**(2001年10月18日 苏高法〔2001〕319号)第5条:"……对于原告的起诉,人民法院在审查诉讼时效时,应从保护债权人的合法权益出发,坚持适当从宽原则,对债权人所提交的、证明其在诉讼时效期间曾向债务人主张权利的证据材料,债务人提出异议的,对该异议从严审查。超过诉讼时效期间,当事人双方就原债务达成继续履行协议的,依法予以保护。"上海高院**《关于印发〈关于民事案件审理的几点具体意见〉的通知》**(2000年8月15日 沪高法民〔2000〕44号)第30条:"关于时效制度的适用范围,我国民法通则未作具体规定。根据我国有关司法解释的精神和学理通说,诉讼时效的客体为请求权,当事人要求确认合同无效的权利属形成权,该诉讼属确认之诉,不属诉讼时效的适用范围。但无效后恢复原状、赔偿损失的请求,属于请求权性质,应当适用诉讼时效规定。至于从何时起算,我们认为,由于国家对诉至法院的无效民事行为是强制干预,且合同的效力依法只能由法院和仲裁机构确认,当事人和其他组织均无权确认,故虽然无效民事行为是自始无效,但确定'知道和应当知道权利被侵害'的时效期间,应当从法院认定民事行为无效之日起计算,但权利从被侵害之日超过20年的,不予保护。当事人在法院确认行为无效后,主张赔偿损失时诉讼时效期间已届满的,其请求依法不予以支持。"北京高院**《关于执行〈审理经济纠纷案件若干问题的解答〉的说明》**(1999年12月3日)第18条:"债务人在时效届满后自愿履行义务的,债权人有权接受,债务人不能以时效届满为由请求债权人返还;如果债务人虽未履行债务,但与债权人以协议形式承认其债务,并表示继续履行债务的,或者同意由第三人愿为债务人继续履行债务提供担保的,即债务人放弃时效抗辩权,债权人享有请求人民法院保护其民事权益的权利。"

4. 参考案例。2011年3月**新疆某房屋买卖合同纠纷案**,法院认为:因买方在签约时已知受让房屋产权处于受限制状态,应预见到短期内无法办理过户手续的风险,且合同约定剩余房款在房屋权属证书过户后支付,亦表明买方有规避风险的觉悟,故卖方在交付房屋后迟延办理过户手续的行为并非出自主观故意。买方于2009年2月17日以欠款人名义书写的还款协议,并未提及卖方迟延履行的责任,而是对剩余房款的支付明确了期限。由此可说明买方默许了卖方迟延过户办证的行为,也表明双方对协议书中约定的过户期限做了修订;同时,在卖方将涉案房屋交付买方后,卖方与买方之间存在的法律关系已由物权关系转变为债权关系。对民事权利的保护,其诉讼时效为两年。买方在卖方于协议书及还款协议约定的过户期限到期后仍未办理的情况下,就应知自己权利遭受侵害,至今买方并无证据证明期间向卖方主张过权利,故买方的反诉请求支付违约金已超过诉讼时效,鉴于系卖方自身原因未能及时办理涉案房屋的过户手续,导致其债权不能尽早实现,故对卖方要求买方赔付违约金的反诉请求不予支持。判决买方支付拖欠卖方的购房款3.3万元。2009年5月**上海某房屋买卖合同案**,1996年,陈某将房屋以7万元价格卖给本村的董某,村委会、镇规划组做见证。2008年8月,该房拆迁,陈某起诉主张支付转让款7万元。董某称已付款,但无付款凭证。法院认为:双方协议对转让款支付日期未作约定,根据最高人民法院《关于审理民事案件适用诉讼时效制度若干问题的规定》之规定,鉴于陈某在提起本案诉讼前从未向董某主张过付款,且自1996年签约时起至2008年12月陈某提起本案诉讼,期间亦未超过法律所规定的20年最长诉讼时效期间,现陈某提起本案诉讼未超过法律规定的诉讼时效。董某关于协议中未约定付款日期系因签约前转让款已付清,故该协议无须再对付款日期再作约定的解释比较合理,且考虑到该协议签订当年系争房屋已实际交付董某使用,故董某基于“一手交钱一手交房”的想法在付款后未要求陈某出具收据的做法,亦合常理;而陈某对于其在十余年间从未向董某催讨转让款系因其收入颇丰,故其虽能经常遇见董某但从未向董某主张过付款的解释,未免牵强,亦不符合常理。故依一般交易习惯,只有在转让款已付清的情况下,出卖人才会交付房屋并在之后的十余年间从未主张付款,故陈某现起诉要求董某支付转让款,依据不足,不予支持。2010 年 9 月**广东某房屋买卖合同纠纷案**,法院认为:双方签订的《转让合同》合法有效,当事人应全面履行。卖方将涉案房屋转让给买方后,买方理应向卖方支付合同约定价款,买方于签订合同当日居住涉案房屋后未向卖方支付房款已构成违约,但因合同并未约定买方支付房款的时间,根据《合同法》相关规定,履行期限不明确的,债务人可以随时履行,债权人也可以随时要求履行,但应当给对方必要的准备时间。因合同并未约定支付房款的具体时间,故卖方于 2010 年 5 月 15 日向买方发函要求支付购房款并未超过法律规定的诉讼时效。买方应履行的主要合同义务为支付房款,但其自合同生效之日并未向卖方支付房款,在接收到卖方催告函仍未予支付,已达到《合同法》规定的解除合同的情形,现卖方请求解除合同及买方搬离涉案房屋于法有据,应予支持。

【同类案件处理要点】

二手房交易中,出卖方将房屋交付买受方后,买受方拖欠出卖方的购房款视为普通债权,其诉讼时效为两年,诉讼时效期间从确定的履行期限届满之日起计算;不能确定履行期限的,诉讼时效期间从债权人要求债务人履行义务的宽限期届满之日起计算。请求确认二手房买卖合同无效的,不应适用诉讼时效期间的规定;因合同无效而产生的返还财产或赔偿损失请求权,应适用诉讼时效期间的规定;诉讼时效自合同约定的履行期限届满之次日起算。

【相关法律风险提示】

1. 二手房合同履行过程中,双方认可部分款项系违约金而非房款的,卖方应当要求订立书面确认协议。卖方仅以违约金收据形式单份出示给买方作为凭证的,易存在举证失据。案见广东广州天河区法院(2009)天法民四初字第 494 号“陈某诉温某房屋买卖合同纠纷案”。

2. 拖欠的购房款是否适用两年普通诉讼时效,司法实践中有不同判例。认为不适用诉讼时效一方的理由:支付房款系买方主要合同义务,与物权有关,案见广东广州天河区法院(2009)天法民四初字第 494 号“陈某诉温某房屋买卖合同纠纷案”。认为适用诉讼时效一方的理由:拖欠的购房款性质上仍系普通债权,案见上海一中院(2009)沪一中民二(民)终字第 1127 号“陈某与董某房屋买卖合同纠纷案”。对二手房交易各方当事人而言，无论是购房款还是违约金，积极主张并保留相关证据，是防范此类法律风险发生的根本。

【附注】

参考案例索引：广东广州天河区法院（2009）天法民四初字第494号“陈某诉温某房屋买卖合同纠纷案”；上海一中院（2009）沪一中民二（民）终字第1127号“陈某与董某房屋买卖合同纠纷案”；广东深圳宝安区法院（2010）深宝法民三初字第1040号“陈某诉周某房屋买卖合同纠纷案”。

38. 盗卖房屋的法律效力

——盗卖他人房，合同有无效？

【民刑交叉】

【案情简介及争议焦点】

2003年3月，赵某以关某名义，持盗窃来的关某身份证、户口本、拆迁协议、房款收据等，谎称是关某前夫，通过房产中介，与刘某签订《房地产经纪合同》，收取了7.6万元房款后将拆迁协议等材料交给刘某，以办理拆迁安置房过户登记手续用。事后关某报案，赵某被判有期徒刑10年。2004年，刘某诉请确认与关某签订的合同有效。

争议焦点：1. 行为性质是什么？2. 合同效力如何？

【裁判要点】

1. 行为性质。赵某以关某名义与刘某签订的《房地产经纪合同》，不是刘某与关某的民事行为，而是赵某盗窃获取赃款的刑事犯罪行为，关某未与刘某签订任何民事合同，也未通过签订民事合同设立任何民事权利、义务关系，故该房屋买卖合同对关某没有法律约束力。

2. 合同效力。案涉合同签订时，关某并未在场，事后对该合同亦未追认，无权利人真实意思表示，况所持材料系赵某盗窃所得，也不可能获得关某追认。刘某与赵某签订该合同时，轻信赵某谎言，未尽相应注意义务、有过错，故其签约行为不构成表见代理，合同无效。

【裁判依据或参考】

1. 法律法规或其他规范性文件

(1)关于无权处分。《民法典》(2021年1月1日)第162条:"代理人在代理权限内,以被代理人名义实施的民事法律行为,对被代理人发生效力。"第164条:"代理人不履行或者不完全履行职责,造成被代理人损害的,应当承担民事责任。代理人和相对人恶意串通,损害被代理人合法权益的,代理人和相对人应当承担连带责任。"第171条:"行为人没有代理权、超越代理权或者代理权终止后,仍然实施代理行为,未经被代理人追认的,对被代理人不发生效力。相对人可以催告被代理人自收到通知之日起三十日内予以追认。被代理人未作表示的,视为拒绝追认。行为人实施的行为被追认前,善意相对人有撤销的权利。撤销应当以通知的方式作出。行为人实施的行为未被追认的,善意相对人有权请求行为人履行债务或者就其受到的损害请求行为人赔偿。但是,赔偿的范围不得超过被代理人追认时相对人所能获得的利益。相对人知道或者应当知道行为人无权代理的,相对人和行为人按照各自的过错承担责任。"第172条:"行为人没有代理权、超越代理权或者代理权终止后,仍然实施代理行为,相对人有理由相信行为人有代理权的,代理行为有效。"第186条:"因当事人一方的违约行为,损害对方人身权益、财产权益的,受损害方有权选择请求其承担违约责任或者侵权责任。"第187条:"民事主体因同一行为应当承担民事责任、行政责任和刑事责任的,承担行政责任或者刑事责任不影响承担民事责任;民事主体的财产不足以支付的,优先用于承担民事责任。"第209条:"不动产物权的设立、变更、转让和消灭,经依法登记,发生效力;未经登记,不发生效力,但是法律另有规定的除外。依法属于国家所有的自然资源,所有权可以不登记。"第210条:"不动产登记,由不动产所在地的登记机构办理。国家对不动产实行统一登记制度。统一登记的范围、登记机构和登记办法,由法律、行政法规规定。"第211条:"当事人申请登记,应当根据不同登记事项提供权属证明和不动产界址、面积等必要材料。"第212条:"登记机构应当履行下列职责:(一)查验申请人提供的权属证明和其他必要材料;(二)就有关登记事项询问申请人;(三)如实、及时登记有关事项;(四)法律、行政法规规定的其他职责。申请登记的不动产的有关情况需要进一步证明的,登记机构可以要求申请人补充材料,必要时可以实地查看。"第215条:"当事人之间订立有关设立、变更、转让和消灭不动产物权的合同,除法律另有规定或者当事人另有约定外,自合同成立时生效;未办理物权登记的,不影响合同效力。"第216条:"不动产登记簿是物权归属和内容的根据。不动产登记簿由登记机构管理。"第217条:"不动产权属证书是权利人享有该不动产物权的证明。不动产权属证书记载的事项,应当与不动产登记簿一致;记载不一致的,除有证据证明不动产登记簿确有错误外,以不动产登记簿为准。"第220条:"权利人、利害关系人认为不动产登记簿记载的事项错误的,可以申请更正登记。不动产登记簿记载的权利人书面同意更正或者有证据证明登记确有错误的,登记机构应当予以更正。不动产登记簿记载的权利人不同意更正的,利害关系人可以申请异议登记。登记机构予以异议登记,申请人自异议登记之日起十五日内不提起诉讼的,异议登记失效。异议登记不当,造成权利人损害的,权利人可以向申请人请求损害赔偿。"第 222 条:"当事人提供虚假材料申请登记,造成他人损害的,应当承担赔偿责任。因登记错误,造成他人损害的,登记机构应当承担赔偿责任。登记机构赔偿后,可以向造成登记错误的人追偿。"**《物权法》**(2007 年 10 月 1 日,已于 2021 年 1 月 1 日起失效)第 106 条:"无处分权人将不动产或者动产转让给受让人的,所有权人有权追回;除法律另有规定外,符合下列情形的,受让人取得该不动产或者动产的所有权:(一)受让人受让该不动产或者动产时是善意的;(二)以合理的价格转让;(三)转让的不动产或者动产依照法律规定应当登记的已经登记,不需要登记的已经交付给受让人。受让人依照前款规定取得不动产或者动产的所有权的,原所有权人有权向无处分权人请求赔偿损失。当事人善意取得其他物权的,参照前两款规定。"**《合同法》**(1999 年 10 月 1 日,已于 2021 年 1 月 1 日起失效)第 51 条:"无处分权的人处分他人财产,经权利人追认或者无处分权的人订立合同后取得处分权的,该合同有效。"第 52 条:"有下列情形之一的,合同无效:(一)一方以欺诈、胁迫的手段订立合同,损害国家利益;(二)恶意串通,损害国家、集体或者第三人利益;(三)以合法形式掩盖非法目的;(四)损害社会公共利益;(五)违反法律、行政法规的强制性规定。"第 58 条:"合同无效或者被撤销后,因该合同取得的财产,应当予以返还;不能返还或者没有必要返还的,应当折价补偿。有过错的一方应当赔偿对方因此所受到的损失,双方都有过错的,应当各自承担相应的责任。"**《刑法(2020 年修正)》**(2021 年 3 月 1 日)第 64 条:"犯罪分子违法所得的一切财物,应当予以追缴或者责令退赔;对被害人的合法财产,应当及时返还;违禁品和供犯罪所用的本人财物,应当予以没收。没收的财物和罚金,一律上缴国库,不得挪用和自行处理。"**《民法通则》**(1987 年 1 月 1 日,已于 2021 年 1 月 1 日起失效)第 58 条:"下列民事行为无效:……(五)违反法律或者社会公共利益的……无效的民事行为,从行为开始起就没有法律约束力。"最高人民法院**《关于适用〈中华人民共和国合同法〉若干问题的解释(二)》**(2009 年 5 月 13 日　法释〔2009〕5 号,已于 2021 年 1 月 1 日起失效)第 12 条:"无权代理人以被代理人的名义订立合同,被代理人已经开始履行合同义务的,视为对合同的追认。"第 13 条:"被代理人依照合同法第四十九条的规定承担有效代理行为所产生的责任后,可以向无权代理人追偿因代理行为而遭受的损失。"最高人民法院**《关于审理诈骗案件具体应用法律的若干问题的解释》**(1996 年 12 月 24 日,已于 2013 年 1 月 18 日废止)第 11 条:"行为人将诈骗财物已用于归还个人欠款、货款或者其他经济活动的,如果对方明知是诈骗财物而收取,属恶意取得,应当一律予以追缴;如确属善意取得,则不再追缴。”**《城市房地产管理法(2019年修正)》**(2020年1月1日)第38条:“下列房地产,不得转让:……(六)未依法登记领取权属证书的……”建设部、新闻出版总署、公安部、国家工商行政管理总局**《关于印发〈房屋权属证书印制管理办法〉的通知》**(2002年6月6日　建住房〔2002〕158号,已于2017年12月12日废止)第2条:“房屋权属证书是房屋权利人依法拥有房屋所有权,并对房屋行使占有、使用、收益和处分的唯一合法凭证。”第3条:“房屋权属证书包括《房屋所有权证》《房屋共有权证》《房屋他项权证》或者《房地产权证》《房地产共有权证》《房地产他项权证》。”建设部**《关于清理检查房屋权属证书印制发放工作的通知》**(2001年9月13日　建住房〔2001〕193号,2011年1月19日已失效——编者注)第2条:“北京印钞厂为目前全国房屋所有权证、房屋共有权证、房屋他项权证的唯一合法印制单位,1998年7月全国全面启用统一的房屋权属证书后,其他任何单位印制的上述房屋权属证书均为假房屋权属证书。自本通知下发之日起,假房屋权属证书要立即封存并停止发放和使用。”第3条:“已发出的假房屋权属证书,房屋权属登记发证机关要坚决限期收回,并尽快向房地产权利人无偿换发合法的房屋权属证书。收回假房屋权属证书和换发合法房屋权属证书的具体方案,应报经当地人民政府批准,并向省、自治区建设行政主管部门、直辖市房地产行政主管部门备案后实施。”建设部**《关于整顿全国房屋所有权登记发证秩序的通知》**(1997年4月21日　建房〔1997〕62号,2011年1月19日已失效——编者注)第1条:“要根据《城市房地产管理法》的规定,建立健全具有政府行政职能的房地产管理机构,依法开展房屋所有权登记发证工作;凡不具有政府确定的房地产行政管理职能的机构,如房产经营公司等一律不得承担房屋所有权登记发证工作。”第2条:“坚决制止住房制度改革办公室等非房地产管理部门颁发《房屋所有权证》。非房地产管理部门颁发的《房屋所有权证》,一律无效,并要求产权人限期到房地产管理部门进行登记;同时根据情况依法追究违法发证单位的行政或法律责任。”天津高院**《关于审理房屋买卖合同纠纷案件若干问题的审判委员会纪要》**(2018年11月26日　津高法〔2018〕230号)第2条:“二手房买卖相关问题……(一)关于合同效力的认定问题……出卖人冒用房屋所有权人名义擅自转让房屋,所有权人请求确认房屋买卖合同无效的,应予支持,但有证据表明构成表见代理的除外……”广东高院**《印发〈关于审理房屋买卖合同纠纷案件的指引〉的通知》**(2017年9月12日　粤高法〔2017〕191号,已于2020年12月31日经粤高法〔2020〕132号废止)第8条:“出卖人冒用房屋所有权人名义转让房屋,该合同对房屋所有权人没有约束力,但买受人有证据证明出卖人的行为构成表见代理的除外。出卖人冒用房屋所有权人名义伪造身份证、房产证等证件转让房屋的，不适用善意取得的规定。”山东高院**《民事审判会议纪要》**(2017年8月)第2条：“……4.关于商品房按揭贷款的有关问题。商品房按揭贷款在现代商品房开发与买卖合同中日益普及，由此带来的问题也日渐增多。在商品房按揭纠纷中，主要存在四个基本合同关系，即购房者与开发商之间的商品房买卖合同关系、购房者与按揭银行之间的借款合同关系、购房者与按揭银行之间的以商品房‘楼花’或现楼为抵押物的抵押合同关系、开发商与按揭银行之间以保证、回购等具体条款加以确定的保证合同关系。这四类合同均应根据《合同法》关于合同成立与生效的一般原则规定来确定其成立与生效时间。关于商品房按揭合同的效力。2017年12月3日最高人民法院印发的《关于为维护国家金融安全和经济全面协调可持续发展提供司法保障和法律服务的若干意见》的通知(法发〔2008〕38号)第四部分规定：‘要依法保障房地产市场健康发展。房地产市场的发展不仅关系到我国城市化、工业化的进程，而且关系到金融安全和群众安居乐业等国计民生问题。各级人民法院要注意审查按揭贷款合同的真实性，依法制裁开发商以虚假按揭贷款合同套取银行资金等违法行为’。据此，对于商品房按揭合同的效力首先应作合法性审查，如果查明商品房按揭合同不是当事人真实意思表示，或者属于开发商单方或与购房者串通形成的、以骗取银行资金为目的的虚假合同，均应认定合同无效。关于购房人办理按揭贷款中的付款时间如何确定。银行操作按揭贷款的主要流程，包括：1.开发商与银行确定贷款成数、年限；2.双方签订购房合同，选择付款方式，支付首期房款；3.向银行指定的律师事务所递交相关文件并缴纳律师费；4.相关文件交银行复审；5.通知客户办理放贷手续；6.签保险合同；7.购房人、开发商、银行三方签订《借款合同》《保证合同》《抵押合同》。如果购房人选定的是按揭贷款方式，应当以借款合同中约定的贷款支付时间，作为付款时间。商品房按揭合同能否因未办理抵押登记而无效。购房人以银行按揭贷款方式支付部分购房款的情况已经普遍存在，因此而发生的纠纷诉至法院的案件也越来越多，但是由于我国目前立法上没有对银行按揭贷款抵押的规定，故对此类案件的处理存在一定的难度。我们认为，商品房按揭抵押合同属于合同法规定的无名合同，按揭不同于一般的财产抵押，仅仅因为没有办理抵押登记就认定无效没有法律依据。对其效力的审查应当适用合同法第五十二条的规定，只要合同当事人是在平等自愿的基础上签订的，意思表示真实，内容不违反法律法规的禁止性规定，也不损害国家、集体和他人的合法权益，在我国现行法律及行政法规的尚未规定按揭(抵押)未办理抵押登记而无效的情况下，原则上应当认定按揭抵押合同有效。”湖北高院民二庭**《当前商事审判疑难问题裁判指引(上)》**(2016年11月)第4条：“以签订合同的形式进行诈骗时的合同效力。在诈骗过程中签订的合同损害国家利益的，应适用《合同法》第五十二条第一款第一项‘一方以欺诈、胁迫的手段订立合同，损害国家利益'的规定认定合同无效。在诈骗过程中以欺诈手段使合同相对人在违背真实意思的情况下订立合同的,善意的合同相对人有权请求人民法院或者仲裁机构变更或者撤销合同;未主张撤销的,可认定合同有效。合同相对人知道或者应当知道对方从事诈骗犯罪,或参与诈骗犯罪的,应适用《合同法》第五十二条'恶意串通,损害国家、集体或者第三人利益'或者'以合法形式掩盖非法目的'的规定,认定合同无效。"北京高院**《关于审理房屋买卖合同纠纷案件若干疑难问题的会议纪要》**(2014年12月16日　京高法发〔2014〕489号)第8条:"出卖人冒用房屋所有权人名义(如伪造所有权人身份证明、找相貌近似者冒充所有权人交易等)擅自转让房屋,可以参照《合同法》第48条无权代理的规定认定房屋买卖合同无效,该合同对房屋所有权人没有约束力,但买受人有证据证明构成《合同法》第49条规定表见代理的除外。买受人信赖出卖人享有代理权法律外观的形成系不可归因于房屋所有权人的,不构成前款规定的表见代理。"北京高院**《关于审理房屋买卖合同纠纷案件适用法律若干问题的指导意见(试行)》**(2010年12月22日　京高法发〔2010〕458号)第18条:"《物权法》第一百零六条规定的房屋的无权处分主要包括以下情形:(1)权利人基于非依法律行为的物权变动取得房屋所有权,但未办理宣示登记,房屋登记在他人名下,登记人擅自以自己名义处分房屋的;(2)因房屋登记机关登记错误,致使房屋登记簿上记载的原所有权消灭,产生了新的登记权利,登记人擅自以自己名义处分房屋的;(3)夫妻共同共有及其他法定共有房屋仅登记在其中部分共有人名下,登记人未经占份额三分之二以上的按份共有人或全体共同共有人同意,擅自以自己名义处分房屋的;(4)出卖人转让房屋并办理了所有权转移登记,其后买卖合同被确认无效或被撤销、解除,尚未办理所有权回复登记,登记人(买受人)擅自以自己名义处分房屋的;(5)其他无权处分房屋的情形。"第19条:"《物权法》第一百零六条第一款规定在适用上应作如下理解:(1)房屋善意取得中'善意'的判断标准:买受人信赖房屋登记簿中关于物权登记的记载,不知道出卖人无处分权即推定买受人为善意,但确有证据证明买受人明知或因重大过失不知房屋登记簿中物权登记错误或者登记簿中存在异议登记的除外。房屋原权利人对于买受人为恶意负有举证责任。(2)'以合理的价格转让'是指买卖双方之间存在以合理价格转让房屋的交易行为,且买受人已实际全部或部分支付了房屋价款。(3)房屋善意取得以房屋所有权已经转移登记到买受人名下为生效要件。房屋已经办理转移登记但尚未交付的不影响善意取得的构成,但该事实可以作为判断买受人是否构成善意的因素之一。"浙江高院**《关于审理涉及房地产登记民事案件若干问题的意见(试行)》**(2009年4月16日　浙法民一〔2009〕3号)第9条:"因申请人提供虚假材料申请登记,导致登记错误,并给他人造成损害,权利人要求申请人承担民事赔偿责任的,应予支持。"上海高院**《关于审理"二手房"买卖案件若干问题的解答》**

(2005年12月16日)第2条:“审判实践中,经常遇到房屋共有人以其他共有人擅自处分共有财产为由,主张其他共有人对外签订的‘二手房’买卖合同无效。对此问题,应区别不同的情形分别处理。一是房屋出售时,权利登记仅为出卖人一人的,基于不动产的公示、公信原则,买受人有理由相信出卖人系房屋的完全权利人,其与出卖人之间签订的买卖合同,应认定为有效;但如有证据证明买受人存有过错,与出卖人恶意串通,损害其他共有人利益的除外。二是房屋出售时,权利登记为数人的,基于部分共同共有人不得擅自处分共有财产的法律规定,在其他权利人事后不予追认的情况下,应认定买卖合同无效;但买受人有理由相信出卖人有代理权,符合表见代理构成要件的,应确认买卖合同有效。”第3条:“房屋权利人个人购买所得的房屋,配偶或其他亲属因婚姻或亲属关系形成了同住事实,房屋所有权人有义务保障其居住权益,但该权益的存在并不构成对房屋所有权人处分房屋的限制。因此,未经在房屋内共同居住的其他成员同意并不影响房屋所有权人对外签订的房屋买卖合同的效力。”

(2)关于民刑冲突。《**刑事诉讼法**》(1997年1月1日)第78条:“附带民事诉讼应当同刑事案件一并审判,只有为了防止刑事案件审判的过分迟延,才可以在刑事案件审判后,由同一审判组织继续审理附带民事诉讼。”(2012年3月14日修正后对应条文为第102条。——编者注)最高人民法院《**关于执行〈中华人民共和国刑事诉讼法〉若干问题的解释**》(1998年9月8日　法发〔1998〕23号)第99条:“对于被害人遭受的物质损失或者被告人的赔偿能力一时难以确定,以及附带民事诉讼当事人因故不能到庭等案件,为了防止刑事案件审判的过分迟延,附带民事诉讼可以在刑事案件审判后,由同一审判组织继续审理。如果同一审判组织的成员确实无法继续参加审判的,可以更换审判组织成员。”(该条已被最高人民法院《关于适用〈中华人民共和国刑事诉讼法〉的解释》第159条“附带民事诉讼应当同刑事案件一并审判,只有为了防止刑事案件审判的过分迟延,才可以在刑事案件审判后,由同一审判组织继续审理附带民事诉讼;同一审判组织的成员确实不能继续参与审判的,可以更换”所替代。——编者注)最高人民法院《**关于在审理经济纠纷案件中涉及经济犯罪嫌疑若干问题的规定(2020年修改)**》(2021年1月1日　法释〔2020〕17号)第1条:“同一自然人、法人或非法人组织因不同的法律事实,分别涉及经济纠纷和经济犯罪嫌疑的,经济纠纷案件和经济犯罪嫌疑案件应当分开审理。”第2条:“单位直接负责的主管人员和其他直接责任人员,以为单位骗取财物为目的,采取欺骗手段对外签订经济合同,骗取的财物被该单位占有、使用或处分构成犯罪的,除依法追究有关人员的刑事责任,责令该单位返还骗取的财物外,如给被害人造成经济损失的,单位发承担赔偿责任。”第3条:“单位直接负责的主管人员和其他直接责任人员,以该单位的名义对外签订经济合同,将取得的财物部分或全部占为己有构成犯罪的,除依法追究行为人的刑事责任外,该单位对行为人因签订、履行该经济合同造成的后果,依法应当承担民事责任。"第4条:"个人借用单位的业务介绍信、合同专用章或者盖有公章的空白合同书,以出借单位名义签订经济合同,骗取财物归个人占有、使用、处分或者进行其他犯罪活动,给对方造成经济损失构成犯罪的,除依法追究借用人的刑事责任外,出借业务介绍信、合同专用章或者盖有公章的空白合同书的单位,依法应当承担赔偿责任。但是,有证据证明被害人明知签订合同对方当事人是借用行为,仍与之签订合同的除外。"第5条:"行为人盗窃、盗用单位的公章、业务介绍信、盖有公章的空白合同书,或者私刻单位的公章签订经济合同,骗取财物归个人占有、使用、处分或者进行其他犯罪活动构成犯罪的,单位对行为人该犯罪行为所造成的经济损失不承担民事责任。行为人私刻单位公章或者擅自使用单位公章、业务介绍信、盖有公章的空白合同书以签订经济合同的方法进行的犯罪行为,单位有明显过错,且该过错行为与被害人的经济损失之间具有因果关系的,单位对该犯罪行为所造成的经济损失,依法应当承担赔偿责任。"第9条:"被害人请求保护其民事权利的诉讼时效在公安机关、检察机关查处经济犯罪嫌疑期间中断。如果公安机关决定撤销涉嫌经济犯罪案件或者检察机关决定不起诉的,诉讼时效从撤销案件或决定不起诉之次日起重新计算。"第11条:"人民法院作为经济纠纷受理的案件,经审理认为不属经济纠纷案件而有经济犯罪嫌疑的,应当裁定驳回起诉,将有关材料移送公安机关或检察机关。"最高人民法院**《关于审理存单纠纷案件的若干规定(2020年修正)》**(1997年12月13日法释〔1997〕8号,已于2020年修正,2021年1月1日实施)第3条,"……如案件当事人因伪造、变造、虚开存单或涉嫌诈骗,有关国家机关已立案侦查,存单纠纷案件确须待刑事案件结案后才能审理的,人民法院应当中止审理。对于追究有关当事人的刑事责任不影响对存单纠纷案件审理的,人民法院应对存单纠纷案件有关当事人是否承担民事责任以及承担民事责任的大小依法及时进行认定和处理。"最高人民法院**《关于诈骗犯罪的被害人起诉要求诈骗过程中的收取担保费用的保证人代偿"借款"应如何处理的请示的函》**(1994年9月6日):"……借款人携款外逃,未被认定为诈骗犯罪,人民法院不宜以借款人借款系欺诈行为为由认定借款合同无效,也不能据此认定作为以合同的保证合同无效。债权人可依法请求保证人履行合同。收取担保费用的保证人较无偿提供担保的保证人承担更多的义务。保证人提出自己也是诈骗犯罪的受害人的免责理由不能成立……"最高人民法院**《关于在审理经济合同纠纷案件中发现一方当事人利用签订经济合同进行诈骗的,人民法院可否直接追缴被骗钱物问题的复函》**(1994年3月26日,已于2019年7月20日被废止):"根据最高人民法院、最高人民检察院、公安部法(研)发〔1987〕7号《关于在审理经济纠纷案件中发现经济犯罪必须及时移送的通知》第三条的规定,人民法院在审理经济合同纠纷案件的过程中,发现一方当事人利用签订经济合同进行诈骗的案件,应将有关材料移送有管辖权的公安机关处理,不宜直接追缴该笔财物。但为了防止财物流失,避免造成难以挽回的损失,人民法院可同时对犯罪嫌疑人占有的所骗财物先行采取财产保全措施。对犯罪嫌疑人已将所骗财物转让给第三人,且第三人是善意有偿取得该财物的,人民法院则不宜对第三人采取财产保全措施。"最高人民法院**《关于诈骗犯罪的被害人起诉要求诈骗过程中的保证人代偿"借款"应如何处理问题的复函》**(1990 年 10 月 13 日 〔1990〕民他字第 38 号):"……冯树源从胡强处'借款'的行为既已被认定为诈骗罪行,胡强追索冯树源所'借'四万元则属刑事案件中的追赃问题。因此,对胡要求受冯欺骗的'担保人'代偿'借款'的纠纷,人民法院不宜作为民事案件受理。一审法院裁定驳回起诉是正确的。"最高人民法院、最高人民检察院、公安部**《关于在审理经济纠纷案件中发现经济犯罪必须及时移送的通知》**(1987 年 3 月 11 日,已于 2013 年 1 月 18 日被废止)第 2 条:"各级人民法院在审理经济纠纷案件中,如果发现有经济犯罪事实的,即应及时移送。"第 3 条:"人民法院在审理经济纠纷案件中,发现经济犯罪时,一般应将经济犯罪与经济纠纷全案移送,依照刑事诉讼法第五十三条和第五十四条的规定办理。如果经济纠纷与经济犯罪必须分案审理的,或者是经济纠纷案经审结后又发现有经济犯罪的,可只移送经济犯罪部分。对于经公安、检察机关侦查,犯罪事实搞清楚后,仍需分案审理的,经济纠纷部分应退回人民法院继续审理。"最高人民法院、最高人民检察院、公安部**《关于及时查处在经济纠纷案件中发生的经济犯罪的通知》**(1985 年 8 月 19 日,已于 2013 年 1 月 18 日被废止):"……各级人民法院在审理经济纠纷案件中,如发现有经济犯罪,应按照 1979 年 12 月 15 日最高人民法院、最高人民检察院、公安部《关于执行刑事诉讼规定的案件管辖范围的通知》,将经济犯罪的有关材料分别移送给有管辖权的公安机关或检察机关侦查、起诉,公安机关或检察机关均应及时予以受理。"北京高院**《审理民商事案件若干问题的解答(之三)》**(2002 年 3 月 18 日 京高法发〔2002〕51 号)第 17 条:"刑事案件中追回的赃款已部分发还存款单位,刑事判决'继续追缴赃款,发还存款单位',相关民事案件如何处理? 涉及刑事案件追回赃款已部分发还存款单位问题,应当在开庭审理中查明财产发还情况,并按照最高人民法院 2001 年 2 月 13 日法民二〔2001〕009 号关于涉及中国银行荥阳支行经济纠纷案件的通知精神处理。即凡尚未审结的民事案件,对有关部门已经发还的款项,应当在民事判决中予以扣除;已经审结的民事案件,应当在执行程序中予以扣除;确实发生债权人受益超过应得款项的,有关人民法院应当通过执行回转程序将超过部分返还债务人。上述情况,均应在民事判决本院'查明'事项和'判理'中写明。"第 18 条:"犯罪嫌疑人(用资人)直接还出资人存入金融机构的款项被公安机关作为赃款收缴后,出资人持存款凭证通过民事诉讼向金融机构主张权利,如何处理?犯罪嫌疑人采取‘拆东墙补西墙’的方式直接还给出资人存入金融机构的款项被公安机关作为赃款收缴,应视为刑事案件追赃。如没有证据证明出资人有犯罪故意,则不影响出资人持存款凭证通过民事诉讼向金融机构主张权利。民事案件审理中应在查明出资人、金融机构各自过错的基础上,严格按照最高人民法院《关于审理存单纠纷案件的若干规定》处理。”第 19 条:“公安机关在刑事侦查期间将出资人收取的高息暂扣后,出资人通过民事诉讼向金融机构主张权利时,被暂扣的高息是否冲抵本金?按照最高人民法院《关于审理存单纠纷案件的若干规定》第六条第二项之规定,出资人收取的高额利差应冲抵本金。公安机关暂扣出资人收取的高息的法律后果由出资人承担,不影响民事判决将该部分高息冲抵本金。该部分高息,出资人可依照有关规定向公安机关申请发还。”

2. 参考案例。2010 年**上海某损害赔偿纠纷案**,2004 年,徐某窃得父亲身份证明材料及房产本,在杨某帮助下,在公证处骗取委托公证书,得以徐某父亲名义将房屋出售给倪某,并以之向银行按揭贷款 38 万余元。2006 年,公证处以徐某父亲签名非本人为由撤销公证书。2007 年,法院生效判决以贷款诈骗罪判处徐某有期徒刑。2010 年,银行就徐某无法偿还损失,诉请倪某、杨某及公证处连带赔偿。法院认为:倪某、杨某参与制作办理虚假购房合同及相关手续,从而与徐某一起骗得银行贷款,导致个人住房抵押借款合同无效,造成银行贷款损失,倪某、杨某共同侵害了银行财产权。因徐某无可供执行财产,且正在服刑,无履行能力,故银行请求判令倪某、杨某共同赔偿贷款损失诉请,应予支持。尽管徐某等人提供虚假材料,故意隐瞒真实情况,但公证处在非徐某父亲本人到场进行公证情况下,仍出具公证书,显然在审查、核实过程中存在过失。公证处承担损害赔偿责任的一个重要条件是公证行为与损害后果之间存在因果关系。此处因果关系,是一种间接的、或然的联系,而非直接的、必然的联系。倪某、杨某骗贷行为是银行所受损害发生的直接原因,存在因果关系;公证处公证行为虽非直接原因,却是致使该种损害发生的不可缺少的原因力,且具有相当性。如无公证行为,则购房合同不能签订,本案纠纷亦不会产生。损害后果发生,是徐某、倪某、杨某直接的致害行为和公证行为合力作用的结果,故公证行为与财产损害之间具有因果关系,公证处应承担相应赔偿责任。倪某、杨某过错与公证处过错是两个各自独立的主观过错,故公证处承担的责任不应是连带责任而应承担补充赔偿责任。综合本案行为主体过错及行为原因力大小加以考量,酌定公证处对倪某、杨某不能清偿部分承担 30% 补充赔偿责任。2010 年**云南某损害赔偿纠纷案**,2008 年,程某持伪造陈某授权委托书,在陈某未到场情况下,公证处办理了委托书及房屋买卖合同公证,将陈某名下房产过户至程某名下。陈某诉请公证处赔偿房产损失。法院认为:程某故意提供虚假资料骗取公证存在过错,公证处未依法核实程某资料错误公证亦有过错,导致程某将陈某所有房屋出售,给陈某的财产造成损失。《公证法》第 2 条规定:"公证是公证机构根据自然人、法人或者其他组织的申请,依照法定程序对民事法律行为、有法律意义的事实和文书的真实性、合法性予以证明的活动。"第 28 条关于公证时审查事项、第 29 条关于公证协助核实义务、第 31 条关于不予公证情形、第 43 条关于公证人员和公证机构赔偿责任的规定,公证的证明责任的行使可有效防范民商事纠纷发生,保证交易安全,但本案因公证处未依法公证,导致程某骗取公证将陈某房屋出售造成财产损失,对此公证处应承担主要赔偿责任,根据其过错程度确定其承担 60% 的赔偿责任。依《公证法》第 44 条"当事人以及其他个人或者组织有下列行为之一,给他人造成损失的,依法承担民事责任……(一)提供虚假证明材料,骗取公证书的……"规定,程某应承担陈某财产损失 40% 的赔偿责任。因陈某放弃程某的赔偿责任追究,依《民事诉讼法》第 13 条"当事人有权在法律规定的范围内处分自己的民事权利和诉讼权利"规定,系陈某对其民事权利的处分,应予准许。判决公证处赔偿陈某 17 万余元。2010 年**江苏某房屋买卖合同纠纷案**,2009 年,李某在售楼处口头购买车位,并向售楼人员刘某交付全部购房款 5.2 万元。2010 年,刘某因侵占销售款被判刑。李某诉请确认车位买卖合同有效并办理过户。法院认为:企业销售商品,不可能对每一项商品,分别成立委托合同,再授予代理权,而是通过销售人员完成交易。销售人员为企业经营组织组成一部分,属于企业人员,其基于雇佣关系而受企业经营者指示在特定销售范围内为企业工作。销售人员以该企业名义在特定销售范围内进行的要约、承诺,而由该企业成为买卖合同当事人。受雇于开发公司的刘某在开发公司售房中心销售商品房、地下室、停车位,无人质疑其不是以开发公司名义进行销售,销售人员与李某达成要约承诺后,应由开发公司成为停车位买卖合同当事人。开发公司销售人员与李某达成的要约承诺不违反法律规定,应认定有效,而应由开发公司承担合同责任。销售人员对停车位买卖进行的说明、收款、出具收条等,均是销售人员履行交易活动行为,应由开发公司承担责任。李某所举证开发公司售楼员所出具车位认购款收条、司法鉴定意见及证人证言,足以认定李某与开发公司之间就购买车位已达成口头买卖合同,且李某已履行全部付款义务。开发公司销售人员利用职务便利条件侵占销售款的,不影响开发公司对买卖合同责任的承担,至于销售人员是否应对企业负侵权行为损害赔偿责任则是另一法律问题,本案不予审理。判决李某与开发公司关于案涉车位的口头买卖合同有效,开发公司为李某办理交付及过户手续。2008 年**北京某房屋买卖合同纠纷案**,2007 年,在吴某配合下,夏某将名下原属吴某房产低价卖给卫某。2008 年,夏某被以诈骗罪判处 12 年有期徒刑,上述房屋作为赃物发还受害人吴某,部分赃款返还卫某。卫某起诉吴某、夏某,要求双倍返还购房款,并赔偿租房费等经济损失。法院认为:卫某与夏某之间订立的房屋买卖合同已被生效刑事判决书确认无效。根据法律规定,因无效合同取得的财产,应予返还;不能返还或无必要返还的,应折价补偿。有过错的一方应赔偿对方因此所受到的损失,双方都有过错的,应当各自承担相应责任。本案中夏某因犯诈骗罪导致其与卫某所签合同无效,吴某在卫某和夏某买卖房屋过程中按夏某意思用谎言欺骗了前来购房的卫某等人,此事上吴某存在过错,故吴某应对返还房款和赔偿损失与夏某承担连带责任。因刑事判决中对返还房款问题已作出处理,现在卫某再次提起诉讼要求解决,该请求不符合法律规定,法院不予支持。卫某要求夏某、吴某赔偿因买卖房屋给自己造成的合理损失,法院予以支持,卫某合理损失包括购房款利息损失、租赁房屋损失和为处理此事支付的交通费以及本地区二手房屋价格上涨因素所导致的损失,上述损失已实际发生和存在,故法院予以酌定。判决夏某赔偿卫某5万元,吴某承担连带责任。2012年**四川某房屋行政诉讼案**,2000年11月,滕某提交虚假的离婚证、单位证明,向房管局申请将名下房屋售予向某,申请表上加盖公章亦系虚假。2012年,滕某丈夫高某以前述房产系夫妻共有房产为由诉请撤销房产证。法院认为:房管局作出被诉具体行政行为于2000年11月,参照当时建设部《城市房屋权属登记管理办法》第8条规定,本案房管局具有对辖区房屋权属登记的行政职权,故其依当事人申请所作被诉具体行政行为系依法行使行政职权行为。滕某申请权属转移登记时提交的离婚证、单位证明及申请表上加盖公章系虚假、伪造。房管局作为房屋权属登记机关,在接受申请人房屋转移登记申请后,对其提交的相关申请材料进行了审核,认定其提交材料齐备,并依法在法定工作日内作出房屋移转登记,在整个行为中已尽到合理审慎的审查义务,但终因虚假的申请材料导致该房屋权属转移登记事实上错误,理应撤销,但因向某在购买该房屋时属于善意取得,且实际占有使用该房屋,故判决确认房管局权属转移登记行为违法,驳回高某要求撤销该房屋所有权证的诉请。2010年9月**上海某房屋买卖合同案**,法院认为:买卖双方通过中介签订《房地产买卖居间协议》,买方韦某交付了定金1.5万元作为订立主合同的担保,钱某代卖方朱某收受了该笔定金。在签订正式的房地产买卖合同之前,韦某对钱某是否取得朱某的委托授权产生疑问,并坚持要求朱某本人到场。但此后,双方及各自的亲友未能理智地处理签约事宜,进而发展到韦某的弟弟打伤钱某的哥哥,导致最终双方未能订立买卖合同。双方对代理权事宜发生争执进而引发案外人的刑事案件,但案件的事实尚不足以得出任何一方有拒绝签订主合同的意思表示,故韦某要求双倍返还定金及朱某要求不予返还定金的主张均缺乏依据,均不予支持。2010年9月**上海某房屋买卖合同案**,法院认为:王乙虽是王甲与刘某的女儿,但三人同为完全民事行为能力人,相互间并不存在法定的互为代理关系。2004年王乙与周某签订《上海市房地产买卖合同》所依据的公证书亦系伪造,王乙无权代理王甲及刘某与他人签订房屋买卖合同。王乙以自己及王甲、刘某名义与周某签订房屋买卖合同的行为因王乙的无权代理行为而无效，故因该无效法律行为所取得的财产应予返还。2010年2月**江苏某房屋买卖合同案**，法院认为：佟某对韩某等人单独提起民事诉讼，要求韩某、孙某承担民事赔偿责任的立案，虽然先于法院对韩某的刑事判决，但在民事案件审理过程中，该刑事案件已认定韩某犯诈骗罪名成立，并追缴其诈骗所得钱款，其中包括佟某被骗的购房款11万元。故法院不应再以民事判决的形式再次对韩某所收取的购房款进行实体上的处理。关于佟某诉请购房款产生的利息应予支持的主张，就本案而言，该利息是由佟某交付的购房款派生出来的孳息，它与购房款是不可分割的有机整体，而韩某刑事判决书中已经对该笔款项认定为犯罪所得并予追缴，故佟某单独要求给付利息的请求不能成立，裁定驳回佟某起诉。2009年12月**上海某房屋买卖合同案**，法院认为：从本案来看，买方事先未曾看过房屋即签订房屋买卖合同，在合同中对房屋的交付时间、验收交接时物业管理费和水电煤费用结算未作约定，此与通常的房屋买卖情形不符；而根据李某笔录，其事先明知交易价低于市场价，且交易价115万元系洪某确定，并非由买卖双方商定，洪某还称如"陈某"将钱还清，房屋交易合同再作废等。上述种种情形表明，买方与陈甲之间并非真实的房屋买卖之意思表示，而是以房屋买卖的形式获取银行贷款后用于偿还陈甲的借款，且买方对此当属明知，故其不能根据《物权法》关于善意取得的规定取得房屋所有权。本案中陈甲伪造陈某的身份证，冒充陈某将陈某所有的系争房屋转让给买方，此行为属无权处分，且未经权利人陈某追认，故合同无效。2009年5月**云南某房屋买卖合同案**，2007年11月，程某持伪造的房产证，与纪某签订购房合同，约定房款8.5万元，买方纪某先付3万元定金。该房因产权人即程某母亲荣某不同意未成就。程某、荣某于2008年1月与纪某签订退赔协议，约定双倍返还纪某定金共计6万元，纪某以此协议起诉。法院认为：程某在与纪某签订购房合同时，向纪某出具的房产证属虚假证件，且事后未得到荣某的确认，该合同应为无效。事后纪某与荣某、程某所签退赔协议，由于订立该协议所依据的是前一合同关于定金条款的约定，亦应无效。程某作为合同一方，收取定金，应依合同无效的后果承担向纪某返还定金的责任，并承担所占用资金的同期银行贷款利息。2008年12月**北京某房屋买卖合同案**，法院认为：卫某与夏某之间订立的房屋买卖合同被已生效刑事判决确认无效。根据法律规定，因无效合同取得的财产，应当予以返还；不能返还或者没有必要返还的，应折价补偿。有过错的一方应当赔偿对方因此所受到的损失，双方都有过错的，应当各自承担相应的责任。本案中夏某因犯诈骗罪导致其与卫某签订的合同无效，吴某在卫某和夏某买卖房屋过程中按照夏某的意思用谎言欺骗了前来购买楼房的卫某等人，此事上吴某存在过错，故吴某应对返还房款和赔偿损失与夏某承担连带责任。因刑事判决中对返还房款问题已做处理,现卫某再次提起诉讼要求解决,不予支持。卫某要求夏某和吴某赔偿因买卖房屋给自己造成的合理损失,法院予以支持,卫某的合理损失包括购房款利息损失、租赁房屋损失和为处理此事支付的交通费以及本地区二手房屋价格上涨因素所导致的损失,上述损失已实际发生和存在,故法院酌定为5万元,由夏某赔偿,吴某负连带责任。2004年5月**辽宁某房屋买卖合同案**,法院认为:争执拆迁房在房屋买卖时,陈某与幺某是同一办公室关系处得甚好的朋友,争执房的一切相关手续均在幺某处,由幺某实际占有、处分该房,将争执房出租,与物业部门打交道,故在房屋交易过程中,相对人邸某有理由相信幺某是有代理权卖房的,并经房产管理部门办理了房屋买卖产权过户手续,故该房屋买卖合同应为有效。

【同类案件处理要点】

擅自将他人房屋转让给第三人,第三人以合理价格善意受让该房屋并办理产权过户登记的,该房屋买卖合同有效。

【相关法律风险提示】

1. 卖房人非产权人,但持有房屋及产权人的所有合法证件并通过中介售房,可能还有(伪造的)公证委托书,购房人依然有审核授权委托的义务,就公证委托书的真实性进行查实,委托书未公证的,不能交易,以防范可能产生的无权处分导致合同无效的风险。案见辽宁沈阳中院(2005)沈民(2)房终字第867号"刘某与关某房屋买卖合同纠纷案"。

2. 无权处分导致合同无效,买受人已交定金是否能获得双倍返还?云南昆明中院(2009)昆民一终字第57号"程某与纪某等房屋买卖合同纠纷案"基于买卖主合同无效作为从合同的定金担保合同亦无效的理论,不失为法律依据明确。笔者倾向于从缔约过失角度看待出卖人行为,或从立约定金性质处理该案,判决主要过错人即出卖人承担双倍返还之责,似更符合公平原则。该案再次警示买受人验证出卖方与产权人是否一致、产权证是否真实的重要性。

3. 房屋所有权证、身份证等重要证件要妥善保管,丢失后及时挂失或备案。在无权处分发生时,出卖人的过错可能影响到买受人能否构成善意取得。

4. 房屋作为赃物同样适用善意取得,但"明显不合理的低价""已办理过户登记"是善意取得构成必要条件,且在实践中对构成要件的审查更为严格。

5. 公证处未依法公证,导致他人提供虚假材料,骗取公证书将当事人房屋出售造成财产损失的,公证处应承担相应赔偿责任。

6. 行为人编造虚假事实引导公证机构出具错误的公证文书,导致银行错误放贷,公证处应就其一般审核过失承担补充赔偿责任。

【附注】

参考案例索引:辽宁沈阳中院(2005)沈民(2)房终字第867号"刘某与关某房屋买卖合同纠纷案";上海黄浦区法院(2010)黄民五(商)初字第718号"某银行与倪某等损害赔偿纠纷案",见《上海银行股份有限公司福民支行诉倪兆阳、杨式如、上海市普陀公证处财产损害赔偿案》(施浩),载《中国审判案例要览》(2012民:347);云南昆明中院(2010)昆民三终字第726号"陈某与某公证处损害赔偿纠纷案",见《陈萍诉中衡公证处公证损害赔偿案(公证损害赔偿)》(贺丽纯),载《中国审判案例要览》(2011民:304);江苏徐州泉山区法院(2010)泉民初字第825号"李某与某开发公司商品房买卖合同纠纷案",见《李超鹏因房款被销售人员收取侵占诉华厦集团商品房买卖合同纠纷案》,载《江苏省高级人民法院公报》(201206/24:62);北京延庆法院(2008)延民初字第3415号"卫某与吴某等房屋买卖合同纠纷案",见《卫秀玲诉吴志宽等房屋买卖合同案(赃物是否构成善意取得)》(张鑫萌),载《中国审判案例要览》(2009民:117);四川成都中院(2012)成行终字第221号"高某与某房管局房屋行政登记案";上海二中院(2010)沪二中民二(民)终字第1922号"韦某与朱某房屋买卖合同纠纷上诉案";上海二中院(2010)沪二中民二(民)终字第1887号"周某与王某等房屋买卖合同纠纷上诉案";江苏徐州中院(2010)徐民再终字第0002号"佟某与韩某等房屋买卖合同纠纷上诉案";上海一中院(2009)沪一中民二(民)终字第1825号"李某等与陈某等房屋买卖合同纠纷上诉案";云南昆明中院(2009)昆民一终字第57号"程某与纪某等房屋买卖合同纠纷案";北京延庆法院(2008)延民初字第3415号"卫某诉吴某等房屋买卖合同纠纷案";辽宁沈阳中院(2004)沈民(2)房终字第473号"陈某与邸某等房屋买卖合同纠纷案"。

39. 中介费用纠纷的处理

——房屋没买成,不给中介费?

【居间合同】

【案情简介及争议焦点】

2010年4月,项某通过房产中介购买邹某房屋,先后签订房屋买卖合同及居间成交确认书,约定买方拟贷款140万元,“贷款因买受人自身原因未获银行批准的,买受人自行筹齐剩余房款,以现金支付给出卖人”,居间服务费7.05万元。2010年5月,邹某与项某解除房屋买卖合同。房产中介依据项某欠条主张居间服务费。

争议焦点:1.房产中介居间义务是否履行?2.应否交纳居间费用?

【裁判要点】

1.居间完成。房产中介为买方提供了房源信息服务,促成买方与卖方就涉案房屋签订了购房合同,房产中介已履行了居间成交确认书中约定的义务,故有权收取相关居间费用。

2.居间费用。买方在其与卖方签订的房屋买卖合同中约定,买方拟贷款140万元,贷款因买方自身原因未获得银行或公积金管理中心批准的,买方以现金形式支付给卖方。买方并不在限购之列,只是贷款手续更加严格。买方虽未能顺利获得贷款,但买方承诺其自行筹集房款支付给卖方;且买方在居间成交确认书中确认,买方应向房产中介支付全部居间报酬。此后,买方又为房产中介出具欠条,称其拖欠房产中介居间服务费。买方理应对自己的行为承担责任。买方与卖方协商解除房屋买卖合同,不能免除其向房产中介支付居间费的义务。

【裁判依据或参考】

1.法律规定。《民法典》(2021年1月1日)第922条:“受托人应当按照委托人的指示处理委托事务。需要变更委托人指示的,应当经委托人同意;因情况紧急,难以和委托人取得联系的,受托人应当妥善处理委托事务,但是事后应当将该情况及时报告委托人。”第925条:“受托人以自己的名义,在委托人的授权范围内与第三人订立的合同,第三人在订立合同时知道受托人与委托人之间的代理关系的,该合同直接约束委托人和第三人;但是,有确切证据证明该合同只约束受托人和第三人的除外。”第933条:“委托人或者受托人可以随时解除委托合同。因解除合同造成对方损失的,除不可归责于该当事人的事由外,无偿委托合同的解除方应当赔偿因解除时间不当造成的直接损失,有偿委托合同的解除方应当赔偿对方的直接损失和合同履行后可以获得的利益。”第961条:“中介合同是中介人向委托人报告订立合同的机会或者提供订立合同的媒介服务,委托人支付报酬的合同。”第962条:“中介人应当就有关订立合同的事项向委托人如实报告。中介人故意隐瞒与订立合同有关的重要事实或者提供虚假情况,损害委托人利益的,不得请求支付报酬并应当承担赔偿责任。”第963条:“中介人促成合同成立的,委托人应当按照约定支付报酬。对中介人的报酬没有约定或者约定不明确,依据本法第五百一十条的规定仍不能确定的，根据中介人的劳务合理确定。因中介人提供订立合同的媒介服务而促成合同成立的，由该合同的当事人平均负担中介人的报酬。中介人促成合同成立的，中介活动的费用，由中介人负担。”第964条：“中介人未促成合同成立的，不得请求支付报酬；但是，可以按照约定请求委托人支付从事中介活动支出的必要费用。”第965条：“委托人在接受中介人的服务后，利用中介人提供的交易机会或者媒介服务，绕开中介人直接订立合同的，应当向中介人支付报酬。”第966条：“本章没有规定的，参照适用委托合同的有关规定。”**《合同法》**（1999年10月1日，已于2021年1月1日起失效）第8条：“依法成立的合同，对当事人具有法律约束力。当事人应当按照约定履行自己的义务，不得擅自变更或者解除合同。依法成立的合同，受法律保护。”第39条：“采用格式条款订立合同的，提供格式条款的一方应当遵循公平原则确定当事人之间的权利和义务，并采取合理的方式提请对方注意免除或者限制其责任的条款，按照对方的要求，对该条款予以说明。格式条款是当事人为了重复使用而预先拟定，并在订立合同时未与对方协商的条款。”第40条：“格式条款具有本法第五十二条和第五十三条规定情形的，或者提供格式条款一方免除其责任、加重对方责任、排除对方主要权利的，该条款无效。”第41条：“对格式条款的理解发生争议的，应当按照通常理解予以解释。对格式条款有两种以上解释的，应当作出不利于提供格式条款一方的解释。格式条款和非格式条款不一致的，应当采用非格式条款。”第52条：“有下列情形之一的，合同无效：（一）一方以欺诈、胁迫的手段订立合同，损害国家利益；（二）恶意串通，损害国家、集体或者第三人利益；（三）以合法形式掩盖非法目的；（四）损害社会公共利益；（五）违反法律、行政法规的强制性规定。”第53条：“合同中的下列免责条款无效：（一）造成对方人身伤害的；（二）因故意或者重大过失造成对方财产损失的。”第424条：“居间合同是居间人向委托人报告订立合同的机会或者提供订立合同的媒介服务，委托人支付报酬的合同。”第425条：“居间人应当就有关订立合同的事项向委托人如实报告。居间人故意隐瞒与订立合同有关的重要事实或者提供虚假情况，损害委托人利益的，不得要求支付报酬并应当承担损害赔偿责任。”第426条：“居间人促成合同成立后，委托人应当按照约定支付报酬。对居间人的报酬没有约定或者约定不明确，依照本法第六十一条的规定仍不能确定的，根据居间人的劳务合理确定。因居间人提供订立合同的媒介服务而促成合同成立的，由该合同的当事人平均负担居间人的报酬。居间人促成合同成立的，居间活动的费用，由居间人负担。”第427条：“居间人未促成合同成立的，不得要求支付报酬，但可以要求委托人支付从事居间活动支出的必要费用。”

2. 司法解释。最高人民法院**《2015年全国民事审判工作会议纪要》**（2015年4月19日）第30条：“要注意发挥司法审判在规范和引导房地产居间市场中的作用。

房屋买卖双方当事人确因居间人的居间行为订立合同，如果房屋买卖合同明确约定以按揭贷款方式付款、且买受人因不能办理约定的按揭贷款，或买受人由于相应住房限购政策的实施而无法办理房屋所有权变更登记，居间人以已经促成合同订立为由请求支付居间报酬的，一般不予支持，但居间人要求委托人支付从事居间活动支出的合理费用的，应予以支持，但是居间人要求委托人支付从事居间活动支出的合理费用的，应予以支持。居间人故意隐瞒真实情况、违规操作，恶意损害委托人利益的，对居间人请求委托人支付报酬的，不应予以支持；委托人请求居间人赔偿所造成损失的，应根据当事人的过错程度处理。”最高人民法院**《关于贯彻执行〈中华人民共和国民法通则〉若干问题的意见（试行）》**（1988 年 4 月 2 日　法〔办〕发〔1988〕6 号，已于 2021 年 1 月 1 日起失效）第 68 条：“一方当事人故意告知对方虚假情况，或者故意隐瞒真实情况，诱使对方当事人作出错误意思表示的，可以认定为欺诈行为。”第 71 条：“行为人因对行为的性质、对方当事人、标的物的品种、质量、规格和数量等的错误认识，使行为的后果与自己的意思相悖，并造成较大损失的，可以认定为重大误解。”第 72 条：“一方当事人利用优势或者利用对方没有经验，致使双方的权利义务明显违反公平、等价有偿原则的，可以认定为显失公平。”第 73 条：“对于重大误解或者显失公平的民事行为，当事人请求变更的，人民法院应当予以变更；当事人请求撤销的，人民法院可以酌情予以变更或者撤销。可变更或者可撤销的民事行为，自行为成立时起超过一年当事人才请求变更或撤销的，人民法院不予保护。”

3. 部门规范性文件。住建部、国家发改委**《关于加强房地产经纪管理进一步规范房地产交易秩序的通知》**（2011 年 5 月 11 日　建房〔2011〕68 号）第 1 条：“加强房地产经纪机构管理。各地要以贯彻落实《房地产经纪管理办法》为契机，依法严肃查处未经备案从事房地产经纪业务、提供或者代办虚假证明材料、协助当事人签订‘阴阳合同’、不履行必要告知说明义务，以及不实行明码标价、违规分解收费项目、变相提高收费标准等违法违规行为。对投诉率高、整改不力的房地产经纪机构，要通过限制网签资格、注销备案、公开曝光、记入信用档案等手段进行惩处，并将有关情况通报税收、金融、工商等部门。”第 2 条：“加强房地产经纪人员管理。房地产经纪服务合同应当加盖房地产经纪机构印章，并由房地产经纪人员签名。通过房地产经纪机构成交的房地产交易，办理交易过户时要提交房地产经纪人员签名的房地产经纪服务合同。未取得房地产经纪人员职业资格的，不得在房地产经纪服务合同上签字；从事辅助工作的人员，要建立实名登记和工作卡制度，挂牌上岗。加大对房地产经纪人员出借证书、虚假注册等违法违规行为的查处力度，建立注册执业人员的诚信记录，并将注册执业人员参加相关培训的情况记入个人执业记录。”住建部、国家发改委、人力资源和社会保障部**《房地产经纪管理办法》**（2011

年4月1日,已于2016年3月1日修正,2016年4月1日起实施)第16条:"房地产经纪机构接受委托提供房地产信息、实地看房、代拟合同等房地产经纪服务的,应当与委托人签订书面房地产经纪服务合同……"第17条:"房地产经纪机构提供代办贷款、代办房地产登记等其他服务的,应当向委托人说明服务内容、收费标准等情况,经委托人同意后,另行签订合同。"第18条:"房地产经纪服务实行明码标价制度。房地产经纪机构应当遵守价格法律、法规和规章规定,在经营场所醒目位置标明房地产经纪服务项目、服务内容、收费标准以及相关房地产价格和信息。房地产经纪机构不得收取任何未予标明的费用;不得利用虚假或者使人误解的标价内容和标价方式进行价格欺诈;一项服务可以分解为多个项目和标准的,应当明确标示每一个项目和标准,不得混合标价、捆绑标价。"第19条:"房地产经纪机构未完成房地产经纪服务合同约定事项,或者服务未达到房地产经纪服务合同约定标准的,不得收取佣金。两家或者两家以上房地产经纪机构合作开展同一宗房地产经纪业务的,只能按照一宗业务收取佣金,不得向委托人增加收费。"第21条:"房地产经纪机构签订房地产经纪服务合同前,应当向委托人说明房地产经纪服务合同和房屋买卖合同或者房屋租赁合同的相关内容,并书面告知下列事项:(一)是否与委托房屋有利害关系;(二)应当由委托人协助的事宜、提供的资料;(三)委托房屋的市场参考价格;(四)房屋交易的一般程序及可能存在的风险;(五)房屋交易涉及的税费;(六)经纪服务的内容及完成标准;(七)经纪服务收费标准和支付时间;(八)其他需要告知的事项。房地产经纪机构根据交易当事人需要提供房地产经纪服务以外的其他服务的,应当事先经当事人书面同意并告知服务内容及收费标准。书面告知材料应当经委托人签名(盖章)确认。"第22条:"房地产经纪机构与委托人签订房屋出售、出租经纪服务合同,应当查看委托出售、出租的房屋及房屋权属证书,委托人的身份证明等有关资料,并应当编制房屋状况说明书。经委托人书面同意后,方可以对外发布相应的房源信息。房地产经纪机构与委托人签订房屋承购、承租经纪服务合同,应当查看委托人身份证明等有关资料。"第25条:"房地产经纪机构和房地产经纪人员不得有下列行为:(一)捏造散布涨价信息,或者与房地产开发经营单位串通捂盘惜售、炒卖房号,操纵市场价格;(二)对交易当事人隐瞒真实的房屋交易信息,低价收进高价卖(租)出房屋赚取差价;(三)以隐瞒、欺诈、胁迫、贿赂等不正当手段招揽业务,诱骗消费者交易或者强制交易;(四)泄露或者不当使用委托人的个人信息或者商业秘密,谋取不正当利益;(五)为交易当事人规避房屋交易税费等非法目的,就同一房屋签订不同交易价款的合同提供便利;(六)改变房屋内部结构分割出租;(七)侵占、挪用房地产交易资金;(八)承购、承租自己提供经纪服务的房屋;(九)为不符合交易条件的保障性住房和禁止交易的房屋提供经纪服务;(十)法律、法规禁止的其他行为。"

4. 地方司法性文件。北京高院**《关于立案审判适用法律若干问题的解答(二)》**(2019年11月20日)第31条:“居间合同纠纷案件如何确定民、商事审判庭分工?涉及房屋等房地产的居间合同纠纷案件由民事审判庭审理,其他居间合同纠纷案件由商事审判庭审理。”江苏高院**《关于审理房地产合同纠纷案件若干问题的解答》**(2018年6月26日　审委会会议纪要〔2018〕3号)第5条:“因房地产调控政策引发的房屋居间合同纠纷如何处理?经居间人的居间行为订立的房屋买卖合同,因房屋限购政策导致无法办理房屋所有权转移登记的,或房屋买卖合同中约定以按揭贷款方式付款,买受人因房屋限贷政策无法办理按揭贷款,导致合同无法继续履行的,居间人以已经促成合同订立为由请求房屋买卖合同当事人支付居间报酬的,一般不予支持,但居间人要求房屋买卖合同当事人支付从事居间活动支出的合理费用的,应予支持。居间人故意隐瞒真实情况、违规操作,恶意促成买卖双方订立合同,如果房屋买卖合同不能履行,严重损害委托人利益的,对居间人请求委托人支付报酬的,不予支持;委托人请求居间人赔偿所造成的损失的,应根据当事人的过错程度处理。”江苏高院**《关于审理房地产合同纠纷案件若干问题的解答》**(2018年6月26日　审委会会议纪要〔2018〕3号)第21条:“出卖人、买受人与中介机构三方签订的合同的性质如何认定?出卖人、买受人与房地产中介机构三方签订的中介合同中,具备了商品房买卖合同主要内容的,应认定该合同中包含房屋居间和房屋买卖两个法律关系。当事人可以就房屋居间和房屋买卖两个法律关系分别提起诉讼,也可以就两个法律关系同时提起诉讼。”河北廊坊中院**《关于印发〈审理房屋买卖合同纠纷案件若干问题的会议纪要〉的通知》**(2018年3月14日　廊中法〔2018〕24号)第16条:“房屋中介机构对于房屋权属状况等订约相关事项及当事人订约能力负有积极调查并据实报告的义务。房屋中介机构违反忠实居间义务,严重损害委托人利益的,不得要求委托人支付中介服务费及从事居间活动的必要费用,委托人有损失的,房屋中介机构应当承担相应的损害赔偿责任。”第17条:“房屋中介机构具有《房地产经纪管理办法》第二十五条第(二)项、第(八)项规定的情形,并且以自己名义或变相方式与出卖人等委托人签订房屋买卖合同,该合同的效力按照《合同法》等关于合同效力的相关规定进行判断。”第18条:“房屋买卖合同因受调控政策影响而解除,房屋中介机构请求房屋买卖合同当事人支付其已实际支出的必要费用及合理报酬的,应酌情予以支持。房屋买卖合同当事人请求房屋中介机构退还当事人委托其保管的购房款、定金和房屋产权证书等资料的,应予以支持。”广东高院**《印发〈关于审理房屋买卖合同纠纷案件的指引〉的通知》**(2017年9月12日　粤高法〔2017〕191号,已于2020年12月31日经粤高法〔2020〕132号废止)第51条:“当事人签订的房地产求购协议书、看房协议书、看房确认书、委托看房书等约定居间人向委托人报告签订买卖合同的机会,并由委托人支付报酬的,可以认定为居间合同。”第 52 条:“委托人违反居间合同的约定,利用居间人提供的信息直接与他人签订房屋买卖合同或者委托第三人签订房屋买卖合同,居间人请求委托人承担违约责任的,应予支持。居间合同禁止委托人在一定期限内另行委托他人提供居间服务,委托人违反约定通过其他居间人提供的服务签订房屋买卖合同,居间人请求委托人承担违约责任的,应予支持。居间合同未禁止委托人另行委托他人提供居间服务,委托人利用其他居间人提供的服务签订房屋买卖合同,居间人请求委托人承担违约责任的,不予支持。”第 53 条:“房屋买卖合同签订后,委托人以买卖合同被确认无效、被撤销或者解除为由,拒绝向居间人支付报酬的,不予支持。居间人因此减少服务项目的,应当减少报酬;居间人对买卖合同无效、被撤销或者解除有过错的,应当减少报酬,赔偿损失。房屋买卖合同签订后,因房地产调控政策的实施导致合同无法继续履行,居间人以已经促成合同订立为由请求支付报酬的,一般不予支持,但居间人要求委托人支付从事居间活动支出的合理费用的,应予支持。居间人违反居间义务,故意隐瞒重要信息,恶意促成合同订立,如果房屋买卖合同不能履行,居间人请求委托人支付报酬的,不予支持。委托人请求居间人赔偿所造成的损失的,应根据当事人的过错程度处理。”北京高院(单国军庭长)**《关于审理城镇房屋买卖合同案件适用法律若干问题的调研报告》**(2017 年 2 月 5 日):“……关于房屋中介机构的居间义务与赔偿责任问题。实践中,当前房屋买卖大多是通过房屋中介机构提供居间服务完成的,中介机构在房屋买卖合同纠纷中居于非常重要的地位。《合同法》第 425 条规定:‘居间人应当就有关订立合同的事项向委托人如实报告。居间人故意隐瞒与订立合同有关的重要事实或者提供虚假情况,损害委托人利益的,不得要求支付报酬并应当承担损害赔偿责任。’房屋中介机构作为专业的中介机构,并收取一定比例的佣金,其应当负有更高的注意义务,对于房屋权属状况及当事人的订约能力应当积极调查并据实报告,比如房屋中介机构应当审查该房屋能否上市交易、是否存在共有、是否设定有抵押权、是否已被有权国家机关采取强制措施、当事人是否具备民事行为能力、是否有无权代理的情形等等。如果房屋中介机构违反忠实居间义务,严重损害委托人利益,给委托人造成损失的,应当根据其过错程度承担相应的损害赔偿责任。”广东深圳中院**《关于房屋买卖合同纠纷案件的裁判指引》**(2014 年 8 月 28 日修订)第 37 条:“当事人因二手房买卖合同纠纷提起诉讼,将交易对方和居间人列为共同被告,请求居间人直接退还定金或从居间人处直接没收定金的,法院可判令居间人履行支付义务。【说明】旨在解决二手房买卖合同纠纷案件中托管定金能否一并处理的问题。二手房买卖(居间)合同包括两个法律关系:一是出卖人与买受人之间的买卖合同关系;二是出卖人、买受人和居间人之间的居间法律关系。有意见认为,出卖人收取买受人支付的定金后,双方之间的定金合同已经成立。出卖人之后再将该定金托管于居间人处,是双方在履行居间合同,与买受人无直接关系。出卖人与买受人之间的买卖合同纠纷案件,不应处理居间合同中的资金托管内容,故当事人请求居间人直接向其支付托管定金的,依据不足。如买受人根本违约,法院判决确认出卖人有权没收定金;如出卖人违约,则法院应判令其向买受人双倍返还定金;如合同解除且定金罚则不适用,则由法院判令出卖人向买受人退还定金本金。出卖人可再依据判决向居间人要求退还托管的定金。我们认为,如果定金托管仅仅是居间人与出卖人之间的居间合同关系,那对出卖人而言,托管显然是没有必要的,自行保存定金的风险更小。事实上,出卖人收取买受人支付的定金后将该定金交至居间人处托管,是买卖双方为保证交易安全而共同做出的约定,体现双方意志,是买卖双方应履行的买卖合同的一项重要内容。因此,如当事人已对居间人提出有关托管定金的诉讼请求,应认为具有合同依据,可以直接予以支持,如此也可以避免今后当事人自行向居间人主张托管定金无果而可能发生的诉累。"第38条:"下列事项属于《合同法》第四百二十五条规定的房屋买卖居间人应当向委托人如实报告的事项:(一)房屋的权属状况;(二)房屋被依法查封、设立抵押等权利受到限制的情况;(三)出卖人拖欠水电费、物业管理费、本体维修基金等费用;(四)出卖人、买受人的代理人的身份及代理权限;(五)出卖人、买受人对房屋价款的报价;(六)限购、限贷等调控政策对买受人购房和申请按揭贷款的影响;(七)其他足以影响委托人决定是否订立合同的事项。【说明】是对居间人如实报告义务的情形列举。在审判实践中,经常发现有居间人为了促成交易或者赚取差价等不当利益,故意隐瞒与订立合同有关的重要事实或者提供虚假情况,误导当事人签订合同。《合同法》第四百二十五条对居间人的如实报告义务作了规定,但该规定比较抽象,缺乏操作性。本条列举了六种常见的居间人违反如实报告义务的情形,是对《合同法》第四百二十五条的细化。"第39条:"居间人促成房屋买卖合同成立后,房屋买卖合同被确认无效、被撤销或者终止的,居间人请求委托人按照约定支付报酬的,人民法院可予支持,但居间人对房屋买卖合同被确认无效、被撤销或者终止有过错的除外。【说明】旨在解决房屋买卖合同无效、被撤销或者终止后,居间人是否有权请求支付报酬所作的问题。在实践中,对于虽然促成合同成立,但因合同无效、被撤销或者终止,居间人没有继续提供后续服务。在这种情况下,居间是否有权请求报酬,各地法院的处理标准并不一致。从居间合同双方的权利义务来看,居间人的主要义务在于向委托人报告订立合同的机会或者提供订立合同的媒介服务,委托人的主要义务是支付报酬。合同法第四百二十六条对于居间人的报酬请求权也作了明确规定,居间人促成合同成立的,委托人就应当按照约定支付报酬。因此,即使合同被确认无效、被撤销或者终止,居间人已经促成合同成立,已经履行了居间合同的主要义务,委托人应当向居间人支付报酬。当然,如果合同被确认、被撤销或者终止系因居间人的过错造成，居间人的报酬请求权就应当根据居间人过错的大小受到相应限制，如果过错程度严重，居间人不仅无权请求支付报酬，还应当对委托人承担赔偿责任。”第40条：“居间人带领买受人看房并签订确认书，约定如果买受人直接或者通过其他居间人与出卖人订立房屋买卖合同，买受人应当向居间人支付报酬或者违约金，买受人后未通过居间人与出卖人订立房屋买卖合同，居间人据此请求买受人按确认书约定支付报酬或者违约金的，人民法院可予支持。但买受人能够证明居间人并非受出卖人独家委托，其系通过其他途径获知订立合同的机会的除外。居间人不能按照前款规定请求支付报酬或违约金，而请求买受人支付其从事居间活动支出的必要费用的，人民法院根据公平原则，综合考虑居间人提供的居间服务情况、房屋成交价款等因素，可酌情予以支持。【说明】旨在解决二手房买卖中的‘跳单’问题。在很多案件中，居间人在带领客户看房时会要求客户签订‘看楼确认书’等文件，一般是约定如果委托人直接或者通过其他居间人与出卖人订立房屋买卖合同，委托人应当向居间人支付报酬或者违约金，有些则约定在一定期限内（一般是半年），如果委托人及其近亲属最终与出卖人签订了房屋买卖合同，不论是否由居间人促成，均应当向居间人支付报酬或者违约金。对于这类约定的效力，各地法院的认定和处理方式不尽统一……第1号指导案例的指导意义在于确立了判断居间人在此类情况下是否有权请求支付报酬的标准，即居间人是否系受出卖人独家委托。如果居间人系受出卖人独家委托，则买受人只能通过该居间人获得该房源信息，买受人既然系从居间人而无法从其他途径获知订立合同的机会，则自应当支付居间报酬。如果居间人并非受出卖人独家委托，买受人可以通过其他途径获知订立合同的机会，也就有权选择通过其他中介公司提供的居间服务订立合同。即使看房确认书没有同指导案例那样明确约定利用了居间人提供的信息、机会等条件则应当支付报酬，而是约定买受人只要与出卖人达成交易，不论有无通过居间人提供居间服务，均应当支付报酬或者违约金。在居间人并非受出卖人独家委托的情况下，该条款排除了买受人选择其他中介公司提供更优质服务的权利，应当认定为无效的格式条款。至于买受人能否通过其他途径获知该房源信息，应当由买受人负担举证责任。在居间人并非受出卖人独家委托的情况下，居间人无权要求买受人支付报酬，但居间人有带领买受人看房，有些甚至为促成交易做了更多工作，根据合同法第四百二十七条的规定，居间人可以要求买受人支付其从事居间活动支出的必要费用。人民法院在认定必要费用时，应当根据公平原则，综合考虑居间人提供的居间服务情况、房屋成交价款等因素，酌情予以支持。”北京高院**《关于下发〈关于妥善处理涉及“新国五条”的房屋纠纷案件若干问题的会议纪要〉的通知》**（2013年7月9日）第7条：“（房地产中介公司的责任认定）当事人因房地产中介公司的居间行为订立房屋买卖合同，在履行过程中因税费增加导致买卖合同解除,房地产中介公司以已经促成合同订立为由要求支付居间报酬的,一般不予支持,但房地产中介公司可以要求委托人支付从事居间活动支出的合理费用。因房地产中介公司未及时履行受托义务,导致房屋买卖双方因国家政策调控而受到增加支付税费等损失的,房地产中介公司应根据其过错程度承担相应的赔偿责任。”安徽高院**《关于在审理房地产案件中认真贯彻“新国五条”精神的通知》**(2013 年 5 月 9 日)第 8 条:“对在审理案件中发现中介机构存在违法违规行为的,向行业主管部门发出司法建议,加大司法、行政部门的协作力度,以规范中介机构的服务行为。中介机构因唆使、协助购房者伪造、编造相关购房资料,给售房者造成损失的,与购房者承担共同赔偿责任。”广东深圳中院**《商事审判中的法律适用疑难问题指导意见》**(2013 年)第 6.1 条:“中介机构提供的《看楼确认书》《房地产求购确认书》中支付居间报酬条件的约定不明确,极易引发争议。深圳市国土及房地产行政部门提供的《深圳市房地产经纪合同》有关‘居间服务内容’规定:‘居间方提供如下服务:1. 接受买方购房委托并为买方提供房地产信息,陪同买方看房;2. 对买卖双方当事人资格、房地产产权信息的合法性进行查验;3. 向买方准确传达或报告卖方的真实意图(包括但不限于房地产权属、现状、房价、付款方式、违约责任等事项);4. 接受卖方售房意向委托并为卖方联系合适的买方;5. 促成买卖双方进行交易,协助办理房地产交接事宜;6. 提供银行抵押贷款、赎楼事项的咨询服务;7. 向卖方准确传达或报告买方的真实意图(包括但不限于房价、付款方式等);8. 对买卖双方办理产权转移登记手续、期限、应交纳的费用等事项提供咨询服务……’实践中,中介机构带客户看房时多数未提供上述格式文本,其仅要求客户在内容简单的《看楼认书》《房地产求购确认书》或《佣金支付承诺书》中签字确认。上述合同往往并未规定中介公司除促成买卖合同成立外,还应履行提供咨询、办理房产过户手续等义务。据此,客户理当支付的佣金除了居间报酬之外,不包括其他服务费用。在法律没有规定或存在情势变更的情况下,客户认为中介公司未依据口头承诺协助办理过户手续,从而拒绝支付佣金的抗辩理由,得不到人民法院支持。”第 6.2 条:“所谓‘跳单’,又称‘跳中介’,是指委托人与房产中介机构订立居间合同后私下与中介公司介绍的买方达成房屋买卖协议或另行委托他人提供居间买卖服务,作为中介公司的中介公司以此为由要求委托人承担违约责任。最高人民法院旨在解决二手房买卖活中买方与中介公司因‘跳单’引发的纠纷,于 2011 年将上海中原业顾问有限公司诉陶德华居间合同纠纷案作为第一批指导性案发布。该案例确认居间合同中禁止买方利用中介公司提供的房信息,却撇开该中介公司与卖方签订房屋买卖合同的约定具有约束力,即买方不得‘跳单’违约;但是同一房源信息经多个中介公司发布,买方通过上述正当途径获取该房源信息的,有权在多个中介公司中选择报价低、服务好的中介公司促成交易,此行为不属于‘跳单’违约。据此,中介公司认为只要带委托人看了房托人与出卖人不经该中介公司而订立合同即构成跳单的主张,存在认识上的偏差。只有在客户买卖房产系利用该少介公司提供的信息时,人民法院才能判决客户支付居间报酬。”广东高院《**关于印发〈全省民事审判工作会议纪要〉的通知**》(2012 年 6 月 26 日　粤高法〔2012〕240 号,已于 2020 年 12 月 31 日经粤高法〔2020〕132 号废止)第 12 条:“要注意发挥司法审判在规范和引导房地产居间合同市场中的作用。房屋买卖双方当事人确因居间人的居间行为订立合同,如果房屋买卖合同明确约定以按揭贷款方式付款且买受人因不能办理约定的按揭手续,或买受人由于相应住房限购政策的实施而无法办理房屋所有权变更登记,居间人以已经促成合同订立为由请求支付居间报酬的,一般不予支持,但居间人要求委托人支付从事居间活动支出的合理费用的,应予支持。居间人故意隐瞒真实情况、违规操作,恶意促成买卖双方订立合同,如果房屋买卖合同不能履行,严重损害委托人利益的,对居间人请求委托人支付报酬的,不予支持;委托人请求居间人赔偿所造成损失的,应根据当事人的过错程度处理。”安徽高院《**关于审理房屋买卖合同纠纷案件适用法律问题的指导意见**》(2012 年 3 月 5 日)第 11 条:“房屋中介机构违反忠实居间义务,严重损害委托人利益,委托人拒绝支付中介服务费用或请求房屋中介机构赔偿因此造成的损失的,应予支持。”广东高院《**关于民商事审判实践中有关疑难法律问题的解答意见**》(2012 年 3 月 1 日)第 1 条:“……(十六)支付居间费用的条件的确定。根据《中华人民共和国合同法》第四百二十四条的规定,居间合同是指居间人和委托人约定,由居间人向委托人报告订约机会或提供订立合同的媒介服务,委托人向居间人给付报酬的合同,居间合同为有偿合同。对于委托人向居间人给付报酬的条件,如果居间人和委托人签订的居间合同对居间费的支付有约定,则应依当事人的约定作出认定。如果居间合同没有约定,按照《中华人民共和国合同法》第四百二十六条和四百二十七条的规定,居间人促成合同成立的,委托人应当支付报酬,居间人未促成合同成立的,不得要求支付报酬。因此,判决支付居间费的依据为是否促成合同成立,而不是合同是否履行。而居间人虽未促成合同成立,但为履行居间合同而支出的必要费用仍可请求委托人支付。此外,判决支付居间费应否考虑所签合同的效力问题,应结合具体案情分析。如果影响合同效力的因素是居间人为履行居间合同所提供的,则居间人不得请求委托人支付报酬;如果影响合同效力的因素与居间人提供的服务无关,则不应影响居间费的支付。”山东高院《**2011 年全省民事审判工作会议纪要(讨论稿)**》(2011 年 8 月)第 16 条:“关于房屋买卖合同中居间人的相关权利义务问题。对于通过房屋中介订立买卖合同的买卖双方发生纠纷,买受人请求返还或出卖人请求没收托管在房屋中介的定金,守约方可要求房屋中介作为第三人参加诉讼。买卖合同的违约方与受托保管定金的房屋中介基于不同的发生原因,但对托管定金均负有返还义务,构成不真正连带债务。守约方可要求买卖合同的违约方或房屋中介对托管定金的返还承担连带返还责任。居间人故意隐瞒影响合同效力的情形促成合同订立的,合同无效或被撤销后,居间人违反诚信原则应承担违约责任,按照最高人民法院征求意见稿的精神,不应向委托人主张报酬,并应向损失方承担损害赔偿责任。”浙江高院民一庭**《关于审理受房地产市场调控政策影响的房屋买卖合同纠纷案件的若干意见(试行)》**(2011 年 4 月 22 日)第 9 条:“房屋买卖合同因受调控政策影响而解除,房地产经纪机构请求房屋买卖合同当事人支付其已实际支出的必要费用以及合理报酬的,应酌情予以支持;但对未予明码标价、虚假误导、混合标价、捆绑标价、炒卖房号、赚取差价,以及其他违反住房和城乡建设部、国家发展和改革委员会、人力资源和社会保障部发布的《房地产经纪管理办法》等规定的收费,不予支持。房屋买卖合同当事人请求房地产经纪机构退还当事人委托其保管的购房款、定金和房屋产权证书等资料的,应予以支持。”北京高院**《关于审理房屋买卖合同纠纷案件适用法律若干问题的指导意见(试行)》**(2010 年 12 月 22 日　京高法发〔2010〕458 号)第 27 条:“房屋中介机构对于房屋权属状况等订约相关事项及当事人的订约能力负有积极调查并据实报告的义务。房屋中介机构违反忠实居间义务,严重损害委托人利益的,不得要求委托人支付中介服务费用及从事居间活动的必要费用。委托人有损失的,房屋中介机构应当承担相应的损害赔偿责任。”浙江杭州中院民一庭**《关于审理建设工程及房屋相关纠纷案件若干实务问题的解答》**(2010 年 11 月 1 日)第 2.2 条:“对经由房屋中介方居间达成的房屋买卖意向书的性质应如何界定?中介方是否属于必须参加诉讼的当事人?答:此类房屋买卖意向书内容较为丰富,既具有中介方与买卖双方间的居间协议,同时也具有中介方作为买卖双方的代理人委托代理协议性质,同时还具有买卖双方为达成正式买卖合同而签订的预约性质。如果是因未能签订正式房屋买卖合同所产生的此类意向书纠纷,因其争议标的还是围绕房屋买卖中的权利义务约定,所以该纠纷案由应定为房屋买卖合同纠纷,此时因为中介方是作为买卖双方的居间人,视案情需要,可将中介方列为第三人参与诉讼。如果是因中介方与买或卖一方因中介居间行为产生争议,则应定性为居间合同纠纷,中介方应作为必须参加诉讼的当事人参与诉讼。”广东深圳中院**《关于审理二手房买卖合同纠纷案件若干问题的指导意见(初稿)》**(2009 年 7 月)第 12 条:“买受人请求返还或出卖人请求没收托管在房屋中介的定金,当事人未将房屋中介列为第三人的,应通知房屋中介为第三人。原告可选择请求被告承担返还定金或没收定金的民事责任,也可选择请求房屋中介在托管的定金限额内直接承担返还责任。(另一意见是,原告可请求被告承担返还定金或没收定金的民事责任,也可请求房屋中介在托管的定金限额内直接承担返还责任,如其中一方承担责任不足,另一方对不足部分负补充清偿责任。)房屋中介与买卖双方争议的诉讼标的无直接牵连和不负有返还或者赔偿等义务的，不宜通知房屋中介作为无独立请求权的第三人参加诉讼。”第14条：“房地产买卖合同约定资金由房屋中介托管，并约定了房屋中介的收款账号，未约定其他付款方式，买受人未将购房款汇入收款账号，而将现金托管于中介，买受人、中介未告知出卖人，出卖人主张买受人违约的，应予支持。”

5.地方规范性文件。北京市发改委、北京市住建委**《关于加强本市住宅买卖经纪服务收费管理的通知》**（2011年8月31日　京发改〔2011〕1469号，已于2016年1月1日起废止）第7条：“经纪机构和房地产经纪人员，应对交易委托人提供真实的住房交易价格信息，不得低价收进高价卖出住宅赚取差价，不得以价格欺诈手段牟取不正当利益。”

6.参考案例。2014年**北京某房屋买卖合同纠纷案**，2013年，张某通过房产中介购买覃某房屋，并交纳5万元定金。后发现覃某签约前已与他人签订售房合同并办理网签手续，遂诉请解除售房合同、居间合同，返还定金、赔偿房屋差价损失及居间费2万余元。法院认为：覃某在与张某签订房屋买卖合同前，已与他人就涉案房屋签订买卖合同并办理了网签手续，覃某将房屋出售给第三方行为已构成根本违约，对此覃某应承担违约责任并应赔偿张某损失。因双方之间的买卖合同已无法履行，张某要求解除合同应予准许。合同解除后，尚未履行的，终止履行；已经履行的，根据履行情况和合同性质，当事人可以要求恢复原状、采取其他补救措施，并有权要求赔偿损失。在房屋买卖合同解除后，张某要求覃某返还定金5万元并赔偿居间服务费2.7万元诉请，有合同依据，应予支持。因覃某根本违约行为造成张某无法购买涉案房屋并造成实际损失，故覃某理应赔偿房屋差价损失24万余元。依合同约定，张某应将扣除定金外的剩余房款一次性全额以资金托管方式支付给覃某，但张某、覃某、房产中介及托管银行在付款期限届满前未签订资金监管协议。依法律规定，合同签订应以当事人自愿为基础，目前尚无证据证明资金监管协议未签订系张某行为造成，故覃某以此主张张某构成违约，缺乏事实依据。判决解除张某与覃某所签购房合同、张某与覃某及房产中介所签居间合同，覃某返还张某定金5万元，赔偿张某房屋差价损失24万余元，覃某赔偿张某居间服务费2万余元。2014年**北京某房屋买卖合同纠纷案**，2002年，赵某与李某协议离婚，约定赵某名下所购大学的央产房归赵某及孩子居住使用。2009年，孔某通过中介公司以120万余元购买赵某名下前述房产，因李某提异议，赵某所取得的《中央在京单位已购住房上市出售登记表》被撤销。2011年，法院二审驳回孔某要求继续履行房屋买卖合同诉请。2012年，孔某诉请赵某退还定金并赔偿损失、中介公司返还居间费。法院认为：为使契约达成，缔约双方为签订合同而互相磋商时应尽到合理注意义务。本案中，赵某所欲出售房屋系大学分配给赵某与李某的央产房，且在二人离婚时未对房屋产权进行分割。虽然房屋产权证书上登记产权人为赵某,但根据赵某与李某所签离婚协议,赵某对涉案房屋并不享有完整所有权,赵某作为签署离婚协议一方当事人,理应知晓这一情况,故赵某在未经李某同意情况下擅自以己名义与孔某缔约,未尽到合理注意义务,对于房屋买卖合同无效存在过错。涉案房屋虽属央产房,上市交易需履行相关审批手续,但审批是否通过主要取决于当事人所提交相关材料是否完备。本案中,赵某所取得《中央在京单位已购住房上市出售登记表》被撤销系因赵某前夫李某对房屋出售提出异议,故办理央产房上市交易手续失败系赵某擅自处分房屋所致,而不属非人为原因,故应认定赵某对房屋买卖合同无效存在过错并应参照房屋差价损失赔偿孔某信赖利益损失。生效判决撤销了孔某要求赵某继续履行房屋买卖合同的一审判决,至此从法律上明确了房屋买卖合同不再继续履行,故应以该时点作为房屋差价损失评估作价基准日。孔某在知晓法院确认本案诉争房屋为赵某与李某夫妻共同财产,且李某不同意出售涉案房屋情况下未能及时采取适当措施从而导致房屋差价损失不断扩大,应对其该部分扩大损失进行酌减。依《合同法》第 425 条规定,居间人有如实向委托人报告有关订立合同事项的义务,如居间人故意隐瞒与订立合同有关的重要事实或者提供虚假情况,损害委托人利益的,不得要求支付报酬并应当承担损害赔偿责任。本案中,中介公司未尽严格审慎义务,对合同无效负有一定责任,但无证据证明合同无效系中介公司故意隐瞒或提供虚假信息导致,故判决赵某退还孔某定金,赔偿孔某诉讼费损失,另赔偿孔某房屋差价损失 43 万余元,中介公司退还孔某居间服务费 3 万余元。2009 年**上海某居间合同纠纷案**,2009 年,年逾七旬老人王某拟通过经纪公司将唯一自住房屋置换大面积房屋,与买方签订出卖合同后,因买方需补高额差价为由导致置换未成功。经纪公司诉请王某支付居间费用 6600 元。法院认为:《合同法》第 426 条规定,"居间人促成合同的,委托人应当按照约定支付报酬"。王某委托经纪公司将自己唯一的用于自住的房屋出售给案外人目的是置换到一套面积大一点的房屋,以改善居住条件。王某系年逾七旬的退休老人,靠有限的退休金生活,经纪公司作为专业的房屋中介机构,在了解王某用意后理应向王某告知清楚房屋市场基本行情,让王某根据自身经济能力作出选择,包括选择是否置换、置换多大面积房屋,且在王某作出置换选择后,经纪公司还应同时为王某居间介绍购买王某房屋下家以及出让给王某房屋的上家,因王某主要是用其售出房屋房款来支付需购买大房子的房款,故关于购房款支付还需由购买王某房屋的下家与出让房屋给王某的上家共同参与协商。又由于王某出售房屋本身用于自住,故王某向其下家的交房时间与上家向王某交房时间还需由三方统一协调,在王某与下家就售房合同条款及与上家就购房合同条款均谈妥后,经纪公司才可组织、召集三方同时签订售房合同与购房合同,否则,无论先签订哪一份合同,都将给王某造成极大的合同违约风险。本案经纪公司显然急于促成交易，完全不顾王某需要和风险，利用王某年老、易轻信，加上工作人员连续两三个小时说服工作，促使王某在根本未购买到大一点房屋，甚至根本未看过房屋情况下匆匆签下了委托经纪公司出售自住系争房屋的居间合同。该份合同是经纪公司利用自身经营优势以及王某年长、草率、缺乏经验、信息不通的弱势而签订，严重损害了王某利益，属显失公平，且王某以经纪公司欺诈为由要求确认合同无效实际即系对显失公平的主张，该主张未超法定的1年行使撤销权期限，故上述居间合同应予撤销，王某基于与经纪公司所签居间合同而与案外人所签买卖合同亦应随之撤销。综上，经纪公司并未完成为王某置换房屋的居间义务，其诉请要求王某支付佣金，判决驳回。2009年**上海某居间合同纠纷案**，*2008年，李某将其房屋在多家房屋中介公司挂牌销售。陶某及家人先后在多家房产经纪公司员工带领下看了该房，并最终与报价较低的房产经纪签订购房合同并办理过户。2009年，与陶某签订过《房地产求购确认书》的某房产中介以陶某"在验看过该房地产后六个月内，利用其提供的信息、机会等条件与第三方达成买卖交易"属"跳单"行为为由，诉请依约支付实际成交价1%的违约金。*法院认为：房产中介与陶某所签《房地产求购确认书》属居间合同性质，其中关于禁止"跳单"格式条款约定并不存在免除一方责任、加重对方责任、排除对方主要权利的情形，应认定有效。根据该条约定，衡量买方是否"跳单"违约的关键，是看买方是否利用了该中介公司提供的房源信息、机会等条件。如买方并未利用该中介公司提供的信息、机会等条件，而是通过其他公众可获知的正当途径获得同一房源信息，则买方有权选择报价低、服务好的中介公司促成房屋买卖合同成立，而不构成"跳单"违约。本案中，原产权人通过多家中介公司挂牌出售同一房屋，陶某及其家人分别通过不同的中介公司了解到同一房源信息，并通过其他中介公司促成了房屋买卖合同成立。故陶某并未利用房产中介的信息、机会，不构成违约，故对房产中介的诉讼请求不予支持。2011年9月**北京某居间合同纠纷案**，法院认为：根据合同约定，买方委托房产中介协助办理诉争房屋的权属过户手续，服务费为3万元，房产中介同意并确认，只要买方和卖方双方本次交易中止、解除、过户登记不成，于买方书面通知房产中介后30日内无条件退还所收取过户服务费3万元。现约定的退费3万元条件并未成就，且房产中介帮助买方与卖方办理房屋权属过户手续，离不开买方与卖方的配合，房产中介工作人员的迟到等瑕疵尚不足以导致过户登记不成。《过户、按揭代理合同》及《补充协议》中并未约定办理过户手续的具体期限。现过户手续已由买方、房产中介与卖方共同完成，买方诉请退还3万元过户服务费不予支持。2011年9月**北京某居间合同纠纷案**，法院认为：房产中介为买方提供了房源信息服务，促成买方与卖方就案涉房屋三方共同签订了《房屋买卖居间合同》，房产中介已履行了《房屋买卖居间合同》中约定的义务，房产中介有权收取相关居间费用。买方关于造成其与卖方、房产中介签订的《房屋买卖居间合同》不能履行是房产中介业务员承诺可帮助没有工作的买方办理贷款、买方受其欺诈而签约的原因导致,房产中介作为房屋中介机构其提供的居间服务存在瑕疵,房产中介无权收取居间费用的主张,缺乏事实及法律依据;对于买方关于房产中介应赔偿其定金损失5万元的主张,因买方系将5万元定金支付给卖方,买方无证据证明其损失系房产中介造成,故对该诉请不予支持。房产中介要求买方支付居间服务费5.95万元,应予支持。2011年9月**北京某居间合同纠纷案**,一审认为:房产中介作为居间人,应知道未取得房屋所有权证书的房屋不能上市交易,在卖方未取得房屋所有权证书的情况下,促成买方和卖方签订北京市存量房屋买卖合同,属于故意隐瞒与订立合同有关的重要事实,损害了买方的利益,故对房产中介要求买方给付居间报酬的诉讼请求,应予驳回。二审认为:房产中介与买方签订房屋购买居间委托协议和服务确认书,并促成买方和涉案房屋所有权人的委托代理人签订房屋买卖合同,其履行了居间人义务,故改判买方依据服务确认书及欠条确认的金额向房产中介支付居间费3.99万元。2011年6月**上海某居间合同纠纷案**,法院认为:房产中介虽已居间介绍买方与卖方签订了《房地产买卖居间合同》等协议,但因买方与卖方并未就交易房屋签订合同,亦未办理房地产交易登记手续,故应视为房产中介未完成居间服务义务。故房产中介仅依据《房地产买卖居间协议》《佣金确认书》等而要求买方支付佣金9600元,难以支持。但买方应给付房产中介在该交易中所付出的劳动报酬,该金额由法院酌情确定为2000元。2010年9月**黑龙江某居间合同纠纷案**,法院认为:范某与房产中介以口头约定方式,范某委托房产中介代理其出售案涉房屋,双方的约定形成居间合同。吴某欲购买范某出售的房屋而与居间代理人房产中介签订的商品房定金协议,系定金合同。二者为两个法律关系,此案不应一并审理。关于吴某与房产中介签订的定金合同,是双方当事人的真实意思表示,吴某按协议约定已实际履行,该合同合法有效。由于在合同履行中,委托人范某违约,致使吴某买房未能实现,吴某要求房产中介双倍返还定金,符合法律规定,因范某委托房产中介出售其楼房时,未委托房产中介收取定金,故该责任应由房产中介承担。范某委托房产中介代其售房,房产中介接受其委托,也是双方当事人真实意思表示,双方居间合同成立,但范某改变合同应及时向房产中介提出,房产中介在履行合同过程中,由于范某违约,给房产中介造成损失,范某应承担一定责任。房产中介应另行主张权利。判决房产中介双倍返还吴某定金共计6万元。2009年6月**北京某居间合同纠纷案**,法院认为:房产中介向隗某提供房源信息并带隗某看房的行为,在双方之间形成了事实上的居间合同法律关系。房产中介在尚未促成隗某与其意向房屋房主达成交易的情形下,便自行向隗某收取了购房定金,虽其称替房主收取,但实为房产中介为了促成隗某与房主签订合同,而在房屋买卖合同订立前与隗某达成一致意思表示，由隗某预先给付房产中介金钱，以防止隗某反悔。当隗某拒绝与房主签订合同时，将丧失该定金的返还请求权。就合同的权利义务的对等原则而言，与隗某拒绝与房主签订合同时将丧失返还定金请求权相对应，房产中介作为收受定金的一方，若无法促使房主与隗某签订合同，应承受双倍返还定金的后果；更毋论隗某交纳定金后所享受的信赖利益、期待利益的维护。故本案中，隗某要求房产中介返还定金1万元的诉讼请求，予以支持。2009年3月**云南某房屋买卖合同案**，2007年12月，邢某通过中介卖房，因事后邢某得知买受人李某就是该中介工作人员，以受到欺诈，导致出售房价低为由，将房屋另行转卖他人。李某主张合同约定的房价15%的违约金41,250元。法院认为：双方所签购房合同，系双方当事人的真实意思表示，该合同的内容和形式均不违反法律的规定，合法有效。合同订立后，李某已依约履行了交付定金义务，因邢某未依约履行交付房屋的义务，故构成违约，应承担支付违约金的责任。鉴于本案中李某未提出对其因与邢某签订购房合同而造成损失的证据，邢某在二审审理中提出约定的违约金过高，请求法院调整的请求，故调整为20,625元。2008年1月**云南某房屋买卖合同案**，2007年12月，张某买罗某按揭房屋，与中介共同签订三方合同，约定了过户日期，并约定中介先替罗某垫资15万元还清银行贷款从银行取出房产证。因中介后未垫资，无法过户，致纠纷。法院认为：三方当事人在合同中约定于2008年1月10日前到交易中心办理过户手续，但时至一审辩论结束，罗某仍未取得房屋产权证，无法办理过户手续，构成违约。罗某虽辩称合同不能履行的原因是中介未按合同约定垫付贷款取出房产证，但我国《合同法》的归责原则为无过错原则，根据合同的相对性，本案中房屋买卖的当事人为张某与罗某，中介仅系买卖合同的第三人，故罗某与中介之间的纠纷为另一法律关系，可通过其他途径解决。鉴于张某已当庭表示不愿再继续履行合同，合同的目的已不可能实现，故对于张某要求解除合同的诉讼请求，法院予以支持，罗某应依约支付20%违约金。2007年12月**北京某房屋买卖合同案**，法院认为：根据《居间中保合同》约定，定金应由房产中介提存，买方于合同订立当天未直接向卖方交付而是向房产中介交纳了定金12万元，符合合同约定。买方于签订合同当天交付定金，并不意味着卖方当天要收到定金。房产中介作为房屋买卖合同的中保方，是为买卖双方按约履行合同作出担保，而不是仅为其中一方担保。该合同中约定定金由房产中介提存的意义在于，买卖双方任一方未按约定履行，都不能收回或收取该定金，房产中介有义务在一定期限内保管定金，无权随意支付给甲乙任何一方，以体现定金和中保方的担保作用。三方约定定金抵作房款，而“居间中保合同”约定的丙方支付房款给甲方的条件尚未成就，房产中介在收到买方交付的定金后未立即给付卖方是符合合同约定的。因本案卖方单方面解除合同所持理由不能成立，依照合同约定，卖方应支付买方相当于房价款

10%的违约金12万元,故判决双方合同解除,房产中介返还买方12万元,杨某给付田某违约金12万元。2007年1月**辽宁某房屋买卖合同案**,法院认为:赵某及中介人员系从事房产买卖中介的专业人员,应该熟知房屋买卖的税收政策,而其故意提供那某出卖的动迁房屋也要交纳营业税虚假信息,造成出卖人那某误以为其出卖的房屋也要交纳营业税,导致其与赵某签订了价格上显失公平的协议,故该协议依法应予撤销,对赵某要求那某双倍返还定金的诉讼请求不予支持。出卖人在不清楚房屋买卖税收政策的情况下,盲目与赵某签订房屋买卖协议,对于纠纷的产生也具有不可推卸的责任,故判决那某返还定金2万元予赵某。

【同类案件处理要点】

居间人促成合同成立的,委托人应依约支付报酬。居间人未完成房地产经纪服务合同约定事项,或服务未达到房地产经纪服务合同约定标准的,不得收取佣金。

【相关法律风险提示】

1. 通过中介进行二手房屋交易的,即便房屋最终未成交,交易一方或双方依照合同仍可能需要支付约定的中介服务费用。案见北京二中院(2011)二中民终字第16243号"项某与某中介公司居间合同纠纷上诉案"。但同样的案情,即使在买受人签署佣金确认书,在交易未成就的情况下,法院可能会从"等价有偿"的民事活动基本原则出发,酌定中介机构应收取的劳动报酬。案见上海一中院(2011)沪一中民二(民)终字第1950号"黄某与某房产中介居间合同纠纷上诉案"。

2. 约定以过户作为居间费用支付条件的,在过户手续已办理情况下,交易一方或双方主张以房产中介工作人员办理过户过程中的行为瑕疵要求退还中介费的,法院不会支持。案见北京二中院(2011)二中民终字第17447号"王某与某房产中介公司居间合同纠纷上诉案"。

3. 二手房交易因买受人一方不符合贷款条款而未成就,后以房产中介工作人员承诺"能贷款,能代为出具有单位、有收入的证明"为由,拒付居间服务费的,如无充分有效的证据证明,法院不会支持。案见北京二中院(2011)二中民终字第15492号"王某与某房产中介居间合同纠纷上诉案"。

4. 就未取得权属证书的房屋进行交易并不必然导致合同无效,买受人以之作为房产中介"故意隐瞒与订立合同有关的重要事实或提供虚假情况损害委托人利益"而拒付中介费的,可能不会被法院支持。案见北京二中院(2011)二中民终字第12113号"某房产中介与孙某居间合同纠纷上诉案"。

5. 房产中介收取委托人"购房定金"后,不能就该房屋交易达成居间促成的,可能承担向委托人双倍返还定金的责任。案见北京房山区法院(2009)房民初字第4493号“隗某诉某房产中介居间合同纠纷案”。故对存在中介方的二手房买卖,定金交纳应有明确的接收主体,同时须有相对方或义务方明确承诺遵守定金罚则,且承诺对象直接针对的是定金交付者。实践中,中介以“代管定金”形式进行居间中保的交易形式,作为一种促成交易的安排,法院在审判中通常会予以尊重和确认。案见北京一中院(2007)一中民终字第1618号“田某诉杨某房屋买卖合同纠纷案”。

6. 一方利用对售房政策的了解,比如是否交纳营业税问题上故意作出虚假意思表示,导致另一方有理由相信,从而影响签订房屋买卖合同时价款确定,会被认定存在重大误解和显失公平,导致合同被撤销。案见辽宁沈阳中院(2007)沈中民(2)房终字第101号“赵某与那某房屋买卖合同纠纷案”。

7. 中介参与的三方协议,如因附加于中介方的义务未履行,实践中如中介方承诺垫资代卖方还清贷款从银行取出抵押房产本,最终又未践诺,导致买方或卖方违约,有可能会被法院认定中介方责任属第三方责任,买方或卖方应单独向对方先承担违约责任。案见云南昆明中院(2008)昆民一终字第266号“罗某等与张某等房屋买卖合同纠纷案”。

【附注】

参考案例索引:北京二中院(2011)二中民终字第16243号“项某与某中介公司居间合同纠纷上诉案”;北京二中院(2014)二中民终字第03140号“张某与覃某房屋买卖合同纠纷案”,见《张淑芬诉覃东房屋买卖合同纠纷案(一房二卖的差价损失赔偿问题)》(李俊晔),载《中国审判案例要览》(2015民:5);北京一中院(2014)一中民再终字第07894号 “孔某与赵某等房屋买卖合同纠纷案”,见《缔约过失责任的认定及赔偿范围的确定——孔某诉赵某、北京链家房地产经纪有限公司房屋买卖合同纠纷案》(孙锋,北京一中院审监庭),载《审判监督指导·地方法院案例评注》(201603/57:119);上海闵行区法院(2009)闵民三(民)初字第2012号“某经纪公司与王某居间合同纠纷案”,见《上海我爱我家房屋租赁置换有限公司诉王龙根居间合同案(显失公平)》(李红),载《中国审判案例要览》(2010民:227);上海二中院(2009)沪二中民二(民)终字第1508号“某房产中介与陶某居间合同纠纷案”;北京二中院(2011)二中民终字第17447号“王某与某房产中介公司居间合同纠纷上诉案”;北京二中院(2011)二中民终字第15492号“王某与某房产中介居间合同纠纷上诉案”;北京二中院(2011)二中民终字第12113号“某房产中介与孙某居间合同纠纷上诉案”;上海一中院(2011)沪一中民二(民)终字第1950号“黄某与某房产中介居间合同纠纷上诉案”;黑龙江齐齐哈尔中院(2010)齐民商再终字第 6 号“吴某与某房产中介等居间合同纠纷上诉案”;北京房山区法院(2009)房民初字第 4493 号“隗某诉某房产中介居间合同纠纷案”;云南昆明中院(2009)昆民一终字第 200 号“邢某与李某房屋买卖合同纠纷案”;云南昆明中院(2008)昆民一终字第 266 号“罗某等与张某等房屋买卖合同纠纷案”;北京一中院(2007)一中民终字第 1618 号“田某诉杨某房屋买卖合同纠纷案”;辽宁沈阳中院(2007)沈中民(2)房终字第 101 号“赵某与那某房屋买卖合同纠纷案”。

40. 转售房纠纷处理原则

——转售倒卖房,合同谁在签?

【合同主体】

【案情简介及争议焦点】

1999 年年初,食品公司依政府文件精神,将经营用房以内部优惠价每间 1.8 万元出售。杨某将其中一间以 4.7 万元转让给雷某,2001 年,土地管理局为雷某颁发了国有土地使用权证。2007 年,检察院根据雷某举报,经调查认为杨某不构成贪污。2009 年,雷某起诉要求返还差价款。

争议焦点:1. 转售合同是否有效? 2. 转售合同能否撤销?

【裁判要点】

1. 合同有效。杨某系食品公司职工,其以优惠价购得房屋,并将该房转售给雷某并无不当;该房自购房之日起即交付雷某使用,双方房屋买卖合同关系成立。虽国土部门直接为雷某办理了土地使用证等手续,但均是在雷某购房之后,杨某转让房屋的同时也转让了房屋占用范围内的土地使用权,国土部门的颁证行为并未否定杨某与雷某之间的房屋买卖行为。

2. 诉请驳回。雷某不是食品公司职工,不应享受内部优惠价格。如雷某认为杨某向其出售房屋存在欺诈,应在法定期限内行使撤销权,但其并未行使。杨某与雷某之间的房屋买卖合同有效,并已实际履行,故雷某要求杨某退还购房款 2.9 万元及利息的诉讼请求不予支持。

【裁判依据或参考】

1. 法律法规。《民法典》(2021 年 1 月 1 日)第 209 条:“不动产物权的设立、变更、转让和消灭，经依法登记，发生效力；未经登记，不发生效力，但是法律另有规定的除外。依法属于国家所有的自然资源，所有权可以不登记。”第210条：“不动产登记，由不动产所在地的登记机构办理。国家对不动产实行统一登记制度。统一登记的范围、登记机构和登记办法，由法律、行政法规规定。”第465条：“依法成立的合同，受法律保护。依法成立的合同，仅对当事人具有法律约束力，但是法律另有规定的除外。”第595条：“买卖合同是出卖人转移标的物的所有权于买受人，买受人支付价款的合同。”第597条：“因出卖人未取得处分权致使标的物所有权不能转移的，买受人可以解除合同并请求出卖人承担违约责任。法律、行政法规禁止或者限制转让的标的物，依照其规定。”**《物权法》**(2007年10月1日，已于2021年1月1日起失效)第15条：“当事人之间订立有关设立、变更、转让和消灭不动产物权的合同，除法律另有规定或者合同另有约定外，自合同成立时生效；未办理物权登记的，不影响合同效力。”**《合同法》**(1999年10月1日，已于2021年1月1日起失效)第45条第1款：“当事人对合同的效力可以约定附条件。附生效条件的合同，自条件成就时生效。附解除条件的合同，自条件成就时失效。”第52条：“有下列情形之一的，合同无效：(一)一方以欺诈、胁迫的手段订立合同，损害国家利益；(二)恶意串通，损害国家、集体或者第三人利益；(三)以合法形式掩盖非法目的；(四)损害社会公共利益；(五)违反法律、行政法规的强制性规定。”**《城市房地产管理法(2019年修正)》**(2020年1月1日)第38条：“下列房地产，不得转让：……(五)权属有争议的；(六)未依法登记领取权属证书的……”第46条：“商品房预售的，商品房预购人将购买的未竣工的预售商品房再行转让的问题，由国务院规定。”国务院办公厅**《转发建设部等部门关于做好稳定住房价格工作意见的通知》**(2005年5月9日　国办发〔2005〕26号)第7条：“根据《中华人民共和国城市房地产管理法》有关规定，国务院决定，禁止商品房预购人将购买的未竣工的预售商品房再行转让。在预售商品房竣工交付、预购人取得房屋所有权证之前，房地产主管部门不得为其办理转让等手续；房屋所有权申请人与登记备案的预售合同载明的预购人不一致的，房屋权属登记机关不得为其办理房屋权属登记手续。实行实名制购房，推行商品房预销售合同网上即时备案，防范私下交易行为……”

2. 司法解释。最高人民法院**《关于适用〈中华人民共和国民法典〉物权编的解释(一)》**(2021年1月1日　法释〔2020〕24号)第8条：“依据民法典第二百二十九条至第二百三十一条规定享有物权，但尚未完成动产交付或者不动产登记的权利人，依据民法典第二百三十五条至第二百三十八条的规定，请求保护其物权的，应予支持。”最高人民法院**《关于适用〈中华人民共和国民法典〉时间效力的若干规定》**(2021年1月1日　法释〔2020〕15号)第8条：“民法典施行前成立的合同，适用当时的法律、司法解释的规定合同无效而适用民法典的规定合同有效的，适用民法典的相关规定。”最高人民法院《**印发〈关于审理房地产管理法施行前房地产开发经营案件若干问题的解答〉的通知**》(1995 年 12 月 27 日　法发〔1996〕2 号,2013 年 1 月 18 日起经法释〔2013〕2 号废止)第 27 条:“预售商品房合同签订后,预购方尚未取得房屋所有权证之前,预售方未经预购方同意,又就同一预售商品房与他人签订预售合同的,应认定后一个预售合同无效;如后一个合同的预购方已取得房屋所有权证的,可认定后一个合同有效,但预售方给前一个合同的预购方造成损失的,应承担相应的民事责任。”第 28 条:“商品房的预售合同无效的,预售商品房的转让合同,一般也应当认定无效。”第 29 条:“商品房预售合同的双方当事人,经有关主管部门办理了有关手续后,在预售商品房尚未实际交付前,预购方将购买的未竣工的预售商品房转让他人,办理了转让手续的,可认定转让合同有效;没有办理转让手续的,在一审诉讼期间补办了转让手续,也可认定转让合同有效。”第 30 条:“商品房预售合同的预购方,在实际取得预购房屋产权并持有房屋所有权证后,将房屋再转让给他人的,按一般房屋买卖关系处理。”最高人民法院《**全国民事审判工作座谈会纪要**》(1993 年 11 月 24 日　法发〔1993〕37 号,已于 2021 年 1 月 1 日起失效)第 2 条:“……预购方在预售方实际交付房屋之前,将预售商品房转卖给第三人的,必须符合法规、政策规定。违反法律、政策规定,倒买倒卖预售商品房的,应当认定买卖行为无效。在预售方已实际交付房屋后,预购方将房屋卖给第三人的,可按一般房屋买卖关系处理。”

3. 部门规范性文件。建设部《**城市房地产转让管理规定**》(2001 年 8 月 15 日)第 6 条:“下列房地产不得转让:……(六)未依法登记领取权属证书的……”第 13 条:“依照本规定第十二条规定转让的房地产再转让,需要办理出让手续、补交土地使用权出让金的,应当扣除已经缴纳的土地收益。”财政部、国税总局《**关于土地增值税一些具体问题规定的通知**》(1995 年 5 月 25 日　财税字〔1995〕48 号)第 1 条:“对于以房地产进行投资、联营的,投资、联营的一方以土地(房地产)作价入股进行投资或作为联营条件,将房地产转让到所投资、联营的企业中时,暂免征收土地增值税。对投资、联营企业将上述房地产再转让的,应征收土地增值税。”(本条已被 2015 年 2 月 2 日财政部、国家税务总局《关于企业改制重组有关土地增值税政策的通知》废止。——编者注)第 11 条关于已缴纳的契税可否在计税时扣除的问题:“对于个人购入房地产再转让的,其在购入时已缴纳的契税,在旧房及建筑物的评估价中已包括了此项因素,在计征土地增值税时,不另作为‘与转让房地产有关的税金’予以扣除。”建设部、国家土地管理局、国家工商局、国税总局《**关于加强房地产市场宏观管理促进房地产业健康持续发展的意见**》(1993 年 8 月 10 日,已于 2016 年 2 月 18 日起失效)第 4 条:“……加强房地产交易管理,每一次土地使用权的转让和房屋所有权的转移(包括房地产开发期间的转让、预售等)都必须依照规定到当地房地产市场管理部门办理房地产交易手续，缴纳有关税费……”

4. 地方司法性文件。江苏高院**《关于审理房地产合同纠纷案件若干问题的解答》**(2018年6月26日　审委会会议纪要〔2018〕3号)第7条:“转卖房号的效力如何认定？当事人转卖房号的，因不违反法律、行政法规禁止性规定，该行为有效。但有证据证明当事人系以牟利为目的职业炒卖房号行为的，因违反社会公共利益，该炒卖房号行为应认定为无效。”第24条:“连环买卖如何处理？买受人与出卖人签订商品房买卖合同后，未登记领取权属证书情况下与第三人签订房屋买卖合同的，第三人在买受人取得权属证书，请求买受人履行房屋买卖合同的，应予支持。第三人在买受人具备领取权属证书的条件，请求前手逐级办理房产过户手续的，予以支持。”河北廊坊中院**《关于印发〈审理房屋买卖合同纠纷案件若干问题的会议纪要〉的通知》**(2018年3月14日　廊中法〔2018〕24号)第13条:“房屋经多次转手买卖，均未办理转移登记，终局买受人以前手出卖人为被告提起诉讼，要求办理房屋所有权转移登记的，可以依申请或根据案件具体情况追加登记权利人(第一手出卖人)和中间环节的交易人作为第三人参加诉讼。房屋连环买卖中，前一手房屋买卖合同被确认无效，并不必然影响后一手房屋买卖合同的效力，应当根据后一手买卖合同是否存在其他法定无效情形予以认定。”第23条:“房屋买卖合同中约定出卖人应向买受人指定的第三人办理房屋过户登记手续的，该第三人有权直接要求出卖人办理过户登记；买受人也可以要求出卖人向其指定的第三人履行合同义务，但第三人拒绝受领或不符合购买人资格的除外。”北京高院民一庭**《关于妥善处理涉及“3.17新政”的房屋纠纷案件若干问题的会议纪要》**(2017年12月18日)第7条:“(‘连环买卖’处理原则)买受人以出售己方名下房屋获得购房资金方式向卖房人购买房屋，因‘3.17新政’原因导致其无法出售房屋获得资金。买受人以此为由请求不承担对卖房人的违约责任，法院不予支持。”广东高院**《印发〈关于审理房屋买卖合同纠纷案件的指引〉的通知》**(2017年9月12日　粤高法〔2017〕191号，已于2020年12月31日经粤高法〔2020〕132号废止)第9条:“房屋连环买卖中，前一手买卖合同被确认无效，不影响后一手买卖合同的效力。后一手买卖合同的买受人能否取得房屋所有权，依照善意取得的规定处理。”第25条:“房屋连环买卖均未办理所有权转移登记，最终买受人以其合同相对人为被告提起诉讼，请求协助办理房屋所有权转移登记的，人民法院可以通知参与房屋买卖的其他当事人作为第三人参加诉讼。被告以及第三人不提出抗辩或者抗辩理由不成立的，可以判决当事人依次办理房屋所有权转移登记。第三人提出的抗辩理由成立的，人民法院可依照合同法第一百一十条第一项的规定驳回最终买受人的诉讼请求。”北京高院(单国军庭长)**《关于审理城镇房屋买卖合同案件适用法律若干问题的调研报告》**(2017年2月5日):“……关于将来可能取得所有权房屋的买卖问题。实践中,经常存在连环购房均未办理房屋产权过户的情况。有观点认为,上述合同属于《合同法》第51条规定的无权处分合同,属于效力待定的合同甚至无效合同。我们认为,上述情形属于民法上将来取得之物的买卖,出卖人在合同约定的履行期限届满时是否取得房屋所有权主要影响的是合同是否能够继续履行,即出卖人是否能向买受人交付房屋及办理房屋产权过户,而不影响买卖合同的效力。因此,从合同自由和鼓励交易的角度出发,法院不应仅以出卖人在签订合同时尚未取得房屋所有权为由认定买卖合同无效……关于房屋连环买卖的处理。实践中,房屋连环买卖中各买受人均未办理房屋所有权转移登记,终局买受人应如何主张权利?我们认为,可以通过追加登记权利人(第一手出卖人)作为第三人参加诉讼的方式予以解决,登记权利人可以对抗下一手当事人的所有抗辩对抗终局买受人。经审查抗辩成立的,驳回终局买受人要求办理房屋所有权转移登记的诉讼请求,抗辩不成立的,基于登记的连续性,应当判决当事人依次办理房屋所有权转移登记。这样也有利于防止当事人通过法院判决规避国家税收征管规定。"北京高院**《关于审理房屋买卖合同纠纷案件若干疑难问题的会议纪要》**(2014年12月16日 京高法发〔2014〕489号)第9条:"房屋连环买卖中,前一手房屋买卖合同被确认无效,并不必然影响后一手房屋买卖合同的效力,法院应当根据后一手买卖合同是否存在其他法定无效情形予以认定。但后一手买卖合同的买受人能否取得房屋权利,应当依据《物权法》第106条关于善意取得的规定进行处理。"第17条:"房屋买卖合同中约定出卖人应向买受人指定的第三人办理房屋过户登记手续的,该第三人有权直接要求出卖人办理房屋过户登记;买受人也可以要求出卖人向其指定的第三人履行合同义务,但第三人拒绝受领的除外。"广东深圳中院**《关于房屋买卖合同纠纷案件的裁判指引》**(2014年8月28日修订)第27条:"房屋买卖合同订立后,出卖人又将该房产高价出卖给第三人,导致买受人的合同目的不能实现,买受人主张解除合同并由出卖人赔偿损失的,应予支持。出卖人因一房两卖所获取的差额利益可视为买受人的实际损失。前款情形下,出卖人有证据证明买受人因出卖人违约而获有利益,出卖人主张从赔偿损失额中扣除该部分利益的,应予支持。【说明】旨在解决出卖人一房二卖违约责任问题。《最高人民法院关于审理买卖合同纠纷案件适用法律问题的解释》第三十二条规定:'买卖合同当事人一方因对方违约而获有利益,违约方主张从损失赔偿额中扣除该部分利益的,人民法院应予支持。'该条司法解释的规定根据民法的公平原则确立了赔偿责任中的'损益相抵'规则,即在因违约方的违约行为给对方同时带来损害和利益时,应当扣除非违约方因此所获得的利益,从而据以确定实际的损害赔偿数额。在房屋买卖合同纠纷中,因出卖人违约而产生的常见应扣除利益有:(1)当事人约定采用按揭贷款方式支付房款的,因出卖人后一房二卖,买受人因此无须承担的按揭费用及贷款利息。(2)当事人约定因房屋买卖所产生的个人所得税、契税、产权登记费等有关交易税费均由买受人承担的，因出卖人后一房二卖，买受人因此无须承担的房屋交易税费。”安徽高院**《关于在审理房地产案件中认真贯彻“新国五条”精神的通知》**(2013年5月9日)第6条:“对借用他人姓名购房的，要在查明实际购房人的基础上，准确认定真实的交易关系。对于实际购房人请求判令名义购房人协助其办理房屋变更登记手续的，驳回其诉讼请求。对给实际购房人造成损失的，可根据双方过错大小予以分担。”河南郑州中院**《关于审理房屋纠纷民事案件适用法律问题的若干意见》**(2011年7月14日)第11条:“商品房之外的房产转让合同有效的，出卖人在订立合同后又将该房屋出卖给第三人或抵押给第三人的，导致买受人的合同目的不能实现的，可以参照《最高人民法院关于审理商品房买卖合同纠纷案件适用法律若干问题的解释》的相关规定处理。”广东广州中院**《关于审理预售商品房合同纠纷若干问题的指导意见》**(2010年)第9条:“根据七部委的意见，预售商品房未办证之前不得再行转让，但买受人通过与第三人签订买卖合同或者通过委托拍卖的形式将未领取房产证的商品房再行转让引发纠纷的，应如何处理? 七部委的意见并非法律、行政法规，不能作为认定合同无效的依据，故合同应为有效。办证的诉讼请求因为行政主管部门明确不能办证，以实际无法履行为由驳回诉讼请求，待具备办证条件后再起诉办理。如果转让合同的出卖人(同时是预售合同的买受人)以无法办证为由起诉解除转让合同，因无法办证影响的是转让合同的买受人的权利，故以不予支持为宜。如果转让合同的买受人以无法办证起诉解除合同，则以签约目的无法实现为由予以支持。”浙江高院**《关于审理涉及房地产登记民事案件若干问题的意见(试行)》**(2009年4月16日　浙法民一〔2009〕3号)第11条:“城市房屋经多次转手买卖，均未办理过户登记手续，最后一手买受人起诉前手出卖人，要求协助办理过户登记手续的，应当将登记权利人列为第三人参加诉讼，并可判决其协助办理过户登记手续。对于参与中间流转的其他出卖人，可视案情需要追加为第三人。”广东广州中院**《关于商品房预售合同纠纷统一处理做法》**(2009年2月19日)第8条:“经出卖人同意，买受人将预售商品房转让给第三人，并办理了商品房预售合同的转名手续的，第三人能否取得原买受人合同项下的权利? 答:在房管局办理了商品房预售合同转让登记手续，即应视为开发商同意商品房预售合同转名，第三人可以取得买受人原合同项下的权利。”北京高院**《审理买卖合同纠纷案件若干问题的指导意见(试行)》**(2009年2月3日　京高法发〔2009〕43号)第4条:“对以将来可能取得所有权的财产为标的物的买卖合同，法院不得以出卖人未取得所有权为由认定合同无效。出卖人在合同履行期限届满时仍未取得标的物所有权致使标的物不能交付的，应承担违约责任。”广东深圳中院**《关于审理商品房买卖纠纷案件若干问题的指导意见(试行)》**(2009年)第16条:“预售商品房的买受人在取得《房地产证》之前,可以将房屋转让给他人。”福建高院《**关于审理商品房买卖合同纠纷案件疑难问题的解答**》(2008 年 7 月 25 日)第 27 条:“问:出卖人未取得商品房预售许可证,与包销人订立的包销合同是否有效?包销人是否应当具备房地产开发经营资格?因商品房买卖合同产生纠纷,买受人以包销人为被告起诉的,是否应当追加出卖人参加诉讼?出卖人的诉讼地位如何?答:出卖人未取得商品房预售许可证,不影响包销合同的效力,但包销合同中约定的包销期间早于商品房预售许可时间的,早于部分的包销期间的约定无效。现有法律、法规并未规定包销人应当具备房地产开发经营资格,因此,当事人以此为由主张包销合同无效的,不予支持。因商品房买卖合同产生纠纷,买受人仅以包销人为被告起诉的,应当追加出卖人为共同被告。”湖南高院《**关于房屋买卖、租赁纠纷案件适用法律问题的指导意见(试行)**》(2008 年 1 月 21 日)第 3 条:“转让购房指标的,只要不违反法律、行政法规的强制性规定,一般认定有效。经出卖人同意,买受人将预约协议的权利义务转让给第三人的,一般应认定该转让行为有效。”上海高院《**关于审理“二手房”买卖案件若干问题的解答**》(2005 年 12 月 16 日)第 4 条:“……房屋买卖合同的买方在尚未取得房屋所有权证之前,其虽不能享有房屋所有权,但享有买卖合同上的债权。而债权转让是合同法赋予合同当事人的权利之一,没有理由不允许当事人转让自己的合同权利,因此买方再予转让并不违反法律禁止性规定。至于上海市目前关于‘期房限转’的地方性规定,其所规定的是当事人在取得房屋所有权证之前的再转让行为,房地产登记部门不予办理登记,该规定所产生的后果是受让方可能要承担无法实际取得房屋的风险,但并不影响转让合同的效力。”广东高院《**关于〈合同法〉施行后认定房地产开发经营合同效力问题的指导意见**》(2001 年 10 月 30 日 粤高法发〔2001〕41 号,已于 2020 年 12 月 31 日经粤高法〔2020〕132 号废止)第 27 条:“包销商与开发商签订包销合同,约定由其以统一价格向开发商购买房屋,再以开发商的名义销售房屋给他人,其实质是开发商将商品房卖给包销商,包销商再卖给他人的两次买卖行为。无论包销商是否具有房地产经营资质,均可认定包销合同有效,但应责令当事人限期补交再转让商品房应缴纳的税费,并函告税务部门。”上海高院《**关于印发〈关于审理房产纠纷案件若干疑难问题的讨论纪要〉的通知**》(1993 年 10 月 27 日 沪高法〔1993〕148 号)第 23 条:“房屋买受方在出卖方实际交付房屋前,可以依法将预售房屋转卖给第三人,但不得利用转卖预售房屋合同而侵害国家利益和出卖方的合法权益。卖方交付房屋后,买方将房屋出卖于第三人的,应按房屋买卖的一般规定办理房屋买卖和所有权转移登记手续。”

5. 地方规范性文件。北京市《**城市房地产转让管理办法**》(2008 年 12 月 6 日)第 26 条:“房地产开发企业应当对其出售的新建商品房承担质量保修责任。房地产开发企业应当与受让人在转让合同中约定保修范围、保修期限和保修责任。约定的保修期限不得低于国家规定的最低期限。保修期限自商品房交付之日起计算。新建商品房在保修期限内再转让的，房地产开发企业应当继续承担对该商品房的保修责任。”第44条：“预购人在预售合同登记备案后、商品房竣工前转让其预购的商品房的，按照下列规定办理：（一）未付清预售商品房预售合同约定的总价款的，预购人应当取得房地产开发企业同意；（二）已付清预售商品房预售合同约定的总价款的，预购人应当将其转让预购商品房的情况书面通知房地产开发企业。转让预购的商品房的，预购人与受让人应当签订书面合同，并在合同签订后15日内依照本办法第四十条的规定到原登记机关申请变更预售合同登记备案。”

6. 参考案例。2019年**某不当得利纠纷案**，1992年，宾馆与樊某签订房屋转让合同，约定宾馆将所购开发公司12套房以185万余元价格转售樊某，樊某据此向宾馆、开发公司分别支付80%、20%房款，开发公司将11套房过户给樊某，并依樊某指示将1套房过户至史某名下，该套房屋发票亦由开发公司开具给史某。2014年，樊某诉请确权史某名下房屋系其所有，未获法院支持。2017年，樊某提起不当得利诉讼，要求史某支付其购房款15万余元及利息，以及与购房相关的转名费、印花费、房产证费等樊某交纳的税金或费用。法院认为：樊某在另案一直主张案涉房屋为其所有，但未获支持，相关民事判决确认案涉房屋为史某所有前提下，樊某提起本案诉讼，认为史某取得房屋所有权未支付房款，故而构成不当得利，故本案应定性为不当得利纠纷。史某须举证证明其已向樊某支付了购房款，方可构成有效抗辩，否则，樊某关于史某未支付购房款而取得房屋产权构成不当得利的主张即为成立。本案审理中，史某认可本案存在两个房屋买卖合同关系，一是樊某从开发公司处购买案涉房屋，二是樊某将该房产转卖给史某，并主张其已支付了购房款。然而，从本案审理情况看，虽然史某提供了开发公司开具的发票，但开发公司出庭作证称其未收到过史某房款，且根据查明事实，案涉房产购房款为樊某向开发公司支付。史某不能证明其已实际向樊某支付了案涉房屋购房款，应承担举证不能后果，判决史某向樊某支付案涉房屋购房款及利息，以及与购房相关的转名费、印花费、房产证费等樊某交纳的税金或费用。2017年**某房屋买卖合同纠纷案**，买受人从开发商处购买房屋，尚未办理产权登记，又将该房屋转卖给第三人，第三人能否直接请求开发商协助办理权属证书？法院认为：《合同法》第8条规定，依法成立的合同，对当事人具有法律约束力。合同在相对人之间发生效力，除法律明确规定外，一般不能约束合同以外第三人。对于连环买卖，虽针对同一标的物，且交易彼此连续，但仍属不同主题和法律关系，故第三人不能突破合同相对性直接向出卖人主张权利，除非符合《合同法》第73条关于代位权的规定。根据我国房地产税收有关法律规定，二手房交易需缴纳营业税、个人所得税、契税等税种，如允许第三人直接向出卖人主张过户，将使中间环节税收被规避，导致国有资产流失，同时有民事审判阻碍国家征税行政权之嫌。如允许第三人直接向出卖人请求过户,买受人的债权人利益可能会受损。特别在买受人恶意讨债时,其与第三人虚构房屋买卖合同,由第三人通过法院裁判获得房屋所有权,使买受人债权人利益落空,故此种情形,第三人只能要求买受人协助办理房屋产权变更登记,不能直接向开发商主张。2008年**宁波某房屋买卖合同纠纷案**,2006年,开发公司与粮油公司签订房地产买卖合同,约定房价款1500万余元,并约定楼上房地产及地下室车位由粮油公司提供一个自然人名义办证,楼下一层提供另一自然人并分别办妥房产证及土地证,开发公司表示认可。随后,开发公司分别与王某、周某签订房地产买卖契约并办理过户手续。两份契约所约定总价款1000万余元实际由粮油公司支付。2007年,开发公司以粮油公司为被告,以王某、周某为第三人,诉请支付余款400万余元。法院认为:依开发公司与粮油公司协议约定,房屋过户时所有权人登记为粮油公司指定的两自然人。无论是两买卖合同签订时,还是房屋所有权证办至王某、周某名下之后,支付房款的均为粮油公司;粮油公司从未告知开发公司已付房款系代王某、周某支付;开发公司与粮油公司往来函件中,粮油公司对其系履约主体均未提出异议,故可确认粮油公司系诉争房屋实际购买人。虽从缴纳税款数额看,系依两份买卖契约约定房款数额缴纳,但在当时市场行情里,众所周知,相距25天情况下,房款不可能减少470万元。通过本案事实,有理由推断:后签订买卖合同中关于房款约定并非开发公司与两第三人真实意思表示。对于两买卖合同约定,其中房屋价款部分应属虚伪意思表示;对于其他部分,如将房屋产权办至两第三人名下,此为先前协议已作出约定,故可视为系双方真实意思表示。由于房屋价款约定并不涉及侵害第三人利益问题,故本案中,可直接将两买卖合同中关于房款约定判定为无效,而以开发公司与粮油公司协议中约定为准。判决粮油公司支付开发公司400万余元房款。2006年**湖北某房地产转让合同纠纷案**,2002年,开发公司竞拍取得资产公司房地产并办理过户。2003年,开发公司与蔡某、卓某签订股权权利分割转让协议,约定开发公司将商城全部股权分割转让给蔡某、卓某。随后,开发公司与蔡某、卓某签订股权转让协议,约定开发公司将商城高层及裙楼部分转让给蔡某、卓某。其后,卓某、蔡某分别与郑某签订协议,约定卓某、蔡某将各自在商城项目中的股份全部转让给郑某。2005年,郑某以案涉房产转让时未办理权属登记为由,诉请确认合同无效、返还其给付对价3500万余元并赔偿其损失。法院认为:当事人所签合同约定的“名”与“实”不符时,应根据“实”即合同中约定权利义务内容来认定合同性质;在房地产连环转让合同纠纷中,前手合法取得房地产产权后,将该房地产转让给后手,虽尚未及时办理房地产过户手续,但前手同意后手将该房地产再次转让给第三人并待日后条件成就时通知后手办理房地产过户手续,应认定后手转让行为属有权处分,故后手与第三人之间房地产转让合同不属于《城市房地产管理法》规定的“未依法登记领取权属证书的房地产不得转让”情形，即不能以后手当时尚未取得房地产权属证书为由认定后手与第三人之间房地产转让合同无效。郑某分别与卓某、蔡某签订协议，约定卓某、蔡某将其在项目中原有股份转让给郑某，郑某分别支付相应对价。虽然卓某、蔡某在协议中称转让标的为“股份”，但实际内容并非股权转让法律关系中的“股份”或“股权”，其称“股份”仅系民间交易习惯的一个称谓而已。如卓某、蔡某成立一个股份制项目公司，卓某、蔡某又将其分别享有的股权转让给郑某，则双方之间系股权转让法律关系，故本案卓某、蔡某与郑某所签协议虽名义上有“股份”转让称谓或表述，但真正权利义务关系实为房地产转让。《城市房地产管理法》第36条规定：“房地产转让，是指房地产权利人通过买卖、赠与或者其他合法方式将其房地产转移给他人的行为。”由于上述协议约定转让标的物实际为商城，故该协议性质为房地产转让合同。开发公司通过竞买方式从资产公司受让商城并支付了对价，即开发公司系合法取得。开发公司嗣后与卓某、蔡某签订股权权利分割转让协议，约定开发公司将商城股权转让给卓某、蔡某，并由受让方支付对价。由于该协议约定转让标的物实际为商城，故该协议亦符合房地产转让基本特征，应认定其性质为房地产转让合同。卓某、蔡某在与郑某分别签订协议转让商城时，享有对标的物处分权，合同应认定有效。判决驳回郑某诉请。1998年**山东某债务纠纷案**，1995年，开发公司将房屋售予房产公司。随后，房产公司将房屋转售给贸易公司并收取全部购房款。同时，开发公司与贸易公司签订售房合同，双方以之办理产权过户手续，开发公司交房后，因未在约定的1996年3月15日缴齐各项配套费用致诉。法院认为：开发公司与贸易公司所签售房合同有效。开发公司虽系受房产公司委托，与贸易公司订立售房合同，并将房屋直接交付给贸易公司，但贸易公司依据与开发公司所签该协议，办理了房屋产权手续，领取了产权证，应认定开发公司与贸易公司存在法律上的房屋买卖关系，对开发公司主张其与贸易公司间不存在真实房屋买卖关系的请求，法院不予支持。依双方购房合同约定，开发公司应于1996年3月15日缴齐各项配套费用，因政府有关部门负责的小区各项配套设施建设相对滞后，在各项工程完工之前，不具备缴纳各项费用条件，但开发公司在相关配套设施完成后，未及时缴纳相关费用，影响贸易公司房屋使用，构成违约。判决开发公司依约向贸易公司支付违约金。1997年**海南某房屋转预售合同纠纷案**，1992年，投资公司与房产公司签订预售商品房合同。1993年，房产公司将以单价4520元所购房产以单价4980元转售地产公司。几天后，地产公司以单价5200元转售机械公司、机械公司以单价5500元转售开发公司。1996年，房屋竣工验收合格，开发公司向机械公司、投资公司分别支付1800万余元、2200万余元后，因未拿到房屋致诉。诉讼中，房产公司、地产公司下落不明。法院认为：商品房预售及商品房预购人将购买的未竣工预售商品房再行转让应符合法定条件。本案中,机械公司与开发公司所签合作协议实质是转预售关系,因转预售条件不具备,机械公司无权对房产进行转让,合作协议应认定无效。双方对协议无效均负有过错责任。判决确认开发公司与机械公司所签期房转预售合同无效,开发公司付给投资公司购房款2200万余元,由投资公司以约定价格折成房屋建筑面积,交付给开发公司并办理房产证;机械公司返还开发公司购房款1800万余元,并赔偿利息损失50%。1997年**海南某房屋转让合同纠纷案**,1992年,开发公司与房产公司签订房屋转让合同,约定后者以单价4200元受让前者房屋。1993年,房产公司与实业公司签订房屋转让合同,约定前者将前述房产以单价5200元转让给后者。随后,开发公司与实业公司签订房屋承包销售合同。1996年,实业公司以开发公司逾期交房为由诉请解除合同、返还购房款本息。法院认为:开发公司与房产公司、实业公司所签合同,均为房屋转让合同。上述合同从形式上看相互独立,但从合同签订时间顺序及当事人履行情况看,又互为联系,其内容不违反法律规定,均为有效合同。在合同履行过程中,开发公司同意房产公司将其在合同中约定的全部权利义务转让给实业公司,后又与实业公司签订转让合同,说明实业公司已取代房产公司在合同中的法律地位,并实际履行了合同约定义务。开发公司与实业公司所签房屋承包销售合同包含了房屋转让合同已履行部分内容,应认定房屋承包销售合同有效。开发公司在收到实业公司购房款后,不能按时交付符合约定质量要求的房屋,属于严重违约。现继续履行合同已不可能,故实业公司提出解除合同,并要求退还购房款请求应予支持。根据国家对房地产市场实行宏观调控和现海南省房地产市场价格变化及公平原则,对实业公司在行使合同解除权后,同时要求开发公司承担违约责任请求不予支持。判决解除实业公司与开发公司所签房屋转让合同、房屋承包销售合同,开发公司返还实业公司购房款4100万余元及利息。2016年**北京某房屋买卖合同纠纷案**,2015年,赵某购买傅某名下二手房,约定逾期迁户违约金为房屋总价款5%。后在傅某迁户后,因该房系傅某父亲当年购买的二手房,仍存在傅某家庭成员外的3人户口未迁出致诉。傅某以其不知晓为由抗辩。法院认为:本案合同就出卖人户口迁移明确约定了违约责任及违约金标准,为未能如约迁移户口时买受人主张违约金提供了依据。强调出卖人承担户口未迁移违约责任具备法律依据。依合同相对性原则,由合同双方互担合同责任,后已承担合同责任的合同主体可向第三方追偿。此外,从法律价值角度分析,出卖人系缔约时产权人,其在出售房屋时对原有户口登记情况应了解。在连环交易中,即便其起初不清楚,作为产权人较之后手买受人或居间服务机构均具备更优势的查询条件,故应推定出卖人在卖房时对房屋处的户口情况明知,若其自愿就户口迁移约定期限和违约责任,应对此承担责任。考虑到傅某已按期将其家人户口迁出,对履行合同持积极态度。同时,双方约定的逾期迁移户口违约金确系较高,应基于赵某实际损失、傅某过错程度等因素，对傅某应支付违约金数额酌情下调。判决傅某向赵某支付逾期迁移户口违约金3万元。2013年**重庆某房屋买卖合同纠纷案**，2006年，戴某与开发公司签订内部认购协议，约定房价13万余元，戴某交纳首付款3.5万元。2007年，开发公司进入破产重整程序。戴某与李某签订预购房转让协议，约定李某以4.2万元受让前述房屋，“无论是否修建、升值或贬值均与转让方无关”。2011年，该房重建，戴某取得产权并拒绝依约办理过户手续。经鉴定，该房总价已达35万余元。法院认为：目前我国法律对商品房预购人再行转让并无禁止性规定，按法无禁止即可为理论，应认定预购人和第三人所签转让合同有效。尽管《城市房地产管理法》规定未依法登记领取权属证书的房地产不得转让，但规定房地产开发企业对未竣工但符合法定条件的在建商品房可以预售，且《城市房地产管理法》授权国务院对预售商品房再行转让问题另行作出规定，可解读为立法机关对这一行为的认可与支持。出卖人在合同履行期限届满时仍未取得标的物所有权致使标的物不能交付的，应承担违约责任。本案所涉预购房转让协议是双方真实意思表示，且经法律程序依法确认有效，当事人应按约定全面履行自己义务。戴某以实际行为表明不履行合同义务，已构成根本违约，李某依法享有合同解除权。《合同法》第97条规定：“合同解除后，尚未履行的，终止履行；已经履行的，根据履行情况和合同性质，当事人可以要求恢复原状、采取其他补救措施，并有权要求赔偿损失。”本案中，李某在合同签订后向戴某支付了4.2万元，戴某应予返还。李某要求戴某赔偿损失的诉请，按照法律规定，损失赔偿额应相当于因违约所造成损失，包括合同履行后可以获得的利益。根据该房屋现有市场价值与合同实际履行李某应支出款项的差额，李某房屋价差损失应当是22万余元，以及鉴定费3580元，应由戴某赔偿给李某。判决解除案涉预购房转让协议，戴某退还李某4.2万元并赔偿李某差价损失22万余元。2010年**福建某房屋买卖合同纠纷案**，2009年，吴某与陈某签订售房合同，约定将陈某已购酒店名下房屋转售吴某。2010年，陈某以吴某非产权人、合同应无效为由诉请双倍返还定金。吴某反诉没收定金。法院认为：诉争房产虽尚未取得相应权属证书，符合《城市房地产管理法》第38条第6项关于“未依法登记领取权属证书的”规定，但该法律规定属管理性规范并非效力性强制性规定，违反该规定并不导致买卖合同无效，况且本案双方之间所买卖对象仅限于房屋使用权益而非所有权。依《合同法》第44条规定，“依法成立的合同，自成立时生效”，故案涉房产买卖协议自签订时起即有效。依最高人民法院《关于民事诉讼证据的若干规定》第5条规定，主张合同关系成立并生效的一方当事人对合同订立和生效的事实承担举证责任。经核实，吴某提交的证据能证明房产买卖协议订立和生效事实，陈某未按约定履行直接与酒店签订房屋买卖合同义务，构成违约，故判决确认吴某有权没收陈某2万元定金。2008年**天津某房屋买卖合同**

纠纷案,2000 年,孙某与开发公司签订商品房买卖合同,约定按实际面积调整总房价,多退少补。2006 年,孙某将该房转卖给费某并办理过户登记。2008 年,孙某以房屋实际面积比销售面积减少 6 平方米为由,诉请开发公司退还差价款 1.9 万余元。法院认为:孙某与开发公司之间系商品房买卖合同关系,双方均应依合同约定行使权利、履行义务。现房屋实际面积较约定面积减少 6 平方米,因双方已在合同中就出现面积误差解决方式作出约定,该约定对双方均有拘束力,故开发公司应依约定向孙某承担退还面积差价责任。孙某是否将房屋转卖他人,并不影响其与开发公司业已存在的买卖合同关系,亦不影响其依据合同继续向开发公司主张权利,开发公司亦不能因房屋被转卖而免除自己合同责任。依合同相对性原则,要求退还面积差价权利仅在与房屋开发商存在直接合同关系的当事人之间成立,而第三人费某与开发公司并无任何合同关系,孙某在将房屋转卖给费某过程中,亦未将房屋面积差价款返还请求权让与费某,故费某无权向开发公司索要房屋面积差价款。另外,孙某与费某之间二手房买卖合同与本案系争商品房买卖合同不属同一法律关系,双方如有争执,应另行解决。判决开发公司返还孙某房屋面积差价款 1.9 万余元。2008 年**福建某房屋买卖合同纠纷案**,2007 年,王某将从工贸公司购买房产转售给实业公司。过户登记时,为避税而由产权人工贸公司与实业公司签订备案合同。2008 年,就购房余款 220 万余元,王某诉请实业公司支付时,实业公司以其非合同相对人为由抗辩。法院认为:第三人将其所有诉争房屋出售给王某,双方据此签订协议,应认定合法有效。依协议约定,王某向第三人支付相应购房款后,双方即通过公证方式同意王某全权处置诉争房产,同时第三人确保将诉争房产过户至王某认可的权属人名下。该约定表明第三人与王某之间就诉争房产形成了买卖关系,故当王某依约定向第三人支付了相应购房款时,虽然诉争房产物权尚未发生转移,王某尚未取得诉争房产所有权,但王某依约取得与他人签订房产买卖协议并对外出售诉争房产权利,依《物权法》第 15 条关于"当事人之间订立的有关设立、变更、转让和消灭不动产物权的合同,除法律另有规定或者合同另有约定外,自合同成立时生效;未办理物权登记的,不影响合同效力"规定,王某与实业公司签订将诉争房产出售给实业公司协议,是双方当事人真实意思表示,其内容和形式与法不悖,应认定合法有效。该协议签订后,诉争房产物权最终发生变动过户至实业公司名下,实业公司并已取得诉争房产权属证书,故王某与实业公司所签协议不但有效且可以实际履行。实业公司混淆了合同效力与物权变动关系问题,其关于王某无权处分诉争房产,双方之间协议无效的抗辩主张,与事实不符,法院不予采信。至于实业公司与第三人签订售房合同并到房管局办理过户送件手续,从该合同所约定内容看,结合前述协议约定,应认定该合同纯属第三人协助王某直接将诉争房产过户至王某指定的实业公司名下而所签合同,是各方当事人为了避税而减少物权变动环节，直接由第三人将诉争房产过户至实业公司名下行为。事实上，本案诉争房产存在第三人出售给王某以及王某再行出售给实业公司两个房产买卖关系，第三人与实业公司之间并不存在直接房产买卖关系，双方并非诉争房产买卖实际相对方，该合同仅为物权变动而签订，真正约束王某、实业公司的是双方所签协议书，故实业公司取得诉争房产证原件及发票、票据后却未依与王某所签协议支付王某剩余购房款行为，已构成违约，实业公司除应承担付款责任外，还应依约支付王某违约金。王某指令实业公司直接将部分款项支付给第三人以及指令第三人直接将诉争房产过户至实业公司名下行为，均系市场经济中交易各方为减少交易环节，保护交易安全行为，依法应予保护。当然，如各方行为涉及使国家税收减少，触犯有关行政法规的，则属于行政处罚范畴，应由行政主管部门对相关责任人作出处罚，其并非本案审理范围，更不能因此减少或免除合同相对方民事责任。判决实业公司支付王某剩余房款及利息、违约金。2004 年**安徽某房屋买卖合同纠纷案**，1996 年，杜某与建房合作社达成口头购房协议。2000 年，杜某与周某离婚，确定所购房归周某。2001 年，周某将房屋转卖朱某并交付房屋及原始购房发票。2003 年 5 月，周某与朱某达成退房退款协议。同年 7 月，朱某将该房转卖龙某。龙某随后持杜某原始购房发票与建房合作社签订购房合同并办理过户手续。2004 年，周某诉请确认龙某与建房合作社所签合同无效。法院认为：杜某与合作社达成口头房屋买卖协议，双方形成债之关系。周某与杜某离婚后，该债之权利和义务确定归周某一人。周某将房屋转卖给朱某，因周某当时并未实际取得房屋产权，而仅依据与建房合作社之间的债之关系就房屋享有相关权利和承担相关义务，故该房屋转卖行为实质是在周某和朱某之间形成债之转移关系。周某据此将房屋交付给朱某占有，并将杜某原始购房交款发票交付给朱某持有，该债之移转在周某和朱某之间已经完成。周某与朱某达成退房协议，该退房协议实质是在双方之间形成债之回转关系，但朱某并未将房屋退还给周某占有，亦未将原始购房交款发票重新交付给周某持有，故该债之回转在周某与朱某之间并未得到实现。朱某将房屋转卖给龙某，在朱某与龙某之间形成一个新的债之移转关系。在该新的债之移转关系中，龙某并不知道此前朱某与周某之间的债之回转关系，故其主观上应属善意。朱某和龙某在形成新的债之移转关系后，双方共同持杜某原始购房交款发票到建房合作社办理过户手续。建房合作社在见到杜某原始购房交款发票后，对本案中先后发生的相关债之移转予以认可和接受，并与龙某重新签订书面购房合同，故建房合作社系依法行使其作为债之另一方当事人所应当享有的相关权利，其主观上亦应属善意。综上所述，龙某与建房合作社在签订购房合同时主观上均应属善意。现周某主张建房合作社与龙某主观上恶意，且相互串通损害其利益，证据不足，不予采纳。至于周某与朱某之间因债之回转未得到实现而可能产生的权利义务纠纷，周某可另行依法主张相应权利。判决驳回周某诉请。2015 年**某第三人撤销之诉纠纷案**,1999 年,常某因转售开发公司房屋给孙某致诉。2003 年,生效判决确认孙某与常某间购房合同无效,终止履行;常某返还孙某购房款,开发公司赔偿孙某损失。2012 年,开发公司与董某房屋买卖合同纠纷案中,生效调解书确认开发公司将涉案房屋给付董某。2013 年,孙某针对前述调解书诉请撤销。法院认为:依《民事诉讼法》第 56 条第 3 款规定,第三人撤销之诉,是指未参加诉讼的第三人有证据证明发生法律效力的判决、裁定、调解书的部分或者全部内容错误,损害其民事权益的,向作出该判决、裁定、调解书的人民法院提起诉讼,请求改变或者撤销原判决、裁定、调解书的制度。可见,提起第三人撤销之诉的原告只能是对当事人争议的诉讼标的有独立请求权的第三人,或与案件处理结果有利害关系的无独立请求权第三人。本案孙某在该案起诉前,曾因涉案房屋买卖合同纠纷以开发公司和常某为被告向法院起诉,生效民事调解书确认了开发公司将涉案房屋给付董某。从生效法律文书可见,孙某仅是对开发公司与常某享有返还房款或赔偿损失的债权请求权,而对涉案房屋并不享有任何实体权利,开发公司此后将涉案房屋给付董某亦对孙某不产生法律上的利害关系。故在前述判决书生效前提下,孙某并不具备前述调解案件的第三人主体资格。作为开发公司或常某的债权人,孙某不具备第三人撤销之诉的原告主体资格,其此次起诉并不符合第三人撤销之诉的受理条件,故裁定不予受理。2014 年**北京某第三人撤销之诉纠纷案**,1994 年,工程公司出资、物业公司出地,双方签订联建协议。2002 年,物业公司取得全部联建房地产权属证书。2005 年,工程公司诉请继续履行联建协议。2010 年,法院生效判决支持工程公司诉请。2011 年,工业局以其 2003 年与物业公司签订房屋转让协议、支付价款并占有房屋为由,诉请撤销前述生效判决。法院认为:出卖人就同一房屋分别签订数份买卖合同,在合同均为有效前提下,买受人均要求继续履行合同的,原则上应按以下顺序确定履行合同买受人:(1)已办理房屋所有权转移登记的;(2)均未办理房屋所有权转移登记,已实际合法占有房屋的;(3)均未办理房屋所有权转移登记,又未合法占有房屋,应综合考虑各买受人实际付款数额多少及限售、是否办理网签、合同成立先后等因素,公平合理地予以确定。买受人之一起诉要求出卖人继续履行买卖合同,出卖人以房屋已转让给他人为由提出抗辩的,法院可根据案件具体情况决定是否追加其他买受人作为第三人参加诉讼;其他买受人另行提起诉讼要求继续履行合同的,应依前款原则协调处理。另案判决中,工业局非该案当事人,工程公司与工业局分别同物业公司所签合同均为有效,均未办理房屋所有权转移登记,因工业局已实际占有涉案房屋,无须再考虑工程公司与工业局实际付款数额多少及先后、合同成立等因素。比照前述原则,合建协议已无法继续履行,另案判决合建协议继续履行不当,故判决撤销。2010 年 1 月**江苏某房屋买卖合同案**,法院认为:吴某于2007年6月与房某签订房屋买卖协议,以7万元购得该房屋,且刘某为吴某出具权利转让的证明,将开发公司和刘某签订的预售房屋抵债协议中的权利全部转让给本案吴某行使,原审法院理应对权利转让是否成立、吴某是否与本案有直接利害关系进行实体审查。另于某在本案争议房屋的买卖协议上签字保证:此房确保建筑面积为50平方米,如低于50平方米中介负责赔偿,而原审法院从市产权处调取的资料证实争议房屋的测绘面积为43.12平方米。故吴某起诉要求于某赔偿房屋减少面积的损失既有明确的被告,也有事实和法律依据。即使本案所涉房屋因故导致不能办理产权过户手续,吴某仍可通过请求解除合同、承担违约责任、赔偿损失等方式主张权利。一审法院在上述事实没有明确的情况下直接以"原告主体不适格"这一理由裁定驳回吴某起诉存在不当,将导致本案当事人无法通过诉讼解决纠纷,依法应予纠正。综上,吴某与本案有直接的利害关系,亦有明确的被告,其起诉符合《民事诉讼法》第108条规定的起诉条件,故不应裁定驳回起诉。2008年12月**重庆某房屋买卖合同案**,法院认为:卖方与开发商签订商品房买卖合同在房地产交易所进行了登记,因此卖方在转让该合同时就应到相关的部门办理相应的变更登记,并交纳相关的转让变更费用。卖方与买方签订合同后,双方虽在房地产交易所进行了转让登记,也向该交易所及开发商交纳了转让费,但双方并未到国土部门办理相关手续。《城市房地产管理法》规定,以划拨方式取得土地使用权转让房地产报批时,有批准权的人民政府按照国务院规定决定可以不办理土地使用权出让手续的,转让方应当按照国务院的规定将转让房地产所获收益中的收益金上缴国家或者作其他处理。买方在办理上述转让房屋的房地产权证(取得土地使用权证的方式仍为划拨),国土部门告知要转让方缴纳土地收益金4437元,因此该笔费用应是在买方办理过户相关手续时产生的费用,根据合同"房屋过户相关费用由双方各自承担"约定,该土地收益金就应由卖方承担。买方已代卖方向国土部门缴纳了此笔费用,卖方就应将此费用支付给买方。至于卖方辩称其转让的仅是预售商品房资格,不是商品房的出卖人以及双方签订的合同已履行完毕不应承担土地收益金的问题。因该土地收益金是买方在办理转让房屋产权及土地使用权过户中产生的费用,并有国土部门向转让方收取的费用,若卖方认为该笔费用相关部门不应收取,其应向相关部门提出异议,但不能不履行合同中约定的义务,同时在卖方未承担该笔费用下,更不能说明双方的合同已履行完毕,故卖方的此辩解理由不能成立,本院不予支持。2008年12月**云南某房屋买卖合同案**,2006年8月,宋某以2万元价格卖房给金某,交了房款但未过户;同年11月,金某再将该房转卖给胡某,由于无法办理房屋过户手续,约定将胡某所交金某的购房款转由宋某直接赔给胡某,但该协议上宋某的签名和指印,经鉴定非宋某所为。法院认为:胡某提交的收取房款的《收据》经鉴定证明并非宋某的签字和指纹印,宋某并未收取过胡某2万元的购房款,胡某、宋某及案外人金某之间如何协商退还购房款的事实,缺乏证据证明,当事人的陈述又不一致,故胡某要求宋某退还其房款理由不成立。因胡某与宋某之间并不存在直接的房屋买卖合同关系,故胡某以违约为由要求宋某退回购房款不予支持。2008年11月**海南某房屋买卖合同案**,法院认为:李某和张某、中介公司三方于2008年1月27日签订《房屋买卖居间合同》约定,张某将案涉房屋转让给李某。在转让该房屋时张某尚未取得土地房屋权证,违反了《城市房地产管理法》第38条"未依法登记领取权属证书的房地产,不得转让"的规定,属于违反法律的强制性规定,应认定三方签订的《房屋买卖居间合同》无效,张某应当返还李某购房定金5万元,中介公司应当返还李某中介费1万元。张某诉请李某的5万元定金归其所有以及要求李某支付逾期付款违约金5万元和公证费400元均没有法律依据,应不予支持。张某主张李某承担其因转让房屋发生的差旅费14,704元,但张某未能提供证据证明该差旅费与购房事实有关联,故亦不予认定。2008年9月**山东某房屋买卖合同案**,2008年5月6日,李某买陈某房屋并签订合同,约定了付款时间,并交了2万元定金。当日下午,李某又介绍丁某与陈某签订房屋买卖合同,收取了丁某中介费5.6万元。事后李某起诉陈某要求退定金,陈某称已与丁某解除合同。法院认为:合同签订后,李某与陈某未协议变更或解除,不因陈某与他人就该房屋签订买卖合同而自然解除,李某与陈某应当按照合同约定履行义务。李某未依约履行付款义务违约,无权要求返还定金。2007年4月**海南某房屋买卖合同案**,1994年,李某以单位内部职工优惠价购买仅享有居住权和使用权的公房,并在1998年退休后作价1万元口头转让给亲家杨某。1999年,杨某根据房改政策,补交购房款1万余元,以李某名义办下产权证。2000年,杨某以2.4万元将该房转让给唐某。2005年,李某起诉要求杨某、唐某返还产权证并交还房屋。法院认为:李某于1994年在本单位公房房改中,以当时享有内部职工优惠价购房,因当时单位内部房改实施方案规定,李某对取得的房屋在产权方面当时仅享有居住权和使用权,完全房屋产权还未属李某。李某在1998年时虽曾口头与杨某对房屋买卖达成共识,并收取杨某房款,但因李某出卖房屋时,对该房屋只享有居住权和使用权,该房屋产权证李某还未真正取得且在无处分权的情况下就将该房屋转让给杨某,其转让行为为法律法规限制转让的行为。依《城市房地产转让管理规定》关于"未依法登记领取权属证书的房地产不得转让"规定,李某与杨某当时以口头对房屋的买卖属无效买卖。由于该房屋买卖无效,而后,由杨某再次将房屋转让给唐某也属无效。因房屋买卖无效,各方因房屋取得的房款应予返还。房屋因买卖已由杨某、唐某居住多年,因居住期间单位所扣抵李某的水电费,杨某、唐某应返还给李某。2006年**广东某房屋买卖合同案**,法院认为:根据潘某提交的《欠条》等证据以及潘某、开发公司的陈述相互印证,形成证据链,能证明潘某与徐某之间进行房屋买卖，开发公司是根据潘某的指示协助徐某办理房屋过户登记手续的事实。开发公司将其所有的房屋转让给潘某用于抵扣工程款，双方虽未办理房屋产权过户登记手续，潘某对该房屋不享有所有权，但潘某将该房屋转让给徐某，并约定由开发公司协助办理过户登记手续，使徐某取得房屋所有权，该转让并未违反法律规定，行为合法有效。开发公司根据潘某指示以出卖人名义与徐某签订商品房买卖合同，并向徐某出具发票，协助办理了房屋过户登记手续，其行为实质是代替潘某完成房屋交付手续，潘某因此已履行了房屋买卖的合同义务。而徐某在房屋买卖合同中负有履行支付房款的义务，在庭审中，徐某仅以商品房买卖合同和开发公司出具4张发票原件不能证明其未拖欠或已清偿潘某的房屋转让款的事实。2004年7月**广东某房屋买卖合同案**，法院认为：温某售房给周某，温某虽非产权人，但经产权人同意，且已办过户手续，其买卖关系合法有效，应受法律保护。现周某拖欠温某2000元尚未支付，周某应予支付。周某认为其不付款的抗辩理由是温某交付的房屋存在漏水等质量问题，但周某不能证实温某交付房屋时已存在漏水的质量问题，其依据不充分；至于周某另提到，温某交付的房屋3楼两个楼梯间有4个烟通口未封口，但该问题不属于质量问题；周某提到温某没有向其出示购房发票，因双方系私人买卖房屋且双方并无约定要开具发票。故周某上述抗辩理由均不充分，法院不予采纳。判决周某支付2000元给温某。

【同类案件处理要点】

出卖人在取得房地产证之前与他人订立房屋买卖合同，房屋买卖合同的当事人以出卖人未取得房地产证为由主张合同无效的，不予支持。

【相关法律风险提示】

1. 转售房屋土地使用权证上土地使用权性质标注“划拨”的，交易各方应对相应土地出让金交纳事先明确约定。案见重庆江北区法院（2008）江法民初字第1909号“方某等诉曾某等房屋买卖合同纠纷案”。

2. 出卖人转售的房屋，在未过户登记在自己名下或未签订合同确定自己享有所有权的情况下，指示原所有权人直接交付转售房给买方，并由原所有权人与买方签订购房合同，出卖人应保留证明此法律关系的书面证据；否则，易生合同主体及权利义务认定上的纠纷。案见广东广州中院（2006）穗中法民二终字第220号“徐某与潘某欠款纠纷上诉案”。

3. 已签订生效的房屋买卖合同并不因一房二卖而自然解除，即使先前的买受人作为第二次买卖的中介人对此明知；相反，在出卖人未放弃追究违约责任情况下，先前的买受人往往会因迟延付款而被要求承担没收定金的违约责任。

4. 购房合同签订后,经系列债之移转关系,购房主体发生变更的,新的买受人与出卖人基于善意所签购房合同,不构成对原买受人侵权。

5. 商品房预购人和第三人签订的转让合同有效,预购人以实际行为表明不履行合同,构成根本违约的,应赔偿第三人可得利益损失。

6. 房屋转售后,原房屋出卖人受转卖人委托,与后一买受人订立房屋买卖合同用于办理房屋产权手续并直接交房的,应认定原房屋出卖人与后一买受人之间存在事实上的房屋买卖关系。

7. 房地产连环转让合同中,转让人同意受让人再次转让房地产并待日后办理房地产过户手续的,不能以受让人尚未取得房地产权属证书为由认定其再次转让合同无效。

8. 房屋出卖人依买受人指示,将房屋过户给第三人并与第三人签订购房合同,所约定价款不当然视为对原买卖合同房价款的变更。

9. 当事人主张他人名下房屋系挂名登记,在另案判决已驳回其确权诉请情况下,其仍可就购房款等费用提起不当得利之诉。

【附注】

参考案例索引:河南信阳中院(2010)信中法民终字第016号"雷某等与某食品公司房屋买卖合同纠纷案";最高人民法院(2019)最高法民再34号"樊迎朝、史三八不当得利纠纷案",见《不当得利纠纷的举证责任——樊某甲与史某八不当得利纠纷案》(合议庭成员:审判长张勇健,审判员江显和、张颖新;编写人杨蕙清;审核人张勇健),载《最高人民法院第一巡回法庭典型民商事案件裁判观点与文书指导(第1卷)》(202008:389);见《买受人从开发商处购买房屋,尚未办理产权登记,又将该房屋转卖给第三人,第三人能否直接请求开发商协助办理权属证书》(《民事审判指导与参考》研究组),载《民事审判指导与参考·民事审判信箱》(201703/71:257);最高人民法院"某粮油公司与某开发公司买卖合同纠纷案",见《对虚伪意思表示的认定及司法处理——宁波市鄞州昌盛粮油有限公司和宁波志达房地产有限公司买卖协议纠纷申请再审案》(梁曙明,最高院立案庭),载《立案工作指导·申诉与申请再审疑案评析》(200803/18:53);最高人民法院(2006)民一终字第38号"郑某与某开发公司等房地产转让合同纠纷案",见《房地产转让合同的效力认定与行使撤销权问题——郑志文与荆州市神华房地产开发有限公司、卓高虎、蔡小荣、蔡秀平、梁建、荆州市新世界购物广场有限公司房地产转让合同纠纷上诉案》(徐瑞柏,最高院民一庭),载《民事审判指导与参考·最高人民法院二审案件解析》(200704/32:182);最高人民法院(1998)民终字第150号"某贸易公司与某开发公司等债务纠纷案",见《青岛经济技术开发区兴威贸易有限责任公司与汕融

（青岛）房地产发展有限公司、汕融（香港）地产发展有限公司缴纳配套费纠纷上诉案——本案是否需要追加第三人》（刘竹梅，最高院民事审判庭；审判长刘竹梅，审判员于晓白、张章），载《民事审判指导与参考·最高人民法院二审案件解析》（200004/4:193）；最高人民法院（1997）民终字第73号“某机械公司与某开发公司等房屋转预售合同纠纷案”，见《中国机械设备海南股份有限公司与海南恒建房地产开发有限公司、海南省国际信托投资公司房屋转预售合同纠纷上诉案——关于房屋转预售合同纠纷的处理》（吴晓芳，最高院民事审判庭；审判长胡仕浩，代理审判员金民珍、吴晓芳），载《民事审判指导与参考·最高人民法院二审案件解析》（200003/3:148）；最高人民法院（1997）民终字第49号“某实业公司与某开发公司房屋转让合同纠纷案”，见《香港辉景集团有限公司与海南珠江建设股份有限公司房屋转让合同纠纷上诉案——一方不能履行的房屋转让合同应予解除》（于晓白，最高院民事审判庭；审判长周贤奇，审判员于晓白、刘竹梅），载《民事审判指导与参考·最高人民法院二审案件解析》（200001/1:249）；北京二中院（2016）京02民终7348号“赵某与傅某等房屋买卖合同纠纷案”，见《二手房买卖中因户口迁移逾期引发的违约责任及违约金认定——北京二中院判决赵某、郑某与傅某房屋买卖合同纠纷案》（李珊），载《人民法院报·案例精选》（20170824:06）；重庆五中院（2013）渝五中法民终字第04220号“李代琼与李德燕买卖合同纠纷案”，见《预购商品房买卖协议转让有效》（陈莉），载《人民司法·案例》（201408:56）；福建厦门思明区法院（2010）思民初字第3594号“陈某与吴某房屋买卖合同纠纷案”，见《陈冬香诉吴志刚房屋买卖合同案（效力性强制性规定的识别）》（黄素梅、彭朝辉），载《中国审判案例要览》（2011民:186）；天津河北区法院（2008）北民初字第270号“孙某与某开发公司房屋买卖合同纠纷案”，见《孙全乐诉天津豪业建设发展有限公司房屋买卖合同纠纷案》（高治），载《人民法院案例选》（201003/73:137），另见《商品房转卖后面积差价款应退还初始买受人》（高治），载《人民司法·案例》（200904:72）；福建厦门湖里区法院（2008）湖民初字第2058号“王某与某工贸公司等买卖合同纠纷案”，见《王泽良诉厦门市兴建峰工艺装饰有限公司、第三人厦门市嘉禾工贸有限公司房屋买卖合同纠纷案》（游国权、卢泽潇），载《人民法院案例选》（200904/70:193）；安徽宣城中院（2004）宣中民一终字第151号“周某与龙某等房屋买卖合同纠纷案”，见《周元秀诉龙业满等房屋买卖合同案（债的移转）》（杨学军），载《中国审判案例要览》（2005民:168）；江苏徐州中院（2010）徐民终字第128号“吴某与某开发公司等房屋买卖合同纠纷上诉案”；重庆江北区法院（2008）江法民初字第1909号“方某等诉曾某等房屋买卖合同纠纷案”；云南昆明中院（2008）昆民一终字第538号“胡某与宋某房屋买卖合同纠纷案”；海南三亚中院（2008）三亚民一终字第133号“张某与李某房屋买卖合同纠纷案”；山东东营中院

(2008)东民四终字第 144 号“李某与陈某房屋买卖合同纠纷案”;海南省海南中院(2007)海南民三终字第 73 号“唐某等与李某房屋买卖合同纠纷案”;广东广州中院(2006)穗中法民二终字第 220 号“徐某与潘某欠款纠纷上诉案”;广东佛山中院(2004)佛中法民五终字第 642 号“周某与温某房屋买卖合同纠纷案”。

中编　典型房屋类型
——商品房篇

41. 房屋认购的法律效力
——正式签合同，还是只认购？
【预约合同】

【案情简介及争议焦点】

2004年5月，陈某与开发公司签订房屋认购书，交定金2万元，认购房屋一套，面积、位置、价款、违约责任均做了明确约定。4年过去，开发公司仍未通知陈某签订正式合同，陈某诉请确认合同有效，要求继续履行。

争议焦点：1. 认购书性质如何？2. 合同应否继续履行？

【裁判要点】

1. 案涉认购书应认定为商品房买卖合同。双方所签认购书，是当事人在平等自愿的基础上达成的真实意思表示，同时亦符合《合同法》规定的合同成立要件。其虽未冠以"商品房买卖合同"，但在该认购书中，双方对认购房屋的具体位置、楼层、面积、单价及总价款、违约责任等都有明确约定，依最高人民法院《关于审理商品房买卖合同纠纷案件适用法律若干问题的解释》有关规定，应认定为商品房买卖合同。

2. 本案双方应继续履行有效的认购合同。认购书合法有效，双方当事人应依约履行。开发公司无直接证据证明其已履行约定义务，故应认定认购书属有效合同，双方应继续履行。

【裁判依据或参考】

1. 法律规定。《民法典》(2021年1月1日)第133条："民事法律行为是民事主体通过意思表示设立、变更、终止民事法律关系的行为。"第135条："民事法律行为可以采用书面形式、口头形式或者其他形式；法律、行政法规规定或者当事人约定采用特定形式的，应当采用特定形式。"第136条："民事法律行为自成立时生效，但是法律另有规定或者当事人另有约定的除外。行为人非依法律规定或者未经对方同意，不得擅自变更或者解除民事法律行为。"第137条："以对话方式作出的意思表示，相对人知道其内容时生效。以非对话方式作出的意思表示，到达相对人时生效。以非对话方式作出的采用数据电文形式的意思表示,相对人指定特定系统接收数据电文的,该数据电文进入该特定系统时生效;未指定特定系统的,相对人知道或者应当知道该数据电文进入其系统时生效。当事人对采用数据电文形式的意思表示的生效时间另有约定的,按照其约定。”第 140 条:“行为人可以明示或者默示作出意思表示。沉默只有在有法律规定、当事人约定或者符合当事人之间的交易习惯时,才可以视为意思表示。”第 142 条:“有相对人的意思表示的解释,应当按照所使用的词句,结合相关条款、行为的性质和目的、习惯以及诚信原则,确定意思表示的含义。无相对人的意思表示的解释,不能完全拘泥于所使用的词句,而应当结合相关条款、行为的性质和目的、习惯以及诚信原则,确定行为人的真实意思。”第 490 条:“当事人采用合同书形式订立合同的,自当事人均签名、盖章或者按指印时合同成立。在签名、盖章或者按指印之前,当事人一方已经履行主要义务,对方接受时,该合同成立。法律、行政法规规定或者当事人约定合同应当采用书面形式订立,当事人未采用书面形式但是一方已经履行主要义务,对方接受时,该合同成立。”第 491 条:“当事人采用信件、数据电文等形式订立合同要求签订确认书的,签订确认书时合同成立。当事人一方通过互联网等信息网络发布的商品或者服务信息符合要约条件的,对方选择该商品或者服务并提交订单成功时合同成立,但是当事人另有约定的除外。”第 495 条:“当事人约定在将来一定期限内订立合同的认购书、订购书、预订书等,构成预约合同。当事人一方不履行预约合同约定的订立合同义务的,对方可以请求其承担预约合同的违约责任。”**《合同法》**(1999 年 10 月 1 日,已于 2021 年 1 月 1 日起失效)第 107 条:“当事人一方不履行合同义务或者履行合同义务不符合约定的,应当承担继续履行、采取补救措施或者赔偿损失等违约责任。”第 115 条:“当事人可以依照《中华人民共和国担保法》约定一方向对方给付定金作为债权的担保。债务人履行债务后,定金应当抵作价款或者收回。给付定金的一方不履行约定的债务的,无权要求返还定金;收受定金的一方不履行约定的债务的,应当双倍返还定金。”第 116 条:“当事人既约定违约金,又约定定金的,一方违约时,对方可以选择适用违约金或者定金条款。”**《担保法》**(1995 年 10 月 1 日)第 89 条:“当事人可以约定一方向对方给付定金作为债权的担保。债务人履行债务后,定金应当抵作价款或者收回。给付定金的一方不履行约定的债务的,无权要求返还定金;收受定金的一方不履行约定的债务的,应当双倍返还定金。”第 90 条:“定金应当以书面形式约定。当事人在定金合同中应当约定交付定金的期限。定金合同从实际交付定金之日起生效。”第 91 条:“定金的数额由当事人约定,但不得超过主合同标的额的百分之二十。”**《民法通则》**(1987 年 1 月 1 日,已于 2021 年 1 月 1 日起失效)第 89 条:“……当事人一方在法律规定的范围内可以向对方给付定金。债务人履行债务后,定金应当抵作价款或者收回。给付定金的一方不履行债务的，无权要求返还定金；接受定金的一方不履行债务的，应当双倍返还定金……”

2. 司法解释及最高人民法院司法性意见。最高人民法院民一庭**《民事审判实务问答064：房屋备案登记与预告登记有何区别》**（2021年7月）：“……房屋备案登记与预告登记在法律上是有所不同的，两者的区别有以下五点：一是法律效力不同。商品房预售合同备案登记制度是一种行政管理制度。商品房预售合同经过登记备案仅表明该买卖行为已纳入行政监管，在没有其他法定事由的情况下，该合同的效力优于出卖人一房多卖时时间顺序在后的同一标的物预售合同，在产权过户登记前商品房预售合同仍然没有物权效力。没有物权效力就意味着无论合同履行状况如何，出卖人仍然是标的物法律意义上的产权人。而预告登记则是不动产登记制度。《民法典》第二百二十一条第一款规定：‘当事人签订买卖房屋的协议或者签订其他不动产物权的协议，为保障将来实现物权，按照约定可以向登记机构申请预告登记。预告登记后，未经预告登记的权利人同意，处分该不动产的，不发生物权效力。’依此规定，经预告登记的不动产买卖合同买受人的债权已经添附了预期物权，债权人可以享有产权已过户后的部分权利，包括可以对抗前手抵押权人行使抵押权，司法机关也不能将已预告登记的不动产当作出卖方的财产施以强制执行。二是登记程序不同。《城市房地产管理法》第四十五条第二款规定：‘商品房预售人应当按照国家有关规定将预售合同报县级以上人民政府房产管理部门和土地管理部门登记备案。’由此可见，商品房预售合同的登记备案是政府主管部门行使监管职权，房地产经营企业满足预售条件、履行报备义务、接受资格审查的一项行政管理行为。而预告登记则是双方达成合意方能申请，也可以不申请预告登记。三是适用范围不同。备案登记其登记的标的仅限于商品房预售合同，商品房的现房买卖、二手房买卖、旧房买卖合同都被排除在备案登记的范围之外。预告登记则适用于所有不动产交易，不仅包括商品房买卖和私房交易，还包括国有土地使用权的有偿转让、房地产开发项目的整体受让等。四是启动主体不同。备案登记的启动主体是房地产开发商，而预告登记的启动主体则是签订了物权协议的当事人。五是登记机关不同。备案登记的登记机关为建设主管部门或房地产管理部门（土地管理部门），而预告登记的登记机关则是房屋的登记机构。”最高人民法院民一庭**《民事审判实务问答065：网签与备案有何区别》**（2021年7月）：“……一是含义不同。网签是房地产管理部门为规范房地产企业的销售行为，防止开发企业‘捂盘’以及一房多卖而建立的一个网络化管理系统。交易双方签订合同后，到房地产相关部门进行备案，并在互联网上公示，而且网签后还会得到一个网签号，可以在互联网上查询网签信息。需要注意的是，已经网签过的商品房无法进行第二次网签。而备案包括开发商备案和购房合同备案。开发商备案是指开发企业在取得预售证前向房产管理部门备案商品房出售价格,并面向社会出售。购房合同备案是指购房者和开发商签订合同之后,在房地产管理部门登记备案,以此实现法律效力的一种方式。二是办理时间不同。网签时,开发商已经取得了预售证,且购房者也满足购房资格,完成选房。依据住房和城乡建设部《关于提升房屋网签备案服务效能的意见》(建房规〔2020〕4 号)、住房和城乡建设部、最高人民法院、公安部等《关于加强房屋网签备案信息共享提升公共服务水平的通知》(建房〔2020〕61 号)要求,要确保购房者在签订合同时即时于房地产开发企业、房地产经纪机构或者房屋管理部门完成网签,未取得预售证或其他证明的开发商与购房者签订的合同,无法进行网签。备案时间则是签约之日起 30 日内,交易双方持商品房预售合同向县级以上人民政府房地产管理部门和土地管理部门办理登记备案手续。由此可见,备案是以网签为前提的。三是法律效力不同。网签是可以协商撤销的,而备案后房屋买卖合同正式生效。四是流程不同。完成网签需要先选定网签时间,后准备网签资料,再确认网签条款。而备案流程则是先合同备案再审核,在取得备案号后打印合同文本,随后双方签字盖章即可完成备案。”最高人民法院民一庭**《民事审判实务问答 067:作为出卖人的房地产开发企业在其未取得商品房预售许可证明之前与买受人签订的〈商品房认购书〉是否有效》**(2021 年 7 月):“……《民法典》第四百九十五条第一款规定:‘当事人约定在将来一定期限内订立合同的认购书、订购书、预订书等,构成预约合同,’《商品房认购书》作为一个独立的合同形式,从其订立的目的、约定的内容来看,通常是为将来双方当事人订立确定性的、正式的商品房买卖合同达成的书面允诺,其目的就是通过订立合同来约束双方当事人承担在将来订立正式商品房买卖合同的义务。与作为本约合同的商品房买卖合同相对应,《商品房认购书》即为预约合同。预约合同只是双方当事人承诺在约定的期限内订立确定性合同即本约的预备性协议,不得因此认定本约已正式订立。依据《民法典》第四百九十五条第二款规定,‘当事人一方不履行预约合同约定的订立合同义务的,对方可以请求其承担预约合同的违约责任’,预约合同一方当事人仅可以请求对方当事人履行订立本约的义务,不能请求履行本约的内容。预约合同一般表现为认购书、订购书、预订书、意向书、允诺书、备忘录、谈判纪要、定金收据等多种形式。既然作为预约合同的《商品房认购书》是出卖人和买受人双方为将来订立作为本约合同的《商品房买卖合同》所作的承诺,而非正式的商品房预售行为,作为法定的商品房预售行为强制性前提条件的商品房预售许可证明就不应认定为出卖人订立预约合同的前提条件,即房地产开发企业在取得商品房预售许可证前与买受人签订的《商品房认购书》等预约合同均为有效。”最高人民法院**《关于审理买卖合同纠纷案件适用法律问题的解释(2020 年修改)》**(2021 年 1 月 1 日　法释〔2020〕17 号)第 21 条:“买卖合同当事人一方以对方违约为由主张支付违约金,对方以合同不成立、合同未生效、合同无效或者不构成违约等为由进行免责抗辩而未主张调整过高的违约金的，人民法院应当就法院若不支持免责抗辩，当事人是否需要主张调整违约金进行释明。一审法院认为免责抗辩成立且未予释明，二审法院认为应当判决支付违约金的，可以直接释明并改判。”第22条：“买卖合同当事人一方违约造成对方损失，对方主张赔偿可得利益损失的，人民法院应当根据当事人的主张，依据民法典第五百八十四条、第五百九十一条、第五百九十二条、本解释第二十三条等规定进行认定。”第23条：“买卖合同当事人一方因对方违约而获有利益，违约方主张从损失赔偿额中扣除该部分利益的，人民法院应予支持。”最高人民法院**《印发〈关于当前形势下进一步做好房地产纠纷案件审判工作的指导意见〉的通知》**（2009年7月9日　法发〔2009〕42号）第7条：“妥善处理各类房屋买卖合同纠纷案件，依法稳定房屋交易市场。要依照法律和最高人民法院《关于审理商品房买卖合同纠纷案件适用法律若干问题的解释》的规定，妥善处理房屋销售广告纠纷，认购协议中定金纠纷、房屋质量纠纷、房屋面积纠纷，制裁恶意违约行为，保护购房人利益；对于房地产开发商确因资金暂时困难未按时交付房屋的，要多做双方当事人的调解工作，确无调解可能的案件，可以根据案件的具体情况，依法合理调整违约金数额，公平解决违约责任问题；对于买受人请求解除商品房合同纠纷案件，要严格依法审查，对不符合解除条件的不能解除；要引导当事人理性面对市场经营风险，共同维护诚信的市场交易秩序。对矛盾有可能激化的敏感案件和群体性案件，要及时向当地党委汇报，与政府主管部门沟通情况，力争将不稳定因素化解在萌芽状态。”最高人民法院**《印发〈关于处理涉及汶川地震相关案件适用法律问题的意见(二)〉的通知》**（2009年3月23日　法发〔2009〕17号）第2条：“出卖人通过认购、订购、预订等方式向买受人收受定金作为订立商品房买卖合同担保的，如果因当事人一方原因未能订立商品房买卖合同，应当按照法律关于定金的规定处理；因地震导致商品房买卖合同未能订立的，出卖人应当将定金返还买受人。”第5条：“商品房买卖合同约定买受人以担保贷款方式付款，因地震导致未能订立商品房担保贷款合同并致使商品房买卖合同不能继续履行的，当事人可以请求解除合同，出卖人应当将收受的购房款本金及其利息或者定金返还买受人。”最高人民法院**《关于审理商品房买卖合同纠纷案件适用法律若干问题的解释》**（2003年6月1日　法释〔2003〕7号）第2条：“出卖人未取得商品房预售许可证明，与买受人订立的商品房预售合同，应当认定无效，但是在起诉前取得商品房预售许可证明的，可以认定有效。”第4条：“出卖人通过认购、订购、预订等方式向买受人收受定金作为订立商品房买卖合同担保的，如果因当事人一方原因未能订立商品房买卖合同，应当按照法律关于定金的规定处理；因不可归责于当事人双方的事由，导致商品房买卖合同未能订立的，出卖人应当将定金返还买受人。”第5条：“商品房的认购、订购、预订等协议具备《商品房销售管理办法》第十六条规定的商品房买卖合同的主要内容,并且出卖人已经按照约定收受购房款的,该协议应当认定为商品房买卖合同。”最高人民法院《**关于适用〈中华人民共和国担保法〉若干问题的解释**》(2000 年 12 月 13 日　法释〔2000〕44 号,已于 2021 年 1 月 1 日起失效)第 115 条:“当事人约定以交付定金作为订立主合同担保的,给付定金的一方拒绝订立主合同的,无权要求返还定金;收受定金的一方拒绝订立合同的,应当双倍返还定金。”第 117 条:“定金交付后,交付定金的一方可以按照合同的约定以丧失定金为代价而解除主合同,收受定金的一方可以双倍返还定金为代价而解除主合同。对解除主合同后责任的处理,适用《中华人民共和国合同法》的规定。”第 118 条:“当事人交付留置金、担保金、保证金、订约金、押金或者订金等,但没有约定定金性质的,当事人主张定金权利的,人民法院不予支持。”第 119 条:“实际交付的定金数额多于或者少于约定数额,视为变更定金合同;收受定金一方提出异议并拒绝接受定金的,定金合同不生效。”

3. 部门规范性文件。住建部《**关于提升房屋网签备案服务效能的意见**》(2020 年 3 月 26 日　建房规〔2020〕4 号)第 9 条:“实现网签即时备案。按照减环节、减材料、减时限的要求,编制统一标准的房屋网签备案流程和办事指南。当事人仅需录入交易合同必填字段,房屋网签备案系统即可自动比对核验楼盘表信息及交易主体资格,自动生成合同文本。推行房屋交易合同网上签约即时备案,当事人完成签约后,通过相关技术手段实现即时备案,生成备案编码,在楼盘表中自动更新房屋交易状况信息。”第 10 条:“保障交易便捷安全。当事人申请变更、注销网签备案的,住房和城乡建设部门应当及时办理,在变更、注销网签备案前,不得重复办理同一套房屋的交易合同网签备案。市、县住房和城乡建设部门应当建立交易资金监管制度,商品房预售资金应当用于有关工程建设,纳入监管的存量房交易资金应在房屋转移登记完成后立即划转,不得挪作他用。”国家工商行政管理总局《**房地产广告发布规定**》(2016 年 2 月 1 日)第 7 条:“房地产预售、销售广告,必须载明以下事项:(一)开发企业名称;(二)中介服务机构代理销售的,载明该机构名称;(三)预售或者销售许可证书号。广告中仅介绍房地产项目名称的,可以不必载明上述事项。”住建部《**关于进一步加强房地产市场监管完善商品住房预售制度有关问题的通知**》(2010 年 4 月 13 日　建房〔2010〕53 号)第 1 条:“加强商品住房预售行为监管。未取得预售许可的商品住房项目,房地产开发企业不得进行预售,不得以认购、预订、排号、发放 VIP 卡等方式向买受人收取或变相收取定金、预定款等性质的费用,不得参加任何展销活动。取得预售许可的商品住房项目,房地产开发企业要在 10 日内一次性公开全部准售房源及每套房屋价格,并严格按照申报价格,明码标价对外销售。房地产开发企业不得将企业自留房屋在房屋所有权初始登记前对外销售,不得采取返本销售、售后包租的方式预售商品住房,不得进行虚假交易。”第10条:“严格预售商品住房退房管理。商品住房严格实行购房实名制,认购后不得擅自更改购房者姓名。各地要规范商品住房预订行为,对可售房源预订次数做出限制规定。购房人预订商品住房后,未在规定时间内签订预售合同的,预订应予以解除,解除的房源应当公开销售。已签订商品住房买卖合同并网上备案、经双方协商一致需解除合同的,双方应递交申请并说明理由,所退房源应当公开销售。”建设部**《商品房销售管理办法》**(2001年6月1日)第16条:“商品房销售时,房地产开发企业和买受人应当订立书面商品房买卖合同。商品房买卖合同应当明确以下主要内容:(一)当事人名称或者姓名和住所;(二)商品房基本状况;(三)商品房的销售方式;(四)商品房价款的确定方式及总价款、付款方式、付款时间;(五)交付使用条件及日期;(六)装饰、设备标准承诺;(七)供水、供电、供热、燃气、通讯、道路、绿化等配套基础设施和公共设施的交付承诺和有关权益、责任;(八)公共配套建筑的产权归属;(九)面积差异的处理方式;(十)办理产权登记有关事宜;(十一)解决争议的方法;(十二)违约责任;(十三)双方约定的其他事项。”

4. 地方司法性文件。江苏盐城中院**《关于规范审理涉新冠肺炎疫情房地产纠纷案件的十五条意见》**(2020年3月16日)第9条:“商品房认购合同的处理。出卖人通过认购、订购、预定等方式向买受人收受定金作为订立商品房买卖合同担保,因疫情、疫情防控措施影响,导致商品房买卖合同未能按期订立,当事人主张在合理期限内延期履行,一般应予支持;确因疫情、疫情防控措施影响导致商品房买卖合同不能订立,依据《最高人民法院关于审理商品房买卖合同纠纷案件适用法律若干问题的解释》第四条的规定处理。”天津高院**《关于审理房屋买卖合同纠纷案件若干问题的审判委员会纪要》**(2018年11月26日　津高法〔2018〕230号)第1条:“预约合同的处理问题。出卖人通过认购、订购、预订等方式收受定金作为订立商品房买卖合同担保的,如果具备预约的要件,应当认定为预约合同,出卖人拒绝签订商品房买卖合同,买受人请求继续履行合同签订本约的,不予支持。如因出卖人的原因未能订立商品房买卖合同,买受人请求双倍返还定金的,应予以支持。定金不足以弥补因出卖人违约造成的损失,买受人请求赔偿超过定金部分的损失的,可以并处,但定金和损失赔偿数额总和不应高于违约造成的损失。当事人通过认购书、订购书、购房意向书等协议约定在将来一定期限内签订商品房买卖合同,但上述协议已经具备了商品房买卖合同的主要条款,且出卖人已经收受部分购房款的(购房款的确定可以参考当事人之间的约定、首付款比例、交易习惯等因素),应认定该协议为商品房买卖合同。”江苏高院**《关于执行疑难问题的解答》**(2018年8月22日)第3条:“被执行人购买的预售商品房,如何执行?被执行人已将房款全部支付给开放商(被执行人自付一部分,银行贷款一部分),银行办理了抵押预告登记(预抵押登记),开发商在预售房产办理抵押权登记之前对银行贷款承担阶段性连带担保责任的商品房预售情形下,预售的商品房被法院预查封后,开发商或被执行人以仲裁或诉讼方式解除合同的,不得对抗人民法院的执行,人民法院可以继续执行预售房产。人民法院在办理预售商品房预查封时,除向房产登记部门送达预查封有关法律文书之外,还应及时向开发商送达预查封裁定和协助执行通知书,告知预售商品房已被法院预查封,擅自向被执行人退款承担法律责任。在人民法院办理预售商品房预查封后向开发商送达预查封裁定和协助执行通知书前,开发商已退还给被执行人的款项,在变价款中预先扣除支付给开发商。向开发商送达预查封裁定和协助执行通知书后,开发商擅自退还给被执行人的款项,由开发商自行追索。对于开发商已退还银行的相应款项,在变价款中预先扣除支付给开发商。开发商尚未退还银行相应款项的,在变价款中预先扣除银行贷款相应款项支付给银行,并通知开发商。"江苏高院**《关于审理房地产合同纠纷案件若干问题的解答》**(2018年6月26日 审委会会议纪要〔2018〕3号)第16条:"商品房回购约定如何认定?商品房按揭贷款合同中,当事人约定购房人无力偿还银行贷款时,开发商作为连带责任保证人承担还款责任,并由开发商对商品房进行回购,当事人主张该约定无效的,人民法院不予支持。合同对回购价格有约定的,按照约定处理。合同对回购价格没有约定的,当事人主张按市场价回购的,人民法院予以支持。"第20条:"如何认定商品房买卖合同本约?当事人签订的预购书、购房意向书等协议已经具备《商品房销售管理办法》第十六条规定的当事人情况、商品房基本状况、商品房价款及付款情况、交付使用情况等合同主要内容的,买受人主张已构成商品房买卖合同本约的,人民法院应予支持,但当事人另有约定的除外。"四川成都中院**《关于印发〈商品房买卖合同案件的审理指南(试行)〉的通知》**(2017年10月11日 成中法发〔2017〕129号)第2条:"商品房买卖合同、预购书、购房意向书等的签订者为商品房买卖合同纠纷案件的诉讼当事人。以夫妻一方个人名义签订商品房买卖合同的,签约人为合同当事人。非签约的夫或妻申请作为原告参加诉讼的,人民法院一般不予准许。按揭贷款的买受人要求解除商品房买卖合同的同时解除贷款合同的,应当将出卖人和贷款人同时列为被告参加诉讼。买受人起诉要求履行商品房买卖合同的,经审查涉及一房多卖的,人民法院应当将相关情况告知已知的其他买受人。其他买受人提出独立诉讼请求的,人民法院应当合并进行审理。其他买受人不提出独立诉讼请求的,人民法院应当通知其作为无独立请求权第三人参加诉讼。买受人在委托出卖人代为办理房屋产权登记的同时,又单独委托他人代为办理的,买受人可以择其中一种委托合同关系提起诉讼,也可以将出卖人和他人作为共同被告提起诉讼。如果买受人仅起诉其中一方,另一方不参加诉讼又难以查清案件事实,或可能判决由另一方承担责任的,人民法院应追加另一方参加诉讼。”第4条：“预约合同的效力。当事人以出卖人在签订预购书、购房意向书等预约合同时未取得商品房预售许可为由，要求确认预约合同无效的，不予支持。”第7条：“预约合同的处理。预约合同中约定当事人不得申请对拟签订的商品房买卖合同条款进行修改的，买受人以出卖人拒绝对商品房买卖合同条款进行修改为由，要求解除预约合同并返还定金的，不予支持。但出卖人在签订预约合同时未向买受人出示拟签订的商品房买卖合同文本并尽到相应提示义务的除外。当事人未按预约合同约定签订商品房买卖合同的，应当承担违约责任。当事人一方无正当理由拒绝签订商品房买卖合同，另一方要求违约方签订商品房买卖合同的，不予支持。”广东高院**《印发〈关于审理房屋买卖合同纠纷案件的指引〉的通知》**（2017年9月12日　粤高法〔2017〕191号，已于2020年12月31日经粤高法〔2020〕132号废止）第1条：“当事人通过缴纳诚意金、签订意向书等方式，仅表达房屋买卖意向，未约定在将来一定期限内签订买卖合同，一方以对方不签订买卖合同为由主张对方承担违约责任的，不予支持。”第2条：“认购书、订购书、购房意向书等协议虽然约定在将来一定期限内签订房屋买卖合同，但协议已经具备房屋买卖合同主要条款，且当事人依据协议负有支付房屋价款或者交付房屋义务的，该协议应当认定为房屋买卖合同。”第4条：“当事人签订预约合同时已经知道将来拟签订的房屋买卖合同主要条款，拒绝签约的一方以双方不能就该主要条款达成合意为由抗辩不承担违约责任的，不予支持。”第5条：“当事人一方无正当理由不履行预约合同约定的签约义务，守约方请求人民法院判决强制签订房屋买卖合同的，不予支持。预约合同约定的定金等违约责任明显不足以弥补守约方的信赖利益损失，守约方请求增加赔偿的，可予支持。”北京高院（单国军庭长）**《关于审理城镇房屋买卖合同案件适用法律若干问题的调研报告》**（2017年2月5日）：“……关于房屋买卖中预约和本约的认定和处理问题。实践中，买卖双方经磋商先签订购房意向书再签订正式房屋买卖合同的情况非常普遍。关于购房意向书与房屋买卖合同的性质及关系，我们认为，两者在性质上都是合同，在合同法上是预约和本约的关系，当事人对购房意向书是预约还是本约存在争议的，不应当拘泥于协议书的名称，而应当探求当事人签订协议书时的真实意思。实践中，认定当事人签订的协议书名为预约实为本约的，该协议书至少应当包括拟购房屋的基本状况、价款数额、价款支付方式三部分内容，未同时具备的，不能认定为房屋买卖的本约。预约协议中约定的定金’，在性质上属于最高人民法院《关于适用〈中华人民共和国担保法〉若干问题的解释》第115条规定的当事人约定以交付定金作为订立主合同担保的立约定金。因可归责于当事人一方的原因致使房屋买卖合同未能订立的，应当依据法律规定的定金罚则处理，没有约定定金条款，或者定金处罚数额不足以弥补守约方实际损失的，违约方应当赔偿守约方因此所受到的信赖利益损失。由于双方尚未签订房屋买卖合同,故守约方要求赔偿合同履行的可得利益损失的,不应支持。”湖北高院民二庭**《当前商事审判疑难问题裁判指引(上)》**(2016年11月)第6条:“预约合同的违约赔偿范围。预约合同是以签订本约合同为目的的独立合同。《最高人民法院关于审理买卖合同纠纷案件适用法律问题的解释》第二条规定:‘当事人签订认购书、订购书、预定书、意向书、备忘录等预约合同,约定在将来一定期限内订立买卖合同,乙方不履行订立买卖合同的义务,对方请求其承担预约合同违约责任或者要求解除预约合同并主张损害赔偿的,人民法院应予支持。’预约合同的违约赔偿范围应相当于守约方因对方违约所受的损失和所失的利益。其中,所受的损失包括缔约费用、准备履行支付的费用、已付金钱的利息等。所失利益主要指丧失其他订约机会的损害。除非当事人有约定,可得利益损失一般不予保护。”浙江宁波中院**《关于审理商品房买卖合同纠纷案件疑难问题解答》**(2015年5月19日)第1条:“根据《商品房销售管理办法》第十六条规定,商品房买卖合同应当明确十三项主要内容,实践中如何判断商品房认购书系预约还是本约?商品房买卖合同成立只需具备核心要件即可,无需十三项内容全部齐备。如当事人签订的认购书、购房意向书等协议已经具备拟购房屋的基本状况、价款数额、支付方式等合同主要内容的,应视为商品房买卖合同即本约成立,但当事人另有约定的除外。”第2条:“出卖人与买受人签订商品房认购书后,一方无正当理由拒绝签订商品房买卖合同,当事人一方可否起诉要求另一方继续履行预约合同义务即签订本约?答:当事人一方拒绝签订商品房买卖合同,另一方请求继续履行合同签订本约的,法院不宜直接判决当事人履行签订合同的义务。但如具备合同主要条款的,应认定构成本约,双方当事人应予履行。因签订预约合同的目的系为双方将来订立本约,现双方仅就商品房买卖的部分条款达成一致意见,大部分合同条款仍需进一步协商,如法院判决另一方继续履行合同签订本约,事实上无法强制执行且效果不佳。”北京高院**《关于审理房屋买卖合同纠纷案件若干疑难问题的会议纪要》**(2014年12月16日　京高法发〔2014〕489号)第2条:“当事人以出卖人在签订预购书、购房意向书等预约协议时未取得商品房预售许可证明为由,要求确认预约协议无效的,不予支持,但预约协议被认定为商品房预售合同的除外。预约协议订立后,当事人一方无正当理由拒绝签订房屋买卖合同,守约方起诉要求法院强制违约方订立买卖合同的,一般不予支持。”广东深圳中院**《关于房屋买卖合同纠纷案件的裁判指引》**(2014年8月28日修订)第5条:“当事人签订认购书、意向书等预约合同,约定在将来一定期限内订立商品房买卖合同,因可归责于当事人一方的原因致使房屋买卖合同未能订立,对方请求其承担预约合同违约责任,或者要求解除预约合同并主张赔偿信赖利益损失的,人民法院可予支持。当事人签订的认购书、意向书等协议已经具备了拟购房屋的位置、面积、价款等房屋买卖合同的主要条款,并且出卖人已收取购房款或出卖人与买受人约定将所收取的定金转为购房款的，该协议可以认定为商品房买卖合同，但当事人另有约定的除外。【说明】旨在解决商品房认购书的性质和效力问题。以合同的目的和义务是否为了将来签订一定合同为标准，合同区分为预约和本约。预约是约定将来订立一定合同的合同，本约则为履行该预约而订立的合同，预约产生当事人将来订立本约的债务。预约合同本身是一独立合同，当事人签订预约合同后负有依据诚信原则进一步磋商及缔结本约的义务，该义务同时亦是本约的先合同义务。当事人拒绝磋商或恶意磋商导致本约无法订立的，该行为本身违反预约合同构成违约，可以适用预约合同约定的定金罚则，同时亦违反了本约的先合同义务，损害了守约方的信赖利益，违约方应承担相应的缔约过失责任。认购书、意向书等预约合同，其合同目的在于签订本约即房屋买卖合同，在签订预约合同后当事人一方拒绝磋商或恶意磋商导致房屋买卖合同未订立的，守约方可以请求违约方承担预约合同所约定的违约责任，若不足以弥补其实际损失，还可选择要求赔偿其信赖利益损失，例如为订立商品房买卖合同而支出的费用及利息等损失，使其恢复到未认购商品房前之财产状态。但如守约方主张房屋差价损失，因该损失属于房屋买卖合同的履行利益损失，不在缔约过失责任的赔偿范围之内，应不予支持。上述规定与《商品房买卖司法解释》第二条关于‘当事人签订认购书、订购书、预订书、意向书、备忘录等预约合同，约定在将来一定期限内订立买卖合同，一方不履行订立买卖合同的义务，对方请求其承担预约合同违约责任或者要求解除预约合同并主张损害赔偿的，人民法院应予支持’的规定保持了一致。根据《最高人民法院关于适用〈中华人民共和国合同法〉若干问题的解释（二）》第一条的规定，当事人对合同是否成立存在争议，人民法院能够确定当事人名称或者姓名、标的和数量的，一般应当认定合同成立。若预约合同已经具备拟购房屋的位置、面积、价款、付款方式等买卖合同的主要条款，根据前述司法解释规定，此时本可以认定房屋买卖合同已成立，但由于预约合同系约定在将来一定期限订立房屋买卖合同，可视为此为双方预约性质而非本约性质的意思表示，加之房屋买卖属标的物价值巨大的民事行为，宜谨慎把握，故而即使预约合同具备上述合同条款，也不宜认定此时该合同即为房屋买卖本约。因此，在《最高人民法院关于适用〈中华人民共和国合同法〉若干问题的解释（二）》规定的基础上，同时借鉴《商品房买卖司法解释》的相关规定，我们认为若将认购书等预约视为房屋买卖本约，则必须符合‘出卖人已收取购房款或双方约定将所收取的定金转为购房款’的前提条件，此时可视为双方已开始实际履行房屋买卖合同的相关义务，双方通过实际履行的方式将预约转化为本约。”安徽高院**《关于审理房屋买卖合同纠纷案件适用法律问题的指导意见》**（2012年3月5日）第1条：“当事人签订的认购书、购房意向书等协议虽然不具备《最高人民法院关于审理商品房买卖合同纠纷案件适用法律若干问题的解释》第五条规定的条件,但已经明确了拟购商品房的位置、面积、价款且能够实际履行的,可以认定为商品房买卖合同。但当事人明确约定认购书、购房意向书等协议仅为预约合同的除外。人民法院对认购书、购房意向书等协议性质作出的认定,不影响一方当事人根据协议中定金条款的约定,向可归责的另一方当事人主张适用定金罚则。”第2条:“当事人以期房不能转让为由请求确认转让合同无效的,一般不予支持;转让人在转让合同履行期限届满时仍未取得房屋所有权,致使受让人不能办理房屋所有权转移登记,受让人请求解除合同并要求转让人承担违约责任的,应予支持。”海南高院**《关于办理商品房买卖合同纠纷案件的指导意见(试行)》**(2011年1月)第8条:“开发商已取得商品房预售许可证,或当时虽未取得但起诉前已取得商品房预售许可证,拟购房人仅向开发商交纳认购金、订购金、诚意金等,并未与开发商订立认购协议、预购协议及意向书等,事后要求与开发商订立商品房买卖合同的,不予支持。开发商不愿与拟购房人签订商品房买卖合同,拟购房人要求退回认购金、订购金、诚意金的,应予支持;当事人另有约定的,从其约定。”第9条:“开发商收取了拟购房人的认购金、订购金、诚意金等且与拟购房人订立了认购协议、预购协议及意向书等的,分别情况予以处理:(1)认购协议、预购协议及意向书等具备了《商品房销售管理办法》第十六条规定的商品房买卖合同的主要内容,且开发商所收取的认购金、订购金、诚意金等为认购协议、预购协议及意向书中所约定的购房款数额的,应当认定为正式的商品房买卖合同,拟购房人要求继续履行的,应予支持。因开发商的原因致使合同不能继续履行的,拟购房人除可以请求解除合同外,还可要求开发商返还已付购房款及利息、赔偿损失,并可以请求出卖人承担不超过已付购房款一倍的赔偿责任。(2)认购协议、预购协议及意向书等虽具备了《商品房销售管理办法》第十六条规定的商品房买卖合同的主要内容,但开发商仅收取了少量认购金、订购金、诚意金等,拟购房人要求继续履行,且继续履行不会出现障碍的,应当判决继续履行。因开发商的原因致使合同不能继续履行的,应双倍返还所收取的认购金、订购金、诚意金等。(3)拟购房人与开发商签订的认购协议、预购协议及意向书等有关于签订正式商品房买卖合同的时间约定,但经开发商通知,拟购房人未在约定时间内与开发商签订正式商品房买卖合同,事后要求与开发商签订正式商品房买卖合同的,不予支持。开发商不与拟购房人签订正式商品房买卖合同,拟购房人要求开发商退还所收取的认购金、订购金、诚意金等的,应予支持,但双方另有约定的除外。(4)认购协议、预购协议及意向书等不具备《商品房销售管理办法》第十六条规定的商品房买卖合同的主要内容,拟购房人要求继续履行的,不予支持。拟购房人以认购协议、预购协议及意向书等为据,要求与开发商签订正式购房合同的,不予支持。开发商不与拟购房人签订正式购房合同,拟购房人要求双倍返还认购金、订购金、诚意金等的,应予支持。”浙江杭州中院民一庭**《关于审理建设工程及房屋相关纠纷案件若干实务问题的解答》**(2010年11月1日)第2.3条:"对于因买卖一方违反意向书约定,致使正式房屋买卖合同无法签订而产生的违约责任,应如何认定处理?答:首先,根据本地区的房产交易实际情况及相关规定,房屋交易必需要签订相应的正式房屋转让合同方可实施。因此,上述意向书的内容约定即使完备,但也只能认定为正式房屋交易行为实施前的预约。其次,因一方违约行为而无法达成本约,即签订正式的房屋买卖合同情形下,其违约责任也仅能是该预约合同项下的违约责任,交易双方的实际损失也应限定在为准备达成本约而支出的费用范围内。对于未达成本约所产生的预期利益损失,即房屋交易的价差,则一般情形下不属于赔偿范围。第三,对于一方当事人主张继续履行该意向书约定,签订正式买卖合同的。一般情形下,应不予支持。对于因国家政策原因导致签订意向书时约定的交易条件发生变更,且双方也未能就变更协议内容达成一致意见的,一方当事人主张解除该意向书,应予以支持,并结合案件具体情形确定相应的违约责任。第四,根据《合同法》第424条、第427条的规定,中介方作为居间人所要促成成立的应当是正式的房屋买卖合同,而非仅仅是意向书。在正式的房屋买卖合同没有成立的情况下,中介方仅能请求支付其从事居间活动支出的必要费用。"浙江温州中院民四庭**《审理商品房买卖合同纠纷案件疑难问题参考意见》**(2010年4月30日)第2条:"出卖人与买受人签订的认购书、订购书、意向书、预订书、许诺书、预收定金书等(以下统称认购书),仅约定了当事人概况、房屋基本情况、价款计算方法的,一般认定为预约。如一方违约的,可以适用定金罚则处理。"第3条:"商品房买卖认购书中约定买受人同意按出卖人公示的样板条款订立合同的,该约定对双方当事人具有约束力。认购人以该条款属格式条款拒绝订立商品房买卖合同,或者请求认定该认购书无效或请求解除合同、返还定金的,人民法院不予支持。"广东广州中院**《关于审理预售商品房合同纠纷若干问题的指导意见》**(2010年)第1条:"《认购书》中类似'购房人已理解并同意开发商在销售中心公示的样板条款,并同意完全按该样板条款签署上述各合同,不再变更、增加或减少任何条款'的特别约定应如何认定?《认购书》是指将来签订《商品房买卖合同》的预约,在样板条款已经过公示且购房人也已经在《认购书》上签章确认的情形下,该《认购书》是有效的,对当事人具有约束力。认购人以合同条款不公平、可以再协商、人多看不清等理由拒绝签订《商品房买卖合同》,属于不诚信行为,其诉请该《认购书》无效或接触、返还定金的,不应支持。"第2条:"出卖人拒绝按照《认购书》签订《商品房买卖合同》,买受人起诉签约或者追究违约责任应如何处理?合同系当事人共同协商的结果,法院判令当事人签订合同有强制签约之嫌,故对买受人关于签订《商品房买卖合同》的诉讼请求不宜支持;出卖人拒绝签约已构成违约,在适用《司法解释》第四条的基础上,还可以判令出卖人赔偿买受人因未能签约造成的损失。该损失数额的确定可参照在合同订立之日起至起诉日止的房价差额范围,区别下列不同情形处理:住宅在30%以内、商业用房在10%以内。买受人拒绝签约亦已构成违约,不区别对待,均做上述对等处理。"北京高院**《审理买卖合同纠纷案件若干问题的指导意见(试行)》**(2009年2月3日　京高法发〔2009〕43号)第26条:"当事人同时约定违约金和定金,但没有约定定金性质的,当事人一方违约,对方一并主张定金和违约金的,法院不予支持。当事人同时约定违约金和定金并约定了定金性质的,当事人一方违约,对方依据约定的定金性质一并主张违约定金和违约金的,法院不予支持;当事人一方违约,对方依据约定的定金性质一并主张解约定金和违约金的,法院应予支持。"第27条:"在同一诉讼中,当事人约定的定金不足以弥补当事人一方因对方违约遭受的损失,当事人一方请求赔偿超过定金部分的损失的,法院应予支持。"[该指导意见说明对第二十六条的理解与适用:"根据定金具体性质,定金通常包括立约定金、成约定金、证约定金、违约定金和解约定金。但立约定金(存在一个独立的约定定金的合同,以保证其后主合同的签订)、成约定金(合同成立或者生效所附的条件)、证约定金(保证合同履行,与违约金类似)等主要是学理上的分类,在审判实践中并不多见,而且学理上的概念也并不统一。同时,立约定金和成约定金均存在于合同成立或生效前,不适用本条指导意见规定的合同已生效情形;证约定金则与违约金性质相同。因此,本指导意见对上述几种定金形态未作规定,只就实践中可见的违约定金、解约定金进行了区分、规定。因违约定金与违约金在目的、性质、功能等方面基本是相同的,故二者不能并用,而应由守约方选择适用。根据《中华人民共和国担保法》若干问题的解释第一百一十七条的规定,当事人是可以定金为代价解除合同的,而无论合同履行是否构成违约,因此解约定金和违约金在目的、性质、功能等方面是有区别的,二者可以并用。"]福建高院**《关于审理商品房买卖合同纠纷案件疑难问题的解答》**(2008年7月25日)第1条:"问:最高人民法院《关于审理商品房买卖合同纠纷案件适用法律若干问题的解释》(以下简称商品房买卖合同司法解释)第四条规定的'不可归责于当事人双方的事由'应如何认定?答:'不可归责于当事人双方的事由'是指双方当事人均无过错而导致商品房买卖合同未能订立的情形。例如,双方当事人在商品房的认购、订购、预订等协议中未约定的与商品房买卖有关的内容,在签订正式商品房买卖合同时,经磋商无法达成一致意见的;收受定金后,因第三人的原因或自然灾害致使该商品房项目未能建设或未能按原约定建设等情形。因一方当事人恶意磋商导致合同无法订立的,应当按照法律关于定金的规定处理。例如,在签订认购、订购、预订等协议后,买受人反悔,为了能退回定金,在订立商品房买卖合同时,对双方未约定的事项故意提出一些苛刻条件(例如要求出卖人在不合理的期限内交房)的,不属于不可归责于双方当事人的事由。如果无法确认是否一方当事人故意，则适用'因不可归责于当事人双方的事由，导致商品房买卖合同未能订立的，出卖人应当将定金返还买受人'之规定，返还定金。"重庆高院**《关于当前民事审判若干法律问题的指导意见》**(2007 年 11 月 22 日)第 35 条："预约合同的处理。出卖人通过认购、订购、预订等方式向买受人收受定金作为订立商品房买卖合同担保的，如果具备预约的要件，应当认定为预约合同。应当区分预约合同与本约合同。出卖人拒绝签订商品房买卖合同，买受人请求继续履行合同签订本约的，法院不宜直接判决当事人履行签订合同的义务。如因出卖人的原因未能订立商品买卖合同，对方请求双倍返还定金的，一般应予支持；如未能签订本约的原因系出卖人故意违约，且给买受人造成损失的，买受人还可要求出卖人赔偿损失。"江苏高院**《房屋买卖合同纠纷案件疑难问题法律适用研讨会综述》**(2004 年 11 月 27 日)第 1 条关于预约不能转化为本约的责任承担："预约与本约，是合同法理论对合同的一种分类。预约的效力，旨在约束当事人订立本约，即商品房买卖合同。但是因可归责于一方当事人的原因，导致本约不能有效成立的，违约方应当向守约方承担什么样的责任？责任范围又如何？对此问题，会议代表取得了一定的共识：第一，区分一项合同是预约还是本约，应当探求当事人的真意，方法上应当坚持合同的文义解释。除了根据《解释》第五条规定将预约认定为本约外，对于'名为预约实为本约'的情形应当严格掌握。第二，如果预约中约定了定金罚则，因可归责于一方当事人的事由导致本约不能有效成立的，应当适用定金罚则；如果预约中没有约定定金罚则的，则违约方应当赔偿守约方所遭受的实际损失。但在实际损失之外，是否应当赔偿履行本约产生的可得利益，存在观点上的分歧。一种意见认为，当事人违反预约合同导致没有订立商品房买卖合同的，只承担缔约过失责任。另一种意见认为，虽然预约的形式多样，但当事人的预期利益却不同。对于一份内容比较全面的预约合同，因为当事人(主要是买受人)对此已有许多预期的利益，因开发商的违约，致使其利益无法实现，这种情况如果仅适用定金罚则，对维护市场的诚信体制是不利的，因此还应当赔偿预期利益(可得利益)，即在定金罚则或实际损失的范围之外，再参照房屋差价或违约方所获利润确定买受人的损失数额。"第 2 条："……关于'暂定价'纠纷的处理。实务当中，双方当事人往往在预约中约定了'暂定价'，而其后在订立本约时，出卖人往往又'提高'了房屋价款，买受人因不能接受而致使商品房买卖合同(本约)不能成立，此时，能否追究出卖人的违约责任？与会代表在这个问题上的认识尚较一致，即出卖人于此情形下并不承担违约责任。大家认为，这个问题的实质在于，预约中的'暂定价'条款对双方当事人是否具有约束力。而该条款对双方当事人是否具有约束力，又涉及对预约的性质与效力的理解与判断。预约既然是当事人约定将来订立一定契约(本约)的契约，那么其债务的内容即是将来要订立本约，房屋的价款及房屋的交付等内容应当留作将来订立本约时予以确定,该‘暂定价’条款仅是作为双方当事人在订立本约时确定价格条款的一种参照。只要‘预约’还是预约,则预约中的‘暂定价’条款对当事人就不应当具有约束力,就不能要求当事人即应按照该条款实际付款交房。真正对当事人具有约束力的价格条款尚须当事人的另行商定,买受人因不能接受出卖人这一关于价格内容的意思表示导致本约不能成立的,自属契约订立过程中非常正常的事情——当事人虽心怀诚意积极地进行缔约活动,但并不能必然导致契约就能够有效地成立,这是交易中的常识,即便有预约的担保,也是如此。另外一种观点与之殊途同归。这种观点认为,预约中的‘暂定价’是相对于本约中的核定价而言的,对于‘暂定价’,双方当事人都是可以调整的,合同的履行(付款交房)最终还是按核定价来计算。因此,出卖人违反‘暂定价’条款,未能按之将房屋出售于买受人,并不对买受人承担违约责任。与会代表还认为,为了规范房地产市场的交易秩序,保护买受人的合法权益,对于符合《解释》第五条规定的情形,即使名为‘暂定价’,也不可单方变更。此外,对于预约合同中的价格用语,尚需具体问题具体分析,不可简单套用上述‘暂定价’条款而一概而论。”广东高院**《关于〈合同法〉施行后认定房地产开发经营合同效力问题的指导意见》**(2001 年 10 月 30 日　粤高法发〔2001〕41 号,已于 2020 年 12 月 31 日经粤高法〔2020〕132 号废止)第 22 条:“商品房的预售方与预购方签订商品房认购合同,约定预购方以定金担保其将来与预售方订立正式的商品房预售合同,如该认购合同是当事人的真实意思表示,内容合法的,应当认定有效。”上海高院**《关于印发〈关于民事案件审理的几点具体意见〉的通知》**(2000 年 8 月 15 日　沪高法民〔2000〕44 号)第 20 条:“当事人在取得《商品房预售许可证》之前,以预订、预约、认购、定购等形式向承购人收取定金或房价款,人民法院应如何认定其效力?我们认为,如果以预订、预约、认购、定购等形式向承购人收取定金的,可以认定预订、预约、认购、定购等协议有效,一方违反协议,相对方要求按定金罚则处理的,人民法院应予支持;如果以预订、预约、认购、定购等形式向承购人收取房价款的,应当认定协议无效。理由是预订、预约、认购、定购等协议中约定的定金系‘成约定金’,具有从合同性质,我国《担保法》对主合同不存在,先订立从合同这一做法并未禁止,因此,预订等协议有效,定金罚则对双方适用。如果以预订、预约、认购、定购等协议向承购人收取房价款,根据上海市实施《城市商品房屋预售管理办法》细则的规定则属变相预售,未取得《城市商品房预售许可证》而预售商品房的,预售行为无效。”福建厦门中院**《关于印发〈关于处理房地产开发商违规抵押和预售商品房案件的意见〉的通知》**(2000 年 6 月 6 日　厦中法发〔2000〕32 号)第 1 条:“开发商先与购房者签订商品房预售(购销)合同,收取购房款,且将房屋交付购房者装修、使用,但未将预售合同报土地房产管理部门登记备案,后却又以该房屋作为抵押物向金融机构抵押贷款并办理了抵押登记手续的。

鉴于在签订预售合同时房屋权属方面是清洁的，办理预售合同登记系开发商的责任，而抵押登记是在房屋已被预售情况下办理的，被开发商欺诈的是作为抵押权人的银行，所以，这种情况应认定预售合同有效，责令开发商办理预售合同的登记备案手续。金融机构提出拍卖该房产的，不予支持。可建议土地房产管理部门撤销开发商与金融机构关于该房产的抵押登记。法院因开发商涉及其他纠纷而查封该房产的，亦应予以解封。”第2条：“开发商将在建商品房作抵押向银行贷款，已办理抵押登记手续，后又与购房者签订商品房购销合同，收取房款、交付房屋的，应区别不同情况予以处理：（一）如开发商已明确告知购房者该买卖标的物已设定抵押权，购房者仍与开发商签订预售合同的。由于抵押合同签订在前，又经抵押权登记，应当优先保证银行贷款的清偿。（二）开发商未告知购房者该买卖标的物抵押登记情况，而与购房者全党下预售合同的。由于物权有时间性，抵押登记在前就应承认抵押登记是在无瑕疵的情况下办理的，而预售合同是在房屋已被抵押的情况下签订的，被开发商欺诈者是购房者。所以，这种情况应保护已登记的抵押权，确认预售合同无效，购房者可另行向开发商追索购房款。（三）如开发商将正在抵押期间的商品房预售给购房者，双方签订的预售合同虽未生效，但自开发商收取购房款，还清抵押所涉贷款，抵押关系解除后，该购房合同则开始生效，开发商此后再以该房屋向银行抵押贷款的，应视为购房在先，抵押在后。这种情况应保护购房者的利益，认定预售合同有效，抵押无效，责令开发商办理预售合同登记备案手续。”第3条：“开发商与购房者签订预售合同，且办理了登记备案。后开发商又以该房产向银行抵押贷款或者开发商将代理他人建设的房产以自己的名义向银行抵押贷款造成抵押无效的，银行应自行承担对贷款抵押审查不严所造成的法律后果。”上海高院**《关于印发〈关于审理房产纠纷案件若干疑难问题的讨论纪要〉的通知》**（1993年10月27日　沪高法〔1993〕148号）第22条：“买卖预售房屋，应依法签订房屋预售合同，买方未按约交付预付款，应承担违约责任；卖方以双方未办理房屋所有权转移登记手续为由要求解除合同，不予支持。合同中明确房屋价款的，卖方以房价上涨而要求买方按新价给付房价一般不予支持；如果确因订立合同至交付房屋周期长，并且因建筑材料价格变化而导致建房成本增加，可以通过双方协商适当变更预售合同中的房价，协商不成时，法院可依据法律和具体情况予以判决。”

5.地方规范性文件。上海市房管局**《关于进一步加强本市房地产市场监管规范商品住房预销售行为的通知》**（2020年1月1日）第3条：“……各区房管部门、各房地产交易中心要加强商品住房预订和销售行为的监管，对未取得预售许可或未办理现房销售备案的商品住房项目，房地产开发企业以认购、预定、排号、发放VIP卡等方式向买受人收取或变相收取定（订）金、诚意金（意向金）、预定款等款项的，按照《商品房销售管理办法》（建设部令第88号）相关规定处理……”上海市住建委《**关于进一步加强商品房销售监管规范市场秩序相关工作的通知**》(2017年7月20日 沪建房管〔2017〕651号)第1条:"……房地产开发企业要严格实行明码标价制度,严格按照备案价格对外销售,不得超备案价销售。不得借电商费、装修费等名义变相收取价外价;不得以捆绑搭售或者附加条件等限定方式,迫使购房人接受商品或者服务价格;未取得预售许可证的商品住房项目不得以认购、预订、排号、发卡等方式向买受人收取或者变相收取定金、预订款等费用,借机抬高价格。"

6.参考案例。2019年**北京某房屋买卖合同纠纷案**,2013年,唐某与尚未取得预售许可证的开发公司签订《定制开发协议》,约定了购买房产的具体楼号、楼层、面积和合同价款等,并约定了在商品房预售合同签订之后保证金冲抵房屋价款。唐某据此支付开发公司1600万元保证金。2016年,因开发公司未依约签订预售合同,唐某要求解除协议,开发公司同意,随后,唐某将《定制开发协议》项下权利义务转让给黄某。黄某因与开发公司就损失赔偿额无法达成一致而起诉。有关《定制开发协议》性质成为双方争议焦点之一。法院认为:依最高人民法院《关于审理买卖合同纠纷案件适用法律问题的解释》第2条关于"当事人签订认购书、订购书、预定书、意向书、备忘录等预约合同,约定在将来一定期限内订立买卖合同,一方不履行订立买卖合同的义务,对方请求其承担预约合同违约责任或者要求解除预约合同并主张损害赔偿的,人民法院应予支持"的规定,当事人在协商并等待正式缔约条件或时机成熟的过程中,为巩固阶段性谈判成果,对已达成一致的事项在签订正式合同前予以明确并约定在将来的一定期限内就该谈判事项订立正式的合同,该约定区别于买卖合同本身,属于预约合同。本案中,唐某与开发公司就购买案涉房产事宜签订了《定制开发协议》,其后黄某受让《定制开发协议》项下权利义务,黄某作为《定制开发协议》的合同受让人,应受《定制开发协议》内容约束。根据《定制开发协议》中关于唐某知晓并确认本协议并非商品房预售行为及交纳保证金系签订《北京市商品房预售合同》的保证等条款内容以及黄某申请再审关于开发公司与唐某签订《定制开发协议》时并未取得预售许可证的陈述,说明案涉合同当事人在签订《定制开发协议时》,明知或应当知道就案涉房产签订合法有效商品房预售合同的法定条件尚不具备。故,尽管唐某与开发公司在《定制开发协议》中约定了购买房产的具体楼号、楼层、面积和合同价款等,但《定制开发协议》并非可以完整履行的商品房买卖合同,商品房买卖交易的实现仍有待双方签订商品房预售合同。此外,《定制开发协议》还约定,在商品房预售合同签订之后保证金冲抵房屋价款、《定制开发协议》终止,这表明合同双方当事人对《定制开发协议》与商品房预售合同如何衔接进行了安排,进一步说明《定制开发协议》签订和执行系为保证双方将来签订商品房预售合同,故,《定制开发协议》主要合同义务和根本目的是将来双方签订商品房预售合同,《定制开发协议》约定的购房人按照预售合同支付房屋房价款,可以说明支付保证金和交付房屋不构成《定制开发协议》项下的对待给付义务。案涉《定制开发协议》中明确了作为未来商品房预售合同标的的具体楼号、楼层、面积和合同价款等因素,系预约合同功能之一,并体现了《定制开发协议》为预约合同的性质。据此,案涉《定制开发协议》性质应认定为预约合同。2013 年**四川某房屋买卖合同纠纷案**,2006 年,实业公司与通讯公司签订购房协议,约定了房屋位置、面积及价款,同时约定"待购房合同签订时,已支付 1000 万元定金自动转为购房款"。随后,实业公司交付房屋。2008 年,实业公司取得该房屋产权证。2009 年,双方就场地使用权、过户税费、付款分期等问题反复磋商,未达成一致。2010 年 3 月,实业公司发出合同解除函。同年 5 月,通讯公司诉请继续履行。法院认为:预约是指将来订立一定契约的契约。仅根据当事人合意内容上是否全面,并不足以界分预约和本约。判断合同系预约还是本约根本标准应按当事人意思表示,即当事人是否有意在将来订立一个新合同,以最终明确在双方之间形成某种法律关系具体内容。如当事人存在明确的将来订立本约意思,那么,即使预约内容与本约已十分接近,通过合同解释,从预约中可推导出本约全部内容,亦应尊重当事人意思表示,排除此种客观解释可能性。本案中,案涉购房协议明确约定了房屋位置、面积和价款,具备正式房屋买卖合同主要内容,可直接据此履行而无须另订本约,但当事人在协议中又约定继续磋商及自动失效条款,表明当事人一致认为在付款方式等问题上需进一步磋商,并明确在将来订立一新合同,以最终明确双方之间房屋买卖法律关系具体内容,故仅就案涉购房协议而言,其性质应为预约。对当事人之间存在预约还是本约关系,不能仅凭一份孤立协议即简单加以认定,而是应综合审查相关协议内容及当事人嗣后为达成交易进行的磋商甚至具体的履行行为等事实,从中探寻当事人真实意思,并据此对当事人之间法律关系性质作出准确界定。本案中,当事人在签订购房协议时,通讯公司已实际交付定金并约定在一定条件下自动转为购房款,实业公司亦接受通讯公司交付,在签约后交付房屋,通讯公司亦接受该交付。而根据购房协议预约性质,实业公司交房行为不应视为对该合同的履行,在当事人之间不存在租赁等其他有偿使用房屋法律关系情形下,实业公司该行为应认定系基于与通讯公司之间房屋买卖关系而为交付。据此,由于实业公司在该房屋买卖关系中主要义务就是交付案涉房屋,依《合同法》第 36 条、第 37 条规定,可认定当事人之间达成了买卖房屋合意,成立了房屋买卖法律关系。因本案不具备单方解除合同的法定解除情形,故实业公司发出解除函,通讯公司在法定期间内通过起诉方式提出异议,该解除函不产生解除合同效力,故通讯公司要求继续履行诉请应予支持。2010 年**江苏某商品房预售合同纠纷案**,2004 年,张某与开发公司签订预订单,约定前者以 30.8 万元预订 123 平方米房屋,并约定了房号及单价;

第5条约定"在甲方(开发公司)通知签订商品房销售合同前,乙方(张某)可随时提出退房……在乙方按照本条约定签订商品房销售合同前,甲方不得将该房另售他人"。张某为此交预付款5万元。2009年,开发公司开工建设。2010年,开发公司取得预售许可。张某以约定房屋面积缩小为90平方米、提高单价为由,诉请赔偿其损失。法院认为:预约合同目的在于当事人对将来签订特定合同相关事项进行规划,其主要意义在于为当事人设定了按公平、诚信原则进行磋商以达成本约合同义务;本约合同则是对双方特定权利义务明确约定。预约合同既可是明确本约合同订约行为,亦可是对本约合同内容进行预先设定,其中对经协商一致设定的本约内容,将来签订的本约合同应予直接确认,其他事项则留待订立本约合同时继续磋商。判断商品房买卖中认购书究竟为预约还是本约合同,关键看此类认购书是否具备《商品房销售管理办法》第16条规定的商品房买卖合同主要内容,即是否具备当事人名称或姓名和住所,商品房基本状况,商品房销售方式,商品房价款确定方式及总价款、付款方式、付款时间,交付使用条件及日期,装饰、设备标准承诺,水电气讯配套等承诺和有关权益、责任,公共配套建筑产权归属等条款。但一般来说,商品房认购书中不可能完全明确上述内容,否则就与商品房买卖合同本身无异,故在实践操作过程中,这类认购书只要具备了双方当事人姓名或名称,商品房基本情况(包括房号、建筑面积)、总价或单价、付款时间、方式、交付条件及日期,即可认定认购书已基本具备商品房买卖合同本约条件。反之,则应认定为预约合同。本案中,双方所签预订单对双方当事人姓名或名称,商品房基本情况(包括房号、建筑面积)、单价、付款时间进行了明确约定,但因双方在签订该预订单时作为买卖标的物的商品房尚处在规划之中而未进行施工,开发公司亦未取得商品房预售许可,故双方对商品房交付时间、办证时间、违约责任等诸多直接影响双方权利义务的重要条款在预订单中未明确约定,属未决条款,需在签订买卖合同时协商一致达成;事实上,双方在该预订单中通篇所用词语表达为"预订""预计""预缴(购房款)",其第5条更说明双方在签订该认购单时对该行为性质为预约合同认识是明确而不存在疑义的,故张某要求开发公司以该商品房预订单为依据履行商品房交付义务主张不能成立。具有相应行为能力的人在意思表示真实情况下所签预约合同在双方当事人之间亦产生拘束力,非经当事人协商一致不得更改,否则构成对预约合同违反。预约权利人可请求对方履行订立本约义务或赔偿损失。本案中,双方签订商品房预订单后,因建设商品房用地拆迁安置问题致使商品房开工建设日期拖延,在此过程中,国务院及当地政府相继出台有关行政法规对于新建商品房建筑面积、施工工艺及材料进行了强制性规定,加上新的拆迁安置情况出现,致使商品房建设规划变更、面积变化及建筑成本增加,应属不可预料情形,不应视为开发公司故意违反预约合同。但开发公司在未取得商品房预售许可时即对尚未开工建设的商品房进行出售违反了有关法律法规，其行为具有违法性；同时在与张某签订商品房认购单时对上述情况估计不足，其后又将认购书中列明房号安置给他人，致使双方失去进一步协商并签订本约合同可能性，双方所签商品房预订单终止履行，对此结果开发公司应承担相应责任，故开发公司应将原收取张某5万元退还，并应对张某承担违约责任即损失赔偿责任。违约责任中，承担责任一方应给对方造成的利益损失进行赔偿。本案中，张某在与开发公司签订预订单后，有理由相信开发公司会按约定履行订立本约合同义务，从而丧失了按预订单约定房屋价格与他人另订购房合同机会，故开发公司因违约给张某造成的损失应根据订立预订单时商品房市场行情和现行商品房价格予以确定，但因开发公司所开发建设房屋无论是结构还是建筑成本均与双方签订预订单时情形发生了重大变化，故张某以开发公司开发建设房屋现行销售价格作为赔偿标准亦显失公平，法院不予采纳。综合考量商品房市场价格变动过程及张某向开发公司交纳房款数额，对于开发公司因违约给张某造成的损失确定为15万元。判决开发公司退还张某预交房款5万元并赔偿张某15万元。2007年**上海某预约合同纠纷案**，2002年，仲某与开发商签订意向书，约定商铺对外认购时通知仲某认购，仲某有优先认购权，并约定了拟购商铺面积、均价等，随后仲某依约交纳了2000元意向金。后因开发商以房价上涨为由拒绝与仲某签订正式买卖合同，仲某遂以开发商违约为由，索赔经济损失100万元。法院认为：案涉意向书签订时间在开发商办理有关项目立项、规划等主要手续后、取得房产预售许可证前，意向书中所指商铺并非虚构，所约定房屋买卖意向存在现实履行基础。同时，该意向书明确了双方当事人基本情况，对拟购商铺面积、价款计算、认购时间等均做了较为清晰且适于操作的约定，表明双方经磋商，就条件成就时实际进行买卖的主要内容达成了合意，对将来正式签订房屋买卖合同进行了预先安排，并以书面形式明确将来商铺正式预售时开发商优先同仲某订立正式合同，故该意向书系具有法律约束力的预约合同。开发商未按约履行通知义务，导致意向书中约定将来签订正式买卖合同根本目的无法实现，甚至在争议发生时主张双方所签意向书无效，其行为违背了民事活动中应遵循的诚实信用原则，构成违约。综合本地区近年来房地产市场发展趋势及双方当事人实际情况，酌定开发商赔偿仲某经济损失15万元。2005年**江苏某房屋买卖合同纠纷案**，2004年，戴某对开发商样板房表示满意，与开发商签订订购协议并向其交付了5万元定金。嗣后因开发商提供的商品房预售格式合同中有“样板房仅供参考”等不利于戴某条款，戴某对此提出异议要求删除，开发商不能立即给予答复，以致商品房预售合同未在订购协议约定日期订立，开发商以此为由不予返还定金。法院认为：最高人民法院《关于审理商品房买卖合同纠纷案件适用法律若干问题的解释》第4条规定：“出卖人通过认购、订购、预订等方式向买受人收受定金作为订立商品房买卖合同担保的，如果因当事人一方原因未能订立商品房买卖合同,应当按照法律关于定金的规定处理;因不可归责于当事人双方的事由,导致商品房买卖合同未能订立的,出卖人应当将定金返还买受人。"预约合同中已决条款,非经当事人协商一致不得更改,否则构成对预约合同违约;对预约合同中未决条款,则由双方当事人继续谈判,以达成正式、完备的本约;在无悖于公平原则情况下磋商不成,或因不可归责于双方当事人原因未能订立本约,则不存在违约,预约合同相应解除,如附定金担保的,已付定金应予返还。本案当事人均履行了订约行为,对本约订约不成原因,双方均不能举证证明,应合理推定为磋商不成,故开发商应返还定金。2014 年**湖北某合同纠纷案**,2007 年,投资公司就其所有的建筑物及配套、基础设施作价 2.9 亿元转让事宜与大学签订协议。大学依约支付 2.47 亿元后,诉请投资公司移交余下房产。投资公司以大学未履行协议关于"根据投资公司需要"返租"部分房产"的约定,主张同时履行和先履行抗辩权。法院认为:诉争协议租赁条款未将拟租赁标的物特定化,对租赁面积、租金、租期等具体内容缺乏明确约定,"根据甲方需要""部分"等表述亦过于模糊,难以具体化。基于文义理解,应认定该租赁条款为概括性约定。由于该条款为概括性约定,租赁面积、租金、租期等具体内容均需另行协商,投资公司基于该条款取得的是要求大学就租赁事宜进行磋商的权利,大学亦负有就租赁事宜与投资公司磋商的义务,经过磋商就租赁事宜达成一致、签署租赁合同,双方之间的租赁法律关系才得以成立。事实上,双方已就部分教学楼、宿舍楼分别签订租赁协议。尽管双方对上述租赁协议对应的承租安排尚有分歧,但双方对后续房屋租赁事宜实际进行了磋商,只是在租赁面积上差距较大而未能达成一致,对此双方均有责任。根据协议性质、内容和条文次序,大学主要义务是在投资公司移交标的物后支付相应款项,至于协议约定大学就租赁事宜的磋商义务并非其主要义务,亦非投资公司全面履行协议的条件性约定。现大学已向投资公司支付款项,依投资公司实际移交标的物面积折算,大学比协议约定提前支付了约 2700 万余元。无论针对大学主合同义务,还是协议约定义务,投资公司均不存在可行使同时履行抗辩权或先履行抗辩权的情形。协议对标的物移交作了明确约定,投资公司未依约履行后续移交义务,属迟延履行和不完全履行情形。又因大学在履行协议过程中亦存在违约行为,故根据本案实际情况,双方各自就对方的违约责任应互不追究,判决双方继续履行,投资公司移交房产,大学支付余款。2008 年**某房屋买卖合同纠纷案**,2005 年,开发公司与江某签订购房合同,约定江某购买开发公司建设的商品楼,并约定房屋位置、均价、总房价、首付款、交房时间,并约定其余房款待开发公司办妥工程规划许可证并开工后,双方另行协商支付方式。2007 年,江某与开发公司协商,要求按双方协议约定价格与开发公司签订购房合同,并协商剩余房款支付方式,开发公司以其未依约付款为由要求解除合同。处理意见:案涉购房合同虽系在开发公司未取得商品房预售许可证情况下签订,但在协议中就当事人名称、商品房基本情况、销售方式、价格、付款方式、交付使用条件及日期、违约责任等进行了约定,其约定标的物明确、内容翔实,且现涉诉楼盘已取得商品房预售许可证。依购房合同约定双方应另行签订购房合同。现江某同意与开发公司另行签订购房合同,但开发公司拒绝并要求解除原协议。在此情况下,江某请求开发公司按购房合同交付约定商品房,不存在事实和法律上障碍,具备可履行条件,且双方所签购房合同有效,江某诉请应予支持。因案涉购房合同约定开发公司办妥工程规划许可证等手续后,双方另行协商剩余房款支付方式。开发公司作为开发建设单位,其最了解规划许可证办理及建设工程开工时间,对此,开发公司应向江某履行告知义务,以便江某与开发公司协商剩余房款支付方式。因开发公司无证据证明其已履行通知义务,且现在江某同意交付剩余房款,但开发公司不予接受,故开发公司关于江某未尽协商履行支付房款义务、存在违约行为主张不能成立。由于房屋仍在建设中,验收合格时间不能确定,故江某违约金请求无法给予支持,其可另行主张。判决双方继续履行购房合同,开发公司向江某交付协议约定的商品房,江某依约定数额向开发公司支付剩余房款。2008 年**某房屋买卖合同纠纷案**,开发商未取得商品房预售许可证,与买受人所签商品房认购书是否有效?处理意见:《城市房地产管理法》《城市房地产开发经营管理条例》均明确规定,商品房预售应取得预售许可证明。最高人民法院《关于审理商品房买卖合同纠纷案件适用法律若干问题的解释》第 2 条规定,出卖人未取得商品房预售许可证明,与买受人订立的商品房预售合同,应当认定无效。但是在起诉前取得商品房预售许可证明的,可以认定有效。由此可见,预售许可证明系针对商品房预售行为所作强制性规定。商品房认购书作为一个独立合同形式,从其订立目的、约定内容看,通常系为将来双方当事人订立确定性的、正式商品房买卖合同达成的书面允诺,其目的就是通过订立合同来约束双方当事人承担在将来订立正式商品房买卖合同义务,与作为本约合同的商品房买卖合同相对应,商品房认购书即为预约合同。预约合同只是双方当事人承诺在约定期限内订立确定性合同即本约的预备性协议,不得因此认定本约已正式订立。预约合同一方当事人仅可请求对方当事人履行订立本约义务,不能请求履行本约内容。预约合同一般表现为认购书、订购书、预订书、意向书、允诺书、备忘录、谈判纪要、定金收据等多种形式。既然作为预约合同的商品房认购书系出卖人和买受人双方为将来订立作为本约合同的商品房买卖合同所做承诺,而非正式商品房预售行为,作为法定商品房预售行为强制性前提条件的商品房预售许可证明即不应对出卖人订立预约合同行为干预禁止。未取得商品房预售许可证前所签商品房认购书等预约合同均为有效。2017 年**云南某执行异议纠纷案**,2009 年,史某与开发公司签订认购协议后支付购房款 79 万余元。2014 年,法院依资产公司申请查封并执行开发公司名下房产,史某提出案外人执行异议。资产公司认为史某异议不符合最高人民法院《关于人民法院办理执行异议和复议案件若干问题的规定》第28条规定。法院认为:本案属于案外人执行异议之诉,应适用最高人民法院《关于人民法院办理执行异议和复议案件若干问题的规定》。该司法解释第28条与第29条相同之处为申请执行的债权都是金钱债权,均要求在法院查封前已签订合法有效书面买卖合同。不同之处在于,第28条是买受人对登记在被执行人名下不动产提出的异议,而第29条则针对的是买受人对登记在被执行房地产开发企业名下商品房提出异议。应当说,第29条规定是第28条规定的特殊情形,即专指房地产开发企业商品房出售情形。根据本案查明事实,案涉房屋系开发公司所开发商品房,史某系向开发公司认购商品房,诉争被执行房屋即是登记于房地产开发企业名下商品房,故本案依史某诉讼主张的权利基础,应适用第29条规定。房产认购协议签订时间在执行裁定之前,亦早于资产公司所称实际查封时间。依最高人民法院《关于审理商品房买卖合同纠纷案件适用法律若干问题的解释》第5条规定及《商品房销售管理办法》第16条规定,案涉房产认购协议明确了当事人名称、商品房基本状况,明确了具体位置、房号、价款、交付方式,且史某已按认购协议约定交付全部款项,开发公司亦向史某出具收款发票。该认购协议已具备商品房买卖合同基本要素,应认定双方存在有效的商品房买卖合同关系。所购商品房系用于居住且买受人名下无其他用于居住的房屋。已交付价款超过合同约定总价款百分之五十。史某诉请符合最高人民法院《关于人民法院办理执行异议和复议案件若干问题的规定》第29条规定,依法应予支持。资产公司所提案涉房屋未办理登记过户手续、未实际交付等诉讼主张均不影响对史某物权期待权的保护。判决确认史某享有案涉房屋物权期待权,资产公司申请执行开发公司一案中,不得执行案涉房屋。2016年**浙江某商品房预售合同纠纷案**,2012年,开发公司为销售楼盘,发布了宣传广告、售楼书并设置样板房,显示该楼盘配套五星级酒店及五星级会所等。2013年,程某与开发公司签订预定协议,约定双方同意将发布或提供的广告、售楼书、样板房所标明房屋平面布局、结构、建筑质量、装饰标准及附属设施、配套设施作为商品房买卖合同附件。5日后,双方签订商品房买卖合同,附件重新对房屋平面布局、结构、建筑质量、装饰标准及附属设施、配套设施等进行了具体约定,具体以实际交付为准。该楼盘结顶后,程某发现该楼盘并未配套五星级酒店和五星级会所,且对样板房进行了拆除。程某诉至法院要求确认预定协议关于配套设施约定有效。法院认为:本约合同签订后,当事人具体权利义务由本约合同进行约束,预约合同使命已完成。同时本案中当事人在本约合同中就房屋平面布局、附属配套设施等作出与预约合同不一致约定,若认为预约合同继续有效,必将造成权利义务混乱。法律并未规定本约合同签订后预约合同解除,故不符合法定解除条件;虽然预约合同和本约合同所指向的标的、终极目的是相同的,但两者权利义务截然不同,不能因此判定双方作出了解除合同合意。预约合同和本约合同是分别独立的合同,本案中预定协议系双方当事人真实意思表示,其内容不违反法律、行政法规强制性规定,不存在无效情形,但签订预约合同首要目的就是约定在一定期限内签订本约合同。本案当事人也约定在5日内签订商品房买卖合同,且之后当事人按约签订了商品房买卖合同,对相关权利义务进行了具体约定,预定协议目的和使命已完成,之后当事人权利义务应由商品房买卖合同进行确定和约束,何况当事人在商品房买卖合同中就房屋平面布局、附属设施及配套设施等内容对预定协议进行了调整,而此时再对已完成使命的预约合同作出效力评价,赋予预约合同法律效力,给予肯定和保护,无疑造成当事人法律逻辑混乱,亦不符合《合同法》鼓励交易,促进市场效率精神。由于本约合同签订这一法律事实发生,使预约合同所设定债权债务在客观上不再存在,预约合同权利义务终止,再行确认预约合同效力已无意义,故判决驳回程某诉请。2016年**江西某商品房买卖合同纠纷案**,2004年,程某与开发公司签订房屋认购书,约定认购价为8万余元,单价1200元/平方米。当日程某支付定金1万元。2012年,开发公司通知程某选房,称房价要按3650元/平方米计算,程某不同意而产生纠纷。程某诉请解除认购书、开发公司返还定金并承担违约损失16万余元。法院认为:商品房预约合同是以签订商品房买卖合同为标的,其产生的是缔约请求权,而商品房买卖本约合同所产生的是履行合同请求权,不能以未能履行商品房买卖合同作为其主张预约违约损失依据。本案程某签订认购书后,获得了签订商品房买卖合同请求权,并非履行商品房买卖合同请求权,开发公司违反认购书约定产生的损失是程某丧失在同一时期与开发公司或其他开发商缔结商品房买卖合同机会,此种机会损失计算标准虽然目前尚无明确法律规定,但如以预约合同签订后商品房涨价幅度来确定,无疑罔顾了预约合同与本约合同区分,混同了缔约请求权与履行合同请求权性质。预约违约者承担可得利益赔偿责任必然造成当事人双方利益严重失衡状态。预约合同履行行为本身并无任何交易发生,亦不产生任何利益,预约违约行为仅使守约方丧失订立合同机会。程某仅支付1万元定金,主张开发公司赔偿违约损失16万余元,为商品房买卖合同履行后可得利益,属于尚未签订的商品房买卖合同造成的损失。这一主张不仅否定了预约合同作为独立合同所具有法律地位,且极大加重了违约方责任,损害了法律公平原则。另外,即使将程某主张的违约损失认定为可得利益损失,亦难以断定为未超过签订认购书时开发公司能预见到的8年之后因其违约所造成损失。程某对长时间无法实现签订商品房买卖合同目的自身应承担一定行为风险,程某交纳的1万元定金不足以限制自身经济能力致无法通过另行购买其他房产途径实现购买房屋目的,且2006年开发公司曾发函告知程某项目风险,程某可通过解除认购书方法规避损失。程某以履行商品房买卖合同差价主张预约违约损失,依《合同法》第119条第1款规定,自身亦应承担一定责任。判决解除程某与开发公司所签认购书,开发公司返还程某定金1万元,并赔偿利益损失8万余元。2015年**某房屋买卖合同纠纷案**,2007年,朱某与开发公司签订协议书,约定朱某购买开发公司开发的某地块上12套房屋,另约定了单价、首付款,以及签正式合同日期。2011年,开发公司仍未取得预售许可证。2012年,开发公司诉请解除与朱某所签协议。法院认为:《商品房销售管理办法》第16条规定了商品房买卖合同应当具备的13项主要内容。最高人民法院《关于审理商品房买卖合同纠纷案件适用法律若干问题的解释》第5条规定:"商品房的认购、订购、预订等协议具备商品房销售管理办法第十六条规定的商品房买卖合同的主要内容,并且出卖人已经按照约定收受购房款的,该协议应当认定为商品房买卖合同。"本案中,朱某虽向开发公司交付了部分购房款,但从协议内容来看,该协议仅对房屋坐落、价款及首付款进行约定,而未对剩余购房款付款时间、房屋交付使用日期、产权人等作出明确约定,不完全具备《商品房销售管理办法》第16条规定的主要内容,且双方约定将来需签订统一的商品房买卖合同,故该协议系双方当事人就将来订立商品房买卖合同相关事宜进行的约定,而不是对商品房买卖结果进行直接确认,故本案协议书性质上是商品房买卖预约合同。最高人民法院《关于审理买卖合同纠纷案件适用法律问题的解释》第2条规定:"当事人签订认购书、订购书、预订书、意向书、备忘录等预约合同,约定在将来一定期限内订立买卖合同,一方不履行订立买卖合同的义务,对方请求其承担预约合同违约责任或者要求解除预约合同并主张损害赔偿的,人民法院应予支持。"本案中,开发公司未能提供相应证据证明订立本约合同存在障碍,而朱某又不同意解除预约合同,判决驳回开发公司诉请。2015年**重庆某合同纠纷案**,2010年,开发公司与肖某签订认购协议,约定肖某认购商品房,肖某据此交付认购金3万元。2015年,开发公司因未取得商品房预售许可证而被国土房管部门处罚。开发公司据此诉请确认案涉认购协议无效。法院认为:《商品房销售管理办法》第16条规定,商品房买卖合同应当具备以下内容:(1)当事人名称或者姓名和住所;(2)商品房基本状况;(3)商品房的销售方式;(4)商品房价款确定方式及总价款、付款方式、付款时间;(5)交付使用条件及日期……(12)违约责任;(13)双方约定的其他事项。依最高人民法院《关于审理商品房买卖合同纠纷案件适用法律若干问题的解释》第5条规定,商品房的认购、订购、预订等协议具备《商品房销售管理办法》第16条规定的商品房买卖合同的主要内容,并且出卖人已经按照约定收受购房款的,该协议应当认定为商品房买卖合同。商品房预约合同不具备《商品房销售管理办法》第16条规定的商品房买卖合同主要内容或出卖人未实际收受购房款的,在商品房未取得预售许可证情况下,预约合同不因此而无效。本案中,双方所签认购协议约定内容既不完全具备商品房买卖合同主要内容，亦未约定房款支付方式和金额，更未实际支付购房价款，故案涉认购协议本质上仍属商品房预约合同，不属商品房预售合同，不能适用最高人民法院《关于审理商品房买卖合同纠纷案件适用法律若干问题的解释》第5条规定，应认定案涉认购协议有效。判决驳回开发公司诉请。2012年**江苏某房屋买卖合同纠纷案**，2008年，陈某与开发公司签订认购书，约定认购房屋位置、单价等内容。陈某据此缴纳了60万元“诚意金”。2011年，该房市值490万余元，按认购书单价，陈某仅需支付370万余元。开发公司以其电话通知过陈某但其爽约，开发公司已以430万余元价格转售为由抗辩。法院认为：预约合同包括两种，一类是仅约定双方当事人在将来签订本约，双方当事人主要义务是磋商；另一类是具备了本约主要条款，但尚存未决条款时，双方当事人义务不仅是就未决条款磋商，还须达成本约，磋商不成时未决条款可根据法律规定或交易习惯进行补充。本案中，认购书对拟购商铺位置、价款、认购时间及双方权利义务作了明确约定，其他条款根据商品房预售合同格式文本和交易习惯即可确定，属第二类合同。当事人对自己提出的主张所依据事实有责任提供证据加以证明。本案中，依双方约定，开发公司应承担通知陈某前来签订商品房买卖合同义务，但其未就此举证，故构成违约。此时，陈某可要求继续履行并取得认购房屋，但因开发公司已将认购房屋销售导致事实上不能履行，陈某可期待利益损失应以房屋价格上涨部分为限。本案中，考虑到开发公司因违约而实际获益情况，具体赔偿数额以开发公司实际获得的差价返还给陈某为宜，判决开发公司返还陈某诚意金60万元并赔偿陈某损失60万余元。2012年**福建某房屋买卖合同纠纷案**，2011年，张某就580万元购买骆某三套房屋达成合意，张某支付了50万元定金。后因骆某拒签房屋买卖合同，张某持定金收据诉请另外返还50万元定金。法院认为：最高人民法院《关于审理商品房买卖合同纠纷案件适用法律若干问题的解释》第四条规定：“出卖人通过认购、订购、预订等方式向买受人收受定金作为订立商品房买卖合同担保的，如果因当事人一方原因未能订立商品房买卖合同，应当按照法律关于定金的规定处理；因不可归责于当事人双方的事由，导致商品房买卖合同未能订立的，出卖人应当将定金返还买受人。”依《合同法》规定，合同条款一般包括标的、价款、履行期限、违约条款等。在本案中，双方虽已就诉争房产价款达成一致意见，骆某亦出具了收条，但在交房时间及付款方式、付款期限、中介费和税费的承担等条款上，并无书面证据证明双方已达成一致意见，故骆某出具的收条属于预约合同性质。双方未能就诉争房产订立正式的房屋买卖合同原因系双方不能就合同其他条款达成一致意见，故合同不能订立原因不可归责于双方，骆某无须按定金罚则向张某支付双倍定金。判决驳回张某诉请。2010年**江苏某房屋买卖合同纠纷案**，2009年，刘某预订开发公司商铺，订购单约定了订购房屋位置、面积、单价、总价等内容，刘某据此缴纳4.5万元定金及后续19万元购房款后,因开发公司将该商铺转售他人致诉。法院认为:开发公司与刘某就诉争房屋所签商铺订购单,已具备商品房买卖合同必备条款,且开发公司在签订订购单后还收取了刘某部分购房款,故该订购单应认定为商品房买卖合同。双方合同中虽约定一次性支付全款,但刘某在签订订购单后向开发公司分批付款,开发公司予以接受并开具收据,应系双方当事人以事实行为变更了对订购单中付款方式的约定,故开发公司认为刘某未于签订订购单当日支付全款即构成违约的主张,缺乏事实和法律依据,法院不予采信。开发公司未与刘某解除商品房买卖合同关系,即将诉争房屋售予他人,应承担违约责任。双方虽在订购单中约定了卖方在订购有效期内将买方所订购房屋另卖他方的违约责任,但因双方所签订购单不能认定订购有效期,故该违约责任约定不予适用。依最高人民法院《关于审理商品房买卖合同纠纷案件适用法律若干问题的解释》第8条规定,判决解除双方商铺订购单,开发公司返还刘某购房款19万元及定金4.5万元,并赔偿刘某19万元。2010年**上海某商品房买卖合同纠纷案**,2001年,曹某与开发公司签订房屋订购协议并支付全部房款222万元。2006年,开发项目主体变更为房产公司,开发公司股东亦变为房产公司股东。2008年,曹某订购房屋已升值到700万余元。因房产公司、开发公司拒绝履行订购协议并交房,曹某诉请解约并赔偿1800万余元。法院认为:曹某与开发公司所签订购协议,符合预约合同系当事人双方为将来订立确定性本合同而达成合意的法律特征,不能认定为房屋买卖合同。订购协议仅是预约合同,预约目的在于签订本约。从预约到本约签订,双方当事人应遵循诚实信用原则,将预约所确定原则贯彻到本约合同条款中。曹某按约支付了全部款项,但开发公司却和房产公司协议将工程建设主体进行调整,房产公司对规划设计进行了变更,导致订购协议中双方约定将来正式签订房屋买卖合同根本目的无法实现,违约责任在开发公司。曹某要求解除订购协议,开发公司表示同意,法院予以照准,但开发公司应返还曹某购房款,并承担相应赔偿责任。房产公司被调整为新的建设主体,其与开发公司之间未就工程建设主体调整支付补偿费用。房产公司与开发公司股东构成上的同一性,不能排除双方未作补偿可能,由此将使曹某承受开发公司赔偿不能的风险,故房产公司应承担补充赔偿责任。综合考虑开发公司过错程度、曹某付款情况以及近年来房地产市场发展趋势基础上,判决解除订购协议,开发公司返还曹某购房款222万元及赔偿曹某222万元,房产公司就赔偿款222万元承担补充赔偿责任。二审中,开发公司自愿在原判222万元基础上再补偿曹某60万元。2010年**福建某认购合同纠纷案**,2008年,洪某与开发公司签订商品房认购协议,并交付5万元作为取得优先购买权的定金。2009年,洪某以开发公司隐瞒诉争商品房土地使用权于2007已向银行设定抵押为由,诉请判决开发公司双倍返还定金。法院认为:《物权法》虽规定建设用地使用权抵押后土地上新增建筑物不属抵押财产，但实现建设用地使用权的抵押权时应将土地上新增建筑物与建设用地使用权一并处分，故商品房土地使用权已设定抵押必然对商品房买受人权益实现造成影响，开发商要合法预售商品房，要么取得抵押权人同意并提前清偿债务，要么清偿债务解除抵押。根据本市《商品房预售管理规定》，预售商品房设定土地抵押权的，应先取得抵押权人对该套商品房的登记放行证明，方可办理商品房预售合同登记备案。而商品房预售合同一经登记备案，买受人对所购商品房的期待所有权即受到保护，故抵押权人出具的登记放行证明应视为抵押权人同意开发商预售某套商品房并放弃自己对该套商品房对应宗地的抵押权利益。开发公司关于其在洪某签订正式商品房买卖合同后，即可取得抵押权人对诉争商品房的登记放行证明并办理预售合同登记备案手续的抗辩成立。洪某在自己权益实际未受到侵害亦不可能受到侵害情况下以认购商品房土地使用权处于抵押状态为由拒签商品房买卖合同缺乏依据。判决驳回洪某诉请。2009年**陕西某房屋认购纠纷案**，2006年，张某与开发公司签订商品房认购协议并交纳全部购房款24万余元。2008年，张某要求交房，开发公司称该房系经济适用房、张某不具有购房资格。张某遂诉请退回购房款并赔偿一倍购房款。法院认为：张某与开发公司之间所签认购协议不符合房屋买卖合同构成要素，不是房屋买卖合同。因双方并未签订房屋买卖合同，故张某购房款，开发公司应予退还。关于张某要求对其进行购房款一倍赔偿，不适用最高人民法院《关于审理商品房买卖合同纠纷案件适用法律若干问题的解释》中关于五种承担一倍赔偿情形，又，本案是经济适用房认购协议纠纷，不是不动产纠纷，亦不能适用《消费者权益保护法》有关规定，故张某要求进行一倍赔偿诉请，于法无据，不予支持。开发公司与张某签订认购协议前，开发公司所办理有关项目立项、规划等手续均为经济适用房性质，双方在涉案认购协议中指向房屋不存在现实履行基础，且签订该协议明显违反我国现行法律规定，故该协议并非合法有效的商品房买卖合同。《合同法》第58条规定，合同无效或者被撤销的，因该合同取得的财产，应当予以返还；不能返还或者没有必要返还的，应当折价补偿。有过错的一方应当赔偿对方因此所受的损失，双方都有过错的，应当各自承担相应责任。本案中，开发公司在签订认购协议时存在一定订约欺诈事实，但张某亦存在未加严格审查的重大过错，故双方均有过错。在张某未能就其所受损害利益举证情况下，综合考虑双方过错程度及近年来本地房地产市场发展态势，确定开发公司承担信赖利益损失较为妥当。一审判决开发公司退还24万余元及利息，二审达成和解，张某撤回上诉。2008年**四川某商品房买卖合同纠纷案**，2006年4月，王某与开发公司签订房号确认单并交纳2万元定金。同年9月，开发公司在王某所持定金收据上签下"同意退房"意见。2007年，房价上涨，王某诉请继续履行。法院认为：开发公司与王某签订确认单，出卖人开发公司以向买受人王某收受定金作为订立商品房买卖合同的担保,确认单是当事人就签订商品房买卖合同相关事宜进行的约定,是约定当事人有义务在一定期限内签订买卖合同,双方所签订房号确认单不具备《商品房销售管理办法》规定的商品房买卖合同主要内容,故房号确认单不属于商品房买卖合同,应属于商品房买卖合同的预约合同。开发公司不能提供证据证明双方对订立商品房买卖合同时间进行约定,亦不能提供充分证据证明系因王某原因未能订立商品房买卖合同,故应按照双方所签确认单履行义务,判决继续履行确认单内容。2008 年**广东某商品房买卖合同纠纷案**,2006 年,实业公司先后就未取得预售许可的 10 套房屋与开发公司签订优先认购说明书及合作协议,其中后 4 套双方对最后定价有争议。后因双方履行过程中,又对房价、地价款抵顶、房屋改建等问题出现分歧,导致无法履行。2007 年,实业公司诉请开发公司承担违约责任。法院认为:预约和本约的本质区别在于预约存在法律或事实上的障碍,导致合同部分条款缺失或不确定,而本约不存在这一情况。本案中,案涉优先认购说明书、合作协议签订时,所涉房产项目正处于建设中,尚未取得预售许可证,故当时签订商品房买卖合同存在法律及事实上的障碍。而优先认购说明书中约定了如下内容:认购金数额;商品房基本情况,包括商品房所处位置、大致面积;每平方米单价;签署本约时间约定及相关法律后果,但未约定剩余房款的付款时间、交付使用的条件及日期、装饰设备标准的承诺、配套基础设施和公共设施的交付承诺和有关权益责任、公共配套建筑的产权归属、面积差异的处理方式及办理产权登记的有关事宜等商品房买卖合同应当明确的主要内容,故双方当事人所签优先认购说明书,其法律性质应系预约合同。本案中,开发公司虽认可实业公司曾作出要求认购后 4 套房屋的意思表示,但现有证据无法证明实业公司对开发公司主张的房屋价格表示认可,且直至诉讼时止,双方当事人对于房屋价格仍有争议,故不能证明双方对此已达成合意。预约是合同一种,对双方当事人都有约束力,双方当事人在履行预约合同即订立本约过程中,应依诚实信用原则,就预约合同未作约定事项进行公平协商,以方便买卖合同的顺利订立。双方当事人至今仍未能订立本约,究其原因,系实业公司认为开发公司在本约中对原来协议约定的房价、地价款抵顶、房屋改建问题进行了重大修改。根据本案查明事实及分析,应认定预约合同已解除,导致本案本约无法订立,双方当事人均有过错,运用过错相抵原则,判决确认前 6 套房屋预约合同有效并解除,开发公司返还实业公司 480 万元。2008 年**广东某商品房预约合同纠纷案**,2006 年,曹某与开发公司签订商铺认购书,并交纳 3 万元定金。2007 年,曹某以双方无法就商品房买卖合同部分条款达成一致为由,诉请开发公司退还定金。法院认为:曹某与开发公司之间所签认购书属预约合同,即为了将来签订商品房买卖合同而签订的合同。曹某交纳的定金 3 万元属订约定金,即为保证将来签订房屋买卖合同而支付的保证金。如曹某将来不签订合同,则定金 3 万元归开发公司所有;如开发公司拒绝签订合同,则双倍返还定金给曹某。虽然认购书约定了房屋单价,但双方对买卖房屋付款方式、交楼时间、办证时间、违约责任等诸多直接影响双方权利义务的重要条款并无明确约定,需在签订买卖合同时协商一致达成;亦未约定将来只要开发公司提出签订买卖合同,无论开发公司所提条款如何,曹某均应一概承诺。在开发公司要求曹某签订房屋买卖合同时,开发公司提供了合同条款样本,属于要约。由于曹某与开发公司是平等民事法律关系当事人,曹某对开发公司所提要约有权承诺、拒绝、要求修改;针对曹某所提要约,开发公司亦有权承诺、拒绝、要求修改。开发公司无证据证实曹某在签订买卖合同时存在恶意协商,及拒绝签订合同的真实意思表示,故本案中双方在签订买卖合同时未协商一致达成协议,不可归责于任何一方当事人,判决开发公司返还曹某3万元。2007年**上海某商品房预约合同纠纷案**,2002年,仲某与开发公司签订商铺认购意向书,并交纳2000元,约定仲某享有优先获得通知并以优惠均价认购商铺权利。2003年,开发公司取得预售许可证,但未通知仲某签约且拒绝按约定的优惠价履行。法院认为:签订意向书前,开发公司已办理有关项目立项、规划等手续,双方在涉案意向书中指向的商铺买卖存在现实履行基础,且意向书明确了当事人基本情况、拟购商铺面积、价款计算、认购时间等,表明双方经谈判就条件成就时将进行商铺买卖的主要内容达成合意,系具有法律约束力的合同。同时,意向书是对未来签署正式买卖合同的预先安排,并以书面形式明确了将来就订立正式买卖合同进行谈判这一预约标的,系独立、有效的预约合同,对其效力应予认定。开发公司未按约履行通知义务,反而主张意向书无效,违背了民事活动中应遵循的诚实信用原则,显属违约。鉴于该违约行为导致仲某丧失了优先认购商铺机会,双方亦无法按意向书约定继续履行,故开发公司应承担相应违约责任。在综合考虑本市近年来房地产市场发展态势及双方当事人履约情况基础上,判决解除认购书、开发公司返还意向金同时,酌情确定开发公司赔偿仲某经济损失15万元。2006年**天津某商品房销售合同纠纷案**,2004年,开发公司取得商品房预售许可证,在有现房可售情况下,刘某与开发公司签订认购书并交付订金9.3万元。2006年,因开发公司就明确约定购房款及房屋位置的拒签商品房买卖合同且无房可售,刘某诉请赔偿损失。法院认为:双方当事人虽在认购书中明确写有"在规定期间内签订正式合同"约定,从表面形式上看,诉争商品房认购书应是预约,但鉴于该认购书具备双方当事人及商品房基本情况、诉争商品房价款确定方式及总价款、交付使用日期等商品房买卖合同主要内容,且开发公司作为出卖人亦在签约当日收受了刘某支付的部分购房款,由此具备了预约转化为本约条件,故该认购书系名为预约实为本约。依最高人民法院《关于审理商品房买卖合同纠纷案件适用法律若干问题的解释》第16条规定,该认购书应认定为商品房买卖合同。鉴于案涉合同是双方当事人真实意思表示,其内容符合我国法律和行政法规规定,且在双方签订该合同时,开发公司已取得商品房预售许可证,亦有真实商品房可供交易,故该合同合法有效,对双方当事人均有约束力。判决开发公司给付刘某经济损失13万元及占用预收房款利息8000余元。2003年**福建某认购合同纠纷案**,2001年,黄某与开发公司签订商品房认购合同,约定开发公司应于2001年5月31日提供建房合法手续。黄某据此交付30万元订金,开发公司开具收据时,写明“定金”。2003年,开发公司取得预售许可证,因开发公司拒绝履行售房义务致诉。法院认为:案涉认购合同约定,开发公司应于2001年5月31日提供建房合法手续,黄某先交付部分订金,并于双方签订商品房购销合同后支付购房款,故该认购合同实际上系双方今后签订正式商品房购销合同的预约合同。双方签订预约合同时,开发公司所开发商品房项目虽尚未取得预售许可证明,但已办妥政府立项、报建审批、建设用地规划许可证明等一系列手续,故双方所签预约合同合法、有效。双方合同虽对预售标的物、数量、价款、履行期限等进行了约定,已具备商品房买卖合同主要内容,但双方并未约定订立预约合同时即支付购房款,黄某亦尚未实际缴交购房款,仅交纳预约定金,故该认购合同并未转化为商品房买卖合同。虽然双方合同约定为订金而非定金,但在黄某实际缴交该款时,开发公司开具收款收据确认为“定金”。因定金合同系实践性合同,其性质应以实际交纳时双方真实意思为据,故黄某主张双方变更原约定“订金”为定金,可以支持,该定金约定合法、有效。双方当事人签订认购合同后,开发公司以合同无效为由毁约,欲返还所收定金,系以其实际行为明确表明不履行合同,依法应承担相应违约责任。开发公司向公证处提存该款,黄某并未领取,故提存行为不能免除开发公司依约应承担的违约责任。因双方仅签订预约合同,尚未签订作为本约的商品房买卖合同,而预约合同违约责任与本约合同违约责任不应等同,故黄某以丧失签订正式商品房买卖合同后实际获得房屋可得利益为由,要求开发公司赔偿损失,没有法律依据,不予支持。判决解除案涉认购合同,开发公司双倍返还定金60万元。2002年**福建某预售合同纠纷案**,1999年4月,开发商未取得预售许可证,即与陈某签订店面订购协议,约定了单价及面积。2000年,陈某发现店面已售予他人,开发商赚了49万余元,陈某诉请返还购房款并赔偿。法院认为:约定标的、数量、价款的认购书对关键条款如履行期限、履行方式、违约责任等未约定,不符合商品房购销合同成立要件,系买卖双方订约前的一种交易意向,不属于《城市房地产管理法》第44条规定所禁止的未取得权属证明的房产不得转让情形,可认定有效。本案中,开发商违背诚信原则,将陈某认购房屋转售他人,造成陈某无法实现签订商品房购销合同目的,构成缔约过失,对陈某因信其合同成立所受信赖利益损失,应承担弥补性赔偿责任,以实际交付房款占总房款比例乘以开发商获利计算。判决开发商返还购房款并弥补陈某信赖利益损失24万余元。2011年**江苏某商品房预售合同纠纷**

案,2004年,张某与开发公司签订《预订单》,约定前者以30.8万元预订123平方米房屋,并约定了房号及单价;第5条约定“在甲方(开发公司)通知签订《商品房销售合同》之前,乙方(张某)可随时提出退房……在乙方按照本条约定签订《商品房销售合同》前,甲方不得将该房另售他人”。张某为此交预付款5万元。2009年,开发公司开工建设。2010年,开发公司取得预售许可。张某以约定房屋面积缩小为90平方米、提高单价为由,诉请赔偿其损失。法院认为:预约合同目的在于当事人对将来签订特定合同的相关事项进行规划,其主要意义在于为当事人设定了按照公平、诚信原则进行磋商以达成本约合同的义务;本约合同则是对双方特定权利义务的明确约定。预约合同既可以是明确本约合同的订约行为,亦可以是对本约合同内容进行预先设定,其中对经协商一致设定的本约内容,将来签订的本约合同应予直接确认,其他事项则留待订立本约合同时继续磋商。判断商品房买卖中的认购书究竟为预约合同还是本约合同,最主要的是看此类认购书是否具备了《商品房销售管理办法》第16条规定的商品房买卖合同的主要内容,即是否具备当事人名称或姓名和住所,商品房基本状况,商品房的销售方式,商品房价款的确定方式及总价款、付款方式、付款时间,交付使用条件及日期,装饰、设备标准承诺,水电气讯配套等承诺和有关权益、责任,公共配套建筑的产权归属等条款。但一般来说,商品房认购书中不可能完全明确上述内容,否则就与商品房买卖合同本身无异,故在实践操作过程中,这类认购书只要具备了双方当事人的姓名或名称,商品房的基本情况(包括房号、建筑面积)、总价或单价、付款时间、方式、交付条件及日期,即可认定认购书已基本具备了商品房买卖合同本约的条件。反之,则应认定为预约合同。本案中,双方所签《预订单》对于双方当事人的姓名或名称,商品房基本情况(包括房号、建筑面积)、单价、付款时间进行了明确约定,但因双方在签订该预订单时作为买卖标的物的商品房尚处在规划之中而未进行施工,开发公司亦未取得商品房预售许可,故双方对商品房交付时间、办证时间、违约责任等诸多直接影响双方权利义务的重要条款在预订单中未明确约定,属未决条款,需在签订买卖合同时协商一致达成;事实上,双方在该预订单中通篇所用的词语表达为“预订”“预计”“预缴(购房款)”,其第5条更说明双方在签订该认购单时对于该行为的性质为预约合同的认识是明确而不存在疑义的。故张某要求开发公司以该商品房预订单为依据履行商品房交付义务的主张不能成立。具有相应行为能力的人在意思表示真实的情况下签订的预约合同在双方当事人之间亦产生拘束力,非经当事人协商一致不得更改,否则构成对预约合同的违反。预约权利人可请求对方履行订立本约的义务或赔偿损失。本案中,双方签订商品房预订单后,因建设商品房用地拆迁安置问题致使商品房开工建设日期拖延,在此过程中,国务院及当地政府相继出台的有关行政法规对于新建商品房的建筑面积、施工工艺及材料进行了强制性规定,加上新的拆迁安置情况出现,致使商品房建设规划变更、面积变化及建筑成本增加,应属于不可预料情形,不应视为开发公司故意违反预约合同。但开发公司在未取得商品房预售许可时即对尚未开工建设的商品房进行出售违反了有关的法律法规,其行为具有违法性;同时在与张某签订商品房认购单时对于上述情况估计不足,其后又将认购书中列明的房号安置给他人,致使双方失去了进一步协商并签订本约合同可能性,双方签订的商品房预订单终止履行,对此结果开发公司应承担相应责任。故开发公司应将原收取张某的5万元予以退还,并应对张某承担违约责任即开发公司应对张某因此造成的损失承担赔偿责任。在违约责任中,承担责任的一方应给对方造成的利益损失进行赔偿。本案中,张某在与开发公司签订预订单后,有理由相信开发公司会按约定履行订立本约合同的义务,从而丧失了按预订单约定的房屋价格与他人另订购房合同的机会,因此开发公司因违约给张某造成的损失应根据订立预订单时商品房的市场行情和现行商品房价格予以确定,但因开发公司所开发建设的房屋无论是结构还是建筑成本都与双方签订预订单时情形发生了重大变化,故张某以开发公司开发建设房屋的现行销售价格作为赔偿标准亦显失公平,法院不予采纳。综合考量商品房市场的价格变动过程以及张某向开发公司交纳房款的数额,对于开发公司因违约给张某造成的损失确定为15万元。判决开发公司退还张某预交房款5万元并赔偿张某15万元。2016年**某商品房买卖合同纠纷案**,2010年,银行与开发公司签订住房团购协议,约定银行组织员工团购开发公司拟开发建设住房,每人预付20万元,均价2750元/平方米,团购资金由双方进行双印鉴管理,同时约定如职工放弃选房可退款并支付年20%的利息。2013年,开发公司始取得建设项目土地使用权证,但拆迁未完成,亦未开工建设。银行遂诉请返还400余员工的购房款9300万余元,并支付违约金及按年息20%支付利息。开发公司以其未取得预售许可证为由抗辩称签订的商品房买卖合同无效。法院认为:区分当事人订立的协议系商品房买卖预约合同还是本约合同,应结合当事人立约时真实意思及法律、司法解释对商品房买卖合同形式要件的要求进行综合评定,关键在于区分合同是否还存在法律或事实上的障碍,导致合同部分条款缺失或不确定情形。如存在此类情形,一般应认定为预约合同,否则,无论合同名称为何,均应视为商品房买卖合同。本案诉争团购协议尽管整体性质上属房屋买卖合同,但从内容上分析,存在开发前出资、对资金使用双方共管、可退款还息等约定,房屋开发建设专门针对银行职工进行,并非开发商向不特定社会公众进行销售的商品房,不同于一般的向社会公众销售的商品房买卖合同。同时,由于案涉房地产项目并未实际进行开发建设,开发公司尚未与银行职工签订具体的商品房买卖合同,未确定交易房屋具体面积、位置。团购协议仅从整体上确定了建设楼房基本类型、套数,不具备《商品房销售管理办法》第16条规定的商品房买卖合同应具有的主要内容。故该团购协议属签订商品房买卖合同前的基础性合同,不符合最高人民法院《关于审理商品房买卖合同纠纷案件适用法律若干问题的解释》第1条、第5条关于商品房买卖合同的规定。综合案涉团购协议因政策、市场等因素已无法依约履行情况,判决解除银行与开发公司所签团购住房合作协议,开发公司返还银行购房款本金9300万余元及违约金。2015年**福建某商品房买卖合同纠纷案**,2013年,许某与开发公司签订认购书,约定许某认购开发公司房产,约定了具体位置、建筑面积、单价及总价,并约定"房屋实际建筑面积以房地产产权登记机关实测为准"。事后许某以开发公司广告宣传单上载明"赠送入户花园"内容有效、赠送面积应扣减为由诉请变更认购书关于面积及总价约定,并承担规划变更等违约金。法院认为:最高人民法院《关于审理商品房买卖合同纠纷案件适用法律若干问题的解释》第5条规定,商品房的认购、订购、预订等协议具备《商品房销售管理办法》第16条规定的商品房买卖合同的主要内容,并且出卖人已经按照约定收受购房款的,该协议应认定为商品房买卖合同。本案所涉认购书对房屋坐落位置、面积、价款支付、面积差异处理等进行了约定,但对房屋交付使用条件及日期、装饰、设备标准承诺、办理产权登记事宜、违约责任等重要条款均未明确约定,尚不具备商品房买卖合同基本特征。且认购书还约定有关购房协议条款以双方所签商品房买卖合同为准。故案涉认购书不能认定为商品房买卖合同,而只能认定为磋商购买商品房而签订的预约合同。开发公司收取许某部分购房款及发给许某入伙通知等事实亦不足以证明双方形成商品房买卖合同关系。广告宣传资料为商业广告,其性质为要约邀请。广告宣传资料内容并不具体确定,亦无一经购房者承诺,开发公司即受该广告意思表示约束内容,故非为要约。双方对赠送入户花园事宜并未达成具有法律约束力的约定,同时,认购书已约定房屋实际建筑面积以房地产产权登记机关实测为准,故许某诉请确认开发公司广告宣传资料中承诺赠送入户花园具体建筑面积主张,不予支持。因认购书内容不够具体、完善,对将来商品房买卖合同重要条款未明确约定,故依认购书双方仅负有就合同具体内容继续磋商,并在将来一定期限内订立正式商品房买卖合同,将预约推进到本约的义务,并无必须缔约义务,对认购书不能强制实际履行。至于能否达成协议,应视双方之后具体协商结果而定,故判决驳回许某诉请。2013年**江苏某商品房预约合同纠纷案**,2012年,邹某与商贸公司签订商铺认购书,约定10年包租期。后因交房日期、商铺收益率、投资回报期、商家入驻等事宜无法达成一致,导致商铺买卖合同无法订立。2013年,邹某诉请解除合同,并退还定金8万元。法院认为:最高人民法院《关于审理商品房买卖合同纠纷案件适用法律若干问题的解释》第4条规定,出卖人通过认购、订购、预订等方式向买受人收受定金作为订立商品房买卖合同担保的,如果因当事人一方原因未能订立商品房买卖合同,应当按照法律关于定金的规定处理;因不可归责于当事人双方的事由,导致商品房买卖合同未能订立的,出卖人应当将定金返还买受人。本案商铺认购书未履行不可归责于双方,不适用定金罚则。合同内容应公平体现双方当事人权利义务。交房日期及投资回报率、入住商户等租金收益信息系双方签订买卖合同应具备合同内容。涉案商铺用于投资,就通常理解而言,投资人购买商铺目的首要目的是获得租金,故商铺包租期间租金收益应系双方所签合同主要条款。当事人有权就合同主要内容进行磋商,体现意思自治。邹某提出就“包租商铺”租金收益进行磋商,请求合理,双方就此内容无法协商一致责任不可单方归责于邹某。从利益平衡角度出发,当事人在订立合同特别是格式合同时,须明确知晓自身权利义务。商贸公司提供认购书时,应如实披露购买案涉商铺存在市场风险的告知义务。在认购书未将合同主要内容明确时,买受人邹某无法预见因租金收益问题磋商不成将导致定金被没收风险。据此,主张与买受人订立商品房预约合同时已明确了合同主要条款和购买包租商铺市场风险的举证责任应由格式合同提供者即商贸公司承担。此外,商贸公司作为开发商一方面通过销售商铺获取了购房款,另一方面通过委托包租经营收取经营费用,但买受人却无权支配其所有商铺,亦无法预知商铺投资回报率,显失公平。判决解除认购书,商贸公司返还邹某定金 8 万元。2012 年**江苏某房屋买卖合同纠纷案**,2008 年,陈某与开发公司签订认购书,约定认购房屋位置、单价等内容。陈某据此缴纳了 60 万元“诚意金”。2011 年,该房市值 490 万余元,按认购书单价,陈某仅需支付 370 万余元。开发公司以其电话通知过陈某但其爽约,开发公司已以 430 万余元价格转售为由抗辩。法院认为:预约合同包括两类:一类是仅约定双方当事人在将来签订本约,双方当事人主要义务是磋商;另一类是具备了主约主要条款,但尚存未决条款时,双方当事人义务不仅是就未决条款磋商,还须达成本约,磋商不成时未决条款可根据法律规定或交易习惯进行补充。本案中,认购书对拟购商铺位置、价款、认购时间及双方权利义务作了明确约定,其他条款根据商品房预售合同格式文本和交易习惯即可确定,属第二类合同。当事人对自己提出的主张所依据的事实有责任提供证据加以证明。本案中,依双方约定,开发公司应承担通知陈某前来签订商品房买卖合同义务,但其未就此举证,故构成违约。此时,陈某可要求继续履行并取得认购房屋,但因开发公司已将认购房屋销售导致事实上不能履行,陈某可期待利益损失应以房屋价格上涨部分为限。本案中,考虑到开发公司因违约而实际获益情况,具体赔偿数额以开发公司实际获得的差价返还给陈某为宜,判决开发公司返还陈某诚意金 60 万元并赔偿陈某损失 60 万余元。2012 年**福建某房屋买卖合同纠纷案**,2007 年,开发公司与其建设的小区改造项目被拆迁户郭某签订意向书,约定郭某向以 15 万元向开发公司购买安置房一个车位,“具体车位地点待安置房落成后再给予确定”。2011 年,郭某诉请履行前述意向书。法院认为:意向书约定“具体车位地点待安置房落成后再给予确定”，关于诉争安置房具体落成时间，开发公司负有举证责任却未在法院限定期限内出示，应作出对其不利的认定，即郭某诉请距安置房落成不超过一般诉讼时效期间，未超过诉讼时效。双方约定“落成后再给予确定”，故即使落成距今超过2年，由于开发公司尚未再给予确定，诉讼时效尚未起算，亦不存在超过诉讼时效情形。意向书法律预约合同，系无名合同，系约定将来订立一定合同的合同，本合同则为履行该预约而订立的合同，预约合同亦系一种债权合同，而以订立本合同为其债务内容。本案意向书系债权契约，该预约内容系可确定，具备合同成立即有效要件，开发公司作为预约债务人负有订立本合同义务。判决开发公司按15万元价格将安置房一个车位销售给郭某。2012年**江苏某房屋买卖合同纠纷案**，2011年，吴某与开发公司签订认购书，并支付定金52万元，开发公司收据载明“订金”。2012年，因双方对“赠送花园”是否享有专属使用权产生争议导致未能签署商品房买卖合同，开发公司据此拒绝退还定金致诉。法院认为：案涉认购书属预约合同，系对双方交易房屋有关事宜的初步确认，但对双方买卖房屋交房时间、办证时间、违约责任等诸多直接影响双方权利义务的重要条款并无明确约定，需在签订正式商品房买卖合同时写上一致达成。依该认购书，吴某享有对选中房屋优先购买权利，并负有在约定时间与开发公司诚信磋商签订商品房买卖合同义务。双方签订认购书后即负有在约定期限届满前为签订商品房买卖合同进行诚信磋商义务，只要当事人为签订商品房买卖合同进行了诚信磋商，即履行了认购书义务。虽然开发公司出具收据上注明“订金”，但从认购书约定付款内容应认定吴某支付的是“定金”。认购书中约定定金亦只是担保双方诚信谈判义务，以求最终达成证实商品房买卖合同，吴某签订认购书后依约支付定金，同时与开发公司就商品房买卖合同签订积极磋商，如双方在公平、诚信原则下磋商，只是基于各自利益考虑，无法就重要条款达成一致意思表示，致使本约不能订立，则属不可归责于双方原因，不在预约合同所指违约情形内。最高人民法院《关于审理商品房买卖合同纠纷案件适用法律若干问题的解释》第4条规定：“出卖人通过认购、订购、预订等方式向买受人收受定金作为订立商品房买卖合同担保的，如果因当事人一方原因未能订立商品房买卖合同，应当按照法律关于定金的规定处理；因不可归责于当事人双方的事由，导致商品房买卖合同未能订立的，出卖人应当将定金返还买受人。”本案中，对花园问题如何协商，双方均不能证明自己所述真实情形下，应认定双方未能订立商品房买卖合同原因系双方磋商不成，并非一方对认购协议反悔，双方均已履行认购书约定义务，对未能签订商品房买卖合同均无过错。此情形下，预约合同应解除，已付定金应返还。2011年3月**广西某商品房预售合同纠纷案**，法院认为：双方所签《认购书》系双方当事人真实意思表示，内容不违反法律法规，开发商亦取得了商品房预售许可证明，故该《认购书》为有效合同，对双方当事人均具有法律约束力。依《认购书》约定,黄某应于支付定金之日起 3 日内与开发商签订《商品房买卖合同》,并支付相应购房款。黄某主张其已在签订认购书并支付定金的次日与开发商联系签订《商品房买卖合同》事宜,但黄某未提供任何证据予以证明,开发商对此亦不予认可,黄某应承担举证不能的不利后果。因双方都同意解除《认购书》,故予支持。未能签订《商品房买卖合同》的原因应归责于黄某,故黄某要求开发商返还购房定金 2 万元的诉请不予支持。2010 年 9 月**福建某商品房预售合同纠纷案**,法院认为:预约合同是当事人为将来订立确定本约合同而达成的合意。张某与开发公司签订的《房产认购书》系双方当事人真实意思表示,且未违反法律与行政法规的强制性规定,应为合法有效。认购书是双方在签署商品房预售合同或商品房现房买卖合同前所签文书,是对双方交易商品房有关事宜的初步确认。双方于认购书中约定并已交付的定金 15 万元,性质为立约定金,系为保证正式签订合同而交付的定金。双方签订认购书并交付定金后所负义务,就是按公平交易、诚实信用原则,遵循认购书确立的原则,完成本约合同的填充缺失条款,明确不确定条款,使认购书确立的原则、计价标准等核心条款得以全面、实际履行。本案中:(1)认购书中明确约定了签订本约时间,且开发公司也在张某未依约前来签约的情况下向其发出《催告函》;而张某却始终未依约或未按开发公司通知要求与开发公司签订本约合同,无论张某解释未依约前来签署合同的原因,还是其举证的事实主张“限购令、无能力全额付款”,均不能构成拒签本约的合理理由。(2)双方在认购书中确认并约定“买受人已充分了解项目开发及预购房产概况,阅知出卖人提供的《商品房买卖合同示范文本》(含补充协议),除商品房买卖合同附件三第 14 条关于设备的约定双方可以协议变更外,买受人同意将来按该范本条款内容与出卖人订立正式的《商品房买卖合同》”。可见,张某质证主张的“当事人没有看到买卖合同中的补充协议”缺乏事实依据。(3)双方将签订的《商品房买卖合同》之补充协议明确载有“如果银行不批准贷款,买受人须付清全部购房款”“如果银行批准的按揭贷款低于约定的按揭金额,买受人必须以现金形式向出卖人支付差额部分”的相关内容,且张某对自己已拥有两套房产(其中至少一套尚在按揭中)是明知的,可见,双方对于如不能以认购书约定的条件获得银行贷款如何支付购房款已预期并提前作出安排的。在无法(包括无法如数)获得银行贷款时,张某依约应以现金补足房款(包括全额付款)。国务院《关于坚决遏制部分城市房价过快上涨的通知》于 2010 年 4 月 17 日出台,规定对不能提供 1 年以上当地纳税证明或社会保险缴纳证明的非本地居民暂停发放购买住房贷款。开发公司在张某不能依认购书约定的时间前来签订《商品房买卖合同》情况下,本有权依约解除认购书、没收认购定金并将该认购房产另行出售。开发公司于 2010 年 4 月 21 日还通知张某于 2010 年 4 月 23 日前办理签约手续并全额付款、继续履行认购书约定,该通知的要求符合双方的预约，也符合国务院的上述政策规定。故张某应承担立约定金罚则责任，其无权要求开发公司返还认购定金15万元。因张某迟延履行预约合同的主要义务，且开发公司催告张某于2010年4月23日前办理签约手续并全额付款，逾期将解除认购书，张某虽前来协商但是仍未签订商品房买卖合同并全额付款，成就了开发公司催告解除合同的条件，故判决解除双方的认购书。2009年8月**河南某商品房预售合同纠纷案**，法院认为：双方所签认购书，是当事人在平等自愿的基础上达成的双方真实意思表示，符合《合同法》规定的合同成立的要件。该认购书虽非商品房买卖合同，但对认购房屋的具体位置、楼层、面积、单价及总价款、违约责任等都有明确约定。依最高人民法院《关于审理商品房买卖合同纠纷案件适用法律若干问题的解释》有关规定，商品房的认购、订购、预订等协议具备《商品房销售管理办法》第16条规定的商品房买卖合同的主要内容，且出卖人已按约定收受购房款的，该协议应认定为商品房买卖合同。故该认购书合法有效。双方当事人应依约履行义务。开发公司虽向法院提交了内部认购房屋规定及申请本公司的财务人员出庭作证，却缺乏直接证据以证明其履行了认购书约定义务。故对开发公司辩称双方之间并无商品房买卖合同，房屋认购书只是为签订商品房合同作的保证，不存在确认商品房买卖，开发公司亦无履行商品房买卖义务的理由，法院不予支持，故判决双方签订的房屋认购书属有效合同，继续履行。2009年7月**上海某商品房预售合同纠纷案**，法院认为：双方所签内部认购协议，系双方约定将来订立商品房预售合同（本约）的意思表示，协议虽约定了房屋坐落、面积、单价、总价、付款方式等，但尚不具备《商品房销售管理办法》第16条规定的商品房买卖合同的主要内容，性质上应属于预约，不能依最高人民法院司法解释认定该认购协议为买卖合同。开发公司认为签订认购协议时其尚未取得预售许可证，应为无效，但根据最高人民法院司法解释的相关精神，签订预售合同时未取得预售许可证，但起诉前取得的，预售合同可认定有效，况且双方签署的仅是内部认购协议，故开发公司的此项抗辩意见无法律依据，法院不予采信。预约合同所指向的是签订本约之行为，其对当事人的拘束力是创设了当事人为将来订立本约而协商的义务。在本约签订过程中，双方当事人应遵循诚实信用原则，将预约所确定原则贯彻到本约的合同之条款中。但我国现行法律法规及司法解释的相关规定，均未赋予预约以强制订立本约的效力，也未规定据预约强制实际履行本约之义务，现由于规划的调整，开发公司无法向冯某交出符合约定的房屋，冯某主张继续履行内部认购协议，法院难以支持。法院释明后，冯某表示如认定内部认购协议的性质为预约，则要求返还已付款并赔偿，该表示含有解除内部认购协议的意思。故在本案中对双方签订的内部认购协议予以解除。内部认购协议解除后，开发公司应返还房款，并赔偿由此造成的损失，包括直接损失和间接损失，但损失不应超过当事人在订立合同时预见到或应预见到的因合同不成立、无效或被撤销可能造成的损失,也不得超过合同成立或合同有效时的履行利益。本案冯某主张差价损失,鉴于开发公司从订立内部认购协议至解除合同通知发出之间的时间跨度近五年,确实可能导致冯某缔约机会的丧失,故开发公司应负赔偿责任。但考虑到冯某支付的房款仅为30%,结合开发公司的过错程度,酌定开发公司赔偿冯某70万元。2005年8月**辽宁某商品房预约合同纠纷案,**法院认为:开发公司给王某所开具的专用收款收据已明确了王某交付认购款的金额,预购房屋的具体位置、面积、单价,该收款收据所载明的内容,基本具备认购书的条件。商品房买卖认购,是商品房买卖合同双方当事人在签署商品房预售契约或商品房现房买卖契约前所签订的文书,是对双方交易房屋有关事宜的初步确认,处于商品房买卖成立前的前契约阶段,要达到商品房买卖成立、完成,仍需双方另行签订商品房预售合同或现房销售合同。该阶段系属开发商已经办妥开发建设的立项、规划、报建、审批手续,但尚不具备预售条件,尚未取得《商品房销售许可证》时,所具备签订认购的条件,而对商品房销售的核心条款作出约定,待条件成熟时即可签订正式的商品房销售合同(本约),该认购行为属于预约阶段,性质为预约合同,应为独立的合同。故本案中双方所实施的民事法律行为,性质应为商品房认购的预约合同。王某所支付的5万元,因双方并未约定为定金,应属认购款。因双方的行为系真实的意思表示,并不违反法律、行政法规的强制性规定,应确认有效。由于该地区商品房价格上涨,开发公司要求将所收王某的认购款5万元返还,而不与王某按原约定的价格签订正式的商品房买卖合同,造成王某无法通过与开发公司签订商品房买卖合同而实现购买诉争房屋,取得所有权的目的,而王某为此已支付5万元认购款,并因该地区同类房屋价格上涨,王某已不能按双方原约定的价格在该地区购得同类房屋,只能按现已上涨的价格购买,形成加大购房款的损失,该增加的差额购房款,即为信赖利益损失。因该后果系开发公司的违约原因造成的,故开发公司应承担违约赔偿责任。按开发公司所提供的该房屋现已销售的价格为6900元/平方米,与双方原约定的每平方米售价6500元,每平方米售价相差400元,按此价格计算,王某现在该地区购买原约定的252.71平方米的房屋要多支付101,084.71元,开发公司应按此款项赔偿给王某。

【同类案件处理要点】

商品房的认购、订购、预订等协议具备《商品房销售管理办法》第16条规定的商品房买卖合同的主要内容,且出卖人已按约定收受购房款的,该协议应认定为商品房买卖合同。出卖人通过认购、订购、预订等方式向买受人收受定金作为订立商品房买卖合同担保的,如果因当事人一方原因未能订立商品房买卖合同,应按法律关于定金的规定处理;因不可归责于当事人双方的事由,导致商品房买卖合同未能订立的，出卖人应将定金返还买受人。商品房认购协议因出卖人原因解除，出卖人应返还房款，并赔偿由此造成的损失，包括直接损失和间接损失，但损失不应超过当事人在订立合同时预见到或应预见到的因合同不成立、无效或被撤销可能造成的损失，也不得超过合同成立或合同有效时的履行利益。

【相关法律风险提示】

1. 认购书内容具体明确，不再仅仅是合同意向且出卖方收受购房款（包括定金）的，该认购书应认定为商品房买卖合同。

2. 在开发商未取得预售许可的情况下同购房人签订认购书，并收受定金或购房款，是为变相的预售，如开发商在诉讼前取得预售许可证明的，该预售合同有效。

3. 商品房认购书签订后，购房人无特殊原因，确因自身原因不愿购买所认购房屋，开发商不退定金是合法的，但对于双方不能就合同具体条款达成一致而不能成就合同的，通常不会算购房人自身原因，但为避免争议，有必要在认购书上约定："认购人应在签约之日起×日内与甲方签订正式合同，如因对合同条款的分歧导致合同未能签署，所收定金应予退还。"

4. 对于认购书签订后，约定后续签订正式《商品房买卖合同》期限的，对于到期未签署的违约责任，如购房人无相关证据证明其已就签约主动联系开发商，有可能会被认定为违约方。案见广西南宁青秀区法院（2011）青民一初字第274号"黄某等诉某集团公司商品房预售合同纠纷案"。

5. 购房人对于未能依认购书确定的日期签订正式的《商品房买卖合同》，有关限购令政策影响、家中急事、不了解正式合同文本等不易构成拒签理由。案见福建厦门同安区法院（2010）同民初字第1810号"张某诉某开发公司商品房预售合同纠纷案"。

6. 对于商品房认购协议是否包含了商品房买卖合同的主要内容，法院判别标准可能不一致。在认购协议约定了房屋位置、面积、单价、总价、付款方式、违约责任等内容的情况下，因不具备《商品房销售管理办法》第16条的诸多内容，法院依然不能认定为正式买卖合同。案见上海一中院（2009）沪一中民二（民）终字第1361号"冯某与某开发公司商品房预售合同纠纷上诉案"。

7. 违反预约合同，造成购房人信赖利益损失，法院确定开发商赔偿责任时，对于房价上涨部分是否全赔，是否考虑购房人支付认购款的金额，法院有不同裁量。案见上海一中院（2009）沪一中民二（民）终字第1361号"冯某与某开发公司商品房预售合同纠纷上诉案"，辽宁沈阳中院（2005）沈民（2）房终字第474号"王某与某开发公司商品房预约合同纠纷上诉案"。

8. 存在一房二卖情形，对预约合同与本约合同违反，有的法院会以此作为相应法律后果的严格区分标志:违反预约合同产生缔约过失责任,不能以一房二卖的差价作为违反商品房买卖合同才有的损失赔偿依据。案见福建高院(2010)闽民终字第317号"某开发公司与某商业公司商品房预售合同纠纷上诉案"(定购定金的适用规则)。

9. 认定当事人之间形成本约还是预约,不能仅依协议约定,而应综合审查相关协议约定内容及当事人嗣后为达成交易进行的磋商和有关履行行为等事实,从中探寻当事人真实意思,并据此对当事人之间法律关系性质作出准确界定。

10. 判断商品房买卖中认购、订购、预订等协议究竟是预约还是本约合同,最主要看此类协议是否具备《商品房销售管理办法》第16条规定的商品房买卖合同主要内容,同时出卖人已依约收受购房款的,即可认定此类协议已具备商品房买卖合同本约条件;反之,则应认定为预约合同。如双方当事人在协议中明确约定在具备商品房预售条件时还需重签商品房买卖合同的,该协议应认定为预约合同。

11. 为将来订立确定性本合同而达成的预约合同,双方当事人应依诚实信用原则行使合同权利,且在履行合同义务时应以善意方式,不得规避合同约定的义务。

12. 预约合同当事人约定的是为特定行为的义务,而并非对行为结果直接确认。因不可归责于当事人双方事由,导致订购协议约定日期不能订立商品房买卖合同的,开发商应将收取定金返还购房者。

13. 预约条款签订后,当事人原则上应履行缔结本约义务,但在缔结本约的必备条款并不具备或当事人另有约定情况下,当事人仅负诚信磋商的义务。

14. 购房合同已具备商品房买卖合同主要条件,且其他内容不违背法律、行政法规规定的,应认定为商品房买卖合同。

15. 作为出卖人的房地产开发企业取得商品房预售许可证之前,与买受人所签商品房认购书属预约合同,应认定有效。

16. 认购协议具备商品房买卖合同基本要素,同时满足法定条件情况下,房屋消费者物权期待权可排除另案强制执行。

17. 本约合同签订后,预约合同目的已达成,预约合同权利义务终止,再行确认预约合同效力已无意义,故不应支持。

18. 预约违约所产生损失为信赖利益而非可得利益损失。当事人未对违约金进行约定,适用定金罚则难以弥补预约违约损失时,预约违约责任范围以守约方丧失另行订约机会损失进行酌定。

19. 商品房预约合同解除权应由守约方享有,违反约定且未能提供证据证明解除必要性的一方,不应享有合同解除权。

20. 开发商收取"诚意金"后与购房人所签协议系预约合同性质,违反预约合同义务应负责任在性质上应属违约责任。

21. 预约合同签订后,因不可归责于当事人双方事由,导致商品房买卖合同未能订立的，出卖人应将定金返还买受人。

22. 房屋订购单已就出卖方、订购方、订购房屋位置、面积、单价、总价、定金等房屋买卖合同主要内容做了约定，且订购人已支付大部分购房款的，订购单应认定为房屋买卖合同。

23. 订购协议签订后，开发商变更建设主体及规划设计，未按约定出售房屋的，应承担缔约过失责任。在确定缔约过失赔偿范围时，应以信赖利益损失为限，不应包括机会丧失及期待利益损失。

24. 商品房认购人不得以项目建设用地使用权抵押为由，拒绝履行认购合同约定的签约义务，建设用地使用权抵押影响的是预售合同履约利益而非认购合同签约利益。

25. 开发商在与买受人签订房屋认购协议时，隐瞒房屋经济适用房性质，存在一定的订约欺诈事实，应向房屋买受人承担信赖利益损失。

26. 买卖双方约定今后一定时期内，以约定价格、面积、户型签订正式买卖合同并收取一定数量定金作为担保的房号确认单，应属于预约合同。

27. 开发商在未取得商品房预售许可证前与购房人所签认购书属于预约合同性质，守约方据此享有要求违约方损害赔偿权利。

28. 因不可归责一方当事人事由未达成商品房买卖合同，不存在违约情形的，预约合同解除，交纳定金一方当事人有权要求对方当事人返还。

29. 商品房认购书一般应认定为商品房买卖预约合同，但如商品房认购书具备一定实质要件，即使冠以认购书等名称，仍应认定为商品房买卖合同，即名为预约，实为本约。

30. 认购书对关键条款如履行期限、方式等未约定，仅系买卖双方订约前一种交易意向，故将认购房另售他人，构成缔约过失。

31. 当事人在协商并等待正式缔约条件或时机成熟的过程中，为巩固阶段性谈判成果，对已达成一致的事项在签订正式合同前予以明确并约定在将来的一定期限内就该谈判事项订立正式的合同，该约定区别于本合同本身，属于预约合同。

【附注】

参考案例索引：河南郑州中院(2009)郑民二终字第1400号“某开发公司与陈某房屋买卖合同纠纷案”；最高人民法院(2019)最高法民申2826号“再审申请人黄文贵因与被申请人北京宁科置业有限责任公司(以下简称开发公司)及一审第三人唐美兰房屋买卖合同纠纷案”，见《商品房买卖预约合同损害赔偿责任范围的认定》(张闻，最高院民一庭；审判长万挺，审判员张纯、潘杰)，载《民事审判指导与参考·指导性案例》(201903/79:138)；最高人民法院(2013)民提字第90号“某通讯公司与某实业公司等房屋买卖合同案”,见《成都讯捷通讯连锁有限公司与四川蜀都实业有限责任公司、四川友利投资控股股份有限公司房屋买卖合同纠纷案》(审判长辛正郁,代理审判员司伟、沈丹丹),载《最高人民法院公报·裁判文书选登》(201501/219:11),另见《预约与本约的区分与界定——申请再审人成都讯捷通讯连锁有限公司与申请再审人四川蜀都实业有限责任公司、一审第三人四川友利控股股份有限公司房屋买卖合同纠纷案》(司伟,最高院民一庭),载《民事审判指导与参考·案件解析》(201401/57:190);江苏徐州泉山区法院(2010)泉民初字第2427号“张某与某开发公司商品房预售合同纠纷案”,见《张励与徐州市同力创展房地产有限公司商品房预售合同纠纷案》,载《最高人民法院公报·案例》(2012:529),另见《商品房预约协议之认定及违约责任承担》(滕威),载《人民司法·案例》(201308:4),另见《张励诉徐州同力创展房地产公司不履行商品房预订协议纠纷案》,载《江苏省高级人民法院公报》(201203/21:47);上海二中院2007年10月19日判决“仲某诉某开发商预约合同纠纷案”,见《仲崇清诉上海市金轩大邸房地产项目开发有限公司合同纠纷案》,载《最高人民法院公报·案例》(2008:486);江苏苏州中院(2005)苏中民一终字第0068号“戴某诉某开发商房屋买卖合同案”,见《戴雪飞诉华新公司商品房订购定金纠纷案》,载《最高人民法院公报·案例》(2006:472);另见《戴雪飞诉苏州华新国际公司房屋买卖预约合同定金纠纷案》(钟毅、刘正方、刘冬梅),载《人民法院案例选》(200601/55:170);最高人民法院(2014)民申字第1893号“武汉弘博集团有限责任公司与中南财经政法大学合同纠纷案”,见《预约条款的性质识别及效力认定》(孙超,最高院办公厅;审判长贾清林,代理审判员武建华、叶阳),载《立案工作指导·申诉与申请再审疑案评析》(201501/44:164);另载《人民司法·案例》(201611:57);见《具备商品房买卖实质性要件的合同,不能认定为预约合同》(孙延平,最高院民一庭),载《民事审判指导与参考·指导性案例》(200804/36:127);见《商品房预售许可证与商品房认购书效力之间的关系》(《民事审判指导与参考》研究组),载《民事审判指导与参考·民事审判信箱》(200804/36:281);最高院(2017)最高法民终278号“史某与某资产公司等案外人执行异议纠纷案”,见《史雪莹诉中国华融资产管理股份有限公司云南省分公司、昆明明丰房地产开发有限公司案外人执行异议纠纷案——房屋消费者物权期待权在执行异议之诉中的保护》(汤莉婷,云南高院;审判长刘竹梅,审判员张纯、李玉林),载《人民法院案例选》(201710/116:97);浙江温州中院(2016)浙03民终1207号“程某与某开发公司商品房预售合同纠纷案”,见《本约合同签订后预约合同的效力认定——浙江省永嘉县人民法院判决原告程某诉被告某房开公司商品房预售合同纠纷案》(徐蓬勇、陈海鸥),载《人民法院报·案例精选》(20170528:06);江西高院(2016)赣民再46号“程某与某开发公司商品房买卖合同纠纷案”，见《未签订违约金条款情形下的预约违约责任范围——江西高院判决程某诉惠荣公司商品房买卖预约合同纠纷案》（李智辉），载《人民法院报·案例精选》（20160929:06）；见《商品房买卖预约合同的认定与解除》（辛崇华），载《人民司法·案例》（201508:105）；重庆四中院（2015）渝四中法民终字第01323号“肖某与某开发公司合同纠纷案”，见《预约合同不因商品房未取得预售许可证而无效——重庆四中院判决耀鹏公司诉肖某确认合同无效纠纷案》（张泽端、王倩），载《人民法院报·案例精选》（20160616:06）；江苏无锡中院（2012）锡民终字第0024号“陈某与钱某等买卖合同纠纷案”，见《陈荣根诉江阴兰星公司、钱树忠买卖合同纠纷案——开发商违反预售合同的行为性质及责任认定》（吴海强、计珉、吴玉凤），载《人民法院案例选》（201302/84:178），另见《开发商违反预售合同的行为性质及赔偿范围——江苏无锡中院判决陈荣根诉江阴兰星公司房屋买卖合同纠纷案》（曹海英、陈教智），载《人民法院报·案例指导》（20121115:06）；福建厦门中院（2011）厦民终字第2841号“张某与骆某房屋买卖合同纠纷案”，见《张永亮诉骆宏耀房屋买卖合同案》（邓剑斌），载《中国审判案例要览》（2012民:196）；江苏南京中院（2010）宁民终字第3975号“刘某与某开发公司等房屋买卖合同纠纷案”，见《刘道琳诉南京航空瑞华置业有限公司等房屋买卖合同案（房屋订购单性质、格式条款解释）》（钱锋），载《中国审判案例要览》（2011民:166），另见《刘道琳因签订商品房定购单诉南京航空瑞华公司等商品房买卖合同纠纷案》，载《江苏省高级人民法院公报》（201201/19:54）；上海二中院（2010）沪二中民二（民）终字第609号“曹灿如与上海莱因思置业有限公司等商品房预约合同纠纷上诉案”，见《建设主体变更情形下订购协议违反的法律责任》（王珍），载《人民司法·案例》（201112:77）；福建厦门中院（2010）厦民终字第4号“洪某与某开发公司认购合同纠纷案”，见《建设用地使用权设定抵押不影响商品房认购合同的履行——福建厦门中院判决洪某诉泉舜公司商品房认购合同纠纷案》（刘宁），载《人民法院报·案例指导》（20101111:06）；陕西西安中院（2009）西民二终字第1376号“张某与西安某房地产开发有限公司房屋认购协议纠纷上诉案”，见《以欺诈方式销售经济适用房合同效力的判定》（徐琳茹、何强），载《人民司法·案例》（201014:23）；四川自贡贡井区法院（2008）贡井民一初字第7号“王某与某开发公司商品房买卖合同纠纷案”，见《王彬诉自贡新鸿房地产开发有限公司商品房买卖合同案（房屋认购书性质）》（周玲），载《中国审判案例要览》（2009民:123）；广东珠海中院（2008）珠中法民一终字第104号“某实业公司与某开发公司商品房买卖合同纠纷案”，见《珠海万里路企业有限公司诉珠海辰泰房地产开发有限公司商品房买卖合同案（预约合同）》（张丹），载《中国审判案例要览》（2009民:138）；广东中山中院（2008）中中法民一终字第54号“曹求玉与广东省中山市中南物业开发有限公司商品房预约合同纠纷上诉案”，见《商品房买卖预约合同解除后的定金处理》（王平），载《人民司法·案例》（200818：75）；上海二中院（2007）沪二中民二（民）终字第1125号“仲崇清与上海金轩大邸房地产项目开发有限公司商品房预约合同纠纷上诉案”，见《房产商违反预约合同的民事责任》（沈志先、韩峰），载《人民司法·案例》（200806：24）；天津经济技术开发区法院（2006）开民初字第584号“刘亚鸣诉天津经济技术开发区房地产开发公司商品房销售合同纠纷案”，见《商品房认购书的法律性质》（邱文武、李正文），载《人民司法·案例》（200704：13）；福建厦门中院（2003）厦房终字第517号“黄某与某开发公司认购合同纠纷案”，见《黄海源诉厦门富璟房地产开发有限公司商品房认购合同案（商品房认购合同的性质）》（郑承茂），载《中国审判案例要览》（2004民：16）；福建厦门中院2002年6月18日判决“陈某诉某开发商预售合同案”，见《陈勇敏诉正达公司取得预售许可证后不按事先签订的商品房认购书签订购销合同返还已付房款和赔偿损失案》（李增祥、尤冰宁），载《人民法院案例选》（200303/45：106）；江苏徐州泉山区2011年4月2日“张某与某开发公司商品房预售合同纠纷案”；福建厦门中院（2015）厦民终字第4031号“许某与某开发公司等商品房预约合同纠纷案”；江苏无锡中院（2013）锡民终字第1384号“邹某与某商贸公司商品房预约合同纠纷案”；江苏无锡中院（2012）锡民终字第0024号“陈某与钱某等买卖合同纠纷案”；福建厦门中院（2012）厦民终字第1277号“郭某与某开发公司买卖合同纠纷案”；江苏无锡中院（2012）锡民终字第0619号“吴某与某开发公司商品房预售合同纠纷案”；广西南宁青秀区法院（2011）青民一初字第274号“黄某等诉某集团公司商品房预售合同纠纷案”；福建厦门同安区法院（2010）同民初字第1810号“张某诉某开发公司商品房预售合同纠纷案”；河南郑州中院（2009）郑民二终字第1400号“某开发公司与陈某房屋买卖合同纠纷上诉案”；上海一中院（2009）沪一中民二（民）终字第1361号“冯某与某开发公司商品房预售合同纠纷上诉案”；辽宁沈阳中院（2005）沈民（2）房终字第474号“王某与某开发公司商品房预约合同纠纷上诉案”。

42. 订购定金的适用规则

——订购不签约，定金可没收？

【定金规则】

【案情简介及争议焦点】

2008年8月11日，罗某与开发公司签订《订购协议》，约定罗某须于1周内与开发公司签订《商品房购销合同》及补充协议，否则没收定金，如开发公司不签，则双倍返还定金。因到期罗某以原房屋未出售、无钱交房款为由未签约，随后要求退回定金。

争议焦点：1. 订购协议效力如何？2. 定金应否退还？

【裁判要点】

1. 定金条款有效。罗某未能举证证实该订购协议具有《合同法》第52条所规定的5种无效情形，且双方当事人所约定的定金罚则规定了双方同等的法律责任，故该订购协议有效，双方当事人均应按约认真、全面履行其义务。

2. 定金可不退还。罗某以其原房屋未出售、无钱交房款为由不履行该约定，亦未与开发公司就此协商变更履行期限，构成违约，罗某作为独立自然人应充分知晓其未能按期与开发公司签订《商品房购销合同》的不利法律后果，依该协议关于违约责任的约定，开发公司有权在之后将该房转卖他人而无须通知罗某，并有权不予退还罗某已支付的定金。

【裁判依据或参考】

1. 法律规定。《民法典》(2021年1月1日)第577条："当事人一方不履行合同义务或者履行合同义务不符合约定的，应当承担继续履行、采取补救措施或者赔偿损失等违约责任。"第578条："当事人一方明确表示或者以自己的行为表明不履行合同义务的，对方可以在履行期限届满前请求其承担违约责任。"第583条："当事人一方不履行合同义务或者履行合同义务不符合约定的，在履行义务或者采取补救措施后，对方还有其他损失的，应当赔偿损失。"第584条："当事人一方不履行合同义务或者履行合同义务不符合约定，造成对方损失的，损失赔偿额应当相当于因违约所造成的损失，包括合同履行后可以获得的利益；但是，不得超过违约一方订立合同时预见到或者应当预见到的因违约可能造成的损失。”第585条:“当事人可以约定一方违约时应当根据违约情况向对方支付一定数额的违约金,也可以约定因违约产生的损失赔偿额的计算方法。约定的违约金低于造成的损失的,人民法院或者仲裁机构可以根据当事人的请求予以增加;约定的违约金过分高于造成的损失的,人民法院或者仲裁机构可以根据当事人的请求予以适当减少。当事人就迟延履行约定违约金的,违约方支付违约金后,还应当履行债务。”第586条:“当事人可以约定一方向对方给付定金作为债权的担保。定金合同自实际交付定金时成立。定金的数额由当事人约定;但是,不得超过主合同标的额的百分之二十,超过部分不产生定金的效力。实际交付的定金数额多于或者少于约定数额的,视为变更约定的定金数额。”第587条:“债务人履行债务的,定金应当抵作价款或者收回。给付定金的一方不履行债务或者履行债务不符合约定,致使不能实现合同目的的,无权请求返还定金;收受定金的一方不履行债务或者履行债务不符合约定,致使不能实现合同目的的,应当双倍返还定金。”第588条:“当事人既约定违约金,又约定定金的,一方违约时,对方可以选择适用违约金或者定金条款。定金不足以弥补一方违约造成的损失的,对方可以请求赔偿超过定金数额的损失。”**《合同法》**(1999年10月1日,已于2021年1月1日起失效)第115条:“当事人可以依照《中华人民共和国担保法》约定一方向对方给付定金作为债权的担保。债务人履行债务后,定金应当抵作价款或者收回。给付定金的一方不履行约定的债务的,无权要求返还定金;收受定金的一方不履行约定的债务的,应当双倍返还定金……”第116条:“当事人既约定违约金,又约定定金的,一方违约时,对方可以选择适用违约金或者定金条款。”**《担保法》**(1995年10月1日,已于2021年1月1日起失效)第89条:“当事人可以约定一方向对方给付定金作为债权的担保。债务人履行债务后,定金应当抵作价款或者收回。给付定金的一方不履行约定的债务的,无权要求返还定金;收受定金的一方不履行约定的债务的,应当双倍返还定金。”第90条:“定金应当以书面形式约定。当事人在定金合同中应当约定交付定金的期限。定金合同从实际交付定金之日起生效。”第91条:“定金的数额由当事人约定,但不得超过主合同标的额的百分之二十。”**《民法通则》**(1987年1月1日,已于2021年1月1日起失效)第89条:“……当事人一方在法律规定的范围内可以向对方给付定金。债务人履行债务后,定金应当抵作价款或者收回。给付定金的一方不履行债务的,无权要求返还定金;接受定金的一方不履行债务的,应当双倍返还定金……”

2. 司法解释。最高人民法院**《印发〈关于处理涉及汶川地震相关案件适用法律问题的意见(二)〉的通知》**(2009年3月23日 法发〔2009〕17号)第2条:“出卖人通过认购、订购、预订等方式向买受人收受定金作为订立商品房买卖合同担保的,如果因当事人一方原因未能订立商品房买卖合同,应当按照法律关于定金的规定处理；因地震导致商品房买卖合同未能订立的，出卖人应当将定金返还买受人。”第5条：“商品房买卖合同约定买受人以担保贷款方式付款，因地震导致未能订立商品房担保贷款合同并致使商品房买卖合同不能继续履行的，当事人可以请求解除合同，出卖人应当将收受的购房款本金及其利息或者定金返还买受人。”最高人民法院**《关于审理商品房买卖合同纠纷案件适用法律若干问题的解释(2020年修改)》**(2021年1月1日　法释〔2020〕17号)第4条：“出卖人通过认购、订购、预订等方式向买受人收受定金作为订立商品房买卖合同担保的，如果因当事人一方原因未能订立商品房买卖合同，应当按照法律关于定金的规定处理；因不可归责于当事人双方的事由，导致商品房买卖合同未能订立的，出卖人应当将定金返还买受人。”最高人民法院**《关于适用〈中华人民共和国担保法〉若干问题的解释》**(2000年12月13日　法释〔2000〕44号，已于2021年1月1日起失效)第115条：“当事人约定以交付定金作为订立主合同担保的，给付定金的一方拒绝订立主合同的，无权要求返还定金；收受定金的一方拒绝订立合同的，应当双倍返还定金。”第117条：“定金交付后，交付定金的一方可以按照合同的约定以丧失定金为代价而解除主合同，收受定金的一方可以双倍返还定金为代价而解除主合同。对解除主合同后责任的处理，适用《中华人民共和国合同法》的规定。”第118条：“当事人交付留置金、担保金、保证金、订约金、押金或者订金等，但没有约定定金性质的，当事人主张定金权利的，人民法院不予支持。”第119条：“实际交付的定金数额多于或者少于约定数额，视为变更定金合同；收受定金一方提出异议并拒绝接受定金的，定金合同不生效。”

3. 部门规范性文件。国家工商行政管理总局**《房地产广告发布规定》**(2016年2月1日)第7条：“房地产预售、销售广告，必须载明以下事项：(一)开发企业名称；(二)中介服务机构代理销售的，载明该机构名称；(三)预售或者销售许可证书号。广告中仅介绍房地产项目名称的，可以不必载明上述事项。”建设部**《商品房销售管理办法》**(2001年6月1日)第3条第3款：“本办法所称商品房预售，是指房地产开发企业将正在建设中的商品房预先出售给买受人，并由买受人支付定金或者房价款的行为。”

4. 地方司法性文件。湖北高院**《民事审判工作座谈会会议纪要》**(2013年9月)第43条：“对于购房者为预购房屋交付的订金、押金，购房者在签订正式的房屋买卖合同之前放弃购买房屋的，如当事人之间明确约定双倍返还订金、押金，则该订金、押金具有定金性质；如当事人之间没有明确约定，则该订金、押金应作为预付款退还给购房者。”安徽高院**《关于审理房屋买卖合同纠纷案件适用法律问题的指导意见》**(2012年3月5日)第1条：“当事人签订的认购书、购房意向书等协议虽然不具备《最高人民法院关于审理商品房买卖合同纠纷案件适用法律若干问题的解释》第五条规定的条件,但已经明确了拟购商品房的位置、面积、价款且能够实际履行的,可以认定为商品房买卖合同。但当事人明确约定认购书、购房意向书等协议仅为预约合同的除外。人民法院对认购书、购房意向书等协议性质作出的认定,不影响一方当事人根据协议中定金条款的约定,向可归责的另一方当事人主张适用定金罚则。”海南高院**《关于办理商品房买卖合同纠纷案件的指导意见(试行)》**(2011年1月)第7条:“开发商尚未取得商品房预售许可证,即收取拟购房人认购金、订购金、诚意金等,事后双方不愿订立商品房买卖合同的,应当退还认购金、订购金、诚意金等,但当事人另有约定的除外。”第10条:“拟购房人与开发商明确约定已支付的认购金、订购金、诚意金等为订立商品房买卖合同担保的定金,开发商拒绝与拟购房人订立商品房买卖合同的,应当双倍返还定金,拟购房人拒绝订立商品房买卖合同的,无权要求返还定金;因不可归责于当事人双方的事由,导致商品房买卖合同未能订立的,开发商应当将定金返还拟购房人。”北京高院**《审理买卖合同纠纷案件若干问题的指导意见(试行)》**(2009年2月3日　京高法发〔2009〕43号)第26条:“当事人同时约定违约金和定金,但没有约定定金性质的,当事人一方违约,对方一并主张定金和违约金的,法院不予支持。当事人同时约定违约金和定金并约定了定金性质的,当事人一方违约,对方依据约定的定金性质一并主张违约定金和违约金的,法院不予支持;当事人一方违约,对方依据约定的定金性质一并主张解约定金和违约金的,法院应予支持。”第27条:“在同一诉讼中,当事人约定的定金不足以弥补当事人一方因对方违约遭受的损失,当事人一方请求赔偿超过定金部分的损失的,法院应予支持。”〔该指导意见说明对第26条的理解与适用:“根据定金具体性质,定金通常包括立约定金、成约定金、证约定金、违约定金和解约定金。但立约定金(存在一个独立的约定定金的合同,以保证其后主合同的签订)、成约定金(合同成立或者生效所附的条件)、证约定金(保证合同履行,与违约金类似)等主要是学理上的分类,在审判实践中并不多见,而且学理上的概念也并不统一。同时,立约定金和成约定金均存在于合同成立或生效前,不适用本条指导意见规定的合同已生效情形;证约定金则与违约金性质相同。因此,本指导意见对上述几种定金形态未作规定,只就实践中可见的违约定金、解约定金进行了区分、规定。因违约定金与违约金在目的、性质、功能等方面基本是相同的,故二者不能并用,而应由守约方选择适用。根据《中华人民共和国担保法》若干问题的解释第一百一十七条的规定,当事人是可以定金为代价解除合同的,而无论合同履行是否构成违约,因此解约定金和违约金在目的、性质、功能等方面是有区别的,二者可以并用。”〕广东深圳中院**《关于审理商品房买卖纠纷案件若干问题的指导意见(试行)》**(2009年)第4条:“认购方向售房方支付订金(或保证金、押金等)之后,又有反悔或其他单方违约行为,导致无法签订正式的商品房买卖合同,如认购书明确约定售房方有权没收买方所交订金的，认购方无权要求返还订金；如认购书未约定售房方有权没收的，则认购方可以要求售房方返还订金。如双方在认购书中将订金（或保证金、押金等）约定成定金性质的，则按照法律规定的定金罚则处理。”福建高院**《关于审理商品房买卖合同纠纷案件疑难问题的解答》**（2008年7月25日）第1条：“问：最高人民法院《关于审理商品房买卖合同纠纷案件适用法律若干问题的解释》（以下简称商品房买卖合同司法解释）第四条规定的‘不可归责于当事人双方的事由’应如何认定？答：‘不可归责于当事人双方的事由’是指双方当事人均无过错而导致商品房买卖合同未能订立的情形。例如，双方当事人在商品房的认购、订购、预订等协议中未约定的与商品房买卖有关的内容，在签订正式商品房买卖合同时，经磋商无法达成一致意见的；收受定金后，因第三人的原因或自然灾害致使该商品房项目未能建设或未能按原约定建设等情形。因一方当事人恶意磋商导致合同无法订立的，应当按照法律关于定金的规定处理。例如，在签订认购、订购、预订等协议后，买受人反悔，为了能退回定金，在订立商品房买卖合同时，对双方未约定的事项故意提出一些苛刻条件（例如要求出卖人在不合理的期限内交房）的，不属于不可归责于双方当事人的事由。如果无法确认是否一方当事人故意，则适用‘因不可归责于当事人双方的事由，导致商品房买卖合同未能订立的，出卖人应当将定金返还买受人’之规定，返还定金。”第2条：“问：出卖人取得《商品房预售许可证》之前，向买受人收取购房定金，后因非买受人的原因双方无法按期订立购房合同，买受人请求出卖人双倍返还定金，出卖人则以未取得预售许可证为由主张订购行为无效的，能否依据《商品房买卖合同司法解释》第九条的规定认定其无效？定金应否双倍返还？答：当事人在订立商品房买卖合同之前交付的购房定金属于立约定金，是为担保正式签订商品房买卖合同而交付。双方当事人之间的订购协议并非商品房买卖合同，因此不适用《商品房买卖合同司法解释》第九条的规定。订购协议效力的认定依照《合同法》第五十二条确定。买受人请求双倍返还定金的，依照《商品房买卖合同司法解释》第四条的规定处理。”第3条：“问：因出卖人原因未能订立商品房买卖合同，出卖人双倍返还定金后，买受人能否要求出卖人赔偿其他损失？如果出卖人应赔偿损失，赔偿范围如何确定？买受人能否要求赔偿房屋涨价（即合同约定价格与房屋现价之间的差额）的损失？答：买受人可以请求出卖人双倍返还定金，并赔偿其信赖利益，例如，为订立商品房买卖合同而支出的费用及利息等损失，使其恢复到未认购商品房前之财产状态。但请求出卖人赔偿其房屋涨价的损失的，不予支持。”重庆高院**《关于当前民事审判若干法律问题的指导意见》**（2007年11月22日）第35条：“预约合同的处理。出卖人通过认购、订购、预订等方式向买受人收受定金作为订立商品房买卖合同担保的，如果具备预约的要件，应当认定为预约合同。应当区分预约合同与本约合同。出卖人拒绝签订商品房买卖合同,买受人请求继续履行合同签订本约的,法院不宜直接判决当事人履行签订合同的义务。如因出卖人的原因未能订立商品买卖合同,对方请求双倍返还定金的,一般应予支持;如未能签订本约的原因系出卖人故意违约,且给买受人造成损失的,买受人还可要求出卖人赔偿损失。"上海高院《**关于印发〈上海法院民事办案要件指南〉的通知**》(2003 年 11 月 25 日　沪高法民一〔2003〕10 号)第 37 条:"一方当事人拒退定金或者另一方当事人要求双倍返还定金的,应当举证证明双方对定金的约定、定金已实际交付的要件事实。"

5. 参考案例。2013 年**福建某房屋买卖合同纠纷案**,2012 年 5 月,李某与谢某签订购房合同,约定"房产办理解押注销手续后 5 个工作日内签订房屋买卖合同并办理过户交易,支付余款"。同年 8 月,谢某迟延支付大部分购房款,李某用此款办理按揭房解押手续。2013 年,李某以谢某迟延履行构成根本违约、谢某无购房资格为由诉请解约并没收定金 20 万元。一审庭审中,购房人谢某具备本市购房资格。法院认为:李某与谢某所签协议系双方当事人真实意思表示,双方应按约履行。谢某 2012 年 8 月所支付款项(含定金)虽有延迟,但李某已接受并用此款办理了房产解押,且谢某已支付了大部分房款,故谢某行为属履行瑕疵,不构成根本违约。双方约定诉争房产办理解押注销手续后 5 个工作日内签订房屋买卖合同并办理过户交易,支付余款,该项并未对双方履行顺序作出约定,应理解为双方同时履行,即李某在签订正式的买卖合同、办理过户交易之前无权要求谢某支付余款,谢某亦在支付余款之前无权要求对方办理过户手续。李某主张谢某未支付余款、办理过户交易构成根本违约,系对合同履行的误解,该理由不能成立,故李某以此为由要求解除合同并没收定金无法律依据。售房协议有效,且一审法庭辩论终结前谢某已具备在本市购房资格,故谢某要求李某继续履行合同并配合办理过户诉请,法院予以支持。判决继续履行,李某配合谢某办理过户手续。2012 年**福建某房屋买卖合同纠纷案**,2011 年,王某签约购买黄某房屋,并交纳定金 20 万元及中介费 2000 元。其后,林某以高价要约,使黄某与林某签订房屋买卖合同,该一房二卖事实被王某"偶遇"而报警。事后证明王某与林某关系密切。王某诉请继续履行后,黄某两次电话通知王某依约办理委托公证并交纳购房款。法院认为:黄某出售诉争房产,与王某签约在前,与林某签约在后,暂且不论王某与林某是否存在恶意串通,诱使黄某再次出售房产事实,黄某追求高价、"一房二卖"行为是对《合同法》关于"当事人行使权利、履行义务应当遵循诚实信用原则"的公然违背,其理应承担相应法律责任。根据本案查明事实,王某与林某熟识且关系密切,林某对王某就诉争房产与黄某已签订买卖合同应属知晓,林某在明知诉争房产已出售情况下还与黄某签订买卖合同并据此提出违约索赔,主观上存在恶意;而王某对林某与黄某就诉争房产买卖事宜进行商洽亦应知晓却未予阻止,甚至在林某签约当日现场看房时造成偶遇假象,主观上存在故意。但王某与林某行为直接导致的是对林某与黄某签订买卖合同效力的判断,并不能据此否定在此行为之前王某与黄某所签合同效力。虽然黄某在合同约定期限内先后两次到公证处通知王某办理委托公证,但王某已于此前向法院起诉,请求继续履行合同,而此时黄某行为确已构成"一房二卖",王某享有合同履行抗辩权,其通过诉讼途径寻求救济并无不当,故黄某以此为由主张王某拒不履行合同重要义务并据此请求解除合同、没收定金缺乏依据。因王某与黄某所签买卖合同合法有效,故王某诉求继续履行应予支持,但由于其尚未履行合同约定的支付房款义务,故其请求黄某立即办理过户手续不予支持。判决继续履行。2012 年**江苏某房屋买卖合同纠纷案**,2009 年,沈某与徐某签订房屋买卖合同。徐某依此交付定金 2 万元。其后,徐某以沈某此前就该房屋与陆某签订买卖合同且陆某实际入住为由,中止付款并要回定金。沈某遂向徐某发出解约通知。双方成诉。法院认为:民事活动应遵循自愿、平等、诚实信用原则。本案中,诉争房屋原所有权人沈某在已与案外人陆某订立"房产使用、变更协议书"情况下,又与徐某另行订立房屋买卖合同,其一房二卖行为违反了诚实信用原则。因徐某发现房屋内有陆某居住,且陆某已与沈某签订协议并发生价款支付,其有理由相信房屋现状足以影响其与沈某之间合同目的的实现,故徐某收回已支付定金。该行为系行使不安抗辩权的行为表示,并不构成违约。从形式要件来看,一房二卖情形下两份合同均为有效,但卖房者最终只能选择履行其中一份合同。在徐某对买卖房屋现状提出异议并行使不安抗辩权前提下,沈某并未积极消除业已存在的令合同相对人不安之情形并履行相应告知义务,而是单方面通知徐某解除合同,故沈某主张徐某违约并要求对方支付违约金理由不能成立,判决驳回沈某诉请及徐某反诉请求。2006 年**江苏某房屋买卖合同纠纷案**,2002 年,黄某与开发公司签订预售房合同,约定经房屋管理局"登记备案后生效"。黄某交了定金 3 万元。2004 年,开发公司工作人员袁某通知黄某因竣工交付日期无法确定,黄某后期房款支付等开发商通知,并由袁某在合同上签了"定金 3 万已收"。2006 年,黄某以合同未登记备案,诉请开发公司返还定金、赔偿损失。法院认为:开发公司在取得了预售许可证后,未按照法律规定和合同约定办理登记备案手续,亦不提示合同相对人可去办理登记备案,开发公司行为属不正当地阻止合同生效条件成就,应视为条件已成就,合同因此生效。根据最高人民法院《关于审理商品房买卖合同纠纷案件适用法律若干问题的解释》第 6 条规定,双方当事人约定以办理登记备案手续为商品房预售合同生效条件的,从其约定,但当事人一方已履行了主要义务,对方已接受的除外。本案中,黄某依合同已交定金,履行了主要义务,开发公司已接受,合同依法成立并生效,故开发公司违约,除返还已收款项外,依法还应赔偿合同履行后对方获得的期待利益。判决开发公司退还黄某定金,赔偿黄某因合同不能履行所造成的损失

16万余元。2006年**福建某房屋买卖合同纠纷案**,2005年,颜某与蔡某签订房屋买卖意向协议,颜某先交定金5万元,嗣后颜某之妻称不欲购买该房,但颜某邮递来一份单方拟就的购房合同,因与原所签意向协议有部分变更,蔡某表示不同意,并限期颜某签约,否则没收定金。颜某诉请返还购房预付款。法院认为:当事人约定以交付定金作为订立主合同担保的,给付定金一方拒绝订立主合同的,无权要求返还定金,收受定金一方拒绝订立合同的,应双倍返还定金。本案双方当事人达成房屋买卖合同意向,卖方收取的定金属立约定金。颜某之妻在谈话录音中表示不再购买该房,虽嗣后颜某又将买卖合同邮递给蔡某,表明其仍愿意购买,但合同系单方草拟,其中部分条款内容明显违反定金交付时双方所做约定,说明颜某并无真正想依双方原约定内容与蔡某签订正式房屋买卖合同意愿,故蔡某复函表示不能接受对方草拟合同,并要求颜某限期签约,否则定金没收,合情合理。因造成买卖合同未签原因在颜某,故其无权要求返还定金。判决驳回颜某诉请。2011年1月**江苏某商品房销售合同纠纷案**,法院认为:双方所签预订协议约定了所购房屋的价款、面积、方位、付款方式、工程施工、竣工时间、产权证的办理、实际面积的测量、逾期付款的违约责任等条款,实质具备了《商品房销售管理办法》第16条规定的商品房买卖合同应具备的主要条款,且该公司已按约定收取了王某的购房款,故双方之间签订的订购合同,名为预订实为商品房买卖本约,应视为商品房买卖合同。因开发公司的股权、股东变更等因素,政府已将该房屋所在地的土地性质变更为商住用地,导致该商品房买卖合同的目的不能实现,王某要求解除房屋买卖合同并返还购房款4万元的诉讼请求,应予支持。因开发公司系营利性企业,占有使用王某的购房款,客观上给王某造成损失,且有违约行为,其应承担赔偿利息损失的责任。根据协议约定,先交定金,待主体封顶付1万元,余款于交房时付清,结合开发公司收取王某现金2万元的收据,依法认定王某交纳的该笔款项2万元为定金。案涉房屋并未办理相关产权证书,本案也不存在房地产开发商恶意进行一房二卖、设定抵押等情形,政府行为亦是决定该商品房买卖合同应解除的原因,且租金损失仅提供了一份租赁合同复印件,并不符合证据规则,故王某诉请双倍返还购房款、支付租金损失,不应支持,判决合同解除,开发公司双倍返还定金,返还购房款本息。2010年8月**河南某商品房销售合同纠纷案**,法院认为:丁某与安装公司濮阳分公司签订的商品房认购书,从协议内容来看,应属商品房预售合同。根据我国有关法律规定,房地产开发企业从事商品房开发、经营,应取得商品房预售许可证等相关资质证书,而安装公司及其分公司均不具有商品房开发、买卖资质,亦未取得商品房预售许可证明,故丁某与安装公司濮阳分公司签订的住房认购书应属无效。对于安装公司濮阳分公司因签订合同而从丁某处取得的1万元,应予以返还。考虑到丁某在订立合同时,未能尽到谨慎注意义务,对于无效合同,亦有一定过错,故丁某要求双倍返还定金的诉讼请求,不予支持。由于濮阳分公司系安装公司下属的不具有法人资格的分支机构,不具有独立承担民事责任的能力,故安装公司应对上述债务承担返还责任。2010 年 8 月**福建某商品房销售合同纠纷案**,法院认为:双方所签认购协议对所出售商品房的坐落、面积、各楼层单价、总价款等商品房买卖核心条款作出约定,符合商品房买卖合同的基本特征。但认购协议不仅名称体现认购,同时又约定双方当事人应另行签订商品房买卖合同,且约定内容与《商品房销售管理办法》第 16 条规定相比有不少欠缺,故应当认定认购协议书及其补充协议系双方当事人为将来签订商场买卖合同而事先达成的合意,应为商品房买卖预约合同即商品房买卖认购协议。开发公司只依约收取认购定金,并未收取购房款,故认购协议不具备认定为商品房买卖合同的条件。因本案双方当事人未订立商品房买卖合同,认购定金尚无法折抵购房款。开发公司单方不履行认购协议构成违约,应向买受人双倍返还定金,并应依法承担赔偿损失责任。开发公司收取买受人定金 100 万元,除已返还 100 万元外,尚应向买受人返还定金 100 万元。鉴于本案认购协议系商品房买卖预约合同,该预约合同的目的是签订商品房买卖本约合同并非商品房买卖合同可得利益,故买受人请求开发公司承担的违约赔偿责任应属缔约过失责任。开发公司将讼争房屋另售案外人与出售买受人间的差价,属违反商品房买卖本约合同约定应承担的赔偿责任范畴,原审法院以该差价作为开发公司承担本案违约赔偿责任的计算依据不当,应予撤销。买受人请求开发公司承担违约赔偿责任事项,可另行处理。2010 年 3 月**上海某定金合同纠纷案**,法院认为:买受人与开发公司签订的预约单系双方当事人真实意思表示,合法有效,对双方均具有法律约束力。买受人支付的“订金”实属立约定金,其目的是保证双方签订商品房买卖合同。从该预约单的性质来看,仅是预约合同,系双方对系争房屋买卖所达成的初步合意,双方具体的权利义务应由双方磋商后在商品房预售合同中予以约定。鉴于房屋买卖交易金额较大,因此应允许双方在签订预售合同前对影响房屋的重大条款进行充分磋商,现双方未能签订商品房预售合同的原因在于房屋建筑面积的变化致使房屋总价变化超出了购买方的合理预期,尽管双方在预约单中约定房屋建筑面积为暂定面积,实际面积以预售合同为准,但面积变化后对房屋总价是否也相应予以调整,双方未作明确约定。事后因面积变化导致房屋总价的变化致使双方未能签订预售合同,此属不可归责于双方当事人中任何一方的事由。因此,买受人要求与开发公司解除双方签订的预约单并要求返还定金 5 万元的诉讼请求,应予以支持。2009 年 12 月**北京某定金合同纠纷案**,法院认为:赵某与开发公司所签订购协议系双方真实意思表示,自合同签订之日起该协议成立。定购协议约定条款的前 4 条为格式条款,第 5 条及备注栏为手写的非格式条款。第 4 条约定:“本协议书自买卖双方签订后生效。”第 5 条约定:“付款方式为一次性,价格向公司申请￥2.1 万元/m^2 批准后定金不退。”备注栏中约定:“此价格审批中,价格审批前,定金可退。”《合同法》规定,格式条款与非格式条款不一致的,应采用非格式条款。根据手写的非格式条款的内容,赵某与开发公司在订购协议签订时尚未确定购房价格,且双方约定 2.1 万元/m^2 的价格在开发公司批准前,赵某可要求退还定金。在开发公司批准之后,该定金即不得退还。据此,可认定双方在订购协议成立时约定了生效条件,在开发公司审批通过约定价格前,订购协议尚未生效,赵某随时可要求退还定金,一旦开发公司审批通过约定的价格,则订购协议生效,赵某不得要求退还定金。之后,开发公司并未审批通过约定的价格,双方约定的订购协议生效条件未成就,故订购协议未生效,不适用定金罚则。

【同类案件处理要点】

出卖人通过认购、订购、预订等方式向买受人收受定金作为订立商品房买卖合同担保的,如因当事人一方原因未能订立商品房买卖合同,应按法律关于定金的规定处理;因不可归责于当事人双方的事由,导致商品房买卖合同未能订立的,出卖人应将定金返还买受人。当事人既约定违约金,又约定定金的,一方违约时,对方可选择适用违约金或定金条款。在同一诉讼中,当事人约定的定金不足以弥补当事人一方因对方违约遭受的损失,当事人一方可以请求赔偿超过定金部分的损失。

【相关法律风险提示】

1. 定金意识即为合同意识、法律意识。签订定金条款、交付定金前,就应对自己将来不能履行合同的实际困难有充分的考虑,合同约定当事人在某一时间点不为某一行为构成违约情况下,当事人应保留该行为受阻的原因证据。情形:如约定买方到时不签约将被没收定金,而签约过程中可能出现卖方提出一些要求,如支付首付款或提供担保才能签约,如果事后卖方否认,又无证据证明,买方极有可能面临败诉风险。

2. 约定一定时间必须签约,否则构成违约的条款,是典型的“陷阱条款”,因为未来的合同即便是政府部门公布的正式的样本合同,仍可能会有不利于购房者的选择性内容。

3. 商品房预售合同无效,购房人对合同无效存在过错的,在要求返还定金时,双倍赔偿的请求可能不会被支持。案见河南濮阳中院(2010)濮中法民一终字第 724 号“某安装公司与丁某商品房预售合同纠纷上诉案”。

4. 房屋买卖交易金额一般较大,故应允许双方在签订预约合同后、本约合同前对影响房屋的重大条款进行充分磋商,因此导致本约合同未能签署,应属不可归责于任何一方的事由,出卖人应将买受人交纳的定金或房款返还。案见上海一中院

(2010)沪一中民二(民)终字第 719 号“某开发公司与聂某等定金合同纠纷上诉案”。

5. 买受人交付定金,又在合同中约定生效条款的,在所附生效条款未成就的,买受人要求双倍返还定金,没有依据。案见北京二中院(2009)二中民终字第 20394 号“赵某与某开发公司定金合同纠纷上诉案”。

【附注】

参考案例索引:云南昆明中院(2009)昆民一终字第 68 号“罗某与某开发公司房屋买卖合同纠纷案”;福建厦门海沧区法院(2013)海民初字第 1112 号“李某与谢某房屋买卖合同纠纷案”,见《李宣庆诉谢丽玉房屋买卖合同纠纷案(“限购”合同解除权　同时履行抗辩权)》(刘亚帆、张晨玮),载《中国审判案例要览》(2014 民:299);福建厦门中院(2012)厦民终字第 2758 号“王某与黄某等房屋买卖合同纠纷案”,见《王晓燕诉黄来珠等及第三人林高寒房屋买卖合同案(债权人与第三人串通引诱违约能否阻却合同履行)》(刘宁),载《中国审判案例要览》(2013 民:50);江苏南通中院(2012)通中民终字第 1032 号“沈某与徐某房屋买卖合同纠纷案”,见《沈辉诉徐健健房屋买卖合同纠纷案(不安抗辩权)》(郭相颂),载《中国审判案例要览》(2013 民:171);江苏南通中院(2006)通中民一终字第 0164 号“黄某与某开发公司等房屋买卖合同纠纷案”,见《黄锦标诉南通市大同置业有限公司等房屋买卖合同案(商品房预售合同效力、期待利益)》(陆燕红),载《中国审判案例要览》(2007 民:144);福建泉州中院(2006)泉民终字第 861 号“颜某诉蔡某房屋买卖合同案”,见《颜呈灵诉蔡婀娜房屋买卖合同纠纷案》(陈灿斌),载《人民法院案例选》(200603/57:202);江苏徐州中院(2010)徐民终字第 2369 号“王某与某开发公司商品房销售合同纠纷上诉案”;河南濮阳中院(2010)濮中法民一终字第 724 号“某安装公司与丁某商品房预售合同纠纷上诉案”;福建高院(2010)闽民终字第 317 号“某开发公司与某商业公司商品房预售合同纠纷上诉案”;上海一中院(2010)沪一中民二(民)终字第 719 号“某开发公司与聂某等定金合同纠纷上诉案”;北京二中院(2009)二中民终字第 20394 号“赵某与某开发公司定金合同纠纷上诉案”。

43. 售房广告的法律效力

——虚假做广告,损失怎补偿?

【虚假广告】

【案情简介及争议焦点】

开发公司在售房广告和宣传资料中允诺拥有"首创私家游艇码头,浪漫情缘后花园"等内容,并在售楼处公开悬挂商品房建设用地规划许可证,公开展示建设用地规划范围,但实际上所建游艇码头和后花园系租赁他人土地而建。工商局对此广告行为认定为虚假并给予罚款处罚。购房人杨某得知后,起诉要求赔偿。

争议焦点:1. 虚假广告如何认定? 2. 补偿标准如何确定?

【裁判要点】

1. 广告虚假。开发公司在售房广告和宣传资料中允诺的内容,并在售房时建好的游艇码头和后花园,系租赁他人土地而建,开发公司对此事实予以隐瞒。工商局对开发公司的虚假广告行为均作出了认定并给予罚款处罚。据此,开发公司的行为对杨某购房的选择及房屋价格的确定有一定的影响,开发公司应对杨某造成的损失承担补偿责任。

2. 补偿标准。开发公司在售楼处公开悬挂商品房建设用地规划许可证,公开展示了建设用地规划范围,杨某作为买受人在交易中忽略了对该事实进行审查,主观上存在一定过失,应承担自己不谨慎民事行为的法律后果。综合本市房地产市场的现状及当事人的过错程度,开发公司可对杨某给予适当补偿,结合本案实际,开发公司应按杨某在商品房买卖合同中约定的房价款的 2% 给付补偿款,即 141,937 元×2% =2839 元。

【裁判依据或参考】

1. 法律法规。《民法典》(2021 年 1 月 1 日)第 8 条:"民事主体从事民事活动,不得违反法律,不得违背公序良俗。"第 143 条:"具备下列条件的民事法律行为有效:(一)行为人具有相应的民事行为能力;(二)意思表示真实;(三)不违反法律、行政法规的强制性规定,不违背公序良俗。"第 147 条:"基于重大误解实施的民事法律行为,行为人有权请求人民法院或者仲裁机构予以撤销。"第 148 条:"一方以欺诈手段,使对方在违背真实意思的情况下实施的民事法律行为,受欺诈方有权请求人民法院或者仲裁机构予以撤销。"第 152 条:"有下列情形之一的,撤销权消灭:(一)当事人自知道或者应当知道撤销事由之日起一年内、重大误解的当事人自知道或者应当知道撤销事由之日起九十日内没有行使撤销权;(二)当事人受胁迫,自胁迫行为终止之日起一年内没有行使撤销权;(三)当事人知道撤销事由后明确表示或者以自己的行为表明放弃撤销权。当事人自民事法律行为发生之日起五年内没有行使撤销权的,撤销权消灭。"第 155 条:"无效的或者被撤销的民事法律行为自始没有法律约束力。"第 156 条:"民事法律行为部分无效,不影响其他部分效力的,其他部分仍然有效。"第 157 条:"民事法律行为无效、被撤销或者确定不发生效力后,行为人因该行为取得的财产,应当予以返还;不能返还或者没有必要返还的,应当折价补偿。有过错的一方应当赔偿对方由此所受到的损失;各方都有过错的,应当各自承担相应的责任。法律另有规定的,依照其规定。"**《合同法》**(1999 年 10 月 1 日,已于 2021 年 1 月 1 日起失效)第 54 条:"下列合同,当事人一方有权请求人民法院或者仲裁机构变更或者撤销:(一)因重大误解订立的;(二)在订立合同时显失公平的。一方以欺诈、胁迫的手段或者乘人之危,使对方在违背真实意思的情况下订立的合同,受损害方有权请求人民法院或者仲裁机构变更或者撤销。当事人请求变更的,人民法院或者仲裁机构不得撤销。"第 110 条:"当事人一方不履行非金钱债务或者履行非金钱债务不符合约定的,对方可以要求履行,但有下列情形之一的除外:(一)法律上或者事实上不能履行;(二)债务的标的不适于强制履行或者履行费用过高;(三)债权人在合理期限内未要求履行。"国务院**《城市房地产开发经营管理条例(2020 年修正)》**(2020 年 11 月 29 日)第 25 条:"房地产开发企业不得进行虚假广告宣传,商品房预售广告中应当载明商品房预售许可证明的文号。"第 27 条:"商品房销售,当事人双方应当签订书面合同。合同应当载明商品房的建筑面积和使用面积、价格、交付日期、质量要求、物业管理方式以及双方的违约责任。"

2. 司法解释。最高人民法院**《印发〈关于当前形势下进一步做好房地产纠纷案件审判工作的指导意见〉的通知》**(2009 年 7 月 9 日　法发〔2009〕42 号)第 7 条:"妥善处理各类房屋买卖合同纠纷案件,依法稳定房屋交易市场。要依照法律和最高人民法院《关于审理商品房买卖合同纠纷案件适用法律若干问题的解释》的规定,妥善处理房屋销售广告纠纷,认购协议中定金纠纷、房屋质量纠纷、房屋面积纠纷,制裁恶意违约行为,保护购房人利益;对于房地产开发商确因资金暂时困难未按时交付房屋的,要多做双方当事人的调解工作,确无调解可能的案件,可以根据案件的具体情况,依法合理调整违约金数额,公平解决违约责任问题;对于买受人请求解除商品房合同纠纷案件,要严格依法审查,对不符合解除条件的不能解除;要引导当事人理性面对市场经营风险,共同维护诚信的市场交易秩序。对矛盾有可能激化的敏感案件和群体性案件,要及时向当地党委汇报,与政府主管部门沟通情况,力争将不稳定因素化解在萌芽状态。”最高人民法院**《关于审理商品房买卖合同纠纷案件适用法律若干问题的解释(2020年修改)》**(2021年1月1日 法释〔2020〕17号)第3条:“商品房的销售广告和宣传资料为要约邀请,但是出卖人就商品房开发规划范围内的房屋及相关设施所作的说明和允诺具体确定,并对商品房买卖合同的订立以及房屋价格的确定有重大影响的,构成要约。该说明和允诺即使未载入商品房买卖合同,亦应当为合同内容,当事人违反的,应当承担违约责任。”第6条:“当事人以商品房预售合同未按照法律、行政法规规定办理登记备案手续为由,请求确认合同无效的,不予支持。当事人约定以办理登记备案手续为商品房预售合同生效条件的,从其约定,但当事人一方已经履行主要义务,对方接受的除外。”最高人民法院**《全国民事审判工作座谈会纪要》**(1993年11月24日 法发〔1993〕37号,已于2021年1月1日起失效)第2条:“……房地产开发企业预售商品房,须持有预售商品房许可证件,并与预购房签订合同。没有预售商品房许可证件的,应认定合同无效。对于合法有效的预售商品房合同,预购方未按合同约定交付预付款或者预售方未按合同约定交付预售房屋的,应当承担违约责任。”最高人民法院**《关于贯彻执行〈中华人民共和国民法通则〉若干问题的意见(试行)》**(1988年4月2日 法〔办〕发〔1988〕6号,已于2021年1月1日起失效)第71条:“行为人因对行为的性质、对方当事人、标的物的品种、质量、规格和数量等的错误认识,使行为的后果与自己的意思相悖,并造成较大损失的,可以认定为重大误解。”

3. 部门规范性文件。国家工商总局**《房地产广告发布规定》**(2016年2月1日,已于2016年4月2日修改,2016年6月1日起施行)第4条:“房地产广告,房源信息应当真实,面积应当表明为建筑面积或者套内建筑面积,并不得含有下列内容:(一)升值或者投资回报的承诺;(二)以项目到达某一具体参照物的所需时间表示项目位置;(三)违反国家有关价格管理的规定;(四)对规划或者建设中的交通、商业、文化教育设施以及其他市政条件作误导宣传。”第5条:“凡下列情况的房地产,不得发布广告:(一)在未经依法取得国有土地使用权的土地上开发建设的;(二)在未经国家征用的集体所有的土地上建设的;(三)司法机关和行政机关依法裁定、决定查封或者以其他形式限制房地产权利的;(四)预售房地产,但未取得该项目预售许可证的;(五)权属有争议的;(六)违反国家有关规定建设的;(七)不符合工程质量标准,经验收不合格的;(八)法律、行政法规规定禁止的其他情形。”第9条:“房地产广告中涉及所有权或者使用权的,所有或者使用的基本单位应当是有实际意义的完整的生产、生活空间。”第10条：“房地产广告中对价格有表示的，应当清楚表示为实际的销售价格，明示价格的有效期限。”第11条：“房地产广告中的项目位置示意图，应当准确、清楚，比例恰当。”第12条：“房地产广告中涉及的交通、商业、文化教育设施及其他市政条件等，如在规划或者建设中，应当在广告中注明。”第13条：“房地产广告涉及内部结构、装修装饰的，应当真实、准确。”第14条：“房地产广告中不得利用其他项目的形象、环境作为本项目的效果。”第15条：“房地产广告中使用建筑设计效果图或者模型照片的，应当在广告中注明。”第16条：“房地产广告中不得出现融资或者变相融资的内容。”第18条：“房地产广告中不得含有广告主能够为入住者办理户口、就业、升学等事项的承诺。”住建部、国家发改委**《关于加强房地产经纪管理进一步规范房地产交易秩序的通知》**（2011年5月11日　建房〔2011〕68号）第3条：“加强商品房预（销）售行为监管。房地产开发企业和房地产经纪机构要严格按照商品房预（销）售方案和申报价格对外销售。各地对无证售房、捂盘惜售、哄抬房价、发布虚假信息和广告、规避限购政策、违法返本销售和售后包租，以及不按规定明码标价、价外乱收费、价格欺诈等违法违规行为，要依法依规严肃处理；对不按要求公示价格信息、隐瞒真实情况以及群众投诉较多的房地产项目，要及时进行核实处理，情况查实的责令其限期整改，整改期间可暂停网签资格。要加大现场巡查力度，及时发现违法违规和不规范行为，并通过公开曝光、暂缓预售许可等手段加大惩处和监督力度，惩处情况及时通报国土、工商、金融等部门。”国家发改委办公厅**《关于开展商品房销售明码标价专项检查的通知》**（2011年5月11日　发改办价检〔2011〕1050号）第6条：“各级价格主管部门开展商品房销售明码标价执行情况专项检查，对违反相关规定的要发现一起，查处一起，并依法严惩和公开曝光。房地产开发企业违反明码标价规定未实行‘一套一标’，按《价格法》和《价格违法行为行政处罚规定》，每套处5000元罚款。构成价格欺诈的，责令改正，没收违法所得，并处违法所得5倍以下罚款；没有违法所得，处5万元以上50万元以下罚款；情节严重的，要责令停业整顿，或者由工商行政管理机关吊销营业执照。通过严厉惩处，切实保障《商品房销售明码标价规定》贯彻执行。”国家发改委**《关于发布〈商品房销售明码标价规定〉的通知》**（2011年5月1日　发改价格〔2011〕548号）第5条：“已取得预售许可和销售现房的房地产经营者，要在公开房源时，按照本规定实行明码标价。”第6条：“商品房经营者应当在商品房交易场所的醒目位置放置标价牌、价目表或者价格手册，有条件的可同时采取电子信息屏、多媒体终端或电脑查询等方式。采取上述多种方式明码标价的，标价内容应当保持一致。”第7条：“商品房销售明码标价应当做到价目齐全，标价内容真实明确、字迹清晰、标示醒目，并标示价格主管部门投诉举报电话。”第8条：“商品房销售明码标价实行一套一标。商品房经营者应当对每套商品房进行明码标价。按照建筑面积或者套内建筑面积计价的,还应当标示建筑面积单价或者套内建筑面积单价。"第9条:"对取得预售许可或者办理现房销售备案的房地产开发项目,商品房经营者要在规定时间内一次性公开全部销售房源,并严格按照申报价格明码标价对外销售。"第10条:"商品房经营者应当明确标示以下与商品房价格密切相关的因素:(一)开发企业名称、预售许可证、土地性质、土地使用起止年限、楼盘名称、坐落位置、容积率、绿化率、车位配比率。(二)楼盘的建筑结构、装修状况以及水、电、燃气、供暖、通讯等基础设施配套情况。(三)当期销售的房源情况以及每套商品房的销售状态、房号、楼层、户型、层高、建筑面积、套内建筑面积和分摊的共有建筑面积。(四)优惠折扣及享受优惠折扣的条件。(五)商品房所在地省级价格主管部门规定的其他内容。"第11条:"商品房销售应当公示以下收费:(一)商品房交易及产权转移等代收代办的收费项目、收费标准。代收代办收费应当标明由消费者自愿选择。(二)商品房销售时选聘了物业管理企业的,商品房经营者应当同时公示前期物业服务内容、服务标准及收费依据、收费标准。(三)商品房所在地省级价格主管部门规定的其他内容。"第12条:"对已销售的房源,商品房经营者应当予以明确标示。如果同时标示价格的,应当标示所有已销售房源的实际成交价格。"第13条:"商品房经营者不得在标价之外加价销售商品房,不得收取任何未予标明的费用。"第14条:"商品房经营者在广告宣传中涉及的价格信息,必须真实、准确、严谨。"第15条:"商品房经营者不得使用虚假或者不规范的价格标示误导购房者,不得利用虚假或者使人误解的标价方式进行价格欺诈。"建设部**《城市商品房预售管理办法》**(2004年7月20日)第9条:"开发企业进行商品房预售,应当向承购人出示《商品房预售许可证》。售楼广告和说明书应当载明《商品房预售许可证》的批准文号。"第15条:"开发企业隐瞒有关情况、提供虚假材料,或者采用欺骗、贿赂等不正当手段取得商品房预售许可的,由房地产管理部门责令停止预售,撤销商品房预售许可,并处3万元罚款。"建设部办公厅**《关于坚决制止各种乱评比活动的通知》**(2002年7月24日　建办秘〔2002〕52号)开篇:"最近,一些单位和组织违反《中共中央办公厅、国务院办公厅关于严格控制评比活动有关问题的通知》(厅字〔1996〕10号)精神,未经主管部门批准,擅自决定评比项目、出台评比标准、评选办法,从事'生态住宅'、'健康住宅'等评选、评比及授牌活动,给企业或项目冠以名目繁多、名不符实的称谓,甚至冠以国际、亚太、中国等名称混淆视听,有的还在报纸上大肆宣传,误导消费者。这不仅干扰了房地产市场的正常秩序,增加了企业的负担,而且助长了弄虚作假之风,有的还损害了群众的切身利益,引发了不应有的法律纠纷,影响社会的稳定,社会各界反映强烈。"第1条:"严格清理房地产市场中出现的各种乱评比活动,营造公平、健康的市场环境。任何部门、单位和民间组织对住宅小区及房地产开发企业、中介服务机构、物业管理企业组织的评比、排序活动，必须严格按照《中共中央办公厅、国务院办公厅关于严格控制评比活动有关问题的通知》要求，报经有关部门批准。未经批准的评比、授牌活动必须立即停止，并对已造成的影响予以纠正。”第 2 条：“进一步加强房地产销售广告管理。各地要严格执行《国家工商行政管理总局、建设部关于进一步加强房地产广告管理的通知》精神，对在房地产广告中出现乱评比、乱排序等对房地产项目进行综合评价内容的广告进行严肃查处。”建设部、国家计委、国家经贸委、财政部、国土资源部、国家工商局、监察部**《关于整顿和规范房地产市场秩序的通知》**（2002 年 5 月 23 日　建住房〔2002〕123 号，已于 2011 年 1 月 26 日起失效）第 6 条：“各地要把加强房地产广告管理作为集中整治广告市场秩序的重点。对违法发布房地产广告和不兑现广告承诺内容的房地产企业，房地产管理部门应当责令限期改正；逾期不改正的，在资质年检中予以降级或注销资质证书，并在新闻媒体上曝光。工商行政管理部门要加强对房地产广告的监测，对违法房地产广告依法予以查处。房地产开发企业、房地产中介服务机构应当严格按照有关规定，将房地产广告和宣传资料中明示及承诺的主要内容和事项在合同中明确。房地产广告和宣传资料承诺的内容与实际交付不一致，侵害消费者合法权益的，由工商行政管理部门依据有关规定处罚。房地产开发企业销售商品房时设置样板房的，应当说明实际交付的商品房质量、设备、装修与样板房是否一致；未作说明的，实际交付的商品房应当与样板房一致。”国家工商局、建设部**《关于进一步加强房地产广告管理的通知》**（2002 年 3 月 25 日　工商广字〔2002〕68 号，已于 2014 年 7 月 14 日起失效）第 1 条：“各级工商行政管理、房地产管理部门要按照国务院关于整顿和规范市场经济秩序的要求，把加强房地产广告的管理列入整顿和规范房地产市场和集中整治广告市场秩序的重要内容。年内要集中力量，对房地产广告特别是房地产网络广告进行一次全面检查和清理，重点检查以下广告：1. 尚不具备销售条件发布的房地产广告。主要包括：未按法定程序办理国有土地使用权出让、转让手续，擅自开发建设的房地产项目，进行广告宣传的；未按法定程序办理房地产项目建设有关手续，或手续不全，进行广告宣传的；工程质量验收不合格，权属有争议以及政府限制销售等不具备销售条件，进行广告宣传的；未按法定程序取得商品房预售许可证而进行广告宣传的。2. 还有虚假、夸大宣传内容的房地产广告。主要包括：向购房者承诺与实际情况不符或根本无法兑现的各种价格优惠、服务标准、环境及配套设施、物业管理的；未能按规定的要求明示价格、面积等内容的。3. 其他违反《广告法》《房地产广告发布暂行规定》的房地产广告。”第 2 条：“加强对预售商品房广告的管理。各级房地产管理部门应加强对商品房预售行为的管理，对于已经取得预售许可证的项目，应当及时通过网上或其他途径，向社会公布，并设立网上或电话查询业务。未取得商品房预售许可证的房地产开发企业，不得以‘内部认购’、‘内部认订’、‘内部登记’等名目发布广告。"第3条:"禁止在房地产广告中出现各类乱评比、乱排序等对房地产项目进行综合评价的内容。"第4条:"房地产开发企业、房地产中介服务机构发布的各种形式的房地产广告,其中明示及承诺的内容和事项,应当与购房者在《商品房买卖合同》中予以明确。"第5条:"各级工商行政管理、房地产管理部门要相互配合,齐抓共管。对违法发布房地产广告和不兑现广告承诺内容的房地产企业,房地产管理部门可责令其限期改正,逾期不改正的可通过新闻媒体曝光,并根据《房地产开发企业资质管理规定》,在年检中予以降级或者注销资质等级;工商管理部门要加强对房地产广告的监测,对违法房地产广告依法予以查处。"建设部**《商品房销售管理办法》**(2001年6月1日)第14条:"房地产开发企业、房地产中介服务机构发布商品房销售宣传广告,应当执行《中华人民共和国广告法》《房地产广告发布暂行规定》等有关规定,广告内容必须真实、合法、科学、准确。"第15条:"房地产开发企业、房地产中介服务机构发布的商品房销售广告和宣传资料所明示的事项,当事人应当在商品房买卖合同中约定。"第31条:"房地产开发企业销售商品房时设置样板房的,应当说明实际交付的商品房质量、设备及装修与样板房是否一致,未作说明的,实际交付的商品房应当与样板房一致。"国家工商行政管理局**《关于食品广告、房地产广告管理有关问题的答复》**(1998年12月3日,已于2014年7月14日起失效):"《食品广告发布暂行规定》《房地产广告发布暂行规定》中'违法行为人'是指对发布违法广告负有责任的广告主、广告经营者、广告发布者。凡未按照《广告法》和国家有关规定履行法律义务,造成食品、房地产违法广告发布的广告主、广告经营者、广告发布者,应当依照《广告法》的规定承担相应的法律责任;《广告法》中没有具体规定的,分别依照《食品广告发布暂行规定》第十五条、《房地产广告发布暂行规定》第二十一条的规定予以处罚。"国家工商局**《关于房地产广告中承诺为入住者办理户口问题的答复》**(1997年5月5日　工商广字〔1997〕第124号,已于2016年5月31日起失效)第1条:"办理户口只能由政府有关部门依照规定进行。因此,房地产广告中不得以任何形式出现房地产开发企业、房地产权利人、房地产中介服务机构能够为入住者办理户口承诺的内容。"第2条:"依照法律法规和有关规定可以办理户口的房地产项目,广告中有关办理户口的内容应当表述清楚、明白,标明有关规定的出处或者相关条件,不得使人产生误解。"

4. 地方司法性文件。江苏高院民六庭**《关于印发〈商品装修房买卖合同装修质量纠纷案件审理指南〉的通知》**(2019年12月16日　苏高法电〔2019〕862号)第6条:"广告宣传的适用与排除。出卖人的广告宣传、样板房对装修价格等所作说明和允诺具体确定,对买卖合同的订立和房屋价格的确定有重大影响,应当视为合同内容。商品房装修房销售时,出卖人设置样板房的,交付房屋的装修质量应当与样板房的装修质量相同。样板房装修的部品材料、施工质量和品质档次,应当作为装修质量要求的认定依据。商品房买卖合同概括性排除样板房、广告宣传对装修质量要求约定的，不予支持。商品房买卖合同就交付房屋的装修与样板房、广告宣传等不一致之处有明确具体的特别约定的，从其约定，但该约定未进行提示或者说明的除外。"第8条："装修价格与装修质量要求。当事人对装修质量要求相关的装修设计、装修施工、装修材料以及材料价格、部品型号、生产厂家、用材数量等约定具体确定，买受人主张以约定装修价格、宣传装修价格或者备案装修价格作为装修质量要求依据的，不予支持。当事人没有对装修质量要求作出明确约定，买受人主张以装修价格作为装修质量要求的，应予支持。买卖合同约定装修价格的，以约定装修价格为依据；买卖合同没有约定装修价格的，以广告宣传装修价格为依据，没有广告宣传价格的以备案装修价格为依据。当事人约定的装修质量要求的相关内容至诉讼时仍不能明确，或者明显不足以反映基本装修价格，或者交付房屋实际装修质量与样板房存在明显差异的，买受人主张依照前款规定以装修价格作为装修质量要求的，应予支持。"第14条："装修质量问题与合同解除。因装修质量问题严重影响正常居住使用，或者存在如装修环保质量不合格等依法不得交付使用的情形，买受人请求解除商品装修房买卖合同和赔偿损失的，应予支持。房屋装修中以假充真、以次充好、以不合格材料冒充合格材料的，买受人以受欺诈为由请求撤销商品装修房买卖合同和赔偿损失的，应予支持。但买受人依据消费者权益保护法的相关规定主张惩罚性赔偿的，不予支持。出卖人与买受人签订的商品房买卖合同，约定交付标的物为装修房，因严重装修质量问题，买受人请求单独撤销或者解除装修合同的，不予支持，请求一并撤销或者解除商品房买卖合同的，应予支持。"四川成都中院**《关于印发〈商品房买卖合同案件的审理指南（试行）〉的通知》**（2017年10月11日　成中法发〔2017〕129号）第8条："规划范围之外的环境和公益设施进行的宣传内容是否为商品房买卖合同内容的认定。出卖人对商品房所在楼盘规划范围之外的环境和公益设施所进行的宣传并非要约，买受人以出卖人交付的房屋周边环境和公益设施未达到宣传资料内容为由，请求出卖人承担违约责任的，不予支持。"第9条："买受人以出卖人交付房屋不符合宣传内容为由要求解除商品房买卖合同的处理。买受人以出卖人交付房屋不符合宣传资料内容为由要求解除商品房买卖合同的，一般不予支持；买受人要求出卖人承担违约责任的，一般不予支持，但该宣传内容被认定为商品房买卖合同内容的除外。"浙江宁波中院**《关于审理商品房买卖合同纠纷案件疑难问题解答》**（2015年5月19日）第6条："出卖人就商品房周边拟规划配套建设的学校、广场等设施发布销售广告和宣传资料，现买受人以商品房买卖合同与出卖人所作的承诺不符为由，要求解除合同，并请求出卖人承担违约责任、赔偿损失，应如何处理？答：出卖人在商品房销售广告和宣传资料上所作的承诺，原则上认定为要约邀请，但若符合下列四个要件的，则视为要约：1.涉及的内容在商品房开发规划范围之内;2. 针对拟销售的商品房和相关设施;3. 所作的说明和允诺具体确定;4. 对合同的订立及房价的确定有重大影响,且出卖人存在虚假陈述的情形。对买受人请求解除合同的,视其是否符合约定或法定的解除情形而定。如出卖人未按照在要约中所作的承诺履行的,则应向买受人承担违约责任,对违约金或损失赔偿未作约定或约定不明的,可根据《最高人民法院关于审理商品房买卖合同纠纷案件适用法律若干问题的解释》(以下简称《商品房买卖合同司法解释》)第十七条规定予以赔偿。"广东深圳中院《**关于房屋买卖合同纠纷案件的裁判指引**》(2014 年 8 月 28 日修订)第 2 条:"商品房预售合同约定售楼广告、售楼宣传资料等是合同的组成部分,或者合同虽未将售楼广告、售楼宣传资料等约定为组成部分,但广告、宣传资料等对楼盘规划范围内的房屋及配套设施所作之描述明确、具体并对房屋价格有重大影响,而房地产开发企业所交付的房屋未达到售楼广告、售楼宣传资料所承诺或描述的标准的,买受人要求房地产开发企业承担违约赔偿责任,应予支持。【说明】旨在解决售楼广告性质和效力的认定问题。关于售楼广告、售楼宣传资料等的法律约束力问题。如果商品房买卖合同明确约定售楼广告、售楼宣传资料等作为合同组成部分的,广告和宣传资料对双方当事人当然具有法律约束力,出卖人如有违反应承担违约责任。对于未约定为合同组成部分的售楼广告、售楼宣传资料等,应根据《最高人民法院关于审理商品房买卖合同纠纷案件适用法律若干问题的解释》(以下简称《商品房买卖司法解释》)第三条来判断其是否具有约束力。需特别指出的是,'对合同的订立以及房屋价格的确定有重大影响'属主观标准,不同的人有不同的理解,难以把握。实践中,应着重把握"在商品房开发规划范围内'和'说明和允诺具体确定'这两个客观标准。发展商所作的广告、宣传资料达到了这两个标准,买受人在充分注意到该广告允诺后才购买房屋,出卖人交付的房地产未达到允诺的标准的确会对买受人所购之房地产带来不利影响的,即可以认定该广告的说明和允诺是合同组成部分,对出卖人有法律约束力,出卖人如有违反应承担违约责任。"第 3 条:"在确定房地产开发企业违约赔偿责任时,可由法院委托专业机构对广告说明和允诺与实际不符部分进行评估,差价部分,按照买受人所购房屋的建筑面积占房地产开发企业被批准销售的建筑面积的比例,由房地产开发企业赔偿差价损失给买受人;无法评估的,按房屋总价款的 1%—2% 酌情计付违约金。构成根本违约致使买受人合同目的无法实现的,买受人要求解除商品房买卖合同的,应予支持。【说明】旨在解决发展商违反广告承诺的违约责任认定问题。因商品房买卖合同一般没有约定出卖人违反售楼广告、宣传资料等应如何承担违约责任的具体条款。人民法院在处理此类纠纷时,通过赔偿实际损失的方式来认定出卖人的违约责任。当出卖人交付的房地产实际达不到售楼广告所作的说明和允诺的标准时,应对二者之间的差价予以评估,然后按照买受人所购房屋建筑面积占总建筑面积的比例,确定出卖人应负的赔偿数额。在无法评估的情况下,我市两级法院在多年的实践中多按照房屋总价款的1% -2%判决赔偿金,该做法已为本地的发展商、业主广泛认同和接受,收到了比较好的社会效果。在没有新的法律或者司法解释的情况下,可以继续沿用这一做法。”浙江温州中院民四庭**《审理商品房买卖合同纠纷案件疑难问题参考意见》**(2010年4月30日)第1条:“人民法院认定出卖人在商品房销售广告中所作允诺视为要约的,应当同时具备以下几个条件:(一)广告涉及的内容应在商品房开发规划范围之内;(二)广告内容针对的是房屋及其相关设施;(三)所作的说明和允诺必须具体确定;(四)承诺的内容必须对合同的订立以及房价的确定具有重大影响。”广东深圳中院**《关于审理商品房买卖纠纷案件若干问题的指导意见(试行)》**(2009年)第2条:“商品房预售合同约定售楼广告、售楼宣传资料等是合同的组成部分,或者合同虽未将售楼广告、售楼宣传资料等约定为组成部分,但广告、宣传资料等对楼盘规划范围内的房屋及配套设施所作之描述明确、具体,而开发商所交付的房屋未达到售楼广告、售楼宣传资料所承诺或描述的标准时,买受人要求开发商承担违约赔偿责任的,法院应予支持。”第3条:“在确定卖方违约赔偿责任时,一般情况下,由法院委托专业机构对广告说明和允诺与实际不符部分进行评估,差价部分,按照买受人所购房屋的建筑面积占开发商被批准销售的建筑面积的比例,由开发商赔偿差价损失给买受人;无法评估的,按房屋总价款的1% ~2%酌情计付违约金。构成根本违约致使买受人合同目的无法实现的,买受人要求解除商品房买卖合同的,应予支持。”福建高院**《关于审理商品房买卖合同纠纷案件疑难问题的解答》**(2008年7月25日)第13条:“问:出卖人交付的房屋实际层高、小区绿化面积、环境等不符合合同约定,但双方当事人未约定违约金数额或者损失赔偿额计算方法的,如何确定违约金数额或者损失赔偿额?买受人以此为由要求解除合同的,能否支持?答:违约金数额或者损失赔偿额可综合考虑出卖人的违约程度、对房价的影响大小、对买受人使用造成的不利影响大小以及案件的具体情况等,由人民法院酌定。出卖人交付的房屋实际层高、绿化面积、小区环境等不符合合同约定,如果造成根本性违约,买受人请求解除合同的,应予支持。但是,出卖人交付的房屋实际层高、绿化面积等虽然不符合合同约定,但符合国家及当地的相关规范要求的,一般不认为构成根本性违约。”广东高院**《关于〈合同法〉施行后认定房地产开发经营合同效力问题的指导意见》**(2001年10月30日　粤高法发〔2001〕41号,已于2020年12月31日经粤高法〔2020〕132号废止)第24条:“商品房售楼广告的内容没有在商品房预售合同中约定,但符合下列情形之一的,该广告内容具有法律约束力:(1)向购房者提供优惠条件或赠送礼品的许诺;(2)对商品房外墙或共用部分装饰标准的告示;(3)对商品房各组成部分或共用部分使用功能质量的陈述;(4)对商品房周围环境质量作出的具有明确的公建指标的说明;(5)其他载有明确指标的说明。”

5. 地方规范性文件。北京市发改委**《关于印发〈北京市《商品房销售明码标价规定》实施细则〉的通知》**(2011年5月1日 京发改〔2011〕554号)第4条:“商品房经营者应在商品房交易场所的醒目位置放置标价牌、价目表和价格手册,可同时采取电子信息屏、多媒体终端或电脑查询等方式明码标价。采取上述多种方式明码标价的,标价内容应保持一致,价目齐全,标价内容真实明确、字迹清晰、标示醒目。”成都市房管局、成都市工商局**《关于进一步规范房地产广告的通知》**(2009年1月12日)第1条:“房地产广告应当真实、合法、科学、准确,不得欺骗或误导公众。(一)房地产广告对价格有表述的,应当清楚表示为实际的销售价格,并标明价格有效期。因户型、位置不同,价格有差异不好表述时,建议使用‘均价’描述房地产价格‘均价’应为所售房产全部面积的平均价;对使用‘起价’、‘最低价’等文字描述房地产价格的,字体、字号应相同;对使用‘一口价’、‘清盘价’等词语描述房地产价格的,如果仅为指定房源价格,必须加以注明,否则视为是指其在售所有房源价格。对于广告中有限量特价房内容的,必须注明限量套数,限量特价有效期。限量特价房销售结束(签订购房合同)后,广告中不得再有限量特价房的内容。(二)房地产销售广告应当载明房地产项目的具体位置,且应标明该项目的所属区(市)县行政范围。房地产广告中的项目位置示意图应当准确、清楚,比例适当。房地产项目位置的表述有参照物的,应以该项目与参照物现有交通干道的实际距离为准,不得以所需车程、时间进行表述。(三)房地产销售广告中涉及面积的,应标明建筑面积或套内建筑面积、公摊面积;房屋出租广告中涉及面积的,应表明是建筑面积或使用面积。(四)房地产广告有附赠内容表述的,应当准确标明附赠物品的品牌和数量,不得含糊其辞。房地产广告中表述的附赠内容不得违反相关法律、法规、规章和其他政策性规定。(五)房地产广告中涉及的交通、商业、文化教育、公益设施设备及其他市政设施设备等,如不在项目规划范围内或正在规划建设中,应当在广告中载明。”第2条:“房地产广告不得出现如下内容:(一)不得出现融资和返本销售、售后包租等变相融资内容,不得有升值或投资回报等承诺,不得含有风水、占卜等封建迷信内容;(二)不得使用第一、唯一、首家、独一无二、尊、极、豪、顶等绝对性和夸大表述房地产项目性质性能的词语及其类似词语;(三)不得使用热销、抢滩、抢购、火暴、甩卖等含糊描述房地产项目销售状况的词语及类似制造紧张空气的词语;(四)不得出现未经政府或政府职能部门确认的评比、排序等对房地产项目综合评价的内容;(五)不得出现其他法律、法规、规章明文禁止的内容。”第3条:“房地产销售广告中应载明房地产销售准(预)售证号。房地产项目未取得预售许可,不得发布申领‘优惠卡’、‘会员卡’等涉嫌预售行为的广告。”第4条:“房地产广告中不得出现无法兑现的各种价格优惠、服务标准、环境及配套设施、物业管理等及违反相关法律、法规、规章的内容。房地产广告中载明的承诺内容和事项，应当与购房者在《商品房买卖合同》或《存量房买卖合同》中予以明确。”深圳市**《房地产市场监管办法》**(2010年9月1日)第17条：“房地产开发企业的销售广告、售楼书、样板房等就商品房及相关设施的说明和允诺具体确定，并对商品房买卖合同的订立和价格的确定有重大影响的，应当视为商品房买卖合同的内容。房地产开发企业应当对样板房的装修装饰材料及其价格、规格等信息以书面形式详细说明，并逐项列明是否与销售商品房一致，置于样板房入口等显要位置。房地产开发企业未提供样板房说明，样板房即为具体确定的商品房及相关设施的说明和允诺；样板房说明未予说明、明确的项目，该样板房项目即为具体确定的商品房及相关设施的说明和允诺。”北京市**《城市房地产转让管理办法》**(2008年12月6日)第34条：“房地产开发企业取得商品房预售许可证后，方可发布商品房预售广告、参加房地产交易展示活动。房地产开发企业发布商品房预售广告，应当在广告中明示房地产开发企业的名称、商品房坐落位置、商品房预售许可证编号。”第45条：“房地产开发企业预售商品房时设置样板间的，在签订预售合同前没有告知预购人实际交付的商品房质量、设备、装修标准、布局结构及其附属设施等与样板间是否一致的，实际交付的商品房应当与样板间一致。”安徽省建设厅**《关于加强商品房销售管理有关问题的通知》**(2003年4月21日　建房〔2003〕99号)第2条：“大力加强房地产广告督查力度。近期少数开发企业在有关媒体发布含有虚假、夸大宣传内容的房地产广告，发布商品房预售广告的项目与预售许可证内容不符，发布以产权式酒店为名的各种变相售后包租广告，发布内容含糊等广告，误导消费者，导致纠纷不断。各地要采取切实措施，针对当前存在的问题，按照国家工商管理总局、建设部《关于进一步加强房地产广告管理的通知》(工商广字〔2002〕68号)要求，加大违规房地产广告查处力度。”北京市建委等七部门**《关于贯彻建设部等七部委文件精神，进一步整顿和规范本市房地产市场秩序的通知》**(2002年7月22日　京建开〔2002〕529号)第5条：“加大执法力度，严肃查处商品房预(销)售环节中的违法违规行为：(一)进一步规范商品房销售管理，切实保护开发商和消费者双方的合法权益。认真贯彻落实建设部令〔2001〕88号《商品房销售管理办法》，在销售环节中严格执行‘不许搞内部认购、不许售后包租、不许使用含糊不明确的广告词来误导消费者、不许给购房者填好的格式合同、不许随意超期提交办理产权资料、不许没有质量保证保修期限’等规定。加大《商品房销售管理办法》及《合同示范文本》的贯彻宣传力度，要让消费者了解商品房销售有关的法规文件、合同及相关知识，提醒消费者购房应当注意的事项。(二)加强执法检查。对违规预、销售商品房，欺骗消费者的行为一经查出，要依法严肃处理。开发商和消费者都要依法进行房地产交易活动，对于购房人提出的合理要求要切实解决。(三)贯彻建设部、国家工商局《关于进一步加强房地产广告管理的通知》,加大房地产广告管理的力度,查处虚假广告。维护消费者权益。对违规发布房地产广告、发布虚假广告和不兑现广告内容的房地产企业,必须限期改正;逾期不改正的,将予以降级或注销资质证书的处罚。要规范房地产市场各类乱评比、乱炒作的行为,引导和发挥社会舆论对商品房销售的监督作用。支持新闻媒体对商品房销售环节的违法、违规现象进行曝光,使违法、违规行为失去生存的环境。”厦门市国土资源与房产管理局**《关于实施〈厦门市商品房销售(预售与现售)市场规范〉的通知》**(2002 年 7 月 8 日)第一部分售楼处规范:“1. 房地产开发企业(以下简称出卖人)销售商品房时,应明示出卖人名称、注册地址、联系电话和法定代表人,应将企业营业执照挂墙公示。2. 商品房预售许可证(原件或复印件)应在醒目位置挂墙公示,不能使用过期、失效的预售证。该复印件须盖厦门市国土资源与房产管理局公章,以确认复印件与原件核对无误。如实行预售证正、副本制度时则应公示副本原件。3. 设立公示台,并树立‘提醒牌’。公示台上应置放建设部《商品房销售管理办法》《商品房买卖合同示范文本》,如预售商品房的,还须明示建设部《城市商品房预售管理办法》《厦门市预售管理规定》和《厦门市商品房预售款监督管理实施细则》。‘提醒牌’上张贴我市商品房预售许可证版本背面内容《购房须知》,并用醒目文字提醒购房者查阅公示台法律法规规章和相关材料。在买卖双方订立商品房买卖合同前,销售人员应及时提醒买受人自行查阅上述资料。4. 相关销售资料整理成册,销售人员人手一册,在签订合同前销售人员应当向买受人明示销售项目的以下事项内容……”第 15 条:“……出卖人发布的商品房销售广告和印发的宣传资料所明示、承诺(含口头承诺)的事项和商品房共用部分的使用功能(用途)、商品房项目的公共配套指标(面积),当事人应在商品房买卖合同或合同附件中约定。”第 21 条:“在取得商品房预售许可证后,出卖人方可发布商品房销售广告。销售广告必须真实、合法、准确,不得有误导、欺诈和不符合预售商品房实际情况的内容。”第 22 条:“销售广告应当载明出卖人名称、商品房预售许可证号码和有效期限,以销售代理机构名义发布销售广告的还应载明代理机构名称及资格证号;销售案名与商品房立项名称不一致的,销售广告中必须载明立项名称。”第 23 条:“未取得预售证前,出卖人不得以‘内部认购’、‘内部登记’等名目发布广告。”第 24 条:“取得预售证前,出卖人发布商品房项目形象广告或公益广告等宣传广告的,不能载明或变相载明建筑平面图、销售面积和销售价格等内容。”第 25 条:“出卖人设置商品房样板房或出具预售说明书的,其出售商品房的布置、装修和设备的质量,应当与商品房样板房和预售说明书一致,当事人另有约定的除外。”广东**《商品房预售管理条例》**(2000 年 10 月 14 日)第 19 条:“预售人发布预售广告时,应当已取得商品房预售许可证。预售广告的内容必须真实、准确,不得有误导、欺骗公众和不符合预售的商品房项目的内容,并载明商品房预售许可证的编号和发证机关。”第 20 条:“预售人发布的预售商品房广告和印发的宣传资料所明示的事项,预购人有权要求在商品房预购销合同中约定。”第 21 条:“预售人发布预售商品房广告时,应当提前五日将拟发布的广告式样报核发商品房预售许可证的主管部门和工商行政管理部门备案,主管部门和工商行政管理部门发现该广告内容与项目不符时,应当责令其停止发布。”

6. 参考案例。2002 年**湖北某虚假广告纠纷案**,1998 年,开发公司在报纸发布售房广告中称其开发小区“拥有 3000 平方米中心大花园,门卫、停车场、商店、洗衣坊、维修部、健身房、茶坊、餐厅、俱乐部等,是城区中心极品住宅典范,富贵荣耀”。赵某签约入住后,发现除门卫、餐厅外,其余配套设施均无。2001 年,赵某诉请开发公司赔偿。法院认为:开发公司在本案所涉广告词中无关于房屋建筑质量的陈述,且所谓“极品住宅”用语,不带任何具体指标,属正常商业包装,不具有法律约束力,故赵某要求开发公司赔偿虚假广告给其造成损失的请求中,不包括因房屋建筑质量问题引起的损失。本案审理的是虚假广告纠纷,而非商品房买卖合同质量纠纷,故房屋建筑质量问题不属本案审理范围。开发公司在广告中明确许诺多功能服务设施,但实际上不具有中心花园,无停车场、商店、洗衣坊、维修部、健身房、茶坊、舞厅等服务设施,其广告明显含有虚假内容。依《广告法》第 38 条“违反本法规定,发布虚假广告,欺骗和误导消费者,使购买商品或者接受服务的消费者的合法权益受到损害的,由广告主依法承担民事责任”规定,开发公司因发布虚假广告,在本案中应依法承担民事责任。判决开发公司赔偿赵某 2 万余元。1999 年**广东某房屋买卖合同纠纷案**,1998 年,开发公司与吴某签订认购书,约定吴某认购顶层房屋,另赠送吴某天台花园面积约 93 平方米。此前开发公司促销广告中亦有相关内容。随后开发公司与吴某所签购房合同中并无赠送天台内容。1999 年,吴某以开发公司未赠送天台为由,诉请赔偿 70 万元。法院认为:吴某与开发公司在自愿、平等基础上所签预售契约是双方当事人真实意思表示,内容符合法律规定,应为有效,双方均应自觉履行。虽然双方在认购书中约定了购买顶层复式送天台花园条款,但该条款约定既不明确又违反天台权属应属公用的法律规定,应无效。双方当事人在事后契约中又未约定该条款,表明当事人在订立合同时已变更了认购书中内容,故应以最后约定为准。因诉争条款内容与广告宣传内容一致,故可视为开发公司广告宣传促销手段,依《消费者权益保护法》第 19 条、第 49 条规定,开发公司应对其广告不实酌情给予吴某经济补偿。判决开发公司支付吴某补偿金 5 万元。2014 年**江苏某商品房买卖合同纠纷案**,2003 年,开发公司接受媒体采访及发放的宣传彩页均称对旁边 36 亩钓鱼台水塘有使用权。2006 年,马某与开发公司签订购房合同,后得知开发商只是短期租赁前述水塘,且水塘要被改造为马路,马某以其虚假宣传、欺诈销售为由诉请承担违约责任。法院认为:开发公司在钓鱼台水塘未纳入项目选址红线范围情况下,通过接受媒体采访、发放小区宣传彩页等行为作了不实宣传,对水塘权属未向马某作出足够说明。同时,开发公司利用租赁方式取得水塘短期使用权,致使马某对水塘是否属于小区范围产生误解,客观上对其订立买卖合同及确定房屋价格产生了重大影响。另外,现开发公司未取得水塘使用权,紧邻小区的部分水塘已被修建为马路,这种环境的改变,致使马某居住、生活品质下降,开发公司该种违反诚实信用原则行为对马某权益造成了损害,开发公司对此应承担相应民事责任。结合马某购买房屋时的单价及小区房价,综合考虑环境改变对马某生活造成的影响,酌定开发公司按马某所购买房屋总价款的5%承担赔偿责任。因小区业主购买房屋时间跨度较大,同一楼层、同一方位房屋在签订房屋买卖合同时约定单价并不一致,故对于房屋差价无法进行精确确定,且法院在确定开发公司赔偿马某损失标准时,已结合马某购买房屋时单价及小区房价,并综合考虑了环境改变对马某生活造成的影响,且已考虑了可能存在的房屋差价问题,故对于马某要求开发公司按220元/平方米价格退还房屋差价的主张,不予支持。判决开发公司赔偿马某1.5万余元。2007年**安徽某商品房买卖合同纠纷案**,2004年,开发公司在其售楼宣传册中载明外墙采用环保隔热保温新型材料,外窗采用双层中空玻璃彩色铝合金窗。刘某与开发公司签订购房合同后,2006年,以开发公司迟延交房,房屋裂缝及未按宣传册内容执行为由,起诉开发公司。法院认为:依合同约定,因设计变更造成工期延期的,至迟应于2004年10月30日交付房屋,但开发公司实际交付之日为2004年11月11日,故开发公司已构成违约,应承担逾期交房违约金。开发公司在房屋交付时至今未能按约履行交付房屋验收合格的相关证明文件,对于刘某要求交付房屋验收证明文件诉请应予支持。另因开发公司交付的商品房在保修期间出现裂缝,开发公司应按维修约定,及时修复房屋瑕疵。依双方合同约定,开发公司应按合同约定将其改装为双层中空玻璃彩色铝合金窗。宣传资料为要约邀请,该资料亦未具体明确写明商品房所有外墙均为保温材料,且宣传资料内容并未对商品房价格确定产生重大影响,故宣传册内容不应视为合同内容,刘某据此要求在全部外墙安装环保隔热保温新型材料诉请无合同依据,依法不应支持。判决开发公司交付刘某竣工验收备案表复印件,支付刘某逾期交房违约金1900余元,修复刘某房屋裂缝并将其北面两扇普通玻璃窗改装为双层中空玻璃彩色铝合金窗。2007年**陕西某商品房买卖合同纠纷案**,2007年,徐某购买开发公司商品房,发现交付房屋与开发公司预售中宣传资料和鸟瞰图约定不符,发现房屋东侧客厅窗台外多了一堵装饰墙。法院认为:最高人民法院《关于审理商品房买卖合同纠纷案件适用法律若干问题的解释》第3条规定:商品房的销售广告和宣传资料为要约邀请,但是出卖人就商品房开发规划范围内的房屋及相关设施所作的说明和允诺具体确定,并对商品房买卖合同的订立以及房屋价格的确定有重大影响的，应当视为要约。该说明和允诺即使未载入商品房买卖合同，亦应当视为合同内容，当事人违反的，应当承担违约责任。案涉商品房买卖合同合法有效。开发公司在商品房开发预售中的宣传资料与鸟瞰图就双方签订合同标的位置及外观所做说明和允诺具体确定，且对商品房买卖合同订立以及房屋价格确定有重大影响的，该宣传资料及鸟瞰图应视为要约。该宣传资料及鸟瞰图虽未载入商品房买卖合同，但亦应视为合同内容。尽管购房合同后附有所购房屋平面示意图，但由该图并不能看出所购房屋窗外是否有装饰墙。在开发公司对所售房屋宣传资料中，徐某所购房屋窗外是一平台，并无装饰墙存在。该宣传资料所反映内容，对徐某选择所购房屋具体位置及对合同订立有重大影响。开发公司未征得徐某同意，在徐某购买的商品房东面修建装饰墙，该墙已影响徐某所购房屋采光和通风，违反了双方之间合同约定，应承担相应违约责任。判决开发公司拆除徐某所购房屋东侧超出客厅窗台水平线以上的装饰墙。2010 年 7 月**上海某商品房买卖合同案**，法院认为：开发公司由于规划审批更改确未按楼书及合同承诺建设单身公寓楼及阶梯式垂直绿化，但开发公司已按变更后的规划在同一部位建造配套公建商业用房，并已基本建设完毕，单身公寓楼及阶梯式垂直绿化事实上已无法实际建造；在中华人民共和国领域内进行合法建设行为应事先取得立项及规划审批等行政许可，否则即为违法建设，买受人要求开发公司在规划审批已更改的情况下继续按原承诺进行建设，在法律上亦无实施可能。故买受人要求开发公司继续建造单身公寓楼及阶梯式垂直绿化，依据不足，难以支持，判决驳回其诉讼请求。2010 年 5 月**重庆某商品房买卖合同案**，法院认为：开发公司在其宣传资料及签订合同过程中一方面不明确告知夹层的设计功能为工作间和储藏室，一方面用"活动空间与卧室的上下分隔"等词语、在夹层中摆放床等方式进行宣传，虽然在其后订立的合同中明确约定了宣传资料不作为合同内容，但结合开发公司开发的该小区 B 幢平层房屋的售价在 3000～4000 元左右，显然，开发公司的上述宣传行为足以让作为普通购房人的李某将二楼理解为卧室并由此接受以 6676.11 元的单价购买继而订立合同。故李某是在对欲购买的标的物产生重大误解的情况下订立的合同，过错在开发公司，李某依法有权撤销该合同。2007 年 11 月**陕西某商品房买卖合同案**，法院认为：开发公司作为商品房出卖人，在与徐某签订认购意向书并由徐某选择所购房屋具体位置时，提供的是小区商品房开发预售宣传资料及鸟瞰图，并未出示该幢楼的设计图纸，尽管购房合同后附有徐某所购房屋的平面示意图，但该图中并不能看出徐某所购房屋窗外是否有装饰墙。在开发公司对所售房屋的宣传资料中，徐某所购房屋窗外是一平台，并无装饰墙存在，该宣传资料所反映内容，对徐某选择所购房屋的具体位置及对合同的订立有重大影响，该宣传资料及鸟瞰图应视为要约，应是合同内容。开发公司交付给徐某房屋东侧的窗外有装饰墙且该装饰墙确实影响了徐某的通风采光,已构成违约,应承担相应责任。开发公司称其所建房屋经合法审批,有合法有效的设计图,该条辩解理由不成立,因该设计图并未在与徐某订立合同时出示,且该设计图是否合法与徐某通风采光受到实际影响这一事实无关联关系,判决开发公司拆除徐某所购房屋东侧超出客厅窗台水平线以上的装饰墙。2006 年 8 月**江西某商品房买卖合同案**,法院认为:开发公司在楼书等售房宣传资料中对其规划范围之外的周边环境的渲染、描述依法不视为要约。就本案,开发公司对其开发范围内的文体景观广场的渲染、描述不视为要约内容,由此推定非开发公司在文体景观广场兴建青少年宫行为及该行为对吴某合同利益的损害与开发公司违约与否无关,吴某要求开发公司承担违约责任无事实和法律依据支持。2006 年 8 月**上海某商品房买卖合同案**,法院认为:本案唐某的诉讼主要依据房地产交易中心通告,但未提供开发公司在被暂停网上交易后,是否就该事实被房管局行政处罚的证据,亦未提供开发公司在销售房屋时有故意渲染房源紧张和故意抬高房价的行为,诱使唐某作出错误判断,从而与之签订房屋买卖合同的相关证据。根据一般的认知,对房屋的投资主要考虑房价、地段、环境、房屋的品质等,同时也应当考虑投资的回报和风险等综合因素。唐某在决定购买系争房屋时,案涉房屋作为现房,其周边环境、房屋品质及周边同类房屋的价格等条件已事实存在,对唐某是否购买起了决定因素。故唐某投资行为与开发公司被公告所列存在违规保留房源,虚假购房主体之间无必然因果关系。综上,对唐某要求与开发公司撤销双方合同、退还房款、赔偿损失等诉请,不予支持。2006 年 8 月**四川某商品房买卖合同案**,法院认为:从本案现有证据来看,在双方所签《商品房购销合同》及开发公司加盖公章的《商品房使用说明书》中,开发公司对该项目的绿化面积及红外线防盗系统等配套设施均作出相关承诺。由于现有证据不能证实开发公司有关小区绿化面积达 480 平方米等环境性质量允诺系针对小区开发规划范围内的环境作出,而涉及市政规划环境的承诺,作为房屋开发商是根本无法履行的,故刘某要求开发公司完善绿地设施的请求,本院不予支持;同时,双方所签《商品房购销合同》中明确约定,"甲方交房期限为 1999 年 12 月 31 日前,且甲方应将经竣工验收(包括建筑工程质量验收和按规定必须综合验收)合格,并符合本合同附件二所规定的装饰和设备标准(包括红外线保安设施)的该商品房交付乙方使用",故作为乙方的刘某在接收甲方交付的房屋时就应当知道合同附件二所规定的装饰和设备标准是否完善,在对方交付房屋且不能完善相关装饰和设备标准时,即应当及时主张权利。但刘某在一审审理中向原审法院提出要求对方完善相关设施的反诉请求,已超过我国《民事诉讼法》规定的诉讼时效,其诉讼主张本院亦不予支持。2006 年 5 月**四川某商品房买卖合同案**,法院认为:开发公司虽在商品房销售广告及宣传资料中对小区环境性质量作出了一定的说明和允诺,但根据本案的现有证据,上述"说明和允诺"均是开发公司对本案涉及的小区开发规划范围外的环境作出的，且王某不能举证证实上述说明和允诺对商品房的价格确定产生重大影响，不符合最高人民法院《关于审理商品房买卖合同纠纷案件适用法律若干问题的解释》第3条的相关规定，故不能将开发公司作出的上述说明和允诺视为合同内容，王某以开发公司违反约定为由，要求开发公司承担违约责任的主张，法院不予支持。

【同类案件处理要点】

商品房销售广告和宣传资料为要约邀请，但出卖人就商品房开发规划范围内的房屋及相关设施所作的说明和允诺具体确定，并对商品房买卖合同订立及房屋价格确定有重大影响的，应视为要约。该说明和允诺即使未载入商品房买卖合同，亦应视为合同内容，当事人违反的，应承担违约责任。

【相关法律风险提示】

1. 售房广告及宣传资料中对小区环境的描述，如系开发商对开发规划范围外的环境作出，而购房者又不能举证证实该描述对购房价格确定产生重大影响，购房者以虚假宣传要求开发商承担违约责任，可能不会被支持。案见四川成都中院(2006)成民终字第877号“王某与某开发公司商品房买卖合同纠纷案”。

2. 对于开发商的承诺或优惠，购房人应要求作为合同条款明确载入，如开发商拒绝，购房者亦应保留好开发商制作发布的广告宣传资料。

3. 开发商交付的商品房不符合广告宣传或合同约定内容，购房者起诉要求承担违约责任的，应在法定诉讼时效内主张。案见四川成都中院(2006)成民终字第1535号“刘某与某开发公司商品房买卖合同纠纷案”。

4. 开发商因虚假广告宣传被有关部门处理，在违规行为与购房行为难以认定存在必然联系的情况下，并不成为购房者能以此向开发商索赔的依据。案见上海二中院(2006)沪二中民二(民)终字第1573号“唐某等与某开发公司商品房买卖合同纠纷案”。

5. 购房合同虽约定售房广告或宣传资料不作为合同内容，但该内容对普通购房人对购买的标的物产生重大误解的，购房人可以重大误解诉请撤销合同。案见重庆一中院(2010)渝一中法民终字第1571号“某开发公司与李某等商品房买卖合同纠纷上诉案”。

6. 开发商在楼书及合同中承诺的配套设施建设，购房者要求兑现的，可能因属法律上不能履行的非金钱债务，而不会被法院支持。案见上海二中院(2010)沪二中民二(民)终字第1189号“范某等与某开发公司商品房预售合同纠纷上诉案”。

【附注】

参考案例索引:海南三亚中院(2008)三亚民一终字第128号"某开发公司与杨某商品房买卖合同纠纷案";湖北高院(2002)鄂民一终字第97号"某开发公司与赵某等虚假广告纠纷案",见《湖北润海房地产开发有限公司与赵炎涛、周敏、赵吉香、宜昌市达能电池有限责任公司虚假广告纠纷上诉案》,载《民事审判指导与参考·高级人民法院裁判文书选登》(200204/12:392);广东广州中院(1999)穗中法房终字第1684号"吴某与某开发公司房屋买卖合同纠纷案",见《吴兴华诉广州市大江房地产开发有限公司房屋买卖纠纷上诉案——买卖天台使用权的效力及处理》,载《民事审判指导与参考·地方人民法院二审案件解析》(200103/7:294);江苏宿迁中院(2014)宿中民终字第0478号"马某与某开发公司商品房买卖合同纠纷案",见《马文荣诉宿迁鸿意地产公司因虚假宣传构成商品房买卖合同违约案》,载《江苏省高级人民法院公报》(201601/43:54);安徽合肥中院(2007)合民一终字第515号"刘某与某开发公司商品房买卖合同纠纷案",见《刘长福诉安徽皖能置业发展有限责任公司商品房买卖合同纠纷案》(项红),载《人民法院案例选》(200903/69:92);陕西汉中中院(2007)汉民终字第560号"西乡县钜富房地产开发有限公司与徐丽商品房买卖合同纠纷上诉案",见《商品房预售中宣传资料及鸟瞰图系要约或要约邀请的确定》(黄大鹄),载《人民司法·案例》(200902:81);上海二中院(2010)沪二中民二(民)终字第1189号"范某等与某开发公司商品房预售合同纠纷上诉案";重庆一中院(2010)渝一中法民终字第1571号"某开发公司与李某等商品房买卖合同纠纷上诉案";陕西汉中中院(2007)汉中民终字第560号"某开发公司与徐某商品房买卖合同纠纷案";江西赣州中院(2006)赣中民一终字第418号"吴某等与某开发公司商品房买卖合同纠纷案";上海二中院(2006)沪二中民二(民)终字第1573号"唐某等与某开发公司商品房买卖合同纠纷案";四川成都中院(2006)成民终字第1535号"刘某与某开发公司商品房买卖合同纠纷案";四川成都中院(2006)成民终字第877号"王某与某开发公司商品房买卖合同纠纷案"。

44. 无证预售房合同效力

——无证预售房，合同有无效？

【合同效力】

【案情简介及争议焦点】

2006年4月，刘某与没有办理预售许可证的开发公司签订商品房买卖合同，并先后支付了房款124万余元。嗣后开发公司取得预售许可证，但不久又因占地不合法被撤销。

争议焦点：1. 合同效力如何？2. 违约责任如何承担？

【裁判要点】

1. 合同无效。刘某与开发公司订立买卖合同时，明知后者并未取得房屋预售许可证，虽后来开发公司取得了该证，但嗣后又被撤销。依最高人民法院《关于审理商品房买卖合同纠纷案件适用法律若干问题的解释》规定，涉案房屋不具备买卖的条件，故案涉合同无效。

2. 违约责任。无效合同自始没有法律约束力，当事人不得就合同的履约条款主张违约责任，故刘某要求开发公司支付逾期交房的违约金的主张，没有法律依据，不予支持。

【裁判依据或参考】

1. 法律规定。《**民法典**》(2021年1月1日)第8条："民事主体从事民事活动，不得违反法律，不得违背公序良俗。"第143条："具备下列条件的民事法律行为有效：(一)行为人具有相应的民事行为能力；(二)意思表示真实；(三)不违反法律、行政法规的强制性规定，不违背公序良俗。"第148条："一方以欺诈手段，使对方在违背真实意思的情况下实施的民事法律行为，受欺诈方有权请求人民法院或者仲裁机构予以撤销。"第595条："买卖合同是出卖人转移标的物的所有权于买受人，买受人支付价款的合同。"第597条："因出卖人未取得处分权致使标的物所有权不能转移的，买受人可以解除合同并请求出卖人承担违约责任。法律、行政法规禁止或者限制转让的标的物，依照其规定。"《**合同法**》(1999年10月1日，已于2021年1月1日起失效)第52条："有下列情形之一的，合同无效：(一)一方以欺诈、胁迫的手段订立合同,损害国家利益……(五)违反法律、行政法规的强制性规定。"**《城市房地产管理法(2019 年修正)》**(2020 年 1 月 1 日)第 45 条:"商品房预售,应当符合下列条件:(一)已交付全部土地使用权出让金,取得土地使用权证书;(二)持有建设工程规划许可证;(三)按提供预售的商品房计算,投入开发建设的资金达到工程建设总投资的百分之二十五以上,并已经确定施工进度和竣工交付日期;(四)向县级以上人民政府房产管理部门办理预售登记,取得商品房预售许可证明。商品房预售人应当按照国家有关规定将预售合同报县级以上人民政府房产管理部门和土地管理部门登记备案。商品房预售所得款项,必须用于有关的工程建设。"

2. 行政法规。国务院办公厅**《关于促进房地产市场平稳健康发展的通知》**(2010 年 1 月 7 日　国办发〔2010〕4 号)第 7 条:"……要结合当地实际,合理确定商品住房项目预售许可的最低规模,不得分层、分单元办理预售许可。已取得预售许可的房地产开发企业,要在规定时间内一次性公开全部房源,严格按照申报价格,明码标价对外销售。"国务院办公厅**《转发建设部等部门关于调整住房供应结构稳定住房价格意见的通知》**(2006 年 5 月 24 日　国办发〔2006〕37 号)第 9 条:"加强房地产开发建设全过程监管。对已经规划许可仍未开工的项目,要重新进行规划审查。对不符合规划控制性要求,尤其是套型结构超过规定的项目,不得核发规划许可证、施工许可证和商品房预售许可证……"国务院**《城市房地产开发经营管理条例(2020 年修正)》**(2020 年 11 月 29 日)第 22 条:"房地产开发企业预售商品房,应当符合下列条件:(一)已交付全部土地使用权出让金,取得土地使用权证书;(二)持有建设工程规划许可证和施工许可证;(三)按提供的预售商品房计算,投入开发建设的资金达到工程建设总投资的 25% 以上,并已确定施工进度和竣工交付日期;(四)已办理预售登记,取得商品房预售许可证明。"第 23 条:"房地产开发企业申请办理商品房预售登记,应当提交下列文件:(一)本条例第二十二条第(一)项至第(三)项规定的证明材料;(二)营业执照和资质等级证书;(三)工程施工合同;(四)预售商品房分层平面图;(五)商品房预售方案。"第 24 条:"房地产开发主管部门应当自收到商品房预售申请之日起 10 日内,作出同意预售或者不同意预售的答复。同意预售的,应当核发商品房预售许可证明;不同意预售的,应当说明理由。"第 25 条:"房地产开发企业不得进行虚假广告宣传,商品房预售广告中应当载明商品房预售许可证明的文号。"第 26 条:"房地产开发企业预售商品房时,应当向预购人出示商品房预售许可证明。房地产开发企业应当自商品房预售合同签订之日起 30 日内,到商品房所在地的县级以上人民政府房地产开发主管部门和负责土地管理工作的部门备案。"第 32 条:"预售商品房的购买人应当自商品房交付使用之日起 90 日内,办理土地使用权变更和房屋所有权登记手续;现售商品房的购买人应当自销售合同签订之日起 90 日内,办理土地使用权变更和房屋所有权登记手续。房地产开发企业应当协助商品房购买人办理土地使用权变更和房屋所有权登记手续,并提供必要的证明文件。"第 36 条:"违反本条例规定,擅自预售商品房的,由县级以上人民政府房地产开发主管部门责令停止违法行为,没收违法所得,可以并处已收取的预付款 1% 以下的罚款。"

3. 司法解释及最高人民法院司法性意见。最高人民法院《**关于适用〈中华人民共和国民法典〉物权编的解释(一)**》(2021 年 1 月 1 日　法释〔2020〕24 号)第 8 条:"依据民法典第二百二十九条至第二百三十一条规定享有物权,但尚未完成动产交付或者不动产登记的权利人,依据民法典第二百三十五条至第二百三十八条的规定,请求保护其物权的,应予支持。"最高人民法院《**关于适用〈中华人民共和国民法典〉时间效力的若干规定**》(2021 年 1 月 1 日　法释〔2020〕15 号)第 8 条:"民法典施行前成立的合同,适用当时的法律、司法解释的规定合同无效而适用民法典的规定合同有效的,适用民法典的相关规定。"最高人民法院民一庭《**民事审判实务问答 067:作为出卖人的房地产开发企业在其未取得商品房预售许可证明之前与买受人签订的〈商品房认购书〉是否有效**》(2021 年 7 月):"……鉴于商品房预售的特殊性,我国法律、行政法规对商品房预售实行行政许可的监管制度。《城市房地产管理法》第四十五条第一款第四项、《城市房地产开发经营管理条例》第二十二条均明确规定,房地产开发企业预售商品房的,应当向县级以上人民政府房产管理部门办理预售登记,取得商品房预售许可证明。这就表明我国的商品房预售具有较强的国家干预性。最高人民法院《关于审理商品房买卖合同纠纷案件适用法律若干问题的解释》第二条也规定:'出卖人未取得商品房预售许可证明,与买受人订立的商品房预售合同,应当认定无效,但是在起诉前取得商品房预售许可证明的,可以认定有效。'由上可见,无论是法律、行政法规,还是司法解释,预售许可证明均是针对商品房预售行为所作出的强制性规定。《民法典》第四百九十五条第一款规定:'当事人约定在将来一定期限内订立合同的认购书、订购书、预订书等,构成预约合同,'《商品房认购书》作为一个独立的合同形式,从其订立的目的、约定的内容来看,通常是为将来双方当事人订立确定性的、正式的商品房买卖合同达成的书面允诺,其目的就是通过订立合同来约束双方当事人承担在将来订立正式商品房买卖合同的义务。与作为本约合同的商品房买卖合同相对应,《商品房认购书》即为预约合同。预约合同只是双方当事人承诺在约定的期限内订立确定性合同即本约的预备性协议,不得因此认定本约已正式订立。依据《民法典》第四百九十五条第二款规定,'当事人一方不履行预约合同约定的订立合同义务的,对方可以请求其承担预约合同的违约责任',预约合同一方当事人仅可以请求对方当事人履行订立本约的义务,不能请求履行本约的内容。预约合同一般表现为认购书、订购书、预订书、意向书、允诺书、备忘录、谈判纪要、定金收据等多种形式。既然作为预约合同的《商品房认购书》是出卖人和买受人双方为将来订立作为本约合同的《商品房买卖合同》所作的承诺,而非正式的商品房预售行为,作为法定的商品房预售行为强制性前提条件的商品房预售许可证明就不应认定为出卖人订立预约合同的前提条件,即房地产开发企业在取得商品房预售许可证前与买受人签订的《商品房认购书》等预约合同均为有效。”最高人民法院**《对关于无证售房问题的答复》**(2014 年 10 月 16 日):“……网民所反映的问题主要涉及人民法院在审理开发商无预售许可证销售商品房的损害赔偿时的裁判标准不统一问题,主要表现在以下两个方面:一是由人民法院判决开发商退还房款和利息,并且支付一倍的预付款赔偿;二是由人民法院在购房人也有过错的情况下,不支持赔偿的请求。网民建议,在开发商无证售房且房价大涨的情况下,能否考虑判决开发商对业主作出一定数额的赔偿。针对网民所反映的裁判标准不统一问题,目前我国法律和相关司法解释已经有明确的规定,具体表现在:其一,对于实践中开发商没有取得预售许可证明即出售商品房的,根据《最高人民法院关于审理商品房买卖合同纠纷案件适用法律若干问题的解释》第二条的规定,该商品房预售合同无效,但是在起诉前开发商已经取得商品房预售许可证明的,可以认定该商品房买卖合同有效。其二,在商品房预售合同被认定无效之后,根据《中华人民共和国合同法》第五十七条的规定,合同无效的,不影响合同中独立存在的有关解决争议方法的条款的效力。因此,如果该预售商品房合同有关于解决争议的约定,则人民法院应尊重该当事人约定的效力,将该约定作为处理当事人之间争议的依据。在合同无效且合同中并无有关解决争议方法的情况下,应进一步根据《中华人民共和国合同法》第五十八条的规定,因该合同取得的财产,应当予以返还,不能返还或者没有必要返还的,应当折价补偿。与此同时,有过错的一方应当赔偿对方因此所受到的损失,双方都有过错的,应当各自承担相应的责任。其三,为了进一步解决实践中如何处理无证预售商品房合同无效后的赔偿损失问题,《最高人民法院关于审理商品房买卖合同纠纷案件适用法律若干问题的解释》第九条规定,在开发商故意隐瞒没有取得商品房预售许可证明的事实或者提供虚假商品房预售许可证明的情况下,开发商应当返还购房人已经支付的购房款及利息,并应承担不超过已付购房款一倍的赔偿责任,即规定了针对开发商欺诈行为的惩罚性赔偿。至于开发商没有欺诈或者故意隐瞒的情况,则应根据上述合同法的规定,进行法律适用,因此,如果人民法院能够认定,开发商与购房人对于合同无效均有过错,则应根据双方的过错程度,判决各自承担相应的责任,这是适用合同法的结果。对于网民所说的裁判标准不统一问题,最高人民法院将在实践中综合上述法律、司法解释所规定的三个方面,进一步规范司法行为,统一裁判标准。至于网民建议,在开发商无证售房且房价大涨的情况下,能否考虑判决开发商对业主作出一定数额的赔偿,鉴于此问题属于适用上述法律规定的问题，需要根据具体的情况加以处理。换言之，网民的建议已经在我国法律和最高人民法院的司法解释中已经有所规定，故网民的建议其实只是法律适用层面的问题，而非立法或者统一司法裁判标准的问题。”最高人民法院《**关于审理商品房买卖合同纠纷案件适用法律若干问题的解释(2020年修改)**》(2021年1月1日　法释〔2020〕17号)第2条：“出卖人未取得商品房预售许可证明，与买受人订立的商品房预售合同，应当认定无效，但是在起诉前取得商品房预售许可证明的，可以认定有效。”第6条：“当事人以商品房预售合同未按照法律、行政法规规定办理登记备案手续为由，请求确认合同无效的，不予支持。当事人约定以办理登记备案手续为商品房预售合同生效条件的，从其约定，但当事人一方已经履行主要义务，对方接受的除外。”最高人民法院《**印发〈关于审理房地产管理法施行前房地产开发经营案件若干问题的解答〉的通知**》(1995年12月27日　法发〔1996〕2号，2013年1月18日起经法释〔2013〕2号废止)第24条：“商品房的预售方，没有取得土地使用证，也没有投入开发建设资金进行施工建设，预售商品房的，应当认定商品房预售合同无效。”第25条：“商品房的预售方，没有取得土地使用证，但投入一定的开发建设资金，进行了施工建设，预售商品房的，在一审诉讼期间补办了土地使用证、商品房预售许可证明的，可认定预售合同有效。”第26条：“商品房的预售方，持有土地使用证，也投入一定的开发建设资金，进行了施工建设，预售商品房的，在一审诉讼期间办理了预售许可证明的，可认定预售合同有效。”第29条：“商品房预售合同的双方当事人，经有关主管部门办理了有关手续后，在预售商品房尚未实际交付前，预购方将购买的未竣工的预售商品房转让他人，办理了转让手续的，可认定转让合同有效；没有办理转让手续的，在一审诉讼期间补办了转让手续，也可认定转让合同有效。”第47条：“预售商品房因预售方的过错造成合同无效的，应根据房地产市场价格变化和预购方交付房款等情况，由预售方承担返还财产、赔偿损失的责任。房屋未建成或未交付的，参照签订合同时的房价和法院裁判、调解时的房价之间的差价，确定预购方的损失数额。”最高人民法院《**全国民事审判工作座谈会纪要**》(1993年11月24日　法发〔1993〕37号，已于2021年1月1日起失效)第2条：“……房地产开发企业预售商品房，须持有预售商品房许可证件，并与预购房签订合同。没有预售商品房许可证件的，应认定合同无效。对于合法有效的预售商品房合同，预购方未按合同约定交付预付款或者预售方未按合同约定交付预售房屋的，应当承担违约责任……”

4. 部门规范性文件。国家工商总局《**房地产广告发布规定**》(2016年2月1日)第4条：“房地产广告，房源信息应当真实，面积应当表明为建筑面积或者套内建筑面积，并不得含有下列内容：(一)升值或者投资回报的承诺；(二)以项目到达某一具体参照物的所需时间表示项目位置；(三)违反国家有关价格管理的规定；

(四)对规划或者建设中的交通、商业、文化教育设施以及其他市政条件作误导宣传。”第5条:“凡下列情况的房地产,不得发布广告:(一)在未经依法取得国有土地使用权的土地上开发建设的;(二)在未经国家征用的集体所有的土地上建设的;(三)司法机关和行政机关依法裁定、决定查封或者以其他形式限制房地产权利的;(四)预售房地产,但未取得该项目预售许可证的;(五)权属有争议的;(六)违反国家有关规定建设的;(七)不符合工程质量标准,经验收不合格的;(八)法律、行政法规规定禁止的其他情形。”第6条:“发布房地产广告,应当具有或者提供下列相应真实、合法、有效的证明文件:(一)房地产开发企业、房地产权利人、房地产中介服务机构的营业执照或者其他主体资格证明;(二)建设主管部门颁发的房地产开发企业资质证书;(三)土地主管部门颁发的项目土地使用权证明;(四)工程竣工验收合格证明;(五)发布房地产项目预售、出售广告,应当具有地方政府建设主管部门颁发的预售、销售许可证证明;出租、项目转让广告,应当具有相应的产权证明;(六)中介机构发布所代理的房地产项目广告,应当提供业主委托证明;(七)确认广告内容真实性的其他证明文件。”第7条:“房地产预售、销售广告,必须载明以下事项:(一)开发企业名称;(二)中介服务机构代理销售的,载明该机构名称;(三)预售或者销售许可证书号。广告中仅介绍房地产项目名称的,可以不必载明上述事项。”建设部***《房屋登记办法》***(2008年7月1日,已于2019年9月6日起失效)第69条:“预售人和预购人订立商品房买卖合同后,预售人未按照约定与预购人申请预告登记,预购人可以单方申请预告登记。”第70条:“申请预购商品房预告登记,应当提交下列材料:(一)登记申请书;(二)申请人的身份证明;(三)已登记备案的商品房预售合同;(四)当事人关于预告登记的约定;(五)其他必要材料。预购人单方申请预购商品房预告登记,预售人与预购人在商品房预售合同中对预告登记附有条件和期限的,预购人应当提交相应的证明材料。”建设部***《城市商品房预售管理办法》***(2004年7月20日)第2条:“本办法所称商品房预售是指房地产开发企业(以下简称开发企业)将正在建设中的房屋预先出售给承购人,由承购人支付定金或房价款的行为。”第5条:“商品房预售应当符合下列条件:(一)已交付全部土地使用权出让金,取得土地使用权证书;(二)持有建设工程规划许可证和施工许可证;(三)按提供预售的商品房计算,投入开发建设的资金达到工程建设总投资的25%以上,并已经确定施工进度和竣工交付日期。”第6条:“商品房预售实行许可制度。开发企业进行商品房预售,应当向房地产管理部门申请预售许可,取得《商品房预售许可证》。未取得《商品房预售许可证》的,不得进行商品房预售。”第7条:“开发企业申请预售许可,应当提交下列证件(复印件)及资料:(一)商品房预售许可申请表;(二)开发企业的《营业执照》和资质证书;(三)土地使用权证、建设工程规划许可证、施工许可证;(四)投入开发建设的资金占工程建设总投资的比例符合规定条件的证明；(五)工程施工合同及关于施工进度的说明；(六)商品房预售方案。预售方案应当说明预售商品房的位置、面积、竣工交付日期等内容，并应当附预售商品房分层平面图。”第9条：“开发企业进行商品房预售，应当向承购人出示《商品房预售许可证》。售楼广告和说明书应当载明《商品房预售许可证》的批准文号。”第10条：“商品房预售，开发企业应当与承购人签订商品房预售合同。开发企业应当自签约之日起30日内，向房地产管理部门和市、县人民政府土地管理部门办理商品房预售合同登记备案手续……”第12条：“预售的商品房交付使用之日起90日内，承购人应当依法到房地产管理部门和市、县人民政府土地管理部门办理权属登记手续。开发企业应当予以协助，并提供必要的证明文件。由于开发企业的原因，承购人未能在房屋交付使用之日起90日内取得房屋权属证书的，除开发企业和承购人有特殊约定外，开发企业应当承担违约责任。”第13条：“开发企业未取得《商品房预售许可证》预售商品房的，依照《城市房地产开发经营管理条例》第三十九条的规定处罚。”第15条：“开发企业隐瞒有关情况、提供虚假材料，或者采用欺骗、贿赂等不正当手段取得商品房预售许可的，由房地产管理部门责令停止预售，撤销商品房预售许可，并处3万元罚款。”建设部、国家计委、国家经贸委、财政部、国土资源部、国家工商局、监察部**《关于整顿和规范房地产市场秩序的通知》**(2002年5月23日　建住房〔2002〕123号，已于2011年1月26日起失效)第2条：“……未取得预售许可证明擅自预售商品房的，房地产管理部门应当依据《城市房地产开发经营管理条例》第三十九条规定，责令停止违法行为，没收违法所得，可以并处收取的预付款1%以下的罚款；对于擅自挪用预售款项的，房地产管理部门应当依据《城市商品房预售管理办法》第十四条规定，责令限期纠正，并处以违法所得3倍以下但不超过3万元的罚款；构成犯罪的，依法追究刑事责任……”建设部**《关于规范房地产开发企业开发建设行为的通知》**(2002年2月25日　建住房〔2002〕44号)第12条：“房地产开发企业有下列不良行为的，房地产开发主管部门应当依据《房地产开发企业资质管理规定》，在资质年检中予以降级或者注销资质证书：……(十)未取得预售许可证擅自预售商品房的……”建设部**《商品房销售管理办法》**(2001年6月1日)第6条：“商品房预售实行预售许可制度。商品房预售条件及商品房预售许可证明的办理程序，按照《城市房地产开发经营管理条例》和《城市商品房预售管理办法》的有关规定执行。”第22条：“不符合商品房销售条件的，房地产开发企业不得销售商品房，不得向买受人收取任何预订款性质费用。符合商品房销售条件的，房地产开发企业在订立商品房买卖合同之前向买受人收取预订款性质费用的，订立商品房买卖合同时，所收费用应当抵作房价款；当事人未能订立商品房买卖合同的，房地产开发企业应当向买受人返还所收费用；当事人之间另有约定的，从其约定。”第23条：“房地产开发企业应当在订立商品房买卖合同之前向买受人明示《商品房销售管理办法》和《商品房买卖合同示范文本》;预售商品房的,还必须明示《城市商品房预售管理办法》。”国家土地管理局**《印发〈国家土地管理局土地登记规则〉的通知》**[1996年2月1日 〔1995〕国土(法)字第184号]第41条:“商品房预售,预售人应当在预售合同签订后三十日内,将预售合同报县级以上人民政府房产管理部门和土地管理部门登记备案。县级以上人民政府土地管理部门建立商品房预售合同登记备案簿,记录预售人和预购人名称、商品房所占土地位置、预售金额、交付使用日期、预售面积等内容。”建设部**《关于明确城市商品房预售管理主管部门问题的复函》**(1995年3月15日 建房字第137号):“《中华人民共和国城市房地产管理法》第四十四条第一款第(四)项规定的‘向县级以上人民政府房产管理部门办理预售登记’中所称的房产管理部门是明确的,即是指按县级以上人民政府‘三定’方案规定的房地产管理职能部门。《城市商品房预售管理办法》第四条第三款即‘城市、县人民政府建设行政主管部门或房地产行政主管部门(以下简称房地产管理部门)负责本行政区域城市商品房预售管理’的规定与‘房地产管理法’是一致的。‘管理办法’的规定主要是考虑到建设的机构设置不像其他一些部门那样单一和上下对口,有关房地产管理机构的设置和职能的分工也比较复杂,有些市、县目前尚没有独立的房地产管理部门;还有部分市、县有关房地产管理的职能直接由建委承担。因此,作这样的规定以后就可以依法加强商品房预售管理的覆盖面。各地应严格按照法律的规定,根据国家有关地方人民政府的职能部门的机构设置及其职权由地方人民政府确定的原则,来确定当地商品房预售的主管部门。”国家土地管理局**《关于贯彻〈城市房地产管理法〉做好土地登记工作的通知》**[1995年1月1日 〔1995〕国土(籍)字第8号]第4条:“根据《城市房地产管理法》第四十四条(2007年修改后已变更为第45条——编者注)的规定,商品房预售人应当将预售合同报县级以上地方人民政府房产管理部门和土地管理部门登记备案,商品房预售人必须在预售合同签订之日起三十日内,持预售合同及其他有关文件到土地所在地土地管理部门办理登记备案手续。土地管理部门根据商品房预售人的申请,建立商品房预售登记台账,逐项记录预售人和预购人名称、商品房所占土地位置、预售金额、交付使用日期、预售面积等内容。并在预售人预售商品房所占土地的土地登记卡上和土地证书备注栏内予以登记。同时,向预售人出具已办理登记备案的证明。”

5. 地方司法性文件。四川成都中院**《关于印发〈商品房买卖合同案件的审理指南(试行)〉的通知》**(2017年10月11日 成中法发〔2017〕129号)第3条:“未取得预售许可签订的商品房买卖合同的效力。当事人以出卖人未取得商品房预售许可为由主张商品房买卖合同无效的,一般应予支持。但一审法庭辩论终结前出卖人取得预许可或者商品房已竣工验收合格的除外。”广东高院**《印发〈关于审理房**

屋买卖合同纠纷案件的指引〉的通知》(2017年9月12日　粤高法〔2017〕191号,已于2020年12月31日经粤高法〔2020〕132号废止)第3条:“就预售商品房签订的认购书、订购书等预约合同,出卖人未取得商品房预售许可证明的,不影响预约合同的效力。”第6条:“出卖人未取得商品房预售许可证明与买受人签订商品房预售合同,但在一审法庭辩论终结前房屋竣工验收合格,当事人以出卖人未取得商品房预售许可证明为由主张合同无效的,不予支持。”四川成都中院**《2017成都市中级人民法院审判工作会会议纪要》**(2017年8月15日)第47条:“未取得预售许可证时商品房预售合同的效力如何认定?买受人以出卖人未取得商品房预售许可为由,主张商品房预售合同无效的,一般应予支持。但一审法庭辩论终结前出卖人取得预售许可或者房屋已竣工验收合格的除外。”湖北高院民二庭**《当前商事审判疑难问题裁判指引(上)》**(2016年11月)第2条:“合同被确认无效后诉讼时效期间的起算点。确认合同无效的诉讼请求不适用诉讼时效,对方提出诉讼时效抗辩的,不予支持。合同被确认无效后,当事人可以对返还财产、赔偿损失请求权提出诉讼时效抗辩。合同被确认无效后,一方当事人请求对方返还财产和赔偿损失的,诉讼时效从该方当事人知道或应当知道合同被确认无效之日起算。”浙江宁波中院**《关于审理商品房买卖合同纠纷案件疑难问题解答》**(2015年5月19日)第3条:“签订商品房预售合同时,出卖人未取得预售许可证明,或预售许可证明已过有效期或被撤销的,但在合同履行过程中,房屋已建成竣工,现买受人主张合同无效,可否支持?答:我国法律明确规定出卖人在销售房屋时需取得预售许可证,现其事后也未取得,或已过有效期、被撤销的,该预售合同应为无效,但在起诉前取得商品房预售许可证明的,可以认定有效。”北京高院**《关于审理房屋买卖合同纠纷案件若干疑难问题的会议纪要》**(2014年12月16日　京高法发〔2014〕489号)第1条:“出卖人未取得商品房预售许可证明即签订预售合同转让房屋,在一审法庭辩论终结前房屋已经竣工验收合格的,可以认定为商品房现售,当事人以出卖人未取得商品房预售许可证明为由主张合同无效的,不予支持。”广东深圳中院**《关于房屋买卖合同纠纷案件的裁判指引》**(2014年8月28日修订)第4条:“房地产开发企业未取得商品房预售许可证明,与买受人订立的商品房预售合同,应当认定为无效,但出卖人在一审庭审辩论终结前已取得商品房预售许可证明或所涉商品房已办理初始登记的,可以认定合同有效。【说明】旨在解决未取得商品房预售许可证的预售合同的效力认定问题。对于房地产开发企业未取得商品房预售许可证,与买受人订立的商品房预售合同应当认定无效,一般没有争议。实践中存在当事人签订预售合同时开发商尚未取得预售许可证,而诉讼发生时房屋已经处于现房销售状况,《商品房买卖司法解释》)对此没有规定,从鼓励交易、促进交易安全的角度,应认定合同有效。由于商品房预售合同对购房者利益的影响甚巨,在诉讼阶段出卖人已经取得预售许可证或者已经竣工开始现售的,如仍然以此前合同签订阶段未经政府批准许可等瑕疵否定合同效力,显然于各方均无益处,特别是在已经办理初始登记的情况下,仍然认定预售合同无效,完全没有必要。行政主管部门确立商品房预售许可证制度的主要目的之一即在于保护购房者的利益,因此,从促进交易、有利于房地产开发的角度来看,只要商品房预售合同是当事人的真实意思表示,且补办手续不损害当事人及第三人合法权益的,则应当尊重当事人的选择,确认对合同效力的补正。关于补正的时点确定问题,我们认为可参照《最高人民法院关于审理房地产管理法施行前房地产开发经营案件若干问题的解答》第五条,《最高人民法院关于适用〈中华人民共和国合同法〉若干问题的解释(一)》(以下简称《合同法司法解释一》)第九条及《最高人民法院关于适用〈中华人民共和国民事诉讼法〉若干问题的意见》第156条等规定中的规则,将合同效力补正时点确定在'一审庭审辩论终结前'。"山东高院**《2011年民事审判工作会议纪要》**(2011年11月30日 鲁高法〔2011〕297号)第2条:"……(七)未取得商品房预售许可证明的商品房认购书的效力问题。依据城市房地产管理法和最高人民法院相关司法解释的规定,出卖人预售商品房必须取得商品房预售许可证明,未取得预售许可证明的商品房买卖合同应依法认定为无效。商品房认购书是一种预约合同,是双方当事人为将来签订作为本约合同的商品房买卖合同所作出的一种承诺,并非正式的商品房预售行为。由于商品房认购书并非商品房买卖合同,故出卖人未取得商品房预售许可证明,不影响商品房认购书的法律效力。但依据最高人民法院《关于审理商品房买卖合同纠纷案件适用法律若干问题的解释》第5条的规定,如商品房认购书已经具备了商品房买卖合同的实质性内容,此种情形下,商品房认购书不应当认定为预约合同,而是商品房买卖合同,出卖人未取得预售许可证明的,该商品房认购书应依法认定无效。"北京高院**《关于审理房屋买卖合同纠纷案件适用法律若干问题的指导意见(试行)》**(2010年12月22日 京高法发〔2010〕458号)第3条:"《城市房地产管理法》第三十八条第(六)项'未依法登记领取权属证书'的房屋不得转让的规定,在性质上不属于《最高人民法院关于适用〈中华人民共和国合同法〉若干问题的解释(二)》第十四条规定中的'效力性强制性规定',不应作为认定房屋买卖合同无效的法律依据。"第4条:"对以将来可能取得所有权的房屋为标的物的买卖合同,法院不应仅以出卖人在签订合同时尚未取得房屋所有权为由认定买卖合同无效。出卖人在合同履行期限届满时仍未取得房屋所有权,致使买受人不能办理房屋所有权转移登记的,应当承担相应的违约责任。前款所称将来可能取得所有权的房屋,包括尚未取得所有权的已购商品房及已购按经济适用住房管理的房屋等。"广东深圳中院**《关于审理商品房买卖纠纷案件若干问题的指导意见(试行)》**(2009年)第1条:"开发商在未取得商品房预售许可证明的情况下,与买受人签订楼宇认购、订购、预订等协议后，双方因上述协议产生纠纷并起诉的，人民法院应认定协议无效。但在起诉前取得商品房预售许可证明的，可以认定有效。"第13条："在商品房预售合同纠纷中，卖方（发展商）的行为符合最高人民法院《关于审理商品房买卖合同纠纷案件适用法律若干问题的解释》第八条、第九条规定的五种情形之一的，如买方诉请的惩罚性赔偿数额不超过已付购房款的一倍，法院均应支持。买方明确要求卖方给予已付购房款一倍的惩罚性赔偿的，法院一般亦应予以支持，而不能随意调低。"福建高院**《关于审理商品房买卖合同纠纷案件疑难问题的解答》**（2008年7月25日）第2条："问：出卖人取得《商品房预售许可证》之前，向买受人收取购房定金，后因非买受人的原因双方无法按期订立购房合同，买受人请求出卖人双倍返还定金，出卖人则以未取得预售许可证为由主张订购行为无效的，能否依据《商品房买卖合同司法解释》第九条的规定认定其无效？定金应否双倍返还？答：当事人在订立商品房买卖合同之前交付的购房定金属于立约定金，是为担保正式签订商品房买卖合同而交付。双方当事人之间的订购协议并非商品房买卖合同，因此不适用《商品房买卖合同司法解释》第九条的规定。订购协议效力的认定依照《合同法》第五十二条确定。买受人请求双倍返还定金的，依照《商品房买卖合同司法解释》第四条的规定处理。"湖南高院**《关于房屋买卖、租赁纠纷案件适用法律问题的指导意见（试行）》**（2008年1月21日）第1条："在审理商品房买卖合同纠纷案件中，对出卖人不具有房地产开发资质的，未取得土地使用权证、建设用地规划许可证的，出售房屋权属不明的，一般应认定合同无效。但在一审法庭辩论终结前完善了相关手续的，可认定合同有效。"第2条："以挂靠方式从事房地产开发的，一旦产生民事责任，挂靠人和被挂靠企业应承担连带责任。"重庆高院**《关于当前民事审判若干法律问题的指导意见》**（2007年11月22日）第34条："……开发商未取得预售许可证所签订的商品房买卖合同的效力。开发商与买受人订立商品房预售合同，应当取得预售许可证明，否则预售合同无效。但在起诉前取得商品房预售许可证明的，可以认定预售合同有效。开发商虽在未取得预售许可证的情况下与买受人签订了预售合同，其后也未办理预售许可证，但在起诉前房屋已竣工验收的，可以认定预售合同有效。"山东高院**《关于印发〈全省民事审判工作座谈会纪要〉的通知》**（2005年11月23日　鲁高法〔2005〕201号）第5条："……关于商品房预售合同登记备案的效力问题。根据最高人民法院法释〔2003〕7号司法解释的规定，人民法院认定商品房买卖合同的效力应审查出卖人是否取得商品房预售许可证明，这是考虑到我国房地产市场目前的实际情况而制定的，当事人在向人民法院起诉前取得商品房预售许可证明的，可视为其具备预售资格。对于商品房预售合同登记备案的问题，从我国现行的有关不动产登记的立法规定看，商品房预售合同的登记备案，属于房产管理部门和土地管理部门对合同的一种行政管理措施，不是确认合同效力的必要条件,当事人以商品房预售合同未办理登记备案手续为由,请求确认合同无效的,不予支持。”辽宁沈阳中院**《关于审理房地产案件若干问题的处理意见(之一)》**(2004 年 3 月 27 日)第 10 条:“……(2)不具备《城市房地产管理法》第四十四条规定的商品房预售条件的,一般应认定预售合同无效。开发商除返还购房款外,还应偿付同期的银行利息损失。但预售方在起诉前已经补交了土地使用权出让金,并办理了有关手续,具备了上述预售条件的,可以认定合同有效……”上海高院**《关于印发〈关于民事案件审理的几点具体意见〉的通知》**(2000 年 8 月 15 日　沪高法民〔2000〕44 号)第 20 条:“如果以预订、预约、认购、定购等形式向承购人收取定金的,可以认定预订、预约、认购、定购等协议有效,一方违反协议,相对方要求按定金罚则处理的,人民法院应予支持;如果以预订、预约、认购、定购等形式向承购人收取房价款的,应当认定协议无效。理由是预订、预约、认购、定购等协议中约定的定金系‘成约定金’,具有从合同性质,我国《担保法》对主合同不存在,先订立从合同这一做法并未禁止,因此,预订等协议有效,定金罚则对双方适用。如果以预订、预约、认购、定购等协议向承购人收取房价款,根据上海市实施《城市商品房屋预售管理办法》细则的规定则属变相预售,未取得《城市商品房预售许可证》而预售商品房的,预售行为无效。”

6. 地方规范性文件。上海市房管局**《关于进一步加强本市房地产市场监管规范商品住房预销售行为的通知》**(2020 年 1 月 1 日)第 1 条:“房地产开发企业在商品住房预销售过程中应当严格遵循国家和本市房地产市场调控各项政策及相关法律法规、规章和规范性文件的规定。(一)房地产开发企业应当按照规定组织好商品住房项目的开工建设,及时上市销售。建筑面积小于 3 万平方米的商品住房项目必须一次性申请预售;超过 3 万平方米、确需分批预售的,每次申请预售的建筑面积不得低于 3 万平方米。(二)房地产开发企业应当在取得商品房预售许可证或办理现房销售备案后方可签订商品住房定金合同、商品住房销售合同,并严格执行网上操作系统即时备案、可售房源不得拒绝销售等本市商品房销售合同网上备案登记制度。(三)房地产开发企业除应按照本市商品房销售方案备案相关规定制定销售方案外,还应在销售方案中增加日照、噪声等规划指标,测绘建筑面积及分摊情况(得房率),小区会所服务功能,预售资金监管方案和监管单位,经过专业培训的销售人员情况,房屋全装修的实施方案(包括具体幢号、建筑面积),开发企业清算后商品住房质量责任的承担主体及承担主体的承诺书,经审核的公建配套设施实施方案等内容。经备案的商品住房销售方案及按照相关规定需要公示的其他内容,应在售楼现场醒目位置张贴。购房人要求将商品住房销售方案作为新建商品住房预(出)售合同附件的,房地产开发企业不得拒绝。”北京市住建委办公室**《关于加强我市商品房预售方案管理的通知》**(2010 年 12 月 1 日　京建发〔2010〕632

号)第1条:"房地产开发企业在申请商品房预售许可时,应提交商品房预售方案。"第3条:"房地产开发企业取得商品房预售许可后,应严格按照商品房预售方案组织销售,商品房预售方案应当在售楼场所显著位置公示。"北京市**《城市房地产转让管理办法》**(2008年12月6日)第29条:"房地产开发企业取得预售许可后,方可预售商品房。预售商品房,应当符合下列条件:(一)已交付全部土地使用权出让金并取得国有土地使用权证,属于预售经济适用住房的,应当取得建设用地批准书;(二)取得建设工程规划许可证件和施工许可证件;(三)按提供预售的商品房计算,投入开发的建设资金达到工程建设总投资的25%以上;(四)已确定竣工日期,且满足市房地产行政主管部门公布的预售最长期限。"第33条:"房地产开发企业应当按照商品房预售许可证核准的内容预售商品房。预售时,房地产开发企业应当向预购人出示商品房预售许可证。任何单位和个人不得伪造、涂改、租借、转让、冒用商品房预售许可证。"第34条:"房地产开发企业取得商品房预售许可证后,方可发布商品房预售广告、参加房地产交易展示活动。房地产开发企业发布商品房预售广告,应当在广告中明示房地产开发企业的名称、商品房坐落位置、商品房预售许可证编号。"第40条:"房地产开发企业应当自商品房预售合同签订之日起30日内,向市或者区、县房地产行政主管部门申请办理预售合同登记备案手续。"第41条:"商品房预售合同登记备案后,房地产开发企业与预购人变更预售标的物或者解除预售合同的,应当签订合同变更或者解除预售合同的协议,并依照本办法第四十条规定,由双方共同到原登记机关办理变更或者解除预售合同登记备案手续。"北京市建委**《关于实行商品房预售合同网上联机备案的通知》**(2008年6月1日　京建交〔2008〕273号)第1条:"房地产开发企业与预购人在北京市交易权属管理系统(www.bjfdc.gov.cn)完成商品房预售合同网上签约后,应进行商品房预售合同网上联机备案。房地产开发企业或预购人不再向市、区县建委(房管局)申请办理预售登记。"北京市国土房管局**《关于加强商品房预售许可证管理有关问题的通知》**(2004年7月1日)第1条:"房地产开发企业申请办理商品房预售许可证(含经济适用住房),应当采用商品房预售申请书和预售方案的格式文本。"第6条:"预售许可证批准后,在北京市房地产交易管理网上进行公示。"上海市房地局**《关于严格执行商品房预售新标准的通知》**(2000年11月29日)第4条:"市区(县)房地产管理部门应严格按照新标准核发商品房预售许可证。(1)2000年6月20日前已实际开工,但未取得《建设工程施工许可证》的项目,申请商品房预售的,执行新标准。(2)2000年6月20日前已取得《建设工程施工许可证》,但2000年12月31日前未达到"商品房建筑安装工程的总投资已经完成25%以上,或者商品房的建筑基础工程已经验收合格"标准的,不得核发预售许可证。(3)按新标准核发预售许可证的商品房项目,实行受理发证和现场鉴证分离,市区(县)房地产管理部门不再对工程进度进行现场勘查；工程进度由企业委托有资质的房地产测绘机构现场鉴证，并由测绘机构出具鉴证结果书面报告。（4）按新标准核发预售许可证的商品房项目，在房地产测绘机构对工程进度现场鉴证的同时，企业还应委托该测绘机构对房屋的暂测面积进行测量，作为签订商品房预售合同的面积依据。”

7. 参考案例。2014 年**某商品房预售合同纠纷案**，房地产开发企业在其未取得商品房预售许可证明之前，与买受人所签商品房认购书是否有效？处理意见：鉴于商品房预售特殊性，我国法律、行政法规对商品房预售实行行政许可监管制度。《城市房地产管理法》第 45 条、《城市房地产开发经营管理条例》第 23 条（现为第 22 条）均明确规定，商品房预售应当取得商品房预售许可证明。表明我国商品房预售具有较强的国家干预性。最高人民法院《关于审理商品房买卖合同纠纷案件适用法律若干问题的解释》第 2 条规定，出卖人未取得商品房预售许可证明，与买受人订立的商品房预售合同，应当认定无效，但是在起诉前取得商品房预售许可证明的，可以认定有效。由上可见，无论是法律、行政法规，还是司法解释，预售许可证明均是针对商品房预售行为所作强制性规定。商品房认购书作为一种独立合同形式，从其订立目的、约定内容看，通常是为将来双方当事人订立确定性的正式商品房买卖合同达成的书面允诺。其目的即通过订立合同来约束双方当事人承担在将来订立正式商品房买卖合同义务，与作为本约合同的商品房买卖合同相对应，商品房认购书即为预约合同。预约合同只是双方当事人承诺在约定期限内订立确定性合同即本约的预备性协议，不得因此认定本约已正式订立。预约合同一方当事人仅可请求对方当事人履行订立本约义务，不能请求履行本约内容。预约合同一般表现为认购书、订购书、预订书、意向书、允诺书、备忘录、谈判纪要、定金收据等多种形式。既然作为预约合同的商品房认购书是出卖人和买受人双方为将来订立作为本约合同的商品房买卖合同所作承诺，而非正式商品房预售行为，作为法定的商品房预售行为强制性前提条件的商品房预售许可证明即不应认定为出卖人订立预约合同的前提条件。未取得商品房预售许可证前所签商品房认购书等预约合同应为有效。2009 年**山东某商品房预售合同纠纷案**，2002 年，通信公司与开发公司签订期房购买合同。2004 年，通信公司支付 8500 万元购房款后，因设计变更、未能竣工、未能办妥预售手续导致无法按期交房。2006 年，通信公司诉请确认合同无效并返还购房款本息。开发公司反诉赔偿损失。法院认为：案涉综合楼未能取得商品房预售许可证，故应认定双方所签期房购房合同无效。依《合同法》规定，合同无效的，有过错的一方应当赔偿对方因此所受到的损失，双方都有过错的，应当各自承担相应的责任。利息作为法定孳息一种，其数额和利率标准、起止时间等直接相关。合同无效后，对通信公司而言，其损失主要就是已付款利息。鉴于双方当事人对造成合同无效均有过错，故开发公司对此应承担一定责任。通信公司主张利息作为其实际损失，为明确具体数额只能算至起诉时，对其后直至对方实际给付为止所产生利息，亦应属于通信公司实际损失，在通信公司未明确表示放弃情况下，开发公司有负担义务。开发公司损失问题，具体包括未被规划确认的部分建筑面积损失、因楼层和会议室加高而产生的损失，以及因开山修建停车场造成的损失等应否由通信公司承担的问题。其中，未被规划确认的建筑物损失，因该建筑物尚未被拆除，故开发公司可待损失实际发生后另行主张；因楼层和会议室加高而产生的损失共计 135 万余元，考虑到双方过错程度，该损失应由双方分担；鉴于开山修建停车场系根据通信公司要求进行的，且通信公司亦承诺负担相关费用，加之开山修建停车场巨额支出与开出土地使用权面积极不成正比，故开发公司关于由此造成的损失应由通信公司负担的主张和理由，不无道理。虽然开发公司同意接受该综合楼整体项目并对于上述项目实际受有利益，但认定该项费用全部由开发公司自行承担不妥，通信公司应对该项损失承担主要责任。判决确认双方合同无效，开发公司返还通信公司购房款 8500 万元，同时返还该款一半利息，通信公司赔偿开发公司 743 万余元。2009 年**山东某商品房预售合同纠纷案**，2006 年，法院与开发公司签订商品房团购协议，约定前者按每平方米 1258 元团购后者拟开发房屋。2007 年，开发公司因故未进行开发，而将项目土地使用权转让给他人。法院按每平方米 1498 元向其他开发商团购房屋后，诉请开发公司赔偿差价损失。法院认为：开发公司与法院之间所签团购协议已具备合同成立基本要求，其性质为商品房预售合同，因开发公司未办理预售许可证等手续，导致团购协议无效，合同无法继续履行。从导致合同无效原因看，开发公司作为房地产开发企业，应知道从事房地产开发相关法律、法规，能预见未取得商品房预售许可证法律后果，且负有继续履行补正合同瑕疵、办理商品房预售许可证义务，因开发公司事先未取得商品房预售许可证、事后亦未履行补正合同效力义务，开发公司过错程度比较明显，依法应承担合同无效的主要责任。法院作为司法机关，在民事领域进行活动时能知道无商品房预售许可证而签订合同的法律后果，因其过失未能履行谨慎、合理注意义务，应承担相应过错责任。法院购房损失主要系因丧失与第三人缔约机会而产生的，即因建筑材料上涨而带来的购房差价损失：法院另行购房，致使购房费每平方米增加 240 元，该损失是客观、现实存在的。因商品房预售合同无效而造成的实际损失，属于缔约过失责任的信赖利益损害赔偿范围之内。判决法院信赖利益损失数额，由开发公司承担 70% 即 353 万余元。2008 年**某商品房预售合同纠纷案**，开发商未取得商品房预售许可证，与买受人所签商品房认购书是否有效？法院认为：《城市房地产管理法》《城市房地产开发经营管理条例》均明确规定，商品房预售应取得预售许可证明。最高人民法院《关于审理商品房买卖合同纠纷案件适用法律若干问题的解释》第 2 条规定，出卖人未取得商品房预售许可证明，与买受人订立的商品房预售合同,应当认定无效。但是在起诉前取得商品房预售许可证明的,可以认定有效。由此可见,预售许可证明系针对商品房预售行为所作强制性规定。商品房认购书作为一个独立合同形式,从其订立目的、约定内容看,通常系为将来双方当事人订立确定性的、正式商品房买卖合同达成的书面允诺,其目的就是通过订立合同来约束双方当事人承担在将来订立正式商品房买卖合同义务,与作为本约合同的商品房买卖合同相对应,商品房认购书即为预约合同。预约合同只是双方当事人承诺在约定期限内订立确定性合同即本约的预备性协议,不得因此认定本约已正式订立。预约合同一方当事人仅可请求对方当事人履行订立本约义务,不能请求履行本约内容。预约合同一般表现为认购书、订购书、预订书、意向书、允诺书、备忘录、谈判纪要、定金收据等多种形式。既然作为预约合同的商品房认购书系出卖人和买受人双方为将来订立作为本约合同的商品房买卖合同所做承诺,而非正式商品房预售行为,作为法定商品房预售行为强制性前提条件的商品房预售许可证明即不应对出卖人订立预约合同行为干预禁止。未取得商品房预售许可证前所签商品房认购书等预约合同均为有效。2001 年**广东某商品房预售合同纠纷案**,1997 年,开发公司与实业公司签订房屋买卖合同,约定 1998 年年底前交房。合同签订后,开发公司取得预售商品房许可证。1999 年,因开发公司未能依约交房,双方达成开发公司回购房屋并退款的会议纪要,因开发公司又未履行,实业公司诉请解除合同并退还房款本息。法院认为:开发公司在合同订立时虽未取得预售商品房许可证,但在合同约定的房地产交付使用时间之前,开发公司已取得该许可证,依最高人民法院《关于适用〈中华人民共和国合同法〉若干问题的解释(一)》第 3 条"人民法院确认合同效力时,对合同法实施以前成立的合同,适用当时的法律合同无效而适用合同法合同有效的,则适用合同法"、第 9 条及《合同法》有关规定,该合同应认定有效。双方会议纪要中,实业公司虽作出了原则同意开发公司回购的意思表示,但双方并未对房屋回购价格、付款时间、利益补偿等主要问题进行约定,故该纪要不能作为处理本案根据。由于开发公司至今无法交付房屋,使合同无法继续履行,已构成根本违约,对实业公司请求由开发公司退还其购楼款及利息主张,予以支持。判决购房合同有效并解除,开发公司应返还实业公司购房款及利息。2000 年**山东某商品房预售合同纠纷案**,1990 年,开发公司取得土地使用权后与工贸公司签订购置协议,约定工贸公司投资 1100 万元,开发公司按工贸公司所提设计要求建造住宅楼。此后,双方因工贸公司招商引资、房屋售价等原因导致合同障碍。1995 年,工贸公司诉请开发公司依约交房。法院认为:根据双方签订购房协议、开发公司在协议签订后即取得项目土地使用权并领取建设工程规划许可证、政府部门收回重复划拨给工贸公司土地使用权等事实,结合政府土地、建设、规划等主管部门证明,应认定开发公司为建设单位,其与工贸公司之间是购置房屋合同关系。因双方合同商定购置的非现房，开发公司尚未开始建设，故本案应认定为房屋预售合同纠纷。开发公司作为预售方，虽未取得土地使用权证，但投入了开发建设资金，住宅楼主体已竣工并已交付、完成外装修、投入使用。在施工期间和诉讼之后，政府土地管理部门、规划部门等均表示开发公司具有土地使用权，系开发项目唯一开发建设单位。有关部门亦对案涉预售房屋行为表示认可，并承诺补办预售许可证。考虑到案涉协议签订历史背景及非纯粹商业开发，从尊重当事人意思自治角度出发，应认定本案房屋预售协议有效。本案虽系房屋预售合同纠纷，但又不同于一般商品房预售合同，即是由工贸公司对所购房屋提出外部造型、内部功能、布局等，同时还要按期拨付购房款。因开发公司在履行合同中确有迟延交付房屋问题，应承担违约责任，但案涉住宅楼停建，系因工贸公司招商引资所致，之后双方未能就恢复施工和房屋售价达成一致，导致诉讼多年，主要责任在工贸公司。鉴于合同履行实际情况，继续履行合同已不可能，故应终止合同履行，并根据双方违约情况来确定各自应承担的民事责任。1999 年**甘肃某商品房预售合同纠纷案**，1996 年，开发公司与实业公司签订售房合同，约定实业公司按工程进度支付工程款。1997 年，实业公司先后分批支付 700 万元购房款后，因开发公司未交房致诉。经查，开发公司存在未取得土地使用权证书、伪造预售许可证及一房二卖行为。法院认为：开发公司在未取得争议房屋土地使用权、未办理合法审批手续领取商品房预售许可证明情况下，与实业公司签订售房合同，违反有关商品房买卖的法律、法规规定，合同应为无效。开发公司隐瞒事先将房屋已出售给案外人事实，又将该房屋预售给实业公司，重复买卖，收取购房款，并采取伪造商品房预售许可证复印件的不正当手段，欺骗实业公司履行无效合同，致使实业公司通过民间借贷方式融资 700 万元作为购房款，支付了高额借款利息，造成经济损失，开发公司对此应承担主要过错责任。实业公司未作认真考查，盲目签订合同，亦应承担一定过错责任。判决合同无效，由开发公司返还实业公司购房款 700 万元并赔偿实业公司利息损失的 90%。1999 年**黑龙江某商品房预售合同纠纷案**，1994 年，旅游公司与开发公司签订商品房买卖合同。1996 年，旅游公司以开发公司签约时虽有预售许可证，但未取得土地使用证为由诉请返还房款、支付迟延交房违约金。法院认为：开发公司与旅游公司签订商品房产买卖合同时，开发公司虽未领取国有土地使用证，但已取得建设用地规划许可证并与土地部门签订出让合同，并领取了预售许可证，在房屋实际已建成，有的已出售并交付使用、土地部门同意在工程竣工后换发土地使用证情况下，应认定本案商品房买卖合同有效。大厦竣工后，经工程质量验收和消防验收，可交付使用，且旅游公司已付清购房款，故判决案涉商品房买卖合同有效，继续履行，开发公司交房并支付旅游公司迟延交房违约金。1998 年**海南某商品房预售合同纠纷案**，1993 年，旅业公司与开发公司签订合建协议，约定前者出地、后者出资,开发公司据此支付旅业公司7000万元利润保证金,同时依约定支付给原合建方4000万元。此前,开发公司与房产公司签订商品房购销合同,约定开发公司预售合建房屋。1997年,工程进度达正负零时,房产公司以开发公司尚未取得土地使用权证、预售许可证为由,诉请确认购销合同无效并要求开发公司返还购房款及利息。法院认为:开发公司与房产公司所签商品房购销合同发生在开发公司与土地使用权人旅业公司签订合建合同前,故开发公司不具有售房主体资格,且未办理商品房预售许可证,商品房购销合同应属无效。开发公司依据无效合同收取房产公司购房款及利息应予返还。开发公司对合同无效应承担主要过错责任,房产公司对合同未作认真审查亦有一定过错责任,故房产公司自己承担40%利息。旅业公司与开发公司所签合建协议,意思表示真实,联建房屋手续基本齐全,一审审理期间虽未办理土地使用权变更登记手续,但合同已实际履行,且双方当事人在一审期间均表示愿意继续履行合同,该合建协议应视为有效,双方继续履行合同,责令双方补办土地使用权变更登记手续。该协议约定由开发公司向旅业公司预付利润保证金条款,并非对合同的保证金,而是对保底利润的保证金,此约定违反有关联营法律规定,应为无效条款。旅业公司应返还开发公司利润保证金7000万元。地产公司依与旅业公司、开发公司所签协议取得补偿费、欠款,因合同无效,亦应返还开发公司4000万元及利息。本案基于合建合同与商品房购销合同有密切联系,合并审理并无不当。判决确认旅业公司与开发公司所签合建协议有效,但其中有关"利润保证金"约定无效,旅业公司返还开发公司7000万元,责令旅业公司、开发公司到政府有关部门办理土地使用权变更登记手续;地产公司返还开发公司4000万元及利息;确认开发公司与房产公司所签商品房购销合同无效,开发公司返还房产公司购房款5000万元及60%利息。1996年**湖北某商品房预售合同纠纷案**,1994年,开发公司在未取得土地使用权证及预售商品房许可证情况下与银行签订预售合同,约定售价1100万余元。1996年,银行在支付700万余元后,因合同履行纠纷起诉。法院认为:开发公司与银行所签购房合同,因开发公司未取得土地使用权证及预售商品房许可证,应认定合同无效,开发公司应向银行返还购房款,并对造成合同无效承担主要责任,赔偿银行因此而遭受的经济损失。银行明知开发公司尚不具备售房法定条件,仍与其签订购房合同并支付购房款,亦应对合同无效及经济损失承担一定责任。判决购房合同无效,开发公司返还银行700万余元并赔偿银行经济损失400万余元。2010年**江苏某商品房买卖合同纠纷案**,2007年,汪某与开发公司签订预售合同。2008年,该房竣工验收。2009年,汪某以开发公司迟延交付、办证为由起诉,开发公司抗辩称汪某迟延付款构成违约。一审认为开发公司未取得预售许可证,认定合同无效。法院认为:最高人民法院《关于审理商品房买卖合同纠纷案件适用法律若干问题的解释》第2条规定:"出卖人未取得商品房预售许可证明,与买受人订立的商品房预售合同,应当认定无效,但是在起诉前取得商品房预售许可证明的,可以认定有效。”本案中,汪某与开发公司签订售房合同时,标的房屋为期房,销售方开发公司在订立该合同时未取得商品房预售许可证,此时涉案商品房预售合同应认定无效。但在汪某起诉开发公司时,案涉工程早已全部竣工并经质量验收合格,涉案商品房已为现房,并具备交付业主使用条件,则此时开发公司已无须取得预售许可证明,而可直接对外销售现房,即涉案房屋已具备依法销售条件。本案中,汪某诉请开发公司履行合同并承担违约责任,而开发公司仅提起汪某合同违约抗辩,则应认定汪某与开发公司均认可涉案商品房买卖合同,而未否定合同效力,一审诉讼时涉案商品房合同已具备销售法律要件,依最高人民法院《关于审理商品房买卖合同纠纷案件适用法律若干问题的解释》第 2 条中关于合同效力补正规定的原义,在遵循合同不损害国家、集体或第三人利益原则下,尊重当事人真实意思表示,促进市场流通而不轻易否定交易,故应积极补正认定涉案商品房买卖合同有效。2007 年**陕西某房屋买卖合同纠纷案**,2000 年,刘某所购房地产公司商品房因花园被人强占,诉请归还。2003 年,法院判决查明房地产公司未取得预售许可证,驳回刘某诉请。刘某遂以房地产公司欺诈导致合同无效为由,诉请双倍赔偿购房款。法院认为:房地产公司预售商品房时,未按《城市商品房预售管理办法》告知买受人其所开发项目是否取得了商品房预售许可证,构成故意隐瞒真实情况的欺诈行为,应按最高人民法院《关于审理商品房买卖合同纠纷案件适用法律若干问题的解释》第 9 条规定,向刘某承担已付购房款一倍范围内的赔偿责任。刘某签约时未详尽审查房地产公司是否完善了相应售房手续,致纠纷产生,亦应承担相应责任。判决房地产公司返还购房款及装修工料费损失共计 90 万余元,刘某返还房屋并支付违约金 3 万余元,房地产公司支付刘某购房赔偿款 38 万余元。2016 年**某房屋买卖合同纠纷案**,2006 年,郑某与开发公司签订商品房预售合同并办理预售登记,约定以此作为郑某提供 300 万元借款给开发公司的抵押担保,开发公司还清借款后,郑某应协助办理注销房屋预售登记备案。2008 年,开发公司就前述商铺又与余某签订商品房预售合同,余某支付购房款 1500 万余元商铺款后占有该商铺并出租给他人。郑某以其签订在先并办理预售登记为由,主张应优先履行其与开发公司所签预售合同。法院认为:最高人民法院《关于审理民间借贷案件适用法律若干问题的规定》第 24 条第 1 款规定:当事人以签订买卖合同作为民间借贷合同的担保,借款到期后借款人不能还款,出借人请求履行买卖合同的,人民法院应当按照民间借贷法律关系审理,并向当事人释明变更诉讼请求。当事人拒绝变更的,人民法院裁定驳回起诉。本案中,虽然郑某与开发公司签订商品房买卖合同在借款合同之前,开发公司也在借款合同签订前向郑某出具收据,但郑某向开发公司支付的 300 万元实为借款,并非购房款,双方在签订商品房买卖合同后郑某并未依该合同约定向开发公司支付购房款,故郑某与开发公司所签商品房买卖合同合法有效,但因郑某未支付购房款而未实际履行。余某与开发公司所签商品房买卖合同符合当事人真实意思表示,内容未违反法律法规强制性规定,应认定合同合法有效。余某已依约支付完诉争商铺购房款,开发公司亦将商铺交付给余某使用,余某对讼争商铺已合法占有并通过出租取得收益,未办理竣工验收等手续不能否定该商铺已交付给余某事实。商品房预售合同登记备案是国家对不动产交易的一种行政管理方式,并非《物权法》第20条规定的预告登记,应认定郑某与开发公司在签订商品房买卖合同后办理的房屋预售备案登记不产生预告登记请求权的物权效力。依借款合同约定,郑某向开发公司支付300万元实为借款,其并未向开发公司支付购房款。而余某与开发公司商品房买卖合同签订后,余某依约支付了购房款,开发公司将诉争商铺交付给了余某使用,余某随后将该商铺出租给他人。最高人民法院《关于审理建筑物区分所有权纠纷案件具体应用法律若干问题的解释》第1条第2款规定,基于与建设单位之间的商品房买卖民事法律行为,已经合法占有建筑物专有部分,但尚未依法办理所有权登记的人,可以认定为《物权法》第六章所称的业主。最高人民法院《关于审理商品房买卖合同纠纷案件适用法律若干问题的解释》第11条规定,对房屋的转移占有,视为房屋的交付使用。房屋毁损、灭失的风险,在交付使用前由出卖人承担,交付使用后由买受人承担。占有的推定效力决定了占有事实具有一定意义上符合《物权法》规范性要求的公示效力。余某对诉争商铺占有行为即是在公示其对于商铺的权利主张,且这种占有具有公开性、排他性和持续性特点。基于余某已就诉争商铺支付完全部购房款且已取得开发公司交付并实际占有使用的事实,应认定余某与开发公司所签商品房买卖合同应优先于郑某与开发公司所签商品房买卖合同得到履行。判决开发公司在完善案涉商铺初始登记后30日内将权属证明办至余某名下。2012年**甘肃某合作开发房地产合同纠纷案**,2001年,开发公司与商贸公司签订联建协议,约定前者出资、后者出地,各项规划手续由前者办理、后者协助。其间,双方以会议纪要方式决定先行开工。2006年,因工程项目未经规划批准、未取得商品房预售许可证违法预售被相关行政部门处罚。2007年,项目主体工程完工,开发公司因欠付工程款被施工单位起诉。2010年,商贸公司以开发公司迟延履行合同义务为由,诉请解除合同。法院认为:从本案事实看,办理案涉项目各项规划手续是联建双方的共同义务,开发公司负责办理工作,商贸公司负责协助。导致案涉项目规划手续未能办理,双方均有一定责任,且双方对案涉项目先开工后补办手续亦系明知并认可。同时,根据相关行政部门的决定,案涉项目并非根本性违章建筑,可通过补办相关规划手续使之合法化。故开发公司虽未成功办理规划手续,但并不属于根本性违约导致合同目的不能实现,因此认定合同解除,无事实和法律依据。从合同约定看,双方对何时交付联建房产并无特别严格的时间要求,交房时间一直处于变动中,亦未有逾期交房解除合同的约定。案涉项目主体工程已在2008年完工,故开发公司虽存在迟延履行债务行为,但尚未达到不能实现合同目的之严重程度。开发公司欠付工程款的事实与本案属于不同的法律关系,不能因此认定开发公司以自己行为表明不履行合同义务。在双务合同中,双方均存在违约的情况下,应根据合同义务分配情况、合同履行程度以及各方违约大小等因素综合考虑合同当事人是否享有解除权。综合全案情况看,开发公司承担了联建项目中的主要工作,并已履行大部分合同义务,案涉项目主体工程已完工,在双方均存在违约的情况下,认定商贸公司享有法定解除权,无事实和法律依据,将导致合同双方利益的显著失衡。《合同法》第112条规定,当事人一方不履行合同义务或者履行合同义务不符合约定的,在履行义务或采取补救措施后,对方还有其他损失的,应赔偿损失。即合同继续履行并不影响各方要求对方承担违约责任的权利,故判决驳回商贸公司诉讼请求。2011年5月**新疆某商品房买卖合同案**,法院认为:开发公司作为出卖人在明知其开发的商业楼未办理规划许可证,也未取得商品房预售许可证的情形下,仍与黄某签订《商品房买卖合同》出售商铺,并在合同中注明该商铺已取得商品房预售许可证,开发公司存在隐瞒其所售商铺没有取得商品房预售许可证明及未经规划事实的主观故意,根据最高人民法院《关于审理商品房买卖合同纠纷案件适用法律若干问题的解释》第2条的规定,开发公司与黄某签订的《商品房买卖合同》应属无效。黄某要求返还购房款及利息并承担不超过已付购房款1倍的赔偿责任的主张符合法律规定。2011年2月**重庆某商品房预售合同案**,法院认为:因开发公司至今未取得商品房预售许可证,双方所签商品房买卖合同应属无效,故本院对余某要求确认合同无效及退还购房款的请求予以支持;双方在签订合同时,余某已知晓开发公司在未取得许可证的情况下销售房屋,故不存在开发公司故意隐瞒未取得商品房预售许可证的情形,不符合最高人民法院《关于审理商品房买卖合同纠纷案件适用法律若干问题的解释》第9条的规定,余某要求利息的诉讼请求,庭审中,开发公司同意按人民银行同期贷款利率计算利息支付余某,符合法律规定,本院予以准许。2009年8月**上海某定金合同案**,法院认为:慎某与开发公司签订的《定金合同》《补充协议》《修正条款》系双方真实意思表示,其中主要预约了双方签订预售合同的期限,故具有预约性质,不属于预售合同,应合法有效。开发公司在慎某催告的情况下仍未能按约与慎某签订预售合同且未能举证证明其存在免责事由,故判决开发公司返还慎某定金3,334,863.90元并赔偿3,334,863.90元。2005年8月**辽宁某房屋买卖合同案**,高某开发的项目由工程公司承建,杨某2003年与项目部签订加盖工程公司章的购房合同,并经高某合作者牛某签字确认,随后将高息借来的6.9万元交给项目部经理张某。该房未办预售许可证明,也一直未交付房屋。

杨某诉请退款并赔偿经济损失。法院认为:工程公司下属的项目经理部与杨某签订售楼协议书时,整个工程尚处于施工阶段,现仍未办理竣工验收备案手续,至今未取得商品房预销售许可证明,工程公司尚未取得诉争房屋的所有权。双方所签订的售楼协议书实际为商品房预售合同的性质。因至今未取得商品房预销售许可证明,双方订立的合同违反了法律强制性规定,故应确认无效。工程公司作为该工程项目的施工单位,并不具备签订商品房预售合同的主体资格,其也未实际取得诉争房屋的所有权,虽然其与杨某签订的售楼协议经过了开发人高某的合作者牛某的签字确认,但其明知该工程尚未取得商品房预售许可证明,不具备签订商品房预售合同条件的情况下,仍与杨某签订售楼协议书,全额收取购房款,故引起本案纠纷,工程公司应负主要过错责任;杨某在与工程公司签订协议时,未审查该工程是否取得商品房预售许可证明,是否具备预售条件,即与工程公司签订协议,故杨某也应负有一定的过错责任。按照无效合同的处理原则,应由工程公司返还杨某所付的购房款,对杨某造成的经济损失,按双方的过错责任承担。对杨某借贷他人约定的利息,确定按人民银行同类贷款利息的 3 倍计算利息损失为宜。2005 年 4 月**福建某房屋买卖合同案**,一审认为:双方就已建成的讼争房屋签订《商品房预售合同》是双方当事人的真实意思表示,合同虽未采用现成房屋买卖合同文本,但其内容符合房屋买卖的一般规定,且合同签订后,洪某已按约定支付了购房款,股份公司也依约将讼争房屋交付洪某使用至今,又未违反法律的规定,洪某在起诉前股份公司亦已取得了讼争房屋的权属证书,故应认定该合同有效。二审认为:1997 年双方签订《商品房预售合同》时,该房屋并非商品房。依《城市房地产管理法》第 44 条规定,商品房预售人还须取得商品房预售许可证等条件。本案中,股份公司既非房地产开发经营企业,且也未取得商品房预售许可证等,讼争房不具备商品房预售条件。依《城市房地产管理法》第 39 条之规定,以划拨方式取得土地使用权的,转让房地产时,应按国务院规定,报有批准权的人民政府审批。双方预售合同虽报送房地产管理处登记备案,但并不等于已报有批准权的人民政府审批。综上,根据我国《合同法》的相关规定,双方的转让行为应认定无效。

【同类案件处理要点】

出卖人未取得商品房预售许可证明,与买受人订立的商品房预售合同,应认定无效,但在起诉前取得商品房预售许可证明的,可认定有效。当事人以商品房预售合同未按照法律、行政法规规定办理登记备案手续为由,请求确认合同无效的,不予支持。当事人约定以办理登记备案手续为商品房预售合同生效条件的,从其约定,但当事人一方已经履行主要义务,对方接受的除外。

【相关法律风险提示】

1. 开发商未取得预售许可证而以销售"贵宾卡""预约卡""诚意金""预订卡""排号费""认购费""认筹款"等违规形式进行预售活动的，购房人应谨慎，以避免在丧失消费者的知情权、选择权、公平交易权的情况下被"套牢"。因该"排号费"等不同于定金，亦非履约保证，对开发商无任何约束，无法避免开发商将预售房售与第三方，或随意提高房价。

2. 未取得预售许可证的商品房存在未来无法办理房产证、无法办理按揭、无法规避开发商"一房二卖"等风险。购房人在审查开发商出示的预售许可证时，应核查所预购房屋是否在预售范围，防止开发商利用前期或首期建成房屋的预售许可证欺骗购房者。对于购买高层住宅的买房人，还应注意是否超出规划，超出规划的楼层，将存在嗣后办理房产证的法律障碍。

3. 与持有预售许可证的开发商签订预售合同，仍避免不了日后预售证被撤销，导致预售合同无效、违约责任无效的后果。尽管导致预售证无效的责任主体同样应成为购房人损失包括定金、预付款利息及现房升值损失的弥补主体，但依然缺乏直接、有力的法律依据。案见山东东营中院（2008）东民四终字第129号"刘某与某开发公司房屋买卖合同纠纷案"。

4. 明知出卖人无预售许可而签约购房，不属于出卖人故意隐瞒情形，故预售合同无效，购房人无权要求双倍赔偿。案见重庆渝北区法院（2011）渝北法民初字第473号"余某诉某开发公司商品房预售合同纠纷案"。

5. 预约合同不等于预售合同，但拒绝履行预约合同，仍可能导致双倍返还定金的违约责任承担。案见上海一中院（2009）沪一中民二（民）终字第2225号"某开发公司与慎某定金合同纠纷上诉案"。

6. 商品房预售备案登记，不产生预告登记请求权的物权效力，不能对抗签订在后但实际交付并占有房屋的合同优先履行效力。

7. 起诉前合同标的已由期房转化为现房的商品房预售合同，法院应在不损害国家、集体或第三人利益原则下，积极补正认定买卖合同有效。

8. 预售合同无效，确定购房人经济损失赔偿额时，应考虑预付房款所占全部购房款比例及双方对合同无效责任大小。

9. 开发商在售房合同订立时虽未取得预售商品房许可证，但在约定交付使用时间之前取得许可证的，合同应认定有效。

10. 商品房预售因未取得许可证导致合同无效而造成的实际损失，应属于缔约过失责任的信赖利益损害赔偿范围之内。

【附注】

参考案例索引：山东东营中院（2008）东民四终字第129号"刘某与某开发公司

房屋买卖合同纠纷案";见《作为出卖人的房地产开发企业在其未取得商品房预售许可证明之前与买受人签订的〈商品房认购书〉是否有效》(《民事审判指导与参考》研究组),载《民事审判指导与参考·民事审判信箱》(201403/59:231);最高人民法院"开发公司与某通信公司商品房买卖合同纠纷案",见《关于合同被认定无效后的损失承担问题——济南森安房地产开发有限公司诉山东省无线电管理办公室商品房买卖合同纠纷上诉案》(刘银春,最高院民一庭),载《民事审判指导与参考·最高人民法院二审案件解析》(200901/37:223);最高人民法院"某开发公司与某法院预售合同纠纷案",见《缔约过失责任赔偿范围的确定——工腾房地产公司与嘉祥县人民法院商品房预售合同纠纷申请再审案》(李玉林,最高院立案庭),载《立案工作指导·申诉与申请再审疑案评析》(200904/23:143);见《商品房预售许可证与商品房认购书效力之间的关系》(《民事审判指导与参考》研究组),载《民事审判指导与参考·民事审判信箱》(200804/36:281);最高人民法院(2001)民一终字第5号"某开发公司与某实业公司购房合同纠纷案",见《新世纪建设发展(深圳)有限公司与香港天光置业有限公司购房合同纠纷案——合同法实施前,未办理商品房预售许可证订立的售房合同是否有效》(刘竹梅,最高院民一庭;审判长刘竹梅,审判员王文芳,代理审判员杨兴业),载《民事审判指导与参考·最高人民法院二审案件解析》(200104/8:205);最高人民法院(2000)民抗字第1号"某开发公司与某工贸公司房屋预售合同纠纷案",见《烟台市房地产集团华宇置业有限公司与烟台市黄金工业总公司房屋预售合同纠纷抗诉案——分清建筑工程承包合同与购房合同的界限,准确认定案件性质》(高珂,最高院审监庭),载《审判监督指导·案例评析》(200104/4:188);最高人民法院(1999)民终字第2号"某开发公司与某实业公司商品房预售合同纠纷案",见《兰州安泰阁房地产开发有限责任公司与兰州雅尔佳商贸实业有限总公司商品房预售合同纠纷上诉案——关于预售房屋合同的认定与处理》(王文芳,最高院民事审判庭;审判长胡仕浩,审判员王文芳,代理审判员吴晓芳),载《民事审判指导与参考·最高人民法院二审案件解析》(200003/3:171);最高人民法院(1999)民抗字第1号"黑龙江海外旅游总公司与哈尔滨深业房地产发展有限公司商品房买卖合同纠纷案",见《中华人民共和国最高人民法院民事判决书》(审判长俞宏武,审判员胡仕浩,代理审判员李桂顺),载《民事审判指导与参考·裁判文书选登》(200003/3:265);最高人民法院(1998)民终字第105号"某旅业公司与某开发公司等预售合同纠纷案",见《海南厚南旅业有限公司与海南顺兴房地产开发公司、海南深发房地产开发公司、海南凯鹏房地产开发有限公司商品房预售合同纠纷上诉案——未取得土地使用权证、商品房预售许可证所签预售商品房合同无效》(王文芳,最高院民事审判庭;审判长胡仕浩,审判员王文芳,代理审判员吴晓芳),载《民事审判指导与参考·最高人民法院二审案件解析》

（200002/2：197）；最高人民法院（1996）民终字第81号"某开发公司与某银行等预售商品房合同纠纷案"，见《武汉民生詠辉房地产有限公司与中国工商银行武汉市分行硚口区支行、武汉浩钿实业发展有限公司预售商品房纠纷上诉案——预售商品房合同无效后经济损失的计算及分担》（刘稚苕，最高院民事审判庭），载《民事审判指导与参考·最高人民法院二审案件解析》（200001/1：207）；江苏盐城中院（2010）盐民终字第1600号"汪某与某开发公司商品房买卖合同纠纷案"，见《汪隐杰诉益林开发公司洪斌分公司商品房买卖合同纠纷案》，载《江苏省高级人民法院公报》（201006/12：50）；陕西西安中院（2007）西民再终字第5号"刘某诉某房地产公司房屋买卖合同案"，见《故意隐瞒未取得售房许可证的赔偿问题——刘延生、孟涛诉陕西恒力房地产有限责任公司商品房买卖合同纠纷案》（张炎），载《人民法院案例选·月版》（200904/4：72）；最高人民法院（2016）最高法民申1234号"郑松等诉余拼等房屋买卖合同纠纷案"（审判长王展飞，审判员汪军、张爱珍，法官助理刘牧晗），载《中国裁判文书网》（20160819）；最高人民法院（2012）民一终字第126号"某商贸公司与某开发公司等合作开发房地产合同纠纷案"；新疆乌鲁木齐中院（2011）乌中民四终字第256号"某开发公司与黄某等商品房买卖合同纠纷上诉案"；重庆渝北区法院（2011）渝北法民初字第473号"余某诉某开发公司商品房预售合同纠纷案"；上海一中院（2009）沪一中民二（民）终字第2225号"某开发公司与慎某定金合同纠纷上诉案"；辽宁沈阳中院（2005）沈民（2）房终字第606号"某工程公司与杨某等房屋买卖合同纠纷案"；福建厦门中院（2005）厦民终字第523号"洪某与某开发公司房屋买卖合同纠纷案"。

45. 土地使用权年限缩水

——土地年限短,是否算欺诈?

【土地年限】

【案情简介及争议焦点】

开发公司宣传广告称其所售商铺有70年的土地使用权,陈某签约购买,合同条款上按土地使用权证记载为40年的年限,陈某据此要求返还多收取30年的购房款。

争议焦点:1. 开发公司是否构成欺诈? 2. 开发公司应否返还不当得利?

【裁判要点】

1. 本案开发公司不构成欺诈。我国对土地实行的是严格的权属规范和使用权让渡管理的土地制度,土地使用权的出让和转让所产生的土地使用权状况都有严格的法律制度加以调整,应以国家土地行政管理部门依法颁发的、具有法定公示力的《国有土地使用证》记载的权利状况为法定依据。开发公司已根据相关法律文件记载的内容,如实地将其为开发建设商品房所取得国有土地的使用权状况告知了作为购房者的陈某。商品房的促销广告和宣传资料是要约邀请,开发公司应承担由此履行不能的法律责任。由于陈某并未在本案诉讼中主张开发公司的宣传广告构成欺诈这一事实,且该广告是要约邀请,而非要约,即该宣传广告不能成为合同内容,进而不能由此产生相应的权利义务内容,故不能认定开发公司欺诈。

2. 开发公司不构成不当得利。陈某是基于开发公司在其所售的商铺土地使用权年限的事宜上构成欺诈,开发公司由此从陈某已给付的购房款中获得了相应的不当利益,故而要求开发公司返还该部分不当利益,但陈某并未能提交确实有效的证据证实开发公司确实由此获取了不当利益以及如果开发公司由此获得了不当利益,该不当利益的具体数额,陈某应就此承担举证不能的不利法律后果,且基于开发公司的行为并不构成欺诈,陈某要求开发公司返还不当利益这一诉求即丧失了其核心基础和关键前提,故应驳回陈某诉讼请求。

【裁判依据或参考】

1. 法律法规。《民法典》(2021年1月1日)第8条:"民事主体从事民事活动,不得违反法律，不得违背公序良俗。”第 143 条：“具备下列条件的民事法律行为有效：（一）行为人具有相应的民事行为能力；（二）意思表示真实；（三）不违反法律、行政法规的强制性规定，不违背公序良俗。”第 147 条：“基于重大误解实施的民事法律行为，行为人有权请求人民法院或者仲裁机构予以撤销。”第 148 条：“一方以欺诈手段，使对方在违背真实意思的情况下实施的民事法律行为，受欺诈方有权请求人民法院或者仲裁机构予以撤销。”第 152 条：“有下列情形之一的，撤销权消灭：（一）当事人自知道或者应当知道撤销事由之日起一年内、重大误解的当事人自知道或者应当知道撤销事由之日起九十日内没有行使撤销权；（二）当事人受胁迫，自胁迫行为终止之日起一年内没有行使撤销权；（三）当事人知道撤销事由后明确表示或者以自己的行为表明放弃撤销权。当事人自民事法律行为发生之日起五年内没有行使撤销权的，撤销权消灭。”第 155 条：“无效的或者被撤销的民事法律行为自始没有法律约束力。”第 156 条：“民事法律行为部分无效，不影响其他部分效力的，其他部分仍然有效。”第 157 条：“民事法律行为无效、被撤销或者确定不发生效力后，行为人因该行为取得的财产，应当予以返还；不能返还或者没有必要返还的，应当折价补偿。有过错的一方应当赔偿对方由此所受到的损失；各方都有过错的，应当各自承担相应的责任。法律另有规定的，依照其规定。”第 580 条：“当事人一方不履行非金钱债务或者履行非金钱债务不符合约定的，对方可以请求履行，但是有下列情形之一的除外：（一）法律上或者事实上不能履行；（二）债务的标的不适于强制履行或者履行费用过高；（三）债权人在合理期限内未请求履行。有前款规定的除外情形之一，致使不能实现合同目的的，人民法院或者仲裁机构可以根据当事人的请求终止合同权利义务关系，但是不影响违约责任的承担。”**《合同法》**（1999 年 10 月 1 日，已于 2021 年 1 月 1 日起失效）第 110 条：“当事人一方不履行非金钱债务或者履行非金钱债务不符合约定的，对方可以要求履行，但有下列情形之一的除外：（一）法律上或者事实上不能履行……”**《城市房地产管理法（2019 年修正）》**（2020 年 1 月 1 日）第 8 条：“土地使用权出让，是指国家将国有土地使用权（以下简称土地使用权）在一定年限内出让给土地使用者，由土地使用者向国家支付土地使用权出让金的行为。”第 12 条：“土地使用权出让，由市、县人民政府有计划、有步骤地进行。出让的每幅地块、用途、年限和其他条件，由市、县人民政府土地管理部门会同城市规划、建设、房产管理部门共同拟定方案，按照国务院规定，报经有批准权的人民政府批准后，由市、县人民政府土地管理部门实施。直辖市的县人民政府及其有关部门行使前款规定的权限，由直辖市人民政府规定。”第 14 条：“土地使用权出让最高年限由国务院规定。”第 20 条：“国家对土地使用者依法取得的土地使用权，在出让合同约定的使用年限届满前不收回；在特殊情况下，根据社会公共利益的需要，可以依照法律程序提前收回，并根据土地使用者使用土地的实际年限和开发土地的实际情况给予相应的补偿。”第22条:“土地使用权出让合同约定的使用年限届满,土地使用者需要继续使用土地的,应当至迟于届满前一年申请续期,除根据社会公共利益需要收回该幅土地的,应当予以批准。经批准准予续期的,应当重新签订土地使用权出让合同,依照规定支付土地使用权出让金。土地使用权出让合同约定的使用年限届满,土地使用者未申请续期或者虽申请续期但依照前款规定未获批准的,土地使用权由国家无偿收回。”第43条:“以出让方式取得土地使用权的,转让房地产后,其土地使用权的使用年限为原土地使用权出让合同约定的使用年限减去原土地使用者已经使用年限后的剩余年限。”**《土地管理法(2019年修正)》**(2020年1月1日)第5条:“国务院自然资源主管部门统一负责全国土地的管理和监督工作。县级以上地方人民政府自然资源主管部门的设置及其职责,由省、自治区、直辖市人民政府根据国务院有关规定确定。”国务院**《土地管理法实施条例(2014年修订)》**(1999年1月1日,已于2014年7月29日第二次修订实施)第7条:“……土地使用权有偿使用合同约定的使用期限届满,土地使用者未申请续期或者虽申请续期未获批准的,由原土地登记机关注销土地登记。”国务院**《关于发展房地产业若干问题的通知》**(1992年11月4日　国发〔1992〕61号,2016年2月18日经住建部第1041号文宣布失效)第5条:“加强土地使用权出让合同的管理。出让方和受让方要按规定的程序签订土地使用权出让合同。土地使用权出让的合同里,必须明确规定土地使用权出让年限、土地用途、投资开发期限、在规定期限内的开发程度、土地出让金额和支付方式等。如不能按期开发、不按规定用途使用,或土地闲置时间超过两年者,县级以上人民政府有权依法收回土地使用权。”国务院**《城镇国有土地使用权出让和转让暂行条例(2020年修订)》**(1990年5月19日,2020年11月29日修订,删除第52条)第8条:“土地使用权出让是指国家以土地所有者的身份将土地使用权在一定年限内让与土地使用者,并由土地使用者向国家支付土地使用权出让金的行为。土地使用权出让应当签订出让合同。”第12条:“土地使用权出让最高年限按下列用途确定:(一)居住用地七十年;(二)工业用地五十年;(三)教育、科技、文化、卫生、体育用地五十年;(四)商业、旅游、娱乐用地四十年;(五)综合或者其他用地五十年。”第22条:“土地使用者通过转让方式取得的土地使用权,其使用年限为土地使用权出让合同规定的使用年限减去原土地使用者已使用年限后的剩余年限。”第39条:“土地使用权因土地使用权出让合同规定的使用年限届满、提前收回及土地灭失等原因而终止。”第40条:“土地使用权期满,土地使用权及其地上建筑物、其他附着物所有权由国家无偿取得。土地使用者应当交还土地使用证,并依照规定办理注销登记。”第41条:“土地使用权期满,土地使用者可以申请续期。需要续期的,应当依照本条例第二章的规定重新签订合同,支付土地使用权出让金,并办理登记。”第42条:“国家对土地使用者依法取得的土地使用权不提前收回。在特殊情况下,根据社会公共利益的需要,国家可以依照法律程序提前收回,并根据土地使用者已使用的年限和开发、利用土地的实际情况给予相应的补偿。"

2. 司法解释。最高人民法院、国土资源部、建设部《**关于依法规范人民法院执行和国土资源房地产管理部门协助执行若干问题的通知**》(2004 年 3 月 1 日　法发〔2004〕5 号)第 25 条:"人民法院执行土地使用权时,不得改变原土地用途和出让年限。"最高人民法院《**关于审理商品房买卖合同纠纷案件适用法律若干问题的解释(2020 年修改)**》(2021 年 1 月 1 日　法释〔2020〕17 号)第 3 条:"商品房的销售广告和宣传资料为要约邀请,但是出卖人就商品房开发规划范围内的房屋及相关设施所作的说明和允诺具体确定,并对商品房买卖合同的订立以及房屋价格的确定有重大影响的,构成要约。该说明和允诺即使未载入商品房买卖合同,亦应当为合同内容,当事人违反的,应当承担违约责任。"最高人民法院《**印发〈关于审理房地产管理法施行前房地产开发经营案件若干问题的解答〉的通知**》(1995 年 12 月 27 日　法发〔1996〕2 号,2013 年 1 月 18 日起经法释〔2013〕2 号废止)第 10 条:"以转让方式取得的土地使用权的使用年限,应当是土地使用权出让合同约定的使用年限减去原土地使用者已使用的年限后的剩余年限。转让合同约定的土地使用年限超过剩余年限的,其超过部分无效。土地使用年限,一般应从当事人办理土地使用权登记或变更登记手续,取得土地使用证的次日起算,或者在合同中约定土地使用年限的起算时间。"

3. 部门规范性文件。国家工商总局《**房地产广告发布规定**》(2016 年 2 月 1 日)第 6 条:"发布房地产广告,应当具有或者提供下列相应真实、合法、有效的证明文件:(一)房地产开发企业、房地产权利人、房地产中介服务机构的营业执照或者其他主体资格证明;(二)建设主管部门颁发的房地产开发企业资质证书;(三)土地主管部门颁发的项目土地使用权证明;(四)工程竣工验收合格证明;(五)发布房地产项目预售、出售广告,应当具有地方政府建设主管部门颁发的预售、销售许可证证明;出租、项目转让广告,应当具有相应的产权证明;(六)中介机构发布所代理的房地产项目广告,应当提供业主委托证明;(七)确认广告内容真实性的其他证明文件。"第 7 条:"房地产预售、销售广告,必须载明以下事项:(一)开发企业名称;(二)中介服务机构代理销售的,载明该机构名称;(三)预售或者销售许可证书号。广告中仅介绍房地产项目名称的,可以不必载明上述事项。"国土资源部办公厅《**关于妥善处理少数住宅建设用地使用权到期问题的复函**》(2016 年 12 月 8 日　国土资厅函〔2016〕1712 号):"《物权法》第 149 条规定:'住宅建设用地使用权期间届满的,自动续期。'《中共中央国务院关于完善产权保护制度依法保护产权的意见》(中发〔2016〕28 号)提出,'研究住宅建设用地等土地使用权到期后续期的法律安排,推动形成全社会对公民财产长久受保护的良好和稳定预期’。在尚未对住宅建设用地等土地使用权到期后续期作出法律安排前,少数住宅建设用地使用权期间届满的,可按以下过渡性办法处理:一、不需要提出续期申请。少数住宅建设用地使用权期间届满的,权利人不需要专门提出续期申请。二、不收取费用。市、县国土资源主管部门不收取相关费用。三、正常办理交易和登记手续。此类住房发生交易时,正常办理房地产交易和不动产登记手续,涉及‘土地使用期限’仍填写该住宅建设用地使用权的原起始日期和到期日期,并注明:‘根据《国土资源部办公厅关于妥善处理少数住宅建设用地使用权到期问题的复函》(国土资厅函〔2016〕1712 号)办理相关手续。’”建设部**《城市房地产抵押管理办法》**(2001 年 8 月 15 日)第 18 条:“以具有土地使用年限的房地产设定抵押的,所担保债务的履行期限不得超过土地使用权出让合同规定的使用年限减去已经使用年限后的剩余年限。”国家土地管理局**《印发〈关于认定收回土地使用权行政决定法律性质的意见〉的通知》**[1997 年 10 月 30 日 〔1997〕国土(法)字第 153 号]第 3 条:“依照《城市房地产管理法》第十九条(*2007 年修订后已变更为第 20 条——编者注*)和《城镇国有土地使用权出让和转让暂行条例》第四十二条的规定,在特殊情况下,根据社会公共利益的需要,人民政府或者土地管理部门依照法律程序提前收回出让的国有土地使用权,属于行政处理决定。”第 4 条:“依照《城市房地产管理法》第二十一条(*2007 年修订后已变更为第 22 条——编者注*)第二款和《城镇国有土地使用权出让和转让暂行条例》第四十条的规定,土地使用权出让合同约定的使用年限届满,土地使用者未申请续期或者虽申请续期依照法律有关规定未获批准的,由人民政府或者土地管理部门依法无偿收回出让的国有土地使用权,属于行政处理决定。”国家土地管理局**《对国有土地使用权出让年限始起日期问题的批复》**(1996 年 6 月 5 日,2003 年 2 月 20 日起失效)第 1 条:“关于土地使用权出让年限的始起日期问题。根据《城镇国有土地使用权出让和转让暂行条例》第十六条‘土地使用者在支付全部土地使用权出让金后,应当依照规定办理登记,领取土地使用证,取得土地使用权’和 1994 年 1 月 18 日国家土地管理局、国家工商行政管理局发布的《国有土地使用权出让合同示范文本》(宗地出让合同)第四条‘本合同项下的土地使用权出让年限为____年,自领取该宗地的《中华人民共和国国有土地使用证》之日起算’的规定以及 1995 年 12 月 27 日最高人民法院《关于审理房地产管理法施行前房地产开发经营案件若干问题的解答》中‘出让合同出让的土地使用权未依法办理审批、登记手续的,一般应当认定合同无效’的意见,土地使用权出让年限的始起日期应当确定为自领取或者颁发土地使用证之日起计算。”第 2 条:“关于出让合同生效与颁发或者领取土地使用证存在时间差的问题。根据 1995 年 12 月 28 日国家土地管理局发布的《土地登记规则》第二十六条‘以出让方式取得国有土地使用权的，受让方应当在按出让合同约定支付全部土地使用权出让金后三十日内，持土地使用权出让合同和土地使用权出让金支付凭证申请国有土地使用权设定登记。'的规定，受让方申请办理土地使用权登记的必备要件是按出让合同约定支付全部土地使用权出让金后三十日内，因此，出让合同生效与颁发或者领取土地使用证在客观上存在一定的时间差。如果土地使用者（受让方）在规定时间内不办理土地登记，应视为违法占地行为，按照《土地登记规则》第六十九条'土地使用者、所有者凡不按规定如期申请初始土地登记的，按照非法占地的处理办法论处'的规定处理；如果在出让合同生效后，受让方未实际占用或者使用土地，也未在规定时间内办理土地使用权登记手续的，按照最高人民法院有关规定，应认定已生效的出让合同为无效合同，不再对出让合同双方当事人具有约束力。"国家土地管理局**《土地登记规则》**［1996年2月1日　〔1995〕国土（法）字第184号］第66条："有下列情形之一的，土地管理部门不予受理土地登记申请：……（四）土地使用权转让、出租、抵押期限超过土地使用权出让年限的……"国家土地管理局**《印发关于地籍管理几个问题处理意见的通知》**［1992年5月13日　〔1992〕国土（籍）字第46号］第6条："注销土地使用权出让登记，土地使用权出让期届满，土地使用者持土地证书和出让合同到土地管理部门申请办理。土地管理部门审核后，注销出让土地登记，收回或更改土地证书。"国家土地管理局**《划拨土地使用权管理暂行办法》**（1992年3月8日，已于2019年7月24日起失效）第25条："土地使用者转让、出租、抵押土地使用权，在办理土地使用权出让手续时，其土地使用权出让期由所在地市、县人民政府土地管理部门与土地使用者经过协商后，在土地使用权出让合同中订明，但不得超过《条例》规定的最高年限。"第28条："土地使用权出让期届满，土地使用者必须在出让期满之日起十五日内持国有土地使用证和土地使用权出让合同，到原登记机关办理注销出让登记手续。"国家土地管理局**《关于对〈中华人民共和国城镇国有土地使用权出让和转让暂行条例〉有关问题的批复》**（1990年12月20日〔1990〕国土函字第146号，已于2003年2月20日起失效）："根据《中华人民共和国城镇国有土地使用权出让和转让暂行条例》第四十条、第四十一条规定，土地使用权期满，土地使用权及其地上建筑物、其他附着物所有权由国家无偿取得。土地使用者应当交还土地使用证，并依照规定办理注销登记。土地使用权期满，土地使用者需要续期的，可以申请续期；经批准续期的，按规定重新签订土地使用权出让合同，支付出让金，并办理登记，其原地上的建筑物、其他附着物的产权在续期使用期间可以不变，由出让合同约定。"

4. 地方司法性文件。江苏高院**《关于审理房地产合同纠纷案件若干问题的解答》**（2018年6月26日　审委会会议纪要〔2018〕3号）第32条："土地使用权证使用年限缩水如何处理？因出卖人变更了土地性质、用途，导致商品房土地使用权年限明显减少,出卖人未尽告知义务的,买受人请求出卖人承担违约或赔偿责任的,应予支持。【说明】有观点认为,目前土地使用权到期后自动续期,故买受人没有损失,对此不应支持。本条认为在目前法律没有明确自动无偿续期的情况下,应赋予买受人请求赔偿的权利。”四川成都中院**《关于印发〈商品房买卖合同案件的审理指南(试行)〉的通知》**(2017年10月11日　成中法发〔2017〕129号)第16条:“国有土地使用年限短于合同约定的处理。买受人以实际取得的商品房权属证书载明的国有土地使用年限短于合同约定的使用年限,要求出卖人重新办理符合商品房买卖合同约定的商品房权属证书的,不予支持。买受人要求出卖人承担相应违约责任的,应予支持。”北京高院**《关于印发修订后的〈北京市法院执行工作规范〉的通知》**(2014年1月1日)第415条:“【土地使用权的流转限制】人民法院执行土地使用权时,不得改变原土地用途和出让年限。”江苏高院**《房屋买卖合同纠纷案件疑难问题法律适用研讨会综述》**(2004年11月27日)第1条:“……7.关于土地使用权证使用年限缩水的问题。《城市房地产管理法》等法律法规规定了各类用地的最高年限。住宅商品房的出卖人向买受人移转交付的土地使用权,其使用期限常常短于七十年。这主要有两种原因:一种情形是因为房地产开发建设占用了一定的时间,这属于正常形态,一般不会引发纠纷。另一种情形是出卖人经出让取得土地使用权后变更了土地用途,或者从他人处经转让取得土地使用权,土地性质本不属于住宅用地,故导致土地使用权年限是四十年或者五十年。在后一种情形中,出卖人是否应向买受人承担违约责任?如承担,又该如何承担?一种意见认为,出卖人是否应当承担违约责任,首先要看其在订立买卖合同时,是否尽到了告知义务即告诉买受人土地使用权的年限情况。如果其已经尽到了告知义务,买受人仍然愿意购买的,可以认定买卖合同是据实订立的,应当认为出卖人并没有违反合同约定及附属义务,因此不承担违约责任。如果出卖人没有尽到告知义务,且出卖人向买受人移转交付的土地使用权年限不符合法律规定的住宅用地的使用年限,就构成违约,应当承担违约责任。在违约责任的承担方式上,可以责令出卖人退还多收取的土地成本,或者责令其将土地使用权的年限予以续展、补足,也可以由其支付费用而由买受人办理续展手续。另一种意见认为,根据《土地管理法》的有关规定,这种纠纷属于土地使用权权属争议,不属于人民法院受理民事案件的范围,依法应当由有关人民政府处理。”

5.地方规范性文件。北京市**《关于修订〈北京市国有建设用地供应办法(试行)〉的决定》**(2021年6月10日　京政发〔2021〕12号):“……《供应办法》第二十五条中‘土地有偿使用期限届满,土地使用者需继续使用土地的,应当至迟于有偿使用期满前一年向土地行政主管部门提出申请,未申请或者申请未获批准的,期满后的土地使用权由政府无偿收回’修改为‘住宅建设用地使用权期限届满的,自动续期。非住宅建设用地使用权期限届满，土地使用者需要继续使用土地的，应当至迟于有偿使用期满前一年提出续期申请，未申请或者申请未获批准的，期满后的土地使用权由政府无偿收回。'"北京市发改委**《关于印发〈北京市《商品房销售明码标价规定》实施细则〉的通知》**（2011年5月1日　京发改〔2011〕554号）第6条："……销售存量房，应标示房源具体区域位置、土地使用起止年限、结构、户型、建筑面积、销售价格、代理服务项目及收费标准……"第7条："商品房经营者应使用价格手册的形式，明确标示以下内容：（一）已取得《建设用地规划许可证》《国有土地使用权证》《建设工程规划许可证》《建设工程施工许可证》《商品房预售许可证》的批准文号、批准日期……"珠海市国土资源局**《关于印发〈关于规范土地出让年限重新起算问题的意见〉的通知》**（2021年6月17日　珠自然资字〔2021〕506号）第1条："依据相关规定，应当调整土地出让年限的，按以下办法处理：（一）地上有合法建筑物的划拨土地使用权经批准转让或改为出让且不改变土地用途的，按照办理变更登记时的基准地价标准计收地价，除此情形以外的划拨土地使用权涉及补交地价的，按照办理变更登记当时国土部门公布的评估市场价补交，补交时不扣除原已交地价的，则土地出让年限自批准之日起重新起算；要求扣除原已交地价的，则土地出让年限从原批准之日起算。（二）经市政府批准置换调整用地的，置换调整后用地的土地出让年限起算时间不变。（三）珠海保税区、洪湾商贸物流中心等转型项目土地使用年限起算按已经市政府批准的审批办法规定执行。"第2条："由用地单位申请，经批准重新起算土地出让年限的，按以下办法处理：（一）整合用地的处理。对于相邻用地经批准整合成为一宗用地统一开发建设的，当原相邻用地的土地出让年限起算时间不一致时，可以按以下两种方式之一处理：1. 用地单位申请补缴地价予以统一土地出让年限起算时间的，则按依法受理补缴地价申请时点的土地使用权出让地价评估价格，计收应缴地价后，调整土地出让年限起算时间。2. 若用地单位不补缴地价的，则以原合宗前各用地中最早的土地出让年限起算时间作为新宗地的统一土地出让年限起算时间；或根据原合宗前各用地的用地面积（或建筑面积）、原起算时间取加权平均值（具体计算方式见附件），作为新宗地的统一土地出让年限起算时间。（二）政府管理控制影响的处理。1. 因政府延迟交付出让土地的，在政府交付土地的一年内申请，延迟交付土地的时间可通过签订补充协议，调整土地出让年限起算时间。2. 因强制性调整规划停止建设的项目用地（用地单位或个人原因申请修改规划条件的除外），由用地单位提出申请，并提供相应答复文件或政府公告，停止建设日期至政府强制性调整规划消除之间的期限，可通过签订补充协议，调整土地出让年限起算时间。"第3条："城市更新项目（含烂尾楼）另有规定的，按其规定执行。"北京市**《实施〈城镇国有土地使用权出让和转让暂行条例〉办法》**（2007年11月23日）第9条："土地使用权出让最高年限按下列用途确定:(一)居住用地70年;(二)工业用地50年;(三)教育、科技、文化、卫生、体育用地50年;(四)商业、旅游、娱乐用地40年;(五)综合或者其他用地50年。”北京市**《关于印发〈北京市国有建设用地供应办法(试行)〉的通知》**(2005年5月1日　京政发〔2005〕6号,其中第25条已于2021年6月10日被京政发〔2021〕12号修改)第25条:“土地有偿使用期限届满,土地使用者需继续使用土地的,应当至迟于有偿使用期满前一年向土地行政主管部门提出申请,未申请或者申请未获批准的,期满后的土地使用权由政府无偿收回。”

6. 参考案例。2004年**福建某商品房买卖合同纠纷案**,2001年,陈某从开发商处买商铺,合同上写的是土地使用年限为50年,最后拿到的产权证上却显示只有40年。法院认为:案涉商品房买卖合同有效,但有关土地使用年限约定超过国家法定出让年限10年部分应属无效。该格式合同系开发商提供,导致约定因违反国家法律强制性规定而无效的责任在开发商。土地使用年限变动对房屋售价有无实质性影响并不以开发商实际缴纳的土地出让金额作为判断标准,而应以购房者签订合同时信赖合同约定所付出对价作为衡量标准,故房屋所附着土地使用年限长短,决定了房屋价值不同,开发商因此获得的利益即应返还。虽房屋售价未体现土地使用年限在计价中的成分比例,但签约时购房者系按50年土地使用年限给付对价,故参照该项目所在宗地土地使用权出让金标准,按10年标准折算开发商合同利益予以返还,既能体现合同责任,亦符合公平原则。按案涉商铺面积35.27平方米乘以土地使用出让金1000元/平方米,再乘以短缺的使用年限20%,判决开发公司赔偿陈某7000余元。2011年8月**浙江某商品房销售合同案**,法院认为:开发公司提供的国有土地使用权证证明涉案房屋土地的用途为商住综合,出让年限是50年。而双方合同第1条约定标题为项目建设依据,并非是向李某作出商业用房国有土地使用权年限为50年的承诺条款,且合同第3条明确案涉房屋的用途为商业。而《城镇国有土地使用权出让和转让暂行条例》第12条明确规定商业、旅游、娱乐用地最高使用年限为40年,该规定众所周知,李某在签订合同时理应知晓,李某认为开发公司的行为存在欺诈无事实依据,应予驳回。2011年4月**陕西某商品房销售合同案**,法院认为:买受人要求开发公司就土地使用权出让年限减少按比例进行赔偿的诉请主张,因该土地使用权出让及规划、准建均由相关行政部门审批,该项请求不属于人民法院的民事诉讼受案范围,故在本案中不予支持。2010年11月**河南某商品房销售合同案**,一审认为:对孙某主张该房屋的土地使用年限少12年与双方签订合同约定有差异,要求补偿的请求,本院可以适当考虑,酌定由开发公司补偿给孙某土地使用年限款5000元。二审认为:关于孙某主张该房屋的土地使用年限与双方签订合同的约定有差异,要求开发公司补偿损失的问题,由于孙某至今并未办理该房屋的房产证和土地使用证,对土地使用年限是否减少无法确定,故孙某要求退还购房款及契税的主张,证据不足,不予支持。2008 年 3 月**山东某商品房买卖合同案**,法院认为:涉案商品房虽部分占用了使用年限为 70 年的住宅用地和部分使用年限为 40 年的商业用地,但其中的商业用地已于 2007 年 4 月 10 日由案外公司转让给了开发公司。开发公司开发建设的小区已经规划,所占土地依法可以办理土地使用性质和使用年限的变更手续。根据有关房地产权属登记的规定,房屋所有权证书的办理取得,应由买受人按照国家规定向房地产行政管理部门申请办理土地使用权变更和房屋所有权登记手续,出卖人应当协助买受人办理土地使用权变更和房屋所有权登记手续,并提供必要的证明文件。开发公司已完成了初始登记义务,房地产权属证书的办理系张某的义务,张某应持有关手续向房地产行政管理部门申请办理,涉案商品房没有办理房地产权属证书是因为张某怠于履行自身的义务所致。故双方所签商品房买卖合同的合同目的并非不能实现,张某请求解除合同的诉讼请求,不符合合同法定解除的条件,应予驳回。2007 年 3 月**江苏某商品房买卖合同案**,法院认为:章某向开发公司履行付款等义务后,有权要求开发公司按约办理符合契约约定的相关权证。双方签订的商品房买卖契约明确约定,章某购买的房屋使用功能为商业,其后开发公司向章某交付了商业用途的房屋。章某也缴纳了商业性质用房的契税,并取得"非住宅"性质的房屋所有权证。故开发公司负有协助章某办理商业用房土地使用权证的合同义务。同时,相关法律规定房地产转让,房屋的所有权和该房屋占用范围内的土地使用权同时转让。据此,开发公司也负有为章某办理与房屋使用性质一致的土地使用权证的法定义务。开发公司以合同约定土地使用年限为 69 年推定房屋即为住宅用房,同时以其不具备办理商业性质土地使用权证的合同及法定义务为由提出的理由不能成立;同时,本院经审理查明的事实表明,开发公司在取得本案土地使用权后,已经有关部门批准变更了部分土地的使用性质,将本案中建设项目的用途变更为住宅、商业。按照法律规定,开发公司应补办相关手续,补交变更为商业性质用地的土地出让金。由于开发公司至今未能办理上述手续,补交相应土地出让金,亦未向章某提供办理商业性质土地使用权证的相关资料,导致章某不能办理相应的土地使用权证,故其应按照合同约定承担迟延协助办证的违约责任。2005 年 12 月**重庆某商品房买卖合同案**,法院认为:开发公司在取得土地时,国土资源局确定的土地类型为综合类,并明确确定其中商业用地的使用期限为 40 年。根据《土地管理法》的规定,国土资源局作为政府土地行政管理部门负责土地管理工作,其对黄某所购门市土地类型和使用期限的核定是其行政职责。开发公司虽与黄某约定为综合用地,使用期限 50 年,但开发公司作为土地行政管理的相对人,无权自行确定或改变应由土地行政管理部门确定的内容。因国土资源局已将黄某所购门市土地类型核定为商业用地,而《城镇国有土地使用权出让和转让暂行条例》规定商业用地的土地使用权出让最高年限只能为40年,现黄某要求开发公司为其办理使用期限为50年的土地使用证不符合该条例的规定,属《合同法》规定的法律上不能履行的内容,开发公司已不可能按其要求履行,故黄某的请求不予支持。

【同类案件处理要点】

土地使用权年限应以国家土地行政管理部门依法颁发的、具有法定公示力的《国有土地使用证》记载为准。

【相关法律风险提示】

1. 土地使用权的年限以法律规定为准。卖方的承诺和保证无效。如果卖方有相关承诺,但未写入合同,依然难以成为欺诈宣传的直接证据,案见云南昆明中院(2008)昆民三终字第72号"陈某与某开发公司商品房买卖合同纠纷案"。即使写入合同,因其无效也不一定承担违约责任,案见重庆一中院(2005)渝一中民终字第3876号"黄某等与某开发公司商品房买卖合同纠纷案"。

2. 商品房土地使用权年限通常不会很短,但开发商若许诺其土地使用权年限比其他楼盘的年限长,购房人完全可以在签订购房合同前,到相关土地管理部门查询,尽量不要相信开发商提供的证书原件乃至复印件。

3. 商品房买卖合同中虽约定了与实际不符的土地使用权年限,购买者以此要求违约赔偿的,法院可能会以不受人民法院民事诉讼受案范围为由而驳回。案见陕西榆林中院(2011)榆中法民一终字第00041号"王某等与某开发公司商品房销售合同纠纷上诉案"。在购房人未办理房产证和土地使用权证的情况下,法院亦可能以"土地使用年限是否减少无法确定"而驳回诉请。案见河南洛阳(2010)洛民终字第2227号"某开发公司与孙某商品房销售合同纠纷上诉案"。

4. 商品房买卖合同中应对买受人最终取得的土地使用权权属状态为出让还是划拨明确约定,以免追究逾期办证责任时产生不必要的争议。

5. 为防止对方不积极履约,可以事先约定除了违约损失赔偿外,对非违约方因诉讼产生的律师代理费、取证费、查档费、交通费等费用明确约定由违约方承担。在未约定情况下,取证及其他合理诉讼费用可能缺乏法律依据而得不到法院支持。

【附注】

参考案例索引:云南昆明中院(2008)昆民三终字第72号"陈某与某开发公司商品房买卖合同纠纷案";福建厦门中院(2004)厦民终字第2176号"陈某等诉某开发商商品房买卖合同案",见《陈美玲、蔡晨蓉以合同约定土地使用年限少于产权证记载年限10年为由诉厦门厦信发房地产有限公司退还无效约定年限的地价款案》（刘宁），载《人民法院案例选》（200602/56：187）；浙江杭州萧山区法院（2011）杭萧民初字第2208号“李某诉某开发公司商品房销售合同纠纷案”；陕西榆林中院（2011）榆中法民一终字第00041号“王某等与某开发公司商品房销售合同纠纷上诉案”；河南洛阳（2010）洛民终字第2227号“某开发公司与孙某商品房销售合同纠纷上诉案”；山东东营中院（2007）东民四初字第43号“张某诉某开发公司商品房买卖合同纠纷案”；江苏南京中院（2007）宁民四终字第171号“某开发公司与章某等商品房买卖合同纠纷案”；重庆一中院（2005）渝一中民终字第3876号“黄某等与某开发公司商品房买卖合同纠纷案”。

46. 土地使用权性质变更

——土地使用权，划拨改出让？

【土地性质】

【案情简介及争议焦点】

2003年，开发公司与尹某签订商品房销售协议，合同中以建设用地批准通知书字号作为土地使用权证号，项目建设依据中注明土地使用权类型为出让。尹某后委托案外人办理的国有土地使用证却载明土地使用权类型为划拨，遂以开发公司单方变更合同要求支付继续履行合同并支付违约赔偿。诉讼中开发公司称出让手续正在申报办理中。

争议焦点：1. 继续履行如何认定？2. 开发公司是否违约？

【裁判要点】

1. 要求继续履行的诉请不予支持。讼争房屋所涉及的土地使用权的出让手续正在申报办理中，开发公司并不存有拒绝或迟延办理行为，合同已在履行，故对尹某要求继续履行合同，办理土地使用权出让手续，并为其办理出让性质的土地使用权证的请求，不予支持。

2. 违约金及手续费诉请不予支持。尹某委托案外人办理土地使用权证，且未将办证费用给付开发公司，开发公司亦不存有合同约定所载明“单方提出解除合同或者变更本合同约定”的情形，故尹某要求开发公司给付违约金及承担变更手续费的请求，亦不予支持。

【裁判依据或参考】

1. 法律规定。《**契税法**》（2021年9月1日）第1条："在中华人民共和国境内转移土地、房屋权属，承受的单位和个人为契税的纳税人，应当依照本法规定缴纳契税。"第9条："契税的纳税义务发生时间，为纳税人签订土地、房屋权属转移合同的当日，或者纳税人取得其他具有土地、房屋权属转移合同性质凭证的当日。"第10条："纳税人应当在依法办理土地、房屋权属登记手续前申报缴纳契税。"第11条："纳税人办理纳税事宜后，税务机关应当开具契税完税凭证。纳税人办理土地、房屋权属登记，不动产登记机构应当查验契税完税、减免税凭证或者有关信息。未按照规定缴纳契税的，不动产登记机构不予办理土地、房屋权属登记。"《**民法典**》（2021年1月1日）第147条："基于重大误解实施的民事法律行为，行为人有权请求人民法院或者仲裁机构予以撤销。"第148条："一方以欺诈手段，使对方在违背真实意思的情况下实施的民事法律行为，受欺诈方有权请求人民法院或者仲裁机构予以撤销。"第152条："有下列情形之一的，撤销权消灭：（一）当事人自知道或者应当知道撤销事由之日起一年内、重大误解的当事人自知道或者应当知道撤销事由之日起九十日内没有行使撤销权；（二）当事人受胁迫，自胁迫行为终止之日起一年内没有行使撤销权；（三）当事人知道撤销事由后明确表示或者以自己的行为表明放弃撤销权。当事人自民事法律行为发生之日起五年内没有行使撤销权的，撤销权消灭。"第580条："当事人一方不履行非金钱债务或者履行非金钱债务不符合约定的，对方可以请求履行，但是有下列情形之一的除外：（一）法律上或者事实上不能履行；（二）债务的标的不适于强制履行或者履行费用过高；（三）债权人在合理期限内未请求履行。有前款规定的除外情形之一，致使不能实现合同目的的，人民法院或者仲裁机构可以根据当事人的请求终止合同权利义务关系，但是不影响违约责任的承担。"《**合同法**》（1999年10月1日，已于2021年1月1日起失效）第42条："当事人在订立合同过程中有下列情形之一，给对方造成损失的，应当承担损害赔偿责任：（一）假借订立合同，恶意进行磋商；（二）故意隐瞒与订立合同有关的重要事实或者提供虚假情况；（三）有其他违背诚实信用原则的行为。"《**物权法**》（2007年10月1日，已于2021年1月1日起失效）第137条："设立建设用地使用权，可以采取出让或者划拨等方式。工业、商业、旅游、娱乐和商品住宅等经营性用地以及同一土地有两个以上意向用地者的，应当采取招标、拍卖等公开竞价的方式出让。严格限制以划拨方式设立建设用地使用权。采取划拨方式的，应当遵守法律、行政法规关于土地用途的规定。"第141条："建设用地使用权人应当依照法律规定以及合同约定支付出让金等费用。"《**城市房地产管理法（2019年修正）**》（2020年1月1日）第8条："土地使用权出让，是指国家将国有土地使用权（以下简称土地使用权）在一定年限内出让给土地使用者，由土地使用者向国家支付土地使用权出让金的行为。”第15条：“土地使用权出让，应当签订书面出让合同。土地使用权出让合同由市、县人民政府土地管理部门与土地使用者签订。”第18条：“土地使用者需要改变土地使用权出让合同约定的土地用途的，必须取得出让方和市、县人民政府城市规划行政主管部门的同意，签订土地使用权出让合同变更协议或者重新签订土地使用权出让合同，相应调整土地使用权出让金。”第23条：“土地使用权划拨，是指县级以上人民政府依法批准，在土地使用者缴纳补偿、安置等费用后将该幅土地交付其使用，或者将土地使用权无偿交付给土地使用者使用的行为。依照本法规定以划拨方式取得土地使用权的，除法律、行政法规另有规定外，没有使用期限的限制。”第41条：“房地产转让，应当签订书面转让合同，合同中应当载明土地使用权取得的方式。”

2. 行政法规。国务院**《关于促进流通业发展的若干意见》**（2005年6月9日　国发〔2005〕19号）第2条：“……允许国有流通企业通过将其使用的、已划拨的土地在补办出让手续、补交土地出让金后纳入企业总资产冲抵企业债务；经财政、国有资产管理部门同意，按照国家有关规定，国有流通企业可以通过出售所持国有产权抵偿历史债务。”第9条：“……企业利用原使用的国有划拨土地使用权引进资金和设备建设物流配送中心，可在依法办理经营性用地出让手续、按市场价格补缴土地使用权出让金后，将土地使用权作为法人资产出资……”国务院**《关于深化改革严格土地管理的决定》**（2004年10月21日　国发〔2004〕28号）第17条：“……经依法批准利用原有划拨土地进行经营性开发建设的，应当按照市场价补缴土地出让金。经依法批准转让原划拨土地使用权的，应当在土地有形市场公开交易，按照市场价补缴土地出让金；低于市场价交易的，政府应当行使优先购买权。”国务院**《关于加强国有土地资产管理的通知》**（2001年4月30日　国发〔2001〕15号）第2条：“……土地使用者需要改变原批准的土地用途、容积率等，必须依法报经市、县人民政府批准。对原划拨用地，因发生土地转让、出租或改变用途后不再符合划拨用地范围的，应依法实行出让等有偿使用方式；对出让土地，凡改变土地用途、容积率的，应按规定补交不同用途和容积率的土地差价……”第4条：“……划拨土地使用权未经批准不得自行转让……”国务院办公厅**《转发建设部等部门关于支持科研院所、大专院校、文化团体和卫生机构利用单位自用土地建设经济适用住房若干意见的通知》**（1998年9月18日　国办发〔1998〕130号）第2条：“……为本单位职工建设经济适用住房所用的自用土地仍保留原划拨土地使用权性质，申请用地变更登记，免收土地出让金……”国务院**《城市房地产开发经营管理条例（2020年修正）》**（2020年11月29日）第12条：“房地产开发用地应当以出让方式取得；但是，法律和国务院规定可以采用划拨方式的除外。土地使用权出让或者划拨前，县级以上地方人民政府城市规划行政主管部门和房地产开发主管部门应当对下列事项提出书面意见,作为土地使用权出让或者划拨的依据之一:(一)房地产开发项目的性质、规模和开发期限;(二)城市规划设计条件;(三)基础设施和公共设施的建设要求;(四)基础设施建成后的产权界定;(五)项目拆迁补偿、安置要求。"国务院**《关于发展房地产业若干问题的通知》**(1992年11月4日　国发〔1992〕61号,2016年2月18日经住建部第1041号文宣布失效)第6条:"加强对划拨土地使用权的管理。凡通过划拨方式取得的土地使用权,政府不收取地价补偿费,不得自行转让、出租和抵押;需要对土地使用权进行转让、出租、抵押和连同建筑物资产一起进行交易者,应到县级以上人民政府有关部门办理出让和过户手续,补交或者以转让、出租、抵押所获收益抵交土地使用权出让金。"**《城镇国有土地使用权出让和转让暂行条例》**(1990年5月19日)第8条:"土地使用权出让是指国家以土地所有者的身份将土地使用权在一定年限内让与土地使用者,并由土地使用者向国家支付土地使用权出让金的行为。土地使用权出让应当签订出让合同。"第14条:"土地使用者应当在签订土地使用权出让合同后六十日内,支付全部土地使用权出让金。逾期未全部支付的,出让方有权解除合同,并可请求违约赔偿。"第16条:"土地使用者在支付全部土地使用权出让金后,应当依照规定办理登记,领取土地使用证,取得土地使用权。"第45条:"符合下列条件的,经市、县人民政府土地管理部门和房产管理部门批准,其划拨土地使用权和地上建筑物、其他附着物所有权可以转让、出租、抵押:(一)土地使用者为公司、企业、其他经济组织和个人;(二)领有国有土地使用证;(三)具有地上建筑物、其他附着物合法的产权证明;(四)依照本条例第二章的规定签订土地使用权出让合同,向当地市、县人民政府补交土地使用权出让金或者以转让、出租、抵押所获收益抵交土地使用权出让金……"

3. 司法解释。最高人民法院**《关于审理涉及国有土地使用权合同纠纷案件适用法律问题的解释(2020年修改)》**(2021年1月1日　法释〔2020〕17号)第1条:"本解释所称的土地使用权出让合同,是指市、县人民政府土地管理部门作为出让方将国有土地使用权在一定年限内让与受让方,受让方支付土地使用权出让金的合同。"第4条:"土地使用权出让合同的出让方因未办理土地使用权出让批准手续而不能交付土地,受让方请求解除合同的,应予支持。"第5条:"受让方经出让方和市、县人民政府城市规划行政主管部门同意,改变土地使用权出让合同约定的土地用途,当事人请求按照起诉时同种用途的土地出让金标准调整土地出让金的,应予支持。"第10条:"土地使用权人与受让方订立合同转让划拨土地使用权,起诉前经有批准权的人民政府同意转让,并由受让方办理土地使用权出让手续的,土地使用权人与受让方订立的合同可以按照补偿性质的合同处理。"第11条:"土地使用权人与受让方订立合同转让划拨土地使用权,起诉前经有批准权的人民政府决定不办理土地使用权出让手续,并将该划拨土地使用权直接划拨给受让方使用的,土地使用权人与受让方订立的合同可以按照补偿性质的合同处理。”

4. 部门规范性文件。国家工商总局《**房地产广告发布规定**》（2016 年 2 月 1 日）第 4 条：“房地产广告，房源信息应当真实，面积应当表明为建筑面积或者套内建筑面积，并不得含有下列内容：（一）升值或者投资回报的承诺；（二）以项目到达某一具体参照物的所需时间表示项目位置；（三）违反国家有关价格管理的规定；（四）对规划或者建设中的交通、商业、文化教育设施以及其他市政条件作误导宣传。”第 5 条：“凡下列情况的房地产，不得发布广告：（一）在未经依法取得国有土地使用权的土地上开发建设的；（二）在未经国家征用的集体所有的土地上建设的；（三）司法机关和行政机关依法裁定、决定查封或者以其他形式限制房地产权利的；（四）预售房地产，但未取得该项目预售许可证的；（五）权属有争议的；（六）违反国家有关规定建设的；（七）不符合工程质量标准，经验收不合格的；（八）法律、行政法规规定禁止的其他情形。”建设部、发改委、监察部、财政部、国土资源部、中国人民银行、国家税务总局《**关于印发〈经济适用住房管理办法〉的通知**》（2007 年 11 月 19 日　建住房〔2007〕258 号）第 12 条：“严禁以经济适用住房名义取得划拨土地后，以补交土地出让金等方式，变相进行商品房开发。”第 29 条：“居民个人购买经济适用住房后，应当按照规定办理权属登记。房屋、土地登记部门在办理权属登记时，应当分别注明经济适用住房、划拨土地。”财政部《**关于贯彻落实国务院关于解决城市低收入家庭住房困难若干意见的通知**》（2007 年 9 月 5 日　财综〔2007〕53 号）第 4 条：“……按照国发〔2007〕24 号文件规定，廉租住房和经济适用住房建设用地实行行政划拨方式供应。各地在贯彻落实过程中，除依法支付土地补偿费、拆迁补偿费外，一律免收土地出让金收入……”建设部《**关于贯彻〈国务院关于深化改革严格土地管理的决定〉的通知**》（2004 年 10 月 29 日　建规〔2004〕185 号）第 15 条：“规范原有划拨土地的房地产开发活动。经依法批准利用原有划拨土地从事房地产开发的，应按市场价补缴土地出让金，依法取得房地产开发资质，并纳入房地产开发管理。独立工矿区、困难企业可以利用自用划拨土地，在符合城市规划、土地利用总体规划的前提下，组织住房困难职工进行集资合作建房，并纳入经济适用住房建设管理，执行经济适用住房建设管理的有关规定，不得以与其他单位联合建设等形式变相进行房地产开发。”财政部、国税总局《**关于国有土地使用权出让等有关契税问题的通知**》（2004 年 8 月 3 日　财税〔2004〕134 号，已于 2021 年 9 月 1 日废止）第 2 条：“先以划拨方式取得土地使用权，后经批准改为出让方式取得该土地使用权的，应依法缴纳契税，其计税依据为应补缴的土地出让金和其他出让费用。”建设部《**城市房地产转让管理规定**》（2001 年 8 月 15 日）第 8 条：“房地产转让合同应当载明下列主要内容：（一）双方当事人的姓名或者名称、住所；（二）房地产权属证书名称和编号；（三）房地产坐落位置、面积、四至界限；（四）土地宗地号、土地使用权取得的方式及年限;(五)房地产的用途或使用性质;(六)成交价格及支付方式;(七)房地产交付使用的时间;(八)违约责任;(九)双方约定的其他事项。"第10条:"以出让方式取得土地使用权的,转让房地产时,应当符合下列条件:(一)按照出让合同约定已经支付全部土地使用权出让金,并取得土地使用权证书;(二)按照出让合同约定进行投资开发,属于房屋建设工程的,应完成开发投资总额的百分之二十五以上;属于成片开发土地的,依照规划对土地进行开发建设,完成供排水、供电、供热、道路交通、通信等市政基础设施、公用设施的建设,达到场地平整,形成工业用地或者其他建设用地条件。转让房地产时房屋已经建成的,还应当持有房屋所有权证书。"第11条:"以划拨方式取得土地使用权的,转让房地产时,按照国务院的规定,报有批准权的人民政府审批。有批准权的人民政府准予转让的,除符合本规定第十二条所列的可以不办理土地使用权出让手续的情形外,应当由受让方办理土地使用权出让手续,并依照国家有关规定缴纳土地使用权出让金。"财政部**《关于印发〈中华人民共和国契税暂行条例细则〉的通知》**(1997年10月28日　财法字〔1997〕52号,《契税暂行条例》已被2021年9月1日实施的《契税法》宣布失效)第11条:"以划拨方式取得土地使用权的,经批准转让房地产时,应由房地产转让者补缴契税。其计税依据为补缴的土地使用权出让费用或者土地收益。"国家土地管理局**《对国有土地使用权出让年限始起日期问题的批复》**(1996年6月5日,2003年2月20日起失效)第2条:"关于出让合同生效与颁发或者领取土地使用证存在时间差的问题。根据1995年12月28日国家土地管理局发布的《土地登记规则》第二十六条'以出让方式取得国有土地使用权的,受让方应当在按出让合同约定支付全部土地使用权出让金后三十日内,持土地使用权出让合同和土地使用权出让金支付凭证申请国有土地使用权设定登记。'的规定,受让方申请办理土地使用权登记的必备要件是按出让合同约定支付全部土地使用权出让金后三十日内,因此,出让合同生效与颁发或者领取土地使用证在客观上存在一定的时间差。如果土地使用者(受让方)在规定时间内不办理土地登记,应视为违法占地行为,按照《土地登记规则》第六十九条'土地使用者、所有者凡不按规定如期申请初始土地登记的,按照非法占地的处理办法论处'的规定处理;如果在出让合同生效后,受让方未实际占用或者使用土地,也未在规定时间内办理土地使用权登记手续的,按照最高人民法院有关规定,应认定已生效的出让合同为无效合同,不再对出让合同双方当事人具有约束力。"建设部**《实施国家安居工程的意见》**(1995年3月8日　建房〔1995〕第110号)第8条:"……个人所购住房一般住用5年后可以依法进入市场,在补交土地使用权出让金或所含土地收益和按规定交纳有关税费后,收入归个人所有。"财政部、国家土地管理局、中国人民解放军总后勤部**《关于军队有偿转让空余军用土地有关问题的通知》**(1993年7月7日)第2条:"军队依法转让、出租土地使用权，包括以土地使用权为条件与地方合建、换建房屋，兴办合资合作企业，出售、出租地上建筑物、其他附着物等，用地单位需持解放军土地管理局制发的《军用土地补办出让手续许可证》，按照国家有关规定，到当地县级以上土地管理部门补办土地使用权出让手续，办理土地变更登记。在补办土地出让手续时免交土地出让金。”国家土地管理局《**关于对房产开发公司建商品房出售行为的定性及法律适用问题的请示的答复**》（1992 年 10 月 16 日）：“……根据以上法律规定和国务院领导同志指示，《出让条例》（指《城镇国有土地使用权出让和转让暂行条例》——编者注）实施后，对房产开发公司兴建商品房用地，应当一律通过出让方式取得。房产开发公司通过划拨方式取得土地兴建商品房出售，必须补办出让手续、补交出让金。未依法办理出让手续，补交出让金而出售商品房的，属于非法转让土地使用权行为，应当令其补办出让手续、补交出让金，并根据不同情况按《出让条例》第四十六条规定予以行政处罚。”国家土地管理局《**印发关于地籍管理几个问题处理意见的通知**》［1992 年 5 月 13 日　〔1992〕国土（籍）字第 46 号］第 3 条：“划拨土地使用权出让登记手续，由土地使用者在签订出让合同交付出让金后，持国有土地使用证、土地使用权出让合同和土地出让金交付凭证，到土地管理部门办理。土地管理部门审核后，对符合规定的，在土地使用者原土地登记卡和土地证书变更记事栏内登记土地使用权出让合同号、签约时间、批准机关、出让价格和出让期限等变更或新增内容，也可更换土地登记卡和土地证书，土地归户卡做相应变更。”国家土地管理局《**划拨土地使用权管理暂行办法**》（1992 年 3 月 8 日，已于 2019 年 7 月 24 日起失效）第 16 条：“土地使用者应当在土地使用权出让合同签订后六十日内，向所在地市、县人民政府交付土地使用权出让金，到市、县人民政府土地管理部门办理土地使用权出让登记手续。”

5. 地方司法性文件。江苏高院《**关于审理房地产合同纠纷案件若干问题的解答**》（2018 年 6 月 26 日　审委会会议纪要〔2018〕3 号）第 11 条：“划拨土地上房屋买卖合同效力如何认定？未经有批准权的人民政府准许，转让划拨土地上房屋的，该转让行为无效，但在一审法庭辩论终结前经有批准权的人民法院准许并补交土地出让金的除外。”江苏高院《**关于审理房地产合同纠纷案件若干问题的解答**》（2018 年 6 月 26 日　审委会会议纪要〔2018〕3 号）第 66 条：“集体土地改变土地用途签订的出让合同效力如何认定？对于出让的土地应为国有土地，如果土地性质仍为集体土地，没有经过审批手续变更为国有土地，据此签订的出让合同应为无效。”第 67 条：“毛地出让的效力如何认定？地方国土部门毛挂净交违反了国土资源部的管理性规定，应当受到相应的行政处罚，但不影响国有土地使用权出让合同的效力。”第 68 条：“土地拍卖成交确认书的效力如何认定？地方国土部门通过拍卖程序与受让人签订了土地拍卖成交确认书，约定在一定期限内签订国有土地使用权出让合同,双方实际履行了合同,但事后未签订书面的出让合同,出让合同成立。"第 69 条:"未取得国有土地使用权证转让国有土地使用权合同的效力如何认定?根据债权行为与物权行为区分原则,未取得国有土地使用权证书导致物权无法变动,但不影响转让合同的效力,转让合同仍然有效,受让人可以要求转让人承担违约责任。"第 71 条:"划拨土地出租未经批准的效力如何认定?划拨土地出租系划拨土地使用权转让的一种方式,应符合《城市房地产管理法》第 40 条的规定,未经批准的,该土地使用权租赁合同无效。对于司法拍卖划拨土地使用权上的房屋的,经完善相应手续后,可以认可划拨土地使用权转让合同的效力。"广东高院**《印发〈关于审理房屋买卖合同纠纷案件的指引〉的通知》**(2017 年 9 月 12 日　粤高法〔2017〕191 号,已于 2020 年 12 月 31 日经粤高法〔2020〕132 号废止)第 10 条:"转让划拨建设用地上的房屋,政府部门同意缴纳土地使用权出让金后可以办理所有权转移登记的,视为有批准权的人民政府同意转让。"山东高院**《民事审判会议纪要》**(2017 年 8 月)第 2 条:"……12. 关于划拨土地转让及划拨土地上房屋买卖合同的效力问题。法律规定划拨土地使用权的转让必须经政府批准并办理出让手续,双方间转让合同才有效,但是当事人约定一方将其通过划拨取得土地使用权的土地以协议的方式同意另一方当事人永久使用该土地,并不办理土地使用权转移登记手续,这种协议实际是变相转让土地使用权,属于规避法律的行为,侵犯了国家利益,该行为应当无效。在划拨土地上建造的房屋作为商品房出售,买房人与售房人签订的房屋买卖合同效力待定。最高人民法院《关于审理涉及国有土地使用权合同纠纷案件适用法律问题的解释》第十一条规定:'土地使用权人未经有批准权的人民政府批准,与受让方订立合同转让划拨土地使用权的,应当认定合同无效。但起诉前经有批准权的人民政府批准办理土地使用权出让手续的,应当认定合同有效。'《城镇国有土地使用权出让和转让条例》第 44 条和第 45 条明确规定,未经市、县人民政府批准的划拨土地使用权不得转让。以上规定均属于法律的强制性规定,违反则应当认定合同无效。根据'房地一体'主义,为防止出现房产买卖合同的效力与国有土地使用权合同效力不一致的情况,在当事人最终未办理合法划拨土地使用权出让手续的情况下,应认定房屋买卖合同无效。"

6. 地方规范性文件。北京市**《城乡规划条例(2019 年修订)》**(2009 年 10 月 1 日,已于 2019 年 3 月 29 日修订,2019 年 4 月 28 日起施行)第 45 条:"规划自然资源主管部门核发规划许可证依据的建设项目批准、核准、备案文件被撤销、撤回、吊销或者土地使用权被收回的,规划自然资源主管部门应当注销相应的规划许可证。"第 46 条:"规划许可确定的建设工程使用用途不得擅自改变。不动产登记簿记载的用途应当符合建设工程规划许可证或者乡村建设规划许可证确定的使用用途;有关主管部门核发的与房屋用途相关的行政许可证件应当与不动产登记簿记载的用途一致。对申请行政许可事项涉及房屋的用途与不动产登记簿记载的用途不一致的，有关主管部门不予核发行政许可证件。建设工程使用用途确需改变的，应当符合本市规划用途管制的有关规定；有关主管部门可以按照变更后的用途依法办理相关审批手续。具体办法由市人民政府制定。"第47条："处置涉及违法建设的房屋和土地，不得妨碍执法机关对违法建设的查处。有关机构在依法处置房屋、土地前应当向规划自然资源主管部门了解有关规划情况，规划自然资源主管部门应当予以配合。涉及违法建设的，规划自然资源主管部门应当书面告知其违法建设处理后，方可处置。"北京市**《城市房地产转让管理办法》**（2008年12月6日）第29条："房地产开发企业取得预售许可后，方可预售商品房。预售商品房，应当符合下列条件：（一）已交付全部土地使用权出让金并取得国有土地使用权证，属于预售经济适用住房的，应当取得建设用地批准书……"北京市**《实施〈城镇国有土地使用权出让和转让暂行条例〉办法》**（2007年11月23日）第4条："除下列用地，经土地行政主管部门核准，可依法办理划拨外，其他用地均应通过出让或者转让方式取得土地使用权：（一）各级财政拨款建设的党政军机关、行政事业单位办公用房的用地；（二）城市基础设施、公用设施和公益事业用地；（三）国家重点建设的能源、交通、国防和农业水利工程用地；（四）市人民政府批准的其他用地。"第27条："除本办法第四条第（一）至（四）项规定的划拨用地外，以下列方式转让划拨土地使用权的，须经土地行政主管部门和规划行政主管部门、财政部门批准，由土地使用者同土地行政主管部门签订土地使用权出让合同并补交地价款后，方可进行：（一）出售、交换、赠与划拨土地使用权或者以划拨土地使用权换取财物、合作建房的；（二）以划拨土地使用权入股或者作价投资的；（三）以企业兼并方式转让划拨土地使用权的；（四）转让地上建筑物、其他附着物连同转让划拨土地使用权，包括出售开发建设的房屋连同转让划拨土地使用权的；（五）以其他方式转让划拨土地使用权的。未经批准擅自转让划拨土地使用权的，由土地行政主管部门依法没收其非法收入，并根据情节对非法转让双方处非法收入2倍以下罚款，直至依法收回划拨用地，没收地上建筑物。"北京市**《关于印发〈北京市国有建设用地供应办法（试行）〉的通知》**（2005年5月1日　京政发〔2005〕6号，其中第25条已于2021年6月10日被京政发〔2021〕12号修改）第12条："划拨土地使用权人不得自行对划拨土地进行开发建设。需改变现状土地用途进行开发建设的，可以由政府收回划拨土地使用权，或者经市人民政府批准转让他人开发建设并按照市场价补缴土地出让金。"北京市旅游发展委员会**《北京市远郊区旧村改造试点指导意见》**（2005年3月29日　京政农发〔2005〕19号）第3条："……对依法占用集体土地进行旧村改造的试点村，由区县国土资源、房屋管理部门发放农民住宅集体土地使用权证和房屋产权证书，房屋允许依法继承，可以在本村集体经济组织内部转让，但不得上市交易;对依法采取自征自用方式进行旧村改造的试点村,农民住宅可按划拨方式供地,由市国土资源、房屋管理部门发放国有土地使用权证和房屋产权证书,上市交易时必须补缴国有土地使用权出让金及有关税费。”北京市国土资源和房屋管理局**《关于办理绿化隔离地区新村建设房屋权属登记的通知》**(2001 年 11 月 1 日京国土房管权字〔2001〕1073 号)第 3 条:“按划拨方式供地的农民自住房可核发经济适用房房屋所有权证。在上市出售时,由买房人按照销售额交纳 3% 的土地出让金后所购房屋核发商品房房屋所有权证。”

7. 参考案例。1997 年**江西某预售合同纠纷案**,1993 年,遣送站搬迁后,委托开发公司开发,约定旧址划拨土地使用权归开发公司。1995 年,开发公司就待建商品房与纺织公司签订购房合同,纺织公司据此支付 350 万余元购房款。1996 年,纺织公司诉请确认合同无效并返还购房款本息。法院认为:开发公司将划拨使用土地进入市场,应与政府主管部门签订土地使用权出让合同,补交土地出让金。本案中,政府部门虽批准遣送站以委托代办形式开发遣送站旧址,开发收益用于兴建新址,但政府未明确开发公司将遣送站旧址的行政划拨用地进入市场,不需要补办出让手续和缴纳出让金,亦未明确开发公司可享受出让金减缓免等政策,故开发公司与纺织公司所签购房合同,因诉争房屋所占土地性质为行政划拨,未补办合法手续进入市场而无效。开发公司作为合同约定的出地一方,应对因土地性质导致合同无效承担主要责任;纺织公司作为商品房预购方应当知道开发公司提供的建房用地性质,其对合同无效亦应承担一定责任。判决案涉购房合同无效,开发公司返还纺织公司预付购房款并承担该款利息损失的 70%。1997 年**上海某购房合同纠纷案**,1993 年,开发公司就受让划拨地上待建商品房与投资公司签订预售合同。1994 年,工程竣工验收,开发公司获得划拨土地上房地产权证。投资公司支付 90% 购房款后,开发公司与他人签约,将诉争房屋另售他人。1996 年,投资公司诉请开发公司支付迟延交房违约金。法院认为:案涉购房合同系双方当事人真实意思表示,投资公司作为购房方已支付 90% 购房款,开发公司作为售房方已将房屋建成并竣工验收合格,合同已履行大部分;所售房屋土地使用权性质虽为国有划拨且开发公司未办理土地使用权人变更登记手续,但当地房地产管理部门在投资公司付清有关税费后,对土地使用权人变更未干预,已向投资公司颁发划拨土地上房地产权证,认可该项转让,确认了投资公司房地产权,且本案当事人和前手转让土地使用权人相互之间对土地使用权亦无争议。尽管有关司法解释规定土地管理部门应向土地使用权转让方补办有关土地使用权手续,但不应据此将土地管理部门向土地使用权受让方补办有关土地使用权证书一律认定为无效。从尊重当事人意思自治原则出发,考虑到合同已履行大部分和当地实施土地使用权有偿使用制度特殊性及政府主管部门认可该项转让等实际情况,本案应以认定合同有效为宜。开发公司在收到投资公司购房款且房屋已具备交付条件时，又与他人签订房屋转让协议，构成违约。投资公司亦有部分购房款未按合同约定时间支付，故判决双方继续履行，开发公司支付逾期交房违约金900万余元，投资公司支付逾期付款违约金20万元。2015年**辽宁某物权确认纠纷案**，2011年，化学厂与拍卖公司签订委托拍卖合同。王某以725万元竞买成功。2013年，因化学厂以拍卖房屋系划拨土地、未履行报批义务、合同无效为由拒办过户手续致诉。法院认为：未经有批准权的人民政府审批，拍卖划拨土地上的房屋的合同行为，应确认依法成立但尚未生效，不涉及认定合同无效问题。《合同法》第60条规定："当事人应当按照约定全面履行自己的义务。当事人应当遵循诚实信用原则，根据合同的性质、目的和交易习惯履行通知、协助、保密等义务。"合同审批义务属于附随义务中的协助义务，无论合同是否约定该协助义务条款，其与合同主给付义务的设立依赖于双方合意是不同的，合同审批义务的履行效力来源于对法定附随义务的遵守。尽管合同尚未生效，但是合同中法定义务已存在并已具有履行效力，即报批义务会针对特定义务人产生独立于合同其他内容的约束力。若报批义务人违反义务要求，相对人有权诉请其履行。同时，对于那些不适宜继续履行或者已无法办理报批的合同，法院不予支持。若相对人有其他诉讼请求，法院应判令解除合同；对符合缔约过失责任适用条件的，还应由报批义务人承担损害赔偿责任。最高人民法院《关于适用〈中华人民共和国合同法〉若干问题的解释（二）》第8条将"有义务办理申请批准或者申请登记等手续的一方当事人未按照法律规定或者合同约定办理申请批准或者未申请登记的"认定为《合同法》第42条第3项规定的"其他违背诚实信用原则的行为"，其主旨是适用缔约过失责任规定，足见其排除了比照适用无效合同处理规则的做法。依最高人民法院《关于审理外商投资企业纠纷案件若干问题的规定（一）》第1条规定，虽然未经批准合同不生效，但不影响合同中当事人履行报批义务条款及因该报批义务而设定的相关条款的效力。该司法解释首次明确赋予了报批义务的独立性，但仅限于单一特定领域所订立合同范围，并未在普遍意义上取代最高人民法院《关于适用〈合同法〉若干问题的解释（二）》第8条内容效力。本案中，化学厂委托拍卖时明知案涉房屋及土地未经有批准权的人民政府批准，但仍隐瞒事实、委托拍卖，后又以违反相关规定为由主张拍卖无效，拒不协助王某办理案涉房屋及土地使用权的过户手续，其行为显然违背诚实信用原则。既然相对人可自己办理有关审批手续，那么要求对方当事人实施必不可少的协助行为完全符合司法解释本意。判决化学厂、拍卖公司协助王某办理审批过户手续。2005年**江苏某房屋买卖合同纠纷案**，2000年，设备公司与开发公司签订商品房购销合同。2003年，生效判决确认合同有效，判令设备公司偿付开发公司购房款270万余元。2004年，设备公司以该房产的土地使用权性质为国有划拨土地等理由，再行起诉，要求解除其与开发公司所签商品房购销合同。法院认为:当事人对已发生法律效力的判决不服,或法院发现生效判决确有错误,只有依法通过审判监督程序,撤销原判,才能对案件重新审理。否则,当事人和法院均应受该生效判决的拘束,当事人不得在以后的诉讼中主张与该判决相反的内容,法院亦不得在以后的诉讼中作出与该判决冲突的认定和处理。另案生效判决已认定案涉商品房购销合同有效,并在认定合同有效基础上判令继续履行。换言之,对合同效力问题及如何处理后续问题,在设备公司提起本案诉讼前,已为法院依法作出的生效判决所解决,该生效判决对当事人和法院具有约束力。有鉴于此,设备公司在本案中,无论是主张合同解除、抑或主张合同无效,均与前案生效判决相矛盾,故裁定驳回设备公司起诉。2010 年 6 月**上海某房屋买卖合同案**,法院认为:根据曾某与开发公司所订买卖合同约定,系争房土地使用权取得方式应为出让,曾某所支付的房款应为系争房所有权和该房屋占有范围内土地使用权总价格。但在曾某取得的小产权证土地使用权来源一栏却标明为“划拨”,开发公司构成违约。但由于曾某早在 2004 年 3 月即已取得了系争房屋的房地产权证,对该权利凭证上注明的土地使用权来源与合同约定不符应是明知的,曾某于 2009 年 11 月方起诉至法院显已超过法定的诉讼时效;应予驳回。2009 年 5 月**云南某商品房买卖合同案**,2004 年 3 月,张某购买开发公司商品房,签订购销合同一份,房价款 43 万余元。补充协议约定“甲方(开发公司)承诺在房屋产权办理完毕,并且甲乙双方签订委托书后 1 年半内办理出让性质的小宗土地使用证,出让金由甲方承担,其他相关费用按国家规定办理,延期办理按房价每天 0.02% 承担违约金。”2005 年 10 月办理了房屋产权证。2006 年 8 月张某领到划拨性质的土地使用权证。2008 年 9 月,开发公司才办下出让性质的土地使用权证。张某主张违约金 4 万余元及取证费、查档费若干。法院认为:双方所签补充协议约定明确了开发公司有为张某在一定时间内办理出让性质小宗土地使用证的义务,且还约定了延期办理的违约金计算方式,因开发公司并未全面履行该项合同义务,其在约定时间内办理的划拨性质的小宗土地使用证并不符合合同约定,而之后办理的出让性质的小宗土地使用证的时间又超过了合同约定的时间,故构成违约。张某虽提出开发公司逾期为其办理出让性质的土地使用权证影响了该房屋上市交易,给其造成了损失。但未就该损失实际存在及损失金额举证。二审中,开发公司明确提出约定的违约金过高,申请进行调整。故一审判决对违约金进行的调整虽未依据当事人提出的申请,但其调整后的金额适当,符合本案的实际情况,应予维持。张某为证明自己的主张有责任提供能证明其观点的证据,在举证过程中所支出的相应的取证费用应自行承担,其要求对方当事人承担没有法律或合同依据。2006 年 5 月**四川某商品房买卖合同案**,法院认为:2004 年 3 月 24 日,开发公司已向市国土资源局递交了办理土地使用权过户手续的申请,并于 2004 年 5 月 20 日与市国有资产管理局签订了《国有土地使用权出让合同》;同时,开发公司与何某签订的《房屋买卖合同》中并未明确约定何某购买的房屋所涉及的土地性质系划拨土地,如何某需办理所购房屋的国有土地使用证,应由何某向开发公司缴纳了相应的土地使用权出让金后,开发公司方才予以办理。况且,双方签订的合同中清楚载明"国土证办理根据国土局的法定办理证日内办理完毕"。故何某主张其从开发公司购买案涉房屋时,该房屋项下的土地应属于出让性质,房屋交易价格中包含土地出让金的理由成立,应予支持。开发公司辩称该诉争房屋的交易价格中不包含土地出让金的理由不成立,不予采信。因房屋转让时,其所涉及的土地随之转让,故何某要求开发公司将案涉土地使用证过户给何某,符合双方合同的约定,也符合法律规定,应予支持。2006 年 5 月**广东某商品房买卖合同案**,法院认为:作为商品房开发的土地应为国有出让性质的土地。本案讼争房产是开发公司以商品房形式转让给陈某,该房产所属土地使用权理应为国有出让性质的土地,但该房产土地性质却属国有划拨性质的土地,而关于该瑕疵开发公司并未告知陈某,在双方签订的《商品房购销合同》中亦未约定;由于开发公司是该房产的出卖人,对该房产负有瑕疵担保责任,现讼争房产存在上述土地使用权的瑕疵,故开发公司应对由此产生的损失承担相应的责任。

【同类案件处理要点】

土地使用权性质应以国家土地行政管理部门依法颁发的、具有法定公示力的土地使用权证记载为准。以划拨方式取得土地使用权的,转让房地产时,应按国务院规定,报有批准权的人民政府审批。有批准权的人民政府准予转让的,应由受让方办理土地使用权出让手续,并依国家有关规定缴纳土地使用权出让金。

【相关法律风险提示】

1. 开发商五证齐全,买受人仍应确定开发项目非经济适用房项目,否则,不仅 5 年内不能上市交易,且交易价格亦受到严格限制。故购房合同对房产证和土地使用权证的约定,期限应明确,违约条款要具备。

2. 即便地方政府发文允许一定比例的经济适用房"用作商品房开发",但改变土地用途带来的后续的国家政策障碍、经济适用房与商品房须在漫长完工后才能实现的比例测算、土地出让金交纳缓免政策的能否享受,或许将成为购房人土地证上长期乃至永远的"划拨"之痛。

3. 商品房预售合同约定的土地使用权性质虽为出让,买受人仍应:(1)审核开发商预售手续是否合法,公示的证件是否真实,标明的证号是否对应;(2)在合同中明确约定就土地使用权证类型名实不副的违约责任;(3)明确约定由出卖人办理权属证书的,在无出卖人转委托或同意的情况下,勿自行委托其他机构办理,否则,即使办下来的证件类型与实际不符,出卖人也可能无须承担责任。

4. 出卖人依约应办理土地使用权性质变更,在无证据证明其中止履行,或有证据证明其尚在履行的情况下,买受人请求继续履行的诉讼请求虽合情合理,亦会被不予支持,承担败诉后果。案见云南昆明中院(2007)昆民三终字第522号"尹某与某开发公司房屋买卖合同纠纷案"。

5. 购房合同上如对土地使用权性质注明系"划拨",应对划拨变更为出让所缴交出让金由谁负担作出约定,以免产生争议。案见四川成都中院(2006)成民终字第818号"何某与某开发公司商品房买卖合同纠纷案"。

6. 买受人起诉出卖人要求将土地使用权性质变更,适用诉讼时效的规定。案见上海二中院(2010)沪二中民二(民)终字第1229号"曾某与某开发公司房屋买卖合同纠纷上诉案"。

【附注】

参考案例索引:云南昆明中院(2007)昆民三终字第522号"尹某与某开发公司房屋买卖合同纠纷案";最高人民法院(1997)民终字第45号"某开发公司与某纺织公司等预售合同纠纷案",见《南昌市兴城房地产开发公司与江西省针棉织品进出口公司、南昌市收容遣送站预购商品房合同纠纷上诉案——以行政划拨用地进入市场的行为效力的认定》(罗少华;审判长李凡,审判员谭红,代理审判员冯小光),载《民事审判指导与参考·最高人民法院二审案件解析》(200001/1:216);最高人民法院(1997)民终字第65号"某开发公司与某投资公司购房合同纠纷案",见《上海城南房地产公司与上海中皇置业投资公司购房合同纠纷上诉案——商品房预售合同效力的认定》(金民珍,最高院民事审判庭;审判长刘稚苕,审判员何抒,代理审判员金民珍),载《民事审判指导与参考·最高人民法院二审案件解析》(200001/1:221);辽宁高院(2015)辽审四民申字第1634号"大连油脂化学厂与王军等物权确认纠纷再审申请案",见《合同报批义务的性质与履行》(李钢、刘冬艳、陈晨),载《人民司法·案例》(201723:66);最高人民法院(2005)民一终字第65号"某设备公司与某开发公司等房屋买卖合同纠纷案";上海二中院(2010)沪二中民二(民)终字第1229号"曾某与某开发公司房屋买卖合同纠纷上诉案";云南昆明中院(2009)昆民一终字第228号"张某等与某置业公司房屋买卖合同纠纷案";四川成都中院(2006)成民终字第818号"何某与某开发公司商品房买卖合同纠纷案";广东佛山中院(2006)佛中法民五终字第164号"某开发公司与陈某商品房买卖合同纠纷案"。

47. 交房通知的程序要求

——签约或交房，如何来通知？

【通知方式】

【案情简介及争议焦点】

2003年，王某与开发公司签订房屋订购协议，预付房款4万元，订购一套16万元的房屋一套，并确定了明确位置。2006年2月，开发公司在电话通知不能情况下，在当地报纸上公告，通知签约交房，因王某在通知日期前未办理而改售他人，房款多卖5000余元。

争议焦点：1. 订购合同效力？2. 违约损失赔偿？

【裁判要点】

1. 合同效力。双方所签订购协议有效。合同中明确约定开发公司须保证王某的合法权利，在王某未违约的前提下，不得随意将王某所订购的房屋另行出售；但开发公司在电话通知不能的情况下，即采用双方并未约定的登报公告方式履行通知义务，并在王某尚未放弃购买该房屋的主张时，将本案诉争房屋另售他人，违反了合同约定，现本案诉争房屋所有权已由第三人享有，订购协议已无法履行，双方也合意解除合同，法院予以确认。

2. 违约责任。对于因开发公司违约行为给王某造成的经济损失，开发公司应予赔偿。赔偿的金额参照本案诉争房屋现所有权人所购买价格与订购协议中约定的价格差价予以确定。因双方所签订的订购协议中的内容并不符合《商品房销售管理办法》中所规定的商品房买卖合同所应具备的主要内容，故订购协议不应视为商品房买卖合同，王某据此主张双倍返还购房款无事实及法律依据。

【裁判依据或参考】

1. 法律法规。《民法典》(2021年1月1日)第158条："民事法律行为可以附条件，但是根据其性质不得附条件的除外。附生效条件的民事法律行为，自条件成就时生效。附解除条件的民事法律行为，自条件成就时失效。"第159条："附条件的民事法律行为，当事人为自己的利益不正当地阻止条件成就的，视为条件已经成就；不正当地促成条件成就的，视为条件不成就。"第509条："当事人应当按照约定全面履行自己的义务。当事人应当遵循诚信原则,根据合同的性质、目的和交易习惯履行通知、协助、保密等义务。当事人在履行合同过程中,应当避免浪费资源、污染环境和破坏生态。"第 511 条:"当事人就有关合同内容约定不明确,依据前条规定仍不能确定的,适用下列规定:……(三)履行地点不明确,给付货币的,在接受货币一方所在地履行;交付不动产的,在不动产所在地履行;其他标的,在履行义务一方所在地履行。(四)履行期限不明确的,债务人可以随时履行,债权人也可以随时请求履行,但是应当给对方必要的准备时间。(五)履行方式不明确的,按照有利于实现合同目的的方式履行。(六)履行费用的负担不明确的,由履行义务一方负担;因债权人原因增加的履行费用,由债权人负担。"**《民事诉讼法》**(2017 年 6 月 27 日修正)第 85 条:"送达诉讼文书,应当直接送交受送达人。受送达人是公民的,本人不在交他的同住成年家属签收;受送达人是法人或者其他组织的,应当由法人的法定代表人、其他组织的主要负责人或者该法人、组织负责收件的人签收;受送达人有诉讼代理人的,可以送交其代理人签收;受送达人已向人民法院指定代收人的,送交代收人签收。受送达人的同住成年家属,法人或者其他组织的负责收件的人,诉讼代理人或者代收人在送达回证上签收的日期为送达日期。"第 86 条:"受送达人或者他的同住成年家属拒绝接收诉讼文书的,送达人可以邀请有关基层组织或者所在单位的代表到场,说明情况,在送达回证上记明拒收事由和日期,由送达人、见证人签名或者盖章,把诉讼文书留在受送达人的住所;也可以把诉讼文书留在受送达人的住所,并采用拍照、录像等方式记录送达过程,即视为送达。"第 87 条:"经受送达人同意,人民法院可以采用传真、电子邮件等能够确认其收悉的方式送达诉讼文书,但判决书、裁定书、调解书除外。采用前款方式送达的,以传真、电子邮件等到达受送达人特定系统的日期为送达日期。"第 88 条:"直接送达诉讼文书有困难的,可以委托其他人民法院代为送达,或者邮寄送达。邮寄送达的,以回执上注明的收件日期为送达日期。"第 92 条第 1 款:"受送达人下落不明,或者用本节规定的其他方式无法送达的,公告送达。自发出公告之日起,经过六十日,即视为送达。"**《合同法》**(1999 年 10 月 1 日,已于 2021 年 1 月 1 日起失效)第 60 条:"当事人应当按照约定全面履行自己的义务。当事人应当遵循诚实信用原则,根据合同的性质、目的和交易习惯履行通知、协助、保密等义务。"第 107 条:"当事人一方不履行合同义务或者履行合同义务不符合约定的,应当承担继续履行、采取补救措施或者赔偿损失等违约责任。"第 133 条:"标的物的所有权自标的物交付时起转移,但法律另有规定或者当事人另有约定的除外。"第 142 条:"标的物毁损、灭失的风险,在标的物交付之前由出卖人承担,交付之后由买受人承担,但法律另有规定或者当事人另有约定的除外。"**《城市房地产管理法(2019 年修正)》**(2020 年 1 月 1 日)第 27 条:"房地产开发项目的设计、施工,必须符合国家的有关标准和规范。房地产开发项目竣工，经验收合格后，方可交付使用。”

2. 司法解释。最高人民法院《**印发〈关于处理涉及汶川地震相关案件适用法律问题的意见(二)〉的通知**》(2009年3月23日　法发〔2009〕17号)第3条：“对房屋的转移占有，视为房屋的交付使用，但当事人另有约定的除外。房屋毁损、灭失的风险，在交付使用前由出卖人承担，交付使用后由买受人承担；买受人接到出卖人的书面交房通知，无正当理由拒绝接收的，房屋毁损、灭失的风险自书面交房通知确定的交付使用之日起由买受人承担，但法律另有规定或者当事人另有约定的除外。”第4条：“因地震灾害致使在合理期限内出卖人迟延交付房屋或者买受人迟延支付购房款，当事人一方请求解除合同的，人民法院不予支持，但当事人另有约定的除外。”最高人民法院《**关于债权人在保证期间以特快专递向保证人发出逾期贷款催收通知书但缺乏保证人对邮件签收或拒收的证据能否认定债权人向保证人主张权利的请示的复函**》(2003年6月12日　民二他字〔2003〕第6号)：“……债权人通过邮局以特快专递的方式向保证人发出逾期贷款催收通知书，在债权人能够提供特快专递邮件存根及内容的情况下，除非保证人有相反证据推翻债权人所提供的证据，应当认定债权人向保证人主张了权利。”最高人民法院《**关于审理商品房买卖合同纠纷案件适用法律若干问题的解释(2020年修改)**》(2021年1月1日　法释〔2020〕17号)第4条：“出卖人通过认购、订购、预订等方式向买受人收受定金作为订立商品房买卖合同担保的，如果因当事人一方原因未能订立商品房买卖合同，应当按照法律关于定金的规定处理；因不可归责于当事人双方的事由，导致商品房买卖合同未能订立的，出卖人应当将定金返还买受人。”第5条：“商品房的认购、订购、预订等协议具备《商品房销售管理办法》第十六条规定的商品房买卖合同的主要内容，并且出卖人已经按照约定收受购房款的，该协议应当认定为商品房买卖合同。”第8条：“对房屋的转移占有，视为房屋的交付使用，但当事人另有约定的除外。房屋毁损、灭失的风险，在交付使用前由出卖人承担，交付使用后由买受人承担；买受人接到出卖人的书面交房通知，无正当理由拒绝接收的，房屋毁损、灭失的风险自书面交房通知确定的交付使用之日起由买受人承担，但法律另有规定或者当事人另有约定的除外。”

3. 部门规章。建设部《**商品房销售管理办法**》(2001年6月1日)第30条：“房地产开发企业应当按照合同约定，将符合交付使用条件的商品房按期交付给买受人。未能按期交付的，房地产开发企业应当承担违约责任。因不可抗力或者当事人在合同中约定的其他原因，需延期交付的，房地产开发企业应当及时告知买受人。”第34条：“房地产开发企业应当在商品房交付使用前按项目委托具有房产测绘资格的单位实施测绘，测绘成果报房地产行政主管部门审核后用于房屋权属登记。房地产开发企业应当在商品房交付使用之日起60日内，将需要由其提供的办理房屋权属登记的资料报送房屋所在地房地产行政主管部门。房地产开发企业应当协助商品房买受人办理土地使用权变更和房屋所有权登记手续。”第41条:“房地产开发企业未按规定将测绘成果或者需要由其提供的办理房屋权属登记的资料报送房地产行政主管部门的,处以警告,责令限期改正,并可处以2万元以上3万元以下罚款。”

4. 地方司法性文件。山东高院**《2011年全省民事审判工作会议纪要(讨论稿)》**(2011年8月)第9条:“关于房地产开发商交付房屋和办理房屋产权证书的义务履行问题。(1)交付的标志。房地产开发商作为商品房买卖合同的出卖方,负有向买受人交付房屋并转移房屋所有权的义务。当事人在法律允许的范围内对房屋交付方式有明确具体约定的,从其约定。当事人未作约定时,房屋具备合同约定或法律规定的交付条件下,开发商交付义务的完成以买受方领取钥匙或通知买受方领取钥匙的截止时间为标志。双方未约定通知方式的,一般以书面方式为准,但开发商能提供证据证明已通过其他方式通知的,亦产生通知的法律效力。商品房交付时,开发商作为出卖人应同时提供《住宅质量保证书》和《住宅使用说明书》,未能提供两书的,购房者可以拒绝接受,购房者仍然实际接收房屋的,不得再以出卖人没有提供‘两书’为由,要求对方承担逾期交房的责任……”浙江温州中院民四庭**《审理商品房买卖合同纠纷案件疑难问题参考意见》**(2010年4月30日)第15条:“在商品房具备交房条件后,出卖人已经通知买受人交房,如因买受人的原因迟延接收房屋的,应以出卖人的交房通知送达买受人之日或通知规定的最迟交房日为交房时间。”第16条:“出卖人在通知交房时,尚不具备交房条件的(如消防未验收合格、规划等原因),买受人有权拒绝接收。在商品房符合交房条件后,出卖人应当再次履行交房通知义务。”北京高院**《审理买卖合同纠纷案件若干问题的指导意见(试行)》**(2009年2月3日　京高法发〔2009〕43号)第5条:“出卖人提前交付标的物的,应当通知买受人,并给买受人必要的准备时间,否则,买受人可以拒绝接受标的物。买受人同意接受标的物的,可以提前或者按照合同约定的时间支付价款。”第7条:“标的物风险由买受人负担的,买受人不能因标的物发生风险而免除给付价款的义务。标的物风险由出卖人负担,标的物发生风险,合同继续履行的,出卖人应当按照标的物价值的减损程度减免买受人尚未支付的价款,或者返还买受人已经支付的相应价款;合同解除的,出卖人应当返还买受人已经支付的全部价款。标的物发生风险后,当事人采取补救措施或者给付价款的,不影响其因过错承担赔偿损失的违约责任。前款所称风险,是指在买卖合同中,由于不可归责于买卖双方当事人的事由而致使标的物遭受毁损、灭失的情形。风险发生的事由包括不可抗力、意外事件和当事人不能预见的第三人原因。”福建高院**《关于审理商品房买卖合同纠纷案件疑难问题的解答》**(2008年7月25日)第24条:“问:出卖人通知交房时,尚不具备交房条件(如消防未验收合格),买受人拒绝接收,在符合交房条件后,出卖人是否必须再次通知交房?答:在房屋具备交付使用条件后,出卖人应当告知买受人并再次通知其接收房屋。因出卖人未告知导致买受人迟延接收房屋的,出卖人仍应承担由此产生的逾期交房责任。”广东高院《**关于审理商品房买卖合同纠纷案件若干问题的指导意见**》(2003 年 2 月 13 日　粤高法发〔2003〕24 号,已于 2020 年 12 月 31 日经粤高法〔2020〕132 号废止)第 11 条:“商品房担保贷款合同中关于‘抵押房产的全部或部分发生毁损,不论何时和何种原因,亦不论何人过失,均由买受人负全部责任,并赔偿由此引起的一切损失’的条款,加重了买受人的责任,导致当事人利益的失衡,人民法院在当事人请求时可依据《合同法》第四十条的规定,以提供格式条款一方加重对方责任为由,认定该条款无效。房屋毁损、灭失的风险,在交付使用前由出卖人承担,交付使用后由买受人承担;买受人接到出卖人的书面交房通知,无正当理由拒绝接收的,房屋毁损、灭失的风险自书面交房通知确定的交付使用之日起由买受人承担。如果抵押房产已经买了保险的,保险金应当作为抵押财产。”上海高院《**关于印发〈关于民事案件审理的几点具体意见〉的通知**》(2000 年 8 月 15 日　沪高法民〔2000〕44 号)第 21 条:“如何认定房屋交付?对房地产的交付条件、交付日期的认定,长期以来存在较大争议,有的法院看是否取得《住宅交付使用许可证》,有的法院看开发商有没有取得《房地产权证》(大产证),还有的看开发商有没有与买受人办理房屋交接手续。究竟以何为准?我们认为,《城市房地产管理法》实施已逾五年,继续从宽不利于规范房地产市场,不利于树立法律权威。目前严格依照《城市房地产管理法》规定办理的时机已成熟。因此我们考虑在商品房预、现售条件上、在商品房交付条件、交付时间认定上应当严格依照法律法规处理。具体掌握为:预售商品房出售人在约定的交房日应当取得《房地产权证》(大产证),并与买受人办理房屋交接手续(俗称交钥匙),通知买受人办理过户手续。现售商品房出售人在约定的交房日也应当取得《房地产权证》(大产证)并与买受人办理房屋交接手续(交钥匙),通知买受人办理过户手续。违反其中一项的,开发商应当承担违约责任。买受人迟延受领或拒绝受领的,开发商不负延期交付责任。当事人在销售合同中对违约金计付期限有约定的从约定,无约定的,违约金自约定履行期间届满之日起计付至所有义务中最迟一项完成之日止。”

5. 地方规范性文件。贵州省《**城镇房地产开发经营管理条例(2020 年修正)**》(2009 年 5 月 1 日,2020 年修改,2020 年 9 月 25 日实施)第 20 条:“……保修期自房地产开发企业将竣工验收的住宅交付买受人之日起计算。商品房符合交付使用条件,买受人接到书面交房通知后无正当理由拒绝接收的,保修期自书面交房通知确定的交付使用之日起计算。”

6. 参考案例。2008 年**江西某商品房预售合同纠纷案**,2004 年,邬某与开发公司签订商品房预售合同,也规定 2005 年 8 月 10 日前交房,逾期按每月 1000 元支付违约金。2008 年,邬某诉请支付逾期交房违约金,开发公司以其2006 年 5 月、2007 年 6 月分别以电话、书面通知为由抗辩。法院认为:《合同法》第 107 条规定:"当事人一方不履行合同义务或者履行合同义务不符合约定的,应当承担继续履行、采取补救措施或者赔偿损失等违约责任。"按合同约定,开发公司交付别墅届满期是 2005 年 8 月 31 日前,但开发公司于 2006 年 5 月、2007 年 7 月才分别以电话通知、书面通知邬某办理交房手续,显然,开发公司违约事实客观存在。按电话通知时间起算,开发公司迟延交房时间是 9 个月;按书面通知起算,开发公司迟延交房时间是 22 个月。在商品房预售合同纠纷中,预购方往往处于较弱地位,与预售方相比,预购方属弱势群体,比预售方所面临风险要大得多。对开发公司 2006 年 5 月电话通知邬某办理交房手续证言依法不予认定,因提供证言证人是开发公司员工,与开发公司有直接利害关系,加上电话通知证明效力不充分,不宜作为证据采信。法庭上有书面证据证明通知交房时间,且书面证据是开发公司提供的,其证明效力强于电话通知,依法采信。《合同法》第 41 条规定:"对格式条款的理解发生争议的,应当按照通常理解予以解释。对格式条款有两种以上解释的,应当作出不利于提供格式条款一方的解释。"本案双方在签订格式化商品房预售合同时,对通知交房方式未作具体约定,客观上存在两种履行合同行为发生,应作出不利于提供格式合同一方解释。《合同法》第 62 条第 5 项规定:"履行方式不明确的,按照有利于实现合同目的的方式履行。"开发公司电话通知邬某办理交房手续未达到目的,又采用书面通知方式通知邬某办理交房手续做法,属于有利于实现合同目的履行方式。若认定是行业交易习惯,此亦符合有约定按约定、无约定从交易习惯原理。本案应认定开发公司违约迟延交房 22 个月,判令其支付邬某违约金 2.2 万元。2011 年 5 月**重庆某商品房预售合同案**,法院认为:因张某在开发公司发出的接房通知上写明"本人于 11 月 10 日收到"内容并签名确认,且开发公司于 2009 年 11 月 4 日在《江津日报》上刊登了《接房公告》,要求购买案涉开发项目房屋的业主于 2009 年 11 月 10 日前接房,故应认定张某于 2009 年 11 月 10 日收到接房通知并无不当。2011 年 3 月**湖南某商品房买卖合同案**,法院认为:房管局对开发公司的行政处罚决定书载明开发公司向业主下发交房通知,擅自交付使用,只能证明开发公司有向业主下发通知的行为,并不能证明开发公司向所有的业主都下发了交房通知,该处罚决定,不足以证明开发公司也向陈某下发了交房通知。2010 年 5 月 16 日开发公司通过 EMS 向陈某邮寄了补交房款通知书,投递结果表明,已妥投。由此,开发公司所提供的证据只能证明其向陈某送达了补交房款通知,开发公司主张其已向陈某送达了交房通知的证据不充分,开发公司应继续承担支付违约金的违约责任,到实际交房日止。2010年6月**重庆某商品房预售合同案**，法院认为：开发公司2007年12月7日具备了交付条件，在较长时间内无法联系张某的情况下，开发公司可依合同相关约定单方行使合同解除权，但须以法定方式通知张某。目前开发公司举证通知张某合同解除的证据是2009年2月8日的挂号信一封，内附有解除合同的通知，但张某未收到，2月9日该挂号信退回开发公司；2009年2月16日开发公司又以登报方式通知张某解除劳动合同，应认定开发公司通知张某解除合同时间是2009年2月16日。在解除合同的通知还未送达给张某之前，2009年2月5日，案外人徐某通过广告了解到开发公司要出售争议的房屋，并在当时交付了4万元订金。开发公司和徐某签订购房合同的时间，根据开发公司在房管所留存的合同，开发公司开具的付款收据和记账凭证时间的先后顺序的合理推断，法院认定签订时间为2009年2月6日。故开发公司在尚未与张某解除买卖合同的情况下，又将该房出卖给第三人，构成了"一房二卖"。开发公司虽未依法定程序解除买卖合同，应对造成"一房二卖"的后果负主要责任，但张某在购房后不及时履行义务，离开当地后又不留下新的联系地址和电话号码，致使开发公司无法与其联系，尾款也无法收取，张某对此后果也应承担次要责任，故酌情判决开发公司在退还张某本金及资金占用费的同时另赔偿张某3万元。2009年**陕西某商品房买卖合同案**，法院认为：合同中约定了开发公司应以书面形式通知交房，开发公司有义务在签订合同时明确赵某的送达地址和其他联系方式，以便在交房条件具备时依合同书面送达，但其未能尽到必要的注意义务，致使书面通知一直未能送达，但赵某承认在2008年10月到过开发公司并因违约金问题准备诉讼，而开发公司也登报要求未办理交房手续的业主于2008年11月20日办理交房手续，本着诚实信用原则，交房日期确定为2008年11月20日。开发公司未按合同约定以书面形式通知赵某构成违约，应交付房屋并承担违约金。开发公司认为遭遇不可抗力，交房应延期，但其并未按合同约定告知赵某，其辩解不能成立。从合同约定的交房时间2007年12月31日至2008年11月20日共350天，违约金为(350 - 90) × 80,669 × 1/1000 = 20,974元。赵某未收到交房书面通知，无法确定支付下余房款时间，不构成违约，不承担违约责任。2008年10月**四川某商品房预售合同案**，法院认为：开发公司所开发项目已于2007年4月19日经验收合格，即所涉房屋在双方约定的交房日期之前已具备双方约定的交房条件。开发公司提交的短信交房通知名单、短信息费发票以及部分业主已于2007年4月30日前收房的记录形成了证据锁链，可印证开发公司通知业主收房的事实。根据双方约定，如张某未收到开发公司的交房通知，则其应按约定时间到开发公司售楼部收房。对于张某于2007年4月30日到过开发公司售楼部交房现场的事实，因张某与开发公司均一致认可，故本院予以确认。关于双方当日未办理交房手续的原因，张某称是当时交房的人很多，无法完成交房，且该房屋在约定时间内未达到交付条件,双方约定暂不交房,因张某对此未提供证据予以证实,且当时该房屋已具备交房条件,张某也未依约就此提出书面异议,开发公司对张某的以上主张又不予认可,故本院不予采信。根据现有证据,不能认定张某与开发公司未按约定时间办理交房手续的原因在于开发公司,即不能认定开发公司存在逾期交房的违约事实。2008 年 2 月**四川某商品房买卖合同案**,法院认为:合同中约定,交房由开发公司按彭某提供的通讯联络地址通过"邮政方式"通知彭某。彭某应向开发公司提供其准确的通讯联络地址,在彭某未特别说明的情况下,合同中载明的身份证住址应视为其通讯联络地址。如果该地址与彭某实际居住地址不一致,致使通知无法送达,后果应由彭某自行承担。故彭某称双方未约定通讯联络地址的主张不成立。双方当事人还约定,开发公司的通知以邮局回执单为据,开发公司采取挂号信方式联络彭某时,在市行政辖区范围内,自邮件寄出之日起 5 日内视为送达。通常邮局挂号信回执单不载明收件人地址及所寄信件名称、内容,故开发公司提交的载明 2006 年 5 月 25 日收件人为彭某的挂号信回执单符合双方约定。在彭某未提交证据证明开发公司当天向其邮寄的信件并非交房通知的情况下,应根据该回执单认定开发公司已在约定期限内以挂号信的方式向彭某送达了交房通知。根据双方当事人在补充协议中的约定,对重要事项应采取挂号信、特快专递或开发公司在报纸上公示的方式通知,开发公司在约定的交房期限届满前分别在《成都商报》和《成都日报》上刊登交房公告,符合合同约定。综上,开发公司已履行了通知交房的义务,彭某关于开发公司没有按约定的方式通知其交房的主张不能成立。因彭某陈述其在约定的交房时间即到现场接房,故影响本案责任认定的关键事实不是开发公司是否按时通知交房,而是该房是否具备交房条件。对此,开发公司提交了竣工验收报告证明房屋在约定的交房期限前已通过竣工验收。彭某主张因相关设施不完善致使不能交房,应承担举证责任。因彭某未提交相应证据,故应承担不利的后果,判决驳回彭某诉讼请求。2007 年 11 月**四川某商品房预售合同案**,法院认为:开发公司应对房屋的交付承担举证责任。交付的标的物为房屋,系不动产,相比动产而言,有其特殊性,作为履行义务一方的开发公司仅需证明其在约定的交房时间具备房屋交付条件,且履行了交房通知义务。开发公司提交的《竣工验收报告》《建设工程规划管理竣工验收合格证》等证据,能够证明其开发的案涉房屋于 2002 年 5 月 31 日前具备交付条件;开发公司在《成都商报》上刊登的交房公告,能够证明其履行了通知义务。虽然侯某在签订合同时使用的身份证地址为北京市,但众所周知身份证地址应为户籍所在地,可能与经常居住地或实际住所地不一致,而侯某在签订合同时向开发公司提供了其位于成都市龙泉驿区的具体住所地,在此情况下,开发公司有理由相信其在《成都商报》上刊登的交房公告能够被侯某所知悉。对侯某而言,开发公司已尽通知义务。根据补充协议的约定，侯某未按通知的交房时间办理房屋移交手续，逾期20日则视为其接受房屋，因此，导致房屋至今未移交的责任并非在开发公司，开发公司不应承担逾期交房的违约责任。2007年4月**海南某房屋买卖合同案**，邓某从开发公司处购房，约定交房时间为2003年12月30日，但实际交接单显示时间为2004年3月17日。约定交房之日起90日内开发公司提交过户资料进行备案登记，但2004年10月21日，当地测绘部门才依开发公司申请，出具《建筑面积测绘报告》，2006年，邓某遂主张逾期交房和逾期办证的违约责任。法院认为：开发公司依约应以书面方式通知买受人办理房屋交付手续。开发公司明知邓某的通讯地址，而未采取书面通知方式，通知方式违反约定。开发公司辩称已在楼道公告，但该公告方式不符合双方合同约定的通知方式，也无证据证明邓某已经看到公告。其称已电话通知邓某接房，但未能提供通话记录佐证，即使存在通话事实，也无法证明通话的内容是否是通知邓某接房。并且，以电话通知的方式也不符合双方在合同中约定的书面通知方式。开发公司主张其已在报纸上公告通知购房户接房，但其举证的报纸公告内容为通知购房户交费办证，并没有通知购房户接房的内容，无法证明其以报纸公告的形式告知购房户接房的事实。开发公司提供的其他购房户已于2003年12月30日前接房的证据，与本案没有关联性，不予采信。从邓某提供的"商品房交付使用签收单"时间看，房屋实际交接的时间为2004年3月17日，合同约定的交接时间为2003年12月30日，迟延交付77天，已构成违约，开发公司应按合同的约定承担逾期交房的违约责任。邓某未提供证据证明开发公司在房屋交接使用之日起90日内未将办理产权登记的有关资料报产权登记机关备案。至于开发公司提供的2004年10月测绘所出具的《房屋建筑面积测绘报告》，只能证明出具测绘报告的时间，不能证明开发公司在房屋交付使用后90日内未履行备案义务，政府主管部门的工作程序具有其独立性，并不以产权资料报送人的意志为转移。故因不能证明系开发公司的原因导致产权登记迟延，驳回邓某要求开发公司承担逾期办证违约金的诉讼请求。

【同类案件处理要点】

商品房预售或买卖合同已明确约定出卖人交房的通知方式，出卖人应严格按照合同约定的方式、地址和程序发出交房通知。如购房合同未约定通知方式或已有通知方式无法联系的情况下，可采用登报或其他媒体通知的方式。

【相关法律风险提示】

1. 在买方已预付购房款情况下，如何通知签约，通常应首先采取电话通知，未果情况下，采取邮寄送达，只有在这两种方式均无法通知到的情况下，方可采用登报或电视媒体通知的方式。案见云南昆明中院(2008)昆民一终字第460号“王某与某开发公司房屋买卖合同纠纷案”。

2. 在合同已明确约定出卖人交房的通知方式情况下,出卖人交房通知义务履行不仅要合情合理,更重要的是要守约合法。以电话方式通知的,应对联系方式事先约定,并保留通话内容和时间的证据;以贴告示方式通知的,应在买受人知晓该通知方式并能看到该告示的情况下采用;以邮件通知的,应送达有效的邮寄地址并确保签收;以登报方式通知的,应确保其他约定的方式采行并不能到达买受人,同时该登报通知收房内容明确。

3. 商品房买卖合同,就通知签约或交接房屋条款应明确约定一种或几种既便于履行又便于取证的方式,比如可以首选手机短信、挂号或快递邮寄、公证送达,其次可以采用电话、传真、电子邮件、电报等方式。购房合同应由买方或订购方提交两种有效联系方式,该联系方式为开发商通知的主要方式,该联系方式的变更应由买方或订购方及时通知开发商。开发商通知签约或交房时,以短信形式,或集中由公证部门对拨打该联系方式通知的行为进行公证。为合情合理,建议开发商分时间段安排至少两次公证形式的通知。

4. 购房人身份证上地址如果不是可以联系到的地址,应在合同上做特别说明,否则卖方按此地址通知交房未达,责任会被认定在买方。案见四川成都中院(2008)成民终字第149号“彭某与某开发公司商品房买卖合同纠纷”。

5. 签订购房合同时,购房者变更联系方式而未通知出卖人,在开发商一房二卖情形,购房者就预付购房款无法获得双倍返还的法律效果。案见重庆二中院(2010)渝二中法民终字第999号“某开发公司与张某商品房预售合同纠纷上诉案”。

6. 补交房款通知不等于交房通知。案见湖南郴州中院(2011)郴民一终字第20号“某开发公司与陈某商品房买卖合同纠纷上诉案”。

7. 通知交房存在书面通知与证据效力不充分的电话通知两种方式时,应按有利于实现合同目的履行方式原则和格式合同解释规则认定书面通知方式效力。

【附注】

参考案例索引:云南昆明中院(2008)昆民一终字第460号“王某与某开发公司房屋买卖合同纠纷案”;江西上饶中院(2008)饶中民二终字第57号“邬海平、邬海波、邬海均与江西省婺源县致仁实业有限公司商品房预售合同纠纷上诉案”,见《商品房预售合同的纠纷处理原则》(詹菊生),载《人民司法·案例》(200822:85);重庆五中院(2011)渝五中法民终字第896号“赵某等与某开发公司商品房预售合同纠纷上诉案”;湖南郴州中院(2011)郴民一终字第20号“某开发公司与陈某商品房买卖合同纠纷上诉案”；重庆二中院（2010）渝二中法民终字第999号“某开发公司与张某商品房预售合同纠纷上诉案”；陕西铜川中院（2009）铜中法民一终字第183号“赵某与某开发公司商品房买卖纠纷上诉案”；四川成都中院（2008）成民终字第3282号“某开发公司与张某商品房预售合同纠纷上诉案”；四川成都中院（2008）成民终字第149号“彭某与某开发公司商品房买卖合同纠纷案”；四川成都中院（2007）成民终字第2934号“侯某与某开发公司商品房预售合同纠纷上诉案”；海南省海南中院（2007）海南民二终字第164号“邓某与某开发公司房屋买卖合同纠纷案”。

48. 竣工验收与交房时间

——房屋该交付，何时算竣工？

【竣工验收】

【案情简介及争议焦点】

2005年，蒋某购买开发公司商品房，约定2006年7月31日交付并约定了违约金，对维修基金约定按总房款2%收取。蒋某依约付了全款。2006年7月31日，开发公司在当地省级日报上发布交房公告，2006年9月30日组织设计、施工、监理进行竣工前的自检验收，2006年12月11日，当地房屋质监站出具竣工验收证明。2004年，当地市房管局发布通知，明确2004年8月1日后出售的房屋缴纳维修资金比例，依此通知蒋某所购房标准应为3%。

争议焦点：1. 开发公司是否逾期交房？2. 维修资金缴纳比例如何确定？

【裁判要点】

1. 逾期交房。 开发公司与蒋某所签商品房买卖合同有效。合同签订后，蒋某依约向开发公司支付了全部购房款，开发公司应按约在2006年7月31日前向蒋某交付经验收合格的商品房，但直至2006年12月11日才验收合格，在此前显然不能依约交付，开发公司即使已在媒体上公告交房，亦不能实现。开发公司逾期交房已构成违约，应承担违约责任。

2. 维修资金。 市房管局作出的通知已明确，2004年8月1日后销售的商品房，售房单位在签订购房合同时，须与购房者签订专项维修资金缴交协议，由售房单位代为收取，对专项维修资金收取的具体标准亦作了相应的规定。该专项维修资金属全体业主共有，专项用于房屋公用部位、共用设施设备保修期满后的大修、更新和改造，未经批准，任何单位和个人不得使用，开发公司只负责代收，无权决定其缴纳比例。如购房者不按规定缴纳专项维修资金，势必会损害其他业主的合法权益，房屋公用部位、共用设施设备保修期满后的大修、更新和改造也就无法充分保障。作为购房者，蒋某应按上述通知依规定缴纳专项维修资金。

【裁判依据或参考】

1. 法律规定。《建筑法（2019 年修正）》（2011 年 7 月 1 日，已于 2019 年 4 月 23 日对第 8 条做了修改）第 61 条：“交付竣工验收的建筑工程，必须符合规定的建筑工程质量标准，有完整的工程技术经济资料和经签署的工程保修书，并具备国家规定的其他竣工条件。建筑工程竣工经验收合格后，方可交付使用；未经验收或者验收不合格的，不得交付使用。”第 79 条：“负责颁发建筑工程施工许可证的部门及其工作人员对不符合施工条件的建筑工程颁发施工许可证的，负责工程质量监督检查或者竣工验收的部门及其工作人员对不合格的建筑工程出具质量合格文件或者按合格工程验收的，由上级机关责令改正，对责任人员给予行政处分；构成犯罪的，依法追究刑事责任；造成损失的，由该部门承担相应的赔偿责任。”**《城乡规划法（2019 年修正）》**（2008 年 1 月 1 日，已于 2019 年 4 月 23 日对第 38 条第 2 款做了修改）第 45 条：“县级以上地方人民政府城乡规划主管部门按照国务院规定对建设工程是否符合规划条件予以核实。未经核实或者经核实不符合规划条件的，建设单位不得组织竣工验收。建设单位应当在竣工验收后六个月内向城乡规划主管部门报送有关竣工验收资料。”第 67 条：“建设单位未在建设工程竣工验收后六个月内向城乡规划主管部门报送有关竣工验收资料的，由所在地城市、县人民政府城乡规划主管部门责令限期补报；逾期不补报的，处一万元以上五万元以下的罚款。”**《城市房地产管理法（2019 年修正）》**（2020 年 1 月 1 日）第 27 条：“房地产开发项目的设计、施工，必须符合国家的有关标准和规范。房地产开发项目竣工，经验收合格后，方可交付使用。”

2. 行政法规。国务院**《建设工程质量管理条例（2019 年修订）》**（2000 年 1 月 30 日，已于 2019 年 4 月 23 日第 2 次修订）第 16 条：“建设单位收到建设工程竣工报告后，应当组织设计、施工、工程监理等有关单位进行竣工验收。建设工程竣工验收应当具备下列条件：（一）完成建设工程设计和合同约定的各项内容；（二）有完整的技术档案和施工管理资料；（三）有工程使用的主要建筑材料、建筑构配件和设备的进场试验报告；（四）有勘察、设计、施工、工程监理等单位分别签署的质量合格文件;(五)有施工单位签署的工程保修书。建设工程经验收合格的,方可交付使用。"第 32 条:"施工单位对施工中出现质量问题的建设工程或者竣工验收不合格的建设工程,应当负责返修。"第 39 条:"建设工程实行质量保修制度。建设工程承包单位在向建设单位提交工程竣工验收报告时,应当向建设单位出具质量保修书。质量保修书中应当明确建设工程的保修范围、保修期限和保修责任等。"第 49 条:"建设单位应当自建设工程竣工验收合格之日起 15 日内,将建设工程竣工验收报告和规划、公安消防、环保等部门出具的认可文件或者准许使用文件报建设行政主管部门或者其他有关部门备案。建设行政主管部门或者其他有关部门发现建设单位在竣工验收过程中有违反国家有关建设工程质量管理规定行为的,责令停止使用,重新组织竣工验收。"第 58 条:"违反本条例规定,建设单位有下列行为之一的,责令改正,处工程合同价款百分之二以上百分之四以下的罚款;造成损失的,依法承担赔偿责任;(一)未组织竣工验收,擅自交付使用的;(二)验收不合格,擅自交付使用的;(三)对不合格的建设工程按照合格工程验收的。"国务院《**城市房地产开发经营管理条例(2020 年修正)**》(2020 年 11 月 29 日)第 16 条:"房地产开发企业开发建设的房地产项目,应当符合有关法律、法规的规定和建筑工程质量、安全标准、建筑工程勘察、设计、施工的技术规范以及合同的约定。房地产开发企业应当对其开发建设的房地产开发项目的质量承担责任。勘察、设计、施工、监理等单位应当依照有关法律、法规的规定或者合同的约定,承担相应的责任。"第 17 条:"房地产开发项目竣工,依照《建设工程质量管理条例》的规定验收合格后,方可交付使用。"第 18 条:"房地产开发企业应当将房地产开发项目建设过程中的主要事项记录在房地产开发项目手册中,并定期送房地产开发主管部门备案。"第 30 条:"房地产开发企业应当在商品房交付使用时,向购买人提供住宅质量保证书和住宅使用说明书。住宅质量保证书应当列明工程质量监督单位核验的质量等级、保修范围、保修期和保修单位等内容。房地产开发企业应当按照住宅质量保证书的约定,承担商品房保修责任。保修期内,因房地产开发企业对商品房进行维修,致使房屋原使用功能受到影响,给购买人造成损失的,应当依法承担赔偿责任。"国务院办公厅《**转发建设部〈关于进一步加强工程质量和施工安全管理工作报告〉的通知**》(1993 年 6 月 9 日　国办发〔1993〕33 号)第 3 条:"……竣工的住宅工程未经当地政府的工程质量监督部门核验合格的,不准交付使用。"

3. 司法解释。最高人民法院《**关于审理建设工程施工合同纠纷案件适用法律问题的解释**》(2005 年 1 月 1 日　法释〔2004〕14 号,已于 2021 年 1 月 1 日起失效)第 14 条:"当事人对建设工程实际竣工日期有争议的,按照以下情形分别处理:(一)建设工程经竣工验收合格的,以竣工验收合格之日为竣工日期;(二)承包人已经提交竣工验收报告,发包人拖延验收的,以承包人提交验收报告之日为竣工日期;(三)建设工程未经竣工验收,发包人擅自使用的,以转移占有建设工程之日为竣工日期。”

4. 部门规范性文件。建设部《**房屋建筑和市政基础设施工程竣工验收备案管理办法**》(2009 年 10 月 19 日)第 3 条:“国务院住房和城乡建设主管部门负责全国房屋建筑和市政基础设施工程(以下统称工程)的竣工验收备案管理工作。县级以上地方人民政府建设主管部门负责本行政区域内工程的竣工验收备案管理工作。”第 4 条:“建设单位应当自工程竣工验收合格之日起 15 日内,依照本办法规定,向工程所在地的县级以上地方人民政府建设主管部门(以下简称备案机关)备案。”第 5 条:“建设单位办理工程竣工验收备案应当提交下列文件:(一)工程竣工验收备案表;(二)工程竣工验收报告。竣工验收报告应当包括工程报建日期,施工许可证号,施工图设计文件审查意见,勘察、设计、施工、工程监理等单位分别签署的质量合格文件及验收人员签署的竣工验收原始文件,市政基础设施的有关质量检测和功能性试验资料以及备案机关认为需要提供的有关资料;(三)法律、行政法规规定应当由规划、环保等部门出具的认可文件或者准许使用文件;(四)法律规定应当由公安消防部门出具的对大型的人员密集场所和其他特殊建设工程验收合格的证明文件;(五)施工单位签署的工程质量保修书;(六)法规、规章规定必须提供的其他文件。住宅工程还应当提交《住宅质量保证书》和《住宅使用说明书》。”第 12 条:“备案机关决定重新组织竣工验收并责令停止使用的工程,建设单位在备案之前已投入使用或者建设单位擅自继续使用造成使用人损失的,由建设单位依法承担赔偿责任。”建设部《**关于加强住宅工程质量管理的若干意见**》(2004 年 1 月 30 日 建质〔2004〕18 号)第 2 条:“……(四)施工单位应严格执行国家《建筑工程施工质量验收规范》,强化施工质量过程控制,保证各工序质量达到验收规范的要求。要制定本企业的住宅工程施工工艺标准,结合工程实际,落实设计图纸会审中保证施工质量的设计交底措施,对容易产生空鼓、开裂、渗漏等质量通病的部位和容易影响空气质量的厨房、卫生间管材等环节,采取相应的技术保障措施……”第 3 条:“……(四)各地建设行政主管部门要加强对住宅工程竣工验收备案工作的管理,将竣工验收备案情况及时向社会公布。单体住宅工程未经竣工验收备案的,不得进行住宅小区的综合验收。住宅工程经竣工验收备案后,方可办理产权证……”建设部办公厅《**关于对深圳市建设局〈关于商品房主体结构质量重新核验有关问题的请示〉的复函**》(2003 年 10 月 28 日):“……商品房经建设单位组织竣工验收合格后即可交付使用,建设行政主管部门依法对已竣工的建设工程不再进行质量核验,核发竣工验收证书。因此,购房人认为房屋的主体结构质量不合格的,可以委托具有相应资质的工程质量检测机构进行质量检测。”建设部《**关于规范房地产开发企业开发建设行为的通知**》(2002 年 2 月 25 日 建住房〔2002〕44 号)第 7 条:

"房地产开发项目经竣工验收合格后,房地产开发企业应当及时向建设行政主管部门备案。对于住宅小区等群体房地产开发项目,还应当按照有关规定进行综合验收。凡未组织竣工验收(包括综合验收,下同)或者验收不合格的房地产开发项目不得交付使用。对于房地产开发企业将未经验收或者验收不合格的房地产开发项目交付使用的,应当依据《城市房地产开发经营管理条例》《建设工程质量管理条例》,责令改正并进行处罚。"国家工商局**《关于对未经竣工验收合格的商品房即交付使用违法行为法规适用问题的答复》**(2001 年 9 月 11 日　工商市字〔2001〕第 255 号,已于 2014 年 7 月 14 日起失效):"对于房地产开发商将未经竣工验收合格的商品房交付购房人使用的违法行为……由于行政法规已有规定,对该案工商行政管理部门不宜适用《关于查处利用合同进行的违法行为的暂行规定》进行查处,应当告知合同当事人向建设行政主管部门投诉,由建设行政主管部门负责处理。"建设部**《商品房销售管理办法》**(2001 年 6 月 1 日)第 3 条:"……本办法所称商品房现售,是指房地产开发企业将竣工验收合格的商品房出售给买受人,并由买受人支付房价款的行为……"第 11 条:"……房地产开发企业不得采取售后包租或者变相售后包租的方式销售未竣工商品房。"第 40 条:"房地产开发企业将未组织竣工验收、验收不合格或者对不合格按合格验收的商品房擅自交付使用的,按照《建设工程质量管理条例》的规定处罚。"建设部**《关于印发〈房屋建筑工程和市政基础设施工程竣工验收暂行规定〉的通知》**(2000 年 6 月 30 日　建建〔2000〕142 号,已于 2016 年 2 月 18 日起失效)第 4 条:"工程竣工验收工作,由建设单位负责组织实施。县级以上地方人民政府建设行政主管部门应当委托工程质量监督机构对工程竣工验收实施监督。"第 5 条:"工程符合下列要求方可进行竣工验收:(一)完成工程设计和合同约定的各项内容。(二)施工单位在工程完工后对工程质量进行了检查,确认工程质量符合有关法律、法规和工程建设强制性标准,符合设计文件及合同要求,并提出工程竣工报告。工程竣工报告应经项目经理和施工单位有关负责人审核签字。(三)对于委托监理的工程项目,监理单位对工程进行了质量评估,具有完整的监理资料,并提出工程质量评估报告。工程质量评估报告应经总监理工程师和监理单位有关负责人审核签字。(四)勘察、设计单位对勘察、设计文件及施工过程中由设计单位签署的设计变更通知书进行了检查,并提出质量检查报告。质量检查报告应经该项目勘察、设计负责人和勘察、设计单位有关负责人审核签字。(五)有完整的技术档案和施工管理资料。(六)有工程使用的主要建筑材料、建筑构配件和设备的进场试验报告。(七)建设单位已按合同约定支付工程款。(八)有施工单位签署的工程质量保修书。(九)城乡规划行政主管部门对工程是否符合规划设计要求进行检查,并出具认可文件。(十)有公安消防、环保等部门出具的认可文件或者准许使用文件。(十一)建设行政主管部门及其委托的工程质量监督机构等有关部门责令整改的问题全部整改完毕。"第6条:"……建设单位应当在工程竣工验收7个工作日前将验收的时间、地点及验收组名单书面通知负责监督该工程的工程质量监督机构……"第8条:"负责监督该工程的工程质量监督机构应当对工程竣工验收的组织形式、验收程序、执行验收标准等情况进行现场监督,发现有违反建设工程质量管理规定行为的,责令改正,并将对工程竣工验收的监督情况作为工程质量监督报告的重要内容。"第9条:"建设单位应当自工程竣工验收合格之日起15日内,依照《房屋建筑工程和市政基础设施工程竣工验收备案管理暂行办法》的规定,向工程所在地的县级以上地方人民政府建设行政主管部门备案。"建设部**《关于贯彻〈城市房地产开发经营管理条例〉的通知》**(1998年9月23日　建住房〔1998〕178号)第2条:"……要建立房地产开发项目竣工验收的程序和制度,对竣工的开发项目要及时组织相关的质量监督、消防、人防等部门进行验收。对验收的房地产开发项目,对其功能、质量、环境等条件应进行综合评定,建立等级评定制度,并向社会公布开发建设单位和项目验收评定结果。对未经验收或验收不合格的项目,不得交付使用。"建设部**《商品住宅实行住宅质量保证书和住宅使用说明书制度的规定》**(1998年9月1日)第6条:"住宅保修期从开发企业将竣工验收的住宅交付用户使用之日起计算,保修期限不应低于本规定第五条规定的期限。房地产开发企业可以延长保修期。国家对住宅工程质量保修期另有规定的,保修期限按照国家规定执行。"第7条:"房地产开发企业向用户交付商品住宅时,应当有交付验收手续,并由用户对住宅设备、设施的正常运行签字认可。用户验收后自行添置、改动的设施、设备,由用户自行承担维修责任。"建设部**《关于加强房地产开发管理提高商品房质量的通知》**(1996年5月1日　建房〔1996〕48号)第1条:"……建设行政主管部门要加强监督检查,工程竣工必须由当地工程质量监督站验收合格,才能交付使用。"第3条:"要加强住宅小区的竣工综合验收工作。住宅小区竣工综合验收,是对住宅小区使用功能、建筑质量的综合考核和评价,是住宅小区开发建设的最后一道质量检查关。各级建设主管部门要加强对这一工作的重视和领导,严格执行综合验收制度,并明确开发建设单位对所开发的住宅小区质量负最终责任,工程质量不合格或配套不完善的房屋不得交付使用。"建设部**《城市住宅小区竣工综合验收管理办法》**(1993年12月1日,已于2016年2月18日起失效)第5条:"城市人民政府建设行政主管部门应当根据国家有关法律、法规和标准规范,对住宅小区的土地使用情况、各单项工程的工程检验合格证明文件以及市政公用基础设施、公共配套设施项目等组织验收。"第9条:"住宅小区竣工验收合格后,开发建设单位应当按照有关规定将完整的小区综合验收资料报送备案。"第10条:"分期建设的住宅小区,可以实行分期验收,待全部建成后进行综合验收。分期验收的住宅小区,市政公用基础设施和公共配套设施满足使用功能要求的,可以分期投入使用。”

5. 地方司法性文件。江苏高院《**关于审理房地产合同纠纷案件若干问题的解答**》（2018年6月26日　审委会会议纪要〔2018〕3号）第33条：“商品房交付标准如何确定？如果地方政府对于商品房交付有相关规定的，应当按照地方政府的规定执行。如果地方政府对此没有规定，当事人选择了经竣工验收合格，该交付标准只需设计、建设、监理、施工四方验收合格即可，无需经过验收备案。”第34条：“商品房不符合交付标准的如何处理？出卖人交付的商品房不符合合同约定或法定的交付条件，或出卖人不出示竣工验收备案等法定交付证明文件的，买受人拒收，并请求出卖人承担迟延交房责任的，应予支持。买受人明知出卖人交付的商品房不符合合同约定或法定的交付条件，仍然接受房屋，买受人要求出卖人承担迟延交付责任的，不予支持。但因交付的商品房不符合合同约定或法定的交付条件，给买受人造成其他损失的，应予赔偿。”四川成都中院《**关于印发〈商品房买卖合同案件的审理指南（试行）〉的通知**》（2017年10月11日　成中法发〔2017〕129号）第10条：“涉及商品房交付相关问题的处理。未经竣工验收的商品房不得交付。合同约定的交房期限届满且交房条件已成就，买受人要求出卖人交付商品房的，应予支持。交房条件尚未成就的，人民法院应当向买受人释明，告知其可变更诉讼请求；买受人坚持不交更的，应驳回买受人要求交付房屋的诉请。买受人明知商品房已经竣工验收合格但约定的其他交付条件尚未成就，仍接收该商品房，后又以交房不符合合同约定主张逾期交房违约责任的，不予支持；因不符合约定交付条件给买受人造成损失的，出卖人应当予以赔偿。”广东高院《**印发〈关于审理房屋买卖合同纠纷案件的指引〉的通知**》（2017年9月12日　粤高法〔2017〕191号，已于2020年12月31日经粤高法〔2020〕132号废止）第30条：“根据《住房和城乡建设部关于进一步加强房地产市场监管完善商品房住房预售制度有关问题的通知》（建房〔2010〕53号）第十一条的规定，交付使用的商品房应当经过竣工验收合格并已在当地建设行政主管部门办理工程竣工验收备案。合同约定的交付条件高于前款标准的，以合同约定为准；合同约定的交付条件低于前款标准的，按前款规定认定。”山东高院《**民事审判会议纪要**》（2017年8月）第2条：“……8. 关于房屋交付条件中验收合格的理解与适用问题。依据《建筑法》第六十一条、《城市房地产管理法》第二十六条的规定，验收合格是商品房交付使用的法定条件。在商品房买卖合同中对商品房的交付标准双方约定为商品房经验收合格即可交付时，该验收的标准，意见一认为，《建设工程质量管理条例》第十六条对竣工验收作出规定，《城市房地产经营开发管理条例》第十八条对综合验收作出规定，《城市住宅小区竣工综合验收管理办法》第八条对综合验收进行了细化规定，综合上述规定精神，开发商交付给业主使用的房屋不仅要竣工验收合格，还须满足业主正常居住、生活需求，因此住宅小区等群体性房地产开发项目验收合格可以交付的房屋应该是完成了竣工验收、消防、配套设施、绿化、环保等综合验收合格的房屋;分期开发的房屋完成竣工验收、规划消防等验收,市政公用设施和公共配套配套设施满足使用功能即可视为验收合格;其他房屋竣工验收合格即可视为验收合格。意见二认为,国家实行建设工程质量监督管理制度,验收合格的房屋应该是依照《建设工程质量管理条例》第四十九条规定,取得《建设工程竣工验收备案表》,经过了国家对建设工程质量监控的房屋。因为验收备案周期较长,不利于对买卖双方利益的保护,倾向于第一种意见。当事人在法律允许的范围内对房屋交付条件有明确具体约定的,从其约定。如果约定标准高于国家标准,在达到国家标准尚未达到约定标准的情况下,买受人接受房屋的,应视为房地产开发企业已履行交付义务。工程经竣工验收合格方能交付使用是法律规定的保证房屋使用安全的最基本条件,属于强制性规定,买受人接受尚未竣工验收合格的房屋,不能视为是买受人自愿降低房屋接收标准,不能视为房地产开发企业已履行交付义务。"北京高院《**关于审理房屋买卖合同纠纷案件若干疑难问题的会议纪要**》(2014 年 12 月 16 日　京高法发〔2014〕489 号)第 12 条:"买受人要求交付商品房,经审查房屋已经完工但未办理竣工验收手续,不符合法定强制性交付条件的,可以判决出卖人在合理期限内组织工程竣工验收,并将验收合格的房屋交付给买受人,但买卖合同存在永久性履行不能情形的除外。买受人明知商品房不具备法定或约定交付条件仍同意接收房屋后,又以房屋不具备交付条件为由主张逾期交房违约金的,不予支持,但买受人有权要求出卖人依据法律规定或合同约定完善房屋交付条件,并主张因房屋交付条件不具备给其造成的实际损失。商品房买卖合同示范文本约定出卖人'于房屋实际交付之日起三十日内支付违约金',出卖人实际逾期交付房屋的,买受人应当依合同约定的履行期限主张逾期交房违约金;房屋逾期尚未实际交付,买受人主张逾期交房违约金,出卖人以合同约定的履行期限尚未届至为由提出抗辩的,不予采信。"广东深圳中院《**关于房屋买卖合同纠纷案件的裁判指引**》(2014 年 8 月 28 日修订)第 8 条:"商品房买卖合同约定房地产开发企业可在未取得主体、消防、电梯、燃气等单项工程验收合格的情况下向买受人交付房地产的,该约定无效。买受人在收楼后要求房地产开发企业支付延期交房违约金或者解除房地产买卖合同的,应予支持;但房地产开发企业在诉讼期间取得上述单项工程验收合格证明的,对买受人的上述请求,不予支持。房地产开发企业取得主体、消防、电梯、燃气等单项工程验收合格证之后,在领取竣工验收备案收文回执之前即向买受人交付房地产的,买受人予以接收后,又以房地产未领取竣工验收备案收文回执为由,要求确认交付行为无效并要求房地产开发企业承担逾期交房违约责任的,不予支持。【说明】旨在解决商品房预售合同中房屋交付标准如何确定及延期交房行为如何认定的问题。国务院《城市房地产开发经营管理条例》第十七条第二款规定，房地产项目竣工后，开发企业应向项目所在地县级以上人民政府主管部门提出竣工验收申请。主管部门应在收到竣工验收申请之日起30日内，对涉及公共安全的内容，组织工程质量监督、规划、消防、人防等有关部门或单位进行验收。上述规定表明，房地产交付之前，应对涉及公共安全的工程项目进行竣工验收。《深圳市建设工程质量管理条例》第五十六条第二款规定，房屋建筑工程经验收合格，并取得消防、电梯、燃气竣工验收合格证明或者准许使用文件后，方可投入使用。可见，在深圳市，房屋等建筑工程是否具备投入使用的条件，以是否取得主体结构工程、消防工程、电梯工程、燃气工程验收合格证书为判断标准。发展商在取得上述四项工程的竣工验收合格证后交付房地产，买方接收交付的，视为有效交付。即使合同约定的交付条件尚不完全具备，买方也不能在接受交付后要求确认交付行为无效，因为买卖双方以交付和接受交付的行为，改变了合同约定的交付条件。但如果买方拒绝接收交付的，买方仍有权要求卖方按照合同约定的条件交付，卖方不能按约定的时间使房地产具备约定的交付条件的，应承担延期交房的违约责任。”第11条：“预售商品房未取得工程竣工验收合格证明文件，买受人要求出卖人限期办理房屋权属转移登记的，不予支持。【说明】旨在解决工程未竣工验收合格的预售商品房的办证问题。国务院《城市房地产开发经营管理条例》第十七条规定，房地产开发项目竣工，经验收合格后，方可交付使用；未经验收或者验收不合格的，不得交付使用。房地产开发项目竣工后，房地产开发企业应当向项目所在地的县级以上地方人民政府房地产开发主管部门提出竣工验收申请。房地产开发主管部门应当自收到竣工验收申请之日起30日内，对涉及公共安全的内容，组织工程质量监督、规划、消防、人防等有关部门或者单位进行验收。可见，竣工验收证书或备案证明书的领取，必须先进行主体、消防、电梯、燃气、人防、环保等工程的验收，上述工程的验收涉及相关政府主管部门的行政活动。《深圳经济特区房地产登记条例》第二十二条规定，房地产登记按下列程序办理：（一）提出申请；（二）受理申请；（三）审查申请文件；（四）权属调查；（五）依本条例规定公告；（六）确认房地产权利；（七）将核准登记事项记载在房地产登记册；（八）计收规费并颁发房地产权利证书；（九）立卷归档。登记机关在审查和确认房地产权利的过程中，重要的一环是对房地产进行初始登记。《深圳经济特区房地产登记条例》第三十条规定，申请建筑物、附着物所有权初始登记，应提交建筑物竣工验收证。所以，发展商在未取得完整的竣工验收证明之前，无法办理初始登记，更谈不上办理分割转移登记，为购房者办理房地产证。综上，房屋等建筑工程的竣工验收和《房地产证》的办理，均涉及政府相关主管部门的行政行为。在商品房未取得完整的竣工验收证明、不具备办证条件的情况下，法院不宜判令发展商限期办证，否则，会与行政权产生冲突。即使勉强作了这样的判决，也无法强制执行。”安徽高院

《关于审理房屋买卖合同纠纷案件适用法律问题的指导意见》(2012年3月5日)第4条:"房屋买卖格式合同约定以'该商品房经验收合格'作为交付条件,一般应以出卖人(建设单位)组织勘察、设计、施工、监理等单位进行工程竣工验收并出具验收合格的意见作为认定房屋经验收合格的依据。但规划、公安消防、环保、城建档案管理等专门管理部门尚未出具认可性意见的,不应认定房屋已经验收合格。"第5条:"出卖人交付的房屋不符合本意见第4条规定的交付条件,买受人接收了房屋后以出卖人交付房屋时'未经验收合格'为由主张逾期交房违约责任的,在一审法院辩论终结前出卖人能够提供完整的《工程竣工验收报告》,对买受人的诉讼请求一般不予支持。"第6条:"房屋买卖合同约定出卖人在交付房屋时须提供《住宅质量保证书》《住宅使用说明书》等文件,出卖人实际交付房屋时未能提供上述文件的,买受人有权拒绝接收房屋,但买受人接收房屋后又以出卖人未能依约提供上述文件为由主张逾期交房违约责任的,一般不予支持。"山东高院**《2011年全省民事审判工作会议纪要(讨论稿)》**(2011年8月)第8条:"关于房屋交付条件中验收合格的理解与适用问题。依据《建筑法》第六十一条、《城市房地产管理法》第二十六条的规定,验收合格是商品房交付使用的法定条件。在商品房买卖合同中对商品房的交付标准双方约定为商品房经验收合格即可交付时,该验收的标准,意见一认为,《建设工程质量管理条例》第十六条对竣工验收作出规定,《城市房地产经营开发管理条例》第十八条对综合验收作出规定,《城市住宅小区竣工综合验收管理办法》第八条对综合验收进行了细化规定,综合上述规定精神,开发商交付给业主使用的房屋不仅要竣工验收合格,还须满足业主正常居住、生活需求,因此住宅小区等群体性房地产开发项目验收合格可以交付的房屋应该是完成了竣工验收、消防、配套设施、绿化、环保等综合验收合格的房屋;分期开发的房屋完成竣工验收、规划消防等验收,市政公用设施和公共配套配套设施满足使用功能即可视为验收合格;其他房屋竣工验收合格即可视为验收合格。意见二认为,国家实行建设工程质量监督管理制度,验收合格的房屋应该是依照《建设工程质量管理条例》第四十九条规定,取得《建设工程竣工验收备案表》,经过了国家对建设工程质量监控的房屋。因为验收备案周期较长,不利于对买卖双方利益的保护,倾向于第一种意见。当事人在法律允许的范围内对房屋交付条件有明确具体约定的,从其约定。如果约定标准高于国家标准,在达到国家标准尚未达到约定标准的情况下,买受人接受房屋的,应视为房地产开发企业已履行交付义务。工程经竣工验收合格方能交付使用是法律规定的保证房屋使用安全的最基本条件,属于强制性规定,买受人接受尚未竣工验收合格的房屋,不能视为买受人自愿降低房屋接收标准,不能视为房地产开发企业已履行交付义务。"广东广州中院**《关于商品房预售合同纠纷统一处理做法》**(2009年2月19日)第9条:"未经竣工验收,买受人诉请出卖人交付房屋的，应如何处理？答：如果尚未通过建筑主体、消防、电梯的单项验收，则驳回交付房屋的诉讼请求。”广东深圳中院**《关于审理商品房买卖纠纷案件若干问题的指导意见（试行）》**第5条：“商品房预售合同明确约定了房地产交付条件，预售方在未达到合同约定的交付条件的情况下交付房地产的，买方有权拒绝接受交付，并有权要求预售方承担延期交房的违约责任。”第6条：“预售方取得主体、消防、电梯、燃气等单项工程验收合格证之后，在领取竣工验收备案收文回执之前即向买方交付房地产的，买方予以接收后，又以房地产未领取竣工验收备案收文回执为由，要求确认交付行为无效，并要求预售方支付延期交房违约金的，法院不予支持。预售方在取得主体、消防、电梯、燃气等单项工程的验收合格证之前交付房地产的行为无效，买方在收楼后要求预售方支付延期交房违约金或者解除房地产买卖合同的，法院应予支持；但预售方在诉讼期间取得上述单项工程验收合格证明的，对买方的上述请求，法院不应支持。”北京高院**《关于印发〈北京市高级人民法院关于行政审判适用法律问题的解答（三）〉的通知》**（2008年5月23日　京高法发〔2008〕160号）第4条：“建设行政主管部门对于建设单位的建设工程竣工验收报告予以备案的行为，是否属于法院行政诉讼受案范围？答：公民、法人或者其他组织认为建设行政主管部门对于建设单位的建设工程竣工验收报告予以备案的行为违法，向法院提起行政诉讼，请求撤销备案行为的，因该备案行为对公民、法人或者其他组织权利义务不产生实际影响，不属于法院行政诉讼受案范围。”江苏高院**《全省民事审判工作座谈会纪要（征求意见稿）》**（2007年12月21日　苏高法电〔2007〕594号）第5条：“房地产开发项目经竣工验收合格后，房地产开发企业应当及时向建设行政主管部门备案并取得工程竣工验收备案证明，将符合合同约定的商品房交付买受人使用。房地产开发企业不出示证明文件或出示证明文件不齐全的，买受人有权拒绝交接，由此产生的延期交房责任由出卖人承担。出卖人交付使用的商品房不符合合同约定的交付条件，买受人接受房屋后要求出卖人承担迟延交付的违约责任的，不予支持。”重庆高院**《关于当前民事审判若干法律问题的指导意见》**（2007年11月22日）第34条：“……开发商虽在未取得预售许可证的情况下与买受人签订了预售合同，其后也未办理预售许可证，但在起诉前房屋已竣工验收的，可以认定预售合同有效。”江苏高院**《2001年全省民事审判工作座谈会纪要》**（2001年10月18日　苏高法〔2001〕319号）第6条：“……未经竣工验收，发包人提前使用建筑物，使用后发现因地基基础工程和主体结构的质量存在缺陷影响建筑物安全使用的问题，施工人应当承担民事责任。发包人能够证明工程质量不符合规定的质量标准，是由于施工人偷工减料，使用不合格材料，或者不按设计图纸、技术标准施工造成的，施工人应当承担民事责任……”广东高院**《关于印发〈关于审理建设工程合同纠纷案件的暂行规定〉的通知》**（2000年7月28日　粤高法发〔2000〕

31号,已于2020年12月31日经粤高法〔2020〕132号废止)第31条:“工程竣工后,合同约定的验收期限届满,发包人拒绝验收的,承包人可单方与有关部门组织验收,验收费用由双方对半承担。因发包人拒绝提供验收资料、文件,导致无法进行验收的,视为发包人对工程已验收合格。”

6. 地方规范性文件。北京住建委**《关于对新建住宅交付使用前实施房屋质量查验的通知》**(2018年9月30日　京建法〔2018〕17号)第1条:“本市实施新建住宅交付使用前房屋质量查验制度。本通知所称的住宅,依据《住宅设计规范》(GB 50096-2011),结合管理实际,是指供居住使用的建筑,包括商品住房,回迁房以及经济适用住房、限价商品住房、定向安置住房、自住型商品住房、共有产权住房等政策性住房。本通知所称的交付使用前查验,是指依据国家和本市相关法律法规、标准规范及施工图设计文件等,在房屋单位工程质量竣工验收合格后交付使用前,由建设单位组织购房人对房屋施工质量进行的查验。”第2条:“建设单位应当保证交付查验的房屋质量符合国家和本市相关法律法规、标准规范及施工图设计文件等的要求,并具备以下条件:(一)已完成住宅工程质量分户验收,且分户验收合格,有经建设、施工、监理单位签章确认的《住宅工程质量分户验收表》;(二)已完成单位工程质量竣工验收,且单位工程质量竣工验收合格,有经建设、勘察、设计、施工、监理单位签章确认的《单位工程质量竣工验收记录》。”第3条:“建设单位应当明确专门机构和人员具体负责相关查验工作。房屋具备本通知第二条规定的查验条件后,建设单位应当在查验7日前书面通知购房人进行查验的日期、地点及应当携带的证件、文件等事项。”第4条:“购房人应当依据国家和本市相关法律法规、标准规范及施工图设计文件、合同等对房屋施工质量进行查验;因故不能亲自到场查验的,可出具书面授权文件,授权他人或者其他组织办理,建设单位应当配合进行查验。”第5条:“建设单位与购房人可以就查验的时间进行约定。双方有约定的,购房人应当在约定的查验时间内查验完毕;双方没有约定的,购房人应当自查验之日起7日内查验完毕,并与建设单位就查验结果进行书面确认。购房人逾期未进行查验的,由建设单位进行书面记录。”第6条:“经购房人查验有质量问题的,按照房屋买卖合同约定的处理方式进行处理。”第7条:“房屋交付使用后发现质量问题的,按照国家和本市工程质量保修相关法律法规、标准规范规定以及合同约定进行处理。”北京市**《城乡规划条例(2019年修订)》**(2009年10月1日,已于2019年3月29日修订,2019年4月28日起施行)第43条:“建设工程竣工后,建设单位可以申请有关主管部门对建设工程实施竣工联合验收。住房和城乡建设主管部门应当会同规划自然资源、消防、民防、城市管理、市场监督管理、水务、档案、交通等主管部门建立建设工程竣工联合验收机制,对申请竣工联合验收的建设工程,实现一次申请、集中验收、统一确认,出具联合验收意见。具体办法由市住房和城乡建设主管部门会同相关部门制定。对未申请竣工联合验收的建设工程,有关主管部门对建设工程依法独立实施各项验收。未经验收或者验收不合格的建设工程,规划自然资源主管部门不予办理不动产登记手续;涉及违法建设的,按照法律、行政法规和本条例有关规定处理。”第 44 条:“建设工程竣工验收合格后,建设单位应当按照有关规定将齐全、准确的建设工程竣工档案移交城市建设档案机构,竣工档案中应当附有测绘单位的测量报告。竣工档案逐步实现电子化。”上海市住建委**《关于印发〈上海市住宅工程质量分户验收管理办法〉的通知》**(2018 年 7 月 4 日　沪住建规范〔2018〕5 号)第 5 条:“(责任和义务)分户验收时,要全面落实住宅工程参建各方主体和关键岗位人员的质量责任,特别要强化建设单位的首要和主体责任,以及勘察、设计、施工等单位的主体责任。工程建设过程中和建筑物设计使用年限内,建设单位项目负责人应当依法依规对住宅工程质量承担全面责任。建设单位是分户验收工作的责任主体,在与施工、监理等单位签订的工程合同中,应当明确分户验收责任、义务等相应条款。在住宅工程竣工验收前,建设单位应当会同有关单位,建立分户验收工作小组,由分户验收工作小组实施分户验收工作。分户验收工作小组应包括下列人员:建设单位项目负责人(组长)和专业技术人员,监理单位总监理工程师(副组长)和专业监理工程师,施工总承包单位项目负责人(副组长)、项目技术负责人、质量员,分包单位项目负责人、项目技术负责人等有关人员;已选定物业公司的,物业公司工程部门负责人(副组长)应当参与分户验收工作。建设单位、施工单位和监理单位要根据有关规定,强化检验批验收,对不符合质量要求的检验批,应当严格按照现行《建筑工程施工质量验收统一标准》(GB 50300)有关规定进行处理。通过返修或者加固处理仍不能满足安全、使用功能要求的分部工程、单位(子单位)工程,严禁通过验收。对投保工程质量潜在缺陷保险的住宅工程项目,建设单位可以依据合同约定,通知项目承保的保险公司或者该保险公司委托的工程质量风险管控机构参与分户验收。”上海市住建委**《关于印发〈上海市建设工程竣工结算文件备案管理办法〉的通知》**(2017 年 10 月 1 日　沪建标定〔2017〕877 号)第 2 条:“本市行政区域内使用国有资金投资的建设工程竣工结算文件备案、管理及监督,适用本办法。本办法所称的使用国有资金投资的建设工程是指使用各级财政预算资金的建设工程、使用纳入财政管理的各种政府性专项建设资金的建设工程、国有企事业单位使用自有资金并且国有资产投资者实际拥有控制权的建设工程、使用国家融资资金等其他国有资金投资的建设工程。本办法所称建设工程竣工结算文件(以下简称‘竣工结算文件’),指建设工程完成后,由承包方编制、经发包方审核后并经双方确认作为建设工程最终价款支付依据的工程造价文件,包括建设工程竣工结算价确认单、建设工程竣工结算清单等。”北京市**《人民防空工程和普通地下室安全使用管理办法》**(2011 年 7 月 1 日,已于

2018年修改,条文顺序及内容未变)第25条:“建设单位未组织竣工验收或者验收不合格,擅自交付使用人民防空工程的,由建设(房屋)行政主管部门按照建设工程质量管理的相关规定予以处罚。”北京市**《城乡规划条例》**(2009年10月1日)第45条:“建设工程竣工验收后6个月内,建设单位应当依法向城市建设档案馆移交齐全、准确的建设工程竣工档案,竣工档案中应当附有测绘单位的测量报告。”北京市建委**《关于印发〈房屋登记工作规范(试行)〉的通知》**(2009年2月20日　京建权〔2008〕827号,已于2018年6月28日起失效)第2.9.4.1款:“房屋所有权初始登记:(一)申请人是国有土地使用权人;房屋占用的土地是在国有土地使用证明文件记载的范围内,符合土地有偿或者划拨使用的规定;申请登记的房屋已竣工验收合格且符合建设工程规划许可证批准的用途、幢数、层数、建筑面积;登记面积与测量成果一致……”北京市**《城市房地产转让管理办法》**(2008年12月6日)第29条:“房地产开发企业取得预售许可后,方可预售商品房。预售商品房,应当符合下列条件:……(四)已确定竣工日期,且满足市房地产行政主管部门公布的预售最长期限。”第50条:“房地产开发企业交付预售商品房,应当符合下列条件:(一)取得建筑工程竣工验收备案表……”北京市建委**《关于规范预售商品住宅交接前房屋查验的通知》**(2008年1月1日　京建质〔2007〕1231号,已于2018年12月1日被京建法〔2018〕17号废止)第1条:“预售商品住宅竣工验收合格后,办理交接手续前,房地产开发企业应当组织预购人对所购预售商品住宅进行查验。”第2条:“房地产开发企业应当在查验7日前,书面通知预购人办理查验手续的时间、地点及预购人应当携带的证件、文件。”第3条:“预购人因故不能亲自到场查验的,可出具书面授权文件,授权他人或者其他组织办理。”第4条:“房地产开发企业不得以缴纳相关税费或者签署物业管理文件等作为预购人查验预售商品住宅的前提条件。”第5条:“对查验房屋发现的问题,房地产开发企业应当按照预售合同约定的处理方式,及时处理。”北京市建委**《关于贯彻〈北京市新建商品住宅小区住宅与市政公用基础设施、公共服务设施同步交付使用管理暂行办法〉有关问题的通知》**(2007年8月1日　京建开〔2007〕660号)第9条:“工程按照项目建设方案建设完成后,由房地产开发企业分别组织对住宅和市政公用基础设施、公共服务设施工程的竣工验收,工程竣工验收应当符合国家有关规定和《办法》的要求。”北京市建委、北京市环保局**《关于加强建设工程竣工验收备案有关环保验收工作的通知》**(2007年1月15日　京建质〔2007〕11号)第2条:“市、区建委备案部门在办理建设工程竣工验收备案时,应依据国务院第279号令有关规定,告知建设单位向有审批权的环境保护行政主管部门申请该建设项目竣工环境保护验收;市、区环境保护部门依据国务院第253号令的有关规定,在收到环境保护设施竣工验收申请之日30日内完成验收。”

7. 参考案例。2019 年**某房屋买卖合同纠纷案**，2017 年，谭某接收开发公司交付未经竣工验收的房屋。2018 年，谭某以开发公司迟延交房为由起诉。开发公司以谭某实际收房为由抗辩。法院认为：《建筑法》第 61 条规定："建筑工程竣工经验收合格后，方可交付使用；未经验收或者验收不合格的，不得交付使用。"质量合格的房屋是交付使用的法定条件，而若房屋未经竣工验收，工程质量是否合格并无结论，此事开发商并不能将其投入使用，亦不能出售给他人使用。该法律所规定的最低交付标准，系为保障购房者基本居住权利之必需，开发商应向购房者交付经竣工验收合格的房屋。故，买受人在房屋未经竣工验收之前接收房屋的，不构成商品房的有效交付，而应以该房屋通过竣工验收的日期为有效交付日期。在开发商不构成有效交付情形，须对买受人是否明知房屋未验收合格之事实予以查明。若买受人明知且同意接收房屋的，视为买受人放弃对开发商逾期交房责任的承担，故其再以房屋不具备交付条件为由主张逾期交房违约责任的，法院应不予支持；反之，若买受人并非明知，则开发商仍应承担逾期违约责任。对买受人是否明知之举证责任，应由开发商承担。2017 年**河南某房屋买卖合同纠纷案**，2013 年 1 月，李某与开发公司签订商品房买卖合同，约定交房日期在 2012 年年底前，将经建设单位、施工单位、监理单位、勘察设计单位、质监站五大责任主体联合验收合格的商品房交付买受人使用。2013 年 2 月，商品房经建设单位、施工单位、监理单位、勘察单位、设计单位验收合格。2016 年，李某诉请开发公司承担逾期交房违约责任。法院认为：双方约定交房期限在签订合同之前，属于自始履行不能的约定，事实上不可能履行，故该约定自始不发生法律效力，应视为双方对交房期限约定不明，涉案房屋于 2013 年经验收合格，且李某已收到房屋钥匙，故李某于 2016 年向法院起诉开发公司逾期交房违约已超过诉讼时效，故对其诉讼请求，不予支持。住建部关于《建筑工程五方责任主体项目负责人质量终身责任追究暂行办法的通知》《建筑工程施工质量验收统一标准》规定的五大责任主体均不包括质监站。依《建设工程质量管理条例》第 3 条、第 16 条、第 46 条、第 49 条规定，建设单位收到建设工程竣工报告后，应当组织设计、施工、监理等有关单位进行竣工验收。2013 年，开发公司组织勘察、设计、监理、施工单位验收，出具工程竣工验收报告即是验收合格时间。但在五大责任主体验收合格后，需等候质监站验收、备案，质监站验收、备案在本案中并不影响双方约定的经五大责任主体验收合格后交房行为成立，在交房后作出亦不影响房屋交接和使用，亦未对双方合同目的的实现产生实质性不利影响，亦未给李某造成实际损失，故双方约定的五大责任主体指的是建设、施工、监理、勘察、设计五家单位，不包括质监站。本案中，开发公司已履行了作为建设单位的验收义务。未经质监站验收的房屋，购买人有权拒绝接受；存在质量问题的可选择侵权或违约损害赔偿请求权利救济，但不能以此为由主张逾期交房违约责任。判决驳回李某诉请。2011年**重庆某商品房预售合同纠纷案**,2007年,李某与开发公司签订商品房买卖合同,约定开发公司应在2008年9月30日前将已进行竣工验收备案登记的商品房交付使用,并约定了逾期交房和逾期办证违约金。李某据此支付了房款23万余元。2009年7月,开发公司在未进行房屋竣工验收情况下将房屋交付李某使用,同时至今未办理房屋权属初始登记。李某诉请开发公司办理房地产权证,并依约支付迟延办理房产证违约金。法院认为:合同是双方当事人关于权利义务约定的真实意思表示,只要约定内容不违反法律、行政法规强制性规定,不损害国家、集体和他人合法权益,即应认定为有效。本案双方所签商品房买卖合同,关于在房屋交付使用后60日内办理房屋产权证书是开发公司合同义务,开发公司若不予履行,即应承担按已付房价款总额依人民银行同期贷款利率向李某支付违约金责任。商品房必须经过竣工验收方能交付使用,而本案开发公司在未经竣工验收情形下,就将房屋交付李某使用,即使李某实际接房并入住,其亦不符合法律意义上的交付,实属不合法交付,其超过合同约定期限办理竣工验收,则构成逾期交房的违约;同时,该房屋未经竣工验收的责任与李某无关,开发公司在房屋交付使用后60日内不能为李某办理房屋产权证书,则又构成逾期办证违约。作为住户一方,当然可选择上述两种违约责任之一。本案中,李某不要求开发公司承担逾期交房违约责任,只是要求其承担逾期办证违约责任,完全符合合同约定,应得到支持。判决开发公司于竣工验收合格后60日内协助李某办理房屋所有权变更登记手续,并以已付房款23万余元为本金,按人民银行同期贷款利率,向李某支付逾期办证违约金。2014年**浙江某商品房销售合同纠纷案**,2012年,周某与开发公司签订商品房买卖合同,约定了逾期交房及逾期办证违约金。交房日期届满前,开发公司与周某签署《双方同意书》:“经本人与开发公司协商一致,本人按照合同约定时间配合办理相关交房工作,以便按期办理相关产证等手续,但不领取×幢×号钥匙等物料”。事后,开发公司以周某无正当理由不予以配合交房工作系明显违约行为,其不应承担逾期交房及逾期办证义务。法院认为:最高人民法院《关于审理商品房买卖合同纠纷案件适用法律若干问题的解释》第11条规定:对房屋的转移占有,视为房屋的交付使用,但当事人另有约定的除外。从《双方同意书》文字表述看,并未包含开发公司无须书面通知周某办理房屋交付手续的意思表示,只是周某表明愿意按合同约定时间配合开发公司办理相关交房工作,即并未免除开发公司书面通知以及签署交接单等义务,故商品房达到交付使用条件后,开发公司仍应按合同约定以书面方式通知周某办理房屋交付手续,双方进行验收交接,并签署房屋交接单等,且不仅局限于领取钥匙。根据双方在2013年9月23日就涉案房产有关车库、地下室、进户门、阳台等方面存在的质量瑕疵问题的说明及一直未对存在问题的整改作出结论情况看,双方至今并未解决交房问题,开发公司存在逾期交房的违约行为。故判决开发公司向周某交付房屋及办理该房转移登记过户手续,并支付周某逾期交房违约金(至实际交付房屋之日),同时支付逾期交付房地产权属证书违约金(至判决生效之日止)。2009 年 2 月**江西某商品房买卖合同案**,法院认为:开发公司与钟某所签合同约定开发公司有责任如约按期向钟某交付经县建筑工程质量监督站检验工程质量合格或优良并符合合同规定的装饰标准的房屋。县建筑工程质量监督站于 2004 年 7 月 27 日出具的"关于工程竣工验收备案情况的说明"证明该工程只进行基础和主体工程的中间验收,没有进行竣工验收备案。开发公司称其工程质量合格可向钟某主张剩余款项以及钟某接受了房屋视为房屋质量符合约定的理由与事实不符,不予采纳,判决驳回其要求钟某支付剩余购房款的诉讼请求。2008 年 12 月**海南某商品房买卖合同案**,法院认为:开发公司于 2006 年 1 月 8 日交房给蔡某。虽然该房屋在交付时尚未验收合格,但蔡某完全可以根据商品房买卖合同的约定,要求开发公司出具验收合格证明,否则可以拒绝接收房屋。但蔡某不仅未拒收,且接收房屋后进行了装修,应视为蔡某对开发公司交房行为的认可;况且涉案房屋随后已经验收合格,开发公司的交房行为符合双方订立合同的目的。故开发公司在合同约定期限内已交付房屋,蔡某当时并未拒绝接收,现以当时房产未经验收合格为由主张开发公司承担交房的违约责任,理由不成立,不予采纳。2008 年 7 月**云南某商品房买卖合同案**,法院认为:双方约定公告交付的房屋应当是验收合格可以交付使用的房屋,虽然 2007 年 1 月 30 日,施工、监理等单位在工程竣工报告上签字盖章认可工程验收合格,但建筑工程质量监督站于同日提出屋面防水层起泡、客厅窗高度不符合国家强制规定且未加装安全栏杆等七个方面处理意见,并说明以上问题由建设方督促施工方处理达到合格后向质监站出具证明,未办理竣工证明书之前,工程不得投入使用,参加验收的有关单位人员在该整改意见上均签字予以认可。开发公司隐瞒了房屋尚不能交付使用的实情,在没有对监督站提出的问题进行整改和办理竣工证明书时,即刊登公告通知交房,不符合双方约定,其行为已构成违约,应承担相应的违约责任。根据本案实情,开发公司对通知交付的房屋已及时按照监督站提出的意见进行整改并于 2007 年 4 月 12 日取得了竣工验收证明书,依照公平合理的原则,本院酌定由开发公司向王某支付 3000 元违约金。2007 年 9 月**云南某商品房预售合同案**,法院认为:根据合同关于"甲方应于 2006 年 5 月 1 日前,将经建设单位组织验收合格,并符合本合同约定的商品房交付给乙方"的约定以及"该商品房经建设单位组织验收合格后,甲方(开发公司)应当以公告、书面形式通知乙方(唐某)办理交接手续。交接时,甲方应当向乙方提交《商品房质量保证书》和《商品房使用说明书》"的约定,可以看出,双方当事人约定的商品房交付条件是"经建设单位组织验收合格"。就该条件的内涵应如何理解的问题,《建筑法》规定,建筑工程竣工经验收合格后,方可交付使用;未经验收或者验收不合格的,不得交付使用。国务院《建设工程质量管理条例》规定,建设单位收到建设工程竣工报告后,应当组织设计、施工、工程监理等有关单位进行竣工验收。本案中,开发公司开发的住宅工程已于 2006 年 7 月 30 日、31 日经建设、设计、施工、监理和勘察等五单位进行了竣工验收,结论均为"同意验收"。由此说明,开发公司开发的住宅工程已经验收合格,即于 2006 年 8 月 1 日前达到了合同约定的"经建设单位组织验收合格"的交付条件。至于唐某主张本案所涉工程未经消防、环保、规划等部门验收,不符合交房条件的问题,本院认为,虽然相关法律和行政法规明确规定相关建筑工程须经有关行政主管部门进行消防、环保、规划等验收或许可,但该相关规定从性质上来说,均属于管理型的法律规范,并不能因此否定买卖双方当事人根据需要和实际情况自行约定具体的交付条件。违反该相关规定不必然导致合同不能履行,也不必然导致当事人履行合同不符合约定或规定,而应由相关行政部门根据规定予以处罚或责令整改等。故本案根据双方当事人约定的逾期交房的违约金标准,自 2006 年 5 月 2 日起至 2006 年 8 月 1 日止计算逾期交房违约金。2006 年 12 月**海南某商品房买卖合同案**,法院认为:双方虽未约定验收主体,但根据建设部《房屋建筑工程和市政基础设施工程竣工验收备案管理暂行办法》规定,本案工程质量验收备案工作,应由市建设局相关职能部门负责,故对开发公司与承建单位的验收行为,应不予认可。该房屋工程验收合格时间,应为市建设局职能部门验收备案的时间,即 2005 年 11 月 23 日。市建设局于 2005 年 12 月 1 日才给开发公司颁发工程验收备案证书,故开发公司关于该工程已于 2005 年 3 月 30 日前验收合格并通知杨某交房的主张,不能成立。杨某主张开发公司 2005 年 12 月 10 日才通知其交接房屋,并以开发公司给其邮寄的通知书及信封等证据佐证,开发公司虽对证据证明内容有异议,但未能提供相关证据证明其异议的成立,故杨某此主张予以采信。双方签订的《商品房买卖合同》约定,开发公司应于 2005 年 3 月 30 日前将"经验收合格"的房屋交付杨某,而开发公司于 2005 年 12 月 10 日才通知交房,已逾期 250 天,按合同约定计算,开发公司应向杨某支付违约金 37,229 元。2006 年 10 月**四川某商品房买卖合同案**,法院认为:虽然邓某与开发公司签订的合同约定房屋交付的条件是房屋经综合验收合格,开发公司至今亦未办理完成综合验收合格手续,但邓某已于 2004 年 5 月 18 日领取了房屋钥匙,并随后入住所购房屋,上述行为应视为双方已合意变更了合同约定的房屋交付条件,邓某对未办理完成综合验收合格手续的房屋的交付予以了认可,故法院确认开发公司已于 2004 年 5 月 18 日向邓某交付了房屋。

【同类案件处理要点】

未经竣工验收或者验收不合格的商品房,不得交付使用。认定房屋质量合格的标准应以取得政府有关部门的《建设工程竣工验收备案表》为准。出卖人如未能在交房时取得上述竣工验收备案表，则应视为房屋未具备法定交付使用的条件，购房人有权拒绝接收，不构成违约。

【相关法律风险提示】

1. 商品房买卖合同已约定“经建设单位组织验收合格”作为交付条件，经建设单位组织建设、设计、施工、监理和勘察单位进行竣工验收，买受人以商品房未经消防、环保、规划等验收或许可作为拒绝收房理由的，可能不被法院支持。案见云南昆明中院（2007）昆民二终字第577号“唐某等与某开发公司商品房预售合同纠纷上诉案”。

2. 购房人验房时须查验《竣工验收备案表》（包括各分项项目的备案），在无《竣工验收备案表》情况下即办理入住的法律风险：（1）无《竣工验收备案表》无法办理产权证；（2）房屋质量无法保证，尤其消防出现问题，难以向开发商追责。

3. 虽已交付入住，但竣工验收未完成是否视为法律意义上的交付，实践中的做法显然比理论上的判断更显丰富。海南三亚中院（2008）三亚民二终字第33号“某开发公司与蔡某商品房买卖合同纠纷案”中，判决理由为接收房屋并装修，虽嗣后验收合格，但先前的交房行为符合订约目的，应当视为交房日期。另见四川成都中院（2006）成民终字第1928号“邓某与某开发公司商品房买卖合同纠纷案”。

4. 陷阱条款：“买方必须按购房合同约定的交房时间，30日之内到卖方处办理相关接房手续。”导致“购房合同约定的交房时间”已变更为卖方通知交房的时间，而非办理完交接手续的时间。案见云南高院（2008）云高民一终字第154号“王某等与某开发公司商品房买卖合同纠纷案”。

5. 房屋经验收后交付，在未约定验收主体的情况下，依照建设部《房屋建筑工程和市政基础设施工程竣工验收备案管理暂行办法》规定，应为“县级以上地方人民政府建设行政主管部门”，开发商与承建单位的自行验收通常不作为交付前提。

6. 开发商自行聘请的设计、施工、监理公司自检记录不能代替国家职能机关的竣工验收文件，不能以之作为竣工交付依据。

7. 异地购房，就要对房屋交接，违约责任主张、诉讼成本有充分估计，而有些损失比如来回路费、住宿餐饮费等损失通常是很难得到支持的。故选择楼盘先选开发商，购房签约前选择正规的、有资质、有实力的开发商远比考量哪家售楼人员的热情服务更重要。

8. 房屋竣工验收合格，在合同已明确开发商交付房屋时应书面通知购买方的情况下，如果直接选择在报纸上公告通知的方式，会被视为未通知。房屋尚未竣工验收，即通知交房，应认定不符合交房条件。案见海南海口中院（2007）海中法民一终字第267号“某开发公司与蒋某房屋买卖合同纠纷案”。

9. 对于开发商代政府部门向购房者收取的费用,如果房屋买卖合同对交付比例作了约定,而该比例又低于法律法规规定的比例,是否视为开发商自愿承担补足义务或作为吸引购房的优惠条件,如购房人无证据,法院可能还是不采纳约定比例。案见海南海口中院(2007)海中法民一终字第267号“某开发公司与蒋某房屋买卖合同纠纷案”。故为稳妥起见,建议签约时对该比例不足法定部分的补足义务承担作进一步约定。

10. 对所购房屋显而易见瑕疵,业主主张已在开发商收执的业主入住验收单上明确提出书面异议,开发商拒不提交业主签字的验收单,却以业主已入住为由,主张业主对房屋现状认可,依最高人民法院《关于民事诉讼证据的若干规定》相关规定,可推定业主关于已提异议抗辩成立。

11. 经五大责任主体验收合格后,购买人如期接收开发商交付的房屋钥匙并入住,虽交付时未经质监站验收,但开发商交房后按法定程序取得质监合格证明,并不存在房屋质量问题。购买人仅以未经质监站验收的瑕疵交付向开发商主张逾期交付违约责任的,不予支持。

12. 开发商交付未经竣工验收房屋,构成逾期交房违约;同时,开发商在合同约定期限内不能为住户办理房地产权证,又构成逾期办证违约。

13. 买受人在房屋未经竣工验收之前接收房屋的,不构成商品房的有效交付,一般应以该房屋通过竣工验收日期为有效交付日期。

【附注】

参考案例索引:海南海口中院(2007)海中法民一终字第267号“某开发公司与蒋某房屋买卖合同纠纷案”;见《购房人接收未竣工验收合格房屋时开发商逾期交房责任的认定规则》(张闻,最高院民一庭;程鹏,湖南岳阳中院),载《民事审判指导与参考·指导性案例》(201904/80:167)河南高院(2017)豫民再368号“李某与某开发公司房屋买卖合同纠纷案”,见《购房人收房后以未经质监站验收为由主张逾期交付违约责任的不予支持——河南高院判决李卫峰与远华公司房屋买卖合同纠纷案》(万宗杰),载《人民法院报·案例精选》(20180412:06);重庆五中院(2011)渝五中法民终字第04261号“李某与某开发公司等商品房预售合同纠纷案”,见《商品房未竣工验收能否认定开发商承担逾期办证违约责任——重庆五中院判决李志林等诉渝港公司商品房预售合同纠纷案》(张琴、谭红),载《人民法院报·案例指导》(20120112:06);浙江宁波中院2014年8月13日判决“周某与某开发公司等商品房销售合同纠纷案”;江西赣州中院(2009)赣中民再终字第1号“某开发公司与钟某商品房买卖合同纠纷案”;海南三亚中院(2008)三亚民二终字第33号“某开发公司与蔡某商品房买卖合同纠纷案”;云南高院(2008)云高民一终字第154号“王某等与某开发公司商品房买卖合同纠纷案”；云南昆明中院（2007）昆民二终字第577号“唐某等与某开发公司商品房预售合同纠纷上诉案”；海南三亚中院（2006）三亚民一终字第205号“某开发公司与杨某等商品房买卖合同纠纷案”；四川成都中院（2006）成民终字第1928号“邓某与某开发公司商品房买卖合同纠纷案”。

49. 消防验收的法律意义

——消防未验收，能否算交付？

【消防验收】

【案情简介及争议焦点】

2004年8月，王某与开发公司签订商品房购销合同，约定王某购买车库一处，约定交付日期为2005年9月1日，交付后由买方签署委托书，委托开发公司代办产权证，180日内办妥产权证，逾期交付和逾期办证均约定了违约金条款。2005年8月，开发公司公告通知购房人办理交房手续。2005年10月13日，小区工程经消防部门验收合格。2005年11月27日，王某向开发公司交纳了办理产权证的契税及工本费。2007年12月14日，王某出具委托书委托开发公司办理产权证。2007年12月28日，王某取得车库产权证。王某以开发公司逾期交付和逾期办证诉请赔偿。

争议焦点：1. 车库交付是否逾期？2. 车库产权证办理是否逾期？

【裁判要点】

1. 车库交付已逾期。建筑工程只有在包括消防设施在内的整个工程竣工并验收合格后方能交付使用，这是国家法律强制性的规定，故开发公司提出本案讼争车库在2005年9月1日之前就符合了合同约定交付条件的主张，由于包括本案讼争车库在内的整个小区尚未完成消防设施的验收合格，这样的标的物交付形态违反了国家法律的禁止性规定，即开发公司此时欲交付的标的物存有瑕疵以致造成其合同的不完全履行，故开发公司真正交付本案讼争车库的时间应当视为消防设施验收合格的时间，即2005年10月13日，期间已逾期交付42天，故开发公司应承担违约责任。

2. 不构成逾期办证。根据本案事实，王某于2007年12月14日向开发公司出具了书面的委托书,开发公司已于2007年12月28日办理完毕本案讼争车库的所有权证,已在双方所签合同约定的期间履行完毕自己的合同义务,未构成合同违约,不应承担违约责任。

【裁判依据或参考】

1. 法律规定。《**消防法**》(2009年5月1日)第9条:“建设工程的消防设计、施工必须符合国家工程建设消防技术标准。建设、设计、施工、工程监理等单位依法对建设工程的消防设计、施工质量负责。”第10条:“按照国家工程建设消防技术标准需要进行消防设计的建设工程,除本法第十一条另有规定的外,建设单位应当自依法取得施工许可之日起七个工作日内,将消防设计文件报公安机关消防机构备案,公安机关消防机构应当进行抽查。”第13条:“按照国家工程建设消防技术标准需要进行消防设计的建设工程竣工,依照下列规定进行消防验收、备案:(一)本法第十一条规定的建设工程,建设单位应当向公安机关消防机构申请消防验收;(二)其他建设工程,建设单位在验收后应当报公安机关消防机构备案,公安机关消防机构应当进行抽查。依法应当进行消防验收的建设工程,未经消防验收或者消防验收不合格的,禁止投入使用;其他建设工程经依法抽查不合格的,应当停止使用。”第58条:“违反本法规定,有下列行为之一的,责令停止施工、停止使用或者停产停业,并处三万元以上三十万元以下罚款:(一)依法应当经公安机关消防机构进行消防设计审核的建设工程,未经依法审核或者审核不合格,擅自施工的;(二)消防设计经公安机关消防机构依法抽查不合格,不停止施工的;(三)依法应当进行消防验收的建设工程,未经消防验收或者消防验收不合格,擅自投入使用的;(四)建设工程投入使用后经公安机关消防机构依法抽查不合格,不停止使用的;(五)公众聚集场所未经消防安全检查或者经检查不符合消防安全要求,擅自投入使用、营业的。建设单位未依照本法规定将消防设计文件报公安机关消防机构备案,或者在竣工后未依照本法规定报公安机关消防机构备案的,责令限期改正,处五千元以下罚款。”《**城市房地产管理法(2019年修正)**》(2020年1月1日)第27条:“房地产开发项目的设计、施工,必须符合国家的有关标准和规范。房地产开发项目竣工,经验收合格后,方可交付使用。”

2. 行政法规。国务院《**关于进一步加强消防工作的意见**》(2006年5月10日国发〔2006〕15号)第15条:“切实加强火灾隐患的源头控制。对涉及消防安全的审批项目,行政审批部门要严格依法审批。对不符合城镇消防安全布局要求的建设项目,城市规划部门不得核发建设用地规划许可证和建设工程规划许可证;对建筑工程消防设计未经审核合格的,建设部门不得核发施工许可证,房地产管理部门不得核发商品房预售许可证;对按照国家标准需要进行消防设计的建筑工程竣工验收资料中没有消防验收合格文件的，房地产管理部门不得颁发房屋权属证书……”国务院**《建设工程质量管理条例（2019年修订）》**（2000年1月30日，已于2019年4月23日第2次修订）第49条：“建设单位应当自建设工程竣工验收合格之日起15日内，将建设工程竣工验收报告和规划、公安消防、环保等部门出具的认可文件或者准许使用文件报建设行政主管部门或者其他有关部门备案。建设行政主管部门或者其他有关部门发现建设单位在竣工验收过程中有违反国家有关建设工程质量管理规定行为的，责令停止使用，重新组织竣工验收。”国务院**《城市房地产开发经营管理条例（2020年修正）》**（2020年11月29日）第16条：“房地产开发企业开发建设的房地产项目，应当符合有关法律、法规的规定和建筑工程质量、安全标准、建筑工程勘察、设计、施工的技术规范以及合同的约定。房地产开发企业应当对其开发建设的房地产开发项目的质量承担责任。勘察、设计、施工、监理等单位应当依照有关法律、法规的规定或者合同的约定，承担相应的责任。”第17条：“房地产开发项目竣工，依照《建设工程质量管理条例》的规定验收合格后，方可交付使用。”第18条：“房地产开发企业应当将房地产开发项目建设过程中的主要事项记录在房地产开发项目手册中，并定期送房地产开发主管部门备案。”第30条：“房地产开发企业应当在商品房交付使用时，向购买人提供住宅质量保证书和住宅使用说明书。住宅质量保证书应当列明工程质量监督单位核验的质量等级、保修范围、保修期和保修单位等内容。房地产开发企业应当按照住宅质量保证书的约定，承担商品房保修责任。保修期内，因房地产开发企业对商品房进行维修，致使房屋原使用功能受到影响，给购买人造成损失的，应当依法承担赔偿责任。”

3. 司法解释。最高人民法院**《关于未经消防验收合格而订立的房屋租赁合同如何认定其效力的函复》**（2004年3月4日　〔2003〕民一他字第11号，该司法解释因“与《最高人民法院关于审理城镇房屋租赁合同纠纷案件具体应用法律问题的解释》规定相冲突”已于2013年4月8日废止——编者注）：“……根据《中华人民共和国合同法》和《最高人民法院关于适用〈中华人民共和国合同法〉若干问题的解释（一）》的规定，认定房屋租赁合同因出租房屋未办理产权证书而无效，缺少法律依据。关于房屋租赁合同未经消防验收或者经消防验收不合格，是否应认定房屋租赁合同无效的问题，应根据不同情况分别对待：第一，出租《中华人民共和国消防法》第十条规定的必须经过公安消防机构验收的房屋，未经验收或者验收不合格的，应当认定租赁合同无效。第二，租赁合同涉及的房屋不属于法律规定必须经过公安消防机构验收的，人民法院不应当以该房屋未经消防验收合格为由而认定合同无效。第三，租赁房屋用于开设经营宾馆、饭店、商场等公众聚集场所的，向当地公安消防机构申报消防安全检查的义务人为该企业的开办经营者，但租赁标的物经消防安全验收合格，不是认定房屋租赁合同效力的必要条件。”

4. 部门规范性文件。住建部《**建设工程消防设计审查验收管理暂行规定**》(2020年4月1日)第3条:“国务院住房和城乡建设主管部门负责指导监督全国建设工程消防设计审查验收工作。县级以上地方人民政府住房和城乡建设主管部门(以下简称消防设计审查验收主管部门)依职责承担本行政区域内建设工程的消防设计审查、消防验收、备案和抽查工作。跨行政区域建设工程的消防设计审查、消防验收、备案和抽查工作,由该建设工程所在行政区域消防设计审查验收主管部门共同的上一级主管部门指定负责。”第11条:“施工单位应当履行下列消防设计、施工质量责任和义务:(一)按照建设工程法律法规、国家工程建设消防技术标准,以及经消防设计审查合格或者满足工程需要的消防设计文件组织施工,不得擅自改变消防设计进行施工,降低消防施工质量;(二)按照消防设计要求、施工技术标准和合同约定检验消防产品和具有防火性能要求的建筑材料、建筑构配件和设备的质量,使用合格产品,保证消防施工质量;(三)参加建设单位组织的建设工程竣工验收,对建设工程消防施工质量签章确认,并对建设工程消防施工质量负责。”第27条:“建设单位组织竣工验收时,应当对建设工程是否符合下列要求进行查验:(一)完成工程消防设计和合同约定的消防各项内容;(二)有完整的工程消防技术档案和施工管理资料(含涉及消防的建筑材料、建筑构配件和设备的进场试验报告);(三)建设单位对工程涉及消防的各分部分项工程验收合格;施工、设计、工程监理、技术服务等单位确认工程消防质量符合有关标准;(四)消防设施性能、系统功能联调联试等内容检测合格。经查验不符合前款规定的建设工程,建设单位不得编制工程竣工验收报告。”第28条:“建设单位申请消防验收,应当提交下列材料:(一)消防验收申请表;(二)工程竣工验收报告;(三)涉及消防的建设工程竣工图纸。消防设计审查验收主管部门收到建设单位提交的消防验收申请后,对申请材料齐全的,应当出具受理凭证;申请材料不齐全的,应当一次性告知需要补正的全部内容。”住建部《**房屋建筑工程和市政基础设施工程竣工验收备案管理暂行办法**》(2009年10月19日)第5条:“建设单位办理工程竣工验收备案应当提交下列文件:……(四)法律规定应当由公安消防部门出具的对大型的人员密集场所和其他特殊建设工程验收合格的证明文件……”公安部《**建设工程消防监督管理规定**》(2009年5月1日,2012年修订后已于2020年6月1日废止)第3条:“建设、设计、施工、工程监理等单位应当遵守消防法规、建设工程质量管理法规和国家消防技术标准,对建设工程消防设计、施工质量和安全负责。公安机关消防机构依法实施建设工程消防设计审核、消防验收和备案、抽查,对建设工程进行消防监督。”第21条:“建设单位申请消防验收应当提供下列材料:(一)建设工程消防验收申报表;(二)工程竣工验收报告和有关消防设施的工程竣工图纸;(三)消防产品质量合格证明文件;(四)具有防火性能要求的建筑构件、建筑材料、装修材料符合国家标准或者行业标准的证明文件、出厂合格证;(五)消防设施检测合格证明文件;(六)施工、工程监理、检测单位的合法身份证明和资质等级证明文件;(七)建设单位的工商营业执照等合法身份证明文件;(八)法律、行政法规规定的其他材料。"第25条:"公安机关消防机构收到消防设计、竣工验收消防备案申报后,对备案材料齐全的,应当出具备案凭证;备案材料不齐全或者不符合法定形式的,应当当场或者在五日内一次告知需要补正的全部内容。公安机关消防机构应当在已经备案的消防设计、竣工验收工程中,随机确定检查对象并向社会公告。对确定为检查对象的,公安机关消防机构应当在二十日内按照消防法规和国家工程建设消防技术标准完成图纸检查,或者按照建设工程消防验收评定标准完成工程检查,制作检查记录。检查结果应当向社会公告,检查不合格的,还应当书面通知建设单位。建设单位收到通知后,应当停止施工或者停止使用,组织整改后向公安机关消防机构申请复查。公安机关消防机构应当在收到书面申请之日起二十日内进行复查并出具书面复查意见。建设、设计、施工单位不得擅自修改已经依法备案的建设工程消防设计。确需修改的,建设单位应当重新申报消防设计备案。"第26条:"建设工程的消防设计、竣工验收未依法报公安机关消防机构备案的,公安机关消防机构应当依法处罚,责令建设单位在五日内备案,并确定为检查对象;对逾期不备案的,公安机关消防机构应当在备案期限届满之日起五日内通知建设单位停止施工或者停止使用。"建设部《**关于贯彻〈城市房地产开发经营管理条例〉的通知**》(1998年9月23日　建住房〔1998〕178号)第2条:"……要建立房地产开发项目竣工验收的程序和制度,对竣工的开发项目要及时组织相关的质量监督、消防、人防等部门进行验收。对验收的房地产开发项目,对其功能、质量、环境等条件应进行综合评定,建立等级评定制度,并向社会公布开发建设单位和项目验收评定结果。对未经验收或验收不合格的项目,不得交付使用。"

5. 地方司法性文件。江苏高院《**关于审理房地产合同纠纷案件若干问题的解答**》(2018年6月26日　审委会会议纪要〔2018〕3号)第54条:"未经消防验收合格而订立的房屋租赁合同的效力如何认定?对于未经消防验收合格的房屋租赁,应当区分两种情况:(1)属于《消防法》第11条规定的人员密集场所和特殊建设工程的,未经消防验收或者消防验收不合格的,违反了《消防法》的强制性法律规定,租赁合同无效。(2)《消防法》第11条规定以外的商业地产租赁的,未经消防验收或者消防验收不合格的,不影响合同的效力,当事人可以据此主张违约责任。"湖南长沙中院《**民事审判裁判疑难解答**》(2014年3月)第26条:"未经消防验收合格而订立的房屋租赁合同如何认定其效力?答:根据2004年3月4日最高法院民一庭(2003)民一它字第11号《关于未经消防验收合格而订立的房屋租赁合同如何认定其效力的函复》、《中华人民共和国合同法》及《最高人民法院关于适用〈中华人民共和国合同法〉若干问题的解释(一)》之规定,认定房屋租赁合同因出租房屋未办理产权证书而无效,缺少法律依据。关于房屋租赁合同未经消防验收或消防验收不合格,是否应认定房屋租赁合同无效的问题,应根据不同情况分别对待:(1)出租《中华人民共和国消防法》第十条规定的必须经公安消防机构验收的房屋,未经消防验收或验收不合格的,应当认定租赁合同无效;(2)租赁合同涉及的房屋不属于法律规定必须经公安消防机构验收的,法院不应当以该房屋未经消防验收合格为由而认定合同无效;(3)租赁房屋用于开设经营宾馆、饭店、商场等公众聚营场所的,向当地公安消防验收机构申报消防安全检查的义务人为该企业的开办经营者,但租赁标的物是否经消防验收合格,不是认定房屋租赁合同效力的必要条件。1996年9月26日公安部发布的《建筑工程消防监督审核管理规定》中明确了建设、设计、施工安装单位在建筑工程过程中消防验收方面的责任,但其中并未专门针对农村村民住宅提出要求。1998年9月1日施行的《中华人民共和国消防法》也只是规定建筑工程的消防设计未经公安消防机构审核或审核不合格擅自施工的,依法追究应当进行消防设计的建筑工程竣工时未经消防验收或者经验收不合格擅自使用的法律责任。而国务院1993年6月29日的《村庄和集镇规划建设管理条例》对农村村民住宅的设计、施工、验收本身即缺少具体的规定。因此,结合上述法律、行政法规、规章看,尚无依据认定农村村民建设个人住宅缺少消防设计和消防竣工验收本身构成违法,当然谈不上使用出租此类房屋违法。”安徽高院《**关于审理房屋买卖合同纠纷案件适用法律问题的指导意见**》(2012年3月5日)第4条:“房屋买卖格式合同约定以‘该商品房经验收合格’作为交付条件,一般应以出卖人(建设单位)组织勘察、设计、施工、监理等单位进行工程竣工验收并出具验收合格的意见作为认定房屋经验收合格的依据。但规划、公安消防、环保、城建档案管理等专门管理部门尚未出具认可性意见的,不应认定房屋已经验收合格。”第5条:“出卖人交付的房屋不符合本意见第4条规定的交付条件,买受人接收了房屋后以出卖人交付房屋时‘未经验收合格’为由主张逾期交房违约责任的,在一审法院辩论终结前出卖人能够提供完整的《工程竣工验收报告》,对买受人的诉讼请求一般不予支持。”海南高院《**关于办理商品房买卖合同纠纷案件的指导意见(试行)**》(2011年1月)第6条:“对房屋的交付使用,当事人有约定的,从约定;没有约定的,开发商将房屋实际交付买房人占有或将房屋钥匙交给买房人的均视为已实际交付使用。”浙江温州中院民四庭《**审理商品房买卖合同纠纷案件疑难问题参考意见**》(2010年4月30日)第16条:“出卖人在通知交房时,尚不具备交房条件的(如消防未验收合格、规划等原因),买受人有权拒绝接收。在商品房符合交房条件后,出卖人应当再次履行交房通知义务。”福建高院《**关于审理商品房买卖合同纠纷案件疑难问题的解答**》(2008年7月25日)第22条:“问:商品房买卖合同中约定房屋交付使用的条件为‘商品房经竣工验收合格’，其中竣工验收合格除包括经设计、施工、监理、建设单位验收合格外，是否还应包括消防等专项验收合格？答：交付使用的房屋不仅应当经设计、施工、监理、建设单位等验收合格，还应当符合法律、法规关于房屋交付使用的其他强制性规定，包括消防验收。”第24条：“问：出卖人通知交房时，尚不具备交房条件（如消防未验收合格），买受人拒绝接收，在符合交房条件后，出卖人是否必须再次通知交房？答：在房屋具备交付使用条件后，出卖人应当告知买受人并再次通知其接收房屋。因出卖人未告知导致买受人迟延接收房屋的，出卖人仍应承担由此产生的逾期交房责任。”重庆高院**《关于当前民事审判若干法律问题的指导意见》**（2007年11月22日）第36条：“商品房的交付。开发商交付商品房除了满足约定的交房条件处，还应当通过消防验收，未通过消防验收的，买受人可以拒绝接收，并可要求开发商承担违约责任。但合同另有约定的除外。买受人接收了未通过消防验收的商品房，后商品房通过了消防验收，买受人又以出卖人交付房屋时未通过消防验收为由，请求判令出卖人承担逾期交房违约责任的，人民法院可以比照最高人民法院《关于审理商品房买卖合同纠纷案件适用法律若干问题的解释》逾期办证违约责任的规定酌定处理。”广东高院**《关于〈合同法〉施行后认定房地产开发经营合同效力问题的指导意见》**（2001年10月30日粤高法发〔2001〕41号，已于2020年12月31日经粤高法〔2020〕132号废止）第29条：“土地使用权人办理了合法的报建手续，房屋已经建成并经工程质量验收和消防验收合格，具备交付使用的条件，在未领取房屋产权证书前将房屋出租的，租赁合同可认定有效。城镇私有房屋不要求验收的，前款出租的房屋可不受工程质量验收和消防验收合格的限制。”

6. 地方规范性文件。北京市**《消防条例》**（2002年3月29日，已于2011年5月27日修订，自2011年9月1日起施行）第27条：“建设工程的施工单位对建设工程施工现场的消防安全负责，并遵守下列规定：（一）确定施工现场的主要负责人作为消防安全责任人，负责施工现场的消防安全工作，并指定专人负责日常消防安全管理工作。（二）建立健全用火用电管理制度，规范用火用电管理，确保安装电气设备、进行电焊气焊等作业由培训合格并取得资格证书的人员按照标准规范操作；临时用电设备和电线符合产品质量标准。（三）设置临时消防车通道并保证临时消防车通道的畅通；不得在临时消防车通道上堆物、堆料或者挤占临时消防车通道。（四）按照消防安全管理规定存放、保管、使用施工材料。（五）施工暂设和安全网、围网、施工保温材料符合消防安全规范，不得使用易燃、可燃材料，不得在建设工程内设置宿舍。（六）配置消防器材，设置临时消防给水系统。对建筑高度超过24米的建设工程，随施工进度设置消防竖管等临时消防供水设施；在正式消防给水系统投入使用前，不得拆除或者停用临时消防供水设施。建设工程施工实行总承包和分包的,由总承包单位对施工现场的消防安全实行统一管理,分包单位负责分包范围内施工现场的消防安全,并接受总承包单位的监督管理。建设工程的施工单位在开工前应当将施工组织设计、施工现场消防安全措施和保卫方案向公安机关消防机构备案。”

7. 参考案例。2011 年**重庆某房屋拍卖合同纠纷案**,2003 年,银行将抵债房产委托工程公司进行消防工程改造。2004 年,银行委托拍卖公司拍卖上述房屋。投资公司竞拍成功后,与拍卖公司签订竞买协议及拍卖成交确认书,并与工程公司就消防工程提出调整意见。2005 年,投资公司以案涉房屋系未经消防验收房屋为由,诉请银行、拍卖公司返还定金 50 万元及其他损失。法院认为:投资公司与拍卖公司所签竞买协议及拍卖成交确认书主体虽无银行,但从投资公司拍卖前即与工程公司就消防改造及费用问题进行洽谈事实看,投资公司拍卖前即已知晓拍卖公司与银行之间委托代理关系。依《合同法》第 402 条“受托人以自己的名义在委托人的授权范围内与第三人订立的合同,第三人在订立合同时知道受托人与委托人之间的代理关系的,该合同直接约束委托人和第三人”规定,投资公司与拍卖公司之间竞买协议及拍卖成交确认书应直接约束银行和投资公司。从竞买协议约定看,消防工程改造费用由投资公司承担,并由投资公司和银行监管使用,不够部分由银行承担,结余部分归投资公司所有。该协议未明确约定消防工程完善由何方具体负责,亦未明确约定消防验收合格义务由谁承担。但实际履行情况表明,案涉房屋消防工程改造在房屋拍卖前后均由银行具体负责实施,投资公司仅负拍卖之后消防工程改造付款义务,投资公司已实际履行该付款义务,且竞买协议就银行未依约完成消防改造验收责任做了明确约定,故案涉房屋未依约定时间完成消防改造验收责任主体应系银行而非投资公司。投资公司通过拍卖公司拍卖买受案涉房产时,拍卖公司已明确告知投资公司拍卖房屋未经过消防验收,投资公司已知晓买受房屋系未经消防验收房屋,故银行不应承担标的物未经消防验收的瑕疵担保责任,且依竞买协议约定,投资公司支付房款时间在先,未依约完成消防验收义务仅产生违约金支付义务,故投资公司以此拒付房款理由不成立。鉴于房屋在投资公司拒绝受领后已由银行处分给他人,竞买协议事实上履行不能,判决解除投资公司与拍卖公司所签竞买协议及拍卖成交确认书,银行退还投资公司房屋搬迁费、物业费、消防整改支出、分摊电费共 48 万余元。2010 年**安徽某房屋买卖合同纠纷案**,法院认为:2005 年,李某与开发公司签订商品房买卖合同,约定开发公司 2006 年 5 月 1 日前将“经验收合格”的商品房交付李某。2006 年 6 月 10 日,项目通过竣工验收,但未通过消防专项验收。同年 6 月 15 日,开发公司通知李某等业主收房。李某拒绝收房。2008 年 2 月 20 日,项目通过消防验收。房屋验收范围,应依当事人合同约定和法律强制性规定。本案当事人约定,出卖人交付房屋应依国家和地方人民政府有关规定验收合格，并达到交付使用条件，故交付房屋除经工程质量验收合格外，还需在规划、消防及环境保护等方面亦不存在影响使用的障碍。依《消防法》规定，应当进行消防验收的工程，未经消防专项验收或者消防验收不合格的，不得投入使用。本案所涉建设工程曾在消防专项验收中未获通过，迟至 2008 年 2 月 20 日，始经公安消防部门消防验收合格，故开发公司 2006 年通知交房时，所涉房屋不具备合同约定“该商品房经验收合格”的交付条件。判决认定开发公司 2008 年 2 月 20 日交房并承担相应逾期交房违约责任。2010 年 12 月**广东某商品房预售合同案**，法院认为：双方约定的交楼标准若低于法律规定的标准，则应当按照法定标准执行。虽合同约定的是经规划验收、消防验收合格，通煤气、通水、通电；但《建筑法》第 61 条第 2 款规定：“建筑工程竣工验收合格后，方可交付使用；未经验收或者验收不合格的，不得交付使用”，因此竣工验收是房屋交付使用的必经环节，建设工程经竣工验收合格后，始具备交付使用的条件。国务院于 2000 年 1 月 30 日颁布的《建设工程质量管理条例》第 49 条规定：建设单位应当自建设工程竣工验收合格之日起 15 日内，将建设工程竣工验收报告和规划、公安消防、环保等部门出具的认可文件或者准许使用文件报建设行政主管部门或者其他有关部门备案。据此，在现有房地产开发市场中，认定房屋质量合格的标准均以取得政府有关部门的《建设工程竣工验收备案表》为准。出卖人如未能在交房时取得上述竣工验收备案表，则应视为房屋未具备法定交付使用的条件。廖某虽否认收到开发公司的收楼通知，但开发公司提供的证据已足以证明开发公司已按廖某预留的通讯地址发函给廖某，且已于 2009 年 11 月 23 日被签收，而廖某并未提供证据证明其收到的不是收楼通知，故对于开发公司表示的其已通知廖某办理收楼手续的陈述，法院予以采信。虽开发公司已通知廖某收楼，但开发公司至今尚未取得涉讼房屋所在楼宇的《竣工验收备案表》，应当认定涉讼房屋至今仍不具备交付使用的条件，廖某有权拒绝收楼，应此而造成的逾期交楼责任应由开发公司承担。廖某现要求以其已付房款为本金，按每日 5‱的标准自逾期之日起计至开发公司实际交楼之日止符合双方约定，该院予以支持。但若涉讼房屋已符合上述交楼标准且开发公司已履行通知义务，而廖某仍拒不办理收楼手续的，则应当视为涉讼房屋已实际交楼。2010 年 8 月**福建某商品房买卖合同案**，法院认为：郑某依约履行了支付全部购房款共计 56 万余元的义务后，开发公司应按《商品房买卖合同》约定在 2008 年 10 月 31 日前向郑某履行相应的交付房屋义务。但开发公司在第一次通知郑某于 2009 年 3 月 2 日至 3 月 17 日收房时，讼争房屋未通过消防验收，按照合同约定及 1998 年《消防法》（2008 年《消防法》从 2009 年 5 月 1 日起施行——编者注）、《城市房地产开发经营管理条例》的规定，该房屋不符合交房条件，不能交房。2009 年 6 月**贵州某商品房买卖合同案**，法院认为：商品房验收实行备案登记制，验收由相关部门组织进行,开发公司开发的房屋经建设、地勘、设计、施工和监理单位共同验收合格后报请质监部门复核,评定为合格工程,并取得了建筑工程竣工验收备案表,说明商品房本身是合格的,且该房屋已于 2007 年 8 月 23 日经公安消防大队验收符合国家消防技术规范要求,故至此李某购买的房屋已符合双方约定的交房条件。关于逾期交房违约金问题,开发公司登报通知交房时虽不具备交房条件,但因案涉房屋已于 2007 年 8 月 23 日经公安消防大队验收符合国家消防技术规范要求,故逾期交房违约金应计算至此为宜,双方合同约定的违约金标准为每日已交付房价款 1‰,所以违约金应按每日已交付房价款 1‰从 2007 年 1 月 1 日起计算至 2007 年 8 月 23 日。2008 年 5 月**江西某商品房买卖合同案**,法院认为:商品房住宅质量保证书中的内容是开发商对其出售的商品房所要达到的质量等条件的承诺,是一种格式内容。而双方所签订的商品房买卖合同的第 8 条是一种选择性条款,交付条件的选择项有经验收合格、经综合验收合格、经分期综合验收合格、取得商品住宅交付使用批准文件 4 种,双方选择了第一种"经验收合格"为交付条件。4 种交付条件的选项出自商品房买卖合同的范本,经有关建设行政主管部门同意。蔡某在签订商品房买卖合同时同意了选择"经验收合格",在 2007 年 2 月 10 日案涉楼房竣工验收合格后,其又同意了接收房屋并于 2007 年 4 月 30 日之前办理了房屋交接手续,实际接收了该商品房。故开发公司并不存在逾期交付房屋的行为。2007 年 6 月**海南某商品房买卖合同案**,法院认为:因合同约定开发公司交付的房屋属需二次装修的毛坯房,故双方在合同中约定主体工程经验收合格作为房屋交付条件并不违反国家法律、法规的强制性规定,属有效条款。汪某购买的房屋在合同约定的交付期限届满前主体工程已经质检部门验收合格,开发公司通知汪某办理房屋交接手续,符合合同约定。消防工程验收合格不是合同约定的房屋交付条件。

【同类案件处理要点】

开发商交付商品房除了满足约定的交房条件外,还应通过消防验收。未通过消防验收的,买受人可拒绝接收,并可要求开发商承担违约责任,但合同另有约定的除外。买受人接收了未通过消防验收的商品房,后商品房通过了消防验收,买受人又以出卖人交付房屋时未通过消防验收为由,请求判令出卖人承担逾期交房违约责任的,人民法院可比照最高人民法院《关于审理商品房买卖合同纠纷案件适用法律若干问题的解释》逾期办证违约责任的规定酌定处理。

【相关法律风险提示】

1. 商品房买卖合同陷阱之书面委托办证程序:约定办证期限计算起点为"买受人出具书面授权委托书"的,办证义务启动转移到买受人一方,成为开发商逾期办证的免责理由，即使向开发商交纳代缴的契税和工本费，该行为亦不足以认定为委托。

2. 未经消防验收，不能成为法律意义上的交付，案见云南昆明中院(2008)昆民三终字第422号“王某与某开发公司房屋买卖合同纠纷案”；但也有不同判例，认为约定“经竣工验收交付”的，可以不经消防验收，案见海南海口中院(2007)海中法民一终字第537号“汪某与某开发公司商品房买卖合同纠纷案”、江西赣州中院(2008)赣中民一终字第73号“蔡某与某开发公司商品房买卖合同纠纷案”。

3. 合同中对验收交付标准要确定：是经验收合格，还是经综合验收合格、经分期综合验收合格或是取得商品住宅交付使用批准文件即可交付，标准不一，导致认定交房标准和时间也不同；同时，双方当事人约定的商品房交付标准低于法律规定标准，则有可能认定无效，按法定标准执行。即使买受人在合同约定的交付条件成就时拒绝收房，亦无须承担违约责任，相反出卖人应承担逾期交房责任。案见广东广州中院(2010)穗中法民五终字第3522号“某开发公司与廖某商品房预售合同纠纷上诉案”。

4. 买受人拍卖前即知晓所竞买房屋系未经消防验收的房屋的，嗣后不得以该标的物存在瑕疵作为拒付房屋价款理由。

5. 开发商通知交房时，通过竣工验收但未通过消防专项验收的，应视为不具备合同约定“经验收合格”的交付条件。

【附注】

参考案例索引：云南昆明中院(2008)昆民三终字第422号“王某与某开发公司房屋买卖合同纠纷案”；最高人民法院“某开发公司与某银行房屋拍卖合同纠纷案”，见《买受人明知房屋未经过消防验收的情形下，并不享有拒付房屋价款的抗辩权——重庆市亿桥置业有限公司与中国光大银行重庆分行、重庆天赐拍卖有限责任公司房屋拍卖合同纠纷案》(张华，最高院审监庭)，载《审判监督指导·案例评析》(201103/37:126)；最高人民法院(2009)民监他字第7号函，见《商品房验收合格的认定——关于安徽省金鹰房地产开发有限公司六安分公司与李安全、安徽省金鹰房地产开发有限公司房屋买卖合同纠纷案的请示与答复》(马成波，最高院审监庭)，载《审判监督指导·请示与答复》(201002/32:71)；广东广州中院(2010)穗中法民五终字第3522号“某开发公司与廖某商品房预售合同纠纷上诉案”；福建福州马尾区法院(2010)马民初字第307号“郑某诉某开发公司商品房预售合同纠纷案”；贵州贵阳小河区法院(2009)筑小法民初字第506号“李某诉某开发公司商品房预售合同纠纷案”；江西赣州中院(2008)赣中民一终字第73号“蔡某与某开发公司商品房买卖合同纠纷案”;海南海口中院(2007)海中法民一终字第537号“汪某与某开发公司商品房买卖合同纠纷案”。

50. 拒绝与迟延收房抗辩

——逾期交付房,抑或受领迟?

【拒绝收房】

【案情简介及争议焦点】

吴某向开发公司签约购房,约定“商品房达到交付使用条件后,出卖人应当书面通知买受人办理交付手续”,约定交房时间为2005年11月18日,逾期交房违约金标准“按日支付已交房款的5‱”。2006年4月20日,开发公司告知吴某工程已竣工验收可以收房。同年4月26日,吴某致函开发公司,称竣工验收太迟,开发公司逾期交房,应支付逾期交房违约金。至2006年7月13日吴某起诉,开发公司始终未通知交房。诉讼中,开发公司称吴某迟延收房,同时提交评估报告,称应按每月租金852元计算逾期交房违约金。

争议焦点:1.通知交房义务内容如何?2.逾期交房违约金计算标准是什么?

【裁判要点】

1.通知交房义务内容。根据合同约定,开发公司向吴某交付的房屋,除须通过质检部门的竣工验收外,与房屋相关的基础设施、公共配套建筑等在房屋交付时亦须达到使用条件;在房屋达到交付使用条件后,开发公司应书面通知吴某办理交付手续,从上述约定可看出,房屋是否符合交付使用的条件及吴某何时可接收房屋等事项,均属于开发公司应书面通知吴某的义务范围,吴某购买的房屋通过了竣工验收,并不能免除开发公司书面通知交房的义务,而开发公司未提供充分证据证明其在竣工验收日起至吴某起诉前履行过该义务。

2.开发公司逾期交房。合同签订后,吴某依约向开发公司支付了购房款,但开发公司却未按合同约定的交房时间即2005年11月18日前向吴某交付房屋,已构成违约,应承担违约责任。开发公司虽自行委托评估机构对吴某所购房屋的租金进行了评估,但本案双方当事人已对违约金进行了明确约定,即按日支付已交房款的5‱,该合同为开发公司所提供的格式合同,该约定系双方当事人的真实意思表示，且无证据证明双方约定的违约金过高、不能作为开发公司承担违约责任的标准与依据，故应适用约定标准。

【裁判依据或参考】

1.法律法规。《**民法典**》（2021年1月1日）第509条："当事人应当按照约定全面履行自己的义务。当事人应当遵循诚信原则，根据合同的性质、目的和交易习惯履行通知、协助、保密等义务。当事人在履行合同过程中，应当避免浪费资源、污染环境和破坏生态。"第511条："当事人就有关合同内容约定不明确，依据前条规定仍不能确定的，适用下列规定：……（三）履行地点不明确，给付货币的，在接受货币一方所在地履行；交付不动产的，在不动产所在地履行；其他标的，在履行义务一方所在地履行。（四）履行期限不明确的，债务人可以随时履行，债权人也可以随时请求履行，但是应当给对方必要的准备时间。（五）履行方式不明确的，按照有利于实现合同目的的方式履行。（六）履行费用的负担不明确的，由履行义务一方负担；因债权人原因增加的履行费用，由债权人负担。"《**合同法**》（1999年10月1日，已于2021年1月1日起失效）第45条："当事人对合同的效力可以约定附条件。附生效条件的合同，自条件成就时生效。附解除条件的合同，自条件成就时失效。当事人为自己的利益不正当地阻止条件成就的，视为条件已成就；不正当地促成条件成就的，视为条件不成就。"第67条："当事人互负债务，有先后履行顺序，先履行一方未履行的，后履行一方有权拒绝其履行要求。先履行一方履行债务不符合约定的，后履行一方有权拒绝其相应的履行要求。"《**城市房地产管理法（2019年修正）**》（2020年1月1日）第27条："房地产开发项目的设计、施工，必须符合国家的有关标准和规范。房地产开发项目竣工，经验收合格后，方可交付使用。"国务院《**建设工程质量管理条例（2019年修订）**》（2000年1月30日，已于2019年4月23日第2次修订）第49条："建设单位应当自建设工程竣工验收合格之日起15日内，将建设工程竣工验收报告和规划、公安消防、环保等部门出具的认可文件或者准许使用文件报建设行政主管部门或者其他有关部门备案。建设行政主管部门或者其他有关部门发现建设单位在竣工验收过程中有违反国家有关建设工程质量管理规定行为的，责令停止使用，重新组织竣工验收。"第58条："违反本条例规定，建设单位有下列行为之一的，责令改正，处工程合同价款百分之二以上百分之四以下的罚款；造成损失的，依法承担赔偿责任；（一）未组织竣工验收，擅自交付使用的；（二）验收不合格，擅自交付使用的；（三）对不合格的建设工程按照合格工程验收的。"

2.司法解释。最高人民法院《**关于适用〈中华人民共和国民法典〉时间效力的若干规定**》（2021年1月1日　法释〔2020〕15号）第11条："民法典施行前成立的合同,当事人一方不履行非金钱债务或者履行非金钱债务不符合约定,对方可以请求履行,但是有民法典第五百八十条第一款第一项、第二项、第三项除外情形之一,致使不能实现合同目的,当事人请求终止合同权利义务关系的,适用民法典第五百八十条第二款的规定。”最高人民法院**《关于审理商品房买卖合同纠纷案件适用法律若干问题的解释(2020年修改)》**(2021年1月1日　法释〔2020〕17号)第8条:“对房屋的转移占有,视为房屋的交付使用,但当事人另有约定的除外。房屋毁损、灭失的风险,在交付使用前由出卖人承担,交付使用后由买受人承担;买受人接到出卖人的书面交房通知,无正当理由拒绝接收的,房屋毁损、灭失的风险自书面交房通知确定的交付使用之日起由买受人承担,但法律另有规定或者当事人另有约定的除外。”第13条:“商品房买卖合同没有约定违约金数额或者损失赔偿额计算方法,违约金数额或者损失赔偿额可以参照以下标准确定:逾期付款的,按照未付购房款总额,参照中国人民银行规定的金融机构计收逾期贷款利息的标准计算。逾期交付使用房屋的,按照逾期交付使用房屋期间有关主管部门公布或者有资格的房地产评估机构评定的同地段同类房屋租金标准确定。”

3. 部门规范性文件。建设部**《城市房屋便器水箱应用监督管理办法(2015年修订)》**(2001年9月4日,已于2015年1月22日修改实施)第3条:“新建房屋建筑必须安装符合国家标准的便器水箱和配件。凡新建房屋继续安装经国家有关行政主管部门已通知淘汰的便器水箱和配件(以下简称淘汰便器水箱和配件)的,不得竣工验收交付使用,供水部门不予供水,由城市建设行政主管部门责令限期更换。”第6条:“建设单位未按照本办法规定仍安装淘汰便器水箱和配件的,应当追究责任者的责任,经主管部门认定属于设计或者施工单位责任的,由责任方赔偿房屋产权单位全部更换费用和相关的经济损失。”建设部**《商品房销售管理办法》**(2001年6月1日)第3条:“……本办法所称商品房现售,是指房地产开发企业将竣工验收合格的商品房出售给买受人,并由买受人支付房价款的行为……”第30条:“房地产开发企业应当按照合同约定,将符合交付使用条件的商品房按期交付给买受人。未能按期交付的,房地产开发企业应当承担违约责任。因不可抗力或者当事人在合同中约定的其他原因,需延期交付的,房地产开发企业应当及时告知买受人。”第40条:“房地产开发企业将未组织竣工验收、验收不合格或者对不合格按合格验收的商品房擅自交付使用的,按照《建设工程质量管理条例》的规定处罚。”

4. 地方司法性文件。江苏高院**《关于审理房地产合同纠纷案件若干问题的解答》**(2018年6月26日　审委会会议纪要〔2018〕3号)第35条:“严重影响正常居住使用的情形如何判断?出卖人交付的房屋虽符合合同约定,但仍存在下列严重影响正常居住使用的情形的,买受人可以拒绝接收,或在收房后一年内请求解除合同和赔偿损失的，人民法院应予支持：(1)出卖人擅自变更商品房的朝向、户型等规划、设计条件的；(2)房屋存在渗漏、异响等，在合理期限内无法查明原因或经出卖人维修仍无法修复的；(3)水、电、气等基础设施无法实际投入使用的；(4)消防设施未经过验收合格或无法实际投入使用的；(5)订立合同时出卖人未披露房屋存在违反善良风俗情形的；(6)其他严重影响正常居住使用的情形。”河北廊坊中院**《关于印发〈审理房屋买卖合同纠纷案件若干问题的会议纪要〉的通知》**(2018 年 3 月 14 日　廊中法〔2018〕24 号)第 6 条：“开发商交付的房屋已经竣工验收合格，买受人以房屋质量存在表面瑕疵为由拒绝接收房屋，并要求开发商承担逾期交房违约责任的，一般不予支持。但买受人确有证据证明房屋在交付时存在功能性质量瑕疵以致严重影响正常居住使用的除外。买受人接收房屋不影响开发商对房屋的质量瑕疵承担保修义务。”四川成都中院**《关于印发〈商品房买卖合同案件的审理指南(试行)〉的通知》**(2017 年 10 月 11 日　成中法发〔2017〕129 号)第 11 条：“买受人拒绝接收商品房的处理。出卖人交付的商品房符合约定和法定的交付条件和质量标准，买受人以商品房存在质量瑕疵为由拒绝接收房屋并要求出卖人承担逾期交房违约责任的，一般不予支持；但买受人确有证据证明交付的商品房存在严重影响正常使用功能的质量问题除外。买受人接收商品房不免除出卖人对商品房质量问题所应承担的维修保养义务。”广东高院**《印发〈关于审理房屋买卖合同纠纷案件的指引〉的通知》**(2017 年 9 月 12 日　粤高法〔2017〕191 号，已于 2020 年 12 月 31 日经粤高法〔2020〕132 号废止)第 32 条：“买受人知道商品房不具备约定或者法定交付条件同意接收商品房，又以商品房不具备交付条件为由主张逾期交房违约责任的，不予支持。但买受人可以请求出卖人依据法律规定或者合同约定完善商品房交付条件，并赔偿因此造成的实际损失。”广东深圳中院**《关于房屋买卖合同纠纷案件的裁判指引》**(2014 年 8 月 28 日修订)第 6 条：“商品房买卖合同约定，出卖人在交付房屋时须向买受人提供《住宅质量保证书》《住宅使用说明书》等文件。出卖人实际交付房屋时未能提供上述文件的，买受人有权拒绝接收房屋。买受人在接收房屋后又以出卖人未能依约提供上述文件为由，主张房屋未交付并据此请求出卖人承担逾期交付违约责任的，人民法院不予支持。【说明】旨在解决商品房出卖人提供《住宅质量保证书》和《住宅使用说明书》义务的相关问题。依据《商品房销售管理办法》第 32 条规定，销售商品住宅时，出卖人应当根据《商品住宅实行质量保证书和住宅使用说明书制度的规定》，向买受人提供《住宅质量保证书》《住宅使用说明书》。各地房产行政主管部门制作的商品房买卖合同格式范本中一般也约定，出卖人在向买受人交付房屋时，应提供上述文件，否则视为不符合交付条件。因此，提供上述文件既是出卖人的法定义务，亦是其合同义务，在其未能提供上述文件时，买受人有权拒绝接收房屋。在商品房买卖合同中，出卖人的主要合同义务为在约定的时间内向买受人交付符合约定的能够安全居住的房屋。基于商品房买卖合同中买受人作为相对弱势的一方,从保护弱者的角度考虑,出于督促出卖人依约向买受人提供符合约定的可安全居住的房屋的目的,法律规定了由出卖人向买受人提供《住宅质量保证书》和《住宅使用说明书》的法定义务,但实际上若不履行该法定义务并不会导致商品房买卖合同目的的不能实现,须知是否交付上述两份文件在合同义务群中属于从给付义务而非主给付义务,一般情况下不会对交易产生实质性影响。因此,如房屋已办理了各项竣工验收手续,具备投入使用的条件,但出卖人实际交付房产时未能提供《住宅质量保证书》和《住宅使用说明书》而买受人仍然接收房产的,应视为双方通过事实行为变更了原合同约定,即买受人放弃了其法定或约定的权利,此种认定更有利于保护交易及防止买受人的权利滥用。另外,买受人在取得了房屋占有、使用等利益后,再以出卖人未提交上述文件为由主张房屋未交付,并请求支付延期交房违约金,有违公平诚信原则和禁止权利滥用原则。出卖人未能提供《住宅质量保证书》和《住宅使用说明书》的,买受人在接收房产后虽无权要求出卖人承担逾期交房的违约责任,但买受人仍然有权要求出卖人向其提供这两份文件。此外,若出卖人交付的房屋的质量或其使用功能不符合双方的约定或国家行业规定的,出卖人仍然应当向买受人承担相应的瑕疵担保责任或者违约责任。"安徽高院《**关于审理房屋买卖合同纠纷案件适用法律问题的指导意见**》(2012 年 3 月 5 日)第 6 条:"房屋买卖合同约定出卖人在交付房屋时须提供《住宅质量保证书》《住宅使用说明书》等文件,出卖人实际交付房屋时未能提供上述文件的,买受人有权拒绝接收房屋,但买受人接收房屋后又以出卖人未能依约提供上述文件为由主张逾期交房违约责任的,一般不予支持。"山东高院《**2011 年全省民事审判工作会议纪要(讨论稿)**》(2011 年 8 月)第 9 条:"……(5)关于双方违约的抗辩问题。房地产开发企业出现延期交房或延期办证行为,而买受人又未履行或未完全履行付款义务,依据合同法第六十七条规定:'当事人互负债务,有先后履行顺序,先履行一方未履行的,后履行一方有权拒绝其履行要求。先履行一方履行债务不符合合同约定的,后履行一方有权拒绝其相应的履行要求。'房地产开发企业出售的房地产在合同约定的履行时间前(或至少在其主张抗辩权时)具备了交付条件或办证条件,只是因为作为先履行义务人的买方未履行付款义务,为了保护自己的顺序利益,才拒绝履行自己的在后义务,其届期不履行交房或办证义务不构成违约,无须向买方支付违约金。若出售的房地产在合同约定的履行时间前(甚至在其主张抗辩权时)仍不具备交付条件或办证条件,在买受人已支付大部分购房款的情况下,房地产开发企业无权以买方欠付部分购房款为由进行抗辩。在此种情形下,由买卖双方就各自的违约行为承担合同约定的相应违约责任,较为符合合同法规定的诚实信用原则。"浙江温州中院民四庭《**审理商品房买卖合同纠纷案件**

疑难问题参考意见》(2010 年 4 月 30 日)第 12 条:“出卖人在交房时应当提供《住宅质量保证书》和《住宅使用说明书》,否则,视为出卖人交付的房屋不符合交房条件,买受人有权拒绝接收,由此产生的逾期交房违约责任由出卖人承担。买受人已接收出卖人交付的商品房钥匙的,应当视为《解释》第十一条规定的‘对房屋的转移占有’,该商品房已经交付使用,当事人另有约定的除外。买受人按本条第二款接收商品房后,又以出卖人未提供《住宅质量保证书》和《住宅使用说明书》为由要求出卖人承担因不具备交房条件而逾期交房的违约责任的,不予支持。”第 15 条:“在商品房具备交房条件后,出卖人已经通知买受人交房,如因买受人的原因迟延接收房屋的,应以出卖人的交房通知送达买受人之日或通知规定的最迟交房日为交房时间。”第 16 条:“出卖人在通知交房时,尚不具备交房条件的(如消防未验收合格、规划等原因),买受人有权拒绝接收。在商品房符合交房条件后,出卖人应当再次履行交房通知义务。”广东广州中院**《关于商品房预售合同纠纷统一处理做法》**(2009 年 2 月 19 日)第 2 条:“‘交楼’标准应如何确定？答:(1)必须具备以下两个基本条件:①取得《建设工程竣工验收备案表》;②讼争房屋符合使用条件(即不存在漏水、地面裂缝等导致房屋无法正常使用的重大瑕疵)。有特别约定其他标准的从约定。(2)合同附件中约定有装修标准的,出卖人未达到约定的装修标准,其承担的是关于装修标准的违约责任。”北京高院**《审理买卖合同纠纷案件若干问题的指导意见(试行)》**(2009 年 2 月 3 日　京高法发〔2009〕43 号)第 32 条:“合同对标的物交付和价款支付的约定有先后履行顺序的,后履行一方履行义务的时间可以因对方迟延履行义务而相应顺延。先履行一方主张逾期付款或者逾期交付标的物违约责任的,在时间计算上应扣除其迟延履行义务的相应期间,或者采取其他合理方式减轻对方的责任承担。出卖人迟延交付标的物但不影响买受人实现合同目的,买受人拒绝支付价款的,法院不予支持。”第 38 条:“出卖人履行交付义务后,诉请买受人支付价款,买受人以出卖人违约在先进行抗辩的,法院应当区别情况进行审理:(一)买受人拒绝给付价款、不同意支付违约金或赔偿损失,或者主张出卖人应采取减少价款等补救措施的,属于行使抗辩权;(二)买受人主张出卖人应支付违约金、赔偿损失或者要求解除合同的,应当提起反诉或者通过另诉解决;(三)买受人以出卖人违约进行抗辩,但未明确主张的,法院可以向买受人进行释明,由其明确主张。”广东深圳中院**《关于审理商品房买卖纠纷案件若干问题的指导意见(试行)》**第 5 条:“商品房预售合同明确约定了房地产交付条件,预售方在未达到合同约定的交付条件的情况下交付房地产的,买方有权拒绝接受交付,并有权要求预售方承担延期交房的违约责任。”福建高院**《关于审理商品房买卖合同纠纷案件疑难问题的解答》**(2008 年 7 月 25 日)第 23 条:“问:出卖人在交付商品住宅时不能提供《住宅质量保证书》和《住宅使用说明书》的,是否构成违约？答:出卖人不能提供《住宅质量保证书》和《住宅使用说明书》的,构成违约,买受人因此拒绝接收商品住宅的,由此产生的逾期交房责任应当由出卖人承担。”第24条:“问:出卖人通知交房时,尚不具备交房条件(如消防未验收合格),买受人拒绝接收,在符合交房条件后,出卖人是否必须再次通知交房?答:在房屋具备交付使用条件后,出卖人应当告知买受人并再次通知其接收房屋。因出卖人未告知导致买受人迟延接收房屋的,出卖人仍应承担由此产生的逾期交房责任。”贵州高院《**关于审理商品房买卖合同纠纷案件若干问题的指导意见(一)(试行)**》(2005年8月1日)第14条:“商品房买卖合同中所指交付使用是指出卖人将房屋转移买受人占有,但当事人另有约定的除外。合同双方约定的交付时间、方式、条件具有法律约束力。如果出卖人违反约定条件交付,买受人可以拒绝接受,出卖人应当承担逾期交房的违约责任。出卖人交付的房屋虽不符合约定交付条件,但买受人已经实际接受的,应视为交付使用,但并不免除出卖人房屋质量责任。”福建厦门中院《**关于审理商品房买卖合同纠纷中逾期交房和逾期办证若干问题的指导意见**》(2004年7月12日)第2条:“买受人因出卖人交付的商品房未经验收或验收不合格拒绝接收的,予以支持。出卖人在交房时不能提供《住宅质量保证书》和《住宅使用说明书》的,应认定出卖人不具备交房条件,由此产生的逾期交房违约责任由出卖人承担。”〔说明:我们认为,商品房建设和使用,直接影响到公民的人身财产权利,质量问题涉及的不仅是使用者自身的利益,还关系到周边相关人员的人身与财产问题,甚至涉及公共安全问题,《建筑法》和相关的法律均规定了建设单位、施工单位和监理单位等对建筑物的质量负有终身的完全的责任,故建筑物的质量保证是法定的义务而不是当事人约定义务,出卖人在交付商品房应依照法律的规定履行其法定的义务。同时行政法规和行政规章也明确制定了强制性规范,因此应将商品房的质量问题作为严格的法律制度来遵守。《城市房地产开发经营条例》第十七条确定了房地产项目交付使用,必须是验收合格的,否则不能交付使用。这是行政法规的强制性规范条款,说明条例对合格的商品房要求是坚决禁止不合格的商品房投入市场;同时《城市房地产开发经营条例》第三十一条和《商品房销售管理办法》第三十二条还都规定了商品房交付时,应向买受人提供《住宅质量保证书》和《住宅使用说明书》(以下简称两书)。两书的规定是行政法规和行政规章对商品房质量要求之形式要件进行规范,以增加法律和法规对商品房质量管理的分量。在实务中对两书的交付应属何法律性质的行为有争论,一种意见认为,两书的交付属于行政法规和行政规章规定的当事人的义务,属出卖人的法定义务,出卖人必须严格遵守,故两书的交付应属于出卖人交付房屋时的一个必要条件。另一种意见认为,两书的交付仅仅是出卖人对所交付的标的物的质量保证和对买受人使用标的物的提示,不是交付标的物的必要条件。该条意见主要是对出卖人交房时不能提供经过验收的商品房时,买受人的权利保护进行提出意见，即我们支持买受人依法行使质量保证权利，若出卖人不能提供经过验收合格的商品房，买受人就有权拒绝接受出卖人的交付，因此所造成的逾期交房的责任，由出卖人自行承担。由于两书的取得是与商品房建设项目的验收紧密相连的，因此审判实践中涉及该部分事项举证责任分配时，我们认为，根据最高人民法院《关于民事诉讼证据的若干规定》第七条的规定，应由出卖人承担两书取得的举证责任。〕第3条："买受人已接受出卖人交付的商品房钥匙，除当事人另有约定外，应视为商品房已经交付使用，即出卖人完成了《商品房买卖解释》第十一条规定的房屋转移占有。买受人已接受了出卖人所交付的商品房钥匙，又以出卖人没有同时交付《住宅质量保证书》和《住宅使用说明书》为由主张出卖人承担因不具备交房条件而逾期交房违约责任的，不予支持。前两款规定适用于1998年7月20日国务院《城市房地产开发经营管理条例》施行之后签订的商品房买卖合同，之前签订的商品房买卖合同适用当时法律和行政法规、规章的规定。"上海高院**《关于印发〈上海法院民事办案要件指南〉的通知》**(2003年11月25日　沪高法民一〔2003〕10号)第48条："以对方迟延履行为由要求解除合同的，须举证证明对方迟延履行主要合同义务，且经催告后，在合理期限内仍未履行的要件事实。"

5. 参考案例。2014年**江苏某商品房买卖合同纠纷案**，2012年3月，郭某与开发公司签订购房合同。同年12月，房管局向开发公司出具交付使用通知书，开发公司据此通知郭某收房，郭某以墙体开裂、卫生间漏水等质量问题拒绝收房。2013年4月17日，经整改结束并验收通过后，开发公司通知郭某收房。郭某诉请支付逾期交房违约金，并将卫生间恢复原状。法院认为：房管部门出具的商品房交付使用通知书系证明开发商所建房屋符合交付条件的重要依据。开发商虽已取得商品房交付使用通知书，但房屋购买人有充分证据证明开发商交付的房屋不具备合同约定条件的，不能认定房屋已符合交付条件。本案中，开发公司虽已取得房管局出具的交付使用通知书，但其当时交付的房屋并不符合合同约定，直至2013年4月17日经整改结束并验收通过，涉案房屋才符合合同约定，应以该验收通过日期为交房日期。开发公司施工过程中擅自改变设计将六层及以上排水变更为同层排水施工，后经技术确认恢复成异层排水，并经验收合格，郭某要求将卫生间恢复原状违反了原工程规划设计要求，不符合有关法律规定和合同约定，对此诉请不予支持。判决开发公司支付郭某逾期交房违约金9万余元。2012年**北京某商品房预售合同纠纷案**，2010年，樊某与开发公司签订商品房预售合同，约定房屋不符合相关国家质量标准、未经相关审批验收导致迟延交付的，应支付逾期交房违约金，同时约定了开发公司应按住宅质量保证书承担相应保修责任。2011年，房屋竣工验收后，开发公司通知樊某收房，樊某以房屋淋浴间、卫生间墙壁空鼓为由拒绝收房，并在事后诉请开发公司支付逾期交房违约金10万余元及大理石色差损失5万元。

法院认为:案涉房屋已于预售合同约定交付时间之前具备了约定的交付条件,开发公司提交了合同约定的相应审批文件,樊某签收了开发公司寄出的交付使用通知书。据此应认定开发公司已履行通知交付义务。樊某与开发公司所签合同已对逾期交房违约责任承担前提进行了约定,针对的是房屋不符合相关国家质量标准、未经相关审批验收情形,有明确的适用标准。合同还约定,如商品房出现地基基础和主体结构工程以外的质量问题或装修问题,出卖人承担保修义务,而出卖人承担的上述质量保修义务与逾期交房违约责任有所区别。本案中,案涉房屋淋浴间、卫生间墙壁空鼓、大理石更换并非房屋主体质量问题,尚不足以对樊某正常居住、使用房屋造成严重影响,樊某有权就此问题主张开发公司进行修复,承担相应质量保修责任,但其若据此不完成房屋交接,进而主张开发公司承担逾期交房违约责任,缺乏合同和法律依据。另需指出,依我国法律,格式条款是当事人为了重复使用而预先拟定,并在订立合同时未与对方协商的条款。预售合同虽系开发公司作为出卖方,为重复使用而预先拟定,但仅凭此不能当然认定该合同条款为格式条款,亦不能直接否认缔约双方协商行为。大理石作为天然石材会或多或少存在色差,且双方已有石材可能存在色差的备注。此后,案涉房屋经更换的大理石确实存在色差,但樊某并无充分证据证明更换全部卫生间、淋浴间大理石之必要性,及其主张赔偿5万元损失合理性,综合考虑案件事实,酌定判决开发公司赔偿樊某大理石色差损失1万元。2008年**北京某商品房预售合同纠纷案**,2005年,陈某购买开发公司商铺,约定开发公司无偿赠送带产权性质的地下一层商铺。约定的年底交房,开发公司通过竣工验收后,因无通往地下室楼梯、地上和地下室结构与约定不符等问题,陈某拒绝收房。2007年10月30日,陈某收房,仍提出诸多质量问题。2008年,陈某诉请开发公司赔偿质量不合格损失及迟延交房违约金。法院认为:案涉商品房预售合同合法有效,双方均应依约履行。开发公司虽在合同约定期限内向陈某发出了入住通知,但当时诉争房屋存在无通往地下室的楼梯、地上和地下室的结构与约定不符等问题,足以影响房屋正常使用,故陈某拒绝收房理由成立。虽然此后开发公司陆续解决了房屋存在的主要问题,并于2007年10月30日向陈某交付了房屋,但陈某因迟延收房而造成的损失应由开发公司负担,故对陈某关于延期交房违约金诉请,应予支持。虽然合同中记载诉争房屋地下一层系开发公司赠与陈某,但事实上地下一层存在必然对诉争房屋价格及陈某选择购买该房屋具有重大影响,地下一层与地上部分共同构成了房价款对价,故开发公司交付房屋地上和地下部分均应符合约定条件并满足房屋正常使用功能,且修建通往地下室楼梯的施工本身亦会直接影响房屋地上部分使用,故陈某要求赔偿因开发公司交付房屋不符合约定及楼梯质量不合格造成损失,应予支持。陈某认为房屋实际交付后仍存在质量问题,对此其应通过要求开发公司履行保修责任来解决,其现要求开发公司赔偿交房后未及时修缮而造成损失，缺乏事实及法律依据，不予支持，此情形不能成为拒收整个房屋理由。判决开发公司支付陈某质量赔偿款5万元、延期交房违约金45万余元。2001年**江苏某房屋买卖合同纠纷案**，1994年，开发公司与煤业公司签订商品房买卖合同。1995年，开发公司以煤业公司多次要求修改设计为由诉请解除合同。1999年，生效判决判令双方继续履行，煤业公司支付剩余款项，开发公司60日内完成未完工程。开发公司收到煤业公司款项后在指定日期内将房屋装修完毕，经质监站验收合格，并通知煤业公司接收房屋。因煤业公司拒绝收房，开发公司将房屋转卖银行，银行对诉争房屋拆除后重新装修。2000年，煤业公司申请再审，法院再审改判继续履行，开发公司应支付违约金。2001年，开发公司申请再审，仍坚持解除合同。法院认为：案涉商品房双方在合同中对是否将公配电改为专配电和专用房所需费用由谁负担、是否设中央空调等问题表述笼统，以及在房屋其他设施、装修等问题上约定不明确，造成协议约定与施工图纸不一致，致使双方在履行协议中产生分歧，且长期无法达成共识，导致合同难以履行，对此，双方均有责任。二审判决生效后，开发公司依该判决要求，在收到煤业公司工程款后在指定日期内将房屋装修完毕，经质监站验收合格，并通知煤业公司按二审判决判令的条件接收房屋，煤业公司拒绝收房。此时未完工程装修质量是否合格应以二审判决指定的鉴定单位验收意见来确定，当事人单方是否认可非衡量工程质量合格与否标准。开发公司在催告收房未果后将房屋转卖他人，他人对诉争房屋拆除后重新装修，此种情况下，继续履行合同将给双方当事人造成新的损失，并会产生新的诉讼，且本案争议时间已长达数年，双方早已失去合作基础，故开发公司诉请解除合同，应予支持。判决解除房屋买卖合同，开发公司退房款、煤业公司退房。2011年6月**重庆某商品房买卖合同案**，法院认为：刘某按合同约定支付了全部购房款，开发公司未在合同约定期限向刘某交付符合合同约定条件和法定条件的房屋，应承担逾期交房的违约责任。2007年12月4日刘某验房并填写了验房清单，领取了房屋钥匙，验房后刘某未将钥匙退还给开发公司，刘某已实际控制所购房屋，由此可推定刘某已于该日实际接房。但因该房当时未经竣工验收合格，尚未达到法定的交付条件，故开发公司仍应承担逾期交房的违约责任。诉争房屋于2009年4月2日竣工验收合格，已达到法定的交付条件，且刘某在此前已实际接收房屋，故开发公司应承担逾期交房违约金的时间为：合同约定交房时间的次日2007年12月31日至房屋竣工验收合格的前一日（2009年4月1日）。刘某于2007年12月4日实际控制房屋，该房于2009年4月2日竣工验收合格，已达到交付的法定条件，由此可以认定开发公司承担逾期交房责任至此时。之后的责任应由刘某承担。因按合同约定在未有《商品房竣工验收备案登记证》的情况下，刘某可以拒绝接房。在诉争房屋符合交付法定条件及刘某实际接房后，其责任在于刘某未查验备案登记证的情形下接房的责任,该责任应由刘某自己承担。关于违约金应否下调的问题。根据相关法律规定,约定违约金过高的,当事人可以请求人民法院予以适当减少。刘某是在未查验备案登记证的情形下接房,其已实际接收并控制房屋的行为,已使其损失有所减少,且该房经竣工验收合格,不存在质量问题。故本院对开发公司要求减低违约金计算标准的请求予以支持,本院酌情调低为按日1‰计付违约金。2009年7月**河南某房屋买卖合同案**,法院认为:《购房合同》约定房屋正式交付使用时间为1998年12月20日,胡某称交房时间为2003年12月,开发公司称是1999年1月,双方均无书面交接手续,开发公司虽提供工程验收申请书及合格证、保修书等手续,证明1998年12月工程已经竣工。但因其未提交向胡某交付房屋的相关手续,因而应以胡某认可的2003年年底为房屋交付时间,且生效判决认定交付房屋的时间为2003年12月1日,故判决开发公司从1998年12月20日至2003年12月1日按合同约定向胡某支付逾期交房违约金。2009年4月**四川某商品房买卖合同案**,法院认为:建设部《商品房销售管理办法》第34条关于房地产开发企业应当在商品房交付使用前对房屋进行实测的规定,是房地产行政主管部门为办理房屋权属登记对房地产开发企业进行行政管理的规定,不是关于商品房出卖人对买受人承担民事义务的规定,商品房出卖人对房屋进行实测不是法定的交房条件。石某称开发公司提供的质量保证书不符合法定要求,但未说明具体理由,该主张的依据不足;且出卖人在交付房屋时提供质量保证书、住宅工程质量分户验收结果表的义务系从给付义务,买受人虽有权主张出卖人履行上述义务,但不得以出卖人未履行上述义务为由拒绝收房。在商品房已经竣工验收合格,符合交付条件的情况下,不排除商品房存在质量瑕疵,需出卖人维修并承担违约责任的情况,石某可另案起诉,故判决驳回石某要求支付逾期交房违约金的诉讼请求。2009年4月**河南某商品房买卖合同案**,法院认为:《商品房买卖合同》对房屋符合交付的条件已经进行了约定。开发公司开发的大楼已通过了五大参建主体的联合竣工验收,且政府相关部门也对该工程竣工验收情况进行了备案,即符合双方约定的交付条件。勘测中心认为,约定的交付条件还包括“具备装修条件”,且该装修条件即指双方所签订的合同附件三所约定的“装饰、设备标准”,对此,开发公司不予认可,双方对此约定并不明确。双方在买卖合同中明确约定了违反合同附件三所承担的责任是违约责任,而非交付条件。在该房屋已具备交付条件的情况下,开发公司已按合同约定多次向勘测中心发出了交房催告函,勘测中心以该房屋存在质量问题为由拒不接收房屋不当,由此所导致的不利后果应当由勘测中心自行承担。勘测中心与开发公司均认可该房屋并未实际交付,房屋的所有权并未发生转移,在该房屋的所有权仍属于开发公司的情况下,勘测中心要求对开发公司所有的房屋是否存在质量问题进行司法鉴定,法院不予准许,判决驳回勘测中心诉讼请求。2008年11月**广东某**

商品房买卖合同纠纷执行异议案，因梁某与建设公司商品房买卖合同纠纷，生效判决认定房屋已具备交付条件，建设公司应当交付房屋。梁某在建设公司通知收房时，以大门通道被他人占用、房屋积水、屋顶及墙体损坏为由拒绝接收，协调未果，梁某申请强制执行，要求建设公司交付合格房屋。法院认为：生效判决已明确案涉房屋已具备交付使用的条件，故梁某认为建设公司未按照生效判决的要求交付合格的房屋，法院不予支持。如梁某认为房屋不合格，可依法通过其他途径解决。由于房屋未能交付和办理房屋产权过户手续的责任在梁某，故本案的执行费用应由梁某承担。2008 年 3 月**重庆某商品房买卖合同案**，法院认为：2005 年 6 月 20 日高某购买房屋所在工程获得竣工验收备案登记证，晚于合同约定交付期限 2005 年 5 月 31 日，开发公司逾期交房无法避免。而之后至 2005 年 10 月 8 日高某实际接房期间，开发公司无证据证明曾书面通知高某接房。由此，开发公司主张系高某拒不接房致逾期交房的理由无证据证明，不能成立，判决按实际交房时间确定逾期交房违约金计算至 2005 年 10 月 8 日为 19,600 元。2007 年 8 月**浙江某商品房买卖合同案**，法院认为：2003 年 1 月 15 日，开发公司依约向肖某交付了房屋，虽然该房屋未经验收合格，但肖某仍收取了房屋钥匙并予以占有使用，故肖某接收房屋的行为表明其愿意履行房屋买卖合同。此后涉诉房屋于 2003 年 7 月 17 日已经验收合格，并报有关部门备案。至此，开发公司已履行了自己的交房义务。双方约定肖某尚余的房款于房产证办理时一次性付清。办理房屋产权等证书依法应是肖某义务，而开发公司则负有协助办理的义务。开发公司于 2005 年 4 月 28 日发函向肖某催款的同时，要求肖某提供身份资料以办理产权证。该行为应认定为开发公司履行了自己的办证协助义务。然肖某却未能提供相关资料，客观上致使房产证等不能及时办理且至今未能办理，其行为属不正当地阻止付款义务的成就，由此应视为付款条件成就，肖某应依法承担支付房款的责任。在房屋买卖合同中，购买人的主要义务是支付房款，而出卖人的主要义务则是交付房屋。本案中开发公司已经交付了房屋，履行了自己的主要义务。故肖某也应当支付房屋款项，以履行自己的主要合同义务。交付的房屋虽存在一定的瑕疵，但肖某并不要求解除房屋买卖合同。缺少一面墙、层高不足、地面变形及卷闸门未按设计要求安装等质量问题也已经终审判决所认定。并且该质量问题不属于合同主要义务，而属于合同次要义务，故房屋质量问题尚不能构成先履行抗辩，不能作为肖某拒付余款的理由。2006 年 1 月**广东某商品房买卖合同案**，法院认为：合同约定开发公司应于 2004 年 9 月 30 日前交付竣工验收合格的商品房，开发公司于 2004 年 9 月 8 日发函通知邵某正式办理收楼手续，但至 2005 年 6 月 6 日，邵某均未有证据证明其已前往办理。案涉房产于 2005 年 4 月全面验收合格，此时已具备合同约定的商品房交付条件。邵某在 2004 年 9 月 8 日至 2005 年 6 月 6 日均未前往收楼，是怠于行使权利，构成不作为,其请求解除合同不能成立,本院不予支持。邵某称其系因为知悉开发公司不能提供竣工验收合格证件而未到开发公司处办理收楼手续,但该知悉途径并非源自开发公司,并无证据证明开发公司已明确表示在交楼的同时不能交付竣工验收合格证件,邵某以此认为开发公司不能依约交楼请求解除合同的理由同样不能成立,本院亦不予支持,故判决驳回邵某要求解除合同的诉讼请求。2005 年 12 月**重庆某商品房买卖合同案**,法院认为:双方在合同中约定房屋交付的条件为房屋竣工验收合格,国家有关法律法规并无开发商必须进行了竣工验收登记备案后才能交付房屋的规定,故应当确认讼争房屋已具备合同约定的交房条件。法院针对开发公司的不同交房时间,其在竣工验收之前交付房屋的,违约期限计算至竣工验收时为止;在竣工验收之后交付房屋的,违约期限计算至实际交接房屋为止;对已经实际交房但无法查明交房时间的,违约期限计算至一审起诉时为止;尚未交房的,违约期限计算至一审宣判为止。本案合同签订于 2003 年 10 月,重庆受"非典"影响是在 2003 年 4 月至 6 月,故"非典"影响不能成为开发公司免责的事由。2005 年 8 月**辽宁某商品房买卖合同案**,法院认为:王某按照约定交付了全部房款,开发公司应按合同的约定在 2001 年 6 月 30 日前将房屋交给王某。开发公司未按约定的时间交付房屋,应承担违约责任。关于逾期交房的期限的问题,开发公司称其于 2001 年 10 月即口头通知王某办理入住手续,并提供了王某购买房屋的同楼住户的可视系统费的交款凭证作为证明,但是这些交款凭证只能证明当时有住户向开发公司交纳了可视系统费,不能证明开发公司向王某交付了房屋,王某也否认开发公司在 2001 年 10 月通知其办理入住手续,故开发公司无证据证明其主张。在消费者协会调解时,开发公司通知王某可以使用购买的房屋,对此事实双方均无异议,故应以此时作为开发公司交付房屋的时间。关于违约金的问题,王某认为应按照合同约定,由开发公司向其支付所付房款的 10% 作为违约金,但是根据合同的约定,支付所付房款 10% 作为违约金的条件是双方终止合同,现王某办理了房屋入住手续,实际使用了房屋,并没有终止双方的合同,故不应适用该违约金条款。因双方签订的合同,对此情况并未约定具体的违约金数额,故以王某取得房屋获得租金计算违约金并不失公平。

【同类案件处理要点】

商品房不具备法律规定及合同约定的交房条件,购房者拒绝收房而引起的延期交房,应由出卖人承担违约责任。

【相关法律风险提示】

1. 当事人约定的商品房交付标准一般不能低于法定的交付标准。对于法定的交付标准，实践中存在以“竣工验收完毕”还是“取得《竣工验收登记备案证》”的争议。主流观点倾向于后者，认为商品房经验收合格唯一有效法定证明文件是《竣工验收登记备案证》，如开发商在办理房屋交接手续时，不能根据合同约定和法律规定取得并出示拟交付房屋的《建筑工程竣工验收登记备案证》，买受人有权拒收该房屋，由此产生的逾期交房的违约责任由开发商承担。不同的观点认为，国家有关法律法规并无开发商必须进行竣工验收登记备案后才能交付房屋的规定，故竣工验收合格即可交付。案见重庆一中院(2005)渝一中民终字第3090号“某开发公司与仲某商品房买卖合同纠纷案”。

2. 合同对交房条件有明确约定情况下，仅告知竣工验收日期，而对约定的基础设施、配套建筑不做提及，会被认为不符合通知交房的条件，出卖人应承担逾期交房的违约责任。案见海南海口中院(2007)海中法民一终字第594号“某实业公司与吴某等房屋买卖合同纠纷”。但在房屋已竣工验收情况下，购房人以其他从给付义务或质量标准作为交付条件，认为不符而拒绝受领，会被认为构成违约。案见四川成都中院(2009)成民终字第1238号“石某等与某开发公司商品房买卖合同纠纷案”。

3. 逾期交房违约金的计算，通常有两种方式：按已付款的每日万分之几或司法解释规定的“同地段同类房屋租金标准”，相较而言，前者更简省一些，因为后者需要“有关主管部门公布或者有资格的房地产评估机构评定”。

4. 交房条件与通知。工程竣工验收并非房屋交付的唯一条件，房屋是否具备交付条件及销售方应何时将符合条件的房屋交付购买方，销售方负有通知交房的义务。

5. 法院判决一方交付房屋，一方接收房屋，如果房屋已经合法途径被认定为合格并具备交付条件，买方无正当理由拒绝接收的，应承担违约责任；如果买方对接收房屋存有合理异议，亦应通过其他途径解决，否则，即使申请强制执行，不履行生效判决的责任亦可能在自己一方。案见广东佛山中院(2008)佛中法执异议字第13号“某建设公司与梁某房屋买卖合同纠纷执行异议案”。

6. 在房屋已具备竣工验收的情况下，合同约定交付时装修标准的，因未达到装修标准，买受人是否可以拒绝接收，应当有明确的合同依据。河南郑州中院(2009)郑民一终字第925号“某勘测中心与某置业公司商品房买卖合同纠纷案”中，购房者以房屋不符合双方合同约定的装饰、设备标准而拒绝接收，法院认定该装修标准非交付条件。

7. 买受人未查验竣工验收备案登记证的情形下接收房屋，在确定出卖人逾期交房违约金数额时，可以适当酌减。案见重庆江北区法院(2011)江法民初字第2366号“刘某等诉某开发公司商品房买卖合同纠纷案”。

【附注】

参考案例索引:海南海口中院(2007)海中法民一终字第594号"某实业公司与吴某等房屋买卖合同纠纷案";江苏苏州中院(2014)苏中民终字第04475号"郭某与某开发公司商品房买卖合同纠纷案",见《郭双琴诉金科集团苏州房地产开发公司延期交付商品房违约纠纷案》,载《江苏省高级人民法院公报》(201502/38:44);北京二中院(2012)二中民终字第17435号"樊某与某开发公司商品房预售合同纠纷案",见《樊克增诉北京市朝阳万科房地产开发有限公司商品房预售合同纠纷案(商品房预售合同中的逾期交房违约责任条款)》(孙铭溪),载《中国审判案例要览》(2013民:196);北京二中院(2008)二中民终字第13486号"陈丽梅等与北京博成房地产有限公司商品房预售合同纠纷上诉案",见《附赠式有奖销售合同的性质及法律适用》(肖荣远、赵瑞罡),载《人民司法·案例》(201008:17);最高人民法院(2001)民监字第543号"某开发公司与某煤业公司买卖合同纠纷案",见《江苏省苏州市苏州房产发展公司与浙江省江山市煤建有限公司商品房买卖合同申请再审案》(姚媛华,最高院立案庭),载《立案工作指导·再审复查案例评析》(200304/5:106);重庆江北区法院(2011)江法民初字第2366号"刘某等诉某开发公司商品房买卖合同纠纷案";河南漯河中院(2009)漯民三终字第78号"某开发公司与胡某房屋买卖合同纠纷案";四川成都中院(2009)成民终字第1238号"石某等与某开发公司商品房买卖合同纠纷案";河南郑州中院(2009)郑民一终字第925号"某勘测中心与某置业公司商品房买卖合同纠纷案";广东佛山中院(2008)佛中法执异议字第13号"某建设公司与梁某房屋买卖合同纠纷执行异议案";重庆四中院(2008)渝四中法民二终字第39号"某开发公司与高某商品房买卖合同纠纷案";浙江湖州中院(2007)湖民一终字第318号"肖某与某开发公司商品房买卖合同纠纷案";广东佛山中院(2006)佛中法民五终字第10号"邵某与某开发公司商品房买卖合同纠纷案";重庆一中院(2005)渝一中民终字第3090号"某开发公司与仲某商品房买卖合同纠纷案";辽宁沈阳中院(2005)沈民(2)房终字第515号"王某与某开发公司房屋买卖合同纠纷案"。

Difficult Litigation Cases' Judgment Essences and References in House Sale Contract Disputes

房屋买卖合同纠纷疑难案件裁判要点与依据

（第四版）

陈枝辉　编著

下册

老旧房契的法律效力——老旧房地契，是否还有效？【权属证明】
限购政策与情势变更——房屋限购令，解约谁之责？【情势变更】
一房二卖的法律后果——一房卖二主，谁是所有人？【一房二卖】
农村房买卖合同效力——买卖农村房，合同有无效？【国家政策】
无权处分与善意取得——共同共有房，擅卖要得回？【无权处分】
表见代理的司法认定——擅卖他人房，是否也有效？【表见代理】
黑白合同的法律效力——阴阳两合同，到底依哪个？【黑白合同】
无证房买卖合同效力——没有产权证，买卖不合法？【禁止规范】
村建集体土地租赁房——所谓小产权，是不是合法？【小产权房】
未成年房主卖房程序——房主是孩子，卖房有无效？【合同主体】
境外人士购房之程序——外国人买房，是不是合法？【合同主体】
转按揭二手房屋纠纷——转手按揭房，贷款如何偿？【违约责任】
解除合同的通知效力——解除发通知，是否有效力？【合同解除】
隐名代理与借名购房——代人买卖房，合同有无效？【隐名借名】
抵押房：抵押权涤除——出卖抵押房，合同何效力？【合同效力】
查封房：查封期转卖——擅卖查封房，合同定无效？【合同效力】
拍卖房：拍卖物瑕疵——竞拍过户难，违约谁承担？【合同履行】
拆迁房：回迁房指标——拆迁安置房，是否能转卖？【合同效力】
经适房：受让人资格——经济适用房，转售有无效？【合同效力】
经租房：历史性遗留——要回经租房，为何这么难？【法院管辖】

法律出版社
LAW PRESS · CHINA

Difficult Litigation Cases, Judgment Essences
and References in House Sale Contract Disputes

房屋买卖合同纠纷疑难案件裁判要点与依据

（第四版）

陈枝辉　编著

—— 下册 ——

法律出版社
LAW PRESS·CHINA
—— 北京 ——

62. 面积差异与房款结算——面积有差异,如何来结算?【面积差异】 …… (1108)
63. 赠送面积与价款争议——买房送阁楼,房款怎么算?【赠送面积】 …… (1128)
64. 购房优惠条件的兑现——购房有优惠,能否要得回?【优惠条件】 …… (1139)
65. 购房附赠物品的兑现——买房有赠品,要不要兑现?【附赠物品】 …… (1145)
66. 噪声污染与权利救济——嘈杂的房子,不要行不行?【噪声污染】 …… (1150)
67. 间距光照不足的处理——阳光权之争,是否有理据?【间距光照】 …… (1175)
68. 工程款优先受偿冲突——房款工程款,谁有优先权?【优先受偿】 …… (1191)
69. 售后包租合同的效力——即购即返租,合同有无效?【售后包租】 …… (1205)
70. 购房纠纷的调解处理——纠纷已处理,是否还需赔?【调解协议】 …… (1216)

下编 特殊房屋类型

71. 抵押房:抵押权涤除——出卖抵押房,合同何效力?【合同效力】 …… (1227)
72. 查封房:查封期转卖——擅卖查封房,合同定无效?【合同效力】 …… (1264)
73. 拍卖房:拍卖物瑕疵——竞拍过户难,违约谁承担?【合同履行】 …… (1312)
74. 违建房:买卖之后果——违法自建房,交易风险大?【合同欺诈】 …… (1329)
75. 遗产房:房产权溯源——遗产房买卖,谁是权利人?【遗产继承】 …… (1348)
76. 房改房:交易之阻碍——买卖房改房,是否有阻碍?【合同效力】 …… (1370)

Difficult Litigation Cases, Judgment Essences and References in House Sale Contract Disputes

房屋买卖合同纠纷疑难案件裁判要点与依据

（第四版）

陈枝辉　编著

下册

法律出版社
LAW PRESS · CHINA
北京

目　录

51. 逾期交房的免责理由——交房办证晚，能否免除责？【不可抗力】
…………………………………………………………………………（909）
52. 逾期交房与合同解除——逾期交付房，谁有解约权？【合同解除】
…………………………………………………………………………（930）
53. 逾期交房的违约赔偿——逾期交付房，违约怎赔偿？【违约损失】
…………………………………………………………………………（943）
54. 房屋权属证明的内容——房屋权属证，含土地证否？【权属证明】
…………………………………………………………………………（963）
55. 逾期办证的违约责任——逾期办房证，违约如何赔？【逾期办证】
…………………………………………………………………………（973）
56. 办证费用的负担原则——逾期未办证，责任在于谁？【办证费用】
…………………………………………………………………………（1001）
57. 交房办证的诉讼时效——交房和办证，诉讼有时效？【诉讼时效】
…………………………………………………………………………（1014）
58. 迟延付款的违约责任——迟延付房款，违约何责任？【迟延付款】
…………………………………………………………………………（1030）
59. 房屋质量问题与解决——质量有问题，如何来认定？【房屋质量】
…………………………………………………………………………（1044）
60. 装修标准的争议处理——装修有争议，如何来解释？【装修纠纷】
…………………………………………………………………………（1064）
61. 配套设施与设计变更——配套缺设施，设计擅变更？【合同变更】
…………………………………………………………………………（1075）

目　录

51. 逾期交房的免责理由——交房办证晚，能否免除责?【不可抗力】 …………（909）
52. 逾期交房与合同解除——逾期交付房，谁有解约权?【合同解除】 …………（930）
53. 逾期交房的违约赔偿——逾期交付房，违约怎赔偿?【违约损失】 …………（943）
54. 房屋权属证明的内容——房屋权属证，含土地证否?【权属证明】 …………（963）
55. 逾期办证的违约责任——逾期办房证，违约如何赔?【逾期办证】 …………（973）
56. 办证费用的负担原则——逾期未办证，责任在于谁?【办证费用】 …………（1001）
57. 交房办证的诉讼时效——交房和办证，诉讼有时效?【诉讼时效】 …………（1014）
58. 迟延付款的违约责任——迟延付房款，违约何责任?【迟延付款】 …………（1030）
59. 房屋质量问题与解决——质量有问题，如何来认定?【房屋质量】 …………（1044）
60. 装修标准的争议处理——装修有争议，如何来解释?【装修纠纷】 …………（1064）
61. 配套设施与设计变更——配套缺设施，设计擅变更?【合同变更】 …………（1075）

62. 面积差异与房款结算——面积有差异,如何来结算?【面积差异】 …………………………………………………………… (1108)
63. 赠送面积与价款争议——买房送阁楼,房款怎么算?【赠送面积】 …………………………………………………………… (1128)
64. 购房优惠条件的兑现——购房有优惠,能否要得回?【优惠条件】 …………………………………………………………… (1139)
65. 购房附赠物品的兑现——买房有赠品,要不要兑现?【附赠物品】 …………………………………………………………… (1145)
66. 噪声污染与权利救济——嘈杂的房子,不要行不行?【噪声污染】 …………………………………………………………… (1150)
67. 间距光照不足的处理——阳光权之争,是否有理据?【间距光照】 …………………………………………………………… (1175)
68. 工程款优先受偿冲突——房款工程款,谁有优先权?【优先受偿】 …………………………………………………………… (1191)
69. 售后包租合同的效力——即购即返租,合同有无效?【售后包租】 …………………………………………………………… (1205)
70. 购房纠纷的调解处理——纠纷已处理,是否还需赔?【调解协议】 …………………………………………………………… (1216)

下编　特殊房屋类型

71. 抵押房:抵押权涤除——出卖抵押房,合同何效力?【合同效力】 …………………………………………………………… (1227)
72. 查封房:查封期转卖——擅卖查封房,合同定无效?【合同效力】 …………………………………………………………… (1264)
73. 拍卖房:拍卖物瑕疵——竞拍过户难,违约谁承担?【合同履行】 …………………………………………………………… (1312)
74. 违建房:买卖之后果——违法自建房,交易风险大?【合同欺诈】 …………………………………………………………… (1329)
75. 遗产房:房产权溯源——遗产房买卖,谁是权利人?【遗产继承】 …………………………………………………………… (1348)
76. 房改房:交易之阻碍——买卖房改房,是否有阻碍?【合同效力】 …………………………………………………………… (1370)

77. 承租房:公房使用权——公房承租权,买卖有无效?【合同效力】 …… (1393)
78. 集资房:请求权让与——转让集资房,约定有无效?【合同效力】 …… (1409)
79. 互易房:协议做置换——此房与彼房,过户怎履行?【合同履行】 …… (1425)
80. 团购房:买卖当事人——买卖团购房,解约该找谁?【合同解除】 …… (1434)
81. 合建房:合作共建房——加盟投建房,能不能住上?【合同效力】 …… (1442)
82. 凶宅房:合同之效力——此屋不吉利,能不能退房?【公序良俗】 …… (1456)
83. 拆迁房:回迁房指标——拆迁安置房,是否能转卖?【合同效力】 …… (1466)
84. 共居房:同住人权益——共同居住人,享有何权益?【无权处分】 …… (1485)
85. 联建房:联建责任方——所购联建房,纠纷谁责任?【合同主体】 …… (1500)
86. 抵债房:合同相对性——买卖抵债房,谁是买受人?【债务抵销】 …… (1509)
87. 烂尾房:停缓建工程——买了烂尾房,损失怎主张?【合同履行】 …… (1535)
88. 酒店房:产权式酒店——产权式酒店,交付惹麻烦?【简易交付】 …… (1546)
89. 营业房:商业用途房——商业门面房,能不能实现?【合同解除】 …… (1554)
90. 国资房:国有资产房——国资房买卖,未审批可行?【合同无效】 …… (1569)
91. 央产房:上市的限制——买卖央产房,是否有限制?【合同履行】 …… (1578)
92. 军产房:过户之障碍——难办房产证,究竟谁之过?【合同履行】 …… (1589)

93. 出租房:优先购买权——优先购买权,实际难实现?【优先买受】 …… (1600)
94. 经适房:受让人资格——经济适用房,转售有无效?【合同效力】 …… (1642)
95. 两限房:准购房资格——限价商品房,申购无资格?【公共利益】 …… (1666)
96. 经租房:历史性遗留——要回经租房,为何这么难?【法院管辖】 …… (1677)
97. "文革"房:房产权归属——"文革"上交房,能否归原主?【法院管辖】 …… (1695)
98. 典当房:民间习惯法——祖上典当房,能否还要回?【物权法定】 …… (1707)
99. 宗教房:产权人确定——宗教性质房,谁是所有人?【房屋确权】 …… (1723)
100. 代管房:私房所有人——退回代管房,谁在继续用?【合同履行】 …… (1732)

附　录

房屋买卖法律适用规范性文件(本书主要引用法条来源) …… (1749)

51. 逾期交房的免责理由

——交房办证晚，能否免除责？

【不可抗力】

【案情简介及争议焦点】

2003年5月，刘某与开发公司签订商品房买卖合同，约定交房时间为2003年12月31日，同时约定交房后180日内办证，逾期办证，买受人解除合同的，按已付房款1%支付违约金。实际交付时间为2005年3月30日。开发公司以施工过程中发生质量、暴力、事故等问题及工程款纠纷属于不可抗力，同时因设计变更存在法定及约定的逾期交付免责事由。

争议焦点：1. 逾期交付是否存在不可抗力？2. 逾期办证违约金如何计算？

【裁判要点】

1. 逾期交付。因开发公司所称的施工方在施工过程中发生的质量、暴力、事故等问题及其与施工方的合同纠纷等问题均不属于“不可抗力”范畴。其称因设计变更应延期交房所举的设计修改通知书系设计单位给开发公司的通知，开发公司是否进行了修改及修改应顺延工期的天数是多少开发公司均未举证证实，该证据不能作为开发公司交房顺延的依据，故开发公司以“不可抗力”“设计变更”作为其逾期交房的免责事由不能成立。

2. 逾期办证。由于双方未约定逾期办证的违约金，故依据最高人民法院《关于审理商品房买卖合同纠纷案件适用法律若干问题的解释》第18条第2款规定执行。开发公司于2005年3月30日将房屋交付刘某，应当自2005年3月30日起180天内即2005年9月26日前为刘某办妥产权证。开发公司未能在该期限前办妥产权证交付刘某，应承担自2005年9月26日起至过户至刘某名下之日止的逾期办证违约责任。

【裁判依据或参考】

1. 法律规定。《民法典》(2021年1月1日)第180条：“因不可抗力不能履行民事义务的，不承担民事责任。法律另有规定的，依照其规定。不可抗力是不能预见、不能避免且不能克服的客观情况。"第533条:"合同成立后,合同的基础条件发生了当事人在订立合同时无法预见的、不属于商业风险的重大变化,继续履行合同对于当事人一方明显不公平的,受不利影响的当事人可以与对方重新协商;在合理期限内协商不成的,当事人可以请求人民法院或者仲裁机构变更或者解除合同。人民法院或者仲裁机构应当结合案件的实际情况,根据公平原则变更或者解除合同。"**《民法通则》**(1987年1月1日,已于2021年1月1日起失效)第107条:"因不可抗力不能履行合同或者造成他人损害的,不承担民事责任,法律另有规定的除外。"第153条:"本法所称的'不可抗力',是指不能预见、不能避免并不能克服的客观情况。"**《合同法》**(1999年10月1日,已于2021年1月1日起失效)第117条:"因不可抗力不能履行合同的,根据不可抗力的影响,部分或者全部免除责任,但法律另有规定的除外。当事人迟延履行后发生不可抗力的,不能免除责任。本法所称不可抗力,是指不能预见、不能避免并不能克服的客观情况。"第118条:"当事人一方因不可抗力不能履行合同的,应当及时通知对方,以减轻可能给对方造成的损失,并应当在合理期限内提供证明。"第121条:"当事人一方因第三人的原因造成违约的,应当向对方承担违约责任。当事人一方和第三人之间的纠纷,依照法律规定或者按照约定解决。"

2. 司法解释。最高人民法院**《关于适用〈中华人民共和国合同法〉若干问题的解释(二)》**(2009年5月13日　法释〔2009〕5号,已于2021年1月1日起失效)第26条:"合同成立以后客观情况发生了当事人在订立合同时无法预见的、非不可抗力造成的不属于商业风险的重大变化,继续履行合同对于一方当事人明显不公平或者不能实现合同目的,当事人请求人民法院变更或者解除合同的,人民法院应当根据公平原则,并结合案件的实际情况确定是否变更或者解除。"最高人民法院**《印发〈关于处理涉及汶川地震相关案件适用法律问题的意见(二)〉的通知》**(2009年3月23日　法发〔2009〕17号)第4条:"因地震灾害致使在合理期限内出卖人迟延交付房屋或者买受人迟延支付购房款,当事人一方请求解除合同的,人民法院不予支持,但当事人另有约定的除外。"第5条:"商品房买卖合同约定买受人以担保贷款方式付款,因地震导致未能订立商品房担保贷款合同并致使商品房买卖合同不能继续履行的,当事人可以请求解除合同,出卖人应当将收受的购房款本金及其利息或者定金返还买受人。"最高人民法院**《关于依法做好抗震救灾恢复重建期间民事审判和执行工作的通知》**(2008年6月6日)第4条:"当事人因四川汶川特大地震不可抗力不能及时主张权利的,依照民法通则的规定诉讼时效中止,从中止时效的原因消除之日起,诉讼时效期间继续计算。人民法院对当事人因抗震救灾、灾后重建而不能参加诉讼活动的,要依法延期或中止审理;延期或中止的原因消除后,及时恢复审理。"最高人民法院**《关于在防治传染性非典型肺炎期间依法做好人**

民法院相关审判、执行工作的通知》(2003 年 6 月 11 日　法〔2003〕72 号,已于 2013 年 4 月 8 日起被废止)第 3 条:"……由于'非典'疫情原因,按原合同履行对一方当事人的权益有重大影响的合同纠纷案件,可以根据具体情况,适用公平原则处理。因政府及有关部门为防治'非典'疫情而采取行政措施直接导致合同不能履行,或者由于'非典'疫情的影响致使合同当事人根本不能履行而引起的纠纷,按照《中华人民共和国合同法》第一百一十七条和第一百一十八条的规定妥善处理。"最高人民法院**《关于审理商品房买卖合同纠纷案件适用法律若干问题的解释(2020 年修改)》**(2021 年 1 月 1 日　法释〔2020〕17 号)第 14 条:"由于出卖人的原因,买受人在下列期限届满未能取得不动产权属证书的,除当事人有特殊约定外,出卖人应当承担违约责任:(一)商品房买卖合同约定的办理不动产登记的期限;(二)商品房买卖合同的标的物为尚未建成房屋的,自房屋交付使用之日起 90 日;(三)商品房买卖合同的标的物为已竣工房屋的,自合同订立之日起 90 日。合同没有约定违约金或者损失数额难以确定的,可以按照已付购房款总额,参照中国人民银行规定的金融机构计收逾期贷款利息的标准计算。"最高人民法院**《印发〈关于审理房地产管理法施行前房地产开发经营案件若干问题的解答〉的通知》**(1995 年 12 月 27 日　法发〔1996〕2 号,2013 年 1 月 18 日起经法释〔2013〕2 号废止)第 33 条:"合同双方约定的预售商品房价格不明确,或者在合同履行中发生不可抗力的情况,合同双方当事人可另行协商预售商品房价格。协商不成的,可参照当地政府公布的价格、房地产部门认可的评估的价格,或者当地同期同类同质房屋的市场价格处理。"第 34 条:"在逾期交付房屋的期间,因预售商品房价格变化造成的损失,由过错方承担。"第 36 条:"在合同履行过程中,由于不可抗力的原因,致使合同难以继续履行或继续履行将给一方造成重大损失,当事人提出变更或解除合同的,应予支持。因此造成的损失,由当事人双方合理负担。"第 38 条:"合同一方有充分证据证明确系不可抗力,致使合同不能按期履行或不能完全履行的,根据实际情况,可准予延期履行、部分履行或不履行,并部分或全部免予承担违约责任。"

3. 部门规范性文件。建设部**《商品房销售管理办法》**(2001 年 6 月 1 日)第 30 条:"房地产开发企业应当按照合同约定,将符合交付使用条件的商品房按期交付给买受人。未能按期交付的,房地产开发企业应当承担违约责任。因不可抗力或者当事人在合同中约定的其他原因,需延期交付的,房地产开发企业应当及时告知买受人。"建设部**《关于转发〈广东省城镇房地产权登记条例〉的通知》**(1994 年 7 月 22 日,所转发条例已于 2019 年 11 月 29 日被广东省人大常委会废止)第 9 条:"权利人办理房地产权登记应当自登记事项发生之日起三十日内,向房屋所在地的房地产管理部门申请,并提交下列文件:(一)申请人的身份证明;(二)房地产权属来源证明或者权利证书;(三)房地产转移、转让、变更或者设定他项权的协议书、合同书或者批准文件;(四)缴纳房地产税的证明。权利人居住在香港、澳门地区的,申请期限为六个月,居住在台湾地区或者国外的,申请期限为一年。权利人因不可抗力或者其他正当理由不能在规定的期限内申请登记的,在障碍消除的五日后,顺延登记期限。"

4. 地方司法性文件。天津高院**《关于印发〈天津市高级人民法院民事审判第一庭关于审理涉新冠肺炎疫情相关民事案件的法官会议纪要(一)〉的通知》**(2020年3月19日)第8条:"因受新冠肺炎疫情及防控工作的直接影响,商品房无法在合同约定时间交付的,可认定出卖人不能履行交付义务具有免责事由。买受人主张出卖人承担迟延交付商品房违约责任的,一般不予支持。新冠肺炎疫情及防控工作发生于当事人履行迟延之后,对于免除责任的主张,不予支持。案件审理中,应当结合所属地区新冠肺炎疫情及防控工作的具体情况,合理确定免除迟延交付商品房违约责任的期间。"河南高院**《印发〈关于依法妥善办理中小微企业受疫情影响案件的工作指引〉的通知》**(2020年2月28日　豫高法〔2020〕30号)第1条:"不可抗力与情势变更的适用。新冠肺炎疫情属于重大突发公共卫生事件,政府及有关部门为保护人民群众身体健康和生命安全,采取了相应疫情防控措施。因疫情或疫情防控措施对合同履行造成影响的,应根据影响的时间、方式、程度、因果关系等因素具体考量,正确适用不可抗力或情势变更的相关法律规则认定法律后果:因政府及有关部门的疫情防控措施直接导致合同不能履行,或者由于疫情影响致使合同当事人根本不能履行的,可以适用《中华人民共和国民法总则》第一百八十条以及《中华人民共和国合同法》第九十四条、第一百一十七条、第一百一十八条关于不可抗力免责事由、法定解除事由、及时通知及证明义务的有关规定。疫情或疫情防控措施虽不足以导致合同不能履行,但如果按照原合同继续履行对一方当事人明显不公平或不能实现合同目的的,受不利影响的当事人起诉请求变更或解除合同的,可以按照《最高人民法院关于适用〈中华人民共和国合同法〉若干问题的解释(二)》第二十六条有关情势变更的规定,结合案件的实际情况,根据公平原则确定变更或解除合同。疫情或疫情防控措施并非对所有合同的正常履行都构成障碍,对合同履行没有影响的,不应适用不可抗力或情势变更的相关规定。对于在疫情发生后订立的合同,当事人以受疫情影响为由主张适用不可抗力或情势变更的,一般不予支持。但疫情影响期明显超出当事人预期导致合同不能履行的除外。"江苏南京中院**《关于妥善审理涉新冠肺炎疫情房地产案件的若干意见》**(2020年2月20日)第4条:"合理认定商品房延期交付违约责任。商品房买卖合同纠纷中,开发商延期交付房屋,并以疫情防控为由抗辩的,人民法院应审查疫情防控措施对延期交付房屋的影响程度与因果关系,并据此判断是否适用上述不可抗力的相关法律规定,部分或全部免除开发商的违约责任。"内蒙古高院**《关于审理涉新冠肺炎疫**

情民商事案件相关问题的指引》（2020年2月14日）第22条："因疫情防控需要，造成建设工程项目停工或者不能按期开工的，属顺延工期合法事由。因工程延期交工造成商品房交付时间延后的，商品房交付时间和办证时间亦可相应顺延。"江苏高院民六庭**《关于印发〈商品装修房买卖合同装修质量纠纷案件审理指南〉的通知》**（2019年12月16日　苏高法电〔2019〕862号）第1条："商品装修房买卖合同的概念。本指南所称的商品装修房买卖合同，是指房地产开发企业（以下统称为出卖人）将交付之前经装饰装修已具备基本居住使用功能的房屋向社会销售并转移房屋所有权于买受人，买受人支付价款的合同。相对于商品毛坯房，商品装修房，也就是俗称的'精装修房'、《商品住宅装修一次到位实施导则》所称的'全装修房'，在房屋交付时已具备基本居住使用功能。商品装修房的基本居住使用功能，包括但不限于房屋所有功能空间的固定面全部铺装或粉刷完成，必要功能空间如卫生间、厨房的基本设备全部安装完成。"第2条："商品装修房买卖合同的形式。商品装修房买卖合同装修部分的表现形式主要有：（1）出卖人与买受人签订的商品房买卖合同中的装修条款；（2）出卖人与买受人另行签订的装修合同；（3）经出卖人指示，买受人与第三方装修企业双方或者出卖人、买受人与第三方装修企业三方签订的装修合同等。"第3条："商品装修房买卖合同的界定。房屋装修合同是否在法律性质上独立于商品房买卖合同，应当结合商品房买卖合同、房屋装修合同的订立、约定和履行情况综合判断。在毛坯房屋实际交付前装修房屋，交付标的物为装修房的，按照商品房买卖合同纠纷处理；在毛坯房屋实际交付后装修房屋，交付标的物为毛坯房的，按照装饰装修合同纠纷处理。"第4条："装修质量要求认定的一般规则。交付装修房的装修质量，应当符合有关法律、法规的规定，建设工程质量、安全标准和相应技术规范，以及当事人的约定。装修质量要求，出卖人与买受人有约定的，从其约定；没有约定或者约定不明又不能达成补充协议的，应当按照合同有关条款或者交易习惯确定；仍不能确定的，按照《中华人民共和国合同法》第六十二条第一项的规定予以认定。法律、法规有相关强制性规定的，应当适用强制性规定。房屋所在地房地产有关职能部门关于商品房装修质量约定和履行要求的管理性规范，依照有利于合同目的实现以及合同全面适当履行原则在裁判说理时参照适用。"第5条："装修质量约定要求认定的考量因素。对当事人约定装修质量要求的认定，一般应依据商品房买卖合同、装修合同、装饰装修标准确认书、补充协议等书面合同的内容予以确定。不能确定的，结合商品房销售资料如广告宣传情况、样板房设置情况等以及房屋装修施工资料如装修材料清单、装修材料价格等载明的内容综合认定。样板房装修实际用材不能确定的，样板房装修施工资料如装修合同、施工图纸、材料采购合同等，可以作为认定装修质量约定要求的依据。"第7条："备案装修资料的适用。房地产有关职能部门对备案资料是否符合法定条件进行审核,备案资料的真实性由出卖人负责。装修质量要求有明确约定,或者能够通过商品房销售资料、房屋装修施工资料等综合认定的,买受人主张以备案装修资料作为确定装修质量要求的直接依据的,不予支持。装修质量要求约定不明,因出卖人未尽相应证明责任而不能综合认定的,备案装修资料可以视为装修质量要求的依据。"第9条:"证明责任的负担与转移。当事人对自己提出的主张,有责任提供证据。买受人主张装修质量不符合约定或者装修质量不合格的,适用举证责任一般规则,承担相应举证证明责任。买受人应就其权利行使的期限、装修质量的约定以及存在的质量问题等基本事实提供证据加以证明。买受人已初步证明装修质量问题存在的,出卖人应对装修质量符合约定或合格的事实承担举证证明责任。"第10条:"拒不提供持有证据的后果。当事人对其持有的证据应当承担举证责任。出卖人作为商品装修房的提供者,应当持有装修施工合同、装修施工图纸、材料设备采购合同等证据。以样板房为装修质量交付要求的,出卖人还负有封存样板房以及说明样板房质量的义务。诉讼中出卖人无正当理由未按照人民法院要求提供相关证据的,人民法院可以依据出卖人申报的商品房备案资料等查明相关事实,买受人主张该证据的内容不利于出卖人的,可以推定该主张成立。"第11条:"专业性意见与司法鉴定。当事人自行委托有关机构通过鉴定方式出具专业性意见的,意见出具人应当出庭作证。当事人未申请意见出具人出庭作证,或者经人民法院通知意见出具人拒不出庭作证的,该专业性意见不得作为认定事实的根据。另一方当事人有证据足以反驳并申请司法鉴定的,应予准许。当事人申请司法鉴定的,应当在举证期限届满前或者在人民法院指定的期限内提出。当事人逾期提出鉴定申请或者经释明未申请鉴定后又提出鉴定申请的,确有必要,可予准许,但应依法予以训诫、罚款。准许司法鉴定申请的,根据讼争装修质量问题争议的类别确定鉴定范围和鉴定方法,涉及减少价款的应由房地产评估机构进行房屋装修价格评估。"第12条:"责任承担约定优先与选择。装修质量不符合约定构成违约的,出卖人应当承担约定的违约责任。经出卖人指示买受人与第三方装修企业另行签订装修合同的,对于装修质量违约有约定的从其约定,但不影响出卖人违约责任的承担。买受人主张出卖人承担合同约定之外的违约责任的,不予支持。当事人没有约定装修质量违约责任或者约定不明,依据相关规定仍不能确定的,买受人根据装修质量问题的性质以及所受损失的大小选择对方承担的违约责任的方式应具有合理性。买受人选择明显不合理的,人民法院应当释明,买受人经释明拒不调整的,驳回其相应诉讼请求。买受人主张出卖人承担多种违约责任,不超出其因违约所受损失的,应予支持。"第13条:"质量异议怠于通知的后果。装修质量不符合约定或者法定的具体情形,买受人应当在法律、法规、司法解释规定的期间内及时通知出卖人。买受人在前述期间内对质量瑕疵异议怠于通知出卖人的,视为装修质量符合约定。

当事人约定装修质量检验期间或者质量保证期间的，买受人应当在约定期间内通知出卖人；没有约定或者约定的期间过短的，买受人应当在房屋实际交付之日起二年内通知出卖人。当事人约定的质量异议期间短于法定期间的，以法定期间为准。出卖人知道或应当知道装修质量不符合约定的，买受人不受前三款通知时间的限制。”第15条：“装修质量瑕疵与修复责任。装修质量存在工程质量、功能质量、品质档次等方面瑕疵，但对买受人正常居住使用没有实质性影响的，除当事人对房屋装修质量瑕疵另有明确约定，买受人拒绝受领房屋要求出卖人承担逾期交房违约责任的，不予支持。装修质量问题严重影响正常居住使用，或者装修质量问题符合不得交付使用法定情形的，买受人拒绝受领房屋，要求出卖人承担逾期交房违约责任和装修质量修复责任的，应予支持。装修质量保修期间内，出卖人应当承担修复责任。出卖人拒绝保修或者在合理期限内拖延修复的，买受人自行或者委托他人维修后，就修复费用及修复期间造成的其他损失要求出卖人承担责任的，应予支持。”第16条：“减价责任与装修差价损失。对装修质量不符合约定要求、不符合法定要求或者因欺诈、重大误解等原因导致装修实际价值明显低于约定装修价格的违约责任，当事人没有约定或者约定不明，买受人请求出卖人承担减少房屋装修部分价款的违约责任的，应予支持；当事人有明确约定，买受人在约定责任方式之外要求出卖人承担减少装修价款违约责任的，不予支持，但出卖人同意的除外。买受人可以选择接受装修质量不符合约定的范围，对不接受的部分要求出卖人承担修复责任的，应予支持，但计算装修差价损失时修复部分的贬损价值不应重复计算。减少装修价款，一般以维持合同约定交易条件均衡性为原则按‘同比降低’规则核算具体数额。具体方法为，以房屋交付条件成就买受人应当受领为评估时点，以房屋所在地房屋装修市场价格为基准，对实际装修价格和约定装修价格进行评估，实际装修估价与约定装修估价比例的差额与装修部分销售价格的乘积，即为减少装修价款的数额，计算公式为（1－实际装修估价/约定装修估价）×装修价格。房屋装修中存在欺诈情形，或者约定装修价格组成不能确定无法评估的，减少装修价款的数额，依据约定装修价格与实际装修评估价格的差额按照公平原则予以酌定。”天津高院**《关于审理房屋买卖合同纠纷案件若干问题的审判委员会纪要》**（2018年11月26日　津高法〔2018〕230号）第1条：“……（四）因停工令造成逾期交房的问题。因受政府有关部门依据相关文件发布的停工令的直接影响，商品房无法在合同约定时间交付买受人，一般应认定合同迟延履行不可归责于出卖人的情形，可以根据停工令确定的天数并结合案件具体情况，免除出卖人相应的逾期交付商品房违约责任。”河北廊坊中院**《关于印发〈审理房屋买卖合同纠纷案件若干问题的会议纪要〉的通知》**（2018年3月14日　廊中法〔2018〕24号）第3条：“买受人明知商品房不具备法定或约定交付条件仍同意接收房屋后，又以房屋不具备交付条件为由主张逾期交房违约金的，不予支持。但买受人有权要求开发商依据法律或合同约定完善房屋交付条件，并主张因房屋交付条件不具备给其造成的实际损失。”四川成都中院**《关于印发〈商品房买卖合同案件的审理指南（试行）〉的通知》**（2017年10月11日　成中法发〔2017〕129号）第12条：“对逾期交房后果的处理。出卖人逾期交付竣工验收合格的商品房，买受人根据商品房买卖合同的约定要求解除合同的，一般应予支持；但买受人接收商品房后又主张解除合同的除外。商品房买卖合同未约定交房期限，出卖人经买受人催告后三个月内仍未交房的，买受人主张解除商品房买卖合同的，应予支持。”山东高院**《2011年全省民事审判工作会议纪要（讨论稿）》**（2011年8月）第9条：“……（4）关于‘出卖人的原因’的范围界定问题。商品房买卖合同纠纷中，由于出卖人的原因使买受人不能按合同约定期限交付房屋和办理房产证，买受人要求出卖人承担违约责任。‘出卖人的原因’的范围界定，应考虑正常的市场风险与不可抗力、宏观调控政策重大调整、开发商的风险预见和防范控制能力、开发商与买受人间信息资源的不对称性等因素综合界定，不宜作过于严格的界定。”浙江高院民一庭**《关于审理受房地产市场调控政策影响的房屋买卖合同纠纷案件的若干意见（试行）》**（2011年4月22日）第2条：“纯粹因受限贷、限购、禁购等调控政策的直接影响，合同确实无法继续履行的，不属于‘不可抗力’，一般应认定属于《解释》第四条、第二十三条规定的‘不可归责于当事人双方的事由’。当事人据此请求解除合同的，可予以支持，但当事人另有约定的除外。”北京高院**《关于审理房屋买卖合同纠纷案件适用法律若干问题的指导意见（试行）》**（2010年12月22日　京高法发〔2010〕458号）第21条：“房屋买卖合同履行过程中，一方当事人构成根本违约的，守约方有权解除合同，违约方不享有合同法定解除权。如果因不可抗力或情事变更等原因，致使合同目的无法实现的，合同双方均有权要求解除合同。”浙江温州中院民四庭**《审理商品房买卖合同纠纷案件疑难问题参考意见》**（2010年4月30日）第4条：“出卖人以不可抗力为由，请求部分或全部免除逾期办证、逾期交房或面积不符等违约行为的民事责任，按下列情况处理：（1）该不可抗力事项在房屋买卖合同中明确约定免责的，原则上可予支持；（2）虽然属于不可抗力事项，但出卖人没有采取积极措施，致使损失扩大的，扩大损失部分不予支持；（3）虽然属于不可抗力事项，但该不可抗力事项属于反复出现或具有季节性特征的，出卖人没有采取积极措施造成损失的，该请求不予支持；（4）既有不可抗力因素，又有当事人主观过错的，应予区别认定，对属于不可抗力事项的部分予以免责。”第5条：“当事人请求人民法院委托或指定专门机构认定或鉴定不可抗力事项的，不予支持。不可抗力属于众所周知的事实，可以通过公众熟知的方式获得。必要时，可以将有关政府部门的公告通知等作为依据。”第6条：“人民政府或受其委托的组织所作出的具体行政行为影响了当事人在房屋买卖中的民事权利，如果当事人没有过错的，一般可视为不可抗力事项。人民政府或受其委托的组织所作出的抽象行政行为影响了当事人在房屋买卖中的民事权利一般可视为不可抗力事项。"第7条："出卖人因单位犯罪或直接负责的主管人员和其他直接责任人员因违法犯罪被查处，导致出现逾期交房、逾期办证或面积不符等违约行为的，不视为不可抗力，出卖人不能因此免除民事责任。"第25条："地方政府的职能部门依照地方性法规、部门规章或政府文件对物业专项维修资金予以收取和管理，属于政府行政职责范围。人民法院在审理民事案件时，不对其收取的标准或合理性进行审查。"第27条："商品房买卖合同中约定以买受人向出卖人交纳物业专项维修资金作为交付房屋或办理权属证书的前提条件，并以此作为逾期交房或逾期办证责任免除的抗辩主张的，人民法院不予支持。"北京高院**《审理买卖合同纠纷案件若干问题的指导意见(试行)》**(2009年2月3日 京高法发〔2009〕43号)第7条："标的物风险由买受人负担的，买受人不能因标的物发生风险而免除给付价款的义务。标的物风险由出卖人负担，标的物发生风险，合同继续履行的，出卖人应当按照标的物价值的减损程度减免买受人尚未支付的价款，或者返还买受人已经支付的相应价款；合同解除的，出卖人应当返还买受人已经支付的全部价款。标的物发生风险后，当事人采取补救措施或者给付价款的，不影响其因过错承担赔偿损失的违约责任。前款所称风险，是指在买卖合同中，由于不可归责于买卖双方当事人的事由而致使标的物遭受毁损、灭失的情形。风险发生的事由包括不可抗力、意外事件和当事人不能预见的第三人原因。"广东深圳中院**《关于审理商品房买卖纠纷案件若干问题的指导意见(试行)》**(2009年)第7条："商品房预售合同约定买方支付房款的义务在先，卖方的交房义务在后，买方在履行付款义务前要求卖方承担延期交房违约责任的，卖方有权行使先履行抗辩权，无须向买方承担延期交房的违约责任；但如卖方出售的房地产在其主张抗辩权时尚不具备交付条件的，卖方的先履行抗辩权不成立。买方可以要求卖方承担延期交房的违约责任，卖方亦可要求买方承担延期付款的违约责任。"第8条："商品房预售合同约定买方支付房款的义务在先，卖方办理《房地产证》的义务在后，买方在履行付款义务前要求买方承担延期办证违约责任的，卖方有权行使先履行抗辩权，无须向买方承担延期办证违约责任；但如卖方出售的房地产在其主张抗辩权时尚不具备分割转移登记和办证条件的，卖方的先履行抗辩权不成立。买方可要求卖方承担延期办证的违约责任，卖方亦可要求买方承担延期付款的违约责任。"福建高院**《关于审理商品房买卖合同纠纷案件疑难问题的解答》**(2008年7月25日)第19条："问：买受人逾期支付购房款或者未依约足额支付购房款，能否成为出卖人逾期交房、逾期办理房屋权属证书的抗辩事由？是否应视出卖人有无具备交房、办证条件区别对待？答：依照双方当事人的约定，买受人付款义务应当先于或者与出卖人的交房、办证义务同时履行的，买受人逾期支付全部或部分购房款时,出卖人可以行使后履行抗辩权或者同时履行抗辩权,其交房、办证的期限可予相应顺延。”第25条:“问:商品房买卖合同中约定买受人应缴纳房屋专项维修资金,但对如何缴纳约定不明(例如缴纳数额和应向谁缴纳等未作具体约定),出卖人能否将买受人未缴纳该款作为其未按期交房的抗辩事由?答:如果根据商品房买卖合同的约定,买受人缴纳房屋专项维修资金之义务应先于或者与出卖人交房义务同时履行,但因房屋专项维修资金如何缴纳约定不明,导致买受人未缴纳该项费用的,出卖人不得将买受人未缴纳该项资金作为逾期交房的抗辩事由。”贵州高院**《关于审理商品房买卖合同纠纷案件若干问题的指导意见(一)(试行)》**(2005年8月1日)第11条:“合同双方约定的关于出卖人逾期交房、逾期办证的免责条款,只要不违反法律、行政法规的强制性规定,人民法院应予认定。双方对于提供办证资料的时间、办理房屋权属证书的期限、委托办证、交付、违约金等事项有特殊约定的,应当依法事人约定处理。”福建厦门中院**《关于审理商品房买卖合同纠纷中逾期交房和逾期办证若干问题的指导意见》**(2004年7月12日)第5条:“《商品房买卖解释》第十八条和第十九条规定的‘出卖人原因’,应理解为:出卖人在履行商品房买卖合同权属交付前应承担的有关办理权属登记的义务,主要包括商品房建设完工以后应履行的初始产权登记的有关手续。非出卖人所应承担的法定义务或约定义务之外的原因造成逾期办证的,不能视为‘出卖人的原因’。”〔说明:在实务操作过程中,经常会出现由于买受人自己疏忽或其他原因,没有及时到权属登记部门办理相关登记手续,或者是办理按揭中,因为与银行借贷关系出现纠纷,银行不配合其办理登记手续造成延误等,这均不能归责于出卖人,而应由买受人自行承担相应的民事责任。〕第6条:“因出卖人原因致使买受人未能在合同约定期限或《商品房买卖解释》确定期限内办理商品房的权属登记手续,买受人请求出卖人承担违约责任的,予以支持。出卖人已向权属登记机关办理商品房产权初始登记的,视为已完成了办理权属登记相关义务。”〔说明:出卖人完成法定的交付房产登记资料的义务,即完成其初始登记义务的标志是什么?这是实务中需要明确的问题。对此有各种不同的意见。第一种意见认为,应以出卖人取得了初始登记的证书为标志,只有出卖人完成了初始登记之后,买受人才能办理商品房的权属登记。第二种意见认为,以权属登记部门接受了买受人的登记申请为出卖人完成初始登记的标志。第三种意见则认为,根据我市的具体情况,我市权属登记部门在办理商品房权属登记时,采用了初始登记与单位变更登记同步进行的方式,也就是,权属部门根据商品房买卖合同一般约定出卖人代买受人办理权属登记及行政法规规定的出卖人应协助买受人办理权属登记的法定义务,在审查初始登记的同时,要求提供商品房项目中一个单元作为登记的检索号码,将项目的初始登记的资料纳入该单元的档案中,项目的其他单元则以该单元为基本检索依据进行登记。权属部门要求出卖人在进行初始登记的同时提供检索单元的登记资料,方出具初始登记的收件收据,之后在一定的期限内交付权属证书。因此,出卖人完成交付房产登记资料协助办理权属登记义务,可以权属登记部门出具的收件收据为标志,或者以出卖人提供了同一项目的某一单元的产权证书为标志。因此我们提出了以出卖人完成初始登记义务为其完成办理权属登记协助义务的指导意见。在具体掌握上可以出卖人提供了权属登记收件收据或同一项目的单元产权证书为证据,证明其完成的义务。当然在商品房买卖合同中,如果当事人之间约定由出卖人办理权属登记的,如合同中约定,出卖人应在商品房交付后的90天内向权属登记部门办理产权登记手续,买受人应提供办理产权登记相关的资料交给出卖人等可以证明办理权属证书的义务是由出卖人来完成的约定的,则依照当事人的合同约定确定买受人办理权属证书的义务依合同约定有出卖人代理,出卖人未通知买受人提交登记资料,或没有及时办理登记的,由出卖人承担违约责任。〕上海高院**《关于印发〈上海法院民事办案要件指南〉的通知》**(2003年11月25日　沪高法民一〔2003〕10号)第10条:“对于法律规定中内容不确定的概念,在适用时必须进行价值补充。而价值补充应当根据具体情事,依社会一般的秩序观念和伦理道德为标准,作客观的价值判断,并公开其理由。”〔说明:民法的规定中,有许多如“错误”“善意”“不可抗力”“显失公平”等内容不确定的概念,在适用时如不经价值补充,将使特定法条因所指不明而难以被适用。为此,法官在适用涉及该概念的法条时,就需要根据案件的具体情势对其予以价值补充。但在补充时,法官所持的标准必须客观,不能以自己的主观看法为取舍,而应当根据具体情况,并且考虑社会一般的秩序理念和伦理道德。如对因政府政策变化而致当事人订立的合同难以按照约定时间履行的,该政策变化因素能否构成“不可抗力”的判断,就是一种价值补充,而在进行补充时,法官就不能不考虑我国现在所处的改革开放大环境,加以综合判断。由于价值补充实际上也是法官行使裁量权的过程,因此在价值补充时,法官仍须将其补充的过程、理由予以公开,使他人能够了解。〕

5. 参考案例。2017年**上海某商品房预售合同纠纷案**,2015年,张某与开发公司签订商品房预售合同,约定2015年12月31日前交房,同时约定:导致不能按期交房的“其他难以预计的客观情况”包括供水、供电、煤气、排水、通讯、网络、道路等公共配套设施的延误,发生上述情况不属于开发公司逾期交房;“因市政配套的批准与安装”等“无法预计、无法避免或控制、无法克服的事件和情况”,开发公司可顺延约定的交房日期。2016年7月1日,开发公司交房。张某诉请支付逾期交房违约金。开发公司以施工过程中出现小区沿河道路和煤气配套公共管道安装和对接的不可抗力情形而主张免责。法院认为:系争责任限制条款属开发公司事先拟定,并在房屋销售中重复使用的条款,属格式条款范畴。系争责任限制条款使用了小号字体,且根据当事人陈述的签约过程分析,开发公司并未采取足以引起注意的方式对该条款予以说明。依最高人民法院《关于适用〈中华人民共和国合同法〉若干问题的解释(二)》第9条规定,赵某可申请撤销该格式条款。系争责任限制条款虽以列举免责事项方式限制了逾期交房违约责任范围,但并未绝对免除开发公司违约责任。因张某在法定的一年除斥期间内并未申请撤销该条款,故该条款仍属有效。配套工程施工虽不在开发公司受让地块范围之内,但作为一家专业的房地产开发企业,配套工程出现延误的理论可能性是其在建造之初即能预见的,其制订系争责任限制条款目的亦正是在于防范此类风险,故系争责任限制条款所列举事项中包括"煤气、道路公共配套设施",但在对此类事项概括性定义中使用了开发公司"难以预计""无法预见"表述,是对列举事项所作错误描述,此类事项不属于法定可免责的"不可抗力"范畴。但在列举事项已具体明确前提下,该表述并不影响双方就责任限制所达成的基础合意,不构成完全排除该条款适用事由。开发公司明知配套工程完成是整体竣工验收前提条件,应对配套工程具体进展保持关注,据此预判实际可交房时间。从本案查明事实看,"配套工程延误导致逾期交付房屋"在2015年3月27日虽还不是确定发生的事实,但亦已不再是抽象的理论可能性,而是开发公司已知的现实存在的显著风险。交房期限是购房者选择购房的重要考量因素,在未收到风险告知情况下,购房者无法对交房期限实际可行性进行有效评估,在签约时陷入了信息不对称的意思状态。开发公司虽然期望障碍因素能在后续履行中消除,但土地征收问题导致的施工停滞是根本性的延误因素,该因素并非开发公司可主观控制范围,且依常理判断,土地征收需履行法律规定程序,无法于短期内得到快速解决。在交房期限事实上存在重大不确定性前提下,开发公司的风险隐瞒行为可能对购房者信赖利益造成实际损失,故开发公司不能以后续可能追赶进度为由免除自身告知义务。系争预售合同签订时,开发公司未对张某告知相应风险,违反了合同约定的告知义务。商品房预售合同是在建商品房的销售合同,不同购房者的签约时间对应着不同的建设进度,购房者不知晓具体进度情况,不具备对交房期限可行性的判断能力。而交房期限条款也是由开发公司单方拟定的格式条款,其可根据实际建设进度在签约时调整交房期限。本案中,在未被告知已存在现实风险情况下,应认定购房者与开发公司所达成责任限制合意,是建立在购房者对交房期限具有现实合理性的信赖基础上。由于开发公司单方隐瞒了现实延误风险,且有能力重新规划交房期限,购房者有理由相信开发公司对交房期限的现实可行性作出了承诺:该期限充分吸收了开发公司已知的实际进度条件,原有的风险事项能够及时消除,如未在后续履行中出现新的免责事项,则在该期限内能够实现交房,故张某主张双方约定的风险转移范围是针对后续履行中出现的风险事项,不应包括已纳入交房期限考量因素的现实条件,符合《合同法》第125条的诚实信用解释原则。诚实信用原则下的购房者信赖利益价值高于格式条款提供者开发公司的责任风险限定利益。交房期限条款与系争责任限制条款之间的互补逻辑关系应解释为：系争责任限制条款的适用范围限于签约后发生的不确定风险事项，不能适用于签约时被隐瞒的现实风险事项。开发公司以配套工程延误为由，主张在本案中适用系争责任限制条款，抗辩张某的逾期交房违约金请求权，无事实与法律依据，不予支持。判决开发公司支付张某逾期交房违约金3.2万余元。2017年**江苏某商品房预售合同纠纷案**，2013年，实业公司与开发公司签订购房合同，约定实业公司通过零星销售房屋以回款支付开发公司剩余房款。2014年，开发公司以实业公司拖欠房款为由诉请解约、实业公司支付违约金。诉讼中，实业公司抗辩称双方已通过补充协议变更付款方式，法院予以确认。生效判决认定开发公司"未交付已付购房款对应价值的房屋不构成违约"。随后，实业公司以开发公司迟延交房为由诉请承担违约责任。法院认为：前案开发公司起诉实业公司违约诉讼中，法院根据双方举证情况，对各方是否存在违约情形进行了审查判断，在判决说理部分明确认定"双方当事人实际上已通过各自行为变更合同履行方式，即从由实业公司零星销售涉案房屋以回笼资金变更为整体处置涉案房屋以解决资金困境，故开发公司未交付对应已付购房款价值的房屋并不构成违约""实业公司未支付剩余购房款构成违约，应承担相应违约责任"，据此判决实业公司向开发公司支付违约金。实业公司不服该判决提出上诉后，上级法院在二审程序中审查认定"开发公司未交付已付购房款对应价值的房屋不构成违约"，判决驳回了实业公司上诉。可见，实业公司虽未在该案中明确提出开发公司违约的反诉主张，但法院在该案一审及二审程序中，对开发公司是否违约均进行了实质审查，且已明确认定开发公司不构成违约。实业公司基于同一事实和相同法律关系，在本案提出开发公司违约的诉讼请求，该请求在实质上否定了前诉无锡中院18号案件的裁判结果。依最高人民法院《关于适用〈民事诉讼法〉的解释》第247条规定，实业公司在本案的起诉应认定为重复诉讼，裁定驳回实业公司起诉。2017年**河南某房屋买卖合同纠纷案**，2013年1月，李某与开发公司签订商品房买卖合同，约定交房日期在2012年年底前，将经建设单位、施工单位、监理单位、勘察设计单位、质监站五大责任主体联合验收合格的商品房交付买受人使用。2013年2月，商品房经建设单位、施工单位、监理单位、勘察单位、设计单位验收合格。2016年，李某诉请开发公司承担逾期交房违约责任。法院认为：双方约定交房期限在签订合同之前，属于自始履行不能的约定，事实上不可能履行，故该约定自始不发生法律效力，应视为双方对交房期限约定不明，涉案房屋于2013年经验收合格，且李某已收到房屋钥匙，故李某于2016年向法院起诉开发公司逾期交房违约已超过诉讼时效，故对其诉讼请求，不予支持。住建部关于《建筑工程五方责任主体项目负责人质量终身责任追究暂行办法的通知》

《建筑工程施工质量验收统一标准》规定的五大责任主体均不包括质监站。依《建设工程质量管理条例》第3条、第16条、第46条、第49条规定，建设单位收到建设工程竣工报告后，应当组织设计、施工、监理等有关单位进行竣工验收。2013年，开发公司组织勘察、设计、监理、施工单位验收，出具工程竣工验收报告即是验收合格时间。但在五大责任主体验收合格后，需等候质监站验收、备案，质监站验收、备案在本案中并不影响双方约定的经五大责任主体验收合格后交房行为成立，在交房后作出亦不影响房屋交接和使用，亦未对双方合同目的实现产生实质性不利影响，亦未给李某造成实际损失，故双方约定的五大责任主体指的是建设、施工、监理、勘察、设计五家单位，不包括质监站。本案中，开发公司已履行了作为建设单位的验收义务。未经质监站验收的房屋，购买人有权拒绝接受；存在质量问题的可选择侵权或违约损害赔偿请求权利救济，但不能以此为由主张逾期交房违约责任。判决驳回李某诉请。2013年**北京某商品房预售合同纠纷案**，2012年，张某与开发公司签订预售商品房合同，约定交房时间为同年12月31日，同时约定因“红线外市政接入”条件不具备的，交房时间相应顺延。2013年，张某以开发公司迟延交房，红线外市政未接入，且部分配套未能正常使用为由主张逾期交房违约金。法院认为：最高人民法院《关于审理商品房买卖合同纠纷案件适用法律若干问题的解释》中明确规定，对房屋的转移占有，视为房屋的交付使用，但当事人另有约定的除外。本案中，开发公司与张某所签合同明确约定房屋实际交付程序，开发公司已依约向张某发出入住通知，张某亦办理收房手续，故应视为开发公司向张某交付了涉案房屋。开发公司与张某所签合同中明确约定了相应交付条件。但根据已查明事实，涉案房屋仍有部分配套未能正常使用，交付房屋并不完全符合合同约定。结合合同中“红线外市政接入”条款，开发公司应在条件允许时完成红线外市政接入相关义务。同时，开发公司亦应承担房屋交付后红线内线路整改相应责任。依我国合同法律规范规定，当事人可约定一方违约时根据违约情况向对方支付一定数额违约金，亦可约定因违约产生的损失赔偿额的计算方法。法院应以实际损失为基础，兼顾合同履行情况、当事人过错程度以及预期利益等综合因素，根据公平原则和诚实信用原则予以衡量。据此，法院结合涉案房屋所在小区部分配套无法正常使用确系红线外市政接入原因所致、涉案房屋已转移给张某占有、开发公司承担电力开闭站十分之一左右的造价分摊义务、开发公司仍在整改小区红线内的少数管线等基本事实，根据公平原则和诚实信用原则对开发公司应承担的违约金数额予以酌定。判决开发公司支付张某违约金4000元。2012年**北京某商品房预售合同纠纷案**，2010年，樊某与开发公司签订商品房预售合同，约定房屋不符合相关国家质量标准、未经相关审批验收导致迟延交付的，应支付逾期交房违约金，同时约定了开发公司应按住宅质量保证书承担相应保修责任。2011年，房屋竣工验收后，开发公司通知樊某收房,樊某以房屋淋浴间、卫生间墙壁空鼓为由拒绝收房,并在事后诉请开发公司支付逾期交房违约金10万余元及大理石色差损失5万元。法院认为:案涉房屋已于预售合同约定交付时间之前具备了约定的交付条件,开发公司提交了合同约定的相应审批文件,樊某签收了开发公司寄出的交付使用通知书。据此应认定开发公司已履行通知交付义务。樊某与开发公司所签合同已对逾期交房违约责任承担前提进行了约定,针对的是房屋不符合相关国家质量标准、未经相关审批验收情形,有明确的适用标准。合同还约定,如商品房出现地基基础和主体结构工程以外的质量问题或装修问题,出卖人承担保修义务,而出卖人承担的上述质量保修义务与逾期交房违约责任有所区别。本案中,案涉房屋淋浴间、卫生间墙壁空鼓、大理石更换并非房屋主体质量问题,尚不足以对樊某正常居住、使用房屋造成严重影响,樊某有权就此问题主张开发公司进行修复,承担相应质量保修责任,但其若据此不完成房屋交接,进而主张开发公司承担逾期交房违约责任,缺乏合同和法律依据。另需指出,依我国法律,格式条款是当事人为了重复使用而预先拟定,并在订立合同时未与对方协商的条款。预售合同虽系开发公司作为出卖方,为重复使用而预先拟定,但仅凭此不能当然认定该合同条款为格式条款,亦不能直接否认缔约双方协商行为。大理石作为天然石材会或多或少存在色差,且双方已有石材可能存在色差的备注。此后,案涉房屋经更换的大理石确实存在色差,但樊某并无充分证据证明更换全部卫生间、淋浴间大理石之必要性,及其主张赔偿5万元损失合理性,综合考虑案件事实,酌定判决开发公司赔偿樊某大理石色差损失1万元。2010年**北京某商品房预售合同纠纷案**,2007年,唐某与开发公司签订购房合同,约定2008年12月31日交房。2009年3月,唐某才收到入住通知。2010年,唐某诉请开发公司支付迟延交房违约金。开发公司以北京奥运期间市政府限行、限工规定等主张免责。法院认为:最高人民法院《关于适用〈中华人民共和国合同法〉若干问题的解释(二)》第26条规定,合同成立以后客观情况发生了当事人在订立合同时无法预见的、非不可抗力造成的不属于商业风险的重大变化,继续履行原合同对于一方当事人明显不公平或者不能实现合同目的,当事人请求人民法院变更或解除合同的,人民法院应当根据公平原则,并结合案件的实际情况确定是否变更或者解除。本案中,开发公司与唐某在订立合同时尽管对北京奥运会举办是明知的,但对于北京市政府及有关部门采取的具体限行、限工措施无法预见。由于北京市政府及有关部门在奥运期间采取限行、限工措施,导致开发公司逾期交付房屋,如仍按原合同约定承担违约责任,则对开发公司明显不公平,开发公司请求适当减少违约责任,应根据公平原则,并结合实际情况,对开发公司要求减少违约责任的抗辩主张予以支持,唐某起诉要求开发公司支付逾期交房违约责任,理由正当,但请求过高部分,不应支持。判决开发公司支付唐某逾期交房违约金5000余元。2009 年**江苏某商品房预售合同纠纷案**,2007 年,冯某与开发公司签订商品房预售合同,约定在验收合格之前"提前交房"。因实际交房日期比约定日期晚了 200 多天,比竣工验收合格日期晚了 100 多天,冯某诉请开发公司依约承担逾期交房违约责任。法院认为:依《建筑法》规定,未经验收的房屋不能交付使用,故该条约定违反了法律禁止性规定,应为无效。开发公司承诺提前交付房屋系为有利房屋销售,以获得更多利益,且开发公司作为开发商,其完全掌握房屋是否具备验收条件及是否具备交付条件等情况,故开发公司对导致上述条款无效存在过错。对冯某而言,开发公司"提前交付房屋"承诺在很大程度上增加了其购房决心,现开发公司未按承诺时间交付房屋,致冯某未能按预期时间使用房屋,势必给其带来一定损失,故开发公司应赔偿相应损失。冯某作为完全民事行为能力人,在合同约定须具备交付条件才能交付商品房情况下,仍同意提前交付,其对提前交付条款无效亦负有一定过错,亦应承担相应过错责任。根据双方过错,结合同期同地段房屋租金及冯某交纳房款情况,判决开发公司支付冯某损失赔偿款 8 万余元。2007 年**重庆某建设工程施工合同纠纷案**,2004 年,建筑公司借用工程公司名义与开发公司签订施工合同。2007 年,因建筑公司迟延竣工验收,导致开发公司向购房者承诺的竣工日期未实现,由此造成逾期交房损失 7 万余元,开发公司诉请建筑公司赔偿。法院认为:开发公司名义上与工程公司签订施工合同,实际由建筑公司完成全部工程,并由开发公司与建筑公司以协议方式最终确立建设工程合同关系,其实质系建筑公司借用工程公司建筑资质承揽建设工程,此种行为违反《建筑法》强制性规定,应确认为无效。从建设工程竣工验收意见书看,建筑公司确有逾期完成竣工验收、消防验收行为。在合同被确认无效时,当事人要求赔偿损失当然不能再基于合同,其法理依据为缔约过失损害赔偿请求权,此种赔偿范围主要系信赖利益损失,一般包括订约费用、履行费用及合理间接损失。本案建设工程施工合同被确认无效,但在当事人履行该无效合同的商业活动中,不可能充分意识到合同无效,开发公司对建筑公司必然存在某种最低限度的信赖,从而导致开发公司与购房者所签明确交房日期的售房合同,故因履行迟延导致损失符合"合理的间接损失"界定,建筑公司应对开发公司损失承担责任,鉴于双方对该无效合同形成均有过错,且过错程度接近,可由双方各自承担 50% 责任,判决建筑公司赔偿开发公司损失 3.7 万余元。2005 年**北京某买卖合同纠纷案**,2003 年,黄某入住新房后发现窗外有根装饰外墙的钢梁遮挡窗户,明显与沙盘展示效果不同,诉请拆除或上移。诉讼中,黄某提出其收房时对窗外有装饰钢梁一事,其已在《业主入住验收单》上明确提出书面异议。开发公司拒不提交验收单。法院认为:房屋属价值较大不动产,日常生活经验法则说明,对所购房屋显而易见的瑕疵,业主收房时一般不会轻易忽视。黄某庭审中陈述,收房时对窗外有装饰钢梁一事,其已在《业主入住验收单》上明确提出书面异议。该验收单系开发公司单方保存的证据，经法院要求，开发公司拒不提交。最高人民法院《关于民事诉讼证据的若干规定》第75条规定："有证据证明一方当事人持有证据无正当理由拒不提供，如果对方当事人主张该证据的内容不利于证据持有人，可以推定该主张成立。"据此，可推定黄某关于收房时已对窗外有钢梁一事提出书面异议主张成立。交房改变的建筑事项，无论是否经过行政审批或符合建筑规范，均不能成为开发商不违约或免除违约责任的理由，故黄某主张将装饰钢梁上移55厘米，既有专业建筑设计单位证明在技术上可行，又可用较低的成本补救不当影响，应予支持。2011年7月**新疆某商品房买卖合同案**，一审认为：发生在开发公司施工期间的"7·5事件"及后来的"针刺事件"，给乌鲁木齐市人民生命财产安全及正常生活生产秩序造成严重影响。因交通管制使建筑材料无法按时运进工地，从而造成工期延误，逾期交房，属于不可抗力。根据相关法律规定，开发公司可免除责任。二审认为：开发公司迟延交房时间较短，并未对购房者造成较大经济损失。迟延交房的时间也在突发事件影响工期的合理范围内，原审法院判决开发公司不承担迟延交房的违约责任是适当的。但原审法院认为突发事件属不可抗力，属适用法律错误，本院予以纠正。2011年6月**山东某商品房预售合同案**，法院认为：双方合同明确约定，因政府原因导致不能交房，除双方协商同意解除合同或变更合同外，开发公司可据实予以延期。本案中，开发公司延期交房的原因是市政配套给水工程未如期开工，而市政配套给水工程由相关管理机关即市房地产开发管理局负责。市房地产开发管理局给市建委的报告载明，市政配套给水不能如期开工的原因是政府在奥运期间的统一安排。对于政府原因，双方在合同及补充条款中均未约定必须以政府公开文件为准，故开发公司提交的证据可以证明本案不能交房系政府原因造成。开发公司在履行合同过程中无过错，不应承担违约责任。2011年3月**湖南某商品房预售合同案**，法院认为：开发公司抗辩在工程施工过程中，国家建设部下发建设节能工程质量验收规定，案涉楼盘原外墙设计必须进行设计变更，且由于本市遭受冰雪、冰冻自然灾害，导致工期延长，开发公司应免除逾期交房的违约责任。依据合同约定因政府原因和自然灾害的不可抗力所造成工程延期，且延长工期共计73天，故开发公司延期交房应承担的时间应剔减73天，但不能免除全部逾期交房的违约责任。2009年5月**江西某商品房买卖合同案**，法院认为：因双方在房屋买卖合同中已明确约定开发公司应于2007年12月15日前将符合合同约定的商品房交付给赖某，除有法定或约定可延期事由外，开发公司如未能在此期限内交房即构成违约，应当向赖某承担逾期交房的违约责任。开发公司认为日降水量10毫米以上日期属于可延工期，因双方合同中已明确约定"连续下雨超过8小时"方可延期，日降水量10毫米以上与连续下雨超过8小时属两个完全不同概念，故开发公司的这一主张不能成立。关于中考、高考时间是否属于可延工期的问题,因每年中考、高考期间考点周围工程应停止施工是多年来政府一直实施的一项规定,开发公司作为当地的专业房地产开发企业,其在与赖某签订房屋买卖合同时就应知晓该规定,也应预见到由此可能停工的时间,该事项不属于双方合同约定的可延期事由中"政府规定政策性停工"范畴。关于燃气管道铺设影响项目施工工期应否延期的问题,开发公司认为其与赖某的房屋买卖合同中未约定铺设燃气管道,故该部分工程为合同外增加工程量,其工期属于可延工期,因双方在合同附件中的第1条中约定"水、电、管道天然气、有线电视、电话、网线等入户手续及安装费用根据相关规定买受人自行缴交",该条中双方有关管道天然气入户手续及安装费用的约定表明开发公司在签订合同时已明知小区将铺设燃气管道的事实,故开发公司认为燃气管道铺设影响项目施工工期属于合同可延工期的主张不能成立。2009年3月**河南某商品房买卖合同案**,法院认为:置业公司主张因政府要求修路不可抗力造成房屋逾期交付,法院认为,政府要求修路不属于不可抗力的范畴,对此抗辩意见,法院不予支持。置业公司向张某交付房屋时,未签署房屋交接单,亦未提供《住宅质量保证书》和《住宅使用说明书》,此时,张某享有的权利为拒绝交接,张某未行使拒绝交接的合同权利而接收了房屋,形成了房屋实际交付的事实,故张某要求置业公司提供《住宅质量保证书》和《住宅使用说明书》的诉讼请求,法院不予支持。2009年3月**重庆某商品房买卖合同案**,法院认为:开发公司没有按照合同约定在2006年6月28日前交付房屋,理应承担违约责任。对于开发公司主张政府政策性调整为不可抗力的理由,本院认为《合同法》第121条规定:当事人一方因第三人的原因造成违约的,应当向对方承担违约责任,当事人一方和第三人之间的纠纷,依照法律规定或者按照约定解决。故该理由不能成立。对于2006年大旱为不可抗力的理由,本院认为虽然2006年7月中旬以后重庆地区发生了干旱,但双方合同约定2006年6月28日交房,迟延交房的原因并非干旱造成,开发公司以发生了不可抗力的自然灾害而要求免除迟延交房的违约责任的理由显然不能成立,也不能视为不可抗力,判决支付逾期交房违约金9万余元。2007年12月**陕西某商品房买卖合同案**,法院认为:开发公司诉称买卖双方在购房合同中明确约定,交房时间系2003年5月30日前,但遇有下列特殊原因可据实顺延交房时间:当年的"非典"原因、法定的节假日、修路改线及雨雪天气和停电停水造成的原因,我方理应顺延270多天交房,另在交房时,双方又签订了补充协议,结算后对房屋又进行了交接,没有争议,因开发公司所持的该节理由,在诉讼中未提出其他相关有效的证据来证实造成工期延误属以上原因所造成,故其理由不能成立,不予支付逾期交房违约金的请求不予支持。2006年10月**海南某商品房买卖合同案**,一审认为:开发公司在履行合同期限内遇到两次台风和两次热带风暴,应属于不可抗力。但是,根据合同约定,开发公司应在不可抗力发生之日起15日内告知王某,而开发公司未履行其告知义务,应按约定不予免责。开发公司在施工期间,供电部门停电总计98小时30分,超过4天不足5天,可按5天计算。至于供水公司的停水或低水压公告,已提前在报纸上告知市民,开发公司应做好储水准备,并根据自身情况调节用水,该公告不属于合同约定的严重影响工期的情形。开发公司主张公告停水期间应予免责,理由不能成立。开发公司迟延交房20天,扣除免责5天,尚应承担迟延15天交房的违约责任,应向王某支付违约金4390.7元。二审认为:开发公司兴建的项目工程,在双方履行合同期间,因遭受热带风暴、台风及停电、停水、低水压的特殊原因,影响施工共计25天半。扣除停水与停电重复的2005年6月3日1天,热带风暴和台风与停电重复的2天,应认定该项目受上述特殊情况影响施工22天半。根据双方签订的《商品房买卖合同》约定,开发公司迟延交房20天,应予免责,故改判驳回王某的诉讼请求。2005年10月**辽宁某房屋买卖合同案,**一审认为:刘某提出开发公司逾期交房系违约行为不能成立,其交房时间仍在合理期限内,因为:第一,双方签订预售合同时,工程刚进入施工期,不能要求开发公司对未来发生的不可能预知的事件产生预见;第二,虽然本市不是"非典"疫区,但全国统一实施的关于防治"非典"的措施确实影响了我市正常的生产、生活和工作秩序;第三,实施防治"非典"措施的期间正是工程的主施工期;第四,虽然开发公司未向刘某说明因"非典"可能要造成延期交房,但这一事件不仅为开发公司一方所知,刘某对此是知情的,而且刘某的知情不需要通过开发公司的告知行为来实现;第五,本市严格执行防治"非典"的措施近两个月,开发公司延期交房35天仍属合理时限内。故刘某要求开发公司给付延期交房的全部违约金,理由不当,不予支持,而应根据最高人民法院通知精神,按公平原则由双方各自负担50%的损失,即开发公司支付逾期交房违约金3500余元。因双方均不服上诉,二审认为:虽然2003年春夏之间我国爆发"非典"疫情,但开发公司在与刘某签订协议书时(2003年4月25日)应当预见疫情可能对其正常施工造成影响,但其仍然在协议中约定在2003年9月底将商品房交付刘某,且开发公司自认"2003年9月初,工程基本完工,只差验收",其在2003年9月19日与刘某签订的《商品房买卖合同》亦约定"交房日期为2003年9月30日前",表明疫情并未对其交付房屋造成影响,故在本案中不能免除开发公司承担全部逾期交房的违约责任。合同责任为严格责任并实行过错推定,只要当事人不履行合同义务或者履行合同义务不符合约定,就应承担违约责任,除非具备《合同法》第117条规定的不可抗力情形,该法上的不可抗力是指不能预见、不能避免并不能克服的客观情况。虽然地名办证明案涉小区楼址有误,造成未按时办理产权证书,但楼址错误不属于不可抗力,且刘某购买的商品房,与错误楼址有误无关。刘某《商品房买卖合同》的目的是取得商品房的所有权,现刘某因开发公司的责任没有在规定的期限内取得房屋权属证书,开发公司存在违约责任,其应当按照约定给付刘某此项违约金。故判决开发公司逾期交房、办证分别给付违约金7100余元、4000余元。

【同类案件处理要点】

商品房买卖合同一方有充分证据证明确系不可抗力,致使合同不能按期履行或不能完全履行的,根据实际情况,可准予延期履行、部分履行或不履行,并部分或全部免予承担违约责任。由于不可抗力的原因,致使商品房买卖合同难以继续履行或继续履行将给一方造成重大损失,当事人提出变更或解除合同的,应予支持。因此造成的损失,由当事人双方合理负担。

【相关法律风险提示】

1. 不可抗力条款通常为开发商免责之首选条款,但通常售房合同未就其内容、范围、界定作出规定。购房者在签订购房合同时,应对开发商就不可抗力的界定、表现形态的阐明和列示进行认真审查,防止开发商对不可抗力做任意扩大解释。

2. 不可抗力发生后,购房者有必要对影响其权益的情势进行了解,故购房者依照《合同法》规定,有必要在购房合同中明确发生不可抗力事件后,开发商"及时通知对方"的时间、提供相应证明文件的"一定期限"以及违反该约定的后果,即开发商"不能依此免除其法律责任"。

3. 注意售房合同中"非出卖方所能控制的因素"的条款不能作为不可抗力的约定。除了"不能预见、不可避免和不可抗拒的自然灾害和事件",该条款可能还包括政府依职权对违法建设、销售的查处及其他第三方因素,会导致对不可抗力范畴的扩大解释。

4. 合同约定"因政府原因导致逾期交房"构成免责理由的,政府相关部门出具一纸证明即可实现。案见山东青岛中院(2011)青民再终字第67号"王某与某开发公司商品房预售合同纠纷再审案"。

5. 逾期交房违约金系针对未依约定承诺时间完成工程主体结构、达到工程质量标准、取得验收竣工或分户质量合格的相关房屋基本质量、基础结构情形,而因其他质量问题,已约定出卖人承担相应保修责任的,因后者导致买受人迟延入住,买受人主张逾期交房违约金的,法院不予支持。

6. 开发商将预售商品房转移占有的,视为房屋的交付使用,但房屋交付逾期并有瑕疵的,开发商应承担一定的违约责任。

【附注】

参考案例索引:海南海口中院(2007)海中法民一终字第324号"某开发公司与刘某房屋买卖合同纠纷案";上海一中院(2017)沪01民终9095号"张某与某开发公司商品房预售合同纠纷案",见《张宇、张霞诉上海亚绿实业投资有限公司商品房预售合同纠纷案》，载《最高人民法院公报·案例》（201905/271:43）；最高人民法院（2017）最高法民申210号“上海磐天实业有限公司与无锡市汽配城发展有限公司商品房销售合同纠纷案”，见《另案中抗辩的内容与本案的诉请一致，且另案已经对是否构成违约作出认定的，构成重复诉讼》（审判长毛宜全，审判员张爱珍、汪军），载《最高人民法院第三巡回法庭新型民商事案件理解与适用》（X3-2019:1）；河南高院（2017）豫民再368号“李某与某开发公司房屋买卖合同纠纷案”，见《购房人收房后以未经质监站验收为由主张逾期交付违约责任的不予支持——河南高院判决李卫峰与远华公司房屋买卖合同纠纷案》（万宗杰），载《人民法院报·案例精选》（20180412:06）；北京二中院（2013）二中民终字第10768号“张某与某开发公司商品房预售合同纠纷案”，见《张某诉北京正华永兴房地产开发有限公司商品房预售合同纠纷案（预售商品房的交付问题）》（盛蔚），载《中国审判案例要览》（2014民:252）；北京二中院（2012）二中民终字第17435号“樊某与某开发公司商品房预售合同纠纷案”，见《樊克增诉北京市朝阳万科房地产开发有限公司商品房预售合同纠纷案（商品房预售合同中的逾期交房违约责任条款）》（孙铭溪），载《中国审判案例要览》（2013民:196）；北京一中院（2010）一中民终字第19989号“唐某与某开发公司商品房预售合同纠纷案”，见《唐虹刚诉北京强佑房地产开发有限公司商品房预售合同案》（王茂刚），载《中国审判案例要览》（2012民:186）；江苏宿迁中院（2009）宿中民一终字第01578号“冯某与某开发公司商品房预售合同纠纷案”，见《冯美英诉金柏年房地产公司商品房预售合同纠纷案》，载《江苏省高级人民法院公报》（201003/9:60）；重庆一中院（2007）渝一中法民终字第1252号“某开发公司与某建筑公司施工合同纠纷案”，见《重庆丽桥房地产开发有限公司诉邻水县恒升工程建设有限责任公司建设工程施工合同案（缔约过失责任）》（徐小波），载《中国审判案例要览》（2008民:167）；北京一中院2005年7月8日判决“黄某诉某开发商买卖合同案”；新疆乌鲁木齐中院（2011）乌中民四终字第392号“马某与某开发公司房屋买卖合同纠纷上诉案”；山东青岛中院（2011）青民再终字第67号“王某与某开发公司商品房预售合同纠纷再审案”；湖南益阳赫山区法院（2010）益赫民二初字第284号“夏某诉某开发公司商品房预售合同纠纷案”；江西赣州中院（2009）赣中民一终字第85号“某开发公司与赖某商品房买卖合同纠纷案”；河南郑州中院（2009）郑民一终字第591号“某置业公司与张某商品房买卖合同纠纷案”；重庆五中院（2009）渝五中法民终字第589号“某发展公司与刘某商品房买卖合同纠纷案”；陕西汉中中院（2007）汉中民终字第451号“某开发公司与黄某商品房买卖合同纠纷案”；海南三亚中院（2006）三亚民一终字第155号“某开发公司与王某商品房买卖合同纠纷案”；辽宁沈阳中院（2005）沈民（2）房终字第726号“某开发公司与刘某房屋买卖合同纠纷案”。

52. 逾期交房与合同解除

——逾期交付房,谁有解约权?

【合同解除】

【案情简介及争议焦点】

2003年7月,杨某买房,与开发公司签订商品房买卖合同,约定签约1年内交房,逾期交房的按已交房款日10‱支付违约金,逾期交房超过90天,买受人有权解除合同,交房后90日内不能取得房地产权属证书的,“买受人退房,出卖人在买受人提出退房要求之日起30日内将买受人已付房款退还买受人,并按已付房款的0.1%赔偿买受人损失”。之后杨某依约付全款,2004年7月1日,杨某书面委托开发公司代售该房。2004年11月,开发公司交房,杨某装修后入住,因未办理产权证,2007年杨某起诉并要求支付违约金。开发公司称该房已依代售委托售与他人。

争议焦点:1.开发公司应否支付违约金?2.合同是否继续履行?

【裁判要点】

1.开发公司违约,应支付违约金。开发公司逾期交房,应依约向杨某支付违约金。杨某签约后书面授权开发公司代售房屋,双方形成另一代理合同关系,并非对商品房买卖合同的修改,该合同的存在不影响商品房买卖合同的履行,并不影响开发公司向杨某交付房屋。

2.杨某未行使解除权,合同应继续履行。双方当事人在合同中约定的买受人退房条款,应理解为此情况下,杨某为合同解除权人,合同解除权人不行使解除权,合同不能解除。且双方当事人的合同已实际履行3年有余,杨某一直在该房屋内居住,解除合同违背交易稳定的原则。双方当事人签订的商品房买卖合同应继续履行,开发公司应将办理权属登记需由出卖人提供的资料报产权登记机关备案,协助杨某办理房地产权属证书。

【裁判依据或参考】

1.法律规定。《民法典》(2021年1月1日)第562条:“当事人协商一致,可以解除合同。当事人可以约定一方解除合同的事由。解除合同的事由发生时,解除权人可以解除合同。”第563条:“有下列情形之一的,当事人可以解除合同:(一)因不可抗力致使不能实现合同目的;(二)在履行期限届满前,当事人一方明确表示或者以自己的行为表明不履行主要债务;(三)当事人一方迟延履行主要债务,经催告后在合理期限内仍未履行;(四)当事人一方迟延履行债务或者有其他违约行为致使不能实现合同目的;(五)法律规定的其他情形。以持续履行的债务为内容的不定期合同,当事人可以随时解除合同,但是应当在合理期限之前通知对方。”第564条:“法律规定或者当事人约定解除权行使期限,期限届满当事人不行使的,该权利消灭。法律没有规定或者当事人没有约定解除权行使期限,自解除权人知道或者应当知道解除事由之日起一年内不行使,或者经对方催告后在合理期限内不行使的,该权利消灭。”第565条:“当事人一方依法主张解除合同的,应当通知对方。合同自通知到达对方时解除;通知载明债务人在一定期限内不履行债务则合同自动解除,债务人在该期限内未履行债务的,合同自通知载明的期限届满时解除。对方对解除合同有异议的,任何一方当事人均可以请求人民法院或者仲裁机构确认解除行为的效力。当事人一方未通知对方,直接以提起诉讼或者申请仲裁的方式依法主张解除合同,人民法院或者仲裁机构确认该主张的,合同自起诉状副本或者仲裁申请书副本送达对方时解除。”第566条:“合同解除后,尚未履行的,终止履行;已经履行的,根据履行情况和合同性质,当事人可以请求恢复原状或者采取其他补救措施,并有权请求赔偿损失。合同因违约解除的,解除权人可以请求违约方承担违约责任,但是当事人另有约定的除外。主合同解除后,担保人对债务人应当承担的民事责任仍应当承担担保责任,但是担保合同另有约定的除外。”第567条:“合同的权利义务关系终止,不影响合同中结算和清理条款的效力。”第601条:“出卖人应当按照约定的时间交付标的物。约定交付期限的,出卖人可以在该交付期限内的任何时间交付。”**《合同法》**(1999年10月1日,已于2021年1月1日起失效)第45条:“当事人对合同的效力可以约定附条件。附生效条件的合同,自条件成就时生效。附解除条件的合同,自条件成就时失效。当事人为自己的利益不正当地阻止条件成就的,视为条件已成就;不正当地促成条件成就的,视为条件不成就。”第93条:“当事人协商一致,可以解除合同。当事人可以约定一方解除合同的条件。解除合同的条件成就时,解除权人可以解除合同。”第94条:“有下列情形之一的,当事人可以解除合同:(一)因不可抗力致使不能实现合同目的;(二)在履行期限届满之前,当事人一方明确表示或者以自己的行为表明不履行主要债务;(三)当事人一方迟延履行主要债务,经催告后在合理期限内仍未履行;(四)当事人一方迟延履行债务或者有其他违约行为致使不能实现合同目的;(五)法律规定的其他情形。”第96条第1款:“当事人一方依照本法第九十三条第二款、第九十四条的规定主张解除合同的,应当通知对方。合同自通知到达对方时解除。对方有异议的,可以请求人民法院或者仲裁机构确认解除合同的效力。”

2. 司法解释。最高人民法院《**关于适用〈中华人民共和国民法典〉时间效力的若干规定**》(2021年1月1日　法释〔2020〕15号)第11条:“民法典施行前成立的合同,当事人一方不履行非金钱债务或者履行非金钱债务不符合约定,对方可以请求履行,但是有民法典第五百八十条第一款第一项、第二项、第三项除外情形之一,致使不能实现合同目的,当事人请求终止合同权利义务关系的,适用民法典第五百八十条第二款的规定。”最高人民法院民一庭负责人《**关于当前民事审判工作中的若干具体问题**》(2015年12月24日)第1条:“……对于开发商确因资金链断裂无力交房或无法办理房产证的,也要及时通过合同解除等方式依法保护购房者的利益,同时依据法律规定适度分担损失,更好平衡各方利益。要密切关注因房地产价格下跌产生的群体性事件,加强与当地党委政府的沟通协调,及时做好处置预案,防止产生连锁反应……”最高人民法院《**印发〈关于当前形势下进一步做好房地产纠纷案件审判工作的指导意见〉的通知**》(2009年7月9日　法发〔2009〕42号)第7条:“……对于房地产开发商确因资金暂时困难未按时交付房屋的,要多做双方当事人的调解工作,确无调解可能的案件,可以根据案件的具体情况,依法合理调整违约金数额,公平解决违约责任问题;对于买受人请求解除商品房合同纠纷案件,要严格依法审查,对不符合解除条件的不能解除;要引导当事人理性面对市场经营风险,共同维护诚信的市场交易秩序。”最高人民法院《**印发〈关于处理涉及汶川地震相关案件适用法律问题的意见(二)〉的通知**》(2009年3月23日　法发〔2009〕17号)第1条:“买受人要求出卖人按照房屋买卖合同的约定继续履行交房义务的,人民法院应予支持,但是因地震不能实际履行或者实际履行费用过高的除外;因地震造成房屋不能交付或者不符合约定的交付条件,买受人要求解除房屋买卖合同的,人民法院应予支持。”第4条:“因地震灾害致使在合理期限内出卖人迟延交付房屋或者买受人迟延支付购房款,当事人一方请求解除合同的,人民法院不予支持,但当事人另有约定的除外。”最高人民法院《**关于适用〈中华人民共和国合同法〉若干问题的解释(二)**》(2009年5月13日　法释〔2009〕5号,已于2021年1月1日起失效)第24条:“当事人对合同法第九十六条、第九十九条规定的合同解除或者债务抵销虽有异议,但在约定的异议期限届满后才提出异议并向人民法院起诉的,人民法院不予支持;当事人没有约定异议期间,在解除合同或者债务抵销通知到达之日起三个月以后才向人民法院起诉的,人民法院不予支持。”第26条:“合同成立以后客观情况发生了当事人在订立合同时无法预见的、非不可抗力造成的不属于商业风险的重大变化,继续履行合同对于一方当事人明显不公平或者不能实现合同目的,当事人请求人民法院变更或者解除合同的,人民法院应当根据公平原则,并结合案件的实际情况确定是否变更或者解除。”最高人民法院《**关于审理**

商品房买卖合同纠纷案件适用法律若干问题的解释(2020年修改)》(2021年1月1日　法释〔2020〕17号)第11条:“根据民法典第五百六十三条的规定,出卖人迟延交付房屋或者买受人迟延支付购房款,经催告后在三个月的合理期限内仍未履行,解除权人请求解除合同的,应予支持,但当事人另有约定的除外。法律没有规定或者当事人没有约定,经对方当事人催告后,解除权行使的合理期限为三个月。对方当事人没有催告的,解除权人自知道或者应当知道解除事由之日起一年内行使。逾期不行使的,解除权消灭。”最高人民法院**《关于民事诉讼证据的若干规定》**(2002年4月1日　法释〔2001〕33号)第5条:“在合同纠纷案件中,主张合同关系成立并生效的一方当事人对合同订立和生效的事实承担举证责任;主张合同关系变更、解除、终止、撤销的一方当事人对引起合同关系变动的事实承担举证责任。对合同是否履行发生争议的,由负有履行义务的当事人承担举证责任。对代理权发生争议的,由主张有代理权一方当事人承担举证责任。”

3. 地方司法性文件。江苏盐城中院**《关于规范审理涉新冠肺炎疫情房地产纠纷案件的十五条意见》**(2020年3月16日)第12条:“房屋买卖合同的解除。出卖人因受疫情、疫情防控措施影响逾期交房、逾期办证,买受人要求解除房屋买卖合同;买受人因受疫情影响逾期付款,出卖人要求解除房屋买卖合同,应当严格审查合同的解除条件,同时给予当事人合理的履行期限,在合理的履行期限内,一方当事人能够继续履行合同,另一方当事人要求解除合同,不予支持;合理的履行期限届满,合同目的仍不能实现,当事人要求解除合同,可以支持。”山东高院**《民事审判会议纪要》**(2017年8月)第2条:“……9. 关于房地产开发商交付房屋和办理房屋产权证书的义务履行问题。(1)交付的标志。房地产开发商作为商品房买卖合同的出卖方,负有向买受人交付房屋并转移房屋所有权的义务。当事人在法律允许的范围内对房屋交付方式有明确具体约定的,从其约定。当事人未作约定时,房屋具备合同约定或法律规定的交付条件下,开发商交付义务的完成以买受方领取钥匙或通知买受方领取钥匙的截止时间为标志。双方未约定通知方式的,一般以书面方式为准,但开发商能提供证据证明已通过其他方式通知的,亦产生通知的法律效力。商品房交付时,开发商作为出卖人应同时提供《住宅质量保证书》和《住宅使用说明书》,未能提供两书的,购房者可以拒绝接受,购房者仍然实际接收房屋的,不得再以出卖人没有提供‘两书’为由,要求对方承担逾期交房责任的。(2)双重违约的抵扣。房地产开发商的逾期交房行为与逾期办证行为是相同原因所致的情况下,若开发商已经承担了逾期交房违约责任,在计算开发商逾期办证的违约天数时,应将逾期交房的时间从中扣除……(4)关于‘出卖人的原因’的范围界定问题。商品房买卖合同纠纷中,由于出卖人的原因使买受人不能按合同约定期限交付房屋和办理房产证,买受人要求出卖人承担违约责任。‘出卖人的原因’的范围界定,应考虑正常的市场风险与不可抗力、宏观调控政策重大调整、开发商的风险预见和防范控制能力、开发商与买受人间信息资源的不对称性等因素综合界定,不宜作过于严格的界定。(5)关于双方违约的抗辩问题。房地产开发企业出现延期交房或延期办证行为,而买受人又未履行或未完全履行付款义务,依据合同法第六十七条规定:'当事人互负债务,有先后履行顺序,先履行一方未履行的,后履行一方有权拒绝其履行要求。先履行一方履行债务不符合合同约定的,后履行一方有权拒绝其相应的履行要求。'房地产开发企业出售的房地产在合同约定的履行时间前(或至少在其主张抗辩权时)具备了交付条件或办证条件,只是因为作为先履行义务人的买方未履行付款义务,为了保护自己的顺序利益,才拒绝履行自己的在后义务,其届期不履行交房或办证义务不构成违约,无需向买方支付违约金。若出售的房地产在合同约定的履行时间前(甚至在其主张抗辩权时)仍不具备交付条件或办证条件,在买受人已支付大部分购房款的情况下,房地产开发企业无权以买方欠付部分购房款为由进行抗辩。在此种情形下,由买卖双方就各自的违约行为承担合同约定的相应违约责任,较为符合合同法规定的诚实信用原则。"浙江宁波中院**《关于审理商品房买卖合同纠纷案件疑难问题解答》**(2015 年 5 月 19 日)第 9 条:"商品房买卖合同被解除或确认无效后,出卖人向买受人主张房屋使用费的,可否支持? 答:应区分不同情形予以处理。如商品房买卖合同生效后,后买受人因出卖人不能办理房屋产权证等违约行为请求解除合同的,因买受人系依据合同约定占有使用该房屋,故出卖人向买受人主张房屋使用费,不予支持。如商品房买卖合同生效后,出卖人因买受人未能按期付款等违约行为请求解除合同的,出卖人向买受人主张房屋使用费,应予支持。商品房买卖合同被确认无效的,应按无效合同的处理原则,可将房屋使用费作为一方的损失进行处理。"北京高院**《关于审理房屋买卖合同纠纷案件适用法律若干问题的指导意见(试行)》**(2010 年 12 月 22 日　京高法发〔2010〕458 号)第 21 条:"房屋买卖合同履行过程中,一方当事人构成根本违约的,守约方有权解除合同,违约方不享有合同法定解除权。如果因不可抗力或情事变更等原因,致使合同目的无法实现的,合同双方均有权要求解除合同。"第 22 条:"房屋买卖合同签订后,一方当事人不同意继续履行,愿意以承担相应违约责任为代价解除合同,而另一方坚持要求继续履行,经审查合同继续履行不存在现实困难的,应当判决双方继续履行合同,但合同另有解约定金等约定或符合《合同法》第一百一十条规定情形的除外。"北京高院**《审理买卖合同纠纷案件若干问题的指导意见(试行)》**(2009 年 2 月 3 日　京高法发〔2009〕43 号)第 29 条:"出卖人没有履行或者无法履行从给付义务,致使买受人不能实现合同目的,买受人主张解除合同的,法院应予支持。订立合同时,买受人知道或者应当知道出卖人无法履行从给付义务的,买受人应当对合同解除承担违约责任。"北京高院**《审理民商事案件若干问**

题的解答之五(试行)》(2007年5月18日　京高法发〔2007〕168号)第17条:“当事人无法协议解除合同,继续履行又有现实困难的,法院应如何处理?当事人无法协议解除合同,继续履行又有现实困难的,法院应认定合同一方当事人或双方当事人的合同目的已经不能实现,判令合同解除。对于合同解除的后果,法院应根据《合同法》第九十七条规定的内容,及当事人对合同解除后的处理约定行使释明权,以决定是否一并处理合同解除后当事人之间债权债务的实体问题。”第18条:“合同履行抗辩权是法律明确规定的对抗或否认对方请求权的权利,在诉讼中体现为反驳。只要当事人在答辩中有明确的意思表示,法院就应该对其是否成立的事实进行审理,而不应要求当事人另行提起诉讼或反诉。”江苏高院《**关于印发〈关于适用中华人民共和国合同法若干问题的讨论纪要(一)〉的通知**》(2005年9月26日　苏高发审委〔2005〕16号)第20条:“当事人在提起诉讼前未通知对方解除合同,起诉时要求解除合同,对方当事人以诉讼前未通知为由进行抗辩的,人民法院不予支持。”第21条:“当事人在合同中约定了解除合同的条件的,约定的解除条件应当优先适用。”第22条:“当事人应当及时行使合同解除权,对因解除权行使不及时造成损失扩大的部分,当事人要求行使合同解除权人承担的,人民法院应当支持。”第23条:“解除合同条件成就后,享有合同解除权的当事人仍然接受违约方履行合同的,应视为解除权人对解除权的放弃。”第24条:“当事人一方因对方违约要求解除合同,同时又要求违约方按照合同中的约定的违约金条款承担违约责任的,人民法院应当支持。”上海高院《**关于处理房屋租赁纠纷若干法律适用问题的解答(三)**》(2005年8月29日　沪高法民一〔2005〕16号)第33条:“如何确定合同解除的时间?一般情况下,可以分以下三种情况:(1)诉讼之前,双方当事人协商解除租赁合同的,协商确定之日为合同解除之日;(2)一方当事人行使合同解除权,对方有异议提起诉讼,经法院审理后认为行使合同解除权并无不当的,解除合同通知送达之日为合同解除之日;(3)一方当事人行使合同解除权,对方有异议提起诉讼,经法院审理认为该当事人无合同解除权,但双方当事人在诉讼中均同意解除合同的,可以在判决或调解书中明确合意解除之日为合同解除之日……《合同法》第九十六条第一款规定:‘当事人一方依照本法第九十三条第二款、第九十四条的规定主张解除合同的,应当通知对方。合同自通知到达对方时解除。对方有异议的,可以请求人民法院或者仲裁机构确认解除合同的效力’。因此,双方当事人就是否有合同解除权产生争议时,经法院审查认为一方当事人确有解除权的,有解除权一方的通知到达对方时解除权即产生效力,合同解除。这种情况下,由于合同解除是已经存在的事实,法院可以在判决说理部分确认合同业已解除,如果判决主文中需要确认合同解除的,应当注意合同解除之日为通知送达之日。经审查认为一方当事人无解除权的,则通知到达对方时并不能产生合同解除的效力,合同应当继续履行。合同继续履行并不排除双方当事人可以在诉讼过程中就解除合同达成一致。”上海高院**《关于印发〈上海法院民事办案要件指南〉的通知》**(2003年11月25日　沪高法民一〔2003〕10号)第41条:“主张解除合同的一方,一般应当举证证明:(一)当事人双方之间存在有效合同;(二)合同解除条件已经成就的要件事实;(三)权利人行使解除权的要件事实。”〔说明:根据合同法的相关规定,合同解除权人可以通过行使解除权解除合同,而不是都要经过法院的认定才能解除合同。但是,解除合同所需的条件具备后,合同也不是当然解除的,解除权人还须作出解除合同的意思表示,并将该意思表示通知对方,方能发生解除的效果。因此,在诉讼中主张合同已经解除的一方,就应当对已经发生合同解除效力所要具备的前述要件事实承担举证责任。解除合同的通知以口头形式作出的,只要能够提供证据证明,也是可以的。当然,在司法实践中,当事人往往诉请法院“依法解除合同”,这种主张实际上既有解除权人尚未行使解除权,而以诉讼方式替代解除通知而诉请解除合同的,也有表面上是要求“依法解除合同”而实质上是要求法院确认合同已经解除的情形。因此,当事人的意思到底是要确认合同已经解除,还是要求解除合同,要根据当事人在诉讼中表示出来的意思来综合判断。〕第48条:“以对方迟延履行为由要求解除合同的,须举证证明对方迟延履行主要合同义务,且经催告后,在合理期限内仍未履行的要件事实。”〔说明:在合同约定的履行期届满时未履行或者未完全履行合同,即为迟延履行。需要注意的是,在未约定履行期限的合同中,债权人要求债务人履行债务的通知与催告已经迟延履行的债务人的催告是有不同法律意义的,不可混淆。未约定履行期限的合同的债权人须首先通知债务人履行合同义务的期限,当债务人在该期限到来仍未履行时,债权人方可催告其履行。以迟延履行为由要求解除合同的,虽然有些时候会因迟延履行的属于消极违约而不能举证,但对积极违约行为还是可以举证的,同时,由于在此情况下行使解除权还需要催告,因此,如果能够举证已经催告的,则由于催告产生在迟延履行之后,因此,也可以作为证明对方迟延履行的证据。当然,合同解除权人催告迟延履行方履行的宽限期应当合理。如果当事人对该期限是否合理发生争议,法官应当依据合同的性质、履行合同的一般情况进行判断。〕广东高院**《关于审理商品房买卖合同纠纷案件若干问题的指导意见》**(2003年2月13日　粤高法发〔2003〕24号,已于2020年12月31日经粤高法〔2020〕132号废止)第1条:“人民法院在审理《城市房地产管理法》施行后订立的商品房买卖合同发生的一、二审纠纷案件时,对于当事人请求解除合同的,均应适用最高人民法院《关于审理商品房买卖合同纠纷案件适用法律若干问题的解释》第十五条第二款关于合同解除权行使期限的规定。但对方当事人确实已无法履行合同主要义务的情形除外。前款所引述的合同解除权的行使期限属于除斥期间,不存在期间的中止、中断和延长的情形。对方当事人在解除权发生之日起的一年内进行催告的，解除权的行使期限自催告之日起计算三个月。”

4. 参考案例。2000年**福建某房屋买卖合同纠纷案**，1998年，开发公司与实业公司签订商品房购销合同，约定开发公司于1998年9月30日前交房，并约定了逾期交房违约金计算标准。同年11月，双方签订补充协议，约定开发公司应于1999年12月底前将房屋交予实业公司。1999年1月，实业公司又向开发公司购买第二批房屋，约定交房时间及有关条款按商品房购销协议及补充协议执行，但未约定付款时间。1999年年底，因开发公司仍有部分房屋未交付，实业公司诉请开发公司依约承担逾期交房违约责任。法院认为：开发公司未能按双方所签商品房购销协议约定，交付实业公司购买第一批商品房，已构成违约。其后双方所签补充协议虽再次约定开发公司交房时间，但实业公司未明确表示放弃追究开发公司未能按约定于1998年9月30日前交付房屋的违约责任，故开发公司主张补充协议已对购销协议约定的交房日期作了变更，不予支持。实业公司向开发公司购买第二批房屋，双方所签协议虽签订于补充协议约定的交付时间之后，但明确约定交房时间及有关条款按商品房购销协议及补充协议执行，该约定是双方真实意思表示，对双方有法律约束力，开发公司主张该批房屋未约定交房期限，无事实依据。由于合同对付款时间未明确约定，实业公司在收到付款通知后第7天支付了该款项，不能认定为延期付款。开发公司在1999年5月底才交付部分房屋，至今尚有房屋未能交付，开发公司违约事实存在，实业公司要求开发公司按约定支付违约赔偿金，应予支持。判决开发公司立即将尚未交付的房屋交付给实业公司并支付给实业公司违约金200万余元。2010年**江苏某商品房买卖合同纠纷案**，2007年，汪某与开发公司签订预售协议，注明约2007年8月交付商品房。2007年12月18日，汪某交纳5万元尾款。2008年1月28日，该房竣工验收。2009年，汪某以开发公司迟延交付、办证为由起诉，开发公司抗辩称汪某仍未支付4万元尾款，亦构成违约。法院认为：当事人应按约定全面履行自己义务。本案中，汪某与开发公司所签预售协议注明，约2007年8月交付商品房，交付期限应解释为2007年8月31日前，但案涉房屋直至2008年1月28日才经工程质量竣工验收，具备交付使用条件，故开发公司已明显构成逾期交房的违约行为。尽管汪某应按合同在涉案商品房主体竣工后经开发公司通知后三日内缴纳房价尾款9万元，但开发公司未有充分证据证明工程主体竣工后曾及时通知汪某缴纳尾款，而仅能从2007年12月18日汪某缴纳了5万元事实，反映交款前曾通知了汪某。虽然开发公司在汪某履行缴纳房屋尾款前已违约逾期交房，但开发公司违约情形仅为迟延交房而并非不能交房，根据合同抗辩权的对价原则，汪某无权抗辩开发公司要求其履行缴清房款义务，故汪某在本案中也存在违约行为。在合同履行过程中，汪某虽未按约向开发公司交清房款，但汪某已交付了30万元房款，即履行了大部分合同义务，且开发公司先前亦存在违约,根据双方售房合同约定开发公司仅有权抗辩向汪某交付土地使用权证、建筑施工许可证等相关证件,而不能违反合同履行抗辩权的对价原则,以汪某未履行缴清4万元房款之较小部分义务为由,对抗汪某要求其履行交付房屋的整体义务。判决开发公司交房,并交付房屋竣工验收合格相关文件资料(房屋质量保证书、使用说明书、房屋验收合格证),开发公司赔偿王某已缴房款利息。2013年**上海某商品房预售合同纠纷案**,2010年,肖某与开发公司签订商品房预售合同、与银行签订按揭抵押贷款合同后,支付了首付款,银行取得按揭房屋的抵押权人预告登记证明。2012年,因开发公司迟延交房,肖某诉请依约解除合同,同时列银行为被告。法院认为:依最高人民法院《关于审理商品房买卖合同纠纷案件适用法律若干问题的解释》第25条的规定,商品房买卖合同的双方仅就买卖合同提起诉讼时,按揭银行有权作为独立请求权的第三人主动要求参加该案诉讼。本案并非银行主动申请参加诉讼,故前述司法解释并不适用。肖某作为原告起诉时一并要求解除预售合同及按揭贷款合同,并将作为按揭贷款合同一方当事人的银行列为被告,银行针对肖某诉请,行使抗辩及反诉权利和机会,程序上已获相当保障,故本案中银行应被列为被告而非有独立请求权第三人。预售合同解除,按揭贷款合同目的已无法实现,依前述司法解释第24条规定,购房人有权解除按揭贷款合同,并溯及合同成立时即消灭效力,故按揭贷款合同解除后即对双方不再具有约束力,原则上应恢复原状,即购房人应返还所贷全部款项,银行应返还购房人已偿还本金及利息。银行因按揭贷款合同解除所受损失,可要求购房人予以赔偿。在合同解除系开发商违约导致情形,购房人向银行承担的损失赔偿责任最终亦应由开发商承担。为减轻讼累,在商品房买卖合同纠纷和按揭抵押贷款合同纠纷合并审理时,可由贷款实际收取方即开发商直接将购房贷款返还银行,并直接向银行承担购房人应承担的责任。鉴于银行尚未就系争房屋取得实在之抵押权,仅为抵押权预告登记,故不存在抵押权行使问题。当开发公司怠于履行归还剩余贷款义务时,银行可拒绝办理系争房屋上设定的抵押权预告登记涤除手续,以保障其债权实现。判决解除预售合同及按揭抵押贷款合同,开发公司返还肖某房款本金及已向银行归还的贷款本金及利息,偿还银行剩余贷款,在清偿上述贷款后,银行办理诉争房屋上抵押登记的涤除手续。2010年6月**上海某房屋买卖合同案**,法院认为:合同解除权是一种形成权,依法定或约定享有合同解除权的当事人经其单方意思表示即可使合同归于消灭,从而对当事人的权利义务产生重大的影响,如解除权人长期握有合同解除权,但既不行使也不放弃,则合同随时有被解除的可能,将使合同各方当事人关系长期处于不稳定的状态,这不仅与我国《合同法》维护交易稳定和维护社会经济秩序的立法目的相悖,也有悖于诚实信用的原则。故合同解除权应与其他形成权一样,受到除斥期间的限制,如经过合理的期限而不行使,则解除权归于消灭。最高人民法院

《关于审理商品房买卖合同纠纷案件适用法律若干问题的解释》第15条第2款规定:"……对方当事人没有催告的,解除权应当在解除权发生之日起一年内行使;逾期不行使的,解除权消灭。"这一规定虽然仅适用于商品房买卖纠纷,但根据立法宗旨,一般房屋买卖纠纷案件中当可参照适用。本案中丁某、袁某即使享有解除权,但其在长达10年之久始终未行使,已远远超过了行使解除权的合理期限,应视为已丧失解除权。2009年10月**河南某房地产买卖合同案**,法院认为:李某以开发公司交付的门面房商铺不符合交房条件为由拒绝接收房屋的行为,应视为履行合法解除权的催告行为,开发公司在接到李某的催告后,虽在诉讼之前具备了交房条件(临街开门和安装卷帘门),但已超过法定3个月的合理期限且开发公司不能按时交房的主要原因是案外人(物业公司)不许案涉商铺临街开门,故李某请求解除商品房买卖合同的请求,理由正当。2008年6月**新疆某商品房买卖合同案**,法院认为:马某与开发公司所签订的《商品房买卖合同》为有效合同,该合同约定了出卖人逾期交房的违约责任:出卖人逾期超过60日后,买受人有权解除合同,在开发公司发出要求延期交房的通知后,马某向开发公司提出退房申请,根据《合同法》第96条之规定,有解除权的当事人主张解除合同的,应当通知对方。合同自通知到达对方时解除。对方有异议的,可以请求人民法院或者仲裁机构确认解除合同的效力。开发公司在接到马某的申请后没有提出异议,双方也没办理任何交接房手续,故应当认定双方就合同解除事宜已达成一致意见,房屋买卖合同已解除。马某认为其单方意思表示不能导致解除合同,与法律规定相悖,本院不予支持。2007年4月**辽宁某商品房买卖合同案**,法院认为:诉讼中,开发公司已完成竣工验收备案,正在准备进行初始登记,开发公司将初始登记所需的证明文件提交产权登记机关备案并经核准后,关某即可办理单元产权登记,关某请求解除合同不符合相关司法解释规定的"无法办理"的情形,故对关某关于解除合同的诉讼请求本院不予支持。合同对开发公司逾期将办理权属登记需由出卖人提供的资料报产权登记机关备案的违约责任承担方式作出了明确约定,关某提出该条款约定的违约金过低,因开发公司逾期办理产权证的违约责任给关某造成的实际损失低于开发公司逾期交房或者关某逾期付款造成的损失,故法院根据具体情况可做适当调整,判决开发公司按原约定比率的5倍计算逾期办证的违约金即已付房款的日5‰比较合理。2006年6月**广东某商品房买卖合同案**,法院认为:合同中约定开发公司逾期交房的,逾期超过90日后,李某有权提出解除合同。李某解除合同的,开发公司应自李某解除合同通知到达之日起30天内退还全部已付款,并按李某累计已付款的5%向李某支付违约金等。由此可见,双方当事人约定了一方解除合同的条件。李某已依约支付了全部购房款。由于开发公司至今未将商铺交付给李某使用,逾期交房已超过90日,故合同约定的李某解除合同的条件已成就,李某要求行使约定解除权,符合《合同法》第93条的规定和合同约定,应予支持。最高人民法院《关于审理商品房买卖合同纠纷案件适用法律若干问题的解释》第15条是针对《合同法》第94条关于法定解除权的行使作出的具体规定,在双方已约定解除权的条件和行使期限情况下,开发公司认为李某行使合同约定解除权应符合上述司法解释规定的行使条件和程序,于法无据。至于开发公司认为在李某发出解除合同的通知前,案涉房屋已具备交付条件,亦缺乏事实根据。故判决合同解除,开发公司退还房款及李某所交税款并支付违约金。2006年3月**重庆某商品房买卖合同案**,法院认为:由于在合同中已约定出卖人逾期交房超过30日后,买受人有权解除合同。合同补充协议又明确交房时交两证,该约定应视为双方对逾期交两证同样约定了合同解除权。开发公司于2003年11月1日交房给张某,同时亦未按约定交付房屋两证,张某即享有合同解除权,但张某并未行使合同解除权,而选择的是继续履行合同,并接收和使用了该房,现张某就不能再以逾期交房及两证行使合同解除权。故本案张某在接房1年以后行使解除权不符合合同约定,依法不能成立。2006年1月**广东某商品房买卖合同案**,法院认为:双方在合同中约定开发公司应于2004年9月30日前将验收合格的房屋交付邵某,但在该日期前,涉案房屋仍未经有关部门验收,故开发公司实际在该日期前不能将房屋交付邵某使用,开发公司的行为属于违约,应负相应违约责任。虽然双方的合同中没有约定开发公司迟延交楼,邵某的解除合同权利,但开发公司迟延交楼的事实,属于迟延履行合同主要义务,符合法定合同解除条件,邵某故具有解除合同的权利。由于邵某并没有通知开发公司解除合同,故合同并没有解除。2005年6月6日,邵某向开发公司发函,明确开发公司应于2005年9月10日前交付合格房屋,否则解除合同,此行为属于邵某行使正当权利。函中所确定的2005年9月10日应视为邵某接收房屋最后期限的意思表示,此期限前,开发公司应将竣工验收的房屋交付邵某,否则,双方合同即解除。虽然双方在2005年9月10日没有办理有关房屋交付接收手续,但邵某作为涉案房屋工程的施工单位员工,其负责施工单位与开发公司进行工程验收等工作,故邵某应知道涉案房屋已于2005年4月全面验收合格,可交付使用,且开发公司员工已多次要求邵某办理收楼手续,而邵某并未履行收楼所需办理手续的义务,属于邵某不作为。由于邵某在2005年6月6日所发的律师函中确定的期限前,邵某实际上可以收楼,但邵某没有履行该收楼义务,故律师函中的最后期限实际并没有发生法律效力,邵某据此要求解除双方的买卖合同无理。至于开发公司迟延履行交付房屋的违约责任,邵某可另案请求处理,故判决驳回邵某的诉讼请求。2002年8月**山东某房屋买卖合同案**,法院认为:开发公司未按合同约定时间交付房屋,系违约行为,依法应承担违约责任。关于违约责任的承担方式,《房屋购销合同》虽规定将所购房屋总价款的10%作为购房定金,但该定金从法律性质上属解约定金而非违约定金,即只有在一方当事人解除《房屋购销合同》时才能适用定金罚则。并且，该合同已明确规定"甲方在合同约定的交房时间内不能按时交付乙方所购房屋时，每逾期1个月，按乙方所付的购房款总额的5‰给予乙方经济补偿。"故开发公司在本案中承担的违约责任是从2001年10月1日起至2002年4月19日通知赵某接房之日止，按照合同约定每逾期1个月，给予赵某所付的购房款总额的5‰的经济补偿，而不是适用返还两倍定金的定金罚则。当然，开发公司在承担违约责任的同时，仍应按《合同法》第114条第3款的规定，在向赵某支付违约金后，继续履行《房屋购销合同》，向赵某交付所购房屋。开发公司在本案中违约的事实清楚，证据确凿，但赵某以此为由要求解除《房屋购销合同》，不符合《合同法》第94条规定的条件，因双方审理中均同意解除合同，故确认解除，开发公司返还赵某购房款并支付违约金9600余元。

【同类案件处理要点】

当事人可以约定一方解除合同的条件。解除合同的条件成就时，解除权人可以解除合同。出卖人迟延交付房屋，经催告后在3个月的合理期限内仍未履行，买受人请求解除合同的，应予支持，但当事人另有约定的除外。法律没有规定或者当事人没有约定，经对方当事人催告后，解除权行使的合理期限为3个月。对方当事人没有催告的，解除权应当在解除权发生之日起1年内行使；逾期不行使的，解除权消灭。

【相关法律风险提示】

1. 逾期交房属于对合同主要义务的违反，双方虽未约定此情形下买受人的合同解除权，但买受人享有法定解除权，前提是必须行使催告，给予出卖方合理的履行期限，并使催告通知到达出卖人。实践中，售房合同通常会约定"逾期交房，按已付房款×____%按天/月支付违约金；逾期交房超过×____天，买受人可解除合同"。提醒买受人：(1)明确约定行使合同解除权时，仍有权主张逾期交房的违约金。(2)违约金的数额确定应充分考虑出卖人违约导致合同解除，给买受人造成的包括房屋升值等预期利益损失。(3)解除合同的通知仍需送达出卖人，方始产生解除的法律效果。(4)通知的方式应在售房合同中有明确约定，建议以合同上载明的通讯地址及手机号码、联系人、短信形式为通知方式。(5)解除通知已到达出卖人属买受人举证义务，故证据形式、内容上要注意做到具备真实性、关联性。(6)解除通知到达出卖人后，在出卖人有异议又拖延的情况下，建议买受人及时通过法律程序确认解除通知的效力，并追究违约责任。

2. 卖方逾期交房，买方发函解除合同，在得不到答复的情况下，一拖就是数年，发函解除的买方有可能陷入被动。新疆乌鲁木齐中院(2008)乌中民四终字第318号"马某与某开发公司商品房买卖合同纠纷案"中,法院确认买方4年前的解除通知有效,虽然卖方一直未退房款,嗣后买方还办理了公积金贷款。回避风险的方法只能是:在卖方逾期交房情况下且遥遥无期,确定无法等待情况下,依约通知解除后,随即起诉确认,并主张违约责任。

3. 解除权的行使有期限,超过期限不行使可能失权。案见上海二中院(2010)沪二中民二(民)终字第1320号"丁某等与沈某房屋买卖合同纠纷上诉案"。

4. 委托开发商或他人代售商品房,应明确约定委托期限或及时中止委托,否则在委托期限未约定或约定不明情况下,导致嗣后违背意愿的代售结果。案见山东东营中院(2008)东民四终字第89号"杨某与某开发公司房屋买卖合同纠纷案"。

5. 商品房买卖合同陷阱之未办证退房条款:"出卖人应在商品房交付使用后90日内,将办理权属登记需由出卖人提供的资料报产权登记机关备案;如因出卖人的责任,买受人不能在规定期限内取得房地产权属证书的,买受人退房,出卖人在买受人提出退房要求之日起30日内将买受人已付房款退还买受人,并按已付房款的0.1%赔偿买受人损失。"出卖人为促成解除条件实现,减轻违约责任,往往依此主张合同解除,而约定的损失赔偿100万元房款不过1000元。案见山东东营中院(2008)东民四终字第89号"杨某与某开发公司房屋买卖合同纠纷案"。

6. 购房定金预先约定的情况下,应对该定金属于解约定金还是违约定金的性质予以明确,解约定金只有在合同解除情况下才能适用。案见山东东营中院(2002)东民四终字第44号"某开发公司与赵某房屋买卖合同纠纷案"。

7. 补充协议虽再次约定交房时间,但在购房人未明确表示放弃追究开发商未按期交房违约责任情况下,不视为原约定交房日期已变更。

8. 开发商迟延交房,同时购房人迟延支付小部分尾款的,应依合同履行抗辩权对价原则,不免除开发商的违约责任。

【附注】

参考案例索引:山东东营中院(2008)东民四终字第89号"杨某与某开发公司房屋买卖合同纠纷案";福建高院(2000)闽民终字第76号"某开发公司与某实业公司等购房合同纠纷案",见《福州市协建房地产开发公司与福州恒基房地产有限公司、福建省三兴土木建筑工程有限公司上诉案》,载《民事审判指导与参考·民事裁判文书改革》(200103/7:330);江苏盐城中院(2010)盐民终字第1600号"汪某与某开发公司商品房买卖合同纠纷案",见《汪隐杰诉益林开发公司洪斌分公司商品房买卖合同纠纷案》,载《江苏省高级人民法院公报》(201006/12:50);上海一中院(2013)沪一中民二(民)终字第325号"肖某与某开发公司等合同纠纷案";上海二中院(2010)沪二中民二(民)终字第1320号"丁某等与沈某房屋买卖合同纠纷上诉案";河南洛阳中院(2009)洛民再字第89号"李某与某开发公司房地产买卖合同纠纷上诉案";新疆乌鲁木齐中院(2008)乌中民四终字第318号"马某与某开发公司商品房买卖合同纠纷案";辽宁沈阳中院(2007)沈民(2)房终字第523号"关某与某开发公司商品房买卖合同纠纷案";广东广州中院(2006)穗中法民五终字第1383号"某开发公司与李某等商品房买卖合同纠纷上诉案";重庆一中院(2006)渝一中民终字第66号"某开发公司与张某商品房买卖合同纠纷案";广东佛山中院(2006)佛中法民五终字第10号"邵某与某开发公司商品房买卖合同纠纷案";山东东营中院(2002)东民四终字第44号"某开发公司与赵某房屋买卖合同纠纷案"。

53. 逾期交房的违约赔偿

——逾期交付房,违约怎赔偿?

【违约损失】

【案情简介及争议焦点】

徐某签约购买开发公司商品房,约定交房时间为2005年8月20日,逾期交房违约金条款约定:"逾期超过60日后,买方有权解除合同。买方解除合同的,出卖方应当自买方解除合同通知到达之日起60天内退还全部已付款,并按买方累计已付款的2%向买方支付违约金。买方要求继续履行合同的,合同继续履行,自本合同规定的最后交付期限的第二天起至实际交付之日止,出卖方按日向买方支付已交付房价款3‰的违约金。"但实际交房时间为次年3月16日,徐某收房后未提异议并长期使用。后因徐某未依约办理按揭贷款手续,开发公司代收的契税亦未实际交付相关部门。在开发公司提出解除合同时,徐某同意,同时提出支付逾期交房违约金及返还契税。

争议焦点:1.是否逾期交房?2.解除合同后契税如何返还?

【裁判要点】

1.开发公司逾期交房构成违约。合同规定交房时间为2005年8月20日,开发公司实际交付时间为 2006 年 3 月 16 日,迟延交付事实存在。虽徐某收房后使用至今,但并不表明其放弃要求迟延交付的违约金。依合同约定,开发公司应向徐某支付已付款 2% 违约金。

2. 开发公司应当返还代收契税。因开发公司承认其代收了徐某交付的契税,且其并未提供其已将该钱款交付相关部门的票据,故合同解除,开发公司有义务将该款返还徐某。

【裁判依据或参考】

1. 法律规定。《民法典》(2021 年 1 月 1 日)第 577 条:“当事人一方不履行合同义务或者履行合同义务不符合约定的,应当承担继续履行、采取补救措施或者赔偿损失等违约责任。”第 582 条:“履行不符合约定的,应当按照当事人的约定承担违约责任。对违约责任没有约定或者约定不明确,依据本法第五百一十条的规定仍不能确定的,受损害方根据标的的性质以及损失的大小,可以合理选择请求对方承担修理、重作、更换、退货、减少价款或者报酬等违约责任。”第 583 条:“当事人一方不履行合同义务或者履行合同义务不符合约定的,在履行义务或者采取补救措施后,对方还有其他损失的,应当赔偿损失。”第 584 条:“当事人一方不履行合同义务或者履行合同义务不符合约定,造成对方损失的,损失赔偿额应当相当于因违约所造成的损失,包括合同履行后可以获得的利益;但是,不得超过违约一方订立合同时预见到或者应当预见到的因违约可能造成的损失。”第 585 条:“当事人可以约定一方违约时应当根据违约情况向对方支付一定数额的违约金,也可以约定因违约产生的损失赔偿额的计算方法。约定的违约金低于造成的损失的,人民法院或者仲裁机构可以根据当事人的请求予以增加;约定的违约金过分高于造成的损失的,人民法院或者仲裁机构可以根据当事人的请求予以适当减少。当事人就迟延履行约定违约金的,违约方支付违约金后,还应当履行债务。”第 589 条:“债务人按照约定履行债务,债权人无正当理由拒绝受领的,债务人可以请求债权人赔偿增加的费用。在债权人受领迟延期间,债务人无须支付利息。”第 590 条:“当事人一方因不可抗力不能履行合同的,根据不可抗力的影响,部分或者全部免除责任,但是法律另有规定的除外。因不可抗力不能履行合同的,应当及时通知对方,以减轻可能给对方造成的损失,并应当在合理期限内提供证明。当事人迟延履行后发生不可抗力的,不免除其违约责任。”第 591 条:“当事人一方违约后,对方应当采取适当措施防止损失的扩大;没有采取适当措施致使损失扩大的,不得就扩大的损失请求赔偿。当事人因防止损失扩大而支出的合理费用,由违约方负担。”第 592 条:“当事人都违反合同的,应当各自承担相应的责任。当事人一方违约造成对方损失,对方对损失的发生有过错的,可以减少相应的损失赔偿额。”第 601 条:“出卖人应当按照约定的时间交付标的物。约定交付期限的，出卖人可以在该交付期限内的任何时间交付。”**《合同法》**（1999 年 10 月 1 日，已于 2021 年 1 月 1 日起失效）第 94 条：“有下列情形之一的，当事人可以解除合同：（一）因不可抗力致使不能实现合同目的；（二）在履行期限届满之前，当事人一方明确表示或者以自己的行为表明不履行主要债务；（三）当事人一方迟延履行主要债务，经催告后在合理期限内仍未履行；（四）当事人一方迟延履行债务或者有其他违约行为致使不能实现合同目的；（五）法律规定的其他情形。”第 112 条：“当事人一方不履行合同义务或者履行合同义务不符合约定的，在履行义务或者采取补救措施后，对方还有其他损失的，应当赔偿损失。”第 113 条第 1 款：“当事人一方不履行合同义务或者履行合同义务不符合约定，给对方造成损失的，损失赔偿额应当相当于因违约所造成的损失，包括合同履行后可以获得的利益，但不得超过违反合同一方订立合同时预见到或者应当预见到的因违反合同可能造成的损失。”第 114 条：“当事人可以约定一方违约时应当根据违约情况向对方支付一定数额的违约金，也可以约定因违约产生的损失赔偿额的计算方法。约定的违约金低于造成的损失的，当事人可以请求人民法院或者仲裁机构予以增加；约定的违约金过分高于造成的损失的，当事人可以请求人民法院或者仲裁机构予以适当减少。当事人就迟延履行约定违约金的，违约方支付违约金后，还应当履行债务。”第 116 条：“当事人既约定违约金，又约定定金的，一方违约时，对方可以选择适用违约金或者定金条款。”**《民法通则》**（1987 年 1 月 1 日，已于 2021 年 1 月 1 日起失效）第 112 条：“当事人一方违反合同的赔偿责任，应当相当于另一方因此所受到的损失。当事人可以在合同中约定，一方违反合同时，向另一方支付一定数额的违约金；也可以在合同中约定对于违反合同而产生的损失赔偿额的计算方法。”

2. 司法解释及最高人民法院司法性意见。最高人民法院民一庭**《民事审判实务问答 070：开发商逾期交房应承担的违约责任，能否依据业主支付的银行按揭贷款利息来判决》**（2021 年 7 月）：“……商品房买卖合同作为典型的双务合同，交付房屋及支付房屋价款是开发商和业主所负的对待给付义务。业主迟延付款违反了其应依约按期支付价款的义务，开发商迟延交房则违反了其应按期交付房屋的义务，均应承担相应的违约责任。对于违约责任，《民法典》第五百八十四条规定：‘当事人一方不履行合同义务或者履行合同义务不符合约定，造成对方损失的，损失赔偿额应当相当于因违约所造成的损失，包括合同履行后可以获得的利益；但是，不得超过违反合同一方订立合同时预见到或者应当预见到的因违约可能造成的损失。’因此，我国法律确定的违约损害赔偿责任以填补损失为基本原则。而在商品房买卖合同履行合同过程中，对业主迟延付款给开发商带来的损失是开发商失去支配利用所迟延付款部分的使用利益。对于该部分利益，根据《商品房买卖解释》第十三条规定,在商品房买卖合同当事人对于违约责任没有约定的情况下,为金融机构收取该笔贷款的预期贷款利息,相当于开发商从银行取得相应贷款的代价,这符合业主迟延支付价款造成开发商利用资金成本的损失实际。而对于开发商延期交房,其导致业主不能按期居住致该房屋的使用利益受损,《商品房买卖解释》第十三条将业主居住房屋的利益损失规定为业主需要租赁房屋居住的替代利益损害,这也符合业主实际损失的现实情况。至于业主所需要负担的同期银行贷款利息高于租金的问题,同《商品房买卖解释》所规定的处理原则并无逻辑关系。假定开发商依约按期交房,业主将该房出租,则其所得的租金也可能会比其应支付的银行按揭贷款利息低,对此利息同租金的差额,业主也需自行承担。综上所述,《商品房买卖解释》所确定的开发商与业主需依据不同标准承担不同违约责任的区分是建立在违约责任以填补损失之基础上的,二者并不矛盾。故在开发商逾期交房时,业主请求依据其应支付的银行按揭贷款利息来承担违约责任,在当事人并无约定时,该种请求并无依据,人民法院不应予以支持。"最高人民法院**《印发〈关于当前形势下审理民商事合同纠纷案件若干问题的指导意见〉的通知》**(2009 年 7 月 7 日　法发〔2009〕40 号)第 9 条:"在当前市场主体违约情形比较突出的情况下,违约行为通常导致可得利益损失。根据交易的性质、合同的目的等因素,可得利益损失主要分为生产利润损失、经营利润损失和转售利润损失等类型……"第 10 条:"人民法院在计算和认定可得利益损失时,应当综合运用可预见规则、减损规则、损益相抵规则以及过失相抵规则等,从非违约方主张的可得利益赔偿总额中扣除违约方不可预见的损失、非违约方不当扩大的损失、非违约方因违约获得的利益、非违约方亦有过失所造成的损失以及必要的交易成本。存在合同法第一百一十三条第二款规定的欺诈经营、合同法第一百一十四条第一款规定的当事人约定损害赔偿的计算方法以及因违约导致人身伤亡、精神损害等情形的,不宜适用可得利益损失赔偿规则。"最高人民法院**《关于适用〈中华人民共和国合同法〉若干问题的解释(二)》**(2009 年 5 月 13 日　法释〔2009〕5 号,已于 2021 年 1 月 1 日起失效)第 22 条:"当事人一方违反合同法第九十二条规定的义务,给对方当事人造成损失,对方当事人请求赔偿实际损失的,人民法院应当支持。"最高人民法院**《关于审理商品房买卖合同纠纷案件适用法律若干问题的解释(2020 年修改)》**(2021 年 1 月 1 日　法释〔2020〕17 号)第 12 条:"当事人以约定的违约金过高为由请求减少的,应当以违约金超过造成的损失 30% 为标准适当减少;当事人以约定的违约金低于造成的损失为由请求增加的,应当以违约造成的损失确定违约金数额。"第 13 条:"商品房买卖合同没有约定违约金数额或者损失赔偿额计算方法,违约金数额或者损失赔偿额可以参照以下标准确定:逾期付款的,按照未付购房款总额,参照中国人民银行规定的金融机构计收逾期贷款利息的标准计算。逾期交付使用房屋的,按照逾期交付使用房屋期间有关主管部门公布或者有资格的房地产评估机构评定的同地段同类房屋租金标准确定。”最高人民法院《**印发〈关于审理房地产管理法施行前房地产开发经营案件若干问题的解答〉的通知**》(1995 年 12 月 27 日 法发〔1996〕2 号,2013 年 1 月 18 日起经法释〔2013〕2 号废止)第 34 条:“在逾期交付房屋的期间,因预售商品房价格变化造成的损失,由过错方承担。”第 39 条:“合同一方违反合同,应向对方支付违约金。合同对违约金有具体约定的,应按约定的数额支付违约金。约定的违约金数额一般以不超过合同未履行部分的价金总额为限。对违约金无约定或约定不明确的,按没有约定处理。”第 40 条:“合同一方违反合同给对方造成损失,支付违约金不足以赔偿的,还应赔偿造成的损失与违约金的差额部分。”第 41 条:“合同一方违约致使合同无法履行的,应赔偿对方的损失。实际损失无法确定的,可参照违约方所获利润确定赔偿金额。”

3. 部门规范性文件。国税总局《**关于个人取得解除商品房买卖合同违约金征收个人所得税问题的批复**》(2006 年 9 月 19 日 国税函〔2006〕865 号,已于 2019 年 1 月 1 日被废止):“商品房买卖过程中,有的房地产公司因未协调好与按揭银行的合作关系,造成购房人不能按合同约定办妥按揭贷款手续,从而无法缴纳后续房屋价款,致使房屋买卖合同难以继续履行,房地产公司因双方协商解除商品房买卖合同而向购房人支付违约金。根据个人所得税法的有关规定,购房个人因上述原因从房地产公司取得的违约金收入,应按照‘其他所得’应税项目缴纳个人所得税,税款由支付违约金的房地产公司代扣代缴。”

4. 地方司法性文件。江苏盐城中院《**关于规范审理涉新冠肺炎疫情房地产纠纷案件的十五条意见**》(2020 年 3 月 16 日)第 11 条:“逾期交房、逾期办证民事责任认定。买受人要求出卖人承担逾期交房、逾期办证违约责任,出卖人提出受疫情、疫情防控措施影响导致无法按期交付、无法按期协助办证抗辩,出卖人应当承担举证责任,确因疫情、疫情防控措施造成逾期交房、逾期办证,出卖人要求减免违约责任,应当予以支持。出卖人逾期交房、逾期办证也有自身过错,对因其自身原因造成逾期的违约责任不予免除。”江苏高院《**关于审理房地产合同纠纷案件若干问题的解答**》(2018 年 6 月 26 日 审委会会议纪要〔2018〕3 号)第 44 条:“商品房买卖合同逾期交房违约金调整如何处理? 商品房买卖合同中约定,开发商逾期交房应向购房者支付违约金,一般约定的违约金为日万分之三或日万分之五,实际发生逾期交房而诉至法院时,开发商主张约定的违约金过高要求调整的,按以下方式处理:(1)合同对于违约金有明确约定的,按照约定处理,一般不轻易否定其效力。(2)当事人主张违约金过高,要求调整的,由违约方对损失过高进行举证,守约方对于其损失进行反证,对于违约金的上限参照民间借贷利率标准,最高不得超过已付购房款的 24%。(3)没有明确约定的,违约金按照《商品房买卖司法解释》第 17 条标准确定,即按照逾期交付使用房屋期间有关主管部门公布或者有资格的房地产评估机构评定的同地段同类房屋租金标准确定。"河北廊坊中院**《关于印发〈审理房屋买卖合同纠纷案件若干问题的会议纪要〉的通知》**(2018 年 3 月 14 日　廊中法〔2018〕24 号)第 4 条:"商品房买卖合同中,开发商存在逾期交房、逾期办证的违约行为,买受人同时主张上述两项违约金的,按照《合同法》第 114 条及《合同法司法解释(二)》第 29 条的规定处理处理。"四川成都中院**《关于印发〈商品房买卖合同案件的审理指南(试行)〉的通知》**(2017 年 10 月 11 日　成中法发〔2017〕129 号)第 23 条:"逾期交房违约金的认定。商品房买卖合同约定逾期交房违约金的计算方法为按日或按月累加的,人民法院应当审查出卖人的行为是否构成违约以及计算违约金的起止时间;在出卖人未交房的情况下,买受人仅主张逾期交房违约金而不请求交付房屋的,人民法院应当询问买受人是否增加诉讼请求,如买受人仍不请求出卖人交付房屋的,则逾期交房违约金应计算至买受人主张之日止;买受人既请求出卖人交付房屋又主张计算至实际交房之日止的逾期交房违约金的,判决书主文应表述为'该违约金计算至本判决确定的交房之日止,如未在本判决确定的交房之日履行交房义务,则约金计算至实际交房之日止'。出卖人构成逾期交房违约又以商品房买卖合同中约定有'出卖人应于商品房实际交付之日起 × 日内向买受人支付违约金'内容为由,抗辩违约金支付条件尚未成就的,不予支持。"广东高院**《印发〈关于审理房屋买卖合同纠纷案件的指引〉的通知》**(2017 年 9 月 12 日　粤高法〔2017〕191 号,已于 2020 年 12 月 31 日经粤高法〔2020〕132 号废止)第 38 条:"房屋买卖合同未约定逾期办证、逾期付款违约金或者损失数额难以确定的,人民法院可以参照《最高人民法院关于审理民间借贷案件适用法律若干问题的规定》第二十九条第二款第一项的规定,以已付购房款或者未付购房款总额为基数,按年利率 6% 的标准计算违约金。"第 39 条:"房地产开发企业提供的商品房买卖合同格式文本约定按固定数额承担迟延履行违约金,金额低于买受人实际损失,当事人根据合同法第一百一十四条第二款的规定请求增加违约金的,人民法院应予支持。"山东高院**《民事审判会议纪要》**(2017 年 8 月)第 2 条:"……9. 关于房地产开发商交付房屋和办理房屋产权证书的义务履行问题……(5)关于双方违约的抗辩问题。房地产开发企业出现延期交房或延期办证行为,而买受人又未履行或未完全履行付款义务,依据合同法第六十七条规定:'当事人互负债务,有先后履行顺序,先履行一方未履行的,后履行一方有权拒绝其履行要求。先履行一方履行债务不符合合同约定的,后履行一方有权拒绝其相应的履行要求。'房地产开发企业出售的房地产在合同约定的履行时间前(或至少在其主张抗辩权时)具备了交付条件或办证条件,只是因为作为先履行义务人的买方未履行付款义务,为了保护自己的顺序利益,才拒绝履行自己的在后义务,其届期不履行交房或办证义务不构成违约,无需向买方支付违约金。若出售的房地产在合同约定的履行时间前(甚至在其主张抗辩权时)仍不具备交付条件或办证条件,在买受人已支付大部分购房款的情况下,房地产开发企业无权以买方欠付部分购房款为由进行抗辩。在此种情形下,由买卖双方就各自的违约行为承担合同约定的相应违约责任,较为符合合同法规定的诚实信用原则。10.商品房买卖合同中违约损失赔偿的范围问题。根据《关于审理商品房买卖合同纠纷案件适用法律若干问题的解释》第八条规定,'商品房买卖合同目的不能实现,无法取得房屋的买受人可以请求解除合同、返还已付购房款及利息、赔偿损失,并可能请求出卖人承担不超过已付购房款一倍的赔偿责任'。根据《合同法》第一百一十三条的规定:'当事人一方不履行合同义务或者履行合同义务不符合约定,给对方造成损失的,损失赔偿额应当相当于因违约所造成的损失,包括合同履行后可以获得的利益。'由于合同法效力高于司法解释,所以买受人解除合同后,所主张的赔偿损失应包括可得利益损失。商品房买卖合同司法解释规定的惩罚性赔偿超出了填补损失的功能作用,更侧重于惩罚与制裁,如果买受人同时请求可得利益损失赔偿与惩罚性赔偿,应予支持。"浙江宁波中院**《关于审理商品房买卖合同纠纷案件疑难问题解答》**(2015年5月19日)第8条:"出卖人存在逾期交房、逾期办证、小区基础设施和公共配套设施不符合合同约定等多项违约行为,买受人可否要求出卖人同时承担多项违约责任或如何确定出卖人的违约责任?答:如合同就出卖人存在的逾期交房、逾期办证等多项违约行为的违约责任承担有明确约定的,从其约定,未作明确约定的,则根据查明的违约事实,由出卖人承担相应的违约责任,但总计违约金通常不能超过所造成损失的30%。"北京高院**《关于审理房屋买卖合同纠纷案件若干疑难问题的会议纪要》**(2014年12月16日　京高法发〔2014〕489号)第20条:"出卖人存在违反房屋买卖合同约定逾期交房和逾期办证的违约行为,买受人同时主张上述两项违约金的,可予以支持。出卖人主张两项违约金相加数额过高的,法院可以综合买受人所受实际损失、出卖人的过错程度、是否使用格式条款等因素,对于违约行为重复期间的违约金,择一高标准予以支持。商品房买卖合同约定出卖人逾期取得初始登记和逾期办理过户登记应当支付违约金,买受人同时主张两项违约金的,依前款原则处理。"山东高院**《2011年全省民事审判工作会议纪要(讨论稿)》**(2011年8月)第9条:"……(2)双重违约的抵扣。房地产开发商的逾期交房行为与逾期办证行为是相同原因所致的情况下,若开发商已经承担了逾期交房违约责任,在计算开发商逾期办证的违约天数时,应将逾期交房的时间从中扣除。(3)逾期交房、逾期办证违约责任的计算期间。当事人在房屋买卖合同中明确约定逾期交房、逾期办证等各项违约行为应承担违约金计算方法,对于开发商承担违约金的计算期间,一种观点认为,逾期交房、逾期办证的违约行为持续当中,超过2年仍未交房或办证,买受人的诉请超过了诉讼时效,违约期间只计算2年的违约金;另一种观点则认为,开发商的逾期交房、逾期办证违约行为处于持续状态,不受诉讼时效的限制,在开发商未交房或未办证之前,买受人的权益一直处于被侵害状态,开发商承担逾期交房、逾期办证违约金的期间直至交付房屋或办理完毕房产证之日。基于我国合同法规定的违约金是以补偿性为基础,以惩罚性为补充的性质,逾期交房、逾期办证违约金累计计算的数额应设置必要的上限。综合利息计算标准、房地产业的利润,若开发商累计承担的违约金超过全部房款的50%时,开发商仍不能交房或办理产权证的,买受人可要求解除合同、赔偿损失,不可再主张逾期交房、逾期办证的违约金。买受方起诉时主张的违约金仅计算到起诉之日,法院判决后开发商仍未履行办证或交房义务时,按照'一事不再理'的民事诉讼原则,买受方不得再起诉以后期间的违约金。出卖人延期交房,买受人要求出卖人限期交房的,若法庭辩论终结前,房屋具备交付条件的,可以支持。不具备交付条件的,可行使法官释明权告知当事人变更诉讼请求,当事人不变更的,应驳回其诉讼请求。"北京高院**《关于审理房屋买卖合同纠纷案件适用法律若干问题的指导意见(试行)》**(2010年12月21日　京高法发〔2010〕458号)第23条:"当事人在房屋买卖合同中对定金性质约定不明的,不应视为解约定金。房屋买卖合同中同时约定了解约定金和违约金,当事人一方已构成违约的,在约定条件成就时解约定金处罚与违约金可以同时适用。"第24条:"房屋买卖合同签订后,因一方当事人根本违约致使另一方订立合同的目的不能实现,守约方要求解除合同,并要求违约方赔偿房屋差价损失、转售利益损失等可得利益损失的,应酌情予以支持,但当事人另有约定的除外。在认定和计算可得利益损失时,应从守约方主张的可得利益赔偿总额中扣除守约方未采取合理措施不当扩大的损失、守约方亦有过失所造成的损失、守约方因此获得的利益以及守约方取得利益需要支出的必要的交易成本,并综合考虑守约方的履约情况等因素予以确定。"浙江温州中院民四庭**《审理商品房买卖合同纠纷案件疑难问题参考意见》**(2010年4月30日)第14条:"出卖人未按商品房买卖合同约定时间交房的,应当承担逾期交房的违约责任。逾期交房违约金以合同约定的交房日为起算点,以实际交房日为止算点。"广东广州中院**《关于审理预售商品房合同纠纷若干问题的指导意见》**(2010年)第5条:"出卖人以约定的违约金标准过高为由请求调整迟延交楼违约金的,应如何把握违约金标准是否过高?答:约定违约金标准为万分之五之内的(含万分之五)的,均认定属于合理范围,不予调整。同一楼盘违约金标准约定不一的,超过万分之五的可调整为万分之五;同一楼盘已有法院或者仲裁委的裁判先例的,应注意保持违约责任标准适用上的统一性。"北京高院**《审理买卖合同纠纷案件若干问题的指导意见(试行)》**(2009年2月3日　京高法发〔2009〕43号)第25条:"当事人依照合同法第一百一十四条第二款的规定,请求增加违约金的,调整后的违约金应以因对方违约造成的损失数额为限。当事人依照合同法第一百一十四条第二款的规定，请求减少违约金的，法院应当尊重当事人的意思自治，保护诚信守约的当事人，依据促进交易及维护交易安全的原则，对约定违约金过分高于造成损失的部分，进行适当减少。前款损失包括积极损失和可得利益损失。当事人对损失数额计算方法没有约定的，法院可以比照守约当事人相同条件下所获取的利益来确定可得利益损失，或者根据公平原则、诚实信用原则以及合同的履行情况确定可得利益损失。对损失数额双方当事人应当分别举证。当事人未提出违约金调整请求的，法院不主动调整，但当事人以合同不成立、合同不生效、合同无效或者没有违约进行免责抗辩的情形除外。当事人在一审程序中经法院释明未请求调整违约金，在二审程序中请求调整的，法院不予支持。”第 26 条：“当事人同时约定违约金和定金，但没有约定定金性质的，当事人一方违约，对方一并主张定金和违约金的，法院不予支持。当事人同时约定违约金和定金并约定了定金性质的，当事人一方违约，对方依据约定的定金性质一并主张违约定金和违约金的，法院不予支持；当事人一方违约，对方依据约定的定金性质一并主张解约定金和违约金的，法院应予支持。”第 27 条：“在同一诉讼中，当事人约定的定金不足以弥补当事人一方因对方违约遭受的损失，当事人一方请求赔偿超过定金部分的损失的，法院应予支持。”第 30 条：“当事人双方均违反合同约定，但违约责任约定明显不对等的，法院可以向当事人释明，当事人不请求的，法院不主动对当事人约定的违约责任进行调整。”第 31 条：“合同法第一百零七条规定的继续履行、采取补救措施或者赔偿损失等违约责任，在适用时没有先后顺序。当事人一方不履行合同义务的，应当承担继续履行或者赔偿损失的违约责任，对方可以同时请求继续履行和赔偿损失。当事人一方履行合同义务不符合约定的，应当承担采取补救措施或者赔偿损失的违约责任，对方可以同时请求采取补救措施和赔偿损失。当事人一方只履行部分合同义务的，应当承担继续履行、采取补救措施或者赔偿损失的违约责任，对方可以同时请求继续履行、采取补救措施和赔偿损失。”第 32 条：“合同对标的物交付和价款支付的约定有先后履行顺序的，后履行一方履行义务的时间可以因对方迟延履行义务而相应顺延。先履行一方主张逾期付款或者逾期交付标的物违约责任的，在时间计算上应扣除其迟延履行义务的相应期间，或者采取其他合理方式减轻对方的责任承担。出卖人迟延交付标的物但不影响买受人实现合同目的，买受人拒绝支付价款的，法院不予支持。”第 33 条：“当事人对付款期限作出的变更，不影响当事人关于逾期付款违约金等违约责任的约定，但计算逾期付款违约金的起算点应当随之调整。当事人约定有逾期付款违约金，买受人以出卖人接受价款时未主张逾期付款违约金为由，拒绝承担逾期付款违约金的，法院不予支持。当事人约定有逾期付款违约金，但其后的对账单、还款协议等未涉及逾期付款责任问题，出卖人依据对账单或还款协议主张欠款时,依据合同主张逾期付款违约金的,法院应予支持。当事人没有约定逾期付款违约金计算方法的,逾期付款违约金数额可以参照中国人民银行规定的金融机构计收逾期贷款的利率标准计算。当事人没有约定逾期付款违约金,出卖人主张买受人违约诉请逾期付款违约金的,法院不予支持,但出卖人以贷款利息为标准主张损失的,法院应予支持。”福建高院**《关于审理商品房买卖合同纠纷案件疑难问题的解答》**(2008年7月25日)第14条:“问:如何认定约定的违约金过高或过低?能否将超过《商品房买卖合同司法解释》第十七条、第十八条规定的违约金数额或者损失赔偿额计算标准的30%作为判断违约金过高的依据?将低于第十七条、第十八条规定的计算标准作为判断违约金过低的依据?答:《商品房买卖合同司法解释》第十七条、第十八条第二款规定,在逾期付款、逾期交房或者逾期办证等情形下,双方当事人未约定违约金数额或者损失赔偿额计算方法时,可以参照该规定的标准计算,并非必须以此为标准计算。因此,《商品房买卖合同司法解释》第十七条、第十八条第二款规定的计算标准不应作为认定约定的违约金过高或者过低的依据。约定的违约金是否过分高于或者低于造成的损失,原则上应由主张过高或者过低的当事人承担举证责任;损失数额难以确定的,由负有举证责任的当事人承担不利后果。”重庆高院**《关于当前民事审判若干法律问题的指导意见》**(2007年11月22日)第39条:“多项违约行为的处理。商品房买卖合同纠纷中,涉及逾期完善水电气等配套设施、逾期交付、逾期办证等多项违约行为的,应根据违约行为的性质和相互关系,综合适用违约责任。除当事人有明确约定的以外,在逾期交付的期限内承担了该项违约责任的,不另计负逾期办证和逾期完善水电气等配套设施的违约责任。有单项违约责任条款和总括性的违约责任条款的,总括性违约责任条款只在重大违约时适用,并不得同时适用单项违约责任条款。”江苏高院**《关于印发〈关于适用中华人民共和国合同法若干问题的讨论纪要(一)〉的通知》**(2005年9月26日　苏高发审委〔2005〕16号)第26条:“违约金以补偿性为主,兼具惩罚性。”第27条:“人民法院未经当事人请求不得调整违约金的数额。”第28条:“人民法院在认定违约金是否过高时,应以违约造成的损失为基础,兼顾合同的履行情况、当事人的过错、社会经济状况等因素,根据公平原则、诚实信用原则进行衡平。当事人约定的违约金超过造成损失的百分之三十的,可以认定为合同法第一百一十四条第二款规定的‘过分高于造成的损失’。”第29条:“合同中约定了违约金,一方违约未给另一方造成损失的,违约金条款仍应当适用。当事人可以依据合同法第一百一十四条的规定,请求人民法院予以调整。对于故意违约,违约方请求减少违约金的,人民法院不予支持。”第30条:“违约方请求人民法院调整违约金数额的,在提供违约金过高的初步证据后,举证责任转移至守约方。”第31条:“当事人在合同中对损失数额的约定和损失数额的计算方法的约定,视为对违约金的约定。”贵州高院**《关于审理商品房买卖合同纠纷案件若干问题的指导意见(一)(试行)》**(2005年8月1日)第15条:“逾期交房违约金的计算期间应当从合同约定的交房日为起算点,以实际交房日为止算点。”福建厦门中院**《关于审理商品房买卖合同纠纷中逾期交房和逾期办证若干问题的指导意见》**(2004年7月12日)第4条:“出卖人未按照商品房买卖合同约定的时间交房应承担逾期交房的违约责任。逾期交房的违约金以合同约定的交房日为起算点,以实际交房日为止算点。违约金按《商品房买卖解释》第十六条和第十七条规定的标准计算。”〔说明:合同约定了交房的时间,而出卖人没有按照约定的时间交付,按照合同的一般规则,出卖人应承担逾期履行交付义务的违约责任,为此我们在说明违约金如何计算前,首先确定了逾期交房所应承担的责任。由于《商品房买卖解释》中没有明确规定违约金的起算点,在实际操作中,对违约金的起算点有不同的意见。第一种意见认为,应以当事人约定的交房日为违约金的起算点,即从合同约定的交房日之次日开始计算违约金。因为合同约定的交房日即当事人履行标的物交付义务的最后期限,超过了这个期限,负有交付义务的一方就要开始承担违约责任,所以违约金要从此时开始计算。第二种意见认为,以合同约定的交房日作为违约金的起算点的处理失之简单,因为实际交房的情形是复杂的,有提前交房的,有迟延交房的,有具备交房条件提前交房的,也有不具备交房条件提前交房的,也有逾期后仍不具备交房条件而实际交房的,也有逾期后具备交房条件才交房的,所以应根据个案的实际交付的具体情形来确定具体的起算点。我们认为……第一种意见较为可取。因为交房日的确定属于当事人合同意思自治范畴,当事人在合同中约定了交房日,就在彼此之间产生了法律拘束力,各方当事人均应信守。若出卖人提前交付标的物,当出卖人尚不具备交房条件时,买受人可以依法拒绝接收房屋,所产生的民事责任应由出卖人承担;若约定的交房日逾期后,仍不具备交房条件的,亦应由出卖人来承担违约责任;若出卖人虽不具备交房条件,而买受人实际接受了标的物,则出卖人已经完成了交付商品房的义务,延期交房的违约行为阙如。故关于逾期交房的违约金应从约定的交房日计算至实际交房日;若逾期到具备交房条件时才交房的,则违约金从约定交房日计至出卖人已送达的交房通知书确定交房之日止。违约金的计算标准,《商品房买卖解释》第十六条已经明确规定,即当事人有约定按约定,约定过高或过低的,则依照解释的规定(以违约金超过造成的损失30%为标准)可以予以调整;没有约定违约金标准和损失赔偿额的,则按照《商品房买卖解释》第十七条的规定,参照同地段的租金标准计算。关于损失的确定,在调研过程中,我们也注意到该条款关于“损失”的确定,也将会成为实务操作中一个难点。因为损失因案而异,且当事人在这方面的举证能力也各不相同,容易造成了同类案件不同的裁判结果,甚至相去甚远,按照这一原则来处理的话,社会效果、司法的公正性和均衡性都受到影响,最好能在相对类型的情形下统一裁量尺度,但统一损失的尺度,实际上对广大的消费者而言是不公平的。平衡利弊,我们认为《商品房买卖解释》在将损失问题归入证据问题来掌握,即当事人主张损失,必须提供证据,依当事人的举证情况作出判断的同时,又针对当事人举证能力欠缺的情况,提出若无法提供证据,或损失难以确定的,按照法定的标准来计算,较符合实际情况,因此在意见中强调对违约金的计算标准采用解释中的相关的标准进行确定。〕上海高院**《关于印发〈上海法院民事办案要件指南〉的通知》**(2003 年 11 月 25 日　沪高法民一〔2003〕10 号)第 36 条:“一方当事人要求另一方当事人支付违约金的,应当举证证明合同对违约金有约定的要件事实或提出相关法律规定。相对方请求调整违约金的,应当举证证明对方主张的违约金应予调整的要件事实。”广东高院**《关于审理商品房买卖合同纠纷案件若干问题的指导意见》**(2003 年 2 月 13 日　粤高法发〔2003〕24 号,已于 2020 年 12 月 31 日经粤高法〔2020〕132 号废止)第 6 条:“因买受人要求出卖人支付逾期交楼违约金或出卖人要求买受人支付逾期付款违约金而发生的纠纷,一般不应通知担保权人作为当事人参加诉讼。但买受人以逾期付款是因为担保权人的违约行为造成为由,申请人民法院追加担保权人作为第三人参加诉讼的,人民法院应予支持。”广东高院**《关于〈合同法〉施行后认定房地产开发经营合同效力问题的指导意见》**(2001 年 10 月 30 日　粤高法发〔2001〕41 号,已于 2020 年 12 月 31 日经粤高法〔2020〕132 号废止)第 26 条:“预售方逾期交房,应当按照预售合同约定的违约金标准向预购人支付违约金。当事人以约定的违约金过高、过低为由请求人民法院调整的,按《合同法》第一百一十四条第二款的规定处理。”上海高院**《关于印发〈关于民事案件审理的几点具体意见〉的通知》**(2000 年 8 月 15 日　沪高法民〔2000〕44 号)第 21 条:“……预售商品房出售人在约定的交房日应当取得《房地产权证》(大产证),并与买受人办理房屋交接手续(俗称交钥匙),通知买受人办理过户手续。现售商品房出售人在约定的交房日也应当取得《房地产权证》(大产证)并与买受人办理房屋交接手续(交钥匙),通知买受人办理过户手续。违反其中一项的,开发商应当承担违约责任。买受人迟延受领或拒绝受领的,开发商不负延期交付责任。当事人在销售合同中对违约金计付期限有约定的从约定,无约定的,违约金自约定履行期间届满之日起计付至所有义务中最迟一项完成之日止。”

5. 参考案例。2018 年**浙江某商品房预售合同纠纷案**,2014 年,周某与开发公司签订商品房买卖合同,约定开发公司在 2016 年 9 月 30 日前交房。届期交房过程中,周某发现房屋渗水及疑似渗水问题,并在验收清单中予以记载,“验收意见”栏中记载有“待处理好后再交房,其他验房步骤下次再验”。2017 年 12 月,周某起诉交房并依合同约定按已交房款 200 万余元的日万分之五、日万分之二分别支付逾期交房、办证违约金至交付日。法院认为:周某在交房过程中发现渗水问题,遂记载在交付验收清单的“验收意见”一栏中,并在“验收意见”这栏中记载有“待处理好后再交房,其他验房步骤下次再验”,周某在业主签名处签名及开发公司工作人员在备注栏记载“重点关注”并签名系事实。在周某于2017年12月25日向法院提起诉讼要求开发公司交付所购房屋并配合办理过户手续及支付违约金等请求后,开发公司才第二次书面通知周某办理交房手续,故开发公司应承担逾期交房违约责任。当事人约定的违约金超过损失的百分之三十的,一般可认定为《合同法》第114条第2款规定的“过分高于造成的损失”的规定,当事人主张约定的违约金过高请求予以适当减少的,人民法院应以实际损失为基础,兼顾合同约定、履行情况、当事人过错程度以及预期利益等综合因素,根据公平原则和诚实信用原则进行考量,作出认定。本案中,由于商品房买卖合同已明确约定逾期交房违约计算方式,综合考虑开发公司逾期交房的各种因素,将开发公司承担的违约金从按日万分之五、日万分之二分别计算至交付日调整至整体按周某已付房价款的10%计算违约金,判决开发公司支付周某违约金21万余元。2001年**湖南某商品房预售合同纠纷案**,1997年,肖某与开发公司签订购销合同。肖某据此支付103万余元房款。2001年,因开发公司逾期交付门面房,肖某诉请开发公司交房,并依约支付260万余元逾期交房违约金。法院认为:肖某与开发公司所签商品房购销合同除约定的违约利息计算标准过高,违反有关法律规定属无效外,其余部分符合法律规定,合法有效,双方应严格按合同条款履行。肖某依约履行了交付购房款103万余元义务,开发公司未按合同约定及时通知肖某付清购房余款,并擅自将已竣工房屋出租给他人使用,应承担违约全部责任。肖某要求开发公司继续履行合同、交付房屋门面理由正当,但其要求开发公司按约支付违约金263万余元请求,违反有关法律规定,不予支持。鉴于按最高人民法院有关批复关于违约金计算标准计付开发公司应承担的违约金数额不足以补偿肖某实际损失,故判决双方继续履行合同同时,判令开发公司将案涉铺面验收合格后交付肖某,并以肖某所购门面的同期房屋租金标准计付损失赔偿金。2000年**天津某商品房预售合同纠纷案**,1993年,实业公司与开发公司签订商品房买卖合同,约定1995年1月1日交房,并约定了违约金计算方法。1995年5月15日,实业公司出具委托书,委托开发公司代为售房并声明双方不再办理房屋交接手续。1998年,实业公司以房屋质量问题诉请解除合同,并要求赔偿房屋跌价的经济损失和购房款利息损失。法院认为:开发公司与实业公司所签房屋买卖合同有效。开发公司逾期交房,应承担相应违约责任。因实业公司委托售房的委托书中声明双方不再办理房屋交接手续,故开发公司违约交楼时间应从1995年1月1日开始起算,到委托书出具日止。实业公司在诉讼中提供不出房屋结构质量不合格、不能交付的依据,故其以房屋质量有问题主张解除合同理由不成立,双方所签合同应继续履行。双方在合同中约定了迟延交付房屋违约金计算方法,故实业公司依据合同主张开发公司支付违约金1400万余元,应予支持。本案经评估,开发公司违约造成的实际损失是1800万余元,因而开发公司除支付违约金外,还应赔偿实业公司经济损失400万余元。实业公司主张开发公司迟延交房,实际长期占用实业公司购房款,应赔偿利息损失1900万余元,因开发公司已承担了合同约定违约金,还应继续履行合同、交付房屋,并赔偿违约金不足部分的房屋跌价损失,故再赔偿实业公司购房款利息,没有合同约定,亦不符合《合同法》第113条规定。实业公司购房款利息应作为其经营成本和经营风险由其自行负担。判决案涉买卖合同有效并继续履行,开发公司交房并支付实业公司违约金1400万余元、赔偿实业公司损失400万余元。1998年**广东某商品房预售合同纠纷案**,1994年,开发公司与投资公司签订商品房买卖合同,约定1995年12月31日交房。随后,双方与银行签订按揭购房合同。1996年12月25日,房屋竣工验收。1995年12月22日,银行以投资公司未按期偿贷为由,通知开发公司不予交付房屋,并以按揭贷款合同纠纷起诉,法院依银行申请,于1996年11月13日查封本案投资公司所购房屋。1997年,投资公司诉请开发公司承担逾期交房责任,并要求银行相应赔偿。开发公司向法院提交了其在1995年3月20日给有关部门的工期延误报告中所列延期事由。法院认为:开发公司与投资公司所签商品房买卖合同有效。按合同约定,开发公司应于1995年12月31日将经竣工验收合格的房屋交付投资公司,但开发公司至1996年12月25日方才竣工验收,且该房屋一直未交付给投资公司,故开发公司逾期交付房屋属实。开发公司提交法院的其在1995年3月20日给有关部门的工期延误报告中所列延期事由基本发生在双方签订房屋买卖合同之前,不符合合同约定的可延期交付免责条件。在法院审理期间,开发公司提供的给有关部门的工程延期报告和施工情况说明,除因投资公司改变设计导致工程延期一个月外,其他事由因无相关证据证明,不予采信。开发公司未提供证据证明投资公司在委托对外招商招租同时放弃追究其逾期交房违约责任,故开发公司应按合同约定承担逾期交房违约责任。由于投资公司未按期偿还银行贷款,银行通知开发公司不予交付房屋给投资公司,客观上使开发公司未积极履行房屋交付义务,银行有一定过错,故对开发公司逾期交房应承担相应责任。由于法院已于1996年11月13日查封本案投资公司所购房屋,故逾期交房时间应自1996年1月起至1996年11月13日止,扣除投资公司在合同履行期间改变设计导致工程延误的一个月,本案应按逾期9个月、按投资公司已付购房款的月15‰为标准计算违约利息赔偿金,由开发公司和银行按9:1比例承担。判决开发公司、银行分别支付投资公司1100万余元、130万余元。2015年**福建某商品房买卖合同纠纷案**,2009年,罗某与开发公司签订商品房买卖合同,约定交房日期及办证日期,同时约定开发商承担逾期交房违约责任后，逾期办证日期相应顺延。2015年，罗某诉请开发公司交房并承担逾期交房、办证违约责任。法院认为：依《合同法》第39条、第40条规定，采用格式条款订立合同的，提供格式条款的一方应当遵循公平原则确定当事人之间的权利义务，并采取合理的方式提请对方注意免除或者限制其责任的条款，按照对方的要求，对该条款予以说明；格式条款具有本法第52条和第53条规定情形的，或者提供格式条款一方免除其责任、加重对方责任、排除对方主要权利的，该条款无效。本案中，商品房买卖合同分别约定了逾期交房与逾期办证违约责任，但同时又约定开发商承担逾期交房违约责任后，逾期办证违约责任相应延长。对该条款，罗某与开发公司存在两种不同解释，因该合同系开发公司提供的格式合同，依法应作出不利于开发公司的解释，故判决开发公司交房并支付逾期交房、办证违约金。2013年**重庆某商品房预售合同纠纷案**，2009年，李某与开发公司签订商品房买卖合同，约定2010年4月30日前交房，逾期交房按日支付房款万分之五违约金。2011年12月27日，开发公司交房。李某诉请支付逾期交房违约金，开发公司要求按同地段同类房屋租金标准予以调整。法院认为：根据相关法律规定，当事人因违约金过高或过低而请求法院予以调整的，法院应以造成的损失为基础进行调整。在当事人请求法院对约定违约金进行调整情况下，仍应由主张调整违约金一方承担举证责任，但主张调整违约金一方承担举证责任范围并非直接是损失大小，而是双方约定违约金是否过分高于或低于实际造成的损失，损失大小只是其承担举证责任范围一部分。本案中，双方将逾期交房违约金计算标准约定为日万分之五，开发公司认为约定违约金过高，应由开发公司对约定违约金过分高于给李某造成的损失承担举证责任。依最高人民法院《关于审理商品房买卖合同纠纷案件适用法律若干问题的解释》第17条规定，如合同中对逾期交房违约金未作约定，违约金数额或损失赔偿额可按逾期交房期间有关主管部门公布或有资格的房地产评估机构评定的同地段同类房屋租金标准确定。将同地段同类房屋租金标准作为认定损失大小依据，系在逾期交房所产生损失难以衡量情况下，不得已而采取的一种方法。通过该种方法计算的损失与购房者实际遭受的损失并不完全等同。诉讼中，如购房者可举示充分证据证明其损失大小，或者可举示其他证据证明其除了租金损失外还存在其他损失，法院应根据购房者实际损失来确定是否对约定违约金进行调整，亦即购房者对其损失大小享有一种补证权利。本案中，开发公司主张按照同地段同类房屋租金标准对约定违约金进行调整，并申请对房屋在逾期交付期间租金标准进行评估。通过比较发现，合同约定违约金确实远大于房屋同期租金标准，而李某并未举示充分证据证明其实际损失大于根据房屋租金标准计算的损失，亦未举示充分证据证明除租金损失外，其还存在其他损失，故应根据租金标准对违约金进行调整。判决开发公司支付李某违约金1.7万余元。2010年**北京某合**

同纠纷案,2001 年,开发公司基于危房改造与王某签订安置协议及购房协议,约定 2004 年 1 月交付王某铺面房。2010 年,王某以其依约腾退房屋并支付购房款后,开发公司长达 8 年未交付商业用房为由诉请违约损害赔偿。法院认为:开发公司基于危房改造与王某签订了安置协议及购房合同,该协议合法有效,双方当事人均应依约履行。王某按约腾退原有房屋并足额支付购房款,而开发公司至今未履行合同义务,构成违约。根据合同约定,王某本应于 2004 年 1 月取得铺面房,时至今日,开发公司仍未交付,造成王某至今不能使用应有房屋开展正常经营活动,王某经济损失显而易见,开发公司应对王某作出补偿。由于双方对逾期交房如何补偿问题未约定,而王某所提补偿标准过高,法院判决开发公司依约定的同等条件、同等位置、同等面积、同等质量为王某安置营业用房一处。同时,依本案具体情况及同类案件补偿标准酌情确定开发公司赔偿王某经济损失 16 万余元。2011 年**陕西某房屋买卖合同纠纷案**,2006 年,工贸公司与开发公司签订商品房买卖合同,并约定了逾期交房"按日向买受人支付已交房款万分之一违约金"。2007 年,房屋在验收合格符合交房条件后,工贸公司要求对局部工程进行改造。因最终开发公司逾期交房超过 2 年,工贸公司诉请按同年度同地段房屋租金标准调高违约金。法院认为:开发公司未按约定期限交房,构成违约,应承担逾期交房违约责任。依《合同法》第 114 条第 1 款"当事人可以约定一方违约时应当根据违约情况向对方支付一定数额的违约金,也可以约定因违约产生的损失赔偿额的计算方法",第 2 款"约定的违约金低于造成的损失的,当事人可以请求人民法院或仲裁机构予以增加"以及最高人民法院《关于适用〈中华人民共和国合同法〉若干问题的解释(二)》第 28 条"当事人依照合同法第一百一十四条第二款的规定,请求人民法院增加违约金的,增加后的违约金数额以不超过实际损失额为限"规定,本案合同明确约定了逾期交房违约金计算方式,作为商业主体的双方签约时能预见到逾期交房可能造成的损失。最高人民法院《关于审理商品房买卖合同纠纷案件适用法律若干问题的解释》第 17 条规定以同年度同地段房屋租金标准调高违约金,其适用前提是"商品房买卖合同没有约定违约金数额或者损失赔偿额计算方法",在本案有约定前提下,不应适用上述司法解释关于按租金标准调高违约金规定。工贸公司在合同约定交房日至实际交房日前并未将案涉房屋出租,亦未提供足以证明其实际损失的相应证据,且期间案涉房屋在验收合格符合交房条件后,工贸公司要求对局部工程进行改造,对逾期交房损失扩大有一定责任,故本案应按合同约定的逾期交房违约金计算方式确定违约赔偿额。判决开发公司支付工贸公司逾期交房违约金 148 万余元。2008 年 9 月**重庆某商品房买卖合同案**,法院认为:开发公司没有在合同约定的期限内为向某购买的房屋办理房地产权证,构成违约,依法应承担违约责任。对于违约金的支付,因开发公司在合同约定的时间内将房屋交付了向某,向某也未举示其违约行为给其造成损失的依据，基于违约金性质的规定主要是补偿性的立法本意，在开发公司的请求和综合本案具体情况下，法院予以酌情降低违约金数额，以房款为本金，从2006年10月30日起至2007年7月6日止，按每日1‰的标准计算。2007年10月**海南某商品房买卖合同案**，法院认为：开发公司逾期交房已超过两年，因徐某不要求解除合同，在合同继续履行的情况下，徐某请求开发公司按每日5‰的标准向其支付违约金，该请求符合合同的约定。在一审中，开发公司以双方约定的违约金数额过高为由，请求法院予以适当减少。一审法院认定双方约定的违约金数额过高，并据此判决按逾期付款违约金标准即中国人民银行规定的金融机构计收逾期贷款利息的标准每日2.1‰计付逾期交房违约金。虽然《合同法》规定了当事人可以请求人民法院或者仲裁机构予以适当减少约定的违约金。但开发公司无证据证实双方约定的违约金标准过分高于造成的损失，根据当事人意思自治的原则，开发公司应按合同约定的违约金标准，向徐某支付逾期交房的违约金。2007年5月**辽宁某商品房买卖合同案**，法院认为：李某依据合同约定履行向开发公司支付了全部购房款54万余元的合同义务，但开发公司未按合同约定向李某交付验收合格的商品房，构成违约，应当承担违约责任。双方在合同中约定了违约金承担方式为日5‰的违约金，李某主张的违约金数额并未超出双方约定，李某已全额支付商品房价款，其购房目的不限于出租，至于开发公司主张违约金双方约定过高应比照房屋租金给付一节，因违约金的本身即具有赔偿性和惩罚性，双方在约定违约金时对此应有明确认识。租金仅是计算损失中的一种方式，并不足以表明李某投资买入该房产的全部损失，开发公司主张双方合同约定的违约金过高，请求以租金为计算依据调整违约金的理由，没有充足的证据，本院不予支持。结合本市房产价格大幅上涨及至今未交付房屋的情况，按双方约定的违约金承担方式判令开发公司支付33.1万元违约金，适用法律并无不妥，应予维持。2006年8月**广东某商品房买卖合同案**，法院认为：开发公司未依约交楼给植某，虽经市建设局同意开发公司延期至1999年4月底交楼，但开发公司仍未将所预售的商品房交付植某，且已超过90日，已构成违约。开发公司逾期交楼，应以契约规定交付之日第二天起至交付日止，以每逾期一天按植某已付总楼款的5%计算逾期利息。开发公司定期交楼已多年，其违约金总额已超过植某已付楼款本金38万余港元，故植某请求开发公司支付违约金港币356,068.80元，法院予以支持。2006年5月**江西某商品房买卖合同案**，法院认为：双方合同约定“交付期限的第二天起至实际交付之日止，月息在3个月内按0.5%利率计算，至第90日起，月利息则按1%利率计算。”“逾期超过150日，则视为乙方不履行本合同，乙方按甲方累计已付款的1%向甲方支付违约金。”该约定中逾期第150日起违约金计算标准按字面解释对严某显失公平，该合同系开发公司提供的格式合同，应从有利于严某来解释。故逾期第150天以后的利息应按月利率1%计算,故判决开发公司应在案涉商品房验收合格后3日内向严某交付,并在交付后1个月内办理房产权证书,开发公司应向严某支付2004年4月14日至2005年11月14日利息计人民币1.5万余元(按月利率1%计算)。

【同类案件处理要点】

商品房买卖合同未约定出卖人逾期交付使用房屋的违约金数额或者损失赔偿额计算方法,按照逾期交付使用房屋期间有关主管部门公布或者有资格的房地产评估机构评定的同地段同类房屋租金标准确定。当事人以约定的违约金过高为由请求减少的,应当以违约金超过造成的损失30%为标准适当减少;当事人以约定的违约金低于造成的损失为由请求增加的,应以违约造成的损失确定违约金数额。

【相关法律风险提示】

1. 买受人不能以开发商逾期交房责任未承担为由拒绝收房。买受人接收逾期交付的房屋并长时期未提异议,并不因该继续履行合同的意思表示意味着对追究违约责任的放弃。但出卖人逾期交付房屋的,买受人还是有必要在收房时提出异议或收房后在合理期间提出,同时保留相关证据。

2. 争议条款之逾期交房违约金两种标准的适用。对出卖方逾期交房,各地商品房买卖合同范本都会有这样的表述:“逾期超过60日后,买方有权解除合同。买方解除合同的,出卖方应当自买方解除合同通知到达之日起60天内退还全部已付款,并按买方累计已付款的2%向买方支付违约金。买方要求继续履行合同的,合同继续履行,自本合同规定的最后交付期限的第二天起至实际交付之日止,出卖方按日向买方支付已交付房价款3‰的违约金。”对于因逾期交付而买方接受并长时间使用,嗣后因其他纠纷导致解除合同的,到底适用2%还是3‰?辽宁沈阳中院(2007)沈民(2)房终字第648号“徐某与某开发公司房屋买卖合同纠纷案”中,一审判决认为买方接收逾期交付房屋并长期无异议使用,应视为继续履行,故不适用2%违约金条款,嗣后解除合同,但并非因逾期交房,故亦不适用日3‰违约金条款,最终判决开发商无须承担违约金;二审判决认为解除合同时,买方提出逾期交房问题,应适用2%条款。

3. 陷阱条款:“逾期交房违约责任:交付期限的第二天起至实际交付之日止,月利息在3个月内按0.5%利率计算,至第90日起,月利息则按1%利率计算。逾期超过150日,则视为乙方不履行本合同,乙方按甲方累计已付款的1%向甲方支付违约金。”该条款见于江西赣州中院(2006)赣中民一终字第242号“某开发公司与严某商品房买卖合同纠纷案”中:在逾期交房1年多的情况下,开发商认为应按甲方累计已付款的1%向甲方支付违约金。法院认定该款应按格式合同不利解释规则,判令逾期第 150 天以后的利息亦按月利率 1% 计算。

4. 出卖人承诺为买受人办理权属证书而代收契税,如果没有提供其已将该钱款交付相关部门的票据,则有义务在合同解除时退还该款。买受人应保留好收据作为证据,以防将来合同解除,在权属证书未办下来时,可直接要求出卖人退还该款。案见辽宁沈阳中院(2007)沈民(2)房终字第 648 号“徐某与某开发公司房屋买卖合同纠纷案”。

5. 逾期交房或办证涉及违约金,无论约定多少,违约一方都可以提出酌减要求,在违约情形不严重的情况下,法院通常都会采纳酌减的申请。

6. 房屋买卖合同签订后,出卖方迟延交付房屋承担的违约损害赔偿范围不仅包括实际发生的损失,还包括合同履行后购房人经营获得的可期待利益。

7. 开发商逾期交房后主张合同约定的违约金过高,主张按同地段同类房屋租金标准作为认定损失依据的,应予支持。

8. 商品房买卖合同分别约定了逾期交房与逾期办证的违约责任,但同时又约定开发商承担逾期交房责任后,逾期办证违约责任相应延长或免除的,应按不利于格式条款制订人的解释规则,作出不利于开发商的解释,开发商仍应依约承担逾期交房、逾期办证的多项违约责任。

9. 按揭银行以购房人未按期偿贷为由,通知开发商不予交付房屋,开发商承担逾期交房违约责任时,按揭银行亦相应过错赔偿。

10. 开发商迟延交房,已依约承担违约金并赔偿违约金不足部分的房屋跌价损失的,不应再赔偿购房人房款利息损失。

11. 违约金过高,当事人请求调整的,法院应以实际损失为基础,兼顾合同约定、履行情况、当事人过错程度以及预期利益等综合因素,根据公平原则和诚实信用原则进行考量,作出认定。

【附注】

参考案例索引:辽宁沈阳中院(2007)沈民(2)房终字第 648 号“徐某与某开发公司房屋买卖合同纠纷案”;浙江宁波中院(2018)浙 02 民终 2725 号“周某与某开发公司商品房预售合同纠纷案”,见《周杰帅诉余姚绿城房地产有限公司商品房预售合同纠纷案》,载《最高人民法院公报 · 案例》(201912/278:28);湖南高院(2001)湘民终字第 130 号“肖某与某实业公司预售商品房合同纠纷案”,见《肖宴生与湖南锦绣实业发展有限公司预售商品房纠纷上诉案——实际损失无法查明时如何确定损失赔偿数额》(陈坚,湖南高院),载《民事审判指导与参考 · 地方法院二审案件解析》(200303/15:367);最高人民法院(2000)民终字第 44 号“某实业公司与某开发公司商品房预售合同纠纷案”，见《天津泰丰工业园（集团）有限公司与广东省建筑工程总公司房地产开发公司商品房预售合同纠纷上诉案——违约赔偿条款的理解和适用》（胡仕浩、辛正郁，最高院民事审判庭；审判长胡仕浩，审判员王文芳，代理审判员韩玫），载《民事审判指导与参考·最高人民法院二审案件解析》（200101/5：251）；最高人民法院（1998）民终字第25号“某投资公司与某开发公司等预售商品房合同纠纷案”，见《广东省中振投资有限公司与武汉泰合房地产开发有限公司、中国银行湖北宝丰支行预售商品房纠纷上诉案——关于商品房预售合同中免责事由的认定及处理》（董华，最高院民事审判庭；审判长郭彦祯，审判员谢卫东、董华），载《民事审判指导与参考·最高人民法院二审案件解析》（200002/2：229）；福建龙岩中院（2015）岩民二终字第671号“罗剑挥、项丽华与连城恒益房地产开发有限公司商品房买卖合同纠纷案”，见《交钥匙不能视为开发商房屋交付义务的完成》（陈立烽、陈春生），载《人民司法·案例》（201705：48）；重庆一中院（2013）渝一中法民终字第01501号“李某与开发公司商品房预售合同纠纷案”，见《逾期交房违约金调整的举证责任分配及损失认定——重庆一中院判决李春勤诉宏康公司商品房预售合同纠纷案》（谭振亚），载《人民法院报·案例指导》（20130711：06）；北京一中院（2010）一中民终字第15548号“王某与某开发公司合同纠纷案”，见《王璐等诉北京房开置业股份有限公司房屋拆迁安置补偿合同、商品房预售合同案》（夏根辉），载《中国审判案例要览》（2012民：170）；陕西高院（2011）陕民二终字第00005号“某工贸公司与某开发公司商品房买卖合同纠纷案”；重庆五中院（2008）渝五中民终字第2131号“向某与某开发公司商品房买卖合同纠纷案”；海南海口中院（2007）海中法民一终字第1001号“徐某与某开发公司商品房买卖合同纠纷案”；辽宁沈阳中院（2007）沈民（2）房终字第548号“某开发公司与李某商品房买卖合同纠纷案”；广东佛山中院（2006）佛中法民五终字第134号“某开发公司与植某商品房买卖合同纠纷案”；江西赣州中院（2006）赣中民一终字第242号“某开发公司与严某商品房买卖合同纠纷案”。

54. 房屋权属证明的内容

——房屋权属证，含土地证否？

【权属证明】

【案情简介及争议焦点】

2002年11月，刘某签约购买开发公司商铺，“产权登记的约定”明确为交付日起180日内，并约定了逾期办证违约金。2003年11月19日，交付商铺。2004年5月，办理产权登记资料已齐备。2004年11月，刘某领取产权证。2006年9月政府规划拆迁，商铺亦在拆迁范围。刘某以土地证仍未办理主张开发公司承担违约责任并将土地资料提交备案。

争议焦点：1. 开发公司是否逾期办证？2. 开发公司是否有义务将土地资料备案？

【裁判要点】

1. 开发公司不构成逾期办证。双方所签商品房买卖合同，约定的是对房屋所有权的买卖，而非对土地使用权的转让，合同相应条款也是对逾期办理房屋所有权证的约定。在最高人民法院《关于审理商品房买卖合同纠纷案件适用法律若干问题的解释》第18条中也明确权属证书是指房屋的权属证书，双方对办理土地使用权证的时间及违约责任并无约定，故刘某依据合同要求开发公司承担逾期办理土地使用权证的违约责任的请求，不予支持。

2. 土地资料备案的主张无据。刘某提出要求开发公司进行土地资料备案的主张，其目的是要求办理土地使用权证，根据《城市房屋拆迁管理条例》第12条规定，拆迁范围确定后，拆迁范围内的单位和个人，不得进行改变房屋和土地用途的活动。因刘某购买的商铺已经列入拆迁范围，故对其要求办理土地使用权证的请求亦不予支持。

【裁判依据或参考】

1. 法律法规。《民法典》（2021年1月1日）第466条：“当事人对合同条款的理解有争议的，应当依据本法第一百四十二条第一款的规定，确定争议条款的含义。合同文本采用两种以上文字订立并约定具有同等效力的，对各文本使用的词句推定具有相同含义。各文本使用的词句不一致的,应当根据合同的相关条款、性质、目的以及诚信原则等予以解释。”第509条:“当事人应当按照约定全面履行自己的义务。当事人应当遵循诚信原则,根据合同的性质、目的和交易习惯履行通知、协助、保密等义务。当事人在履行合同过程中,应当避免浪费资源、污染环境和破坏生态。”**《合同法》**(1999年10月1日,已于2021年1月1日起失效)第125条:“当事人对合同条款的理解有争议的,应当按照合同所使用的词句、合同的有关条款、合同的目的、交易习惯以及诚实信用原则,确定该条款的真实意思。合同文本采用两种以上文字订立并约定具有同等效力的,对各文本使用的词句推定具有相同含义。各文本使用的词句不一致的,应当根据合同的目的予以解释。”第150条:“出卖人就交付的标的物,负有保证第三人不得向买受人主张任何权利的义务,但法律另有规定的除外。”**《城市房地产管理法(2019年修正)》**(2020年1月1日)第60条:“国家实行土地使用权和房屋所有权登记发证制度。”第61条:“以出让或者划拨方式取得土地使用权,应当向县级以上地方人民政府土地管理部门申请登记,经县级以上地方人民政府土地管理部门核实,由同级人民政府颁发土地使用权证书。在依法取得的房地产开发用地上建成房屋的,应当凭土地使用权证书向县级以上地方人民政府房产管理部门申请登记,由县级以上地方人民政府房产管理部门核实并颁发房屋所有权证书。房地产转让或者变更时,应当向县级以上地方人民政府房产管理部门申请房产变更登记,并凭变更后的房屋所有权证书向同级人民政府土地管理部门申请土地使用权变更登记,经同级人民政府土地管理部门核实,由同级人民政府更换或者更改土地使用权证书。法律另有规定的,依照有关法律的规定办理。”国务院**《城市房地产开发经营管理条例(2020年修正)》**(2020年11月29日)第32条:“预售商品房的购买人应当自商品房交付使用之日起90日内,办理土地使用权变更和房屋所有权登记手续;现售商品房的购买人应当自销售合同签订之日起90日内,办理土地使用权变更和房屋所有权登记手续。房地产开发企业应当协助商品房购买人办理土地使用权变更和房屋所有权登记手续,并提供必要的证明文件。”国务院**《批转机构改革办公室对建设部、国家测绘局与国家土地管理局有关职能分工意见的通知》**(1990年5月19日)第4条:“关于土地与房屋的权属管理问题。土地权属管理,由国家土地管理局负责;城市房屋权属管理,由建设部负责。各省、自治区、直辖市人民政府可根据本地的实际情况,自行确定管理机构和具体管理办法,但要防止出现在土地与房屋权属管理和地籍、房籍资料上的脱节现象。”

2. 司法解释。最高人民法院**《关于审理商品房买卖合同纠纷案件适用法律若干问题的解释(2020年修改)》**(2021年1月1日　法释〔2020〕17号)第14条:“由于出卖人的原因,买受人在下列期限届满未能取得不动产权属证书的,除当事人有特殊约定外,出卖人应当承担违约责任:(一)商品房买卖合同约定的办理不动产登记的期限;(二)商品房买卖合同的标的物为尚未建成房屋的,自房屋交付使用之日起 90 日;(三)商品房买卖合同的标的物为已竣工房屋的,自合同订立之日起 90 日。合同没有约定违约金或者损失数额难以确定的,可以按照已付购房款总额,参照中国人民银行规定的金融机构计收逾期贷款利息的标准计算。”第 15 条:“商品房买卖合同约定或者城市房地产开发经营管理条例第三十二条规定的办理不动产登记的期限届满后超过一年,由于出卖人的原因,导致买受人无法办理不动产登记,买受人请求解除合同和赔偿损失的,应予支持。”

3. 部门规范性文件。《房屋登记办法》(2008 年 7 月 1 日,已于 2019 年 9 月 6 日起失效)第 8 条:“办理房屋登记,应当遵循房屋所有权和房屋占用范围内的土地使用权权利主体一致的原则。”第 25 条:“房屋登记机构应当根据房屋登记簿的记载,缮写并向权利人发放房屋权属证书。房屋权属证书是权利人享有房屋权利的证明,包括《房屋所有权证》《房屋他项权证》等。申请登记房屋为共有房屋的,房屋登记机构应当在房屋所有权证上注明‘共有’字样。预告登记、在建工程抵押权登记以及法律、法规规定的其他事项在房屋登记簿上予以记载后,由房屋登记机构发放登记证明。”第 95 条:“房屋权属证书、登记证明,由国务院建设主管部门统一制定式样,统一监制,统一编号规则。县级以上地方人民政府由一个部门统一负责房屋和土地登记工作的,可以制作、颁发统一的房地产权证书。房地产权证书的式样应当报国务院建设主管部门备案。”建设部**《城市房地产转让管理规定》**(2001 年 8 月 15 日)第 5 条:“房地产转让时,房屋所有权和该房屋占用范围内的土地使用权同时转让。”财政部**《契税暂行条例细则》**(1997 年 10 月 28 日　财法字〔1997〕52 号)第 2 条:“条例所称土地、房屋权属,是指土地使用权,房屋所有权。”建设部**《关于制作颁发全国统一房屋权属证书的通知》**(1997 年 7 月 17 日　建房〔1997〕第 178 号)第 1 条:“房屋权属证书分为《房屋所有权证》《房屋共有权证》《房屋他项权证》三种。”国家土地管理局**《对开封市关于实行国有土地使用证房屋所有权证两证合一颁发房地产权证请示的批复》**(1996 年 8 月 20 日　国土批〔1996〕78 号)第 1 条:“开封市土地管理和房产管理机构合一后,根据法律规定,可制作、颁发土地使用权房屋所有权合一的证书,但在工作中应继续保留国有土地使用证和房屋所有权证作为辅助证种。当国有土地使用权主体与房屋所有权主体相一致时,可核发土地房屋权属的合一证书;当国有土地使用权和房屋所有权主体不一致时,为明晰土地、房屋权属关系,保障权利人的合法权益,对土地、房屋登记后,分别向土地使用者和房屋所有者核发国有土地使用证和房屋所有权证。”第 5 条:“核发土地房屋权属的合一证书,其土地仅限于国有土地使用权范围。集体土地所有权和集体土地使用权仍须按《土地登记规则》的规定进行登记,核发集体土地所有证和集体土地使用证。”建设部《**城市商品房预售管理办法**》(2004 年 7 月 20 日)第 12 条:“预售的商品房交付使用之日起 90 日内,承购人应当依法到房地产管理部门和市、县人民政府土地管理部门办理权属登记手续。开发企业应当予以协助,并提供必要的证明文件。由于开发企业的原因,承购人未能在房屋交付使用之日起 90 日内取得房屋权属证书的,除开发企业和承购人有特殊约定外,开发企业应当承担违约责任。”国家土地管理局《**关于贯彻〈城市房地产管理法〉做好土地登记工作的通知**》[1995 年 1 月 1 日 〔1995〕国土(籍)字第 8 号]第 5 条:“土地管理部门与房产管理部门,必须严格执行《城市房地产管理法》第六十条的规定,分别进行登记发证。有条件的地方,可以采取联合办公等形式搞好登记衔接。在省、自治区、直辖市人民政府确定由一个部门统一负责房产管理和土地管理工作的地方,按《城市房地产管理法》第六十二条的规定,土地、房产证书可实行合一,但登记办法和证书格式及有关土地使用权的内容必须符合土地管理的法律、法规和技术规范的要求。土地、房产合一的证书中有关土地的内容和格式必须报国家土地管理局审批。”国家土地管理局《**关于请检查制止乱发土地证书的通知**》(1988 年 2 月 16 日)第 2 条:“1987 年 1 月 1 日《中华人民共和国土地管理法》实施以前,由各级人民政府依照当时法律颁发的土地证书(包括宅基地)暂时有效。今后,由各级土地管理部门按照规定逐步更换为全国统一的土地证书。1987 年 1 月 1 日《中华人民共和国土地管理法》实施后,不是土地管理部门依法颁发的土地证书一律无效。”第 3 条:“土地登记发证是各级土地管理部门的重要职责,土地证书是土地权属的法律凭证,土地登记发证工作必须由土地管理部门依法办理,不得‘证’出多门。”

4. 地方司法性文件。四川成都中院《**关于印发〈商品房买卖合同案件的审理指南(试行)〉的通知**》(2017 年 10 月 11 日 成中法发〔2017〕129 号)第 13 条:“出卖人在办理权属证书中所负的义务。商品房买卖合同约定由买受人委托出卖人代为办理房屋权属证书的,出卖人负有将办理权属证书所需资料、费用以及代买受人将应有买受人缴纳的税费及相关资料提交给办证机关,协助办理权属交更登记的义务以及代为领取权属证书或权属证书颁发后及时通知买受人领取的义务。商品房买卖合同约定由买受人与出卖人共同办理房屋权属证书的,出卖人负有将办理权属证书所需应由出卖人提交的资料及费用交由办证机关,协助办理权属变更登记并告知买受人的义务。”第 27 条:“对‘交房之日起 × 日内取得房屋所有权证书’的理解。出卖人在商品房买卖合同约定的交房之日前已经向买受人交付房屋的,办理权属证书的起算时间应为实际交房之日而非当事人约定的交房之日。出卖人逾期交付房屋的,办理权属证书的起算时间应为出卖人向买受人实际交房之日而非约定的交房之日。商品房买卖合同约定买受人委托出卖人协助办证的情况下,‘买受人在交房之日起 × 日内取得房屋所有权证书’既包含有出卖人负有协助办证的义务，同时还有代为领取权属证书并在合同约定期限内转交给买受人的义务。商品房买卖合同约定买受人与出卖人共同办证的情况下，出卖人仅负有在合同约定期限内向办证机关提交办理权属登记所需应由出卖人提交的全部资料并通知买受人的义务。买受人未在商品房买卖合同约定期限内取得房屋所有权证书的，人民法院应当审查是由于出卖人协助办证迟延还是交付权利凭证迟延的原因所致，合理确定出卖人应当承担的违约金数额。”广东高院**《印发〈关于审理房屋买卖合同纠纷案件的指引〉的通知》**（2017年9月12日　粤高法〔2017〕191号，已于2020年12月31日经粤高法〔2020〕132号废止）第26条：“房屋尚未办理所有权转移登记，买受人请求确认房屋归其所有的，人民法院应当向其释明变更诉讼请求为出卖人协助其办理房屋所有权转移登记。买受人不同意变更的，驳回其诉讼请求。”第34条：“商品房买卖合同未明确约定出卖人代为办理所有权登记的，出卖人仍然负有协助义务。出卖人应当在合理期限内办理初始登记，并将办理所有权转移登记所需要的材料提交登记机关，依照合同约定或者其他合理方式告知买受人可以自行申请办理房屋所有权转移登记。出卖人未履行上述义务的，应当承担逾期办证的违约责任。买受人起诉请求出卖人协助其办理房屋所有权转移登记，但一审法庭辩论终结前出卖人尚未办理初始登记的，人民法院可以向买受人释明变更诉讼请求为解除合同、赔偿损失。买受人不变更的，驳回其诉讼请求。”浙江温州中院民四庭**《审理商品房买卖合同纠纷案件疑难问题参考意见》**（2010年4月30日）第19条：“《解释》第十八条第一款规定的‘房屋权属证书’，包括房屋所有权证书和土地使用权证书。出卖人就买受人未按时取得房屋所有权证书承担了违约责任后，买受人又请求出卖人就未按时取得土地使用权证书承担违约责任的，两者违约期间重叠部分的违约金，不予支持。”福建高院**《关于审理商品房买卖合同纠纷案件疑难问题的解答》**（2008年7月25日）第17条：“问：《商品房买卖合同司法解释》第十八条第一款规定的‘房屋权属证书’是否包括土地使用权证书？即，买受人已经在第十八条第一款规定的期限内取得房屋所有权证书，但因出卖人原因未在该期限内取得土地使用权证书的，能否请求出卖人承担违约责任？如果出卖人已经就买受人未按时取得房屋所有权证书承担了违约责任，买受人又请求出卖人就未按时取得土地使用权证书承担违约责任，两者的违约期间重叠部分，出卖人是否可以不再重复支付违约金？答：《商品房买卖合同司法解释》第十八条第一款规定的‘房屋权属证书’包括房屋所有权证书和土地使用权证书。因出卖人原因致使买受人未在《商品房买卖合同司法解释》第十八条第一款规定的期限内取得土地使用权证书的，出卖人应当承担违约责任。除当事人有特殊约定外，出卖人就买受人未按时取得房屋所有权证书承担了违约责任后，买受人又请求出卖人就未按时取得土地使用权证书承担违约责任的，两者的违约期间重叠部分之违约金，不应予以支持。”

第18条:“问:出卖人与买受人约定只办理房屋所有权证书,土地使用权属他人(如同一幢楼的底层用户)所有的,是否有效?答:依照我国《城市房地产管理法》第三十一条的规定,房地产转让时,房屋的所有权与该房屋占用范围内的土地使用权同时转让。商品房买卖合同约定只转移房屋所有权,不转移土地使用权的,该约定无效。”江苏高院《**全省民事审判工作座谈会纪要(征求意见稿)**》(2007年12月21日苏高法电〔2007〕594号)第6条:“取得房屋权属证书既是买受人依法享有的权利,也是买受人依法负有的义务。房地产开发企业应当协助买受人办理土地使用权变更和房屋所有权登记手续,并提供必要的证明文件。买受人能够证明‘由于出卖人的原因’导致买受人迟延或不能取得房屋权属证书的,出卖人应当承担违约责任。双方未约定由出卖人代为办理房屋权属证书的,出卖人完成协助办证义务的时间,应确定为其采用了合理的通知方式,将办证所需的相关资料如购房发票等交付给买受人之时;双方约定由出卖人代为办理房屋权属证书的,买受人如主张出卖人未尽办证义务,应先证明其已向出卖人提供了身份证复印件等办证所需的材料。房屋权属证书包括房屋所有权证和土地使用权证。由于出卖人的原因导致买受人只能办理部分房屋权属证书,买受人要求出卖人承担违约责任的,应予支持,但可酌情降低违约金的计算标准。”

5. 参考案例。2013年**某房屋买卖合同纠纷案**,房屋买卖协议双方未办过户,但办理了公证,买受人能否基于公证书内容取得房屋产权?处理意见:《物权法》第9条第1款规定:“不动产物权的设立、变更、转让和消灭,经依法登记,发生效力;未经登记,不发生效力,但法律另有规定的除外。”房屋属于不动产,只有登记才能发生物权变动,公证不发生物权变动效力。2009年**福建某行政诉讼纠纷案**,2008年,陈某向开发公司索赔逾期办证违约金时,开发公司提交了其于约定日期向国土局提供项目初始登记材料,开发公司以国土局出具的收件收据主张免除相应日期之后逾期办证违约金。2009年,陈某起诉国土局,以开发公司提交的初始登记材料不符合要求为由,要求撤销该收件收据。法院认为:国土局负责本行政区域城市规划区内国有土地范围内房屋权属登记管理工作,其审查房屋所有权登记申请人提交的相关材料,判定符合房屋权属登记和确认房屋产权归属关系法定条件的,无需作出备案的行政决定,即可进行房屋权属登记并发放与登记类型相对应的证书。国土局出具“收件收据”行为本身,只证明收受第三人开发公司申请办理商品房项目初始登记所提交相关材料事实,并未设立陈某和第三人的权利与义务,不是可诉的具体行政行为。陈某请求事项不属于行政审判权限范围,判决驳回陈某起诉。2009年**江苏某商品房买卖合同纠纷案**,2007年,吴某与开发公司签订商品房买卖合同,约定年底交房,并约定了违约责任。2008年1月,开发公司为吴某办理了有关房屋所有权证。因开发公司至今未将办理土地权属登记有关资料报送土地管理部门,致使吴某一直未办理房屋土地使用权证。2009年,吴某诉请开发公司承担逾期办证违约责任。法院认为:依建设部《城市房屋权属登记管理办法》第30条规定,房屋权属证书包括《房屋所有权证》《房屋共有权证》《房屋他项权证》或《房地产权证》《房地产共有权证》《房地产他项权证》,土地使用权证不属权属证书,但在我国,土地使用权证和房屋所有权证具有不可分割性,任一证件缺失均导致房屋权属瑕疵。即使所有人已取得房屋所有权证书,但由于未办土地使用权证,其权益难以得到充分保护,并会影响房屋再交易,故对房屋出卖人来说,协助办理土地使用权证系其应履行的从给付义务。从法理上看,给付是指债之关系上特定人间得请求的特定行为,包括主给付义务与从给付义务。合同从给付义务系基于法律规定和诚实信用原则,具有补助主给付义务功能,确保债权人利益能获得最大满足。而与附随义务不同的是,从给付义务可独立以诉请求履行,故吴某有权请求被告协助办理土地使用权证。考虑到开发公司已部分履行权属办理义务,判决开发公司承担约定违约金50%。2005年**广东某房屋买卖合同纠纷案**,2001年,黄某与开发公司签订商品房买卖合同,约定交房后360日内取得房地产权属证书。2002年4月6日,开发公司交房。2003年4月16日,开发公司办理大产权。同年11月15日,开发公司通知黄某提交相关办证资料。2004年11月15日,黄某向开发公司提出办证申请。2004年12月20日,黄某取得房产证。2005年,黄某诉请开发公司支付逾期办证违约金。法院认为:案涉商品房买卖合同合法有效。依合同约定,开发公司负有协助黄某办证义务,且在因开发公司责任致使黄某不能在房屋交付使用后360日内取得房地产权属证书的,承担违约责任。开发商办证义务是转移房屋所有权主合同义务,并非附随义务。由于取得诉争房屋所在楼宇商品房地产权证明书是购房人办理权属登记之前必须由开发商完善的手续,本案中开发公司直至2003年4月16日才取得诉争房屋所在楼宇商品房地产权证明书,始具备为黄某办理权属登记前提条件,之后又迟至2003年11月15日才通知黄某提交相关办证资料,由此导致黄某不能在收楼后360日内取得诉争房屋房地产权属证书,应属于开发公司责任导致的迟延,开发公司应就此期间承担逾期办证违约责任。在开发公司发出办证通知后,黄某应积极向开发公司提交相关办证资料并填写办证申请,但黄某于2004年11月15日才向开发公司提出办证申请,当日开发公司已向房管部门递交资料协助黄某办证,履行了其协助办证义务,故自2003年11月16日起至2004年12月20日房管部门核发诉争房屋房产证期间,均非因开发公司责任导致的办证迟延,依双方合同约定,开发公司无需承担此期间逾期办证违约责任。判决开发公司承担自2003年4月1日起至2003年11月15日止的逾期办证违约责任。2010年6月**广西某商品房买卖合同案**,法院认为:关于高某要求开发公司承担逾期办证(土地使用权证)违约金的诉讼请求问题。从本案《商品房买卖合同》约定的条款内容进行分析、考证和理解,其约定的"办理权属登记"中的"权属"应仅指"房屋所有权证",不包括"国有土地使用权证",且对土地使用权证无约定办理时间。高某曲解了该条款的真实含义,该条款所述的"房地产权属证书",只是适用于由一个部门统一负责房产管理和土地管理工作并颁发统一房地产证书的情况(房、地产权合一),而广西区域未实行房地产权合一。因此,该条款中所述的权属登记实际仅指房屋权属登记,不包括土地使用权登记。县国有土地使用权证的办理程序,只有在"房产权"办理完毕后,再由产权人提供相应申请资料由开发商协助办理土地使用权证书。本案高某已经在诉讼前取得了土地使用权证书,即开发公司协助办理的义务也已经完成。故开发公司已在合同约定的时间内为高某办理了房屋产权证书,履行了合同义务,不存在违约行为。故高某该项诉请亦无事实依据,依法不予支持。2008 年 8 月**四川某商品房买卖合同案**,一审认为:根据我国《城市房地产开发经营管理条例》第 33 条的规定,办理土地使用权变更和房屋所有权登记手续是商品房购买人的权利和义务。根据熊某、开发公司约定,开发公司也仅有"向房屋产权监理机关办理权属登记手续"的义务,故熊某要求办理土地使用权证的诉讼请求因缺乏事实和法律依据,不予支持。二审认为:双方当事人签订的商品房买卖合同虽然没有明确约定办理国有土地使用权变更登记事宜,但依照《城市房地产开发经营管理条例》第 33 条之规定,协助实现土地使用权变更登记是出卖人一项基本义务。由于出卖人的原因导致买受人未取得国有土地使用权证书的,出卖人应当承担违约责任。因办理国有土地使用权证的必要证明文件由出卖人掌握,买受人无法获得,出卖人应保证其向办证机关提供的证明文件手续合法、要件齐全,并对迟延办证的原因不在出卖人的主张进行合理说明并承担举证责任。本案开发公司的证据不足以证明迟延办理国有土地使用权证书的原因不在该公司,故应当对迟延办证承担责任。熊某要求开发公司在 2008 年内为其办理国有土地使用权证的诉讼请求应当得到支持。2008 年 6 月**四川某商品房买卖合同案**,法院认为:根据《城市房地产开发经营管理条例》第 33 条"预售商品房的购买人应当自商品房交付使用之日起 90 日内,办理土地使用权变更和房屋所有权登记手续……房地产开发企业应当协助商品房购买人办理土地使用权变更和房屋所有权登记手续,并提供必要的证明文件"、《城市房屋权属登记管理办法》第 6 条(*现为《房屋登记办法》第 8 条——编者注*)"房屋权属登记应当遵循房屋所有权和房屋占用范围内的土地使用权权利主体一致原则"的规定,本案《商品房买卖合同》中约定的"权属登记"应当既包括房屋产权证登记,也包括国有土地使用权证登记。故开发公司称办理权属证书应为房屋产权证而不是国土使用证登记的理由不能成立,法院不予采纳。2005 年 12 月**辽宁某商品房买卖合同案**,法院认为:刘某与开发公司在《商品房购销合同》中有"关于产权登记的约定",而产权通常指的是所有权,城市规划区范围内的土地归国家所有，使用人仅能依法获得使用权，而非“产权”，该条款不是当事人就办理土地使用权证问题所作出的约定。根据《城市房地产开发经营管理条例》第33条“房地产开发企业应当协助商品房购买人办理土地使用权变更和房屋所有权登记手续，并提供必要的证明文件”的规定，开发公司负有协助办理土地使用权变更登记并提供必要的证明文件的法定义务，开发公司未在法定期限内履行该义务，当事人有权请求法院强制其履行，但并不必然产生违约金责任。本案当事人在《商品房购销合同》中就迟延办理土地使用权证并未约定违约金责任，故刘某主张违约金责任没有法律依据。最高人民法院《关于审理商品房买卖合同纠纷案件适用法律若干问题的解释》中载明的“房屋权属证书”仅指房屋所有权证书，并不包括土地使用权证书。该解释第1条规定，“本解释所称的商品房买卖合同，是指房地产开发企业将尚未建成或者已经竣工的‘房屋’向社会销售并‘转移所有权’于买受人，买受人支付价款的合同”，该条明确规定买卖合同的标的物为“房屋”而非“土地”，且出卖人须“转移所有权”，而非“转移使用权”。土地使用人对国有土地仅能享有使用权，而不享有所有权，故本条所称的转移所有权系指房屋所有权，而取得房屋权属证书系房屋所有权转移的标志。故该《解释》第18条中的“房屋权属证书”只能是与第1条相对应的房屋所有权证书，而不能是土地使用权证书。《城市房地产开发经营管理条例》第33条“预售商品房的购买人应当自商品房交付使用之日起90日内，办理土地使用权变更和房屋所有权登记手续……房地产开发企业应当协助商品房购买人办理土地使用权变更和房屋所有权登记手续，并提供必要的证明文件”的规定也是将“土地使用权变更手续”与“房屋所有权登记手续”分别表述，两者并不存在包含关系。故刘某以上述司法解释第18条中的“房屋权属证书”包括房屋所有权证及土地使用权证为由要求开发公司给付违约金的请求不能成立。2003年4月**广东某房地产买卖合同案**，法院认为：根据合同约定，出卖人需在合同签订半年内办好房屋买卖过户手续发给契证，逾期未能办理，买受人有权要求出卖人退回所有购楼款。并需按买受人所付款项的总金额支付违约金。出卖人未依合同的约定在合同签订后的半年内办理房屋过户契证给买受人，实属违约，应承担违约责任。因房屋过户契证包括《房屋所有权证》及《国有土地使用证》，讼争房屋的《国有土地使用证》是由于出卖人没有向国土部门支付土地出让金而一直未办理，后该证在买受人向国土部门代付了土地出让金后才取得，此间，买受人与出卖人就土地出让金的支付进行交涉，买受人没有理由不向出卖人主张办证及支付违约金。故原审判决认为买受人要求出卖人支付逾期办证违约金的请求超过2年的诉讼时效欠妥，应予纠正。由于出卖人未依合同的约定为买受人办理房屋过户契证，其应向买受人支付逾期办证的违约金。

【同类案件处理要点】

最高人民法院《关于审理商品房买卖合同纠纷案件适用法律若干问题的解释》第14条规定的“不动产权属证书”包括房屋所有权证书和土地使用权证书。因出卖人原因致使买受人未在法定或约定期限内取得土地使用权证书的,出卖人应当承担违约责任。

【相关法律风险提示】

1. 商品房买卖合同范本均有“关于产权登记的约定”或“关于房屋权属登记的约定”,约定办理房地产权属证书的主要义务在出卖方,实践中对权属证书是否包括国有土地使用权证存在争议,比如辽宁沈阳中院(2007)沈民(2)房终字第662号“刘某与某开发公司房屋买卖合同纠纷案”、辽宁沈阳中院(2005)沈民(2)房终字第1076号“刘某与某开发公司商品房买卖合同纠纷案”判决均认为权属证书只是房屋产权证,并且引用最高人民法院《关于审理商品房买卖合同纠纷案件适用法律若干问题的解释》第18条中佐证“权属证书是指房屋的权属证书”。尽管学理及司法实践中倾向于房屋权属理所当然包括了土地证,但避免争议的办法,最好还是在合同中预先明确为“房地产权属登记(包括国有土地使用权证)”。

2. 及时主张逾期办证违约责任,以避免标的房屋因各种原因导致办证受限,在权属证明无法办理或办理已无意义的情况下,比如遭遇拆迁,是否还应办证及支付逾期办证违约金,必然引发争议。

【附注】

参考案例索引:辽宁沈阳中院(2007)沈民(2)房终字第662号“刘某与某开发公司房屋买卖合同纠纷案”;见《公证能否引起物权变动》(《民事审判指导与参考》研究组),载《民事审判指导与参考·民事审判信箱》(201303/55:237);福建厦门中院(2009)厦行终字第125号“陈某与某房管局行政诉讼案”,见《陈海松等二十人诉厦门市国土资源与房产管理局房屋权属初始登记案》(陈为山、黄频),载《人民法院案例选》(201003/73:322);江苏徐州中院(2009)徐民三终字第500号“吴某与某开发公司商品房买卖合同纠纷案”,见《协助办理土地使用权证是房屋出卖人的从给付义务——徐州中院判决吴红梅诉爱东房地产有限公司商品房买卖合同纠纷案》(闫志开、张锐),载《人民法院报·案例指导》(20110210:06);广东广州中院(2005)穗中法民四终字第2483号“黄某与某开发公司逾期办证纠纷案”,见《黄葳诉广州番禺奥林匹克花园房地产开发有限公司逾期办证违约责任纠纷案》(蔡培娟),载《人民法院案例选》(200701/59:237),另见《逾期办理产权证的违约责任承担》(蔡培娟),载《人民司法·案例》(200701:47);广西桂林中院(2010)桂市民终字第957号"高某与某开发公司商品房买卖合同纠纷上诉案"；四川成都中院(2008)成民终字第2276号"熊某与某开发公司商品房买卖合同纠纷案"；四川成都中院(2008)成民终字第1357号"某开发公司与陈某等房屋买卖合同纠纷案"；辽宁沈阳中院(2005)沈民(2)房终字第1076号"刘某与某开发公司商品房买卖合同纠纷案"；广东佛山中院(2003)佛中法民一终字第78号"黎某等与某银行房地产买卖合同纠纷上诉案"。

55. 逾期办证的违约责任

——逾期办房证，违约如何赔？

【逾期办证】

【案情简介及争议焦点】

2005年11月，杨某与开发公司签订商品房买卖合同，签约前即已交付房屋，签约时付清了全款。2006年2月20日，杨某缴纳了办证费用，2006年9月20日仍未拿到产权证，遂诉逾期办证违约金。实际上，在2006年2月13日房管局就填发了产权证，只是一直未领。

争议焦点：1. 开发公司是否违约？2. 违约金如何计算？

【裁判要点】

1. 开发公司违约。杨某在合同订立当日就向开发公司付清了全部购房款，并于2006年2月20日缴纳了契税和房产交易手续费。作为出卖人，开发公司无证据证实系因杨某原因拖延办理土地使用权转让和房屋权属证明，而作为买受人的杨某也并未在期限内取得房屋所有权，故开发公司应依法承担相应的违约责任。

2. 违约金的计算。杨某主张从其交付完所有款项时起，即2006年2月20日至2006年9月20日，按已付购房款总额，参照中国人民银行规定的金融机构计收逾期贷款利息的标准计算得出违约金人民币3000余元的主张不违反法律规定，并趋于合理，应予支持。

【裁判依据或参考】

1. 法律及行政法规。《民法典》(2021年1月1日)第577条："当事人一方不履行合同义务或者履行合同义务不符合约定的，应当承担继续履行、采取补救措施或者赔偿损失等违约责任。”第 579 条:“当事人一方未支付价款、报酬、租金、利息,或者不履行其他金钱债务的,对方可以请求其支付。”第 583 条:“当事人一方不履行合同义务或者履行合同义务不符合约定的,在履行义务或者采取补救措施后,对方还有其他损失的,应当赔偿损失。”第 584 条:“当事人一方不履行合同义务或者履行合同义务不符合约定,造成对方损失的,损失赔偿额应当相当于因违约所造成的损失,包括合同履行后可以获得的利益;但是,不得超过违约一方订立合同时预见到或者应当预见到的因违约可能造成的损失。”第 585 条:“当事人可以约定一方违约时应当根据违约情况向对方支付一定数额的违约金,也可以约定因违约产生的损失赔偿额的计算方法。约定的违约金低于造成的损失的,人民法院或者仲裁机构可以根据当事人的请求予以增加;约定的违约金过分高于造成的损失的,人民法院或者仲裁机构可以根据当事人的请求予以适当减少。当事人就迟延履行约定违约金的,违约方支付违约金后,还应当履行债务。”第 589 条:“债务人按照约定履行债务,债权人无正当理由拒绝受领的,债务人可以请求债权人赔偿增加的费用。在债权人受领迟延期间,债务人无须支付利息。”第 590 条:“当事人一方因不可抗力不能履行合同的,根据不可抗力的影响,部分或者全部免除责任,但是法律另有规定的除外。因不可抗力不能履行合同的,应当及时通知对方,以减轻可能给对方造成的损失,并应当在合理期限内提供证明。当事人迟延履行后发生不可抗力的,不免除其违约责任。”第 592 条:“当事人都违反合同的,应当各自承担相应的责任。当事人一方违约造成对方损失,对方对损失的发生有过错的,可以减少相应的损失赔偿额。”国务院**《城市房地产开发经营管理条例(2020 年修正)》**(2020 年 11 月 29 日)第 32 条:“预售商品房的购买人应当自商品房交付使用之日起 90 日内,办理土地使用权变更和房屋所有权登记手续;现售商品房的购买人应当自销售合同签订之日起 90 日内,办理土地使用权变更和房屋所有权登记手续。房地产开发企业应当协助商品房购买人办理土地使用权变更和房屋所有权登记手续,并提供必要的证明文件。”

2. 司法解释及最高人民法院司法性意见。最高人民法院民一庭**《民事审判实务问答 069:出卖人因自身原因,未能在合同约定期限内为买受人办理房屋权属证书的,人民法院如何认定出卖人应承担的违约责任》**(2021 年 7 月):“……最高人民法院《关于审理商品房买卖合同纠纷案件适用法律若干问题的解释》(本文以下简称《商品房买卖解释》)第十四条第一款规定:‘由于出卖人的原因,买受人在下列期限届满未能取得房屋权属证书的,除当事人有特殊约定外,出卖人应当承担违约责任:(一)商品房买卖合同约定的办理不动产登记的期限;(二)商品房买卖合同的标的物为尚未建成房屋的,自房屋交付使用之日起 90 日;(三)商品房买卖合同的标的物为已竣工房屋的,自合同订立之日起 90 日。’结合合同自治原则,商品房买卖合同当事人之间对买受人办理房屋产权证书期限有明确约定的，人民法院应当直接依据当事人的约定确定出卖人应承担的违约责任。如当事人之间就此没有约定或者约定不明而又不能通过协商加以明确的，人民法院则应根据《商品房买卖解释》第十四条第二款规定，即‘合同没有约定违约金或者损失数额难以确定的，可以按照已付购房款总额，参照中国人民银行规定的金融机构计收逾期贷款利息的标准计算’来确定出卖人应承担的违约责任。但根据中国人民银行《关于人民币贷款利率有关问题的通知》（银发〔2003〕251 号）第三条规定，逾期贷款罚息利率由原来的按日万分之二点一计收利息，改为在借款合同载明的贷款利率水平上加收 30% ~50%。而由于商品房买卖合同并非借款合同，其也不会约定贷款利率，故依此确定违约金存在一定的障碍。在《商品房买卖解释》未对此作进一步明确规定的情况下，《民法典》第六百四十六条规定：‘法律对其他有偿合同有规定的，依照其规定；没有规定的，参照适用买卖合同的有关规定。’鉴于买卖双方合同义务的对等性，人民法院可参照最高人民法院《关于审理买卖合同纠纷案件适用法律问题的解释》（本文以下简称《买卖合同解释》）第十八条第四款‘买卖合同没有约定逾期付款违约金或者该违约金的计算方法，出卖人以买受人违约为由主张赔偿逾期付款损失，违约行为发生在 2019 年 8 月 19 日之前的，人民法院可以中国人民银行同期同类人民币贷款基准利率为基础，参照逾期罚息利率标准计算；违约行为发生在 2019 年 8 月 20 日之后的，人民法院可以违约行为发生时中国人民银行授权全国银行间同业拆借中心公布的一年期贷款市场报价利率（LPR）标准为基础，加计 30% ~50% 计算逾期付款损失’的规定，来确定出卖人应当承担的违约责任。出卖人认为约定的违约金过高而要求人民法院调整的，人民法院应根据《民法典》第五百八十五条、《商品房买卖解释》第十二条，并参照《商品房买卖解释》第十四条、《买卖合同解释》第十八条确定的违约金计算标准确定出卖人应承担的违约责任。”最高人民法院**《第八次全国法院民事商事审判工作会议（民事部分）纪要》**（2016 年 11 月 30 日）第 18 条：“买受人请求出卖人支付逾期办证的违约金，从合同约定或者法定期限届满之次日起计算诉讼时效期间。合同没有约定违约责任或者损失数额难以确定的，可参照《最高人民法院关于审理民间借贷案件适用法律若干问题的规定》第二十九条第二款规定处理。”最高人民法院民一庭负责人**《关于当前民事审判工作中的若干具体问题》**（2015 年 12 月 24 日）第 1 条：“……对于开发商确因资金链断裂无力交房或无法办理房产证的，也要及时通过合同解除等方式依法保护购房者的利益，同时依据法律规定适度分担损失，更好平衡各方利益。要密切关注因房地产价格下跌产生的群体性事件，加强与当地党委政府的沟通协调，及时做好处置预案，防止产生连锁反应……”最高人民法院**《关于审理商品房买卖合同纠纷案件适用法律若干问题的解释（2020 年修改）》**（2021 年 1 月 1 日　法释〔2020〕17

号)第14条:“由于出卖人的原因,买受人在下列期限届满未能取得不动产权属证书的,除当事人有特殊约定外,出卖人应当承担违约责任:(一)商品房买卖合同约定的办理不动产登记的期限;(二)商品房买卖合同的标的物为尚未建成房屋的,自房屋交付使用之日起90日;(三)商品房买卖合同的标的物为已竣工房屋的,自合同订立之日起90日。合同没有约定违约金或者损失数额难以确定的,可以按照已付购房款总额,参照中国人民银行规定的金融机构计收逾期贷款利息的标准计算。”第15条:“商品房买卖合同约定或者城市房地产开发经营管理条例第三十二条规定的办理不动产登记的期限届满后超过一年,由于出卖人的原因,导致买受人无法办理不动产登记,买受人请求解除合同和赔偿损失的,应予支持。”

3.部门规范性文件。建设部《**房屋登记办法**》(2008年7月1日,已于2019年9月6日起失效)第23条:“自受理登记申请之日起,房屋登记机构应当于下列时限内,将申请登记事项记载于房屋登记簿或者作出不予登记的决定:(一)国有土地范围内房屋所有权登记,30个工作日,集体土地范围内房屋所有权登记,60个工作日……”建设部《**城市商品房预售管理办法**》(2004年7月20日)第12条:“预售的商品房交付使用之日起90日内,承购人应当依法到房地产管理部门和市、县人民政府土地管理部门办理权属登记手续。开发企业应当予以协助,并提供必要的证明文件。由于开发企业的原因,承购人未能在房屋交付使用之日起90日内取得房屋权属证书的,除开发企业和承购人有特殊约定外,开发企业应当承担违约责任。”建设部办公厅《**关于对〈城市房屋权属登记管理办法〉有关问题的复函**》(2003年12月11日　建办法函〔2003〕619号,已于2011年1月26日被废止):“《城市房地产开发经营管理条例》第三十三条规定:‘预售商品房的购买人应当自商品房交付使用之日90日内,办理土地使用权变更和房屋所有权登记手续;现售商品房的购买人应当自销售合同签订之日起90日内,办理土地使用权变更和房屋所有权登记手续。房地产开发企业应当协助商品房购买人办理土地使用权变更和房屋所有权登记手续,并提供必要的证明文件。’《城市房屋权属登记管理办法》(*该办法已被2008年7月1日实施的《房屋登记办法》废止——编者注*)第四条规定:‘申请人应当按照国家规定到房屋所在地的人民政府房地产行政主管部门申请房屋权属登记,领取房屋权属证书’;第十一条第一款规定:‘房屋权属登记由权利人(申请人)申请’。根据上述规定精神,我们认为,《城市房屋权属登记管理办法》第十七条第一款规定的房屋权属转移登记,应当由购买人提出申请,并由出售人予以协助。”建设部《**商品房销售管理办法**》(2001年6月1日)第34条:“房地产开发企业应当在商品房交付使用前按项目委托具有房产测绘资格的单位实施测绘,测绘成果报房地产行政主管部门审核后用于房屋权属登记。房地产开发企业应当在商品房交付使用之日起60日内,将需要由其提供的办理房屋权属登记的资料报送房屋所在地房地产行政主管部门。房地产开发企业应当协助商品房买受人办理土地使用权变更和房屋所有权登记手续。”建设部**《关于颁布全国统一房屋权属证书的公告》**(1997 年 11 月 18 日)第 4 条:“房屋权属证书由直辖市、市、县人民政府房地产管理部门颁发,未设人民政府房地产管理部门的市、县,暂由人民政府作为发证机关,并委托下属房地产管理单位具体办理房屋产权登记发证工作。”

4. 地方司法性文件。北京高院**《关于立案审判适用法律若干问题的解答(二)》**(2019 年 11 月 20 日)第 7 条:“商品房买卖合同的买受人因出卖人未依约办理所有权证而起诉时,如何确定合同履行地?商品房买卖合同买受人基于出卖人未依约办理所有权证而诉请出卖人办理所有权证、支付违约金、解除合同并返还购房款等,应以不动产所在地作为合同履行地,理由如下:《北京市高级人民法院关于民事诉讼管辖若干问题的规定》第二条规定:‘民事诉讼法解释第十八条第二款中的‘争议标的’指诉讼请求所指向的合同义务内容,争议标的履行地指诉讼请求所指向的合同义务内容的履行地。’买受人因出卖人未依约办理房屋所有权证提出的诉求,指向的合同义务内容为‘办理房屋所有权证’。根据《中华人民共和国合同法》第一百三十五条、《最高人民法院关于审理商品房买卖合同纠纷案件适用法律若干问题的解释》第一条之规定,出卖人向买受人交付房屋和办理房屋所有权证,实质上均属于房屋交付义务范畴,故诉争标的应为‘交付不动产’。民事诉讼法解释第十八条第二款规定:‘交付不动产的,不动产所在地为合同履行地。’”江苏盐城中院**《关于规范审理涉新冠肺炎疫情房地产纠纷案件的十五条意见》**(2020 年 3 月 16 日)第 11 条:“逾期交房、逾期办证民事责任认定。买受人要求出卖人承担逾期交房、逾期办证违约责任,出卖人提出受疫情、疫情防控措施影响导致无法按期交付、无法按期协助办证抗辩,出卖人应当承担举证责任,确因疫情、疫情防控措施造成逾期交房、逾期办证,出卖人要求减免违约责任,应当予以支持。出卖人逾期交房、逾期办证也有自身过错,对因其自身原因造成逾期的违约责任不予免除。”第 12 条:“房屋买卖合同的解除。出卖人因受疫情、疫情防控措施影响逾期交房、逾期办证,买受人要求解除房屋买卖合同;买受人因受疫情影响逾期付款,出卖人要求解除房屋买卖合同,应当严格审查合同的解除条件,同时给予当事人合理的履行期限,在合理的履行期限内,一方当事人能够继续履行合同,另一方当事人要求解除合同,不予支持;合理的履行期限届满,合同目的仍不能实现,当事人要求解除合同,可以支持。”天津高院**《关于审理房屋买卖合同纠纷案件若干问题的审判委员会纪要》**(2018 年 11 月 26 日　津高法〔2018〕230 号)第 1 条:“……(三)商品房逾期交付的责任承担问题。出卖人未按照《天津市商品房买卖合同》第三条第二款约定日期交付商品房,应当按照《天津市商品房买卖合同》第五条约定,承担相应的违约责任。如出卖人在《天津市商品房买卖合同》约定日期通知买受人办理商品房交接手续,而该商品房于上述日期未经竣工验收合格,直至一审辩论终结前,方经竣工验收合格,买受人主张出卖人承担逾期交付商品房违约责任的,应区分以下情况处理:1. 如买受人因商品房未经竣工验收合格而拒绝办理交接手续,或者对商品房未经竣工验收合格并不知情而受领房屋,应当按照《天津市商品房买卖合同》第五条的约定,判令出卖人承担相应的违约责任;2. 如有证据证明买受人明知商品房未经竣工验收合格仍然选择办理交接手续,可以按照《天津市商品房买卖合同》第五条的约定,判令出卖人承担70%的违约责任;3. 前述两种情形下,判令出卖人承担的违约责任一般不应超过总房款的30%。如出卖人在约定日期通知买受人办理商品房交接手续,而该商品房于上述日期虽经竣工验收合格但未取得《天津市新建住宅商品房准许交付使用证》,直至一审法庭辩论终结前才取得《天津市新建商品房准许交付使用证》,买受人主张出卖人承担逾期交房违约责任的,应区分如下情况处理:1. 如买受人因商品房未取得《天津市新建住宅商品房准许交付使用证》而拒绝办理交接手续,或者买受人对商品房未取得《天津市新建住宅商品房准许交付使用证》并不知情而受领房屋,应当按照《天津市商品房买卖合同》第五条约定,判令出卖人承担相应违约责任;2. 如有证据证明买受人明知商品房未取得《天津市新建住宅商品房准许交付使用证》仍然选择办理交接手续,可以按照《天津市商品房买卖合同》第五条约定,判令出卖人承担30%的违约责任;3. 前述两种情形下,判令出卖人承担违约责任一般不超过总房款的15%。"江苏高院**《关于审理房地产合同纠纷案件若干问题的解答》**(2018年6月26日　审委会会议纪要〔2018〕3号)第45条:"商品房买卖合同逾期办证违约金如何调整?对于逾期办证,开发商往往约定较低的违约金,有的逾期办证时间较长,买受人主张调高违约金的,此时应由买受人举证其损失,买受人能够证明损失大于合同约定的违约金的,可予支持。但实践中对于逾期办证的损失往往很难举证证明,而逾期办证客观上确实对买受人造成损害,如果逾期付款违约金与逾期办证违约金约定明显不对等的,买受人请求参照《商品房买卖司法解释》第18条第2款规定,按照已付购房款总额参照中国人民银行规定的金融机构计收逾期贷款利息的标准调整违约金的,一般可予支持。对于逾期办证违约金,在两证合一前,不仅包括逾期办理房产证,还包括逾期办理土地使用权证。"河北廊坊中院**《关于印发〈审理房屋买卖合同纠纷案件若干问题的会议纪要〉的通知》**(2018年3月14日　廊中法〔2018〕24号)第4条:"商品房买卖合同中,开发商存在逾期交房、逾期办证的违约行为,买受人同时主张上述两项违约金的,按照《合同法》第114条及《合同法司法解释(二)》第29条的规定处理处理。"第5条:"商品房买卖合同约定买受人委托开发商代为办证,开发商未在合同约定或法定办证期限内将房屋产权过户登记到买受人名下,并通知买受人领取房屋产权证书的,应当承担逾期办证的违约责任,但开发商能够证明办证逾期是非开发商原因造成的除外。”四川成都中院**《关于印发〈商品房买卖合同案件的审理指南（试行）〉的通知》**（2017年10月11日　成中法发〔2017〕129号）第20条：“出卖人歇业或注销后协助办证义务主体。作为出卖人的公司在未履行产权转移登记手续前被吊销营业执照但尚未注销的，由出卖人承担协助办证义务。出卖人已经被注销工商登记的，由承接该财产权利的单位或者个人承担协助办证义务。无承接该财产权利的单位或者个人的，由负有清算义务的主体承担协助办证义务。”第24条：“商品房买卖合同不具备交付或者办证条件下，买受人可否主张逾期交付或者逾期办证的违约金的认定。商品房买卖合同在事实上已经不具备履行条件的情况下，买受人请求出卖人承担逾期交房或者逾期办证违约金的，不予支持。人民法院应当行使释明权，告知当事人可以变更诉讼请求。商品房买卖合同暂不具备继续履行条件的，买受人请求出卖人承担逾期交房或者逾期办证等继续履行违约金的，可予支持。如果该合同因无法履行而最终被解除的，人民法院在确定出卖人所应承担的合同解除的违约责任时，应当考虑出卖人先前已经承担违约责任的情况。”第25条：“同时就多个违约行为主张违约金的处理。出卖人既存在逾期交房违约又存在逾期办证违约，买受人同时主张上述两项约金的，应分别予以支持。合同约定出卖人逾期取得楼栋权属登记和逾期办理分户登记均应支付违约金，买受人同时主张两项违约金的，应予支持。但对于两项违约行为重合期间的违约金，不应重复计算，人民法院只能择一予以支持。”四川成都中院**《2017成都市中级人民法院审判工作会会议纪要》**（2017年8月15日）第52条：“如何把握对逾期交房和逾期办证违约金的调整原则？当事人以合同约定的违约金过高或者过低为由请求人民法院予以调整的，人民法院应当坚持违约金以补偿性为主、惩罚性为辅的基本原则，综合违约方的违约情况、守约方的实际损失、商品房买卖合同履行情况等因素综合予以确定。但对于同一小区同一违约行为所应承担的违约责任，原则上应当采取同一标准确定，但合同另有约定的除外。对于逾期交房违约金标准，合同约定标准为已付购房款日万分之三（含）以内的，出卖人请求调低的，原则上不予准许；买受人以合同约定的逾期交房违约金低于同期、同地段、同类型房屋租金标准为由要求调高的，可予准许。出卖人以商品房买卖合同约定的逾期办理权属证书的违约金标准过高为由请求调整的，如买受人实际损失无法确定，合同约定标准为已付购房款日万分之一（含）以内的，原则上不宜认定为约定过高。”山东高院**《民事审判会议纪要》**（2017年8月）第2条：“……9.关于房地产开发商交付房屋和办理房屋产权证书的义务履行问题……（5）关于双方违约的抗辩问题。房地产开发企业出现延期交房或延期办证行为，而买受人又未履行或未完全履行付款义务，依据合同法第六十七条规定：‘当事人互负债务，有先后履行顺序，先履行一方未履行的，后履行一方有权拒绝其履行要求。先履行一方履行债务不符合合同约定的，后履行一方有权拒绝其相应的履行要求。'房地产开发企业出售的房地产在合同约定的履行时间前(或至少在其主张抗辩权时)具备了交付条件或办证条件,只是因为作为先履行义务人的买方未履行付款义务,为了保护自己的顺序利益,才拒绝履行自己的在后义务,其届期不履行交房或办证义务不构成违约,无需向买方支付违约金。若出售的房地产在合同约定的履行时间前(甚至在其主张抗辩权时)仍不具备交付条件或办证条件,在买受人已支付大部分购房款的情况下,房地产开发企业无权以买方欠付部分购房款为由进行抗辩。在此种情形下,由买卖双方就各自的违约行为承担合同约定的相应违约责任,较为符合合同法规定的诚实信用原则。10. 商品房买卖合同中违约损失赔偿的范围问题。根据《关于审理商品房买卖合同纠纷案件适用法律若干问题的解释》第八条规定,'商品房买卖合同目的不能实现,无法取得房屋的买受人可以请求解除合同、返还已付购房款及利息、赔偿损失,并可能请求出卖人承担不超过已付购房款一倍的赔偿责任'。根据《合同法》一百一十三条的规定:'当事人一方不履行合同义务或者履行合同义务不符合约定,给对方造成损失的,损失赔偿额应当相当于因违约所造成的损失,包括合同履行后可以获得的利益。'由于合同法效力高于司法解释,所以买受人解除合同后,所主张的赔偿损失应包括可得利益损失。商品房买卖合同司法解释规定的惩罚性赔偿超出了填补损失的功能作用,更侧重于惩罚与制裁,如果买受人同时请求可得利益损失赔偿与惩罚性赔偿,应予支持。"浙江宁波中院**《关于审理商品房买卖合同纠纷案件疑难问题解答》**(2015 年 5 月 19 日)第 7 条:"非因出卖人原因导致买受人不能及时取得房屋权属证书的,出卖人应否承担违约责任?答:出卖人能举证证明其已在合同约定或法律规定的办证期限内将有关办理房屋权属证书的资料交给政府主管部门,并已具备办证条件的,可不承担逾期办证的违约责任。如合同对何时办出证件及违约责任的承担有明确约定的,从其约定,但确因买受人自身原因造成的除外。"第 8 条:"出卖人存在逾期交房、逾期办证、小区基础设施和公共配套设施不符合合同约定等多项违约行为,买受人可否要求出卖人同时承担多项违约责任或如何确定出卖人的违约责任?答:如合同就出卖人存在的逾期交房、逾期办证等多项违约行为的违约责任承担有明确约定的,从其约定,未作明确约定的,则根据查明的违约事实,由出卖人承担相应的违约责任,但总计违约金通常不能超过所造成损失的 30%。"北京高院**《关于审理房屋买卖合同纠纷案件若干疑难问题的会议纪要》**(2014 年 12 月 16 日　京高法发〔2014〕489 号)第 14 条:"商品房买卖合同约定买受人委托出卖人代为办证,出卖人未在合同约定或法定办证期限内将房屋过户登记到买受人名下,并通知买受人领取房屋权属证书的,应当承担逾期办证的违约责任,但出卖人有证据证明办证逾期系因买受人未缴纳办证所需相关税费或提供相关证明等自身原因造成的除外。商品房买卖合同未明确约定出卖人代为办证的,出卖人仍负有为买受人办理房屋过户登记的义务，即出卖人应当在合同约定或法定办证期限届满的三十日前，完成房屋初始登记并将协助办证所需的必要证明材料备齐提交房屋登记机关，且依合同约定或其他合理方式告知买受人可以自行申请房屋过户登记。出卖人未履行上述义务的，应当承担逾期办证的违约责任。因行政部门原因导致买受人未能在合同约定或法定期限内取得房屋所有权登记的，可以根据其影响程度减轻或免除出卖人的逾期办证违约责任。”第21条：“出卖人主张房屋买卖合同约定的逾期办证违约金数额明显过高，经审查买受人实际损失无法确定的，法院可以买受人已付购房款为基数，在日万分之三的标准范围内对违约金数额进行调整。”广东深圳中院**《关于房屋买卖合同纠纷案件的裁判指引》**(2014年8月28日修订)第12条：“由于出卖人的原因，买受人在商品房买卖合同约定的期限内未能取得房屋权属证书，买受人请求出卖人支付至权属证书办出之日止的延期办证违约金的，如诉讼期间权属证书仍未办出，对买受人的请求应予部分支持，由房地产开发企业承担至法院判决确定之日止的违约金。”【说明】旨在解决房地产开发企业延期办证违约金截止时间的确定问题。深圳市房产行政主管部门制作的商品房买卖合同格式范本约定，因房地产开发企业的原因造成买方不能按约定期限取得房地产证的，房地产开发企业应自房地产交付之日后第240日起至买受人实际取得房地产证之日止，按日向买受人支付房屋总价款万分之三至万分之四的违约金。买受人因房地产开发企业的原因未能在约定期限内取得房地产证，遂提起诉讼，请求房地产开发企业支付至其实际取得房地产证之日止的延期办证违约金。有意见认为，买受人的该诉讼请求符合合同约定，应予支持。我们认为，如果诉讼阶段权属证书仍未办出，对买受人的诉讼请求应予部分支持。理由如下：上述合同条款的合理含义应为，至买受人实际取得房地产证之日，办证迟延均是因房地产开发企业的原因所致，房地产开发企业才应承担至买受人实际取得房地产证之日止的延期办证违约金。由于办证需要买卖双方的配合，法院作出判决时显然不能预见判决作出后一定是房地产开发企业的原因导致办证继续迟延。事实上，不能排除此后房屋具备办证条件、但因买受人怠于履行配合办证义务(如提供必备资料)导致办证进一步拖延的可能。因此，如果诉讼期间权属证书仍未办出，买受人请求房地产开发企业承担直到其实际取得房地产证之日止的延期办证违约金，缺乏事实依据。对于违约金是判至买受人起诉之日还是一审庭审结束之日，抑或法院判决生效之日或者判决确定的给付之日，仍有不同意见。按照我市两级法院的裁判惯例，违约金应判决至法院判决确定的给付之日而非判决生效之日。第13条：“因出卖人的原因导致买受人未能取得房屋权属登记，该房屋作为原买受人的财产被依法拍卖后，拍卖竞得人因未能取得房屋权属转移登记，依据买受人与出卖人之间的原买卖合同，主张原出卖人承担自其竞得房屋时起的迟延履行违约责任的,人民法院可予支持。【说明】旨在明确拍卖竞得人能否要求原出卖人承担合同责任的问题。买受人与出卖人签订房屋买卖合同后支付了房款,出卖人也向买受人交付了房产,但因出卖人的原因,导致买受人未能取得房屋权属登记,因买受人对他人负有债务,法院在采取执行措施时,往往会依据买卖合同及买受人占有该房产的事实,将该房屋作为买受人的财产予以拍卖,在法院拍卖确认裁定书生效后,根据《物权法》第二十八条的规定,竞得人即取得该房屋的所有权。实践中,已经出现竞得人在依据生效法律文书取得物权后,又向原出卖人(一般情况下为房地产开发企业)主张迟延办证违约责任的案件。对于原买受人与出卖人之间的合同权益,是否可由竞得人继受,实践中存在争议。我们倾向认为,竞得人除取得拍卖房产的物权外,一并取得附着在该房产之上与办理产权登记相关的合同权利。理由为:首先,根据不动产登记制度及《物权法》第三十一条的规定,竞得人虽已根据生效法律文书取得房屋所有权,但为了今后利用、处分房屋的需要,仍有办理房产权属登记的需求。由于原买卖合同中有关办理房产权属登记的合同权利与竞买人充分实现物权密不可分,故而不应从拍卖中加以割离。其次,买受人未能取得权属登记系出卖人的原因所致,竞得人取得房产所有权后,无法办理权属登记的情形仍在持续,对竞得人后续利用和处分房屋造成障碍,损害了竞得人的利益。由于原买受人因房产被拍卖,已丧失请求出卖人权属登记的基础,此时若认为竞得人未继受原买受人的合同权利,则竞得人将无从得到救济,且会产生因拍卖而免除出卖人原应承担的违约责任的不合理情形。”安徽高院**《关于审理房屋买卖合同纠纷案件适用法律问题的指导意见》**(2012 年 3 月 5 日)第 7 条:“买受人以出卖人逾期办证为由主张违约责任的,出卖人举证证明其已于房屋买卖合同约定或《解释》规定的办理房屋产权证的最后期限 30 个工作日前向产权登记机构报送了办证所需的文件和资料的,对买受人的诉讼请求一般不予支持。”海南高院**《关于办理商品房买卖合同纠纷案件的指导意见(试行)》**(2011 年 1 月)第 1 条:“购房人以开发商逾期办证为由请求其承担违约责任的,依照下列情形分别处理:(1)开发商取得拟售房产初始登记后,应当通知购房人提供办证所需相关资料。经开发商通知,购房人不予配合,不提供办证所需相关资料,致使开发商办证逾期,购房人请求开发商承担违约责任的,不予支持。前款所称房产初始登记,系指开发商取得房产项目的整体产权登记后,将房屋分套初始登记在自己名下。(2)开发商取得拟售房产初始登记后,经通知购房人,购房人依通知提供了办证所需相关资料的,分别情况区别处理:①合同对开发商向产权登记机关报送办证资料的时间有约定,开发商在约定时间内向产权登记机关报送了办证资料,购房人请求开发商承担违约责任的,不予支持;开发商未在约定期限内报送,购房人请求开发商承担违约责任的,应予支持。②合同对开发商向产权登记机关报送办证资料的时间没有约定的,开发商应在合理期限内报送。开发商未报送，致使购房人自开发商取得拟售房产初始登记之日起90日未能取得房屋权属证书的，开发商应当承担逾期办证的违约责任，但当事人另有约定的除外。”第3条：“开发商取得拟售房产初始登记后，未通知购房人提供办证所需相关资料，致使办证逾期，购房人请求开发商承担违约责任的，应予支持。合同对通知时间有约定的，从约定；没有约定的，开发商应于合理期限内通知。开发商未通知，致使自开发商取得拟售房产初始登记之日起90日，购房人未能取得房屋权属证书的，开发商应当承担逾期办证的违约责任，但当事人另有约定的除外。”第5条：“对于违约责任的确定，合同有约定的，从约定；没有约定，约定不明确，或损失数额难以确定的，可按已付购房款总额，参照中国人民银行规定的金融机构计收逾期贷款利息的标准计算。”北京高院**《关于审理房屋买卖合同纠纷案件适用法律若干问题的指导意见（试行）》**（2010年12月22日　京高法发〔2010〕458号）第4条：“对以将来可能取得所有权的房屋为标的物的买卖合同，法院不应仅以出卖人在签订合同时尚未取得房屋所有权为由认定买卖合同无效。出卖人在合同履行期限届满时仍未取得房屋所有权，致使买受人不能办理房屋所有权转移登记的，应当承担相应的违约责任。前款所称将来可能取得所有权的房屋，包括尚未取得所有权的已购商品房及已购按经济适用住房管理的房屋等。”第20条：“房屋买卖合同签订后，出卖人未依约为买受人办理房屋所有权转移登记，买受人提起房屋确权之诉，要求确认房屋归其所有的，法院应当行使释明权，告知其应当变更诉讼请求要求出卖人办理所有权转移登记，买受人坚持不变更的，对其诉讼请求，不予支持。”浙江温州中院民四庭**《审理商品房买卖合同纠纷案件疑难问题参考意见》**（2010年4月30日）第13条：“买受人接收商品房后，如因消防、规划等原因导致无法办理房屋权利证书，可视为出卖人交付的商品房存在瑕疵，并有权要求出卖人承担违约责任或赔偿损失。”第17条：“《解释》第十八条和第十九条规定的‘出卖人原因’，是指出卖人在履行商品房买卖合同权属交付前应承担的有关办理权属登记的义务，主要包括商品房建设完工以后应当履行的初始产权登记的有关手续。非出卖人所应承担的法定义务或约定义务之外的原因造成逾期办证的，不视为‘出卖人的原因’。”第18条：“提供不动产销售（转让）专用发票及房屋平面图属出卖人的合同附随义务，若因出卖人未履行该合同附随义务，导致买受人未能取得房屋权属证书，应当依照《解释》第十八条的规定承担违约责任。”第20条：“因开发商未按规划设计建设（如加层）等原因导致房屋权属证书暂时无法办理的，买受人主张解除商品房买卖合同的，应当予以支持。买受人未主张解除合同，而要求出卖人承担逾期办证违约责任的，应当结合逾期办证的时间、买受人对房屋的使用收益情况及公平原则，并依照《合同法》第一百一十四条第二款的规定，确定一次性逾期办证的违约金数额，原则上不超过已付房款的50%。”广东广州中院**《关于商品房预**

售合同纠纷统一处理做法》(2009年2月19日)第4条:“买受人有关办证的诉讼请求应如何处理?答:关于逾期办证违约金的处理,可以分两段判决:至判决生效之日止的违约金于判决生效之日起十日内一次性支付;自判决生效之日起至取得办证递件回执(指‘协助办证的’)之日止的违约金于每月10日前逐月支付。违约金的截止日期以合同约定为准:‘协助办证的’为取得递件回执;‘办妥的’为房管部门出证;‘取得证的’则为交付买受人。产权证核发后,出卖人应无条件交付给买受人。”广东深圳中院《**关于审理商品房买卖纠纷案件若干问题的指导意见(试行)**》(2009年)第10条:“商品房预售合同中未约定延期办证违约金条款的,如买方起诉要求卖方支付延期办证违约金,应按最高人民法院《关于审理商品房买卖合同纠纷案件适用法律若干问题的解释》第十八条的规定处理。”第11条:“延期办证违约金的诉讼时效期间应自商品房买卖合同约定的办证期限届满之日开始起算,不应自《房地产证》办出之日开始起算。”第12条:“在预售的商品房取得完整的工程竣工验收合格证明之前,买方请求法院判令卖方限期为其办理《房地产证》的,不予支持。预售的商品房已取得完整的竣工验收合格证明,并办理了初始登记的,如卖方未在合同约定的期限内为买方办证,买方可以请求法院判令卖方在一定期限内为其办证。”福建高院《**关于审理商品房买卖合同纠纷案件疑难问题的解答**》(2008年7月25日)第14条:“问:如何认定约定的违约金过高或过低?能否将超过《商品房买卖合同司法解释》第十七条、第十八条规定的违约金数额或者损失赔偿额计算标准的30%作为判断违约金过高的依据?将低于第十七条、第十八条规定的计算标准作为判断违约金过低的依据?答:《商品房买卖合同司法解释》第十七条、第十八条第二款规定,在逾期付款、逾期交房或者逾期办证等情形下,双方当事人未约定违约金数额或者损失赔偿额计算方法时,可以参照该规定的标准计算,并非必须以此为标准计算。因此,《商品房买卖合同司法解释》第十七条、第十八条第二款规定的计算标准不应作为认定约定的违约金过高或者过低的依据。约定的违约金是否过分高于或者低于造成的损失,原则上应由主张过高或者过低的当事人承担举证责任;损失数额难以确定的,由负有举证责任的当事人承担不利后果。”第15条:“问:如何认定出卖人的逾期办证责任?合同约定应由出卖人负责办理房屋权属证书,但买受人不提供相关证件、不予配合造成迟延办证的,出卖人是否应当承担违约责任并且继续履行办证义务?《商品房买卖合同司法解释》第十八条第一款规定的‘由于出卖人的原因’,是否包括因行政部门或者其他第三方原因造成的迟延办证情形?答:双方当事人约定由出卖人负责办理房屋权属证书,出卖人未在约定的期限内办妥房屋权属证书的,应当承担违约责任,但因买受人的原因造成办证逾期的除外。因买受人原因迟延办证的,出卖人虽然不承担违约责任,但仍应继续履行办证义务。双方当事人未明确约定由出卖人负责办理房屋权属证书的，出卖人仅承担协助办证义务，即在法定期限内，将需要由其提供的办理房屋权属登记的资料（包括法律、法规规定应报送的资料以及房地产行政主管部门要求提供的其他资料），报送房屋所在地房地产行政主管部门，并告知买受人。由于行政部门或者其他非出卖人原因导致买受人未能在《商品房买卖合同司法解释》第十八条第一款规定的期限内取得房屋权属证书的，出卖人不承担违约责任。”第16条：“问：出卖人已经将需要由其提供的办理房屋权属登记的资料报送房屋所在地房地产行政主管部门，但未告知买受人的，是否应当承担逾期办证的违约责任？逾期办证违约金应当计算至出卖人完成报备义务时止，还是买受人实际取得房屋权属证书时止？答：出卖人已经将需要由其提供的办理房屋权属登记的资料报送房屋所在地房地产行政主管部门，但未告知买受人，致使买受人未能及时申请办理房屋权属证书的，出卖人应当承担由此产生的逾期办证的违约责任。按日计付违约金的，违约金数额应当按照实际导致办证拖延的天数计算，即从《商品房买卖合同司法解释》第十八条第一款规定的出卖人应当承担违约责任之日起，计算至买受人知道或者应当知道出卖人完成报送资料义务之日止。”第20条：“问：由于出卖人的原因，导致买受人无法办理房屋权属证书，但买受人不起诉要求退房，仅要求出卖人支付逾期办证违约金的，如何处理？答：合同有效，但因出卖人原因导致无法办理房屋权属证书，双方当事人均不主张解除合同的，法院不应判决解除合同。买受人仅起诉要求出卖人支付逾期办证违约金的，按照法律关于违约金的规定处理。”江苏高院**《全省民事审判工作座谈会纪要（征求意见稿）》**（2007年12月21日　苏高法电〔2007〕594号）第6条：“取得房屋权属证书既是买受人依法享有的权利，也是买受人依法负有的义务。房地产开发企业应当协助买受人办理土地使用权变更和房屋所有权登记手续，并提供必要的证明文件。买受人能够证明‘由于出卖人的原因’导致买受人迟延或不能取得房屋权属证书的，出卖人应当承担违约责任。双方未约定由出卖人代为办理房屋权属证书的，出卖人完成协助办证义务的时间，应确定为其采用了合理的通知方式，将办证所需的相关资料如购房发票等交付给买受人之时；双方约定由出卖人代为办理房屋权属证书的，买受人如主张出卖人未尽办证义务，应先证明其已向出卖人提供了身份证复印件等办证所需的材料。房屋权属证书包括房屋所有权证和土地使用权证。由于出卖人的原因导致买受人只能办理部分房屋权属证书，买受人要求出卖人承担违约责任的，应予支持，但可酌情降低违约金的计算标准。”重庆高院**《关于当前民事审判若干法律问题的指导意见》**（2007年11月22日）第37条：“关于办证义务。在合同没有特别约定的情况下，开发商负有办证义务。买受人在合同约定的或者法律规定的办证期间内未取得房屋权属证书的，如开发商在此期间内已完成房屋权属初始登记并提供了相关的办证资料，并通知买受人提交登记申请的，可认定开发商已履行了办证义务，不承担逾期办证的违约责任。”第39条:“多项违约行为的处理。商品房买卖合同纠纷中,涉及逾期完善水电气等配套设施、逾期交付、逾期办证等多项违约行为的,应根据违约行为的性质和相互关系,综合适用违约责任。除当事人有明确约定的以外,在逾期交付的期限内承担了该项违约责任的,不另计负逾期办证和逾期完善水电气等配套设施的违约责任。有单项违约责任条款和总括性的违约责任条款的,总括性违约责任条款只在重大违约时适用,并不得同时适用单项违约责任条款。”江西赣州中院《**关于印发〈民事审判若干问题解答〉的通知**》(2006年2月27日)第8条:“买受人购买房屋入住后1年后因开发商的原因未办理房产权属证的,可否请求解除合同及请求赔偿?诉讼时效如何计算?答:应区分不同情形:1.商品房买卖合同是无效的,按无效合同的原则处理。2.合同有效且双方有约定的,按约定处理。如果没有约定,则应区分情况处理。如果开发商仅仅是迟延办理房屋权属证书,买受方可按最高法院《关于审理商品房买卖合同纠纷案件适用法律若干问题的解释》第十八条的规定追究开发商的责任。如果是开发商不能办理房屋权属证书,买受方可以请求解除合同并赔偿损失。至于诉讼时效如何计算的问题,由于未办理权属登记是出卖人的过错所致,其违约行为是延续的,而购房人请求办理房产证是行使物权请求权,一般不存在诉讼时效问题。”贵州高院《**关于审理商品房买卖合同纠纷案件若干问题的指导意见(一)(试行)**》(2005年8月1日)第4条:“2003年6月1日之前签订商品房买卖合同,且起诉前已经取得房屋所有权证书,买受人请求办证前迟延办理期间违约金的,人民法院不予支持。”第5条:“逾期办证违约金的计算期间应当从合同约定或法定的办证期限届满之日起算,通常以出卖人完成商品房权属初始登记的时间为截止时间。”第6条:“出卖人能够举证证明自己办理商品房权属初始登记时,已经在合同约定或法定期限内之合理时间将有关办理房屋权属初始登记的资料提交产权登记机关的,可不承担违约责任。”第7条:“本意见第6条所指有关办理商品房权属初始登记的资料包括商品房预售许可证、房屋测绘结果、房屋竣工验收资料等依据法律法规规定必须的办证文件。出卖人提交时间应以资料的最后提交时间为准,并应根据产权登记机关出具的收据等能够证明资料接收的文书所载明时间加以认定,但当事人有证据证明实际提交时间与载明时间不一致的除外。出卖人向人民法院书面申请调查收集其向产权登记机关提交资料的情况,如该申请符合《最高人民法院〈关于民事诉讼证据的若干规定〉》第十七、十八、十九条之规定,人民法院应予准许。”第9条:“出卖人因不能取得或延期取得依据法律法规规定办理商品房初始登记所需的有关资料,导致办证迟延的,一般应当承担逾期办证的违约责任,但因不可抗力导致的除外。如果存在相关行政机关及中介组织的具体行为过分超出正常工作期限的情形,人民法院可以酌情减轻出卖人违约责任。”第10条:“对逾期办证的违约责任的认定,按揭购房与非按揭购房不应有所区别。但对于采用按揭方式购房，人民法院可以酌情调整出卖人承担逾期办证违约金的数额。”第12条：“逾期办证违约金计算标准，当事人有约定从约定；当事人没有约定的，参照中国人民银行公布的同期同类贷款利率计算。”江苏高院**《房屋买卖合同纠纷案件疑难问题法律适用研讨会综述》**（2004年11月27日）第1条：“……6.关于迟延或不能办理不动产权属证书的责任。《解释》第十八条和第十九条规定，由于出卖人的原因，导致买受人在一定期限之内未能取得房屋权属证书或者一定期限之后无法办理房屋所有权登记的，买受人可以请求出卖人承担诸如支付违约金、赔偿损失等违约责任。但适用《解释》遇到的问题在于，买受人行使这一请求权时，是否应当对‘出卖人的原因’承担举证责任？多数意见认为，买受人行使这一请求权的法律基础固然在于《解释》的这两条规定；但其也需要事实基础，那就是出卖人的违约行为（即所谓‘出卖人的原因’）、买受人的损害（即在一定期限之内或者之后不能办到房屋所有权证或者进行所有权登记）以及两者之间需具备的引起与被引起的因果关系。只有同时具备这两个基础，买受人的请求权才能成立。根据国务院《城市房地产开发经营管理条例》第三十三条规定：预售商品房的购买人应当自商品房交付使用之日起90日内，办理土地使用权变更和房屋所有权登记手续；现售商品房的购买人应当自销售合同签订之日起90日内，办理土地使用权变更和房屋所有权登记手续。房地产开发企业应当协助商品房购买人办理土地使用权变更和房屋所有权登记手续，并提供必要的证明文件。可见，履行商品房买卖合同的过程中，所有权证的办理与取得是由买受人承担的义务。出卖人承担的仅仅是法定协助义务。因此，买受人若行使《解释》赋予的请求权，就应当对‘出卖人的原因’承担举证责任，即证明到有关部门申请办理房屋所有权登记，由于开发商未尽协助义务导致未能办成。另一种意见认为，该举证责任主要在出卖人一方，买受人不需要举证，其只要陈述一下，前往办理所有权登记手续而没有办下来即可。”福建厦门中院**《关于审理商品房买卖合同纠纷中逾期交房和逾期办证若干问题的指导意见》**（2004年7月12日）第7条：“当事人在商品房买卖合同中约定了逾期办理商品房权属证书违约金的，按合同约定；合同无约定的，违约金自《城市房地产开发经营管理条例》实施后90日（即1998年10月19日）开始计算。”第8条：“当事人在合同中约定办理权属登记期限的，逾期办理的违约金自期限届满之次日开始计算。在商品房预售合同中，当事人没有约定办理权属登记期限的，逾期办理的违约金从实际交房日起90日开始计算；提前交房的，则从约定的交房日起90日开始计算。在商品房现房买卖合同中，当事人没有约定办理权属登记期限的，自合同签订之日起90日开始计算。前述第二、三款违约金止算点，为：至出卖人取得权属登记机关出具了办理权属登记的收件收据之日止。”第9条：“买受人要求出卖人承担逾期履行办理商品房的权属证书义务违约金的计算标准，当事人有约定从约定;当事人没有约定的,参照中国人民银行公布的同期同类贷款利率计算。《商品房买卖解释》第十八条规定的'已付购房款总额',包括买受人支付的首期款和通过银行按揭方式支付给出卖人的按揭款。"第10条:"出卖人因测绘事宜引起逾期办理权属登记违约纠纷的,买受人主张出卖人承担2001年6月1日《商品房销售管理办法》施行之前违约金的,不予支持;主张出卖人承担《商品房销售管理办法》施行之后的违约金,予以支持。但出卖人有证据证明引起逾期办理权属登记之事宜非其原因造成的,该逾期期间,不视为出卖人的原因。"广东高院**《关于审理商品房买卖合同纠纷案件若干问题的指导意见》**(2003年2月13日　粤高法发〔2003〕24号,已于2020年12月31日经粤高法〔2020〕132号废止)第2条:"根据最高人民法院《关于审理商品房买卖纠纷案件适用法律若干问题的解释》第十八条的规定,出卖人只有在因其自身的原因导致买受人不能在合同约定或法律规定的期限内领取房屋权属证书的情形下,才需承担逾期办证的违约责任。故,出卖人能举证证明其已在合同约定或法律规定的办证期限内之合理时间将有关办理房屋权属证书的资料交给政府主管部门并已具备办证条件的,可不承担逾期办证的违约责任。"上海高院**《关于印发〈关于民事案件审理的几点具体意见〉的通知》**(2000年8月15日　沪高法民〔2000〕44号)第21条:"如何认定房屋交付?对房地产的交付条件、交付日期的认定,长期以来存在较大争议,有的法院看是否取得《住宅交付使用许可证》,有的法院看开发商有没有取得《房地产权证》(大产证),还有的看开发商有没有与买受人办理房屋交接手续。究竟以何为准?我们认为,《城市房地产管理法》实施已逾五年,继续从宽不利于规范房地产市场,不利于树立法律权威。目前严格依照《城市房地产管理法》规定办理的时机已成熟。因此我们考虑在商品房预、现售条件上、在商品房交付条件、交付时间认定上应当严格依照法律法规处理。具体掌握为:预售商品房出售人在约定的交房日应当取得《房地产权证》(大产证),并与买受人办理房屋交接手续(俗称交钥匙),通知买受人办理过户手续。现售商品房出售人在约定的交房日也应当取得《房地产权证》(大产证)并与买受人办理房屋交接手续(交钥匙),通知买受人办理过户手续。违反其中一项的,开发商应当承担违约责任。买受人迟延受领或拒绝受领的,开发商不负延期交付责任。当事人在销售合同中对违约金计付期限有约定的从约定,无约定的,违约金自约定履行期间届满之日起计付至所有义务中最迟一项完成之日止。"

5. 参考案例。2013年**某商品房买卖合同纠纷案**,张某与开发公司签订商品房买卖合同,约定开发公司在房屋交付后3个月内为张某办理完毕房屋权属证书。现开发公司因自身原因,未能在约定期限内履行该义务,张某起诉。法院认为:最高人民法院《关于审理商品房买卖合同纠纷案件适用法律若干问题的解释》第18条规定:"由于出卖人的原因,买受人在下列期限届满未能取得房屋权属证书的,除当事人有特殊约定外,出卖人应当承担违约责任:(一)商品房买卖合同约定的办理房屋所有权登记的期限;(二)商品房买卖合同的标的物为尚未建成房屋的,自房屋交付使用之日起90日;(三)商品房买卖合同的标的物为已竣工房屋的,自合同订立之日起90日。合同没有约定违约金或者损失数额难以确定的,可以按照已付购房款总额,参照中国人民银行规定的金融机构计收逾期贷款利息的标准计算。”中国人民银行《关于人民币贷款利率有关问题的通知》(银发〔2003〕251号)第3条规定,逾期贷款罚息利率由原来的按日万分之二点一计收利息,改为在借款合同载明的贷款利率水平上加收30%—50%。由于商品房买卖合同并非借款合同,其亦不会约定贷款利率,故依此确定违约金存在一定障碍。在前述司法解释未对此作进一步明确规定情况下,依《合同法》第174条确立的“没有规定的,参照买卖合同的有关规定”原则,鉴于买卖双方合同义务对等性,故法院可参照最高人民法院《关于审理买卖合同纠纷案件适用法律问题的解释》第24条关于逾期付款违约金计算标准规定,以中国人民银行同期同类人民币贷款基准利率为基础,参照逾期罚息利率标准确定出卖人应当承担的违约责任。如出卖人认为约定的违约金过高而要求法院调整的,法院应依《合同法》第114条、最高人民法院《关于审理商品房买卖合同纠纷案件适用法律若干问题的解释》第16条以及最高人民法院《关于适用〈合同法〉若干问题的解释(二)》第29条规定,并参照最高人民法院《关于审理商品房买卖合同纠纷案件适用法律若干问题的解释》第18条、最高人民法院《关于审理买卖合同纠纷案件适用法律问题的解释》第24条规定的违约金计算标准确定出卖人应承担的违约责任。2016年**北京某商品房预售合同纠纷案**,2007年,韩某与开发公司签订商品房预售合同,韩某以306万元购买该公司开发房屋,约定2008年5月31日前提供房屋权属证明,并约定了按每日总房价款万分之三的逾期办证违约金。2009年至2014年,韩某先后4次,分段起诉开发公司支付逾期交付房屋入住合格手续违约金,法院均按日万分之二标准判决开发公司支付违约金。2015年7月,韩某以同一违约行为再次起诉开发公司,要求支付2014年4月至2015年7月的违约金。法院认为:生效判决拘束力既直接作用于案件当事人,亦作用于负有协助履行判决确定义务主体及法院,表现在法院既不能未经法定程序随意推翻已作出的生效判决,还表现在所审理案件内容与生效判决相同或大致相同时,应遵循生效判决确定的裁判理由和结果,而生效判决本身可产生拘束力范围则涉及判决主文和判决理由的拘束力。生效判决主文确定的权利义务对案件当事人和负有协助履行判决确定义务主体具有拘束力,这是判决公信力和可执行力的必然要求。判决的事实拘束力,既要求法院审理案件结果不能发生事实上否定或推翻生效判决确定的权利义务结果,亦要求法院在审理事实相同或大致相同案件时,要保持与生效判决在裁判尺度和标准上的一致性,但当依此裁判尺度和标准进行裁决将导致不合法律规定或结果明显有失合理公正时,则法院应根据法律规定或结果公正原则对事实拘束力进行突破。其典型状态如相同主体间因同一持续性违约行为所导致违约责任叠加情形,每一次违约赔偿的数额都是一次量变过程,其逐渐将生效判决确定的裁判尺度和标准推离合法和合理轨道,直至累积违约金数额远高于损失时,这种推离行为完成,则有必要对生效判决确定的裁判尺度和标准进行突破。本案系相同主体间基于同一持续性违约行为而分段主张违约金诉讼,诉讼请求与前数次诉讼的诉讼请求同质,基本事实相同。第一次诉讼的生效判决已调低了违约金计算标准,尽管前数次生效判决给付违约金数额累计已近总房款一半,但仍不符合《合同法》第 114 条规定的违约金过高应予调低情形,故应遵循生效判决事实拘束力,继续依其确定的计算标准裁决。本案中,卖方虽已交付房屋,但买方未取得所有权,不能处分房屋且尚须承担因迟延履行其他债务导致的损失。卖方作为专业房地产开发企业,对超规划建设可能导致相关手续办理困难明知,但其为追求利益仍超规划建设导致违约,主观过错明显;而买方已依约履行相应义务,行为无过错。卖方作为开发企业,在订立售房合同时本身处于优势地位,对违反协议法律后果具有较高预知与预见力。综合买方损失状况、合同履行情况、当事人过错程度及预期利益等因素,在生效判决已调低违约金计算标准减轻了违约方违约责任情形下,卖方因同一违约行为累计承担违约金数额虽已近总房款一半,但尚未达到《合同法》第 114 条规定的须由法院依申请予以适当减少的过高程度,依生效判决确定的裁判标准裁判不会产生实质不公正结果,故卖方请求再次调低违约金计算标准依据不足,本案仍应受生效判决事实拘束力约束。判决开发公司以日万分之二标准给付韩某自 2014 年 4 月 11 日起至 2015 年 7 月 22 日止逾期提供约定交房手续违约金 14.3 万余元。2015 年**福建某商品房合同纠纷案**,2009 年,罗某与开发公司签订商品房买卖合同,约定交房日期及办证日期,同时约定开发商承担逾期交房违约责任后,逾期办证日期相应顺延。2015 年,罗某诉请开发公司交房并承担逾期交房、办证违约责任。法院认为:依《合同法》第 39 条、第 40 条规定,采用格式条款订立合同的,提供格式条款的一方应当遵循公平原则确定当事人之间的权利义务,并采取合理的方式提请对方注意免除或者限制其责任的条款,按照对方的要求,对该条款予以说明;格式条款具有本法第 52 条和第 53 条规定情形的,或者提供格式条款一方免除其责任、加重对方责任、排除对方主要权利的,该条款无效。本案中,商品房买卖合同分别约定了逾期交房与逾期办证违约责任,但同时又约定开发商承担逾期交房违约责任后,逾期办证违约责任相应延长。对该条款,罗某与开发公司存在两种不同解释,因该合同系开发公司提供的格式合同,依法应作出不利于开发公司的解释,故判决开发公司交房并支付逾期交房、办证违约金。2013 年**四川某商品房预售合同纠纷案**,2000 年,郭某与事业单位法人管理中心签订商品房买卖合同。2009年,管理中心承诺年中办理国有土地证。2010年,因管理中心逾期未办土地证,郭某诉请依最高人民法院《关于审理商品房买卖合同纠纷案件适用法律若干问题的解释》规定承担逾期办证违约责任。管理中心以其非房地产企业为由抗辩称不适用上述司法解释。法院认为:最高人民法院《关于审理商品房买卖合同纠纷案件适用法律若干问题的解释》第1条规定:"本解释所称的商品房买卖合同,是指房地产开发企业将尚未建成或者已竣工的房屋向社会销售并转移房屋所有权于买受人,买受人支付价款的合同。"该司法解释调整的范围是商品房买卖合同。房屋按其价值属性分为商品房和非商品房。本案管理中心开发并向社会公众出售的房屋显然不属于非商品房。管理中心虽然登记为事业单位,不是房地产开发企业,但在本案中从事的是房地产开发行为。管理中心开发包括案涉房屋所在项目时,依法取得了《建设用地规划许可证》《建设工程施工许可证》《国有土地使用证》等相关手续,故其对案涉项目实施的完全是房地产开发行为。双方使用的格式文本,由房地产管理所制定,内容、形式均体现为商品房买卖合同。法律调整对象在于行为而非主体身份,故只要从事商品房开发、销售行为,都应遵守《房地产管理法》《合同法》等相关法律,自然亦应适用前述司法解释。房屋权属证书包括房屋所有权证和国土证,市场管理中心应按其承诺期限协助郭某办理国土证,逾期未能办理,应承担逾期办证违约责任。因双方合同中未约定逾期办证违约金,又因郭某早已取得房屋及其房产证,国土证逾期办理,不影响郭某对房屋的占有、使用、收益、抵押、买卖,亦难以降低房屋交易价值,郭某亦未提交证据证明其因管理中心逾期办理国土证而给其造成的损失,结合郭某因维权而产生的误工费、交通费等实际费用、合同履行情况、当事人过错程度等,酌情判令市场管理中心赔偿郭某损失2000元。2012年**四川某房屋买卖合同纠纷案**,2006年,张某与开发公司签订商品房买卖合同,约定2006年6月30日交房,交房后一年内办房产证,并约定了逾期办证违约金标准。2011年9月15日,张某以开发公司迟延办证,诉请支付违约金。法院认为:诉讼时效制度设定系为督促权利人积极行使权利,权利人应在法律规定诉讼时效期间内行使权利,否则丧失胜诉权。《民法通则》第137条规定,"诉讼时效期间从知道或者应当知道权利被侵害时起计算。"本案中,合同明确约定了开发公司履行协助办证义务期限,开发公司逾期未履行,张某即应知道自己权利受到侵害,并据此计算诉讼时效,即从2007年7月1日开始计算。张某在2011年9月15日才提起本案诉讼,已超过二年诉讼时效期间,且本案现有证据不能证明存在诉讼时效中断、中止情形使诉讼时效可重新计算,故张某丧失胜诉权。鉴于张某房屋所有权证已办至其名下,但开发公司持有该证未交付给张某事实存在,故判决开发公司履行交付房产证义务。2011年**重庆某商品房预售合同纠纷案**,2007年,李某与开发公司签订商品房买卖合同,约定开发公司应在2008年9月30日前将已进行竣工验收备案登记的商品房交付使用,并约定了逾期交房和逾期办证违约金。李某据此支付了房款23万余元。2009年7月,开发公司在未进行房屋竣工验收情况下将房屋交付李某使用,同时至今未办理房屋权属初始登记。李某诉请开发公司办理房地产权证,并依约支付迟延办理房产证违约金。法院认为:合同是双方当事人关于权利义务约定的真实意思表示,只要约定内容不违反法律、行政法规强制性规定,不损害国家、集体和他人合法权益,即应认定为有效。本案双方所签商品房买卖合同,关于在房屋交付使用后60日内办理房屋产权证书是开发公司合同义务,开发公司若不予履行,即应承担按已付房价款总额依人民银行同期贷款利率向李某支付违约金责任。商品房必须经过竣工验收方能交付使用,而本案开发公司在未经竣工验收情形下,就将房屋交付李某使用,即使李某实际接房并入住,其亦不符合法律意义上的交付,实属不合法交付,其超过合同约定期限办理竣工验收,则构成逾期交房的违约;同时,该房屋未经竣工验收的责任与李某无关,开发公司在房屋交付使用后60日内不能为李某办理房屋产权证书,则又构成逾期办证违约。作为住户一方,当然可选择上述两种违约责任之一。本案中,李某不要求开发公司承担逾期交房违约责任,只是要求其承担逾期办证违约责任,完全符合合同约定,应得到支持。判决开发公司于竣工验收合格后60日内协助李某办理房屋所有权变更登记手续,并以已付房款23万余元为本金,按人民银行同期贷款利率,向李某支付逾期办证违约金。2008年**福建某商品房买卖合同纠纷案**,2005年,陈某与开发公司签订商品房买卖合同。2007年,陈某以开发公司逾期300余天办理房屋权属证书为由诉请违约赔偿。开发公司以2004年国家重点铁路工程征地等情势变更事宜主张免责。法院认为:开发公司与陈某签订商品房买卖合同时,开发公司对诉争土地无法如期取得的情况是明知的,但开发公司仍与陈某约定了明确的交房时间,可认定开发公司有把握能如期交房,政府迟延交付所拍地块不能成为开发公司免责理由。对于开发公司交房时,案涉铁路建设尚未决定征用其开发的部分建筑物,完全有可能在此之前完成相关综合验收。况且如确属铁路建设需征用开发公司开发的部分建筑物导致无法如期办理房屋产权证书,开发公司亦应及时告知陈某,取得陈某理解和支持,但开发公司却置之不理,故开发公司以此为由要求免除其违约责任的抗辩,不予采信。因开发公司开发项目无法及时通过综合验收,故开发公司无法及时提供办理产权登记的相关资料报产权登记机关备案,导致陈某在开发公司交付房屋后180天内无法取得房地产权属证书,属开发公司违约,开发公司应按合同约定承担违约责任。判决开发公司支付陈某逾期办理房地产权属证书违约金1500余元。2006年**山东某房屋买卖合同纠纷案**,2004年,宋某与刘某签订房屋买卖合同后,宋某支付全部购房款。2006年,刘某取得房屋产权证后,宋某诉请刘某协助办理过户并支付违约金6万元。宋某为证明刘某迟延履行,提供了1个月前通过电话催促刘某过户的录音资料。法院认为:最高人民法院《关于民事诉讼证据的若干规定》第68条规定:“以侵害他人合法权益或者违反法律禁止性规定的方法取得的证据,不能作为认定案件事实的依据。”同时依该规定第69条,无疑点的视听资料可以单独作为认定案件事实证据。第70条进一步规定,“有其他证据佐证并以合法手段取得的、无疑点的视听资料或者与视听资料核对无误的复制件”,对方当事人提出异议但没有足以反驳的相反证据的,人民法院应当确认其证明力。本案中,双方购房合同虽未约定明确的交房期限,但刘某在取得所有权证书一个月后,经宋某数次催促仍拒绝履行协助变更所有权登记义务。宋某为此提供了电话录音资料,刘某承认被叫电话确系其持有,但主张与宋某通话者非其本人。结合通话内容与其他已知事实关联性,应采信电话录音资料,认定宋某在合理履行期限催告刘某履行,故刘某迟延履行行为已构成违约,应承担继续履行合同和支付约定违约金责任。判决刘某协助宋某办理过户手续,刘某支付宋某违约金6万元。2003年**福建某商品房预售合同纠纷案**,1996年,郑某与开发公司签订商品房预售合同。2003年,郑某以开发公司逾期办证为由诉请违约赔偿,开发公司抗辩称因就屋顶花园是否列入公摊问题与主管部门多次交涉导致迟延,责任不在自己。法院认为:案涉商品房预售合同主体合格、内容合法、意思表示真实,该合同合法有效。现郑某尚未办理房产权证,故其要求开发公司协助办理房产权证合法。依相关法律规定,商品房买卖合同标的物为尚未建成房屋的,由于开发公司原因自房屋交付使用之日起90日,郑某未能取得房屋权属证书的,开发公司应承担违约责任。当事人一方因第三人原因造成违约的,应向对方承担违约责任;当事人一方和第三人之间纠纷,依法律规定或按约定解决。开发公司对屋顶花园面积未列入公摊有异议应以其他途径另行处理,而不能以此为由拖延办理房产权证,故开发公司应承担逾期办理房屋产权证的违约责任。因双方未约定违约金,故违约金计算,可按已付购房款总额,参照中国人民银行规定的金融机构计收逾期贷款利息标准计算。判决开发公司协助办理过户手续,并以郑某总房款为基数,按日万分之二点一支付违约金7万余元。2014年**浙江某商品房销售合同纠纷案**,2012年,周某与开发公司签订商品房买卖合同,约定了逾期交房及逾期办证违约金,同时约定“若出卖人逾期交房并承担了逾期交房违约责任的,则出卖人承诺取得土地、房屋权属证书的时间相应顺延,顺延期限与商品房交付的逾期期限相同”。嗣后开发公司据此主张免除逾期办证违约责任。法院认为:商品房买卖合同中明确了开发公司取得土地、房屋权属证书,并交付给周某的日期,不能理解为开发公司自身取得土地、房屋初始登记日期,否则无法确定周某何时才能取得房地产权证书(将房产从开发公司转移登记过户至周某名下),现开发公司已逾期交付房地产权属证书,应承担违约责任。依《合同法》第39条、第40条规定,采用格式条款订立合同的,提供格式条款的一方应当遵循公平原则确定当事人之间的权利和义务,并采取合理的方式提请对方注意免除或者限制其责任的条款,按照对方的要求,对该条款予以说明;格式条款具有本法第52条和第53条规定情形的,或者提供格式条款一方免除其责任、加重对方责任、排除对方主要权利的,该条款无效。本案中,合同关于出卖人承担了逾期交房违约责任免除逾期办证义务违约责任的约定系开发公司提供的格式条款,且开发公司并未采取合理方式提请对方注意,而其内容显然对周某利益不利,导致周某权益处于不确定状态,免除了开发公司按时交付房地产权属证书义务,应为无效。故判决开发公司向周某交付房屋及办理该房转移登记过户手续,并支付周某逾期交房违约金(至实际交付房屋之日),同时支付逾期交付房地产权属证书违约金(至判决生效之日止)。2015年**福建某商品房买卖合同纠纷案**,2009年,罗某与开发公司签订商品房买卖合同,约定交房日期及办证日期,同时约定开发商承担逾期交房违约责任后,逾期办证日期相应顺延。2015年,罗某诉请开发公司交房并承担逾期交房、办证违约责任。法院认为:依《合同法》第39条、第40条规定,采用格式条款订立合同的,提供格式条款的一方应当遵循公平原则确定当事人之间的权利义务,并采取合理的方式提请对方注意免除或者限制其责任的条款,按照对方的要求,对该条款予以说明;格式条款具有本法第52条和第53条规定情形的,或者提供格式条款一方免除其责任、加重对方责任、排除对方主要权利的,该条款无效。本案中,商品房买卖合同分别约定了逾期交房与逾期办证违约责任,但同时又约定开发商承担逾期交房违约责任后,逾期办证违约责任相应延长。对该条款,罗某与开发公司存在两种不同解释,因该合同系开发公司提供的格式合同,依法应作出不利于开发公司的解释,故判决开发公司交房并支付逾期交房、办证违约金。2011年7月**重庆某商品房预售合同案**,法院认为:根据双方合同约定:开发公司应于房屋交付后180日内转移案涉房屋产权登记,如因开发公司的责任,未按期向房屋所在地房屋登记机构提交办理房地产权证申请,取得其出具的登记受理单的,开发公司应按日向张某支付已付房价款1‰的违约金。故开发公司应于2010年1月8日交付房屋后的180日内,即2010年7月8日前有向房地产交易管理部门申办房地产权证的行为,逾期则应自2010年7月8日承担违约责任至向房地产交易管理部门申办房地产权证书之前一日即2010年7月27日。其后导致房屋产权迟延至2010年11月11日方才转移登记至张某名下的责任或原因,张某未举示应归咎于开发公司的证据,且房地产交易管理部门在接收开发公司递交的房屋产权转移登记资料并出具登记受理单之后的审查办理房屋产权转移登记期间的行为,并非开发公司所能控制,开发公司对张某在2010年7月28日以后取得房屋权属证书的情形不承担违约责任。开发公司逾期向房地产交易部门申办房屋产权登记,根据合同约定,应当向张某支付的违约金计488.9元。2011年7月**新疆某**

房屋买卖合同案,法院认为:本案双方签订房屋买卖合同时,欧某系开发公司的物业经理,且双方买卖的房屋具有单位内部售房性质(属于开发公司出售给客户后因故又回购的房屋),同时双方在办理房屋所有权登记手续时,还必须有原购房人的配合才能实现。《城市房地产开发经营管理条例》规定,“商品房买受人办理房屋所有权登记手续,应当由买受人提出申请,由房地产开发企业予以协助。”开发公司在本案中作为房地产开发商应当协助买受人即欧某办理所有权登记手续。根据庭审查明的事实可认定,欧某于2008年10月30日才缴纳完契税,但完税凭证上登记的身份证号不全,房地产位置记载明显有误,且欧某未证实已向开发公司提供了第四联办证联,故应认定至欧某起诉时涉案房屋的办证条件尚未成就。加之,欧某未按期支付购房款,违约在先;开发公司在欧某起诉后又通过登报、公告、办理注销抵押等积极主动的行为,协助欧某办理了房屋产权登记手续。故欧某主张开发公司支付人逾期办证违约金缺乏事实及法律依据,本院不予支持。2011年3月**湖南某商品房买卖合同案**,法院认为:根据双方签订的《商品房买卖合同》约定,开发公司应当在房屋交付使用后150日内,将办理权属登记所需资料报产权登记机关备案,并未明确约定买受人实际取得房地产权属证书的时间,也不是约定的开发公司在150日内应当将房屋权属证书办理好,故郑某要求开发公司承担逾期办证违约金没有相应的依据,对该请求不予支持。2011年2月**上海某商品房预售合同案**,法院认为:本案的争议在于开发公司于2010年1月26日通知购房人办理申领小产证相关手续后,是谁的原因造成双方没有办理。购房人主张是开发公司故意刁难不予办理,而开发公司则主张是购房人在得到赔偿前拒绝办理。而从开发公司在2010年10月11日办理房屋交接书时还未将维修基金发票交付购房人可以反映,开发公司之前并未做好交付办理小产证全部资料的准备;另外,在2010年1月26日至2010年10月11日近9个月时间,如存在开发公司主张的购房人拒绝办理手续情况的,开发公司也应当予以催告,但开发公司在双方前案诉讼期间,都未能明确可以为购房人办理领证手续。故判决开发公司偿付购房人逾期办证违约金(以人民币164,178元为本金,按中国人民银行同期同类贷款利率计算,自2010年1月27日起至2010年10月11日止)。2011年2月**河南某所有权确认纠纷上诉案**,法院认为:根据最高人民法院《关于审理商品房买卖合同纠纷案件适用法律若干问题的解释》的相关规定,在合同约定的期限或者法定的期限届满时,由于出卖人的原因,买受人未能取得房屋权属证书的,出卖人应承担违约责任。现胡某在购买房屋后未能取得房屋权属证书,开发公司又不能举证证明其在买受人申请办理房屋所有权登记时,能够提供办理房屋所有权登记的齐备证明材料。故不能认定开发公司作为房屋出卖人的办证协助义务已经完成。判决案涉房屋归胡某所有,开发公司为胡某办理房屋权属证书(胡某应予协助),开发公司向胡某承担违约责任

(自2008年2月1日起以461,266.50元为基数,按中国人民银行同期贷款利率支付利息至案涉房屋的房屋权属证书办理到胡某名下之日止)。2009年8月**广东某房屋买卖合同案**,法院认为:李某与置业公司之间签订的《商品房买卖合同》是双方当事人的真实意思表示,内容没有违反法律、行政法规的强制性规定,合法有效。按照合同约定,置业公司应在约定时间内将办理权属登记需由出卖人提供的资料报产权登记机关备案。但置业公司未能按照上述约定履行自己的义务。置业公司提出系第三人原因造成逾期办理房地产权属证书,但根据《合同法》第121条的规定,当事人一方因第三人的原因造成违约的,应当向对方承担违约责任。当事人一方和第三人之间的纠纷,依照法律规定或者按照约定解决。因此,置业公司作为《商品房买卖合同》的当事人,应向李某承担违约责任,至于置业公司与第三人之间的纠纷,应当另行解决。2009年3月**重庆某房屋买卖合同案**,法院认为:现陈某按约支付了房屋价款,履行了合同义务,开发公司理应按约交付房屋及办理房屋权属证书。虽然办理房屋权属证书需要购房者提供相关资料并缴纳相关费用如大修基金等,但开发公司作为开发商理应尽合同附属义务即通知购房人陈某提交办证所需资料并缴纳相关费用,现开发公司未能提供证据证明其已行使告知义务,故即使因陈某未交纳大修基金导致未能办证其责任在开发公司,故开发公司应当承担迟延办证违约责任,判决开发公司支付陈某延迟交房违约金2万余元和延迟办证违约金6000余元。2007年4月**海南某商品房买卖合同案**,法院认为:开发公司应按合同约定于2005年8月31日前将房屋交付彭某使用,而开发公司却于2006年3月15日才交房,故开发公司应向彭某承担逾期交房的违约责任,违约金按已付房款250万元的5‰标准按日从2005年9月1日起计算至2006年3月15日止,共计195天,逾期交付的违约金是250万元×0.0005×195天=243,750元。本案逾期交房违约金具有不确定性,不属于开发公司对彭某的到期债务。彭某主张将该逾期交房违约金与购房余款相抵销,没有事实依据和法律依据,不予支持。因彭某至今未付清购房余款,且彭某对购房余款269,219.15元自行抵销,不符合法律的规定,故彭某应按商品房买卖合同约定承担违约责任,并向开发公司支付逾期付款的违约金,即按应付房款269,219.15元的5‰标准,按日从2006年3月16日开始计算至实际付清之日止。合同约定,开发公司应当在商品房交付使用后180日内,将办理权属登记需由开发公司提供的资料报产权登记机关备案。依该条约定开发公司应在2006年9月15日前办理房产权手续。本案中彭某付清房款是先履行的义务,开发公司为彭某办理房屋和车位产权登记手续是后履行的义务,彭某违约拒付购房余款,开发公司有权依据《合同法》规定,履行抗辩权,即有权延迟为彭某办理房屋和车位产权登记手续。2007年2月**四川某房屋买卖合同案**,法院认为:由于本案商品房买受人陈某向开发公司出具委托书并给付相关契税后,有关办理分户产权登记的其他事项属于开发公司的合同义务，对是否履行了相关义务，应当由负有履行义务的开发公司承担举证责任。因陈某取得其所购房屋所有权证的时间已经超过了本案商品房买卖合同约定的期限，而开发公司没有举证证明其如期履行了合同义务或者逾期取得房屋所有权证并非开发公司的原因所致，故应承担举证不能的法律后果，应当认定陈某逾期取得其所购房屋所有权证是出卖人开发公司的原因所致，应承担违约责任。2007年2月**四川某房屋买卖合同案**，2004年4月，吴某与开发公司签订商品房买卖合同，约定吴某以30万余元购买商品房一套，交房时间为2005年6月30日，并约定开发公司“应当在商品房交付使用后180日内，将办理权属登记需由开发公司提供的资料报产权登记机关备案。”如因开发公司的责任，吴某不能在规定期限内取得房地产权属证书的，由开发公司“按已付房款的银行同期贷款利息”向吴某支付违约金。2006年7月12日，吴某才取得分户产权证，2007年4月仍未办下国有土地使用权证。吴某遂诉请逾期办证违约金。法院认为：合同明确约定出卖人的义务为“将办理产权权属登记需由出卖人提供的资料报产权登记机关备案”，故“商品房交付后180日”应为完成出卖人履行相关备案义务的时间而非买受人最终取得权属证书的时间。该条款还明确约定，只有因出卖人的责任导致买受人不能在“规定期限”取得权属证书才承担违约责任，结合本条款前部对出卖人合同义务的约定，“因出卖人的原因”应指与出卖人备案义务相关的原因，而“规定期限”应指办证机关办理权属证书的法定期限。故商品房买卖合同出卖人有关“权属登记”义务应为备案义务，即出卖人仅向房产管理机关或国土管理部门“提供办理房屋所有权或土地使用权所需的登记材料”的义务。开发公司将办理房屋产权登记的相关资料提交产权监理部门备案已超过约定的期限，且庭审中亦未举证证明其已将办理国土使用权证的相关资料提交国土部门，故开发公司应按约承担逾期备案的违约责任。因开发公司在办证过程中的义务仅为备案登记义务，故开发公司将办理房屋产权登记的相关资料提交产权监理部门后，至取得房屋产权证期间已非由于“出卖人的原因”，故计算违约责任时间时，应将此期间予以扣除。开发公司在房屋分户产权证办理完毕之后的次日，即具备了将相关产权手续送交国土部门备案的条件，故之后至其向国土部门备案期间造成买受人取得国土证的迟延应为开发公司的原因，故应从此时再行计算其违约时间。2005年9月**广东某商品房买卖合同案**，法院认为：尽管双方在合同中约定了开发公司协同办理房地产证的期限及违约责任，但后来双方交接办证资料时，开发公司在其提供的《办理房地产证业主提交资料清单》中明示“我司将于贵业主提交所有办证资料后270天内办妥房地产证书”，何某签名确认，表示其同意上述条款，故应视为双方当事人协商一致，对合同约定的办证期限和内容作出了变更，双方变更合同约定的行为有效。房地产权属登记是依法确认房地产所有权的法定手续，故双方约定的办妥房地产证书应以房地产管理部门核准登记日期为准。经审查,房管局已于2004年3月10日对何某所购房屋核准登记,由此可见,开发公司为何某办妥房地产证书没有超过双方约定的期限。关于何某认为开发公司拖欠相关税费导致不能领取房产证问题。首先,“办妥”与“取得”并不等同,双方关于“业主提交所有办证资料后270天内办妥房地产证书”已变更了合同约定何某在房屋交付使用后270日内取得房地产权属证书的内容;其次,根据我国房地产契税征收管理的有关规定,商品房完税后,房管部门才给予办理房地产产权登记手续,故房管局核发何某所购房屋的产权证足以证明该房屋已完税,而房管部门是契税代征主体,故税务部门填发的契税完税证并不能反映开发公司实际向房管部门缴税的时间。综上所述,何某主张开发公司支付迟延办证违约金的请求,缺乏事实依据,不予支持。

【同类案件处理要点】

由于出卖人的原因,买受人在下列期限届满未能取得房屋权属证书的,除当事人有特殊约定外,出卖人应当承担违约责任:(1)商品房买卖合同约定的办理房屋所有权登记的期限;(2)商品房买卖合同的标的物为尚未建成房屋的,自房屋交付使用之日起90日;(3)商品房买卖合同的标的物为已竣工房屋的,自合同订立之日起90日。合同没有约定违约金或者损失数额难以确定的,可以按照已付购房款总额,参照中国人民银行规定的金融机构计收逾期贷款利息的标准计算。

【相关法律风险提示】

1. 办下权属证明扣留不发,仍有可能构成逾期办证而承担违约责任。案见云南昆明中院(2007)昆民三终字第382号“杨某与某开发公司房屋买卖合同纠纷案”。

2. 办证时间虽然未约定,但根据司法解释规定,适用房屋交付使用日起90天内办理的法定期限,超过此期限仍未办理的,出卖人应承担违约责任。违约金没有约定的,可以按照已付购房款总额,参照中国人民银行规定的金融机构计收逾期贷款利息的标准计算。

3. 陷阱字眼之“取得”与“办妥”:办证条款约定了“办妥”权属证明的日期,但在该证因各种原因(比如开发商称购房人欠缴费用)没有发放的情况下,买受人以未“取得”该证为由主张逾期办证责任,较起真来,还真没理。案见广东广州中院(2005)穗中法民四终字第2025号“何某与某开发公司商品房买卖合同纠纷案”。

4. 虽然商品房买卖合同对办理房屋权属证明有时间约定,但出卖人实际是作为代办人受托履行合同主义务,因为是代办人身份,故必然在商品房买卖合同之外存在委托办证的另一份授权委托(合同),该委托合意是否存在对先合同办证义务内容的事后变更,实践中以此为由,作为出卖人虽办证超期,而不必承担违约责任的理由,比如认定委托迟延系买受人原因,委托构成对办证时间内容的变更。故作为买受人,应在办证条款中约定其提供办证所需资料及协助履行义务以接到出卖人通知为前提。

5. 陷阱条款之委托手续或提示清单:在出卖方已逾期办证的情况下,以要求出具委托手续或确认资料清单为由,让买受人在"我司将于贵业主提交所有办证资料后 270 天内办妥房地产证书"上签字,法院有可能会认为买售双方就办证时间另作变更约定。案见广东广州中院(2005)穗中法民四终字第 2025 号"何某与某开发公司商品房买卖合同纠纷案"。

6. 商品房买卖合同约定的权属证书办理,通常人们以为只注意房产证,往往忽略土地使用权证的办理,按通常的商品房买卖合同范本约定及司法解释明确规定,逾期办证均导致违约金条款适用,司法实践中存在以两证最后办理完毕视为该项义务完全履行的处理方式。

7. 司法实践中,对逾期办理权属证明的违约金计算,有两种做法:合并计算、分段计算。前者从约定办理之日起至两证全部办理完毕合并计算;后者基于房产证与土地证分离的办证方式,各自计算违约金。对逾期办证的开发商而言,后者计算方法显然有利。四川成都中院(2007)成民终字第 2686 号"某开发公司与吴某房屋买卖合同纠纷案"一审按前者计算违约金为 2 万余元,二审改按后者方法计算,违约金变更为不足一审的 1/3。

8. 买受人主张办证义务时,最好分两段主张逾期办证的违约赔偿金,即自应办证之日起至判决确定日之前,自判决确定的日期至实际办证期间的违约金,因存在法律适用或是否违约之争,导致第一段的是否逾期办证责任不为法院认定的情况下,而第二段逾期办证违约责任通常又会因未单独主张而在判决书中未提及,导致法院虽判决合理期限内比如 90 天内办证,在卖方仍未办理的情况下,要么通过起诉,要么放弃主张违约金。而诉讼请求分两段提出,法院即使未支持第一段期间的逾期办证责任,但支持了第二段,即"出卖方在该合理期间仍未履行办证义务的,应给付买方已付购房款的利息(利息按中国人民银行规定的同期贷款年利率计付)"。

9. 争议条款:"出卖人在商品房交付使用后 180 日内,将办理产权权属登记需由出卖人提供的资料报产权登记机关备案。如因出卖人的原因,买受人不能在规定期限内取得房地产权属证书的,双方同意合同继续履行……"约定了两件事:备案和办证,前一事约定了期限,但未约定违约责任;后一事未约定期限,但约定了违约责任。漏洞:(1)"规定期限"是指"180 日"还是"办证机关办理权属证书的法定期限”,实践中倾向于后者,亦即买受人实际领证期限可能超过180日,出卖人还无须承担责任。但也有判决认为此约定视为未约定逾期办证的违约责任。案见海南三亚中院(2008)三亚民二终字第30号“某开发公司与程某房屋买卖合同纠纷案”、湖南湘潭中院(2010)潭中民一终字第329号“郑某与某开发公司商品房买卖合同纠纷上诉案”。(2)“如因出卖人的原因”,是否等于“因出卖人不能证明的原因”,适用过错责任原则还是过错推定原则存在争议,实践中倾向于过错推定,如出卖人不能举证逾期办证存在法定或约定的免责事由,应承担违约责任。(3)“180日”是办理整个项目初始登记即“大产权”还是分户“小产权”期限,出卖人亦可能提出异议,从交易习惯而言,应当理解为买受人取得房地产权属证书即分户产权证的期限。案见四川成都中院(2007)成民终字第2686号“某开发公司与吴某房屋买卖合同纠纷案”。

【附注】

参考案例索引:云南昆明中院(2007)昆民三终字第382号“杨某与某开发公司房屋买卖合同纠纷案”;见《出卖人因自身原因,未能在合同约定期限内为买受人办理房屋权属证书的,人民法院如何认定出卖人应承担的违约责任》(《民事审判指导与参考》研究组),载《民事审判指导与参考·民事审判信箱》(201304/56:227);北京三中院(2016)京03民终719号“韩某与某开发公司商品房预售合同纠纷案”,见《以同一违约行为再次起诉违约金的判定——北京三中院判决韩某诉正旭晶典公司商品房预售合同纠纷案》(张荣华),载《人民法院报·案例精选》(20170119:06);福建龙岩中院(2015)岩民二终字第671号“罗剑挥、项丽华与连城恒益房地产开发有限公司商品房买卖合同纠纷案”,见《交钥匙不能视为开发商房屋交付义务的完成》(陈立烽、陈春生),载《人民司法·案例》(201705:48);四川成都中院(2013)成民终字第1748号“郭秀珍与双流县市场管理中心商品房预售合同纠纷上诉案”,见《非房地产企业开发行为的法律适用》(曾耀林、王长军),载《人民司法·案例》(201316:94);四川成都中院(2012)成民终字第1289号“张某与某开发公司房屋买卖合同纠纷案”,见《张华春诉成都联星置业发展有限公司房屋买卖合同案(迟延办证的诉讼时效)》(刘兰娟),载《中国审判案例要览》(2013商:17);重庆五中院(2011)渝五中法民终字第04261号“李某与某开发公司等商品房预售合同纠纷案”,见《商品房未竣工验收能否认定开发商承担逾期办证违约责任——重庆五中院判决李志林等诉渝港公司商品房预售合同纠纷案》(张琴、谭红),载《人民法院报·案例指导》(20120112:06);福建龙岩中院(2008)岩民终字第697号“陈某与某开发公司商品房买卖合同纠纷案”,见《陈小峰诉龙岩新丰房地产开发有限公司商品房买卖合同案(情势变更的法律适用)》(卢伟湘),载《中国审判案例要览》(2009 民:127);山东青岛崂山区法院(2006)崂民三初字第 241 号“宋毅诉刘志国房屋买卖合同纠纷案”,见《民事诉讼中电话录音证据的审查判断》(朱铁军),载《人民司法·案例》(200818:78);福建厦门开元区法院(2003)开民初字第 2050 号“郑某与某开发公司商品房预售合同纠纷案”,见《郑美珍诉厦门聚恒兴房地产开发有限公司商品房预售合同纠纷案(商品房预售合同)》(郑文雅),载《中国审判案例要览》(2004 民:13);浙江宁波中院 2014 年 8 月 13 日判决“周某与某开发公司等商品房销售合同纠纷案”;福建龙岩中院(2015)岩民二终字第 671 号“罗某等与某房地产开发有限公司商品房买卖合同纠纷案”;重庆巴南区法院(2011)巴民初字第 2941 号“张某等诉某开发公司商品房预售合同纠纷案”;新疆乌鲁木齐中院(2011)乌中民四终字第 441 号“欧某与某开发公司房屋买卖合同纠纷上诉案”;湖南湘潭中院(2010)潭中民一终字第 329 号“郑某与某开发公司商品房买卖合同纠纷上诉案”;上海浦东新区法院(2010)浦民一(民)初字第 35701 号“某某诉某开发公司商品房预售合同纠纷案”;河南洛阳中院(2011)洛民终字第 230 号“胡某与某开发公司所有权确认纠纷上诉案”;广东广州中院(2009)穗中法民五终字第 1361 号“某置业公司与李某等房屋买卖合同纠纷案”;重庆五中院(2009)渝五中法民终字第 255 号“某开发公司与陈某商品房买卖合同纠纷案”;四川成都中院(2007)成民终字第 630 号“某开发公司与陈某等房屋买卖合同纠纷案”;四川成都中院(2007)成民终字第 2686 号“某开发公司与吴某房屋买卖合同纠纷案”;广东广州中院(2005)穗中法民四终字第 2025 号“何某与某开发公司商品房买卖合同纠纷案”。

56. 办证费用的负担原则

——逾期未办证,责任在于谁?

【办证费用】

【案情简介及争议焦点】

1998 年,郭某与开发公司(甲方)签订购房合同,约定 1999 年 6 月 30 日交房,之后 1 个月内办证,并约定“甲方负责为乙方代办房屋产权证,按全市统一标准收费,费用由乙方负责(2000 元之内,超过部分由甲方负责)”。因开发公司要求郭某补交多出面积的房款遭拒而拒绝办理产权证。2004 年 3 月,开发公司拿到市房屋产权登记办公室作出的房产测绘报告以确定郭某购买房屋面积增加。郭某诉请开发公司办证并承担2000元以上的部分费用及逾期办证违约金。

争议焦点:1. 办证义务与费用缴纳标准如何? 2. 逾期付款违约金如何计算?

【裁判要点】

1. 办证义务。根据《商品房销售管理办法》相关规定,开发公司应在房屋交付前组织实施测绘,据此开发公司根据2004年3月房产测绘报告认定郭某未交清购房款从而拒办产权证的抗辩理由不能成立。为郭某代办产权证亦是开发公司的法定义务,是否交清购房款与代办产权证无因果关系。鉴于其未就超面积款提出反诉,此部分内容应另行处理,不属于本案审查范围。契税属于国家强制征收的税收,缴纳契税是房产买受人应承担的法定义务,当事人不得对契税的纳税人进行约定。故售房合同关于办证费用限额的约定,应解释为郭某应承担不含契税在内的2000元之内的所有办证费用。

2. 违约责任。双方在合同中未就迟延办理产权证的违约责任作出约定,当时的法律、法规亦无规定。依据司法解释相关规定,开发公司在1999年6月30日前交付房屋后未及时办理产权证,应承担郭某已付购房款从2003年6月1日起到办理完毕产权证之日止按中国人民银行规定的金融机构计收逾期贷款利息的标准计算的违约金。

【裁判依据或参考】

1. 法律法规。《民法典》(2021年1月1日)第466条:"当事人对合同条款的理解有争议的,应当依据本法第一百四十二条第一款的规定,确定争议条款的含义。合同文本采用两种以上文字订立并约定具有同等效力的,对各文本使用的词句推定具有相同含义。各文本使用的词句不一致的,应当根据合同的相关条款、性质、目的以及诚信原则等予以解释。"第510条:"合同生效后,当事人就质量、价款或者报酬、履行地点等内容没有约定或者约定不明确的,可以协议补充;不能达成补充协议的,按照合同相关条款或者交易习惯确定。"第511条:"当事人就有关合同内容约定不明确,依据前条规定仍不能确定的,适用下列规定:……(二)价款或者报酬不明确的,按照订立合同时履行地的市场价格履行;依法应当执行政府定价或者政府指导价的,依照规定履行。(三)履行地点不明确,给付货币的,在接受货币一方所在地履行;交付不动产的,在不动产所在地履行;其他标的,在履行义务一方所在地履行。(四)履行期限不明确的,债务人可以随时履行,债权人也可以随时请求履行,但是应当给对方必要的准备时间。(五)履行方式不明确的,按照有利于实现合同目的的方式履行。（六）履行费用的负担不明确的，由履行义务一方负担；因债权人原因增加的履行费用，由债权人负担。”**《合同法》**（1999 年 10 月 1 日，已于 2021 年 1 月 1 日起失效）第 125 条：“当事人对合同条款的理解有争议的，应当按照合同所使用的词句、合同的有关条款、合同的目的、交易习惯以及诚实信用原则，确定该条款的真实意思……”**《税收征收管理法（2015 年修正）》**（2015 年 4 月 24 日）第 4 条：“法律、行政法规规定负有纳税义务的单位和个人为纳税人。法律、行政法规规定负有代扣代缴、代收代缴税款义务的单位和个人为扣缴义务人。纳税人、扣缴义务人必须依照法律、行政法规的规定缴纳税款、代扣代缴、代收代缴税款。”**《税收征收管理法实施细则（2016 年修订）》**（2016 年 2 月 6 日）第 3 条：“任何部门、单位和个人作出的与税收法律、行政法规相抵触的决定一律无效，税务机关不得执行，并应当向上级税务机关报告。纳税人应当依照税收法律、行政法规的规定履行纳税义务；其签订的合同、协议等与税收法律、行政法规相抵触的，一律无效。”国务院**《城市房地产开发经营管理条例（2020 年修正）》**（2020 年 11 月 29 日）第 32 条：“预售商品房的购买人应当自商品房交付使用之日起 90 日内，办理土地使用权变更和房屋所有权登记手续；现售商品房的购买人应当自销售合同签订之日起 90 日内，办理土地使用权变更和房屋所有权登记手续。房地产开发企业应当协助商品房购买人办理土地使用权变更和房屋所有权登记手续，并提供必要的证明文件。”

2. 司法解释。最高人民法院**《关于审理建筑物区分所有权纠纷案件适用法律若干问题的解释（2020 年修改）》**（2021 年 1 月 1 日　法释〔2020〕17 号）第 1 条：“依法登记取得或者根据民法典第二百二十九条至第二百三十一条规定取得建筑物专有部分所有权的人，应当认定为民法典第二编第六章所称的业主。基于与建设单位之间的商品房买卖民事法律行为，已经合法占有建筑物专有部分，但尚未依法办理所有权登记的人，可以认定为民法典第二编第六章所称的业主。”最高人民法院**《关于审理商品房买卖合同纠纷案件适用法律若干问题的解释（2020 年修改）》**（2021 年 1 月 1 日　法释〔2020〕17 号）第 14 条：“由于出卖人的原因，买受人在下列期限届满未能取得不动产权属证书的，除当事人有特殊约定外，出卖人应当承担违约责任：（一）商品房买卖合同约定的办理不动产登记的期限；（二）商品房买卖合同的标的物为尚未建成房屋的，自房屋交付使用之日起 90 日；（三）商品房买卖合同的标的物为已竣工房屋的，自合同订立之日起 90 日。合同没有约定违约金或者损失数额难以确定的，可以按照已付购房款总额，参照中国人民银行规定的金融机构计收逾期贷款利息的标准计算。”第 15 条：“商品房买卖合同约定或者城市房地产开发经营管理条例第三十二条规定的办理不动产登记的期限届满后超过一年，由于出卖人的原因，导致买受人无法办理不动产登记，买受人请求解除合同和赔偿损失的,应予支持。”最高人民法院**《印发〈关于审理房地产管理法施行前房地产开发经营案件若干问题的解答〉的通知》**(1995年12月27日　法发〔1996〕2号,2013年1月18日起经法释〔2013〕2号废止)第31条:“预售商品房的价格,除国家规定‘微利房’、‘解困房’等必须执行国家定价的以外,合同双方根据房地产市场行情约定的价格,也应当予以保护。一方以政府调整与房地产有关的税费为由要求变更合同约定价格的,可予以支持。一方以建筑材料或商品房的市场价格变化等为由,要求变更合同约定的价格或解除合同的,一般不予支持。”第32条:“合同双方约定了预售商品房价格,同时又约定了预售商品房的价格以有关主管部门的核定价格为准,一方要求按核定价格变更预售商品房价格的,应予以准许。”第33条:“合同双方约定的预售商品房价格不明确,或者在合同履行中发生不可抗力的情况,合同双方当事人可另行协商预售商品房价格。协商不成的,可参照当地政府公布的价格、房地产部门认可的评估的价格,或者当地同期同类同质房屋的市场价格处理。”

3. 部门规范性文件。国税总局**《关于外商投资企业房屋装修费税务处理问题的批复》**(2000年9月14日,已于2011年1月4日被废止)第1条:“外商投资企业和外国企业发生的房屋装修费,凡房屋产权属于本企业拥有的,其投入使用前所发生的房屋装修费,应并入房屋价格,按照税法所规定的房屋固定资产折旧年限计提折旧,房屋投入使用后所发生的房屋装修费,可在房屋重新装修后投入使用的次月开始,按5年平均摊销。”第2条:“外商投资企业和外国企业发生的房屋装修费,凡房屋产权不属于本企业的,可在房屋装修后投入使用的次日开始,按5年平均摊销。”国家发改委、财政部**《关于规范房屋登记费计费方式和收费标准等有关问题的通知》**(2008年5月1日　发改价格〔2008〕924号,已于2017年7月13日起失效)第1条:“房屋登记费是指县级以上地方人民政府房地产主管部门对房屋权属依法进行各类登记时,向申请人收取的费用。”第2条:“房屋登记费按件收取,不得按照房屋的面积、体积或者价款的比例收取。”第3条:“住房登记收费标准为每件80元;非住房房屋登记收费标准为每件550元。住房登记一套为一件;非住房登记的房屋权利人按规定申请并完成一次登记的为一件。”第4条:“房屋登记收费标准中包含房屋权属证书费。房地产主管部门按规定核发一本房屋权属证书免收证书费。向一个以上房屋权利人核发房屋权属证书时,每增加一本证书加收证书工本费10元。”第5条:“房屋登记费向申请人收取。但按规定需由当事人双方共同申请的,只能向登记为房屋权利人的一方收取。”建设部办公厅**《关于对〈城市房屋权属登记管理办法〉有关问题的复函》**(2003年12月11日　建办法函〔2003〕619号,已于2011年1月26日被废止):“《城市房地产开发经营管理条例》第三十三条规定:‘预售商品房的购买人应当自商品房交付使用之日90日内,办理土地使用权变更和房屋所有权登记手续;现售商品房的购买人应当自销售合同签订之日起90日内,办理土地使用权变更和房屋所有权登记手续。房地产开发企业应当协助商品房购买人办理土地使用权变更和房屋所有权登记手续,并提供必要的证明文件。'《城市房屋权属登记管理办法》(该办法已被2008年7月1日实施的《房屋登记办法》废止——编者注)第四条规定:'申请人应当按照国家规定到房屋所在地的人民政府房地产行政主管部门申请房屋权属登记,领取房屋权属证书';第十一条第一款规定:'房屋权属登记由权利人(申请人)申请'。根据上述规定精神,我们认为,《城市房屋权属登记管理办法》第十七条第一款规定的房屋权属转移登记,应当由购买人提出申请,并由出售人予以协助。"国税局**《关于印发〈土地使用权转让及出售建筑物和经济权益转让征收营业税具体办法〉的通知》**(1992年9月1日　国税发〔1992〕165号)第1条第1款:"在中华人民共和国境内发生土地使用权转让及出售建筑物、经济权益转让行为的单位和个人,为营业税的纳税义务人(以下简称纳税人),应依照本办法的规定缴纳营业税。"

4.地方司法性文件。四川成都中院**《关于印发〈商品房买卖合同案件的审理指南(试行)〉的通知》**(2017年10月11日　成中法发〔2017〕129号)第14条:"对买受人是否纳税费、交齐资料的举证责任分配。当事人约定买受人委托出卖人代为办证的,原则上应由买受人举证证明其已经将税费、办证所需资料于合理期限内交给出卖人。商品房买卖合同约定买受人与出卖人共同办证,买受人应当举证证明其已经将税费及办证所需资料交给办证机关。当事人未尽到上述举证责任的,应当承担不利的法律后果。"北京高院**《关于审理房屋买卖合同纠纷案件适用法律若干问题的指导意见(试行)》**(2010年12月21日　京高法发〔2010〕458号)第20条:"房屋买卖合同签订后,出卖人未依约为买受人办理房屋所有权转移登记,买受人提起房屋确权之诉,要求确认房屋归其所有的,法院应当行使释明权,告知其应当变更诉讼请求要求出卖人办理所有权转移登记,买受人坚持不变更的,对其诉讼请求,不予支持。"第21条:"房屋买卖合同履行过程中,一方当事人构成根本违约的,守约方有权解除合同,违约方不享有合同法定解除权。如果因不可抗力或情事变更等原因,致使合同目的无法实现的,合同双方均有权要求解除合同。"广东高院**《关于审理商品房买卖合同纠纷案件若干问题的指导意见》**(2003年2月13日　粤高法发〔2003〕24号,已于2020年12月31日经粤高法〔2020〕132号废止)第2条:"根据最高人民法院《关于审理商品房买卖纠纷案件适用法律若干问题的解释》第十八条的规定,出卖人只有在因其自身的原因导致买受人不能在合同约定或法律规定的期限内领取房屋权属证书的情形下,才需承担逾期办证的违约责任。因此,出卖人能举证证明其已在合同约定或法律规定的办证期限内之合理时间将有关办理房屋权属证书的资料交给政府主管部门并已具备办证条件的,可不承担逾期办证的违约责任。”

5. 参考案例。2011 年**湖北某房屋买卖合同纠纷案**,2009 年 5 月,周某与开发公司签订商品房买卖合同,约定开发公司在 2010 年 8 月 31 日前办理房屋权属证书,并约定逾期办证时按已付房款 0.5% 承担违约金。2010 年 4 月,周某将原住房出售并交纳个人所得税 1.3 万余元。2011 年,周某以开发公司迟延办证导致其不能按 1999 年财政部文件“出售现住房 1 年内重新购房的”规定享受退税优惠政策为由,诉请赔偿 1.3 万余元。法院认为:《合同法》第 113 条第 1 款规定了可预见规则,其立法目的在于均衡合同双方当事人利益,即合同双方当事人基于订立合同当时的政策或法律规定、交易对象基本情况、市场行情诸因素,对自己因合同履行可得利益、因违约而应承担赔偿责任等综合考虑,决定是否进行交易或设立相应权利与义务,故依该规则,凡当事人基于订立合同当时政策或法律规定、交易对象等因素而不可能预见到的违约成本,均不能纳入违约损失赔偿范围。本案中,财政部文件关于享受退税优惠政策条件为“出售现住房 1 年内重新购房的”个人,而周某出售原住房时间为 2010 年 4 月,即其与开发公司于 2009 年 5 月签订购房合同时,周某并未出售其原住房,亦即开发公司在签订合同当时不可能将“周某可能会丧失退税优惠政策”风险纳入其违约成本考量范围。同理,周某在出售原住房后,无论其是否将该事实因此而产生的后果告之开发公司,开发公司均因合同已签订而不能将此重新纳入违约成本考量范围,故周某因未能享受退税优惠政策而致损失不属开发公司订立合同时应当预见到的损失范围。周某基于开发公司逾期办证构成违约事实,不依合同约定的违约条款向开发公司主张违约责任,而主张由其赔偿周某因不能享受退税优惠政策而受到的损失,实为认为合同约定的违约金不能弥补其因不能享受退税优惠政策而受到的实际损失而申请调整,周某在审理期间亦就此进行了明确表述。此时,法院即便认为对违约金调整请求不能成立,从诉讼经济及实体处理公正角度,亦应对开发公司违约责任依合同约定条款予以处理。依合同约定,开发公司逾期办证而应承担的违约责任为按已付房款的 0.5% 承担违约金,据此,判决开发公司为周某办理房产证、土地使用权证,并给付周某违约金 2900 余元。2009 年 7 月**广东某商品房买卖合同案**,法院认为:根据最高人民法院《关于民事诉讼证据的若干规定》第 5 条关于“对合同是否履行发生争议的,由负有履行义务的当事人承担举证责任”的规定,应由负有交付涉案房屋义务的置业公司承担证明交付房屋的具体时间的举证责任。置业公司未能提供交楼时间的证据,其要求以王某付清相关款项的时间为交楼时间,依据不足,不予采信。王某陈述交楼时间为 2005 年 11 月 15 日,可作为交付日期。置业公司依约应当在房屋交付使用后的 540 天内为王某办理并取得房地产权属证书,但置业公司至今尚未为王某办理案涉房屋的房产证,已构成违约,应依约承担逾期办证的违约责任。根据置业公司自述，王某已在合同约定的置业公司办证期限届满前2005年12月22日交纳了相关的费用，置业公司称其有先履行抗辩权，依据不足，不予支持。2009年7月江西某商品房买卖合同案，法院认为：开发公司主张黎某应当交付的费用有：地税局税费24,070元、契税6240元、办房产证费1516元、办土地证费386元、变压器分摊费1580元，自来水分管费160元，增建阁楼的价款13,390元，购房款184,100元，装修垃圾清运费200元，卷闸门1450元。因地税局税费系房地产开发商依法应当缴交的营业税，认购书及补充条款未明确约定应由认购人缴纳营业税，故该项费用应由开发公司承担；对于契税，依法应由房屋买受人承担且双方在购房补充条款中已作出明确约定，故契税应由黎某缴纳，具体数额由有关部门按规定收取；办理房产证及土地证费，因双方未作出约定，事后也未达成一致意见，依交易习惯该项费用应由房屋买受人承担，故应由黎某承担办理房产证及土地证费，具体缴纳数额由有关部门按规定收取；对于垃圾清运费200元，该项费用为装修垃圾清运所产生的费用，按交易习惯应由黎某支付，数额为200元属于正常范畴；对于卷闸门费，因认购书中约定开发公司所承担义务不包括"店面的店门和后门"，开发公司安装前门卷闸门虽不属于合同约定义务，但黎某从中受益，故卷闸门的费用应由黎某承担；对于变压器分摊费、自来水分管费，因双方在购房补充条款中明确约定应由房屋出卖人负责搞好水、电、排污总管，故上述两项费用应由开发公司承担；对于购房款及阁楼增建费，认购书中约定店面认购价为18万元及车库价为2.8万元，没有对阁楼款再另行约定，因开发公司并未提供任何证据证明阁楼款应由黎某承担，故黎某支付的房屋认购款中包括阁楼款，黎某无须另行给付阁楼费。2008年9月**海南某房屋买卖合同案**，法院认为：合同约定，开发公司应在房屋交付后180日内将办理房屋产权登记所需资料报产权登记机关备案，开发公司未在此期限完成备案，但合同没有约定迟延备案的违约责任。合同约定，因开发公司的责任，程某不能在规定的期限内取得房地产权属证书的，开发公司应承担违约责任，但合同没有约定办理房屋所有权证的期限。2007年3月24日，程某委托开发公司办理房屋权属证书，并出具了《办理房产证委托书》，证明之前双方对办证期限没有达成过合意。程某与开发公司约定，开发公司应在房屋交付后180日内将办理房屋产权登记所需资料报产权登记机关备案，即房屋交付使用180日后才具备办理房屋产权登记的条件。另，办理房屋权属证书必须依法缴纳相关税费，程某自从接收房屋使用直至委托开发公司办理房产证期间，一直要求开发公司办理房产过户免税优惠手续，未向房地产行政管理机关申请办理所购房产的房屋权属证书。直至2006年12月29日，税务机关批准免征契税后，程某所购房屋才具备办理房屋产权过户的条件，程某故于2007年3月24日委托开发公司办理房产证。故包括程某在内的房屋买受人要求开发公司办理免税优惠手续，是程某在接收房屋后未能取得房屋权属证书的原因，开发公司对此也没有过错。鉴于特殊约定的存在及开发公司为广大业主办理免征契税的事实，程某关于开发公司没有在约定的时间内完成备案，导致其不能在规定期限取得所购房屋的房屋权属证书，开发公司应承担违约责任的主张，缺乏事实及法律依据，判决驳回程某的诉讼请求。2008年6月**四川某商品房买卖合同案**，法院认为：双方合同约定开发公司应在房屋交付使用后18个月内将办理权属登记需由开发公司提供的资料报产权登记机关备案，且根据本市在办证过程中仍然实行房地分离的办证方式，办理国有土地使用权分摊登记需以取得房屋分户产权证为前提，故开发公司应在陈某取得房屋所有权证后尽快将相关产权手续移交国土部门备案。开发公司主张国土面积分摊计算有误影响了备案登记，其没有过错。对此本院认为，首先，2006年3月3日案涉国有土地因开发公司原因被法院查封，且持续至今是开发公司无法履行备案义务最直接的原因；其次，在陈某取得房屋所有权证后至土地被查封期间开发公司没有将办理分户国有土地使用权证所需资料报送国土部门备案，也没有证据证明国土部门是在对国土备案材料进行审查时发现分摊计算出现错误；最后，本案查明的事实可以证明开发公司向国土部门申请变更地籍调查时，案涉国有土地已被查封。故开发公司不能以分摊计算错误作为其没有办理国土分户备案手续的免责理由。开发公司称国土分户备案手续需双方配合方能完成，陈某于2006年11月14日才向开发公司交纳土地办证费用，该责任应由陈某承担。因开发公司没有提供证据证明其曾通知陈某交纳相关费用，而对方拒不交纳，故开发公司的该理由也不能成立。鉴于本市在办证过程中仍然实行房地分离的办证方式，且土地使用证的办理必须在房屋分户产权证取得后才能进行，因开发公司在办证过程中的义务仅为备案登记义务，故开发公司将办理房屋产权登记的相关资料提交产权监理部门后，至取得房屋产权证期间已非由于“出卖人的原因”，故计算违约责任时间时，应将此期间予以扣除。开发公司在房屋分户产权证办理完毕之后的次日，即具备了将相关产权手续送交国土部门备案的条件，故之后至其向国土部门备案期间造成买受人取得国土证的迟延应为开发公司的原因，故判决从2005年12月28日起计算违约时间。2008年3月**重庆某商品房买卖合同案**，法院认为：按照双方签订的商品房买卖合同约定，开发公司应当承担协助办证义务，即在开发公司全部履行协助义务后，无论高某是否能够实现办证，责任均不由开发公司承担。故开发公司应当履行协助义务的范围及全部完成协助义务时间的确定决定了开发公司应当承担办证责任的期间。本案中开发公司应当承担的协助办证义务包括先行办理房屋初始登记，就买受人办证应当提交的相关资料、交纳的税费等情况以适当的形式通知买受人及交纳交易手续费。实际履行中，开发公司于2005年8月15日完成高某购买房屋的初始登记，于2005年9月29日以公告方式履行了通知义务。因交易手续费系领证时交纳，高某2005年10月8日接房后至今尚未全部履行提交相关办证资料、交纳相关税费等办证义务，开发公司交纳交易手续费的条件尚未成就，不能得出接房后未能办证是开发公司的责任。2008年3月**海南某商品房买卖合同案**，一审认为：开发公司应于2005年3月31日前将验收合格的商品房交付给丁某使用，却于2005年4月2日才通过特快专递通知丁某办理交接手续。丁某否认其收到入伙通知书，但开发公司是按合同上丁某提供的住址邮寄入伙通知书的，即使丁某未收到，责任也在于丁某。由于开发公司已尽到告知丁某收房的义务，应认定开发公司交房的时间为2005年4月2日。根据合同约定，由开发公司以已付款向丁某按日3‰支付违约金即1260元。对于逾期向房产管理部门提供办理产权登记备案所需资料的问题，根据合同约定出卖人应当在商品房交付使用后90天内，将办理权属登记需由出卖人提供的资料报产权登记机关备案。但丁某购买的房屋目前尚未向房产管理部门提供办理产权登记备案所需资料。办理土地房屋权总证是办理各买受人商品房土地房屋权分证的前提，总证尚未办妥之前，根本不具备办理丁某土地房屋权证的条件。开发公司于2005年11月才办理土地房屋权总证，已超过双方合同约定的交证时间，从此应认定逾期办理丁某土地房屋权证的责任应在于开发公司。由此造成逾期办理丁某所购房屋土地房屋权证的过错责任在于开发公司，开发公司应承担违约责任，即按已付房价款的3%向丁某支付违约金12.6万元。二审认为：缴纳契税和物业维修基金是办理分户房产证的前提条件，也是丁某应当履行的义务。但经开发公司催缴，丁某在上述双方约定的90天的期限内未缴纳契税和物业维修基金。丁某辩称并未收到开发公司的缴纳通知，但开发公司是按合同上丁某提供的住址于2005年4月2日向其邮寄通知书，该通知书通知丁某缴纳相关费用。而丁某于同年同月26日缴纳了通知中住户应缴纳的有线电视开户费和天然气开户费，据此，丁某应该在2005年4月就收到了有关缴纳契税和物业维修基金的通知。故本案丁某所购房屋的产权证逾期办理的责任除一审法院认定的开发公司迟延办理总证以外，还在于丁某迟延缴纳物业维修基金和契税，即逾期办证责任不能仅归咎于开发公司，丁某本身亦存在责任，故丁某要求开发公司承担逾期办证违约金不符合合同约定，不予支持，该项诉讼请求应予驳回。2007年12月**海南某商品房买卖合同案**，法院认为：依据该合同约定，开发公司应当在商品房交付使用后730日内，即在2005年4月3日前将办理权属登记需由开发公司提供的资料报产权登记机关备案。但公某经开发公司在合同约定期限内公告催缴，而至合同约定办证期满后的2005年6月17日才缴纳物业维修基金；另外，开发公司至2006年9月1日才缴纳完其转让房产应缴税款。而缴纳上述款项都是办证的前提条件，故本案逾期办证的责任在于公某无故迟延缴纳物业维修基金及开发公司无故迟延缴纳转让房产应缴税款。合同还约定，如因出卖人的责任，买受人不能在规定期限内取得房地产权属证的，出卖人承担违约责任。本案公某不能在规定期限内取得房产证,不能仅归咎于开发公司,公某本身亦存在迟延缴纳物业维修基金的责任,故驳回公某要求开发公司承担逾期办证违约金的诉讼请求。2007年6月**辽宁某商品房买卖合同案**,法院认为:开发公司应当向霍某提供符合办理产权证要求的必要证明文件,但开发公司提供的证明文件存在以下问题:霍某购买两套商品房而开发公司出具一份购房发票;开发公司在商品房买卖协议书、发票上加盖了不同单位名称的公章。由于开发公司的上述原因,霍某未能取得房屋权属证书,开发公司依法应承担相应的民事责任。因双方所签订的合同对逾期办证违约责任未作约定,且霍某办理产权证当时生效的法律法规亦未对逾期办证违约责任作出明确规定,故法院以最高人民法院《关于审理商品房买卖合同纠纷案件适用法律若干问题的解释》生效时间作为开发公司违约责任的起算时间计算违约金。2007年5月**重庆某商品房买卖合同案**,法院认为:关于开发公司辩称未能及时办理房屋权属登记是由于政府取消契税优惠造成,并非其违约造成的,就本案查明的事实,开发公司自己取得"大证"的时间已大大超过了交房后90日,即使政府未取消契税优惠,开发公司也不可能在规定的90日内办理马某所购房屋的权属登记。故马某未能在规定期限内取得房地产权属证书,系因开发公司未全面履行协助义务造成,开发公司的行为属违约行为,判决支付迟延办证违约金14,192.96元。2007年4月**湖北某商品房买卖合同案**,法院认为:从合同约定看,出卖人应当在商品房交付使用后180日内,将办理权属登记的资料报产权登记机关备案。该条款是对出卖人到房产部门办理初始登记时间的限制。并未约定开发公司有为车某办理房地产权属证书的义务,且开发公司已按合同约定的期限履行了义务。车某认为开发公司收取了办证费用,即具有了为车某的办证义务。而车某起诉主张开发公司承担违约责任的依据是《商品房买卖合同》,由于该合同中并未约定办证或交付房地产权属证书的时间,故车某主张开发公司违反合同约定,迟延办证或交付证书无事实和法律依据,判决驳回。2007年4月**辽宁某商品房买卖合同案**,法院认为:娄某对其提出的"其未取得房屋所有权证系出卖人未履行义务而导致"主张负有举证责任,因其在举证期限内并未提供证据证明其上述主张,故对于娄某提出的以此为由要求解除合同的诉讼请求,不予支持。2007年3月**海南某商品房买卖合同案**,法院认为:双方在合同中约定房屋交付后90日内开发公司应将办理权属登记需由开发公司提供资料报产权机关登记备案。本案的证据证明开发公司于2005年9月9日已向市国土资源局递交房屋产权初始登记申请及有关资料,国土资源局也已受理,2005年10月11日,开发公司取得案涉楼房土地房屋权证总证。从开发公司的上述行为看,开发公司已在合同约定的期限内完成房屋初始登记义务,故开发公司没有违约;同时,开发公司在办理房屋所有权转移登记时,已提供了房屋所有权初始登记相关资料,应认定开发公司的协助义务已完成,其承担的转移房屋所有权的义务履行完毕。至于房屋所有权登记的完成及房屋所有权证书的取得,则应按房地产登记管理部门的工作程序进行。同时,钱某以他人名义汇存税款,造成税务部门核对完税手续延期,到2006年6月12日才出具完税单据。故开发公司办证的期限应从2006年6月12日起计,同年8月28日完成办证未超过90日的办证期限。故本案开发公司不存在逾期办证的责任,钱某诉求开发公司赔偿逾期办证的违约金证据不足,不予支持。2005年**广东某商品房买卖合同案**,法院认为:依据房管部门办理房产证的相关规定,开发商如要办理商品房地产权证明书须先取得规划部门颁发的《建设工程规划验收合格证》。本案中开发公司已在约定的办证期限内向规划部门申请办理诉争房屋所在楼盘的规划验收手续,结合前述番禺区规划局向法院出具的复函及姚某的自认,虽然房产证已办出,但有关行政主管部门的上述材料对姚某违法建设的定性,也证实其违建与《建设工程规划验收合格证》的迟延取得有影响。故可以认定正是由于姚某构建上述违法建筑,才致使开发公司迟迟不能取得诉争房屋所在楼盘的《建设工程规划验收合格证》,而开发公司不能如期领取《建设工程规划验收合格证》,也将影响其按时为姚某办理转移过户登记手续。故开发公司抗辩导致迟延办证的责任在于姚某,并非开发公司自身所致,理由成立。现有证据不能证实是开发公司的原因造成迟延为姚某办出房产证,故姚某上诉请求开发公司支付迟延办证违约金的理由不充分,法院不予采纳。2004年3月**辽宁某房屋买卖合同案**,法院认为:因作为房地产开发企业的开发公司出售的商业网点对商场而言属于商品,且开发公司在庭审笔录中也自认争议房属于商品房,本案双方商品房买卖合同订立的时间为1994年9月即双方达成口头购销协议的时间,因在《城市房地产管理法》实施前而不适用最高人民法院《关于审理商品房买卖合同纠纷案件适用法律若干问题的解释》。因合同继续履行,开发公司已将争议房交付商场使用,且商场没有提供依法能够确认损失的证据,故商场要求赔偿经济损失的主张,无法支持。但鉴于开发公司违约多年,为督促开发公司全面履行给商场办理购房手续的义务,开发公司应负担在合理期限内仍不给予商场办理购房手续的违约责任。至于办证费用负担问题,因该费用属于商场办理产权手续的工本费及契税等合理费用,而合同对此费用的负担无约定,故该费用应由商场负担。

【同类案件处理要点】

法律、行政法规规定负有纳税义务的单位和个人为纳税人。法律、行政法规规定负有代扣代缴、代收代缴税款义务的单位和个人为扣缴义务人。纳税人、扣缴义务人必须依照法律、行政法规的规定缴纳税款、代扣代缴、代收代缴税款。根据最高人民法院《关于审理商品房买卖合同纠纷案件适用法律若干问题的解释》第14

条的规定,出卖人只有在因其自身的原因导致买受人不能在合同约定或法律规定的期限内领取房屋权属证书的情形下,才需承担逾期办证的违约责任。故出卖人能举证证明其已在合同约定或法律规定的办证期限内之合理时间将有关办理房屋权属证书的资料交给政府主管部门并已具备办证条件的,可不承担逾期办证的违约责任。

【相关法律风险提示】

1. 房屋产权及土地使用权的办证费用负担应在商品房购销合同中明确约定,如无约定或约定不明,法定税费通常应按法定的缴纳义务人承担,其他费用通常会按交易习惯确定。

2. 约定交付房屋后一定周期办理房地产权属证书的,负有交付房屋义务的出卖人应承担交付房屋的具体时间的举证义务。通知买受人收房,收房时的验收、交接手续均应做到有据可查。

3. 办证费用如约定"甲方负责为乙方代办房屋产权证,按全市统一标准收费,费用由乙方负责(2000 元之内,超过部分由甲方负责)"(案见江西萍乡中院(2005)萍民一终字第 78 号"郭某等 35 人与某开发公司房屋买卖合同纠纷案"),应明确该"费用"包含产权证过户环节的所有费用,包括但不限于契税、印花税、工本费等税费。

4. 争议条款:"出卖人应当在商品房交付使用后 180 日内,将办理权属登记的资料报产权登记机关备案。如因出卖人的责任,买受人不能在规定期限内取得房地产权属证书的……"通常情况下,会认为该款约定的出卖人的办证义务,应为"小产权"即买受人的房屋权属登记手续(包括房产证及土地证),但也有不同判例,认为约定清楚,表明的是出卖人办理"大产权"即开发项目初始登记手续,案见湖北宜昌中院(2007)宜中民一终字第 00030 号"车某与某开发公司商品房买卖合同纠纷案"、海南三亚中院(2007)三亚民一终字第 25 号"钱某与某开发公司商品房买卖合同纠纷案";同时是否系出卖人责任,通常认为期限届满买受人未取得权属证明,推定出卖人违约,出卖人应就"非因出卖人原因"进行举证,但也有例外,认为举证责任在买受人,需要买受人证明其未取得权属证明,系"因出卖人的原因",案见辽宁沈阳中院(2007)沈民(2)房终字第 115 号"某开发公司与娄某商品房买卖合同纠纷案"。

5. 对办证义务的履行条款,可以约定:"出卖人应当在商品房交付使用后 180 日内,将办理权属登记的资料报产权登记机关备案。如因出卖人的责任,买受人不能在规定期限内取得房地产权属证书的……""前款规定的办证义务,应当做如下理解:(1)'交付'应当以经包含消防验收在内的综合竣工验收为前提,由出卖人取得该综合竣工验收证明后,提前 7 天通知买受人办理交付手续。(2)前款'通知',

应当是以买受人在双方所签购房合同上所留联系手机/电话为第一通知方式，在手机/电话无法联络情况下，以所留联系地址为邮件通知方式。(3)出卖人的‘备案’义务不仅指其为办理初始产权登记所为义务，且包括为办理本案标的房屋权属证明所为的主要义务。(4)办证义务以出卖人为主，买受人协助配合。(5)买受人的‘协助配合’义务以出卖人提前 7 天通知提交手续的内容为准。该‘通知’方式与本条第 2 款约定相同。(6)如因出卖人的责任，导致买受人无法在约定的‘商品房交付使用后 180 日内’取得房屋权属证明的，出卖方应当按约定标准支付违约金。(7)不可抗力情形或房屋权属办理机关接受备案手续后未及时核发证明，不视为‘出卖人的责任’，但出卖人对此负举证责任并履行及时告知义务。(8)逾期办证日期，应当自商品房交付使用后第 181 日之日起，计算至出卖人将办理标的房屋权属证明的手续提交备案之日。(9)前述‘房屋权属证明’，包括标的房屋产权证和国有(出让)土地使用权证在内。”

【附注】

参考案例索引：江西萍乡中院(2005)萍民一终字第 78 号“郭某等 35 人与某开发公司房屋买卖合同纠纷案”；湖北宜昌中院(2011)宜中民二终字第 373 号“周某与某开发公司房屋买卖合同纠纷案”，见《周大红等诉宜昌三江航天房地产开发有限公司房屋买卖合同案》(刘晓蓉)，载《中国审判案例要览》(2012 民：190)；广东广州中院(2009)穗中法民五终字第 2319 号“某置业公司与王某商品房买卖合同纠纷案”；江西赣州中院(2009)赣中民一终字第 246 号“黎某等与某开发公司商品房买卖合同纠纷案”；海南三亚中院(2008)三亚民二终字第 30 号“某开发公司与程某房屋买卖合同纠纷案”；四川成都中院(2008)成民终字第 1357 号“某开发公司与陈某等商品房买卖合同纠纷案”；重庆四中院(2008)渝四中法民二终字第 39 号“某开发公司与高某商品房买卖合同纠纷案”；海南三亚中院(2008)三亚民一终字第 7 号“某开发公司与丁某商品房买卖合同纠纷案”；海南三亚中院(2007)三亚民一终字第 228 号“公某与某开发公司商品房买卖合同纠纷案”；辽宁沈阳中院(2007)沈民(2)房终字第 354 号“某开发公司与霍某商品房买卖合同纠纷案”；重庆五中院(2007)渝五中民终字第 878 号“某开发公司与马某商品房买卖合同纠纷案”；湖北宜昌中院(2007)宜中民一终字第 00030 号“车某与某开发公司商品房买卖合同纠纷案”；辽宁沈阳中院(2007)沈民(2)房终字第 115 号“某开发公司与娄某商品房买卖合同纠纷案”；海南三亚中院(2007)三亚民一终字第 25 号“钱某与某开发公司商品房买卖合同纠纷案”；广东广州中院(2005)穗中法民四终字第 562 号“姚某与某开发公司商品房买卖合同纠纷案”；辽宁沈阳中院(2004)沈民(2)房终字第 220 号“某商场与某开发公司房屋买卖合同纠纷案”。

57. 交房办证的诉讼时效

——交房和办证,诉讼有时效?

【诉讼时效】

【案情简介及争议焦点】

2005 年,梁某与开发公司签订购房合同,约定交房时间为 2005 年 3 月 23 日,由开发公司书面通知梁某办理交付手续,并提供《住宅质量保证书》和《住宅使用说明书》,并在交付后 180 日内办完产权证,合同约定了逾期交付和办证的违约金条款。房产证填发日期为 2006 年 3 月 3 日。2006 年 6 月 12 日,梁某和物业公司签订物业管理服务协议。2008 年 3 月 4 日,开发公司起诉追索多出面积的房款,2008 年 6 月 16 日,梁某提起反诉主张开发公司逾期交房和逾期办证的违约责任。开发公司认为交房、办证主张已过诉讼时效。

争议焦点:1. 开发公司是否逾期交房和办证? 2. 开发公司是否应承担违约责任?

【裁判要点】

1. 梁某起诉逾期交房超过时效。开发公司在交接房屋时,未依合同约定签署交接单,亦未进行书面通知梁某办理交接手续,且未向梁某提供《住宅质量保证书》和《住宅使用说明书》,构成违约;但梁某亦未拒绝交接,且已实际接收并进行了装修。因双方均无充分证据证明实际交接的具体时间,故以梁某与物业公司签订的合同日期来确定实际交接时间并无不当,梁某此时应知开发公司违约,但未及时主张逾期交房违约金,而是在开发公司对其主张补足房款时,才提起反诉,已超过 2 年诉讼时效,不应予以支持。

2. 开发公司逾期办证构成违约。开发公司超过双方约定时间办证,应承担逾期办证的违约责任。房产证颁发时间虽为 2006 年 3 月 3 日,但无充分证据证明开发公司已及时通知梁某房产证已办理完毕,且房产证至今还在开发公司处,故不能认定梁某知道房产证办理完毕的具体日期,梁某于 2006 年 6 月 16 日提起反诉未超过诉讼时效。

【裁判依据或参考】

1. 法律规定。《民法典》(2021年1月1日)第188条:“向人民法院请求保护民事权利的诉讼时效期间为三年。法律另有规定的,依照其规定。诉讼时效期间自权利人知道或者应当知道权利受到损害以及义务人之日起计算。法律另有规定的,依照其规定。但是,自权利受到损害之日起超过二十年的,人民法院不予保护,有特殊情况的,人民法院可以根据权利人的申请决定延长。”第193条:“人民法院不得主动适用诉讼时效的规定。”第196条:“下列请求权不适用诉讼时效的规定:(一)请求停止侵害、排除妨碍、消除危险;(二)不动产物权和登记的动产物权的权利人请求返还财产;(三)请求支付抚养费、赡养费或者扶养费;(四)依法不适用诉讼时效的其他请求权。”第197条:“诉讼时效的期间、计算方法以及中止、中断的事由由法律规定,当事人约定无效。当事人对诉讼时效利益的预先放弃无效。”**《合同法》**(1999年10月1日,已于2021年1月1日起失效)第62条:“……履行期限不明确的,债务人可以随时履行,债权人也可以随时要求履行,但应当给对方必要的准备时间……”第107条:“当事人一方不履行合同义务或者履行合同义务不符合约定的,应当承担继续履行、采取补救措施或者赔偿损失等违约责任。”**《民法通则》**(1987年1月1日,已于2021年1月1日起失效)第135条:“向人民法院请求保护民事权利的诉讼时效期间为二年,法律另有规定的除外。”第137条:“诉讼时效期间从知道或者应当知道权利被侵害时起计算。但是,从权利被侵害之日起超过二十年的,人民法院不予保护。有特殊情况的,人民法院可以延长诉讼时效期间。”第138条:“超过诉讼时效期间,当事人自愿履行的,不受诉讼时效限制。”第139条:“在诉讼时效期间的最后六个月内,因不可抗力或者其他障碍不能行使请求权的,诉讼时效中止。从中止时效的原因消除之日起,诉讼时效期间继续计算。”第140条:“诉讼时效因提起诉讼、当事人一方提出要求或者同意履行义务而中断。从中断时起,诉讼时效期间重新计算。”

2. 司法解释。最高人民法院**《关于适用〈中华人民共和国民法典〉时间效力的若干规定》**(2021年1月1日　法释〔2020〕15号)第1条:“民法典施行后的法律事实引起的民事纠纷案件,适用民法典的规定。民法典施行前的法律事实引起的民事纠纷案件,适用当时的法律、司法解释的规定,但是法律、司法解释另有规定的除外。民法典施行前的法律事实持续至民法典施行后,该法律事实引起的民事纠纷案件,适用民法典的规定,但是法律、司法解释另有规定的除外。”第2条:“民法典施行前的法律事实引起的民事纠纷案件,当时的法律、司法解释有规定,适用当时的法律、司法解释的规定,但是适用民法典的规定更有利于保护民事主体合法权益,更有利于维护社会和经济秩序,更有利于弘扬社会主义核心价值观的除外。”第3条:“民法典施行前的法律事实引起的民事纠纷案件,当时的法律、司法解释没有规定而民法典有规定的,可以适用民法典的规定,但是明显减损当事人合法权益、增加当事人法定义务或者背离当事人合理预期的除外。”第4条:“民法典施行前的法律事实引起的民事纠纷案件,当时的法律、司法解释仅有原则性规定而民法典有具体规定的,适用当时的法律、司法解释的规定,但是可以依据民法典具体规定进行裁判说理。”第8条:“民法典施行前成立的合同,适用当时的法律、司法解释的规定合同无效而适用民法典的规定合同有效的,适用民法典的相关规定。”最高人民法院**《2015年全国民事审判工作会议纪要》**(2015年4月19日)第36条:“已经合法占有转让标的物的受让人请求转让人办理物权变更登记,登记权利人请求无权占有人返还不动产或者动产,利害关系人请求确认物权的归属或内容,以及权利人请求排除妨害、消除危险,当事人不得以超过诉讼时效期间抗辩的,不予以支持。”最高人民法院**《2011年全国民事审判工作会议纪要》**(2011年6月)第14条:“已经合法占有转让标的物的受让人请求转让人办理物权转移登记,登记权利人请求无权占有人返还不动产或者动产,当事人请求确认物权的归属或内容,以及权利人请求排除妨害、消除危险,对方当事人以超过诉讼时效抗辩的,不予支持。”最高人民法院**《关于审理民事案件适用诉讼时效制度若干问题的规定(2020年修改)》**(2021年1月1日 法释〔2020〕17号)第4条:“未约定履行期限的合同,依照民法典第五百一十条、第五百一十一条的规定,可以确定履行期限的,诉讼时效期间从履行期限届满之日起计算;不能确定履行期限的,诉讼时效期间从债权人要求债务人履行义务的宽限期届满之日起计算,但债务人在债权人第一次向其主张权利之时明确表示不履行义务的,诉讼时效期间从债务人明确表示不履行义务之日起计算。”第22条:“诉讼时效期间届满,当事人一方向对方当事人作出同意履行义务的意思表示或者自愿履行义务后,又以诉讼时效期间届满为由进行抗辩的,人民法院不予支持。”最高人民法院民一庭**《关于交房、办证与诉讼时效问题的意见》**(2005年):“(1)商品房买卖合同约定的出卖人交付房屋的期限届满,买受人根据合同约定可以请求出卖人交付房屋,其请求权属于债权请求权,应当适用民法通则有关诉讼时效的规定,但在诉讼时效期间的起算上,应当区分具体情况:房屋具备法定条件的,诉讼时效期间自合同约定的交付期限届满之日起算;如果房屋尚不具备法定的交付条件,诉讼时效期间应从房屋具备法定的交付条件之日起算。(2)出卖人已经将房屋交付买受人,买受人亦已实现对房屋的占有的,买受人请求出卖人转移房屋所有权、办理房屋所有权登记的,不适用诉讼时效的规定。”最高人民法院**《关于审理商品房买卖合同纠纷案件适用法律若干问题的解释(2020年修改)》**(2021年1月1日 法释〔2020〕17号)第14条:“由于出卖人的原因,买受人在下列期限届满未能取得不动产权属证书的,除当事人有特殊约定外,出卖人应当承担违约责任:(一)商品房买卖合同约定的办理不动产登记的期限;(二)商品房买卖合同的标的物为尚未建成房屋的，自房屋交付使用之日起 90 日；（三）商品房买卖合同的标的物为已竣工房屋的，自合同订立之日起 90 日。合同没有约定违约金或者损失数额难以确定的，可以按照已付购房款总额，参照中国人民银行规定的金融机构计收逾期贷款利息的标准计算。”最高人民法院**《关于贯彻执行〈中华人民共和国民法通则〉若干问题的意见（试行）》**［1988 年 4 月 2 日　法（办）发〔1988〕6 号，已于 2021 年 1 月 1 日起失效］第 171 条：“过了诉讼时效期间，义务人履行义务后，又以超过诉讼时效为由翻悔的，不予支持。”第 173 条：“诉讼时效因权利人主张权利或者义务人同意履行义务而中断后，权利人在新的诉讼时效期间内，再次主张权利或者义务人再次同意履行义务的，可以认定为诉讼时效再次中断。权利人向债务保证人、债务人的代理人或者财产代管人主张权利的，可以认定诉讼时效中断。”第 174 条：“权利人向人民调解委员会或者有关单位提出保护民事权利的请求，从提出请求时起，诉讼时效中断。经调处达不成协议的，诉讼时效期间即重新起算；如调处达成协议，义务人未按协议所定期限履行义务的，诉讼时效期间应从期限届满时重新起算。”

3. 部门规范性文件。建设部**《商品房销售管理办法》**（2001 年 6 月 1 日）第 30 条：“房地产开发企业应当按照合同约定，将符合交付使用条件的商品房按期交付给买受人。未能按期交付的，房地产开发企业应当承担违约责任。因不可抗力或者当事人在合同中约定的其他原因，需延期交付的，房地产开发企业应当及时告知买受人。”第 34 条：“房地产开发企业应当在商品房交付使用前按项目委托具有房产测绘资格的单位实施测绘，测绘成果报房地产行政主管部门审核后用于房屋权属登记。房地产开发企业应当在商品房交付使用之日起 60 日内，将需要由其提供的办理房屋权属登记的资料报送房屋所在地房地产行政主管部门。房地产开发企业应当协助商品房买受人办理土地使用权变更和房屋所有权登记手续。”第 41 条：“房地产开发企业未按规定将测绘成果或者需要由其提供的办理房屋权属登记的资料报送房地产行政主管部门的，处以警告，责令限期改正，并可处以 2 万元以上 3 万元以下罚款。”

4. 地方司法性文件。四川成都中院**《关于印发〈商品房买卖合同案件的审理指南（试行）〉的通知》**（2017 年 10 月 11 日　成中法发〔2017〕129 号）第 29 条：“违约金诉讼时效期间的认定。当事人约定逾期交房或者逾期办证的违约金，诉讼时效期间从约定或者法定期限届满次日起开始计算。”广东高院**《印发〈关于审理房屋买卖合同纠纷案件的指引〉的通知》**（2017 年 9 月 12 日　粤高法〔2017〕191 号，已于 2020 年 12 月 31 日经粤高法〔2020〕132 号废止）第 46 条：“房屋交付后，买受人请求出卖人办理房屋所有权转移登记，出卖人提出诉讼时效抗辩的，不予支持。”第 47 条：“买受人请求出卖人支付逾期办证或者逾期交房违约金，违约金为固定金额的，从合同约定或者法定的履行期限届满之次日起计算诉讼时效期间。按日或者按月等时间单位累计计算违约金的,按每个个别债权分别计算诉讼时效期间。”四川成都中院《**2017成都市中级人民法院审判工作会会议纪要**》(2017年8月15日)第53条:“逾期办证违约金的诉讼时效从何时起算?买受人请求出卖人支付逾期办证的违约金,从合同约定或者法定期限届满之次日起计算诉讼时效期间。”山东高院《**民事审判会议纪要**》(2017年8月)第2条:“……9.关于房地产开发商交付房屋和办理房屋产权证书的义务履行问题……(3)逾期交房、逾期办证违约责任的计算期间。当事人在房屋买卖合同中明确约定逾期交房、逾期办证等各项违约行为应承担违约金计算方法,对于开发商承担违约金的计算期间,一种观点认为逾期交房、逾期办证的违约行为持续当中,超过2年仍未交房或办证,买受人的诉请超过了诉讼时效,违约期间只计算2年的违约金;另一种观点则认为开发商的逾期交房、逾期办证违约行为处于持续状态,不受诉讼时效的限制,在开发商未交房或未办证之前,买受人的权益一直处于被侵害状态,开发商承担逾期交房、逾期办证违约金的期间直至交付房屋或办理完毕房产证之日。基于我国合同法规定的违约金是以补偿性为基础,以惩罚性为补充的性质,逾期交房、逾期办证违约金累计计算的数额应设置必要的上限。综合利息计算标准、房地产业的利润,若开发商累计承担的违约金超过全部房款的50%时,开发商仍不能交房或办理产权证的,买受人可要求解除合同、赔偿损失,不可再主张逾期交房、逾期办证的违约金。买受方起诉时主张的违约金仅计算到起诉之日,法院判决后开发商仍未履行办证或交房义务时,按照‘一事不再理’的民事诉讼原则,买受方不得再起诉以后期间的违约金。出卖人延期交房,买受人要求出卖人限期交房的,若法庭辩论终结前,房屋具备交付条件的,可以支持。不具备交付条件的,可行使法官释明权告知当事人变更诉讼请求,当事人不变更的,应驳回其诉讼请求……”浙江宁波中院《**关于审理商品房买卖合同纠纷案件疑难问题解答**》(2015年5月19日)第13条:“买受人请求出卖人承担逾期交房、逾期办证等违约金,诉讼时效期间应如何计算?答:当事人在合同中明确约定逾期交房、逾期办证等各项违约行为应承担违约金具体数额的,为一时性债权,从合同约定或法定的交房、办证期限届满之次日起计算诉讼时效期间。当事人在合同中约定以日或月为单位累计计算违约金数额的,属于继续性债权,以每个个别的债权分别适用诉讼时效;买受人要求支付逾期交房或逾期办证违约金,出卖人在一审法庭辩论终结前提出诉讼时效抗辩的,违约金保护期间为当事人起诉之日前两年。如有诉讼时效中断或中止情形的,则依法适用相关规定。”北京高院《**关于审理房屋买卖合同纠纷案件若干疑难问题的会议纪要**》(2014年12月16日京高法发〔2014〕489号)第23条:“房屋买卖合同中约定当事人违反合同义务应承担的违约金为数额确定的一次性违约金的,诉讼时效期间从合同约定的义务履行期限届满之次日起算;约定违约金为按日(月)计付的继续性违约金的,以每个个别的债权分别单独适用诉讼时效，当事人在诉讼中提出时效抗辩的，违约金保护范围为当事人起诉之日前两年。期间有时效中断或中止情形的，适用《民法通则》关于诉讼时效中断或中止的相关规定。”广东深圳中院《**关于房屋买卖合同纠纷案件的裁判指引**》(2014 年 8 月 28 日修订)第 29 条：“已合法占有房屋的买受人请求出卖人协助办理房屋权属转移登记，出卖人以该诉讼请求超出诉讼时效期间作为抗辩的，人民法院不予支持。【说明】旨在解决‘过户’请求权的诉讼时效问题。要求出卖人协助办理房屋权属转移登记，本质上属于买受人依买卖合同所享有的合同债权内容，就其权利性质依民法理论本应适用诉讼时效规则。但是，结合不动产物权登记制度与诉讼时效制度的主要功能和立法目的，我们认为房屋买卖合同纠纷中‘过户’请求权不应适用诉讼时效规则：首先，不动产物权登记制度系为公示目的所设，如买受人依据合法买卖合同已经占有房屋，因出卖人的原因而无法办理权属移转登记，在我国法律亦未规定取得时效制度的情况下，将可能导致‘事实物权’与登记物权之间的大量冲突出现，则物权登记制度的公示功能无由实现，继之物权登记公信功能的发挥也将受到影响。在因出卖人的原因导致无法办理权属移转登记的情况下，实际上多数买受人并非未与出卖人协商或催促其履行，只是因顾及双方‘脸面’或证据意识不强而未能在其后的诉讼中予以证明，如将时效利益归于违约的出卖人，则并不能实现诉讼时效制度督促债权人及时行使权利的目的和功能，在房地产市场价格不断上涨的背景下，还可能形成对出卖人的违约激励。其次，在买受人已合法占有房屋的情况下，已经形成对该房屋占有、使用、收益的既存法律事实，除尚未取得法律处分权能外，实际上买受人对房屋的管控已近于所有权的效力范围，并不会破坏其他法律上的既存秩序，就‘过户’请求权适用诉讼时效规则，对于实现诉讼时效制度维系既存法律秩序的立法目的意义也不大。第三，《最高人民法院关于审理民事案件适用诉讼时效制度若干问题的规定》第一条第(四)项对不适用诉讼时效规则的债权请求权设置了兜底规定，确立本条规定的法律障碍不大。2011 年《全国民事审判工作会议纪要》中则明确‘已经合法占有转让标的物的受让人请求转让人办理物权转移登记…对方当事人以超过诉讼时效抗辩的，不予支持。’说明司法实践中就此也已形成共识。”湖南长沙中院《**民事审判裁判疑难解答**》(2014 年 3 月)第 12 条：“法院能否主动援引诉讼时效进行裁判？答：大陆法系主要国家和地区民法典的观点、民法理论都认为，对时效只能由当事人提出，而不能由法官依职权主动审查。最高法院民一庭倾向性意见认为，从私法自治原则和法官中立地位考虑，法院不应主动援引诉讼时效进行裁判。”第 29 条：“关于交房与办证的诉讼时效问题。答：最高法院民一庭倾向性意见认为，(一)商品房买卖合同约定的出卖人交付房屋的期限届满，买受人根据合同约定可以请求出卖人交付房屋，其请求权属于债权请求权，应适用《中华人民共和国民法通则》有关诉讼时效的规定。但在诉讼时效期间的起算上,应区分具体情况:(1)房屋具备法定交付条件的,诉讼时效期间自合同约定的交付期限届满之日起计算;(2)如房屋尚不具备法定交付条件的,诉讼时效期间自房屋具备法定的交付条件之日起计算。(二)出卖人已将房屋交付与买受人,买受人亦已实现对房屋的占有的,买受人请求出卖人转移房屋所有权、办理房屋所有权登记的请求权具有物权属性,不适用诉讼时效的规定。"上海高院**《物权民事纠纷办案要件指南(总则部分)》**(2012年7月9日)第8条:"……【说明】……确认物权纠纷不适用诉讼时效。一方面,物权是对世权、是绝对权,任何人均负有不妨碍权利人行使权利的义务,如果确认物权适用诉讼时效,则物权的保护就失去了根基,从而使标的物得不到正常的利用,不利于交易秩序和社会公共利益,显然与诉讼时效制度的立法本旨相背离;另一方面,假设法院驳回一方确认物权的请求,这就等于从实质上承认另一方享有相应物权,变相承认了取得时效的实践运用,但是我国物权法并未承认和规定取得时效制度,故确认物权适用诉讼时效亦没有法律依据。"山东高院**《2011年全省民事审判工作会议纪要(讨论稿)》**(2011年8月)第9条:"……(3)逾期交房、逾期办证违约责任的计算期间。当事人在房屋买卖合同中明确约定逾期交房、逾期办证等各项违约行为应承担违约金计算方法,对于开发商承担违约金的计算期间,一种观点认为逾期交房、逾期办证的违约行为持续当中,超过2年仍未交房或办证,买受人的诉请超过了诉讼时效,违约期间只计算2年的违约金;另一种观点则认为开发商的逾期交房、逾期办证违约行为处于持续状态,不受诉讼时效的限制,在开发商未交房或未办证之前,买受人的权益一直处于被侵害状态,开发商承担逾期交房、逾期办证违约金的期间直至交付房屋或办理完毕房产证之日。基于我国合同法规定的违约金是以补偿性为基础,以惩罚性为补充的性质,逾期交房、逾期办证违约金累计计算的数额应设置必要的上限。综合利息计算标准、房地产业的利润,若开发商累计承担的违约金超过全部房款的50%时,开发商仍不能交房或办理产权证的,买受人可要求解除合同、赔偿损失,不可再主张逾期交房、逾期办证的违约金。买受方起诉时主张的违约金仅计算到起诉之日,法院判决后开发商仍未履行办证或交房义务时,按照'一事不再理'的民事诉讼原则,买受方不得再起诉以后期间的违约金。出卖人延期交房,买受人要求出卖人限期交房的,若法庭辩论终结前,房屋具备交付条件的,可以支持。不具备交付条件的,可行使法官释明权告知当事人变更诉讼请求,当事人不变更的,应驳回其诉讼请求。"海南高院**《关于办理商品房买卖合同纠纷案件的指导意见(试行)》**(2011年1月)第2条:"合同对开发商向产权登记机关报送办证资料的时间有约定的,买房人请求开发商承担逾期办证违约责任的诉讼时效自合同约定时间的次日开始计算;合同未约定时间的,诉讼时效自开发商取得拟售房产初始登记之日起90日之次日开始起算。诉讼时效期间内,购房人要求开发商报送办证资料的，诉讼时效中断。”第4条：“合同对开发商通知购房人提供办证所需资料时间有约定的，购房人请求开发商承担逾期办证违约责任的诉讼时效自合同约定时间的次日开始计算。合同未约定时间的，诉讼时效自开发商取得拟售房产初始登记之日起90日之次日开始起算。诉讼时效期间内，购房人要求开发商报送办证资料的，诉讼时效中断。”浙江温州中院民四庭**《审理商品房买卖合同纠纷案件疑难问题参考意见》**（2010年4月30日）第30条：“买受人请求出卖人移转房屋所有权、办理房屋所有权登记或者履行协助办理房屋权属证书义务的，不适用《民法通则》有关诉讼时效的规定。”第31条：“买受人请求出卖人承担逾期办证违约金的，适用《民法通则》有关诉讼时效的规定，诉讼时效期间从约定办证期限届满时计算。”广东广州中院**《关于审理预售商品房合同纠纷若干问题的指导意见》**（2010年）第11条：“逾期办证、交楼、交付公建配套设施等违约金的诉讼时效应如何适用？约定一次性（定额）违约金的，自应办未办之日起适用两年的诉讼时效。约定按违约期间持续性计付违约金的，从主张或起诉之日往前倒推两年计付。诉讼时效超过后，买受人向出卖人发出要求承担违约责任的信函，出卖人收到信函并回函要求解决纠纷，买受人后以协商未果为由起诉的，不宜适用诉讼时效。买受人向有关行政主管部门反映、投诉或查询等，相关部门回复明确责任在出卖人的，不宜适用诉讼时效。”广东广州中院**《关于商品房预售合同纠纷统一处理做法》**（2009年2月19日）第11条：“购房款（包括尾款、补差款）是否适用诉讼时效逾期付款违约金是否适用诉讼时效？答：购房款本金不适用诉讼时效，违约金则应适用。”山东高院**《关于印发〈全省民事审判工作座谈会纪要〉的通知》**（2008年12月23日）第6条：“……（五）关于商品房买卖合同中的买受人请求出卖人办理物权变动手续是否适用诉讼时效的问题。在商品房买卖中，如果出卖人已经将商品房实际交付给买受人，买受人亦实现了对商品房的占有，此时买受人请求出卖人转移房屋所有权、办理商品房产权登记手续的请求权具有物权属性，依据《物权法》的规定不适用《民法通则》关于诉讼时效的规定。”福建高院**《关于审理商品房买卖合同纠纷案件疑难问题的解答》**（2008年7月25日）第21条：“问：买受人请求出卖人履行协助办理房屋权属证书之义务有无诉讼时效？买受人请求出卖人承担逾期交房、逾期办证的违约金的诉讼时效从何时起算？答：买受人请求出卖人履行协助办理房屋权属证书义务的，不适用我国《民法通则》关于诉讼时效的规定。但买受人请求出卖人支付逾期交房、逾期办证违约金的，适用诉讼时效的规定。商品房买卖合同对逾期交房、逾期办证违约金的支付日期有约定的，诉讼时效从约定之次日起算；无约定的，一次性支付的违约金的诉讼时效从合同约定的应交房之次日以及《商品房买卖合同司法解释》第十八条第一款规定的出卖人应承担逾期办证违约责任之日起算；按日计付的违约金的诉讼时效应当分别每一日单独计算。”江苏高院**《全省民**

事审判工作座谈会纪要(征求意见稿)》(2007年12月21日　苏高法电〔2007〕594号)第7条:"商品房买卖合同约定的出卖人交付房屋的期限届满,买受人根据合同约定请求出卖人交付房屋的,应当适用民法通则有关诉讼时效的规定。在诉讼时效期间的起算上,应当区分具体情况:房屋具备法定交付条件,诉讼时效期间自合同约定的交付期限届满之日起计算;如果房屋尚不具备法定的交付条件,诉讼时效期间从房屋具备法定的交付条件之日起计算。出卖人已经将房屋交付于买受人,买受人实现对房屋的占有后,请求出卖人移转房屋所有权、办理房屋所有权登记的,不适用民法通则有关诉讼时效的规定;但买受人要求出卖人承担逾期办证违约金的,受诉讼时效期间的限制,诉讼时效期间从约定办证期满时起计算。"贵州高院《**关于审理商品房买卖合同纠纷案件若干问题的指导意见(一)(试行)**》(2005年8月1日)第1条:"买受人向人民法院提起出卖人承担逾期办证违约责任的诉讼,人民法院应当受理。"第2条:"出卖人提出诉讼时效抗辩理由的,人民法院应当按照《中华人民共和国民法通则》等法律关于诉讼时效的规定依法予以审查。诉讼时效从合同约定或法定的办证期限届满之日起算。如果期间存在时效中断或中止情形的,应当适用中断或中止的规定。"第3条:"买受人请求出卖人继续履行协助办证义务的,不适用诉讼时效。"福建厦门中院《**关于审理商品房买卖合同纠纷中逾期交房和逾期办证若干问题的指导意见**》(2004年7月12日)第11条:"当事人因逾期交房或逾期办理权属登记而提起违约之诉,相对方在一审庭审辩论结束前提出诉讼时效抗辩理由的,违约金保护范围为当事人起诉之日前两年。期间有时效中断或中止情形,适用中断或中止的规定。前款规定适用于2003年6月1日最高人民法院《商品房买卖解释》施行之前签订的合同。"北京高院《**审理民商事案件若干问题的解答之四(试行)**》(2003年3月5日　京高法发〔2003〕61号)第18条:"当事人起诉后撤诉,或者法院依法裁定按当事人自动撤诉处理的案件,符合诉讼时效因提起诉讼而中断的规定,应认定诉讼时效中断。"

5. 参考案例。2016年**某房屋买卖合同纠纷案**,2016年,李某诉请开发商支付逾期办证违约金。处理意见:《第八次全国法院民事商事审判工作会议(民事部分)纪要》(2016年12月11日)第18条第1款规定:"买受人请求出卖人支付逾期办证的违约金,从合同约定或者法定期限届满之次日起计算诉讼时效期间。"该款明确了逾期办证违约金诉讼时效起算一般原则,即当事人有约定的,从其约定;无约定的,以法律规定的办证期限届满之次日作为起算点。如当事人在合同中明确约定了违约金具体数额,即一旦发生逾期办证违约情形,出卖人应支付确定金额的违约金,则该种违约金给付,性质上属于一时性债权,其内容在出卖人未按约定履行办证义务时即已确定,故诉讼时效应从该一时性债权清偿期限届满次日起算。如当事人在合同中约定以每日或每月为单位累计计算违约金,则违约金数额随违约行为持续而不断增长，该种违约金给付，性质上属继续性债权，即其内容和范围受时间因素影响，随时间推移不断发生变化，违约金应以每个个别债权分别适用诉讼时效。虽此种继续性债权诉讼时效亦系两年，但在买受人于办证期限届满超过两年后起诉主张违约金时，由于逾期办证违约行为仍在继续，故对于自起诉之日倒推两年的违约金，一般仍应予保护；自起诉之日回溯超过两年部分，应认定已超过诉讼时效期间。2006年**某商品房买卖合同纠纷案**，*商品房买卖纠纷中，逾期办证责任是否适用诉讼时效？*作者认为：最高人民法院《关于审理商品房买卖合同纠纷案件适用法律若干问题的解释》第11条规定："对房屋的转移占有，视为房屋的交付使用，但当事人另有约定的除外。房屋毁损、灭失的风险，在交付使用前由出卖人承担，交付使用后由买受人承担；买受人接到出卖人的书面交房通知，无正当理由拒绝接收的，房屋毁损、灭失的风险自书面交房通知确定的交付使用之日起由买受人承担，但法律另有规定或者当事人另有约定的除外。"出卖人移转所有权予买受人，并协助办理房屋所有权登记为合同根本目的。因出卖人原因，导致买受人未能在约定或法定期限届满取得房屋所有权证书的，应承担违约责任。最高人民法院《关于审理商品房买卖合同纠纷案件适用法律若干问题的解释》第18条规定："由于出卖人的原因，买受人在下列期限届满未能取得房屋权属证书的，除当事人有特殊约定外，出卖人应当承担违约责任：（一）商品房买卖合同约定的办理房屋所有权登记的期限；（二）商品房买卖合同的标的物为尚未建成房屋的，自房屋交付使用之日起90日；（三）商品房买卖合同的标的物为已竣工房屋的，自合同订立之日起90日。合同没有约定违约金或者损失数额难以确定的，可以按照已付购房款总额，参照中国人民银行规定的金融机构计收逾期贷款利息的标准计算。"逾期办证违约责任应适用诉讼时效，但不能一概而论，应区别情况予以处理。第一，当事人在合同中明确约定逾期办证违约金数额的，为一时性债权，从约定或法定期限届满之次日起算诉讼时效；第二，当事人在合同中约定以日或月为单位累计计算违约金数额的，属继续性债权，以每个个别债权分别适用诉讼时效；第三，当事人未约定违约金或损失数额难以计算的，从公平诚信原则出发，由出卖人按买受人已付购房款总额，参照《中国人民银行结算办法》规定的金融机构计收逾期贷款利息标准结算违约金。逾期办证诉请与逾期办证违约责任诉请性质不同，后者属于单纯债权性质义务，前者不仅是出卖人应承担合同义务，亦系法定义务。《合同法》和《城市房地产开发经营管理条例》均有明确规定，且从我国立法采取的不动产物权变动模式看，在交付行为之外，尚需践行不动产登记手续。交付则意味着买受人已依房屋买卖合同合法占有房屋，而占有作为所有权权能之一，使买受人具有了"事实物权人"地位。买受人申请办理房屋登记并请求出卖人履行协助义务，只是其行使基于"事实物权人"地位产生的权利，将所占有房屋所有权权能予以圆满行为，故买受人请求出卖人履行办证义务请求权具有物权属性,不应适用诉讼时效规定。2005 年**某商品房买卖合同纠纷案**,2000 年 8 月 10 日,李某与开发公司签订商品房购房合同。1 个月后,李某收房。2004 年 12 月 13 日,开发公司报送初始登记材料。2004 年 12 月 15 日,李某起诉开发公司要求支付逾期办证违约金。法院认为:根据有关房屋权属登记规定,购买新建商品房的权利人到房地产主管部门办理产权登记的,须以开发商就其所开发房地产进行初始登记为前提。依最高人民法院《关于审理商品房买卖合同纠纷案件适用法律若干问题的解释》第 18 条规定,诉争商品房为现房,自合同订立日起 90 日内,李某由于出卖人开发公司原因,未能取得房屋权属证书,开发公司应承担违约责任。本案中,开发公司迟至 2004 年 12 月 13 日才办理报送初始登记,故开发公司关于逾期办证责任不在自己的抗辩,与查明事实不符,不予采信。开发公司自 2000 年 11 月 9 日起到 2004 年 12 月 13 日止应对李某承担逾期办证的违约责任。由于双方在合同中对逾期办证违约责任未约定,依最高人民法院《关于审理商品房买卖合同纠纷案件适用法律若干问题的解释》第 18 条规定,合同没有约定违约金或者损失数额难以确定的,可以按照已付购房款总额,参照中国人民银行规定的金融机构计收逾期贷款利息的标准计算。开发公司违约行为从 2000 年起一直延续到 2004 年 12 月 13 日止。违约金计算应该从违约之日起到 2004 年 12 月 13 日止。而李某却迟至 2004 年 12 月 15 日才起诉开发公司要求支付逾期办证违约金。由于李某未举证证明在起诉日前向开发公司主张过权利,自起诉日之前两年之内违约金请求权未超过诉讼时效,自起诉日之前两年之前的违约金请求权已超过诉讼时效。判决开发公司支付李某 2002 年 12 月 15 日起至 2004 年 12 月 13 日止这一违约期间违约金。2017 年**广西某商品房买卖合同纠纷案**,2009 年,梁某与开发公司签订商品房买卖合同一份,约定年底交房,交房后 380 日内,开发公司将办理权属登记所需资料报产权登记机关备案,"如因开发公司责任,梁某不能在规定期限内取得房地产权属证书的,梁某不退房,30 天内开发公司按已付房款万分之一,超出 31 天按万分之三向梁某支付违约金"。2010 年 1 月 12 日,开发公司向梁某交房。2015 年 7 月,梁某诉请开发公司支付逾期办证违约金。法院认为:开发公司未依约定时间完成资料报备义务,已构成违约。开发公司违约行为,是导致梁某无法取得房屋权属证书原因,符合最高人民法院《关于审理商品房买卖合同纠纷案件适用法律若干问题的解释》第 18 条规定的出卖人应承担违约责任情形。依双方约定,开发公司逾期将办理权属登记需由其提供的资料报产权登记机关备案超过 31 天的,按梁某已付购房款万分之三计付违约金。该约定是违约金计算方式,开发公司违约达到条件即可准确计算出违约金具体数额,梁某主张的违约金债权范围明确,非持续性债权,与开发公司违约行为超过 31 天后的持续时间无关联性,故梁某诉请开发公司支付违约金,应适用诉讼时效制度。梁某向法院起诉主张违约金法定期限,应自2011年1月27日开始计算,其于2015年7月起诉,又无证据证明诉讼时效有中断、中止或延长情形,故其起诉已超过诉讼时效,依法丧失胜诉权。由于梁某已丧失违约金胜诉权,开发公司违约行为是否给其造成损失、约定违约金是否足以弥补损失、合同约定违约金应否调整等问题,依法不予审理。判决驳回梁某诉请。2015年**江苏某商品房买卖合同纠纷案**,2011年,吴某与开发公司签订商品房买卖合同,约定开发公司2013年7月13日前办理权属证书,"因出卖人原因,买受人不能在规定期限内取得房地产权属证书的,双方按下列办法处理:买受人退房,出卖人在买受人要求退房之日起90日内退还房款,并按已付房价款的1%赔偿损失;买受人不退房,出卖人按已付房价款的1%向买受人支付违约金。"2012年7月12日,开发公司向吴某交付房屋,但未能开具正式房屋销售发票。2014年8月1日,开发公司取得开发小区房屋的产权初始登记证明单。2015年5月7日,吴某向法院起诉,要求解除双方所签商品房买卖合同。法院认为:最高人民法院《关于审理商品房买卖合同纠纷案件适用法律若干问题的解释》第15条和第19条分别规定了商品房买卖合同解除的两种情形。比较而言,两法条有下列不同之处:首先,违约后果不同。第15条规定的情形是合同双方可以履行义务但未履行,可以督促对方履行;第19条则是指合同因出卖人违约,已无法履行或无履行必要,如房屋灭失或土地使用手续不合法等原因导致无法办理房屋权属证书。其次,立法本意不同。解除权属于形成权,仅凭单方意思表示即可发生效力。在第15条规定情形下,合同尚有继续履行可能,权利人可在行使解除权和要求继续履行之间作出选择,但法律必须给予其一定期间限制。若权利人长期不行使解除权,会影响当事人双方权利义务关系确定,进而影响交易安全,故若超过一定期限不行使解除权,应视为权利丧失。但第19条规定的解除情形是合同已无继续履行可能,则无规定行使解除权期限必要。再次,救济方式不同。合同中,在一方出现违约情形时,行使解除权成为当事人自救的一种手段。在第15条中当事人可在经过催告期限后要求解除合同或直接要求对方继续履行义务,但第19条由于构成根本违约,导致订立合同所期望经济利益已无法实现,只能要求解除合同,并要求违约方赔偿损失。本案中,开发公司已按约定向吴某交付房屋,合同已部分履行,且其并未向吴某明示不再向产权管理部门提供权属登记材料,或实际上无法提供相关材料,故而不应适用第19条规定。而依合同约定,吴某自2013年7月13日起取得解除合同权利,至其2015年起诉时已超过第15条规定的一年除斥期间。超过1年解除权期限,应视为权利人已放弃该项权利,故而吴某依法已丧失了本案所涉房屋买卖合同解除权。吴某购买案涉房屋目的在于依法对房屋行使占有、使用、处分、收益等物权,并取得合法的登记手续,因其迟迟不能办理房产登记,故而提起本次诉讼。自2014年8月1日起,开发公司已对房屋取得产权初始登记证明单,亦即表明从此时起,吴某已可办理房屋产权登记手续,原先阻却合同完全履行情形已不存在,即吴某提起诉讼主要理由赖以成立的基础事实已经消失,解除合同义务已无必要。另外,吴某已长期占用案涉房屋并取得收益,如解除合同,将对开发公司造成明显损失,且不利于交易稳定。判决驳回吴某诉请。2007 年**广东某房屋买卖合同纠纷案**,1997 年,银行购买开发公司房产。1998 年,开发公司交房,但未在约定交付后 90 日内办理权属转移登记。2006 年,银行诉请依约支付逾期办证违约金。开发公司以超过诉讼时效抗辩。法院认为:商品房买卖合同中,卖方主要义务就是向买方转移房屋所有权,买方仅负有向登记机关申请和提交相关文件的协助义务。本案房屋尚未办理权属转移登记原因,是开发公司拖欠地价款,致使房屋不能办理初始权属登记,根本不具备办理权属转移登记条件,开发公司显属违约。在开发公司已将房屋交付给银行,银行已实现对房屋合法占有情况下,银行请求开发公司为其办理权属转移登记手续不适用诉讼时效规定。银行诉请开发公司继续履行合同,为其办理权属转移登记手续应予支持。银行签订买卖合同取得的权利是请求卖方将所有权转移给自己的债权,并非标的物所有权,其取得所有权有赖于开发公司最终履行合同即办理权属转移登记,故银行请求确认涉案房产归其所有无法律依据。判决确认买卖合同有效,开发公司支付银行逾期办证违约金 500 万余元并为银行办理房地产权属转移登记手续。2011 年 6 月**新疆某商品房销售合同案**,法院认为:作为商品房出卖方,交付房屋是其取得买受人购房款的对价。房屋交付义务包含房屋的实物交付及转移房屋的所有权即协助买受人办理房屋产权过户登记手续。宋某依约交付首批购房款并入住涉案房屋,开发公司应依约在房屋交接之日起 180 日内协助宋某办理产权登记手续。因宋某主张办理产权过户属于对物权归属保护的诉讼请求,不适用债权诉讼时效的规定,因此开发公司关于宋某诉讼请求超过诉讼时效的抗辩理由不能成立,法院不予采纳。开发公司在签订商品房购销合同并交付房屋后,将涉案房屋办理在自己名下,系违约行为。该违约行为不能免除亦不能在事实上阻却开发公司履行协助办理房产证的义务,故开发公司关于宋某应当先行确权,再由其协助宋某办理房产证的抗辩意见不能成立。判决开发公司协助宋某办理案涉房屋所有权证并赔偿宋某迟延办证损失 61,736.27 元。2011 年 5 月**广西某商品房预售合同案**,法院认为:由于双方约定的违约金是按日支付,即在逾期期间,每一日的违约金数相同、每一日的违约金相互独立,不存在隶属关系,因此逾期交付商铺所产生的每一日的违约金都有 2 年的诉讼时效期间。邹某于 2008 年 5 月 19 日才向法院起诉,因此其丧失了从 1996 年 6 月 1 日起至 2006 年 5 月 19 日的胜诉权。开发公司陈述于 2006 年 4 月已交付铺面,但未提供任何证据证明,同时邹某亦予以否认,因此法院以邹某自认的 2006 年 8 月作为认定开发公司告违约行为终结之日。据此,邹某要求开发公司支付从 2006 年 5 月 20

日起至2006年7月31日的违约金和赔偿金未超过诉讼时效。2011年4月**湖南某商品房预售合同案**，法院认为：双方在合同中约定商品房和车库的交付时间一致，均为2007年12月31日。开发公司于2009年8月26日通知陈某接收商品房及车库，属于延期交付，已构成违约，应按《地下汽车停车库使用权转让协议》的约定向陈某承担违约责任。根据《民法通则》关于诉讼时效中断的规定，开发公司于2009年8月26日通知陈某接收商品房及车库，是对该合同约定义务的继续履行，诉讼时效应重新计算。陈某于2010年10月9日提起诉讼，并未超过2年的诉讼时效。因此，对开发公司关于陈某的诉讼请求已超过诉讼时效的抗辩主张，不予支持。2011年3月**天津某商品房销售合同案**，法院认为：开发公司未按约定日期交付房屋，应承担相应的违约责任，但由于开发公司交付房屋在2006年6月1日，至李某起诉时已超过了2年的诉讼时效，李某未提供证据证实其在诉讼时效期间内向开发公司主张过权利。李某以开发公司名称变更未能找到开发公司为由主张诉讼时效中断，因开发公司的名称是否变更不影响李某主张权利，故对李某要求开发公司承担逾期交房的违约责任并赔偿损失的诉讼请求，不予支持。李某已经按合同约定向开发公司付清了购房款，开发公司应按合同约定的时间协助李某办结房屋所有权转移登记手续。开发公司称其代李某交纳了房屋维修基金及契税等费用，李某未将上述款项支付给开发公司，未提供足够的证据证实，故开发公司以此为由未能协助李某办理所有权转移登记手续，理由不足，不予采信，开发公司应承担相应的违约责任。因李某在2006年6月1日已经接收了涉诉房屋，现又主张该房屋的建筑面积与购房合同中约定的面积不符，要求开发公司按合同约定交付房屋的诉讼主张，因房屋所有权证尚未颁发，房屋的具体面积未确定，无法证明该房屋的实际面积与双方签订的买卖合同中约定的面积之间是否存在差异，故对李某的该项诉讼请求，亦不予支持。2010年9月**重庆某商品房预售合同案**，法院认为：李某要求开发公司支付迟延办证违约金，系依据合同产生的债权请求权，无论李某在取得房屋所有权后是否将房屋转卖，均系李某对其物权的处分，不影响李某按照合同约定要求开发公司支付迟延办证违约金。对开发公司提出的李某已将房屋转卖他人、主体不适格的抗辩理由，本院不予支持。李某与开发公司在《商品房买卖合同》中约定的迟延办证违约金为按时间累计计算，每日产生的违约金均为独立债权，应单独适用诉讼时效。现李某要求开发公司支付违约金的起算时间为2007年10月27日，距李某向法院起诉不超过2年，故李某的诉讼请求并未超过诉讼时效。对开发公司提出的李某的诉讼请求已超过诉讼时效的上诉理由，本院亦不予支持。2010年9月**重庆某商品房预售合同案**，法院认为：对于违约期间，因开发公司应承担的违约责任作为继续性债权来确定违约金数额，每个个别的债权应分别适用诉讼时效，诉讼时效期间为2年，魏某于2009年12月9日起诉，因此自2008年5月

21 日起至 2009 年 12 月 22 日开发公司将办证资料提交区土地房屋权属登记中心之日止这一期间的违约金并未过诉讼时效。2010 年 6 月**上海某房屋买卖合同案**,法院认为:沈某已按约支付房款且已实际占有、使用该房屋,沈某要求办理产权过户手续是与物权变动相关的请求,不适用诉讼时效。2009 年 8 月**河南某房屋买卖合同案**,法院认为:张某按照合同约定支付购房款,开发公司未按约定给张某所购房屋办理产权登记及所有权证书,应当承担违约责任。依据双方的合同和共同签署的说明,开发公司应及时给张某购买的房屋办理登记和产权证;商品房买卖合同执行情况的说明系双方共同签字认可,开发公司虽有保留意见,但办理产权登记和产权证的时间应予认定。张某自 2008 年 6 月 20 日取得房产证,但张某只要求计算到 2008 年 3 月 19 日,故开发公司在办理产权登记及办理产权证的违约时间共计 386 天,应依约支付违约金 14 万余元。2006 年 5 月**广东某商品房预售合同案**,法院认为:逾期办证的性质是违约行为,其诉讼时效应当按照违约责任的诉讼时效计算。又因为逾期办证的违约行为是一个行为,只能从违约的当时起计算其诉讼时效期间。所以,追究逾期办证的违约金的诉讼时效期间应当从办证的逾期之日起计算。本案中,吴某自 1997 年 6 月 14 日起就知道或应当知道开发公司没有履行协助办证义务,其追究开发公司逾期办证违约金的诉讼时效开始起算,至 1999 年 6 月 14 日止。1994 年 12 月 19 日,开发公司开具房地产收入发票;1999 年 7 月,开发公司办妥讼争房产的《商品房屋产权权属转移证》。至此,开发公司已完成法律规定的协助办证义务,讼争房产已具备办证条件。业主要求开发商履行协助办证的义务的权利是一项物上请求权,归属物权,不受诉讼时效的约束。业主要求发展商支付逾期办证违约金的权利,是一项债权,受 2 年的诉讼时效限制,自发展商逾期履行协助办证义务之日起债权存在,在 2 年诉讼时效期间内不起诉则成为自然债权,不再受法律保护。两项权利的性质是不同的。开发公司早于吴某起诉前 6 年已完成协助办证义务并具备办证条件,不再存在逾期办证的违约行为。吴某在 2005 年 8 月 29 日起诉,已超过诉讼时效期间,不再受法律保护。

【同类案件处理要点】

购房人请求开发商履行交房和办证义务属于行使物权请求权,不适用诉讼时效。但开发商逾期交房和逾期办理产权证的违约金,属于具有给付性质的债权,应适用诉讼时效。对于超过 3 年诉讼时效的逾期交房或办证产生的违约金,考虑到开发商未予交房和办证违约状态的持续,司法实践中存在对购房人违约金请求权从起诉之日往前推 3 年,其他因过时效不予保护的做法。

【相关法律风险提示】

1. 尽管司法实践中有关逾期交房和逾期办证违约金诉讼时效中断规则丰富,

为买受人行使债权请求权提供了有力的支撑，但买受人在出卖人逾期交房、逾期办证违约事实发生之日起，及时在2年诉讼时效内行使权利，仍为必要。

2. 合同对义务履行有书面通知要求的，应当注重程序的完备。口头约定和书面约定不一致时，应着重书面表述。以录音形式作为主张权利导致时效中断的证据，会因录音证据本身的瑕疵难以为法院采信。

3. 出卖人已交付房屋，但未在合同约定期限内办理权属转移登记手续，买受人在合同约定期限届满之日起超过两年才请求出卖人办理权属转移登记，此情形不适用诉讼时效的规定。即使买受人已付清房款且占有房屋，也不能确认买受人享有房屋所有权。

4. 当事人在合同中明确约定逾期办证违约金数额的，为一时性债权，从约定或法定期限届满之日的次日起算诉讼时效；如当事人在合同中约定以日或月为单位累计计算违约金数额的，属继续性债权，对每个个别债权分别适用诉讼时效。同时，办证请求权属物权请求权而不适用诉讼时效，即便逾期办证违约金因超过诉讼时效而未获法院支持，买受人仍可请求开发商继续履行办证义务。

5. 开发商逾期办证，购房人主张违约金，应适用诉讼时效，自起诉日前超过法定时效期间的违约金请求权不受保护。

6. 买受人请求出卖人履行办证义务请求权具有物权属性，不应适用诉讼时效规定。逾期办证违约责任一般应适用诉讼时效。

【附注】

参考案例索引：河南郑州中院(2009)郑民二终字第521号“梁某与某开发公司房屋买卖合同纠纷案”；见《逾期办证违约金诉讼时效应如何起算》(《民事审判指导与参考》研究组)，载《民事审判指导与参考·民事审判信箱》(201604/68:246)；见《商品房买卖纠纷中逾期办证责任的认定处理——对最高人民法院〈关于审理商品房买卖合同纠纷案件适用法律若干问题的解释〉第18条规定的解读》，载《民事审判指导与参考·审判实务问题与研究》(200601/25:149)；见《商品房买卖合同中逾期办证的违约责任——从一起案例引发的思考》(王忠，北京一中院)，载《民事审判指导与参考·判解研究》(200503/23:104)；广西高院(2017)桂民再369号“广西某房地产开发有限公司与梁某商品房买卖合同纠纷案”，见《开发商逾期办证违约责任的诉讼时效》(林金文)，载《人民司法·案例》(201835:56)；江苏南通中院(2015)通中民终字第02809号“吴某与某开发公司商品房买卖合同纠纷案”，见《商品房买卖合同解除权的行使不得滥用——江苏南通中院判决吴某与南通万基公司商品房销售合同纠纷案》(孔德莱)，载《人民法院报·案例精选》(20170803:06)；广东高院(2007)粤高法民一终字第278号“深圳发展银行股份有限公司与深圳市国泰联合广场投资有限公司房屋买卖合同纠纷上诉案”,见《房屋交付后办理登记的时效问题》(佘琼圣),载《人民司法·案例》(200918:25);新疆乌鲁木齐中院(2011)乌中民四终字第315号“某开发公司与宋某商品房销售合同纠纷上诉案”;广西柳州中院(2011)柳市民提字第16号“邹某与某开发公司商品房预售合同纠纷再审案”;湖南衡阳中院(2011)衡中法民一终字第51号“某开发公司与陈某商品房预售合同纠纷上诉案”;湖南湘潭中院(2010)潭中民一终字第329号“郑某与某开发公司商品房买卖合同纠纷上诉案”;天津二中院(2011)二中民四终字第173号“李某与某开发公司商品房销售合同纠纷上诉案”;重庆五中院(2010)渝五中法民终字第3202号“某开发公司与李某商品房预售合同纠纷上诉案”;重庆大渡口区法院(2010)渡法民初字第129号“魏某等诉某开发公司商品房预售合同纠纷案”;上海二中院(2010)沪二中民二(民)终字第1320号“丁某等与沈某房屋买卖合同纠纷上诉案”;河南郑州中院(2009)郑民四终字第625号“某开发公司与张某商品房买卖合同纠纷案”;广东佛山中院(2006)佛中法民五终字第240号“吴某与某开发公司商品房预售合同纠纷上诉案”。

58. 迟延付款的违约责任

——迟延付房款,违约何责任?

【迟延付款】

【案情简介及争议焦点】

2006年,古某与开发公司签订商品房预售合同,以6900万元购买商品房,约定逾期付款,“违约金按逾期未付款的日5‰计算;逾期超过60天后,甲方有权单方面解除合同,乙方应当承担赔偿责任,赔偿金额为总房价的5%,甲方有权在乙方已付房款中扣除乙方应赔偿金额等。”古某支付1220万元后,未依约于2007年2月28日前支付第二期房款5680万元。后开发公司同意古某延期至2007年6月30日付款。此后,古某支付部分余款,双方在往来信函中对合同是否解除及付款期限的意见进行反复沟通,在双方诉讼前的最后信函中,古某确认将于2009年9月30日前支付余款4830万元,而开发公司则要求古某于2009年9月30日前付清剩余房款及违约金。古某对违约赔偿金有异议,协商不成拒绝付款。开发公司经多次催告后,诉请解除合同并支付赔偿金。

争议焦点:1. 古某是否逾期付款? 2. 开发公司能否解除合同?

【裁判要点】

1. 古某存在逾期付款行为。古某依约应于2007年2月28日前支付第二期房款,后开发公司同意古某延期。此后,双方虽在往来信函中对合同是否解除及付款期限的意见有所反复、变更,但在双方诉讼前的最后信函中,古某确认将于2009年9月30日前支付4830万元,而开发公司则要求古某于2009年9月30日前付清剩余房款及违约金。由于支付房款系购房者的主要义务,即便古某对开发公司要求其承担违约金有异议,但此不能成为其拒绝支付房款本金的理由,至今古某仍欠付开发公司大部分房款,故其逾期支付房款的事实明确。

2. 开发公司有权解除合同。鉴于古某长期、多次拖延支付房款,即便在其自己承诺的2009年9月30日前其也未付清房款本金,故开发公司根据《合同法》的相关规定享有解除合同的权利。古某称开发公司行使合同解除权已超过1年除斥期间,但古某提出的最高人民法院司法解释的相关规定是针对《合同法》第94条规定的法定解除权,在对方当事人没有催告的情形下解除权的行使期间,而本案中开发公司直至2009年9月22日仍在催促古某付款,故上述规定不适用本案。另在开发公司已给予古某多次付款宽限期的情况下,古某认为开发公司仍应按照双方合同约定的60天期限行使合同解除权,缺乏依据。此外,在开发公司提起诉讼至今,古某亦未支付分文房款,故开发公司有权解除合同并依约获得赔偿。

【裁判依据或参考】

1. 法律规定。《民法典》(2021年1月1日)第158条:"民事法律行为可以附条件,但是根据其性质不得附条件的除外。附生效条件的民事法律行为,自条件成就时生效。附解除条件的民事法律行为,自条件成就时失效。"第159条:"附条件的民事法律行为,当事人为自己的利益不正当地阻止条件成就的,视为条件已经成就;不正当地促成条件成就的,视为条件不成就。"第513条:"执行政府定价或者政府指导价的,在合同约定的交付期限内政府价格调整时,按照交付时的价格计价。逾期交付标的物的,遇价格上涨时,按照原价格执行;价格下降时,按照新价格执行。逾期提取标的物或者逾期付款的,遇价格上涨时,按照新价格执行;价格下降时,按照原价格执行。"《合同法》(1999年10月1日,已于2021年1月1日起失效)第45条:"当事人对合同的效力可以约定附条件。附生效条件的合同,自条件成就时生效。附解除条件的合同,自条件成就时失效。当事人为自己的利益不正当地阻止条件成就的,视为条件已成就;不正当地促成条件成就的,视为条件不成就。"第63条:"执行政府定价或者政府指导价的,在合同约定的交付期限内政府价格调整时,按照交付时的价格计价。逾期交付标的物的,遇价格上涨时,按照原价格执行;价格下降时,按照新价格执行。逾期提取标的物或者逾期付款的,遇价格上涨时,按照新价格执行;价格下降时,按照原价格执行。”第107条:“当事人一方不履行合同义务或者履行合同义务不符合约定的,应当承担继续履行、采取补救措施或者赔偿损失等违约责任。”第114条:“当事人可以约定一方违约时应当根据违约情况向对方支付一定数额的违约金,也可以约定因违约产生的损失赔偿额的计算方法。约定的违约金低于造成的损失的,当事人可以请求人民法院或者仲裁机构予以增加;约定的违约金过分高于造成的损失的,当事人可以请求人民法院或者仲裁机构予以适当减少。当事人就迟延履行约定违约金的,违约方支付违约金后,还应当履行债务。”**《民法通则》**(1987年1月1日,已于2021年1月1日起失效)第112条:“当事人一方违反合同的赔偿责任,应当相当于另一方因此所受到的损失。当事人可以在合同中约定,一方违反合同时,向另一方支付一定数额的违约金;也可以在合同中约定对于违反合同而产生的损失赔偿额的计算方法。”

2. 司法解释。最高人民法院**《关于审理买卖合同纠纷案件适用法律问题的解释(2020年修改)》**(2021年1月1日　法释〔2020〕17号)第18条:“买卖合同对付款期限作出的变更,不影响当事人关于逾期付款违约金的约定,但该违约金的起算点应当随之变更。买卖合同约定逾期付款违约金,买受人以出卖人接受价款时未主张逾期付款违约金为由拒绝支付该违约金的,人民法院不予支持。买卖合同约定逾期付款违约金,但对账单、还款协议等未涉及逾期付款责任,出卖人根据对账单、还款协议等主张欠款时请求买受人依约支付逾期付款违约金的,人民法院应予支持,但对账单、还款协议等明确载有本金及逾期付款利息数额或者已经变更买卖合同中关于本金、利息等约定内容的除外。买卖合同没有约定逾期付款违约金或者该违约金的计算方法,出卖人以买受人违约为由主张赔偿逾期付款损失,违约行为发生在2019年8月19日之前的,人民法院可以中国人民银行同期同类人民币贷款基准利率为基础,参照逾期罚息利率标准计算;违约行为发生在2019年8月20日之后的,人民法院可以违约行为发生时中国人民银行授权全国银行间同业拆借中心公布的一年期贷款市场报价利率(LPR)标准为基础,加计30－50%计算逾期付款损失。”最高人民法院**《印发〈关于当前形势下审理民商事合同纠纷案件若干问题的指导意见〉的通知》**(2009年7月7日　法发〔2009〕40号)第7条:“人民法院根据合同法第一百一十四条第二款调整过高违约金时,应当根据案件的具体情形,以违约造成的损失为基准,综合衡量合同履行程度、当事人的过错、预期利益、当事人缔约地位强弱、是否适用格式合同或条款等多项因素,根据公平原则和诚实信用原则予以综合权衡,避免简单地采用固定比例等‘一刀切’的做法,防止机械司法而可能造成的实质不公平。”最高人民法院**《关于适用〈中华人民共和国合**

同法〉若干问题的解释(二)》(2009 年 5 月 13 日　法释〔2009〕5 号,已于 2021 年 1 月 1 日起失效)第 28 条:“当事人依照合同法第一百一十四条第二款的规定,请求人民法院增加违约金的,增加后的违约金数额以不超过实际损失额为限。增加违约金以后,当事人又请求对方赔偿损失的,人民法院不予支持。”第 29 条:“当事人主张约定的违约金过高请求予以适当减少的,人民法院应当以实际损失为基础,兼顾合同的履行情况、当事人的过错程度以及预期利益等综合因素,根据公平原则和诚实信用原则予以衡量,并作出裁决。当事人约定的违约金超过造成损失的百分之三十的,一般可以认定为合同法第一百一十四条第二款规定的‘过分高于造成的损失’。”最高人民法院**《印发〈关于处理涉及汶川地震相关案件适用法律问题的意见(二)〉的通知》**(2009 年 3 月 23 日　法发〔2009〕17 号)第 4 条:“因地震灾害致使在合理期限内出卖人迟延交付房屋或者买受人迟延支付购房款,当事人一方请求解除合同的,人民法院不予支持,但当事人另有约定的除外。”第 5 条:“商品房买卖合同约定买受人以担保贷款方式付款,因地震导致未能订立商品房担保贷款合同并致使商品房买卖合同不能继续履行的,当事人可以请求解除合同,出卖人应当将收受的购房款本金及其利息或者定金返还买受人。”最高人民法院**《关于在执行工作中如何计算迟延履行期间的债务利息等问题的批复》**(2009 年 5 月 18 日　法发〔2009〕6 号)第 1 条:“人民法院根据《中华人民共和国民事诉讼法》第二百二十九条计算‘迟延履行期间的债务利息’时,应当按照中国人民银行规定的同期贷款基准利率计算。”第 2 条:“执行款不足以偿付全部债务的,应当根据并还原则按比例清偿法律文书确定的金钱债务与迟延履行期间的债务利息,但当事人在执行和解中对清偿顺序另有约定的除外。”附具体计算方法:“(1)执行款 = 清偿的法律文书确定的金钱债务 + 清偿的迟延履行期间的债务利息。(2)清偿的迟延履行期间的债务利息 = 清偿的法律文书确定的金钱债务 × 同期贷款基准利率 ×2 × 迟延履行期间。”最高人民法院**《关于审理商品房买卖合同纠纷案件适用法律若干问题的解释(2020 年修改)》**(2021 年 1 月 1 日　法释〔2020〕17 号)第 14 条:“由于出卖人的原因,买受人在下列期限届满未能取得不动产权属证书的,除当事人有特殊约定外,出卖人应当承担违约责任:(一)商品房买卖合同约定的办理不动产登记的期限;(二)商品房买卖合同的标的物为尚未建成房屋的,自房屋交付使用之日起 90 日;(三)商品房买卖合同的标的物为已竣工房屋的,自合同订立之日起 90 日。合同没有约定违约金或者损失数额难以确定的,可以按照已付购房款总额,参照中国人民银行规定的金融机构计收逾期贷款利息的标准计算。”第 15 条:“商品房买卖合同约定或者城市房地产开发经营管理条例第三十二条规定的办理不动产登记的期限届满后超过一年,由于出卖人的原因,导致买受人无法办理不动产登记,买受人请求解除合同和赔偿损失的,应予支持。”

3. 地方司法性文件。江苏盐城中院《关于规范审理涉新冠肺炎疫情房地产纠纷案件的十五条意见》(2020年3月16日)第10条:"逾期付款违约责任的认定。买受人逾期付款,出卖人要求其承担违约责任,应予支持;但买受人能够举证证明其因疫情、疫情防控措施影响,无法按约付款,要求免除相应违约责任,应予支持。"河北廊坊中院《关于印发〈审理房屋买卖合同纠纷案件若干问题的会议纪要〉的通知》(2018年3月14日 廊中法〔2018〕24号)第7条:"商品房买卖合同补充协议约定,买受人未按照借款合同约定偿还借款,导致开发商保证金被扣划,商品房买卖合同解除。开发商据此请求解除商品房买卖合同的,要考虑开发商保证金被扣划的具体情形,扣划金额的大小对合同履行的影响,审理中应灵活掌握,不宜一律刚性解除。要从当事人的违约程度、后续的连锁反应等实际情况考虑,慎重解除合同。"第8条:"房屋买卖合同约定以按揭贷款方式付款,买受人以房贷政策变化不能办理按揭贷款导致无履约能力为由,请求解除合同并请求出卖人返还收受的定金、购房款的,经审查属实的,可予以支持。"四川成都中院《关于印发〈商品房买卖合同案件的审理指南(试行)〉的通知》(2017年10月11日 成中法发〔2017〕129号)第15条:"出卖人以买受人未付清款项拒绝交房、协助办理权属证书的处理。买受人支付剩余购房款的义务先于出卖人交房、协助办证义务或应同时履行的,买受人要求出卖人交付房屋或协助办证且同意依约支付剩余购房款,人民法院应当将该情况告知出卖人;出卖人拒绝受领购房款也未提起反诉,仅以买受人未支付剩余购房款作为履行抗辩的,人民法院可依据买受人的诉讼请求,判决'出卖人在买受人依合同约定支付剩余购房款×日内,向买受人交付房屋或协助办理权属证书'。"第17条:"买受人未能取得银行贷款支付购房款的处理。商品房买卖合同约定买受人通过银行按贷款方式支付购房,买受人因自身原因未能取得贷款,出卖人要求买受人支付购房款的,一般应予支持,但当事人明确约定未能取得贷款商品房买卖合同不再继续履行的除外。"广东深圳中院《关于房屋买卖合同纠纷案件的裁判指引》(2014年8月28日修订)第9条:"房屋买卖合同约定买受人支付购房款的义务履行在先,出卖人交付房屋、办理房屋权属证书的义务履行在后,买受人在履行相应付款义务前请求出卖人承担迟延交付房屋或迟延办理房屋权属证书等违约责任的,人民法院不予支持,但买受人未履行相应付款义务符合《合同法》第六十八条、第六十九条规定的除外。【说明】旨在解决出卖人的先履行抗辩权问题。根据《合同法》第六十七条的规定,负有先履行义务的一方未完全履行义务的,负有后履行义务的一方有权拒绝其相应的履行请求。至于买受人已支付购房款占总房款的比例与出卖人抗辩权的行使是否相适应的问题,可交由法官根据案件不同情况在个案中依据诚实信用原则和公平原则作出裁量。出卖人在主张行使抗辩权时可能存在两种情况:其一,房屋在合同约定的交付或办证期限届满前已经具备法定的交付条件或办证条件，买受人未按约先行履行相应付款义务，出卖人为实现履行顺序利益，有权拒绝履行在后的交付或办证义务。其二，房屋在合同约定的交付或办证期限届满时仍不具备法定的交付条件或办证条件，即出卖人事实上仍不具备履行交付或过户的履约能力。就前述第一种情况，出卖人依法当然享有履行抗辩权，其届时不履行交房或办证义务不构成违约，无须承担违约责任。就前述第二种情况，我们认为，房屋不具备法定的交付条件或办证条件，一般与买受人欠付购房款之间不存在因果关系，在诚实信用原则和公平原则之下，如出卖人事实上无法履行交付或办证义务，其不得以买受人未付清购房款作为抗辩。因此，如买受人确有证据证明房屋在合同约定的交付或办证期限届满时仍不具备法定交付条件或办证条件，主张其系因行使《合同法》第六十八条所规定的不安抗辩权而拒付购房款，则出卖人不得免除‘延期交房’或‘延期办证’的违约责任。”第 10 条：“商品房预售合同的买受人和出卖人就购房款的分期支付形成借贷合同关系的，买受人未按借贷合同约定的时间偿还借款给出卖人的，属另一法律关系，出卖人不能在房屋买卖关系中行使先履行抗辩权，拒绝交付房屋或办证；出卖人构成延期交房或延期办证违约行为的，应承担相应违约责任，而不能以享有先履行抗辩权为由要求免责。但双方另有约定的除外。【说明】旨在解决出卖人能否以买受人未履行借贷关系中的还款义务为由，行使先履行抗辩权的问题。本条关键在于房屋买卖双方是否就购房款形成了借贷合同关系。如果根据相关协议和双方的真实意思能认定双方已经形成借贷关系，就说明卖方已借款给买方，使买方付清了全部购房款，买方的房款支付义务已履行完毕，不存在买方未履行先付款的义务。买方未按时还款的，卖方应依借贷合同关系向买方主张还款，而不能在商品房预售合同关系中行使先履行抗辩权。除非买卖双方在借贷合同中明确约定在买方还清借款前，卖方可不交付房地产或不予办证。”广东深圳中院**《关于审理房地产纠纷案件的裁判指引》**（2014 年 8 月 28 日修订）第 22 条：“当事人要求对方按约支付逾期付款违约金，当事人之间对逾期付款违约金标准没有约定或约定不明的，人民法院可参照金融机构计收逾期贷款利息的标准计算逾期付款违约金。”北京高院**《关于审理房屋买卖合同纠纷案件适用法律若干问题的指导意见（试行）》**（2010 年 12 月 21 日　京高法发〔2010〕458 号）第 21 条：“房屋买卖合同履行过程中，一方当事人构成根本违约的，守约方有权解除合同，违约方不享有合同法定解除权。如果因不可抗力或情事变更等原因，致使合同目的无法实现的，合同双方均有权要求解除合同。”北京高院**《审理买卖合同纠纷案件若干问题的指导意见（试行）》**（2009 年 2 月 3 日　京高法发〔2009〕43 号）第 31 条：“合同法第一百零七条规定的继续履行、采取补救措施或者赔偿损失等违约责任，在适用时没有先后顺序。当事人一方不履行合同义务的，应当承担继续履行或者赔偿损失的违约责任，对方可以同时请求继续履行和赔偿损失。当事人一方履行合同义务不符合约定的,应当承担采取补救措施或者赔偿损失的违约责任,对方可以同时请求采取补救措施和赔偿损失。当事人一方只履行部分合同义务的,应当承担继续履行、采取补救措施或者赔偿损失的违约责任,对方可以同时请求继续履行、采取补救措施和赔偿损失。"第 32 条:"合同对标的物交付和价款支付的约定有先后履行顺序的,后履行一方履行义务的时间可以因对方迟延履行义务而相应顺延。先履行一方主张逾期付款或者逾期交付标的物违约责任的,在时间计算上应扣除其迟延履行义务的相应期间,或者采取其他合理方式减轻对方的责任承担。出卖人迟延交付标的物但不影响买受人实现合同目的,买受人拒绝支付价款的,法院不予支持。"第 33 条:"当事人对付款期限作出的变更,不影响当事人关于逾期付款违约金等违约责任的约定,但计算逾期付款违约金的起算点应当随之调整。当事人约定有逾期付款违约金,买受人以出卖人接受价款时未主张逾期付款违约金为由,拒绝承担逾期付款违约金的,法院不予支持。当事人约定有逾期付款违约金,但其后的对账单、还款协议等未涉及逾期付款责任问题,出卖人依据对账单或还款协议主张欠款时,依据合同主张逾期付款违约金的,法院应予支持。当事人没有约定逾期付款违约金计算方法的,逾期付款违约金数额可以参照中国人民银行规定的金融机构计收逾期贷款的利率标准计算。当事人没有约定逾期付款违约金,出卖人主张买受人违约诉请逾期付款违约金的,法院不予支持,但出卖人以贷款利息为标准主张损失的,法院应予支持。"第 34 条:"出卖人未及时提示付款的支票,导致支票超过提示付款期限不能兑付的,买受人不承担此期间逾期付款的违约责任,但出卖人有证据证明因买受人的原因即使及时提示付款也不能收到价款的情形除外。逾期付款违约金可以自出卖人再次向买受人主张欠款之日起算或者继续计算。"广东深圳中院**《关于审理商品房买卖纠纷案件若干问题的指导意见(试行)》**(2009 年)第 7 条:"商品房预售合同约定买方支付房款的义务在先,卖方的交房义务在后,买方在履行付款义务前要求卖方承担延期交房违约责任的,卖方有权行使先履行抗辩权,无须向买方承担延期交房的违约责任;但如卖方出售的房地产在其主张抗辩权时尚不具备交付条件的,卖方的先履行抗辩权不成立。买方可以要求卖方承担延期交房的违约责任,卖方亦可要求买方承担延期付款的违约责任。"第 8 条:"商品房预售合同约定买方支付房款的义务在先,卖方办理《房地产证》的义务在后,买方在履行付款义务前要求买方承担延期办证违约责任的,卖方有权行使先履行抗辩权,无须向买方承担延期办证违约责任;但如卖方出售的房地产在其主张抗辩权时尚不具备分割转移登记和办证条件的,卖方的先履行抗辩权不成立。买方可要求卖方承担延期办证的违约责任,卖方亦可要求买方承担延期付款的违约责任。"第 9 条:"商品房预售合同的买方和卖方就购房款的分期支付形成借贷合同关系的,买方未按借贷合同约定的时间偿还借款给卖方的，属另一法律关系，卖方不能在房屋买卖关系中行使先履行抗辩权，拒绝交付房屋或办证；卖方构成延期交房或延期办证违约行为的，应承担相应违约责任，而不能以享有先履行抗辩权为由要求免责。但双方另有约定的除外。”福建高院**《关于审理商品房买卖合同纠纷案件疑难问题的解答》**（2008年7月25日）第14条：“问：如何认定约定的违约金过高或过低？能否将超过《商品房买卖合同司法解释》第十七条、第十八条规定的违约金数额或者损失赔偿额计算标准的30%作为判断违约金过高的依据？将低于第十七条、第十八条规定的计算标准作为判断违约金过低的依据？答：《商品房买卖合同司法解释》第十七条、第十八条第二款规定，在逾期付款、逾期交房或者逾期办证等情形下，双方当事人未约定违约金数额或者损失赔偿额计算方法时，可以参照该规定的标准计算，并非必须以此为标准计算。因此，《商品房买卖合同司法解释》第十七条、第十八条第二款规定的计算标准不应作为认定约定的违约金过高或者过低的依据。约定的违约金是否过分高于或者低于造成的损失，原则上应由主张过高或者过低的当事人承担举证责任；损失数额难以确定的，由负有举证责任的当事人承担不利后果。”江苏高院**《关于印发〈关于适用中华人民共和国合同法若干问题的讨论纪要（一）〉的通知》**（2005年9月26日 苏高发审委〔2005〕16号）第33条：“对于逾期付款行为，当事人在合同中约定逾期付款违约金计算标准的，按合同约定处理。当事人在合同中既没有约定逾期付款违约金计算标准，又未约定应承担逾期付款损失的，应当按照中国人民银行规定的银行同期贷款率计算损失。违约造成的损失超过上述计算标准计算的数额，当事人对超出部分的损失要求违约方承担的，人民法院应当支持。”上海高院**《关于印发〈上海法院民事办案要件指南〉的通知》**（2003年11月25日 沪高法民一〔2003〕10号）第41条：“……根据合同法的相关规定，合同解除权人可以通过行使解除权解除合同，而不是都要经过法院的认定才能解除合同。但是，解除合同所需的条件具备后，合同也不是当然解除的，解除权人还须作出解除合同的意思表示，并将该意思表示通知对方，方能发生解除的效果。因此，在诉讼中主张合同已经解除的一方，就应当对已经发生合同解除效力所要具备的前述要件事实承担举证责任。解除合同的通知以口头形式作出的，只要能够提供证据证明，也是可以的。当然，在司法实践中，当事人往往诉请法院‘依法解除合同’，这种主张实际上既有解除权人尚未行使解除权，而以诉讼方式替代解除通知而诉请解除合同的，也有表面上是要求‘依法解除合同’而实质上是要求法院确认合同已经解除的情形。因此，当事人的意思到底是要确认合同已经解除，还是要求解除合同，要根据当事人在诉讼中表示出来的意思来综合判断。”

4. 参考案例。2011年**江苏某商品房买卖合同纠纷案**，2009年，开发公司与李某签订商品房买卖合同，约定房款68万余元，签约时支付14万余元，同时约定逾期付款超过 90 天,开发公司有权解除合同。李某迟延 1 个月交付第 2 笔 48 万元,开发公司开具收款收据。因李某因按揭问题迟延 10 个月交付尾款 6 万元,开发公司诉请解除合同。法院认为:开发公司主张能否成立,应结合案件事实及李某迟延交付是否导致合同目的不能实现而定。根据双方合同约定,李某作为房屋买受人,如逾期付款超过 90 日,开发公司有权解除合同。由于李某未能按约付清全部房款,尚欠 6 万元,在该迟延付款行为达到 90 日后,开发公司按合同约定可行使解除权。但开发公司并未向李某发出解除合同通知,而是其后开具收款收据。开发公司行为应视为其对李某付款行为认可,亦表明开发公司接受了李某继续履行合同意思表示。李某在按约支付余款时未能付清全部余款,虽有违双方合同约定,但并非李某故意,而是由于办理贷款导致。李某在剩余 6 万元交付上虽构成迟延,但其已履行了合同主要付款义务,并缴纳了相关各项税费,故该迟延行为并不影响双方合同目的实现。在此情况下,如仅以李某迟延付款 6 万元为由解除双方合同,则有违公平,亦会影响市场交易行为稳定性,且李某在审理期间将剩余 6 万元支付给开发公司,虽未征得开发公司同意,但能表明其继续履行合同诚意,故对开发公司要求解除合同诉请,不应予以支持,判决李某支付开发公司违约金 1800 元。2010 年**四川某房屋买卖合同纠纷案**,2000 年,刘某与侯某签订房屋转让协议,约定刘某以 3 万元价格将房产转让给侯某。2007 年,刘某起诉侯某,要求支付购房款 3 万元。审理中,侯某无法提交已付款 3 万元的直接证据,但提交了房屋转让协议、原房屋所有权证、录音光盘等间接证据,以证明其已在 7 年前交付购房款。法院认为:最高人民法院《关于民事诉讼证据的若干规定》第 64 条规定:"审判人员应当依照法定程序,全面、客观地审核证据,依据法律的规定,遵循法官职业道德,运用逻辑推理和日常生活经验,对证据有无证明力和证明力大小独立进行判断,并公开判断的理由和结果。"本案中,虽然房屋转让协议、原房屋所有权证、录音光盘等间接证据中任一证据均不能单独、直接证明侯某已付清 3 万元购房款事实,但每一间接证据都从不同侧面间接证明案件部分事实,各间接证据能相互印证,形成一个完整的证据链,且该证据链能排除其他合理怀疑而得出唯一结论,即侯某已向刘某付清购房款 3 万元,故判决驳回刘某诉请。2001 年**广东某房屋买卖合同纠纷案**,1998 年,开发公司与许某签订商品房买卖合同,约定房款由许某债务人投资公司支付,"合同签署时视作该购房款已支付卖方",投资公司在合同上盖章确认。随后,开发公司与投资公司又单独协议约定前述债权债务转移事宜,投资公司以其投资开发的房产为该债务设立抵押。1999 年,许某以开发公司逾期办证为由起诉。开发公司以投资公司未付款为由抗辩。法院认为:开发公司、投资公司与许某三方之间存在一个完整的债权债务转移过程。许某履行购房的付款义务系通过其到期债务人投资公司实现,并经债权人开发公司同意,许某支付房款的对价,即其已丧失了对到期债务人投资公司主张到期债权的权利。对开发公司而言,其对购房款的主张,已演变为其对投资公司债权的主张。至于开发公司与投资公司双方协议约定投资公司以其投资开发的房产为该债务设立抵押,应视为投资公司对债务履行方式及对债务的担保方式,该约定涉及的是开发公司与投资公司之间另一法律关系,其有效与否并不影响开发公司已成为投资公司合法债权人地位,亦不影响购房合同及三方债权债务转移效力。投资公司未履行代为付款义务,投资公司完全可基于债权人权利起诉投资公司,但许某已通过转移其到期债权方式履行了其付款义务,故判决支持许某要求开发公司办理产权证书诉请。2004 年**北京某房屋买卖合同纠纷案**,2002 年,邱某逾期未支付剩余购房款,开发商依约主张合同解除并收取违约金。法院认为:邱某未及时支付剩余购房款,应承担违约责任,开发商依约享有合同解除权。鉴于邱某已支付违约金,且双方所签合同并未约定若解除合同购房款利息不予返还内容,根据公平原则,判决解除合同,邱某支付开发商违约金,开发商返还邱某购房款并对邱某已付房款利息一并返还。2003 年**北京某房屋买卖合同纠纷案**,2001 年,胡某与开发公司签订商品房买卖合同,约定"买受人应于开发公司向其出示测绘部门出具的产权登记面积文件之日起 30 日内补交面积差价款"。2003 年 3 月 6 日,开发公司向胡某出具测绘部门出具的产权登记面积相关文件。同年 3 月 25 日,开发公司以其 2002 年 2 月 6 日向胡某送达的结算单中已注明实测面积为由,诉请胡某支付剩余购房款 15 万余元,并支付逾期付款违约金。法院认为:对诉争合同条款约定的"测绘部门出具的产权登记面积文件",应首先按文义解释,不能认为开发公司自行制作的简单注明产权登记面积的告知性文件亦属于此类文件。根据审理查明事实,开发公司于 2003 年 3 月 6 日才向胡某出示了测绘部门出具的产权登记面积相关文件,故胡某应在 2003 年 4 月 5 日前向开发公司支付房屋面积差价款。鉴于开发公司于 2003 年 3 月 25 日即向法院提起诉讼,胡某此前未能支付房屋面积差价款未超过合同约定期限,故其行为不构成违约,无须承担违约责任。开发公司以向胡某送达的结算单中已注明实测面积为由,认定胡某已收到实测报告,应依据合同支付违约金,不符合合同约定,判决胡某支付开发公司购房款 15 万余元。2000 年**湖北某房屋买卖合同纠纷案**,1997 年,白某与开发公司签订商品房买卖合同。2000 年,开发公司以白某首期房款 5 万元欠付 3.5 万元为由起诉。白某称交款收据丢失,开发公司口头同意无需补开收据,在 1997 年 12 月第二期购房款收据上专门做了备注"二期(差壹万元,元月份交来)"。开发公司以财务制度混乱为由,无法提供收款凭证存根。法院认为:1997 年 12 月收款凭证上备注"二期(差壹万元,元月份交来)"充分说明第一期和第二期房款是分期交付的。第一期房款 5 万元已交 1.5 万元,余款亦即双方争议的 3.5 万元如未交付,按交易习惯,收款人理应在第二期付款发生时以"备注"或其他方式一并说明。但第二期房款发生时收款凭证上对此并无反映，据此可推定第一期购房款已交清。按民事诉讼举证责任一般原则，白某有义务就其已交付第一期房款中的余款举证，但就本案所涉特定情形，要求白某举证有失公平合理。交款人称所持收款凭证遗失，但按有关财务会计制度规定，作为收款人开发公司收款凭证底联（存根）不得销毁或缺失。交款人是否已交款，除要求其提供相关证据如收款凭证加以证明外，在交款人称收款凭证遗失情况下，有必要以核对收款人收款凭证存根作为证据证明。现开发公司依法应当保存的收款凭证存根缺失，在诉讼中又以公司财务制度混乱为由不能提供三张缺失的收款收据存根，应视为“无正当理由拒不提供”。应可推定白某已交付了争议的3.5万元。判决驳回开发公司诉请。2011年3月**新疆某商品房预售合同案**，法院认为：根据双方约定，陆某所购房屋总价款为553,505元，其实际支付房款533,295元，尚欠房款20,210元属实，有欠条为证，陆某应给付开发公司房款20,210元。开发公司应为陆某办理所购房屋房地产权属证书。因开发公司已按约向产权登记机关办理备案手续，陆某违约在先，其主张开发公司偿付违约金之诉讼请求，不予支持。陆某逾期付款，应向开发公司偿付违约金，双方约定按日5‰支付违约金过高，陆某主张减少违约金之辩称理由成立。违约金数额以银行同期贷款利率予以计算，即1937.78元（自2008年1月1日至2010年8月17日，按月息4.875‰计付）。2011年2月**江苏某房屋买卖合同案**，法院认为：按合同约定，沈某应按期支付房款，对于未按期支付的，应按合同承担违约责任；沈某由于不能归责于开发公司的原因而未能办理房屋贷款，从而导致其未能按期支付房屋余款，且在此情况下，也未与开发公司另行协商支付，导致逾期付款超过60日，并直到2010年11月17日开发公司作出解除合同函止仍未支付余款，沈某的行为构成合同违约，依照合同约定，开发公司行使合同解除权符合法律规定，同时开发公司要求沈某按合同约定承担按累计应付款383,447元5%的违约金19,172元也符合法律规定。沈某主张其提出退房的事实缺乏事实证据，本院不予认定。沈某在未全面了解相关的贷款政策，在知道其存在贷款申请不能获得批准的可能下，未尽合理谨慎的注意义务，轻信可以获得贷款，而草率签订了买卖合同，对此，沈某除应承担由此造成的违约金损失外，在今后的生活工作中，也应吸取教训，避免类似损失的发生。2010年12月**广东某商品房预售合同案**，法院认为：根据现有证据显示，陈某已支付部分款项，但还有部分款项未支付给开发公司，开发公司本可依据合同的约定解除合同，但开发公司在陈某逾期付款后在本案诉讼前并无书面通知陈某解除合同。根据最高人民法院《关于审理商品房买卖合同纠纷案件适用法律若干问题的解释》第15条第2款的规定，解除权应当在解除权发生之日起1年内行使，逾期不行使的，解除权消灭，即开发公司未在法定期限内行使解除权，解除权已消灭。开发公司诉请要求解除合同，依据不足，本院不予支持。2010年11月**云南某房屋买卖合**

同案,法院认为:生效判决确认开发公司向煤炭公司借款2000万元的事实,但煤炭公司在该案中只请求偿还借款1900万元。结合本案的案件事实,煤炭公司将其对开发公司的债权中的100万元转让给朱某,并于2009年7月6日在公证机关的公证下经邮寄送达通知了开发公司,足以证明100万元的债权转让已经生效,朱某应付给开发公司的100万元的土地使用费,已通过债权转让的方式予以抵销,朱某无须再行支付100万元。但鉴于煤炭公司于2009年7月6日才将该债权转让通知送达开发公司,而朱某自2007年10月26日双方签订《补充协议》之日起就已经实际占有并使用该地块,故其应当向开发公司支付自2007年10月26日起至2009年7月6日逾期付款违约金。因该《补充协议》系双方2006年10月19日签订的《商品房购销合同》的补充,故违约金应按《商品房购销合同》约定,朱某逾期付款30天内按每天100元向开发公司支付违约金,逾期30天后,按应付未付款的0.03%乘以逾期天数向开发公司支付违约金。综上,应由朱某向开发公司支付逾期付款违约金合计179,700元(30天×100元/天+100万元×0.03%×589天)。2010年10月**重庆某商品房买卖合同案**,法院认为:傅某未按约向开发公司履行交付全部购房价款的主要合同义务,傅某应就此违约责任。傅某辩称拖欠款项的理由是其被羁押,但鉴于傅某被羁押的事实不能免除其作为房屋买受人向房屋出卖人交付购房价款之合同义务,故本院对于傅某提出的此项辩解不予采纳。判决傅某向开发公司支付以3.6万元为本金,以日3‰为比率,自2010年1月1日起计至付清之日止的逾期付款违约金。2010年5月**宁夏某房屋买卖合同案**,法院认为:合同中未明确约定袁某交付余款的时间,虽然袁某在其诉状中陈述2008年5月20日交房时交清房款,一则开发公司在约定时间没有交房,二则开发公司在2009年8月5日又给袁某送达了限期交款的通知,对交款时间重新进行了变更,而由于开发公司在限期交款通知中未告知交款的地址、账号及相关信息,袁某按限定的时间去开发公司处交款,开发公司却无人接收,致使袁某无法交款,遂将该房款存于开发公司就近的银行,袁某并没有违反合同约定。故开发公司认为商品房买卖合同已经解除和袁某违约应支付其违约金的抗辩理由,不能成立,本院不予支持。2010年4月**广东某商品房预售合同案**,法院认为:根据合同约定,总房款中首期款20%由杨某分24个月支付。杨某从2004年2月起以开发公司迟延办理房产证为由拒绝向其支付余下付款18,024元。根据双方合同约定,开发公司在房屋交付使用后270日内将杨某所购房屋的房产权属证书交付给杨某,即开发公司于2003年8月前协助杨某办妥所购房屋的房地产权属证书并交付给杨某。开发公司未提交证据证明其在合同约定期限内为杨某办妥所购房屋的房地产权属证书并交付给杨某的事实,依据房管部门档案资料反映,故对杨某抗辩的其通过报失方式在2009年5月申领所购房屋的房地产权属证书事实,法院予以采信。由于开发公司逾期办理房屋过户手续,杨某从2004年2月开始未按期支付余下房款给开发公司,故杨某有权行使先履行抗辩权。即使开发公司有迟延办证的违约行为,杨某在2009年5月申请补领取得所购房屋的房地产权属证书后,也应立即将余下房款支付给开发公司,但杨某至今未将购房余款支付给开发公司,其行为已构成违约,故杨某应从2009年6月1日起至本判决确定还款期限届满之日止,按合同约定承担逾期付款的违约责任,但违约金总额以杨某欠款金额为限。开发公司要求杨某从2004年7月2日起计付违约金的请求,该院不予采纳。对于杨某抗辩的开发公司逾期办证违约金意见,杨某应另寻法律途径解决,不能以此为由对抗承担逾期支付房款的违约责任。

【同类案件处理要点】

商品房买卖合同没有约定迟延付款违约金数额或者损失赔偿额计算方法,违约金数额或者损失赔偿额可以按照未付购房款总额,参照中国人民银行规定的金融机构计收逾期贷款利息的标准计算。买受人迟延支付购房款,经催告后在3个月的合理期限内仍未履行,当事人一方请求解除合同的,应予支持,但当事人另有约定的除外。法律没有规定或者当事人没有约定,经对方当事人催告后,解除权行使的合理期限为3个月。对方当事人没有催告的,解除权应当在解除权发生之日起1年内行使;逾期不行使的,解除权消灭。

【相关法律风险提示】

1.“因不可归责于出卖方的原因导致逾期付款”的迟延付款违约责任承担原则,扩大了买受人在第三方原因或其他不可归责于买受人的原因情形下承担逾期付款责任的范围。

2.买受人违反约定迟延支付购房款,出卖人未在法定期限内行使法定解除权的,解除权消灭。案见广东广州中院(2010)穗中法民五终字第3757号“某开发公司与陈某商品房买卖合同纠纷上诉案”。如果当事人双方关于迟延付款导致合同解除有明确约定,则条件成就时,出卖人发出履行付款义务的催告,在催告期限内,买受人未付款的,合同解除;或者在有约定解除条件的情况下,直接发出解除通知,即可解除合同。案见上海一中院(2010)沪一中民二(民)终字第3423号“古某与某开发公司房屋买卖合同纠纷上诉案”。

3.以贷款方式支付房款的,买受人应对能否贷款的风险有估计,对贷款成数和具体办理协助义务应作出明确约定。约定按揭贷款由开发商“代办”不等于“包办”,贷款能否通过审批系根据申请贷款人自身资信状况等因素决定,开发商代办责任并不表明其须为买受人办理成功贷款审批手续。案见上海一中院(2010)沪一中民二(民)终字第3423号“古某与某开发公司房屋买卖合同纠纷上诉案”。

4. 催款函应载明付款期限、收款人及地址、收款账号,逾期付款解除合同的内容。因出卖人原因导致买受人无法付款的,买受人不承担迟延付款的责任。案见宁夏吴忠中院(2010)吴民终字第154号“某开发公司与袁某房屋买卖合同纠纷上诉案”。

【附注】

参考案例索引:上海一中院(2010)沪一中民二(民)终字第3423号“古某与某开发公司房屋买卖合同纠纷上诉案”,判决合同解除,开发公司返还房款2070万元,古某赔偿开发公司345万元;江苏徐州中院(2011)徐民终字第2123号“某开发公司与徐某商品房买卖合同纠纷案”,见《约定解除权行使条件的认定》(葛文,江苏徐州中院;吴晓芳,最高院民一庭),载《民事审判指导与参考·指导性案例》(201203/51:148),另见《盛泰公司以延期支付部分尾款为由诉李大伟商品房买卖合同纠纷案》,载《江苏省高级人民法院公报》(201205/23:31);四川高院(2010)川民提字第84号“侯某与刘某等房屋买卖合同纠纷案”,见《侯琼芳与刘秋英、李国章房屋买卖合同欠款纠纷再审案》,载《审判监督指导·裁判文书选登》(201402/48:152);最高人民法院(2001)民一监字第108号“某实业公司与许某房屋买卖合同纠纷案”,见《珠海经济特区侨晖实业公司与许惠成房屋买卖纠纷申请再审案》(湛雄辉,最高院立案庭),载《立案工作指导·再审复查案例评析》(200201/1:255);北京高院(2004)高民终字第1073号“某开发商诉邱某房屋买卖合同案”,见《北京强佑房地产开发公司诉邱淦青不按期支付购房款请求解除房屋买卖合同并支付违约金案》(乔新生、许雪梅),载《人民法院案例选》(200601/55:156);北京二中院(2003)二中民终字第6782号“某开发公司与胡某买卖合同纠纷案”,见《北京炎黄置业有限公司诉胡文一商品房买卖合同纠纷案》(张新平、王平),载《人民法院案例选》(200504/54:197),另见《北京炎黄置业有限公司诉胡文一商品房买卖合同纠纷案(合同的解释)》(王平),载《中国审判案例要览》(2004民:97);湖北宜昌中院(2000)宜中民终字第326号“某开发公司与白某房屋买卖合同纠纷案”,见《宜昌华腾房地产开发公司诉柏罗峰案(房屋买卖合同)》(刘卓彬),载《中国审判案例要览》(2001民:81);新疆乌鲁木齐中院(2011)乌中民四终字第90号“陆某与某开发公司商品房预售合同纠纷上诉案”;江苏常州新北区法院(2011)新民初字第308号“沈某等诉某开发公司房屋买卖合同纠纷案”;广东广州中院(2010)穗中法民五终字第3757号“某开发公司与陈某商品房买卖合同纠纷上诉案”;云南高院(2009)云高民一终字第184号“某开发公司与朱某房屋买卖合同纠纷上诉案”;重庆南岸区法院(2010)南法民初字第5307号“某开发公司诉傅某商品房买卖合同纠纷案”;宁夏吴忠中院(2010)吴民终字第154号“某开发公司与袁某房屋买卖合同纠纷上诉案”;广东广州中院(2010)穗中法民五终字第1530号“杨某等与某开发公司商品房预售合同纠纷上诉案”。

59.房屋质量问题与解决

——质量有问题,如何来认定?

【房屋质量】

【案情简介及争议焦点】

2007年4月,钟某以“优惠价”购买开发公司商品房,购房合同附件《商品住宅质量保证书》约定屋面防水的保修期限为5年。2007年6月至2008年起诉前,因屋面渗水问题未得到妥善解决成诉。

争议焦点:1.钟某能否以房屋质量问题获取补偿?2.防水质量问题如何解决?

【裁判要点】

1.房屋质量问题。开发公司所售房屋经综合验收合格,有相关机构签字盖章认可的房屋建筑工程和市政基础设施工程竣工验收备案表证实,由此可证明开发公司交付的房屋符合合同约定,故钟某以开发公司交付的房屋存在严重质量问题为由主张补偿理由不充分。

2.防水质量问题。钟某所购买房屋面存在渗水问题的事实客观存在,该渗水问题属于合同附件《商品住宅质量保证书》约定的在保修期内发生的质量问题,开发公司应当履行保修义务并承担修复费用。

【裁判依据或参考】

1.法律规定。《民法典》(2021年1月1日)第577条:“当事人一方不履行合同义务或者履行合同义务不符合约定的,应当承担继续履行、采取补救措施或者赔偿损失等违约责任。”第582条:“履行不符合约定的,应当按照当事人的约定承担违约责任。对违约责任没有约定或者约定不明确,依据本法第五百一十条的规定仍不能确定的,受损害方根据标的的性质以及损失的大小,可以合理选择请求对方承担修理、重作、更换、退货、减少价款或者报酬等违约责任。”第583条:“当事人一方不履行合同义务或者履行合同义务不符合约定的,在履行义务或者采取补救措施后，对方还有其他损失的，应当赔偿损失。”第584条：“当事人一方不履行合同义务或者履行合同义务不符合约定，造成对方损失的，损失赔偿额应当相当于因违约所造成的损失，包括合同履行后可以获得的利益；但是，不得超过违约一方订立合同时预见到或者应当预见到的因违约可能造成的损失。”第591条：“当事人一方违约后，对方应当采取适当措施防止损失的扩大；没有采取适当措施致使损失扩大的，不得就扩大的损失请求赔偿。当事人因防止损失扩大而支出的合理费用，由违约方负担。”第615条：“出卖人应当按照约定的质量要求交付标的物。出卖人提供有关标的物质量说明的，交付的标的物应当符合该说明的质量要求。”**《物权法》**（2007年10月1日，已于2021年1月1日起失效）第35条：“妨害物权或者可能妨害物权的，权利人可以请求排除妨害或者消除危险。”第36条：“造成不动产或者动产毁损的，权利人可以请求修理、重作、更换或者恢复原状。”第37条：“侵害物权，造成权利人损害的，权利人可以请求损害赔偿，也可以请求承担其他民事责任。”第38条第1款：“本章规定的物权保护方式，可以单独适用，也可以根据权利被侵害的情形合并适用。”**《合同法》**（1999年10月1日，已于2021年1月1日起失效）第111条：“质量不符合约定的，应当按照当事人的约定承担违约责任。对违约责任没有约定或者约定不明确，依照本法第六十一条的规定仍不能确定的，受损害方根据标的的性质以及损失的大小，可以合理选择要求对方承担修理、更换、重作、退货、减少价款或者报酬等违约责任。”

2. 行政法规。《民用建筑节能条例》（2008年10月1日）第22条：“房地产开发企业销售商品房，应当向购买人明示所售商品房的能源消耗指标、节能措施和保护要求、保温工程保修期等信息，并在商品房买卖合同和住宅质量保证书、住宅使用说明书中载明。”第23条：“在正常使用条件下，保温工程的最低保修期限为5年。保温工程的保修期，自竣工验收合格之日起计算。保温工程在保修范围和保修期内发生质量问题的，施工单位应当履行保修义务，并对造成的损失依法承担赔偿责任。”第43条：“违反本条例规定，房地产开发企业销售商品房，未向购买人明示所售商品房的能源消耗指标、节能措施和保护要求、保温工程保修期等信息，或者向购买人明示的所售商品房能源消耗指标与实际能源消耗不符的，依法承担民事责任；由县级以上地方人民政府建设主管部门责令限期改正；逾期未改正的，处交付使用的房屋销售总额2%以下的罚款；情节严重的，由颁发资质证书的部门降低资质等级或者吊销资质证书。”国务院**《建设工程质量管理条例（2019年修订）》**（2000年1月30日，已于2019年4月23日第2次修订）第39条：“建设工程实行质量保修制度。建设工程承包单位在向建设单位提交工程竣工验收报告时，应当向建设单位出具质量保修书。质量保修书中应当明确建设工程的保修范围、保修期限和保修责任等。”第40条：“在正常使用条件下，建设工程的最低保修期限为：

(一)基础设施工程、房屋建筑的地基基础工程和主体结构工程,为设计文件规定的该工程的合理使用年限;(二)屋面防水工程、有防水要求的卫生间、房间和外墙面的防渗漏,为5年;(三)供热与供冷系统,为2个采暖期、供冷期;(四)电气管线、给排水管道、设备安装和装修工程,为2年。其他项目的保修期限由发包方与承包方约定。建设工程的保修期,自竣工验收合格之日起计算。"第41条:"建设工程在保修范围和保修期限内发生质量问题的,施工单位应当履行保修义务,并对造成的损失承担赔偿责任。"第42条:"建设工程在超过合理使用年限后需要继续使用的,产权所有人应当委托具有相应资质等级的勘察、设计单位鉴定,并根据鉴定结果采取加固、维修等措施,重新界定使用期。"国务院《**城市房地产开发经营管理条例(2020年修正)**》(2020年11月29日)第16条:"房地产开发企业开发建设的房地产项目,应当符合有关法律、法规的规定和建筑工程质量、安全标准、建筑工程勘察、设计、施工的技术规范以及合同的约定。房地产开发企业应当对其开发建设的房地产开发项目的质量承担责任。勘察、设计、施工、监理等单位应当依照有关法律、法规的规定或者合同的约定,承担相应的责任。"第17条:"房地产开发项目竣工,依照《建设工程质量管理条例》的规定验收合格后,方可交付使用。"第18条:"房地产开发企业应当将房地产开发项目建设过程中的主要事项记录在房地产开发项目手册中,并定期送房地产开发主管部门备案。"第30条:"房地产开发企业应当在商品房交付使用时,向购买人提供住宅质量保证书和住宅使用说明书。住宅质量保证书应当列明工程质量监督单位核验的质量等级、保修范围、保修期和保修单位等内容。房地产开发企业应当按照住宅质量保证书的约定,承担商品房保修责任。保修期内,因房地产开发企业对商品房进行维修,致使房屋原使用功能受到影响,给购买人造成损失的,应当依法承担赔偿责任。"

3. 司法解释及最高人民法院规范性文件。最高人民法院民一庭负责人《**关于当前民事审判工作中的若干具体问题**》(2015年12月24日)第1条:"……要注重发挥合同效力的多层次性,慎用合同无效。要注意区分房屋质量不合格和一般性瑕疵,准确判断当事人是否享有合同解除权,引导树立市场经济条件下契约意识和契约精神,防止通过法院判决的形式,助长有违诚信原则的恶意毁约行为……"最高人民法院《**印发〈关于处理涉及汶川地震相关案件适用法律问题的意见(二)〉的通知**》(2009年3月23日　法发〔2009〕17号)第6条:"出租人因自住房垮塌或者经鉴定成为危房无法居住,起诉到人民法院要求解除房屋租赁合同收回自住的,人民法院应予支持,但要给承租人合理期限腾退房屋。"最高人民法院《**关于审理商品房买卖合同纠纷案件适用法律若干问题的解释(2020年修改)**》(2021年1月1日　法释〔2020〕17号)第9条:"因房屋主体结构质量不合格不能交付使用,或者房屋交付使用后,房屋主体结构质量经核验确属不合格,买受人请求解除合同和赔偿损失的,应予支持。”第10条:“因房屋质量问题严重影响正常居住使用,买受人请求解除合同和赔偿损失的,应予支持。交付使用的房屋存在质量问题,在保修期内,出卖人应当承担修复责任;出卖人拒绝修复或者在合理期限内拖延修复的,买受人可以自行或者委托他人修复。修复费用及修复期间造成的其他损失由出卖人承担。”最高人民法院《**关于民事诉讼证据的若干规定(2019年修正)**》(2020年5月1日　法释〔2019〕19号)第31条:“当事人申请鉴定,应当在人民法院指定期间内提出,并预交鉴定费用。逾期不提出申请或者不预交鉴定费用的,视为放弃申请。对需要鉴定的事项负有举证责任的当事人,在人民法院指定的期限内无正当理由不提出鉴定申请或者不预交鉴定费用,或者拒不提供相关材料,致使待证事实无法查明的,应当承担举证不能的法律后果。”第32条:“人民法院准许鉴定申请的,应当组织双方当事人协商确定具备相应资格的鉴定人。当事人协商不成的,由人民法院指定。人民法院依职权委托鉴定的,可以在询问当事人的意见后,指定具备相应资格的鉴定人。人民法院在确定鉴定人后应当出具委托书,委托书中应当载明鉴定事项、鉴定范围、鉴定目的和鉴定期限。”第34条:“人民法院应当组织当事人对鉴定材料进行质证。未经质证的材料,不得作为鉴定的根据。经人民法院准许,鉴定人可以调取证据、勘验物证和现场、询问当事人或者证人。”第85条:“人民法院应当以证据能够证明的案件事实为根据依法作出裁判。审判人员应当依照法定程序,全面、客观地审核证据,依据法律的规定,遵循法官职业道德,运用逻辑推理和日常生活经验,对证据有无证明力和证明力大小独立进行判断,并公开判断的理由和结果。”第88条:“审判人员对案件的全部证据,应当从各证据与案件事实的关联程度、各证据之间的联系等方面进行综合审查判断。”最高人民法院副院长李国光《**在全国民事审判工作会议上的讲话**》(2000年10月28日)第3条:“……审理建筑工程质量纠纷案件,要按照国家标准、部颁标准或者行业标准严格审查工程质量,绝不能对主体结构不合格的工程‘以质论价’,或者通过降价使‘豆腐渣工程’合法化,危害人民群众生命、财产的安全。”

4. 部门规范性文件。住建部《**关于进一步加强房地产市场监管完善商品住房预售制度有关问题的通知**》(2010年4月13日　建房〔2010〕53号)第13条:“落实预售商品住房质量责任。房地产开发企业应当对其开发建设的商品住房质量承担首要责任,勘察、设计、施工、监理等单位应当依据有关法律、法规的规定或者合同的约定承担相应责任。房地产开发企业、勘察、设计、施工、监理等单位的法定代表人、工程项目负责人、工程技术负责人、注册执业人员按各自职责承担相应责任。预售商品住房存在质量问题的,购房人有权依照法律、法规及合同约定要求房地产开发企业承担责任并赔偿相应损失。房地产开发企业承担责任后,有权向造成质量问题的相关单位和个人追责。”第17条:“加强房地产信用管理。各地要积极拓展房地产信用档案功能和覆盖面,发挥信用档案作用,将销售行为、住房质量、交付使用、信息公开等方面内容纳入房地产信用体系,信用档案应当作为考核企业资质的依据。对违法违规销售、存在较为严重的质量问题、将不符合交付条件的住房交付使用、信息公开不及时不准确等行为,应当记入房地产开发企业信用档案,公开予以曝光。"建设部《**房屋建筑工程抗震设防管理规定(2015 年修订)**》(2006 年 4 月 1 日,已于 2015 年 1 月 22 日修改实施)第 16 条:"已按工程建设标准进行抗震设计或抗震加固的房屋建筑工程在合理使用年限内,因各种人为因素使房屋建筑工程抗震能力受损的,或者因改变原设计使用性质,导致荷载增加或需提高抗震设防类别的,产权人应当委托有相应资质的单位进行抗震验算、修复或加固。需要进行工程检测的,应由委托具有相应资质的单位进行检测。"第 24 条:"任何单位和个人对房屋建筑工程的抗震设防质量问题都有权检举和投诉。"建设部《**城市危险房屋管理规定**》(2004 年 7 月 20 日)第 13 条:"受理涉及危险房屋纠纷案件的仲裁或审判机关,可指定纠纷案件的当事人申请房屋安全鉴定;必要时,亦可直接提出房屋安全鉴定的要求。"建设部《**关于加强住宅工程质量管理的若干意见**》(2004 年 1 月 30 日　建质〔2004〕18 号)第 2 条:"……(二)开发企业应在房屋销售合同中明确因住宅工程质量原因所产生的退房和保修的具体内容以及保修赔偿方式等相关条款。保修期内发生住宅工程质量投诉的,由开发企业负责查明责任,并组织有关责任方解决质量问题。暂时无法落实责任的,开发企业也应先行解决,待质量问题的原因查明后由责任方承担相关费用……(四)施工单位应严格执行国家《建筑工程施工质量验收规范》,强化施工质量过程控制,保证各工序质量达到验收规范的要求。要制定本企业的住宅工程施工工艺标准,结合工程实际,落实设计图纸会审中保证施工质量的设计交底措施,对容易产生空鼓、开裂、渗漏等质量通病的部位和容易影响空气质量的厨房、卫生间管材等环节,采取相应的技术保障措施……"第 4 条:"……(四)各地建设行政主管部门要培育和发展住宅工程质量评估中介机构。当用户与开发企业对住宅工程的质量问题存在较大争议时,可委托具有相应资质的工程质量检测机构进行检测。逐步建立住宅工程质量评估和工程质量保险相结合的工程质量纠纷处理仲裁机制。"建设部《**关于规范房地产开发企业开发建设行为的通知**》(2002 年 2 月 25 日　建住房〔2002〕44 号)第 10 条:"房地产开发企业向购买人交付商品房时,应当提供住宅质量保证书和使用说明书,并严格按照住宅质量保证书承诺的内容进行保修。凡未按规定提供住宅质量保证书、使用说明书或者未按住宅质量保证书的承诺进行保修的,房地产开发主管部门要依据《房地产开发企业资质管理规定》进行处罚。"建设部《**城市房屋便器水箱应用监督管理办法(2015 年修订)**》(2001 年 9 月 4 日,已于 2015 年 1 月 22 日修改实施)第 3 条:"新建房屋建筑必须安装符合国家标准的便器水箱和配件。凡新建房屋继续安装经国家有关行政主管部门已通知淘汰的便器水箱和配件(以下简称淘汰便器水箱和配件)的,不得竣工验收交付使用,供水部门不予供水,由城市建设行政主管部门责令限期更换。”第6条:“建设单位未按照本办法规定仍安装淘汰便器水箱和配件的,应当追究责任者的责任,经主管部门认定属于设计或者施工单位责任的,由责任方赔偿房屋产权单位全部更换费用和相关的经济损失。”第7条:“城市建设行政主管部门对漏水严重的房屋便器水箱和配件,应当责令房屋产权单位限期维修或者更新。”建设部**《商品房销售管理办法》**(2001年6月1日)第32条:“销售商品住宅时,房地产开发企业应当根据《商品住宅实行质量保证书和住宅使用说明书制度的规定》(以下简称《规定》),向买受人提供《住宅质量保证书》《住宅使用说明书》。”第33条:“房地产开发企业应当对所售商品房承担质量保修责任。当事人应当在合同中就保修范围、保修期限、保修责任等内容做出约定。保修期从交付之日起计算。商品住宅的保修期限不得低于建设工程承包单位向建设单位出具的质量保修书约定保修期的存续期;存续期少于《规定》中确定的最低保修期限的,保修期不得低于《规定》中确定的最低保修期限。非住宅商品房的保修期限不得低于建设工程承包单位向建设单位出具的质量保修书约定保修期的存续期。在保修期限内发生的属于保修范围的质量问题,房地产开发企业应当履行保修义务,并对造成的损失承担赔偿责任。因不可抗力或者使用不当造成的损坏,房地产开发企业不承担责任。”第35条:“商品房交付使用后,买受人认为主体结构质量不合格的,可以依照有关规定委托工程质量检测机构重新核验。经核验,确属主体结构质量不合格的,买受人有权退房;给买受人造成损失的,房地产开发企业应当依法承担赔偿责任。”建设部**《房屋建筑工程质量保修办法》**(2000年6月30日)第3条:“本办法所称房屋建筑工程质量保修,是指对房屋建筑工程竣工验收后在保修期限内出现的质量缺陷,予以修复。本办法所称质量缺陷,是指房屋建筑工程的质量不符合工程建设强制性标准以及合同的约定。”第4条:“房屋建筑工程在保修范围和保修期限内出现质量缺陷,施工单位应当履行保修义务。”第6条:“建设单位和施工单位应当在工程质量保修书中约定保修范围、保修期限和保修责任等,双方约定的保修范围、保修期限必须符合国家有关规定。”第7条:“在正常使用下,房屋建筑工程的最低保修期限为:(一)地基基础工程和主体结构工程,为设计文件规定的该工程的合理使用年限;(二)屋面防水工程、有防水要求的卫生间、房间和外墙面的防渗漏,为5年;(三)供热与供冷系统,为2个采暖期、供冷期;(四)电气管线、给排水管道、设备安装为2年;(五)装修工程为2年。其他项目的保修期限由建设单位和施工单位约定。”第8条:“房屋建筑工程保修期从工程竣工验收合格之日起计算。”第14条:“在保修期内,因房屋建筑工程质量缺陷造成房屋所有人、使用人或者第三方人身、财产损害的,房屋所有人、使用人或者第三方可以向建设单位提出赔偿要求。建设单位向造成房屋建筑工程质量缺陷的责任方追偿。"建设部**《关于贯彻〈城市房地产开发经营管理条例〉的通知》**(1998年9月23日 建住房〔1998〕178号)第3条:"……根据《条例》规定,房地产开发企业承担房地产开发项目的质量责任;在商品房交付使用时,应向购买人提供住宅质量保证书和住宅使用说明书;对属主体结构质量不合格的,购买人有权退房……"建设部**《商品住宅实行住宅质量保证书和住宅使用说明书制度的规定》**(1998年9月1日)第3条:"房地产开发企业在向用户交付销售的新建商品住宅时,必须提供《住宅质量保证书》和《住宅使用说明书》。《住宅质量保证书》可以作为商品房购销合同的补充约定。"第4条:"《住宅质量保证书》是房地产开发企业对销售的商品住宅承担质量责任的法律文件,房地产开发企业应当按《住宅质量保证书》的约定,承担保修责任。商品住宅售出后,委托物业管理公司等单位维修的,应在《住宅质量保证书》中明示所委托的单位。"第5条:"《住宅质量保证书》应当包括以下内容:1.工程质量监督部门核验的质量等级;2.地基基础和主体结构在合理使用寿命年限内承担保修;3.正常使用情况下各部位、部件保修内容与保修期:屋面防水3年;墙面、厨房和卫生间地面、地下室、管道渗漏1年;墙面、顶棚抹灰层脱落1年;地面空鼓开裂、大面积起砂1年;门窗翘裂、五金件损坏1年;管道堵塞2个月;供热、供冷系统和设备1个采暖期或供冷期;卫生洁具1年;灯具、电器开关6个月;其他部位、部件的保修期限,由房地产开发企业与用户自行约定;4.用户报修的单位,答复和处理的时限。"第6条:"住宅保修期从开发企业将竣工验收的住宅交付用户使用之日起计算,保修期限不应低于本规定第五条规定的期限。房地产开发企业可以延长保修期。国家对住宅工程质量保修期另有规定的,保修期限按照国家规定执行。"第7条:"房地产开发企业向用户交付商品住宅时,应当有交付验收手续,并由用户对住宅设备、设施的正常运行签字认可。用户验收后自行添置、改动的设施、设备,由用户自行承担维修责任。"第10条:"《住宅质量保证书》和《住宅使用说明书》应在住宅交付用户的同时提供给用户。"第12条:"房地产开发企业在《住宅使用说明书》中对住户合理使用住宅应有提示。因用户使用不当或擅自改动结构、设备位置和不当装修等造成的质量问题,开发企业不承担保修责任;因住户使用不当或擅自改动结构,造成房屋质量受损或其他用户损失,由责任人承担相应责任。"

5. 地方司法性文件。天津高院**《关于审理房屋买卖合同纠纷案件若干问题的审判委员会纪要》**(2018年11月26日 津高法〔2018〕230号)第1条:"……(二)商品房质量瑕疵问题。出卖人交付的商品房符合法定的交付条件、质量标准以及商品房买卖合同的约定,买受人以商品房质量存在轻微瑕疵为由拒绝接收商品房,并要求出卖人承担逾期交付商品房违约责任的,不予支持。但买受人有证据证明商品房在交付时存在的质量瑕疵足以影响正常居住使用的除外,接收商品房以后,买受人要求出卖人对商品房质量承担瑕疵担保责任的,应予以支持。出卖人应当将商品房存在的隐蔽瑕疵如实告知买受人,对于商品房存在的隐蔽质量瑕疵,买受人要求出卖人承担维修义务并承担赔偿责任的,应予支持。”江苏高院**《关于审理房地产合同纠纷案件若干问题的解答》**(2018 年 6 月 26 日　审委会会议纪要〔2018〕3 号)第 27 条:“商品房质量纠纷如何处理？出卖人向买受人交付的商品房存在地基及主体结构工程质量问题,买受人请求解除合同、赔偿损失或要求出卖人采取补救措施的,应予支持。商品房经竣工验收备案,交付时存在前款以外其他质量问题足以严重影响买受人正常居住使用的,买受人请求解除合同、赔偿损失或要求出卖人采取补救措施的,应予支持。房屋经过竣工验收备案,交付时存在质量瑕疵,但不影响买受人正常使用的,买受人拒收房屋,要求出卖人承担迟延交房违约责任的,不予支持。但出卖人对质量瑕疵进行维修时,给买受人造成损失的,应予赔偿。”广东高院**《印发〈关于审理房屋买卖合同纠纷案件的指引〉的通知》**(2017 年 9 月 12 日　粤高法〔2017〕191 号,已于 2020 年 12 月 31 日经粤高法〔2020〕132 号废止)第 31 条:“出卖人交付的商品房符合合同约定及法定交付条件,买受人以商品房质量存在瑕疵为由拒绝接收,并要求出卖人承担逾期交房违约责任的,不予支持,但买受人有证据证明商品房在交付时存在严重影响正常居住使用的质量问题的除外。买受人接收商品房不影响出卖人对商品房质量问题承担保修义务。商品房符合合同约定的交付条件,且合同约定的交付期限届满,出卖人已经依约通知买受人接收商品房,买受人无正当理由拒绝接收的,视为办理交付手续的期限届满之日商品房已经交付。”浙江宁波中院**《关于审理商品房买卖合同纠纷案件疑难问题解答》**(2015 年 5 月 19 日)第 4 条:“买受人能否以房屋质量存在瑕疵为由拒绝收房,并要求出卖人承担违约责任？答:如果房屋符合合同约定和法定的交房条件,虽然房屋质量存在一定瑕疵,但不影响正常居住使用的,买受人以此为由拒绝接收房屋,导致迟延交房的,出卖人不承担逾期交房的违约责任。”第 5 条:“商品房经建设工程勘察、设计、施工、工程监理等单位分别签署质量合格文件,已实际交付使用,并在保修期内,现买受人以房屋存在质量问题为由,请求出卖人承担修复或赔偿责任,可否支持？答:交付的房屋虽经建设单位组织进行验收,符合当时的建筑标准和规范,但如存在明显的质量缺陷,在保修期内出卖人仍需承担修复或赔偿责任。”北京高院**《关于审理房屋买卖合同纠纷案件若干疑难问题的会议纪要》**(2014 年 12 月 16 日　京高法发〔2014〕489 号)第 13 条:“出卖人交付的房屋符合商品房买卖合同约定及法定的强制性交付条件和质量标准,买受人以房屋质量存在表面瑕疵为由拒绝接收房屋,并要求出卖人承担逾期交房违约责任的,一般不予支持,但买受人确有证据证明房屋在交付时存在功能性质量瑕疵以致严重影响正常居住使用的除外。买受人接收房屋不影响出卖人对房屋的质量瑕疵承担保修义务。”广东深圳中院《**关于房屋买卖合同纠纷案件的裁判指引**》(2014年8月28日修订)第7条:“出卖人在房屋已符合法定和合同约定的交付条件后通知买受人接收房屋,买受人以房屋存在质量问题为由拒绝接收,并据此主张出卖人承担逾期交付违约责任的,人民法院不予支持,但买受人有证据证明房屋主体结构质量不合格或存在其他严重影响正常居住使用的质量问题的除外。【说明】旨在厘清房屋质量问题与房屋交付问题之间的关联性。《商品房买卖司法解释》第十二条、第十三条已经规定,如房屋主体结构质量不合格或者房屋质量问题严重影响正常居住使用,则买受人可以主张解除合同及赔偿损失。但前述司法解释只规定了合同解除及赔偿损失问题,实践中因行政主管部门的示范合同文本多将质量问题纳入了房屋是否交付的认定标准之中,已经出现了买受人以质量问题为由主张出卖人承担逾期交付违约责任的大量案件。我们认为,房屋质量问题可以分为房屋主体质量不合格和房屋质量瑕疵两大类型。就房屋主体质量而言,只有在建筑工程验收合格后方可交付使用,未经验收或不合格的,不得交付使用。但实践中也出现虽形式上通过了竣工验收,甚至取得了竣工备案文件,但实际质量不符合国家强制标准和行业标准,出现这种情况,可由具备法定资质的专业机构鉴定,鉴定不合格的,应认定不符合交付条件,买受人有权拒收房屋。从房屋质量瑕疵的角度来看,出卖人作为房屋的实际销售单位,理应保证所交付的房屋符合合同中约定质量要求,这种义务在民法理论上被称为瑕疵担保义务。但是,对于交付的商品房存在裂缝、渗漏、门窗损坏等质量瑕疵,因其一般不会导致买受人不能实现合同目的,除非买受人能够证明‘严重影响正常居住使用’,买受人不能由此拒绝接受房屋。因此,房屋质量若属于主体结构质量问题或严重影响正常居住使用的,则房屋不符合交付标准,买受人有权拒收房屋。房屋一般质量问题可通过修复解决的,不能作为买受人拒收房屋的正当事由,但买受人可依据《商品房买卖司法解释》第十三条第二款要求出卖人承担责任。”广东高院《**关于印发〈全省民事审判工作会议纪要〉的通知**》(2012年6月26日 粤高法〔2012〕240号,已于2020年12月31日经粤高法〔2020〕132号废止)第6条:“房屋买卖合同或房屋租赁合同对房屋的交楼标准有约定的,按约定办理;如该约定违反《城乡规划法》第45条、《建筑法》第61条、《消防法》第13条等法律、行政法规的强制性规定的,应认定该条款无效,但不影响合同其他部分的效力。出卖人交付的商品房应满足基本的安全条件和买受人的基本居住要求,具体把握标准可审查房屋电梯、水电、煤气等是否可以正常使用。”浙江温州中院民四庭《**审理商品房买卖合同纠纷案件疑难问题参考意见**》(2010年4月30日)第24条:“《解释》第十三条第一款规定的‘严重影响正常居住使用’,应当结合商品房是否对买受人的生命和财产安全、身体健康造成重大影响、是否严重干扰和影响了买受人的正常生活、可否修复等因素,予以综合判断。”第33条:“买受人以商品房存在质量问题为由请求出卖人赔偿损失的，诉讼时效从其知道或者应当知道该质量问题造成其损失之日起算；请求出卖人予以修复的，诉讼时效从其知道或者应当知道该质量问题之日起算，但尚未超过保修期的除外。”广东广州中院**《关于商品房预售合同纠纷统一处理做法》**（2009年2月19日）第5条：“类似永久水电、消防验收、大楼外墙脱落等涉及有关业主共同权益的诉讼，原告的诉讼主体资格应如何确定？答：1. 有关业主共同权益的诉讼（比如起诉请求办理永久水电、消防验收等，且不涉及赔偿款的案件），业委会、全体业主或业主均是适格的原告，该生效裁判对全体业主具有约束力，其诉讼利益归属于全体业主。后续业主重复起诉的，则以已经作出生效判决及违反‘一事不再理’诉讼原则为由裁定驳回起诉。2. 上述诉讼涉及赔偿的，业委会或全体业主是适格的原告。个别或者部分业主起诉赔偿的，则裁定驳回起诉。3. 以业委会名义起诉的，仍需有业主大会授权。”第10条：“买受人购买的房屋出现质量问题，影响正常使用，买受人要求修复，但出卖人经催告后在合理期间内拒绝修缮，买受人自行修缮或依据有资质机构的评估结论起诉请求出卖人支付修缮费用，应否支持？答：符合以下条件的请求应予以支持：1. 房屋确实存在质量问题；2. 出卖人在合理期间内不履行修缮义务；3. 买受人已自行或雇人修缮，或提供有资质评估机构的评估结论。出卖人认为买受人主张的金额不合理，应承担证明责任（如申请评估等），否则对其抗辩不予采纳。”福建高院**《关于审理商品房买卖合同纠纷案件疑难问题的解答》**（2008年7月25日）第8条：“问：《商品房买卖合同司法解释》第十三条第一款规定：‘因房屋质量问题严重影响正常居住使用，买受人请求解除合同和赔偿损失的，应予支持。’其中‘严重影响正常居住使用’如何认定？答：认定是否‘因房屋质量问题严重影响正常居住使用’，应当结合是否对买受人的生命和财产安全、身体健康造成重大影响、是否严重干扰和影响了买受人的正常生活、可否修复等，予以综合判断。”第12条：“问：买受人以购买的商品房存在面积误差或者质量问题为由，向出卖人主张权利的，诉讼时效应当从何时起算？答：当事人以交付的商品房面积与合同约定存在误差为由请求补足房价款或者返还房价款及利息的，诉讼时效从其知道或者应当知道房地产行政主管部门审核确定该房产测绘成果之日起算，但当事人明确约定以另外的方式确定该商品房面积的除外。买受人以商品房存在质量问题为由请求出卖人赔偿损失的，诉讼时效从其知道或者应当知道该质量问题造成其损失之日起算；请求出卖人予以修复的，诉讼时效从其知道或者应当知道该质量问题之日起算，但尚未超过保修期的除外。”北京高院**《关于在审理涉及房屋质量缺陷的案件中展开和运用房屋质量缺陷损失评估相关问题的通知》**（2006年8月24日）第1条：“对起诉到人民法院的案件，如案件经过建设行政主管机关先行调处，调处过程中双方当事人共同委托北京房地产估价师和土地估价师协会推荐的房屋质量缺陷损失评估机构做出的评估报告，在诉讼中应作为证据使用。”第 2 条:“人民法院在诉讼中需要委托质量缺陷损失评估的,应由当事人双方协商确定评估机构;当事人不能协商确定的,依规定在市高院确定的《司法鉴定和拍卖机构名册》中的 17 家评估机构中确定评估机构。”第 3 条:“对房屋质量缺陷损失评估机构做出的评估报告,人民法院应依法进行审查。评估机构应当出庭接受当事人质询。”辽宁沈阳中院**《关于审理房地产案件若干问题的处理意见(之一)》**(2004 年 3 月 27 日)第 10 条:“……(4)买受人以该房屋质量有瑕疵为由,要求解除预售合同的,应当根据质量问题的严重程度来分析,对于商品房已经验收合格,没有严重质量问题,不影响居住的,应不予支持。商品房交付使用后,买受人认为主体结构质量不合格的,并依照有关规定委托工程质量检测机构重新核验。经核验,确属主体结构质量不合格的,房地产开发企业没有足够证据进行反驳的,买受人要求退房的,人民法院应予支持,给买受人造成损失的,房地产开发企业应当依法承担赔偿责任……”安徽高院**《关于规范全省房地产案件鉴定工作的若干意见(试行)》**(2002 年 2 月 26 日　皖高院〔2002〕67 号)第 8 条:“当事人申请鉴定的,应当在举证期限内提出,至迟应当在庭审辩论前提出书面申请,并明确其鉴定内容和范围。当事人在庭审辩论终结后提出鉴定申请的,人民法院一般不予批准。”第 10 条:“当事人没有申请,有下列情形之一的,人民法院可依职权委托鉴定:(一)建筑物质量存在安全隐患,可能造成人身和财产安全危害,当事人对质量是否合格存在争议的;(二)建筑物未经验收合格交付使用,当事人对工程质量有争议的;……”上海高院**《关于印发〈关于民事案件审理的几点具体意见〉的通知》**(2000 年 8 月 15 日　沪高法民〔2000〕44 号)第 22 条:“房屋有质量缺陷,当事人能否据此要求退房? 我们认为,买卖合同的出卖方对所售物品负有质量担保义务,开发商在出售房屋时应当保证售出的房屋无质量瑕疵,否则即为违约。根据《民法通则》第一百三十四条之规定,开发商如有违约,承购人有权要求开发商承担修理、重作、更换;赔偿损失;支付违约金的民事责任,违约致使合同无法履行的,承购人还可以要求解除合同。因此,当房屋存在质量缺陷时,承购人可以要求退房,但在具体掌握上,应当注意,能够修复的应先修复;无法修复,或因房屋主体质量不合格影响居住安全的,可以解除合同。法院不能确定房屋质量缺陷程度的,应当委托相关的房屋质量检测部门进行检测,不能出现因为法院的轻率认定给当事人造成不必要损失的情况。”

6. 地方规范性文件。北京市住建委**《关于禁止房地产开发企业违规收取契税和住宅专项维修资金有关问题的通知》**(2021 年 3 月 31 日　京建发〔2021〕96 号)第 1 条:“在新建商品房交易过程中,应由购房人缴纳的契税和住宅专项维修资金,购房人应自行缴纳,房地产开发企业不得代收、代缴。”第 2 条:“房地产开发企业不得将代收购房人应缴契税或住宅专项维修资金,作为商品房销售和交付的前置条件。”第3条:“购房人缴纳契税或住宅专项维修资金,确需要代办的,可委托开发企业或第三方办理,但相应款项不得转入开发企业或其它第三方账户。”第4条:“购房人自行缴纳契税、住宅专项维修资金,按本市有关规定办理。”第5条:“各区住房城乡建设主管部门应及时排查辖内已代收契税和住宅专项维修资金项目,已具备缴纳条件的,责令开发企业立即向有关部门缴纳;暂不具备缴纳条件的,应退回购房人或转存入属地政府指定的代收资金监管账户,待具备缴纳条件后及时通知购房人办理缴纳手续。”北京市住建委**《关于发布〈北京市建筑业企业违法违规行为记分标准〉(2011版)的通知》**(2011年5月4日)关于“拖延或不履行保修义务(不良行为代码:GQJZ104012)”处罚记分标准:“对企业责令改正的,同时对企业记1分,对项目负责人记1分;对企业分别处以罚款10万元、10—20万元、20万元的,同时分别对企业、企业负责人、项目负责人各记2分、3分、4分。”北京市住建委办公室**《关于加强我市商品房预售方案管理的通知》**(2010年12月1日　京建发〔2010〕632号)第2条:“商品房预售方案应当包括以下内容:……(八)商品房质量问题投诉渠道:购房人投诉房屋质量问题的渠道、方式及投诉处理程序。(九)商品房质量责任承担主体和承担方式:开发企业应当明确企业破产、解散等清算情况发生后的商品住房质量责任承担主体。提供由资质等级为一级且在本市注册的开发企业作为质量责任承担主体出具的经公证的担保函,或通过商业保险明确质量责任承担主体,提交工程质量保险合同或暂保单。质量责任承担主体按照《商品住宅保修规程》(DB11/641－2009)明确的住宅质量保修范围、期限及要求,履行保修责任。(十)住房能源消耗指标和节能措施:商品房的采暖耗热量指标;外墙、屋面、外窗的传热系数,窗墙比;屋面及外墙保温材料的种类、保温层厚度;气密性指标;遮阳措施、其他节能措施、保温工程保修期。”北京市**《城市房地产转让管理办法》**(2008年12月6日)第26条:“房地产开发企业应当对其出售的新建商品房承担质量保修责任。房地产开发企业应当与受让人在转让合同中约定保修范围、保修期限和保修责任。约定的保修期限不得低于国家规定的最低期限。保修期限自商品房交付之日起计算。新建商品房在保修期限内再转让的,房地产开发企业应当继续承担对该商品房的保修责任。”

7. 参考案例。2018年**浙江某商品房预售合同纠纷案**,2014年,周某与开发公司签订商品房买卖合同,约定开发公司在2016年9月30日前交房。届期交房过程中,周某发现房屋渗水及疑似渗水问题,并在验收清单中予以记载,“验收意见”栏中记载有“待处理好后再交房,其他验房步骤下次再验”。2017年12月,周某起诉交房并依合同约定按已交房款200万余元的日万分之五、日万分之二分别支付逾期交房、办证违约金至交付日。法院认为:周某在交房过程中发现渗水问题,遂记载在交付验收清单的“验收意见”一栏中,并在“验收意见”这栏中记载有“待处理好后再交房,其他验房步骤下次再验”,周某在业主签名处签名及开发公司工作人员在备注栏记载“重点关注”并签名系事实。在周某于 2017 年 12 月 25 日向法院提起诉讼要求开发公司交付所购房屋并配合办理过户手续及支付违约金等请求后,开发公司才第二次书面通知周某办理交房手续,故开发公司应承担逾期交房违约责任。当事人约定的违约金超过损失的百分之三十的,一般可认定为《合同法》第 114 条第 2 款规定的“过分高于造成的损失”的规定,当事人主张约定的违约金过高请求予以适当减少的,人民法院应以实际损失为基础,兼顾合同约定、履行情况、当事人过错程度以及预期利益等综合因素,根据公平原则和诚实信用原则进行考量,作出认定。本案中,由于商品房买卖合同已明确约定逾期交房违约计算方式,综合考虑开发公司逾期交房的各种因素,将开发公司承担的违约金从按日万分之五、日万分之二分别计算至交付日调整至整体按周某已付房价款的 10% 计算违约金,判决开发公司支付周某违约金 21 万余元。2015 年**江苏某商品房预售合同纠纷案**,2011 年,因房屋质量问题导致李某购买商品房无法入住,李某诉请开发公司按每月 2.1 万元标准赔偿其租房损失。原审法院采信物价局价格认证中心询价意见按 9000 元标准计算李某损失。法院认为:法院应以证据能证明的案件事实为依据依法作出裁判,无论是当事人提供的证据,还是法院依职权调取的证据,均应客观真实反映案件事实,并经双方当事人质证后,才能作为定案依据。对于政府机关及其他职能部门出具的询价意见、咨询意见等证据材料,法院应对其真实性、合法性及与待证事实关联性进行判断。如上述证据不能反映案件客观真实情况,则不能作为法院认定案件事实根据。本案中,开发公司违反合同约定,交付房屋存在质量问题致李某不能正常居住,应承担违约责任。李某请求以同期房屋租金为标准计算其因房屋质量问题而造成的实际损失,法院应予支持。根据市场一般行情,决定房屋租赁价格因素主要包括房屋面积、户型、地理位置、装潢档次、周边环境等因素,物价局价格认证中心出具的询价意见仅系认定房屋租赁价格参考和证据材料,而不应成为认定涉案房屋租金标准的直接依据。根据法院查明事实,物价局价格认证中心出具的房屋租金标准远低于同区位同类房屋实际市场租赁价格,故该询价标准不符合当时涉案房屋租赁市场价格实际情形。在计算涉案房屋租金实际损失时,应综合房屋市场租赁价格真实情况据实予以认定。李某提交的同地段房屋租赁协议虽证明涉案小区有业主出租房屋租金可达到每月 2.1 万元以上,但该租金价格仅系个别业主根据自己房屋区位及装修情况,结合租房人实际需求,协商达成的价格,不具有普遍性。法院酌定本案年度每平方米每月租金按 2010 年 61.36 元、2011 年 67.82 元标准计算,判决开发公司赔偿李某租金损失 27 万余元及其他费用。2008 年**某商品房预售合同纠纷案**,1999 年,李某与开发公司签订商品房预售合同。2001 年,开发公司交房前告知李某所购房屋内有公共管道,但“已经过局部处理，不影响居室使用和美观”。2002 年，李某诉请拆除公共管道被法院驳回后，另诉开发公司违约赔偿。法院认为：本案中，开发公司告知李某所购房屋中铺设有公共管道设施系其应尽义务。开发公司与李某签订的是预售商品房买卖合同，房屋买卖时房屋尚未建成。对此，开发公司在预售房屋时应如实告知李某所购房屋翔实情况。通常情况下铺设公共管道的房屋，即为人们所称管道间或管道层房屋，一般情况下该类房屋层高比其他楼层高，或是在房屋内部有明显的掩盖凸起的部分。房屋中铺设公共管道不仅在视觉上会有影响，可能还会有噪声及使用过程中对管道修理等给房主造成一定影响。另外，从开发公司在交付房屋之前通知购房人所购房屋铺设有公共管道行为来看，开发公司亦认为房屋中铺设公共管道应告知购房人。《合同法》第 6 条、第 42 条均规定了从事民事经济商业活动应当遵循诚实信用原则。诚实信用意味着善意诚信的交易道德。在民事活动中，讲求真诚，恪守信用，不得有虚假和欺诈行为是人们在商业活动中应当遵循的法律义务。在合同订立、履行、变更、解除各个阶段，当事人均应依诚实信用原则行使权利和履行义务。在双方当事人发生纠纷时，亦应依诚实信用原则妥善处理争议，避免给当事人造成不必要损失。本案中双方当事人在订立合同时，因开发公司未行使告知义务，致使购房人所购房屋价值贬损，对其造成损失。依《合同法》第 42 条第 2 款规定，在订立合同过程中，一方故意隐瞒与订立合同有关的事实或者提供虚假情况，给对方造成损失的，应当承担赔偿责任，判决开发公司按评估结果认定的房价 2% 扣减额赔偿李某 3 万余元。2001 年**江苏某房屋买卖合同纠纷案**，1994 年，开发公司与煤炭公司签订商品房预售合同，约定“电按当地水电部门要求做”“空调机房由开发公司按标准配套”。1995 年，双方因装修问题成讼。1996 年，二审判决继续履行后，开发公司依判决要求，在收到煤炭公司工程款后 60 日内通知煤炭公司接收房屋。煤炭公司仍以不符合接收条件为由拒收。开发公司后将房屋出售给银行，银行拆除原装修部分后重新进行了装修。法院认为：双方所签商品房预售合同有效。由于双方在协议中对是否将公配电改为专配电和专用房所需费用由谁负担、是否设中央空调等诉争问题约定笼统，以及在房屋其他设施、装修等问题上约定不明确，造成协议约定与施工图纸不一致，致使双方在履行协议中产生分歧，且长期无法达成共识，导致合同难以履行，对此双方均有责任。二审判决后，开发公司依判决要求，在收到煤炭公司工程款后 60 日内通知煤炭公司按二审判决判令条件接收房屋。煤炭公司仍以不符合接收条件为由拒收。此时未完工程装修质量是否合格应以二审判决指定的鉴定单位验收意见来确定，当事人单方是否认可不是衡量诉争工程质量合格与否标准。开发公司向煤炭公司请求交付房屋，已履行自己义务。鉴于煤炭公司以不符合接收条件为由拒收房屋，开发公司再次通知煤炭公司，如其再不接收房屋，开发公司将依二审判决和合同相应条款，没收定金，将房屋另售他人,煤炭公司仍不予理会,开发公司遂将诉争商品房出售给银行,诉争房屋现状是银行已拆除原装修部分并重新进行了装修。此种情况下,继续履行合同将给双方当事人造成新的损失,并会产生新的诉讼,且本案争议时间已长达数年,双方早已失去合作基础,故开发公司诉请解除合同,应予支持。判决解除双方合同,开发公司返还房款及利息。2013 年**上海某商品房预售合同纠纷案**,2011 年,柴某与开发公司签订商品房预售合同。2012 年,开发公司依约通知柴某验收交接房屋时,柴某发现房屋渗漏水,开发公司经过维修,柴某发现仍无法居住。2013 年,柴某诉请开发公司承担逾期交房责任并赔偿空置期间损失。法院认为:开发公司向柴某发出交房通知时,已取得大产权证,并缴纳了商品房住宅维修基金,系争房屋已具备预售合同中约定的交付条件,开发公司在预售合同约定的交房期限之前向柴某送达了交房通知书并签署了房屋交接书,已按约履行了其交房义务,并不存在逾期交房情形。系争房屋的确存在质量瑕疵,但该质量瑕疵并非房屋主体结构问题,渗漏水现象不足以产生房屋无法交付使用后果,柴某以此为由拒收系争房屋缺乏法律依据。最高人民法院《关于审理商品房买卖合同纠纷案件适用法律若干问题的解释》第 13 条第 2 款规定:"交付使用的房屋存在质量问题,在保修期内,出卖人应当承担修复责任。"故开发公司在本案中所应承担的是质量修复责任,而非逾期交房责任。开发公司将系争房屋修复完毕并与柴某办理了房屋交接手续,已履行了其质量修复义务,虽然开发公司无需承担逾期交房责任,但因房屋质量问题致使柴某未能于预售合同约定时间正常入住系争房屋亦属事实,由此产生损失应由开发公司承担,故柴某要求开发公司承担系争房屋空置损失,应予支持;柴某要求以同地段相同房屋租金每月 8000 元作为计算标准,属于合同正常履行后的可得利益,同样应予支持。判决开发公司赔偿柴某房屋空置损失费 4.8 万元。2001 年**云南某商品房买卖合同纠纷案**,2000 年,赵某购买开发公司商品房并支付全部购房款 70 万元。2001 年,经鉴定,该房屋主体结构包括混凝土、砂浆、钢筋强度和楼板厚度等均达不到强度等级要求。赵某遂诉请解除合同并返还房款、赔偿其他费用损失。法院认为:经有关质量监督检验部门检测认定案涉房屋主体存在的瑕疵,对赵某使用该房屋将产生较大影响。依双方商品房买卖合同约定,开发公司交付赵某房屋应是经过质监部门验收,工程质量达到合格等级以上房屋。据此,开发公司向赵某交付房屋并不符合双方约定,双方虽就该房屋存在的质量缺陷进行弥补,通过修理加固方式恢复其原本应具备的使用功能进行过长时间反复协商,但因双方分歧太大,终究未能达成一致意见。根据法律规定:因标的物质量不符合要求,致使不能实现合同目的的,买受人可拒绝接受标的物或解除合同,故赵某要求解除该房屋买卖合同诉请,应予准许。由于合同被解除原因是开发公司未按合同交付符合双方约定质量标准要求的房屋,该过错在开发公司,故对于赵某在履行合同中所交纳合理税费支出,依法应由开发公司偿还。由于双方在合同中约定对于在5年期限内因房屋主要结构瑕疵,不能安全住用而解除合同后果是退房还款,并未约定违约方应给付违约金,而赵某据以计算的违约金比率及得出相应数额的依据系合同中关于赵某延期付款或开发公司延期交房的违约责任约定,赵某该项请求显与合同约定不符。同时,在适用该违约责任条款,违约方给付相应违约金之后,合同应继续履行,此与赵某诉请解除合同亦相矛盾,故对于赵某关于违约金诉请,不予支持。判决解除双方合同,开发公司返还赵某购房款70万元及利息,给付赵某交纳的契税、合同审验服务费、产权证工本费及实现权利而支付费用等2万余元。2009年**江苏某商品房销售合同纠纷案**,2006年,杨某购房,附件《住宅质量保证书》约定了开发公司的保修义务。杨某装修、居住过程中,发现墙体多处裂缝、窗户渗漏,多次保修,开发公司均未能根本修复。2007年,杨某起诉开发公司要求修复并赔偿渗漏造成的损失。诉讼中,经司法鉴定结论证实裂缝、渗漏问题系温度变化时结构材料不均匀收缩所致,屋面设计瑕疵和墙体砌筑质量较差导致顶部楼层温度裂缝明显。开发公司提出房屋已经竣工验收且质量合格。法院认为:依《建筑法》第60条、第62条规定,竣工验收的建筑工程的屋顶、墙面不得有渗漏、开裂等质量缺陷,且建筑工程实行质量保修制度。该法及国务院《建设工程质量管理条例》未对"质量缺陷"作进一步解释或规定。建设部《房屋建筑工程质量保修办法》第3条规定:"本办法所称房屋建筑工程质量保修,是指对房屋建筑工程竣工验收后在保修期限内出现的质量缺陷,予以修复。本办法所称质量缺陷,是指房屋建筑工程的质量不符合工程建设强制性标准以及合同的约定。"参照该条规定,只要房屋建筑工程质量不符合法定标准以及合同目的,则可认定存在质量缺陷。依《建筑法》第52条规定,建筑工程勘察、设计、施工的质量必须符合国家有关建筑工程安全标准的要求,具体管理办法由国务院规定。依《建设工程质量管理条例》第3条、第16条规定,建设单位、勘察单位、设计单位、施工单位、工程监理单位依法对建筑工程质量负责,建设单位在收到建设工程竣工报告后,应当组织对建筑工程质量负责的有关单位进行竣工验收,由勘察、设计、施工、工程监理等单位分别签署质量合格文件后,方可交付使用。在当事人对房屋建筑工程质量提起的诉讼中,建设单位提供的有关行政管理部门的批准文件,以及勘察、设计、施工、工程监理等单位的质量合格文件,只能作为证据使用,对法院认定事实不具有当然的确定力和拘束力。本案中,杨某所购房屋存在裂缝、渗漏等问题,这是一个客观事实,且该客观事实经司法鉴定结论证实系温度变化时结构材料不均匀收缩所致,屋面设计瑕疵和墙体砌筑质量较差导致顶部楼层温度裂缝明显。综上,足以认定本案被告出售给原告的房屋存在质量缺陷。依《建设工程质量管理条例》第40条规定,在正常使用条件下,房屋主体结构工程的保修期限为设计文件规定的该工程的合理使用年限,房间和外墙面的防渗漏工程保修期限为5年,保修期自竣工验收合格之日起计算。根据司法鉴定结论,本案诉争房屋的主体结构虽不存在安全问题,但存在裂缝的质量缺陷,且出现了渗漏。杨某在保修期内主张权利,应予支持。依《产品质量法》第2条规定,建设工程不适用该法,故杨某主张的房屋质量缺陷责任应适用建筑法律法规的规定及民事法律一般性规定。《建筑法》第58条、第60条确定了由施工单位对建筑工程施工质量负责的一般原则。《建设工程质量管理条例》第41条规定:"建设工程在保修范围和保修期限内发生质量问题的,施工单位应当履行保修义务,并对造成的损失承担赔偿责任。"以上建筑法律法规的规定,旨在明确建筑工程质量的最终责任承担者为施工单位。根据《合同法》第155条规定,出卖人交付的标的物不符合质量要求的,买受人可以要求其承担相应的违约责任。所以,杨某向开发公司主张权利有法律依据。本案中,开发公司交付给杨某的房屋存在的质量缺陷比较隐蔽,经鉴定,质量缺陷的产生原因在房屋交付时即已存在,只是在交付后才被发现。在双方所签《住宅质量保证书》中,亦约定了在房屋保修范围和保修期限内发生质量问题,出卖人应履行保修义务。故杨某有权主张开发公司承担相应的民事责任。2009年5月**河南某房屋买卖合同案**,法院认为:2004年12月30日诉争房屋经过验收合格,并颁发房产证。苏某入住后发现所购房屋部分墙面出现裂纹并向开发公司反映情况,开发公司应及时予以修复,全面履行合同约定的修缮义务。开发公司不履行修缮义务系违约行为,对引起本案纠纷应负全部责任。苏某请求判令开发公司对其房屋进行维修达到设计要求,理由正当,应予支持;该房屋出现质量问题后,双方共同委托省建筑工程质量检验测试中心站作出检测报告,其结果显示房屋主体结构安全性指标符合现阶段国家机关规范规定的要求,故苏某认为该房质量不合格的诉请不予支持。苏某的房屋出现裂纹后,在与开发公司协商未果的情况下,并未对房屋自行维修,也未提交证明其损失的证据,故对苏某请求判令开发公司赔偿损失的诉讼请求,不予支持。2008年7月**山东某商品房买卖合同案**,法院认为:开发公司提供的竣工验收证明书不能证明该房屋属于合格工程,依据鉴定结论,开发公司售给刘某的房屋达不到合格验收标准,不能满足使用条件,开发公司对此应负全部责任。刘某请求解除合同并赔偿损失的主张,应予支持。开发公司应返还房款、支付利息并赔偿刘某办理房产证的费用及法院委托鉴定产生的鉴定费用。开发公司认为该房屋只是存在装修问题、已事先告知刘某并以优惠价格向刘某售房的主张,缺乏确凿的证据支持。在2006年4月前该房屋一直由他人占有使用,刘某不具备充分了解房屋现状的条件,故开发公司的辩称,不予支持。由于房屋存在质量问题致使刘某无法入住而产生的看管费,不应由刘某承担,刘某自行委托鉴定产生的鉴定费用不属于开发公司赔偿损失的范围,且开发公司不予认可,判决解除双方合同,开发公司返还刘某购房款本息,赔偿刘某测绘费100元、契税6394元、产权登记费80元、鉴定费20,000元。2007年4月**重庆某商品房买卖合同案**,法院认为:由于开发公司交付给陈某的房屋被粪水浸泡,无法居住使用,导致陈某拒绝接房,至今未使用该房。而陈某购房是为居住使用,由于该房屋存在上述状况,无法正常居住,即开发公司不能交付可正常使用的房屋,致陈某购房居住的目的不能实现。故陈某要求解除合同由开发公司退还购房款并赔偿资金占用利息损失的请求,符合法律规定,应予支持。2007年4月**辽宁某商品房买卖合同案**,法院认为:刘某提出开发公司占用了其卫生间面积及进户门紧、开关门费力和顶棚墙皮脱落、有裂纹,属于质量问题,在一审审理中,刘某已明确表示不进行鉴定。二审审理中,又提出鉴定申请,已超过法律规定的举证期限,故对刘某要求鉴定的请求,本院不予支持。关于刘某提出2层前厅占用公摊面积、楼层通道未按消防规定安装防火防烟门的问题,刘某未能举证证明其主张,故亦不予支持。2007年4月**辽宁某商品房买卖合同案**,法院认为:开发公司交付给依某的房屋经鉴定存在一定的质量问题,故依某请求进行免费修复至合格及支付鉴定费的请求,予以支持。关于依某提出查阅房屋建筑结构图等主张,因在双方合同中没有约定,不予支持。依某主张开发公司承担依某自己组织修复的部分费用,因未提供出相应的证据,不予支持。判决开发公司在60日内为依某修复房屋出现质量问题的部分至合格时止。2005年11月**辽宁某商品房买卖合同案**,一审认为:按商品房销售办法规定,商品房如存在质量问题,开发建设单位应承担相应责任。现孙某要求开发公司对房屋维修的请求,标的不明确,屋顶、墙体渗水原因不清。孙某既未按《商品房购销合同》规定,在保修期内,就商品质量问题向市区工程质检站提出申请,得到书面质量评定依据,也未在举证期限内提出鉴定申请,故对造成此房屋渗漏等质量问题的原因不明,事实不清,无法确认修缮措施,判决驳回孙某全部诉讼请求。二审认为:孙某虽然就质量问题未申请鉴定,但开发公司向孙某出具了《维修计划》,表明争议房确有渗水等质量问题,亦表明开发公司同意按照《维修计划》列明的质量问题给予孙某维修,故开发公司应当对孙某的房屋进行维修,判决开发公司按照《维修计划》列明的质量问题给予孙某的房屋进行维修,并经法定的质量检验部门验收合格,验收费用由开发公司负担;开发公司如不履行上述维修义务,则由孙某负责维修,维修费用由开发公司负担。2005年9月**辽宁某房屋买卖合同案**,2001年9月贾某签约购房,2002年5月入住,同年6月,发现房屋大面积漏雨,经物业公司维修仍然漏雨。诉讼中法院委托市建设工程质量检测中心和价格认证中心分别就房屋质量和损害财产价格进行鉴定,并出具鉴定意见。法院认为:鉴定结论是民事诉讼证据之一,人民法院委托鉴定部门作出的鉴定结论证明了贾某房屋漏雨系房屋建筑质量所致,开发公司没有足以反驳的相反证据和理由的,可以认定其证明力,故开发公司要求重新鉴定,因不具备重新鉴定的法定条件,法院不予支持。经鉴定确认贾某房屋外墙面渗漏和抹墙脱落系房屋质量问题并造成经济损失,开发公司应负相应民事责任,故判决开发公司1个月内对案涉房屋予以维修,逾期未予修复,贾某可以自行或者委托他人修复,修复费用及修复期间造成的其他损失由开发公司承担;开发公司赔偿贾某财产损失费2361元并支付鉴定费3500元。2005年6月**辽宁某房屋买卖合同案**,法院认为:开发公司交付齐某使用的房屋存在质量问题,应按省建筑安装工程施工技术操作规程进行维修局部空洞、墙面、板裂(棚顶、地面)。因开发公司未向法庭提供能够证明其在合同约定的时间将商品房钥匙交付给齐某的证据,根据2003年9月1日交付给齐某盖有开发公司公章的《住宅质量保证书》和《住宅使用说明书》以及齐某在当天办理了房屋入住手续的事实,能够证明开发公司实际交付房屋的时间是2003年9月1日。而合同约定房屋交付的时间是2001年11月30日前。开发公司逾期21个月交付房屋,应承担逾期交付的违约责任。根据双方合同第9条约定,开发公司按日向齐某支付已交付房价款(437,689.00元)5‰的违约金,21个月的违约金应是139,841.63元。齐某进住所购买的房屋,在装修的时候,发现开发公司出卖的房屋存在严重的质量问题,致使齐某装修被迫停工,装修公司扣其5000元的装修费,开发公司应赔偿的诉请,因齐某未向法庭提供能够证明实际发生装修损失的证据,对其主张本院不予支持。关于齐某提出租房费2100元的主张,齐某在一审举证期限内未向法庭提供在外租房的证据。二审庭审中,齐某虽向法庭提供了租房协议及付租金收条,根据最高人民法院《关于民事诉讼证据的若干规定》有关规定,该证据不是新的证据,法院不予采纳。

【同类案件处理要点】

因房屋主体结构质量不合格不能交付使用,或者房屋交付使用后,房屋主体结构质量经核验确属不合格,或者因房屋质量问题严重影响正常居住使用,买受人有权请求解除合同并要求赔偿损失。交付使用的房屋存在质量问题,在保修期内,出卖人应当承担修复责任;出卖人拒绝修复或者在合理期限内拖延修复的,买受人可以自行或者委托他人修复。修复费用及修复期间造成的其他损失由出卖人承担。

【相关法律风险提示】

1.房屋存在质量问题,与开发商协商未果的情况下,自行维修时,应注意保留相关质量问题及损害证据。以房屋漏水为例,建议在证据固定时可以:(1)通过与楼上住户、物业三方踏勘进行确认,可采取录音或书面解决方案(各方签字)的方式对事实进行确认。在未妥善解决后依法定程序主张权利。(2)在对损害事实进行确认,并要求相关责任人维修未果的情况下,权利人方可自行维修,建议选择正规的施工单位及工程评估鉴定单位,并取得正规支出票据,事后可就相关维修费用向责任人主张。自行维修可以高标准、严要求,也可避免法院判决相关责任主体承担维修义务时不适当履行、权利人只能再诉的烦扰。(3)起诉时建议将可以确认有责任的楼上住户和物业(或开发商)作为共同被告,以免在侵权或违约性质认定上存在出入,导致责任人遗漏而被驳回诉讼请求的风险。

2. 主张建房材料或配套设施存在质量问题,如未申请鉴定,可能产生不予认定的后果。如未在一审提出,而在二审提出鉴定,依然不会得到支持。

3. 买受人就房屋质量问题起诉,诉讼请求应明确、有据。参考提法:出卖人对房屋进行维修,并经法定的质量检验部门验收合格,验收费用由出卖人负担;出卖人如不履行上述维修义务,则由买受人负责维修,维修费用由出卖人负担;鉴定费由出卖人承担。

4. 因商品房主体质量不合格,无法通过修复达到约定标准,致使购房人不能实现合同目的的,购房人可解除购房合同。

5. 房屋存在渗漏水现象的质量瑕疵并非主体结构问题,不足以产生房屋无法交付使用后果,购房人以此为由拒收房屋缺乏法律依据。虽然开发商无需承担逾期交房责任,但因房屋质量问题致使购房人未能于预售合同约定时间正常入住系争房屋,由此产生损失应由开发商承担。

6. 房地产公司在预售商品房时未告知购房人所购买房屋内铺设公共管道,违反诚实信用原则,应承担相应赔偿责任。

【附注】

参考案例索引:江西赣州中院(2009)赣中民一终字第 23 号“钟某与某开发公司房屋买卖合同纠纷案”;浙江宁波中院(2018)浙 02 民终 2725 号“周某与某开发公司商品房预售合同纠纷案”,见《周杰帅诉余姚绿城房地产有限公司商品房预售合同纠纷案》,载《最高人民法院公报·案例》(201912/278:28);江苏南京中院(2015)宁商民再终字第 29 号“李某与某开发公司商品房预售合同纠纷案”,见《李明柏诉南京金陵置业发展有限公司商品房预售合同纠纷案》,载《最高人民法院公报·案例》(201612/242:33);另载《江苏省高级人民法院公报》(201606/48:41);见《房地产公司在预售商品房时未告知购房人所购房屋内铺设公共管道,应承担相应的民事赔偿责任》(孙延平,最高院民一庭),载《民事审判指导与参考·指导性案例》(200802/34:90);最高人民法院(2001)民一提字第 4 号“某开发公司与某煤炭公司商品房买卖合同纠纷案”,见《江苏省苏州市国有房产发展公司与浙江省江山市煤建有限公司商品房买卖合同纠纷提审案》(审判长何抒,代理审判员陈佳、高珂),载《审判监督指导·裁判文书选登》(200303/11:301);上海一中院(2013)沪一中民二(民)终字第2987号“柴某与某开发公司商品房预售合同纠纷案”,见《柴军辉诉上海弘晔房地产发展有限公司商品房预售合同纠纷案(商品房交付、质量问题、责任承担)》(王菲),载《中国审判案例要览》(2015民:238);云南昆明中院(2001)昆民初字第186号“赵某与某开发公司商品房买卖合同纠纷案”,见《赵之璇诉昆明龙华房地产有限公司案(商品房购销合同、合同解除违约责任)》(杨宁),载《中国审判案例要览》(2002民:11);江苏盐城中院2009年5月15日判决“杨某与某开发公司商品房销售合同纠纷案”;河南郑州中院(2009)郑民再终字第49号“苏某与某开发公司商品房买卖合同纠纷案”;山东东营中院(2008)东民四终字第126号“某开发公司与刘某商品房买卖合同纠纷案”;重庆五中院(2007)渝五中民终字第377号“某开发公司与陈某房屋买卖合同纠纷案”;辽宁沈阳中院(2007)沈民(2)房终字第252号“刘某与某开发公司商品房买卖合同纠纷案”;辽宁沈阳中院(2007)沈民(2)房终字第513号“依某与某开发公司商品房买卖合同纠纷案”;辽宁沈阳中院(2005)沈民(2)房终字第1026号“孙某与某开发公司房屋买卖合同纠纷案”;辽宁沈阳中院(2005)沈民(2)房终字第850号“某开发公司与贾某等房屋买卖合同纠纷案”;辽宁沈阳中院(2005)沈民(2)房终字第399号“齐某与某开发公司房屋买卖合同纠纷案”。

60. 装修标准的争议处理

——装修有争议,如何来解释?

【装修纠纷】

【案情简介及争议焦点】

2007年,代某购买开发公司签订的商住楼,合同未对铝合金窗和玻璃规格进行约定。入住后,代某发现墙体有裂纹、结构梁部分开裂、铝合金窗边渗水。代某对开发公司的处理不满,向房屋质量监督部门投诉,后者责成该楼的设计单位提出了详细的修复处理方案。代某要求自行处理,开发公司承担费用,遭拒。诉讼中,法院委托房地产评估公司作出评估,处理费用需要4712元。

争议焦点:1. 出卖方是否应履行维修义务?2. 更换铝合金窗和玻璃的诉请能否支持?

【裁判要点】

1. 维修义务。双方所签合同有效。代某入住后，房屋在保险期内存在质量问题，开发公司应承担修复责任。修复应按设计单位的处理意见实施。若开发公司在法院指定的修复期内，未履行义务，则由开发公司承担代某自行修复的费用。对处理期间产生的搬家费、过渡费、清洁费等费用，无法律规定，代某此项诉讼请求，不予支持。鉴定费由开发公司承担。

2. 装修标准。因双方在签订合同时未约定铝合金窗和玻璃的规格，且购房合同在相关职能部门进行了备案登记，有关部门对该房屋颁发了合格证，铝合金窗和玻璃并未损坏，故代某的更换铝合金窗和玻璃的要求没有依据，不予支持。

【裁判依据或参考】

1. 法律法规。《**民法典**》(2021 年 1 月 1 日)第 466 条："当事人对合同条款的理解有争议的，应当依据本法第一百四十二条第一款的规定，确定争议条款的含义。合同文本采用两种以上文字订立并约定具有同等效力的，对各文本使用的词句推定具有相同含义。各文本使用的词句不一致的，应当根据合同的相关条款、性质、目的以及诚信原则等予以解释。"第 510 条："合同生效后，当事人就质量、价款或者报酬、履行地点等内容没有约定或者约定不明确的，可以协议补充；不能达成补充协议的，按照合同相关条款或者交易习惯确定。"第 511 条："当事人就有关合同内容约定不明确，依据前条规定仍不能确定的，适用下列规定：(一)质量要求不明确的，按照强制性国家标准履行；没有强制性国家标准的，按照推荐性国家标准履行；没有推荐性国家标准的，按照行业标准履行；没有国家标准、行业标准的，按照通常标准或者符合合同目的的特定标准履行……"《**合同法**》(1999 年 10 月 1 日，已于 2021 年 1 月 1 日起失效)第 61 条："合同生效后，当事人就质量、价款或者报酬、履行地点等内容没有约定或者约定不明确的，可以协议补充；不能达成补充协议的，按照合同有关条款或者交易习惯确定。"第 62 条："当事人就有关合同内容约定不明确，依照本法第六十一条的规定仍不能确定的，适用下列规定：(一)质量要求不明确的，按照国家标准、行业标准履行；没有国家标准、行业标准的，按照通常标准或者符合合同目的的特定标准履行……"第 111 条："质量不符合约定的，应当按照当事人的约定承担违约责任。对违约责任没有约定或者约定不明确，依照本法第六十一条的规定仍不能确定的，受损害方根据标的的性质以及损失的大小，可以合理选择要求对方承担修理、更换、重作、退货、减少价款或者报酬等违约责任。"国务院《**建设工程质量管理条例(2019 年修订)**》(2000 年 1 月 30 日，已于 2019 年 4 月 23 日第 2 次修订)第 15 条："涉及建筑主体和承重结构变动的装修工程，建设单位应当在施工前委托原设计单位或者具有相应资质等级的设计单位提出设计方案;没有设计方案的,不得施工。房屋建筑使用者在装修过程中,不得擅自变动房屋建筑主体和承重结构。”

2.司法解释。最高人民法院《**关于审理商品房买卖合同纠纷案件适用法律若干问题的解释(2020年修改)**》(2021年1月1日　法释〔2020〕17号)第8条:“对房屋的转移占有,视为房屋的交付使用,但当事人另有约定的除外。房屋毁损、灭失的风险,在交付使用前由出卖人承担,交付使用后由买受人承担;买受人接到出卖人的书面交房通知,无正当理由拒绝接收的,房屋毁损、灭失的风险自书面交房通知确定的交付使用之日起由买受人承担,但法律另有规定或者当事人另有约定的除外。”

3.部门规范性文件。国家工商总局《**房地产广告发布规定**》(2016年2月1日)第4条:“房地产广告,房源信息应当真实,面积应当表明为建筑面积或者套内建筑面积,并不得含有下列内容:(一)升值或者投资回报的承诺;(二)以项目到达某一具体参照物的所需时间表示项目位置;(三)违反国家有关价格管理的规定;(四)对规划或者建设中的交通、商业、文化教育设施以及其他市政条件作误导宣传。”第5条:“凡下列情况的房地产,不得发布广告:(一)在未经依法取得国有土地使用权的土地上开发建设的;(二)在未经国家征用的集体所有的土地上建设的;(三)司法机关和行政机关依法裁定、决定查封或者以其他形式限制房地产权利的;(四)预售房地产,但未取得该项目预售许可证的;(五)权属有争议的;(六)违反国家有关规定建设的;(七)不符合工程质量标准,经验收不合格的;(八)法律、行政法规规定禁止的其他情形。”第13条:“房地产广告涉及内部结构、装修装饰的,应当真实、准确。”第14条:“房地产广告中不得利用其他项目的形象、环境作为本项目的效果。”第15条:“房地产广告中使用建筑设计效果图或者模型照片的,应当在广告中注明。”建设部《**城市商品房预售管理办法**》(2004年7月20日)第7条:“开发企业申请预售许可,应当提交下列证件(复印件)及资料:……(六)商品房预售方案。预售方案应当说明预售商品房的位置、面积、竣工交付日期等内容,并应当附预售商品房分层平面图。”建设部办公厅《**关于房屋楼梯等临空处设置防护栏杆问题的复函**》(2003年11月6日):“你院来函收悉。关于房屋楼梯等临空处置防护栏杆的问题,应当执行行业标准《民用建筑设计通则》第4.2.4条的规定。”建设部《**商品住宅装修一次到位实施细则**》(2002年7月18日)第1.1.2款:“商品住宅装修一次到位所指商品住宅为新建城镇商品住宅中的集合式住宅。装修一次到位是指房屋交钥匙前,所有功能空间的固定面全部铺装或粉刷完成,厨房和卫生间的基本设备全部安装完成,简称全装修住宅。”第1.2.1款:“住宅开发单位必须更新观念,建造全装修住宅,做到住宅内部所有功能空间全部装修一次到位,销售成品房的价格中包含装修费用,并应在商品房预售合同中单独标明装修标准。”建设部《**商品房**

销售管理办法》(2001年6月1日)第31条:"房地产开发企业销售商品房时设置样板房的,应当说明实际交付的商品房质量、设备及装修与样板房是否一致,未作说明的,实际交付的商品房应当与样板房一致。"国税总局**《关于外商投资企业房屋装修费税务处理问题的批复》**(2000年9月14日,已于2011年1月4日被废止)第1条:"外商投资企业和外国企业发生的房屋装修费,凡房屋产权属于本企业拥有的,其投入使用前所发生的房屋装修费,应并入房屋价格,按照税法所规定的房屋固定资产折旧年限计提折旧,房屋投入使用后所发生的房屋装修费,可在房屋重新装修后投入使用的次月开始,按5年平均摊销。"第2条:"外商投资企业和外国企业发生的房屋装修费,凡房屋产权不属于本企业的,可在房屋装修后投入使用的次日开始,按5年平均摊销。"建设部**《房屋建筑工程质量保修办法》**(2000年6月30日)第7条:"在正常使用下,房屋建筑工程的最低保修期限为:……(五)装修工程为2年……"建设部**《关于建筑装饰装修归口管理问题的复函》**(2000年6月7日建建函〔2000〕181号):"……国务院批准的建设部三定方案(国办发〔1998〕86号)提道:'住宅建成后住户室内装饰的指导职能,下放给地方人民政府',其中的'住宅建成后住户室内装饰'是指家庭居室的装修装饰,其主要属性是建筑装修装饰。这部分家庭居室装修装饰由地方建设行政主管部门管理,会更有利于保障建筑工程的质量和住户生命财产的安全。我们认为地方人民政府应该把家庭居室装修装饰的管理职能定给地方建设行政主管部门。"建设部**《商品住宅实行住宅质量保证书和住宅使用说明书制度的规定》**(1998年9月1日)第3条:"房地产开发企业在向用户交付销售的新建商品住宅时,必须提供《住宅质量保证书》和《住宅使用说明书》。《住宅质量保证书》可以作为商品房购销合同的补充约定。"第8条:"《住宅使用说明书》应当对住宅的结构、性能和各部位(部件)的类型、性能、标准等作出说明,并提出使用注意事项,一般应当包含以下内容:1.开发单位、设计单位、施工单位,委托监理的应注明监理单位;2.结构类型;3.装修、装饰注意事项;4.上水、下水、电、燃气、热力、通讯、消防等设施配置的说明;5.有关设备、设施安装预留位置的说明和安装注意事项;6.门、窗类型,使用注意事项;7.配电负荷;8.承重墙、保温墙、防水层、阳台等部位注意事项的说明;9.其他需说明的问题。"

4.地方司法性文件。江苏高院**《关于审理房地产合同纠纷案件若干问题的解答》**(2018年6月26日　审委会会议纪要〔2018〕3号)第22条:"商品房买卖合同格式合同效力如何认定?出卖人在订立商品房买卖合同中使用格式条款的,对合同中约定的商品房面积误差、层高误差、质量责任或其他加重买房人义务的条款,应与买房人充分协商,并以足以引起买房人注意的文字、字体、符号或者其他明显标志作出提示说明。出卖人未按要求提示说明的,应当作出对格式合同提供者不利的解释。"第28条:"精装修商品房质量纠纷如何处理?出卖人与买受人签订的商品房买卖合同中包含装修条款,或者出卖人在与买受人签订商品房预售或买卖合同时指定买受人与其另行签订装修合同的,因装修部分存在的质量严重影响商品房品质的,买受人请求一并解除商品房买卖合同和装修合同并赔偿损失的,应予支持。出卖人在与买受人签订商品房预售或买卖合同时指定买受人与其签订另行装修合同的,出卖人不能证明装修合同属于商品房买卖合同不可分割的组成部分,因装修部分存在的质量严重影响商品房品质或装修合同严重迟延履行的,买受人请求单独解除装修合同,应予支持。装修存在质量瑕疵,但不影响买受人正常使用的,买受人拒收房屋,要求出卖人承担迟延交房违约责任的,不予支持。装修保修期内,出卖人应承担保修责任;出卖人拒绝保修或者在合理期限内拖延维修的,买受人自行或者委托他人维修后,就修复费用及修复期间造成的其他损失要求出卖人承担责任的,应予支持。装修用材和施工工艺等应达到的标准,合同有约定的按约定,没有约定或约定不明的,结合出卖人销售时广告宣传内容等进行认定。”第29条:“出卖人指定精装修的商品房质量纠纷如何处理?出卖人与买受人签订商品房买卖合同时,指定买受人与第三人另行签订装修合同的,对于装修质量问题,合同有约定的按约定,没有约定或约定不明的,买受人依据《合同法》第四百零二条规定,请求出卖人承担委托人责任的,应予支持。”

5. 地方规范性文件。深圳市《**房地产市场监管办法**》(2010年9月1日)第17条:“房地产开发企业的销售广告、售楼书、样板房等就商品房及相关设施的说明和允诺具体确定,并对商品房买卖合同的订立和价格的确定有重大影响的,应当视为商品房买卖合同的内容。房地产开发企业应当对样板房的装修装饰材料及其价格、规格等信息以书面形式详细说明,并逐项列明是否与销售商品房一致,置于样板房入口等显要位置。房地产开发企业未提供样板房说明,样板房即为具体确定的商品房及相关设施的说明和允诺;样板房说明未予说明、明确的项目,该样板房项目即为具体确定的商品房及相关设施的说明和允诺。”北京市《**城市房地产转让管理办法**》(2008年12月6日)第45条:“房地产开发企业预售商品房时设置样板间的,在签订预售合同前没有告知预购人实际交付的商品房质量、设备、装修标准、布局结构及其附属设施等与样板间是否一致的,实际交付的商品房应当与样板间一致。”山西大同市《**城市房地产交易管理条例**》(2008年9月1日,2021年8月2日废止)第24条:“商品房交付使用后,交付的商品房与设计图纸、合同约定、样板房及说明的情况不一致的,或经具有相应资质的工程质量检测机构鉴定,确属主体结构质量不合格的,买受人有权退房;给买受人造成损失的,房地产开发企业应当依法承担赔偿责任。”山东省《**商品房销售条例**》(2005年7月1日)第38条:“房地产开发企业交付的商品房质量有瑕疵的,应当及时予以维修。房地产开发企业销售商品房时设置样板房的,应当说明实际交付的商品房质量、设备及装修标准等与样板房是否一致;未作说明的,实际交付的商品房应当与样板房一致。"河南洛阳市《**城市房地产市场管理条例**》(2005 年 1 月 1 日)第 12 条:"房地产开发企业销售商品房时,应当说明商品房的质量、设备、装修及环境设施情况。房地产开发企业实际交付的商品房应当符合设计图纸要求及合同约定的条件;设置样板房的,应当说明实际交付的商品房质量、设备、装修与样板房是否一致,未作说明的,实际交付的商品房应当与样板房一致。房地产开发企业交付的商品房与设计图纸、合同约定、样板房及其说明的情况不一致的,买受人有权退房。造成损失的,房地产开发企业应当依法承担赔偿责任。"广东省《**商品房预售管理条例**》(2000 年 10 月 14 日)第 26 条:"预售人设置商品房样板房的,其布置、装修和设备的质量,除当事人另有约定的外,应当与预售说明书和实际交付使用的商品房一致;样板房在预售的商品房竣工交付使用前不得拆除。"

6. 参考案例。2009 年**湖南某商品房买卖合同纠纷案**,2007 年,黄某与开发公司签订商品房买卖合同,工程设计、图纸会审及竣工验收备案,窗户玻璃均注明为"中空玻璃"。2009 年,黄某以双方合同附件约定窗用"真空玻璃"为由诉请开发公司承担违约赔偿责任。法院认为:黄某所提交证据不能证明市场上存在商品房窗用真空玻璃,亦不能证明商品房窗用真空玻璃市场价格,故对黄某诉请,不予支持。案涉商品房买卖合同附件中有关"真空玻璃"中"真空"与"中空"两词发音较为接近,开发公司工作人员打印合同文本时,确有可能造成混淆。加之我国建筑行业并无真空玻璃生产与验收标准,市场上真空玻璃亦非一种普遍存在商品,故开发公司制作合同文本时确有可能对使用"真空玻璃"一词造成的误解缺乏足够重视。且开发公司开发项目所用窗户玻璃从建筑工程设计、政府相关部门组织的图纸会审,到竣工验收备案,均注明为"中空玻璃"。综上分析,案涉合同中对商品房所采用窗户玻璃,其交易真实意思应为"中空玻璃"。判决驳回黄某诉请,变更合同附件关于住宅装修标准中"真空玻璃"为"中空玻璃"。2005 年**北京某房屋买卖合同纠纷案**,2003 年,黄某入住新房后发现窗外有根装饰外墙的钢梁遮挡窗户,明显与沙盘展示效果不同,诉请拆除或上移。诉讼中,黄某提出其收房时对窗外有装饰钢梁一事,其已在业主入住验收单上明确提出书面异议。开发公司拒不提交验收单。法院认为:房屋属价值较大不动产,日常生活经验法则说明,对所购房屋显而易见瑕疵,业主收房时一般不会轻易忽视。黄某庭审中陈述,收房时对窗外有装饰钢梁一事,其已在业主入住验收单上明确提出书面异议。该验收单系开发公司单方保存的证据,经法院要求,开发公司拒不提交。最高人民法院《关于民事诉讼证据的若干规定》第 75 条规定:"有证据证明一方当事人持有证据无正当理由拒不提供,如果对方当事人主张该证据的内容不利于证据持有人,可以推定该主张成立。"据此,可推定黄某关于收房时已对窗外有钢梁一事提出书面异议主张成立。交房改变的建筑事项,无论是否经过行政审批或符合建筑规范,均不能成为开发商不违约或免除违约责任理由,故黄某主张将装饰钢梁上移55厘米,既有专业建筑设计单位证明在技术上可行,又可用较低成本补救不当影响,应予支持。2004年**江西某商品房预售合同纠纷案**,2000年,杨某与开发公司签订商品房购销合同,约定2001年3月交房。2001年8月,开发公司向杨某出具于当年9月30日前交房的承诺书,杨某据此交付部分购房余款。2001年10月,开发公司交房,但未达到约定装修标准。2004年,杨某主张开发公司支付逾期交房及2002年5月1日至2003年4月30日的逾期办理房屋权属证书违约金、装修补偿款。法院认为:案涉商品房购销合同合法有效。杨某认可开发公司出具的交付房屋承诺书,该承诺书应视为双方对原合同约定违约金及交付房屋日期的变更。杨某依约履行了交纳购房款义务,开发公司未在约定期限内交付房屋,属违约行为,应承担违约责任。因开发公司逾期交付房屋,按合同约定开发公司应支付的逾期交房违约金已超过了杨某尚未支付购房总价款5%,杨某拒付该款,是依据双方所签合同条款行使的正当权利,故开发公司提出杨某未付清房款的抗辩理由不能成立,但杨某尚未支付的购房款,应在开发公司支付违约金时应予扣除。根据合同约定,开发公司本应在2002年1月份前为杨某办理房屋权属证书,但由于开发公司原因,杨某至今未能取得该房屋权属证书。根据最高人民法院《关于审理商品房买卖合同纠纷案件适用法律若干问题的解释》第18条规定,由于出卖人的原因,买受人未能按合同约定期限取得房屋权属证书的,出卖人应当承担违约责任,故杨某本可向开发公司主张自2002年2月份起直至取得该房屋权属证书之日止的逾期办理房屋产权证书违约金,但杨某只主张2002年5月1日至2003年4月30日的逾期办理房屋权属证书违约金,杨某该主张符合法律规定,法院予以认可。开发公司未按合同约定的标准对房屋进行装修,房屋交付后杨某自行进行了装修,该装修符合双方在合同中约定的装修标准,故依约开发公司应补偿杨某因装修所发生费用,但价款应以鉴定机构出具的鉴定价格为准。判决开发公司支付杨某逾期交房、办证违约金(扣除杨某尚未支付的购房款)及装修补偿款,开发公司为杨某办理房地产权证。2014年**江苏某商品房买卖合同纠纷案**,2012年1月,周某与开发公司签订商品房买卖合同,约定交房时间为2012年10月底。同年12月20日,该房经竣工验收并取得交付使用批准文件。2013年7月底,开发公司电话通知周某接收房屋。周某以该房不符合约定的装饰、设备标准拒绝收房,随后诉请开发公司承担迟延交房违约金。法院认为:涉案房屋已经竣工验收,并取得当地房地产开发管理机构交付使用的批准文件,符合商品房交付使用的法定强制性标准。此时开发公司向周某交付商品房条件业已成熟,只是该交付因不符合双方约定的装修、设备标准而构成瑕疵交付。周某完全可在接收房屋后,要求开发公司履行维修、清理杂物等义务。根据涉案房屋交付时间、未能交付原因、责任等因素，酌情认定开发公司于2013年7月底已通知周某接收房屋，判决开发公司支付周某违约金6万余元。2010年12月**广东某商品房预售合同案**，法院认为：双方所签预售合同附件三中对装置、装修、装饰标准进行了约定，共10项，主要约定了外墙、内墙、天花、门窗、厨房、卫生间、阳台、电梯和其他项目，开发公司向赵某发出《入伙通知书》通知赵某收楼时，附件三中装置、装修、装饰标准的前9项符合合同约定，第10项中室内灯、插座也符合合同约定，可视对讲机虽未安装，但开发公司从可能存在装修时损害对讲机实际情况出发，已准备好对讲机并建议赵某在装修完后再安装，故不能以可视对讲机未安装为由主张开发公司违约。关于开发公司交付的房地产没有在阳台安装吸顶灯或壁灯是否构成支付违约金的问题，预售合同约定交付的本房地产的装修部分达不到本合同附件三约定的主要装修标准时，赵某有权要求开发公司就未达标准部分进行重新装修，因重新装修而推迟交付使用日期的，赵某可按合同约定主张延期交楼违约金，现开发公司交付的房地产虽然阳台没有安装吸顶灯或壁灯，但该问题只是轻微的瑕疵，合同附件三中约定的其他装修内容已经全部完成，主要装修标准符合合同约定，赵某提出的拒绝入伙理由不符合合同约定，故赵某以此主张开发公司赔偿延期交楼违约金的诉讼请求证据不足，本院不予支持。2010年11月**广东某商品房买卖合同案**，法院认为：邱某在收楼时填写的《单元验收表》中反映的质量问题均属于装修的质量问题，不属于房屋的建筑质量问题。案涉房屋现已经有关部门核发竣工验收备案表，邱某并无证据可证实案涉房屋存在建筑质量问题，邱某认为开发公司在2009年6月28日交付的房屋存在建筑质量问题，依据不足，本院不予采信。由于邱某已在合同约定的交楼期限前接收了房屋，邱某要求开发公司承担逾期交楼的违约责任，依据不充分，本院不予支持。2010年9月**重庆某商品房买卖合同案**，法院认为：双方在商品房买卖合同中约定，开发公司所发布的宣传广告资料为要约邀请，不属于合同附件，如与合同约定的内容、条款有抵触的，则以合同约定的内容、条款为准。故开发公司发布的广告宣传资料中所称的安装子母防盗门对双方不具有约束力。双方当事人在合同附件三“装饰、设备标准”中约定入户门为钢木复合门，庭审中，李某也认可开发公司安装的确为钢木复合门，证明开发公司已按合同约定，履行了合同义务。李某未举证证明该钢木复合门不符合质量要求，不能达到防火和防盗的要求，故李某要求开发公司将入户门由钢木复合门更换为符合国家标准的安全防盗门的诉讼请求，无合同依据，亦无充分的法律依据。由于开发公司不存在违约行为，也不存在欺诈行为，故李某适用《消费者权益保护法》要求开发公司赔偿相当于防盗门价格1倍的损失，本院亦不予支持。2010年4月**广东某商品房预售合同案**，法院认为：虽然张某至今未办理涉案房屋的收楼手续，但双方均确认开发公司已于1998年3月9日向张某发出收楼书通知收楼，且开发公司提供了《单位工程竣工验收证明书》等,证明涉案房屋在开发公司向张某发出收楼通知之时已符合交楼条件,故张某应于收到开发公司通知书之日起30日内办理收楼手续;根据最高人民法院《关于审理商品房买卖合同纠纷案件适用法律若干问题的解释》第11条的规定"对房屋的转移占有,视为房屋的交付使用,但当事人另有约定的除外……买受人接到出卖人的书面交房通知,无正当理由拒绝接收的,房屋毁损、灭失的风险自书面交房通知确定的交付使用之日起由买受人承担",现张某既未举证证明涉案房屋存在装修问题,亦未举证证明涉案房屋存在重大瑕疵影响房屋的使用,故其以涉案房屋不符合约定的装修标准为由拒绝收楼,缺乏事实和法律依据,属于上述无正当理由拒绝收楼的情形,可视为张某在收到开发公司发出的收楼通知书之日起30日后即在1998年4月8日已经收楼。故张某现起诉要求开发公司交付房屋理据不足,不予支持。至于张某认为涉案房屋不符合约定的装修标准,张某可依据合同约定向开发公司主张相关权利,由于张某在本案中没有提出该请求,故对此不予处理,张某可另行主张权利。2009年5月**北京某商品房买卖合同案**,法院认为:依据民事诉讼有关举证规则的规定,对合同负有履行义务的当事人应当对合同履行的事实负举证责任。房屋交付,在商品房买卖合同履行过程中系重要的民事法律行为,应通过系列的事实行为完成,并有相应记载。本案中,开发公司在答辩中称已经于2006年6月28日向张某交付房屋且张某已经实际占有并使用该房屋,但未就该主张提供充分证据证明,其提交的房屋交接单仅能反映双方曾经对房屋进行查验,而且张某在该交接单上亦明确表示房屋存在较多问题需要整改。在开发公司未能举证证明张某接收了房屋钥匙及合同约定的《住宅质量保证书》和《住宅使用说明书》证明文件等基本入住手续的情况下,在当前房地产交易规则比较健全、交易行为比较规范的情况下,开发公司所引证的单独的房屋交接验收单证据并不足以证明开发公司履行的房屋交付义务以及双方完成了房屋交接手续。而张某委托建筑施工队对房屋主体以外部分进行扩建的行为亦不能证明张某已经实际占有使用了合同标的物即房屋主体。故在双方买卖合同所指向的标的物房屋尚存在较多问题,标的物存在不符合约定要求的情形,买受人依法可以拒绝接收标的物,由此造成的开发公司未能履行向张某交付合同约定标准的房屋的违约后果,应由作为出卖人的开发公司承担。而房屋交接手续未完成的证据亦进一步佐证了开发公司未全面履行房屋交付义务的事实。故张某诉求开发公司在合理期间内完成房屋整改工作并履行交付义务的请求应予支持。因双方买卖合同附件之《补充协议》约定张某应先履行支付全部房款义务,开发公司有权在张某未支付全部房款之前推迟该商品房的交付期限直至买卖人缴清上述费用而无须承担任何违约责任,据此,依据现有证据张某不能证明系开发公司原因导致其支付全部房款的期限迟延,故此张某认为开发公司于合同约定的交房日未交房即构成违约的主张缺乏充足依据，相应地其要求开发公司自合同约定的交房之次日开始计算违约金的请求亦依据不足，依据本案实际情况，合理期间应自双方于2006年6月28日办理验房手续之次日开始计算至实际交付之日止。2008年2月**云南某商品房购销合同案**，法院认为：雷某提交的2007年3月29日拍摄的样板房照片与2008年2月29日拍摄的交房实际情况不一致，而根据双方合同附件的约定，对交房标准作了约定，并非以样板房为标准。虽然雷某认为对此已提出了异议，但没有提供证据证明。故雷某主张开发公司交房的标准与样板房的装修标准不一致构成违约没有依据，不予采纳。2007年8月**江西某房屋买卖合同案**，2005年11月，刘某购买房屋，所签售房协议约定出卖方应自交付之日起1年内承担房屋维修义务，装修时“安装好外围铝合金推拉窗”。而实际交付给刘某的房屋因多处渗漏，虽经两次维修，仍未解决。同时，对“外围”存在争议，刘某认为应包括客厅前阳台。法院认为：交付房屋因多处渗漏，虽经出卖方两次维修，仍未解决好渗漏问题，故卖方应按约修复屋顶漏水。如仍不尽保证质量义务，刘某还有权主张相应的赔偿。双方在合同中约定应由卖方“安装好外围铝合金推拉窗”，该约定系格式条款，刘某认为客厅前阳台应当安装铝合金推拉窗，卖方则指会客厅前方与卧室平行处安装铝合金推拉窗，依据《合同法》关于格式条款的规定，刘某的解释符合通常理解，卖方应按照约定在刘某所购房屋的阳台安装铝合金推拉窗，卖方未按约履行，应承担相应的违约责任，以国标材料为刘某安装阳台铝合金推拉窗，所需费用由卖方负担。

【同类案件处理要点】

房地产开发企业交付的商品房装修标准应与合同约定的装修标准一致。设置样板房的，应当说明实际交付的商品房质量、设备、装修与样板房是否一致；未作说明的，实际交付的商品房应当与样板房一致，当事人合同中另有约定的除外。

【相关法律风险提示】

1. 装修的质量问题不等于房屋的建筑质量问题，轻微的装修装饰瑕疵不构成买受人拒绝收房的理由，因此导致延期交房的，开发商不承担逾期交房违约金。案见广州深圳宝安区法院（2010）深宝法民三初字第1472号“赵某诉某开发公司商品房预售合同纠纷案”、广东广州中院（2010）穗中法民五终字第3184号“邱某与某开发公司商品房买卖合同纠纷上诉案”。

2. 购房人应重视合同附件的内容。开发商在广告资料中宣传的装修标准如未载入正式的商品房买卖合同，相反，合同附件对装修标准有明确约定，则买受人依广告宣传资料上的装修标准索赔，难以被法院支持。案见重庆渝中区法院（2010）中区民初字第4846号“李某等诉某开发公司商品房买卖合同纠纷案”。

3. 购房人接到收房通知后,在验房过程中发现装修质量问题的,应在房屋交接单上注明并保留相关书面证据。在无证据支持情况下,拒绝收房,依法应视为交付。案见广东广州中院(2009)穗中法民五终字第3264号“张某等与某开发公司商品房预售合同纠纷上诉案”。

4. 在开发商未交付《住宅质量保证书》和《住宅使用说明书》的情况下,仅以房屋交接验收单不足以证明其完成交付义务及双方完成交接手续。案见北京昌平区法院(2008)昌民初字第6380号“张某诉某开发公司商品房买卖合同纠纷案”。

5. 合同已对装修标准作了约定,该约定明显不同于样板房的装修标准的,买受人主张依样板房装修标准交付的,可能得不到支持。案见云南高院(2008)云高民一终字第283号“某开发公司与雷某商品房购销合同纠纷上诉案”。

6. 争议条款:装修标准包括“安装好外围铝合金推拉窗”,何为“外围”易生歧义。房屋买卖合同对装修标准的约定应尽可能详细,避免模棱两可的表述。案见江西赣州中院(2007)赣中民二终字第104号“刘某与吴某房屋买卖合同纠纷案”。

【附注】

参考案例索引:重庆永川区法院(2009)永民初字第2565号“代某诉某开发公司商品房买卖合同纠纷案”;湖南长沙法院(2009)长县民初字第58号“黄某与某开发公司商品房买卖合同纠纷案”,见《因本方误述导致对方误解应可请求变更合同——黄某、唐某诉湖南长沙三兴房地产有限责任公司商品房买卖合同纠纷案》(文继光、左登),载《人民法院案例选·月版》(201001/13:74);北京一中院2005年7月8日判决“黄某诉某开发商买卖合同案”(编者注:一审认为沙盘图只能反映整个小区外部总体概况,不能反映建筑设施各个细节,故预售房屋外墙及室内装修标准,应以经政府有关部门审核批准的施工图、竣工图及《商品房买卖合同》中约定为准,经政府有关部门审核批准的竣工图表明,诉争房屋设计不违反法律法规的强制性规定,且建造符合相应建筑规范,交接房屋时,黄某未提异议,并实际办理了入住手续,故驳回其诉请;二审改判开发商修改设计),见《黄颖诉美晟房产公司商品房预售合同纠纷案》,载《最高人民法院公报·案例》(2006:412);江西鹰潭月湖区法院(2004)月民一初字第245号“杨某与某开发公司商品房预售合同纠纷案”,见《杨金明诉鹰潭市龙虎山房地产综合开发有限公司商品房预售合同案(商品房预售合同)》(严志浩),载《中国审判案例要览》(2005民:51);江苏淮安中院(2014)淮中民终字第1203号“周某与某开发有限公司商品房买卖合同纠纷案”;广州深圳宝安区法院(2010)深宝法民三初字第1472号“赵某诉某开发公司商品房预售合同纠纷案”;广东广州中院(2010)穗中法民五终字第3184号“邱某与某开发公司商品房买卖合同纠纷上诉案”;重庆渝中区法院(2010)中区民初字第4846号“李某等诉某开发公司商品房买卖合同纠纷案”；广东广州中院（2009）穗中法民五终字第3264号“张某等与某开发公司商品房预售合同纠纷上诉案”；北京昌平区法院（2008）昌民初字第6380号“张某诉某开发公司商品房买卖合同纠纷案”；云南高院（2008）云高民一终字第283号“某开发公司与雷某商品房购销合同纠纷上诉案”；江西赣州中院（2007）赣中民二终字第104号“刘某与吴某房屋买卖合同纠纷案”。

61. 配套设施与设计变更

——配套缺设施，设计擅变更？

【合同变更】

【案情简介及争议焦点】

2005年1月，刘某与开发公司签订购房合同，违约责任约定单方变更合同的，支付变更费1000元。合同附件约定了室内暗敷BV6平方毫米铜芯电线，而实际施工按开发公司与刘某单位、设计公司2004年12月商讨形成会议纪要执行，对照明、插座回路各铜芯电线尺径并未依合同约定。合同同时约定电炊配套设施“3500元/户，具体以专业单位实际结算为准，多退少补”，最后由物业公司收取3800元。后刘某认为该费用应包含在房价款中，以不当得利诉物业公司，因实际收取的物业公司与诉状上的物业公司相差“有限”两字被法院驳回起诉。2008年8月，刘某诉开发公司违约及返还收取的电炊配套设施费。

争议焦点：1. 开发收取电炊配套设施费是否有依据？2. 电线尺径不合是否违约？

【裁判要点】

1. 开发公司有权收取电炊配套设施费。案涉商品房的房价款与电炊配套设施费依合同约定系分别计价、分别收费。刘某关于开发公司不应另行计取电炊配套费的抗辩理由不成立。

2. 本案开发公司违约责任的认定承担。开发公司未按购房合同附件在室内暗敷约定尺径的铜芯电线，构成违约。变更电线尺径的会议纪要形成于双方合同订立之前，且刘某亦非参与会议的当事人，故会议纪要的约定内容对刘某无法律约束力。因开发公司违约,应依约支付合同变更费用1000元,因该“违约金”已足以弥补刘某因开发公司单方变更合同所遭受的实际损失,故刘某要求再支付变更差价320元诉请不予支持。

【裁判依据或参考】

1. 法律法规。《**民法典**》(2021年1月1日)第543条:“当事人协商一致,可以变更合同。”第544条:“当事人对合同变更的内容约定不明确的,推定为未变更。”第577条:“当事人一方不履行合同义务或者履行合同义务不符合约定的,应当承担继续履行、采取补救措施或者赔偿损失等违约责任。”第583条:“当事人一方不履行合同义务或者履行合同义务不符合约定的,在履行义务或者采取补救措施后,对方还有其他损失的,应当赔偿损失。”《**合同法**》(1999年10月1日,已于2021年1月1日起失效)第107条:“当事人一方不履行合同义务或者履行合同义务不符合约定的,应当承担继续履行、采取补救措施或者赔偿损失等违约责任。”《**城市房地产管理法(2019年修正)**》(2020年1月1日)第27条:“房地产开发项目的设计、施工,必须符合国家的有关标准和规范。房地产开发项目竣工,经验收合格后,方可交付使用。”国务院《**城市房地产开发经营管理条例(2020年修正)**》(2020年11月29日)第30条:“房地产开发企业应当在商品房交付使用时,向购买人提供住宅质量保证书和住宅使用说明书。住宅质量保证书应当列明工程质量监督单位核验的质量等级、保修范围、保修期和保修单位等内容。房地产开发企业应当按照住宅质量保证书的约定,承担商品房保修责任。保修期内,因房地产开发企业对商品房进行维修,致使房屋原使用功能受到影响,给购买人造成损失的,应当依法承担赔偿责任。”

2. 司法解释。最高人民法院《**关于审理商品房买卖合同纠纷案件适用法律若干问题的解释(2020年修改)**》(2021年1月1日　法释〔2020〕17号)第8条:“对房屋的转移占有,视为房屋的交付使用,但当事人另有约定的除外。房屋毁损、灭失的风险,在交付使用前由出卖人承担,交付使用后由买受人承担;买受人接到出卖人的书面交房通知,无正当理由拒绝接收的,房屋毁损、灭失的风险自书面交房通知确定的交付使用之日起由买受人承担,但法律另有规定或者当事人另有约定的除外。”

3. 部门规范性文件。国家工商总局《**房地产广告发布规定**》(2016年2月1日)第4条:“房地产广告,房源信息应当真实,面积应当表明为建筑面积或者套内建筑面积,并不得含有下列内容:(一)升值或者投资回报的承诺;(二)以项目到达某一具体参照物的所需时间表示项目位置;(三)违反国家有关价格管理的规定;(四)对规划或者建设中的交通、商业、文化教育设施以及其他市政条件作误导宣传。”第 8 条：“房地产广告不得含有风水、占卜等封建迷信内容，对项目情况进行的说明、渲染，不得有悖社会良好风尚。”第 9 条：“房地产广告中涉及所有权或者使用权的，所有或者使用的基本单位应当是有实际意义的完整的生产、生活空间。”第 10 条：“房地产广告中对价格有表示的，应当清楚表示为实际的销售价格，明示价格的有效期限。”第 11 条：“房地产广告中的项目位置示意图，应当准确、清楚，比例恰当。”第 12 条：“房地产广告中涉及的交通、商业、文化教育设施及其他市政条件等，如在规划或者建设中，应当在广告中注明。”第 13 条：“房地产广告涉及内部结构、装修装饰的，应当真实、准确。”第 14 条：“房地产广告中不得利用其他项目的形象、环境作为本项目的效果。”第 15 条：“房地产广告中使用建筑设计效果图或者模型照片的，应当在广告中注明。”第 18 条：“房地产广告中不得含有广告主能够为入住者办理户口、就业、升学等事项的承诺。”建设部**《商品房销售管理办法》**(2001 年 6 月 1 日)第 24 条：“房地产开发企业应当按照批准的规划、设计建设商品房。商品房销售后，房地产开发企业不得擅自变更规划、设计。经规划部门批准的规划变更、设计单位同意的设计变更导致商品房的结构型式、户型、空间尺寸、朝向变化，以及出现合同当事人约定的其他影响商品房质量或者使用功能情形的，房地产开发企业应当在变更确立之日起 10 日内，书面通知买受人。买受人有权在通知到达之日起 15 日内做出是否退房的书面答复。买受人在通知到达之日起 15 日内未作书面答复的，视同接受规划、设计变更以及由此引起的房价款的变更。房地产开发企业未在规定时限内通知买受人的，买受人有权退房；买受人退房的，由房地产开发企业承担违约责任。”

4. 地方司法性文件。江苏高院**《关于审理房地产合同纠纷案件若干问题的解答》**(2018 年 6 月 26 日　审委会会议纪要〔2018〕3 号)第 30 条：“商品房设计缺陷和变更设计的如何处理？商品房存在设计缺陷或在预售合同签订后变更设计的，出卖人不能证明买受人明知并接受，如严重影响买受人正常使用且无法通过其他措施予以补救的，买受人请求解除合同并赔偿损失的，应予支持。可以通过一定措施予以补救或不严重影响买受人正常使用的，买受人请求出卖人采取补救措施或根据影响程度予以赔偿的，应予支持。”第 31 条：“公共部分或公共设施交付不符合约定如何处理？出卖人交付的绿地、消防等公共部分、公共设施不符合商品房买卖合同约定的，买受人依据商品房买卖合同中的约定，请求出卖人承担违约责任的，应予支持。商品房买卖合同中对公共部分、公共设施交付不符合约定的情形未明确约定违约责任的，且无法采取补救措施，买受人请求出卖人赔偿损失的，应予支持；可以采取补救措施的，买受人未与其他业主协商形成多数意见而直接请求出卖人赔偿损失的，不予支持。【说明】有观点认为，对于可以采取补救措施的，应赋予单个业主起诉的权利，收益共享。本条认为属于业主共有的范畴，应形成多数决。”

第 40 条:“层高误差如何处理?对于商品房买卖合同约定的层高低于住建部《住宅设计规范》的,如果出卖人未向购房人披露的,买受人应有权解除合同。对于双方约定了符合前述条件的层高条件,但实际层高低于合同约定层高的,如果层高差异较大,对购房人生活造成较大不便的,购房人要求解除合同的,应予支持。如果差异不大,购房人无权要求解除合同,但可以要求赔偿损失,损失的计算可以参照合同约定的房价乘以相应的误差比例予以确定。”第 50 条:“小区内会所的所有权归属如何认定?对于小区会所的权属判断可按如下方法处理:(1)没有合法规划许可,属于违法建造会所的,应由行政机关处理,人民法院对其产权归属争议不予受理。(2)会所中某些房屋如属于国家规定开发商应配套修建并明确其产权归属的配套公共设施,则该部分房屋产权按国家有关规定确定,比如物业服务用房。(3)有合法规划、没有规定的情况下,商品房买卖合同如约定会所整体或其中的某些房屋产权归属的,按约定执行。(4)有合法规划、没有规定也没有约定的情况下,区分投资情况具体确定:如果有证据证明会所的成本实际列入了商品房建造成本,构成商品房对外销售价格的组成部分,则归业主所有;反之,基于谁投资、谁所有、谁受益的原则,会所产权归开发商所有。”第 51 条:“规划范围内未约定权属的车位、车库的归属如何确定?当事人对车位、车库权属有约定的,按照约定处理。没有约定的,开发商主张所有权的,予以支持。”第 52 条:“人防车位的权属及使用如何处理?基于人防车库的公共功能属性,应认定属于国家所有,不宜认定属于开发商或者全体业主所有。开发商投资兴建人防车库的,可以依法享有对人防车库进行使用、管理与收益的权利。”第 65 条:“改变容积率的纠纷性质如何认定?对于开发商与国土部门签订土地出让后,经过规划变更调整容积率,国土部门要求补交土地出让金的,属于民事案件受理范围。”四川成都中院**《关于印发〈商品房买卖合同案件的审理指南(试行)〉的通知》**(2017 年 10 月 11 日　成中法发〔2017〕129 号)第 8 条:“规划范围之外的环境和公益设施进行的宣传内容是否为商品房买卖合同内容的认定。出卖人对商品房所在楼盘规划范围之外的环境和公益设施所进行的宣传并非要约,买受人以出卖人交付的房屋周边环境和公益设施未达到宣传资料内容为由,请求出卖人承担违约责任的,不予支持。”广东高院**《印发〈关于审理房屋买卖合同纠纷案件的指引〉的通知》**(2017 年 9 月 12 日　粤高法〔2017〕191 号,已于 2020 年 12 月 31 日经粤高法〔2020〕132 号废止)第 11 条:“商品房买卖合同违反规划,约定将业主共有的绿地、空地、露台等赠与买受人或者由买受人专用,或者约定出卖人利用建筑物共有部分的,属于违反物权法第七十条、七十六条的规定,应当认定该约定无效。”上海市房管局**《关于进一步加强本市房地产市场监管规范商品住房预销售行为的通知》**(2020 年 1 月 1 日)第 2 条:“房地产开发企业应严格按照批准的规划进行设计施工,因擅自变更建筑设计等原因引起面积误差的,按下列规定处理:(一)擅自变更建筑设计,不按施工图纸施工或向房屋调查机构提供不实资料等造成建筑面积增加,未征得购房者同意且订立预售合同变更协议的,购房者可以解除合同或不承担由此增加建筑面积部分的房价款;造成建筑面积减少的,购房者可以解除合同或由开发商退还减少建筑面积部分的房价款。解除合同的,开发商除应退还购房者已支付的房价款外,还应根据合同约定承担赔偿责任,合同未明确赔偿责任的,应根据中国人民银行同期公布的贷款利率支付利息。(二)除上款规定情况外,其他原因造成房屋实测建筑面积和房屋预测建筑面积有误差的,应按合同约定处理;合同未作约定或虽有约定但不明确,当事人双方又不能就解决误差问题协商一致的,按下列规定处理:共有分摊部分建筑面积增加的,购房者不承担增加部分的房价款;凡减少的,开发商应退还减少部分的房价款;套内建筑面积据实结算,但套内建筑面积误差比绝对值超过3%的,按《商品房销售管理办法》(建设部令第88号)相关规定处理。"浙江温州中院民四庭**《审理商品房买卖合同纠纷案件疑难问题参考意见》**(2010年4月30日)第20条:"因开发商未按规划设计建设(如加层)等原因导致房屋权属证书暂时无法办理的,买受人主张解除商品房买卖合同的,应当予以支持。买受人未主张解除合同,而要求出卖人承担逾期办证违约责任的,应当结合逾期办证的时间、买受人对房屋的使用收益情况及公平原则,并依照《合同法》第一百一十四条第二款的规定,确定一次性逾期办证的违约金数额,原则上不超过已付房款的50%。"第23条:"当事人对交付的商品房实际层高、小区绿化面积、周边环境设施等存在争议的,按下列情况处理:(1)商品房买卖合同中有明确约定的,从其约定;(2)商品房买卖合同没有约定或约定不明确,但符合国家及当地行业主管部门的相关规范要求,买受人要求出卖人承担违约责任的,一般不予支持。买受人要求出卖人承担违约责任或赔偿损失的,人民法院可综合考虑出卖人的违约程度、对房价的影响、对买受人使用造成的不利影响以及案件的具体情况等,予以酌情确定。商品房实际层高、小区绿化面积、周边环境设施等具有上述(1)(2)之情形,若构成根本性违约的,买受人有权请求解除合同。"广东广州中院**《关于审理预售商品房合同纠纷若干问题的指导意见》**(2010年)第17条:"开发商和买受人对分期开发建设的小区配套设施的交付时间存在争议,买受人起诉要求交付,应如何处理?答:应由开发商举证证明讼争的小区配套设施规划在哪一期工程,未到期的不宜支持买受人的诉求。如果开发商不能举证证明,则认定应即时交付。"第22条:"出卖人将公共绿地出售给买受人,买受人起诉确认无效的应如何处理?出卖人要求返还公共绿地的应否支持?谁有权起诉返还公共绿地呢?答:(1)买受人起诉主张出售公共绿地的行为无效的,应予支持。(2)出卖人要求返还的,因其并非权利主体,故不宜支持。(3)有权起诉要求返还公共绿地的诉讼主体是业主或业委会。"福建高院**《关于审理商品房买卖合同纠纷**

案件疑难问题的解答》(2008年7月25日)第26条:"问:设计变更的,(1)买受人要求退房并要求出卖人承担违约责任,而合同中没有约定违约金数额或者损失赔偿额的计算方法的,应如何确定违约金数额或损失赔偿额?(2)买受人不主张退房,而要求按原合同履行的,如何处理?答:出卖人变更设计的,可参照《商品房销售管理办法》第二十四条的规定处理。买受人要求退房的,出卖人应当承担违约责任。合同对违约金数额或者损失赔偿额的计算方法未作约定的,违约金数额或者损失赔偿额可以按照买受人已付购房款总额,参照中国人民银行规定的金融机构计收逾期贷款利息的标准计算,从买受人交款之日计算至出卖人返还购房款之日止。房屋已经建成或者因其他原因无法恢复原设计,买受人请求出卖人交付原设计的商品房的,不予支持。"湖南高院《**关于房屋买卖、租赁纠纷案件适用法律问题的指导意见(试行)**》(2008年1月21日)第10条:"出卖人变更房屋设计后未通知买受人,买受人以实际交付房屋的结构形式、户型、空间尺寸、朝向与合同约定不一致,且超过行业标准,请求解除合同,并要求出卖人承担违约责任和赔偿损失的,应予支持。当事人对损失的计算有约定的,从其约定;未约定的,应综合考虑资金占用、房价变动等因素计算和认定损失。出卖人变更设计后通知了买受人的,按照《商品房销售管理办法》第二十四条的规定处理。"重庆高院《**关于当前民事审判若干法律问题的指导意见**》(2007年11月22日)第39条:"多项违约行为的处理。商品房买卖合同纠纷中,涉及逾期完善水电气等配套设施、逾期交付、逾期办证等多项违约行为的,应根据违约行为的性质和相互关系,综合适用违约责任。除当事人有明确约定的以外,在逾期交付的期限内承担了该项违约责任的,不另计负逾期办证和逾期完善水电气等配套设施的违约责任。有单项违约责任条款和总括性的违约责任条款的,总括性违约责任条款只在重大违约时适用,并不得同时适用单项违约责任条款。"

5. 地方规范性文件。北京市住建委办公室《**关于加强我市商品房预售方案管理的通知**》(2010年12月1日　京建发〔2010〕632号)第4条:"商品房预售方案原则上不得变更。但因商品房项目的规划、设计变更等原因,预售方案中项目基本情况、建设计划及进度安排、商品房的预售计划、本期预售商品房的套数、建筑面积及公用建筑面积分摊和预测情况、房屋结构形式、户型、空间尺寸、朝向、面积、装饰装修标准等内容发生变更的,房地产开发企业应在售楼场所公示变更内容一个月,并告知已购房人。公示期满且无争议的,可向区县房屋行政管理部门申请预售方案的变更备案。公示期内有争议的,暂缓办理预售方案的变更备案。"

6. 参考案例。①典型案例之配套设施。2012年**江苏某房屋买卖合同纠纷案**,2007年,开发公司与吴某签订商品房预售合同,附件约定了业主委员会成立前业主缴纳供暖、供热水费用标准。2011年,吴某以其未使用暖气及热水为由,在按约定标准60%缴纳2010年供热费用后,向开发公司提交停用报告,要求停用热水及暖气。2012年,开发公司起诉要求解除与吴某的供热合同并支付后期基本供热费用(供热设备维护费)。吴某称只申请停用,不同意解除合同。法院认为:开发公司与吴某所签预售合同系双方真实意思表示,合法有效。买卖契约中双方不仅对商品房买卖具体条款进行了约定,还对供暖、供热水时间和使用费用进行了约定,明确约定了由开发公司履行供暖、供热水义务,吴某按标准履行支付使用费义务,故开发公司与吴某之间形成了供用热力合同关系。对开发公司要求确认双方热力代供关系已解除请求,因吴某提交的停用报告中仅要求停用热水及暖气,并未要求解除双方之间供热合同,在审理中吴某亦不同意解除,且开发公司提供的供热水、供暖服务对象为小区全体业主,相关设施系小区业主公共设施,解除供热合同势必会影响到吴某房屋价值及其他业主合法权益,是否解除供热应由业主大会决定,故对开发公司该项请求,法院不予支持。开发公司主张供热费用,因该费用中不仅包含了暖气、热水费用还包含了供暖设备维护费用,吴某虽申请停用暖气及热水,但供暖设备维护费用吴某应支付;结合吴某亦认可开发公司供热成本已高于收取的供热费用,且吴某已按供暖期向开发公司缴纳了2010年供热费用,应视为双方已对预售合同中约定供热费用标准进行了变更,法院酌定由吴某按其支付的2010年供热费用缴费标准60%向开发公司支付供热费用。2013年**江西某商品房预售合同纠纷案**,2011年,小区421户业主中有325户授权业委会起诉开发公司,理由:开发公司在商品房买卖合同中承诺的会所、幼儿园未达到使用条件。法院认为:业委会系依《物权法》和《物业管理条例》规定成立的组织,其诉讼权利能力根据法律、法规有关规定,只能限于业主大会有权决定的事项范围,包括业主共有和物业共同管理事项。本案纠纷不属《物权法》和《物业管理条例》规定的业主共有和物业共同管理事项范围,业主大会所作决议超出了业主大会自身职责和权限,亦同样超出了业委会职责和权限,不会使业委会产生诉讼权利能力资格。合同之债具有相对性,业主系商品房买卖合同权利义务主体,系与本案有直接利害关系的人,本案业委会与商品房买卖合同无直接利害关系,业主授权不会使业委会与商品房买卖合同发生直接利害关系从而获得独立的主张合同权利的资格,判决驳回业委会起诉。2002年**湖北某虚假广告纠纷案**,1998年,开发公司在报纸发布售房广告中称其开发小区"拥有3000平方米中心大花园,门卫、停车场、商店、洗衣坊、维修部、健身房、茶坊、餐厅、俱乐部等,是城区中心极品住宅典范,富贵荣耀"。赵某签约入住后,发现除门卫、餐厅外,其余配套设施均无。2001年,赵某诉请开发公司赔偿。法院认为:开发公司在本案所涉广告词中无关于房屋建筑质量的陈述,且所谓"极品住宅"用语,不带任何具体指标,属正常商业包装,不具有法律约束力,故赵某要求开发公司赔偿虚假广告给其造成损失的请求中,不包括因房屋建筑质量问题引起的损失。本案审理的是虚假广告纠纷,而非商品房买卖合同质量纠纷,故房屋建筑质量问题不属本案审理范围。开发公司在广告中明确许诺多功能服务设施,但实际上不具有中心花园,无停车场、商店、洗衣坊、维修部、健身房、茶坊、舞厅等服务设施,其广告明显含有虚假内容。依《广告法》第38条"违反本法规定,发布虚假广告,欺骗和误导消费者,使购买商品或者接受服务的消费者的合法权益受到损害的,由广告主依法承担民事责任"规定,开发公司因发布虚假广告,在本案中应依法承担民事责任。判决开发公司赔偿赵某2万余元。2016年**浙江某房屋买卖合同纠纷案**,2014年,程某与开发公司签订商品房预定合同,其中第5条约定了配套设施、装修标准等内容。后双方签订商品房买卖合同。2015年,程某发现该楼盘并未配套五星级酒店及会所,遂诉请要求确认预定合同第5条约定有效。法院认为:最高人民法院《关于审理买卖合同纠纷案件适用法律问题的解释》第2条规定:"当事人签订认购书、订购书、预订书、意向书、备忘录等预约合同,约定在将来一定期限内订立买卖合同,一方不履行订立买卖合同的义务,对方请求其承担预约合同违约责任或者要求解除预约合同并主张损害赔偿的,人民法院应予支持。"本案中,商品房预定协议书系双方当事人真实意思表示,内容不违反法律、行政法规强制性规定,不存在无效情形,该认定有效。虽然预约合同和本约合同是分别独立的合同,但基于两者特殊关系,本约合同签订后,预约合同所约定权利义务已实现,目的已达成,所指向权利义务已终结或转化成本约合同中的条款,效力基础已消灭,从而自动失效,合同权利义务终止。本案中,当事人在签订商品房预定协议书后,按约定签订了商品房买卖合同,对权利义务作出了明确约定,此时再对已完成使命的预约合同作出效力评价,赋予预约合同法律效力,给予肯定和保护,无疑造成当事人法律逻辑混乱,亦不符合《合同法》鼓励交易、促进市场效率精神。判决驳回程某诉请。2014年**重庆某商品房预售合同纠纷案**,2009年,开发公司与何某签订商品房预售合同,约定开发公司在2011年6月30日前交房时,与该房屋正常使用直接关联的基础设施和配套设施,包括通电,须符合使用条件,否则视为延期交楼,构成违约。2013年,何某收房入住后发现,房屋接通的是临时用电而非城市生活用电,认为开发公司违约,应承担相应责任。法院认为:开发公司作为全国知名的大型地产企业,其占有的社会资源和信息量是作为相对方的何某无法企及的,故在预售合同的整个缔约、履约过程中,开发公司一直处于主动和优势地位,掌控更多关键信息,拥有更多话语权;相反,何某等购房者多处于被动地位,信息基本来源于对方,没有更多与对方讨价还价机会。关于房屋交易专业知识,作为专业团队的开发公司,相对于一般购房者的何某而言,同样具有绝对优势;而对于期房,开发公司还拥有对未来房屋质量、小区及周边环境等关键信息的绝对掌控,何某对此知之较少,缔约多是基于对开发公司的信赖,这种信赖甚至是盲目的。售房者不会及时、准确、完整地披露所有交易信息,以便充分满足购房者知情权,相反,其通常总是充分利用自己交易优势来实现自己利益最大化。基于上述情况,法院对有争议合同条款解释,在尊重合同自由同时,应充分顾及交易实质正义。合同解释必须符合交易目的。本案中,商品房是城市住房来源之一,必须满足城市居住生活所需,其中,稳定的生活供电是基础条件之一。既然合同约定"通电"必须符合"使用条件",那么,此处"通电"必定是指电力能长期供应,且持续稳定,通常指接入城市生活供电网络。而临时用电通常并不能保证其供应是长期、持续和稳定的,故并不符合《供电营业规则》规定,不能将之视为合同约定的符合"使用条件"的"通电"。《合同法》和《消费者权益保护法》规定,当合同当事人对格式条款理解发生分歧时,应适用特殊解释方法,作出对格式条款拟订者不利的解释,以便限制权利滥用,维护正常交易秩序,保障消费者利益,体现正义精神。本案中关于商品房"通电"的格式条款约定,因双方对其具体内涵理解不一致,法院对此应作出不利于开发公司的解释,认定"通电"并非接入临时用电,开发公司未按约履行义务。当对合同条款理解发生歧义时,一般应根据交易规则、交易习惯或生活常识,按照大多数人理解进行解释。本案中,双方对预售合同中关于"通电"条款理解产生歧义,法院应根据大多数房屋交易者(尤其是一般购房者)通常的、合理的认知标准进行解释。一般认为,城市住房所接入的应是城市公共生活用电网络,持续、稳定、有保障,而临时用电不确定、不稳定,不能满足居住生活所需,故开发公司关于房屋接通临时用电符合约定的辩称,不足为信。判决开发公司承担违约责任。2014 年**江苏某商品房买卖合同纠纷案**,2012 年,唐某与开发公司分别签订商品房及自行车库买卖合同。2014 年,开发公司未依约交房,唐某诉请解除合同、返还费用并支付违约金。开发公司以自行车库未约定解除条件、逾期交房违约金约定为日万分之二为由抗辩。法院认为:唐某依约交付了全部购房款,但开发公司至今未将涉案房屋交付唐某使用,唐某有权解除合同。自行车库应认定为唐某购买商品房的从物,因主物即商品房买卖合同解除,自行车库买卖合同继续履行失去现实意义,应依法予以解除。考虑开发公司逾期交房原因及逾期时长、唐某交付购房款金额、时间、唐某偿还银行按揭贷款本息、唐某在解除合同后再次购买房屋时的价格上涨等综合因素,应认定商品房买卖合同中对于开发公司逾期交房违约责任约定过低,唐某有权要求增加违约金,故唐某提出要求增加违约金的诉请,应予支持。判决解除商品房及自行车库买卖合同,开发公司返还唐某各项购房费用 69 万余元,同时按同期银行贷款基准利率标准计算并支付违约金。2013 年**四川某不当得利纠纷案**,1993 年,陈某取得房屋所有权,同时与院落业主筹资修建了非机动车棚、门卫室、居民活动室,并享有收益。1997 年,陈某将该房售予王某。2003 年,王某将该房转售徐某。2013 年,徐某以陈某领取车棚、棋牌室等收益应属房屋所有权人为由,诉请返还不当得利。法院认为:《房屋登记办法》第31条规定:“房地产开发企业申请房屋所有权初始登记时,应当对建筑区划内依法属于全体业主共有的公共场所、公用设施和物业服务用房等房屋一并申请登记,由房屋登记机构在房屋登记簿上予以记载,不颁发房屋权属证书。”即《物权法》规定的房屋共有部分属原始取得,需建造开发企业在建造之初即予明确,而本案中所涉房屋修建之时并未实施该项法律规定,故当时亦不存在属于该法律调整的业主共有车棚。本案徐某所在院落原住户为解决当时安保、生活配套等问题,集资修建了非机动车棚、门卫室、居民活动室,并享有收益,在并未明确这些建筑属《物权法》第6章规定的共有部分时,法院不支持徐某据此要求陈某返还收益诉请。判决驳回徐某诉请。2013年**江苏某排除妨害纠纷案**,2012年,陆某从开发公司购买联排别墅,约定别墅周边由绿篱围合的绿地归陆某所有。2013年,因吴某在该绿地中排放地源热泵设施致诉。法院认为:根据法律规定,构成《物权法》所称专有部分应具备构造上独立性、利用上独立性、能登记成特定业主所有权客体。规划上专属于特定房屋且建设单位销售时已根据规划列入该特定房屋买卖合同中的露台等,应认定为《物权法》第6章所称专有部分组成部分。本案争议绿地虽在合同中约定其中绿篱围合部分由房屋业主独立使用,但该绿地并未登记为陆某专有,亦未经行政规划许可为其房屋专有部分,且该约定未征得其他业主同意而排除了其他业主权利,应归于无效,故本案争议部分绿地不符合专有部分条件,故无论绿篱围合部分形态如何,争议绿地均应认定为小区公共部分绿地。小区业主有权利合理利用公共部分,合理标准包括无偿及不得违反法律、法规、管理规约或损害他人合法权益,同时还应考虑到公序良俗等因素。本案中,吴某在争议绿地内排放地源热泵设施的行为不属于对公共部分合理利用,理由如下:第一,在小区业主大会重新作出决定前,物业管理公约自然应成为业主利用小区公共部分准则。吴某行为显然违反小区管理规约。第二,我国法律目前对于公共绿地规定一般针对地表部分,对于地下资源一般认为应属国家所有,在现有法律未禁止情况下,小区业主合理利用地热资源并无不妥,但小区公共部分属全体业主共有,在小区公共部分利用自然资源,基于空间有限性,可能会出现部分业主无法利用的实际情况,故在实施利用行为前,应充分考虑其他业主意见,必要时应由业主共同决定利用方式。对此,我国《物权法》亦作出明文规定:有关共有和共同管理的其他重大事项由业主共同决定。简单地以先占使用为标准,必然会诱使业主哄抢有限资源。这样既无助于培养团结互助、公平合理的良好社会秩序,亦违反了法律规定。吴某在未经业主共同决定,甚至未取得与争议绿地关系最紧密业主同意情况下,擅自使用公共绿地,并以合理使用为由拒绝迁移地源热泵设施、恢复原状,其行为明显不符合法律规定。第三,本案争议绿地定性为公共绿地,公共绿地对小区业主价值主要在于观赏和休闲,但基于本案争议绿地特殊构造形态(以绿篱将争议绿地与公共道路分隔),该绿地对相邻房屋还体现了一定安全价值。吴某擅自在争议绿地中排放地源热泵设施,虽其事后已恢复绿地,但其将来对地源热泵设施维修、保养等行为势必会在争议绿地地表施工,必然对公共绿地造成侵害,同时,其进入绿地行为,亦会对相邻房屋业主安全构成一定影响,故吴某行为对直接毗邻绿地房屋业主陆某已构成侵权。虽吴某行为在先,陆某购房在后,且吴某排放行为已结束,但危害长期存在,其行为侵害的是特定主体毗邻房屋业主合法权益,故吴某侵权行为并不能因实施在先而免责。判决吴某对其停止侵害时的绿地形态承担恢复原状责任。2013 年**北京某房屋拆迁安置补偿合同纠纷案**,2006 年,开发公司与穆某签订拆迁安置协议,约定前者给付后者一个车库。2012 年,因开发公司称只能给穆某一个 11.37 平方米、仅能停放自行车和放置其他物品的"车库"致诉。法院认为:开发公司与穆某所签协议系双方当事人真实意思表示,不违反法律、行政法规强制性规定,合法有效,对双方均有法律约束力,双方均应依合同约定履行各自义务。在拆迁时穆某与开发公司协商一致,开发公司同意给穆某回迁楼房车库一个,开发公司应当履行。现双方就协议中"车库"是否系用来存放汽车发生争议。对此,相关法律规定,当事人对合同条款理解有争议的,应按合同所使用词句、合同有关条款、合同目的、交易习惯以及诚实信用原则,确定该条款真实意思。依交易习惯及诚实信用原则,对"车库"通常理解为用于放置汽车,而非用于放置自行车和其他物品。虽开发公司同意给付穆某一个 11.37 平方米的车库,但双方均认可 11.37 平方米车库无法放置汽车,20 平方米车库可放置汽车,故法院根据实际情况酌情判定开发公司给付穆某 20 平方米以上车库一个,如不能交付,补偿穆某车库折价款 20 万元。2013 年**上海某房屋买卖合同纠纷案**,2011 年,孙某与开发公司签订商品房预售合同,后者以书面形式特别提示配套设施不含地库排风设施。2013 年,孙某以交付房屋所在楼幢存在地库排风设施影响房屋使用价值构成违约为由,诉请拆除地上一层地库排风口及地下一层排风机泵。法院认为:依查明事实,开发公司出售系争房屋时,向孙某出示了宣传手册,该手册对涉案楼盘标注了地库排风内容作为红线内不利因素,对本案系争房屋所在楼幢却未作出相应标注。开发公司对该楼排风设施进行标注行为本身说明标注并不受比例和表现方法所限等因素影响,故双方预售合同约定,受比例和表现方法所限等因素影响,系争房屋相应设施、设备或配套设施以最终规划和设计为准,并不适用于本案情况。由于房屋是否附着排风设施对预售合同订立以及房屋价格确定均有重大影响,开发公司对系争房屋所在楼幢未标注排风设施,应视为该处并不存在相应设施,孙某对此予以接受并与开发公司签订预售合同后,该部分内容应被视为合同内容。现开发公司向孙某交付系争房屋附着排风设施,应认定开发公司违反双方合同约定。通常而言,合同双方应遵循契约严守原则全面履行合同义务,一方违约的,另一方有权要求其承担继续履行、采取补救措施或者赔偿损失等违约责任。但在要求违约方承担具体违约责任时,尚需基于诚实信用原则和公平正义原则考虑是否存在履行不能的问题。所谓履行不能,包括事实上的履行不能以及履行代价远远超过违约损失情况。当然,履行不能应根据具体情事和社会一般观念来判断。本案系争房屋系按照批准的规划及设计方案建造并经竣工验收获得交付使用许可证,拆除该房屋附着的排风设施,势必改变经批准的规划,是否重新获批尚有疑问;况且,改变之前的功能布局亦势必影响小区其他业主利益,故可以认定孙某要求开发公司拆除排风设施存在履行障碍,孙某可依法要求开发公司承担赔偿损失等其他替代违约责任。事实上,赔偿损失为金钱给付义务,法律上不存在履行不能问题。判决驳回孙某诉请。2011年**重庆某房屋买卖合同纠纷案**,2010 年,刘某就其与开发公司所签商品房买卖合同约定"接市政设施管网,二次供水,每户独立设表"为由,主张其作为业主,应在供水公司有独立账户,供水公司抄表到户,业主与供水公司直接结算。法院认为:《物业管理条例》第 45 条规定:"物业管理区域内,供水、供电、供气、供热、通信、有线电视等单位应当向最终用户收取有关费用。"该条规定了公用设施提供单位应向最终用户收取有关费用,但并未规定供水公司是否必须抄表到户,更未规定开发商是否必须提供相应设施设备,使供水公司可抄表到户。《物业管理条例》第 45 条未对是否直接结算作出规定,法院不应对该条做扩展解释,故本案中开发公司做法不违反《物业管理条例》规定。水表产权不属于开发公司。《合同法》第 178 条规定:"供用电合同的履行地点,按照当事人约定;当事人没有约定或者约定不明确的,供电设施的产权分界处为履行地点。"第 184 条规定:"供用水、供用气、供用热力合同,参照供用电合同的有关规定。"按照权利与义务对等原则,开发公司亦无义务拓展其合同责任。水表本身仅是一个计量工具。业主购买商品是水,业主希望供水公司抄表到户其实是要与供水公司建立直接的水资源买卖关系,水表作为计量工具,亦应在水资源买卖合同中作为附随项目进行订立。只是由于目前商品房建设过程中,开发商已将水电设备进行了安装,故业主需与开发商在房屋买卖合同中约定开发商在交付房屋时应提供的供用水设备标准。购房合同中关于每户独立设表仅是对计量用水设施设备进行约定,并未对用水权利义务进行约定,且每户独立设表亦无法确定供用水合同内容,而刘某要求的在供水公司设立单独账户,与供水公司进行直接结算,本质上属于刘某欲与供水公司产生供用水的权利义务关系,但本案合同双方对供用水权利义务并未约定,仅约定了安装独立水表,开发公司已为每户业主安装了水表,已履行合同义务。判决驳回刘某诉请。2011 年**重庆某房屋买卖合同纠纷案**,2009 年,开发公司与蔡某签订重庆市商品房买卖合同。附件约定生活用水标准为"一户一表"。2010 年,蔡某入住后一直按物业公司公示的分摊水费方式缴纳水费。2011 年,蔡某诉请开发公司为其办理能单独到自来水公司交费的

"一户一表"。法院认为:依重庆市《城市供水节水管理条例》规定,"一户一表"制不同于传统的总分表制,且优于总分表制。本案所涉小区安装一个总表,再传输到小区各户分表,由于管网漏损、计量误差等因素,总表和户表之间存在输差水损,增加了业主使用成本。供水企业只负担表前设施维护,涉案小区只有总表一个户头,总表至户表之间管道、阀门等修缮成本只能由业主承担,导致额外支出。另外,自来水进入小区总表后由物业公司管理二次供水,缺乏专业维护人员,水池清洁难以到位,末端水质难以得到保证,且物业公司通常不将二次供水成本单列,在分摊水损和电耗时往往与其他物业管理成本混在一起,造成信息不公开、不透明。因只有总表一个户头,若其他住户欠缴,影响整个小区按时缴费;若遭到供水企业停水,则牵连缴费业主。本案当事人订立合同目的之一是保证购房人能顺利地向供水企业交费。涉案小区现有总分表制使购房人在供水企业处未建立独立的水表户头无法自行交费,该模式不符合合同目的。在国家政策指引及舆论宣传背景下,本案合同订立时,业主完全有理由相信,合同条款表述的"一户一表"应是不同于传统总分表制下物理形态的一户一表,而是政府所倡导的完全意义的"一户一表"。开发公司作为合同版本提供者,作为熟悉政策的开发商,其更应理解"一户一表"用语在政府全面推进"一户一表"工程语境下的实质含义,其交付的房屋须满足合同约定,符合政府相关规定精神,保障房屋应有的质量底线与使用价值。判决由开发公司安装蔡某能自行向自来水公司交费水表。2010 年**福建某物权纠纷案**,2003 年,李某等因拆迁取得安置房。2010 年,李某等业主与开发公司因电梯所有权归属问题产生纠纷致诉。开发公司以电梯非公用设施,系因与部分业主特殊约定而安装,部分业主未依约全部结清房款,故无权使用该电梯。法院认为:《物权法》第 70 条规定:"业主对建筑物的住宅、经营性用房等专有部分享有所有权,对专有部分以外的共有部分享有共有和共同管理的权利。"第 79 条规定:"建筑物及其附属设施的维修资金,属于业主共有。经业主共同决定,可以用于电梯、水箱等共有部分的维修。"电梯系高层建筑物的必备设备,亦系业主必须使用的设备。高层建筑物的业主必须使用电梯,才能保障其应享有的舒适、便利的居住生活。如电梯不归业主共有,而由开发商保留所有权,那么业主使用、维修电梯就必须经过开发商同意,必将给业主正常居住生活带来极大的不便利,将严重损害业主合法权益,故上述相关法律均规定电梯属于建筑物共有部分,应属业主共有。据此,李某等业主通过拆迁安置、购买等方式取得案涉楼房各专有部分的所有权和共有部分共有权,诉争电梯应属共有部分,属该楼业主共有。李某等诉请开发公司承担电梯更新、维修及运行电费义务,但尚未发生电梯已需更新、维修而开发公司拒绝更新、维修电梯事实,李某等亦未明确要求开发公司支付的运行电费金额,该项诉请缺乏事实依据,不予支持。李某等诉请要求开发公司将电梯调试合格至正常运行,并移交电梯及钥匙、电梯随机资料。该项诉请属物业服务合同纠纷,与本案物权保护纠纷属不同法律关系,不宜并案审理,应另案处理。判决确认诉争电梯归该楼业主李某等共有。2010年**福建某房屋买卖合同纠纷案**,2008年,电梯公司与开发公司签订电梯买卖合同,约定总价款26万余元,未支付至99%比例时,所有权归电梯公司。2010年,因开发公司尚欠5万余元,电梯公司起诉付款时主张确认电梯所有权。购买开发公司商品房的施某作为第三人参与诉讼,同时主张电梯作为商品房附属物的所有权。法院认为:施某提供的商品房买卖合同附件内容证明房屋买卖合同签订、备案,以及房产权属证书办理时间均在诉争电梯安装之后,且房屋权属证书在本案诉讼前四个月即已办理,说明房屋转让时即包含诉争电梯在内。至于约定房屋交付时间早于电梯买卖合同签订之日,或可判断开发公司交付房屋是否符合约定,但并不足以证明购买房屋时不包含电梯。另外,诉争电梯保留所有权约定存在于电梯公司与开发公司买卖合同之中,欠缺公示性,亦无证据证明施某在购买房屋时知晓该约定。诉争电梯已安装,应可视为房屋附属物,且房屋产权证已办,转让价格亦合理,这些客观事实亦应得到尊重。依《物权法》等相关法律规定,可认定施某善意取得诉争电梯,电梯公司不能再以设备买卖合同保留对电梯的所有权。因本案系买卖合同纠纷,故不应适用最高人民法院关于审理借贷案件的司法解释。电梯公司在诉讼中陈述其损失为资金本身的利率损失,属于自认,故法院以此为基础上浮30%来确认违约金损失的做法符合最高人民法院《关于适用〈中华人民共和国合同法〉若干问题的解释(二)》第29条规定。判决开发公司支付电梯公司货款5万余元,逾期付款违约金按同期人民银行贷款利率130%计算。2009年**福建某商品房买卖合同纠纷案**,2004年,何某与开发公司签订商品房买卖合同,约定"预留煤气管道"。2008年,何某诉请开发公司安装煤气管道。法院认为:案涉商品房买卖合同系开发公司提供的格式合同,产生对格式合同条款不同理解,应适用《合同法》第41条规定,即"对格式条款理解发生争议的,应当按照通常理解予以解释,对格式条款有两种以上解释的,应当作出不利于提供格式条款一方的解释"。本案中,市政燃气处黄某认为煤气预留管道应理解为,煤气管道建设完备,如有市政管网应与市政管网相通,如没有则应组建瓶组气。该理解足以认定为通常理解。开发公司认为应预留从何某厨房到厨房墙外煤气管道的理解,不符合通常情况,因预留煤气管道目的在于让包括何某在内的购房户能使用管道煤气,如未将市政煤气管道接通到何某所居住楼房,即无法实现预留煤气管道目的,故何某认为开发公司负有从市政煤气管道接通到争议楼房即购房户厨房内气表理解,于法有据,应予支持。判决开发公司为何某商品房安装煤气管道。2008年**安徽某商品房买卖合同纠纷案**,2007年,王某与开发公司签订商品房买卖合同。2008年,王某以开发公司曾在平面图标识中列明的小区出入通道位置、进户门内开、垃圾采集点、公共厕所建设、商铺位置或结构明显与实际不符为由，诉请违约赔偿。法院认为：开发公司在销售商品房过程中作为宣传的平面图标识，应系商品房销售广告或宣传资料，因该平面图对所出售商品房整体效果及相关设施作出了具体说明和允诺，对王某购买该商品房确定具有重大影响，根据法律规定，应视为合同内容，对双方当事人具有法律拘束力。王某入住后，发现原先约定的进户门内开被开发公司更改为外向开启，相邻两户在开关门时可能给（在门的开关范围内）有关人员造成人身和财产安全隐患，应认定开发公司方未全面履行合同约定的义务，属违约行为。本案中，王某要求参照双方合同中约定的"房屋迟延交付违约金计算方式"给付违约金，因该违约行为非为根本违约（致合同目的不能实现），故参照该约定显然与法不符。诉争各基础或公共设施均在平面图标示予以明示，但未注明实际交付使用期限，且合同中亦未有约定，故应参照双方合同有关条款和根据交易习惯及日常生活经验法则推定；垃圾采集点更改，开发公司负有说明义务，即系相关规划要求或方便全体业主生活所为，在本案审理中，开发公司未针对上述情况举证证明，应承担举证不能责任，即应视为违约，但双方当事人在合同中没有约定此项违约责任承担方式，具体损失主张方未举证证明，考虑该垃圾采购点实际更改且被综合验收，要求开发公司按照原合同约定地点履行也不可能，故针对该项请求本院不宜支持；地下车库的实际使用情况，因开发公司方已实际交付物业管理公司，仅因使用率原因而未全部开通，故应有业主委员会或业主与物业管理公司交涉，属物业管理服务合同关系，在本案中不宜处理；商业铺面的交付涉及该铺面买受人与出卖人之间的合同约定，即涉及他人合法权益行使，根据"民事权利不得滥用"原则而不宜在本案中作出规定；其余基础、公共设施——北车行通道、北回车场、商业铺面通行车道、居委会用房、公共厕所、门卫（应为门卫工作场所），对于这些小区设施交付时间，合同中并未约定交付期限，开发公司方承诺于2008年年底交付使用，也没有法律规定或合同约定依据，故可推定为全部小区房屋竣工交付时一并交付使用。判决开发公司将王某进户门更改为向内开启，开发公司3个月内将相关基础、公示设施实际交付使用。2008年**福建某商品房买卖合同纠纷案**，2005年、2006年，开发公司就同一车位，先后与何某、陈某签订商品房买卖合同并办理网上登记备案。2007年，陈某诉请开发公司给付合同正本及发票，并依约办理过户手续。开发公司及第三人何某称陈某与开发公司所签合同无效。法院认为：两份购房合同均已经当事人签订，虽何某签订在先，陈某签订在后，且标的物相同，但依《合同法》第32条规定两份合同均成立。本案当事人约定买卖诉争车位属房产，依《城市房地产管理法》（2007年修订）第36条规定，对诉争标的物转让应办理权属登记，本案诉争车位虽经两次出售却从未依法律规定办理权属登记。而该法仅规定房地产转让须经权属登记，并未进一步规定房地产转让合同经过权属登记才能生效，故依最高人民法院《关于适用〈中华人民共和国合同法〉若干问题的解释(一)》第9条第1款规定,该两份合同的法律效力不受权属未经登记影响,仍为生效合同,但车位所有权不能转移。具体而言,开发公司与陈某所签合同有效,但即便合同经备案登记、车位交付给第三人,亦未能发生车位所有权转移的法律效力;同时,开发公司与何某所签合同亦具有效力,同样该份合同虽经备案登记、何某实际使用车位,亦不产生车位所有权变动法律效力。何某已依约向开发公司支付购买车位款项,开发公司应开具相应发票,同时开发公司亦应将经双方签名或盖章的购房合同正本交付何某。因开发公司并未向陈某交付诉争车位,可认定开发公司承担办理权属登记约定义务的前提条件尚未成就,故判决仅支持陈某要求开发公司交付购房合同正本及购买车位发票原件诉请。2008年**浙江某车位买卖合同纠纷案**,2004年,楼某购买开发公司车库。2009年,楼某以该车库系人防工程、属国家所有为由,依市人防办关于"任何单位或个人不得出售产权或使用权"通知要求诉请确认合同无效、返还购车位款9.8万元、赔偿利息损失3万余元。法院认为:最高人民法院《关于适用〈中华人民共和国合同法〉若干问题的解释(一)》第4条规定:"合同法实施以后,人民法院确认合同无效,应当以全国人大及其常委会制定的法律和国务院制定的行政法规为依据,不得以地方性法规、行政规章为依据。"故楼某依据市人防办通知规定而主张合同无效的请求,法院不予支持。《人民防空法》未明确规定人防工程设施的使用权禁止买卖。省地方法规规定人民防空工程除重要的指挥、通信等工程外,在不影响其防空效能的条件下,鼓励平时予以开发利用。可见,亦未规定作为人民防空工程的车位使用权禁止买卖。综上,应认定法律和行政法规未禁止作为人民防空工程的车位使用权的买卖,故案涉合同合法、有效。作为人民防空工程的车位使用权有一定限制,如发生战争时必须作为人民防空工程使用,如楼某在购买诉争车位使用权时,对该车位系人民防空工程不知情,存在重大误解,可要求变更或撤销合同。楼某经法院释明后,未对诉讼请求作出变更,故判决驳回楼某诉请。2008年**江苏某所有权纠纷案**,2005年,徐某购买开发公司二层房屋用于开宾馆。随后,戴某购买开发公司除二层外其他楼层用于开歌厅,并约定戴某取得一楼通道。2008年,徐某以开发公司将其已分摊公有面积的一楼公用通道出售给戴某为由,诉请确认该买卖合同无效。法院认为:界定区分所有建筑物共有部分应从建筑物自然物理属性和功能用途两个方面综合把握,既要注意到共有部分在构造、使用上具有非独立性,亦要注意到共有部分对全体或部分业主在功能用途上的公共性、非排他使用性。共有部分所有权取得不以分摊了共有部分面积及支付对价为前提,只要区分所有权人取得了专有部分所有权即同时取得共有部分共有权和成员权。建筑物共有权与专有权密切相关,其既不能请求分割,亦不能单独让与,且依附于专有权。案涉一层通道是大楼一至五层使用的主通道,显属该建筑物共有部分。建筑物业主对建筑物公有部分享有共有和共同管理权利。徐某在购买二层房屋时已实际分摊了大楼二层楼梯面积,应对作为楼梯出口的一层通道享受共有和使用权利。徐某购买房屋二层,虽有一个专用通道,但其购买房屋用于经营宾馆,按要求宾馆应具备双通道才能通过消防验收。开发公司在出售房屋时已知道徐某购买房屋用途,其出售给戴某时即应考虑到两个以上业主对于通道、楼梯等公用部分享有共同共有和共同管理权利,不应对大楼公用部分进行分割出售。开发公司与戴某房屋买卖合同将一楼通道及除二楼楼梯之外楼梯均卖给戴某一人所有,违反了法律规定,故判决确认该部分买卖应属无效。2006 年**广西某商品房预售合同纠纷案**,2006 年,姚某发现所购商铺在层高、梁柱、排水管布局和设计,均与预售合同平面图附件标注的不一致,遂以重大误解诉请撤销合同。法院认为:双方签约时,涉诉房屋尚未建成,姚某作为消费者,对其所购房屋具体情况只能从开发商口头和书面描述中得到了解,但开发商并未将房屋详细结构情况通过样板房、平面图或其他书面或口头方式告知姚某,以便其能正确了解房屋基本结构。从房屋建成后现场勘验情况看,确实存在空间狭小致严重影响使用问题,即言,通常情况下常人根据开发商提供的信息对房屋空间结构的想象,与房屋实际情况确有较大差距,且无证据证明这样的空间结构是同一楼层所有房屋通用设计,故姚某以重大误解主张撤销合同,应予支持。判决撤销商品房买卖合同,开发公司返还姚某购房款并支付利息。2005 年**新疆某商品房买卖合同纠纷案**,2003 年,荣某按揭购买开发公司商品房。2005 年,荣某以开发公司未按其发布的售房广告所称采用集中供热取暖方式为由,诉请撤销与开发公司及银行所签购房合同及贷款合同,并返还房款、赔偿损失。法院认为:商品房销售广告和宣传资料为要约邀请,但对出卖人商品房开发规划范围内房屋及相关设施所作说明和允诺具体确定,并对商品房买卖合同订立及房屋价格确定有很大影响,应视为要约。案涉商品房买卖合同虽未对诉争集中供热问题予以明确,但开发公司在对外宣传资料上所作允诺已明确荣某所购房屋为集中供热,地辐射采暖,应认为此宣传材料上的承诺为要约。荣某正是基于此宣传资料与开发公司签订商品房买卖合同,故该宣传资料上有关销售房屋说明和允诺应视为合同内容。开发公司在与荣某签订商品房买卖合同前,已明知供热采暖方式发生变更,而未告知荣某,仍与荣某签订购房合同,其行为构成可撤销合同法定情形。开发公司与荣某所签商品房买卖合同系可撤销合同,该合同依法自始无法律效力,开发公司应承担缔约过失责任。因荣某与开发公司、第三人银行所签个人住房借款合同及房地产抵押合同均系基于商品房买卖合同而产生的从合同,现商品房买卖合同已无法继续履行,个人住房借款合同及房地产抵押合同继续履行亦成为不必要,故这些从合同亦应一并终止。判决撤销案涉商品房买卖合同,终止荣某与开发公司、第三人银行所签个人住房借款合同,终止荣某与第三人银行所签房地产抵押合同,开发公司退还荣某所交房款及规费15万余元,开发公司偿付荣某利息1.5万余元。2005年**江苏某商品房买卖合同纠纷案**,2000年,开发商宣传开发楼盘“大厦配套设施齐全,设有免费双向电梯、大型停车场、自动消防喷淋系统等现代化设施”,刘某签约时在合同上添加了一条开发商保证其“有非露天停车位”,结果没有。刘某认为开发商应依约提供免费停车位,开发商认为非为表述停车位免费。法院认为:因销售广告和宣传资料一般认定为要约邀请,但出卖人就商品房开发规划范围内房屋及相关设施所作说明和允诺具体确定,并对商品房买卖合同订立及房屋价格确定有重大影响的,应视为要约。从表述内容看,不能得出有明确的免费停车场,能得出的明确结论只是存在停车场,故不能认定免费停车场系要约一部分。从销售价格及地理位置来看,所谓免费停车位对房屋价格的确定无决定作用,有关停车场的宣传资料不能给刘某造成信赖而认为存在免费停车场使其与开发商签订房屋买卖合同。关于停车场表述系刘某在填充式合同上添加部分,适用普通合同解释方法,有疑义时,应作出不利于条款制定人即刘某的解释,即不存在免费停车位,但开发商违反约定未提供停车位,应赔偿相应损失。判决开发商因不能提供刘某约定停车位,赔偿5万余元。2005年**江苏某商品房买卖合同纠纷案**,2001年,张某购买开发公司营业房。2002年,开发公司将相邻营业房出售给姚某,因此导致两房之间消防通道及消防安全门被封闭。林某租赁张某房屋经营茶餐厅因消防原因解约,法院判决张某赔偿林某12万余元。2005年,张某以开发公司为被告、姚某为第三人,诉请赔偿损失。法院认为:案涉房屋为商业用房,公安部门消防意见书明确了案涉房屋须有消防通道并保持畅通,同时赋予开发公司相应义务,即租、售案涉相邻房屋时应保证其中的消防通道始终畅通,故开发公司售给张某房屋,实质上存在隐患瑕疵,其在销售相邻房屋时,应事先安排好消防通道或在与姚某售房合同中与购房人约定确保相邻房屋消防安全门和两室消防通道畅通事宜,否则隐患瑕疵将成为现实瑕疵。上述义务应为相邻房屋买卖合同的后合同义务。现开发公司尽管已履行了后一售房合同中约定义务,但依《合同法》第92条规定,其应在收到消防意见书数月后,履行对张某的后合同义务。本案中,开发公司未举证证明其与第三人姚某所签售房合同或有关物业管理委托合同赋予了姚某保持消防通道畅通的法律义务,亦未提供证据证明姚某堵塞了消防门,故不能认定姚某负有保持消防门和两室间消防通道畅通义务,姚某不应承担损害赔偿责任。综合当事人举证可明确,开发公司售房给姚某后,在收到消防验收意见书后,未能引起必要注意,与姚某签订售房合同时,违反了与张某所签房屋买卖合同的后合同义务,未妥善安排消防通道事宜,导致后来消防通道被堵塞,张某所购房屋失去商业价值并造成现实的经济损失。判决开发公司为张某恢复或另提供消防通道,同时支付张某损失34万余元。2004年**广东某商品房预售合同纠纷案**,1999年11月,曾某等与开发公司签订预售合同。2002 年 5 月,小区四期高层项目开工。2004 年 4 月,曾某等人以开发公司四期建设项目违背售楼书及售楼处沙盘模型展示的花园绿地环境为由,诉请按房价 5% 赔偿各自经济损失。法院认为:曾某等与开发公司所签买卖合同有效。开发公司在其发布的售楼宣传图册及现存售楼处的小区沙盘模型中展示的花园绿地具体确定,对商品房买卖合同订立及房屋价格确定有决定作用,应视为合同组成部分并约束合同当事方,开发公司未按约定履行义务,应承担违约责任。开发公司称售楼处小区沙盘模型中标牌为四期规划用地,且其张挂在售楼处的预售许可证附图中诉争地块未标明"绿地花园",表明其已告知业主该地块为小区高层项目用地,而曾某等则称沙盘模型中标牌为 2002 年 5 月更换,在双方均无其他证据佐证情况下,该事实应以售楼宣传图册所示为准,开发公司在售楼处张挂的预售许可证附图中东南侧地块未标明用途,故不能认定开发公司履行了告知义务。诉讼时效应从知道或应当知道权利被侵犯时起计算,而本案曾某等应当知道权利被侵犯的时间为 2002 年 5 月 1 日案涉高层工程正式开工之日,故开发公司关于诉讼时效应从小区三期入住之日起算的主张,不予支持。曾某等要求开发公司赔偿损失的诉讼请求,本院予以支持,但其主张按房价 5% 比例赔偿,明显过高,应予以调低。判决开发公司按涉案房屋房款总价 1.5% 赔偿曾某等各原告损失。2004 年**广东某商品房预售合同纠纷案**,1993 年,开发公司通过广告和宣传资料宣传在楼盘将建造大型"住客俱乐部"和"综合大楼",张某据此与开发公司签订购房合同。1996 年,开发公司交房。2003 年,张某得知上述配套设施建设用地被用作他途,遂诉请开发公司按房价 10% 赔偿其损失。法院认为:开发公司通过各种销售广告和宣传资料宣传在楼盘将建造大型"住客俱乐部"和"综合大楼"这两个重要的配套设施,以满足住客康体娱乐活动和日常生活消费需求。由于该内容是对开发规划范围内房屋及相关设施所作说明和允诺,该说明和允诺具体确定,同时该说明和允诺对商品房买卖合同订立和房屋价格确定有着重大影响,故即使该说明和允诺未载入购房合同,依法亦视为合同内容。虽然当时《合同法》并未颁布实施,当时法律亦无要约规定,但依相应司法解释明确规定,当时法律没有规定的,《合同法》有规定的可适用《合同法》,故该说明和允诺构成《合同法》规定的要约。开发公司至今仍未建造"住客俱乐部"及"综合大楼",已构成违约,应承担相应责任,张某要求按购房款价 10% 赔偿过高,应以购房价0.5% 为宜。依我国法律规定,建设单位和个人在取得建设用地规划许可证后,方可向县级以上地方人民政府土地管理部门申请用地,经审查批准后,由土地管理部门划拨土地,而开发公司对该楼盘项目并未向规划、国土部门申请建设用地使用规划报建,至今亦未进行整体报建,故开发公司辩称该楼盘项目是分期开发,综合大楼等基础设施不是不建,只是未建设,无事实基础,不予支持。对开发公司认为张某主张的权利已超过法定诉讼时效答辩,不予支持,因双方在开发公司承诺的“住客俱乐部”和“综合大楼”基础设施建设交付使用时间上并未明确约定,故诉讼时效起算时间无从确定,张某方在并不知道开发公司缺乏报建手续情况下入住所购房屋7年后,得知开发公司原先用于建造这些基础设施的用地已用作其他用途,才得知自己应有的权利被侵犯,故按诉讼时效起算时间应从当事人知道或应当知道权利被侵害时起计算的标准,张某所主张要求违约赔偿的权利并未超过诉讼时效。判决开发公司赔偿张某违约金港币2590元。2000年**江苏某转让合同纠纷案**,1997年,信用社将原属织染厂厂房转让给实业公司,约定“水接到厂门口,电接到变压器”,事后实业公司以信用社未购买水电使用权为由诉请其承担违约责任。法院认为:虽因双方对信用社必须履行的水电方面义务约定不明确,导致双方产生不同理解,亦即实业公司认为水电接到位就是取得水电使用权,而信用社则认为转让设施能够通水和通电即可,但按该合同所使用词句、合同目的、交易习惯及诚实信用、公平原则衡量,应认定该条款真实意思并未包括由信用社负责为实业公司购买水电使用权。首先,从合同所使用词句来看,双方未将实业公司办厂用电所需增容量等接电接水主要内容加以明确,亦未对购买水电使用权所需较大数额费用加以明确。其次,从合同目的、交易习惯及有关规定来看,该合同目的是转让房地产,而在房地产交易习惯中,一般不包括水电使用权费用。按“谁用电、谁申请”供电营业规则,如确系双方在签订合同时对水电问题一并作约定,应在合同中针对该部分重要内容特殊约定具体、明确载明,以便正确履行合同。再次,从我国民法规定的诚实信用及公平原则来看,按实业公司主张的购买水电使用权费用由信用社负担,则信用社与银行转让全部房屋价款不到25万元,这样,当事人之间利益明显不平衡。显然,这不符合合同当事人真实意思表示,亦不符合诚实信用及公平原则。判决驳回信用社诉请。1999年**福建某房屋买卖合同纠纷案**,1998年,李某等与开发公司签订厦门商品房买卖合同,约定房价不含配套费用。2000年,李某等以开发公司、物业公司收取煤气开户费、电开户增容费、安全防盗门安装费和维修基金、装修土头清运费等配套费用为由诉请返还。法院认为:诉争煤气开户费、电开户增容费和安全防盗门安装费属配套费用,系基于买卖双方签订的商品房购销合同而产生,属合同关系,而维修基金和装修土头清运费属物业管理费,系基于双方之间的物业管理关系而产生,属物业管理范畴,故前三项费用与后二项费用分属两种不同法律关系,不宜合并审理,李某等关于返还维修基金和装修土头清运费请求本案不予处理。本案诉争三项费用系属配套设施,非基础设施,故依《商品住宅价格管理暂行办法》无法确认该三项诉争费用应属建设成本。根据厦门市物价局《厦门市商品房销售价格行为管理办法》和《关于房地产开发经营违反规定价外收取配套费问题的处理界限的通知》规定,房屋配套性质的建设费用计入房屋建设成本一并计入房价于1999年10月1日起强制执行,本案诉争合同均签订于1998年12月，故厦门市物价局规定不能当然适用于本案诉争合同，故李某等主张诉争三项费用必须计入建设成本无法定依据支持，其主张不能成立。竣工图及工程决算书中所包含电、防盗门安装项目系属建设工程施工合同中安装工程，从施工单位编制的工程决算中已包含此项工程造价即可佐证这一事实，且该部分工程款亦应由编制决算的施工单位收取，而诉争三项费用系分别由煤气公司、供电公司和防盗系统安装公司收取，该三项费用并未列入建设安装工程造价。李某等提供的售楼广告及价目表与诉争三项配套费用应由谁承担并无直接关联，因三项配套费用必须计入建设成本无法定依据，且系房屋配套设施支出，受益方即为购房者，故购房者购房所需承担之对价应以购房合同约定为准。如合同明确约定该三项配套费由买方承担，亦应视为该费用也是房屋售价组成部分，即每平方米单价和配套费用共同组成购房者所需承担的购房对价，合同范本有关配套费用不含房价中的明确约定进而印证了这一事实。开发公司并未重复收取价款，其所收费用的项目及金额确已实际发生，故其亦未虚报收费名目与金额，李某等以开发公司重复收取价款和虚报收费名目与金额为由主张开发公司构成价格欺诈显然不能成立。判决驳回李某等诉请。**②典型案例之设计变更。**2015年**江苏某房屋买卖合同纠纷案**，2014年，张某与开发公司签订商品房买卖合同。2015年，开发公司交房，张某发现房屋内部布局与开发公司宣传图片及购房合同附件中房屋平面图相反，遂诉请解除合同。法院认为：依《合同法》第94条第1款第4项规定，当事人一方迟延履行债务或者有其他违约行为致使不能实现合同目的，当事人可以解除合同。该条赋予合同目的不能实现时非违约方的法定解除权，案涉房屋内部布局左右相反导致张某合同目的不能实现，其有权解除购房合同。首先，合同目的包括客观目的和主观目的。客观目的即典型交易目的，当事人购房客观目的在于取得房屋所有权并用于居住、孩子入学、投资等，影响合同客观目的的实现因素有房屋位置、面积、楼层、采光、质量、小区配套设施等，客观目的可通过社会大众普通认知标准予以判断。主观目的为某些特定情况下当事人动机和本意。一般而言，《合同法》第94条第1款第4项中的合同目的不包括主观目的，但当事人将特定主观目的作为合同条件或成交基础，则该特定主观目的客观化，属《合同法》第94条规制范围。本案中，双方当事人对房屋内部左右布局约定明确。从现有证据来看，无论是开发公司宣传图片还是购房合同附件中房屋平面图，均明确了房屋进门后的左右布局。开发公司在购房合同附件中的房屋平面图加盖合同专用章，该附件并未提醒购房者，实际交付房屋内部左右布局可能与平面图相反，且张某所购房屋为期房，在购房时参观的样板房亦与实际交付房屋不一致，无法据此推断张某明知所购房屋内部左右布局与合同约定相反。张某对于房屋内部左右布局明确约定并作为特定合同目的，并不违反法律、行政法规禁止性规定，亦未侵害第三人权益，属当事人意思自治范畴,法律尊重和保护个体通过自身价值判断自由选择合适房屋的合法权利。房屋并非普通商品,购房者对所购房屋的谨慎选择符合生活常理。由于开发公司并未交付符合合同约定布局的房屋且无法调换,致使张某购买符合购房合同附件中约定布局房屋的合同目的落空,张某要求解除合同于法有据。张某放弃对违约金部分的主张,系对自身权利自由处分,法院照准。判决开发公司返还张某购房款63万元。2001年**天津某物权纠纷案**,1995年,开发公司与制衣厂签订商品房预售合同,并约定"本合同补充和修订,须经文字形式修改或补充方为有效,否则原合同条款视为有效条款"。制衣厂据此交纳订金30万元和前期购房款500万元。1996年,因开发公司迟延交房且改变房屋外观设计和内部结构,制衣厂诉请解约并退还房款。开发公司认为制衣厂应知设计变更事宜,主张继续履行。法院认为:案涉预售合同有效。在合同履行中,发生了原合同设计图纸变更,这是对原合同的变更和修改。尽管设计图纸变更原因非开发公司所能预见和避免,但开发公司在设计图纸变更导致需对原合同进行变更时,一直未以书面形式向制衣厂履行通知义务,而预售合同约定"本合同补充和修订,须经文字形式修改或补充方为有效,否则原合同条款视为有效条款"。开发公司未出示直接证据证明已向制衣厂履行通知义务,故开发公司未以书面通知形式提出变更合同要求,构成违约。虽然,现有部分间接证据可相互印证,从而推定制衣厂知道图纸变更情况,但法律规定,默示只有在法律有规定或当事人双方有约定情况下才可视为意思表示,故尽管本案可推定制衣厂知道设计图纸变更事实,但其并未用语言或文字明确表示同意,亦未以其行为表示接受,故不能认定制衣厂已同意变更合同内容。在双方对合同继续履行不能达成共识情况下,判令解除合同,开发公司返还制衣厂定金、购房款及利息。2014年**广西某房屋买卖合同纠纷案**,2011年,黄某与开发公司签订购房合同,约定房屋层高为2.8米。2013年,黄某以实际层高仅2.7米为由诉请开发公司赔偿损失。法院认为:因合同约定开发公司应向黄某交付层高为2.8米房屋,该约定是双方当事人真实意思表示,开发公司应按合同约定履行该义务。因开发公司实际交付房屋层高仅为2.7米,不符合约定,构成违约,为此,应承担赔偿相应损失的违约责任。开发公司除应赔偿黄某房屋层高缩水部分工程造价即直接损失成本费外,还应赔偿相应间接损失。参照最高人民法院《关于审理商品房买卖合同纠纷案件适用法律若干问题的解释》中面积误差赔偿计算方法,判决开发公司赔偿黄某直接损失1400余元外,还应赔偿黄某房屋间接损失价款3400余元。2013年**江苏某行政诉讼案**,2010年,张某等人陆续与开发公司签订商品房买卖合同。2012年,张某等人认为建设工程规划许可证与小区地块控制性详细规划不符,侵害了其合法权益,遂起诉规划局,请求撤销该建设工程规划许可证。法院认为:与具体行政行为有法律上利害关系的公民、法人或者其他组织对该行为不服的,可以依法提起行政诉讼。

判断法律上利害关系的要素有二:一是当事人权益受到损害或有受到损害现实可能性;二是权益损害与具体行政行为具有因果关系。开发公司与规划局发生行政法律关系时间早于其与张某等人发生民事法律关系时间。张某等人选择与开发公司签订商品房买卖合同时,建设工程规划许可证已颁发,相关建设和交付要求在销售前已明确,建筑间距、建筑高度等均已对外公示。张某等人是在对自己购买房屋的现有规划条件知情且认同情况下与开发公司签订购房合同的,故在后发生的民事行为未受到在先发生的行政行为影响,张某等人与被诉具体行政行为不存在法律上利害关系,不具备原告诉讼主体资格。裁定驳回张某等人起诉。2007 年**江苏某房屋买卖合同纠纷案**,2004 年,周某与开发公司所签购房合同附件上写明楼间距为 24 米多,实际上开发商施工后根据规划要求,变更楼间距为 16 米多,周某据此主张开发商应承担违约责任。法院认为:开发商根据政府规划部门要求调整小区布局,并不符合法律规定的不可抗力构成要件,政府根据法律、法规规定对开发商作出的具体行政行为不能成为不可抗力事由。开发商缩小楼间距行为已构成民法上违约,虽具有行政方面原因,但并不能据此免除其违约责任。因对该违约责任未明确约定,根据开发商违约原因、楼间距缩小对周某房屋影响程度、开发商有无因违约获得利益等情况进行综合考虑,参照双方签约时就一方违约导致解除合同按总房款 1% 支付违约金约定,酌定开发商支付 3000 余元违约金。2006 年**安徽某商品房买卖合同纠纷案**,2003 年,崔某购买开发公司第 7 层、第 8 层跃层商品房,合同约定层高 2.8 米,同时注明楼上第 8 层系跃层,但未约定层高。2006 年,崔某以第 8 层层高仅2.5 米为由诉请撤销合同、双倍赔偿购房款。法院认为:案涉商品房买卖合同约定层高 2.8 米,但同时在合同中对非标准楼层高度的跃层高度未约定,对此约定不明情形,依《合同法》第 41 条规定,应作出不利于提供格式条款一方解释,即跃层高度亦应理解为层高 2.8 米,因实际跃层高度 2.5 米,可认定开发公司出售商品房不符合双方约定,构成违约。崔某认为开发公司故意隐瞒第 8 层层高为 2.5 米事实构成欺诈,证据不足。同时,开发公司违约行为不属于最高人民法院《关于审理商品房买卖合同纠纷案件适用法律若干问题的解释》第 8 条、第 9 条规定的可以双倍返还购房款的五种情形,故崔某诉请开发公司双倍返还购房款诉请,依法难以支持。对于崔某以开发公司违约为由,主张解除合同,并要求违约赔偿诉请,崔某可另行主张。判决驳回崔某诉请。2005 年**福建某侵权纠纷案**,2004 年,一层商铺业主林某以建筑公司、开发公司交付商铺地平标高于街道路面标高 1.5 米为由,诉请恢复原状。建筑公司提供了该重点建设项目的部分相关规划、施工手续。法院认为:案涉建造工程被政府列为城市重点建设项目,规划局同意了设计方案,但在具体建设施工时,建筑公司未能提供建设工程施工许可证等相关手续,在手续上未能体现整个审批过程的完整性。案涉建设工程系公益事业,其建设使道路更加平坦,给公众带来方便。从公共利益出发,其建造符合公共利益,林某等要求恢复路面原状不予支持。2003 年**四川某房屋买卖合同纠纷案**,2000 年,王某购房时,开发商出示其盖章的施工图纸标明层高 3.9 米。2003 年,开发商交房后,王某以实际测量仅 3.5 米为由起诉。法院认为:王某提供的加盖有开发商印章的设计施工图纸上所标明层高表述,应视为开发商对层高要约,对房屋买卖合同订立和房屋价格确定有重大影响,其虽未载入商品房买卖合同,依法应视为合同内容。因层高不符合合同约定,对房屋使用价值有一定影响,开发商对此应承担相应违约赔偿责任。判决开发商支付王某层高违约金 1 万元。2001 年**福建某拆迁安置合同纠纷案**,1998 年,陈某与开发公司签订拆迁补偿安置协议,约定开发公司将安置房 505 室给陈某。2000 年,因开发公司从地下二层起算,将编号 705 室以 46 万余元售予王某而欲将三层的 505 室交陈某时遭拒致诉。法院认为:拆迁补偿安置协议对安置房屋具体坐落、房号等均进行了明确约定,不属于《合同法》规定的标的物约定不明情形,造成双方产生争议原因在于房屋编号和楼层计算方式更改。房屋编号和楼层计算方式更改后,诉争合同所指向标的物应由双方再行达成协议进行约定,在无法达成一致意见情况下,应比照最相同情况即从地面起算,开发公司应依约将 705 室交付陈某。鉴于王某购买诉争房屋时并不知情,其与开发公司所签商品房购销合同是在平等、自愿、等价有偿基础上签订,且交付房款并已实际使用,系善意有偿取得,其权利应得到保护。陈某表示愿比照开发公司与王某所签商品房购销合同价格进行赔偿请求符合公平、合理原则,可以支持。判决开发公司偿付陈某 46 万余元。③**其他案例综合。2006 年江苏某物业管理合同纠纷案**,2005 年,徐某夫妇购买房屋。开发商口头承诺买房送庭院绿地虽未写进合同,但按私家绿地建造设计。徐某入住后将该绿地废除,抹水泥,改成鱼池、花台。2006 年,物业公司认为影响小区统一美观,提起诉讼,要求恢复原状。法院认为:业主与所在小区的物业管理公司签订物业管理服务协议后,即与物业管理公司之间建立了物业管理服务合同关系。物业管理公司作为提供物业管理服务的合同一方当事人,有义务依约进行物业管理,要求业主遵守业主公约及小区物业管理规定,有权对违反业主公约及物业管理规定的行为加以纠正,以维护小区正常的物业管理秩序,维护小区全体业主的共同利益。当业主不按照整改要求纠正违反业主公约和物业管理规定的行为时,物业管理公司作为合同一方当事人,有权依法提起诉讼。即使从该庭院绿地的建造设计情况看,该绿地似仅供徐某一家使用,但依开发商口头承诺尚不能认定徐某一家对所购房屋庭院绿地享有独占使用权。该绿地作为不动产,其使用权归属不能仅依现实占有、使用情况进行判断,须根据房屋买卖合同内容及物权登记情况加以确定。在买卖合同无记载、物权未登记情况下,只能认定徐某夫妇对该绿地享有一般使用权而非独占使用权。根据业主公约及物业管理协议,徐某夫妇不能破坏其所购房屋庭院绿地，不能擅自对该绿地进行改造，即使其对该绿地享有独占使用权，鉴于该绿地属于小区绿地组成部分，根据物权的公益性原则，徐某夫妇使用该绿地时亦应遵守业主公约及物业管理协议中关于小区绿地的管理规定，不得擅自破坏该绿地，损害小区其他业主的合法权益，故判决徐某夫妇对绿地恢复原状。2014 年**广东某商品房预售合同纠纷案**，2012 年，黎某与开发公司签订商品房买卖合同，约定交房日期为 2013 年 12 月 20 日。2013 年 12 月 13 日，该楼盘竣工验收；2014 年 7 月 16 日，供电局出具复函证明诉争房屋已完成永久性用电设施安装并通过竣工验收。此前，黎某一直以此为由拒绝收房并诉请支付延迟交房违约金。法院认为：依电力工业部《供电营业规则》第 12 条第 1 ~ 2 款规定："对基建工地、农田水利、水政建设等非永久性用电，可供给临时电源。临时用电期限除经供电企业准许外，一般不得超过六个月，逾期不办理延期或永久性正式用电手续的，供电企业应终止供电。使用临时电源的用户不得向外转供电，也不得转让给其他用户，供电企业也不受理其变更用电事宜。如需改为正式用电，应按新装用电办理。"由此可见，所谓临时用电是供电企业按用电期限分类区别于正式用电的一种供电方式，其不能用作居民日常生活用电。开发公司虽已依约取得竣工验收报告，但其未依约定期限将具备永久用电条件的房屋交付黎某使用，已构成违约，应依约计付延迟交楼违约金。鉴于供电局出具复函证明涉案房产已于 2014 年 7 月 16 日具备永久用电，故判决开发公司向黎某支付从 2013 年 12 月 21 日起至 2014 年 7 月 16 日止的延迟交楼违约金。2014 年**重庆某商品房买卖合同纠纷案**，2010 年，王某与开发公司签订商品房（带负一层私家花园）买卖合同并支付全款。2011 年，王某以入住私家花园墙壁上开设了消防安全门为由，发函要求关闭该门未果，遂诉请撤销合同。法院认为：从诉争商品房买卖合同关于私家花园、私家绿地约定内容看，足以使购房者认为，其对所购房屋花园享有独自使用权利，具有较强私密性、安全性，加之涉案房屋相邻、相对等方位别墅业主均可对相应花园进行独占性使用，故王某对案涉房屋花园属私家花园的预期，属合理预期。该预期系促使王某购买涉案房屋主要原因之一。对存在消防门这一设计问题，开发公司未举证证明其履行了告知义务，符合因故意隐瞒真实情况导致合同可被撤销情形。王某在知晓房屋实际情况后，希望通过关闭消防门等措施消除缺陷，满足其签约时预期。王某在得知开发公司明确表示无法关闭消防门时，始知通过消除缺陷方式救济因欺诈订立合同已成不可能。也就是说，王某此时方知唯以撤销合同方式，才能实现对自身权利的救济，故王某未超过一年除斥期间。判决撤销案涉商品房买卖合同，开发公司返还王某购房款及资金占用损失。2011 年 4 月**河南某商品房预售合同案**，法院认为：虽然开发公司交付的商品房配套设施不符合合同约定的标准，但该配套设施已具备了其应当具备的使用性能，如将商贸城现有的配套设施改修或者改建，将造成社会资源的浪费,刘某的诉请已无继续履行的必要,故刘某要求开发公司继续履行合同的诉讼请求本院不予支持。2010 年 6 月**上海某商品房预售合同案**,法院认为:虽然当事人双方在房屋预售合同中约定开发公司擅自变更小区平面布局,应承担违约责任。但双方同时又在合同补充条款中进一步明确,前述所指的小区平面布局变更,仅指小区中住宅建筑在小区中的坐落位置的变化。小区地下车库排风口位置的变化并不包含在其中。该条款并不属于未与对方协商的格式条款,而即便该约定属于可撤销的合同条款,鉴于高某也未在法律规定的除斥期间内提出撤销主张,故应当认定该条款对当事人双方仍具有约束力,高某以开发公司擅自变更小区布局构成违约为由,要求开发公司支付违约金的诉讼请求缺乏合同依据。2008 年 6 月**北京某商品房买卖合同案**,法院认为:本案的天然气设计变更是经业务主管部门、甲方代表、设计方代表、施工方代表四方共同签章确认作出取消燃气决议而进行的变更,该变更非因开发公司的原因所致,且开发公司及时告知采用了向朱某提供高级电磁炉的方式进行了替代履行,并非开发公司拒不履行天然气入户的约定,现开发公司继续履行天然气入户约定以已无事实基础,故朱某要求开发公司继续履行天然气入户约定的诉讼请求法院不予支持。朱某未向法院举证证明双方合同以及补充协议有公共走廊必须进行封闭吊顶的约定,亦未证明公共走廊未封闭吊顶违反国家强制性规定,现案涉公寓已通过验收并投入使用,故朱某要求开发公司继续履行对公共走廊进行封闭吊顶的诉讼请求缺乏约定或法定的依据,法院对此不予支持。对朱某要求开发公司履行公共过道净高不低于 2.1 米国家标准的诉讼请求,因其未提交合法有效的证据证明公共走道净高确实低于 2.1 米,故该诉讼请求缺乏相应的事实依据,法院亦不予支持。判决驳回朱某的全部诉讼请求。2008 年 5 月**山东某商品房买卖合同案**,法院认为:开发公司将商品房交付给魏某后,魏某依法享有占有、使用、收益及处分的权利,魏某与白某签订房屋租赁合同并无过错。魏某与开发公司在商品房买卖合同中约定,开发公司负有在商品房交付时水、电、道路达到使用条件的义务。开发公司没有按照合同约定通水电,致使魏某与白某签订的房屋租赁合同未能履行,魏某返还白某租金 6.8 万元。对违约责任魏某与开发公司在合同中虽未约定,但根据《合同法》第 113 条的规定,当事人一方不履行合同义务或者履行合同义务不符合约定,给对方造成损失的,损失赔偿额应当相当于因违约所造成的损失。对魏某的损失赔偿额应以魏某与白某签订的房屋租赁合同约定的 2006 年 8 月 6 日起至一审起诉之日止的租金共计 7.45 万元为宜。2007 年 10 月**云南某商品房买卖合同案**,法院认为:该合同附件中约定“厨房设施:煤气管道”、“单元为对讲门”,现双方争议的是该约定中的煤气管道和单元为对讲门是否包含了配套中的煤气安装费和单元对讲费用。因该合同中该两项约定属于约定不明的条款,而该合同是由开发公司提供,故对该合同上述条款的解释应有利于相对方即购房人。故小区内部煤气管道的建设费用及单元对讲设备费用应理解为由售房人支付。但也不能扩大解释"厨房设施:煤气管道"就已包括煤气通气所必须向煤气工程部门交纳的集资费用及因通气使用小区外已建设的煤气主干道应交纳的主干道分摊费用。本案中开发公司所收煤气安装费包括交付给区煤气工程筹备领导小组的管道煤气安装费及后端煤气管道建设费用两部分。从区煤气工程筹备领导小组出具的证明看,管道煤气安装费由每户集资费、前段煤气主干道分摊费、灶具费、设计费、次道路开挖费、厨房设施煤气管道、人工安装费、调压站工程费等组成。该费用中每户集资费人民币 600 元、前段煤气主干道分摊费人民币 400 元、灶具费人民币 220 元均不属于小区内部煤气管道建设费用。上述费用不应视为开发公司所收配套费中多收取应退还部分。而后端煤气管道建设费用属于小区内部煤气管道建设费用,根据双方合同约定,不应由张某承担。2007 年 9 月**广东某商品房买卖合同案**,法院认为:从双方合同约定"公共大堂及通道地台铺砌花岗岩(大理石或抛光砖),配饰灯;电梯:每梯配名厂电梯一部"应推定电梯直达 1 楼。作为开发商的开发公司在出售讼争房屋时,对电梯只到 3 楼没有直达 1 楼这一异常情况没有证据证实履行了告知义务,应承担相应的违约责任。开发公司辩称合同没有约定电梯直达 1 楼,与合同的通常理解不相符,据此辩称其没有违约行为理由不成立。现庄某起诉要求开发公司赔偿损失,具有合同依据,应予支持。关于电梯只到 3 楼的损失金额确定问题,庄某认为按照总房款 15% 的比例计算赔偿金额符合市场对两种房屋价值差距评价,未能提供确实证据予以证实,其提出黄埔建设公司从违约行为中获得巨额收益,也缺乏证据证实。经查,对于电梯只到 3 楼这一违约行为,开发公司已积极采取补救措施,在该楼西侧加建了电梯供该楼1 ~3 梯业主上下 1、3 楼。故考虑庄某受损害程度、开发公司的违约程度、开发公司采取补救措施等因素的基础上,酌情确定庄某的损失按合同售价的 3% 计算。2006 年 11 月**海南某商品房买卖合同案**,法院认为:詹某已全部履行了合同约定的付款义务,开发公司交付的房屋就应符合合同约定。开发公司在双方办理房屋交接手续后未经詹某同意将天然气管道拆除,尽管是出于安全考虑,理由正当,但已使其所交付的房屋不符合合同约定,已构成违约,由此造成詹某的损失应予以赔偿。当事人对自己提供的诉讼请求所依据的事实有责任提供证据加以证明。本案中,詹某主张因开发公司违约造成其经济损失 10 万余元因其未举证;且法院也无法通过鉴定确定其实际损失,对此,詹某应承担举证不能的法律后果,判决驳回詹某诉讼请求。

【同类案件处理要点】

房地产开发企业交付的商品房配套设施应当符合双方合同约定。经规划部门批准的规划变更、设计单位同意的设计变更导致商品房的结构型式、户型、空间尺寸、朝向变化以及出现合同当事人约定的其他影响商品房质量或者使用功能情形的,房地产开发企业应当在变更确立之日起10日内,书面通知买受人。买受人有权在通知到达之日起15日内作出是否退房的书面答复。买受人在通知到达之日起15日内未作书面答复的,视同接受规划、设计变更以及由此引起的房价款的变更。房地产开发企业未在规定时限内通知买受人的,买受人有权退房;买受人退房的,由房地产开发企业承担违约责任。

【相关法律风险提示】

1. 因开发商擅自变更规划或设计,导致交付的商品房配套设施与合同约定的不符,买受人通过诉讼主张权利时,如坚持诉请继续履行,客观上又无实现的可能,或继续履行造成社会资源的浪费,则诉请肯定会被法院驳回。案见河南巩义法院(2011)巩民初字第1415号"刘某诉某开发公司商品房预售合同纠纷案"。

2. 交房标准如果约定的天然气管道没有安装,而损失鉴定又无法得出结论,在出卖方已确定违约情况下,能否依当事人提出的确定损失标准酌情判决经济赔偿,法院可能会作出否定回答,以无证据证明损失为由,直接驳回当事人诉讼请求。案见海南三亚中院(2006)三亚民一终字第160号"詹某与某开发公司商品房买卖合同纠纷案"。故预防此风险,可在合同中事先约定违约条款。

3. 购房合同明确约定房价不含配套费用,故未列入建设安装工程造价的煤气开户费、电开户增容费和安全防盗门安装费等应由购房者承担;合同约定"水接到厂门口,电接到变压器"按合同目的、文义等解释,出卖人并不需购买水电使用权。

4. 开发商在其发布的售楼宣传图册及现存售楼处的小区沙盘模型中展示的花园绿地具体确定,对商品房买卖合同订立及房屋价格确定有决定作用,应视为合同组成部分。

5. 开发商出售商业用房时,违反后合同义务,未妥善安排消防通道事宜,导致购房人损失的,应承担相应民事责任。

6. 商品房买卖合同约定"预留煤气管道"存在两种解释的,应作出不利于格式条款提供方的解释,即煤气管道接通到购房户厨房内气表而非厨房墙外;对购房合同附送"车库"理解发生争议的,应依诚实信用原则及交易习惯,理解为用于放置汽车,而非放置自行车或其他物品;开发商在销售广告中承诺采用集中供热取暖方式,该说明和允诺即使未载入商品房买卖合同,亦应视为合同内容。

7. 预售房情形,出卖人应如实告知将来房屋实际情况,买受人对差异风险亦应有合理预见,差异超过合理预见范围,是判断能否成立重大误解的标准。

8. 购买商品房的第三人善意取得房屋附属物包括电梯所有权的,电梯出卖人不能再依设备买卖合同保留对电梯的所有权。

9. 商品房买卖合同中，“一户一表”应指供水应实行装表到户、抄表到户、计量收费，开发商提供的总分表制的配套用水设施不符合国家有关规定与合同目的。

10. 开发公司交付房屋配套设施违反约定，在承担具体违约责任时，尚需基于诚实信用原则和公平正义原则考虑是否存在履行不能问题。

11. 规划及登记上非专属于特定房屋的绿地应认定为小区公共绿地，购房合同虽约定由房屋业主独立使用，但该约定因未征得其他业主同意而排除了其他业主权利，应归于无效。

12. 当商品房预售合同双方当事人对约定符合“使用条件”的“通电”格式条款理解产生重大分歧时，应根据交易目的，综合运用解释方法，准确把握该条款具体内涵。

13. 业委会以小区基础设施、公共配套建筑未达到使用条件代表业主提起违约之诉的，因不具备诉讼主体资格，应驳回起诉。

14. 商品房买卖合同签订时，开发商向买房者出示建筑图纸，标明的房屋高度依最高人民法院《关于审理商品房买卖合同纠纷案件适用法律若干问题的解释》规定，应为买卖合同内容，房屋层高低于建筑图纸的，开发商应承担违约责任。

15. 建设单位施工行为在施工手续上虽未能体现出审批过程完整性，但建造符合公共利益的，业主以规划设计给其经营上带来不便为由主张恢复原状的，不予支持。

16. 商品房买卖合同对房屋层高约定不明情形，依合同解释规则认定开发商违约的，并不因此认定为欺诈而适用双倍返还购房款。

17. 开发商违反购房合同约定的有关楼间距义务，虽具有行政上规划变更原因，但并不能因此否认其民事行为违约性。

18. 业主购买商品房时，小区建设工程规划许可已经存在，且在商品房买卖合同中予以标明。在此情况下，建设工程规划许可与业主主张的权益损害之间不具有因果关系，业主无权就建设工程规划许可提起行政诉讼。

19. 开发商交付的房屋与购房合同明确约定的方位布局相反，且无法调换的，购房者可以合同目的不能实现为由解除合同。

20. 交付房屋不符合商品房预售合同中约定，应由开发商向业主承担违约责任。交付房屋改变的建筑事项，无论是否经过行政机关审批或是否符合建筑规范，均属另一法律关系，不能成为开发商不违约或免除违约责任理由。

【附注】

参考案例索引：云南昆明中院（2009）昆民一终字第118号“刘某与某开发公司

房屋买卖合同纠纷案”;①**典型案例之配套设施**。江苏南京江宁区法院(2012)江宁民初字第1427号“某开发公司与吴某合同纠纷案”,见《高尔夫(南京)房地产有限公司诉吴咏梅供用热力合同纠纷案》,载《最高人民法院公报·案例》(2012:547),另见《高尔夫(南京)房地产有限公司诉吴咏梅供用热力合同纠纷案》,载《江苏省高级人民法院公报》(201206/24:43);江西高院(2013)赣民一终字第53号“某业主委员会与某开发公司商品房销售合同纠纷案”,见《业主委员会不具有要求开发商履行商品房销售合同约定的建设公共配套设施义务并承担违约责任的诉讼主体资格——上诉人江西帝景置业有限公司诉被上诉人赣州市章贡区帝景豪园小区业主委员会商品房销售合同纠纷案》(龚雪林,江西高院民一庭),载《民事审判指导与参考·地方法院案件解析》(201303/55:196),另见《赣州市章贡区帝景豪园小区业主委员会诉江西帝景置业有限公司商品房销售合同纠纷案——业主委员会的诉讼主体资格问题》(龚雪林),载《人民法院案例选》(201303/85:154);湖北高院(2002)鄂民一终字第97号“某开发公司与赵某等虚假广告纠纷案”,见《湖北润海房地产开发有限公司与赵炎涛、周敏、赵吉香、宜昌市达能电池有限责任公司虚假广告纠纷上诉案》,载《民事审判指导与参考·高级人民法院裁判文书选登》(200204/12:392);浙江温州中院(2016)浙03民终1207号“程克与中瓯地产集团温州房地产有限公司房屋买卖合同纠纷上诉案”,见《签订商品房买卖合同后预定协议书即终止》(徐蓬勇、陈海鸥、施国强),载《人民司法·案例》(201726:4);重庆五中院(2014)渝五中法民终字第00735号“何某与某开发公司商品房预售合同纠纷案”,见《商品房预售合同格式条款的解释——重庆五中院判决何志刚诉恒大公司商品房预售合同纠纷案》(黄淳、肖飞),载《人民法院报·案例精选》(20150108:06);江苏连云港海州区法院(2014)新民初字第02567号“唐某与某开发公司商品房买卖合同纠纷案”,见《唐雷等以商品房买卖合同已依约解除为由诉宝翔公司解除自行车库买卖合同纠纷案》,载《江苏省高级人民法院公报》(201505/41:41);四川成都中院(2013)成民终字第3879号“徐某与陈某等不当得利纠纷案”,见《徐英等诉陈永安不当得利纠纷案(不当得利、建筑物区分所有权、建筑区划划分)》(康阳),载《中国审判案例要览》(2014民:48);江苏无锡中院(2013)锡民终字第0773号“吴某与华某等排除妨害纠纷案”,见《吴昕诉华勇基、陆燕萍、无锡美新置业发展有限公司排除妨害纠纷案(对住宅小区公共绿地上及地下空间的合理利用与限制问题)》(任璐、李庆玲),载《中国审判案例要览》(2014民:74);北京二中院(2013)二中民终字第00109号“穆某与某开发公司房屋拆迁安置补偿合同纠纷案”,见《穆瑞生诉北京业达房地产开发有限公司房屋拆迁安置补偿合同纠纷案(诚实信用原则、附随义务、合同条款解释规则)》(崔道远),载《中国审判案例要览》(2014民:287);上海一中院(2013)沪一中民二(民)终字第2907

号“孙某与某开发公司房屋买卖合同纠纷案”，见《孙懿诉上海加来房地产开发有限公司房屋买卖合同纠纷案（比例原则在民事司法领域适用的可行性）》（章国栋），载《中国审判案例要览》（2014民：292）；重庆一中院（2011）渝一中法民终字第93号“刘如蓉与重庆元佳房地产开发有限公司商品房买卖合同纠纷上诉案”，见《商品房买卖合同中对供水设施约定一户一表的义务范围》（赵进、王庆），载《人民司法·案例》（201210：88），另见《商品房买卖合同中仅约定“一户一表”的效力认定——重庆一中院判决刘如蓉诉元佳公司商品房买卖合同纠纷案》（王庆），载《人民法院报·案例指导》（20111215：06）；重庆一中院（2011）渝一中法民终字第06021号“蔡某与某开发公司买卖合同纠纷案”，见《商品房买卖合同中“一户一表”的实质含义——重庆一中院判决蔡长芬等诉崇安公司商品房买卖合同纠纷》（朱华惠），载《人民法院报·案例指导》（20121108：06）；福建龙岩中院（2010）岩民终字第319号“李某与某投资公司等物权纠纷案”，见《李庚昌等诉通华公司等物权保护案（如何区分建筑物区分所有权中的专有部分和共有部分，出卖人能否通过协议保留法定共有部分所有权）》（林立），载《中国审判案例要览》（2011民：35）；福建南平中院（2010）南民终字第971号“某电梯公司与某开发公司买卖合同纠纷案”，见《广东菱王电梯有限公司诉武夷山市建宏置业有限公司买卖合同案（买卖合同中所有权保留的效力）》（余崇斌、冯灼兰），载《中国审判案例要览》（2011民：232）；福建厦门中院（2008）厦民终字第1755号“何某与某开发公司商品房买卖合同纠纷案”，见《何文龙诉厦门旺森置业有限公司商品房买卖合同纠纷案》（林福赞、余巍），载《人民法院案例选》（200902/68：138）；安徽芜湖弋江区法院（2008）弋民一初字第162号“王某与某开发公司商品房买卖合同纠纷案”，见《王荣明诉芜湖永捷房地产开发有限公司商品房买卖合同案（违约责任的认定、附属设施履行期限的确定）》（沈世鸿），载《中国审判案例要览》（2009商：32）；福建厦门中院（2008）厦民终字第670号“陈某与某开发公司商品房买卖合同纠纷案”，见《陈小菲诉厦门象屿建设集团有限责任公司商品房买卖合同案》（彭朝辉），载《人民法院案例选》（201003/73：142）；浙江宁波鄞州区法院（2008）甬鄞民一初字第3959号“楼某与某开发公司车位买卖合同纠纷案”，见《楼高荣诉宁波华泰股份有限公司车位买卖案（人防车位买卖合同）》（郭敬波），载《中国审判案例要览》（2010民：190）；江苏南通中院（2008）通中民一终字第1067号“戴薇与明旭建筑物区分所有权纠纷上诉案”，见《区分所有建筑物共有部分问题探讨》（周云），载《人民司法·案例》（200914：70）；广西南宁青秀区法院（2006）青民一初字第775号“姚某与某开发公司商品房预售合同纠纷案”，见《姚珂诉南宁市雅和居房地产开发有限公司商品房预售合同案（撤销商品房预售合同的特殊性）》（黄睿），载《中国审判案例要览》（2007民：140）；新疆乌鲁木齐中院（2005）乌中民一终字第1632号“荣某与某开发公司商品房买卖合同纠纷案”，见《荣华诉新疆聚天房地产开发有限公司商品房买卖合同纠纷案》（杨善明），载《人民法院案例选》（200701/59：227）；江苏徐州中院（2005）徐民一再终字第93号“刘某诉某开发商房屋买卖合同案”，见《刘天然与徐州久隆集团有限公司因商品房销售请求赔偿纠纷案》（葛文），载《人民法院案例选》（200601/55：161）；江苏南通中院（2005）通中民一终字第0760号“张某与某开发公司房屋买卖合同纠纷案”，见《张晓先诉南通宏丰公司房屋买卖合同纠纷案（后合同义务问题）》（周舜隆、钱泊霖），载《中国审判案例要览》（2006民：126）；广东深圳福田区法院（2004）深福法民三初字第991—1021号“曾某与某开发公司等商品房预售合同纠纷案”，见《曾桃英、吴学喜等31户业主诉深圳市农科房地产开发有限公司商品房预售合同案（欺诈）》（李立），载《中国审判案例要览》（2005商：607）；广东广州中院（2004）穗中法民四终字第1386号“张某与某开发公司商品房预售合同纠纷案”，见《张永广诉芙蓉花园房地产开发有限公司商品房预售合同案》（蔡雄飞），载《中国审判案例要览》（2005商：610）；江苏太仓法院（2000）太民初字第96号“某实业公司与某信用社等转让合同纠纷案”，见《陕西国际经济技术合作上海公司诉江苏省太仓市双凤农村信用合作社等案（房地产转让合同、面积出入）》（戴惠亚），载《中国审判案例要览》（2001民：96）；福建厦门中院（1999）厦房初字第48号“李某与某实业公司房屋买卖合同纠纷案”，见《李进展等诉厦门禹洲集团股份有限公司案（商品房配套费）》（刘宁），载《中国审判案例要览》（2001民：110）。②**典型案例之设计变更**。江苏南通中院（2015）通中民终字第03134号“张某与某开发公司等房屋买卖合同纠纷案”，见《张俭华、徐海英诉启东市取生置业有限公司房屋买卖合同纠纷案》，载《最高人民法院公报·案例》（201709/251：43），另见《开发商交付方位布局与合同约定相反的房屋构成根本违约——江苏南通中院判决张俭华、徐海英诉取生置业公司买卖合同纠纷案》（谷昔伟、高雁），载《人民法院报·案例精选》（20160721：06），另见《张俭华、徐海英诉启东市取生置业有限公司房屋买卖合同纠纷案》，载《江苏省高级人民法院公报》（201704/52：41）；北京一中院2005年7月8日判决“黄某诉某开发商买卖合同案”（编者注：一审认为沙盘图只能反映整个小区外部总体概况，不能反映建筑设施各个细节，故预售房屋外墙及室内装修标准，应以经政府有关部门审核批准的施工图、竣工图及《商品房买卖合同》中约定为准，经政府有关部门审核批准的竣工图表明，诉争房屋设计不违反法律法规的强制性规定，且建造符合相应建筑规范，交接房屋时，黄某未提异议，并实际办理了入住手续，故驳回其诉请；二审改判开发商修改设计），见《黄颖诉美晟房产公司商品房预售合同纠纷案》，载《最高人民法院公报·案例》（2006：412）；最高人民法院（2001）民一监字第140号“某开发公司与某制衣厂返还财产纠纷案”，见《天津市元通房地产开发公司与天津市新华制衣总厂返还财产纠纷申请再审案》(刘京香,最高院立案庭),载《立案工作指导·再审复查案例评析》(200301/2:213);广西来宾中院(2014)来民二终字第69号“黄某与某开发公司买卖合同纠纷案”,见《黄宏笑诉广西来宾市家和房地产开发有限责任公司商品房销售合同纠纷案(层高不足及逾期交房问题)》(卢怡、韦霄倩),载《中国审判案例要览》(2015商:116);江苏常州中院(2013)常行终字第57号“张某等与某规划局行政诉讼案”,见《业主可否对小区建设工程规划许可提起行政诉讼——江苏常州中院裁定张建明等75人诉常州市规划局规划行政许可案》(张宏伟、孙正才、周雯),载《人民法院报·案例指导》(20140220:06);江苏南京中院(2007)宁终字第432号“周某诉某开发商房屋买卖合同案”,见《周济家诉恒辉公司商品房买卖合同纠纷案》(王宠俊、俞勤、皮轶之),载《人民法院案例选》(200804/66:185);安徽芜湖中院(2006)芜中民一初字第072号“崔某与某开发公司商品房买卖合同纠纷案”,见《商品房买卖中欺诈的认定及其解决——崔睿、崔学金诉安徽商地阳光置业有限责任公司案》(戴玉海),载《人民法院案例选·月版》(200910/10:34);福建泉州中院(2005)泉民终字第1556号“林某与某开发公司等侵权纠纷案”,见《林镜治等15人诉泉州市丰泽建设发展有限公司、泉州市住宅建设开发公司等侵权纠纷案(公共利益)》(黄成五),载《中国审判案例要览》(2006民:37);四川成都武侯区法院(2003)武侯民一初字第1839号“王某诉某开发商房屋买卖合同案”,见《王志钢诉成都武侯房地产开发公司预售商品房层高违约应按体积计算损失赔偿案》(代万旭),载《人民法院案例选》(200502/52:107);福建厦门中院(2001)厦房终字第103号“陈某与某开发公司等拆迁安置合同纠纷案”,见《陈振发诉厦门达意房地产开发有限公司等案(房屋拆迁安置协议)》(林巧玲),载《中国审判案例要览》(2002民:32)。③**其他案例综合**。江苏南京江宁区法院2006年11月30日判决“徐某等与某物业公司物业管理合同纠纷案”;广东广州中院(2014)穗中法民五终字第2513号“黎某与某开发公司等商品房预售合同纠纷案”;重庆一中院(2014)渝一中法民终字第01064号“王某与某置业有限公司商品房买卖合同纠纷案”;河南巩义法院(2011)巩民初字第1415号“刘某诉某开发公司商品房预售合同纠纷案”;上海二中院(2010)沪二中民二(民)终字第1100号“高某等与某开发公司商品房预售合同纠纷上诉案”;北京一中院(2008)一中民终字第4861号“朱某与某开发公司商品房买卖合同纠纷案”;山东东营中院(2008)东民四终字第59号“魏某与某开发公司商品房买卖合同纠纷案”;云南昆明中院(2007)昆民三终字第743号“某开发公司与张某商品房买卖合同纠纷案”;广东广州中院(2007)穗中法民五终字第1159号“庄某等与某开发公司商品房买卖合同纠纷案”;海南三亚中院(2006)三亚民一终字第160号“詹某与某开发公司商品房买卖合同纠纷案”。

62. 面积差异与房款结算

——面积有差异,如何来结算?

【面积差异】

【案情简介及争议焦点】

1999年5月,葛某与开发公司签订购买别墅的意向书,后者于诉讼前取得销售许可证。该意向书约定了"一次性总价款",并约定了均价5000元,同时约定建筑面积"最终以房管部门核定面积为准"。施工中,开发公司变更设计,增加阁楼。2001年,葛某母亲在开发公司事先填好的结算单上签字,该结算单显示阁楼、花园、车库面积均有计价,总计增加20万余元。

争议焦点:1. 面积差异如何处理? 2. 葛某母亲是否构成表见代理?

【裁判要点】

1. 面积差异处理。双方所签意向书是双方真实意思表示,具备了商品房销售合同的主要条款,且双方明确该意向书与合同具有同等法律效力。故该意向书应当为确立双方权利义务关系的合同。虽订立意向书时,开发公司尚未领取建设工程规划许可证和商品房销售许可证,但在本案诉讼前,开发公司已领取了上述许可证,故该意向书应认定为有效合同。开发公司在履行合同过程中,擅自改变房屋结构增加阁楼面积,由于该调整未经有关职能部门批准,不应计入销售面积。开发公司的广告将"花园"作为一个特别条件予以列出,且根据经验法则,别墅也应当包括单独的花园,故开发公司另行收取花园的费用显无依据。意向书中未约定遥控车库门需另行收费,故房款总价中应理解为已包含车库门的价款。

2. 是否表见代理。双方就房屋买卖所进行的结算只是对原合同履行的总结,而并不构成新的约定,即不能理解为对原合同内容的变更。故葛某母亲的行为并不构成表见代理。葛某在获悉结算清单的内容与原合同约定不符后,事实上也向开发公司提出了异议,并拒绝按结算单支付余欠购房款。故不能以葛某母亲签收结算清单这一行为而认定双方已对房屋销售价重新作出约定。

【裁判依据或参考】

1. 法律规定。《民法典》(2021年1月1日)第577条:"当事人一方不履行合同义务或者履行合同义务不符合约定的，应当承担继续履行、采取补救措施或者赔偿损失等违约责任。”第583条：“当事人一方不履行合同义务或者履行合同义务不符合约定的，在履行义务或者采取补救措施后，对方还有其他损失的，应当赔偿损失。”**《测绘法(2017年修订)》**(2002年12月1日，2017年4月27日修订，2017年7月1日实施)第23条：“城市建设领域的工程测量活动，与房屋产权、产籍相关的房屋面积的测量，应当执行由国务院建设行政主管部门、国务院测绘行政主管部门负责组织编制的测量技术规范……”

2. 司法解释。最高人民法院**《关于审理建筑物区分所有权纠纷案件适用法律若干问题的解释(2020年修改)》**(2021年1月1日　法释〔2020〕17号)第8条：“民法典第二百七十八条第二款和第二百八十三条规定的专有部分面积可以按照不动产登记簿记载的面积计算；尚未进行物权登记的，暂按测绘机构的实测面积计算；尚未进行实测的，暂按房屋买卖合同记载的面积计算。”最高人民法院**《关于审理商品房买卖合同纠纷案件适用法律若干问题的解释(2020年修改)》**(2021年1月1日　法释〔2020〕17号)第12条：“当事人以约定的违约金过高为由请求减少的，应当以违约金超过造成的损失30%为标准适当减少；当事人以约定的违约金低于造成的损失为由请求增加的，应当以违约造成的损失确定违约金数额。”第13条：“商品房买卖合同没有约定违约金数额或者损失赔偿额计算方法，违约金数额或者损失赔偿额可以参照以下标准确定：逾期付款的，按照未付购房款总额，参照中国人民银行规定的金融机构计收逾期贷款利息的标准计算。逾期交付使用房屋的，按照逾期交付使用房屋期间有关主管部门公布或者有资格的房地产评估机构评定的同地段同类房屋租金标准确定。”

3. 部门规范性文件。国家发改委**《关于发布〈商品房销售明码标价规定〉的通知》**(2011年3月16日　发改价格〔2011〕548号)第8条：“商品房销售明码标价实行一套一标。商品房经营者应当对每套商品房进行明码标价。按照建筑面积或者套内建筑面积计价的，还应当标示建筑面积单价或者套内建筑面积单价。”第10条：“商品房经营者应当明确标示以下与商品房价格密切相关的因素：……(三)当期销售的房源情况以及每套商品房的销售状态、房号、楼层、户型、层高、建筑面积、套内建筑面积和分摊的共有建筑面积……”第13条：“商品房经营者不得在标价之外加价销售商品房，不得收取任何未予标明的费用。”建设部**《房屋登记办法》**(2008年7月1日，已于2019年9月6日起失效)第67条：“有下列情形之一的，当事人可以申请预告登记：(一)预购商品房；(二)以预购商品房设定抵押；(三)房屋所有权转让、抵押；(四)法律、法规规定的其他情形。”第68条：“预告登记后，未经预告登记的权利人书面同意，处分该房屋申请登记的，房屋登记机构应当不予办理。预告登记后，债权消灭或者自能够进行相应的房屋登记之日起三个月内，当事人申请房屋登记的,房屋登记机构应当按照预告登记事项办理相应的登记。”第69条:“预售人和预购人订立商品房买卖合同后,预售人未按照约定与预购人申请预告登记,预购人可以单方申请预告登记。”第70条:“申请预购商品房预告登记,应当提交下列材料:(一)登记申请书;(二)申请人的身份证明;(三)已登记备案的商品房预售合同;(四)当事人关于预告登记的约定;(五)其他必要材料。预购人单方申请预购商品房预告登记,预售人与预购人在商品房预售合同中对预告登记附有条件和期限的,预购人应当提交相应的证明材料。”建设部办公厅**《关于〈关于房屋权属登记中如何界定不计算建筑面积的公共通道的请示〉的复函》**(2005年5月27日):“临街商铺依照有关规定分割为不同商业单元的,其底层外走廊不论是否有柱,是否有维护结构,各商业单元的客户和其他不特定的社会公众均可通行。因此,临街商铺底层外走廊属于《关于房屋建筑面积计算和房屋权属登记有关问题的通知》(建住房〔2002〕74号)第三条第(八)项规定的‘作为公共道路街巷通行’的情形,在房屋权属登记中,不计算建筑面积。”建设部、国家计委、国家经贸委、财政部、国土资源部、国家工商局、监察部**《关于整顿和规范房地产市场秩序的通知》**(2002年5月23日　建住房〔2002〕123号,已于2011年1月26日起失效)第2条:“……规范商品房面积计算标准和办法,依法查处面积‘短斤缺两’行为。要积极推行按套或套内建筑面积销售商品房的计价方式。按建筑面积计价的,房地产开发企业应当向消费者明示套内建筑面积及分摊的共有建筑面积。已纳入分摊面积的共用部位的产权,属业主共有,房地产开发企业不得擅自另行出租、出售。各地要加大查处力度,依法打击面积计算、面积分摊中弄虚作假、故意侵害购房者利益以及擅自出租、出售共用部位牟利等行为。商品房销售合同约定面积与实际面积发生差异的,按照合同约定处理;合同未作约定的,面积误差比绝对值超出3%时,买受人有权退房。买受人不退房的,产权登记面积大于合同约定面积时,面积误差比在3%以内(含3%)部分的房价款由买受人补足;超出3%部分的房价款由房地产开发企业承担,产权归买受人。产权登记面积小于合同约定面积时,面积误差比绝对值在3%以内的(含3%)部分的房价款由房地产开发企业返还买受人;绝对值超过3%部分的房价款由房地产开发企业双倍返还买受人。”建设部**《关于房屋建筑面积计算与房屋权属登记有关问题的通知》**(2002年3月27日　建住房〔2002〕74号)第1条:“在房屋权属证书附图中应注明施测的房产测绘单位名称、房屋套内建筑面积(在图上标注尺寸)和房屋分摊的共有建筑面积。”第2条:“根据《房产测绘管理办法》的有关规定,由房产测绘单位对其完成的房产测绘成果的质量负责。”第3条:“……临街楼房、挑廊下的底层作为公共道路街巷通行的,不论其是否有柱,是否有维护结构,均不计算建筑面积……”建设部办公厅**《关于建筑面积计算标准问题的复函》**(2001年12月24日　建办标函〔2001〕403号):“我部1995年12月颁布的《建筑面积计算规则》与《全国统一建筑工程基础定额》相配套执行，适用于工业与民有建筑的新建、扩建、改建工程，是编制工程预算、确定工程造价的依据。房屋产权登记面积测算应当依据 GB/T 179861 - 2000《房产测量规范》。该规范适用于房产测量，主要为房地产产权、产籍管理服务。关于规划管理中有关面积计算问题，应由各地规划主管部门负责确定。”建设部**《商品房销售管理办法》**(2001 年 6 月 1 日)第 18 条:“商品房销售可以按套(单元)计价，也可以按套内建筑面积或者建筑面积计价。商品房建筑面积由套内建筑面积和分摊的共有建筑面积组成，套内建筑面积部分为独立产权，分摊的共有建筑面积部分为共有产权，买受人按照法律、法规的规定对其享有权利，承担责任。按套(单元)计价或者按套内建筑面积计价的，商品房买卖合同中应当注明建筑面积和分摊的共有建筑面积。”第 19 条:“按套(单元)计价的现售房屋，当事人对现售房屋实地勘察后可以在合同中直接约定总价款。按套(单元)计价的预售房屋，房地产开发企业应当在合同中附所售房屋的平面图。平面图应当标明详细尺寸，并约定误差范围。房屋交付时，套型与设计图纸一致，相关尺寸也在约定的误差范围内，维持总价款不变；套型与设计图纸不一致或者相关尺寸超出约定的误差范围，合同中未约定处理方式的，买受人可以退房或者与房地产开发企业重新约定总价款。买受人退房的，由房地产开发企业承担违约责任。”第 20 条:“按套内建筑面积或者建筑面积计价的，当事人应当在合同中载明合同约定面积与产权登记面积发生误差的处理方式。合同未作约定的，按以下原则处理:(一)面积误差比绝对值在 3% 以内(含 3%)的，据实结算房价款；(二)面积误差比绝对值超出 3% 时，买受人有权退房。买受人退房的，房地产开发企业应当在买受人提出退房之日起 30 日内将买受人已付房价款退还给买受人，同时支付已付房价款利息。买受人不退房的，产权登记面积大于合同约定面积时，面积误差比在 3% 以内(含 3%)部分的房价款由买受人补足；超出 3% 部分的房价款由房地产开发企业承担，产权归买受人。产权登记面积小于合同约定面积时，面积误差比绝对值在 3% 以内(含 3%)部分的房价款由房地产开发企业返还买受人；绝对值超出 3% 部分的房价款由房地产开发企业双倍返还买受人……因本办法第二十四条规定的规划设计变更造成面积差异，当事人不解除合同的，应当签署补充协议。”第 21 条:“按建筑面积计价的，当事人应当在合同中约定套内建筑面积和分摊的共有建筑面积，并约定建筑面积不变而套内建筑面积发生误差以及建筑面积与套内建筑面积均发生误差时的处理方式。”第 24 条:“房地产开发企业应当按照批准的规划、设计建设商品房。商品房销售后，房地产开发企业不得擅自变更规划、设计。经规划部门批准的规划变更、设计单位同意的设计变更导致商品房的结构型式、户型、空间尺寸、朝向变化，以及出现合同当事人约定的其他影响商品房质量或者使用功能情形的，房地产开发企业应当在变更确立之日起 10 日内，书面通知买受人。买受人有权在通知到达之日起15日内做出是否退房的书面答复。买受人在通知到达之日起15日内未作书面答复的,视同接受规划、设计变更以及由此引起的房价款的变更。房地产开发企业未在规定时限内通知买受人的,买受人有权退房;买受人退房的,由房地产开发企业承担违约责任。"第45条:"……本办法所称产权登记面积,是指房地产行政主管部门确认登记的房屋面积。"建设部**《关于印发〈简化房地产交易与房屋权属登记程序的指导意见〉的通知》**(2000年9月18日　建住房〔2000〕201号,已于2011年1月26日被宣布失效)附件一:《办理房地产交易与房屋权属登记办事时限及必收要件》第3条变更登记:"办事时限:5个工作日。必收要件:1.房屋权属证书;2.房屋翻建的批件、名称、房屋面积等发生变化的有关证明。"国家质量技术监督局**《关于停止执行〈商品房销售面积测量与计算〉和〈商品房销售面积计量监督管理办法〉的通知》**(2000年1月25日　质技监督局量发〔2000〕17号):"……由于历史原因,商品房面积的管理工作存在部门职能交叉的问题。最近,国务院明确了国家质量技术监督局负责商品房销售面积测量用计量器具的监督管理和执法。因此,在商品房面积测量管理体制改革之前,我局原发布的《商品房销售面积测量与计算》计量技术规范和《商品房销售面积计量监督管理办法》停止执行。"建设部**《关于加强房地产测量及房屋面积计算管理工作的通知》**(1999年3月20日　建住房〔1999〕72号,已于2011年1月26日被宣布失效)第1条:"房地产权属登记发证制度是《城市房地产管理法》确立的一项基本法律制度。房屋权属证书上记载的房屋面积是法定面积,直接关系着产权人的权益。因此,各地房地产行政主管部门要维护法律的权威性和严肃性,在发放权属证书之前,要严格按有关规范和操作规程进行房地产测量与房屋面积计算工作。同时,要防止政出多门,对未经房地产权属登记机关授权,擅自从事涉及房屋确权的房地产测量及房屋面积计算,误导消费者的行为,要及时予以制止;对其中已经给房地产权利人造成损失的,应联合有关部门严肃查处。"建设部**《关于印发〈商品房销售面积计算及公用建筑面积分摊规则〉(试行)的通知》**(1995年12月1日　建房〔1995〕517号)第5条:"商品房按'套'或'单元'出售,商品房的销售面积即为购房者所购买的套内或单元内建筑面积(以下简称套内建筑面积)与应分摊的公用建筑面积之和。商品房销售面积=套内建筑面积+分摊的公用建筑面积。"第6条:"套内建筑面积由以下三部分组成:1.套(单元)内的使用面积;2.套内墙体面积;3.阳台建筑面积。"第7条:"套内建筑面积各部分的计算原则如下:1.套(单元)内的使用面积:住宅按《住宅建筑设计规范》(GBJ 96－86)规定的方法计算。其他建筑,按照专用建筑设计规范规定的方法或参照《住宅建筑设计规范》计算。2.套内墙体面积:商品房各套(单元)内使用空间周围的维护或承重墙体,有共用墙及非共用墙两种。商品房各套(单元)之间的分隔墙、套(单元)与公用建筑空间之间的分隔墙以及外墙（包括山墙）均为共用墙，共用墙墙体水平投影面积的一半计入套内墙体面积。非共用墙墙体水平投影面积全部计入套内墙体面积。3. 阳台建筑面积：按国家现行《建筑面积计算规则》进行计算。4. 套内建筑面积的计算公式为：套内建筑面积 = 套内使用面积 + 套内墙体面积 + 阳台建筑面积”第 8 条：“公用建筑面积由以下两部分组成：1. 电梯井、楼梯间、垃圾道、变电室、设备间、公共门厅和过道、地下室、值班警卫室以及其他功能上为整栋建筑服务的公共用房和管理用房建筑面积；2. 套（单元）与公用建筑空间之间的分隔墙以及外墙（包括山墙）墙体水平投影面积的一半。”第 9 条：“公用建筑面积计算原则：凡已作为独立使用空间销售或出租的地下室、车棚等，不应计入公用建筑面积部分。作为人防工程的地下室也不计入公用建筑面积。公用建筑面积按以下方法计算：整栋建筑物的建筑面积扣除整栋建筑物各套（单元）套内建筑面积之和，并扣除已作为独立使用空间销售或出租的地下室、车棚及人防工程等建筑面积，即为整栋建筑物的公用建筑面积。”第 10 条：“公用建筑面积分摊系数计算：将整栋建筑物的公用建筑面积除以整栋建筑物的各套套内建筑面积之和，得到建筑物的公用建筑面积分摊系数，公用建筑面积分难系数 = $\frac{\text{公用建筑面积}}{\text{套内建筑面积之和}}$。”第 11 条：“公用建筑面积分摊计算：各套（单元）的套内建筑面积乘以公用建筑面积分摊系数，得到购房者应合理分摊的公用建筑面积。分摊的公用建筑面积 = 公用建筑面积分摊系数 × 套内建筑面积。”国家计划委员会《**住宅建筑设计规范**》（1985 年 6 月 14 日）第 2.5.1 条：“住宅建筑设计应计算平均每套建筑面积和使用面积系数，其计算应符合下列规定：一、平均每套建筑面积（平方米/套）等于总建筑面积（平方米）被总套数（套）除；二、使用面积系数（%）等于总套内使用面积（平方米）被总建筑面积（平方米）除。”第 2.5.2 条：“套内使用面积的计算应符合下列规定：一、套内使用面积包括卧室、起居室、过厅、过道、厨房、卫生间、厕所、贮藏室、壁柜等分户门内面积的总和；二、跃层住宅中的户内楼梯按自然层数的面积总和计入使用面积；三、不包含在结构面积内的烟囱、通风道、管道井均计入使用面积；四、内墙面装修厚度均计入使用面积。”国家经委基本建设办公室《**关于印发〈建筑面积计算规则〉的通知**》（1983 年 1 月 1 日，已于 2016 年 2 月 18 日被宣布失效）第 1 条：“一、计算建筑面积的范围：1. 单层建筑物不论其高度如何均按一层计算，其建筑面积按建筑物外墙勒脚以上的外围水平面积计算。单层建筑物内如带有部分楼层者，亦应计算建筑面积。2. 高低联跨的单层建筑物，如需分别计算建筑面积，当高跨为边跨时，其建筑面积按勒脚以上两端山墙外表面间的水平长度乘以勒脚以上外墙表面至高跨中柱外边线的水平宽度计算；当高跨为中跨时，其建筑面积按勒脚以上两端山墙外表面间的水平长度乘以中柱外边线的水平宽度计算。3. 多层建筑物的建筑面积按各层建筑面积总和计算，其底层按建筑物外墙勒脚以上外围水平面积计算,二层及二层以上按外墙外围水平面积计算。4. 地下室、半地下室、地下车间、仓库、商店、地下指挥部及相应出入口的建筑面积按其上口外墙(不包括采光井、防潮层及其保护墙)外围的水平面积计算……14. 突出屋面的有围护结构的楼梯间、水箱间、电梯机房等按围护结构外围水平面积计算建筑面积。15. 突出墙外的门斗按围护结构外围水平面积计算建筑面积。16. 封闭式阳台、挑廊,按其水平投影面积计算建筑面积。凹阳台、挑阳台按其水平投影面积的一半计算面积。17. 建筑物墙外有顶盖和柱的走廊、檐廊按柱的外边线水平面积计算建筑面积。无柱的走廊、檐廊按其投影面积的一半计算建筑面积。18. 两个建筑物间有顶盖的架空通廊,按通廊的投影面积计算建筑面积。无顶盖的架空通廊按其投影面积的一半计算建筑面积。19. 室外楼梯作为主要通道和用于疏散的均按每层水平投影面积计算建筑面积;楼内有楼梯室外楼梯按其水平投影面积的一半计算建筑面积。20. 跨越其他建筑物、构筑物的高架单层建筑物,按其水平投影面积计算建筑面积,多层者按多层计算。"

4. 地方司法性文件。江苏高院**《关于审理房地产合同纠纷案件若干问题的解答》**(2018 年 6 月 26 日　审委会会议纪要〔2018〕3 号)第 39 条:"面积误差有约定时如何处理? 商品房买卖合同订立时,房地产开发企业对商品房买卖合同中的面积误差条款等加重购房人义务的条款,应与买房人充分协商,并以足以引起买房人注意的文字、字体、符号或者其他明显标志作出提示并明确说明。没有提示说明的,适用《江苏省城市房地产交易管理条例》第 17 条的规定处理。有证据证明对于面积误差条款已经协商的,按照合同约定处理。"广东高院**《关于印发〈全省民事审判工作会议纪要〉的通知》**(2012 年 6 月 26 日　粤高法〔2012〕240 号,已于 2020 年 12 月 31 日经粤高法〔2020〕132 号废止)第 8 条:"商品房买卖合同约定按套内建筑面积计算单价,公共部位和公用房屋分摊建筑面积的建设费用计入套内建筑面积销售单价内,不再另行计价,如交付房屋时建筑面积少于合同约定的,出卖人应依最高人民法院《关于审理商品房买卖合同纠纷案件适用法律若干问题的解释》第十四条的规定承担违约责任。具体赔偿数额可参照如下方式计算:总房价 ÷(套内面积 + 分摊面积)× 减少面积。"浙江温州中院民四庭**《审理商品房买卖合同纠纷案件疑难问题参考意见》**(2010 年 4 月 30 日)第 21 条:"当事人对商品房交付面积的确定发生争议的,如果商品房买卖合同中对商品房面积的确定有明确约定的,从其约定;如果没有约定或者约定不明的,应以房屋产权登记面积或者房地产行政主管部门审核确定的房产测绘结果为准。"第 22 条:"出卖人交付商品房的总建筑面积符合合同约定,但公摊面积超出合同约定,导致套内面积误差比绝对值超出 3%,买受人请求解除合同并返还已付购房款及利息的,应予支持;买受人同意继续履行合同的,应将商品房公摊面积与套内面积分别计算后,依照《解释》第十四条的规定分别处理。”第32条:“当事人以交付的商品房面积与合同约定存在误差为由请求补足房价款或者返还房价款及利息的,诉讼时效从其知道或者应当知道房地产行政主管部门审核确定该房产测绘结果之日起算,但当事人明确约定以其他方式确定该商品房面积的除外。”广东广州中院**《关于审理预售商品房合同纠纷若干问题的指导意见》**(2010年)第15条:“商品房预售合同约定按套内建筑面积计付房款,后商品房套内面积未变,但公共分摊建筑面积‘缩水’,应如何处理? 合同中已经约定了公共分摊建筑面积,故没有达到约定面积数的,已构成违约。公共分摊面积不足的原因应由出卖人举证证明。如果出卖人不能证明其免责,即应承担违约责任。具体的赔偿标准可参照:按总房价/(套内面积+分摊面积)×‘缩水’面积计付。”第16条:“买受人在‘收楼’或领取房产证时签署了《确认书》确认双方已不存在任何债权债务,后买受人以实际面积比约定面积少,要求出卖人退还面积差异款的应如何处理? 买受人不能举证证明其系在受出卖人欺诈、胁迫或重大误解的情况下签订《确认书》的,应履行《确认书》。但是‘确认双方已不存在任何债权债务’应理解为开发商以《确认书》的形式免除自身迟延交楼、迟延办证等违约责任。如果是面积减少,还是应以房产证为准退还面积差异款。”广东广州中院**《关于商品房预售合同纠纷统一处理做法》**(2009年2月19日)第3条:“面积差异的房款结算应如何处理? 答:1.面积误差比绝对值在0.6%以内(含本数,具体标准以约定为准)的,买卖双方互不作任何补偿;2.面积误差比绝对值超出0.6%(不含本数)、在3%以内(含本数)的,买卖双方按合同约定的价格据实结算,不扣除0.6%;3.面积误差比绝对值超过3%(不含本数),买受人有权退房;买受人不退房的,房屋实际面积大于合同约定计价面积的,面积误差比在3%以内(含本数)部分的房价款由买受人按照约定的价格补足;面积误差比超出3%部分的房价款由出卖人承担,所有权归买受人;房屋实际面积小于合同约定计价面积的,面积误差比绝对值在3%以内(含本数)部分的房价款由出卖人返还买受人;面积误差比绝对值超出3%部分的房价款由出卖人双倍返还买受人。追究出卖人何种违约责任决定权在买受人。”第7条:“出卖人与买受人约定如实测计价面积大于合同约定计价面积则买受人需补足差价款。现房地产测绘部门出具的报告显示房屋面积确实大于约定面积,在产权证未核发的情况下,出卖人要求买受人支付差价款的诉讼请求应否支持? 答:应以产权证登记的面积为准,出卖人在产权证未核发前要求买受人支付差价款不予支持。”福建高院**《关于审理商品房买卖合同纠纷案件疑难问题的解答》**(2008年7月25日)第9条:“问:如何认定所交付的商品房面积,以判断与商品房买卖合同约定的面积是否相符? 答:商品房买卖合同中对商品房面积如何确定有约定的,从其约定;未约定或者约定不明的,以房屋产权登记面积或者房地产行政主管部门审核确定的房产测绘成果为准。”第10条:“问:按建筑面积预售的商品房,交付使用的房屋总建筑面积与商品房预售合同约定的建筑面积误差不超过3%,但公摊面积增加、套内面积变小的,如何处理?买受人能否要求解除合同?答:按建筑面积预售的商品房,所交付的房屋虽然总建筑面积不变,但套内实际建筑面积小于合同约定的,有约定的按约定处理;没有约定的,可比照《商品房买卖合同司法解释》第十四条的规定处理。套内建筑面积的单价按合同约定的总价除以合同约定的套内建筑面积计算。"第11条:"问:商品房买卖合同中既约定了以套计价,又约定了套内面积与公摊面积,若发生面积误差,如何处理?答:若商品房买卖合同对面积误差的调整方式有明确约定,从其约定;若合同中未约定或者约定不明,则视为按建筑面积计价。"第12条:"问:买受人以购买的商品房存在面积误差或者质量问题为由,向出卖人主张权利的,诉讼时效应当从何时起算?答:当事人以交付的商品房面积与合同约定存在误差为由请求补足房价款或者返还房价款及利息的,诉讼时效从其知道或者应当知道房地产行政主管部门审核确定该房产测绘成果之日起算,但当事人明确约定以另外的方式确定该商品房面积的除外。买受人以商品房存在质量问题为由请求出卖人赔偿损失的,诉讼时效从其知道或者应当知道该质量问题造成其损失之日起算;请求出卖人予以修复的,诉讼时效从其知道或者应当知道该质量问题之日起算,但尚未超过保修期的除外。"江苏高院《**房屋买卖合同纠纷案件疑难问题法律适用研讨会综述**》(2004年11月27日)第1条:"……4.关于面积误差问题的法律适用。依据《解释》第十四条规定,出卖人交付使用的房屋面积与商品房买卖合同约定面积不符时,处理原则有二:首先交由当事人意思自决,表现为'合同有约定的,按照约定处理';其次,在当事人意思未能自决的情况下,即在'合同没有约定或者约定不明确的'的情况下,才依据《解释》的规定处理。实践中,当事人在合同中往往约定有'多退少补、按实结算'等类似条款,这是否属于'合同有约定的,按照约定处理'的情形?如果属于这种情形,当面积误差过大以至明显不合理时,是否仍然简单套用'当事人另有约定除外'的规则?《江苏省城市房地产交易管理条例》(以下简称《条例》)第十七条第二款规定:当事人双方虽在预售合同中约定以实际交付面积为准,但实际交付面积大于或者小于预售合同约定面积超过百分之三的,预购人有权退房。预购人退房的,适用前款第(一)项规定。预购人不退房的,大于或者小于部分不超过百分之三的,按照预售合同约定的价格多退少补;大于部分超过百分之三的,产权归预购人所有,并可以不支付该部分的房价款,小于部分超过百分之三的,预售人应当向预购人双倍返还该部分的房价款。与会代表认为,第一,省人大常委会颁布的地方性法规是全省各级人民法院处理民事案件的依据。《条例》第十七条第二款的规定充分体现了保护群众利益,维护市场诚信的理念,具有江苏特色;而且,该规定是对当事人履行合同行为的规制,是对当事人权利义务关系的调整,并不涉及合同本身的效力。在这一点上,《条例》与《解释》并不矛盾。因此,对约定‘按实结算’而引发的面积纠纷,应当适用《条例》的规定。第二,如果双方当事人在预售合同中明确约定了面积误差的具体比例及相应的处理方法,则应当尊重当事人的意思自治,根据合同约定进行裁判。”辽宁沈阳中院《**关于审理房地产案件若干问题的处理意见(之一)**》(2004 年 3 月 27 日)第 10 条:“……(5)合同约定面积与产权登记面积发生误差的处理原则。按套(单元)内建筑面积或者建筑面积计价的,当事人在合同中载明合同约定面积与产权登记面积发生误差的处理方式,依约定处理。合同未作约定的,按以下原则处理:(1)面积误差比在 3% 以内(含 3%)的,据实结算房价款;(2)面积误差比超出 3% 时,买受人要求退房的。人民法院应予支持。房地产开发企业应当在买受人提出退房之日起 30 日内将买受人已付房价款退还给买受人,同时支付已付房价款利息。买受人不退房的,产权登记面积大于合同约定面积时,面积误差比在 3% 以内(含 3%)部分的房价款由买受人补足;超出 3% 部分的房价款由房地产开发企业承担,产权归买受人。产权登记面积小于合同约定面积时,面积误差比在 3% 以内(含 3%)部分的房价款由房地产开发企业返还买受人;超出 3% 部分的房价款由房地产开发企业双倍返还买受人。”

5. 地方规范性文件。北京市住建委《**关于历史遗留房地产开发项目房屋登记有关问题的通知**》(2010 年 3 月 1 日　京建发〔2010〕1 号)第 6 条:“未进行每套房屋面积实测的楼栋,由业主委员会或者相关购房人推荐代表委托房产测绘单位,以一幢商品楼为单位测量每套房屋的套内建筑面积,测绘费由房屋登记申请人承担。房屋登记的套内建筑面积按实测面积记载,建筑面积按买卖合同约定的面积记载。同时在房屋登记簿、房屋所有权证附记栏中注记‘历史遗留房地产开发项目房屋登记,建筑面积为合同约定面积’。该房屋再办理转移登记时,仍注记以上情况。如商品房预(销)售合同中公用建筑面积分摊原则和公用建筑面积分摊部位满足实测要求,能够进行每套房屋建筑面积实测,有百分之五十以上购房人要求按照合同约定和预售时的规定,实测每套房屋建筑面积的,可由主张实测的购房人(或由相关购房人推荐代表)委托一个房产测绘单位,依合同和当时的规定实测每套房屋建筑面积。每套房屋建筑面积实测后,该幢楼均应按实测面积登记。以实测套内建筑面积和买卖合同约定的建筑面积进行登记后,又实测建筑面积的,可申请变更登记。”第 7 条:“购房人申请转移登记,房屋登记面积与买卖合同约定面积不一致的,登记时可不结算房价。房价结算问题,由购房人与开发企业通过其他途径另行解决。”北京市《**城市房地产转让管理办法**》(2008 年 12 月 6 日)第 46 条:“商品房竣工后,房地产开发企业应当委托有资质的测绘单位对每套房屋的建筑面积、套内建筑面积和分摊的共用建筑面积进行测绘,并提供下列文件:(一)商品房预售面积测绘技术报告书;(二)商品房共用建筑面积分摊情况的说明文件。属于商品住宅的,说明文件的内容应当与依照本办法第三十五条规定公示的内容一致;根据本办法第四十三条第二款规定变更建设工程规划许可证内容,致使分摊的共用建筑面积情况发生变更的,还应当提供相应的批准规划变更的文件。受委托的测绘单位应当按照国家和本市有关技术规范进行实测,并出具商品房面积实测技术报告书和每套房屋的面积实测数据表。测绘单位对测绘成果质量承担责任。房地产开发企业应当允许购房人查询商品房面积实测技术报告书。"第 47 条:"预售商品房按照套内建筑面积计价的,预售合同中载明的预售的套内建筑面积与实测的套内建筑面积发生误差时,按照合同约定的方式处理。合同中未作约定或者约定不明的,按照下列规定处理:(一)面积误差比绝对值在 3% 以内(含 3%)的,根据实测面积结算房价款。(二)面积误差比绝对值超出 3% 的,预购人有权退房。预购人退房的,房地产开发企业应当在预购人提出书面退房要求之日起 30 日内退还预购人已付房价款及其利息。预购人不退房的,实测面积大于合同约定的,面积误差比在 3% 以内(含 3%)部分的房价款由预购人补足;超出 3% 部分的房价款由房地产开发企业承担,产权归预购人。实测面积小于合同约定的,面积误差比绝对值在 3% 以内(含 3%)部分的房价款由房地产开发企业返还预购人;超出 3% 部分的房价款由房地产开发企业双倍返还预购人。本办法所称的面积误差比等于实测面积与合同约定面积之差除以合同约定面积乘以 100%。"第 48 条:"预售商品房按照建筑面积计价的,预售合同中载明的预售建筑面积、套内建筑面积与实测面积发生误差时,按照合同约定的方式处理。合同未作约定或者约定不明的,按照下列规定处理:(一)建筑面积、套内建筑面积误差比绝对值均在 3% 以内(含 3%)的,根据实测面积结算房价款;(二)建筑面积误差比绝对值超出 3% 的,依照本办法第四十七条第一款第(二)项的规定执行;(三)建筑面积误差比绝对值在 3% 以内(含 3%)、套内建筑面积误差比绝对值超出 3% 的,购房人有权退房。预购人退房的,房地产开发企业应当在预购人提出书面退房要求之日起 30 日内退还预购人已付房价款及其利息;购房人不退房的,根据实测面积结算房价款。"第 49 条:"预售商品房按照套(单元)计价的,商品房预售合同中应当约定商品房的套型、详细尺寸和误差范围及处理方式并附平面图。按照套(单元)计价的预售商品房实际交付时,房屋的套型与设计图纸一致,相关尺寸在预售合同约定的误差范围之内的,总价款不变。套型与设计图纸不一致或者相关尺寸超出约定的误差范围的,按照合同约定的方式处理;合同未作约定的,由当事人协商解决;协商不成的,可以依法申请仲裁或者提起民事诉讼。"

6. 参考案例。2004 年**北京某商品房买卖合同纠纷案**,1999 年,实业公司向开发公司购房,约定暂测面积为 105.62 平方米,实测面积误差比超过 5% 时,实业公司有权解除合同,并约定房屋交付后 30 日内办理房产证。因交付后 4 年多未办房产证,且实测面积比购房面积少了 28.12 平方米,面积误差比超过 26%,实业公司起诉。法院认为:因双方合同中未约定实际欠付面积超过暂测面积5%后如何具体追究违约责任,实业公司要求适用最高人民法院《关于审理商品房买卖合同纠纷案件适用法律若干问题的解释》有关规定并无不当。根据前述司法解释规定,实测面积小于合同约定面积的,面积误差比在3%以内部分的房价款及利息由出卖人返还买受人,但双方购房合同中,已约定实际面积与暂测面积差别不超过5%时,应按合同房屋售价进行结算,该约定有效。本案应以双方合同中约定的5%作为追究开发公司违约责任起点,即实际面积与暂测面积差别在5%(不含)之外部分的房款,应按前述司法解释规定,由开发公司双倍返还。开发公司签约时,即明知自己尚未取得房产证,亦明知在取得房产证后,对建成楼房分户测量仍需一定时间,但仍向实业公司承诺交房后30日内办理房产证,故理应承担未按承诺办证违约责任。判决开发公司返还房款118万余元并承担迟延办证违约金。2015年**广东某房屋买卖合同纠纷案**,2013年,陈某与开发公司商品房预售合同纠纷案,一审判决开发公司按建筑面积79平方米返还陈某面积误差款,陈某不服上诉,二审认定实际建筑面积86平方米,因开发公司未上诉,故对面积差有误一节不予审查。2015年,开发公司以工作人员失误导致本案二审未上诉为由申请再审。法院认为:最高人民法院《关于适用〈中华人民共和国民事诉讼法〉的解释》第323条规定:“第二审人民法院应当围绕当事人的上诉请求进行审理。当事人没有提出请求的,不予审理,但一审判决违反法律禁止性规定,或者损害国家利益、社会公共利益、他人合法权益的除外。”本案中,一审判决后,因开发公司并未提出上诉,二审判决对开发公司抗辩所称面积误差不予审查符合法律规定。本案原审判决系由二审法院作出,依《民事诉讼法》第207条规定,本案再审应按二审程序审理。开发公司因自身过错未提出上诉,应视为其放弃上诉主张权利。在此情形下,对于开发公司所提“一审法院计算面积差异有误”这一申请再审意见,再审不予审查。再审过程中,开发公司所提再审请求可通过调解方式得以实现,但开发公司无正当理由拒绝调解,属其对自身权利的处分,再审不予调处,故裁定维持原判。2011年**北京某商品房预售合同纠纷案**,1997年,服务局与开发公司签订购房合同,约定每平方米9380元、暂测面积(不含人防层面积和管道层面积)21710平方米,同时约定服务局对实测面积与暂测面积之差超过暂测面积1.3%以内部分进行结算;如实测面积与暂测面积之差超过暂测面积1.3%(含)时,服务局可解除合同。2005年,开发公司以包含人防层面积和管道层面积在内建筑面积为2.4万余平方米为由,诉请服务局补差价1000万余元。法院认为:依购房合同约定,双方当事人在签订合同时已明确预见到合同约定面积即暂测面积与房屋土地管理部门未来实测面积存在差异。但从约定条款来看,双方当事人明确约定最终结算面积并不以实测面积为准,而是在合同约定面积基础上进行调整,即服务局只需对实测面积与暂测面积之差超过暂测面积1.3%以内部分进行结算。由此可认定,上述关于面积条款既是对开发公司交付标的物的大致描述,更为重要的是,它是确定双方结算面积条款,即双方约定的最高结算面积应当是:最高结算面积=(约定公寓面积+共用公摊面积)+约定不超过1.3%的增加面积。依合同约定,双方明确将人防层面积和管道层面积排除在合同约定的总建筑面积之外。再结合双方当事人签订的其他合同条款,说明双方当事人在签订合同之时就明确,无论管道层面积为多少、在测量上是否计入建筑面积,服务局均无需就该部分面积支付相应价款。在合同签订时,当时建筑行业施行的是国家经济委员会于1982年11月12日颁布实施的〔1982〕经基设字58号《建筑面积计算规则》,该规则规定"建筑物内的技术层,层高超过2.2米的,应计算建筑面积""层高在2.2米以内的技术层不计算建筑面积"。1998年12月11日,北京市房屋土地管理局关于印发《北京市商品房销售面积计算及公用建筑面积分摊暂行规定》的通知,仍以此《建筑面积计算规则》为附件,并于第2条明确:"商品房建筑面积应按国家现行的《建筑面积计算规则》进行计算。"本案诉争管道层为2.2米,按上述规定不应计算在建筑面积内。这也说明,双方当事人作出将管道层排除在结算面积之外的约定符合当时相关政策。退而言之,即使当时政策规定管道层应计算在建筑面积内,亦不影响当事人就该面积是否计算价款作出特别约定。换言之,对于该部分面积是否计算相应价款属当事人意思自治范围。依2000年10月24日实施的北京市国土资源和房屋管理局关于贯彻执行国家标准《房产测量规范》通知附件1《北京市房地产测绘细则》的补充规定第1条规定,案涉房屋在实际测量时,管道层面积应计入建筑面积,但房屋某一部分在测量规范上应否计入建筑面积以及如何计算建筑面积,是国家基于行政管理、公共政策等目的考虑而规定的,但该建筑面积应否计算价款则是当事人意思自治范围。同时,诉争房屋主体结构在签订合同时已完成,双方当事人约定将管道层面积排除在计算价款范围之外,更加说明当事人对该约定含义及后果是明确的,故上述测量规范变化并不影响当事人关于管道层面积不计入结算面积、不计算价款的约定。退而言之,即使测量规范变化影响双方关于合同价款约定,但由于开发公司迟延履行交付房屋及办理权属登记义务,才导致上述政策变化对本案合同履行产生影响,开发公司亦无权请求支付相应价款。当然,管道层计入建筑面积虽不导致管道层建安费用增加,但增加了土地出让金支付,该支出不属双方预料范围,可由双方共同分担由此所增加土地出让金。判决服务局向开发公司补偿土地出让金45万余元。2015年**安徽某商品房预售合同纠纷案**,2012年,张某与开发公司签订商品房买卖合同,约定预测建筑面积89.18平方米,面积误差比绝对值超过3%时,买受人有权退房。后经测绘,诉争房屋实际建筑面积为95.36平方米。2013年,开发公司通知按2.5%以内补款、2.5%以外赠送方式处理。2014年,张某诉请解除合同、退还房款及利息。

法院认为：涉案房屋实际面积与合同约定面积差虽超过3%，但开发公司在本案中只对超出合同约定面积2.5%予以主张，对其余部分并未向买受人主张权利。对涉案房屋合同约定面积与产权登记面积差异，开发公司没有过错。开发公司所提供证据证实，由于建筑规划中适用的《建筑工程建筑面积计算规范》与房产测绘中适用的《房产测量规范》对房屋面积确认标准不同，最终导致涉案房屋总面积产生差异。张某并未因涉案房屋面积差异遭受损失，开发公司亦未因房屋面积差异从中获益。现开发公司只对超出合同约定建筑面积2.5%要求张某补交房款，对其余3.96平方米已明确放弃权利主张；对涉案房屋因面积差异而增加的契税，县政府也以会议纪要方式，要求对其应缴契税总额的25%由县财政局予以先征后返。《合同法》第5条规定，当事人应当遵循公平原则确定各方的权利和义务。公平原则作为民事立法领域内基本原则，其意义和作用在于该原则体现了社会公德与商业道德结合。将该原则作为规范合同当事人行为准绳，可有效防止当事人权利滥用，维护与平衡当事人之间利益。本案中，当事人双方在合同中虽有"建筑面积、套内建筑面积误差比绝对值其中有一项超出3%时，买受人有权退房"约定，但开发公司在本案中并无过错，并采取了相应措施，保护了张某权益免受损害，在此种情况下，如仍解除涉案合同，不仅使得当事人签订涉案合同目的得不到实现，亦使得当事人之间利益失衡，不利于维护交易稳定，亦有违公平、诚实信用民事活动原则。判决驳回张某诉请。2010年**江苏某房屋买卖合同纠纷案**，1996年，刘某购买开发公司商品房。2005年，小区多个业主为房屋面积短少问题起诉，刘某也认为房屋面积比合同约定少了21.92平方米，嗣后颁发的房产证显示面积无误差。刘某提起诉讼后，申请测绘鉴定，但开发公司拒绝提供竣工平面图。法院认为：房屋买受人测量认为房屋面积短少，并据此向法院提起诉讼请求对房屋面积进行测量鉴定，如出卖人无正当理由拒不提供鉴定所必需的竣工平面图，依最高人民法院《关于民事诉讼证据的若干规定》第75条"有证据证明一方当事人持有证据无正当理由拒不提供，如果对方当事人主张该证据的内容不利于证据持有人，可以推定该主张成立"规定，可推定买受人主张成立。本案中，刘某作为商品房买受人，享有知悉其所购房屋真实情况的权利，并有权在其利益受到损害时通过诉讼获得司法救济。根据小区曾有部分业主为房屋面积短少问题提起过诉讼等事实，刘某有理由对其所购商品房面积产生合理怀疑，并依据自己了解掌握的情况提起诉讼。尽管刘某对其提出的房屋建筑面积短少事实主张负有举证义务，但因房屋实际建筑面积测量涉及专门性问题，常人一般难以解决，刘某在诉讼中申请鉴定并愿意支付相关鉴定费用，理由充分，依据合法，符合举证要求。根据公平原则，应视为其已尽到举证责任。开发公司在无充分证据推翻刘某主张情况下，有义务配合鉴定机构对讼争房屋面积进行测量鉴定。但开发公司不提供由其掌握的、且为测量鉴定需要的竣工平面图,导致审理期间无法通过鉴定来查明案件事实。有鉴于此,开发公司应承担举证不能的法律后果。判决开发公司返还刘某10万余元。2008年**天津某房屋买卖合同纠纷案**,2000年,孙某与开发公司签订商品房买卖合同,约定按实际面积调整总房价,多退少补。2006年,孙某将该房转卖给费某并办理过户登记。2008年,孙某以房屋实际面积比销售面积减少6平方米为由,诉请开发公司退还差价款1.9万余元。法院认为:孙某与开发公司之间系商品房买卖合同关系,双方均应依合同约定行使权利、履行义务。现房屋实际面积较约定面积减少6平方米,因双方已在合同中就出现面积误差解决方式作出约定,该约定对双方均有拘束力,故开发公司应依约定向孙某承担退还面积差价责任。孙某是否将房屋转卖他人,并不影响其与开发公司业已存在的买卖合同关系,亦不影响其依据合同继续向开发公司主张权利,开发公司亦不能因房屋被转卖而免除自己合同责任。依合同相对性原则,要求退还面积差价权利仅在与房屋开发商存在直接合同关系的当事人之间成立,而第三人费某与开发公司并无任何合同关系,孙某在将房屋转卖给费某过程中,亦未将房屋面积差价款返还请求权让与费某,故费某无权向开发公司索要房屋面积差价款。另外,孙某与费某之间二手房买卖合同与本案系争商品房买卖合同不属同一法律关系,双方如有争执,应另行解决。判决开发公司返还孙某房屋面积差价款1.9万余元。2007年**陕西某房屋买卖合同纠纷案**,2001年,雷某从开发商处购房,发现产权面积包含了7平方米多的公摊,起诉要求开发商和测量所告知公摊依据、部位、具体测量数据、计算方法,以维护其知情权。法院认为:依《消费者权益保护法》规定,经营者应向消费者提供有关商品或服务的真实信息,经营者对消费者就其提供的商品或服务的质量和使用方法等问题提出的询问应当作出真实明确的答复,消费者享有知悉其购买、使用的商品或接受服务的真实情况的权利。本案中,雷某作为消费者,享有所购房屋公摊面积知情权,作为经营者的开发商应以书面绘图形式告知公摊面积具体部位、具体测量数据、计算依据及方法。因雷某与测量所非经营者与消费者关系,亦无委托关系,故雷某要求测量所履行告知义务,依法不予支持。一审认为合同明确约定,合同面积与产权登记面积有差异的,以产权登记面积为准,且双方已按实际建筑面积进行了计算,如雷某对产权证面积有异议,可另案提起行政诉讼,判决驳回雷某诉请。二审改判开发商应履行告知义务。2004年**四川某房屋买卖合同纠纷案**,2002年,谢某等135户拿到房产证后,发现实际面积与合同约定面积出入很大,此时得知开发商将地下室与其他楼梯间等公用建筑面积一样亦做了公摊,但合同未标明有公摊。法院认为:商品房销售是以建筑面积为面积计算单位,建筑面积应包括套内建筑面积和应合理分摊的公用建筑面积。谢某等购买的商品房公用楼梯间、公共门厅和过道等属于应分摊的合理公用建筑面积。按常理谢某等在购买时理应知晓,故谢某等提出合同中未注明公摊面积即应视为双方作了零公摊约定的主张不能成立。开发商将地下室面积计入销售面积进行分摊并不违反建设部《商品房销售面积计算及公用建筑面积分摊规则》规定,且产权监理部门对此亦予确认,但开发商在由其提供的自制格式合同文本与谢某等签订合同时,未按建设部有关文件规定在合同中明确载明购房者所购房屋的公摊面积,在其销售广告及宣传材料中,亦无相关内容表述,有一定过错,应承担相应民事责任,判决开发商赔偿谢某等 135 户购房户损失 246 万余元。1999 年**广东某房屋买卖合同纠纷案**,1995 年,置业公司与开发公司就现楼买卖签订预售契约,约定开发公司更改图纸导致面积增减超过 10% 的,置业公司有权解除契约。1999 年,置业公司使用所购房产 3 年后,以实际测量面积超过约定面积的 14.1% 为由诉请解除契约。法院认为:置业公司与开发公司所签购房合同有效。开发公司对出售房屋面积计算错误及房管部门核发产权证时测量标准发生变化,致使开发公司交付房屋比契约约定的面积超出 14.1%,置业公司不同意再行购买多出面积,要求解除契约,是可以理解的,但鉴于置业公司已使用房屋达 3 年多时间,又已投入资金进行了装修,且开发公司对房屋面积计算失误亦非主观故意,房屋面积测量标准变化也不可预计,解除契约会造成双方不必要损失,故为减少损失,化解矛盾,对双方所签契约不予解除。因置业公司与开发公司在契约中未约定房屋面积增减处理办法,根据公平合理原则,置业公司应按每平方米成本价标准向开发公司交纳增加部分面积 5% 即 9.614 平方米的房款共 4.6 万余元,对其余增加部分面积则不需补交房款。判决置业公司支付开发公司房款 4.6 万余元。2014 年**浙江某商品房预售合同纠纷案**,2012 年,朱某与开发公司签订商品房买卖合同,约定所购房屋建筑面积 90.81 平方米,其中套内建筑面积 78.38 平方米,并约定以建筑面积作为计价方式。2013 年,该房交付时实测 91.51 平方米,其中套内建筑面积 69.72 平方米。2014 年,朱某以得房率不符合开发公司宣传推广时所称"80%"为由诉请赔偿。法院认为:案涉商品房买卖合同中虽未对"得房率"概念直接作出约定,但从合同条款相关数据完全可计算出所购买房屋套内建筑面积、公摊面积与建筑面积之间的比例,而其中房屋套内建筑面积与建筑面积之间的比例亦即通常所讲的"得房率"。同时,由于房屋买卖合同标的物特殊性,最终交付房屋的面积可能会与合同约定的面积存在一定范围内的差异,故双方又约定了面积差异条款,但上述相关条款只是房屋买卖合同中房屋出卖人与买受人之间根据相关法律法规所采用的通常条款。该些条款主要是针对房屋面积的确认标准、价款的结算依据及面积差异的处理方式所作出的约定。本案中,开发公司最终实际交付的房屋在建筑面积上确实符合合同约定标准,双方亦据此进行了房屋价款结算,但该房屋套内建筑面积与建筑面积之间的比例与合同中所体现出的比例确实存在较大差距,即"得房率"明显降低。在该种商品房买卖合同的履行过程中,虽然实际交付房屋的建筑面积通常会与设计建筑面积存在一定差异,但仍应在合理范围内,而房屋建筑面积变化所导致的套内建筑面积变化同样亦应具有合理性。根据日常生活经验,普通购房者,特别是中小户型购房者对房屋“得房率”这项指标确实较为重视,并在一定程度上会影响购房者意愿。这一点从开发公司在销售中以“得房率”高作为该楼盘的一项优势进行宣传亦可得到印证。现由于开发公司向朱某所交付房屋套内建筑面积与该房屋按合同中约定的套内建筑面积与建筑面积之间的比例计算所得的套内建筑面积明显减少,超出了合理范围,故开发公司行为已构成违约。对于损失的计算标准,考虑本案合同性质、实际履行情况及开发公司过错程度等因素,以交付房屋套内建筑面积与合同约定标准的套内建筑面积的差额为基数,参考合同约定单价,酌情确定开发公司赔偿朱某损失2.9万余元。2010年12月**广东某商品房预售合同案**,法院认为:虽然《商品房预售合同》约定按照建筑面积进行结算,但《房地产销售协议书》是与《商品房预售合同》同时签订的,该协议书约定以套内建筑面积进行结算,即《房地产销售协议书》对《商品房预售合同》所约定的结算方法进行了变更,属于特别约定,该约定对双方当事人均有约束力。现案涉房屋套内建筑面积9.01平方米,比合同约定套内建筑面积8.923平方米大,误差值在1%以内,根据《房地产销售协议书》的约定,开发公司要求孔某补交面积差异款,依据不足,本院不予支持。2010年9月**重庆某商品房预售合同案**,法院认为:合同约定,该套房屋套内建筑面积204.1356平方米,但房地产权证显示,房屋套内建筑面积190.28平方米,刘某所购房屋实际套内面积比合同约定套内面积少13.8556平方米,面积误差比为6.79%。双方在合同中约定的面积差异处理以产权登记面积为准,刘某2009年8月21日取得房屋所有权证,刘某的诉讼并未超过诉讼时效。现刘某不要求退还房屋,根据最高人民法院《关于审理商品房买卖合同纠纷案件适用法律若干问题的解释》第14条的规定以及合同中对面积及面积差异处理的约定,面积误差比绝对值在3%以内(含3%)部分的房价款10,695.81元,开发公司应当返还刘某。面积误差比绝对值在3%以外部分的房价款13,590.90元,开发公司应当双倍返还刘某。由于双方在合同中对应返还房款部分未约定利息,故对刘某主张的利息请求不予支持。开发公司所售房屋的面积误差因何种原因引起,与本案属不同的法律关系和合同相对方,开发公司可根据相关法律规定另行提起诉讼,对开发公司要求房产测量所承担赔偿责任的主张不予支持。2009年11月**河南某商品房买卖合同案**,法院认为:柳某诉开发公司违约,首先应由其举证证明对方的违约事实,但柳某至今仅能提供自己的计算方法和结果,用以证明自己所购房屋面积不足;因柳某无测量资质,其单方计算结论不能作为定案证据。柳某举证不能,应承担不利后果,本应驳回诉讼请求。开发公司委托测绘大队对涉案房屋的实际面积进行了界定,并认可该界定值,等于部分认可了柳某的主张。基于开发公司同意按照测绘大队的界定面积来认定房屋面积误差，本院按照开发公司自认的数值予以处理，即按照测绘大队界定的面积差额支持柳某诉讼请求的一部分，由开发公司退还相关款项。本案房屋单价为每平方米 826.16 元，界定面积显示柳某购房面积比约定面积少 0.63 平方米，故开发公司应将该部分房款 520.48 元及利息返还柳某。2009 年 5 月**广东某商品房买卖合同案**，法院认为：合同约定案涉房屋公共部位与公用房屋分摊建筑面积 50.63 平方米，而开发公司实际交付的房屋公共部位与公用房屋分摊建筑面积仅为 32.0453 平方米。开发公司交付的合同标的物不符合合同约定，显然构成违约。根据上述合同关于“公共部位与公用房屋分摊建筑面积的建设费用计入套内建筑面积销售单价内，不再另行计价”的约定可见，在合同约定的房屋价款中显然包含了公摊面积的价值，另根据房屋交易常理，房屋交易以总建筑面积作为计价单位，总建筑面积决定性地影响商铺的交换价值。现开发公司交付给杨某的房屋公共部位与公用房屋分摊建筑面积比合同约定大幅减少，且开发公司亦未能举证证实其就此存在合理免责事由。上述合同关于“以套内建筑面积为依据进行面积确认及面积差异处理”的面积差违约处理原则显然不能弥补杨某的实际损失。杨某要求开发公司按总房价 ÷（套内面积 + 分摊建筑面积）×“缩水”面积的标准赔偿面积减少损失，符合市场交易常理以及《合同法》第 114 条的规定，应予支持。综上所述，开发公司主张应以套内建筑面积为依据进行面积确认及面积差异处理，不予支持。2008 年 6 月**山东某商品房买卖合同案**，法院认为：李某与开发公司签订的商品房买卖合同明确约定产权登记面积与合同约定面积的差异以房管局确认的登记的产权面积为准。中介测绘公司虽对涉案房屋进行了测绘，但该测绘数据并不具有权威性，且李某购买的涉案房屋尚未办理房屋产权登记手续，故该测绘数据不能作为李某要求开发公司退还其购房款差额的依据。2008 年 6 月**四川某商品房买卖合同案**，法院认为：刘某按照《关于面积差异结算的协议》中 143.99 平方米的套内建筑面积向开发公司补交了差额部分房款，并取得了所购房屋的房屋所有权证。该 143.99 平方米套内建筑面积的数据来源于《房产测绘成果报告》，而《房产测绘成果报告》是经房屋测绘管理部门审核、确认，并作为房屋产权证书所记载的房屋面积的基础和依据。该测绘报告明确记载了套内建筑面积的构成，1 楼阳台按照半面积计算亦经有权部门确认，开发公司依据《房产测绘成果报告》记载的套内建筑面积计算并收取房屋价款，符合法律规定和合同约定。刘某认为 1 楼阳台不应计算面积，要求开发公司退还多收取的房屋价款 2 万余元于法无据，对其请求不予支持。2002 年 3 月**上海某房屋买卖合同案**，法院认为：购房合同补充条款中双方约定该物业的建筑面积以有关部门的测估面积为准，多退少补。对于“多退少补”的理解应从通常意义和系争商品的特性出发，应解释为退还或是补交实测面积和预测面积之间房价的差额。物业公司对于退还、补充的应是实测面积和预测面积之间的面积差额的解释,违背了房屋作为一个不能随意分割的特定物的属性,对此不予采纳。双方既然约定多退少补,可见物业公司对于"少补"是有预见的。现实测面积大于预测面积,物业公司理应补付房款差额。

【同类案件处理要点】

开发商交付使用的商品房套内建筑面积或者建筑面积与商品房买卖合同约定面积不符的,依照最高人民法院《商品房销售管理办法》第 20 条的规定处理。

【相关法律风险提示】

1. 房屋价款结算单项目及费用计算与合同有差异的,签收时最好注明异议,尤其不明就里的产权人亲属或代理人代签收时,更要提前说明,以避免表见代理之争端。案见江苏高院(2002)苏民终字第 71 号"某开发公司诉葛某房屋买卖合同纠纷案"。

2. 合同中的房屋面积是否包含花园或车库、阁楼等附属区域面积,最好在合同中作出明确约定。既约定一次性总价款,又对每平方米单价及建筑面积作出约定的,容易导致后来建筑面积差额出现时存在争议,最好就确定的一次性总价款再做明确说明。

3. 争议条款:约定"建筑面积以有关部门的测估面积为准,多退少补",对于退面积还是补房款存在争议,从通常理解来看,应当解释为退还或是补交实测面积和预测面积之间房价的差额。案见上海二中院(2001)沪二中民终字第 3851 号"某物业公司与某地产公司房屋买卖合同纠纷案"。

4. 以面积差提起诉讼的,在无权威的面积测量数据前,应当申请法院对实际面积进行测量,自行委托测量的面积数据即使未得到对方反驳,亦不能成为确认面积的依据。河南开封中院(2009)汴民终字第 407 号"某开发公司与柳某商品房买卖合同纠纷案"中,开发商认为只少 0.63 平方米,购房户自行测量认为少 6.4 平方米,一审认为开发商没有证据推翻后一数据,按该面积计算确定面积差额价款;二审认为购房户起诉所依据的数据不能作为定案依据,开发商认可自行测量的数据应当作为依据。

5. 合同虽然约定以"套内建筑面积为依据进行面积确认及面积差异处理",但若合同中约定的公摊面积与实际有差异,对买受人而言,以包含套内建筑面积和公摊面积的总建筑面积减少为由,要求退返差额面积房款的,有法律依据。案见广东广州中院(2009)穗中法民五终字第 1150 号"某开发公司与杨某商品房买卖合同纠纷案"。

6. 在合同对阳台或阁楼、地下室、过道如何计算面积或价款情况下,开发商按照测绘部门审核确认的数据收取房款,堪称有法律和合同依据。即使产权证上没有登记过道面积,但合同约定过道面积计算依据情况下,开发商收取过道面积款,亦有可能被法院支持。案见江西赣州中院(2008)赣中民一终字第31号"某开发公司与熊某商品房面买卖合同纠纷案"。

7. 因合同约定之外原因导致合同约定面积与实际交付面积不符,双方均无过错的,可依公平合理原则,由购房人按成本价补偿部分增加面积价款。

8. 商品房买卖合同中注明房屋建筑面积,并分别标明套内建筑面积和应合理分摊的公用建筑面积,也是消费者知情权的具体体现,开发商隐瞒公摊情况的行为具有主观故意,构成欺诈,应承担相应民事责任。

9. 购房人作为消费者享有对所购房屋公摊面积知情权,开发商作为经营者有如实告知义务,购房人与房产测量机构非经营者与消费者关系,亦不存在委托关系,故测量机构无告知义务。

10. 商品房买卖合同和二手房买卖合同是两个不同的法律关系,分别对应着不同权利义务主体。当房屋实际面积与合同约定销售面积出现误差时,根据合同相对性原则,只有直接合同当事人之间可主张权利或承担义务。房屋是否转卖,并不影响权利人依合同主张权利。

【附注】

参考案例索引:江苏高院(2002)苏民终字第71号"某开发公司诉葛某房屋买卖合同纠纷案";北京一中院2004年6月28日判决"某实业公司与某开发公司商品房买卖合同纠纷案",见《长城公司诉远洋大厦公司商品房买卖合同纠纷案》,载《最高人民法院公报·案例》(2004:410);广东广州中院(2015)穗中法审监民再字第45号"陈某与某开发公司等房屋买卖合同纠纷案",见《因自身过错放弃上诉,再审请求能否支持——陈荣、伍耀辉、林日兴与恒城公司房屋买卖合同纠纷再审案》(王维,广东广州中院审监庭),载《审判监督指导/争鸣·民事再审程序疑难问题》(201603/57:26);最高人民法院"某服务局与某开发公司商品房预售合同纠纷案",见《当事人对商品房结算面积的约定优先于测量规范所确定的房屋面积或者房屋的登记面积——北京市外交人员服务局与北京华富房地产发展有限公司商品房预售合同纠纷案》(姜强,最高院民一庭),载《民事审判指导与参考·最高人民法院案件解析》(201102/46:171);安徽芜湖中院(2015)芜中民四终字第00022号"张某与某开发公司商品房预售合同纠纷案",见《从既维护交易稳定又兼顾公平原则出发综合评判房屋买卖合同——安徽芜湖中院判决张某诉某房地产公司商品房预售合同纠纷案》(朱训明、宋喜萍),载《人民法院报·案例精选》(20150813:06);江苏高院(2010)苏民再提字第0026号"刘某与某开发公司房屋买卖合同纠纷案",见《刘军因房屋面积短少诉常惠公司房屋买卖合同纠纷案》,载《江苏省高级人民法院公报》(201205/23:34);天津河北区法院(2008)北民初字第270号"孙某与某开发公司房屋买卖合同纠纷案”,见《孙全乐诉天津豪业建设发展有限公司房屋买卖合同纠纷案》(高治),载《人民法院案例选》(201003/73:137),另见《商品房转卖后面积差价款应退还初始买受人》(高治),载《人民司法·案例》(200904:72);陕西西安中院(2007)西民二终字第161号“雷某诉某开发商等买卖合同案”,见《雷雪琴诉西安市房产测量事务所、西安鑫宇房地产开发有限责任公司商品房买卖合同纠纷案》(徐琳茹、侯静),载《人民法院案例选》(200804/66:171);四川成都成华区法院判决“谢某等诉某开发商欺诈消费案”,见《谢祖源等135户购房户诉四川富临房地产开发有限责任公司隐瞒公摊面积欺诈消费者案》(范伟),载《人民法院案例选》(2004年民事/48:275);广东广州中院(1999)穗中法房终字第1324号“某置业公司与某开发公司买卖合同纠纷案”,见《香港华商置业有限公司诉广州建丰房地产公司案(房屋买卖、预售、面积出入)》(贾震华),载《中国审判案例要览》(2001民:124);浙江杭州中院(2014)浙杭民终字第1313号“朱某与某开发公司商品房预售合同纠纷案”;广东广州中院(2010)穗中法民五终字第3703号“某开发公司与孔某商品房预售合同纠纷上诉案”;重庆五中院(2010)渝五中法民终字第3842号“某开发公司与刘某商品房预售合同纠纷上诉案”:河南开封中院(2009)汴民终字第407号“某开发公司与柳某商品房买卖合同纠纷案”;广东广州中院(2009)穗中法民五终字第1150号“某开发公司与杨某商品房买卖合同纠纷案”;山东东营中院(2008)东民四终字第99号“李某与某开发公司商品房买卖合同纠纷案”;四川成都中院(2008)成民终字第1957号“李某等与某开发公司商品房买卖合同纠纷案”;上海二中院(2001)沪二中民终字第3851号“某物业公司与某地产公司房屋买卖合同纠纷案”。

63. 赠送面积与价款争议

——买房送阁楼,房款怎么算?

【赠送面积】

【案情简介及争议焦点】

2004年6月,徐某根据开发公司提供的设计图纸决定购买房屋,双方口头约定每平方米单价2430元,图测建筑面积为95.52平方米,阳台面积为2.7平方米,阁楼面积为56平方米,总面积为154.22平方米。其中阁楼的36平方米由徐某出资购买,另20平方米由开发公司赠送徐某,故计价面积暂定为134.22平方米，房屋总价款暂定人民币326,155元。同日，双方签订了该房屋买卖协议，将房屋总价326,155元除以暂测建筑面积95.52平方米，产生每平方米单价为3414.52元。合同签订后，徐某先后支付货款176,155元。2006年7月15日，开发公司向徐某交付房屋，徐某同日向开发公司出具欠条一份，欠条载明徐某尚欠开发公司货款15万元，承诺按月息6厘计息。2007年3月6日，办下房产证，载明徐某购买的房屋底层面积为97.89平方米，阁楼面积为52.38平方米，合计面积150.27平方米。开发公司经催讨房款（含多出面积房款）未果，成讼。

争议焦点：1.房价款如何确定？2.拖欠款利息是否支付？

【裁判要点】

1.房价款计算。双方当事人交付房屋时扣除徐某已付款，明确徐某尚欠房款15万元，双方履行行为能证实该房屋总价款为326,155元；开发公司作为出卖方在明知阁楼面积情况下，确定并结算房款时却未提及徐某应付款项不合常理。另开发公司在与徐某签订书面合同半年之后，售与他人的同类房屋每平方米单价在2500元左右，故徐某所称每平方米2430元及计算方式，符合双方当事人的真实意思表示，也符合该房屋当时的实际行情。

2.拖欠款利息。银行按揭贷款是支付货款的一种方式，双方合同中并未明确约定是开发公司的合同义务，开发公司已履行主要义务，徐某亦应即时支付房款，现徐某拖欠，显属违约。开发公司诉请要求徐某支付房款并支付约定的利息，应予支持。

【裁判依据或参考】

1.法律法规或其他规范性文件。《民法典》（2021年1月1日）第466条："当事人对合同条款的理解有争议的，应当依据本法第一百四十二条第一款的规定，确定争议条款的含义。合同文本采用两种以上文字订立并约定具有同等效力的，对各文本使用的词句推定具有相同含义。各文本使用的词句不一致的，应当根据合同的相关条款、性质、目的以及诚信原则等予以解释。"第509条："当事人应当按照约定全面履行自己的义务。当事人应当遵循诚信原则，根据合同的性质、目的和交易习惯履行通知、协助、保密等义务。当事人在履行合同过程中，应当避免浪费资源、污染环境和破坏生态。"第577条："当事人一方不履行合同义务或者履行合同义务不符合约定的，应当承担继续履行、采取补救措施或者赔偿损失等违约责任。"第583条："当事人一方不履行合同义务或者履行合同义务不符合约定的，在履行义务或者采取补救措施后，对方还有其他损失的，应当赔偿损失。"第662条："赠与的财产有瑕疵的,赠与人不承担责任。附义务的赠与,赠与的财产有瑕疵的,赠与人在附义务的限度内承担与出卖人相同的责任。赠与人故意不告知瑕疵或者保证无瑕疵,造成受赠人损失的,应当承担赔偿责任。"**《物权法》**(2007 年 10 月 1 日,已于 2021 年 1 月 1 日起失效)第 74 条:"建筑区划内,规划用于停放汽车的车位、车库应当首先满足业主的需要。建筑区划内,规划用于停放汽车的车位、车库的归属,由当事人通过出售、附赠或者出租等方式约定。占用业主共有的道路或者其他场地用于停放汽车的车位,属于业主共有。"**《合同法》**(1999 年 10 月 1 日,已于 2021 年 1 月 1 日起失效)第 41 条:"对格式条款的理解发生争议的,应当按照通常理解予以解释。对格式条款有两种以上解释的,应当作出不利于提供格式条款一方的解释。格式条款和非格式条款不一致的,应当采用非格式条款。"第 61 条:"合同生效后,当事人就质量、价款或者报酬、履行地点等内容没有约定或者约定不明确的,可以协议补充;不能达成补充协议的,按照合同有关条款或者交易习惯确定。"第 62 条:"当事人就有关合同内容约定不明确,依照本法第六十一条的规定仍不能确定的,适用下列规定:……(二)价款或者报酬不明确的,按照订立合同时履行地的市场价格履行;依法应当执行政府定价或者政府指导价的,按照规定履行……"第 67 条:"当事人互负债务,有先后履行顺序,先履行一方未履行的,后履行一方有权拒绝其履行要求。先履行一方履行债务不符合约定的,后履行一方有权拒绝其相应的履行要求。"第 125 条:"当事人对合同条款的理解有争议的,应当按照合同所使用的词句、合同的有关条款、合同的目的、交易习惯以及诚实信用原则,确定该条款的真实意思。合同文本采用两种以上文字订立并约定具有同等效力的,对各文本使用的词句推定具有相同含义。各文本使用的词句不一致的,应当根据合同的目的予以解释。"第 186 条:"赠与人在赠与财产的权利转移之前可以撤销赠与。具有救灾、扶贫等社会公益、道德义务性质的赠与合同或者经过公证的赠与合同,不适用前款规定。"最高人民法院**《关于审理建筑物区分所有权纠纷案件适用法律若干问题的解释(2020 年修改)》**(2021 年 1 月 1 日　法释〔2020〕17 号)第 5 条:"建设单位按照配置比例将车位、车库,以出售、附赠或者出租等方式处分给业主的,应当认定其行为符合物权法第七十四条第一款有关'应当首先满足业主的需要'的规定。前款所称配置比例是指规划确定的建筑区划内规划用于停放汽车的车位、车库与房屋套数的比例。"最高人民法院**《关于审理商品房买卖合同纠纷案件适用法律若干问题的解释(2020 年修改)》**(2021 年 1 月 1 日　法释〔2020〕17 号)第 3 条:"商品房的销售广告和宣传资料为要约邀请,但是出卖人就商品房开发规划范围内的房屋及相关设施所作的说明和允诺具体确定,并对商品房买卖合同的订立以及房屋价格的确定有重大影响的,构成要约。该说明和允诺即使未载入商品房买卖合同,亦应当为合同内容,当事人违反的,应当承担违约责任。"建设部

《关于加强房地产测量及房屋面积计算管理工作的通知》(1999年3月20日　建住房〔1999〕72号,已于2011年1月26日被宣布失效)第1条:“房地产权属登记发证制度是《城市房地产管理法》确立的一项基本法律制度。房屋权属证书上记载的房屋面积是法定面积,直接关系着产权人的权益。因此,各地房地产行政主管部门要维护法律的权威性和严肃性,在发放权属证书之前,要严格按有关规范和操作规程进行房地产测量与房屋面积计算工作。同时,要防止政出多门,对未经房地产权属登记机关授权,擅自从事涉及房屋确权的房地产测量及房屋面积计算,误导消费者的行为,要及时予以制止;对其中已经给房地产权利人造成损失的,应联合有关部门严肃查处。”湖南长沙中院**《民事审判裁判疑难解答》**(2014年3月)第30条:“解决楼顶空间权属争议的规则?答:(1)根据建筑物区分所有理论,建筑物区分所有权包含区分对所有建筑物专有部分的专有权、共用部分的共有权及对区分所有建筑物整体享有的成员权。从而,区分所有建筑物的楼顶空间属于区分所有建筑物的共用部分,原则上不能归属于顶层区分所有权人专有使用,应当属于全体区分所有权人共有。开发商对此无权处置。(2)开发商与个别区分所有权人约定楼顶空间的专有使用权的(如商品房买卖合同中约定赠送和建设私家花园等等),应确定该项约定侵犯了其他区分所有权人的权利而无效,楼顶区分所有权人不能取得其专有使用的权利,但其他区分所有权人同意该项专有使用权约定,则该项约定可认定为有效。(3)能够决定楼顶空间如何使用的,只有全体区分所有权人会议,如开发商未经区分所有权人会议同意,利用楼顶空间做广告,构成侵权。”第31条:“确定窗前绿地权属的规则?答:(1)原则上,区分所有权的建筑物的绿地属于全体区分所有权人共有,其地基的土地使用权属于区分所有权人共有。如开发商与购房户约定,将窗前绿地归属于一层住宅区分所有权人专有使用或单独使用的,应构成侵权。此外,对绿地的共有包括绿地的土地使用权和土地上附着物即绿地本身的所有权。(2)如开发商与全体业主约定或能证明其对窗前绿地享有所有权,其才有权将窗前绿地的所有权、土地的使用权归属于区分所有权人专有。(3)能够决定窗前绿地的使用和权利归属的,只有全体区分所有权人会议。”广东高院**《关于〈合同法〉施行后认定房地产开发经营合同效力问题的指导意见》**(2001年10月30日　粤高法发〔2001〕41号,已于2020年12月31日经粤高法〔2020〕132号废止)第24条:“商品房售楼广告的内容没有在商品房预售合同中约定,但符合下列情形之一的,该广告内容具有法律约束力:(1)向购房者提供优惠条件或赠送礼品的许诺;(2)对商品房外墙或共用部分装饰标准的告示;(3)对商品房各组成部分或共用部分使用功能质量的陈述……”

2.参考案例。2020年**江苏某房屋买卖合同纠纷案**,2016年,高某购买张某房屋。2020年,高某得知单元全体业主于2007年即对单元地下室进行了分隔,分隔出的7号小地下室归101室业主即张某使用。2020年8月24日,高某要求张某于月底前腾空并交付地下室未果致诉。法院认为:法律规定,建筑区划内其他公共场所、公用设施和物业服务用房,属业主共有。本案中,诉争地下室单元并不属建筑物区分所有权中业主专有部分,而是建筑区划内公用设施,属业主共有部分,且该单元在构造、功能上具有相对独立性,该单元地下室能单独使用,与该单元业主具有使用上的利害关系,故该单元地下室属该单元全体业主共有。诉争地下室系从案涉单元地下室分隔出来分配给101室业主单独使用的共有部分,其性质仍属业主共有。法律规定,业主对共有部分享有共有和共同管理权利。业主转让建筑物内住宅、经营性用房,其对共有部分享有的共有和共同管理权利一并转让。从维护小区公共秩序和业主利益角度来说,业主转让专有部分时,不仅其对共有部分享有的共有和共同管理权利一并转让,且其基于业主共同管理合意所单独使用的共有部分使用权亦应一并转让,既有的共同管理合意对新业主仍有效,原业主应协助将其单独使用的共有部分交付新业主。本案中,张某基于共同管理合意单独使用诉争地下室,张某向高某转让101室房屋,诉争地下室使用权应一并转让,张某应协助将该地下室交付于高某。法律规定,当事人一方不履行合同义务或履行合同义务不符合约定的,应承担继续履行、采取补救措施或赔偿损失等违约责任。本案中,张某拒绝向高某交付诉争地下室构成违约,高某有权要求张某赔偿损失。双方对案涉地下室交付期限未作约定,高某可随时要求张某履行,但应给予张某一定准备时间。高某2020年8月24日要求张某于月底前腾空并交付地下室,张某未及时履行义务,因此占有使用费应从2020年9月1日起计算。综合考量地下室性质、面积、用途等因素以及张某取得地下室使用权时支出了相应费用,判决确认诉争地下室归高某使用、张某10日内应腾空交付同时,张某自2020年12月23日起按180元/月标准向高某支付占有使用费。2009年**浙江某商品房买卖合同纠纷案**,2001年,姚某与开发公司签订商品房买卖合同,约定房屋总面积包括“柴杂间建筑面积11.87平方米”,并约定“本合同条款由浙江省建设厅和浙江省工商行政管理局负责解释”。2002年,姚某以柴杂间少了3.23平方米为由诉请退房款。开发公司以该建筑面积包括公摊建筑面积为由抗辩。省建设厅对柴杂间“建筑面积”一词所作解释为:该柴杂间“室内的水平投影面积”加上“本层(半地下室)水平投影总面积的分摊部分”之和为11.87平方米。法院认为:民事合同中对合同争议解决有特别约定的,当事人对合同条款理解发生争议时,应按合同约定方式、由合同约定的有权主体对合同争议条款依法进行解释。案涉合同“说明”部分特别约定有效,对统一印制合同条款内容争议发生后应依此特别约定进行解释。省建设厅对柴杂间“建筑面积”一词已作出明确解释,即本案合同约定“柴杂间建筑面积11.87平方米”含义应包括公摊面积。建设局已就案涉房屋柴杂间所属半地下层层高进行了测量，层高为2.42米，并就柴杂间层高及档案记载问题出具了书面说明加以更正。据此，开发公司所主张合同约定的柴杂间建筑面积中应包含相应公摊面积理解与合同约定的解释机构解释相符，其主张应予支持；姚某所主张合同中约定的柴杂间建筑面积不应包括公摊面积的理解与合同约定的解释机构解释不符，且姚某审理中表示对柴杂间层高问题不需要重新测量，故其主张不予支持。1999年**广东某房屋买卖合同纠纷案**，1998年，开发公司与吴某签订认购书，约定吴某认购顶层房屋，另赠送吴某天台花园面积约93平方米。此前开发公司促销广告中亦有相关内容。随后开发公司与吴某所签购房合同中并无赠送天台内容。1999年，吴某以开发公司未赠送天台为由，诉请赔偿70万元。法院认为：吴某与开发公司在自愿、平等基础上所签预售契约是双方当事人真实意思表示，内容符合法律规定，应为有效，双方均应自觉履行。虽然双方在认购书中约定了购买顶层复式送天台花园条款，但该条款约定既不明确又违反天台权属应属公用的法律规定，应无效。双方当事人在事后契约中又未约定该条款，表明当事人在订立合同时已变更了认购书中内容，故应以最后约定为准。因诉争条款内容与广告宣传内容一致，故可视为开发公司广告宣传促销手段，依《消费者权益保护法》第19条、第49条规定，开发公司应对其广告不实酌情给予吴某经济补偿。判决开发公司支付吴某补偿金5万元。2015年**福建某商品房预约合同纠纷案**，2013年，许某与开发公司签订认购书，约定许某认购开发公司房产，约定了具体位置、建筑面积、单价及总价，并约定“房屋实际建筑面积以房地产产权登记机关实测为准”。事后许某以开发公司广告宣传单上载明“赠送入户花园”内容有效、赠送面积应扣减为由诉请变更认购书关于面积及总价约定，并承担规划变更等违约金。法院认为：最高人民法院《关于审理商品房买卖合同纠纷案件适用法律若干问题的解释》第5条规定，商品房的认购、订购、预订等协议具备《商品房销售管理办法》第16条规定的商品房买卖合同的主要内容，并且出卖人已经按照约定收受购房款的，该协议应认定为商品房买卖合同。本案所涉认购书对房屋坐落位置、面积、价款支付、面积差异处理等进行了约定，但对房屋交付使用条件及日期、装饰、设备标准承诺、办理产权登记事宜、违约责任等重要条款均未明确约定，尚不具备商品房买卖合同基本特征。且认购书还约定有关购房协议条款以双方所签商品房买卖合同为准，故案涉认购书不能认定为商品房买卖合同，而只能认定为磋商购买商品房而签订的预约合同。开发公司收取许某部分购房款及发给许某入伙通知等事实亦不足以证明双方形成商品房买卖合同关系。广告宣传资料为商业广告，其性质为要约邀请。广告宣传资料内容并不具体确定，亦无一经购房者承诺，开发公司即受该广告意思表示约束内容，故非为要约。双方对赠送入户花园事宜并未达成具有法律约束力的约定，同时，认购书已约定房屋实际建筑面积以房地产产权登记机关实测为准，故许某诉请确认开发公司广告宣传资料中承诺赠送入户花园具体建筑面积主张,不予支持。因认购书内容不够具体、完善,对将来商品房买卖合同重要条款未明确约定,故依认购书双方仅负有就合同具体内容继续磋商,并在将来一定期限内订立正式商品房买卖合同,将预约推进到本约义务,并无必须缔约义务,对认购书不能强制实际履行。至于能否达成协议,应视双方之后具体协商结果而定,故判决驳回许某诉请。2010 年**上海某房屋买卖合同纠纷案**,2009 年,秦某 130 万元购买葛某顶层房屋,过户备案合同约定成交价 97 万元,另 33 万元为“税费及阁楼等补贴”。后因葛某不愿交付阁楼致诉。法院认为:双方签订阴阳合同,该约定涉嫌规避国家税收,故双方对系争房屋转让总价进行拆分约定应属无效,但该约定无效并不影响合同其他部分效力,双方仍应按真实交易价格履行买卖合同约定的各方权利义务。买卖合同签订后,秦某已按真实转让价格付清房款,双方业已办理完毕过户及房屋交接手续。虽双方诉争阁楼在系争房屋产权证中未见表述,不计入独立产权面积,但从阁楼结构上看,系争房屋阁楼四周墙壁封闭,有窗无门,在开发商交房时即在系争房屋屋顶设有开口,且仅能通过该开口进入阁楼,可见开发商交房时,从阁楼结构上来看即便利于顶层业主使用和管理。从阁楼实际使用情况看,系争房屋所在小区有阁楼的楼栋,阁楼均由顶层业主使用,且阁楼上水电设施与顶层业主水电统一计量,不单独设表,可见阁楼使用与顶层业主房屋具有一定附属性。葛某给秦某出具的收款收据表明,双方对系争房屋交付中包含有阁楼的交付使用义务均是明知的,葛某称收款收据由秦某私自篡改,但未提供相应依据,法院不予采信。诉争阁楼不计入小区共有部位建筑面积分摊,且葛某作为系争房屋原产权人,其对阁楼使用权利已随系争房屋转售给秦某而丧失,其继续占有使用阁楼无合理依据。秦某要求葛某交付阁楼,符合双方之间房屋买卖合同目的,亦未违反相关法律规定。判决葛某将诉争阁楼交付给秦某。2007 年**江西某物权纠纷案**,2006 年,顶层居住的张某依与开发商所签购房协议约定“买顶层送楼面”条款,要求同一单元业主方某拆除安装在楼道屋面的太阳能热水器。法院认为:业主在购买商品房时虽在购房合同中与售房人约定了“买顶层送楼面”,但方某安装太阳能热水器所在部位即楼道屋面,并不包括在归顶层业主使用的屋面范围内,楼道屋面仍属公共部位。方某在公共屋面上安装太阳能热水器,未侵犯张某使用权,其太阳能热水器最大承载亦未超出屋面最大荷载,不构成现实的安全问题,故张某要求方某拆除的诉请无事实和法律依据,不予支持。2006 年**湖北某房屋买卖合同纠纷案**,2004 年,许某将两套相邻楼房卖给黄某,约定“两房之间楼梯间送给乙方(即黄某)”。2005 年,因黄某支付房款时,主张从总房款中扣除楼梯间 18 平方米的购房款而引发诉讼。法院认为:房屋买卖合同中约定的楼梯间面积,不仅是整个楼层所有住户共同享有隐形的份额,且所有住户均享有通行权利,该约定侵犯了其他住户合法权益而无效,且字面上并无赠送两房之间的楼梯间是多少平方米和用多少平方米抵扣购房款约定，故黄某要求从房屋总价款中扣减一定面积购房款理由，不能成立。许某在签约时作出与法相悖的承诺，未尽足够谨慎义务以保证交易安全，导致黄某对诉争条款理解上歧义，自身亦存在过错，应负一定责任。判决黄某支付许某购房款32万余元。2004年**福建某房屋买卖合同纠纷案**，2000年，马某拿到房产证，发现建筑面积并不包括露台面积，但与开发商所签购房合同却写了马某买的露台按房价款约1/3支付了对价，遂诉请返还不能计入产权登记的露台价款15万余元。法院认为：从建筑结构看，露台不属住宅楼建筑物所覆盖范围，不存在与购买住宅的全体业主共有的关系。作为房屋附属的可独立使用空间，虽无产权，但增加了房屋使用功能，提高了房屋使用价值，相应地在房屋售价上亦应有所体现，将该空间售价计入总房款，符合经济价值规律。现行房地产法律、法规对商品房外墙包括屋盖所有权无明文规定，在国家关于建筑物面积计算规则中该部分不计建筑面积，自然也就没有登记权属意义，故开发商在与购房人所签商品房购销合同中约定有偿转让露台使用权，不违反现行法律、法规强制性规定，亦不损害露台以下房屋业主财产所有权，双方约定有偿转让露台行为不属无效民事行为。至于房地产部门不予登记该露台权属并不影响转让合同效力，故判决驳回马某诉请。2000年**福建某商品房买卖合同纠纷案**，1998年，林某与开发公司签订商品房买卖合同，其中约定林某以4万余元购买附属花园。2000年，林某以该花园系小区公共绿地为由诉请退款，开发公司反诉林某腾退花园并恢复原状。法院认为：诉争附属花园属住宅小区公共绿地，林某和开发公司擅自买卖小区内公共绿地，其行为侵犯了小区内住户公共利益，故案涉商品房购销合同中关于花园买卖条款无效。双方对此均有过错，应各自承担相应责任。林某要求开发公司退还出售花园得款，符合法律规定，可以支持，但其对造成花园买卖无效后果负有过错责任，且已实际占有和使用了该公共绿地，故要求赔偿利息损失诉请不予支持。林某应将其在诉争花园内添加物拆除，腾空退出，开发公司反诉请求成立，予以支持。为维护小区内住户公共利益，开发公司应将其设置的栅栏和基石拆除，将诉争花园恢复成公共绿地。判决开发公司返还林某购花园款4万余元，林某腾退花园，开发公司恢复成公共绿地。2011年**江西某合作开发合同纠纷案**，1997年，开发公司与百货公司签订联建合同，约定建成8层裙楼，其中地上1～3层归百货公司所有，4～6层归开发公司所有。嗣后房管部门据此办理权属登记，其中第4层被开发公司用于抵押借款。诉讼中，因1层部分用于消防通道，开发公司据此主张该1层实为架空层0层，故合同约定的1层应为该层之上的第二层，百货公司应得部分应为目前大楼的2～4层。法院认为：根据我国民用建筑设计标准，“架空层”是指仅有结构支撑而无外围护结构的开敞空间层。现裙楼地面以上第一层从结构到用途显与上述定义不符，不应视为架空层。因裙楼楼层数与合同约定相同,并未因开发公司所谓架空层出现而多出一个楼层,故目前裙楼 8 层即应视为合同约定建设的 1 ~ 8 层,地面以上第一层即为 1 层,从该层起算至第三层依约即应属于百货公司。开发公司提交档案馆备案的大厦设计图、竣工图中亦不存在架空层 0 层。且开发公司已将第四层抵押并变卖他人偿债的行为与其辩称地面以上第一层为 0 层架空层、2 ~ 4 层属约定为百货公司所有的主张相矛盾,该行为亦证明地面以上第一层至第三层属百货公司,第四层以上属开发公司所有的事实。故开发公司关于房产证载明的 1 层属合同以外的架空层 0 层,不属争议房产主张不予支持。2005 年**北京某买卖合同纠纷案**,2003 年,*黄某入住新房后发现窗外有根装饰外墙的钢梁遮挡窗户,明显与沙盘展示效果不同,诉请拆除或上移。*法院认为:黄某陈述收房时其已在《业主入住验收单》上就窗外装饰钢梁一事提出异议,该证据由开发公司单方持有并拒不提交,依法应推定黄某入住时已提出异议。展示沙盘上,房屋模型外无装饰钢梁,开发商交付的房屋存在影响室内人视觉感受的钢梁构成违约。至于该钢梁是否经过行政审批与是否符合建筑规范,属另一法律关系,不能成为开发公司不构成违约或免除违约责任的理由。业主耗巨资购买房屋,注重的不是房屋外墙立面美观,而是房屋内各项设施是否有利于居住使用,只有在这一前提下,黄某才可能与开发公司签订商品房买卖合同。衡法酌理,不能为保全钢梁的装饰功能,而牺牲业主签订买卖合同要达到的合同目的。黄某主张将装饰钢梁上移 55 厘米,既有专业建筑设计单位证明在技术上可行,又可用较低的成本补救不当影响,应予支持。2011 年 6 月**新疆某商品房预售合同案**,法院认为:合同附件二中有“送车库一间”。但开发公司至今未将房屋及车库交付罗某使用。开发公司与罗某签订的商品房预售合同的价格 3260 元/平方米,明显高于当时给其他住户价格 2900 元/平方米,高出 360 元/平方米,有理由相信合同中有车库。故判决开发公司继续履行向罗某交付其所购买的案涉商品房一套并支付逾期交房违约金,赔偿罗某因按合同约定不能交付车库的损失 81,896 元。2010 年 3 月**广东某房屋买卖合同案**,法院认为:开发公司应向杨某交付的房产的建筑面积为 167.62 平方米,套内面积为 139.49 平方米,杨某主张的开发公司承诺赠送的凹露台的面积 4.16 平方米并不包括在该约定面积之内,可见开发公司并未保证杨某可取得凹露台的专有物权,其只要能够将凹露台提供给杨某使用即已完成其承诺。现杨某领取的涉案房产的权属证书上登记的建筑面积为 168.33 平方米,套内面积为 139.49 平方米,双方确认该登记面积也不包括凹露台的面积,符合合同约定。同时,开发公司已在登记面积之外交付 4.16 平方米的凹露台给杨某,杨某实际占有使用,又无证据证明行政主管部门查处开发公司的该交付行为或该房产所在楼宇的其他业主对此提出异议,故应认为开发公司已履行将凹露台免费提供给杨某使用的承诺。杨某关于其应对凹露台享有专有物权的主张,缺乏合同和法律依据。2007 年 12 月

安徽某商品房预售合同案，法院认为：开发公司在与桑某签订意向书和商品房认购书时，未告诉桑某案涉商品房中建筑面积为92.08平方米的部分与面积为42.97平方米的阁楼需分别签订“商品房买卖合同”与“阁楼附属产权使用权转让协议”，并且阁楼不能取得所有权，在开发公司提出按上述方法与桑某签订协议时，桑某不能接受，因而双方未能签订上述协议，故双方对认购书约定买卖房屋的意思表示未达成最终一致，故双方对此均不存在违约，因不可归责于当事人双方的事由，导致商品房买卖合同未能订立，出卖人应将定金返还买受人。2005年6月**辽宁某房屋买卖合同案**，法院认为：本案的争议焦点是楼梯间顶层以上阁楼空间(争议间)是否为双方约定的赠送阁楼部分。从赵某提供的其入住前该房顶层阁楼现场结构照片看，楼梯间顶层以上已由开发公司建筑为封闭的阁楼空间，赵某现使用的阁楼间与争议间的间壁墙上原有正式门口一处，而对面墙壁上仅系一处临时的送料口。该照片反映楼梯间顶部以上阁楼建筑空间系赵某阁楼空间范围，在开发公司并未与赵某明确约定争议间不属开发公司赠送的阁楼部分的情况下，争议间的建筑空间应属开发公司承诺的赠送阁楼部分。开发公司于2004年9月17日为赵某出具书面《证明》，亦载明开发公司免费赠送给赵某的阁楼面积为138.37平方米，即双方合同约定的赠送阁楼包括争议间的建筑空间在内。开发公司应依约定向赵某全部交付其承诺的赠送阁楼空间。现开发公司未履行全部交付义务，属违约行为，应承担继续履行、采取补救措施或者赔偿损失等违约责任。开发公司已将争议间交付给案外人，现案外人已对争议间进行了装修并已实际使用，开发公司在事实上已无法履行交付争议间的义务。赵某提出的“恢复赠送阁楼面积138.37平方米”，即继续履行交付义务的诉讼请求，法院无法支持。赵某提出“在开发公司无法履行交付义务的情况下，开发公司应赔偿其损失”，故开发公司应承担赔偿损失的违约责任。判决开发公司依双方合同约定的交易单价的1/2的比例，赔偿未履行交付争议间的违约损失2万余元。

【同类案件处理要点】

出卖人在商品房买卖合同签订或履行过程中承诺的附赠车库、阁楼、阳台等内容，应当遵守。商品房销售广告和宣传资料就赠送面积的说明和允诺具体确定，并对商品房买卖合同的订立以及房屋价格的确定有重大影响的，应视为要约。该说明和允诺即使未载入商品房买卖合同，亦应当视为合同内容，出卖人违反的，应承担违约责任。

【相关法律风险提示】

1. 开发商承诺赠送面积的，应在合同中明确该面积或空间属于所有权还是使用权,是专有使用权还是共有使用权,在合同未予明确,开发商已将该赠送面积交于买受人使用的情况下,买受人主张专有使用权的,可能不会被支持。案见广东深圳中院(2009)深中法民五终字第2131号“杨某与某开发公司房屋买卖合同纠纷上诉案”。

2. 对于购买商品房附送阳台或阁楼面积的,应在合同中对赠送面积、建筑面积、折合单价、总价等予以明确,以免事后形成价款纠纷,同时有必要对该阁楼的空间位置予以明确。

3. 开发商将属于住宅小区公共绿地的附属花园出售给业主,其行为侵犯了小区内住户公共利益,该花园买卖条款无效。

4. 露台作为房屋附属的可独立使用空间虽无产权,但增加了房屋使用功能,提高了房屋使用价值,相应地在房屋售价上亦应有所体现,将该空间售价计入总房款,符合经济价值规律。

5. 房屋买卖合同中约定卖方赠送楼梯间面积,因业主对该面积共同享有隐形份额及实际通行权,故约定应认定无效。

6. 开发商“买顶层送楼面”的营销方式不仅违反了法律规定,同时侵犯了其他业主的合法权益即建筑物区分所有权。

7. 附赠式有奖销售合同赠与法律关系应适用买卖合同规定,出卖人不履行附赠义务或履行义务不符合约定,应承担违约责任,因此致他人遭受财产、人身损害的,亦应承担侵权责任。

8. 未经物权登记的阁楼应视为建筑物附属空间,如阁楼规划设计为顶层业主专用,物理结构、功能设施上皆便利于顶层业主使用,使用习惯上亦由顶层房屋业主实际占用,则可将其视为顶层业主房屋附属空间,在买卖时须与顶层房屋一并交易,不得单独处分。

【附注】

参考案例索引:浙江湖州中院(2007)湖民一终字第257号“某开发公司与徐某房屋买卖合同纠纷案”;最高人民法院“某开发公司与姚某等商品房买卖合同纠纷案”,见《合同中对争议条款的解释有特别约定的应当从其约定——浙江金龙房地产投资集团有限公司与姚慰华商品房买卖合同纠纷提审案》(陈佳、钱雪娟,最高院审监庭),载《审判监督指导 · 案例评析》(200903/29:68);江苏南京江宁区法院(2020)苏0115民初12943号“高某与张某等房屋买卖合同纠纷案”,见《高志清、戴雨晴与张凤清、袁丽萍房屋买卖合同纠纷案》,载《最高人民法院公报 · 案例》(202108/298:46);广东广州中院(1999)穗中法房终字第1684号“吴某与某开发公司房屋买卖合同纠纷案”,见《吴兴华诉广州市大江房地产开发有限公司房屋买卖纠纷上诉案——买卖天台使用权的效力及处理》,载《民事审判指导与参考 · 地方人民法院二审案件解析》(200103/7:294);福建厦门中院(2015)厦民终字第4031号"许某与某开发公司等商品房预约合同纠纷案",见《许丽玉诉厦门金城湾房地产开发有限公司等商品房预约合同纠纷案——将商品房买卖认购书认定为商品房买卖合同的条件以及预约合同能否强制履行的问题》(颜思远),载《人民法院案例选》(201608/102:146);上海一中院(2010)沪一中民二(民)终字第1956号"葛常清与秦桂林等房屋买卖合同纠纷上诉案",见《公寓顶层阁楼使用权的归属及流转》(杨立转、范一、周箐),载《人民司法·案例》(201214:25);江西赣州中院(2007)赣中民一终字第135号"张某诉方某等物权纠纷案",见《张义胜诉方秋平侵权、排除妨害案(建筑物区分所有权)》(赖训洪),载《中国审判案例要览》(2008民:84);湖北宜昌中院(2006)宜中民一终字第00044号"许某与黄某等房屋买卖合同纠纷案",见《许江红诉黄隆林房屋买卖合同纠纷案(房屋买卖合同)》(黎琼),载《中国审判案例要览》(2007民:108);福建厦门中院判决"马某诉某开发商购房合同案",见《马玲诉厦门明发集团有限公司商品房购销合同中对不能计入产权的露台出售纠纷案》(刘宁),载《人民法院案例选》(2004年民事/48:300);福建厦门湖里区法院(2000)湖房初字第197号"林某与某开发公司商品房买卖合同纠纷案",见《林山诉永升公司案(出售公用绿地无效)》(陈水湖、罗林),载《中国审判案例要览》(2001民:169);最高人民法院(2011)民申字第777号"某百货公司与某开发公司等合作开发合同纠纷案";北京一中院2005年7月8日判决"黄某诉某开发商买卖合同案";新疆乌鲁木齐中院(2011)乌中民四终字第293号"罗某与某开发公司商品房预售合同纠纷上诉案";广东深圳中院(2009)深中法民五终字第2131号"杨某与某开发公司房屋买卖合同纠纷上诉案";安徽滁州中院(2007)滁民一终字第740号"桑某诉某开发公司商品房预售合同案";辽宁沈阳中院(2005)沈民(2)房终字第332号"某开发公司与赵某房屋买卖合同纠纷案"。

64. 购房优惠条件的兑现

——购房有优惠,能否要得回?

【优惠条件】

【案情简介及争议焦点】

挂靠工程公司的俞某给开发商做工程,完工后同意以房抵工程款,唐某从工程公司买了一套111.07平方米的房屋,俞某及合伙人聂某出具

《情况说明》,承诺按优惠价每平方米2250元认购,公司优惠下来的款项在唐某办理完全套购房手续后返给唐某。唐某以每平方米2755.54元办完购房手续并领产权证后,要求工程公司兑现优惠承诺。

争议焦点:1.俞某、聂某承诺的效力如何? 2.优惠房款如何计算?

【裁判要点】

1.俞某、聂某出具《情况说明》系公司行为。俞某、聂某向唐某出具的《情况说明》虽未加盖工程公司印章,但聂某系挂靠该公司,俞某系聂某的合伙人,故聂某、俞某与工程公司的关系系工程公司的内部关系。本案工程公司为开发商所做防水系该两人以工程公司名义进行,故聂某、俞某对外所进行的防水工程及以房抵款的相关事宜均系代表工程公司实施,而工程公司亦认可唐某所购房屋系冲抵防水工程款的房屋,本案虽无证据证明聂某、俞某经工程公司授权对唐某进行房价优惠,但唐某有理由相信该两人所出具的《情况说明》系代表工程公司,且该《情况说明》中聂某、俞某两人亦系以工程公司名义进行承诺,故依《合同法》第49条规定,聂某、俞某出具该《情况说明》的行为构成表见代理,工程公司不能以其与聂某、俞某所存在的内部关系对抗对外的债权人,该《情况说明》有效。

2.工程公司应依《情况说明》返还优惠房款。工程公司应依《情况说明》所明确的优惠标准,向唐某返还优惠价,房屋面积为101.07平方米,房款为278,502元,故工程公司应向唐某、王某返还的优惠房款为51,095元(278,502元-2250元/平方米×101.07平方米)。

【裁判依据或参考】

1.法律法规或其他规范性文件。《民法典》(2021年1月1日)第158条:“民事法律行为可以附条件,但是根据其性质不得附条件的除外。附生效条件的民事法律行为,自条件成就时生效。附解除条件的民事法律行为,自条件成就时失效。”第159条:“附条件的民事法律行为,当事人为自己的利益不正当地阻止条件成就的,视为条件已经成就;不正当地促成条件成就的,视为条件不成就。”第509条:“当事人应当按照约定全面履行自己的义务。当事人应当遵循诚信原则,根据合同的性质、目的和交易习惯履行通知、协助、保密等义务。当事人在履行合同过程中,应当避免浪费资源、污染环境和破坏生态。”第577条:“当事人一方不履行合同义务或者履行合同义务不符合约定的,应当承担继续履行、采取补救措施或者赔偿损失等违约责任。”第583条:“当事人一方不履行合同义务或者履行合同义务不符合约定的,在履行义务或者采取补救措施后,对方还有其他损失的,应当赔偿损失。”**《合同法》**(1999年10月1日,已于2021年1月1日起失效)第107条:“当事人一方不履行合同义务或者履行合同义务不符合约定的,应当承担继续履行、采取补救措施或者赔偿损失等违约责任。”最高人民法院**《印发〈关于当前形势下审理民商事合同纠纷案件若干问题的指导意见〉的通知》**(2009年7月7日　法发〔2009〕40号)第13条:“合同法第四十九条规定的表见代理制度不仅要求代理人的无权代理行为在客观上形成具有代理权的表象,而且要求相对人在主观上善意且无过失地相信行为人有代理权。合同相对人主张构成表见代理的,应当承担举证责任,不仅应当举证证明代理行为存在诸如合同书、公章、印鉴等有权代理的客观表象形式要素,而且应当证明其善意且无过失地相信行为人具有代理权。”第14条:“人民法院在判断合同相对人主观上是否属于善意且无过失时,应当结合合同缔结与履行过程中的各种因素综合判断合同相对人是否尽到合理注意义务,此外还要考虑合同的缔结时间、以谁的名义签字、是否盖有相关印章及印章真伪、标的物的交付方式与地点、购买的材料、租赁的器材、所借款项的用途、建筑单位是否知道项目经理的行为、是否参与合同履行等各种因素,作出综合分析判断。”最高人民法院**《关于审理商品房买卖合同纠纷案件适用法律若干问题的解释(2020年修改)》**(2021年1月1日　法释〔2020〕17号)第3条:“商品房的销售广告和宣传资料为要约邀请,但是出卖人就商品房开发规划范围内的房屋及相关设施所作的说明和允诺具体确定,并对商品房买卖合同的订立以及房屋价格的确定有重大影响的,构成要约。该说明和允诺即使未载入商品房买卖合同,亦应当为合同内容,当事人违反的,应当承担违约责任。”国家工商局**《房地产广告发布暂行规定》**(1998年12月3日)第18条:“房地产广告中不得含有广告主能够为入住者办理户口、就业、升学等事项的承诺。”(《房地产广告发布暂行规定》已被2015年12月24日发布的《房地产广告发布规定》所替代,此处第18条对应《房地产广告发布规定》为第18条。——编者注)国家工商局**《关于房地产广告中承诺为入住者办理户口问题的答复》**(1997年5月5日　工商广字〔1997〕124号,已于2016年5月31日起失效)第1条:“办理户口只能由政府有关部门依照规定进行。因此,房地产广告中不得以任何形式出现房地产开发企业、房地产权利人、房地产中介服务机构能够为入住者办理户口承诺的内容。”第2条:“依照法律法规和有关规定可以办理户口的房地产项目,广告中有关办理户口的内容应当表述清楚、明白,标明有关规定的出处或者相关条件,不得使人产生误解。”广东高院**《关于〈合同法〉施行后认定房地产开发经营合同效力问题的指导意见》**(2001年10月30日　粤高法发〔2001〕41号,已于2020年12月31日经粤高法〔2020〕132号废止)第24条:“商品房售楼广告的内容没有在商品房预售合同中约定,但符合下列情形之一的,该广告内容具有法律约束力:(1)向购房者提供优惠条件或赠送礼品的许诺;(2)对商品房外墙或共用部分装饰标准的告示;(3)对商品房各组成部分或共用部分使用功能质量的陈述……”

2. 参考案例。2010 年 7 月**上海某房屋买卖合同案**,法院认为:开发公司同意前 504 室业主解除出售合同,以低于前 504 室房屋单价的价格购买其他楼盘,并送产权车库以及以低于前 504 室单价的价格再次出售 504 室并送产权车库的行为,沈某认为侵犯了自己作为消费者的知情权、选择权和公平交易权,维持沈某与上述购房者以同等价格购买同地区房屋和得到同等的实惠是开发公司的后合同义务,否则,开发公司即违背了后合同义务。对此法院认为,交易价格是否公平,应以市场价为标准:沈某购买 204 室以及换购 404 室时,合同价以市场为标准,并未过分高于或低于市场价,故其购房时,并未受到不公正待遇;前 504 室解除合同后购买开发公司开发的其他房屋以及开发公司再次出售 504 室房屋的价格,均没有违背市场规律,当时受国际金融风暴影响,房屋市场价格下滑,上述购房人以低于前 504 室房屋的价格分别购买开发公司的房屋,符合市场规律。至于开发公司赠送购房人产权车库,是开发公司在市场受影响的情况下所作的促销手段,并不构成价格欺诈或者造成对其他购房人的侵害,完全是一种市场行为;至于开发公司同意前 504 室解除合同而未同意沈某以同样方式处理合同的行为,法院认为,合同中将解除合同的同意权交给开发公司,开发公司有权予以选择,对于开发公司处分合同权利的行为,他人无权干涉。综上所述,沈某以开发公司违背后合同义务为由要求开发公司补偿房屋差价 15 万元并赠送产权车库一个的诉讼请求,无合同依据和法律依据,不予支持。2009 年 3 月**重庆某房屋买卖合同案**,法院认为:本案的争议焦点在于开发公司是否对其收款及开票行为内容存在重大误解,即车库以 2.5 万元的价格出售是否系开发公司的真实意思表示,也就是开发公司所主张的工作人员将车库款“优惠 2.5 万元”误解为“优惠到 2.5 万元”的事实是否成立的问题。首先,因开发公司系有限责任公司,其任何意思表示行为需通过其工作人员按职责分步骤具体执行,故其实际操作过程中就存在多个环节,从而使前述“误解”事实的发生具备了客观可能性。其次,根据开发公司出售车位流程的通知内容可知,选购车位、付清款项、签订书面合同、办理接收车位手续均应在同日内进行。本案中仅发生了徐某选定车位和支付相应款项的事实,双方当事人既未签订正式买卖合同,也未办理车位接收手续,而该事实恰好有力印证了开发公司关于“被告和经办人员拟好合同后,(开发公司)后来审查时才发现了工作人员误解,故未认可合同”的陈述,同时说明徐某已于当日表明发生了误解,其先达成协议而事后反悔的可能性相对而言极小,从而表明开发公司所主张的“重大误解”事实发生的客观现实性。最后,徐某提供的录音证据以及 2006 年 3 月 9 日开发公司向徐某发出《关于催促完善购买车位手续的专函》的事实,进一步印证了开发公司主张的“重大误解”事实的成立。其请求撤销其相应民事法律行为符合法律规定,应予支持。2009 年 2 月**重庆某房屋买卖合同案**,2004 年,开发公司向矿业公司出具《置业预算表》,载明矿业公司欲购物业的契税减免数额，并为开发公司盖章确认。随后双方签订购房合同，约定了逾期办证违约金计算标准。2006年至2007年期间，因开发公司逾期未办证，加盖公司章的承诺明确了其应付违约金及利息。矿业公司按开发公司要求先垫付契税50万余元，要求开发公司依约退返。法院认为：开发公司逾期办证行为已构成违约，理应向矿业公司支付逾期办证违约金。就违约金的支付，开发公司先后出具承诺函，承诺支付对方迟延办证违约金及利息，因上述两份承诺函加盖了开发公司公章，系开发公司的真实意思表示，应为有效。在签订商品房买卖合同前，开发公司向矿业公司出具"置业预算表"，载明减免契税数额，开发公司对此予以确认；虽然缴纳买方契税是矿业公司的合同义务，但开发公司自愿承担了矿业公司应交的契税并不违反法律规定，亦未损害国家利益，故矿业公司垫付契税的事实成立，开发公司理应按其承诺金额返还矿业公司契税。2007年11月**北京某商品房预售合同案**，法院认为：对周某要求开发公司给付1年的物业管理费的诉讼请求，因开发公司并不是物业管理公司，无权收取或免除业主的物业管理费，且周某亦未按通知时间与开发公司签订合同，不符合开发公司赠送1年物业管理费的要求，故对周某的此部分诉讼请求本院不予支持。2007年9月**四川某商品房买卖合同案**，法院认为：开发公司在其售房宣传资料上载明"零公摊"，该记载明确、具体，其对商品房买卖合同的订立以及房屋价格的影响是显而易见的，依法应当视为要约。该说明和允诺即使未载入商品房买卖合同，亦应当视为合同内容。开发公司称"零公摊"只是针对商铺而非住宅，因该主张缺乏事实依据，不能成立。此外，在合同的正文中，开发公司在"建筑面积110.29平方米"后使用了"分摊公用面积为'/'平方米"的表述。该表述同样文意明确，足以使购房者产生开发公司所售房屋没有或免收公摊面积房款的认识。综合开发公司的宣传资料以及签订的合同内容，足以认定开发公司向杨某作出了所售房屋没有或免收公摊面积房款的意思表示，开发公司应当履行这一合同内容。在杨某的房屋产权证上明确载明的公摊面积为7.35平方米，开发公司的这一行为已构成违约。故杨某要求开发公司退还公摊面积房款的主张成立，但因杨某选择了一次性付款的方式，享受了开发公司给予的3%的优惠，故在退款金额上也应对该因素予以考虑，开发公司应退房款为960元×7.35平方米×97%=6844.3元。

【同类案件处理要点】

出卖人在商品房买卖合同签订或履行过程中承诺的优惠购房内容，应当遵守。商品房销售广告和宣传资料就优惠购房条件的说明和允诺具体确定，并对商品房买卖合同的订立以及房屋价格的确定有重大影响的，应视为要约。该说明和允诺即使未载入商品房买卖合同，亦应当视为合同内容，出卖人违反的，应承担违约责任。

【相关法律风险提示】

1. 开发商分别给予购房者以不同的优惠条件是一种正常的市场促销行为,并不构成欺诈,购房人以此认为侵害其作为消费者应享有的知情权、选择权、公平交易权的,缺乏法律依据。案见上海二中院(2010)沪二中民二(民)终字第1118号“沈某等与某开发公司房屋买卖合同纠纷上诉案”。

2. 争议表述:“优惠×元”,在无相关条款说明情况下,是“优惠到×元”,还是“总共优惠×元”可能存在误解。为避免争议,有必要予以明确。案见重庆一中院(2009)渝一中法民终字第577号“某开发公司与徐某商品房买卖合同纠纷案”。

3. 购房过程中达成的出卖人给予的优惠条件,应当以书面形式在合同中体现。负责人作出的表态,除签字认可外,应尽量要求加盖法人公章确认,以避免表见代理认定上的风险。

4. 开发公司为促成合同成立发出的订约意向(如《置业预算表》),通常不具有约束力。案见重庆五中院(2009)渝五中民终字第190号“某开发公司与某矿业公司房屋买卖合同纠纷案”。

5. 独立于购房合同之外的以公司名义作出的承诺,含有权利义务内容的,具有法律效力,能够约束当事人。但实践中有认为契税减免约定无效的,如江西萍乡中院(2005)萍民一终字第78号“郭某等35人与某开发公司房屋买卖合同纠纷案”,终审判决就认为开发商约定“2000元以上的办证费用由代办方(出卖方)承担”不包括契税。

【附注】

参考案例索引:云南昆明中院(2009)昆民一终字第219号“某工程公司与唐某房屋买卖合同纠纷案”;上海二中院(2010)沪二中民二(民)终字第1118号“沈某等与某开发公司房屋买卖合同纠纷上诉案”;重庆一中院(2009)渝一中法民终字第577号“某开发公司与徐某商品房买卖合同纠纷案”;重庆五中院(2009)渝五中民终字第190号“某开发公司与某矿业公司房屋买卖合同纠纷案”;北京房山区法院(2007)房民初字第06596号“周某诉某开发公司商品房预售合同纠纷案”;四川成都中院(2007)成民终字第1760号“某开发公司与杨某商品房买卖合同纠纷案”。

65. 购房附赠物品的兑现

——买房有赠品，要不要兑现？

【附赠物品】

【案情简介及争议焦点】

2003年，翟某购买开发公司商品房，翟某所持合同附件注明“此住宅免契税和赠送5000元奖品（家用电器）”，并约定交房时间为2004年7月31日。2004年11月24日，物业公司代表开发公司出具“准许入住通知书”，同意翟某入住。翟某诉赠品款和逾期交房违约金。

争议焦点：1. 赠品是否支付？2. 是否逾期交房？

【裁判要点】

1. 未支付赠品构成违约。双方在合同附件明确列明赠品内容，并加盖开发公司合同专用章，其应作为合同的一部分，开发公司未依约履行，翟某有权要求其履行。开发公司所持合同无此约定并不能否认其对翟某所作承诺行为，判决开发公司给付翟某奖品款5000元。

2. 逾期交房亦构成违约。开发公司未如期向翟某交房系违约行为，应依约支付违约金。

【裁判依据或参考】

1. 法律法规或其他规范性文件。《民法典》（2021年1月1日）第158条：“民事法律行为可以附条件，但是根据其性质不得附条件的除外。附生效条件的民事法律行为，自条件成就时生效。附解除条件的民事法律行为，自条件成就时失效。”第159条：“附条件的民事法律行为，当事人为自己的利益不正当地阻止条件成就的，视为条件已经成就；不正当地促成条件成就的，视为条件不成就。”第509条：“当事人应当按照约定全面履行自己的义务。当事人应当遵循诚信原则，根据合同的性质、目的和交易习惯履行通知、协助、保密等义务。当事人在履行合同过程中，应当避免浪费资源、污染环境和破坏生态。”第577条：“当事人一方不履行合同义务或者履行合同义务不符合约定的，应当承担继续履行、采取补救措施或者赔偿损失等违约责任。”第583条：“当事人一方不履行合同义务或者履行合同义务不符合约定的,在履行义务或者采取补救措施后,对方还有其他损失的,应当赔偿损失。”第662条:“赠与的财产有瑕疵的,赠与人不承担责任。附义务的赠与,赠与的财产有瑕疵的,赠与人在附义务的限度内承担与出卖人相同的责任。赠与人故意不告知瑕疵或者保证无瑕疵,造成受赠人损失的,应当承担赔偿责任。”**《合同法》**(1999年10月1日,已于2021年1月1日起失效)第39条:“采用格式条款订立合同的,提供格式条款的一方应当遵循公平原则确定当事人之间的权利和义务,并采取合理的方式提请对方注意免除或者限制其责任的条款,按照对方的要求,对该条款予以说明。格式条款是当事人为了重复使用而预先拟定,并在订立合同时未与对方协商的条款。”第40条:“格式条款具有本法第五十二条和第五十三条规定情形的,或者提供格式条款一方免除其责任、加重对方责任、排除对方主要权利的,该条款无效。”第41条:“对格式条款的理解发生争议的,应当按照通常理解予以解释。对格式条款有两种以上解释的,应当作出不利于提供格式条款一方的解释。格式条款和非格式条款不一致的,应当采用非格式条款。”第107条:“当事人一方不履行合同义务或者履行合同义务不符合约定的,应当承担继续履行、采取补救措施或者赔偿损失等违约责任。”第186条:“赠与人在赠与财产的权利转移之前可以撤销赠与。具有救灾、扶贫等社会公益、道德义务性质的赠与合同或者经过公证的赠与合同,不适用前款规定。”最高人民法院**《关于审理商品房买卖合同纠纷案件适用法律若干问题的解释(2020年修改)》**(2021年1月1日　法释〔2020〕17号)第3条:“商品房的销售广告和宣传资料为要约邀请,但是出卖人就商品房开发规划范围内的房屋及相关设施所作的说明和允诺具体确定,并对商品房买卖合同的订立以及房屋价格的确定有重大影响的,构成要约。该说明和允诺即使未载入商品房买卖合同,亦应当为合同内容,当事人违反的,应当承担违约责任。”广东高院**《关于〈合同法〉施行后认定房地产开发经营合同效力问题的指导意见》**(2001年10月30日　粤高法发〔2001〕41号,已于2020年12月31日经粤高法〔2020〕132号废止)第24条:“商品房售楼广告的内容没有在商品房预售合同中约定,但符合下列情形之一的,该广告内容具有法律约束力:(1)向购房者提供优惠条件或赠送礼品的许诺;(2)对商品房外墙或共用部分装饰标准的告示;(3)对商品房各组成部分或共用部分使用功能质量的陈述……”成都市房管局、成都市工商局**《关于进一步规范房地产广告的通知》**(2009年1月12日)第1条:“……(四)房地产广告有附赠内容表述的,应当准确标明附赠物品的品牌和数量,不得含糊其辞。房地产广告中表述的附赠内容不得违反相关法律、法规、规章和其他政策性规定……”

2. 参考案例。2017年**上海某房屋买卖合同纠纷案**,2015年,李某购买张某房屋。李某付款后,双方办理过户。2016年,张某将房屋钥匙交付李某。次日,张某与李某就需搬离的室内物品发生争议,双方于当日签署字条,载明:“房子按合同给你,至于装修的其他东西(软装类,硬装不破坏),我一并拆走。"随后,张某诉请李某返还屋内相关家用电器。法院认为:买卖合同主要权利义务是出卖人转移标的物所有权于买受人,买受人支付价款。不动产物权设立、变更、转让和消灭,经依法登记,发生效力。现张某已按合同约定,将涉案房屋过户至李某名下,履行了转移标的物义务。从双方所签合同内容看,房屋总价不包含装饰装修或家用电器,有关随房屋同时转让的设备、装饰费用及处理在合同中未作约定。张某认为涉案物品未随房屋一并出售给李某的主张,依法予以采信。买卖合同标的物为不动产。空调、冰箱与消毒柜是房屋内家用电器,既不属不动产,亦非装饰装修。2016 年,张某将涉案房屋钥匙交付李某,在随后又签署字条,从字条内容看,难以解读出张某主动放弃房屋内物品所有权,或将系争物品赠与李某,亦无证据证明张某作出过抛弃或赠与的意思表示。判决李某返还张某案涉房屋内相关家用电器。2013 年**福建某物权保护纠纷案**,2007 年,许某购买陈某房屋,合同约定"房屋建筑面积为 125.44 平方米,其中含附属用房建筑面积/平方米"。2012 年 12 月,许某诉请陈某归还自卖房时就借用的储藏间并支付使用费。陈某抗辩称卖房并未包括卖储藏间。法院认为:诉争储藏间位于独立的不同空间,并未附合于案涉房屋,并非房屋组成部分,其具有独立的经济价值,作用在于辅助、发挥主房屋效用,故为房屋从物。在当事人未作特别约定情况下,主房屋转让,作为从物的储藏间亦应一并转让。买卖合同约定,"房屋建筑面积为 125.44 平方米,其中含附属用房建筑面积/平方米",根据该条款所使用词句,结合语意习惯分析,该条款含义应指 125.44 平方米中不含附属用房建筑面积,即计价的 125.44 平方米均为房屋面积。根据双方陈述,交易过程中双方曾就储藏间是否一并交易进行了协商,双方在交易过程中已知诉争储藏间存在。诉争储藏间未进行不动产登记,根据交易习惯,储藏间一般随同主房屋转移至新所有权人。如双方特别约定储藏间不随同转让,从常理来看,应在合同中进行特别声明或约定,明确诉争储藏间仍归原所有权人所有。陈某并不能就此提供证据,对于其关于双方约定将诉争储藏间排除在交易范围外主张法院不予采信。许某陈述房屋交易时其同意将诉争储藏间借给陈某使用,而许某未就其向陈某催还诉争储藏间提供证据,对于其要求陈某支付储藏间占有使用费主张,法院酌情自许某起诉之日起予以支持。判决陈某归还许某储藏间,并按每月 250 元标准支付自起诉日至实际归还日的占有使用费。2009 年 7 月**广东某商品房预售合同案**,法院认为:关于开发公司在售楼书中订明"首层单位附送 3.3 米层高架空层多功能室"是否构成买卖合同内容的问题。依据最高人民法院《关于审理商品房买卖合同纠纷案件适用法律若干问题的解释》第 3 条的规定,商品房的销售广告和宣传资料为要约邀请,但出卖人在商品房的销售广告和宣传资料中就商品房开发规划范围内的房屋及相关设施所作的说明和允诺具体确定,并对商品房买卖合同的订立以及房屋价格的确定有重大影响的,应当视为要约,该说明和允诺即使未载入商品房买卖合同,亦应当视为合同内容。开发公司在售楼书中明确订明“首层单位附送3.3米层高架空层多功能室”,开发公司确认该售楼书指向案涉房屋所在楼盘,该售楼广告内容明确具体且显然对商品房买卖合同的订立及房屋价格的确定有重大影响,故应当认定为双方商品房买卖合同的内容,对合同双方具有约束力。2007年11月**浙江某商品房买卖合同案**,法院认为:开发公司在按要求将房屋及相关配套设施建成后通过了竣工验收并取得竣工验收备案表,房屋的交付条件已经成就。关于陈某小房间的台面,虽在合同中未约定,但是属房屋主体结构的翻梁,按设计要求不可凿除,故本院对于陈某要求凿除该台面的诉请不予支持。关于空调组件的赠与,因双方已就家用式中央空调的赠与事宜达成一致,并已经实际履行,故现陈某诉请要求开发公司再赠室内空调分机一台与空调管子等材料,依据不足,本院不予支持。2006年4月**四川某房屋买卖合同案**,法院认为:由于在《商品房使用说明书》中载明厨房设施的“配备”,至于该配备是否还应另行收取费用,不仅在说明书中开发公司未进行特别约定,事后双方当事人对此也未达成一致意见;再结合房屋实际交付时开发公司对卫生间配备的淋浴花洒、大便器并未另收取费用的事实,应认定说明书中前后“配备”的表述意思一致,即“配备”就是“配送”。同时,《商品房使用说明书》作为开发公司预先制定的格式条款,根据《合同法》规定,本案双方当事人对《商品房使用说明书》中多处载明“配”的意思发生分歧后,应作出不利于提供格式合同方开发公司的解释,即认定《商品房使用说明书》中的“配”为不需额外收费的“配”。虽然购房人陈某在开发公司出具的“费用清册”上签字并领取了剩余款项,但事后购房人陈某即对此提出了异议,开发公司亦无充分理由和其他证据证明其收费符合双方合同约定或法律规定。故陈某虽签字,但不能以此认定其对开发公司扣收700元炉具和热水器费用予以认可。2005年8月**辽宁某房屋买卖合同案**,法院认为:双方在2001年10月29日签订的商品房购销协议中明确约定王某获赠客厅地板,虽然在2001年12月11日签订的商品房购销合同中没有对此进行约定,但是双方于2001年10月29日签订的商品房购销协议对双方均具有约束力,该协议并没有因2001年12月11日签订的商品房购销合同而解除,故开发公司负有向开发公司赠送客厅地板的义务。虽然双方在协议中对于客厅地板的型号没有约定,但是结合开发公司发布的广告,应确认赠送的地板型号为欧典地板船甲板型,面积以王某所购房屋的客厅面积为准。原审判决以王某未明确其房屋客厅面积及地板价格为由,驳回王某的该项诉请不当,应予纠正。

【同类案件处理要点】

出卖人在商品房买卖合同签订或履行过程中约定了附赠物品内容,应依约履行。商品房销售广告和宣传资料就附赠物品的说明和允诺具体确定，并对商品房买卖合同的订立以及房屋价格的确定有重大影响的，应视为要约。该说明和允诺即使未载入商品房买卖合同，亦应当视为合同内容，出卖人违反的，应承担违约责任。

【相关法律风险提示】

1. 作为房屋买卖合同签订的优惠条件或附赠物品，应当由出卖人将该承诺明确记载在合同中，在非以合同条款形式，而是以便条、附注形式记载的，应要求出卖人签名或盖章确认。对附赠物品的型号、规格等特征，如能约定，最好事先明确。

2. 争议条款：商品房买卖合同中，房屋配备设备设施，在合同中体现为“配”，是否等于“送”，出现纠纷时，开发商会称《新华字典》里也没有解释“配”带有“送”的意思，商品房配备设备的约定不等于对该设备费用的权利放弃。案见四川成都中院(2006)成民终字第1128号“某开发公司与陈某房屋买卖合同纠纷案”。一审法院主要以日常生活中普通的理解驳回开发商抗辩意见，二审主要以格式合同不利解释规则予以反驳。对于签约方而言，商品房配备的设施设备，哪些赠送，哪些收费，最好还是事先明确约定。

3. 对于开发商提供的费用清单，购房人要在核实后签字，如果不能有充足的时间审核，签字时应当加以说明，以表明签字只代表收执，并不代表对费用项目及金额的确认。

4. 商品房定购协议上写明的赠送项目，在签署正式的商品房买卖合同时，应将赠送项目一并载入，避免生赠送项目是否已取消的无谓争端。案见辽宁沈阳中院(2005)沈民(2)房终字第515号“王某与某开发公司房屋买卖合同纠纷案”。

5. 房屋买卖合同指向标的是房屋所有权，而非房屋内物品所有权，当合同对屋内物品所有权未作明确约定时，不发生转移动产物权效力，卖方交房后及时提出返还家具电器的请求，应予支持。

6. 未作权属登记的储物间不属独立物而系附属物，在当事人未作特别约定情况下，主房屋转让，作为从物的储藏间亦应一并转让。

【附注】

参考案例索引：辽宁沈阳中院(2007)沈民(2)房终字第253号“某开发公司与翟某房屋买卖合同纠纷案”；上海一中院(2017)沪01民终7157号“张新与李玲房屋买卖合同纠纷案”，见《交房后未搬走物品的所有权判定》(何建)，载《人民司法·案例》(201829:49)；福建厦门思明区法院(2013)思民初字第212号“许某与陈某等物权保护纠纷案”，见《许雪真、曾丽洁诉陈燕物权保护纠纷案(附属物权属的认定)》(王瑛、吕云平)，载《中国审判案例要览》(2014民:54)；广东广州中院

(2009)穗中法民五终字第1197号"蔡某与某开发公司商品房预售合同纠纷上诉案";浙江杭州滨江区法院(2007)滨民一初字第451号"陈某诉某开发公司商品房买卖合同纠纷案";四川成都中院(2006)成民终字第1128号"某开发公司与陈某房屋买卖合同纠纷案";辽宁沈阳中院(2005)沈民(2)房终字第515号"王某与某开发公司房屋买卖合同纠纷案"。

66. 噪声污染与权利救济

——嘈杂的房子,不要行不行?

【噪声污染】

【案情简介及争议焦点】

购房人与开发商签订商品房购销合同购买了一套房屋,入住后发现临近房屋的几年前就建好的立交桥噪声超过标准,遂以开发商构成根本违约诉请解除合同。

争议焦点:1. 开发商是否构成违约? 2. 开发商需承担什么责任?

【裁判要点】

1. 被告不构成违约。在交通干线已经客观存在且开发商没有违反合同义务的情况下,购房人诉称的交通运输噪声污染并非由于出卖人违约行为所致;其以合同目的不能实现为由请求解除商品房买卖合同的主张,不符合《合同法》第94条的规定,不应予以支持。

2. 适当的补救措施。开发商虽不违约,但从利益比较角度,其实现的是经营利益,而购房人是为追求居住利益,前者经济地位较后者亦为优越,在购房人同样不是因其自身原因受到超标噪声侵扰的情况下,从民法公平原则出发,由开发商采取相应的缓解和补救措施,实为必要。

【裁判依据或参考】

1. 法律规定。《生态环境标准管理办法》(2021年2月1日)第11条:"生态环境质量标准包括大气环境质量标准、水环境质量标准、海洋环境质量标准、声环境质量标准、核与辐射安全基本标准。"第25条:"污染物排放标准规定的污染物排放方式、排放限值等是判定污染物排放是否超标的技术依据。排放污染物或者其他有害因素，应当符合污染物排放标准规定的各项控制要求。”第29条：“生态环境监测技术规范应当包括监测方案制定、布点采样、监测项目与分析方法、数据分析与报告、监测质量保证与质量控制等内容。生态环境监测分析方法标准应当包括试剂材料、仪器与设备、样品、测定操作步骤、结果表示等内容。生态环境监测仪器及系统技术要求应当包括测定范围、性能要求、检验方法、操作说明及校验等内容。”**《民法典》**(2021年1月1日)第186条：“因当事人一方的违约行为，损害对方人身权益、财产权益的，受损害方有权选择请求其承担违约责任或者侵权责任。”第187条：“民事主体因同一行为应当承担民事责任、行政责任和刑事责任的，承担行政责任或者刑事责任不影响承担民事责任；民事主体的财产不足以支付的，优先用于承担民事责任。”第577条：“当事人一方不履行合同义务或者履行合同义务不符合约定的，应当承担继续履行、采取补救措施或者赔偿损失等违约责任。”**《物权法》**(2007年10月1日，已于2021年1月1日起失效)第83条：“业主应当遵守法律、法规以及管理规约。业主大会和业主委员会，对任意弃置垃圾、排放污染物或者噪声、违反规定饲养动物、违章搭建、侵占通道、拒付物业费等损害他人合法权益的行为，有权依照法律、法规以及管理规约，要求行为人停止侵害、消除危险、排除妨害、赔偿损失。业主对侵害自己合法权益的行为，可以依法向人民法院提起诉讼。”**《合同法》**(1999年10月1日，已于2021年1月1日起失效)第94条：“有下列情形之一的，当事人可以解除合同……(四)当事人一方迟延履行债务或者有其他违约行为致使不能实现合同目的……”第107条：“当事人一方不履行合同义务或者履行合同义务不符合约定的，应当承担继续履行、采取补救措施或者赔偿损失等违约责任。”**《环境影响评价法(2018年修正)》**(2003年9月1日，2018年12月29日修订实施)第16条：“国家根据建设项目对环境的影响程度，对建设项目的环境影响评价实行分类管理。建设单位应当按照下列规定组织编制环境影响报告书、环境影响报告表或者填报环境影响登记表(以下统称环境影响评价文件)：(一)可能造成重大环境影响的，应当编制环境影响报告书，对产生的环境影响进行全面评价；(二)可能造成轻度环境影响的，应当编制环境影响报告表，对产生的环境影响进行分析或者专项评价；(三)对环境影响很小、不需要进行环境影响评价的，应当填报环境影响登记表。建设项目的环境影响评价分类管理名录，由国务院生态环境主管部门制定并公布。”**《环境噪声污染防治法(2018年修正)》**(1997年3月1日，2018年12月29日修订实施)第10条：“国务院生态环境主管部门分别不同的功能区制定国家声环境质量标准。县级以上地方人民政府根据国家声环境质量标准，划定本行政区域内各类声环境质量标准的适用区域，并进行管理。”第12条：“城市规划部门在确定建设布局时，应当依据国家声环境质量标准和民用建筑隔声设计规范，合理划定建筑物与交通干线的防噪声距离，并提出相应的规划设计要求。"第13条:"新建、改建、扩建的建设项目,必须遵守国家有关建设项目环境保护管理的规定。建设项目可能产生环境噪声污染的,建设单位必须提出环境影响报告书,规定环境噪声污染的防治措施,并按照国家规定的程序报生态环境主管部门批准。环境影响报告书中,应当有该建设项目所在地单位和居民的意见。"第14条:"建设项目的环境噪声污染防治设施必须与主体工程同时设计、同时施工、同时投产使用。建设项目在投入生产或者使用之前,其环境噪声污染防治设施必须按照国家规定的标准和程序进行验收;达不到国家规定要求的,该建设项目不得投入生产或者使用。"第17条:"对于在噪声敏感建筑物集中区域内造成严重环境噪声污染的企业事业单位,限期治理。被限期治理的单位必须按期完成治理任务。限期治理由县级以上人民政府按照国务院规定的权限决定。对小型企业事业单位的限期治理,可以由县级以上人民政府在国务院规定的权限内授权其生态环境主管部门决定。"第36条:"建设经过已有的噪声敏感建筑物集中区域的高速公路和城市高架、轻轨道路,有可能造成环境噪声污染的,应当设置声屏障或者采取其他有效的环境噪声污染措施。"第37条:"在已有的城市交通干线的两侧建设噪声敏感建筑物的,建设单位应当按照国家规定间隔一定距离,并采取减轻、避免交通噪声影响的措施。"第39条:"穿越城市居民区、文教区的铁路,因铁路机车运行造成环境噪声污染的,当地城市人民政府应当组织铁路部门和其他有关部门,制定减轻环境噪声污染的规划。铁路部门和其他有关部门应当按照规划的要求,采取有效措施,减轻环境噪声污染。"第40条:"除起飞、降落或者依法规定的情形以外,民用航空器不得飞越城市市区上空。城市人民政府应当在航空器起飞、降落的净空周围划定限制建设噪声敏感建筑物的区域;在该区域内建设噪声敏感建筑物的,建设单位应当采取减轻、避免航空器运行时产生的噪声影响的措施。民航部门应当采取有效措施,减轻环境噪声污染。"**《环境保护法》**(1989年12月26日,2014年4月24日修订,2015年1月1日实施)第42条:"排放污染物的企业事业单位和其他生产经营者,应当采取措施,防治在生产建设或者其他活动中产生的废气、废水、废渣、医疗废物、粉尘、恶臭气体、放射性物质以及噪声、振动、光辐射、电磁辐射等对环境的污染和危害……"

2. 行政法规。《民用机场管理条例(2019年修订)》(2009年7月1日,于2019年3月2日修订并实施)第62条:"民用机场所在地有关地方人民政府应当在民用机场周边地区划定限制建设噪声敏感建筑物的区域并实施控制。确需在该区域内建设噪声敏感建筑物的,建设单位应当采取措施减轻或者避免民用航空器运行时对其产生的噪声影响。民用机场所在地有关地方人民政府应当会同地区民用航空管理机构协调解决在民用机场起降的民用航空器噪声影响引发的相关问题。"**《娱乐场所管理条例(2020年修订)》**(2006年3月1日,于2020年11月29日修订并实施)第 7 条:"娱乐场所不得设在下列地点:(一)居民楼、博物馆、图书馆和被核定为文物保护单位的建筑物内;(二)居民住宅区和学校、医院、机关周围;(三)车站、机场等人群密集的场所;(四)建筑物地下一层以下;(五)与危险化学品仓库毗连的区域。娱乐场所的边界噪声,应当符合国家规定的环境噪声标准。"**《治安管理处罚法(2012 年修正)》**(2006 年 3 月 1 日,于 2012 年 10 月 26 日修订,2013 年 1 月 1 日起实施)第 58 条:"违反关于社会生活噪声污染防治的法律规定,制造噪声干扰他人正常生活的,处警告;警告后不改正的,处二百元以上五百元以下罚款。"**《建设项目环境保护管理条例(2017 年修订)》**(1998 年 11 月 29 日,于 2017 年 7 月 16 日修订,2017 年 10 月 1 日起实施)第 7 条:"国家根据建设项目对环境的影响程度,按照下列规定对建设项目的环境保护实行分类管理:(一)建设项目对环境可能造成重大影响的,应当编制环境影响报告书,对建设项目产生的污染和对环境的影响进行全面、详细的评价;(二)建设项目对环境可能造成轻度影响的,应当编制环境影响报告表,对建设项目产生的污染和对环境的影响进行分析或者专项评价;(三)建设项目对环境影响很小,不需要进行环境影响评价的,应当填报环境影响登记表。建设项目环境保护分类管理名录,由国务院环境保护行政主管部门制订并公布。"第 16 条:"建设项目需要配套建设的环境保护设施,必须与主体工程同时设计、同时施工、同时投产使用。"第 20 条:"建设项目竣工后,建设单位应当向审批该建设项目环境影响报告书、环境影响报告表或者环境影响登记表的环境保护行政主管部门,申请该建设项目需要配套建设的环境保护设施竣工验收。环境保护设施竣工验收,应当与主体工程竣工验收同时进行。需要进行试生产的建设项目,建设单位应当自建设项目投入试生产之日起 3 个月内,向审批该建设项目环境影响报告书、环境影响报告表或者环境影响登记表的环境保护行政主管部门,申请该建设项目需要配套建设的环境保护设施竣工验收。"第 21 条:"分期建设、分期投入生产或者使用的建设项目,其相应的环境保护设施应当分期验收。"第 22 条:"环境保护行政主管部门应当自收到环境保护设施竣工验收申请之日起 30 日内,完成验收。"

3. 司法解释及最高人民法院其他司法意见。最高人民法院**《关于审理建筑物区分所有权纠纷案件适用法律若干问题的解释(2020 年修改)》**(2021 年 1 月 1 日法释〔2020〕17 号)第 15 条:"业主或者其他行为人违反法律、法规、国家相关强制性标准、管理规约,或者违反业主大会、业主委员会依法作出的决定,实施下列行为的,可以认定为民法典第二百八十六条第二款所称的其他'损害他人合法权益的行为':(一)损害房屋承重结构,损害或者违章使用电力、燃气、消防设施,在建筑物内放置危险、放射性物品等危及建筑物安全或者妨碍建筑物正常使用;(二)违反规定破坏、改变建筑物外墙面的形状、颜色等损害建筑物外观;(三)违反规定进行房屋装饰装修;(四)违章加建、改建,侵占、挖掘公共通道、道路、场地或者其他共有部分。”最高人民法院行政审判庭**《关于工商行政管理部门审查颁发个体工商户营业执照是否以环保评价许可为前置条件问题的答复》**(2006年11月27日 〔2006〕行他字第2号):“公民个人租赁住宅楼开办个体餐馆的,不属于环境影响评价法第16条第3款关于‘建设项目的环境影响评价分类名录’规定中的‘建设项目’。公民之间因个体餐馆排放的噪声、空气污染产生争议的,可以依照环境噪声污染防治法和大气污染防治法的有关规定处理,经营管理者应采取有效措施,使其边界噪声、排放物达到国家规定的环境噪声、排放物的排放标准;对他人造成危害的,应承担相应的赔偿责任。”最高人民法院民一庭**《商品房毗邻城市交通干线,交通运输对购房人居住存在超标噪声污染,开发商是否构成根本违约,购房人能否以合同目的不能实现要求解除合同》**意见:“在交通干线已经客观存在,且开发商没有违反合同义务的情况下,购房人诉称的交通运输噪声污染并非由于出卖人违约行为所致;其以合同目的不能实现为由请求解除商品房买卖合同的主张,不符合《合同法》第94条的规定,不应予以支持。”

4. 部门规范性文件。住建部**《关于发布国家标准〈民用建筑隔声设计规范〉的公告》**(2011年6月1日):“现批准《民用建筑隔声设计规范》为国家标准,编号为GB50118－2010,自2011年6月1日起实施。其中,第4.1.1、4.2.1、4.2.2、4.2.5条为强制性条文,必须严格执行。原《民用建筑隔声设计规范》GBJ118－88同时废止。本规范由我部标准定额研究所组织中国建筑工业出版社出版发行。”环境保护部**《关于居民楼内生活服务设备产生噪声适用环境保护标准问题的复函》**(2011年4月7日 环函〔2011〕88号)第1条:“《中华人民共和国环境噪声污染防治法》(以下简称《噪声法》)未规定由环境保护行政主管部门监督管理居民楼内的电梯、水泵和变压器等设备产生的环境噪声。处理因这类噪声问题引发的投诉,国家法律、行政法规没有明确规定的,适用地方性法规、地方政府规章;地方没有明确作出规定的,环境保护行政主管部门可根据当事人的请求,依据《民法通则》的规定予以调解。调解不成的,环境保护行政主管部门应告知投诉人依法提起民事诉讼。”第2条:“《工业企业厂界环境噪声排放标准》(GB 12348－2008)和《社会生活环境噪声排放标准》(GB 22337－2008)都是根据《噪声法》制定和实施的国家环境噪声排放标准。这两项标准都不适用于居民楼内为本楼居民日常生活提供服务而设置的设备(如电梯、水泵、变压器等设备)产生噪声的评价,《噪声法》也未规定这类噪声适用的环保标准。”环境保护部**《建设项目竣工环境保护验收管理办法》**(2010年12月22日修改)第4条:“建设项目竣工环境保护验收范围包括:(一)与建设项目有关的各项环境保护设施,包括为防治污染和保护环境所建成或配备的工程、设备、装置和监测手段,各项生态保护设施;(二)环境影响报告书(表)或者环境影响登记表和有关项目设计文件规定应采取的其他各项环境保护措施。"第 17 条:"对符合第十六条规定的验收条件的建设项目,环境保护行政主管部门批准建设项目竣工环境保护验收申请报告、建设项目竣工环境保护验收申请表或建设项目竣工环境保护验收登记卡。对填报建设项目竣工环境保护验收登记卡的建设项目,环境保护行政主管部门经过核查后,可直接在环境保护验收登记卡上签署验收意见,作出批准决定。建设项目竣工环境保护验收申请报告、建设项目竣工环境保护验收申请表或者建设项目竣工环境保护验收登记卡未经批准的建设项目,不得正式投入生产或者使用。"环境保护部、发改委、科技部、工业和信息化部、公安部、财政部、住房城乡建设部、交通运输部、铁道部、文化部、工商总局**《关于加强环境噪声污染防治工作改善城乡声环境质量的指导意见》**(2010 年 12 月 15 日　环发〔2010〕144 号)第 4 条:"加强交通噪声污染防治。全面落实《地面交通噪声污染防治技术政策》,噪声敏感建筑物集中区域(以下简称'敏感区')的高架路、快速路、高速公路、城市轨道等道路两边应配套建设隔声屏障,严格实施禁鸣、限行、限速等措施。加快城市市区铁路道口平交改立交建设,逐步取消市区平面交叉道口。控制高铁在城市市区内运行的噪声污染。加强机场周边噪声污染防治工作,减少航空噪声扰民纠纷。"环境保护部**《关于发布〈地面交通噪声污染防治技术政策〉的通知》**(2010 年 1 月 11 日　环发〔2010〕7 号)第 1 条:"总则:……(五)地面交通噪声污染防治应明确责任和控制目标要求:1. 在规划或已有地面交通设施邻近区域建设噪声敏感建筑物,建设单位应当采取间隔必要的距离、传声途径噪声削减等有效措施,以使室外声环境质量达标。2. 因地面交通设施的建设或运行造成环境噪声污染,建设单位、运营单位应当采取间隔必要的距离、噪声源控制、传声途径噪声削减等有效措施,以使室外声环境质量达标;如通过技术经济论证,认为不宜对交通噪声实施主动控制的,建设单位、运营单位应对噪声敏感建筑物采取有效的噪声防护措施,保证室内合理的声环境质量。"第 2 条:"合理规划布局:(一)城乡规划宜考虑国家声环境质量标准要求,合理确定功能分区和建设布局,处理好交通发展与环境保护的关系,有效预防地面交通噪声污染。(二)交通规划应当符合城乡规划要求,与声环境保护规划相协调,通过合理构建交通网络,提高交通效率,总体减轻地面交通噪声对周围环境的影响。(三)规划行政主管部门宜在有关规划文件中明确噪声敏感建筑物与地面交通设施之间间隔一定的距离,避免其受到地面交通噪声的显著干扰。(四)在 4 类声环境功能区内宜进行绿化或作为交通服务设施、仓储物流设施等非噪声敏感性应用。如 4 类声环境功能区有噪声敏感建筑物存在,宜采取声屏障、建筑物防护等有效的噪声污染防治措施进行保护,有条件的可进行搬迁或置换。"第 5 条:"敏感建筑物噪声防护:(一)建筑设计单位应依据《民用建筑隔声设计规范》等有关规范文件,考虑周边环境特点,对噪声敏感建筑物进行建筑隔声设计,以使室内声环境质量符合规范要求。(二)邻近道路或轨道的噪声敏感建筑物,设计时宜合理安排房间的使用功能(如居民住宅在面向道路或轨道一侧设计作为厨房、卫生间等非居住用房),以减少交通噪声干扰。(三)地面交通设施的建设或运行造成噪声敏感建筑物室外环境噪声超标,如采取室外达标的技术手段不可行,应考虑对噪声敏感建筑物采取被动防护措施(如隔声门窗、通风消声窗等),对室内声环境质量进行合理保护。(四)对噪声敏感建筑物采取被动防护措施,应使室内声环境质量达到有关标准要求,同时宜合理考虑当地气候特点对通风的要求。"国家环保部办公厅**《关于公民租赁住宅楼开办个体餐馆应当执行环境影响评价制度的复函》**(2009年11月24日　环办函〔2009〕1220号):"《中华人民共和国环境影响评价法》第十六条、《建设项目环境保护管理条例》第七条规定,国家根据建设项目对环境的影响程度,对建设项目实行分类管理,具体名录由国务院环境保护行政主管部门制订并公布。我部(原国家环保总局)据此于1999年、2008年先后制订《建设项目环境保护分类管理名录》(2008年10月1日废止),《建设项目环境影响评价分类管理名录》(2008年10月1日起施行),均将餐饮场所纳入建设项目的环境影响评价管理。因此,公民个人租赁住宅楼开办个体餐馆应执行建设项目环境影响评价制度。"国家环保部办公厅**《关于居民楼内设备产生噪声适用环境保护标准问题的复函》**(2009年9月27日　环办函〔2009〕1014号)第1条:"原国家环境保护总局《关于居民楼内设备产生噪声适用环境保护标准问题的复函》(环函〔2007〕54号)的第一条内容仍然有效。"第2条:"鉴于《工业企业厂界噪声标准》(GB 12348－90)和《工业企业厂界噪声测量方法》(GB 12349－90)已废止,2008年发布的《工业企业厂界环境噪声排放标准》(GB 12348－2008)与原标准相比,体系和内容均发生了较大的变化。因此,该标准不适用于居民楼内为本楼居民日常生活提供服务而设置的设备(如电梯、水泵、变压器等设备)产生噪声的评价。"国家环保部**《关于建设项目环境影响评价工作中确定防护距离标准问题的复函》**(2009年9月18日　环函〔2009〕224号)第1条:"根据国家环境保护法律法规的有关规定和建设项目环境管理工作的特点和要求,建设项目的环境防护距离应综合考虑经济、技术、社会、环境等相关因素,根据建设项目排放污染物的规律和特点,结合当地的自然、气象等条件,通过环境影响评价确定。"第2条:"在建设项目环境影响评价过程中,应按照有关法律法规和《国家环境标准管理办法》的规定,严格执行国家和地方的环境质量标准、污染物排放标准及相关的环境影响评价导则等环保标准。其他标准或规范性文件中依法提出的防护距离要求若与上述环保标准要求不一致,应从严掌握。"住建部**《关于发布行业标准〈城市轨道交通引起建筑物振动与二次辐射噪声限值及其测量方法标准〉的公告》**(2009年7月1日):"现批准《城市轨道交通引起建筑物振动与二次辐射噪声限值及其测量方法标准》

为行业标准，编号为 JGJ/T 170－2009，自 2009 年 7 月 1 日起实施。本标准由我部标准定额研究所组织中国建筑工业出版社出版发行。”国家环保部**《关于发布国家环境质量标准〈声环境质量标准〉的公告》**（2008 年 10 月 1 日）：“……标准名称、编号如下：声环境质量标准（GB 3096－2008）。按有关法律规定，以上标准具有强制执行的效力。以上标准自 2008 年 10 月 1 日起实施。以上标准由中国环境科学出版社出版，标准内容可在环境保护部网站（bz. mep. gov. cn）查询。自标准实施之日起，《城市区域环境噪声标准》（GB 3096－93）、《城市区域环境噪声测量方法》（GB/T 14623－93）废止。”国家环保部**《关于发布〈铁路边界噪声限值及其测量方法〉（GB 12525－90）修改方案的公告》**（2008 年 10 月 1 日）第 4.1 条：“既有铁路边界铁路噪声按表 1 的规定执行。既有铁路是指 2010 年 12 月 31 日前已建成运营的铁路或环境影响评价文件已通过审批的铁路建设项目。”第 4.3 条：“新建铁路（含新开廊道的增建铁路）边界铁路噪声按表 2 的规定执行。新建铁路是指自 2011 年 1 月 1 日起环境影响评价文件通过审批的铁路建设项目（不包括改、扩建既有铁路建设项目）。”国家环保总局、国家发改委、交通部**《关于加强公路规划和建设环境影响评价工作的通知》**（2007 年 12 月 1 日　环发〔2007〕184 号）第 2 条第 6 款：“噪声环境影响预测应严格按照国家和行业有关技术规范导则进行，并结合公路工程可行性研究阶段线位不确定性的特点，提出相应的防治噪声污染措施。初步设计阶段，应当依据经批准的环境影响评价文件，落实防治噪声污染的措施及投资概算。经过噪声敏感建筑物集中的路段，应通过优化路线设计方案、使用低噪路面结构等进行源头控制，采取搬迁、建筑物功能置换、设置声屏障、安装隔声窗、加强交通管控等措施进行防治，减轻公路交通噪声污染影响，确保达到国家规定的环境噪声标准。严格控制公路两侧噪声敏感建筑物的规划和建设，防止产生新的噪声超标问题。”国家环保总局**《关于居民楼内设备产生噪声适用环境保护标准问题的复函》**（2007 年 2 月 6 日　环函〔2007〕54 号）第 1 条：“居民楼内的电梯、水泵、变压器等设备产生的噪声问题，《环境噪声污染防治法》没有明确规定由环境保护行政主管部门实施监督管理。处理因该类噪声问题引发的投诉，国家法律、行政法规没有明确规定的，适用地方性法规、地方政府规章的规定；地方没有明确作出规定的，环境保护行政主管部门可根据当事人的请求，依据《民法通则》的规定予以调解。调解不成的，环境保护行政主管部门应告知投诉人依法提起民事诉讼。”第 2 条：“评价居民楼内电梯、水泵、变压器等设备产生的噪声，可参照执行《工业企业厂界噪声标准》（GB 12348－90）和《工业企业厂界噪声测量方法》（GB/T 12349－90）。在噪声源边界与居民住宅相连的情况下，上述环保标准参照适用于室内。”国务院法制办公室**《对公安部〈关于《娱乐场所管理条例》第七条第四项法律适用问题的请示〉的复函》**（2006 年 8 月 1 日　国法函〔2006〕329 号）：“《娱乐场所管理条例》第七条第四项中'建筑物地下一层以下'的规定不包括本数。"建设部**《住宅建筑规范》**(2006年3月1日)第4.4条:"室外环境:……4.4.4 受噪声影响的住宅周边应采取防噪措施。"第7.1条:"噪声和隔声:7.1.1 住宅应在平面布置和建筑构造上采取防噪声措施。卧室、起居室在关窗状态下的白天允许噪声级为50dB(A声级),夜间允许噪声级为40dB(A声级)。7.1.2 楼板的计权标准化撞击声压级不应大于75dB。应采取构造措施提高楼板的撞击声隔声性能。7.1.3 空气声计权隔声量,楼板不应小于40dB(分隔住宅和非居住用途空间的楼板不应小于55dB),分户墙不应小于40dB,外窗不应小于30dB,户门不应小于25dB。应采取构造措施提高楼板、分户墙、外窗、户门的空气声隔声性能。7.1.4 水、暖、电、气管线穿过楼板和墙体时,孔洞周边应采取密封隔声措施。7.1.5 电梯不应与卧室、起居室紧邻布置。受条件限制需要紧邻布置时,必须采取有效的隔声和减振措施。7.1.6 管道井、水泵房、风机房应采取有效的隔声措施,水泵、风机应采取减振措施。"国家环保总局**《关于解释〈建设项目竣工环境保护验收管理办法〉第十四条规定的复函》**(2005年11月21日 环函〔2005〕504号):"《建设项目竣工环境保护验收管理办法》(以下简称《办法》)第十四条规定:'环境保护行政主管部门应自收到建设项目竣工环境保护验收申请之日起30日内,完成验收。'本条规定是依据国务院发布的《建设项目环境保护管理条例》第二十二条的规定制定的。本条所指'建设项目竣工环境保护验收申请',是指《办法》第十一条、第十二条规定的建设项目竣工环境保护验收申请报告(表、登记卡),及环境保护验收监测报告(表)或调查报告(表)。根据《办法》第十五条规定,负责竣工验收的环保部门在进行建设项目竣工环境保护验收时,应组织验收组对建设项目的环境保护设施及其他环境保护措施进行现场检查和审议。验收组应当提出验收意见。负责竣工验收的环境保护部门根据《办法》第十六条的规定决定是否予以批准。根据《行政许可法》第四十五条规定,验收组进行现场检查所需时间不包含在竣工验收审批期限(即30日)内,负责竣工验收的环境保护部门应依法将所需时间告知申请人。"国家环保总局**《关于机场周围区域噪声环境标准有关条目解释的复函》**(2004年12月14日 环函〔2004〕463号)第1条:"应按照当地政府对该二类区域内城市规划的要求确定可否新建住宅、学校等建筑。如允许新建住宅、学校等建筑,除满足LWECPN小于75dB的声环境质量要求外,还需使室内声环境质量达到《住宅设计规范》(GB 50096-1999)5.3的要求,室内环境噪声昼间≤50dB(A),夜间≤40dB(A)。"第2条:"现有住宅、学校、幼儿园教室及医院病房等建筑达不到生活功能声环境质量要求的,应采取相应隔声措施达到要求。"第3条:"飞机噪声大于75dB(WECPNL)的机场周围区域,不得规划新建住宅、学校及幼儿园、医院等噪声敏感建筑物。"国家环保总局**《关于限制营业性饮食服务单位和娱乐场所夜间工作时间**

的复函》(2004 年 7 月 27 日)第 2 条:“根据上述国家有关噪声污染防治的规定,营业性饮食服务单位和娱乐场所位于居民区内的,不得超过国家规定的噪声排放标准。如果此类服务单位和娱乐场所与居民住房紧密相连,虽然其边界噪声达到标准,但仍然引起噪声扰民纠纷的,我局同意你局意见,即在噪声敏感集中区域,限制其夜间工作的时间范围,并可以比照《环境噪声污染防治法》关于建筑施工夜间作业噪声污染防治的相关规定执行。”国家环保总局《**关于公路、铁路(含轻轨)等建设项目环境影响评价中环境噪声有关问题的通知**》(2003 年 5 月 27 日　环发〔2003〕94 号)第 1 条:“在公路、铁路(含轻轨)等建设项目环境影响评价中涉及到环境噪声问题,要严格按照《中华人民共和国环境噪声污染防治法》第十条、十二条、三十六条、三十九条的规定执行。”第 2 条:“在已划分声环境功能区的城市区域,其评价范围内应按《城市区域环境噪声标准》(GB 3096－93,2008 年 10 月 1 日被废止——编者注)执行,未划分声环境功能区的城市区域,由县级以上地方人民政府确认其功能区和应执行的标准。”第 3 条:“公路、铁路(含轻轨)通过的乡村生活区域,其区域声环境功能由县级以上地方人民政府参照《城市区域环境噪声标准》(GB 3096－93)和《城市区域环境噪声适用区划分技术规范》(GB/T 15190－94),确定用地边界外合理的噪声防护距离。评价范围内的学校、医院(疗养院、敬老院)等特殊敏感建筑,其室外昼间按 60 分贝、夜间按 50 分贝执行。”第 4 条:“建设的公路、铁路(含轻轨)通过现有城镇、乡村生活区、学校、医院、疗养院等噪声敏感建筑物的,根据区域声环境质量要求和环境噪声污染状况,可以采取设置声屏障、拆迁或者改变建筑物使用功能等不同的措施控制环境噪声污染。”第 5 条:“自本通知印发之日起,原《关于公路建设环境影响评价中环境噪声适用标准有关问题的复函》(环函〔1999〕46 号)废止。”国家环保总局《**关于公众意见可否作为否决建设项目的理由其法律适用问题的复函**》(2003 年 3 月 31 日　环函〔2003〕90 号)第 1 条:“环境保护行政主管部门依法审批建设项目环境影响报告书、环境影响报告表或者环境影响登记表时,应将公众意见作为重要的参考依据。”第 2 条:“公众对餐饮、娱乐等服务行业项目产生的噪声、油烟、异味等扰民问题很敏感,反映也较强烈。这类项目的环境影响报告书、环境影响报告表或环境影响登记表要充分反映公众意见。同时,也要根据国家和地方污染物排放标准和环境功能区划的规定,对项目选址是否达到环保要求予以客观公正的评价。”第 3 条:“根据你局反映的情况,该夜总会直接噪声产生的环境影响,在采取各种噪声污染防治措施后,可以达到环保法律法规及环境功能区划的规定。但是,对于夜总会间接产生的噪声影响,如果没有可靠的噪声防治措施,不能确保邻近居民楼噪声达到相应环境功能区标准,公众又有意见,该夜总会的选址也是不合适的。”国家环保总局《**关于建设项目环境影响评价征求公众意见法律适用问题的复函**》(2002 年 6 月 20 日　环函〔2002〕171 号)

第1条:"《环境噪声污染防治法》第十三条第三款、《水污染防治法》第十三条第四款和《建设项目环境保护管理条例》第十五条都规定,建设项目的环境影响报告书中应当有周围单位和居民的意见。因此,对应当编制环境影响报告书的建设项目,建设单位在其环境影响评价阶段,应当征求周围单位和居民对该项目可能造成环境影响的意见。"第2条:"对应当编报环境影响报告表或者填报环境影响登记表的建设项目,如果有关地方环境保护法规和规章要求征求建设项目周围单位和居民意见的,建设单位应当执行有关地方性法规或规章的规定。"第3条:"在应当编报环境影响报告表或者填报环境影响登记表的建设项目中,对建设在居民区并产生恶臭、异味、油烟、噪声或者其他原因直接影响周围居民生活环境的建设项目,环保部门可以要求建设单位征求项目周围单位和居民的意见,也可以在审批此类建设项目的过程中以适当形式征求项目周围单位和居民的意见。"国家环保总局《**关于企业厂界噪声标准适用问题的复函**》(2002年6月19日　环函〔2002〕169号):"中华人民共和国国家标准《工业企业厂界噪声标准》(GB 12348－90)第1条规定:'本标准适用于工厂及有可能造成噪声污染的企事业单位的边界。'该标准还规定,'本标准由国家环境保护局负责解释。'你所来函反映,某生产企业在生产活动中,在固定或者相对固定的地点使用农用三轮车、手推铁轮车等工具装卸货物,造成噪声污染,对该生产单位应当适用前述《工业企业厂界噪声标准》(GB 12348－90)。"国家环保总局《**关于工业企业厂界噪声监测中背景噪声有关问题的复函**》(2001年12月19日　环函〔2001〕319号)第1条:"原则上应在噪声源停机的情况下测量背景噪声值,当噪声源需要连续长期运行无法停止时,可根据噪声源附近其他主要声源的情况,制订合理的监测方案,根据监测方案进行测试。"第2条:"当测量值与背景值差值小于3dB(A)时,表明背景噪声的影响带来的测试误差较大,应将背景噪声适当隔离后再测,当无法隔离时,也可根据能量叠加原理,采取计算的方法估算出噪声源的噪声值。"国家环保总局、铁道部《**关于加强铁路噪声污染防治的通知**》(2001年7月12日　环发〔2001〕108号)第2条:"城市有关部门应当根据《城市区域环境噪声标准》,做好铁路城市区域内沿线的声环境规划,避免临近铁路修建学校、医院、住宅、机关、科研单位等噪声敏感建筑物;应按照城市规划由环保、铁路、城建等有关部门共同制定铁路运行噪声污染防治的规划,并纳入城市国民经济和社会发展计划。"第4条:"城市人民政府与铁路主管部门应采取立体交叉、改变道路走向等措施,逐步取消市区铁路平面交叉路口,并在城市铁路两侧设置封闭隔离带……"国家环保总局《**关于铁路边界噪声测量标准适用问题的复函**》(2001年6月13日　环函〔2001〕118号):"根据中华人民共和国国家标准《铁路边界噪声限值及测量方法》(GB 12525－90)第5条关于测量铁路边界噪声'气象条件'的规定,铁路边界噪声应'选在无雨雪的天气中进行测量'。你院来函所附某环境监测机构2000年11月18日出具的《噪声测量报告》表1'备注'栏注明,该监测机构的监测人员在进行铁路边界噪声的测量时,气象条件为'阴有零星小雪'。由此可见,该环境监测机构在进行铁路边界噪声测量时的实际气象条件,与前述国家标准《铁路边界噪声限值及测量方法》(GB 12525－90)第5条关于'气象条件'的要求不符。因此,该环境监测机构在此气象条件下进行测量的结果,依照标准的要求应属无效。"国家环保总局《**关于工业企业环境噪声干扰他人法律适用问题的复函**》(2000年11月3日　环发〔2000〕218号):"你局请示中所指石材加工企业产生的环境噪声超过排放标准,并干扰其本厂区之外他人的生活、工作和学习的,环保部门应认定为已构成'环境噪声污染',并应按照《环境噪声污染防治法》的有关规定进行监督管理,包括按照国家规定征收超标准排污费。"国家环保总局《**关于建设项目环境保护设施竣工验收监测管理有关问题的通知**》(2000年2月22日　环发〔2000〕38号,已于2016年7月13日被废止)第1条:"建设项目环境保护设施竣工验收监测(以下简称'验收监测')由负责验收的环境保护行政主管部门所属的环境监测站负责组织实施。"国家环保总局《**关于加强社会生活噪声污染管理的通知**》(1999年12月15日　环发〔1999〕210号)第5条:"任何单位和个人有权向当地环保、公安、工商行政管理部门投诉营业性饮食、服务单位和娱乐场所造成环境噪声污染的行为,有关部门接到投诉后应及时予以答复和处理。"国家环保总局《**关于执行〈工业企业厂界噪声标准〉问题的复函**》(1999年9月17日　环函〔1999〕329号)第1条:"企业噪声污染源厂界噪声监测应按照《工业企业厂界噪声测量方法》(GB 12349－90)的规定执行。若厂界与居民住宅相连,测点应选在居室中央,测量时应打开面向噪声源的窗户,并以噪声源设备关闭时的测量值为背景值。"国家环保总局《**关于房地产开发项目环境管理问题的复函**》(1999年7月1日　环发〔1999〕154号,已于2019年6月13日起失效)第2条:"按照《建设项目环境保护管理条例》第二十条规定,环境保护设施竣工验收,应当与主体工程竣工验收同时进行。房地产建设项目在居民未入住前,难以对环保设施进行验收。因此,对房地产建设项目可在主体工程验收时先对环境保护设施进行预验收,待居民入住率达75%以上时,再对环境保护设施进行正式验收,但在预验收时必须同时明确房地产的开发商与牧业管理部门的环境保护责任。"第3条:"房地产建设项目如其需要配套的环保设施未建成、未经验收或经验收不合格,由审批该建设项目环境影响报告书、环境影响报告表或者环境影响登记表的环境保护行政主管部门按照《建设项目环境保护管理条例》进行处罚。"国家环保总局《**环境标准管理办法**》(1999年4月1日,已被2021年2月1日起实施的《生态环境标准管理办法》宣布失效)第3条:"……环境标准分为国家环境标准、地方环境标准和国家环境保护总局标准。国家环境标准包括国家环境质量标准、国家污染物排放标准(或控制标准)、国家环境监测方法标准、国家环境标准样品标准和国家环境基础标准。地方环境标准包括地方环境质量标准和地方污染物排放标准(或控制标准)。”第 18 条:“国家环境监测方法标准的实施:(一)被环境质量标准和污染物排放标准等强制性标准引用的方法标准具有强制性,必须执行。(二)在进行环境监测时,应按照环境质量标准和污染物排放标准的规定,确定采样位置和采样频率;并按照国家环境监测方法标准的规定测试与计算。(三)对于地方环境质量标准和污染物排放标准中规定的项目,如果没有相应的国家环境监测方法标准时,可由省、自治区、直辖市人民政府环境保护行政主管部门组织制定地方统一分析方法,与地方环境质量标准或污染物排放标准许配套执行。相应的国家环境监测方法标准发布后,地方统一分析方法停止执行。(四)因采用不同的国家环境监测方法标准所得监测数据发生争议时,由上级环境保护行政主管部门裁定,或者指定采用一种国家环境监测方法标准进行复测。”第 20 条:“在下列活动中应执行国家环境基础标准或国家环境保护总局标准:(一)使用环境保护专业用语和名词术语时,执行环境名词术语标准;(二)排污口和污染物处理、处置场所设置图形标志时,执行国家环境保护图形标志标准;(三)环境保护档案、信息进行分类和编码时,采用环境档案、信息分类与编码标准;(四)制定各类环境标准时,执行环境标准编写技术原则及技术规定;(五)划分各类环境功能区时,执行环境功能区划分技术规范;(六)进行生态和环境质量影响评价时,执行有关环境影响评价技术导则及规范;(七)进行自然保护区建设和管理时,执行自然保护区管理的技术规范和标准;(八)对环境保护专用仪器设备进行认定时,采用有关仪器设备国家环境保护总局标准;(九)其他需要执行国家环境基础标准或国家环境保护总局标准的环境保护活动。”国家环保总局**《关于娱乐场所振动和噪声污染防治问题的复函》**(1997 年 11 月 27 日　环发〔1997〕747 号):“……对在商住楼内已投入营业的娱乐场所,如果其边界噪声不超过国家标准,依法可准予开办。如果其边界噪声超过国家标准,环保部门则应依据《中华人民共和国环境噪声污染防治法》第五十九条的规定,责令改正,可以并处罚款。”铁道部**《关于发布〈铁路环境保护规定〉的通知》**(1997 年 4 月 23 日　铁计〔1997〕46 号)第 33 条:“对影响周围环境、严重扰民的振动、噪声源,应采取消声、隔声、减振等措施,并符合国家规定的标准。厂、段向周围环境排放噪声,应符合国家规定的工业企业厂界噪声标准。”国家环保局政策法规司**《关于环境噪声监测问题的复函》**(1995 年 11 月 23 日)第 3 条:“关于锅炉房噪声的监测,应区别单独锅炉和厂界以内的锅炉房两种情况,并分别对待。对单独锅炉房,可认定锅炉房外墙即为场界;对厂界以内的锅炉房,仍应在法定厂界或者事实厂界外 1 米处监测。”

5. 地方司法性文件。北京高院**《关于立案审判适用法律若干问题的解答(二)》**(2019 年 11 月 20 日)第 2 条:“不动产损害赔偿纠纷案件,是否适用不动产专属管辖？依据民事诉讼法解释第二十八条第一款的规定，民事诉讼法第三十三条第一项规定的不动产纠纷是指因不动产的权利确认、分割、相邻关系等引起的物权纠纷。不动产物权受到侵害后提起的财产损害赔偿纠纷，不涉及不动产的权利确认、分割、相邻关系等，不适用不动产专属管辖，可以按照侵权纠纷的管辖规定，以被告住所地或侵权行为地确定管辖。”

6. 地方规范性文件。广西北海《**北海市环境噪声达标区管理办法**》（2013 年 10 月 22 日 北政办〔2013〕202 号）第 2 条：“环境噪声达标区（以下简称达标区），是指在《声环境质量标准》（GB 3096 - 2008）适用区域划分的基础上，经过强化环境噪声的管理，使得区域内环境噪声水平和环境噪声管理措施达到以下各项要求的单一功能区域。（一）区域环境噪声平均等效声级达到该区域所执行的环境噪声标准。（二）区域内 90% 以上的固定噪声源（包括向周围生活环境排放噪声的企事业单位）的边界噪声不超过该区域所执行的《工业企业厂界环境噪声排放标准》（GB 12348 - 2008），娱乐场所的边界噪声不超过《社会生活环境噪声排放标准》（GB 22337 - 2008）；未达到排放标准的固定噪声源，其边界噪声不得超过标准 5dB。（三）区域内的建筑施工噪声不超过《建筑施工场界噪声限值》（GB 12523 - 2011），并有针对该区域内建筑施工噪声管理的具体规定。（四）区域内对道路交通噪声、社会生活噪声有具体和完善的控制措施和管理规定。”第 30 条：“在已竣工交付使用的居民住宅楼从事室内装修、制作家具、室外修缮等活动，禁止在午间、夜间施工；在法定休息日、节假日全天，及工作日午间和十八时至次日八时，禁止使用电钻、电锯及其他产生高噪声的工具。”第 31 条：“居民家庭使用音响器材、各类乐器或进行娱乐等活动时，应当采取控制音量等措施，避免对周围居民造成环境噪声污染。”广西北海《**北海市城市环境噪声污染防治管理办法**》（2013 年 10 月 22 日 北政办〔2013〕202 号）第 2 条：“本办法所称环境噪声，是指在工业生产、建筑施工、交通运输和社会生活中所产生的干扰周围生活环境的声音。本办法所称环境噪声污染，是指所产生的环境噪声超过国家规定的环境噪声排放标准，并干扰他人正常生活、工作和学习的现象。”第 4 条：“环境噪声污染防治管理部门职责划分：（一）市级环境保护行政主管部门对本行政区域内的环境噪声污染防治实施统一监督管理，督促、指导、协调其他依法行使环境噪声监督管理权的部门及机构的环境噪声污染防治工作，并具体负责对工业噪声污染和建筑噪声、社会生活中使用固定设备产生的噪声污染防治实施监督管理。（二）公安部门负责对从事生产活动排放的偶发性强烈噪声，在商业经营活动中和城区噪声敏感建筑物集中区域使用高音喇叭以及音响器材产生的噪声，在街道、广场、公园等公共场所进行娱乐、集会等活动产生的噪声，在住宅楼内进行装修以及进行家庭娱乐、悼念等活动的噪声，机动车辆排放的噪声和其他社会生活噪声实施监督管理。（三）交通、铁路、民航等主管部门和港务监督机构,根据各自的职责,对营运交通运输噪声污染防治实施监督管理。(四)城管部门按照管理权限对市区内的早市、夜市、临时摊点以及农贸市场等占道经营产生的噪声实施监督管理。(五)文化、工商等市场监管部门按照管理权限对露天卡拉OK等产生的噪声实施监督管理。(六)工商行政管理部门对新建营业性文化娱乐场所边界噪声不符合国家规定的环境噪声排放标准的不予核发营业执照。(七)文化行政管理部门对新建营业性文化娱乐场所边界噪声不符合国家规定的环境噪声排放标准的不予核发文化经营许可证。(八)环保、工商、文化、城管部门、街道和社区居委会配合公安部门管理社会生活噪声,民政部门配合公安部门管理殡葬噪声,交通部门配合公安部门管理机动车排放的噪声,建设部门配合环保部门管理建筑施工噪声。承担噪声监督管理的部门应根据各自职责及本办法的有关规定,采取切实有效的措施,互相协助配合,定期向环保部门通报噪声监督管理情况。(九)街道和社区居民委员会应当协助人民政府有关部门加强对本辖区内的环境管理,协调解决居民住宅区的环境噪声污染问题。(十)物业服务企业应当对管理区域内的环境噪声污染行为予以制止,并及时向有关环境噪声污染防治的监督管理部门报告。"第29条:"设置在住宅楼内的电梯、供水、供热、空调、通风、通讯等公用设备,安装过程中,建设单位应当采取隔声、防震等措施,避免对相邻居民造成影响;投入使用后,其排放的噪声超过国家和省规定标准的,开发商、建设单位或者公用设备管理单位应当采取有效措施进行治理。"第31条:"对房屋进行室内装修、制作家具及室外修缮等,十二时至十四时三十分、二十二时至次日六时期间不得进行产生环境噪声污染的作业。在其他时间进行作业的,应当采取有效措施,避免或者减轻对周围居民造成环境噪声污染。"

7. 参考案例。2015年**广东某噪声污染责任纠纷案**,2014年,小区业主袁某以临近电梯噪声超标为由起诉开发公司,并提供了其自行委托环境监测机构制作的监测报告。开发公司提出:《民用建筑隔声设计规范》(GB50118-2010)在电梯安装之后发布,不应溯及既往;噪声系因袁某擅自改变其房屋结构及房屋外围噪音引起。法院认为:袁某提交的环境监测报告显示监测结果超过《民用建筑隔声设计规范》(GB 50118-2010)规定的噪声最高限值标准。袁某对存在噪声污染的侵权行为及该噪声超标这一侵权损害结果完成了举证责任。前述规范是对民用建筑隔声设计制定的相关标准,无论涉案电梯安装在该标准出台前还是出台后,均应受该标准调整和约束;在该标准出台前安装的涉案电梯不符合该规范的,应整改至符合该规范规定的标准,故开发公司称前述规范系在电梯安装之后发布,不应溯及既往的主张不予支持。依《侵权责任法》第66条规定,污染者即开发公司应对其行为与损害不存在因果关系或减轻责任情形承担举证责任。开发公司虽不认可检测结果,认为涉案噪声系因袁某擅自改变其房屋结构及房屋外围噪音而引起,但并未举证,应承担举证不能责任。开发公司虽称电梯设计、建筑、安装、验收达标，只能说明电梯安装符合规定，不能说明其电梯噪音达标。判决开发公司60日内对涉案电梯采取相应隔声降噪措施，使袁某居住房屋噪声达到《民用建筑隔声设计规范》(GB 50118－2010)规定的噪声最高限值以下；逾期未达标准，按每日100元对袁某进行补偿；开发公司支付袁某鉴定费1500元及精神抚慰金1万元。2014年**重庆某排除妨害纠纷案**，2011年，刘某购买开发公司房屋。2012年6月，刘某入住新房不久后发现，主卧室与电梯井一墙之隔，一到晚上，电梯运行噪声异常大。经开发公司委托环境监测站监测，电梯运行时、停运时噪声均超过30分贝。2014年，刘某以电梯夜间运行产生的噪声让其家人无法正常休息为由，诉至法院，要求排除妨害，并赔偿5万元。法院认为：《社会生活环境噪声排放标准》中的"噪声敏感建筑物"规定了住宅等以睡眠为目的A类建筑物，排放限值为30分贝。本案中，刘某房屋卧室明显属于噪声敏感建筑物。《环境噪声污染防治法》第2条第2款规定："本法所称环境噪声污染，是指所产生的环境噪声超过国家规定的环境噪声排放标准，并干扰他人正常生活、工作和学习的现象。"本案中，依监测结果，刘某房屋卧室夜间噪声值已超过《社会生活环境噪声排放标准》A类房间夜间噪声排放限值30分贝，判决开发公司消除电梯对刘某卧室的噪声污染，使该卧室内夜间噪声限值不超过30分贝。2014年**湖南某行政诉讼案**，2013年，因楼下广场舞扰民，周某报警。派出所接处警后，建议周某去环保部门申请鉴定。后周某又多次报警，派出所民警每次均到现场劝说跳舞居民将音响音量调小，民警一离开，依然如故。周某诉请确认公安局行政不作为并责令其履行法定职责。法院认为：《环境噪声污染防治法》第58条规定，在城市市区街道、广场、公园等公共场所组织娱乐、集会等活动，使用音响器材，产生干扰周围生活环境的过大音量的，由公安机关给予警告，可以并处罚款。《治安管理处罚法》第58条规定，违反关于社会生活噪声污染防治的法律规定，制造噪声干扰他人正常生活的，处警告；警告后不改正的，处200元以上500元以下罚款。依此，对广场舞噪声扰民行为查处属公安机关的法定职责。即使在案件调查处理过程中需由环保部门对噪声是否超标作出鉴定，亦应由公安机关在办案过程中向环保鉴定部门提出，而不能让报案公民个人申请。本案中，公安机关接到周某就广场舞噪声扰民报案后，虽采取了出警、调查和劝导等行动，但其对噪声扰民行为一直未定性和作出处理决定。因公安机关只对跳舞者进行了劝导，未采取进一步措施，跳舞者仅在民警到场劝导时将音量调小，民警走后又依然如故，周某合法权益仍处于继续受侵害状态。行政机关前期行为不能满足行政相对人要求其履行法定职责维护其合法权益需要，故公安局履职行为不完全，构成拖延履行法定职责，判决责令公安局按《公安机关办理行政案件程序规定》相关规定对周某报案作出处理。2012年**北京某噪声污染纠纷案**，2011年，刘某入住新购房屋。半年后，相邻10米的超市开业,室外制冷机组排放噪声形成污染成讼。超市以两次大的改造之后,降低了噪声,最新监测结论符合国家标准为由抗辩不应承担侵权责任。法院认为:《民法通则》第124条规定:“违反国家保护环境防止污染的规定,污染环境造成他人损害的,应当依法承担民事责任。”《侵权责任法》第65条规定:“因污染环境造成损害的,污染者应当承担侵权责任。”第66条规定:“因污染环境发生纠纷,污染者应当就法律规定的不承担责任或者减轻责任的情形及其行为与损害之间不存在因果关系承担举证责任。”《环境保护法》第41条规定:“造成环境污染危害的,有责任排除危害,并对直接受到损害的单位或者个人赔偿损失。赔偿责任和赔偿金额的纠纷,可以根据当事人的请求,由环境保护行政主管部门或者其他依照法律规定行使环境监督管理权的部门处理;当事人对处理决定不服的,可以向人民法院起诉。当事人也可以直接向人民法院起诉。”本案中,超市制冷机组运行中产生噪声给刘某生活造成影响,应排除妨害或根据妨害实际情况给予经济赔偿,具体赔偿金额根据刘某受到噪声对其生活造成的影响程度予以确定。判决超市30日内将制冷机组在运行过程中产生的噪声标准达到国家城市环境噪声一类标准,超市赔偿刘某2万元及检测费3200元。2012年**江苏某排除妨害纠纷案**,2004年8月19日,许某委托环境监测站对家旁新建通车的高速公路车辆噪声进行监测,发现超过国家规定标准。2012年5月18日,许某诉请公路公司承担侵权责任。法院认为:环境是人类生存和发展的基本条件,国家保护和改善生活环境和生态环境。《侵权责任法》第65条规定,因污染环境造成侵害的,污染者应当承担侵权责任。许某一家居住的房屋建造在前,高速公路建设在后,自公路公司建成通车后,许某所住房屋环境噪声超过了国家规定的环境噪声排放标准,正常生活受到来自高速公路噪声污染干扰,公路公司作为高速公路经营管理者,有责任采取措施减轻交通运输噪声影响。许某一家居住房屋坐落于对环境噪声污染标准要求较高的村庄,其噪声污染标准限制应按村庄或居民区标准确定。高速公路通车后,该房屋被迫坐落于交通干线旁,室外声环境遭到了严重的破坏,因此给许某一家的日常生活所造成的不利影响客观存在,且处于持续状态,故对其要求公路公司采取有效措施降低噪音污染程度及赔偿自2004年8月19日到噪声降至国家标准之日间遭受噪声污染的损失予以支持。根据本案实际情况,判决公路公司采取降噪措施至法定标准,并赔偿自2004年8月19日至2012年5月18日止污染损失1.86万元,其后继续按每月每人50元标准赔偿,直至降噪措施符合法定标准。2011年**福建某相邻纠纷案**,2009年,冯某以邻居李某将空调外机安装在冯某主卧室窗户上而非开发商预留空调位上,室外机发出的噪音和振动影响到其正常生活为由,诉请拆除。法院认为:依最高人民法院《关于审理建筑物区分所有权纠纷案件具体应用法律若干问题的解释》第3条第1款第1项规定,建筑物外墙属《物权法》第六章所称业主共有部分。业主对与其专有部分紧密相连的外墙面拥有合理使用的权利,该权利是业主专有权行使的合理延伸。合理的标准有二:第一,不以营利为目的;第二,不得违反法律、法规、管理规约或者损害他人合法权益。该规则同样适用于物业使用人。就本案而言,小区开发商在建设房屋时,在冯某与李某住房所在建筑物外墙面特别为每套房屋修建了安装空调外机位置,该位置与每户相对应,故业主或使用人在安装空调外机时,应放置在所住房屋专有部分对应的外墙面预留空调位置。李某将空调外机直接安装在冯某住房主卧窗户上方窗台上,安装行为确有不当,空调使用过程中排放的噪音、热量亦会增加对冯某生活环境不利影响。基于公平合理、方便生活原则,并兼顾双方利益考虑,判决李某拆除诉争空调外机,并移至与其住房对应的外墙空调位置。2011 年**河南某噪声污染纠纷案**,2009 年,穆某购买开发公司房屋。2010 年,房屋位于一楼的穆某以负一楼安装的高压配电设备噪声太大,构成侵权为由,诉请开发公司、物业公司排除妨碍。法院认为:穆某诉开发公司所造成环境污染侵权行为,属民法规定的特殊侵权行为,依法应适用举证责任倒置原则。开发公司在穆某所居住的房屋负一楼安装高压配电设备是否造成穆某室内噪音值和电磁辐射值超标,开发公司负有举证责任,而开发公司未提供相应证据证明其未对穆某造成侵害。开发公司安装的高压配电设备与穆某住处应保持多大安全距离,虽无明确标准规定,但可参照国家《电力设备保护条例》确定的电压、导线边线延伸距离(即安全距离)是 1—10 千伏为 5 米的标准,开发公司 3 台变压器中有 2 台为 1000 千伏安,顶部距上面楼板 1.5 米左右,显然在危险距离之内。2005 年建设部《住宅设计规范》规定,在住宅建筑中不宜布置安装锅炉房变压器及其他有噪音、振动源的设备。开发公司将配电设备安装在地下室,不是受条件限制安装的,小区内有大面积空地可以利用,地下室有 2 万多平方米空间亦可利用,开发公司完全有条件选择其他场地。通过现场勘查,该小区地下室面积较大,均设计为车位予以出售,小区院内绿地下方的地下空间完全可以用来安放该供电设备。通过实地勘察,地下室机房内噪音较大,下午 4 点多钟在穆某家中能听到交流变压器的明显噪音,故开发公司将配电设备、发电设备安装在穆某所在楼地下室明显不妥,且未采取相应隔音、隔磁防护措施。另外,即使按开发公司提供的变压器噪音为 58 分贝的测试证明,亦明显大于国家环保部门规定的人体能适应的 45 分贝标准值。开发商将全小区的变电设备及应急发电设备安放在案涉地下室,在出售房屋时应对该楼业主特别是一楼购房户予以释明,以保障消费者的知情权。开发公司在穆某买房时未告知其负一楼安装有高低压配电设备,已侵害了穆某购房知情权。开发公司开发的楼盘,虽经相关行政部门审批、验收,但将该小区所使用变压设备和应急发电设备安装在穆某住房对应的地下室,对长期生活居住的穆某有较大影响,应予拆除并迁移到不妨碍小区居民居住生活的地方。物业公司仅是小区物业管理者，并非该高压配电设备所有权人，故物业公司对穆某不承担民事责任。判决开发公司拆除穆某所在楼房负一楼安装的全部高压配电设备及应急发电设备，并迁移到不影响小区居民安全生活的地方。2011年**河南某环境污染纠纷案**，2009年，穆某购买开发公司房屋。2010年，房屋位于一楼的穆某以负一楼安装的高压配电设备噪声太大，构成侵权为由，诉请开发公司、物业公司排除妨碍。法院认为：穆某诉开发公司所造成环境污染侵权行为，属民法规定的特殊侵权行为，依法应适用举证责任倒置原则。开发公司在穆某所居住的房屋负一楼安装高压配电设备是否造成穆某室内噪音值和电磁辐射值超标，开发公司负有举证责任，而开发公司未提供相应证据证明其未对穆某造成侵害。开发公司安装的高压配电设备与穆某住处应保持多大安全距离，虽无明确标准规定，但可参照国家《电力设备保护条例》确定的电压、导线边线延伸距离（即安全距离）是1—10千伏为5米的标准，开发公司3台变压器中有2台为1000千伏安，顶部距上面楼板1.5米左右，显然在危险距离之内。2005年建设部《住宅设计规范》规定，在住宅建筑中不宜布置安装锅炉房变压器及其他有噪音、振动源的设备。开发公司将配电设备安装在地下室，不是受条件限制安装的，小区内有大面积空地可以利用，地下室有2万多平方米空间亦可利用，开发公司完全有条件选择其他场地。通过现场勘查，该小区地下室面积较大，均设计为车位予以出售，小区院内绿地下方的地下空间完全可以用来安放该供电设备。通过实地勘察，地下室机房内噪音较大，下午4点多钟在穆某家中能听到交流变压器的明显噪音，故开发公司将配电设备、发电设备安装在穆某所在楼地下室明显不妥，且未采取相应隔音、隔磁防护措施。另外，即使按开发公司提供的变压器噪音为58分贝的测试证明，亦明显大于国家环保部门规定的人体能适应的45分贝标准值。开发商将全小区的变电设备及应急发电设备安放在案涉地下室，在出售房屋时应对该楼业主特别是一楼购房户予以释明，以保障消费者的知情权。开发公司在穆某买房时未告知其负一楼安装有高低压配电设备，已侵害了穆某购房知情权。开发公司开发的楼盘，虽经相关行政部门审批、验收，但将该小区所使用变压设备和应急发电设备安装在穆某住房对应的地下室，对长期生活居住的穆某有较大影响，应予拆除并迁移到不妨碍小区居民居住生活的地方。物业公司仅是小区物业管理者，并非该高压配电设备所有权人，故物业公司对穆某不承担民事责任。判决开发公司拆除穆某所在楼房负一楼安装的全部高压配电设备及应急发电设备，并迁移到不影响小区居民安全生活的地方。2005年**北京某损害赔偿纠纷案**，2003年，杨某发现新购经济适用房交通噪声太大，遂起诉开发公司及邻近快速路主路建设单位交通公司、道路维修养护单位市政管理处、地铁公司。法院认为：《住宅设计规范》是强制性国家标准，新建、扩建住宅设计均应符合该规范要求，包括住宅卧室、起居室内允许的噪声级（A声级）亦应符合该规范要求。杨某所住居室夜间噪声级(A声级)确实超过该规范允许噪声级,故其要求开发公司给予金钱补偿应予支持。考虑到该小区系开发公司严格按有关部门审批程序进行规划、设计、施工并经验收合格的经济适用房项目,加之杨某购买该房屋时对周边噪声环境亦有充分了解,故补偿具体数额法院将结合杨某南向卧室、起居室窗户面积并参照每平方米塑钢单玻门推拉窗预算价格予以确定。本案中污染源虽系交通公司所属城市快速路主路、市政管理处负责维修养护道路以及地铁公司经营的地铁,但上述道路及地铁建设施工具有明显社会公益性质,且竣工时间均早于开发公司开发小区竣工时间,故交通公司、市政管理处、地铁公司对杨某所购住房的卧室、起居室未能达到规范中允许的噪声级(A声级)不应承担责任。判决开发公司补偿3038元。2005年**北京某损害赔偿纠纷案**,2001年,李某购房入住。2002年,因地下室水泵噪声长期侵扰,李某起诉。期间经环保局环境保护监测站两次检测,结论均为夜间噪声实测值超标。法院认为:李某住宅属《城市区域环境噪声标准》和《工业企业厂界噪声标准》规定的1类区域,该住房内从2002年5月开始出现地下室水泵运转发出的噪声,经环保部门两次检测,夜间噪声实测值均超过了法定的夜间最高限值标准。如充分考虑被告利益,按《工业企业厂界噪声测量方法》(GB 12349—90)第3.2条“背景噪声的声级值应比待测噪声的声级值低10dB(A)以上,若测量值与背景值差值小于10dB(A)应进行修正”规定,考虑本案住宅本底噪声因素,39.7dB(A)、43.5dB(A)的声值亦超过了法定的夜间最高限值标准。另水泵在夜间启动时产生的噪声也高于开发公司坚持适用的国家强制性标准《住宅设计规范》第5.3.1条“住宅的卧室、起居室(厅)内的允许噪声级(A声级)夜间应小于或等于40dB”的标准。水泵噪声污染非常严重,开发公司对李某住房噪声污染侵权行为成立,开发公司有责任对水泵房采取有效、可靠的隔声减噪措施或更换水泵,切实改善李某住宅声环境质量,以保障该楼居民良好生活环境。同时,长期噪声超标住宅生活环境严重干扰和影响了李某一家正常生活、工作、学习、休息和身心健康,对李某环境权益造成严重损害,即使未造成实际经济损失或医疗仪器暂时检测不出李某身体损害后果,亦应作出相应赔偿。依相关司法解释规定,开发公司应赔偿原告精神损害。判决开发公司赔偿李某精神抚慰金10万元采取隔声降噪措施,使案涉住宅内水泵噪声达到国家环境保护总局规定的最高限值以下;逾期未达标准,按每日100元标准对原告进行补偿。2005年**安徽某相邻关系纠纷案**,2004年,邱某私开酒店造成噪声、油烟污染,相邻业主陈某等27人起诉。法院认为:《民法通则》第83条列举的相邻权未包括噪声、排污,但相邻方在行使权利时,未为邻人提供方便,产生噪声、排烟、油污造成污染的,可认定侵害相邻权。环境噪声污染的加害方,应由其就法律规定的免责事由及行为与损害后果之间不存在因果关系承担举证责任。本案中,邱某未经工商管理部门批准即开始经营酒店,产生的噪音和排放的油烟造成周围环境污染。邸某辩解其排污行为符合国家标准,但未充分举证,其应承担举证不能后果,作为致害方对陈某等业主正常生活带来不利影响,侵犯了相邻权。判决邸某停止侵害、恢复原状。2004 年**北京某相邻关系纠纷案**,2002 年,王某花 60 万余元购买开发公司商品房,入住后以开发公司加盖房屋遮挡、增加的管道影响开窗通风及采光、地下二层电机房夜间启动的噪音造成污染为由,索赔房屋贬值损失 30 万元,并诉请排除电机产生的噪声污染。法院认为:王某系案涉房屋产权人,开发公司系设在楼顶管道使用管理人,双方系不动产相邻关系主体。王某在购置房屋及验房入住时对开发公司设置在楼顶管道的实际存在并无异议,表示该设施对其所居住房屋通风、采光、走道等不构成妨碍。但开发公司在王某入住后进行二期改造,其增设用于降低噪音设施改变了王某购房时所接受现状。该设施对王某房屋对外观景视线形成了阻挡,对通风亦构成一定影响。因原始设计原因,开发公司设置在楼顶设备因无法取代而成为永久设备,且该设施系为商业场所提供服务,一旦拆除将对其他多数业主及其他商业场所带来巨大影响,并造成利益巨大损失,故王某要求拆除该设备请求,不予支持。但鉴于该设施对王某所形成影响将永久存在,开发公司应给予王某相应经济补偿。其补偿数额应与开发公司因此设施存在所获利益及王某房屋所受影响状况、房屋使用年限残值相适应。判决开发公司改造地下二层水泵震动噪音,将其噪音值降至国家规定标准以内,并补偿王某 9.7 万余元。2001 年**北京某环境污染纠纷案**,2000 年,邻近铁路的尹某等 11 人认为铁路带来噪音、粉尘污染并造成房屋开裂。法院认为:本案所涉噪音排放标准应依据《铁路边界噪声限值及其测量方法》,这是国家根据我国现状专门对铁路边界噪声排放标准所作专门规定,应以此作为判定铁路边界噪声排放是否超标依据。《城市区域环境噪声标准》中所规定的是某个城市区域内各种噪声排放的综合标准,本案不应适用。原告未能首先提出有效证据证明损害事实存在,高血压、冠心病属我国常见中老年高发病状,这种单一性病例不能作为损害事实,两者不存在因果关系,不应予以赔偿。我国目前尚无关于铁路边界振动排放标准,没有禁止性法律规定,且房屋建造时间、用材、方法、设计等多种因素影响着房屋质量,无法作出多大振动可造成房屋开裂的鉴定结论,亦即无法证明两者之间因果关系,且依常识,噪声振动不可能造成房屋开裂,可见本案房屋开裂与被告行为之间不存在必然因果联系。原告要求被告承担房屋开裂的经济损失的请求,不仅所诉损害事实难以成立,且缺乏与被告行为的因果联系,其请求无事实和法律依据,故不予支持。原告关于粉尘造成污染,应予赔偿诉请,因未提交任何证据证明有关损害后果事实存在,故对其请求无法予以支持。根据中国环境监测总站出具的噪声监测报告,也证明铁路局噪声排放行为未超过国家规定的噪声排放标准,其行为不具违法性。鉴于本案中,铁路局行为不具有违法性、原告所诉损害后果不能成立,且二者之间无必然因果联系，故铁路局行为不构成侵权，不应承担任何民事责任。判决驳回原告诉请。2000年**江苏某噪声污染纠纷案**，2000年，万某、张某认为一墙之隔的冰棒厂噪声严重干扰其工作、生活，诉请侵权赔偿。法院认为：认定冰棒厂是否噪声污染，以及是否侵权的依据应为冰棒厂生产时排放噪声是否干扰了两原告及家人休息、生活和学习环境。原告住所地为居民集中区，根据环境监测站对冰棒厂生产时排放声音进行监测，昼间声级明显超过国家标准。同时，证人证言证实，冰棒厂开业生产以来所排放噪声确实严重影响周围居民工作、生活，据此可认定冰棒厂侵犯了公民安宁生活不受干扰权，破坏了两原告及家人正常的生产生活环境，对两原告及家人身心健康造成损害，该厂应负赔偿责任。判决冰棒厂赔偿万某、张某精神损失费各500元。2007年4月**北京袁某诉某开发公司环境污染赔偿纠纷案**，大兴法院认为：业主购房时，存在噪音污染的公路已经存在，袁某作为完全民事行为能力人应知道毗邻城市主干道会有噪声现象存在；而开发公司在建设房屋过程中严格按照规划部门的批准范围进行施工，并积极按照相关要求采取相应降噪措施，已履行了自己应尽的义务，对于噪声污染的产生，没有过错。故驳回袁某要求开发公司建设声屏障以减阻公路噪声的诉讼请求（《中国建设报》2007年4月10日第7版）。2006年9月**北京沈某诉某开发公司环境污染赔偿纠纷案**，丰台法院认为：参照《国家标准民用建筑隔声设计规范》的规定：在进行建设设计前，应对环境及建筑物内外的噪声源作详细的调查与测定，并对建筑物的防噪间距、朝向及平面布置等应作综合考虑，在进行上述设计后仍不能达到室内安静要求时，应采取建筑构造上的防噪措施。开发公司在开发建设案涉楼房时，京石高速公路已通车数年，该公司有关建楼规划手续虽符合当时规定，但并不能免除该公司对噪声污染进行治理的责任，即开发公司作为沈某所住楼房的建设单位，在已有的城市道路一侧建设噪声敏感建筑物有责任采取措施减轻交通运输噪声影响。但是根据沈某提供的噪声检测结果，该商品房昼、夜间噪声均超过了《城市区域噪声标准》，开发公司仍未按法律规定履行其义务，因此开发公司的行为构成违约。鉴于沈某一家长期生活在噪声污染地区，故其要求开发公司给付其自入住以来的赔偿费并无不妥，每月200元的标准亦不为高，本院对此予以支持。考虑到沈某一家在采取隔声措施后，势必影响到日常通风，因此应予以一定补偿为宜，具体数额，由本院酌定。故判决如下：开发公司于本判决生效后两个月内为沈某居住的住房南侧大间、阳台及门厅安装隔声窗（双层），将该住房的室内噪声降到昼间60分贝以下，夜间45分贝以下；开发公司赔偿沈某所受噪声污染损失每月200元，自2002年5月起至住房安装隔声窗之月止，于本判决生效后两个月内给付；开发公司于本判决生效后15日内一次性补偿沈某3000元（搜狐焦点网）。2006年2月**广东何某诉某开发公司商品房买卖合同案**，佛山中院认为：开发公司怠于履行义务，未采取任何封闭和防护措施，使诉争房屋直接坐落于地下层的高压配电房之上,两者直接比邻,以致房屋内可以清晰听到地下层所持续发出的低沉的嗡嗡声,严重影响了诉争房屋的正常居住和使用。虽然监测报告的结论为噪音达标,但并未就噪声对诉争房屋的影响程度作出判断,故不能作为事实定性的依据;另外,开发商在宣传时将地下层平面图与地上层平面图进行分开宣传,使处于信息弱势的购房者无法清楚了解其购买房屋的正下方系高压配电房,有违诚信原则。因此判决解除购房合同及退还购房款本息。2005年10月**北京李某诉某开发公司商品房买卖合同案**,丰台法院认为:李某向开发商购买的住宅属《城市区域环境噪声标准》和《工业企业厂界噪声标准》规定的1类区域,该住房内从2002年5月开始出现7号楼地下室水泵运转发出的噪声,经环境保护监测站两次进行噪声检测,夜间噪声实测值分别为39.7dB(A)、43.5dB(A)(水泵启动时)和35.4dB(A)(水泵正常运转时),均超过了《城市区域环境噪声标准》和《城市区域环境噪声测量方法》规定的夜间最高限值标准;如果充分考虑开发商利益,按照《工业企业厂界噪声测量方法》(GB 12349－90)第3.2条"背景噪声的声级值应比待测噪声的声级值低10dB(A)以上,若测量值与背景值差值小于10dB(A)应进行修正"的规定,考虑306号住宅的本底噪声因素,39.7dB(A)、43.5dB(A)的噪声值超过了《工业企业厂界噪声标准》和《工业企业厂界噪声测量方法》规定的夜间最高限值标准;另水泵在夜间启动时产生的噪声也高于开发商坚持适用的国家强制性标准《住宅设计规范》第5.3.1条"住宅的卧室、起居室(厅)内的允许噪声级(A声级)夜间应小于或等于40dB"的标准。综上所述,7号楼内水泵的噪声污染是非常严重的,开发商对原告住房的噪声污染侵权行为成立,开发商有责任对水泵房采取有效、可靠的隔声减噪措施或更换水泵,切实改善原告住宅的声环境质量,以保障7号楼居民良好的生活环境;同时,长期噪声超标的住宅生活环境严重干扰和影响了原告一家的正常生活、工作、学习、休息和身心健康,对原告的环境权益造成严重损害,即使没有造成实际经济损失或医疗仪器暂时检测不出原告身体的损害后果,亦应作出相应赔偿,故依据最高人民法院《关于确定民事侵权精神损害赔偿责任若干问题的解释》,开发商并应赔偿原告的精神损害。判决开发商赔偿李某精神损害抚慰金10万元,同时对7号楼水泵采取有效、可靠的隔声降噪措施,使李某住宅内的水泵噪声达到国家环境保护总局规定的最高限值以下;逾期未达标准,按每日100元对李某进行补偿(中国法院网)。2004年云南苏某诉云南某开发公司案,法院认为:被告在开发建设房屋时,立交桥已通车,虽然有关建楼的规划手续符合规定,但并不能免除其对商品房受到噪声污染进行进一步治理的责任;在治理后噪声污染超标的情况下,导致双方购房合同不能实现合同目的,判决解除购房合同,由开发商退还购房款(云南信息港)。2004年**上海余某诉某房产商案**,闵行区法院认为:余某购房时,马路已客观存在,且已竣工通车,其对所购置的房屋所处的环境、与马路间隔及马路交通噪声应是了解的，房产商无欺瞒故意和行为，且购房合同中对此无约定，故驳回起诉（玉环普法网）。2005 年**北京 16 户业主诉北京某开发集团案**，二中院认为：夜间噪声属 A 级，超过标准，应给予合理的金钱补偿；因该小区是被告严格按照有关部门审批程序进行建设并验收合格的经济适用房项目，居民购房时亦对周边噪声环境有充分了解，加装推拉窗后可达国家相关标准，故补偿数额参照每平方米塑钢单玻门推拉窗的预算价格确定为每户 1700 元到 3000 元不等（《北京晚报》）。2002 年**北京丰台 117 户居民诉北京市综合投资公司、北京首都公路发展有限责任公司案**，丰台法院认为：环境是人类生存和发展的基本条件，国家保护、改善生产环境和生态环境，保障城市居民的人身健康和生活环境质量；开发商将居民楼建在已通车的高速公路旁，就有责任采取措施减轻噪音对居民的影响，首发集团作为高速公路管理者，亦有义务防治噪声污染；判决开发商 2 个月内为住户安装双层隔音窗，将室内噪音降到白天 60 分贝以下，夜间 45 分贝以下，并一次性赔偿每户 3000 元，同时从入住时起到隔音窗安装完毕，每月获得 60 元的噪声污染损失费，其中由首发集团支付 10 元（搜房网）。

【同类案件处理要点】

居所噪声超标情形下开发商是否构成违约，与买卖行为发生时间密切相关。在交通干线已经客观存在且开发商没有违反合同义务的情况下，购房人诉称的交通运输噪声污染并非由于出卖人违约行为所致。购房人以合同目的不能实现为由请求解除商品房买卖合同的主张，不符合《民法典》法定解除的规定，不应予以支持。同样属商品房质量瑕疵的噪声污染，是否属于根本违约，或属于可补救的局部瑕疵，其间的利益衡量标准和角度亦应由审理法官结合个案处理。

【相关法律风险提示】

1. 购买商品房时，购房人应对噪声污染予以注意。商品房规划建成之前，毗邻房屋的公路、机场、工厂如已规划建成并投入使用，虽然买受人遭受噪声污染的事实存在，但其要求开发商建设声屏以减阻噪声的诉请可能不会被支持。案见 2007 年 4 月北京大兴袁某诉某开发公司环境污染赔偿纠纷案（《中国建设报》2007 年 4 月 10 日第 7 版）。但也有法院持不同观点，判决认为并不能免除开发商对商品房受到噪声污染进行进一步治理的责任，在治理后噪声污染超标的情况下，导致双方购房合同不能实现合同目的，购房人诉请解除购房合同应被支持。案见云南省高级人民法院（2004）云高民一终字第 84 号，“苏某诉云南某房屋开发经营有限公司商品房买卖合同纠纷案”。主流的观点持折中态度：购房人非因其自身原因受到超标噪声侵扰的情况下，从民法公平原则出发，应由开发商采取相应的缓解和补救措施(最高人民法院民一庭意见)。

2. 是否构成噪声污染,具体测量数据出来后,购房人可登录国家环境保护部网站 bz. mep. gov. cn 比对。在构成严重噪声污染的情况下,即使购房人无证据证明受污染的损害后果,法院可能支持购房人精神损害赔偿的诉讼请求。案见 2005 年 10 月北京丰台区法院判决“李某诉某开发公司商品房买卖合同案”。即使环境检测报告达标,开发公司亦有可能承担违约责任。案见 2006 年 2 月 15 日广东佛山中院判决“何某诉某开发公司商品房买卖合同案”。

【附注】

参考案例索引:云南高院(2004)云高民一终字第 84 号“苏某诉云南某房屋开发经营有限公司商品房买卖合同纠纷案”,该案一审支持购房人诉请,判决合同解除,开发商退款[案号:云南昆明中院(2004)昆民一初字第 10 号];二审改判驳回购房人诉讼请求。题引案例未遵循实际判决结果,裁判要点借鉴了司法实践中主流观点。参考辛正郁:《商品房毗邻城市交通干线,交通运输对购房人居住存在超标噪声污染,开发商是否构成根本违约,购房人能否以合同目的不能实现要求解除合同》,载最高人民法院民一庭编:《中国民事审判前沿》(2005 年第 2 集),法律出版社 2005 年版。广东广州中院(2015)穗中法民一终字第 5108 号“袁某与某开发公司噪声污染责任纠纷案”,见《袁科威诉广州嘉富房地产发展有限公司噪声污染责任纠纷案——电梯噪声污染的判断与认定》(石佳),载《人民法院案例选》(201602/96:118);重庆五中院(2014)渝五中法民终字第 03439 号“刘某与某实业公司排除妨害纠纷案”,见《电梯紧邻卧室噪声扰民的司法认定——重庆五中院判决刘小琼诉东邦公司排除妨害纠纷案》(郝绍彬、李天全),载《人民法院报·案例精选》(20150521:06);湖南长沙中院(2014)长中行终字第 00150 号“周某与某公安局行政诉讼案”,见《广场舞降噪不能仅靠私力救济——湖南长沙中院裁定周咏清诉岳麓公安分局不履行法定职责案》(舒秋膂、刘翰旻),载《人民法院报·案例精选》(20141009:06);北京大兴区法院(2012)大民初字第 09974 号“刘某诉某超市等噪声污染责任纠纷案”,见《刘海虹诉北京物美综合超市有限公司兴华大街店、北京物美综合超市有限公司噪声污染责任纠纷案——噪声污染责任纠纷的法律适用》(赵志、张磊),载《人民法院案例选》(201404/90:197);江苏苏州中院(2012)苏中民终字第 1529 号“许某等与某公路公司排除妨害纠纷案”,见《许秀玲等诉江苏沿江高速公路有限公司排除噪音妨碍纠纷案》,载《江苏省高级人民法院公报·裁判文书》(201302/26:86);福建厦门湖里区法院(2011)湖民初字第 1426 号“冯某与李某等相邻关系纠纷案”,见《冯章连诉忻宁一等相邻关系案》(姚亮),载《中国审判案例要览》(2012 民:28);河南南阳中院(2011)南民一终字第 432 号“南阳市鑫东海置业有限公司与穆大红等噪声污染侵权纠纷上诉案”，见《住宅楼地下室安装配电设备致噪音污染侵权的判断》（卢国伟、尹秋怡），载《人民司法·案例》（201214:75），另见《业主对所购特殊商品房享有特别知情权——河南南阳中院判决穆大红等诉鑫东海置业有限公司侵权案》（柳殿奎、杨慧文），载《人民法院报·案例指导》（20121108:06）；河南南阳中院（2011）南民一终字第432号“南阳市鑫东海置业有限公司与穆大红等噪声污染侵权纠纷上诉案”，见《住宅楼地下室安装配电设备致噪音污染侵权的判断》（卢国伟、尹秋怡），载《人民司法·案例》（201214:75），另见《业主对所购特殊商品房享有特别知情权——河南南阳中院判决穆大红等诉鑫东海置业有限公司侵权案》（柳殿奎、杨慧文），载《人民法院报·案例指导》（20121108:06）；北京二中院（2005）二中民终字第4567号“杨某与某开发公司等损害赔偿纠纷案”，见《杨凌诉北京城市开发集团有限责任公司、北京首创股份有限公司、北京市政工程管理处、北京地铁运营有限责任公司环境污染损害赔偿纠纷案（环境污染损害赔偿）》（刘洋），载《中国审判案例要览》（2006民:337）；北京二中院（2005）二中民终字第11779号“李某与某开发公司等损害赔偿纠纷案”，见《李明、王军诉北京庄维房地产开发有限责任公司噪声污染损害赔偿纠纷案（噪音污染损害赔偿）》（许琳），载《中国审判案例要览》（2006民:345）；安徽蚌埠中院（2005）蚌民一终字第336号“陈某等诉邸某相邻关系案”，见《陈洪森等以开设饭店产生噪声和排烟等侵害相邻权为由诉邸哲明相邻关系案》（魏莲），载《人民法院案例选》（200602/56:110）；北京一中院（2004）一中民终字第10582号“王某诉某开发公司相邻关系案”，见《王辉诉华润置地（北京）股份有限公司相邻关系案（相邻关系）》（胡沛），载《中国审判案例要览》（2005民:18）；北京铁路运输法院（2001）京铁经初字第23号“阴某等诉某铁路局环境污染案”，见《阴秉权等诉北京铁路局案（环境污染损害赔偿）》（邢富顺），载《中国审判案例要览》（2002民:265）；江苏涟水法院（2000）涟民初字第1117号“万某等诉某冰棒厂噪声污染案”，见《万洪祥等诉涟水县方林冰棒厂案》（张淮），载《中国审判案例要览》（2001民:194）。

67. 间距光照不足的处理

——阳光权之争，是否有理据？

【间距光照】

【案情简介及争议焦点】

2002年，开发公司取得建设项目规划选址意见书；2007年，开发公司取得《建设工程规划许可证》。期间,该市有关建筑间距和日照规定修改,变得更为严格。2008年,徐某认为开发公司依原来的批准文件新建工程挡住其日照,并造成通风和视野变差,严重影响生活质量和身心健康,降低了其居住房屋的经济价值,诉请开发公司赔偿12万元。

争议焦点:1.开发公司应否赔偿?2.徐某权益如何维护?

【裁判要点】

1.无须赔偿。本案系财产损害赔偿之诉,属民事纠纷案件。关于开发公司的建设项目是否符合城市建设规划管理规范要求的争议,依法不属于本案的审理范围,如当事人对此仍有纷争,可依有关法律另行处理。根据法律规定,行为人因过错侵害他人民事权益,应当承担包括赔偿损失在内的侵权责任。本案中,尚未能确认开发公司有违反建设规划管理法律法规的行为,故无法认定该公司因存在过错行为而须向徐某承担赔偿责任。

2.适当补偿。本案建设项目从报批到实施时间跨度较长,期间与本案当事人争议有关的建筑间距新规定比老规定要更严格,以致徐某产生开发公司违规建设使其居住权益遭受损害的观念。徐某长期居住生活于此地,对居住环境发生的变化感到不适和不便,开发公司作为该建设工程的受益者,应给予充分理解和关心,按照公平原则,给予徐某一户适当经济补偿也并不为过。

【裁判依据或参考】

1.法律法规。《民法典》(2021年1月1日)第186条:"因当事人一方的违约行为,损害对方人身权益、财产权益的,受损害方有权选择请求其承担违约责任或者侵权责任。"第577条:"当事人一方不履行合同义务或者履行合同义务不符合约定的,应当承担继续履行、采取补救措施或者赔偿损失等违约责任。"**《物权法》**(2007年10月1日,已于2021年1月1日起失效)第89条:"建造建筑物,不得违反国家有关工程建设标准,妨碍相邻建筑物的通风、采光和日照。"**《民法通则》**(1987年1月1日,已于2021年1月1日起失效)第83条:"不动产的相邻各方,应当按照有利生产、方便生活、团结互助、公平合理的精神,正确处理截水、排水、通行、通风、采光等方面的相邻关系。给相邻方造成妨碍或者损失的,应当停止侵害,排除妨碍,赔偿损失。"**《行政诉讼法(2017年修正)》**(1990年10月1日,2017年6月27日修改,2017年7月1日起实施)第2条第1款:"公民、法人或者其他组织认为行政机关和行政机关工作人员的具体行政行为侵犯其合法权益,有权依照本法向人民法院提起诉讼。"

2.部门规范性文件。建设部**《住宅建筑规范》**(2006年3月1日)第4.1.1条:

"住宅间距,应以满足日照要求为基础,综合考虑采光、通风、消防、防灾、管线埋设、视觉卫生等要求确定。住宅日照标准应符合表 4.1.1(表略)的规定;对于特定情况还应符合下列规定:1. 老年人住宅不应低于冬至日日照 2h 的标准;2. 旧区改建的项目内新建住宅日照标准可酌情降低,但不应低于大寒日日照 1h 的标准。"**《条文说明》**第 4.1.1 条:"本条根据国家标准《城市居住区规划设计规范》(GB 50180－93)(2002 年版)第 5.0.2 条制定。住宅间距不但直接影响居住用地的建筑密度、开发强度和住宅室内外环境质量,更与人均建设用地指标及居民的阳光权益等密切相关,备受大众关注,是居住用地规划与建设中的关键性指标。根据国内外成熟经验,并结合我国实际情况,将住宅建筑日照标准(表 4.1.1)作为确定住宅间距的基本指标。相关研究证实,采用此基本指标是可行的。根据我国所处地理位置与气候状况,以及居住区规划实践,除少数地区(如低于北纬 25°的地区)由于气候原因,与日照要求相比更侧重于通风和视觉卫生,尚需作补充规定外,大多数地区只要满足本标准要求,其他如通风等要求基本能达到。由于老年人的生理机能、生活规律及其健康需求决定了其活动范围的局限性和对环境的特殊要求,故规定老年人住宅不应低于冬至日日照 2h 的标准。执行本条规定时不附带任何条件。'旧区改建的项目内新建住宅日照标准可酌情降低',系指在旧区改建时确实难以达到规定的标准时才能这样做,且仅适用于新建住宅本身。同时,为保障居民的切身利益,规定降低后的住宅日照标准不得低于大寒日日照 1h。"建设部**《关于对住宅日照标准强制性条文执行的答复》**(2002 年 1 月 28 日):"同意你厅对强制性标准和强制性条文统一执行的理解和意见。《工程建设标准强制性条文》(城乡规划部分)关于住宅日照的规定是从现行国家标准《城市居住区规划设计规范》(GB 50180－93)中摘录的,旧区改造住宅日照标准按照大寒日日照不低于 1 小时执行,是符合《城市居住区规划设计规范》(GB 50180－93)第 5.0.2.1 款规定的,也不违背《工程建设标准强制性条文》(城乡规划部分)的规定。"

3. 地方司法性文件。北京高院**《关于立案审判适用法律若干问题的解答(二)》**(2019 年 11 月 20 日)第 2 条:"不动产损害赔偿纠纷案件,是否适用不动产专属管辖?依据民事诉讼法解释第二十八条第一款的规定,民事诉讼法第三十三条第一项规定的不动产纠纷是指因不动产的权利确认、分割、相邻关系等引起的物权纠纷。不动产物权受到侵害后提起的财产损害赔偿纠纷,不涉及不动产的权利确认、分割、相邻关系等,不适用不动产专属管辖,可以按照侵权纠纷的管辖规定,以被告住所地或侵权行为地确定管辖。"浙江宁波中院**《关于审理相邻关系纠纷案件的若干意见》**[2014 年 6 月 11 日　甬中法(民二)〔2014〕46 号]第 5 条:"相邻当事人对自己不动产的利用行为,负有限制义务;对对方利用不动产的行为,负有容忍义务。把握限制和容忍的限度,要运用利益衡平方法,兼顾双方当事人的权益。"

第 6 条:“根据相邻关系的立法本意及民法精神,注重个案审查,贯彻利益最小影响、最低损害理念。善于运用经验法则,就案件事实认定及法律适用事项进行权衡,立足于维护稳定的社会生活秩序及和睦的邻里关系,妥当行使自由裁量权。”第 7 条:“相邻一方当事人居住使用不动产多年,对历史形成的相邻状况之前未发生争议,现主张其相邻权受侵害的,一般不予支持。”第 8 条:“行政许可不能成为免除相邻方承担相邻妨害民事责任的依据,不动产获得行政许可并不当然排除民事侵权构成。”第 9 条:“相邻方以对方的违章建筑影响其通行、采光、通风等为由,起诉要求拆除的,不予受理,当事人可以向有关行政主管部门反映解决。已经受理的,可裁定驳回起诉。”山东高院**《2011 年民事审判工作会议纪要》**(2011 年 11 月 30 日 鲁高法〔2011〕297 号)第 1 条:“……(五)关于相邻关系中妨害建筑物采光、日照的认定标准问题。依据《物权法》第 89 条的规定,建造建筑物,不得违反国家有关工程建设标准,妨碍相邻建筑物的通风、采光和日照。据此规定,认定相邻关系中妨害建筑物采光、日照的主要依据是国家颁布的有关工程建设规范,目前,涉及建筑物采光、日照标准的主要工程建设规范有:2001 年 7 月 31 日建设部发布的《建筑采光设计标准》、2002 年 8 月 30 日建设部发布的《工程建设标准强制性条文》(房屋建筑部分)、2002 年 3 月 11 日建设部发布的《城市居住区规划设计规范》、2005 年 11 月 30 日建设部发布的《住宅建筑规范》。省及各中院辖区的地市颁布的工程建设规范中高于国家规定的采光、日照标准的,可以参照适用。”辽宁高院**《全省法院民事审判工作座谈会纪要》**(2009 年 5 月 14 日 辽高法〔2009〕120 号)第 9 条:“关于建筑采光权侵权赔偿。违反城市规划审批要求建设的违法、违规建筑,造成相邻建筑采光条件达不到国家规定标准的,违法、违规建筑物所有人应当对相邻建筑所有人或使用人承担侵权赔偿责任。赔偿标准应参照侵权程度、相邻房屋使用功能降低幅度、价值降低幅度等因素综合确定。当事人以建设规划行政主管部门为被告请求相关赔偿的,不应按民事案件审理。”江西赣州中院**《关于印发〈民事审判若干问题解答〉的通知》**(2006 年 2 月 27 日)第 58 条:“村民不按村委会规划和政府部门批准的红线图建房,侵占了公用空间,经政府部门作出罚款处理后发给房产证。先邻居以该房屋不按规划施工,影响其通行和才光为由提起诉讼,人民法院应当如何何处理? 答:若当事人认为政府部门的处理侵犯了自己的相邻权,可提起行政诉讼;若当事人仅认为建房人违反批准建房,其所建房屋侵犯了自己的相邻权为由提起民事诉讼,人民法院应予受理。只要建房人客观上侵犯了他人的合法权益,就应承担民事责任。”第 59 条:“未经批准的建筑物给相邻合法建筑物造成损害,受害方以侵犯相邻权为由起诉主张排除危险、建筑物、赔偿损失的,能否作为民事案件直接受理并予以处理? 答:应当区分情况分别处理。当事人主张拆除非法建筑物的,一般情况下应告知其要求行政机关先予处理。当事人直接以侵犯通风采光通行等相邻权起诉的，人民法院应予受理。”辽宁沈阳中院**《关于审理房地产案件若干问题的处理意见(之二)》**(2004年12月2日　沈中法〔2004〕31号)第7条:“相邻建筑物是否构成挡光、通风侵权，是一个专业性很强的问题，以往多采用大寒日日照时间是否满足2小时或目测楼间距的办法来衡量是否构成侵权。这种方法在审判实践中很难适用。如果要求法官必须实地测量或者等到大寒日时实地勘察日照时间来确定是否构成相邻通风、挡光侵权，显然不合常理，也不符合《最高人民法院关于民事诉讼证据的若干规定》关于人民法院自行收集的证据的规定。因此，对于这类案件，除少部分违章建筑以正常人的判断能力，直观即可确定明显构成侵权外，一般应以专业机构提供的科学鉴定结论，作为确定是否侵权的依据，根据《民事诉讼法》和《最高人民法院关于民事诉讼证据的若干规定》关于‘谁主张，谁举证’的规定，由原告负举证责任。另外，后建成的建筑物应无权主张原已存在的建筑物挡光，因其在建筑时应预见可造成挡光的后果，属于自愿承受。”第8条:“合法建筑挡光亦应构成侵权。有规划许可的建筑只是能证明其建筑本身是合法建筑，但不能据此证明该建筑不对原告居住的房屋造成影响。是否挡光，应当依据鉴定部门的鉴定结论为依据。如果原告选择以相邻不动产的所有人或使用人为被告，以相邻通风采光纠纷提起诉讼，法院应作为民事案件受理。”第9条:“关于相邻采光、通风纠纷承担侵权责任方式的法律适用问题:根据《民法通则》第三十八条规定，给相邻方造成妨碍或者损失的，承担责任的方式为:停止侵害，排除妨碍，赔偿损失三种。这三种承担责任方式当事人均有权主张，人民法院也均有权判决适用。实践中应结合当事人举证和案件的具体情况决定适用承担民事责任的方式。法院在处理挡光纠纷中，对于原告要求将建筑物拆除，恢复原状的，根据‘成物不可毁’的原则必须谨慎适用。对于私自搭建且价值不大的违章建筑，法院可以依当事人申请排除妨碍，拆除违章建筑;对于超越建筑规划许可审批的建设范围的违章建筑和价值较大的违章建筑，如果法院判决强行拆除，可能会导致社会财富的浪费，这类违章建筑由行政执法部门处理，或拆除或处罚后责令相关人员补办规划手续，更有利于解决矛盾，但被侵权人应得到相应的赔偿和补偿。对于合法建筑构成侵权的，法院不宜径行判决排除妨碍，恢复原状。应适用补偿法则，即赔偿损失。这样可以避免为了保护相对较小的利益造成较大的损害。损害赔偿的原则是弥补当事人损失，该损失应是具体明确的，对此原告负有举证责任。一般情况下，法官对于赔偿损失的数额确认不宜自由裁量。挡光而造成的损失标准，应以挡光后，造成原有房屋价值的贬损作为赔偿的标准。而这种请求权‘一物只能行使一次’，后买受人应了解买受时的现状，再次以此为由请求补偿的，不予支持。”第10条:“相邻采光、通风的请求权是基于物权而产生的，并伴随所有权或使用权的存在而存在，属于物上请求权，不是我国现行民法诉讼时效制度的客体。因此，相邻采光、通风的请求权不适用诉讼时效制度。”上海高院《**关于印发〈关于审理房产纠纷案件若干疑难问题的讨论纪要〉的通知**》(1993年10月27日 沪高法〔1993〕148号)第6条:“因为有关部门审批建筑执照不当,影响他人通风、采光引起的纠纷,一般应告知原告向有关部门申请解决,也可向法院提起行政诉讼。”

4.地方规范性文件。青岛市《**建筑日照间距计算和管理办法(试行)**》(2011年8月5日)第3条:“日照间距应当符合国家有关规范规定的日照标准,下列建筑应当符合以下日照标准:(一)每套住宅至少应有一个居住空间获得日照,当一套住宅中居住空间总数超过四个时,其中宜有二个获得日照,获得的日照时数不低于大寒日累计2小时;(二)宿舍半数以上的居室,应能获得同住宅居住空间相等的日照时数;(三)托儿所、幼儿园的主要生活用房,日照时数不低于冬至日累计3小时;(四)疗养院半数以上的疗养室、医院半数以上的病房、中小学半数以上的教室,日照时数不低于冬至日累计2小时;(五)老年人居住建筑累计日照时数不低于冬至日2小时;(六)托儿所、幼儿园和中小学的活动场地,累计日照时数不低于大寒日2小时。被遮挡建筑日照时数在工程建设前低于以上标准的,新建、改建建设工程不得降低其原来的日照时数。”第11条:“……日照间距系数,是指建筑间距与从被遮挡建筑室内地平至遮挡建筑物的女儿墙或檐板上平的垂直距离的倍数。在三十度或者大于三十度的斜坡屋面应加坡角到屋脊高度的二分之一。小于三十度的斜坡屋面和局部凸出屋面的楼梯间、烟囱、水箱、通风道、上人屋面的局部空廊、凉亭、花架等宽度小于12米的,不计高度。”抚顺市《**居住建筑间距和日照管理规定**》(2011年3月1日)第22条:“住宅日照是指住宅主采光面居住空间的累计日照时数;被遮挡新建住宅只确认一个主采光面,主采光面按照建筑南、东、西方向的主次顺序排列。”第23条:“住宅日照标准不应低于大寒日日照2小时,旧区改建的项目内新建住宅日照标准不应低于大寒日日照1小时的标准。”第24条:“长日照建筑日照标准必须符合《城市居住区规划设计规范》的相关规定。”第25条:“非法改变规划使用性质的建筑按照原使用性质考虑日照影响;临时建筑及设窗的山墙不考虑日照影响。”第26条:“建设单位向城乡规划行政主管部门申请办理规划审批手续时,有下列情况之一的,必须提供建设项目《日照影响分析报告》:(一)新建建筑周围已有居住建筑的;(二)成组布置的高层住宅或者高层和多层混合住宅;(三)建筑形体复杂的遮挡建筑;(四)城乡规划行政主管部门要求的其他情形。”第29条:“因用地条件限制,新建建筑遮挡周边原有住宅,被遮挡住宅达不到国家规定的日照标准,建设单位在办理规划审批手续前,必须在自愿协商基础上通过购买、产权调换、经济补偿的方式取得利害关系人书面同意。”长沙市《**居住建筑间距和日照管理规定**》(2010年9月1日)第7条:“在建筑间距Ⅰ类地区的中心地段进行建设,其间距按第五条规定执行确有困难的,经市城乡规划行政主管部门核准,可在第五条规定间距基础上适当折减,但其最大减幅不能超过10%。”第8条:“第一类居住用地的低层独立式住宅与相邻建筑之间的间距,在建筑间距Ⅰ类地区不得小于其南侧建筑高度的1.3倍,在建筑间距Ⅱ类地区不得小于其南侧建筑高度的1.4倍,在建筑间距Ⅲ类地区不得小于其南侧建筑高度的1.5倍。”本溪市《**住宅建筑间距和日照管理规定**》(2010年8月15日)第16条:“住宅日照标准日为大寒日,有效日照时间带为8时至16时。新城区的日照有效时间累计不应低于大寒日2小时;新建住宅位于主城区、城市核心区的,日照有效时间累计不应低于大寒日1小时。每套住宅至少有一个居住空间在有效时间带内满足日照标准的,即为住宅符合日照要求。”第20条:“新建建筑对周边原有住宅日照产生遮挡的,应保证被遮挡住宅日照不低于大寒日2小时。原来达不到大寒日2小时的住宅,因新建建筑遮挡使其日照时间减少的,建设单位应当与房屋所有权人协商予以解决。”第21条:“确因用地条件限制,新建建筑遮挡周边原有住宅,使原有住宅日照达不到大寒日2小时的,建设单位应当在办理《建设工程规划许可证》前与被遮挡住宅房屋所有权人协商并达成予以异地安置、货币安置或一次性经济补偿的协议。建设单位必须与被遮挡住宅房屋所有权人协商一致后,持双方达成的安置补偿协议到市城乡规划建设行政主管部门办理《建设工程规划许可证》。”包头市《**城乡规划条例**》(2010年6月1日,于2012年5月10日修改了第81条,2012年6月1日起实施)第52条:“住宅建筑除应当满足大寒日不低于两小时的日照要求外,还应当符合以下规定:(一)南北向多层住宅(二十四米以下)的建筑间距,不低于遮挡建筑高度(从散水起算)的1.5倍;(二)南北向多层以上住宅的建筑间距,建筑高度在二十四米至四十米(含)间,不低于遮挡建筑高度的1.3倍;建筑高度在四十米至七十五米(含)间,不低于遮挡建筑高度的1.1倍;建筑高度在七十五米以上,不低于遮挡建筑高度的0.9倍;(三)其他朝向的,按照国家、自治区和包头市的有关技术标准(规范)执行。前款规定的具体实施办法由市人民政府制定。”北京市《**生活居住建筑间距暂行规定**》(2007年11月23日)第3条:“两栋4层或4层以上的生活居住建筑(至少1栋为居住建筑)的间距,采用规定的建筑间距系数仍小于以下距离的,按下列规定执行:(一)两建筑的长边相对的,不小于18米。(二)一建筑的长边与另一建筑的端边相对的,不小于12米。(三)两建筑的端边相对的,不小于10米。(四)4层或4层以上的生活居住建筑与3层或3层以下生活居住建筑的间距,由城市规划行政主管部门按规划要求确定。”第4条:“建筑间距符合本规定,但小于建筑防火间距时,须按消防管理的有关规定执行。”第5条:“板式居住建筑群体布置时,建筑间距根据其朝向和与正南的夹角不同,采用不得小于附表一规定的建筑间距系数。”第6条:“单栋塔式居住建筑在两侧无其他遮挡阳光的建筑(含规划建筑)时,与其他居住建筑的间距系数不得小于1.0。”第7条:“多栋塔式居住建筑成东西向单排布置时,与被其遮挡阳光的板式居住建筑的建筑间距,按下列规定执行:(一)相邻塔式居住建筑的间距小于单栋塔式居住建筑的长度时,塔式居住建筑长高比的长度,应按各塔式居住建筑的长度和间距之和计算,并根据其不同的长高比,采用不得小于附表二规定的建筑间距系数。(二)相邻塔式居住建筑的间距等于或大于单栋塔式居住建筑的长度时,建筑间距系数不得小于1.2。"第12条:"本规定技术用语定义如下:建筑间距系数:指遮挡阳光的建筑与被遮挡阳光的建筑的间距为遮挡阳光的建筑高度的倍数。建筑的长高比:指遮挡阳光的建筑的正面长度为该建筑高度的倍数。"

5.参考案例。2012年**山东某规划许可纠纷案**,2011年,小区业主于某以开发商新建商住楼影响采光为由,起诉规划局,要求确认规划许可行为违法并判令撤销。开发公司申请建设工程规划许可证材料中,并无日照分析报告。法院认为:于某作为规划许可行为涉及其相邻权的利害关系人,具有诉讼主体资格。规划局依《城市规划法》第32条、《山东省实施城市规划法办法》第37条规定,对第三人提供的建设项目批准文件和建设用地证件等材料进行审查后核发了建设工程规划许可证,但未提供证据证明审批商住楼与于某居住楼房之间的日照间距系数是多少、是否达到了规定的日照最低标准等,规划局无法证明被诉行政行为合法。本案第三人建房属于商业开发,既非旧城改造,亦非建设公益工程,其目的纯为盈利,第三人行为丝毫不具有公益性质。规划局对该工程办理规划许可,但从改善城市面貌等方面考虑应赋予其公益性,因房屋陆续出售,撤证将造成社会公共利益重大损失,规划局许可行为虽违法,但开发商取得的建设工程规划许可证是有效的。规划局应采取补救措施,是否补救、如何补救,由规划局自由裁量,法院不对此进行干预。判决规划局核发建设工程规划许可证的行政行为违法。2001年**北京某相邻关系纠纷案**,2011年,高某以邻居郭某违规建房,虽符合国家住宅日照最低标准,但影响到高某居住房屋日照为由,诉请拆除房屋、赔偿误工费、交通费、能源损失费1元。法院认为:在涉及违法建筑处理上,法院并无相关职权,此问题应通过行政途径解决。如高某认为郭某加盖行为系违章建设,应向相关行政部门反映,以求解决,就此问题处理并不在法院民事案件受理范围内。作为相邻排除妨害纠纷,法院应该根据民事法律规范衡量妨害事实是否达到了足以影响当事人生活居住程度。但何为"足以影响当事人生活居住程度"不易衡量,故客观上只能依《城市居住区规划设计规范》(GB 50180)相关标准予以确定。因双方均认可目前房屋日照现状仍符合前述规范具体规定,故高某要求郭某拆除所建房屋依据不足。应当说明的是,针对高某所述违章建筑事实,郭某始终未出具合法审批手续,故法院虽未支持高某要求拆除房屋诉请,但并不表明法院确认郭某所建房屋合法性。郭某所述其他业主私自建房行为并不能作为其可私自建房合法依据。因郭某加盖行为确实对高某日照造成遮挡，高某有权要求相应赔偿，判决郭某赔偿高某误工费、交通费、能源损失费1元。2009年**北京某相邻关系纠纷案**，2007年，开发公司取得规划许可后，在邵某居住10余年楼房旁建设70米高楼。邵某以影响采光、造成房屋贬值等理由诉请赔偿。法院认为：相邻关系是指两个或两个以上相互毗邻的不动产所有人或使用人之间，一方行使所有权或使用权时，享有要求另一方提供便利或接受限制的权利。《物权法》第84条规定，不动产的相邻权利人应当按照有利生产、方便生活、团结互助、公平合理的原则，正确处理相邻关系。因此，在目前城市土地有限而人口增多情况下，为实现土地资源利用最大化，建筑高楼、适当缩小楼房间距，符合城市建设发展需要。政府部门从实际需要出发规定的楼房间距、采光时间限制亦成为相关房屋所有权应受到的必要限制。对于客观存在遮挡日照建设行为，在未违反国家和北京市相关规定前提下，被遮挡房屋所有权人对此负有容忍义务。开发公司建设项目已经有关部门审核批准，并不存在违法之处。根据日照分析测算报告，楼房建设亦符合国家相关法律规定及北京市《生活居住建筑间距暂行规定》。邵某虽对测算报告存有异议，但其关于日照采光的个人判断不能代替、推翻专业技术部门依据专业技术知识对日照影响所作测算和得出的相应结论。因此，虽然开发公司建设对邵某住房日照采光构成影响，但该影响并不构成法律意义上违法，不应适用法律规定的损害赔偿。虽然开发公司建造建筑物是合法行为，并不具有违法性，但邵某房屋因开发公司建造建筑物而导致相应损失确为客观事实，该损失在本案中主要体现为日照采光影响，日照采光减少对于邵某居住舒适度确有一定影响。且经评估，采光减少对于邵某房屋价值亦造成一定贬损。应指出的是，该评估报告指向的是因采光直接导致的房屋价值贬损，并不考虑其他因素对邵某房屋价值影响。而开发公司建设行为由于一定程度上促进了周边设施完善及环境改善，对于邵某房屋升值亦有一定促进作用，故对于邵某房屋所受影响，不应以房屋价值贬损评估报告为唯一依据，而应参照其他情况综合考虑。对于邵某因开发公司建设行为所遭受采光等影响，开发公司虽不负赔偿责任，但基于相邻关系公平合理原则，开发公司应给予邵某一定补偿，开发公司在公告中亦同意给予邵某一定补偿。综合本市经济水平、生活水平，参照房屋价值贬损评估报告及其他情况，判决开发公司补偿邵某1.5万元。2008年**安徽某行政诉讼纠纷案**，2005年，建设局依开发公司申请，为开发公司住宅项目核发选址意见书、建设用地规划许可证。2008年，钱某以开发公司住宅房与其汽车维修站间距不过7米为由，起诉建设局，要求撤销规划许可。法院认为：开发公司以受让方式取得了建设工程规划许可涉及的土地使用权，系该土地合法使用权人，土地性质为商业用地。依《城市规划法》第32条、《安徽省实施〈城市规划法〉办法》第23条规定，申请领取建设工程规划许可证前，应取得选址意见书、建设用地规划许可证。《行政许可法》第34条规定，行政机关应当对申请人提交的申请材料进行审查。本案中，建设局提交建设工程选址审批单存根、建设用地规划审批单存根，证明开发公司已取得该“一书一证”，建设局依申请并对提交材料审查后，向其核发建设工程规划许可证，有事实及法律依据，程序合法。建设部《城市居住区规划设计规范》第5.0.2.1中规定的住宅日照标准虽属强制性条文，但属对居住区内住宅日照要求。国家对住宅的日照，仅规定不应使住宅原有标准降低，而未规定不得降低非住宅日照条件。据此，本案行政许可行为不适用《城市居住区规划设计规范》关于住宅间距规定。判决驳回钱某诉请。2008年**北京某相邻关系纠纷案**，2011年，项某以其2002年所购房屋被2003年开发公司新建楼房遮挡为由诉请赔偿。开发公司曾向规划部门承诺，被遮阳住宅不作为住宅商品房出售。法院认为：建造建筑物须遵守国家有关工程建设标准，不得妨碍相邻建筑物通风、采光和日照。依现有证据，开发公司出售给项某房屋，所在楼宇在规划中即存在配套公建商业楼与商住楼建筑间距及日照方面影响，规划部门还就此特别要求开发公司提出解决方案，开发公司向规划部门作出承诺，被遮阳住宅不作为住宅商品房出售，但在实际履行中，开发公司未能履行承诺。另据常识可知，建筑间距及日照情况直接影响建筑采光状况，进而直接影响买受人起居生活。项某为证明影响其日照、采光受影响事实存在，提出了鉴定申请，因开发公司未提供鉴定所必需的建筑图纸而未能鉴定，但不能以此免除开发公司对争议事实的举证责任。法院经现场勘查，因开发公司在项某住宅南侧所建配套商业楼房遮挡，项某住宅在同时间段受到光照时间，少于同楼一层其他住户，且规划局在审批小区规划方案时，就已向开发公司提出配套公建对居民住宅楼采光存在一定影响，要求开发公司提出解决方案，法院据此认定项某主张采光权益受损事实成立，开发公司应对此损害承担相应法律责任。项某房屋受到日照遮挡程度虽未能进行鉴定确认，但结合本案实际情况及开发公司于本案中过错责任等因素，并参照现行相关规定，对因此给项某造成的日照、采光损失，法院酌情判定开发公司赔偿项某房屋采光权益损失3万元。2007年**江苏某规划许可纠纷案**，2007年，开发公司根据供电部门要求，就新建配电间向规划局申请，规划局在官网及施工现场公示后，向开发公司颁发建设工程规划许可证。与开发公司签订商铺预售合同、商铺距离该配电间30米的唐某以该配电间挡光、挡视线为由，诉请撤销规划许可。法院认为：依《城市规划法》第9条第2款、第32条、江苏省《实施〈城市规划法〉办法》第26条规定，规划局作为城市规划行政管理部门，对提出建设申请的单位或个人，核发建设工程规划许可证系其履行法定职责。本案唐某向第三人购买商业用房，并已履行付款义务。规划局批准建造的配电间邻近唐某所购房屋，故唐某与被诉规划许可行为之间存在利害关系，具备本案原告主体资格。《行政许可法》第36条规定：行政机关对行政许可申请进行审查时，发现行政许可事项直接关系他人重大利益的，应当告知该利害关系人。本案中，因规划行政许可事项影响到众多不特定利害关系人，故规划局采用批前公示方式，将拟审批配电间平面、立面、位置、面积等信息分别在规划局网站和建设项目现场予以公示，符合上述法律规定及江苏省建设厅《江苏省城市规划公示制度》相关要求，并无不妥。案涉配电间与唐某所购商业用房间距为30米，已远超《江苏省城市规划管理技术规定》第3.1.10.1要求的两侧为山墙的多层非住宅建造之间最小间距为6米规定，且该规定第3.1.1明确：对于建筑物的间距应符合消防、抗震、安全的要求，并综合考虑采光、通风、环保、视觉卫生、工程管线和文物保护等的要求。而唐某关于配电间位置及外观阻隔了消费者视线，导致其所购商业用房效能降低，规划局不应许可建造的观点，并非上述规定及城市规划相应法律法规要求规划部门实施建设工程规划许可时所必须具备条件和考虑因素，判决驳回唐某诉请。2006年**江苏某排除妨碍纠纷案**，1999年，邻居石某、孙某两家约定各自“后墙不留门窗”。2001年，石某开窗，孙某随后违章添建的楼梯间影响了石某通过该窗的采光、通风。2006年，石某诉请孙某拆除违建。法院认为：《民法通则》第83条规定：“不动产的相邻各方，应当按照有利生产、方便生活、团结互助、公平合理的精神，正确处理截水、排水、通行、通风、采光等相邻关系。给相邻方造成妨碍或者损失的，应当停止侵害，排除妨碍，赔偿损失。”据此可认为，法律保护不动产相邻各方的采光权利，一方为获得日照利益，可要求限制其邻人不动产距离或高度。但采光权虽与人生活健康密切相关，在本质上仍是为自己便利而限制他人利益，并可由当事人自由处分的民事权利，法律既允许当事人自行处理好相邻关系，就应准许当事人通过约定方式排除采光权。孙某所建三层楼梯间，对其生产、生活并无明显益处，却对石某生活形成妨害事实，有违法律所倡导的原则与精神。采光权是一项保证自然人健康生活的基本自由权，法律并不提倡当事人自愿放弃，特别是石某在放弃权利后又恢复其采光自由，此时合同已不能再成为限制其采光权的约束。孙某建造的三层楼梯间属违章加建，其在影响他人采光情况下，依法应予拆除。经调解，由孙某给予石某一定补偿。2005年**河南某相邻关系纠纷案**，2003年，尤某购买商品房居住半年后，粮食局盖的房屋改变了建筑物间距，导致尤某房屋通风、采光受影响。尤某起诉开发商及粮食局后，撤回了对粮食局起诉。法院判开发商赔偿1万元后，尤某以相邻关系再次单独起诉粮食局索赔。法院认为：尤某起诉后又撤诉，按《民事诉讼法》规定，不属重复诉讼。粮食局建造楼房违反准建手续中所确定原、被告间建筑物间距要求，改变了原建筑面貌，违反了《城市居住规划设计规范》强制性国家标准的规定，影响了尤某房屋通风、采光，应承担相邻关系侵权损失赔偿责任。判决粮食局赔偿尤某1万元。2002年**新疆某相邻关系纠纷案**，1999年，韩某购买超市摊位。2002年，因超市经审批后在窗外改建成开放式橱窗，租给阿某摆上货物经营，导致韩某白天经营也得开灯，韩某以侵犯其采光权为由起诉。法院认为:韩某与超市合同中并未约定在韩某购买的摊位区域外,超市不得增设橱窗,故超市增设开放性橱窗行为未违反约定。韩某不能提供超市增设橱窗是违章建筑的证据,故对韩某要求拆除请求不予支持。韩某与阿某共用一窗,相邻而居,韩某利用窗户采光是其合法权利,不应受到影响,阿某在其租赁橱窗窗户上摆放货物,也是其正当权利,不能阻碍,但因双方相邻关系,个人在行使其权利时,应有所限制,阿某在紧邻韩某摊位的窗户摆放货物,影响了一窗之隔韩某采光,超市增设橱窗的前沿,对韩某采光也造成了一定影响,超市和阿某行为侵犯了韩某相邻权。由于影响经营因素较多,包括市场风险、市场环境、经营方式、服务措施等,韩某不能提供证据证实被告影响其采光而造成其经济损失,故对其要求赔偿经济损失请求不予支持。根据"有利生产,方便生活,团结互助,公平合理"原则,阿某应对其摆放货物高度作必要调整和限制,以不影响韩某正常采光。由于韩某还要在此经营多年,超市增设橱窗行为确实给韩某造成一定妨碍,应给韩某适当经济补偿。判决阿某使其橱窗内靠近窗户一面摆放货物不能高于该窗户窗台台面,超市给付韩某经济补偿500元。2001年**江苏某采光权纠纷案**,1998年,管理局将建成楼房作为水文局办公楼,影响了孟某先建房屋采光致诉。法院认为:孟某房屋经鉴定在大寒日有效日照时间不足1小时,达不到国家规定的最低日照时间标准。阳光与空气、水一样,同属人类共同自然资源,为一般人生存所必需,系个人健康或生存基本权利之一,即使是合法建筑,也不能侵害相邻权人享受阳光权利。水文局虽经规划部门审核批准建设办公楼,但实际施工时,变更了原设计标准,致使孟某居住楼房采光达不到国家规定的最低日照时间标准,对孟某居住房屋采光构成了侵害,故水文局建设办公楼时对周围居民住宅采光可能产生的侵害未尽到注意义务,对孟某房屋采光受到的实际侵害具有主观过错,其行为依法已构成侵权,应承担赔偿责任。管理局作为办公楼的所有权人和受益人,对此亦应承担相应民事责任。对于承担民事责任方式,根据本案实际情况及诉讼效益原则,以不造成社会财富、资源浪费和当事人经济损失扩大为限,主要为赔偿损失为宜。对于赔偿损失数额及计算标准,应根据房屋采光实际受到的侵害程度、当事人主观过错程度、房屋实际价值等因素综合认定。考虑到我国目前居住条件改善及生活水平提高,人们对于生存权利及生活质量要求日益增长,对上述权利保护力度亦应相应提高,且本案中孟某房屋全年有近三分之一时间没有采光,损害程度较为严重。参照邻近大厦经济补偿方式,结合本案情况,以建筑面积每平方米赔偿850元,相对公平。判决管理局和水文局共同赔偿孟某8万余元。1999年**河南某采光权纠纷案**,1999年,教委取得合法手续后兴建教师楼时,附近袁某等老住户以影响其采光为由阻碍。法院认为:不动产相邻各方,应按有利生产、方便生活、团结互助、公平合理精神,正确处理通行、通风、采光等方面相邻关系。给相邻方造成妨碍或损失的，应停止侵害，排除妨碍，赔偿损失。本案中，教委所建教师住宅小区是根据市政府及规划局批准、规划及验线，并领取开工执照进行施工的，程序合法，手续齐全。袁某等居民以影响其采光为由与教委发生纠纷，致使教委停工，侵犯了教委合法权益，教委要求袁某停止侵权理由正当。1999 年**辽宁某相邻权纠纷案**，1960 年，薛某在查某现住房西南 13 米外栽种了 7 棵柳树，并于 1980 年领取政府颁发的林木执照。1975 年，查某修建现住房，建房时薛某柳树已成材。现因查某建院墙将薛某柳树 4 棵圈在其院内，双方多次发生纠纷。1999 年，查某诉请薛某砍伐影响其采光权的林木。法院认为：相邻一方物或行为对另一方造成客观妨碍影响的，应按照“有利生产、方便生活、团结互助、公平合理的精神”处理相邻之间的相邻关系。本案中，查某建房是在薛某栽树 15 年后，查某明知这一情况长达 20 年之久，说明此现状非薛某所致。加之薛某于 1980 年领取政府颁发的林木执照时，查某对此亦未提出异议，应视为查某当时已默认和认可。依据有关民事法律政策规定，判决驳回查某诉请。1997 年**上海某安置合同纠纷案**，1986 年，研究所经规划许可对朱某房屋实施拆迁。1991 年，朱某按约回迁时，以回迁房采光差为由拒绝从过渡房搬迁。经鉴定，日照时间不符合相关规定。第三人房产公司称能提供一套符合日照条件、价值 14 万元的房屋供调换用。法院认为：研究所经规划部门批准，对朱某居住房屋进行拆迁合法，但研究所在建造该处住宅连接体后，未严格按有关部门审核意见执行，而将受阴影影响不能作住宅用房的房屋安置给朱某居住使用，损害了其合法权益。朱某自 1991 年起居住该房至今，由于研究所提供的安置房屋采光不足，影响了朱某健康生活，研究所应酌情赔偿朱某因日照不足引起的经济损失。判决第三人提供的房屋由朱某租赁使用，案涉安置房屋由研究所收回自用，研究所赔偿朱某经济损失 3 万元，研究所给付第三人房屋价款 14 万元。2010 年 8 月**新疆某行政许可系列案（10 件）**，法院认为：市规划局依据《城乡规划法》第 40 条规定，经审核开发公司提交的市发展和改革委员会出具的投资项目登记备案证、市国土资源局出具的土地权属证明、市规划局核发的规划条件、齐市公安局、消防局出具的建筑工程消防设计的审核意见书、市人民防空办公室出具的人防工程建设审核意见等文件，按照市人民政府批准的《生活性建筑间距（暂行）规定》（乌政发〔2005〕41 号）第 8 条“高层住宅与各类住宅平行布置时，南北向建筑间距最小值为 30 米，东西向间距最小值为 27 米”的规定，给第三人开发公司核发《建设工程规划许可证》的行政行为符合法律规定，故付某诉请撤销该具体行政行为的诉请不予支持。2006 年 5 月**上海某房屋买卖合同案**，法院认为：系争房屋建造取得了《建设工程规划许可证》。王某向开发公司购买系争房屋，并向房地产管理部门领取了产权证。审理中，王某提供《日照分析报告》用以证明系争房屋在冬至日连续日照不足 1 小时。但在王某与开发公司签订的《商品房出售合同》中并无房屋日照条件的具体约定,相关法律和行政法规对于冬至日连续日照不足1小时是否属房屋质量问题没有规定,对于此类房屋的买卖亦无禁止性规定,且王某所购房屋为现房,其在购房时可通过实地查看等方式,对包括房屋朝向、日照时间在内的房屋状况进行判断和比较。庭审中,开发公司主张系争房屋因朝向不佳,故其每平方米的售价比同层的其他房屋低数百元。王某对系争房屋售价相对较低没有异议,同时否认降价是由于房屋朝向差,但未提供证据证明。由于王某在庭审中既未提供充分证据证明开发公司存在违约或侵权行为,又明确表示放弃行使合同的撤销权,而本案所涉《商品房出售合同》已履行完毕,双方在发生争议后又无法协商一致,故对王某要求开发公司赔偿损失5万元的诉讼请求不予支持。2004年6月**江西某行政许可纠纷案**,法院认为:集贸市场属旧城改造项目,其总体建设规划符合《城市规划法》和该省实施办法的原则规定,分期实施过程中,规划部门下达的规划许可通知设定的规划内容与总体规划相一致,吴某等要求按照省《城市规划管理技术导则》规划建筑间距与本案实际不符,不予支持,判决维持规划部门行政行为。2004年3月**江苏某行政许可纠纷案**,规划局为开发公司核发《建设工程规划许可证》,居民认为规划待建房将妨碍其楼房的采光;经测算,规划建筑与居民楼的日照间距比,已超过1.3,超过了国家和该省有关部门规定的日照间距最低标准,居民认为规划局侵犯其日照权。法院认为:依最高人民法院《关于执行〈中华人民共和国行政诉讼法〉若干问题的解释》第13条第1款,居民作为相邻权人有权以规划局为被告提起行政诉讼。本案所涉《建设工程规划许可证》中规划建筑与居民楼的日照间距比,经测算已超1.3,超过了国家和本省有关部门规定的日照间距最低标准,虽规划局许可开发公司建造住宅楼缩短了居民楼原日照时间,但规划局具体行政行为并不构成对居民日照权的侵犯,故应驳回居民诉讼请求。2003年12月**安徽某行政许可案**,法院认为:规划局虽提供了商住楼等规划平面图,但未提交经其审定的畜牧水产局提出的具体方案,不符合规划委员会"同意整体拆迁改造,畜牧水产局提出具体方案,建设局负责把关审定"的审查意见,因而不能证明规划局进行了详细的整体规划,规划建筑不符合市《规划管理技术规定》有关建筑容量、间距、退让的技术标准,但改造项目是重大政府举措且未严重影响城市规划,为保护公共利益和城市改造建设,判决确认规划局核发选址意见书、建设用地规划许可证、建设工程规划许可证违法,责令采取相应的补救措施。2005年12月**江西某行政许可案**,法院认为:规划局在法定举证期限内未提供对诉争建筑作出降层处理规划许可的全部证据,现有证据无法确认作出行政许可行为整个过程的合法性,其作出具体行政行为的主要证据不足,故判决撤销规划局作出的施工通知书。

【同类案件处理要点】

阳光权在目前并无明确的定义和标准,相邻建筑物是否构成挡光侵权,以往多采用大寒日日照时间是否满足2小时或目测楼间距的办法来衡量是否构成侵权，这种方法在审判实践中很难适用，对该类案件，除少部分违章建筑以正常人的判断能力，直观即可确定明显构成侵权外，一般应以专业机构提供的科学鉴定结论，作为确定是否侵权的依据；有规划许可的建筑只是能证明其建筑本身是合法建筑，但不能据此证明该建筑不对他人居住的房屋造成影响，是否挡光，应依据鉴定部门的鉴定结论为依据。如原告选择以相邻不动产的所有人或使用人为被告，以相邻通风采光纠纷提起诉讼，法院应作为民事案件受理。

【相关法律风险提示】

1. 因毗邻建筑造成权利人住宅日照不足法定标准的，实践中主要有三种诉讼模式：(1)起诉规划部门，要求撤销规划许可或施工许可，胜诉的前提必须是规划作出的主要依据不足；(2)起诉毗邻建筑的开发商，以相邻纠纷要求民事赔偿，胜诉的前提必须是开发商违反规划或权利人采光权受损事实的客观存在；(3)起诉自有住宅的开发商，以质量瑕疵要求民事赔偿，胜诉的前提必须是开发商违反规划或实际造成买受人采光权的侵害。

2. 在开发商施工建设系依规划许可进行，而权利人采光权又实际受到损害的情况下，权利人诉请获得赔偿或适当补偿的主张通常会获得法院支持。在毗邻建筑已建成的情况下，无论哪种诉讼模式，诉请恢复原状基本上不能得到法院支持。

3. 回迁安置住房因不符合日照标准不适宜作住房使用的，瑕疵履行安置方应负有更换符合日照标准的同类住房义务。

4. 在他人种树影响采光范围内盖房，应视为对采光利益抛弃，后创设物权方盖好房后不得以影响采光为由主张权利。

5. 合法批准的建设工程施工过程中，相邻居民未采取合法途径主张采光权，而是以阻挠施工方式维权的，构成侵权。

6. 对采光权受到侵害应适用无过错责任原则，只要存在损害后果和因果关系两个构成要件即可认定。如采光权受到侵害是因为行政机关违法审批等行为产生的，则此时受害人根据权利竞合原则而享有选择权，可提起民事诉讼，亦可提起行政诉讼，在行政诉讼中则应按行政诉讼案件规定适用举证责任倒置原则。

【附注】

参考案例索引：上海二中院(2010)沪二中民二(民)终字第1079号"徐某与某开发公司财产损害赔偿纠纷上诉案"；山东潍坊中院(2012)潍行终字第50号"于钦业等与高密市规划局工程规划许可纠纷上诉案"，见《日照分析报告是申请建设工程规划许可的必备材料》(林少华)，载《人民司法·案例》(201304:105)；北京一中院(2011)一中民终字第15296号“高某与郭某相邻关系纠纷案”,见《高宝龙诉郭乃琴相邻采光、日照案》(王磊),载《中国审判案例要览》(2012民:32);北京二中院(2009)二中民终字第4191号“邵林昶与北京市双建房地产开发有限公司相邻关系纠纷上诉案”,见《规划许可建筑妨害相邻不动产采光利益的司法救济》(俞里江、刘靖靖),载《人民司法·案例》(201124:23);安徽巢湖中院(2008)巢行终字第58号“钱某与某建设局行政诉讼案”,见《钱华诉庐江县建设局建设工程规划许可案》(蒋春晖),载《人民法院案例选》(200904/70:489);北京密云法院(2008)密民初字第5193号“项某与某开发公司相邻关系纠纷案”,见《相会军诉北京檀州房地产开发有限公司相邻通风、采光和日照案》(史晓寒),载《中国审判案例要览》(2012民:36);江苏苏州沧浪区法院(2007)沧行初字第0047号“唐小红诉苏州市规划局规划许可纠纷案”,见《规划行政许可是否合法的判断标准》(陈勇、杜娟),载《人民司法·案例》(200808:109);江苏扬州中院(2006)扬民一终字第0401号“石某与孙某排除妨碍纠纷案”,见《石茂朝诉孙正来排除妨碍案(放弃采光权协议的效力、地役权)》(曹松青),载《中国审判案例要览》(2007民:20);河南南阳中院(2005)南民一终字第65号“尤某诉某粮食局相邻关系侵权案”,见《尤祖国诉河南省桐柏县粮食局相邻关系侵权纠纷案》(苏家城、梁勋超),载《人民法院案例选》(200504/54:153);新疆吐鲁番中院(2002)吐中法民终字第448号“韩某等诉某超市等相邻关系纠纷案”,见《韩勇等诉阿不来提、吐鲁番市新拓新工贸有限公司相邻关系案(相邻关系)》(王志红),载《中国审判案例要览》(2003民:42);江苏南京中院(2001)宁民终字第745号判决书“孟某等诉某管理局等采光权纠纷案”,见《孟昭风等诉江苏省省级机关事务管理局等相邻采光案(采光权)》(杭鸣、刘阿珍),载《中国审判案例要览》(2003民:51);河南许昌魏都区法院(1999)魏民初字第09号“某教委诉袁某等采光权纠纷案”,见《许昌市魏都区教育体育委员会诉袁学钦等案》(李同军),载《中国审判案例要览》(2001民:192);辽宁北宁法院1999年5月31日“查某与薛某相邻权纠纷案”,见《查则群诉查则学先栽树影响其后建房采光要求伐除案》(辽宁北宁法院),载《人民法院案例选》(200003/33:85);上海一中院1997年12月25日“朱某与某研究所等安置合同纠纷案”,见《朱德喜等诉上海硅酸盐研究所等回迁安置的住房日照不符合标准要求调换案》(吴元萍),载《人民法院案例选》(200001/31:96);新疆乌鲁木齐中院(2010)乌中行终字第49~58号“付某等与某规划局行政规划许可纠纷上诉案”;上海二中院(2006)沪二中民二(民)再终字第2号“王某等与某开发公司买卖合同纠纷再审案”;江西九江中院(2004)九中行终字第18号“吴某等11人诉某城乡规划局城乡建设规划行政许可纠纷案”;《瘦西湖畔的阳光权之争》(杨行),载《中国审判》(2006年第2期),案例索引:江苏高院2004年3月19日判决“某村28幢楼居民35人诉某市规划局行政许可行为侵权案”;安徽合肥中院(2003)合行终字第40号“李某等6人诉某规划局城市规划行政许可案”;江西九江庐山区(2005)庐行初字第6号“潘某等诉某规划局规划行政许可纠纷案”。

68. 工程款优先受偿冲突

——房款工程款,谁有优先权?

【优先受偿】

【案情简介及争议焦点】

1992年12月水利局与开发商签约购房,房款1800万余元,截至1993年12月,依约付款1100万余元。约定的1994年12月交房期限因资金不足停工,2001年尚未竣工。2001年1月,开发商与施工方约定,以案涉房屋在内的物业作为施工方优先受偿的对象,施工方据此在未竣工前即占有、使用、出租案涉房屋。后开发商将该批房屋中的24套房产售予左某等24人并办理银行按揭抵押,但未在房管部门办理登记手续。2002年3月,开发商获得预售许可证等开发、预售手续。2002年4月,水利局诉请开发商交房并支付违约金及赔偿损失。

争议焦点:1. 合同效力如何? 2. 施工方是否享有优先受偿权?

【裁判要点】

1. 合同效力。水利局与开发商所签购房合同系双方真实意思表示,且不违反国家法律、法规禁止性规定。虽合同签订时,开发商尚未取得土地使用证等相关手续,但在案件成讼前已投入一定开发建设资金,进行了施工建设,并取得了土地使用证,办理了相关的开发建设及预售手续,故双方所签预售合同应为有效。开发商未依约按期交付房产,反而将有关房产擅自处置,售予他人或交给施工方占有使用并从收益中优先抵偿所欠工程款,构成违约。

2. 继续履行。开发商与水利局签约在先,与左某等24位购房人签约在后,左某等24人所购房产虽在房管部门办理了登记手续,但所购房产并未交付,也未实际取得房屋所有权证。故开发商将房产售予左某等24人的行为,不能对抗水利局作为购房人的权利。此外,施工方虽因工程价款优先受偿权而占有部分房产,但并未实际取得所有权,施工方通过与开发商的合同所取得的权利只是对房屋的占有权、使用权、收益权,不能对抗水利局所享有的权利。此外,房屋尚未竣工交付使用,施工方和左某等24位购房人的权利亦可通过其他途径进行保护。开发商作为售房人,在收取了买受人支付的大部分款项后,不能以房屋的工程价款需优先受偿为由,拒绝按合同约定向房屋买受人交付房屋。故水利局的诉请应予支持。从合同约定及诚实信用、公平原则出发,开发商应向水利局赔偿与定金全额相等的经济损失。依双方合同约定,开发商拖延两个月以上交付房屋,应赔偿水利局与定金相等的损失,即736万元。由于水利局尚有部分购房尾款未付,可与开发商支付的赔偿金相抵。开发商辩称房屋已处置给第三方,合同不能继续履行的主张不符合法律规定,不予采信。

【裁判依据或参考】

1.法律规定。《**民法典**》(2021年1月1日)第807条:"发包人未按照约定支付价款的,承包人可以催告发包人在合理期限内支付价款。发包人逾期不支付的,除根据建设工程的性质不宜折价、拍卖外,承包人可以与发包人协议将该工程折价,也可以请求人民法院将该工程依法拍卖。建设工程的价款就该工程折价或者拍卖的价款优先受偿。"《**合同法**》(1999年10月1日,已于2021年1月1日起失效)第286条:"发包人未按照约定支付价款的,承包人可以催告发包人在合理期限内支付价款。发包人逾期不支付的,除按照建设工程的性质不宜折价、拍卖的以外,承包人可以与发包人协议将该工程折价,也可以申请人民法院将该工程依法拍卖。建设工程的价款就该工程折价或者拍卖的价款优先受偿。"

2.司法解释。最高人民法院《**关于适用〈中华人民共和国民法典〉有关担保制度的解释**》(2021年1月1日　法释〔2020〕28号)第45条:"当事人约定当债务人不履行到期债务或者发生当事人约定的实现担保物权的情形,担保物权人有权将担保财产自行拍卖、变卖并就所得的价款优先受偿的,该约定有效。因担保人的原因导致担保物权人无法自行对担保财产进行拍卖、变卖,担保物权人请求担保人承担因此增加的费用的,人民法院应予支持。当事人依照民事诉讼法有关'实现担保物权案件'的规定,申请拍卖、变卖担保财产,被申请人以担保合同约定仲裁条款为由主张驳回申请的,人民法院经审查后,应当按照以下情形分别处理:(一)当事人对担保物权无实质性争议且实现担保物权条件已经成就的,应当裁定准许拍卖、变卖担保财产;(二)当事人对实现担保物权有部分实质性争议的,可以就无争议的部分裁定准许拍卖、变卖担保财产,并告知可以就有争议的部分申请仲裁;(三)当事人对实现担保物权有实质性争议的,裁定驳回申请,并告知可以向仲裁机构申请仲裁。债权人以诉讼方式行使担保物权的,应当以债务人和担保人作为共同被告。"最高人民法院《**关于如何处理建设工程款债权与请求交付房产的债权冲突问题的复函**》(2008年11月5日　〔2008〕执他字第8号):"……浙江省东阳市第三建筑公司(以下简称东阳三建)请求青海华峰房地产有限公司(以下简称华峰公司)支付建筑工程款的权利以及青海量具刃具有限责任公司(以下简称量具公司)请求华峰公司交付房产的权利均为债权。依据《物权法》第九条、第三十条之规定,争议房产仍然属于华峰公司所有,应当作为华峰公司的责任财产由有关债权人按照法定的顺序受偿。依据《合同法》第二百八十六条以及本院《关于建设工程价款优先受偿权问题的批复》第一条之规定,应当对相应的争议房产进行变价,变价款由东阳三建优先受偿。东阳三建受偿后,剩余价款及未变价处理的房产应当交付量具公司。如无法按照执行依据确定的数量和质量执行实物,对量具公司非金钱债权的差额部分,应当依照本院《关于人民法院执行工作若干问题的规定(试行)》第五十七条之规定,折价后执行华峰公司的其他财产。"最高人民法院**《关于人民法院民事执行中查封、扣押、冻结财产的规定》**(2005 年 1 月 1 日　法释〔2004〕15 号,于 2020 年 12 月 29 日修改,2021 年 1 月 1 日起实施)第 17 条:"被执行人购买需要办理过户登记的第三人的财产,已经支付部分或者全部价款并实际占有该财产,虽未办理产权过户登记手续,但申请执行人已向第三人支付剩余价款或者第三人同意剩余价款从该财产变价款中优先支付的,人民法院可以查封、扣押、冻结。"最高人民法院**《关于装修装饰工程款是否享有合同法第二百八十六条规定的优先受偿权的函复》**(2004 年 12 月 8 日　〔2004〕民一他字第 14 号):"装修装饰工程属于建设工程,可以适用《中华人民共和国合同法》第二百八十六条关于优先受偿权的规定,但装修装饰工程的发包人不是该建筑的所有权人或者承包人与该建筑物的所有权人之间没有合同关系的除外。享有优先权的承包人只能在建筑物因装修装饰而增加价值的范围内优先受偿。"最高人民法院**《对福建高院答复函》**(2003 年 8 月 28 日　〔2002〕执他字第 21 号):"关于该案执行中所涉及的工程款优先权问题,根据法律不溯及既往的原则和物权法定原则,如果作为执行标的的建设工程竣工或者停工于《中华人民共和国合同法》实施之前,则工程承包人从该建设工程价款中受偿的权利不得对抗已经在该工程上设定的抵押权。"最高人民法院**《关于建设工程价款优先受偿权问题的批复》**(2002 年 6 月 27 日　法释〔2002〕16 号,已于 2021 年 1 月 1 日起失效)第 1 条:"人民法院在审理房地产纠纷案件和办理执行案件中,应当依照《中华人民共和国合同法》第二百八十六条的规定,认定建筑工程的承包人的优先受偿权优于抵押权和其他债权。"第 2 条:"消费者交付购买商品房的全部或者大部分款项后,承包人就该商品房享有的工程价款优先受偿权不得对抗买受人。"第 3 条:"建筑工程价款包括承包人为建设工程应当支付的工作人员报酬、材料款等实际支出的费用,不包括承包人因发包人违约所造成的损失。"第 4 条:"建设工程承包人行使优先权的期限为六个月,自建设工程竣工之日或者建设工程合同约定的竣工之日起计算。"最高人民法院**《印发〈关于审理房地产管理法施行前**

房地产开发经营案件若干问题的解答〉的通知》(1995 年 12 月 27 日　法发〔1996〕2 号,2013 年 1 月 18 日起经法释〔2013〕2 号废止)第 25 条:“商品房的预售方,没有取得土地使用证,但投入一定的开发建设资金,进行了施工建设,预售商品房的,在一审诉讼期间补办了土地使用证、商品房预售许可证明的,可认定预售合同有效。”第 27 条:“预售商品房合同签订后,预购方尚未取得房屋所有权证之前,预售方未经预购方同意,又就同一预售商品房与他人签订预售合同的,应认定后一个预售合同无效;如后一个合同的预购方已取得房屋所有权证的,可认定后一个合同有效,但预售方给前一个合同的预购方造成损失的,应承担相应的民事责任。”

3. 地方司法性文件。广东高院**《印发〈关于审理房屋买卖合同纠纷案件的指引〉的通知》**(2017 年 9 月 12 日　粤高法〔2017〕191 号,已于 2020 年 12 月 31 日经粤高法〔2020〕132 号废止)第 23 条:“对《最高人民法院关于建设工程价款优先受偿问题的批复》规定的消费者,应当按照《最高人民法院关于人民法院办理执行异议和复议案件若干问题的规定》第二十九条第二项的规定认定,即所购商品房系用于居住且名下无其他居住房屋的购房人。”江苏高院执行局**《关于首查封普通债权法院与轮候查封优先债权执行法院之间处分查封房地产等相关问题的解答》**(2015 年 11 月 24 日)第 1 条:“普通债权法院与优先债权法院之间如何确定查封房地产的处分法院?普通债权法院与优先债权法院均系江苏法院的,应当由已经进入执行程序且享有优先债权的在先轮候执行法院负责查封房屋的处分。普通债权法院已经启动房地产评估或拍卖程序且处分房地产价值在扣除执行费用、优先债权后有剩余分配变价款的除外。”第 3 条:“普通债权法院与优先债权法院之间如何办理房地产处分权移送手续?优先债权法院向普通债权法院发请求移送函,并附能够证明债权人享有抵押、质押、留置等优先债权的相关材料,普通债权法院应当在收到函件后 15 日内作出回函并将查封房地产移送优先债权法院处分;普通债权法院在 15 日内不予回函的视为不同意移送处分;普通债权法院在 15 日内回函不同意移送处分及不予回函的,优先债权法院在收到回函或 15 日届满后 7 日内与普通债权法院进行协商处理或逐级报请共同的上级法院协调处理,上级法院在收到请求协调函后 15 日内依据上述第一条规定处理。优先债权法院在取得房地产处分权后应当及时启动处分程序。普通债权法院的债权人与债务人达成和解协议或债权人不同意移送处分权的,不影响房地产处分权的移送。”四川高院**《关于审理建设工程施工合同纠纷案件若干疑难问题的解答》**(2015 年 3 月 16 日　川高法民一〔2015〕3 号)第 39 条:“承包人、实际施工人不享有优先受偿权的情形有哪些?具有下列情形之一,承包人、实际施工人请求工程价款就承建的建设工程折价或拍卖的价款优先受偿的,不予支持:(一)经竣工验收不合格的工程;(二)建设工程属于为公益目的建设的教育设施、医疗设施及其他社会公益设施;(三)建设工程属于国家机关已投入使用的办公用房或者军事建筑;(四)建设工程属于设备安装等附属工程;(五)消费者购买承包人承建的商品房,并已经办理商品房产权变更或预告登记,或者消费者已交付购买商品房的全部或者大部分款项的。”浙江高院《**审理执行异议之诉案件疑难问题解答(二)**》(2014年6月20日)第10条:“购买商品房的消费者是否可以提出执行异议之诉? 答:根据《物权法》第三十条的规定,开发商因合法建造而对开发项目拥有所有权。开发商作为被执行人的,执行法院有权对其原始取得所有权的房屋进行执行。而根据《最高人民法院关于建设工程价款优先受偿权问题的批复》(以下简称《批复》)第二条的规定,符合条件的购买商品房的消费者的过户请求权已经从普通债权转化为物权期待权,可以阻却对其购买商品房的执行行为。消费者以该物权期待权主张停止执行的,可以提出执行异议之诉。但消费者不反对执行法院对房屋的执行行为,仅要求就已缴纳的购房款优先受偿的,不应通过执行异议之诉处理,而是通过执行分配方案异议程序获得救济。由于《批复》对确定消费者权利成立的条件限制较宽,又不要求其实际占有房屋,人民法院在审理执行异议之诉案件中必须对相关的买卖合同的真实有效和消费者身份从严把握。购房者除应办理预售登记外,还应具备以下条件:(1)具有消费者身份。《批复》的立法目的是为保护相对弱势的消费者的生存利益,故完全为投资经营需要购买房屋、商铺的购房户和购买房屋的企事业单位不属于批复所指的消费者;(2)为购买商品房与房地产公司签订真实有效的买卖合同。购买二手房、小产权房的不能适用这一批复;(3)消费者支付的款项(包括按揭贷款)应超出应付款的50%;(4)消费者仍应按照商品房预售合同履行相应的付款义务,所付款项应作为被执行人的责任财产。消费者拒绝履行相应付款义务的,开发商有权解除合同或者由申请执行人代位提出解除合同并退还购房款的请求,从而恢复对房屋的执行。”北京高院《**关于案款分配及参与分配若干问题的意见**》(2013年8月21日)第5条:“多份生效法律文书确定金钱给付内容的多个债权人分别对同一被执行人申请执行,其中有债权人对执行标的物享有担保物权或法律规定的其他优先受偿权的,对执行标的物或其变价款,根据《执行规定》第88条第二款的规定,按照以下规则确定各债权的受偿顺位:(1)对执行标的物享有担保物权的债权优先于普通债权受偿。执行标的物上存在多个担保物权的,按照有关担保物权的法律、司法解释的规定确定其债权的受偿顺位。(2)执行标的物为建筑物的,建设工程价款中享有优先权的部分优先于基于担保物权的债权受偿。执行标的物为房屋的,对该房屋的变价款,消费者(指符合《中华人民共和国消费者权益保护法》中消费者条件的买受人)为购买该房屋(特指用于生活消费的住房)所支付的款项优先于建设工程价款受偿。”江苏高院《**关于审理建设工程施工合同纠纷案件若干问题的意见**》(2008年12月17日)第19条:“建设工程已经竣工的,承包人的工程价款优先受偿权的行使期限自建设工程竣工之日起六个月;建设工程未竣工的,承包人的工程价款优先受偿权的行使期限自建设工程合同约定的竣工之日起六个月。”第20条:“承包人将建设工程价款债权转让的,建设工程价款的优先受偿权随之转让。”第21条:“承包人的优先受偿权范围限于建设工程合同约定的工程价款,包括承包人应当支付的工作人员报酬、材料款、用于建设工程的垫资等实际支出的费用。未用于建设工程的借款以及发包人应当支付的违约金或者因为发包人违约所造成的损失不属于建设工程价款优先受偿权的受偿范围。”安徽高院**《关于加强涉及农民工权益案件审理工作的意见》**(2006年12月18日)第17条:“建设单位拖欠工程款导致拖欠农民工工资或劳动报酬的,农民工直接起诉建设单位并请求优先受偿的,人民法院应当依法予以支持。”第21条:“涉及农民工权益的拖欠工程款执行案件,当事人主张工程价款优先受偿权的,人民法院应根据《最高人民法院关于建设工程价款优先受偿权问题的批复》的规定依法执行,切实保障农民工的合法权益。”辽宁沈阳中院**《关于审理房地产案件若干问题的处理意见(之一)》**(2004年3月27日)第7条:“为了切实解决拖欠工程款的问题,保障承包人价款债权的实现,《合同法》第286条规定了承包人对建设工程价款的优先受偿权,在适用这一规定时应当注意以下几点:(一)建筑工程的承包人的优先受偿权优于抵押权和其他债权。(二)消费者交付购买商品房的全部或者大部分款项后,承包人就该商品房享有的工程价款优先受偿权不得对抗买受人。这里大部分购房款原则上应超过全部购房款的50%。(三)建筑工程价款包括承包人为建设工程应当支付的工作人员报酬、材料款等实际支出的费用,不包括承包人因发包人违约所造成的损失。(四)建设工程承包人行使优先权的期限为六个月,自建设工程竣工之日或者建设工程合同约定的竣工之日起计算。(五)按照工程的性质不宜折价、拍卖的,承包人不能将该工程折价或拍卖。如该工程的所有权不属于发包人,承包人就不得将该工程折价。如国家重点工程,具有特定用途的工程等也不宜折价或者拍卖。”广东高院**《关于在审判工作中如何适用〈合同法〉第286条的指导意见》**(2004年1月17日　粤高法发〔2004〕2号,已于2020年12月31日经粤高法〔2020〕132号废止)第1条:“当事人在一审诉讼中依法提出要求人民法院确认其对建设工程享有优先受偿权的诉讼请求的,人民法院应对该诉讼请求进行审理,并作出是否支持其诉讼请求的判决。人民法院支持当事人对建设工程享有优先受偿权的诉讼请求的,判决主文可作如下表述:承包人在××元范围内对于××工程(楼房)享有建设工程价款优先受偿权,但在本判决生效之日(如已对该工程或楼房采取财产保全措施的,为采取财产保全措施之日)前已办理商品房预售登记、变更登记或消费者已交付超过50%购房款(在商品房担保贷款中,含消费者向银行所借款项)的房屋部分除外。”第2条:“建设工程合同订立总承包合同后,再由总承包人订立分包合同的,在总承包合同、分包合同均有效的情形下，发包人拖欠工程款的，总承包人可以对工程折价或者拍卖价款主张优先受偿权。分包人对自己承建部分主张享有优先权的，人民法院不予支持。但如因总承包人怠于行使优先权损害分包人利益，分包人可依照《合同法》第七十三条的规定就其承包工程价款范围内向发包人主张权利。”第 3 条：“《合同法》第 286 条所规定的建设工程价款优先受偿权适用于建设工程施工合同。建设工程幕墙装修、装饰合同属于建设工程施工合同。”第 4 条：“承包人只能对其所建设的建设工程主张工程价款优先受偿权。承包人对于其参与建设的学校、幼儿园、医院等以公益为目的的事业单位、社会团体的教育设施、医疗设施和其他社会公益设施，不享有建设工程价款优先受偿权。”第 5 条：“承包人对其为建设工程应当支付的工作人员报酬、材料款等实际支出的费用主张建设工程价款优先受偿权的，人民法院应予支持。承包人对因发包人违约所造成的损失主张优先受偿权的，人民法院不予支持。”第 6 条：“承包人对其承建的建设工程折价或者拍卖价款享有建设工程价款优先受偿权，但对于因建设工程的使用、出租所产生的收益不得行使优先权。”第 7 条：“在建设工程承包合同无效的情形下，承包人主张建设工程价款优先受偿权的，人民法院不予支持。”第 8 条：“因承包人的原因导致建设工程未经工程质量竣工验收或验收不合格，承包人主张建设工程价款优先受偿权的，人民法院不予支持。但因第三人行使抵押权等权利时需对该建设工程进行处分的情形除外。”第 9 条：“承、发包双方当事人在建设工程承包合同中约定承包人不能行使建设工程价款优先权，事后承包人以建设工程价款优先权是法定权利为由向人民法院主张合同约定无效并要求行使建设工程价款优先权的，人民法院不予支持。”第 10 条：“承包人在 2002 年 12 月 28 日之后行使建设工程价款优先受偿权的期限为 6 个月，自建设工程竣工之日或者建设工程承包合同约定的竣工之日起计算。建设工程竣工之日与建设工程承包合同约定的竣工之日不一致的，以日期在后的为准。承包人在 1999 年 10 月 1 日以后 2002 年 12 月 28 日之前行使建设工程价款优先受偿权的，不受 6 个月期限的限制。”第 11 条：“合同法实施前，建设工程已办理抵押登记或已出售、预售，承包人主张建设工程价款优先受偿权的，人民法院不予支持。”第 12 条：“承、发包双方当事人在合同中约定行使工程价款优先受偿权期限的，该约定有效。但在 2002 年 12 月 28 日之后，承、发包双方当事人在合同中约定行使建设工程价款优先受偿权的期限超过 6 个月的，超过部分无效。承包人在超过法定的期限后向人民法院主张建设工程价款优先受偿权的，人民法院不予支持。”重庆高院**《关于对最高人民法院〈关于建设工程价款优先受偿权问题的批复〉应如何理解的意见》**（2003 年 3 月 24 日　渝高法〔2003〕48 号）：“……从该批复第一条、第二条的文意理解，应按购房消费者、承包人、抵押权人的顺序享有优先权，故购房消费者与抵押权人利益出现冲突时，人民法院应优先保护购房消费者的利益。人民法院在审理和执行购房消费者办理土地使用权、房屋产权证历史遗留问题的案件,优先保护购房消费者的利益时,应注意把握以下几个条件。首先,购房消费者中消费者的含义应与《消费者权益保护法》中的'消费者'含义相同,即购房者购房是为生活消费需要而不是为经营需要。其次,购房消费者已交付全部或大部分购房款(超过50%),且能支付尾款。第三,购房消费者在购买商品房的过程中无恶意损害抵押权人利益的行为。"

4. 参考案例。2019年**广东某执行异议纠纷案**,2017年,资产公司依生效判决申请执行开发公司,并保全查封了开发公司名下房产,该房产2013年作为在建工程抵押给资产公司。刘某以其2015年因子女受教育需求而签约购买、已付超过50%房款、一直居住使用为由提出异议。资产公司以该房系刘某所购第二套房为由称本案情形不符合"买受人名下无其他用于居住的房屋"条件。法院认为:最高人民法院《关于建设工程价款优先受偿权问题的批复》(2021年1月1日废止)第1条规定,法院在审理房地产纠纷案件和办理执行案件中,应依《合同法》(2021年1月1日废止)第286条规定,认定建筑工程承包人优先受偿权优于抵押权和其他债权。第2条规定,消费者交付购买商品房全部或大部分款项后,承包人就该商品房享有的工程价款优先受偿权不得对抗买受人。该批复确立消费者商品房债权优先性规则,消费者交付购买商品房全部或大部分款项后,其物权期待权应优先于建筑工程款、抵押权及其他债权。最高人民法院《关于人民法院办理执行异议和复议案件若干问题的规定》第29条针对买受人对登记在被执行的房地产开发企业名下商品房提出异议,规定了其权利能排除执行的法定情形。本案中,案涉房产登记于开发公司名下,异议人购买预售商品房涉及生存权,具有值得优先保护的特殊法益。经查,异议人购房时间早于法院查封时间,且已付房款超过合同约定总价款50%,另对"买受人名下无其他用于居住的房屋"不应机械限于套数理解,如原有住房不能满足现有家庭成员居住、生活需求,再购房系为对居住环境进行必要的改善或满足现有家庭成员生活需求,其仍属满足生存权合理消费范畴。本案异议人一直占有使用案涉房产,虽因子女受教育需求购买第二套小户型房产,仍属满足现有家庭成员基本生活需求,其生存权益应予优先保护。综上,本案情形符合最高人民法院《关于人民法院办理执行异议和复议案件若干问题的规定》第29条规定条件,异议人对案涉房产物权期待权优先于申请保全人的在建工程等抵押权,可排除法院执行,裁定中止对案涉房产执行。2018年**广西某执行异议纠纷案**,2015年,建筑公司因开发公司拖欠工程款而申请仲裁,并对开发公司名下包括王某2014年全款预购商品房进行查封。2016年,建筑公司依生效仲裁裁决书申请执行,王某提执行异议。经查,王某购买了4套房,并述称其中2套用于居住、2套用于出租。法院认为:在我国现有民事法律程序设计中,执行异议是执行异议之诉前置程序,二者相互衔接。前者属强制执行过程中的救济程序,后者属民事诉讼实体审理程序。最高人民法院《关于人民法院办理执行异议和复议案件若干问题的规定》适用于执行异议和复议程序,基于执行阶段效率优先、兼顾公平的价值考量,该规定确立了以形式审查为主原则的同时,还规定了实质审查为辅的部分条款。虽然执行异议之诉和执行异议程序性质上差异决定了审查标准本应有不同,但鉴于二者均具有审查案外人对执行标的是否享有足以排除强制执行的民事权益功能,故前述司法解释中属于实质审查的条款,如第 28 条、第 29 条均规定了在金钱债权执行中,不动产买受人对登记在被执行人名下房屋提出异议时如何进行审查的规则,可作为执行异议之诉案件审理参照。该司法解释该两条即属实质审查条款,可以作为本案执行异议之诉审理的参照。依前述司法解释第 29 条规定,在金钱债权执行中,买受人对登记在被执行的房地产开发企业名下商品房提出执行异议时,获得法院支持应同时满足 3 个要件,即在法院查封之前已签订合法有效的书面买卖合同、所购商品房系用于居住且买受人名下无其他用于居住的房屋以及支付的价款超过合同约定总价款百分之五十。第 28 条亦规定了在金钱债权执行中,买受人对登记在被执行人名下不动产提出异议,获得法院支持所要满足的 4 个要件,但该条规定仅能对抗对被执行人享有普通债权的债权人。从法律逻辑上看,房屋买受人若要排除普通债权执行,既可选择适用第 28 条,亦也可选择第 29 条,但房屋买受人若要排除建设工程价款优先受偿权、担保物权等权利的强制执行,则须符合第 29 条规定。就本案而言,王某作为购房者,其对抗的是建筑公司工程款优先受偿权,故需适用第 29 条来判断王某对案涉房屋是否享有排除强制执行的民事权益。虽然对于前述司法解释第 29 条第 2 项规定中的"买受人名下无其他用于居住的房屋",不应机械限于套数的理解。如原有住房不能满足现有家庭成员居住要求,再购买房屋系为对居住环境进行必要改善,其仍属满足生存权合理消费范畴。但王某名下已有多套房屋,且其庭审中自诉,其中 2 套用于居住,另外 2 套用于出租,故难以认定王某购买本案诉争房屋以及关联案件房屋系基于对居住环境进行必要的改善,而非进行商业性投资。王某庭审中还称其已将原登记在名下两套房屋出售,即使该陈述属实,亦系新发生事实,并不符合"买受人名下无其他用于居住的房屋"情形。判决驳回王某诉请。2016 年**河南某金融借款合同纠纷案**,2013 年,开发公司向信用社借款。2014 年,因开发公司逾期未偿致诉,生效判决判令开发公司偿付信用社本息,并确认信用社对开发公司抵押门面房享有优先受偿权。执行程序中,付某以其 2008 年与开发公司签订购房合同并支付全款后,由开发公司托管为由,提出案外人异议。法院认为:依最高人民法院《关于建设工程价款优先受偿权问题的批复》(法释〔2002〕16 号)规定,法院在审理房地产纠纷案件和办理执行案件中,应当依照《合同法》第 286 条规定,认定建筑工程的承包人优先受偿权优先于抵押权和其他债权;消费者交付购买商品房全部或大部分款项后,承包人就该商品房享有的工程价款优先受偿权不得对抗买受人。由此说明建设工程价款优先权优先于抵押权,建设工程价款优先权不能对抗已交付所购商品房全部或大部分价款的消费者。本案中,付某与开发公司所签商品房买卖合同合法有效。付某于合同签订当日已履行了支付全部购房款义务。开发公司未向房屋登记机关申请商品房预售登记,违反合同约定,付某对此并无过错。付某与开发公司协议将三年的房屋托管费折抵购房款,后开发公司又以付某7间房屋托管费折抵付某所租住该公司房屋租金,该事实可认定付某已实际占有和使用了诉争房屋。综上分析,应认定信用社享有的抵押权不能对抗已履行合同义务的房屋买受人付某享有的民事权利。判决开发公司支付信用社借款本息,信用社享有优先受偿权抵押物中不包括付某已购房屋。2012年**某工程款纠纷案**,2009年,经结算,实业公司欠建筑公司工程款1700万元。此前,实业公司因欠殷某借款3000万元,双方约定以部分房产抵偿,并由殷某办理了房产证。在建筑公司向实业公司主张工程款时,殷某以其交付全部购房款,建筑公司依法不能主张优先权。法院认为:最高人民法院《关于建设工程价款优先受偿权问题的批复》第2条规定,消费者交付购买商品房的全部或者大部分款项后,承包人就该商品房享有的工程价款优先受偿权不得对抗买受人。据此,该优先受偿权只受交付全部或大部分购房款的消费者限制。本案中,殷某系实业公司债权人,其所拥有的债权系通过以物抵债方式取得,为一般债权,不属于前述批复所称消费者,故建筑公司建设工程优先受偿权不受殷某债权限制。2012年**湖北某所有权纠纷案**,2001年,农场与开发公司签订"还建房"购房合同,购买开发公司预售的458套房屋并支付全部购房款。2007年,开发公司以包括前述房屋在内的房产作为抵押物向银行贷款。2011年,法院依公证债权文书执行查封房产。农场提出案外人执行异议。诉讼前,近200户拆迁安置户已强行入住案涉房屋。法院认为:农场与开发公司签订购房协议后,与拆迁安置户签订拆迁安置协议,将其所购房屋作为拆迁安置房,并依购房协议约定向开发公司支付完毕全部购房款。考虑到与农场签订拆迁安置协议的拆迁安置户已实际入住诉争房屋,应确认农场享有本案诉争房屋所有权。依最高人民法院《关于建设工程价款优先受偿权问题的批复》(法释〔2002〕16号)规定,法院在审理房地产纠纷案件和办理执行案件中,建设工程价款优先于抵押权和其他债权,但建设工程款的优先受偿权不得对抗已支付了全部或者大部分房款的购房者,即无过错购房人主张的房产所有人权利优先于建设工程款优先受偿权,建设工程款优先受偿权优先于该建筑物上的抵押物权。本案中,农场与开发公司所签购房协议时间早于开发公司与银行所签借款抵押合同时间,且对已预售房屋向房产、土地管理部门办理出售登记备案系作为开发商的开发公司义务,农场对此并无过错。另外,农场已向开发公司支付完毕全部购房款,诉争房屋用于安置拆迁“还建户”，若拆迁安置协议得不到履行，将引发巨大的社会稳定风险，故农场享有的所有权优先于银行所享有的抵押权。银行因抵押权不能实现造成的损失，可另行主张权利。判决确认农场按约定比例对其所购买房产享有所有权。2011 年**北京某执行异议纠纷案**，2010 年，法院依开发公司申请，查封了房产公司名下房产。倪某以其 1995 年购买该房并已付全款、实际占有为由提出执行异议，同时举证证明房屋至今未办理过户登记手续系房产公司错误抵押、房屋调换存在争议、公司工作人员变动等原因造成。法院认为：依《物权法》相关规定，不动产物权设立、变更、转让和消灭，经依法登记，发生效力；未经登记，不发生效力，故当事人签订房屋买卖合同转移房屋所有权，买受人在办理房屋过户登记手续后，才能取得该房屋所有权。本案中，倪某与房产公司签订了商品房预售契约，已支付购房款，并实际占有该诉争房屋，但尚未办理房屋所有权过户登记，买受人依买卖合同仅享有请求房产公司办理房屋过户登记的债权请求权，但对诉争房屋并不享有所有权，故倪某要求确认诉争房屋归其所有的诉请，于法无据，不予支持。依最高人民法院《关于人民法院民事执行中查封、扣押、冻结财产的规定》第 17 条规定，被执行人将其所有的需要办理过户登记的财产出卖给第三人，第三人已经支付部分或者全部价款并实际占有该财产，但尚未办理产权过户登记手续的，人民法院可以查封、扣押、冻结；第三人已经支付全部价款并实际占有，但未办理过户登记手续的，如果第三人对此没有过错，人民法院不得查封、扣押、冻结。本案中，诉争房屋预售契约签订于 1995 年，而《物权法》颁布、施行于 2007 年，虽在此之前我国有关于房屋产权登记的法律法规，但当时公民产权登记意识比较淡薄，简单依《物权法》关于房屋产权登记标准衡量当事人在该法施行前是否积极行使权利不符合客观实际，故在判断倪某对未办房屋过户登记是否存在过错时应采取尊重历史、实事求是态度。房产公司于 1997 年 12 月因自身原因错误将诉争房屋抵押给银行，其后虽申请房屋登记机关予以纠正，但各种原因客观上导致该房屋直至 2009 年才办理抵押权注销登记，相应土地部分更是迟至 2009 年年底才办理注销登记，依房屋登记相关规定，在抵押权存续期间房屋是不能办理过户登记手续的，房产公司亦未将上述抵押情况告知倪某，故在此期间房屋未办理过户登记手续责任在房产公司，不在倪某。另外，双方就房屋调换事宜一直存在争议亦是导致房屋未能办理过户原因之一，本案中双方于 2006 年签订补充协议，房产公司向倪某支付补偿金，双方就此产生的争议才最终解决，房屋在此期间未能办理过户登记手续责任亦不应简单归咎于倪某。倪某提交授权委托书等证据，证明其向房产公司主张权利，房产公司亦予以认可，并称系由于自身工作人员变动等原因一直未给倪某办理房屋过户登记手续，故倪某与房产公司签订了商品房预售契约及补充协议，在房屋管理部门办理了预售预购登记手续，已支付了全部购房款，并以产权人名义将房屋委托出租获取收益已达十几年之久,房屋至今未办理过户登记手续是房产公司将诉争房屋错误抵押、房屋调换存在争议、公司工作人员变动等原因造成的,是倪某作为买受人所无法控制和克服的,由此造成的不利后果不应由倪某承担。判决停止对案涉房屋执行。2010 年 9 月**福建某执行异议系列案(4 件)**,陈某购买开发商商品房并付全款,因开发商欠工程承包人工程款,经法院判决确认并生效后,承包人申请执行并查封了包括陈某所购商品房在内的房产,陈某提出执行异议并得到法院支持,查封解除。承包人以解封执行裁定适用法律有误为由诉请撤销,一审追加陈某为第三人,一审驳回承包人要求撤销解封裁定的诉讼请求。二审法院认为:讼争商品房系开发商所有的在建工程,陈某与开发商签订的《商品房买卖合同》有效。陈某虽在合同签订当日付清全部购房款,对讼争商品房未办理过户登记手续亦无过错,但其并未实际占有讼争商品房。根据最高人民法院《关于人民法院民事执行中查封、扣押、冻结财产的规定》第 17 条规定,本案讼争商品房不符合民事执行中法院不得查封、扣押、冻结的情形,故承包人请求许可对讼争商品房的查封,应予支持。一审判决驳回承包人的诉讼请求,缺乏法律依据,应予纠正。陈某在诉讼中主张依最高人民法院《关于建设工程价款优先受偿权问题的批复》第 2 条规定,其作为购房消费者所享有的权益优先于承包人的工程价款优先受偿权问题,因讼争商品房仍属开发商所有,故法院查封行为本身并不违反最高人民法院《关于建设工程价款优先受偿权问题的批复》的规定,应予许可,判决许可法院对案涉房产的查封。2010 年 6 月**河南某建设施工合同案**,法院认为:本案争议的焦点问题是在贺某的房屋所有权证被房管局注销的情况下,承包人对贺某购买的该套房屋是否具有优先受偿权。贺某在另案中接受法院调查时认可其向开发商出具的购房收据不真实,双方不具有真实的买卖关系。但开发商原法定代表人任某在庭审中陈述,开发商曾向棉麻公司借款 10 万元,加利息共计 12.1 万元,到期无力偿还,与棉麻公司协商以房抵款。为销账,棉麻公司将抵款的房屋卖与贺某。棉麻公司经理及贺某在接受法院调查时对该事实认可。故可以认定,棉麻公司已对争议的该套房屋支付了对价,其与开发商已建立了真实的买卖关系,且以房抵款的事实发生在承包人主张的优先受偿权之前。参照最高人民法院《关于建设工程价款优先受偿权问题的批复》第 2 条规定,承包人对争议房屋的优先受偿权不得对抗棉麻公司。现贺某虽未向棉麻公司缴纳购房款,但其向棉麻公司出具了借条,与棉麻公司形成了债权债务关系,该债权债务关系与本案属于不同的法律关系,由棉麻公司与贺某另行解决,与本案无关。故无论贺某的房屋所有权证是否被注销,承包人对该争议房屋均不具有优先受偿权。2008 年 4 月**广东某借款合同执行异议案**,法院认为:承包人在 306,725.00 元范围内对南投大厦享有建设工程款优先受偿权,虽然判项中有除外情况,即在判决生效之日前已办理商品房预售登记、变更登记或消费者已交付超过 50% 购房款的房屋部分除外，但是投资公司、信托公司不属于消费者，且上述判决生效时其与开发商尚未签订以房抵偿债务协议，更谈不上办理变更登记，而南投大厦也未办理商品房预售登记，据此，投资公司、信托公司、开发商所签以房抵偿债务协议不得对抗承包人对南投大厦享有的建设工程款优先受偿权，信托公司主张其和投资公司享有南投大厦所有权的理由不成立，信托公司申请解除对南投大厦查封的主张，本院不予支持。2005 年 5 月**重庆某借款合同纠纷案**，法院认为：罗某以建筑公司第八项目部名义承建开发商商业门面后，在未交纳购房款的情况下，由开发商开具购房发票，双方签订虚假的商品房买卖合同，其目的是利用该合同以罗某的名义替开发商向商业银行申请贷款，罗某从中获取应得的工程款。罗某与开发商的行为已构成欺诈，违反了诚实信用原则。由于商业银行非国家机关，罗某与开发商采用欺骗手段向银行贷款未损害国家利益，根据《合同法》规定，一方以欺诈、胁迫手段订立合同，损害国家利益的，属无效合同，未损害国家利益的，属可变更、可撤销合同。商业银行并未行使撤销权，故该合同应属有效，担保合同亦属有效。因开发商未付清工程款，建筑公司作为施工单位对此享有工程款优先权。由于罗某与开发商签订的是虚假商品房买卖合同，罗某并非真实的房屋买受人，不能对抗建筑公司享有的工程款优先权。但鉴于建筑公司与开发商的工程款纠纷一案，法院已作出裁决，建筑公司已在法院申请执行时提出确认工程款优先受偿权，理应由法院对此作出审查并予以裁决，而本案系借款合同纠纷，建筑公司要求确认工程款优先受偿权不宜在本案予以处理，故该诉请不予支持。

【同类案件处理要点】

买受人交付购买商品房的全部或者大部分款项后，承包人就该商品房享有的工程价款优先受偿权不得对抗买受人。

【相关法律风险提示】

1. 房屋买卖合同的出卖人，在收取了买受人支付的全部或大部分款项后，不能以房屋的工程价款需优先受偿为由，拒绝按合同约定向房屋买受人交付房屋。该“大部分款项”无法律明确规定，实践中通常认为超过 50% 即可。

2. 购房人在签订购房（预售）合同之后，尚未办理产权登记之前，为了防止开发商将房屋抵押给银行，或是依与施工方的约定，将房屋作为工程款优先受偿权的实现对象，购房人可以依据《物权法》规定，在签订合同后到房屋（土地）管理部门办理预告登记。

3. 在商品房买受人交付全部或大部分购房款后，未办过户，未实际占有标的房屋，且对未办过户并无过错，承包人依生效判决查封，买受人消费者权能否对抗承包人的优先受偿权？最高人民法院《关于建设工程价款优先受偿权问题的批复》第2条与最高人民法院《关于人民法院民事执行中查封、扣押、冻结财产的规定》第17条是否存在冲突？如何理解？在实践中可能得出不同的结论，从而导致商品房买受人权益出现截然不同的结果。案见福建高院(2010)闽民终字第476号“某建设公司与陈某执行异议纠纷上诉案”。

4. 借名骗取银行贷款而签订商品房购销合同的买受人并不能作为最高人民法院《关于建设工程价款优先受偿权问题的批复》第2条规定中的消费者，不能对抗承包人的优先受偿权。案见重庆一中院(2004)渝一中民终字第3775号“某建筑公司与某商业银行等借款合同纠纷上诉案”。

5. 抵押权的优先受偿权，与建设施工方对工程款的优先受偿权，两种权利发生冲突情形，一方如何更好维护自己利益？案见重庆一中院(2004)渝一中民终字第3775号“某建筑公司与某商业银行等借款合同纠纷上诉案”：包工头替开发商办假按揭，将房屋抵押给银行，银行起诉解除合同获支持，以抵押房屋实现其贷款债权的优先受偿权；被挂靠的承包人系工程款主张的适格主体，其只能通过建设施工合同主张工程款债权，并就该债权确认优先受偿权，或者在按揭银行申请执行实现抵押物的优先受偿权时，提出执行异议。施工方在按揭银行提起的借款合同纠纷中请求确认工程款的优先受偿权，可能不会被支持。

6. 因子女受教育需求购买第二套房产，仍属满足现有家庭成员基本生活需求，其商品房消费者物权期待权作为生存权益应优先于在建工程抵押权保护。

7. 最高人民法院《关于人民法院办理执行异议和复议案件若干问题的规定》第29条第2项规定中“买受人名下无其他用于居住的房屋”，不应机械地仅限于套数理解。如原有住房不能满足现有家庭成员居住要求，再购房系为对居住环境进行必要改善，其仍属于满足生存权合理消费范畴。

【附注】

参考案例索引：最高人民法院2004年3月11日裁定“某管理局诉某开发商房屋买卖合同纠纷案”；广东高院(2019)粤执异58号“刘某、金某等案外人执行异议案”，见《商品房消费者物权期待权与在建工程抵押权的冲突——金某某、刘某某执行异议案》(胡志超、李昙静、彭惠连，广东高院执行局)，载《执行工作指导·地方法院案例与解析》(202002/74:91)；最高人民法院(2018)最高法民再443号“广西恒冠建设集团有限公司与王秋祥、北海尚源居房地产开发有限公司案外人执行异议之诉案”，见《消费者购房人主张执行异议之诉的法律适用——恒冠公司与王某、尚源居公司案外人执行异议之诉纠纷案》(合议庭成员：审判长陈宏宇，审判员张颖新、钱小红；编写人陈宏宇、谢素恒；审核人张勇健)，载《最高人民法院第一巡回法庭典型民商事案件裁判观点与文书指导(第1卷)》(202008:365);河南焦作中院(2016)豫08民再1号"付某与某信用社等金融借款合同纠纷案",见《物权期待权应当优先于抵押权受到法律保护——付来荣与温县农村信用社、河南丰晟公司金融借款合同纠纷案》(李志国、曹艳娜,河南焦作中院),载《审判监督指导·案例评注》(201704/62:63);见《通过以物抵债方式取得建设工程所有权的第三人,不能对抗承包人行使建设工程价款优先受偿权》(司伟,最高院民一庭),载《民事审判指导与参考·指导性案例》(201203/51:159);湖北高院(2012)鄂民一终字第52号"某银行与某农场等所有权纠纷案",见《华夏银行股份有限公司武汉汉口支行诉武汉市国营三店农场等所有权纠纷案(拆迁安置房屋所有权与抵押权的优先顺位)》(赵琳),载《中国审判案例要览》(2013民:40);北京高院(2011)高民初字第430号"倪某与某开发公司等案外人执行异议之诉案",见《倪岩林与华润置地(北京)股份有限公司、北京光大高登房地产有限公司案外人执行异议之诉案(执行异议之诉)》(张稚侠),载《中国审判案例要览》(2013民:497);福建高院(2010)闽民终字第475～478号"某建设公司与陈某等执行异议纠纷上诉案";河南高院(2010)豫法民提字第123号"某工程公司与贺某建设施工合同纠纷再审案";广东佛山中院(2008)佛中法执二字第16号"周某与某投资公司借款合同纠纷执行异议案";重庆一中院(2004)渝一中民终字第3775号"某建筑公司与某商业银行等借款合同纠纷上诉案"。

69. 售后包租合同的效力

——即购即返租,合同有无效?

【售后包租】

【案情简介及争议焦点】

夏某等57户业主购买开发公司商品房,交付房款,取得产权证后,交与开发公司经营并签订《商铺委托经营及利润分配合同》,每月领取经营利润。仲裁裁决认定合同"以合法形式掩盖非法目的""损害社会公共利益"而无效,相互返还财产。业主申请执行,开发公司提出不予执行的申请。

争议焦点:1. 本案所涉合同效力如何? 2. 开发公司申请不予执行是否成立?

【裁判要点】

1. 合同无效。双方之间的商品房买卖与返租实际是售后包租形式的非法集资。售后包租可以是开发公司一家售后包租，也可以是开发公司通过第三方售后包租，本案中虽然开发公司后来将利润分配合同的乙方改为第三方，但并不影响其售后包租的性质，其后果应由开发公司承担。本案当事人的行为违反了国家工商行政管理局《房地产广告发布暂行规定》第16条和建设部相关强制性规定，扰乱了金融秩序、社会管理秩序，给社会造成了极大的不稳定，是国家禁止的行为。故仲裁裁决书适用《合同法》裁决合同无效并无不当。

2. 相互返还。无效合同的处理本应是双方相互返还财产，且依据国家处理非法集资的相关规定，应当是财产相互返还、没收非法所得、损失各自承担，本案所涉裁决书之所以会裁决开发公司支付月回报到2008年年底，系因开发公司自愿放弃要求返还并同意将月回报支付到2008年年底，依据民事权利自理的原则，裁决书作此处理并无不当。至于资金占用费虽无法律规定，但资金确实被占用，裁决书自由裁量按银行存款利率计算返还给业主亦为合理，故开发公司不予执行申请应予驳回。

【裁判依据或参考】

1. 法律规定。《民法典》（2021年1月1日）第8条："民事主体从事民事活动，不得违反法律，不得违背公序良俗。"第143条："具备下列条件的民事法律行为有效：（一）行为人具有相应的民事行为能力；（二）意思表示真实；（三）不违反法律、行政法规的强制性规定，不违背公序良俗。"第153条："违反法律、行政法规的强制性规定的民事法律行为无效。但是，该强制性规定不导致该民事法律行为无效的除外。违背公序良俗的民事法律行为无效。"第155条："无效的或者被撤销的民事法律行为自始没有法律约束力。"第156条："民事法律行为部分无效，不影响其他部分效力的，其他部分仍然有效。"第157条："民事法律行为无效、被撤销或者确定不发生效力后，行为人因该行为取得的财产，应当予以返还；不能返还或者没有必要返还的，应当折价补偿。有过错的一方应当赔偿对方由此所受到的损失；各方都有过错的，应当各自承担相应的责任。法律另有规定的，依照其规定。"《合同法》（1999年10月1日，已于2021年1月1日起失效）第52条："有下列情形之一的，合同无效：……（三）以合法形式掩盖非法目的；（四）损害社会公共利益；（五）违反法律、行政法规的强制性规定。"第58条："合同无效或者被撤销后，因该合同取得的财产，应当予以返还；不能返还或者没有必要返还的，应当折价补偿。有过错的一方应当赔偿对方因此所受到的损失，双方都有过错的，应当各自承担相应的责任。"

2. 行政法规。国务院《防范和处置非法集资条例》（2021年5月1日）第2条：

“本条例所称非法集资，是指未经国务院金融管理部门依法许可或者违反国家金融管理规定，以许诺还本付息或者给予其他投资回报等方式，向不特定对象吸收资金的行为。非法集资的防范以及行政机关对非法集资的处置，适用本条例。法律、行政法规对非法从事银行、证券、保险、外汇等金融业务活动另有规定的，适用其规定。本条例所称国务院金融管理部门，是指中国人民银行、国务院金融监督管理机构和国务院外汇管理部门。”第11条：“除国家另有规定外，任何单位和个人不得发布包含集资内容的广告或者以其他方式向社会公众进行集资宣传。市场监督管理部门会同处置非法集资牵头部门加强对涉嫌非法集资广告的监测。经处置非法集资牵头部门组织认定为非法集资的，市场监督管理部门应当及时依法查处相关非法集资广告。广告经营者、广告发布者应当依照法律、行政法规查验相关证明文件，核对广告内容。对没有相关证明文件且包含集资内容的广告，广告经营者不得提供设计、制作、代理服务，广告发布者不得发布。”第19条：“对本行政区域内的下列行为，涉嫌非法集资的，处置非法集资牵头部门应当及时组织有关行业主管部门、监管部门以及国务院金融管理部门分支机构、派出机构进行调查认定：（一）设立互联网企业、投资及投资咨询类企业、各类交易场所或者平台、农民专业合作社、资金互助组织以及其他组织吸收资金；（二）以发行或者转让股权、债权，募集基金，销售保险产品，或者以从事各类资产管理、虚拟货币、融资租赁业务等名义吸收资金；（三）在销售商品、提供服务、投资项目等商业活动中，以承诺给付货币、股权、实物等回报的形式吸收资金；（四）违反法律、行政法规或者国家有关规定，通过大众传播媒介、即时通信工具或者其他方式公开传播吸收资金信息；（五）其他涉嫌非法集资的行为。”国务院办公厅**《转发中国人民银行〈整顿乱集资乱批设金融机构和乱办金融业务实施方案〉的通知》**（1998年8月11日　国办发〔1998〕126号）第3条：“……凡未经中国人民银行批准，擅自设立的从事或者主要从事吸收存款、发放贷款、办理结算、票据贴现、资金拆借、信托投资、金融租赁、融资担保、外汇买卖等金融业务活动的机构，一律予以取缔，并由中国人民银行发布取缔公告。对已经办理业务的，要先取缔，后清理债权债务，并作出相应的处理。尚在筹备之中的，责令其立即解散筹备组，停止一切筹备活动。对以非法定金融机构名称命名但实质上从事或变相从事金融业务的非法金融机构，也要一律取缔。对上述行为直接负责的主管人员和其他直接责任人员一撤销职务；构成犯罪的，依法追究刑事责任……”国务院**《非法金融机构和非法金融业务活动取缔办法》**（1998年7月13日，于2021年5月1日起失效）第4条：“本办法所称非法金融业务活动，是指未经中国人民银行批准，擅自从事的下列活动：（一）非法吸收公众存款或者变相吸收公众存款；（二）未经依法批准，以任何名义向社会不特定对象进行的非法集资；（三）非法发放贷款、办理结算、票据贴现、资金拆借、信托投资、金融租赁、融资担保、外汇买卖;(四)中国人民银行认定的其他非法金融业务活动。前款所称非法吸收公众存款,是指未经中国人民银行批准,向社会不特定对象吸收资金,出具凭证,承诺在一定期限内还本付息的活动;所称变相吸收公众存款,是指未经中国人民银行批准,不以吸收公众存款的名义,向社会不特定对象吸收资金,但承诺履行的义务与吸收公众存款性质相同的活动。"

3. 司法解释。最高人民法院**《关于审理非法集资刑事案件具体应用法律若干问题的解释》**(2011年1月4日　法释〔2010〕18号)第2条:"实施下列行为之一,符合本解释第一条第一款规定的条件的,应当依照刑法第一百七十六条的规定,以非法吸收公众存款罪定罪处罚:(一)不具有房产销售的真实内容或者不以房产销售为主要目的,以返本销售、售后包租、约定回购、销售房产份额等方式非法吸收资金的……"

4. 部门规范性文件。住建部、国家发改委**《关于加强房地产经纪管理进一步规范房地产交易秩序的通知》**(2011年5月11日　建房〔2011〕68号)第3条:"加强商品房预(销)售行为监管。房地产开发企业和房地产经纪机构要严格按照商品房预(销)售方案和申报价格对外销售。各地对无证售房、捂盘惜售、哄抬房价、发布虚假信息和广告、规避限购政策、违法返本销售和售后包租,以及不按规定明码标价、价外乱收费、价格欺诈等违法违规行为,要依法依规严肃处理……"住建部**《关于进一步加强房地产市场监管完善商品住房预售制度有关问题的通知》**(2010年4月13日　建房〔2010〕53号)第1条:"加强商品住房预售行为监管。未取得预售许可的商品住房项目,房地产开发企业不得进行预售,不得以认购、预订、排号、发放VIP卡等方式向买受人收取或变相收取定金、预定款等性质的费用,不得参加任何展销活动。取得预售许可的商品住房项目,房地产开发企业要在10日内一次性公开全部准售房源及每套房屋价格,并严格按照申报价格,明码标价对外销售。房地产开发企业不得将企业自留房屋在房屋所有权初始登记前对外销售,不得采取返本销售、售后包租的方式预售商品住房,不得进行虚假交易……"国家工商总局、中国银监会、国家广电总局、新闻出版总署**《关于处置非法集资活动中加强广告审查和监管工作有关问题的通知》**(2007年7月25日　工商广字〔2007〕190号)第2条:"禁止发布含有或者涉及下列活动内容的广告:(一)未经国家有关部门批准的非金融单位和个人以支付或变相支付利息、红利或者给予定期分配实物等融资活动;(二)房地产、产权式商铺的售后包租、返租销售活动……"建设部**《商品房销售管理办法》**(2001年6月1日)第11条:"房地产开发企业不得采取返本销售或者变相返本销售的方式销售商品房。房地产开发企业不得采取售后包租或者变相售后包租的方式销售未竣工商品房。"中国人民银行办公厅**《关于天津永基房地产开发有限公司非法集资问题的批复》**(2001年4月2日　银办函〔2001〕177号):"……你分行辖内天津永基房地产开发有限公司采取向社会公众出售房产,同时又约定包租所出售的房产，并承诺在一定期限后回购该房产的形式筹集资金，属于向社会公众筹集资金并承诺向出资人还本付息的非法集资行为。根据1998年7月13日国务院发布的《非法金融机构和非法金融业务活动取缔办法》的规定，非法集资债权债务的清理清退由从事非法集资的机构负责进行。鉴于此非法集资案涉及面广、情况复杂，你分行应当积极协助当地政府做好债权债务清理清退的组织工作。在处理中应注意区分以合法形式掩盖非法集资性质的行为与真实合法的房产交易行为。”国税总局**《关于房地产开发企业从事“购房回租”等经营活动征收营业税问题的批复》**（1999年3月21日　国税函〔1999〕144号）：“房地产开发公司采用‘购房回租’等形式，进行促销经营活动（即与购房者签订‘商品房买卖合同书’，将商品房卖给购房者；同时，根据合同约定的期限，在一定时期后，又将该商品房购回），根据《中华人民共和国营业税暂行条例》及其实施细则的规定，对房地产开发公司和购房者均应按‘销售不动产’税目征收营业税。”中国人民银行**《关于人民法院受理集资纠纷案件的意见的函》**（1999年3月16日　银办函〔1999〕52号）：“……我行认为，人民法院在受理乱集资纠纷案件的问题上，应当与国务院颁布的行政法规和政策性规定相协调，对需要进行清理整顿而暂不予以取缔的乱集资引发的纠纷，可以考虑暂不受理；对不需要经过清理整顿即直接予以取缔的乱集资引发的纠纷应当予以受理。”中国人民银行**《关于取缔非法金融机构和非法金融业务活动中有关问题的通知》**（1999年1月27日　银发〔1999〕41号）第1条：“非法集资是指单位或者个人未依照法定程序经有关部门批准，以发行股票、债券、彩票、投资基金证券或其他债权凭证的方式向社会公众筹集资金，并承诺在一定期限内以货币、实物及其他方式向出资人还本付息或给予回报的行为。它具有如下特点：（一）未经有关部门依法批准，包括没有批准权限的部门批准的集资以及有审批权限的问题超越权限批准的集资；（二）承诺在一定期限内给出资人还本付息。还本付息的形式除以货币形式为主外，还包括以实物形式或其他形式；（三）向社会不特定对象即社会公众筹集资金；（四）以合法形式掩盖其非法集资的性质。”国家工商局**《房地产广告发布暂行规定》**（1998年12月3日，已于2016年2月1日起失效）第16条：“房地产广告中不得出现融资或者变相融资的内容，不得含有升值或者投资回报的承诺。”（该规定已被2015年12月24日发布的《房地产广告发布规定》所替代，本条对应《房地产广告发布规定》的文本为第4条第12页，第16条。——编者注）中国人民银行**《关于严禁利用庄园开发进行非法集资的紧急通知》**（1998年10月25日　银发〔1998〕509号）：“……最近一些庄园（山庄，下同）打着发展‘三高’农业的旗号，到处做广告，进行‘招商’。这些庄园提供的回报率大都很高，具有较大的欺骗性和风险性。这种做法违背了国家的法令和有关文件，根据《非法金融机构和非法金融业务活动取缔办法》（国务院〔1998〕247号）及《国务院办公厅转发〈中国人民银行整顿乱集资乱批设金融机构和乱办金融业务实施方案〉的通知》(国办发〔1998〕126 号)中'凡未经依法批准,以任何名义向社会不特定对象进行的集资活动,属非法集资'的有关规定,这些庄园利用开发名义进行的'招商'属非法集资,应予以查禁和取缔……"

5. 地方司法性文件。江苏高院《**关于审理房地产合同纠纷案件若干问题的解答**》(2018 年 6 月 26 日　审委会会议纪要〔2018〕3 号)第 15 条:"售后包租的效力如何认定?出卖人采用售后包租方式销售商品房的,当事人主张售后包租行为无效的,人民法院不予支持,但符合《最高人民法院关于审理非法集资刑事案件具体应用法律若干问题的解释》第 2 条规定的除外。"江苏高院《**关于审理房地产合同纠纷案件若干问题的解答**》(2018 年 6 月 26 日　审委会会议纪要〔2018〕3 号)第 41 条:"约定排除委托人的任意解除权的如何处理?商品房委托代理销售合同中,双方以约定排除委托人的任意解除权的,人民法院予以支持。"第 42 条:"商品房委托代理销售的佣金标准如何确定?商品房委托代理销售中,双方约定的佣金及溢价款标准超过国家规定的收费指导价,委托人主张超过部分无效的,人民法院不予支持。"第 43 条:"商品房委托代理销售合同解除后可得利益如何处理?商品房委托代理销售合同解除后,受托人主张可得利益的,如果可得利益通过现有条件可以确定,具有确定性,人民法院予以支持。如果通过现有条件无法具体确定,人民法院不予支持。"广东高院《**印发〈关于审理房屋买卖合同纠纷案件的指引〉的通知**》(2017 年 9 月 12 日　粤高法〔2017〕191 号,已于 2020 年 12 月 31 日经粤高法〔2020〕132 号废止)第 49 条:"委托人违反商品房包销合同约定,将约定由包销人包销的商品房或者商品房项目转让给第三人,导致包销合同无法履行,包销人请求委托人赔偿损失的,应予支持。合同对损失赔偿没有约定的,可以参照包销价格与商品房市场价格的差价、包销人的实际投入等因素确定损失。"第 50 条:"包销人超出商品房包销合同的授权范围从事包销活动,致使委托人承担赔偿责任的,委托人可以向包销人追偿。"重庆高院《**关于委托合同纠纷法律适用问题的解答(试行)**》(2014 年 7 月 22 日)第 3 条:"如何认定委托经营合同的性质?当事人就商铺、产权式酒店等订立的委托经营合同,不应一概定性为委托合同。委托合同是受托人提供劳务完成一定任务的合同,以劳务为给付标的,而租赁等非劳务性合同是以财产为给付标的。如当事人明确约定委托人将商铺、房屋交予受托人经营,经营收益和风险均由受托人承担,受托人支付固定金额的'租金'或'投资回报'的,应认定为租赁合同。如当事人约定委托人将商铺、房屋交予受托人经营,经营收益和风险均由委托人承担,委托人支付一定金额的报酬给受托人的,则应认定为委托合同。"

6. 地方规范性文件。北京市住房城乡建设委、北京市发改委、北京市规划委、北京市商务委、北京市国土局《**关于加强部门联动　完善商业、办公类项目管理的**

通知》(2011年6月1日　京建发〔2011〕192号)第7条:"房地产开发企业不得采取返本销售或者售后包租等方式销售商业、办公类项目。"北京市住建委、北京市发改委、北京市规划委员会、北京市国土资源局《**关于加强酒店类项目销售管理有关问题的通知**》(2010年6月1日　京建发〔2010〕265号)第3条:"……国土管理部门负责对擅自改变酒店类项目用地性质进行监管,并依法进行查处;规划行政主管部门应加大对酒店类项目监管力度,加强对施工图审查机构的监管,加大对酒店类项目的规划审查力度,对未经允许擅自变更规划许可内容的,依法不予规划验收;建设房管部门要加强对酒店类项目销售行为的监管,加大对返本销售或者变相返本销售、售后包租或者变相售后包租等违法违规行为的查处力度……"湖北省人民政府办公厅《**关于进一步做好预防和打击非法集资工作的通知**》(2010年4月1日　鄂政办发〔2010〕24号)第4条:"当前,非法金融业务和非法集资广告十分猖獗,必须坚决制止……省政府决定,立即停止发布含有或涉及下列内容的广告:……(六)房地产、产权式商铺的售后包租、返租销售活动;(七)以购买商品或发展会员名义获利的活动;(八)以承诺各种形式高额固定回报为条件的合作投资、委托投资、委托理财活动;(九)其他未经国家有关部门批准的社会集资活动……"岳阳市《**关于禁止商品房售后包租的通告**》(2009年9月2日　岳政告〔2009〕3号)第1条:"商品房售后包租,是指房地产开发企业以在一定期限内承租或者代为出租买受人所购该企业商品房的方式销售商品房的行为。"第2条:"严禁房地产开发企业以售后包租或变相售后包租方式销售未竣工商品房;已竣工验收的商品房,在未办理房屋所有权证前,也不得签订房屋租赁合同。严禁房地产开发企业将商业大厅无墙分割成若干个小单元销售;房地产管理部门要严格审查商业大厅预(销)售方案,对无墙分割拆零销售的,不得办理测绘、预(销)售和物权登记手续。"第3条:"新闻媒体不得刊登房地产开发企业以售后包租方式进行商品房销售的广告;工商管理部门要加大对有关商品房售后包租内容广告的查处打击力度。"安徽省建设厅《**关于加强商品房销售管理有关问题的通知**》(2003年4月21日　建房〔2003〕99号)第2条:"……近期少数开发企业在有关媒体发布含有虚假、夸大宣传内容的房地产广告,发布商品房预售广告的项目与预售许可证内容不符,发布以产权式酒店为名的各种变相售后包租广告,发布内容含糊等广告,误导消费者,导致纠纷不断。各地要采取切实措施,针对当前存在的问题,按照国家工商管理总局、建设部《关于进一步加强房地产广告管理的通知》(工商广字〔2002〕68号)要求,加大违规房地产广告查处力度。"

7. 参考案例。2014年**湖北某合同纠纷案**,2007年,投资公司就其所有的建筑物及配套、基础设施作价2.9亿元转让事宜与大学签订协议。大学依约支付2.47亿元后,诉请投资公司移交余下房产。投资公司以大学未履行协议关于"根据投资公司需要"返租"部分房产"的约定,主张同时履行和先履行抗辩权。法院认为:诉争协议租赁条款未将拟租赁标的物特定化,对租赁面积、租金、租期等具体内容缺乏明确约定,"根据甲方需要""部分"等表述亦过于模糊,难以具体化。基于文义理解,应认定该租赁条款为概括性约定。由于该条款为概括性约定,租赁面积、租金、租期等具体内容均需另行协商,投资公司基于该条款取得的是要求大学就租赁事宜进行磋商的权利,大学亦负有就租赁事宜与投资公司磋商的义务,经过磋商就租赁事宜达成一致、签署租赁合同,双方之间的租赁法律关系才得以成立。事实上,双方已就部分教学楼、宿舍楼分别签订租赁协议。尽管双方对上述租赁协议对应的承租安排尚有分歧,但双方对后续房屋租赁事宜实际进行了磋商,只是在租赁面积上差距较大而未能达成一致,对此双方均有责任。根据协议性质、内容和条文次序,大学主要义务是在投资公司移交标的物后支付相应款项,至于协议约定大学就租赁事宜的磋商义务并非其主要义务,亦非投资公司全面履行协议的条件性约定。现大学已向投资公司支付款项,依投资公司实际移交标的物面积折算,大学比协议约定提前支付了约2700万余元。无论针对大学主合同义务,还是协议约定义务,投资公司均不存在可行使同时履行抗辩权或先履行抗辩权的情形。协议对标的物移交作了明确约定,投资公司未依约履行后续移交义务,属迟延履行和不完全履行情形。又因大学在履行协议过程中亦存在违约行为,故根据本案实际情况,双方各自就对方的违约责任应互不追究,判决双方继续履行,投资公司移交房产,大学支付余款。2000年**上海某商品房预售合同纠纷案**,1997年,开发公司在房屋尚未建成时,与姚某签订预售协议及补充协议,约定以授权出租、优惠价退房形式,向购房人许以高额回报,即购房人在支付房价总额52%购房款后,可授权开发公司将其预购房屋出租4年的租金收入折抵其尚应支付的余下购房款,并承诺在授权出租期满后,可以房价总额124%优惠价向开发公司退房。投资公司承担保证责任。1999年,因开发公司逾期交房,姚某诉请开发公司返还购房款并赔偿利息损失,并要求投资公司承担连带责任。法院认为:依双方预售合同及补充协议约定,案涉此种对预售房屋给予高额回报的包租、回购承诺,依国务院《非法金融机构和非法金融业务活动取缔办法》规定,属未经依法批准以预售房屋为名筹集资金的非法金融业务行为,故案涉预售合同及补充协议,名为预售,实为非法融资,应认定无效。投资公司明知开发公司上述行为,仍对购房人作出担保承诺,依法应对开发公司返还和赔偿责任承担连带责任。判决开发公司、实业公司归还姚某购房款并赔偿利息损失。2013年**江苏某商品房买卖合同纠纷案**,2012年,邹某与商贸公司签订商铺认购书,约定10年包租期。后因交房日期、商铺收益率、投资回报期、商家入驻等事宜无法达成一致,导致商铺买卖合同无法订立。2013年,邹某诉请解除合同,并退还定金8万元。法院认为:最高人民法院《关于审理商品房买卖合同纠纷案件适用法律若干问题的解释》第4条规定，出卖人通过认购、订购、预订等方式向买受人收受定金作为订立商品房买卖合同担保的，如果因当事人一方原因未能订立商品房买卖合同，应当按照法律关于定金的规定处理；因不可归责于当事人双方的事由，导致商品房买卖合同未能订立的，出卖人应当将定金返还买受人。本案商铺认购书未履行不可归责于双方，不适用定金罚则。合同内容应公平体现双方当事人权利义务。交房日期及投资回报率、入住商户等租金收益信息系双方签订买卖合同应具备合同内容。涉案商铺用于投资，就通常理解而言，投资人购买商铺首要目的是获得租金，故商铺包租期间租金收益应系双方所签合同主要条款。当事人有权就合同主要内容进行磋商，体现意思自治。邹某提出就"包租商铺"租金收益进行磋商，请求合理，双方就此内容无法协商一致责任不可单方归责于邹某。从利益平衡角度出发，当事人在订立合同特别是格式合同时，须明确知晓自身权利义务。商贸公司提供认购书时，应如实披露购买案涉商铺存在市场风险的告知义务。在认购书未将合同主要内容明确时，买受人邹某无法预见因租金收益问题磋商不成将导致定金被没收风险。据此，主张与买受人订立商品房预约合同时已明确了合同主要条款和购买包租商铺市场风险的举证责任应由格式合同提供者即商贸公司承担。此外，商贸公司作为开发商一方面通过销售商铺获取了购房款，另一方面通过委托包租经营收取经营费用，但买受人却无权支配其所有商铺，亦无法预知商铺投资回报率，显失公平。判决解除认购书，商贸公司返还邹某定金8万元。2009年4月**北京某委托合同案**，法院认为：建设部发布、于2001年6月1日起施行的《商品房销售管理办法》第11条规定，"房地产开发企业不得采取售后包租或者变相售后包租的方式销售未竣工商品房"。上述《商品房销售管理办法》系部门规章，其相关规定不属于法律、行政法规的强制性规定。故本案中，虽然房产中介与开发商签订《全案策划执行方案》选择的营销方式系以售后包租的方式销售未竣工的商品房，违反了上述规定，但是并不影响双方当事人缔结的代理合同的效力。虽然代理合同中约定房产中介负责提供《全案策划执行方案》，但上述方案已作为代理合同附件由双方确认，故在《全案策划执行方案》的内容违反了建设部发布的相关规定的情况下，应由双方协商对于该内容进行调整和变更。且此时，代理合同的履行尚未进入到销售阶段，双方也具有协商变更《全案策划执行方案》的条件和可能。但开发商未提交证据证明其曾与房产中介就此进行协商，而是于2006年11月27日发出通知函，在未说明原因的情况下停止合同的进一步履行，在事实上单方中止并最终解除了代理合同，使得房产中介丧失了与开发商就原策划方案进行进一步协商修订的可能。开发商提出，其单方解除合同的原因还有房产中介没有完成代理合同约定的预定任务，对此本院认为，虽然代理合同中约定房产中介客户累计预订额应达到8000万元，否则开发商有权解除合同。但是，由于代理合同仅就所要销售的物业总面积及最低单价作了约定,而未明确商铺的具体划分,且在客户积累阶段也是以排号方式进行,无法明确商铺的具体位置、面积,从而无法核算客户累计预订额,无法对房产中介已完成的预订工作以代理合同约定的目标进行衡量。因此,开发商提出房产中介没有完成代理合同约定的预定任务,没有依据。开发商不享有合同解除权。代理合同第 8 条约定,在代理合同有效期内,除代理合同约定的条件外,如因开发商原因解除合同,需向房产中介支付 50 万元违约金。由此,该违约金条款的约定,目的是保障合同的顺利履行,同时是对擅自解除合同一方的制约和惩罚。现开发商在没有证据证明代理合同约定的解除合同条件成就的情况下,单方解除了合同,依据合同约定,应承担相应责任,判决开发商向房产中介支付 50 万元的违约金。2005 年 12 月**广东某商品房合同案**,法院认为:卢某与开发商所签《商品房购销合同》《商铺返包租和同意转租协议》以及《商铺延续转租及延期办证协议》,内容未违背法律强制性规定,系当事人真实意思表示,应认定合法有效,对双方均有约束力。在双方所签协议中,双方仅对讼争房产的简易交付作了约定,并未现实交付讼争房产。双方在返租和转租协议中对该讼争房产的租赁收益,作出了明确约定,后因开发商未能支付 2004 年 5 月 1 日至 2005 年 3 月 31 日的租金引发纠纷。现卢某主张从 2004 年 5 月 1 日起按租金的标准支付逾期交房的违约金。开发商未能履行租赁协议,应及时把讼争房产现实交付给卢某。在开发商既未支付租金,又不将讼争房产实际交付给买受人的情况下,判决出卖人现实交付房产,支持买受人主张逾期交房的违约金,确定从 2004 年 5 月 1 日起至 2005 年 3 月 31 日止的违约金为 35,574 元,该违约金与双方约定的租金相当,并无不当。2005 年 12 月**广东某商品房合同案**,法院认为:开发商于 1999 年 11 月至 2000 年 6 月期间在《深圳特区报》上刊登售楼广告,承诺“商铺有 70 年产权”、“即购即返租”等,内容具体明确,且发布在双方签订房地产买卖合同之前。根据最高人民法院《关于审理商品房买卖合同纠纷案件适用法律若干问题的解释》第 3 条的规定,该广告可视为要约,对开发商具有法律约束力。本案中,叶某称其所购买的商铺没有 70 年产权,没有证据证明;而根据市规划国土局复函,开发商开发项目土地使用年限为 70 年。可见,开发商关于商铺有 70 年产权的广告宣传并不虚假;另外,叶某也确实通过物业公司将其所购铺位进行了出租,可见开发商关于“即购即返租”的广告宣传亦无虚假。至于叶某实际上有无收到租金,属于需另案处理的法律关系。开发商于 2000 年 11 月至 12 月期间在《深圳特区报》上刊登的广告(广告内容:“业主购买上述商铺后,由开发商包租两年,返还 16%;包租期内业主无须理由,只要提出退铺,发展商即原银奉还,同时享受返租”),发布在双方签订房地产买卖合同之后,与本案无关,对开发商没有法律约束力。叶某不能以此为理由主张解除合同。

【同类案件处理要点】

房地产开发企业采取返本销售、变相返本销售的方式销售商品房，或采取售后包租、变相售后包租的方式销售未竣工商品房，所签销售合同因系“以合法形式掩盖非法目的”、损害社会公共利益而无效。

【相关法律风险提示】

1. 商品房的售后包租协议的效力在司法实践中存在两种截然相反的裁判思路：“以合法形式掩盖非法目的”、“损害社会公共利益”的无效论（案见湖南岳阳中院（2011）岳中执字第73－1号“夏某等57户业主与某开发公司商品房买卖合同及商铺委托经营和利润分配合同纠纷案”）以及违反规章而非法律、行政法规强制性规定的合同有效论［案见北京一中院（2009）一中民终字第3558号“某开发公司与某房产中介委托合同纠纷上诉案”］。笔者认为，两种裁判结果在个案处理中均有其合理性。当售后包租非作为特例出现，而带有普遍性，涉嫌“非法集资”时，法官从公共利益出发，应当确认此行为的违法性，依法确认合同无效。但实践中对于单独的一宗商品房买卖，尤其标的系商住性房屋或经营性酒店、商铺等，认定买受人后续委托经营并收取租金的行为系违法行为，属于国家禁止的“售后包租”形式，难免显得过于武断，缺乏充足的法律依据。但也正是因为此类“售后包租”或“售后委托经营”的做法难以界定其适法性，故对买卖双方而言，是否有必要选择此种有争议的交易或经营模式，各自均应有充分的风险估计。即使是对商业性的酒店、商铺交易约定“售后返租”内容时，亦应全面考虑对方的履约能力以规避风险。

2. 执行“售后包租”的商品房买卖合同被认定有效，买受人在返租的开发商或第三方拒绝支付租金的情况下，买受人享有租金债权，其主张解除合同，可能不会被支持。案见广东深圳罗湖区法院（2003）深罗法民三初字第768号“叶某诉某开发商商品房买卖合同纠纷案”。

3. 开发商委托中介销售房屋，中介提交“售后包租”的方案并被开发商接受，嗣后开发商以此违法而单方解除合同的，可能不会被法院支持，而作为违约方承担违约责任。案见北京一中院（2009）一中民终字第3558号“某开发公司与某房产中介委托合同纠纷上诉案”。

4. 包租商铺认购书未约定租金收益的，应认定双方未就合同主要条款达成一致，属不可归责于当事人双方事由，导致本约未能订立的，出卖人应将定金返还买受人。

【附注】

参考案例索引：湖南岳阳中院（2011）岳中执字第73－1号“夏某等57户业主

与某开发公司商品房买卖合同及商铺委托经营和利润分配合同纠纷案”;最高人民法院(2014)民申字第1893号“武汉弘博集团有限责任公司与中南财经政法大学合同纠纷案”,见《预约条款的性质识别及效力认定》(孙超,最高院办公厅;审判长贾清林,代理审判员武建华、叶阳),载《立案工作指导·申诉与申请再审疑案评析》(201501/44:164);另载《人民司法·案例》(201611:57);上海高院2000年10月24日“姚某与某开发公司商品房预售合同纠纷案”,见《姚建平、姚鑫与上海林顿大厦置业有限公司房屋预售、包租、回购纠纷案——如何判断合同的性质》(金民珍、王飞、张洁,上海高院),载《民事审判指导与参考·地方人民法院二审案件解析》(200103/7:274),另见《姚建平等诉林顿公司房屋预售不能按期交房应按约定的回购价退还房款案》(金民珍、王飞),载《人民法院案例选》(200204/42:107);江苏无锡中院(2013)锡民终字第1384号“邹某与某商贸公司商品房预约合同纠纷案”,见《邹燕诉无锡五洲龙盛商业有限公司商品房预约合同纠纷案——租金收益磋商要求可以对抗“包租商铺”预约合同定金罚则的适用》(王倩、潘华明),载《人民法院案例选》(201501/91:82);北京一中院(2009)一中民终字第3558号“某开发公司与某房产中介委托合同纠纷上诉案”;广东佛山中院(2005)佛中法民五终字第914号“卢某与某开发商商品房买卖合同纠纷上诉案”;广东深圳罗湖区法院(2003)深罗法民三初字第768号“叶某诉某开发商商品房买卖合同纠纷案”。

70. 购房纠纷的调解处理

——纠纷已处理,是否还需赔?

【调解协议】

【案情简介及争议焦点】

开发商逾期交房,韩某诉至法院。开发商提交先前消协作出的调解协议,证明已赔付9000元,内容包含了逾期交房及面积补差。

争议焦点:1. 开发公司是否违约? 2. 调解协议效力如何?

【裁判要点】

1. 开发公司违约。案涉商品房购销合同履行过程中,开发公司未按合同约定面积建盖并延期交付房屋,已构成违约,应承担给韩某造成的违约损失。

2. 调解协议效力。案涉调解书载明由开发商一次性补给消费者款项,包含了房屋面积误差、延期交房及其他投诉问题，作为社会团体依职权制作的公文书证的证明力大于其他书证，故韩某关于其收取9000元仅指房屋面积误差的主张不能成立。

【裁判依据或参考】

1. 法律法规或其他规范性文件。《民法典》（2021年1月1日）第233条："物权受到侵害的，权利人可以通过和解、调解、仲裁、诉讼等途径解决。"第466条："当事人对合同条款的理解有争议的，应当依据本法第一百四十二条第一款的规定，确定争议条款的含义。合同文本采用两种以上文字订立并约定具有同等效力的，对各文本使用的词句推定具有相同含义。各文本使用的词句不一致的，应当根据合同的相关条款、性质、目的以及诚信原则等予以解释。"第509条："当事人应当按照约定全面履行自己的义务。当事人应当遵循诚信原则，根据合同的性质、目的和交易习惯履行通知、协助、保密等义务。当事人在履行合同过程中，应当避免浪费资源、污染环境和破坏生态。"**《合同法》**（1999年10月1日，已于2021年1月1日起失效）第125条："当事人对合同条款的理解有争议的，应当按照合同所使用的词句、合同的条款、合同的目的、交易习惯以及诚实信用原则，确定该条款的真实意思……"第128条："当事人可以通过和解或者调解解决合同争议。当事人不愿和解、调解或者和解、调解不成的，可以根据仲裁协议向仲裁机构申请仲裁。涉外合同的当事人可以根据仲裁协议向中国仲裁机构或者其他仲裁机构申请仲裁。当事人没有订立仲裁协议或者仲裁协议无效的，可以向人民法院起诉。当事人应当履行发生法律效力的判决、仲裁裁决、调解书；拒不履行的，对方可以请求人民法院执行。"最高人民法院**《印发〈关于建立健全诉讼与非诉讼相衔接的矛盾纠纷解决机制的若干意见〉的通知》**（2009年7月24日　法发〔2009〕45号）第12条："经行政机关、人民调解组织、商事调解组织、行业调解组织或者其他具有调解职能的组织对民事纠纷调解后达成的具有给付内容的协议，当事人可以按照《中华人民共和国公证法》的规定申请公证机关依法赋予强制执行效力。债务人不履行或者不适当履行具有强制执行效力的公证文书的，债权人可以依法向有管辖权的人民法院申请执行。"江苏高院**《关于执行疑难问题的解答》**（2018年8月22日）第5条："房屋腾空过程中清理出的物品，如何处置？被执行人下落不明的，腾空房屋时，必须使用执法记录仪同步全程录音录像，同时邀请公证人员对清理出的物品清单进行公证。腾空清理出的被执行人及案外人（承租人、保管人、现居住人、非法占有人等）的物品，执行法院可以指定申请执行人或其他人保管，并通知权利人限期30日内领取。拒不领取或下落不明的，执行法院可以处分该财产。处分所得价款，扣除搬迁、保管及拍卖变卖等相关必要费用后，暂时保管于法院账户，并通知权利人限期领取,但权利人明确表示放弃的除外。处分被执行人物品所得价款,可用于清偿债务,清偿债务后有剩余的,退还给被执行人,被执行人下落不明的,可以向有关机构提存;处分案外人物品所得价款,经通知领取拒不领取的,可以向有关机构提存。依法不能处置或变价不成的物品经通知领取拒不领取的,可将物品向提存机构提存,构成妨碍执行的,可以根据民事诉讼法第一百一十一条处罚。但权利人明确表示抛弃该物品的,执行法院可以酌情处理。"湖南长沙中院**《民事审判裁判疑难解答》**(2014 年 3 月)第 11 条:"当事人在裁判生效后就履行债务达成新的协议,一方当事人拒不履行,另一方当事人起诉要求履行新的协议,法院是否受理? 答:裁判生效后,当事人自愿达成和解协议,变更生效法律文书确定的履行义务主体(如有第三人担保的)、标的物及其数额、履行期限和履行方式,此和解协议同时具有处分程序权利和实体权利的性质,在程序上一般产生执行程序中止的效力,在实体上它可以形成新的债权债务关系。受生效裁判的拘束力和既判力的影响,当事人在法院作出的裁判生效后,就履行债务达成和解协议,一方当事人拒不履行或不完全履行该和解协议,另一方当事人就该协议提起诉讼的,法院是否受理,应分三种情形:(1)法院作出的裁判生效后,当事人在申请执行期限内未申请执行,自行达成新的协议,或申请执行后,当事人之间因达成新的协议而撤回执行申请,后债务人拒不履行或不完全履行协议的,如起诉时原生效法律文书申请执行期限尚未届满,法院不予受理,应告知当事人申请执行原生效法律文书,但和解协议已履行的部分应当扣除;如起诉时原生效法律文书申请执行期限已经届满,法院应当受理。(2)法院作出的裁判生效后,一方当事人在申请执行期限内已申请执行,但在执行程序中当事人又自愿达成和解协议,后另一方当事人不履行或不完全履行该和解协议,原执行申请人起诉的,如起诉时原生效法律文书申请执行期限尚未届满,法院不予受理,应告知其向执行法院恢复执行原生效法律文书,但和解协议已履行的部分应当扣除;如起诉时原生效法律文书申请执行期限已经届满,法院应当受理。(注:依据《最高人民法院关于适用〈中华人民共和国民事诉讼法〉若干问题的意见》第二百六十七条之规定,申请执行期限因达成执行中的和解协议而中止,其期限自和解协议所定履行期限的最后一日起连续计算)。(3)法院作出的裁判生效后,当事人在申请执行期限内未申请执行,而在申请执行期限届满后自愿达成了新的协议,一方当事人拒不履行该协议的,另一方当事人起诉的,法院应当受理。"第 19 条:"调解案件中,案外人提供担保,如何在调解书中列明主体? 如案外人不签收调解书,后果如何? 答:根据《最高人民法院关于人民法院民事调解工作若干问题的规定》第十一条之规定,调解协议中可约定由一方提供担保或者案外人同意为当事人提供担保。对于案外人提供担保的,法院制作民事调解书应当列明其主体身份为'担保人',并将民事调解书送交担保人。担保人不签收民事调解书的,不影响调解书的效力。但法院应当审查，当事人或者案外人提供的担保是否符合《中华人民共和国担保法》规定的条件，否则不发生法律效力。”广东广州中院**《关于审理预售商品房合同纠纷若干问题的指导意见》**（2010 年）第 16 条：“买受人在‘收楼’或领取房产证时签署了《确认书》确认双方已不存在任何债权债务，后买受人以实际面积比约定面积少，要求出卖人退还面积差异款的应如何处理？买受人不能举证证明其系在受出卖人欺诈、胁迫或重大误解的情况下签订《确认书》的，应履行《确认书》。但是‘确认双方已不存在任何债权债务’应理解为开发商以《确认书》的形式免除自身迟延交楼、迟延办证等违约责任。如果是面积减少，还是应以房产证为准退还面积差异款。”

2. 参考案例。2019 年**浙江某房屋执行纠纷案**，2015 年，仲裁委就陈某与开发公司购房合同纠纷，作出仲裁调解书，确认购房合同有效，开发公司应履行交房和过户等义务。陈某申请执行过程中，林某以其与开发公司签有购房合同为由提出案外人异议，被驳回后提起执行异议之诉，请求停止对案涉商品房强制执行，并确认林某与开发公司所签购房合同有效。二审驳回林某起诉后，林某向最高人民法院申请再审。法院认为：依最高人民法院《关于适用〈中华人民共和国民事诉讼法〉的解释》第 305 条第 1 款第 2 项规定，案外人提起执行异议之诉，应“有明确的排除对执行标的执行的诉讼请求，且诉讼请求与原判决、裁定无关”。此处“原判决、裁定”宜作广义理解，应包括仲裁裁决书和仲裁调解书在内。陈某与开发公司仲裁调解书确认，陈某与开发公司购房合同有效，开发公司应履行交房和过户等义务。本案林某所提诉请包括请求停止对案涉商品房强制执行，并确认林某与开发公司所签购房合同有效。由此可见，林某诉请成立以推翻仲裁调解书所确认部分内容为前提，其诉请与仲裁调解书发生冲突，故本案应认定林某诉请与原判决、裁定有关。依《仲裁法》第 58 条规定，只有仲裁当事人才能申请撤销仲裁裁决，案外人不能成为申请撤销仲裁裁决主体，故即便陈某和开发公司之间仲裁调解书损害到林某民事权益，林某亦无权依《仲裁法》规定申请撤销。在最高人民法院裁定提审本案前，如仅以林某诉请与原判决、裁定有关而否定其提起执行异议之诉主体资格，在原有法律框架下可能会使林某合法权益因欠缺其他有效手段而无法得到救济。在最高人民法院裁定提审本案后，最高人民法院《关于人民法院办理仲裁裁决执行案件若干问题的规定》发布并于 2018 年 3 月 1 日起施行。依该司法解释第 2 条规定，案外人对仲裁裁决执行案件申请不予执行的，负责执行的中级人民法院应当另行立案审查处理。可见，案外人如对作为执行依据的仲裁裁决或仲裁调解书有异议的，新施行的司法解释赋予了案外人依法申请不予执行权利。既然现行司法解释已给予案外人新的救济途径，在林某不符合最高人民法院《关于适用〈中华人民共和国民事诉讼法〉的解释》第 305 条规定的提起执行异议之诉条件情况下，其所提执行异议之诉应裁定驳回。需指出的是,案外人向法院申请不予执行仲裁裁决或仲裁调解书的,法院应严格按最高人民法院《关于人民法院办理仲裁裁决执行案件若干问题的规定》进行审查。鉴于该司法解释系在本院裁定提审后发布和施行,而林某现如按该司法解释规定向法院申请不予执行案涉仲裁调解书,已超过“自知道或者应当知道人民法院对该标的采取执行措施之日起三十日内提出”的法定期限,而此情况发生并非全因其自身原因所致。为保护当事人正当权益,林某可自本裁定发生法律效力之日起30日内依法向法院申请不予执行案涉仲裁调解书,以对其权益进行救济。裁定维持二审驳回林某起诉裁定。2013年**福建某房屋买卖合同纠纷案**,1998年,李某就所欠陈某14万余元,双方约定以李某农村房屋抵偿。陈某装修后入住。2002年,陈某起诉李某返还借款,经法院主持,双方达成李某偿还借款,并将前述房屋作为还款抵押担保的调解协议。2009年,陈某诉请确认所有权,被判决驳回。2011年,李某诉请返还房屋,亦被驳回。2013年,陈某以该房屋不适合居住为由,诉请李某准许其在诉争房屋外自行搭建直达三楼的楼梯、开设独立的进出门户、在陈某使用范围界砌围墙或铁栏杆。法院认为:陈某与李某虽曾签订房屋产权归属合约,约定房屋归陈某所有,但2002年,陈某起诉李某要求返还借款,后双方达成调解协议,李某应偿还借款,并将诉争房屋作为上述还款抵押担保。双方该项约定,已明确诉争房屋所有权归属,陈某仅享有诉争房屋抵押权。至于陈某基于本案历史原因长期对该房产居住、使用,其是否因此享有对该房产的相关权利并不在本案考量范围之内。陈某占有使用该房,未提供充分证据证明该房屋确实不适合居住使用,且李某作为房屋所有权人亦不同意对该房进行搭建、添置、修缮,故陈某要求李某准许其在诉争房屋外自行搭建直达三楼的楼梯、开设独立的进出门户、在陈某使用范围界砌围墙或铁栏杆诉求,应不予支持。判决驳回陈某诉请。2011年3月**山东某商品房预售合同案**,法院认为:张某与开发公司之间所签商品房买卖合同,合法有效。关于开发公司逾期交付房屋问题,张某与开发公司已调解解决,现主张判令开发公司支付逾期交房违约金,就同一事实再次起诉,根据“一事不再理”原则,张某的该项诉讼请求,应当予以驳回。至于房屋至今是否交付及未交付原因问题,因前案已就违约问题作出处理,故本案不予一并处理。关于房屋漏雨质量问题、防盗门质量问题,应在双方实际交接房屋后另行解决,本案亦不予处理。故判决驳回张某对开发公司的诉讼请求。2010年9月**重庆某不当得利案**,法院认为:开发公司、物业公司同肖某签订委托经营管理协议、补充协议、交接房手续确认单的事实虽然成立,但从签订的补充协议约定“开发公司承诺不迟于2007年5月30日正式交房”和生效判决书确认开发公司未按期交房及和解协议确定2009年9月30日为交房日的事实来看,2006年10月26日,开发公司根本未实际向肖某交房,加之物业公司在前案中述称肖某“可以随时来公司领取租金”，可以推定物业公司于2006年10月26日亦未实际支付租金，故签订的交接房手续确认单载明的交接房、收取租金事实与客观事实不符，且物业公司未能提供证据进一步证实其实际向肖某支付了该租金，故开发公司、物业公司要求肖某返还租金的诉讼请求无充分证据佐证，不予支持。2009年3月**重庆某商品房买卖合同案**，法院认为：浦某按合同约定给付房款后，开发公司未在合同约定限期内履行交房义务，也未在交房后约定限期内履行办理房地产权证的义务，开发公司虽在2006年7月6日与浦某交接房屋时，签订了补偿协议，但该协议显示，仅是对开发公司逾期交房违约金的补偿，浦某领取的也仅是开发公司延期交房的补偿款，虽协议约定了浦某不能再有其他赔偿要求，但并未明确补偿款是否包含了逾期办证的违约补偿，且逾期办证是在双方签订协议后发生的事实，按商品房买卖合同约定，开发公司应在商品房交付使用90日内办理好房地产权证，开发公司实际办理房地产权证的时间是2008年1月4日，显系违约，故浦某要求开发公司赔偿逾期办证违约金的诉讼请求，因有合同约定，应予支持。2007年7月**海南某商品房买卖合同案，**法院认为：购房合同系在季某与林某婚姻关系存续期间所签订，应视为季某为购置家庭共同财产所签订的合同，由此所形成的债权为夫妻共同所有的财产，季某与其丈夫林某有平等的处理权。由于林某与季某系夫妻关系，林某以季某的名义与开发公司于2006年3月20日签订的《购房补充协议》，应视为其对家庭共同财产的处分，季某作为共同生活的家庭成员，对其丈夫林某的上述处分行为应当知道。而季某在上述《购房补充协议》签订后，直到其于2007年7月26日提起诉讼，均未对此提出异议，应视为季某同意林某以季某名义与开发公司签订的《购房补充协议》。该补充协议未违反法律规定，应视为对季某与开发公司签订的《商品房买卖合同》部分内容的变更，对季某与开发公司具有法律约束力。根据补充协议约定，季某同意开发公司不再承担原双方签订《商品房买卖合同》中的所有违约责任。现季某依据原双方签订《商品房买卖合同》，请求判令开发公司支付逾期交房的违约金没有法律依据，本院不予支持。2007年4月**重庆某商品房买卖合同案，**法院认为：对于双方2004年7月27日所签协议中关于“双方均不得再采取任何方式追究对方履行《合同》的任何责任”约定内容的理解，肖某主张这里的任何责任是指截至2004年7月27日之前对方关于商铺交付问题的所有责任，而开发公司认为此处包含了迟延办证违约责任。法院认为，协议开始即明确双方是就商铺涉及的合同争议问题达成协议，这表明协议产生的背景是解决已发生的争议，而非变更合同；结合协议签订时间分析，双方签订该协议所解决的争议仅包含该协议提及的争议即商铺交付事项的相关争议，并不包含2004年7月27日之后可能发生的争议；协议签订之时尚未发生办证争议，无从谈肖某是否有权追究开发公司迟延办证违约责任问题，从而更无从谈肖某“放弃”追究该违约责任权利的问题；由于协议签订之时合同尚未履行完毕,如果争议条款系开发公司主张之含义,那么开发公司在该协议签订之后可以拒绝履行其尚未履行完毕的任何合同义务,包括办理产权证的相关义务,从正常逻辑推断这很难为买受人所接受,更毋谈此系肖某的真实意思表示了。故无论是从综合分析协议条款内容角度理解还是从一般生活常理及逻辑推断,2004年7月27日的协议并不能明确表明肖某已放弃追究开发公司除违约交付商铺之外的其他任何违约责任的权利。2006年8月**广东某商品房买卖合同案**,法院认为:经双方的自行协商,双方将交楼期限重新约定为2003年12月31日之前,并就2003年12月31日之前的逾期交楼违约金达成和解协议,并已实际履行完毕。从以上事实可以看出,双方的行为属于对合同中交付楼房期限的变更,该变更是合法有效的,并且双方将该变更在新的《商品房买卖合同》进行了详细约定,故开发公司应当按照新合同的约定,在2003年12月31日之前向冯某交付楼房,但开发公司却迟至2004年4月20日才向冯某交付讼争房屋,其行为已构成违约,应当按照合同的约定向冯某支付逾期交楼的违约金。另外,冯某向法院起诉的时间为2006年3月9日,而其主张的违约金为自2004年1月1日至2004年4月20日,冯某主张的部分违约金已超过了两年的诉讼时效期限,法院仅支持从2004年3月9日至2004年4月20日期间的违约金,违约时间为41天,违约金按日8‰共计20,926.4元。

【同类案件处理要点】

商品房买卖合同当事人就合同履行纠纷达成和解或调解协议后,一方反悔的,一般不予支持。但对和解协议或调解协议中没有约定或约定不明的内容,应根据合同解释的规则,探究当事人真实意思。

【相关法律风险提示】

1. 在开发商逾期交房的情况下,购房人与开发商达成的和解协议(包括调解协议,下同),应当就下次交房时间、违约责任进行明确约定,而不能笼统地以和解协议作为对开发商违约责任的处理,否则,易导致购房人再次主张逾期交房责任时,陷入"一事不再理"的不利处境。案见山东青岛中院(2011)青民一终字第507号"张某与某开发公司商品房预售合同纠纷案"。

2. 因开发商逾期交房而与购房人达成的和解协议,是否包含对必然发生的后续逾期办证的违约处理,如未明确约定,易生争端。案见重庆五中院(2009)渝五中法民终字第258号"某开发公司与浦某商品房买卖合同纠纷案"。

3. 在开发商交房违约而与购房人达成的和解协议中明确约定另行交付房屋期限的,属于对交房时间的变更,在开发商违反该约定的,应承担违约责任。购房人因此起诉，不属于“一事不再理”。案见广东佛山中院（2006）佛中法民五终字第455号“某开发公司与冯某房屋买卖合同纠纷案”。

4. 购房人办理交接房手续时，应对签字确认的内容详细阅读。在开发商逾期交房的情况下，是否放弃追究违约责任或要求损失赔偿，或者对与客观事实不符的内容进行承认，易导致事实认定的困难。案见重庆五中院（2010）渝五中法民终字第3117号“某物业公司与肖某不当得利纠纷上诉案”。

5. 认为作为执行依据的仲裁调解书有错误的，不能通过执行异议之诉解决，应依新施行的司法解释规定，向负责执行的中级人民法院申请不予执行。

【附注】

参考案例索引：云南曲靖中院（2008）曲中民终字第537号“某开发公司与韩某等房屋买卖合同纠纷案”；最高人民法院“林某与陈某等案外人执行异议之诉案”，见《认为作为执行依据的仲裁调解书有错误，不能通过执行异议之诉解决——林庆某与陈某、澄迈天浙房地产开发有限公司案外人执行异议之诉再审纠纷案》（王毓莹，最高院民一庭；陈亚，厦门海事法院），载《民事审判指导与参考·最高人民法院案件解析》（201803/75：218）；福建厦门中院（2013）厦民终字第2305号“陈栋良与李春生房屋买卖合同纠纷案”，见《农村小产权房买卖应恪守诚实信用原则》（林晞吟、王丽娟），载《人民司法·案例》（201418：26）；山东青岛中院（2011）青民一终字第507号“张某与某开发公司商品房预售合同纠纷案”；重庆五中院（2010）渝五中法民终字第3117号“某物业公司与肖某不当得利纠纷上诉案”；重庆五中院（2009）渝五中法民终字第258号“某开发公司与浦某商品房买卖合同纠纷案”；海南海口中院（2007）海中法民一终字第161号“季某与某开发公司商品房买卖合同纠纷案”；重庆一中院（2007）渝一中民终字第206号“肖某等与某开发公司商品房买卖合同纠纷案”；广东佛山中院（2006）佛中法民五终字第455号“某开发公司与冯某房屋买卖合同纠纷案”。

下编　特殊房屋类型

71. 抵押房:抵押权涤除

——出卖抵押房,合同何效力?

【合同效力】

【案情简介及争议焦点】

2003 年 4 月 1 日,邹某与开发公司签订《商品房购销合同》,购买商城一层房屋,支付价款 450 万余元后占有使用。2008 年 9 月,邹某被法院通知腾房,因该房需被拍卖,原因:1998 年,集团公司购买开发公司开发的商城后过户给集团公司董事张某,因未付款,开发公司申请仲裁,并获支持,2000 年 1 月,仲裁裁决确认集团公司与开发公司所签购销合同无效。此前的 1999 年,张某已以该房向银行抵押,1999 年 10 月,银行起诉集团公司偿还借款并请求确认抵押权,2000 年 6 月,高院未支持抵押权诉请。2003 年 2 月 24 日,最高人民法院终审判决确认抵押权有效。执行中,因开发公司申请参加诉讼,最高人民法院裁定撤销一审、二审判决,发回一审重审。高院重审认为抵押无效,银行不服上诉,2008 年 1 月,最高人民法院终审判决,认为开发公司因仲裁裁决所取得的对商城相关房产的权利,不能有效对抗银行抵押权,改判确认抵押权有效。银行遂申请查封并执行。

邹某遂诉开发公司主张解除购销合同,双倍返还房款,赔偿增值部分及装修、搬迁费。

争议焦点:1. 购销合同效力如何? 2. 是否适用惩罚性赔偿?

【裁判要点】

1. 购销合同效力。开发公司在与邹某进行房屋买卖时未通知抵押权人及告知受让人,根据最高人民法院《关于适用〈中华人民共和国担保法〉若干问题的解释》第 67 条及《物权法》第 191 条规定,并不当然导致买卖合同无效,而是可由买受人根据其意志选择行使涤除权取得房屋继续履行合同,或请求撤销、解除合同。虽邹某与开发公司所签购房合同有效,但因该房设置的抵押权已经最高人民法院终审判决认定有效,抵押权人为实现其抵押权已申请法院执行包含涉案房屋在内的抵押物,邹某的合同目的已不能实现,其要求解除合同及返还购房款,应予支持。

2.欺诈惩罚赔偿。由于邹某已全面履行合同义务,开发公司违约,应承担相应的违约责任。因双方合同已履行,开发公司在邹某支付购房款后就将涉案房屋交付邹某使用,故对于合同履行过程中购房款产生的相应利息不应由开发公司承担,但对于合同解除后,自开发公司应返还购房款之日起产生的利息费用应由开发公司承担。客观上涉案房屋房价产生了升值,但房价升降随着时间段的不同而会有变化,存在一定的市场风险,并不当然成为买方的损失,且根据本案实际情况,开发公司的违约行为并不能导致其从房屋升值中获利,故邹某要求开发公司赔偿房屋增值部分的价值的诉请无法律依据,不予支持。考虑到邹某对涉案房屋进行过装修和其将要搬离涉案房屋的事实客观存在及必然产生的损失,结合涉案房屋的面积、使用年限、用途等情况,酌情判决由开发公司承担邹某的房屋装修费20万元、搬迁费16万元。虽开发公司在仲裁裁决其与案外第三人的合同无效后,有权与邹某再行签订房屋买卖合同,但因涉案房屋已被案外第三人设定了抵押权并进行了登记,其在与邹某签订《商品房购销合同》前应通知抵押权人或告知买受人即邹某该房已被设定抵押权的情况,但开发公司并无证据证明其履行过上述通知或告知义务。开发公司的行为应认定为故意隐瞒所售房屋已抵押的事实,致使邹某基于错误的认识与开发公司签订购房合同,最终导致邹某的合同目的不能实现。开发公司的上述行为符合最高人民法院《关于审理商品房买卖合同纠纷案件适用法律若干问题的解释》第9条第1款第2项的情形,邹某有权请求开发公司承担惩罚性赔偿。考虑开发公司主观故意的情形,结合本案的实际情况,在不超过已付购房款1倍的范围内,酌情判定开发公司承担100万元的赔偿责任。

【裁判依据或参考】

1.法律法规。《民法典》(2021年1月1日)第397条:“以建筑物抵押的,该建筑物占用范围内的建设用地使用权一并抵押。以建设用地使用权抵押的,该土地上的建筑物一并抵押。抵押人未依据前款规定一并抵押的,未抵押的财产视为一并抵押。”第399条:“下列财产不得抵押:(一)土地所有权;(二)宅基地、自留地、自留山等集体所有土地的使用权,但是法律规定可以抵押的除外;(三)学校、幼儿园、医疗机构等为公益目的成立的非营利法人的教育设施、医疗卫生设施和其他公益设施;(四)所有权、使用权不明或者有争议的财产;(五)依法被查封、扣押、监管的财产;(六)法律、行政法规规定不得抵押的其他财产。”第401条:“抵押权人在债务履行期限届满前,与抵押人约定债务人不履行到期债务时抵押财产归债权人所有的,只能依法就抵押财产优先受偿。”第405条:“抵押权设立前,抵押财产已经出租并转移占有的,原租赁关系不受该抵押权的影响。”第406条:“抵押期间,抵押人可以转让抵押财产。当事人另有约定的,按照其约定。抵押财产转让的,抵押权不受影响。抵押人转让抵押财产的,应当及时通知抵押权人。抵押权人能够证明抵押财产转让可能损害抵押权的,可以请求抵押人将转让所得的价款向抵押权人提前清偿债务或者提存。转让的价款超过债权数额的部分归抵押人所有,不足部分由债务人清偿。"第 407 条:"抵押权不得与债权分离而单独转让或者作为其他债权的担保。债权转让的,担保该债权的抵押权一并转让,但是法律另有规定或者当事人另有约定的除外。"第 413 条:"抵押财产折价或者拍卖、变卖后,其价款超过债权数额的部分归抵押人所有,不足部分由债务人清偿。"第 414 条:"同一财产向两个以上债权人抵押的,拍卖、变卖抵押财产所得的价款依照下列规定清偿:(一)抵押权已经登记的,按照登记的时间先后确定清偿顺序;(二)抵押权已经登记的先于未登记的受偿;(三)抵押权未登记的,按照债权比例清偿。其他可以登记的担保物权,清偿顺序参照适用前款规定。"**《物权法》**(2007 年 10 月 1 日,已于 2021 年 1 月 1 日起失效)第 179 条:"为担保债务的履行,债务人或者第三人不转移财产的占有,将该财产抵押给债权人的,债务人不履行到期债务或者发生当事人约定的实现抵押权的情形,债权人有权就该财产优先受偿。前款规定的债务人或者第三人为抵押人,债权人为抵押权人,提供担保的财产为抵押财产。"第 188 条:"以本法第一百八十条第一款第四项、第六项规定的财产或者第五项规定的正在建造的船舶、航空器抵押的,抵押权自抵押合同生效时设立;未经登记,不得对抗善意第三人。"第 191 条:"抵押期间,抵押人经抵押权人同意转让抵押财产的,应当将转让所得的价款向抵押权人提前清偿债务或者提存。转让的价款超过债权数额的部分归抵押人所有,不足部分由债务人清偿。抵押期间,抵押人未经抵押权人同意,不得转让抵押财产,但受让人代为清偿债务消灭抵押权的除外。"**《城市房地产管理法(2019 年修正)》**(2020 年 1 月 1 日)第 47 条:"房地产抵押,是指抵押人以其合法的房地产以不转移占有的方式向抵押权人提供债务履行担保的行为。债务人不履行债务时,抵押权人有权依法以抵押的房地产拍卖所得的价款优先受偿。"**《合同法》**(1999 年 10 月 1 日,已于 2021 年 1 月 1 日起失效)第 52 条:"有下列情形之一的,合同无效:(一)一方以欺诈、胁迫的手段订立合同,损害国家利益;(二)恶意串通,损害国家、集体或者第三人利益;(三)以合法形式掩盖非法目的;(四)损害社会公共利益;(五)违反法律、行政法规的强制性规定。"第 54 条:"下列合同,当事人一方有权请求人民法院或者仲裁机构变更或者撤销:(一)因重大误解订立的;(二)在订立合同时显失公平的。一方以欺诈、胁迫的手段或者乘人之危,使对方在违背真实意思的情况下订立的合同,受损害方有权请求人民法院或者仲裁机构变更或者撤销。当事人请求变更的,人民法院或者仲裁机构不得撤销。"第 94 条:"有下列情形之一的,当事人可以解除合同:……(二)在履行期限届满之前,当事人一方明确表示或者以自己的行为表明不履行主要债务;(三)当事人一方迟延履行主要债务,经催告后在合理期限内仍未履行……”第107条:“当事人一方不履行合同义务或者履行合同义务不符合约定的,应当承担继续履行、采取补救措施或者赔偿损失等违约责任。”第108条:“当事人一方明确表示或者以自己的行为表明不履行合同义务的,对方可以在履行期限届满之前要求其承担违约责任。”**《担保法》**(1995年10月1日,已于2021年1月1日起失效)第49条:“抵押期间,抵押人转让已办理登记的抵押物的,应当通知抵押权人并告知受让人转让物已经抵押的情况;抵押人未通知抵押权人或者未告知受让人的,转让行为无效……抵押人转让抵押物所得的价款,应当向抵押权人提前清偿所担保的债权或者向与抵押权人约定的第三人提存。超过债权数额的部分,归抵押人所有,不足部分由债务人清偿。”国务院**《关于开展农村承包土地的经营权和农民住房财产权抵押贷款试点的指导意见》**(2015年8月10日　国发〔2015〕45号)第1条:“……切实尊重农民意愿,‘两权’抵押贷款由农户等农业经营主体自愿申请,确保农民群众成为真正的知情者、参与者和受益者。流转土地的经营权抵押需经承包农户同意,抵押仅限于流转期内的收益。金融机构要在财务可持续基础上,按照有关规定自主开展‘两权’抵押贷款业务。”第2条:“……(三)建立抵押物处置机制,做好风险保障。因借款人不履行到期债务或者发生当事人约定的情形需要实现抵押权时,允许金融机构在保证农户承包权和基本住房权利前提下,依法采取多种方式处置抵押物。完善抵押物处置措施,确保当借款人不履行到期债务或者发生当事人约定的情形时,承贷银行能顺利实现抵押权。农民住房财产权(含宅基地使用权)抵押贷款的抵押物处置应与商品住房制定差别化规定。探索农民住房财产权抵押担保中宅基地权益的实现方式和途径,保障抵押权人合法权益。对农民住房财产权抵押贷款的抵押物处置,受让人原则上应限制在相关法律法规和国务院规定的范围内。(四)完善配套措施,提供基础支撑。试点地区要加快推进农村土地承包经营权、宅基地使用权和农民住房所有权确权登记颁证,探索对通过流转取得的农村承包土地的经营权进行确权登记颁证。农民住房财产权设立抵押的,需将宅基地使用权与住房所有权一并抵押。按照党中央、国务院确定的宅基地制度改革试点工作部署,探索建立宅基地使用权有偿转让机制。依托相关主管部门建立完善多级联网的农村土地产权交易平台,建立‘两权’抵押、流转、评估的专业化服务机制,支持以各种合法方式流转的农村承包土地的经营权用于抵押。建立健全农村信用体系,有效调动和增强金融机构支农的积极性。”第3条:“……(二)选择试点地区。‘两权’抵押贷款试点以县(市、区)行政区域为单位。农村承包土地的经营权抵押贷款试点主要在农村改革试验区、现代农业示范区等农村土地经营权流转较好的地区开展;农民住房财产权抵押贷款试点原则上选择国土资源部牵头确定的宅基地制度改革试点地区开展。省级人民政府按照封闭运行、风险可控原则向指导小组办公室推荐试点县(市、区），经指导小组审定后开展试点。各省（区、市）可根据当地实际，分别或同时申请开展农村承包土地的经营权抵押贷款试点和农民住房财产权抵押贷款试点。（三）严格试点条件。‘两权’抵押贷款试点地区应满足以下条件：一是农村土地承包经营权、宅基地使用权和农民住房所有权确权登记颁证率高，农村产权流转交易市场健全，交易行为公开规范，具备较好基础和支撑条件；二是农户土地流转意愿较强，农业适度规模经营势头良好，具备规模经济效益；三是农村信用环境较好，配套政策较为健全。”国务院《**不动产登记暂行条例**》（2019 年修订）第 14 条：“因买卖、设定抵押权等申请不动产登记的，应当由当事人双方共同申请。属于下列情形之一的，可以由当事人单方申请：（一）尚未登记的不动产首次申请登记的；（二）继承、接受遗赠取得不动产权利的；（三）人民法院、仲裁委员会生效的法律文书或者人民政府生效的决定等设立、变更、转让、消灭不动产权利的；（四）权利人姓名、名称或者自然状况发生变化，申请变更登记的；（五）不动产灭失或者权利人放弃不动产权利，申请注销登记的；（六）申请更正登记或者异议登记的；（七）法律、行政法规规定可以由当事人单方申请的其他情形。”第 19 条：“属于下列情形之一的，不动产登记机构可以对申请登记的不动产进行实地查看：（一）房屋等建筑物、构筑物所有权首次登记；（二）在建建筑物抵押权登记；（三）因不动产灭失导致的注销登记；（四）不动产登记机构认为需要实地查看的其他情形。对可能存在权属争议，或者可能涉及他人利害关系的登记申请，不动产登记机构可以向申请人、利害关系人或者有关单位进行调查。不动产登记机构进行实地查看或者调查时，申请人、被调查人应当予以配合。”

2. 司法解释。最高人民法院《**关于适用〈中华人民共和国民法典〉有关担保制度的解释**》（2021 年 1 月 1 日　法释〔2020〕28 号）第 37 条：“当事人以所有权、使用权不明或者有争议的财产抵押，经审查构成无权处分的，人民法院应当依照民法典第三百一十一条的规定处理。当事人以依法被查封或者扣押的财产抵押，抵押权人请求行使抵押权，经审查查封或者扣押措施已经解除的，人民法院应予支持。抵押人以抵押权设立时财产被查封或者扣押为由主张抵押合同无效的，人民法院不予支持。以依法被监管的财产抵押的，适用前款规定。”第 42 条：“抵押权依法设立后，抵押财产毁损、灭失或者被征收等，抵押权人请求按照原抵押权的顺位就保险金、赔偿金或者补偿金等优先受偿的，人民法院应予支持。给付义务人已经向抵押人给付了保险金、赔偿金或者补偿金，抵押权人请求给付义务人向其给付保险金、赔偿金或者补偿金的，人民法院不予支持，但是给付义务人接到抵押权人要求向其给付的通知后仍然向抵押人给付的除外。抵押权人请求给付义务人向其给付保险金、赔偿金或者补偿金的，人民法院可以通知抵押人作为第三人参加诉讼。”第 43 条：“当事人约定禁止或者限制转让抵押财产但是未将约定登记，抵押人违反约定转让抵押财产,抵押权人请求确认转让合同无效的,人民法院不予支持;抵押财产已经交付或者登记,抵押权人请求确认转让不发生物权效力的,人民法院不予支持,但是抵押权人有证据证明受让人知道的除外;抵押权人请求抵押人承担违约责任的,人民法院依法予以支持。当事人约定禁止或者限制转让抵押财产且已经将约定登记,抵押人违反约定转让抵押财产,抵押权人请求确认转让合同无效的,人民法院不予支持;抵押财产已经交付或者登记,抵押权人主张转让不发生物权效力的,人民法院应予支持,但是因受让人代替债务人清偿债务导致抵押权消灭的除外。”第 44 条:“主债权诉讼时效期间届满后,抵押权人主张行使抵押权的,人民法院不予支持;抵押人以主债权诉讼时效期间届满为由,主张不承担担保责任的,人民法院应予支持。主债权诉讼时效期间届满前,债权人仅对债务人提起诉讼,经人民法院判决或者调解后未在民事诉讼法规定的申请执行时效期间内对债务人申请强制执行,其向抵押人主张行使抵押权的,人民法院不予支持。主债权诉讼时效期间届满后,财产被留置的债务人或者对留置财产享有所有权的第三人请求债权人返还留置财产的,人民法院不予支持;债务人或者第三人请求拍卖、变卖留置财产并以所得价款清偿债务的,人民法院应予支持。主债权诉讼时效期间届满的法律后果,以登记作为公示方式的权利质权,参照适用第一款的规定;动产质权、以交付权利凭证作为公示方式的权利质权,参照适用第二款的规定。”第 46 条:“不动产抵押合同生效后未办理抵押登记手续,债权人请求抵押人办理抵押登记手续的,人民法院应予支持。抵押财产因不可归责于抵押人自身的原因灭失或者被征收等导致不能办理抵押登记,债权人请求抵押人在约定的担保范围内承担责任的,人民法院不予支持;但是抵押人已经获得保险金、赔偿金或者补偿金等,债权人请求抵押人在其所获金额范围内承担赔偿责任的,人民法院依法予以支持。因抵押人转让抵押财产或者其他可归责于抵押人自身的原因导致不能办理抵押登记,债权人请求抵押人在约定的担保范围内承担责任的,人民法院依法予以支持,但是不得超过抵押权能够设立时抵押人应当承担的责任范围。”最高人民法院**《第八次全国法院民事商事审判工作会议(民事部分)纪要》**(2016 年 11 月 30 日)第 14 条:“物权法第一百九十一条第二款并非针对抵押财产转让合同的效力性强制性规定,当事人仅以转让抵押房地产未经抵押权人同意为由,请求确认转让合同无效的,不予支持。受让人在抵押登记未涂销时要求办理过户登记的,不予支持。”最高人民法院民一庭负责人**《关于当前民事审判工作中的若干具体问题》**(2015 年 12 月 24 日)第 1 条:“……关于处分权受限制的房地产转让合同效力。合同效力问题的实质是公权力对私法自治的评价。大家都知道,在房地产领域,存在土地出让、合作开发和房屋买卖的一、二、三级市场,从公权力的干预程度上看,是依次减弱的,因此,在对合同效力的把握上,也要依次放宽。要特别注意这三个市场在经济制度、法律制度和法理等方面存在的不同安排和规则。实践中，出卖人在签订房产转让合同时未取得房屋所有权证书、未经其他共有权人同意或者房产已经设定抵押或被依法查封的，房产转让合同的效力问题争议较大。我们认为，总体上看，房地产转让已经属于房地产三级市场，应该更多地发挥私法自治的功能。具体法律适用上，买卖合同司法解释（即《最高人民法院关于审理买卖合同纠纷案件适用法律问题的解释》）……”最高人民法院《**2015年全国民事审判工作会议纪要**》（2015年4月19日）第39条：“取得了房屋预售许可或者销售许可的房地产开发商以在建工程抵押取得银行贷款后，又同买受人签订了房屋买卖合同，买受人依约支付了全部或大部分购房款，房地产开发商不能偿还银行贷款，抵押权人向人民法院请求行使抵押权的请求，不予支持；对于买受人向人民法院请求确认其购买房屋的权利优先于银行抵押权的，人民法院应予支持。”最高人民法院《**关于〈城市房地产抵押管理办法〉在建工程抵押规定与上位法是否冲突问题的答复**》（2012年11月28日 〔2012〕行他字第8号）：“在建工程属于《担保法》规定的可以抵押的财产范围。法律对在建工程抵押权人的范围没有作出限制性规定，《城市房地产抵押管理办法》第三条第五款有关在建工程抵押的规定，是针对贷款银行作为抵押权人时的特别规定，但并不限制贷款银行以外的主体成为在建工程的抵押权人。”最高人民法院《**关于审理房屋登记案件若干问题的规定**》（2010年11月18日 法释〔2010〕15号）第4条：“房屋登记机构为债务人办理房屋转移登记，债权人不服提起诉讼，符合下列情形之一的，人民法院应当依法受理：（一）以房屋为标的物的债权已办理预告登记的；（二）债权人为抵押权人且房屋转让未经其同意的……”最高人民法院《**2011年全国民事审判工作会议纪要**》（2011年6月）第8条：“未经抵押权人同意转让抵押财产的，不能依据物权法第一百九十一条第二款规定认定转让合同无效。受让人因抵押权登记未涂销，请求解除合同的，应予支持；受让人要求转让人承担相应民事责任的，根据当事人的过错程度等予以确定。”最高人民法院《**关于人民法院执行设定抵押的房屋的规定**》（2005年12月21日 法释〔2005〕14号，已于2021年1月1日起失效）第1条：“对于被执行人所有的已经依法设定抵押的房屋，人民法院可以查封，并可以根据抵押权人的申请，依法拍卖、变卖或者抵债。”第2条：“人民法院对已经依法设定抵押的被执行人及其所扶养家属居住的房屋，在裁定拍卖、变卖或者抵债后，应当给予被执行人六个月的宽限期。在此期限内，被执行人应当主动腾空房屋，人民法院不得强制被执行人及其所扶养家属迁出该房屋。”第3条：“上述宽限期届满后，被执行人仍未迁出的，人民法院可以作出强制迁出裁定，并按照民事诉讼法第二百二十六条的规定执行。强制迁出时，被执行人无法自行解决居住问题的，经人民法院审查属实，可以由申请执行人为被执行人及其所扶养家属提供临时住房。”最高人民法院《**关于企业法人分支机构未经授权以登记在其名下的房地**

产为他人提供的抵押合同的效力应如何认定问题的答复》(2005 年 11 月 16 日　〔2005〕民二他字第 8 号):"……根据我国房地产法律关于登记确权规定之精神,企业法人的分支机构以登记在其名下的房地产为他人债权设定抵押,该抵押认定行为符合担保法规定的抵押权生效条件的,人民法院应当认定有效。"最高人民法院**《关于人民法院民事执行中查封、扣押、冻结财产的规定》**(2005 年 1 月 1 日　法释〔2004〕15 号,于 2020 年 12 月 29 日修改,2021 年 1 月 1 日起实施)第 15 条:"被执行人将其所有的需要办理过户登记的财产出卖给第三人,第三人已经支付部分或者全部价款并实际占有该财产,但尚未办理产权过户登记手续的,人民法院可以查封、扣押、冻结;第三人已经支付全部价款并实际占有,但未办理过户登记手续的,如果第三人对此没有过错,人民法院不得查封、扣押、冻结。"第 16 条:"被执行人购买第三人的财产,已经支付部分价款并实际占有该财产,第三人依合同约定保留所有权的,人民法院可以查封、扣押、冻结。保留所有权已办理登记的,第三人的剩余价款从该财产变价款中优先支付;第三人主张取回该财产的,可以依据民事诉讼法第二百二十七条规定提出异议。"第 17 条:"被执行人购买需要办理过户登记的第三人的财产,已经支付部分或者全部价款并实际占有该财产,虽未办理产权过户登记手续,但申请执行人已向第三人支付剩余价款或者第三人同意剩余价款从该财产变价款中优先支付的,人民法院可以查封、扣押、冻结。"最高人民法院**《关于房地产管理机关能否撤销错误的注销抵押登记行为问题的批复》**(2003 年 11 月 20 日　法释〔2003〕17 号):"房地产管理机关可以撤销错误的注销抵押登记行为。"最高人民法院**《关于审理商品房买卖合同纠纷案件适用法律若干问题的解释(2020 年修改)》**(2021 年 1 月 1 日　法释〔2020〕17 号)第 1 条:"本解释所称的商品房买卖合同,是指房地产开发企业(以下统称为出卖人)将尚未建成或者已竣工的房屋向社会销售并转移房屋所有权于买受人,买受人支付价款的合同。"第 12 条:"当事人以约定的违约金过高为由请求减少的,应当以违约金超过造成的损失 30% 为标准适当减少;当事人以约定的违约金低于造成的损失为由请求增加的,应当以违约造成的损失确定违约金数额。"第 13 条:"商品房买卖合同没有约定违约金数额或者损失赔偿额计算方法,违约金数额或者损失赔偿额可以参照以下标准确定:逾期付款的,按照未付购房款总额,参照中国人民银行规定的金融机构计收逾期贷款利息的标准计算。逾期交付使用房屋的,按照逾期交付使用房屋期间有关主管部门公布或者有资格的房地产评估机构评定的同地段同类房屋租金标准确定。"第 14 条:"由于出卖人的原因,买受人在下列期限届满未能取得不动产权属证书的,除当事人有特殊约定外,出卖人应当承担违约责任:(一)商品房买卖合同约定的办理不动产登记的期限;(二)商品房买卖合同的标的物为尚未建成房屋的,自房屋交付使用之日起 90 日;(三)商品房买卖合同的标的物为已竣工房屋的,自合同订立之日起90日。合同没有约定违约金或者损失数额难以确定的,可以按照已付购房款总额,参照中国人民银行规定的金融机构计收逾期贷款利息的标准计算。"第15条:"商品房买卖合同约定或者城市房地产开发经营管理条例第三十二条规定的办理不动产登记的期限届满后超过一年,由于出卖人的原因,导致买受人无法办理不动产登记,买受人请求解除合同和赔偿损失的,应予支持。"最高人民法院行政审判庭**《关于房屋抵押登记行为违法的,如何计算行政赔偿数额问题的电话答复》**(2002年7月26日　〔2002〕行他字第2号):"……因违法的房屋抵押登记行为造成的损害,属于《中华人民共和国国家赔偿法》第二十八条第(七)项规定的'对财产权造成的其他损害',应当按照直接损失计算赔偿数额。请你院在处理特定案件时,根据案件具体情况,酌情确定行政赔偿数额。"最高人民法院**《关于适用〈中华人民共和国担保法〉若干问题的解释》**(2000年12月13日　法释〔2000〕44号,已于2021年1月1日起失效)第55条:"已经设定抵押的财产被采取查封、扣押等财产保全或者执行措施的,不影响抵押权的效力。"第57条:"当事人在抵押合同中约定,债务履行期届满抵押权人未受清偿时,抵押物的所有权转移为债权人所有的内容无效。该内容的无效不影响抵押合同其他部分内容的效力。"第67条:"抵押权存续期间,抵押人转让抵押物未通知抵押权人或者未告知受让人的,如果抵押物已经登记的,抵押权人仍可以行使抵押权;取得抵押物所有权的受让人,可以代替债务人清偿其全部债务,使抵押权消灭。受让人清偿债务后可以向抵押人追偿。如果抵押物未经登记的,抵押权不得对抗受让人,因此给抵押权人造成损失的,由抵押人承担赔偿责任。"最高人民法院**《关于贯彻执行〈中华人民共和国民法通则〉若干问题的意见(试行)》**[1988年4月2日　法(办)发〔1988〕6号,已于2021年1月1日起失效]第68条:"一方当事人故意告知对方虚假情况,或者故意隐瞒真实情况,诱使对方当事人作出错误意思表示的,可以认定为欺诈行为。"第113条:"以自己不享有所有权或者经营管理权的财产作抵押物的,应当认定抵押无效。以法律限制流通的财产作为抵押物的,在清偿债务时,应当由有关部门收购,抵押权人可以从价款中优先受偿。"最高人民法院**《关于贯彻执行民事政策法律若干问题的意见》**(1984年8月30日,已于2019年7月20日起失效)第56条:"买卖双方自愿,并立有契约、买方已交付了房款,并实际使用和管理了房屋,又没有其他违法行为,只是买卖手续不完善的,应认定买卖关系有效,但应着其补办房屋买卖手续。"

3. 部门规范性文件。中国人民银行、中国银监会、中国保监会、财政部、国土资源部、住建部**《关于印发〈农民住房财产权抵押贷款试点暂行办法〉的通知》**(2016年3月15日　银发〔2016〕78号)第2条:"本办法所称农民住房财产权抵押贷款,是指在不改变宅基地所有权性质的前提下,以农民住房所有权及所占宅基地使用权作为抵押、由银行业金融机构(以下称贷款人)向符合条件的农民住房所有人

(以下称借款人)发放的、在约定期限内还本付息的贷款。”第4条:“借款人以农民住房所有权及所占宅基地使用权作抵押申请贷款的,应同时符合以下条件:(一)具有完全民事行为能力,无不良信用记录;(二)用于抵押的房屋所有权及宅基地使用权没有权属争议,依法拥有政府相关主管部门颁发的权属证明,未列入征地拆迁范围;(三)除用于抵押的农民住房外,借款人应有其他长期稳定居住场所,并能够提供相关证明材料;(四)所在的集体经济组织书面同意宅基地使用权随农民住房一并抵押及处置。以共有农民住房抵押的,还应当取得其他共有人的书面同意。”第12条:“因借款人不履行到期债务,或者按借贷双方约定的情形需要依法行使抵押权的,贷款人应当结合试点地区实际情况,配合试点地区政府在保障农民基本居住权的前提下,通过贷款重组、按序清偿、房产变卖或拍卖等多种方式处置抵押物,抵押物处置收益应由贷款人优先受偿。变卖或拍卖抵押的农民住房,受让人范围原则上应限制在相关法律法规和国务院规定的范围内。”自然资源部**《不动产登记暂行条例实施细则(2019年修改)》**(2019年7月24日)第75条:“以建设用地使用权以及全部或者部分在建建筑物设定抵押的,应当一并申请建设用地使用权以及在建建筑物抵押权的首次登记。当事人申请在建建筑物抵押权首次登记时,抵押财产不包括已经办理预告登记的预购商品房和已经办理预售备案的商品房。前款规定的在建建筑物,是指正在建造、尚未办理所有权首次登记的房屋等建筑物。”建设部**《房屋登记办法》**(2008年7月1日,已于2019年9月6日起失效)第34条:“抵押期间,抵押人转让抵押房屋的所有权,申请房屋所有权转移登记的,除提供本办法第三十三条规定材料外,还应当提交抵押权人的身份证明、抵押权人同意抵押房屋转让的书面文件、他项权利证书。”第35条第1款:“因人民法院或者仲裁委员会生效的法律文书、合法建造房屋、继承或者受遗赠取得房屋所有权,权利人转让该房屋所有权或者以该房屋设定抵押权时,应当将房屋登记到权利人名下后,再办理房屋所有权转移登记或者房屋抵押权设立登记。”第67条:“有下列情形之一的,当事人可以申请预告登记:(一)预购商品房;(二)以预购商品房设定抵押;(三)房屋所有权转让、抵押;(四)法律、法规规定的其他情形。”第68条:“预告登记后,未经预告登记的权利人书面同意,处分该房屋申请登记的,房屋登记机构应当不予办理。预告登记后,债权消灭或者自能够进行相应的房屋登记之日起三个月内,当事人申请房屋登记的,房屋登记机构应当按照预告登记事项办理相应的登记。”第69条:“预售人和预购人订立商品房买卖合同后,预售人未按照约定与预购人申请预告登记,预购人可以单方申请预告登记。”建设部**《城市房地产抵押管理办法》**(2001年8月15日)第49条:“抵押人擅自以出售、出租、交换、赠与或者以其他方式处分抵押房地产的,其行为无效;造成第三人损失的,由抵押人予以赔偿。”中国人民银行**《关于对典当行从事房屋抵押贷款业务有关问题的复函》**(2000年9月5

日　银条法〔2000〕53号）第1条：“中国人民银行于一九九六年发布的《典当行管理暂行办法》规定，典当行的业务范围为质押贷款业务。但在实践中，鉴于房屋抵押贷款业务对典当行的生存与发展至关重要，同时典当行也大多从事此项业务，从历史情况和典当业发展的需要出发，中国人民银行在监管工作中不禁止典当行从事房屋抵押贷款业务。”第2条：“我们认为，考虑到国家政策和我国典当业发展的实际情况，地方法院对典当行可从事房屋抵押贷款业务的认定，是比较妥当的。”

4.地方司法性文件。湖南高院《**关于审查征收、补偿、安置再审申请行政案件若干问题的指导意见**》（2020年6月8日　湘高法〔2020〕11号）第8条：“被征收房屋的抵押权人对征收补偿决定等不服提起诉讼的，不具备原告主体资格。抵押权人能够证明征收补偿决定对其抵押权合法权益造成影响，且房屋所有人明确拒绝起诉的，抵押权人可以自己名义提起行政诉讼。再审申请人据此主张原审不予立案或驳回起诉错误的，人民法院应当依法裁定再审。”天津高院《**关于审理房屋买卖合同纠纷案件若干问题的审判委员会纪要**》（2018年11月26日　津高法〔2018〕230号）第2条：“二手房买卖相关问题……（二）关于合同继续履行问题……房屋买卖合同项下房屋设定的抵押权未消灭，买受人请求出卖人依照房屋买卖合同的约定办理房屋所有权转移登记手续的，可以买受人释明变更诉讼请求为代为清偿债务涤除抵押权后办理所有权转移登记。诉讼中，可以依法追加抵押权人作为第三人参加诉讼。”江苏高院《**关于审理房地产合同纠纷案件若干问题的解答**》（2018年6月26日　审委会会议纪要〔2018〕3号）第18条：“预抵押的效力如何认定？商品房预售过程中，办理房屋贷款时将预售房屋进行预抵押登记，购房人无力归还借款时，贷款人主张对预抵押房屋行使抵押权的，人民法院不予支持。”第25条：“未经抵押权人同意销售商品房的如何处理？抵押权存续期间，出卖人未经抵押权人同意销售商品房的，不影响商品房买卖合同的效力。出卖人（抵押人）在约定的履行期限届满时仍未履行消灭抵押权的义务，致使买受人无法办理商品房权属转移登记的，买受人请求解除合同，并要求出卖人（抵押人）承担相应违约责任的，应予支持。受让人要求继续履行合同，办理房地产权属转移登记，经人民法院释明后仍坚持不变更的，对其诉讼请求，不予支持，但受让人代为清偿债务消灭抵押权的除外。”河北廊坊中院《**关于印发〈审理房屋买卖合同纠纷案件若干问题的会议纪要〉的通知**》（2018年3月14日　廊中法〔2018〕24号）第15条：“房屋抵押权存续期间，出卖人（抵押人）未经抵押权人同意转让抵押房屋的，不影响房屋买卖合同的效力。出卖人在合同约定的履行期限届满时仍未履行消灭抵押权的义务，致使买受人无法办理房屋产权转移登记，买受人请求解除合同，并要求出卖人承担违约责任的应予支持；买受人要求继续履行合同，办理房屋产权转移登记，应追加抵押权人参加诉讼，买受人代为清偿债务消灭抵押权的，对其诉讼请求可予支持;经法院释明后,买受人不代为清偿债务消灭抵押权,且坚持继续履行合同的,对其诉讼请求,不予支持。”广东高院**《印发〈关于审理房屋买卖合同纠纷案件的指引〉的通知》**(2017年9月12日　粤高法〔2017〕191号,已于2020年12月31日经粤高法〔2020〕132号废止)第20条:“合同项下房屋设定的抵押权未消灭,买受人请求出卖人依照房屋买卖合同的约定办理房屋所有权转移登记的,人民法院可以向其释明变更诉讼请求为代为清偿债务消灭抵押权后办理房屋所有权转移登记或者解除合同、赔偿损失。”第45条:“买受人将房屋抵押给债权人后,当事人一方请求确认房屋买卖合同无效或者撤销、解除合同并请求返还财产,担保权人或者第三人提出独立的诉讼请求的,可以与房屋买卖合同纠纷合并审理。担保权人或者第三人就抵押担保的债权债务关系另行起诉的,可以与房屋买卖合同纠纷合并审理。房屋买卖合同被确认无效或者被撤销、解除,抵押权未消灭,出卖人请求返还房屋,要求办理房屋所有权转移登记的,不予支持;出卖人主张将应当返还给买受人的价款在担保债权的范围内支付给抵押权人或者将该款提存消灭抵押权后返还房屋的,应予支持。”山东高院**《民事审判会议纪要》**(2017年8月)第2条:“……5.关于抵押房屋的处分问题。《中华人民共和国担保法》第四十九条规定:‘抵押期间,抵押人转让已办理登记的抵押物的,应当通知抵押权人并告知受让人转让物已经抵押的情况;抵押人未通知抵押权人或者未告知受让人的,转让行为无效。’最高人民法院《关于适用〈中华人民共和国担保法〉若干问题的解释》第六十七条事实上改变了担保法规定的上述原则。该条规定:‘抵押权存续期间,抵押人转让抵押物未通知抵押权人或者未告知受让人的,如果抵押物已经登记的,抵押权仍可以行使抵押权;取得抵押物所有权的受让人,可以代替债务人清偿其全部债务,使抵押权消灭。受让人清偿债务后可以向抵押人追偿。’这一规定明确了当事人转让已登记的抵押物并不影响抵押权人行使抵押权,同时确认受让人可以通过代替债务清偿债务的方式,使抵押权消灭,排除合同履行的障碍。《物权法》第一百九十一条规定:‘抵押期间,抵押人经抵押权人同意转让抵押财产的,应当将转让所得的价款向抵押权人提前清偿债务或者提存。转让的价款超过债权数额的部分归抵押人所有,不足部分由债务人清偿。抵押期间,抵押人未经抵押权人同意,不得转让抵押财产,但受让人代为清偿债务消灭抵押权的除外。’根据《物权法》确立的区分原则,《物权法》第一百九十一条的规定仅是对物权关系作出调整,不能以此作为认定合同效力的依据。转让房产是否为抵押物,并不影响买卖合同本身的效力。如果出卖人(抵押人)事先未告知买受人房屋抵押的事实,买方可选择解除买卖合同、追究出卖人的违约责任或代为归还债务,消灭抵押权,保证合同顺利履行。因此,对于当事人订立合同将抵押中的房地产转让的,如无其他导致合同无效的事由,原则上应当认定有效。关于房地分别抵押的,如果没有其他导致合同无效的情形,原则上均应认定为有效合同。房地分别抵押的不属于集合抵押，不能认定其中一个抵押权有效而另一个无效，在处分时应当按照《物权法》第一百八十二条、第二百条规定的一体处分原则加以处理，即就土地使用权和房屋所有权分别进行估价，一并处分，并就拍卖所得价款分别清偿相应的抵押权。”北京高院（单国军庭长）**《关于审理城镇房屋买卖合同案件适用法律若干问题的调研报告》**（2017 年 2 月 5 日）：“……关于设定有抵押权房屋的买卖问题。《物权法》第 191 条第 2 款规定：‘抵押期间，抵押人未经抵押权人同意，不得转让抵押财产，但受让人代为清偿债务消灭抵押权的除外。’有观点认为，该规定属于法律的强制性规定，违反该规定转让房屋的，买卖合同无效。我们认为，该规定在性质上不宜理解为效力性的强制性规范，违反该强制性规范不影响买卖合同的效力，只对合同是否能够继续履行产生影响。并且，当事人在签订合同时往往对于房屋是否设定有抵押权是清楚的，双方在合同中一般都约定由买受人支付部分购房款以消灭抵押权，按此约定合同是能够继续履行的，当事人主张合同无效多是因房屋价格波动利益驱动所致。因此，依据合同自由和诚实信用的原则，房屋抵押权存续期间，出卖人（抵押人）未经抵押权人同意转让抵押房屋的，不影响房屋买卖合同的效力。关于设定抵押权房屋买卖合同的履行问题，在合同约定履行期限届满时，出卖人仍未取得抵押权人的同意，也未向抵押权人清偿债务消灭抵押权的，依据建设部《房屋登记办法》（建设部令第 168 号）第 34 条规定，房屋管理机关不能为买受人办理房屋所有权转移登记手续，买卖合同无法继续履行，属于合同履行不能，合同目的无法实现，买受人有权解除合同，并要求出卖人承担相应的违约责任，如果买受人要求继续履行合同，办理房屋所有权转移登记，则法院应当向买受人释明，告知其变更诉讼请求，经释明后买受人坚持不变更的，应驳回其诉讼请求。如果买受人依据物权法的规定行使涤除权，法院应予准许，并判决买受人直接代出卖人向抵押权人清偿债务消灭抵押权，再将该部分款项从未付购房款中予以扣除，待抵押权消灭后再为买受人办理房屋转移登记手续。”湖北高院民二庭**《当前商事审判疑难问题裁判指引（上）》**（2016 年 11 月）第 12 条：“阶段性保证条款并非保证期间。阶段性担保系贷款银行为保障放款之日至按揭房屋产权证及抵押权证办理完毕并收执日之间贷款风险敞口期之间的贷款资金风险，要求由房屋开发商、房产中介或担保公司提供连带保证，条款一般表述为：某房产公司为本合同贷款向贷款人提供阶段性担保。保证期间为本合同生效之日（或贷款实际发放之日）起至借款人所购房产的房地产权证及他项权证办理完毕并交贷款人执掌之日止。购房抵押贷款合同中阶段性保证条款系对保证责任终止所附解除条件约定，并非保证期间约定。保证人有证据证明贷款人拒绝履行协助办证义务或拒绝收执的，视为解除条件已成就，保证人的保证责任终止。保证人以所购房屋已符合办证条件，自身无过错或贷款人拒不办理有关房屋权属及抵押手续等事项为由主张其保证责任应予免除,不予支持。"第17条:"法律规定登记始设立的抵押权未办理抵押登记。当事人以《物权法》第一百八十七条第一款第一项至第三项规定的财产或者第五项规定的正在建造的建筑物设立抵押,抵押权自登记时设立。抵押担保合同签订后未办理抵押登记的,债权人依据合同请求判令担保人办理抵押登记的,应予支持。因客观原因不能办理抵押登记的,如果抵押合同有明确约定,债权人按照合同约定请求以未办理登记的抵押财产折价或拍卖、变卖的价款偿还债务,应予支持,但不得对抗其他债权人。"第18条:"抵押预告登记不能有效设立抵押权。预售商品房抵押贷款中,房屋上设定的抵押预告登记,与抵押权设立登记具有不同的法律性质和法律效力。当事人虽然已办理抵押预告登记但未办理抵押登记的,不能有效设立抵押权。"重庆高院**《关于执行工作适用法律若干问题的解答(一)》**(2016年9月　渝高法〔2016〕63号)第1条:"实现担保物权执行案件的相关问题。(一)在实现担保物权案件执行中,人民法院对担保财产进行拍卖、变卖,其价款不足以清偿主债务的,如何处理?人民法院对担保财产进行拍卖、变卖,将变价款按照担保债权范围支付给担保物权人即执行完毕,剩余的变价款返还担保人。支付给担保物权人的价款不足以清偿主债务的,不再执行担保物以外的财产。(二)在实现担保物权案件执行中,主债务已经清偿的,如何处理?担保物权人确认主债务已经清偿的,或担保人提供证据证明且经人民法院审查认定主债务已经清偿的,人民法院应停止对担保财产的执行,并以执行完毕结案。(三)在实现担保物权案件执行中,担保物上还有不可分的附合物、混合物、加工物,或两物分开后价值减损的,如何处理?担保物上还有不可分的附合物、混合物或加工物,或者两物分开后价值减损的,人民法院在确认担保物与附和物、混合物或加工物的相应份额,并告知相关权利人后,可将其一并拍卖、变卖,但担保物权人的优先受偿范围只及于担保物对应的份额……"浙江高院办公室**《印发〈关于执行非住宅房屋时案外人主张租赁权的若干问题解答〉的通知》**(2014年9月11日　浙高法办〔2014〕39号)第6条:"人民法院执行已设定抵押的房屋时,在抵押权设立后承租房屋的案外人以被执行人出租房屋时未告知抵押情况等为由,主张实现抵押权不得影响其租赁权,如何处理?答:抵押登记具有公示公信效力。此外,房屋出租人负有向承租人告知房屋抵押情况的义务。基于此,《中华人民共和国物权法》第一百九十条明确规定:抵押权设立后抵押财产出租的,该租赁关系不得对抗已登记的抵押权。最高人民法院《关于适用〈中华人民共和国担保法〉若干问题的解释》第六十六条亦规定:抵押人将已抵押的财产出租的,抵押权实现后,租赁合同对受让人不具有约束力。故在题述情况下,人民法院应当按照最高人民法院《关于人民法院民事执行中拍卖、变卖财产的规定》第三十一条的规定,将案涉房屋上的租赁权涤除后再依法拍卖。"广东深圳中院**《关于房屋买卖合同纠纷案件的裁判指**

引》(2014 年 8 月 28 日修订)第 22 条:“抵押期间,抵押人转让已办理登记的抵押房屋,未通知抵押权人或未告知买受人的,不影响房屋买卖合同的效力。【说明】旨在解决当事人转让被抵押房屋的合同效力认定问题。《中华人民共和国担保法》第四十九条规定:‘抵押期间,抵押人转让已办理登记的抵押物的,应当通知抵押权人并告知受让人转让物已经抵押的情况;抵押人未通知抵押权人或者未告知受让人的,转让行为无效。’但最高人民法院《关于适用〈中华人民共和国担保法〉若干问题的解释》第六十七条规定:‘抵押权存续期间,抵押人转让抵押物未通知抵押权人或者未告知受让人的,如果抵押物已经登记的,抵押权人仍可以行使抵押权;取得抵押物所有权的受让人,可以代替债务人清偿其全部债务,使抵押权消灭。受让人清偿债务后可以向抵押人追偿。’该司法解释的规定事实上已经改变了担保法第四十九条的规定,确认当事人转让已登记的抵押物并不影响抵押权人行使抵押权,同时确认受让人可以通过代替债务人清偿债务的方式,使抵押权消灭,排除合同履行的障碍。按照上述司法解释,转让房产是否为抵押物,并不影响买卖合同本身的效力。如果出卖人(抵押人)事先未告知买受人房屋抵押的事实,买方可选择解除买卖合同、追究出卖人的违约责任,亦可选择代为归还债务,消灭抵押权,保证合同顺利履行。因此,认定合同有效,更有利于对买受人合法权益的保护。事实上,在深圳众多的二手房交易过程中,买卖双方均清楚转让房产为卖方向银行贷款的抵押物,签订合同时双方并未先行通知抵押权人,而是在合同中约定由卖方在一定期限内办理还贷赎楼的手续。抵押权人的抵押权能够得到实现,买卖合同的有效性也就应得到认可。也有不同意见认为,物权法第一百九十一条规定,抵押期间,抵押人未经抵押权人同意,不得转让抵押财产,但受让人代为清偿债务消灭抵押权的除外。根据该规定,抵押人未通知抵押权人签订的转让抵押物的合同为效力待定合同,如该合同经抵押权人追认或由受让人代为清偿债务消灭抵押权,则合同为有效,否则为无效。”广东深圳中院**《关于审理房地产纠纷案件的裁判指引》**(2014 年 8 月 28 日修订)第 6 条:“出租人将已出租的房屋抵押后,又与承租人约定延长租赁期限或降低租金标准的,该约定对抵押权人不具有法律约束力。抵押权人行使抵押权时,因当事人未说明存在延长租赁期限或降低租金标准的约定内容,导致房屋拍卖公告中未公示前述约定的,该约定对竞买人不具有法律约束力。”江苏高院**《关于当前商事审判若干问题的解答》**(2013 年 8 月 21 日)第 6 条:“问:在不动产抵押登记中,登记机关除在不动产登记簿上进行记载以外,还要向权利人颁发他项权证。如果他项权证上记载的抵押物价值与登记簿不一致的,抵押人以此为由对抵押权人受偿范围进行抗辩的,应当如何处理? 答:我们认为,应当以登记机关登记簿的记载为准。《中华人民共和国物权法》第十七条规定:不动产权属证书是权利人享有该不动产物权的证明。不动产权属证书记载的事项,应当与不动产登记簿一致;记载不一致的,除有证据证明不动产登记簿确有错误外,以不动产登记簿为准。因此,他项权证上关于房地产抵押价值的记载,不能作为对抵押权人权利范围的限制。在实现抵押权时,其他权利人主张抵押权的范围仅限于他项权证记载的价值,抵押权人对超出部分不享有优先受偿权的,人民法院不应予以支持。"上海高院**《物权民事纠纷办案要件指南(总则部分)》**(2012年7月9日)第4条:"(抗辩预告登记权利人转移物权请求的要件事实)针对预告权利人转移不动产物权的请求,不动产物权人予以抗辩的,应当举证证明其依据约定享有相应履行抗辩权的要件事实。【说明】针对预告权利人转移不动产物权的请求,不动产物权人予以抗辩的,应当举证证明存在相应的要件事实,即不动产物权人或者其依据约定享有相应履行抗辩权的要件事实,以证明对方请求不成立。建立预告登记制度的目的,只是为保全物权变动请求权提供法律保障,但并不改变该物权变动请求权本身,也就是说享有预告登记权利,并不代表可以径行要求对方无条件协助履行过户手续。预告登记中的义务人仍可基于原债权债务关系,享有对该请求权人的抗辩权,并通过该抗辩权的行使而使预告权利人的请求权受到限制,甚至可能会使预告登记的效力消灭。如在商品房预售合同中,虽然预售合同已进行了预告登记,但是购房人违约未付清房款,出卖人有权对购房人要求产生过户的请求提出抗辩;如果购房人事后又履行了合同义务,补清了房款,可以请求转移物权;如果购房人明确表示不再支付余款,不愿意继续履行合同,致使合同目的无法实现,出现解除合同或终止履行的局面,则出售方不再负有交房义务,预告登记亦无继续存在的必要,此时预告登记效力即告消灭。"广东高院**《关于印发〈全省民事审判工作会议纪要〉的通知》**(2012年6月26日　粤高法〔2012〕240号,已于2020年12月31日经粤高法〔2020〕132号废止)第1条:"要准确理解和适用法律、行政法规的强制性规定,依法维护合同效力。《物权法》第一百九十一条第二款并非针对抵押财产转让合同的效力性强制性规定,当事人仅以转让抵押房地产未经抵押权人同意为由,请求确认转让合同无效的,不予支持。受让人因抵押登记未涂销无法办理物权转移登记而请求解除合同的,应予支持;受让人要求转让人承担相应的民事责任的,应考虑当事人的过错程度等因素进行处理。"安徽高院**《关于审理房屋买卖合同纠纷案件适用法律问题的指导意见》**(2012年3月5日)第10条:"房屋抵押权存续期间,出卖人(抵押人)未经抵押权人同意转让抵押房屋的,不影响房屋买卖合同的效力。在合同约定的履行期限届满时因抵押登记仍未涂销,导致无法办理房屋所有权转移登记,买受人请求解除合同的,可予支持。买受人要求出卖人承担违约责任的,可综合考虑合同双方过错、所造成的损失等因素,确定应予承担的责任。"广东高院**《关于民商事审判实践中有关疑难法律问题的解答意见》**(2012年3月1日)第2条:"……(三)抵押合同中约定以土地使用权和地上房屋同时抵押,但仅就其中一项办理了登记,抵押效力范围应如何确定。根据《中华人民共和国物权法》第一百八十条、第一百八十七条的规定,土地使用权和地上房屋同时用于抵押应遵循不动产抵押登记生效原则,未经登记,抵押不生效。实践中,土地、房屋分由不同行政管理部门办理抵押登记手续,如若认定房、地只须办理一项即可,亦与现实不符。另外,也不利于对善意第三人的保护。故实践中应以登记事项来认定抵押效力应仅限于办理抵押登记部分。”山东高院《**2011 年民事审判工作会议纪要**》(2011 年 11 月 30 日 鲁高法〔2011〕297 号)第 2 条:“……(九)关于出租人出租抵押房屋合同的效力认定问题。在房屋上设定抵押权后,能否进行出租,我国现行法律、行政法规没有明确规定,一般认为,房屋被抵押后,抵押权实现之前,出租人将抵押房屋租赁给承租人使用不违反法律、行政法规的强制性规定,且不影响房屋的正常使用,完全可以实现签订租赁合同的目的,应当认定出租人与承租人签订的房屋租赁合同是有效的,但出租人负有对租赁物的权利瑕疵担保义务,如出租人未履行该义务,承租人有权行使合同解除权,并要求出租人承担违约责任。”山东高院《**2011 年全省民事审判工作会议纪要(讨论稿)**》(2011 年 8 月)第 5 条:“关于抵押房屋的处分问题。《中华人民共和国担保法》第四十九条规定:‘抵押期间,抵押人转让已办理登记的抵押物的,应当通知抵押权人并告知受让人转让物已经抵押的情况;抵押人未通知抵押权人或者未告知受让人的,转让行为无效。’最高人民法院《关于适用〈中华人民共和国担保法〉若干问题的解释》第六十七条事实上改变了担保法规定的上述原则。该条规定:‘抵押权存续期间,抵押人转让抵押物未通知抵押权人或者未告知受让人的,如果抵押物已经登记的,抵押权仍可以行使抵押权;取得抵押物所有权的受让人,可以代替债务人清偿其全部债务,使抵押权消灭。受让人清偿债务后可以向抵押人追偿。’这一规定明确了当事人转让已登记的抵押物并不影响抵押权人行使抵押权,同时确认受让人可以通过代替债务清偿债务的方式,使抵押权消灭,排除合同履行的障碍。《物权法》第一百九十一条规定:‘抵押期间,抵押人经抵押权人同意转让抵押财产的,应当将转让所得的价款向抵押权人提前清偿债务或者提存。转让的价款超过债权数额的部分归抵押人所有,不足部分由债务人清偿。抵押期间,抵押人未经抵押权人同意,不得转让抵押财产,但受让人代为清偿债务消灭抵押权的除外。’根据《物权法》确立的区分原则,《物权法》第一百九十一条的规定仅是对物权关系作出调整,不能以此作为认定合同效力的依据。转让房产是否为抵押物,并不影响买卖合同本身的效力。如果出卖人(抵押人)事先未告知买受人房屋抵押的事实,买方可选择解除买卖合同、追究出卖人的违约责任或代为归还债务,消灭抵押权,保证合同顺利履行。因此,对于当事人订立合同将抵押中的房地产转让的,如无其他导致合同无效的事由,原则上应当认定有效。关于房地分别抵押的,如果没有其他导致合同无效的情形,原则上均应认定为有效合同。房地分别抵押的不属于集合抵押,不能认定其中一个抵押权有效而另一个无效,在处分时应当按照《物权法》第一百八十二条、第二百条规定的一体处分原则加以处理,即就土地使用权和房屋所有权分别进行估价,一并处分,并就拍卖所得价款分别清偿相应的抵押权。”北京高院《**关于审理房屋买卖合同纠纷案件适用法律若干问题的指导意见(试行)**》(2010年12月21日　京高法发〔2010〕458号)第8条:“房屋抵押权存续期间,出卖人(抵押人)未经抵押权人同意转让抵押房屋的,不影响房屋买卖合同的效力。出卖人在合同约定的履行期限届满时仍未履行消灭抵押权的义务,致使买受人无法办理房屋所有权转移登记,买受人请求解除合同,并要求出卖人承担相应违约责任的,应予支持;买受人要求继续履行合同,办理房屋所有权转移登记,经法院释明后仍坚持不变更的,对其诉讼请求,不予支持,但买受人同意并能够代为清偿债务消灭抵押权的除外。法院可以根据案件具体情况征询抵押权人的意见,必要时可以追加抵押权人作为无独立请求权第三人参加诉讼。”第20条:“房屋买卖合同签订后,出卖人未依约为买受人办理房屋所有权转移登记,买受人提起房屋确权之诉,要求确认房屋归其所有的,法院应当行使释明权,告知其应当变更诉讼请求要求出卖人办理所有权转移登记,买受人坚持不变更的,对其诉讼请求,不予支持。”第21条:“房屋买卖合同履行过程中,一方当事人构成根本违约的,守约方有权解除合同,违约方不享有合同法定解除权。如果因不可抗力或情事变更等原因,致使合同目的无法实现的,合同双方均有权要求解除合同。”浙江杭州中院民一庭《**关于审理建设工程及房屋相关纠纷案件若干实务问题的解答**》(2010年11月1日)第2.1条:“在房屋买卖过程中,若涉及房屋原有抵押贷款尚未清偿完毕的,是否需要通知该贷款银行参加诉讼?答:因该房屋原有按揭贷款未偿还完毕,抵押权尚未消灭,则转让抵押物的应征得抵押权人同意。同时,因为房屋的抵押登记尚未注销,在今后办理过户登记时需要涉及抵押权人他项权证的变更事宜。因此,在案件审理过程中应当通知贷款银行作为第三人参加诉讼。”浙江温州中院民四庭《**审理商品房买卖合同纠纷案件疑难问题参考意见**》(2010年4月30日)第8条:“因出卖人的原因致使商品房买卖合同未能订立,买受人请求双倍返还定金后,还可就其信赖利益的损失要求赔偿。但买受人要求赔偿其房屋涨价损失的,不予支持。”第9条:“买受人根据《解释》第八条、第九条的规定,要求出卖人赔偿损失的,可以选择房屋涨价损失或者不超过已付购房款一倍中的一项适用。”第10条:“买受人依据《解释》第八条、第九条的规定,要求出卖人承担不超过已付购房款一倍的赔偿责任,一般应予支持。出卖人请求减少的,人民法院可以结合案件的具体情况,决定是否予以适当减少,但原则上不得低于已付购房款的50%。”第11条:“具有《解释》第八条、第九条规定的五种情形的,买受人依照《消费者权益保护法》的规定,要求出卖人承担惩罚性赔偿责任,人民法院不予支持。”

上海高院民一庭**《关于处理房屋租赁纠纷若干法律适用问题的解答》**(2010年3月22日　沪高法民一〔2010〕2号)第32条:"抵押的房屋能否进行租赁?租赁合同是否有效?抵押权与出租权是房屋所有权人的权利,房屋所有权人将已抵押房屋出租的,租赁合同有效,但租赁权不能对抗抵押权。《关于适用中华人民共和国担保法若干问题的解释》第六十六条规定:'抵押人将已抵押的财产出租的,抵押权实现后,租赁合同对受让人不具有约束力。抵押人将已抵押的财产出租时,如果抵押人未书面告知承租人该财产已抵押,抵押人对出租抵押物造成承租人的损失承担赔偿责任;如果抵押人已书面告知承租人对该财产已抵押的,抵押权实现造成承租人的损失,由承租人自己承担。'可见,后成立的承租权对先设立的抵押权无对抗力,抵押权人实现权利时可以不考虑租赁事实的存在,租赁关系对于受让人无约束力。同时应当注意,出租人与承租人之间的租赁合同有效,由于抵押权人行使抵押权致使承租人不能行使承租权的,承租人可以据此主张违约请求权。双方当事人有约定的除外。(《物权法》对已出租财产能否抵押的问题已经明确——编者注)"广东广州中院**《关于审理预售商品房合同纠纷若干问题的指导意见》**(2010年)第3条:"商品房被出卖人抵押后,买受人诉请确权或者办证的,应如何处理?起诉确权的,由于房屋不存在权属争议,应驳回诉讼请求。起诉办证的,买受人在履行下列注意义务后即不构成过错。(1)审查所购房屋是否在《销售许可证》的范围内;(2)将购房款汇入合同指定的监控账号;(3)无论是抵押后再预售,或是预售后再抵押,只要有《预售许可证》,就应认定金融机构同意出售,其行使抵押权不得对抗买受人。伪造《预售许可证》出售房屋的,应承担双倍赔偿的责任。"广东深圳中院**《关于审理二手房买卖合同纠纷案件若干问题的指导意见(初稿)》**(2009年7月)第3条:"房屋所有权人,在房地产抵押期间,与他人签订商品房买卖合同,将抵押的商品房转让,受让人在签订商品房买卖合同时知道该房屋有抵押的,双方之间的商品房买卖合同有效。转让人未将房屋抵押的情况告知受让人或者受让人不知道房屋有抵押的,双方订立的商品房买卖合同为可撤销合同,受让人有权主张撤销。"辽宁高院**《全省法院民事审判工作座谈会纪要》**(2009年5月14日　辽高法〔2009〕120号)第6条:"关于抵押在先的房屋买卖合同效力。房屋抵押权存续期间,抵押人经抵押权人同意后转让抵押房屋的,房屋买卖合同有效。抵押人应当将转让所得的价款向抵押权人提前清偿债务或提存,抵押权人不得再将该房屋行使抵押权,当事人另有规定的除外。房屋抵押权存续期间,抵押人未经抵押权人同意转让抵押房屋的,抵押权人请求行使抵押权或确认房屋买卖合同无效,应予以支持。但抵押人清偿债务抵押权灭失,或受让人代为清偿债务抵押权灭失的除外。房屋抵押权存续期间,抵押人未告知买受人抵押事项而转让抵押房屋的,买受人请求确认房屋买卖合同无效,应予支持。但抵押权人追认转让或抵押人清偿债务抵押权灭失的除外。抵押房屋未办理抵押登记的,抵押权人不得对抗房屋买受人。”北京高院《**审理买卖合同纠纷案件若干问题的指导意见(试行)**》(2009年2月3日京高法发〔2009〕43号)第29条:“出卖人没有履行或者无法履行从给付义务,致使买受人不能实现合同目的,买受人主张解除合同的,法院应予支持。订立合同时,买受人知道或者应当知道出卖人无法履行从给付义务的,买受人应当对合同解除承担违约责任。”第31条:“合同法第一百零七条规定的继续履行、采取补救措施或者赔偿损失等违约责任,在适用时没有先后顺序。当事人一方不履行合同义务的,应当承担继续履行或者赔偿损失的违约责任,对方可以同时请求继续履行和赔偿损失。当事人一方履行合同义务不符合约定的,应当承担采取补救措施或者赔偿损失的违约责任,对方可以同时请求采取补救措施和赔偿损失。当事人一方只履行部分合同义务的,应当承担继续履行、采取补救措施或者赔偿损失的违约责任,对方可以同时请求继续履行、采取补救措施和赔偿损失。”广东深圳中院《**关于审理商品房买卖纠纷案件若干问题的指导意见(试行)**》(2009年)第13条:“在商品房预售合同纠纷中,卖方(发展商)的行为符合最高人民法院《关于审理商品房买卖合同纠纷案件适用法律若干问题的解释》第八条、第九条规定的五种情形之一的,如买方诉请的惩罚性赔偿数额不超过已付购房款的一倍,法院均应支持。买方明确要求卖方给予已付购房款一倍的惩罚性赔偿的,法院一般亦应予以支持,而不能随意调低。”第15条:“商品房所有权人,在房地产抵押期间,与他人签订房地产买卖合同,将抵押的房地产出售,如受让人在签订房地产买卖合同时知道该房屋有抵押的,双方之间的房地产买卖合同有效。如转让方未将房屋抵押的情况告知受让人或者受让人不知道房屋有抵押的,双方之间的房地产买卖合同为可撤销合同,受让方有权主张撤销。”福建高院《**关于审理商品房买卖合同纠纷案件疑难问题的解答**》(2008年7月25日)第4条:“问:《商品房买卖合同司法解释》第八条、第九条规定,出卖人恶意违约和欺诈的,买受人可以请求出卖人承担不超过已付购房款一倍的赔偿责任。具体赔偿数额是依买受人的主张确定,还是由法院行使自由裁量权确定?答:买受人主张不超过已付购房款一倍的赔偿数额的,一般应予支持。但由此造成双方当事人利益明显失衡,出卖人要求减少的,人民法院可以根据案件的具体情况,予以适当减少。出卖人违约不导致合同无法继续履行,买受人可以选择继续履行或者解除合同。如果买受人请求解除合同,则无权要求赔偿房屋涨价的损失,损失赔偿额仅以信赖利益为限。”第5条:“问:因出卖人违约而解除商品房买卖合同,买受人请求赔偿损失的,赔偿范围如何确定?买受人能否要求赔偿房屋涨价的损失?如果买受人只交付部分购房款,赔偿数额是否应予减少?答:因出卖人违约导致合同无法继续履行,买受人被迫解除合同后,请求出卖人赔偿其房屋涨价损失的,应予支持。但买受人为签订和履行该合同所支出的费用,系获得房屋涨价利益的成本，因此，买受人同时请求赔偿房屋涨价损失和为签订及履行该合同所支出的费用的，不应同时予以支持。买受人未交清全部购房款的，不影响其主张因解除合同而应获得的损失赔偿。”第 6 条：“问：出卖人具有《商品房买卖合同司法解释》第八条规定的违约情形，导致商品房买卖合同目的不能实现，无法取得房屋的买受人解除合同后，同时请求出卖人赔偿房屋涨价损失和不超过已付购房款一倍的赔偿责任的，应当如何处理？答：买受人同时请求出卖人赔偿房屋涨价损失和承担不超过一倍购房款的赔偿责任的，应当支持两者中赔偿数额更高的诉讼请求。”第 7 条：“问：商品房买卖合同纠纷中，出卖人欺诈的，买受人能否请求按《福建省房屋消费者权益保护条例》的规定予以双倍赔偿？答：出卖人承担惩罚性赔偿责任应以《商品房买卖合同司法解释》第八条、第九条列举的五种情形导致合同被确认无效或者被撤销、解除为限。”上海高院**《关于审理房地产买卖与抵押、租赁交叉纠纷若干问题的意见》**(2008 年 4 月 11 日　沪高法民〔2008〕7 号)第 1 条：“房屋买受人在购买房屋后，以该房屋认定抵押进行借贷的，通常产生三层法律关系，即房屋买卖合同、借贷合同、房屋抵押合同。一般而言，借贷合同与提供的房屋抵押合同之间构成主从合同关系，而房屋买卖合同与房屋抵押合同之间不形成主从合同关系。房屋买卖合同被确认有效、房屋抵押合同不存在其他无效因素，一般应认定有效。房屋买卖合同被确认无效，则无效合同自始没有法律约束力，买受人若认定房屋抵押权，则成为无处分权人。无处分权人认定的房屋抵押权，抵押权人可基于《物权法》第 106 条的规定取得。审理实践中，适用不动产抵押权善意取得制度，须注意把握抵押权人认定抵押权时的善意、合理价以及办理不动产抵押权登记等法律要件。其中抵押权人对不动产登记的信赖，一般情况下可构成善意，但有证据证明抵押权人知道或应当知道抵押物的权利存在瑕疵的除外。法官可结合抵押权人是否知道抵押人对抵押物无权处分、交易是否符合习惯等方面进行综合判断。”第 2 条：“房屋买卖合同的当事人在房屋抵押合同已被确认有效后，提起合同无效之诉，目的在于对抗抵押权人行使抵押权。由于房屋买卖合同与房屋抵押合同分属不同法律关系，房屋买卖合同的效力应根据买卖双方的交易情况适用合同法等相关进行认定，不受生效法律文书确认房屋抵押合同效力的影响。一旦买卖合同经审理被确认无效的，因该合同取得的财产，双方应予返还。至于认定抵押权的房屋，可区分以下三种情况进行处理：1. 抵押权人已经申请执行，且抵押物已被拍卖、变卖的，鉴于系争房屋事实上已经无法返还，可判令买受人折价赔偿。2. 抵押物尚未被拍卖、变卖的，可判令买受人在涤除抵押权后，将房屋返还给出卖人。3. 出卖人已经代为清偿债务消灭抵押权的，可判令买受人返还房屋。”第 3 条：“当事人诉请确认房屋买卖合同无效，但买受人为获得贷款已将系争房屋抵押给银行的，买卖合同与抵押借款合同的处理程序：房屋买卖合同可能被确认无效或被撤销、解除的,法院可将诉讼情况告知担保权人。若担保权人就此提出诉讼请求的,可与房屋买卖合同纠纷合并审理;若担保权人未申请参加诉讼的,仅处理房屋买合同纠纷,但应尽可能查明房屋上认定的权利,并在处理时予以考量。”河南郑州中院**《关于审理建设工程及房屋相关纠纷案件若干实务问题的解答》**(2007 年 7 月 27 日)第 3 条:“对房屋按揭的性质有三种不同的认识。多数同志认为房屋按揭属于不动产抵押,从其设立目的和法律效力来看,房屋按揭与不动产抵押是基本相同的,未超出抵押的范畴。少数同志认为商品房按揭是一种让与担保,因为按揭必须以转让房地产的权益给按揭权人即银行为必要条件,在按揭贷款合同中,按揭人必须将《房产买卖合同》和按揭房屋的《房地产证》的正本交付银行执管,这些都不符合不动产抵押的特征。还有同志认为,按揭房屋买卖在我国不是一种典型的法律关系,我国目前的法律框架中没有关于按揭的规定,但现实中又有大量此类案件存在,法院在审理案件时应适用与之最相似的法律规定,即房屋按揭应区分为现房按揭与楼花按揭,现房按揭属于不动产抵押,楼花按揭应属权利质押。对买卖按揭房屋是否必须经银行同意争议较大,形成了两种截然不同的观点。一种观点认为,买卖按揭房屋必须经银行同意,否则合同无效。其法律依据是我国《担保法》第 49 条关于抵押物转让抵押人未通知抵押权人或者未告知受让人转让行为无效的规定和《物权法》第 191 条关于押期间抵押人未经抵押权人同意不得转让抵押财产的规定。他们认为,设置抵押权的根本目的在于保护抵押权人的利益,若允许抵押人毫无限制的自由转让抵押物则必然损害抵押权人的利益,抵押制度也会失去存在的意义。另一种观点认为,未经抵押权人同意不影响买卖合同的效力。他们认为:对法律的理解应从总体上把握,法律适用的结果应符合法律的基本原则和立法目的,不能机械的生搬硬套。首先,从合同法角度讲,只要双方的买卖合同符合《合同法》规定的生效条件,合同即为有效。第二,从担保法角度看,从《担保法若干问题的解释》第 67 条的规定可以看出,担保法的立法目的在于保证抵押物的流转性,同时为能更好地保护各方利益,赋予抵押权以追及效力及受让人以涤除权。所以,《担保法》第 49 条关于抵押人未通知抵押权人的,转让行为无效的意思应为受让第三人不能因价款的支付而使抵押物免责,抵押权人得追及抵押物行使抵押权即转让行为只是对抵押权人不生效,而在抵押人和受让人之间仍然是有效的。第三,从物权法的相关规定看,物权法作为一种解决因资源的有限性与需求的无限性而引发的紧张关系的法律手段,其功能不仅在于界定财产归属,定纷止争,更在于通过其一系列制度设计达到‘物尽其用’的目的。故对《物权法》第 191 条的理解应从物权法的立法目的及我国抵押物转移制度的变迁及发展态势等方面综合考量。第四,从价值取向看,合同无效无视买受人的合法权益,使出卖人通过不合理的反悔得到利益,不仅违反了‘不允许任何人因自己的过错而合法获利’的原则,违反了诚实信用的公理性原则。第五，认定合同有效对银行抵押权的实现并无影响。在合同有效的情形下，银行可通过下列三种方式实现抵押权：一是受让人行使涤除权，代为清偿债务消灭抵押权；二是出卖人将转让房屋所得的价款向银行提前清偿债务或者提存；三是银行可通过行使抵押权实现其权益。”北京高院、市建委**《关于规范房产执行和协助执行有关问题的通知》**（2006 年 10 月 1 日　京高法发〔2006〕319 号）第 26 条：“房屋上的原有抵押权及其他优先受偿权，因人民法院拍卖而消灭。法院裁定拍卖成交或者以流拍的房产抵债后，需要市或区县建委协助办理房屋权属变更、转移登记手续的，应当在协助执行通知书上注明解除原有房产的抵押登记，市或区县建委应当依照协助执行通知书注销抵押登记，并协助人民法院办理房屋所有权属变更、转移登记手续。”浙江温州中院、温州国土资源局**《协调会议纪要》**（2005 年 2 月 2 日　温中法〔2005〕19 号）第 2 条国有划拨土地使用权（个人房地产除外）处置问题：“1. 已办理土地抵押登记手续的国有划拨土地使用权转让，根据国土资源部国土资发〔2004〕9 号文件精神，为实现抵押权，法院可以直接处分。在处分前，法院应当就需补交的出让金等税费数额问题发函给国土资源管理部门征询。国土资源管理部门应当在收到函件后 20 日内复函。2. 未经抵押的国有划拨土地使用权转让，法院在处分前，应当发函给国土资源管理部门，征询可否转让及需补交的出让金数额。国土资源管理部门应当在收到函件后 30 日内作出答复。逾期不答复的，视为同意。如不同意转让，应说明理由。3. 房产已办理抵押登记手续的国有划拨土地使用权转让，法院应当与国土资源部门积极协商，本着房产权与土地使用权一并转移的原则，国土资源管理部门应积极协助法院处理好该类历史遗留问题。”上海高院**《关于印发〈上海法院民事办案要件指南〉的通知》**（2003 年 11 月 25 日　沪高法民一〔2003〕10 号）第 49 条：“以对方根本违约为由要求解除合同的，须举证证明对方当事人存在使合同目的不能实现的根本违约行为的要件事实。”广东高院**《关于民商事审判适用〈中华人民共和国担保法〉及其司法解释若干问题的指导意见》**（2003 年 9 月 25 日　粤高法〔2003〕200 号，已于 2020 年 12 月 31 日经粤高法〔2020〕132 号废止）第 10 条：“《担保法》规定应当办理抵押物登记的抵押合同未办理抵押登记的，抵押未生效。抵押权人请求抵押人赔偿因不能行使抵押权造成损失的，在抵押物价值范围内根据抵押人的过错确定其应承担的赔偿责任。”广东高院**《关于审理商品房买卖合同纠纷案件若干问题的指导意见》**（2003 年 2 月 13 日　粤高法发〔2003〕24 号，已于 2020 年 12 月 31 日经粤高法〔2020〕132 号废止）第 13 条：“对于商品房担保贷款合同中关于买受人不得将抵押房产出租、转让的条款，人民法院可依据《合同法》第四十条的规定，以提供格式条款一方排除对方主要权利为由，认定该条款无效。”第 15 条：“买受人未经担保权人同意将抵押房产转让的，可认定转让合同有效。如果原来已办理抵押登记或商品房担保贷款合同备案登记的,担保权人仍可以行使抵押权。受让人可以代替原买受人清偿其全部债务后,向原买受人追偿。受让人不代替原买受人清偿债务时,因担保权人行使抵押权给受让人造成损失的,对于原买受人所欠担保权人的债务部分,应由原买受人承担清偿责任,其余损失则由受让人和原买受人按照过错大小分担。但当事人另有约定的除外。如果原来未办理抵押登记或商品房担保贷款合同备案登记的,担保权人不能对抵押物行使抵押权。因此给担保权人造成损失的,由原买受人承担赔偿责任。”江苏高院《**全省民事审判工作座谈会纪要**》(1999 年 11 月 1 日)第 3 条:“……房地产转让未办理权属变更登记手续的,不因此认定转让合同无效,应依法判令义务人办理权属变更登记手续,履行转移标的物所有权的义务。”

5. 地方规范性文件。福建厦门国土资源与房产管理局《**关于印发〈厦门市农村房屋抵押备案管理暂行办法〉的通知**》(2013 年 11 月 1 日　厦国土房〔2013〕366 号)第 9 条:“办理房屋抵押权备案,备案机构应当在《厦门市农村集体土地使用证》和《厦门市农村房屋所有权证》上作抵押备案注记后,向抵押权人颁发《厦门市农村房屋抵押备案告知书》。”第 10 条:“抵押双方当事人要求变更或注销抵押备案的,必须由抵押权人出具同意变更、注销证明。”第 11 条:“抵押权解除的,抵押双方当事人应及时向原备案机关办理注销备案。”第 12 条:“以涉及集体性质土地的抵押物折价或者以拍卖、变卖抵押物实现抵押权时,抵押物的受让对象须为所在村(居)集体经济组织,或该村(居)集体经济组织内符合《厦门市人民政府办公厅转发市国土房产局关于进一步规范农村村民住宅权属转移登记管理意见的通知》(市府办〔2007〕270 号)所规定的权属登记转移条件的成员。抵押房屋如存在超占超建情况的,抵押当事人须先对超占超建部分报请国土房产部门依法依规进行处理后,方可依照上述规定进行折价、拍卖、变卖等处置。”

6. 参考案例。2011 年**某房屋买卖合同纠纷案**,2008 年,郑某与王某签订房屋买卖合同,约定郑某将设定抵押房屋售予王某。2010 年,王某诉请办理过户,郑某以其擅自转让抵押房为由,主张合同无效。法院认为:《物权法》第 192 条第 2 款规定:“抵押期间,抵押人未经抵押权人同意,不得转让抵押财产,但受让人代为清偿债务消灭抵押权的除外。”此处的“不得转让抵押财产”,可理解为不能发生抵押物的物权变动,但不影响抵押物转让合同效力。退一步讲,即使将该规定作为法律强制性规定,亦不宜理解为效力性强制规范,违反该规定不影响转让合同效力,只对合同能否继续履行、买受人能否办理房屋所有权转移登记产生影响。本案中,郑某与王某所签房屋买卖合同系双方当事人真实意思表示,内容未违反法律、行政法规强制性规定,为有效合同,双方应按合同约定全面履行各自义务。庭审中,王某明确表示愿代为清偿银行贷款用于消灭银行抵押权,故应认定案涉房屋买卖合同为有效合同。2014 年**北京某房屋买卖合同纠纷案**,2010 年,文某将房屋售予董某,董某依约支付全部购房款后，文某未协助办理过户，而是以该房向林某抵押借款30万元。2013年，董某以文某为被告、林某为第三人，要求代为清偿债务并办理过户手续。法院认为：案涉购房合同有效，双方均应依约履行。董某已履行给付购房款义务且实际占有房屋，文某应履行协助办理过户登记手续义务。由于林某已在该房屋上设定抵押，董某申请代偿债权以消灭抵押权，林某应在债权足额实现情况下及时办理抵押权登记注销手续，以保证房屋产权过户手续顺利完成。判决董某代文某一次性清偿其欠付林某全部款项，林某收到款项后解除案涉房屋抵押权，文某在前述抵押权消灭后协助董某办理房屋所有权过户至董某名下手续，文某给付董某代为清偿款项本息。2008年**江苏某房屋买卖合同纠纷案**，2008年，王某约定将其商品房以96.8万元价格转让给张某，张某支付5万元定金后以出售该房时王某尚未取得产权证，且该房至今仍设有抵押权为由，诉请确认房屋买卖合同无效或予以撤销。诉讼中，银行作为抵押权人表示王某办妥贷款结清手续后注销抵押登记。法院认为：《物权法》第191条规定："抵押期间，抵押人经抵押权人同意转让抵押财产的，应当将转让所得的价款向抵押权人提前清偿债务或者提存。转让的价款超过债权数额的部分归抵押人所有，不足部分由债务人清偿。抵押期间，抵押人未经抵押权人同意，不得转让抵押财产，但受让人代为清偿债务消灭抵押权的除外。"本案银行虽未明确表示同意王某出售涉案房屋，但亦未表示反对，只是要求王某办妥贷款结清手续后注销抵押登记，故该表示可理解为附条件的同意，即王某售房后，应将转让款提前偿还贷款，故案涉房屋买卖合同未违反前述法律规定。王某售房时尚未取得产权证，张某仅凭王某提供的相关权属证明，无从知晓该房已设有抵押，王某又未能举证其已告知张某该房设有抵押，故应认定王某未告知张某涉案房屋已抵押情况。但王某未告知行为，并不构成欺诈。欺诈是指以使他人陷于错误并因而作出意思表示为目的，故意陈述虚伪事实或隐瞒真实情况的行为。本案中并无证据证明王某有欺诈的故意，同时房屋不会因抵押减少其使用价值，不会影响张某购房决定的作出，即张某不会因此作出错误意思表示。在王某按约还贷并注销抵押情况下，房屋设有抵押不会对张某利益造成任何影响。因本案中，抵押权人已附条件地同意转让涉案房产，且张某尚未交付房款，只要张某将售房款提前还清贷款并办理抵押注销手续，王某的未告知行为就不会对张某权益造成任何影响。张某完全可依《合同法》相关规定，要求王某还清贷款、消灭抵押权后再支付购房款，这样即足以保护其权利，无须撤销房屋买卖合同，故判决驳回张某诉请。2013年**江苏某执行异议案**，2009年12月，实业公司向银行抵押借款并办理登记。2010年，法院判决实业公司还款，确认银行就保全的抵押财产享有优先受偿权。2011年，该案进入执行程序，孙某以案外人身份提执行异议，被驳回后向法院提起案外人执行异议之诉，并提交了2009年10月其与实业公司以房抵债协议，及2010年法院确认该协议合法有效的生效判决。法院认为:《民事诉讼法》第227条规定,执行过程中,案外人对执行标的提出书面异议的,人民法院应当自收到书面异议之日起十五日内审查,理由成立的,裁定中止对该标的的执行;理由不成立的,裁定驳回。案外人、当事人对裁定不服,认为原判决、裁定错误的,依照审判监督程序办理;与原判决、裁定无关的,可以自裁定送达之日起十五日内向人民法院提起诉讼。依该规定,执行过程中,案外人对执行标的提出的书面异议被驳回后,应根据其权利主张与原判决、裁定之间的关系,依法选择通过审判监督程序或执行异议之诉维护其合法权益。作为法律对执行程序启动后,就案外人权利保护提供的司法救济途径,执行异议之诉针对的是执行行为本身。其核心在于以案外人是否对执行标的具有足以阻却执行程序的正当权利为前提,就执行程序应继续还是停止作出评价和判断。但如案外人权利主张所指向民事权利义务关系或其诉请所指向标的物与原判决、裁定确定的民事权利义务关系或该权利义务关系客体具有同一性,执行标的就是作为执行依据的生效裁判确定的权利义务关系的特定客体,则属于"认为原判决、裁定错误"情形。本案中,孙某在其对执行标的提出的书面异议被裁定驳回后,向法院提起案外人执行异议之诉,但法院对包括案涉房产在内的登记在实业公司名下且已为银行办理抵押登记的财产采取的执行措施,有生效判决为据,而该生效判决确认银行享有抵押权并有权优先受偿。孙某在诉讼理由中亦明确就银行与实业公司之间贷款行为及其抵押权效力问题提出异议,其所提诉讼请求意在否定法院生效判决的合法性,在此情况下,本案应属《民事诉讼法》第227条有关"案外人、当事人对裁定不服,认为原判决、裁定错误的,依照审判监督程序办理"的规定情形,孙某通过案外人执行异议之诉解决本案争议,没有法律依据,故判决驳回孙某起诉。2015年**辽宁某借款合同纠纷案**,2004年,巴某配合开发公司,签订虚假购房合同,据此向银行申请12万元贷款,银行办理抵押预告登记。2005年,开发公司将该房另售刘某并收取全款。2014年,银行诉请巴某偿还余款10万余元。法院认为:以虚假房屋买卖合同办理银行贷款的,房屋买卖合同无效,贷款合同有效。名义借款人负有还款义务,名义借款人与实际借款人之间的权利义务关系应另行处理。故本案银行与巴某所签抵押贷款合同中贷款部分不存在合同无效法定情形,银行请求巴某偿还借款本息有事实根据和法律依据。依《物权法》第187条规定,建筑物或在建建筑物抵押的,应当办理抵押登记,抵押权自登记时设立。该法第20条规定,当事人签订买卖房屋或者其他不动产物权的协议,为保障将来实现物权,按照约定可以向登记机构申请预告登记。本案中,案涉房屋仅办理抵押预告登记,该预告登记并不直接导致担保物权设立或变更,而是银行对将来担保物权设立享有请求权。在银行对案涉房屋并未取得现实抵押权情况下,其主张享有抵押物优先受偿权无法律依据,判决银行与巴某所签借款合同有效,巴某应偿还银行借款本金10万余元及利息。2012年**江苏某房屋买卖合同纠纷案**,2010年,王某向开发公司按揭购买期房,向银行贷款94万元,开发公司提供至抵押登记正式办理前的阶段性连带责任保证担保。2012年,因王某逾期还款,银行起诉,并以办理抵押预告登记的房产主张优先受偿权。法院认为:抵押预告登记作为一种临时性登记行为,既不是行政部门对期房交易的监管行为,亦不能等同于直接产生支配效力的抵押登记,其设立目的在于期房买卖中,债权行为的成立和不动产的转移登记之间常常因房屋建造等各种原因而导致相当长时间的间隔,为平衡不动产交易中各方利益,维护交易安全,法律赋予了抵押预告登记能够对抗第三人的物权效力,但鉴于不动产物权尚未成立,不具备法定的抵押登记条件,故不产生优先受偿的效力。本案合同双方当事人就抵押房产仅办理预告登记手续,至今未办妥正式抵押登记手续,银行亦未取得房屋他项权证,银行主张就抵押房产折价或拍卖、变卖所得价款优先受偿,无法律依据,不应支持。根据商品房销售贷款合作协议,开发公司与银行形成合法有效的保证合同关系,开发公司为本案所涉借款提供的是阶段性保证担保,抵押房产至今未办理正式抵押登记手续,开发公司应依约在保证担保范围内对借款人的债务承担连带保证责任。2010年9月**福建某房屋所有权确认纠纷案**,法院认为:药业公司转让讼争房产(抵押物)既无证据证明其已通知抵押权人即银行,受让方赵某亦未代为清偿债务以消灭抵押权,因此药业公司转让讼争房产的行为无效,双方签订的《房屋买卖协议》亦无效。2009年3月**河南某商品房买卖合同案**,法院认为:因双方签订《商品房买卖合同》时,开发公司隐瞒了本案所涉房屋已设定抵押的事实,致使唐某违背真实意思签订本案《商品房买卖合同》,开发公司应按最高人民法院《关于审理商品房买卖合同纠纷案件适用法律若干问题的解释》第9条的规定,赔偿唐某损失747,183元。2008年12月**重庆某土地使用权转让合同案(最高院公报案例)**,法院认为:本案双方当事人在《联合开发协议》中约定由股份公司在不影响开发进度的前提下办理解除抵押的相关手续,即以约定的方式将先行解除本案所涉土地上的抵押权负担的义务赋予了股份公司;该约定既保障了抵押权人的利益,也不妨害抵押人和受让土地的第三人的利益,与《担保法》《物权法》以及《担保法司法解释》保障各方当事人利益平衡的立法精神并不相悖,不违反法律规定。从《合同法》的角度看,转让方对转让标的负有权利瑕疵担保责任,其主动告知转让土地上的权利负担,并承诺由其在不影响开发进度的前提下先行解除抵押,该承诺构成合同中的负担行为,即承担义务的行为,符合意思自治和合同自由原则,且确保了抵押权人的利益不受侵害,与《担保法》《物权法》和担保法司法解释的立法本意和制度设计不相抵触。因此,应当确认该《联合开发协议》及《补充协议》有效,双方应按照合同诚信履行,股份公司有义务根据双方商定的开发进度清偿银行债务,从而解除该转让土地上的抵押权负担。根据《物权法》第15条的规定,当事人之间订立有关设立、变更、转让和消灭不动产物权的合同,除法律另有规定或合同另有约定外,自合同成立时生效;未办理物权登记的,不影响合同效力。该规定确定了不动产物权变动的原因与结果相区分的原则。物权转让行为不能成就,并不必然导致物权转让的原因即债权合同无效。双方签订的《联合开发协议》及《补充协议》作为讼争土地使用权转让的原因行为,是一种债权形成行为,并非该块土地使用权转让的物权变动行为。相关法律关于未经通知抵押权人而导致物权转让行为无效的规定,其效力不应及于物权变动行为的原因行为。因为当事人可以在合同约定中完善物权转让的条件,使其转让行为符合法律规定。本案即属此种情形。综上,双方当事人签订的《联合开发协议》未违反法律强制性规定,应为有效合同。2009 年 1 月**云南某商品房买卖合同案(定金合同无效)**,2008 年 5 月,杨某通过中介与陈某签订《房屋定金协议》,交付定金 1 万元后,得知该房已被用于贷款抵押并被法院保全查封。同年 6 月,经各方协商,陈某同意该房更名为杨某所有,由杨某清欠抵押贷款。之后,杨某反悔,并以欺诈为由请求解除协议,双倍返还定金。法院认为:陈某不能举证证实其在签订合同前或当时已告知过杨某房屋被抵押和查封事实,故依《担保法》第 49 条第 1 款规定,双方所签《房屋定金协议》中的房屋买卖主合同条款应属无效,定金合同条款亦属无效。至于杨某自认其在双方协议履行期间已知晓房屋被抵押、查封的情况,其当时仍愿意继续购买,该事实应属双方在协议无效后对于建立新的买卖关系的协商,并不影响双方所签协议效力,双方亦未能达成新的房屋买卖合同。无效的合同或者被撤销的合同自始没有法律约束力。陈某基于该《房屋定金协议》取得的定金 1 万元应返还杨某。2007 年 3 月**广东某房屋买卖合同案(刚买抵押房又被查封)**,2006 年 3 月,何某以 118 万元购买陈某设定抵押的房屋,其中 67.3 万元用于偿还抵押贷款。备案登记时,为少缴契税,价款改为 88 万元。同年 4 月 8 日,何某付清全部房款后入住并交纳物业费。半个月后,在办理抵押权涤除尚未完成过户登记前,曾某以财产所有权纠纷起诉何某,法院于 4 月 25 日依保全申请裁定查封案涉房屋,并以通知形式驳回何某提出的保全异议。7 月 10 日,何某起诉陈某要求确认案涉房屋权属并要求陈某办理过户登记手续,曾某作为第三人参加诉讼。法院认为:何某与陈某签订购房协议后交付全部房款,并到房管部门签订备案合同,办理了案涉房屋的交接与物业管理手续,上述行为均发生在曾某起诉陈某财产所有权纠纷一案之前。且购房协议是双方当事人在自愿平等基础上签订的,按照正常价格买卖,何某在与陈某交易时不可能知道陈某存在其他债务;且何某已实际支付了对价,何某不存在转移陈某财产之目的,属于善意取得,故购房协议合法有效。双方为少缴契税将案涉房屋价款改写为 88 万元,因其规避法律,该价格条款无效,但不影响其他条款效力。我国对房屋所有权实行登记发证制度,房屋产权证书是房屋所有权的法律凭证,不动产受让人自所有权过户登记办理完毕后取得不动产的所有权。本案中,何某与陈某之间虽然办理了案涉房屋的交接手续,实际占有案涉房屋,但尚未办理案涉房屋的所有权过户登记,不动产不以占有为权利公示方式,故何某主张对该房屋享有所有权,缺乏事实和法律依据,不予支持。因案涉房屋已被法院查封,查封期间不得办理抵押、转让等权属变更登记手续,办证存在障碍,陈某的协助办理房产证过户手续的义务无法履行。因法院通知仅是对何某程序上所享有的、提出财产保全异议的诉讼权利作出处理,并未对当事人相关实体权利作出处分,不属于生效法律文书。陈某已收取全部购房价款,买受人实际占有案涉房屋,且善意购买房屋,没有过错,何某可根据最高人民法院《关于人民法院民事执行中查封、扣押、冻结财产的规定》第 17 条规定向查封法院主张解除查封。待案涉房屋被解除查封,办证障碍消除后,陈某应继续履行协助何某办理房产证过户手续的义务。2007 年 3 月**辽宁某商品房买卖合同案(解约后添附物处理)**,2004 年,宋某售房予王某,未约定违约责任。王某首付 40 万元后入住并装修,事后以该房设定抵押为由不愿交付余款 20 万元。王某诉。法院认为:王某主张宋某出卖其房屋时因对该房抵押贷款,而对王某构成违约并要求赔偿的请求,因双方在合同中没有违约赔偿的约定,且出卖人对诉争之房抵押贷款的行为,不及于与买受人的合同行为,该行为亦未对买受人产生实际损失,故王某诉请违约赔偿之主张难予支持。双方所签售房合同虽已生效并为交付,但因双方对继续履行均持不乐观态度,且已达成解除共识,则该合同已无继续履行的必要。依照法律规定,合同解除后,应尽量恢复到最初状态,该规定符合公平交易的宗旨。现双方均同意解除合同,则宋某应返还王某 40 万元购房款,王某亦应将诉争之房腾出交付宋某。关于王某主张宋某对其已装修部分折价补偿的请求,依照法律规定,不动产添附有约定的,按约定处理,因双方对此无约定,则依公平原则,对王某的固定装修部分,不宜再拆除,而以此作为宋某经济损失补偿为宜。2006 年 10 月**广东某商品房买卖合同案(迟延办理涤除抵押手续导致解约)**,法院认为:开发公司在明知所售商铺已被抵押给银行的情况下,仍与关某签订上述认购书并约定关某支付了首期房款后,其余房款办理银行按揭。因开发公司未能办理抵押涂销手续,导致双方一直未能签订正式的《商品房买卖合同》,责任在于开发公司。开发公司所售的商铺虽已于 2006 年 1 月 12 日涂销了抵押登记,但现关某坚持要求解除合同,于法有据,予以支持。合同解除后,关某要求开发公司返还购房款 15.6 万余元,代收的税费 1.2 万余元,并从 2005 年 5 月 17 日起至返还款项之日止按银行同期逾期贷款利率计付上述款项的利息及赔偿关某为购买涉案商铺而支出的中介服务费 888 元,合法合理,予以支持。虽然关某提交了银行的手续费收费凭证,但该证据不足以证明该手续费就是关某为购买涉案商铺而支出的,故关某要求开发公司赔偿该损失,不予支持。至于关某诉请的租金损失问题,因租赁双方均无实际履行协议,不存在租金损失,故关某要求开发公司予以赔偿,不予支持。2006年6月**广东某商品房买卖合同案(双方违约导致合同解除)**,2004年,庞某通过中介售房给马某,约定“卖方应在交易过户完成前将有关物业的产权纠纷、债务、税项及租赁、涂销抵押等事项处理完毕”,首期付款10万元应在2004年7月20日前付清。随后马某依约交付了定金1万元,并在2004年6月15日向中介代收款账户存入30万余元,同年6月26日马某取回该款,并称系庞某不同意卖房而退款。法院认为:庞某在签约后未及时办理该物业的还贷及涂销抵押登记手续,而马某虽依约存入30万元房款在中介,但嗣后取回,且未在合同约定的期日前支付首期楼款。由此可见,庞某与马某均怠于履行其合同义务是导致交易无法依约完成的主要原因,双方当事人对此均有过错。鉴于双方已无继续交易的意愿,故判决解除。马某认为该30万元是因庞某不愿意出售而由中介退回,缺乏事实根据,故双方违约,又均同意解约,在合同解除时,庞某应将收取的定金退还。2006年5月**广东某房屋买卖合同案(抵押人的通知义务)**,2005年,胡某通过中介购买刘某房屋,认购协议约定“乙方已对甲方出售的房地产做了翔实的了解,并愿意购买该房地产”,随后胡某交了2万元定金。因胡某后认为其了解到该房系抵押房,受欺诈,合同无效,而未在约定期日签订房屋买卖合同,诉请双倍返还定金。法院认为:根据最高人民法院《关于适用〈中华人民共和国担保法〉若干问题的解释》第67条规定,抵押权设定后,抵押人的所有权并未丧失,只要不影响抵押权人的优先受偿权,抵押人有权对抵押物进行法律上和事实上的处分,即抵押权的存在并不能必然导致胡某与刘某签订认购书无效的法律后果。房屋买卖活动中,审查出卖人是否拥有房屋所有权是一项最基本的活动,胡某诉称未看过刘某的房地产权证违反常理,且在双方所签认购书中明确约定“乙方已对甲方出售的房地产做了翔实的了解,并愿意购买该房地产”,故刘某应向胡某出示了房产证,而该证中已明确写明了他项权情况,胡某主张刘某未将房屋已抵押的情形告知胡某存在欺诈不予采信。双方为了买卖房屋而签订的认购书是双方真实意思表示,认购协议已成立并生效。在约定时间内,胡某未依约到场签订房地产买卖合同,构成违约。虽刘某未举证证明其有否通知抵押权人,但因双方未约定,法律也未明确规定通知的时间,故刘某可在合理期限内通知抵押权人,而合理的期限应到签订房地产买卖合同时截止。因胡某未依约签订房地产买卖合同,无法确认刘某是否告知了抵押权人,故胡某不能以该房屋存在抵押不可以转让的理由不依约履行签约义务。因胡某违约,其已付定金应属刘某所有。2005年11月**辽宁某房屋买卖合同案(已办过户的抵押房产)**,法院认为:栗某就交付的标的物,依法负有保证第三人不得向买受人即王某主张任何权利的义务,王某有确切证据证明第三人可能就标的物主张权利的,可以中止支付相应的价款。双方签订《房屋买卖协议书》后,予以履行,将所卖房屋已变更登记为王某所有，王某在履约办理银行抵押贷款时才得知该房在受让之前已设立了抵押，现抵押权人对该抵押房产已主张优先受偿权，并经法院生效判决确认，尚在申请中，上述事实的存在，使王某享有了后履行抗辩权，在抵押权未被解除或涤除前中止支付尚久的购房款，王某主张应予支持，故判决驳回栗某要求支付17万元余款的诉讼请求。2005年11月**重庆某房屋买卖合同案（抵押权未办登记）**，法院认为：矿业公司就同一房屋与银行签订的抵押合同，虽未登记，但与后来同曾某签订的买卖合同均为有效。曾某在签订买卖合同时并不知道诉争房已抵押给银行，且并无证据证明曾某与矿业公司有恶意串通的行为，故银行以抵押权对抗曾某的理由不成立。曾某与矿业公司之间的买卖合同有效，但已经不能履行，在曾某的请求下应当解除。曾某虽在买卖协议签订之前居住在争议的房屋内，但法律规定房屋产权的交付应为办理产权过户之时，而本案中争议的房屋在未过户之前已被法院予以查封，后又抵偿给银行，故矿业公司未履行买卖合同中约定交付房屋的义务，且由于司法权的介入导致其不能实现合同目的。曾某请求在抵押有效的情况下返还购房款和办理证件的费用，其暗含了解除买卖合同的诉讼请求，法院予以支持。2005年6月**广东某商品房买卖合同案（抵押人补救机会）**，一审认为：王某支付定金1万元后，以林某的房屋已办理抵押贷款及没有告知王某为由要求解除合同。对王某该主张不予支持。因为第一，抵押仅是一种债的担保方式，只要所担保的债务得到完全履行，抵押即能随时解除，抵押物之上不能自由买卖或转让的负担也随之消失。由于林某在诉讼中承诺可以随时还清贷款，故其所出卖的房屋可以随时消除抵押，林某在房产上设定抵押的行为并没有给其履行与王某签订的《房屋买卖协议》带来障碍。第二，王某认为不知林某的房屋已设定抵押不采信。从双方签订的《房屋买卖协议》中"双方必须在原房产证出证后7天内到交易所办理转户手续"的约定可知，王某对林某的房屋尚未取得房产证的事实是清楚的；而根据王某未签约就支付中介费及后来所签协议的内容，采信林某已向王某出示过商品房购销合同复印件的主张。鉴于林某一直要求履行合同，且消除房屋的抵押状态是履行房屋买卖合同的前提，故林某应在本判决发生法律效力的合理期限内（不应超过10天）还清银行贷款以反映其能解除房屋抵押状态的能力及履行合同的意愿。如果林某不在合理的期限内消除房屋的抵押状态及日后因为共有人的签名问题不能过户，证明林某无能力或无诚心履行合同，王某可另行起诉追究林某的违约责任；同样，林某办好有关的手续后，如果王某不愿意继续履行合同，林某也有权另行起诉追究王某的违约责任。判决驳回王某的诉讼请求。二审认为：林某与王某签订《房屋买卖协议》时，讼争房屋已办理抵押，但作为出卖人一方没有将房屋已经设定抵押这一重要事实告知买受人王某，已构成欺诈，应当认定林某与王某签订的《房屋买卖协议》属于可撤销合同，王某请求撤销该合同，理由成立，依法应予支持。

因双方均有过错,上述合同被撤销后,林某应当将其收取王某的1万元定金返还予王某,并赔偿王某支付的中介费1900元损失。林某主张签约时已向王某告知讼争房屋已经抵押的事实,却未能提供充分的证据证实,故对其主张本院不予采信。2004年4月**广东某房屋买卖合同案(诉前解除抵押)**,法院认为:林某与开发公司所签《商品房内部认购书》实质是房屋买卖合同,双方产生的是房屋买卖合同法律关系。房屋买卖法律并不要求出卖人必须具有商品房开发资质,开发公司出售其自有产权的房屋,林某买受开发公司的房屋,双方达成了合意所签订《商品房内部认购书》,且该《商品房内部认购书》并不违反法律强制性规定,故合法有效。合同双方当事人虽将房屋买卖误认为商品房买卖,由于出卖人合法拥有涉案房屋的产权,并已交付房屋,买受人也支付了对价,双方合同目的均已实现,双方对合同标的物的误解并不影响双方的合同目的。从房地产权证的他项权摘要反映,该房地产曾于2000年10月23日至2002年10月22日全部抵押给银行,但诉讼前已解除了抵押,现房屋已具备办证条件。故涉案房屋买卖过程中,出售人未将房屋已抵押的有关情况告知买受人虽存在一定过错,但起诉前抵押已解除,据此认定合同有效并无不妥。林某认为银行与开发公司串通,经查没有事实依据,故不予采纳。引起本案纠纷主要是因为双方对房屋的情况即不是商品房误认为商品房及房屋买卖当时处于抵押状态,由于开发公司未明确告知林某,故开发公司在该问题上存在主要责任,虽然开发公司事后解除了抵押不致合同无效,但适当承担一定的诉讼费用更为公平合理。2004年3月**上海某房屋买卖合同案(通知形式)**,法院认为:糖业公司、投资公司所签协议是双方真实意思表示,协议内容于法不悖,且糖业公司已将双方转让事宜口头通知了抵押权人,故应认定有效。至于投资公司认为糖业公司未将转让事宜书面通知抵押权人,违反了《担保法》第49条的规定,双方的转让协议无效的主张,系投资公司对《担保法》该条片面扩大理解,《担保法》第49条并未要求抵押人必须书面通知抵押权人,仅要求抵押人通知抵押权人,这里的"通知"可以是书面的,也可以是口头的,现糖业公司已将双方转让系争房地产事宜口头通知了抵押权人银行,其已履行了《担保法》规定糖业公司作为抵押人的义务,且双方的转让协议中,明确投资公司单独向兴业银行贷款1200万元,作为支付该房产的部分价款用于归还糖业公司用该房产作抵押向银行贷款以及办理注销抵押登记手续等事实,证明糖业公司在签署转让协议过程中充分注意到抵押权人的权益,且在履行过程中抵押权人兴业银行必须共同参与,可以印证糖业公司应当也必须通知抵押权人兴业银行,故投资公司要求确认协议无效,不予采信。由于投资公司在双方协议约定的期限内未履行向糖业公司付款购买房地产行为,已构成违约,对此投资公司应依据双方协议承担违约责任,糖业公司要求投资公司按合同约定赔偿300万元,应予支持。2002年8月**海南某商品房买卖合同案(抵押无效)**,1997年,吴某从开发公司购房，签约后付清房款并入住，但开发公司办下大产权后，抵押给银行贷款。吴某诉请确认抵押无效并办证至其名下。法院认为：双方签约后，吴某依约付清了房款，但开发公司未依约给吴某办理房屋产权过户登记手续，且将吴某所购房屋所有权证办理至其公司名下后，又将该房屋为他人向银行借款提供担保，其行为已构成严重违约。我国法律虽规定不动产的转移以"登记"为准，但吴某已付清全部购房款，亦入住使用该房多年，办理房屋产权过户登记的实质要件已经具备，开发公司未将吴某所购买的房屋过户至吴某名下只是形式要件未完备，从保护消费者权益和稳定房地产市场经济出发，该房屋的产权应认定归吴某所有。开发公司明知案涉房屋已经出售给吴某，但却隐瞒此真实情况，与银行签订抵押合同，以其已不享有产权的房屋作为抵押物，开发公司的行为侵犯了吴某的合法权益。根据最高人民法院《关于贯彻执行〈中华人民共和国民法通则〉若干问题的意见（试行）》第113条第1款的规定，开发公司与银行设定的涉及吴某房屋部分的抵押担保关系应认定为无效。

【同类案件处理要点】

当事人约定禁止或者限制转让抵押财产但是未将约定登记，抵押人违反约定转让抵押财产，抵押权人请求确认转让合同无效的，法院不予支持；抵押财产已交付或登记，抵押权人请求确认转让不发生物权效力的，法院不予支持，但抵押权人有证据证明受让人知道的除外；抵押权人请求抵押人承担违约责任的，法院依法予以支持。当事人约定禁止或限制转让抵押财产且已经将约定登记，抵押人违反约定转让抵押财产，抵押权人请求确认转让合同无效的，法院不予支持；抵押财产已交付或登记，抵押权人主张转让不发生物权效力的，法院应予支持，但因受让人代替债务人清偿债务导致抵押权消灭的除外。

【相关法律风险提示】

1. 出卖人转让已抵押房屋，应告知买受人，在未告知受让人情况下，合同是无效还是有效，不能一概而论。《担保法司法解释》第67条是否就是对《担保法》第49条的变更或扩充，在理论及司法实践中并非毫无争议。《担保法》第49条第1款尽管对抵押物转让效力认定设定了条件，理论及实践中对此倾向于从宽解释，即转让已登记的抵押物即使未经抵押权人知晓或未告知受让人也并不必然导致合同无效，依据就是最高人民法院嗣后发布的《担保法司法解释》第67条之规定。但在《担保法》该条款未有明确解释或被修订前，依据该款直接判决无效仍堪称有据。案如云南昆明中院（2009）昆民一终字第19号"陈某与杨某房屋买卖合同纠纷案"。笔者认为：关于抵押合同与买卖合同相互关系，二者并不一定相互冲突，在已抵押登记的情况下只要买受人愿意接受已经抵押的房产(或地产),抵押合同有效,买卖合同亦可有效,但在未登记的情况下抵押权人不得对抗已办过户登记的买受人。故,笔者认为,《担保法》第 49 条关于合同效力的规定,应理解为"效力待定的合同"为宜:(1)在受让人代为涤除或出卖人主动涤除抵押权负担的,转让合同有效;(2)受让人或出卖人不能涤除抵押权负担,转让合同无效;(3)无论受让人或出卖人是否涤除抵押权负担,抵押权合同因为已办登记,皆为有效;(4)在抵押权未办登记情况下,后成立的转让合同办理了过户登记的,抵押人的债权不能对抗善意买受人的物权。

此外,笔者注意到,《民法通则意见》第 115 条"抵押物如由抵押人自己占有并负责保管,在抵押期间,非经债权人同意,抵押人将同一抵押物转让他人,或者就抵押物价值已设置抵押部分再作抵押的,其行为无效"与《担保法》第 49 条如出一辙,但《民法通则意见》第 115 条在 2008 年 12 月 18 日已被最高人民法院《关于废止 2007 年底以前发布的有关司法解释(第七批)的决定》(实施日期:2008 年 12 月 24 日)废止,原因就是"与物权法有关规定冲突"。而《物权法》第 191 条的相关规定又是与《担保法司法解释》第 67 条要旨相通,故《担保法》第 49 条亦无有效存续理由,修订或废止势在必行、当在必行。

2. 出卖人转让房产告知了受让人,或法院认定受让人明知或应知受让房产的所有权负担,买受人能否单以"抵押人未通知抵押权人"为由主张合同无效?尚存争议。实践中,关于抵押人的通知义务是必要的,但未经通知,是否必然导致转让合同无效,《担保法》第 49 条"抵押人未通知抵押权人或者未告知受让人的,转让行为无效"贯彻"缺一不可"的原则,然此原则与《物权法》第 191 条"抵押人未经抵押权人同意,不得转让抵押财产,但受让人代为清偿债务消灭抵押权的除外"规定相冲突。《担保法》第 49 条依然有效,但逻辑不严谨。司法实践中为缓解此一矛盾,通过对"通知"的形式及时间点要求予以解释,达到平衡的目的:(1)可以口头形式通知。案见上海一中院(2004)沪一中民二(民)终字第 51 号"某投资公司与某糖业公司房屋买卖合同纠纷案"。(2)可以随时通知,至迟在转让合同签订之前,故买受人在签订预约合同之后而未签订本约合同之前,以出卖人转让已抵押房产未通知抵押权人为由反悔,可能构成违约。案见广东佛山中院(2004)佛中法民五终字第 14 号"林某与某建筑公司房屋买卖合同纠纷案"。

3. 如转让抵押房产且未通知抵押权人,买受人起诉主张的是合同无效,但裁判者认为是合同有效,买受人只能在法官释明的情况下,根据《合同法》第 54 条规定以欺诈主张撤销权。如买受人坚持合同无效的诉讼请求,则可能导致诉讼请求被全部驳回的风险。

4. 二手房买卖合同虽约定了标的房屋设定抵押则为欺诈,出卖人应双倍返还定金，但该约定在房屋买卖合同因转让抵押物未通知抵押权人被认定无效时，作为从合同的定金合同条款，亦自始无效，不产生双倍返还的法律效果。案见云南昆明中院(2009)昆民一终字第19号"陈某与杨某房屋买卖合同纠纷案"。

5. 故意隐瞒所售商品房已抵押事实，导致与买受人所签售房合同解除或被撤销的，买受人可以请求出卖人返还已付购房款及利息、赔偿损失，并可以请求出卖人承担不超过已付购房款1倍的赔偿责任。

6. 以涤除标的房屋上设定的抵押为付款条件的买卖合同，收款对象为抵押权人，而在合同签订后，未办理产权变更登记前，该房被第三人作为诉讼保全对象，这样就不仅存在合同履行上的障碍，而且很可能丧失对案涉房屋的所有权，在主张债权时，只能针对出卖人，而无法向已收款的原抵押权人索赔。给出去的是现钱，买卖落空还不能向收钱的人追回。故买卖抵押房之前，需先核实房屋除抵押权之外是否存在其他财产所有权纠纷，预先了解实际办理产权过户手续存在的障碍，一旦签约，及时办理过户登记手续，如签约后不能及时办理，则依据《物权法》新规定，申请预告登记，同样能产生不动产变动的公示效果。

7. 被执行人将其名下需办理过户登记的财产出卖给第三人，第三人已支付部分或全部价款并实际占有该财产，但尚未办理产权过户登记手续的，人民法院可以查封、扣押、冻结；第三人已经支付全部价款并实际占有，但未办理过户登记手续的，如第三人对此没有过错，人民法院不得查封、扣押、冻结。故对买受人而言，为避免此种情形下的争端，签订购房合同后，应及时办理交付，取得实际占有的效果，并及时过户手续，或办理预告登记。

8. 适用《民法通则》第113条，以不享有所有权的抵押行为被认定无效，海南海口中院(2002)海中法民终字第209号"某银行与吴某房屋买卖合同纠纷案"并非此类案件的典型，只能是购房人的美好愿望。按照《物权法》规定的原则，不动产的公示公信原则，能够保护第三人取得的抵押权，即买受人在先取得的所有权不具有对抗善意第三人的效力。

9. 实践中，存在为了"避税"而约定多少年之后再过户以节省税费的情形，实际上买方因此承担的风险，可能更大。合同约定的所有权并不具有对抗第三人的物权性质。只要登记簿上的产权人未变更，出卖人无权处分，或出卖或抵押，即成为买受人真正的风险。

10. 买房要看卖方的土地证和房产证，且应看原件，最保险的做法是到房屋土地管理部门去查询是否办理了抵押。有关买卖合同标的的房屋权属现状，包括房屋的概貌、地址、新旧程度、房屋手续的真伪、房屋手续是否有瑕疵等问题，买方应做必要的预先了解，卖方应做事先的告知，因未明确而导致签订合同后履行受阻的，认定违约责任难免出现争端。

11. 抵押房交易如果不能及时看到房产证,应当就合同约定的面积向开发商或持证部门查验,并就产权面积与实际面积是否存在争议做必要了解,以便在办理抵押房转让过程中,因面积差异导致各方结算纠纷,影响合同履行。

12. 合同违约责任是合同履行得到保障,并在违约情形出现时最有效的救济条款,未做约定或约定不明,虽可依法定原则就违约造成的损失要求赔偿,但列举证据及证据得到认定上存在实际的烦琐和困扰。案见辽宁沈阳中院(2007)沈民(2)房终字第285号"宋某等与王某房屋买卖合同纠纷案"。

13. 合同实际履行过程中,对付款方式、新出现的问题双方达成与原合同约定不一致或原合同未出现的解决方案时,应当形成书面协议。抵押人转让已办抵押登记的房产,在买受人愿意代为涤除抵押权负担情况下,合同有效,但买受人反悔,并未实际履行的情况下,因无书面明确约定,难以认定买受人的违约,法院据此认为系"磋商不成",责不在买受人。案见云南昆明中院(2009)昆民一终字第19号"陈某与杨某房屋买卖合同纠纷案"。

14. 房屋买卖合同签订后,对于已交房款,嗣后双方又发生经济往来产生款项流动的,应予特别说明,而不能仅以"退款"或"收款"表明,以免造成与房款的是否退返的混淆。即使双方无其他经济纠纷,该退返款项亦不当然成为房款的退回、房屋买卖合同解除的依据。广东佛山中院(2003)佛中法民一终字第2770号"某投资公司与李某等房屋买卖合同纠纷案"可为鉴。

15. 陷阱条款:"乙方已对甲方所要出售的房地产做了翔实的了解,并愿意购买该房地产。"通常购房人认为法律已有规定,甲方不得欺诈出售房屋,并规定了出售的房屋存在抵押的,出卖方应尽到法定义务,否则承担相应法律责任,最高人民法院《关于审理商品房买卖合同纠纷案件适用法律若干问题的解释》《担保法》及其司法解释相关规定明确,同时通过中介购房的,总是认为中介站在购房人一方,已将所有风险预先作了排除,作为转让基本前提的房屋,不可能存在权属限制或瑕疵。实际上,前述陷阱条款加于买受人(乙方)的风险就在于暗含了各种因买受人轻信或过失无法留意的房屋权属瑕疵,且该法律后果由买受人自行承担。防范方法:实际查验房产证。

16. 设定抵押的房屋转让虽不因抵押房性质影响合同效力,但可能因欺诈导致合同无效。对出卖人或中介方而言,应在签约时出示房产证原件,最好就买受人已阅原件并与复印件核对情况由买受人签字确认。同时在合同中应当对房屋抵押性质予以明确。

【附注】

参考案例索引:云南昆明中院(2008)昆民一初字第116号"邹某诉某开发公司

房屋买卖合同纠纷案”；见《房屋抵押权存续期间，出卖人（抵押人）未经抵押权人同意签订房屋买卖合同的效力及履行》（左锋，北京二中院；陈旻，北京高院），载《民事审判指导与参考·指导性案例》（201101/45：130）；北京三中院（2014）三中民终字第04328号“董某与文某等房屋买卖合同纠纷案”，见《董志良诉董文尊等房屋买卖合同纠纷案（房屋抵押涤除权）》（张鹏飞），载《中国审判案例要览》（2015民：249）；江苏南通中院（2008）通中民一终字第1245号“张某与王某房屋买卖合同纠纷案”，见《张曙东诉王建伟房屋买卖合同案（抵押物转让）》（任智峰），载《中国审判案例要览》（2009民：38）；最高人民法院（2013）民提字第207号“孙某与某实业公司等案外人执行异议纠纷案”；辽宁大连中院（2015）大审民再终字第42号“某银行与巴某等借款合同纠纷案”；江苏无锡南长区法院（2012）南商初字第123号“某银行与王某等借款合同纠纷案”；福建高院（2010）闽民终字第429号“某银行与赵某等房屋所有权确认纠纷上诉案”；河南郑州中院（2009）郑民一终字第135号“唐某与某开发公司商品房买卖合同纠纷案”；最高人民法院（2008）民一终字第122号“某股份公司与某开发公司土地使用权转让合同纠纷案”；云南昆明中院（2009）昆民一终字第19号“陈某与杨某房屋买卖合同纠纷案”；广东佛山中院（2007）佛中法民五终字第82－2号“何某等与陈某房屋买卖合同纠纷案”；辽宁沈阳中院（2007）沈民（2）房终字第285号“宋某等与王某房屋买卖合同纠纷案”；广东广州中院（2006）穗中法民五终字第2718号“某开发公司与关某商品房买卖合同纠纷案”；广东广州中院（2005）穗中法民四终字第3832号“庞某与马某等房屋买卖合同纠纷案”；广东佛山中院（2006）佛中法民五终字第330号“胡某与刘某等房屋买卖合同纠纷案”；辽宁沈阳中院（2005）沈民（2）房终字第845号“王某等与栗某房屋买卖合同纠纷案”；重庆四中院（2005）渝四中法民一终字第216号“某农业局与曾某等房屋买卖合同纠纷案”；广东佛山中院（2005）佛中法民五终字第303号“王某与林某等房屋买卖合同纠纷案”；广东佛山中院（2004）佛中法民五终字第14号“林某与某建筑公司房屋买卖合同纠纷案”；上海一中院（2004）沪一中民二（民）终字第51号“某投资公司与某糖业公司房屋买卖合同纠纷案”；海南海口中院（2002）海中法民终字第209号“某银行与吴某房屋买卖合同纠纷案”。

72. 查封房:查封期转卖
——擅卖查封房,合同定无效?

【合同效力】

【案情简介及争议焦点】

1993 年,工贸公司出地,开发公司出资共同联建,约定了建成房产三七分成的比例,并委托工贸公司对外销售。1995 年双方信任危机,开发公司收回工贸公司所有印章后,工贸公司法定代表人宋某私自另刻了一套。1996 年 9 月,工贸公司以用案涉房屋质押于典当行名义向林某借款。1997 年 4 月 10 日,因债务纠纷,法院查封了宋某以工贸公司名义兴建的包括案涉房屋在内的部分联建房产。次日,工贸公司与林某私下签订房屋买卖合同,将案涉房屋转让给林某,并依约收取购房款 45 万元。后因查封无法过户,林某要求开发公司和工贸公司连带退还其购房款。

争议焦点:1. 转让合同效力如何? 2. 是否构成无权代理?

【裁判要点】

1. 转让查封房无效。本案标的物房产因被法院查封而成为不得转让的房产。林某与工贸公司签订的《房屋买卖合同书》对该房产进行转让的行为违反法律强制性规定,故房屋买卖合同无效。另该房产系工贸公司与开发公司联营合作之财产,工贸公司未经开发公司同意即擅自将该房产转让给林某,其转让行为亦为无效。

2. 无权代理未追认。林某在与工贸公司签订房屋买卖合同前就已存在通过典当行借款的借贷关系,工贸公司法人代表宋某为了达到用共有房产抵偿自己借款的目的,不仅私刻工贸公司公章,而且背着开发公司,与林某签订房屋买卖合同,恶意地使用伪造的公章将共有房产进行典当,在不能按时还款情况下,擅自出售共有房屋,私自占有所得的售房款,严重侵犯了共有人即开发公司的合法权益。在开发公司已终止与工贸公司的代理关系,工贸公司的无权代理行为未经开发公司追认,其民事责任应由工贸公司自行承担,与开发公司无涉。

【裁判依据或参考】

1. 法律法规。《民法典》(2021 年 1 月 1 日)第 8 条:“民事主体从事民事活动,不得违反法律，不得违背公序良俗。”第143条：“具备下列条件的民事法律行为有效：（一）行为人具有相应的民事行为能力；（二）意思表示真实；（三）不违反法律、行政法规的强制性规定，不违背公序良俗。”第153条：“违反法律、行政法规的强制性规定的民事法律行为无效。但是，该强制性规定不导致该民事法律行为无效的除外。违背公序良俗的民事法律行为无效。”第155条：“无效的或者被撤销的民事法律行为自始没有法律约束力。”第399条：“下列财产不得抵押：……（五）依法被查封、扣押、监管的财产；（六）法律、行政法规规定不得抵押的其他财产。”**《民事诉讼法》**（2017年6月27日修正）第102条：“保全限于请求的范围，或者与本案有关的财物。”第103条：“财产保全采取查封、扣押、冻结或者法律规定的其他方法。人民法院保全财产后，应当立即通知被保全财产的人。财产已被查封、冻结的，不得重复查封、冻结。”第154条：“裁定适用于下列范围：（一）不予受理；（二）对管辖权有异议的；（三）驳回起诉；（四）保全和先予执行……对前款第一项至第三项裁定，可以上诉。”第155条：“最高人民法院的判决、裁定，以及依法不准上诉或者超过上诉期没有上诉的判决、裁定，是发生法律效力的判决、裁定。”第225条：“当事人、利害关系人认为执行行为违反法律规定的，可以向负责执行的人民法院提出书面异议。当事人、利害关系人提出书面异议的，人民法院应当自收到书面异议之日起十五日内审查，理由成立的，裁定撤销或者改正；理由不成立的，裁定驳回。当事人、利害关系人对裁定不服的，可以自裁定送达之日起十日内向上一级人民法院申请复议。”第227条：“执行过程中，案外人对执行标的提出书面异议的，人民法院应当自收到书面异议之日起十五日内审查，理由成立的，裁定中止对该标的的执行；理由不成立的，裁定驳回。案外人、当事人对裁定不服，认为原判决、裁定错误的，依照审判监督程序办理；与原判决、裁定无关的，可以自裁定送达之日起十五日内向人民法院提起诉讼。”第244条：“被执行人未按执行通知履行法律文书确定的义务，人民法院有权查封、扣押、冻结、拍卖、变卖被执行人应当履行义务部分的财产。但应当保留被执行人及其所扶养家属的生活必需品。采取前款措施，人民法院应当作出裁定。”第247条：“财产被查封、扣押后，执行员应当责令被执行人在指定期间履行法律文书确定的义务。被执行人逾期不履行的，人民法院应当拍卖被查封、扣押的财产；不适于拍卖或者当事人双方同意不进行拍卖的，人民法院可以委托有关单位变卖或者自行变卖。国家禁止自由买卖的物品，交有关单位按照国家规定的价格收购。”**《物权法》**（2007年10月1日，已于2021年1月1日起失效）第146条：“建设用地使用权转让、互换、出资或者赠与的，附着于该土地上的建筑物、构筑物及其附属设施一并处分。”第147条：“建筑物、构筑物及其附属设施转让、互换、出资或者赠与的，该建筑物、构筑物及其附属设施占用范围内的建设用地使用权一并处分。”第182条：“以建筑物抵押的，该建筑物占用范围内的建设用地使用权一并抵押。以建设用地使用权抵押的，该土地上的建筑物一并抵押。抵押人未依照前款规定一并抵押的，未抵押的财产视为一并抵押。”**《城市房地产管理法（2019年修正）》**（2020年1月1日）第38条：“下列房地产，不得转让：……（二）司法机关和行政机关依法裁定、决定查封或者以其他形式限制房地产权利的……”第32条：“房地产转让、抵押时，房屋的所有权和该房屋占用范围内的土地使用权同时转让、抵押。”**《合同法》**（1999年10月1日，已于2021年1月1日起失效）第51条：“无处分权的人处分他人财产，经权利人追认或者无处分权的人订立合同后取得处分权的，该合同有效。”第74条：“因债务人放弃其到期债权或者无偿转让财产，对债权人造成损害的，债权人可以请求人民法院撤销债务人的行为。债务人以明显不合理的低价转让财产，对债权人造成损害，并且受让人知道该情形的，债权人也可以请求人民法院撤销债务人的行为。撤销权的行使范围以债权人的债权为限。债权人行使撤销权的必要费用，由债务人负担。”**《担保法》**（1995年10月1日）第37条：“下列财产不得抵押：……（四）所有权、使用权不明或者有争议的财产；（五）依法被查封、扣押、监管的财产……”国务院**《税收征收管理法实施细则（2016年修订）》**（2016年2月6日）第67条：“对查封的商品、货物或者其他财产，税务机关可以指令被执行人负责保管，保管责任由被执行人承担。继续使用被查封的财产不会减少其价值的，税务机关可以允许被执行人继续使用；因被执行人保管或者使用的过错造成的损失，由被执行人承担。”

2. 司法解释。最高人民法院**《关于首先查封法院与优先债权执行法院处分查封财产有关问题的批复》**（2016年4月14日　法释〔2016〕6号）第1条：“执行过程中，应当由首先查封、扣押、冻结（以下简称查封）法院负责处分查封财产。但已进入其他法院执行程序的债权对查封财产有顺位在先的担保物权、优先权（该债权以下简称优先债权），自首先查封之日起已超过60日，且首先查封法院就该查封财产尚未发布拍卖公告或者进入变卖程序的，优先债权执行法院可以要求将该查封财产移送执行。”第2条：“优先债权执行法院要求首先查封法院将查封财产移送执行的，应当出具商请移送执行函，并附确认优先债权的生效法律文书及案件情况说明。首先查封法院应当在收到优先债权执行法院商请移送执行函之日起15日内出具移送执行函，将查封财产移送优先债权执行法院执行，并告知当事人。移送执行函应当载明将查封财产移送执行及首先查封债权的相关情况等内容。”第3条：“财产移送执行后，优先债权执行法院在处分或继续查封该财产时，可以持首先查封法院移送执行函办理相关手续。优先债权执行法院对移送的财产变价后，应当按照法律规定的清偿顺序分配，并将相关情况告知首先查封法院。首先查封债权尚未经生效法律文书确认的，应当按照首先查封债权的清偿顺位，预留相应份额。”第4条：“首先查封法院与优先债权执行法院就移送查封财产发生争议的，可以逐级报请双方共同的上级法院指定该财产的执行法院。共同的上级法院根据首先查封债权所处的诉讼阶段、查封财产的种类及所在地、各债权数额与查封财产价值之间的关系等案件具体情况，认为由首先查封法院执行更为妥当的，也可以决定由首先查封法院继续执行，但应当督促其在指定期限内处分查封财产。”最高人民法院**《关于人民法院办理执行异议和复议案件若干问题的规定(2020年修改)》**(2021年1月1日　法释〔2020〕21号)第29条：“金钱债权执行中，买受人对登记在被执行的房地产开发企业名下的商品房提出异议，符合下列情形且其权利能够排除执行的，人民法院应予支持：(一)在人民法院查封之前已签订合法有效的书面买卖合同；(二)所购商品房系用于居住且买受人名下无其他用于居住的房屋；(三)已支付的价款超过合同约定总价款的百分之五十。”最高人民法院、最高人民检察院、公安部、国家安全部、司法部、国土资源部、住房城乡建设部、交通运输部、农业部、人民银行、林业局、银监会、证监会、保监会、民航局**《关于印发〈公安机关办理刑事案件适用查封、冻结措施有关规定〉的通知》**(2013年9月1日　公通字〔2013〕30号)第5条：“根据侦查犯罪的需要，公安机关可以依法查封涉案的土地、房屋等不动产，以及涉案的车辆、船舶、航空器和大型机器、设备等特定动产。必要时，可以一并扣押证明其财产所有权或者相关权益的法律文件和文书。置于不动产上的设施、家具和其他相关物品，需要作为证据使用的，应当扣押；不宜移动的，可以一并查封。”第6条：“查封涉案财物需要国土资源、房地产管理、交通运输、农业、林业、民航等有关部门协助的，应当经县级以上公安机关负责人批准，制作查封决定书和协助查封通知书，明确查封财物情况、查封方式、查封期限等事项，送交有关部门协助办理，并及时告知有关当事人。涉案土地和房屋面积、金额较大的，应当经设区的市一级以上公安机关负责人批准，制作查封决定书和协助查封通知书。”第7条：“查封期限不得超过二年。期限届满可以续封一次，续封应当经作出原查封决定的县级以上公安机关负责人批准，在期限届满前五日以内重新制作查封决定书和协助查封通知书，送交有关部门协助办理，续封期限最长不得超过一年。案件重大复杂，确需再续封的，应当经设区的市一级以上公安机关负责人批准，在期限届满前五日以内重新制作查封决定书和协助查封通知书，且每次再续封的期限最长不得超过一年。查封期限届满，未办理续封手续的，查封自动解除。公安机关应当及时将续封决定告知有关当事人。”第18条：“查封地上建筑物的效力及于该地上建筑物占用范围内的建设用地使用权，查封建设用地使用权的效力及于地上建筑物，但建设用地使用权与地上建筑物的所有权分属不同权利人的除外。地上建筑物和土地使用权的登记机构不是同一机构的，应当分别办理查封登记。”最高人民法院**《关于房屋与占用范围内的土地使用权欠缺一并处分条件时如何执行的问题的复函》**(2010年6月29日　〔2010〕执他字第8号)：“……根据房随地走，地随房走的原则及《物权法》第一百四十六条、第一百四十七条和我院《关于人民法院民事执行中查封、扣押、冻结财产的规定》第二十三条第一款的规定,人民法院在执行中需要处理房地产时亦应遵循上述原则和规定。本案中,兴城市市政管理处办公楼系1983年建造,由于当时管理不规范等原因致使权利人与房地产管理部门没有办理相应手续,造成土地权属不明。你院可责成执行法院与当地房地产管理部门协调处理,协调处理不成时,应按房地一致原则处置房产。”最高人民法院**《关于人民法院能否在执行程序中以被执行人擅自出租查封房产为由认定该租赁合同无效或解除该租赁合同的答复》**(2009年12月22日 〔2009〕执他字第7号):“……在执行程序中被执行人擅自处分法院的查封物,包括本案中以出租的形式妨害查封效果的行为,执行法院有权以裁定形式执结予以处理。根据最高人民法院《关于人民法院执行中查封、扣押、冻结财产的规定》第26条,被执行人擅自处分查封物,与第三人签订的租赁合同,并不当然无效,只是不得对抗申请执行人。第三人依据租赁合同占有查封物的,人民法院可以解除其占有,但不应当在裁定中直接宣布租赁合同无效或解除租赁合同,而仅应指出租赁合同不能对抗申请执行人。”最高人民法院**《对新疆维吾尔自治区高级人民法院〈关于新疆建工集团建设工程有限责任公司与新疆宝亨房地产开发有限公司一案中有关问题的请示〉的复函》**(2009年4月16日 〔2007〕执他字第9号):“……人民法院已经查封的财产又被仲裁裁决确权给案外人的情况下,执行法院可以依照民事诉讼法第二百一十三条第三款的规定对仲裁裁决进行审查。如果认定当事人恶意串通进行仲裁裁决损害其他债权人利益,妨害执行秩序,执行法院应当依法将该裁决视为有违背社会公共利益的情形而裁定不予执行。同时,还应将此种行为视为妨害人民法院执行的行为,依法予以制裁。”最高人民法院**《关于适用〈中华人民共和国民事诉讼法〉执行程序若干问题的解释(2020年修改)》**(2021年1月1日 法释〔2020〕21号)第14条:“案外人对执行标的主张所有权或者有其他足以阻止执行标的转让、交付的实体权利的,可以依照民事诉讼法第二百二十七条的规定,向执行法院提出异议。”第15条:“案外人异议审查期间,人民法院不得对执行标的进行处分。案外人向人民法院提供充分、有效的担保请求解除对异议标的的查封、扣押、冻结的,人民法院可以准许;申请执行人提供充分、有效的担保请求继续执行的,应当继续执行。因案外人提供担保解除查封、扣押、冻结有错误,致使该标的无法执行的,人民法院可以直接执行担保财产;申请执行人提供担保请求继续执行有错误,给对方造成损失的,应当予以赔偿。”最高人民法院办公厅**《关于房地产管理部门协助人民法院执行造成转移登记错误,人民法院对当事人提起的行政诉讼的受理及赔偿责任问题的复函》**(2006年12月15日 法办〔2006〕610号)第1条:“根据最高人民法院《关于行政机关根据法院的协助执行通知书实施的行政行为是否属于人民法院行政诉讼受案范围的批复》（法释〔2004〕6号）的规定，行政机关根据人民法院的协助执行通知书实施的行为，是行政机关必须履行的法定协助义务，不属于人民法院行政诉讼受案范围。但如果当事人认为行政机关在协助时缩小或扩大了范围或违法采取措施造成其损害，提起行政诉讼的，人民法院应当受理。”第2条：“根据最高人民法院、国土资源部、建设部《关于依法规范人民法院执行和国土资源房地产管理部门协助执行若干问题的通知》（法发〔2004〕5号）第三条规定，国土资源、房地产管理部门在协助人民法院执行土地使用权、房屋时，不对生效法律文书和协助执行通知书进行实体审查。国土资源、房地产管理部门认为人民法院查封、预查封或者处理的土地、房屋权属错误的，可以向人民法院提出审查建议，但不应当停止办理协助执行事项。”第3条：“根据最高人民法院《关于人民法院民事执行中查封、扣押、冻结财产的规定》（法释〔2004〕15号）第二十八条规定，对已被人民法院查封的财产，其他人民法院可以进行轮候查封。查封解除的，登记在先的轮候查封即自动生效。在查封尚未解除之前，轮候查封的法院要求协助处置查封标的物的，房地产管理部门应当及时告知查封法院，以便人民法院之间及时协调，在协调期间，协助执行的义务机关暂停协助执行事项。轮候查封的法院违法要求协助义务机关处置查封标的物造成执行申请人损失的，应当进行执行回转，无法执行回转的，根据《最高人民法院关于审理人民法院国家赔偿确认案件若干问题的规定（试行）》（法释〔2004〕10号）第十一条第（八）项的规定，由错误发出协助执行通知的法院承担司法赔偿责任，协助执行义务机关不承担赔偿责任。”最高人民法院**《关于人民法院民事执行中查封、扣押、冻结财产的规定》**（2005年1月1日　法释〔2004〕15号，于2020年12月29日修改，2021年1月1日起实施）第1条：“人民法院查封、扣押、冻结被执行人的动产、不动产及其他财产权，应当作出裁定，并送达被执行人和申请执行人。采取查封、扣押、冻结措施需要有关单位或者个人协助的，人民法院应当制作协助执行通知书，连同裁定书副本一并送达协助执行人。查封、扣押、冻结裁定书和协助执行通知书送达时发生法律效力。”第2条：“人民法院可以查封、扣押、冻结被执行人占有的动产、登记在被执行人名下的不动产、特定动产及其他财产权。未登记的建筑物和土地使用权，依据土地使用权的审批文件和其他相关证据确定权属。对于第三人占有的动产或者登记在第三人名下的不动产、特定动产及其他财产权，第三人书面确认该财产属于被执行人的，人民法院可以查封、扣押、冻结。”第4条：“对被执行人及其所扶养家属生活所必需的居住房屋，人民法院可以查封，但不得拍卖、变卖或者抵债。”第7条：“查封不动产的，人民法院应当张贴封条或者公告，并可以提取保存有关财产权证照。查封、扣押、冻结已登记的不动产、特定动产及其他财产权，应当通知有关登记机关办理登记手续。未办理登记手续的，不得对抗其他已经办理了登记手续的查封、扣押、冻结行为。”第8条：“查封尚未进行权属登记的建筑物时，人民法院应当通知其管理人或者该建筑物的实际占有人，并在显著位置张贴公告。"第 14 条："被执行人将其财产出卖给第三人，第三人已经支付部分价款并实际占有该财产，但根据合同约定被执行人保留所有权的，人民法院可以查封、扣押、冻结；第三人要求继续履行合同的，向人民法院交付全部余款后，裁定解除查封、扣押、冻结。"第 15 条："被执行人将其所有的需要办理过户登记的财产出卖给第三人，第三人已经支付部分或者全部价款并实际占有该财产，但尚未办理产权过户登记手续的，人民法院可以查封、扣押、冻结；第三人已经支付全部价款并实际占有，但未办理过户登记手续的，如果第三人对此没有过错，人民法院不得查封、扣押、冻结。"第 16 条："被执行人购买第三人的财产，已经支付部分价款并实际占有该财产，第三人依合同约定保留所有权的，人民法院可以查封、扣押、冻结。保留所有权已办理登记的，第三人的剩余价款从该财产变价款中优先支付；第三人主张取回该财产的，可以依据民事诉讼法第二百二十七条规定提出异议。"第 17 条："被执行人购买需要办理过户登记的第三人的财产，已经支付部分或者全部价款并实际占有该财产，虽未办理产权过户登记手续，但申请执行人已向第三人支付剩余价款或者第三人同意剩余价款从该财产变价款中优先支付的，人民法院可以查封、扣押、冻结。"第 20 条："查封、扣押的效力及于查封、扣押物的从物和天然孳息。"第 21 条："查封地上建筑物的效力及于该地上建筑物使用范围内的土地使用权，查封土地使用权的效力及于地上建筑物，但土地使用权与地上建筑物的所有权分属被执行人与他人的除外。地上建筑物和土地使用权的登记机关不是同一机关的，应当分别办理查封登记。"第 23 条："查封、扣押、冻结协助执行通知书在送达登记机关时，登记机关已经受理被执行人转让不动产、特定动产及其他财产的过户登记申请，尚未完成登记的，应当协助人民法院执行。人民法院不得对登记机关已经完成登记的被执行人已转让的财产实施查封、扣押、冻结措施。查封、扣押、冻结协助执行通知书在送达登记机关时，其他人民法院已向该登记机关送达了过户登记协助执行通知书的，应当优先办理过户登记。"第 24 条："被执行人就已经查封、扣押、冻结的财产所作的移转、设定权利负担或者其他有碍执行的行为，不得对抗申请执行人。第三人未经人民法院准许占有查封、扣押、冻结的财产或者实施其他有碍执行的行为的，人民法院可以依据申请执行人的申请或者依职权解除其占有或者排除其妨害。人民法院的查封、扣押、冻结没有公示的，其效力不得对抗善意第三人。"第 26 条："对已被人民法院查封、扣押、冻结的财产，其他人民法院可以进行轮候查封、扣押、冻结。查封、扣押、冻结解除的，登记在先的轮候查封、扣押、冻结即自动生效。其他人民法院对已登记的财产进行轮候查封、扣押、冻结的，应当通知有关登记机关协助进行轮候登记，实施查封、扣押、冻结的人民法院应当允许其他人民法院查阅有关文书和记录。其他人民法院对没有登记的财产进行轮候查封、扣押、冻结的，应当制作笔录，并经实施查封、扣押、冻结的人民法院执行人员及被执行人签字，或者书面通知实施查封、扣押、冻结的人民法院。”第27条：“查封、扣押、冻结期限届满，人民法院未办理延期手续的，查封、扣押、冻结的效力消灭。查封、扣押、冻结的财产已经被执行拍卖、变卖或者抵债的，查封、扣押、冻结的效力消灭。”最高人民法院、国土资源部、建设部**《关于依法规范人民法院执行和国土资源房地产管理部门协助执行若干问题的通知》**（2004年3月1日　法发〔2004〕5号）第3条：“对人民法院查封或者预查封的土地使用权、房屋，国土资源、房地产管理部门应当及时办理查封或者预查封登记。国土资源、房地产管理部门在协助人民法院执行土地使用权、房屋时，不对生效法律文书和协助执行通知书进行实体审查。国土资源、房地产管理部门认为人民法院查封、预查封或者处理的土地、房屋权属错误的，可以向人民法院提出审查建议，但不应当停止办理协助执行事项。”第5条：“人民法院查封时，土地、房屋权属的确认以国土资源、房地产管理部门的登记或者出具的权属证明为准。权属证明与权属登记不一致的，以权属登记为准。在执行人民法院确认土地、房屋权属的生效法律文书时，应当按照人民法院生效法律文书所确认的权利人办理土地、房屋权属变更、转移登记手续。”第6条：“土地使用权和房屋所有权归属同一权利人的，人民法院应当同时查封；土地使用权和房屋所有权归属不一致的，查封被执行人名下的土地使用权或者房屋。”第7条：“登记在案外人名下的土地使用权、房屋，登记名义人（案外人）书面认可该土地、房屋实际属于被执行人时，执行法院可以采取查封措施。如果登记名义人否认该土地、房屋属于被执行人，而执行法院、申请执行人认为登记为虚假时，须经当事人另行提起诉讼或者通过其他程序，撤销该登记并登记在被执行人名下之后，才可以采取查封措施。”第9条：“对国土资源、房地产管理部门已经受理被执行人转让土地使用权、房屋的过户登记申请，尚未核准登记的，人民法院可以进行查封，已核准登记的，不得进行查封。”第10条：“人民法院对可以分割处分的房屋应当在执行标的额的范围内分割查封，不可分割的房屋可以整体查封。分割查封的，应当在协助执行通知书中明确查封房屋的具体部位。”第11条：“人民法院对土地使用权、房屋的查封期限不得超过二年。期限届满可以续封一次，续封时应当重新制作查封裁定书和协助执行通知书，续封的期限不得超过一年。确有特殊情况需要再续封的，应当经过所属高级人民法院批准，且每次再续封的期限不得超过一年。查封期限届满，人民法院未办理继续查封手续的，查封的效力消灭。”第12条：“人民法院在案件执行完毕后，对未处理的土地使用权、房屋需要解除查封的，应当及时作出裁定解除查封，并将解除查封裁定书和协助执行通知书送达国土资源、房地产管理部门。”第17条：“预查封的期限为二年。期限届满可以续封一次，续封时应当重新制作预查封裁定书和协助执行通知书，预查封的续封期限为一年。确有特殊情况需要再续封的，应当经过所属高级人民法院批准,且每次再续封的期限不得超过一年。”第21条:“已被人民法院查封、预查封并在国土资源、房地产管理部门办理了查封、预查封登记手续的土地使用权、房屋,被执行人隐瞒真实情况,到国土资源、房地产管理部门办理抵押、转让等手续的,人民法院应当依法确认其行为无效,并可视情节轻重,依法追究有关人员的法律责任。国土资源、房地产管理部门应当按照人民法院的生效法律文书撤销不合法的抵押、转让等登记,并注销所颁发的证照。”第22条:“国土资源、房地产管理部门对被人民法院依法查封、预查封的土地使用权、房屋,在查封、预查封期间不得办理抵押、转让等权属变更、转移登记手续。国土资源、房地产管理部门明知土地使用权、房屋已被人民法院查封、预查封,仍然办理抵押、转让等权属变更、转移登记手续的,对有关的国土资源、房地产管理部门和直接责任人可以依照民事诉讼法第一百零二条的规定处理。”第23条:“在变价处理土地使用权、房屋时,土地使用权、房屋所有权同时转移;土地使用权与房屋所有权归属不一致的,受让人继受原权利人的合法权利。”最高人民法院**《关于广东省高级人民法院、湖南省岳阳市中级人民法院就执行深圳市“洪湖大厦”发生争议案的复函》**(2002年10月8日 〔2002〕执协字第50号)第1条:“广东省高级人民法院反映的深圳市罗湖区国土局对该院保全查封的洪湖大厦第4层、第7层、第13层房屋,以该查封已超过《深圳经济特区房地产登记条例》(以下简称《条例》)规定的6个月期限为由,径行予以解封,导致该房产部分被其他法院执行,部分被洪湖公司销售过户给第三人。对此,同意广东省高级人民法院的意见,即依据我院《关于适用〈中华人民共和国民事诉讼法〉若干问题的意见》第109条的规定,人民法院财产保全裁定书的效力,应维持到案件生效判决执行时止。罗湖区国土局依据本市地方法规,将广东省高级人民法院裁定保全查封的财产解封是错误的。地方法规只能在其辖区内发生效力,且不得对抗国家法律、法规和司法解释。罗湖区国土局适用《条例》的规定,对抗法律规定,并扩大了该《条例》的适用范围,应对其行为后果承担民事责任。”最高人民法院执行工作办公室**《关于案外人李福胜异议一案的复函》**(2001年11月26日 〔2000〕执监字第226-1号):“你院在执行本院〔1997〕经终字第147号民事判决时,于1999年6月25日追加刘晓军为被执行人,而刘晓军将其所购买的长安花园A—20—G房屋通过深圳市长城房地产发展公司(以下简称长城公司)转让给李福胜,时间是在1998年7月。同年10月15日,深圳市人民政府向李福胜核发了房地产证。你院以刘晓军与李福胜恶意串通,逃避债务为由,强制执行李福胜名下的房产,证据并不充分。而李福胜向本院提供了如下证据:……这些证据足以证明李福胜对该房屋拥有所有权,本院予以认可。故你院强制执行李福胜名下的房屋是错误的,应当依法纠正。如申请执行人对李福胜名下的房屋权属有异议,认为刘晓军与李福胜之间转让房屋的行为侵犯其合法权益,可通过诉讼程序解决。”最高人民法院执行工作办公室**《关于执行案件中所涉房产在另案中已取得执行依据并有抵押权的债权人主张优先受偿的情况下能否分割执行的问题》**(2001年4月30日 〔2001〕执他字第6号):"……鉴于该房产是被执行人唯一可供执行的财产,且经多次拍卖不成,为公平保护抵押权人、申请执行人、债务人的合法权益,你院可以在申请执行人同意以物抵债的情况下,将该房产按照最后拍卖未成交的底价750万元折价,在申请执行人与抵押权人之间分割执行。折价后的房产应优先扣除有抵押权的债权额部分,剩余部分抵偿给本案债权人。对有抵押权的债权额的核定等事项,应当听取该债权人与被执行人及其执行法院的意见。"最高人民法院**《关于适用〈中华人民共和国担保法〉若干问题的解释》**(2000年12月13日 法释〔2000〕44号,已于2021年1月1日起失效)第55条:"已经设定抵押的财产被采取查封、扣押等财产保全或者执行措施的,不影响抵押权的效力。"最高人民法院**《关于转卖人民法院查封房屋行为无效问题的复函》**(1997年4月7日 〔1997〕经他字第8号):"北京市第二中级人民法院在审理广州市海珠区南华西物资公司诉北京亚运特需供应公司购销合同纠纷一案中,依法作出的〔1994〕中法调字第23号民事裁定书虽未抄告房管部门,但已送达当事人,根据《中华人民共和国民事诉讼法》第一百四十一条规定,诉前保全的裁定是不准上诉的裁定,依该裁定书保全查封被告的房产,属合法有效。北京亚运特需供应公司在此后擅自将其已被查封的房产转卖给北京沃克曼贸易开发有限责任公司的行为是违法的,所订立的房屋买卖合同系无效合同。北京市高级人民法院〔1995〕高经终字第11号民事判决书确定该案保全查封的房产为执行的标的物是正确的。北京亚运特需供应公司在其未能履行生效判决书所确定的还债义务时,以拍卖或变卖本案保全查封的房产的价款偿还债务,于法有据。至于北京沃克曼开发有限责任公司是否为善意第三人及其利益的保护等问题,可通过诉讼另案解决。"最高人民法院**《关于深圳市装饰工程工业总公司与深圳市金光企业股份有限公司、原审第三人沈阳军区驻深圳办事处房屋产权案的复函》**(1994年8月31日):"……在宁夏回族自治区高级人民法院审理的辽宁省国际信托投资公司和辽宁省对外经济发展公司诉深圳金光公司合作经营羊绒纠纷案件中,深圳装饰公司不是该案法律关系的当事人。在该案审理过程中,装饰公司也未申请参加诉讼或主张权利。宁夏回族自治区高级人民法院作出一审判决生效后,在执行过程中装饰公司主张被执行房产的产权,对此,在程序上应按照民事诉讼法第二百零八条以及我院关于适用民事诉讼法若干问题的意见第257条、第258条的规定,作为执行中的案外人提出异议来处理,而不应把已经作为生效判决执行标的的房屋产权又作为另一案件法律关系的标的。因此,深圳市中级人民法院一审裁定驳回装饰公司的起诉是正确的,你院对本案应从程序上作出处理,维持一审裁定。"

3. 部门规范性文件。 建设部《**房屋登记办法**》(2008 年 7 月 1 日,已于 2019 年 9 月 6 日起失效)第 8 条:“办理房屋登记,应当遵循房屋所有权和房屋占用范围内的土地使用权权利主体一致的原则。”国土资源部《**土地登记办法**》(2008 年 2 月 1 日,已于 2017 年 12 月 29 日起失效)第 64 条:“国土资源行政主管部门在协助人民法院执行土地使用权时,不对生效法律文书和协助执行通知书进行实体审查。国土资源行政主管部门认为人民法院的查封、预查封裁定书或者其他生效法律文书错误的,可以向人民法院提出审查建议,但不得停止办理协助执行事项。”第 65 条:“对被执行人因继承、判决或者强制执行取得,但尚未办理变更登记的土地使用权的查封,国土资源行政主管部门依照执行查封的人民法院提交的被执行人取得财产所依据的继承证明、生效判决书或者执行裁定书及协助执行通知书等,先办理变更登记手续后,再行办理查封登记。”建设部《**城市房地产抵押管理办法**》(2001 年 8 月 15 日)第 4 条:“已依法取得的房屋所有权抵押的,该房屋占用范围内的土地使用权必须同时抵押。”第 8 条:“下列房地产不得设定抵押:……(五)被依法查封、扣押、监管或者以其他形式限制的房地产……”建设部《**城市房地产转让管理规定**》(2001 年 8 月 15 日)第 5 条:“房地产转让时,房屋所有权和该房屋占用范围内的土地使用权同时转让。”第 6 条:“下列房地产不得转让:……(二)司法机关和行政机关依法裁定,决定查封或者以其他形式限制房地产权利的……”建设部《**对〈关于确定直管国有房屋土地使用权问题的请示〉的答复**》(1993 年 9 月 30 日〔93〕建房管字第 32 号,已于 2011 年 1 月 26 日起失效)第 1 条:“房屋所有权和该房屋占用的土地使用权的权利主体应当一致,房屋所有权人对该房屋占用的土地享有使用权。新中国成立以来,我国对待房屋所有权和该房屋占用的土地使用权的一贯原则是,不经取得土地使用权,不得进行地上建筑;地上建筑所有权转移时,连同所使用的房基地一并转移;合法取得的房屋所有权和土地使用,受国家法律保护。多年来,我国司法、规划和房地产管理机关都是按照这一原则,处理有关房地产权属问题的。对国家基本法律中关于公民、法人合法民事权益的规定和法律保护,部门规章无权否定和变更。”建设部《**关于国有房屋土地使用证及房地产交易中土地使用权转让等有关问题的答复**》(1989 年 9 月 20 日 〔89〕建房市字第 77 号)第 2 条:“……重申我国房屋所有权与土地使用权主体一致的原则……重申房屋交易时,连同所使用的土地一并转移的原则。这是我国房地产交易中长期遵循的原则。1984 年最高人民法院关于贯彻执行民事政策法律若干问题的意见中,第七类宅基地问题(64)条规定‘公民在城镇依法买卖房屋时,该房屋宅基地的使用权应随房屋所有权一起转归新房主使用’。1988 年由建设部、国家物价局、国家工商行政管理局联合颁发的(88)建房字第 170 号文件,又作了明确的规定,房屋交易应按这些现行规定执行。”

4. 地方司法性文件。山东高院《**执行疑难法律问题解答（二）**》（2020 年 7 月 29 日）第 3 条："执行依据为生效仲裁裁决时，案外人的执行异议系针对执行依据指定交付的特定物提出，或者认为执行依据本身错误的，对该异议应否受理？答：民事诉讼法第二百二十七条确立了案外人提出的异议与原判决、裁定有关时，按照审判监督程序救济的原则。当执行依据是生效仲裁裁决，且案外人的异议指向仲裁裁决内容时，案外人则无法通过该条赋予的救济途径予以救济。在该种情形下，案外人异议不符合民事诉讼法第二百二十七条规定的条件，应裁定不予受理；已经受理的，裁定驳回申请。同时，告知案外人依照《最高人民法院关于人民法院办理仲裁裁决执行案件若干问题的规定》的相关规定，向执行法院申请不予执行仲裁裁决予以救济。"第 4 条："案外人对轮候查封、扣押、冻结的执行标的，提出排除执行异议的，法院应否受理？答：依照《最高人民法院关于人民法院民事执行中查封、扣押、冻结财产的规定》第二十八条第一款及《最高人民法院关于查封法院全部处分标的物后轮候查封的效力问题的批复》的规定，轮候查封、扣押、冻结自在先的查封、扣押、冻结解除时自动生效。人民法院对已查封、扣押、冻结的全部财产进行处分后，该财产上的轮候查封、扣押、冻结自始未产生查封、扣押、冻结的效力。因此，轮候查封并未发生实际查封的效力，案外人对轮候查封的执行标的主张实体权利要求排除执行的，应当向首查封法院提出异议。案外人向轮候查封法院提出异议的，轮候查封法院不予受理。"第 14 条："被执行人的财产经依法拍卖、变卖未成交，申请执行人或其他执行债权人又不接受以物抵债的，对该财产是否必须解除查封、扣押、冻结？答：依照《最高人民法院关于人民法院民事执行中拍卖、变卖财产的规定》第二十七条和第二十八条第二款规定，被执行人的财产经依法拍卖、变卖未成交，且申请执行人、其他执行债权人仍不表示接受该财产抵债的，应当解除查封、扣押、冻结，将该财产退还被执行人，但对该财产可以采取其他执行措施的除外。上述司法解释规定的'其他执行措施'包括强制管理，以及执行法院根据市场价格变化，重新启动评估、拍卖程序等。被执行人的财产经依法拍卖、变卖未成交，申请执行人或其他执行债权人又不接受以物抵债的，法院可以在征得申请执行人同意后，将该财产交申请执行人管理或者重新启动评估、拍卖程序，而非必须立即解除查封、扣押、冻结措施。"第 16 条："首封法院在涉案财产拍卖流拍，且债权人拒绝接受抵债的情况下解除查封，轮候查封法院对涉案财产的查封发生效力后，能否不经评估拍卖程序，直接裁定将该财产以流拍价抵偿给轮候查封债权人？答：依照《最高人民法院关于人民法院民事执行中拍卖、变卖财产的规定》第二十七条、第二十八条第二款规定，被执行人的财产经拍卖流拍后，申请执行人或者其他执行债权人申请或者同意以该次拍卖所定的保留价接受拍卖财产的，应当将该财产交其抵债。法律与司法解释并未要求启动评估、拍卖程序的法院与裁定以物抵债的法院必须是同一法院。首封法院裁定解除对涉案财产的查封后,轮候查封自动生效,轮候法院有权不经评估拍卖程序而在合理期间内直接裁定将涉案财产以流拍价抵偿给轮候查封债权人。如果拍卖流拍日至裁定以物抵债之日间隔较长,涉案财产市场价值较最后一次拍卖流拍时产生较大变化,再以流拍价裁定以物抵债则会显失公平,在此情况下,不宜直接裁定以物抵债。"山东高院民一庭**《关于审理执行异议之诉案件若干问题的解答》**(2020年7月28日)第5条:"《最高人民法院关于人民法院办理执行异议和复议案件若干问题的规定》第二十八条如何理解与适用?答:买受人对登记在被执行人名下的不动产提起执行异议之诉的,应当参照适用《最高人民法院关于人民法院办理执行异议和复议案件若干问题规定》第二十八条。对于案外人排除执行的诉讼请求,同时符合该条规定四项条件的,应予支持:(一)案外人与被执行人在不动产查封之前已签订了合法有效的书面房屋买卖合同。(二)案外人在不动产查封之前已实际占有该不动产。(三)案外人已经支付全部价款。案外人应当提供银行转账凭证等证据证实,对于案外人主张款项系大额现金交付但无其他证据佐证的,对付款事实原则上不予确认。(四)案外人非因自身原因未办理过户登记手续。案外人向出卖人提出过办理过户登记请求,或者向房屋登记机构递交了过户登记申请材料,以及因其他合理客观事由未办理过户登记的,可以认定为'非因案外人自身原因'。"第6条:"《最高人民法院关于人民法院办理执行异议和复议案件若干问题的规定》第二十九条如何理解与适用?答:买受人对于登记在被执行房地产开发企业名下的商品房提出执行异议之诉的,应当参照适用《最高人民法院关于人民法院办理执行异议和复议案件若干问题规定》第二十九条。对于案外人排除执行的诉讼请求,同时符合该条规定三项条件的,应予支持:(一)案外人与被执行人在房屋查封之前已签订了合法有效的书面买卖合同;(二)案外人购买商品房系用于生活居住,且房屋面积属于满足基本居住需要的;(三)案外人已支付的价款超过合同约定总价款的百分之五十,或支付的价款接近于百分之五十,并已按照合同约定将剩余价款支付给申请执行人或按照人民法院要求交付执行的。"广东深圳中院**《关于我市法院间首先查封案件与优先债权执行案件处分查封财产有关问题的意见(试行)》**(2019年3月26日　深中法发〔2019〕1号)第1条:"不动产抵押权案件进入执行程序后,如对涉案抵押的不动产未采取查封措施,应依职权采取查封或轮候查封措施。不动产抵押权案件是指涉案债权有不动产作抵押担保的案件。"第3条:"首封法院应当在收到抵押权案件执行法院《商请移送执行函》后五个工作日内出具《移送执行函》,将不动产抵押物的处分权移送抵押权案件执行法院,并将移送情况告知当事人……"第4条:"首封案件已进入执行程序,且首封法院认为存在以下不宜移送抵押权案件执行法院处分的情形之一的,应当在收到《商请移送执行函》五个工作日内以《复函》形式向抵押权案件执行法院书面说明不宜移送的情形:(一)抵押财产仅占不动产部分份额,首封案件执行法院拟就不动产整体进行处分的;(二)同一不动产存在两个以上优先权,且首封案件为在先顺位优先权的;(三)抵押财产仅对应双拼房产中的一个不动产证号,与另外一个不动产证号在格局上难以区分的,首封案件执行法院拟将两个不动产证号对应的房产一并处分的;(四)在房、地分开登记的地区,抵押财产仅为地上建筑物或者土地使用权,首封案件执行法院拟将地上建筑物及土地使用权合并处分的;(五)首封案件执行法院已启动抵押物的评估、拍卖、变卖工作的;(六)抵押房产的所有权或者土地使用权存在争议,正在等待异议审查或另案诉讼结果的;(七)首封法院认为不宜移送处分的其他情形。抵押权案件执行法院收到《复函》后,应当将抵押物处置问题的协调情况告知抵押权人,抵押权人书面申请参与分配的,抵押权案件执行法院应当及时出具《转交参与分配申请书函》,一并转交首封案件执行法院处理。"第6条:"如抵押权案件执行法院与首封案件审理法院系同一法院,首封案件尚未进入执行程序,负责审理该案件的审判业务部门(不论案件审理中或已审结)应当按照本规定第三条的规定,在收到抵押权案件执行部门(执行局)《商请移送执行函》后五个工作日内出具《移送执行函》,将不动产抵押物的处分权移送抵押权案件执行法院,并将移送情况告知当事人。《移送执行函》的内容和需要提示说明的情形,按本规定第五条规定办理。"第7条:"抵押权案件执行法院在采取解封、过户或继续查封抵押物等措施时,可以持首封法院《移送执行函》以抵押权执行案件案号的相关法律文书前往不动产登记部门办理有关手续。"第8条:"首封案件自采取查封措施之日起已超过60日,且首先查封案件未就该查封财产发布拍卖公告或者进入变卖程序,在收到抵押权案件执行法院《商请移送执行函》后,未在五个工作日内出具《移送执行函》或者《复函》的,抵押权案件执行法院可直接处置抵押物,存在下列情形的,应当根据情况予以通报或作其他处理:(一)首先查封法院应当移送执行而没有移送执行;(二)在抵押权案件执行法院处置后未配合出具解除查封并协助过户手续;(三)在抵押权法院处置过程中未及时续封导致抵押物无法过户的。"第9条:"首封案件尚未进入执行程序,抵押权案件执行法院(执行部门)处分抵押物后,在清偿优先债权后有多余价款的,应当分别以下不同情况处理:(一)没有其他执行案件债权人申请参与分配的,应当将剩余款项划付首封案件审理法院(或审理部门)保全价款;(二)其他执行案件债权人对剩余价款申请参与分配且被执行人为公民或其他组织的,应当将首封案件的保全标的金额作为参与分配债权金额制作财产分配方案,根据分配结果为首封案件预留相应款项,并划付首封案件审理法院(或审理部门)保全预留款项;(三)被执行人为企业法人且未进入破产程序的,依法按照查封的先后顺序受偿、处理。"江苏高院**《执行异议及执行异议之诉案件审理指南(三)》**(2019年3月5日)第1条:"承租人基于不动产或动产被抵押或查封之后与被执行人订立的租赁合同提出执行异议的，适用《民事诉讼法》第二百二十五条规定进行审查。承租人请求在租赁期内停止对执行标的的处置或者阻止向受让人移交占有该不动产或动产的，不予支持。”第2条：“承租人基于不动产或动产被抵押、质押或查封之前与被执行人订立的租赁合同提出执行异议，请求在租赁期内阻止向受让人移交占有被执行的不动产或动产的，适用《民事诉讼法》第二百二十七条规定进行审查，并就是否停止执行作出裁定。因此引发的执行异议之诉案件，根据以下情形进行处理：(1)承租人在租赁物被查封之前已与被执行人签订了合法有效的租赁合同，并已按约支付租金，且实际占有使用租赁物的，对承租人要求阻止交付的诉讼请求应予以支持，对其要求停止对执行标的处置的诉讼请求不予支持。(2)承租人在租赁物被抵押之前已与被执行人签订了合法有效的租赁合同，并已按约支付租金，且实际占有使用租赁物，抵押权人或首查封法院的申请执行人申请拍卖该租赁物，承租人要求阻止交付的，应予以支持，对其要求停止对执行标的处置的诉讼请求不予支持。(3)租赁物具有下列情形的，应分别根据《最高人民法院关于审理城镇房屋租赁合同纠纷案件具体应用法律若干问题的解释》第二条、第三条以及第四条的规定认定租赁合同的效力：①未取得建设工程规划许可证或者未按照建设工程规划许可证的规定建设的房屋；②未经批准或者未按照批准内容建设的临时建筑；③租赁期限超过临时建筑的使用期限的；④当事人以房屋租赁应办理登记备案手续为由主张合同效力的。”第3条：“案外人以其在执行标的被设定抵押或被查封之前与被执行人订立租赁合同，且对执行标的实际占有使用为由，提出执行异议及执行异议之诉，具有下列情形之一的，应认定为虚假租赁：(1)承租人与被执行人恶意串通，将执行标的以明显不合理的低价出租的；(2)承租人或者被执行人伪造、变造租赁合同的；(3)承租人或者被执行人倒签租赁合同签署时间的；(4)承租人或被执行人伪造租金交付或收取证据的；(5)承租人与被执行人伪造其实际占有使用执行标的证据的；(6)承租人系被执行人的近亲属或关联企业，该租赁关系与案件其他证据或事实相互矛盾的。”第4条：“承租人基于租赁期限为5年以上的长期租约，对执行标的提出执行异议或提起执行异议之诉的，应重点围绕以下几种情形对租赁合同的真实性予以审查：①租赁合同的订立时间；②租金约定是否明显低于所在区域同类房屋的租金水平；③租金支付是否违反常理；④是否办理房屋租赁登记备案手续；⑤是否存在名为租赁实为借贷情形；⑥租赁房屋是否实际转移占有使用；⑦是否存在其他违反商业习惯或商业常理的情形。案涉不动产为被执行人或其他人占有使用，承租人仅以其已向房产管理部门办理登记备案，并将该不动产登记为新设公司营业地址为由主张租赁权的，应认定其未实际占有并使用该不动产。但同时具有下列情形的，应视为承租人实际占有并使用租赁物：①已经取得对租赁物的实际控制权；②已在租赁的土地或房屋内从事生产经营活动,包括已将租赁物用于生活、生产、经营或已进行装修等。”第 8 条:“金钱债权执行中,执行法院对登记在被执行人名下的不动产采取强制执行措施,案外人以其享有物权期待权为由提出执行异议及执行异议之诉的,应依照《查扣冻规定》第十七条或者《异议复议规定》第二十八条规定的条件进行审查,具有下列情形的,应予支持:(1)案外人与被执行人在案涉不动产查封之前已经签订了合法有效的书面房屋买卖合同。案外人虽然未与被执行人签订书面的买卖合同,但双方已经办理网签的,应认定其签订了书面合同。合同是否成立以及合法有效,应根据《合同法》及其司法解释、《最高人民法院关于审理商品房买卖合同纠纷案件适用法律若干问题的解释》等相关规定予以认定。(2)案外人在案涉不动产查封之前已经实际占有该不动产。案外人提供了案涉不动产被查封之前实际形成的物业服务合同、交房证明、水电费及物业费缴纳凭证,或者案外人与他人签订的有效租赁合同、租金收取凭证,以及其他足以证明其已经过交接实际接收或占有该房屋的证据的,可认定其在查封之前已经合法占有该不动产。(3)案外人已经支付全部价款。案外人主张其已支付全部价款的,应提供其通过银行转账形成的付款凭证。仅提供开发商或出卖方出具的收据,或者主张购房款系现金交付,且无其他证据证明其存在支付事实的,对其主张不予支持。案外人主张其与被执行人通过以房抵债,已支付全部价款,同时符合下列情形的,应予支持:①案外人与被执行人在涉案房屋被查封前存在合法有效的到期债权债务关系;②案外人对被执行人享有的到期债权与执行标的的实际价值大致相当;③案外人与被执行人在涉案房屋被查封前已经签订书面以房抵债协议;④以房抵债协议不存在规避执行或逃避债务情形;⑤以房抵债协议不损害申请执行人或其他债权人的利益;⑥以房抵债协议不违反《第八次全国法院民事商事审判工作会议(民事部分)纪要》精神。案外人基于建设工程价款,与被执行人订立以物抵债协议,主张其已支付全部价款,同时具备下列情形的,应予支持:①案外人系建设工程承包人或实际施工人;②案外人与被执行人之间存在真实的书面建设工程承包合同;③案外人与被执行人的工程款清偿期已经届满;④案外人享有的工程价款与抵债标的的价值相当;⑤以房抵债协议合法有效;⑥以房抵债协议符合《江苏省高级人民法院关于审理建设工程施工合同纠纷案件若干问题的解答》的相关规定。(4)案外人非因其自身原因未办理过户登记手续。具有下列情形之一的,应认定非因案外人自身原因未办理过户登记手续:①案外人未提起诉讼或仲裁行使物权登记请求权,或者未通过法院强制执行完成物权变动登记手续的;②案外人作为被征收人,其所购房屋因政府征收安置调换经济适用房等原因未能办理过户登记手续的;③因登记机关未及时办理、出卖人拒不协助以及办理过户登记存在客观障碍的。具有以下情形之一的,原则上应认定系案外人自身原因未办理过户登记手续:①案外人知道或者应当知道案涉房屋存在抵押等权利限制,案涉房屋无法办理过户登记的;②案外人知道或者应当知道因政策原因受到限购或限制流通转让等情形,案涉房屋无法办理过户登记的;③案外人对于符合办理过户登记条件的房屋无正当理由,未在合理时间内办理过户登记手续的。"第9条:"金钱债权执行中,执行法院对被执行人为房地产开发企业名下的商品房采取强制执行措施,商品房买受人(仅限自然人)以其系消费者为由提起案外人异议及由此引发执行异议之诉,同时符合以下条件的,应予支持:(1)案外人与被执行人在案涉房屋被查封之前已签订合法有效的书面买卖合同(含网签)且已办理商品房预售登记;(2)案外人签订房屋买卖合同的相对方为房地产开发企业;(3)案外人所购商品房系用于居住且其名下无其他用于居住的房屋;(4)案外人已支付的价款超过合同约定的总价款的百分之五十。案外人主张其名下无其他用于居住的房屋,同时具有下列情形的,应支持其该主张:(1)案外人及其配偶、未成年子女名下在执行标的查封时至执行异议之诉案件判决作出时均无用于居住的房屋;(2)案外人为未成年人的,其监护人名下无用于居住的房屋;(3)上述两种情形仅限于案外人长期居住生活所在地或者被执行房屋所在地的(县)市或设区的市区范围内。"第10条:"金钱债权执行中,被执行人为房地产开发企业,案外人作为被执行人开发的商品房买受人,其主张只要符合《异议复议规定》第二十八条或第二十九条规定任一条规定情形的,对其诉讼请求或抗辩主张应予以支持。买受人的权利主张虽然不符合《异议复议规定》第二十八条或第二十九条规定情形,但符合《查扣冻规定》第十七条规定情形的,对其诉讼请求或抗辩主张也应予以支持。"第11条:"金钱债权执行中,执行法院对被执行人名下不动产采取执行措施,案外人以该不动产的受让人为由提出执行异议,请求停止处分,应根据下列情形予以处理:(1)案涉不动产已办理物权预告登记的,应予支持;(2)案涉不动产符合物权登记条件,且在预告登记有效期内的,应予支持;(3)案涉不动产的预告登记已经失效,或者在执行法院查封之后办理预告登记的,不予支持。建设工程合同承包人为实现其建设工程价款优先受偿权,申请对其建设施工的房屋予以强制执行,不适用本部分上述规定。但案外人系商品房消费者,且符合《异议复议规定》第二十九条规定的除外。"第12条:"执行法院对被执行人向案外人购买且已支付部分或全部价款的不动产采取执行措施,案外人在提出执行异议以及执行异议之诉的同时,请求解除合同、撤销合同或者赔偿损失等其他诉讼请求的,应由执行法院分别立案,合并审理。是否支持其解除或撤销合同的请求,应根据下列情形处理:(1)案外人以行使约定解除权为由,请求解除合同、撤销合同的,不予支持;(2)案外人主张行使法定解除权、撤销权的,应根据案件具体情况依法审理认定;(3)判决支持解除或撤销合同的,裁判理由中应载明案外人应当将被执行人已经支付的购房价款交付执行。"第13条:"执行法院对被执行人向案外人购买且已支付全部或部分价款的不动产采取查封或其他执行措施,案外人提出执行异议,请求解除查封或排除执行的,根据下列情形处理:(1)申请执行人愿意支付剩余价款或者同意从不动产变价款中优先支付剩余价款的,应驳回其异议申请;案外人因此提起执行异议之诉的,驳回其诉讼请求。案外人同时提出的解除或撤销合同请求,不予支持。(2)被执行人购买房地产开发企业的不动产,已通过银行按揭贷款支付购房款,房地产开发企业作为案外人以其为被执行人的按揭贷款提供反担保或阶段性担保为由,提出执行异议以及执行异议之诉,请求解除查封或停止执行的,不予支持。案外人同时提出解除或撤销合同请求的,不予支持。但案外人已为被执行人偿还的按揭贷款部分,可从该房屋变价款中优先支付。"吉林高院**《关于审理执行异议之诉案件若干疑难问题的解答(二)》**(2018年12月24日)第19条:"金钱债权执行中,申请执行人对被执行人向房地产开发企业购买但未办理登记的商品房请求实施执行,而房地产开发企业作为出卖人就案涉商品房提出权属主张的,人民法院该如何处理?答:金钱债权执行中,申请执行人请求对被执行人向房地产开发企业购买但尚未办理登记的商品房实施执行,而房地产开发企业作为出卖人就案涉商品房提出权属主张,同时满足以下条件的,对申请执行人继续执行的请求,人民法院应当支持:(一)被执行人与房地产开发企业之间就案涉商品房已经形成了合法有效的商品房买卖合同关系;(二)被执行人已经合法占有了案涉商品房,或者被执行人已经办理了合法有效的所有权预告登记、合同备案登记、合同网签登记等情形之一的;(三)被执行人已经支付了全部价款,或者被执行人按照合同约定仅支付了部分价款但房地产开发企业同意剩余价款从变价款中优先向其支付。"第20条:"金钱债权执行中,申请执行人请求对被执行人购买但尚未办理转移登记的不动产实施执行,而出卖人作为权利登记人就案涉不动产提出权属主张的,人民法院该如何处理?答:金钱债权执行中,申请执行人请求对被执行人购买但尚未办理转移登记的不动产实施执行,而出卖人作为权利登记人就案涉不动产提出权属主张,同时满足以下条件的,对申请执行人继续执行的请求,人民法院应当支持:(一)被执行人与出卖人之间就案涉不动产已经形成了合法有效的不动产买卖合同关系;(二)被执行人已经合法占有案涉不动产,或者被执行人已经就案涉不动产办理了有效的所有权预告登记;(三)被执行人已经支付了全部价款,或者被执行人按照合同约定仅支付了部分价款但出卖人同意剩余价款从变价款中优先向其支付。"广东高院执行局**《关于执行程序法律适用若干问题的参考意见》**(2018年8月1日)第9条:"被执行人为房地产开发企业的,买受人对登记在被执行人名下的不动产提出异议,应适用《最高人民法院关于人民法院办理执行异议和复议案件若干问题的规定》的第二十八条还是第二十九条?处理意见:应当区别案件不同情况,选择适用《最高人民法院关于人民法院办理执行异议和复议案件若干问题的规定》第二十八条或者

第二十九条。主要理由:《最高人民法院关于人民法院办理执行异议和复议案件若干问题的规定》第二十八条规定:'金钱债权执行中,买受人对登记在被执行人名下的不动产提出异议,符合下列情形且其权利能够排除执行的,人民法院应予支持:(一)在人民法院查封之前已签订合法有效的书面买卖合同;(二)在人民法院查封之前已合法占有该不动产;(三)已支付全部价款,或者已按照合同约定支付部分价款且将剩余价款按照人民法院的要求交付执行;(四)非因买受人自身原因未办理过户登记。'第二十九条规定:'金钱债权执行中,买受人对登记在被执行的房地产开发企业名下的商品房提出异议,符合下列情形且其权利能够排除执行的,人民法院应予支持:(一)在人民法院查封之前已签订合法有效的书面买卖合同;(二)所购商品房系用于居住且买受人名下无其他用于居住的房屋;(三)已支付的价款超过合同约定总价款的百分之五十。'上述司法解释第二十八条规定的是对无过错不动产买受人物权期待权的保护条件,第二十九条规定的是对房屋消费者物权期待权的保护条件。二者相同之处在于两点:一是申请执行的债权都是金钱债权,二是在人民法院查封之前已签订合法有效的书面买卖合同。二者不同之处在于五点:一是保护的对象不同。前者为买受人,后者限定买受人为消费者。二是异议指向标的物不同。前者是为不动产,既包括一手居住用房,也包括一手商住用房,还包括二手房,以及其他不动产。后者限定于房地产经营者所开发的居住商品房即一手住宅,且系买受人唯一居住用房。三是占有的状态不同。前者要求查封前已合法占有,后者不要求占有。四是对付款要求不同。前者要求支付全部价款或已按合同付款并将余款交付执行,后者仅要求已付款超过合同约定总价款的百分之五十。五是过错要求不同,前者要求买受人无过错,后者未要求。"江苏高院《**关于审理房地产合同纠纷案件若干问题的解答**》(2018 年 6 月 26 日　审委会会议纪要〔2018〕3 号)第 47 条:"预查封的商品房买卖合同能否解除?第一种观点:商品房预售中,房屋被预查封,后因买受人的原因,出卖人主张解除合同的,人民法院经审查认定出卖人符合法定解除和约定解除情形的,对其主张予以支持。第二种观点:商品房预售中,房屋被预查封,后因买受人的原因,出卖人主张解除合同的,人民法院经审查认定出卖人符合法定解除情形的,对其主张予以支持。出卖人主张符合约定解除条件要求解除合同的,人民法院不予支持。"北京高院《**北京法院执行办案规范——不动产的执行**》(2018 年 2 月 6 日)第 1 条:"人民法院对土地使用权、房屋实施查封或者进行实体处理前,应当向国土资源、房地产管理部门查询该房地产的权属、他项权利、有无在先查封等情况。上述单位应当配合人民法院的查询工作,并告知查询结果。人民法院执行人员到上述单位查询房地产权属情况时,应当出示本人工作证或执行公务证,并出具介绍信或协助查询通知书,写明查询内容。人民法院执行人员查询并复制或者抄录的书面材料,由上述单位或者其所属的档案室(馆)加盖印章。无法查询或查询无结果的,上述单位应当书面告知人民法院。人民法院来函查询的,上述单位应当在十日内以书面形式将查询结果告知人民法院。”第 5 条:“【可分割或不可分割不动产的查封】人民法院对可以分割处分的房屋、土地使用权应当在执行标的额的范围内分割查封,不可分割的房屋、土地使用权可以整体查封。分割查封的,应当在协助执行通知书中明确查封房屋、土地使用权的具体部位;房屋有具体的楼层和房号的,应当注明楼层和房号。”第 6 条:“【被执行人所出售不动产的查封】被执行人将其所有的不动产出卖给第三人,但尚未办理产权过户登记手续的,人民法院可以查封;第三人已经支付全部价款并实际占有,但未办理过户登记手续的,如果第三人对此没有过错,人民法院应当解除查封。”第 7 条:“【被执行人所购买不动产的查封】被执行人购买第三人的不动产,已经支付部分或者全部价款并实际占有该不动产,虽未办理产权过户登记手续,但申请执行人已向第三人支付剩余价款或者第三人同意剩余价款从该财产变价款中优先支付的,人民法院可以查封。”第 10 条:“【未登记房屋的预查封】下列房屋未进行房屋所有权登记,人民法院可以进行预查封:(一)作为被执行人的房地产开发企业,已办理了商品房预售许可证且尚未出售的房屋;(二)被执行人购买的已由房地产开发企业办理了房屋权属初始登记的房屋;(三)被执行人购买的办理了商品房预售合同登记备案手续或者商品房预告登记的房屋。”第 12 条:“【过户登记过程中的查封】对国土资源、房地产管理部门已经受理被执行人转让土地使用权、房屋的过户登记申请,尚未核准登记的,人民法院可以进行查封,已核准登记的,不得进行查封。核准登记,以权属登记部门办理权属登记手续时核准人员最后签署意见的日期为准。”第 16 条:“【房地一体原则】查封地上建筑物的效力及于该地上建筑物使用范围内的土地使用权,查封土地使用权的效力及于地上建筑物,但土地使用权与地上建筑物的所有权分属被执行人与他人的除外。地上建筑物和土地使用权的登记机关不是同一机关的,应当分别办理查封登记。”第 17 条:“【轮候查封之一】两个以上人民法院对同一宗土地使用权、房屋进行查封的,国土资源、房地产管理部门为首先送达协助执行通知书的人民法院办理查封登记手续后,对后来办理查封登记的人民法院作轮候查封登记,并书面告知该土地使用权、房屋已被其他人民法院查封的事实及查封的有关情况。”第 18 条:“【轮候查封之二】轮候查封登记的顺序按照人民法院送达协助执行通知书的时间先后进行排列。查封法院依法解除查封的,排列在先的轮候查封自动转为查封;查封法院对查封的土地使用权、房屋全部处理的,轮候查封自动失效;查封法院对查封的土地使用权、房屋部分处理的,对剩余部分,排列在先的轮候查封自动转为查封。预查封的轮侯登记参照本规范第六百八十一条和本条第一款的规定办理。”第 21 条:“【不动产登记部门的协助义务之一】对人民法院查封或者预查封的土地使用权、房屋,国土资源、房地产管理部门应当及时办理查封或者预查封登记。国土资源、房地产管理部门在协助人民法院执行土地使用权、房屋时,不对生效法律文书和协助执行通知书进行实体审查。国土资源、房地产管理部门认为人民法院查封、预查封或者处理的土地、房屋权属错误的,可以向人民法院提出审查建议,但不应当停止办理协助执行事项。"第22条:"【不动产登记部门的协助义务之二】国土资源、房地产管理部门对被人民法院依法查封、预查封的房地产,在查封、预查封期间不得办理转移登记、变更登记、抵押登记、预告登记、商品房预售合同登记备案等手续,但经查封法院同意的除外。国土资源、房地产管理部门明知土地使用权、房屋已被人民法院查封、预查封,仍然办理抵押、转让等权属变更、转移登记手续的,对有关的国土资源、房地产管理部门和直接责任人可以依照民事诉讼法第一百一十四条的规定处理。国土资源、房地产管理部门依法协助人民法院执行时,除复制有关材料所必需的工本费外,不得向人民法院收取其他费用。登记过户的费用按照国家有关规定收取。"第27条:"【被执行人'唯一住房'的执行】金钱债权执行中,被执行人所有的'唯一住房',符合下列情形之一的,人民法院可以执行:(一)对被执行人有扶养义务的人名下有其他能够维持生活必需的居住房屋的;(二)执行依据生效后,被执行人为逃避债务转让其名下其他房屋的;(三)申请执行人按照当地廉租住房保障面积标准为被执行人及所扶养家属提供居住房屋,或者同意参照当地房屋租赁市场平均租金标准从该房屋的变价款中扣除五至八年租金的。"第28条:"【职工建房集资款、自列住房基金的执行】对于企业职工建房集资款,人民法院不得将其作为所在企业的财产予以执行。对于企业自列住房企业用途的资金,人民法院可以将其作为该企业的财产予以执行。"江苏高院**《执行异议及执行异议之诉案件审理指南(一)》**(2017年12月28日)第4条:"……执行法院对被执行人购买但尚未办理产权过户登记手续的房屋采取执行措施,案外人请求解除合同、返还房屋以及解除查封措施,并因此提起执行异议之诉的,可将其与被执行人之间的房屋买卖合同关系作为执行异议之诉案件的基础法律关系进行审理,应根据案件具体情形,仅对是否解除查封或停止对该房屋的执行作出裁判主文。案外人诉讼请求中一并主张承担违约责任或赔偿其损失的,应通过另行诉讼解决。"第5条:"执行标的上存在多个查封行为的执行异议及异议之诉。1.执行标的上存在多个查封行为的,案外人只能针对首查封行为提起异议及执行异议之诉。如果案外人坚持对轮候查封行为提起异议或执行异议之诉的,应当裁定驳回异议、不予受理或驳回起诉。2.首查封法院将其对执行标的处置权移交给轮候查封法院后案外人提出异议的,首查封法院应于立案后3日内将案外人异议情况以能够及时获悉的方式告知实施处置行为的法院。实施处置行为的法院在案外人异议及执行异议审查期间不得对执行标的进行处分。首封法院对案外人异议作出裁定后,应将异议裁定及时送达处置法院。"第6条:"执行异议及执行异议之诉案件的审理规则。1.案外人提出的执行异议案件,原则上进行形式审查以及书面审理,并根据下列情形判断执行标的的权利归属:(1)已登记的不动产,按照不动产登记簿判断;未登记的建筑物、构筑物及其附属设施,按照土地使用权登记簿、建设工程规划许可、施工许可等相关证据判断……2.案外人、申请执行人提起执行异议之诉的,应按普通程序进行实质性审查,对与执行标的相关的基础性法律关系——争议执行标的相关的民事法律行为效力、执行标的的权利性质及其归属进行实体审理,判断案外人是否享有足以排除执行的实体权利,并在此基础上作出判决。”广东高院**《印发〈关于审理房屋买卖合同纠纷案件的指引〉的通知》**(2017年9月12日　粤高法〔2017〕191号,已于2020年12月31日经粤高法〔2020〕132号废止)第21条:“房屋被依法查封,买受人起诉请求出卖人办理房屋所有权转移登记的,人民法院可以向其释明变更诉讼请求为解除合同、赔偿损失,或者告知其可以依照民事诉讼法第二百二十五条、第二百二十七条的规定主张权利。”上海高院**《关于财产保全工作的规定》**(2017年7月17日)第63条:“查封地上建筑物的效力及于该地上建筑物使用范围内的土地使用权,查封土地使用权的效力及于地上建筑物,但土地使用权与地上建筑物的所有权分属被申请人与其他人的除外。地上建筑物和土地使用权分别由不同机关登记的,应当分别办理查封登记。”江苏高院**《关于执行唯一住房若干问题的通知》**(2017年4月6日　苏高法电〔2017〕218号):“2017年2月28日,最高人民法院下发的《关于依法妥善审理涉及夫妻债务案件有关问题的通知》第六条与《最高人民法院关于人民法院办理执行异议和复议案件若干问题的规定》第二十条及我省《关于执行‘唯一住房’相关问题的解答》并不冲突。对于被执行人名下的唯一住房,在满足规定条件下,可以执行。执行唯一住房时,需要为被执行人及其所扶养家属提供生活保障的,可优先选择房屋置换的方式。”北京高院(单国军庭长)**《关于审理城镇房屋买卖合同案件适用法律若干问题的调研报告》**(2017年2月5日):“……关于被有权国家机关采取强制措施房屋的买卖问题。关于被有权国家机关采取查封等强制措施的房屋买卖合同的效力问题,有观点认为,被有权国家机关采取查封等强制措施的房屋买卖合同有效,即使当事人是在强制措施采取之后签订买卖合同,该合同只是不能对抗申请采取强制措施的权利人,但在买卖双方之间依然有效。我们认为,从维护司法的权威和强制措施的效力,简化纠纷处理方式的角度出发,审判实践中应当根据强制措施和房屋买卖合同签订的先后顺序,区分情况分别处理。如果强制措施在先,则出卖人处分房屋的权利受到限制,该房屋也属于限制流通物,故房屋买卖合同一般认定为无效;如果签订合同在先,则有权国家机关采取的强制措施不影响已成立的房屋买卖合同的效力。”浙江绍兴中院、市国土资源局**《关于明确司法执行中涉及土地房屋处置相关问题的通知》**(2016年9月9日　绍市土资发〔2016〕36

号)第2条:"为依法便捷妥善处理待执行不动产,确保法院执行工作顺利到位和不动产资源的及时利用,根据待处置不动产(土地使用权、房屋所有权)的情况,可按以下办法分类处置。1.存量不动产(土地和房屋)。对已经合法取得了不动产权证(土地证、房产证)的,凭执行法院的裁定书、协助执行通知书,建设、国土部门及时办理不动产交易鉴证后,由不动产登记机构办理转移登记,换发不动产权证。其中涉及分割转让的,执行法院应事先征求属地规划部门意见,规划部门在征询建设、消防等部门,按照最小以幢为分割单位,具有单独的对外进出通道,具备独立使用功能的原则,出具分割方案并报属地政府(管委会)同意后,方可处置。2.在建工程项目。法院在处置在建工程项目时,应事先书面征求属地政府(管委会)意见,收到征询函后,属地政府(管委会)牵头负责与相关职能部门共同协商,并在二个月内将相关意见函复法院,法院在拍卖时明确受买方(第三方)应在收到拍卖成交确认书后,须与属地政府(管委会)签订监管协议。国土部门凭法院出具裁定书、协助执行通知书等司法文书,以及监管协议办理过户手续。对仍处于正常建设工期内,且可按原约定继续实施的在建工程项目,可按照存量不动产处置的办法处理。对已超过约定建设工期的,法院查封之日前项目超期时间及违约责任由属地政府(管委会)负责认定,并约定后续工程工期及续建方义务,将处理意见书面反馈法院。同时对被拍卖执行地块出让合同和监管协议中存在的经济责任由属地政府(管委会)统一依法向法院起诉主张权利,如需国土部门名义出面的,国土部门须见章盖章出具相关文书。法院可适用简易程序审理,依法认定相关权利后,及时予以协助执行。3.未开发土地。参照在建工程项目处置办法处理。但对此类待处置地块属地政府(管委会)可行使优先购买权,即在法院依法拍卖时,属地政府(管委会)应在拍卖前7个工作日内就是否行使优先购买权发函执行法院予以确认。其他各区、县(市)可按上述处置方法,与法院建立联动协调机制,妥善处理待执行土地房屋等不动产。"重庆高院**《关于执行工作适用法律若干问题的解答(一)》**(2016年9月渝高法〔2016〕63号)第8条:"执行财产处置权问题。首先采取财产保全和执行中查封、扣押或者冻结措施的人民法院(以下简称首封法院)与对查封、扣押或者冻结财产享有优先受偿权的执行法院(以下简称优先权执行法院)就执行处置权问题产生争议的,以及首封法院与轮候查封法院就执行处置权问题产生争议的,如何处理?执行财产由首先采取查封、扣押或冻结措施的法院处置,但在首封法院的案件尚未进入执行程序、或者在执行案件立案之日起两个月内无正当理由未启动评估、拍卖(变卖)等财产处置程序,优先权执行法院、轮候查封法院请求处置查封财产的,应与首封法院先行协商解决,协商不成的,报请共同的上级法院协调处理。"广东高院**《关于执行案件法律适用疑难问题的解答意见》**(2016年3月3日)第2条:"首封法院与优先受偿权执行法院处分查封财产存在争议,如何处理?处理意见:

据我们了解，最高法院对这个问题在制定相关的司法解释，省法院也正在做相关问题的解答，基本的思路确定了，即首封法院对查封财产行使处分权是有条件和要求的，在特定情形下要限制首封法院的处分权。各中院、基层法院有此类争议的，可及时启动执行协调程序，尽快消除障碍，推进案件执行，按以下原则协调解决：第一，原则上由首封法院对该财产进行处分，首封法院应及时依法处置查封财产。第二，首封法院尚未进入执行程序，或首封法院案件依法暂缓执行或进入执行程序之日起二个月内没有启动处置程序的，应由优先受偿权执行法院处分查封财产，财产处分后各法院依法推进个案后续执行工作。第三，经相关法院协商可依法委托一家法院统一执行首封法院和优先受偿权法院按照以上原则对处分查封财产争议进行协调，不能达成一致意见的应逐级报请共同的上级法院协调处理……”江苏高院执行局**《关于依法正确适用终结本次执行程序及加强终本案件单独管理的意见》**（2016年1月1日）第2条：“本意见第一条第（四）项中规定的‘被执行人的财产无法拍卖变卖’，包括以下情形：（一）查封的房屋系被执行人本人及所扶养家属维持生活必需的居住房屋；（二）涉及国有划拨土地使用权、集体土地使用权、农村房屋涉及集体土地、尚未办理土地使用权登记、未做分割的土地使用权等案件的执行，根据法律法规和司法解释等规定，国土资源管理部门不同意执行法院处置的；（三）预查封房地产、在建工程、无证房产等不动产处置过程中，根据法律法规和司法解释等规定，政府相关部门不同意执行法院处置的……”江苏高院执行局**《关于执行“唯一住房”相关问题的解答》**（2015年11月24日）：“……本解答所称‘唯一住房’是指被执行人及其所扶养家属生活所必需的唯一可居住房屋。本解答所涉‘唯一住房’的执行仅适用于权属明确的城镇房屋，农村宅基地上的房屋、小产权房及其他无证房产等涉及国家土地制度和政策，按照相关规定执行，不适用本解答。”第1条：“被执行人名下仅登记有一套‘唯一住房’，对该‘唯一住房’什么情形下可以执行？登记在被执行人名下虽只有一套住房，但有下列情形之一的，人民法院对登记在其名下的‘唯一住房’仍可执行：（一）对被执行人有赡养、扶养、抚养义务的人名下有其他能够维持生活必需的居住房屋的；（二）一审诉讼或仲裁立案后，被执行人为逃避债务转让其名下其他房屋的；（三）被执行人在其户籍所在地或拟执行的‘唯一住房’所在地农村享有宅基地并自建住房或被执行人享有小产权房等权属上有瑕疵而无法自由流转的住房的；（四）被执行人将其‘唯一住房’用于出租、出借或虽未出租、出借，但超过一年无人居住的；（五）被执行人的‘唯一住房’系执行依据确定的被执行人应当交付的房屋的；（六）申请执行人按照当地廉租住房保障面积标准为被执行人及所扶养家属提供居住房屋，或者同意参照当地（县级市、县、区范围）房屋租赁市场平均租金标准从该房屋的变价款中扣除五至八年房屋租金的；（七）其他可以执行的情形。”第2条：“如何认定‘唯一住房’是否超出‘生活所必需'?是否超过'生活所必需'由各地法院根据经济发展水平自行确定,原则上参照以下标准:(一)面积过大。住房建筑面积达到当地住房和城乡建设部门公布的廉租住房保障面积的150%的;(例:南京三人以上廉租住房保障面积为50平方米,若拟执行的'唯一住房'面积达到50×150%=75平方米,便可认为超过生活所必需)(二)市场价值过高。住房建筑面积达到当地住房和城乡建设部门公布的廉租住房保障面积且房屋单价达到当地(县级市、县、区范围)住房均价的150%的。(例:若南京某区拟执行'唯一住房'建筑面积为65平方米,其所在区的住房均价为10000元/平方米,但因'唯一住房'为学区房或其他因素,其市场价值达到15000元/平方米,则可认为超过生活所必需)对于已经依法设定抵押的'唯一住房',申请执行人为抵押权人的,人民法院无需审查其是否超过'生活所必需',可以执行,但被执行人为低保对象且无法自行解决居住问题的除外。"第3条:"执行'唯一住房'应遵循哪些原则?为均衡保障债权人的债权与被执行人的居住权,执行'唯一住房'时应遵循以下原则:(一)穷尽其他执行措施原则。一般情况下,若有证据证明被执行人有其他财产可供执行的,不宜对其'唯一住房'采取处分性执行措施。(二)申请人申请在先原则。执行被执行人的'唯一住房'应以申请执行人的申请为前置条件,人民法院不得依职权主动对被执行人的'唯一住房'采取处分性执行措施。(三)解决临时住房在先原则。对于确实无处居住的被执行人,在对其'唯一住房'采取处分性执行措施前,宜事先解决好被执行人及其所扶养家属的临时住房,由申请执行人提供临时性住房或先行垫付租房费用。(四)有益执行原则。执行'唯一住房'时,应当综合考量处置该房产时可能产生的评估、公告、执行、生活保障等费用,若除去上述各项费用后并无余值或余值不大,则原则上不宜对该'唯一住房'采取处分性执行措施。"第4条:"执行'唯一住房'程序上应当如何操作?人民法院在执行'唯一住房'时,可按以下程序进行:(一)应申请执行人申请执行'唯一住房',人民法院应当要求申请执行人出具自愿提供临时住房或承担临时住房租金的承诺书,对于需要支付生活保障费用的被执行人,申请执行人需在承诺书中一并承诺同意从变价款中支付此笔费用。(二)执行人员对于拟拍卖的'唯一住房',应当查明住房基本情况、被执行人及其所扶养家属的人数等信息,填写拍卖呈报表,并在呈报表中说明符合唯一住房处置条件的理由和对被执行人及其所扶养家属的生活保障措施。经合议庭讨论后报执行局长或分管院长审批。(三)准予拍卖的,应当向被执行人发出执行裁定书和迁出告知书。不符合拍卖条件的,应当及时告知申请执行人并说明理由。(四)执行裁定书和迁出告知书送达后,被执行人未在指定的期限内腾空房屋的,执行法院可以作出强制迁出裁定和公告,强制执行。(五)对拟执行的'唯一住房'依法评估交付拍卖。(六)拍卖成交扣除相关费用后,其余部分依法分配。"第5条:"执行'唯一住房'时,被执行人的临时住房如何解决？执行‘唯一住房’前，应首先解决好被执行人及其所扶养家属的临时住房，临时住房的面积标准参照当地廉租住房的面积标准；临时住房的地段可参照被执行人的合理要求，尽量方便其生活、工作。申请执行人自愿提供临时住房的，使用期限原则上不超过六个月。申请执行人提供的临时住房可计收租金，租金标准由申请执行人和被执行人双方协商确定，协商不成的，由人民法院参照当地房屋租赁市场平均租金标准确定。被执行人自行租房的，可由申请执行人先行垫付六个月的租金。上述使用房屋的费用或租金应从保留给被执行人的生活保障费用中予以扣除。对于本解答第一条所列情形，原则上可以不再为被执行人解决临时住房。”第6条：“哪些情况下应当对被执行人及其所扶养家属给予生活保障？如何保障？对于本解答第一条所列情形，原则上可以不再为被执行人及其所扶养的家属给予生活保障；对于本解答第二条第一款所列超出‘生活所必需’的情形，一般应当为被执行人及其所扶养的家属提供生活保障。为被执行人及其所扶养家属提供生活保障可采取以下方式：(一)保留租金。申请执行人同意参照当地房屋租赁市场平均租金标准从该房屋的变价款中扣除五至八年租金作为被执行人及其所扶养家属的生活保障费用。此笔款项可在房屋变价款中先行提留。人民法院不得对其强制执行。(二)房屋置换。申请执行人自愿以以小换大、以远换近、以劣换优等方式为被执行人及其所扶养家属提供保障其基本生活的住房，与被执行人的‘唯一住房’进行置换，置换房屋的面积、地段可参照本解答关于临时住房的标准。”江苏高院执行局**《关于首查封普通债权法院与轮候查封优先债权执行法院之间处分查封房地产等相关问题的解答》**(2015年11月24日 苏高法电〔2015〕742号)第1条：“普通债权法院与优先债权法院均系江苏法院的，应当由已经进入执行程序且享有优先债权的在先轮候执行法院负责查封房屋的处分。普通债权法院已经启动房地产评估或拍卖程序且处分房地产价值在扣除执行费用、优先债权后有剩余分配变价款的除外。”第4条：“优先债权法院取得房地产处分权的，可以对房地产行使续封手续。优先债权法院需要解除查封的，应当向普通债权法院发送解除查封函，普通债权法院在收函7日内解除查封或委托优先债权法院解除查封。普通债权法院不予解除查封或委托解除查封的，优先债权法院直接报请上级法院或共同的上级法院解除查封。上级法院接受报请后在3日内立案监督，并在立案后15日内直接裁定解除查封。”第5条：“优先债权法院在扣除执行费用并清偿优先债权后有剩余变价款的，应当将剩余变价款移交给普通债权法院，由普通债权法院依法处理，普通债权法院案件尚在诉讼程序的，由优先债权法院予以留存，待审判确定后依法处理。”江苏苏州中院民四庭**《法官会议讨论纪要》**(2015年9月29日 苏中法民四〔2015〕1号)第7条：“确权、析产诉讼与执行异议之诉相衔接问题。会议认为：当事人对房屋提起确权、析产之诉，经审查房屋因另案被查封的，应裁定驳回起诉，并告知当事人待房屋解封后另行提起诉讼或在另案执行房屋过程中提出执行异议(执行异议之诉)……”第8条:“在执行异议之诉中,被执行人债权属其个人债务情况下,配偶一方对执行夫妻共有房屋提出执行异议(执行异议之诉)的相关问题。(一)关于夫妻共同债务认定。会议认为:生效民事判决确定被告清偿债务,执行中一并执行被告与其配偶的夫妻共有房屋,配偶一方提出执行异议,认为债务不属于夫妻共同债务并提出排除执行的,应实体审查债务是否属于夫妻共同债务。根据《中华人民共和国婚姻法》第四十一条、《最高人民法院民一庭关于婚姻关系存续期间夫妻一方以个人名义所负债务性质如何认定的答复》(〔2014〕民一他字第10号)、江苏省高级人民法院审判委员会及民一庭意见,配偶一方能够举证证明债务未用于夫妻共同生活的,无论债权人是否知晓或应当知晓该情况,均应认定该债务为被执行人个人债务。(二)债务经认定为被执行人个人债务、且执行标的物为夫妻共有不宜实物分割房屋,配偶一方对排除标的物执行和法院执行行为同时提出异议情况下,执行异议(执行异议之诉)案件审理范围。会议认为:(1)根据《最高人民法院关于人民法院办理执行异议和复议案件若干问题的规定》第八条第一款规定,由于配偶一方对执行行为提出的异议与实体权利有关,被排除执行异议吸收,故在执行异议(执行异议之诉)案件中应对执行行为正当性一并审理并评判,认定法院在执行过程中,对该房屋整体查封、整体进行拍卖、变卖、折价方式处理的执行行为并无不当。(2)对夫妻之间房屋权利份额,一并予以实质性审理,并根据配偶一方诉讼请求内容在裁判主文或裁判理由部分予以明确。无论配偶一方诉讼请求中是否有明确要求确认被执行房屋份额的诉请内容,在案件裁判主文中均应明确对变现后归属于配偶一方的价款不得执行。”江苏高院**《执行异议之诉案件审理指南》**(2015年7月2日)第11条:“案外人依据执行标的被查封、扣押、冻结后作出的另案生效裁判文书(包括判决书、裁定书和调解书)提起执行异议之诉的,如何处理?执行过程中,案外人依据执行标的被查封、扣押、冻结后作出的另案生效裁判文书提起执行异议之诉,主张享有所有权等实体权利并要求停止执行的,应当区分不同情形进行处理:(一)另案生效裁判文书系就案外人与被执行人之间的权属纠纷以及租赁、借用、保管等不以转移财产权属为目的的合同纠纷,裁判执行标的权属归于案外人,或者向案外人返还执行标的的,原则上应当支持案外人停止执行的诉讼请求。如果申请执行人认为该生效裁判文书内容错误,且符合《民事诉讼法》第五十六条或者第二百二十七条规定的受理条件的,可以依法提起第三人撤销之诉或案外人申请再审之诉。(二)另案生效裁判文书系就案外人与被执行人之间除前项所列合同之外的债权纠纷,裁判被执行人向案外人履行债务、交付执行标的的,因案外人所享有的仅仅是债权,而非物权,并不因此享有足以阻却执行的实体权利,故对其提出的停止执行的诉讼请求应当不予支持。但案外人属于《最高人民法院关于人民法院办理执行异议和复议案件若干问题的规定》(以下简称《执行异议和复议规定》)第二十八条、第二十九条所规定的不动产买受人或商品房买受人,且其享有的债权符合该解释规定的构成要件的,对案外人停止执行的诉讼请求应当予以支持。上述所指的查封、扣押、冻结包括在诉前保全、诉讼保全和执行程序中人民法院所采取的强制执行措施。"第16条:"案外人系购买商品房的消费者,其针对登记在被执行的房地产开发企业名下的商品房提起执行异议之诉的,如何处理?购买商品房的消费者与房地产开发商签订商品房买卖合同后,尚未取得商品房产权,其所购商品房被作为房地产开发企业的财产强制执行的,商品房购买者可以根据最高人民法院《执行异议和复议规定》相关规定,以其享有的权利足以排除执行为由提出执行异议,在执行异议被驳回后,可以提起执行异议之诉。人民法院在审理时,经审理符合下列条件的,应予支持:(一)在人民法院查封之前已签订合法有效的书面买卖合同且已办理商品房预售登记。(二)案外人签订房屋买卖合同的相对方是房地产开发企业。(三)所购商品房系用于居住且案外人名下无其他用于居住的房屋。其中,'案外人名下无其他用于居住的房屋'是指在人民法院查封之前,案外人、案外人的配偶及其未成年子女名下均无用于居住的房屋。(四)已支付的价款超过合同约定总价款的百分之五十。"第26条:"承租人作为案外人提起执行异议之诉的,如何处理?根据'买卖不破租赁'的原则,承租人租赁的标的物被人民法院执行拍卖时,并不必然导致租赁权消灭,因此,承租人并不当然有权提起执行异议之诉。如果法院在执行过程中并不否定承租人享有的租赁权,承租人只是对执行法院要求其腾退房屋的执行行为有异议的,属于《民事诉讼法》第二百二十五条规定的执行行为异议,应当通过执行复议程序解决,承租人提起执行异议之诉的,应当不予受理;已经受理的,应当裁定驳回起诉。但如果执行法院否定承租人租赁权的成立或存续的,因涉及实体权利的争议,承租人主张其享有足以阻却执行的租赁权的,在执行异议被驳回后,可以提起执行异议之诉。在该执行异议之诉案件的审理中,对承租人租赁权的认定应当区分不同情形进行处理:(一)关于租赁与查封的问题。承租人在人民法院采取查封等保全或执行措施之前已经与被执行人签订了合法有效的房屋租赁合同,且已按约支付租金,并实际占有使用租赁物的,应当认定为'先租赁后查封'。此时,承租人享有的租赁权适用'买卖不破租赁'的原则,执行法院在对该租赁物采取拍卖等执行措施时,如果影响到承租人租赁权的行使,对承租人要求停止执行的诉讼请求应当予以支持。承租人在人民法院采取查封等保全或执行措施之后,与被执行人签订房屋租赁合同的,应当认定为'查封后租赁'。根据《查封、扣押、冻结规定》第二十六条第一款规定,被执行人就已经查封、扣押、冻结的财产所作的移转、设定权利负担或者其他有碍执行的行为,不得对抗申请执行。因此,承租人在法院采取诉讼保全或执行措施之后取得租赁权的,不得以其租赁权对抗申请执行人,其主张停止执行的,不予支持。(二)关于租赁与抵押的问题。承租人在债权人设立抵押权之前已经与被执行人签订了合法有效的房屋租赁合同,且已按约支付租金,并实际占有使用租赁物的,应当认定为‘先租赁后抵押’。根据《物权法》第一百九十条规定,订立抵押合同前抵押财产已出租的,原租赁关系不受该抵押权的影响,执行法院根据抵押权人的申请,在对该租赁物采取拍卖等执行措施时,如果影响到承租人租赁权的行使,对承租人要求停止执行的诉讼请求应当予以支持。承租人在债权人设立抵押权之后,与被执行人签订房屋租赁合同的,应当认定为‘先抵押后租赁’。抵押权设立后抵押财产出租的,承租人不得以其租赁权对抗申请执行人(即抵押权人),其要求停止执行的,不予支持。”浙江宁波中院**《关于民事执行中疑难问题的处理意见(一)》**(2015 年 5 月 19 日)第 1 条:“关于轮候查封期限的起算。所谓轮候查封,是指对其他人民法院已经查封的财产,执行法院依次按时间先后在登记机关进行登记,或者在该其他人民法院进行记载,排列等候,查封依法解除后,在先的轮候查封自动转化为正式查封的制度。轮候查封是尚未发生法律效力的查封,查封期限指查封产生法律效力的时间,因而轮候查封无可以起算的期限,轮候查封的查封期限应当自轮候查封自动转为正式查封之时起算。为让协助单位不产生歧义,可在轮候查封裁定中载明‘查封期限为转为正式查封之日起两年’。”上海高院**《关于印发〈关于在执行程序中审查和处理房屋租赁权有关问题的解答(试行)〉的通知》**(2015 年 3 月 9 日沪高法〔2015〕75 号)第 1 条:“在变现作为可供执行财产的房屋时,执行法院应当如何保障案外人可以提出异议以主张其对变现房屋所享有的租赁权?答:执行法院裁定拍卖、变卖房屋之后委托评估之前,应当在房屋上张贴公告,告知被执行人以及占有房屋的案外人应当自公告之日起十五日内迁出该房屋。案外人认为其对该房屋享有租赁权而合法占有的,应当自公告之日起十五日内向执行法院提出书面异议。案外人逾期未提出书面异议的,执行法院应当在房屋不负担租赁权的状态下对其进行委托评估、拍卖、变卖。案外人在执行法院查封房屋后即主张租赁权的,告知其在执行法院裁定拍卖、变卖房屋后按照前述规定提起案外人异议。案外人因正当原因未能在公告之日起十五日内向执行法院提出书面异议的,应当至迟在执行法院就房屋作出拍卖成交、以物抵债等变现裁定并送达买受人、接受抵债的申请执行人之前提出,逾期提出的,不予支持。”第 2 条:“案外人向执行法院提出书面异议主张对房屋享有租赁权的,执行法院应当如何处理?答:案外人提出书面异议主张对房屋享有租赁权的,执行法院应当依据《最高人民法院关于执行案件立案、结案若干问题的意见》第九条第(二)项和《民事诉讼法》第二百二十七条的规定进行立案和审查,经审查认为案外人所主张的租赁权依法成立且能够对抗申请执行人的,裁定案外人异议成立,中止对房屋不负担租赁权予以变现;经审查认为案外人所主张的租赁权依法不能成立或者不能够对抗申请执行人的，裁定驳回案外人异议。”第4条：“案外人主张对房屋享有租赁权的，执行法院应当如何委托评估、拍卖、变卖？答：执行法院可以根据不同情形分别作出处理：（一）裁定案外人异议成立，中止对房屋不负担租赁权予以变现，申请执行人未在规定的期限内提起执行异议之诉或者提起执行异议之诉被判决驳回的，执行法院应当在房屋负担租赁权的状态下对其进行委托评估、拍卖、变卖。（二）裁定驳回案外人异议，案外人未在规定的期限内提起执行异议之诉或者提起执行异议之诉被判决驳回的，执行法院应当在房屋不负担租赁权的状态下对其进行委托评估、拍卖、变卖。”第5条：“案外人主张对房屋享有租赁权的，应当向执行法院提供哪些证据？答：案外人应当向执行法院提供如下证据：（一）出租合同、转租合同等租赁合同。租赁期限为六个月以上的，应当提交书面的租赁合同。租赁合同办理过登记备案手续的，还应当提交相应的证明材料。（二）占有房屋的凭证。如出租人与承租人签订的租赁房屋交接书、承租人在出租房屋所在地物业办理的装修或者入住手续证明以及承租人依照租赁合同缴纳水费、电费、燃气费、通信费等公共事业用费等。（三）租金支付凭证。如承租人向出租人支付租金的转账证明、第三人代为承租人向出租人支付租金的证明以及出租人出具的收款证明等。”浙江温州中院**《依法查处抗拒法院强制执行行为涉及相关刑事犯罪的会议纪要》**（2015年1月29日）：“……下列情形属于《通知》第一款第五项规定的‘其他有能力执行而拒不执行，情节严重的情形’：1. 登记在被执行人名下的房产，在城镇有一套面积超过80平方米住房或虽不足80平方米，但超过被执行人及其所扶养家属维持最低生活标准所必需（按当地廉租住房保障相关规定）的50%以上住房；被执行人及其所扶养的家属共同居住的住房面积超过60平方米，且房屋单价高于当地住房均价的50%以上；在农村有两间以上房屋，被执行人经人民法院采取罚款、拘留等强制措施仍拒不履行，致使判决、裁定无法执行的……5. 执行义务人无正当理由逾期拒不履行排除妨害、恢复原状、停止侵害、迁出（腾空）房屋等义务，经人民法院采取罚款、拘留、查封等强制措施仍拒不履行的；被执行人或协助执行义务人阻挠评估、审计等司法拍卖工作；在房产被司法拍卖后未实际交付给买受人前，自行或指使他人入住该房产对抗执行，致使判决、裁定无法执行的……”北京高院**《北京市高、中级法院执行局（庭）长座谈会纪要6：关于强制执行腾房类案件若干问题的意见》**（2014年11月19日）第7条：“腾房类案件的执行过程中，发现案外人实际占有被腾退房屋的，首先对其进行说服教育，督促其自行腾退。案外人在执行依据作出后占有被腾退房屋的，经说服教育仍拒不腾退的，可将其作为协助执行义务人一并予以腾退。案外人提出执行行为异议或案外人异议的，依照《民事诉讼法》的相关规定进行审查。（二）执行过程中对房屋进行变价后交付引发的腾退事项中，对‘被执行人及其所扶养家属生活所必需的房屋’的界定。1.‘被执行人所扶养的家属’是指与被执行人共同居住在被执行的房屋内并由其赡养的父母或岳父母、扶养的配偶及抚养的子女。2.‘被执行人及其所扶养家属生活所必需的居住房屋’的界定。被执行人及其所扶养家属生活所必需的人均住房面积原则上为上一年度(上一年度没有发布的,以最近年度发布的为准)房屋所在地城镇或农村人均住房建筑面积[注:2013年,北京市统计局、国家统计局北京调查总队联合发布《北京市2013年国民经济和社会发展统计公报》,显示全市城镇居民人均住房建筑面积31.31平方米,农村居民人均住房面积51.35平方米。]的60%。被执行人及其所扶养家属生活所必需的居住房屋,根据案件的具体情况,可以是相应面积的自有产权住房,也可以是通过租赁取得房屋使用权的住房。为被执行人及其所扶养家属保留的自有产权住房,可以是同类地段相应面积的住房,也可以是同类地段相应面积住房的价值;为被执行人及其所扶养家属通过租赁取得房屋使用权的,可以是同类地段相应面积住房3年的房屋租金,也可以是相应的租赁住房……”福建高院**《关于依法规范金融案件审理和执行的若干意见(试行)》**(2014年10月28日)第26条:“完善‘一套房’执行办法。若被执行人只有一套住房可供执行,原则上执行法院应当在保障被执行人及其所扶养家属最低生活标准所必需的居住房屋和普通生活必需品后,采取‘大房换小房’、‘住房换租房’等措施进行处置。对未设置抵押且系被执行人及其所扶养家属生活所必需或适当的居住房屋,执行法院可以在不影响房屋正常居住的条件下采取必要的查封方法进行查封,但不得拍卖、变卖或者抵债。”浙江高院**《关于执行程序中执行“一处住房”相关问题的解答》**(2014年9月22日)第1条:“执行程序中‘一处住房’的含义?本解答所谓‘一处住房’,是指被执行人及其所扶养家属生活的唯一居住房屋。根据《最高人民法院关于人民法院民事执行中查封、扣押、冻结财产的规定》第七条之规定,对于超过被执行人及其所扶养家属生活所必需的居住房屋人民法院可予以执行。一般情况下,被执行人有其他财产可供执行的,不宜对其唯一居住房屋采取处分性执行措施。‘一处住房’的执行仅限于城镇房屋,农村房屋涉及农村集体土地,小产权房涉及国家政策,应按相关规定执行,不属本解答范畴。”第2条:“执行程序中不能被认定为‘一处住房’的情形有哪些?人民法院在执行程序中查明有下列情形之一的,不能认定被执行人仅有‘一处住房’,应当予以执行:(1)一审诉讼、仲裁案件立案受理后,被执行人因转让其他住房而形成一处住房的;(2)被执行人在城镇虽只有一处住房,但在当地(县级的市、县、区)农村有宅基地并自建住房的;(3)被执行人的一处住房用于出租、出借的;(4)被执行人及其所扶养家属连续一年以上未居住的;(5)一处住房系执行案件债务所指向的标的物的;(6)其他不宜认定为‘一处住房’的情形。”第3条:“如何认定‘一处住房’是否‘超过生活所必需’?下列情形虽属于‘一处住房’,但应认为超出‘生活所必需’,人民法院可以执行:(1)住房面积超过80平方米,或住房面积虽然不到80平方米,但超过被执行人及其所扶养家属维持最低生活标准所必需(按当地廉租住房保障相关规定)的住房面积50%以上的;(2)被执行人及其所扶养的家属共同居住的住房面积超过60平方米,且房屋单价高于当地住房均价的50%以上的。”第4条:“执行‘一处住房’时,如何解决临时住房?为使房屋拍卖后顺利交付给买受人,拍卖前宜先解决好临时住房,面积不低于当地廉租住房保障规定所确定的人均标准。地段选择上可尽量满足被执行人根据其生活、工作需要提出的合理要求。解决临时住房可选择采用下列方式:(1)申请执行人自愿提供临时住房,使用期不低于六个月;(2)由被执行人自行租房,申请执行人先行垫付不低于一年的租房费用。上述两种方式产生的租金或费用应从房产拍卖后保留给被执行人的保障费用中据实结算。”第5条:“执行‘一处住房’时,如何保障被执行人及其所扶养家属的居住权?人民法院执行‘一处住房’时,对于本解答第二条所列的情形,原则上对被执行人及其所扶养的共同居住家属不再提供保障;对于第三条所列的情形,应当为被执行人及其所扶养的共同居住家属保留保障最低居住条件所需费用(简称保障费用)。保障费用可在拍卖款中先行提留。对于被执行人的保障费用,人民法院不得执行。”第6条:“保障费用的标准如何确定?因经济发展程度不同,保障费用的标准由各地法院自行确定,主要应考虑以下因素:(1)保障对象包括被执行人及其所扶养的共同居住的家属,但该家属名下另有住房的除外;(2)被执行人及其所扶养的共同居住的家属人数为3人(含)以下的,保障费用面积计算标准按当地廉租住房保障规定所确定的人均保障面积确定;超出三人的,对超出部分人员减半计算面积;(3)保障费用单价参照当地上一年度的二手房均价,无二手房均价的,按‘一处住房’拍卖、变卖的价格计算;(4)被执行人自行按时腾空的,可适当上浮保障费用,一般掌握在总保障费用10%的幅度内。因侵权责任、追索劳动报酬等纠纷案,申请执行人生活困难,不执行将影响到其生存权的案件,人民法院可以酌情减少或不予发放保障费用,但应给被执行人保留不少于一年的租房费用。”第8条:“人民法院执行‘一处住房’时,具体操作上应注意什么问题?(1)执行‘一处住房’,应当以申请执行人的申请作为前置条件,由其向人民法院出具承诺书,承诺书内容包括同意发放保障费用、提供临时住房或临时住房租金等;(2)执行‘一处住房’,应当查清住房状况、常驻人口状况,填写拍卖呈报表,明确拍卖理由和对被执行人及其所扶养亲属的保障措施,执行人员讨论后报执行局长或分管院长批准;(3)准予拍卖的,应当向被执行人发出执行裁定书和迁出告知书;(4)拍卖一般以住房腾空为前提,被执行人拒绝腾空的,执行法院可以作出强制迁出裁定和公告,强制执行;(5)强制迁出应当作出风险评估和执行预案,可协调利用政府及相关部门、基层组织、社会舆论的力量。执行过程中应注意证据保全,制作财产清单,全程摄像,刻录存档。必要时可以邀请公证处公证、媒体参与报道、当地基层组织见证;(6)强制迁出过程中出现意外情况或引起矛盾激化、难以实施的,应当及时报告执行局长或分管院长并暂停执行行为。”第9条:“对已经设定抵押的‘一处住房’该如何执行?对于已经依法设定抵押的‘一处住房’,可以执行,且不需为被执行人保留保障费用。在申请执行人提供临时住房确有困难的情况下,如果该抵押由债务人设立,可以要求申请执行人先行垫付不低于半年的租房费用;如该抵押为第三人设立,可以要求申请执行人先行垫付不低于一年的租房费用。”浙江高院办公室《**印发〈关于执行非住宅房屋时案外人主张租赁权的若干问题解答〉的通知**》(2014年9月11日 浙高法办〔2014〕39号)第7条:“人民法院执行已先期查封的房屋时,在查封后承租房屋的案外人以其不知道房屋被查封为由,主张拍卖房屋不得影响其租赁权,如何处理?答:最高人民法院《关于人民法院民事执行中查封、扣押、冻结财产的规定》第二十六条规定:‘被执行人就已经查封、扣押、冻结的财产所作的移转、设定权利负担或者其他有碍执行的行为,不得对抗申请执行人。’该条中的‘设立权利负担’包括设定租赁关系。最高人民法院《关于审理城镇房屋租赁合同纠纷案件具体应用法律若干问题的解释》第二十条亦规定,租赁房屋在租赁期间发生所有权变动,承租人请求房屋受让人继续履行原租赁合同的,人民法院应予支持。但房屋在出租前已被人民法院依法查封的除外。故在题述情况下,人民法院应当将案涉房屋上的租赁权涤除后再依法拍卖。”广东深圳中院《**关于房屋买卖合同纠纷案件的裁判指引**》(2014年8月28日修订)第21条:“当事人订立房屋买卖合同后,该房屋被有权机关依法查封,当事人以房屋被查封为由主张房屋买卖合同无效的,人民法院不予支持。因不能依约取得房屋所有权,买受人主张解除合同并赔偿损失的,人民法院可予支持。当事人在房屋被有权机关依法查封后订立房屋买卖合同,当事人以该房屋被查封为由主张房屋买卖合同无效的,人民法院不予支持。受让人在查封措施解除后请求继续履行合同并办理房屋权属转移登记的,人民法院可予支持。出卖人故意隐瞒房屋被查封的事实,买受人请求撤销房屋买卖合同的,人民法院可予支持。【说明】旨在解决房屋被查封房屋买卖合同的效力及履行问题。房屋被有权机关采取查封措施,并未改变该房屋的商品房性质,只是国家公权在查封期限内对房屋的处分作出了限制,在合同效力及履行问题上,可以参照《买卖合同司法解释》第三条所确立的无权处分规则作出处理,理由不再赘述。当然,如果出卖人在订立房屋买卖合同时故意隐瞒房屋已被查封的事实,则属于《合同法》第五十四条第二款所规定的欺诈情形,买受人依法有权请求人民法院撤销该买卖合同。”浙江温州中院、市国土资源局《**关于印发〈协助人民法院执行的会议纪要〉的通知**》(2014年1月1日)第2条:“关于土地使用权的司法处置问题。(一)对国有出让宗地的司法处置(已办理抵押登记除外),是否需要满足法律规定或土地出让合同约定的土地使用权首次转让开发投资总额前置条件的问题，由法院负责提交府院联席会议研究解决。对已经法院司法处置的国有出让土地使用权，依据《民事诉讼法》第227条规定和市政府扶工优惠政策，国土部门凭法院司法处置后的裁定书和协助执行通知书办理。（二）带有庭院或道坦或老式房屋独立宗地内建有多间房屋，但合发一本土地证的，人民法院需对其中部分房屋进行司法处置的，应当分别以下情形处理：（1）庭院或道坦已经办理土地登记的，人民法院处置时，应当在协助执行通知书中明确对应的道坦或庭院的土地使用权界限和面积。（2）土地权属尚未登记，但已由被执行人长期占有使用的，人民法院可以根据执行需要作出相应的处置，但土地部门不做土地使用权登记。本文件下发之前已发生的该类案件尚未处理的，由人民法院牵头协调解决。（三）人民法院要求办理土地使用权过户手续的，国土部门应当先办理过户变更登记后再解除查封登记，以免执行财产被转移或控制。"第3条："关于土地使用权的查控问题。（1）人民法院在房管部门已经办理了商品套房预查封的，如果土地具备预查封条件的，人民法院要求对土地预查封，土地部门应予以配合。（2）人民法院对未经过土地登记的工业用地、房地产用地等独立宗地进行预查封，应向国土部门提供合法的权源依据和宗地范围等相关信息。（3）自本会议纪要下发之日起，市国土资源局各辖属分局在受理人民法院协助执行查封事项时，如查封期限不明确的，应当告知法院明确查封期限后再予以受理。对《最高人民法院国土资源部建设部关于依法规范人民法院执行和国土资源房地产管理部门协助执行若干问题的通知》（法发〔2004〕5号）出台之前已受理的法院协助查封事项，未明确查封期限的，国土部门要及时与查封法院主动对接确认。对于《通知》出台之后的法院协助查封事项，未明确查封期限的，一律依照《通知》第十一条'查封期限不得超过两年'执行。"北京高院**《关于印发修订后的〈北京市法院执行工作规范〉的通知》**（2014年1月1日）第394条："【房地合一原则】人民法院在查封、解封或处分土地使用权、房屋时，应当遵循房地合一的原则。土地使用权和房屋所有权归属同一权利人的，人民法院应当同时查封；土地使用权和房屋所有权归属不一致的，查封被执行人名下的土地使用权或者房屋。在变价处理房屋时，房屋所有权和土地使用权同时转移；房屋所有权与土地使用权归属不一致的，受让人继受原权利人的合法权利。"第395条："【协助执行】人民法院查封和处置房地产，国土资源、房地产登记管理部门应当按照人民法院的协助执行通知书及所附生效法律文书及时办理协助执行事项。国土资源、房地产登记管理部门对被人民法院依法查封、预查封的房地产，在查封、预查封期间不得办理转移登记、变更登记、抵押登记、预告登记、商品房预售合同登记备案等手续，但经查封法院同意的除外。国土资源、房地产管理部门依法协助人民法院执行时，除复制有关材料所必需的工本费外，不得向人民法院收取其他费用。登记过户的费用按照国家有关规定收取。"第398条："【协助执行部门实质审查禁止】国土资源、房地产管理部门在协助人民法院执行土地使用权、房屋时,不对生效法律文书和协助执行通知书进行实体审查。国土资源、房地产管理部门认为人民法院查封、预查封或者处理的土地使用权、房屋权属错误的,可以向人民法院提出审查建议,但不应当停止办理协助执行事项。国土资源、房地产管理部门认为协助执行通知书内容不清楚的,可以要求人民法院对有关材料或内容予以补正,但不对生效法律文书和协助执行通知书进行实体审查。"第 417 条:"【执行住房时对被执行人及其所扶养家属生活所必需住房的保障】对被执行人所有的居住房屋,人民法院可以查封、拍卖、变卖、抵债,但应当保障被执行人及其所扶养家属生活所必需的居住房屋。前款中的'被执行人及其所扶养家属生活所必需的居住房屋'原则上不超过当地公布的人均最低住房面积标准。"第 418 条:"【对设定抵押房屋的执行】人民法院对已经依法设定抵押的被执行人及其所扶养家属居住的房屋,在裁定拍卖、变卖或者抵债后,应当给予被执行人六个月的宽限期。在此期限内,被执行人应当主动腾空房屋,人民法院不得强制被执行人及其所扶养家属迁出该房屋。宽限期届满后,被执行人仍未迁出的,人民法院可以作出强制迁出裁定,并按照本规范第四百五十六条的规定执行。强制迁出时,被执行人无法自行解决居住问题的,经人民法院审查属实,可以由申请执行人为被执行人及其所扶养家属提供临时住房。申请执行人提供的临时住房,其房屋品质、地段可以不同于被执行人原住房,面积参照建设部、财政部、民政部、国土资源部和国家税务总局联合发布的《城镇最低收入家庭廉租住房管理办法》所规定的人均廉租住房面积标准确定。申请执行人提供的临时住房,应当计收租金。租金标准由申请执行人和被执行人双方协商确定;协商不成的,由人民法院参照当地同类房屋租金标准确定,当地无同类房屋租金标准可以参照的,参照当地房屋租赁市场平均租金标准确定。已经产生的租金,可以从房屋拍卖或者变卖价款中优先扣除。被执行人属于低保对象且无法自行解决居住问题的,人民法院不应强制迁出。"第 490 条:"【案外人依据《查封规定》第十七条　对房屋所提异议的处理】法院在执行生效法律文书确定的金钱债权过程中,对房屋实施强制执行,购买该房屋的案外人依据《最高人民法院关于人民法院民事执行中查封、扣押、冻结财产的规定》第十七条的规定,要求停止对该房屋执行的,执行法院应当进行审查。案外人已经支付全部价款并实际占有该房屋,且对未办理房屋过户登记手续没有过错的,对其异议请求,应予支持。"第 491 条:"【关于《查封规定》第十七条的理解与适用】《最高人民法院关于人民法院民事执行中查封、扣押、冻结财产的规定》第十七条规定在适用上应作如下理解:(一)该条中'实际占有',是指在法院查封之前,该标的物已实际交付给案外人。(二)该条中'第三人对此没有过错',是指案外人未办理产权过户登记手续,是由于被执行人不予协助、办理登记存在客观障碍、登记机关迟延登记等案外人意志以外的原因造成的。案外人为规避法律、行政法规的规定或逃避债务，将房屋登记在被执行人名下的，应当认定其具有过错。”上海高院《**民事法律适用问答**》（2013年第1期）第2条：“买卖纠纷所涉房屋已被另案查封，是否可以判决过户登记的问题。在房屋买卖纠纷中，涉及房屋过户诉请的，人民法院应尽量查清房屋是否存在已查封等事实。因为买受人请求协助过户的请求，属于合同履行，是债的给付之诉。给付之诉能否得到支持，不仅审查请求人有无合法的权利基础，还要审查标的是否存在履行障碍，即法律上、事实上不能履行，或不适于强制履行或者履行费用过高等。若所涉房屋因另案被执行部门查封的，则由于司法查封是当事人借助公权力对债权的一种保全手段，具有法定的公示和对抗效力，并构成涉讼房屋过户的履行障碍。当事人请求过户，实际上处于暂时不可以履行的情况，因此，法院在处理中应结合房屋查封的处理情况进行区分：(1)系争房屋已被执行部门通过拍卖、变卖等方式处置，房屋产权将由第三方买受人所取得，合同履行已无可能的，人民法院应进行释明，引导当事人变更诉请为赔偿，若当事人坚持不变更的，则应驳回其诉请。(2)系争房屋尚未被拍卖、变卖的，民事审判部门应与执行部门协调处理，若当事人愿意以涤除债务、提出执行异议等途径解除查封的，可在执行部门解除查封后，判决支持其过户诉请。(3)系争房屋在解封之前，因房屋尚处于被强制拍卖、产权转移他人的不确定状态，人民法院一般不应判令出卖人协助办理过户登记。”第3条：“房屋买卖纠纷中引导当事人申请查封所涉房屋的问题。在一些房屋买卖纠纷中，买受人要求出卖人交房或协助过户登记，但由于未申请对诉争的房屋进行查封，致使恶意出卖人有机可乘，在诉讼中将房屋转卖并过户予第三人，继而导致买受人要求交房与或过户登记的诉请落空。我们认为，在处理这类纠纷时，应首先审查买受人是否申请了司法查封；若没有申请，应及时释明相应的诉讼风险，并引导其尽快申请查封，确保日后判决结果的顺利履行；若买受人坚持不申请的，应当将释明过程和内容记明笔录。”贵州高院《**关于印发〈关于审理涉金融类纠纷案件若干问题的会议纪要〉的通知**》（2012年10月10日）第4条：“……(3)在涉农执行案件中，被执行人及其所扶养家属生活所必需的衣服、家具、炊具、餐具及其他家庭生活所必需的物品，不得查封、扣押、冻结，对被执行人从事农业生产必需的生产设备和资料不得采取财产保全措施和执行措施。对被执行人及其所扶养家属生活所必需的居住房屋，法院可以查封，但不得拍卖、变卖或者抵偿。被执行人生活困难且无法自行解决居住问题的，法院不应强制迁出。”广东高院《**关于印发〈全省民事审判工作会议纪要〉的通知**》（2012年6月26日　粤高法〔2012〕240号，已于2020年12月31日经粤高法〔2020〕132号废止）第2条：“当事人订立转让不动产的合同后，该不动产被依法查封，不能因该不动产被查封而否定该转让合同的法律效力，但受让人要求解除合同并赔偿损失的，可予支持。买受人请求判令出卖人在解封前办理过户登记手续的,人民法院应向其释明可以变更诉讼请求为解除合同或在解封后办理过户登记手续;买受人坚持不变更的,驳回该项诉讼请求。”第3条:“不动产被依法查封后,当事人订立转让该不动产的合同,可认定有效。但转让合同约定在该不动产解封前办理过户登记手续的条款无效。出卖人不能依约履行合同,买受人要求解除合同的,应予支持;买受人要求出卖人继续履行合同并在该不动产解封后办理过户登记手续的,应予支持。出卖人故意隐瞒不动产被查封的事实与他人签订转让合同,买受人请求撤销转让合同的,应予支持。”江苏高院《**关于认定和处理规避执行行为若干问题的规定**》(2011年2月25日)第20条:“对于执行法院查封之前已经转移所有权的相关财产,案外人依据已经生效的法律文书向执行法院主张所有权或其他实体权利的,执行法院应停止规避执行行为审查并通知申请执行人,告知其可以于十五日内依据最高人民法院关于适用《中华人民共和国民事诉讼法》审判监督程序若干问题解释的规定申请再审。申请执行人依照前款规定申请再审并进入再审程序的,执行法院应继续对相关财产进行保全。申请执行人逾期没有提出再审申请的,执行法院应解除对相关财产的保全措施。”第22条:“对于执行法院查封之后转移所有权的相关财产,案外人依据已经生效的法律文书或仲裁裁决向执行法院主张所有权或其他实体权利的,不得对抗案件的执行。”北京高院《**关于审理房屋买卖合同纠纷案件适用法律若干问题的指导意见(试行)**》(2010年12月21日　京高法发〔2010〕458号)第9条:“出卖人擅自将已被有权国家机关采取了查封等强制措施的房屋转让给他人的,买卖合同一般认定为无效,但相应有权国家机关或申请采取强制措施的权利人同意转让,或者一审法庭辩论终结前强制措施已经解除的,可以认定合同有效。出卖人转让房屋后,有权国家机关对房屋采取了查封等强制措施的,不影响已成立的房屋买卖合同的效力。合同约定的履行期限届满时针对出卖人的强制措施仍未解除,致使买受人不能办理房屋所有权转移登记的,可以参照本意见第八条第二款规定的内容处理。”第15条:“当事人约定一方以他人名义购买房屋,并将房屋登记在他人名下,借名人实际享有房屋权益,借名人依据合同约定要求登记人(出名人)办理房屋所有权转移登记的,可予支持。但是,该房屋因登记人的债权人查封或其他原因依法不能办理转移登记,或者涉及善意交易第三人利益的除外。”浙江杭州中院《**关于在查封房地产时严格依法办理查封手续的通知**》(2010年2月2日　杭中法〔2010〕35号)第1条:“土地使用权和房屋所有权归属同一权利人的,必须同时查封;土地使用权和房屋所有权归属不一致的,查封被执行人名下的土地使用权或者房屋所有权。”第2条:“地上建筑物和土地使用权的登记机关不是同一机关的,必须分别办理查封登记,提取房地产权属证明材料,并到现场确认房地产的占有、租赁、使用情况。”第3条:“查封未经权属登记的建筑物时,在查封该建筑物所属的土地使用权的同时,到房产登记机关对该建筑物进行预查封，并通知其管理人员或实际占有人，在显著位置张贴封条或公告。查封裁定应当送达当事人，无法送达的应当公告送达。”第4条：“查封未经房产权属登记的土地使用权时，应当将生效的查封裁定送达房产管理部门，进行房产的预查封登记。”内蒙古包头中院**《关于印发关于审理城镇房屋买卖纠纷案件相关问题的处理意见》**（2008年8月5日）第7条对同一房产申请诉讼保全的，执行时保全在先的债权人是否享有优先受偿权问题：“民事诉讼法中对财产保全的性质虽无明文规定，但从其设立目的、作用和功能上看与设立担保权益相当，因此在执行中对房产已保全在先的债权人相对于其他轮候保全人或其他参与分配人就保全财产享有优先受偿权，但该优先受偿权并不先于其他法定优先权。”北京高院、市建委**《关于规范房产执行和协助执行有关问题的通知》**（2006年10月1日　京高法发〔2006〕319号）第1条：“人民法院在办理案件时，需要房屋行政主管部门协助执行的，市和区、县建设委员会（含房屋管理局，以下简称市和区县建委）应当按照人民法院的生效法律文书和协助执行通知书办理协助执行事项。”第2条：“市和区县建委按照下列分工接收协助执行文书、办理协助执行事项：（一）市建委办理房屋权属登记和商品房预售登记的项目，由市建委委托市房屋权属登记事务中心接收协助执行文书并办理协助执行事项。（二）区县建委办理房屋权属登记和商品房预售登记的项目，由各区县建委接收协助执行文书并办理协助执行事项。人民法院应当按照上述工作分工，分别到市房屋权属登记事务中心或各区县建委直接送达协助执行文书，或者以法院专递方式邮寄送达协助执行文书，其送达与直接送达具有同等法律效力。”第3条：“市和区县建委指派专门部门负责接收人民法院的协助执行文书，并及时将协助执行的有关信息录入到北京市房屋交易权属管理系统的限制信息管理中，对符合条件的房屋关联到房号。”第4条：“人民法院执行人员到市或区县建委送达协助执行文书时，应当出示本人工作证或执行公务证，并出具协助执行通知书和执行裁定书。协助执行通知书应当载明被执行房屋的权利人、权属证书号（商品房买卖合同号）、项目名称、座落、部位、面积等，内容清楚、字迹清晰，并载明执行人员姓名及联系方式。除法院直接送达和邮寄送达的以外，非人民法院执行人员送达协助执行文书的，市和区县建委不得接收。”第6条：“市房屋权属登记事务中心接收协助执行文书时发现被执行房产属于区县建委办理项目的，应当告知人民法院直接送达区县建委；市房屋权属登记事务中心已经接收的，应当及时转区县建委办理，不得自行退回人民法院。区县建委接收协助执行文书后，发现被执行房产属于市房屋权属登记事务中心办理项目的，应当及时转市房屋权属登记事务中心，不得自行退回人民法院。”第15条：“有下列情况之一的，市或区县建委应当在收到协助执行文书之日起10个工作日内与人民法院联系，书面回函告知或提出审查建议：（一）被查封的房屋座落、部位或面积难以确认的;(二)被查封的房屋未登记在被执行人名下的;(三)有其他难以执行的情形的。回函应当附有相关证明材料,并注明联系人和联系方式。人民法院应当自收到回函之日起10个工作日内向市或区县建委反馈书面意见。在人民法院没有明确意见之前,市或区县建委应当暂停办理协助执行文书涉及房屋的转移登记、变更登记、抵押登记、预售合同登记备案等事项,不得将协助执行文书退回人民法院。如被执行人或其他人对该查封有异议的,应当告知被执行人或其他人向有关人民法院反映。”第16条:“人民法院对房屋的查封期限不得超过二年。期限届满可以续封,续封时应当重新送达执行裁定书和协助执行通知书,续封的期限不得超过一年。人民法院应当在查封期限届满前办理续封手续,协助执行通知书上应注明续封期限,续封期限自送达续封协助执行通知书之日起计算。查封期限届满,人民法院未办理续封手续的,查封的效力消灭。”第17条:“人民法院在案件执行完毕后,对未处理的房屋需要解除查封的,应当在10个工作日内解除查封,并将解除查封的协助执行通知书送达市或区县建委。”第23条:“已被人民法院查封、预查封并在市或区县建委办理了查封、预查封登记手续的房屋,被执行人隐瞒真实情况,到市或区县建委办理转移登记、变更登记、抵押登记、商品房预售合同登记备案等手续的,市或区县建委可以依职权撤销登记,并注销所颁发的证照。人民法院依法确认登记行为无效的,市或区县建委应当按照人民法院的生效法律文书撤销不合法的抵押、转让等登记,并注销所颁发的证照。”第24条:“人民法院在查封、解封和处分房屋的所有权时,应当遵循房地合一的原则。房屋所有权和土地使用权归属同一权利人的,人民法院应当同时查封;房屋所有权和土地使用权归属不一致的,查封被执行人名下的房屋。在变价处理房屋时,房屋所有权和土地使用权同时转移;房屋所有权与土地使用权归属不一致的,受让人继受原权利人的合法权利。”第25条:“人民法院查封被执行人的房产后,应当及时进行拍卖、变卖或采取其他执行措施。被查封的房产经拍卖、变卖或者以物抵债后,人民法院应当作出房屋所有权转移的裁定书,市或区县建委应当依据人民法院生效法律文书所确认的权利人办理房屋权属转移登记手续。”重庆高院**《关于印发〈关于非诉行政执行工作的若干意见〉的通知》**(2005年8月29日　渝高法〔2004〕244号)第34条:“对于超过被申请人及其所扶养家属生活所必需的房屋和生活用品,人民法院根据申请人的申请,在保障被申请人及其所扶养家属最低生活标准所必需的居住房屋和普通生活必需品后,可予以执行。”浙江温州中院、温州国土资源局**《协调会议纪要》**(2005年2月2日　温中法〔2005〕19号)第2条:“……房产已办理抵押登记手续的国有划拨土地使用权转让,法院应当与国土资源部门积极协商,本着房产权与土地使用权一并转移的原则,国土资源管理部门应积极协助法院处理好该类历史遗留问题。”山东高院**《关于审理以建筑物及土地使用权设定抵押如何确定合同效力问题的通知》**

(2004年12月21日　鲁高法〔2004〕238号)第4条:“以土地使用权设定抵押的,对于设定抵押后土地上新增的建筑物,实现抵押权时可一并处理,但就新增建筑物的价值,抵押权人没有优先受偿权。”辽宁沈阳中院**《关于审理房地产案件若干问题的处理意见(之一)》**(2004年3月27日)第3条:“我国房地产法和担保法都规定,房屋、土地在处分时实行是房地不可分割的原则,要求当事人在进行抵押时房屋和土地使用权同时抵押。但上述法律规范毕竟不是禁止性规范,即使当事人就房屋和土地进行了分别的抵押,也不能因此认为其抵押行为无效。只要两个抵押合同均已登记且无其他法定无效原因,那么这两个合同均是有效的,且其效力均及于房屋及其占用范围内的土地使用权,是将房屋及其土地使用权两次抵押。对于这类问题在受偿方式上,应按《担保法》第54条第1项的规定处理,即以登记的先后顺序清偿,顺序相同的,按照债权比例清偿……”第4条:“同一土地使用权重复转让的问题。如果房管部门先后为两个或两以上受让人核发了权属证书,受让人之间因权属争议起诉,要求人民法院确权的,法院不予受理。如果房管部门根据一物一权原则,只为其中一个受让人进行了变更登记并核发了权属证书,未取得权属证书的受让人向转让人提起诉讼,要求转让人承担违约责任等,法院应予受理……”云南高院、云南国土资源厅**《关于人民法院在执行案件中涉及土地权属等有关问题的处理意见的通知》**(2003年2月13日　粤高法发〔2003〕24号)第5条:“……土地行政主管部门对被人民法院依法查封的土地使用权,在查封期间不得办理转移过户手续。”第19条:“已被人民法院查封并在土地行政主管部门办理过备案手续等控制性措施的土地使用权,被执行人隐瞒真实情况,到土地行政主管部门办理抵押、租赁、转让等手续的,人民法院应裁定其行为无效,并可视情节轻重,依法追究有关人员相应的法律责任。土地行政主管部门应按人民法院的裁定撤销不合法的抵押、租赁、转让等登记,并注销所颁发的证照。”北京高院、北京国土资源和房屋管理局**《关于在执行案件中涉及房地产若干问题的处理意见》**(2000年7月3日　京高法发〔2000〕234号)第4条:“人民法院在查封、解封和处分房屋的所有权和土地使用权时,应当遵循房地产合一的原则。”第18条:“已被人民法院采用查封等控制性措施的房屋、土地,被执行人隐瞒真实情况,或房地产行政主管部门在接到人民法院的查封、转移裁定和协助执行通知后,仍办理抵押、租赁、转让等登记手续的,人民法院应当裁定其行为无效,并可视情节轻重,依法追究有关人员相应的法律责任。房地产行政主管部门应当按人民法院的裁定撤销不合法的抵押、租赁、转让等登记,并注销所颁发的证件。”

5. 参考案例。2018年**某房屋纠纷执行案**,法院依赵某申请作出裁定查封钱某房屋,并向房屋登记机关进行了送达,同时在房屋上张贴了查封公告。因房屋登记机关未进行查封登记,钱某将该房屋转让给孙某。赵某申请执行钱某房屋时,孙某提异议。法院认为:查封作为一种保全措施,具有限制被查封人处分权的效力。法院作出的查封裁定一经送达当事人即产生法律效力,被查封的当事人其后所为任何处分行为均构成无权处分,原则上不能产生预期的法律后果。但查封裁定生效后,并不当然具有对抗善意第三人的效力,除非已完成了查封公示。就不动产查封的公示方法而言,原则上应通过办理查封登记的方式进行公示,只有在不动产本身并未登记产权情况下,才能通过张贴封条、公告等方式进行公示。因此,查封裁定生效但未完成查封公示,被查封人处分被查封财产,构成善意取得的,相对人仍可依法取得物权,从而排除对该标的物的执行。案涉房屋已进行了产权登记,在其并未进行查封登记情况下,不能对抗善意第三人。孙某支付了合理对价并办理了产权过户手续,且无证据证明其对查封明知或具有重大过失情况下,依法取得案涉不动产所有权,故其能排除对该标的物的执行。2017 年**某房屋纠纷执行案**,2010 年 4 月,建筑公司起诉开发公司工程款纠纷中,法院依申请查封了开发公司名下商品房,并向国土局、房管局及开发公司、建筑公司送达了查封裁定。同年 12 月,李某与开发公司签订商品房买卖合同并办理产权过户。建筑公司申请执行前述房屋过程中,李某提出异议。法院认为:李某虽系在法院作出查封财产的民事裁定之后与开发公司签订商品房买卖合同,办理产权证书,但并无证据表明查封财产在李某签订合同和办理产权证书时已进行公示,亦无证据证明李某此时知道涉案房屋已被查封。依最高人民法院《关于人民法院民事执行中查封、扣押、冻结财产的规定》第 26 条第 3 款关于"人民法院的查封、扣押、冻结没有公示的,其效力不得对抗善意第三人"规定,法院查封案涉房屋行为不能对抗作为善意第三人的李某。因案涉房屋所有权已转移至李某名下,建筑公司基于其对开发公司债权要求执行案涉房屋,不能得到支持。开发公司收到民事裁定书后仍转让查封财产,国土局和房管局收到民事裁定书和协助执行通知书后仍为查封财产办理过户手续,违反法律规定,建筑公司可通过其他途径主张权利。2015 年**某房屋纠纷执行案**,2005 年,法院对开发公司名下房屋裁定查封,并在房管部门办理了查封登记。2006 年,李某与惠某签订房屋买卖合同,李某实际支付房款 5 万元后占有房屋。2007 年,惠某与开发公司投资争议纠纷案案中涉及前述房产执行,李某作为案外人提出异议。法院认为:所有权作为物权一种,其取得方式分为继受取得和原始取得,买卖即为继受取得原因之一。对于不动产物权继受取得而言,买卖合同成立和有效仅意味着买受人取得对出卖人的债权请求权,如欲取得具有排他效力的物权,将物权人从出卖人变更为买受人,应履行法定公示方式。亦即,要将自己继受的不动产物权按法定方式对不特定第三人进行昭示。对此,《物权法》第 9 条规定:"不动产物权的设立、变更、转让和消灭,经依法登记,发生效力;未经登记,不发生效力,但法律另有规定的除外。"第 14 条规定:"不动产物权的设立、变更、转让和消灭,依照法律规定应当登记的，自记载于不动产登记簿时发生效力。”可见，依前述法律规定，不动产所有权继受取得，除法律另有规定的情形外，只有在不动产登记簿上记载之后，包括买受人在内的受让人方能取得包括所有权在内的不动产物权。从本案查明事实看，自法院查封始，案涉房屋一直登记在开发公司名下，在不动产登记未变更情况下，案涉物权变动并未完成，李某尚不能成为《物权法》所指房屋所有权人，其要求确认对案涉房屋享有所有权之诉求，依法不能支持。考虑到实践中不动产登记制度尚不完善，对于买受被执行不动产等需登记财产的案外人而言，即使未取得物权，但如其因合同而对该财产享有的物权登记请求权等债权符合物权期待权保护条件的，法院亦不能执行。法律之所以要对案外人对执行标的物物权期待权进行保护，概其原因在于，物权期待权从性质上虽仍属债权范畴，但该债权不同于一般债权，案外人既已依合同履行完毕支付取得物权之对价等义务，预期物权将确定无疑地变动到其名下，在与申请执行人一般债权实现发生冲突时，法律选择了优先保护案外人物权期待权。至于物权期待权保护条件，最高人民法院《关于人民法院民事执行中查封、扣押、冻结财产的规定》第 17 条作出了具体规定：“被执行人将其所有的需要办理过户登记的财产出卖给第三人，第三人已经支付部分或者全部价款并实际占有该财产，但尚未办理产权过户登记手续的，人民法院可以查封、扣押、冻结；第三人已经支付全部价款并实际占有，但未办理过户登记手续的，如果第三人对此没有过错，人民法院不得查封、扣押、冻结。”依前述规定以及司法实践掌握的标准，案外人亦即受让人，在被执行财产上的物权期待权如欲产生排除执行效力，应符合前述法定要件，且缺一不可。该规定确立的保护案外人物权期待权条件虽是案外人异议审查程序的标准，但是，由于该标准确立时《民事诉讼法》尚未建立执行异议之诉制度，当时的执行异议制度实际上代行了其后建立的执行异议之诉功能，故在案外人异议之诉审理程序中，法院在判断案外人物权期待权能否排除执行时，亦应遵照。本案中，李某无证据证明其对案涉房屋处分取得了所有权人开发公司授权，其和李某所签合同构成无权处分，根据 2012 年 7 月 1 日生效的最高人民法院《关于审理买卖合同纠纷案件适用法律的解释》第 3 条规定，将出卖人无权处分他人财产的行为区分为债权行为和物权行为并赋予不同的效力，即债权行为有效而物权行为无效，故案涉房屋买卖合同难谓无效。但由于惠某无权处分案涉房屋，在未取得开发公司追认情况下，案涉房屋所有权不能发生变动，李某依法只能向惠某行使违约赔偿或损害赔偿的债权请求权，其在案涉房屋之上不能成立物权期待权，更不可能取得所有权。执行标的物一旦被法院查封，非经法院允许，任何人不得对房屋进行毁损变动、设定权利负担等有违查封目的之处分行为。在李某占有之前，法院即已对案涉房屋进行了查封并在房地产管理部门办理了查封登记，加之，惠某处分为无权处分，李某对案涉房屋的占有缺乏正当权源，为无权占有。至于李某辩称其不知道查封事实、没有过错的理由,由于查封登记具有对世效力,李某无论是签订旨在变更案涉房屋物权的买卖合同,抑或占有案涉房屋,均应注意到别人经过登记的物权和法院查封,但其未到相关部门查询案涉房屋权属状况,主观上存在明显过错。另外,李某总计仅交纳极少部分房款,即使不考虑无权处分和查封后占有事实,单纯从价款交付数额上,亦不符合法律规定的物权期待权保护要件。在李某物权期待权不能成立情况下,当然亦就不存在排除法院对案涉房屋执行问题。因判决驳回李某诉请。2006 年**辽宁某转让合同纠纷案**,2003 年,开发公司与房产公司签订联合开发合同,约定建成房屋,房产公司分得 1.5 万平方米。2005 年,房产公司诉请开发公司履行分配约定。开发公司以其中 1 万平方米商住公寓被市公安局查封而无法交付为由抗辩。法院认为:依《城市房地产管理法》第 37 条第 2 项规定,司法机关和行政机关依法裁定、决定查封或者以其他形式限制权利的房地产,不得转让。该法条立法本意在于,维护司法机关和行政机关依法裁定、决定查封或以其他形式限制房地产权利目的,即预先固定保全财产占有使用和权属状态,避免权利保护目的落空,故受该法条规范的主体,既包括实施法律行为的民事主体,亦包括行政机关行政行为。本案中,开发公司并不否认其负有向房产公司交付 1 万平方米商住公寓并移转房屋所有权义务,故此问题关键是如何看待市公安局查封行为与本案能否判决开发公司向房产公司交付房产、移转房屋所有权之间的关系。市公安局对 1 万平方米商住公寓采取查封措施,旨在禁止开发公司通过转让等方式向案外第三人实施有碍资产安全行为,而开发公司履行法院生效民事判决确定的义务,向房产公司交付该房产并移转所有权与市公安局采取查封措施目的一致。据此,开发公司以该商住公寓被公安局查封为由,认为该查封当然包括禁止开发公司向房产公司交付房屋理由不能成立。判决开发公司向房产公司交付约定面积房屋。2015 年**辽宁某物权确认纠纷案**,2010 年,因债务纠纷,化学厂房屋被法院查封。2011 年,化学厂与拍卖公司签订委托拍卖合同。王某以 725 万元竞买成功。化学厂向法院提交了拍卖已成交、拍卖款已到账等证据,要求解除查封申请,法院随即解除查封。2013 年,因化学厂以拍卖查封房地产、合同无效为由拒办过户手续致诉。法院认为:民事诉讼中的查封,系法院为限制债务人处分其财产而设立的一种强制措施。采取查封措施,目的在于控制债务人财产现状,保障经过审判程序确定的债权或其他债权尽可能得到清偿。《拍卖法》第 6 条规定,拍卖标的应当是委托人所有或依法可以处分的物品或者财产权利。最高人民法院《关于转卖人民法院查封房屋行为无效问题的复函》中强调,擅自将已被查封房产转卖给他人行为是违法的,所订立房屋买卖合同系无效合同。但依最高人民法院《关于人民法院执行工作若干问题的规定(试行)》第 48 条规定,被执行人申请对人民法院查封的财产自行变卖的,人民法院可以准许,但应当监督其按照合理价格在指定的期限内进行，并控制变卖的价款。无论是自行变卖还是拍卖，均属于处分财物的具体法律行为，虽然查封产生对处分的限制力，而标的物所有权未改变，限制所有者处分只是约束其随意或有意逃避本应偿还债务，如采取拍卖或变卖处分直接目的即为履行债务，那么法院以解除查封或同意处分方式，会使查封限制处分效力归于消灭，而相应交易行为具有法律效力。本案中，化学厂系案涉房屋以及附着土地权利人，虽在拍卖时房屋及土地仍由法院查封，但化学厂并非完全丧失其对房屋及土地的处分权，只要经查封法院准许，其处分行为即具有法律效力。化学厂在拍卖结束后即向法院提交了拍卖已成交、拍卖款已到账等证据，要求解除对案涉房屋及土地查封的申请，法院其后解除查封的后续事实，足以证明法院在事后认可并同意化学厂对案涉房屋及土地实施的拍卖行为，该处分行为应属合法有效。2014 年**江苏某商品房销售合同纠纷案**，2010 年，陈某购买张某名下房产，在交付房款、未办过户情况下，将该房出租给谢某用于存放物品。2013 年，张某因欠他人债务被法院强制执行，前述房产被作为张某财产予以查封。陈某提出执行异议被驳回后，提起执行异议之诉，要求确认其系案涉房产所有权人，并解除查封措施。法院认为：《物权法》第 33 条规定，因物权的归属、内容发生争议的，利害关系人可以请求确认权利。物权确认是指在物权归属和内容不明或发生争议时，利害关系人请求有权机关对争议内容予以明确，从而解决物权争议的行为。本案中，当事人系通过签订买卖合同方式意欲转让房屋所有权，陈某取得房屋所有权系买卖合同依法履行的结果，即在当事人针对标的物物权移转达成合议时，至履行阶段结束前，标的物物权归属于张某系确定的。故双方当事人之间争议不符合物权确认争议的构成要件，本案诉讼性质上不属于确认之诉。最高人民法院《关于人民法院民事执行中查封、扣押、冻结财产的规定》第 17 条规定："被执行人将其所有的需要办理过户登记的财产出卖给第三人，第三人已经支付部分或者全部价款并实际占有该财产，但尚未办理产权过户登记手续的，人民法院可以查封、扣押、冻结；第三人已经支付全部价款并实际占有，但未办理过户登记手续的，如果第三人对此没有过错，人民法院不得查封、扣押、冻结。"本案中，陈某受领张某交付后，虽未自己直接占有，但其通过设定租赁关系方式已实现对案涉房产的间接占有，故应认定已符合前述规定，判决解除针对该房产的查封措施，驳回陈某有权确认其为所有权人的诉请。2008 年**广东某房屋买卖合同案**，法院认为：在双方签订合同时，讼争房屋虽是在被法院查封期间，但合同中已说明该情况，买方已知悉，且在双方约定期限届满之前，讼争房屋已被法院依法解除了查封，卖方也取得原产权登记人的授权，讼争房屋已具备进行交易过户的条件，故该《房屋买卖合同》合法有效。2007 年 8 月**重庆某房屋买卖合同案（无权处分）**，案涉房屋因开发公司欠缴税款，在 2002 年 7 月 2 日被税务局查封，查封期间，经税务局同意并提供不动产销售专用发票，李某购买该房并办理了两证。2003

年8月4日,税务局对查封房屋予以解封。2003年8月24日,王某认为李某属查封期间买卖房屋应为无效,故与开发公司就案涉房屋签订商品房买卖合同,取得该房并办理了两证。2004年3月18日,李某与黄某离婚,经法院调解,李某名下的案涉房屋抵给黄某。为变现,黄某又将该房出售给第三人兰某。兰某通过申请执行,取得房屋所有权证。2004年12月,王某起诉要求确认李某与开发公司所签买卖合同无效。法院认为:李某与开发公司所签商品房买卖合同,虽标的物在出卖之前已被税务局查封,但并未禁止开发公司出卖该标的物,只是开发公司出卖该标的物的权利受到了查封机关的限制,开发公司若需出卖查封的标的物,须将出卖所得价款先行缴入税务机关用于支付所欠税款后,税务机关才同意出卖查封物,再代出卖方开发公司向买受人开具不动产销售专用发票,用于办理所有权转移登记。本案查封机关已代开发公司向李某开具了不动产销售专用发票,且查封机关已证实,李某所购房屋是经查封机关同意出售的,虽查封机关未及时配套办理法律上的解封手续,但解封手续只是形式要件,实质要件是查封机关已同意出售查封标的物。故李某与开发公司签订的商品房买卖合同有效。由于该房已由产权登记机关先登记于李某名下,开发公司嗣后将该房出卖给王某,因开发公司已不是该房的合法产权人,无权对该房进行处分,故开发公司与王某后订立案涉商品房买卖合同应属无效。2007年6月**海南某房屋买卖合同案(房地一体)**,徐某名下一套连体7层商住房,2005年,因债务纠纷导致整套房屋被查封,其中某水泥厂申请查封的是两间一层铺面,陈某申请查封的是2层至7层房屋。2006年1月26日,因徐某与水泥厂执行和解,一层两间铺面被法院解封,但2层至7层房屋仍处于查封状态。节后,陈某再申请查封一层铺面,发现解封当日,徐某就与林某签订转让协议,将该两铺面卖予林某并在同年2月5日办理了过户手续。陈某遂诉请确认徐某与林某的转让协议因买卖查封房无效。一审认为:查封房屋的效力及于该楼房使用范围内的土地使用权。且该房产使用的所属土地尚未过户时法院已依法查封了该土地,故徐某与林某所签房屋买卖合同无效。二审认为:一层铺面虽在另案中被法院查封,但查封只是对产权人处分产权的一种限制,并非产权的当然转移。2006年1月26日,因申请执行人与被执行人徐某达成执行和解,该一层两间铺面已被法院予以解封。此时,徐某对该两间铺面拥有完整的所有权,其有权对该铺面进行合法的处分。一楼铺面与2层至7层房屋之间可以分开使用,为可区分所有的建筑物结构。其一楼两间铺面的解封并不影响2层至7层房屋的查封状态,反之,2层至7层房屋的查封亦不影响一楼铺面的解封状态。徐某于法院解封一楼铺面的当天将该两间铺面转让给林某,虽然此时2层至7层的房屋仍被法院查封,但其查封效力并不当然及于一楼的铺面,该两间铺面不属于《城市房地产管理法》规定的禁止转让的房地产范围。现陈某没有证据证明徐某与林某之间的转让行为属恶意串通损害其利益的行为,林某应为善意的第三人。因双方已于2006年2月5日办理了房产过户手续,根据不动产物权变动公示制度,该两间铺面的物权已依法转移给林某,林某作为善意的第三人,其物权依法受法律保护。故徐某、林某主张转让行为有效应予支持。2007年4月**海南某房屋买卖合同案(查封日期)**,2005年12月,邢某依据丈夫林某特别授权,与韩某签订房屋转让合同。2006年1月,法院根据符某申请,对该房屋进行查封。韩某起诉要求确认合同有效,邢某称实际签约时间为查封期间,法院追加的第三人符某主张该合同系恶意串通转移财产应为无效。法院认为:邢某依据林某特别授权,代理林某与韩某所签合同有效。第三人符某提出"买卖双方之间的房屋买卖有悖于法律关于司法机关查封的房屋不得转让的强制性规定,卖方转让房产的目的是想利用转让这种合法形式来掩盖其逃避对第三人债务,该房产买卖行为应无效。即使有效,争议房产已被查封,合同目的无法实现,依《合同法》的规定,该合同应予解除"。因房屋买卖合同订立和生效时间在司法机关裁定查封的事件之前,房屋买卖并未违反法律关于司法机关查封的房屋不得转让的强制性规定。第三人关于卖方转让房产的目的是想利用转让这种合法形式来掩盖其逃避对第三人债务的辩解意见,因其未提供充分的证据予以证实,法院不予支持。2005年9月**辽宁某房屋买卖合同案(查封导致解约)**,1999年10月,开发公司收取胡某定金1万元后将车库交给胡某使用,2000年3月与胡某补签车库买卖协议,约定车库款为8万元。2001年胡某又交了2万元。2003年6月,该车库因开发公司另案纠纷被查封。胡某因被强制执行将车库腾空后,起诉开发公司。法院认为:由于开发公司欠他人债务,使双方买卖的车库被法院强制执行,因出卖人的过错,胡某对其购买的车库无法占有使用,双方达成的买卖协议无法履行并导致解除,开发公司应承担违约责任。考虑到胡某在未交付全部购房款的情况下使用了车库的实际情况,开发公司应将收取的购房款返还胡某同时扣除使用费5000元为宜。本案中由于开发公司收取胡某1万元定金后,并未履行约定的债务即交付没有瑕疵的车库,故开发公司应双倍向胡某返还定金2万元。

【同类案件处理要点】

出卖人擅自将已被有权国家机关采取了查封等强制措施的房屋转让给他人的,买卖合同一般认定为无效,但相应有权国家机关或申请采取强制措施的权利人同意转让,或者一审法庭辩论终结前强制措施已解除的,可认定合同有效。出卖人转让房屋后,有权国家机关对房屋采取了查封等强制措施的,不影响已成立的房屋买卖合同的效力。合同约定的履行期限届满时针对出卖人的强制措施仍未解除,致使买受人不能办理房屋所有权转移登记的,买受人请求解除合同,并要求出卖人承担相应违约责任的,应予支持;买受人要求继续履行合同,办理房屋所有权转移登记,经法院释明后仍坚持不变更的,对其诉讼请求,不予支持,但买受人同意并能够代为清偿债务以解除查封房屋强制措施的除外。

【相关法律风险提示】

1. 所购房屋是否为查封房直接决定买卖合同效力,故签订房屋买卖合同前,查看卖方房产证、核实其真伪为买方必做功课。

2. 作为买卖合同标的的房屋,如查封行为在签约后进行,因查封导致合同履行障碍,且该障碍构成合同目的不能实现的,产生的是合同解除的违约责任。如查封行为在签约之前,因查封房产买卖受限,存在合同自始无效的风险。

3. 法院查封的房产,尽管嗣后解封,查封期间设定的房屋买卖合同属无权处分,事后取得处分权而合同有效,可从《合同法》第51条获得法律上的支持,但就查封房买卖持绝对自始无效观点仍有市场,且更有法律依据,故买卖查封房产,合同无效的风险始终悬于一线。

4. 根据最高人民法院法释〔2004〕15号《关于人民法院民事执行中查封、扣押、冻结财产的规定》第23条:“查封地上建筑物的效力及于该地上建筑物使用范围内的土地使用权,查封土地使用权的效力及于地上建筑物,但土地使用权与地上建筑物的所有权分属被执行人与他人的除外。”争点在于:如果被查封的是一幢7层楼房,若1层解封,解封后单就1层房屋签订转让合同算不算买卖查封房而应认定无效?案见海南省海南中院(2007)海南民二终字第174号“徐某等与陈某等房屋买卖合同纠纷案”:一审以房地一体理论认为土地使用权处于未解封状态,查封效力及于一层虽已解封的房屋;二审认为2层以上房屋的查封不影响1层解封状态,再为转让不属于转让查封房合同无效情形。

5. 恶意串通。债务人为逃避债务,与他人串通恶意处理财产所签署的转让合同无效。证明债务人恶意容易,但要注明受让人恶意很难,只能通过事后行为反观订约时的主观状态,如果证据不够确凿,很难实现以恶意串通达致撤销合同的效果,实践中成功案例鲜见。

6. 申请查封要及时。就他人已查封的房屋很难再申请查封,但他人申请解封后,可申请查封,如房屋所有权人利用中间的时间差完成转让房屋的行为,再次查封就因为权利主体发生变化而难以实现。此时认定转让人恶意容易,但认定受让人恶意很难,故转让合同有效,通过查封防止债务人逃废债务的措施便有落空的风险,权利人可向法院申请轮候查封。

7. 对于不可分割不能独立使用的房屋,如果已就土地使用权进行查封,则就该土地上房屋所为转让行为,因转让房屋属查封性质而导致合同无效。

8. 税务部门因出卖人欠缴税款而对房产进行查封期间,就查封房产进行买卖可能产生合同无效的后果,除非税务部门明确表示该查封行为并不构成对房产交易的限制。

9. 即使办下产权证和土地使用权证,亦不表示取得房产真正的所有权,在"一房二主"的离奇情形下,谁是真正的物权人,一波三折。案见重庆一中院(2007)渝一中民再终字第56号"王某诉某开发公司房屋买卖合同纠纷案"。

10. 申请财产保全,应当提前准备,并做初步调查了解,以免保全、查封的财产在查封前转移权属。海南省海南中院(2007)海南民二终字第168号"林某等与韩某房屋买卖合同纠纷案"揭示了这样一种可能:通过倒签合同,虚拟转让合同达到转移财产、逃避债务目的,该案生效判决时间在《物权法》之前,根据该法规定,不动产物权变动采行登记对抗原则,即适用该法,虽签有合同,但未做变更登记,不得对抗第三人,查封异议不能成立。

11. 已被公安机关依法查封的房地产,法院仍可判决负有交付房产和移转产权义务的一方当事人交付和转移产权。

12. 被执行人为履行债务目的委托拍卖被查封财产,嗣后执行法院以解除查封或同意处分方式使查封限制处分效力归于消灭的,相应交易行为应具有法律效力。

13. 查封裁定一经送达当事人即产生法律效力,但查封裁定生效后,并不当然具有对抗善意第三人的效力,除非已完成了查封公示。

14. 查封裁定生效但未完成查封公示,被查封人处分被查封财产,构成善意取得的,相对人仍可依法取得物权,从而排除对该标的物的执行。

15. 执行标的物一旦被法院查封,非经法院允许,任何人不得对房屋进行毁损变动、设定权利负担等有违查封目的之处分行为。查封登记具有对世效力,第三人未到相关部门查询执行标的权属状况的,主观上已存在明显的过错,不构成善意取得。

【附注】

参考案例索引:海南省海南中院(2007)海南民二终字第285号"林某与某工贸公司房屋买卖合同纠纷案";见《不动产查封裁定的效力与善意第三人的保护》(执笔人葛洪涛,核稿人关丽),载《最高人民法院民事审判第二庭法官会议纪要》(X02-2018:39);最高人民法院(2017)最高法民再90号"李秋燕与烟台德润建筑有限公司、烟台市福山天府房地产开发有限公司申请执行人执行异议之诉案",见《查封未经公示,不得对抗善意第三人——李某某与烟台甲建筑有限公司申请执行人执行异议之诉案》(审判长张雪楳,代理审判员林海权、蒙瑞),载《最高人民法院民事审判第二庭法官会议纪要·类案推送》(X02-2018:47);最高人民法院(2015)民申字第1883号"李建波与惠凤艳、黑龙江省城乡建设开发公司案外人执行异议之诉纠纷再审申请案”,见《不动产查封登记具有对世效力,无论第三人善意与否均具有对抗效力——李某某与惠某某等案外人执行异议之诉、买卖合同纠纷案》(审判长范向阳,审判员汪国献、高珂),载《最高人民法院民事审判第二庭法官会议纪要·类案推送》(X02 -2018:51);《买卖合同尚未履行完结,买受人请求确认其为房屋所有权人的,不属于物权确认争议》(辛正郁,最高院民一庭),载《民事审判指导与参考·指导性案例》(2015 年第61 辑);最高人民法院(2006)民一终字第36 号“某开发公司与某房产公司项目转让合同纠纷案”,见《行政机关依法查封的房地产能否判决交付和移转产权——大连亿锋房地产开发有限公司与大连华事得房地产开发有限公司房地产开发项目转让合同纠纷上诉案》(辛正郁,最高院民一庭),载《民事审判指导与参考·最高人民法院二审案件解析》(200701/29:225);辽宁高院(2015)辽审四民申字第1634 号“大连油脂化学厂与王军等物权确认纠纷再审申请案”,见《王军诉大连油脂化学厂、大连非凡拍卖有限公司物权确认纠纷案——合同报批义务的性质与效力》(李钢、陈晨),载《人民法院案例选》(201710/116:62),另见《合同报批义务的性质与履行》(李钢、刘冬艳、陈晨),载《人民司法·案例》(201723:66);广东广州中院(2008)穗中法民五终字第3223 号“王某与容某房屋买卖合同纠纷案”;重庆一中院(2007)渝一中民再终字第56 号“王某诉某开发公司房屋买卖合同纠纷案”;海南省海南中院(2007)海南民二终字第174 号“徐某等与陈某等房屋买卖合同纠纷案”;海南省海南中院(2007)海南民二终字第168 号“林某等与韩某房屋买卖合同纠纷案”;辽宁沈阳中院(2005)沈中民(2)房终字第781 号“某开发公司与胡某等房屋买卖合同纠纷案”。

73. 拍卖房:拍卖物瑕疵

——竞拍过户难,违约谁承担?

【合同履行】

【案情简介及争议焦点】

1999 年,开发公司以其两栋楼房为他人向银行贷款提供抵押担保,法院生效判决认定银行享有优先受偿权,同时针对开发公司提出的实际面积大于产权证面积的异议,认定“该两栋房屋有多大面积、是否经评估拍卖足以抵偿借款人的债务,只是为了实现银行的抵押权,不存在需要分割房产退还给开发公司的问题”。

2002年，开发公司案涉楼房被强制拍卖，吕某竞拍成功，交款并办理了过户。

2005年，吕某申请法院强制清退开发公司占有的案涉楼房未果，遂与开发公司达成协议，依开发公司自行委托测绘的结果，就多出产权证记载的面积款，约定由吕某支付结算款35万元。

吕某支付25万元，收回部分楼房房屋后，拒付余款。理由：受胁迫；2004年2月开发公司被工商吊销营业执照，丧失主体资格，无签约能力。

争议焦点：1. 房屋所有权如何认定？2. 结算协议效力如何？

【裁判要点】

1. 整体抵押后果。我国实行房屋所有权登记发证制度。吕某取得诉争楼房系经司法强制执行、拍卖机构公开竞价拍卖、房管局登记发证等法律程序，其权属来源清楚、合法。至于房屋面积大小问题，依法应以房产证载明的为准。开发公司原所有的诉争房屋，其设立抵押系整体抵押，吕某通过法院强制执行拍卖竞买取得亦系整体取得而非部分取得。开发公司提出实际面积超出其用于抵押的面积，其所依据的仅仅是后来私自委托测绘所得数据，该测绘结果未经法定机关确认和采纳，不具有法定效力，不能否定房产局所颁发的房产证和生效判决认定的事实。故案涉楼房整体所有权已依法属于吕某所有，开发公司已无任何所有权，开发公司以其房屋的实际面积超出其用于抵押的面积、要求吕某予以退还多余面积的房屋的主张没有事实根据和法律依据，不予支持。

2. 结算协议效力。从双方签订协议的行为来看，吕某已合法取该房所有权，开发公司作为被执行人应当依法履行法院生效裁判文书确定的义务，将上述房屋交付吕某，而不应拒不履行，其继续占据拒不交付，吕某为此申请强制执行要求强制清场未果，其司法救济途径受阻滞。从签约过程看，开发公司确存在拒不履行其义务的事实，对吕某合法权利的实现构成了妨碍。吕某称其签订协议书的行为系迫于无奈、违背其真实意思下所为的理由成立，应予认定；且诉争房屋已整体抵押并已被法院强制执行拍卖，无论其面积是否有超出，在未经有关部门确认情况下，双方均无权对此作出处理，由此进行约定显属无效。判决开发公司返还吕某25万元。

【裁判依据或参考】

1. 法律规定。《民法典》（2021年1月1日）第186条："因当事人一方的违约行为，损害对方人身权益、财产权益的，受损害方有权选择请求其承担违约责任或者侵权责任。"第580条："当事人一方不履行非金钱债务或者履行非金钱债务不符合约定的，对方可以请求履行，但是有下列情形之一的除外：（一）法律上或者事实上不能履行;(二)债务的标的不适于强制履行或者履行费用过高;(三)债权人在合理期限内未请求履行。有前款规定的除外情形之一,致使不能实现合同目的的,人民法院或者仲裁机构可以根据当事人的请求终止合同权利义务关系,但是不影响违约责任的承担。"第582条:"履行不符合约定的,应当按照当事人的约定承担违约责任。对违约责任没有约定或者约定不明确,依据本法第五百一十条的规定仍不能确定的,受损害方根据标的的性质以及损失的大小,可以合理选择请求对方承担修理、重作、更换、退货、减少价款或者报酬等违约责任。"第583条:"当事人一方不履行合同义务或者履行合同义务不符合约定的,在履行义务或者采取补救措施后,对方还有其他损失的,应当赔偿损失。"第584条:"当事人一方不履行合同义务或者履行合同义务不符合约定,造成对方损失的,损失赔偿额应当相当于因违约所造成的损失,包括合同履行后可以获得的利益;但是,不得超过违约一方订立合同时预见到或者应当预见到的因违约可能造成的损失。"第597条:"因出卖人未取得处分权致使标的物所有权不能转移的,买受人可以解除合同并请求出卖人承担违约责任。法律、行政法规禁止或者限制转让的标的物,依照其规定。"第598条:"出卖人应当履行向买受人交付标的物或者交付提取标的物的单证,并转移标的物所有权的义务。"第599条:"出卖人应当按照约定或者交易习惯向买受人交付提取标的物单证以外的有关单证和资料。"**《民事诉讼法》**(2017年6月27日修正)第247条:"财产被查封、扣押后,执行员应当责令被执行人在指定期间履行法律文书确定的义务。被执行人逾期不履行的,人民法院可以按照规定交有关单位拍卖或者变卖被查封、扣押的财产。国家禁止自由买卖的物品,交有关单位按照国家规定的价格收购。"**《物权法》**(2007年10月1日)第195条:"债务人不履行到期债务或者发生当事人约定的实现抵押权的情形,抵押权人可以与抵押人协议以抵押财产折价或者以拍卖、变卖该抵押财产所得的价款优先受偿。协议损害其他债权人利益的,其他债权人可以在知道或者应当知道撤销事由之日起一年内请求人民法院撤销该协议。抵押权人与抵押人未就抵押权实现方式达成协议的,抵押权人可以请求人民法院拍卖、变卖抵押财产。抵押财产折价或者变卖的,应当参照市场价格。"**《城市房地产管理法(2019年修正)》**(2020年1月1日)第38条:"下列房地产,不得转让:……(六)未依法登记领取权属证书的……"第51条:"设定房地产抵押权的土地使用权是以划拨方式取得的,依法拍卖该房地产后,应当从拍卖所得的价款中缴纳相当于应缴纳的土地使用权出让金的款额后,抵押权人方可优先受偿。"**《拍卖法(2015年修正)》**(2004年8月28日,于2015年4月24日修订实施)第27条:"委托人应当向拍卖人说明拍卖标的的来源和瑕疵。"第31条:"按照约定由委托人移交拍卖标的的,拍卖成交后,委托人应当将拍卖标的移交给买受人。"第39条:"买受人应当按照约定支付拍卖标的的价款,未按照约定支付价款的,应当承担违约责任，或者由拍卖人征得委托人的同意，将拍卖标的再行拍卖。拍卖标的再行拍卖的，原买受人应当支付第一次拍卖中本人及委托人应当支付的佣金。再行拍卖的价款低于原拍卖价款的，原买受人应当补足差额。”第40条：“买受人未能按照约定取得拍卖标的的，有权要求拍卖人或者委托人承担违约责任。买受人未按照约定受领拍卖标的的，应当支付由此产生的保管费用。”第61条：“拍卖人、委托人违反本法第十八条第二款、第二十七条的规定，未说明拍卖标的的瑕疵，给买受人造成损害的，买受人有权向拍卖人要求赔偿；属于委托人责任的，拍卖人有权向委托人追偿。拍卖人、委托人在拍卖前声明不能保证拍卖标的的真伪或者品质的，不承担瑕疵担保责任。因拍卖标的存在瑕疵未声明的，请求赔偿的诉讼时效期间为一年，自当事人知道或者应当知道权利受到损害之日起计算。因拍卖标的存在缺陷造成人身、财产损害请求赔偿的诉讼时效期间，适用《中华人民共和国产品质量法》和其他法律的有关规定。”**《合同法》**（1999年10月1日，已于2021年1月1日起失效）第58条：“合同无效或者被撤销后，因该合同取得的财产，应当予以返还；不能返还或者没有必要返还的，应当折价补偿。有过错的一方应当赔偿对方因此所受到的损失，双方都有过错的，应当各自承担相应的责任。”第61条：“合同生效后，当事人就质量、价款或者报酬、履行地点等内容没有约定或者约定不明确的，可以协议补充；不能达成补充协议的，按照合同有关条款或者交易习惯确定。”

2. 司法解释。最高人民法院**《关于适用〈中华人民共和国民法典〉物权编的解释（一）》**（2021年1月1日　法释〔2020〕24号）第7条：“人民法院、仲裁机构在分割共有不动产或者动产等案件中作出并依法生效的改变原有物权关系的判决书、裁决书、调解书，以及人民法院在执行程序中作出的拍卖成交裁定书、变卖成交裁定书、以物抵债裁定书，应当认定为民法典第二百二十九条所称导致物权设立、变更、转让或者消灭的人民法院、仲裁机构的法律文书。”最高人民法院**《关于依法妥善审理涉及夫妻债务案件有关问题的通知》**（2017年2月28日　法〔2017〕48号）第6条：“保护被执行夫妻双方基本生存权益不受影响。要树立生存权益高于债权的理念。对夫妻共同债务的执行涉及到夫妻双方的工资、住房等财产权益，甚至可能损害其基本生存权益的，应当保留夫妻双方及其所扶养家属的生活必需费用。执行夫妻名下住房时，应保障生活所必需的居住房屋，一般不得拍卖、变卖或抵债被执行人及其所扶养家属生活所必需的居住房屋。”最高人民法院**《关于人民法院办理执行异议和复议案件若干问题的规定（2020年修改）》**（2021年1月1日　法释〔2020〕21号）第21条：“当事人、利害关系人提出异议请求撤销拍卖，符合下列情形之一的，人民法院应予支持：（一）竞买人之间、竞买人与拍卖机构之间恶意串通，损害当事人或者其他竞买人利益的；（二）买受人不具备法律规定的竞买资格的；（三）违法限制竞买人参加竞买或者对不同的竞买人规定不同竞买条件的；

(四)未按照法律、司法解释的规定对拍卖标的物进行公告的;(五)其他严重违反拍卖程序且损害当事人或者竞买人利益的情形。当事人、利害关系人请求撤销变卖的,参照前款规定处理。”最高人民法院行政审判庭**《关于拍卖出让国有建设用地使用权的土地行政主管部门与竞得人签署成交确认书行为的性质问题请示的答复》**(2010年12月21日 〔2010〕行他字第191号):“土地行政主管部门通过拍卖出让国有建设用地使用权,与竞得人签署成交确认书的行为,属于具体行政行为。当事人不服提起行政诉讼的,人民法院应当依法受理。”最高人民法院**《关于适用〈中华人民共和国合同法〉若干问题的解释(二)》**(2009年5月13日 法释〔2009〕5号,已于2021年1月1日起失效)第15条:“出卖人就同一标的物订立多重买卖合同,合同均不具有合同法第五十二条规定的无效情形,买受人因不能按照合同约定取得标的物所有权,请求追究出卖人违约责任的,人民法院应予支持。”最高人民法院执行工作办公室**《关于中国工商银行大连市不良资产处置中心执行大连海悦房地产有限公司一案拍卖财产竞买人主张拍卖有效申诉案的请示的答复》**(2006年6月26日 〔2006〕执他字第2号):“……本案执行标的物委托拍卖后,拍卖标的物买受人虽然受某些客观因素影响而未在执行法院指定的期限内交付款项,但在拍卖行将买受人迟延付款的有关情况报告执行法院后,执行法院既没有明确表态,也没有采取其他执行措施,可视为是执行法院对买受人迟延付款的默认。同时,考虑到本案执行标的物两次拍卖流拍以及拍卖标的物买受人已筹措到竞买款等实际情况,根据《关于人民法院民事执行中拍卖、变卖财产的规定》第二十五条规定的精神,为尽快实现债权人的合法权益,对本次司法拍卖的法律效力应予以维持。”最高人民法院执行工作办公室**《关于超过抵押登记期限的房地产被查封处理后原抵押权人是否有权优先受偿的请示的答复》**(2002年7月10日 〔2000〕执他字第10号):“……依据《中华人民共和国担保法》第52条规定:‘抵押权与其担保的债权同时存在,债权消灭的,抵押权也消灭。’抵押期限对抵押权的存续不具有法律约束力,抵押权不因当事人约定的或者登记部门要求登记的期限经过而消灭。本案中交通银行深圳分行发展大厦支行对金田大厦第九层三、四、五号房产设定的抵押权仍然有效。汨罗法院对该房产拍卖所得价款应当由抵押权人优先受偿。深圳市规划国土局罗湖分局应当根据汨罗法院协助执行通知书的要求协助执行。”最高人民法院经济审判庭**《关于人民法院在依法执行过程中变卖被执行人房产等财物应否交纳税收费用的复函》**(1993年5月28日 法经〔1993〕91号,于2013年1月18日起失效):“人民法院依法执行过程中变卖被执行人房产,在办理房产转移手续时,被执行人是房产的出卖者,并非是房产的承受人即买者。根据政务院《契税暂行条例》(*该法规已被1997年10月1日实施的《契税暂行条例》废止——编者注*)第三条‘凡土地房屋之买卖、典当、赠与或交换,均应凭土地房屋所有证,并由当事人双方订立契约,由承受人依照本条例完纳契税'之规定,人民法院在依法执行过程中变卖、拍卖被执行人房屋时,人民法院在依法执行过程中变卖、拍卖被执行人房屋时,不应由卖房人交纳契税。至于人民法院在依法执行过程中变卖被执行人房产以外的其他财产时应否交付税收费用,则应区分不同情况按照有关法律规定来办理。"

3. 部门规范性文件。国税总局《**关于个人取得房屋拍卖收入征收个人所得税问题的批复**》(2007 年 11 月 20 日　国税函〔2007〕1145 号):"根据《国家税务总局关于加强和规范个人取得拍卖收入征收个人所得税有关问题的通知》(国税发〔2007〕38 号)和《国家税务总局关于个人住房转让所得征收个人所得税有关问题的通知》(国税发〔2006〕108 号)规定精神,个人通过拍卖市场取得的房屋拍卖收入在计征个人所得税时,其房屋原值应按照纳税人提供的合法、完整、准确的凭证予以扣除;不能提供完整、准确的房屋原值凭证,不能正确计算房屋原值和应纳税额的,统一按转让收入全额的 3% 计算缴纳个人所得税。为方便纳税人依法履行纳税义务和税务机关加强税收征管,纳税人应比照国税发〔2006〕108 号文件第四条的有关规定,在房屋拍卖后缴纳营业税、契税、土地增值税等税收的同时,一并申报缴纳个人所得税。"

4. 地方司法性文件。重庆高院《**关于执行工作适用法律若干问题的解答(一)**》(2016 年 9 月　渝高法〔2016〕63 号)第 9 条:"(一)附着于土地使用权、建筑物及构筑物等不动产上的动产,可否与不动产一起进行第三次拍卖?动产和不动产不能分割处置或者分割处置会降低价值的,可以整体进行第三次拍卖;第三次拍卖时,动产以第二次拍卖的保留价为拍卖保留价。(二)暂缓、中止司法拍卖的情形消除后,如何恢复司法拍卖?市高法院批复同意暂缓司法拍卖的,应当明确暂缓司法拍卖的期限。暂缓期限过后,司法拍卖程序自动恢复,执行法院应当根据案件的具体情况恢复司法拍卖或开展其他执行工作。市高法院批复同意中止司法拍卖的,中止司法拍卖的事由消除后,执行法院应当及时恢复司法拍卖。"广东高院《**关于执行案件法律适用疑难问题的解答意见**》(2016 年 3 月 3 日)第 8 条:"针对土地使用权和房屋所有权分属于不同权利主体情形,我国法律规定'房地一体'原则,房和地必须一并处分。因此,土地使用权和房屋所有权应一并拍卖,可分别评估土地使用权和房屋所有权的价值,确定总体价格及两者的价格比,对属于案外人的财产,将拍卖成交款按比例返还法院处置后,两项权利最终归属同一主体……"上海高院《**关于印发〈关于在执行程序中审查和处理房屋租赁权有关问题的解答(试行)〉的通知**》(2015 年 3 月 9 日　沪高法〔2015〕75 号)第 13 条:"依据《拍卖规定》第三十一条第二款的规定对房屋予以变现的,执行法院应当如何处理?答:执行法院可以根据不同情形分别作出处理:(一)经委托评估认为,对在先的担保物权或者其他优先受偿权的实现没有影响的,应当在房屋负担租赁权的状态下对其予以变现,在变现的过程中发现对在先的担保物权或者其他优先受偿权的实现有影响的,执行法院应当依法裁定将租赁权除去后予以变现。依法裁定将租赁权除去后予以变现的,应当重新确定保留价并重新委托变现。(二)经委托评估认为,对在先的担保物权或者其他优先受偿权的实现有影响的,执行法院应当直接依法裁定将租赁权除去后予以变现。申请执行人和案外人对执行法院是否应当除去租赁权对房屋予以变现的裁定有异议的,可以依据《民事诉讼法》第二百二十五条的规定提出执行行为异议。"浙江宁波中院**《关于办理司法拍卖银行按揭贷款权属登记问题的通知》**(2014年11月16日):"……宁波市房地产交易中心已启动司法拍卖房产中所有权转移预告登记和抵押权预告登记业务,适用的标的物为:通过宁波两级法院网络司法拍卖和委托拍卖处置的、两证齐全、权属清晰、在宁波市房地产交易中心办理登记的房产。执行法院的相关操作流程如下:竞买人竞拍成功并向法院付清拍卖首付款后(首付款金额由银行根据买受人贷款申请核定),买受人向法院提出准许其办理拍卖房产的所有权转移预告登记申请,银行向法院提出准许其办理拍卖房产的抵押权预告登记申请。法院审查同意后制作执行裁定书,裁定准许在查封状态下,以房产所有权转移预告登记的形式,将拍卖标的物的产权预告登记在买受人名下,并准许在查封状态下,办理拍卖标的物的抵押权预告登记。执行法院向宁波市房地产交易中心送达执行裁定书和协助执行通知书后,交易中心根据法院的要求及买受人和银行的申请,在查封状态下办理所有权转移预告登记和抵押权预告登记。待拍卖款全额付清后,执行法院出具解除查封并办理所有权转移的裁定。"北京高院**《关于印发修订后的〈北京市法院执行工作规范〉的通知》**(2014年1月1日)第420条:"【变价房地权利负担的解除】房屋及土地使用权上的原有抵押权及其他优先受偿权,因人民法院拍卖而消灭。法院裁定拍卖成交或者以流拍的房地产抵债后,需要市或区县建委协助办理房屋权属变更、土地使用权转移登记手续的,应当在协助执行通知书上注明解除原有房产、土地使用权的抵押登记,市或区县建委应当依照协助执行通知书注销抵押登记,并协助人民法院办理房屋所有权属转移、土地使用权变更登记手续。"北京高院**《关于印发〈审理民商事案件若干问题的解答之五(试行)〉的通知》**(2007年5月18日 京高法发〔2007〕168号)第51条:"破产程序中,对破产企业出租的房屋土地如何处理?破产企业出租的房屋土地无租赁期限的,可以随时解除租赁合同,但应留给承租人合理的时间。破产企业出租的房屋土地有租赁期限但未到期的,应区别情况处理:(1)如果承租人的各项财产情况表明可以继续使用,且该位置适于承租人发展的,则可以考虑继续履行租赁合同。继续履行的,拍卖时应向竞拍人做出说明,适用买卖不破租赁的原则。(2)如果该地点作其他开发更有价值,解除合同更有利于财产变现的,应解除合同。解除合同的补偿属于共益债权性质,在解除合同时向承租人优先支付。"浙江丽水中院、丽水住建局《**关于司法拍卖房产涉及物权登记有关事项通知**》(2014 年 7 月 14 日　丽中法〔2014〕74 号)第 1 条:“对人民法院司法拍卖已办理房屋登记的房产,成交后买受人可以该房产作为抵押物向银行申请贷款,用于支付其中部分价款,并通过房屋预告登记防范风险,具体贷款流程由法院与银行商定,房屋登记机构将配合做好相应的登记工作。”第 2 条:“人民法院出具的执行裁定书,应依法确认买受人的拍卖事实、拍卖金额及付款方式,其中拍卖事实应明确买受人系夫妻共同购买或个人单独购买,付款方式应明确贷款银行及贷款比例,并裁决原登记在被执行人名下的房屋所有权自裁定送达买受人时起转移。”第 3 条:“买受人凭拍卖成交确认书、人民法院公函和其他相关材料到所在地房屋登记机构申请办理拍卖房产的所有权转移预告登记,再由买受人和贷款银行凭转移预告登记证明书、主债权合同、抵押合同和其他相关材料申请办理抵押权预告登记。若法院裁定撤销拍卖,凭法院的执行裁定书、协助执行通知书注销转移预告登记和抵押权预告登记。”第 4 条:“拍卖款全额付清后,买受人凭法院的执行裁定书、协助执行通知书和其他相关材料向房屋登记机构申请办理拍卖房产的所有权转移登记。登记完毕后,由买受人和贷款银行凭房屋所有权证、主债权合同、抵押合同和其他相关材料申请办理抵押权登记。”浙江温州中院、温州国土资源局《**协调会议纪要**》(2005 年 2 月 2 日　温中法〔2005〕19 号)第 2 条:“国有划拨土地使用权(个人房地产除外)处置问题。1. 已办理土地抵押登记手续的国有划拨土地使用权转让,根据国土资源部国土资发〔2004〕9 号文件精神,为实现抵押权,法院可以直接处分。在处分前,法院应当就需补交的出让金等税费数额问题发函给国土资源管理部门征询。国土资源管理部门应当在收到函件后 20 日内复函。2. 未经抵押的国有划拨土地使用权转让,法院在处分前,应当发函给国土资源管理部门,征询可否转让及需补交的出让金数额。国土资源管理部门应当在收到函件后 30 日内作出答复。逾期不答复的,视为同意。如不同意转让,应说明理由。3. 房产已办理抵押登记手续的国有划拨土地使用权转让,法院应当与国土资源部门积极协商,本着房产权与土地使用权一并转移的原则,国土资源管理部门应积极协助法院处理好该类历史遗留问题。”第 3 条:“关于土地使用权变更登记问题。1. 对法院拍卖、变卖的房产,有土地使用证,但无房产证的,国土资源管理部门应当根据法院的裁定书、协助执行通知书办理权属变更登记手续。有房产证无土地使用证的,应当区分用地性质。如属合法用地,国土资源管理部门应当根据法院裁定书和协助执行通知书,直接办理过户手续,而不应当以先补办土地使用证为由而拒绝办理。除此之外,法院在处分前,应当发函给国土资源管理部门,征询可否转让及需补交的规费数额等。国土资源管理部门应当在收到函件后 30 日内作出答复。逾期不答复的,视为同意。如不同意转让,应当说明理由。2. 法院处分企业、单位房地产后,国土资源管理部门在办理土地使用权变更登记手续时,不应当限制买受人的资格。3. 法院在执行中,依法拍卖或变卖被执行人房地产后,由于被执行人不配合或其他原因,无法收回土地使用证的,国土资源管理部门应当根据法院协助执行通知书的要求,即予注销该土地使用证。”第4条:“土地使用权出让金问题。1. 出让金补交数额,不仅关系到债权人权益实现和法院的执行工作开展,也关系到国有资产的流失。因此,国土资源管理部门应当在收到法院函件后20日内进行测算,并将具体确定的补交数额函告法院,以便法院作出正确的预留。2. 拍卖或变卖前,国土资源管理部门已向法院复函告知需要缴纳出让金数额的,如果该宗地的土地使用权在复函后6个月内被拍卖或变卖的,出让金应当按照国土资源管理部门复函确定的标准缴纳。3. 法院在拍卖时,已告知土地出让金由买受人承担,买受人在办理土地权属过户手续时,土地出让金交纳发票上应写上买受人的名称。4. 法院在拍卖前,已委托具有法定资质的评估机构对拍卖物进行了评估,国土资源管理部门在测算土地出让金时,不应当要求法院再委托国土资源管理部门指定的评估机构对土地价格再次进行评估。5. 对使用年限届满的出让土地使用权转让,法院在处分前,应当发函给国土资源管理部门,征询可否续期。国土资源管理部门应当在收到函件后30日内复函法院。同意办理土地使用权续期手续的,出让金等税费按规定收取,并在复函中一并告知。不同意续期的,应当说明理由。逾期不答复的,视为同意。”

5. 地方规范性文件。福建厦门国土资源与房产管理局**《关于印发〈厦门市农村房屋抵押备案管理暂行办法〉的通知》**(2013年11月1日　厦国土房〔2013〕366号)第12条:“以涉及集体性质土地的抵押物折价或者以拍卖、变卖抵押物实现抵押权时,抵押物的受让对象须为所在村(居)集体经济组织,或该村(居)集体经济组织内符合《厦门市人民政府办公厅转发市国土房产局关于进一步规范农村村民住宅权属转移登记管理意见的通知》(市府办〔2007〕270号)所规定的权属登记转移条件的成员。抵押房屋如存在超占超建情况的,抵押当事人须先对超占超建部分报请国土房产部门依法依规进行处理后,方可依照上述规定进行折价、拍卖、变卖等处置。”

6. 参考案例。2020年**某执行异议纠纷案**,*法院对房屋承租人就执行腾退房屋提出的执行异议应如何认定和处理?* 法院认为:针对房屋承租人在执行程序中所提异议,法院应区分不同情况分别处理。执行依据确定被执行人应为以不动产交易为目的的申请执行人办理过户手续。根据“买卖不破租赁”原则,执行依据对转移租赁房屋所有权认定和处理并不影响租赁权,执行机构作出执行裁定效力不及于实现房屋占有转移,如执行机构进行不动产腾退,承租人据此所提异议当属对执行行为异议,应适用《民事诉讼法》第225条规定进行审查。执行机构裁定拍卖被执行人房屋实现金钱债权。除非拍卖变卖公告明确说明房屋附着租赁,否则第三人买受房屋时对拍卖变卖公告载明的房屋权属等情况有理由产生合理信赖,拍卖成交裁定效力及于房屋所有权转移和占有转移，案外人根据“买卖不破租赁”“抵押不破租赁”等理由主张其享有足以对抗执行变价交付执行标的权利属于实体权利判断范畴，应属于执行异议之诉受理范围。执行机构裁定以物抵债实现金钱债权。此类执行中，申请执行人原本不以取得房屋所有权为目的，不了解抵债房屋租赁状况，因债务人账户无财产执行，同意以物抵债并经执行法院认可，除非申请执行人明知房屋存在租赁，以物抵债裁定效力范围应包括所有权转移和占有转移，承租人所提异议亦属执行异议之诉受理范围。2018 年**浙江某执行异议纠纷案**，2018年，科技公司以 1450 万元竞得实业公司名下被执行法院拍卖的 5.9 亩土地使用权及厂房，嗣后以实际测量面积仅 4.9 亩、案涉房地产与塑料厂相连而存在权利瑕疵为由，请求撤销拍卖。法院认为：最高人民法院《关于人民法院办理执行异议和复议案件若干问题的规定》第 21 条规定：“当事人、利害关系人提出异议请求撤销拍卖，符合下列情形之一的，人民法院应予支持：（一）竞买人之间、竞买人与拍卖机构之间恶意串通，损害当事人或者其他竞买人利益的；（二）买受人不具备法律规定的竞买资格的；（三）违法限制竞买人参加竞买或者对不同的竞买人规定不同竞买条件的；（四）未按照法律、司法解释的规定对拍卖标的物进行公告的；（五）其他严重违反拍卖程序且损害当事人或者竞买人利益的情形。当事人、利害关系人请求撤销变卖的，参照前款规定处理。”网络司法拍卖兼具公法、私法双重属性，对竞买人所提标的物瑕疵异议，应从是否已进行资格审查、拍品全面调查、严格拍卖告知程序等方面予以审查判断执行法院瑕疵说明义务。在确保买受人对网络司法拍卖标的物有充分知情权前提下，除法院故意不告知拍卖物有瑕疵外，排除买受人物上瑕疵担保请求权，法院不负责物的瑕疵担保责任。但这不意味着竞买人丧失撤销请求权，除买受人已作出特约免除外，竞买人可请求撤销拍卖行为，以防控网络司法拍卖风险。案涉标的物拍卖过程中，法院依法向国土资源部门调取了相关土地使用权登记情况、函询相关转让过户限制因素，并按最高人民法院《关于人民法院民事执行中拍卖、变卖财产的规定》委托具有相应资质的评估机构进行价格评估，将评估结果及时进行发送和公告。案涉标的物依法通过互联网拍卖平台，以网络电子竞价方式公开处置，法院按最高人民法院《关于人民法院网络司法拍卖若干问题的规定》已在拍卖 30 日前予以先期公告，内容包括拍卖财产、价格、保证金、竞买人条件、拍卖财产已知瑕疵、相关权利义务、法律责任、拍卖时间、网络平台和拍卖法院等信息，故案涉拍卖程序符合相关法律规定。对异议人所提拍卖土地使用权实际面积少于公告面积异议，拍卖公告所披露面积系土地使用权登记簿所载面积，即时存在实际面积减少情况，亦非拍卖财产已知瑕疵，且案涉拍卖为现状拍卖，在拍卖公告中已特别提示拍卖财产以实物现状为准，竞买人参与竞买的，视为对拍卖财产完全了解，并接受拍卖财产一切已知和未知瑕疵，而异议人在签收拍卖成交裁定书时,承诺对所拍卖取得厂房土地已知或未知瑕疵或可能存在的缺陷等(包括但不限于现状厂房内土地使用权面积少于土地使用权证登记面积等)属买受人参与竞买的风险,买受人同意由其自行承担风险和损失,与拍卖法院无涉,故该异议理由不能成立。法院拍卖公告中明确载明塑料厂坐落在案涉土地南面,且与厂房建筑物存在相邻、相连关系,并提请买受人关注,故该瑕疵事项已予以披露,并进行了公示和特别提示。裁定驳回科技公司异议请求。2018 年**广东某占有保护纠纷案**,2017 年,黄某因犯职务侵占罪被判刑,村小组追讨赃款未果,遂将黄某父母建造并对外出租的房屋进行处置。陈某在村小组组织的"拍卖"活动中竞得该房屋。黄某父母以其占有的涉案建筑物被侵占为由,要求陈某、村小组返还。法院认为:司法实践中,因权利人占有源于某种特定权利,其可直接基于本权对占有进行权利主张。占有制度所保护的仅系占有的事实状态,而非通过确认、保护占有而对占有物进行权属判断,故占有人提出返还原物请求权仅以其长期、持续、和平占有标的物为前提。本案中,现有证据均不能证明黄某父母等人为涉案不动产合法产权人。但黄某父母基于对涉案房产建造、出租和长期控制,已对该不动产形成稳定占有,应受法律保护。《物权法》第 245 条第 2 款规定,占有人提出返还原物请求权亦应以一年为除斥期间。本案中,黄某职务侵占罪一案案发时间是 2013 年 7 月,之后因追讨赃款引发"拍卖"事件,出现侵占涉案建筑物行为。黄某父母在 2014 年 1 月即提起占有保护之诉,请求法院回复原占有状态,未超过一年除斥期间,属于占有制度保护范围。占有人黄某父母已提供证据证明其对涉案建筑物形成长期、持续占有,陈某虽通过"拍卖"形式控制了该建筑物,但前述所谓"拍卖"并非基于合法权利人意思表示或授权,本身即为无权处分行为,故黄某父母可行使返还原物请求权,以回复其原本的占有。占有制度目的在于稳定社会秩序,维护对物的和平控制,故占有人身份、占有事实状态一经确认,即受法律保护;非因合法事由、合法程序,非占有人均不得以私力加以破坏。本案中,村小组在黄某职务侵占罪一案案发后,不按照法律程序追讨黄某违法所得,而私自以全体村民名义对其父母占有的建筑物组织所谓"拍卖",并根据"拍卖"结果将该建筑物交由陈某强行接收,破坏了原有的占有状态,严重扰乱社会秩序,造成恶劣社会影响,应予纠正。判决陈某返还黄某父母涉案建筑物。2012 年**天津某离婚纠纷案**,1998 年,张某与刘某恋爱。2001 年 6 月,双方登记结婚。2005 年,刘某起诉离婚。2001 年 9 月登记在刘某名下房产的归属,成为双方主要争议焦点。张某主张该房系其于 2001 年 3 月以 52 万元参与竞买,嗣后悔拍并私下与房主协商以 45 万元成交的房产,当时为规避拍卖规则,以刘某名义付款。张某提供了当时的取款凭证。法院认为:不动产权属证书具有初步证明物权归属作用,不动产登记簿系确认不动产物权归属依据,但亦仅具权利推定证据效力。在一方当事人提供较为充分的相反证据情况下,法院应综合审查相关证据证明力，判断各证据证明力大小，运用优势证据规则判断不动产物权归属，以确认不动产物权人。本案查明事实证明诉争房屋于张某、刘某婚前经拍卖取得，产权人之所以登记在刘某名下，系因张某悔拍并私下与房屋出卖方另行商议以低于竞拍价格购房所致，即为规避拍卖程序相关竞拍规则，在诉争房屋未经再次拍卖程序情况下，以刘某名义按协商价格延用原拍卖程序成交，系特殊形式的顶名买房。张某取款时间、数额与交购房款时间、数额基本吻合，形成高度盖然性，同时与其竞拍房屋意思表示相印证。刘某虽主张系其自己出资购房，但未能提供充分证据证实购房资金来源及出资购房情况，用于推翻或排斥张某主张的前述取款用途，故对其主张不予采信，判决确认诉争房屋归张某所有。2001 年**福建某拍卖合同纠纷案**，1999 年，张某竞拍取得一套预售商品房，并依与拍卖公司所签拍卖成交确认书支付 9 万元定金及 23 万元余下房款。2000 年，张某以拍卖公司未在约定期限内将房屋产权人变更为张某指定的人诉请双倍返还定金及利息。法院认为：拍卖公司与张某双方明知拍卖标的物为预售商品房，系在建工程，尚不具备法定交付条件，但双方对如何交付和受领拍卖标的物未作明确约定，造成在履行中无法实现合同目的，对此双方均有过错。按房地产权籍登记中心规定，转移、变更登记时期为两个月时间，而拍卖公司在确认书上所确定拍卖标的物交付时间明显不符合实际，实属不能履行情形，并非拍卖公司不履行合同，因此不适用定金罚则，故张某要求拍卖公司双倍返还定金请求，不予支持。鉴于拍卖公司不能在张某付清全款 7 日内交付拍卖标的物事实，造成张某不同意继续履行而提出解除合同，应予支持。判决拍卖公司返还张某支付的成交总额 32 万余元及利息。2011 年 3 月**陕西某拍卖合同案**，法院认为：案涉房屋土经市政府及相关部门公告纳入城市综合改造区，自 2006 年 6 月公告发布之日起，该区域范围内的国有土地使用权不得非法转让、出租和抵押，并停止办理新建、改扩建项目的立项、规划、用地等审批手续。置业公司竞拍所得上述土地及其地上附着物不能办理过户手续，其与拍卖人拍卖公司签订《拍卖成交确认书》之根本合同利益已不能实现，置业公司诉请解除《拍卖成交确认书》应予支持。置业公司有权要求工程公司和拍卖公司返还收取的转让款、佣金并要求相应孳息；另外，现状拍卖应该指在有形财产拍卖中，由拍卖人就拍卖标的的现状事前作出声明，拍卖人或委托人可在成交后按照声明的现状将拍卖标的直接移交给买受人，且无须对拍卖标的的数量和质量承担保证责任的一种拍卖方式，土地使用权的拍卖并不适用现状拍卖规则，拍卖公司以此作为返还佣金、支付利息的免责事由不能成立。三方对不能办理过户手续均存在过错，拍卖公司、工程公司应返还占用置业公司资金期间产生的孳息，根据公平原则，按中国人民银行同期贷款利率计算孳息较为妥当；置业公司要求工程公司、拍卖公司承担其他已付款利息无依据，不予支持。2009 年 3 月**江西某房屋买卖合同案**，2007 年 11 月，信用社委托交易中心拍卖房产,交易中心再委托拍卖公司拍卖,《拍卖规则》约定"其所涉一切税及费用概由买受人承担",并约定"凡参加竞买人员必须认真阅读并遵守本规则"。范某竞拍成功,信用社扣押房产权属文件,原因是信用社办理过户缴纳的税费仅7万元,主张由范某承担。法院认为:《拍卖规则》系拍卖公司根据委托人委托,为重复使用而一方预先制定的格式条款,涉及竞买保证金、拍卖佣金、成交价款缴付和标的交付、产权登记过户等内容,对房屋买卖双方的权利义务作出了明确约定,竞买人理应认真阅读。格式条款的提醒注意是否合理,应当以理智正常的社会人的认识水平为判断标准,范某系完全民事行为能力人,《拍卖规则》已对规则阅读做了充分提醒,范某以拍卖公司未尽合理提醒注意义务为由,主张税费负担格式条款无效,因未提供充分证据证实,不予支持。双方当事人约定由纳税义务人以外的人承担房屋买卖的税费,并不违反相关法律法规的强制性规定,应认定为合法有效。从文义解释,案涉条款不存在两种以上解释,也不能直接推导信用社有自愿承担涉案房屋买卖一切税及费用的意思表示。范某违反双方有关税费负担的约定,构成违约。范某与拍卖公司信用社互负给付义务且履行的顺序上不分先后,范某违反约定拒不给付税费,拍卖公司信用社有权迟延提供房屋过户的相关资料。交易中心是委托代理人,拍卖公司为转委托代理人,其在代理权限内的民事法律行为,应由被代理人信用社承担民事责任。2009年3月**广东某房屋买卖合同案**,法院认为:开发公司与姚某签订的《商品房预售合同》、集团公司通过参加公开竞拍程序取得开发公司开发建设的项目后与姚某所签协议,均合法有效。集团公司与姚某签订的协议约定,集团公司通过参加竞拍成为案涉建设项目的所有人,依法对该项目享有相关权利和履行相关义务,同时承担依期将房产交付姚某使用并办理房产证的义务,任何一方不履行本方义务,要承担支付违约金3万元的违约责任。姚某已依约履行了合同约定义务,但集团公司在涉讼房屋已通过规划部门验收合格后,至今未依合同约定为姚某办理房产权属登记备案手续,导致姚某未能取得涉讼房屋的房地产权属证书,其行为已构成违约,依约应承担逾期办证的违约责任,故判令集团公司承担履行协助办理房产证义务并向姚某支付逾期办证违约金3万元。2007年5月**湖北某房屋买卖合同案**,资产公司依法院生效裁定将副食品公司以物抵债的房屋委托拍卖公司拍卖,2005年9月,投资公司竞拍成功并签订成交确认书。同年12月,资产公司将其对副食品公司的全部债权转让给某国资局,并将抵债房产证及相关资料全部移交该公司,同时对部分房产拍卖情况作了说明,要求国资局配合竞买人办理房产过户手续。2006年8月,国资局又将该全部抵债房产产权证及相关资料移交某商务局,双方对房产未有特别约定和说明。投资公司拍卖成交确认书支付了33万元房款和1万余元佣金,因无法过户诉请拍卖公司和资产公司赔偿。法院认为:资产公司依据法院的裁定,将副食品公司以物抵债的房屋委托给拍卖公司拍卖，以实现其债权，拍卖公司接受委托对拍卖标的物进行公开拍卖，其行为并未违反《拍卖法》第6条“拍卖标的应当是委托人所有或者依法可以处分的物品或者财产权利”的规定，拍卖成交后，拍卖公司向投资公司提交了《拍卖成交确认书》，同时亦向资产公司支付了房屋拍卖款，拍卖公司已履行了合同义务，其行为不构成违约。拍卖公司与投资公司签订的《拍卖成交确认书》意思表示真实、内容合法，属有效合同。投资公司要求拍卖公司返还33万元购房款和已支付佣金的请求不成立，法院不予支持。资产公司在投资公司拍卖成交后未按合同约定向投资公司提交拍卖房屋的相关手续，同时将拍卖房屋的他项权证与其他债权一并转让给他人，致使投资公司无法实现合同目的，投资公司致函资产公司要求解除合同的行为符合法律规定，资产公司的行为已构成违约，投资公司要求资产公司返还拍卖房屋价款的请求符合法律规定，应予支持。2007年4月**辽宁某房屋买卖合同案**，2002年7月，农科院经国资局审批，将诉争房产作价55万元出售给李某。同年10月，李某取得契税完税证，随后入住房屋，期间还对房屋进行维修。2003年10月，农科院将诉争房产又通过拍卖并最终由王某以77万元竞拍成功，2004年王某取得土地使用证后又被法院判决撤销。王某起诉要求判令农科院履行合同，李某作为第三人诉请确认房屋权属。法院认为：合同能否实际履行应以相对人是否具有履约能力、已履行事实、行为的合法性及是否具备法定解除条件作为认定依据。李某与农科院签订购房协议前，已经国资部门审核同意，并由国资局对评估报告进行了确认。李某依约履行了付款义务。农科院为李某办理了诉争房屋的契税完税证，随后农科院将房屋交付李某使用看管，期间李某还对房屋的暖气、自来水进行了维修；同时该房屋买卖协议已经被生效判决确认合法有效。王某与农科院在经有关机关批准，以公开竞价的方式，就本案诉争房屋设定交易，买受人王某虽交付了购房款，但其办理的土地使用证已被生效行政判决予以撤销。同时王某在未办理契税完税凭证的情况下，其所办理的土地使用权变更手续，违反了《契税暂行条例》第11条强制性规定，其证据的来源不具有合法性。由于本案的两份购房协议均为合法有效，买受人在均未办理房屋产权过户登记的情况下，李某已实际接收诉争房屋，且买卖合同签订在先，依法应取得本案诉争房屋的所有权。王某与农科院的房屋买卖合同已不能履行，因合同不能履行所产生的纠纷可另行主张权利。2006年1月**江西某房屋买卖合同案**，2002年，银行将取得的房屋委托拍卖公司拍卖，写明建筑面积76.75平方米。李某竞拍成功后。后因银行在另案诉讼中，一审法院2003年12月24日判决书认定该房面积实为64.4平方米。2004年6月28日，李某起诉银行要求退回虚构面积多收房款，2004年12月14日，因追加拍卖公司，申请撤诉后，又于2004年12月17日重新起诉，要求银行和拍卖公司承担连带返款责任。法院认为：虽然李某于2002年7月就接收了店面，但对建筑面积是否有误差及误差大小的问题,需通过专业技术人员的测量计算才能确定。一审法院于2003年12月24日作出判决后,李某得知权利受到损害,于2004年6月28日起诉,未超过《拍卖法》规定的1年诉讼时效期间。拍卖行为应认定为有效。李某受让的店面建筑面积经鉴定,比银行委托拍卖公司拍卖时在委托函中写明该店面建筑面积少,拍卖公司在未核实清楚的情况下,在拍卖公告中也未写明实际拍卖标的面积,故李某受让的店面建筑面积存在瑕疵。拍卖公司和银行对多算李某购房面积的价款应予以退还,并互负连带责任。2005年广东某房屋买卖合同案,法院认为:郑某与开发公司签订的《房地产预售契约》经房管部门鉴证,是合法有效的合同。讼争房屋经委托拍卖后已经交易所将原契约的权利义务登记转让给周某承受,开发公司在整个拍卖、转让过程中未提出异议,并在后来协助办理房产证,可视为开发公司对契约权利义务的转让予以认可。现房产证的面积比约定面积减少,开发公司应按契约约定退回房款给周某,对周某要求退房款的诉讼请求予以支持。但按契约约定,误差面积在正负1%以内的部分,双方不需补退房款,现房产证面积比约定面积减少9.05%,在减除1%的面积后,开发公司应退8.05%面积的房款6万余元。2004年9月**广东某房屋买卖合同案**,2001年9月,开发公司通过拍卖取得华侨公司商铺并支付了拍卖款,随即以2.6万元每平方米售与谢某,并收取了200万元房款。2002年4月,谢某与华侨公司签订房地产买卖合同,约定谢某以每平方米1000元购买华侨公司商铺,随后办理了产权证并出租给他人。现谢某以开发公司无处分权,所签出售商铺协议无效为由,诉请返还已收取的房款。法院认为:开发公司具有开发资质,其经营范围包括房地产开发及房地产经纪服务。其通过拍卖竞得案涉商铺,并付清价款,据此已取得处分公司商铺的权力,华侨公司对此亦无异议,开发公司当时实际上就是该房产的所有人,只是未办理产权转名手续,这一点从其提供的证据以及华侨公司的陈述均可证实,关键的是现讼争房屋土地使用权证已办妥并转至谢某名下,而有关办理房地产权属证书的资料也已递交给了房地产交易所。故本案标的物产权清晰,并已实际得到履行,不存在欺诈。本案谢某与开发公司签订协议后,谢某已按约定支付了商铺的款项,已实际占有了商铺,并将商铺出租他人,获取收益。若如其所诉的开发公司在出售讼争房产时有欺诈行为,那么其还随后与华侨公司签订房地产买卖合同,由此可见谢某在购买该商铺时是知情的。即使开发公司有欺诈行为,谢某也因超过行使撤销权期限而失权。

【同类案件处理要点】

拍卖房买受人未能按照约定取得拍卖标的的,有权要求拍卖人或者委托人承担违约责任。拍卖房屋的委托人、拍卖人未说明房屋瑕疵,给买受人造成损害的,买受人有权向拍卖人要求赔偿；属于委托人责任的，拍卖人有权向委托人追偿。

【相关法律风险提示】

1. 拍卖房多系因纠纷而进入拍卖程序，故较之普通房屋买卖，可能存在更多利益纠葛。通过拍卖程序取得存在争议的房产，虽已办理权属证明，交付全部房款，在委托人存在一房二卖等违约行为时，仍有可能丧失物权，只能就债权向出卖人主张。故购买拍卖房，能够进入拍卖程序并不等于产权无瑕疵或履行无障碍，竞拍前对作为标的的房产进行权属核实，调查是否存在权属争议、未履行的合同义务，以免发生其他权利人对房屋的优先权情形发生。

2. 未办理契税完税凭证的情况下，即使办理了土地使用权变更手续，也有可能被认为违反国家行政法规的禁止性规定，一旦行政诉讼或民事诉讼中权属证书被确认无效，竞拍人通过拍卖程序取得的房屋最终丧失所有权，其他已办理契税完税凭证的买受人享有优先权。案见辽宁沈阳中院（2006）沈民（2）房终字第 179 号“李某与某农科院房屋买卖合同纠纷案”。

3. 购买拍卖房，应事先对土地使用权性质及性质变更缴纳的费用承担做充分了解，对未包含的附随税费（营业税、城市维护建设、教育附加税、印花税、土地增值税等）的形成及计量应做了解，不因该款在事后超出预期而造成履行障碍；此外，注意拍卖房屋附着土地使用权年限长短，能否续期，续期是否需要交纳出让金，费用如何承担。

4. 拍卖房产虽完成拍卖环节，但委托人应继续履行合同附随义务，因未履行协助办理产权过户手续致买受人不能实现合同目的的，仍应承担合同解除后的违约责任。委托人就部分房产拍卖后，又将全部房产手续转交他人，虽向他人做了说明和配合履行义务的提示，但因合同相对性原则，在他人不履行义务或履行义务不符合约定时，委托人仍应向买受人承担违约责任。对买受人而言，合同目的不能实现；对委托人而言，同样不能达到拍卖变现目的。故拍卖成功不等于一了百了，收到拍卖款未最后完成后续义务亦可能生后患。案见海南海口中院（2006）海中法民一终字第 336 号“吕某与某开发公司房屋买卖合同纠纷案”。

5. 取得拍卖房产后再转售，为节省过户手续，往往由竞拍人的下家买受人直接与房屋原产权人签订合同，这样就存在下家买受人与竞拍人之间以及竞拍人与委托拍卖人之间的两份合同，存在同一标的物出现两次转卖现象。下家买受人据此主张竞拍人无处分权，而要求退回已收房款似乎顺理成章，通常凭形式上的合同关系无法得到支持。为避税或其他目的，下家买受人与竞拍人及委托拍卖人签订两份买卖合同，虽然合同主要条款不一致，但实际存在的转售合同关系如无可撤销或无效情形，应得到认定。案见广东佛山中院（2004）佛中法民五终字第431 号“谢某等与某开发公司房屋买卖合同纠纷案”。

6. 作为竞拍房地产所在的规划区，未来是否在拆迁改造范围，应当有初步的调查了解，不能因合同中对方当事人的承诺而放松警惕。拍卖物本身的瑕疵属于买受人应事先详细了解的义务范畴，因标的物本身的瑕疵导致不能或不宜办理过户手续的，风险由买受人承担。除此之外，买受人还应就标的物权属状况及权属证书是否存在分户情况有所了解，并对办理过户手续的交接、配合程序履行及违约责任做详细约定。

7. 就拍卖物品瑕疵或该瑕疵造成损害要求拍卖人或委托人索赔的期限有特殊的诉讼时效规定。根据《拍卖法》第 61 条规定，拍卖人、委托人未说明拍卖标的的瑕疵，给买受人造成损害的，买受人有权向拍卖人要求赔偿；属于委托人责任的，拍卖人有权向委托人追偿。拍卖人、委托人在拍卖前声明不能保证拍卖标的的真伪或者品质的，不承担瑕疵担保责任。因拍卖标的存在瑕疵未声明的，请求赔偿的诉讼时效期间为 1 年，自当事人知道或者应当知道权利受到损害之日起计算。因拍卖标的存在缺陷造成人身、财产损害请求赔偿的诉讼时效期间，适用《产品质量法》和其他法律的有关规定。

8. 拍卖房实际面积，不仅要看委托人和拍卖公司提供的拍卖文件，而且要核对权属证书，无权属证书的要有相对权威的测算报告。

9. 生效判决判令过户，以及执行法院裁定拍卖房屋或以房抵债，承租人均可提执行异议之诉，承租人实体权利享有与否应依相关证据确定。

10. 在确保买受人对网络司法拍卖标的物有充分知情权前提下，除法院故意不告知拍卖物有瑕疵外，排除买受人物上瑕疵担保请求权，法院不负责物的瑕疵担保责任。

【附注】

参考案例索引：海南海口中院（2006）海中法民一终字第336号“吕某与某开发公司房屋买卖合同纠纷案”；见《人民法院对房屋承租人就执行腾退房屋提出的执行异议应如何认定和处理?》（《民事审判指导与参考》研究组），载《民事审判指导与参考·民事审判信箱》（202001/81：219）；浙江台州黄岩区法院（2018）浙 1003 执异 22 号“某科技公司执行异议案”，见《网络司法拍卖中买受人是否可以标的物瑕疵为由申请撤销拍卖——台州市黄岩永江科技股份有限公司执行异议案》（郑笑笑，浙江台州黄岩区法院），载《执行工作指导·地方法院案例与解析》（202002/74：103）；广东深圳中院（2018）粤 03 民终 2268 号“黄某与陈某等占有保护纠纷案”，见《占有保护纠纷中返还原物请求权的适用——广东深圳中院判决黄某超等诉陈某高等占有保护纠纷案》（朱宽），载《人民法院报·案例精选》（20181213：

06);天津高院(2012)津高民申终字第1246号,见《刘某诉张某离婚纠纷案——不动产权属的认定与优势证据规则的运用》(董志勇),载《人民法院案例选》(201403/89:124);福建厦门中院2001年4月20日“张某与某拍卖公司拍卖合同纠纷案”,见《张雪亮诉厦门国际商品拍卖中心在拍卖成交后未依约交付在建房屋解除合同双倍返还定金案》(李增祥),载《人民法院案例选》(200203/41:289);陕西西安中院(2011)西民再终字第00022号“某拍卖公司等与某置业公司拍卖合同纠纷再审案”;江西赣州中院(2009)赣中民一终字第13号“范某与某信用社等房屋买卖合同纠纷案”;广东广州中院(2009)穗中法民五终字第105号“某集团公司与姚某商品房买卖合同纠纷案”;湖北宜昌中院(2007)宜中民二终字第00020号“某拍卖公司与某投资公司房屋买卖合同纠纷案”;辽宁沈阳中院(2006)沈民(2)房终字第179号“李某与某农科院房屋买卖合同纠纷案”;江西赣州中院(2005)赣中民一终字第671号“某银行与李某房屋买卖合同纠纷案”;广东广州中院(2005)穗中法民四终字第2862号“某开发公司与周某房屋买卖合同纠纷案”;广东佛山中院(2004)佛中法民五终字第431号“谢某等与某开发公司房屋买卖合同纠纷案”。

74. 违建房:买卖之后果

——违法自建房,交易风险大?

【合同欺诈】

【案情简介及争议焦点】

2004年,范某购买别墅后在院内搭建凉亭、房屋各一间,被开发商起诉,法院判令撤销违章建筑。后范某又在院内两侧各建了两处房屋,计有2室1卫1厨,均未获相关部门审批许可。2008年10月,范某将其别墅房屋抵债给焦某,总交易价格为2010万余元,并在2008年开发商办理过户时,直接办在焦某名下。后焦某以范某隐瞒了房屋中大量违章建筑事实,起诉要求撤销合同。经评估,签约时合法建造房屋部分价值为900万余元。

争议焦点:1.是否显失公平?2.是否存在欺诈?

【裁判要点】

1.显失公平。依照立法精神及合同撤销的原理,标的物价值和价款差距过于悬殊、当事人承担责任及风险显不合理,都可归属为显失公平的合同。房屋买卖交易价格畸高,远高于同时期该房屋市场价值,形成过于悬殊状况,违背了诉争房屋作为商品应遵循的一般市场价值规律,造成买方承担过多的义务,在经济利益上遭受重大损失,卖方则以较少代价获得了极大利益,双方在利益上严重失衡,这种不平衡违反了《民法通则》中的等价公平原则,也违反了当事人的自主自愿;另外,从合同签订的当事人身份、磋商过程及合同签订的形式、条款简单、价款不明确等内容考察,也可认定本案买方签订该买卖合同确过于草率。综合上述两方面特点,本院推论认为可以认定双方签订的房屋买卖合同存在显失公平的情形。

2. 欺诈撤销。卖方在购房后不久即在庭院内未经有权部门审批搭建凉亭及房屋各一间,后经法院认定违法、违约而判令拆除。就此买方应明了其私自搭建行为的后果,但其在与卖方订立出卖合同前即在庭院内未经审批继续在原有判令拆除的自建建筑上进行改建形成庭院两侧各建一处房屋,形成较大规模和较大投入的违法建筑并与合法建筑房屋本身形成添附浑然连为一体。在该违法建筑形成诉争房屋不可分割的一部分,而违法建设的后果足可预期的情况下,该情节必然成为实质性影响卖方缔约时考虑房屋面积、总价是否符合经济原则,并作出是否缔约选择的重要因素。对该情形,双方在草率签订的买卖合同上并未约定,且卖方亦未能举证证明其如实告知事实这一缔约重要义务,据此可认定卖方未履行告知义务,应属于隐瞒重大事实的行为。该行为对买方的意思表示有实质性影响,致使买方作出了不真实的意思表示。因案涉买卖合同的签订存在显失公平和欺瞒情形,使当事人意思表示不真实,经济利益严重失衡,违反了公平合理的原则,故为保证交易的公正性和自主自愿,防止一方当事人利用优势或通过隐瞒重要事实而损害交易对方的利益,判决撤销案涉房屋买卖合同。

【裁判依据或参考】

1. 法律法规或其他规范性文件。

(1)关于合同效力。《民法典》(2021年1月1日)第8条:"民事主体从事民事活动,不得违反法律,不得违背公序良俗。"第143条:"具备下列条件的民事法律行为有效:(一)行为人具有相应的民事行为能力;(二)意思表示真实;(三)不违反法律、行政法规的强制性规定,不违背公序良俗。"第147条:"基于重大误解实施的民事法律行为,行为人有权请求人民法院或者仲裁机构予以撤销。"第148条:"一方以欺诈手段,使对方在违背真实意思的情况下实施的民事法律行为,受欺诈方有权请求人民法院或者仲裁机构予以撤销。"第152条:"有下列情形之一的,撤销权消灭:(一)当事人自知道或者应当知道撤销事由之日起一年内、重大误解的当事人自知道或者应当知道撤销事由之日起九十日内没有行使撤销权;(二)当事人受胁迫,自胁迫行为终止之日起一年内没有行使撤销权;(三)当事人知道撤销事由后明确表示或者以自己的行为表明放弃撤销权。当事人自民事法律行为发生之日起五年内没有行使撤销权的，撤销权消灭。”第155条：“无效的或者被撤销的民事法律行为自始没有法律约束力。”第156条：“民事法律行为部分无效，不影响其他部分效力的，其他部分仍然有效。”第157条：“民事法律行为无效、被撤销或者确定不发生效力后，行为人因该行为取得的财产，应当予以返还；不能返还或者没有必要返还的，应当折价补偿。有过错的一方应当赔偿对方由此所受到的损失；各方都有过错的，应当各自承担相应的责任。法律另有规定的，依照其规定。”**《合同法》**（1999年10月1日，已于2021年1月1日起失效）第52条：“有下列情形之一的，合同无效：（一）一方以欺诈、胁迫的手段订立合同，损害国家利益；（二）恶意串通，损害国家、集体或者第三人利益；（三）以合法形式掩盖非法目的；（四）损害社会公共利益；（五）违反法律、行政法规的强制性规定。”第54条：“下列合同，当事人一方有权请求人民法院或者仲裁机构变更或者撤销：（一）因重大误解订立的；（二）在订立合同时显失公平的。一方以欺诈、胁迫的手段或者乘人之危，使对方在违背真实意思的情况下订立的合同，受损害方有权请求人民法院或者仲裁机构变更或者撤销。当事人请求变更的，人民法院或者仲裁机构不得撤销。”第55条：“有下列情形之一的，撤销权消灭：（一）具有撤销权的当事人自知道或者应当知道撤销事由之日起一年内没有行使撤销权；（二）具有撤销权的当事人知道撤销事由后明确表示或者以自己的行为放弃撤销权。”第58条：“合同无效或者被撤销后，因该合同取得的财产，应当予以返还；不能返还或者没有必要返还的，应当折价补偿。有过错的一方应当赔偿对方因此所受到的损失，双方都有过错的，应当各自承担相应的责任。”**《民法通则》**（1987年1月1日，已于2021年1月1日起失效）第58条：“下列民事行为无效：……（三）一方以欺诈、胁迫的手段或者乘人之危，使对方在违背真实意思的情况下所为的；（四）恶意串通，损害国家、集体或者第三人利益的；（五）违反法律或者社会公共利益的……（七）以合法形式掩盖非法目的的。无效的民事行为，从行为开始起就没有法律约束力。”第59条：“下列民事行为，一方有权请求人民法院或者仲裁机关予以变更或者撤销：（一）行为人对行为内容有重大误解的；（二）显失公平的。被撤销的民事行为从行为开始起无效。”第61条：“民事行为被确认为无效或者被撤销后，当事人因该行为取得的财产，应当返还给受损失的一方。有过错的一方应当赔偿对方因此所受的损失，双方都有过错的，应当各自承担相应的责任。双方恶意串通，实施民事行为损害国家的、集体的或者第三人的利益的，应当追缴双方取得的财产，收归国家、集体所有或者返还第三人。”最高人民法院**《关于贯彻执行〈中华人民共和国民法通则〉若干问题的意见（试行）》**［1988年4月2日　法（办）发〔1988〕6号，已于2021年1月1日起失效］第68条：“一方当事人故意告知对方虚假情况，或者故意隐瞒真实情况，诱使对方当事人作出错误意思表示的,可以认定为欺诈行为。"第71条:"行为人因对行为的性质、对方当事人、标的物的品种、质量、规格和数量等的错误认识,使行为的后果与自己的意思相悖,并造成较大损失的,可以认定为重大误解。"第72条:"一方当事人利用优势或者利用对方没有经验,致使双方的权利义务明显违反公平、等价有偿原则的,可以认定为显失公平。"第73条:"对于重大误解或者显失公平的民事行为,当事人请求变更的,人民法院应当予以变更;当事人请求撤销的,人民法院可以酌情予以变更或者撤销。可变更或者可撤销的民事行为,自行为成立时起超过一年当事人才请求变更或撤销的,人民法院不予保护。"

(2)关于违章建筑。

①法律法规。《城乡规划法(2019年修正)》(2008年1月1日,已于2019年4月23日对第38条第2款做了修改)第40条:"在城市、镇规划区内进行建筑物、构筑物、道路、管线和其他工程建设的,建设单位或者个人应当向城市、县人民政府城乡规划主管部门或者省、自治区、直辖市人民政府确定的镇人民政府申请办理建设工程规划许可证。申请办理建设工程规划许可证,应当提交使用土地的有关证明文件、建设工程设计方案等材料。需要建设单位编制修建性详细规划的建设项目,还应当提交修建性详细规划。对符合控制性详细规划和规划条件的,由城市、县人民政府城乡规划主管部门或者省、自治区、直辖市人民政府确定的镇人民政府核发建设工程规划许可证……"**《城市房地产管理法(2019年修正)》**(2020年1月1日)第38条:"下列房地产,不得转让:……(六)未依法登记领取权属证书的……"**《合同法》**(1999年10月1日,已于2021年1月1日起失效)第52条:"有下列情形之一的,合同无效:(一)一方以欺诈、胁迫的手段订立合同,损害国家利益;(二)恶意串通,损害国家、集体或者第三人利益;(三)以合法形式掩盖非法目的;(四)损害社会公共利益;(五)违反法律、行政法规的强制性规定。"全国人大常委会法制工作委员会**《关于超过批准用地面积不大的新建房屋是否可以用罚款代替责令限期拆除的答复》**(1991年10月4日),"问:超过批准用地面积不大的新建房屋是否可以用每超过一平方米处以200元至1000元的罚款代替责令限期拆除?(湖南省人大常委会法规工作委员会,1991年9月3日)答:土地管理法第四十五条(2004年8月28日修正后已变更为第77条——编者注)已明确规定:'农村居民未经批准或者采取欺骗手段骗取批准,非法占用土地建住宅的,责令退还非法占用的土地,限期拆除或者没收在非法占用的土地上新建的房屋。'所提问题应依照上述规定执行,地方性法规不应当作出同上述规定不一致的规定。"国务院**《国有土地上房屋征收与补偿条例》**(2011年1月21日)第24条:"……市、县级人民政府作出房屋征收决定前,应当组织有关部门依法对征收范围内未经登记的建筑进行调查、认定和处理。对认定为合法建筑和未超过批准期限的临时建筑的,应当给予补偿;对

认定为违法建筑和超过批准期限的临时建筑的，不予补偿。”国务院**《城市房屋拆迁管理条例》**（2001年11月1日，2011年1月21日失效——编者注）第22条：“拆迁人应当依照本条例规定，对被拆迁人给予补偿。拆除违章建筑和超过批准期限的临时建筑，不予补偿；拆除未超过批准期限的临时建筑，应当给予适当补偿。”国务院**《土地管理法实施条例（2014年修订）》**（1999年1月1日，已于2014年7月29日第二次修订实施）第35条：“在临时使用的土地上修建永久性建筑物、构筑物的，由县级以上人民政府土地行政主管部门责令限期拆除；逾期不拆除的，由作出处罚决定的机关依法申请人民法院强制执行。”第36条：“对在土地利用总体规划制定前已建的不符合土地利用总体规划确定的用途的建筑物、构筑物重建、扩建的，由县级以上人民政府土地行政主管部门责令限期拆除；逾期不拆除的，由作出处罚决定的机关依法申请人民法院强制执行。”国务院**《批转第二次全国农村房屋建设工作会议纪要的通知》**（1982年1月7日）第3条：“……社员建房和村镇建设用地，必须履行申请审批手续。集体划给社员的宅基地，社员可长期使用，所有权仍归集体，严禁买卖，出租和违法转让。”（该文件已于2016年6月25日失效。——编者注）

②司法解释。最高人民法院**《关于适用〈中华人民共和国民法典〉有关担保制度的解释》**（2021年1月1日　法释〔2020〕28号）第49条：“以违法的建筑物抵押的，抵押合同无效，但是一审法庭辩论终结前已经办理合法手续的除外。抵押合同无效的法律后果，依照本解释第十七条的有关规定处理。当事人以建设用地使用权依法设立抵押，抵押人以土地上存在违法的建筑物为由主张抵押合同无效的，人民法院不予支持。”最高人民法院**《第八次全国法院民事商事审判工作会议（民事部分）纪要》**（2016年11月30日）第21条：“对于未取得建设工程规划许可证或者未按照建设工程规划许可证规定内容建设的违法建筑的认定和处理，属于国家有关行政机关的职权范围，应避免通过民事审判变相为违法建筑确权。当事人请求确认违法建筑权利归属及内容的，人民法院不予受理；已经受理的，裁定驳回起诉。”第22条：“因违法建筑倒塌或其搁置物、悬挂物脱落、坠落造成的损害赔偿纠纷，属于民事案件受案范围，应按照侵权责任法有关物件损害责任的相关规定处理。”最高人民法院**《关于转发住房和城乡建设部〈关于无证房产依据协助执行文书办理产权登记有关问题的函〉的通知》**（2012年6月15日　法〔2012〕151号）第1条：“各级人民法院在执行程序中，既要依法履行强制执行职责，又要尊重房屋登记机构依法享有的行政权力；既要保证执行工作的顺利开展，也要防止‘违法建筑’等不符合法律、行政法规规定的房屋通过协助执行行为合法化。”第2条：“执行程序中处置未办理初始登记的房屋时，具备初始登记条件的，执行法院处置后可以依法向房屋登记机构发出《协助执行通知书》；暂时不具备初始登记条件的，执行法院

处置后可以向房屋登记机构发出《协助执行通知书》,并载明待房屋买受人或承受人完善相关手续具备初始登记条件后,由房屋登记机构按照《协助执行通知书》予以登记;不具备初始登记条件的,原则上进行'现状处置',即处置前披露房屋不具备初始登记条件的现状,买受人或承受人按照房屋的权利现状取得房屋,后续的产权登记事项由买受人或承受人自行负责。"最高人民法院**《2011年全国民事审判工作会议纪要》**(2011年6月)第7条:"当事人请求确认违法建筑权利归属及内容的,不予受理;已经受理的应驳回起诉。因违法建筑的占有受到侵害而产生的争议,属于民事案件受案范围。违法建筑及其搁置物、悬挂物倒塌或者脱落、坠落造成他人损害,按照侵权责任法相关规定处理。"最高人民法院**《全国民事审判工作座谈会纪要》**(1993年11月24日　法发〔1993〕37号,已于2021年1月1日起失效)第2条:"……违章建筑引起的纠纷。因违章建筑妨碍他人通风采光或因违章建筑的买卖、租赁、抵押等引起的民事纠纷,人民法院可以受理。违章建筑的认定、拆除不属民事纠纷,依法应由有关行政部门处理。"最高人民法院**《关于贯彻执行民事政策法律若干问题的意见》**(1984年8月30日,已于2019年7月20日起失效)第65条:"城市房屋所有人在原宅基地上翻建、改建、扩建自己的房屋时,未按规定办理合法手续的,依法不予保护。行使宅基地的使用权而妨碍公共利益和他人利益的,应依法予以制止。"

③部门规范性文件。建设部、国家计委、国家经贸委、财政部、国土资源部、国家工商局、监察部**《关于整顿和规范房地产市场秩序的通知》**(2002年5月23日建住房〔2002〕123号,已于2011年1月26日起失效)第2条第1款:"……对于擅自变更规划的房地产开发企业,城市规划主管部门应当依据《中华人民共和国城市规划法》,责令停止建设、限期改正,并处以罚款;严重影响城市规划的,责令拆除违法建筑物。未取得施工许可证或者开工报告未经批准擅自施工的,建设行政主管部门应当依据《建设工程质量管理条例》第五十七条规定,责令停止施工,限期改正,并处工程合同价款1%以上2%以下的罚款……"建设部**《关于印发〈城市房屋拆迁工作规程〉的通知》**(2005年12月1日　建住房〔2005〕200号)第8条:"在取得拆迁许可前,拆迁人应当对拆迁范围内房屋情况进行摸底,区分有产权证与无产权证房屋。对于未取得房产证但能够证明该房屋是合法拥有的,由所在地房地产管理部门确认后,依法补偿;对于手续不全或者无产权产籍的房屋,应当经有关部门进行合法性认定后,依据相关法律法规处理;对于存在产权或者使用权(承租权)争议的,应当通过民事诉讼后,按照诉讼结果依法补偿。"第11条:"《城市规划法》实施后,未取得规划许可证或违反规划许可证规定进行建设的,以及临时建筑使用期限届满未拆除的为违法建筑。对违法建筑依据《城市规划法》及地方城市规划实施条例规定处理。《城市规划法》实施前违法建筑的认定,由县级以上地方人民政府城

市规划行政主管部门充分考虑历史情况，依据所在省、自治区、直辖市人民政府规定处理。”建设部**《关于城市规划部门审批房屋翻改扩建工程时须收验〈房屋所有权证〉的通知》**（1995年10月5日 建房〔1996〕572号）第2条：“凡未经产权人同意，不能按上述规定交验《房屋所有权证》的，不予办理房屋翻改扩建工程手续。”国家土地管理局政策法规司**《关于对〈土地管理法〉有关问题请示的答复》**（1992年6月13日 国土函字第172号）第4条：“……对使用国有土地不按批准的用途使用的，依照《土地管理法》第十九条规定，由土地管理部门报县级以上人民政府批准，收回用地单位的土地使用权，注销土地使用证。对地上建筑物，可以作价收归国有；可以由原单位自行拆除；属于采取欺骗手段骗取批准使用国有土地的，可依照《土地管理法》的有关规定，拆除或者没收地上建筑物和其他设施。”建设部办公厅**《关于城市规划区内原有房屋的拆建翻建办理规划审批问题的复函》**（1992年3月9日 建办规字第36号）：“根据《城市规划法》第二十九条和第三十二条规定，在城市规划区内各项建设活动，不论新建、扩建、改建都必须取得城市规划行政主管部门核发的建设工程规划许可证后方可建设。房屋的拆建、翻建属于改建活动。因此，城市规划区内房屋的拆建、翻建，除不改变房屋外形和使用性质，只涉及内部结构加固、改造和内部装饰的修缮工程外，都应当办理规划审批手续。这与《城市房屋修缮管理规定》的规定是不矛盾的。”城乡建设环境保护部**《关于房屋所有权登记发证工作中对违章建筑处理的原则意见》**（1988年2月12日 〔88〕城房字第95号）第2条：“凡影响近期规划建设或城市发展的重要地段，违章建筑应从严处理，其他规划发展地区可适当放宽。”第3条：“凡直接影响交通、消防、市政设施、房屋修缮施工、绿地、环保、防灾和邻里居住条件的违章建筑应从严处理，反之可适当放宽。”第4条：“参照以上原则确定从宽处理的范围，只要房屋建筑正规，结构合理，经过一定的申报审批程序，给予批评教育或适当罚款之后，可以补办手续，确认其所有权，发给产权证件。罚款额度由各地制定标准，市人民政府批准执行，所得罚款按有关规定处理。”

④地方司法性文件。湖南高院**《关于审查征收、补偿、安置再审申请行政案件若干问题的指导意见》**（2020年6月8日 湘高法〔2020〕11号）第13条：“行政机关强制拆除违法建筑，应当符合行政强制适当原则。行政机关在强制拆除过程中，未尽到审慎注意和妥善处置义务，造成违法建筑内合法物品损失或其他合法权益受损的，应当依法承担行政赔偿责任。再审申请人据此主张原审未支持其请求错误，且提供证据证明的，人民法院应当依法裁定再审。”河南高院赔偿委员会办公室**《关于审理违法征收、违法强拆类行政赔偿案件的工作指南（试行）》**（2020年4月30日）第13条：“违章建筑被强制拆除，拆除程序违法的，如何处理？未经审批，改变土地用途、占用基本农田建设的违法建筑、超出期限的临时建筑被强制拆除，行

政机关的强拆行为虽被确认违法,但因该类建筑不属于合法利益,赔偿请求人要求赔偿房屋价值损失的,不予支持。但违法拆除造成的合理建筑材料损失及室内物品损失,可予支持。”上海高院《**房屋征收补偿利益分割民事纠纷研讨会会议纪要**》(2020 年 3 月 25 日　沪高法民〔2020〕4 号)第 13 条:“【违法改扩建部分的征收补偿利益归属】对有证房屋进行改扩建(改扩建部分未办理合法建造手续),后房屋整体纳入征收范围,对于改扩建部分的征收补偿利益应如何分割?违法建筑原则上不受法律保护,但在一些特殊情况下考虑到历史因素,征收补偿时可能给予违法建筑一定补偿。对于该部分补偿款的归属,原则上产权人对产证上的建筑面积享有产权,对违法建筑的权利,应综合考虑建筑物的出资建造、占有使用等情况予以处理。但当事人就该部分补偿利益另有约定的,应优先适用当事人之间的特别约定。实践中需要注意的是,改扩建方提出征收补偿利益分割的前提是已经被列为征收补偿的被安置人。如果改扩建方并非被安置人,则只能依据与被安置人形成的其他法律关系(如租赁等)提出主张,不能基于征收补偿利益分割法律关系提出主张。”江苏高院《**家事纠纷案件审理指南**》(2019 年 7 月 18 日)第 44 条:“离婚案件中对于违法建筑应当如何处理?离婚案件中涉及违法建筑的,要防止通过民事裁判将违法建筑合法化,故不宜在民事裁判中认定建筑物是否违法。在违法建筑合法化、当事人取得所有权之前,无论是分割违法建筑还是确认所有权或者使用权等,均没有法律依据,此类纠纷不予处理。当事人主张对违法建筑的建筑材料进行分割的,不予支持。若违法建筑被依法拆除的,当事人可以对建筑材料的分割另行主张权利。违法建筑的既得利益,如租赁收入,属于婚姻关系存续期间的财产性收益,应当作为夫妻共同财产分割。尚未取得的收益因不具有确定性,不予处理。离婚案件中,当事人主张分割小产权房或者确认小产权房所有权或者使用权等的,不予处理。”江苏高院《**执行异议及执行异议之诉案件审理指南(二)**》(2019 年 2 月 26 日)第 19 条:“执行法院对违法建筑予以现状处置,案外人以其对该违法建筑享有排除执行的实体权益为由提起执行异议及执行异议之诉的,应依法受理,并对是否许可执行或不予执行该执行标的作出裁判,但不得就违法建筑予以确权或判决案外人对此享有所有权。”第 20 条:“案外人就违法建筑提起执行异议之诉,应区分以下情形予以处理:(1)案外人仅请求对违法建筑予以确权的,应向其释明变更诉讼请求;(2)案外人既请求对违法建筑确权,又请求对违法建筑排除执行的,应向其释明放弃对违法建筑确权的诉讼请求;(3)案外人拒不变更或拒绝放弃对违法建筑确权的诉讼请求的,对该请求不予受理;已经受理的,裁定驳回其要求确权的起诉。”广东高院《**关于执行案件法律适用疑难问题的解答意见**》(2016 年 3 月 3 日)第 8 条:“……针对未经报建的建筑能否拍卖的问题,执行法院应将建筑物情况函告建设行政主管部门,如行政主管部门确认属违章建筑责令拆除或作没收处理的,该建筑物不得作为执行标的；如行政机关对建筑行为作出行政处罚决定并责令补办手续，而被执行人又不配合的，法院可商请申请执行人或拍卖人先行垫付补办手续费用，再进行拍卖。”江苏高院《**执行异议之诉案件审理指南**》（2015年7月2日）第20条：“执行异议之诉案件审理中，发现执行标的是违法建筑的，如何处理？案外人以其对执行标的享有阻却执行的实体权利为由提起执行异议之诉，经审查发现该执行标的是违法建筑的，人民法院对该执行异议之诉案件应当不予受理；已经受理的，裁定驳回起诉。”浙江高院行政审判第一庭《**关于审理国有土地上房屋征收与补偿行政案件具体问题的解答**》（2014年10月13日）第28条：“被诉补偿决定对未经登记建筑不予补偿的，如何处理？答：被征收人仅以其未经登记建筑应按合法建筑给予同等补偿为由起诉的案件中，被告能够举证证明该未经登记建筑已经有关部门依法认定为违法建筑或超过批准期限的临时建筑的，对原告的该项请求不予支持；被告未能提供相应证据的，应认定被诉补偿决定违法，在判决撤销的同时责令被告重新作出补偿决定。”第29条：“如何处理涉未经登记建筑处理结论与补偿决定案件的诉讼衔接关系？答：被征收人不服有关部门作出的对未经登记建筑处理结论，起诉并经人民法院依法受理后，又对市、县级人民政府作出的补偿决定提起行政诉讼的，人民法院依法受理后应中止对补偿决定案件的审理。”广东深圳中院《**关于婚姻家庭纠纷案件的裁判指引**》（2014年5月21日）第33条：“离婚时当事人请求对没有取得产权证的农村自建房进行分割的，人民法院可以根据实际情况对该房的使用权作出处理，判决享有使用权的一方应当补偿对方使用期间该房相近地段一半面积房屋的租金损失；当事人请求对违法建筑进行分割的，人民法院原则上不予处理，但当事人请求分割违法建筑拆除后的残值部分除外。”江苏高院《**关于执行疑难若干问题的解答**》（2013年12月18日）第17条：“对无证房产如何执行？答：被执行人对无证房产虽不享有所有权，但是在执行过程中可通过执行措施限制其占有、使用、收益和处分，从而敦促其履行法定义务。根据案件具体情况，可采取以下几种执行措施：（一）执行无证房产产生的收益。（二）进行实地查封。（三）对于行政机关虽认定为违章建筑，但限期改正后能够转为合法建筑的，可以等该建筑合法化后再行拍卖。（四）转让无证房产的使用权。执行过程中既不要代替行政机关认定违章建筑，也不宜作出权属认定，可以称被执行的违章建筑为‘无证房产’。”上海高院《**物权民事纠纷办案要件指南（总则部分）**》（2012年7月9日）第8条：“……【说明】……（4）通过合法建造等事实行为取得标的物物权。物权法第三十条明确规定：‘因合法建造、拆除房屋等事实行为设立或者消灭物权的，自事实行为成就时发生效力。’本条是关于事实行为引发物权变动的规定。所谓事实行为，是指行为人主观上不一定具有发生、变更或消灭正常民事法律关系的意思，但客观上能够引起这种后果的行为，如建造房屋、拆除房屋等。与法律行为必须有意思表示不同,事实行为的行为人虽然也有内心意思,但行为人只要事实上实施了一定行为,无须将内心意思表示出来,即可发生一定的法律效果,如建造房屋,属于取得权利的事实行为,房屋建成之时就是事实行为成就之时,房屋建好后即在事实上产生了房屋的所有权,建造人亦因此取得该房屋的所有权。这种所有权属于事实上的所有权,所以不以登记和交付作为权利取得的要件。对于合法建造等事实行为取得物权的情形,应注意两个问题:其一,该规定既适用于不动产,亦适用于动产。上述条款虽然以列举规定的方式,表明合法建造、拆除房屋等可引发物权设立或消灭,但并不表明排除对动产物权变动的规制,事实行为同样可以导致动产物权的设立或消灭,如打造桌椅、制作衣服等,可产生相应的动产物权。其二,违法行为如违法建造等,不能产生设立物权的法律效果。物权具有支配性、排他性、绝对性等特征,现代民法理论普遍认为不自由或者不完全的物权就不是物权,违法行为产生的物,由于其先天的违法性,其使用效能及处分权能受到严重限制,故不能取得物权。对此,物权法亦强调事实行为的'合法'基础。对于建筑物的合法建造,主要是强调完成了特定的审批手续,取得了合法的土地权利,符合规划要求。当然,对于违法建筑虽然不能享有物权,但建造人对建筑材料仍享有所有权。"山东高院**《2011年民事审判工作会议纪要》**(2011年11月30日　鲁高法〔2011〕297号)第1条:"……(七)关于违法建筑的认定和处理问题。依据城乡规划法的规定,违法建筑是指未取得建设工程规划许可证或者未按照建设工程规划许可证规定进行建设的建筑物和构筑物。根据《物权法》第30条的规定,因合法建造房屋等事实行为设立或消灭物权的,自事实行为成就时发生效力。违法建筑因建设行为的违法性,不能发生设立物权的法律效果,建造人对违法建筑也不享有物权权益,因此,因违法建筑的归属和内容发生争议的,人民法院不予受理,告知当事人向有关行政主管部门申请解决。当事人之间以违法建筑为标的物签订的买卖、租赁合同发生的争议,人民法院应当依法受理,并依法确认以违法建筑为标的物的买卖、租赁合同无效。违法建筑是夫妻共同财产的,离婚时,婚姻当事人请求分割违法建筑的,原则上不予支持,但对违法建筑产生的收益,应当作为夫妻共同财产进行分割。"山东临沂中院**《关于印发〈临沂市中级人民法院关于审理民事案件的若干指导意见(试行)〉的通知》**(2011年3月29日　临中法〔2011〕55号)第5条:"……3.因各种原因多占的宅基地上的地上附属物,属合法财产,人民法院应予保护……"江苏高院**《婚姻家庭案件审理指南》**(2010年5月18日)第3条:"……离婚案件中对违法建筑的处理。离婚案件中,属于夫妻共同财产的违法建筑是否应当处理以及如何处理的问题,一直是司法实践中的难点。我们认为,违法建筑之所以违法,是因为建设者未取得建设工程规划许可证和其他批准文件造成的,可以通过补办相关审批手续而成为合法建筑,但在违法建筑合法化之前,人民法院无论是判决分割违法建筑还是确定违法建筑的所有权或使用权均是没有法律依据的，故此类纠纷，人民法院不予处理。但对于违法建筑已经产生的既得收益，比如一方出租违法建筑已收取的租金，则应当作为夫妻共同财产进行分割，否则一方因违法建筑获益而另一方一无所获，明显不公，但对于违法建筑可能产生的预期利益，人民法院不予处理。”上海高院民一庭**《关于处理房屋租赁纠纷若干法律适用问题的解答》**（2010 年 3 月 22 日　沪高法民一〔2010〕2 号）第 3 条：“未经合法批准建造的房屋作为租赁标的物的，租赁合同是否有效？未经合法批准建造的房屋，因其标的物具有违法性，该租赁合同应为无效。如被行政部门确定为违章建筑的或所建造的房屋没有合法审批手续的等。”北京高院**《关于印发〈北京市高级人民法院关于行政审判适用法律问题的解答（三）〉的通知》**（2008 年 5 月 23 日　京高法发〔2008〕160 号）第 13 条：“有关行政机关根据《北京市市容环境卫生条例》对影响城市容貌的建筑物、构筑物或者其他设施进行查处时，是否必须以该被查处的建筑物、构筑物或者其他设施属于应经批准而未经批准的建设为前提？答：根据现行《北京市市容环境卫生条例》的有关规定，我市建筑物、构筑物或者其他设施存在影响城市市容环境卫生情形的，有关行政机关即可根据《北京市市容环境卫生条例》进行查处，此种情形不以该被查处的建筑物、构筑物或者其他设施属于应批准而未经批准建设为前提。”辽宁沈阳中院**《关于审理房地产案件若干问题的处理意见（之二）》**（2004 年 12 月 2 日　沈中法〔2004〕31 号）第 9 条：“……法院在处理挡光纠纷中，对于原告要求将建筑物拆除，恢复原状的，根据‘成物不可毁’的原则必须谨慎适用。对于私自搭建且价值不大的违章建筑，法院可以依当事人申请排除妨碍，拆除违章建筑；对于超越建筑规划许可审批的建设范围的违章建筑和价值较大的违章建筑，如果法院判决强行拆除，可能会导致社会财富的浪费，这类违章建筑由行政执法部门处理，或拆除或处罚后责令相关人员补办规划手续，更有利于解决矛盾，但被侵权人应得到相应的赔偿和补偿。对于合法建筑构成侵权的，法院不宜径行判决排除妨碍，恢复原状。应适用补偿法则，即赔偿损失。这样可以避免为了保护相对较小的利益造成较大的损害……”广东高院**《关于审理农村集体土地出让、转让、出租用于非农业建设纠纷案件若干问题的指导意见》**（2001 年 10 月 30 日　粤高法发〔2001〕42 号，已于 2020 年 12 月 31 日经粤高法〔2020〕132 号废止）第 1 条：“人民法院审理农村集体土地出让、转让、出租用于非农业建设纠纷案件，如果涉及的土地在起诉前没有被依法批准为建设用地或经行政主管部门依法批准补办了征用手续转为国有土地，仍属于农用地且当事人已在该地块进行非农业建设的，裁定驳回起诉，并告知当事人向行政主管部门申请处理。当事人在行政主管部门对涉及的土地及其地上建筑物、构筑物或其他设施进行处理后，可就因履行合同而发生的财产纠纷再向人民法院提起民事诉讼。”第 2 条：“人民法院审理农村集体土地出让、转让、出租用于非农业建设纠纷案件,如果涉及的土地在村庄、集镇规划区和城市规划区内,虽然农村集体土地在起诉前已被依法批准为建设用地或经行政主管部门依法批准补办了征用手续转为国有土地,但当事人未按规划审批程序批准,未依法领取建设用地规划许可证和建设工程规划许可证,或者违反建设工程规划许可证的规定,建筑建筑物、构筑物或其他设施的,裁定驳回起诉,并告知当事人向行政主管部门申请处理。当事人在行政主管部门对涉及的地上建筑物、构筑物或其他设施进行处理后,可就因履行合同而发生的财产纠纷再向人民法院提起民事诉讼。"第 3 条:"当事人因农村集体土地出让、转让、出租用于非农业建设纠纷向人民法院提起民事诉讼,部分诉讼请求涉及违法用地或非法建筑需先由行政主管部门处理后才能确定其财产权益关系,部分请求不涉及,且两部分诉讼请求可分的,人民法院可以对不涉及违法用地或非法建筑的部分直接审理并作出判决,对涉及违法用地或非法建筑的部分,则不予审理,并告知当事人向行政主管部门申请处理。"北京高院、北京国土资源和房屋管理局**《关于在执行案件中涉及房地产若干问题的处理意见》**(2000 年 7 月 3 日　京高法发〔2000〕234 号)第 14 条:"违法用地和违法建设项目经有关部门批准,被执行人补办有关手续,并补交税费及罚款后,人民法院可以处分。"北京高院**《关于房地产案件受理问题的意见(试行)》**(1994 年 4 月 25 日)第 9 条:"凡属关于违章建筑的认定与处理方面的纠纷,不属法院管辖范围,应告知其向有关行政主管部门申请解决。"第 10 条:"因违章建筑妨碍他人通行、通风、采光等民事权益引起的相邻纠纷,或以违章建筑为标的发生的买卖、租赁、抵押等纠纷,当事人起诉的,由民庭受理。"广东高院**《关于审理房屋纠纷案件若干问题的意见(试行)》**(1993 年 11 月 4 日　粤高法发〔1993〕64 号,已于 2020 年 12 月 31 日经粤高法〔2020〕132 号废止)第 22 条:"要求对违章建筑进行所有权确认或对违章建筑物进行处理的纠纷,人民法院应告知向有关行政部门申请解决。但因违章建筑侵害他人人身或其他财产引起的损害赔偿纠纷,人民法院可直接受理。房主在其有合法所有权的房屋内添置的违章建筑,经主管部门罚款留用的,法院在处理房屋析产、所有权纠纷中,可一并处理该屋内的违章建筑在保留使用期间的占有权、使用权和收益权。"上海高院**《关于印发〈关于审理房产纠纷案件若干疑难问题的讨论纪要〉的通知》**(1993 年 10 月 27 日　沪高法〔1993〕148 号)第 5 条:"因违章建筑引起的房产纠纷,因违章建筑的认定、拆除引起的纠纷,应由行政机关处理。但当事人以违章建筑为标的发生的买卖、租赁、抵押等民事纠纷以及违章建筑妨碍他人通风、采光等引起的相邻纠纷可作为民事案件受理。"

⑤地方规范性文件。福建厦门国土资源与房产管理局**《关于印发〈厦门市农村房屋抵押备案管理暂行办法〉的通知》**(2013 年 11 月 1 日　厦国土房〔2013〕366 号)第 12 条:"以涉及集体性质土地的抵押物折价或者以拍卖、变卖抵押物实现抵

押权时，抵押物的受让对象须为所在村（居）集体经济组织，或该村（居）集体经济组织内符合《厦门市人民政府办公厅转发市国土房产局关于进一步规范农村村民住宅权属转移登记管理意见的通知》（市府办〔2007〕270号）所规定的权属登记转移条件的成员。抵押房屋如存在超占超建情况的，抵押当事人须先对超占超建部分报请国土房产部门依法依规进行处理后，方可依照上述规定进行折价、拍卖、变卖等处置。”北京市**《禁止违法建设若干规定（2020年修改）》**（2011年4月1日，已于2020年11月15日起施行）第2条：“本规定所称的违法建设，包括城镇违法建设和乡村违法建设。城镇违法建设是指未依法取得建设工程规划许可证、临时建设工程规划许可证或者未按照许可内容进行建设的城镇建设工程，以及逾期未拆除的城镇临时建设工程。乡村违法建设是指未依法取得乡村建设规划许可证、临时乡村建设规划许可证或者未按照许可内容进行建设的乡村建设工程。本规定所称的违法建设当事人，包括违法建设的建设单位、施工单位、所有人或者管理人。”第7条：“首先发现违法建设或者接到举报的行政执法机关，应当及时核实有关情况，对属于本行政执法机关职责范围的，及时查处；对不属于本行政执法机关职责范围的，在发现违法建设或者接到举报之日起2日内将案件线索移送负有查处职责的行政执法机关，接受移送的行政执法机关应当依法及时查处。同时发现有违反其他法律规定情况的，应当在2日内通报其他行政执法机关。”第9条：“行政执法机关采取查封、扣押措施或实施强制拆除的，应当事先制定工作方案，确定公安机关、消防救援机构、市政公用服务单位、属地居民委员会、村民委员会以及物业服务人等配合单位的职责。配合单位应当依照工作方案履行配合职责。”第10条：“行政执法机关发现正在搭建、开挖违法建设的，应当书面责令违法建设当事人立即停止建设，在3日内自行拆除或者回填。违法建设当事人不立即停止建设的，行政执法机关可以查封违法建设施工现场、扣押违法建设施工工具和材料；违法建设当事人拒不拆除或者回填的，街道办事处、乡镇人民政府应当依法立即拆除或者回填。”第11条：“行政执法机关发现已经建成的违法建设，尚可采取改正措施消除对规划实施的影响的，应当在20日内书面责令违法建设当事人限期改正、消除对规划实施的影响，并处该建设工程造价5%以上10%以下的罚款。对逾期不改正或者无法采取改正措施消除对规划实施的影响的，责令限期拆除，不能拆除的，没收实物或者违法收入，可以并处该建设工程造价10%以下的罚款。责令限期改正期限和限期拆除的期限一般不超过15日。行政执法机关应当加强对没收实物的处置和管理，按照国家和本市有关规定严格监管。”第14条：“村民使用宅基地建设住宅应当履行规划许可手续；特定时期未经批准使用宅基地进行村民住宅建设，符合村庄规划的，乡镇人民政府责令其依法补办审批手续；不符合村庄规划的，责令限期拆除，逾期不拆除的，乡镇人民政府依法实施强制拆除；有租金收入的，没收租金收入,并处租金收入一倍的罚款。前款规定的租金收入,依据租赁合同、租金收据等确定。租金收入无法确定或者违法建设当事人提供的租金标准明显低于周边同类型房屋租金价格的,乡镇人民政府应当委托专业评估机构参照委托时周边同类型房屋租赁市场价格进行评估确定。”第16条:“对街道办事处、乡镇人民政府负责查处的已建成违法建设,当事人逾期不拆除或者回填的,区人民政府依法责成街道办事处、乡镇人民政府作出强制拆除或者回填决定并组织实施。规划和自然资源主管部门负责查处的已建成违法建设,当事人逾期不拆除或者回填的,规划和自然资源主管部门应当将限期拆除或者回填决定及逾期未拆除或者回填的情况报告违法建设所在地的区人民政府,区人民政府责成违法建设所在地的街道办事处、乡镇人民政府作出强制拆除或者回填决定并组织实施。”北京市**《城乡规划条例(2019年修订)》**(2009年10月1日,已于2019年3月29日修订,2019年4月28日起施行)第29条:“本市依法实行规划许可制度,各项建设用地和建设工程应当符合城乡规划,依法取得规划许可。规划许可证件包括选址意见书、建设工程规划许可证、乡村建设规划许可证和相应的临时规划许可证。城镇建设项目应当按照建设工程规划许可证或者临时建设工程规划许可证的许可内容进行建设;农村建设项目应当按照乡村建设规划许可证或者临时乡村建设规划许可证的许可内容进行建设。”第34条:“施工单位不得承接未依法取得规划许可的建设项目;承接取得规划许可的建设项目的,应当按照符合相关标准的施工图设计文件施工。”第38条:“建设单位进行城镇建设工程建设的,应当向规划自然资源主管部门申请建设工程规划许可证。符合规划综合实施方案要求的,规划自然资源主管部门应当在7日内核发建设工程规划许可证。重大城乡基础设施项目,建设单位应当提交经过审查的建设工程扩大初步设计方案。城镇居民个人申请进行建设的,按照本市有关规定执行。”第39条:“建设单位应当在取得建设工程规划许可证后2年内取得建筑工程施工许可证;期满需要延续的,应当在期限届满30日前向规划自然资源主管部门提出申请,经批准可以延续,每次期限不得超过2年。未获得延续批准或者在规定的期限内未取得建筑工程施工许可证的,建设工程规划许可证失效。”第40条:“在规划农村地区,建设单位或者个人进行乡镇企业、乡村公共设施、公益事业建设和村民集中住宅建设的,应当向乡镇人民政府提出申请,由乡镇人民政府报规划自然资源主管部门核发乡村建设规划许可证。在规划农村地区,村民使用宅基地进行村民住宅建设,应当征询相邻土地使用权人意见,经村民委员会审议后上报乡镇人民政府批准。乡镇人民政府审批村民使用宅基地进行住宅建设,应当依据村庄规划进行。具体办法由各区人民政府结合实际情况制定。进行乡镇企业、乡村公共设施、公益事业建设和村民住宅建设的,不得占用农用地;确需占用农用地的,应当依照《中华人民共和国土地管理法》有关规定办理农用地转用审批手续后,由规划自然资源主管部门核发乡村建设规划许可证。建设单位或者个人在取得乡村建设规划许可证后，方可办理用地审批手续。”第46条：“规划许可确定的建设工程使用用途不得擅自改变。不动产登记簿记载的用途应当符合建设工程规划许可证或者乡村建设规划许可证确定的使用用途；有关主管部门核发的与房屋用途相关的行政许可证件应当与不动产登记簿记载的用途一致。对申请行政许可事项涉及房屋的用途与不动产登记簿记载的用途不一致的，有关主管部门不予核发行政许可证件。建设工程使用用途确需改变的，应当符合本市规划用途管制的有关规定；有关主管部门可以按照变更后的用途依法办理相关审批手续。具体办法由市人民政府制定。”第47条：“处置涉及违法建设的房屋和土地，不得妨碍执法机关对违法建设的查处。有关机构在依法处置房屋、土地前应当向规划自然资源主管部门了解有关规划情况，规划自然资源主管部门应当予以配合。涉及违法建设的，规划自然资源主管部门应当书面告知其违法建设处理后，方可处置。”北京市**《职工购买公有住宅楼房管理办法》**（2007年11月23日，已于2018年2月12日修订并施行）第2条：“……简易房、危险房、违章建筑和近期需要拆除、产权有争议以及具有历史价值的楼房，不准出售。”广西南宁**《南宁市人民政府关于印发邕江河道清障补偿意见的通知》**（2002年4月29日　南府发〔2002〕49号，已于2009年12月29日起失效）第1条：“对于在国有土地上建造的建（构）筑物，符合下列条件之一的，按照江北中堤堤路园建设的同类型、同地段建（构）筑物的补偿办法和标准进行补偿：（1）1979年12月31日前建成，房屋层数为四层以下（含四层）的自建私房（含无报建手续的）；（2）1979年12月31日至1982年9月10日间，取得建设行政主管部门核发的建筑许可手续的；（3）1982年9月10日至1987年12月22日，经市建设行政主管部门或各城（郊）区批准的；（4）1987年12月22日至1992年4月30日，经市建委批准，并有市规划，土地部门批准手续的；（5）1992年4月30日后，经市水利电力局批准，并有市规划、土地部门批准手续的。”第2条：“对于在集体所有土地上建造的建（构）筑物，符合下列条件之一的，按照江北中堤堤路园建设的同类型、同地段建（构）筑物的补偿办法和标准进行补偿和安置：（1）1982年9月10日前，在集体分配土地上所建的；（2）1982年9月10日以后至1987年12月22日，经村级以上审批的；（3）1987年12月22日至1990年4月1日，经乡、城（郊）区以上审批的；（4）1990年4月1日至1992年4月30日，经市建委批准，并有市规划、土地部门批准手续的；（5）1992年4月30日后，经市水利电力局批准，并有市规划、土地部门批准手续的。因洪灾原因而重建的，若原建（构）筑物符合上款条件之一的，对原面积原结构给予补偿。已在统一建设的新村上分配有住房的，仅对河道内的建（构）筑物进行补偿，而不进行安置（即不能享受三产用房）。”第3条：“关于无批准手续的、非临时非生产性建（构）筑物的补偿。对于无任何批准手续的，清障时一律不予补偿。”第4条:“……对于临时性建(构)筑物,原则上不予补偿。”第5条:“……未经市有关部门批准所建的砂场,一律予以取缔,不给予补偿。”北京市城镇房屋所有权登记发证领导小组办公室、房地产管理局**《关于印发〈北京市房地产管理局直管房屋等所有权登记发证有关问题的规定〉的通知》**(1989年3月22日)第8条:“……私人在直管公房院内建造的房屋,不予登记。”

2. 参考案例。2010年**上海某房屋买卖合同纠纷案**,2008年,丁某与石某签订房屋买卖合同,约定前者以5600万元购买后者名下房屋。因附有违法建筑,房产交易中心不予办理过户登记。2009年,丁某起诉要求石某拆除违章建筑,恢复原状并办理过户,同时支付逾期交房违约金。庭审中,丁某自愿替代石某承担恢复原状义务。石某抗辩称合同应无效。法院认为:涉讼买卖合同对标的物坐落位置、建筑面积、房屋类型等的约定,与不动产登记簿记载内容一致。该不动产登记簿记载内容具有公示、公信效力,一方面表明石某为涉讼房屋登记权利人,依法享有该房屋的所有权和土地使用权;另一方面表明涉讼房屋的登记信息具有权利的正确性推定效力,可推定登记的权利状态、范围与现实的客观状态相符,善意相对人因信赖该登记的正确性而与登记权利人签订合同,该合同效力不因登记错误或权利内容状态而受影响。涉讼买卖合同时,房屋现状虽已与登记信息不一致,但双方在合同中记载的仍是登记的房屋状况,且石某未举证证明其于签订买卖合同时,已将涉讼房屋现状与登记信息不符的事实如实告知丁某。故丁某对于本案纠纷发生无过错,应属善意信赖不动产登记信息的合同当事人,法律应保护丁某此种信赖利益,此亦系强化不动产公示、公信效力的要求。虽然涉讼房屋被行政机关限制交易,买卖合同的履行可能存在障碍,但根据我国《物权法》区分原则,转让不动产的合同,除法律另有规定或合同另有约定外,自合同成立时生效,未办理物权登记,不影响合同效力,故不能因涉讼房屋过户存在障碍就否认其买卖合同的有效性。涉讼房屋买卖合同不具备我国《合同法》第52条规定的无效情形,应属有效。虽然行政机关对涉讼房屋的权利转移作出限制,但物权未灭失,不能就此认定买卖合同法律上或事实上履行不能。行政机关限制交易的目的在于督促违法行为人纠正违法行为,履行法律手续;石某即使未出售房屋,亦应按行政机关要求进行整改,使房屋恢复至合法状态,恢复原状系石某应尽的行政法上的义务。石某明知涉讼房屋附有违法建筑仍予出售,应依诚实信用原则全面履行合同义务;对于涉讼房屋存在的违法状态,应自行采取相应措施予以消除后交付丁某。经法院释明,丁某同意石某按现状交付房屋,并自愿替代石某承担恢复原状义务,丁某的意思表示不违反法律、行政法规的禁止性规定,亦符合行政机关的执法目的,法院予以准许。丁某在恢复原状时,房屋的四至、外观形状、层高等应与登记内容一致,质量应符合国家规定的建筑标准。石某应于丁某恢复原状、通过行政机关审查认可并撤销交易限制后再协助丁某办理产权手续。现石某未能按合同约定向丁某交付涉讼房屋，应承担相应违约责任。涉讼房屋被行政机关限制办理产权转移登记，丁某明知此风险仍选择继续履行合同并自愿承担恢复原状的义务，故石某能否实现权利交付取决于涉讼房屋恢复状况及行政机关行政审查的限制，故石某逾期交房的违约责任应计算至实际交付房屋时止。2008 年**云南某行政处罚纠纷案**，2006 年，规划局以违法建设为由，对街道办作出行政处罚决定，要求限期拆除建筑面积 1.4 万余平方米共 6 层的综合楼。商贸公司以其系该楼投资建设者，规划局处罚决定认定事实不清、程序违法为由提起行政诉讼。法院认为：依《行政处罚法》第 32 条规定，行政机关在作出行政处罚决定之前，应当告知当事人作出行政处罚决定的事实、理由及依据，并告知当事人依法享有的权利。规划局作出案涉行政处罚决定前，未告知街道办作出处罚决定的事实、理由及依据和街道办依法享有的权利，构成程序违法。《城市规划法》第 40 条规定："在城市规划区内，未取得建设工程规划许可证件或者违反建设工程规划许可证件的规定进行建设，严重影响城市规划的，由县级以上地方人民政府城市规划行政主管部门责令停止建设，限期拆除或者没收违法建筑物、构筑物或者其他设施；影响城市规划，尚可采取改正措施的，由县级以上地方人民政府城市规划行政主管部门责令限期改正，并处罚款。"据此，未取得建设工程规划许可证件或违反建设工程规划许可证件的规定进行建设的处罚对象是违法建设的建设者，且只有在违法建设达到"严重影响城市规划"情况下才能作出限期拆除的处罚决定。规划局举证不足以证明该楼建设者是街道办及该楼建设已达到"严重影响城市规划"的事实，故规划局作出被诉具体行政行为的主要证据不足。判决确认行政处罚决定书违法。2010 年 10 月**重庆某房屋买卖合同案**，法院认为：《售房协议书》虽是双方真实意思表示，但该售房协议约定的出售标的物不符合规划、用地规范，无法办理产权证，系违章建筑，故该协议属无效协议。卖方基于该无效协议收取的房款应退还给买方。卖方在出售房屋时明知该房屋没有产权而告知买方有产权，卖方存在过错，但买方作为房屋的买受人，对该房屋是否有合法的产权也应尽审查义务，买方亦有过错，故双方应各自承担相应的损失。2010 年 3 月**广东某房屋买卖合同案**，法院认为：《合同法》意义上的重大误解，是指误解者作出意思表示时，对涉及合同法律效果的重要事项存在认识上的显著缺陷，其后果是使误解者的利益受到较大损失，或达不到误解者订立合同的目的。当事人的误解须是对合同内容构成重大误解。司法实践中，重大误解一般包括对合同的性质，对方当事人、标的物种类、质量、规格、数量、履行地点、履行期限、履行方式等的错误认识。当事人对法律的误解不构成《合同法》意义上的重大误解。本案巫某作为买受人签订《协议书》时已知道有扩建部分，且扩建部分无用地和报建手续，属违章建筑。根据相关法律法规，违章建筑不能转让，故巫某签订《协议书》知道或应当知道涉案商铺不能办理产权过户手续。巫某主张当时误解涉案商铺能办理产权过户手续,实际上是对法律的误解,不构成《合同法》意义上的重大误解。至于巫某提及的张某等人取得涉案商铺时已经存在扩建部分但他们能办理产权过户手续的事实。本院认为,该事实并不具有对抗法律法规的效力,巫某以此为由主张其误解同样条件也能办理产权过户手续,缺乏充分依据;另根据查明事实,法院曾向房管部门去函询问涉案商铺能否办理产权过户手续,房管部门回函称如涉案商铺已按原状恢复,并符合房地产登记的有关规定,可办理产权过户手续。故巫某主张签订《协议书》的目的无法实现,也缺乏充分依据。故巫某称有重大误解,主张撤销《协议书》,依据不足,不能成立。因《协议书》明确约定巫某受让标的系产权证项下的房产,未包括扩建部分,故该《协议书》合法有效,巫某主张张某等人返还370万元购房款并支付相应利息,缺乏法律依据,不能成立。《协议书》约定一切过户手续费由巫某负责,只是对该手续费由谁负担进行的约定;另外,巫某向房管部门书面承诺愿将涉案商铺恢复原状,承诺的对象只是房管部门,并非张某等人,故不构成对张某等人的义务,张某等人反诉主张巫某应承担将涉案商铺恢复原状的义务,缺乏合同依据,亦应驳回。2009年11月**广东某房屋买卖合同案**,法院认为:双方2007年签订的《房地产买卖合同》合法有效。由于加建的违章建筑物在双方缔约之前早已存在,故此应当认定该部分建筑物也在买方的购买范围,卖方无权要求买方再对其进行补偿,更无权以此拒绝办理产权过户手续。至于该部分加建的建筑物是保留作为住宅使用,还是应予拆除以及能否作为讼争物业的新增建筑面积等,均应由相关行政部门依法作出处理,本案中不予调处。若因该部分建筑物的处理产生新的费用支出,双方可根据合同约定解决。2007年4月**辽宁某房屋买卖合同案**,刘某租用某军产后院并自建房5间,2005年9月作价4万余元卖予曲某,2006年1月因动迁被作为违规建筑拆除。曲某诉请返还购房款。法院认为:因争议房未经过规划审批部门批准,刘某系在租用的他人土地上私自建造,其未取得争议房的所有权或使用权证书,根据《城市房地产管理法》规定,刘某不能将该房转让给曲某。因该房无规划审批手续,我国现行法律禁止该物流转,故该房亦不能作为买卖合同的标的物,双方房屋买卖合同无效。合同无效,刘某应返还曲某所付购房款。因争议房现已被有关部门拆除,曲某已无法将争议房返还给刘某,故本案不适用合同无效的双返原则。2005年12月**广东某房屋买卖合同案**,法院认为:双方协议转让的宅基地房屋是在农村集体土地上进行建设,讼争土地至今未被依法批准为建设用地或经行政主管部门依法批准补办了征用手续转为国有土地,且本案当事人已在该集体土地上进行非农业建设,根据广东省高级人民法院《关于审理农村集体土地出让、转让、出租用于非农业建设纠纷案件若干问题的指导意见》(编者注:该地方司法性文件已于2020年12月31日经粤高法〔2020〕132号废止)第1条规定的精神,国土及规划行政部门先行处理是前置程序，且涉案房屋有部分面积是违章建筑，故裁定驳回买方的起诉，并告知当事人向行政主管部门申请处理。买方是否为宅基地房屋的使用人并不影响其向行政主管部门申请处理，故诉请求由法院继续审理并支持其诉讼请求，应予驳回。2005年11月**辽宁某房屋买卖合同案**，法院认为：未依法登记领取权属证书的房地产，不得转让。农工商公司出卖违章建筑车库，违反法律强制性规定，故该买卖车库的合同无效，农工商公司应返还邹某购车库房款4万元，但考虑邹某已实际使用车库从而受益，故应给付农工商公司适当车库使用费2.6万余元。邹某提起上诉，在原诉讼请求的基础上又新增加了诉讼请求为要购车库房款4万元的同期银行利息。上诉审是对原审的审判监督，是在同一诉讼请求基础上的审判监督，当事人在上诉审新增加的诉讼请求应另行处理，故对该诉请不予支持。

【同类案件处理要点】

违章建造的房屋，因其违反法律规定，在未经主管部门处理并补办合法手续之前，不能产生房屋所有权之法律效果。买卖合同标的房屋系违章建筑，且当事人在一审辩论终结前未补办相关手续的，应认定合同无效，出卖人基于该无效协议收取的房款应退还给买受人。

【相关法律风险提示】

1.未经规划审批的建筑，设定的买卖合同因未取得权属证书和标的违法而无效，对买受人而言，房屋买卖合同的标的合法性审核是签约时基本查验内容。

2.对于尚未取得产权证的二手房，买受人不仅需要查验产权人权属状况，还要查验房屋是否系合法建造的施工审批手续。

3.包含违章建筑的房屋转让后，买受人以受欺诈和显失公平起诉撤销的，法院根据价格差距、签约情形等因素，可能予以支持。案见北京昌平区法院(2009)昌民初字第3581号“焦某诉范某房屋买卖合同纠纷案”。在无产权证的违章建筑转让情形，法院一般认定合同无效。案见辽宁沈阳中院(2007)沈民(2)房终字第301号“刘某与曲某房屋买卖合同纠纷案”、辽宁沈阳中院(2005)沈民(2)房终字第996号“邹某与某农工商公司房屋买卖合同纠纷案”。

4.对于合同已明确约定“产权证下房屋”的交易，买受人就出卖人违章扩建部分主张其重大误解而诉请撤销的，不予支持。案见广东广州中院(2009)穗中法民五终字第3610号“巫某与张某等房屋买卖合同纠纷上诉案”。

5.买卖违章建筑导致合同无效，双方返还，卖方存在欺诈，买方亦未尽到审查义务，卖方售房给予买方的居住利益以及买方支付房款的利息损失，可能因双方过错自行承担。案见重庆渝北区法院(2010)渝北法民初字第12403号"蒋某诉聂某等房屋买卖合同纠纷案"。

6. 明知部分房屋系违章建筑仍予购买,对不能顺利办理产权证应有所预见,买受人对法律规定的误解不构成《合同法》意义上的误解,在通过恢复原状后能办理产权证明的情况下,买受人可能需要承担恢复原状的损失。案见广东广州中院(2009)穗中法民五终字第3610号"巫某与张某等房屋买卖合同纠纷上诉案"。

【附注】

参考案例索引:北京昌平区法院(2009)昌民初字第3581号"焦某诉范某房屋买卖合同纠纷案";上海二中院2010年11月24日"丁某与石某房屋买卖合同纠纷案";最高人民法院(2008)行终字第1号"某商贸公司与某规划局等行政处罚案";重庆渝北区法院(2010)渝北法民初字第12403号"蒋某诉聂某等房屋买卖合同纠纷案";广东广州中院(2009)穗中法民五终字第3610号"巫某与张某等房屋买卖合同纠纷上诉案";广东广州中院(2009)穗中法民五终字第3771号"徐某等与卢某房屋买卖合同纠纷上诉案";辽宁沈阳中院(2007)沈民(2)房终字第301号"刘某与曲某房屋买卖合同纠纷案";广东广州中院(2005)穗中法民四终字第4111号"李某与黄某房屋买卖合同纠纷案";辽宁沈阳中院(2005)沈民(2)房终字第996号"邹某与某农工商公司房屋买卖合同纠纷案"。

75. 遗产房:房产权溯源

——遗产房买卖,谁是权利人?

【遗产继承】

【案情简介及争议焦点】

1999年3月,邓某将1992年从开发公司购买的直管公房(只有租赁证而无产权证)作价3万余元,与陆父请的保姆吴某签订房屋买卖协议,收款后陆父入住,并由陆父与供暖公司订立供暖合同。陆某父母去世后,陆某以吴某为被告、以邓某为第三人诉请确认其对房屋享有所有权。邓某与吴某称1999年3月的买卖合同并未实际履行,双方后于1999年7月1日改签租赁协议,由吴某交了5年的租金共计1万元。

陆某为证明事实,除持有其父遗存的购房协议及付款收条外,另举证:陆父1999年3月购房,4月即将原自有住房卖与单位同事;吴某因与丧偶的陆父结婚,已被判重婚罪,非为合法夫妻,且有嗣后与邓某恶意串通的可能;吴某自认租赁协议打字店在1999年7月1日并不存在,2002年才有;陆父1999年4月即入住案涉房屋,若1999年3月买卖合同不存在,而租赁协议又于1999年7月所签,不合常理。

争议焦点:1.此为买卖还是租赁?2.陆某是否诉请房产确权?

【裁判要点】

1.买卖协议真实有效。现有证据虽不能直接证明陆父与邓某订立购房协议,但能证明陆父确持有关于争议房屋的证明材料办理了该房屋的采暖认证;陆父基于房屋买卖协议而非房屋租赁协议进住争议房屋,故应确认陆父与邓某订立了关于买卖案涉房屋的协议。

2.陆父房产应为遗产。陆父已去世,继承已开始,在陆父购买争议房屋后虽未办理房屋的权利证书,但事实上已取得了争议房屋的权利,因陆父已死亡,故该项财产权利应由其合法继承人依法继承。因本案陆某要求确认陆父与邓某之间是合法的房屋买卖关系并要求确认权属,而与继承纠纷不是同一法律关系,故本案对继承案件不予审理。

【裁判依据或参考】

1.法律法规。《民法典》(2021年1月1日)第1121条:“继承从被继承人死亡时开始。相互有继承关系的数人在同一事件中死亡,难以确定死亡时间的,推定没有其他继承人的人先死亡。都有其他继承人,辈份不同的,推定长辈先死亡;辈份相同的,推定同时死亡,相互不发生继承。”第1122条:“遗产是自然人死亡时遗留的个人合法财产。依照法律规定或者根据其性质不得继承的遗产,不得继承。”第1123条:“继承开始后,按照法定继承办理;有遗嘱的,按照遗嘱继承或者遗赠办理;有遗赠扶养协议的,按照协议办理。”第1124条:“继承开始后,继承人放弃继承的,应当在遗产处理前,以书面形式作出放弃继承的表示;没有表示的,视为接受继承。受遗赠人应当在知道受遗赠后六十日内,作出接受或者放弃受遗赠的表示;到期没有表示的,视为放弃受遗赠。”第1126条:“继承权男女平等。”第1127条:“遗产按照下列顺序继承:(一)第一顺序:配偶、子女、父母;(二)第二顺序:兄弟姐妹、祖父母、外祖父母。继承开始后,由第一顺序继承人继承,第二顺序继承人不继承;没有第一顺序继承人继承的,由第二顺序继承人继承。本编所称子女,包括婚生子女、非婚生子女、养子女和有扶养关系的继子女。本编所称父母,包括生父母、养父母和有扶养关系的继父母。本编所称兄弟姐妹,包括同父母的兄弟姐妹、同父异母或者同母异父的兄弟姐妹、养兄弟姐妹、有扶养关系的继兄弟姐妹。”第1130条:“同一顺序继承人继承遗产的份额,一般应当均等。对生活有特殊困难又缺乏劳动能力的继承人,分配遗产时,应当予以照顾。对被继承人尽了主要扶养义务或者与被继承人共同生活的继承人,分配遗产时,可以多分。有扶养能力和有扶养条件的继承人,不尽扶养义务的,分配遗产时,应当不分或者少分。继承人协商同意的,也可以不均等。”第1133条:“自然人可以依照本法规定立遗嘱处分个人财产,并可以指定遗嘱执行人。自然人可以立遗嘱将个人财产指定由法定继承人中的一人或者数人继承。自然人可以立遗嘱将个人财产赠与国家、集体或者法定继承人以外的组织、个人。自然人可以依法设立遗嘱信托。”第1134条:“自书遗嘱由遗嘱人亲笔书写,签名,注明年、月、日。”第1135条:“代书遗嘱应当有两个以上见证人在场见证,由其中一人代书,并由遗嘱人、代书人和其他见证人签名,注明年、月、日。”第1136条:“打印遗嘱应当有两个以上见证人在场见证。遗嘱人和见证人应当在遗嘱每一页签名,注明年、月、日。”第1137条:“以录音录像形式立的遗嘱,应当有两个以上见证人在场见证。遗嘱人和见证人应当在录音录像中记录其姓名或者肖像,以及年、月、日。”第1138条:“遗嘱人在危急情况下,可以立口头遗嘱。口头遗嘱应当有两个以上见证人在场见证。危急情况消除后,遗嘱人能够以书面或者录音录像形式立遗嘱的,所立的口头遗嘱无效。”第1141条:“遗嘱应当为缺乏劳动能力又没有生活来源的继承人保留必要的遗产份额。”第1142条:“遗嘱人可以撤回、变更自己所立的遗嘱。立遗嘱后,遗嘱人实施与遗嘱内容相反的民事法律行为的,视为对遗嘱相关内容的撤回。立有数份遗嘱,内容相抵触的,以最后的遗嘱为准。”第1150条:“继承开始后,知道被继承人死亡的继承人应当及时通知其他继承人和遗嘱执行人。继承人中无人知道被继承人死亡或者知道被继承人死亡而不能通知的,由被继承人生前所在单位或者住所地的居民委员会、村民委员会负责通知。”第1151条:“存有遗产的人,应当妥善保管遗产,任何组织或者个人不得侵吞或者争抢。”第1152条:“继承开始后,继承人于遗产分割前死亡,并没有放弃继承的,该继承人应当继承的遗产转给其继承人,但是遗嘱另有安排的除外。”第1153条:“夫妻共同所有的财产,除有约定的外,遗产分割时,应当先将共同所有的财产的一半分出为配偶所有,其余的为被继承人的遗产。遗产在家庭共有财产之中的,遗产分割时,应当先分出他人的财产。”**《物权法》**(2007年10月1日,已于2021年1月1日起失效)第29条:“因继承或者受遗赠取得物权的,自继承或者受遗赠开始时发生效力。”第106条:“无处分权人将不动产或者动产转让给受让人的,所有权人有权追回;除法律另有规定外,符合下列情形的,受让人取得该不动产或者动产的所有权:(一)受让人受让该不动产或者动产时是善意的;(二)以合理的价格转让;(三)转让的不动产或者动产依照法律规定应当登记的已经登记,不需要登记的已经交付给受让人。受让人依照前款规定取得不动产或者动产的所有权的，原所有权人有权向无处分权人请求赔偿损失。当事人善意取得其他物权的，参照前两款规定。”**《城市房地产管理法(2019年修正)》**(2020年1月1日)第38条：“下列房地产，不得转让：……(四)共有房地产，未经其他共有人书面同意的……”**《合同法》**(1999年10月1日，已于2021年1月1日起失效)第49条：“行为人没有代理权、超越代理权或者代理权终止后以被代理人名义订立合同，相对人有理由相信行为人有代理权的，该代理行为有效。”第51条：“无处分权的人处分他人财产，经权利人追认或者无处分权的人订立合同后取得处分权的，该合同有效。”**《民法通则》**(1987年1月1日，已于2021年1月1日起失效)第78条：“财产可以由两个以上的公民、法人共有。共有分为按份共有和共同共有。按份共有人按照各自的份额，对共有财产分享权利，分担义务。共同共有人对共有财产享有权利，承担义务。按份共有财产的每个共有人有权要求将自己的份额分出或者转让。但在出售时，其他共有人在同等条件下，有优先购买的权利。”**《继承法》**(1985年10月1日，已于2021年1月1日起失效)第5条：“继承开始后，按照法定继承办理；有遗嘱的，按照遗嘱继承或者遗赠办理；有遗赠扶养协议的，按照协议办理。”第6条：“无行为能力人的继承权、受遗赠权，由他的法定代理人代为行使。限制行为能力人的继承权、受遗赠权，由他的法定代理人代为行使，或者征得法定代理人同意后行使。”第8条：“继承权纠纷提起诉讼的期限为二年，自继承人知道或者应当知道其权利被侵犯之日起计算。但是，自继承开始之日起超过二十年的，不得再提起诉讼。”第10条：“遗产按照下列顺序继承：第一顺序：配偶、子女、父母。第二顺序：兄弟姐妹、祖父母、外祖父母。继承开始后，由第一顺序继承人继承，第二顺序继承人不继承。没有第一顺序继承人继承的，由第二顺序继承人继承……”第11条：“被继承人的子女先于被继承人死亡的，由被继承人的子女的晚辈直系血亲代位继承。代位继承人一般只能继承他的父亲或者母亲有权继承的遗产份额。”第25条：“继承开始后，继承人放弃继承的，应当在遗产处理前，作出放弃继承的表示。没有表示的，视为接受继承。受遗赠人应当在知道受遗赠后两个月内，作出接受或者放弃受遗赠的表示。到期没有表示的，视为放弃受遗赠。”国务院**《不动产登记暂行条例》**(2019年修订)第14条：“因买卖、设定抵押权等申请不动产登记的，应当由当事人双方共同申请。属于下列情形之一的，可以由当事人单方申请：(一)尚未登记的不动产首次申请登记的；(二)继承、接受遗赠取得不动产权利的；(三)人民法院、仲裁委员会生效的法律文书或者人民政府生效的决定等设立、变更、转让、消灭不动产权利的；(四)权利人姓名、名称或者自然状况发生变化，申请变更登记的；(五)不动产灭失或者权利人放弃不动产权利，申请注销登记的；(六)申请更正登记或者异议登记的；(七)法律、行政法规规定可以由当事人单方申请的其他情形。”

2. 司法解释。最高人民法院《**第八次全国法院民事商事审判工作会议(民事部分)纪要**》(2016年11月30日)第25条:“被继承人死亡后遗产未分割,各继承人均未表示放弃继承,依据继承法第二十五条规定应视为均已接受继承,遗产属各继承人共同共有;当事人诉请享有继承权、主张分割遗产的纠纷案件,应参照共有财产分割的原则,不适用有关诉讼时效的规定。”最高人民法院《**关于适用〈中华人民共和国婚姻法〉若干问题的解释(三)**》(2011年8月13日　法释〔2011〕18号,已于2021年1月1日起失效)第15条:“婚姻关系存续期间,夫妻一方作为继承人依法可以继承的遗产,在继承人之间尚未实际分割,起诉离婚时另一方请求分割的,人民法院应当告知当事人在继承人之间实际分割遗产后另行起诉。”最高人民法院《**关于审理房屋登记案件若干问题的规定**》(2010年11月18日　法释〔2010〕15号)第8条:“当事人以作为房屋登记行为基础的买卖、共有、赠与、抵押、婚姻、继承等民事法律关系无效或者应当撤销为由,对房屋登记行为提起行政诉讼的,人民法院应当告知当事人先行解决民事争议,民事争议处理期间不计算在行政诉讼起诉期限内;已经受理的,裁定中止诉讼。”最高人民法院《**关于适用〈中华人民共和国婚姻法〉若干问题的解释(一)**》(2001年12月27日　法释〔2001〕30号,已于2021年1月1日起失效)第6条:“未按婚姻法第八条规定办理结婚登记而以夫妻名义共同生活的男女,一方死亡,另一方以配偶身份主张享有继承权的,按照本解释第五条的原则处理。”最高人民法院《**关于周祖德、周祖明等诉周祖华、周祖荣等房屋纠纷一案的复函**》(1992年7月13日):“原、被告双方争议的街面房屋系其祖父母周树堂(1943年故)、周邱氏(1980年故)于1936年购置。1951年土改时确定,周家房屋不进不出。周邱氏在去世前一直居住此房,双方当事人都不能证明已分家析产。周祖华等所持土地房产证系其父周先富1954年自报的,证上无周邱氏的名字,却有土改后出生的周祖华、周祖萍的名字,所以该证没有真实反映周家土改时的实际情况。据此,我们同意你院审判委员会的第二种意见,即争议的房屋应认定为周邱氏夫妇的遗产,并按法定继承处理为宜。”最高人民法院《**关于向勋珍与叶学枝房屋纠纷一案的复函**》(1990年11月15日　〔1990〕民他字第45号):“宁国锋夫妇于1929年、1946年先后死亡,所遗房屋由三子宁让祥一家一直居住至今,其他子女宁福英、宁雪冰、宁让贤于1986年以前先后死亡,他们生前均未表示放弃继承。根据我国《继承法》第25条和我院《关于贯彻执行〈中华人民共和国民法通则〉若干问题的意见(试行)》第177条的规定和该案具体情况,宁氏姐弟对其父母所遗房产可视为接受继承,并对未分割的房产享有共有权。据此,我们基本同意你院的第二种意见,即宁雪冰之妻向勋珍现提出分割共有房屋,可按分割共同财产的诉讼请求处理。但鉴于叶学枝一家居住、使用房屋达四十多年等情况,为稳定住房秩序,可由叶学枝给予向勋珍等转继承人适当补偿。”最高人民法院《**关于舒永基诉**

舒祥鸿房屋纠纷一案的函》(1989 年 8 月 26 日　〔89〕民他字第 25 号):"……原告舒永基和被告舒祥鸿在舒承莘、舒承茂和舒承藩早年夭折后,分别由于他人主持'过继'给死者为嗣子,这都属于封建性的'过继'、'立嗣'。据此,我们同意你院报告中的第一种意见,即按照我国继承法、最高人民法院《关于贯彻执行民事政策法律若干问题的意见》的有关规定和一贯政策,原告舒永基、被告舒祥鸿均非合法继承人,对所讼争的房屋都没有继承权。讼争房产既在 1951 年土改时确权为程月华所有,程死后,如其确无法定继承人,其遗产即应按照有关法律规定处理。"最高人民法院**《关于周维华诉周维鸿房屋纠纷申诉一案的复函》**(1990 年 3 月 10 日　〔89〕民他字第 51 号):"……本案当事人讼争之 179 号房屋在 1947 年购买时,买契上所载的是周维辉(即周维鸿)的名字;1953 年昆明市人民政府进行换证,仍以周维鸿的名字登记,并一直由周维鸿管理使用至今。诉讼过程中周维华又举不出有力证据来证明其产权主张。据此,讼争之 179 号房屋应认定为周维鸿所有。"最高人民法院**《关于典当房屋被视为绝卖以后确认产权程序问题的批复》**(1989 年 7 月 24 日　〔1989〕法民字第 17 号,已于 2021 年 1 月 1 日起失效):"……出典的房屋已超过规定的回赎期限,承典人提起确认房屋产权归己的诉讼时,人民法院应分别情况适用不同程序:对出典人或者其继承人提出异议的,应按照民事诉讼法(试行)规定的普通程序或简易程序进行审理;对出典人或者其继承人无异议的,或者出典人已经死亡又无继承人的,可以比照民事诉讼法(试行)特别程序的有关规定进行审理。经审理,如确认房屋产权归承典人所有,承典人即可持法院判决书向房管部门申请办理产权登记手续。"最高人民法院**《关于共有人之一擅自出卖共有房屋无效的批复》**(1988 年 10 月 24 日　〔1988〕民他字第 56 号):"崔希舜未经赵文运等房屋共有人同意,于 1972 年 11 月 4 日擅自将郑州市南学街 67 号院内东屋北头 2 间出卖给于金明是不合法的。1984 年 11 月,该房屋共有人赵文运等诉至郑州市管城回族区人民法院,要求废除房屋买卖关系。一、二审法院判决买卖关系无效并无不当。"最高人民法院**《关于贯彻执行〈中华人民共和国民法通则〉若干问题的意见(试行)》**[1988 年 4 月 2 日　法(办)发〔1988〕6 号,已于 2021 年 1 月 1 日起失效]第 89 条:"共同共有人对共有财产享有共同的权利,承担共同的义务。在共同共有关系存续期间,部分共有人擅自处分共有财产的,一般认定无效。但第三人善意、有偿取得该财产的,应当维护第三人的合法权益;对其他共有人的损失,由擅自处分共有财产的人赔偿。"最高人民法院**《关于金瑞仙与黄宗廉等房产纠纷一案的批复》**(1988 年 2 月 4 日　〔1987〕民他字第 59 号):"讼争房屋四处原系黄耀庭、姚玉莲的遗产,土改时虽然登记在黄润生、黄惠珍名下,但根据土改时的有关政策法律规定及当地土改的实际情况,四处房屋并非确权归黄润生一家所有,黄润生及其子黄宗廉也一直承认徐家巷 7 号房屋产权系与黄文卿共有。据此,讼争房屋产权以认定为黄文卿、黄润生、黄翠珍、黄毓珍四人所共有为宜。但在具体分割时,应考虑对共有房屋长期使用、管理等实际情况,并照顾共有人的实际需要。”最高人民法院**《关于费宝珍诉周福祥房屋析产案的批复》**(1987年10月17日):“……双方当事人诉争的房屋,原为费宝珍与费冀臣的夫妻共有财产,1958年私房改造所留自住房,仍属于原产权人共有。费冀臣病故后,对属于费冀臣所有的那一份遗产,各继承人都没有表示过放弃继承,根据《继承法》第二十五条第一款的规定,应视为均已接受继承。诉争的房屋应属各继承人共同共有,他们之间为此发生之诉讼,可按析产案件处理,并参照财产来源、管理使用及实际需要等情况,进行具体分割。”最高人民法院**《关于产权人生前已处分的房屋死后不宜认定为遗产的批复》**(1987年6月24日):“……此案讼争房屋虽系祖遗产,但陶齐氏已将产权状交与陶国祥,并在两次产权登记和私房改造中,均确定由陶国祥长期管理使用,陶冶在陶齐氏生前从未提出异议。据此应当认为该房产权早已转归陶国祥、邓秀芳夫妻共有。陶国祥死后的遗产,依法应由邓秀芳及其子女继承。陶冶无权要求继承。”最高人民法院**《关于父母的房屋遗产由兄弟姐妹中一人领取了房屋产权证并视为己有产生纠纷应如何处理的批复》**(1987年6月15日):“……根据该房产的来源及使用等情况,以认定该屋为钟和源、王细的遗产,属钟秋香、钟玉妹、钟寿祥、钟妙、钟秋胜五人共有为宜。钟寿祥以个人名义领取的产权证,可视为代表共有人登记取得的产权证明。钟妙、钟秋胜已故,其应得部分由其合法继承人继承。”最高人民法院**《关于李桂莲诉夏传叶房屋纠纷案管辖问题的批复》**(1986年11月14日):“……李道清死后,被其现住定远县的外甥夏传叶以‘安葬舅父’为名,私自出典给张和平,典价一千五百元。李桂莲得知后,向泾阳县人民法院起诉,该院以财物纠纷案移送你院,你院认为继承案件应由遗产所在地泾阳县人民法院受理,经协商未成,报请我院指定管辖。经我们研究认为:本案诉讼的标的主要是房屋。根据我国民事诉讼法(试行)第三十条的规定,为不动产提起的诉讼,由不动产所在地人民法院管辖,本案依法应由陕西省泾阳县人民法院受理。现将原卷转退陕西省泾阳县人民法院。该院在审理本案过程中如需你院协助,请予积极办理。”最高人民法院**《关于韩荷敏等人与宁桂兰等人房屋继承案的批复》**(1986年6月10日):“……韩子良家的五十七间房屋,是韩子良与其妻宁桂兰、妾迟秀兰婚姻关系存续和共同生活期间购买的。1952年夫、妻、妾分别登记,领取了房产权执照。1957年私房改造时,韩子良、宁桂兰、迟秀兰各自名下的房产归为一户改造,将韩子良一人名下的房屋留为全家做自住房,故不能认为所留自住房原产权登记在韩子良名下,就归其个人所有。至于1965年韩子良自行处分共有房产,向房产部门送交‘变更房产所有权申请书’,以及1980年韩荷敏等人把共有房产作为韩子良的遗产办理‘继承分割房产执照’等,都是无效的民事行为。据此,我们意见,本案诉争的二十四间房屋,作为韩子良、宁桂兰、迟秀兰的共有财产分割后，可将属于韩子良的份额，由其妻、妾及十三名子女依法继承。在分割韩子良的遗产时，可根据各继承人的实际情况，合理分配。”最高人民法院**《关于在土改前已分家析产的房屋，土改时误登在一人名下的产权仍归双方各自所有的批复》**（1985年12月27日）：“……胡秋英与王惠珍所住房屋均系公爹杨元臣的祖遗房产，双方各分住一半，土改前分家时已经明确各自产权，几十年来从未发生争执，当地群众、双方亲属和双方当事人均承认各有一半产权。根据胡秋英和王惠珍双方长期居住管业的历史事实，双方讼争房屋应归胡秋英所有。”最高人民法院**《关于贯彻执行〈中华人民共和国继承法〉若干问题的意见》**（1985年9月11日　法〔民〕发〔1985〕22号，已于2021年1月1日起失效）第8条：“法定代理人代理被代理人行使继承权、受遗赠权，不得损害被代理人的利益。法定代理人一般不能代理被代理人放弃继承权，受遗赠权。明显损害被代理人利益的，应认定其代理行为无效。”第18条：“自继承开始之日起的第18年至第20年期间内，继承人才知道自己的权利被侵犯的，其提起诉讼的权利，应当在继承开始之日起的20年之内行使，超过20年的，不得再行提起诉讼。”

3. 部门规范性文件。自然资源部**《不动产登记暂行条例实施细则（2019年修改）》**（2019年7月24日）第14条：“因继承、受遗赠取得不动产，当事人申请登记的，应当提交死亡证明材料、遗嘱或者全部法定继承人关于不动产分配的协议以及与被继承人的亲属关系材料等，也可以提交经公证的材料或者生效的法律文书。”建设部**《房屋登记办法》**（2008年7月1日，已于2019年9月6日起失效）第12条：“申请房屋登记，应当由有关当事人双方共同申请，但本办法另有规定的除外。有下列情形之一，申请房屋登记的，可以由当事人单方申请：……（三）因继承、受遗赠取得房屋权利……”第33条：“申请房屋所有权转移登记，应当提交下列材料：（一）登记申请书；（二）申请人身份证明；（三）房屋所有权证书或者房地产权证书；（四）证明房屋所有权发生转移的材料；（五）其他必要材料。前款第（四）项材料，可以是买卖合同、互换合同、赠与合同、受遗赠证明、继承证明、分割协议、合并协议、人民法院或者仲裁委员会生效的法律文书，或者其他证明房屋所有权发生转移的材料。”司法部**《关于办理遗嘱公证涉及夫妻共有财产问题的批复》**（1982年5月2日　〔82〕司发公字第150号，已于2014年4月4日起失效）：“……夫妻共有财产，配偶一方死亡，另一方申请遗嘱公证的，应先析产，而后公证。没有析产的，同意你们意见，可写明‘我与配偶的共有财产，未曾分割，属于我个人的财产，在我死后归×××继承。’对于祖传房产，一般应按法定继承顺序办理；土改时分得的房产，应视为当时生活在一起的家庭成员的共有房产。”

4. 地方司法性文件。北京高院**《关于立案审判适用法律若干问题的解答（二）》**（2019年11月20日）第26条：“继承纠纷案件中遗产价值无法确定时，如何收取诉讼费?根据民事诉讼法解释第一百九十八条的规定,诉讼标的物是房屋、土地、林木、车辆、船舶、文物等特定物或者知识产权,起诉时价值难以确定的,人民法院应当向原告释明主张过高或者过低的诉讼风险,并以原告主张的价值作为诉讼标的额收取诉讼费。”上海高院《**房屋征收补偿利益分割民事纠纷研讨会会议纪要**》(2020 年 3 月 25 日　沪高法民〔2020〕4 号)第 7 条:“【征收补偿协议效力】私有房屋的部分产权人在房屋征收时已经死亡,部分继承人与征收单位签订征收补偿协议,未在补偿协议上签名的继承人主张其未能取得足额补偿,应如何处理?在私有房屋征收中,很多情况系由家庭代表而非全体征收被安置人与征收单位签订征收补偿协议,嗣后有的被安置人认为其未参与征收补偿协议签订且未取得足额补偿,遂引发纠纷。此类纠纷系对征收补偿协议不服,不属于征收补偿利益分割纠纷,宜先行解决征收补偿协议效力问题,应为行政协议案件,在行政诉讼中予以解决。在先行解决征收补偿协议效力的情况下,再处理内部分割问题。若被安置人对部分产权人与征收单位签订的征收补偿协议没有异议的,民事审判应依法予以处理。”第 11 条:“【安置房的购买权利继承问题】如果居住在被征收房屋内的被安置人在签订征收补偿安置协议之后、安置利益分割之前死亡,其继承人能否享有被继承人本可享有的优先购买安置房的权利?在安置补偿对象人数较多,但可以分割或者购买的安置房数量有限的情况下,存在哪些被安置人有权优先购买安置房的问题。2011 年《动迁新政后动迁安置补偿款分割纠纷研讨会综述》中,多数意见认为安置房应优先用于保障在被征收房屋内实际居住的被安置人。实践中,有的法院提出,如果居住在被征收房屋内的被安置人在签订征收补偿安置协议之后、安置利益分割之前死亡,其继承人能否享有被继承人本可享有的优先购买安置房的权利存在争议。鉴于被安置人死亡的,即已不存在实际居住的事实,其继承人可以继承被继承人的征收补偿利益,但是被继承人基于其居住事实而享有的优先购买安置房的权利不能继承。”第 12 条:“【家庭内部协议的性质和效力】家庭成员在征收之前就征收补偿利益的分割以家庭内部协议的方式预先作出约定,对于此类协议的性质和效力应如何认定?家事纠纷有人身依附性和家庭伦理性特征,家庭成员之间关于征收补偿利益分割事宜所达成协议的性质为家庭共有财产分割,内含家庭成员对家事问题、财产问题等的妥协和让步。家庭成员对于财产的处分与赠与不同,不宜按任意撤销权之规定处理,法院应尊重家庭成员之间的合意。如果协议仅有部分被安置人签字的,要结合协议签订的背景、协议内容、签字方是否有代理权等因素综合判断协议是否为全体被安置人的共同意思表示。”第 18 条:“【动迁利益分割与遗产继承】部分被安置人死亡的,在处理安置补偿利益分割案件中是否需要就遗产继承一并处理?实践中,如果部分被安置人死亡,当事人往往要求在征收补偿利益分割案件中就死亡被安置人补偿利益的继承问题一并予以处理。为尽可能减少当事人诉累、一次性解决纠纷,应按照2011年《动迁新政后动迁安置补偿款分割纠纷研讨会综述》第三条的意见执行,遗产继承问题原则上应一并处理。但是,如果死亡的被安置人除安置补偿利益外还有其他遗产,其继承人要求与其他遗产一并处理的,或一并处理涉及案件情况复杂、程序环节众多等情况,可在安置补偿分割案件中只明确涉及房屋征收补偿利益的遗产范围。继承人之间的继承问题另案诉讼解决。”江苏高院《**家事纠纷案件审理指南**》(2019年7月18日)第45条:“作为继承人的夫妻一方放弃继承权,夫妻另一方能否主张放弃继承权无效或者赔偿损失?继承人在继承开始后遗产处理前可以根据自己的意志决定接受继承还是放弃继承权,作为继承人的夫妻一方对继承权的处分无需征得夫妻另一方的同意。夫妻另一方主张放弃继承权无效或者赔偿损失的,不予支持。但如果夫妻另一方举证证明作为继承人的夫妻一方放弃继承权致使不能履行法定义务导致其获得经济帮助、扶养等权益受到损害的,其关于放弃继承权无效或者赔偿损失的主张,应予支持。”北京高院《**关于审理继承纠纷案件若干疑难问题的解答**》(2018年6月11日)第7条:“农村宅基地上房屋能否适用遗赠?遗赠人生前将宅基地上房屋遗赠本集体经济组织以外的人,受遗赠人在遗赠人死后主张因遗赠取得宅基地上房屋所有权的,人民法院不予支持。”第8条:“农户家庭中父母与部分子女共为一户,该子女未另行分家并新分宅基地。父母死亡时,已另行分家的子女能否主张对相应宅基地上房屋进行继承?农户家庭中部分子女与父母分家另过;部分子女与父母共为一户且未新分宅基地。父母死亡时,已分家另过的子女主张对相应宅基地上房屋进行继承的,人民法院不予支持。人民法院应释明当事人可对相应宅基地上房屋折算价值主张继承。上述分家另过子女仍为农村集体经济组织成员身份且未取得宅基地的,主张相应宅基地上房屋权利的,应予支持。”第9条:“被继承人死亡后所遗宅基地房屋被翻扩建,如何处理?被继承人死亡后,未经继承人同意,擅自对被继承人生前所有的宅基地上房屋进行翻扩建的,不影响已确定的该宅基地上房屋遗产份额划分。继承人有权要求上述擅自改扩建人承担恢复原状、赔偿损失等责任,但实际居住管理房屋的继承人出于居住使用、维护管理目的对房屋进行翻扩建的除外。”第10条:“在被继承人生前对宅基地房屋翻扩建存在贡献的人,主张宅基地房屋权利的,如何处理?对被继承人生前宅基地上房屋翻扩建确存在贡献的人,据此主张享有宅基地上房屋共有权或增加相应继承份额的,人民法院不予支持。对于其据此主张的相应补偿请求,人民法院应根据相应证据,尊重风俗习惯,从公平角度出发,在判断法律关系性质属于赠予、亲属间无偿帮扶亦或债务的基础上,确定是否支持。”第11条:“作为遗产的城市住宅平房未经审批翻建、改建、扩建,没有取得新的产权证或者经明确无法办理新产权证,继承人要求继承该房屋,如何处理?作为遗产的城市住宅平房未经审批翻建、改建、扩建,没有取得新的产权证或者经明确无法办理新产权证的,继承人要求继承该房屋及分割使用的,人民法院应予支持。但人民法院应在判决中明确,该判决不作为拆迁补偿依据;并明确对于该房屋是否属于违章建筑、能否取得房产证、应由相关行政主管部门依相关规定确定。”第14条:“继承纠纷中请求对城市成套住宅、住宅平房进行所有权分割的,如何处理?继承纠纷中数个继承人请求将登记为成套住宅的遗产分割为数个不动产物权进行继承的,人民法院不予支持。继承纠纷请求将登记为住宅平房的遗产分割为数个不动产物权进行继承的,应先征询相关行政主管机关意见,对是否具备物理分割、单独办理不动产权证的条件进行明确。避免出现与相关政策冲突难以执行情况。上述不能分割为数个不动产物权进行继承的,人民法院应释明当事人变更诉讼请求为对不动产物权继承份额进行确定,并可请求进行实际使用分割。”第16条:“继承开始前放弃继承期待权的承诺是否有效?继承纠纷中,当事人以继承人在继承开始前已明确表示放弃继承期待权为由,请求确认继承权丧失的,人民法院不予支持;但该放弃表示系在分家析产等合意行为中作出,涉及继承权之外其他权利义务安排,继续享有继承权有违相关习俗并导致显失公平的,人民法院对作出放弃表示方请求继承遗产的请求不予支持。”第25条:“继承人均明确表示放弃继承权,债权人能否起诉继承人要求履行被继承人生前所负债务?继承人均明确表示放弃继承权,但存在继承人实际占有、使用、收益、处分遗产情形的。债权人起诉实际占有、使用、收益、处分遗产的继承人,请求配合履行被继承人生前债务的,法院可根据案件情况予以支持。”北京高院**《关于审理房屋买卖合同纠纷案件若干疑难问题的会议纪要》**(2014年12月16日　京高法发〔2014〕489号)第18条:“出卖人在签订房屋买卖合同后死亡,买受人有权要求出卖人的继承人在继承遗产范围内继续履行合同债务,交付房屋并办理房屋过户登记。法院应当依据买受人的诉讼请求判决:‘出卖人的继承人协助买受人办理房屋过户登记手续’。”上海高院**《物权民事纠纷办案要件指南(总则部分)》**(2012年7月9日)第8条:“……【说明】……(3)通过继承或者受遗赠等行为取得标的物物权。物权法第二十九条规定:‘因继承或者受遗赠取得物权的,自继承或者受遗赠开始时发生效力。’这里继承或者受遗赠的发生,自被继承人死亡或受遗赠开始时开始,均不以继承或者受遗赠的意思表示必备要素,而是依法律规定产生法律后果,继承人或者受遗赠人不需要具有相应的民事行为能力,因此继承或者受遗赠属于事件引发的物权变动。对于上述规定,关键是要正确认识物权变动的时间如何确定。第一,在继承情形下,物权变动节点为被继承人死亡之时。根据我国继承法第二条的规定,继承开始的时间为被继承人死亡时的时间。因此,被继承人死亡时即发生物权的变动效力。所谓‘死亡’,既包括事实死亡,也包括宣告死亡,宣告死亡的自判决所确定的死亡之时继承开始。第二,在遗赠的情形下,对物权变动节点存在不同认识。

有人认为，物权变动则始于遗赠人死亡之后、受遗赠人作出接受遗赠的意思表示之时；如果受遗赠人不愿接受遗赠，则不发生物权变动。另一种观点认为，被继承人死亡时即发生物权变动的效果，变动后的权利人是被继承人的法定继承人，之后在受遗赠人表示接受遗赠时，法定继承人已经继承的财产权利再一次发生变动，即从法定继承人处转移到受遗赠人处。我们认为，在第一种观点之下，会导致自遗赠人死亡之后到受遗赠人表示接受期间，遗赠物及孳息权利主体缺位的状态，不利于对物权的固定和保护；在第二种观点之下，从法定继承人到受遗赠人的所谓二次物权变动，既无法律依据，又无法理基础，并且会徒增法定继承人与受遗赠人之间的矛盾纠纷。根据我们的理解，遗赠作为一种单方法律行为，只要遗嘱的形式及内容合法，即可发生法律效力，无需受遗赠人同意。由于遗赠是一种死因行为，遗赠在遗赠人死亡时发生法律效力，故受遗赠开始的时间通常为遗赠人死亡的时间。此外，继承法第二十五条第二款规定：'受遗赠人应当在知道受遗赠后两个月内作出接受或者放弃受遗赠的表示，到期没有表示的，视为放弃受遗赠。'据此规定，即使受遗赠人已经依物权法的规定取得遗赠的物权，但如果其在两个月内未明确表示接受遗赠，则应视为放弃已取得的物权，归法定继承人继承。"浙江温州中院**《全市行政复议和行政审判联席会议第五次联席会议综述》**(2011年5月20日)第7条："房屋买卖协议经预告登记后，买受人死亡的，权利义务转移至买受人的继承人。房屋登记机构在有关买受人继承人的事实清楚、意思表示明确的情况下，根据申请，办理房屋所有权转移登记。房屋买卖协议经预告登记后，出卖人死亡的，出卖人的继承人应当协助买受人办理转移登记。房屋登记机构在有关出卖人继承人的事实清楚、意思表示明确的情况下，根据申请，办理房屋所有权转移登记。"上海高院**《关于审理分家析产案件若干问题的意见》**(2007年9月20日　沪高法民一〔2007〕20号)第2条："被继承人死亡已逾20年，登记在其名下的房屋动迁后，继承人主张动迁款的处理。被继承人死亡后，继承人未声明放弃继承，且系争房屋权利未发生变动的，系争房屋的权属归继承人共同共有，继承人的确权主张不受诉讼时效限制，可依法确认各方的权利份额。但系争房屋已动迁的，继承人应当在知道或应当知道动迁利益受侵害之日两年内主张动迁利益。"上海高院**《关于审理婚姻家庭纠纷若干问题的意见》**(2007年3月15日　沪高法民一〔2007〕5号)第14条："夫妻关系存续期间，一方继承遗产的分割。夫妻关系存续期间，一方作为继承人根据继承法的规定可以继承遗产，但继承人之间尚未对该遗产进行分配的，由于继承人在遗产分割前仍有权放弃继承，因此，离婚诉讼中，法院对继承人的配偶要求分割该遗产的请求不予处理，但可以保留其诉权，由当事人在其权利条件具备时再主张分割。"北京高院、市建委**《关于规范房产执行和协助执行有关问题的通知》**(2006年10月1日　京高法发〔2006〕319号)第11条："对被执行人因继承、判决或者强制执行取得,但尚未办理权属登记的房屋的查封,执行法院应当向市或区县建委提交被执行人取得财产所依据的继承证明、生效判决书或者执行裁定书及协助执行通知书,由市或区县建委办理房屋权属登记的核准手续后,办理查封登记。查封自市或区县建委在送达回证上签收之日起生效。”辽宁沈阳中院**《关于审理房地产案件若干问题的处理意见(之二)》**(2004年12月2日　沈中法〔2004〕31号)第2条:“关于公房使用权的继承问题。根据公有住房使用权的性质,可以作为遗产进行继承。无论是基于单位分配而获得的公房使用权还是通过市场交易而取得的使用权,均应允许对其所体现的财产权益继承。在发生继承争议时可参照《最高法院关于适用中华人民共和国婚姻法若干问题的解释(二)》第二十条的规定精神处理。即:各继承人就作为遗产的使用权房屋的价值及归属达成协议,按协议处理;无法达成协议的,人民法院可按以下情形分别处理:1.各方均主张作为承租代表人承租房屋的并且同意竞价取得的,应当准许;2.一方主张房屋使用权的,就价值不能达成一致的,可由评估机构按市场价格对房屋使用权作出评估,取得房屋使用权的一方应按继承份额给予另一方相应的补偿;3.双方均不主张房屋使用权的,根据当事人的申请拍卖房屋,就所得价款进行分割。”第5条:“关于公有住房动迁期间,原承租代表人死亡,与其共同居住的子女以其自己名义取得回迁房产权或货币安置款,而引起的继承和析产问题。根据公房使用权的性质,其他继承人有权主张财产权利。在处理上,首先应确定与父母共同居住的子女是否拥有承租使用权,是否构成对使用权的共有,如构成共有则应先析产,将该子女应得的份额扣除后,其余财产按继承处理。如果其中一个子女已经取得了回迁房屋的产权,则不应再将该房屋作为‘遗产’进行分割,而应在确定原使用权房屋的价值后,由其对其他继承人给予补偿。”第6条:“关于公有住房在房改过程中产生的权属纠纷受理问题。1.公有住房进行房改,原承租代表人与产权人签订了出售公有住房协议并取得产权,或者原承租代表人死后,原房屋共同承租人中的一人与产权单位重新建立承租关系,并进行房改取得产权,其他共同承租人或原承租代表人的继承人起诉要求确认房改协议无效的,法院不应作为民事案件受理。此类案件类似单位内部分房纠纷,法院不能用公权干预产权人依法处分自己的民事权利,即不能判令产权单位与哪一个共同承租人建立租赁关系并将房屋产权出售给他。2.如果原告以原房屋为共有财产,起诉房改后新的产权人要求返还其应有份额,法院应作为民事案件受理。比照前面分割共有财产的做法,给原告相应补偿。3.如果房改后的产权人起诉原共同承租人腾房,法院应该受理。共同承租人有使用权的,或对争议房屋有继承权,一般不应改变争议房屋的居住现状,应告知双方当事人可以请求对原承租使用权,按前述方法进行分割或继承。在充分释明和调解后,如原告坚持要求被告腾房,根据‘买卖不破租赁’的原则,被告基于共有享有的使用权不因房屋产权变化而丧失,应判决驳回原告诉讼请求。”上海高院《**关于审理公房承租权确定及使用权转让纠纷案件若干问题的意见**》(2004年9月28日　沪高法民一〔2004〕44号)第1条:“公房原承租人死亡,相关人员对承租权确定产生争议,直接诉讼至人民法院时,人民法院是否受理?答:根据上海市的有关规定,公有居住房屋的承租人死亡后,其生前在本处有本市常住户口的共同居住人,或者没有符合上述条件的人员,其生前具有本市常住户口的配偶和直系亲属,有权继续履行租赁合同。我们认为,公房租赁关系首先是一种合同关系,当事人享有自主选择合同相对人的权利。该权利未经授权,他人不得代行。因此在数人同时有权继续履行租赁合同,且无法协商一致的情况下,应当由作为出租人的公房产权单位或国家授权经营管理公房的单位从中予以确定。当事人直接诉讼至人民法院要求确定的,不予受理。但当事人对出租人确定的承租人资格提出异议而诉至法院的,人民法院可予受理。诉讼中,对承租人资格有争议的各方为案件的原、被告,出租人为无独立请求权的第三人。安全审理以维持出租人的确定为原则,除非原先有证据证明出租人所确定的承租人明显不符合《上海市房屋租赁条例》及相关意见要求的,人民法院可判决撤销,依法重新确定。”北京高院《**关于因直管公房租赁引发纠纷的受理问题的意见**》(2003年11月27日　京高法发〔2003〕350号)第2条:“直管公房承租人、承租人的共同居住人与政府公房管理部门或直管公房经营管理单位发生的以下纠纷,由于涉及政府公房管理部门或直管公房经营管理单位依据其房管职权审查当事人承租资格问题,具有行政管理性质,双方法律地位不平等,应作为行政案件立案受理:(一)直管公房承租人死亡后,承租人的共同居住人对政府公房管理部门或直管公房经营管理单位依职权变更直管公房承租人不服提起的诉讼;(二)直管公房承租人或承租人的共同居住人认为符合直管公房租赁变更条件,请求政府公房管理部门或直管公房经营管理单位变更直管公房租赁关系,政府公房管理部门或直管公房经营管理单位不予变更产生纠纷提起的诉讼。以上因变更直管公房承租人或租赁关系问题引发纠纷提起行政诉讼的,应以政府公房管理部门或法律、法规、规章授权的组织为被告。”上海高院《**关于印发〈处理公有住房出售后纠纷的若干意见〉的通知**》(1996年10月31日　沪高法〔1996〕250号)第16条:“房屋所有权人在法定限制转让的期间将房屋产权赠与他人的行为无效。房屋所有权人在法定限制转让期届满后将房屋明示赠与他人,受赠人已实际占有了受赠房屋,在办理房屋产权过户手续中,赠与人死亡或丧失行为能力的,该赠与行为有效。”广东高院《**关于审理房屋纠纷案件若干问题的意见(试行)**》(1993年11月4日　粤高法发〔1993〕64号,已于2020年12月31日经粤高法〔2020〕132号废止)第2条:“《中华人民共和国民法通则》(以下简称民法通则)施行以后,继承人之一或部分继承人(共有人)未经全体继承人(共有人)同意,对遗产房屋进行产权变更登记的,属侵权行为,不属代表登记,诉讼时适用民法通则的诉讼时效规定。民法通则施行前,由继承人之一或部分继承人登记产权的,视为代表登记,产权仍为各继承人共同所有。民法通则施行后换证登记未补正的,仍应视为代表登记。”上海高院**《关于印发〈关于审理房产纠纷案件若干疑难问题的讨论纪要〉的通知》**(1993 年 10 月 27 日 沪高法〔1993〕148 号)第 9 条:“已亡父母所有的房屋拆除后,由居住父母房屋的子女购得联建公助房或优惠价商品房,产权为出资人所有,旧房折价款为父母遗产,继承时其它子女可适当多分得父母遗下的旧房折价款。”第 10 条:“父母死亡前已签订购置联建公助房或优惠价商品房协议并付款的,死亡后其所购置房屋为父母遗产。继承时,应根据继承人的居住情况,分割实房或房屋折价款,折价款以房屋重置价为基准。对与父母生前同住的子女应优先考虑继承实房。”第 12 条:“优惠价商品房产权人死亡后,继承人要求继承时,应根据继承人的居住情况,分割实房或房屋折价款。对与被继承人同住的继承人应优先考虑继承实房,其它继承人可按份额继承相应的折价款,折价款以房屋重置价计算。”

5. 地方规范性文件。北京市住建委**《关于加强廉租住房、经济适用住房和限价商品住房审核配租配售管理等问题的通知》**(2010 年 10 月 8 日 京建发〔2010〕523 号)第 3 条:“……购房人签订购买经济适用住房或限价商品住房合同后死亡,依下列情况办理:1. 购房人签订购房合同后,办理房屋产权登记前死亡的,购房家庭中没有其他共同申请成员的,房屋销售单位应终止购房合同,并按照有关法律规定和合同约定结清相关款项;购房家庭中有其他共同申请成员的,由当事人与房屋销售单位按照法律规定和合同约定自行处理。2. 购房人在办理房屋产权登记后死亡,购房家庭其他成员可依据继承法律规定办理相关房屋登记手续,产权性质不变……”北京市国土资源和房屋管理局、北京市人民政府房改办公室**《关于房改售房若干问题的通知》**(2000 年 8 月 18 日)第 7 条:“购房人在办理售房手续过程中死亡的,凡已按规定交纳了首付款,且继承人愿意继续付款的,可由其继承人按照原付款协议继续支付房价款,房屋产权可按继承的有关规定变更为继承人所有。原购房人产权证尚未办理的,所购住房产权可直接登记在继承人名下,并按规定发放产权证。”北京市落实私房政策领导小组**《关于印发〈北京市落实私房政策领导小组第二十六次会议决定的一些政策性问题〉的通知》**(1983 年 8 月 1 日)第 1 条:“在发还‘文革’期间接管的私房产权工作中,因产权人死亡,由亲属继承遗产的,均需经公证机关公证。为了保证迅速完成发还私房产权的任务,公证机关和房管部门要合署办公,密切协作。公证机关应力争房产继承公证工作走在发还私房产权工作的前面,房管部门要从提供已故产权人名单和私房档案资料方面给予方便和合作。”第 7 条:“占用私人自住房的承租人已故,应由其共居的亲属中确定一名新承租人,并由新承租人所在单位负责腾退。如果原承租人去世前,所在单位已将其列入腾退计划名单,则仍由原承租人所在单位负责腾退。”

6. 参考案例。2020 年**北京某继承纠纷案**,2002 年,冯某入住冯子房屋,冯子出具收到购房款 30 万元的收条。2010 年,冯某去世。冯女以冯某居住房屋系遗产为由诉请分割,冯子以该房登记在自己名下为由抗辩,并称所收 30 万元因受托另外购房未果已退还冯某,但未就此举证。法院认为:根据查明事实,案涉房屋在冯子出具收条当年开始至今均未由冯子实际控制、占有及使用,冯子长达数年时间里亦未对案涉房屋主张权利,明显缺乏合理性。再者,案涉房屋虽登记在冯子名下,但冯子却长期未持有该房屋权属证书,相关手续由冯女持有,显与常理相悖。综上判断,应认定冯某与冯子之间存在房屋买卖合同关系,且冯某已支付相应款项并一直实际占有、使用案涉房屋。根据《物权法》第 9 条第 1 款规定,不动产物权的设立、变更、转让和消灭,经依法登记,发生效力;未经登记,不发生效力,但法律另有规定的除外。本案中,虽然冯某与冯子之间存在房屋买卖合同关系,但该房屋权属仍登记冯子名下,即买卖合同关系成立后,冯子未履行房屋登记过户手续。因此,依据上述法律规定,不发生房屋权属变更效力。尽管冯某有权占有、使用房屋,但不得由此主张其对房屋享有所有权。虽然上述条款规定了例外情形,然而例外情形指的是在物权法定原则下,《物权法》规定的不动产物权不需要登记或不动产物权变动不以登记作为生效要件情形。而本案中,冯某与冯子之间属普通交易行为,虽属母子关系,但此不足以构成上述条款例外,故案涉房屋权属上仍属冯子所有,不属冯某遗产。依《继承法》第 3 条规定,公民的其他合法财产包括非专属于自然人所有的、能够移转的财产性权益。不具有人身专属性的合同债权即属于此处“其他合法财产”。依《物权法》第 15 条规定,当事人之间订立有关设立、变更、转让和消灭不动产物权的合同,除法律另有规定或者合同另有约定外,自合同成立时生效;未办理物权登记的,不影响合同效力。本案中,虽然冯子并未履行房屋变更登记手续,但依法不影响该买卖合同效力。因此,应视为冯某依合同约定,在支付完全部房屋价金后,有要求冯子履行过户登记的合同权利。该合同权利属于不具有专属性的财产权益,在冯某去世后,应由其继承人享有。故本案中,冯某遗产应确定为合同债权,而非案涉房屋物权。因冯某已去世,权利主体资格消灭,不能作为房屋所有权人继续承受权利,故而要求冯子过户给冯某再作为遗产处理显然不当,徒增负担。从合同履行角度考量,当冯子将房屋由单独所有变更为继承人共同所有时,即可视为其履行了合同义务,如此认定亦简化了合同交易关系。但本案为继承纠纷,在确定遗产后,仍应在各继承人之间对遗产进行分配。据此,法院应依法定继承原则,直接确定各个继承人对房屋份额,从而一并处理合同履行、遗产继承和房屋分割问题具有法律依据。判决确认案涉房屋应由冯女、冯子各占 50% 比例。2011 年**某房屋买卖合同纠纷案**,张某母死亡后,登记在张某父名下的夫妻共有房屋未作分割,由张某父继续居住。两年后,张某父再婚,与其妻赵某仍在此共同生活。张某留学在外,闻知其父病逝消息回国后发现,赵某已将张某父名下房产转让给齐某。张某诉请赵某和齐某返还房产。法院认为:案涉房屋登记在张某父名下,本为张某父母的夫妻共同财产。张某母死亡后,其配偶、子女均为法定第一顺序继承人。由于当时张某尚在校就读,未婚,故无单独的住房要求,亦未对属于张某母的遗产进行分割。张某父死亡后,其再婚妻子赵某利用掌握在手的张某父名章和未交回公安机关的张某父身份证,将张某父名下房屋出售给齐某。依《继承法》规定,张某父死亡后,其第一顺序继承人有其妻赵某和儿子张某。但案涉房屋并非全部为张某父遗产,其中应将张某母死亡后由张某父和张某继承的遗产析出,即整个房屋二分之一为张某母遗产,另外二分之一为张某父财产。张某母遗产中的二分之一为张某父继承,另外二分之一为张某所有。张某父死亡后,其遗产范围是整个房屋二分之一加上其从张某母遗产中继承的二分之一。赵某虽与张某父结婚,但该房屋系张某父婚前财产,故其并非共有人。在张某父死亡后其作为张某父配偶有权作为法定第一顺序继承人继承张某父遗产的二分之一。赵某擅自处分张某父名下全部房屋,侵犯了张某财产权和继承权,张某有权以赵某和齐某为被告诉请追回自己应从父母遗产中继承份额的房产。张某能否通过诉讼最终从齐某处追回房产,则取决于齐某在购买赵某所售张某父名下房产时是否属于善意取得,即其购房手续是否完备、合法,已进行房屋产权转移登记、支付了对价,且不了解赵某售房时张某父已死亡,不可能出具委托手续,赵某亦无案涉房屋全部产权。如齐某属于善意取得,则为保护交易安全,法院不会判决齐某向张某返还案涉房屋。张某获得救济途径只能是请求赵某返还其应继承份额的房价款并要求赵某赔偿其财产权受到侵害所遭受损失。如齐某不属于善意取得或所购房屋未进行产权变更登记,则张某诉请应得到法院支持。2017 年**北京某商品房预售合同纠纷案**,2007 年,郭某父母死亡。2010 年,郭某父名下承租公房因拆迁,郭某与郭某姐与开发公司签订回迁安置协议。2012 年,郭某姐将约定归郭某所有的安置房通过中介售予赵某并收取房款,该合同后被法院生效判决确认有效。2015 年,生效判决确认诉争安置房归郭某所有,郭某据此办理了过户手续。因赵某拒绝腾房致诉。法院认为:依《物权法》第 34 条规定,无权占有不动产或者动产的,权利人可以请求返还原物,故权利人行使返还原物请求权前提之一即占有人为无权占有。根据查明事实,案涉房屋拆迁时包括公房及自建房。公房原承租人死亡后,就该公房并未重新签订租赁协议以确定新的承租人,且当时该房屋空置,亦无其他人作为实际承租人履行承租上述公房的权利义务,故可认定该公房并未产生新的承租人。诉争房屋系前述公房被拆迁后转化的拆迁利益,在原公房承租人死亡后,上述安置房权利应由其法定继承人依法享有。依继承人对诉争房屋分割协议,郭某姐作为拆迁利益共有人依据回迁安置协议对诉争房屋享有占有权源。赵某签订房屋买卖合同之时，郭某姐对该房屋相关利益享有的是共有人权利，其签订房屋买卖合同应经其他共同共有人同意，否则构成无权处分，虽该合同已经生效判决认定为有效，但无权处分行为效力待定，即郭某姐尚不具备转移占有的处分权，其转移占有于赵某行为效力待定。在郭某取得房屋所有权证并经法院生效判决确认其所有权后，郭某姐无权处分行为并未事后取得处分权亦未经其他共有人追认，赵某从郭某姐处继受取得对该房屋占有，不具备占有权源，其占有系无权占有。判决赵某将案涉房屋腾退并交付郭某，腾退房屋时不得损坏房屋及附属设施。2014 年**北京某商品房预售合同纠纷案**，2008 年，张某与开发公司签订限价商品房预售合同，并支付 49 万余元购房款。2010 年，该房竣工，张某去世。皮某以其继承人身份诉请继续履行。法院认为：北京市《限价商品住房管理办法》第 13 条规定："限价商品住房供应对象为本市中等收入住房困难的城镇居民家庭、征地拆迁过程中涉及的农民家庭及市政府规定的其他家庭。申请购买限价商品住房家庭应符合以下条件：（一）申请人须具有本市户口，申请家庭应推举具有完全民事行为能力的家庭成员作为申请人。单身家庭提出申请的，申请人须年满 30 周岁。市政府有关部门可根据限价商品住房供需情况，对单身申请人年龄实行动态管理。（二）申请家庭人均住房面积、家庭收入、家庭资产须符合规定标准，并实行动态管理。城八区的上述标准由市建设部门会同市有关部门根据本市居民收入、居住水平和住房价格等因素组织确定，经市政府批准后公布。远郊区县的上述标准由区县政府结合实际情况确定，经市政府批准后公布。"本案系商品房预售合同纠纷，诉争标的物系具有社会保障性质的限价商品房。该类房屋买卖合同签订、履行应遵循法律、法规及相关政策规定，故本案有权要求履行此类合同主体应满足行政机关规定的特定资格条件。本案中皮某虽系张某继承人，但并未获得限价房购买资格，故无权要求开发公司继续履行合同，判决驳回皮某要求开发公司交房并办理产权转移登记诉请。2013 年**北京某房屋买卖合同纠纷案**，2012 年，林某在妻子陈某去世后，就名下房产与林某子签订买卖合同，约定购房款 124 万余元。2014 年，林某诉请林某子支付。林某子以明显存在瑕疵的林某签字《声明》主张名买实赠。法院认为：依现有证据可认定诉争房屋系林某与陈某共有财产。陈某去世后，其财产应由林某与林某子继承，即案涉房屋系二人共有，故林某与林某子签订合同时属无权处分，但林某子对于其系案涉房屋共有人应当知晓。林某子在此情况下仍签订买卖合同，故该合同在不违反法律、行政法规强制性规定情况下系有效合同，双方均应依约履行。该合同可视为林某对其享有的案涉房屋份额转让行为。合同约定林某子应给付价款，现林某子主张无需给付，应负担举证责任。现林某子提交的《声明》，其签字位置在右上角，明显不符合书写习惯，且声明内容并非林某书写，在林某书写《声明》后不久，即报警称林某子要求其在空白纸上签字,故对林某子提交的《声明》不予采信。本案应认定林某子对其无需支付价款的主张未完成举证义务,对林某子无需依约支付价款主张,不予支持。判决林某子给付林某房款124万余元。2011年**北京某房屋买卖合同纠纷案**,2009年4月25日,张某病逝。张某弟以自己女儿为被告提起确权诉讼,法院认定张某2009年4月14日出具的房屋归张某弟的遗嘱有效。同时期,张某姐以张某弟为被告,要求确认张某2009年4月2日出具的张某姐享有继承权的遗嘱有效,诉讼中得知前案诉讼,遂提起再审。其间,张某弟将张某名下房屋售予高某并伪造张某身份证办理过户手续。2010年,张某姐起诉住建委,要求撤销过户登记手续。法院认为:《房屋登记办法》第4条规定,房屋登记由房屋所在地的房屋登记机构办理。房屋登记机构是指直辖市、市、县人民政府建设(房地产)主管部门或其设置的负责房屋登记工作的机构。依《房屋登记办法》第35条第1款规定:"因人民法院或者仲裁委员会生效的法律文书、合法建造房屋、继承或者受遗赠取得房屋所有权,权利人转让该房屋所有权或者以该房屋设定抵押权时,应当将房屋登记到权利人名下后,再办理房屋所有权转移登记或者房屋抵押权设立登记。"据此规定,因张某已去世,张某弟如需将原属张某名下房屋转移登记于高某名下,应根据有效的遗嘱将房屋登记到张某弟名下,再办理张某弟与高某之间的房屋所有权转移登记,但张某弟并未依上述规定办理房屋转移登记。本案中,在申请房屋转移登记时,关于2009年4月14日遗嘱效力的诉讼仍在进行中,继承人继承权并未最终确定,张某弟在隐瞒张某已去世,且未向房屋登记机构如实告知继承纠纷诉讼情况下,通过伪造的张某身份证,以张某名义申请办理的房屋转移登记属于以隐瞒真实情况、提交虚假材料等非法手段获取房屋转移登记,又因张某弟和高某均未向法院提交房屋权利为高某善意取得的证据材料,故对于住建委为高某办理的房屋转移登记具体行政行为应予撤销。张某弟在遗嘱效力未经最终确认情况下,以张某名义擅自处分仍处在继承状态中的房屋,对张某姐权益保护造成了影响,故张某姐具有原告资格。判决撤销住建委将案涉房屋产权登记于第三人高某名下行为,高某取得案涉房屋所有权证无效。2010年**北京某房屋买卖合同纠纷案**,1998年,李某与张某父签订房屋买卖协议,李某付款并入住。2006年,张某父被法院宣告死亡。2010年,李某诉请房屋继承人张某继续履行并办理过户手续。法院认为:张某父与李某所签买卖房屋协议系当事人真实意思表示,且未违反法律、行政法规规定,应为有效,且该协议已被生效民事判决书确定为有效合同。李某作为买方,已支付全部价款并入住诉争房屋。张某父被宣告死亡后,其因买卖房屋而产生的债权债务应由继承人一并继承,故张某继承父亲所有的诉争房屋后,应以其继承财产清偿父亲尚未履行的合同义务,为李某办理诉争房屋所有权过户手续,判决张某继续履行房屋买卖协议并办理过户手续。2009年**浙江某返还原物纠纷案**,2009年,刘某以其亡夫王某名下土地证对应房产被叶某占有使用为由，诉请腾房。叶某以该房屋系其与其他亲属共有房屋，2003 年由叶某购买为由提出抗辩。法院认为：不动产权属证书是权利人享有该不动产物权证明。刘某提供的土地使用证明确记载诉争房屋土地使用权人为王某，叶某提供的农业税土地清册不足以推翻该土地使用权证，故应认定本案诉争房屋所有权人为王某。现王某已去世，其他继承人均同意由刘某一人继承房屋，故刘某有权以自己名义主张该房屋相关权利。《物权法》规定，无权占有不动产或动产的，权利人可请求返还原物，故刘某有权以自己名义诉请叶某腾退房屋。根据查明事实，王某将诉争房屋出卖给了叶某，且叶某依房屋买卖合同实际占有诉争房屋，其是否系无权占有，关键在于对房屋买卖协议效力的认定，对此，应在另案中进行审查和判断，不属本案审理范围。现刘某依物权保护请求权诉请叶某腾退、返还房屋，依据不足，判决驳回。2008 年**河南某房屋买卖合同纠纷案**，2006 年，杨某以 34 万元价格将亡父名下房屋售予赵某，杨某称分家时已获得该房产，并在协议上代母亲刘某及其他兄弟姐妹签名且加盖各自印章，收款后将房屋产权证及土地使用权证原件交赵某，赵某办理了过户手续。2007 年，刘某及杨某其他兄弟姐妹提起行政诉讼，房管局诉讼中撤销了给赵某颁发的产权证。2008 年，刘某及杨某其他兄弟姐妹诉请确认杨某与赵某房屋买卖协议无效。法院认为：杨某向赵某交付该处房产所有权证和土地使用权证以及代笔刘某等签名盖章行为，足以使赵某相信杨某本人充分享有代为出卖该处房屋权利。杨某与赵某所签房屋买卖协议符合协商一致公平交易原则，该协议签订后，赵某已支付约定价款，并已实际占有使用该房产，且已进行了改建，赵某取得该处房屋属善意有偿取得，故杨某与赵某所签房屋买卖协议应认定为有效，该协议应继续履行。刘某等人与杨某之间纠纷，双方可通过协商公平合理解决，协商不成可作另案处理。赵某作为善意有偿取得人已按买卖协议约定履行了相关义务，刘某等要求赵某赔偿损失返还房产无法律依据，不应支持。判决驳回刘某等诉请。2011 年 1 月**河南某房屋买卖合同案**，法院认为：畜牧站将案涉房产转让给武某个人所有，武某亡故后，该房产属武某妻、武某子共有。武某子与胡某签订售房协议交付定金时，武某子未经武某妻委托而代理母亲签名捺印，后母亲亦不予追认，武某子出售该共有房产行为违背《城市房地产管理法》“共有房地产，未经其他共有人书面同意的，不得转让”的规定。故胡某与武某子所签协议无效。武某子明知对所卖的房产没有完全的所有权，而未经母亲同意，与胡某签订购售房交付定金协议，导致该合同无效的责任在武某子，武某子应返还胡某定金 2 万元，并按同期中国人民银行贷款利率赔偿胡某损失。2010 年 3 月**福建某房屋买卖合同再审案**，法院认为：林某提交的《卖断契》系委托他人书写，如今书写《卖断契》内容的人及金某均已死亡，签名与印章的真实性无从考证。仅凭该《卖断契》不能证明林某向金某购买讼争屋的事实。但案涉房屋长期由林某居住、使用,直至2006年拆迁时止,金某及其女儿张某1、张某2在将近20年的时间里既未要求林某支付租金,又未向林某提出收房等事实,结合证人证言及其他证据,形成了证据锁链。据此,对林某主张其向金某购买了案涉房屋的事实予以采信。该房屋原由金某与两女儿共有,金某处分了女儿应继承的遗产份额应属无效行为,但张某1、张某2不及时主张权利也是酿成本案纠纷的主要原因。故法院认定房屋原由金某占75%份额,张某1和张某2共占25%份额,判决确认拆迁补偿款中属于金某的份额部分、房屋附属物部分的货币补偿及搬迁补助、搬迁奖励、装修及附属物补偿共计21万余元归林某所有,其余款项4万余元归张某1和张某2所有。2008年1月**天津某房屋买卖合同案**,法院认为:本案诉争房屋系曲某遗产,应由其子、其父母继承,在遗产分割前,应为三人共同财产。曲某兄与王某签订房屋买卖合同出卖诉争房产的行为已由曲某父母后来的行为和意思表示所追认,故应认定曲某兄有权代理其父母对诉争房产进行处分。曲某子在曲某死后随爷爷奶奶即曲某父母生活,王某以市场价格买房时认为曲某父母对曲某子有监护权和对房屋的处分权,符合生活常理,故曲某兄未取得曲某子的法定代理人即监护人曲某妻委托或事后追认处分曲某子共有财产的行为仍为有效,根据最高人民法院《关于贯彻执行〈中华人民共和国民法通则〉若干问题的意见(试行)》第89条"在共同共有关系存续期间,部分共有人擅自处分共有财产的,一般认定无效。但第三人善意、有偿取得该财产的,应当维护第三人的合法权益;对其他共有人的损失,由擅自处分共有财产的人赔偿"的规定,认定王某有权取得诉争房屋的所有权。2007年6月**辽宁某房屋买卖合同案**,妻子李某去世后,王某将亡妻名下的两间房屋之一以8万元售与朱某,约定李某名变更为王某名,再由王某名变更为朱某名的过户费用均由朱某承担。在朱某付款并入住后,王某办理了更名为自己名的手续,以处分房屋未经女儿同意为由主张合同无效。同时房屋分户办证费用亦存在争议。法院认为:争议房屋的产权人为王某妻子李某(已去世)。登记在李某名下的房屋共有两间,王某现出卖的房屋为其中一间。王某与朱某达成房屋买卖协议后,朱某依约支付房款同时,即进住使用房屋至今。按照双方所签协议的内容,王某负有协助办理过户义务。办理更名过户手续,双方应按协议约定支付过户费用。因两房共登记于一个房证是双方均未预见到的,故办理分户所产生的费用双方均摊。

【同类案件处理要点】

继承人之一处分被继承人名下房屋,未经其他享有继承权并占共有遗产2/3份额以上的继承人同意的,除非在表见代理情形买受人可依善意取得房屋外,买卖合同应为无效。

【相关法律风险提示】

1. 对于产权人已过世的房屋，买受人应对房屋继承及现时权属状况做详细考察，尤其涉及未成年人监护、非继承人受托售房情形，更要慎之又慎，防止无权处分的发生。案见天津大港区法院(2007)港民再字第2号"曲某子诉刘某等房屋买卖合同纠纷案"。

2. 允许上市交易的房改房，在原承租人死亡后，买受人签订购房合同，合同相对方应为所有继承人，或取得所有继承人委托授权的代理人，否则，案涉合同因违反《城市房地产管理法》关于共有房产处分规则，又不构成表见代理的情况下，合同无效。案见河南汝州法院(2011)汝民初字第271号"杨某诉武某子等合同纠纷案"。

3. 非作为继承人的出卖人与第三人之间所签房屋买卖合同，其标的物系被继承人房屋，继承人因此提起的房屋确权诉讼，通常包含了两层确认诉请：一为确认买卖合同效力，房屋为遗产；二为作为继承人，有权继承该房。因后一诉请法律性质为继承权纠纷，故不能通过房屋买卖合同纠纷解决。

4. 产权人生前与第三人签订的房屋买卖合同真实性，可以借助其他间接证据形成的证据链来认定其客观性、真实性。案见辽宁沈阳中院(2007)沈中民(2)房终字第603号"邓某与陆某房屋买卖合同纠纷案"。

5. 隐名代理的风险。由他人以自己名义签订合同，在本人因过世或丧失行为能力，而相对人和代理人又串通否认代理事宜情况下，要还原本来真相，可谓留给继承人或法定代理人相当大的后患。案见辽宁沈阳中院(2007)沈中民(2)房终字第603号"邓某与陆某房屋买卖合同纠纷案"。

6. 房产继承人主张第三人无权占有诉请返还原物，第三人以房屋买卖合同抗辩系合法占有的，应先审查合同真实性而非合法性。

7. 房屋继承人代为清偿被继承人所欠债务，应包括为买受人办理所继承房屋的产权转移登记手续这一合同行为义务。

8. 被继承人死亡后，名下未分割房产被无权处分的，继承人有权起诉，能否追回，取决于受让人取得该房产是否构成善意取得。以隐瞒真实情况、提交虚假材料等非法手段获取被继承人房屋转移登记，且不符合善意取得情形的，登记行为应予撤销。

9. 被继承人生前所签购房合同虽未办理过户，但不影响其死亡后，继承人以此主张合同债权并作为遗产就房屋进行分割。

【附注】

参考案例索引：辽宁沈阳中院(2007)沈中民(2)房终字第603号"邓某与陆某房屋买卖合同纠纷案"；见《遗产被转让后，继承人是否有权追回》(《民事审判指导与参考》研究组),载《民事审判指导与参考·民事审判信箱》(201101/45:245);北京一中院(2020)京01民终1017号“冯子与冯女等继承纠纷案”,见《冯某荣诉冯某国、冯某兰等人继承纠纷案——房屋交易已交付未登记情形下继承标的之辨析》(张琳、方硕,北京一中院),载《民事审判指导与参考·地方法院案例解析》(202003/83:231);北京一中院(2017)京01民终8935号“郭某与赵某物权纠纷案”,见《郭双海诉赵秦昌物权保护纠纷案——返还原物请求权的构成要件及其认定》(赵蕾),载《人民法院案例选》(201805/123:116);北京高院(2014)高民申字第01679号“皮某与某开发公司商品房预售合同纠纷案”,见《皮增颖诉北京北辰实业股份有限公司商品房预售合同纠纷案(政府文件的法律效力)》(郑吉喆),载《中国审判案例要览》(2015民:234);北京丰台区法院(2013)丰民初字第18556号“林某与林某子房屋买卖合同纠纷案”,见《林文宝与林志伟房屋买卖合同纠纷案(当事人通谋虚假意思表示的认定)》(梁艳),载《中国审判案例要览》(2015民:20);北京一中院(2011)一中行终字第744号“高立健与张素兰等房屋登记纠纷上诉案”,见《可期待继承权人可对房屋登记行为提起行政诉讼》(刘雄智),载《人民司法·案例》(201112:47);北京二中院(2010)二中民终字第233305号“李某与张某房屋买卖合同纠纷案”,见《李桂敏诉张铝房屋买卖合同案(登记请求权)》(杨筝),载《中国审判案例要览》(2011民:5);浙江宁波中院(2009)浙甬民一终字第1141号“刘某与叶某等返还原物案”,见《刘杏珍诉叶桂卿、周炯儿返还原物案》(田明芳、刘光明),载《中国审判案例要览》(2012民:16);河南汝州法院(2008)汝民初字第39号“刘轻等与杨志强房屋买卖合同纠纷案”,见《裁判要旨·民事》(许跃子、李洪斌),载《人民法院案例选·月版》(201001/13:170);河南汝州法院(2011)汝民初字第271号“杨某诉武某子等合同纠纷案”;福建高院(2010)闽民再申字第5号“张某1等与林某申请房屋买卖合同纠纷再审案”;天津大港区法院(2007)港民再字第2号“曲某子诉刘某等房屋买卖合同纠纷案”;辽宁沈阳中院(2007)沈民(2)房终字第684号“王某与朱某房屋买卖合同纠纷案”。

76. 房改房:交易之阻碍

——买卖房改房,是否有阻碍?

【合同效力】

【案情简介及争议焦点】

2003年2月,钱某夫妇与郭某夫妇签订售房协议,约定钱某将厂里分配并取得100%产权的公房以3.8万元卖给郭某。2008年，钱某以协议签订后无房居住为由诉至法院，请求解除合同。

争议焦点：1. 协议是否有效力？2. 解除理由是否成立？

【裁判要点】

1. 售房协议有效。双方所签售房协议合法有效。协议签订后郭某按协议约定向钱某支付了房款，钱某亦按协议约定将其居住的房屋腾出并交付给郭某使用。郭某已履行完毕合同约定的义务，并实际占有了本案争议的房屋。现钱某以经济困难、无房居住为由起诉要求解除协议。因钱某在出售房屋时就存在需另寻住处的问题，故钱某应对住房出售的后果有清楚的考虑。钱某在出售房屋时就已将房屋交给郭某使用，距今已有5年之久，如解除售房协议，让郭某搬出现有住房，必然给郭某一家的生活带来极大的不便，同时，近5年来全国房屋售价大幅上涨，解除售房协议如果仅以原房屋价款及违约金对郭某支付，显然有失公平。

2. 合同不予解除。本案中钱某请求解除合同，其不能举证证实该合同存在《合同法》第94条规定的法定情形。故钱某要求解除合同的诉讼请求，不能成立，法院不予支持。

【裁判依据或参考】

1. 法律规定。*《民法典》*(2021年1月1日)第209条："不动产物权的设立、变更、转让和消灭，经依法登记，发生效力；未经登记，不发生效力，但是法律另有规定的除外。依法属于国家所有的自然资源，所有权可以不登记。"第214条："不动产物权的设立、变更、转让和消灭，依照法律规定应当登记的，自记载于不动产登记簿时发生效力。"第215条："当事人之间订立有关设立、变更、转让和消灭不动产物权的合同，除法律另有规定或者当事人另有约定外，自合同成立时生效；未办理物权登记的，不影响合同效力。"第216条："不动产登记簿是物权归属和内容的根据。不动产登记簿由登记机构管理。"第217条："不动产权属证书是权利人享有该不动产物权的证明。不动产权属证书记载的事项，应当与不动产登记簿一致；记载不一致的，除有证据证明不动产登记簿确有错误外，以不动产登记簿为准。"第577条："当事人一方不履行合同义务或者履行合同义务不符合约定的，应当承担继续履行、采取补救措施或者赔偿损失等违约责任。"第583条："当事人一方不履行合同义务或者履行合同义务不符合约定的，在履行义务或者采取补救措施后，对方还有其他损失的，应当赔偿损失。"***《物权法》***(2007年10月1日，已于2021年1月1日起失效)第9条第1款："不动产物权的设立、变更、转让和消灭，经依法登记，发生效力；未经登记，不发生效力，但法律另有规定的除外。"第14条："不动产物权的设立、变更、转让和消灭,依照法律规定应当登记的,自记载于不动产登记簿时发生效力。”第15条:“当事人之间订立有关设立、变更、转让和消灭不动产物权的合同,除法律另有规定或者合同另有约定外,自合同成立时生效;未办理物权登记的,不影响合同效力。”《**城市房地产管理法**》(2007年8月30日)第36条:“房地产转让、抵押,当事人应当依照本法第五章的规定办理权属登记。”《**合同法**》(1999年10月1日,已于2021年1月1日起失效)第45条:“当事人对合同的效力可以约定附条件。附生效条件的合同,自条件成就时生效。附解除条件的合同,自条件成就时失效。当事人为自己的利益不正当地阻止条件成就的,视为条件已成就;不正当地促成条件成就的,视为条件不成就。”第94条:“有下列情形之一的,当事人可以解除合同:(一)因不可抗力致使不能实现合同目的;(二)在履行期限届满之前,当事人一方明确表示或者以自己的行为表明不履行主要债务;(三)当事人一方迟延履行主要债务,经催告后在合理期限内仍未履行;(四)当事人一方迟延履行债务或者有其他违约行为致使不能实现合同目的;(五)法律规定的其他情形。”《**民法通则**》(1987年1月1日,已于2021年1月1日起失效)第62条:“民事法律行为可以附条件,附条件的民事法律行为在符合所附条件时生效。”

2.行政法规。国务院《**关于促进房地产市场持续健康发展的通知**》(2003年8月12日　国发〔2003〕18号)第8条:“继续推进现有公房出售。对能够保证居住安全的非成套住房,可根据当地实际情况向职工出售。对权属有争议的公有住房,由目前房屋管理单位出具书面具结保证后,向职工出售。对因手续不全等历史遗留问题影响公有住房出售和权属登记发证的,由各地制定政策,明确界限,妥善处理。”第10条:“搞活住房二级市场。要认真清理影响已购公有住房上市交易的政策性障碍,鼓励居民换购住房。除法律、法规另有规定和原公房出售合同另有约定外,任何单位不得擅自对已购公有住房上市交易设置限制条件。各地可以适当降低已购公有住房上市出售土地收益缴纳标准;以房改成本价购买的公有住房上市出售时,原产权单位原则上不再参与所得收益分配……”国务院《**关于深化城镇住房制度改革的决定**》(1994年7月18日　国发〔1994〕43号)第14条:“城镇公有住房,除市(县)以上人民政府认为不宜出售的外,均可向城镇职工出售。职工购买公有住房要坚持自愿的原则,新建公有住房和腾空的旧房实行先售后租,并优先出售给住房困难户。”第21条:“明确产权。职工以市场价购买的住房,产权归个人所有,可以依法进入市场,按规定交纳有关税费后,收入归个人所有。职工以成本价购买的住房,产权归个人所有,一般住用5年后可以依法进入市场,在补交土地使用权出让金或所含土地收益和按规定交纳有关税费后,收入归个人所有。职工以标准价购买的住房,拥有部分产权,即占有权、使用权、有限的收益权和处分权,可以继承。产权比例按售房当年标准价占成本价的比重确定。职工以标准价购买的住房，一般住用5年后方可依法进入市场，在同等条件下，原售房单位有优先购买、租用权，原售房单位已撤销的，当地人民政府房产管理部门有优先购买、租用权。售、租房收入在补交土地使用权出让金或所含土地收益和按规定交纳有关税费后，单位和个人按各自的产权比例进行分配。"第22条："发展房地产交易市场，规范住房交易行为。职工购买住房，都要由房产管理部门办理住房过户和产权转移登记手续，同时要办理相应的土地使用权变更登记手续，并领取统一制定的产权证书，产权证书应注明产权属性，按标准价购买的住房应注明产权比例。出租和出售、赠与、继承及以其他形式转让所购住房，应按国家规定交纳有关税费。要加强市场管理，规范交易程序，完善税收制度，坚决查处倒卖房产牟取暴利等违法行为。"

3. 司法解释。最高人民法院《**关于适用〈中华人民共和国民法典〉婚姻家庭编的解释（一）**》（2021年1月1日　法释〔2020〕22号）第78条："夫妻一方婚前签订不动产买卖合同，以个人财产支付首付款并在银行贷款，婚后用夫妻共同财产还贷，不动产登记于首付款支付方名下的，离婚时该不动产由双方协议处理。依前款规定不能达成协议的，人民法院可以判决该不动产归登记一方，尚未归还的贷款为不动产登记一方的个人债务。双方婚后共同还贷支付的款项及其相对应财产增值部分，离婚时应根据民法典第一千零八十七条第一款规定的原则，由不动产登记一方对另一方进行补偿。"最高人民法院《**"关于废止〈最高人民法院关于房地产案件受理问题的通知〉建议"的答复**》（2014年4月11日）："……经研究认为，网友对《最高人民法院关于房地产案件受理问题的通知》内容理解不准确，上述通知不应予以废止，理由如下：1. 通知有关房地产民事案件受案范围的规定，符合民事诉讼法等相关法律规定。从通知内容看，一是确定人民法院受理房地产案件范围。通知第一项规定房地产民事案件范围为：公民之间、法人之间、其他组织之间以及他们相互之间因房地产方面的权益发生争执而提起的民事诉讼。我院1993年11月24日颁发的《全国民事审判工作座谈会纪要》提出，关于房地产案件受理范围，凡属民法调整的平等主体之间以房地产为标的发生的纠纷，都应积极受理。二是明确房地产民事案件由民庭审理，以解决房地产民事案件审理在法院内部分工不明确问题。从通知有关房地产民事案件受理范围看，符合民事诉讼法（该法第三条规定'人民法院受理公民之间、法人之间、其他组织以及他们相互之间因财产关系和人身关系提起的民事诉讼'。）有关人民法院民事案件受案范围的规定，不存在仅解决1999年房改前房地产民事案件范围问题，不会造成目前应当由人民法院受理的房地产案件，按照通知规定导致无法起诉情形。人民法院至今按照通知规定，确定房地产民事案件的受案范围和该类案件在人民法院的内部分工，适用良好，缺乏废止的理由。2. 我院已颁布相关司法解释指导因商品房买卖产生的房地产案件的受理及审理问题。2003年，我院颁布《关于审理商品房买卖合同纠纷案件适用法律若干问题的解释》,专门就人民法院审理商品房买卖合同纠纷案件作出规定,以保障商品房买卖双方的合法民事权益。该司法解释名称表述,体现了通知确定的房地产民事案件范围,依照通知及该司法解释规定,1999年房改后出现的商品房买卖合同纠纷案件属于人民法院受理的民事案件范围。实践中,未发生人民法院拒绝受理因商品房买卖产生的民事纠纷案件情形,不需针对商品房市场情况制定新的通知。”最高人民法院**《关于适用〈中华人民共和国婚姻法〉若干问题的解释(三)》**(2011年8月13日　法释〔2011〕18号,已于2021年1月1日起失效)第12条:“婚姻关系存续期间,双方用夫妻共同财产出资购买以一方父母名义参加房改的房屋,产权登记在一方父母名下,离婚时另一方主张按照夫妻共同财产对该房屋进行分割的,人民法院不予支持。购买该房屋时的出资,可以作为债权处理。”最高人民法院**《全国民事审判工作座谈会纪要》**(1993年11月24日　法发〔1993〕37号,已于2021年1月1日起失效)第2条:“……离开原单位的职工与原单位房屋使用权纠纷。职工离开原单位后,与原单位发生的房屋使用权纠纷,双方有协议或本地区法规有协定的,人民法院可以受理……”

4.部门规范性文件。财政部、国税总局**《关于单位低价向职工售房有关个人所得税问题的通知》**(2007年2月8日　财税〔2007〕13号,其中第3条已于2007年2月8日起失效)第1条:“根据住房制度改革政策的有关规定,国家机关、企事业单位及其他组织(以下简称单位)在住房制度改革期间,按照所在地县级以上人民政府规定的房改成本价格向职工出售公有住房,职工因支付的房改成本价格低于房屋建造成本价格或市场价格而取得的差价收益,免征个人所得税。”建设部**《关于对〈福建省建设厅关于法院是否可以扣划房改售房款账户资金问题的请示〉的批复》**(2005年5月25日　建住房函〔2005〕153号)第1条:“……公有住房售房款专户存储,专款专用,不得用作其他用途,不得用于强制划扣偿还债务。”第2条:“住房补贴资金的性质,是对无房和住房不达标职工以前工作年限住房工资的补偿,是职工劳动工资报酬的一部分。企业在以自有资产为自己或他人债务担保时,担保财产中不应包括公有住房售房款。”国务院机关事务管理局、中共中央直属机关局**《中央在京单位已购公有住房上市出售管理办法》**(2003年10月1日)第2条:“本办法适用于中央在京单位已购公房首次进入市场出售的管理。本办法所称已购公房,是指职工按房改成本价或标准价(含标准价优惠办法,下同)购买的原产权属于中央在京单位的公有住房。职工根据国家政策,按照房改成本价或者标准价购买的由中央在京单位建设的安居工程住房和集资合作建设的住房,也视为已购公房。”第8条:“凡属超标而未经处理的住房,须经原产权单位按规定超标处理后方可上市出售;按房改政策规定属不可售住房但已向职工出售的,不得上市出售。涉及国家安全、保密的特殊部门的住房,党政机关、科研部门及大专院校等单位在机关办公、教学、科研区内的住房，原产权单位认为不宜公开上市出售的，应报交易办公室备案，并在职工住房档案中注记。该类住房可按规定向原产权单位腾退，也可在原产权单位职工范围内进行交易。法律、法规规定的其他不得上市出售的已购公房或与原产权单位有特殊约定的已购公房（规定住满五年内容的除外），应按法律、法规规定或与原产权单位的约定执行。”第9条：“上市出售的已购公房，由买受人在办理房屋权属登记手续时按当年房改成本价的1%补交土地出让金或相当于土地出让金的价款。”第11条：“凡以房改成本价购买的住房上市出售的，在按规定缴纳税费后，收入全部归产权人个人所有，不再与原产权单位进行收益分成。凡以标准价购买的住房，出售人可按购房当年房改成本价向原产权单位补交房价款，取得全部产权后上市出售；也可在交易过程中按购房当年房改成本价的6%计算应扣除的价款，划转到原产权单位售房款专户，在按规定缴纳税费后，收入全部归产权人个人所有。远郊区县另有规定的按其规定办理。”建设部**《已购公有住房和经济适用住房上市出售管理暂行办法》**（1999年5月1日）第3条：“本办法所称已购公有住房和经济适用住房，是指城镇职工根据国家和县级以上地方人民政府有关城镇住房制度改革政策规定，按照成本价（或者标准价）购买的公有住房，或者按照地方人民政府指导价购买的经济适用住房……”第5条：“已取得合法产权证书的已购公有住房和经济适用住房可以上市出售，但有下列情形之一的已购公有住房和经济适用住房不得上市出售：（一）以低于房改政策规定的价格购买且没有按照规定补足房价款的；（二）住房面积超过省、自治区、直辖市人民政府规定的控制标准，或者违反规定利用公款超标准装修，且超标部分未按照规定退回或者补足房价款及装修费用的；（三）处于户籍冻结地区并已列入拆迁公告范围内的；（四）产权共有的房屋，其他共有人不同意出售的；（五）已抵押且未经抵押权人书面同意转让的；（六）上市出售后形成新的住房困难的；（七）擅自改变房屋使用性质的；（八）法律、法规以及县级以上人民政府规定其他不宜出售的。”第6条：“已购公有住房和经济适用住房所有权人要求将已购公有住房和经济适用住房上市出售的，应当向房屋所在地的县级以上人民政府房地产行政主管部门提出申请，并提交下列材料：（一）职工已购公有住房和经济适用住房上市出售申请表；（二）房屋所有权证书、土地使用权证书或者房地产权证书；（三）身份证及户籍证明或者其他有效身份证件；（四）同住成年人同意上市出售的书面意见；（五）个人拥有部分产权的住房，还应当提供原产权单位在同等条件下保留或者放弃优先购买权的书面意见。”第9条：“买卖当事人在办理完毕交易过户手续之日起三十日内，应当向房地产行政主管部门申请办理房屋所有权转移登记手续，并凭变更后的房屋所有权证书向同级人民政府土地行政主管部门申请土地使用权变更登记手续。在本办法实施前，尚未领取土地使用权证书的已购公有住房和经济适用住房在2000年底以前需要上市出售的,房屋产权人可以凭房屋所有权证书先行办理交易过户手续,办理完毕房屋所有权转移登记手续之日起三十日内由受让人持变更后的房屋所有权证书到房屋所在地的市、县人民政府土地行政主管部门办理土地使用权变更登记手续。"第10条:"城镇职工以成本价购买、产权归个人所有的已购公有住房和经济适用住房上市出售的,其收入在按照规定交纳有关税费和土地收益后归职工个人所有。以标准价购买、职工拥有部分产权的已购公有住房和经济适用住房上市出售的,可以先按照成本价补足房价款及利息,原购住房全部产权归个人所有后,该已购公有住房和经济适用住房上市出售收入按照本条前款的规定处理;也可以直接上市出售,其收入在按照规定交纳有关税费和土地收益后,由职工与原产权单位按照产权比例分成。原产权单位撤销的,其应当所得部分由房地产交易管理部门代收后,纳入地方住房基金专户管理。"第11条:"鼓励城镇职工家庭为改善居住条件,将已购公有住房和经济适用住房上市出售换购住房。已购公有住房和经济适用住房上市出售后一年内该户家庭按照市场价购买住房,或者已购公有住房和经济适用住房上市出售前一年内该户家庭已按照市场价购买住房的,可以视同房屋产权交换。"建设部**《关于房改售房权属登记发证若干规定的通知》**(1995年8月16日　建房〔1995〕2号)第1条:"按照房改政策出售公有住房的单位(以下简称售房单位),必须持有合法的《房屋所有权证》,尚未登记确权的,不得出售。凡房屋所有权不清或有争议的,应当暂缓出售,待确权发证后再行出售;已登记确权尚未发证的,房地产权属登记机关应当优先发证,凭证出售。"第4条:"对于住房投资体制改革以来,所建造的各类房屋产权的确认,如集资建房、合作建房、单位补贴房、解困房等,原则上应以建房时所订立的协议(或合同)中所规定的产权划分条款为准。产权划分条款订立不明确的,应由当事人再行协商,补签协议予以明确,按补签协议划分产权。今后,各类建房协议(或合同)凡涉及产权划分的,都应明确规定房屋建成后的产权分配。"建设部**《实施国家安居工程的意见》**(1995年3月8日　建房〔1995〕第110号)第8条:"及时做好产权登记管理工作。对以建设成本价出售的国家安居工程住宅,产权归个人所有,并按《城市房地产管理法》《国务院关于进一步深化住房制度改革的决定》及地方产权登记规定,按时办理产权登记手续。个人所购住房一般住用5年后可以依法进入市场,在补交土地使用权出让金或所含土地收益和按规定交纳有关税费后,收入归个人所有。"建设部**《对〈关于确定直管国有房屋土地使用权问题的请示〉的答复》**(1993年9月30日　〔93〕建房管字第32号,已于2011年1月26日起失效)第2条:"房地产管理部门是直管国有房屋所有权和该房屋占用土地使用权的合法产权代表人。由各地城市房地产管理部门管理的直管国有房屋,其所有权和该房屋所占用的土地使用权,属于地方人民政府,并由房地产管理部门代表政府进行管理与经营。根据上述两个原则:1.直管国有房屋长期出租给企事业单位使用的，土地使用权应当仍然归属房地产管理部门；2. 公共娱乐房屋（如影剧院、文化宫等）产权属于房地产管理部门的，其院落的土地使用权，应归属房地产管理部门；3. 单位与单位之间插花之地，包括直管公房与单位自管房之间的空地，原则上应按原批建时划定用地范围确定土地使用权界线；否则应作为未确定土地使用权的国有土地处理。”建设部**《房屋接管验收标准》**（1991年7月1日）第3.2条：“本标准提及的‘凡按规定交房管部门接管的房屋’，主要是指中央或地方政府投资建造并决定由房管部门直接管理的房屋。市、县政府用收取的住宅建设配套费建造的房屋。征（拨）地拆迁安置中按规定把产权划归政府的房屋。人民法院依法判决没收并通知接管的房屋，以及其他应由政府接收并决定交房管部门接管的房屋。”建设部**《印发〈关于城镇房屋所有权登记中几个涉及政策性问题的原则意见〉的通知》**（1989年11月1日）第1条：“……由于单位合并、分立、撤销等原因，房屋产权归属已经按政策规定作过处理的，按当时的处理结果确认产权，予以登记。产权归属不明的，由县级以上主管机关出具证明，经审查核实，确认无产权纠纷后，由现房屋管理单位登记；产权有纠纷的，由其主管部门裁定，经房地产管理机关认可后，予以登记……”

5. 地方司法性文件。上海高院**《房屋征收补偿利益分割民事纠纷研讨会会议纪要》**（2020年3月25日　沪高法民〔2020〕4号）第2条：“【未成年时受配公房的性质】在对公有住房的成年同住人进行认定时，如果该当事人在未成年时曾与其父母共同受配过公房，是否属于‘他处有房’？实践中，有的当事人在未成年时曾与父母共同受配过公有住房（甲房），在成年后又分得另外一套公房（乙房），在确定乙房同住人范围时，该当事人是否会因为曾经受配甲房而被认定为‘他处有房’存在一定争议。会议倾向性意见认为，未成年人与父母共同受配公房时，未成年人并非作为独立的民事主体获得住房福利，而是附随于父母的居住利益，故原则上不属于他处有房，不影响其成年后所获得公房在征收时同住人的认定。”北京高院**《关于审理继承纠纷案件若干疑难问题的解答》**（2018年6月11日）第5条：“公房承租权能否作为遗产继承？当事人请求继承被继承人生前的公房承租权，人民法院应告知当事人向公房所有权所在的行政机关或单位申请办理公房承租人变更手续，当事人坚持继承请求的，人民法院裁定驳回起诉。”第6条：“被继承人购买公房时根据工龄政策福利，使用已死亡配偶工龄折抵房款的，所获工龄政策福利能否折算后作为遗产分割？按成本价或标准价购买公房时，依国家有关政策折算已死亡配偶一方工龄而获得政策性福利的，该政策性福利所对应财产价值的个人部分应作为已死亡配偶的遗产予以继承。该政策性福利所对应的财产价值计算参考公式：（已死亡配偶工龄对应财产价值的个人部分÷购买公房时房屋市值）×房屋现值。”上海高院**《关于财产保全工作的规定》**（2017年7月17日）第64条：“查封公房使用权的,应当通知有关登记机关、公房产权人或者经产权人授权的经营管理者协助执行。”天津高院**《关于因直管公产房屋租赁产生争议案件受理问题的审判委员会纪要》**(2015年6月8日 津高法〔2015〕103号)第2条:“本纪要所称直管公产房屋,是指房地产权利人登记为天津市人民政府,由天津市国土资源和房屋管理局代表市人民政府进行管理的公有住宅房屋……本纪要不包括国有企事业产房屋和宗教产房屋以及各人民团体产房屋。”第3条:“民事诉讼案件受理范围。1.直管公产房屋承租人与直管公产房屋产权人或者其委托的经营管理单位,因违反租赁合同约定发生的房屋维修、房屋租金交纳等纠纷,应当作为民事案件立案受理。2.当事人之间因变更直管公产房屋承租人发生争议提起民事诉讼的,不属于民事案件受案范围,人民法院应当告知其向相应的负责管理直管公产房屋的行政机关或授权的经营管理单位(以下简称房屋管理机关)申请变更。”广东深圳中院**《破产案件管理人工作规范》**(2015年2月5日)第88条:“债务人的职工住房,已经签订房改合同、交付房款的,或者有证据证明已经房改给个人的,管理人应当按非破产财产处理。”湖南长沙中院**《民事审判裁判疑难解答》**(2014年3月)第4条:“涉及房改政策的房屋买卖合同纠纷,法院是否受理?答:对于涉及房改政策的房屋买卖合同纠纷,法院是否受理,最高法院民一庭倾向性意见认为,应区分具体情况,结合当事人提出的诉讼请求作出判断,如当事人争议的核心是房屋买卖,属于平等主体之间的民事权益纠纷,处理时涉及房改政策的,法院应当受理;如当事人争议的核心为是否适用房改政策以及如何适用房改政策的,不属于民事权益纠纷,不符合《中华人民共和国民事诉讼法》第一百零八条规定的受理条件,法院不应当作为民事案件受理。”第5条:“单位房改房,产权证发放后,产权人起诉占房人,是否立案受理?答:由于单位所建房屋和进行分配房屋的所有权属于单位,职工对住房不享有所有权或使用权,此时,单位和职工之间不属于平等主体之间的民事法律关系,系不平等主体间的行政内部管理关系,因此发生的纠纷,属于单位内部房屋管理纠纷,应由单位或其主管部门解决,适用最高法院于1992年11月25日颁发的《关于房地产案件受理问题的通知》(明确单位内部建房、分房等引起的占房、腾房纠纷,不属于法院主管工作的范围)。但如单位房改后,购买人已取得单位房改房之产权证,成为房屋所有权人,其以侵权为由起诉,要求占住房屋人腾退房屋,则属于平等主体之间的民事权益纠纷,法院应当作为民事案件受理。”上海高院**《民事法律适用问答》**(2013年第1期)第4条:“因直属公房出售合同产生纠纷的,应如何列明当事人?关于此问题,上海高院已在1998年《关于房地产纠纷案件若干问题的研讨情况摘要》第57条中明确:‘由于上海市房屋土地管理局已将原由其直接管理的公有住房授权给各区、县房地产集团公司,因此直属公房出售合同的各项权利义务应由有关的集团公司承受,引发诉讼的,人民法院应列有关的集团公司为案件当事人。’

该规定继续适用。（各区房地集团名单见附件。）”北京高院《**关于审理房屋买卖合同纠纷案件适用法律若干问题的指导意见(试行)**》(2010 年 12 月 22 日　京高法发〔2010〕458 号)第 11 条:“出卖人因婚前购买、拆迁安置等原因单独享有房屋所有权,其配偶、其他亲属或被拆迁安置人因婚姻、亲属关系或拆迁政策规定有权居住该房屋,并形成共居事实,居住人以出卖人转让房屋未经其同意,侵害其居住权益为由,要求确认房屋买卖合同无效的,不予支持。但居住人的相关权益应当得到法律保护。”江苏高院《**婚姻家庭案件审理指南**》(2010 年 5 月 18 日)规定:“……离婚案件中房改房的分割。房改房是指城镇居民自行出资购买的根据国家房屋改革政策出售的房屋。实际生活中,城镇居民购买的房改房主要有两种情况:一是按房改政策购买并已经取得所有权的房屋;二是按房改政策购买尚未取得所有权或者只享有部分所有权的房屋。(1)按房改政策购买并已经取得所有权的房屋的处理。根据房改政策,职工购买公有房屋实行市场价、成本价或者标准价。职工以市场价购买的住房,产权归个人所有,可以依法进入市场,按规定交纳税费后,收入归个人所有。职工以成本价购买的住房,产权归个人所有,一般住用五年后可以依法进入市场,在补交土地使用权出让金或所含土地收益和按规定交纳有关税费后,收入归个人所有。按房改政策购买并已经取得所有权的房屋就是指以市场价和成本价购买的房改房。其中区分个人婚前购买的房改房和婚姻关系存续期间购买的房改房。①对于个人婚前购买的房改房,根据《婚姻法》第十八条的规定,除当事人另有约定外,属于一方婚前财产,离婚时不得作为夫妻共同财产分割。②对于婚姻关系存续期间购买的房改房,情况则比较复杂。《婚姻法解释二》第十九条规定:‘由一方婚前承租、婚后用共同财产购买的房屋,房屋权属证书登记在一方名下的,应当认定为夫妻共同财产。’如果登记方主张该房改房系其个人出资,应为其个人财产,是否应予支持？我们倾向认为,按照《国务院关于深化城镇住房制度改革的决定》,职工按成本价购买公有住房,每个家庭只能享受一次,职工购买现已使用的公有房屋的,售房单位应根据购房职工建立起住房公积金制度前的工龄给予工龄折扣,此外还要综合考虑职工的职务等因素。可见,按房改政策出售的房屋价格不是单纯的房屋市场价格,该出售价格中包含了夫妻双方的工龄折扣等福利待遇,如果该房屋由夫妻一方按当时购买价以个人财产购买并作为个人财产处理对另一方显属不公。因此,考虑我国实行婚后所得共同制,类似房屋首先应认定为夫妻共有。如果登记方主张其个人所有,必须举证证明该房改房的取得与对方并无任何关系,对方也未因此利益受损,否则认定为共有较为合适。当然,在认定共有的前提下,人民法院可根据实际情况对出资方适当多分。(2)尚未取得所有权或者只享有部分所有权的房屋的处理。这主要是指夫妻双方根据福利政策以标准价购买的公有房屋。对于尚未取得所有权或者只享有部分所有权的房屋,人民法院在审理离婚诉讼时,不能对房屋所有权的归属和分割作出判决,只有在夫妻双方取得该房屋的完全所有权后,才可向人民法院就房屋所有权的归属和分割提起诉讼。当然,双方当事人可以就房屋的居住、使用以及以后房屋所有权的取得、归属协商解决,如果就上述问题无法达成一致,人民法院只能就房屋的居住、使用作出判决。《婚姻法解释二》第二十一条规定:'离婚时双方对尚未取得所有权或者尚未取得完全所有权的房屋有争议且协商不成的,人民法院不宜判决房屋所有权的归属,应当根据实际情况判决由当事人使用。当事人就前款规定的房屋取得完全所有权后,有争议的,可以另行向人民法院提起诉讼。'司法实践中,婚姻关系存续期间,双方用夫妻共同财产出资购买以一方父母名义参加房改的房屋,产权登记在一方父母名下,离婚时另一方主张按照夫妻共同财产对该房屋进行分割,对于这个问题,《婚姻法解释三》第十二条规定:'婚姻关系存续期间,双方用夫妻共同财产出资购买以一方父母名义参加房改的房屋,产权登记在一方父母名下,离婚时另一方主张按照夫妻共同财产对该房屋进行分割的,人民法院不予支持。购买该房屋时的出资,可以作为债权处理。'"第6条:"……关于享受本人工龄和已死亡配偶生前工龄优惠后所购公房是否属夫妻共同财产。对此,最高人民法院〔2000〕法民字第4号针对司法部律师公证工作指导司的复函有明确规定,即夫妻一方死亡后,如果遗产已经继承完毕,健在一方用自己的积蓄购买的公有住房应视为个人财产,购买该房时所享受的已死亡配偶的工龄优惠只是属于一种政策性补贴,而非财产或财产权益。夫妻一方死亡后,如果遗产没有分割的,应予查明购房款是夫妻双方的共同储蓄,还是配偶一方的个人所得,以此确认所购房屋是夫妻共同财产还是个人财产,如果购房款是夫妻双方的共同储蓄,所购房屋应视为夫妻共同财产。"山东高院**《关于印发〈全省民事审判工作座谈会纪要〉的通知》**(2008年12月23日 鲁高法〔2008〕243号)第6条:"……(4)关于涉及房改政策的房屋买卖合同应否受理的问题。我国住房制度改革是一项政策性强、涉及面广的系统工程,涉及房改政策的房屋买卖合同纠纷是否由人民法院受理,应当结合当事人提出的诉讼请求作出判断。如果当事人争议的核心和焦点是房改房的买卖问题,属于平等主体之间的民事权益之争,处理时涉及房改政策的,人民法院应当受理;如果当事人争议的核心和焦点在于是否适用房改政策或者如何适用房改政策,则不属于民事权益之争,不符合《民事诉讼法》第一百零八条规定的起诉条件,人民法院不作为民事案件受理。"湖南高院**《关于房屋买卖、租赁纠纷案件适用法律问题的指导意见(试行)》**(2008年1月21日)第3条:"转让购房指标的,只要不违反法律、行政法规的强制性规定,一般认定有效。经出卖人同意,买受人将预约协议的权利义务转让给第三人的,一般应认定该转让行为有效。"重庆高院**《关于当前民事审判若干法律问题的指导意见》**(2007年11月22日)第41条:"关于房改房纠纷的处理。涉及房改房政策的房屋买卖合同纠纷，人民法院是否受理，应当结合当事人提出的诉讼请求作出判断。如当事人争议的事项是合同履行，如追索购房定金、购房款、办理过户手续及产权证书等，属于平等民事主体之间的权益纠纷，人民法院应当受理；如当事人争议的事项为是否适用房改政策以及如何适用房改政策，如职工是否应当参加房改、如何计算优惠条件等，不属于民事权益纠纷，人民法院不宜作为民事案件受理。”上海高院《**关于印发〈关于审理企业法人破产案件若干问题的解答〉的通知**》（2006年6月23日　沪高法民二〔2006〕14号）第10条：“企业破产程序终结后，涉及职工福利性住房的善后事宜应如何处理？破产企业为全民所有企业的，根据《国有企业试行破产有关财务问题的暂行规定》以及《最高人民法院关于审理企业破产案件若干问题的规定》等规定，破产清算时破产企业职工的福利性公有住房不计入破产财产。企业破产程序终结后，如果原职工要求将其居住的公有房屋使用权买断为所有权，可要求尚未撤销的破产清算组或原企业上级主管单位办理公有房屋出售手续，在办理房屋过户手续时，房地产交易部门对原企业主管单位出售房屋主体资格提出异议的，受理破产案件的法院可以法院名义出具证明，表明原企业上级主管单位有合法资格处理破产企业职工福利性公有住房的出售事宜。”山东高院《**关于印发〈全省民事审判工作座谈会纪要〉的通知**》（2005年11月23日　鲁高法〔2005〕201号）第5条：“关于房改房屋纠纷的处理问题。从国家关于住房制度改革的政策规定来看，房改房在法律属性上实质就是将原来出租给职工的住房改为出卖给职工个人，即由原来的租赁法律关系转为买卖法律关系，是一种特殊的房屋买卖合同。其与一般房屋买卖合同有所不同的是，房改房的合同除当事人自行约定的内容外，还要受到房改政策的制约，不完全等同于以市场价格支付对价。由于房改的买卖合同涉及我国现行的房改政策，故因房改引发的纠纷，法院是否应当作为民事案件受理，一直是审判实践中有争论的问题。会议认为，涉及房改政策的房屋买卖合同纠纷的，人民法院是否应当受理，应当结合当事人提出的诉讼请求作出判断。如果当事人争议的事项是房屋买卖，属于平等民事主体之间的权益纠纷（如追索购房定金、购房款、办理过户手续及产权证书等），人民法院应当受理；如果当事人争议的事项为是否适用房改政策以及如何适用房改政策的（如职工是否应当参加房改、如何计算优惠条件等），不属于民事权益纠纷，人民法院不宜作为民事案件受理。”辽宁沈阳中院《**关于审理房地产案件若干问题的处理意见（之二）**》（2004年12月2日　沈中法〔2004〕31号）第6条：“关于公有住房在房改过程中产生的权属纠纷受理问题：（1）公有住房进行房改，原承租代表人与产权人签订了出售公有住房协议并取得产权，或者原承租代表人死后，原房屋共同承租人中的一人与产权单位重新建立承租关系，并进行房改取得产权，其他共同承租人或原承租代表人的继承人起诉要求确认房改协议无效的，法院不应作为民事案件受理。此类案件类似单位内部分房纠纷,法院不能用公权干预产权人依法处分自己的民事权利,即不能判令产权单位与哪一个共同承租人建立租赁关系并将房屋产权出售给他。(2)如果原告以原房屋为共有财产,起诉房改后新的产权人要求返还其应有份额,法院应作为民事案件受理。比照前面分割共有财产的做法,给原告相应补偿。(3)如果房改后的产权人起诉原共同承租人腾房,法院应该受理。共同承租人有使用权的,或对争议房屋有继承权,一般不应改变争议房屋的居住现状,应告知双方当事人可以请求对原承租使用权,按前述方法进行分割或继承。在充分释明和调解后,如原告坚持要求被告腾房,根据'买卖不破租赁'的原则,被告基于共有享有的使用权不因房屋产权变化而丧失,应判决驳回原告诉讼请求。"上海高院《**关于适用最高人民法院婚姻法司法解释(二)若干问题的解答(一)**》(2004 年 9 月 7 日　沪高法民一〔2004〕25 号)第 4 条:"根据司法解释(二)第十九条规定,夫妻一方婚前承租的公房,婚后以共同财产购买为产权的,该房屋为共同所有。但从上海的实际出发,由于公房使用权可通过承租权转让的方式上市交易,具有一定的交换价值,因此,在婚姻关系存续期间,以共同财产出资,将原有的公房使用权转为产权后,在离婚分割该房屋时,一概不考虑原一方承租时的使用价值,也有失公允,对此我们认为实践中,可区分下列情形处理:1. 一方婚前承租的公房,是基于福利政策分配取得,婚后以共同财产购买为产权的,由于在婚姻关系存续期间内,无法体现出原公房使用权的交换价值,则在离婚分割该产权房时,可不考虑原公房使用权的交换价值的单独归属问题。2. 一方婚前承租的公房使用权,是其以个人财产支付对价取得的,婚后又以共同财产购买为产权,在离婚分割该产权房时,应当将取得原公房使用权时所支付对价部分,确定为当时承租的夫或妻一方个人所有,产权房的剩余价值按共同财产分割。3. 对于婚前由夫或妻一方父母承租,婚后又以共同财产购买为产权的公房,原公房使用权的交换价值可参考司法解释(二)第二十二条的规定,推定为父母对夫妻双方的赠与,离婚时可直接将产权房按共同财产分割处理。"辽宁沈阳中院《**关于审理房地产案件若干问题的处理意见(之一)**》(2004 年 3 月 27 日)第 5 条:"依照最高人民法院法发〔1992〕38 号关于房地产案件受理问题的通知,'因单位内部建房、分房等引起的占房、腾房等房地产纠纷,不属于人民法院主管工作范围。'审查单位与职工之间的房产纠纷是否属于人民法院受理范围,不能机械地适用这一司法解释,应审查纠纷双方是否属于平等主体,如果是平等主体间的纠纷,法院应予受理。例如,单位与职工之间的房屋租赁纠纷以及单位分配的住房房改后,职工依法取得了房屋所有权,因其他职工占房引起的纠纷等等,均属于平等主体之间的权属纠纷,人民法院应当依法受理。"广东高院《**关于人民法院审理离婚案件处理房改购买房、公房使用、承租若干问题的意见(试行)**》(1996 年 1 月 12 日　粤高法〔1996〕6 号,已于 2020 年 12 月 31 日经粤高法〔2020〕132 号废止)第 1 条:"关于离婚案件中涉及夫妻关系存续期间根据‘房改’政策购买的房屋分割问题。1. 在夫妻关系存续期间以标准价购买的房屋属夫妻共同财产。离婚时，可分别作如下处理：(1)所购买的公房属单位的自有自管房的，除当地政府有规定外，房屋所有权一般归房屋产权单位的干部、职工有；如双方属同一单位的，可征求原产权单位的意见或者根据当事人的实际情况判归一方所有或各占一部分产权。(2)购买的房屋属房管部门的直管房或者其他单位的自有自管房，夫妻双方又都是干部、职工的，房屋产权可归携带子女或最需要住房的一方所有；夫或妻一方不是本地干部、职工的，房屋产权应归具备房屋所在地常住户口的干部或职工身份的一方所有。(3)离婚双方当事人协商对房屋产权分割达成的协议，如与购房人和原产权单位签订的《房屋买卖合同》禁止条款或要求有抵触的，该协议的相关条款的效力一般不予确认。(4)房屋所有权归一方所有，依规定该房屋不能进入市场交易的，取得房屋所有权的一方应从产权及使用权两方面折价给予另一方经济补偿，其标准按购房当时的成本价除以 2 即购房当时成本价 ÷2 的公式计算；房屋可以进入市场交易的，取得房屋所有权一方对不能取得房屋所有权一方当事人的经济补偿，按房屋市场价减去土地使用金、交易税费、原产权单位应提取的增值部分再除以 2 即(房屋市场价 - 土地使用金 - 交易税费 - 原产权单位应提取的增值部分) ÷2 的公式计算。双方当事人就补偿问题达成协议的，可按协议执行。购房后出资装修房屋的费用，由取得房屋所有权的一方当事人向对方适当补偿。(5)房屋由一方婚前购买并已全部支付购房款，夫妻共同生活未超过八年的，房屋产权归婚前购买一方所有，对另一方不作补偿；夫妻共同生活超过八年的，应予补偿，按上述(4)的原则计算。如属分期付款，婚前一方只付小部分，夫妻关系存续期间付清全部房款的，房屋一般判归原购买的一方所有，对另一方的补偿标准可按上述(4)的原则计算；婚前一方已付大部分购房款的，房屋一般判归原购买的一方所有，对另一方的补偿可按上述(4)的公式计算后，酌情减付。(6)离婚时房屋产权归一方当事人所有，另一方另有房屋居住的，可判决另一方迁出；另一方确没有房屋居住的，如房屋能分开使用，可划出部分房屋由另一方暂住两年，暂住期间的租金可参照公房租金标准计付。实际暂住超过两年的，超过的时间由暂住人按实际占住面积参照私房市场租金标准计付租金。(7)离婚后房改房归一方所有，另一方可根据房改政策规定另行申请参加房改。2. 在夫妻关系存续期间，以成本价购买的房屋，离婚时，该房屋的产权归属参照上述 1 之(1)、(2)、(3)的原则处理。不分产权的一方的居住问题可按上述 1 之(6)的原则处理；取得产权一方对不分产权一方的经济补偿按房屋市场价减去土地使用金、交易税费再除以 2 即(房屋市场价 - 土地使用金 - 交易税费) ÷2 的公式计算。3. 在夫妻关系存续期间，以市场价购买的房屋，离婚时该房屋的分割按婚姻法规定的夫妻共同财产的一般处理原则进行处理。4. 在夫妻关系存续期间以'三、三、四'或'二、二、六'等形式由国家、单位和私人共同集资购建的私人享有部分产权的房屋,离婚时可将该房屋的使用权及原房屋所有权中个人占有的份额判归有出资补偿的单位的一方职工,由该方适当补偿另一方,补偿标准按房屋市场价乘以职工个人出资比例再除以2即房屋市场价×职工个人出资比例÷2的公式计算,另一方的居住问题可按上述1之(6)的原则处理。"北京高院**《关于房地产案件受理问题的意见(试行)》**(1994年4月25日)第5条:"职工对本单位分配自管住房方案、决定有意见,而与本单位发生的争议,不属法院管辖范围。但在房屋分配过程中因职工擅自强占待分配的房屋,单位诉请法院解决的,由民庭受理。"第7条:"住用单位公房的职工离开原单位后,与原单位为房屋的使用权发生的纠纷,双方有协议或我市有规定的,民庭可以受理;双方没有协议,我市又没有规定的,不予受理。"北京高院、北京市房地产管理局**《关于房屋纠纷先由房管部门处理的联合通知的说明》**(1988年8月20日　市房政字〔1988〕第348号)第1条:"下列案件,当事人直接向法院起诉……5.自管公房单位与毗邻各方发生的纠纷;自管公房单位与本单位职工发生纠纷一般的由本单位行政解决,与非本单位职工发生的纠纷由人民法院受理;6.直管公房单位与住户间的房屋纠纷(住户欠租、转租、转借、空闲、改变用途、拆改或强占公房等),经主管房地产管理局做工作无效的。"

6.地方规范性文件。上海市住房保障和房屋管理局**《关于推进本市公有住房出售工作有关问题的通知》**(2010年7月23日　沪房管保〔2010〕262号):"……单位购买公有住房使用权后分配给职工或者用于安置动迁居民,凡属于公有住房出售范围的,产权单位拒绝按照公有住房出售政策向承租户出售的,房屋所在地的区(县)房管部门应当书面通知产权单位在限定时限内出售。产权单位接书面通知后在限定时限内仍拒绝出售的,由区(县)房管部门在核实公有住房使用权买卖协议等相关材料后,按规定出售给公有住房承租户。具体售房程序、维修资金筹集、所售公有住房净售房款的归集和支取等,参照沪府发〔1999〕44号文件及其他公有住房出售的相关规定执行。公有住房出售后,原产权单位可向区(县)房管部门办理净售房款余额的结算和划转手续。"北京市**《城市房地产转让管理办法》**(2008年12月6日)第16条:"已购公有住房转让时,可以不征得原售房单位同意。已购公有住房转让后,原售房单位不再承担该房屋的供暖、物业管理等费用。"北京市**《职工购买公有住宅楼房管理办法》**(2007年11月23日,已于2018年2月12日修订并施行)第2条:"本办法所称公有住宅楼房,是指由政府房管部门直接管理和由产权单位自行管理的公有单元式住宅楼房,包括新建楼房和已住用的楼房(以下简称新、旧楼房)。本市行政区域内有自管公有住宅楼房的企业、行政事业单位和房管部门,均可依照本办法向职工出售公有住宅楼房。简易房、危险房、违章建筑和近期需要拆除、产权有争议以及具有历史价值的楼房,不准出售。"第4条:"职工购买公有住宅楼房,实行准成本价。新楼房的准成本价,每年由市人民政府住房制度改革办公室会同市发展改革委员会、市国有资产监督管理委员会等部门评估测定,经市人民政府批准后公布。旧楼房的准成本价,按重置价成新折扣计算。重置价是指出售当年新楼房的准成本价。公有住宅楼房的实际售价,按建筑面积计算,依市建设委员会制定的地段、环境、层次、朝向等项因素的调节标准调节,以每套住房标价。"第9条:"出售的新楼房,售房单位须按国家和本市规定的期限和项目保修。旧楼房出售前,售房单位须对房屋结构和装修设备进行检修,保证住用安全和正常使用。职工购买住宅楼房后的管理和维修,按《北京市私有住宅楼房管理与维修办法》执行。"第12条:"本办法以准成本价出售公有住宅楼房的规定不适用于高收入家庭的职工。"第13条:"单位向职工出售公有住宅楼房的具体形式,依据本市房改统一政策和本单位实际情况确定。售房方案按隶属关系报上级主管部门批准后执行,并报所在地的区人民政府住房制度改革办公室和住房城乡建设行政主管部门备案。"北京市人民政府**《批转市国土房管局关于解决本市按照标准租金出租私有房屋问题的若干意见的通知》**(2001年11月4日　京政发〔2001〕7号)第2条:"标准租私房承租人安置方式:(一)承租人及其配偶在他处另有已购住房或承租公有住房的,应当无条件搬出;住房未达到规定的职工住房面积标准的,由其所在单位按照房改政策发放住房补贴。(二)鼓励承租人与产权人协商,由承租人购买现住房产权,政府给予政策支持。(三)承租人及其配偶在他处没有住房,其所在单位属机关、事业单位的,其单位应当按照房改政策发放住房补贴或安置住房,并负责将承租人搬出……"北京市国土资源和房屋管理局、北京市人民政府房改办公室**《关于房改售房若干问题的通知》**(2000年8月18日)第6条:"经房改部门批准,单位以市场价向居民出售公有住房的,可向购房人核发商品房产权证。单位以市场价出售出让土地上的公有住房,居民购房后,土地出让年限按出让合同规定的期限执行。单位按市场价格出售划拨土地上住房的,售房单位须按商品住房的有关规定补交土地出让金,并办理土地出让手续。"上海市房地局、市住房制度改革办公室**《关于印发〈公有住房出售中有关问题的处理意见〉的通知》**(2000年4月27日)第1条:"关于公有住房出售的范围。(一)由部队或其他系统单位职工免租使用的房管部门所有的独用成套公有住房,可以出售。(二)产权已移交地方的原部队的住房,可以出售。(三)同幢住房内有独用、有合用的,凡厨房间和卫生间由一户使用的公有住房,可以出售。(四)被拆迁安置的独用成套公有住房,该被拆迁户户口迁入后才能予以出售。(五)因规划、配套等原因未申领房地产权证的住房不予出售。"第2条:"关于出售公有住房的优惠政策和计算口径。(一)经过批准加层的住宅,加层部分的成本价和竣工年份按原房屋类型的成本价和竣工年份确定。(二)已故离休干部的配偶购买公有住房,可享受离休干部的职级优惠。(三)职工家庭中承租人或其配偶因去国(境)外定居、探亲、留学而承租户内留有一人的,可在取得国(境)外一方同意购房的承诺后,按规定购房。但在国(境)外一方不得作为购房人,并在购房时不得使用其工龄、职级、职称。(四)承租户内,家庭成员中有现役军人的,购房时可享受其职级和职称的购房面积控制标准。即师、团职干部的购房面积控制标准按《关于师、团职转业干部购房的建筑面积控制标准按地方相应级别干部购房的建筑面积控制标准执行的通知》(〔1995〕沪房改办发字第6号)执行;营职干部购买公有住房的建筑面积控制标准为85平方米;营职以下购买公有住房的建筑面积控制标准为75平方米。(五)装有电梯的职工住宅在公有住房出售时,应按高层住宅出售计算购房款,并按高层住宅筹集三项维修基金。(六)居民在动迁安置或单位分房时,个人支付过房款的,本意见实施后可在购买公有住房超面积市场价时予以抵扣,具体按下述规定处理:1.购房人在动迁安置或单位分房中个人支付房款大于出售公有住房超控制面积标准市场价的,可不再支付;不足的,应补足。2.购房人向出售人申请购买公有住房时,应提交由配房单位或动迁单位开具的个人交付房款的收款凭证(发票或统一收据)、房屋拆迁补偿安置协议。3.出售人对配房单位或动迁单位开具的收款凭证进行核实并按规定计算房款。4.购房人在办理购买公有住房手续时,由公有住房出售人在'公有住房出售合同'、'公有住房出售专用票据'中进行房款抵扣的注记,在'交款凭证'上手工填写房款抵扣后的实收金额和净房款,连同电脑打印的'交款凭证'解交建行。"上海市房地局、市住房制度改革办公室**《关于印发〈进一步推进本市公有住房出售若干规定实施意见〉的通知》**(1999年12月28日)第5条:"承租户在申请购房时,其家庭成员中的现役军人、水上工作者、地质勘察工作者以及居住在本市单位集体宿舍的成年人,也可作为购房人,并可作为使用工龄人、职级人。"第8条:"1999年12月1日起,职工购买公有住房申办《房地产权证》(绿色)(简称绿证)时,应按实际购房款(扣除超过面积控制标准购房支付的市场价)的1%向房屋所在地的房地产交易中心缴纳土地收益金,由交易中心出具缴款收据。实际购房款=按成本价购买公有住房的实际出售单价×面积控制标准内的公房实际建筑面积×80%十离休干部超面积控制标准按成本价购房的实际金额×80%。在1999年11月30日前签订《上海市公有住房出售合同》,未申领《房地产权证》的,应颁发《房地产权证》(黄色),视为绿证。凡属有限产权性质的住房,应按沪房地改〔1996〕第792号的规定办理接轨手续,缴纳维修基金。否则,暂停办理交易手续。"上海市房地局、市住房制度改革办公室**《关于本市有限产权房屋与完全产权房屋接轨的规定》**(1996年10月3日)第4条:"凡付清购房款,独用成套的有限产权房屋,均以非交易形式与完全产权房屋接轨。接轨后,产权人拥有该房屋完全产权,原出售单位不再拥有房屋产权;产权人取得新的房地产权证书后,即享受完全产权房屋同等待遇。"第7条:"有限产权房屋与完全产权房屋接轨程序如下:1.产权人经原出售单位同意,凭原房屋产权证或原房屋买卖合同向房屋所在地的区、县房改办出申请;出售单位不存在的,产权人可直接凭原房屋产权证或原房屋买卖合同向房屋所在地的区、县房改办提出申请。产权人死亡的,须按规定变更产权人后提出申请。2.经区、县房改办审核同意,开具有限产权房屋接轨许可书。3.产权人所在单位缴付维修基金,产权人所在单位按规定交付手续费。4.产权人凭原房屋产权证或原房屋买卖合同、维修基金付款凭证、接轨许可书等有关文件向房屋所在地的房地产登记机关领取新房地产权证,并按规定交付登记手续费100元。"北京市人民政府房改办公室**《关于〈北京市直管公有住宅楼房出售试点办法〉的批复》**(1992年10月23日　〔92〕京房改办字第80号)第2条:"出售公有住宅楼房按承租户家庭共居户籍人口计算,人均购房建筑面积以30平方米为限(两处以上住房者面积合并计算);超过面积标准的不能独立使用的部分不予优惠;能独立使用的部分应退交出租单位,暂时不退的按超标加租办法计收房租。"第5条:"承租户购买的公有住宅楼房,享有合法所有权,可以依法住用、继承、抵押。五年后,可以转售或出租;在同等条件下,原售房单位有优先购买或承租权。按届时准成本价转售的,房价款归转售者所有;按市场价转售的,超出届时准成本价部分归原售房单位所有。出租时,租金标准按届时政府的有关规定执行。因特殊情况,购买不满五年需转售时,由原售房单位按届时准成本价成新折扣收购。"

7.参考案例。2011年**新疆某房屋买卖合同纠纷案**,1999年,医院职工朱某将承租公房交还医院后,医院将该房售予陈某并参加房改。2000年,房管局向陈某颁发产权证。2002年,生效行政判决维持房管局注销陈某产权证决定。2005年,陈某起诉至法院,要求确认其与医院所签出售房屋合同有效。法院认为:陈某与医院之间所签出售公房合同性质系医院根据国家有关住房制度改革政策规定,将医院所有公有住房以成本价出售给本单位职工,由单位职工按成本价支付房屋价款合同。该公有住房出售关系职工福利待遇及国家房改政策,不能完全等同于普通商品房买卖,因该公有住房出售引发的纠纷,法院是否应受理,应依具体情况而定。陈某与医院因出售公有住房引发纠纷,如双方诉争内容系陈某有无资格买受公房,则涉及单位内部分房政策、职工福利待遇及国家房改政策等,应由有关单位依政策解决,不属法院主管范围;如陈某与医院仅因履行出售公房合同发生纠纷,则涉及合同双方之间民事权利和义务,争议双方系平等主体之间民事关系,应属法院主管范围,法院应予受理。2006年**湖北某财产权属纠纷案**,2001年,刘某在家里人不同意购买畜牧局福利房情况下,将购房资格转让给郑某,由郑某付款,以刘某名义取得福利房。2006年,刘某丈夫姜某诉请确认房屋为共有财产,郑某作为第三人亦主张所有权。法院认为:房地产管理机关对房屋所有权予以登记并颁发房产证,本身并非赋权行为,不直接创设权利,亦非申请人取得房屋所有权根据,不能脱离民事法律关系当事人作出意思表示的行为及其效力的发生(如当事人协议流转等),往往存在登记房主与实质房主不一致情况,但房屋所有权登记对社会公众产生一种证明力、公定力、公示力,非经法定程序不得撤销。本案中,诉争房屋所有人登记为刘某,并不意味着房屋属刘某所有。从刘某与姜某夫妻身份来看,刘某作为畜牧局退休职工,享有购买福利房待遇,该福利待遇是国家赋予公职人员基于其特定身份、专属人身权的一种财产请求权;在姜某不同意购买该福利房及双方无钱购买情形下,刘某与郑某协议由郑某出资以刘某名义购买并由刘某从中获得部分差价,实质上是刘某把福利待遇转化为经济利益、亲情利益等潜在利益。该协议是刘某与郑某真实意思表示,已发生效力并基本履行,郑某已缴纳全部房款并自畜牧局交房后一直占有、使用该房屋,应认定郑某为该房屋实质房主。刘某在夫妻关系存续期间利用购买福利房机遇,并未投入个人财产或共同财产而在实施特定的经营行为后获得了一定利益,收获的利益才是夫妻双方的共同财产。郑某要求本院确认房屋归其所有,因该房屋现经法定机关登记为刘某所有,本院现仅从物权民事法律关系确认郑某享有占有、使用和收益的权利,至于房屋的所有权,可在条件成就后按照法定程序向法定机关申请登记确认。2001 年**重庆某转让合同纠纷案**,1994 年,秦某与姐夫陈某订约,有偿受让承租人为陈某的公房使用权,陈某另在他处居住。随后秦某一直居住该房并向房管所缴纳租金。2001 年,陈某诉请腾房。法院认为:陈某依约将公房交由秦某长期居住,还将房屋使用权证交秦某持有,足以证明该房屋使用权不附加任何条件地让与秦某是其真实意思表示,陈某本身另有房居住,诉争房屋对其并非必需,陈某长期闲置房屋不用行为,违反了城市公有房屋相关管理规定,其和产权人的租赁关系已经灭失。秦某按月向产权人缴纳房租,产权人未表示异议,应认定其与产权人事实租赁关系已建立,此租赁关系使各方利益得以维护,亦符合公房使用原则,虽未办理使用权过户手续,但从民事活动应遵循诚实信用原则、客观实际情况及社会效果来看,均应维护房屋使用现状,判决驳回陈某诉请。1997 年**青海某物权纠纷案**,1988 年,赵某与丈夫陈某婚后共同居住使用单位公房。1993 年,单位一分为二,案涉房屋归属赵某所在单位。1994 年,赵某、陈某离婚,经单位协调,房屋两间,二人各住一间。1996 年,赵某参加单位房改,购买前述房屋,并诉请陈某腾出所居住房间。法院认为:诉争房屋系赵某单位合法财产。赵某根据国家房改政策参加房改购得诉争房屋,已取得该套房屋相关权益。赵某要求陈某腾房,理由正当,符合法律规定,其诉求应予支持。判决陈某腾退诉争房屋给赵某。2011 年 3 月**河南某房屋买卖合同案**,法院认为:双方争议房屋原系单位分给王某丈夫的公房,后在房改中单位保留 20% 的产权,根据国务院和建设部有关房改房的相关规定,产权共有的房屋未经其他共有人同意和未补足房价款的政策房，不得上市出售，且买受人刘某也承认该房系王某房屋，故刘某与李某签订的房屋买卖合同无效，房屋应予退还王某，其他问题另行解决。2011 年3 月**江苏某房屋买卖合同案**，法院认为：从本案当事人的身份及关系看，吴建某购房的中间人邹某与吴某、张某均为机械厂职工、吴建某与邹某是翁婿关系、张某的妻子与吴某是姊妹关系，邹某、吴某、张某对本案争议房屋的性质、基本状况、房改政策、购房条件、房屋当时的购买价格都是明知的，吴某如系争议房屋的实际购房人，其完全可以直接与其所在单位进行房改交易，即便其委托张某代为购买，其长达十几年时间对此房屋不闻不问，也不向张某索要房屋的相关手续、证件，与日常生活经验法则相悖。再从 1999 年机械厂房改时张某办理了争议房屋的购买及办证手续，取得并一直持有相关权属证书及原始购房收据且房屋由张某夫妇居住等客观事实看，不论张某是房屋的实际购房人还是受吴某委托购房人，张某都是本案争议房屋的实际控制人，吴建某有充分的理由认为张某可处分诉争房屋，且吴建某购买此房的价格高于机械厂房改的价格，故张某与吴建某间的房屋买卖关系合法有效，应予保护，吴建某要求吴某协助办理房屋产权过户手续符合法律规定，应予支持。2009 年3 月**云南某房屋买卖合同案**，2003 年，李某夫妇将丈夫单位分配的一套房改房以 1.1 万元价格卖给欧某，房款付清，欧某取得房产证和共有权证，双方均明知该房无法过户。2007 年，李某单位对搬离厂区的职工制定优惠措施，李某要求欧某腾房未果致诉。法院认为：根据物权行为的独立性，房屋过户登记的物权行为不影响房屋买卖合同这一债权行为的效力，是否办理房屋过户登记只是房屋所有权变更生效的条件而不是房屋买卖合同生效的条件。虽《城市房地产管理法》第 35 条规定："房地产转让、抵押，当事人应当依照本法第五章的规定办理权属登记。"但该规定旨在管理和规范房屋交易，而非禁止交易关系，房屋买卖合同并不因此无效。故本案房屋买卖合同合法有效。本案双方当事人均已履行了合同的义务，欧某已付清了房款，李某已将房屋及其所有权证交付欧某，欧某使用该房屋至今，此事实可以表明合同已经履行，合同约定的目的业已实现。在前述合同有效的情况下，买受人并无违约行为，该房屋买卖合同亦不存在可撤销或出卖人有权解除的情形，故李某要求返还房屋不予支持。2007 年 5 月**上海某房屋买卖合同案**，2005 年 6 月，芦某丈夫去世，所承租开发公司的公房转至芦某名下，芦某成为该房新承租人。同年 7 月，开发公司与芦某夫兄吴某签订公房出售协议，吴某成为该房产权人，芦某户口随后迁出。证人证言等证据表明：将诉争房转给吴某系芦某遵从丈夫遗愿，后因吴某承诺每月给付生活费及负担芦某女上大学费用不兑现而致诉，芦某要求确权。法院认为：双方对系争房屋由吴某取得售后公房产权发生争议，因芦某认为其并不知道由吴某取得了系争房屋产权，而吴某与开发公司均认为吴某取得该房屋产权是经过与芦某协商的，即芦某对此明知且同意，故根据举证规则的规定，应由吴某与开发公司举证。根据吴某与开发公司举证,能证明吴某是经芦某同意后,才将其户籍迁入该处。同时,根据芦某陈述以及开发公司与吴某提供的证人证言并结合芦某在吴某取得产权证后又将其户籍迁出系争房屋,亦接受了吴某每月给予的生活补偿费,并自系争房屋取得产权证后即支付物业管理费至 2006 年 12 月,且在本次诉讼前从未提出产权争议事实,可认定芦某对系争房屋由吴某取得产权明知且同意,故应驳回芦某要求确认权属的诉讼请求。2007 年 3 月**辽宁某房屋买卖合同案**,1998 年 9 月 30 日,赵夫将其名下房改房售与许某,约定"兹将我的产权房屋卖给许某居住,房款已付清。产权证发下来以后,交给许某"。1999 年 3 月,许某以赵某名义办下产权证。2005 年,赵夫与赵妻将诉争产权证书登报声明作废。2006 年 7 月,赵夫去世,许某起诉赵某、赵子、赵女要求办理过户手续。法院认为:赵夫与许某所签房屋买卖协议是双方真实意思表示,赵妻作为共有人之一,虽未在该协议上签字,但赵夫与赵妻系夫妻关系,赵夫在与许某签订房屋买卖协议后,能履行交房义务,并能将产权证书交付许某,现许某自 1998 年即实际居住该房,赵妻在许某起诉前并未主张房屋买卖无效,只是对价款提出异议,故许某有理由相信赵夫能代表赵妻签订房屋买卖协议,该协议对赵妻有效,赵妻应履行协助办理更名过户手续的义务。双方签订协议时,产权证虽尚未办理完毕,但协议明确表明出卖意思并写明"产权证发下来以后,交给许某。"故可认定双方在签订协议时均明知出卖与购买的为房屋产权,而非使用权。赵妻主张合同显失公平,但未举证证明当时双方签订合同时房屋价款明显低于市场价格的证据,且当事人以显失公平为由要求撤销合同的时间,已超过法定的 1 年,撤销权已消灭,故对赵妻要求撤销该合同的主张,不予支持。2006 年**广东某房屋买卖合同案**,法院认为:诉争房屋原是香料公司所有的公有住房,廖某是基于其与香料公司的劳动关系才取得购买诉争房屋的资格。香料公司 1995 年 11 月 27 日出台房改方案明确规定了关于职工购房后必须为公司继续服务的年限限制及相应的处理原则,作为香料公司的职工,廖某应当知道上述规定并受其约束,尽管在购房合同上落款乙方签名处签名并非其本人签名,但廖某依据协议书缴纳购房款等事实表明廖某已经认可该协议书的内容并实际予以履行,故应认为廖某应受公司文件及购房合同中优惠购房服务年限的约束。由于廖某在 1996 年购房后只在香料公司处服务至 2003 年,不满足公司文件中必须在购房后继续为单位服务 10 年的年限,香料公司就此主张解除廖某向香料公司支付案涉房屋的出售价与购入价的差额应予支持。2005 年 7 月**广东某房屋买卖合同案**,医药公司职工舒某 1991 年购买房改房,在 1995 年 3 月离职时承诺将该房在离职后 2 年 9 个月内以 7300 余元退售公司,后依约履行并办过户,因医药公司诉请腾房,舒某夫陈某主张合同无效。法院认为:舒某、陈某所取得的房改房产权是按标准价购买,其仅享有有限的收益权和处分权。根据当时本市政府有关房改房买卖的政策，职工购买公有住房后应当在用人单位服务一定的工作年限。虽然讼争之房屋属于夫妻共同财产，由于讼争房屋属于房改房，房改房的转让受作为职工的舒某与作为用人单位的医药公司之间劳动关系的限制、约束。如果劳动关系解除了，上述房屋的归属应当通过作为职工的舒某与作为用人单位的医药公司协商解决，或者协商解决不了的按照当地人民政府的政策性规定处理，而不取决于非本单位职工的陈某的意见。由于舒某要申请调离医药公司，并提出退售给医药公司，而医药公司表示同意，双方为此而达成的退房协议，是双方的真实意思表示，亦符合处理房改房买卖的政策性规定，依法应受法律保护。总而言之，舒某与医药公司于1991年所签订的房改房买卖合同，是基于舒某是医药公司员工这一特殊关系而建立的，并非一般房屋买卖合同，舒某为此而与医药公司所签订的《房地产买卖契约》，也并非一般房屋买卖合同关系，其行为的实质是对原来双方所成立的房改房合同关系的协商解除，这从双方在《房地产买卖契约》上所约定的价格与原来购买价格相同可以得到进一步的印证，因为讼争房屋的价格远远高于双方所约定的价格，故改判确认合同有效。

【同类案件处理要点】

职工购买的房改房，可以依照现行政策和法律规定进行转让。

【相关法律风险提示】

1. 产权证是确定房屋权属的唯一标准，故购买房改房应查验出卖人是否持有房产证及其是否真实，是否设定抵押，卖房人是否与产权人一致，是否存在其他共有人。对于房改房单位设定产权比例的，购买时必须与单位协商处理。是否系夫妻共同财产或家庭共同财产，买受人亦应了解清楚。对原承租人死亡，产权证尚在办理过程中的房改房，必须向售房单位了解产权办理情况，最好待确定产权人或继承人后签订购房协议，以免引起不必要的纠纷。

2. 原售房合同对房改房上市交易设定年限条款或赋予单位同意权、优先购买权的，买受人亦应认真对待、妥善处理。同时要明确职工是否与原产权单位存在利益分配办法，如成本价购买的房改房转让，税费和土地出让金由哪方负担，如标准价购买的房改房需补足费用或与原单位分成问题都是购买房改房不可忽视的需要核实或约定的重要内容。

3. 实际履行行为可以佐证房屋转让的意思表示，即使没有书面合同或书面合同上的签名不真实，亦不妨碍转让行为效力。

4. 虽然物权法定，但就物权设定的限制条件是否有效，并非同一概念，《物权法》明确不动产所有权的取得可以基于合同，办理登记过户不过是合同履行的内容,未办理登记依然可以取得所有权,只是不能对抗善意第三人而已。故房屋买卖合同条款虽就产权的最后取得,并不以过户为标志,当事人对权利的取得有约定的,该约定依然在当事人之间产生法律效力。广东广州中院(2006)穗中法民五终字第1547号“范某与某设计公司等房屋买卖合同纠纷案”中,当事人约定单位优惠售房,作为买受人的职工在购房后工作不满5年辞职的,单位可依约原价返购房屋,法院最终支持。

5. 公有房屋使用权转让合同签订后,实际承租人与产权人形成事实租赁关系的,转让合同不因未变更登记权利人而无效。

6. 夫妻一方利用其特定身份为第三人购房后登记在其名下,因未投入个人财产或共同财产,应认定第三人为实质房主。

【附注】

参考案例索引:云南昆明中院(2008)昆民一终字第523号“钱某等与郭某等房屋买卖合同纠纷案”;最高人民法院(2011)民监他字第2号函“陈某与某医院等房屋买卖合同纠纷案”,见《因单位公有住房的出售引发的纠纷,人民法院是否应该受理,应依具体情况而定——关于陈爱勤与石河子市中医医院、朱拥军房屋买卖合同纠纷案的请示与答复》(张华,最高院审监庭),载《审判监督指导·请示与答复》(201104/38:174);湖北宜昌中院(2006)宜中民一终字第00745号“姜某与刘某等财产权属纠纷案”,见《姜廷忠与刘立秀、郑阿银财产权属案(不动产权属证书效力)》(田胜军),载《中国审判案例要览》(2008民:33);重庆一中院2001年10月25日判决“陈某诉秦某等转让合同案”,一审判决驳回陈某诉请;二审以公房使用权协议未经产权人同意,违反重庆市规定,该协议无效,判决腾房;案后评析及责任编辑按均倾向于一审判决结论。见《陈光林因子女长大无房居住诉秦明亮交回其让与居住的承租公房案》(陈怡),载《人民法院案例选》(200303/45:116);青海西宁中院1997年9月15日“赵某与陈某物权纠纷案”,见《赵峰瑛购得单位出售的公房后诉陈志明腾退离婚时由单位协调居住使用的房屋案》(祁得春),载《人民法院案例选》(200001/31:81);河南三门峡中院(2011)三民终字第118号“李某与王某等确认房屋买卖协议无效纠纷上诉案”;江苏徐州中院(2011)徐民终字第556号“吴某与吴建某房屋买卖合同纠纷上诉案”;云南昆明中院(2008)昆民一终字第554号“欧某等与李某房屋买卖合同纠纷案”;上海二中院(2007)沪二中民二(民)终字第713号“芦某与吴某等房屋买卖合同纠纷案”;辽宁沈阳中院(2007)沈民(2)房终字第272号“赵某与许某房屋买卖合同纠纷案”;广东广州中院(2006)穗中法民五终字第1019号“廖某与某香料公司房屋买卖合同纠纷案”;广东佛山中院(2005)佛中法民五终字第443号“陈某与某医药公司房屋买卖合同纠纷案”。

77. 承租房：公房使用权

——公房承租权，买卖有无效？

【合同效力】

【案情简介及争议焦点】

杨某经单位同意将承租单位的公房使用权售与廉某。2004 年，杨某去世，廉某诉请杨某配偶曲某、儿子杨国某协助办理公房变更承租人的手续。

争议焦点：1. 合同是否有效？2. 曲某、杨国某有无协助办理变更使用权转让义务？

【裁判要点】

1. 合同有效。双方买卖的是公有住房承租使用权，公有住房使用权人在法律允许的范围内享有占有、使用、部分收益和有限处分的权利，属于用益物权，系物权的一种，即使使用权人未经产权人的同意而转让公有住房使用权的行为，并未改变房屋所有权的归属，不能对产权人的产权造成任何侵害，而且我国目前尚无法律、法规禁止公有住房使用权的房屋进行交易，另外，产权单位同意双方当事人对房屋进行转让，故廉某与杨某签订的《转让房屋居住权协议书》合法有效。

2. 手续变更。廉某交付全部房款后，但争议房屋至今并未办理变更承租人的手续，而且办理变更承租人的手续应为双方共同协助配合的义务，故房屋的出卖人杨某应继续履行协助廉某办理变更承租人手续的义务。但是因杨某于 2004 年已故，故应由争议房屋的其他共同承租人履行该项义务，即应由配偶曲某、儿子杨国某继续协助廉某办理争议房屋的变更承租人的手续。

【裁判依据或参考】

1. 法律规定。《民法典》(2021 年 1 月 1 日)第 209 条："不动产物权的设立、变更、转让和消灭，经依法登记，发生效力；未经登记，不发生效力，但是法律另有规定的除外。依法属于国家所有的自然资源，所有权可以不登记。"第 214 条："不动产物权的设立、变更、转让和消灭，依照法律规定应当登记的，自记载于不动产登记簿时发生效力。"第 215 条："当事人之间订立有关设立、变更、转让和消灭不动产物权的合同,除法律另有规定或者当事人另有约定外,自合同成立时生效;未办理物权登记的,不影响合同效力。"第217条:"不动产权属证书是权利人享有该不动产物权的证明。不动产权属证书记载的事项,应当与不动产登记簿一致;记载不一致的,除有证据证明不动产登记簿确有错误外,以不动产登记簿为准。"第577条:"当事人一方不履行合同义务或者履行合同义务不符合约定的,应当承担继续履行、采取补救措施或者赔偿损失等违约责任。"第583条:"当事人一方不履行合同义务或者履行合同义务不符合约定的,在履行义务或者采取补救措施后,对方还有其他损失的,应当赔偿损失。"**《合同法》**(1999年10月1日,已于2021年1月1日起失效)第49条:"行为人没有代理权、超越代理权或者代理权终止后以被代理人名义订立合同,相对人有理由相信行为人有代理权的,该代理行为有效。"第51条:"无处分权的人处分他人财产,经权利人追认或者无处分权的人订立合同后取得处分权的,该合同有效。"第52条:"有下列情形之一的,合同无效:……(五)违反法律、行政法规的强制性规定。"第132条:"出卖的标的物,应当属于出卖人所有或者出卖人有权处分。法律、行政法规禁止或者限制转让的标的物,依照其规定。"

2. 司法解释。最高人民法院**《印发〈关于当前形势下审理民商事合同纠纷案件若干问题的指导意见〉的通知》**(2009年7月7日　法发〔2009〕40号)第15条:"正确理解、识别和适用合同法第五十二条第(五)项中的'违反法律、行政法规的强制性规定',关系到民商事合同的效力维护以及市场交易的安全和稳定。人民法院应当注意根据《合同法解释(二)》第十四条之规定,注意区分效力性强制规定和管理性强制规定。违反效力性强制规定的,人民法院应当认定合同无效;违反管理性强制规定的,人民法院应当根据具体情形认定其效力。"第16条:"人民法院应当综合法律法规的意旨,权衡相互冲突的权益,诸如权益的种类、交易安全以及其所规制的对象等,综合认定强制性规定的类型。如果强制性规范规制的是合同行为本身即只要该合同行为发生即绝对地损害国家利益或者社会公共利益的,人民法院应当认定合同无效。如果强制性规定规制的是当事人的'市场准入'资格而非某种类型的合同行为,或者规制的是某种合同的履行行为而非某类合同行为,人民法院对于此类合同效力的认定,应当慎重把握,必要时应当征求相关立法部门的意见或者请示上级人民法院。"最高人民法院**《关于适用〈中华人民共和国合同法〉若干问题的解释(二)》**(2009年5月13日　法释〔2009〕5号,已于2021年1月1日起失效)第14条:"合同法第五十二条第(五)项规定的'强制性规定',是指效力性强制性规定。"最高人民法院**《关于适用〈中华人民共和国合同法〉若干问题的解释(一)》**(1999年12月29日　法释〔1999〕19号,已于2021年1月1日起失效)第4条:"合同法实施以后,人民法院确认合同无效,应当以全国人大及其常委会制定的法律和国务院制定的行政法规为依据,不得以地方性法规、行政规章为依据。"第9

条:“依照合同法第四十四条第二款的规定,法律、行政法规规定合同应当办理批准手续,或者办理批准、登记等手续才生效,在一审法庭辩论终结前当事人仍未办理批准手续的,或者仍未办理批准、登记等手续的,人民法院应当认定该合同未生效;法律、行政法规规定合同应当办理登记手续,但未规定登记后生效的,当事人未办理登记手续不影响合同的效力,合同标的物所有权及其他物权不能转移。合同法第七十七条第二款、第八十七条、第九十六条第二款所列合同变更、转让、解除等情形,依照前款规定处理。”最高人民法院《**印发〈关于审理离婚案件中公房使用、承租若干问题的解答〉的通知**》(1996 年 2 月 5 日　法发〔1996〕4 号,已于 2021 年 1 月 1 日起失效)第 2 条:“问:夫妻共同居住的公房,在什么情况下,离婚双方均可承租? 答:夫妻共同居住的公房,具有下列情形之一的,离婚后,双方均可承租:(一)婚前由一方承租的公房,婚姻关系存续 5 年以上的;(二)婚前一方承租的本单位的房屋,离婚时,双方均为本单位职工的;(三)一方婚前借款投资建房取得的公房承租权,婚后夫妻共同偿还借款的;(四)婚后一方或双方申请取得公房承租权的;(五)婚前一方承租的公房,婚后因该承租房屋拆迁而取得房屋承租权的;(六)夫妻双方单位投资联建或联合购置的共有房屋的;(七)一方将其承租的本单位的房屋,交回本单位或交给另一方单位后,另一方单位另给调换房屋的;(八)婚前双方均租有公房,婚后合并调换房屋的;(九)其他应当认定为夫妻双方均可承租的情形。”第 4 条:“……对夫妻双方均可承租的公房而由一方承租的,承租方对另一方可给予适当的经济补偿。”第 6 条:“……离婚时,一方对另一方婚前承租的公房无权承租而解决住房确有困难的,人民法院可调解或判决其暂时居住,暂住期限一般不超过两年。暂住期间,暂住方应交纳与房屋租金等额的使用费及其他必要的费用。”

3. 地方司法性文件。天津高院《**关于审理房屋买卖合同纠纷案件若干问题的审判委员会纪要**》(2018 年 11 月 26 日　津高法〔2018〕230 号)第 3 条:“特殊产权房屋买卖……(一)公产房置换(买卖)合同相关问题。当事人之间因公产房(包括直管公产房屋、企业产房屋)承租权置换(买卖)发生争议提起诉讼的,应当作为民事案件立案受理,但家庭成员之间以置换(买卖)的方式变更承租人发生争议提起民事诉讼的,不属于民事案件受案范围,应当告知其向相应的负责公产房屋管理行政机关或者授权的经营管理单位申请变更。人民法院审理公产房(包括直管公产房屋、企业产房屋)承租权置换(买卖)纠纷案件,可根据案件实际情况参照适用二手房买卖的相关规定处理。当事人依据承租权置换(买卖)合同主张继续履行承租人变更登记(承租权过户)等后续合同义务的,应当征询房屋产权单位,过户登记管理部门的意见,根据案件具体情况判决是否支持当事人的诉讼请求。”北京高院民一庭《**关于审理婚姻纠纷案件若干疑难问题的参考意见**》(2016 年 7 月 27 日)第 36 条:“离婚案件中涉及到公房承租权处理,属于直管公房的,可在判决中明确承租权以及承租关系的变更。属于自管公房的,夫妻只有一方在产权单位工作,一般应把承租权确定在产权单位工作的人名下,另一方获得补偿;但经产权单位同意的,可以确定由另一方承租或共同承租。”北京高院**《关于国有土地上房屋征收与补偿案件审判工作指南(试行)》**(2012 年 12 月 18 日　京高法发〔2013〕396 号)第 5 条:“公房承租人未与房屋征收部门达成补偿协议的,可以对区县人民政府对其作出的房屋补偿决定依法提起行政诉讼。”上海高院**《婚姻家庭纠纷办案要件指南(三)》**(2010 年 6 月 22 日　沪高发民一〔2010〕8 号)第 4 条:“对不宜分割使用的夫妻共有的房屋,应当根据婚姻法、司法解释的规定,综合考虑房屋的性质、来源、婚姻关系存续时间长短、双方住房情况以及照顾子女和女方原则等因素,分给一方所有。分得房屋的一方应给予另一方相应价值的补偿。【说明】我国的房屋所有权制度情况较为复杂,一些城市住房紧张,故离婚时住房问题的处理常常引发矛盾,是司法实践中的难点。为便于实务操作,我们以房屋的所有权性质为划分标准,结合法律、司法解释的规定及司法实践经验,分别提出以下参考意见:……3. 根据最高人民法院司法解释及上海市有关公房租赁规定,住房为双方均可承租的公房的,应依照下列原则处理:照顾抚养子女的一方;男女在同等条件下照顾女方;照顾残废或生活困难的一方;照顾无过错一方。4. 离婚时,一方对另一方婚前承租的公房无权承租而解决住房确有困难的,如果原公房面积较大可分室居住的,可调解或判决暂时居住,暂住方应交纳一定的房屋使用费或其他必要费用。如无法分室居住,无房一方又经济困难的,则应由承租方给予一次性经济帮助。5. 单位自管的房屋。夫妻共同居住的公房系单位自管公房,婚前或婚后由一方向本单位取得承租权,离婚时不符合双方均可承租的情形,则仍由原承租方继续租赁,另一方解决住房确有困难的,可参照说明第 4 点意见处理。如离婚时双方均可承租该公房,法院在处理时认为需要变更租赁关系的,应征求自管房单位的意见,经同意后方可调解或判决变更房屋租赁关系。取得承租权一方应给予另一方相应的经济补偿。6. 一方婚前承租,婚后共同出资购买的房屋,房屋权属证书登记在一方名下的,应当认定为夫妻共同财产,可参照本条说明第 1 点的意见处理。”江苏高院**《婚姻家庭案件审理指南》**(2010 年 5 月 18 日)规定:“……离婚案件中公房的使用、承租问题。现今商品房市场比较繁荣,离婚诉讼中经常涉及的是所购商品房的性质认定和分割问题,关于公房的使用和承租已经随着历史的发展较为少见,但并不代表没有。因此,如果涉及这一问题,人民法院仍可根据《最高人民法院关于审理离婚案件中公房使用、承租若干问题的解答》有关规定进行处理。”辽宁高院**《全省法院民事审判工作座谈会纪要》**(2009 年 5 月 14 日　辽高法〔2009〕120 号)第 4 条:“关于公有房屋承租使用权纠纷的审判原则。平等民事主体之间因公有房屋承租使用权的转让、交换、出租、侵权及居住使用等问题发生的纠纷,属民事争议,应按民事案件审理。公有房屋所有权单位与公有房屋承租使用权人、本单位职工或职工家属之间因公有房屋承租使用权的分配、回收、发证、房改等问题发生的纠纷，不属于平等主体之间的民事争议，不应按民事案件审理。审理公有房屋承租使用权纠纷案件，应当站在维护人民群众基本生活条件的角度，依法保护公有房屋承租使用权人、共同居住人的居住使用权。应当按照诚实信用、等价有偿的民法原则，维护交易、流转秩序。”内蒙古包头中院**《关于印发关于审理城镇房屋买卖纠纷案件相关问题的处理意见》**(2008 年 8 月 5 日)第 4 条：“单位内部房屋买卖问题。房屋所有权归单位或居住人拥有部分产权，单位不允许对外转让，但允许内部转让，原则上应当按照单位内部规定处理。如出卖人在政策不允许或未取得完全产权时已将房屋卖于第三人，并已实际交付使用，发生纠纷时，由于房改或政策变化等原因，出卖人取得产权或单位允许转让的，则双方的房屋买卖行为应认定有效。”湖南高院**《关于房屋买卖、租赁纠纷案件适用法律问题的指导意见(试行)》**(2008 年 1 月 21 日)第 3 条：“转让购房指标的，只要不违反法律、行政法规的强制性规定，一般认定有效。经出卖人同意，买受人将预约协议的权利义务转让给第三人的，一般应认定该转让行为有效。”上海高院**《关于审理分家析产案件若干问题的意见》**(2007 年 9 月 20 日 沪高法民一〔2007〕20 号)第 3 条：“按 94 方案购房登记权利人死亡后，房屋产权继承的处理。按 94 方案购买公有住房，登记权利人死亡的，具备可以主张产权共有条件的人，应在知道或应当知道其死亡之日起 2 年内提出。”辽宁沈阳中院**《关于审理房地产案件若干问题的处理意见(之二)》**(2004 年 12 月 2 日 沈中法〔2004〕31 号)第 1 条：“关于未经产权人同意转让公有住房使用权行为的效力问题。公房承租使用权是我国特有的公房租赁制度的产物，公房承租使用权具有社会福利性质，多属承租人劳动剩余价值的再分配。与一般租赁合同承租使用权性质相比，二者虽均称为房屋承租使用权，但其产生的原因不同，从而导致其性质不同。公有住房使用权人在法律允许的范围内，对公有房屋享有的占有、使用、部分收益和有限处分的权利。这种权利应属于用益物权，系物权的一种，具有不可追夺的特征。使用权人在未经产权人同意的情况下转让公有住房使用权行为，并未改变房屋所有权的归属，不会对产权人的产权造成任何侵害，而且，我国目前尚无法律、法规禁止这种交易行为。北京、沈阳等地政府已允许公有住房使用权上市交易，并要求产权单位予以配合。允许公房使用权自由交易可以促使社会财富加速流通，产生更大效益。因此，应认定这种交易行为是合法有效的。”第 3 条：“关于使用权房屋的同住人口是否能够构成对房屋的共有问题。共有的产生通常是基于当事人的意思表示和法律的直接规定，居住本身不会产生共有。因此，同住人口是否对共同居住的房屋具有共有权，要看该房屋是否已经转化为家庭共同财产或系共同投入所得。在取得公房使用权时，除承租代表人外，其他同住人口作为分房时确定面积等因素的一个重要条件的,或其他同住人口交纳了增加面积款的,或所交旧房为其他同住人口的共有财产的,即使房屋使用权证上未明确记载该同住人口为共同承租人,也可构成共有。否则,仅凭居住不能构成对公有住房使用权的共有。”上海高院**《关于审理公房承租权确定及使用权转让纠纷案件若干问题的意见》**(2004 年 9 月 28 日沪高法民一〔2004〕44 号)第 1 条:“……根据上海市的有关规定,公有居住房屋的承租人死亡后,其生前在本处有本市常住户口的共同居住人,或者没有符合上述条件的人员,其生前具有本市常住户口的配偶和直系亲属,有权继续履行租赁合同。我们认为,公房租赁关系首先是一种合同关系,当事人享有自主选择合同相对人的权利。该权利未经授权,他人不得代行。因此在数人同时有权继续履行租赁合同,且无法协商一致的情况下,应当由作为出租人的公房产权单位或国家授权经营管理公房的单位从中予以确定。当事人直接诉讼至人民法院要求确定的,不予受理。但当事人对出租人确定的承租人资格提出异议而诉至法院的,人民法院可予受理。诉讼中,对承租人资格有争议的各方为案件的原、被告,出租人为无独立请求权的第三人。安全审理以维持出租人的确定为原则,除非原先有证据证明出租人所确定的承租人明显不符合《上海市房屋租赁条例》及相关意见要求的,人民法院可判决撤销,依法重新确定。”第 2 条:“公房原承租人死亡后,除了在该处有本市常住户口的共同居住人可继续履行租赁合同外,还有哪些共同居住人可继续履行租赁合同? 答:根据《上海市房屋租赁条例》第四十一条第(二)项,及上海市房屋土地资源管理局《关于贯彻实施〈上海市房屋租赁条例〉的意见(二)》第十二条之规定,公有居住房屋原承租人死亡的,其生前的共同居住人必须在该处有本市常住户口,才可以继续履行租赁合同。这是因为,原有公房配给制度主要是为保障承租人家庭成员的居住利益,有户口的共同居住人一般是原承租人的近亲属,属于原公房配给制度的保障范围。然而,随着情况的不断发展,我们认为,符合下列情形的人员也可具备继续履行租赁合同的资格:1. 在本市无常住户口,但因与原承租人或同住人结婚而在该公房内实际居住生活一年以上的;2. 因服兵役、就学、服刑等原因,户口迁出原承租人生前承租公房,但在原承租人死亡前实际居住生活于该公房内,且在本市无其他住房,或虽有其他住房但居住困难的;3. 因居住困难等原因租赁他处住房或借住他处而搬出原承租人生前现承租公房,但户口未迁出的。”第 3 条:“当事人签订公房使用权转让合同后,以未经出租人同意为由诉请确认转让合同无效的,应如何处理? 答:公房使用权转让实质为公房租赁权的转让,其法律性质为公房租赁合同中承租人权利义务的有偿性概括移转。依《合同法》规定,承租人概括移转租赁合同的权利义务,应征得合同另一方当事人即出租人的同意,包括事先同意或事后认可。实践中,基于下列情形之一即可表明出租人已事后认可公房使用权之转让,公房使用权转让合同可确认为有效,当事人诉请确认无效的,不予支持:1. 原承租人转让前未征得出租人之书面同意,但出租人事后办理了公房承租户名变更手续的;2. 原承租人转让前未征得出租人之书面同意,但受让人已实际入住,并以承租人的意思缴付租金,出租人也予以收取的,应依据诚实信用原则,推定出租人已经知道或应当知道承租权已转让,并事实上认可了该转让行为。"上海高院**《关于房屋动拆迁补偿款分割民事案件若干问题的解答》**(2004 年 1 月 12 日　沪高法民一〔2004〕3 号)第 1 条:"本《解答》所指的国有土地上的公房范围如何界定?答:本《解答》仅适用于国家福利分配、调配或国家认可的其他原因而取得的公有房屋,包括直管公房、系统公房等。但单位分配住房时与职工有特别约定的,按约定处理。"第 6 条:"相关利害关系人与承租人就居住问题和拆迁安置达成协议,现一方反悔,如何处理?答:相关利害人在户籍入籍被拆迁公有居住房屋时或入住被拆房屋时就房屋居住或拆迁补偿等作出承诺的,或者同住人与承租人在拆迁时就补偿达成协议的,如果相关承诺或协议系一方或双方真实意思表示,既不违法,也不损害社会公共利益的,应认可该承诺或协议的效力。"第 7 条:"承租人与同住人等因对获得的公有房屋拆迁货币补偿款,是用于购房还是予以分割意见不一时,法院应如何判决?答:房屋拆迁货币补偿款一般应当用于购房,但是有下列情况之一的,也可以支持当事人分割货币补偿款的要求:1. 承租人与同住人之间,同住人与同住人之间矛盾特别尖锐,无法继续共同生活的;2. 分割不致于造成当事人居住困难,或当事人曾达成协议同意分割货币补偿款等其他可以分割的情形。"第 9 条:"公有居住房屋拆迁补偿款,在承租人、同住人之间如何分配?答:承租人、同住人之间,一般遵循一人一份,均等分割的原则取得拆迁补偿款。但有下列情况除外:(一)有下列情况之一的,可以酌情多分;1. 承租人或同住人属于年老体弱,缺乏经济来源,且按均分所得的补偿款,无法购得房屋保证其正常生活的;2. 承租人或同住人在取得公房承租权时额外支付过较多款项的;3. 对公房内居住的未成年人实际承担监护义务的。(二)属于本市两处以上公房承租人的,其对各处被拆迁公房的补偿款均有权主张分割。"第 10 条:"公有房屋拆迁补偿款中属非居住用途补偿的部分如何分割?答:自然人承租的被拆迁公房,租借给承租人和同住人以外的人用于非居住用途的,该补偿问题应当由公房的承租人、同住人与租借人另行解决。个人承租的公有非居住用房的拆迁补偿款归承租人。被拆迁的房屋属于居住和非居住兼用的,如果拆迁人在给付拆迁补偿款时已经明确区分居住补偿和非居住补偿份额的,则对居住补偿部分,承租人和同住人可以共同分割;对非居住补偿部分,利用该房屋进行经营的人是该房屋的承租人或同住人的,则该承租人或同住人可以适当多分。如果拆迁人在给付拆迁补偿款时未明确区分的,利用该房屋进行经营的承租人或同住人,就整个补偿款可以适当多分,具体份额由人民法院酌定。以上情况,当事人另有约定的从其约定。"北京高院**《关于因直管公房租赁引发纠纷的受理问**

题的意见》(2003 年 11 月 27 日　京高法发〔2003〕350 号)第 1 条:“直管公房承租人与政府公房管理部门或直管公房经营管理单位在履行直管公房租赁合同过程中,因违反合同规定的房屋保护、维修、房屋租金交纳、承租人变更等权利义务发生的纠纷,由于双方法律地位平等,应作为民事案件立案受理。”第 2 条:“直管公房承租人、承租人的共同居住人与政府公房管理部门或直管公房经营管理单位发生的以下纠纷,由于涉及政府公房管理部门或直管公房经营管理单位依据其房管职权审查当事人承租资格问题,具有行政管理性质,双方法律地位不平等,应作为行政案件立案受理:(一)直管公房承租人死亡后,承租人的共同居住人对政府公房管理部门或直管公房经营管理单位依职权变更直管公房承租人不服提起的诉讼;(二)直管公房承租人或承租人的共同居住人认为符合直管公房租赁变更条件,请求政府公房管理部门或直管公房经营管理单位变更直管公房租赁关系,政府公房管理部门或直管公房经营管理单位不予变更产生纠纷提起的诉讼。以上因变更直管公房承租人或租赁关系问题引发纠纷提起行政诉讼的,应以政府公房管理部门或法律、法规、规章授权的组织为被告。”第 3 条:“本意见所称直管公房,是指由政府公房管理部门或政府授权经营管理单位依法直接进行经营和管理的国有房屋。”上海高院**《关于审理房屋拆迁民事案件若干问题的意见(试行)》**(2000 年 12 月 13 日　沪高法〔2000〕687 号)第 5 条:“审理中,对于涉及拆迁协议中未起诉的私房产权人、公房使用权人的,应将其列为第三人,但原告未就拆迁协议起诉,仅要求拆迁安置的除外。”第 10 条:“公房承租人与拆迁人签订拆迁协议侵犯其他使用人应有的被安置权,其他使用人起诉要求确认协议无效并要求安置的,应认定协议无效或部分无效,并判令拆迁人予以安置。”广东高院、检察院、公安厅、司法厅**《关于处理婚姻关系中违法犯罪行为及财产等问题的意见》**(2000 年 5 月 30 日　粤高法〔2000〕18 号,已于 2020 年 12 月 31 日经粤高法〔2020〕132 号废止)第 13 条:“……夫妻居住有过错方单位尚未进行房改的房屋,或者夫妻双方共同居住承租权属于有过错方的房屋部门直管公房,离婚时,无过错方无房迁出的,法院可判决其暂住二年,有过错方要积极帮助其解决……”北京高院**《关于房地产案件受理问题的意见(试行)》**(1994 年 4 月 25 日)第 3 条:“平等主体之间以房管局直管公房为标的发生的租赁、借用、换房及强占房屋等纠纷,由民庭受理。”第 4 条:“房管局直管公房原承租人死亡后,其原共居人为确定新的承租关系而发生的纠纷,当事人向法院起诉的,不予受理,应告知当事人向房管部门申请解决。”上海高院**《关于印发〈关于审理房产纠纷案件若干疑难问题的讨论纪要〉的通知》**(1993 年 10 月 27 日　沪高法〔1993〕148 号)第 2 条:“因单位内部分配公房使用权而产生的纠纷,如果是本单位职工对单位分房决定有意见而起诉的不予受理;如果是受配人(或其它原旧房内应一并迁出的同住亲属占住旧房)分得新房又无理占住旧房或非受配人以单位分配不合理为由而强占公房，被侵害人（包括单位和合法受配人）向法院起诉的，法院应予受理。"北京高院**《关于印发〈关于处理婚姻案件中子女抚育、财产分割及住房安置问题的几点意见〉的通知》**（1990 年 8 月 30 日　京高法字〔1990〕第 161 号）第 3 条："关于离婚后的住房问题……（2）当事人承租房管部门出租的公房，如果租赁关系是一方婚前与房管部门建立的，双方结婚时间不满 5 年，离婚时承租一方有优先使用权；双方结婚时间已满 5 年，双方有平等的使用权。（3）婚姻关系存续期间承租房管部门出租的公房的，不论租赁合同中的承租方是夫还是妻，均应视为夫妻双方共同承租，双方有平等的使用权。（4）当事人承租单位所有的公房，离婚时房管产权人单位职工一方，有优先使用权；双方为同一单位职工的，有平等使用权。（5）当事人借用一方父母单位分配给其父母使用的公房的，离婚时有使用权人的子女一方有优先使用权……"

4. 地方规范性文件。上海市房管局**《关于印发〈关于公有居住房屋变更、分列租赁户名的若干规定〉的通知》**（2019 年 8 月 15 日　沪房规范〔2019〕3 号）第 1 条："……公房承租人有以下情形之一的，不得变更租赁户名：（一）欠租未缴清的；（二）违法搭建建筑物、构筑物未拆除并恢复原状的；（三）擅自改变房屋结构或房屋用途未恢复的；（四）因违法使用公房已进入行政处罚程序，或者因纠纷进入诉讼、仲裁程序的；（五）按照本条第一款第（一）项变更租赁户名，承租人与本处有本市常住户口的共同居住人协商不一致的；（六）法律、法规和规范性文件规定的其他情形。"第 2 条："公房分列租赁户名，应当同时符合以下条件：（一）申请各方均具有本处常住户口且已户籍分户；（二）申请各方已按煤气公司规定分户安装使用煤气灶；（三）申请分户的房屋必须具有完整的使用功能，有合用卫生间和灶间；（四）申请分列租赁户名的各户住房具有固定维护结构、可以独立使用并能分间居住，单间使用面积不低于 10 平方米，且人均居住面积不得低于本市当年度公布的申请廉租住房面积标准；（五）申请前无欠租。公房或公房承租人有下列情形之一的，不得分列租赁户名：（一）独用成套的公房；（二）已经市政府认定为保护、保留建筑的公房；（三）已列入成套改造的公房；（四）核发建设用地规划许可证已确定征收（拆迁）范围内的公房；（五）违法搭建建筑物、构筑物未拆除并恢复原状的；（六）擅自改变房屋结构或房屋用途未恢复的；（七）因违法使用公房已进入行政处罚程序，或者因纠纷进入诉讼、仲裁程序的；（八）承租人与共同居住人对分列租赁户名未协商一致的；（九）承租人和共同居住人为夫妻或者父母与未婚子女组成的核心家庭、单亲家庭。"第 3 条："……出租人受理公房变更租赁户名申请后，经审核符合政策规定且当事人协商一致的，应当在受理之日起 15 日内完成变更租赁户名审核手续，并按规定流程发放《租用居住公房凭证》；经审核不符合条件的，应当在 7 日内出具不予办理的书面意见。出租人受理公房变更租赁户名申请后，经审核符合政策规定但当事人协商不一致的,应当在30日内按照下列情形书面确定承租人:(1)承租人死亡或户口迁离本市,在本处有本市常住户口的共同居住人协商不一致的,按下列顺序确定承租人:a.原承租人的配偶;b.原承租人的子女(按他处住房情况,本处居住时间长短);c.原承租人的父母;d.其他人(按他处住房情况,本处居住时间长短)。(2)承租人死亡,其生前在本处无本市常住户口的共同居住人的,按下列顺序确定承租人:a.原承租人的配偶;b.原承租人的子女(按他处住房情况);c.原承租人的父母;d.原承租人的其他直系亲属(按他处住房情况)出租人在指定承租人后应及时通知其办理变更租赁户名手续。当事人对出租人确定的承租人资格有异议的,应当通过司法途径解决。"上海市住房保障和房屋管理局**《关于贯彻执行〈上海市国有土地上房屋征收与补偿实施细则〉若干具体问题的意见》**(2012年4月12日　沪房管规范征〔2012〕9号)第4条:"关于公有居住房屋租赁期间承租人户口迁离本市或者死亡的,补偿协议签订主体的确定。房屋征收范围内的公有居住房屋承租人户口迁离本市的,本处有本市常住户口的共同居住人可以协商变更承租人,变更后的公有房屋承租人作为补偿协议签订主体。房屋征收范围内的公有居住房屋承租人死亡的,由本处有本市常住户口的共同居住人继续履行租赁合同;无共同居住人的,其生前有本市常住户口的配偶和直系亲属可以继续履行租赁合同。继续履行合同者有多人的,应当自行协商确定承租人。房屋征收决定作出前,各当事人之间仍未协商一致的,由征收范围内的第三方公信评议机构组织协商。协商一致的主体作为补偿协议签约主体;协商不一致的,由公有房屋出租人依据协商结果按照《上海市房屋租赁条例》相关规定书面确定公有房屋承租人,确定后的公有房屋承租人作为补偿协议签订主体。"北京市国土资源和房屋管理局**《关于开展直管公有住房使用权交易试点工作的通知》**(2002年12月18日　京国土房管物〔2002〕1124号)第3条:"……2.公房使用权交易,当事人双方应当签订书面协议。协议签订后,当事人双方持下列相关材料到房屋所在地直管公房经营管理单位办理公房使用权互换、转让、转租手续:……(3)公有住房租赁合同及共居人、合居户同意意见书;(4)房屋所有权证和共有人同意意见书……以公房使用权交换住房产权,当事人双方须按规定到房地产行政主管部门办理交易及产权变更登记手续……4.公房使用权互换、有偿转让、交换住房产权后,该公房产权性质不变,新的承租人应当与出租人重新签订公有住房租赁合同。5.通过公房使用权互换、有偿转让和交换住房产权方式取得公房使用权的新承租人,可以将公房使用权再次上市交易。6.公房承租人将其所承租的公房转租给他人使用的,应当向原出租人进行备案。转租人继续享有并承担原租赁合同规定的承租人的权利和义务,受转租人享有并承担转租合同规定的承租人的权利和义务,但原出租人与转租双方另有约定的除外。转租期间,原租赁合同变更、解除或者终止,转租合同也随之变更、解除或者终止。”

5. 参考案例。2011 年**江苏某行政诉讼案**,2007,在未征得同住成年儿子同意情况下,李某将承租公房转让给王某,房管局向王某颁发了公有住房租赁证,并注销了李某原公房租赁证。2009 年,李某子以房管局为被告,诉请撤销王某的公房租赁证。法院认为:依本市《直管公有住房使用权有偿转让试行办法》规定,直管公有住房使用权有偿转让应以调剂住房余缺、提高房产使用效能、改善居住条件为目的,转让须征得同住成年人书面同意,且转让后不能形成新的住房困难。上述地方规范性文件对公房使用权转让程序规定虽然效力位阶较低,适用地域范围仅及于本市区,但房管局作为本市区公房使用权转让的有权登记机构,对上述规定系明知和应知。而该文件对公房使用权转让程序规定,系对登记机构审查范围和步骤的明确和细化,非但不违反上位法《物权法》规定,更与该法规定之“其他必要材料”暗合,本案中可作为认定房管局是否尽到审慎义务的依据。诉争房屋原由李某与李某子共同居住使用,李某未经其子同意转让公房使用权行为,侵害了李某子合法权益。房管局未尽合理审慎职责,在缺少李某子同意意思表示相关证据情况下,向王某颁发被诉公房租赁证,主要证据不足,判决撤销房管局颁发给王某的公有住房租赁证。2008 年**福建某房屋买卖合同纠纷案**,1998 年,王某与食品公司就单位自管公房签订买卖合同,并支付成本价 3 万余元。2008 年,王某辞职,并诉请食品公司办理过户手续。食品公司以劳动合同及职代会通过的关于职工流动规定为由拒绝。法院认为:最高人民法院《关于房地产案件受理问题的通知》第 3 条规定,因单位内部分房、建房而引起的占房、腾房等房地产纠纷不属人民法院主管工作的范围。但因职工调离单位后引起的腾房、占房纠纷,从表面上看,系职工与企业之间劳动关系,但从根本性质上看属于不动产物权法律关系,故不属劳动法律关系,而是平等主体之间财产关系的权利义务争议,可作为民事案件予以受理。王某在劳动合同期限届满前未经食品公司同意擅自离职,已违反双方所签劳动合同及职代会通过的关于职工流动规定,应承担相应民事责任。依本市关于公有住房出售办法规定,职工以优惠价购买单位自管住房后,不属组织调动而离开的,要向原单位补足离开年份时的住房综合造价款,或由调出单位自行决定。食品公司就王某购买单位自管住房后,在劳动合同期限内未经同意离开食品公司,又不属于组织调动离开情形,有权解除双方房屋买卖合同,王某应将房屋腾空后归还食品公司。二审经法院调解,购房合同继续履行,王某另交购房款 10 万元后,食品公司协助办理过户手续。2002 年**福建某房屋买卖合同纠纷案**,1995 年,电子公司与职工林某签订标准价售房合同,约定林某购买公司自管公房 70% 产权,补充协议约定公司有权对自动离职或辞职员工收回成本价出售住房。1997 年,双方签订成本价合同,约定林某以成本价购买 100% 产权。2001 年,生效劳动争议仲裁裁决认定林某自动离职并与新单位建立劳动关系。2002年,电子公司诉请依约收回房改售房。法院认为:林某与电子公司先后签订标准价合同、补充协议、成本价合同。从前后合同内容看,成本价合同并非双方当事人对于公有住宅买卖关系的重新约定,而只是补充约定,即双方约定林某补交一定金额,其享有的诉争房屋产权比例就可增加到100%,故双方在作为标准价合同补充合同的补充协议中所作特别约定,亦适用于成本价合同。双方所签补充协议系双方当事人真实意思表示,内容未违反法律强制性规定,该协议应认定有效。另外,林某亦未提供证据证明双方在该协议中约定存在违反政府制定的房改政策情形。劳动仲裁委员会生效裁决,已明确确认林某在未办理离职手续情况下离开电子公司行为应属自动离职行为,该情形符合补充协议关于房屋产权丧失特别约定,故电子公司要求收回诉争房应予支持,但应退回林某所支付购房款以及直接抵扣的工龄款。判决林某退还房屋,电子公司返还林某购房款及工龄补贴款共4万余元。1998年**天津某物权纠纷案**,1994年,张某母亲韩某购买承租单位公房居住权。1997年,韩某去世,离婚后一直随韩某生活、居住的张某经单位同意变更为公房使用权人,后因一直随父亲生活的张某兄强行占用该房致诉。法院认为:诉争房屋居住权系韩某生前出资购买取得,韩某死亡后,就该居住权产生的经济价值,应视为遗产由继承人分割。考虑张某尽义务较大,在继承份额上应予照顾。虽然房产所有人对诉争房屋居住权做了处分,但并未丧失管理权利。鉴于产权单位已为张某办理了变更手续,张某居住权应予维护,张某兄应腾出占住诉争房。张某应给付张某兄一定继承份额款。判决案涉房屋由张某享有居住权,张某兄立即搬出;张某给付张某兄继承份额款2000元。2011年8月**江苏某房屋买卖合同案**,法院认为:处分共有的不动产,应经占份额2/3以上的按份共有人同意,但共有人之间另有约定的除外。根据"房屋共有权保持证",案涉承租房屋为房管处与钱某按份共有。钱某将该房出卖,涉及房管处的部分,为无权处分。该无权处分行为未得到权利人房管处的追认,应为无效。钱某占有的份额为66.59%,不足2/3。故涉案房屋的转让并未经占2/3以上的按份共有人的同意,钱某与李某亦未举证证明共有人之间另有约定,该转让行为无效。2011年3月**湖南某房屋侵权纠纷案**,法院认为:直管公房的承租权须经管理人审批,符合一定条件方能取得。未经管理人同意不得转租、转让、转借。郑某从代表政府管理直管公房的第三人衡房公司处承租公房,经过衡房公司审批,双方签订租赁合同,该租赁关系合法,应受法律保护。郑某作为合法承租人,有权使用承租房,并按约交纳房屋租金。郑某离开本市几年未交租金,第三人衡房公司在郑某回到衡阳市后重新与其签订租赁合同,并允许其交纳之前所欠租金,是双方真实意思表示,合法有效,郑某仍是该房合法承租人。李某辩称郑某已将该公房过户给其兄郑某1,郑某虽写下证明表示愿意过户,但未按规定到衡房公司办理相关过户手续,不能作为房屋已转租的依据,该房的承租人仍然是郑某,故对李某该项辩解意见不予采纳。李某又辩称是正当买卖取得该房使用权。第三人郑某2作为郑某1之子,并非合法承租人,无权处置该房,且未经房屋管理人衡房公司的同意擅自将该公房使用权买卖的行为违反法律规定,应属无效。李某明知郑某2不是该房合法承租人,亦明知公房的承租权不能私下买卖,须在原承租人郑某到管理人衡房公司办理过户手续的情况下才能发生转移,仍向郑某2交纳1万元转让费搬进讼争公房,在使用后又以郑某的名义交纳了2000年的租金,实属故意,其转让行为应属无效。对于酿成本案纠纷,李某和第三人郑某2应各自承担相应的责任。郑某与第三人衡房公司、郑某1对此次买卖均不知情,不承担责任。李某辩称郑某的请求已超过诉讼时效。李某的占有行为系郑某在外务工期间发生,郑某并不知情,郑某回到本市后即向李某主张权利,且李某的侵权行为持续发生,郑某的请求未超过诉讼时效,故对李某该项辩解意见不予支持。郑某要求李某从郑某拥有使用权的诉争房屋搬出,停止侵害,排除妨碍,返还财产的请求,符合法律规定,予以支持。2010年8月**江苏某房屋使用权纠纷案**,法院认为:诉争房屋系粮管所所有,曹某原仅对此房屋享有使用权。李某与曹某系夫妻关系,贾某与李某签订房屋转让协议时,贾某有理由相信李某能够代表家庭处分上述财产权利。同时,房屋使用权也是一种财产权利,夫或妻在处分共同财产时,相对方有理由相信其为夫妻共同意思表示,另一方不得以不同意或不知道对抗善意第三人。贾某善意有偿取得争议房屋的使用权并长期居住,且房屋产权人对本案所涉房屋使用权的转让不予理涉,故双方所签订的房屋使用权转让协议符合法律规定,是合法有效合同,应予保护。2010年4月**重庆某物权确认纠纷案**,法院认为:杨某与庾某之间签订的《房屋转让协议》系双方当事人真实意思表示,虽在协议文字表达上表现为房屋转让,但实际上双方均认可转让的标的物系涉案房屋的承租权,由于涉案房屋系公有房屋,而该房屋的管理人对于涉案房屋承租权的转让已明示为同意,故协议内容未违反法律强制性规定,该协议应属合法有效,且合同当事人已就合同约定的交房义务进行了实际履行,故杨某要求确认协议无效及由庾某交还房屋之诉讼请求于法无据,本院不予支持。庾某辩称已向杨某支付转让费用,但在本案诉讼过程中并未举示证据对此予以证明,故本院对于庾某的此项辩解不予采信。庾某要求杨某协助办理涉案房屋承租权转移手续,但鉴于其未举证证明已依照约定履行支付转让费的主要合同义务,且合同中包含有杨某协助庾某办理房屋租赁权转移手续的时间之约定,故本院对于庾某的该项反诉请求不予支持。2009年4月**重庆某租赁合同纠纷案**,法院认为:诉争房屋所有权人为工具厂,刘某1992年5月6日、1999年2月26日两次分得此房屋,取得的是工具厂公房的承租权,就该房屋而言,双方形成的是房屋租赁关系,工具厂是出租人,刘某是承租人。1999年刘某虽向该厂交纳了购房保证金,但并不能因此而改变双方租赁关系的性质。1999年12月刘某与工具厂解除劳动关系后，工具厂未将房屋收回，刘某仍继续租住该房。2006年3月刘某与蒋某签订房屋使用权转让协议后，刘某即将其承租的诉争房屋交给蒋某居住，并由蒋某直接向工具厂缴纳租金，本院认为，该协议名为使用权转让，实为租赁权转让，转让协议中，刘某将其包括承租房屋、支付租金等合同多项权利、义务在内的法律地位全部转让蒋某。转让协议签订后，工具厂直接向蒋某收取房屋租金、出具收据，应当认为，工具厂作为出租人对承租人刘某转让租赁权的行为知晓并且同意。《合同法》规定："债权人可以将合同的权利全部或者部分转让给第三人"、"债务将合同的义务全部或者部分转移给第三人的，应当经债权人同意。"为此，刘某与蒋某之间签订的房屋使用权转让协议系双方真实意思表示，且已经债权人工具厂同意，该合同应当有效，本院对刘某要求确认使用权转让协议无效的诉讼请求不予支持。2009年1月**重庆某房屋买卖合同案**，2005年7月，范某与周某签订房屋买卖协议，将其承租于单位钢铁公司的房屋以3.5万元价格卖与周某。2008年9月，范某与拆迁办签订安置协议，领取18万余元补偿款后起诉周某，要求确认合同无效，并返还周某3.5万元。法院认为：双方所签房屋买卖协议是在《物权法》施行前，应适用当时的法律。协议中所约定的标的物非出卖人范某所有，该房的所有权人为钢铁公司，范某在出卖该房屋时并未取得该房屋的所有权，事后也未得到钢铁公司的追认，案涉协议依法应为无效。协议无效后，范某所收的房价款理应退还周某。关于周某在协议无效后是否存在损失问题属另一法律关系，在本案中不作处理。2008年7月**辽宁某房屋买卖合同案**，2000年8月，崔叔将单位分的公房以2万元价格转卖给崔侄，2001年10月，崔侄入住并承担该房房改资金、物业费等费用。2003年，崔叔取得该房产权证。2008年1月，因崔侄多次要求办理过户手续未果起诉。法院认为：案涉房屋原属公有住房，使用权人转让行为，并未改变房屋所有权人的归属，应认定交易行为合法有效。转让协议是当事人真实意思表示，双方均应遵照约定履行。崔叔于2000年8月将诉争房屋交付给崔侄，崔侄自2001年10月起一直在该房屋内居住，并持有该房屋的所有权证、契证、出售公有住房协议书、公房出售专用收款收据、维修费收据等房产重要手续凭证，而崔叔手中没有该房屋的相关手续，也提供不出承担过该房屋房改购买产权费用的相关证据，故对崔叔关于出借房屋的主张，不予采信。崔叔应当继续履行出卖人的义务，协助崔侄办理诉争房屋的产权过户手续。2008年3月**上海某买卖合同纠纷案**，法院认为：系争房屋原承租人为印某，后印某、张某通过各自与祥达公司签订转让合同，将系争房屋的承租人由印某变更为张某。嗣后印某、房某的户籍迁出系争房屋，张某未支付转让价款，印某亦声明其将系争房屋无偿转让给张某。应当确认，系争房屋的承租权由印某无偿转让给张某系印某真实意思表示。印某称张某以置换房屋，改善老人居住环境为由取得印某的信任，再和祥达公司恶意串通,骗得系争房屋的承租权,本案中印某签署的全部合同以及相关声明、说明均非其真实意思表示,但印某未提供证据证明其主张,且其所述与法院查实的事实不符,故本院对此不予采信。本案的争议焦点是系争房屋承租人变更为张某的行为是否征得房某同意。一般情况下私章所有人应当对盖章的文件产生的后果承担法律责任,除非有证据证明盖章非私章所有人真实意思表示。现在印某向物业公司出具的《授权委托书》中"同住成年人知晓委托书全部内容后同意签名(盖章)"一栏中以及印某与祥达公司就系争房屋签订的《收购协议书》中"同住人"一栏均盖有应由房某本人保管的私章,鉴于印某将系争房屋使用权转让给张某的意思表示明确,而印某和房某又系夫妻关系,况且转让行为完成后,印某、房某之户籍亦迁出系争房屋,也不在系争房屋内居住,综合上述事实可以认定房某明知并同意印某将系争房屋使用权转让给张某。印某与张某就系争房屋承租权的转让行为系双方真实意思表示,房某亦明知并同意,且未违反法律、行政法规的强制性规定,应属有效。2008 年 2 月**上海某财产所有权纠纷案**,法院认为:综观系争房屋承租人的变更过程及户口变更情况,结合各方当事人的陈述可以得出,王某对于系争房屋承租人变更为徐某是明知也是同意的,该承租权的变更以徐某承诺今后照顾王某并负责其生老病死为条件。该承租权的变更不同于一般的差价换房。原审审理中,徐某也明确表示系争房屋一直可由王某居住,也愿意支付王某生活补贴并照料其今后生活。因此王某现以承租人的变更并非自己真实意思表示,变更程序有瑕疵为由要求法院认定《房屋使用权有偿转让合同》无效的诉讼请求缺乏事实和法律基础,本院难以支持。

【同类案件处理要点】

公有住房使用权人在法律允许的范围内享有占有、使用、部分收益和有限处分的权利。公房租赁权的转让,其法律性质为公房租赁合同中承租人权利义务的有偿性概括移转。承租人概括移转租赁合同的权利义务,应征得合同另一方当事人即出租人的同意,包括事先同意或事后认可。实践中,原承租人转让前未征得出租人之书面同意,但出租人事后办理了公房承租户名变更手续的,或原承租人转让前未征得出租人之书面同意,但受让人已实际入住,并以承租人的意思缴付租金,出租人也予以收取的,应依据诚实信用原则,推定出租人已经知道或应当知道承租权已转让,并事实上认可了该转让行为,应认定公房承租权的转让合同有效。

【相关法律风险提示】

1. 公房使用权的转让未经产权单位的同意是否必然导致公房承租权买卖合同无效,在实践中有不同的裁判思路。对于买受人而言,不仅应与原承租人签订协议,取得产权单位的同意实有必要。应保留好直接向产权单位缴纳租金的证据。

2. 承租权的转售环节应做到合乎程序。在承租人仅以书面承诺表示愿意转让使用权,但未实际经过产权单位同意的情况下,"受让人"持该转让承诺与"再次受让人"签订承租权转让合同的,因非与承租人签订公房使用权转让协议,又未经产权单位同意,即使有直接向产权单位缴纳租金的客观事实存在,转让合同仍然存在无效的风险。案见湖南衡阳中院(2011)衡中法民一终字第4号"李某与郑某等房屋侵权纠纷上诉案"。

3. 承租房屋房改后,约定承租人与单位或房管所产权比例的,承租人转让房屋未经2/3以上按份共有人同意,转让行为无效。案见江苏金坛法院(2011)坛民初字第1120号"钱某诉李某房屋买卖合同纠纷案"。

4. 公房承租权的取得适用善意取得制度,在承租人未变更登记的情况下,综合转让协议,租金或物业费、装修费、维修费交纳证据,实际占有并长期居住,产权单位的明示同意或不予理涉等情况,可对实际承租权的变更推定为成立。

5. 公房承租权转让合同应明确系使用权或租赁权转让。公房承租权转让协议以房屋买卖形式进行,在承租人未取得所有权情况下,法院可能主动解释合同性质系使用权或租赁权转让,应为有效。案见重庆南岸区法院(2010)南法民初字第1807号"杨某诉庾某物权确认纠纷案"、重庆巴南区法院(2009)巴民初字第1241号"刘某诉蒋某房屋租赁合同纠纷案"。但也有法院以此认为系所有权转让,属于无权处分,应为无效,案见重庆五中院(2008)渝五中民终字第3419号"周某与范某房屋买卖合同纠纷案"。

6. 被继承人生前购买单位公房,在其去世后,共同居住子女变更为权利人的,应对其他继承人适当补偿继承份额款。

7. 职工从单位离职引起占房、腾房纠纷,法院应予受理,单位制定职工购买福利房政策与劳动合同履行期限挂钩不违法。

8. 承租人未经同住成年人同意,转让公房使用权,房管部门未尽审慎职责而向第三人所颁发公房租赁证,应予撤销。

【附注】

参考案例索引:辽宁沈阳中院(2007)沈中民(2)房终字第7号"曲某与廉某房屋买卖合同纠纷案";江苏常州中院(2011)常行终字第13号"王某与某房管局行政诉讼案",见《欠缺同住成年人书面同意的公房租赁证应撤销——江苏常州中院判决王夕诉常州市房管局撤销公房租赁证案》(周雯、高国俊),载《人民法院报·案例指导》(20110331:06);福建厦门中院(2008)厦民终字第3542号"王某与某食品公司房屋买卖合同纠纷案",见《王亦强与厦门新为天食品工业有限公司房屋买卖案》（黄志雄、李缘缘），载《人民法院案例选》（200902/68：130）；福建厦门中院（2002）厦房终字第620号“某电子公司与林某买卖合同纠纷案”，见《厦门华侨电子企业有限公司诉林秋宝公有住房买卖合同案》（严文厦），载《中国审判案例要览》（2003商：34）；天津一中院1998年3月12日“韩某与张某物权纠纷案”，见《韩玉红诉张琪强占双方母亲生前购买使用权故后单位变更其为使用权人的单位产权房要求退出案》（胡继文），载《人民法院案例选》（200001/31：85）；江苏金坛法院（2011）坛民初字第1120号“钱某诉李某房屋买卖合同纠纷案”；湖南衡阳中院（2011）衡中法民一终字第4号“李某与郑某等房屋侵权纠纷上诉案”；江苏徐州中院（2010）徐民终字第2018号“曹某与李某等房屋使用权纠纷上诉案”；重庆南岸区法院（2010）南法民初字第1807号“杨某诉庾某物权确认纠纷案”；重庆巴南区法院（2009）巴民初字第1241号“刘某诉蒋某房屋租赁合同纠纷案”；重庆五中院（2008）渝五中民终字第3419号“周某与范某房屋买卖合同纠纷案”；辽宁沈阳中院（2008）沈民（2）终字第935号“崔叔与崔侄房屋买卖合同纠纷案”；上海二中院（2008）沪二中民二（民）终字第47号“房某与印某等买卖合同纠纷上诉案”；上海二中院（2008）沪二中民二（民）终字第101号“王某与徐某等财产所有权纠纷上诉案”。

78. 集资房：请求权让与
——转让集资房，约定有无效？
【合同效力】

【案情简介及争议焦点】

2009年，报社集资建房。随后，职工赵某与丈夫岳某作为甲方，与非报社职工的赵某姐签订房产转让协议。协议签订之后赵某姐支付了10万元，其中包括以赵某名义直接付给报社的集资款。2010年，岳某诉请确认转让合同无效。诉讼中，报社出具证明，称案涉集资房按政策要求5年内不得上市交易，集资户5年内无产权。同时出具《情况说明》，内容为：参加本单位集资建房的对象仅限报社职工，外单位职工无集资建房资格。本单位职工以其名义变相为报社以外的人购买集资房，严重侵害了内部其他职工的权利，报社严禁参与集资建房的职工私自转让集资房，也不得变相转让给外单位人员。

争议焦点：1.合同效力如何？2.报社出具的情况说明效力如何？

【裁判要点】

1. 合同有效。赵某作为报社职工,在交纳首次集资房款后,其所享有的是取得集资房屋的请求权。在赵某、岳某与赵某姐签订转让协议时,集资房屋并未竣工,结合协议约定的赵某姐以赵某的名义交纳后续集资款以及在赵某取得房屋产权后过户至赵某姐名下等内容,可以看出,岳某、赵某与赵某姐签订的协议名为"房屋产权转让",实际上是"集资建房请求权转让"即集资建房资格的转让,其实质属于债权转让。故本案不适用《城市房地产管理法》第37条(2007年8月30日修改后变为第38条,其中第6款"未依法登记领取权属证书的"属"不得转让"之列——编者注)有关房地产转让的规定,而应适用《合同法》的相关规定;况且,当事人之间有关设立、转让不动产物权的合同效力也不受物权是否变动、能否变动的影响,即使物权未变动,债权合同仍然有效。

2. 内部规定。《合同法》第52条规定了合同无效的情形,合同无效要具备法定条件。单位集资建房系单位内部的行为,即如报社出具的情况说明,单位内部的规定亦不能对抗赵某、岳某与赵某姐之间的民事合同行为。赵某、岳某与赵某姐签订的房屋产权转让协议不因单位的内部规定而导致合同无效。且在协议签订之后赵某姐支付了10万元房款及后续集资款,双方已经依据协议履行了大部分内容,现岳某请求确认无效明显与民事活动所应遵循诚实信用原则相悖,也不利于交易秩序的稳定。判决驳回岳某的诉讼请求。

【裁判依据或参考】

1. 法律法规。《**民法典**》(2021年1月1日)第577条:"当事人一方不履行合同义务或者履行合同义务不符合约定的,应当承担继续履行、采取补救措施或者赔偿损失等违约责任。"第583条:"当事人一方不履行合同义务或者履行合同义务不符合约定的,在履行义务或者采取补救措施后,对方还有其他损失的,应当赔偿损失。"第595条:"买卖合同是出卖人转移标的物的所有权于买受人,买受人支付价款的合同。"第597条:"因出卖人未取得处分权致使标的物所有权不能转移的,买受人可以解除合同并请求出卖人承担违约责任。法律、行政法规禁止或者限制转让的标的物,依照其规定。"《**合同法**》(1999年10月1日,已于2021年1月1日起失效)第52条:"有下列情形之一的,合同无效:……(二)恶意串通,损害国家、集体或者第三人利益;(三)以合法形式掩盖非法目的;(四)损害社会公共利益;(五)违反法律、行政法规的强制性规定。"国务院《**防范和处置非法集资条例**》(2021年5月1日)第2条:"本条例所称非法集资,是指未经国务院金融管理部门依法许可或者违反国家金融管理规定,以许诺还本付息或者给予其他投资回报等方式,向不特定对象吸收资金的行为。非法集资的防范以及行政机关对非法集资的处置,适用本条例。法律、行政法规对非法从事银行、证券、保险、外汇等金融业务活动另有规定的，适用其规定。本条例所称国务院金融管理部门，是指中国人民银行、国务院金融监督管理机构和国务院外汇管理部门。”第11条：“除国家另有规定外，任何单位和个人不得发布包含集资内容的广告或者以其他方式向社会公众进行集资宣传。市场监督管理部门会同处置非法集资牵头部门加强对涉嫌非法集资广告的监测。经处置非法集资牵头部门组织认定为非法集资的，市场监督管理部门应当及时依法查处相关非法集资广告。广告经营者、广告发布者应当依照法律、行政法规查验相关证明文件，核对广告内容。对没有相关证明文件且包含集资内容的广告，广告经营者不得提供设计、制作、代理服务，广告发布者不得发布。”第19条：“对本行政区域内的下列行为，涉嫌非法集资的，处置非法集资牵头部门应当及时组织有关行业主管部门、监管部门以及国务院金融管理部门分支机构、派出机构进行调查认定：(一)设立互联网企业、投资及投资咨询类企业、各类交易场所或者平台、农民专业合作社、资金互助组织以及其他组织吸收资金；(二)以发行或者转让股权、债权，募集基金，销售保险产品，或者以从事各类资产管理、虚拟货币、融资租赁业务等名义吸收资金；(三)在销售商品、提供服务、投资项目等商业活动中，以承诺给付货币、股权、实物等回报的形式吸收资金；(四)违反法律、行政法规或者国家有关规定，通过大众传播媒介、即时通信工具或者其他方式公开传播吸收资金信息；(五)其他涉嫌非法集资的行为。”国务院**《关于解决城市低收入家庭住房困难的若干意见》**(2007年8月7日　国发〔2007〕24号)第11条：“严格经济适用住房上市交易管理。经济适用住房属于政策性住房，购房人拥有有限产权。购买经济适用住房不满5年，不得直接上市交易，购房人因各种原因确需转让经济适用住房的，由政府按照原价格并考虑折旧和物价水平等因素进行回购。购买经济适用住房满5年，购房人可转让经济适用住房，但应按照届时同地段普通商品住房与经济适用住房差价的一定比例向政府交纳土地收益等价款，具体交纳比例由城市人民政府确定，政府可优先回购；购房人向政府交纳土地收益等价款后，也可以取得完全产权。上述规定应在经济适用住房购房合同中予以明确。政府回购的经济适用住房，继续向符合条件的低收入住房困难家庭出售。”第12条：“加强单位集资合作建房管理。单位集资合作建房只能由距离城区较远的独立工矿企业和住房困难户较多的企业，在符合城市规划前提下，经城市人民政府批准，并利用自用土地组织实施。单位集资合作建房纳入当地经济适用住房供应计划，其建设标准、供应对象、产权关系等均按照经济适用住房的有关规定执行。在优先满足本单位住房困难职工购买基础上房源仍有多余的，由城市人民政府统一向符合经济适用住房购买条件的家庭出售，或以成本价收购后用作廉租住房。各级国家机关一律不得搞单位集资合作建房；任何单位不得新征用或新购买土地搞集资合作建房；单位集资合作建房不得向非经济适用住房供应对象出售。”国务院《关于促进房地产市场持续健康发展的通知》(2003年8月12日　国发〔2003〕18号)第4条:“……集资、合作建房是经济适用住房建设的组成部分,其建设标准、参加对象和优惠政策,按照经济适用住房的有关规定执行。任何单位不得以集资、合作建房名义,变相搞实物分房或房地产开发经营。”国务院《关于深化城镇住房制度改革的决定》(1994年7月18日　国发〔1994〕43号)第26条:“鼓励集资合作建房,继续发展住房合作社,在统一规划的前提下,充分发挥各方面积极性,加快城镇危旧住房改造。”

2. 司法解释。最高人民法院执行工作办公室《关于企业职工建房集资款不属企业所得问题的函》(1997年1月27日　法经〔1997〕12号):“……经审查,陕西建光机器厂为解决本厂职工住房困难,于1995年12月15日以集资修建职工住房方案为题下发了〔1995〕180号文件,该文件明确了集资对象、条件及方式。经上报市房改办公室获批后,该厂按市房改办批复的要求,将上述职工个人集资款存入指定银行的专项账户。上列事实清楚,证据充分。国务院住房制度改革领导小组办公室还专就此事致函我办,明确指出:‘此款其性质属于职工个人的,不应视为企业的其他资金。’请你院接到此函后,通知并监督荆沙市沙市区人民法院立即将此款解冻。”最高人民法院《关于房地产案件受理问题的通知》(1992年11月25日　法发〔1992〕38号)第3条:“凡不符合民事诉讼法、行政诉讼法有关起诉条件的属于历史遗留的落实政策性质的房地产纠纷,因行政指令而调整划拨、机构撤并分合等引起的房地产纠纷,因单位内部建房、分房等而引起的占房、腾房等房地产纠纷,均不属于人民法院主管工作的范围,当事人为此而提起的诉讼,人民法院应依法不予受理或驳回起诉,可告知其找有关部门申请解决。”

3. 部门规范性文件。建设部、发改委、监察部、财政部、国土资源部、人民银行、税务总局《关于印发〈经济适用住房管理办法〉的通知》(2007年11月19日　建住房〔2007〕258号)第34条:“距离城区较远的独立工矿企业和住房困难户较多的企业,在符合土地利用总体规划、城市规划、住房建设规划的前提下,经市、县人民政府批准,可以利用单位自用土地进行集资合作建房。参加单位集资合作建房的对象,必须限定在本单位符合市、县人民政府规定的低收入住房困难家庭。”第35条:“单位集资合作建房是经济适用住房的组成部分,其建设标准、优惠政策、供应对象、产权关系等均按照经济适用住房的有关规定严格执行。单位集资合作建房应当纳入当地经济适用住房建设计划和用地计划管理。”第36条:“任何单位不得利用新征用或新购买土地组织集资合作建房;各级国家机关一律不得搞单位集资合作建房。单位集资合作建房不得向不符合经济适用住房供应条件的家庭出售。”第37条:“单位集资合作建房在满足本单位低收入住房困难家庭购买后,房源仍有少量剩余的,由市、县人民政府统一组织向符合经济适用住房购房条件的家庭出售,或由市、县人民政府以成本价收购后用作廉租住房。”第38条:“向职工收取的单位集资合作建房款项实行专款管理、专项使用,并接受当地财政和经济适用住房主管部门的监督。”第39条:“已参加福利分房、购买经济适用住房或参加单位集资合作建房的人员,不得再次参加单位集资合作建房。严禁任何单位借集资合作建房名义,变相实施住房实物分配或商品房开发。”第40条:“单位集资合作建房原则上不收取管理费用,不得有利润。”建设部、监察部、国土资源部**《关于制止违规集资合作建房的通知》**(2006年8月14日　建住房〔2006〕196号)第1条:“自本通知下发之日起,一律停止审批党政机关集资合作建房项目。严禁党政机关利用职权或其影响,以任何名义、任何方式搞集资合作建房,超标准为本单位职工牟取住房利益。”第2条:“对已审批但未取得施工许可证的集资合作建房项目,房地产管理(房改)部门要会同有关部门重新审查,不符合《经济适用住房管理办法》和房改政策的,不得按集资合作建房项目开工建设。”第3条:“已经开工建设的集资合作建房项目,房地产管理(房改)部门要会同有关部门重新审查项目供应对象、面积标准和集资款标准。对住房面积已经达到当地规定标准等不符合参加集资合作建房条件的职工,取消其资格。对虽然符合参加集资合作建房条件,但住房面积(以前已享受政府优惠政策的住房面积和新参加集资合作建房的面积合并计算)超过当地规定的,按照当地住房面积超标处理办法执行。对单位违规向职工提供集资建房补贴的,责令收回。”建设部、国家计委、财政部、国土资源部、中国人民银行、国税总局**《关于加强房地产市场宏观调控促进房地产市场健康发展的若干意见》**(2002年8月26日　建住房〔2002〕217号)第5条:“……继续鼓励工矿区和企事业单位利用自用土地,在符合城市规划和建设用地计划的前提下,组织职工集资、合作建房,多渠道、多层次解决中低收入家庭的住房问题。”建设部、财政部、国家经济贸易委员会、全国总工会**《关于进一步深化国有企业住房制度改革加快解决职工住房问题的通知》**(2000年5月31日　建房改〔2000〕105号)第11条:“在一定时期内,对有自用土地的企业,在符合土地利用总体规划、城市规划和单位发展规划的前提下,经批准可以在自用土地上自建住房。所建住房原则上按建造成本价向本单位职工出售。已经取消单位建房的地区,按当地人民政府的有关规定执行。”第12条:“鼓励成立城市社会型住宅合作社,进行合作住房建设,按照住房建设成本向职工收取建房费用,解决城市低收入职工家庭中住房困难户的住房问题。”第13条:“对合作建房和单位自建住房给予政策扶持。住宅合作社进行的合作建房和企业利用自用土地建房,执行当地人民政府关于经济适用住房建设的有关政策。”建设部、国家发展计划委员会、国土资源部**《关于印发〈关于大力发展经济适用住房的若干意见〉的通知》**(1998年7月14日　建房〔1998〕154号)第19条:“以上规定适用于集资建房、合作建房。”国税局**《关于对房屋经营单位和建设单位向职工个人出**

售住房征免建筑税问题的通知》（1989 年 1 月 26 日 国税地〔1989〕6 号）第 1 条：“对商品房经营单位出售给个人的住房和其他建设单位建房出售给个人的住房，凭个人购买住房证明及产权证明，报经税务机关核实后，免征建筑税。”第 2 条：“对各单位向职工集资修建的住房或者购买的商品住房，以作为优先分配住房，或者抵扣房租的，应照章征收建筑税。”

4. 地方司法性文件。山东高院《**民事审判会议纪要**》（2017 年 8 月）第 2 条：“……11. 关于顶名购买单位自建房的问题。顶名买房是指房屋的实际出资人利用他人专属的分房资格、为享受他人因该分房资格带来的各种优惠等，借用他人名义购买房屋的行为，被顶名人或为此收取部分费用或无偿。房屋的实际出资人为事实购房人或真正购房人，被借名（或顶名）之人为登记购房人。近几年，房地产市场价格不断攀升，以各种名义开发的单位自建房仍然存在，单位自建房、单位团购房与市场运作开发的房屋，存在着价格、物业管理等方面的悬殊，由此带来的问题是，顶名房屋买卖现象大量出现，随之出现是各类顶名买房纠纷，顶名购房中存在着三方法律关系，顶名者与被顶名者间的法律关系，顶名者、被顶名者分别与开发商间的法律关系。顶名者与被顶名者间因顶名行为而在彼此间设置了权利义务关系，形成合同关系。就合同的性质与效力形成两种观点。观点一，买卖合同有效说。外部人员顶单位内部职工名义购房，或者单位内部职务低的人员顶职务高的人员名义购房，这样的顶名买房合同实际是，被顶名者与顶名者现在签订合同买卖被顶名者将来一定时间取得的房屋，顶名者为此向被顶名者支付对价，该买卖关系的标的物最终指向的是房屋，买卖合同签订时，被顶名者对争议房屋享有的是期待权益，该项期待权益是一定时间后取得的房屋债权（指顶名人与开发商签订买卖房屋合同前）或房屋所有权（顶名人与开发商签订买卖房屋合同后取得房屋所有权证）。该项交易行为系双方意思表示真实，在顶名买房合同中，被顶名者处分房屋的背后处分的实际是基于其单位职工的特殊身份享有的单位福利，属于私权利的范畴，该处分行为主观上并无损害第三人利益的故意，不违反法律和行政法规的强制性规定，公权力不宜给予过多的限制，应认定合法有效为宜。单位自建房通常以开发商的名义开发并与职工签订买房合同，因此在顶名买房中存在的是顶名人与被顶名人间的买卖关系、被顶名人与开发商的买卖关系，顶名人与开发商间一般不存在直接的法律关系。若开发商同意办理合同更名，则顶名人与被顶名人、开发商三者间形成合同权利义务概括转让关系，被顶名人将其与开发商签订的买卖合同中的权利义务概括转让给顶名人。在顶名买房关系中，单位给予其职工的福利专属于职工本人，职工对该福利的再次处分单位不宜作过多限制，单位内部规章制度若对此做出约束，职工违反该制度承担的是违纪违章行为，而不宜因此认定顶名合同无效。司法实践中单位对内部职工顶名买房的行为一般持默许态度不作过多干涉。观点二,委托合同有效说。依据《合同法》第403条之规定,顶名人与被顶名人形成委托合同关系,由被顶名人以自己的名义与开发商签订商品房买卖合同并履行该项合同,被顶名人系表面上的合同当事人和房屋权利人,顶名人系实际上的合同当事人和房屋权利人。若开发商在签订合同时知道委托人并不就此拒绝签订合同时,顶名人可以介入合同行使被顶名人对开发商的权利。被顶名人向开发商披露顶名人的,开发商可以选择顶名人或被顶名人人作为合同相对人。该委托行为系双方意思表示真实,主观上并无损害第三人利益的故意,不违反法律和行政法规的强制性规定,应认定合法有效。"海南高院**《关于办理商品房买卖合同纠纷案件的指导意见(试行)》**(2011年1月)第19条:"单位就集资合作建房与不符合集资合作建房对象和不符合经济适用住房供应条件对象所签订的单位集资合作建房出售合同而产生的纠纷,依下列情况分别处理:(1)合同签订于2007年8月7日《国务院关于解决城市低收入家庭住房困难的若干意见》(国发〔2007〕24号,下称国务院意见)实施前,且已履行完毕的,可以认定有效;一方请求解除的,不予支持。(2)合同虽签订于国务院意见实施前,但国务院意见实施后尚未履行完毕的,可以认定有效。但购买人请求继续履行的,应以合同侵害社会公共利益为由不予支持。因解除合同而导致的损失,由双方按过错责任大小分担。(3)合同签订于国务院意见实施后的,应当认定无效,因此而造成的损失按双方过错责任大小分担。"第20条:"因单位集资合作建房初始购买人与他人就单位集资合作建房所签订的买卖合同而产生的纠纷,区别下列情况分别处理:(1)合同签订于国务院意见实施前,且已履行完毕的,可以认定有效;一方请求解除的,不予支持。(2)合同虽签订于国务院意见实施前,但国务院意见实施后尚未履行完毕的,可以认定有效。但购买人请求继续履行的,不予支持。因解除合同而导致的损失,由双方按过错责任大小分担。(3)合同签订于国务院意见实施后,依下列情形分别处理:①单位集资合作建房初始购买人就自取得房屋所有权证未满5年的单位集资合作建房与他人所签订的买卖合同无效,由此而造成的损失由双方当事人按过错责任大小分担。②单位集资合作建房初始购买人就自取得房屋所有权证满5年的单位集资合作建房与他人所签订的买卖合同,凡不存在违反法律、法规禁止性规定情形的,可以认定有效,但单位主张优先回购的除外。单位集资合作建房初始购买人与他人所签订的单位集资合作建房买卖合同有效的,购房人有关产权的取得依相关规定办理。"第21条:"当事人因就是否符合经济适用房、限价商品房及单位集资合作建房购买条件向人民法院起诉的,不予受理;但应告知其向政府或政府有关部门申请解决。"广东高院**《关于蔡新明等人与广东省鱼珠林产集团有限公司房屋质量纠纷案受理问题的批复》**(2004年9月13日　〔2004〕粤高法立复字第34号):"你院穗中法〔2004〕38号《关于已领取产权证的集资房纠纷是否适用〈最高人民法院关于房地产案件受理问题的通知〉的请示》收悉,经研究,答复如下:根据《最高人民法院关于房地产案件受理问题的通知》第三条的规定,蔡新明等人与广东省鱼珠林产集团有限公司因购买集资房引起的房屋质量纠纷不属于人民法院主管工作的范围,人民法院应不予受理。”辽宁沈阳中院《**关于审理房地产案件若干问题的处理意见(之一)**》(2004年3月27日)第5条:“依照最高人民法院法发〔1992〕38号关于房地产案件受理问题的通知,‘因单位内部建房、分房等引起的占房、腾房等房地产纠纷,不属于人民法院主管工作范围。’审查单位与职工之间的房产纠纷是否属于人民法院受理范围,不能机械地适用这一司法解释,应审查纠纷双方是否属于平等主体,如果是平等主体间的纠纷,法院应予受理。例如,单位与职工之间的房屋租赁纠纷以及单位分配的住房房改后,职工依法取得了房屋所有权,因其他职工占房引起的纠纷等等,均属于平等主体之间的权属纠纷,人民法院应当依法受理。”

5. 地方规范性文件。北京市《**城镇住宅合作社管理办法**》(2010年11月27日)第2条:“住宅合作社是本市行政区域内中、低收入的城镇居民(包括职工),为解决自身住房困难,在人民政府或单位的组织下,自愿建立的、不以营利为目的的、公益性合作经济组织。其任务是:筹集资金,建设住宅,并对建设的住宅(以下简称合作住宅)进行分配、维修和管理。”第3条:“住宅合作社遵循‘个人集资、单位资助、政府扶持、民主管理、自我服务’的原则,实行独立核算,资金自求平衡。”第8条:“合作住宅的建设、维修、管理资金,采取社员集资、单位资助的办法筹集,政府在政策上给予扶持。住宅合作社向社员个人出售的合作住宅,投资方向调节税适用零税率,向社员个人出售和出租合作住宅免征营业税。住宅合作社可根据国家和本市有关规定,申请合作住宅建设贷款。各级计划、规划和建设主管部门应对住宅合作社的住宅建设给予支持,优先安排。”北京市国土资源和房屋管理局、北京市人民政府房改办公室《**关于房改售房若干问题的通知**》(2000年8月11日　京国土房管改字〔2000〕第178号)第5条:“居民办理加入住宅合作社手续后,参加住宅合作社集资建房,个人按实际建造费用集资且单价高于当年房改成本价的,所购住房执行经济适用住房的产权规定。单位参与住宅合作社建房,再以届时房改政策向职工出售所建集资住房,按房改售房的有关规定办理产权登记。居民参与住宅合作社集资所建房屋竣工后,应申请房地权属登记,同时可向登记部门提交计划部门的建房计划的立项批复和房改部门核准的集资建房分配方案。凭社员集资建房协议和入社证明(社员证)即可办理登记发证手续。”

6. 参考案例。2015年**河南某法定继承纠纷案**,2010年,王某汇款20万元用于李某购买张某单位集资房。2012年,王某与李某登记结婚。2014年,李某病逝。李某母亲及李某与前妻所生女儿起诉王某,要求分割房产。法院认为:本案中,虽然是王某向李某银行卡内汇入20万元用于购置房屋,但买卖合同系李某生前与张某签订，该合同系双方真实意思表示，虽涉案房屋属单位集资房屋，但李某与张某均系同一单位内部职工，故该合同并未违反法律强制性规定，系合法有效合同，该房屋应认定为李某婚前个人财产。根据物权法规定，不动产所有权取得依据是登记，未经登记不发生不动产物权变动效果，但不因此影响合同效力。本案中，涉案房屋因未办登记，死者李某未取得房屋所有权，但享有处分权以外的其他所有权权能，即涉案房屋占有、使用、收益的财产权利，可作为遗产继承。本案系家庭财产继承纠纷，并不涉及对涉案房屋出卖、互易、出资等处分行为，被继承人父母、配偶、子女可依法继承涉案房屋处分权之外的其他权能，且该房屋系单位集资房屋，在房屋具备办理登记条件时单位负有为员工办理房屋登记义务。最高人民法院《关于适用〈中华人民共和国婚姻法〉若干问题的解释（三）》第10条规定，夫妻一方婚前签订不动产买卖合同，以个人财产支付首付款并在银行贷款，婚后用夫妻共同财产还贷，不动产登记于首付款支付方名下的，离婚时该不动产由双方协议处理。依前款规定不能达成协议的，人民法院可以判决该不动产归产权登记一方，尚未归还的贷款为产权登记一方的个人债务。双方婚后共同还贷支付的款项及其相对应财产增值部分，离婚时应根据婚姻法第三十九条第一款规定的原则，由产权登记一方对另一方进行补偿。据此，处理涉案房屋继承时，王某向李某汇款20万元可视为王某对李某的借款，即王某对李某享有该20万元债权。本案中双方均系第一顺序继承人，考虑双方具体情况，遗产以均分为宜。该涉案房屋总价值为38万，则三人可分得遗产数额人均为6万元。鉴于该房屋一直由王某居住，且王某可共得房款总额为26万元，判决王某给付原告共12万元。2011年**河南某房屋买卖合同纠纷案**，2006年，*罗某将分得的单位内部集资房转让给赵某，约定赵某以罗某名义办理一切购房手续。*2010年，*赵某支付罗某房屋转让费及房款27万余元后，罗某反悔。*2011年，*赵某诉请确认双方所签转让协议有效。*法院认为：本案中，罗某作为其单位职工，因其特别身份获得了从本单位以成本价格购置住房权利，对该权利罗某并未放弃，而是表达了购房意愿。虽然系争房屋当时尚未竣工，但该房屋位置、楼层、面积等基本价值要素已大致确定，具备了比较明确的经济价值。此时，虽然罗某未获得该房屋所有权，但取得房屋所有权过程已开始，一旦条件成熟或期限届至，即可获得该权利。当事人所处该种法律地位构成了对该房屋所有权的期待权，具有一定经济价值，可成为交易客体，如可处分、抵押、继承。根据赵某与罗某所签协议内容，罗某在收取一定转让费后，将其享有的购房资格转让给赵某，由赵某以罗某名义办理相关购房手续，承担该房屋所有集资费用，罗某在获得房屋所有权证书后转让给赵某。从该协议内容可看出，罗某将其对系争房屋所有权的期待权转让给赵某，并继续承担向出卖人支付价款义务，赵某享有了在罗某支付全部价款后，取得房屋所有权的权利。该情形非常类似于期房、未来物买卖。依《合同法》第133

条及其解释规定,只要在履行期限届满时出卖人能移转买卖物所有权,即达到了买卖合同目的,无须出卖人于订立买卖合同时即拥有买卖物所有权,故房屋转让协议书应视为当事人有权处分的合同看待。《城市房地产管理法》基于房地产在来源不清、归属不明情况下进入市场流通,不利于市场秩序维护和国家对房地产转让的管理监督规定,在本案中并无适用场景。本案中系争房屋所有权并不存在来源不清、归属不明情况,且该规定不属效力性规范,违反此规定合同不应认定为无效。从法律适用后果来看,赵某和罗某买卖房屋意思表示真实一致,如双方房屋转让协议被认定为无效,房屋买受人赵某履行合同所付出努力和机会成本将得不到充分保护,而出卖人罗某却从自己反悔中得到了不合理利益,违背了"任何人不能从自己的过错中获得利益"法理,损害了诚实信用原则。判决案涉房屋转让协议有效。2011年**山东某房屋买卖合同纠纷案**,2007年,工程公司经批准按建设成本价将内部集资房出售给内部职工,其中与非本单位内部职工张某签订购房协议。2011年,张某付款8万余元后,工程公司以张某至今未付余款为由,诉请解除购房协议。法院认为:集资房是单位为解决本单位内部职工居住困难而在单位已取得的国有划拨土地上兴建的福利性或保障性住房。一般情况下,由单位进行补贴,个人出资购买,产权归本单位内部职工个人所有。按建设部《经济适用住房管理办法》及国务院《关于解决城市低收入家庭住房困难的若干意见》有关规定,单位集资合作建房是经济适用住房组成部分,其建设标准、优惠政策、供应对象、产权关系等均按经济适用住房有关规定严格执行。单位集资合作建房在优先满足本单位住房困难职工购买基础上房源仍有多余的,不得向非经济适用住房供应对象出售,而是由城市人民政府统一向符合经济适用住房购买条件的家庭出售或以成本价收购后用作廉租住房。依《合同法》第52条第4项规定,损害社会公共利益的合同无效。社会公共利益通常包括公共秩序与公共道德即公序良俗两个方面内容。公共秩序主要包括社会政治秩序、经济秩序与生活秩序。单位集资合作建房属建设部《经济适用住房管理办法》及国务院《关于解决城市低收入家庭住房困难的若干意见》所禁止对外公开出售房产,故单位集资合作建房并出售给非经济适用住房供应对象,势必违反国家关于经济适用住房管理的有关政策性规定,破坏社会管理秩序,故合同应依法被认定为无效。判决工程公司与张某所签购房协议无效,工程公司返还张某购房款8万余元及相应利息。2008年**陕西某房屋买卖合同纠纷案**,1998年,信用社集资建房。2001年,李某经单位同意,将集资房转让张某。2008年,李某与丈夫赵某以转让协议未经家庭财产共有人同意为由,诉请确认协议无效。法院认为:民事法律行为以意思表示为要素。李某与张某之间转让房屋意思表示真实,且李某单位当时对该转让行为亦认可。我国实行不动产登记制度,不动产登记只是物权变动成立要件,而非买卖合同成立要件。《城市房地产管理法》(1994年)第37条规定,未依法登记领取权属证书的房地产不得转让。根据立法本意,其设置目的是对在房屋所有权尚不明确情况下,对房地产权属转让行为的一种限制。本案中,李某所购单位集资房系我国体制改革过渡期间的一种特殊产物,且该房屋产权证书正在办理,已具备合法交易要件,并非权属不明确房屋。案涉购房协议签订后,张某对该房屋长期占有、使用。该买卖行为并未损害国家、集体、他人利益和违反社会公共利益,故协议应为合法有效。张某交款、入住后,已实际占有、使用该房屋6年多。李某与赵某系夫妻关系,对李某未实际购买该集资房,赵某称不知情,有违常理。判决驳回李某、赵某诉请。2008年**四川某房屋买卖合同纠纷案**,2006年,李某将单位分得的集资建房指标以10万元转让给张某。2008年,因李某要求张某再支付20万元,否则不予协助办理买受人更名手续致诉。李某单位出具了"不禁止转让"证明。法院认为:李某尚未取得诉争房屋所有权,亦未实际占有,其与张某协议转让的实际上是集资房的购房权,而依集资单位出具的证明,诉争房屋购房权是允许享有购房资格的人员自由处分的,包括转让给非本单位工作人员,故案涉转让协议系双方真实意思表示,合法有效。李某应依约将与出卖人所签商品房买卖合同买受人变更为张某,张某亦应依约向李某支付转让费及购房款。庭审中,张某、李某双方均同意就购房款一并作出认定,同时依约张某承担变更姓名所需所有费用,故判决李某协助更名,张某支付余下购房款19万余元。2006年**江苏某房屋买卖合同纠纷案**,2002年,郭某支付2万元,张某同意郭某以张某名义购买单位供电公司集资房。2003年,张某反悔,双方约定郭某再支付张某2万元的附期限购房补充协议。2005年,房屋建成,张某以单位集资房不允许职工转卖为由拒绝办理相关协助过户手续。法院认为:张某所在单位为改善职工生活条件集资建房,不违反当时法律、法规和政策规定。双方当事人所签转让购房协议以及关于附期限购房补充协议意思表示真实,合同成立,对当事人均有约束力。现房屋建成,所附条件成就,张某未按双方约定履行义务,有违诚实信用原则。单位在集资建房中与职工的有关约定及单位为集资建房所作规定,只在单位和职工之间具有一定约束力,不能约束第三人。张某关于其无权处分他人财产,单位禁止职工转卖、转让和出租,双方所签协议无效主张,因其未提供充分证据证实,故不予采信。判决张某继续履行合同义务,由郭某向张某所在单位交纳各项费用,办理有关产权证、土地使用证等手续,张某履行协助义务。2005年**四川某房屋买卖合同纠纷案**,1998年,车某与丈夫罗某购买开发公司购自政府的集资房并交纳购房款。2005年,因该房迟延办理过户手续致诉。开发公司抗辩称无证房屋买卖合同应认定无效。法院认为:依《城市房地产管理法》规定:房地产转让,是指房地产权利人通过买卖、赠与或者其他合法方式将其房地产转移给他人的行为。由此可见,房地产转让应包括签订买卖、赠与合同,交付价款、交付房屋,过户登记等一系列债权行为和物权行为。从本案争议看,双方房屋买卖已通过支付购房款和实际取得房屋等行为履行了债权行为,只是未完成权属登记取得物权而已。《城市房地产管理法》关于未依法登记领取权属证书的房屋不得转让的规定,是指买卖行为因尚未登记领取权属证书而不能彻底完成,不能发生所有权转移的合同履行目的。依法登记领取权属证书只是物权变动成立要件,而非买卖合同生效要件,故不得据此确认本案争议的买卖关系无效。同时双方当事人在房屋买卖时,对开发公司尚未登记领取权属证书事实是明知的,故推定双方对交易风险和各自权利义务是知晓和同意的,应对双方产生约束力。公司章程效力并不及于与其发生民事行为的相对人,开发公司向罗某出卖房屋是否通过公司股东会表决同意,是其内部行为,不能对抗善意的另一方合同当事人。判决开发公司30日内协助车某办理权属证书。2003年**浙江某房屋买卖合同纠纷案**,2000年,*蒋某将单位集资房转让给卢某*。*2002年,卢某装修、入住,在蒋某房产证办理后,因蒋某拒绝办理过户手续致诉*。法院认为:案涉房屋买卖协议系双方真实意思表示,双方已依约履行了交付房屋和支付房款义务,且卢某对房屋进行了装修和使用,至今已三年余。蒋某应本着诚实信用原则,依约履行自己合同义务。《城市房地产管理法》第37条规定,是法律对出卖人的强制性要求,这项强制性规定是管理性而非效力性的,不应作为认定合同效力依据,故本案房屋买卖合同应认定有效。依《合同法》的规定,出卖人不仅负有交付买卖标的物义务,还应履行转移标的物所有权于买受人法定义务,故卢某要求蒋某协助办理本案诉争房的房产证过户登记手续请求,于法有据,应予支持。判决蒋某协助卢某办理过户手续。2011年9月**新疆某房屋买卖合同案**,法院认为:孔某与木材厂签订的全额集资合作建房协议有效。孔某按协议向木材厂交纳了全部住房集资款,木材厂向孔某交付了房屋并办理了房屋产权过户手续,孔某受领了木材厂的履行行为,且双方协议已履行完毕。孔某以木材厂给市住房委员会办公室、市房屋产权交易管理中心备案的"出售公有住房价格计算表"不一致,而认为木材厂多收取孔某的购房款。因木材厂建造的房屋性质是全额集资建房,其在两个政府部门备案的价格不一致,目的是为给本单位和职工少交部分维修基金,市住房委员会办公室也认为此种做法在当时的企业建房中常见,对木材厂此种做法也予以认可。国务院及本市相关文件均确认集资建房属房改房的一种形式,且新房改办〔2005〕1号文件进一步明确职工参加单位集资建房就是享受到了房改优惠政策。故孔某已享受到房改的优惠政策。现孔某居住该房屋已有10年,其购买该房屋时明知木材厂全额集资建房的事实,自愿申请并按照全额集资合作建房协议向木材厂交纳购房款,现其要求国际商贸城按照优惠折扣返还购房款差价的诉讼请求无事实及法律依据,不应支持。2011年6月**重庆某房屋买卖合同案**,法院认为:2003年10月20日朱某签字的《委托书》和2003年10月21日朱某、郑某和王某双方签订的《全权委托书》证明了朱某委托郑某和王某处理和出售本案争执之房的事实。朱某主张其于2005年终止了委托郑某和王某处理和出售本案争执之房的事实，但无充分证据证实。尽管朱某至今未取得本案争执之集资房的房产证，但该房已由朱某原所在单位即机械厂决定将该房分配给朱某，朱某对单位分给自己的房屋有处置权，故朱某认为其对本案争执之房无处置权，本案买卖协议无效的理由不能成立。2011年4月**安徽某房屋买卖合同及房屋腾让案**，法院认为：房屋转让涉及合同当事人诸多的权利和义务，房屋转让合同内容至少应包括转让表示、标的、数量、价款、价款及标的物交付期限等，当事人对此进行约定应当具体、确定及可履行，《关于集资建房情况的说明》中，刘某叔表示了"想把房子转让给戴某、刘某"，此外未做过多及明确的表示，只能说明其曾有房屋转让的合同意向，其形式及内容均不符合合同成立的条件。因而，双方未形成书面的房屋转让合同关系。刘某叔在出具给戴某、刘某《关于集资建房情况的说明》中表示，经和戴某、刘某协商，上述集资费用由戴某、刘某自愿支付。"自愿支付"只说明该支付行为的主观性，而该行为的性质是否为支付房款抑或其他，现有证据还不足以确定。故不能认定戴某、刘某此支付行为是履行与刘某叔房屋转让合同中支付房屋对价义务的行为。涉案集资房屋建成交付后，戴某、刘某与刘某叔共同居住，因刘某叔与刘某为嫡亲叔侄关系，刘某叔年岁渐高且子女均在异地，不排除此共同居住的安排系双方当事人基于亲缘关系有互助之目的，又由于戴某、刘某支付房屋集资款及装潢费用的性质的不确定性，故不能认定戴某、刘某在该房的居住即为其主张的享有其与刘某叔房屋转让合同中的占有权，也不表明刘某叔是履行了对戴某、刘某房屋转让合同中的实物交付义务。此外，自双方产生房屋转让意向至双方发生争议前，在长达8年左右的时间里，刘某叔作为房屋合法产权人一直未将房屋产权转移至戴某、刘某所有，戴某、刘某对此也未积极要求。由于双方对房屋转让既无书面或其他合法形式的约定，又无实际履行行为，故不能认定双方当事人之间存在房屋转让合同关系，在戴某、刘某无法定及合同依据继续占有使用该房的情形下，刘某叔请求其腾让房屋应予支持。2011年3月**河南某买卖合同纠纷案**，法院认为：常某持4.6万元集资建房收据，向法院起诉，要求建筑公司、路某、杨某履行交付集资房的义务，合理合法，杨某也承认该收据的真实性。建筑公司辩解，该单位与文物局共同合作集资建房，该单位系施工方，文物局系建设方，分别占有10套和20套住房，各收各款，有当时双方签订的书面合同为证，常某对此否认的抗辩证据不足。常某丈夫将4.6万元集资款交给杨某，当时双方并没有签订书面合同，收据上面未注明房屋位置，亦无文物局公章，收据复印件上面仅显示系杨某经手。建筑公司不承认收到该4.6万元，杨某辩解收款系文物局职务行为，该款转交建筑公司，但无相应证据支持。故判决杨某返还常某购房款4.6万元本息。2011年1月**湖南某返还原物纠纷案**，法院认为：本案诉争房屋系建筑公司集资建房,至今未办房屋所有权证。郭某原系建筑公司职工,本案诉争房由其集资。1994年12月1日,建筑公司与张某签订《偿欠协议》,表明:公司业已与郭某达成退房协议,原属郭某集资房由公司以7万元作价给张某。郭某虽非该协议的当事人,但结合郭某一直在建筑公司任职及张某装修并长期占有使用诉争集资房的事实,郭某应清楚公司处分诉争房屋的行为。建筑公司虽系诉争集资建房的产权人,但在处置诉争房屋时应取得原集资建房职工即郭某的同意。如郭某认为建筑公司侵犯了其权益,可另案起诉救济。郭某主张其将诉争房屋借与张某居住,但未提供相应证据证明,本院不予支持。判决驳回郭某要求张某返还房屋的诉讼请求。2010年12月**陕西某合同纠纷案**,法院认为:袁某在履行交纳集资建房款等义务后,享有取得李某集资房屋的请求权。因当时集资房屋并未竣工,且房屋所在的具体楼层、位置及面积均未确定,故袁某签订转让协议时并未取得集资房屋的所有权。袁某对集资房的权利尚属于资格权利,在法理上可归为一种期待利益,属于债权范畴,可以依法转让。由于取得集资房尚有集资款等债务有待履行,双方集资权的转让可定性为权利义务的概括转让。袁某按协议支付李某下欠集资建房款及利息后,李某应依约交付袁某房屋。诉争楼房车库,原协议虽未明确约定归属,根据《合同法》中全面履行、诚实信用、鼓励交易的原则及交易习惯,应视为一并转让。2010年11月**广东某房屋产权纠纷案**,法院认为:曹某父虽于1987年参与集资建房购买涉案房屋,并于1989年开始使用涉案房屋,但曹某父并未取得涉案房屋产权。度假村公司于1999年开始对涉案房屋进行房改时,曹某父作为香港居民身份并不符合房改条件,面临房屋被度假村公司收回的风险。在曹某向度假村公司申请涉案房屋房改时,曹某父同意涉案房屋房改给曹某,由此度假村公司与曹某夫妇签订了《安居房买卖合同》,并向曹某夫妇收取购房款。曹某父的行为,视为其将涉案房屋退回给了度假村公司,并同意由曹某取得涉案房屋的产权。曹某父主张曹某夫妇只是名义购买人,双方曾协商一致曹某夫妇取得涉案房屋所有权后,再将产权过户回曹某父名下,只是曹某父单方陈述,无其他证据证明,不予采信。我国《物权法》第17条规定"不动产权属证书是权利人享有该不动产物权的证明"。涉案房屋已登记在曹某夫妇名下,且曹某夫妇取得涉案房屋产权的基础是曹某夫妇与度假村公司签订《安居房买卖合同》,并经政府住房制度改革办公室批复同意将安居房转为全产权房,曹某夫妇是涉案房屋的产权人。由于曹某父未能举证证明曹某夫妇有涉案房屋归曹某父的意思表示,涉案房屋的出卖人仅认可房屋购买人为曹某夫妇,向曹某夫妇开具收款收据、付清房款证明,故即使曹某父支付了涉案房屋的部分购房款,曹某父也只是代为支付,并不因此影响曹某夫妇对涉案房屋享有的权利。如曹某父认为购房款系其支付,曹某夫妇未归还,曹某父可另循法律途径解决。故曹某父请求涉案房屋归其所有并请求曹某夫妇办理过户手续,依据不足,应予驳回。

2010年7月**广系某房屋买卖合同案**，2006年，边防支队的霍某将单位集资房作价16万元转让给李某，所签《房屋买卖合同》第6条约定“霍某保证出卖给李某的房屋产权清楚且无产权纠纷。乙方买受后，如该房屋产权有纠纷，影响到乙方权利的行使，概由甲方负责清理，并赔偿乙方损失”，第7条约定一切过户费用由霍某承担。2008年，部队下文，允许单位集资房可改成经济适用房对外转让，但须缴纳建房成本，霍某转让该房须加缴5万余元，已由部队从霍某住房补贴中扣除。2009年，霍某诉请李某支付加缴费用。法院认为：案涉集资房转让协议有效。霍某转让给李某的房屋原为部队集资房，后经部队文件规定，由个人按经济适用住房价购买集资房并需加缴房款，霍某所应加缴的房款5万余元已在其个人住房资金中抵扣。该加缴的集资房款并非霍某在追加缴纳集资房款文件出台之前尚欠的购房款，而是单位集资房批准上市交易依据政策而应追加的集资房款。上述情形是基于国家政策的变化，李某与霍某在签订《房屋买卖合同》时均未能预见。根据公平合理的原则，加缴的房款应由双方各承担一半为宜。合同第6条约定的前提是房屋产权存在纠纷，但本案加缴房款的情形并非因产权纠纷，而系因国家政策的变化，故李某依此主张不负担加缴费用无事实及法律依据。虽然合同第7条约定讼争房屋所有权转移发生的一切费用由霍某全部承担，但霍某承担的过户一切费用仅指正常的过户税费，而本案中边防支队追加的集资房款应不属于约定霍某承担的一切费用之内，否则双方必然对此有明确约定。

【同类案件处理要点】

集资房屋尚未竣工，当事人就集资房屋转让的约定，属于一种期待利益的资格权利的转让，当事人意思表示真实，不违反法律、行政法规的强制性规定，应认定有效。

【相关法律风险提示】

1. 基于“鼓励交易”的合同原则以及对法律、行政法规强制性规定的违反方能认定合同无效的法律规则，未取得房屋产权的集资房转让合同效力在实践中认定有效基本成为主流做法。但因系处于产权未变更的背景下进行，故对集资房转让意思表示的认定，如缺乏足够的证据，处理结果亦易导致与买受人实现过户愿望的背离。案见广东深圳中院(2010)深中法民五终字第2088号“曹某与曹甲等房屋产权纠纷上诉案”。

2. 集资房的再转让，违反房改单位内部规定，即在单位明确表示不同意的情况下，买受人主张交付集资房是否有依据？新疆乌鲁木齐中院(2011)乌中民四终字第563号“赵某与赵华某房屋买卖合同纠纷上诉案”支持买受人的民事合同行为以对抗单位内部规定。

3. 尽管实践中不乏执行房改政策的集资房转让无须经单位同意的判例,少数地方法规也有明确保护买受人合同利益的条款,但有条件的情况下,买受人购买集资房,应尽可能取得建房单位的同意。

4. 为避免争议,集资房转让合同的名称或内容可以明确合同转让的标的系"集资建房请求权转让"或集资建房资格转让,性质上属于一种可期待利益的债权范畴。

5. 集资房转让应对集资费用的增加或减少有预计,对过户费用的负担应作出明确约定。案见广西北海中院(2010)北民一终字第 242 号"李某与霍某等房屋买卖合同纠纷上诉案"。

6. 受让集资房后,及时办理过户并主张权利实为必要。

7. 单位在集资建房中与职工有关约定及单位为集资建房所作规定,只在双方之间具有一定约束力,不能约束第三人。

8. 当事人将尚未取得所有权、亦未实际占有的集资房购房权转让,集资建房单位并无限制规定的,转让协议应为有效。

【附注】

参考案例索引:新疆乌鲁木齐中院(2011)乌中民四终字第563 号"赵某与赵华某房屋买卖合同纠纷上诉案";河南安阳中院(2015)安中民一终字第 1620 号"李大某等与王某法定继承纠纷上诉案",见《一方出资另一方签订合同的婚前购置房产如何继承》(杨森彪、杜鸿、吴俊鸣),载《人民司法 · 案例》(201723:80);河南郑州中院(2011)郑民三终字第 725 号"赵某与罗某房屋买卖合同纠纷案",见《没有房产证的单位内部开发房买卖合同效力的认定——河南郑州中院判决赵丽诉罗凤仙房屋买卖合同纠纷案》(崔霞、孔凡松、申阳),载《人民法院报 · 案例指导》(20120607:06);山东日照中院(2011)日民一终字第 830 号"某建筑公司与张某买卖合同纠纷案",见《单位集资建房对外销售行为无效——山东日照中院判决中铁二十三局一公司诉张耀华房屋买卖合同案》(张宝华、杨荣国),载《人民法院报 · 案例指导》(20120301:06);陕西西安中院(2008)西民二终字第 1372 号"李某与张某等买卖合同纠纷案",见《李娟利、赵峰会诉张波集资房买卖合同纠纷案》(徐琳茹、何强),载《人民法院案例选》(200804/66:154),另见《李娟利等诉张波一般买卖合同案(集资建房的转让)》(徐林茹),载《中国审判案例要览》(2009 民:278);四川成都武侯区法院(2008)武侯民初字第 1564 号"张某与李某房屋买卖合同纠纷案",见《张秀英诉李蓉房屋买卖合同案(集资建房的买卖)》(陈克刚),载《中国审判案例要览》(2009 民:102);江苏徐州中院(2006)徐民一终字第 1 号"郭某与张某房屋买卖合同纠纷上诉案",见《买卖集资房的法律适用》(孟源单、雪晴),载《人民司法·案例》(200704:26);四川雅安雨城区法院(2005)雨城民初字第621号“车某与某开发公司等房屋买卖合同纠纷案”,见《车玉华诉雅安市新宇置业有限责任公司及新宇置业有限责任公司反诉车玉华房屋买卖合同纠纷案(无产权证房屋买卖合同的效力)》(唐力),载《中国审判案例要览》(2006民:86);浙江金华中院(2003)金中民一终字第778号“卢某与蒋某房屋买卖合同纠纷案”,见《卢一心诉蒋云华房屋买卖合同案(违反强制性规定的合同的效力)》(应秀良),载《中国审判案例要览》(2004民:1);新疆乌鲁木齐中院(2011)乌中民四终字第528号“孔某与某商贸公司房屋买卖合同纠纷上诉案”;重庆三中院(2011)渝三中法民终字第673号“朱某与黄某等房屋买卖合同纠纷上诉案”;安徽高院(2010)皖民提字第00071号“刘某与戴某等申请房屋买卖合同及腾让房屋纠纷再审案”;河南三门峡中院(2010)三民三终字第206号“常某等与某建筑公司等买卖合同纠纷上诉案”;湖南株洲中院(2010)株中法民四终字第157号“郭某与张某返还原物纠纷上诉案”;陕西延安中院(2010)延中民终字第00042号“李某与袁某合同纠纷上诉案”;广东深圳中院(2010)深中法民五终字第2088号“曹某与曹甲等房屋产权纠纷上诉案”;广西北海中院(2010)北民一终字第242号“李某与霍某等房屋买卖合同纠纷上诉案”。

79. 互易房:协议做置换

——此房与彼房,过户怎履行?

【合同履行】

【案情简介及争议焦点】

1982年,市中心医院分给职工王某与王某妻——刘某住房,参加房改时以户主刘某交房款。2000年,王某与刘某协议离婚后,单位二次房改,王某、刘某各自分得一套房。夫妻原住房屋由职工肖某分得。经协商并经单位同意,王某与肖某调换了房屋。2008年,王某将所住房屋作价6.6万元出售给陈某。2010年1月,刘某起诉要求确认王某与陈某所签售房协议无效。

争议焦点:1. 刘某是否与案涉房屋有利害关系?2. 王某转让互易房合同是否有效?

【裁判要点】

1. 刘某与案涉房屋无利害关系。本案诉争的房屋系市中心医院原分配给刘某与王某的房屋,并经房改交了房款。市中心医院二次房改时,刘某与王某已离异,医院依据二人各自条件,给双方各自重新分配了房屋。经医院同意王某又与肖某调换仍居住在原房屋。2008 年 10 月 8 日王某与陈某协商,双方自愿将医院分配给王某的房屋卖给了陈某,且已交付使用至今。王某所售房屋与刘某无利害关系。

2. 王某转让互易房合同有效。刘某与王某在夫妻关系存续期间以刘某名义所交房款,二次房改时未退,王某未交。刘某可随时向王某主张权利。市中心医院分配给职工的住房,属于福利住房,产权仍在单位。虽然刘某所交房款未退,但房屋已重新分配给本院其他职工,故刘某认为房款未退房产就未转移的观点不能成立,刘某请求确认王某与陈某房屋买卖协议无效的诉讼请求不应支持。

【裁判依据或参考】

1. 法律法规。《民法典》(2021 年 1 月 1 日)第 525 条:“当事人互负债务,没有先后履行顺序的,应当同时履行。一方在对方履行之前有权拒绝其履行请求。一方在对方履行债务不符合约定时,有权拒绝其相应的履行请求。”第 526 条:“当事人互负债务,有先后履行顺序,应当先履行债务一方未履行的,后履行一方有权拒绝其履行请求。先履行一方履行债务不符合约定的,后履行一方有权拒绝其相应的履行请求。”第 577 条:“当事人一方不履行合同义务或者履行合同义务不符合约定的,应当承担继续履行、采取补救措施或者赔偿损失等违约责任。”第 583 条:“当事人一方不履行合同义务或者履行合同义务不符合约定的,在履行义务或者采取补救措施后,对方还有其他损失的,应当赔偿损失。”第 647 条:“当事人约定易货交易,转移标的物的所有权的,参照适用买卖合同的有关规定。”**《合同法》**(1999 年 10 月 1 日,已于 2021 年 1 月 1 日起失效)第 175 条:“当事人约定易货交易,转移标的物的所有权的,参照买卖合同的有关规定。”**《国有土地上房屋征收与补偿条例》**(2011 年 1 月 21 日)第 21 条:“被征收人可以选择货币补偿,也可以选择房屋产权调换。被征收人选择房屋产权调换的,市、县级人民政府应当提供用于产权调换的房屋,并与被征收人计算、结清被征收房屋价值与用于产权调换房屋价值的差价。因旧城区改建征收个人住宅,被征收人选择在改建地段进行房屋产权调换的,作出房屋征收决定的市、县级人民政府应当提供改建地段或者就近地段的房屋。”

2. 司法解释。最高人民法院**《关于审理商品房买卖合同纠纷案件适用法律若干问题的解释(2020 年修改)》**(2021 年 1 月 1 日　法释〔2020〕17 号)第 6 条:“当事人以商品房预售合同未按照法律、行政法规规定办理登记备案手续为由,请求确认合同无效的,不予支持。当事人约定以办理登记备案手续为商品房预售合同生效条件的,从其约定,但当事人一方已经履行主要义务,对方接受的除外。”第 7 条:“买受人以出卖人与第三人恶意串通,另行订立商品房买卖合同并将房屋交付使用，导致其无法取得房屋为由，请求确认出卖人与第三人订立的商品房买卖合同无效的，应予支持。”最高人民法院民事审判庭**《关于石家庄市保险公司与谷在群房屋纠纷问题的电话答复》**（1987年12月17日　〔1987〕法民他字第62号）：“……因保险公司已补办买房手续，对此应追溯到1980年买房时起，由于换房是自愿的，而且相互已进行翻建（相互曾已实际占有），谷在群再行反悔显系不妥，所以换房协议认定有效，对双方所造成的损失，应根据过错大小酌情处理（在过错中我们认为保险公司应负主要责任），建议此案最好进行调解处理为宜。”最高人民法院**《关于张建英与赵德芬、周涤安房屋典当纠纷一案的请示报告的复函》**（1993年12月5日）：“……1953年原曲靖县农业银行储蓄所用其自己购买的北门街43号、44号的房屋与许恩浦北门街的7间（包括出典给周建勋的两间）房屋调换。此后，周建勋就搬进调换的43号的两间房内居住至今；1982年2月许恩浦向法院起诉要求回赎。根据上述情况，我们认为，按照土改时的政策，剥削阶级的典权应予废除和土改前剥削阶级出典的房屋不予保护的原则以及本院〔1987〕民他字第60号《关于土改前地主出典的城镇房屋经过三十年能否回赎问题的批复》精神，双方讼争的两间房屋不准许家回赎，产权应归赵德芬及其子周涤安所有。”最高人民法院**《关于产权人双方在“文革”期间互换房屋各自行使权利多年后能否翻悔的批复》**（1986年6月17日）：“……董明珍与张国惠互换房屋产权，虽然发生在‘文革’期间，但确属双方在自愿基础上协商达成的互换房屋产权契约，并经当地政府审查批准，办理了产权转移手续，各自对互换的房屋行使了使用权和处分权。事隔七年之久，董明珍以落实政策为由，否认自愿互换房屋的事实，是没道理的。杨家强占罗家房屋，毁坏墙壁，设灵堂等行为也是违法的，应进行批评教育。据此，我们基本同意你院第二种意见，即董明珍与张国惠互换房屋产权，是合法的民事行为，依法应予保护。但在案件的处理上，既要依法办事，又要做到合情合理，并尽可能调解解决。”

3. 地方司法性文件。北京高院**《关于立案审判适用法律若干问题的解答（二）》**（2019年11月20日）第27条：“原告基于所有权要求被告腾退房屋的返还原物纠纷案件，如何收取诉讼费？此类案件当事人的诉讼请求为腾退房屋，还复完整的所有权权能，该请求具有财产给付内容，属于财产案件范畴，应根据诉讼请求的标的额收取诉讼费。以排除妨害纠纷起诉要求腾退房屋的，按返还原物纠纷处理。”辽宁沈阳中院**《关于审理房地产案件若干问题的处理意见（之一）》**（2004年3月27日）第16条：“……动迁手续可以成为买卖合同的客体。动迁手续是对产权调换的房屋的一种期待性权利。买卖动迁手续形式上虽然为权利买卖，但实质上仍为动迁手续所表现的未来物即房屋的买卖，根据现行民法法理，未来物可以成为买卖合同的标的物……”上海高院**《关于贯彻执行〈上海市城镇公有房屋管理条例〉若干问题的意见》**（1992年8月16日　沪高法〔1992〕第86号）第4条：“……

承租户各方签订房屋使用交换合同生效后,一方翻悔的,另一方可持房屋交换使用合同申请仲裁或起诉。承租户之间签订房屋交换使用合同,一般须经各方同住成年人的同意,但承租户名为老年人,其要求交换使用房屋并符合交换使用条件,而同住成年人不同意签订交换合同的,老年人可申请仲裁或起诉。人民法院应依法保护双方的合法权利。诉讼中,交换的另一方为第三人……"

4. 参考案例。2003 年**天津某侵权纠纷案**,1997 年,实业集团与实业公司签订置换协议,约定实业集团以其在开发公司股权置换实业公司房产。1998 年,实业集团与证券公司签订以房抵债协议,约定实业集团以前述房产抵偿所欠证券公司债务。两份协议均约定与另一协议同时生效。1999 年,因实业集团将置换股权质押给案外人银行而被法院执行,实业公司以证券公司占有其房产失去对价、构成侵权为由诉请返还并支付使用费。法院认为:依置换协议和以房抵债协议约定,本案三方当事人所签两份协议紧密关联、相互依存。实业公司通知证券公司入住诉争房屋并发函催促办理房屋交付使用手续,属履行置换协议行为;证券公司入住并使用诉争房产及核销实业集团所欠债务行为亦是履行以房抵债合同行为。只因实业集团约定交付给实业公司股权通过诉讼质押给其债权人,导致履行置换协议风险增大,实业公司才与实业集团协商解除置换协议,进而导致本案纠纷发生。由此看出,实业公司将诉争房产交付证券公司以及证券公司入住诉争房屋行为是履行置换协议和以房抵债协议行为,发生纠纷起因也是因为实业集团在履行解除置换协议中违约行为造成。本案系因合同关系发生的纠纷,而非因侵权引起的纠纷。合同解除并不能改变合同性质,即由合同之债转化为侵权之债,不能追溯到证券公司由依合同入住诉争房屋转变为违法入住,很难想象房屋占有人入住房屋行为合法只是随着时间推移而转化为侵权,同一民事行为发生了质变。侵权行为应具有违法性,即侵权行为发生没有法律和合同上依据,其本质是违法行为。本案中,证券公司依据合同中三方当事人达成的合意入住诉争房屋的,并不存在违法性。本案是由于实业集团将置换协议标的物通过诉讼质押给案外人而造成履行置换协议风险加大引起的合同纠纷,并不存在侵权事实,亦不存在侵权责任与违约责任竞合情形。本案三方当事人就以房抵债协议或资产置换协议是否成立、生效、有效以及在合同有效前提下,哪方当事人违约,合同应否解除;在合同无效前提下,如何返还财产,因合同无效造成损失应如何按过错比例分担等问题,属于因合同引起的纠纷,权利人应按合同关系另行提起诉讼。按合同关系审查,从合同性质上讲,三方当事人所签两份协议本质上是商品房转预售合同,实业集团向实业公司支付的对价是股权,证券公司支付的对价为债权。诉争项目已办妥各种审批手续并取得商品房销售许可证,应认定上述两份协议有效。《合同法》第 97 条规定:合同解除后,尚未履行的,终止履行;已经履行的,根据履行情况和合同性质,当事人可以恢复原状、采取其他补救措施，并有权要求赔偿损失。本案性质为商品房转预售合同，履行情况是出卖人将房屋已交付买受人，买受人并已支付对价，属善意第三人，恢复原状将损害善意第三人利益，故根据合同性质和合同履行情况，即使解除合同行为有效亦不能恢复原状。从法理上讲，实业集团与实业公司就解除合同意思表示属协商解除情形，应对解除合同后责任分担、损失分配达成共识，解除行为才完成。本案中，实业集团与实业公司未就解除资产置换协议后果作出约定，解除合同行为尚未完成，对资产置换合同当事人不产生合同解除约束力，对善意第三人更不产生恢复原状的合同解除后果。判决驳回实业公司诉请。2012 年**上海某房屋买卖合同纠纷案**，2003 年，廖某出资购买房屋并登记在廖某妹名下。2004 年，廖某弟以该房与廖某前述房屋置换，随后廖某弟用置换房屋再与廖某兄房屋置换。2009 年，上述四人共同签署关于家庭财产信托确认协议，约定廖某妹名下房屋初始金额出资人为廖某，房屋实际产权人为廖某兄，廖某兄与廖某妹同意合适时办理过户手续。2012 年，因廖某妹拒绝办理过户手续，廖某兄起诉。法院认为：因物权归属、内容发生争议的，利害关系人可请求确认权利。基于不动产登记公信力，法律上一般推定不动产权属证书上载明的登记人是产权人。在以他人名义购房情况下，实际购房人能提供充分证据证明其为真实购房人，且能证明购房款由其支付，则可确认其为房屋实际所有权人。本案中，廖某兄与廖某妹双方均认可系争房屋由案外人廖某出资购买，权利人登记在廖某妹名下。该房屋在数年内曾几经置换，2009 年由各方共同签署的关于家庭财产信托的确认协议中对系争房屋权属已明确作出书面约定，廖某妹作为具有完全民事行为能力人，对该确认协议中约定其名下系争房屋实际产权人为廖某兄内容应有正确理解。此后，廖某妹亦未以欺诈为由主张过撤销该协议，故其以此来证明其受到欺诈及关于该确认决议内容是虚假的抗辩理由，依据不足，不予采信。该份协议系当事人真实意思表示且于法不悖，具有法律效力，当事人应依约履行自己义务。判决诉争房屋归廖某兄所有，廖某妹协助过户手续。2009 年**浙江某物权保护纠纷案**，1978 年，何家在集体土地使用权土地上所建房屋约定楼上归何弟、楼下归何兄。何弟死亡后，二楼归女婿程某使用。2003 年，何兄将一层转卖给邵某并办理相关契证及完税手续。2006 年，邵某与程某签订换房协议，约定邵某将原何兄所属楼下前半间与程某二楼后半间对调。现整幢房屋前后从中间隔开，前半幢由程某使用。2008 年，邵某办理完二楼房屋买卖相关契证及完税手续。2009 年，邵某起诉程某，要求撤销换房协议，程某腾退楼下的前半部分，并赔偿损失。法院认为：《物权法》第 17 条规定，不动产权属证书系权利人享有该不动产物权的证明。物权登记的公信效力系物权公示制度的法律效果。所谓公信效力是指，登记的不动产物权的权利人在法律上推定为真正的权利人，但在当事人有相反证据时，可推翻这种推定，从而维护真正权利人的权利。《物权法》第

33 条规定:因物权的归属、内容发生争议的,利害关系人可以请求确认权利。第 28 条规定:因人民法院、仲裁委员会的法律文书或者人民政府的征收决定等,导致物权设立、变更、转让或者消灭的,自法律文书或者人民政府的征收决定等生效时发生效力,房地产管理登记部门应当据此对所涉物权登记作出相应的变动。本案中,诉争房屋土地使用权虽登记在邵某名下,但从权属变动实际过程看,有充分证据证明程某通过换房,拥有涉诉房屋一、二层前半部分所有权,故判决驳回邵某诉请。2002 年**河南某合同纠纷案**,1981 年,刘某之父以承租的 6 号公房与李某承租的 38 号公房互换并长期居住,李某将互换后的房屋承租人变更为丈夫。2000 年,李某经房改取得 38 号房屋产权后,以刘某属借住为由,要求腾房。法院认为:双方确系换房居住,虽承租人已变更为李某之夫,但自刘某之父搬入 38 号房屋居住直至去世,并未将此处房屋交还李某,而是由刘某继续居住使用,双方仍按原来方式交纳租金,应视为双方换房行为继续。李某称刘某之父已将其原承租房让与自己,刘某系借住其房屋,无充分证据证明。基于双方换房居住的事实,刘某有权在 38 号居住。李某对该房屋所有权取得不影响刘某居住权,房租应按双方原来约定数额交纳,变更应由双方协商一致。现双方尚未就提高租金达成一致意见,李某要求按新标准交纳租金请求,不予支持,判决李某按原标准给付租金。2009 年**河北某房屋互易合同纠纷案**,1994 年,船厂职工付某、毕某参与单位集资建房,双方基于资金及楼层考虑,私下协商由各自以对方名义参与集资和分配公房,并先后以对方名义交纳集资款购买房改房。2008 年,因过户手续办理问题,付某起诉、毕某反诉,均要求对方办理对方名下房屋的过户手续。法院认为:尽管双方当时出于各自利益考虑以对方名义集资建房违反了船厂相关文件规定,但双方此种口头协商且已实际履行的互易行为并未违反法律和行政法规强制性规定,故对其互易住房行为效力予以确认。毕某主张双方存在互易住房关系,尽管胡某不予认可,但毕某持有船厂发给付某住房保证金通知、搬家收费通知单并交纳搬家押金搬入重新分配的公房居住至今,在此期间以付某名义签订购房合同、缴纳购房款,嗣后又办理房产证并持有至今,付某虽辩称系委托关系,但未提供相关证据,且双方均在同一单位工作情形来看,委托办理房改房有关手续亦不符合日常逻辑。其后长达 10 余年时间内,付某未能证明对此提出异议,且在办理房改房买卖手续时给予积极配合,这些情况能与毕某陈述及证人证言内容相印证,能形成较为完整的证据链,在双方证据体系中处于优势证据地位。该互易房屋合同,双方意思表示真实,不违反法律、行政法规强制性规定,为有效合同,判决双方相互协助对方办理房屋产权变更手续。2011 年 10 月**湖南某房屋买卖合同案**,法院认为:双方所签《关于互换房屋的协议》系在房屋分配改革过程中的特殊产物,该协议系双方自愿签订,李某已支付了房款,并实际居住于该房屋,在诉争房屋产权证办理后,双方补充签订了房屋买卖合同,双方关于房屋的互换和买卖不违反法律规定,合法有效,杨某应当将房屋的所有权转移给李某,李某对该房屋产权的诉请符合法律规定,本院予以确认。2010年11月**河南某互易合同案**,法院认为:周某与赵某签订的协议系换房协议,系对不动产物权的处分,双方需以各自有权处分的房屋进行交换,而周某用以交换的房屋系租赁性质,产权属于钢铁厂资产管理中心所有,周某不能对该房屋进行处分,故该换房协议应为无效协议。2010年10月**浙江某互易纠纷案**,法院认为:陈某与程某所签房屋调换协议约定"办理证件费用各自负",系双方真实意思表示。办理证件费用,应包括房产过户中应缴纳的个人所得税及个人自建房建筑税。虽然法律规定上述税费的纳税义务人为出卖方,但法律并不禁止当事人在房产交易过程中自行约定相关税费的承担主体。陈某以个人所得税及建筑税按法律规定由出卖方缴纳为由,主张上述两项税费不包括在协议书中约定的办理证件费用内,不予采纳。陈某要求程某返还其缴纳的个人所得税及建筑税的诉讼请求,不予支持。陈某缴纳的1万余元罚款,系因陈某在建造房屋时违法占用土地造成的。出卖人出卖的标的物,应属于出卖人所有或者有权处分。违章建造的房屋,因其违反法律规定,在未经主管部门处理并补办合法手续之前,不能产生房屋所有权之法律效果。程某将不具有处分权利的违章建筑出卖给陈某,导致陈某在无法办理过户手续的情况下代缴罚款,该笔罚款并非基于房屋买卖而产生的办证费用,程某对此应当予以返还。2010年5月**河南某其他合同案**,法院认为:双方所签协议是双方真实意思的表示,协议上已注明高某的为公房,方某的为私房(实际为集资房即有限产权房),且方某系该校职工,双方对各自房屋性质是清楚和了解的,在高某用面积较大的房屋与方某面积较小的房屋交换并支付给方某房款7750元后,方某又为高某出具了购房款收据并交付了房屋,同时在其私房的有限产权变更为所有产权后,至方某在所住公房被拆迁前这一期间,方某对高某占用该私房未提出异议,而方某在该公房中一直居住至该公房拆迁,从以上事实以及对双方协议中第4条即房产证在甲付乙现金后即为甲所有的理解,足以确认双方协议的真实意思是高某用公房的居住权以及现金7750元换取方某私房的有限房屋所有权。双方调房后,学校于1998年开始从方某工资中扣收其所住公房的房租,后又收取了高某交纳的私房房改过渡费1200元,应视为该校对两家调房行为的追认,故换房行为有效。方某辩称双方协议仅是双方对房屋居住权的调换以及如果认定是房屋所有权买卖合同也因楼房属有限产权,未经校方同意进行买卖应属无效合同的理由均不能成立,判决方某协助高某将私房所有权变更登记在高某名下。2010年2月**上海某房屋买卖合同案**,2009年,陆某与顾某将各自尚未取得产权证的动迁安置房作为标的签订换房协议,后因一方房屋因债务纠纷被查封。法院认为:违反法律、行政法规的强制性规定的合同无效。根据《城市房地产管理法》第38条第6项的规定,未依法登记取得权属证明的房地产不得转让。本案中,双方将尚未取得权属证明的系争房屋互易的行为违反了法律的相关规定,应属无效。合同无效后,因该合同取得的财产,应当予以返还。2006年9月**广东某房屋买卖合同案**,范某为研究所职工。1999年11月,研究所与设计公司签订调房协议,约定设计公司调整其所有的房屋给研究所职工居住,若研究所安排职工房改售房的,该职工须为研究所工作5年,否则研究所有权原价返购。2000年6月,设计公司与范某签订公房买卖协议,约定范某以1.7万余元购买与研究所调换的公房,同样约定购房后在"本单位"工作未满5年,设计公司有权原价返购。2004年5月1日,范某因与研究所发生劳动争议,单位解除了劳动合同。2005年11月生效判决认定范某系辞职,单位有权单方解除劳动合同。研究所和设计公司据此起诉范某,要求返购房屋。法院认为:因范某一直为研究所工作,且根据范某与研究所签订的协议及研究所与设计公司签订的调房协议可确定,正因为范某是研究所职工才获得购买讼争房改房的机会,故范某与设计公司所签公房买卖协议中"本单位"应为研究所。生效判决认定范某在购买诉争房改房后未能在本单位工作满5年,就单方面向研究所提前解除劳动合同。据此,协议所附条件已成就,故设计公司请求按该约定行使返购权,以原价向范某返购讼争房屋符合双方合同约定。另,国家的房改政策并未禁止返购条款的约定,而合同中约定为第三人履行义务作为生效条件并未违反法律法规强制性规定,故上述约定为有效约定。2005年11月**辽宁某财产权属纠纷案**,法院认为:甄某姐与甄某兄对各自回迁取得的房屋均享有承租使用权,双方从取得房屋开始即经协商同意互换居住至今,双方均未提出异议,已形成事实上的房屋互易行为,该行为并不违反法律、行政法规的禁止性规定。甄某兄系通过与甄某互易合同已将本案争议房的居住权让渡给甄某,因此甄某兄原享有所有权的房屋存在所有权负担。甄某姐买房时明知甄某在争议房中居住,即明知所购房屋存在权利负担而执意购买,故该所有权负担不因买卖关系的存在而消除即甄某对诉争房的使用权不因所有权的变动而丧失。故甄某姐要求甄某腾房的诉讼请求,本院不予支持。2004年10月**重庆某房屋互易纠纷案**,法院认为:《换房协议》是黄某、张某及陈某三人在各自已预选房屋的基础上自愿达成的合意,虽签约之时三人均未取得所选房屋的权属证书,但他们已享有对其房屋利益的期待权,他们在协议中转让各自享有的权利并不违反法律、法规的禁止性规定,故其所签的《换房协议》应认定为有效,各方均应按约履行各自合同义务。事实上,签约后,三方当事人已实际按约调换了房屋,且结清了约定的各项费用,只是尚未完善产权过户登记手续。现张某依法应将其房屋的使用权移转给蔡某。张某称蔡某无该房产权证书就不应为其办理房屋过户手续的理由不能成立。黄某虽因换房原因未将其预选房屋的产权证办理至自己名下,但这并不构成违约,故不应承担向张某支付违约金并赔偿损失的责任。

【同类案件处理要点】

当事人之间可就各自享有处置权的房屋进行互易。互易各方意思表示真实，不违反法律、行政法规的强制性规定，互易合同有效。

【相关法律风险提示】

1. 不同性质之间的房屋互易合同，应考虑到标的房屋买卖合同法律上是否存在交易期限及交易主体资格、后期补交费用上的限制性障碍。

2. 不能及时过户的互易房屋，一旦出现调换房屋之一出现拆迁或升值，在一方以借住、换住为由反悔时，事先的书面明确约定在此时显得必要。

3. 合同涉及的义务履行对象，如果存在数个容易混淆的主体，应当特别予以明确。比如，广东广州中院（2006）穗中法民五终字第1547号"范某与某设计公司等房屋买卖合同纠纷案"中，因研究所的职工购买的是研究所与设计公司调换的公房，最终按设计公司的房改售房政策执行，故设计公司与非单位职工签订的协议中出现"如未在本单位工作满5年的"，这里的"本单位"就容易引起争议。

4. 完全产权的城镇私房与无产权或限制产权的承租公房虽在理论上作为互易的双方标的，只要当事人意思表示真实，不违反法律、行政法规的强制性规定，即可认定互易有效。但实践中用于互易调换的房屋，一方系租赁性质的公有住房，在诉讼时仍无法取得产权的，法院也可能判决调换协议无效。案见河南洛阳中院（2010）洛民终字第2200号"周某与赵某互易纠纷上诉案"。

5. 尚未取得产权的回迁安置房、承租公房作为房屋调换的标的物，在一方或双方的产权证办理存在不确定情况下，法院为慎重出发，多以无权处分或违法处分，判决调换协议无效。案见河南洛阳中院（2010）洛民终字第2200号"周某与赵某互易纠纷上诉案"、上海松江区法院（2009）松民一（民）初字第6228号"陆某诉顾某等房屋买卖合同纠纷案"。

6. 双方互换公房并长期居住，一方公房经房改变为私房，但房屋所有权取得不影响另一方依互换协议取得的居住权。

【附注】

参考案例索引：陕西商洛中院（2010）商中民二终字第30号"刘某与王某等房屋买卖合同纠纷案"；最高人民法院"某证券公司与某实业公司等侵权纠纷案"，见《渤海证券有限责任公司与天津立达房地产有限公司、天津立达集团有限公司侵权纠纷上诉案——三方两个法律关系如何确定合同性质》（冯小光，最高院民一庭），载《民事审判指导与参考·最高人民法院二审案件解析》（200304/16:230）；上海一中院（2012）沪一中民二（民）终字第2221号"廖皖苏与林志房屋买卖合同纠纷案”,见《实际购房人需提供支付房款等证据证明其为所有权人》(万发文),载《人民司法·案例》(201404:48);浙江绍兴中院(2009)浙绍民终字第1231号“邵某与程某物权保护纠纷案”,见《何绍灿诉程云夫物权保护纠纷案》(徐雷勇、傅海鑫),载《人民法院案例选》(201101/75:127);另见《何绍灿诉程云夫物权纠纷案(物权登记错误)》(徐雷勇),载《中国审判案例要览》(2010民:1);河南郑州中院2002年1月23日判决“李某诉刘某房屋换住案”,见《李桂兰取得换出的承租房所有权后诉换入人刘绍青返还该换住的房屋案》(李晖),载《人民法院案例选》(200302/44:97);河北秦皇岛中院(2009)秦民一终字第448号“付某与毕某互易合同纠纷案”,见《付某某诉毕某某互易合同纠纷案》(孙文进),载《人民法院案例选》(201203/81:149);湖南湘潭岳塘区法院(2011)岳民商初字第301号“李某等诉杨某等房屋买卖合同纠纷案”;河南洛阳中院(2010)洛民终字第2200号“周某与赵某互易纠纷上诉案”;浙江丽水中院(2010)浙丽商终字第279号“陈某等与程某等互易纠纷上诉案”;河南周口川汇区法院(2009)川民初字第1259号“高某诉方某其他合同纠纷案”;上海松江区法院(2009)松民一(民)初字第6228号“陆某诉顾某等房屋买卖合同纠纷案”;广东广州中院(2006)穗中法民五终字第1547号“范某与某设计公司等房屋买卖合同纠纷案”;辽宁沈阳中院(2005)沈民(2)房终字第522号“甄某与甄亚某财产权属纠纷上诉案”;重庆一中院(2004)渝一中民终字第2683号“张某与蔡某等房屋互易纠纷上诉案”。

80. 团购房:买卖当事人

——买卖团购房,解约该找谁?

【合同解除】

【案情简介及争议焦点】

1995年,劳务公司竞标取得集体土地使用权。1996年,劳务公司与开发商签订联营合同,由开发商开发并销售。此时,乡政府集资建房未果,决定向开发商团购商品房,并由副乡长李某代表乡政府与开发商签订购房合同,约定购房24间。

因部分职工无钱交纳预购金或房款而退房、再转让。曹某经李某介绍购买一退房职工的住房一套,并交李某购房款2.4万元。李某实际收取的全部购房户的房款与转交开发商的购房款相差3万余元。

因拖欠工程款,1999 年,施工方依生效调解书申请执行,法院将已查封的包括曹某在内的部分房产予以拍卖。2000 年,法院重审,认定调解书确定的工程款有误,将多执行的 9 万余元拍卖款裁定执行回转。此后,曹某以法院查封、拍卖违法为由,提出违法确认申请,法院以案涉预售合同无证销售,曹某无证据证明其依预售合同取得房屋系合法财产,故于 2010 年 4 月决定对曹某确认申请不予受理。2010 年 7 月,曹某起诉乡政府、开发商、李某要求返还购房款及利息。因地改市等原因,有些关系未理顺,开发商至今未取得商品房的土地使用权证、预售许可证。

争议焦点:1. 当事人之间的法律关系是什么? 2. 曹某权利如何维护?

【裁判要点】

1. 购房合同解除及其后果。自从我国进行房改,取消公房私售制度后,单位不再向职工分房,为此,为解决职工的住房及有关福利待遇,许多单位组织职工组团,由单位代表本单位职工集体购买开发商多套房屋(团购),以便在保证质量的前提下,低价购买;团购商品房后,再组织职工进行二次分配,在分配过程中一般会制定一定的分配标准,如按照职工的职务、职称、工龄等进行分配,也有的将上述标准结合起来进行分配。在这种情况下,单位只需要兼顾大多数人的利益,对少数人来说,如果出现了不满意的情况放弃购买或转让购房指标,对整个购房合同也不会产生太大的影响。开发商与乡政府所签《购房合同书》,目的是解决乡政府职工的住房问题,由时任副乡长李某负责代表乡政府处理相关事务。在购房合同签订后,李某代表乡政府从各购房户手中收取部分购房款,由李某以个人名义向各购房户出具收条,直接将房款交给开发商。因部分职工缺少资金,要求退出购房,经熟人介绍,曹某购买了乡政府职工退出来的房屋,并交纳购房款,由李某出具收条。李某的行为属职务行为,由此产生的权利义务应由乡政府享有、承担。因案涉房产项目至今未取得商品房预售许可证,导致商品房买卖合同目的不能实现,无法取得房屋的买受人曹某依法可以请求解除合同,返还已付购房款及利息、赔偿损失,并可以请求出卖人承担不超过已付购房款一倍的赔偿责任。因开发商未取得商品房预售许可证及其与他人之间的债务纠纷,曹某所购买的房屋被法院拍卖还债,导致曹某在交纳购房款后,不能按照约定取得房屋,曹某有权要求返还购房款并支付利息损失。因乡政府与开发商之间的购房款账目未结算清楚,双方未提供证据证明曹某交纳的购房款,乡政府和开发商各自持有多少,且交纳购房款后,未取得房屋的购房户有 6 人,不能推断出乡政府未交纳款即为曹某的,故曹某所交纳购房款应由乡政府和开发商共同返还,并按银行同期贷款利率计算赔偿曹某的损失。乡政府与开发商之间可以另行算账处理。

2. 曹某起诉未超诉讼时效。曹某在得知其所购买的房屋被法院拍卖后，曾误以为是法院执行错误，并一直在向相关部门主张权利，后经法院处理，才知晓实际侵权人不是法院，故本案诉讼时效期间应从曹某收到法院不予赔偿决定书之日起计算，曹某于2010年6月10日起诉未超过诉讼时效。

【裁判依据或参考】

1. 法律法规或其他规范性文件。《民法典》（2021年1月1日）第215条："当事人之间订立有关设立、变更、转让和消灭不动产物权的合同，除法律另有规定或者当事人另有约定外，自合同成立时生效；未办理物权登记的，不影响合同效力。"第465条："依法成立的合同，受法律保护。依法成立的合同，仅对当事人具有法律约束力，但是法律另有规定的除外。"第562条："当事人协商一致，可以解除合同。当事人可以约定一方解除合同的事由。解除合同的事由发生时，解除权人可以解除合同。"第563条："有下列情形之一的，当事人可以解除合同：（一）因不可抗力致使不能实现合同目的；（二）在履行期限届满前，当事人一方明确表示或者以自己的行为表明不履行主要债务；（三）当事人一方迟延履行主要债务，经催告后在合理期限内仍未履行；（四）当事人一方迟延履行债务或者有其他违约行为致使不能实现合同目的；（五）法律规定的其他情形。以持续履行的债务为内容的不定期合同，当事人可以随时解除合同，但是应当在合理期限之前通知对方。"第566条："合同解除后，尚未履行的，终止履行；已经履行的，根据履行情况和合同性质，当事人可以请求恢复原状或者采取其他补救措施，并有权请求赔偿损失。合同因违约解除的，解除权人可以请求违约方承担违约责任，但是当事人另有约定的除外。主合同解除后，担保人对债务人应当承担的民事责任仍应当承担担保责任，但是担保合同另有约定的除外。"第567条："合同的权利义务关系终止，不影响合同中结算和清理条款的效力。"第601条："出卖人应当按照约定的时间交付标的物。约定交付期限的，出卖人可以在该交付期限内的任何时间交付。"《**合同法**》（1999年10月1日，已于2021年1月1日起失效）第6条："当事人行使权利、履行义务应当遵循诚实信用原则。"第8条："依法成立的合同，对当事人具有法律约束力。当事人应当按照约定履行自己的义务，不得擅自变更或者解除合同……"第42条："当事人在订立合同过程中有下列情形之一，给对方造成损失的，应当承担损害赔偿责任：……（三）有其他违背诚实信用原则的行为。"最高人民法院《**关于审理商品房买卖合同纠纷案件适用法律若干问题的解释（2020年修改）**》（2021年1月1日　法释〔2020〕17号）第2条："出卖人未取得商品房预售许可证明，与买受人订立的商品房预售合同，应当认定无效，但是在起诉前取得商品房预售许可证明的，可以认定有效。"第6条："当事人以商品房预售合同未按照法律、行政法规规定办理登记备案手续为由，请求确认合同无效的，不予支持。当事人约定以办理登记备案手续为商品房预售合同生效条件的，从其约定，但当事人一方已经履行主要义务，对方接受的除外。”第7条：“买受人以出卖人与第三人恶意串通，另行订立商品房买卖合同并将房屋交付使用，导致其无法取得房屋为由，请求确认出卖人与第三人订立的商品房买卖合同无效的，应予支持。”第14条：“由于出卖人的原因，买受人在下列期限届满未能取得不动产权属证书的，除当事人有特殊约定外，出卖人应当承担违约责任：（一）商品房买卖合同约定的办理不动产登记的期限；（二）商品房买卖合同的标的物为尚未建成房屋的，自房屋交付使用之日起90日；（三）商品房买卖合同的标的物为已竣工房屋的，自合同订立之日起90日。合同没有约定违约金或者损失数额难以确定的，可以按照已付购房款总额，参照中国人民银行规定的金融机构计收逾期贷款利息的标准计算。”第15条：“商品房买卖合同约定或者城市房地产开发经营管理条例第三十二条规定的办理不动产登记的期限届满后超过一年，由于出卖人的原因，导致买受人无法办理不动产登记，买受人请求解除合同和赔偿损失的，应予支持。”

2. 参考案例。2009年**山东某商品房预售合同纠纷案**，2006年，法院与开发公司签订商品房团购协议，约定前者按每平方米1258元团购后者拟开发房屋。2007年，开发公司因故未进行开发，而将项目土地使用权转让给他人。法院按每平方米1498元向其他开发商团购房屋后，诉请开发公司赔偿差价损失。法院认为：开发公司与法院之间所签团购协议已具备合同成立基本要求，其性质为商品房预售合同，因开发公司未办理预售许可证等手续，导致团购协议无效，合同无法继续履行。从导致合同无效原因看，开发公司作为房地产开发企业，应知道从事房地产开发相关法律、法规，能预见未取得商品房预售许可证法律后果，且负有继续履行补正合同瑕疵、办理商品房预售许可证义务，因开发公司事先未取得商品房预售许可证、事后亦未履行补正合同效力义务，开发公司过错程度比较明显，依法应承担合同无效的主要责任。法院作为司法机关，在民事领域进行活动时能知道无商品房预售许可证而签订合同的法律后果，因其过失未能履行谨慎、合理注意义务，应承担相应过错责任。法院购房损失主要系因丧失与第三人缔约机会而产生的，即因建筑材料上涨而带来的购房差价损失：法院另行购房，致使购房费每平方米增加240元，该损失是客观、现实存在的。因商品房预售合同无效而造成的实际损失，属于缔约过失责任的信赖利益损害赔偿范围之内。判决法院信赖利益损失数额，由开发公司承担70%即353万余元。2014年**重庆某商品房买卖合同纠纷案**，2012年，陈某参与开发公司房屋团购，并交纳10万元团购指标费后，享受折后总价50万元购房优惠。随后，陈某与开发公司置业顾问签订置业预算表，约定了房号、面积、单价及签约期限等内容。陈某缴纳20万元定金，后因开发公司修改置业预算表中确认的装修标准和接房标准,陈某不愿继续签约而导致诉讼。法院认为:签约置业预算表中包含了当事人基本情况、房屋基本状况、价款计算、认购时间及签署契约时限等内容,符合预约合同法律特征,且陈某向开发公司交付了20万元定金,故应视为双方的预约合同关系成立,该预算表可认定为双方签订商品房买卖合同前所订立认购书。虽开发公司对签约置业预算表及定金和房款收据等持有异议,但陈某举示的委托书、团购申请及承诺书、置业预算表、定金收据及房款收据等证据之间能形成证据锁链,可证实陈某欲购买开发公司开发的特定房屋,并交纳了定金20万元及房款50万元事实,故在认定双方责任前提下,本案可适用定金罚则。依最高人民法院《关于审理商品房买卖合同纠纷案件适用法律若干问题的解释》第4条规定,出卖人通过认购、订购、预订等方式向买受人收受定金作为订立商品房买卖合同担保的,如果因一方原因未能订立商品房买卖合同,应当按照法律关于定金的规定处理;因不可归责于当事人双方的事由,导致商品房买卖合同未能订立的,出卖人应当将定金返还买受人。本案中,开发公司并未按双方在置业预算表中约定的交房标准签订商品房买卖合同,且未举示证据证实双方未签订正式合同系陈某原因或不可归责于双方原因,故开发公司应承担相应定金责任,判决开发公司双倍返还陈某定金40万元,退还已收房款50万元及相应资金占用利息。2011年6月**湖南某房屋买卖合同案**,2005年,银行为解决部分职工住房困难,以银行工会集资建房管委会名义与开发商签订集资建房合作协议。协议签订后,参加集团购房的购房户选举产生代表成立了购房委员会。杨某作为集团购房户之一,向开发商交了订金1万元,2006年,开发商与杨某签订认购书,认购诉争房屋,单价1176元/平方米。杨某按约交纳首期购房款5万元后,开发商称成本上升,不同意履行协议。经协调,部分购房户作出让步,按均价1480元/平方米团购,"逾期办理的团购客户,将不再享受此优惠均价,开发商可另行处理。"因杨某不同意,开发商将杨某认购房屋另售他人。法院认为:认购书作为出卖人与买受人约定为将来订立商品房买卖合同而签订的协议,应属于商品房买卖合同的预约合同,即认购书与商品房买卖合同是预约与本约的关系。双方所签《认购书》是双方真实意思的表示,其目的是对将来进行房屋买卖的预先约定,主要预约事项内容完整,双方在《认购书》中约定未尽事宜双方在签订商品房销售合同中进行约定。因此,涉案《认购书》具有预约合同的性质。根据本案事实,涉案《认购书》是在双方均对开发商能够合法取得相关许可证有合理预期的情形下,对杨某与开发商将来签订房屋预售合同的预先约定,涉案《认购书》并非预售合同,法律对商品房预售合同的强制性规定并不适合于预约合同。即使开发商出于种种原因最终没有取得相关许可,也不因此导致对预约合同本身效力的否定。此外,双方在涉案《认购书》中所指向的房屋并非虚构,所约定的房屋买卖意向存在现实履行的基础。同时,该《认购书》明确了双方当事人的基本情况，对拟购房屋的面积、价款计算、认购交付时间等均作了较为清晰且适于操作的约定。本案的事实是开发商最终取得了相关开发及销售房产的许可，也进行了对涉案房屋的实际销售，因此，应认定杨某与开发商签订的涉案《认购书》合法有效。由于《认购书》是杨某与开发商在平等自愿、协商一致的基础上签订的，对《认购书》内容的变更，应经双方当事人协商一致，才可变更，未经合同双方当事人协商同意，只能说明是一方当事人的意愿，对另一方当事人不产生法律效力。但开发商在庭审中明确表示不能履行双方签订的《认购书》，不与杨某签订《商品房预售合同》。且开发商已将《认购书》中所约定的房屋另售他人，他人已按约定支付了全部购房款并实际占有使用该房屋。开发商的实际行为致使合同的根本目的不能实现，违反预约合同约定的义务，双方签订的《认购书》已无法履行，其行为违背了民事活动中应遵循的诚实信用原则，应认定为违约。杨某与开发商所签订的合同应予以解除，开发商应承担违约责任。2011 年 6 月**河南某商品房买卖合同案，**法院认为：开发商与王某签订的商品房买卖合同系双方在平等、自愿、协商的基础上签订，内容合法。虽然开发商辩称本案所涉房屋属定向开发，王某非煤矿职工，其所购房屋价格系团购价，非商品房自由买卖价格，但此抗辩并不影响该合同的效力。因该房属普通商品房，而非经济适用房等对购房者身份和资格有明确限制的房屋，双方签订的合同中也未明确约定须对购房者资格有特殊要求。退一步讲，即便对购房者身份或资格存在限制的话，告知及审查义务也在开发商，开发商并未提供证据证明在签订购房合同时王某隐瞒了真实身份或者提供虚假身份证明，且该房屋转售的对象亦非定向开发单位的职工。故开发商与王某签订的商品房买卖合同合法有效，双方应按合同约定的内容履行。王某在合同签订后即交付了房款，履行了合同主要义务，而开发商不仅未按合同中约定的时间交房，且单方提升房屋价格，在房屋价格增加问题未与王某达成一致意见、购房合同未解除的情况下，又擅自将房屋转售他人，导致双方签订的购房合同无法履行，其应承担违约责任。开发商称其与广大团购业主就涨价问题达成共识，且在通知王某办理相关手续时，因王某无动于衷，不按规定办理，故其依法解除了合同。对开发商的该项主张，开发商并不能提供充分证据证明其与王某就房屋涨价问题达成了一致意见以及王某怠于办理入住手续，也不能提供证据证明其已与王某解除合同，故该主张本院不予采信。关于经济赔偿问题，根据最高人民法院《关于审理商品房买卖合同纠纷案件适用法律若干问题的解释》第 8 条之规定，判令开发商返还王某已付购房款 12 万余元及利息，赔偿损失 10 万余元。2010 年 5 月**河南某商品房买卖合同案，**2005 年，开发商与国税局签订《商品房定向开发合同》，约定“住户所退房屋由国税局处置”。随后，开发商与许某签订内部认购协议。法院认为：开发商在未与许某协商的情况下，于 2007 年 4 月 16 日、2007 年 8 月 1 日同国税局签订补充变更协议及补充协议,提高商品房的价格。又作出对许某的退房处理,开发商的行为损害了许某的合法权益且违约在先。在许某与开发商签订的商品房内部认购协议履行中,开发商已将争议房屋另行卖出。该公司的违约行为导致协议的履行在法律和事实上已成为不可能。在因售房人的过错导致商品房买卖合同解除的情况下,购房人提出要求售房人进行损害赔偿的请求,即许某要求开发商除返还已付购房款外,还要求赔偿其他损失的请求,该院予以支持。因双方签订的购房协议因开发商退房、退款的行为已经解除,该公司将本应销售给许某的商品房提价后对社会公开销售,其违约后获得的利益比履行协议所获得的利益更多,若是仅退回已付购房款,显然损害了购房者的利益,反而有利于违约方,结果起不到制约违约行为的作用,相反会诱发违约行为。判决开发商在退回房款 12 万元本息时,再赔偿许某损失 12 万元。2008 年 12 月**重庆某返还原物案**,法院认为:园丁楼系大学经原国家教委批准,由国家拨款、学校自筹资金、教职工出资,由学校向开发商团购的 344 套安居房。大学为资助教职工购买此批房屋,专门出台了《关于资助教职工购买安居房的实施办法》,彭某按该办法规定的出资比例,缴纳了自己应出资部分。以后由开发商与彭某签订了《商品房买卖合同》,并开具了购房发票。此房屋买卖合同虽是彭某与开发商签订的,但大学与开发商签订的预售合同等均证明彭某不是普通的商品房买卖,而是带有福利性的资助购房。大学与开发商签订合同约定,大学代住户获得《房屋所有权证》后,即取得该住房的完全产权,享有《重庆市安居工程管理暂行办法》所规定的权益。彭某能购买安居房,基于大学与开发商的购买安居房协议;能取得房屋的产权证,基于该协议的上述规定。故名义上彭某与开发商签订购房合同,实质上该房系大学向开发商团购的安居房。彭某是在接受了《集资建房方案》和《选房须知》的要求和规定的情况下,与某大学签订的《集资建房协议》。故《集资建房方案》和《选房须知》事实上成为《集资建房协议》的组成部分。大学基于《集资建房协议》而占有彭某交付的安居房两证,属有权占有,彭某诉请返还,理由不成立。2008 年 7 月**山东某财产权属纠纷案**,2001 年,面粉公司本着为员工服务、不承担任何费用原则为员工集体购房,并收取员工耿某与丈夫郭某分批交纳的购房款 9 万余元。面粉厂于同年年底与开发商签订《经济适用房预售合同》,购买 15 套经济适用房。2002 年,开发商与郭某之父签订《商品房买卖合同》并向郭某之父开具 9 万余元房款收据。2003 年,产权过户。2005 年,郭某之父将该房转售给刘某。耿某诉请确认其所有权。法院认为:耿某主张其财产所有权受侵害的前提应是其享有该项财产所有权。本案房屋权属纠纷发生于房屋买卖过程中,依据我国《合同法》关于买卖合同的规定和城市房地产管理的相关规定,房屋买卖合同中,房屋所有权的设立、转移,应当满足一定的登记形式,在房产被依法转移、登记给买方之前,买方享有的是一种合同债权,并不享有对房屋的所有权。本案商品房买卖过程中,涉案房屋经房产登记部门的合法性审查后初始登记于郭某之父名下,郭某之父即取得该房屋的所有权。在此过程中郭某未取得房屋登记的所有权,耿某亦未能取得涉案房屋的共有权。耿某如能证实涉案房款确系其夫妻二人交纳,则可据此申请法院对房屋确权后,向房产登记管理部门申请房屋产权变更登记,而不必通过行政诉讼程序,但该项主张不能违反不动产物权的公示、公信原则。本案中,案外人刘某通过合法交易购得涉案房屋,取得涉案房屋所有权,并经房产管理部门登记,应受到法律保护,根据不动产物权公示、公信原则,耿某不能再行对该房屋主张所有权。故对耿某要求确认各被申请人侵害其涉案房屋所有权、涉案房屋为其夫妻共有财产的确权主张,本院不予支持。

【同类案件处理要点】

依法成立的商品房团购合同,对合同当事人具有法律约束力。当事人单方变更合同导致合同解除的,违约方依法应承担相应责任。

【相关法律风险提示】

1. 参与团购房屋,或受让团购房屋,买受人或受让人应对房屋开发手续是否完备尽到审核义务,未取得商品房预售许可证的预售合同,有可能存在合同无效的风险。在合同无效的情况下,有权机关对标的房屋的查封、拍卖,因购房人无法依有效合同取得合法财产,故不能对抗承包人工程款的优先受偿权。案见湖南郴州中院(2011)郴民一终字第92号"曹某与某开发公司、乡政府等商品房预售合同纠纷上诉案"。

2. 团购者缴纳的预付款或购房款,如果系交给团购单位或团购单位的代理人或直接交给开发单位,均应注意交款手续的完备,避免合同主体认定及合同关系成立上的争议。

3. 团购商品房因故逾期交房或无法交房的情况下,购房人享有的索赔权利系债权性质,应在诉讼时效内主张。

4. 购房者参与团购,与开发商签订的认购协议不属于预售合同,法律对商品房预售合同的强制性规定不适用预约合同,即使开发商出于各种原因最终未取得相关预售许可,亦不因此导致预约团购协议的效力。

5. 开发商定向销售商品房,与集团团购客户及团购成员分别签订购房协议后,开发商与集团客户的合同变更效力是否及于成员客户,需要从相关合同的约定来判断。一般情况下,成员客户与开发商签订的合同具有独立性,在无相反约定的情况下,开发商以与集团客户或部分团购成员达成的变更条款对其他团购成员具有约束力,开发商因此解除合同的,应承担违约责任。

6. 作为团购合同的商品房,法律或合同对购房者资格未做特殊要求或限制的情况下,开发商不得以预约购房者的非团购集团成员身份解除合同。

【附注】

参考案例索引:湖南郴州中院(2011)郴民一终字第92号“曹某与某开发公司、乡政府等商品房预售合同纠纷上诉案”;最高人民法院“某开发公司与某法院预售合同纠纷案”,见《缔约过失责任赔偿范围的确定——工腾房地产公司与嘉祥县人民法院商品房预售合同纠纷申请再审案》(李玉林,最高院立案庭),载《立案工作指导·申诉与申请再审疑案评析》(200904/23:143);重庆一中院(2014)渝一中法民终字第00179号“陈敬全、陈荟羽与重庆丰盈房地产开发有限公司商品房买卖合同纠纷案”,见《预约买房人可主张双倍返还定金》(方剑磊、肖瑶、肖明明),载《人民司法·案例》(201502:46);湖南郴州中院(2011)郴民一终字第252号“杨某等与某银行房屋买卖合同纠纷上诉案”;河南洛阳中院(2011)洛民终字第1180号“某开发商与王某商品房买卖合同纠纷上诉案”;河南南阳中院(2010)南民商终字第87号“徐某等与某国税局商品房预售合同纠纷上诉案”;重庆一中院(2008)渝一中法民终字第3183号“彭某与某大学返还原物纠纷上诉案”;山东东营中院(2008)东民再终字第11号“耿某与郭某等财产权属纠纷再审案”。

81. 合建房:合作共建房

——加盟投建房,能不能住上?

【合同效力】

【案情简介及争议焦点】

2003年11月,赵某与开发公司签订《加盟协议书》,约定赵某加盟投资轻工城一个单元作为自己房屋,该房由开发公司建造,建造费由赵某支付。赵某依约支付“建造费”20.5万元。因建设速度问题,2008年11月,开发公司对选择退房加盟户,协商后作出《会议纪要》,承诺“按月利息壹分半计算(此点与新合作公司尽量争取)”。轻工城原规划为车间,属工业用地,取得方式为出让,至诉讼仍未办理土地用途变更审批手续,亦未取得商品房预售许可证。2009年1月,赵某起诉开发公司要求归还房款,并按月息1.5%支付利息。

争议焦点:1. 结盟协议效力如何? 2. 利息如何计算?

【裁判要点】

1. 合同效力。 赵某与开发公司签订的《加盟协议书》虽名为加盟,但从该协议书的内容看更符合房屋买卖合同的特征,而《加盟协议书》中买卖的对象并未取得合法的建造手续,因原规划为车间,土地用途为工业用地,并非住宅用地或商业用地,且开发公司至今未取得建造开发房屋的合法手续,亦未取得商品房预售许可证,故双方所签《加盟协议书》无效。

2. 利息计算。 合同无效,双方返还,故开发公司应向赵某返还购房款。因导致合同无效的过错方系开发公司,故开发公司应对赵某承担赔偿责任,现赵某要求开发公司支付利息损失,应属合理,予以支持。但在开发公司出具的《会议纪要》中,虽载明利息按月息壹分半计算,但同时注明"此点与新合作公司尽量争取",属约定不明,且赵某也未提供证据证明其参加了会议,故赵某要求按月息 1.5% 计息,不予采纳,应按银行同期贷款利率计算。

【裁判依据或参考】

1. 法律法规。《**民法典**》(2021 年 1 月 1 日)第 8 条:"民事主体从事民事活动,不得违反法律,不得违背公序良俗。"第 153 条:"违反法律、行政法规的强制性规定的民事法律行为无效。但是,该强制性规定不导致该民事法律行为无效的除外。违背公序良俗的民事法律行为无效。"第 155 条:"无效的或者被撤销的民事法律行为自始没有法律约束力。"第 156 条:"民事法律行为部分无效,不影响其他部分效力的,其他部分仍然有效。"第 157 条:"民事法律行为无效、被撤销或者确定不发生效力后,行为人因该行为取得的财产,应当予以返还;不能返还或者没有必要返还的,应当折价补偿。有过错的一方应当赔偿对方由此所受到的损失;各方都有过错的,应当各自承担相应的责任。法律另有规定的,依照其规定。"《**合同法**》(1999 年 10 月 1 日,已于 2021 年 1 月 1 日起失效)第 52 条:"有下列情形之一的,合同无效:……(二)恶意串通,损害国家、集体或者第三人利益;(三)以合法形式掩盖非法目的;(四)损害社会公共利益;(五)违反法律、行政法规的强制性规定。"第 58 条:"合同无效或者被撤销后,因该合同取得的财产,应当予以返还;不能返还或者没有必要返还的,应当折价补偿。有过错的一方应当赔偿对方因此所受到的损失,双方都有过错的,应当各自承担相应的责任。"《**民法通则**》(1987 年 1 月 1 日,已于 2021 年 1 月 1 日起失效)第 58 条:"下列民事行为无效:……(七)以合法形式掩盖非法目的的。无效的民事行为,从行为开始起就没有法律约束力。"国务院《**关于促进房地产市场持续健康发展的通知**》(2003 年 8 月 12 日　国发〔2003〕18 号)第 4 条:

"……集资、合作建房是经济适用住房建设的组成部分,其建设标准、参加对象和优惠政策,按照经济适用住房的有关规定执行。任何单位不得以集资、合作建房名义,变相搞实物分房或房地产开发经营。"国务院**《关于深化城镇住房制度改革的决定》**(1994年7月18日　国发〔1994〕43号)第26条:"鼓励集资合作建房,继续发展住房合作社,在统一规划的前提下,充分发挥各方面积极性,加快城镇危旧住房改造。"国务院住房制度改革领导小组、建设部、国税局**《关于印发〈城镇住宅合作社管理暂行办法〉的通知》**(1992年2月14日)第3条:"本办法所称住宅合作社,是指经市(县)人民政府房地产行政主管部门批准,由城市居民、职工为改善自身住房条件而自愿参加,不以盈利为目的的公益性合作经济组织,具有法人资格。合作住宅是指住宅合作社通过社员集资合作建造的住宅。"国务院住房制度改革领导小组**《关于全面推进城镇住房制度改革的意见》**(1991年12月31日)第4条:"……各地政府应大力支持单位或个人的集资、合作建房,特别是结合'解危'、'解困'进行的集资、合作建房。计划、金融、财政、税收、城建、规划、土地等有关部门应该积极配合、支持,通过减免税费等扶持政策,努力降低建房造价……"

2. 司法解释。最高人民法院**《2015年全国民事审判工作会议纪要》**(2015年4月19日)第26条:"对于个人或者企业与房地产开发企业签订的名为房地产合资合作开发合同、实为借用房地产开发企业资质的合同,以及当事人之间签订名为股权转让、实为转让国有土地使用权的合同,人民法院应在确认此类合同并不侵害社会公共利益的情况,原则上确认该类合同对当事人具有法律约束力。"最高人民法院**《关于审理技术合同纠纷案件适用法律若干问题的解释(2020年修改)》**(2021年1月1日　法释〔2020〕17号)第42条:"当事人将技术合同和其他合同内容或者将不同类型的技术合同内容订立在一个合同中的,应当根据当事人争议的权利义务内容,确定案件的性质和案由。技术合同名称与约定的权利义务关系不一致的,应当按照约定的权利义务内容,确定合同的类型和案由……"最高人民法院**《关于周凯诉韩俊房屋纠纷案的复函》**(1990年3月28日　〔1989〕民他字第59号):"周凯与韩俊双方讼争的3间房屋,在建房前虽未签订合建协议,批件和房照也是周凯一人的,但从周凯申请批件后,韩俊即将其棚厦拆除,然后双方投工投料进行建房,建成后又各居住管理一间半房等事实来看,说明双方事先不是没有约定的,因此,基于双方投工投料的共建事实,诉争之房应为双方共有。你院审理时,如有调解为共有就尽量调解解决,调解不成时也可以按共有进行判决。"

3. 部门规范性文件。建设部、发改委、监察部、财政部、国土资源部、人民银行、税务总局**《关于印发〈经济适用住房管理办法〉的通知》**(2007年11月19日　建住房〔2007〕258号)第34条:"距离城区较远的独立工矿企业和住房困难户较多的企业,在符合土地利用总体规划、城市规划、住房建设规划的前提下,经市、县人民政府批准，可以利用单位自用土地进行集资合作建房。参加单位集资合作建房的对象，必须限定在本单位符合市、县人民政府规定的低收入住房困难家庭。”第 35 条：“单位集资合作建房是经济适用住房的组成部分，其建设标准、优惠政策、供应对象、产权关系等均按照经济适用住房的有关规定严格执行。单位集资合作建房应当纳入当地经济适用住房建设计划和用地计划管理。”第 36 条：“任何单位不得利用新征用或新购买土地组织集资合作建房；各级国家机关一律不得搞单位集资合作建房。单位集资合作建房不得向不符合经济适用住房供应条件的家庭出售。”第 37 条：“单位集资合作建房在满足本单位低收入住房困难家庭购买后，房源仍有少量剩余的，由市、县人民政府统一组织向符合经济适用住房购房条件的家庭出售，或由市、县人民政府以成本价收购后用作廉租住房。”第 38 条：“向职工收取的单位集资合作建房款项实行专款管理、专项使用，并接受当地财政和经济适用住房主管部门的监督。”第 39 条：“已参加福利分房、购买经济适用住房或参加单位集资合作建房的人员，不得再次参加单位集资合作建房。严禁任何单位借集资合作建房名义，变相实施住房实物分配或商品房开发。”第 40 条：“单位集资合作建房原则上不收取管理费用，不得有利润。”建设部、监察部、国土资源部**《关于制止违规集资合作建房的通知》**(2006 年 8 月 14 日　建住房〔2006〕196 号)第 1 条：“自本通知下发之日起，一律停止审批党政机关集资合作建房项目。严禁党政机关利用职权或其影响，以任何名义、任何方式搞集资合作建房，超标准为本单位职工牟取住房利益。”第 2 条：“对已审批但未取得施工许可证的集资合作建房项目，房地产管理(房改)部门要会同有关部门重新审查，不符合《经济适用住房管理办法》和房改政策的，不得按集资合作建房项目开工建设。”第 3 条：“已经开工建设的集资合作建房项目，房地产管理(房改)部门要会同有关部门重新审查项目供应对象、面积标准和集资款标准。对住房面积已经达到当地规定标准等不符合参加集资合作建房条件的职工，取消其资格。对虽然符合参加集资合作建房条件，但住房面积(以前已享受政府优惠政策的住房面积和新参加集资合作建房的面积合并计算)超过当地规定的，按照当地住房面积超标处理办法执行。对单位违规向职工提供集资建房补贴的，责令收回。”建设部、国家计委、财政部、国土资源部、中国人民银行、国税总局**《关于加强房地产市场宏观调控促进房地产市场健康发展的若干意见》**(2002 年 8 月 26 日　建住房〔2002〕217 号)第 5 条：“……继续鼓励工矿区和企事业单位利用自用土地，在符合城市规划和建设用地计划的前提下，组织职工集资、合作建房，多渠道、多层次解决中低收入家庭的住房问题。”建设部、财政部、国家经济贸易委员会、全国总工会**《关于进一步深化国有企业住房制度改革加快解决职工住房问题的通知》**(2000 年 5 月 31 日　建房改〔2000〕105 号)第 11 条：“在一定时期内，对有自用土地的企业，在符合土地利用总体规划、城市规划和单位发展规划的前提下,经批准可以在自用土地上自建住房。所建住房原则上按建造成本价向本单位职工出售。已经取消单位建房的地区,按当地人民政府的有关规定执行。”第12条:“鼓励成立城市社会型住宅合作社,进行合作住房建设,按照住房建设成本向职工收取建房费用,解决城市低收入职工家庭中住房困难户的住房问题。”第13条:“对合作建房和单位自建住房给予政策扶持。住宅合作社进行的合作建房和企业利用自用土地建房,执行当地人民政府关于经济适用住房建设的有关政策。”国税总局**《关于城镇居民委托代建房屋契税征免问题的批复》**(1998年12月28日　国税函〔1998〕829号,已于2021年9月1日起失效):“……仙桃市居民赵明超通过与房屋开发商签订‘双包代建’合同,由开发商承办规划许可证、准建证、土地使用证等手续,并由委托方按地价与房价之和向开发商付款的方式取得房屋所有权,实质上是一种以预付款方式购买商品房的行为,应照章征收契税。”国税总局**《关于“代建”房屋行为应如何征收营业税问题的批复》**(1998年9月21日　国税函〔1998〕554号):“房地产开发企业(以下简称甲方)取得土地使用权并办理施工手续后根据其他单位(以下简称乙方)的要求进行施工,并按施工进度向乙方预收房款,工程完工后,甲方替乙方办理产权转移等手续。甲方的上述行为属于销售不动产,应按‘销售不动产’税目征收营业税;如甲方自备施工力量修建该房屋,还应对甲方的自建行为,按‘建筑业’税目征收营业税。”建设部、国家发展计划委员会、国土资源部**《关于印发〈关于大力发展经济适用住房的若干意见〉的通知》**(1998年7月14日　建房〔1998〕154号)第19条:“以上规定适用于集资建房、合作建房。”国税总局**《关于个人从事房地产经营业务征收营业税问题的批复》**(1996年12月12日　国税函〔1996〕718号):“个人以各购房户代表的身份与提供土地使用权的单位或个人(以下简称‘地主’)签订联合建房协议,由个人出资并负责雇请施工队建房,房屋建成后,再由个人将分得的房屋销售给各购房户。这实际上是个人先通过合作建房的方式取得房屋,再将房屋销售给各购房户。因此对个人应按‘销售不动产’税目征营业税,其营业额为个人向各购房户收取的全部价款和价外费用。另一方面,个人与地主的关系,属于一方提供土地使用权,另一方提供资金合作建房的行为。对其双方应按《国家税务总局关于印发〈营业税问题解答(之一)〉的通知》(国税函发〔1995〕156号)第十七条的有关规定征收营业税。”

4.地方司法性文件。江苏高院**《执行异议及执行异议之诉案件审理指南(二)》**(2019年2月26日)第16条:“金钱债权执行中,案外人以其系房屋联建合同关系当事人为由提起的执行异议之诉案件,区分下列情形予以审理认定:(1)执行法院依据生效法律文书,对作为被执行人的项目公司名下房屋执行时,该项目合作当事人中一方以其对房屋享有实体权益为由提起执行异议及执行异议之诉,要求排除执行的,不予支持;(2)执行法院依据生效法律文书,对被执行人与他人显名合作联建开发的房屋采取查封或执行措施，案外人作为合作联建开发合同的另一方，以其对房屋享有共有权为由提起执行异议，请求解除查封的，不予支持。案外人提起执行异议之诉，请求对案涉房屋停止执行的，应根据双方之间合作联建的基础合同法律关系的审理，区分以下情形予以处理：①联建合同已明确约定案外人应分得的建筑物的具体部位、楼层或者房屋的部分，不得执行；②联建合同未明确约定应分得的建筑物的具体部位、楼层或者房屋，仅约定分配份额或者比例的，对案外人应分得的份额或比例之内的房屋不得执行。（3）执行法院依据生效法律文书，对被执行人开发建设的房屋采取执行措施，案外人以其与被执行人存在隐名开发合同关系，对隐名开发合同中约定归其所有的房屋提出执行异议，并要求排除执行的，不予支持。案外人认为其权益受到损害的，可根据合作协议另行向被执行人追偿。"江苏高院**《关于审理房地产合同纠纷案件若干问题的解答》**（2018 年 6 月 26 日　审委会会议纪要〔2018〕3 号）第 73 条："委托代建的性质如何认定？对于委托代建的性质认定应当回归双方签订的委托代建协议的内容，如果合同中包含共享利润、共担风险内容的，应认定为合作开发房地产合同。如果合同中不包含共享利润、共担风险内容的，则仅具有委托关系，应按合同法有关委托合同的规定处理。"广东高院**《印发〈广东省高级人民法院关于审理建设工程合同纠纷案件疑难问题的解答〉的通知》**（2017 年 7 月 19 日　粤高法〔2017〕151 号，已于 2020 年 12 月 31 日经粤高法〔2020〕132 号废止）第 2 条："家庭室内装修和农村建房合同的效力如何认定。家庭室内装修和农村、建制镇、集镇规划区内自建低层住宅（二层以下、含两层）、建设工程投资额在 30 万元以下或者建筑面积在 300 平方米以下的合同纠纷，当事人以施工人没有施工资质而主张合同无效的，一般不予支持。"广东高院**《关于审理农村集体土地出让、转让、出租用于非农业建设纠纷案件若干问题的指导意见》**（2001 年 10 月 30 日　粤高法发〔2001〕42 号，已于 2020 年 12 月 31 日经粤高法〔2020〕132 号废止）第 12 条："当事人将农村村民住宅建设用地转让、出租或以合建形式变相转让农村村民住宅建设用地而签订的合同，一般应认定无效。但 1999 年 1 月 1 日《土地管理法》修订以前，农村村民将经依法取得的宅基地使用权连同房屋转让给本村村民、回乡落户的干部、职工、退伍军人以及华侨、港澳台同胞的，以及 1999 年 1 月 1 日《土地管理法》修订以后，农村村民将经依法取得的宅基地使用权连同房屋转让给本村村民的，可认定转让合同有效。"北京高院**《关于房地产案件受理问题的意见（试行）》**（1994 年 4 月 25 日）第 14 条："公民之间、法人之间和其他组织之间，以及他们相互之间，因联合建房所产生的联建合同纠纷案件，由民庭受理。"第 19 条："其他以房地产为标的开发、建筑承包、入股、联营、代理、居间等民事行为发生的纠纷，由民庭受理。"广东高院**《关于审理房屋纠纷案件若干问题的意见（试行）》**（1993 年 11 月 4 日　粤高法发〔1993〕64 号，已于 2020 年 12 月

31日经粤高法〔2020〕132号废止)第11条:"新建房屋的产权,以核发的产权证为准。未发产权证的,以申请手续确定的报建人为产权人。但下列情况可认定为与他人共有(按当时规定合建房屋应经批准而未经批准者除外):(1)有合建书面协议的;(2)虽无书面合建协议,但主张共有的一方提出足以证明有合建事实证据的;(3)建房时他方有出资(包括金钱、实物、出劳力),建成后又共同参与管理使用该房屋至今,现报建人或产权登记人不能证明该他方的出资属借贷或资助等性质的,可根据他方出资所占比例,确定其相应的房屋份额。"第12条:"法律或当地规定合资建房、购房需要履行审批手续的,经主管部门批准,可确认其共有产权。如一方未经批准与他人合资购房、建房,现发生产权纠纷,不确认未经批准一方对该屋的产权,其损失由双方公平承担。农村居民取得土地使用权后与他人合建房屋或直接转让部分土地使用权,经主管机关事后追认的可以确认双方的房屋产权;主管机关不追认的,交由当地主管部门处理,或征求主管部门意见后作出处理。"第13条:"当事人签订合资建房协议后才办理报批手续,经批准建设的层数或面积比原协议减少,因双方未变更协议,造成原协议不能完全履行的,应由双方公平分担损失。"上海高院**《关于印发〈关于审理房产纠纷案件若干疑难问题的讨论纪要〉的通知》**(1993年10月27日　沪高法〔1993〕148号)第14条:"对于划拨取得国有土地使用权或无偿取得集体土地使用权的一方,在土地有偿使用制度实行之前,经有关部门批准,以其使用的土地与他方合建房屋,双方有协议的,按协议的约定确认权属;协议约定不明确的,可根据双方投资、合建、对房屋管理使用等情况,确认房屋权属。"第15条:"对于划拨取得国有土地使用权的一方,在土地有偿使用制度实行之后,与他方依法订立协议,合建房屋,如出地一方领取了建筑执照,没有其他违法行为,只是没有办理土地使用权出让、转让手续,可认定合建行为有效,并根据协议的约定确认房屋权属,但应责令当事人补办土地使用权出让、转让手续。"第16条:"有偿取得国有土地使用权的一方与他人合建房屋,双方没有违法行为,出地一方以他方没有土地使用权为由,主张他方不能取得房屋产权,不予支持,应认定合建房屋协议有效,并责令当事人补办土地使用权转让手续。"第17条:"合建房屋的双方系享有土地使用权的家庭成员,如建房手续是一方申请取得的,可认定房屋为双方共有。"第18条:"一方不能取得合建房屋产权的,取得房屋产权的一方应返还投资及其利息,并根据房屋的实际价值,双方过错情况承担赔偿责任。不能取得合建房屋产权一方出料、出力的,取得房屋产权一方应予作价补偿。"陕西高院**《关于印发〈樊拓副院长在全省中级人民法院审理有关宅基地使用权案件座谈会上的讲话〉的通知》**(1992年9月28日　陕高法发〔1992〕32号)第7条:"因合资建房引起的宅基地使用权纠纷。人民法院在处理这些纠纷时,一般应当坚持宅基地'谁申请批准谁使用'的原则,依法保护取得宅基地合法使用权一方当事人的利益。如果发现宅基地使用人与合资建房人恶意串通,变相转让宅基地使用权的,人民法院应当告知当事人到政府有关部门申请解决;当事人坚持起诉的,人民法院裁定驳回起诉。”

5. 地方规范性文件。北京市《**城镇住宅合作社管理办法**》(2010 年 11 月 27 日)第 2 条:“住宅合作社是本市行政区域内中、低收入的城镇居民(包括职工),为解决自身住房困难,在人民政府或单位的组织下,自愿建立的、不以营利为目的的、公益性合作经济组织。其任务是:筹集资金,建设住宅,并对建设的住宅(以下简称合作住宅)进行分配、维修和管理。”第 3 条:“住宅合作社遵循‘个人集资、单位资助、政府扶持、民主管理、自我服务’的原则,实行独立核算,资金自求平衡。”

6. 参考案例。2011 年**湖南某民间借贷合同纠纷案**,2006 年,开发公司与置业公司合作设立的项目部向杨某借款 1500 万元,约定为确保借款安全,征得开发公司同意后,项目部以开发公司名义与杨某签订商品房买卖合同,逾期还款时可按 2000 元/平方米价格购买房屋。该借款合同签章处有置业公司及项目部签章。作为借款合同附件的《带资承包合作开发协议》载明置业公司带资承包该项目。当日,杨某与开发公司签订了商品房买卖合同。借款到期后,置业公司和项目部未偿还,开发公司将约定售予杨某的房屋另售他人。2008 年,杨某诉请开发公司和置业公司连带清偿。法院认为:项目部作为公司内设机构不具有独立法人资格,不能独立承担民事责任,即便项目部借款行为无效,其产生的法律后果依法亦应由其法人机构承担。开发公司作为项目开发主体,并由其取得宗地土地使用权证及商品房预售许可证,开发公司并未通过法定程序将该项目转让给置业公司,置业公司只是带资承包该项目。两公司间为内部承包关系,故对外仍应认定开发公司自始至终系该项目开发主体。内部承包协议中关于开发费用由置业公司自行解决,并承担由此产生的一切债务及责任约定,仅是开发公司向置业公司追偿法律依据,而不能产生对外效力,不能对抗善意第三人。现项目部不但在借款协议上签章,且指令杨某付款和出具收款收据,开发公司更是与杨某按借款协议约定签订了商品房买卖合同,故其主张按合同相对性原理各自履行自己义务,实际上是割裂了借款协议与商品房买卖合同之间有机联系,最终造成债权人权利落空,其主张无事实和法律依据。现开发项目事实上被开发公司接管,开发公司与置业公司至今未结算,开发公司作为该项目开发主体,理应对置业公司所欠杨某债务承担连带清偿责任。1998 年**甘肃某合资建房合同纠纷案**,1996 年,开发公司与贸易公司签订合资建房合同,约定开发公司出地、贸易公司出资。后因开发公司合作方研究院划拨土地并未办理过户,开发公司亦未取得预售许可证,开发公司与贸易公司因合同效力产生纠纷。法院认为:开发公司不享有本案土地使用权,亦未取得商品房预售许可证,与贸易公司所签合资建房合同违反了国家有关法律规定,系无效合同。双方对合同无效均有过错,开发公司应承担主要责任,贸易公司亦有一定责任,判决开发公司返还贸易公司支付的投资建房款134万元及其利息的80%。2009年**湖北某合作开发房地产合同纠纷案**,2003年,烟草公司出地、开发公司出资,双方签订土地转让开发协议。2004年,开发公司擅自将约定归烟草公司房屋出售给袁某等8人并收取大部分购房款,但未办过户手续。烟草公司起诉开发公司时,袁某等8人作为第三人主张商品房买受人优先权利。法院认为:一方当事人以土地使用权及地上房屋作为出资与他人合作进行房地产开发,明确约定以特定房屋作为收益分配,如该合作开发又具有政府规划的强制性和必然性,那么该合作开发房地产合同应认定为关于特定房屋的一般互易合同,其实质是以所有权调换为补偿方式的拆迁补偿安置协议。本案中,烟草公司与开发公司所签土地转让开发协议及补充协议,属合作开发房地产合同,具有按照所有权调换形式订立的拆迁补偿安置协议性质。依最高人民法院《关于审理商品房买卖合同纠纷案件适用法律若干问题的解释》第7条规定,当类似拆迁人地位的开发公司违约将补偿安置房屋另行出卖给袁某等8位第三人时,具有类似被拆迁人地位的烟草公司应优先取得诉争房屋。本案中,袁某等8人购买的是商业用房,最高人民法院《关于建设工程价款优先受偿权问题的批复》第1条、第2条规定,意在保护自住商品房买受人权利,且该批复是专门针对工程价款优先受偿权的,不适用于本案。本案中,开发公司恶意违约,将本应交付烟草公司的房屋出卖给袁某等8人,才导致诉讼发生。袁某等8人有权基于法律及相关司法解释规定另行起诉开发公司,要求其返还购房款及利息、并赔偿损失,但袁某等8人向开发公司购买房屋行为不能对抗烟草公司依据土地转让开发协议约定要求开发公司交付房屋行为,判决驳回袁某等8人诉请。2007年**广东某合作合同纠纷案**,2003年,杨某出资、开发公司出地,双方合作建房。随后,杨某与吴某签订买卖合同,约定杨某将未来建成二层商场出售给吴某,该合同经开发公司盖章确认。2004年,开发公司取得预售许可。2006年,吴某诉请杨某、开发公司交房。4天后,开发公司起诉杨某,双方经调解,达成解除合作合同的协议。法院认为:依合作合同约定,杨某有权对二楼产权进行处置。杨某与吴某签订买卖合同时房屋尚未建成,亦未取得商品房预售许可证,但在随后取得预售许可证,依最高人民法院《关于审理商品房买卖合同纠纷案件适用法律若干问题的解释》第2条规定,可认定该买卖合同有效。吴某已依约付款,其有权按合同约定要求杨某依约交房并办好房地产权证。开发公司作为合作合同当事人,为合作项目买方办理预售许可证、房地产权证等是其合同义务,本案吴某请求办证的主张,非开发公司协助,作为买卖合同当事人的杨某无法独自完成,而由于合作合同已被解除,建成物业已由开发公司管理,吴某请求交付房屋主张亦须开发公司协助才能完成。依《合同法》第92条规定,合同解除后,合同当事人仍应履行协助对方处理合同解除后善后事宜等法定的后合同义务。就本案而言,合作合同解除后,开发公司仍应遵循诚实信用原则，协助杨某完成合作合同解除后善后事宜，包括协助杨某向吴某交付房屋和办理产权证。判决杨某将二层商场交付给吴某并办理房地产权证，同时支付吴某迟延交房违约金，此款在双方商品房买卖合同继续履行后吴某应付余款中抵减，吴某付清抵减后购房余款，开发公司协助杨某交房及办证。1999 年**江苏某房屋买卖合同纠纷案**，1998 年，五金公司商厦需拆除重建，因资金不足，五金公司与邮电局签订售房协议，约定邮电局预付 40 万元，待房屋竣工后取得其中楼层的部分房屋产权。嗣后，五金公司以其不具备商品房预售资格等理由，要求确认其与邮电局签订的售房协议无效。法院认为：五金公司并非房地产开发企业，其与邮电局所签售房协议不是以营利为目的，而是因道路改造，重建房屋资金困难，以完成城区统建任务为目的，故该协议不属商品房预售性质。从协议条款看，是以邮电局支付一定资金，并在楼房竣工后取得特定楼层房屋产权为内容，协议名称与内容反映了双方之间确立的是待建房屋买卖合同关系。合资建房协议是五金公司单方意思表示，该协议并未成立。邮电局拒绝接受该协议，坚持履行原售房协议，反映了其购买房屋而非合资建房的真实意思，且即使合资建房协议成立，其内容亦不具备合资建房的法律特征，故本案案由应为待建房屋买卖合同纠纷。案涉协议是双方当事人在平等互利、等价有偿基础上签订的，且协议内容不违反国家有关法律规定，应为有效协议。协议中“公证后生效”条款约定，因在合同签订后所附条件即经公证机关公证尚未成就情况下，双方已实际履行，应视为双方对原约定条款变更。判决驳回五金公司诉请。2009 年 5 月**上海某房屋买卖合同案**，2003 年 8 月，实业公司在未取得土地使用权情况下与包括郑某在内的客户签订了《加盟共建协议》，郑某花 47 万余元买了 4 间。后因宏观政策，项目未获批。2006 年 4 月，镇政府、工业园区、实业公司、投资公司四方会议达成纪要，确定退款利息按月利息 1% 计算，投资公司做担保。后因需退款人数多，上访、闹访，公安介入，以合同诈骗立案，以追逃回资金制定退款方案，除本金及利息外，另按每间 2500 元补偿。郑某认为按四方会议纪要内容，其尚有 12 万余元余款债权。法院认为：民事活动须遵守法律，法律无规定的，应遵守国家政策。实业公司在无建设项目许可情况下，与包括郑某在内的众多客户签订加盟共建协议，并收取钱款，违反了我国法律规定，系无效合同。基于无效合同所产生的权利、义务由各自承担。根据 2006 年 4 月就退款事宜所达成的四方协议所确定的退款方案，实业公司虽有退款的意愿，但因其招商行为涉嫌合同诈骗，公安机关最终介入并着手向实业公司的原股东追讨钱款。根据追讨到位的款项，公安机关最终确定了退赔方案，现包括郑某在内的全部客户均已收到全部本金、截至 2007 年 6 月的银行存款利息及每间 2500 元补偿款的退赔款项。故郑某与实业公司之间的权利、义务关系已由公安部门作出了处理，现郑某再起诉要求实业公司以及投资公司按照上述四方协议的退赔方案继续承担退款及担保责任，依据不足,不予支持。2009年4月**江西某房屋买卖合同案**,2003年,挂靠在某建筑公司的张某通过各种途径受让取得一块国有土地使用权及建设规划证,然后与邱某等签订住宅共建合同,以2.8万元出售部分待建物业。2005年,双方签订补充协议,涉及增加价款被邱某认为是事后添加。2007年7月,张某起诉要求确认合同无效,邱某退房,法院判决虽确认合同无效,但驳回要求退房之诉。2008年6月,张某再起诉要求按补充协议支付增加房款。法院认为:张某与邱某2003年签订的合同名为住宅楼共建,实为商品房买卖,因张某未取得商品房预售许可证明,故该合同无效。因主合同无效,双方于2005年签订的补充协议亦无效。但该协议约定的房价可作为本案房屋折价的参考。合同无效,因该合同取得的财产应予以返还;不能返还或无必要返还的,应折价补偿。本案邱某已对房屋进行装修并搬入居住,且该栋住宅楼的部分住户已办理房产证,故无必要返还。可参照2005年双方补充协议约定的价款折价补偿。邱某提出2005年的补充协议的后半部分增加房款的内容是张某擅自事后添加,因其未提供相应的证据予以证实,故不予采信。2009年3月**上海某房屋买卖合同案**,法院认为:投资公司与沈某所签《代建房协议书》系双方当事人真实意思表示。协议签订后,沈某向投资公司支付了房款,投资公司亦按约将所建房屋交付给沈某使用,故双方当事人已实际履行了协议。虽协议约定本案系争房屋系无产权证的房屋,但至诉讼时止,相关行政管理部门并未将本案系争房屋认定为违章建筑,亦未对该房屋的性质予以明确。由于协议已履行完毕,沈某业已接收了房屋,本着维护当事人合法权益、维持稳定的原则,投资公司要求确认双方当事人间所签协议无效,并要求沈某返还系争房屋的诉讼请求,不予支持。2009年2月**重庆某房屋买卖合同案**,2000年,宋某与工程公司签订集资合作建房合同,第1条约定宋某集资建房位置、建筑面积和单价,并手写"协商价40,080元"内容,第8条约定"本合同的建筑面积,按竣工图实际面积计算,找补差款"。因工程公司以协商价不够实际面积价款为由扣押房产证致诉。法院认为:双方所签名为集资合作建房合同,实为房屋买卖。该合同是双方真实意思表示,且不违背法律、法规禁止性规定,应属有效。双方应按约定履行。合同明确约定了房屋的面积及协商价。该价款是双方就该套房屋协商的价格,应理解为该价格即为房款,该"协商价"无预算价含义,虽与合同后款约定冲突,但因其系格式条款,协商价系手写条款,应当依此确定双方权利义务。2009年2月**上海某房屋买卖合同案**,法院认为:江某与置业公司签订的《联建协议书》,名为"联建"或者"入城加盟者联合建设",实质为开发商与购房者共同投资开发建设,购房者以优惠方式购买房屋。该合同在开发建设之初,就违反了土地规划用途。由于涉案厂房性质为工业用地、工业厂房、自用厂房、非商品房厂房,而置业公司在未经国家行政管理部门审批的情况下,擅自改变土地规划,在工业用地上建造商业用房,违反了法律规定,且对涉案厂房分栋、分层、分套出售,有悖于现行房地产开发政策,故双方签订的《联建协议书》应属无效。其主要过错责任在置业公司。江某明知置业公司并不具备房地产开发经营资质,却通过联建形式与其签订《联建协议书》,亦存在一定的过错。2008 年 4 月**四川某房屋买卖合同案**,2006 年 7 月,李某承建宗某农村房屋完毕。2006 年 10 月,宗某、李某作为甲方与陈某签订集资建房协议,约定部分房产由陈某集资修建,陈某支付集资款 8.3 万元。陈某依约支付该款给李某后,因未交付房屋致诉。李某、陈某均为居民。法院认为:案涉集资建房协议虽名为集资建房,但从协议内容看,全部建房款均由陈某支付,而宗某及李某负有向陈某交付房屋及办理权属证书的义务,因而双方建立的系房屋买卖的法律关系。因本案所涉房屋系在集体所有的土地上修建的房屋,故双方之间的房屋买卖违反了国家法律禁止性规定,应属无效。根据无效合同的相关法律规定,宗某与李某共同作为合同一方当事人,应共同承担向陈某返还已付购房款责任,宗某作为完全民事行为能力人,对签订协议的法律后果亦应有明确认知,其以自己未收款主张不应承担还款义务的抗辩理由不成立。2008 年 4 月**江西某房屋买卖合同案**,2006 年 3 月,朱某获得一块国有土地使用权用于房屋建设,建成后与张某签订合作建房协议,以 23 万余元转让该房屋。半年后,因行情看涨,朱某在依约收取张某 12 万元房款后,以该建房未经审批无法办理产权证为由通知解除合同。法院认为:朱某与张某订立的合作建房协议(实为房屋买卖协议),系双方当事人的真实意思表示,不存在以合法形式掩盖非法目的的情形,亦未违反法律、行政法规的强制性规定,故合法有效,对双方当事人具有法律约束力。根据协议约定,本案讼争房屋由朱某负责代办土地使用权证和房屋产权证手续。朱某在收取张某部分购房屋款后,在房地产市场价格上涨的情况下,为不履行合同约定的义务,以该房未经有关部门办理审批登记手续为由主张双方所签协议无效,有悖诚实信用原则。我国《城市房地产管理法》的相关规定属于行政管理性质的规定,而非针对房屋买卖合同效力的强制性规定,故朱某提出协议无效及即使该协议有效也已依法解除的理由不能成立,双方应继续履行。2007 年 3 月**江西某商品房买卖合同案**,法院认为:物业公司与开发公司签订的《合作开发协议》是一份名为合作开发、实为商品房买卖性质的合同,双方当事人经协商确定的该协议内容,是双方的真实意思表示,该协议系有效协议,双方应按约定履行各自的义务。该协议明确约定:开发公司若需开具该房产的发票,其手续由开发公司自行办理,相关税费由开发公司自行承担。物业公司虽属国家税法规定的纳税主体,但国家法律、法规并不禁止交易双方就税费承担问题进行约定,双方约定应属有效。物业公司在协助开发公司办理房产权证期间按开发公司所交房款 820 万余元已向税务部门缴纳了 95 万余元的相关税费,双方约定并未使国家的税费受到损失。物业公司在向税务部门缴纳该税费后有权要求开发公司按合作协议约定承担该税费,其请求应予支持。对物业公司要求开发公司支付该税费款项利息的请求,因双方协议中对此没有约定,故不予支持。2006 年 8 月**广东某商品房买卖合同案**,法院认为:开发公司是本案所涉房屋合法开发商,已取得《商品房预售许可证》,其与冯某签订的《代建房内部认购合同》和《商品房购销合同》,是双方的真实意思表示,没有违反法律、行政法规的强制性规定,合法有效。双方当事人签订的合同名为代建房内部认购合同,实质为商品房买卖合同,不同于一般的商品房买卖之处在于,所涉标的物为单门独院住宅(别墅),代建这类房屋往往会按照购房者的需要来进行设计或变更。基于以上原因,双方在合同第 1 条约定了土地使用权面积、基底面积、建筑面积、单价及总价款,同时也约定"本代建房采用一口价形式出让,不进行多退少补",该条款对于交付商品房建筑面积与约定面积误差的处理进行了约定,符合最高人民法院《关于审理商品房买卖合同纠纷案件适用法律若干问题的解释》第 14 条"出卖人交付使用的房屋套内建筑面积或者建筑面积与商品房买卖合同约定面积不符,合同有约定的,按约定处理"的规定,没有违反法律、行政法规的强制性规定,对双方当事人均有法律约束力,但这并不表示开发公司可以随意变更房屋面积而保持房屋总价款不变。对房屋面积的约定仍然对开发公司存在一定的限制,开发公司行使该项权利应在合理限度内,否则违背了诚信原则和公平合理原则,也不符合一般的交易习惯。案涉房屋实际建筑面积比约定建筑面积少了 69.38 平方米,明显已超过双方约定的误差比 5%,应按实际面积计算房款,价款为 111 万余元,冯某已支付 123 万余元,故开发公司应当向冯某返还差额部分的房价款及利息。

【同类案件处理要点】

个人之间,或个人与具备开发资质的企业之间,非以住宅合作社或单位集资合建等法律允许的形式进行合作建房,而是以投资加盟建房、合作共建房等名义进行房屋买卖的,在房屋合法建成,无其他违法行为情况下,应按实质的房屋买卖合同约定确定各自的权利义务内容。

【相关法律风险提示】

1. 为低房价的诱惑参与"加盟投资建房"或"合作建房",在相关法律未明确的情况下,存在的风险主要来自融资合法性、资金安全性、成本核算、税费负担、房屋质量等方面。

2. 依靠合同维系的加盟投资建房法律关系,在房屋买卖合同性质得到认定,投资购房人最终取得物权之前,享有的只是有风险的债权。

3. 商品房期房买卖,应审核销售方有无商品房预售许可证明。以共建之名行商品房买卖之名，有合同无效之虞。开发商在施工或开盘前以“加盟共建”或内部认购的方式吸纳资金，对买房人而言，存在诸多隐患：比如，开发商未缴清开发用地的土地出让金，这将导致购房者很难取得房产证；认购商品房已被开发商抵押给银行，认购房所有权受限；内部认购合同难以在房管部门登记备案，往往出现一房二卖或多售的现象。故购房时，不能单纯地考虑所谓“共建房”“内部房”价格，应有风险意识。

4. 集资建房要签书面合同，涉及的价款及附送设施要在合同中明确约定。合同约定的“协商价”与“结算价”不一致，按合同解释规则确定真实含义，通常手写条款具有优先于格式条款的法律效力。签订的合同注意不要留空白，以防事后对方添加内容。

5. 不正规的购房程序因违反法律强制性规定而导致购房合同无效，或者因涉嫌非法集资或诈骗进入刑事程序，合同约定的违约后果不再具有约束力。

【附注】

参考案例索引：上海二中院（2009）沪二中民二（民）终字第 1327 号“赵某与某开发公司房屋买卖合同纠纷案”；最高人民法院（2011）民抗字第 2 号“某置业公司与杨某等民间借贷合同纠纷案”，见《湖南华菱置业有限公司与杨宗昌、岳阳市新天地置业发展有限公司民间借贷合同纠纷抗诉案》（审判长何抒，审判员李桂顺，代理审判员王云飞），载《审判监督指导 · 裁判文书选登》（201302/44：143）；最高人民法院（1998）民终字第 147 号“某开发公司与某贸易公司合资建房合同纠纷案”，见《兰州宏利来房地产置业有限责任公司与兰州合发汽车贸易公司合资建房合同纠纷上诉案——房屋合建合同确认无效后的处理》（俞宏武，最高院民事审判庭；审判长郭彦祯，代理审判员谢卫东、贾静），载《民事审判指导与参考 · 最高人民法院二审案件解析》（200001/1：270）；最高院（2009）民提字第 78 号“袁某等与随州烟草公司等合作开发房地产合同纠纷再审案”，见《约定以特定房屋作为收益分配的地产合同性质认定》（姚宝华，中国人民大学法学院；冯小光，最高院），载《人民司法 · 案例》（201008：9）；广东高院（2007）粤高法民一终字第 262 号“梅州市恒基房地产开发有限公司与吴克平合作合同纠纷上诉案”，见《开发商在诉讼中恶意解除合作合同以规避交房义务的司法应对——吴克平诉杨景贤、梅州市恒基房地产开发有限公司商品房买卖合同纠纷案》（徐千忠），载《人民法院案例选 · 月版》（200908/8：110），另见《恶意解除合作合同以规避交房义务的司法应对》（徐千忠），载《人民司法 · 案例》（201010：31）；江苏淮阴中院（1999）淮民终字第 104 号“某五金公司与某邮电局等买卖合同纠纷案”，见《涟水县五金大楼诉涟水县电信局等待建房屋买卖合同案》（李涛），载《中国审判案例要览》（2000 商：399）；上海一中院(2009)沪一中民二(民)终字第1126号"郑某与某实业公司等房屋买卖合同纠纷案";江西赣州中院(2009)赣中民一终字第65号"邱某与张某房屋买卖合同纠纷案";上海一中院(2008)沪一中民二(民)终字第3331号"某投资公司与沈某房屋买卖合同纠纷上诉案";重庆五中院(2008)渝五中民终字第3500号"某工程公司与宋某房屋买卖合同纠纷案";上海一中院(2009)沪一中民二(民)终字第221号"某置业公司与江某房屋买卖合同纠纷上诉案";四川成都中院(2008)成民终字第942号"宗某与陈某等房屋买卖合同纠纷案";江西赣州中院(2008)赣中民一终字第17号"朱某与张某房屋买卖合同纠纷案";江西赣州中院(2007)赣中民一初字第4号"某物业公司诉某开发公司商品房买卖合同纠纷案";广东佛山中院(2006)佛中法民五终字第428号"某开发公司与冯某商品房买卖合同纠纷案"。

82. 凶宅房:合同之效力

——此屋不吉利,能不能退房?

【公序良俗】

【案情简介及争议焦点】

2007年9月,李某通过中介公司以31万余元购买刘某夫妇一套房屋,付清房款入住装修时,得知3年前刘某夫妇儿子曾将一名到其家做客的10岁小女孩杀害,还残忍地将碎尸藏在屋顶的冰箱边。李某起诉刘某夫妇要求撤销合同。

争议焦点:1. 隐瞒房内凶杀案是否构成欺诈? 2. 合同能否撤销?

【裁判要点】

1. 凶杀案构成合同标的物重大瑕疵。房屋价值包含了对建筑成本、交通、地理位置、居住环境、人文环境等多种因素的综合考量。根据人们的观念和风俗习惯,对住宅内发生的凶杀事件感到恐惧和忌讳是客观存在的普遍现象。此类住宅,虽未在实物形态上受损,但已因人们的忌讳而大大贬值。故房屋内曾发生的凶杀碎尸案,已构成合同标的物之重大瑕疵。

2. 房屋买卖合同因存在欺诈而撤销。出卖人刘某夫妇违背诚信原则,未告知李某该房内曾发生凶杀碎尸案这一事实,其行为已构成欺诈,故判决撤销房屋买卖合同,双方返还。

【裁判依据或参考】

1. 法律规定。《民法典》(2021 年 1 月 1 日)第 8 条:“民事主体从事民事活动,不得违反法律,不得违背公序良俗。”第 143 条:“具备下列条件的民事法律行为有效:(一)行为人具有相应的民事行为能力;(二)意思表示真实;(三)不违反法律、行政法规的强制性规定,不违背公序良俗。”第 148 条:“一方以欺诈手段,使对方在违背真实意思的情况下实施的民事法律行为,受欺诈方有权请求人民法院或者仲裁机构予以撤销。”第 149 条:“第三人实施欺诈行为,使一方在违背真实意思的情况下实施的民事法律行为,对方知道或者应当知道该欺诈行为的,受欺诈方有权请求人民法院或者仲裁机构予以撤销。”第 152 条:“有下列情形之一的,撤销权消灭:(一)当事人自知道或者应当知道撤销事由之日起一年内、重大误解的当事人自知道或者应当知道撤销事由之日起九十日内没有行使撤销权;(二)当事人受胁迫,自胁迫行为终止之日起一年内没有行使撤销权;(三)当事人知道撤销事由后明确表示或者以自己的行为表明放弃撤销权。当事人自民事法律行为发生之日起五年内没有行使撤销权的,撤销权消灭。”第 153 条:“违反法律、行政法规的强制性规定的民事法律行为无效。但是,该强制性规定不导致该民事法律行为无效的除外。违背公序良俗的民事法律行为无效。”第 155 条:“无效的或者被撤销的民事法律行为自始没有法律约束力。”第 156 条:“民事法律行为部分无效,不影响其他部分效力的,其他部分仍然有效。”第 157 条:“民事法律行为无效、被撤销或者确定不发生效力后,行为人因该行为取得的财产,应当予以返还;不能返还或者没有必要返还的,应当折价补偿。有过错的一方应当赔偿对方由此所受到的损失;各方都有过错的,应当各自承担相应的责任。法律另有规定的,依照其规定。”第 577 条:“当事人一方不履行合同义务或者履行合同义务不符合约定的,应当承担继续履行、采取补救措施或者赔偿损失等违约责任。”第 582 条:“履行不符合约定的,应当按照当事人的约定承担违约责任。对违约责任没有约定或者约定不明确,依据本法第五百一十条的规定仍不能确定的,受损害方根据标的的性质以及损失的大小,可以合理选择请求对方承担修理、重作、更换、退货、减少价款或者报酬等违约责任。”第 583 条:“当事人一方不履行合同义务或者履行合同义务不符合约定的,在履行义务或者采取补救措施后,对方还有其他损失的,应当赔偿损失。”第 584 条:“当事人一方不履行合同义务或者履行合同义务不符合约定,造成对方损失的,损失赔偿额应当相当于因违约所造成的损失,包括合同履行后可以获得的利益;但是,不得超过违约一方订立合同时预见到或者应当预见到的因违约可能造成的损失。”第 591 条:“当事人一方违约后,对方应当采取适当措施防止损失的扩大;没有采取适当措施致使损失扩大的,不得就扩大的损失请求赔偿。当事人因防止损失扩大而支出的合理费用,由违约方负担。”第 618 条:“当事人约定减轻或者免除出卖人对标的物瑕疵承担的责任,因出卖人故意或者重大过失不告知买受人标的物瑕疵的,出卖人无权主张减轻或者免除责任。"《**合同法**》(1999 年 10 月 1 日,已于 2021 年 1 月 1 日起失效)第 44 条第 1 款:"依法成立的合同,自成立时生效。"第 52 条:"有下列情形之一的,合同无效:(一)一方以欺诈、胁迫的手段订立合同,损害国家利益;(二)恶意串通,损害国家、集体或者第三人利益;(三)以合法形式掩盖非法目的;(四)损害社会公共利益;(五)违反法律、行政法规的强制性规定。"第 55 条:"有下列情形之一的,撤销权消灭:(一)具有撤销权的当事人自知道或者应当知道撤销事由之日起一年内没有行使撤销权;(二)具有撤销权的当事人知道撤销事由后明确表示或者以自己的行为放弃撤销权。"第 58 条:"合同无效或者被撤销后,因该合同取得的财产,应当予以返还;不能返还或者没有必要返还的,应当折价补偿。有过错的一方应当赔偿对方因此所受到的损失,双方都有过错的,应当各自承担相应的责任。"第 425 条:"居间人应当就有关订立合同的事项向委托人如实报告。居间人故意隐瞒与订立合同有关的重要事实或者提供虚假情况,损害委托人利益的,不得要求支付报酬并应当承担损害赔偿责任。"《**民法通则**》(1987 年 1 月 1 日,已于 2021 年 1 月 1 日起失效)第 7 条:"民事活动应当尊重社会公德,不得损害社会公共利益……"第 58 条:"下列民事行为无效:……(三)一方以欺诈、胁迫的手段或者乘人之危,使对方在违背真实意思的情况下所为的;(四)恶意串通,损害国家、集体或者第三人利益的;(五)违反法律或者社会公共利益的……无效的民事行为,从行为开始起就没有法律约束力。"

2. 司法解释。最高人民法院《**关于贯彻执行〈中华人民共和国民法通则〉若干问题的意见(试行)**》[1988 年 4 月 2 日　法(办)发〔1988〕6 号,已于 2021 年 1 月 1 日起失效]第 68 条:"一方当事人故意告知对方虚假情况,或者故意隐瞒真实情况,诱使对方当事人作出错误意思表示的,可以认定为欺诈行为。"第 71 条:"行为人因对行为的性质、对方当事人、标的物的品种、质量、规格和数量等的错误认识,使行为的后果与自己的意思相悖,并造成较大损失的,可以认定为重大误解。"第 73 条:"对于重大误解或者显失公平的民事行为,当事人请求变更的,人民法院应当予以变更;当事人请求撤销的,人民法院可以酌情予以变更或者撤销。可变更或者可撤销的民事行为,自行为成立时起超过一年当事人才请求变更或撤销的,人民法院不予保护。"

3. 部门规范性文件。住建部、国家发改委、人力资源和社会保障部《**房地产经纪管理办法**》(2011 年 4 月 1 日,已于 2016 年 3 月 1 日修正,2016 年 4 月 1 日起实施)第 19 条第 1 款:"房地产经纪机构未完成房地产经纪服务合同约定事项,或者服务未达到房地产经纪服务合同约定标准的,不得收取佣金。"第 25 条:"房地产经纪机构和房地产经纪人员不得有下列行为:……(二)对交易当事人隐瞒真实的房屋交易信息，低价收进高价卖（租）出房屋赚取差价；……（八）承购、承租自己提供经纪服务的房屋……”

4. 地方司法性文件。江苏高院**《关于审理房地产合同纠纷案件若干问题的解答》**（2018年6月26日　审委会会议纪要〔2018〕3号）第36条：“‘凶宅’买卖如何处理？买受人以市场价格购买房屋，该房屋曾出现自杀、谋杀等非正常死亡事件，经买受人询问，出卖人对此未作披露的，构成欺诈，买受人有权予以撤销。【说明】关于凶宅的披露问题，存在两种观点：第一种观点认为出卖人应主动披露；第二种观点认为，买受人应对此先询问，只有在询问后出卖人未予披露的，买受人才有权撤销。条文采纳了第二种观点。”北京高院**《关于审理房屋买卖合同纠纷案件适用法律若干问题的指导意见（试行）》**（2010年12月22日　京高法发〔2010〕458号）第25条：“房屋买卖合同不成立、被确认无效或被撤销，信赖合同有效成立致受损害的一方当事人要求另一方赔偿信赖利益损失的，应予支持。信赖利益损失包括所受损害和所失利益（当事人信赖合同有效成立而丧失另订其他有利合同的机会损失等），损失赔偿数额以不超过履行利益为限。”第27条：“房屋中介机构对于房屋权属状况等订约相关事项及当事人的订约能力负有积极调查并据实报告的义务。房屋中介机构违反忠实居间义务，严重损害委托人利益的，不得要求委托人支付中介服务费用及从事居间活动的必要费用。委托人有损失的，房屋中介机构应当承担相应的损害赔偿责任。”山东高院**《关于印发〈全省民事审判工作座谈会纪要〉的通知》**（2008年12月23日　鲁高法〔2008〕243号）第7条：“……（3）关于法律规定的‘国家利益、集体利益和社会公共利益’的理解问题。我国现行法律均规定，民事主体从事损害国家利益、集体利益和社会公共利益的民事行为是无效的，但法律未对国家利益、集体利益和社会公共利益的内涵给予明确的界定，导致审判实践中对国家利益、集体利益和社会公共利益的理解经常出现分歧。对此，实践中要正确理解和把握法律关于国家利益、集体利益和社会公共利益规定的立法精神，根据民事主体民事行为的性质和后果，准确判断民事行为是否损害了国家利益、集体利益和社会公共利益，不能把某些国有企业的利益、银行的利益、某些国家机关的利益简单地等同于国家利益，也不能把集体经济组织的利益片面理解为集体利益、而违反社会公共利益的本意主要是指违反社会公共秩序和善良风俗。”

5. 参考案例。2015年**上海某房屋买卖合同纠纷案**，2015年，康某以通过中介公司所购刘某二手房曾发生过刘某配偶病亡、楼上曾有居民跳楼坠亡事件，该房系“凶宅”为由诉请撤销合同并赔偿损失。法院认为：从社会生活一般常识和常理推断，通常而言，“凶宅”指的是房屋内发生过非正常死亡事件或短期内多次发生死亡事件、致使普通民众在正常交易情形下通常不愿购买的房屋。就本案而言，虽刘某家人在系争房屋内病亡，但正如刘某所言，生老病死系自然规律，家人在自家房屋内病亡亦属正常;此外,虽此后又有楼上他人坠亡于系争房屋之外一事,但坠亡行为和结果均未发生在系争房屋内,坠亡事件与系争房屋亦无直接关系。由此,康某以上述两起事件先后发生即认定系争房屋为"凶宅",过于苛刻,与常理不符。康某主张的两起死亡事件相关情形并非系争房屋关键交易信息,刘某并无主动向购房人进行披露特定义务。在购房人未就相关情形进行主动询问前提下,刘某不主动披露,合法合情合理,并无不妥。但需注意的是,倘若购房人在择房过程中特别在意相关情形、并将相关情形作为购房时考虑的主要因素,且购房人主动就相关情形询问了出售方情况下,基于诚实信用原则,刘某理应全面、真实地予以告知,如有故意隐瞒即应构成欺诈。本案中,康某表示在签约前曾向刘某询问过系争房屋内是否有死人事情。刘某对此予以否认,故康某应提供证据加以证明;未能提供证据或证据不足以证明其事实主张的,应承担不利后果。康某虽提供了与中介公司员工电话录音及聊天记录,但均无法直接证明签约前康某曾向刘某本人询问是否死过人这一特定情形,故对于康某主张,不予采信。判决不予支持康某诉请。2015 年**四川某房屋买卖合同纠纷案**,2014 年,彭某通过中介以 119.3 万元购买陈某房屋并办理过户。后得知陈某女儿 2013 年从该房屋卧室坠楼身亡,遂诉请撤销合同、返还房款并赔偿损失。法院认为:作为日常生活居住房屋,其不仅是一个独立生活空间,而是家庭生活必要载体,承载了人们诸多情感因素,故人们总是尽可能地择吉而居。这样的想法和愿望无可厚非,法律、行政法规既不能亦不应对人们追求美好生活愿望予以禁止和否定,而每一个人均应对这样的风俗给予尊重和遵守。一个曾经发生过非正常死亡事件的房屋,显然与人们这样的善良愿望相违背。基于人们趋吉避凶的善良愿望,人们往往会因房屋涉及非正常死亡事件而产生心理上忌讳从而不愿购买,即使购买,一般亦建立在房屋价格有相当程度优惠基础上。虽然法律、行政法规未明确规定在此类房屋交易中出卖方应履行告知义务内容,但依诚实信用原则以及对于传统风俗的尊重,出卖方负有将非正常死亡事件向购房人如实披露、告知义务,然后视购房人选择而决定房屋买卖结果。陈某无证据证明其在出售房屋时已向对方告知了案涉房屋所发生坠楼死亡事件,对买方隐瞒了与房屋相关重大信息,其行为有违诚实信用原则。依最高人民法院《关于贯彻执行〈民法通则〉若干问题的意见(试行)》第 68 条"一方当事人故意告知对方虚假情况,或者故意隐瞒真实情况,诱使对方当事人作出错误意思表示的,可以认定为欺诈行为"规定,陈某明知案涉房屋涉及非正常死亡事件而不向买房人告知行为构成欺诈。陈某欺诈行为所导致直接后果是使彭某丧失了对案涉房屋真实情况的知情权,使其在不知道案涉房屋不吉信息情况下选择购买房屋。从彭某提起本案诉讼情况分析,如在全面知晓了房屋相关信息后,其不会作出购买案涉房屋决定,故陈某欺诈行为是在买卖双方信息不对称情形下,隐瞒真实情况,诱使彭某作出了违背其真实意思的购房决定。《合同法》第54条第2款规定:“下列合同,当事人一方有权请求人民法院或者仲裁机构变更或者撤销:一方以欺诈、胁迫的手段或者乘人之危,使对方在违背真实意思情况下订立的合同,受损害方有权请求人民法院或者仲裁机构变更或者撤销”规定,案涉合同属可撤销合同。《合同法》第55条规定:“有下列情形之一的,撤销权消灭:(一)具有撤销权的当事人自知道或者应当知道撤销事由之日起一年内没有行使撤销权;(二)具有撤销权的当事人知道撤销事由后明确表示或者以自己的行为放弃撤销权。”第56条规定:“无效的合同或者被撤销的合同自始没有法律约束力。合同部分无效,不影响其他部分效力的,其他部分仍然有效。”据此可知,可撤销合同在合同效力上是趋向无效设置,只要合同具备可撤销情形,撤销权人申请法院或仲裁机构予以撤销,则可撤销合同自始无效,不因是否履行而影响合同可撤销性,故合同履行状态,并不成为法律上阻却合同被撤销事由。判决陈某返还彭某购房款119.3万元,赔偿彭某因房屋交易所产生损失4万余元,彭某将涉案房屋返还给陈某并办理过户登记。2007年**上海某房屋买卖合同纠纷案**,2007年,孙某购买钱某房屋。钱某收取3.8万元定金后因病死亡,钱某妻、女在前述尚未交付房屋中设置灵堂,摆放花圈进行悼念。孙某起诉钱某妻、女,要求解除合同并返还定金。法院认为:孙某与钱某所签房屋买卖合同有效。合同签订后,作为合同主体的钱某死亡,两被告作为钱某法定继承人在继承系争房屋的同时,依法承继合同权利和义务。就常理而言,购买房屋乃生活中大事,任何人都希望能买到自己满意房屋。两被告虽在已售出但尚未实际交付房屋中操办丧事并未违反法律规定,亦未对系争买卖合同履行造成实质性障碍,但按我国民间习俗及传统观念,两被告行为会给孙某造成一定心理阴影,孙某不愿再购买系争房屋可为社会常理所接受。根据公平原则,孙某要求解除房屋买卖合同应予支持。合同解除后,当事人可要求恢复原状。判决解除房屋买卖合同,两被告返还孙某3.8万元。2015年**上海某房屋买卖合同纠纷案**,2014年,肖某通过中介购买杜某房屋,事后发现该房2009年曾发生跳楼死亡事件,遂诉请撤销购房合同,返还已支付22万元房款并赔偿中介费1万元及利息。法院认为:当事人订立合同过程中,应遵循《合同法》的诚实信用原则,不得故意隐瞒与订立合同有关的重要事实或提供虚假情况,否则构成欺诈。按日常生活经验及民间习俗,房屋内若发生自杀等非正常死亡事件,往往会使房屋价值下降,对于房屋出售价格将产生实质性影响,从而影响买受人缔约基础,应属于出卖人需披露信息。系争房屋曾发生跳楼死亡事件,杜某售房时未予披露,并以正常市场价格售予肖某,违反诚实信用原则,构成欺诈。肖某据此要求撤销案涉房屋买卖合同,于法有据。合同被撤销后,因该合同取得的财产应予返还;不能返还的或无必要返还的,应折价补偿。有过错一方应赔偿对方因此所损失,双方都有过错的,应各自承担相应责任。判决杜某返还肖某已支付房款22万元,并赔偿肖某中介费1万元及前述款项利息。2012年**浙江某房屋买卖合同纠纷案**,2011年,洪某以678万元市场价按揭购买王某名下房屋。后得知该房2003年曾发生居住三人被杀害事件,王某2007年以160万元低价购买所得。洪某遂诉请撤销房屋买卖合同。法院认为:《合同法》第54条规定:"下列合同,当事人一方有权请求人民法院或者仲裁机构变更或者撤销:……一方以欺诈、胁迫的手段或者乘人之危,使对方在违背真实意思的情况下订立的合同,受损害方有权请求人民法院或者仲裁机构变更或者撤销。"本案王某于2007年购买案涉房屋时价格明显低于市场价格,而洪某2011年从王某处购买该房价格与当时市场价格相当;王某购房时知晓其中曾发生凶杀案件,而洪某在购房时并不知情。故王某是否披露凶杀案信息对其与洪某之间合同能否订立,或订立条件产生了实质性影响,按诚实信用原则,王某应向洪某披露该信息,现王某未予披露,并因此取得以几乎相当于市场价格的转让价格出售该房屋的利益,其行为已非单纯沉默,应认定构成欺诈,故判决撤销案涉房屋买卖合同,王某返还洪某购房款及相应税费、中介费、办证费、按揭利息损失等。2011年7月**江苏某房屋买卖合同案**,2010年3月,薛某花71万余元购买胡某一套二手房并办理过户手续,入住时得知胡某丈夫曾于2008年在该屋内自缢身亡,遂起诉要求退房并赔偿损失。法院认为:按照我国传统的民俗习惯,如出售房屋内曾发生过非正常死亡的事件,此类房屋通常被称为"凶宅"。从生活经验上讲,多数人对"凶宅"充满忌讳,入住后往往会心存晦气、感到恐惧,影响生活质量。该案被告未能主动告知原告"凶宅"信息,致使原告在签订房屋买卖合同时违背了其真实意思表示,被告的行为已构成欺诈。考虑到被告售房款已大部分用于偿还其丈夫生前所欠债务,该案执行存在一定的困难,且被告丈夫自杀的事实也不同于一般意义上的凶杀等恶性事件,对房屋价值影响不大。经调解,胡女士同意一次性补偿薛先生损失4万元,原购房合同继续履行。2011年5月**江苏某房屋买卖合同案**,2010年5月,范某以210万元购买于某一套二手房,在交付定金18万元及首付款60万元后,在办理产权过户之日前夕,得知4年前该房内曾有人死亡,遂觉不吉利。诉讼中法院查明于某前妻2006年因肝癌在医院去世,后尸体在诉争房屋车库内停放1天。法院认为:案涉房屋买卖合同系双方的真实意思表示,合法有效。公序良俗,即公共秩序与善良风俗的简称。所谓公序,即社会一般利益,在我国现行法上包括国家利益、社会经济秩序和社会公共利益。所谓良俗,即一般道德观念或良好道德风尚,包括我国现行法上所称的社会公德、商业道德和社会良好风尚。关于原告范某主张被告于某恶意隐瞒重大事实、于某行为有违公序良俗的意见,因于某的前妻4年前在医院病逝,尸体仅在讼争房屋的车库停放了1天,生老病死本乃自然规律,于某的前妻系正常死亡(并非自杀、他杀),且死亡时间已过去4年,之后于某又在讼争房屋内正常生活(娶妻生子),讼争房屋并非所谓的凶宅,于某的行为不属于故意隐瞒重要事实的性质，并不违反公序良俗，故对原告范某主张的该意见不予采纳。经调解，于某同意减免房款5000元。2010年6月**福建厦门某房屋买卖合同案**，2009年10月，付某通过中介购买张某一套二手房并交付定金3万元，过户前得知该房2007年9月发生过一起凶杀案，为确保双方有时间协商，同年10月19日，中介打印了补充协议，将原定交易时间推迟到2009年10月28日。因协商未果，付某起诉。一审认为：双方签订房屋买卖合同应遵循诚实信用原则，交易时对房产相关信息应予以披露。本案所涉房产曾发生过凶杀案，尽管房屋本身的使用价值未因此受到影响，但按一般民间习俗，发生过凶杀案的房屋会被认为存在不吉利的因素，且房屋往往会因此贬值。故该"凶杀"信息对付某是否愿意与张某进行交易及以何种条件进行交易均有重大影响。审理中，从证人证言可看出，此次买卖的中介方此前并不知晓这一事实，且双方最终达成的交易价符合市场行情。由此可见，张某并未向付某披露过该房产曾发生凶杀案的情况。张某虽称其曾向中介透露过此情形，但未提供相关证据，故张某隐瞒重要信息的行为，应认为构成欺诈。付某自从知晓这一特殊情况后，一直要求取消双方的交易，虽双方曾于2009年10月19日签订过一份补充协议，但付某及中介的真实意思表示均是推迟交易时间，为付某和张某协商取消交易争取时间，该份补充协议不能视为付某在得知此套房产的特殊情况后，仍有履行合同的意愿。付某是在受到欺诈的情形下作出交易，故付某要求撤销与张某所签房产买卖协议，符合法律规定。合同撤销后，张某应返还付某支付的3万元定金。二审经调解，房主张某将3万元定金退还付某。2010年4月**上海某房屋买卖合同案**，2004年，郭某购买婚房，在签约后得知前房主妻子在该房内非正常死亡，遂与出售方李某解除了买卖合同，然后起诉中介公司追索1.2万元佣金。法院认为：房地产经纪人员应凭借自身的专业知识和经验，向客户提供经过调查、核实的房屋信息。本案中，中介方对房屋存在的非正常死亡情况失查，埋下了之后双方解除买卖合同的隐患，故中介方的居间行为存有瑕疵，应承担相应违约责任。而郭某本身也对出售方情况有了解义务，故其对买卖合同的解除也存在过错。根据协议约定及违约情况，法院酌定由中介方返还郭某佣金6000元。2009年4月**江苏某房屋买卖合同案**，2008年，李某得知其以33万元低价购买的一套二手房内在3年前有一租住男子坠窗而亡。法院认为：刘某刻意隐瞒了一些事实，该事实对于李某决定是否购买房屋具有重大影响。故刘某未如实告知的行为，违反了《合同法》的诚实信用原则。根据《合同法》总则"不道德、有伤风化、违背公序良俗的买卖合同可视为无效"的规定，隐瞒"凶宅"真相可认定为违反"公序良俗"，判决双方签订的买房合同无效，刘某返还李某33万元买房款。对于李某提出的精神损失、买房损失等其他诉讼要求，不予支持。2009年3月**河南某房屋买卖合同案**，2008年1月，张某在新买二手房中筹备婚事期间，得知不久前原房主妻子在该房内上吊自杀身亡,出卖人刘某称该房系从他人处购买,对凶宅情形并不知情。张某遂诉刘某和中介公司,要求确认合同无效,返还房款40万元并索赔精神损失1万元。一审认为:购房合同系双方真实意思表示,属合法有效。张某将该房认定为“凶宅”系其主观认识问题,且属封建迷信。刘某虽未将原房主之妻在案涉房内吊死一事告知张某,但并不影响张某对涉案房屋的使用,亦不存在违法情形,同时张某亦未证明中介公司故意隐瞒此一重要事实行为,故判决驳回张某诉讼请求。二审认为:“凶宅”虽不构成人们对房屋本身进行物质性使用的障碍,但会影响使用人的心理,客观上降低房屋对使用人的效用。刘某既知晓涉案房屋为“凶宅”,即应在出卖前告知张某,但其却加以隐瞒,明显违背《民法通则》及《合同法》诚实信用原则的规定;同时,“凶宅”对于涉案房屋而言显然属于重要事实,中介公司作为居间人,理应将其知晓的此类重要事实告知购房人,但其为促成交易、赚取佣金却蓄意隐瞒事实,显与其居间人应负义务相悖,故改判确认合同无效,刘某返还张某40万元房款。2007年**北京某房屋买卖合同案**,法院认为:故意隐瞒与订立合同有关的重要事实或者提供虚假情况的、为对方造成损失的,应承担赔偿责任。本案中,双方签订房屋买卖合同的事实清楚。现有证据可证明,曾发生有人员从涉诉房屋坠楼意外身亡的事件。故李某主张涉诉房屋内发生刑事案件等,无事实依据。刘某虽未将上述情况告知李某,但其行为并未违背法律强制性规定。刘某主张的购房差价、租房损失与本案买卖合同间不具有必然因果关系。李某支出的购房评估费与刘某签订及履行协议的行为无关。现经双方当事人协商一致,房屋买卖合同已解除。李某要求刘某赔偿购房差价款、购房评估费的主张,因缺乏事实及法律依据,不予支持,故驳回李某的诉讼请求。2005年12月**广东某房屋买卖合同案**,2004年12月,张某得知其4个月前花8万余元购买的一套二手房曾在2004年6月发生煤气爆炸事件,屋内两人被炸死。法院认为:案涉《房屋买卖合约》系双方真实意思表示,双方均已依约全面履行合同。房屋本身是否符合使用条件是合同目的能否实现的根本所在,现房屋已交付给张某实际使用1年,而张某无法证明房屋不符合居住使用的要求。公序良俗的作用在于弥补法律强行性、禁止性规定的不足,从而起到规范社会行为的作用,但衡量公序良俗的标准不得随意扩大,仅仅是未告知,不足以构成违反公序良俗,故判决驳回张某诉讼请求。2004年12月**黑龙江省某房屋买卖合同案**,2004年10月,张某得知其3天前花15万余元购买的一套二手房曾在房主高某之前,该房阳台上吊死过一女子。法院认为:张某与高某在平等自愿的基础上签订的房屋买卖合同系双方当事人真实意思体现,合法有效,高某在售房过程中故意隐瞒了房屋内曾有非正常死亡的事实,依据价值规律,该房虽在实物形态上未受损,但依据人们的现实观念,房屋会因购买者讳避而贬值,故高某主观有过错构成侵权,判决高某返还房款4.2万元。

【同类案件处理要点】

对“凶宅”买卖案件的处理，司法实践中需要结合买受人所忌讳事件的发生时间、情形及普通公众对忌讳内容的容忍程度来综合判定。

【相关法律风险提示】

1. 出卖方在房屋权属无瑕疵情况下，未告知买受人“凶宅”背景是否违反公序良俗，是否构成隐瞒标的物的重大瑕疵并构成欺诈，司法实践中尚无统一的认定标准。

2. 买受人在签订购房合同前，有必要对标的房屋进行实地踏勘，做尽可能多的查询、了解工作。购买此类特殊房屋的买受人欲通过法律途径解决，应尽量在知晓该特殊事件后 1 年内提起撤销权诉讼。

3. 从社会生活一般常识和常理推断，通常而言，“凶宅”指的是房屋内发生过非正常死亡事件或短期内多次发生死亡事件、致使普通民众在正常交易情形下通常不愿购买的房屋。在传统民间文化中，“凶宅”属物之瑕疵，会影响房屋交换价值。出卖方对该信息故意隐瞒的，构成欺诈，买受方因此主张撤销合同的，应予支持。

4. 卖房人继承人在已售出但尚未实际交付房屋中设置遗像和花圈，供亲朋好友祭奠意外死亡的卖房人，法院依民间习俗，认定继承人该行为使得买房人蒙上了心理阴影，房屋买卖合同因此不适宜继续履行，应予解除。

【附注】

参考案例索引：四川成都金牛区法院 2008 年 6 月 18 日判决“李某诉刘某等房屋买卖合同纠纷上诉案”；上海宝山区法院（2015）宝民三（民）初字第 1763 号“康某与刘某等房屋买卖合同纠纷案”，见《康建斌、宋月诉刘龙妹、陈竹青房屋买卖合同纠纷案——“凶宅”的认定及出售方披露义务范围的界定》（蒋梦娴），载《人民法院案例选》（201809/127：125）；四川成都中院（2015）成民终字第 7099 号“彭倩与陈元会等房屋买卖合同纠纷案”，见《出卖方故意隐瞒“凶宅”信息构成欺诈》（郝廷婷），载《人民司法·案例》（201829：62）；上海一中院（2007）沪一中民二（民）终字第 2657 号“朱冰等与孙旭东房屋买卖合同纠纷上诉案”，见《民间习俗可以成为解除合同的依据》（徐翠萍、王永亮、奚利强），载《人民司法·案例》（200824：71）；上海浦东新区法院（2015）浦民一（民）初字第 3599 号“肖某、潘某与杜某房屋买卖合同纠纷案”；浙江杭州中院（2012）浙杭民终字第 360 号“洪某与王某等房屋买卖合同纠纷案”；江苏南通崇川区法院 2011 年 7 月调解“薛某诉胡某房屋买卖合同纠纷案”；江苏常州钟楼区法院 2011 年调解“范某诉于某房屋买卖合同纠纷案”；福建厦门中院 2010 年 6 月调解“付某诉张某房屋买卖合同纠纷上诉案”；上海浦东法院

2010 年 4 月判决“郭某诉某中介公司房屋买卖合同纠纷案”;江苏靖江法院 2009 年 4 月判决“李某诉刘某房屋买卖合同纠纷案”;河南郑州中院 2009 年 3 月判决“张某诉刘某等房屋买卖合同纠纷上诉案”;北京朝阳区法院 2007 年判决“李某诉刘某房屋买卖合同纠纷案”;广东广州白云区法院 2005 年 12 月判决“张某诉方某房屋买卖合同纠纷案”;黑龙江大庆让胡路区法院 2004 年 12 月判决“张某诉高某房屋买卖合同纠纷案”。

83. 拆迁房:回迁房指标

——拆迁安置房,是否能转卖?

【合同效力】

【案情简介及争议焦点】

2008 年,被拆迁人沈某将拆迁安置房作价 20 万元售与杨某,约定沈某取得房产证后办理过户手续。2010 年 8 月,该房取得房产证。2011 年 3 月,侯某与沈某向沈某某出具书面授权凭证委托办理房屋买卖包括收款、过户事宜。2011 年 4 月,案涉房屋登记为沈某与侯某夫妻共同财产。因要求过户未成,杨某起诉。

争议焦点:1. 合同是否处分共有财产而无效? 2. 合同是否违反法律而无效?

【裁判要点】

1. 合同有效。案涉拆迁安置房交易时未有房产证,故杨某与被拆迁人沈某签订房屋买卖合同并无不当。侯某居住地与案涉房屋系同一小区,相距不远,其辩称起诉方知售房之事,显与常情不符。即便如此,侯某嗣后出具了房屋买卖委托内容的书面凭证,此行为也表明其对杨某与沈某之间房屋买卖合同的认可、追认,故侯某以其不知情、不同意出卖房屋为由提出认为合同无效的抗辩理由不能成立。《城市房地产管理法》第 38 条第 6 项规定属于管理性规范,其未明确违反该规定买卖行为无效,且合同效力继续并不损害国家和社会公共利益,故不属于效力性规范。故案涉房屋买卖合同虽在订立时该房产尚未取得房产证,但该合同因未违反效力性规范而仍属有效。

2. 违约责任。沈某未按合同约定在取得房产证后两个月内与杨某办理过户手续，属于沈某未全面履行合同的附随义务，依约应承担违约责任。

【裁判依据或参考】

1. 法律法规。《**民法典**》（2021年1月1日）第215条："当事人之间订立有关设立、变更、转让和消灭不动产物权的合同，除法律另有规定或者当事人另有约定外，自合同成立时生效；未办理物权登记的，不影响合同效力。"第243条："为了公共利益的需要，依照法律规定的权限和程序可以征收集体所有的土地和组织、个人的房屋以及其他不动产。征收集体所有的土地，应当依法及时足额支付土地补偿费、安置补助费以及农村村民住宅、其他地上附着物和青苗等的补偿费用，并安排被征地农民的社会保障费用，保障被征地农民的生活，维护被征地农民的合法权益。征收组织、个人的房屋以及其他不动产，应当依法给予征收补偿，维护被征收人的合法权益；征收个人住宅的，还应当保障被征收人的居住条件。任何组织或者个人不得贪污、挪用、私分、截留、拖欠征收补偿费等费用。"第595条："买卖合同是出卖人转移标的物的所有权于买受人，买受人支付价款的合同。"第597条："因出卖人未取得处分权致使标的物所有权不能转移的，买受人可以解除合同并请求出卖人承担违约责任。法律、行政法规禁止或者限制转让的标的物，依照其规定。"《**物权法**》（2007年10月1日，已于2021年1月1日起失效）第9条："不动产物权的设立、变更、转让和消灭，经依法登记，发生效力；未经登记，不发生效力，但法律另有规定的除外……"第106条："无处分权人将不动产或者动产转让给受让人的，所有权人有权追回；除法律另有规定外，符合下列情形的，受让人取得该不动产或者动产的所有权：（一）受让人受让该不动产或者动产时是善意的；（二）以合理的价格转让；（三）转让的不动产或者动产依照法律规定应当登记的已经登记，不需要登记的已经交付给受让人。受让人依照前款规定取得不动产或者动产的所有权的，原所有权人有权向无处分权人请求赔偿损失。当事人善意取得其他物权的，参照前两款规定。"《**合同法**》（1999年10月1日，已于2021年1月1日起失效）第44条："依法成立的合同，自成立时生效。法律、行政法规规定应当办理批准、登记等手续生效的，依照其规定。"第88条："当事人一方经对方同意，可以将自己在合同中的权利和义务一并转让给第三人。"第132条："出卖的标的物，应当属于出卖人所有或者出卖人有权处分。法律、行政法规禁止或者限制转让的标的物，依照其规定。"《**民法通则**》（1987年1月1日，已于2021年1月1日起失效）第86条："债权人为二人以上的，按照确定的份额分享权利。债务人为二人以上的，按照确定的份额分担义务。"《**城市房地产管理法（2019年修正）**》（2020年1月1日）第38条："下列房地产，不得转让：……（六）未依法登记领取权属证书的……"

2. 司法解释。最高人民法院《**关于适用〈中华人民共和国民法典〉物权编的解**

释(一)》(2021年1月1日　法释〔2020〕24号)第2条:“当事人有证据证明不动产登记簿的记载与真实权利状态不符、其为该不动产物权的真实权利人,请求确认其享有物权的,应予支持。”第3条:“异议登记因民法典第二百二十条第二款规定的事由失效后,当事人提起民事诉讼,请求确认物权归属的,应当依法受理。异议登记失效不影响人民法院对案件的实体审理。”第4条:“未经预告登记的权利人同意,转让不动产所有权等物权,或者设立建设用地使用权、居住权、地役权、抵押权等其他物权的,应当依照民法典第二百二十一条第一款的规定,认定其不发生物权效力。”最高人民法院**《关于征收国有土地上房屋时是否应当对被征收人未经登记的空地和院落予以补偿的答复》**(2013年5月15日　〔2012〕行他字第16号):“对土地公有制之前,通过购买房屋方式使用私有的土地,土地转为国有后迄今仍继续使用的,未经确权登记,亦应确定现使用者的国有土地使用权。国有土地上房屋征收补偿中,应将当事人合法享有国有土地使用权的院落、空地面积纳入评估范围,按照征收时的房地产市场价格,一并予以征收补偿。”最高人民法院**《关于办理申请人民法院强制执行国有土地上房屋征收补偿决定案件若干问题的规定》**(2012年4月10日　法释〔2012〕4号)第1条:“申请人民法院强制执行征收补偿决定案件,由房屋所在地基层人民法院管辖,高级人民法院可以根据本地实际情况决定管辖法院。”最高人民法院**《印发〈关于当前形势下审理民商事合同纠纷案件若干问题的指导意见〉的通知》**(2009年7月7日　法发〔2009〕40号)第15条:“正确理解、识别和适用合同法第五十二条第(五)项中的‘违反法律、行政法规的强制性规定’,关系到民商事合同的效力维护以及市场交易的安全和稳定。人民法院应当注意根据《合同法解释(二)》第十四条之规定,注意区分效力性强制规定和管理性强制规定。违反效力性强制规定的,人民法院应当认定合同无效;违反管理性强制规定的,人民法院应当根据具体情形认定其效力。”第16条:“人民法院应当综合法律法规的意旨,权衡相互冲突的权益,诸如权益的种类、交易安全以及其所规制的对象等,综合认定强制性规定的类型。如果强制性规范规制的是合同行为本身即只要该合同行为发生即绝对地损害国家利益或者社会公共利益的,人民法院应当认定合同无效。如果强制性规定规制的是当事人的‘市场准入’资格而非某种类型的合同行为,或者规制的是某种合同的履行行为而非某类合同行为,人民法院对于此类合同效力的认定,应当慎重把握,必要时应当征求相关立法部门的意见或者请示上级人民法院。”最高人民法院**《关于适用〈中华人民共和国合同法〉若干问题的解释(二)》**(2009年5月13日　法释〔2009〕5号,已于2021年1月1日起失效)第14条:“合同法第五十二条第(五)项规定的‘强制性规定’,是指效力性强制性规定。”最高人民法院**《关于适用〈中华人民共和国合同法〉若干问题的解释(一)》**(1999年12月29日　法释〔1999〕19号,已于2021年1月1日起失效)第4条:

“合同法实施以后，人民法院确认合同无效，应当以全国人大及其常委会制定的法律和国务院制定的行政法规为依据，不得以地方性法规、行政规章为依据。”第9条：“依照合同法第四十四条第二款的规定，法律、行政法规规定合同应当办理批准手续，或者办理批准、登记等手续才生效，在一审法庭辩论终结前当事人仍未办理批准手续的，或者仍未办理批准、登记等手续的，人民法院应当认定该合同未生效；法律、行政法规规定合同应当办理登记手续，但未规定登记后生效的，当事人未办理登记手续不影响合同的效力，合同标的物所有权及其他物权不能转移。合同法第七十七条第二款、第八十七条、第九十六条第二款所列合同变更、转让、解除等情形，依照前款规定处理。”

3. 部门规范性文件。建设部**《关于印发〈城市房屋拆迁工作规程〉的通知》**（2005年12月1日　建住房〔2005〕200号）第5条：“需要拆迁的项目，应当按照《城市房屋拆迁管理条例》第七条的规定取得房屋拆迁许可证。对于面积较大或者户数较多的拆迁项目，房屋拆迁管理部门应当在核发拆迁许可证前，就拆迁许可有关事项召开听证会，听取拆迁当事人意见。需听证项目的面积或者户数的具体标准，由省、自治区和直辖市人民政府建设（房地产）行政主管部门制定。”第8条：“在取得拆迁许可前，拆迁人应当对拆迁范围内房屋情况进行摸底，区分有产权证与无产权证房屋。对于未取得房产证但能够证明该房屋是合法拥有的，由所在地房地产管理部门确认后，依法补偿；对于手续不全或者无产权产籍的房屋，应当经有关部门进行合法性认定后，依据相关法律法规处理；对于存在产权或者使用权（承租权）争议的，应当通过民事诉讼后，按照诉讼结果依法补偿。”建设部**《城市房地产转让管理规定》**（2001年8月15日）第6条：“下列房地产不得转让：……（六）未依法登记领取权属证书的……”建设部**《对〈关于适用《城市房屋权属登记管理办法》规定有关问题的请示〉的答复》**（2000年7月25日）第2条：“对一九九八年一月一日以前颁发的房屋权属证书，如发现有错误，为了保护房屋产权人的合法权益，房屋权属登记机关应当予以纠正；对房屋权利灭失，而权利人未在规定期限内办理房屋权属注销登记的，可以注销房屋权属证书。”

4. 地方司法性文件。湖南高院**《关于审查征收、补偿、安置再审申请行政案件若干问题的指导意见》**（2020年6月8日　湘高法〔2020〕11号）第6条：“被征收人对行政机关依据人民法院生效裁定进行强制拆除不服提起诉讼的，不属于人民法院受案范围。但再审申请人以行政机关扩大人民法院生效裁判执行范围或者采取违法方式实施为由，主张原审不予立案或驳回起诉错误且提供证据证明的，人民法院应当依法裁定再审。”河南高院赔偿委员会办公室**《关于审理违法征收、违法强拆类行政赔偿案件的工作指南（试行）》**（2020年4月30日）第6条：“房屋被违法拆除，赔偿请求人可以主张哪些损失？房屋被违法拆除，权利人提起行政赔偿诉讼要求赔偿义务机关赔偿房屋价值损失、室内物品损失、停产停业损失、搬迁费、过渡期间的房屋租赁费等直接损失,法院可以根据情况据实处理。"第7条:"违法拆除国有出让土地上房屋的,如何确定房屋价值损失?行政机关为实施城市规划进行旧城区改造,以及其他公共利益需要,拆除国有出让土地上合法房屋并提前收回土地使用权,之前进行的调查登记、价值评估、征收补偿决定等程序均符合法律、行政法规的规定,仅强制拆除房屋的程序违法,赔偿请求人提起诉讼要求赔偿房屋价值损失的,法院可结合违法拆除房屋的目的、赔偿请求人实际损失情况等因素,在征收补偿决定确定的房屋价值基础上适当上浮,上浮幅度原则上掌握在百分之十以内。未经法定程序评估或者赔偿义务机关作出的征收补偿决定违法或者显失公平,当事人各方提交的证据均不能证明房屋客观价值的,原则上应将赔偿案件一审立案日作为评估基准日,通过委托评估确定房屋价值损失。因缺乏评估所需部分条件影响价值评估进行,法院可在当事人举证、提供必要的证据线索调查取证的基础上完善鉴定所需材料。当事人有条件举证或提供必要的证据线索,拒不举证、提供的,应当承担不利的法律后果。当事人各方提交的证据均不能证明房屋客观价值,但可以通过评估确定房屋价值,经一审法院释明,赔偿请求人不同意评估的,可以判决驳回其对房屋价值损失的赔偿请求。应当通过评估确定房屋价值,由于当事人各方均未保存、固定证据,导致失去依法评估条件,难以确定房屋价值损失的,可以参照周边同类房屋交易平均价格确定房屋价值损失。"上海高院**《房屋征收补偿利益分割民事纠纷研讨会会议纪要》**(2020年3月25日 沪高法民〔2020〕4号)第6条:"【房屋使用人的利益保护】当事人是否可以依据《上海市国有土地上房屋征收与补偿实施细则》第四十四条'被征收人取得货币补偿款、产权调换房屋后,应当负责安置房屋使用人'的规定主张其为被安置人并要求分割征收补偿利益?在私有房屋征收中,一般只有房屋产权人才是被安置人。对于房屋实际使用人,除非征收部门将其认定为被安置人,否则不属于征收补偿法律关系主体。而房屋实际使用人基于何种法律关系居住使用被征收房屋,不因征收关系而发生改变,即原房屋居住使用关系平移至安置房屋。因此,征收补偿关系中的被安置人以外的房屋使用人不能主张分割征收补偿利益,其居住问题可基于原来法律关系如扶养、赡养等进行主张。"第14条:"【尚未实际取得安置房的买卖合同效力】被安置人在尚未实际取得安置房的情况下即与他人签订安置房买卖合同,将安置房予以出售,对于这类买卖合同的效力,应如何认定?对于合同效力的认定,应严格遵循《民法总则》的规定,除非具有法律规定的无效情形,不轻易否定合同效力。根据《最高人民法院关于审理买卖合同纠纷案件适用法律问题的解释》第三条规定,被安置人在尚未实际取得安置房的情况下,即未取得标的物的所有权,其所签订安置买卖房屋的协议不因此而认定无效。要严格区分合同效力与合同履行,合同无法履行，不影响合同效力。当事人就合同履行产生争议的，按照约定或法律规定进行处理。”第16条：“【安置房屋分割的受理问题】安置房屋尚未确定，当事人起诉要求分割安置房屋的，人民法院是否受理？当事人起诉要求分割安置房屋，其法律性质是不动产物权的分割。在安置房屋尚未确定的情况下，当事人将来可能获得的房屋实际面积、位置等尚处于不确定状态，法院不宜进行确权和分割，可裁定不予受理或者驳回起诉，但应告知当事人在安置房屋确定后再行主张。安置房是否确定，应根据《物权法》第九条‘不动产物权的设立经依法登记发生效力’的规定，原则上以不动产初始登记为判断标准。但是实务中，有的安置房屋已经建成，甚至已经完成实物交付。对于由于特殊原因（如开发商未缴纳相关费用、建设过程中改变规划等），房屋长期无法办理初始登记，若对此类房屋不予分割，则会导致家庭共有利益悬置，不利于保护无过错的被安置人，因此对于此类特殊情况的安置房屋可以予以分割。但由于不动产物权尚未登记，法院在处理时不宜作确权分割，而应作房屋购买处理，判决一般采用××房屋由××当事人购买的表述。”江苏高院**《执行异议及执行异议之诉案件审理指南（二）》**（2019年2月26日）第17条：“案外人作为被征收人，对被执行人名下尚未办理产权登记手续的房屋提起案外人执行异议之诉，请求排除执行，同时具有下列情形的，应予支持：（1）案外人作为被征收人与房屋征收部门签订了合法有效的征收补偿协议；（2）案外人以其所有的房屋以产权置换补偿的形式取得案涉房屋；（3）征收补偿协议明确约定了安置用房的位置及房号，该房屋已经特定化；（4）案外人是否实际占有房屋、是否支付房屋面积差价以及对未办理房屋过户是否存在过错，均不影响其享有排除执行的权利。”第18条：“案外人对基于征收集体土地的安置房屋提起的执行异议之诉的案件，可参照上述意见处理。”天津高院**《关于印发〈天津法院国有土地上房屋征收案件审判指引〉的通知》**（2018年12月27日 津高法〔2018〕260号）第4条：“……人民法院在审查房屋补偿决定的合法性时，应当重点审查下列内容：（1）房屋补偿决定确定的补偿范围、标准、方式是否合法，是否及时依法公告；（2）评估机构的确定是否符合《征收与补偿条例》第二十条的规定；（3）评估机构作出的评估报告是否符合《评估办法》的规定；（4）因旧城区改建征收个人住宅，被征收人选择在改建地段进行房屋产权调换的，是否提供改建地段或者就近地段的房屋；征收个人住宅，被征收人符合住房保障条件的，作出房屋征收决定的区人民政府是否优先给予住房保障；（5）因征收造成搬迁的，是否依法支付搬迁费；被征收人选择产权调换的，产权调换房屋交付前，是否向被征收人支付临时安置费或者提供周转房；（6）人民法院认为应当审查的其他内容。”吉林高院**《关于审理执行异议之诉案件若干疑难问题的解答（二）》**（2018年12月24日）第21条：“金钱债权执行中，申请执行人以案涉房屋系被执行人应当取得的补偿安置房屋为由提起执行异议之诉请求继续执行的，人民法院该如何处理？答:金钱债权执行中,申请执行人请求对被执行人尚未办理登记的补偿安置房屋实施执行,而开发建设该房屋的房地产开发企业就案涉房屋提出权属主张,根据《最高人民法院关于审理商品房买卖合同纠纷案件适用法律若干问题的解释》第七条的规定,有证据证明被执行人确系被拆迁人且案涉房屋确系其应当取得的补偿安置房屋的,对申请执行人继续执行的请求,人民法院应当支持。”山东高院《**民事审判会议纪要**》(2017 年 8 月)第 2 条:“……17. 关于已经拆除的被拆迁房屋能否确权问题。当事人为享受到已经拆除的被拆迁房屋获取的被拆迁利益而要求确认其对被拆除房屋的权利。根据物权法的基本理论,物上的所有权分为相对消灭和绝对消灭,相对消灭是由于流转、赠与等原因,物权在主体之间发生了转移,原主体权利丧失,新主体取得权利;而绝对消灭是指标的物本身灭失,物与所有权人发生了分离,其他人也不能再取得该项权利。因此在物权发生绝对消灭的情形下,当事人不宜再就已经灭失的房屋主张权利,该类案件当事人争议的实质是拆除房屋背后的拆迁利益,对该类案件应当向当事人行使法官释明权,告知其对实物的诉讼请求变更为实物对应的权益请求,对该类案件判决主文的表述可采取‘灭失房屋的相关利益由 × ×享有’的笼统表述。对于二审期间房屋灭失的,应告知当事人变更诉讼请求的表述方式。”北京高院民一庭《**关于审理婚姻纠纷案件若干疑难问题的参考意见**》(2016 年 7 月 27 日)第 37 条:“农村拆迁补偿中按所涉人口数取得的优惠购房权系基于特定身份获得的优惠安置利益,但并非优惠取得的物权本身。离婚时优惠购房权价值折算可考虑优惠取得的房产性质、能否上市交易、能否取得产权证等因素,在不高于市场价格与优惠价格的差价范围之内予以确定。”江苏高院《**执行异议之诉案件审理指南**》(2015 年 7 月 2 日)第 17 条:“案外人系被拆迁人,其针对登记在被执行人(拆迁人)名下的房屋提起执行异议之诉的,如何处理？根据最高人民法院《关于审理商品房买卖合同纠纷案件适用法律若干问题的解释》第七条的规定,在拆迁人作为被执行人的案件中,对尚未办理房屋产权登记手续的拆迁安置房进行强制执行的,已经签订了拆迁补偿安置协议的被拆迁人(案外人)在执行异议被驳回后,可以提起执行异议之诉。经审理确认拆迁人与被拆迁人在人民法院查封之前已经签订合法有效的拆迁补偿安置协议,并且在拆迁补偿安置协议中明确约定了拆迁用房的具体位置、用途,能够明确指向执行标的的,因其已享有足以对抗第三人的特殊债权,对被拆迁人停止执行的诉讼请求应当予以支持。”北京高院《**关于审理房屋买卖合同纠纷案件若干疑难问题的会议纪要**》(2014 年 12 月 16 日　京高法发〔2014〕489 号)第 5 条:“当事人签订合同将房屋(包括拆迁安置用房等)的购买指标转让给他人,当事人一方主张转让合同无效的,一般不予支持,但当事人转让经济适用住房等政策性保障住房购房指标的除外。”浙江高院行政审判第一庭《**关于审理国有土地上房屋征收与补偿行政案件具体问**

题的解答》(2014 年 10 月 13 日)第 4 条:"补偿协议签订后,房屋征收部门等以房屋所有权人未履行协议约定的搬迁义务为由,自行或委托其他单位组织实施强制搬迁,当事人不服向人民法院提起行政诉讼的,如何处理? 答:根据《行政强制法》《民事诉讼法》的有关规定,此种情形下政府部门组织实施的搬迁行为,不属于民事主体的自力救济行为,应属行政行为。当事人对此不服提起行政诉讼的,属于人民法院行政诉讼受案范围。"广东深圳中院**《关于房屋买卖合同纠纷案件的裁判指引》**(2014 年 8 月 28 日修订)第 36 条:"拆迁人与被拆迁人以所有权调换形式订立拆迁补偿安置协议后,拆迁人将拆迁安置房屋设立抵押或者另行出卖给第三人,被拆迁人请求优先取得补偿安置房屋的,人民法院应予支持。安置房屋已经办理抵押登记或移转变更登记至第三人名下,导致被拆迁人合同目的无法实现的,拆迁人或被拆迁人有权解除安置补偿协议,被拆迁人要求拆迁人另行提供安置房屋,或在协议安置房屋市场价款两倍的限额内承担赔偿责任的,人民法院可予支持;安置房屋尚未办理抵押登记或移转变更登记至第三人名下的,被拆迁人要求拆迁人继续履行安置补偿协议的,人民法院可予支持。被拆迁人取得安置房屋所有权后,抵押权人要求拆迁人另行提供担保,或者其他买受人要求在已付购房款一倍的限额内承担赔偿责任的,人民法院可予支持。【说明】旨在解决被拆迁人回迁房合法权益保护问题。(一)我国现有立法在传统物权法理论物权优先效力之外,又以特别规定的形式确立了所有权优先于债权规则的例外情形,即债权在特定情形下优先于物权。主要有:(1)《合同法》第二百二十九条赋予租赁权对抗租赁物所有权的效力,在对租赁物的占有、使用、受益方面,租赁权具有优先于租赁物所有权的效力。(2)《担保法》第四十八条使租赁权具有对抗后于自己设立的抵押权的效力,也具有对抗因此类抵押权行使而取得的抵押物所有权的效力。(3)《物权法》第二十条第一款有关预告登记的规定使得受让不动产的债权优先于其后产生于该不动产上的所有权、抵押权。(4)《海商法》第二十一条、第二十二条第一款和第二十五条第一款规定了工资给付请求权、人身赔偿请求权、财产损害赔偿请求权、救助款项给付请求权等海事请求权优先于船舶所有权、船舶留置权、船舶抵押权受偿的规则。(5)《商品房买卖司法解释》第七条第一款规定了被拆迁人债权优先于第三人房屋所有权的规则。基于当前房屋拆迁现状,优先保护被拆迁人的合法权益应该成为法律公平效益价值的取向。实践中,大部分的拆迁安置合同都对新建安置用房的产权进行了约定。在处理双方因安置房产权发生纠纷时,合同有约定的,应按合同约定处理,但合同对新建安置用房没有产权约定的,应按拆迁时的法规处理。对于法律法规没有规定的,按照《城市房屋拆迁管理条例》第二十三条至第二十五条的规定可以进行产权调换的应确认产权,即被拆迁人对产权调换和作价补偿享有选择权。(二)拆迁安置合同的双方当事人应严格按照合同的约定来履行,对于拆迁人在复建房建设过程中,擅自改变安置的面积、地点、楼层等,致使拆迁安置合同无法履行,被拆迁人坚持按拆迁安置合同安置的,应判决拆迁人按合同的约定标准给付被拆迁人。拆迁人以无房为由拒绝安置,而被拆迁人仍要坚持按原合同安置的,应判决拆迁人按合同约定的标准另行给付。拆迁人拒绝执行的,可采取划拨拆迁人款项,在房地产交易市场购置商品房交付给被拆迁人的方法,予以强制执行。(三)与《商品房买卖司法解释》的立法逻辑保持协调。(1)《商品房买卖司法解释》第七条第一款规定'拆迁人与被拆迁人按照所有权调换形式订立拆迁补偿安置协议,明确约定拆迁人以位置、用途特定的房屋对被拆迁人予以补偿安置,如果拆迁人将该补偿安置房屋另行出卖给第三人,被拆迁人请求优先取得补偿安置房屋的,应予支持。'①由于拆迁人与被拆迁人达成以'房屋产权调换'形式进行拆迁安置补偿协议后,即意味着被拆迁人拥有了安置房屋所有权的期待利益,却失去了被拆迁房屋的所有权。此时被拆迁人作为丧失居住保障的弱势群体应该得到优先保护,这也是维护拆迁关系稳定和谐、避免社会不稳定因素滋生的法律社会效果的考量。②拆迁人的安置房产事实上相当于《物权法》第三十六条侵害物权责任承担中'造成不动产或动产毁损的,权利人可以请求……重作、更换或者恢复原状'。因此,被拆迁人要求拆迁人履行交付安置房产在本质上应属于物权请求权。因此,被拆迁人优先取得安置房产的物权请求权优先于第三人的债权是符合逻辑的,同时对于第三人善恶意的区分也就没有必要。(2)为了兼顾被拆迁人和第三人的利益及平衡,并考虑物权登记的公示公信效力,参考《商品房买卖司法解释》第八条和第九条规定,通过'安置房屋市场价款一倍'和'第三人已付购房款一倍'两种完全不同的赔偿金额内在指引拆迁人减少暴利驱动下对安置房再作处分的冲动和不诚信行为。(3)对于第三人严重恶意的法律后果通过借鉴《商品房买卖司法解释》第十条有关拆迁人与第三人恶意串通损害拆迁人利益合同无效的裁判规则来进行规制;但由于《合同法》第五十二条有关'无效合同'已经对此作出了明确规定,从司法解释'明确法律、条文精炼'的角度无须再行赘述。(四)被拆迁人之间的履行顺序参考上述有关不动产一物数卖履行顺序的规定。拆迁人将同一房屋以产权调换形式补偿给数个被拆迁人,或安置给数个被拆迁人,致使发生补偿或安置房屋的权属发生纠纷的,应确认争议的房屋归最先订立协议的一方;如果订立协议的先后顺序无法认定的,可根据被拆迁人的需要房屋安置的紧迫程度酌情处理。对于已办理安置房的所有权手续,并已实际占有安置房,又有拆迁安置合同的,可适用物权优于债权的原则,首先安置已享有争议房屋的所有权和使用权的人,未取得争议房屋的被拆迁人,可对拆迁人另行提起诉讼,拆迁人负有另行补偿安置的责任。"湖南长沙中院《**民事审判裁判疑难解答**》(2014 年 3 月)第 6 条:"拆迁人与被拆迁人没有达成拆迁安置协议的拆迁纠纷,法院是否作为民事案件受理?关于房屋拆迁纠纷,哪些属于法院受理的民事案件范围?答:最高法院民一庭倾向性意见认为,拆迁人与被拆迁人没有达成拆迁安置协议形成的拆迁纠纷,一方当事人以另一方当事人作为被告提起民事诉讼,要求对方当事人按照政府部门颁布的拆迁政策规定的标准履行拆迁安置义务的,法院不应作为民事案件受理,应告知当事人依《城市房屋拆迁管理条例》申请房屋拆迁主管部门或政府进行裁决。理由在于:(1)《城市房屋拆迁管理条例》第十三条第一款规定,拆迁人与被拆迁人应就补偿方式和补偿金额、安置用房面积和安置地点、搬迁期限、搬迁过渡方式和过渡期限等事项,订立拆迁补偿安置协议。第十六条规定,拆迁人与被拆迁人或者拆迁人、被拆迁人与房屋承租人达不成拆迁补偿安置协议的,经当事人申请,由房屋拆迁管理部门裁决。房屋拆迁管理部门是被拆迁人的,由同级人民政府裁决。裁决应当自收到申请之日起30日内作出。当事人对裁决不服的,可以自裁决书送达之日起3个月内向人民法院起诉。从以上条款可以看出,只有拆迁人与被拆迁人依法订立了拆迁安置协议,双方系平等主体间的财产关系,民法才予以调整;对拆迁人与被拆迁人未订立拆迁安置协议的,应由相关部门解决,不属于民法调整。(2)最高法院于1996年7月24日作出的法复(1996)12号《关于受理房屋拆迁、补偿、安置等案件问题的批复》第二条明确规定,拆迁人与被拆迁人因房屋补偿、安置等问题发生争议,或者双方当事人达成协议后,一方或者双方当事人反悔,未经行政机关裁决,仅就房屋补偿、安置等问题,依法向法院提起诉讼的,法院应当作为民事案件受理。同理,对于因拆迁人没有取得拆迁许可证、拆迁管理机关违法发放拆迁许可证、拆迁人弄虚作假取得拆迁许可证等情形引发的拆迁纠纷;拆迁人与被拆迁人为安置用房的位置、面积发生的纠纷;被拆迁人房屋产权不明或因发放房屋产权证引发的房屋拆迁安置纠纷,依据《中华人民共和国民事诉讼法》《中华人民共和国民法通则》《城市房屋拆迁管理条例》,均不属于法院受理的民事诉讼范围。此外,对因历史遗留的落实政策房屋拆迁纠纷、因行政指令而调整划拨、机构撤并分合引起的房屋拆迁纠纷,因单位内部建房拆迁引起的纠纷,也不应当作为民事案件受理。依据《城市房屋拆迁管理条例》及相关司法解释,目前属于法院受理民事案件的房屋拆迁纠纷主要有:(1)拆迁人与被拆迁人或拆迁人与房屋承租人就房屋拆迁安置补偿达成协议,一方当事人因为对方当事人不履行协议约定的安置补偿义务而提起诉讼的,或当事人达成安置补偿协议后又反悔,请求法院确认其协议效力的房屋拆迁纠纷,当事人提起诉讼的,法院应当作为民事案件受理。(2)拆迁人没有拆迁许可证或虽有拆迁许可证,但超出拆迁许可证规定的范围等非法强制拆迁的,就被拆迁人房屋的损失赔偿问题,当事人应当申请房屋拆迁主管部门或人民政府裁决。如因拆迁人的非法强制拆迁行为给被拆迁人造成人身损害或财产损害的,当事人可向法院提起民事诉讼。(3)拆迁人与被拆迁人或拆迁人、被拆迁人与房屋承租人就房屋拆迁安置补偿、回迁面积、回迁期限等拆迁事宜已达成协议,并已部分履行,一方当事人或双方当事人反悔或因违约行为发生的纠纷,当事人提起诉讼的,法院应当作为民事案件受理。”山东高院**《2011年全省民事审判工作会议纪要(讨论稿)》**(2011年8月)第17条:“关于已经拆除的被拆迁房屋能否确权问题。当事人为享受到已经拆除的被拆迁房屋获取的被拆迁利益而要求确认其对被拆除房屋的权利。根据物权法的基本理论,物上的所有权分为相对消灭和绝对消灭,相对消灭是由于流转、赠与等原因,物权在主体之间发生了转移,原主体权利丧失,新主体取得权利;而绝对消灭是指标的物本身灭失,物与所有权人发生了分离,其他人也不能再取得该项权利。因此在物权发生绝对消灭的情形下,当事人不宜再就已经灭失的房屋主张权利,该类案件当事人争议的实质是拆除房屋背后的拆迁利益,对该类案件应当向当事人行使法官释明权,告知其对实物的诉讼请求变更为实物对应的权益请求,对该类案件判决主文的表述可采取‘灭失房屋的相关利益由××享有’的笼统表述。对于二审期间房屋灭失的,应告知当事人变更诉讼请求的表述方式。”重庆高院**《关于依法妥善处理国有土地上房屋征收与补偿相关案件的通知》**(2011年5月11日　渝高法〔2011〕159号)第4条:“人民法院对征收主体作出的房屋征收决定进行合法性审查时,应将征收补偿方案作为主要事实进行审查。人民法院不受理起诉人对房屋征收部门拟定并由征收主体公布的征收补偿方案不服而提起的行政诉讼案件。人民法院在审理被征收人对房屋征收决定或征收补偿决定不服提起的行政诉讼案件时,可通知房屋承租人作为第三人参加诉讼。”北京高院**《关于审理房屋买卖合同纠纷案件适用法律若干问题的指导意见(试行)》**(2010年12月22日　京高法发〔2010〕458号)第3条:“《城市房地产管理法》第三十八条第(六)项‘未依法登记领取权属证书’的房屋不得转让的规定,在性质上不属于《最高人民法院关于适用〈中华人民共和国合同法〉若干问题的解释(二)》第十四条规定中的‘效力性强制性规定’,不应作为认定房屋买卖合同无效的法律依据。”第4条:“对以将来可能取得所有权的房屋为标的物的买卖合同,法院不应仅以出卖人在签订合同时尚未取得房屋所有权为由认定买卖合同无效。出卖人在合同履行期限届满时仍未取得房屋所有权,致使买受人不能办理房屋所有权转移登记的,应当承担相应的违约责任。前款所称将来可能取得所有权的房屋,包括尚未取得所有权的已购商品房及已购按经济适用住房管理的房屋等。”广东广州中院**《关于审理预售商品房合同纠纷若干问题的指导意见》**(2010年)第24条:“《物权法》施行后,善意取得保护制度与拆迁补偿安置协议的优先权之间的冲突如何解决?答:开发商将已经特定化的拆迁补偿安置房屋转卖第三人的行为损害了被拆迁人的权益,已构成侵权。即使转卖已产生物权变动后果,被拆迁人仍可基于该项优先权请求确权(司法解释认为撤销登记,不具实操性),依法院生效法律文书方式优先取得拆迁补偿安置房屋。总之，在第三人善意取得与被拆迁人优先安置的冲突情况下，优先保护被拆迁人的利益。”浙江高院**《关于审理涉及房地产登记民事案件若干问题的意见（试行）》**（2010年4月16日　浙法民一〔2009〕3号）第20条：“当事人签订买卖房屋或者其他不动产物权的协议，为保障将来实现物权，按照约定可以向登记机构申请预告登记。预告登记后，未经预告登记的权利人同意，处分该不动产的，不发生物权效力。预告登记后，债权消灭或者自能够进行不动产登记之日起三个月内未申请登记的，预告登记失效。”北京高院**《审理买卖合同纠纷案件若干问题的指导意见（试行）》**（2009年2月3日　京高法发〔2009〕43号）第4条：“对以将来可能取得所有权的财产为标的物的买卖合同，法院不得以出卖人未取得所有权为由认定合同无效。出卖人在合同履行期限届满时仍未取得标的物所有权致使标的物不能交付的，应承担违约责任。”福建高院**《关于审理商品房买卖合同纠纷案件疑难问题的解答》**（2008年7月25日）第29条：“问：房屋拆迁合同纠纷中，拆迁人逾期办证的违约责任，是否适用《商品房买卖合同司法解释》第十八条的规定？答：房屋拆迁合同对逾期办证的违约责任未作约定的，可参照《商品房买卖合同司法解释》第十八条的规定处理，即由于拆迁人的原因，被拆迁人在下列期限届满前未能取得房屋权属证书的，除当事人有特殊约定外，拆迁人应当承担违约责任：（一）房屋拆迁合同约定的办理房屋权属登记的期限；（二）合同签订时，产权调换的房屋尚未建成的，自房屋交付使用之日起90日；（三）合同签订时，产权调换的房屋已建成的，自合同订立之日起90日。违约金可以按照被拆迁人已支付的房价款（包括产权调换的差价款和被拆迁房屋的折价款），参照中国人民银行规定的金融机构计收逾期贷款利息的标准计算。”湖南高院**《关于房屋买卖、租赁纠纷案件适用法律问题的指导意见（试行）》**（2008年1月21日）第3条：“转让购房指标的，只要不违反法律、行政法规的强制性规定，一般认定有效。”上海高院**《关于印发〈关于审理宅基地房屋纠纷若干问题的意见（试行）〉的通知》**（2007年12月17日　沪高法民一〔2007〕24号）第4条：“尚未取得安置房面积的购买权分割。农村房屋动迁中，经常发生动迁部门与‘农村宅基地使用证’的户主签订拆迁协议，把所有房屋共有人利益结算在一起，每人享受安置面积按一定金额预扣在动拆迁部门。由于安置房屋未实际取得，原房屋共有人就拆迁利益在分析家产时要求确认安置房面积的购买权，其实际是主张分割房屋的权利。鉴于被动迁人将来可能获得的房屋实际面积、位置等尚处于不确定状态，法院不宜进行确权、分割。若动迁款预扣在动迁部门用于购置安置房的，动迁款亦可不作处理。当事人要求确认安置房面积购买权的，法院可判决驳回其诉讼请求，但在裁判理由中告知当事人可在房屋实际面积、位置等确定后再行主张。”北京高院**《关于印发〈关于行政审判适用法律问题的解答〉的通知》**（2006年6月30日　京高法发〔2006〕212号）第17条：“人民政府根据《城市房屋拆迁管理条例》第十七条的规定,责成有关部门强制拆迁的,被拆迁人对强制拆迁决定不服,能否提起行政诉讼?答:被拆迁人或者房屋承租人在裁决规定的搬迁期限内未搬迁的,房屋所在地的区、县人民政府可以责成有关部门强制拆迁。因此,区、县人民政府作出的强制拆迁决定,是房屋拆迁裁决的延续执行行为,被拆迁人对强制拆迁决定不服,提起行政诉讼的,人民法院不予受理。但是,被拆迁人认为行政机关在拆迁过程中侵犯其合法权益,提起行政诉讼的,人民法院应当受理。"上海高院《**关于审理"二手房"买卖案件若干问题的解答**》(2005 年 12 月16 日)第 4 条:"……房屋买卖合同的买方在尚未取得房屋所有权证之前,其虽不能享有房屋所有权,但享有买卖合同上的债权。而债权转让是合同法赋予合同当事人的权利之一,没有理由不允许当事人转让自己的合同权利,因此买方再予转让并不违反法律禁止性规定。至于上海市目前关于'期房限转'的地方性规定,其所规定的是当事人在取得房屋所有权证之前的再转让行为,房地产登记部门不予办理登记,该规定所产生的后果是受让方可能要承担无法实际取得房屋的风险,但并不影响转让合同的效力。"辽宁沈阳中院《**关于审理房地产案件若干问题的处理意见(之一)**》(2004 年 3 月 27 日)第 16 条:"买卖动迁手续引起的纠纷问题。(1)动迁手续可以成为买卖合同的客体。动迁手续是对产权调换的房屋的一种期待性权利。买卖动迁手续形式上虽然为权利买卖,但实质上仍为动迁手续所表现的未来物即房屋的买卖,根据现行民法法理,未来物可以成为买卖合同的标的物。(2)出卖人必须是原房屋的所有权人或依法取得动迁手续并有权处分的人。包括依法继承、买卖、赠与等取得动迁手续的人。无处分权人处分他人的动迁手续后未取得处分权,事后亦未得到权利人追认的,应当根据《合同法》第 51 条之规定,确认合同无效。(3)买卖动迁手续须经拆迁人同意。拆迁安置本质上是民事行为,须由拆迁人与被拆迁人(原房屋所有人)签订拆迁安置协议,拆迁人与被拆迁人是该协议的主体,是该协议权利与义务的享有者和承担者。而当被拆迁人将动迁手续转让给他方后,属于将拆迁安置协议中的权利与义务均转让给了受让人,未经原协议的另一方即拆迁方同意,合同承受(拆迁安置协议中被拆迁人承担义务部分)不发生法律效力。"上海高院《**关于房屋动拆迁补偿款分割民事案件若干问题的解答**》(2004 年 1 月 12 日　沪高法民一〔2004〕3 号)第 12 条:"国有土地上私有房屋的拆迁补偿款如何分割?答:因落实政策而恢复所有权的代理经租房屋拆迁补偿款的分割,一般归所有人。实际居住人的安置问题,按照本市有关政策处理。通过市场买卖取得的使用权公有居住房屋被拆迁后,所得到的货币补偿款,一般应归出资人所有。售后公房在性质上属于私有房屋,应当按照私有房屋拆迁补偿款份额划分的原则处理。"上海高院《**关于审理房屋拆迁民事案件若干问题的意见(试行)**》(2000 年 12 月 13 日　沪高法〔2000〕687 号)第 4 条:"房屋拆迁民事案件由被拆除房屋所在地或被安置房屋所在地法院管辖。”

5. 参考案例。2018年**湖南某借款合同纠纷案**，2014年，商务公司委托银行向开发公司发放4亿元贷款，开发公司以在建大厦工程抵押担保。2015年，因开发公司逾期偿贷致诉。邮政公司以其2009年与开发公司签订拆迁补偿安置协议、大厦一层门面房系作为折抵1200万元的安置房为由，诉请确认该门面属邮政公司所有，商务公司不享有抵押权。法院认为：从案涉拆迁补偿安置协议约定内容可知，虽然邮政公司系与开发公司签订该协议，并非与政府相关部门签订，但双方除约定部分货币补偿外，其他关于以房换房予以安置补偿意思表示明确，且拆迁补偿安置房位置、面积、用途明确、特定。最高人民法院《关于审理商品房买卖合同纠纷适用法律若干问题的解释》第7条第1款规定：“拆迁人与被拆迁人按照所有权调换形式订立拆迁补偿安置协议，明确约定拆迁人以位置、用途特定的房屋对被拆迁人予以补偿安置，如果拆迁人将该补偿安置房屋另行出卖给第三人，被拆迁人请求优先取得补偿安置房屋的，应予支持。”该规定系对拆迁补偿安置协议与其他商品房买卖合同发生冲突时，对拆迁补偿安置协议的被拆迁人予以特别保护规定。物权优于债权系处理权利冲突基本原则，但在拆迁补偿安置中，以房换房产权调换系以被拆迁人牺牲原房居住权为代价来满足城市建设等社会公共利益需要，故对其基于拆迁补偿协议享有的安置房请求权，应给予适当优先保护，即对被拆迁人所享债权作为特种债权赋予其物权优先效力。本案中，虽然商务公司对案涉门面享有的是抵押权而非买卖该房屋，且抵押权人享有的是物的交换价值的权利，故邮政公司就该门面享有的补偿安置权优先于商务公司享有的抵押权。本案系借款合同纠纷，法院审理范围系案涉抵押权是否有效及邮政公司就大厦门面是否享有补偿安置权利，故确认案涉门面是否归邮政公司所有不属于本案审理范围。判决开发公司偿还商务公司贷款及利息，商务公司对开发公司大厦在建工程享有抵押权，但不得对抗邮政公司就案涉门面享有的拆迁补偿安置权。2016年**辽宁某合同纠纷案**，2012年，孙某与石某签订购房合同。孙某严格审查了石某与开发公司所签商品房买卖合同、交款发票、缴纳维修基金收款收据后支付了全款并占有房屋。2013年，生效判决认定该房屋应属被拆迁人姜某所有。孙某以其善意取得、该判决侵害其权益为由，提起第三人撤销之诉。法院认为：《物权法》第9条规定，不动产物权的设立、变更、转让和消灭，经依法登记，发生效力。因所购房屋未经权属登记，孙某未取得案涉房屋所有权。孙某主张其付清了房款并实际占有房屋，对案涉房屋属于善意取得。依《物权法》第106条第1款第3项规定，不动产善意取得需具备该不动产权属已经登记在受让人名下情形，孙某与石某订立购房合同后，并未办理房屋产权变更登记，故本案不适用善意取得相关法律规定。作为与石某签订购房合同的购房人，在经依法登记取得房屋所有权之前，孙某仅享有请求石某继续履行办理房屋产权变更登记手续、转移房屋所有权的债权请求权。因孙某系从石某处购买案涉房屋，石某及孙某均未办理房屋权属登记，孙某基于房屋买卖合同关系对石某享有转移房屋所有权的债权请求权，而该债权请求权能否获得支持尚取决于石某对开发公司相应权利能否成立，故孙某对石某享有的转移房屋所有权的债权请求权，不足以对抗或否定姜某在其原房屋被拆除情况下，基于法律规定及合同约定，以及开发公司在诉讼中的自认及同意以案涉房屋对姜某进行安置行为所产生法律效力。据此，孙某主张另案判决错误并损害其民事权益应予撤销情形，缺乏法律依据。对于另案判决并未否定孙某与石某之间购房合同效力，并明确了孙某对石某享有债权，孙某在该协议履行不能情况下，有权要求石某承担相应责任，对此孙某可另循其他法律途径予以解决，不存在其合法民事权益无法获得救济情形。判决驳回孙某诉请。2014 年**吉林某拆迁安置合同纠纷案**，1998 年，拆迁公司受开发公司委托，作为合同相对方与粮油公司签订动迁安置协议，双方约定了安置补偿及超期回迁损失补偿标准。2002 年，粮油公司与刘某签订拆迁安置补偿协议，约定前者将两处被拆迁房回迁权利全部有偿转让给刘某。刘某因此向粮油公司交纳相应房改差价款后，因开发公司超期未办理回迁入住手续，转而与开发公司交涉，随后接受了开发公司安置房并交纳了更新改造费。2008 年，刘某诉请开发公司等依动迁安置协议给付动迁补助费 48 万余元。法院认为：拆迁公司受开发公司委托与粮油公司所签动迁安置协议合法有效。刘某支付相应对价后，粮油公司将其在协议中所享有全部权利转让给刘某，并通知了开发公司，由此导致刘某取代粮油公司而成为合同关系的新债权人，同时，粮油公司在原合同关系中享有的从权利转移为受让人刘某享有，刘某依法有权行使原为粮油公司享有的各项权利。拆迁公司未能在约定期限对粮油公司回迁，回迁权利受让人刘某在拆迁公司向其披露委托人开发公司后，找到开发公司交涉，接受了开发公司安置房并交纳了更新改造费，说明刘某已选择了开发公司主张权利。之后开发公司实际为刘某提供了房源并履行了相应义务，可认定开发公司与刘某为拆迁安置相对方，故应由开发公司承担给付刘某动迁补助费责任。2006 年**福建某商品房买卖合同纠纷案**，2000 年，开发商卖给许某房屋。2003 年，因城建公司与他人所签拆迁安置补偿协议又将此房作为拆迁安置房而引争议，导致他人起诉城建公司而查封该房 470 天，后以城建公司补偿他人 72 万余元解除查封。2005 年，许某办下产权证后，以交付的房屋存在纠纷导致被查封造成损失为由，诉请开发商赔偿。法院认为：许某与开发公司所签商品房买卖合同有效。在合同履行过程中，开发公司依约交付给许某所购店面，因许某所购店面由第三人拆迁公司事先与被拆迁户订立拆迁安置协议，作为安置房安置给了被拆迁户，由此引发案涉店面涉讼而被查封，就履行效果而言，开发公司交付标的物出现权利瑕疵，即使无合同约定，依《合同法》第 150 条规定，开发公司亦应向许某承担违约责任。开发公司与拆迁公司在联合拆迁改造协议中约定，根据合同相对性原理，仅能约束开发公司与拆迁公司，不能成为其对许某违约免责事由，且依《合同法》第121条规定，开发公司因拆迁公司原因造成违约的，亦应向许某承担违约责任。至于开发公司与拆迁公司之间纠纷，属另一法律关系，应另案解决。判决开发公司赔偿许某经济损失3万余元。2011年7月**山东某房屋买卖合同案**，法院认为：双方于2010年12月12日签订的房地产买卖契约中对买卖的标的物表述不明确：案涉房屋已被拆除，回迁的安置房尚未定位，回迁指标无法更名。故该房地产买卖契约因标的物不确定而未能成立，其双方约定的定金条款因主合同不成立而未生效。现刘某亦不同意按原买卖契约的条款继续履行合同，故应将收取安某的2万元定金予以退还。2011年5月**浙江某合同纠纷案**，法院认为：双方当事人签订的《宅基地转让协议》，其转让的实质标的是相关安置权益，所涉标的物是尚未建造的安置房，是一种具有物权特征的债权，该债权的客体包括安置用地的土地使用权（地基）、建房材料费用、建房设计及施工费用等。该标的的转让并不为法律所禁止，应作有效认定。王乙也已通过支付合同对价等行为实际履行了合同义务，现安置房屋已建造完毕并具备过户条件，王甲亦应依法履行协助产权过户等相关合同义务。因本案系合同履行纠纷，而非确认之诉，原审判决直接确认讼争房屋归王乙所有，明显不妥。且该项判决与判决合同继续履行之间存在矛盾，混淆了物权与债权关系，故对原审该判项应予撤销。2011年5月**四川某房屋买卖合同案**，法院认为：涉案房屋系二被告安置所得，二被告为该房屋的共有权人，享有对涉案房屋的合法处分权。安置房转让协议虽由原告与被告夫签订，但二被告系夫妻关系，且原告与被告夫在2007年5月5日签订协议时，系以二被告的女儿作为见证人，被告妻作为与被告夫一直共同生活的家庭成员，按常理分析应当知道作为家庭重大共有财产的本案涉案房屋已经出售的事实。且被告妻也明确表示其于2007年5月5日原告向被告夫支付购房款时已明知涉案房屋出售事实，却未提出异议，被告妻实质上以认可被告夫收取房款行为认可了被告夫与原告所签协议。同时，二被告因拆迁安置共取得两套房屋，虽未进行分家析产，但可确认被告夫、妻每人享有一套房屋，被告夫对其中一套房屋具有处分权。且其中一套房屋出售并不影响被告妻的权利在另一套房屋上得到实现，足以保障其合法权益。故案涉拆迁安置房买卖协议依法成立并有效。2011年5月**浙江某房屋买卖合同案**，法院认为：拆迁公司与陈某签订房屋拆迁产权调换协议后，陈某取得的权利是一种债权，陈某与金某签订的安置房（期权）转让协议属于债权转让协议，非物权行为。《城市房地产管理法》第39条规定，以划拨方式取得土地使用权的，转让房地产时，应当按照国务院的规定，报有批准权的人民政府审批。即划拨土地建造的房屋转让在办理过户登记手续之前，需要经相关职能部门审批，未经审批只是阻却办理房屋产权转移等手续的事由,未办理审批手续之前,双方仍可根据真实意愿,缔结合法有效的房地产买卖合同。陈某提出“未依法登记领取权属证书的,不得转让”故合同无效的理由,因《城市房地产管理法》相关规定,是指买卖行为因尚未登记领取权属证书而不能彻底完成,不能发生所有权移转的合法履行目的,依法登记领取权属证书只是物权变动的成立要件,而非买卖合同的生效要件,因此不得据此确认本案争议的买卖关系无效,故陈某的该项抗辩理由不能成立。同时,双方当事人在房屋买卖时,对交易的风险和各自的权利义务关系是知晓和同意的,应对双方产生约束力,陈某认为房价上涨继续履行原合同对陈某明显不公的上诉理由,本院不予支持。2011 年 5 月**湖南某房屋买卖合同案**,法院认为:刘某与邓某所签《房屋出让协议》的标的物是农村集体土地上的农民安置房。《土地管理法》第 63 条规定,农民集体所有的土地使用权不得出让、转让或出租用于非农业建设。双方协议约定的安置房的转让包含了安置房所属土地使用权转让的必然内容。刘某不是两被告所属集体经济组织成员。案涉《房屋出让协议》因违反了法律强制性规定而无效。2011 年 2 月**河南某房屋买卖合同案**,法院认为:因双方在签订《购售房协议》时,棚改安置房不但未竣工,房屋所在的具体生活区、楼号、楼层、位置均未确定。周某作为煤矿公司棚户区改造对象,在履行相关手续等义务后,所享有的仅仅是棚改安置房的请求权,并非房屋的所有权,且双方在合同中约定二期房款交纳时间按棚改指挥部规定的时间交纳和选房区域、楼层等均按棚改指挥部文件规定执行以及原旧房补偿拆迁安置费对周某等内容,故周某向孟某转让的是参加棚改安置房的资格,故本案纠纷应为棚改安置房转让资格纠纷,并非房屋买卖合同纠纷。周某所享有的棚改安置房资格,实际上是一种期待利益,周某参加的是煤矿公司的棚改安置房,是基于特定物以特定身份为基础的合同权利,具有人身依附性。依据《合同法》第 79 条第 1 款第 1 项“根据合同性质不得转让”的规定,故孟某与周某签订的《购售房协议》无效。且孟某与周某所签协议,也未征得煤矿公司棚改指挥部的同意,根据《合同法》第 88 条“当事人一方经对方同意,可以将自己在合同中的权利义务一并转让给第三人”的规定,案涉协议亦属无效。2010 年 8 月**重庆某债权债务概括转移合同案**,法院认为:邱某与张某签订房屋买卖协议时,双方明确知晓该房屋尚未分配,产权证亦未办理,因此案涉协议名为房屋买卖,实为邱某将与国资公司、国土局签订的征地农转非安置协议中的权利义务概括转移张某。同时,根据征地农转非安置协议约定,被安置人为邱某、邱某子二人,故该合同中的债权人应为邱某、邱某子二人。邱某与张某签订房屋买卖合同时,邱某子已成年,邱某在未经共有人邱某子同意或授权的情况下,以个人名义转让应由二人享有的农转非安置房,侵害了共有人邱某子的合法权益。同时邱某的转让行为也未经合同相对方,即国资公司、国土局同意,为此,该转让协议不应受到法律保护。张某基于与邱某签订的合同有效提出本案诉讼请求，要求确认案涉农转非安置房60平方米产权归己所有，但至今邱某也未取得该房屋的所有权。因双方之间买卖房屋关系而发生物权转移的条件尚未成就，本院不能径行确认张某享有统建安置房所有权，判决驳回张某的诉讼请求。

【同类案件处理要点】

被拆迁人以将来可能取得所有权的拆迁安置房屋为标的物签订房屋买卖合同，法院不得以出卖人未取得所有权为由认定合同无效。出卖人在合同履行期限届满时仍未取得标的物所有权致使标的物不能交付的，应承担违约责任。

【相关法律风险提示】

1. 以尚未取得产权证的拆迁安置房进行买卖原则有效。实践中，存在无效情形的判决思路大抵如此：(1)未经安置房共有人同意。案见重庆巴南区法院(2009)巴民初字第1381号“张某诉邱某债权债务概括转移合同纠纷案”。(2)转让合同性质上属于债权债务概括性转移，故应经合同相对方的同意，未经同意，应为无效。案引同上。(3)(棚户区改造安置房)资格转让与身份密切相关，基于特定身份为基础的合同权利具有人身依附性，转让因违法而无效。案见河南鹤壁中院(2010)鹤民三终字第69号“孟某与周某等房屋买卖合同纠纷上诉案”。(4)出卖人在安置房未确定前，享有的仅系某种特定性质安置房的请求权，而非房屋所有权。案引同上。(5)不具有同一集体经济组织成员资格的买受人购买集体土地上的安置房，因违法而无效。案见湖南长沙雨花区法院(2011)雨民初字第372号“刘某诉邓某等房屋买卖合同纠纷案”。(6)买卖标的物表述不清，回迁安置房尚未定位，回迁指标无法更名。“买卖合同标的物不确定”导致合同无效。案见山东青岛中院(2011)青民一终字第1756号“刘某与安某房屋买卖合同纠纷上诉案”。

2. 认定拆迁安置房买卖有效的判决思路，主要有：(1)具有物权特征的债权转让，不为法律所禁止。案见浙江舟山中院(2011)浙舟民终字第87号“王甲等与王乙合同纠纷上诉案”。(2)划拨土地上建造安置房转让，土地性质的变更手续不影响合同效力。案见浙江绍兴中院(2011)浙绍民终字第357号“陈某与金某房屋买卖合同纠纷上诉案”。

3. 对于《城市房地产管理法》第38条第6项“以未依法登记领取权属证书的，不得转让”，实践中基本上定性该款非强制性规定，不能作为合同无效依据。但在产权证办理存在嗣后艰难或无法办理情形，以前款认定合同无效，并不鲜见。

4. 对于拆迁安置房屋系共有情形的无权处分，是否一定无效，实践中亦存在不同于一般二手房买卖的处理规则：(1)与被拆迁人签订安置房买卖协议，并不因共有人反对而无效。案见江苏常州新北区法院(2011)新民初字第533号“杨某等诉沈某等房屋买卖合同纠纷案”。(2)共有人的嗣后收受安置房售房款行为,应视为对安置房处分行为的追认。案引同上。

5. 受让拆迁安置房,除与被拆迁人签订受让合同外,应尽可能取得拆迁发生时确定的被安置人书面同意,以防止遗漏安置房的共有权益人而事后生争端。

6. 基于拆迁补偿协议享有的安置房请求权,应予适当的优先保护,即对被拆迁人享有的债权作为特种债权赋予其物权的优先效力,被拆迁人所享有的安置房请求权可对抗安置房上的抵押权。

【附注】

参考案例索引:江苏常州新北区法院(2011)新民初字第533号“杨某等诉沈某等房屋买卖合同纠纷案”;最高人民法院(2018)最高法民终112号“中国邮政集团公司长沙市分公司与湖南中南投资置业有限公司、红岭创投电子商务股份有限公司、长沙嘉能房地产经纪有限公司、长沙晚报报业集团、长沙晚报社、湖南星沙农村商业银行股份有限公司借款合同纠纷案”,见《基于拆迁补偿协议享有的安置房请求权可以对抗安置房上的抵押权——中国邮政A公司与中南公司、红岭公司、潘某、彭某、嘉能公司、X农商银行、某晚报集团借款合同纠纷案》(合议庭成员:审判长钱小红,审判员奚向阳、张颖新;编写人钱小红、王智锋;审核人张勇健),载《最高人民法院第一巡回法庭典型民商事案件裁判观点与文书指导(第1卷)》(202008:211);最高人民法院(2016)最高法民终33号“孙晓艳与盘锦中澳航空科技有限公司、姜维一民事纠纷案”(审判长董华,审判员张志弘、汪国献),见《未取得物权的房屋买受人享有的债权请求权不能对抗被拆迁人依法享有的合法权益》,载《最高人民法院第二巡回法庭典型案例及审判经验集萃丛书01:民商事二审典型案例及审判经验》(X2-2019:239);最高人民法院再审判决“刘某与某开发公司等拆迁安置补偿合同纠纷案”,见《债权让与后,受让人对债务人享有与让与人相同的权利——评刘岩与吉林市昌茂房地产开发有限公司等房屋拆迁安置补偿合同纠纷案》(张能宝,最高院审监庭),载《审判监督指导·案例评析》(201401/47:151);福建漳州中院(2006)漳民终字第640号“许某诉某开发商等商品房买卖合同案”,见《许志鹉诉漳浦县向阳开发建设有限公司应依合同相对性担责商品房买卖合同纠纷案》(林振通),载《人民法院案例选》(200702/60:215),另见《本案应依合同相对性确定违约责任》(林振通),载《人民司法·案例》(200704:76);山东青岛中院(2011)青民一终字第1756号“刘某与安某房屋买卖合同纠纷上诉案”;浙江舟山中院(2011)浙舟民终字第87号“王甲等与王乙合同纠纷上诉案”;四川成都高新技术产业开发区法院(2011)高新民初字第1187号“某某诉某某1等房屋买卖合同纠纷案”;浙江绍兴中院(2011)浙绍民终字第357号“陈某与金某房屋买卖合同纠纷上诉案”;湖南长沙雨花区法院(2011)雨民初字第372号“刘某诉邓某等房屋买卖合同纠纷案”;河南鹤壁中院(2010)鹤民三终字第69号“孟某与周某等房屋买卖合同纠纷上诉案”;重庆巴南区法院(2009)巴民初字第1381号“张某诉邱某债权债务概括转移合同纠纷案”。

84. 共居房:同住人权益

——共同居住人,享有何权益?

【无权处分】

【案情简介及争议焦点】

1994年,周某妻、女户口迁入承租人系周某母的公房。之后,周某将自己及妻、女户籍迁出至周某妹另购房屋。2002年,经公安部门调查,周某妻、女户籍再度恢复至系争房屋,但因户口簿持有人不提供户口簿,故该二人户籍一直未登记在户口簿上。2005年,公房产权单位与周某母、周某妹签订《公有住房出售合同》,将系争房屋过户至周某妹名下。周某妻、女起诉公房单位、周某母、周某妹要求确认售房合同无效。

争议焦点:1. 周某妻、女是否属于共同居住人?2. 案涉公房出售合同是否有效?

【裁判要点】

1. 共同居住人的认定。职工家庭购买公有住房时,房屋承租人或受配人应与同住成年人协商一致。周某妻、女户籍在系争房屋内并实际居住多年,后两人不在系争房屋内居住系事出有因,故该二人仍属于系争房屋的同住成年人。

2. 案涉购房合同效力。周某妹购买案涉房屋时提供的《职工家庭购买公有住房协议书》上只有周某母印章及其捺印和周某妹签名及印章,无周某妻、女的签名及印章,故周某妹未经周某妻、女同意擅自与售房单位所签《公有住房出售合同》应为无效。合同无效后原公房承租状态应当恢复。

【裁判依据或参考】

1. 法律及司法解释。《民法典》(2021年1月1日)第366条:“居住权人有权按照合同约定,对他人的住宅享有占有、使用的用益物权,以满足生活居住的需要。”第 367 条:“设立居住权,当事人应当采用书面形式订立居住权合同。居住权合同一般包括下列条款:(一)当事人的姓名或者名称和住所;(二)住宅的位置;(三)居住的条件和要求;(四)居住权期限;(五)解决争议的方法。”第 368 条:“居住权无偿设立,但是当事人另有约定的除外。设立居住权的,应当向登记机构申请居住权登记。居住权自登记时设立。”第 369 条:“居住权不得转让、继承。设立居住权的住宅不得出租,但是当事人另有约定的除外。”第 370 条:“居住权期限届满或者居住权人死亡的,居住权消灭。居住权消灭的,应当及时办理注销登记。”第 371 条:“以遗嘱方式设立居住权的,参照适用本章的有关规定。”第 732 条:“承租人在房屋租赁期限内死亡的,与其生前共同居住的人或者共同经营人可以按照原租赁合同租赁该房屋。”**《合同法》**(1999 年 10 月 1 日,已于 2021 年 1 月 1 日起失效)第 51 条:“无处分权的人处分他人财产,经权利人追认或者无处分权的人订立合同后取得处分权的,该合同有效。”第 234 条:“承租人在房屋租赁期间死亡的,与其生前共同居住的人可以按照原租赁合同租赁该房屋。”最高人民法院**《关于审理离婚案件中公房使用、承租若干问题的解答》**(1996 年 2 月 5 日　法发〔1996〕4 号,已于 2021 年 1 月 1 日起失效)第 2 条:“夫妻共同居住的公房,具有下列情形之一的,离婚后,双方均可承租:(一)婚前由一方承租的公房,婚姻关系存续 5 年以上的;(二)婚前一方承租的本单位的房屋,离婚时,双方均为本单位职工的;(三)一方婚前借款投资建房取得的公房承租权,婚后夫妻共同偿还借款的;(四)婚后一方或双方申请取得公房承租权的;(五)婚前一方承租的公房,婚后因该承租房屋拆迁而取得房屋承租权的;(六)夫妻双方单位投资联建或联合购置的共有房屋的;(七)一方将其承租的本单位的房屋,交回本单位或交给另一方单位后,另一方单位另给调换房屋的;(八)婚前双方均租有公房,婚后合并调换房屋的;(九)其他应当认定为夫妻双方均可承租的情形。”最高人民法院**《关于共同经商、共同生活期间购置的房产应认定为共有的复函》**(1989 年 6 月 9 日　〔1989〕民他字第 10 号):“……讼争的两栋房屋,是解放前高三妹夫家兄弟 4 人共同经商、共同生活期间购置的,一、二审判决认定为共有是正确的,故同意不再变更。”最高人民法院**《关于符振清诉颜香芬房屋纠纷申诉案的复函》**(1991 年 8 月 7 日):“……该案当事人双方 1971 年 6 月合买府城镇达士巷 7 号第二进梁先觉、黄秀珍夫妇的正屋一间和横屋二眼的事实清楚、证据确凿。双方购买后又长期各半居住、管理、使用,颜香芬也曾承认是与符振清合买。在买房时,符振清虽在昌江县工作,户口不在琼山县府城镇,但符是离休干部,并非农村户籍,且符的妻子及其本人的户口已先后于 1974 年、1977 年均迁入琼山县府城镇,房产部门亦同意给符办理房产契证。据此,同意你院审判委员会多数人的倾向性意见,即认定府城镇达士巷 7 号第二进正屋一间、横屋二眼系属符振清、颜香芬两人合资购买产权,应当共有。”最高人民法院**《关于贯彻执行〈中华人民共**

和国民法通则〉若干问题的意见(试行)》[1988年4月2日　法(办)发〔1988〕6号,已于2021年1月1日起失效]第119条第1款:“承租户以一人名义承租私有房屋,在租赁期内,承租人死亡,该户共同居住人要求按原租约履行的,应当准许。”

2. 部门规范性文件。住建部**《商品房屋租赁管理办法》**(2011年2月1日　建设部令第6号)第12条:“房屋租赁期间内,因赠与、析产、继承或者买卖转让房屋的,原房屋租赁合同继续有效。承租人在房屋租赁期间死亡的,与其生前共同居住的人可以按照原租赁合同租赁该房屋。”

3. 地方司法性文件。上海高院**《房屋征收补偿利益分割民事纠纷研讨会会议纪要》**(2020年3月25日　沪高法民〔2020〕4号)第1条:“【同住人他处有房的认定】2004年《上海高院关于房屋动拆迁补偿款分割民事案件若干问题的解答》指出,作为征收补偿对象的公房同住人,是指在被征收居住房屋处有上海市常住户口,已经实际居住一年以上,且本市无其他住房或者虽有其他住房但居住困难的人。如何认定‘他处有房’?关于征收补偿对象的同住人范围仍应按照上述执法意见确定。为鼓励居住困难的人通过自己努力改善居住条件,这里的‘其他住房’应限定为福利性质的房屋,公房同住人在他处购买的商品房不属于‘他处有房’。职工向工作单位承租单位职工宿舍,虽然职工与单位之间形成租赁关系,但双方并非基于福利分房形成的公有住房租赁关系。职工一般不办理公房调配手续,也没有取得公房租赁凭证,故一般不应视为‘他处有房’。公房同住人在他处因私有房屋征收而分得的安置房,原则上不属于‘他处有房’,但在私房征收中享受过托底保障等福利性政策的除外。”第3条:“【同住人居住困难的认定标准】公房同住人他处有房但居住困难的,仍属于征收补偿对象。如何认定‘居住困难’?对于‘居住困难’的认定,既要尽可能确定统一的标准,又要充分考虑公有住房分配政策的历史沿革。‘居住困难’是指在他处房屋内人均居住面积不足法定最低标准的情况。法定最低标准面积的认定,应按照房屋调配当时的公房政策所规定‘居住困难’的面积标准。”第4条:“【空挂户口人员的补偿利益】户口空挂在被征收的公有住房的非同住人起诉要求分割征收补偿利益,应如何处理?空挂户口人员并非公有住房的承租人或者同住人,在被征收房屋既无产权利益,亦无居住利益,一般不属于征收补偿安置对象,原则上不能分得安置房。如果在征收补偿安置时确实基于户籍因素考虑过该部分人员利益的,可以适当给予货币补偿。补偿款的数额可以参考因人口因素而增加补偿价值予以酌定。需要注意的是,确定空挂户口人员系配房考虑对象必须有明确依据,不能按政策推定,而应当由征收单位出具加盖公章的情况说明。”第8条:“【被安置人的证明】有的被征收私有房屋因历史原因仅有临时土地证,征收单位与被安置人代表签订补偿协议,没有明确被安置人范围,临时土地证记载的人员能否据此主张是被安置人?虽然临时土地证并非不动产权利的登记凭证,但可表明持证人使用该土地曾获得相关部门认可。基于城市房屋房地合一的原则,一般可采信临时土地证登记的权利主体。但当事人有证据证明临时土地证记载的权利人与真实权利人不一致的除外。"第9条:"【特定补偿项目的归属】农村宅基地房屋征收中,部分补偿项目有特定的指向或者与被安置人的特殊身份有关,对于该部分补偿款应该如何确定归属?农村宅基地房屋征收中,部分补偿项目有特定的指向或者与被安置人的特殊身份有关。例如给予与其他被安置人存在亲属关系但并非集体经济组织成员的人员一定的补偿,又如给予身患重大疾病的被安置人一定金额的额外补偿。对于这类基于特定身份取得的补偿利益,可参照2011年《动迁新政后动迁安置补偿款分割纠纷研讨会综述》第七条'关于各类补贴、奖励款'分割意见处理,原则上归该特定身份人员所有,但是当事人另有特别约定的除外。"北京高院(单国军庭长)**《关于审理城镇房屋买卖合同案件适用法律若干问题的调研报告》**(2017年2月5日):"……关于共同居住房屋的买卖问题。实践中,经常存在当事人基于婚姻、亲属、拆迁安置等原因对房屋享有居住权益的情形,房屋所有权人无权要求居住人腾退房屋,但其未经居住人同意擅自转让房屋是否有效呢?我们认为,居住人享有的居住权益并非物权,也无法对外予以公示,买受人无从知悉居住权益的存在,因此为保护善意买受人的合法权益,其与出卖人签订的买卖合同应为有效。当然,居住人的合法权益也应当得到法律保护,具体方式包括:买卖双方为侵害居住人利益恶意串通签订的买卖合同无效;居住人有权要求出卖人赔偿因此受到的相应损失等等。"上海高院**《物权民事纠纷办案要件指南(总则部分)》**(2012年7月9日)第2条:"……(2)物权内容法定,即物权权能的法定,是指物权主体的权利义务的内容由法律明确规定,当事人不得创设与物权的法定内容相悖的物权。例如,买卖合同中当事人约定买受人取得标的物的所有权,但该所有权不包含处分权,此即创设物权的内容,为法律所不许。需要特别注意的是,当事人创设物权的民事行为,虽不发生物权效果,但是该创设行为如果符合其他法律行为的要件,则当事人之间仍然产生该法律行为的法律效果。例如,当事人通过合同设定了居住权,由于居住权在物权法中没有予以规定,那么这种创设就不具有物权的效力,但是依双方约定,当事人一方享有在约定的期限内,在相应房屋内居住的权利,在对方不同意居住时,其可以提出债权之诉,保护其居住权利。另要注意,当事人即使不享有物权,但基于与物权主体之间的特殊法律关系等重要事实,以及保障当事人生存权利等需要,也应当通过类似保护物权的方法,保护当事人的基本权利,如婚姻关系中,房屋即使为一方所有,其也不得以行使所有权为由,擅自要求另一方搬离,因为其负有夫妻之间相互扶助的法律及伦理义务;还如售后公房,承租人购买公房虽然获得产权,性质上属于私有产权,但是不能完全按照私房的标准处理,因为获得公房购买本身,包含着一定的社会福利性质,售后公房的产权人对非产权人的共同居住人,应当承担相应的居住保障义务。”河南郑州中院《**关于审理房屋纠纷民事案件适用法律问题的若干意见(征求意见稿)**》(2011 年 7 月 5 日)第 15 条:“婚前男方购买的房屋,婚后双方共同居住,女方离婚时无经济来源并居无定所的,女方一般可以在离婚后两年内享有该房屋的居住权。但男方给予相应经济帮助的除外。”辽宁高院《**全省法院民事审判工作座谈会纪要**》(2009 年 5 月 14 日　辽高法〔2009〕120 号)第 4 条:“关于公有房屋承租使用权纠纷的审判原则。平等民事主体之间因公有房屋承租使用权的转让、交换、出租、侵权及居住使用等问题发生的纠纷,属民事争议,应按民事案件审理。公有房屋所有权单位与公有房屋承租使用权人、本单位职工或职工家属之间因公有房屋承租使用权的分配、回收、发证、房改等问题发生的纠纷,不属于平等主体之间的民事争议,不应按民事案件审理。审理公有房屋承租使用权纠纷案件,应当站在维护人民群众基本生活条件的角度,依法保护公有房屋承租使用权人、共同居住人的居住使用权。应当按照诚实信用、等价有偿的民法原则,维护交易、流转秩序。”上海高院《**关于印发〈关于审理宅基地房屋纠纷若干问题的意见(试行)〉的通知**》(2007 年 12 月 17 日　沪高法民一〔2007〕24 号)第 3 条:“宅基地使用权补偿款的归属。农村宅基地房屋的动迁补偿一般分为房屋补偿和宅基地使用权补偿。地上物的补偿,应当归属房屋权利人。房屋原权利人已经死亡的,动迁补偿款可依继承关系进行处理。宅基地使用权补偿款的分割,容易产生争议,特别是非集体经济组织的继承人往往基于继承关系而主张宅基地使用权,进而提出分割相应补偿款。鉴于农村宅基地使用权具有很强的身份属性,系农村集体经济组织无偿提供给本集体成员享有的,并且按户计算。当一户出现人口减少,宅基地仍是由一户中剩余的成员共同使用,宅基地使用权的补偿款则由该户剩余的成员共同所有。若该户已无农村集体经济组织成员,或虽为农村集体经济组织成员,但在他处已取得宅基地使用权的,该宅基地使用权的补偿款一般由该户房屋原权利人的继承人取得,但集体经济组织明确表示反对的除外。”上海高院《**关于审理“二手房”买卖案件若干问题的解答**》(2005 年 12 月 16 日)第 3 条:“房屋权利人个人购买所得的房屋,配偶或其他亲属因婚姻或亲属关系形成了同住事实,房屋所有权人有义务保障其居住权益,但该权益的存在并不构成对房屋所有权人处分房屋的限制。因此,未经在房屋内共同居住的其他成员同意并不影响房屋所有权人对外签订的房屋买卖合同的效力。”辽宁沈阳中院《**关于审理房地产案件若干问题的处理意见(之二)**》(2004 年 12 月 2 日　沈中法〔2004〕31 号)第 3 条:“关于使用权房屋的同住人口是否能够构成对房屋的共有问题。共有的产生通常是基于当事人的意思表示和法律的直接规定,居住本身不会产生共有。因此,同住人口是否对共同居住的房屋具有共有权,要看该房屋是否已经转化为家庭共同财产或系共同投入所得。在取得公房使用权时,除承租代表人外,其他同住人口作为分房时确定面积等因素的一个重要条件的,或其他同住人口交纳了增加面积款的,或所交旧房为其他同住人口的共有财产的,即使房屋使用权证上未明确记载该同住人口为共同承租人,也可构成共有。否则,仅凭居住不能构成对公有住房使用权的共有。"第 4 条:"关于公房动迁后货币安置款的分配问题。如果共同居住人已构成对使用权的共有,则有权参与补偿款的分配,如未构成共有,根据沈阳现行房屋拆迁政策,补偿费的多少与居住人口无关,只与原房屋面积有关,未构成共有的同住人口,无权参与分配。承租代表人与构成共有的共同居住人口,对补偿费如何分劈问题,应根据公平原则,结合使用权房屋的来源情况,由法院酌情处理。"第 5 条:"关于公有住房动迁期间,原承租代表人死亡,与其共同居住的子女以其自己名义取得回迁房产权或货币安置款,而引起的继承和析产问题。根据公房使用权的性质,其他继承人有权主张财产权利。在处理上,首先应确定与父母共同居住的子女是否拥有承租使用权,是否构成对使用权的共有,如构成共有则应先析产,将该子女应得的份额扣除后,其余财产按继承处理。如果其中一个子女已经取得了回迁房屋的产权,则不应再将该房屋作为'遗产'进行分割,而应在确定原使用权房屋的价值后,由其对其他继承人给予补偿。"第 13 条:"关于拆迁协议签订后,被拆迁人死亡,其子女因履行拆迁协议产生的纠纷处理问题。房屋拆迁协议签订后,在履行期间,被拆迁人死亡。如果拆迁人已经与被拆迁人的继承人(或共同居住人)之一重新签订了拆迁协议,其他被拆迁人的继承人(或共同居住人)起诉,要求确认协议无效的,应驳回其诉讼请求。因为,该协议不存在法定无效情形,无论是哪一个继承人(或共同居住人)与拆迁人达成协议,都是代表其他继承人领受应属于原被拆迁人的回迁房屋或货币补偿款,其他继承人(或共同居住人)都可以向其主张对该房屋或货币补偿款的继承。如果其他继承人(或共同居住人)要求确认自己为被拆迁人的,其诉讼请求不属民事案件受理范畴,应驳回起诉。"上海高院**《关于审理公房承租权确定及使用权转让纠纷案件若干问题的意见》**(2004 年 9 月 28 日　沪高法民一〔2004〕44 号)第 1 条:"公房原承租人死亡,相关人员对承租权确定产生争议,直接诉讼至人民法院时,人民法院是否受理?答:根据上海市的有关规定,公有居住房屋的承租人死亡后,其生前在本处有本市常住户口的共同居住人,或者没有符合上述条件的人员,其生前具有本市常住户口的配偶和直系亲属,有权继续履行租赁合同。我们认为,公房租赁关系首先是一种合同关系,当事人享有自主选择合同相对人的权利。该权利未经授权,他人不得代行。因此在数人同时有权继续履行租赁合同,且无法协商一致的情况下,应当由作为出租人的公房产权单位或国家授权经营管理公房的单位从中予以确定。当事人直接诉讼至人民法院要求确定的,不予受理。但当事人对出租人确定的承租人资格提出异议而诉至法院的,人民法院可予受理。诉讼中,对承租人资格有争议的各方为案件的原、被告，出租人为无独立请求权的第三人。安全审理以维持出租人的确定为原则，除非原先有证据证明出租人所确定的承租人明显不符合《上海市房屋租赁条例》及相关意见要求的，人民法院可判决撤销，依法重新确定。”第 2 条：“公房原承租人死亡后，除了在该处有本市常住户口的共同居住人可继续履行租赁合同外，还有哪些共同居住人可继续履行租赁合同？答：根据《上海市房屋租赁条例》第四十一条第（二）项，及上海市房屋土地资源管理局《关于贯彻实施〈上海市房屋租赁条例〉的意见（二）》第十二条之规定，公有居住房屋原承租人死亡的，其生前的共同居住人必须在该处有本市常住户口，才可以继续履行租赁合同。这是因为，原有公房配给制度主要是为保障承租人家庭成员的居住利益，有户口的共同居住人一般是原承租人的近亲属，属于原公房配给制度的保障范围。然而，随着情况的不断发展，我们认为，符合下列情形的人员也可具备继续履行租赁合同的资格：（1）在本市无常住户口，但因与原承租人或同住人结婚而在该公房内实际居住生活一年以上的；（2）因服兵役、就学、服刑等原因，户口迁出原承租人生前承租公房，但在原承租人死亡前实际居住生活于该公房内，且在本市无其他住房，或虽有其他住房但居住困难的；（3）因居住困难等原因租赁他处住房或借住他处而搬出原承租人生前现承租公房，但户口未迁出的。”第 4 条：“当事人以转让公房使用权时未经在该处有本市常住户口的共同居住人同意为由，诉请确认公房使用权转让合同无效的，应如何处理？答：根据《上海市房屋租赁条例》第三十八条第二款之规定，公房承租人转让承租权应事先征得在本处有本市常住户口的共同居住人的同意。因此，公房承租人处分其承租权的自由受共同居住人意思表示的限制，在未经共同居住人同意的情况下，从维护居住生存利益角度出发，原则上应确认该转让合同无效。但对于受让人已实际入住公房的，也应本着尊重现状的精神，合理保护受让人的交易安全利益。故实践中，可区分下列情况分别处理：（1）原共同居住人已搬离公房，受让人已实际入住该公房的，表明原共同居住人已以事实行为同意承租人转让其公房承租权，当事人再以未经同居住人同意为由诉请确认公房使用权转让合同无效的，不予支持；共同居住人有证据证明其搬离系基于转让人欺诈等行为所致，其原有的居住利益损失可另行向转让人主张赔偿；（2）受让人尚未实际入住公房，未搬离公房的共同居住人有证据证明转让人未经其同意而转让该公房使用权，或已搬离公房的共同居住人有证据证明其搬离系基于转让人欺诈等行为所致的，则该转让合同无效，受让人故产生的损失可另行向转让人主张赔偿。”辽宁沈阳中院**《关于审理房地产案件若干问题的处理意见（之一）》**（2004 年 3 月 27 日）第 18 条：“关于落实政策中带户返还的问题……由于带户返还是针对特定历史问题所采取的解决方式，要求所有人与承租人签订不少于二年的租赁合同，一定程度上限制了当事人的意思自治。加之实践中对此政策理解把握不严，在所有人不同意继续签订租赁合同并要求承租人返还房屋时,不能得到有效保护,出现许多侵犯所有人权益的问题。为保护所有人的合法权益,自1999年10月1日合同法实施后,应严格依照合同法第十三章的规定精神办理:凡是租赁期间届满,房屋所有权人要求返还房屋,承租人不予返还的,应判决承租人返还房屋;租赁期间届满后,承租人继续使用房屋,出租人没有提出异议的,应认定原租赁合同继续有效,但租赁期限为不定期,租赁期间,出租人要求解除合同,返还房屋的,应予支持,但应当给承租人必要的准备期限,一般应不低于三个月;承租人在房屋租赁期间死亡的,与其生前共同居住的人可以按照原租赁合同租赁该房屋,但只限于在剩余租赁期限内,超出该期间,出租人要求返还房屋的,应予支持。"上海高院**《关于房屋动拆迁补偿款分割民事案件若干问题的解答》**(2004年1月12日　沪高法民一〔2004〕3号)第2条:"因公有房屋动拆迁货币补偿款的分割而发生的纠纷,哪些人员应当作为当事人参加诉讼?答:在涉及公有房屋拆迁货币补偿款的纠纷中,一个或数个居住人(以下简称'同住人')、有权分得拆迁补偿款的其他人起诉的,法院应当通知其他同住人作为共同原告或者共同被告参加诉讼。被通知以原告地位参加诉讼的同住人,不愿意参加诉讼又未明确表示放弃实体权利的,法院仍应将其列为共同原告。被通知以被告地位参加诉讼的同住人,其在诉讼中的相关事宜,根据民事诉讼法和有关司法解释的规定处理。"第3条:"同住人需要符合哪些条件?答:与《上海市房屋租赁条例》相关条款规定所指的同住人概念不同,本解答所指的同住人,是指在拆迁许可证核发之日,在被拆迁居住房屋处有本市常住户口,已实际居住一年以上,且本市无其他住房或者虽有其他住房但居住困难的人。他处虽有住房但居住困难的情况,是指在他处房屋内人均居住面积不足法定最低标准的情况。这里所指的他处房屋的性质,仅限于福利性质取得的房屋,包括原承租的公有房屋、计划经济下分配的福利房、自己部分出资的福利房,房款的一半以上系用单位的补贴所购买的商品房,公房被拆迁后所得的安置房(包括自己少部分出资的产权安置房),以及按公房出售政策购买的产权房等。"第5条:"除前述条款列举的以外,还有哪些人员可被视为同住人?答:(一)有权对公有居住房屋拆迁货币补偿款主张权利的,一般是指被诉公有居住房屋的承租人和本解答第三条所指的同住人。有下列情形之一的人,也视为同住人:1.具有本市常住户口,至拆迁许可证核发之日,因结婚而在被拆迁公有住房内居住的,即使居住未满一年,也视为同住人。但其在该处取得拆迁已补偿款后,一般无权再主张本市其他公房拆迁补偿款的份额;2.一般情况下,在本市无常住户口,至拆迁许可证核发之日,因结婚而在被拆迁公有住房的居住满五年的,也视为同住人,可以分得拆迁补偿款;3.在按拆迁公有居住房屋处有本市常住户口,因家庭矛盾、居住困难等原因在外借房屋住,他处也未取得福利性房屋的;4.房屋拆迁的,因在服兵役、读大学、服刑等原因,户籍被迁出被拆公有居住房屋,且在本市他处也没有福利性房屋的。(二)有下列情形之一的人,不能被视为同住人,无权分得公有居住房屋拆迁货币补偿款:1. 将本来享有的他处公有住房权利(本解答第二条所列的住房困难的情况除外)予以处分,居住在被拆公有居住房屋的;2. 获得单位购房补贴款后已有能力购房而不购房,仍居住在被拆公有居住房屋的共同居住人;3. 已在本市他处公有房屋拆迁中取得货币补偿款。”北京高院**《关于因直管公房租赁引发纠纷的受理问题的意见》**(2003 年 11 月 27 日　京高法发〔2003〕350 号)第 2 条:“直管公房承租人、承租人的共同居住人与政府公房管理部门或直管公房经营管理单位发生的以下纠纷,由于涉及政府公房管理部门或直管公房经营管理单位依据其房管职权审查当事人承租资格问题,具有行政管理性质,双方法律地位不平等,应作为行政案件立案受理:(1)直管公房承租人死亡后,承租人的共同居住人对政府公房管理部门或直管公房经营管理单位依职权变更直管公房承租人不服提起的诉讼;(2)直管公房承租人或承租人的共同居住人认为符合直管公房租赁变更条件,请求政府公房管理部门或直管公房经营管理单位变更直管公房租赁关系,政府公房管理部门或直管公房经营管理单位不予变更产生纠纷提起的诉讼。以上因变更直管公房承租人或租赁关系问题引发纠纷提起行政诉讼的,应以政府公房管理部门或法律、法规、规章授权的组织为被告。”广东高院、广东高检、广东公安厅、广东司法厅**《关于处理婚姻关系中违法犯罪行为及财产等问题的意见》**(2000 年 5 月 30 日　粤高法〔2000〕18 号,已于 2020 年 12 月 31 日经粤高法〔2020〕132 号废止)第 13 条:“……夫妻关系存续期间根据房改政策购买的房屋,离婚时,由取得房屋所有权的有过错方给予没有取得房屋所有权的无过错方,按该房屋进入市场的价格(由房屋管理部门评估)一半金额以上的补偿;或者以照顾女方和子女利益原则对房屋的产权作明确分割;夫妻居住有过错方单位尚未进行房改的房屋,或者夫妻双方共同居住承租权属于有过错方的房屋部门直管公房,离婚时,无过错方无房迁出的,法院可判决其暂住二年,有过错方要积极帮助其解决……夫妻双方共同居住的公房,离婚时,双方又均可承租的,依照照顾无过错方、抚养子女一方、生活困难一方原则处理。”广东高院**《关于人民法院审理离婚案件处理房改购买房、公房使用、承租若干问题的意见(试行)》**(1996 年 1 月 12 日　粤高法〔1996〕6 号,已于 2020 年 12 月 31 日经粤高法〔2020〕132 号废止)第 2 条:“关于离婚后公房承租权、居住权的处理问题。(一)离婚时对夫妻双方均有权承租的公房的处理:1. 夫妻共同居住的公房,具有下列情形之一的,离婚时,双方均可承租:(1)婚前由一方承租的房管部门直管公房,婚后夫妻户口在同一城市的;(2)婚前一方承租的本单位房屋,离婚时,双方均为本单位职工的;(3)婚前一方借款投资取得的公房承租权,婚后夫妻共同偿还借款的;(4)夫妻关系存续期间,双方共同承租的房屋,或者一方将其原承租的本单位的房屋,交回本单位或交给另一方单位后,另一方单位另给调换房屋的;(5)双方均租有房管部门直管公房,后合并调换房屋的;(6)其它应当认定为夫妻双方均可承租的情况。2. 对夫妻双方均可承租的公房,处理时涉及到必须变更原租赁关系的承租人的,应向房管部门或产权单位说明情况,并且依照以下原则予以处理:(1)照顾抚养子女的一方;(2)男女双方在同等条件下,照顾女方;(3)照顾残疾和生活困难的一方;(4)照顾无过错的一方。3. 对房屋面积较大能够分开居住使用的,可由双方分别租赁;对可以另调房屋分别租赁或承租方给另一方解决住房的,可予准许。4. 对双方均可承租的公房,离婚时将全部由方承租的,承租方应给予迁出方适当的承租权经济补偿。补偿标准可按房屋一半面积的二年私房市场租金计算。公房全部由一方承租,另一方解决住房确有困难的,除按前款进行经济补偿外,人民法院还可判决其暂时居住,暂时居住一般不超过两年。如难以确定具体搬迁期限的,也可判至再婚或另有房屋迁出时止。暂住期间的租金,由双方协商确定。协商不成,暂住期在二年以内的,按其占住面积比照当地公房租金标准交纳;暂住期超过二年的,参照当地私有房屋市场租金交纳。(二)夫妻双方共同居住的公房,其承租权属一方独有,另一方没有承租权的,离婚时,该房屋应判归有承租权的一方承租,另一方迁出。另一方确无其他房屋可搬迁的,人民法院可判决其暂时居住,暂住期限一般不超过两年。如难以确定具体搬迁期限的,也可判至再婚或另有房屋迁出时止。暂住期间的租金参照当地私有房屋市场租金交纳,暂住方确有经济困难的,可参照当地房管部门确定的公房租金交纳。无承租权的一方离婚时即迁出的,承租方对迁出方应作适当经济帮助,数额可由双方协商确定:也可根据原承租公房面积的一半,参照私有房屋二年的市场租金计算。”北京高院《**关于房地产案件受理问题的意见(试行)**》(1994 年 4 月 25 日)第 4 条:“房管局直管公房原承租人死亡后,其原共居人为确定新的承租关系而发生的纠纷,当事人向法院起诉的,不予受理,应告知当事人向房管部门申请解决。”江苏高院《**关于印发〈关于审理离婚案件处理住房问题的意见〉的通知**》(1995 年 1 月 3 日　苏高法发〔1995〕1 号)第 11 条:“夫妻双方对婚姻关系存续期间承租且共同居住的房屋享有共同使用权。”第 12 条:“一方婚前承租的房屋,婚后由双方共同居住 3 年以上的,夫妻双方享有共同使用权。”第 13 条:“一方父母承租的,由夫妻婚后实际单独居住 3 年以上的房屋,离婚时夫妻双方享有共同使用权。”第 14 条:“一方父母承租的,由夫妻与承租房屋的父母共同居住 3 年以上的房屋,离婚时该夫妻共同享有部分使用权。”第 16 条:“对于夫妻享有共同使用权的房屋,离婚时有条件分租的,应当予以分租;不宜分租的,应当根据双方住房情况和照顾抚养子女方和无过错方等原则判归一方使用,使用方给迁出方适当的经济补偿。”第 17 条:“对于一方婚前承租或一方父母承租,夫妻婚后实际单独、居住不满 3 年的房屋;或者一方父母承租,该夫妻享有部分使用权的房屋,离婚时,一般应当将该房屋判归承租人或承租方当事人使用,给迁出方适当的经济补偿。”

4. 地方规范性文件。上海市房管局**《关于印发〈关于公有居住房屋变更、分列租赁户名的若干规定〉的通知》**(2019 年 8 月 15 日　沪房规范〔2019〕3 号)第 1 条:“公房变更租赁户名应当符合下列条件:(一)承租人与本处有本市常住户口的共同居住人协商一致要求变更租赁户名的;(二)承租人户口迁离本市,本处有本市常住户口的共同居住人协商一致要求变更租赁户名的;(三)承租人死亡,其生前在本处有本市常住户口的共同居住人协商一致要求变更租赁户名的;(四)承租人死亡,其生前在本处无共同居住人的,其生前具有本市常住户口的配偶与直系亲属协商一致要求变更租赁户名的。按照前款第(一)项变更租赁户名后,在五年内不得再依该规定变更租赁户名。按照前款第(一)项、第(二)项变更租赁户名的,共同居住人的实际居住生活的时间以提出申请时间为节点;按照前款第(三)项、第(四)项变更租赁户名的,共同居住人的实际居住生活的时间以承租人死亡时间为节点。本规定所称的‘共同居住人’,是指公房的承租人死亡或者变更租赁关系时,在该承租房屋处实际居住生活连续一年以上而且本市无其他住房或者虽有其他住房但居住困难的人。但承租人、共同居住人在本处结婚的配偶、在本处出生的子女,且在本处实际居住的,可以不受实际居住生活连续一年以上以及他处住房条件的限制。本规定所称的‘其他住房’,是指福利性质取得的房屋,包括原承租的公有房屋、分配的福利房、自己部分出资的福利房,用单位补贴房款的一半以上所购买的商品房,公房被征收(拆迁)后所得的安置房(包括自己少部分出资的产权安置房),以及按公房出售政策购买的产权房等。‘居住困难’,是指以本市当年度公布的申请廉租住房面积标准核定,低于该标准的为居住困难。”北京市建委**《关于印发〈北京市限价商品住房购买资格申请审核及配售管理办法〉的通知》**(2008 年 4 月 9 日　京建住〔2008〕223 号)第 7 条:“申请家庭住房是指全部申请家庭成员名下承租的公有住房和拥有的私有住房……家庭人均住房面积按申请家庭上述住房面积之和除以申请家庭人口计算。”北京市建委**《关于印发〈北京市经济适用住房购买资格申请审核及配售管理办法〉的通知》**(2007 年 11 月 23 日　京建住〔2007〕1175 号)第 7 条:“家庭住房是指全部家庭成员名下承租的公有住房和拥有的私有住房……家庭人均住房面积计算公式:申请人户口所在地现居住住房面积 ÷ 其所在住房同一《租赁合同》或《房屋所有权证》下的长期共居户籍人口(共居人口在他处有住房除外) + 申请家庭成员他处住房面积 ÷ 申请家庭人口。”北京市建委**《关于印发〈北京市城市廉租住房申请审核及配租管理办法〉的通知》**(2007 年 11 月 13 日　京建住〔2007〕1176 号)第 7 条:“家庭住房是指全部家庭成员名下承租的公有住房和拥有的私有住房……家庭人均住房面积计算公式:申请人户口所在地现居住住房面积 ÷ 其所在住房同一《租赁合同》或《房屋所有权证》下的长期共居户籍人口

(共居人口在他处有住房除外)+申请家庭成员他处住房面积÷申请家庭人口。"北京市国土资源和房屋管理局《**关于开展直管公有住房使用权交易试点工作的通知**》(2002年12月18日　京国土房管物〔2002〕1124号)第3条:"……公房使用权交易,当事人双方应当签订书面协议。协议签订后,当事人双方持下列相关材料到房屋所在地直管公房经营管理单位办理公房使用权互换、转让、转租手续:……(3)公有住房租赁合同及共居人、合居户同意意见书;(4)房屋所有权证和共有人同意意见书。"北京市人民政府《**批转市国土房管局关于解决本市按照标准租金出租私有房屋问题的若干意见的通知**》(2001年11月4日　京政发〔2001〕37号)第3条:"……特殊情况的处理意见。(1)单位租用标准租私房,产权人同意继续租用的,由双方自行议定租金、租赁期限和其他有关事项,重新签订房屋租赁合同;产权人不同意继续租用的,单位应无条件迁出。(2)承租人与产权人原订有房屋租赁合同,但承租人已故,其共居人未与产权人重新签订房屋租赁合同的,由共居人推举一名具有完全民事行为能力的成员作为承租人。"北京市康居工程工作小组办公室《**关于购买康居住宅若干问题的通知**》(1995年11月8日　〔95〕京康办字第13号)第1条:"单位以标准价或成本价向住房困难户出售康居住宅时,购房个人支付房价款与单位购买康居房实际售价之间的差额,由购房人及其配偶所在单位平均分摊,并由购房人所在单位负责收取分摊的资金统一交付、其中,购房人腾退原住房时,使用原住房解困的单位应多分摊一部分差额,具体分摊数额由双方协商确定。"第2条:"住房困难户申报人为无业人员,可以由其共居人申请购买康居住宅,具体办法按本通知第一条执行。"北京市人民政府房改办公室《**关于〈北京市直管公有住宅楼房出售试点办法〉的批复**》(1992年10月23日　〔92〕京房改办字第80号)第2条:"出售公有住宅楼房按承租户家庭共居户籍人口计算,人均购房建筑面积以30平方米为限(两处以上住房者面积合并计算);超过面积标准的不能独立使用的部分不予优惠;能独立使用的部分应退交出租单位,暂时不退的按超标加租办法计收房租。"北京市落实私房政策领导小组《**关于加快清退"文革"中被占用私人自住房工作的补充规定**》(1990年4月16日)第7条:"对于产权人及原共居亲属户口均不在京的,其被占自住房,不再按缓退对待。征得房主同意,或出卖或改为出租,改为出租房的租金按第2条的规定议租。今后,如产权人及原共居亲属经批准回北京居住的,住房问题由接收单位解决;无接收单位的,由政府负责解决。"

5. 参考案例。2011年10月**北京某借款合同纠纷案**,婆婆名下房屋2010年拆迁,婆婆取得拆迁补偿款263万余元。因儿子、儿媳婚后在该房一直共同居住,故拆迁时亦属于被安置人,根据相关拆迁政策,儿子、儿媳享有每人50平方米的优惠面积,在此范围内每建筑平方米单价为7600元,被安置人可按优惠价出资购买。

后儿媳向婆婆借款以优惠价75万余元购买了房屋并登记在儿媳名下，约定于2010年年底还清，但逾期未能偿还。其间，儿子、儿媳闹离婚。婆婆以借款纠纷起诉儿子、儿媳还款。法院认为：案涉房屋拆迁，儿子、儿媳属于被安置人，拆迁补偿款中不仅包括房屋及附属物之补偿，也包括对被安置人的安置补助费。婆婆在取得拆迁款后，代表其他被安置人与拆迁人签订了《定向安置房认购协议》，以拆迁补偿款交付了相应的房款，但在拆迁补偿款未能明确分割之前，不能就此认定儿子、儿媳与婆婆之间存在借款合同关系。婆婆坚持以借款合同纠纷为由提起诉讼，属于诉讼主体不适格，不符合起诉条件，故应驳回其起诉。2010年11月**上海某房屋买卖合同案**，法院认为：《职工家庭购买公有住房协议书》上顾某侄女名下的签名盖章均非本人所为，虽顾某主张其侄女对此知情，系其自愿放弃购房权利并提供其名章供签订协议书使用，但在侄女否认后未能提供相应的证据证明，本院难以采信。根据有关规定，职工家庭内有多人的，应协商确定购房人，协商不成的，不办理购房手续。本案购房人顾某夫妇凭《职工家庭购买公有住房协议书》，方有资格与公房出售单位签订公房出售合同，否则出售单位有权拒绝购房人的购房请求，故持有有效的《职工家庭购买公有住房协议书》是签订公房出售合同必备的资格要件。在该协议被确认无效的情况下，该协议书确认的购房人顾某夫妇便不具有代表家庭成员签订公房出售合同的主体资格。故其与出售单位签订的公房出售合同应为无效，案涉同住房屋应恢复为公有住房。2010年3月**北京某按份共有纠纷案**，法院认为：婆婆系被拆迁房权利人。在儿媳与儿子离婚后，儿媳及孙女诉请确认安置房的居住权。因诉争房屋系对婆婆原有宅基地房屋进行拆迁补偿而得，根据拆迁政策，以原房屋与安置房屋进行产权兑换，并根据一定的标准支付差价款。故婆婆作为被拆迁房权利人将成为新安置房权利人，其他拆迁时的应安置人口，基于家庭成员身份，拆迁前居住于被拆迁房屋内，拆迁之后，对新安置房权利，也应基于房屋权利人的分配取得，而并不当然取得房屋权利。故儿媳、孙女虽系拆迁安置协议中注明的被腾退人口，但现已丧失家庭成员身份，其要求取得安置房的居住权，在房屋权利人婆婆表示不同意的情况下，儿媳、孙女的该项诉讼请求缺乏事实及法律依据，本院不予支持。但儿媳、孙女作为腾退时的被安置人口，使得房屋权利人得以8口人计算可以享受的以优惠价购买的安置房面积，若减少两口人，则婆婆势必将按照超安置房价购买安置房屋，将支付更多的差价款。因此，婆婆基于腾退安置时存在儿媳、孙女作为被腾退人口而受益，现儿媳、孙女提出主张，婆婆应对儿媳、孙女给予补偿。就补偿数额，应根据实际发生的差价款与在缺少两名被腾退人口的情况下兑换同样面积的房屋将产生的差价款之间的差额确定，判决婆婆补偿儿媳、孙女差额22万余元。2009年11月**上海某房屋买卖合同案**，1993年，因拆迁，龚某父、母、女儿、侄女被安置在承租公房。2000年，龚某以该4人名义，办理房改手续，并将房屋登记在龚某父亲名下。2002年,龚某父亲去世。2009年,龚某母诉请法定继承。随后,龚某侄女以其系公房同住人诉请确认系争公房出售合同无效。法院认为:系争房屋系因原住房被动迁而接受安置所得,租赁户名为龚某父,龚某妻、龚某女儿、侄女均为该房屋的同住人。龚某以上述4人名义签署协议书,但龚某之前并未得到侄女的授权,之后也未得到追认,故由龚某依据上述协议书与公房单位就系争房屋签订的出售合同违反了公有住房出售的相关规定,侵害了龚某侄女的合法权利,该出售合同无效,恢复为公有住房后,售房单位应返还购房款于交款人。2007年4月**辽宁某房屋买卖合同案**,法院认为:邹某与其母康某均系该争议房屋产权人陶瓷厂职工,《单位自有住宅租赁证》载明的房屋承租人系康某,家庭成员邹某。康某死亡后,邹某作为承租代表人康某的共同居住人协议有偿转让房屋使用权并不违反国家相关法律规定,应属有效。孙某在支付了合理房价并经产权单位同意办理更名手续后,取得的房屋使用权应受法律保护,故对邹某兄主张邹某与孙某之间转让公房无效的诉讼请求不予支持。即使邹某兄系该争议房屋的共同使用权人,因孙某基于讼争房屋管理部门登记档案中载明的承租人状况,有理由相信邹某有权对该争议房屋的使用权行使处分权,且办理了使用权变更登记手续,故孙某系善意、无过失且有偿取得,构成对案涉公房使用权的善意取得。2006年12月**北京某房屋所有权纠纷案**,1997年,孟某带女儿回娘家住,娘家房屋系孟某母亲赵某承租单位公房。2003年,孟某经法院判决离婚并抚养女儿,随后迁户至娘家公房,赵某系户主。2006年,赵某与产权单位签订购房协议,确定赵某购买此公房,房价款为3000余元,以拆迁款相抵,随即赵某与拆迁公司签订补偿协议,注明"在册人口3人"即赵某、孟某及孟某女儿。赵某领取补偿款34万余元后,另行租住。孟某及女儿诉请赵某分割补偿款。法院认为:赵某系案涉房屋被拆迁人,其有权享有拆迁权益。赵某与拆迁人签订拆迁补偿协议后,实际领取拆迁补偿款的行为并不违反法律规定。本案中,拆迁人明确表示在拆迁中其只对赵某予以安置,现赵某将其领取的拆迁补偿款用于承租房屋居住,且在庭审中亦表示同意二原告与其共同居住。赵某的行为,并不侵害二原告的合法权益,故二原告的诉讼请求,理由不足,本院不予支持。

【同类案件处理要点】

居住本身不会产生共有。在取得公房使用权时,除承租代表人外,其他同住人口作为分房时确定面积等因素的一个重要条件的,或其他同住人口交纳了增加面积款的,或所交旧房为其他同住人口的共有财产的,即使房屋使用权证上未明确记载该同住人口为共同承租人,也可构成共有。未经在房屋内共同居住的其他成员同意并不影响房屋所有权人对外签订的房屋买卖合同的效力。

【相关法律风险提示】

1. 非作为产权人或产权共有人的共同居住人在居住房屋出售的情况下，根据《物权法》相关规定，该共同居住人并不享有对抗买卖合同效力的权利。共同居住人的利益纠纷，通常发生在与承租公房相关的房改出售、拆迁补偿、离婚财产分割、遗产分割等情形。对于房改售房未经同住人同意，是否导致公房出售合同无效，司法实践中存在不同判例：(1)无效。违反公房出售相关规定，侵害共同居住人利益。(2)有效。非属对法律、行政法规强制性规定违反，虽无权处分但善意取得。

2. 购买房改性质房屋，应确定与产权人签署买卖合同，在产权证未办理的情况下，应核实公房承租关系，调查公房同住人状况，避免造成侵害同住人利益导致合同无效情形。

3. 办理公房出售手续，应取得房屋承租人及同住人同意，并以书面签名方式确认。单一签章方式确认，在签章人否认，办理人无其他证据佐证的情况下，易认定系无权代理。

4. 拆迁公房，2001 年《城市房屋拆迁管理条例》及 2011 年《国有土地上房屋征收与补偿条例》均规定针对被拆迁房屋的所有权人进行安置补偿，对公房共同居住人的保护无相关规定及司法解释，尤其在共同居住人名下无房，又人户分离的情况下，是否享有拆迁利益，实践中存在不同判例。总而言之，私有房屋拆迁时，人户分离情况下，家庭成员或共同居住人往往以“在册人口”“被安置人”在拆迁补偿安置合同中体现，因拆迁仅针对所有权人安置补偿，故被安置人的拆迁利益如何衡量，是否有必要考虑，法律未予如此体贴入微，司法实践中的个案处理，对共同居住人或被安置人利益的照顾，具有立法借鉴的意义。

【附注】

参考案例索引：上海二中院(2010)沪二中民二(民)终字第 966 号“陈某等与周某等房屋买卖合同纠纷上诉案”；北京二中院(2011)二中民终字第 18172 号“刘某与张某等借款合同纠纷案”；上海一中院(2010)沪一中民二(民)终字第 3933 号“顾某等与朱某等房屋买卖合同纠纷上诉案”；北京朝阳区法院(2009)朝民初字第 17147 号“牛某等诉张某等按份共有纠纷案”；上海一中院(2009)沪一中民二(民)终字第 3401 号“李某与龚某等买卖合同纠纷上诉案”；辽宁沈阳中院(2006)沈民(2)房终字第 1006 号“邹某与邹某弟等房屋买卖合同纠纷上诉案”；北京东城区法院(2006)东民初字第 9059 号“孟某等诉赵某等所有权及与所有权相关权利案”。

85. 联建房:联建责任方

——所购联建房,纠纷谁责任?

【合同主体】

【案情简介及争议焦点】

2001年,开发公司与家园公司签订联建协议,约定项目开发和销售均以前者名义办理。2003年,双方约定办理部分房屋预售手续,由家园公司用于融资,家园公司遂用一套作价90万余元抵偿所欠李某的工程款。2004年,李某又将该房作价60万元转让给王某。同年7月,开发公司与王某签订商品房买卖合同,并开具90万余元的购房发票。2005年4月,终审判决认定开发公司与家园公司的联建纠纷,包括已给付的争议房屋的价值归家园公司外,开发公司应返还家园公司1000万余元投资款,开发公司已履行。2006年9月,王某见交房无着落,起诉开发公司要求返还购房款90万余元。

争议焦点:1. 事实买卖关系如何认定? 2. 开发公司是否有交房义务?

【裁判要点】

1. 开发公司与王某间不存在事实上的房屋买卖关系。双方虽签有商品房买卖合同,并开具购房发票,但王某并未向开发公司交纳购房款,开发公司与王某之间不存在真实交易。王某承认是从李某处购买的争议房屋,并向李某交纳了购房款60万元。因项目开发及销售手续均以开发公司名义办理,开发公司与王某签订购房合同目的是办理房屋产权手续,故双方之间事实上不存在房屋买卖关系。

2. 开发公司不负有向王某交付争议房屋的合同义务。生效判决虽将项目工程判归开发公司,但判决书已认定家园公司已将包括本案争议房屋用以抵偿部分工程欠款,并将其作为开发公司返还家园公司投资款的一部分。故家园公司处分争议房屋已不归开发公司所有,开发公司不负有向王某交付争议房屋的义务。家园公司将本案争议房屋抵偿欠李某的工程款,但家园公司并未实际交付房屋,以房抵债协议并未实际履行。李某与王某签订房屋转让协议时,李某并未实际取得房屋,不具备房屋买卖的前提条件。根据合同相对性原则,王某应向房屋买卖合同的相对人李某主张权利。

【裁判依据或参考】

1. 法律规定。《**民法典**》(2021 年 1 月 1 日)第 465 条:“依法成立的合同,受法律保护。依法成立的合同,仅对当事人具有法律约束力,但是法律另有规定的除外。”第 593 条:“当事人一方因第三人的原因造成违约的,应当依法向对方承担违约责任。当事人一方和第三人之间的纠纷,依照法律规定或者按照约定处理。”《**合同法**》(1999 年 10 月 1 日,已于 2021 年 1 月 1 日起失效)第 8 条:“依法成立的合同,对当事人具有法律约束力。当事人应当按照约定履行自己的义务,不得擅自变更或者解除合同……”第 121 条:“当事人一方因第三人的原因造成违约的,应当向对方承担违约责任。当事人一方和第三人之间的纠纷,依照法律规定或者按照约定解决。”《**城市房地产管理法(2019 年修正)**》(2020 年 1 月 1 日)第 28 条:“依法取得的土地使用权,可以依照本法和有关法律、行政法规的规定,作价入股,合资、合作开发经营房地产。”

2. 司法解释。最高人民法院《**2011 年全国民事审判工作会议纪要**》(2011 年 6 月)第 18 条:“当事人以国有土地使用权或资金出资进行合作开发,并以一方名义进行开发建设的,因合作项目产生的债权债务,按照物权法第一百零二条的规定处理。另一种意见:当事人以国有土地使用权或资金出资进行合作开发,并以一方名义进行开发建设的,因合作项目产生的债权债务,应当严格遵循合同相对性原则处理。”最高人民法院《**关于审理涉及国有土地使用权合同纠纷案件适用法律问题的解释(2020 年修改)**》(2021 年 1 月 1 日　法释〔2020〕17 号)第 12 条:“本解释所称的合作开发房地产合同,是指当事人订立的以提供出让土地使用权、资金等作为共同投资,共享利润、共担风险合作开发房地产为基本内容的合同。”第 13 条:“合作开发房地产合同的当事人一方具备房地产开发经营资质的,应当认定合同有效。当事人双方均不具备房地产开发经营资质的,应当认定合同无效。但起诉前当事人一方已经取得房地产开发经营资质或者已依法合作成立具有房地产开发经营资质的房地产开发企业的,应当认定合同有效。”第 21 条:“合作开发房地产合同约定提供土地使用权的当事人不承担经营风险,只收取固定利益的,应当认定为土地使用权转让合同。”第 22 条:“合作开发房地产合同约定提供资金的当事人不承担经营风险,只分配固定数量房屋的,应当认定为房屋买卖合同。”第 23 条:“合作开发房地产合同约定提供资金的当事人不承担经营风险,只收取固定数额货币的,应当认定为借款合同。”第 24 条:“合作开发房地产合同约定提供资金的当事人不承担经营风险,只以租赁或者其他形式使用房屋的,应当认定为房屋租赁合同。”最高人民法院《**关于审理商品房买卖合同纠纷案件适用法律若干问题的解释(2020 年修改)**》(2021 年 1 月 1 日　法释〔2020〕17 号)第 6 条:“当事人以商品房预售合同未按照法律、行政法规规定办理登记备案手续为由,请求确认合同无效的,不予支持。

当事人约定以办理登记备案手续为商品房预售合同生效条件的,从其约定,但当事人一方已经履行主要义务,对方接受的除外。”第 7 条:“买受人以出卖人与第三人恶意串通,另行订立商品房买卖合同并将房屋交付使用,导致其无法取得房屋为由,请求确认出卖人与第三人订立的商品房买卖合同无效的,应予支持。”第 14 条:“由于出卖人的原因,买受人在下列期限届满未能取得不动产权属证书的,除当事人有特殊约定外,出卖人应当承担违约责任:(一)商品房买卖合同约定的办理不动产登记的期限;(二)商品房买卖合同的标的物为尚未建成房屋的,自房屋交付使用之日起 90 日;(三)商品房买卖合同的标的物为已竣工房屋的,自合同订立之日起 90 日。合同没有约定违约金或者损失数额难以确定的,可以按照已付购房款总额,参照中国人民银行规定的金融机构计收逾期贷款利息的标准计算。”第 15 条:“商品房买卖合同约定或者城市房地产开发经营管理条例第三十二条规定的办理不动产登记的期限届满后超过一年,由于出卖人的原因,导致买受人无法办理不动产登记,买受人请求解除合同和赔偿损失的,应予支持。”最高人民法院**《印发〈关于审理房地产管理法施行前房地产开发经营案件若干问题的解答〉的通知》**(1995 年 12 月 27 日　法发〔1996〕2 号,2013 年 1 月 18 日起经法释〔2013〕2 号废止)第 18 条:“享有土地使用权的一方以土地使用权作为投资与他人合作建房,签订的合建合同是土地使用权有偿转让的一种特殊形式,除办理合建审批手续外,还应依法办理土地使用权变更登记手续。未办理土地使用权变更登记手续的,一般应当认定合建合同无效,但双方已实际履行了合同,或房屋已基本建成,又无其他违法行为的,可认定合建合同有效,并责令当事人补办土地使用权变更登记手续。”第 23 条:“合建合同对房地产权属有约定的,按合同约定确认权属;约定不明确的,可依据双方投资以及对房屋管理使用等情况,确认土地使用权和房屋所有权的权属。”第 46 条:“合作建房合同被确认无效后,在建或已建成的房屋,其所有权可确认归以土地使用权作为投资的一方所有,对方的投资可根据资金的转化形态,分别处理:(1)资金尚水投入实际建设的,可由以土地使用权作为投资的一方将对方投入的资金予以返还,并支付同期同类银行贷款的利息;(2)资金已转化为在建中的建筑物,并有一定增值的,可在返还投资款的同时,参照当地房地产业的利润情况,由以土地使用权作为投资的一方给予对方相应比例的经济赔偿;(3)房屋已建成的,可将约定出资方应分得的房产份额按现行市价估值或出资方实际出资占房屋造价的比例,认定出资方的经济损失,由以土地使用权作为投资的一方给予赔偿。”

3. 部门规范性文件。建设部**《城市房地产转让管理规定》**(2001 年 8 月 15 日　建设部令第 96 号)第 3 条:“本规定所称房地产转让,是指房地产权利人通过买卖、赠与或者其他合法方式将其房地产转移给他人的行为。前款所称其他合法方式,主要包括下列行为:……(二)一方提供土地使用权,另一方或者多方提供资金,合资、合作开发经营房地产，而使房地产权属发生变更的……”国税总局**《关于个人从事房地产经营业务征收营业税问题的批复》**（1996年12月12日　国税函〔1996〕718号）：“个人以各购房户代表的身份与提供土地使用权的单位或个人（以下简称‘地主’）签订联合建房协议，由个人出资并负责雇请施工队建房，房屋建成后，再由个人将分得的房屋销售给各购房户。这实际上是个人先通过合作建房的方式取得房屋，再将房屋销售给各购房户。因此对个人应按‘销售不动产’税目征营业税，其营业额为个人向各购房户收取的全部价款和价外费用。另一方面，个人与地主的关系，属于一方提供土地使用权，另一方提供资金合作建房的行为。对其双方应按《国家税务总局关于印发〈营业税问题解答（之一）〉的通知》（国税函发〔1995〕156号）第十七条的有关规定征收营业税。”国税总局**《关于中国××化学工程公司征收营业税问题的批复》**（1996年4月17日　国税函〔1996〕174号）：“在中国××化学工程公司与四川国际经济开发招商股份有限公司合作建房的过程中，中国××化学工程公司负责出地和申请建设项目，建成后的房屋所有权也归其所有；四川国际经济开发招商股份有限公司负责出资金，取得底楼商业用房15年的使用权。在此项合作中，中国××化学工程公司发生了在约定的时间内将房屋转让他人使用的行为。根据《营业税税目注释》的有关规定，对中国××化学工程公司从四川国际经济开发招商股份有限公司取得的收入应按‘服务业’税目中‘租赁’项目征收营业税，纳税义务发生时间为收讫价款或取得索取营业收入款项凭据的当天。”国家土地管理局**《关于对浙土复〔1990〕8号请示的答复》**（1990年8月25日，已于2003年2月20日经国土资发〔2003〕48号文停止执行）：“……原宅基地使用者未经依法批准通过他人出资翻建房屋，给出资者使用，并从中牟利或获取房屋产权，是属于‘以其他形式非法转让土地’的违法行为之一。”

4. 地方司法性文件。江苏高院**《关于审理房地产合同纠纷案件若干问题的解答》**（2018年6月26日　审委会会议纪要〔2018〕3号）第14条：“合作开发商品房合同对内对外的效力如何认定？商品房合作开发合同对商品房的内部划分或分成，不具有对抗第三人的效力。合作开发的商品房权属登记在合作一方名下，该方将应归属于另一方的商品房出卖给第三人，合作另一方主张商品房买卖合同无效的，不予支持，除非第三人对此明知。合作开发的商品房权属登记合作一方名下，合作另一方将约定归其所有的商品房在未办理权属变更登记情况下，直接与第三人签订商品房买卖合同的，该合同有效。”广东高院**《关于〈合同法〉施行后认定房地产开发经营合同效力问题的指导意见》**（2001年10月30日　粤高法发〔2001〕41号，已于2020年12月31日经粤高法〔2020〕132号废止）第12条：“合作建房合同的各方当事人约定共同成立专门的项目公司开发房地产，无论项目公司是否成立，以及土地使用权是否已经变更登记为该项目公司享有，均不影响合作建房合同的效力。”第16条:“合作建房合同约定合作各方共同经营、共负盈亏、共担风险,土地使用权已经变更登记到合作各方的名下,其中的一方经其他合作方同意,将合同的权利和义务全部或部分转让给第三人的,该转让合同应当认定为有效;土地使用权尚未变更登记的,未取得土地使用权的一方,将合同的权利和义务全部或部分转让给第三人的,由于转让方不享有土地使用权,依照《城市房地产管理法》第三十七条的规定,该转让合同认定无效。”北京高院《**关于房地产案件受理问题的意见(试行)**》(1994年4月25日)第14条:“公民之间、法人之间和其他组织之间,以及他们相互之间,因联合建房所产生的联建合同纠纷案件,由民庭受理。”

5. 参考案例。1999年**吉林某房屋买卖合同纠纷案**,1995年,开发公司就其与银行联建房屋销售事宜同外贸公司签订购房合同,并收取1300万元购房款。嗣后,为少交税款,由银行与外贸公司签订合同价款为700万余元的备案合同。1998年,因外贸公司拖欠300万余元房款未付,开发公司起诉。法院认为:开发公司与银行投资联建,取得案涉房屋处分权,其虽未办理所有权更名手续,但联建双方对该房权属无异议;开发公司与外贸公司签订购房合同后,外贸公司依约支付大部分购房款,开发公司向外贸公司交付房屋,并办理了产权过户手续。外贸公司占有使用该房近四年之久,还两次以该房作抵押向银行贷款,转让、出租部分房屋获取了收益。开发公司按收取1300万元购房款数额依法补交了税款,故该购房合同不能再作无效处理。外贸公司与银行以逃避纳税、损害国家利益为目的所签转让合同,其内容虚假、不完整,双方亦未实际履行,应认定无效。判决外贸公司支付开发公司拖欠购房款及滞纳金。2014年**北京某撤销权纠纷案**,1994年,工程公司出资、物业公司出地,双方签订联建协议。2002年,物业公司取得全部联建房地产权属证书。2005年,工程公司诉请继续履行联建协议。2010年,法院生效判决支持工程公司诉请。2011年,工业局以其2003年与物业公司签订房屋转让协议、支付价款并占有房屋为由,诉请撤销前述生效判决。法院认为:出卖人就同一房屋分别签订数份买卖合同,在合同均为有效前提下,买受人均要求继续履行合同的,原则上应按以下顺序确定履行合同买受人:已办理房屋所有权转移登记的;均未办理房屋所有权转移登记,已实际合法占有房屋的;均未办理房屋所有权转移登记,又未合法占有房屋,应综合考虑各买受人实际付款数额多少及限售、是否办理网签、合同成立先后等因素,公平合理地予以确定。买受人之一起诉要求出卖人继续履行买卖合同,出卖人以房屋已转让给他人为由提出抗辩的,法院可根据案件具体情况决定是否追加其他买受人作为第三人参加诉讼;其他买受人另行提起诉讼要求继续履行合同的,应依前款原则协调处理。另案判决中,工业局非该案当事人,工程公司与工业局分别同物业公司所签合同均为有效,均未办理房屋所有权转移登记,因工业局已实际占有涉案房屋,无需再考虑工程公司与工业局实际付款数额多少及先后、合同成立等因素。比照前述原则，合建协议已无法继续履行，另案判决合建协议继续履行不当，故判决撤销。2015 年**海南某合作开发房地产合同纠纷案**，2007 年，工贸公司出地、投资公司出资，双方签订房地产开发合作协议，约定共同设立项目公司，各自持有 23.8%、76.2% 股权并以此分配权益。其后，工贸公司将约定的土地使用权变更至 2006 年成立的置业公司名下。2008 年，投资公司受让工贸公司实际控制人邢某所持置业公司 23.8% 股权。2009 年，投资公司将所持置业公司 76.2% 股权全部转让给他人。因后续股东拒绝投资，合作项目拆迁停止。2010 年，工贸公司诉请解除合作协议，置业公司将名下项目开发权及土地使用权返还变更至工贸公司。投资公司以工贸公司已不享有项目公司股权为由进行抗辩。法院认为：尽管置业公司作为项目公司系各方当事人均认可的客观事实，但其是否系工贸公司、投资公司依合作协议设立的项目公司，应依《公司法》规定，而不应仅凭当事人自认。置业公司虽承担了项目开发建设职能，但其只是被工贸公司和投资公司为项目合作而借用的一个项目公司，从其成立时间和股东构成亦可进一步证实。故置业公司非系依诉争合作协议约定设立的项目公司。依《公司法》规定，股东资格认定应以工商登记和股东名册进行确认。公司是否形骸化，公司与股东之间是否构成人格混同，应严格依法律关于公司法人终止、股东是否滥用权利、是否混同等因素判定。本案事实不能证明邢某所持置业公司股权系工贸公司在合作协议中的权利。工贸公司未向置业公司缴纳注册资金，其所享 23.8% 权益系依合作协议对项目利益分配比例，而非置业公司股东权。故工贸公司非置业公司股东，亦无证据证明其委托邢某代为持股。工贸公司已依合作协议将土地变更至置业公司名下，但该义务履行并非是向置业公司出资，不构成置业公司法人财产权。因投资公司未依合作协议履行拆迁、投资等主要义务，且未经工贸公司同意将其所持置业公司股权转让，后续股东不仅未继续投资完成拆迁工作，且拒绝与工贸公司协商，充分表明投资公司不再履行合作协议，从而导致工贸公司合同目的落空，投资公司行为构成根本违约。故判决解除合作协议，置业公司将名下项目开发权及土地使用权返还变更至工贸公司。2011 年**江西某合作开发房地产合同纠纷案**，1997 年，开发公司与百货公司签订联建合同，约定建成裙楼 1～3 层归后者所有，4～6 层归前者所有。嗣后房管部门据此办理权属登记。2001 年，债权人银行与债务人百货公司借款纠纷执行案协调会上，开发公司同意代偿，银行亦同意开发公司对百货公司抵押的裙楼 1～3 层房产销售款享有优先受偿权。随后，开发公司以其与百货公司的借款协议及“五证”登记在其名下主张 1～3 层裙楼房屋所有权。法院认为：借款协议仅能证明：开发公司与百货公司合作开发房地产过程中，双方为了合作项目能顺利进行，开发公司同意以借款或为百货公司偿还部分债务方式使项目用地解封出来继续开发，双方之间因此形成借款关系，百货公司用其应得裙楼 1～3 层作为抵押担保,在债务不能偿还时由开发公司销售后优先受偿;但不能证明百货公司已同意将1～3层裙楼产权以物抵债,或开发公司已买断该部分产权的事实。会议纪要及执行裁定系应开发公司异议请求作出,目的系为大厦建设需要,解除对百货公司拥有土地的查封,转而查封属于百货公司涉案房产。该裁定虽表述了开发公司用涉案房产进行抵押内容,但并非对涉案房产产权归属的确认。开发公司作为项目开发商,"五证"办在其名下符合常理,但持有"五证"并不能说明其拥有大厦全部房屋所有权,从而否定联建合同对涉案房产所有权分配的约定。联建合同系有效合同,应受法律保护。依合同约定,案涉裙楼1～3层曾为百货公司所有。在大厦建成后,房产登记机关依法院生效法律文书,为百货公司办理了争议房产的房产证及土地使用权证。根据公示公信原则,该争议房产产权应属百货公司所有。2010年12月**新疆某房屋买卖合同案**,法院认为:徐某购买案涉房屋居住至今的事实清楚,该房屋虽由商贸公司的原单位职工集资后向徐某转让,但三方协议表明,商贸公司对此明知并同意且徐某亦直接向其交纳房款。商贸公司与薛某联建住宅楼并约定由薛某办理双方住户的房产证,但其将住宅楼的房产证作废,致使薛某不能履行为徐某办证的义务,现该住宅楼房产证登记的所有权人仍为商贸公司,故其负有协助徐某办理房产证的义务。商贸公司在庭审时表示无法联系到其原单位的职工,并以此拒绝徐某的办证要求,非合理、正当的理由。薛某收取了徐某的办证费用,其在商贸公司协助徐某办证过程中,仍负有相应义务即负担办证的费用,不足的部分按其与徐某的约定,由徐某补足。判决商贸公司、薛某协助徐某办理案涉房屋的过户登记。2010年8月**辽宁某房屋买卖合同案**,法院认为:虽然高某与开发公司间达成的结算协议中约定分割给高某的12套房屋中不包括本案争议的房屋,但生效民事调解书中认定在该结算协议之前高某按双方约定分得部分房屋,而双方约定的分割方式中包括本案争议的房屋。开发公司认可房屋竣工后即与高某履行了分割方式,其虽主张对分割的房屋曾有过调整,但未提供相应证据证明调整的房屋中包括本案所涉房屋,应认定本案所涉房屋未予调整。开发公司与高某之间对分割方式的履行未进行公示,孙某无从知晓,故可认定孙某是善意购买。开发公司把本已分割给高某的房屋又出卖给孙某,对此应负全部责任。孙某与开发公司签订的《商品房买卖合同》开发公司予以认可,当事人意思表示真实,又不违反法律的强制性规定,且已实际履行,孙某交纳了全部房款,又交纳了取暖费、物业管理费、水电费、垃圾外运费,同时从开发公司取得了房屋钥匙。此商品房买卖合同依法成立并生效。高某与开发公司之间是基于联建房屋的合作关系,孙某与开发公司之间是房屋买卖关系。高某与开发公司之间对联建合作成果的分配不能对抗合作关系之外的已履行了全部义务的善意第三人。2009年3月**重庆某商品房买卖合同案**,法院认为:开发公司与物业公司签订了联建商住楼分房实施细则,对双方联建的商住楼进行了分配，并由开发公司向房地产交易所提交了房屋产权确认书。物业公司将其所分得房屋中的案涉房屋出售给张某，张某向物业公司付清了全部购房款，物业公司亦将房屋交付给了张某，双方的房屋买卖关系成立。开发公司在张某要求其和物业公司协助办理房屋产权证的诉讼过程中，与吴某签订《商品房买卖合同》，将物业公司已出售给张某的房屋又卖给了吴某，且为吴某办理了房地产权证；吴某明知张某与开发公司就案涉房屋存在办证纠纷，仍在诉讼过程中与开发公司签订房屋买卖合同，办理了房地产权证。开发公司与吴某的上述行为属恶意串通，损害了张某的合法利益，依法应为无效，故判决予以确认。2007 年 10 月**福建某商品房买卖合同案**，法院认为：黄某与开发公司签订的《商品房订购合同》符合商品房买卖合同的实质要件，且黄某已按合同约定支付了首付款 15 万元，余款约定到指定银行办理按揭。虽然黄某与开发公司签订的《商品房订购合同》上无联建公司的盖章，但基于开发公司与联建公司的全权销售代理关系，开发公司的代理行为的法律后果及于联建公司。故黄某主张其与开发公司签订的《商品房订购合同》为合法有效的商品房买卖合同的主张理由成立。姜某与联建公司签订的《商品房买卖合同》是在黄某已签字的《商品房买卖合同》上进行涂改而形成的，合同的涂改之处均加盖了联建公司的校对章，联建公司未能对合同的涂改之处作出合理的解释，足以证明联建公司篡改原开发公司与黄某签订的《商品房买卖合同》，损害黄某权益的事实存在，构成恶意串通，故应认定联建公司与姜某签订的《商品房买卖合同》为无效合同。2006 年 3 月**海南某商品房买卖合同案**，2002 年，开发公司及孟某担任法定代表人的医药公司，与孟某签订承包协议，约定医药公司出地、开发公司出资，孟某为承包人，7 年内返还开发公司 4800 万元投资及 1 亿元利润。其间，孟某以自己名义与开发公司签订商品房买卖合同一份，嗣后开发公司以孟某系公司经理，与本公司订立合同或进行交易违反《公司法》规定，合同无效。法院认为：孟某基于承包合同签订后，以承包人身份购买诉争房产，当时并非开发公司的法定代表人总经理。诉讼中，开发公司也提供不出充分的证据来证实孟某的总经理身份，故本纠纷不应适用《公司法》有关规定来作认定。孟某承包开发经营开发公司房产项目后，与开发公司所签商品房买卖合同的意思表示真实，且内容不违反法律规定，该合同有效，应受法律保护。该合同在履行过程中，孟某已依约向开发公司支付了首期款和部分按揭款，故对开发公司要求确认合同无效的诉请不予支持。2005 年 5 月**辽宁某房屋买卖合同案**，研究院与记者站下属基建处签约购房，事后记者站以其与基建处负责人黄某系联建关系，基建处为独立法人，记者站并未收房款，故在房屋无法交付时，记者站无须向研究院承担责任。法院认为：记者站虽承认其与黄某系联建关系，但其内部联建关系不能对抗以记者站基建处名义从事的民事行为的对方当事人研究院。同时，记者站未提供证据证明其下属基建处是独立法人;相反,有足以充分的证据证明记者站下属基建处实际存在,且有印章,亦有财务专用章,且黄某系基建处的负责人,故认定记者站作为基建处的法人单位。研究院向记者站下属部门基建处先后交付购房款及其他费用,现因研究院交付房款后并未取得房屋,且记者站所建房屋无法办理产权手续,对记者站下属部门基建处收取研究院的购房款,应退还研究院并赔偿相应的利息损失。

【同类案件处理要点】

联建各方之间对联建合作成果的房屋分配不能对抗合作关系之外已履行了全部义务的善意购房人。

【相关法律风险提示】

1. 购买抵债联建房,存在双重风险。因为抵债,可能经手人多,合同关系复杂,事实买卖合同与形式上的房屋买卖关系交错,孰真孰假,难有定论。因为联建,最终权利义务主体确定对合同履行有至关重要的影响,存在签约人非权利人、处分人非相对人的风险。联建甲方为抵债而销售的房屋再次被转让,新的受让人与开发名义主体联建乙方签订买卖合同,最终签约的联建乙方又因该房的利益被生效判决确认归联建甲方所有,那么,最终的购房人,因为与联建乙方不存在事实上的买卖关系,与联建甲方更是连形式上的买卖合同都没有,交了房款,还有发票和收据,却得不到房屋,法院判决只能找上家卖房的个人要。故对联建一方而言,考察另一方的实力是基础,履行联建协议过程中相互监督是保证,对外单独以一方名义签订合同要对联建他方违约有防范;对购房人而言,联建房的权属状况一定要分清,对于联建一方单纯提供手续销售的房屋要有所警惕,合同不一定能约束到签约人。对倒手的转售人而言,并不因房屋脱手而摆脱责任,即使其在合同履行中并无过错。案见辽宁沈阳中院(2007)沈民(2)房终字第157号“某开发公司与王某房屋买卖合同纠纷案”。

2. 联建方的承包人作为购房主体,如无违反法律、法规禁止性行为,应认为购房合同有效。但若该承包人作为出卖人法定代表人或控股股东,所签购房合同效力存在无效的风险。

3. 无房地产开发资质的联建一方,在未办理商品房预售许可证情况下,对外签售联建房,可能导致合同无效。在一房二卖情形下,可能适用最高人民法院《关于审理商品房买卖合同纠纷案件适用法律若干问题的解释》而双倍赔偿。

【附注】

参考案例索引:辽宁沈阳中院(2007)沈民(2)房终字第157号“某开发公司与

王某房屋买卖合同纠纷案”；最高人民法院（1999）民终字第94号“某外贸公司与某开发公司等购房款纠纷案”，见《吉林省对外贸易开发公司诉中国工商银行长春市分行房产基建公司、中国工商银行吉林省分行拖欠购房款纠纷上诉案——如何认定本案购房合同的效力》（王文芳，最高院民事审判庭；审判长胡仕浩，审判员王文芳，代理审判员吴晓芳），载《民事审判指导与参考·最高人民法院二审案件解析》（200004/4：206）；北京高院（2014）高民终字第483号“某工业局与某工程公司等撤销权纠纷案”，见《北京市朝阳区工业局诉中国昆仑工程公司、北京朝海物业管理有限公司第三人撤销之诉纠纷案——一房数卖的认定》（陆旻），载《人民法院案例选》（201502/92：115）；最高人民法院（2015）民提字第64号“某工贸公司与某投资公司等合作开发房地产合同纠纷案”；最高人民法院（2011）民申字第777号“某百货公司与某开发公司等合作开发合同纠纷案”；新疆乌鲁木齐新市区法院（2010）新民三初字第844号“徐某诉薛某等房屋买卖合同纠纷案”；辽宁大连中院（2010）大审民再终字第1号“孙某与某开发公司等房屋买卖合同纠纷再审案”；重庆五中院（2009）渝五中法民终字第670号“某开发公司等与张某等商品房买卖合同纠纷案”；福建厦门中院（2007）厦民再终字第4号“黄某与某开发公司商品房买卖合同纠纷案”；海南海口中院（2006）海中法民一终字第19号“孟某与某开发公司房屋买卖合同纠纷案”；辽宁沈阳中院（2005）沈民（2）房终字第68号“某记者站与某研究院房屋买卖合同纠纷案”。

86. 抵债房：合同相对性

——买卖抵债房，谁是买受人？

【债务抵销】

【案情简介及争议焦点】

2005年10月，开发公司因欠材料公司货款而用房屋抵偿，并由材料公司员工杨某实际购买。操作上，由开发公司与杨某在2005年11月签订商品房买卖合同，约定案涉房屋价款为38万余元，次月杨某与材料公司签订房屋买卖合同，随后杨某付款29万元给材料公司。事后，开发公司开具38万余元的发票给杨某。现材料公司起诉认为按九折36万余元销售给杨某，但杨某尚欠7万余元。杨某则以发票为凭辩称已付全款。

争议焦点：1. 房款支付对象是谁？2. 房款支付的举证责任如何？

【裁判要点】

1. 房款支付对象。该合同标的房屋系材料公司通过抵债协议从开发公司取得,材料公司故享有该房屋的所有权,是该房屋的所有权人,该房屋的处分收益等权利均应由材料公司享有。杨某主张其已支付材料公司全部的购房款,并以开发公司为其开具的商品房销售发票证明其已实际向材料公司支付全部购房款,但该房屋所有权人系材料公司,杨某购房时所签合同相对人亦系材料公司,故购房款应交付材料公司,而杨某提供的发票及专用收款收据系开发公司开具,不能证明其已向材料公司全额交付房款。

2. 付款举证责任。杨某与材料公司所签购房合同,已能证明双方存在房屋买卖关系,而杨某称已付清房款,即已承认双方之间存在债权债务关系。同时杨某应对其已付清购房款的主张承担举证责任,因杨某系负有履行向材料公司交付房款义务的一方,而其提供的发票及专用款收据并不能证明其主张,故其负有支付余款责任。

【裁判依据或参考】

1. 法律规定。《民法典》(2021 年 1 月 1 日)第 401 条:"抵押权人在债务履行期限届满前,与抵押人约定债务人不履行到期债务时抵押财产归债权人所有的,只能依法就抵押财产优先受偿。"第 557 条:"有下列情形之一的,债权债务终止:(一)债务已经履行;(二)债务相互抵销;(三)债务人依法将标的物提存;(四)债权人免除债务;(五)债权债务同归于一人;(六)法律规定或者当事人约定终止的其他情形。合同解除的,该合同的权利义务关系终止。"第 568 条:"当事人互负债务,该债务的标的物种类、品质相同的,任何一方可以将自己的债务与对方的到期债务抵销;但是,根据债务性质、按照当事人约定或者依照法律规定不得抵销的除外。当事人主张抵销的,应当通知对方。通知自到达对方时生效。抵销不得附条件或者附期限。"第 569 条:"当事人互负债务,标的物种类、品质不相同的,经协商一致,也可以抵销。"第 595 条:"买卖合同是出卖人转移标的物的所有权于买受人,买受人支付价款的合同。"第 597 条:"因出卖人未取得处分权致使标的物所有权不能转移的,买受人可以解除合同并请求出卖人承担违约责任。法律、行政法规禁止或者限制转让的标的物,依照其规定。"**《物权法》**(2007 年 10 月 1 日,已于 2021 年 1 月 1 日起失效)第 186 条:"抵押权人在债务履行期届满前,不得与抵押人约定债务人不履行到期债务时抵押财产归债权人所有。"**《合同法》**(1999 年 10 月 1 日,已于 2021 年 1 月 1 日起失效)第 64 条:"当事人约定由债务人向第三人履行债务的,债务人未向第三人履行债务或者履行债务不符合约定,应当向债权人承担违约责任。"第 65 条:"当事人约定由第三人向债权人履行债务,第三人不履行债务或者履行债务不符合约定,债务人应当向债权人承担违约责任。"第 84 条:"债务人将合同的义务全部或者部分转移给第三人的，应当经债权人同意。”第85条：“债务人转移义务的，新债务人可以主张原债务人对债权人的抗辩。”**《城市房地产管理法（2019年修正）》**（2020年1月1日）第38条：“下列房地产，不得转让：……（二）司法机关和行政机关依法裁定、决定查封或者以其他形式限制房地产权利的……”**《担保法》**（1995年10月1日，已于2021年1月1日起失效）第37条：“下列财产不得抵押：……（四）所有权、使用权不明或者有争议的财产；（五）依法被查封、扣押、监管的财产……”第40条：“订立抵押合同时，抵押权人和抵押人在合同中不得约定在债务履行期届满抵押权人未受清偿时，抵押物的所有权转移为债权人所有。”

2. 司法解释。最高人民法院**《关于适用〈中华人民共和国民法典〉物权编的解释（一）》**（2021年1月1日　法释〔2020〕24号）第7条：“人民法院、仲裁机构在分割共有不动产或者动产等案件中作出并依法生效的改变原有物权关系的判决书、裁决书、调解书，以及人民法院在执行程序中作出的拍卖成交裁定书、变卖成交裁定书、以物抵债裁定书，应当认定为民法典第二百二十九条所称导致物权设立、变更、转让或者消灭的人民法院、仲裁机构的法律文书。”最高人民法院**《第八次全国法院民事商事审判工作会议（民事部分）纪要》**（2016年11月30日）第16条：“当事人达成以房抵债协议，并要求制作调解书的，人民法院应当严格审查协议是否在平等自愿基础上达成；对存在重大误解或显失公平的，应当予以释明；对利用协议损害其他债权人利益或者规避公共管理政策的，不能制作调解书；对当事人行为构成虚假诉讼的，严格按照民事诉讼法第一百一十二条和《最高人民法院关于适用〈中华人民共和国民事诉讼法〉的解释》第一百九十条、第一百九十一条的规定处理；涉嫌犯罪的，移送刑事侦查机关处理。”第17条：“当事人在债务清偿期届满后达成以房抵债协议并已经办理了产权转移手续，一方要求确认以房抵债协议无效或者变更、撤销，经审查不属于合同法第五十二条、第五十四条规定情形的，对其主张不予支持。”最高人民法院民一庭负责人**《关于当前民事审判工作中的若干具体问题》**（2015年12月24日）第1条：“……要注意房地产买卖与民间借贷相交织类型案件的特点。房地产不仅是具有居住功能的消费品，也是融资投资的工具，甚至具有资本市场上金融产品的某些特征。要尊重该类案件特殊的规律，对于既签订民间借贷合同又签订房屋买卖合同的，要具体分析，既要准确理解民间借贷司法解释（即《最高人民法院关于审理民间借贷案件适用法律若干问题的规定》）……”最高人民法院**《2015年全国民事审判工作会议纪要》**（2015年4月19日）第31条：“在债权债务案件诉讼过程中，当事人自愿达成以房抵债协议，并要求法院制作调解书的，人民法院应当严格审查，防止当事人利用虚假诉讼，损害其他债权人利益。一经发现属于虚假诉讼的，要严格按照民事诉讼法第一百一十二条的规定处理。”第32条：“当事人在债务未届清偿期之前约定以房屋进行抵债，并明确约定债务清偿后可以回赎,且双方根据约定已办理了房屋产权转移手续的,债务人未履行债务,债权人主张根据以房抵债协议请求确认共对房屋享有所有权的,债权人应当履行清算义务。"第33条:"当事人在债务清偿届满后达成以房抵债协议并已经办理了产权转移手续后,一方反悔,要求确认以房抵债协议无效的,一般不予支持。如果以房抵债行为具有《合同法》第五十四条规定的可变更、可撤销情形的,可以依法请求变更或撤销。"最高人民法院《**关于房地产调控政策下人民法院严格审查各类虚假诉讼的紧急通知**》(2013年6月28日　法明传〔2013〕359号)第2条:"在审理相关纠纷案件时,要认真审查当事人的诉讼请求及相关的证据,遇到以下情况,要慎重对待,妥善处理:1.当事人在以房抵债协议中约定管辖法院,但抵债的房产与协议管辖法院属异地的,要严格按照民事诉讼法关于专属管辖的规定认定协议管辖的效力;2.借贷等债权债务关系仅有借据和双方的认可,但未提供款项来等证据的,对债权债务关系的真实有效性要严格审查,不能简单认定;3.双方以债权债务纠纷为由诉讼至法院,但是立案后对案件事实及实体处理等均无争议并迅速达成'以房抵债'协议的,务必在严格依法查明案件事实的基础上决定是否出具调解书;4.当事人在人民法院调解组织等主持下达成包含以房抵债内容的调解协议,并共同申请司法确认的,应当加大审查确认力度,慎重出具确认调解协议有效的裁定;5.当事人对以房抵债生效法律文书或者调解协议申请执行的,原则上不得出具以房抵债裁定书或者要求登记机构办理过户的协助执行通知书,当事人要求以房产清偿债务的,应当采取拍卖等执行变价措施;6.对其他可能存在虚假诉讼的纠纷案件,亦应依法审查。"最高人民法院执行工作办公室《**关于被执行人房产的登记名义人以被执行人的房产另案为他人借款提供有效抵押担保执行中应当保护另案抵押权人优先受偿权等有关问题的答复**》(2004年5月10日　〔2003〕执他字第2号):"……据北京市海淀区人民法院〔2002〕海民初字第7850号和7消1号两项判决所确认,赵永吉以位于北京市昌平区史各庄乡定福皇庄75号之碧水庄园一期1-1房产(房地产权号为1260010)和1-7房产(房地产权号为1260012)为抵押,分别为银恒信公司于2001年11月8日向信用社所贷的两笔贷款(一笔是200万元,另一笔贷款为180万元)提供担保,并办理了抵押登记。经我们审阅案件材料并向登记机关核实,信用社向房屋登记机关出具的'注销证明',其同意注销的是2000年6月5日签订的借款合同(到期日为2001年10月)及其项下的抵押,注销原抵押登记是为了办理2001年11月签订的新借款合同(到期日为2002年4月)的抵押。登记机关所收回的他项权证也是2000年6月办理的原来的抵押权证书。2001年11月办理的新的抵押并没有注销,他项权证也没有收回。兰州市中级人民法院在执行中,查明被执行人新地公司将公司财产登记在赵永吉名下,因此将赵永吉追加为被执行人,这一做法虽并无不当,但因登记名义人赵永吉以该房产抵押,且抵押系有效设立,抵押权人信用社仍有权就该抵押房产优先受偿。兰州市中级人民法院2002年7月17日在两院协调期间,做出〔2002〕兰法执字第122－2号裁定,将上述房产抵债给租赁公司,这一做法是错误的,侵害了信用社的优先受偿权,应当予以纠正。如租赁公司能够在合理期限内直接向信用社清偿,可维持该裁定;否则,兰州市中级人民法院应当撤销该裁定。如上述房产的价值在优先清偿信用社债权后没有剩余,应交由北京市海淀区人民法院执行。"最高人民法院**《关于民事诉讼证据的若干规定(2019年修正)》**(2020年5月1日 法释〔2019〕19号)第85条:"人民法院应当以证据能够证明的案件事实为根据依法作出裁判。审判人员应当依照法定程序,全面、客观地审核证据,依据法律的规定,遵循法官职业道德,运用逻辑推理和日常生活经验,对证据有无证明力和证明力大小独立进行判断,并公开判断的理由和结果。"第88条:"审判人员对案件的全部证据,应当从各证据与案件事实的关联程度、各证据之间的联系等方面进行综合审查判断。"最高人民法院**《关于湖南省高级人民法院与北京市高级人民法院执行中国机电总公司协调案的复函》**(2001年6月18日 〔2001〕执协字第8号):"……鉴于中国机电设备总公司(以下简称机电总公司)对长沙市中级人民法院依法查封的位于北京市宣武区马连道北路1号的机电大厦院内的房产不同意拍卖,而对长沙市中级人民法院提出的将该房产按评估价以物抵债的意见并未反对,故应视为同意以物抵债;由于北京市政府有关部门规定在京房地产不能直接过户给外地单位,因此,本案债权人长沙市商业银行商由长沙市政府驻京联络处接收该案标的物即机电大厦院内的部分房产,应予准许;长沙市中级人民法院据此于2000年7月12日裁定将上述房产过户给长沙市政府驻京联络处,其实质是依法将该标的物变卖给长沙市政府驻京联络处,并无不当,该案至此已执行完毕。而北京市第一中级人民法院2000年8月2日受理破产案件时将上述房产列入破产财产错误,应予纠正。关于北京市高级人民法院在报告中反映机电总公司将上述房产抵押给中国银行总行的问题,因其未依法到有关房地产管理部门办理抵押登记,故不得对抗人民法院的执行。至于中国汽车贸易总公司对上述房产主张产权的问题,因该房产的产权证在机电总公司名下,根据国务院《企业国有资产产权登记管理办法》有关国有资产管理部门审定的企业国有资产产权登记表、登记证是确认企业产权归属的法律凭证的规定,上述房产只能认定归机电总公司所有。如果中国汽车贸易总公司坚持主张产权,应另行通过诉讼解决。对机电总公司不服原判的问题,应告其可按照审判监督程序提出申诉,但其申诉不影响本案的执行。"最高人民法院**《关于适用〈中华人民共和国合同法〉若干问题的解释(一)》**(1999年12月29日 法释〔1999〕19号,已于2021年1月1日起失效)第28条:"经债权人同意,债务人转移合同义务后,受让人与债权人之间因履行合同发生纠纷诉至人民法院,受让人就债务人对债权人的权利提出抗辩的,可以将债务人列为第三人。”第 29 条:“合同当事人一方经对方同意将其在合同中的权利义务一并转让给受让人,对方与受让人因履行合同发生纠纷诉至人民法院,对方就合同权利义务提出抗辩的,可以将出让方列为第三人。”最高人民法院《**关于山西省太原市中级人民法院执行深圳市罗湖对外经济发展公司房产问题的复函**》(1996 年 5 月 26 日　法函〔1996〕89 号):“1994 年 4 月 20 日山西省太原市中级人民法院对山西省物资贸易中心诉深圳市罗湖对外经济发展公司购销合同纠纷案做出判决,双方当事人均未上诉。同年 7 月 21 日太原市中级人民法院开始执行。10 月 7 日,该院裁定将深圳市罗湖对外经济发展公司座落在深圳市莲塘第一工业小区 135 栋总建筑面积为 6326 平方米的六层厂房以物抵债给山西省物资贸易中心。11 月 4 日双方当事人在太原市、深圳市中级人民法院的监督下,对该厂房进行了交接。因该厂房所在地莲塘工业区属深圳市土地未清理区域,所以深圳市规划国土局暂不办理房地产证。同年 12 月 8 日深圳市人民政府给山西省物资贸易中心发了产权代用证。本院认为,虽然深圳市中级人民法院于 1994 年 11 月 3 日受理了罗湖对外经济发展公司申请破产案,但是考虑到上述实际情况,应认定山西省太原市中级人民法院已执行完毕,以物抵债的厂房所有权已经转移。深圳市中级人民法院不应再将该厂房作为破产财产处理。如果该房产的价值超过山西省物资贸易中心所享有的债权,超过部分可作为破产财产。”最高人民法院《**关于刘好福、刘好祯与刘好禄、刘好祥房屋纠纷案的批复**》(1988 年 4 月 13 日　〔1988〕民他字第 16 号):“……1950 年孙树源与刘好禄的以房抵债,是经法院调解达成的协议,并已执行。此后,双方从未发生争执。刘好禄家长期占有使用该房屋。据此,应承认以房抵债是有效的民事行为。因此,我们同意你院意见,即基于房屋买卖和以房抵债的两次产权早已转移的法律事实,诉争房屋不应收归国有。”最高人民法院《**关于契约已载明借钱借房的房产纠纷不宜确认为房屋买卖的批复**》(1987 年 4 月 8 日):“……本案双方当事人所立借钱、借房字据,关系清楚,性质明确,且洛阳市人民政府颁发的《土地房产所有证》上,产权人仍是邓家。程梅玲以字据上未写明期限及写有‘永不翻悔’内容等为由而否定借用关系,并要求确认为买卖关系,是不符合事实和没有法律依据的。因此,我们同意你院审判委员会的第一种意见,本案应按‘两借’关系处理,不能视为买卖关系成立。”

3. 部门规范性文件。建设部《**城市房地产转让管理规定**》(2001 年 8 月 15 日　建设部令第 96 号)第 3 条:“本规定所称房地产转让,是指房地产权利人通过买卖、赠与或者其他合法方式将其房地产转移给他人的行为。前款所称其他合法方式,主要包括下列行为:……(四)以房地产抵债的……”第 6 条:“下列房地产不得转让:……(二)司法机关和行政机关依法裁定,决定查封或者以其他形式限制房地产权利的……”国税总局《**关于以房屋抵顶债务应征收营业税问题的批复**》(1998 年

12月15日　国税函〔1998〕771号）："单位或个人以房屋抵顶有关债务，不论是经双方（或多方）协商决定的，还是由法院裁定的，其房屋所有权已发生转移，且原房主也取得了经济利益（减少了债务），因此，对单位或个人以房屋或其他不动产抵顶有关债务的行为，应按'销售不动产'税目征收营业税。"财政部**《契税暂行条例细则》**（1997年10月28日　财法字〔1997〕52号）第8条："土地、房屋权属以下列方式转移的，视同土地使用权转让、房屋买卖或者房屋赠与征税：……（二）以土地、房屋权属抵债……"财政部**《关于以房抵债征收契税的复函》**（1991年6月20日〔91〕财农税字第37号）："对以房屋抵债，房屋所有权发生转移的，应视同房屋买卖，由承受方按买契税率缴纳契税。"

4.地方司法性文件。山东高院民一庭**《关于审理执行异议之诉案件若干问题的解答》**（2020年7月28日）第7条："案外人基于以房抵债提起执行异议之诉，如何处理？答：对于案外人与被执行人之间的债务清偿期届满，案外人在房产查封前，已与被执行人签订了合法有效的以房抵债协议并实际合法占有被执行房屋，且不存在规避执行或逃避债务等情形的，可以参照适用《最高人民法院关于人民法院办理执行异议和复议案件若干问题规定》第二十八条。人民法院应当对以房抵债所涉及的债权债务是否合法有效进行实质性审查，还要注意结合案件是否存在涉及消费者权益、弱势群体保护、公民基本生存权利等因素，对以房抵债的法律效力和法律后果，综合进行审查判断。如案外人系建设工程承包人或实际施工人，其与被执行人之间存在合法有效的建设工程施工合同，且工程款清偿期已经届满，案外人基于建设工程价款与被执行人订立合法有效的以物抵债协议，据以主张支付了相应对价，请求排除执行的，一般可予支持。"天津高院**《关于审理房屋买卖合同纠纷案件若干问题的审判委员会纪要》**（2018年11月26日　津高法〔2018〕230号）第2条："二手房买卖相关问题……（五）以房抵债问题。当事人在债务清偿期届满后达成以房抵债协议并已经办理所有权转移登记手续的，一方主张确认以房抵债协议无效或者撤销，经审查不属于《合同法》第五十二条、第五十四条规定情形的，对其主张不予支持。在尚未办理房屋所有权转移登记手续前，债务人反悔不履行抵债协议、债权人要求办理房屋所有权转移登记手续或者要求确认其享有抵债房所有权的，不予支持。当事人要求继续履行原债权债务合同的，应当依法释明，告知其可以另行主张。"江苏高院**《关于审理房地产合同纠纷案件若干问题的解答》**（2018年6月26日　审委会会议纪要〔2018〕3号）第19条："以商品房抵债协议的效力如何认定？第一种观点：当事人在债务清偿期届满后达成以商品房抵债协议，一方反悔，要求认定以房抵债协议无效的，人民法院经审查不存在虚假诉讼情形的，对其请求不予支持。但如当事人一方认为抵债行为具有民法总则规定的可撤销情形的，可以依法请求人民法院或仲裁机构撤销。第二种观点：当事人在债务清偿期届满后达成以商品房抵债协议,在尚未办理物权转移手续前,债务人反悔不履行抵债协议,债权人要求继续履行抵债协议或要求确认所抵之物的所有权归自己的,人民法院应驳回其诉讼请求。但经释明,当事人要求继续履行原债权债务合同的,人民法院应当继续审理。”江苏高院**《关于审理建设工程施工合同纠纷案件若干问题的解答》**(2018年6月26日)第12条:“发包人与承包人在工程款已届清偿期,约定以房屋折抵工程价款的,对该抵债协议的效力如何认定?发包人与承包人在工程款已届清偿期,约定以房屋折抵工程价款的,一方要求确认以房抵债协议无效或者变更、撤销,经审查抵债协议系当事人真实意思表示,且不存在《合同法》第52条、第54条规定情形的,对其主张不予支持。”第17条:“工程价款确定前,发包人与承包人约定以土地或商品房抵顶工程款的,该协议属于流质契约,应认定为无效。当事人请求继续履行该抵债协议的,不予支持。人民法院应对涉案土地或房屋进行评估,折价后支付承包人的工程款。支付工程款后的剩余款项,应返还发包人;不足部分,承包人可向发包人另行主张。”第18条:“工程价款确定后,包括施工过程中对已完工程的造价确定后,发包人与承包人约定以土地或商品房抵顶工程款,如果已经办理土地或房屋的过户手续的,应认定为有效。如果尚未办理土地或房屋过户手续,一方当事人主张继续给付工程欠款及利息的,人民法院应予支持。”河北廊坊中院**《关于印发〈审理房屋买卖合同纠纷案件若干问题的会议纪要〉的通知》**(2018年3月14日　廊中法〔2018〕24号)第19条:“当事人在民间借贷履行期限届满后签订合同约定以房抵债,性质上属于债务履行方式的变更,贷款人要求继续履行合同办理房屋产权过户登记手续的,应予支持。但法院要审查房屋价款与借款本息数额是否相当,是否包含高息等。”第20条:“当事人以债务纠纷诉至法院,在诉讼中自愿达成以房屋抵债的,应当严格依据《最高人民法院关于房地产调控政策下人民法院严格审查各类虚假诉讼的紧急通知》的相关规定,严格加以审查,防止虚假诉讼。”北京高院**《北京法院执行办案规范——不动产的执行》**(2018年2月6日)第36条:“【房地权利的转移及登记时的追溯】被查封的土地使用权、房屋经拍卖、变卖或者以物抵债后,人民法院应当作出土地使用权、房屋所有权转移的裁定书,裁定送达权利受让人时即发生法律效力。国土资源、房地产管理部门依据前款中的裁定进行权属登记时,当事人的土地、房屋权利应当追溯到该裁定生效之时。”广东高院**《印发〈关于审理房屋买卖合同纠纷案件的指引〉的通知》**(2017年9月12日　粤高法〔2017〕191号,已于2020年12月31日经粤高法〔2020〕132号废止)第14条:“当事人签订房屋买卖合同,实为以房款抵偿其他债务,一方当事人以不存在真实的房屋买卖合同关系为由主张合同无效的,不予支持。因债务人未履行房屋买卖合同,债权人请求解除合同,按照原约定清偿债务的,应予支持。债务人举证证明所抵销的债务中存在非法高额利息的,应当扣除该部分利息。一方请求确认以房抵债协议无效或者变更、撤销协议的，应当依照合同法第五十二条、第五十四条的规定审查。当事人通过以房抵债协议逃避债务，侵害第三人合法权益的，第三人可以依照合同法第七十四条的规定行使撤销权。”第15条：“当事人达成以房抵债调解协议，人民法院对协议中涉及确认债权人对未登记在其名下的抵债房屋享有所有权的内容，应当不予确认，但可以确认当事人在约定时间办理抵债房屋所有权转移登记的内容。当事人达成以房抵债协议，并要求制作调解书的，应当根据《第八次全国法院民事商事审判工作会议（民事部分）纪要》第16条的规定审查。”山东高院《**民事审判会议纪要**》（2017年8月）第2条：“……15.关于抵顶房屋买卖合同效力问题。近年，房产开发公司协议以开发的房屋（尚未开工或竣工）抵顶工程款或材料款，准许施工方或材料商对外预售房屋，施工方或材料商与他人签订房屋买卖合同，为了协助办理房屋过户手续，房产开发公司与买房人又签订房屋预售合同（或买卖合同）。该类行为可认定施工方或材料商、买房人、开发商三者形开成债权转让关系，施工方或材料商将其对开发商享有的债权转移经给买房人，房产开发公司应当按照合同约定向买受人履行交付房屋、协助办理房屋所有权转移登记手续的义务，开发商不得向买房人主张房款。”北京高院《**关于审理房屋买卖合同纠纷案件若干疑难问题的会议纪要**》（2014年12月16日京高法发〔2014〕489号）第24条：“民间借贷关系的借款人在借款时出具委托书，授权贷款人（或其指定的第三人）出售借款人的房屋，贷款人（或其指定的第三人）在借款人未偿还借款的情况下，以借款人名义转让其房屋，借款人主张买卖合同无效的，一般不予支持，但贷款人与买受人存在恶意串通行为，或者买受人明知或应当知道代理人实际没有代理权或滥用代理权的除外。贷款人应当将收取的购房款扣除贷款本金、合法利息等后剩余的款项及时退还给借款人。借款人认为合同约定的房屋转让价格明显过低，显失公平的，可以依据《合同法》第54条第1款第（2）项的规定行使撤销权。转让价格是否明显过低的标准可以参照《最高人民法院关于适用〈中华人民共和国合同法〉若干问题的解释（二）》第19条的规定予以确定，即合同约定的房屋转让价格达不到当时交易地的市场交易价百分之七十的，一般可以视为价格明显过低。法院应当严格审查授权委托书的内容、买卖合同的订立和履行是否符合市场交易习惯、买受人是否实际支付购房款并实地查看房屋、买受人的身份等因素综合予以认定。”第25条：“当事人在民间借贷债务履行期限届满前签订合同约定，借款人逾期不偿还借款即愿意以自己所有（或经第三人同意以第三人所有）的房屋抵偿归贷款人所有，该合同实为基础借贷债权的担保，应当根据当事人的真实意思表示认定双方之间系民间借贷法律关系。贷款人可以选择行使以下权利：（1）贷款人依原基础借贷法律关系主张偿还借款的，应予支持；（2）贷款人在履行清算义务的前提下，要求借款人办理房屋过户登记手续的，应予支持。房屋价值超过担保基础借贷债权(贷款本金、合法利息等)的,贷款人应将剩余款项返还给借款人。房屋价值以贷款人要求借款人办理房屋过户登记时予以确定。当事人在民间借贷债务履行期限届满后签订合同约定以房抵债,性质上属于债务履行方式的变更,贷款人要求继续履行合同办理房屋过户登记手续的,应予支持。借款人认为抵债价格明显过低,显失公平的,可以参照本纪要第 24 条第 2 款规定处理。"第 26 条:"当事人以债务纠纷诉至法院,在诉讼中自愿达成以房抵债协议的,各级法院应当严格依据《最高人民法院关于房地产调控政策下人民法院严格审查各类虚假诉讼的紧急通知》的相关规定,加大对可能出现的虚假诉讼案件的审查力度,对抵债协议的内容一般不出具正式调解书予以确认,确实需要出具正式调解书的,应当报经所在法院主管副院长或庭长审核。"江苏高院**《关于以物抵债若干法律适用问题的审理纪要》**(2014 年 4 月 25 日)第 1 条:"关于以物抵债行为的界定。会议认为,'以物抵债'是指债务人与债权人约定以债务人或经第三人同意的第三人所有的财产折价归债权人所有,用以清偿债务的行为。人民法院应当根据当事人设定以物抵债的不同时间、约定的具体内容、履行的具体情况等情形来判断以物抵债不同的法律性质,进而正确认定其效力。"第 2 条:"关于债务未届清偿期之前以物抵债行为的性质及效力认定。会议认为,对当事人在债务未届清偿期之前达成的以物抵债协议,应区分不同情形进行认定与处理:(一)当事人在债务未届清偿期之前达成的以物抵债协议,该协议具有担保债权实现的目的,如债权人以债务人违反以物抵债的约定而要求继续履行以物抵债协议或对所抵之物主张所有权的,人民法院应驳回其诉讼请求。但经人民法院释明,当事人变更诉请要求继续履行原债权债务合同的,人民法院应当继续审理。(二)当事人在债务未届清偿期之前达成以物抵债的协议,同时明确约定在债务清偿期届满时应进行清算,该以物抵债协议在当事人之间具有法律效力,但该约定不具有对抗其他债权人的效力。(三)当事人在债务未届清偿期之前约定以房屋或土地等不动产进行抵债,并明确在债务清偿后可以回赎,债务人或第三人根据约定已办理了物权转移手续的,该行为符合让与担保的特征。因违反物权法定原则,不产生物权转移效力。债权人如根据抵债协议及物权转移凭证要求原物权人迁让的,人民法院应不予支持。"第 3 条:"关于债务清偿期届满之后以物抵债行为的性质及效力认定。会议认为,对当事人在债务清偿期届满后的以物抵债协议,应区分两种情况进行认定与处理:(一)债务清偿期届满后当事人达成以物抵债协议,在尚未办理物权转移手续前,债务人反悔不履行抵债协议,债权人要求继续履行抵债协议或要求确认所抵之物的所有权归自己的,人民法院应驳回其诉讼请求。但经释明,当事人要求继续履行原债权债务合同的,人民法院应当继续审理。(二)当事人在债务清偿期届满后达成以物抵债协议并已经办理了物权转移手续后,一方反悔,要求认定以物抵债协议无效的,人民法院不予支持。但如当事人一方认为抵债行为具有《中华人民共和国合同法》第五十四条规定的可变更、可撤销情形的，可以依法请求人民法院或仲裁机构变更或撤销。债权人在债务清偿期届满后通过以物抵债协议取得了所抵之物的所有权，后要求债务人承担标的物瑕疵担保责任的，人民法院可参照《中华人民共和国合同法》关于买卖合同的相关规定进行处理。”第4条：“关于诉讼中当事人自愿以物抵债的处理。会议认为，在债权债务案件诉讼过程中，当事人自愿达成以物抵债协议，并要求法院制作调解书的，人民法院应建议当事人申请撤诉。当事人不申请撤诉而要求法院制作调解书的，人民法院应不予支持，对当事人之间债权债务法律关系继续审理。当事人双方持人民调解组织主持达成的以物抵债调解协议，向人民法院申请司法确认的，经审查，当事人尚未完成物权转移手续的，人民法院应裁定驳回申请。”第5条：“关于对当事人利用以物抵债进行虚假诉讼的防范和制裁。会议认为，对当事人进行虚假诉讼，利用以物抵债损害其他债权人利益的，人民法院应从以下方面严格审查并加大制裁力度：（一）加强对债权债务关系真实性的审查力度，严防虚假诉讼。（二）对当事人在以物抵债协议中约定的管辖法院与所抵不动产的所在地非同一地的，应按民事诉讼法专属管辖的规定认定协议管辖的效力。（三）发现当事人通过以物抵债的方式恶意转移责任财产、损害其他债权人利益或者规避国家房产限购政策、转移限制转让的车牌号码等恶意诉讼或虚假诉讼行为的，应根据《中华人民共和国民事诉讼法》第一百一十二条的规定驳回诉讼请求，同时可根据情节轻重予以罚款、拘留；构成犯罪的，依法追究刑事责任。”北京高院**《关于下发〈关于妥善处理涉及“新国五条”的房屋纠纷案件若干问题的会议纪要〉的通知》**（2013年7月9日）第8条：“（规避房地产调控政策行为的处理）最高人民法院于近日下发了《关于房地产调控政策下人民法院严格审查各类虚假诉讼的紧急通知》，全市三级法院应当认真学习，严格适用。重点加强对签订阴阳合同、房屋确权、借名买房、房屋赠与、以房抵债、离婚财产分割等容易出现虚假诉讼和规避房地产调控政策案件的审查，准确认定当事人间真实的法律关系和交易金额，释明风险、积极引导、慎用调解、依法裁判、及时层报，经审查认定构成虚假诉讼的，应当依法判决驳回当事人的诉讼请求。同时，在案件审理中发现当事人在房屋交易过程中存在违法、违规等行为的，应当及时告知住建、税务等相关部门予以处理，必要时可以有针对性地提出司法建议，积极建立沟通协调的长效机制，共同推动和促进房地产市场平稳健康发展。”山东高院**《2011年民事审判工作会议纪要》**（2011年11月30日 鲁高法〔2011〕297号）第2条：“……（十一）关于以房抵债合同的效力问题。在房地产开发或者建设工程施工中，由于无力支付开发费用或者工程价款，开发商以已经建成或者在建的房屋抵偿所欠的债务。以房抵债的协议既是当事人之间履行债务的一种方式，也是双方就如何履行原债务达成的新协议，只要该协议不具有《合同法》第52条规定的无效合同的情形,应依法认定有效,双方应诚信履行协议。抵债的房屋是否办理所有权变更手续不影响以房抵债协议的效力。”山东高院《**2011年全省民事审判工作会议纪要(讨论稿)**》(2011年8月)第15条:“关于抵顶房屋买卖合同效力问题。近年,房产开发公司协议以开发的房屋(尚未开工或竣工)抵顶工程款或材料款,准许施工方或材料商对外预售房屋,施工方或材料商与他人签订房屋买卖合同,为了协助办理房屋过户手续,房产开发公司与买房人又签订房屋预售合同(或买卖合同)。该类行为可认定施工方或材料商、买房人、开发商三者形开成债权转让关系,施工方或材料商将其对开发商享有的债权转移经给买房人,房产开发公司应当按照合同约定向买受人履行交付房屋、协助办理房屋所有权转移登记手续的义务,开发商不得向买房人主张房款。”浙江高院民一庭《**关于审理受房地产市场调控政策影响的房屋买卖合同纠纷案件的若干意见(试行)**》(2011年4月22日)第8条:“实际买受人为规避限购、禁购政策,以他人名义与出卖人订立合同并办理房屋权属证书后,以其系实际买受人为由,请求确认其为房屋产权人的,不予支持,但调控政策重新调整并准许其取得产权的除外。”北京高院《**关于审理房屋买卖合同纠纷案件适用法律若干问题的指导意见(试行)**》(2010年12月22日　京高法发〔2010〕458号)第10条:“房屋权利人依据《物权法》第二十八条至第三十条规定取得房屋所有权,尚未办理宣示登记即转让房屋的,不影响房屋买卖合同的效力。买受人要求办理房屋所有权转移登记,经审查诉讼请求应予支持的,应当判决房屋权利人将房屋登记到自己名下后,再为买受人办理所有权转移登记。”第14条:“房屋经多次转手买卖,均未办理转移登记,终局买受人以前手出卖人为被告提起诉讼,要求办理房屋所有权转移登记的,法院可以依申请或根据案件具体情况追加登记权利人(第一手出卖人)作为第三人参加诉讼,经审查诉讼请求应予支持的,可以判决当事人依次办理房屋所有权转移登记,但当事人另有约定的除外。对于参与中间流转的其他出卖人,法院可以根据案件具体情况决定是否追加其为第三人。”浙江高院《**关于审理涉及房地产登记民事案件若干问题的意见(试行)**》(2010年4月16日　浙法民一〔2009〕3号)第11条:“城市房屋经多次转手买卖,均未办理过户登记手续,最后一手买受人起诉前手出卖人,要求协助办理过户登记手续的,应当将登记权利人列为第三人参加诉讼,并可判决其协助办理过户登记手续。对于参与中间流转的其他出卖人,可视案情需要追加为第三人。”广东深圳中院《**关于规范房地产、股权强制执行的指导意见**》(2009年4月1日)第19条:“拍卖、变卖成交或者以流拍的房地产、股权抵债的,执行法院应当及时制作过户裁定和协助执行通知书,并于价款或者需要补交的差价全额交付后十日内,送达给买受人或承受人、有关企业和相关主管部门。执行法院应当明确告知买受人或者承受人在收到过户裁定之日起三十日内到相关主管部门申请办理过户登记。"广东广州中院《**关于商品房预售合同纠纷统一处理做法**》（2009 年 2 月 19 日）第 6 条："以商品房抵消或清偿工程款或其他债务，而不是以工程款或其他债权抵消或清偿购房款的，应否适用《司法解释》处理？答：在以商品房抵消或清偿工程款或其他债务的情形下，双方签订的《商品房买卖合同》只是履行清偿债务的方式，并非在当事人之间成立商品房买卖关系，不符合司法解释第一条的规定，故一方依据《商品房买卖合同》起诉，主张适用《司法解释》处理的，不予支持。但双方均同意按商品房买卖关系处理且不损害第三人利益的除外。"北京高院《**审理买卖合同纠纷案件若干问题的指导意见（试行）**》（2009 年 2 月 3 日　京高法发〔2009〕43 号）第 41 条："买受人以增值税发票抗辩其已履行付款义务但出卖人不认可的，买受人应当提供其他证据证明付款事实的存在。买受人以其他商业发票抗辩其已履行付款义务的，法院应予支持，除非出卖人另有证据证明买受人未支付价款。"济南中院《**关于当前民商事审判若干法律适用问题的解答（二）**》第 2 条第 5 款："《中华人民共和国发票管理办法》中关于发票性质的规定是明确的行政法规规定，一般情况下，可以认定当事人是遵守行政法规的规定进行民商事活动的，即发票应当作为付款凭证。但在考虑付款时间、付款方式、付款数额等因素，对发票作为已付款的凭证产生合理怀疑；或者有相反证据证明的情况下，不应单独依据发票认定已经付款。"

5. 参考案例。2020 年**某执行异议纠纷案**，*法院对房屋承租人就执行腾退房屋提出的执行异议应如何认定和处理？*法院认为：针对房屋承租人在执行程序中所提异议，法院应区分不同情况分别处理。执行依据确定被执行人应为以不动产交易为目的的申请执行人办理过户手续。根据"买卖不破租赁"原则，执行依据对转移租赁房屋所有权认定和处理并不影响租赁权，执行机构作出执行裁定效力不及于实现房屋占有转移，如执行机构进行不动产腾退，承租人据此所提异议当属对执行行为异议，应适用《民事诉讼法》第 225 条规定进行审查。执行机构裁定拍卖被执行人房屋实现金钱债权。除非拍卖变卖公告明确说明房屋附着租赁，否则第三人买受房屋时对拍卖变卖公告载明的房屋权属等情况有理由产生合理信赖，拍卖成交裁定效力及于房屋所有权转移和占有转移，案外人根据"买卖不破租赁""抵押不破租赁"等理由主张其享有足以对抗执行变价交付执行标的权利属于实体权利判断范畴，应属于执行异议之诉受理范围。执行机构裁定以物抵债实现金钱债权。此类执行中，申请执行人原本不以取得房屋所有权为目的，不了解抵债房屋租赁状况，因债务人账户无财产执行，同意以物抵债并经执行法院认可，除非申请执行人明知房屋存在租赁，以物抵债裁定效力范围应包括所有权转移和占有转移，承租人所提异议亦属执行异议之诉受理范围。2018 年**安徽某执行异议纠纷案**，*2013 年 12 月，张某向法院申请诉前保全，法院据此查封了开发公司 122 套房屋。2014*

年9月,法院对张某与开发公司民间借贷纠纷作出民事调解书。因开发公司未履行,2015年5月,张某申请执行。执行程序中,因三次拍卖均无人报名而流拍,法院于2015年11月根据张某申请,将其中112套房产以第三次拍卖的保留价4775万元交付张某以物抵债。2015年12月,案外人徐某以前述房产中包括其2012年购买开发公司的一套房产为由提出异议。原审法院以徐某异议超过法定期限为由裁定驳回。法院认为:依最高人民法院《关于适用〈中华人民共和国民事诉讼法〉的解释》第464条规定,案外人根据《民事诉讼法》第227条规定对执行标的提出异议的,应当在该执行标的执行程序终结前提出。而对于执行标的执行程序终结,依最高人民法院《关于人民法院办理执行异议和复议案件若干问题的规定》第6条第2款规定,又区分了两种情况:一是执行标的由当事人以外的第三人受让的,案外人应在异议指向的执行标的执行终结之前提出;二是执行标的由申请执行人或被执行人受让的,应在执行程序终结前提出。本案中,张某以开发公司为被告提起民间借贷之诉,后双方达成调解,一审法院作出民事调解书,因开发公司未按期履行调解书确定的法律义务,张某申请强制执行。执行法院裁定拍卖、变卖诉前保全财产中的部分房产,后因三次拍卖均无人报名而流拍,又根据张某申请,将前述房产以第三次拍卖的保留价4775万元交付申请执行人张某以物抵债。依最高人民法院《关于适用〈中华人民共和国民事诉讼法〉的解释》第493条规定:"拍卖成交或者依法定程序裁定以物抵债的,标的物所有权自拍卖成交裁定或者抵债裁定送达买受人或者接受抵债物的债权人时转移。"上述以物抵债裁定一经送达即产生物权变动效力,但案涉房屋系执行案件申请人张某获得,属最高人民法院《关于人民法院办理执行异议和复议案件若干问题的规定》第6条第2款规定的执行标的由当事人受让的,应在执行程序终结之前提出情形。作为案外人的徐某只要在该案执行程序终结前提出执行异议,即未超过应提出执行异议的法定期限。原审法院认定徐某所提执行异议已超出法律规定的期限,缺乏事实和法律依据。至于徐某执行异议是否足以排除执行,则应根据实体审理情况进行裁判。2015年**广东某施工合同纠纷案**,2011年,开发公司与建筑公司签订施工合同。施工过程中,为支付约定的工程进度款,开发公司先后与建筑公司签订还款协议,约定开发公司以房屋抵偿建筑公司进度款,如届期偿还工程款,则建筑公司退还开发公司案涉房产的权利证书。后因届期未偿,建筑公司诉请开发公司将案涉房产办理过户手续。法院认为:《合同法》第25条规定:"承诺生效时合同成立。"该条确定了以诺成合同为原则、以实践合同为例外的合同成立规则。就以物抵债而言,在我国法律未规定代物清偿制度,而当事人对合同成立又无特别约定情况下,应认定其系诺成合同,自双方意思表示一致时成立,不以债权人受领抵债物为合同成立要件。案涉还款协议性质上系以物抵债,从其约定来看,双方以案涉房产偿还债务的约定虽具有担保债权实现功能，但如开发公司未在上述期限内清偿债务，则转让房产予建筑公司意思表示即应产生效果，该意思表示应该拘束双方。同时，以物抵债协议为诺成性合同，如债务人尚未履行，债权人当然有请求继续履行的权利。在本案中，继续履行请求权即表现为建筑公司请求开发公司按还款协议约定交房并办理产权变更登记手续。当然，在房产变更登记完成前，建筑公司并非该房所有权人，故建筑公司通过诉讼方式行使该请求权，在诉讼形态上为给付之诉而非确认之诉。建筑公司请求将案涉楼房"判归原告"，应理解为在请求开发公司履行给付义务。双方在民事调解书中达成的开发公司将案涉楼房"分归建筑公司"协议，性质上亦只能是需要债务人给付和债权人受领给付协议，而非确认权属或类似共有物分割协议，均不发生物权变动效果，不能成为其已享有所有权的依据。更进一步，原审判决以还款协议并未实际履行因而建筑公司只能请求开发公司履行原工程款债务的结论就难以成立。裁定发回重审。2015 年**湖南某房屋买卖合同纠纷案**，2015 年，开发公司因无力偿还借款，向张某出具承诺书，约定以开发公司开发的商品房抵顶 1250 万元债务，同时约定了抵债房屋移转和过户程序。后因履行纠纷，张某诉请开发公司办理房屋产权过户手续以继续抵债。二审法院认为"从抵债目的来看，以物抵债具有实践性。若仅有合意，未转移物权，则债务未消灭，抵债目的未达成，债务人仍可另行选择偿债方式，即'以物抵债'协议并不产生强制履行的效力"，从而判决驳回张某诉请。法院认为：当事人双方签订以物抵债协议，如协议中未明确约定以债权人受领抵债物作为成立条件，该以物抵债协议应为诺成合同，只要双方就以物抵债达成合意，该协议即成立。案涉承诺书系各方当事人真实一致意思表示，且不违反法律、行政法规强制性规定，对当事人具有约束力。二审法院关于以物抵债不产生强制履行效力认定，缺乏法律依据，且在本案中，张某在起诉时明确提出了返还其已代付 200 万元款项诉请，但原审法院未进行审理便作出裁判，遗漏了当事人诉讼请求，剥夺了其相应辩论权利，故裁定指令本案由二审法院再审。2015 年**湖北某房屋买卖合同纠纷案**，2004 年，开发公司就法院抵债裁定确认的房屋转售科技公司事宜，双方签订房屋买卖合同。科技公司因多次迟延付款而称"我公司未能按协议约定履约，责任在我方"。收到解约函 8 个月后，科技公司以开发公司无必要的法律文件导致无法完成房产交付为由，诉请继续履行。开发公司反诉确认合同解除，并要求科技公司腾退房屋、支付违约金 170 万元。法院认为：双方当事人在合同中明确约定了案涉房屋所有权源于法院抵偿裁定及银行授权，并明确了各自在办理案涉房产过户手续过程中的权利义务。上述合同约定内容表明科技公司订立合同时已认可案涉房产系抵债房产的现状，故科技公司主张"必要的法律文件"应包括案涉房屋产权证明理由不能成立。加之，科技公司对案涉房产管理或处分行为，进一步表明其已持有案涉房产必要的权利证明，且接受该房产权属现状，故认定开发公司已提供了必要的法律文件的主张更具有证据优势。双方合同约定开发公司提供必要的法律文件目的是协助科技公司清退租户,该工作已完成,可据此推定科技公司取得了清退租户的必要的法律文件。且在开发公司提出解除合同前、后一段时期内,科技公司既未向开发公司要求提供相关法律文件,又明确"我公司未能按协议约定履约,责任在我方",进一步表明科技公司逾期支付购房款行为与开发公司是否提供必要的法律文件,均不能成为阻却科技公司不履行支付购房款义务的法定抗辩事由。科技公司收到开发公司解约函后,向开发公司发出商榷函,仍表明未能履约责任在自己一方内容,虽在此后提出因无必要的法律文件导致无法完成房产交付,但该内容既与此前出具的商榷函内容不一致,该理由又未经开发公司认可,且系在开发公司发出解约函之后 8 个月提出,故科技公司提出其不继续支付购房款是行使履行抗辩权,并无相应事实和法律依据。判决确认案涉房屋买卖合同解除,科技公司腾退房产并支付违约金 170 万元。2009 年**某房屋买卖合同纠纷案**,2005 年,开发公司因欠张某 311 万元债务,协议以房抵债,约定张某以该款购买开发公司面积约 2000 平方米的网点房,如开发公司在 2006 年 3 月 1 日前还清欠款,则上述合同及收款收据作废,否则生效。2006 年 4 月,因开发公司未偿还欠款,张某诉请开发公司按购房合同交付市场价值约 1000 万元的网点房。开发公司认为显失公平。法院认为:最高人民法院《关于贯彻执行〈中华人民共和国民法通则〉若干问题的意见》第 72 条规定:"一方当事人利用优势或者利用对方没有经验,致使双方的权利义务明显违反公平、等价有偿原则的,可以认定为显失公平。"要构成显失公平须存在"一方当事人利用优势或利用对方没有经验"情况,即不仅需满足客观构成要件,亦需满足主观构成要件。本案中,作为一直欠款的开发公司,自愿承诺以房抵债,不属张某利用优势进行胁迫,亦不属开发公司没有经验,实属当事人对自己权利的一种处分,故即使案涉网点房实际成交价远低于评估值,亦不能作为显失公平予以撤销。法律使命在于对当事人基于意思表示而产生的合理期待利益的保护,它不应成为阻碍当事人意思自治的桎梏。本案以房抵债协议并不存在显失公平情况,该协议应得到实际履行。2009 年**辽宁某房屋买卖合同纠纷案**,2003 年 6 月,物资公司向开发公司供应钢材并签订购销合同。同年 7 月,开发公司与物资公司口头约定以开发公司开发的按揭房产抵债,具体操作方式:开发公司与物资公司法定代表人张某签订商品房购房合同,约定由张某购买开发公司商品房一套,首付款 17 万元及税款 1.2 万余元由开发公司承担,按揭贷款 66 万元以张某名义向银行贷款,银行支付给开发公司的 66 万元由开发公司转交给物资公司。关于 66 万元按揭款如何折抵货款成为双方争议焦点之一。法院认为:由于双方未就商品房折抵债务问题另行签订代物清偿协议,故应在综合考察当事人诉辩理由及相关实际行为基础上加以认定。对于按揭贷款 66 万元,从当事人实际行为来看,在商品房买卖合同签订后，物资公司法定代表人张某就按揭贷款事宜与银行签订了借款合同，开发公司在收到66万元按揭贷款后将该款给付物资公司，张某依约向银行归还该按揭款。由此可认定，在双方达成的以房代物清偿协议中，开发公司虽将该按揭贷款66万元支付给了物资公司，但因物资公司同时负有偿还贷款义务，故在折抵开发公司债务时，该66万元按揭贷款与该商品房相应价值部分，不应重复计算。开发公司为物资公司法定代表人张某代垫商品房契税款1.2万余元行为发生在一审诉讼前，故可在本案中抵销。开发公司代为归还部分按揭贷款行为发生在一审诉讼后，对其实际代偿行为，可在本案执行程序中主张抵销，亦可另案处理。2008年**甘肃某房地产转让合同纠纷案**，2002年，银行将供销社抵债房委托拍卖，祁某竞拍成功后，与银行签订抵债资产处置合同，并据此支付82万元购房款、占有房屋、办理房屋产权过户手续。2003年，该房屋因系划拨土地，国土局对银行予以处罚并未批准办理土地使用权变更手续，后该房屋产权证被注销、房屋被拆除。2006年，银行起诉祁某，要求确认双方所签抵债资产处置合同无效、祁某返还案涉房屋。法院认为：《担保法》第53条规定："债务履行期届满抵押权人未受清偿的，可以与抵押人协议以抵押物折价或者以拍卖、变卖该抵押物所得的价款受偿。"故银行通过以资抵债方式取得案涉房屋合法。《合同法》第132条规定："出卖的标的物，应当属于出卖人所有或者出卖人有权处分。"故本案银行有权处分案涉房屋。银行与祁某之间买卖案涉房屋形成债权关系合法有效。祁某交付房款后实际占有了房屋，且已将房屋产权过户至自己名下，但房管局后发文注销了房产证，至于房屋划拨土地使用权则始终未发生变更，故案涉房屋产权和土地使用权即物权关系事实上已不能发生变动。上述债权关系和物权关系属两个不同法律关系，不能以物权关系变动不能进而否定债权关系合法效力。判决驳回银行诉请。2008年**黑龙江某债务纠纷案**，2006年，投资公司就受让房产公司对开发公司债权签订转让协议，开发公司向投资公司承诺将回购预售给案外公司的房屋用于抵偿前述债务。2007年，因另案生效法律文书认定开发公司负有向案外公司履行交付诉争抵债房屋义务，投资公司起诉开发公司，要求返还欠款并依约定的日万分之五标准支付违约金。法院认为：生效法律文书认定开发公司负有向案外公司履行交付诉争抵债房屋义务，由此导致本案协议履行不能，且协议约定抵债房屋至今未竣工，远超出竣工并验收合格的时间约定。本案证据足以认定开发公司行为已构成根本性违约，应承担违约责任。因违约金具有补偿和处罚双重性质，且以赔偿非违约方损失为主要功能，故确定违约金是否过高，应以实际损失为基础，兼顾合同履行情况、当事人过错程度及预期利益等因素，根据公平、诚实信用原则予以衡量。结合本案具体情况考虑，首先，协议约定以日万分之五标准计算违约金系双方真实意思表示，且不违反法律禁止性和强制性规定，应确认有效。其次，开发公司拖欠债务多年，因其用以偿债的房屋不能按期交付,在近年来房屋市场价格迅速上扬情况下,造成投资公司不能如期取得经营效益,且与银行关于贷款利息、逾期罚息计算比例、方法相较,协议约定违约金支付比例,亦不属过分高于损失。再次,协议签订时,开发公司承诺回购预售给案外公司的房屋,但未能履行,故开发公司对协议不能履行负有全责。判决开发公司偿还投资公司欠款,并按日万分之五标准支付违约金。2007年**山东某房屋买卖合同纠纷案**,2000年,开发公司以名下厂房顶抵所欠居委会款项690万余元。居委会随后将该厂房及土地使用权作价1400万余元转让给建设公司。开发公司依居委会指示将该厂房及土地使用权直接办理至建设公司名下。因建设公司支付470万余元后未继续付款,居委会诉请解除合同。法院认为:《城市房地产管理法》关于"未依法登记领取权属证书的房地产,不得转让"规定,其目的在于禁止未登记权属的房地产进入市场交易,而本案中涉诉厂房并非未登记权属,而是登记权属之外的人处分了厂房,显不属该规定适用范围。三方约定由开发公司直接将厂房过户给建设公司,实际上存在两次交易但仅有一次过户,其是否涉嫌逃税,属行政机关审查处理问题,并不影响合同本身效力。依《物权法》规定,我国物权变动采债权形式主义,即仅有债权合同尚不足以引起物权变动,须结合法定的公示行为才能引起物权变动。本案居委会虽已支付了厂房对价,但并未过户至其名下,故其并非涉案厂房的所有权人,居委会与建设公司签订合同处分该厂房,系无权处分,效力待定,但根据事后三方合同及开发公司协助居委会履行义务行为,构成追认,故本案合同有效。因建设公司未支付余款远超总价款五分之一,符合《合同法》第167条规定情形,据此可认定,建设公司构成根本违约,其行为构成法定解除事由,居委会据此可行使法定解除权解除合同。2002年**广东某商品房预售合同纠纷案**,1996年,银行与工贸公司签订抵债协议,约定工贸公司用开发公司开发项目房地产抵偿所欠银行1.2亿余元本息,由开发公司与银行签订预售合同。随后,开发公司与银行签订预售合同。另案生效判决认定开发公司与工贸公司等合建合同无效,并对以开发公司名义开发、销售的房屋在开发公司与案外人之间进行了分配。2001年,开发公司以银行未依约支付购房款为由诉请解除购房合同。法院认为:预售合同与抵债协议是两份各自独立的合同,既不存在主从关系,亦不存在包容关系。首先,两份合同主体不一致,抵债协议是银行与工贸公司签订,而预售合同是银行与开发公司签订。无证据证明抵债协议当事人以口头或书面方式将以房抵债合同内容告知开发公司,亦无证据证明开发公司事后对他人处分自己财产行为予以追认。其次,从法理上讲从合同应是以主合同存在为前提才成立的合同,从合同应随主合同变更或消灭而变更或消灭。本案预售合同并非以抵债协议存在为前提,亦不存在相互依存关系。工贸公司并不享有房地产项目权益,即使有投资亦应按一般债权处理,故以工贸公司处分诉争房地产项目抵偿银行债务为主要内容的抵债协议无效。预售商品房是要式法律行为，预售方应具备严格的法定条件并履行法定程序才能售房。从内容上看，立项、土地出让、规划、预售许可的政府审批文件上，始终记载着有开发公司名称，而无工贸公司名称，认定开发公司是诉争项目权利人证据充分，工贸公司缺乏主张权利的法定凭证，不是诉争项目权利人，无权以自己名义处分诉争项目部分房产。此外，诉争房屋涉及几百宗小业主状告开发商延期交房的购房合同诉讼中，均由开发公司作为开发商参加诉讼并承担责任的，而工贸公司不是诉讼当事人，实质上确认工贸公司对诉争项目投资、承包经营行为并未导致诉争项目权益全部或部分转移到其名下，其未取得能对外承担经营风险并独立承担民事责任的开发商地位。判决解除银行与开发公司所签预售合同。2016年**重庆某建设工程施工合同纠纷案**，2014年，电力公司承建开发公司电力工程，郎某为实际施工人。2015年，工程完工，开发公司与郎某签订商品房买卖合同，约定开发公司出售一套市价22万余元的房屋给郎某，若开发公司在两个月内支付工程款，则合同失效。2016年，开发公司未支付工程款，亦未办理过户手续，郎某诉请确认商品房买卖合同有效。法院认为：本案中，虽然当事人之间以房抵偿工程款合意是通过商品房买卖合同形式予以实现，但双方以物抵债意思表示明晰。当合同名称与合同约定权利义务内容不一致时，应按合同约定权利义务内容来对合同加以理解与识别，故本案商品房买卖合同应属以物抵债范畴。依法成立的合同，自成立时生效。案涉商品房买卖合同签订后，尽管郎某已实际占有该商品房，但由于开发公司并未履行过户手续，故该商品房仍属开发公司所有。因以物抵债属于诺成合同，其成立并不以抵债物所有权移转为要件，故本案以物抵债已然依法成立。郎某系合同当事人，与本案有直接利害关系，其诉讼主体适格。至于郎某是否已支付购房款及购房款支付方式系合同履行过程中的问题，对合同效力并无影响，故判决确认案涉商品房买卖合同有效。2014年**安徽某房屋买卖合同纠纷案**，2009年，开发公司将房屋售予蒋某以抵偿工程款，约定先交房，结算价以最终销售价为准。2011年，蒋某将房屋转让给周某，周某亦以抵债方式支付全部房款。2013年，周某诉请蒋某、开发公司办理过户手续。开发公司以其公司规定最终销售价格大于所欠蒋某工程款为由抗辩。法院认为：民事主体在民事活动中应遵循公平和诚实信用原则，按合同性质和交易习惯行使权利和积极履行义务，任何一方制定或作出免除其自身责任、加重对方责任、排除对方主要权利的约定和行为都是显失公平的，不应得到法律保护和支持。在开发公司与蒋某所签以工程款抵房款协议中约定"所抵房款不享受任何价格优惠，抵房款结算价格以办理抵房手续当日我公司规定销售价格为准""房屋单价按支付工程款时的时间单价进行计算"，这些条款系开发公司附条件约定了蒋某享有争议三套房屋条件。从通常理解和交易习惯上来说，此条款以蒋某固定不变的工程款数额与房地产市场不断变化的房屋价格相折抵,明显减轻了其自身责任,损害了蒋某权利,显失公平,又违背了诚实信用原则。从2010年至今,争议三套房屋市场价值不断上涨,开发公司未穷尽方式与蒋某协商工程款结算事宜,而是怠于结算。此种怠于结算行为视为开发公司为自己利益,不正当阻止向蒋某交付房屋条件成就,该具有买卖房屋性质的以房抵债协议依法应视为条件成就,蒋某理应享有争议三套房屋所有权。蒋某将该三套房屋作价79万元出卖给周某行为并无不当,系有权处分行为,且蒋某亦尽到了债权转让告知义务,将其出卖房屋给周某行为书面通知了开发公司,开发公司亦未表示任何异议。判决开发公司将案涉房屋交付给周某,并协助周某办理过户手续。2004年**天津某商品房买卖合同纠纷案**,1999年,龙某与开发公司签订商品房买卖合同,并通过连环债务抵偿方式支付购房款18万元。2003年,龙某以开发公司签约前即将该房出售给案外人孙某并向银行办理抵押贷款为由,诉请确认合同无效并赔偿损失。法院认为:商品房买卖合同是指出卖人将尚未建成或已竣工房屋向社会销售并转移房屋所有权于买受人,买受人支付价款的合同。本案中,开发公司与龙某签订商品房买卖合同,合同标的物是开发公司开发的商品房,该商品房可出售给龙某之外的任何人,故本案双方当事人签约目的是建立商品房买卖合同法律关系,发生纠纷应受有关审理商品房买卖合同纠纷的法律规定调整。由于双方当事人与案外人之间存在债权债务关系,故解决债权债务是促使双方当事人签订商品房买卖合同并建立商品房买卖关系的重要因素,同时,双方当事人建立商品房买卖关系是双方当事人与案外人协商解决债权债务结果。用现金支付购房款是履行付款义务方式之一,经协商用债权冲抵购房款亦是履行付款义务的合法方式,付款方式不同并不能改变所签订合同法律关系性质。开发公司故意隐瞒其将诉争商品房在先出售给案外人孙某并向银行办理抵押贷款事实,故开发公司与龙某签订商品房买卖合同行为属欺诈行为。由于开发公司欺诈行为致使龙某作出错误意思表示,故判决确认双方所签商品房买卖合同无效,双方返还,开发公司另赔偿龙某装修损失、利息损失,并按总房款30%赔偿龙某损失。2011年**北京某合同纠纷案**,2005年,执行法院裁定确认开发公司以房产评估作价1700万余元抵偿所欠资产公司部分债务,剩余债务2600万余元继续履行。2006年,执行法院向房管局发出过户给资产公司的协助执行函。2007年,资产公司将涉案房产及未履行债权打包转让给实业公司。2010年,实业公司又将上述资产包转让给投资公司,执行法院据此变更投资公司为申请执行人。2011年,投资公司申请将涉案房产变更至自己名下时,因执行法院拒绝出具协助执行函,投资公司提出申诉。法院认为:根据最高人民法院《关于人民法院民事执行中拍卖、变卖财产的规定》第29条第2款规定,“不动产、有登记的特定动产或者其他财产权拍卖成交或者抵债后,该不动产、特定动产的所有权、其他财产权自拍卖成交或者抵债裁定送达买受人或者承受人时起转移。"本案中，执行法院已作出执行裁定，确认将涉案房产抵偿给资产公司。该执行裁定送达时，涉案房产所有权即属于资产公司。实业公司从资产公司获得未履行部分债权及争议房产所有权，对于未履行部分债权，实业公司有权将该债权再转让给投资公司，投资公司可因此向执行法院申请变更成为该债权执行案件的申请执行人，但对争议房产所有权，资产公司与实业公司买卖合同虽已成立并生效，但在履行过程中，资产公司并未将房产所有权变更至实业公司名下。《物权法》第31条规定："依照本法第二十八条至第三十条规定享有不动产物权的，处分该物权时，依照法律规定需要办理登记的，未经登记的，不发生物权效力。"本案中，涉案房产所有权仍属资产公司，实业公司并未实际取得，此后，实业公司再次将其未取得所有权的涉案房产卖给投资公司，属于无权处分，因实业公司与投资公司之间房产买卖合同尚未生效，投资公司当然不能要求卖方过户涉案房产，更无权要求法院协助将涉案房产过户到自己名下。因涉案房产所有权已不属于开发公司，作为判决确定债权的受让人，投资公司也不能要求执行涉案房产以实现其未满足的债权，因投资公司的请求存在承认并执行效力待定的房产买卖合同、非法撤销生效法律文书、支持逃避税收监管行为等数个法律障碍，故裁定驳回。2009年10月**河南某房屋买卖合同案**，法院认为：田某与王某所签以房屋抵款协议系双方真实意思表示，并不违反法律规定，为有效协议。双方均应按协议全面履行，在履行过程中应遵守诚实信用原则，田某将一套价值14万余元的住房抵给王某，而田某仅欠王某工程款13万余元，余款1.5万元，王某以1.5万元的存单付给田某，王某却又将该存款取走，违反了诚实信用原则。故田某请求判令王某支付房款1.5万元的诉讼请求，应予支持。2009年3月**河南某房屋买卖合同案**，高某为袁某在宅基地上建房，后以该房抵工程款。2006年，高某将该房以9.9万元卖予王某并承诺能办产权证，办证时再支付余款8000元。2007年10月，国家征地，在袁某帮助下，王某领到补偿款6万余元，房屋拆除后卖门窗卖了1000元，诉请高某补偿。法院认为：因本案所涉房屋占用的土地属集体所有，按照有关法律规定，在集体土地上所建房屋不得转让给集体经济组织成员之外的其他人，故案涉合同应属无效。高某在签订时承诺能为王某办理房产证，故对无效合同的签订具有过错，应承担相应民事责任。按照合同无效的处理原则，双方因该房屋买卖合同而取得的财产应予返还。高某应将已收取购房款返还给王某，王某也理应将所购房屋返还。但因房屋现已不存在，因政府行为转化为拆迁补偿费，故王某应将房款扣除拆迁补偿费及门窗变卖款后返还。2007年6月**海南某房屋买卖合同案**，1998年10月，张某签约购买开发公司别墅，首付款后即入住。该别墅曾因1996年被实业公司购买又不履行生效调解书，在1999年1月被执行法院裁定抵债给开发公司，同年4月该裁定书送达实业公司。在此前的1999年3月，因开发公司欠工程款，该别墅又被执行法院裁定查封。法院认为:诉争别墅系法院在执行申请执行人开发公司与被执行人实业公司别墅转让合同纠纷一案中,于1999年1月裁定抵债给开发公司的财产。该裁定书于同年4月送达实业公司时生效,故开发公司在该裁定书生效之前的1998年10月与张某签订转让合同,是开发公司在未取得别墅所有权的情况下,将实业公司的别墅出售给张某,应为无效。诉争别墅因开发公司拖欠工程款一案,法院已依法查封。开发公司在拖欠工程款情况下,与张某签订的售房合同,违反了法律规定,应属无效。2007年5月**海南某房屋买卖合同案**,2004年,开发公司为抵债将商品房售与工程公司,工程公司又转卖梁某,梁某与开发公司签订正式合同后,梁某又经开发公司同意,将该房转给吴某,合同上只是改了购房人的姓名,签约时间及违约责任均未变动。因开发公司逾期办证,吴某诉请违约金。开发公司认为吴某所购房屋系从梁某处购买的二手房,为办证和避税而由开发公司重新签订,因违法而无效,同时工程公司以梁某未付购房款已起诉梁某,并通知开发公司不要交房。法院认为:无证据表明吴某与梁某恶意串通损害国家利益,且从吴某这一角度,不管其是从梁某处购得房屋还是从开发公司处购得房屋其交易的次数都是一次,吴某不存在也不需要实施避税的行为。吴某和开发公司之间的房屋买卖关系和工程公司与梁某之间的房屋买卖关系是两个独立的法律关系,其审理结果与本案无关,不构成本案中止审理的理由。吴某与开发公司之间的房屋买卖关系,有双方签订的商品房买卖合同和开发公司出具的收款收据佐证,符合一般房屋买卖的所有构成要件,足以认定。双方所签购房合同合法有效。吴某已依约向开发公司支付全部购房款,履行了合同义务,开发公司即应依约为吴某办理所售房屋的权属登记,因其逾期办理,已构成违约,应支付违约金。2006年9月**辽宁某房屋买卖合同案**,江某为偿还王某借款,经与孙某协商,由孙某将自有房屋为江某抵债卖给王某,产权手续先交王某,1年内孙某可买回。同时江某向孙某承诺1年内赎回房屋,并以享有的100亩果园经营权担保。期满江某下落不明,孙某也无法取得果园经营权,王某诉请确认合同有效并要求交房。法院认为:江某为偿还借款经与孙某协商,双方同意债务转移,孙某同意将自有房屋作价卖给王某为江某抵债,合同系双方真实意思表示,并不违法,应为合法有效。江某为偿还借款经孙某同意而以孙某房屋抵债给王某的事实确定。至于果园经营使用权由于其他原因而使孙某行使该权利产生障碍,并不应影响王某相关民事权利实现,孙某可向江某另案主张权利。2005年4月**重庆某购房合同案**,法院认为:关于被告是否欠购房款问题,在同一天出现了金额相同的欠款依据和付款凭据,且不能分辨出先后顺序情况下,很难用现行法律来评判,但从优势证据理论加以分析,不难得出原告证据优势明显大于被告,故推定:被告欠款事实成立。

【同类案件处理要点】

债务人无力以货币偿还债务，将其所有的房屋作价抵偿给债权人时，除遵循债务清偿或债务移转的一般原则外，还应按照房屋买卖合同履行及效力认定的规则处理。

【相关法律风险提示】

1. 以房抵债作为房屋买卖的一种特殊形式，因涉及不同法律事实和法律关系，故签订书面抵债协议或房屋买卖协议非常有必要。抵债房屋流转次数相对较多，涉及的合同文本及当事人不尽一致，各自的权利义务关系包括对价、抗辩也不尽相同，通常为避免房屋多次转让而产生的交易税费，在多次流转关系中，当事人更愿意采用更换合同买受人名称而出卖方不变的方式进行。单一的房屋买卖合同毕竟无法承载合同转让产生的抗辩权转移，当事人为协调各自的对价而私下签订的交易文本，因其合同相对性又无法约束其他合同关系的签约主体，一旦纠纷产生，往往形成连锁反应。对出卖方而言，为避免不同买受人之间在合同履行上不同要求造成的困难，应事先对买受人出现内部利益纠纷时情形作出约定，同时根据重新签约情况，对合同不适宜条款作相应变更；对转售方而言，应考虑到再次转让，房屋易主情形发生，对价款支付和违约责任应有特别约定；对作为下家的购买方而言，与出卖方所签合同要正规，对与上家的私下协商结果要形诸文字，有关合同履行及相应违约责任应有明确约定。

2. 抵债房屋因前手取得权利的瑕疵，可能影响到后手合同的履行甚至效力，故即使价格优惠的抵债房屋，对其权属继受状况应做必要的调查了解，制定合同条款时要尽量将各种可能违约情形考虑周全。

3. 债权人取得抵债房的所有权后再出售，存在增加税负的法律风险。抵债房买卖关系中，可能存在多次倒手现象，同时伴随借名签约、借名付款、转手付款情形，故对付款对象和签约对象及各自的行为效力应尽量通过合同条款加以明确。以免发生收款人非合同当事人，一合同优惠条件效力无法约束另一合同当事人情况。

4. 在金钱债权债务关系存在情况下，债务人对是否履行付款义务负有举证责任，债权人并不需要对债务人是否付款承担举证责任。基于债务人对履行债务负有举证责任的原理，购房人对已付款凭证应当主动索要并妥善保管。

5. 开具发票是纳税主体发生交易时的法定附随义务，发票本身并非承载民事交易主体间合同权利义务的充分证据；如依约定或交易习惯对开具的发票不能认定为收款收据的凭证，持有发票的一方仍应对已履行给付发票款项承担举证责任。

发票并不当然具有已付款的证明作用,在抵债房买卖合同关系中,合同当事人与付款当事人及开具发票当事人如不对应,发票作为已付款的一般证据作用更是大打折扣。案见辽宁沈阳中院(2007)沈民(2)房终字第 631 号“杨某与某材料公司房屋买卖合同纠纷案”。

6. 在他人宅基地上盖房并出售,土地使用权性质对合同效力有决定性的影响,同时可能会因建造者不具备房地产开发资质和资格而导致合同无效。对于通过抵债获得房屋的买方而言,房屋权属证书的缺失,在国家征用土地并对房屋补偿情况下,所得利益相较权属手续完备的房屋,在人员安置、补助等方面,可能无法得到同等保护。案见河南郑州中院(2009)郑民三终字第 58 号“高某等与王某等房屋买卖合同纠纷案”。

7. 中间人在合同上作为一方当事人签名并实际参与收款又不予明确代理性质,可能会作为法律上的当事人,承担相关合同权利和义务。

8. 除终审裁判文书作出即生效外,其他裁判文书上诉期或生效期通常自送达之日作为起点计算,调解书生效时点为最后签字一方签字确认时。

9. 别墅买卖合同,较之普通商品房买卖,因开发成本相对较大,资金问题可能更为突出,开发商因债务问题很容易导致别墅刚签约出售,又被作为另案执行查封的对象。法院执行裁定往往因其既判力,在买受人未取得所有权而执行异议又不被支持情况下,物权请求权丧失风险极大。案见海南海口中院(2007)海中法民再字第 8 号“张某等与某开发公司房屋买卖合同纠纷案”。

10. 第三方以出卖自有房屋代债务人清偿债务,并与债权人签订房屋买卖合同的,构成债务转移,并不违法。事后第三方不得以其与债务人之间的权利义务作为房屋买卖合同履行的抗辩理由。故第三方在签订以房抵债的代偿协议或房屋买卖合同时,应对其间风险有清醒认识。

11. 抵债合同中开发商或原产权人对房屋维修或购房附赠的优惠条件所做承诺的效力并不当然及于购买抵债房的后手买家。

12. 抵债房买卖,出卖方通常亦阐明是协助办理过户手续,但因涉及原有转让方,故能否具备过户条件,因存在第三方的因素,很难判断,可能会导致过户迟缓而无法追究责任的情形出现,甚至可能导致房屋成为无法入住的“烂尾楼”而缺乏追究责任的对象。

13. 因担保债权而约定以房作抵押,合同中约定债权逾期不能实现,双方同意以房抵债的条款因属于法律禁止的“流押”而无效。

14. 以房抵债情形,买受人应审核出卖人所售房屋所有权状态,如买受人作为债权人不能在房屋权属登记簿上被登记为抵债房的产权人,即使已实际使用抵债房，亦不享有物权，基于使用权享有的债权不具有对抗第三人的法律效力。

15. 我国法律未规定代物清偿制度，在当事人对合同成立无特别约定情况下，应认定以物抵债系诺成合同，自双方意思表示一致时成立，不以债权人受领抵债物为合同成立要件。

16. 执行标的由当事人以外的第三人受让的，案外人应在异议指向的执行标的执行终结之前提出，但执行标的由申请执行人或被执行人受让的，应在执行程序终结前提出。

17. 以物抵债协议未明确约定以债权人受领抵债物作为成立条件，即应为诺成合同，只要双方就以物抵债达成合意，该协议即成立。

18. 生效判决判令过户，以及执行法院裁定拍卖房屋或以房抵债，承租人均可提执行异议之诉，承租人实体权利享有与否应依相关证据确定。

【附注】

参考案例索引：辽宁沈阳中院（2007）沈民（2）房终字第631号“杨某与某材料公司房屋买卖合同纠纷案”；见《人民法院对房屋承租人就执行腾退房屋提出的执行异议应如何认定和处理?》（《民事审判指导与参考》研究组），载《民事审判指导与参考·民事审判信箱》（202001/81:219）；最高人民法院（2018）最高法民申1299号“徐杰与张先俊、安徽省中平置业有限公司案外人执行异议之诉案”，见《案外人提出执行异议是否逾期的认定——案外人徐杰执行异议之诉申请再审案评析》（刘慧卓，最高院执行局；审判长刘慧卓，审判员杨立初、刘京川），载《执行工作指导·案例分析》（201901/69:1）；最高人民法院（2015）民一终字第308号“汕头市潮阳建筑工程总公司与贵州华城房地产开发有限公司、贵阳新世纪房地产开发有限公司、孟广黔、王剑建设工程施工合同纠纷案”（审判长姚爱华，审判员贾劲松，代理审判员姜强），见《以物抵债协议的性质与效力》（执笔人麻锦亮，核稿人贺小荣），载《最高人民法院民事审判第二庭法官会议纪要》（X02－2018:1）；最高人民法院（2017）最高法民申128号“张南华诉常德堂皇置业有限公司等公司、黄选乐房屋买卖合同纠纷案”，见《以物抵债协议为诺成合同，不以债权人受领抵债物作为其成立要件——张某与甲公司房屋买卖合同纠纷案》（审判长宋春雨，代理审判员胡越、王渊），载《最高人民法院民事审判第二庭法官会议纪要·类案推送》（X02－2018:12）；湖北高院（2015）鄂民监二再字第00002号“某开发公司与某科技公司房屋买卖合同纠纷案”，见《天合地产发展有限公司与武汉源开科技开发有限公司房屋买卖合同纠纷再审案》，载《审判监督指导·优秀裁判文书选登》（201702/60:188）；最高人民法院裁定“某实业公司与张某买卖合同纠纷申请再审案”，见《论流质契约及显失公平问题——大昌公司与张春成房屋买卖合同纠纷申请再审案》(李春,最高院立案庭),载《立案工作指导·申诉与申请再审疑案评析》(200904/23:135);另见《合同显失公平的认定》(张豪),载《人民司法·案例》(200912:23);最高人民法院(2009)民提字第98号"某房产公司与某物资公司买卖合同纠纷案",见《辽宁容川房地产发展有限公司与沈阳万宝物资有限公司买卖合同纠纷案》(审判长贾纬,代理审判员沙玲、周伦军),载《最高人民法院商事审判裁判规范与案例指导·裁判文书》(2011:290),另见《价格变动对合同履行及以物抵债的法律效力》,载《最高人民法院商事审判指导案例·合同卷(上)》(V1-2011:132);最高人民法院(2008)民申字第721号"祁某与某银行转让合同纠纷案",见《区分物权变动中的债权关系与物权关系——祁某与某银行张掖市分行房地产转让合同纠纷再审案》(徐瑞柏,最高院民一庭),载《民事审判指导与参考·最高人民法院案件解析》(200904/40:133);最高人民法院(2008)民二终字第21号"某开发公司与某投资公司欠款纠纷案",见《根本违约的责任承担——北京海天房地产开发有限公司与黑龙江省天九控股有限公司欠款纠纷案》(审判长叶小青,审判员陈明焰、王闯),载《最高人民法院商事审判指导案例·合同卷(下)》(V1-2011:584);最高人民法院(2007)民一监字第399-1号"某织造公司与某居委会买卖合同纠纷申请再审案",见《合同法定解除权的认定与处理——青岛嘉成织造有限公司与青岛市黄岛区长江路街道办事处北江路社区居民委员会房屋买卖合同纠纷申请再审案》(梁曙明,最高院立案庭;周星磊,中国政法大学研究生院),载《立案工作指导·申诉与申请再审疑案评析》(201002/25:122);最高人民法院(2002)民一终字第34号"某银行与某开发公司等商品房预售合同纠纷案",见《中国人民银行清远市中心支行与广东省第一建筑工程公司城市建设综合开发分公司、清远市华泰工贸有限公司预售商品房合同纠纷上诉案——正确区分商品房预售合同和以房抵债合同的性质》(冯小光,最高院民一庭),载《民事审判指导与参考·最高人民法院二审案件解析》(200302/14:335);重庆石柱法院(2016)渝0240民初3200号"朗小红诉重庆市万华房地产开发有限责任公司建设工程合同纠纷案",见《以物抵债的成立要件与效力判定》(邬砚、张伟),载《人民司法·案例》(201717:72);安徽淮北区法院(2014)淮民二终字第00020号"周某与蒋某房屋买卖合同纠纷案",见《周毛诉蒋德毅等房屋买卖合同纠纷案(诚实信用原则公平原则"工程款抵房款"的法律属性阻止合同条件成就的法律后果债权转让通知的效力判断)》(霍园园),载《中国审判案例要览》(2015民:227);天津二中院(2004)二中民四终字第94号"龙某与某开发公司商品房买卖合同纠纷案",见《龙万鹏诉天津市电基集团有限公司商品房买卖合同纠纷案(商品房买卖合同)》(刘海英、杭宝林),载《中国审判案例要览》(2005民:58);最高人民法院(2011)执监字第77号《驳回申诉通知书》;河南郑州中院(2009)郑民四终字第893号“王某与田某等房屋买卖合同纠纷案”;河南郑州中院(2009)郑民三终字第58号“高某等与王某等房屋买卖合同纠纷案”;海南海口中院(2007)海中法民再字第8号“张某等与某开发公司房屋买卖合同纠纷案”;海南海口中院(2007)海中法民一终字第378号“吴某与某开发公司房屋买卖合同纠纷案”;辽宁鞍山中院(2006)鞍民一终字第106号“孙某与王某房屋买卖合同纠纷案”;重庆南川法院(2004)南川法民初字第972号“某房地产开发公司诉韦某等购房合同案”。

87. 烂尾房:停缓建工程

——买了烂尾房,损失怎主张?

【合同履行】

【案情简介及争议焦点】

2003年7月,何某与开发商签订预订合同,约定2003年12月30日签交房,“逾期交付,按已付房款的日万分之三支付违约金”。在何某预付40万元购房款后,因开发商开发建房过程中种种原因,楼盘搁置停工,形成烂尾楼。此前,该楼盘为担保他人贷款,已被开发商抵押给银行。2009年3月,何某将预订门面自行装修后占有使用。

争议焦点:1. 开发商是否违约? 2. 违约赔偿责任如何承担?

【裁判要点】

1. 开发商已构成违约。开发商依法取得了《商品房预售许可证》,具有房产开发经营权,其与何某所签商品房预售合同,系双方真实意思表示,应认定合法有效,各自应按合同约定全面履行义务。合同签订后,何某按约给开发商预付了大部分购房款,及时履行了交纳大部分首付款义务,依法应享有所购商业门面的期待权。但因开发商已将案涉商品房土地使用权,为他人贷款设定了担保抵押,开发商不能再次向银行提出商品房预售按揭贷款申请,导致何某无法与国家商业银行签订《商品房预售按揭合同》,及时办理按揭支付余款手续。加之开发商在开发建设案涉商品房项目过程中,因多种原因致使楼盘建设受阻停工,根本不能按时向何某交付房屋。故开发商在履行合同过程中过错明显,其行为已构成违约。

2. 违约损失赔偿责任。何某在预付40万元巨额资金被开发商长期占用而又无法得到所购商业门面情况下,为减少经济损失,停付39万元购房余款,自行占用装修预售商业门面,其行使的是后履行抗辩权,其行为不构成违约。开发商既不能设法促成银行与何某签订按揭贷款合同,又不能按合同约定交付房屋,应按约向何某赔偿违约损失(22.98万元)。

【裁判依据或参考】

1. 部门批复。财政部、国税总局《**关于广州壬丰房地产开发有限公司有关契税问题的批复**》(2003年7月30日　财税〔2003〕164号):"你省广州经济技术开发区国有资产投资公司(以下简称国资公司)和珠海鸣志房地产有限公司(以下简称鸣志公司)依据法院裁定,共同承受破产企业广州开信房地产开发有限公司用以抵偿债务的'南方信托大厦'烂尾楼工程,并拟将需续建的'南方信托大厦'权属转入广州壬丰房地产开发有限公司(以下简称壬丰公司)名下。鉴于壬丰公司是国资公司与鸣志公司专为继续开发建设'南方信托大厦'而共同出资组建的项目公司,考虑这一特殊情况对壬丰公司承受'南方信托大厦'在建房产及土地使用权所涉及的契税予以免征。"

2. 地方司法性文件。四川高院《**关于印发〈关于审理破产案件若干问题的解答〉的通知**》(2019年3月20日　川高法〔2019〕90号)第3条:"……房地产企业进入破产程序后,在房屋具备交付条件的情况下,已支付完毕全部购房价款的消费者,能否请求房地产企业履行房屋过户义务?该行为是否构成《企业破产法》第十六条规定的无效个别清偿行为?答:可以请求房地产企业履行房屋过户义务,不构成个别清偿行为。根据《企业破产法》《企业破产法司法解释二》的规定精神,并非所有破产程序中的个别清偿行为均属于《企业破产法》第十六条规定的无效行为。认定个别清偿行为无效的关键要件之一是该清偿行为损害了其他破产债权人的合法权益。根据《中华人民共和国合同法》《最高人民法院关于建设工程价款优先受偿权问题的批复》《最高人民法院关于人民法院办理执行异议复议案件若干问题的规定》的相关规定,交付了购买商品房全部或者大部分款项的消费者对于其所购房屋的权利,具有特定性和优先性,在受偿顺序上本身就优先于建设工程价款优先受偿权和抵押权,其权利的实现并不会构成对其他破产债权人合法权益的损害,故管理人按照债务人与消费者购房户签订的商品房买卖合同的约定,履行交付房屋并办理所有权变更登记义务的行为,并非《企业破产法》第十六条规定的个别清偿行为。"广东高院《**关于审理商品房买卖合同纠纷案件若干问题的指导意见**》(2003年2月13日　粤高法发〔2003〕24号,已于2020年12月31日经粤高法〔2020〕132号废止)第12条:"对于因建设工程'烂尾'而解除商品房买卖合同和商品房担保贷款合同后,担保权人要求买受人返还款项时,买受人以出卖人的商品房预售款开户银行违反《广东省商品房预售管理条例》第三十三条第二款规定的法定监管义务而造成其损失为由，要求银行承担赔偿责任的，如果担保权人同时是出卖人的商品房预售款开户银行，人民法院应对买受人的主张一并审理；如果担保权人不是出卖人的商品房预售款开户银行的，人民法院应告知买受人另行起诉。”重庆高院**《印发〈关于审理和执行涉及“四久工程”纠纷案件若干问题的意见〉的通知》**（2003年9月10日 渝高法〔2003〕179号）：“为了保证重庆市久划不拆、久拆不完、久拆不建、久建不完工程（以下简称‘四久工程’）处置工作的顺利进行……九、合并审理。对诉讼标的为同一种类的‘四久工程’案件，人民法院可以分别立案，合并审理，分案判决。”

3. 地方规范性文件。珠海市国土资源局**《关于印发〈关于规范土地出让年限重新起算问题的意见〉的通知》**（2021年6月17日 珠自然资字〔2021〕506号）第2条：“……（一）整合用地的处理。对于相邻用地经批准整合成为一宗用地统一开发建设的，当原相邻用地的土地出让年限起算时间不一致时，可以按以下两种方式之一处理：1. 用地单位申请补缴地价予以统一土地出让年限起算时间的，则按依法受理补缴地价申请时点的土地使用权出让地价评估价格，计收应缴地价后，调整土地出让年限起算时间。2. 若用地单位不补缴地价的，则以原合宗前各用地中最早的土地出让年限起算时间作为新宗地的统一土地出让年限起算时间；或根据原合宗前各用地的用地面积（或建筑面积）、原起算时间取加权平均值（具体计算方式见附件），作为新宗地的统一土地出让年限起算时间。（二）政府管理控制影响的处理。1. 因政府延迟交付出让土地的，在政府交付土地的一年内申请，延迟交付土地的时间可通过签订补充协议，调整土地出让年限起算时间。2. 因强制性调整规划停止建设的项目用地（用地单位或个人原因申请修改规划条件的除外），由用地单位提出申请，并提供相应答复文件或政府公告，停止建设日期至政府强制性调整规划消除之间的期限，可通过签订补充协议，调整土地出让年限起算时间。”第3条：“城市更新项目（含烂尾楼）另有规定的，按其规定执行。”哈尔滨市人民政府办公厅**《印发〈关于推进停缓建工程复建工作若干意见〉的通知》**（2008年3月14日 哈政办发〔2008〕3号）第3条：“鉴于部分停缓建工程停缓建时间较长，国家已对工程建设的有关技术规范和标准做了相应调整的实际，对主体结构已经完成、无法按新技术规范和标准予以复建的停缓建工程项目，在确保工程质量和安全的前提下，在卫生、环保、人防、消防等方面可以按照当时的技术规范和标准进行复建和竣工验收。”福州市**《关于印发〈福州市加快处置停缓建工程的若干意见（试行）〉的通知》**（2007年11月16日）第4条：“烂尾楼项目复工续建时，建设单位应将原核发的建设工程规划许可证、施工许可证重新报规划、建设等部门复核，相关部门要本着尊重历史、尊重现状的原则，按协调小组协调意见予以简化复核手续。”第5条：

“对于原已取得《建设工程规划许可证》的烂尾楼项目,执行现行规划技术标准确有困难的,可执行项目原审批时的技术标准。”第 6 条:“烂尾楼项目的建设用地批准书及《国有土地使用证》有效期一般不得延期。2003 年 12 月 1 日之后办理施工许可证的烂尾楼项目,按新旧标准计取城市基础设施配套费的差价。”第 7 条:“烂尾楼项目规划变更后,其消防设计必须重新报消防部门审核。对于执行现行消防技术标准确有困难的,在确保消防安全的前提下,可执行项目原审核时的消防技术标准。”第 8 条:“烂尾楼工程竣工后由开发建设单位组织竣工验收,有关部门可按原审批的标准进行验收。若开发建设单位缺位或无故拖延,可由已签订商品房预售合同的业主组成的业主委员会组织进行竣工验收。”第 9 条:“对于申请自行处置的开发建设单位,应设立由协调小组监控的财务专户,用于复工续建的资金应足额到位、专款专用。”第 10 条:“申请自行处置的开发建设单位若已丧失开发资质,应重新向建设行政主管部门申请开发资质。”第 11 条:“自行处置的烂尾楼项目在满足土地出让有关政策规定及已审批的规划技术标准的前提下,经协调小组批准,可适当调整其使用功能,非商业用途改为商业用途的按其所处土地等级补缴不同用途基准地价和基准容积率折算的楼面地价的差价。因功能改变引起机动车及非机动车位不足等情况而无法满足现行规划技术标准的,原则上按原技术标准执行。”第 12 条:“烂尾楼项目容积率、建筑面积和建筑层数原则上按原规划指标控制。已经超建的,在满足规划技术标准和安全要求的前提下,由规划部门处罚后按现状重新审批。增容部分应补缴相应土地规费,该费用按批准销售年度地块基准地价和基准容积率折算的相应楼面地价。所补交的规费和所处的罚金由开发建设单位限期补交,否则以实物抵偿。”第 13 条:“开发建设单位不申请自行处置的或复工续建后进度严重滞后的烂尾楼项目,协调小组引导当事人提出诉讼,司法部门优先考虑依法以整体转让的形式公开拍卖,拍卖所得按照法定清偿顺序清偿相关债权债务和税费。”第 16 条:“烂尾楼工程的续建单位应及时向市房地产交易登记中心办理产权登记工作。若开发建设单位缺位或无故拖延,可由已签订商品房预售合同的业主组成的业主委员会提出申请,向国土、规划、建设等部门统一提取土地权属及建审资料,并委托有资质的测量单位进行测绘。市房地产交易登记中心根据福州市人民政府《关于解决商品房和安置房历史遗留产权登记问题的若干意见》(榕政综〔2006〕39 号)先予办理预先登记和测绘数据备案后,业主凭购房合同、发票等资料自行向市房地产交易登记中心办理产权登记。”吉林市**《停缓建工程处置办法》**(2005 年 10 月 1 日,已于 2016 年 9 月 6 日起失效)第 3 条:“本办法所称停缓建工程是指 2005 年 10 月 1 日前已存在的,经建设、规划、国土资源等行政主管部门批准,有下列情形之一的工程项目:(1)工程建设项目停止施工超过三年的;(2)超过施工许可证规定竣工日前两年以上未竣工的。停缓建工程项目须经市停缓建工程处置办公室依法确认，并经市政府停缓建工程处置领导小组认定。”第4条：“处置停缓建工程项目，可采取要求原建设单位限期建设，现状竣工或由市停缓建工程处置办公室代为处置等方式进行。（1）原建设单位无能力按原规划进行开发建设的，须向市停缓建工程处置办公室提交现状竣工处置方案，经市政府停缓建工程处置领导小组批准后，方可到有关部门办理变更手续；（2）原建设单位无法继续开发建设的，须向市停缓建工程处置办公室提出申请，由市停缓建工程处置办公室通过拍卖方式，代为处置；（3）原建设单位拒不采取限期建设、现状竣工等方式处置又不申请代为处置的停缓建工程项目，由市停缓建工程处置办公室发布公告，公告期满后代为处置。”海南省**《关于加快处置海南经济特区停缓建工程的决定》**（2003年7月1日）第5条：“产权人对已完成开发建设投资总额百分之二十五以上的停缓建工程，可以依法采取转让、出租、合作的方式进行处置。以转让、出租、合作方式处置的，双方当事人应当在合同中约定停缓建工程项目继续动工的日期、双方权利与义务、收益分配、竣工形态及期限、违约责任等，并向有关部门办理规划、施工、登记或者备案、租赁等手续。产权人无力按照本决定第四条规定的方式自行处置停缓建工程的，也可以委托人民政府处置机构或者其他组织代为处置，双方签订委托代为处置合同，约定双方权利与义务等事项。产权人无力自行处置或者不委托处置停缓建工程且有债务的，债权人可以向人民法院提起诉讼，请求偿还债务；产权人拖欠政府土地出让金、城市基础设施配套费等款项的，政府或者有关部门可以债权人的身份向人民法院提起诉讼。”第8条：“代为处置可以采取代为转让、代为租赁等方式。代为转让应当由政府处置机构代为选择拍卖或者招投标的方式转让停缓建工程。代为租赁应当由政府处置机构将停缓建工程使用权租赁给承租人使用；承租人投资建设，使用约定的年限后，应当将建成的工程项目无偿归还产权人。转让、租赁所得收益扣除有关税费后应当及时给付产权人。选择拍卖方式代为转让停缓建工程的，处置机构应当委托依法设立的拍卖企业进行拍卖，并按照评估结果确定拍卖停缓建工程的保留价。选择招投标方式转让停缓建工程的，行政监督部门应当依法对招投标活动进行监督。代为处置停缓建工程的买受人、承租人凭拍卖确认书或者中标通知书，与处置机构签订合同，并到有关部门办理规划、施工、竣工验收、产权登记或者备案、租赁等手续。合同应当载明停缓建工程继续动工的日期、双方的权利与义务、竣工形态及期限、违约责任等内容。”海南省**《停缓建工程处理规定》**（2001年5月18日）第4条：“无力续建的停缓建工程，报经县级以上人民政府批准，由该项目的房地产开发经营企业（产权人）采取下列方式处置：（1）建设临时公共绿地等公共设施；（2）修改规划和设计方案，现状竣工；（3）经过装饰后作为临时经营场所；（4）装修外墙，清理施工现场，绿化、美化建设项目范围内环境；（5）对外招租，由承租人装饰使用；（6）转让给其他开发商续建；（7）在规定期限内盘活停缓建工程的其他处置方式。”海口市《**积压房地产产权确认办法**》(1999年10月1日)第5条:“有下列情形之一的,权利人可向市房产管理部门提出全部或部分产权确认申请:(一)在房地产开发建设中,因违反城市规划、建设、绿化、消防、人防等规定,有关手续不完备,或未支付有关规费等原因,未能办理房屋产权登记手续的;(二)因不规范合作开发房地产,未能办理房屋产权登记手续的;(三)在房地产交易中未办理房屋产权转移登记手续的;(四)以房屋产权设定抵押,抵押期限届满,抵押当事人依法达成书面协议或人民法院判决以房产作价抵债,未办理房屋产权转移登记手续的;(五)债权债务当事人协议以房产清偿债务,未办理房屋产权转移登记手续的;(六)其他房屋产权不明确而需要确权的。”第10条:“购房者直接与开发商签订房屋买卖合同,已按合同约定付清购房款,但由于开发商原因未能办理房屋产权转移登记手续的,由市房产管理部门在查明事实和公告的基础上,在规定的工作时限内直接给购房者办理房屋产权转移登记手续。购房者与中间人签订房屋买卖合同,已按合同约定付清购房款,但由于开发商或中间人的原因未能办理房屋产权转移登记手续的,只要购房者提供房屋买卖合同、付款凭证等主要证明材料真实合法,并在公告期限内无异议或者异议不成立的,由市房产管理部门确认房屋产权,并给予办理房屋产权转移登记手续。”第11条:“购房者已经履行房屋买卖合同约定的部分义务,但由于售房者下落不明等原因未能按原合同约定交足购房款的,经市房产管理部门审核认定可按本办法规定办理过户手续的,由购房者按原合同约定向市房产管理部门交足购房款后,予以办理房屋产权转移登记手续。市房产管理部门代收的购房款必须设专户管理。”

4. 参考案例。2017年**海南某房屋纠纷执行案**,2005年,贸易公司依生效判决确认的2750万元债权申请参与对被执行人开发公司财产分配。装修公司作为1997年与开发公司签订预售合同的购房人,依法院通知将购房尾款支付给法院。2006年,贸易公司分得执行款295万余元。2013年,房管部门征询执行法院意见后,将房产大证办至开发公司名下,贸易公司以发现被执行人新的财产线索为由,申请法院恢复执行。装修公司提出案外人异议。法院认为:前案执行过程中,采取了一系列包括拍卖、变卖大厦房产以及向已购房产业主收取购房尾款等执行措施,并在执行完毕后将执行款按比例分配给包括贸易公司在内的债权人。本案装修公司即是按法院执行要求,将购房尾款缴交至法院财务部门,法院在收款收据上加盖财务专用章,且在收支一览表中载明。法院收取购房尾款行为是具有法律效力的执行行为,贸易公司仅以该案承办法官涉及违法犯罪以及收款收据上未加盖法院公章为由,否认该执行行为合法性,不具有事实和法律依据。案涉房产所属房产证(大证)虽登记在开发公司名下,系为将国有土地使用权证和房产证办至包括装修公司在内的各真正权利人名下,实系法院在前案执行过程中针对案涉房产所开展的执行工作之组成部分，仅系为解决历史遗留问题，案涉房产并非真正属于开发公司财产。在前案执行过程中，贸易公司已向法院出具收据，确认收到部分执行款，并向法院递交了同意此案终结执行的申请。贸易公司在当时并未对法院执行案中包括拍卖、变卖大厦房产以及向已购房产的业主收取购房尾款等执行措施提出异议。本案中，贸易公司利用房管部门将产权证（大证）办至开发公司名下期间，以发现开发公司有可供执行财产为由，申请恢复执行原生效判决，并申请执行涉案房产进而提起执行异议之诉，系属同一执行人就同一执行依据向同一被执行人就同一执行标的再次提出主张，参照最高人民法院《关于适用〈中华人民共和国民事诉讼法〉的解释》第247条规定，应予驳回。2001年**海南某房屋预售合同纠纷案**，1993年，开发公司与投资公司签订售房合同，约定开发公司分期以共计1.69亿余元购买投资公司在建房产。2000年2月和8月，投资公司和开发公司分别依当时政策规定，申请对本案诉争用地进行确权，银行、资产公司作为投资公司债权人亦参加了确权协调会。2001年，投资公司和开发公司、银行、资产公司签订协议，确认案涉土地权益，开发公司占四分之二、银行和资产公司各占四分之一。随后，开发公司在未依约支付购房款情况下，以投资公司无故单方停工造成其经济损失为由起诉；二审中，开发公司以双方所签售房合同无效为由，请求判令投资公司返还购房款2400万余元和利息。法院认为：根据经国务院批准由海南省政府、建设部、财政部、国土资源部、中国人民银行制定的《处置海南省积压房地产试点方案》中确定的处理宏观调控下海南房地产市场遗留问题的政策规定，因政府收回项目闲置用地，有关土地权益人可以申请对该土地权属进行确权。本案中，投资公司和开发公司、银行、资产公司于2001年所签协议，一致同意将案涉土地进行确权，核发换地权益证书，达成了开发公司占四分之二、银行和资产公司各占四分之一的具体比例。该协议是当事人真实意思表示，且经各方盖章或授权代表签字，协议中约定的生效条件已成就，故应认定该协议对签约当事人具有约束力。开发公司系基于与投资公司之间的商品房预售关系取得参与诉争闲置项目用地换地权益证书申请资格，在取得该项目用地50%权益后，尚未办理有关换地权益证书并对该部分土地权益进行价格评估和价值确认，以折抵相应款项，故无论是其在本案一审起诉时以投资公司无故单方停工造成其巨大经济损失，请求判令投资公司返还购房款、支付违约金、赔偿损失等为由提起的诉请，还是在二审中以认定双方所签售房合同书无效并请求判令投资公司返还购房款和利息等为由提起的上诉请求，均未扣除其因取得50%诉争闲置土地换地权益并对该部分权益进行评估和确认后折抵的款项，其与投资公司之间尚存债权债务总额不确定、不明确。开发公司既要申请对诉争闲置土地确权，又主张全额返还其支付给投资公司的预购款，超出了其依合同约定应享有的权利或因合同无效应予返还财产总额范围，故开发公司在诉讼中提出的有关请求投资公司返还款项数额不明确、不具体,不符合《民事诉讼法》规定的起诉必须具备的条件,裁定驳回开发公司起诉。2000年**广东某房屋买卖合同纠纷案**,1993年,地产公司与香港公司签订大厦买卖合同,约定地产公司负责办理立项、土地出让、规划报建等前期审批手续,并负责承建大厦,建好后将现房交付给香港公司;香港公司向地产公司支付对价。1996年,香港公司直接与土地管理部门补签了土地出让合同,领取了国有土地使用证,办理了建设工程规划临时许可证,大厦项目已直接办到香港公司名下。1997年,为解决遗留问题,香港公司的开办单位工程公司与地产公司的开办单位实业公司签订补充协议,实业公司及其关联企业房产公司与工程公司、香港公司签订一揽子补充协议,约定解除大厦买卖合同,由实业公司、房产公司退还香港公司、工程公司在履行大厦项目转让合同中超付资金,部分以大厦以外的房产抵债。1999年,因实业公司、房产公司未依约支付款项,工程公司起诉。法院认为:依地产公司与香港公司所签大厦买卖合同约定内容,合同性质应为商品房预售。在履行合同过程中,香港公司直接与政府土地管理部门补签了土地出让合同,领取了《国有土地使用证》,办理了《海口市建设工程规划临时许可证》,大厦项目已直接办到香港公司名下。双方履行合同行为已实际变更了合同约定的履行方式,合同性质已实际转化为房地产项目转让合同。现大厦已完成主体框架结构建设,并已办妥项目批文,地产公司具有房地产开发经营主体资格,依当时有效的最高人民法院《关于审理房地产管理法施行前房地产开发经营案件若干问题的解答》第7条规定:"转让合同的转让方,应当是依法办理了土地使用权登记手续,取得了土地使用证的使用者。未取得土地使用证的土地使用者为转让方与他人签订的合同,一般应认定无效,但转让方已按出让合同约定的期限和条件投资开发利用了土地,在一审诉讼期间,经有关部门批准,补办了土地使用权登记手续,可以认定合同有效。"依该规定,应认定该项目转让合同有效。依补充协议及一揽子补充协议约定,双方之间已由项目转让、代建房屋变为以解除合同,清理债权、债务为主要内容的还款协议,故上述二份协议有相对独立性。签订上述二份协议时合同当事人意思表示真实,以诉争标的物以外房产抵债和以现金抵债约定内容合法,应认定上述二份协议有效。判决案涉合同、协议有效,实业公司、房产公司支付工程公司580万余元本金、利息和违约金。2007年9月**海南某商品房买卖案**,法院认为:双方在合同中约定了开发公司应在商品房交付使用后60日内,将办理权属登记需由开发公司提供的资料报产权登记机关备案。双方并未明确约定办理房屋产权证的具体期限,但按最高人民法院《关于审理商品房买卖合同纠纷案件适用法律若干问题的解释》规定,开发公司应在合同约定的交房之日起90日内为陈某办好并交付房屋权属证书。但开发公司直至2005年9月才将房屋权属证书办好并交付给陈某,已构成违约,应依据合同的约定承担相应的违约责任。本案所涉及房屋虽系开发公司根据有关处置积压房地产政策竞买所得的停缓建项目，开发公司购得该项目后，自2003年下半年起也一直在积极办理该项目的土地使用权过户及减免税等手续，并因办理该手续的过程复杂直接影响了房屋权属证书的办理，开发公司由此认为其并未违约，开发公司的主张虽有一定的原因，但并不能成为免除其违约责任的法定理由；在开发公司未依照法律规定在房屋交付使用之日起90日内为陈某办好并交付房屋权属证书，陈某应当知道其权利受到侵害。本案的诉讼时效期间应当从法律规定的开发公司为陈某办理并交付房屋权属证书的期限届满次日起，即2004年5月29日起计算，至2006年5月28日，本案诉讼时效期间满2年。而陈某于2006年12月29日才向法院提起诉讼，已超过法定的诉讼时效期间。而诉讼中，陈某并无证据证实其在此期间内曾向开发公司主张过权利，也未举证证实在诉讼时效期间的最后6个月内存在不可抗力或者其他障碍导致其不能行使请求权的原因。故本案诉讼时效期间并不存在中止、中断而重新计算的法定情形。综上，陈某的诉讼主张因已超过了法律规定的诉讼时效期间，其已丧失了胜诉权，其诉讼请求应予驳回。2006年2月**广东某房屋买卖合同案**，2004年5月，梁某购买苏某从开发公司取得的抵债房，约定为“毛坯房”的现状购买，目前使用临水临电。后梁某起诉开发公司要求安装永久用水用电并协助办理过户手续。法院认为：梁某在购买讼争房时应知该房仍使用临水临电，而这一状态表明该工程并未竣工，且梁某作为购房人应负有谨慎审查讼争房屋状态的注意义务，现梁某主张讼争房是作为“毛坯房”应为已竣工的，具备交付条件的成品房，而非在建工程，应包括永久水电设施等公共配套设施的依据不足，法院不予采信。由于梁某并非以开发公司预售商品房的方式购买讼争房屋，故梁某与开发公司之间并无直接的商品房买卖合同关系。现梁某主张开发公司作为讼争大厦的开发商负有为梁某立即恢复接通涉案房屋的水电供应、安装永久用水用电设施并承担相关的费用的法定义务，由于梁某该主张并无合同依据，而开发公司作为讼争大厦的开发商应如何完成讼争大厦包括水电安装工程在内的竣工手续并非法院审查范围，故对梁某的该主张亦不予采信。由于开发公司与苏某的调解书中对以物抵债的房屋确定“具备办理产权过户手续的条件时协助苏某办理相关产权过户手续”，现梁某是从苏某处转让所得的房屋，开发公司负有协助办理产权过户的义务。因房屋尚未验收合格，仍不具备办理产权过户条件，梁某购买房屋时也明知所购房屋不具备办理产权过户手续的条件，故其要求开发公司在涉案房产交付后90天内协助其办理涉案房产之产权证，依据不足，须待具备条件时再予以办理。2004年7月**海南某房屋买卖合同案**，法院认为：杨某与实业公司签订的《协议书》合法有效，双方应遵守履行。《协议书》签订后，实业公司按约向杨某支付了定金20万元，杨某也向实业公司移交了部分图纸及报建资料并协助办理了房屋土地过户手续，实业公司收到杨某的部分图纸资料后对转让的“半拉子”工程进行了续建并已全部竣工售出,双方当事人已相互履行了义务。实业公司未按约定时间向杨某支付全部房款,其行为已构成违约。实业公司以协助三亚地税局执行扣缴杨某所欠税费为由拒绝向杨某支付房款,由于《税收征收管理法》没有赋予税务机关可以要求与纳税人有经济来往的公民、法人或其他组织协助扣缴税费的权力,故税务机关的《关于协助扣缴税款的函》没有法律依据,该行政行为已被法院生效判决所撤销。故实业公司不向杨某支付房款的行为构成违约,应承担相应的法律后果。2001 年 11 月**广东某商品房买卖案**,法院认为:实业公司依据法院裁定取得案涉“烂尾楼”后,投资续建该楼。续建期间,实业公司将该楼预售给开发公司。因实业公司与开发公司签订《房屋买卖合同书》时,该楼仍未竣工,故双方签订的合同是商品房预售合同,不是现房买卖合同,不适用《房地产管理法》规定的“未依法登记领取权属证书的,房地产不得转让”的情形。虽实业公司预售给开发公司的上述商品房未办理规划、报建手续,但开发公司受让后已替实业公司依法补办了有关手续,并领取了预售商品房许可证。故双方所签预售合同依法应确认有效,双方应继续履行。履行合同过程中,开发公司未按合同约定付清首期购房款 68 万元给实业公司,开发公司也未按合同约定补办好有关手续,双方的行为均属违约行为。由于双方在履行合同过程中均有一定过错,故双方的违约行为互不追究。实业公司应限期将上述商品房交付给开发公司并办理好过户手续,过户费由开发公司承担;开发公司应交清购房余款给实业公司。

【同类案件处理要点】

购房者与开发商签订房屋买卖合同,但由于开发商原因未能办理房屋交付或产权转移登记手续的,购房者有权要求开发商承担相应违约责任。

【相关法律风险提示】

1. 资金链断裂、债务纠纷、手续不全、市场定位失误、股东纠纷、质量问题、突发影响均可能导致商品房开发建设项目成为“烂尾”项目。长期无法正常交付的烂尾房,往往存在合同履行主体、连环债务等错综复杂的法律难题,存在竣工验收执行的技术标准、土地使用权性质及年限变更、规划容积率及配套建设调整等风险。在开发商破产清算或无履行能力情况下,已付全款的购房人无疑是最大的受损害方。故对于期房买卖,尤其在合理期限无迹象显示正常交付的期房,购房款应尽量选择分期交付、按揭支付。

2. 从开发商处直接购买或从他人处转购在建商品房,应对开发商的开发建设资质,用地及规划、施工、预售手续是否合法进行核实,尽量选择有实力和良好口碑的开发商,尽量购买现房,对约定的交房时间较长的期房买卖,应多做调查了解工作,以免合同标的沦为“烂尾房”。

3. 对于烂尾房重建项目,如果存在新的投资商或发展商,原来的开发商只是傀儡,签约购房时,应了解房屋抵押尤其是否分割抵押的情况,明确未来土地使用权证的性质及土地使用权年限,对违约责任的实际承担有相应风险防范。

4. 预售商品房长期迟延交付,在开发商违约的情况下,购房人应保留相关权利主张的证据,以避免超过诉讼时效而丧失利益;同时,对自己应履行的义务,如办理按揭、后续房款,应尽量保留已主动要求履行或协助履行的证据,避免对方后履行抗辩。

5. 烂尾房交付,在无法定迟延履行免责抗辩理由情况下,开发商可能需要承担巨额的逾期交房违约金。

6. 当事人对已经执行程序处理过的房产再次主张权利并提起执行异议之诉的,参照“一事不再理”规定,应不予受理或驳回起诉。

【附注】

参考案例索引:湖南常德中院(2010)常民三终字第99号“某开发商与何某商品房预售合同纠纷上诉案”;最高人民法院(2017)最高法民终538号“海南保发实业贸易公司与重庆富新记建筑装饰有限公司、海南金岗地产开发总公司、海南华贸物业有限公司、重庆金岗房地产开发有限公司执行人执行异议之诉案”,见《当事人对已经执行程序处理过的房产再次主张权利并提起执行异议之诉的,参照“一事不再理”之规定,应不予受理或驳回起诉——保发公司与富新记公司、华贸公司、金岗乙公司等申请执行人执行异议之诉纠纷案》(合议庭成员:审判长张颖新,审判员钱小红、陈宏宇;编写人陈宏宇、谢素恒;审核人张勇健),载《最高人民法院第一巡回法庭典型民商事案件裁判观点与文书指导(第1卷)》(202008:184);最高人民法院(2001)民一终字第91号“某开发公司与某投资公司房屋预售合同纠纷案”,见《海口嘉琼企业开发公司与海南英才实业投资公司房屋预售合同纠纷案——处理海南积压闲置用地权益纠纷如何适用规范性文件》(程新文,最高院民一庭;审判长程新文,审判员王文芳,代理审判员贾劲松),载《民事审判指导与参考·最高人民法院二审案件解析》(200202/10:211);最高人民法院(2000)民一终字第129号“某工程公司与某实业公司等房屋买卖合同纠纷案”,见《中土工程(香港)有限公司与中诚集团有限公司、钟华、广州鹏城房产有限公司及香港基冠有限公司、海南琼山钟诚房地产开发公司房屋买卖纠纷上诉案——关于合同性质及违约责任的认定》(冯小光,最高院民一庭;审判长冯小光,审判员张章,代理审判员吴晓芳),载《民事审判指导与参考·最高人民法院二审案件解析》(200103/7:183);海南海口中院(2007)海中法民一终字第728号“陈某等与某投资公司商品房买卖合同纠纷上诉案”;广东广州中院(2006)穗中法民五终字第408号“梁某与某开发公司房屋买卖合同纠纷案”;海南三亚中院(2004)三亚民一终字第97号“某实业公司与杨某房屋买卖合同纠纷上诉案”;广州惠州中院(2001)惠中法民二初字第15号“某实业公司等诉开发公司商品房买卖合同案”。

88. 酒店房:产权式酒店

——产权式酒店,交付惹麻烦?

【简易交付】

【案情简介及争议焦点】

2002年12月,程某与开发公司签订房屋买卖合同,约定程某以39万余元购买开发公司五星级酒店房,约定了逾期交房的违约责任。同日,双方又签订租赁合同,该房以28万余元返租给开发公司8年,开发公司每年按时支付房租3万余元给程某,保证程某享受租赁合同约定的每年21日或节假日7日免费入住,如放弃入住,可取得1万元租金。后程某以逾期交房并认为酒店装修和配备不够五星级构成违约起诉。

争议焦点:1. 开发公司是否交付迟延? 2. 酒店不够标准是否违约?

【裁判要点】

1. 开发公司不构成迟延交付。双方在签订房屋买卖合同同时,又签订租赁合同,两个合同为一整体,互为依存,紧密联系,不同于一般的商品房屋买卖合同。程某购买房屋主要是为获取租金收益及旅游度假时居住,并非日常居住,是程某的一种投资方式。房屋买卖合同签订后,开发公司虽迟延验收房屋,但不存在迟延交付房屋的违约问题,因为租赁合同中约定,程某将房屋出租给开发公司经营管理以获取租金回报,房屋不需实物交付,获得租金收益就意味着房屋已交付。同时,合同约定的租赁期限早于房屋交房期限,在房屋尚未交付时,租赁已开始。租赁合同生效后,开发公司均依约支付租金给程某,程某购房目的已实现。

2. 酒店等级标准不存在违约。开发公司至今尚未申请等级评定,程某也没有证据证明酒店的装修和配备达不到五星级标准,故程某据此要求承担违约责任不予支持。

【裁判依据或参考】

1. 行政法规。国务院《**关于推进海南国际旅游岛建设发展的若干意见**》(2009

年12月31日　国发〔2009〕44号)第14条:“……加强产权式度假酒店的开发、建设、销售等环节的规范管理。稳步发展满足避寒、疗养等不同需求的度假居住型房地产……”国务院办公厅**《关于依法惩处非法集资有关问题的通知》**(2007年7月25日　国办发明电〔2007〕34号)第2条:“当前非法集资的主要形式和特征。非法集资情况复杂,表现形式多样。有的打着‘支持地方经济发展’、‘倡导绿色、健康消费’等旗号,有的引用产权式返租、电子商务、电子黄金、投资基金等新概念,手段隐蔽,欺骗性很强。从目前案发情况看,非法集资大致可划分为债权、股权、商品营销、生产经营四大类。2006年,以生产经营合作为名的非法集资涉案价值占全部非法集资案件涉案价值的60%以上,需要引起高度关注。非法集资的主要特征:一是未经有关监管部门依法批准,违规向社会(尤其是向不特定对象)筹集资金。如未经批准吸收社会资金;未经批准公开、非公开发行股票、债券等。二是承诺在一定期限内给予出资人货币、实物、股权等形式的投资回报。有的犯罪分子以提供种苗等形式吸收资金,承诺以收购或包销产品等方式支付回报;有的则以商品销售的方式吸收资金,以承诺返租、回购、转让等方式给予回报。三是以合法形式掩盖非法集资目的。为掩饰其非法目的,犯罪分子往往与受害者签订合同,伪装成正常的生产经营活动,最大限度地实现其骗取资金的最终目的。”

2. 部门规范性文件。国家工商总局、中国银监会、国家广电总局、新闻出版总署**《关于处置非法集资活动中加强广告审查和监管工作有关问题的通知》**(2007年7月25日　工商广字〔2007〕190号)第2条:“禁止发布含有或者涉及下列活动内容的广告:(一)未经国家有关部门批准的非金融单位和个人以支付或变相支付利息、红利或者给予定期分配实物等融资活动;(二)房地产、产权式商铺的售后包租、返租销售活动……”国税总局**《关于酒店产权式经营业主税收问题的批复》**(2006年5月22日　国税函〔2006〕478号):“……酒店产权式经营业主(以下简称业主)在约定的时间内提供房产使用权与酒店进行合作经营,如房产产权并未归属新的经济实体,业主按照约定取得的固定收入和分红收入均应视为租金收入,根据有关税收法律、行政法规的规定,应按照‘服务业—租赁业’征收营业税,按照财产租赁所得项目征收个人所得税。”建设部**《商品房销售管理办法》**(2001年6月1日)第11条:“房地产开发企业不得采取返本销售或者变相返本销售的方式销售商品房。房地产开发企业不得采取售后包租或者变相售后包租的方式销售未竣工商品房。”国税总局**《关于房地产开发企业从事“购房回租”等经营活动征收营业税问题的批复》**(1999年3月21日　国税函〔1999〕144号):“房地产开发公司采用‘购房回租’等形式,进行促销经营活动(即与购房者签订‘商品房买卖合同书’,将商品房卖给购房者;同时,根据合同约定的期限,在一定时期后,又将该商品房购回),根据《中华人民共和国营业税暂行条例》及其实施细则的规定,对房地产开发公司和购房者均应按‘销售不动产’税目征收营业税。”

3. 地方规范性文件。北京市住建委、北京市发改委、北京市规划委员会、北京市国土资源局**《关于加强酒店类项目销售管理有关问题的通知》**(2010 年 6 月 1 日 京建发〔2010〕265 号)第 3 条:“……国土管理部门负责对擅自改变酒店类项目用地性质进行监管,并依法进行查处;规划行政主管部门应加大对酒店类项目监管力度,加强对施工图审查机构的监管,加大对酒店类项目的规划审查力度,对未经允许擅自变更规划许可内容的,依法不予规划验收;建设房管部门要加强对酒店类项目销售行为的监管,加大对返本销售或者变相返本销售、售后包租或者变相售后包租等违法违规行为的查处力度。”湖北省人民政府办公厅**《关于进一步做好预防和打击非法集资工作的通知》**(2010 年 4 月 1 日 鄂政办发〔2010〕24 号)第 4 条:“当前,非法金融业务和非法集资广告十分猖獗,必须坚决制止……省政府决定,立即停止发布含有或涉及下列内容的广告:……(六)房地产、产权式商铺的售后包租、返租销售活动;(七)以购买商品或发展会员名义获利的活动;(八)以承诺各种形式高额固定回报为条件的合作投资、委托投资、委托理财活动;(九)其他未经国家有关部门批准的社会集资活动。”安徽省建设厅**《关于加强商品房销售管理有关问题的通知》**(2003 年 4 月 21 日 建房〔2003〕99 号)第 2 条:“近期少数开发企业在有关媒体发布含有虚假、夸大宣传内容的房地产广告,发布商品房预售广告的项目与预售许可证内容不符,发布以产权式酒店为名的各种变相售后包租广告,发布内容含糊等广告,误导消费者,导致纠纷不断。各地要采取切实措施,针对当前存在的问题,按照国家工商管理总局、建设部《关于进一步加强房地产广告管理的通知》(工商广字〔2002〕68 号)要求,加大违规房地产广告查处力度。”

4. 参考案例。2017 年**海南某房屋买卖合同纠纷案**,2015 年,建筑公司依生效判决申请执行酒店公司拖欠的工程款,并申请查封了酒店公司名下别墅。朱某以其 2010 年签约全款购买后并返租给酒店公司为由提出案外人异议。建筑公司称本案无房屋交接通知、房屋交接单等证明办理房屋交接手续,故案涉房产未交付。法院认为:该案是因案外人在执行中,对登记在被执行人名下不动产提出异议产生的纠纷,应适用最高人民法院《关于人民法院办理执行异议和复议案件若干问题的规定》。依该规定第 28 条,符合以下四个条件时,未登记在案外人名下不动产亦应排除执行:在法院查封之前已签订合法有效的书面买卖合同;在法院查封之前已合法占有该不动产;已支付全部价款,或已按合同约定支付部分价款且将剩余价款按法院要求交付执行;非因买受人自身原因未办过户登记。根据查明事实,朱某于签订案涉房产买卖合同当日即付完全部购房款,并两次发函给酒店公司催促办理案涉房屋产权证,酒店公司均回函承诺办理,可见案涉房屋土地使用权证和房产所有权证未办下来系酒店公司原因。在购房合同和返租协议签订后,朱某将该房屋租赁给酒店公司,收取部分租金,其后还多次催缴酒店公司欠付租金。朱某已通过签订和履行销售返租协议方式,行使了对案涉房屋使用和收益权利,而使用、收益均是以对所购房屋有权占有为基础的。朱某将案涉房产出租行为足以表明其已占有该房产,而办理交付钥匙等交接手续并非认定合法占有房屋唯一依据。判决确认案涉房屋所有权归朱某所有并不得执行。2007 年**海南某房屋买卖合同纠纷案**,2000 年,王某购买实业公司酒店式公寓。2001 年,实业公司未依约为王某办理房屋过户手续,而是通过资产转让方式将房产办至酒店名下。2004 年,酒店将全部资产作价,投入到开发公司,并以抵债名义,转让所持开发公司 99% 股权。2006 年,王某诉请实业公司、酒店、开发公司连带承担违约责任。法院认为:实业公司作为酒店股东之一,酒店对实业公司经营状况应当清楚。实业公司与酒店约定,实业公司将包括涉案房产在内的酒店项目整体转移给酒店,并将涉案房产产权办至酒店名下,酒店承诺承担实业公司相应责任。依《合同法》规定,债务转让应以债权人同意为要件,而该协议未经债权人王某同意,对王某不具法律效力。酒店加入到王某与实业公司的购房合同关系中,与实业公司作为连带债务人,共同对债权人王某负责,属债的加入。酒店应在其接受实业公司的财产范围内对实业公司原有债务承担连带责任。酒店将其名下酒店房产、土地使用权、设备等全部资产作价投资开发公司,成为开发公司原始股东。酒店是独立法人,根据法人财产原则,其核心是企业法人以自己所有财产对外独立承担民事责任,法人财产原则具体体现为企业债权债务承继原则和企业债务随企业财产变动原则,即在当事人对企业遗留债务承担没有约定,因企业财产负有对企业债务的一般担保性质,受让方应承担相应责任。另,依当时《公司法》第 12 条"公司向其他有限责任公司、股份有限公司投资的,除国务院规定的投资公司和控股公司外,所累计投资额不得超过本公司净资产的百分之五十"规定,酒店投资行为违反该禁止性规定。开发公司应在其接受财产范围内对酒店债务承担连带清偿责任。股份转让协议属有偿合同,转让标的对价应是该类合同必备条款。开发公司主张由于酒店与其存有债务关系,酒店将其在开发公司中的 99% 股权转让,以抵偿其债务,但开发公司未提供双方存在债权债务关系的证据。即使双方存在债权债务关系,但因法律赋予债权人在获得权利实现时以对方法人所有财产平等受偿的权利,除享有优先受偿权的债权人外,任何人不享有特权,不能以侵害某一债权人利益为代价来保障其他债权人债权实现。在债务人有多个债权人情况下,债务人将其全部财产抵偿给其中一个债权人,因而使该债务人丧失了履行其他债务能力,侵犯了其他债权人合法权益,应认定该抵偿协议无效。判决实业公司与王某所签购房合同有效,实业公司继续履行,实业公司偿付王某违约金 2.9 万余元,酒店及开发公司对实业公司债务承担连带责任。2007 年**上海某合同纠纷案**,2006 年,物业公司与酒店公司就酒店经营权转让签订合同,物业公司据此支付20万元转让款后,因酒店公司未通知小业主办理酒店房间变更和续约手续,物业公司经催告酒店公司后,诉请解除合同、返还转让费及利息。法院认为:酒店投资者与管理者之间合同属无名合同,酒店投资者权利义务为收取租金、交付客房。酒店管理者权利义务为经营酒店并以此赢利提供各种酒店式服务、保持客房及公共设施完好、保障物业使用方便与安全,按约定向投资者支付租金或收益。酒店管理者与投资者所签合同是双务合同,酒店公司将酒店经营管理权转让给物业公司行为是权利义务的概括转让。依《合同法》第88条规定,"当事人一方经对方同意,可以将自己在合同中的权利和义务一并转让给第三人。"本案中,物业公司与酒店公司先就转让事项达成协议,再由物业公司与小业主重新签订租赁合同,但双方在由谁负责通知小业主问题上产生争议。因物业公司与小业主之间无直接的合同关系,且对于物业公司与酒店公司协商转让酒店经营管理权事项小业主不知情,直接由物业公司通知小业主重新签订回租合同,小业主对物业公司与酒店公司之间的经营管理权转让合同真实性无法判断。可见,若无酒店公司参与确认,物业公司与小业主沟通缺失基础。公寓式酒店小业主本身缺乏酒店管理能力,小业主需聘请拥有良好经营方式、丰富管理经验的专业管理公司对酒店进行管理,管理公司经营好坏将直接关系到酒店品牌,从而影响小业主收益。小业主正是基于对酒店公司信任而聘请其对酒店进行管理,小业主是否认可物业公司的酒店管理能力,愿意委托其管理酒店,在小业主与物业公司签订合同前属不确定因素。如作为原合同相对方的小业主不同意酒店公司将债权、债务转让给物业公司,则该转让对小业主不产生效力,物业公司仍不能取得该酒店管理经营权,致使合同目的不能达到,故通知原合同相对方并与其协商转让事项是酒店公司合同义务之一。《合同法》规定,当事人一方明确表示或者以自己的行为表明不履行合同义务的,对方可以在履行期间届满之前要求其承担违约责任。本案物业公司提出终止后,酒店公司既不表示能够履约,亦不能证明其履约能力,物业公司据此诉请终止合同、返还转让金及赔偿损失,应予支持。判决终止转让合同,酒店公司返还物业公司20万元及利息。2008年4月**海南某房屋买卖合同案**,2000年1月,王某与开发公司签订《商品房购销协议》和《委托经营协议》,约定王某购买2套酒店式公寓并委托开发公司经营。竣工付款后王某一直未能取得产权,且不能分红致诉。经查:皇冠酒店的发展商为中国华源与开发公司,开发公司出资发起设立皇冠公司,并将其名下的资产——皇冠酒店的全部财产及其债权债务转移给皇冠公司;皇冠公司将皇冠酒店的房屋(包括王某所购买的2套酒店房)、土地使用权、设施、设备以及全部资产评估后作价5.14亿元投入华源公司,其中股权投资14,850万元,其他作为债权投资,为此享有华源公司99%的股权;皇冠公司将其拥有华源公司99%的股权以抵债方式全部转移给中国华源,并办理了股东变更登记手续,中国华源取代皇冠公司成为华源公司的新股东。2004年之前，开发公司、皇冠公司及上海原创（华源公司另一股东）的法定代表人均为吴勇。法院认为：开发公司、皇冠公司与华源公司之间构成关联企业关系。开发公司作为皇冠公司的股东，皇冠公司对开发公司的经营状况应清楚；开发公司将包括涉案房产在内皇冠酒店的全部财产及其债权债务转移给皇冠公司，虽皇冠公司同意承担开发公司的相应责任，但开发公司的债务转移并未经债权人即王某的同意，故皇冠公司加入王某与开发公司的房屋买卖合同关系中，并非该债务转移后唯一的债务人或承继人，而是加入该债务与原债务人开发公司共同承担责任的新债务人。皇冠公司与开发公司作为连带债务人，共同对王某负责，属债的加入，王某有权选择同时对开发公司和皇冠公司主张债权。由于涉案房产的产权均已办至华源公司名下，且华源公司接受皇冠公司的财产高于皇冠公司对王某的债务，华源公司应在接收皇冠公司财产的范围内对其债务承担连带清偿责任。判决开发公司与王某所签《商品房购销协议》有效，由华源公司继续履行，开发公司偿付王某违约金2.9万余元，皇冠公司与华源公司负连带责任。2006年5月**海南某房屋买卖合同案**，法院认为：黄某与发展公司于2004年11月30日签订的《商品房买卖合同》及《产权度假酒店租赁合同》合法有效。两份合同签订后，黄某依约支付了购房款人民币27万元给发展公司，已履行其应尽的付款义务，但发展公司却在建设工程过程中延误了期限，不能在合同规定的时间内履行交付房屋义务，且至今也未交付给黄某，故双方签订的房屋租赁合同也未能履行，黄某也没有收到发展公司给付租赁房屋的租金。由于发展公司未能按时交付房屋后，黄某也已函告发展公司要求解除合同，返还购房款，发展公司也回复表示愿意退房，但又不予办理退房事宜。发展公司的行为违反合同约定，应承担违约责任，故黄某主张要求退房，返还购房款合理，应予支付。2007年6月**海南某商品房买卖合同案**，法院认为：周某与开发公司签订的《产权式酒店客房买卖合同》，系双方真实意思表示，且未违反法律、行政法规的强制性规定，属有效。合同签订后，周某依约于2004年3月9日履行了95%的付款义务，同月16日，开发公司依约向周某交房，至此，开发公司应于180日内即2004年9月11日前给周某办理房产权属登记，交付房产证。但开发公司至2006年4月30日才为周某办好房产证。造成办证迟延的原因是，本案双方签订的合同属于产权式酒店买卖且没有对由何方缴纳公共维修基金作出约定，当开发公司为周某办理房产权属登记时，市国土资源局以产权式酒店等同于普通商品房为由，要求业主须缴纳公共维修基金，方准予办理房产证。而开发公司认为产权式酒店无须缴纳公共维修基金，并积极与市政府及有关部门进行沟通和向其打报告，要求免缴或分期缴纳公共维修基金。故本案办证延迟非开发公司造成，该公司没有违约，不应承担支付违约金的责任。2005年12月**广东某商品房买卖合同案**，法院认为：在双方签订《商铺返包租和同意转租协议》以及《商铺延续转租及延期办证协议》中,双方仅对讼争房产的简易交付作了约定,并未现实交付讼争房产。双方在返租和转租协议中对该讼争房产的租赁收益,作出了明确约定,后因开发公司未能支付2004年5月1日至2005年3月31日的租金引发纠纷。现卢某主张从2004年5月1日起按租金的标准支付逾期交房的违约金。开发公司未能履行租赁协议,应及时把讼争房产现实交付给卢某。在开发公司既未支付租金,又不将讼争房产实际交付给买受人的情况下,法院判决出卖人现实交付房产,支持买受人主张逾期交房的违约金,确定从2004年5月1日至讼争房屋实际交付给卢某时止的交房违约金。

【同类案件处理要点】

产权式酒店买卖合同依法采用所有权与经营权相分离模式的,应依当事人约定确定双方在房屋交付、产权转移、收益回报等方面的权利义务关系。

【相关法律风险提示】

1. 政策风险。产权式酒店是经济发展的一种必然趋势,但因无进一步成熟严谨的管理规范,导致现实中诸多开发商变相集资色彩隆重。一旦监管部门以此为由介入,导致项目延期或无限期中止,投资者利益必将受损。故对开发商而言,应避免以开发商名义使用售后包租、固定回报及类似表达方式约定;对购房投资者来说,购买产权式酒店房,应选择具有成熟的酒店管理经验,具有良好的开发业绩的项目发展商,以避免一些发展商或开发商将产权式酒店作为回笼资金的速效手段,在资金链紧张或断裂时,通过挪用、抽逃资金,最终导致购房人投资回报无法兑现。

2. 经营管理风险。投资产权式酒店,最大的风险来源于开发商资信。故在签约前,选择成熟、有实力的开发商,有经验的酒店管理者很重要。产权式酒店房买卖,因与租赁合同相结合,故不同于一般商品房买卖,为防止开发商借此套现,而在房屋建造、管理上与购房人的期望值大相径庭,如买卖合同和租赁合同分别签订,应有单独的补充合同或条款明确约定酒店装修及配备标准、违约责任及其他事宜,以符合产权式酒店房买卖合同订立的目的。因理论上存在这样的风险:全部房款到手,开发商主要利益实现,而在买卖合同中承诺的酒店建设、维护高标准缺乏用心,每年只需支付少量租金回报给业主,在租赁合同保护下,交房迟、管理乱、不达标等责任,单靠分立的买卖合同和租赁合同很难追究。酒店的经营利润在购房人通常并不参与实际经营的情况下,对于非以固定租金作为收取投资回报的购房人,与开发商或酒店管理公司之间关于酒店经营实绩的信息严重不对等,造成购房人的投资回报难以实际控制。一旦资金链出现问题,开发商萌生退意,进而转移资产、抽逃资金,将不利风险留给投资者,且投资者往往缺少监控的畅通渠道,一纸通知最后方知崩盘局面，挽回损失，为时已晚。

3. 土地规划审查。酒店类用地一般系商业用地，依相关法律规定，土地规划性质，不仅关乎土地年限，如酒店类一般 40 年，住宅类 70 年，而且涉及土地用途，即能否从事酒店开发。

4. 产权办理风险。建成后酒店房能否分割销售，单独的客房能否取得完全产权。

5. 委托解除风险。购房人作为投资者，亦为委托经营者，依法享有解除委托权，此情况下，其他人解除委托是否对酒店实际经营造成干扰和不便，比如酒店经营风格的整体一致性，各种费用的分摊及共有设施维护及维修等。

6. 回购风险。开发商为促进投资者购买积极性、打消投资者顾虑，在销售产权式酒店房时，往往承诺投资者购房后一定年限的，可以不低于原购买价回购。能否回购或批量回购，通常取决于开发商彼时的实力、经营状况及市场风险，如不理想，则易陷入回购违约困境。

7. 交房日期。产权式酒店房屋买卖合同确定的交房日期，与一般商品房买卖合同确定的交房日期及相应的违约责任追究会有差别。购房人将房屋出租给销售者经营管理以获取租金回报，房屋不需实物交付，获得租金收益即意味着房屋已交付；同时，合同约定的租赁期限早于房屋交房期限，在房屋尚未交付时，租赁已开始。租赁合同生效后，销售者只要依约支付租金给购房人，购房人购房目的实现，销售者无须承担买卖合同中约定的逾期交房违约责任。

8. 产权式酒店或商铺的回租日期确定，虽合同中明确约定了交付之日，亦即租金收取之日，但若未为现实交付，或未取得竣工验收手续，法律上的交付未成就，出卖人该承担逾期交房的违约责任，还是按约定支付租金呢？合同对此应有约定，以免出现广东佛山中院(2005)佛中法民五终字第 914 号“卢某与某开发公司商品房买卖合同纠纷案”中对买受人不利的情形。

9. 买受人将所购商品房返租行为构成对该房产的合法占有，而办理交付钥匙等交接手续并非认定合法占有房屋唯一依据。

【附注】

参考案例索引：海南省海南中院(2007)海南民二终字第222 号“程某与某开发公司房屋买卖合同纠纷案”；海南海口中院(2007)海中法民一终字第 1086 号“王某与某实业公司等房屋买卖合同纠纷案”，见《王智诉海南泰信实业有限公司等房屋买卖合同案(关联企业关系的认定及其责任的承担)》(傅海燕)，载《中国审判案例要览》(2009 商:37)；上海黄浦区法院(2007)黄民二(商)初字第 2041 号“上海南禾风物业管理有限公司诉上海赛元大酒店有限公司合同纠纷案”，见《公寓式酒店管理者的经营权转让》(陶卓华),载《人民司法·案例》(200810:93);最高人民法院(2017)最高法民再243号“朱向阳与中国建筑装饰工程公司第七分公司、海南世知旅游有限公司执行异议之诉纠纷案”,见《买受人出租不动产构成对不动产的合法占有——朱某阳与某建筑装饰工程公司第七分公司、世知公司第三人执行异议之诉案》(合议庭成员:审判长奚向阳,审判员钱小红、曹刚;编写人奚向阳;审核人张勇健),载《最高人民法院第一巡回法庭典型民商事案件裁判观点与文书指导(第1卷)》(202008:175);海南海口中院(2007)海中法民一终字第1086号“王某诉某开发公司等房屋买卖合同案”;海南省海南中院(2006)海南民三终字第91号“某发展公司与黄某房屋买卖合同纠纷案”;海南三亚中院(2007)三亚民一终字第67号“周某与某开发公司商品房买卖合同纠纷案”;广东佛山中院(2005)佛中法民五终字第914号“卢某与某开发公司商品房买卖合同纠纷案”。

89. 营业房:商业用途房

——商业门面房,能不能实现?

【合同解除】

【案情简介及争议焦点】

想买门市房的周某经中介介绍,并实地踏勘,2004年与詹某签订买卖合同,注明詹某名下的窗改门房屋开门手续只有行政处罚单及绿化批准单。交了定金1万元,办过户时,以该房非门市房构成重大误解为由主张撤销。

争议焦点:1. 合同效力如何? 2. 是否适用定金罚则?

【裁判要点】

1. 合同有效。周某在购买房屋时,查验了购买房屋,对开门手续只有行政处罚单及绿化批准单双方在房屋买卖合同中予以确认,周某对房屋的现状是了解的。另外,在周某与詹某签订的合同中,并未约定所购房屋系门市房。周某作为完全民事行为能力人,在购房时,应具有谨慎注意的义务,不能以自己不懂门市房手续为由推脱责任,其应对自己的行为承担责任。故周某与詹某所签房屋买卖合同是双方真实意思表示,应合法有效。

2. 定金没收。周某按协议约定向詹某支付了定金后,詹某为其办理房屋更名过户手续。在办理房屋更名过户手续过程中，周某明确表示不同意购买诉争房屋，其行为已构成违约，应承担违约责任，作为给付定金的一方不履行约定的债务，周某无权要求返还定金。

【裁判依据或参考】

1. 法律法规。《合同法》(1999年10月1日，已于2021年1月1日起失效)第44条第1款："依法成立的合同，自成立时生效。"第45条："当事人对合同的效力可以约定附条件。附生效条件的合同，自条件成就时生效。附解除条件的合同，自条件成就时失效。当事人为自己的利益不正当地阻止条件成就的，视为条件已成就；不正当地促成条件成就的，视为条件不成就。"第52条："有下列情形之一的，合同无效：(一)一方以欺诈、胁迫的手段订立合同，损害国家利益；(二)恶意串通，损害国家、集体或者第三人利益；(三)以合法形式掩盖非法目的；(四)损害社会公共利益；(五)违反法律、行政法规的强制性规定。"第54条："下列合同，当事人一方有权请求人民法院或者仲裁机构变更或者撤销：(一)因重大误解订立的；(二)在订立合同时显失公平的。一方以欺诈、胁迫的手段或者乘人之危，使对方在违背真实意思的情况下订立的合同，受损害方有权请求人民法院或者仲裁机构变更或者撤销。当事人请求变更的，人民法院或者仲裁机构不得撤销。"第93条："当事人协商一致，可以解除合同。当事人可以约定一方解除合同的条件。解除合同的条件成就时，解除权人可以解除合同。"第94条："有下列情形之一的，当事人可以解除合同：……(二)在履行期限届满之前，当事人一方明确表示或者以自己的行为表明不履行主要债务……"第125条："当事人对合同条款的理解有争议的，应当按照合同所使用的词句、合同的有关条款、合同的目的、交易习惯以及诚实信用原则，确定该条款的真实意思。"《民法总则》(2017年10月1日，已于2021年1月1日起失效)第150条："一方或者第三人以胁迫手段，使对方在违背真实意思的情况下实施的民事法律行为，受胁迫方有权请求人民法院或者仲裁机构予以撤销。"第151条："一方利用对方处于危困状态、缺乏判断能力等情形，致使民事法律行为成立时显失公平的，受损害方有权请求人民法院或者仲裁机构予以撤销。"第158条："民事法律行为可以附条件，但是按照其性质不得附条件的除外。附生效条件的民事法律行为，自条件成就时生效。附解除条件的民事法律行为，自条件成就时失效。"《民法通则》(1987年1月1日，已于2021年1月1日起失效)第58条："下列民事行为无效：(一)无民事行为能力人实施的；(二)限制民事行为能力人依法不能独立实施的；(三)一方以欺诈、胁迫的手段或者乘人之危，使对方在违背真实意思的情况下所为的；(四)恶意串通，损害国家、集体或者第三人利益的；(五)违反法律或者社会公共利益的；(六)经济合同违反国家指令性计划的(该项已于2009年8

月27日删除。——编者注);(七)以合法形式掩盖非法目的的。无效的民事行为,从行为开始起就没有法律约束力。”第59条:“下列民事行为,一方有权请求人民法院或者仲裁机关予以变更或者撤销:(一)行为人对行为内容有重大误解的;(二)显失公平的。被撤销的民事行为从行为开始起无效。”第62条:“民事法律行为可以附条件,附条件的民事法律行为在符合所附条件时生效。”**《物业管理条例(2018年修订)》**(2007年8月26日,2018年3月19日修订并实施)第53条:“住宅物业、住宅小区内的非住宅物业或者与单幢住宅楼结构相连的非住宅物业的业主,应当按照国家有关规定交纳专项维修资金。专项维修资金属于业主所有,专项用于物业保修期满后物业共用部位、共用设施设备的维修和更新、改造,不得挪作他用。专项维修资金收取、使用、管理的办法由国务院建设行政主管部门会同国务院财政部门制定。”

2. 司法解释。最高人民法院**《关于审理建筑物区分所有权纠纷案件适用法律若干问题的解释(2020年修改)》**(2021年1月1日　法释〔2020〕17号)第10条:“业主将住宅改变为经营性用房,未按照民法典第二百七十九条的规定经有利害关系的业主同意,有利害关系的业主请求排除妨害、消除危险、恢复原状或者赔偿损失的,人民法院应予支持。将住宅改变为经营性用房的业主以多数有利害关系的业主同意其行为进行抗辩的,人民法院不予支持。”第11条:“业主将住宅改变为经营性用房,本栋建筑物内的其他业主,应当认定为民法典第二百七十九条所称‘有利害关系的业主’。建筑区划内,本栋建筑物之外的业主,主张与自己有利害关系的,应证明其房屋价值、生活质量受到或者可能受到不利影响。”第14条:“建设单位、物业服务企业或者其他管理人等擅自占用、处分业主共有部分、改变其使用功能或者进行经营性活动,权利人请求排除妨害、恢复原状、确认处分行为无效或者赔偿损失的,人民法院应予支持。属于前款所称擅自进行经营性活动的情形,权利人请求建设单位、物业服务企业或者其他管理人等将扣除合理成本之后的收益用于补充专项维修资金或者业主共同决定的其他用途的,人民法院应予支持。行为人对成本的支出及其合理性承担举证责任。”最高人民法院**《关于贯彻执行〈中华人民共和国民法通则〉若干问题的意见(试行)》**[1988年4月2日　法(办)发〔1988〕6号,已于2021年1月1日起失效]第68条:“一方当事人故意告知对方虚假情况,或者故意隐瞒真实情况,诱使对方当事人作出错误意思表示的,可以认定为欺诈行为。”第71条:“行为人因对行为的性质、对方当事人、标的物的品种、质量、规格和数量等的错误认识,使行为的后果与自己的意思相悖,并造成较大损失的,可以认定为重大误解。”第72条:“一方当事人利用优势或者利用对方没有经验,致使双方的权利义务明显违反公平、等价有偿原则的,可以认定为显失公平。”第73条:“对于重大误解或者显失公平的民事行为,当事人请求变更的,人民法院应当予以变更；当事人请求撤销的，人民法院可以酌情予以变更或者撤销。可变更或者可撤销的民事行为，自行为成立时起超过一年当事人才请求变更或撤销的，人民法院不予保护。”

3. 地方司法性文件。河南高院赔偿委员会办公室《**关于审理违法征收、违法强拆类行政赔偿案件的工作指南（试行）**》（2020年4月30日）第18条：“‘住改商’房屋被违法拆除后，赔偿请求人要求赔偿停产停业损失的，如何处理？房屋产权登记为住宅，实际用于经营，房屋被违法强制拆除后，赔偿请求人主张赔偿经营损失的，不予支持。但赔偿请求人能够提供合法的营业执照、6个月以上纳税证明，可以参考类似补偿标准判决赔偿适当的停产停业损失。”江苏高院《**关于审理房地产合同纠纷案件若干问题的解答**》（2018年6月26日　审委会会议纪要〔2018〕3号）第17条：“商铺长期使用权转让效力如何认定？第一种观点：商铺的经营者为筹集资金，将商铺的长期使用权以优惠的价格出售他人，并约定商铺由其统一出租经营管理，每年给予商铺买受人固定比例收益，但商铺房产仍登记在经营者名下，当事人主张商铺长期使用权购买合同无效的，人民法院应当按照《合同法》第十三章的规定处理。第二种观点：商铺的经营者为筹集资金，将商铺的长期使用权以优惠的价格出售他人，并约定商铺由其统一出租经营管理，每年给予商铺买受人固定比例收益，但商铺房产仍登记在经营者名下，当事人主张商铺长期使用权购买合同无效的，人民法院不予支持。”江苏高院《**关于审理房地产合同纠纷案件若干问题的解答**》（2018年6月26日　审委会会议纪要〔2018〕3号）第55条：“产权式商铺租赁纠纷如何处理？业主购买了商铺后，由开发商或者其指定的管理公司进行整体返租。开发商或者指定的管理公司对外整体出租过程中，有小部分业主主张未经其同意，要求停止侵害、恢复原状的，从个人利益与整体利益的平衡角度看，不予支持。对于整体利益的判断，应根据《物权法》第76条规定的多数业主的意思表示，在业主代表或者业委会获得合法的权利授权的情况下，根据不同的决策事项，经过专有部分占建筑物总面积过半数或过三分之二的业主且占总人数过半数或过三分之二的业主同意，来判断是否符合整体利益。对于开发商或商铺的经营管理公司与业主约定一定期限予以回购，期限届满时，业主主张回购的，开发商或经营管理公司应当予以回购。开发商与业主签订商品房买卖合同的同时，经营管理公司与业主签订委托经营合同，开发商对于其与经营管理公司系各自独立的主体没有向业主明确披露说明，致使业主对开发商和经营管理公司系关联企业产生合理信赖的，开发商对于经营管理公司的行为应当承担连带责任。”第59条：“竞业禁止的范围如何认定？在商铺整体租赁实践中，承租人为保护其商业不受其他竞争者的影响，往往与出租人在租赁合同中约定‘同业禁止’条款，禁止出租人将其余商铺出租给同类竞争者，以确保其独占的客户资源，该条款被称为竞业禁止条款。对于竞业禁止的范围,应遵从合同约定。合同范围约定不明的,应以能否与承租人形成竞争关系作为判断标准,以合理平衡出租人与承租人的利益。”北京高院《**关于审理房屋买卖合同纠纷案件适用法律若干问题的指导意见(试行)**》(2010年12月22日 京高法发〔2010〕458号)第20条:“房屋买卖合同签订后,出卖人未依约为买受人办理房屋所有权转移登记,买受人提起房屋确权之诉,要求确认房屋归其所有的,法院应当行使释明权,告知其应当变更诉讼请求要求出卖人办理所有权转移登记,买受人坚持不变更的,对其诉讼请求,不予支持。”第21条:“房屋买卖合同履行过程中,一方当事人构成根本违约的,守约方有权解除合同,违约方不享有合同法定解除权。如果因不可抗力或情事变更等原因,致使合同目的无法实现的,合同双方均有权要求解除合同。”北京高院《**审理买卖合同纠纷案件若干问题的指导意见(试行)**》(2009年2月3日 京高法发〔2009〕43号)第29条:“出卖人没有履行或者无法履行从给付义务,致使买受人不能实现合同目的,买受人主张解除合同的,法院应予支持。订立合同时,买受人知道或者应当知道出卖人无法履行从给付义务的,买受人应当对合同解除承担违约责任。”第31条:“合同法第一百零七条规定的继续履行、采取补救措施或者赔偿损失等违约责任,在适用时没有先后顺序。当事人一方不履行合同义务的,应当承担继续履行或者赔偿损失的违约责任,对方可以同时请求继续履行和赔偿损失。当事人一方履行合同义务不符合约定的,应当承担采取补救措施或者赔偿损失的违约责任,对方可以同时请求采取补救措施和赔偿损失。当事人一方只履行部分合同义务的,应当承担继续履行、采取补救措施或者赔偿损失的违约责任,对方可以同时请求继续履行、采取补救措施和赔偿损失。”北京高院、市建委《**关于规范房产执行和协助执行有关问题的通知**》(2006年10月1日 京高法发〔2006〕319号)第13条:“人民法院对可以分割处分的房屋应当在执行标的额的范围内分割查封,不可分割的房屋可以整体查封。分割查封的,应当在协助执行通知书中明确查封房屋的具体部位;有具体的楼层和房号的,应当注明楼层和房号。”

4. 地方规范性文件。北京市工商局登记科《**关于从严审查住所使用证明文件的通知**》(2006年6月19日)第1条:“暂停利用居民住宅从事经营活动的登记注册。(一)市场主体登记注册时提交的住所使用证明文件中,凡提交的《房屋所有权证》写明房屋用途为‘住宅’的,不予登记注册;对购置的商品房尚未取得《房屋所有权证》的,其提交的购房合同中写明房屋用途为‘住宅’(公寓、别墅)的,不予登记注册;对《房屋所有权证》和购房合同中房屋用途的表述无法辨别为住宅或商业用的(如商住、综合等),不予登记注册。(二)市场主体申请从事的经营项目涉及前置许可项目并已取得审批部门批准的,如其登记时使用的房屋为‘住宅’的,登记机关不予登记。(三)经营范围含有‘房屋租赁’、‘出租房屋’、‘写字间出租’、

‘出租场地’、‘出租商业设施’等类似项目的企业为其他市场主体登记注册提供住所使用证明的，登记机关通过查阅企业登记档案能够确认该房屋为‘住宅’用途的，不予登记注册；企业登记档案未记载的，除要求其提交营业执照复印件外，还应要求其提交《房屋所有权证》复印件（加盖产权单位公章）或提交房屋主管部门出具的权属证明文件，确认该房屋是否为‘住宅’，对属‘住宅’用途的房屋不予登记注册。（四）按照有关规定，企业在住所外设立的不单独办理营业登记的仓库、车间需向所在地的工商所办理备案，仓库、车间备案时提交的房屋使用证明中房屋用途为‘住宅’的，不予备案。（五）市场主体登记注册使用的房屋已由‘住宅’改变为其他使用用途的（见附件《房屋使用用途分类附表》，其中军事、其他类除外），在提交房屋主管部门出具的证明文件后，可予办理登记注册。（六）住宅楼中的底层规划为商业用途或底层住宅改为商业用的，不得从事餐饮服务、歌舞娱乐、提供互联网上网服务场所、生产加工和制造类项目的经营。（七）对申请人提供的住所为‘住宅’，登记机关不予登记的，如申请人要求出具《不予受理通知书》或《登记驳回通知书》，不予受理和登记驳回的理由表述为：住所使用用途为‘住宅’，不具备从事生产经营活动的条件。（八）本通知下发前已在‘住宅’中登记注册的市场主体如申请变更经营范围，变更后的经营范围应按照市局 109 号文件及各区县政府的有关规定执行。”第 4 条：“市场专营企业的住所应当与为经营者集中独立进行交易的固定场所一致。新设立的市场专营企业的住所使用证明应符合本通知规定的内容，属场院式市场的，其为经营者集中独立进行交易的固定场所的证明文件应提交市场规划证明和土地权属证明。”上海市房地局、市建委**《关于商场和办公楼分割转让问题的通知》**（2004 年 1 月 9 日 沪房地资权〔2004〕19 号）第 3 条：“已经取得房地产权证书的商场、办公楼需要将权属单元分割转让且不变动主体承重结构的，房地产权利人应当事先向建设、消防、卫生等管理部门按规定办理相关手续；变动主体承重结构的，房地产权利人应当按新建工程的有关要求，经规划、建设、消防、卫生等管理部门审批（核）后方可实施。商场需要将权属单元分割转让的，房地产权利人还应当事先征得商业主管部门的同意。经行政管理部门同意将权属单元分割转让的，房地产权利人应当在分割建设工程竣工验收后，持有关部门的批准文件向房地产登记机构办理房地产变更登记手续。经房地产登记机构核准变更登记的，房地产权利人方可进行转让。”第 4 条：“商场、办公楼批准预售后、初始登记前，需要将权属单元分割预售的，房地产开发企业应当征得建设、消防、卫生等管理部门批准；商场需要将权属单元分割预售的，房地产开发企业还应当征得商业主管部门的同意。经行政管理部门批准或者同意后，房地产开发企业向规划管理部门办理变更设计手续。规划管理部门核准设计变更的，房地产开发企业应当持有关部门的批准文件重新向房地产行政主管部门办理预售审批的变更手续。”

5. 参考案例。2005年**吉林某房屋买卖合同纠纷案**,1999年,顾某等人先后与开发公司签订购买商场“精品店”合同,约定“有关该商场具体管理办法,收费标准及其他事项待该商场开业前,双方另签补充协议,补充协议与合同具有同等法律效力”。2000年,商场通知顾某等人签订补充协议,因顾某等人不同意补充协议中关于买卖变更为借款、精品店统一交开发公司引进的机构管理、开发公司按年支付投资回报内容而拒签成讼。法院认为:顾某等购房人与开发公司所签购买“精品店”合同虽具有一定特殊性,即双方所签系出售商场精品店合同,与一般房屋买卖合同似有不同,但从合同约定主要内容看,一方依约付款,另一方交房系双方主要义务和权利,故合同性质仍应为房屋买卖合同。该买卖合同系双方真实意思表示,权利义务约定明确且不违反法律规定,属有效合同。合同诉争约定并非对合同生效、解除所作特殊约定,而是双方就商场管理、收费等相关事项商定了另行签约,故补充协议系独立于合同之外的单独协议,不存在哪一个为另一个条件问题。顾某等人作为购房一方,其购房目的系为经营。开发公司在补充协议中所提要求,与主合同约定内容明显不符,改变了主合同性质,侵犯了购房人对诉争房屋所有权,其中包括经营权。开发公司在顾某等购房人依约履行付款义务后,以购房人不签订补充协议为由,拒绝交付房屋并要求解除合同行为属违约行为。判决继续履行,开发公司为顾某等人办理过户手续并支付逾期交房违约金。2010年**某房屋买卖合同纠纷案**,2006年,商厦业主大会修改业主章程及公约,规定授权业委会根据多数业主意见统一对外招商、经营、管理、财务结算。1344个商铺业主中,有946个铺位业主同意,业委会据此选聘并委托第三人进行统一经营管理。因其他不同意业主张某等人愿意自行经营,李某等800余人诉请确认业主章程和公约有效,并确认业委会代表业主与第三人所签委托经营管理合同有效。法院认为:依《物权法》第76条规定:“下列事项由业主共同决定:(一)制定和修改业主大会议事规则;(二)制定和修改建筑物及其附属设施的管理规约;(三)选举业主委员会或者更换业主委员会成员;(四)选聘和解聘物业服务企业或者其他管理人;(五)筹集和使用建筑物及其附属设施的维修资金;(六)改建、重建建筑物及其附属设施;(七)有关共有和共同管理权利的其他重大事项。决定前款第五项和第六项规定的事项,应当经专有部分占建筑物总面积三分之二以上的业主且占总人数三分之二以上的业主同意。决定前款其他事项,应当经专有部分占建筑物总面积过半数的业主且占总人数过半数的业主同意。”该条不仅具有划定共同管理权所涉事项范围功能,更有保护专有部分所有权作用,故在其性质判断上,宜认定为强制性规范,且从立法目的看,如业主公约或章程约定超出该条所规定范围,涉及业主专有部分所有权利用或处分,且不属于《物权法》第77条住改商事项情形,则不认定该约定无效即难以实现其立法目的。业主大会和业委会职责,系对全体业主共有财产进行维护和管理,对全体业主因区分所有权所形成共同生活秩序维护，故业主大会和业委会行使的是管理权。业主大会权利属原生管理权，而业委会权利则属次生管理权，两者均仅限于共有部分维护、管理及共同生活秩序维护等方面，且业委会次生管理权应受到原生管理权监督和限制。因此，业主大会和业委会可就建筑物管理作出决议，但涉及业主享有的专有权和共有权部分，特别是专有权，业主大会和业委会无权进行限制，因业主并未将该权利委托由业主大会或业委会行使，业主大会和业委会权利来源亦非业主专有权及共有权本身。本案中，业委会与第三人签订委托协议处分张某专有部分，属无权处分。本案中的多数业主要求统一经营最终体现为一定经济利益，但其并非一种公共利益。其实质系业主民主决定与业主个人权利之间关系问题。在民主投票即业主自治前提下，少数业主权利保护更可能是一种公共利益。业主专有部分所有权能对抗业主多数决是业主自治前提和基础，业主基本权利即专有部分所有权优先于民主即业主自治。依《物权法》第 76 条规定，经营性用房专有部分经营方式不属于业主大会共同决定事项。业主公约或章程作出的该专有部分是自主经营还是委托他人经营，由全体业主按少数服从多数原则投票共同决定的约定无效。判决驳回李某等人诉请。2014 年**广东某行政诉讼纠纷案**，2011 年，秦某通过代理人与黄某签订商铺买卖合同。2012 年，双方在房管局办理产权转移登记手续。2013 年，秦某以该商铺未进行实物分割为由诉请撤销房地产权证。法院认为：秦某系案涉房地产权证内记载的房地产权属人，故其与房管局核发该房地产权证具体行政行为有法律上利害关系，具备行政诉讼主体资格。本案第三人和秦某在向房管局申请对涉案房屋进行转移登记时，提交了房地产转移登记申请书、申请人身份证明材料、房地产权证书、买卖合同、售房款凭证、契税完税证、登记费凭证等符合上述规定的材料，房管局对上述材料审核后核发涉案房地产权证的具体行政行为并无不当。至于秦某认为其本人未到场申请转移登记、买卖合同并非其本人所签订等问题，因秦某购买涉案商铺系其真实意思表示，且已公证委托他人办理购买过户、产权登记等手续，而该公证书未经有权机关否认其效力，故房管局对委托公证等材料予以审查，已尽到审慎审核义务。由于分割登记行为与转移登记行为属于两个不同的法律关系，本案诉讼标的是转移登记行为，且案涉商铺分割登记行为在先，在分割登记行为仍合法有效情况下，案涉转移登记行为不受分割登记行为影响，故秦某以涉案商铺并未进行实体上分割，无法在该屋确认产权证相应商铺位置和相应面积为由撤销涉案房地产权证的理由不充分，不予采纳。判决驳回秦某诉请。2011 年**上海某商品房买卖合同纠纷案**，2010 年，祝某将所购开发公司商铺出租给林某用于菜场和商场经营。因该商铺 2005 年由开发公司出租给农贸公司时作为工商注册地址，在 2008 年双方解除租赁合同时并未办理迁移手续，导致林某无法新办工商注册。祝某诉请开发公司赔偿未注册期间产生的租金损失。法院认为:《合同法》第151条规定:买受人订立合同时知道或者应当知道第三人对买卖的标的物享有权利的,出卖人不承担本法第150条规定的义务。可见,对于权利瑕疵担保责任的归责原则,适用《合同法》严格责任,即无过错责任原则。只有在买受人明知标的物权利瑕疵情况下,才能免除出卖人瑕疵担保责任。本案中,由于商铺工商登记状况具有一定隐蔽性,无法从房屋权属证书及使用状况上明确体现,合同相关条款及祝某对商铺使用状况的了解并不能证明其知道系争商铺曾注册过公司事实,更不能得出其对该商铺上原有工商登记未注销、暂时不能办理新的工商登记事实亦系明知的结论,故开发公司依法应承担瑕疵担保责任。《合同法》将出卖人负有无瑕疵交付义务规定为其主给付义务一项内容,将出卖人瑕疵担保责任统合进违约责任,允许当事人根据合同违约及履行实际情况,就违约方所应承担责任形态作出合理选择。本案中,由于开发公司在一段时间内未排除商铺上登记障碍,导致承租人无法进行工商登记,无法进行正常合法经营,由此给作为出租人的祝某造成租金上损失,故祝某要求开发公司消除商铺上权利瑕疵,并赔偿其至权利瑕疵消除之日止的租金损失,合法有据,应予支持。由于判决时系争商铺经营使用权上瑕疵已消除,已具备工商企业注册条件,故该项诉请已无实际意义。对于租金损失,祝某虽对系争商铺权利瑕疵并非明知,但其在知晓商铺内有小摊贩情况下,未尽谨慎注意义务,对损失产生亦有一定过错。损失具体数额确定,应由法院依据评估结果,结合双方过错程度、损失与权利瑕疵关联性以及本案纠纷发生的其他因素进行综合考虑。考虑到开发公司在接到祝某反映情况的律师函后,即积极采取行动,并未怠于行使权利、消极对待这一事实情节及商铺租赁实际情况,判决开发公司赔偿祝某50万元。2004年**河南某侵权纠纷案**,2001年,蔺某在吕某购买并经营的门面房前共同通道里摆摊,影响了吕某经营。法院认为:人们在日常生产、生活过程中形成的观念及习惯虽在法律上无明确规定,但和道德一样,在一定程度上约束着人们思想和行为。权利行使超过正当界限,损害他人合法权益,违反公平及公序良俗原则,构成侵权。本案中,吕某对其购买的门面房享有所有权,虽对门面房前共同土地不享有合法使用权,但基于房屋所有权延伸,其对门前土地有优先使用权利,也是对他人占用使用权的权利限制。蔺某在吕某优先使用范围内摆摊,影响了吕某经营活动,构成侵权,应排除妨碍,恢复吕某对门面房前面土地的正常使用。2006年**陕西某租赁合同纠纷案**,2001年,刘某购买开发商开发建设的商业广场中无墙体分割的虚拟式产权商铺一块,取得产权证后返租给开发商集体招商。2006年,租赁合同到期,开发商以合同约定的"租赁期满,业主自行经营及装修应符合商业广场整体要求"继续转租,刘某主张返还并独立经营。法院认为:刘某所有的商铺缺乏房屋四面都有围墙的基本特征,很难将该面积当作房屋看待,作为建筑物区分所有权中专有部分的专有性体现得不十分清晰。商业广场中,因业主间所购买面积在平面上紧密相连,空间中无分割墙体,相互间权利无法区分,处于交织状态之中,故广场所有业主面积所有权相结合时,其空间意义才得以充分体现。前述特征决定了包括刘某在内的所有业主的所有权与建筑物区分所有权法律中对专有部分概念存在差别,而商业广场现实情况又与我国房屋登记管理规则存在较大差别,虽房产权属证书上记载了面积,但此种记载表示的只能是平面面积,在空间上难以区分,故在刘某与开发商租赁合同到期后,基于商业广场业主权利紧密联系和合同约定的业主独立经营条件未满足前提,刘某有义务遵从合同中关于经开发商同意约定,故判决驳回刘某诉请。2001 年**海南某合同纠纷案**,1999 年 7 月,王某与工贸公司签订集贸市场摊位转让合同,约定工贸公司应为王某办理"永久使用证"。2001 年,王某以工贸公司未能履行办证义务诉请解约并返还转让款。法院认为:王某与工贸公司所签转让合同,虽成立于《合同法》实施之前,但因该合同约定的履行期限跨越了《合同法》实施之日,故该合同纠纷应适用《合同法》有关规定。由于建设部房地产司于 1994 年 2 月 7 日发布的《关于不得给一个平方米单位产权颁发"房屋所有权证"的通知》不是法律,亦非行政法规,故其不能作为认定合同无效的法律依据。又因双方当事人所签合同主体合格,意思表示真实,且双方已基本履行了合同约定义务,故该合同应确认为有效合同,依法应予保护。至于摊位使用证问题,由于房产部门根本不予办理,故合同约定的摊位使用权证办理属于事实上不能履行,且该使用证有无,并不影响王某对所购摊位所有权的拥有,王某现已实际行使对摊位的占有、使用、收益、处分的所有权权能,且现行法律亦无禁止摊位所有权转让规定,双方转让行为亦不违反社会公共利益。判决驳回王某诉请。1999 年**四川某侵权纠纷案**,1994 年,李某购买实业公司综合批发市场的 4 个摊位。1999 年,实业公司对市场进行整改,李某以原约定"不留通道"及无偿使用楼梯下面积均做了改变,导致其产权面积及无偿使用面积各减少 9 平方米为由,诉请实业公司返还相应面积并赔偿经济损失。法院认为:批发市场整体发展利益优于其中个体商家利益。双方当事人关于"不留通道"约定因客观情事发生变化,应予撤销,对此双方均无过错。实业公司对李某摊位调整采取了调整摊主绝对使用面积和顾客使用面积比例方法,该调整行为使李某对其财产处分权受到一定限制,但这一限制却符合批发市场这一公共交易场所中摊位的使用价值是由商家和顾客两方面行为决定的价值特性。调整并未改变李某产权证确认面积所有权性质,对该财产占有、收益、处分的终极权利仍属李某享有。从整改客观效果看,整改扩大了摊位有效营业面积,为商家获取更大经济效益提供了设施上保障。通道首要功能是方便顾客选购商品,系营业用房不可分割组成部分,其合理设置改变了李某房产所在区域摊位独户割据状态,从空间上保证了李某及众多商家摊位获取平等商机。整改使李某和众多业主让出一小部分绝对使用面积做通道,使通道设置更符合人流走向和更合理。事实上实业公司合理整改,提高了市场整体经营优势,既符合商场整体发展利益,亦符合李某利益。整改必要性、合理性、多方受益性和花园批发市场这一公共交易场所特殊性,决定了实业公司整改行为不构成对李某产权的侵犯。本着利益均衡原则,酌定由实业公司按3平方米面积并按当时买卖双方成交价补偿李某。关于无偿使用楼梯下部面积的约定,因整改楼梯不复存在,该约定自动失效。双方当事人当初又未约定使用期限,实业公司依法享有情事变更后的适时解除权且李某已无偿使用4年零6个月,实业公司并不违约。判决实业公司补偿李某6900余元。2009年10月**北京某房屋买卖合同案**,2005年9月,王某与置业公司签订商品房预售合同,按揭购买商铺。但置业公司迟延近1个月才办理商铺所在楼房的权属证明,并未在约定的交付商铺后540天内为王某办理小产权,王某依约主张解除合同。置业公司称系因王某不满意商铺位置导致未办权属证明。法院认为:置业公司就所述商铺产权证未能及时办理是王某不配合所致,因未提供充分证据,故不予采信。双方在预售合同中对权属办理时间及违约责任有明确约定,因置业公司对大、小产权办理均超过合同约定期限,故王某有权要求解除合同。预售合同解除后,担保权人按揭银行有权要求解除担保借款合同,并有权要求出卖人返还购房贷款,故置业公司应承担本案贷款当前本金及利息余额的返还义务。2009年4月**安徽某商品房买卖合同案**,方某与开发公司签订商铺买卖合同,"屋面使用权由出卖人与商品房业主共同拥有"的字样以印章方式加盖于合同上;同时要求购房户签订《经营业态保证协议》,对所销售商铺日后经营用途的范围作出限定。因方某欲将所购房屋租赁他人经营,而他人经营用途与保证协议约定用途不一致而与开发公司产生纠纷,方某起诉要求确认条款及保证协议无效,并赔偿租金损失。法院认为:关于商品房所在楼宇的屋面使用权,合同中明确约定"由出卖人与商品房业主共同拥有",虽然该约定系以印章方式加盖于合同文本之上,并非以手写方式填写,但不能故而否定该内容在合同签订之时,即已存在于合同文本之上的事实。方某在合同磋商之即未对此条款提出异议,在合同履行完毕房屋交付使用后,却以签订合同时受到欺诈,该条款违反法律规定为由,主张该条款无效。因方某未就签订合同之时受到欺诈、胁迫的事实举证证实,故该诉请不予支持。在房屋销售过程中,开发公司通过与购房户签订《经营业态保证协议》的方式,对所销售商铺日后经营用途的范围作出限定,其目的是在商铺建成交付后打造具有一定品位和定位的专业市场,该做法系一种营销策略和经营行为,并不违反法律、行政法规的强制性规定。鉴于合同实际履行过程中,该专业市场并未能按原营销理念如期运营,至于方某按期取得商铺后,因未能按协议约定的用途出租受益,造成房屋空置,该空置期所造成的租金损失应为其投资风险,其主张支付逾期交房违约金及双倍赔偿经济损失的请求于法无据,法院不予支持。2005年12月**辽宁某**

房屋买卖合同案，1998年11月，银行将商业网点房售与张某，约定先付50万元，余款81.2万元“待取得全部购房手续后交付，卖方协助买方办理购房手续”。张某交付50万元后，占有房屋，在银行起诉解除合同并赔偿居住损失时，以银行未交购房手续主张先履行抗辩权。法院认为：双方所签购房协议有效。履行中，张某已按约定支付银行购房款50万元，按双方约定，余款待张某取得全部购房手续后再支付给银行，而银行至今未向张某提供办理房屋所有权登记所需的全部手续，故引起本案纠纷，银行应承担违约责任，张某按双方协议的约定拒付剩余购房款并无不当。本案情形并不属于导致合同目的无法实现的根本性违约，不具备《合同法》规定解除合同的行为，故驳回银行的诉讼请求。2005年12月**辽宁某房屋买卖合同案**，法院认为：依据双方签订的购房合同约定，“办理过户手续前乙方（孙某）先交部分房款177,500元”、“甲乙双方商定房交会办理更名过户手续4月21日”，故应认定孙某负有在办理更名过户手续前（2005年4月21日前）给付房款的先履行义务，现孙某未按约定时间履行付款义务，后履行义务人王某在孙某先行违约的情况下享有拒绝孙某要求继续履行合同的权利。现孙某未按约定履行付款义务，故无权主张王某返还定金及给付违约金。2005年11月**辽宁某房屋买卖合同案**，一审认为：王某亲自到合同标的物即房屋所在地查看了房屋状况而与吴某签订了房屋买卖合同；王某亦看到了房屋的所有权凭证及使用用途，故王某对房屋的性质、标的物的品种不存在错误认识，不构成重大误解，现王某要求撤销合同退还购房款及利息，并承担违约责任的主张，缺乏法律依据，故不予支持。二审认为：王某基于吴某的委托人贾某在报纸上刊登低售门市房的广告，看到房屋已被窗改成门，并看到吴某与装修公司的合同内容后，才愿以45万元的价格购买争议房屋。吴某、贾某明知其出售的房屋没有有关的“窗改门”的审批手续，不将真实情况告知买受人王某，使王某高价购买争议房。贾某、吴某以欺诈的行为导致王某在违背真实意思表示的情况下与吴某签订买卖合同应予以撤销。王某在签订合同前没有对争议房屋状况、性质、窗改门手续等进行全面、认真审查，造成此纷争，负有责任，故要求吴某承担违约责任的诉讼请求不予支持，按照合同被撤销以后，合同无效和本案情况，吴某应将收取李某、王某的买房款41万余元及利息返还给王某。2005年11月**辽宁某房屋买卖合同案**，1996年5月，周某与镇政府签订批发市场商铺购买协议，约定房款6万元，1996年9月初交房，抵押金以外的余款“进场时以此行交齐”。周某依约交了1万元“抵押金”。2003年12月24日，因争议房破损，双方协商将房款降至3万元，周某遂又补交1.5万元并出具5000元的“欠据”。因未付清房款，镇政府起诉，期间周某向镇政府交纳房款2500元并负担案件受理费700元后，镇政府撤诉并交还5000元的欠据。现周某以全部付清房款为由，诉请镇政府交房。法院认为：镇政府应按有效的购房协议约定时间即1996年9月初交房。在争议房建成业户进入市场时，周某应按约定付清房款。在周某未付清房款时，镇政府有权行使履行抗辩权不向其交付房屋。因房屋闲置多年，造成房屋破损，双方于2003年12月协商将房款降至3万元，周某交付部分房款后仍尚欠5000元，镇政府仍有权不向其交付房屋。镇政府在收取周某交纳的剩余房款及案件受理后，将对周某的权利凭证即"欠据"交还给周某，且镇政府现同意交房，表明双方就房款又重新达成了协议，即总房款已降至2.75万元。现周某已全部付清该款，故周某要求镇政府交房的主张，应予支持。因周某对房租等损失没有足够的证据证明，故对其诉请的房租损失无法支持。但镇政府在全部收取房款后至今未交付房屋，镇政府在履行合同中存在违约行为，其应当向周某承担已付购房款的利息损失。2005年7月**重庆某房屋买卖合同案**，法院认为：双方于2004年3月15日所签售房协议已明确，买方两人向卖方支付购房尾款的前提条件是卖方将其所出售的两套商铺的户名过户到买方的名下，并为两人办妥商铺的产权证和国有土地使用证。而随后所签转让合同，虽然双方对"办好两户的产权及土地使用证等后，两买家才付卖方应得的余额"的约定中的"两户"是指两套商铺办在卖方名下，还是分别办在买方名下理解不一致，但结合协议书的名称为转让合同以及还约定"按3月15日经双方协定的一切条款执行"，由此可见，4月20日的转让合同对3月15日的协议中关于买方两人向卖方支付购房尾款的前提条件并未改变。现卖方尚未给买方办理所购商铺两证，故据此认定卖方要求买方给付尚欠的购房尾款的请求，条件不成就。2004年6月**广东某房屋买卖合同案**，法院认为：黄某请求开发公司为其购买的首层公共通道办理独立的房屋产权证书，从双方所签订的三层、四层《房屋出售协议》来看，双方确认该部分面积的性质为首层公共通道；从实地勘验来看，该部分面积为通向黄某所经营的酒店二层至四层的公共通道，并已由黄某所全部使用并用于经营，而进入其他酒家和去往房屋的五层至九层均无须经过该公共通道；从房产部门出具的意见来看，首层公共通道的面积实际上是二层至四层面积的分摊，房产部门并没有将该部分分摊的面积作为单独的可以独立办证的面积计算。故双方虽在三层、四层《房屋出售协议》中约定首层公共通道面积价格为9600元/平方米，但这是基于双方当事人真实一致的意思表示，没有违反法律的规定，黄某自愿以高价购买该部分面积是其处分自己权利的行为，协议中未约定开发公司须为首层公共通道面积单独办理产权证书，而实际上房产部门对首层公共通道的面积也确认为二层至四层的分摊，在性质上不属于可单独办证的商铺，且二层至四层的房产面积已包括首层公共通道面积，故黄某要求开发公司为其购买的首层公共通道办理独立房屋产权证书的主张缺乏依据，应予驳回。

【同类案件处理要点】

房屋买卖合同双方当事人对合同标的房屋的性质和用途有特殊约定的，应依照约定履行，没有约定或约定不明的，应按照合同的目的、交易习惯以及诚实信用原则确定双方的权利义务。

【相关法律风险提示】

1. 商铺等营业房的销售合同，在出卖方基于整体经营理念考虑，对出售的房屋经营范围所做限制是否有效，实践中存在不同观点。安徽合肥中院（2009）合民一终字第377号“方某与某开发公司等房屋买卖合同纠纷案”中，一审认为该限制侵害了购房人及房屋潜在使用对象的正常经营的权利，应无效；二审认为属于一种合法的营销策略，并不为法律法规所禁止。故购买商铺用于出租，应对购房合同中房屋经营范围是否做出限制及此种限制是否符合自己经营或出租经营的目的作出判断，在签约时通过协商变更条款的方式提前解决。

2. 营业房买卖合同中，办理过户的义务如何履行，双方应有尽量详细的约定，涉及“协助办理”的一方，如何催告，都要考虑周详。一旦买方支付首付款并占有房屋后，怠于履行过户手续，同时又占用余款，却以出卖方未尽到“协助义务”为由进行付款抗辩，应当在签约时就做到未雨绸缪。过户义务的履行主体通常认为主要在出卖人，买受人只承担协助义务。在买受人支付大量购房款的情况下，在出卖人未提出相反证据的情况下，应认定过户手续未办理的违约责任在出卖人一方。

3. 对购买的房屋有特殊经营用途的，签约前应当对房屋现状，是否适合经营，做详细了解。签约时，对房屋的性质及用途亦应约定明确。

4. 依法成立的合同，以重大误解或欺诈主张撤销，需要提供充分的证据。

5. 对于毗连营业房的买卖，双方在合同中应当对是否办理同一房产证或单独的产权证作出约定，同时就买方购买的公共通道，算不算铺位，是否分摊还是独立办理产权证，亦应事先协商好。

6. 对于房地产权属证明办理存在多份的，应当就分别办理的逾期情形下的违约责任作出特别约定。

7. 营业房买卖合同中，约定电梯及通道归买方使用，应当明确是电梯和通道使用权还是电梯房及通道面积使用权，约定不明，还存在电梯所有权之外的其他所有权归买方的争议性解释。对可能存在违章的电梯，嗣后若存在开口变化，买受人能否以出卖方违约主张另行开口以方便出行的救济途径，合同事先也要有过考虑。

8. 营业房所在楼宇的屋面广告用途具有独特的商业价值，故有必要对屋面使用权事先约定。

9. 业主公约或章程就经营性用房专有部分经营方式，由全体业主按少数服从多数原则投票共同决定的约定，应无效。

10. 房屋经过测绘分割，即使未实物分割，房屋买卖合同签订且房屋转移登记后,买受人以房屋未分割为由请求撤销房屋登记的,不予支持。

11. 合同约定产权式摊位办证义务在法律上或事实上不能履行,但不影响当事人所有权权能行使的,合同应继续履行。

12. 虚拟式商铺本身不具有独立使用价值,所有权人就其所购图纸意义上面积并不单独享有所有权,产权成了虚拟收益权属,产权人对整体享有一定比例份额,符合按份共有特征,如产权人主张分割其所占份额,该分割行为必然损害到其他共有人长期利益,则除非其同意赔偿其他共有人损失,否则其请求不能得到支持。

【附注】

参考案例索引:辽宁沈阳中院(2005)沈民(2)房终字第866号"詹某与周某等房屋买卖合同纠纷案";最高人民法院"某开发公司与顾某等房屋买卖合同纠纷案",见《吉林鸿基房地产开发有限公司与顾玲等十三人房屋买卖合同纠纷申请再审案》(姚媛华,最高院立案庭),载《立案工作指导·申诉与申请再审疑案评析》(200501/10:107);见《限制业主专有部分所有权的业主公约或章程的效力问题》(姜强,最高院民一庭),载《民事审判指导与参考·指导性案例》(201001/41:210);广东广州中院(2014)穗中法行终字第57号"秦艳慧与广州市国土资源和房屋管理局、黄伟佳行政诉讼案",见《经测绘分割的房地产转移登记依法有效》(徐星),载《人民司法·案例》(201502:65);上海二中院(2011)沪二中民二(民)终字第2066号"金地集团上海房地产发展有限公司与祝某商品房买卖合同纠纷上诉案",见《出卖人权利瑕疵担保责任的认定及处理》(徐江、陈家旭),载《人民司法·案例》(201210:26);河南鹤壁中院判决"吕某诉蔺某侵权案",见《吕华民诉蔺得胜在自己门面房前摆摊经营侵权案》(杨杰),载《人民法院案例选》(2004年民事/48:280);陕西西安中院(2006)西民一初字第30号"刘某诉某开发商租赁合同案",见《刘建强诉西安紫薇地产开发有限公司租赁合同到期返还租赁场地纠纷案》(易少波、张安品),载《人民法院案例选》(200804/66:192);海南海口振东区法院(2001)振民初字第667号"王某与某工贸公司等合同纠纷案",见《王政诉海南国际中环工贸(集团)公司等案(摊位转让合同、合同效力)》(林海),载《中国审判案例要览》(2002民:69);四川绵阳中院(1999)绵民二终字第49号"某实业公司与李某等侵权纠纷案",见《绵阳市金潮企业有限责任公司诉李秀富等案(房屋侵权)》(陈红),载《中国审判案例要览》(2001民:56);北京一中院(2009)一中民终字第11735号"某置业公司与王某等房屋买卖合同纠纷案";安徽合肥中院(2009)合民一终字第377号"方某与某开发公司等房屋买卖合同纠纷案";辽宁沈阳中院(2005)沈民(2)房终字第1022号"某银行与张某房屋买卖合同纠纷案";辽宁沈阳中院(2005)沈民(2)房终字第1218号"孙某与王某等房屋买卖合同纠纷案";辽宁沈阳中院(2005)沈民(2)房终字第953号“王某与吴某等房屋买卖合同纠纷案”;辽宁沈阳中院(2005)沈民(2)房终字第1036号“周某与某镇政府房屋买卖合同纠纷案”;重庆一中院(2005)渝一中民终字第1546号“吕某与黄某等房屋买卖合同纠纷案”;广东佛山中院(2004)佛中法民一终字第19号“某开发公司与黄某房屋买卖合同纠纷案”。

90. 国资房:国有资产房

——国资房买卖,未审批可行?

【合同无效】

【案情简介及争议焦点】

2005年,粮食局将其门面房作价35万余元售与李某,因一直未办过户手续致诉。

争议焦点:1. 合同效力如何? 2. 合同如无效,责任谁承担?

【裁判要点】

1. 合同无效。李某与粮食局所签购房协议违反了有关法律、法规强制性规定,因争议房屋系国有资产,粮食局未经法定程序,其擅自处分国有资产的行为系无效的民事法律行为。

2. 过错责任。合同无效,粮食局作为过错一方应赔偿李某财产损失,判决返还房款时,按中国人民银行同期贷款利率计算并返还利息。

【裁判依据或参考】

1. 法律规定。《民法典》(2021年1月1日)第132条:“民事主体不得滥用民事权利损害国家利益、社会公共利益或者他人合法权益。”第143条:“具备下列条件的民事法律行为有效:(一)行为人具有相应的民事行为能力;(二)意思表示真实;(三)不违反法律、行政法规的强制性规定,不违背公序良俗。”第153条:“违反法律、行政法规的强制性规定的民事法律行为无效。但是,该强制性规定不导致该民事法律行为无效的除外。违背公序良俗的民事法律行为无效。”第155条:“无效的或者被撤销的民事法律行为自始没有法律约束力。”第156条:“民事法律行为部分无效,不影响其他部分效力的,其他部分仍然有效。”第157条:“民事法律行为无效、被撤销或者确定不发生效力后,行为人因该行为取得的财产,应当予以返还;不能返还或者没有必要返还的,应当折价补偿。有过错的一方应当赔偿对方由此所受到的损失;各方都有过错的,应当各自承担相应的责任。法律另有规定的,依照其规定。"第534条:"对当事人利用合同实施危害国家利益、社会公共利益行为的,市场监督管理和其他有关行政主管部门依照法律、行政法规的规定负责监督处理。"**《企业国有资产法》**(2009年5月1日)第2条:"本法所称企业国有资产(以下称国有资产),是指国家对企业各种形式的出资所形成的权益。"第5条:"本法所称国家出资企业,是指国家出资的国有独资企业、国有独资公司,以及国有资本控股公司、国有资本参股公司。"第11条第1款、第2款:"国务院国有资产监督管理机构和地方人民政府按照国务院的规定设立的国有资产监督管理机构,根据本级人民政府的授权,代表本级人民政府对国家出资企业履行出资人职责。国务院和地方人民政府根据需要,可以授权其他部门、机构代表本级人民政府对国家出资企业履行出资人职责。"第47条:"国有独资企业、国有独资公司和国有资本控股公司合并、分立、改制,转让重大财产,以非货币财产对外投资,清算或者有法律、行政法规以及企业章程规定应当进行资产评估的其他情形的,应当按照规定对有关资产进行评估。"第48条:"国有独资企业、国有独资公司和国有资本控股公司应当委托依法设立的符合条件的资产评估机构进行资产评估;涉及应当报经履行出资人职责的机构决定的事项的,应当将委托资产评估机构的情况向履行出资人职责的机构报告。"第51条:"本法所称国有资产转让,是指依法将国家对企业的出资所形成的权益转移给其他单位或者个人的行为;按照国家规定无偿划转国有资产的除外。"第53条:"国有资产转让由履行出资人职责的机构决定。履行出资人职责的机构决定转让全部国有资产的,或者转让部分国有资产致使国家对该企业不再具有控股地位的,应当报请本级人民政府批准。"第55条:"国有资产转让应当以依法评估的、经履行出资人职责的机构认可或者由履行出资人职责的机构报经本级人民政府核准的价格为依据,合理确定最低转让价格。"第56条:"法律、行政法规或者国务院国有资产监督管理机构规定可以向本企业的董事、监事、高级管理人员或者其近亲属,或者这些人员所有或者实际控制的企业转让的国有资产,在转让时,上述人员或者企业参与受让的,应当与其他受让参与者平等竞买;转让方应当按照国家有关规定,如实披露有关信息;相关的董事、监事和高级管理人员不得参与转让方案的制定和组织实施的各项工作。"**《物权法》**(2007年10月1日,已于2021年1月1日起失效)第55条:"国家出资的企业,由国务院、地方人民政府依照法律、行政法规规定分别代表国家履行出资人职责,享有出资人权益。"**《拍卖法(2015年修正)》**(2004年8月28日,于2015年4月24日修订实施)第28条第2款:"拍卖国有资产,依照法律或者按照国务院规定需要评估的,应当经依法设立的评估机构评估,并根据评估结果确定拍卖标的的保留价。"《**合同法**》(1999 年 10 月 1 日,已于 2021 年 1 月 1 日起失效)第 52 条:"有下列情形之一的,合同无效:……(三)以合法形式掩盖非法目的;(四)损害社会公共利益;(五)违反法律、行政法规的强制性规定。"第 58 条:"合同无效或者被撤销后,因该合同取得的财产,应当予以返还;不能返还或者没有必要返还的,应当折价补偿。有过错的一方应当赔偿对方因此所受到的损失,双方都有过错的,应当各自承担相应的责任。"

2. 行政法规。中共中央办公厅、国务院办公厅印发《**关于进一步推进国有企业贯彻落实"三重一大"决策制度的意见**》(2010 年 1 月 1 日):"……按照中央关于凡属重大决策、重要人事任免、重大项目安排和大额度资金运作(简称'三重一大')事项必须由领导班子集体作出决定的要求,现就进一步推进国有企业贯彻落实'三重一大'决策制度提出如下意见。"国务院《**企业国有资产监督管理暂行条例(2019 年修订)**》(2003 年 5 月 27 日,2019 年 3 月 2 日修订并实施)第 23 条:"国有资产监督管理机构决定其所出资企业的国有股权转让。其中,转让全部国有股权或者转让部分国有股权致使国家不再拥有控股地位的,报本级人民政府批准。"第 32 条:"所出资企业中的国有独资企业、国有独资公司的重大资产处置,需由国有资产监督管理机构批准的,依照有关规定执行。"国务院《**全民所有制工业企业转换经营机制条例**》(2011 年 1 月 8 日修改)第 6 条:"企业经营权是指企业对国家授予其经营管理的财产(以下简称企业财产)享有占有、使用和依法处分的权利。"第 7 条第 1 款:"企业按照国家规定的资产经营形式,依法行使经营权。企业资产经营形式是指规范国家与企业的责、权、利关系,企业经营管理国有资产的责任制形式。"第 15 条:"企业享有资产处置权。企业根据生产经营的需要,对一般固定资产,可以自主决定出租、抵押或者有偿转让;对关键设备、成套设备或者重要建筑物可以出租,以政府主管部门批准也可以抵押、有偿转让。法律和行政法规另有规定的除外。企业处置生产性固定资产所得收入,必须全部用于设备更新和技术改造。企业处置固定资产,应当依照国家有关规定进行评估。"国务院《**国有资产评估管理办法(2020 年修正)**》(1991 年 11 月 16 日,2020 年 11 月 29 日修订并实施)第 3 条:"国有资产占有单位(以下简称占有单位)有下列情形之一的,应当进行资产评估:(一)资产拍卖、转让;(二)企业兼并、出售、联营、股份经营;(三)与外国公司、企业和其他经济组织或者个人开办外商投资企业;(四)企业清算;(五)依照国家有关规定需要进行资产评估的其他情形。"第 8 条:"国有资产评估工作,按照国有资产管理权限,由国有资产管理行政主管部门负责管理和监督。国有资产评估组织工作,按照占有单位的隶属关系,由行业主管部门负责。国有资产管理行政主管部门和行业主管部门不直接从事国有资产评估业务。"第 12 条:"国有资产评估按照下列程序进行:(一)申请立项;(二)资产清查;(三)评定估算;(四)验证确认。"第 19

条:“国有资产管理行政主管部门应当自收到占有单位报送的资产评估结果报告书之日起四十五日内组织审核、验证、协商,确认资产评估结果,并下达确认通知书。”国务院办公厅《**转发财政部关于改革国有资产评估行政管理方式加强资产评估监督管理工作意见的通知**》(2001年12月31日　国办发〔2001〕102号)第1条:“取消政府部门对国有资产评估项目的立项确认审批制度,实行核准制和备案制。各级财政(或国有资产管理,下同)部门对国有资产评估项目不再进行立项批复和对评估报告的确认批复(合规性审核)。有关经济行为的资产评估活动由国有资产占有单位按照现行法律、法规的规定,聘请具有相应资质的中介机构独立进行,评估报告的法律责任由签字的注册资产评估师及所在评估机构共同承担。经各级政府批准的涉及国有资产产权变动、对外投资等经济行为的重大经济项目,其国有资产评估实行核准制。凡由国务院批准实施的重大经济项目,其评估报告由财政部进行核准;凡由省级人民政府批准实施的重大经济项目,其评估报告由省级财政部门进行核准。对其他国有资产评估项目实行备案制。除核准项目外,中央管理的国有资产,其资产评估项目报财政部或中央管理的企业集团公司、国务院有关部门备案。地方管理的国有资产评估项目的备案工作,比照上述原则执行。”

3. 司法解释。最高人民法院《**关于德宝(远东)有限公司申请执行湖北省鹰台经济发展公司合作合同纠纷一案中不予执行涉外仲裁裁决的请示的复函**》(2011年12月14日　〔2011〕民四他字第62号):“虽然涉案执行标的六层酒店房产属于国有资产,但是对该房产无法办理过户的执行不能问题并不构成《中华人民共和国民事诉讼法》第二百五十八条第二款规定的情形,因此,你院关于适用《中华人民共和国民事诉讼法》第二百五十八条第二款的规定对涉案仲裁裁决不予执行的理由不能成立。但在涉案仲裁裁决的执行过程中,如果涉案执行标的六层酒店房产的管理人国有资产管理部门提出合理的异议,人民法院可以依照《中华人民共和国民事诉讼法》第二百零四条的规定进行审查并对涉案仲裁裁决第一项应否执行作出相应的处理。”最高人民法院《**关于人民法院委托评估、拍卖工作的若干规定**》(2012年1月1日　法释〔2011〕21号)第6条:“涉国有资产的司法委托拍卖由省级以上国有产权交易机构实施,拍卖机构负责拍卖环节相关工作,并依照相关监管部门制定的实施细则进行。”

4. 部门规范性文件。财政部《**关于金融企业国有资产评估监督管理有关问题的通知**》(2011年6月16日　财金〔2011〕59号)第1条:“……进行资产转让、置换和拍卖的,应对所涉及的资产进行评估……”财政部《**金融企业国有资产评估监督管理暂行办法**》(2008年1月1日)第6条:“金融企业有下列情形之一的,应当委托资产评估机构进行资产评估:……(六)资产转让、置换、拍卖的……”财政部《**行政单位国有资产管理暂行办法(2017年修正)**》(2006年7月1日,2017年12

月4日修订,2018年1月1日起实施)第28条:“行政单位需处置的国有资产范围包括:(一)闲置资产;(二)因技术原因并经过科学论证,确需报废、淘汰的资产;(三)因单位分立、撤销、合并、改制、隶属关系改变等原因发生的产权或者使用权转移的资产;(四)盘亏、呆账及非正常损失的资产;(五)已超过使用年限无法使用的资产;(六)依照国家有关规定需要进行资产处置的其他情形。”第32条:“行政单位国有资产处置应当按照公开、公正、公平的原则进行。资产的出售与置换应当采取拍卖、招投标、协议转让及国家法律、行政法规规定的其他方式进行。”第29条:“行政单位处置国有资产应当严格履行审批手续,未经批准不得处置。”财政部**《事业单位国有资产管理暂行办法(2019年修正)》**(2006年7月1日,2017年12月4日修订,2018年1月1日起实施)第26条:“事业单位占有、使用的房屋建筑物、土地和车辆的处置,货币性资产损失的核销,以及单位价值或者批量价值在规定限额以上的资产的处置,经主管部门审核后报同级财政部门审批;规定限额以下的资产的处置报主管部门审批,主管部门将审批结果定期报同级财政部门备案。法律、行政法规另有规定的,依照其规定。”第28条:“事业单位国有资产处置应当遵循公开、公正、公平的原则。事业单位出售、出让、转让、变卖资产数量较多或者价值较高的,应当通过拍卖等市场竞价方式公开处置。”第39条:“事业单位有下列情形之一的,可以不进行资产评估:(一)经批准事业单位整体或者部分资产无偿划转;(二)行政、事业单位下属的事业单位之间的合并、资产划转、置换和转让;(三)发生其他不影响国有资产权益的特殊产权变动行为,报经同级财政部门确认可以不进行资产评估的。”财政部**《关于印发〈国有资产评估项目备案管理办法〉的通知》**(2001年12月31日　财企〔2001〕802号)第3条:“本办法所称国有资产评估项目备案,是指国有资产占有单位(以下简称占有单位)按有关规定进行资产评估后,在相应经济行为发生前将评估项目的有关情况专题向财政部门(或国有资产管理部门,下同)、集团公司、有关部门报告并由后者受理的行为。”第4条:“国有资产评估项目备案工作实行分级管理。中央管理的企业集团公司及其子公司,国务院有关部门直属企事业单位的资产评估项目备案工作由财政部负责;子公司或直属企事业单位以下企业的资产评估项目备案工作由集团公司或有关部门负责。地方管理的占有单位的资产评估项目备案工作比照前款规定的原则执行。评估项目涉及多个国有产权主体的,按国有股最大股东的资产财务隶属关系办理备案手续;持股比例相等的,经协商可委托其中一方办理备案手续。”建设部住宅与房地产业司**《关于中国石油化工集团公司整体重组改制涉及房屋产权登记手续有关问题的紧急通知》**(1999年10月12日　建住房市〔1999〕022号)第4条:“各地房地产管理部门要加强对涉及国有企业改制中房地产价格评估工作的管理,凡房地产价格评估,必须由具有相应等级资格的评估机构进行评估,评估报告书须由注册房地产估价师签字方能有效。”国有资产管理局**《关于对福建省国有资产管理局〈关于非国家控股的中外合资、合作企业资产评估有关问题的请示〉的复函》**(1994年7月26日 国资办函发〔1994〕89号):“……现就关于已开办的中外合资、合作企业中方投资比例占50%以下的企业,发生《国有资产评估管理办法》(以下简称《办法》)第三条、第四条和《施行细则》(以下简称《细则》)第八条的有关情形时是否要进行资产评估,评估结果是否必须经国有资产管理部门确认的问题答复如下:根据《办法》和《细则》规定,国有资产占有单位凡发生《办法》第三条、第四条和《细则》第八条的有关情形时,都应进行资产评估。非国家控股的中外合资、合作企业的资产评估,由董事会批准资产评估申请和对评估结果的确认。经董事会确认评估结果的资产评估报告应抄报国有资产管理部门备案。”国有资产管理局**《关于清理不利企业转换经营机制文件的通知》**(1993年8月28日 国资法规发〔1993〕45号):“……在实际工作中出现了干预企业经营权,违反《转机条例》规定的现象,其中,比较突出的是干预企业的资产处置权。《转机条例》第十五条已经明确规定:‘企业享有资产处置权’,‘企业根据生产经营的需要,对一般固定资产,可以自主决定出租、抵押和有偿转让。’而一些地方国有资产管理部门没有遵守上述规定,直接干预企业资产的处置。有的地方国有资产管理部门规定:‘企业不得自行处理闲置设备和报废设备,一律要由国有资产管理部门的交易所处理’。有的甚至还规定:‘企业闲置资产不及时处理的,国有资产管理部门可收取一定比例的罚金’。这些规定损害了企业处置资产的积极性,阻碍了企业资产流动的健康发展。各地国有资产管理部门要结合上述问题,对本部门发布的文件进行清理检查,对于不符合《转机条例》的文件,该废止的要废止,该修订的要修订,绝不能任其发展,损害国有资产管理改革的形象。各地国有资产管理部门要继续推动企业闲置资产流动,要按市场经济的原则,在尊重企业自主权和企业自愿的前提下抓好这件事。”国家国有资产管理局**《国有资产评估管理办法施行细则》**(1992年7月18日 国资办发〔1992〕36号)第3条:“《办法》所说的国有资产是指国家依据法律取得的,国家以各种形式的投资和投资收益形成的或接受捐赠而取得的固定资产、流动资产、无形资产和其他形态的资产。”第4条:“《办法》第三条所说的国有资产占有单位包括:(一)国家机关、军队、社会团体及其他占有国有资产的社会组织;(二)国营企业、事业单位;(三)各种形式的国内联营和股份经营单位;(四)中外合资、合作经营企业;(五)占有国有资产的集体所有制单位;(六)其他占有国有资产的单位。”第5条:“《办法》第三条规定的应当进行资产评估,是指发生该条款所说的经济情形时,除经国有资产管理行政主管部门批准可以不予评估外,都必须进行资产评估。”第6条:“《办法》第三条所说的情形中:(一)资产转让是指国有资产占有单位有偿转让超过百万元或占全部固定资产原值百分之二十以上的非整体性资产的经济行为……”第8条:“《办法》第四条规定可以进行资产评估，是指发生该条款所说的情形时，根据实际情况可以对资产进行评估或者不评估。但属于以下行为必须进行资产评估：（一）企业整体资产的租赁；（二）国有资产租赁给外商或非国营单位；（三）国家行政事业单位占有的非经营性资产转为经营性资产；（四）国有资产管理行政主管部门认为应当评估的其他情形。”第10条：“对于应当进行资产评估的情形没有进行评估，或者没有按照《办法》及本细则的规定立项、确认，该经济行为无效。”

5. 地方司法性文件。山东高院**《关于印发〈全省民事审判工作座谈会纪要〉的通知》**（2008年12月23日　鲁高法〔2008〕243号）第7条：“……（3）关于法律规定的‘国家利益、集体利益和社会公共利益’的理解问题。我国现行法律均规定，民事主体从事损害国家利益、集体利益和社会公共利益的民事行为是无效的，但法律未对国家利益、集体利益和社会公共利益的内涵给予明确的界定，导致审判实践中对国家利益、集体利益和社会公共利益的理解经常出现分歧。对此，实践中要正确理解和把握法律关于国家利益、集体利益和社会公共利益规定的立法精神，根据民事主体民事行为的性质和后果，准确判断民事行为是否损害了国家利益、集体利益和社会公共利益，不能把某些国有企业的利益、银行的利益、某些国家机关的利益简单地等同于国家利益，也不能把集体经济组织的利益片面理解为集体利益而违反社会公共利益的本意主要是指违反社会公共秩序和善良风俗。”

6. 参考案例。2010年12月**新疆某房屋买卖合同案**，法院认为：依照我国《物权法》相关规定，不动产物权的设立，经依法登记，发生效力。本案所涉房屋集资款的交款人为胡某，该房屋的产权登记手续未登记至胡某名下，更未过户给常某，同时，荣某作为债务人以物抵债向常某交付该房屋时亦未办理抵押登记手续，故常某对该房屋不享有物权，亦不享有抵押权。在此情况下，区国有资产管理中心作为原对外贸易公司的接管单位与该房屋的实际购买人胡某签订房地产买卖契约，房管部门依据双方所签合同将涉案房屋登记至胡某名下并不违反法律规定，区国有资产管理中心作为涉案住宅楼的建设方的接管单位有权与胡某签订房地产买卖合同，该合同系双方当事人的真实意思表示，内容不违反法律规定，且已实际履行完毕，故常某请求法院判决确认该合同无效的理由不能成立，本院不予支持。2010年6月**河南某房屋买卖合同案**，法院认为：通过本案有效证据，充分说明王某与农技推广站所签房地产买卖契约，系因城区开发，农技站想多得补偿，从而双方产生了一种附条件的内部买卖契约，结合王某签订的保证书，该买卖契约并未实际履行。其产权仍归农机管理局所有。该买卖房地产属国有资产，协议内容已违反了国家对国有资产管理的相关规定，亦属无效协议。2010年1月**宁夏某房屋买卖合同案**，2008年3月，国有独资性质的自来水公司将其部分房屋按评估价260万余元售与张某，张某付款后，自来水公司以市国资局不予批准为由主张合同无效。法院认为:自来水公司系国有独资公司。该公司与张某签订的《房屋买卖合同》所涉及的房屋系国有财产,根据《物权法》第55条、《企业国有资产监督管理暂行条例》第33条和银国资发〔2005〕99号文的规定,自来水公司在处置该房屋时,应先向市人民政府国有资产监督管理委员会报告,经市人民政府国有资产监督管理委员会核准后方可进行处置。市人民政府国有资产监督管理委员会依据授权,依法履行出资人职责,对企业国有资产进行监督管理。自来水公司在未经市国有资产监督管理委员会批准的情况下,即与张某签订了《房屋买卖合同》,之后向市人民政府国有资产监督管理委员会报告又未获批准,因此该《房屋买卖合同》应属无效合同。涉案房屋是否登记,不影响本案的实体处理结果。2006年10月**湖北某房屋买卖合同案**,1994年,国有性质的开发公司将案涉房屋作为拆迁安置过渡房交给银行使用。1996年,装饰公司与银行签订租赁合同,2003年,银行内部调整,该房由银行内部员工成立的物业公司经营管理,装饰公司与物业公司继续签订租赁合同至2005年年底。其间,开发公司将该房卖与宋某并办理了过户手续。装饰公司主张侵犯其优先购买权,主张合同无效。法院认为:银行作为该房屋的经营管理人将本案争议的房屋出租给装饰公司至2002年。后因银行内部调整,从2003年起,装饰公司即与物业公司签订《房屋租赁合同》,继续租用本案争议的房屋至2005年年底。装饰公司承租本案争议房屋多年,开发公司从未提出过异议,故装饰公司应为合法承租人。开发公司系国有公司,其在处理本案争议的房屋时未按照规定进行评估、拍卖,其行为不仅造成国有资产的流失,且损害了其他债权人的利益。同时开发公司在出卖本案争议房屋时,未提前3个月通知该房屋的承租人装饰公司,即将本案争议的房屋卖给了宋某,其行为违反了相关法律规定,侵犯了装饰公司的优先购买权,故该买卖行为依法无效。2003年1月**广东某核发房地产权证行政诉讼案**,法院认为:房管局在申请人未能提供国有资产管理机构对转让房产的批准文件、没有取得省级国有资产管理行政主管部门批准资产评估机构的资产评估,评估所的评估结果未经国有资产管理部门审核、确认的情况下,办理国有房产产权转让登记不符合法定条件。房管局在办理国有房产产权转让登记过程中,未要求申请人提供法定代表人申请书和书面委托书及先行办理土地使用权变更登记,程序违法,应予撤销。本案是对房管局办理房产转让登记、核发房地产权证这一具体行政行为的合法性进行审查,对于买卖双方之间的房产交易是否未真实意思表示不属行政诉讼审查范围,法院不予认定。原审判决认定案涉房产交易并非出卖方真实意思表示,超出了行政诉讼审查范围,应予纠正。2002年5月**海南某撤销权案**,法院认为:百货公司将案涉房产过户给营销公司,是省政府国有商贸企业改革方案实施的组成部分,是该公司按照企业改革方案以及下岗职工下岗安置费用进行量化的安置形式,并非通常意义上的行政划拨。作为亏损破产的国有企业,以其财产先行清偿职工的工资或下岗安置费用并不悖于法律的精神，况且其行为系遵照省政府的有关规定并已得到省商贸企业改革领导小组的批准，该领导小组是省政府授权由省政府各有关部门包括国有资产管理部门领导组成，其授权范围包括处置企业国有资产问题。故该领导小组的批准可视为代表省政府行使职权，营销公司诉称百货公司的处置行为未经产权所有人同意并无事实根据。1999 年 4 月**安徽某房屋买卖合同案**，法院认为：商务局将其所有的案涉房屋产权转让给器材公司时，既未按照国务院第 91 号令《国有资产评估管理办法》的规定进行国有资产评估，也未向同级财政、国有资产管理部门报告，并履行审批手续，故该转让行为违反了国家相关规定，有可能造成国有资产流失，应属无效行为。鉴于上述规定，商务局与器材公司房屋转让行为无效，故食品公司要求确认其承租房的优先购买权的诉讼请求显然不能成立，本院不予支持。1998 年 12 月**广西某房地产转让案**，法院认为：外贸站的房地产是国有资产，依《国有资产评估管理办法》第 3 条第 1 项的规定，转让前应当进行资产评估。外贸公司在转让外贸站前未进行评估，违反了该办法的规定。二审期间，外贸公司虽然补办了申请评估手续，但相关国有资产管理局的重新评估证实原国有资产评估失实，故原评估确认通知不能作为定案的依据，故翁某以协会名义与外贸公司所签订的关于转让外贸站房地权属的协议应确认无效。

【同类案件处理要点】

违反国有资产转让及评估的强制性规定，买卖国有资产性质的房屋的，房屋买卖合同因违法而无效。

【相关法律风险提示】

1. 购买、出售行政机关或事业单位或其他国有性质房屋时，应严格依照国有资产处置的审批、评估、拍卖程序。

2. 买卖国有资产性质的房屋，未办理相关审批手续，存在嗣后无法办理产权过户手续的风险。即使已办过户，亦存在合同无效的结果。案见宁夏高院（2009）宁民终字第 128 号“张某与某自来水公司房屋买卖合同纠纷上诉案”。

3. 国资房买卖合同无效，合同约定的违约条款不再对出卖方具有约束力，买受人只能依过错要求出卖方承担相应损失。

【附注】

参考案例索引：河南商丘中院（2010）商民终字第 1218 号“李某与某粮食局房屋买卖合同纠纷上诉案”；新疆乌鲁木齐中院（2010）乌中民四终字第 607 号“常某与胡某等房屋买卖合同纠纷上诉案”；河南柘城法院（2010）柘法民监字第 8 号“某

农机管理局诉某农技推广站等确认房屋买卖合同无效纠纷再审案”;宁夏高院(2009)宁民终字第128号“张某与某自来水公司房屋买卖合同纠纷上诉案”;湖北宜昌中院(2006)宜中民一终字第00465号“某装饰公司与宋某等房屋买卖合同纠纷案”;广东惠州中院(2002)惠中法行终字第17号“王某诉某房管局核发房地产权证纠纷案”;海南高院(2001)琼民终字第33号“某营销公司诉某百货公司等撤销权案”;安徽芜湖中院(1998)芜中民终字第170号“某食品公司诉某商务局等房屋买卖合同案”;广西贺州中院(1995)梧地民终字第122号“翁某诉某外贸公司房地产转让案”。

91. 央产房:上市的限制

——买卖央产房,是否有限制?

【合同履行】

【案情简介及争议焦点】

2009年7月,邵某购买宋某房屋,并依定金合同支付定金2万元,约定同年8月10日后签订房屋买卖协议。同年8月17日,邵某经查该房为央产房,且未办交易备案,遂发律师函要求解除定金合同。2009年8月18日,宋某办理央产房出售登记手续后,1个月后另售他人。邵某起诉要求双倍返还定金。

争议焦点:1. 合同是否解除?2. 定金如何返还?

【裁判要点】

1. 合同解除。邵某委托律师向宋某发出的律师函应视为解除定金合同的意思表示,宋某将房屋售与他人的行为亦应视为同意解除定金合同的意思表示,故邵某与宋某签订的定金合同已于2009年9月15日解除。

2. 定金返还。邵某与宋某签署定金合同时,涉案房屋尚不具备上市交易资格,但根据相关规定办理行政审批手续即可具备交易资格,故定金合同不存在不能克服的履行障碍,故宋某对定金合同的解除不存在根本违约行为。因宋某未提供证据证明其在定金合同签订时履行了告知义务,故邵某主张解除定金合同之行为亦不应视为违约。根据公平原则,合同解除后宋某应返还邵某定金2万元。

【裁判依据或参考】

1. 国务院文件。中共中央办公厅、国务院办公厅《转发建设部等单位〈关于完

善在京中央和国家机关住房制度的若干意见〉的通知》(2005 年 5 月 21 日)第 4 条:“创造住房交易条件,鼓励职工进行住房交易。(一)积极创造已购公有住房上市交易条件。除法律、法规另有规定和原产权单位在公房出售时另有约定以外,任何单位不得擅自对已购公房上市交易设置限制条件。各单位要加快建立和完善职工住房档案,尽快明确不宜公开上市交易的住房范围,并在规定时间内报在京中央和国家机关住房交易办公室;凡超过规定时间未明确的,视同可上市交易住房。各产权单位要抓紧处理职工现住房超标问题,售房单位要及时办理房屋产权转移手续,单位不得无故扣押职工的房屋产权证书。(二)加大公有住房出售力度。对能够保证居住安全的非成套住房,可根据实际情况向职工出售;对两户或两户以上家庭共同承租的公有住房,可允许承租人之间进行使用权转让,并向最终承租人出售;对权属有争议的公有住房,由目前管房单位出具书面具结保证后,向职工出售;因手续不全等历史遗留问题影响公有住房出售的,应区别情况尽快予以处理。腾退的可售公有住房纳入职工住宅销售管理。承租不可售公有住房的职工可以腾退现承住房,按有关规定申请领取住房补贴,购买普通商品住房、职工住宅或北京市组织建设的经济适用住房。”中共中央办公厅、国务院办公厅**《关于转发国务院机关事务管理局、中共中央直属机关事务管理局关于〈在京中央和国家机关部级干部住房制度改革实施意见〉的通知》**(2000 年 2 月 6 日)第 1 条:“部级干部(含享受部级干部住房待遇的干部)凡 1999 年 12 月 31 日前承租可售部级干部住房的,可以购买现住房,也可以继续承租现住房。”第 2 条:“各部门专为部级干部建设、购买的公有住房(简称部级干部住房),除四合院、独立小楼、按照规划近期需要拆除的住房,国管局和中直管理局认为不宜出售的住房外,原则上均可出售。”第 8 条:“部级干部购买的公有住房,暂不得上市交易。”中共中央办公厅、国务院办公厅**《关于转发建设部等单位关于〈在京中央和国家机关进一步深化住房制度改革实施方案〉的通知》**(1999 年 8 月 16 日)第 16 条:“职工现承租的公有住房,除按有关规定不宜出售的外,继续按届时北京市人民政府根据《决定》规定的出售现有公有住房的成本价向职工出售。出售现有公有住房收回的资金,除按规定提取房屋公共部位和共用设施、设备的维修养护专项基金外,纳入单位住房基金,专项用于发放住房补贴。”第 17 条:“部级(含副部级,下同)干部现住房出售问题,要抓紧进行调查研究,制定出售办法。同时要继续加强对部级干部,特别是离退休部级干部住房的维修和管理。”

2. 部门文件。国务院机关事务管理局、中共中央直属机关事务管理局、财政部、国家发改委、建设部、人事部**《关于印发〈在京中央和国家机关住房补贴调整实施办法〉的通知》**(2006 年 5 月 17 日　国管房改〔2006〕164 号)第 7 条第 1 款:“本办法所指‘中央国家机关’,包括党中央各部门,全国人大机关,全国政协机关,最高人民法院、最高人民检察院，国务院各部委以及各直属机构，各人民团体。”国务院机关事务管理局、中共中央直属机关事务管理局**《关于印发〈中央在京单位已购公有住房上市出售管理办法〉的通知》**（2003年8月14日　国管房改〔2003〕165号）第2条：“本办法适用于中央在京单位已购公房首次进入市场出售的管理。本办法所称已购公房，是指职工按房改成本价或标准价（含标准价优惠办法，下同）购买的原产权属于中央在京单位的公有住房。职工根据国家政策，按照房改成本价或者标准价购买的由中央在京单位建设的安居工程住房和集资合作建设的住房，也视为已购公房。”第6条：“出售人应填写《中央在京单位已购公房上市出售登记表》，交易办公室根据职工住房档案进行核对。核对无误的，出售人可到房屋所在区、县国土房管局交易管理、权属登记部门办理过户手续，也可委托定点交易机构代为办理房屋买卖以及交易过户手续。并提供以下材料：（一）房屋所有权证书；（二）房屋共有权人同意出售的书面意见；（三）身份证或者其他有效身份证明；（四）与原产权单位签订的公有住房买卖合同；（五）与买受人签订的已购公房买卖合同；（六）物业费、供暖费清结证明。出售人没有建立住房档案的，应当补建住房档案。出售人无法提交与原产权单位签订的公有住房买卖合同的，可以房改售房的档案材料或原产权单位出具的证明作为依据。”第8条：“凡属超标而未经处理的住房，须经原产权单位按规定超标处理后方可上市出售；按房改政策规定属不可售住房但已向职工出售的，不得上市出售。涉及国家安全、保密的特殊部门的住房，党政机关、科研部门及大专院校等单位在机关办公、教学、科研区内的住房，原产权单位认为不宜公开上市出售的，应报交易办公室备案，并在职工住房档案中注记。该类住房可按规定向原产权单位腾退，也可在原产权单位职工范围内进行交易。法律、法规规定的其他不得上市出售的已购公房或与原产权单位有特殊约定的已购公房（规定住满五年内容的除外），应按法律、法规规定或与原产权单位的约定执行。”第9条：“上市出售的已购公房，由买受人在办理房屋权属登记手续时按当年房改成本价的1%补交土地出让金或相当于土地出让金的价款。”第10条：“已购公房的土地使用权是以划拨方式取得的，土地出让金划转北京市财政。已购公房的土地使用权是以出让方式取得的，相当于土地出让金的价款按已购公房原产权单位的财务隶属关系和财政体制，分别划转中央财政或者返还原产权单位，专项用于住房补贴。其中，已购公房原产权属于中央行政机关的，全额划转中央财政；属于中央事业单位的，50%划转中央财政，50%返还原产权单位；属于中央企业单位（包括实行企业化管理的事业单位）的，全额返还原产权单位。”第11条：“凡以房改成本价购买的住房上市出售的，在按规定缴纳税费后，收入全部归产权人个人所有，不再与原产权单位进行收益分成。凡以标准价购买的住房，出售人可按购房当年房改成本价向原产权单位补交房价款，取得全部产权后上市出售；也可在交易过程中按购房当年房改成本价的6%计算应扣除的价款，划转到原产权单位售房款专户，在按规定缴纳税费后，收入全部归产权人个人所有。远郊区县另有规定的按其规定办理。”国务院机关事务管理局、中共中央直属机关事务管理局**《关于房改售房工作中几个具体问题处理意见的通知》**（2000年6月26日　国管房改字〔2000〕130号）第1条：“关于阳台、复式结构的阁楼、独立使用的平台的面积核定问题。阳台均按建筑面积的50%核定为职工住房面积；复式结构的阁楼按建筑面积的70%核定为职工住房面积。独立使用的平台不核定为职工住房面积，但应另行计价，独立使用平台的房价款=平台建筑面积×30%×届时房改成本价×(1－已竣工年限×年折旧率)。”第2条：“关于超过控制面积标准部分的实际价值问题。各单位可采取评估的方式确定房价，也可采用折扣方法确定房价。当地地段经济适用房价为每建筑平方米4000元的，竣工年限5年(含)以下的公有住宅楼房，按4000元计价；竣工年限5年以上的公有住宅楼房，从第6年开始，在4000元的基础上进行折扣，每年每建筑平方米折扣50元，折扣年限最长不超过30年。当地地段经济适用住房价格每建筑平方米低于4000元的，超过住房控制面积标准的部分，在当地经济适用住房价格基础上按前款规定的方法和相应的折扣率进行折扣，但不得低于该地段当年的房改成本价。”第4条：“关于职工承租或购买一套以上住房面积超标的处理问题。职工及其配偶在同一产权单位申请购买或者承租一套以上公有住房，合并计算面积超标的，由该产权单位依照有关规定处理超标事宜；职工及其配偶在不同产权单位申请购买和承租一套以上公有住房，合并计算面积超标的，由承租住房的产权单位处理超标事宜。”第5条：“关于职工及其配偶住房面积标准的认定问题。职工及其配偶承租、购买公有住房面积超标的，按夫妇双方职级较高一方的住房面积标准处理。”第6条：“关于职工住房面积核定的方式问题。核定职工住房面积时，多层住宅楼房既可采用实测的方法，也可采用按本套住房使用面积×1.333的计算方式；高层住宅楼房既可采用实测的方法，也可采用按本套住房使用面积×1.333的计算方式，若是按全部公共面积分摊计算建筑面积的，可采用减10%的建筑面积的方式。住宅楼房面积核定方式的选择，由产权单位依据上述对多层和高层楼房面积核定的具体规定自主确定，但同一栋楼房只能采用一种核定方式。”第9条：“关于在京中央和国家机关已售住房的上市交易问题。在京中央和国家机关已售公有住房和经济适用住房进行房屋普查、建立住房档案、上市出售审批办法印发后，方可上市交易。”国务院机关事务管理局、中共中央直属机关事务管理局**《关于印发〈在京中央和国家机关职工住房面积核定及未达标、超标处理办法〉的通知》**（2000年2月21日　国管房改字〔2000〕36号）第2条：“在京中央和国家机关（包括党中央各部门，全国人大机关，全国政协机关，最高人民法院，最高人民检察院，国务院各部委及各直属机构，各人民团体）1998年12月31日（含）前参加工作的有房老职工承租或购买公有住房面积核定和未达标、超标等问题的处理,均适用本办法。中央在京事业、企业单位职工承租或购买公有住房的面积核定和未达标、超标处理办法,由各单位参照本办法并结合实际情况制定,报主管部门批准后执行。"第3条:"下列住房的面积均核定为职工住房面积:(一)职工(含离退休人员,下同)及其配偶按规定的普通公有住房租金标准承租的公有住房;(二)职工及其配偶以房改成本价或标准价购买的公有住房;(三)按照城市房屋拆迁政策,对被拆迁公有住房使用人和执行统一租金标准的城镇私人出租住房使用人,已实行货币补偿的,其计算货币补偿金额的房屋建筑面积;(四)职工及其配偶按房改成本价或标准价集资合作建造的住房;(五)单位资助职工及其配偶购建的住房减去扣除面积的部分。扣除面积=[职工集资购(建)房款-职工按当年房改成本价购房房价款]÷所购住房总房价款或所建住房成本价款×集资购建住房面积。"第5条:"房屋原承租人去世后,实际承租人经房屋产权单位同意并按规定办理变更租赁手续的,核定为实际承租人及其配偶的住房面积。"第6条:"职工及其配偶既未以规定的普通公有住房租金标准承租公有住房,也未以房改成本价或标准价购买公有住房的,为无房职工。"第7条:"职工及其配偶申请承租或购买一套以上公有住房的,住房面积合并计算,住房现承租人或购买人无论是职工及其配偶,还是其子女,原则上核定为职工及其配偶的住房面积。"第8条:"职工现有住房面积按建筑面积核定,建筑面积计算方法按有关规定执行。承租住房的,按租赁合同上注明的住房使用面积折算建筑面积;购买住房的,按产权证上注明的建筑面积计算。职工现住高层住宅建筑面积的核定,按全部公共面积分摊计算建筑面积的,可减少10%的建筑面积;按实际使用面积乘以1.333系数换算建筑面积的,不减少10%的建筑面积。"第9条:"下列住房面积不核定为职工住房面积:(一)职工全额出资以市场价或经济适用住房价格购买、建造的住房和以市场租金承租的住房;(二)已按规定补交房价款购买的超标部分公有住房;(三)职工及其配偶以继承,受赠等方式取得的私有住房。"第10条:"职工按公有住房租金标准承租或按房改成本价购买公有住房的建筑面积标准(简称职工住房面积标准,下同),执行《方案》规定的职工购房补贴建筑面积标准:公务员:科级以下60平方米;正副科级70平方米;副处级80平方米;正处级90平方米;副司(局)级105平方米;正司(局)级120平方米。机关工勤人员:技术工人中的初、中级工和25年以下工龄的普通工人60平方米;技术工人中的高级工、技师和25年(含25年)以上工龄的普通工人70平方米;技术工人中的高级技师80平方米。"第18条:"职工购买现承租的公有住房,其住房面积标准之内的部分,按当年规定的出售公有住宅楼房的价格和优惠政策购买。职工购买现住房超标,能分割退回的,要分割退回;不能分割退回的,可上浮一个职级(正司级上浮20平方米),作为住房控制面积标准,本职级与上一个职级住房面积标准之差的部分，按当年房改成本价购买，可享受住房折旧政策优惠，不享受工龄折扣、现住房折扣、西藏内调人员和教师购房等政策优惠。超过住房控制面积标准而确实难以分割退回的，每建筑平方米按4000元计价；实际价值低于4000元的，按实际价值确定房价，但不得低于当年房改成本价。”建设部**《关于转发国务院机关事务管理局〈关于开展中央国家机关房屋所有权登记、核发房屋所有权证工作的通知〉的通知》**（1988年6月15日　〔88〕建房房字第15号，已于2011年1月26日起失效）第3条：“凡由中央国家机关行政部门投资兴建的商业服务用房，除有正式签约交出去的外，都应按产权归属进行登记。”

3. 北京地方文件。北京市建委**《关于印发〈房屋登记工作规范（试行）〉的通知》**（2009年2月20日　京建权〔2008〕827号，已于2018年6月28日起失效）第2.9.4.2条：“……央产已购公有住房转移的，还应提交央产房上市出售确认表原件（法院判决除外）和物业费、供暖费交清证明原件（法院判决除外）。”北京市国土资源和房屋管理局**《关于北京市机关事业单位职工住房补贴计发及有关纪律规定等问题的通知》**（2003年9月8日　〔2003〕京房改办字第078号）第1条：“无房职工是指夫妇双方均未以含有国家或单位补贴的租金、售价承租或购建住房及未通过各种补偿购买住房（个人全额出资购买的经济适用住房除外）的职工。”第2条：“住房未达标职工是指夫妇双方以含有国家或单位补贴的租金和售价承租或购建的住房及通过各种补偿购买的住房（个人全额出资购买的经济适用住房除外）经核定后的面积未达到规定标准的职工。本通知所称规定标准是指职工的住房面积标准，其中，行政机关公务员、工勤人员的住房面积标准按规定的职工住房补贴面积标准执行。”第3条：“行政机关公务员住房补贴建筑面积标准为：科级以下60平方米，正、副科级、25年（含25年）以上工龄的科员、办事员70平方米，副处级、25年（含25年）以上工龄的正、副科级80平方米，正处级90平方米，副局级105平方米，正局级120平方米。行政机关工勤人员住房补贴建筑面积标准：技术工人中的初、中级工和25年以下工龄的普通工人60平方米，技术工人中的高级工、技师和25年（含25年）以上工龄的初中级工普通工人70平方米，技术工人中的高级技师80平方米。”第5条：“下列住房的面积均核定为职工住房面积：（1）职工及其配偶按规定的公有住房租金标准承租的公有住房，或以房改成本价、标准价（含标准价优惠）购买或集资购建的公有住房均核定为职工住房面积。（2）职工及其配偶按高于当年房改成本价集资购建住房的，其购建住房面积减去扣除面积部分核定为职工住房面积。扣除面积＝（职工购建房款－职工按当年房改成本价规定购房实付房价款）÷与所购住房同地段经济适用住房价款×集资购建住房面积。（3）职工承租公房（含标准租私房）危改回迁的，其回迁住房中按房改成本价购得的面积核定为职工住房面积。（4）两个（含）以上家庭承租或按房改价格购买公有住房的,住房面积按职工居住的居室面积和应分摊的面积之和核定,具体公式为:职工住房面积=(本套楼房建筑面积-居室面积之和)×分摊系数+居室面积。分摊系数为居住户数的倒数。(5)公房承租人去世后,同住人经房屋产权单位同意并按规定办理租赁变更手续成为承租人的,核定为变更后承租人及其配偶的住房面积。(6)职工及其配偶申请承租或购买一套以上公有住房的,住房面积合并计算。(7)职工及其配偶按同一渠道分得的多套住房,住房现承租人或购买人无论是职工及其配偶,还是其子女,原则上核定为职工及其配偶的住房面积,超出住房面积标准的部分可核定为子女住房面积。(8)职工及其配偶承租或按房改优惠价购买军产房的,应核定为住房面积,其中承租的不可售公房腾退后,可按有关规定申领住房补贴。(9)职工夫妇双方已按含有国家或单位补贴的租(购)价承租或购建住房的,其阳台建筑面积的50%核定为职工住房面积;复式结构的阁楼其建筑面积的70%核定为职工住房面积;独立使用的平台不核定为职工住房面积。"第6条:"下列住房不核定为职工住房面积:(1)职工及其配偶全额出资以市场价或经济适用住房价格购买、建造的住房和以市场租金承租的住房;(2)以继承、受赠等方式取得的私有住房;(3)职工及其配偶退还承租的标准租私房。"第7条:"职工住房核定面积按建筑面积计算,建筑面积计算方法按有关规定执行。承租住房的,按实测面积计算,也可以按租赁合同上注明的住房使用面积乘以1.333折算成建筑面积;购买住房的,按产权证上注明的建筑面积计算。职工现住高层住宅,采用实测方法计算建筑面积的,在扣减10%的建筑面积后作为核定面积;采用使用面积乘以1.333折算成建筑面积的,核定面积不减少10%。"北京市房改办**《关于中央在京党政机关及所属企事业单位统建房房改售房有关问题的补充通知》**(1999年11月11日〔99〕京房改办字第148号,已于2017年8月14日起失效)第1条:"关于中央单位统建房住房购房面积标准问题。1999年中央单位统建房房改售房住户购房面积标准,参照中央办公厅、国务院办公厅《关于转发建设部等单位关于〈在京中央和国家机关进一步深化住房制度改革实施方案〉的通知》(厅字〔1999〕10号)中关于职工购房补贴建筑面积标准执行。即科级以下60平方米;正、副科级70平方米;副处级80平方米;正处级90平方米;副司(局)级105平方米,正司(局)级120平方米;技术工人中的初、中级工和25年以下工龄的普通工人60平方米;高级工、技师和25年(含25年)以上工龄的普通工人70平方米,高级技师80平方米。"第2条:"关于购买两处或两处以上住房和超面积标准购房问题。由于中央单位统建房住户中离退休干部多,家庭人口多,以及住房分配的历史原因,形成了一户两处或两处以上住房的实际情况。此次中央单位统建房房改售房中,对一户两处或两处以上的住房(以分配调整住房单位房管部门出具的住房分配调整证明为依据)且住户申请购买的,合并计算其申请购房面积,对超过住户购房面积标准(以职级高的一方计)的,先予以登记,暂缓出售,待有新的规定后再办理售房手续,并享受北京市1999年房改售房价格。"第3条:"关于住户丧偶或离异的工龄计算和住房职级待遇问题。住户丧偶或离异的工龄和计算的问题,按照市政府房改办、市房地局《关于购房职工调整住房等有关问题的补充规定》(〔97〕京房改办字第071号)的规定执行。关于住户丧偶或离异的住房职级待遇按下列规定执行:(1)住户丧偶后再婚的,按本人或现配偶职级高的一方确定购房面积标准;若未再婚的,按本人或原配偶职级高的一方确定购房面积标准。(2)住户离异后再婚的,按本人或现配偶职级高的一方确定购房面积标准;若未再婚的,按本人的职级确定购房面积标准。"第4条:"1999年北京市房改售房价格执行期限延长至2000年3月31日,此次中央单位统建房房改售房购房提交购房申请表日期和办理售房截止时间顺延到2000年2月底。"中共北京市委、北京市人民政府**《关于印发〈北京市进一步深化城镇住房制度改革加快住房建设实施方案〉的通知》**(1999年9月1日　京发〔1999〕21号)第1条:"……(三)本市进一步深化城镇住房制度改革的基本原则是:在国家统一政策的指导下,因地制宜,量力而行;国家、单位和个人合理负担;新房新制度,老房老办法,一次性补贴和按月补贴相结合,平稳过渡,综合配套;与在京中央和国家机关住房制度改革实施方案和政策衔接,协调推进。"

4. 参考案例。2014年**北京某房屋买卖合同纠纷案**,2002年,赵某与李某协议离婚,约定赵某名下所购大学的央产房归赵某及孩子居住使用。2009年,孔某通过中介公司以120万余元购买赵某名下前述房产,因李某提异议,赵某所取得的《中央在京单位已购住房上市出售登记表》被撤销。2011年,法院二审驳回孔某要求继续履行房屋买卖合同诉请。2012年,孔某诉请赵某退还定金并赔偿损失、中介公司返还居间费。法院认为:为使契约达成,缔约双方为签订合同而互相磋商时应尽到合理注意义务。本案中,赵某所欲出售房屋系大学分配给赵某与李某的央产房,且在二人离婚时未对房屋产权进行分割。虽然房屋产权证书上登记产权人为赵某,但根据赵某与李某所签离婚协议,赵某对涉案房屋并不享有完整所有权,赵某作为签署离婚协议一方当事人,理应知晓这一情况,故赵某在未经李某同意情况下擅自以己名义与孔某缔约,未尽到合理注意义务,对于房屋买卖合同无效存在过错。涉案房屋虽属央产房,上市交易需履行相关审批手续,但审批是否通过主要取决于当事人所提交相关材料是否完备。本案中,赵某所取得《中央在京单位已购住房上市出售登记表》被撤销系因赵某前夫李某对房屋出售提出异议,故办理央产房上市交易手续失败系赵某擅自处分房屋所致,而不属非人为原因,故应认定赵某对房屋买卖合同无效存在过错并应参照房屋差价损失赔偿孔某信赖利益损失。生效判决撤销了孔某要求赵某继续履行房屋买卖合同的一审判决,至此从法律上明确了房屋买卖合同不再继续履行,故应以该时点作为房屋差价损失评估作价基准日。孔某在知晓法院确认本案诉争房屋为赵某与李某夫妻共同财产,且李某不同意出售涉案房屋情况下未能及时采取适当措施从而导致房屋差价损失不断扩大,应对其该部分扩大损失进行酌减。依《合同法》第425条规定,居间人有如实向委托人报告有关订立合同事项的义务,如居间人故意隐瞒与订立合同有关的重要事实或者提供虚假情况,损害委托人利益的,不得要求支付报酬并应当承担损害赔偿责任。本案中,中介公司未尽严格审慎义务,对合同无效负有一定责任,但无证据证明合同无效系中介公司故意隐瞒或提供虚假信息导致,故判决赵某退还孔某定金,赔偿孔某诉讼费损失,另赔偿孔某房屋差价损失43万余元,中介公司退还孔某居间服务费3万余元。2010年**北京某房屋买卖合同纠纷案**,2010年,叶某代理丈夫江某出售江某名下央产房予武某,武某支付定金2万元及中介费、供暖费、物业费后发现江某早已去世,遂诉请确认合同无效,并返还已付款项、赔偿其信赖利益损失。法院认为:叶某以江某名义与武某签订房屋买卖合同时,隐瞒了案涉房屋所有权人江某已去世事实,该事实属于订立合同的重要事实,其直接影响了购买人武某真实意思表示,且合同当事人江某已去世,不具备民事行为能力,故双方就案涉房屋所签房屋买卖合同并未成立,自始不发生法律效力。因合同未能成立,叶某据此收取定金,应返还武某。叶某隐瞒订立合同相关重要事实,给另一方当事人武某造成损失的,应承担赔偿责任,武某已支付的中介费、供暖费及物业费,系武某直接损失,叶某应赔偿。对于武某主张的信赖利益损失,考虑武某仅支付了2万元定金,房屋亦尚未交付使用,以及北京市房屋价格上涨趋势,法院判决确认房屋买卖合同不成立、叶某返还武某相关费用同时,酌情判决叶某赔偿武某信赖利益损失4万元。2008年9月**北京某房屋买卖合同案**,华某通过中介购买崔某央产房,已付定金2万元、中介费2万余元后,准备按揭贷款时得知该房系以成本价购买,崔某另有一套120平方米的央产房,共超标80平方米,上市交易需补交超标部分24万元差额,否则不能开具央产房上市证明。法院认为:崔某所有的诉争房屋系以成本价购买的央产房,根据国管房改字〔2000〕36号《在京中央和国家机关职工住房面积核定及未达标、超标处理办法》的规定,在崔某未补缴差额房价款的情况下,该房不具备上市交易条件。双方虽签订了房屋买卖合同,但因标的房屋不具备上市交易条件,致使合同无法履行,现华某要求继续履行合同,法院不予支持。鉴于华某表示不在本案中要求崔某承担违约责任,法院不予处理。2008年6月**北京某居间买卖合同案**,法院认为:单某经中介公司与杨某签订房屋买卖合同,中介公司促成了单某与杨某订立合同,双方形成了居间合同关系,单某理应向中介公司支付报酬。虽然三方签订的《房屋买卖经纪合同》因单某违约未能履行,但单某仍应按双方约定,向中介公司支付居间报酬。单某所述中介公司在其签订合同前未如实告知其所购房屋属央产房屋的抗辩理由不能成立。鉴于中介公司未为单某提供办理购房贷款和过户手续的相关服务，故对中介公司要求单某支付权证过户费、贷款服务费的请求，法院不予支持。**近年来北京央产房交易案例三篇**：(1)2007 年 5 月，王某将其房屋作价 76 万元售予林某，林某付款后入住。后王某称该房系中科公司提供的央产房，在未取得房屋产权证前不能出售，王某目前尚未取得房屋产权证且在出售房屋前须取得中科实业集团公司的同意，并提供了中科公司证明，主张合同无效，要求林某返还房屋。法院认为：根据《中央在京单位已购有住公房上市出售管理办法》第 6 条规定，当事人出售前应先填写《中央在京单位已购公有住房上市出售登记表》，并提交与原产权单位签订的公有住房买卖合同。案涉房屋买卖合同系双方真实意思表示，不违反相关法律规定，故合法有效。王某并无充分证据证明该房屋产权证不可办理或不能办理上市交易，王某以此要求解除合同，缺乏法律依据。尽管在出卖诉争房屋前未征得原产权单位同意，但并不表示原产权单位不同意上市交易，亦不影响双方当事人签订的合同效力。故王某以央产房未取得产权证及未征得原产权单位同意为由主张合同无效，于法无据，应予驳回。(2)张某售房与李某。因诉争房屋系某科研机构的央产房，原产权单位出具不同意出售的证明。法院认为：根据《中央在京单位已购公有住房上市出售管理办法》第 8 条规定，涉及国家安全、保密的特殊部门的住房，党政机关、科研部门及大专院校等单位在机关办公、教学、科研区内的住房，原产权单位认为不宜公开上市出售的，应报交易办公室备案，并在职工住房档案中注记。该类住房可按规定向原产权单位腾退，也可在原产权单位职工范围内进行交易。另《合同法》第 110 条规定，当事人一方不履行非金钱债务或者履行非金钱债务不符合约定的，对方可以要求履行，但法律上或者事实上不能履行的除外。本案诉争房屋为科研部门的央产房，上市交易需要原产权单位的同意，原产权单位认为不宜公开上市的，不能上市交易。故本案诉争房屋无法上市，房屋买卖合同客观不能履行，依法应予解除。(3)2010 年 4 月，赵某通过房产中介，购买杨某房屋。赵某诉请过户诉讼中，国土资源部机关服务局房地产管理处于 2010 年 7 月 21 日出具证明一份，证明案涉房屋"由原地矿部副部级干部购买。按照 2000 年国务院机关事务管理局和中共中央直属机关事务管理局关于《在京中央和国家机关部级干部住房制度改革实施意见》，部级干部购买的公有住房，暂不得上市交易。"法院遂判决驳回赵某要求过户的诉讼请求。随后赵某起诉要求杨某与链家公司承担连带违约责任。法院认为：《中央在京单位已购公有住房上市出售管理办法》第 15 条规定，本办法不含部级干部住房上市出售。可见，我国部级干部住房目前仍不具备上市交易条件。本案中，诉争房屋为部级干部央产房，故不能上市交易，因此法院驳回赵女士要求继续履行合同的诉讼请求。杨某作为诉争房屋的所有权人，应当知道房屋的权属性质，应当严格按照国家政策规定出售房屋。杨某因未能尽到谨慎的审查义务，导致合同无法履行，杨某应当承担违约责任。而房地产中介公司作为房屋买卖的专业性机构,应该知道特殊房产上市交易的条件及相关手续,在签订房屋买卖合同前,应尽到相应的审查义务,并敦促当事人向原产权单位提出申请或取得同意,但中介公司并未尽到专业的服务责任,法院判决其承担连带赔偿责任。

【同类案件处理要点】

当事人就原产权单位禁止或限制出售的央产房签订房屋买卖合同,并在嗣后无法办理上市交易或办理产权证,一方诉请解除合同的,应予支持。

【相关法律风险提示】

1. 当事人买卖二手房时应注意房屋权属性质,涉及央产房买卖,须按国家政策规定履行相关手续,否则将造成合同履行上的障碍甚至合同目的落空。央产房履行相关上市审批手续后可以交易,但卖方在签约时有义务对房屋性质告知。买方因可以克服的障碍而终止履行合同,可能被视为违约。

2. 央产房不同于普通商品房,具有特殊性。产权人并不具有完全的房屋产权,表现在相关政策或法规对产权人处分权的限制。央产房过户交易手续复杂,所历时间长,订约时要有所考虑。央产房过户时间的拖延导致房价的变化,在一方反悔的情况下,诉请合同解除,极易被法院判决支持。合同解除后,买方只就相关损失向卖方提起索赔诉讼。

3. 买卖央产房,应事先核实该房屋能否出售,原产权单位是否有房屋处分时的同意条款或限制要求。根据《中央在京单位已购公有住房上市出售管理办法》第8条规定,不能上市交易的央产房有以下几种:(1)凡属超标而未经处理的住房,须经原产权单位按规定能够超标处理后方可上市出售;(2)按房改政策规定属不可售住房但已向职工出售的;(3)涉及国家安全、保密的特殊部门的住房,党政机关、科研部门及大专院校等单位在机关办公、教学、科研区内的住房,原产权单位认为不宜公开上市出售的,应报交易办公室备案,并在职工住房档案中注记;(4)法律、法规规定的其他不得上市出售的已购公房或与原产权单位有特殊约定的已购公房(规定能够住满5年内容的除外),应按法律、法规规定或与原产权单位的约定执行。此外,部级干部住房并不能上市交易。

4. 对于通过中介买卖央产房的,应在居间合同中明确约定中介公司责任义务,对于特殊的央产房相关政策规定,中介作为专业机构,应事先明确告知。当事人应尽量避免先签央产房买卖合同和居间合同,再去填写《中央在京单位已购公有住房上市出售登记表》,否则易导致一旦央产房不能上市交易,合同履行受阻,必然一方当事人利益受损,进退两难。

5. 央产房屋登记产权人未经共同权利人允许,擅自出卖房屋导致与第三人交易无法继续履行的,出卖人应赔偿第三人信赖利益损失。

6. 房屋出卖人隐瞒房屋所有权人已去世的影响合同订立重要事实,导致合同不成立的,出卖人应赔偿买受人信赖利益损失。

【附注】

参考案例索引:北京二中院(2010)二中民终字第 1164 号"宋某与邵某房屋买卖合同纠纷案";北京一中院(2014)一中民再终字第 07894 号　"孔某与赵某等房屋买卖合同纠纷案",见《缔约过失责任的认定及赔偿范围的确定——孔某诉赵某、北京链家房地产经纪有限公司房屋买卖合同纠纷案》(孙锋,北京一中院审监庭),载《审判监督指导·地方法院案例评注》(201603/57:119);北京朝阳区法院(2010)朝民初字第 23441 号"武某与叶某等房屋买卖合同纠纷案",见《武春梅诉叶完秀、江玲房屋买卖合同案(信赖利益损失之赔偿范围)》(叶永尧),载《中国审判案例要览》(2011 民:174);北京一中院(2008)一中民终字第 6694 号"单某与某中介公司居间合同纠纷案";案例三篇,见光明网:央产房买卖知多少(夏根辉)。

92. 军产房:过户之障碍

——难办房产证,究竟谁之过?

【合同履行】

【案情简介及争议焦点】

1989 年,宾馆与解放军总后勤部下属开发公司签订《合建房协议》,约定开发公司提供土地使用权并拥有所建房使用权,宾馆拥有产权。1991 年,维修厂与开发公司签订购房合同,考虑到军产性质,约定"政策允许的情况下办理产权证",诉争房 1992 年分配给维修厂职工黄某居住,2003 年经内部房改归黄某长期使用。现黄某和维修厂以总后勤部 1999 年就发文批复同意该房在内的房地产办理军转民手续,而宾馆、开发公司一直未予办理,起诉要求办理产权证并赔偿房款利息损失。

争议焦点:1. 被告办理产权证条件是否成就? 2. 可以请求损失赔偿吗?

【裁判要点】

1. 约定办理产权证条件并未成就。维修厂与开发公司所签购房合同约定开发公司办理产权证是附条件的,即政策允许的情况下办理。因宾馆与开发公司签订的《合建房协议》约定合建房建成后开发公司只有涉讼房屋所在楼房的使用权,产权归宾馆,开发公司现非涉讼房屋产权人,其无处分房产权,且维修厂及黄某知晓涉讼房屋属于军产,黄某只享有涉讼房屋长期使用权,现黄某无证据证明现权属单位同意为黄某办理产权证,故黄某现要求三被告办理涉讼房屋产权证尚未具备条件,不予支持。

2. 黄某诉请赔偿经济损失无依据。因维修厂与开发公司约定附条件办理产权证,且未约定办证时间,故黄某要求开发公司赔偿延迟办理房产证的经济损失没有依据,不予支持。

【裁判依据或参考】

1. 法律法规。《民法典》(2021 年 1 月 1 日)第 465 条:“依法成立的合同,受法律保护。依法成立的合同,仅对当事人具有法律约束力,但是法律另有规定的除外。”第 563 条:“有下列情形之一的,当事人可以解除合同:(一)因不可抗力致使不能实现合同目的;(二)在履行期限届满前,当事人一方明确表示或者以自己的行为表明不履行主要债务;(三)当事人一方迟延履行主要债务,经催告后在合理期限内仍未履行;(四)当事人一方迟延履行债务或者有其他违约行为致使不能实现合同目的;(五)法律规定的其他情形。以持续履行的债务为内容的不定期合同,当事人可以随时解除合同,但是应当在合理期限之前通知对方。”第 593 条:“当事人一方因第三人的原因造成违约的,应当依法向对方承担违约责任。当事人一方和第三人之间的纠纷,依照法律规定或者按照约定处理。”《物权法》(2007 年 10 月 1 日,已于 2021 年 1 月 1 日起失效)第 15 条:“当事人之间订立有关设立、变更、转让和消灭不动产物权的合同,除法律另有规定或者合同另有约定外,自合同成立时生效;未办理物权登记的,不影响合同效力。”国务院办公厅、中央军委办公厅《关于印发〈军队转业干部住房保障办法〉的通知》(2000 年 9 月 8 日 国办发〔2000〕62 号)第 7 条:“购买军产住房。租住售房区军产住房的军队转业干部,本人及其配偶无其他住房的,可按军队现有住房出售管理的有关规定购买现有住房。”第 20 条:“1999 年及其以前批准转业的军队干部,按照国家和安置地人民政府的有关规定参加房改,享受接收安置单位与其军队职务等级相当或同等条件人员购买、租住、自建住房和住房货币分配等各项住房待遇,军龄计为所在单位连续工作时间。租住军产住房的,可以按军队有关规定购买现有住房。”国务院办公厅、中央军委办公厅《关于地方、军队密切配合搞好军队房地产清查整顿工作的通知》(1991 年 8 月 22 日)第 2 条:“……地方政府及有关部门要动员在地方已安排相应住房的人员,退出住用的军队房屋。对私自转让或拒绝退出军队住房的,政府及有关部门应协助部队收回。”第4条：“切实纠正军队一些单位擅自处理军队房地产的问题。军队房地产的权属统归中央军委和总部。处理军队房地产必须按《中国人民解放军房地产管理条例》规定的审批权限履行报批手续，否则均属擅自处理。军队单位违反条例规定签订的处理军队房地产的合同、协议，这次清查整顿中要区别情况予以纠正，有的要收回，有的要补办手续。涉及地方的，军队应和地方互相协商，妥善处理。各级政府及有关部门要给予大方支持，并协同做好善后工作。”

2. 司法解释。最高人民法院**《关于军事法院管辖民事案件若干问题的规定（2020年修正）》**（2012年8月28日　法释〔2012〕11号，2020年12月29日修订，2021年1月1日起实施）第1条：“下列民事案件，由军事法院管辖：（一）双方当事人均为军人或者军队单位的案件，但法律另有规定的除外；（二）涉及机密级以上军事秘密的案件；（三）军队设立选举委员会的选民资格案件；（四）认定营区内无主财产案件。”第2条：“下列民事案件，地方当事人向军事法院提起诉讼或者提出申请的，军事法院应当受理：（一）军人或者军队单位执行职务过程中造成他人损害的侵权责任纠纷案件；（二）当事人一方为军人或者军队单位，侵权行为发生在营区内的侵权责任纠纷案件；（三）当事人一方为军人的婚姻家庭纠纷案件；（四）民事诉讼法第三十三条规定的不动产所在地、港口所在地、被继承人死亡时住所地或者主要遗产所在地在营区内，且当事人一方为军人或者军队单位的案件；（五）申请宣告军人失踪或者死亡的案件；（六）申请认定军人无民事行为能力或者限制民事行为能力的案件。”第3条：“当事人一方是军人或者军队单位，且合同履行地或者标的物所在地在营区内的合同纠纷，当事人书面约定由军事法院管辖，不违反法律关于级别管辖、专属管辖和专门管辖规定的，可以由军事法院管辖。”第5条：“军事法院发现受理的民事案件属于地方人民法院管辖的，应当移送有管辖权的地方人民法院，受移送的地方人民法院应当受理。地方人民法院认为受移送的案件不属于本院管辖的，应当报请上级地方人民法院处理，不得再自行移送。地方人民法院发现受理的民事案件属于军事法院管辖的，参照前款规定办理。”第8条：“本规定所称军人是指中国人民解放军的现役军官、文职干部、士兵及具有军籍的学员，中国人民武装警察部队的现役警官、文职干部、士兵及具有军籍的学员。军队中的文职人员、非现役公勤人员、正式职工，由军队管理的离退休人员，参照军人确定管辖。军队单位是指中国人民解放军现役部队和预备役部队、中国人民武装警察部队及其编制内的企业事业单位。营区是指由军队管理使用的区域，包括军事禁区、军事管理区。”最高人民法院**《关于进一步加强人民法院涉军案件审判工作的通知》**（2010年7月28日　法〔2010〕254号）第6条：“依法确定涉军案件范围。涉军案件是指人民法院受理的以军队单位和军人军属为一方当事人的刑事、民事、行政等案件。

军队单位是指中国人民解放军现役部队和预备役部队、中国人民武装警察部队及其编制内的企业事业单位。军人是指现役军(警)官、文职干部、士兵及具有军籍的学员。军队中的文职人员、非现役工勤人员、在编职工,由军队管理的离退休人员,以及执行军事任务的预备役人员和其他人员,按军人对待。军属是指军人的配偶、子女、父母以及其他与军人有法定扶养关系的亲属。"最高人民法院研究室**《关于人民法院是否受理涉及军队房地产腾退、拆迁安置纠纷案件的答复》**(2003 年 8 月 8 日　法研〔2003〕123 号):"根据最高人民法院 1992 年 11 月 25 日下发的《最高人民法院关于房地产案件受理问题的通知》的精神,因涉及军队房地产腾退、拆迁安置而引起的纠纷,不属于人民法院主管工作的范围,当事人为此而提起诉讼的,人民法院应当依法不予受理或驳回起诉,并可告知其向有关部门申请解决。"最高人民法院**《关于中国人民解放军北京军区房地产管理局请求法院受理军队家属住房清退案有关问题请示的复函》**(2002 年 7 月 2 日　〔2002〕民立他字第 8 号):"军队转业人员、遗属及退休干部子女与军队单位之间因部队住房清退而发生的纠纷,在双方没有达成住房清退协议的情况下,属于军队和地方在干部转业、死亡以及离退休干部移交地方管理过程中历史遗留问题,中国人民解放军北京军区房地产管理局所采取的住房清退和借房安置的具体办法具有军队行政管理性质。依据我院 1991 年 1 月 30 日《关于军队离退休干部腾退军产房纠纷法院是否受理的复函》的精神,此类纠纷应由军队和地方通过行政手段解决,人民法院不宜受理。"最高人民法院**《关于中国人民解放军北京军区空军司令部诉吕全修等人腾退军产房是否受理的答复意见》**(2002 年 7 月 1 日　〔2002〕民立他字第 7 号):"……本案中吕全修与中国人民解放军北京军区空军司令部(简称司令部)在签订腾房协议时,已经退休并转入地方,此时吕全修与司令部之间已经不存在行政隶属关系,是平等民事主体之间的合同关系。因此,司令部要求吕全修及其子女腾房符合《中华人民共和国民事诉讼法》第一百零八条的规定,人民法院应予以受理。"最高人民法院**《关于吴连胜等诉烟台市房地产管理局房屋典当回赎一案如何处理的复函》**(1993 年 2 月 16 日　〔1992〕民他字第 48 号)第 1 条:"1952 年,原承典房屋的孤女学道院与烟台市盲哑学校合并,承典的房屋遂由该学校管理使用。同年,烟台市盲哑学校原校址(不包括讼争之房)由政府部门划归海军防区。盲哑学校迁走后,该承典房由海军 407 医院管理使用至今。据此,我们同意你院审判委员会的倾向性意见,即:烟台市盲哑学校由于与孤女学道院合并所承受的典当合同的权利义务,并未因海军 407 医院对该承典房的管理使用而发生变更或解除。烟台市盲哑学校应为本案的被告,海军 407 医院为第三人。"最高人民法院**《关于军队离退休干部腾退军产房纠纷法院是否受理的复函》**(1991 年 1 月 30 日):"……因军队离退休干部安置、腾迁、对换住房等而发生的纠纷,属于军队离退休干部转由地方安置管理工作中的遗留问题，由军队和地方政府通过行政手段解决为妥。故我们同意你院审判委员会的倾向性意见，即此类纠纷人民法院不宜受理。”

3. 部门规范性文件。建设部、解放军总后勤部《**关于军队住房制度改革中有关问题的通知**》（2001 年 5 月 25 日　建房改〔2001〕107 号）第 3 条：“军队单位向地方有偿转让军用土地（含合建、换建）的项目，必须报经总后勤部批准并办理《军用土地补办出让手续许可证》（以下简称《许可证》）。已经总后勤部批准但未办理《许可证》的项目，地方分得的住房可按规定向住户出售，办理职工个人住房产权登记手续，所收售房款封存在住房资金管理机构，待缴纳土地转让费、领取《许可证》后，地方政府有关部门凭军队单位出示的《许可证》，再行办理土地过户手续和解冻售房款……”中央军委《**中国人民解放军房地产管理条例**》（2000 年 6 月 26 日〔2000〕军字第 26 号）第 3 条：“军队房地产的权属归中央军委，其土地使用权和建筑物、构筑物以及其他附着物的所有权，由总后勤部代表行使……”第 14 条：“军用土地转让实行许可证制度。经批准转让军用土地的军队单位，必须按照有关规定，申领军用土地转让许可证，并到当地县级以上地方人民政府办理土地转让手续。”第 36 条：“军队房地产使用管理单位必须依据有关规定，到房地产所在地县级以上地方人民政府办理房地产登记手续，领取土地使用权、房屋所有权证书。”第 44 条：“有偿转让军队房地产（含合建、换建、兑换，下同），由总后勤部审批。有偿转让的军队房地产必须经过具有法定资格的评估机构进行价格评估，转让价格不得低于当地人民政府确定的最低价。国家建设项目和地方人民政府实施城市建设发展规划确需占用军队房地产的，按照有关规定，根据被占用房地产的价值获取补偿。”第 48 条：“军用土地使用权和房屋所有权经批准向军外转移的，军队房地产使用管理单位必须到房地产所在地县级以上地方人民政府办理变更登记手续。”总参谋部、总政治部、总后勤部《**军用土地使用权转让管理暂行规定**》（1995 年 5 月 18 日）第 9 条：“转让军用土地使用权，其地上建筑物、其他附着物所有权随之转让；转让地上建筑物、其他附着物所有权，其使用范围内的土地使用权随之转让。”第 12 条：“转让军用土地使用权，不论数量多少，一律报总后勤部审批。其中涉及军事设施安全保密，影响军事设施使用效能或妨碍军事活动正常进行的，报总参谋部、总后勤部审批；向外商、港澳台商转让军用土地，报中央军委审批。地上附着物为军事设施的，按军事设施保护法和总部有关规定办理。”民政部、财政部、总政治部《**关于印发〈移交政府安置的军队离休退休干部住房制度改革实施办法〉的通知**》（1994 年 6 月 30 日　民安发〔1994〕19 号）第 2 条：“军队离休退休干部住房（含退休志愿兵住房，下同）和附属建筑产权的归属，原则上按照建房计划和投资来源划分。列入军队离休退休干部安置住房建设计划且由中央财政投资的住房，其产权属于中央所有；其他的住房，按投资来源确定产权归属。”财政部、国家土地管理局、中国人民解放军总后勤部**《关于军队有偿转让空余军用土地有关问题的通知》**(1993年7月7日　财综字〔1993〕159号,已于2011年2月21日起失效)第1条:“开发利用军用空余土地,要以不影响军队建设需要和保守国家军事机密为前提,有领导、有组织、有计划地进行。转让空余军用土地,不论数量多少,均应报经总后勤部批准。凡转让土地的团(含)以下单位,今后除调防、扩编等特殊情况外,一般不再申请划拨土地。如确实需要,由军队、地方土地管理部门协调解决。”第2条:“军队依法转让、出租土地使用权,包括以土地使用权为条件与地方合建、换建房屋,兴办合资合作企业,出售、出租地上建筑物、其他附着物等,用地单位需持解放军土地管理局制发的《军用土地补办出让手续许可证》(式样略),按照国家有关规定,到当地县级以上土地管理部门补办土地使用权出让手续,办理土地变更登记。在补办土地出让手续时免交土地出让金。”中国人民解放军总参谋部、总政治部、总后勤部**《关于利用军队房地产开发经营有关问题的通知》**(1992年11月2日)第4条:“严格军队房地产开发经营的审批手续。凡利用军队房地产进行开发经营的,均应按《中国人民解放军房地产管理条例》《军队与地方换建、合建房屋管理规定》和《军队房地产经营管理规定》等有关文件,严格办理审批手续,严禁任何单位和部门越权审批或不经批准擅自搞开发经营。凡开发利用军队房地产,不论数量多少,一律报总后勤部审批;如涉及到军事设施安全保密、影响军事设施使用效能或妨碍军事活动正常进行的,报总参谋部、总后勤部审批;房产产权和土地使用权转让给外商的,报中央军委审批。”中国人民解放军总后勤部**《军队房地产开发管理暂行规定》**(1992年10月30日)第2条:“本规定所称房地产开发,是指:土地的开发,各类房屋及设施的开发,以经营为目的的房地产换建、合建,以及开发后的土地使用权有偿有限期转让、出租,房屋及设施的出售、出租,利用开发的房地产开办各类经济实体等。”第15条:“利用军队房地产开发,不论数量多少,一律报总后勤部审批;涉及军事设施安全保密、影响军事设施使用效能或妨碍军事活动正常进行的,报总参谋部、总后勤部审批;房产产权和土地使用权转让给外商的,报中央军委审批。”总参谋部、总后勤部**《中国人民解放军地籍管理办法》**(1992年8月18日)第18条:“军队领取国有土地使用证的单位名称,应填写团以上单位的部队代号,地址填写宗地所在地名称。”中央军委**《关于印发〈军队住房制度改革实施方案〉的通知》**(1992年7月1日)第3条有条件地出售军产住房:“(一)近期出售的军产住房仅限于主营区以外的零散院落和干休所。上述住房中列入改造规划的、产权尚未确认的、具有历史纪念意义的和非单元式楼房、简易住房、危破房以及各大单位认为不宜出售的住房,均暂不出售。(二)凡配偶在当地城镇有正式户口(含军人),经组织批准可分配住房的人员,均可申请购买本人职级面积标准以内的住房,并按规定给予优惠。地方住户和由地方负责安置住房的离退休人员,不能购买军产住房。(三)售房标准价由各单位照参驻在地的省、自治区、直辖市人民政府批准的同等住房的价格进行评估，报大单位后勤部审批后执行，并报总后勤部备案。（四）出售的军产住房产权属部分产权。购房者取得产权证书后，享有住房的使用权，并可以合法继承，但不得出租、抵押和赠与。（五）购房者付清房款五年后，允许出售住房，由原产权管理单位收购。售房增值部分，本人可按原付房价所占标准房价比例分成。工作调动或退役时，可提前出售。因军内调动出售住房的，在调入单位购房仍可享受优惠。”建设部房地产业司、中国人民解放军总后勤部基建营房部**《关于印发〈城镇驻军营房产权转移和房屋现状变更登记实施细则〉的通知》**（1992 年 4 月 1 日 〔1992〕建房管字第 18 号 〔1992〕营房字第 76 号）第 5 条：“因房屋所有权转移需进行变更登记的，由军内外交接单位共同携带上级批件和‘房屋所有权证’等有关资料，到当地房地产管理部门办理房屋所有权转移登记手续。对整座房屋产权转移的，军队住用单位将原‘房屋所有权证’交给房地产管理部门，办理产权转移手续，其他房产资料不作移交；对非整座房屋产权转移的，由房地产管理部门按实际移交范围进行分割，换发新的‘房屋所有权证’，其他资料也不作移交。”建设部、国家工商局、国家物价局、解放军总后勤部**《军队利用房地产开展经营活动的规定》**（1991 年 2 月 19 日 〔1991〕后营字第 87 号）第 2 条：“军队房地产在保证战备和部队住用需要并保守军事秘密的前提下，可以利用空余房地产依法开展经营活动，包括房屋（含各类仓库）、设施、场地的出租（代储），房屋的价让（出售），房地产的换建、互换，土地使用权的有偿转让，合资建房，利用房地产自办或合办经济实体，以及其他经营活动。军队利用房地产开展经营活动，可以面向社会，有条件的也可以依法开展涉外经营。”总参谋部、总政治部、总后勤部**《中国人民解放军土地使用管理规定》**（1991 年 1 月 31 日）第 13 条：“军内改变土地用途的，不论数量多少，均按下列规定办理：（一）改变国防工程设施区内土地用途的，报总参谋部、总后勤部批准。（二）改变营区、库区、工厂用地和农场、马场内耕地用途时，不涉及部署调整的，报总后勤部批准；涉及部队部署调整的，报总参谋部、总后勤部批准。（三）改变其他土地用途的，由各大单位后勤部批准，报总后勤部备案。（四）改变土地用途时，不得危及或妨碍军事设施的安全保密和使用。”第 14 条：“利用空余场地从事开发经营业务的，按国家和军队房地产开发、经营有关规定执行。”建设部房地产业司**《关于人武部改军分区房屋所有权登记等问题的通知》**（1989 年 10 月 12 日 〔1989〕建房管字第 81 号）：“按中央军委、国务院 1979 年 3 月 24 日国发 79 号文件关于《批转总后勤部〈关于军队退还占用地方房屋和处理产权纠纷问题的意见〉》中‘整建制改变隶属关系的单位，其所住用的房地产应随之改变，军队单位改属地方单位的房地产为公产，地方单位改属军队的房地产为军产’的规定，人武部改为军分区，其使用的房地产应为军产，按军产予以登记。属于此种情况的军分区和所在市首先办理正式调拨手续,但如原人武部用房涉及代管、落实政策等问题时,应按1988年7月18日国务院、中央军委国发〔1988〕46号文件《关于妥善处理军队与地方部分房地产权属问题的通知》中有关规定办理。据查,一些地方未按建设部和总后勤部〔1988〕建房字第85号文件关于'军队房产以座落、门牌为单位,到所在市、县政府统一办理登记'的要求办理军产登记,而是分散到各区县办理,按幢或按证发放产权证。请各地务必按文件集中登记、按座发证的要求认真执行。"建设部房地产业司**《关于中国人民武装警察部队在房屋所有权登记工作中执行中国人民解放军登记发证办法的通知》**(1989年8月21日 〔1989〕建房管字第69号):"根据中共中央中发〔1982〕30号文件《关于人民武装警察部队管理体制问题的请示报告》的通知中关于'人民武装警察部队及各级领导机关实行义务兵和志愿兵相结合的制度,执行解放军的条令、条例和供应标准,享受解放军的同等待遇'的规定精神。在房屋所有权登记工作中,武警部队应实行与解放军一样的办法,即按中华人民共和国建设部、中国人民解放军总后勤部〔1988〕建房字第85号、〔1988〕后营字第452号文《关于城镇驻军营房产权登记发证工作的通知》中的规定办理。登记费用即按:'除工本费按规定照交外,房屋登记费、勘察复丈费按五分之一收取。'武警部队按支队以上单位进行登记。请各地登记发证机关积极、主动与驻地武警部队联系,开展登记发证工作。"

4. 地方司法性文件。江苏高院**《关于审理房地产合同纠纷案件若干问题的解答》**(2018年6月26日 审委会会议纪要〔2018〕3号)第56条:"部队停止有偿服务引发的租赁纠纷如何处理?《军队房地产租赁合同》约定国家和军队政策调整造成合同无法履行,双方互不承担责任的,按照约定处理。租赁合同没有约定的,部队主张适用情事变更的,人民法院经审查符合《最高人民法院关于适用〈中华人民共和国合同法〉若干问题的解释(二)》第二十六条规定的,予以支持。"

5. 地方规范性文件。上海市房管局、房产登记发证办公室**《关于印发〈关于房屋产权确认中几个涉及政策性问题的处理意见〉的通知》**(1991年1月7日 沪房〔91〕权字发第8号)第4条:"部队等单位房产产权确认。1. 房管部门调配给部队等单位免租使用的房屋,按建设部89建房字第512号《关于城镇房屋所有权登记中几个涉及政策性问题的原则意见》文中第一条第六款的规定办理。凡属公有房屋,则由房管部门申请登记,并予以确权;凡属代管、代经、尚未落实政策的房屋,由房管部门清理造册。2. 部队等单位在免租使用或租用的直管公房、代管、代经、尚未落实政策的房屋园地、基地或在向房管部门租用的公地上建造的房屋,凡经建管部门批准的,产权归部队等单位所有,由部队等单位登记,并予以确权。凡无建筑执照的,按照沪房89监字发第77号《关于本市房屋产权登记涉及违章建筑的处理意见》的有关规定处理。3. 部队等单位拆除直管公房、代管、代经、尚未落实政策的房屋后新建的房屋，凡已按规定作了补偿的，新建房屋产权归部队等单位所有，由部队等单位申请登记，并予以确权；未作补偿的，待协商达成协议后再登记。4. 部队等单位在免租使用或租用的直管公房上的零星增搭建房屋，产权归房管部门所有，由房管部门连同直管公房一并申请登记，并予以确权；在免租使用或租用的直管公房上的整批加层房屋，其产权归属，由部队等单位和房管部门协商后确定；在免租使用或租用的代管、代经、尚未落实政策的房屋上的加层、增搭建房屋，由房管部门清理造册。”

6. 参考案例。2002 年**北京某房产清退纠纷案**，2001 年，军区房地产管理局就其与转业军人及家属住房清退纠纷向法院起诉。法院认为：军队转业人员、遗属及退休干部子女与军队单位之间因部队住房清退而发生的纠纷，在双方未达成住房清退协议情况下，属于军队和地方在干部转业、死亡以及离退休干部移交地方管理过程中历史遗留问题，军区房地产管理局所采取的住房清退和借房安置的具体办法具有军队行政管理性质。依最高人民法院《关于军队离退休干部腾退军产房纠纷法院是否受理的复函》（1991 年 1 月 30 日）精神，此类纠纷应由军队和地方通过行政手段解决，法院不宜受理。2002 年**北京某房产清退纠纷案**，1998 年，司令部与退休并转入地方的吕某签订协议，约定吕某将军产房退还司令部，司令部为其安置地方用房。因吕某拒绝按协议腾房，司令部向法院起诉。法院认为：本案中，吕某与司令部签订协议时已退休并转入地方，此时吕某与司令部之间已不存在行政隶属关系，系平等民事主体之间合同关系。在司令部履行了该协议而吕某不予全部履行情况下，司令部起诉要求吕某全面履行协议，符合《民事诉讼法》规定的受理起诉条件。至于司令部与吕某签订协议且司令部履行该协议约定义务之后，吕某子女对司令部房屋占用属平等民事主体之间的房屋侵占纠纷，法院更无不予受理理由。最高人民法院《关于军队离退休干部腾退军产房纠纷法院是否受理的复函》（1991 年 1 月 30 日）适用于双方没有协议的具有军队行政管理性质的内部腾房。在已经过平等协商并达成协议情况下，双方因履行该协议而发生的纠纷，已不再属于历史遗留问题，不再属于具有军队行政管理性质的纠纷，而是属于平等主体之间的纠纷，不应适用前述批复规定，故对本案司令部起诉，法院应依法受理。2009 年 5 月**云南某房屋买卖合同案**，1996 年，武警部队将本属政府划拨给消防中队的部分菜地及两栋石棉瓦房以 2 万元价格转让给刘某，后被消防中队起诉，法院判决刘某拆除建筑物并返还土地。刘某遂诉武警部队返还转让款及赔偿损失。法院认为：刘某与武警部队签订的转让石棉瓦房的协议明确约定武警部队将石棉瓦房及周围空地一并转让给刘某，并约定房价款 2 万元，因武警部队不享有该地使用权，该土地使用权的移转无效，但依《物权法》第 15 条规定，本案关于石棉瓦房的转让自合同成立时起即生效，并不因该房是否具有物权登记而影响效力。因刘某对案涉石棉瓦房进行了修缮,故刘某故而存在破旧石棉瓦房的转让费损失2万元及该房修缮部分灭失的经济损失6000余元应由武警部队赔偿。2005年10月**辽宁某房屋买卖合同案**,法院认为:孙某经路某居间介绍,与他人签订了房屋买卖协议。因路某未向孙某释明所购房屋系军产性质,不能办理产权交易的情形,致使孙某在合同订立后不能办理房屋产权过户,合同目的未能实现,路某应将收取的中介费返还孙某。因路某是以房产中介名义进行的居间活动,其在中介活动中所负民事责任应由房产中介承担,故判决房产中介退还1000元中介费。孙某购房行为不属于《消费者权益保护法》调整范围,其主张中介机构在退还中介费1000元后另行赔偿1000元,因无法律依据,不予支持。2003年**山西某行政诉讼案**,法院认为:涉案宗地原是66389部队的工厂用地,属于军用土地。依据《中国人民解放军房地产管理条例》第14条第1款"军用土地转让实施许可证制度",第44条"有偿转让军队房地产,由总后勤部审批",财政部、原国家土地管理局、总后勤部《关于军队有偿转让空余军用土地有关问题的通知》等规定,用地单位需持解放军土地管理局制发的《军用土地补办出让手续许可证》,按照国家有关规定,到当地县级以上土地管理部门补办土地使用权出让手续,办理土地变更登记。第三人汽配公司申领该宗土地的使用权权证时应提交此许可证;被告市政府在汽配公司未提交此许可证的情况下为其核发国有土地使用证,依据不足,故66389部队起诉市政府要求撤销已颁发给第三人汽配公司的《国有土地使用证》应予支持。2001年11月**甘肃某联建合同案**,法院认为:案涉联建工程用地系无偿划拨的军用土地。军区政治部和开发公司利用划拨土地协议进行联建开发,未依法办理土地使用权变更登记手续,未报有关部门审批,未交纳土地使用权出让金,违反了《中国人民解放军房地产管理条例》和《中华人民共和国城镇国有土地使用权出让和转让暂行条例》的规定。故该协议是规避法律、损害国家利益的行为,是无效合同。对此,军区政治部应负主要过错责任。军区政治部向开发公司收取的利润款及开发公司的工程垫付款应由军区政治部返还给开发公司并赔偿因此给开发公司造成的损失,开发公司销售房屋所得房款应返还给军区政治部。1997年5月**辽宁某房屋租赁合同案**,法院认为:军事法规虽是《中国人民解放军立法程序暂行条例》和《国防法》确定的一种具有普遍约束力的规范性文件,但其却只对军队和军人发生效力,而对其他组织和公民不产生效力。本案涉及的《军队利用房地产开展经营活动的规定》是解放军总后勤部发布的军事规章,其效力更不及军事法规。依照《军队利用房地产开展经营活动的规定》的有关规定,陈某应持租赁合同到军队房管处申领《中国人民解放军利用房地产开展经营活动许可证》后方能生产。陈某违反此规定未申领许可证,但事后军队房管处知道亦未表示反对,且陈某和被告81865部队所属60分队签订的房屋租赁协议未违反法律和行政法规的禁止性或强行性规定,仅一般违反行政管理性规定,合同标的物也不属于限制流通物品，参照《全国经济审判工作座谈会纪要》精神，可按违反有关行政管理规定进行处理，而不因此确认合同无效。

【同类案件处理要点】

转让军队房产未办理相关审批手续导致买受人无法取得房屋所有权的，买受人以合同目的无法实现请求解除合同的，应予支持。

【相关法律风险提示】

1. 军产房一般依附的土地性质系划拨的军事用地，个人拥有的仅为房屋及土地的使用权。转让军产权又未办理土地使用权性质、用途变更手续，存在合同无效的风险。

2. 军产房买卖合同未办理相关手续，实践中存在合同无效或合同解除的两种诉讼结果可能，相应的违约责任和损失赔偿请求亦会存在差别。

3. 从部队购买军产房改房，在原部队离退休房主仍拒绝腾迁的情况下，起诉到法院，依相关司法解释，存在法院不予受理的法律风险。

4. 军队转业人员、遗属及退休干部子女与军队单位之间因部队住房清退而发生的纠纷，应由军队和地方通过行政手段解决，法院不宜受理。

5. 军队与退休并转入地方人员腾房协议纠纷，因双方之间已不存在行政隶属关系，应属平等民事主体之间合同关系。

【附注】

参考案例索引：广东广州中院(2009)穗中法民五终字第1389号“黄某等与某开发公司房屋买卖合同纠纷案”；最高人民法院《关于中国人民解放军北京军区房地产管理局请求法院受理军队家属住房清退案有关问题请示的复函》(〔2002〕民立他字第8号　2002年7月2日)，载《立案工作指导·请示与答复》(200301/2:130)，另见《关于中国人民解放军北京军区房地产管理局请求法院受理军队家属住房清退案有关问题的请示与答复》(李伟，最高院立案庭)，载《立案工作指导·请示与答复》(200301/2:131)；最高人民法院《关于中国人民解放军北京军区空军司令部诉吕全修等人腾退军产房是否受理的答复意见》(〔2002〕民立他字第7号　2002年7月1日)，载《立案工作指导·请示与答复》(200301/2:134)，另见《关于中国人民解放军北京军区空军司令部诉吕全修等人腾退军产房是否受理的请示与答复》(李伟，最高院立案庭)，载《立案工作指导·请示与答复》(200301/2:135)；云南昆明中院(2009)昆民一终字第72号“某武警部队与刘某房屋买卖合同纠纷案”；辽宁沈阳中院(2005)沈民(1)合终字第243号“孙某与路某居间合同赔偿纠纷上诉案”;山西高院 2003 年判决“中国人民解放军 66389 部队诉太原市人民政府核发土地使用权证案”;最高人民法院(2001)民一终字第 57 号“中国人民解放军兰州军区政治部与某房地产开发有限公司联建合同纠纷案”;辽宁铁岭法院(1996)铁经重字第 5 号“陈某诉中国人民解放军 81865 部队等房屋租赁合同案”。

93. 出租房:优先购买权

——优先购买权,实际难实现?

【优先买受】

【案情简介及争议焦点】

2006 年,潘某与市场管理办公室签订 1 年期合同,期满后未续签,但潘某继续租赁该房使用。2009 年,市场管理办公室未通知潘某即出售给胡某,收取房款但未办过户。潘某以恶意串通诉请确认售房合同无效,并要求以同等条件实现其优先购买权。

争议焦点:1. 优先购买权性质是什么? 2. 潘某能否要求订立购房合同?

【裁判要点】

1. 侵犯优先购买权。根据《合同法》第 236 条“租赁期间届满,承租人继续使用租赁物,出租人没有提出异议的,原租赁合同继续有效,但租赁期限为不定期”的规定,双方之间的租赁关系合法有效。当市场管理办公室出卖潘某承租的房屋时,潘某享有优先购买的权利。市场管理办公室未向潘某履行告知义务的情况下,即将潘某承租的房屋出卖给胡某并收取房款的行为,侵害了潘某的优先购买权。

2. 售房合同的效力。对于潘某提出市场管理办公室与胡某恶意串通签订房屋买卖合同侵害其优先购买权的再审理由不予采纳,因未能提供证据证明胡某签订房屋买卖合同时明知或应知房屋已出租,双方有恶意签订合同的事实。最高人民法院《关于审理城镇房屋租赁合同纠纷案件具体应用法律若干问题的解释》第 21 条规定,承租人优先购买权受到侵害时依法享有损害赔偿请求权,但不享有确认房屋买卖合同无效请求权。故对于潘某要求确认市场管理办公室与胡某签订的房屋买卖合同为无效合同的诉请不予支持。市场管理办公室转让给胡某的房屋至今尚未办理房产过户手续,房屋所有权未发生转移,现潘某主张行使房屋优先购买权,要求同等条件下优先于胡某购买房屋。作为出卖人的市场管理办公室只能向其中一方履行,对另外一方必然会承担债务履行不能的责任,即对潘某承担损害赔偿责任,对胡某承担违约责任。根据民事活动意思自治原则,市场管理办公室如何履行完全取决于自己的意思表示,法院不能强制判决当事人按特定价格或特定对象进行买卖,故本院对于潘某要求市场管理办公室以与胡某签订的房屋买卖合同的同等条件将房屋买给潘某的诉讼请求亦不予支持。

【裁判依据或参考】

1. 法律规定。《**民法典**》(2021 年 1 月 1 日)第 726 条:“出租人出卖租赁房屋的,应当在出卖之前的合理期限内通知承租人,承租人享有以同等条件优先购买的权利;但是,房屋按份共有人行使优先购买权或者出租人将房屋出卖给近亲属的除外。出租人履行通知义务后,承租人在十五日内未明确表示购买的,视为承租人放弃优先购买权。”第 727 条:“出租人委托拍卖人拍卖租赁房屋的,应当在拍卖五日前通知承租人。承租人未参加拍卖的,视为放弃优先购买权。”第 728 条:“出租人未通知承租人或者有其他妨害承租人行使优先购买权情形的,承租人可以请求出租人承担赔偿责任。但是,出租人与第三人订立的房屋买卖合同的效力不受影响。”《**物权法**》(2007 年 10 月 1 日,已于 2021 年 1 月 1 日起失效)第 101 条:“按份共有人可以转让其享有的共有的不动产或者动产份额。其他共有人在同等条件下享有优先购买的权利。”第 106 条:“无处分权人将不动产或者动产转让给受让人的,所有权人有权追回;除法律另有规定外,符合下列情形的,受让人取得该不动产或者动产的所有权:(一)受让人受让该不动产或者动产时是善意的;(二)以合理的价格转让;(三)转让的不动产或者动产依照法律规定应当登记的已经登记,不需要登记的已经交付给受让人。受让人依照前款规定取得不动产或者动产的所有权的,原所有权人有权向无处分权人请求赔偿损失。当事人善意取得其他物权的,参照前两款规定。”《**合同法**》(1999 年 10 月 1 日)第 229 条:“租赁物在租赁期间发生所有权变动的,不影响租赁合同的效力。”第 230 条:“出租人出卖租赁房屋的,应当在出卖之前的合理期限内通知承租人,承租人享有以同等条件优先购买的权利。”

2. 司法解释或最高人民法院司法性意见。最高人民法院民一庭《**民事审判实务问答 010:出租人出卖租赁房屋未在合理期限内通知承租人,承租人能否以侵害其优先购买权为由主张出租人与第三人签订房屋买卖合同无效**》(2021 年 7 月):“问:出租人出卖租赁房屋未在合理期限内通知承租人,承租人能否以侵害其优先购买权为由主张出租人与第三人签订房屋买卖合同无效?答:《民法典》第七百二十六条规定:‘出租人出卖租赁房屋的,应当在出卖之前的合理期限内通知承租人,承租人享有以同等条件优先购买的权利；但是，房屋按份共有人行使优先购买权或者出租人将房屋出卖给近亲属的除外。出租人履行通知义务后，承租人在十五日内未明确表示购买的，视为承租人放弃优先购买权。'最高人民法院《关于贯彻执行〈中华人民共和国民法通则〉若干问题的意见（试行）》（已废止）第一百一十八条曾规定，'出租人出卖出租房屋，应提前三个月通知承租人，承租人在同等条件下，享有优先购买权；出租人未按此规定出卖房屋的，承租人可以请求人民法院宣告该房屋买卖无效'，但此条规定已被最高人民法院《关于废止2007年底以前发布的有关司法解释（第七批）的决定》所废止。我们认为，基于合同相对性原则，出租人与第三人签订的房屋买卖合同效力应当依照《民法典》等相关法律有关合同效力的规定判断。对此，《民法典》第二百一十五条规定，'当事人之间订立有关设立、变更、转让和消灭不动产物权的合同，除法律另有规定或者当事人另有约定外，自合同成立时生效；未办理物权登记的，不影响合同效力'。《民法典》第七百二十八条规定，出租人未通知承租人或者有其他妨害承租人行使优先购买权情形的，承租人可以请求出租人承担赔偿责任。但是，出租人与第三人订立的房屋买卖合同的效力不受影响。"最高人民法院**《关于人民法院办理执行异议和复议案件若干问题的规定（2020年修改）》**（2021年1月1日　法释〔2020〕21号）第31条："承租人请求在租赁期内阻止向受让人移交占有被执行的不动产，在人民法院查封之前已签订合法有效的书面租赁合同并占有使用该不动产的，人民法院应予支持。承租人与被执行人恶意串通，以明显不合理的低价承租被执行的不动产或者伪造交付租金证据的，对其提出的阻止移交占有的请求，人民法院不予支持。"最高人民法院**《关于审理城镇房屋租赁合同纠纷案件具体应用法律若干问题的解释（2020年修正）》**（2009年9月1日　法释〔2009〕11号，2020年12月29日修订，2021年1月1日起实施）第2条："出租人就未取得建设工程规划许可证或者未按照建设工程规划许可证的规定建设的房屋，与承租人订立的租赁合同无效。但在一审法庭辩论终结前取得建设工程规划许可证或者经主管部门批准建设的，人民法院应当认定有效。"第3条："出租人就未经批准或者未按照批准内容建设的临时建筑，与承租人订立的租赁合同无效。但在一审法庭辩论终结前经主管部门批准建设的，人民法院应当认定有效。租赁期限超过临时建筑的使用期限，超过部分无效。但在一审法庭辩论终结前经主管部门批准延长使用期限的，人民法院应当认定延长使用期限内的租赁期间有效。"第4条："房屋租赁合同无效，当事人请求参照合同约定的租金标准支付房屋占有使用费的，人民法院一般应予支持。当事人请求赔偿因合同无效受到的损失，人民法院依照民法典第一百五十七条和本解释第七条、第十一条、第十二条的规定处理。"第7条："承租人经出租人同意装饰装修，租赁合同无效时，未形成附合的装饰装修物，出租人同意利用的，可折价归出租人所有；不同意利用的，可由承租人拆除。因拆除造成房屋毁损的，承租人应当恢复原状。已形成附合的装饰装修物，出租人同意利用的，可折价归出租人所有；不同意利用的，由双方各自按照导致合同无效的过错分担现值损失。”第 8 条：“承租人经出租人同意装饰装修，租赁期间届满或者合同解除时，除当事人另有约定外，未形成附合的装饰装修物，可由承租人拆除。因拆除造成房屋毁损的，承租人应当恢复原状。”第 9 条：“承租人经出租人同意装饰装修，合同解除时，双方对已形成附合的装饰装修物的处理没有约定的，人民法院按照下列情形分别处理：（一）因出租人违约导致合同解除，承租人请求出租人赔偿剩余租赁期内装饰装修残值损失的，应予支持；（二）因承租人违约导致合同解除，承租人请求出租人赔偿剩余租赁期内装饰装修残值损失的，不予支持。但出租人同意利用的，应在利用价值范围内予以适当补偿；（三）因双方违约导致合同解除，剩余租赁期内的装饰装修残值损失，由双方根据各自的过错承担相应的责任；（四）因不可归责于双方的事由导致合同解除的，剩余租赁期内的装饰装修残值损失，由双方按照公平原则分担。法律另有规定的，适用其规定。”第 10 条：“承租人经出租人同意装饰装修，租赁期间届满时，承租人请求出租人补偿附合装饰装修费用的，不予支持。但当事人另有约定的除外。”第 11 条：“承租人未经出租人同意装饰装修或者扩建发生的费用，由承租人负担。出租人请求承租人恢复原状或者赔偿损失的，人民法院应予支持。”第 12 条：“承租人经出租人同意扩建，但双方对扩建费用的处理没有约定的，人民法院按照下列情形分别处理：（一）办理合法建设手续的，扩建造价费用由出租人负担；（二）未办理合法建设手续的，扩建造价费用由双方按照过错分担。”第 13 条：“房屋租赁合同无效、履行期限届满或者解除，出租人请求负有腾房义务的次承租人支付逾期腾房占有使用费的，人民法院应予支持。”第 14 条：“租赁房屋在承租人按照租赁合同占有期限内发生所有权变动，承租人请求房屋受让人继续履行原租赁合同的，人民法院应予支持。但租赁房屋具有下列情形或者当事人另有约定的除外：（一）房屋在出租前已设立抵押权，因抵押权人实现抵押权发生所有权变动的；（二）房屋在出租前已被人民法院依法查封的。”第 15 条：“出租人与抵押权人协议折价、变卖租赁房屋偿还债务，应当在合理期限内通知承租人。承租人请求以同等条件优先购买房屋的，人民法院应予支持。”最高人民法院**《关于承租部分房屋的承租人在出租人整体出卖房屋时是否享有优先购买权的复函》**（2005 年 7 月 26 日　〔2004〕民一他字第 29 号）：“你院请示的关于承租部分房屋的承租人在出租人整体出卖房屋时是否享有优先购买权的问题，目前，法律和司法解释对此均无明确规定。经研究认为：目前处理此类案件，可以从以下两个方面综合考虑：第一，从房屋使用功能上看，如果承租人承租的部分房屋与房屋的其他部分是可分的、使用功能可相对独立的，则承租人的优先购买权应仅及于其承租的部分房屋；如果承租人的部分房屋与房屋的其他部分是不可分的、使用功能整体性较明显的,则其对出租人所卖全部房屋享有优先购买权。第二,从承租人承租的部分房屋占全部房屋的比例看,承租人承租的部分房屋占出租人出卖的全部房屋一半以上的,则其对出租人出卖的全部房屋享有优先购买权;反之则不宜认定其对全部房屋享有优先购买权。”最高人民法院**《关于贯彻执行民事政策法律若干问题的意见》**(1984 年 8 月 30 日,已于 2019 年 7 月 20 日起失效)第 57 条:“对公民之间因房屋租赁而发生的纠纷,应首先查明原因,本着既保护房主的房屋所有权,又维护房客的正当承租权的原则处理。房客无故欠租的,应如数补付租金。未经房主同意,房客转租、出借和换房的,不予准许。租期届满,房主要求收回自住的,一般应当准许;未定租期,房主确因住房困难要求收回自住的,一般也应准许,但应给房客找房搬家的时间。房主出卖房屋时,在同等条件下,原房客优先购买的权利应予保护。”最高人民法院民一庭**《关于房屋承租人优先购买权的效力问题的讨论意见》**(2005 年):“多数意见认为,根据现行法律法规和司法解释的规定,承租人对出租房屋的优先权是一种准物权性质的民事权利,具有物权效力的表象,应当依法保护。将优先购买权理解未形成权,法律依据不足。它只是优先缔约的权利,而不是保证买到的权利。对准物权的保护必须要和所有权的保护有所区别。所有权是绝对的权力,所有人出卖自己的所有物,应当尊重其缔约自由的权利,不能过多干涉,因此,承租人不能直接主张依据的三人购买房屋的条件取得房屋……通过无效之诉,依据买卖不破租赁的原则,承租人的利益照样可以得到应有的保护。对于‘同等条件’应作宽泛的理解,不仅是价格条件,还包括付款条件,以及出卖人(所有人)提出的其他条件。少数意见认为,承租人的优先购买权就是对所有人出卖出租房租的限制性权利,优先权不能理解为优先缔约权,考察其内容,应当包含可以优先买到的权利,否则优先权没有实际意义,实际上体现不了对承租人权利的保护。另外,承租人主张依据所有人与第三人签订的买卖合同约定的条件取得房屋,法院在判决时不需要判决所有人与第三人签订买卖合同,而是变更所有人与第三人买卖合同的主体,这种裁判方法和判决的执行都不会有法律上的障碍。因此,承租人可以请求依据所有人与第三人签订的买卖合同的同等条件取得房屋,法院可以据此请求判决。”

3. 部门规章。住建部**《商品房屋租赁管理办法》**(2011 年 2 月 1 日)第 12 条:“房屋租赁期间内,因赠与、析产、继承或者买卖转让房屋的,原房屋租赁合同继续有效。承租人在房屋租赁期间死亡的,与其生前共同居住的人可以按照原租赁合同租赁该房屋。”第 13 条:“房屋租赁期间出租人出售租赁房屋的,应当在出售前合理期限内通知承租人,承租人在同等条件下有优先购买权。”建设部**《城市房地产抵押管理办法》**(2001 年 8 月 15 日)第 42 条:“抵押权人处分抵押房地产时,应当事先书面通知抵押人;抵押房地产为共有或者出租的,还应当同时书面通知共有人或承租人;在同等条件下,共有人或承租人依法享有优先购买权。”

4. 地方司法性意见。山东高院《**执行疑难法律问题解答(二)**》(2020 年 7 月 29 日)第 27 条:“执行法院发出拍卖公告后,承租人向法院提交租赁协议,以执行标的物已设定租赁权为由,请求排除强制交付的,法院能否直接带租拍卖?答:依据民事诉讼法及相关司法解释规定,案外人对执行标的主张所有权或者有其他足以阻止执行标的转让、交付的实体权利的,可以向执行法院提出案外人异议。执行法院发出拍卖公告后,承租人向法院提交租赁协议,以执行标的物已设定租赁权为由,请求在租赁期内排除对该标的物强制交付的,执行法院应根据民事诉讼法第二百二十七条规定进行审查,不得直接带租拍卖。”山东高院民一庭《**关于审理执行异议之诉案件若干问题的解答**》(2020 年 7 月 28 日)第 4 条:“案外人基于租赁权提出执行异议之诉,如何处理?答:案外人以与被执行人之间存在尚未到期的房屋租赁关系为由,基于租赁权请求排除执行的,应当区分情况处理:(一)承租人对执行法院在执行过程中否定租赁权成立或存续存有异议,以对被执行房屋享有租赁权为由请求阻止移交占有的,人民法院应当受理;(二)承租人在被执行房屋查封前,与被执行人签订了合法有效的书面房屋租赁合同,并已按照约定支付租金且实际合法占有使用的,应予支持;(三)承租人在被执行房屋设立抵押权前,与被执行人签订了合法有效的书面房屋租赁合同,并已按照约定支付租金且实际合法占有使用的,应予支持。”上海高院《**房屋征收补偿利益分割民事纠纷研讨会会议纪要**》(2020 年 3 月 25 日 沪高法民〔2020〕4 号)第 5 条:“【次承租人的利益主张】公房承租人在征收之前将房屋出租给案外人使用或者经营的,房屋的实际使用人(次承租人)能否参与征收补偿利益分割?实践中,有的公房承租人在征收之前将房屋出租给案外人使用或者经营,次承租人要求以征收对象身份参与征收补偿利益分割。处理此类纠纷时,要区分征收补偿法律关系与一般的房屋租赁合同关系。2012 年《国有土地房屋征收与补偿条例》实施后,一般租赁合同的承租人不再是征收补偿法律关系中的被安置人,因征收导致租赁合同无法继续履行的,属于一般租赁合同纠纷,依照租赁合同的相关法律规定处理。关于征收补偿关系与房屋租赁关系的协调处理,仍参照 2014 年第四季度民庭庭长例会研讨纪要执行。”江苏高院《**关于审理房地产合同纠纷案件若干问题的解答**》(2018 年 6 月 26 日 审委会会议纪要〔2018〕3 号)第 57 条:“先抵后租下承租人主张优先购买权的如何处理?《房屋租赁司法解释》第 22 条:出租人与抵押权人协议折价、变卖租赁房屋偿还债务,应当在合理期限内通知承租人。承租人请求以同等条件优先购买房屋的,人民法院应予支持。该条并未排除先抵后租的情形,抵押权人实现抵押权时,承租人主张优先购买权的,应予支持。”第 58 条:“承租人的优先续租权效力如何认定?出租人与承租人在租赁合同中约定承租人享有优先续租权的,该约定有效,承租人享有合同上的请求权,承租人请求继续签订租赁合同或请求出租人承担违约责任的,予以支持。”第61条:“拆迁中承租人的权利如何保护?租赁合同尚未到期,房屋遭遇拆迁的,出租人与承租人在租赁合同中对拆迁时如何处理有约定的,按照约定处理。租赁合同对此没有约定或者约定不明的,承租人主张赔偿损失的,分别其情形予以处理。(1)关于装饰装修价值的损失。在承租人有证据证明其装饰装修初始价值的情况下,其损失与租赁合同已经履行的期限相关,可以剩余租期与全部租期的比例计算其装饰装修损失,但不得超过房屋所有权人获得的装饰装修补偿。在承租人没有证据证明其装饰装修初始价值的情况下,根据公平原则由出租人与承租人进行分担。(2)关于搬迁损失和停产停业损失。承租人有证据证明其搬迁损失和停产停业损失的,其应获得相应的补偿,但不得超过房屋所有权人获得的搬迁费和停产停业损失补偿。承租人不能举证证明的,根据公平原则由出租人与承租人进行分担。(3)关于可得利益。房屋被征收后会导致承租人商业机会丧失,承租人向出租人主张可得利益的,由于其获得的补偿不能超过房屋所有权人获得的补偿范围,而该损失并不在征收补偿范围之内,故承租人无权主张可得利益。(4)关于补助奖励费用。根据《国有土地上房屋征收与补偿条例》第17条第2款规定,补助和奖励由市、县人民政府制定补助和奖励办法予以规定。因此,关于承租人能否获得补助、奖励,由当地政府规定。当地政府没有规定的,补助奖励归属于房屋所有权人,承租人无权取得。”第62条:“承租人违约导致租赁合同解除的损失如何确定?第一种观点:因承租人违约行为导致租赁合同解除的,出租人可以要求承租人赔偿租赁房屋闲置期间的租金损失。出租人对于房屋闲置存在放任行为的,对于扩大的损失不予支持。第二种观点:因承租人违约行为导致租赁合同解除的,出租人可以要求承租人赔偿租赁房屋闲置期间的租金损失,但最长不得超过六个月。【说明】第二种观点是2008年省法院房屋租赁审委会纪要的观点,规定了6个月的期限。”北京高院(单国军庭长)《**关于审理城镇房屋买卖合同案件适用法律若干问题的调研报告**》(2017年2月5日):“……关于房屋承租人的优先购买权问题。《合同法》第230条的规定:‘出租人出卖租赁房屋的,应当在出卖之前的合理期限内通知承租人,承租人享有以同等条件优先购买的权利。’实践中就承租人优先购买权的性质存在争议,最高人民法院《关于审理城镇房屋租赁合同纠纷案件具体应用法律若干问题的解释》将其性质确定为债权,且属于附强制缔约义务的请求权。依该解释的规定,出租人转让房屋给第三人,承租人行使优先购买权的,在同一房屋上将同时存在两个具有‘同等条件’内容的房屋买卖合同关系,一是承租人与出租人之间的买卖关系,二是第三人与出租人之间的买卖关系。基于承租人优先购买权制度设置的目的,承租人与出卖人之间的房屋买卖合同应当优先得到履行。第三人与出租人之间的房屋买卖合同因此无法继续履行,则善意第三人有权解除合同,并要求出租人承担赔偿房屋差价损失等相应的违约责任。实践中,在依法保护承租人优先购买权的同时,还应当防止承租人滥用优先购买权,甚至出租人与承租人恶意串通侵害第三人利益的情形发生。基于此,法院应当审查承租人购买房屋的意思表示是否真实,是否存在滥用优先购买权的情况,其是否具备在同等条件下履行合同的能力,必要时可以根据案件实际情况要求承租人提供相应的担保以证明其具备相应能力。另外,承租人在诉讼中仅请求法院确认其对房屋享有优先购买权,而不要求行使优先购买权,经法院释明后仍坚持不变更的,对承租人的诉讼请求,不应支持。”浙江宁波中院**《关于民事执行中疑难问题的处理意见(一)》**(2015 年 5 月 19 日)第 3 条:“房产抵押后设定的租赁,承租人是否享有该房产的优先购买权。抵押人和承租人签订租赁合同之后,承租人因该租赁合同享有的权利,其中包括‘买卖不破租赁’的权利和承租人的优先购买权。但房产抵押后设定的租赁,依照法律规定承租人的租赁权不能对抗抵押权人,即承租人不能以‘买卖不破租赁’抗拒搬迁,但不影响其行使优先购买权。总之,无论租赁合同成立在抵押权设立之前还是之后,都应给予承租人优先购买权。”上海高院**《关于印发〈关于在执行程序中审查和处理房屋租赁权有关问题的解答(试行)〉的通知》**(2015 年 3 月 9 日　沪高法〔2015〕75 号)第 16 条:“案外人对房屋享有租赁权依法成立的,执行法院应当如何保障其在拍卖中享有的优先购买权?答:执行法院应当在拍卖五日前以书面或者其他能够确认收悉的适当方式,通知案外人于拍卖日到场行使优先购买权。优先购买权人经通知未到场的,视为放弃优先购买权。案外人对房屋所主张的租赁权依法发生在担保物权或者其他优先受偿权之后、执行法院查封之前的,不论执行法院是否依法裁定除去租赁权后对房屋予以变现,均不影响案外人以承租人的身份行使优先购买权,执行法院应当保障其优先购买权。案外人对房屋所主张的租赁权发生在执行法院查封之后但属于善意的,执行法院应当保障其优先购买权。”广东深圳中院**《关于审理房地产纠纷案件的裁判指引》**(2014 年 8 月 28 日修订)第 5 条:“房屋出租后再抵押的,抵押权的实现不影响承租人优先购买权的行使;房屋抵押后再出租的,承租人的优先购买权不得对抗抵押权人。”浙江高院办公室**《印发〈关于执行非住宅房屋时案外人主张租赁权的若干问题解答〉的通知》**(2014 年 9 月 11 日　浙高法办〔2014〕39 号)第 1 条:“人民法院执行被执行人的房屋时,案外人以其在案涉房屋设定抵押或者被人民法院查封之前(以下简称抵押、查封前)已与被执行人签订租赁合同且租赁期限未满为由,主张拍卖不破除租赁,执行机构应如何审查?答:执行机构可根据案外人及当事人提供的证据,重点围绕租赁合同的真实性、租赁合同签订的时间节点、案外人是否占有案涉房屋等问题进行审查。如果租赁合同真实、合同签订于案涉房屋抵押、查封前且案外人在抵押、查封前已依据合同合法占有案涉房屋至今的,执行中应当保护案外人的租赁权。”第 2 条:“执行机构审查租赁合同的真实性,如何把握标准?答:执行机构一般作形式审查,经审查发现当事人自认或者有其他明确的证据证明租赁合同为虚假,或者名为租赁实为借贷担保、房屋使用权抵债等关系的,对租赁合同的真实性不予认可。租赁合同未生效或者已在另案中被撤销、确认无效的,对案外人的租赁权不予认可。”湖南长沙中院**《民事审判裁判疑难解答》**(2014年3月)第20条:“房屋承租人优先购买权的效力。答:民事审判实践中,因出租房屋而产生的优先购买权纠纷,有的承租人请求判决出租人与第三人之间的买卖合同无效,有的则请求判令依出租人与第三人之间的买卖合同所约定的条件,与出租人形成新的买卖合同关系。关于房屋承租人优先购买权的效力,根据现行法律、法规及司法解释的规定,承租人对出租房屋的优先购买权是一种准物权性质的民事权利,具有物权效力的表象,应依法保护。但对准物权的保护应与所有权的保护有所区别,所有权是绝对权,所有人出卖其所有物,应尊重其缔约自由之权利,不能过多干涉,因此,承租人不能直接主张依据第三人购买房屋的条件取得房屋,只能请求确认所有人与第三人所签订的买卖合同无效。通过无效确认之诉,依据买卖不破租赁等原则,承租人的利益通常可以得到应有的保护。对于‘同等条件’的理解,不仅是价格条件,还包括付款条件以及出卖人(所有人)所提出的其他条件等。关于优先购买权的几个问题:(1)承租人优先购买权与共有权。一般认为共有人的优先购买权优先于承租人的优先购买权,其理由为,共有人的优先权是基于财产所有权,是绝对物权优先权,而承租人的优先权只是基于租赁合同享有的准物权。(2)承租人优先购买权与抵押权。抵押权人为实现抵押物的价值,可能需要转移抵押物的物权,承租人对抵押物行使优先购买权,并不妨碍抵押权人实现抵押物的变现价值,两者并不矛盾,故在此情况下,承租人可以照常主张优先购买权。(3)承租人优先购买权与拍卖权。拍卖是为了实现被拍卖物的最大价值,如没有拍卖竞价的过程,往往不会产生最大价格,则不利于保护债权人及拍卖物之所有人的利益。因此,进入强制拍卖程序的租赁物,承租人不得主张一般的优先购买权。(4)部分租赁是否及于整体购买。现代建筑物,已突破了‘一物一权’的理论,一幢住宅楼可以设定若干个所有权,也可以区分若干个层次的物权,一个承租人可能只承租其中的部分房屋,当所有权人整体出售房屋或建筑物时,承租人不能享有整体上的优先购买权,即特定的部分优先权不能扩大化而及于整体。(5)优先购买权与互易。包括房屋置换等形式在内的互易,是为了获取所易物的特殊使用价值。而在承租人优先购买的情况下,出租人只能获得一般的货币对价。因此,互易与购买所能实现的交换目的有别,优先购买权不能及于互易的同等条件。”北京高院**《关于审理房屋租赁合同纠纷案件若干疑难问题的解答》**(2013年12月19日 京高法发〔2013〕462号)第1条:“当事人就未取得所有权的房屋订立租赁合同的效力如何认定?当事人一方以出租人在订立租赁合同时对租赁房屋没有所有权为由，要求确认房屋租赁合同无效的，不予支持。”第2条：“当事人就经济适用住房等政策性保障住房订立租赁合同的效力如何认定？当事人一方以租赁房屋为经济适用住房或限价商品住房为由，要求确认房屋租赁合同无效的，不予支持。裁判文书中应当写明法院对租赁合同效力的认定不影响行政主管机关对违反行政管理规定的违法行为予以处理。”第28条：“《合同法》第二百三十条规定优先购买权行使的‘同等条件’和出租人‘通知’义务如何理解？同等条件主要是指房屋转让的价格、价款支付方式等。出租人通知承租人时，应当告知租赁房屋转让的事实、时间及具体出卖条件。出租人虽然通知承租人出卖租赁房屋的事实，但未告知具体出卖条件或告知内容不真实、不全面，或者在出卖条件发生变化后未及时告知承租人的，应当认定其未履行通知义务。”第29条：“承租部分房屋的承租人在出租人整体转让房屋时是否享有优先购买权？出租人整体转让房屋，该房屋为不可分割或分割明显降低其整体价值，而承租人仅要求对其承租的部分房屋行使优先购买权的；或者承租人虽主张优先购买整体房屋，但其承租面积未达到整体房屋面积50%以上的，对承租人主张行使优先购买权的诉讼请求，不予支持。”第30条：“转租房屋的优先购买权行使主体如何确定？承租人经出租人同意转租租赁房屋的，承租人不再享有优先购买权，次承租人要求行使优先购买权的，应予支持；未经出租人同意转租租赁房屋，承租人或者次承租人要求行使优先购买权的，均不予支持。”第31条：“拖欠租金的承租人是否享有优先购买权？承租人对租赁房屋享有优先购买权，并不以其依据租赁合同约定支付租金为前提。但承租人欠付租金已构成法定解除或约定解除租赁合同的条件，且出租人主张解除租赁合同的，承租人不再享有优先购买权。”第32条：“承租人依据租赁合同约定主张优先承租权的，如何处理？优先承租权并非法定权利，而是基于租赁合同的约定产生，仅在合同当事人之间发生效力，不能对抗已经实际承租的善意第三人。出租人未在合同约定期限或合理期限内通知原承租人续租就将房屋另行出租给他人，承租人要求确认出租人与第三人签订的房屋租赁合同无效，或者要求直接适用出租人与第三人签订的租赁合同的，不予支持。但承租人要求出租人承担赔偿损失等相应违约责任的，应予支持。”湖北高院**《民事审判工作座谈会会议纪要》**(2013年9月)第44条：“出租人出卖租赁房屋未在合理期限内通知承租人或者存在其他损害承租人优先购买权情形的，承租人请求出租人承担赔偿责任，人民法院应予以支持。但请求确认出租人与第三人签订的房屋买卖合同无效的，人民法院不予支持。”北京高院**《关于审理房屋买卖合同纠纷案件适用法律若干问题的指导意见(试行)》**(2010年12月22日 京高法发〔2010〕458号)第26条：“出租人转让房屋给第三人，侵害承租人优先购买权，承租人请求判决其与出租人在与第三人同等条件下成立房屋买卖合同关系，出租人为其办理房屋所有权转移登记，经审查承租人购买房屋的意思表示真实,且具备合同履行能力的,法院可以支持其诉讼请求,并判决承租人在合理期限内依同等条件支付房屋价款,但法律、司法解释另有规定的除外。法院在审理过程中可以根据案件实际情况要求承租人提供相应的担保以证明其具备合同履行能力。承租人在诉讼中仅要求法院确认其对房屋享有优先购买权,而不要求行使优先购买权,经法院释明后仍坚持不变更的,对承租人的诉讼请求,不予支持。"浙江高院民二庭**《关于印发〈商事审判若干疑难问题理解〉的通知》**(2010年6月25日　浙法民二〔2010〕15号)第16条:"作为房屋出租人的企业申请破产后,已经成立但尚未履行完毕的房屋租赁合同是否可以解除?企业申请破产后,对租赁合同中约定的仲裁条款效力如何?(杭州余杭法院)对于破产企业房屋租赁合同的处置,对于正在履行的合同,管理人根据有利于破产财产增值的原则,可以决定解除,但依据民法关于买卖不破租赁的原则,通过变卖实现房屋价值不一定要破除房屋租赁。审判实践中,要注意把握保护债权人利益与保护承租人利益的平衡,对合同解除后的利益格局进行考量,既可以解除房屋租赁关系后予以出卖,也可以考虑连同租赁客户一起转让。企业法人破产清算程序与公司强制清算程序在具体程序操作上具有相似性。最高人民法院《关于审理公司强制清算案件工作座谈会纪要》第十五条明确,'就强制清算公司的权利义务产生争议,当事人双方就产生争议约定有明确有效的仲裁条款的,应当按照约定通过仲裁方式解决'。该《纪要》第十九条还规定了'强制清算程序准用破产清算程序'的相关内容。企业法人进入破产清算程序后,对订有仲裁条款的房屋租赁合同争议,案件主管权和诉讼管辖权问题可参照前述《纪要》的原则确定。"上海高院民一庭**《关于处理房屋租赁纠纷若干法律适用问题的解答》**(2010年3月22日　沪高法民一〔2010〕2号)第20条:"对于承租人以行使优先购买权为由,诉讼请求确认出租人与第三人的房屋买卖合同无效,但未提出行使优先购买权的,如何处理?一种观点认为,承租人优先购买权一般包含两个诉讼请求:一为请求出租人与第三人买卖合同关系无效,二是请求与出租人建立'同等条件下'的买卖合同关系。这两个诉讼请求是承租人优先购买权的具体化。为避免讼累,切实维护承租人的优先购买权,法院在保护承租人优先购买权的判决中,可以在判决出租人与第三人买卖合同关系无效的同时,直接判决承租人与出租人买卖关系成立,出租人应依法交付房屋,承租人应(在同等条件、期限内)支付购房款。如不判明,承租人的优先购买权实际上可能无法实现。第二种观点认为,对保护承租人优先购买权的判决中,只要宣告买卖合同无效即可,无需再强行判决承租人与出租人优先购买房屋的关系成立及其他。出租人可再根据房市的情况重新确定房屋的价格,只要出租人出卖房屋,承租人可以再主张其优先购买权。我们认为,承租人在诉讼过程中仅主张确认买卖合同无效,而未要求行使优先购买权,经法院释明后不变更诉讼请求的,对其诉讼请求不予支持。理由是：优先购买权作为法律赋予承租人的一项权利，其目的在于保证承租人可以相对优先地取得租赁物的所有权。为此，法律允许承租人申请宣告恶意订立的买卖合同无效，以实现这个目的。也就是说申请宣告无效等都是手段，而不是目的。而法律规定保护的是承租人实现优先购买的目的。在当事人不主张购买的情况下，就说明他没有实现这个目的的意思。因此，也就没有继续加以保护的必要。故承租人不主张优先购买权，而仅要求确认合同无效的，不应支持。”第30条：“‘买卖不破租赁’的适用是否要求租赁合同登记？未经登记的租赁合同，当房屋所有权发生变化时，承租人不能以‘买卖不破租赁’向新的房屋权利人要求租赁合同继续履行。但是，承租人有证据证明新的房屋权利人知道或者应当知道租赁事实的除外。在保护承租人权利的同时，也应当考虑保护房屋买受人的权利，两者的权利在法律上是平等的。德国由于二战后居住房屋紧张，为保护居住人的利益而创设了‘买卖不破租赁’的法律规定，以后一些国家也将‘买卖不破租赁’作为自己的法律，我国就是如此。应该说，租赁合同由于其准物权的特性，‘买卖不破租赁”有其一定的法理基础。随着经济的发展，当初的立法理由已经日渐弱化，特别是大量商业租赁的存在与当初保护居民居住权的立法意图不相一致。在保护承租人利益的同时，如何保护买受人的利益成为值得思考的问题。我们认为，《上海市房屋租赁条例》第十五条第二款关于‘房屋租赁合同未经登记备案的，不得对抗第三人’的规定，使我们得以将两者利益予以平衡。当租赁合同未予登记，或者买受人不知道系争房屋租赁事实的，相应的法律后果不能由买受人承担。承租人也不能以‘买卖不破租赁’为由，对抗买受人对房屋处分的权利，不能要求房屋租赁合同继续履行。同时，出卖人未向买受人告知租赁事实，导致承租人不能主张‘买卖不破租赁’而合同不能继续履行的，应当认定出租人违约。承租人可以向出租人主张相应的违约责任。”山东临沂中院《**民事审判工作座谈会纪要**》（2009年11月10日　临中法〔2009〕109号）第4.3条：“关于承租人房屋优先购买权问题。在房屋租赁关系中，尤其是商业用房的租赁关系中，常常发生出租人将一幢房屋出租给数人，每个承租人只承租其中部分楼层或者部分房屋的现象。这种情况下，如果出租人整体出售房屋时，部分房屋的承租人不享有优先购买权。理由是：承租人仅租赁部分房屋，其余部分不是租赁权的客体，出租人整体处分的房屋，在法律上为一物，承租人对其并不享有优先购买权。同理，出租人的房屋分别出租而整体出售的，各承租人也不能集体主张优先购买权。”辽宁高院《**全省法院民事审判工作座谈会纪要**》（2009年5月14日　辽高法〔2009〕120号）第7条：“房屋出租人整体转让建筑物，不能独立于该建筑的部分房屋的承租人主张优先购买权，不应予以支持。房屋出租人委托拍卖出租房屋的，出租人应比照《中华人民共和国拍卖法》第四十五条的规定，在拍卖日七日前通知承租人，承租人的优先购买权以参加拍卖竞价的方式实现。房屋承租人经出租人同意转租房屋的,优先购买权由实际租用房屋的承租人享有。未经出租人同意转租的,承租人主张优先购买权的请求,不应予以支持。”山东高院**《关于印发〈全省民事审判工作座谈会纪要〉的通知》**(2008年12月23日　鲁高法〔2008〕243号)第6条:“……(6)关于承租人优先购买权的性质和效力问题。传统审判实践中,承租人的优先购买权被视为一种准物权性质的民事权利,具有物权效力的表象,对于出租人侵害承租人的优先购买权出卖租赁房屋的,人民法院一般会根据承租人的请求确认出租人与第三人之间的房屋买卖合同无效。《物权法》实施后,根据物权法定原则,承租人的优先购买权没有被规定为一种物权,而是一种债权,也就不具有对抗第三人的效力,因此,出租人违反优先购买权的规定而将租赁房屋出卖给第三人的,承租人与第三人之间的房屋买卖合同只要不违反法律的强制性规定,不宜确认为无效。对于承租人的权利可以通过‘买卖不破租赁’的规则加以保护;对于出租人违反《合同法》第二百三十条的规定,没有在出卖之前的合理期限内通知承租人的,出租人应当承担合同法上的责任。”江苏高院**《关于印发〈关于审理城镇房屋租赁合同纠纷案件若干问题的意见〉的通知》**(2008年12月15日)第7条:“出租人出卖租赁房屋侵害承租人优先购买权,承租人要求出租人赔偿损失的,人民法院应予支持。承租人以出租人与第三人之间恶意串通,侵害其优先购买权,要求确认出租人与第三人之间的房屋买卖合同无效的,人民法院应予支持。出租人与第三人之间的房屋买卖合同被确认无效或者被撤销的,承租人要求按第三人购买房屋的同等条件购买的,人民法院不予支持,但出租人同意的除外。”第8条:“出租人没有通知承租人,将租赁房屋出卖给第三人,第三人未办理房屋产权过户登记手续,承租人要求撤销租赁房屋买卖合同的,人民法院应予支持。出租人没有通知承租人,将租赁房屋出卖给第三人,第三人已经办理房屋产权过户登记手续,承租人要求撤销租赁房屋买卖合同的,人民法院不予支持,但承租人能够证明第三人在订立合同时知道或应当知道房屋存在租赁关系且未到期,出租人出卖房屋未通知承租人的除外。”第9条:“承租人对出租人出卖的租赁房屋在同等条件下享有优先购买权。同等条件主要是指价格、价款支付方式等,但出租人有证据证明其与第三人存在亲属关系或其他特殊关系,且该关系对其是否出卖房屋或出卖房屋的条件确有重大影响的除外。”第10条:“出租人出卖租赁房屋时,必须以书面方式通知承租人本人或者授权的代理人。出租人以在租赁房屋处张贴告示、在新闻媒体上刊登公告等方式告知的,不发生通知的法律后果,但出租人有证据证明无法通知承租人本人及其授权的代理人的除外。”第11条:“出租人以书面方式通知承租人时,应当告知出卖租赁房屋的事实、时间及相关条件。出租人虽然以书面方式通知承租人出卖租赁房屋的事实,但未告知具体出卖条件或告知内容不真实、不全面或者在出卖条件发生变化后未及时告知承租人的，应当认定为未履行通知义务。”第12条：“承租人要求行使优先购买权的，应当自收到出租人的书面通知之日起的合理期限内作出是否购买的书面意思表示。当事人另有约定的除外。”第13条：“出租人整体出卖租赁房屋，该房屋为不可分割或分割明显降低其整体价值的，承租人要求对承租的部分房屋行使优先购买权的，人民法院不予支持。”第14条：“出租人以拍卖方式出卖租赁房屋的，除拍卖人发布拍卖公告外，出租人同时应当在拍卖日七日前以书面方式通知承租人参加拍卖。承租人收到出租人的书面通知后未参加竞拍的，视为放弃优先购买权。出租人未尽通知义务导致承租人未能行使优先购买权，承租人要求撤销出租人与第三人之间的房屋买卖合同的，人民法院不予支持，由此给承租人造成损失的，承租人可以要求出租人赔偿。”内蒙古包头中院**《关于印发关于审理城镇房屋买卖纠纷案件相关问题的处理意见》**（2008年8月5日）第6条：“对拍卖中的房屋，承租人是否享有优先购买权问题。出租人出卖房屋时，承租人在相同条件下，依法享有优先于其他人购买房屋的权利，这里‘同等条件’主要指出价条件，包括价格、交付房价期限、方式等。拍卖是以公开竞价的形式，将拍卖标的物转让给最高应价者的一种特殊的买卖方式。拍卖以‘价高者得’为原则，并无‘同等条件’可言。因此，在拍卖场合，承租人丧失优先购买权。但为保护承租人利益，出租人应将拍卖的有关情况及时通知承租人，以便其决定是否参加竞买。”湖南高院**《关于房屋买卖、租赁纠纷案件适用法律问题的指导意见（试行）》**（2008年1月21日）第15条：“出租人出售租赁房屋，一般应于出售房屋前三个月书面通知承租人。书面通知确有困难的，可以采取报刊、电视、电话、在租赁房屋张贴公告等方式通知承租人。出租人出售房屋，承租人主张行使优先购买权，有下列情形之一的，不予支持：（1）房屋共有人主张优先购买权的；（2）出租人基于其与第三人的近亲属关系而出售租赁房屋的；（3）出租人出售的是整体房屋，而承租人仅主张购买其租赁部分房屋的；或者承租人虽主张购买整体房屋，但其承租面积未达到整体房屋面积50%以上的；（4）善意第三人买受房屋并已过户的。承租人的优先购买权被侵害……请求按该房屋买卖合同的约定直接买受该房屋的，不予支持。承租人自知道或应当知道租赁房屋已出售，在三十日内未提出异议的，可认定其自动放弃权利。”山东潍坊中院**《民事审判工作会议纪要》**（2008年）第5条：“……（3）关于承租人对出租人整体出售的房屋有无优先购买权的问题。在房屋租赁关系中，尤其是商业用房的租赁关系中，常常发生出租人将一幢房屋出租给数人，每个承租人只承租其中部分楼层或者部分房屋的现象。这种情况下，如果出租人整体出售房屋时，部分房屋的承租人不享有优先购买权。理由是：承租人仅租赁部分房屋，其余部分不是租赁权的客体，出租人整体处分的房屋，在法律上为一物，承租人对其并不享有优先购买权。同理，出租人之房屋分别出租而整体出售的，各承租人也不能集体主张优先购买权。”江苏高院**《全省民事**

审判工作座谈会纪要(征求意见稿)》(2007年12月21日　苏高法电〔2007〕594号)第11条:"承租部分房屋的承租人在出租人整体出卖房屋时是否享有优先购买权的问题结合以下因素妥善处理:第一,从房屋的使用功能上看,如果承租人承租的部分房屋与房屋的其他部分是可分的、使用功能可相对独立的,则承租人的优先购买权应仅及于其承租的部分房屋;如果承租人承租的部分房屋与房屋的其他部分是不可分的、使用功能整体性较明显的,则其对出租人所卖全部房屋享有优先购买权。第二,从承租人承租的部分房屋占全部房屋的比例看,承租人承租的部分房屋占出租人出卖的全部房屋一半以上的,则其对出租人出卖的全部房屋享有优先购买权;反之则不宜认定其对全部房屋享有优先购买权。"广东高院《**关于房屋买卖合同中承租人优先购买权有关问题的批复**》(2007年11月23日　粤高法民一复字〔2007〕10号)第1条:"关于法院和拍卖机构分别在出租房屋和当地报纸上张贴和刊登拍卖公告,能否视为已履行对承租人的通知义务的问题。根据最高人民法院《关于人民法院民事执行中拍卖、变卖财产的规定》第14条的规定,人民法院应当在拍卖五日前以书面或者其他能够确认收悉的适当方式,通知当事人和已知的担保物权人、优先购买权人或者其他优先权人于拍卖日到场。法院和拍卖机构在规定的期限内,在出租房屋和当地报纸上张贴和刊登拍卖公告,如无特别情形,这些公告能推定为承租人所知悉,可认定已履行了对承租人的通知义务。"第2条:"关于出租房屋流拍后,出租人变卖房屋之前是否负有再次通知承租人的义务的问题。出租房屋流拍后,出租人以变卖方式转让出租房屋的,如转让方式、转让价格等因素已发生重大改变,为保护承租人的优先购买权,出租人应再次将变卖出租房屋的事实和相关条件通知承租人。"第3条:"关于承租人拖欠租金是否仍享有优先购买权的问题。法律规定承租人享有优先购买权,并不以承租人按照租赁合同约定交纳租金为前提。但如果承租人拖欠租金已构成法定解除或约定解除租赁合同的条件,且出租人主张解除租赁合同的,因租赁关系不存在,则承租人不享有优先购买权。"第4条:"在宣告出租人与购买人签订的买卖合同无效的情况下,人民法院能否根据承租人的请求,直接判决承租人以同等条件购买房屋的问题。法律规定承租人的优先购买权,其立法目的在于使得承租人能够以同等条件购得租赁的房屋。若出租人的买卖行为侵害了承租人的优先购买权,承租人主张出租人与购买人的房屋买卖合同无效,并要求以同等条件购买的,可予支持。但在具体案件中,如何认定'同等条件'是关键。'同等条件'的判断应结合出租人与购买人的关系、是否附加其他条件等因素加以确定。"重庆高院《**关于当前民事审判若干法律问题的指导意见**》(2007年11月22日)第40条:"……承租人优先购买权。出租人出卖租赁房屋,侵犯承租人优先购买权的,应依照现行法律、法规及司法解释的规定处理,不能判令出卖人直接按照与第三人约定的同等条件与承租人签订买卖合同。对法律规定的‘同等条件’应作宽泛理解，不仅包括价格条件，而且也包括付款条件、出卖标的是否同一以及出卖人提出的其他条件等。”山东高院**《关于印发〈全省民事审判工作座谈会纪要〉的通知》**（2005 年 11 月 23 日　鲁高法〔2005〕201 号）第 5 条：“……关于承租人优先购买权的处理问题。根据承租人优先购买权的性质，结合司法实践经验。会议认为，出租人出卖租赁房屋，侵犯承租人优先购买权的，法院应判决其与第三人之间的买卖合同无效，以恢复出租人与承租人合法的房屋租赁关系，但不能判令出卖人直接按照与第三人约定的同等条件与承租人签订买卖合同。通过无效之诉，按照‘买卖不破租赁’的原则，承租人的利益同样可以得到应有的保护……关于优先购买权‘同等条件’的理解问题。对法律规定的‘同等条件’应当作宽泛理解，不仅包括价格条件，而且也包括付款条件以及出卖人提出的其他条件等。”广东高院**《关于部分承租人对整体转让的租赁物是否享有优先购买权问题的批复》**（2005 年 9 月 9 日　粤高法民一复字〔2005〕7 号）：“……原则同意你院审判委员会的第二种意见，即部分承租人对整体转让的租赁物不享有优先购买权。从本案案情来看，韶关市经源物资开发有限公司与林正祥签订《产权转让协议》，将韶关市浈江区风度北路 2 号首层商铺整体转让。由于黄勇与文婵粉只分别承租了该商铺的一部分，而部分租赁权所派生的优先购买权不应限制所有权人对其余部分的处分，因此只能对其承租的部分享有优先购买权，而不能对《产权转让协议》所涉商铺的整体享有优先购买权。”上海高院**《关于处理房屋租赁纠纷若干法律适用问题的解答（二）》**（2005 年 8 月 29 日　沪高法民一〔2005〕15 号）第 16 条：“未经登记的租赁合同，承租方是否有优先购买权？租赁合同中的承租方依照法律规定依法享有优先购买权，不因登记与否而影响该项权利。但是，未经登记的租赁合同，其承租人的优先购买权不得对抗第三人。这里所说的不能对抗第三人，是指一旦房屋所有权已经变更，除非能够证明第三人是恶意的，否则，未经登记的租赁合同的承租人不得以优先购买权为由要求优先取得房屋所有权。当然，优先购买权是租赁合同中承租人的一项法定权利，由于出租人向第三人出卖房屋的行为导致承租人不能实现优先购买权的，应当视为出租人违约，承租人可以要求出租人承担违约责任。”第 17 条：“出租人就租赁房屋已经与第三人订立买卖合同，承租人要求行使优先购买权的，其优先购买权如何行使？优先购买权的行使是以取得租赁物的所有权为目的的，因此，在其他人尚未取得租赁物所有权之前，承租人行使优先购买权的，都可以得到支持。也就是说，如果出租人仅仅与第三人订立了合同，而尚未办理过户、登记手续，且承租人也在知道或者应当知道该情形的 3 个月内提出优先购买要求的，无论第三人是否为善意，也不管租赁合同是否登记，承租人都可以要求优先购买该房屋。在房屋已经过户登记为第三人所有时，则要根据第三人是否为善意而决定承租人是否可以行使优先购买权。而租赁合同是否登记、第三人是否知晓租赁事实等则为判断第三人是否善意的重要考虑因素。”第18条:“承租人的优先购买权主要在哪些情形下受到限制?主要有共有人优先购买、出租人基于特殊身份而出卖租赁物、租赁物以特定方式发生权属变化等。如出租人将房屋赠与他人的,房屋被强制征收、征用的,房屋以招标形式出卖的,以及房屋被强制执行等。这主要是考虑到,在赋予承租人优先购买权的同时,也要保障出租人的合法权益,而不是牺牲出租人的权利来满足承租人的要求。因此,优先购买权的行使不是没有任何条件和限制的,它不能损害出卖人的实体利益,而且也不是绝对地剥夺其他人的购买机会。因此,共有人主张优先购买权的,共有人的优先购买权优于承租人的优先购买权,承租人的优先购买权不能对抗共有人的优先购买权;出租人基于与第三人的亲属关系或其他特殊关系,以低于市价出卖房屋,而离开该人身关系,出租人则不愿出售房屋的,一般情况下承租人不能享有优先购买权;承租人仅租赁部分房屋,而出租人出售整体房屋的,承租人也不是当然可以行使优先购买权。就上述情况而言,因共有人对房屋拥有的是所有权,即使是按份共有,对外而言,每个共有人也都是所有权人。因此,与承租人相比仍然更有优先性。而基于特殊人身关系建立的买卖关系,也与一般的买卖关系不同,它含有身份关系的考虑在内。即仅仅是基于这种特殊的身份关系,出租人才会给出较优惠的出卖条件。没有这些特殊的身份,出租人就不会给出这样的出卖条件,也就不存在承租人同等条件下的优先购买问题。就房屋的部分与整体而言,法律本身就是规定承租人对其承租的部分房屋有优先购买权,而对其他部分则没有优先购买权,故承租人的权利不能超出合同的范围。因此,如果将租赁部分单独出卖给承租人,对整体房屋其他部分出卖不产生实质性影响的,承租人对此部分可以行使优先购买权;反之,则不能行使优先购买权。否则,就是对出租人实体权利构成损害。”第19条:“房屋在租赁期间被拍卖,承租人是否可就该拍卖房屋行使优先购买权?拍卖是买卖的一种特殊形式,但其性质是买卖,不能剥夺承租人优先购买的权利,出租人或者拍卖行依然有义务通知承租人拍卖事宜。具体操作可以参照最高人民法院《关于人民法院民事执行中拍卖、变卖财产的规定》,其中第十六条规定:‘拍卖过程中,有最高应价时,优先购买权人可以表示以该最高价买受,如无更高应价,则拍归优先购买权人;如有更高应价,而优先购买权人不作表示的,则拍归该应价最高的竞买人’。”第21条:“出租人将房屋出售于第三人,因承租人行使优先购买权而将该房屋出卖给承租人时,出租人与承租人之间的买卖合同的主要内容如价款、付款方式等如何确定?出租人与第三人签订的买卖合同应当作为出租人与承租人之间买卖合同的内容。通说认为,承租人的优先购买权在权利分类上属于形成权,即享有优先购买权的承租人作出以同等条件购买系争房屋的意思表示时,该意思表示到达出租人一方时买卖合同即为成立。一般情况下,承租人主张优先购买权时,出租人已经与第三人签订了房屋买卖合同，而所谓同等条件即应当理解为买卖合同的权利义务。”第22条：“如何确定优先购买权的放弃？放弃的形式有两种，明示和默示。明示表现为出租人向承租人作出出卖房屋的意思表示后，或者承租人知道房屋出卖事实的，承租人明确表示不予购买；默示可以表现为出租人向承租人作出出卖房屋的意思表示后，或者承租人知道房屋出卖事实的，承租人在合理期限内没有买受系争房屋的意思表示，或表现为积极为出租人寻找买家，承租人另行寻找租赁房屋等。”第23条：“出租人通知承租人有无形式要件要求？合同法规定出租人在房屋出卖前合理的期限内通知承租人，该合理期限以出租人确定的期限而定。在该期限内，承租人行使其优先购买权，超过该期限的，即可推定承租人放弃优先权。出租人的通知形式可以灵活多样，如可通过信函、在租赁房屋处张贴告示等形式均可。但无论以什么形式通知，都应当以送达承租人为必要。单纯以登报公告等形式进行通知，而未针对承租人进行通知的，不发生通知的效果。”第24条：“出租人在房屋出售前对承租人未尽通知义务，承租人应在多长期限内行使优先购买权？承租人的优先购买权属于以形成权的行使为前提的权利，故该形成权的行使应以除斥期间制度加以规定，即承租人应自知悉出卖事实时起一定期限内行使先买权。该制度与合同法规定的出租人应当给出‘合理期限’一起（一为基于当事人自由意思产生，一为没有当事人意思表示时补充当事人意思），共同构成承租人行使优先购买权的程序性规定。关于‘合理期限’问题，具体标准如何，应由当事人根据实际情况而定，不宜强制划一。而关于承租人行使权利的除斥期间，不少人认为法律没有规定。我们认为，最高人民法院《关于贯彻执行〈中华人民共和国民法通则〉若干问题的意见（试行）》第118条的规定（该条已于2008年12月24日被废止——编者注），实际上就可以理解为对此问题作出的规定。该条规定：‘出租人出卖出租房屋，应提前三个月通知承租人，承租人在同等条件下，享有优先购买权。’从该条文的表述本身来看，其目的无非是在出租人未及时通知承租人的情况下，给予承租人以行使权利的期间。因为，在出租人通知承租人购买时，实际上是要在承租人和其他人提出相同条件时，优先将租赁物出卖于承租人。那么，出租人的主要义务就是将出卖的意思通知承租人。而承租人在收到通知后必须在合理期限内行使其权利。而设定优先购买权行使期限的目的，则在于督促承租人尽早行使权利。因此，其目的应该是：出租人出卖租赁物的，应当通知承租人。承租人在接到通知后，应当在合理期限内决定是否购买。该期限最长为3个月。因此，我们倾向于认为，承租人行使优先购买权的期间，应该为承租人知道或者应当知道出租人出卖房屋之日起的3个月。”第25条：“出租人虽然没有通知承租人行使优先购买权，但房屋已几经转手出售，现房屋承租人主张优先购买的，应如何处理？首先，应当判断承租人是否超过期限行使权利；其次，对于租赁的房屋已经出售并几经转手，只要后几个环节的房屋买受人中有一个是善意购买的,承租人就不能再主张优先购买。当然,承租人不能行使优先购买权的,可以要求出租人承担相应责任。”第26条:“租赁合同未经登记对承租人优先购买权的影响。我国法律规定,房屋租赁应实行登记备案制度。但房屋租赁的登记备案与否不影响租赁合同的效力,故审判实践中当事人为逃避税收等,租赁合同未经登记备案的情况较多。一种观点认为,未经登记备案的租赁合同,承租人的优先购买权不能对抗善意第三人。因为租赁合同未经登记公示,第三人故可能不知道所购房屋上存在租赁关系,而与出租人建立买卖关系,该第三人是善意第三人。在此情况下,承租人的优先购买权不能对抗善意第三人。另一种观点认为,只有在动产取得问题上存在善意取得制度,不动产取得不存在善意取得问题,承租人优先购买权是法定的权利,可以对抗任何第三人。我们倾向于第一种观点。这样处理有利于保护第三人的交易安全,在当前房价上涨形势下,也可防止部分出卖人为反悔卖房,恶意与他人串通假造租赁合同关系,达到悔约的目的。承租人的优先购买权故不能实现的,可以请求出租人进行赔偿。”第27条:“承租人优先购买权的案由问题。实践中,有的案由为租赁合同优先购买权纠纷,有的案由为买卖合同纠纷。主张案由为租赁合同优先购买权纠纷者认为,优先购买权纠纷源于租赁合同关系,无租赁关系,就无优先购买权,故应以租赁合同优先购买权纠纷为案由。主张案由为买卖合同纠纷者认为,优先购买权纠纷的诉讼请求主要是两个:一是请求出租人与第三人买卖合同关系无效,二是请求与出租人建立‘同等条件下’的买卖合同关系,故从讼争的法律关系看,主要是买卖合同关系,故以买卖合同纠纷为宜。我们倾向于第一种意见。因为优先购买权本身也包含了买卖的内容,而单纯的买卖合同纠纷不能体现优先购买纠纷的特点。”第28条:“承租人优先购买权案件当事人的诉讼地位问题。审判实践中,承租人作为原告起诉,有的仅将出租人列为被告,有的将出租人和买受人列为共同被告,有的将出租人列为被告、买受人列为无独立请求权的第三人。我们认为应当将承租人与买受人列为共同被告。”

5. 参考案例。2017年**安徽某房屋买卖合同纠纷案**,2013年,唐某与开发公司签订抵房合同,约定唐某购买开发公司房屋,房款以开发公司所欠工程款顶抵,合同注明该房由实业公司承租。房屋过户后,实业公司以其优先购买权被侵害为由,拒付租金。2015年,唐某以开发公司过户前替实业公司垫付8个月租金120万余元,造成唐某通过出租房屋获得收益的风险,应承担给付瑕疵担保责任为由,诉请开发公司赔偿租金损失550万余元及利息。法院认为:《合同法》第229条规定,租赁物在租赁期间发生所有权变动的,不影响租赁合同的效力。据此,租赁物在租赁期间内,所有权可以转让;所有权发生转让后,原租赁合同继续有效。亦即,买受人若购买被出租房屋,需接受原租赁合同约束。从案涉合同中载明内容及唐某自认,以及其同意购买该房屋行为,可认定唐某愿意接受租赁合同约束。租赁合同中承租人不能按期支付租金并非个例,作为出租人而言,对此种情况应当有所预判,故租赁合同条款中通常会约定,出租人不按期交纳租金,出租人可享有的权利及承租人应承担的违约责任。因此,对出租人而言,不能按期收取租金属于市场风险。本案中,唐某愿意接受租赁合同约束,亦同样需承担此类商业风险。开发公司替承租人垫付租金行为本身并不能证明开发公司具有刻意向唐某隐瞒承租人拖欠房租的主观故意。对承租人欠付到期租金唐某有法定救济渠道情况下,不能将承租人不交付租金责任直接转移给开发公司,判决驳回唐某诉请。2003 年**河南某侵权纠纷案**,2002 年,杨某称泵业公司将其承租房屋出卖他人侵犯其优先购买权,但未提交泵业公司出卖其承租房屋证据。法院认为:法律规定的优先购买权,是指当出租人出卖租赁房屋时,承租人在同等条件下可优先购买自己承租的房屋,对出租人出卖的其他房屋,承租人不享有优先购买权。杨某提交的证据,只能证明泵业公司出卖过房屋并收取过卖房款,不能证明其承租的房屋已被泵业公司出卖,故不能享有优先购买权,判决驳回杨某诉请。2017 年**某优先购买权纠纷案**,2004 年,资产公司将附一、附二楼整体拍卖并公告,其中附一楼承租人刘某参与竞拍并以最高应价成为买受人。事后刘某要求以次高应价为准行使优先购买权。法院认为:最高人民法院《关于承租部分房屋的承租人在出租人整体出卖房屋时是否享有优先购买权的复函》(〔2004〕民一他字第 29 号)规定,如果承租人承租的部分于房屋的其他部分是不可分割的、使用功能整体性较明显的,则其对出租人所卖全部房屋享有优先购买权。本案中附一楼与附二楼共用一个楼梯,整体进行拍卖转让,应认定刘某作为本案承租人,对出租人整体出让房屋享有优先购买权。最高人民法院《关于人民法院民事执行中拍卖、变卖财产的规定》(法释〔2004〕16 号)第 16 条规定,拍卖过程中,有最高应价时,优先购买权人可以表示以该最高价买受,如无最高应价,则拍归优先购买权人;如果更高应价,优先购买权人不作表示的则拍归应价最高竞买人。依此规定,优先购买权人可不参与现场竞价,在最高价产生后再表示是否按此价购买,但该规定并未禁止优先购买权人应价并成为最高价。优先购买权是在同等条件下赋予承租人优于其他买受人交易机会,当不存在同等条件时,亦不存在优先购买权。本案中,刘某报价行为构成对资产公司要约的承诺,参加竞买意味着必须接受资产出让要约约束。法律赋予承租人优先购买权,但并未规定当承租人给出高于其他购买人价格时,资产所有权人不得出卖。在本案竞买中,当刘某报价最高时,其可依约选择购买成为资产买受人,亦可选择以不退回保证金方式拒签资产出让协议并主张优先购买权。现刘某在签订资产出让协议后又要求以竞买中的次高应价行使优先购买权,系对资产出让协议反悔,其主张不应支持。资产公司对刘某损失没有过错,不应承担赔偿责任。判决驳回刘某诉请。2017 年**某优先购买权纠**

纷案,处理意见:《合同法》第230条规定,出租人出卖租赁房屋的,应当在出卖之前的合理期限内通知承租人,承租人享有以同等条件优先购买的权利,即法律所规定的承租人的优先购买权。最高人民法院《关于贯彻执行〈中华人民共和国民法通则〉若干问题的意见(试行)》第118条规定,出租人出卖出租房屋,应提前三个月通知承租人,承租人在同等条件下,享有优先购买权;出租人未按此规定出卖房屋的,承租人可以请求人民法院宣告该房屋买卖无效。基于合同相对性原则,出租人与第三人所签合同效力应依《合同法》有关合同效力规定判断。依最高人民法院《关于审理城镇房屋租赁合同纠纷案件具体应用法律若干问题的解释》第21条规定,对于承租人请求确认出租人与第三人签订的房屋买卖合同无效的,不予支持;对于出租人出卖租赁房屋于第三人,并未在合理期限内通知承租人,侵害承租人优先购买权的,承租人可请求出租人赔偿责任。2015年**辽宁某执行异议之诉纠纷案**,2010年,法院依债权人银行申请,查封并拍卖被执行人实业公司名下土地使用权,土地上房屋承租人门业公司提出执行异议,被驳回后以拍卖房屋未通知其行使优先购买权为由,提起案外人执行异议之诉。法院认为:案涉房产及土地使用权拍卖前,法院曾就拍卖事宜多次通知门业公司,但该公司未行使优先购买权,门业公司称并未收到拍卖通知与其经理在接受法院调查时所作陈述不相符。依《民事诉讼法》第225条规定,门业公司关于优先购买权行使问题异议,属对法院执行行为是否合法异议,而非属对执行标的异议,故其所持执行异议理由不能成立。2013年**贵州某优先购买权纠纷案**,2007年,风机厂被宣告破产。清算组向承租风机厂厂房的科技公司发函解除租赁合同后,委托拍卖公司三次拍卖上述房产,因无人竞拍而流拍。拍卖公司遂组织变卖,科技公司认为其不应作为普通竞买人参加竞购,而应在各方达成最后变卖价格后行使优先购买权,据此拒绝报名和交纳保证金。法院认为:《合同法》第230条规定:"出租人出卖租赁房屋的,应当在出卖之前的合理期限内通知承租人,承租人享有以同等条件优先购买的权利。"承租人优先购买权行使以同等条件为前提。本案拍卖、变卖和优先购买权行使发生在破产程序中,与通常情况下的租赁合同中房屋所有权人转让房屋而承租人主张优先购买权明显不同。基于破产程序中行使优先购买权特殊性,本案中,拍卖公司设定提交报名手续和交纳相应保证金的变卖程序并无不妥,因其目的在于甄别出有实力的潜在购买人,最大限度保护破产债权人整体利益。科技公司在变卖过程中未按要求提交报名手续和交纳相应保证金,应视为放弃优先购买权,故判决驳回其诉请。2009年**某优先购买权纠纷案**,2007年,高某承租李某房屋期间,张某与李某签订购房合同,约定实际交易价格123万元。双方为避税,在房产交易中心备案时所签合同约定房款66.2万元。2008年,高某以李某和张某侵犯了其优先购买权为由向法院起诉,要求以66.2万元价格购买案涉房屋。法院认为:承租人优先购买权,是指房屋承租人基于房屋租赁关系,依法于所有人出卖房屋时享有在同等条件下优先于其他人购买房屋的权利。承租人优先购买权具有法定性,一般由法律来规定,而不能由当事人自由创设。目前我国现行立法中对承租人优先购买权作出明确规定的主要是《合同法》第230条,该条规定:“出租人出卖租赁房屋的,应当在出卖之前的合理期限内通知承租人,承租人享有以同等条件优先购买的权利。”从上述规定可看出,同等条件是优先购买权核心。优先购买权作为承租人所享有的一项权利,是对出租人(出卖人)处分出租房屋时处分权的一种限制和约束。它必须建立在“同等条件”下行使这一限制条件的基础上,离开“同等条件”这一限制条件来探讨优先购买权种种相关问题便失去了意义。同等条件应理解为主要指出卖房屋的价格条件,即房主告知享有优先购买权的承租人房价必须等同于其卖给第三人的房价,而不能是高于卖给第三人的房价。本案中,高某以在房地产交易中心的备案合同价格66.2万元来主张优先购买权没有法律依据,应以实际交易价格即123万元作为认定同等条件依据。对于当事人避税行为,与本案并非同一法律关系,本案可不予处理,法院可向有关部门进行司法建议,但不影响本案处理。2009年**重庆某房屋租赁合同纠纷案**,2003年,开发公司与百货公司签订20年期商场租赁合同。2006年,开发公司在未通知百货公司情况下将商场转卖给商贸公司并办理过户手续。2007年,百货公司以侵害其优先购买权为由起诉。诉讼中,百货公司多次表示不同意按同等价格购买该商场。法院认为:承租人优先购买权性质是先买权。《合同法》第230条规定,出租人出卖出租房屋的,应当在出卖之前的合理期限内通知承租人,承租人享有以同等条件优先购买的权利。该规定主要目的是保障出租人出卖房屋时,承租人在同等条件下,优先购买租赁房屋。本案中,开发公司在出卖租赁房屋时虽未通知百货公司,但本案在一审时,法院多次询问百货公司是否在同等条件下购买房屋,百货公司明确表示,按同等价格将房屋销售给百货公司不公平,属于强卖。由此可认定百货公司并无在同等条件下购买该租赁房屋意愿,已放弃了优先购买权行使。据此,百货公司在无意以同等价格购买租赁房屋情况下,请求宣告开发公司与商贸公司房屋买卖合同无效,并确认其在此次房屋买卖活动中在同等条件下享有优先购买权,不符合法律规定,其诉请应不予支持。判决驳回百货公司诉请。2009年**福建某优先购买权纠纷案**,2005年,木材公司将房屋出租给园艺公司。2006年,木材公司委托拍卖公司公开拍卖前述房屋,翁某竞买成功并办理房产证。园艺公司以翁某、木材公司侵犯其优先购买权为由,诉请确认转让合同无效。法院认为:拍卖属出卖特殊方式之一,出租人拍卖出租房屋情形下,承租人依法享有同等条件下优先购买权利。出租人委托拍卖人拍卖房屋时,应以书面或其他能确认收悉的适当方式通知承租人。出租人未通知承租人,或其通知方式不足以使相关信息为承租人所获悉的,构成对承租人优先购买权侵犯,应承担相应民事责任。优先购买权系法定优先缔约权，其性质为债权，不具有对抗善意第三人效力，故承租人不能以出租人损害其优先购买权为由，请求确认出租人与第三人所签房屋买卖合同无效。房屋买受人系通过拍卖竞价后获得租赁房屋，无证据证明买受人与出租人之间存在恶意串通，故承租人不能依《合同法》相关规定请求确认拍卖合同无效；买受人已依法获得租赁房屋所有权证，承租人如主张优先购买权亦将无法获得法院支持，其只能向出租人主张赔偿损失。2007 年**重庆某优先购买权纠纷案**，2003 年，开发公司与百货公司签订租赁合同，约定"履行租赁合同发生纠纷"时的仲裁条款。2007 年，百货公司以开发公司将租赁房产出售给商贸公司、侵害其优先购买权为由起诉。开发公司以约定仲裁条款为由抗辩。法院认为：本案中开发公司提出的所谓管辖权异议，实质上是关于该案是否属法院主管的民事案件范围问题。《合同法》第 230 条规定："出租人出卖租赁房屋的，应当在出卖之前的合理期限内通知承租人，承租人享有以同等条件优先购买的权利。"这是承租人享有优先购买权的法律依据。租赁期间出租人出售租赁房屋事实并非必然发生，当事人一般亦不在租赁合同中作此约定。因承租人优先购买权不是源于当事人在租赁合同中的约定，而是源于法律直接规定，且在法律赋予承租人优先购买权条件下，承租人仍可选择是否行使这一权利。可见，承租人优先购买权不属于租赁合同内容，即不属于此类合同双方当事人权利义务范畴。承租人因行使优先购买权而与出租人发生争议，与双方因履行租赁合同而发生的争议属两个不同法律关系。如当事人在房屋租赁合同中约定了仲裁条款，排除法院管辖，但出租人和承租人在租赁合同中就履行该合同所生争议约定的解决方式，并不能限制承租人因主张优先购买权而向法院提起民事诉讼。开发公司提出租赁合同约定了关于出租人出售或转让、抵押该出租房屋时的权利义务，并据此认为百货公司因行使优先购买权而与其产生的纠纷属于租赁合同中有明确约定的当事人权利义务之争，应依合同仲裁条款排除法院管辖，但其引用的合同条款只是约定了出租人在出售、转让、抵押该出租房屋时，必须与受让人签订合同，保证继续履行租赁合同，而没有关于承租人优先购买权规定。开发公司举出的上述证据并不能证明其提出的因行使优先购买权所生争议属于履行房屋租赁合同范畴的主张成立。裁定驳回开发公司管辖权异议。2006 年**安徽某房屋买卖合同纠纷案**，1989 年，商场与相邻白某双方因宅基地使用权发生纠纷，后和解。1990 年期间，白某曾租用商场房屋并一直居住至今。1993 年，商场经理向朱某借款 7.25 万元。1994 年，商场与朱某签订房屋买卖契约。白某及其继承人以其一直居住在该房屋为由，诉请确认该契约无效。法院认为：曾经存在过租赁关系和宅基地纠纷及相邻关系均非享有优先购买权法定事由，亦无证据表明商场与朱某所签房屋买卖合同非双方真实意思表示，故白某主张其对诉争房屋享有优先购买权和朱某与商场之间购房协议无效不予支持。案涉房屋属白某及其继承人租用和居住已9年,且朱某并不实际需要争议房屋。为维护生活秩序稳定,该房屋可归白某继承人所有。对朱某因未购得该房屋造成的损失,白某继承人应给予适当经济补偿。判决商场诉争房屋由白某继承人按房价7.25万元价格购买,商场退回朱某7.25万元借款,白某继承人补偿朱某10万元。2018年**山东某房屋租赁合同纠纷案**,2014年,韩某以承租李某房屋被李某于2009年转让给宿某,侵犯其优先购买权为由,诉请赔偿差价损失24万余元。法院认为:《合同法》第230条规定,出租人出卖租赁房屋的,应当在出卖之前的合理期限内通知承租人,承租人享有以同等条件优先购买的权利。根据上述法律规定,承租人优先购买权并未排除不定期租赁情形,故韩某作为涉案房屋承租人,虽系不定期租赁,在租赁合同解除前,仍享有对涉案房屋的优先购买权。韩某一直居住涉案房屋至今,李某并未提交证据证实其在出卖房屋之前向韩某发出过解除租赁合同通知,故双方不定期租赁关系一直存在至李某将涉案房屋出卖给宿某,此后的不定期租赁出租人系宿某。李某在不定期租赁合同仍履行时出卖房屋,未通知承租人韩某,损害了韩某优先购买权,应适当赔偿韩某相应损失。承租人优先购买权是隶属于租赁权的从权利,为了平衡出租人与承租人之间的利益,确定本案赔偿责任应考虑以下因素:不定期租赁可随时解除,具有不稳定性,故本案赔偿责任应远小于定期租赁情况下的赔偿责任;李某损害韩某优先购买权后果是使韩某丧失同等条件下优先购买涉案房屋机会,但这种机会丧失并不一定转化为经济损失。假设李某出卖涉案房屋时通知韩某,韩某可能在同等条件下购买,也可能不购买。如其购买,则能得到因房屋升值所带来利益;如不购买,则不能得到因房屋升值所带来利益,故韩某所丧失这种优先购买机会并不必然给其带来房屋差价损失。另外,还存在着因韩某与涉案房屋其他购买人竞价导致的房屋实际出售价格提高等不确定因素。综合上述两点考虑,韩某经济损失应以涉案房屋实际交易之日与韩某知道或应当知道交易信息之日差价损失为基础计算,结合本案不定期租赁特殊情况和机会利益特殊性,酌定李某赔偿韩某涉案房屋差价损失20%,判决李某赔偿韩某4.8万余元。2015年**上海某房地产合同纠纷案**,2005年,实业公司租赁开发公司名下酒店。2009年,开发公司将市价1700万余元的酒店以900万余元价格转让给开发公司法定代表人钟某。钟某系开发公司实际控制人之子。2014年,尚在租赁合同有效期的实业公司起诉开发公司,要求赔偿侵害其优先购买权的差价损失700万余元。法院认为:出租人出卖租赁房屋的,应在出卖前的合理期限内通知承租人,承租人享有以同等条件优先购买权。但出租人基于特殊身份关系以低于市价出卖房屋,而离开该特殊身份关系,出租人则不愿出售房屋的,承租人一般不能享有优先购买权,此时承租人不符合法律规定的“同等条件”要求。本案开发公司与钟某之间存在特殊身份关系,实业公司基于租赁关系主张其优先购买权受到侵害,要求开发公司赔偿诉请,判决驳回。2010年**北京某优先购买权纠纷案**,2009年5月,万某通过中介出卖名下房屋与李某签订售房合同,注明"出卖人未将该房屋出租",同年8月,双方因合同继续履行发生争议并致诉。2010年5月,刘某以其与万某2009年2月始即存在房屋租赁合同关系为由起诉万某,要求确认其享有优先购买权。证据显示刘某在2009年5月即知晓前述售房事宜。法院认为:优先购买权系法律赋予承租人的权利。该权利本质是实际履行权,体现在缔约并履行优先上,而非仅仅表现在主张上。即承租人行使优先购买权条件成就时,出租人负有不得拒绝之义务,保证承租人得以同等条件优先履约,购买到租赁房屋,故承租人优先购买权应积极行使,且应在合理期限内行使,否则会导致出卖人物权长期处于不稳定状态,亦会损害购买人权益。根据万某与李某所签房屋买卖合同中"出卖人未将该房屋出租"之事实自认,李某对上述房屋租赁合同关系真实性提出质疑,有其合理性。即使刘某主张其与万某就诉争房屋存在租赁关系,在万某出售该房屋时享有优先购买权,然而依刘某自述,其在知晓万某向李某出售房屋一事后长达1年多时间里,未作出以此价格购买的意思表示,未能积极行使优先购买权,其早已超过合理期限,故判决驳回刘某诉请。2010年**四川某优先购买权纠纷案**,2003年,修理厂与粮食公司签订租赁合同。2009年,依县政府会议纪要,粮食公司国有土地被以230万余元卖给镇政府,后镇政府转卖他人。2010年,修理厂起诉粮食公司主张优先购买权。法院认为:《合同法》规范的买卖关系以买卖双方当事人平等协商、买卖内容反映双方真实意思表示、买卖价格由双方当事人根据买卖标的物市场价值确定为特征。本案中,粮食公司与镇政府之间的权利义务关系是由凌驾于粮食公司与镇政府之上的国有资产管理机关即县政府以会议纪要方式决定的,并非粮食公司与镇政府双方协商结果,亦非粮食公司与镇政府意思表示。依《企业国有资产法》规定,出让企业国有资产应当进行评估,而镇政府应支付款项,系县政府按该资产抵押贷款确定的,非按该资产在处置时市场价值确定的,更未经中介机构评估。综上因素,粮食公司与镇政府之间不具备买卖关系法律特征,不属《合同法》规范的买卖关系,而是国有资产在两个国有单位之间的调整。因镇政府取得本案所涉资产依据的是县政府对国有资产的调整决定,非因买卖合同,而买卖关系存在是承租人享有优先购买权前提,故修理厂对其承租标的物不享有优先购买权。修理厂以粮食公司与镇政府间并非无偿划拨为由,主张粮食公司与镇政府之间是买卖关系,进而主张享有优先购买权,该主张于法无据,判决驳回修理厂诉请。2009年**上海某租赁合同纠纷案**,2009年5月,开发公司就其名下三处商铺一并转让给严某签订买卖合同。科技公司以其系其中之一承租人身份,依租赁合同关于"提前三个月通知"约定,主张侵害其优先购买权的损害赔偿。法院认为:开发公司仅提供员工证明,曾口头征询过科技公司意见,科技公司不予认可,且依合同约定,开发公司应于出售前三个月通知，但开发公司有确切证据证明的询问均发生在系争商铺产权交易过户之后，故即使存在口头通知，开发公司仍违约。鉴于开发公司与第三人就案涉租赁商铺并未签订买卖合同，房屋亦未交付使用及登记过户，且买卖商铺和科技公司承租商铺虽属同一小区，但两处商铺地理位置、经营内容上无关联性，不能认为必须整体出售，故开发公司认为事后给予科技公司"同等条件"再次购买的机会，法院难以采信。优先购买权设立，追求的主要是生存和安全价值，是对一种基本社会秩序维护，而非对出卖人所有权限制。对优先购买权人而言，该项权利意味着购买机会上的优遇和排斥他人取得特定标的物所有权的保障，但并不意味着购买条件上的优惠。根据相关规定，当承租人优先购买权受到侵害、要求出租人承担相应赔偿责任时，应提供相应证据，以证明存在实际损害的要件事实。因开发公司未曾在出售前以同等条件征询科技公司，故科技公司丧失了交易机会，故从理性的商事交易目的分析，应支持科技公司关于房屋差价损失的诉讼主张。科技公司的房屋差价损失应以争议时系争商铺可能交易发生的价格与开发公司真实售价的差额作为依据。从维护既有房屋利用关系而言，"买卖不破租赁"，故租赁房屋的出售并不破坏房屋已有租赁关系，对承租人而言，承租期限的维护是主要目的，是否取得租赁物所有权并不包含在其预期之内，故科技公司要求赔偿剩余租期的租金损失请求，法院不予支持。判决开发公司赔偿科技公司经济损失65万余元。2009年**江苏某优先购买权纠纷案**，2007年，肖某承租开发公司商铺，约定开发公司"有权在租赁期内将该套商业用房出售给他人，承租人不得干涉"。2009年，肖某以开发公司转让商铺予他人，侵犯其优先购买权为由，诉请开发公司赔偿其装修损失等。法院认为：最高人民法院《关于审理城镇房屋租赁合同纠纷案件具体应用法律若干问题的解释》第21条规定："出租人出卖租赁房屋未在合理期限内通知承租人或者存在其他侵害承租人优先购买权情形，承租人请求出租人承担赔偿责任的，人民法院应予支持。"本案中，肖某在租赁合同中同意抛弃优先购买权特别约定不违背法律、行政法规强制性规定，系依法处分自己的民事权利，应属有效。前述司法解释第13条规定："承租人未经出租人同意装饰装修或者扩建发生的费用，由承租人负担。出租人请求承租人恢复原状或者赔偿损失的，人民法院应予支持。"因双方在合同中明确约定，租赁期内，肖某增设、变更有关装修、设施设备的，应事先征得开发公司书面同意。现肖某无证据证明其装修已征得开发公司书面同意，故装饰装修费用应自行承担。同时依前述司法解释第24条第3项规定，出租人履行通知义务后，承租人在15日内未明确表示购买的，则视为放弃优先购买权。由此可推断，出租人在出卖房屋前15日通知承租人，即符合上述条款确定的承租人行使权利的期限，亦为出租人履行通知义务的合理期限。本案中，如开发公司出卖租赁房屋时未履行通知肖某义务成立，则构成履行不当，应承担赔偿损失等违约责任。但《合同法》第119条规定:“当事人一方违约后,对方应当采取适当措施防止损失的扩大;没有采取适当措施致使损失扩大的,不得就扩大的损失要求赔偿。当事人因防止损失扩大而支出的合理费用,由违约方承担。”肖某在租赁期届满前一个多月即已知道租赁房屋已为开发公司出售,租赁期届满后将要退出租赁房屋,如肖某将来有意继续经营,此时即应立即着手重新物色新的经营地点,为将来或租或买做好准备,以免损失扩大。有一个多月时间,已能远远满足肖某准备工作,故期间损失与肖某未及时采取适当措施存在直接关系。判决驳回肖某诉请。2009年**浙江某房屋租赁合同纠纷案**,2004年,实业公司将房产出租给酒店。2008年,实业公司分立出另一公司投资公司,并将前述出租房产划转至投资公司,在房管部门过户时按申报制度填写了房产价值。2009年,酒店以实业公司出卖房产侵害其优先购买权为由起诉。法院认为:依《合同法》,承租人主张优先购买权前提应为出租人出卖租赁房屋行为发生。最高人民法院《关于审理城镇房屋租赁合同纠纷案件具体应用法律若干问题的解释》规定,当承租人优先购买权受到侵害,承租人只能请求出租人承担赔偿责任,而不能请求确认出租人与第三人所签房屋买卖合同无效。本案中,原实业公司派生分立为两个公司,即实业公司(存续公司)和投资公司(新设公司),符合相关法律法规的分立条件和程序,并最终完成了相应工商登记。根据公司分立的验资报告和资产、负债及所有者权益分割清单,涉案房产确系通过公司分立由原实业公司划分给新设的投资公司,并于新设公司成立后办理了相应过户登记,故应认定案涉房产是通过公司分立资产划分由实业公司移转至投资公司,而非通过买卖关系移转至投资公司。至于酒店提供的房地产转让合同,因该合同中约定的转让方式为转移,转移与买卖为包含和被包含关系,并非等同关系,转移行为中既包括买卖,亦包括互换、赠与、法人或其他组织分立、合并过程中的房屋权属转移,故不能推定签订了该合同即为买卖关系成立,故酒店主张的优先购买权基础并不成立。判决驳回酒店诉请。2009年**山东某房屋买卖合同纠纷案**,2000年,发动机厂将房产租给银行,银行转租给装饰公司,工商登记材料中有发动机厂提供加盖公章的房产证复印件。2005年,发动机厂与李某就该房产签订买卖合同。2006年,装饰公司以侵犯其优先购买权为由起诉。法院认为:《合同法》对“经出租人同意”方式并未明确规定,应认为可以采取任何方式,包括明示或默示、事前或事后、抽象或个别具体,且出租人一经作出同意的意思表示,即不得随意撤回。装饰公司工商登记材料有发动机厂提供的加盖公章的房产证复印件,结合证人证言,应认定转租经过其同意,装饰公司作为次承租人享有优先购买权。2008年**山东某优先购买权纠纷案**,2005年,陈某租赁开发公司房屋期间,因该房被开发公司以单价1580元/平方米出卖给王某,王某又转手卖给孙某,并办理了过户手续。2006年,陈某经诉讼,法院判决确认其享有优先购买权,但未支持陈某以同等价格购买该房的诉请。判决生效后,陈某要求以2000元/平方米购买该房被拒,起诉中经鉴定该房单价为1853元/平方米,陈某要求赔偿侵害其优先购买权的差价损失。法院认为:生效判决认定出租人侵害承租人优先购买权,但未支持承租人以合同同等价格与出租人签订买卖合同诉请,而承租人要求赔偿购买房屋差价损失诉请,实质上是变相请求以同等价格买受出租房屋,对此亦不应支持。本案中,开发公司在租赁期内,未尽通知义务将陈某所租房屋出卖他人,侵犯陈某优先购买权,开发公司仍继续履行与陈某租赁合同,直至合同履行期满,故陈某利益已得到有效保护,其不存在经济损失,陈某诉请赔偿证据不足。开发公司自愿支付5000元作为搬迁费,应予准许。2007年**广东某优先购买权纠纷案**,1999年,陈某之姐与房管站所签租赁协议载明陈某作为家属共同承租使用房屋,后陈某之姐与开发商签订拆迁安置协议,陈某属被拆迁人,在其与开发商指定的物业管理公司签订入住合约后入住诉争房。2004年,黄某参加竞拍取得该房所有权,并认可陈某承租人身份。2006年,黄某根据陈某登记的《购买意向表》通知陈某落实购买事宜,在未与陈某就交易价格、交易方式沟通情况下,将该房转让给庞某。法院认为:虽陈某未与诉争房所有权人签订租赁合同,但却形成事实租赁关系,黄某在参加竞拍时已明知该房为不交吉拍卖,在取得所有权后亦认可了陈某承租人地位,故陈某为合法承租人。黄某所发通知不能证明其已通知陈某出卖房屋事实,黄某依法有义务在出卖前合理期限内将出卖房屋以及交易价格、交易方式等条件告知陈某,以保障陈某能行使在同等条件下优先购买权利,判决确认陈某享有同等条件下优先购买权。2007年**云南某租赁合同纠纷案**,2006年,李某承租合作社门市租赁期满前,合作社又与卫生院签订房屋买卖合同,随后又依乡政府规划,将李某租住房屋在内的房产出卖给乡政府,合作社以租赁期满为由诉请收回房屋,李某反诉主张优先购买权。法院认为:出租人虽有售房意向,但至租赁期满仍未实际出卖,在租赁期届满后出卖,承租人不享有优先购买权。租赁物被政府统一规划的,承租人不享有优先购买权。本案中,合作社出售给卫生院的房屋与李某所租门市无关联,因政府规划,不仅是对李某一人租赁房规划,且规划后至今,合作社并未对李某租赁房与乡政府达成买卖协议,故李某反诉请求行使优先购买权不能成立。因租赁期限届满,双方权利义务终止,合作社诉请退还房屋应予支持。2007年**江苏某租赁合同纠纷案**,2001年,成某承租信用社房屋。2006年,合同到期,成某仍继续使用。信用社通过拍卖公司拍卖该房,并通知成某,两次流拍。2007年,该房屋第三次拍卖,信用社未通知成某。该房屋被陆某竞拍取得,成某主张侵害优先购买权。法院认为:成某与信用社订立财产租赁合同,除格式条款"在出租期间,出租方如将出租财产所有权转移给第三人,不必征求承租方同意,但应告知承租方所有权转移情况"排除承租方法定优先购买权而无效外,其余内容未违反法律规定,应为有效。案涉租赁合同期满后,成某继续使用租赁物,信用社未提出异议,依《合同法》第215条、第236条规定精神,此时成某与信用社仍存在租赁合同关系,只不过租赁期限为不定期,成某仍系该争讼房屋的合法承租人,据此,依《合同法》第230条"出租人出卖租赁房屋的,应当在出卖之前的合理期限内通知承租人,承租人享有以同等条件优先购买的权利"规定,应认定成某享有优先购买权。出租人出卖出租房屋,应提前三个月通知承租人,对该通知义务的履行不仅应理解为在首次出卖时通知承租人出卖租赁物并告知具体的出卖条件(价格、付款方式等),以便承租人决定是否购买,还包括在承租期内首次出卖不成后,再次出卖时,若承租人没有放弃优先购买权,出租人仍要履行相应通知义务,通知义务并非仅指首次出卖;出租人履行通知义务后改变了出卖条件,出卖条件更为优惠的,亦要履行通知义务,否则就侵犯了承租人优先购买权。本案信用社委托进行第三次拍卖情形下,仍应负有通知义务。因其未履行该义务,应认定信用社侵害承租人优先购买权。2007年**江苏某行政诉讼案**,2004年,电信公司关闭清算。2006年,电信公司名下房屋以赠与方式移交给电信局并办理产权变更登记。2007年,赵某以电信局接收电信公司实物资产系名为赠与实为买卖为由,主张房管局颁证行为侵犯其债权、租赁使用权和优先购买权,诉请撤销颁证行为。法院认为:电信局根据国家产业政策调整和上级公司要求对其以职工出资的形式兴办企业电信公司进行关闭清算,并在清算和清退职工股权后,对电信公司移交房屋依法申请产权变更登记,房管局根据电信局申请为其颁发产权证并无不当。电信局在电信公司清算和清退股权后,对其接收的实物资产(房屋)申请房管部门办理变更登记,某种意义上仅系产权名称变更,不影响赵某在租赁关系存续条件下租赁权行使,亦不影响赵某与电信公司在租赁关系终止情况下,对其债权(房屋押金2000元)实现。房管局依《城市房屋权属登记管理办法》相关规定,在审查相关申报材料后,为电信局颁证,其颁证行为对赵某实体权利并不造成影响,颁证行为合法。赵某以电信局接收电信公司实物资产系名为赠与实为买卖为由,主张房管局颁证行为侵犯其债权、租赁使用权和优先购买权依法不能成立。判决驳回赵某诉请。2007年**湖南某租赁合同纠纷案**,2004年,肖某将门面房出租给曾某。2006年,肖某将该房出售给梁某。曾某以侵害优先购买权起诉,法院判决确认肖某与梁某房屋买卖合同无效。曾某起诉,要求确认以肖某向梁某售房同等条件为内容的房屋买卖合同成立。法院认为:曾某在通过诉讼已取得对肖某所有门面优先购买权情况下,仍以实现优先购买权起诉肖某、梁某形成讼争根源,在于诉讼双方对基于租赁关系而产生的优先购买权法律特征及行使优先购买权后产生的法律后果有不同理解。根据我国现行法律规定,优先购买权主要具备以下法律特征:优先购买权基于当事人之间特定民事法律关系由法律直接规定而产生;优先购买权是一种期待权,优先购买权人只有在特定民事法律关系相对方行使转让、处分权时方能行使,对所有权人行使所有权进行合理限制。本案中，曾某基于与肖某之间租赁关系，在肖某欲出售涉案门面时，即对肖某所有门面拥有优先购买权，曾某优先购买权在前案判决书中已得到确认，亦依法排除了两被告之间买卖行为，但曾某欲与肖某之间形成买卖关系，仍应取决于肖某有无出售涉案门面意图及出售条件，并与之达成合意。曾某只能在所有权人表示的新的出售条件下，对涉案门面行使优先购买权，故曾某诉请要求确认其与肖某已形成买卖关系请求，缺乏法律依据，判决驳回曾某诉请。2006年**广东某优先购买权纠纷案**，2006年，房产公司将包括罗某承租房在内的房产整体出售给陈某，陈某又转售给黄某。罗某以侵害其优先购买权为由起诉。法院认为：承租人优先购买权“同等条件”不仅价格条件同等，购买房屋其他条件亦应同等。优先购买权是对承租房屋而言，其空间效力只及于承租范围内房屋，对出租人所有的其他房屋不生优先购买效力。当所有权人整体出售房屋或建筑时，承租人不享有整体上的优先购买权，即特定部分优先权不能扩大化而及于整体。本案中，房产公司与陈某所签买卖合同确定了整体出售标的物范围，并不仅限于罗某承租房屋，虽出售房屋可以分割，但该整体出售是房产公司基于其价值及便于买受人统一行使权利考虑，是对房屋作为不动产在交易中更值得保护的价值所在，亦符合减少交易社会成本，便于房屋占有、管理和使用的立法目的，即房产公司出售房屋面积条件与罗某承租房屋面积条件并不一致，显然罗某主张优先购买权不符合“同等条件”要求，另优先购买权只是优先缔约权，而不是保证买到的权利，判决驳回罗某诉请。2006年**江苏某租赁合同纠纷案**，2003年，兽医站与梁某合建房屋。2004年，兽医站将分割给自己房产出租给网络公司。租赁期间，兽医站将该出租房产售予梁某并办理过户手续。网络公司主张优先购买权。法院认为：案涉房屋租赁合同有效。网络公司作为承租人，依法享有对该房屋的优先购买权。兽医站在出售该房屋前未在三个月合理期限内通知网络公司，兽医站和梁某亦无证据证明网络公司明确放弃优先购买权，故二者买卖行为已构成对网络公司享有的优先购买权的侵害。承租人对出租房屋优先购买权是一种依附于租赁使用权而产生的债权，只具有部分物权效力，是优先缔约而非保证买到的权利。将优先购买权理解为形成权，既缺乏法律依据，亦不符合法理精神和利益衡量原理。承租人不能直接主张依据第三人购买房屋条件购买房屋。对于同等条件应作宽泛理解，不仅指同等价格，还包括价款支付方式、交易的相对人等因素。案涉房屋系兽医站和梁某联合建设门面楼一部分，从联建协议内容可认定，兽医站和梁某在对兽医站综合门面楼分割前属按份共有。该综合楼建成分割后，兽医站对双方诉争房屋办理了房屋产权证明，对该房屋独立使用并享有独立所有权，故梁某主张享有优先于承租人的优先购买权缺乏法律依据，法院不予支持。判决认定兽医站和梁某侵害网络公司优先购买权。2005年**河南某优先购买权纠纷案**，1996年，五金公司通过与王某签订租赁合同将其所有的空院及仓库承包给王某经营饭店,五金公司收取固定承包费。2000年,在承包快到期时,五金公司将空院及部分库房转让给薛某,王某起诉主张优先购买权。法院认为:王某与五金公司所签承包合同,以承包空院及仓库经营饭店,五金公司收取固定承包费,合同性质实为房地产租赁。根据我国法律有关精神和民法公平原则,租赁房屋的院落可视为承租人承租房屋的附属土地,根据房地产"地随房走"原则,承租人对该院落也享有优先购买权。本案中,五金公司转让其出租给王某使用尚在租赁期内的土地使用权时,应在转让前告知王某,王某享有同等条件下的优先受让权。2004年**福建某买卖合同纠纷案**,2002年,方某租赁陶瓷公司房屋,租期届满前,陶瓷公司将房屋出卖给许某,并收取房款、办理了过户手续。法院认为:许某付清房款并办理过户手续,即通过公示,善意取得房屋所有权,方某不能再主张对同一标的物所有权。第三人在出租房买卖过程中已尽相应注意义务,按普通人常识和能力,无从进一步审查出承租人负有的告知义务及承租人是否作出购买的意思表示,主观上无过错,完成了法律上认可的交付行为,承租人方某权利受损,可向出租人陶瓷公司主张权利,判决驳回方某诉请。2004年**广东某优先购买权纠纷案**,2003年,邓某租赁实业公司房屋到期后继续使用,实业公司继续收取租金,后庾某买下实业公司所有的包括邓某承租的一间房在内整层房屋,邓某就其承租房屋主张优先购买权。法院认为:邓某承租诉争房屋期满后继续使用,实业公司未表示异议且继续收取租金,原租赁合同有效,但租期为不定期,邓某作为合法承租人,享有以同等条件优先购买其承租房屋权利。鉴于邓某只对其承租房屋享有同等条件下优先购买权,而实业公司与庾某约定以整体出售整层房屋作为出售条件的,现邓某表示同意购买其承租房屋与实业公司整体出售包括该房在内的整层房屋并非同等条件,故判决驳回邓某诉请。2003年**广东某优先购买权纠纷案**,2000年,陈某承租化工公司房屋。2002年,化工公司经批准,通过招标投标方式转让包括陈某承租房屋在内的整层房产,招标通知仅在化工公司门店招贴。最终二人竞标,赖某中标获得房产并办理过户。2003年,陈某以其不知情、优先购买权受侵害为由,请求确认招标买卖无效,并要求以同等价格购买化工公司已转让给赖某房产。法院认为:化工公司在招标过程中未向社会发布招标公告,且投标人亦少于三人,按《招投标法》规定应重新招标,化工公司招标转让房产未按有关招标投标法律进行,因违法而无效,侵犯了包括陈某在内的不特定对象知情权、竞买权,陈某主张化工公司与赖某房屋买卖关系无效诉请,应予支持。因化工公司为房产整体转让,陈某只承租了一部分,故陈某要求以第三人赖某成交价格优先购得化工公司整栋房产诉请不能得到支持。2001年**贵州某损害赔偿纠纷案**,1996年,村委会将村保管房借予村民吴某居住。1999年,村委会将该房售予雷某。吴某主张优先购买权。法院认为:优先购买权是一种法定权利,应由法律直接规定。《合同法》第

230 条规定："出租人出卖租赁房屋的，应当在出卖之前的合理期限内通知承租人，承租人享有以同等条件优先购买的权利。"《公司法》第 35 条第 3 款规定："经股东同意转让的出资，在同等条件下，其他股东对该出资有优先购买权。"《合伙企业法》第 22 条规定："合伙人依法转让其财产份额的，在同等条件下，其他合伙人有优先受让的权利。"最高人民法院《关于贯彻执行〈中华人民共和国民法通则〉若干问题的意见（试行）》第 92 条规定："共同共有财产分割后，一个或者数个原共有人出卖自己分得的财产时，如果出卖的财产与其他原共有人分得的财产属于一个整体或者配套使用，其他原共有人主张优先购买权的，应当予以支持。"我国法律明确规定了以上几种情况权利人具有优先购买权。本案中，吴某提起诉讼主张其对村集体保管室有优先购买权，因其居住在该房是借住，其与村委会之间是一种借用法律关系，不属于法律明确规定的以上几种情况，故吴某请求确认其有优先购买权无法律依据，判决驳回吴某诉请。1999 年**吉林某租赁合同纠纷案**，1997 年，实业公司承租房产公司部分房屋。其后，房产公司依市政府文件规定，就整栋房屋换建与开发公司签订换建协议，由开发公司支付房产公司 200 万余元后取得房屋并实施动迁、安置、重建工作。实业公司据此主张对整栋房屋的优先购买权。法院认为：房产公司与开发公司所签换建房屋协议，并非规避法律，将房屋买卖说成是房屋换建，剥夺实业公司享有的优先购买房屋权利。实业公司租赁房屋面积仅为 136 平方米，占整栋房屋面积 5%。如是将房屋分割出售给各个租赁户，不涉及房屋开发建设问题，实业公司亦只能就其租赁房屋面积在同等条件下享有优先购买权，不能对整栋房屋享有优先购买权。本案如是房屋买卖性质，亦系一种附有条件的房屋买卖，即涉及房屋开发建设、房屋动迁安置，其中最重要条件是买方须具有房屋开发建设资格。开发公司具有房屋开发建设资格，而实业公司不具有此项资格，不具备买此房后开发建设条件，故实业公司主张享有优先购买权理由不够充分。判决驳回实业公司诉请。1998 年**江苏某租赁合同纠纷案**，1996 年，郑某租赁研究所整幢房屋的两间，约定租赁期限至 1997 年 4 月 30 日。1997 年 5 月，研究所将整幢房屋售予鲁某，郑某以其期满后事实租赁该房为由，主张优先购买权。法院认为：研究所将其房屋有偿转让给鲁某，系行使财产处分权，双方自愿所签转让协议，并到房管部门办理合法手续，其转让房屋所有权行为合法有效，依法应当保护。承租人优先购买权存续时间条件以租赁期为准，租赁期满，承租人优先购买权亦随之消灭。本案中，郑某虽曾承租过研究所房屋，但研究所系在与郑某租赁期满后才出卖房屋的，郑某已无优先购买权。同时，研究所转让的系整幢楼房，而郑某仅实际承租研究所该楼房中两间房屋，郑某对整幢楼房转让不享有优先购买权。判决驳回郑某诉请。1998 年**江苏某租赁合同纠纷案**，1996 年，郑某租赁研究所整幢房屋的两间，约定租赁期限至 1997 年 4 月 30 日。1997 年 5 月，研究所将整幢房屋售予鲁某，郑某主张优先购买权。法院认为:研究所将其房屋有偿转让给鲁某,系行使财产处分权,双方自愿所签转让协议,并到房管部门办理合法手续,其转让房屋所有权行为合法有效,依法应当保护。承租人优先购买权存续时间条件以租赁期为准,租赁期满,承租人优先购买权亦随之消灭。本案中,郑某虽曾承租过研究所房屋,但研究所系在与郑某租赁期满后才出卖房屋的,郑某已无优先购买权。同时,研究所转让的系整幢楼房,而郑某仅实际承租研究所该楼房中两间房屋,郑某对整幢楼房转让不享有优先购买权。判决驳回郑某诉请。2010 年**北京某承租人优先购买权纠纷案**,2009 年 5 月,万某通过中介出卖名下房屋与李某签订售房合同,注明"出卖人未将该房屋出租",同年 8 月,双方因合同继续履行发生争议并致诉。2010 年 5 月,刘某以其与万某 2009 年 2 月始即存在房屋租赁合同关系为由起诉万某,要求确认其享有优先购买权。证据显示刘某在 2009 年 5 月即知晓前述售房事宜。法院认为:优先购买权系法律赋予承租人的权利。该权利本质是实际履行权,体现在缔约并履行优先上,而非仅仅表现在主张上。即承租人行使优先购买权条件成就时,出租人负有不得拒绝之义务,保证承租人得以同等条件优先履约,购买到租赁房屋。故承租人优先购买权应积极行使,且应在合理期限内行使,否则会导致出卖人物权长期处于不稳定状态,亦会损害购买人权益。根据万某与李某所签房屋买卖合同中"出卖人未将该房屋出租"之事实自认,李某对上述房屋租赁合同关系真实性提出质疑,有其合理性。即使刘某主张其与万某就诉争房屋存在租赁关系,在万某出售该房屋时享有优先购买权,然而依刘某自述,其在知晓万某向李某出售房屋一事后长达 1 年多时间里,未作出以此价格购买的意思表示,未能积极行使优先购买权,其早已超过合理期限,故判决驳回刘某诉请。2011 年 7 月**山东某房屋买卖合同案**,李某 1996 年进入制药公司工作并在案涉住宅楼居住,1998 年房改,该房作为李某的福利承租房。2009 年制药公司将该房出售给单位另一职工家属孙某并办理房产证,李某认为侵犯其优先购买权。法院认为:从涉案房屋的出售价格和形式看,本案应是制药公司与其职工之间因单位内部分房、售房引发的纠纷,其优惠价格应视为企业职工享有的福利待遇;而双方争议的核心事项是哪个职工应享受相关优惠政策,购买涉案房屋。根据相关法律及司法解释规定,因单位内部建房、分房等而引起的占房、腾房等房地产纠纷,均不属于人民法院主管工作的范围,故本案纠纷依法不属于人民法院民事案件受案范围。故裁定驳回李某起诉。2011 年 5 月**江苏某租赁合同案**,法院认为:供销社在对涉案房屋进行评估的基础上,以高于评估的价格出售给第三人吕某,且吕某已办理涉案房屋的产权登记手续。王某虽主张吕某系恶意购买、产权证不具备法律效力,但未提供充分证据。故在第三人吕某善意购买租赁房屋并已经办理登记手续的情况下,王某主张以 3.4 万元优先购买涉案房屋,本院不予支持。供销社未提供证据证明其在出卖租赁房屋之前的合理期限内通知了承租人王某或王某已作出放弃优先购买权意思表示，但根据最高人民法院《关于审理城镇房屋租赁合同纠纷案件具体应用法律若干问题的解释》第21条的规定，王某请求确认出租人供销社与第三人吕某签订的房屋买卖合同无效的，本院不予支持。2011年4月**河南某房屋买卖合同案**，法院认为：王某与孟某虽系以赠与合同形式交易的涉诉房产，但结合相关证据，实质上该协议仍是房屋买卖合同，房屋买卖合同应自合同成立时生效。之后，孟某又以同样形式与冯某订立了房屋转让协议。王某以孟某侵犯自己的优先购买权，要求认定孟某与冯某之间的房屋买卖合同无效，房屋的优先购买权是房屋的共有人、承租人、典权人所专有的一项权利，房屋的原出卖人在房屋的二次出卖中并不享有该权利，因此王某的此项诉请理由不成立。2010年12月**重庆某房屋买卖合同案**，法院认为：徐某通过公开竞买，与开发公司签订《房地产转让协议》后，依法办理了房地产权证，取得了争议房屋的所有权，根据最高人民法院《关于审理城镇房屋租赁合同纠纷案件具体应用法律若干问题的解释》第21条规定，承租人傅某以侵犯其优先购买权为由主张徐某与开发公司签订的《房地产转让协议》无效的请求，不予支持；同时从目前当事人各方提供的证据看，无证据证明被告间签订的房地产转让协议存在构成合同无效的要件。故傅某认为案涉房地产转让协议无效的主张不能成立。2010年10月**浙江某房屋租赁合同案**，法院认为：陈某原租赁房屋地块所有人即盐业公司出具委托书，委托拍卖公司拍卖的无证房屋1600平方米（其中有陈某租赁房屋），并确定了处置价25万元。后拍卖公司在拍卖会上，由开发公司以26万元拍卖取得该地块，并在随后付清款项。故现陈某所租赁房屋产权是属于开发公司的，且根据最高人民法院《关于审理城镇房屋租赁合同纠纷案件具体应用法律若干问题的解释》第21条规定，陈某请求确认出租人与第三人签订的房屋买卖合同无效，法院不予支持，故判决陈某腾房并支付开发公司租金损失1万余元。2010年3月**上海某房屋买卖合同案**，法院认为：开发公司有偿取得系争房屋产权后，于2004年2月将系争房屋出售给林某，该合同并未违反法律和行政法规的强制性规定，原判依据当时的司法解释判决合同无效虽有一定的依据，但为以后的司法解释所修正，检察院此项抗诉理由成立。蔡某起诉要求确认开发公司与林某之间签订的上述合同无效，本院难以支持。但开发公司在取得系争房屋时明知蔡某租住在内，蔡某夫妇是系争房屋的实际承租人，开发公司在处分系争房屋时，应在合理期限内通知承租人，询问承租人是否行使优先购买权。而本案诉讼中开发公司并未提供有效证据证明其在出售系争房屋前通知过蔡某，故开发公司的行为已构成对蔡某合法权利的侵害。至于时效问题，本案蔡某自2006年林某起诉蔡某迁让时才得知系争房屋已被出卖，之后一直主张系争房屋的合法权利，该案二审于2007年1月作出终审判决，未支持林某的诉讼请求。2008年11月，蔡某起诉，要求确认开发公司与林某之间签订的房屋买卖合同无效的同时,主张优先购买权,并未超过法定的2年诉讼时效。故蔡某起诉要求以同等价格优先购买系争房屋,本院予以支持,开发公司应协助蔡某办理相关过户手续。开发公司将系争房屋以同等价格出卖给蔡某以后,开发公司与林某之间签订的系争房屋买卖合同不能履行的有关事宜,可由开发公司与林某另行解决,本案不作处理。2010年2月**新疆某房屋租赁合同案**,法院认为:因开发公司在继受取得涉案房屋的相关权利义务后,与孟某签订了房产转让合同且已办理了房产过户登记手续,依照最高人民法院《关于审理城镇房屋租赁合同纠纷案件具体应用法律若干问题解释》第21条规定,宋某请求确认开发公司与孟某签订的房产转让合同无效于法无据,本院不予支持。另因涉案房屋的承租人系宋某的父亲,故宋某请求确认其享有优先购买权亦无事实及法律依据,本院不予支持。2008年12月**广东某房屋买卖合同案**,1993年,于某将其房产委托朱某管理,约定"如遇征用拆迁,有权代取合理补偿"。2007年5月,于某与李某签订房屋买卖合同,并办理了过户手续。此时,朱某之妻梁某认为侵犯其优先购买权,主张买卖合同无效,依据是2003年11月朱某以于某代理人身份与梁某签订的租赁合同,租赁标的为案涉房屋首层的一部分。法院认为:于某委托朱某管理讼争房屋的权限已在委托书中明确约定,其中全权管理的具体内容并不包括代理出租的权限,而出租房屋与处理征用拆迁事宜亦非同类性质的行为,朱某将讼争房部分擅自出租给梁某行为已超越代理权限,系无权代理行为,于某亦未追认,故案涉租赁合同无效,梁某并非讼争房的承租人。因梁某所主张的优先购买权成立的前提条件是其为讼争房的承租人,因其既非讼争房的承租人,即无权以享有优先购买权为由主张于某与李某间房屋买卖行为无效。且承租人对承租物享有的优先购买权的前提条件是"同等条件",该同等条件应包括价格、空间等条件,若条件不同等,承租人就不享有优先购买的权利。优先购买权对承租的房屋而言即其空间效力只及于承租范围内的房屋,对出租人所有的其他房屋不具有优先购买的效力。因案涉买卖合同标的是全部房屋,而梁某与朱某签订租约约定及使用的仅为部分,即于某出售房屋的面积条件与案涉租约约定及使用的房屋面积条件并不一致,且依租赁合同不能认定梁某系讼争房的承租人,故梁某主张享有优先购买权,没有法律根据。2007年4月**海南某房屋买卖合同案**,承租居委会铺面的冯某以侵犯其优先购买权为由起诉,生效判决确认居委会与叶某的购房合同无效,冯某享有优先购买权。随后居委会办理了房产证更名注销手续,但土地使用权证仍为叶某名。2006年9月,冯某起诉要求居委会与其办理购房手续,实现其优先购买权。法院认为:承租人优先购买权是一项附条件的法定权利,须在所有权人出售出租房屋时在同等条件下承租人享有的一项权利。本案居委会与叶某之间的房屋买卖合同被判决无效后,过户在叶某名下的房产证已被注销。土地使用权证是否注销、购房款是否退还,不影响该房屋在法律上已经回归居委会所有。争议房屋权属仍属居委会。无证据证明该房屋处于被出售状态。冯某的优先购买权所附条件尚未成就，故其要求判决居委会与其履行房屋买卖手续，缺乏法律依据，不予支持。2007年1月**海南某房屋买卖合同案**，1991年，陈某投资6500元，与镇企业办签订协议，租赁使用镇企业办所有的商场之9号铺面12年。其间，开发公司通过置换取得商场所有权，并通知租户可办理出售事宜，在陈某交了2000元购买定金后，未在规定期限内签订购买协议，开发公司将9号商铺另售他人，陈某起诉侵犯其优先购买权。法院认为：陈某租赁9号铺面经营期间，开发公司已受让商场，并取得其所有权和使用权。故陈某和镇企业办之间的租赁关系变更为陈某与开发公司之间的租赁关系。开发公司在出卖9号铺面前，已以公告方式在合理期限内通知了陈某，陈某未在开发公司规定期限内主张优先购买权，该权利已丧失，故判决驳回陈某诉请。2004年12月**福建某房屋买卖合同案**，法院认为：方某与陶瓷公司签订的房屋承租合同合法有效。在租赁期内，陶瓷公司欲出卖租赁房屋，应提前通知方某；方某在同等条件下，依法享有优先购买权。陶瓷公司未能提供证据证明其提前通知方某，违反了对方某的通知义务。第三人许某向陶瓷公司购买出租房屋，已支付了对价，并办理了产权过户登记等相关手续，基于房屋登记的公示公信力，可以视为其已善意取得房屋的所有权。陶瓷公司的行为致使方某不能行使优先购买权，如给方某造成损失，应予赔偿。

【同类案件处理要点】

优先购买权是租赁合同中承租人的一项法定权利，因出租人向第三人出卖房屋导致承租人不能实现该权利的，应视为出租人违约，承租人可要求出租人承担违约损害赔偿责任。

【相关法律风险提示】

1. 立法沿革。出租人出卖承租房屋，未通知承租人，构成对承租人法定优先购买权侵害的，依以往司法精神，承租人可以诉请要求售房合同无效，但最高人民法院《关于贯彻执行〈中华人民共和国民法通则〉若干问题的意见（试行）》因《物权法》出台，该司法解释第118条“出租人违反通知义务，承租人可以请求法院宣告房屋买卖合同无效”的内容于2008年12月18日被废止。前述司法解释条款的渊源在于《合同法》第230条，虽现行有效，但该条仅规定承租人有优先购买权，并未规定出租人与第三人的房屋买卖合同无效。与此相适应，2009年9月1日生效的最高人民法院《关于审理城镇房屋租赁合同纠纷案件具体应用法律若干问题的解释》第21条对承租人优先购买权受侵害的救济途径明确为承租人诉请确认售房合同无效的，不予支持，承租人只享有违约损害赔偿请求权。当然，言外之意，出卖人为避免此损害赔偿责任,也可通过向买受人承担违约责任,与承租人建立房屋买卖关系。

2. 承租人优先购买权中的“同等条件”是指优先购买权人所接受的出卖价格和其他条件与其他购买人相同或相一致的情况下,优先购买权人所享有的权利,它不仅包括最主要的价格条件,还包括价款支付期限、方式、买卖迁址期限以及所卖房屋的部分等因素。

3. 承租人优先购买权的前提是租赁权合法有效。主张租赁权合法有效的一方应当举证房屋产权人委托授权范围是否明确包括租赁。

4. 承租人优先购买权成立的条件包括“同等条件购买”,而整体与部分的差别不应作为同等条件认定。

5. 买卖房屋,应对该房屋出租情况进行了解,因为“买卖不破租赁”,在买受人即使不构成侵犯承租人优先购买权取得房屋所有权,也存在交付履行上的障碍。

6. 出卖人出卖租赁房屋,应保障承租人的优先购买权,并对房屋租赁情况向买受人如实告知,以免造成交付履行障碍而承担违约责任。

7. 公房承租人以产权单位处分房产侵犯其优先购买权起诉的,法院可能以管辖为由不予受理或驳回起诉。案见山东青岛中院(2011)青民一终字第1812号“李某与某制药公司等房屋买卖合同纠纷上诉案”。

8. 房屋出租人出卖租赁房屋时,承租人在同等条件下享有的优先购买权,应为购买自己承租的房屋,而非出租人出卖的其他房屋。

9. 拍卖中承租人享有优先购买权,但其以竞买人身份拍得买受房屋后不得反悔而主张以竞买中的次高应价行使优先购买权。

10. 出租人出卖租赁房屋未在合理期限内通知承租人,侵害了承租人优先购买权,承租人可请求出租人赔偿,但主张出租人与第三人签订房屋买卖合同无效的,不予支持。

11. 依《民事诉讼法》相关规定,房屋承租人主张拍卖房屋未通知其行使优先购买权,属对法院执行行为是否合法异议,而非属对执行标的异议。

12. 基于破产程序中行使优先购买权的特殊性,拍卖公司设定提交报名手续和交纳相应保证金的变卖程序并无不妥。承租人在破产变卖过程中未按要求提交报名手续和交纳相应保证金,其行为应视为放弃优先购买权。

13. 房屋真实成交价格应按买卖合同双方当事人真实意思认定,而逃避税收并非双方订立房屋买卖合同目的,故应以真实交易价格作为认定同等条件依据。

14. 承租人在审理过程中明确表示不购买承租房屋,其请求宣告出租人与他人房屋买卖合同无效的,法院应不予支持。

15. 租赁房屋被拍卖,出租人未通知承租人的,构成对承租人优先购买权的侵犯，承租人可向出租人主张侵权损害赔偿。

16. 租赁合同当事人于合同中约定的仲裁条款，不能限制承租人就行使优先购买权与出租人发生纠纷向法院提起诉讼。

17. 曾经存在过租赁关系和宅基地纠纷及相邻关系均非享有优先购买权的法定事由，但在一房二卖情形可作为确定所有权归属时的参考因素。

18. 在不定期租赁关系中，承租人依然享有优先购买权，在房屋捆绑销售情形，部分房屋承租人行使优先购买权时，应通过平衡出卖人与承租人利益进行处理。不定期租赁合同承租人优先购买权受侵害的，其损失以成交价与市场价之间差价损失、租赁期限长短等综合确定。

19. 出租人基于特殊身份关系以低于市价出卖房屋，承租人一般不能享有优先购买权，此时承租人不符合法律规定的同等条件的要求。

20. 承租人优先购买权系强制缔约请求权，须在合理期限内行使，充分考虑承租人居住安全利益、出租人稳定财产占有关系以及善意第三人交易安全保护三者之间的价值衡量原则。

21. 上级政府单方面将其管理的国有资产转让给下级政府不构成买卖关系，承租人不享有《合同法》第 230 条规定的优先购买权。

22. 出租人侵害承租人优先购买权的，应承担赔偿责任，并应以争议发生时系争房屋市场价格与房屋实际售价间的差额作为赔偿基准。

23. 承租人在租赁合同中同意抛弃优先购买权的约定不违背法律、行政法规强制性规定，系依法处分自己民事权利，应属有效。

24. 通过公司分立而非通过买卖关系移转至分立后公司的房产，因无出卖租赁房屋行为发生，承租人不享有优先购买权。

25.《合同法》关于转租时应“经出租人同意”，应可采取任何方式，包括明示或默示、事前或事后、抽象或个别具体。

26. 承租人优先购买权遭受侵害时主张房屋差价赔偿，实质上是变相请求以同等价格买受出租房屋，对此应不予支持。

27. 因承租公房拆迁，在新所有人与承租人之间形成的租赁关系，承租人同样享有优先购买权，出租人售房时应向承租人履行通告义务。

28. 承租人优先购买权存续时间条件以租赁期为准，房屋租赁合同约定租赁期届满后，承租人优先购买权亦随之消灭。出租人虽有售房意向，但至租赁期满仍未实际出卖，在租赁期届满后出卖，或租赁物被政府统一规划的，承租人不享有优先购买权。

29. 出租人履行通知义务后改变了出卖条件，出卖条件更为优惠的，仍应履行通知义务，否则就侵犯了承租人优先购买权。

30. 房屋所有权人依法关闭清算后,将房屋移交关联企业并办理过户登记的,该产权变更登记未侵害承租人合法权利。

31. 局部承租人优先购买权不及于出租人出售的整栋出租房屋,同等条件还应包括购买者自身须具备相应主体资质条件。所有权人整体出售房屋或建筑时,承租人不享有整体上的优先购买权,即特定部分优先权不能扩大化而及于整体。出租人通过招标方式整体出卖房产,仅承租部分房产的承租人要求以竞买人成交价格优先取得整栋房产的,不能支持。

32. 房屋合建协议约定按份共有而非共同共有的,一方将分割后名下已出租房屋售予另一方,应保障承租人优先购买权。

33. 善意第三人购买出租房屋并办理过户手续的,虽与承租人优先购买权行使发生冲突,基于公示公信原则,应优先保护该第三人利益,以维护交易安全。

34. 优先购买权是一种法定权利,应由法律直接规定。房屋借用人对出卖房屋主张优先购买权无法律依据,不予支持。

35. 优先购买权系对承租房屋而言,其空间效力只及于承租范围内房屋,对出租人所有的其他房屋不产生优先购买效力。

【附注】

参考案例索引:湖南怀化中院(2011)怀中民再终字第14号"潘某与某商业管理办公室承租人优先购买权纠纷再审案";安徽高院(2017)皖民申1312号"唐某等与某开发公司担保纠纷案",见《唐学富、庞华与合肥建鑫房地产开发有限公司给付瑕疵担保责任纠纷案》,载《最高人民法院公报·案例》(202002/280:30);河南郑州中院2003年3月14日判决"杨某与某泵业公司优先购买权侵权纠纷案",见《杨巧丽诉中州泵业公司优先购买权侵权纠纷案》,载《最高人民法院公报·案例》(2004:375);见《优先购买权人通过竞拍买受房屋后,不能主张损害赔偿》(陈亚、王毓莹,最高院民一庭),载《民事审判指导与参考·指导性案例》(201702/70:77);见《出租人出卖租赁房屋未在合理期限内通知承租人,承租人能否以侵害其优先购买权为由主张出租人与第三人签订房屋买卖合同无效》(《民事审判指导与参考》研究组),载《民事审判指导与参考·民事审判信箱》(201702/70:257);最高人民法院(2015)民申字第16号"某门业公司与某银行等案外人执行异议之诉纠纷案",见《再审申请人大连舒心门业有限公司与被申请人中信银行股份有限公司大连甘井子支行、大连国滨企业发展总公司案外人执行异议之诉纠纷案》(审判长辛正郁,代理审判员潘杰、沈丹丹),载《民事审判指导与参考·执行异议之诉案例选登》(201703/71:111);最高人民法院裁定"某实业公司与某拍卖公司等承租人优先购买权纠纷案",见《承租人的优先购买权应在同等条件下行使——贵州大有风机实业有限公司与贵州鼓风机总厂破产清算组、贵州春秋拍卖有限责任公司、贵州金甲秀实业有限公司承租人优先购买权纠纷申请再审案》（武建华，最高院立案庭），载《立案工作指导·申诉与申请再审疑案评析》（201304/39：108）；见《当实际交易价格与备案合同价格不一致时，承租人不能要求以备案合同价格作为同等条件主张优先购买权》，载《民事审判指导与参考·指导性案例》（200902/38：206）；最高人民法院“某开发公司与某商贸公司等房屋租赁合同纠纷案”，见《承租人明确表示不购买承租房屋，其请求宣告出租人与他人的房屋买卖合同无效的，不应给予支持——重庆鑫隆达房地产开发有限公司、重庆宏彪商贸有限公司与重庆解放碑茂业百货有限公司优先购买权纠纷上诉案》（孙延平，最高院民一庭），载《民事审判指导与参考·最高人民法院二审案件解析》（200901/37：203）；最高人民法院（2009）民监他字第9号，见《租赁房屋被拍卖时承租人优先购买权的保护——关于福清市名流园艺有限公司与翁武强、翁武雄及福清市国有资产营运中心确认合同效力纠纷案的请示与答复》（马成波，最高院审监庭），载《审判监督指导·请示与答复》（200903/29：45）；最高人民法院“某开发公司与某百货公司等承租人优先购买权纠纷案”，见《租赁合同当事人于合同中设立的仲裁条款不能限制承租人就行使优先购买权与出租人发生的纠纷向人民法院提起民事诉讼——重庆鑫隆达房地产开发有限公司与重庆解放碑茂业百货有限公司、重庆宏彪商贸有限公司承租人优先购买权纠纷管辖权异议上诉案》（韩玫，最高院民一庭），载《民事审判指导与参考·最高人民法院二审案件解析》（200704/32：207）；最高人民法院“朱某与白某等房屋买卖合同纠纷案”，见《朱文安、古全美与白玉堂、白玉敏、亳州市聚源商场房屋买卖合同纠纷申请再审案》（于金陵，最高院立案庭），载《立案工作指导·申诉与申请再审疑案评析》（200601/12：133）；山东济南中院（2016）鲁01民终4094号“李某与韩某等房屋租赁合同纠纷案”，见《李克俭诉韩延伟、邵学美房屋租赁合同纠纷案——不定期房屋租赁合同承租人优先购买权的认定》（曹强），载《人民法院案例选》（201806/124：97）；上海一中院（2015）沪一中民二（民）终字第98号“上海曼登实业有限公司与上海立地房地产公司合同纠纷案”，见《特殊身份关系可排除优先购买权的行使》（陶郑忠、杨立转、孙猛），载《人民司法·案例》（201522：48）；北京一中院（2010）一中民终字第20855号“刘某与万某等承租人优先购买权纠纷案”，见《刘绪国诉万战、第三人李冬梅承租人优先购买权纠纷案》（张英周），载《人民法院案例选》（201204/82：125）；四川泸州中院（2010）泸民终字第628号“某修理厂与某粮食公司承租人优先购买权纠纷案”，见《泸州闲马汽车修理厂诉泸县开元粮食有限责任公司承租人优先购买权案（未经授权的企业不具有出卖国有资产的权利）》（方娟），载《中国审判案例要览》（2011商：167）；上海杨浦区法院（2009）杨民四（民）初字第3177号“某科技公司与某开发公司租赁合同纠纷案”,见《上海远大学习广场教育科技有限公司诉上海泰润房地产开发有限公司房屋租赁合同纠纷案》(陈晓宇、朱萍),载《人民法院案例选》(201204/82:134);江苏无锡中院(2009)锡民终字第0710号“肖某与某开发公司承租人优先购买权案”,见《肖荣华诉江苏瑞南实达房地产开发有限公司承租人优先购买权案(承租人优先购买权)》(吕欢),载《中国审判案例要览》(2011民:54);浙江宁波北仑区法院(2009)甬仑民初字第1892号“宁波博仑渔港大酒店有限公司诉宁波经济技术开发区北仑电力实业有限责任公司等租赁合同纠纷案”,见《承租人对通过公司分立转移的房产不享有优先购买权》(杜宇、郑智杨),载《人民司法·案例》(201008:25);山东高院(2008)鲁民提字第299号“某装饰公司诉某发动机厂等房屋租赁案”,见《次承租人享有优先购买权——青岛同心装饰有限公司诉山东省青岛发动机厂、李肖青请求确认房屋买卖合同无效纠纷案》(谢爱梅),载《人民法院案例选·月版》(200904/4:3);山东青岛中院(2008)青民一终字第1668号“陈某诉某开发公司优先购买权案”,见《承租人优先购买权遭受侵害时不能主张房屋差价赔偿——陈红诉青岛瓯龙房地产开发有限公司承租人优先购买权纠纷案》(孙琦),载《人民法院案例选·月版》(200904/4:37);广东广州中院(2007)穗中法民五终字第125号“陈某诉黄某等房屋优先购买权案”,见《陈翠玉诉黄少荣、庞伟侵犯房屋优先购买权纠纷案》(李鑑辉),载《人民法院案例选》(200703/61:77);云南曲靖中院(2007)曲中民终字第779号“某合作社诉李某租赁合同案”,见《虽有出卖意向,但租赁到期前未实际出售的或租赁物被政府统一规划的,承租人不享有优先购买权——会泽县金钟供销中心合作社诉李金兰房屋租赁合同纠纷案》(石加贞、孙尉玲),载《人民法院案例选·月版》(200904/4:31);江苏启东法院(2007)启民一初字第2241号“成水红诉启东市农村信用合作联社等房屋租赁合同纠纷案”,见《出租人出卖房屋时通知义务的履行》(孙贵斌),载《人民司法·案例》(201004:16);江苏东台法院(2007)东行初字第0017号“赵春林与东台市房产管理局产权变更登记纠纷上诉案”,见《产权变更登记未侵害租赁方合法权利》(邓正超),载《人民司法·案例》(200724:98);湖南娄底中院(2007)娄中民三终字第75号“曾加生与肖建光等房屋租赁合同纠纷上诉案”,见《承租人诉请直接实现优先购买权:判决驳回》(谢雄雅),载《人民司法·案例》(200722:79),另参阅安徽黄山中院(2005)黄中法民一终字第120号“刘金昌与安徽省黄山新街商城发展有限公司等房屋租赁合同纠纷上诉案”,见《承租人诉请直接实现优先购买权:判决支持》(杨力、汪琼),载《人民司法·案例》(200722:83);广东广州越秀区法院(2006)越法民三初字第557号“罗某诉某房产公司等优先购买权案”,见《个别房屋的承租人不能行使对打包整体出售的房屋的优先购买权——罗志广诉广东省华侨房产建设公司、陈良义、黄取娇优先购买权纠纷案》(许伟雄),载《人民法院案例选·月版》

(200904/4:18);江苏徐州中院(2006)徐民一终字第0757号“新沂市卓尔网络技术服务有限公司与江苏省新沂市畜牧兽医站等房屋租赁合同纠纷上诉案”,见《承租人行使优先购买权的条件》(王松、左其洋),载《人民司法·案例》(200814:80);河南三门峡中院(2005)三民终字第9号“王某诉某五金公司等优先购买权案”,见《王利亚诉卢氏县五交化公司、杨冬粉、薛茂生承租房屋优先购买权案》(杜秋平、焦迎九),载《人民法院案例选》(200601/55:141);福建泉州中院(2004)泉民再终字第43号“方某诉某陶瓷公司买卖合同案”,见《方金珠以优先购买权受侵害为由诉福建省德化艺鹏陶瓷有限公司房屋买卖合同纠纷案》(岳广明),载《人民法院案例选》(200502/52:100);广东广州中院(2004)穗中法民四终字第3685号“邓某诉庾某等优先购买权案”,见《邓柱基诉广州工艺品进出口集团公司、庾磊福优先购买权纠纷案》(伍丽娜),载《人民法院案例选》(200703/61:69);广东河源市连平法院(2003)连民(初)字第120号“陈某诉赖某等确认优先购买权案”,见《陈伟文诉连平县五金交电化工公司确认优先购买权纠纷案》(邹燕辉),载《人民法院案例选》(200703/61:86),另见《承租房屋小部分的承租人对整体房屋不享有优先购买权——陈伟文诉连平县五金交电化工公司确认优先购买权纠纷案》(邹燕辉),载《人民法院案例选·月版》(200904/4:11);贵州贵阳中院(2001)筑民二终字第210号“吴某与某村委会损害赔偿纠纷案”,见《吴文明诉贵州省修文县扎佐镇兴红村村民委员会案(优先购买权、财产损害赔偿)》(罗晓珊),载《中国审判案例要览》(2002民:22);吉林高院1999年12月15日“某实业公司与某开发公司租赁合同纠纷案”,见《新亚航空服务公司诉长春房地(集团)有限责任公司将出租房屋进行重置换建侵害其优先购买权案》(冯彦彬),载《人民法院案例选》(200004/34:91);江苏常州中院1998年5月25日“郑某诉某研究所租赁合同纠纷案”,见《郑文俊诉金坛市计量测试技术研究所向他人出售其曾承租部分的整栋房屋侵犯优先购买权案》(庄克平),载《人民法院案例选》(200003/33:78);江苏常州中院1998年5月25日“郑某诉某研究所租赁合同纠纷案”,见《郑文俊诉金坛市计量测试技术研究所向他人出售其曾承租部分的整栋房屋侵犯优先购买权案》(庄克平),载《人民法院案例选》(200003/33:78);山东青岛中院(2011)青民一终字第1812号“李某与某制药公司等房屋买卖合同纠纷上诉案”;江苏徐州中院(2011)徐民终字第550号“王某与某供销社等房屋租赁合同纠纷上诉案”;河南南阳中院(2011)南民二终字第14号“王某与冯某房屋买卖合同纠纷上诉案”;重庆黔江区法院(2010)黔法民初字第00983号“傅某诉某清算组等确认房屋买卖合同无效纠纷案”;浙江湖州中院(2010)浙湖民终字第289号“陈某与某开发公司房屋租赁合同纠纷上诉案”;上海高院(2010)沪高民一(民)再提字第1号“某开发公司等与蔡某房屋买卖合同纠纷再审案”;新疆乌鲁木齐中院(2009)乌中民四终字第623号“宋某与某开发公司等租赁合同纠纷上诉案”;广东广州中院(2008)穗中法民五终字第4302号“梁某与于某房屋买卖合同纠纷案”;海南省海南中院(2007)海南民二终字第120号“冯某与某居委会房屋买卖合同纠纷案”;海南省海南中院(2007)海南民二终字第48号“陈某与某开发公司房屋买卖合同纠纷案”;福建泉州中院(2004)泉民再终字第43号“方某与某陶瓷公司房屋买卖合同纠纷案”。

94. 经适房:受让人资格

——经济适用房,转售有无效?

【合同效力】

【案情简介及争议焦点】

2008年8月,李某将其5万元购买的住房作价8.8万元出售给袁某,该房系李某原国营单位破产后,破产职工安置机构根据市政府文件批复申请兴建的经济适用房。

争议焦点:1. 案涉房屋性质如何? 2. 案涉合同效力如何?

【裁判要点】

1. 案涉房屋性质。经济适用房系政府提供政策优惠,限定套型面积和销售价格,按照合理标准建设,面向城市低收入住房困难家庭供应,具有保障性质的政策性住房。本案李某原单位在经营陷入困境,实行政策性破产后,为解决职工的住房困难问题,破产后职工管理机构向市人民政府申请兴建经济适用房,市房产管理局根据市政府文件精神批复同意,并明确规定,其购买对象只能是该单位职工。以上充分说明,李某所购案涉房屋系经济适用房。

2. 案涉合同效力。根据国家建设部等七部委发布的《经济适用住房管理办法》相关规定,袁某不符合购买经济适用房的条件,同时,根据该办法第30条第2款“购买经济适用房不满5年,不得直接上市交易,购房人因特殊原因确需要转让经济适用房的,由政府按照原价格并考虑折旧和物价水平等因素进行回购”之规定,李某亦不得擅自向他人转让经济适用房。故双方当事人之间达成的经济适用房的买卖行为违背了国家政策的强制性规定,损害了国家利益。双方所签订的《房屋买卖合同》中明确约定,袁某购买的是李某的“安置住房”,并将李某与破产后职工管理机构所签订的《异地安置集资建房交款合同》作为该买卖合同的附件,此外,双方还约定李某在3年后要积极配合袁某办理房屋产权过户手续，上述因素充分说明，双方对买卖的房屋系经济适用房是明知的，且具有共同规避国家政策强制性规定的主观意图；根据双方在买卖合同的约定，袁某要按每平方米998元的价格支付购房款，为此，李某因此而获得了每平方米398元的利益。根据以上特征，足以说明双方买卖经济适用房的行为系恶意串通，损害国家利益的行为。依《合同法》第52条规定，双方当事人买卖经济适用房的行为应当被确认为无效行为。诚然，李某在本案所涉及的买卖经济适用房的行为中，明显违背了民事行为应当遵循的诚实信用的基本要求，但不应因此而影响对双方买卖经济适用房行为法律效力的界定。对于双方当事人因上述无效民事行为所导致的相关法律后果，双方当事人可另行通过协商或者其他法律途径依法予以解决。

【裁判依据或参考】

1. 法律法规及其他国务院文件。《民法典》（2021年1月1日）第8条："民事主体从事民事活动，不得违反法律，不得违背公序良俗。"第143条："具备下列条件的民事法律行为有效：（一）行为人具有相应的民事行为能力；（二）意思表示真实；（三）不违反法律、行政法规的强制性规定，不违背公序良俗。"第153条："违反法律、行政法规的强制性规定的民事法律行为无效。但是，该强制性规定不导致该民事法律行为无效的除外。违背公序良俗的民事法律行为无效。"第155条："无效的或者被撤销的民事法律行为自始没有法律约束力。"第156条："民事法律行为部分无效，不影响其他部分效力的，其他部分仍然有效。"第157条："民事法律行为无效、被撤销或者确定不发生效力后，行为人因该行为取得的财产，应当予以返还；不能返还或者没有必要返还的，应当折价补偿。有过错的一方应当赔偿对方由此所受到的损失；各方都有过错的，应当各自承担相应的责任。法律另有规定的，依照其规定。"**《合同法》**（1999年10月1日，已于2021年1月1日起失效）第52条："有下列情形之一的，合同无效：（一）一方以欺诈、胁迫的手段订立合同，损害国家利益；（二）恶意串通，损害国家、集体或者第三人利益；（三）以合法形式掩盖非法目的；（四）损害社会公共利益；（五）违反法律、行政法规的强制性规定。"第132条："出卖的标的物，应当属于出卖人所有或者出卖人有权处分。法律、行政法规禁止或者限制转让的标的物，依照其规定。"国务院**《关于城镇保障性住房建设和管理工作情况的报告》**（2011年10月25日）第2条："经过几年的探索和实践，我国基本形成了市场供给与政府保障相结合、以市场供给为主的城镇住房政策框架，初步建立了住房保障制度……4. 经济适用住房。由政府提供政策支持，主要由企业投资建设，面向有一定支付能力的城镇低收入住房困难家庭配售。建筑面积控制在60平方米以内。购买后不满5年，不得上市交易，确需转让的，由政府按照原价、考虑折旧等因素回购;购买后满5年,可以转让,但要按规定交纳增值收益(具体由地方规定),并规定在同等条件下政府优先回购……”国务院**《关于解决城市低收入家庭住房困难的若干意见》**(2007年8月7日 国发〔2007〕24号)第9条:“规范经济适用住房供应对象。经济适用住房供应对象为城市低收入住房困难家庭,并与廉租住房保障对象衔接。经济适用住房供应对象的家庭收入标准和住房困难标准,由城市人民政府确定,实行动态管理,每年向社会公布一次。低收入住房困难家庭要求购买经济适用住房的,由该家庭提出申请,有关单位按规定的程序进行审查,对符合标准的,纳入经济适用住房供应对象范围。过去享受过福利分房或购买过经济适用住房的家庭不得再购买经济适用住房。已经购买了经济适用住房的家庭又购买其他住房的,原经济适用住房由政府按规定回购。”第11条:“严格经济适用住房上市交易管理。经济适用住房属于政策性住房,购房人拥有有限产权。购买经济适用住房不满5年,不得直接上市交易,购房人因各种原因确需转让经济适用住房的,由政府按照原价格并考虑折旧和物价水平等因素进行回购。购买经济适用住房满5年,购房人可转让经济适用住房,但应按照届时同地段普通商品住房与经济适用住房差价的一定比例向政府交纳土地收益等价款,具体交纳比例由城市人民政府确定,政府可优先回购;购房人向政府交纳土地收益等价款后,也可以取得完全产权。上述规定应在经济适用住房购房合同中予以明确。政府回购的经济适用住房,继续向符合条件的低收入住房困难家庭出售。”国务院办公厅**《转发建设部等部门关于调整住房供应结构稳定住房价格意见的通知》**(2006年5月24日 国办发〔2006〕37号)第12条:“规范发展经济适用住房。各地要继续抓好经济适用住房建设,进一步完善经济适用住房制度,解决建设和销售中存在的问题,真正解决低收入家庭的住房需要。严格执行经济适用住房管理的各项政策,加大监管力度,制止违规购买、谋取不正当利益的行为。严格规范集资合作建房,制止部分单位利用职权以集资合作建房名义,变相进行住房实物福利分配的违规行为。”国务院**《关于促进房地产市场持续健康发展的通知》**(2003年8月12日 国发〔2003〕18号)第4条:“……经济适用住房是具有保障性质的政策性商品住房……经济适用住房实行申请、审批和公示制度,具体办法由市(县)人民政府制定……”国务院办公厅**《转发建设部等部门关于支持科研院所、大专院校、文化团体和卫生机构利用单位自用土地建设经济适用住房若干意见的通知》**(1998年9月18日 国办发〔1998〕130号)第5条:“科研院所、大专院校、文化团体和卫生机构自建经济适用住房,应当按照房改政策向职工出售。在当地房改货币化方案出台前开工、1999年底前竣工的自建经济适用住房,可以按《国务院关于深化城镇住房制度改革的决定》(国发〔1994〕43号)规定的成本价向职工出售。有条件的单位可以按《国务院关于进一步深化城镇住房制度改革加快住房建设的通知》(国发

〔1998〕23 号）规定的经济适用住房建造成本向职工出售并按当地房改货币化的规定向职工发放住房补贴。”第 9 条：“科研院所、大专院校、文化团体和卫生机构应当在符合本单位建设发展规划的条件下，在教学、科研等业务区外自建经济适用住房，建成的住房应全部用于解决本单位、本系统职工住房，不得对外销售。”国务院**《关于进一步深化城镇住房制度改革加快住房建设的通知》**（1998 年 7 月 3 日　国发〔1998〕23 号）第 7 条：“对不同收入家庭实行不同的住房供应政策。最低收入家庭租赁由政府或单位提供的廉租住房；中低收入家庭购买经济适用住房；其他收入高的家庭购买、租赁市场价商品住房。住房供应政策具体办法，由市（县）人民政府制定。”第 10 条：“购买经济适用住房和承租廉租住房实行申请、审批制度。具体办法由市（县）人民政府制定。”

2. 司法解释。最高人民法院**《关于适用〈中华人民共和国民法典〉物权编的解释（一）》**（2021 年 1 月 1 日　法释〔2020〕24 号）第 2 条：“当事人有证据证明不动产登记簿的记载与真实权利状态不符、其为该不动产物权的真实权利人，请求确认其享有物权的，应予支持。”第 3 条：“异议登记因民法典第二百二十条第二款规定的事由失效后，当事人提起民事诉讼，请求确认物权归属的，应当依法受理。异议登记失效不影响人民法院对案件的实体审理。”第 4 条：“未经预告登记的权利人同意，转让不动产所有权等物权，或者设立建设用地使用权、居住权、地役权、抵押权等其他物权的，应当依照民法典第二百二十一条第一款的规定，认定其不发生物权效力。”最高人民法院**《关于适用〈中华人民共和国民事诉讼法〉的解释（2020 年修正）》**（2021 年 1 月 1 日　法释〔2020〕20 号）第 96 条：“民事诉讼法第六十四条第二款规定的人民法院认为审理案件需要的证据包括：（一）涉及可能损害国家利益、社会公共利益的；（二）涉及身份关系的；（三）涉及民事诉讼法第五十五条规定诉讼的；（四）当事人有恶意串通损害他人合法权益可能的；（五）涉及依职权追加当事人、中止诉讼、终结诉讼、回避等程序性事项的。除前款规定外，人民法院调查收集证据，应当依照当事人的申请进行。”最高人民法院**《关于民事诉讼证据的若干规定（2019 年修正）》**（2020 年 5 月 1 日　法释〔2019〕19 号）第 2 条：“人民法院应当向当事人说明举证的要求及法律后果，促使当事人在合理期限内积极、全面、正确、诚实地完成举证。当事人因客观原因不能自行收集的证据，可申请人民法院调查收集。”第 8 条：“《最高人民法院关于适用〈中华人民共和国民事诉讼法〉的解释》第九十六条第一款规定的事实，不适用有关自认的规定。自认的事实与已经查明的事实不符的，人民法院不予确认。”第 53 条：“诉讼过程中，当事人主张的法律关系性质或者民事行为效力与人民法院根据案件事实作出的认定不一致的，人民法院应当将法律关系性质或者民事行为效力作为焦点问题进行审理。但法律关系性质对裁判理由及结果没有影响，或者有关问题已经当事人充分辩论的除外。存在前款情形,当事人根据法庭审理情况变更诉讼请求的,人民法院应当准许并可以根据案件的具体情况重新指定举证期限。”最高人民法院**《印发〈关于审理房地产管理法施行前房地产开发经营案件若干问题的解答〉的通知》**(1995 年 12 月 27 日 法发〔1996〕2 号,2013 年 1 月 18 日起经法释〔2013〕2 号废止)第 31 条:“预售商品房的价格,除国家规定‘微利房’、‘解困房’等必须执行国家定价的以外,合同双方根据房地产市场行情约定的价格,也应当予以保护。一方以政府调整与房地产有关的税费为由要求变更合同约定价格的,可予以支持。一方以建筑材料或商品房的市场价格变化等为由,要求变更合同约定的价格或解除合同的,一般不予支持。”最高人民法院**《关于贯彻执行〈中华人民共和国民法通则〉若干问题的意见(试行)》**[1988 年 4 月 2 日 法(办)发〔1988〕6 号,已于 2021 年 1 月 1 日起失效]第 68 条:“一方当事人故意告知对方虚假情况,或者故意隐瞒真实情况,诱使对方当事人作出错误意思表示的,可以认定为欺诈行为。”

3. 部门规范性文件。财政部、国税总局**《关于促进公共租赁住房发展有关税收优惠政策的通知》**(2014 年 8 月 11 日)第 3 条:“对公共租赁住房经营管理单位购买住房作为公共租赁住房,免征契税、印花税;对公共租赁住房租赁双方免征签订租赁协议涉及的印花税。”第 4 条:“对企事业单位、社会团体以及其他组织转让旧房作为公共租赁住房房源,且增值额未超过扣除项目金额 20% 的,免征土地增值税。”住建部**《关于加强经济适用住房管理有关问题的通知》**(2010 年 4 月 22 日 建保〔2010〕59 号)第 8 条:“在取得完全产权前,经济适用住房购房人只能用于自住,不得出售、出租、闲置、出借,也不得擅自改变住房用途。”第 10 条:“已购买经济适用住房的家庭,再购买其他住房的,必须办理经济适用住房退出手续,或者通过补交土地收益等价款取得已购经济适用住房的完全产权。”第 11 条:“经济适用住房上市交易,必须符合有关政策规定并取得完全产权。住房保障部门应当对个人是否已缴纳相应土地收益等价款取得完全产权、成交价格是否符合正常交易、政府是否行使优先购买权等情况出具书面意见。房屋登记、租赁管理机构办理房屋权属登记、租赁备案登记时,要比对住房保障部门提供的有关信息。对已购经济适用住房的家庭,不能提供住房保障部门出具的书面意见的,任何中介机构不得代理买卖、出租其经济适用住房;房屋租赁备案管理机构应当暂停办理其经济适用住房的租赁备案,房屋登记机构应当暂停办理该家庭购买其他房屋的权属登记,并及时通报住房保障部门。”第 16 条:“……违反本通知第(八)条规定,违规出售、出租、闲置、出借经济适用住房,或者擅自改变住房用途且拒不整改的,按照有关规定或者合同约定收回……对有上述情形的购房人,取消其在 5 年内再次申请购买或租赁各类政策性、保障性住房的资格。”财政部、国税总局**《关于廉租住房经济适用住房和住房租赁有关税收政策的通知》**(2008 年 3 月 1 日 财税〔2008〕24 号,其中有关廉租住房税收政策的规定已被财政部、国税总局于2014年8月11日实施的《关于促进公共租赁住房发展有关税收优惠政策的通知》废止）第1条："支持廉租住房、经济适用住房建设的税收政策……（二）对廉租住房、经济适用住房建设用地以及廉租住房经营管理单位按照政府规定价格、向规定保障对象出租的廉租住房用地，免征城镇土地使用税。开发商在经济适用住房、商品住房项目中配套建造廉租住房，在商品住房项目中配套建造经济适用住房，如能提供政府部门出具的相关材料，可按廉租住房、经济适用住房建筑面积占总建筑面积的比例免征开发商应缴纳的城镇土地使用税……开发商在经济适用住房、商品住房项目中配套建造廉租住房，在商品住房项目中配套建造经济适用住房，如能提供政府部门出具的相关材料，可按廉租住房、经济适用住房建筑面积占总建筑面积的比例免征开发商应缴纳的印花税。（五）对廉租住房经营管理单位购买住房作为廉租住房、经济适用住房经营管理单位回购经济适用住房继续作为经济适用住房房源的，免征契税……"建设部、发改委、监察部、财政部、国土资源部、人民银行、税务总局**《关于印发〈经济适用住房管理办法〉的通知》**（2007年11月19日　建住房〔2007〕258号）第2条："本办法所称经济适用住房，是指政府提供政策优惠，限定套型面积和销售价格，按照合理标准建设，面向城市低收入住房困难家庭供应，具有保障性质的政策性住房。本办法所称城市低收入住房困难家庭，是指城市和县人民政府所在地镇的范围内，家庭收入、住房状况等符合市、县人民政府规定条件的家庭。"第3条："经济适用住房制度是解决城市低收入家庭住房困难政策体系的组成部分。经济适用住房供应对象要与廉租住房保障对象相衔接。经济适用住房的建设、供应、使用及监督管理，应当遵守本办法。"第15条："经济适用住房单套的建筑面积控制在60平方米左右。市、县人民政府应当根据当地经济发展水平、群众生活水平、住房状况、家庭结构和人口等因素，合理确定经济适用住房建设规模和各种套型的比例，并进行严格管理。"第24条："经济适用住房管理应建立严格的准入和退出机制。经济适用住房由市、县人民政府按限定的价格，统一组织向符合购房条件的低收入家庭出售。经济适用住房供应实行申请、审核、公示和轮候制度。市、县人民政府应当制定经济适用住房申请、审核、公示和轮候的具体办法，并向社会公布。"第25条："城市低收入家庭申请购买经济适用住房应同时符合下列条件：（一）具有当地城镇户口；（二）家庭收入符合市、县人民政府划定的低收入家庭收入标准；（三）无房或现住房面积低于市、县人民政府规定的住房困难标准。经济适用住房供应对象的家庭收入标准和住房困难标准，由市、县人民政府根据当地商品住房价格、居民家庭可支配收入、居住水平和家庭人口结构等因素确定，实行动态管理，每年向社会公布一次。"第28条："符合条件的家庭，可以持核准通知购买一套与核准面积相对应的经济适用住房。购买面积原则上不得超过核准面积。购买面积在核准面积以内的,按核准的价格购买;超过核准面积的部分,不得享受政府优惠,由购房人按照同地段同类普通商品住房的价格补交差价。"第30条:"经济适用住房购房人拥有有限产权。购买经济适用住房不满5年,不得直接上市交易,购房人因特殊原因确需转让经济适用住房的,由政府按照原价格并考虑折旧和物价水平等因素进行回购。购买经济适用住房满5年,购房人上市转让经济适用住房的,应按照届时同地段普通商品住房与经济适用住房差价的一定比例向政府交纳土地收益等相关价款,具体交纳比例由市、县人民政府确定,政府可优先回购;购房人也可以按照政府所定的标准向政府交纳土地收益等相关价款后,取得完全产权。上述规定应在经济适用住房购买合同中予以载明,并明确相关违约责任。"第31条:"已经购买经济适用住房的家庭又购买其他住房的,原经济适用住房由政府按规定及合同约定回购。政府回购的经济适用住房,仍应用于解决低收入家庭的住房困难。"第33条:"个人购买的经济适用住房在取得完全产权以前不得用于出租经营。"第42条:"……未取得资格的家庭购买经济适用住房或参加集资合作建房的,其所购买或集资建设的住房由经济适用住房主管部门限期按原价格并考虑折旧等因素作价收购;不能收购的,由经济适用住房主管部门责成其补缴经济适用住房或单位集资合作建房与同地段同类普通商品住房价格差,并对相关责任单位和责任人依法予以处罚。"第43条:"对弄虚作假、隐瞒家庭收入和住房条件,骗购经济适用住房或单位集资合作建房的个人,由市、县人民政府经济适用住房主管部门限期按原价格并考虑折旧等因素作价收回所购住房,并依法和有关规定追究责任。对出具虚假证明的,依法追究相关责任人的责任。"国家发展计划委员会、建设部**《关于印发经济适用住房价格管理办法的通知》**(2003年1月1日　计价格〔2002〕2503号,已于2021年5月21日起失效)第3条:"本办法所称经济适用住房,是指纳入政府经济适用住房建设计划,建设用地实行行政划拨,享受政府提供的优惠政策,向城镇中低收入家庭供应的普通居民住房。"建设部、国家计委、财政部、国土资源部、中国人民银行、国税总局**《关于加强房地产市场宏观调控促进房地产市场健康发展的若干意见》**(2002年8月26日　建住房〔2002〕217号)第5条:"……要严格限制经济适用住房销售对象,控制建设标准。各地要尽快明确并公布经济适用房购买对象的收入标准和其他条件以及购房面积标准和超面积的处理办法。有关部门对购房对象要严格审核,对销售价格要严格审批并加强监督,对违规销售经济适用住房的开发企业要严肃查处,确保经济适用住房政策切实落实到符合条件的中低收入家庭。未制订相应监督管理办法或未按规定进行审核的城市,不得以行政划拨方式提供建设用地……"建设部**《已购公有住房和经济适用住房上市出售管理暂行办法》**(1999年5月1日)第4条:"经省、自治区、直辖市人民政府批准,具备下列条件的市、县可以开放已购公有住房和经济适用住房上市出售的交易市场:(一)已按照个人申报、单位审核、登记立档的方式对城镇职工家庭住房状况进行了普查,并对申报人在住房制度改革中有违法、违纪行为的进行了处理;(二)已制定了已购公有住房和经济适用住房上市出售收益分配管理办法;(三)已制定了已购公有住房和经济适用住房上市出售的具体实施办法;(四)法律、法规规定的其他条件。"第5条:"已取得合法产权证书的已购公有住房和经济适用住房可以上市出售,但有下列情形之一的已购公有住房和经济适用住房不得上市出售:(一)以低于房改政策规定的价格购买且没有按照规定补足房价款的;(二)住房面积超过省、自治区、直辖市人民政府规定的控制标准,或者违反规定利用公款超标准装修,且超标部分未按照规定退回或者补足房价款及装修费用的;(三)处于户籍冻结地区并已列入拆迁公告范围内的;(四)产权共有的房屋,其他共有人不同意出售的;(五)已抵押且未经抵押权人书面同意转让的;(六)上市出售后形成新的住房困难的;(七)擅自改变房屋使用性质的;(八)法律、法规以及县级以上人民政府规定其他不宜出售的。"建设部、国家发展计划委员会、国土资源部**《关于印发〈关于大力发展经济适用住房的若干意见〉的通知》**(1998年7月14日　建房〔1998〕154号)第2条:"经济适用住房建设用地实行行政划拨,享受政府扶持政策,以微利价格向中低收入家庭出售。中低收入家庭购买新建的经济适用住房实行申请、审批制度。具体办法由市(县)人民政府制定。"建设部**《关于继续做好1998年国家安居工程(经济适用房)实施工作的通知》**(1998年4月10日　建房〔1998〕76号)第4条:"继续做好安居工程的销售工作。要按照国家规定的销售对象和销售政策出售安居工程住宅。要制定向中低收入家庭出售住宅的抵押贷款管理办法,避免安居工程住房出现空置,让更多需要住房的家庭买得起住房。"煤炭部**《关于印发〈煤炭行业康居工程规划及实施意见〉的通知》**(1996年11月15日　煤办字〔1996〕第559号)第9条:"康居工程住房直接以标准价和成本价向职工出售,征地和拆迁补偿费、勘查设计费、前期工程费、建安工程费、小区配套建设费、贷款利息以及税金等七项因素构成售房成本。住房优先出售给无房户、危房户和住房困难户,在同等条件下优先出售给井下职工……"建设部**《实施国家安居工程的意见》**(1995年3月8日　建房〔1995〕第110号)第7条:"建成的国家安居工程的住宅,要按照《国家安居工程实施方案》中的规定,直接以成本价向中低收入家庭出售,并优先出售给住房困难户及危房户。在同等条件下优先出售给离退休职工、教师中的住房困难户、危房户。各地应抓紧制定具体的出售办法,并会同住房资金管理机构,积极配合金融部门做好个人购房抵押贷款工作。要提高售房的透明度,防止不正之风。"第8条:"……个人所购住房一般住用5年后可以依法进入市场,在补交土地使用权出让金或所含土地收益和按规定交纳有关税费后,收入归个人所有。"建设部、国务院住房制度改革领导小组、财政部**《关于印发〈城镇经济适用住房建设管理办法〉的通知》**(1994年12月

15日　建房〔1994〕761号)第3条:“经济适用住房是指以中低收入家庭住房困难户为供应对象,并按国家住宅建设标准(不含别墅、高级公寓、外销住宅)建设的普通住宅。”第4条:“中低收入家庭住房困难户认定的标准由地方人民政府确定。对离退休职工、教师家庭住房困难户应优先安排经济适用住房。”

4. 地方司法性文件。江苏高院**《关于审理房地产合同纠纷案件若干问题的解答》**(2018年6月26日　审委会会议纪要〔2018〕3号)第13条:“经济适用房买卖如何处理?对于经济适用房买卖合同的效力,需要区分两种情形:(1)购买5年内转让的合同效力。虽然《国务院关于解决城市低收入家庭住房困难的若干意见》和住建部等七部委发布的《经济适用住房管理办法》不属于法律、行政法规,但体现了国家对低收入群体的权益保护,体现了社会公共利益。购买经济适用房不满5年,经济适用房申购人与他人签订的经济适用房买卖合同,交付房屋的,或者约定5年后再行过户的,由于不符合经济适用房解决城市低收入家庭住房困难政策的目的,扰乱了社会秩序,损害了其他低收入群体的利益,应认定为违反社会公共利益,该买卖合同无效。当事人通过不正当手段办理经济适用房过户手续的,该行为应予以撤销。(2)经济适用房购买5年后转让的合同效力。申购经济适用房5年后,申购人再行转让房屋的,此时经济适用房已可以流通,因此,经济适用房房屋买卖合同有效。当事人要求办理经济适用房过户手续的,应当按照政府相关规定补交土地收益。对于经济适用房应当注意与拆迁安置房的区别,对于拆迁安置房,有的地方也称为经济适用房,规定五年后才能上市交易。但性质上而言,拆迁安置房与《经济适用住房管理办法》规定的经济适用房属于不同性质房屋,两者的政策目的及保护的法益不同。从性质上看,拆迁安置房系对被拆迁人的整体补偿,具有对价性;而经济适用房系保护城市低收入人群利益,具有保障性。从保护群体看,拆迁安置房包括农村房屋安置和城镇房屋安置,而经济适用房立足于对城市低收入人群的安置。因此,对于拆迁安置房买卖合同,并不涉及到扰乱社会公共利益的问题,应当认定为有效。只是不满五年转让的,具有不能履行的情形,当事人要求五年内过户的,不予支持。”广东高院**《印发〈关于审理房屋买卖合同纠纷案件的指引〉的通知》**(2017年9月12日　粤高法〔2017〕191号,已于2020年12月31日经粤高法〔2020〕132号废止)第16条:“当事人在规定的限制上市交易期限内买卖保障性住房,应当依照合同法第五十二条第四项或者民法总则第一百五十三条第二款的规定认定合同无效。”北京高院(单国军庭长)**《关于审理城镇房屋买卖合同案件适用法律若干问题的调研报告》**(2017年2月5日):“……关于已购经济适用住房的买卖问题。房屋权利人将其已购的经济适用住房再次转让给他人,买卖合同是否有效在审判实践中争议较大。有观点认为,认定合同无效应当以法律、行政法规中的效力性强制性规定为依据,而目前我国没有法律、行政法规的强制性规定禁止转让已购经济适用住房，相关政策、规章的禁止性规定也都属于管理性的规定，不能作为认定合同无效的法律依据，并且认定合同无效可能引起一系列法律后果，在审判和执行上均存在困难。我们认为，经济适用住房在性质上属于向低收入住房困难家庭出售的具有保障性质的政策性住房，对于购买人是否具备购房资格有严格的审查和公示程序，在限制上市交易期限内属于限制流通物。如果允许当事人购买经济适用住房后在限制上市交易期限内任意转让房屋，既与国家制定和推行经济适用住房的政策以达到'居者有其屋'的目的相悖，也损害了广大潜在符合购买经济适用住房资格人民群众的利益。基于此，出卖人在相关政策、法规规定的限制上市交易期限内转让已购经济适用住房的，房屋买卖合同一般认定为无效。同时，由于我国经济适用住房的性质经历了一个从有一定保障性质的政策性商品住房到完全保障性质的政策性住房的转变过程，相关行政管理部门也相应以原购买经济适用住房合同的签订时间是在2008年4月11日之前还是之后，对已购经济适用住房的转让分别采取了'老房老政策、新房新政策'的处理方式。结合我市经济适用住房的现实状况和审判实践，我们认为，在处理上应当采取尊重历史与照顾现实的原则，适当区分转让房屋是'老房'还是'新房'予以分别处理，对于'老房'在符合一定条件下，可以认定买卖合同有效；对于'新房'在处理上应当更加严格和谨慎。对于实践中最为常见的法院依出卖人主张确认买卖合同无效的后果处理问题，应当适用《合同法》第58条的规定，在处理时要考虑买受人的居住安置问题，在认定买受人所受损失数额时应综合考虑出卖人因房屋升值获得的利益、买受人因此丧失的订约机会损失、买受人装修房屋的添附价值及双方的过错程度等因素予以确定。"广东深圳中院**《关于房屋买卖合同纠纷案件的裁判指引》**（2014年8月28日修订）第32条："双方对夫妻共同财产中已取得产权证的商品房和已取得'红本'的安居房的价值及归属无法达成协议，双方均主张房屋所有权且一方不同意竞价的，应当在评估确定市场价的基础上进行分割、补偿。双方对夫妻共同财产中已取得'绿本'的安居房的价值及归属无法达成协议，双方均主张房屋所有权且一方不同意竞价的，应当在评估确定市场价的基础上，按照照顾子女和妇女权益的原则判决房产归属，以市场价减去取得房产一方'绿本'转'红本'所需补交的差价及税费为补偿另一方的基数确定补偿另一方的数额。"第34条："符合经济适用住房申购资格的当事人，在与经济适用住房配售主管部门或其指定的其他房地产开发企业签订经济适用住房买卖合同前，违反相关政策、法规规定将其申购的保障性住房擅自转让，当事人主张出卖人与买受人之间买卖合同无效的，人民法院可予支持。【说明】旨在解决转让'经济适用房指标'行为效力问题。此类纠纷的主要特点是：符合购买经济适用房条件的人将其购房指标有偿转让给他人，由他人出资并实际占有所购房屋，但产权一直登记在转让购房指标人名下，日后因房屋归属问题引发纠纷。根据建设部等七部委《经济适用住房管理办法》第二条的规定,经济适用住房是指政府提供政策优惠,限定套型面积和销售价格,按照合理标准建设,面向城市低收入住房困难家庭供应,具有保障性质的政策性住房。国家提供经济适用房的目的在于满足低收入住房困难家庭的基本居住需求,此类房屋在建设中的土地供应和资金来源方面带有公共资源的性质,国家对于经济适用房购买人的主体资格设置了严格的审查标准,有关经济适用房的政策、法规中往往明确规定了购买经济适用房中的申请、核查、公示、核准、登记等审查流程和监管事项。我们认为,对经济适用房配售进行严格规范和管理,目的就在于确保符合条件的低收入住房困难家庭能够享受到保障性住房的社会福利,确保有限的公共资源最有效地利用,使有限的公共产品效果最大化。在申购人的申购目的即在于为不具备购房条件的他人谋取经济适用房的情况下,如通过转让购房指标使不具备经济适用房申购主体资格的人购买和取得经济适用房,则不仅破坏了经济适用房的管理秩序,与国家推行住房保障政策的社会公益目的相悖,也妨害了其他经济适用房申购主体的利益,属于《中华人民共和国合同法》第五十二条第(四)项所规定的合同无效情形,依法应认定该指标转让行为无效。"第 35 条:"出卖人在相关政策、法规规定的限制上市交易期内转让其已购经济适用住房,当事人主张买卖合同无效的,人民法院可予支持。【说明】旨在解决违规转让经济适用房行为效力的问题。2007 年 8 月 7 日《国务院关于解决城市低收入家庭住房困难的若干意见》第(十一)条指出:'经济适用住房属于政策性住房,购房人拥有有限产权。购买经济适用住房不满 5 年,不得直接上市交易,购房人因各种原因确需转让经济适用住房的,由政府按照原价格并考虑折旧和物价水平等因素进行回购。购买经济适用住房满 5 年,购房人可转让经济适用住房,但应按照届时同地段普通商品住房与经济适用住房差价的一定比例向政府交纳土地收益等价款,具体交纳比例由城市人民政府确定,政府可优先回购;购房人向政府交纳土地收益等价款后,也可以取得完全产权。'目前,各地经济适用房的具体管理规定不一,但大多根据 2007 年 8 月 7 日《国务院关于解决城市低收入家庭住房困难的若干意见》规定购房人在购房不满 5 年的期限内仅具有有限产权,不得出租、出售、赠与、抵押。我们认为,虽然法律和行政法规至今仍未就经济适用房作出明确规定,不能以违规转让经济适用房行为违反法律、行政法规强制性规定而认定其无效,但当事人在限制上市交易期内擅自转让经济适用房,说明原购房人对经济适用房已无居住上的必要需求,应当根据有关规定申请政府回购。我们认为,国家住房保障政策的目的在于保证住房困难群体对房屋使用价值的需求,而非在于保证购房人对房屋交换价值的预期,限购期内的转让行为同样既破坏了国家对经济适用房的管理秩序,与国家推行住房保障政策的社会公益目的相悖,也妨害了其他尚未取得经济适用房的申购主体的利益,构成对社会公共利益的损害,因而也属于《中华人民共和国合同法》第五十二条第(四)项所规定的合同无效情形,应认定该买卖合同无效,并在有关部门的行政处理结果基础上就合同无效而产生的返还财产、赔偿损失等问题进行处理。政策性住房具有鲜明的地方特色,各地具体规定及情况相差较大。以深圳市为例,根据深圳市政府1999年《深圳市国家机关事业单位住房改革若干规定》,由政府住宅管理部门投资建设安居房,其中全成本微利房的供给对象是列入市、区财政工资编制的国家机关事业单位的职工;社会微利房的供给对象是在深圳注册的企事业单位及其员工,以及社会上中低收入者,但国家机关事业单位及其职工也可以申请购买社会微利房。关于机关事业单位职工所购安居房(全成本微利房)的买卖合同纠纷案件,以往处理中一般认定合同有效,理由是:根据《深圳市国家机关事业单位住房制度改革若干规定》,国家机关事业单位的职工在购买安居房后,经办理上述规定中的相关手续,可以取得安居房的全部产权,该安居房即成为市场商品房,可以自由交易。如双方在签订房屋转让协议时均已清楚知悉房屋的产权现状,并就将来如何办理该安居房的全部产权的问题进行了约定,只要双方都遵循诚实信用的原则去履行该协议,则房屋应可取得全部产权并完成产权的过户手续,故应认定合同有效,例如我院已生效的(2006)深中法民五终字第2622号民事判决。对于国有企业以房改方式向职工出售安居房(福利房)而引发的案件,根据《最高人民法院关于房地产案件受理问题的通知》第三项关于'因单位内部建房、分房等而引起的占房、腾房等房地产纠纷,均不属于人民法院主管工作的范围'的规定,在案件处理中一般认为此类纠纷涉及是否适用及如何适用房改政策的问题,因此驳回当事人的起诉,不作实体处理,例如我院已生效的(2011)深中法民五终字第1388、2352号民事裁定。如职工在取得单位出售的安居房后再行转让,在案件处理中一般认定合同有效,理由是:买卖合同并未违反法律和行政法规的强制规定,双方在买卖合同中明确约定了在房产办理了红本、符合上市流通条件后再办理产权过户登记手续,并不违背安居房转让的相关政策,例如我院已生效的(2010)深中法民五终字第1376号判决。综上,我们认为,虽然有关规范性文件均规定经济适用房和其他类型的政策性住房在规定年限届满前不得转让,但经济适用房的建设配售目的是满足低收入住房困难家庭的居住需求,其政策目的中的社会公益性较强,故为社会所广泛关注;而其他类型政策性住房的配售往往带有福利分配性质,社会公益性质不强。因此,在处理政策性住房纠纷案件时,不宜采取一刀切的方法,而应正确认识不同类型政策性住房配售政策中所体现的利益及价值取向,区分情况作出认定处理。"河南郑州中院**《关于审理房屋纠纷民事案件适用法律问题的若干意见》**(2011年7月14日)第8条:"相关政策、法规规定的限制上市交易期限内买卖已购经济适用房,当事人主张买卖合同无效的,可以支持。经出卖人主张房屋买卖合同无效的,适用《合同法》第五十八条规定,并考虑居住安置问题妥善处理,对于买受人所受损失的数额应考虑房屋升值、房屋装修的添附加值及双方过错程度等因素,公平合理的予以确定。出卖人转让已购按经济适用房管理的房屋,当事人主张买卖合同无效的,不予支持。"第10条:"当事人向人民法院起诉,对按国家法律政策不能办理产权登记的商品房之外房屋请求办理产权证书的,人民法院不予受理。已经受理的,应当裁定驳回起诉。"河南郑州中院**《关于审理房屋纠纷民事案件适用法律问题的若干意见(征求意见稿)》**(2011年7月5日)第6条:"相关政策、法规规定的限制上市交易期限内买卖已购经济适用房,当事人主张买卖合同无效的,可以支持。经出卖人主张房屋买卖合同无效的,适用《合同法》第五十八条规定,并考虑居住安置问题妥善处理,对于买受人所受损失的数额应考虑房屋升值、房屋装修的添附加值及双方过错程度等因素,公平合理的,予以确定。出卖人转让已购按经济适用房管理的房屋,当事人主张买卖合同无效的,不予支持。"浙江高院民一庭**《关于审理受房地产市场调控政策影响的房屋买卖合同纠纷案件的若干意见(试行)》**(2011年4月22日)第8条:"实际买受人为规避限购、禁购政策,以他人名义与出卖人订立合同并办理房屋权属证书后,以其系实际买受人为由,请求确认其为房屋产权人的,不予支持,但调控政策重新调整并准许其取得产权的除外。"海南高院**《关于办理商品房买卖合同纠纷案件的指导意见(试行)》**(2011年1月)第15条:"因政府或政府指定的专门机构与不符合经济适用住房供应条件对象所签订的经济适用住房出售合同而产生的纠纷,依下列情况分别处理:(1)合同签订于2007年8月7日《国务院关于解决城市低收入家庭住房困难的若干意见》(国发〔2007〕24号,下称国务院意见)实施前,且已履行完毕的,可以认定有效;一方请求解除的,不予支持。(2)合同虽签订于国务院意见实施前,但国务院意见实施后尚未履行完毕的,可以认定有效。但购买人请求继续履行的,应以合同侵害社会公共利益为由不予支持。因解除合同而导致的损失,由双方按过错责任大小分担。(3)合同签订于国务院意见实施后的,应当认定无效,因此而造成的损失按双方过错责任大小分担。"第16条:"因经济适用住房初始购买者与他人就经济适用住房所签订的买卖合同而产生的纠纷,区别下列情况分别处理:(1)合同签订于国务院意见实施前,且已履行完毕的,可以认定有效;一方请求解除的,不予支持。(2)合同虽签订于国务院意见实施前,但国务院意见实施后尚未履行完毕的,可以认定有效。但购买人请求继续履行的,不予支持。因解除合同而导致的损失,由双方按过错责任大小分担。(3)合同签订于国务院意见实施后,依下列情形分别处理:①经济适用房初始购买者就自取得房屋所有权证未满5年的经济适用住房与他人所签订的买卖合同无效,由此而造成的损失由双方当事人按过错责任大小分担。②经济适用房初始购买者就自取得房屋所有权证满5年的经济适用住房与他人所签订的买卖合同,凡不存在违反法律、法规禁止性规定情形的，可以认定有效，但政府或政府指定的专门机构主张优先回购的除外。经济适用住房初始购买者与他人所签订的经济适用住房买卖合同有效的，购房人有关产权的取得依相关规定办理。”第21条：“当事人因就是否符合经济适用房、限价商品房及单位集资合作建房购买条件向人民法院起诉的，不予受理；但应告知其向政府或政府有关部门申请解决。”北京高院**《关于审理房屋买卖合同纠纷案件适用法律若干问题的指导意见（试行）》**（2010年12月22日　京高法发〔2010〕458号）第4条：“对以将来可能取得所有权的房屋为标的物的买卖合同，法院不应仅以出卖人在签订合同时尚未取得房屋所有权为由认定买卖合同无效。出卖人在合同履行期限届满时仍未取得房屋所有权，致使买受人不能办理房屋所有权转移登记的，应当承担相应的违约责任。前款所称将来可能取得所有权的房屋，包括尚未取得所有权的已购商品房及已购按经济适用住房管理的房屋等。”第5条：“出卖人将登记在其个人名下的法定共有房屋，未经占份额三分之二以上的按份共有人或全体共同共有人同意，擅自以自己名义转让给他人，买受人为善意的，可以认定房屋买卖合同有效。买受人符合《物权法》第一百零六条第一款规定的善意取得构成要件办理了房屋所有权转移登记，其他共有人要求追回该房屋的，不予支持。前款中出卖人为夫妻一方，转让房屋行为符合《最高人民法院关于适用〈中华人民共和国婚姻法〉若干问题的解释（一）》第十七条第（二）项规定的，应当优先适用该规定。”第6条：“相关政策、法规规定的限制上市交易期限内买卖已购经济适用住房，当事人主张买卖合同无效的，可予支持。政策、法规有新规定的，适用其规定。出卖人转让的经济适用住房的原购房合同系2008年4月11日（含）之前签订，当事人又在转让该已购房屋的合同中约定在限制上市交易期限届满后再办理房屋所有权转移登记或在一审法庭辩论终结前该房屋已具备上市交易条件的，可以认定合同有效。经出卖人主张房屋买卖合同被确认无效的后果，适用《合同法》第五十八条的规定，并考虑居住安置问题妥善处理，在认定买受人所受损失数额时应当综合考虑出卖人因房屋升值获得的利益、买受人因此丧失的订约机会损失、买受人装修房屋的添附价值及双方的过错程度等因素，公平合理地予以确定。”第7条：“出卖人转让已购按经济适用住房管理的房屋，当事人主张房屋买卖合同无效的，不予支持。”第15条：“当事人约定一方以他人名义购买房屋，并将房屋登记在他人名下，借名人实际享有房屋权益，借名人依据合同约定要求登记人（出名人）办理房屋所有权转移登记的，可予支持。但是，该房屋因登记人的债权人查封或其他原因依法不能办理转移登记，或者涉及善意交易第三人利益的除外。当事人一方提供证据证明其对房屋的购买确实存在出资关系，但不足以证明双方之间存在借名登记的约定，其主张确认房屋归其所有或要求登记人办理房屋所有权转移登记的，不予支持；其向登记人另行主张出资债权的，应当根据出资的性质按照相关法律规定处理。”第 16 条:“借名人违反相关政策、法规的规定,借名购买经济适用住房等政策性保障住房,并登记在他人名下,借名人主张确认房屋归其所有或者依据双方之间的约定要求登记人办理房屋所有权转移登记的,一般不予支持。”浙江杭州中院民一庭**《关于审理建设工程及房屋相关纠纷案件若干实务问题的解答》**(2010 年 11 月 1 日)第 2.5 条:“对涉及经济适用住房的产权移转及价值分割应如何处理? 答:1. 经济适用住房所有权人在取得房屋所有权证之日起未满五年的,根据《杭州市经济适用住房交易办法》第三十一条的规定,此类房屋不得交易,并且依照《城市房地产管理法》第三十九条的规定,划拨土地上的房地产转让,应报有批准权的人民政府审批。因此,对涉及该情形下的经济适用住房买卖合同应认定不发生法律效力。2. 当事人因继承、离婚、析产纠纷主张经济适用住房产权转移的,根据《杭州市经济适用住房交易办法》第三十二条的规定,可视情予以支持,涉及该房屋的价值分割的,应当在评估机构按照经济适用房交易标准作出价值评估后进行分割。”湖南高院**《关于房屋买卖、租赁纠纷案件适用法律问题的指导意见(试行)》**(2008 年 1 月 21 日)第 8 条:“将经济适用房、安置房、安居工程用房转让,如所转让房屋不具备市场流通条件,当事人请求确认合同有效的,不予支持。”

5. 地方规范性文件。北京市住建委**《关于昌平区保障性住房资格审核有关问题的批复》**(2011 年 6 月 9 日　京建函〔2011〕234 号)第 1 条:“根据《关于印发北京市经济适用住房管理办法(试行)的通知》(京政发〔2007〕27 号)及《关于印发北京市限价商品住房管理办法(试行)的通知》(京政发〔2008〕8 号)文件规定,符合条件的申请家庭只能按照规定的标准购买 1 套经济适用住房或购买 1 套限价商品住房。经济适用住房或限价商品住房申请家庭将已购满五年的经济适用住房或限价商品住房上市交易后,不得再申请经济适用住房及限价商品住房。”第 2 条:“家庭出售其他住房办理房屋转移登记手续满三年,方可申请保障性住房,原房屋按合同交易价格核定为家庭资产,但应扣除申请家庭合理的还贷、物业费、专项维修资金及租房、看病等相关费用;家庭赠与住房,办理房屋转移登记手续满三年后再申请保障性住房的,原房屋面积核定为家庭住房面积。”北京市住房保障办公室**《关于印发〈北京市经济适用住房、限价商品住房申请家庭原住房腾退办法〉的通知》**(2010 年 9 月 28 日　京住保〔2010〕30 号)第 3 条:“本办法所称申请家庭原住房是指经济适用住房、限价商品住房申请家庭的申请人和申请家庭成员在本市所承租的公房和拥有的私有住房。”第 9 条:“申请家庭原住房腾退程序:(一)需腾退原住房的家庭在申请经济适用住房、限价商品住房时,原住房应腾退给产权单位的,需提供与原住房产权单位签订的腾退原住房协议;原住房需腾退给区县住房保障管理部门的,申请家庭需书面承诺将原住房腾退给区县住房保障管理部门或区县住房保障管理部门委托的单位。(二)腾退家庭在参加经济适用住房或限价商品住房公开摇号，选定的政策性住房签订购房合同以前，应与区县住房保障管理部门或其委托的单位签订腾退原住房协议，并办理原住房承租人变更或房屋转移登记，承租人变更或房屋转移登记手续办结后方可签约购买经济适用住房或限价商品住房，申请家庭原住房所在区县房管部门应协助办理有关手续。需要经济补偿的，区县住房保障管理部门或其委托的单位应及时向申请家庭支付腾房经济补助或货币补偿金。（三）腾退家庭应在所购买的经济适用住房或限价商品住房交房入住半年内腾空原住房，并交给原住房产权单位或区县住房保障管理部门或其委托的单位。”第 10 条：“申请家庭在签订购房合同前，未在规定时间内与区县住房保障管理部门或其委托的单位签订腾退原住房协议，或未在规定时间内办理承租人变更或房屋转移登记手续的，视为放弃本次购房资格。”第 11 条：“申请家庭已签订腾退原住房协议并办理承租人变更或房屋转移登记手续，但未在规定时间内腾空原住房的，区县住房保障管理部门或其委托单位可向原房所在地人民法院提起诉讼。”北京市住建委**《关于加强廉租住房、经济适用住房和限价商品住房审核配租配售管理等问题的通知》**（2010 年 10 月 8 日　京建发〔2010〕523 号）第 1 条：“……购买经济适用住房和限价商品住房的申请家庭成员包括申请人、配偶及未成年子女。其他申请条件不变。”第 2 条：“……对子女年满 10 岁的单亲 2 人户家庭，家庭无原住房的可配售两居室经济适用住房或限价商品住房……经济适用住房或限价商品住房申请家庭配售住房时，家庭中具有完全民事行为能力的共同申请成员可共同与房屋销售单位签订购房合同，办理房屋登记手续。”第 3 条：“……购房人违反《北京市经济适用住房管理办法（试行）》（京政发〔2007〕27 号）或《北京市限价商品住房管理办法（试行）》（京政发〔2008〕8 号）规定，申请时户籍所在地区（县）住房保障管理部门取消家庭购房资格后，责令其退回已购住房的，按照以下程序办理……购房人拒不退回已购住房的，区（县）住房保障管理部门或房屋销售单位可以依法申请人民法院强制执行。”北京市住建委**《关于已购经济适用住房上市出售有关问题的补充通知》**（2010 年 5 月 5 日　京建发〔2010〕237 号）第 1 条：“根据《关于已购经济适用住房上市出售有关问题的通知》（京建住〔2008〕225 号）的规定，2008 年 4 月 11 日起签订购房合同的已购经济适用住房家庭取得契税完税凭证或房屋所有权证满 5 年后，可以按市场价出售所购住房。产权人应按原购房价格和出售价格价差的 70% 补交土地收益等价款。购房人按市场价购买已购经济适用住房后取得商品房产权。2008 年 4 月 11 日（含）前签订购房合同的已购经济适用住房家庭和《关于已购经济适用住房上市出售具体问题的通知》（京建住〔2009〕255 号）中第一条所列家庭取得契税完税凭证或房屋所有权证满 5 年后，可以上市出售，产权人应按出售价格的 10% 补交土地收益等价款。购房人按市场价购买已购经济适用住房后取得商品房产权。”第 2 条：“《房屋登记工作规范（试行）》第

3.1.3.9条:已购经济适用住房家庭取得契税完税凭证或房屋所有权证满5年后,产权人可以补交土地收益后改为商品房的规定,只适用于《关于已购经济适用住房上市出售有关问题的通知》(京建住〔2008〕225号)第二条第四款规定的2008年4月11日以后签订购房合同的已购经济适用住房家庭。即2008年4月11日以后签订购房合同的已购经济适用住房家庭取得契税完税凭证或房屋所有权证满5年后,产权人可以按原购房价格和同地段房屋状况基本相似的普通商品住房价差的70%补交土地收益后取得商品房产权。"北京市住建委**《关于进一步加强廉租住房、经济适用住房和限价商品住房申请资格审核管理有关工作的通知》**(2010年4月21日 京建发〔2010〕206号)第4条:"……申请家庭在申请或轮候期间家庭情况发生变化后,弄虚作假,隐瞒家庭住房、收入及资产等状况的,经复查属实,由区(县)住房保障管理部门作出取消申请资格的决定,记入不良信用档案,并通过区(县)政府网站或相关媒体公开曝光。该家庭自被取消申请资格之日起五年内不得再次申请保障性住房。"北京市住建委**《关于已购经济适用住房上市出售具体问题的通知》**(2009年4月15日 京建住〔2009〕255号)第2条:"符合购买经济适用住房的家庭,按政府核定的价格购买经济适用住房并于2008年4月11日(含)之前签订购买经济适用住房合同的,取得契税完税凭证或房屋所有权证满5年再次上市出售时,按照出售价格的10%补交土地收益等价款。"北京市国土资源和房屋管理局、北京市建委、北京市发改委、北京市财政局**《关于已购经济适用住房上市出售有关问题的通知》**(2004年4月30日 京国土房管住〔2004〕486号)第2条:"已购买经济适用住房的家庭未住满5年的不得按市场价格出售住房。确需出售的,可出售给符合经济适用住房购买条件的家庭或由政府相关部门收购,出售单价不得高于购买时的单价。"第3条:"已购买经济适用住房的家庭住满5年的,可以按市场价格出售。由出售人到房屋所在地区、县国土房管局按成交额的10%缴纳综合地价款。"第4条:"以不高于经济适用住房原购买单价出售给符合购买经济适用住房条件的家庭或由政府相关部门收购的家庭(包括已住满5年的),出售后仍符合经济适用住房购买条件的,可再次申请购买经济适用住房。以市场价格出售已购经济适用住房的家庭,不得再购买经济适用住房或其他政策性保障住房。"

6. 参考案例。2007年**北京某财产权属纠纷案**,1997年,田某以姚某名义购买经济适用房并实际支付房款、占有和使用房屋。2004年,田某已具备购买经济适用房条件,起诉姚某,要求办理过户。法院认为:诉争房屋系经济适用房,依有关规定,购买经济适用房需具备特定条件。姚某具备购买经济适用房条件,其在无购房款情况下,将其享有的购买经济适用房指标转给具有亲戚关系但当时不具备购买经济适用房条件的田某,并允许田某以其名义购买。田某支付全款购买争议房屋后,对房屋进行了装修,并经姚某同意以其名义办理了所有权登记,将房屋所有权登记在姚某名下。其后,田某居住使用争议房屋至今,并一直持有以姚某名义办理的购房合同、房屋所有权证等凭证,办理房屋产权登记的费用及物业费等亦由田某负担和缴纳,故争议房屋应认定为田某购买。田某当时不具备政策规定的购买经济适用房条件,之所以能购买争议房屋,是行使了本应由姚某享有的购买经济适用房权利,故田某应给予姚某合理补偿,补偿数额由法院参照争议房屋所在区域商品房价格酌定。根据北京市国土资源和房屋管理局、北京市建委会、北京市发改委、北京市财政局2004年4月30日下发《关于已购经济适用住房上市出售有关问题的通知》,已明确规定在一定条件下允许经济适用房出售转让,故判决姚某将案涉房屋过户至田某名下,双方相互配合、各自出具符合要求的文件,相关费用由田某负担;田某给付姚某房屋补偿款20万元。2015年**河南某转让合同纠纷案**,2012年,郭某购买李某经济适用房,约定交易净价款52.5万元,此价款为不含税费价,由此交易所产生的一切税费由郭某承担。合同签订后,郭某向房地产产权产籍监理处交付了经济适用房上市交易收益所得5万余元和土地出让金6975元,缴款单位为李某。随后,郭某付给李某房款2.5万元。2014年,郭某诉请李某返还郭某垫付的经济适用房上市交易应缴纳土地出让金6975元。法院认为:根据2007年建设部、国家发改委、监察部等七部门联合发布的《经济适用房管理办法》和2011年当地市政府《关于经济适用住房上市交易管理的意见》,经济适用房上市交易需缴纳土地出让金,缴纳主体描述为购房人或产权人,但未强制规定由谁缴纳。根据民事法律行为意思自治原则,买卖双方可对相应权利义务进行约定,只要约定不违反国家强制性规定或损害第三人合法权益,该约定即对双方有约束力。如买卖双方对土地出让金缴纳有约定则应从其约定。案涉购房协议合法有效。郭某在签订购房协议时已收到李某房屋所有权证、土地证、产权界定卡,对该房屋属于经济适用房性质是明知的。购房协议明确约定房产交易价不含税费,概括性地将交易所产生一切税收和费用约定由郭某承担,以保证李某在此次房产交易中获得交易净价款52.5万元整。土地出让金属于政府征收费用,根据双方协议约定属于郭某应承担费用。郭某在缴纳该款时并未与李某协商一致约定是为李某垫付,亦未拒绝缴纳此款并为此提出解除合同行为。郭某交付经济适用房土地出让金、付给李某房款亦证明郭某在缴纳出让金时并未与李某协商一致约定是为李某垫付的该款。判决驳回郭某诉请。2014年**福建某行政诉讼案**,2012年5月,代某向居委会申请保障性商品房预约登记。2013年11月,建设局电话通知代某不符合申请条件。代某提出其提交资料中有一份其所有的房产证复印件,明显不符合保障性商品房申请条件,但建设局1年半后才告知其不符合条件,导致其错失经济适用房选房资格,建设局迟延履行审核义务属于行政不作为,故提起行政诉讼。法院认为:建设局对保障性商品房申购资格审核并非行政许可行为。《行政许可法》第2条规定,本法所称行政许可系指行政机关根据公民、法人或者其他组织的申请,经依法审查,准予其从事特定活动的行为。社会保障性住房,系指政府提供优惠,限定户型、面积、价格等,向本市住房困难家庭,以出租或出售方式提供的政策性住房。该类住房供给,明显带有福利给付性质,与行政许可并不一致。虽然租赁或购买保障性住房需提出相关申请,建设局亦存在审核管理行为,但该项审核系关于是否符合住房困难等限定条件的确认,不属于行政许可,不应适用行政许可的相关时限规定。保障性商品房配售房源直接影响到建设局审核时限,而保障性住房实行统一规划、统一建设、统一分配,受规划、资金、建设周期等诸多因素影响,配售房源时间实际上无法确定,建设局并未迟延履行。且代某作为申请者需了解知悉相关申请条件,其在明知名下已有房产情况下,还在申请材料上作出虚假承诺,自身亦存在过错,故判决驳回代某诉请。2014 年**北京某商品房预售合同纠纷案**,2008 年,张某与开发公司签订限价商品房预售合同,并支付 49 万余元购房款。2010 年,该房竣工,张某去世。皮某以其继承人身份诉请继续履行。法院认为:北京市《限价商品住房管理办法》第 13 条规定:“限价商品住房供应对象为本市中等收入住房困难的城镇居民家庭、征地拆迁过程中涉及的农民家庭及市政府规定的其他家庭。申请购买限价商品住房家庭应符合以下条件:(一)申请人须具有本市户口,申请家庭应推举具有完全民事行为能力的家庭成员作为申请人。单身家庭提出申请的,申请人须年满 30 周岁。市政府有关部门可根据限价商品住房供需情况,对单身申请人年龄实行动态管理。(二)申请家庭人均住房面积、家庭收入、家庭资产须符合规定标准,并实行动态管理。城八区的上述标准由市建设部门会同市有关部门根据本市居民收入、居住水平和住房价格等因素组织确定,经市政府批准后公布。远郊区县的上述标准由区县政府结合实际情况确定,经市政府批准后公布。”本案系商品房预售合同纠纷,诉争标的物系具有社会保障性质的限价商品房。该类房屋买卖合同签订、履行应遵循法律、法规及相关政策规定,故本案有权要求履行此类合同主体应满足行政机关规定的特定资格条件。本案中皮某虽系张某继承人,但并未获得限价房购买资格,故无权要求开发公司继续履行合同,判决驳回皮某要求开发公司交房并办理产权转移登记诉请。2009 年**北京某房屋买卖合同纠纷案**,2008 年,陈某通过经纪公司交易董某购买未满 5 年的经济适用房。2009 年,因无法办理过户,双方成诉。关于合同效力及无效后房屋装修损失 21 万余元如何处理成为争议焦点。法院认为:经济适用住房,是指政府提供优惠政策,限定建设标准、供应对象和销售价格,向低收入住房困难家庭出售的具有保障性质的政策性住房。因其具有社会保障性质,故国家对经济适用住房购买对象、申请条件、上市交易等均有特殊规定。根据国家相关政策,购买经济适用住房享有政府优惠,其购买对象具有特定性即城镇低收入家庭,其出售实行政府指导价,不得擅自提价出售。依《北京市经济适用住房管理办法》相关规定，购买经济适用住房不满5年的，不得上市交易。本案诉争房屋属于经济适用住房，董某购买该房屋尚未满5年即将该房屋出售给陈某，且以高于原购房价格的市场价格予以出售。该合同违反了相关法规规定，且损害了社会公共利益，故应属无效。作为双方房屋买卖合同从合同的经纪合同及委托过户代理合同均属无效。合同无效的，因该合同取得的财产应当返还，故对董某要求陈某腾退房屋、交付房屋的原始购房资料及陈某要求董某返还购房款、经纪公司返还代理服务费的诉请应予支持。因该房屋装修构成房屋一部分，故董某要求恢复原状的诉请无法支持。房屋装修构成对原财产的添附，实质上增加了原财产价值，故董某应将增加的装修价值返还陈某。董某要求陈某支付房屋占用费的诉请，无事实及法律依据，不予支持。陈某要求董某及经纪公司支付购房款利息、腾房费及未购买另一处房产造成的定金损失和其他损失，均无事实及法律依据，不予支持。判决合同无效，双方返还，董某赔偿陈某装修费21万余元，经纪公司返还陈某代理服务费2万余元。2009年**陕西某房屋认购协议纠纷案**，2006年，张某与开发公司签订商品房认购协议并交纳全部购房款24万余元。2008年，张某要求交房，开发公司称该房系经济适用房、张某不具有购房资格。张某遂诉请退回购房款并赔偿一倍购房款。法院认为：张某与开发公司之间所签认购协议不符合房屋买卖合同构成要素，不是房屋买卖合同。因双方并未签订房屋买卖合同，故张某购房款，开发公司应予退还。关于张某要求对其进行购房款一倍赔偿，不适用最高人民法院《关于审理商品房买卖合同纠纷案件适用法律若干问题的解释》中关于五种承担一倍赔偿情形，又，本案是经济适用房认购协议纠纷，不是不动产纠纷，亦不能适用《消费者权益保护法》有关规定，故张某要求进行一倍赔偿诉请，于法无据，不予支持。开发公司与张某签订认购协议前，开发公司所办理有关项目立项、规划等手续均为经济适用房性质，双方在涉案认购协议中指向房屋不存在现实履行基础，且签订该协议明显违反我国现行法律规定，故该协议并非合法有效的商品房买卖合同。《合同法》第58条规定，合同无效或者被撤销的，因该合同取得的财产，应当予以返还；不能返还或者没有必要返还的，应当折价补偿。有过错的一方应当赔偿对方因此所受的损失，双方都有过错的，应当各自承担相应责任。本案中，开发公司在签订认购协议时存在一定订约欺诈事实，但张某亦存在未加严格审查的重大过错，故双方均有过错。在张某未能就其所受损害利益举证情况下，综合考虑双方过错程度及近年来本地房地产市场发展态势，确定开发公司承担信赖利益损失较为妥当。一审判决开发公司退还24万余元及利息，二审达成和解，张某撤回上诉。2007年**江苏某行政诉讼案**，2003年，胡某夫妇以年逾90、购房困难为由，申请将购买经济适用房资格转让给外孙女石某，转让申请书由胡某女填写，并加盖胡某夫妇个人印鉴。2007年，胡某子举报。房管局审查后，以石某申报不实，骗购经济适用房为由注销其购买的经济适用房所有权证。法院认为:根据市房管局《关于经济适用住房出售的补充规定》,符合(购买经济适用房)购房条件,但购房有困难的,可以办理购房资格转让手续。需办理购买资格转让的,必须在审批之前办理好有关转让手续,提供转让人与受让人属直系亲属关系的证明,填写转让书。办理转让手续后,转让人不再具有购买经济适用房资格。即购买经济适用房资格转让属于资格享有人专属权,只有资格享有人本人有权行使购房资格转让,并填写转让书。本案中,石某提交的资格转让申请书中内容及签名虽均为胡某女书写,但在转让人栏内盖有胡某夫妇个人真实印鉴。在资格转让时,购房资格转让人胡某夫妇均能表示自己意志。作为已是90岁以上书写不便的高龄老人,由女儿代为书写内容和姓名,再加盖上本人印鉴来体现自己意志做法,符合情理和人们日常生活经验法则,且行政管理部门及相关规定对资格转让申请书填写没有规定特殊要求。胡某夫妇取得购买经济适用房资格后,在其购房有困难情况下,将购房资格转让给外孙女石某符合购买经济适用房资格转让规定。判决撤销房管局注销决定。2011年3月**重庆某房屋买卖合同案**,法院认为:涉讼房屋虽系经济适用房,但其只对一定期间内物权变动产生影响,并不必然导致转让合同的无效。双方签订的《房屋转让协议》系双方真实意思表示,不违反法律、行政法规的效力性强制性规定,应属合法有效,故本院对买方要求确认双方签订的《房屋转让协议》合法有效的诉讼请求予以支持,对卖方主张买卖经济适用房合同无效的理由不予采信。由于经济适用房属于政策性住房,根据相关规定,购买经济适用住房不满5年,购房人因特殊原因确需转让经济适用住房的,由政府按照原价格并考虑折旧和物价水平等因素进行回购,本案中,买方未举示证据证明双方已达到办理过户手续的相应条件,故本院对买方要求卖方为其办理过户手续的诉讼请求不予支持,判决确认转让协议合法有效,驳回买方要求过户的诉讼请求。2010年2月**重庆某房屋买卖合同案**,法院认为:集资房属于经济适用房,转让经济适用房需经过一定年限才可,但双方并非是转让房屋,而转让的是一种资格,是一种集资权属的转让,不能适用房屋转让的相应法律法规,因此双方的协议不违反《城市房地产管理法》和《经济适用住房管理办法》的规定。与此同时,最高人民法院《关于适用〈中华人民共和国合同法〉若干问题的解释(二)》第14条明确规定,《合同法》第52条第5项规定的"强制性规定",是指效力性强制性规定,就本案而言,双方签订协议的最终标的虽然是房屋,但协议并不损害国家、集体和他人的利益,其协议内容不涉及合同效力的强制性规定,不能认定为无效协议。2009年11月**河南某房屋买卖合同案**,法院认为:双方所签《买卖住房协议》中的房屋为经济适用房,该房为有限产权(房主安某并未取得完全产权)且购买该房的时间未超过5年,不符合直接上市交易的相关法律政策规定。故《买卖住房协议》违反了社会公共利益,侵害了其他符合购买经济适用房条件人员的利益，该协议应为无效协议，双方已经取得的财产应予相互返还。2009年8月**河南某房屋买卖合同案**，法院认为：诉争房屋系郑州飞机设备有限公司为了解决职工住房问题，根据国家货币化分房政策和郑州市《关于企事业单位利用自有土地建造经济适用住房有关问题的通知》精神，按经济适用房成本价按建筑面积计价出售。赵某与唐某口头约定，转让购房指标，由赵某父亲代为收取转让指标款5000元，唐某交纳了涉案房屋购房款并自2004年11月26日居住至今。赵某与唐某口头达成的购房指标转让协议，是双方当事人的真实意思表示，不违反国家法律、行政法规的强制性规定，双方买卖关系成立，为有效合同。涉案房屋系单位利用自有土地建房、按经济适用房成本价和建筑面积集资建房，《经济适用住房管理办法》系部门规章，不属国家法律、行政法规。判决案涉房屋买卖协议有效，卖方协助买方办理过户手续。2008年12月**云南某房屋买卖合同案**，2007年9月，舒某卖房给张某并签订买卖合同，约定卖方应在2007年12月24日前配合买方过户。因案涉房屋为经济适用房，最终无法过户。张某主张舒某应支付违约金。法院认为：因双方约定的办理过户的期限是2007年12月24日前，即使是舒某在2007年9月13日至2007年11月期间拖延办理，也不能认为舒某的行为违约。合同是有期限的民事法律关系，不能永久存续，由于在双方合同履行期限内出现了合同不能履行的事由，导致合同无法履行，双方的合同目的不能实现，而在该履行期限届满前，双方并未就合同履行期限或者履行方式进行协商变更，在合同履行期限届满后又未达成新的协议，故张某以舒某违约为由要求其承担违约责任的理由不成立。涉案房屋自2007年11月起至上述合同履行期间届满前因政策原因暂不能办理过户手续，故合同未能履行的原因不能归咎于舒某，舒某行为并未构成违约。2004年8月**黑龙江某房屋买卖合同案**，赵某认为其购买的是商品房，最终却是经济适用房，受到欺诈，起诉要求开发公司办理商品房的房屋产权证。法院认为：开发公司开发建设的是经济适用住房，取得的亦是经济适用住房销售许可证，开发公司无权将经济适用住房作为商品房销售。赵某并未举证充分的证据证实开发公司承诺为其办理商品房产权证。且开发公司只有在向政府补交土地出让金，由政府取消其享受相应的优惠待遇，将经济适用住房变更为商品房的性质后，才具备办理商品房产权证的条件。故赵某要求开发公司办理商品房产权证不符合本案的客观事实及有关规定，系诉讼请求不当。赵某如主张开发公司存在欺诈行为，要求对方赔偿由此给其造成的损失，可依据最高人民法院《关于民事诉讼证据的若干规定》第35条的规定，在法院诉讼期间变更诉讼请求。在法院行使释明权情况下，赵某坚持不变更其诉讼请求，故法院驳回赵某的诉讼请求。

【同类案件处理要点】

相关政策、法规规定的限制上市交易期限内买卖已购经济适用住房，当事人主张买卖合同无效的,可予支持。政策、法规有新规定的,适用其规定。出卖人转让的经济适用住房的原购房合同系 2008 年 4 月 11 日之前签订,当事人又在转让该已购房屋的合同中约定在限制上市交易期限届满后再办理房屋所有权转移登记或在一审法庭辩论终结前该房屋已具备上市交易条件的,可以认定合同有效。经出卖人主张房屋买卖合同被确认无效的后果,适用《民法典》第 157 条的规定,并考虑居住安置问题妥善处理,在认定买受人所受损失数额时应当综合考虑出卖人因房屋升值获得的利益、买受人因此丧失的订约机会损失、买受人装修房屋的添附价值及双方的过错程度等因素,公平合理地予以确定。出卖人转让已购按经济适用住房管理的房屋,当事人主张房屋买卖合同无效的,不予支持。

【相关法律风险提示】

1. 转让经济适用房或其他保障性住房的合同违反相关政策或规定,是否导致合同无效,在司法实践中存在不同判例:(1)有效论。资格转让、附期限履行、不违反法律和行政法规强制性规定。(2)无效论。恶意串通、损害国家利益、以合法形式掩盖非法目的、违反国家政策规定、损害公共利益。

2. 对于政府为实施社会保障政策而赋予一定身份限制的购房资格,比如经济适用房、安居工程房、解困房、内部集资房等,为避免私下转让造成合同效力上的法律风险,应对相关转让禁止或限制条件的政策有充分的了解。

3. 对作为买卖合同标的的房屋,其经济适用房的性质可能决定其过户手续办理上存在障碍,故对过户责任无法办理造成的后果,买卖双方均应有所预期并做明确的书面约定。作为买方而言,应谨慎查明,防止前期投入费用过巨而事后又不能弥补;作为卖方而言,应在了解合同能否得到实际履行的前提下谨慎签订出卖协议,明确其“协助、配合买受人办理过户手续”的责任性质,并对“非因归咎于当事人一方的原因导致合同履行期限内未能履行”的无法过户责任作出明确约定,以防止事后违约责任的认定存在纠纷。

4. 购房合同通常对过户费用笼统约定为由买方负担,但该费用是否包括因经济适用房面积超标或年限未到,根据相关规定应补缴的费用,存在争议。或认为该约定已经明确规定由买受人承担,或认定标的物本身瑕疵导致经济适用房不能自由过户,责任在出卖方,故为自由过户补缴超标准面积费用的义务在出卖人一方。

5. 签订《商品房买卖合同》,宣传的也是“商住小区”,最终可能却是经济适用房性质,故应事先对土地及房屋产权性质弄清楚。买受人发现购买的是经济适用房后,欲以欺诈为由推翻合同举证上存在难度。案见黑龙江哈尔滨中院(2004)哈民一终字第 1130 号“赵某与某开发公司房屋买卖合同纠纷案”。

6. 无购买资格者以他人名义购买经济适用房,并实际占有、使用了该房,应认定实际购买人享有房屋所有权。由于实际购买人行使了本应由他人享有的购买权利，故应给予他人合理补偿。

7. 经济适用房买卖双方约定了土地出让金缴纳方式，且已实际履行，则一方不得以该约定违反国家规定和交易习惯为由撤销。

8. 社会保障性住房的资格审核，实质系行政给付行为中的一个过程，并非行政许可行为，不适用行政许可期限限制。

9. 限价商品房预售合同属于具有人身依附性合同，在合同履行过程中，买受人应具有履行合同的特定资格，买受人去世的，只有具备保障房购买资格的继承人才有权要求继续履行合同，否则应终止合同。

10. 经济适用房违法买卖导致合同无效的，房屋装修构成对原财产的添附，实质上增加了原财产价值，故出卖人应将增加的装修价值返还给买受人。

11. 开发商在与买受人签订房屋认购协议时，隐瞒房屋经济适用房性质，存在一定的订约欺诈事实，应向房屋买受人承担信赖利益损失。

12. 购买经济适用房资格转让属于资格享有人专属权，转让人在依法办理转让手续后，不再具有购买经济适用房资格。

【附注】

参考案例索引：湖南衡阳中院（2010）衡中法民一终字第 409 号“李某与袁某房屋买卖合同纠纷上诉案”；北京高院（2007）高民提字第 529 号“田某与姚某财产权属纠纷案”，见《田小军与姚宏伟财产权属纠纷再审案》，载《审判监督指导·裁判文书选登》（200801/23：199）；河南洛阳中院（2015）洛民终字第 1906 号“郭某与李某转让合同纠纷案”，见《买卖双方约定土地出让金缴纳方式不违反国家强制性规定——河南洛阳中院判决郭某诉李某经济适用房转让合同纠纷案》（申文娟、樊蕾），载《人民法院报·案例精选》（20151112：06）；福建厦门中院（2014）厦行终字第 61 号“代某与某建设局行政诉讼案”，见《代建明诉厦门市建设与管理局不履行法定职责案——社会保障性住房资格审核并非行政许可行为》（王叶萍、张栎），载《人民法院案例选》（201504/94：279）；北京高院（2014）高民申字第 01679 号“皮某与某开发公司商品房预售合同纠纷案”，见《皮增颖诉北京北辰实业股份有限公司商品房预售合同纠纷案（政府文件的法律效力）》（郑吉喆），载《中国审判案例要览》（2015 民：234）；北京昌平区法院（2009）民字第 2254 号“董某与陈某等房屋买卖合同纠纷案”，见《董淑萍诉陈紫薇等房屋买卖合同案（无效合同）》（魏胜利），载《中国审判案例要览》（2010 民：162）；陕西西安中院（2009）西民二终字第 1376 号“张某与西安某房地产开发有限公司房屋认购协议纠纷上诉案”，见《以欺诈方式销售经济适用房合同效力的判定》（徐琳茹、何强），载《人民司法·案例》（201014：

23);江苏无锡崇安区法院(2007)崇行初字第39号“石晨月诉无锡市房产管理局注销房屋权属证书纠纷案”,见《经济适用房购买资格专属性分析》(朱重岱),载《人民司法·案例》(200816:106);重庆渝北区法院(2011)渝北法民初字第470号“陈某诉褚某等房屋买卖合同纠纷案”;重庆黔江区法院(2010)黔法民初字第00071号“田某等诉段某等买卖合同纠纷案”;河南洛阳中院(2009)洛民终字第123号“安某与王某等买卖合同纠纷上诉案”;河南郑州中院(2009)郑民二终字第1279号“赵某等与唐某买卖合同纠纷上诉案”;云南昆明中院(2008)昆民一终字第535号“张某与舒某房屋买卖合同纠纷案”;黑龙江哈尔滨中院(2004)哈民一终字第1130号“赵某与某开发公司房屋买卖合同纠纷案”。

95. 两限房:准购房资格

——限价商品房,申购无资格?

【公共利益】

【案情简介及争议焦点】

经审核,吴某符合购买两限房资格并获得准购证。2008年2月,吴某与开发商签订限价商品房买卖合同,并与银行签订按揭贷款相关抵押、保证合同。付清房款后,2008年4月,区房管处通知吴某,认为经市审计局审计调查,吴某不符合申购两限房条件,故取消其家庭购房资格。2009年8月,开发商通知吴某办理退款手续,遭拒后,开发商诉请确认合同无效。

争议焦点:1.合同效力如何?2.无效的后果是什么?

【裁判要点】

1.合同效力。普通(限价)商品房系一种限价格限套型(面积)的商品房,是政府为解决中低收入家庭和特殊群体的住房困难,限制高房价而制定的政策,具有主体的特殊性和公益性。为购买涉案房屋,吴某与开发商签订商品房买卖合同及各自与银行签订的个人住房公积金借款抵押合同、个人住房公积金借款保证合同。后市审计局在专项审计中,发现吴某不符合申购限价房条件,区房管处通知吴某,其不符合申购条件,取消其家庭购房资格,并办理退房手续。因吴某的限价房准购资格被取消,不具备普通(限价)商品房购买条件。根据《合同法》第52条第4项规定，案涉商品房买卖合同，侵害了其他具备准购资格的低收入者购房权益，损害社会公共利益，故应依法认定无效。

2. 无效后果。主合同无效，从合同也无效。个人住房公积金借款抵押合同、个人住房公积金借款保证合同均应依法认定无效。

【裁判依据或参考】

1. 国务院文件。国务院**《关于城镇保障性住房建设和管理工作情况的报告》**(2011年10月25日)第2条："城镇保障性住房的种类……5. 限价商品住房。这项政策在房价较高的城市实行，面向中低收入无房或住房困难家庭供应，建筑面积一般在90平方米以内。各有关城市都规定了购买条件、上市交易的条件和上市交易的收益调节办法……"国务院办公厅**《关于保障性安居工程建设和管理的指导意见》**(2011年9月28日 国办发〔2011〕45号)第5条："……经济适用住房和限价商品住房购买不满5年的，不得上市交易。经济适用住房配售时，要明确界定政府与购买人的资产份额，并按照政府回购、适当兼顾保障对象合法权益的原则，确定经济适用住房出售所得价款的分配比例。限价商品住房的上市交易收益调节办法，由市县人民政府制定……"国务院办公厅**《关于进一步做好房地产市场调控工作有关问题的通知》**(2011年1月26日 国办发〔2011〕1号)第5条："……进一步完善土地出让方式，大力推广'限房价、竞地价'方式供应中低价位普通商品住房用地。房价高的城市要增加限价商品住房用地计划供应量……"

2. 地方司法性文件。广东高院**《印发〈关于审理房屋买卖合同纠纷案件的指引〉的通知》**(2017年9月12日 粤高法〔2017〕191号，已于2020年12月31日经粤高法〔2020〕132号废止)第27条："限购房屋的买受人请求出卖人协助办理房屋所有权转移登记的，人民法院应当按照《广东省高级人民法院广东省住房和城乡建设厅广东省司法厅关于在审判执行、办理公证工作中落实住房限购政策的意见》(粤高法〔2013〕403号)，要求其在举证期限内提交房屋所在地房地产登记机构出具的《购房资格证明》。"北京高院(单国军庭长)**《关于审理城镇房屋买卖合同案件适用法律若干问题的调研报告》**(2017年2月5日)："……关于已购按经济适用住房管理房屋的买卖问题。实践中，按经济适用住房管理的房屋具体包括危改回迁房、安居房、康居房、绿化隔离地区农民回迁房等类型，由于其与经济适用住房在性质、购房资格和审查程序上存在根本不同，相应政策法规中对于该类房屋的转让大多也没有上市交易期限的限制，故转让该类已购房屋，不应适用上述转让已购经济适用住房的相关规定，买卖合同宜认定为有效。"北京高院**《关于印发〈关于民事诉讼管辖若干问题的规定(试行)〉的通知》**(2015年12月31日)第11条："政策性房屋买卖合同适用不动产专属管辖。政策性房屋包括两限房、自住性商品房、经济适用房、廉租房、优惠价房、单位自管房、军产房、小产权房、农村房屋及公租房等享受国家税收、福利、政策优惠等条件的房屋以及农村集体土地上的房屋。”江苏高院**《关于在民事审判中防范和查处虚假诉讼若干问题的讨论纪要》**(2012年12月25日)第7条:“审判人员对于多发易发的虚假诉讼类型案件,应当着重审查以下内容……(3)对存在法律或政策限制等房地产权属纠纷案件,应当着重审查房地产是否具备合法、完备的权属证书,房地产是否存在法律、行政法规、国家政策禁止或限制转让的情形,是否存在当事人规避法律以房地产抵债的情形……”江苏高院**《关于深入推进民生案件审判工作的意见》**(2011年6月30日)第5条:“妥善审理好涉及住房的案件,依法保护公民合法的财产权益。正确理解和适用物权平等保护原则,依法保护好国家、集体、私人的合法财产权,依法制裁各类侵犯物权的行为。审慎处理因‘房产新政’引发的房屋买卖案件,严格区分情势变更和商业风险,既要保证国家政策的贯彻执行,也要充分保护买卖双方的合法权益。认真审理好城市廉租住房和经济适用房建设和流转过程中发生的纠纷,依法保障国家保障性安居工程政策得到有效落实。进一步加大对建设工程施工合同纠纷案件的审理力度,依法制裁建设单位恶意拖欠工程款的行为,慎重处理当事人就工程质量存在的争议。认真审理好物业服务合同纠纷,合理界定业主、业主委员会、物业服务企业各自的权利义务,积极引导各方当事人依法、理性地行使权利,努力构建和谐的社区邻里关系。物业服务企业和业主均应严格履行物业服务合同,违反约定应当承担相应的责任。物业服务企业以停水、停电、停气的方式催交业主拖欠的物业费,造成业主损失的,应当承担相应的赔偿责任。”海南高院**《关于办理商品房买卖合同纠纷案件的指导意见(试行)》**(2011年1月)第17条:“因政府或政府指定的专门机构与不符合限价商品住房供应条件对象所签订的限价商品住房出售合同而产生的纠纷,依下列情况分别处理:(1)合同签订于2010年8月31日《海南省人民政府关于加快发展保障性住房的意见》(琼府〔2010〕64号,下称海南省政府保障性住房意见)发布前,且已履行完毕的,可以认定有效;一方请求解除的,不予支持。(2)合同虽签订于海南省政府保障性住房意见发布前,但海南省政府保障性住房意见发布后尚未履行完毕的,可以认定有效。但购买人请求继续履行的,应以合同侵害社会公共利益为由不予支持。因解除合同而导致的损失,由双方按过错责任大小分担。(3)合同签订于海南省政府保障性住房意见发布后的,应当认定无效,因此而造成的损失按双方过错责任大小分担。”第18条:“因限价商品住房初始购买者与他人就限价商品住房所签订的买卖合同而产生的纠纷,区别下列情况分别处理:(1)合同签订于海南省政府保障性住房意见发布前,且已履行完毕的,可以认定有效;一方请求解除的,不予支持。(2)合同虽签订于海南省政府保障性住房意见发布前,但海南省政府保障性住房意见发布后尚未履行完毕的,可以认定有效。但购买人请求继续履行的,不予支持。因解除合同而导致的损失,由双方按过错责任大小分担。(3)合同签订于海南省政府保障性住房意见发布后,依下列情形分别处理:①限价商品住房初始购买者就自取得房屋所有权证未满5年的限价商品住房与他人所签订的买卖合同无效,由此而造成的损失由双方当事人按过错责任大小分担。②限价商品房初始购买者就自取得房屋所有权证满5年的限价商品住房与他人所签订的买卖合同,凡不存在违反法律、法规禁止性规定情形的,可以认定有效,但政府或政府指定的专门机构主张优先回购的除外。限价商品住房初始购买者与他人所签订的限价商品住房买卖合同有效的,购房人有关产权的取得依相关规定办理。"第21条:"当事人因就是否符合经济适用房、限价商品房及单位集资合作建房购买条件向人民法院起诉的,不予受理;但应告知其向政府或政府有关部门申请解决。"

3. 北京市规定。北京市住建委**《关于印发〈北京市国有土地上房屋征收与补偿中住房保障优先配租配售管理办法〉的通知》**(2011年11月2日　京建法〔2011〕17号)第2条:"征收国有土地上个人住宅,在对被征收人进行补偿安置后,被征收人符合本市公共租赁住房、廉租住房、经济适用住房或限价商品住房条件,通过资格审核的,作出房屋征收决定的区、县人民政府应当优先给予住房保障,对被征收人直接配租、配售。"第7条:"被征收人符合保障性住房申请条件,通过资格审核的,区、县住房保障管理部门应及时组织申请家庭选房,同时被征收家庭须将原住房腾退。被征收家庭已经选择某种形式的住房保障后,不得再参加保障性住房公开摇号配租、配售。"北京市住建委**《关于昌平区保障性住房资格审核有关问题的批复》**(2011年6月9日　京建函〔2011〕234号)第1条:"根据《关于印发北京市经济适用住房管理办法(试行)的通知》(京政发〔2007〕27号)及《关于印发北京市限价商品住房管理办法(试行)的通知》(京政发〔2008〕8号)文件规定,符合条件的申请家庭只能按照规定的标准购买1套经济适用住房或购买1套限价商品住房。经济适用住房或限价商品住房申请家庭将已购满五年的经济适用住房或限价商品住房上市交易后,不得再申请经济适用住房及限价商品住房。"第2条:"家庭出售其他住房办理房屋转移登记手续满三年,方可申请保障性住房,原房屋按合同交易价格核定为家庭资产,但应扣除申请家庭合理的还贷、物业费、专项维修资金及租房、看病等相关费用;家庭赠与住房,办理房屋转移登记手续满三年后再申请保障性住房的,原房屋面积核定为家庭住房面积。"北京市地税局、北京市住建委**《关于进一步加强房地产市场调控有关税收问题的公告》**(2011年3月17日)第1条:"……房地产开发企业按照政策规定销售各类保障性住房取得的收入,暂不预征土地增值税。保障性住房是指各级人民政府或者指定经营单位回购的廉租住房、公共租赁住房,以及按照政策规定向特定对象销售的经济适用住房、限价商品房(含比照经济适用住房、限价商品房管理)等具有保障性质的各类住房。”北京市住房保障办公室**《关于印发〈北京市经济适用住房、限价商品住房申请家庭原住房腾退办法〉的通知》**(2010年9月28日　京住保〔2010〕30号)第3条:“本办法所称申请家庭原住房是指经济适用住房、限价商品住房申请家庭的申请人和申请家庭成员在本市所承租的公房和拥有的私有住房。”第9条:“申请家庭原住房腾退程序:(1)需腾退原住房的家庭在申请经济适用住房、限价商品住房时,原住房应腾退给产权单位的,需提供与原住房产权单位签订的腾退原住房协议;原住房需腾退给区县住房保障管理部门的,申请家庭需书面承诺将原住房腾退给区县住房保障管理部门或区县住房保障管理部门委托的单位。(2)腾退家庭在参加经济适用住房或限价商品住房公开摇号,选定的政策性住房签订购房合同以前,应与区县住房保障管理部门或其委托的单位签订腾退原住房协议,并办理原住房承租人变更或房屋转移登记,承租人变更或房屋转移登记手续办结后方可签约购买经济适用住房或限价商品住房,申请家庭原住房所在区县房管部门应协助办理有关手续。需要经济补偿的,区县住房保障管理部门或其委托的单位应及时向申请家庭支付腾房经济补助或货币补偿金。(3)腾退家庭应在所购买的经济适用住房或限价商品住房交房入住半年内腾空原住房,并交给原住房产权单位或区县住房保障管理部门或其委托的单位。”北京市住建委**《关于加强廉租住房、经济适用住房和限价商品住房审核配租配售管理等问题的通知》**(2010年10月8日　京建发〔2010〕523号)第1条:“资格审核管理。(1)购买经济适用住房和限价商品住房的申请家庭成员包括申请人、配偶及未成年子女。其他申请条件不变。申请廉租住房家庭成员,仍按照原政策规定执行。(2)申请廉租住房、经济适用住房和限价商品住房家庭成员需提供社保、公积金、地税部门出具的申请前12个月缴纳情况证明。具体材料如下:①社保部门出具的缴存人社会保险缴纳信息凭证,如:《社会保险个人缴费信息对账单》或《参保职工四险缴费情况表》等。②公积金管理部门出具的缴存人《住房公积金缴存个人信息》或‘住房公积金对账簿’打印的住房公积金缴存明细。③个人所得税完税凭证,包括完税证、缴款书、代扣代收税款凭证或个人所得税完税证明。申请家庭成员无法提供上述材料的,须出具未参加社会保险缴费、未缴存住房公积金或未缴纳个人所得税的书面承诺(附件1)。住房保障管理部门在审核备案过程中发现申请家庭成员能够提供但未提供的,按照瞒报家庭申请情况处理。(3)家庭成员在申请经济适用住房和限价商品住房前已经正式办理退(离)休手续,通过资格审核后,因职工退(离)休养老金统一上调而超出收入准入标准的,经街道(乡镇)、区(县)住房保障管理部门复核后,可继续保留申请轮候资格。(4)申请家庭出售自有住房或将自有住房赠与他人后申请廉租住房、经济适用住房和限价商品住房时,申请家庭出售或赠与住房办理房屋转移登记手续年限须满三年,起始日期以《房屋所有权证》记载的登记日期(填发日期)或完税时间为准。(5)家庭成员在拆迁补偿安置协议或定向安置协议中已明确作为安置对象予以安置的,安置住房面积核定为家庭住房面积。(6)区(县)住房保障管理部门按照《关于对已通过廉租住房、经济适用住房和限价商品住房申请资格审核家庭进行定期复核等有关问题的通知》(京建住〔2009〕830号)对经济适用住房或限价商品住房轮候家庭进行复核时,家庭年收入、资产和住房面积超出保障性住房准入标准的,区(县)住房保障管理部门应作出取消该家庭保障资格的决定。(7)区(县)住房保障管理部门向申请家庭发放《不予备案通知单》《北京市保障性住房配租(购买)资格取消通知书》《取消购房资格通知书》时,应加盖区(县)住房保障行政管理部门公章。"第3条:"房屋退出管理。(1)购房人违反《北京市经济适用住房管理办法(试行)》(京政发〔2007〕27号)或《北京市限价商品住房管理办法(试行)》(京政发〔2008〕8号)规定,申请时户籍所在地区(县)住房保障管理部门取消家庭购房资格后,责令其退回已购住房的,按照以下程序办理:①区(县)住房保障管理部门作出责令退回已购经济适用住房或限价商品住房决定,书面通知购房人在规定期限内提交购房合同或房屋所有权证、身份证明等材料。②已受理房屋登记申请但尚未将登记事项记载于房屋登记簿前,区(县)住房保障管理部门书面通知房屋销售单位与购房人解除购房合同,停止办理房屋登记等手续,并将书面决定抄送房屋登记部门停止办理后续手续。购房人与房屋销售单位到房屋管理部门办理退房手续后,房屋销售单位按照购房原价退回购房款,并退回购房人房屋分户账中结余的住宅专项维修资金。已入住家庭须结清水、电、气、热和物业管理等费用。贷款购房家庭,房屋销售单位与购房人先办理银行贷款解除手续后再解除购房合同,并到房屋所在地区(县)房屋登记部门办理购房合同注销手续,已办理预购商品房抵押权预告登记的,应先办理抵押权注销登记。贷款银行已放款给房屋销售单位的,由房屋销售单位归还银行贷款本金,贷款利息和违约金由购房人负担。③已将登记事项记载于房屋登记簿的,由北京市住房和城乡建设委员会作出撤销登记决定,收回房屋所有权证或公告房屋所有权证作废,房屋由区(县)住房保障管理部门或其指定机构组织回购,按购房原价退回购房款,并退回购房人房屋分户账中结余的住宅专项维修资金。已入住家庭须结清水、电、气、热和物业管理等费用。贷款未还清的,由区(县)住房保障管理部门或其指定机构与购房人到贷款银行办理个人贷款合同终止手续,区(县)住房保障管理部门或其指定机构归还购房人银行贷款本金,贷款利息和违约金由购房人负担。已办理抵押权登记的,由抵押权人到区县房屋登记部门办理抵押权注销登记手续。房屋登记部门凭责令退回决定及其他相关材料将房屋产权登记在区(县)住房保障管理部门或其指定机构名下。④购房人拒不退回已购住房的,区(县)住房保障管理部门或房屋销售单位可以依法申请人民法院强制执行。”北京市住建委**《关于进一步加强廉租住房、经济适用住房和限价商品住房申请资格审核管理有关工作的通知》**(2010年4月21日　京建发〔2010〕206号)第4条:“……申请家庭在申请或轮候期间家庭情况发生变化后,弄虚作假,隐瞒家庭住房、收入及资产等状况的,经复查属实,由区(县)住房保障管理部门作出取消申请资格的决定,记入不良信用档案,并通过区(县)政府网站或相关媒体公开曝光。该家庭自被取消申请资格之日起五年内不得再次申请保障性住房。”北京市建委**《关于北京市廉租住房、经济适用住房和限价商品住房申请审核有关问题的通知》**(2008年7月15日　京住综字〔2008〕35号)第1条:“申请家庭住房指申请家庭成员名下承租的公有住房和拥有的私有住房,家庭人均住房使用面积按申请家庭成员住房使用面积之和除以申请家庭人口计算。”第2条:“家庭申请购买经济适用住房或限价商品住房时,申请家庭成员京外住房不计入住房面积核定范围,自有产权住房核定房产净值,申请家庭需出具有资质的评估机构关于京外住房净值的评估报告。”北京市建委**《关于印发〈北京市限价商品住房购买资格申请审核及配售管理办法〉的通知》**(2008年4月9日　京建住〔2008〕223号)第2条:“北京市中等收入以下住房困难家庭购买限价商品住房的申请、审核及房屋配售等适用本办法。”第4条:“申请人购买限价商品住房应当以家庭为单位提出申请,并同时具备下列条件:(1)申请人须有本市户籍,年满18周岁,且具有完全民事行为能力。其中申请人为农业户口的,应是征地拆迁所涉及的家庭;单身家庭申请限价商品住房的,申请人须年满30周岁。(2)申请家庭人均住房面积、家庭收入、家庭总资产净值符合规定的标准。具体标准按照我市每年向社会公布的标准执行。”第7条:“申请家庭住房是指全部申请家庭成员名下承租的公有住房和拥有的私有住房。住房面积按照使用面积计算,具体面积由具备测绘资质的机构出具的面积为准,或以建筑面积除以相应的系数。采用建筑面积除以相应系数的方式,属承租公有住房的,使用面积按《公有住房租赁合同》上标明的计租面积为准;居住私产住房的,使用面积以《房屋所有权证》上标明的建筑面积除以1.333计算。申请家庭现有2处或2处以上住房的,住房面积应合并计算。下列房屋面积纳入申请家庭住房面积核定范围:(1)申请家庭成员自有私房(含已购公有住房);(2)申请家庭成员按照本市规定租金标准承租住房;(3)申请家庭成员拆迁已明确安置住房;(4)申请家庭成员在集体土地上自有的正式住房;家庭人均住房面积按申请家庭上述住房面积之和除以申请家庭人口计算。”第25条:“通过购买限价商品住房资格审核的家庭在轮候期间应每年按期向街道办事处或乡镇人民政府住房保障管理部门如实申报家庭收入、人口、住房、资产等变动情况。区(县)、街道办事处或乡镇人民政府住房保障管理部门应当定期会同民政等相关部门对通过购买限价商品住房资格审核家庭的人口、收入、住房、资产等变动状况进行复核,并根据复核结果对通过购买限价商品住房资格审核家庭的资格及时调整并书面告知当事人。”北京市建委等8部门**《关于印发〈北京市限价商品住房申购家庭收入、住房和资产准入标准及已购限价商品住房上市交易补交比例〉的通知》**(2008年4月8日　京建住〔2008〕226号)第1条:“本市城八区申请购买限价商品住房家庭年收入、住房及总资产净值须符合以下标准:家庭人口3人及以下的,家庭年收入8.8万元及以下,人均住房使用面积在15平方米及以下,家庭总资产净值在57万元及以下;家庭人口在4人及以上的,家庭年收入在11.6万元以下,人均住房使用面积在15平方米及以下,家庭总资产净值在76万元及以下。”第3条:“已购限价商品住房家庭取得契税完税凭证或房屋所有权证满五年后,可以按市场价出售所购住房,应按照市有关部门公布的届时同地段普通商品住房价格和限价商品住房价格之差的一定比例交纳土地收益等价款,交纳比例为35%。”北京市**《限价商品住房管理办法(试行)》**(2008年1月1日　京政发〔2008〕8号)第9条:“限价商品住房套型建筑面积以90平方米以下为主。其中,1居室控制在60平方米以下;2居室控制在75平方米以下。”第13条:“限价商品住房供应对象为本市中等收入住房困难的城镇居民家庭、征地拆迁过程中涉及的农民家庭及市政府规定的其他家庭。申请购买限价商品住房家庭应符合以下条件:(一)申请人须具有本市户口,申请家庭应推举具有完全民事行为能力的家庭成员作为申请人。单身家庭提出申请的,申请人须年满30周岁。市政府有关部门可根据限价商品住房供需情况,对单身申请人年龄实行动态管理。(二)申请家庭人均住房面积、家庭收入、家庭资产须符合规定标准,并实行动态管理。城八区的上述标准由市建设部门会同市有关部门根据本市居民收入、居住水平和住房价格等因素组织确定,经市政府批准后公布。远郊区县的上述标准由区县政府结合实际情况确定,经市政府批准后公布。”第18条:“经审核符合条件的申请家庭只能购买1套限价商品住房,已购买限价商品住房家庭的成员不得再次享受其他形式的保障性住房。”第26条:“购房人取得房屋权属证书后5年内不得转让所购住房。确需转让的,可向户口所在区县住房保障管理部门申请回购,回购价格按购买价格并考虑折旧和物价水平等因素确定。回购的房屋继续作为限价商品住房向符合条件家庭出售。购房人在取得房屋权属证书5年后转让所购住房的,应按届时同地段普通商品住房和限价商品住房差价的一定比例交纳土地收益等价款。具体比例由市建设、国土资源、发展改革、财政等部门研究确定,经市政府批准后实施,并可根据房地产市场变化等情况按程序适时调整交纳比例。”第27条:“已经市住房保障管理部门备案的申请家庭,其家庭收入、住房和资产等情况在轮候期间发生变化的,应如实向所在区县住房保障管理部门报告,区县住房保障管理部门会同有关部门对其申报情况进行复核。区县住房保障管理部门也可对申请家庭的收入、住房和资产情况进行检查。对经核实不符合购买限价商品住房条件的家庭,应取消其购房资格。”

4. 上海市规定。上海市房管局、住建委、发改委、民政局《**关于印发〈上海市共有产权保障住房准入标准和供应标准〉的通知**》(2020 年 5 月 1 日)第 1 条:“准入标准。同时符合下列标准的本市城镇户籍居民家庭,可以申请购买共有产权保障住房:(一)家庭成员在本市实际居住,具有本市城镇常住户口连续满 3 年,且在提出申请所在地的城镇常住户口连续满 2 年。(二)家庭人均住房建筑面积低于 15 平方米(含 15 平方米)。(三)3 人及以上家庭人均年可支配收入低于 7.2 万元(含 7.2 万元)、人均财产低于 18 万元(含 18 万元);2 人及以下家庭人均年可支配收入和人均财产标准按前述标准上浮 20%,即人均年可支配收入低于 8.64 万元(含 8.64万元)、人均财产低于 21.6 万元(含 21.6 万元)。(四)家庭成员在提出申请前 5 年内未发生过住房出售行为和赠与行为,但家庭成员之间住房赠与行为除外。同时符合上述标准,具有完全民事行为能力的单身人士(包括未婚、丧偶或者离婚满 3 年的人士),男性年满 28 周岁、女性年满 25 周岁,可以单独申请购买共有产权保障住房。对符合规定条件的户籍家庭共有产权保障住房申请对象,调整住房面积核算方式的具体办法,以及非沪籍家庭共有产权保障住房准入标准,按照本市有关规定执行。”上海市房管局、民政局《**关于印发〈上海市共有产权保障住房申请、供应实施细则〉的通知**》(2020 年 1 月 1 日)第 3 条:“(共同申请人)本市户籍家庭申请共有产权保障住房的,全体成员为共同申请人。共同申请人应当共同生活,并具有法定赡养、抚养或者扶养关系,主要包括具有下列关系的人员:(一)配偶(结婚需满 1 年);(二)父母、子女与祖父母、外祖父母,祖父母、外祖父母与父母双亡的孙子女、外孙子女;(三)兄、姐与父母双亡的未成年弟、妹。下列人员的申请,应当按照以下规定:(一)配偶应当一同申请;(二)年满 70 周岁的老人(孤老除外)应当与本条第一款规定的对其承担法定赡养义务的家庭成员一同申请;(三)未成年子女以及不得单独申请共有产权保障住房的成年单身子女应当与其父母一同申请,父母双亡的应当与本条第一款规定的具有法定赡养、抚养或者扶养关系的家庭成员一同申请;(四)父母离婚后,与子女共同生活的一方死亡、另一方不愿与子女一同申请的,未成年子女以及不得单独申请共有产权保障住房的成年单身子女应当与本条第一款规定的具有法定赡养、抚养或者扶养关系的家庭成员一同申请;(五)离婚人士,需离婚满 3 年,方可申请共有产权保障住房。非本市户籍人员应当以家庭为单位提出申请,全体家庭成员为共同申请人,包括以下人员:(一)配偶;(二)配偶与未婚子女;(三)丧偶单身与未婚子女。共同申请人应当书面推举一名具有完全民事行为能力的成员作为申请人代表。申请人代表办理申请、选房等事项的行为,视同共同申请人的行为。”第 30 条:“(供应标准)申请人应当按照市政府公布的供应标准购买共有产权保障住房。申请人向所在区住房保障实施机构申请将原有住房交政府指定的机构收购,经区住房保障实施机构审核同意的,按照区政府确定的住房供应标准购买共有产权保障住房。申请人按照本条第一款、第二款规定购买共有产权保障住房的,可以选择购买低于供应标准的共有产权保障住房。"

5. 参考案例。2010 年**北京某行政诉讼案**,2010 年,张某向所在区房屋土地经营管理中心申请公开其居住 30 年的直管公房承租人与政府所签腾退安置协议,以便申请购买两限房时证明住房状况。区房屋土地经营管理中心以不属于政府信息为由拒绝致诉。关于区房屋土地经营管理中心是否为适格被告系本案焦点。法院认为:依《行政诉讼法》第 25 条和最高人民法院《关于执行〈中华人民共和国行政诉讼法〉若干问题的解释》第 19 条至第 22 条规定,我国行政主体包括行政机关和法律法规授权组织两种。区房屋土地经营管理中心系经区委、区政府决定设立的专门负责直管公房经营、管理、服务工作;负责租金收缴,从事直管公房物业管理、房地产交易、房屋租赁和置换等经营服务业务;负责房地产咨询服务工作等的事业单位,享有政府依法给其配置的公房管理、经营、服务权限,系享有法律根据的职权的组织,属于广义上法律法规授权的行政主体。《政府信息公开条例》第 37 条规定:"教育、医疗卫生、计划生育、供水、供电、供气、供热、环保、公共交通等与人民群众利益密切相关的公共企事业单位在提供社会公共服务过程中制作、获取的信息的公开,参照本条例执行,具体办法由国务院有关主管部门或者机构制定。"依该规定,与人民群众利益密切相关的公共企事业单位在提供社会公共服务过程中,承担履行政府信息公开的义务。本案区房屋土地经营管理中心作为该区公房管理、经营、服务者,其社会公共服务行为无疑与人民群众利益密切相关,符合本条规定的履行政府信息公开的义务主体要求,且本案被诉告知书亦以其名义作出,故区房屋土地经营管理中心系政府信息公开行为主体。区房屋土地经营管理中心作为享有直管公房经营管理权的事业单位,在财政上有自己"户头",由财政直接拨款,具有对外独立承担责任能力,故系独立责任主体,可成为本案适格被告。2009 年 2 月**上海某房屋买卖合同案**,法院认为:开发商出具的配套商品房定房清单系开发商根据与镇政府的约定,以位置、用途特定的配套商品房对被拆迁人予以安置,售房对象、销售价格受镇政府限定。同时,房屋动迁协议书明确安置结算方法为货币结算,自行购置商品房和建房土地,公证书也已证明房屋动迁协议书于 2001 年 11 月 26 日签订,谭某又于 2002 年 1 月 14 日向镇管委会购买其他小区三期土地使用权,镇政府确认谭某非配套商品房安置对象,开发商就该定房清单所作的承诺,事实上不适于履行,而谭某对其是否具备安置条件又欠缺有效证明,开发商因此要求谭某办理退款手续,理由正当,鉴于双方订立的定房清单已无法继续履行,开发商应当返还谭某购房款及上述购房款实际占有期间的利息。2009 年 2 月**河南某保障性住房购**

买纠纷案,法院认为:购买保障性住房实行申请、审批、公示制度,本案诉争房屋经姚某申请,经过上述法定程序,审核部门准许姚某申购,并发出了准购通知书,姚某已取得了诉争保障性住房购买资格,且诉争房屋由张某使用后,审核部门又向张某发函,再次明确诉争保障性住房按规定已出售给姚某,故姚某以原告身份提起本案诉讼合法适格。本案开发商收取姚某部分房款后,又私自将诉争住房处置,侵害了姚某合法权益,故姚某以开发商为被告提起诉讼并无不当。张某现实际使用诉争住房且与姚某产生权属之争,故姚某将张某列为本案第三人亦无不当。关于姚某购房行为,因其依法申请并经房管部门经过法定程序公示、审批、发出准购通知,故其购房行为有效,应予认定。张某购房行为不符合保障性住房申购规定,且审核部门不予确认,故其与开发商之间的买卖行为缺乏依据,不应认定有效。

【同类案件处理要点】

普通(限价)商品房系一种限价格限套型(面积)的商品房,是政府为解决中低收入家庭和特殊群体的住房困难,限制高房价而制定的政策,具有主体的特殊性和公益性。不具备普通(限价)商品房购买条件的购房人与开发商签订的购房合同,侵害了其他具备准购资格的低收入者购房权益,损害社会公共利益,应根据《民法典》第153条规定,应依法认定无效。

【相关法律风险提示】

1.购买限价房,申请人及家庭须符合相应的准购资格,不符合资格的,即使已办理按揭贷款、过户手续,亦存在合同无效或被解除的风险。

2.以私下交易获取限价房资格,约定或公证5年后办理过户手续的,该约定仍存在无效风险,且不动产物权变更以登记为准,在出卖人再次转让或抵押等情况下,买受人权益无法保障。购房人勿轻信房屋销售人员、经纪人员所谓"规避建议"或"帮助规避"的承诺,更勿采用假证件、假材料等方式购买住房。

【附注】

参考案例索引:浙江宁波中院(2010)浙甬民二终字第528号"某开发商与吴某等房屋买卖合同纠纷上诉案";北京西城区法院(2010)西行初字第329号"张某与某房屋土地经营管理中心行政诉讼案",见《张某诉某区房屋土地经营管理中心政府信息公开行为案》(王晓平、邹涛),载《人民法院案例选》(201201/79:25);上海一中院(2009)沪一中民二(民)终字第376号"某开发商与谭某房屋买卖合同纠纷上诉案";河南安阳中院(2008)安民二终字第728号"某开发商等与姚某销售合同纠纷上诉案"。

96. 经租房:历史性遗留

——要回经租房,为何这么难?

【法院管辖】

【案情简介及争议焦点】

1954年9月,市政府向黄某祖父颁发《土地房屋所有权证》。1958年,案涉房屋全部纳入社会主义改造。1986年,市处理私房改造遗留问题领导小组经调查,以私落字(86)第608号文确认其中116.48平方米房屋经租,其余公房3间45.44平方米抵作自留房。因黄某家不服,未办产权。

2003年,房管所取得产权证,产权面积216.88平方米。2005年,案涉房屋拆迁,房管所作为被拆迁人,与黄某就留房问题达成调解协议,约定:面积各半,拆迁补偿款平分,各8万余元,并约定黄某"不再就此房落政问题提出任何异议"。

2007年,黄某得知房管所于2003年即将产权证办在自己名下,认为侵犯其合法权益。经法院判决认定房管局向房管所颁证行政行为违法。后黄某认为房管所非被拆迁人,诉请确认原调解协议无效,判令房管所返还不当得利。

争议焦点:1. 是否经租房? 2. 法院如何处理?

【裁判要点】

1. 案涉房屋已经社会主义改造。案涉房屋在1958年被纳入社会主义改造的事实,有房管局在诉讼过程中提供的《私有房屋社会主义改造自愿申请表》(1958年)、私落字(86)第608号文等证据证实,且该事实亦已由人民法院生效判决所确认。现黄某提出该房屋未经社会主义改造的理由无充分证据证实,本院不予采纳。

2. 本案不属人民法院受案范围。黄某的诉讼请求属于历史遗留的落实政策的范围,根据1992年最高人民法院《关于房地产案件受理问题的通知》第3条规定,本案不属于人民法院受案范围,黄某可申请政府相关职能部门解决。裁定驳回黄某起诉。

【裁判依据或参考】

1. 法律规定。《民法典》(2021年1月1日)第209条:"不动产物权的设立、变更、转让和消灭,经依法登记,发生效力;未经登记,不发生效力,但是法律另有规定的除外。依法属于国家所有的自然资源,所有权可以不登记。”第 214 条:“不动产物权的设立、变更、转让和消灭,依照法律规定应当登记的,自记载于不动产登记簿时发生效力。”第 215 条:“当事人之间订立有关设立、变更、转让和消灭不动产物权的合同,除法律另有规定或者当事人另有约定外,自合同成立时生效;未办理物权登记的,不影响合同效力。”第 216 条:“不动产登记簿是物权归属和内容的根据。不动产登记簿由登记机构管理。”第 217 条:“不动产权属证书是权利人享有该不动产物权的证明。不动产权属证书记载的事项,应当与不动产登记簿一致;记载不一致的,除有证据证明不动产登记簿确有错误外,以不动产登记簿为准。”**《物权法》**(2007 年 10 月 1 日,已于 2021 年 1 月 1 日起失效)第 4 条:“国家、集体、私人的物权和其他权利人的物权受法律保护,任何单位和个人不得侵犯。”第 17 条:“不动产权属证书是权利人享有该不动产物权的证明。不动产权属证书记载的事项,应当与不动产登记簿一致;记载不一致的,除有证据证明不动产登记簿确有错误外,以不动产登记簿为准。”**《宪法(2018 年修正)》**(2018 年 3 月 11 日)第 13 条:“公民的合法的私有财产不受侵犯。国家依照法律规定保护公民的私有财产权和继承权。国家为了公共利益的需要,可以依照法律规定对公民的私有财产实行征收或者征用并给予补偿。”**《宪法》**(1954 年 9 月 20 日)第 11 条:“国家保护公民的合法收入、储蓄、房屋和各种生活资料的所有权。”

2. 国务院规定。国务院**《批转国家房产管理局〈关于私有出租房屋社会主义改造问题的报告〉》**(1964 年 1 月 13 日 〔64〕国房字 22 号):“……对私有出租房屋进行社会主义改造是我国社会主义革命的一部分……私房改造的形式,除少数大城市对私营房产公司和一些大房主实行公私合营以外,绝大多数是实行国家经租。经租的办法是,凡房主出租房屋的数量达到改造起点的,即将其出租房屋全部由国家统一经营,在一定时期内付给房主原房租 20% 至 40% 的固定租金。改造起点的规定,大城市一般是建筑面积 150 平方米(约合 10 间房),中等城市一般是 100 平方米(约合六、七间房),小城市(包括镇)一般是 50 到 100 平方米之间(约合三至六间房)……根据 1956 年中央对中央书记处第二办公室‘关于目前城市私有房产基本情况及进行社会主义改造的意见’的批示,国家经租房屋是‘对城市房屋占有者用类似赎买的办法,即在一定时期内给以固定的租金,来逐步地改变他们的所有制。’因此,凡是由国家经租的房屋,除了过去改造起点订的不合理、给房主自住房留得不够和另有规定的以外,房主只能领取固定租金,不能收回已由国家经租的房屋。符合私房改造的规定而过去漏改的房屋,应当补改。给房主的固定租金额,只要符合规定,一般应当稳定不变;低于原房租 20% 的,应当按规定调整。国家经租的房屋,因国家建设而被拆除或因修缮管理不善等人为事故而损毁,应当继续付给房主应得的固定租金;如果因水灾、地震等人力不可抗拒的自然灾害而损毁,应当停止付给房主固定租金,对生活有困难的房主,可以酌情给予一次性的补助……3. 对私有出租的厂房、铺面房、仓库、货栈等工商业用房已经实行了无起点改造的,除了与房主自住房相连的小量房屋可以退还以外,一般不再变动。4. 房主的自住房已经实行国家经租的,一般应当退还。自住房留得少的,应当按照规定调剂给一些房屋。但是已经给予适当调剂的,不能因房主人口增加再退给房屋。房主或房主直系亲属过去在外地,没有留自住房,现在迁回本地的,应当退给一部分房屋……"

3. 司法解释。最高人民法院《**印发〈关于依法妥善处理历史形成的产权案件工作实施意见〉的通知**》(2016 年 11 月 28 日　法发〔2016〕28 号)第 4 条:"明确办案范围。对于改革开放以来作出的涉及重大财产处置的产权纠纷以及民营企业和投资人违法犯罪的生效裁判,当事人、案外人提出申诉的,人民法院要及时审查,认真甄别;确有错误的,坚决依法纠正。"最高人民法院《**关于征用土地、落实私房政策等具体行政行为相互矛盾而引起的房屋纠纷不应由人民法院处理的复函**》(1994 年 9 月 30 日):"……据你院报告称:讼争房屋原系陈水泉之父陈根生所有,1965 年私房改造时由国家经租。1978 年中国工商银行勉县支行(以下简称工商行)经有关部门审批同意,征用 3.96 亩土地作为营业用地,讼争房屋在征用土地范围内,工商行对该房屋的拆迁作了安置补偿。勉县房地产管理局(以下简称房地局)一直未将征用范围内的讼争房屋拆除,且继续出租他人使用。1988 年 5 月,勉县人民政府经复查确认讼争房屋系错改,遂撤销原改造决定,将产权发还陈家。陈水泉持发还通知,通过房地局搬入讼争房屋。工商行即为讼争房屋的归属与房地局发生纠纷,并于 1989 年 8 月诉至法院,要求收回征用的土地及其范围内的房屋,并要求房地局赔偿损失。经研究,我们认为,此案的争议系由征用土地、落实私房政策两个具体行政行为相矛盾引起的,依照有关法律规定,不应由人民法院处理,以交由政府有关部门解决为宜。"最高人民法院《**关于印发〈马原副院长在全国民事审判工作座谈会上的讲话〉和〈全国民事审判工作座谈会纪要〉的通知**》(1993 年 11 月 24 日　法发〔1993〕37 号,已于 2021 年 1 月 1 日起失效)第 2 条:"……关于房地产案件的处理原则。会上同志们反映,新类型房地产案件处理难度大,在法律适用上把握不准。过去有的房地产方面的法律、法规已不适应新形势下房地产业发展的需要,新的立法又没有跟上。这是当前的现实,也是正常现象。在这种情况下如何处理房地产案件,如何适用法律,这就需要同志们通过调查研究来解决。根据人民法院长期民事审判工作的经验和会上同志们的意见,我提出以下意见,供同志们参考:一是法律、法规有明确规定的,要依照法规规定来处理房地产纠纷。二是法律、法规没有规定的,要依照国家政策来处理房地产纠纷。三是法律、法规、政策无明确规定的,应根据市场经济原则、民法原理以及有利于房地产业发展的原则来处理房地产纠纷……”最高人民法院**《关于房地产案件受理问题的通知》**(1992 年 11 月 25 日 法发〔1992〕38 号)第 3 条:“凡不符合民事诉讼法、行政诉讼法有关起诉条件的属于历史遗留的落实政策性质的房地产纠纷,因行政指令而调整划拨、机构撤并分合等引起的房地产纠纷,因单位内部建房、分房等而引起的占房、腾房等房地产纠纷,均不属于人民法院主管工作的范围,当事人为此而提起的诉讼,人民法院应依法不予受理或驳回起诉,可告知其找有关部门申请解决。”最高人民法院**《关于已公私合营清产核资折价入股的房屋属国家所有的复函》**(1992 年 7 月 31 日 〔1992〕民他字第 21 号):“……1956 年公私合营时,瑞生药房依照当时的政策规定,对房屋及其他低值易耗品,经过清产核资已折价入股;私房代表人张锡九(周淑清的丈夫)领取了股息,并为其女儿安排了工作。公私合营后,大连中药厂将诉争房屋纳入国有固定资产管理使用至今,并一直交纳房地产税。据此,我们同意你院审判委员会的意见,即诉争房屋已公私合营,产权属国家所有,由大连中药厂管理使用。”最高人民法院**《关于湖南省供销社等单位与省肉食水产公司房屋纠纷一案应否受理的复函》**(1990 年 3 月 6 日 〔89〕民监字第 600 号,已于 2021 年 1 月 1 日起失效):“……该案是由行政主管机关进行机构调整所引起的房产纠纷,是行政法律关系,不是平等主体间的民事纠纷,同时,本案也不属‘必要时可通过法院予以裁决’的案件。因此应由行政部门处理。”最高人民法院**《关于聂福云房屋回赎案不适用我院〈关于非所有权人将他人房屋投资入股应如何处理问题的批复〉的函》**(1989 年 5 月 12 日 〔88〕民他字第 54 号):“……聂福云回赎房屋问题属于公私合营运动中的遗留问题,可比照最高人民法院、城乡建设环境保护部联合发出的‘关于复查历史案件中处理私人房产有关事项的通知’[1987 年 10 月 22 日 法(研)发〔1987〕30 号]的精神去处理,并做好有关当事人的思想工作。”最高人民法院研究室**《关于贯彻执行〈关于复查历史案件中处理私人房产有关事项的通知〉第二条中的几个问题的电话答复》**(1988 年 3 月 21 日)第 1 条:“在《通知》下达前,已经人民法院审结的落实私房政策的房屋案件,现当事人申诉,或经复查,发现原判决确有错误的,可与房屋所在地的政府主管部门协商,由人民法院依法改判;如政府主管部门认为移送当地落实私房政策部门办理为宜,也可撤销原判决,移送当地落实私房政策部门办理。”第 2 条:“在《通知》下达前,已经人民法院审结的落实私房政策的房屋案件,在人民法院审理此案时,政府主管部门与人民法院对处理意见就不一致,现政府主管部门按《通知》第二条规定,要求法院撤销原判决,移送落实私房政策部门处理。对于这样的问题,如经审查,未发现原判决有错误的,仍应执行判决;如原判决确有错误,可按此答复(一)的意见办理。”第 3 条:“在《通知》下达后,按照《通知》第二条规定,已移送落实私房政策部门处理的房屋案件,当事人对处理不服,或者认为政府主管部门在执行落实私房政策和管理房屋方面侵犯了其合法权益,经申请未予改正,向人民法院起诉,法院是否受理?对此,我们意见,人民法院不予受理。但应向当事人讲明道理,告其向原处理部门或其上一级政府主管部门申请解决。"最高人民法院**《关于在台湾的合法继承人其继承权应否受到保护问题的批复》**(1984年7月30日　〔84〕民他字第8号)第1条:"袁行濂及袁行毅的五个子女均属合法继承人,他们虽然均在台湾,其合法继承权仍应受到保护。根据党和国家的对台政策,从祖国统一大业的需要出发,在审理上应予以方便。"第3条:"袁行毅的五个子女,如经努力查询,仍然联系不上,可以保留他们的应继承份额,请房管部门代管。"第4条:"本案按请示所述情况,不宜中止审理,亦不宜动员原告撤诉。"附件请示内容:"被继承人袁励准于一九一八年购置东城区北池子大街五十五号房产一处,其有房屋四十六间半(四间经租、八间出租、八间半由被告袁行健自住,其余住房'文革'中全部被挤占,尚未落实政策。)现原、被告双方为继承房产发生争执,故原告起诉。"最高人民法院**《关于国家经租的房屋不允许继承问题的批复》**(1964年9月18日,*该司法解释已于2008年12月24日废止,理由"情况已变化,不再适用"*):"根据1956年1月18日中共中央批转中央书记处第二办公室'关于目前城市私有房屋基本情况及进行社会主义改造的意见'和1964年1月13日国务院批转国家房屋管理局'关于私有出租房屋社会主义改造问题的报告'的规定,国家经租房屋的性质是'对城市房屋占有者用类似赎买的办法,即在一定时期内给以固定的租金,来逐步地改变他们的所有制'。这就是说国家经租房屋的业主实际上已经丧失了所有权,因此业主死后,经租房屋不能允许他的家属继承,但可以继续领取国家给予的固定租金。是否需要办理领取固定租金的证明书公证,目前国家还没有统一规定。如果广州市人委和房屋管理部门规定必须办理这种公证手续,则可以办理继承固定租金的证明书公证。对于公证费征收标准,请你院或广州市公证处与有关部门研究商定。"

4. 部门规范性文件。建设部、国家国有资产管理局**《关于做好行政事业单位国有资产产权登记中房产登记工作的通知》**(1995年7月20日　建房〔1995〕433号)第3条:"行政事业单位国有资产产权登记工作中,要将房地产管理部门占有、使用的房产与由房地产管理部门统一经租、直接管理的房产分开登记。前者由房地产管理部门据以办理行政事业单位国有资产产权登记证;后者由房地产管理部门按现行管理制度管理,维持现状,每年年末将统计汇总数报同级政府国有资产管理部门。"建设部**《关于印发〈关于处理原去台人员房产问题的实施细则〉的通知》**(1992年2月10日　建房〔1992〕44号)第1条:"按照党中央、国务院政策规定接管、没收、私有出租房屋社会主义改造的房产,是人民革命的胜利成果,一律不予退还……城市私有出租房屋社会主义改造的房产(以下简称私房改造)包括:1. 凡是符合国家和省、自治区、直辖市人民政府的政策规定,已经纳入社会主义改造的私有出租房产;2.‘文革’前已开始私房改造工作,‘文革’中仍继续进行的城市,凡符合政策规定已纳入改造的房产;3.‘文革’前已进行私房改造的城市,‘文革’中或‘文革’后漏改、缓改已按政策补改的房产;4.在资本主义工商业的社会主义改造中,通过公私合营,已属国家所有的房产。”国税局**《关于房产管理部门经租的居民住房用地在房租调整改革后征收土地使用税问题的批复》**(1991年3月9日　国税函发〔1991〕403号):“……我局在(88)国税地字第015号《关于土地使用使用税若干具体问题的解释和暂行规定》中,对房产管理部门在房租调整改革前经租的居民住房用地,规定由各省,自治区,直辖市税务局确定征免土地使用税。这样规定,主要是考虑到在房租调整改革前,房产管理部门经租居民住房收取的租金标准一般较低,许多地方纳税确有困难的实际情况而制定的一项临时性照顾措施。房租调整改革后,房产管理部门经租的居民住房用地(不论是何时经租的),都应照章缴纳土地使用税。至于房租调整改革后,有的房产管理部门按规定缴纳土地使用税还有实际困难的,可按税收管理体制的规定,报经批准后再给予适当的减征或免征土地使用税的照顾。”商业部**《关于对公私合营私方人员转入基层供销社的房产归属问题给湖北省供销社的复函》**(1990年6月23日　部发〔90〕财价字第551号):“关于五十年代社会主义改造时期参加基层供销社的私方人员已作价入股的房屋,六十年代初由有关部门接管,然后出租给基层供销社并收取租金以及该房屋的产权归属问题,经与中共中央统战部研究,现将有关意见函告如下:一、凡小商小贩等私方人员参加农村乡镇合作商店时折价入股的营业用房、设备和其他经营用具,应当是集体所有的财产。关于这个问题,中共中央统战部、商业部〔83〕商管字第5号文件已明确规定。我们认为,在中央没有作出新的规定之前,各地仍应按这个文件的有关规定执行,不得随意改变已折价入股房屋的产权性质。二、六十年代初有关部门将属于基层供销社集体所有的房屋接管,然后出租给基层供销社并收取租金的做法,我们认为不妥。如果由于政府行政管理方面的决定引起现基层供销社与有关部门的房产纠纷,根据最高人民法院〔88〕民监字第531号复函的精神,应当由政府通过行政程序予以妥善解决。”国税局**《关于土地使用税若干具体问题的解释和暂行规定》**(1988年10月24日　国税地字〔1988〕第015号,其中第17条已于2017年12月29日废止)第16条:“……房管部门经租的公房用地,凡土地使用权属于房管部门的,由房管部门缴纳土地使用税。”建设部**《关于房管部门直管公房房产税问题的通知》**(1987年12月7日　〔87〕城房经字第56号):“财政部税务总局,于12月1日以〔87〕财税地字第030号文,发出《关于对房管部门经租的居民住房暂缓征收房产税的通知》。通知中说:‘为了有利于房租改革和照顾房管部门经租的居民住房目前收取租金偏低的实际情况,经研究确定:从1988年1月1日起,对房管部门经租的居民住房,在房租调整改革之前收取租金偏低的,可暂缓征收房产税，对房管部门经租的其他非营业用房，是否给予照顾，可由各省、自治区、直辖市根据当地具体情况按税收管理、体制的规定办理。'各地接此通知后，请根据具体情况，与税务部门联系，妥善解决房管部门经租房产的居民住房与非营业用房的房产税问题。"城乡建设环境保护部**《印发〈关于城市私有出租房屋社会主义改造遗留问题的处理意见〉的通知》**(1985 年 2 月 16 日　〔85〕城住字 87 号)开篇："我国城市的私有出租房屋社会主义改造(以下简称私房改造)，是根据 1956 年中央批转中央书记处第二办公室《关于目前城市私有房产基本情况及进行社会主义改造的意见》(1956 年 1 月 18 日)和 1964 年国务院批转国家房产管理局《关于私有出租房屋社会主义改造问题的报告》(国房字 21 号)规定，比照党对资本主义工商业的社会主义改造的政策，先后开展起来的。从 1956 年起，全国设市的市和 1/3 以上的县镇陆续进行了私房改造工作，纳入改造的私房共 62.41 万户，面积 11648 万平方米。"第 1 条："过去是符合国家和省、自治区、直辖市人民政府的政策规定，已经纳入社会主义改造的私有出租房屋，一律属于国家所有，由房管部门统一经营管理。"第 2 条："凡是不符合国家和省、自治区、直辖市人民政府的政策规定而错改了房屋(包括自住房和不够改造起点的出租房被改造的)应按政策实事求是地给予纠正。"第 3 条："纳入社会主义改造的私有出租房屋的定租，从当地私房改造之日起发放到 1966 年 9 月底。凡是在 1961 年 9 月以后纳入改造的私有出租房屋，未发定租或发放时间不足五年的，一般按 5 年计算，予以补发或补足。"第 5 条："'文革'前开始私房改造工作，'文革'中继续进行的城市，凡符合改造起点的，应按私房改造政策办理。'文革'前已进行私房改造的城市，'文革'中被接管的属于当时符合改造条件而漏改的私有房屋，原则上要补办改造手续。"第 8 条："鉴于过去没有进行过私房改造的县镇，私房情况发生了很大变化，超过改造起点的已不多，又考虑到党的工作重点的转移，所以规定今后不再进行改造。按照上述各项规定，需要退还的改造房产，应根据不同情况妥善处理：(一)原属自住的房屋，一般应退回原房。按'谁占用谁腾退'的原则，由使用单位或住户所在单位负责腾退。如一时确实不能退还的，应确定退还期限并先退还产权。房主住房确有困难的，住户所在单位或地方政府应积极协助解决。如确实不能退还原房的，经与房主协商，也可采取退给相应数量和质量的公房即对换房屋产权，或用公房安置房主，原房作价收购等办法解决……"中共中央统战部、商业部**《印发〈关于索要、强占原公私合营企业、合作商店营业用房问题的处理意见〉的通知》**(1983 年 2 月 25 日　〔83〕商管字第 5 号)："……私营企业实行公私合营时，经过清产核资，将流动资金和营业用房、设备以及其他经营用具等固定资产转为公私合营企业的资产，国家已按年息五厘发给定息，定息发至 1966 年第三季度。公私合营企业的资产(包括原来核定投资的房屋)已属国家所有，不应退给本人，这是党和国家的既定政策，不能改变……"

城乡建设环境保护部**《关于转发〈关于进一步抓好落实私房政策工作的意见〉的通知》**（1982年10月30日 〔82〕城住字第445号）："……1. 凡是符合国家和省、市、自治区人民政府的政策规定，纳入社会主义改造的私有出租房屋（即国家经租房屋），根据中共中央中发〔1966〕507号文第2项'公私合营企业应当改为国营企业，资本家的定息一律取消'的规定精神，可明确宣布属于国家所有。2. 凡是不符合国家和省、市、自治区人民政府的政策规定错改的房屋，应实事求是地给予纠正。3. 按照中发〔1966〕507号文和中央机发〔1978〕379号电文关于定息问题的规定，私房改造的定息发放到1966年9月底。凡未发定租或发放时间很短的，一律按五年计算，予以补发或补足。4. 在私房改造时，如房主原住本地未留自住房的，可参照当时人口和住房的一般水平，补留自住房；如房主当时住在外地未留自住房，而在省、市、自治区人民政府已经明确经租房屋属于国家所有以后迁回来的，不再补留，其住房确有困难的，可租给公房或由其单位安排解决。房主如系归国华侨，可酌情留给自住房。鉴于有的县镇未改造过的私有出租房屋，多年来情况已发生很大变化，符合改造条件的房屋数量和户数都大为减少，有的省、自治区人民政府已经决定，凡过去没有进行私房改造的县镇，今后不再进行改造……"国家城市建设总局**《关于转发四川省委、省人民政府批转省建委〈关于私房改造遗留问题处理意见的报告〉的通知》**（1982年2月4日 〔82〕城发房字26号）："……为了落实党的政策，发展安定团结的大好形势，经过多次调查研究，我们认为，在肯定对私有出租房屋进行社会主义改造的前提下，对那些确属错改的，作适当的处理，是必要的……凡未达到以上改造起点而被改造了的私人出租房屋，都应按省统一规定的改造起点，予以纠正。原来按资本家对待，实行无起点改造。现房主的成分属于错划已经改正，其出租房屋又未达到改造起点的，也应予以纠正。至于已纳入公私合营和举办合作社折价入股的房屋问题，不属于清理的范围……三、房主原自住房已实行经租的，应予以退还……四、纠正错改退还给房主的经租房，在国家经租期间的房租收支，原则上不再与房主结算。但经房管部门改建、扩建，使房屋增值较大的，可由房管部门将原房折价收购或退给面积、质量同等的房屋，亦可将改建、扩建部分折价卖给房主。五、私房改造的定租，在国务院未作出新的规定前，参照中共中央中发（66）507号文件的规定精神，发至1966年9月为止，从1966年10月起暂停支付。1966年9月以前，房主应领而未领取的定租，可以补领。所需资金从房屋租金收入中支出。六、符合私房改造政策，已经改造了房屋，应向原房主进行思想政治教育，说明其产权已属国家所有，原房主不得以任何理由要求收回。对强行夺占国家经租房屋的行为，应采取坚决措施加以制止。已经夺占的，要限期迁出，经过批评教育拒不迁出的，要依法处理……"

5. 地方司法性文件。湖南高院**《关于审查征收、补偿、安置再审申请行政案件**

若干问题的指导意见》(2020年6月8日 湘高法〔2020〕11号)第7条:"原审驳回公租房、经租房、廉租房等承租人起诉或不予立案,人民法院经审查认为以上主体具有在被征收的房屋上有不可分割的添附,依法独立在承租房屋开展经营活动,强制拆除房屋行为造成其物品损失等情形,与被诉房屋征收决定、补偿决定之间具有利害关系的,应当依法裁定再审。"内蒙古包头中院**《关于印发关于审理城镇房屋买卖纠纷案件相关问题的处理意见》**(2008年8月5日)第8条:"凡属于历史遗留的落实政策性质的房地产纠纷或因单位内部建房、分房而引起的占房、腾房等纠纷,不属于人民法院受理范围。当事人提起诉讼的,人民法院应依法不予受理或者驳回起诉并告知当事人到有关部门申请解决。"北京高院**《关于印发〈北京市高级人民法院关于行政审判适用法律问题的解答(三)〉的通知》**(2008年5月23日 京高法发〔2008〕160号)第1条:"房屋产权登记机关以没有落实私房政策为由,对公民要求房屋权属登记的申请不予登记,公民提起行政诉讼,要求房屋产权登记机关履行法定职责的,如何处理?答:法院在审理公民起诉要求房屋产权登记机关履行法定职责,对其房屋依法进行登记的案件中,经审理查明,确属存在没有落实私房政策情形的,因不属于人民法院主管工作范围,根据《最高人民法院关于房地产案件受理问题的通知》的有关规定,应裁定驳回原告起诉,可告知其向有关部门申请解决。"辽宁沈阳中院**《关于审理房地产案件若干问题的处理意见(之二)》**(2004年12月2日 沈中法〔2004〕31号)第12条:"关于执行政府规定的廉租房和'带户返还'住房,产权人起诉腾房或遇房屋拆迁的处理问题。在处理因带户返还而引起的腾房纠纷案件中,如果在诉讼前或诉讼中,拆迁人已经对争议房屋发布了拆迁公告,按照《沈阳市城市房屋拆迁管理办法》(即市政府〔2003〕第19号令)第三十四条规定:'拆迁执行政府规定租金标准的私有出租房屋和落实私房政策带户返还房屋的,原租赁关系终止。被拆迁人的补偿金额,按照房地产市场评估价格补偿;住宅房屋承租人按照市政府规定的最低补偿标准给予补偿;对非住宅房屋承租人按照被拆迁房屋的房地产市场评估价格的60%给予补偿。'这样诉争房屋的所有权人和承租人都会得到安置补偿,且不会影响到所有权人的利益。因此,在处理时不宜判决承租人腾房,而应判决驳回原告的诉讼请求,亦向其释明依市政府〔2003〕第19号令主张权利。对于其他'带户返还'腾房案件,仍参照我院《关于审理房地产案件若干问题的处理意见(之一)》的精神处理。"辽宁沈阳中院**《关于审理房地产案件若干问题的处理意见(之一)》**(2004年3月27日)第18条:"关于落实政策中带户返还的问题……由于带户返还是针对特定历史问题所采取的解决方式,要求所有人与承租人签订不少于二年的租赁合同,一定程度上限制了当事人的意思自治。加之实践中对此政策理解把握不严,在所有人不同意继续签订租赁合同并要求承租人返还房屋时,不能得到有效保护,出现许多侵犯所有人权益的问题。为保护所有人的合法权益，自1999年10月1日合同法实施后，应严格依照合同法第十三章的规定精神办理：凡是租赁期间届满，房屋所有权人要求返还房屋，承租人不予返还的，应判决承租人返还房屋；租赁期间届满后，承租人继续使用房屋，出租人没有提出异议的，应认定原租赁合同继续有效，但租赁期限为不定期，租赁期间，出租人要求解除合同，返还房屋的，应予支持，但应当给承租人必要的准备期限，一般应不低于三个月；承租人在房屋租赁期间死亡的，与其生前共同居住的人可以按照原租赁合同租赁该房屋，但只限于在剩余租赁期限内，超出该期间，出租人要求返还房屋的，应予支持。”北京高院**《关于房地产案件受理问题的意见（试行）》**（1994年4月25日）第2条：“落实私房政策后的遗留问题，当事人诉请法院处理的，原则上不予受理，应告知其向落实政策主管部门申请解决。个别问题确须法院立案处理的，可逐案具体研究。”第8条：“因行政划拨产生的公房所有权、使用权确权纠纷，不属于法院管辖范围。一方为此向法院起诉的，应告知其向有关主管部门申请解决。如果房屋所有权、使用权明确，只是为权利、义务的履行发生纠纷的，民庭应予受理。”北京高院、房地产管理局**《关于房屋纠纷先由房管部门处理的联合通知的说明》**（1988年8月20日　市房政字〔1988〕第348号）第3条：“落实私房政策发生的纠纷，仍应按一九八三年市高级人民法院、市公安局、市房管局、市落房办等四单位联合通知和业务分工的规定处理。”广东高院**《关于审理房屋纠纷案件若干问题的意见（试行）》**（1993年11月4日　粤高法发〔1993〕64号，已于2020年12月31日经粤高法〔2020〕132号废止）第20条：“对在私房改造中未达到改造起点而被改造或自留房不足或对主管部门落实私改政策发还房屋的决定不服，以及属于落实私改政策遗留纠纷等提出起诉的，应告知原告向有关部门申请解决，人民法院不予受理。”第21条：“对公私合营和合作化运动遗留的入股房产纠纷的起诉，不予受理，告知原告向有关部门申请解决。”上海高院**《关于印发〈关于审理房产纠纷案件若干疑难问题的讨论纪要〉的通知》**（1993年10月27日　沪高法〔1993〕148号）第7条：“有关私房落政的案件，如私房社会主义改造中的问题，建国初期由有关部门代管的房产问题，落实华侨，落实港、澳、台同胞私房政策的问题等，应告知原告向当地落实私房政策部门或有关主管部门申请解决。”

6. 地方规范性文件。上海市住房保障和房屋管理局**《关于贯彻执行〈上海市国有土地上房屋征收与补偿实施细则〉若干具体问题的意见》**（2012年4月12日　沪房管规范征〔2012〕9号）第5条：“关于执行政府规定租金标准的私有出租居住房屋的界定。《细则》中所称的执行政府规定租金标准的私有出租居住房屋，包括由房屋行政管理部门代理经租的私有居住房屋、落实私房政策后由房屋行政管理部门代为经租的居住房屋，以及1983年12月17日《城市私有房屋管理条例》实施前已经建立租赁关系，执行政府规定租金标准，且租赁关系延续至今的私有出租居住房屋。征收执行政府规定租金标准的私有出租居住房屋，区(县)房屋征收部门应当以被征收人、房屋承租人提供的下列材料作为认定依据：(一)当时的房屋租赁协议；(二)租金交纳证明；(三)1983年12月17日前，已有承租人户口报在被征收房屋内的证明。"北京市国土资源局**《关于城镇私有房屋国有土地使用权登记发证有关问题的意见》**(2010年9月16日　京国土籍〔2010〕462号)第5条："权属审核的基本原则：(一)根据相关法律法规，20世纪50年代所发房屋土地所有权证照已经失效，落实私房政策以前历年颁发的房地产权属证照，以及有关的蓝图所记载的宗地界线仅作为登记参考资料。(二)各分局在进行权属审核过程中，应当根据《物权法》《土地管理法》以及《土地登记办法》的规定，按照'土地使用权与房屋所有权权属一致'和'尊重土地现状使用情况'的原则进行审查，依法确定土地使用权归属和宗地界线，加强与房屋登记部门的协调沟通，保证房屋所有权和土地使用权权属认定、登记的一致性。"北京市人民政府办公厅**《转发市房地局等三部门〈关于北京市落实宗教团体房产政策意见〉的通知》**(1998年9月30日　京政办发〔1998〕48号)第3条："房管部门按包经租接管的宗教团体房产，原则退还给宗教团体。对于房管部门管理期间进行翻建和接、推、扩的房屋，一并退给宗教团体，经济互不结算。"上海市人民政府落实私房政策领导小组办公室、上海市房产管理局**《关于私房落政代经租产的补充处理意见的通知》**(1994年12月4日　沪府私房落政〔1994〕发字第32号)："……私房落政代经产，在房管部门代为经租管理期间，承租人有下列情况之一的，如房主要求自行管理，应由房主提出书面申请，经房屋所在区房管局审核批准，可以撤销代为经租管理，发还给房主自管。(1)承租人全家迁离本市的。(2)承租人全家去国(境)外定居的。(3)承租人去国(境)外探亲或留学，原承租的房屋，无常住户口的同住人而需要保留，探亲已满保留期一年或留学已满保留期三年的。(4)承租人死亡，原住处无常住户口同住人，或有常住户口的同住人另有住房的。(5)承租人所在单位合理安排住房，或房主能提供适当房源，而承租人不愿迁出的。(6)承租人单位已增配较大房屋，可容纳承租人全家居住的。(7)承租人无正当理由对承租的房屋闲置不用连续半年以上的。(8)承租人为单位的。(9)承租人将承租的房屋，擅自转租、转让、转借的。(10)承租人擅自在承租的房屋内搭建或改变用途，而拒不恢复原状的。"北京市人民政府宗教事务处、北京市房地产管理局**《关于妥善处理宗教经租房产的通知》**(1994年11月22日　京宗字〔1994〕第034号)："……房管部门经租的宗教房产不能按公产处理。凡遇有需拆除宗教经租房产的开发项目，必须事先与政府宗教管理部门联系，商谈补偿事宜后再办理有关手续。对已按公产处理的宗教经租房产，应逐一清理、核对，通知开发单位按有关政策给予补偿。"北京市危旧房改造领导小组办公室、北京市住房制度改革领导小组办公室、北京市落实私房政策领导小组办公室、北京市房地产管理局《**关于在房改危改中涉及落实私房政策房屋的几点处理意见**》(1992年4月23日　市落房办字〔1992〕第002号)第1条:"凡在危改区内,属于落实私房政策中未处理私房产权的,经区房管局审核认定产权作价后,一般的由建设单位负责将房价款发给产权人(租金结算仍由当地房管所负责发给)。如经审核因产权人、继承人有纠纷或证件不全等原因暂时不能发还的,由建设单位将房价款拨给所在区房管部门专户存入银行,待产权人办妥必要手续后,由房管部门负责发给。"北京市城镇房屋所有权登记发证领导小组办公室、房地产管理局《**关于印发〈北京市房地产管理局直管房屋等所有权登记发证有关问题的规定〉的通知**》(1989年3月22日)第3条:"(1)对原纳入国家经租的宗教团体房屋,根据国务院《国发〔1980〕188号》文件规定,应发还给宗教团体所有,由宗教团体进行房屋所有权登记。对房屋原状已发生变化的,由宗教团体与房管部门按有关规定协商确定产权归属后,再进行登记。(2)对国家经租以前、根据有关规定已由房管部门接管的原宗教团体房屋,由目前的管理单位按市级公产进行登记。"上海市房管局、房产登记发证办公室《**关于印发〈关于房屋产权确认中几个涉及政策性问题的处理意见〉的通知**》(1991年1月7日　沪房〔91〕权字发第8号)第2条:"私房改造形成的公私同幢房屋辅助部位产权确认。1.公私同幢房屋辅助部位如灶间、卫生间、走道、外壁橱等的产权归属按私改协议及有关资料确定。2.私改协议及有关资料对辅助部位的产权归属不明确的,原则上按私改时所有权人和承租人共同使用或独用辅助部位情况,确定产权属公私双方共有或一方独有。3.如私改时所有权人和承租人共同使用或独用辅助部位的情况与私改协议及有关资料不一致时,所有权人应提出申请,并提供证据,经调查核实后,发证机关按私改时所有权人和承租人共同使用或独用辅助部位的实际情况,确定产权属公私双方共有或一方独有。4.上述辅助部位确权面积摊算办法按异产同幢房屋建筑面积摊算有关规定执行。"上海市人民政府落实私房政策领导小组办公室、上海市房产管理局《**关于"文革"中被没收私房改造起点以下的原出租私房的处理意见**》(1988年10月30日　沪府私房落政〔1988〕发字第53号)第4条:"对私房产权已经明确落政发还,暂时代为经租管理的原出租私房,因与一般代理经租房屋的情况有所不同。为有利于进一步妥善处理,这类房屋在代为经租管理期间,有关租赁使用管理及租金结算等问题可按以下各点办理……(6)代为经租管理期间,如经有关部门批准房屋需拆除的,仍按《上海市落实私房政策动迁办法》由拆房单位按规定予以安置补偿,所在区房管部门应即撤销代为经租管理。(7)代为经租管理期间,如房主提出愿将私房出售给承租户或国家的或能与现承租户建立租赁关系的。可由所在区房管部门撤销代为经租管理,并按本《处理意见》的有关规定办理。"北京市房地产管理局《**关于本市商业、服务业单位在进行经济体制改革时涉及租用城市私有房屋有关问题的通知**》(1986年11

月6日　市房政字〔1986〕第484号）第1条："商业、服务业单位租用的本市私有房屋，在落实私房政策发还产权时即与房主建立了租赁关系的，房主应按租赁合同保障承租单位的正常使用。商业、服务业在进行经济体制改革，实行职工集体或职工个人租赁企业时，原单位与私房主签订的租赁合同仍然有效，房主不得借此收房。如房主确有居住困难需收回出租房自住的，职工集体或职工个人租赁的企业的上级主管部门应另拿房屋解决其困难，房主不得强行收房。"北京市房地产管理局**《关于处理有关私房改造遗留问题的通知》**（1983年4月12日　市房产字〔83〕第186号）第1条："凡是符合本市有关政策规定已纳入社会主义改造的私有出租房屋（即国家经租房屋，不包括宗教团体房屋），应明确属于国家所有，按公产进行管理。"第2条："对不符合本市有关政策规定而错改了的房屋，可报经市局批准后，实事求是地给予纠正。凡因错改而退还其自管的房屋在房管部门管理期间的经济收支应予结算、已付的定租应予扣回。在私改过程中极少数房主的出租房屋未达到改造起点，但本人自愿申请坚决要求纳入国家经租并经批准接受的，不属于错改范围，不存在纠正问题。"第3条："私房改造的定租，应发放到一九六六年九月底。凡未发定租或发放时间不足五年的，一律按五年计算，予以补发或补足。对'文革'前自愿申请放弃领取定租，并经批准的，不予补发。"第4条："关于缓改、漏改的私人出租房，应按照北京市《关于落实'文革'中接管的私房政策若干规定的实施细则》第二条的规定处理。即：缓改、漏改的原私人出租房，根据国务院一九六四年一月十三日国房字二十一号文件的有关精神，产权人生活困难的，应予全部或部分免改。免改的房屋，承认其产权，并按照本细则有关规定处理。产权人生活不困难的，应予补改，并按'文革'前本市私房平均租金（按使用面积计算、平均每平方米月租金三角三分）的百分之二十至四十付给产权人五年定租，一次付清，房产即属国家所有。私人出租房的免改或补改，均须经市房地产管理局批准。"北京市落实私房政策领导小组**《关于印发〈关于落实"文革"中接管的私房政策的若干规定的实施细则〉的通知》**（1983年3月20日　市落房办字〔1983〕第013号）第2条："经社会主义改造的原私人出租房产，定租发到1966年9月底，房产已属于国家所有，不存在落实私房政策问题。缓改、漏改的原私人出租房，根据国务院1964年1月13日国房字21号文件的有关精神，产权人生活困难的，应予全部或部分免改，免改的房屋，承认其产权，并按照本细则有关规定处理。产权人生活不困难的，应予补改，并按'文革'前本市私房平均租金（按使用面积计算平均每平方米月租金三角三分）的20%～40%付给产权人五年定租，一次付清，房产即属国家所有。私人出租房的免改或补改，均须经市房地产管理局批准。"供销合作总社、商业部**《关于合作商店入股房产坚持不退还实物的函》**（1981年3月5日　〔81〕供基联字05/118号　〔81〕商层联字第5号）："最近，据部分市、县反映：在合作化和社会主义改造高潮中参加合作商店或原公私合营企业的小商小贩及其亲属,要求退还他们在社会主义改造高潮时已作价入股的房产及其他固定资产,有的竟强占房屋,影响企业的正常经营。我们认为,他们这些财产已在全行业公私合营和小商小贩走合作化道路时作价为公产是肯定和明确的。他们的股金处理问题,早在1962年10月4日,国务院批转中央工商局《关于国营商业、公私合营商业、供销合作社、合作商店和合作小组的小商小贩下放农村参加农业生产的意见的报告》中也已明确规定:'下放农村参加生产劳动的小商小贩的原有股金,应当退还给本人,但一般不退还实物。'现在重申:社会主义改造高潮期间和以前参加合作商店,以及后来由合作小组升级为合作商店和个体商贩转入合作商店的,退股时,应按参加合作商店时折价入股的股金金额退给现金,不退房产等实物。至于原参加公私合营区别为劳动者(原小商小贩)的,其股金处理问题,中央规定'以后再议'。请做好有关人员的思想工作,认真执行政策,搞好安定团结。"

7. 参考案例。2007年**江苏某侵权纠纷案**,1965年,张某公公沈某在居委会辖区范围内共有房屋32间,留下自住5间后,将出租27间全部纳入社会主义改造并由居委会使用,沈某固定领取租金。1968年,居委会将房屋用于生产车间。1988年,张某强占其中3间。1991年,房管所诉请张某腾房并承担占用期间使用费。法院认为:1965年国家对私有出租房屋社会主义改造时,按当时政策规定,农村人民公社社员和城市职工在城镇的出租房屋凡符合改造政策规定的,均应进行改造,已改造的不再变动。沈某在居委会辖区范围内共有房屋32间,自住5间,出租27间,依国家房产管理局《关于私有出租房屋社会主义改造问题的报告》(〔64〕国房字21号)规定,改造起点为,大城市一般是建筑面积150平方米(约合10间房),中等城市一般是100平方米(约合6、7间房),小城市包括城镇一般是50到100平方米之间(约合3至6间房)。当时对沈某所有房屋进行社会主义改造是符合政策规定的。县落实政策领导小组办公室关于"该户出租房屋面积已达改点,现仍维持房改结论不变"批复,亦表明该房屋已达到改造起点。由于诉争房屋已由国家经租,居委会以固定月租金租用了该房屋,其后居委会将该房屋用作生产车间。国家经租房性质是"对城市房屋占用者用类似赎买的办法,即在一定时期内给以固定的租金,来逐步地改变他们的所有制。"因此,凡是由国家经租的房屋,除了不符合改造起点、给房主自住房留得不够和另有规定以外,房主只能领取固定租金,不能收回已由国家经租的房屋。诉争房屋经私房改造后,沈某及其继承人已不再享有权利。张某强行占用诉争房屋,侵犯了国家财产所有权和居委会合法使用权,判决张某停止侵害,让出强占公房,并承担占用期间房屋使用费。2005年**广西某房屋权属纠纷案**,1954年,王某将房契、租地契约交供销社后回乡下居住。1985年,王某女儿李某以该房在其母名下,其母当年与供销社并非买卖关系为由,诉请确权。诉讼中，李某以房契和租地契约中存在简化字等理由提出供销社提供的该证据系伪造。法院认为：1956 年 1 月 18 日中共中央批转中央书记处第二办公室《关于目前城市私有房产基本情况及进行社会主义改造的意见》中规定，“从现在起就应停止一切党政机关、社会团体、部队、国营和地方国营企业向私人购买房屋。”本案中王某和供销社房屋买卖关系发生在 1954 年，在前述意见下发之前，按法不溯及既往原则，该意见不能适用本案。依现行房管政策，虽供销社未及时办理房屋登记过户手续存在瑕疵，但并不能否定双方房屋买卖关系成立事实。我国语言文字改革和简化字使用，并非是只到 1956 年国务院公布《汉字简化方案》后才开始的，简化字使用在我国历史上早就存在，可以说从古至今，简化字和繁体字始终同时存在并使用着。1956 年《汉字简化方案》只是引导人们规范简化字使用，并不能以此否认该方案公布前简化字就长期存在并使用事实。经走访当地房管部门，当地同时期房屋买卖契约中，简体字和繁体字同时存在现象普遍，故李某以房契和租地契约中存在简化字即系伪造的理由不成立。本案李某不能否定王某将房契和租地契约交与供销社、双方之间房屋买卖关系成立事实。判决诉争房屋归供销社管理使用并补办买房批准手续。1992 年**浙江某房产纠纷案**，1991 年，王某以 1965 年私房社会主义改造期间，其叔父在王某父被判刑后将其与王某父共有房产交予房管局、构成侵权为由，诉请其叔父和房管局返还房产并支付侵占期间租金。法院认为：依最高人民法院相关通知和电话答复精神，结合本案实际情况看，由于房管局已将诉争房屋纳入社会主义改造中，而王某虽以原房产证和刑事判决书为依据起诉，但实际系对私房社会主义改造提出异议，故依相关政策规定和最高人民法院司法解释规定，此案房产属于政府主管部门解决范围，故裁定不予受理。2010 年 11 月**广东某房屋租赁合同案**，邓某父经租的房屋，在 2005 年与房管所续签 1 年的租赁合同中，约定“落实政策发还产权给业主时，该合同无条件终止”，因业主黄某将该房赠与梁某，梁某起诉邓某腾房。法院认为：邓某父在与房管所签订的《广州市房地产租赁合同》中明确约定，房屋落实政策发还产权给业主时，该合同无条件终止。涉案房屋已发还给业主，在邓某未与原产权人黄某或梁某签订租赁合同的情况下，梁某要求邓某搬迁符合法律规定。邓某称依据广州市国土资源和房屋管理局的文件，“新业主应重订租赁协议，3 年内不得迫迁”，属于行政部门依据行政管理职能作出的规范性文件，不能作为调处本案双方当事人民事法律关系的依据；且涉案房屋发还给业主已超出 3 年，梁某要求邓某搬迁并未违反上述规定。因涉案房屋发还给业主已属私房，邓某要求按原公房租金标准支付租金，依据不足，不予支持。邓某提出在 2011 年 11 月 11 日前搬迁并支付 2008 年 10 月起至 2011 年 11 月的租金 7548 元，梁某表示同意，上述行为是双方当事人对自己权利义务的处分，本院予以准许。2010 年 10 月**广西某排除妨碍案**，汤某房产 1958 年经租，后登记在房管处名下。房管处起诉要求排除妨碍,汤某反诉房管处返还财产。法院认为:根据《民事诉讼法》规定,起诉必须属于人民法院受理民事诉讼的范围。汤某本案的反诉请求涉及经租房部分权属。房管处出具的房产证载明,该经租房部分房屋的产权为国有房产,房产证附记中注明:1958年经社会主义私房改造成为经租房。依最高人民法院《关于房地产案件受理问题的通知》第3条规定,汤某反诉主张权属的案涉房屋(经租房部分)在1958年社会主义私房改造时已改造成经租房,其权属争议属于历史遗留问题的落实政策性质的房地产纠纷,依法不属于人民法院主管工作的范围,汤某应向有关政府管理部门申请解决。2010年10月**陕西某排除妨碍案**,法院认为:王某新中国成立前在汉中购买案涉房屋19间,并于1948年参加反革命"一贯道"活动,离汉时将上述房屋交给吴某代管。新中国成立后,王某在四川省万县被人民政府镇压,并没收了万县的全部房产(本人未交代汉中房产)。1951年,吴某也因搞反革命"一贯道"活动,被判刑3年,吴某服刑期间,此院房屋由原第二代表会使用。1956年合作化时,东塔农业合作社又在此房内办公,1961年成立房管所时,城关镇政府将此院房屋移交给房管所经租管理,1982年东塔大队将后上房三间拆除,修建了办公楼。由于王某子女80年代初不断到各级政府上访,要求归还房屋所有权,汉台区房管局依照城乡建设环境保护部〔87〕城房字第575号文件《关于进一步处理好城镇私房遗留问题的通知》第3条的规定,分别于1989年和1991年作出处理决定和复议决定,认为案涉房屋属国家接管房,不属于落实政策范围,故不予退还产权,继续由国家经租。王某子女对上述决定不服,继续不断上访。考虑到人民政府接管该房产时的历史背景和原告现在的生活状况,为妥善解决原告住房困难的实际,房管局经2005年4月27日研究决定,同意将经租的3间房屋归原告所有。原告于同年5月15日向房管局递交书面承诺"尊重汉台区政府、汉台区房管局意见,保证不再向政府及区房管局提出异议,就此了结"。依据原告所诉争房屋的来源、历史变化、房产现状及有关机关所作的处理情况,该房产纠纷属于历史遗留的落实政策性质的房地产纠纷,根据最高人民法院《关于房地产案件受理问题的通知》第3条的规定,该房产纠纷不属于人民法院审理范畴,遂裁定:驳回原告起诉。2009年9月**上海某其他物权保护案**,法院认为:金某作为系争房屋的所有权人依法享有所有权的各项权能。曹某以其户籍所在地及长期居住地都在系争房屋内为由主张其合法居住权,但本院追溯该房屋在私改前的租赁情况,上述现状存在的客观原因系基于曹某的家庭成员与金某的父亲之间曾经存在的房屋租赁关系而并非源于公房租赁,现金某经国家落实私房政策取得房屋产权后要求曹某迁出系行使产权人的合法权利,曹某再主张该房屋的居住权依法无据。故法院根据实际情况判决金某给予曹某一定的搬迁宽限期;同时,因曹某长期居住在系争房屋内致金某无法行使包括收益权在内的各项权利,金某要求曹某自2009年3月起支付房屋使用费并无不当，法院酌定由曹某每月支付金某300元。2007年7月**海南某行政诉讼案**，法院认为：本案被诉的是政府给藤竹厂颁发土地证的具体行政行为。丁某主张在藤竹厂案涉土地证项下的土地中，有其1959年国家经租，1985年政府落实私房政策，将房屋和土地一起退还的土地。本案争议之土地实际是落实私房政策，即1988年11月4日房管所给藤竹厂的《通知》所涉土地。根据最高人民法院有关司法解释和有关的法律政策规定，落实私房政策问题，不属于人民法院管辖案件范围。丁某对本案中涉及的落实私房政策不彻底的问题不服，应向政府有关部门申诉解决。2000年6月**甘肃某行政诉讼案**，法院认为：双方所依据的甘肃省人民政府甘政发（1986）10号文，是国家行政机关作出的抽象行政行为，属职能部门应当掌握的落实房产政策性质的规范性文件，带有普遍的约束力，具有不可诉性。而房管局是国家行政机关，在行政管理活动中行使行政职权，按照上述文件规定对马某作出的不予退还其他房产的函复，属于以特定的人，就特定的具体事项，作出该公民权利义务的单方面行为，该行为是可诉的具体行政行为，马某起诉符合《行政诉讼法》规定的受案范围和立案条件，房管局认为该案属落实房产政策性质的纠纷，不属人民法院受案范围的辩称不符合最高人民法院《关于房地产案件受理问题的通知》（1992年11月25日　法发〔1992〕38号）规定，提出应驳回马某起诉的请求理由不能成立，不予支持。房管局依据房屋改造档案记载，认定马某被改造的房屋是出租房屋，按照甘政发（1986）10号文作出的不予退还其余房产的函复，事实清楚，证据充分，应予支持。马某提交的证明自家房屋在改造前是闲置房和居住房的证人、证言，虽属法定证据种类，但它是近期内出具的间接证据，而房管局提交的档案记载属原始性直接证据。故应以原始证据予以确认。判决维持房管局案涉函复中不予退还房产的内容。

【同类案件处理要点】

因历史遗留的经租性质的房屋落实政策的房地产纠纷，不属于人民法院受案范围。当事人起诉到法院的，法院应不予受理或驳回起诉，可告知当事人向政府有关部门申请解决。

【相关法律风险提示】

1.《宪法》《物权法》保护私人财产的精神犹在。有关经租房产权属因牵涉历史问题复杂，法院及政府相关部门处理历来谨慎。实践中，有关经租房的处理亦多呈法理与情理之困厄状。依笔者浅见：基于国家不与民争利之原则，基于历史上政权巩固、国民经济稳定和发展所需，由公民所负财产利益让步和牺牲，在改革开放、经济发展取得足够成就的今天，国家有责任、有能力通过相关政策及立法直面经租房遗留问题并予以客观公正的处理解决。目下政策及立法、司法背景下,当事人以返还原物或确认物权等理由就经租房权问题提起权属争议的,基本上很难立案,即使立案,亦会裁定不予受理或驳回起诉。当事人只能通过政府部门处理。

2. 经租房屋使用人,在落实私房政策后,业主有权要求承租人在一定合理期限内腾退房屋,并支付业主租金。因落实私房政策后,房屋性质系私房,在业主不同意情况下,承租人要求以原公房租赁的租金标准支付,法院不会支持。

3. 经租房产权登记在政府房管部门名下作为直管公房,嗣后产权证因颁证行政行为违法而被撤销,当事人据此主张权属确认之诉的,仍只能通过向政府相关部门申请解决。

4. 经社会主义改造私房,其所有权属公有,房主只能领取固定租金,房主及其继承人强占已经租房屋的,构成侵权。

5. 对于历史遗留私房买卖合同纠纷,当事人一方仅以未办过户为由,主张双方系租借或保管合同关系的,不予支持。

6. 因社会主义改造遗留私房权属问题产生纠纷,当事人起诉的,法院不应受理,应移送当地落实私房政策部门办理。

【附注】

参考案例索引:湖南湘潭中院(2010)潭中民一终字第 269 号"黄某等与某房管所拆迁安置补偿合同纠纷上诉案";最高人民法院(2007)民一监字第 172 号"某房管所与张某侵权纠纷案",见《"私房改造"后房屋之产权归属探析——泰兴县黄桥镇房地产管理所诉张庆芳强占公房纠纷申请再审案》(宋冰,最高院立案庭),载《立案工作指导·申诉与申请再审疑案评析》(200801/16:155);最高人民法院(2005)民一监字第 372 -1 号"李某与某供销社等房屋纠纷案",见《中华人民共和国最高人民法院驳回再审申请通知书——附:关于李淑莲与兴安县界首集体商业管理委员会、兴安县界首镇供销合作社房屋纠纷申请再审案》(高豫武,最高院立案庭),载《立案工作指导·驳回申诉、申请再审通知书选登》(200602/13:98);最高人民法院(1992)民监字第 908 -2 号"王某与某房管处等房产纠纷案",见《对涉及私房社会主义改造问题提起诉讼案件的司法审查——王雅珍诉王光熙、绍兴市越城房管处房产纠纷案再审申请案》(高豫武,最高院立案庭),载《立案工作指导·案件受理》(200802/17:74);广东广州中院(2010)穗中法民五终字第 3254 号"邓某与梁某租赁合同纠纷上诉案";广西南宁中院(2010)南市立民终字第 172 号"汤某等与某房管处排除妨碍纠纷上诉案";陕西汉中中院(2010)汉中民终字第 178 号"王某等与某村委会财产损害赔偿纠纷上诉案";上海二中院(2009)沪二中民二(民)终字第 1444 号"曹某等与金某其他物权保护纠纷上诉案";海南高院(2007)琼行终字第 101 号"某藤竹厂与丁某等颁发国有土地使用证纠纷上诉案”;甘肃天水秦城区法院(2000)秦行初字第5号“马某诉某房管局房屋产权纠纷案”。

97.“文革”房:房产权归属

——“文革”上交房,能否归原主?

【法院管辖】

【案情简介及争议焦点】

周某认为案涉房屋应属其所有,多次上访与申诉后,区房产局于2007年8月1日依据地方相关规定,以诉争房屋已作价补偿,办理了结算手续,不再重新处理为由作出信访答复,周某对该答复不服,遂向人民法院提起行政诉讼。

争议焦点:1.信访答复是否属具体行政行为?2.法院如何处理?

【裁判要点】

1.信访答复的可诉性。根据最高人民法院《关于不服县级以上人民政府信访行政管理部门,负责受理信访事项的行政管理机关以及镇(乡)人民政府作出的处理意见或者不再受理决定而提起的行政诉讼人民法院是否受理的请示的批复》第1条规定,本案系周某对房管局作出的信访答复不服向该院提起行政诉讼,依照上述规定,周某的起诉不属人民法院行政案件受案范围。

2.不属法院受案范围。根据最高人民法院《关于房地产案件受理问题的通知》的相关规定,周某所诉房屋属历史遗留落实私房政策性质,亦不属于人民法院主管工作的范围。故裁定驳回周某起诉。

【裁判依据或参考】

1.国务院文件。国务院、中央军委《**关于妥善处理军队与地方部分房地产权属问题的通知**》(1988年7月18日)第1条:“军队和地方在解放时接收的敌伪房地产和‘文革’前互相调拨的房地产,均不再变动,确认其产权,同时确认其土地使用权。确属借用,手续完备或者双方对产权没有争议的,产权归借出单位,能够退还的应尽量退还,不能退还的,双方签订协议继续借用。产权和手续不清的,先维持现使用状况,通过房地产登记按法律和有关规定确认产权、补办手续,并按前述原则办理退还或借用协议。'文革'期间,军地双方互相占用的房地产,凡已按国务院、中央军委国发〔1979〕79号文件及有关文件规定,办了正式产权转移手续的,都应予以确认,不再变动;尚未作过处理的,应按国务院和中央军委有关文件规定妥善处理。未办征地手续已建了营房的土地,经过协商,补办手续,确认其使用权;军队住用的房产和土地,凡权属清楚的,地方人民政府应发给房产证和土地使用证。"

2. 司法解释。最高人民法院《**关于不服县级以上人民政府信访行政管理部门,负责受理信访事项的行政管理机关以及镇(乡)人民政府作出的处理意见或者不再受理决定而提起的行政诉讼人民法院是否受理的请示的批复**》(2005年12月12日 〔2005〕行立他字第4号)第1条:"信访工作机构是各级人民政府或政府工作部门授权负责信访工作的专门机构,其依据《信访条例》作出的登记、受理、交办、转送、承办、协调处理、监督检查、指导信访事项等行为,对信访人不具有强制力,对信访人的实体权利义务不产生实质影响。信访人对信访工作机构依据《信访条例》处理信访事项的行为或者不履行《信访条例》规定的职责不服提起行政诉讼的,人民法院不予受理。"第2条:"对信访事项有权处理的行政机关根据《信访条例》作出的处理意见、复查意见、复核意见和不再受理决定,信访人不服提起行政诉讼的,人民法院不予受理。"最高人民法院《**关于李杰与符文海房屋买卖纠纷案如何处理的复函**》(1993年2月17日):"……双方当事人买卖房屋出于自愿,李杰交付了房屋价款,有符文海所立具有房屋买卖内容、收取房屋价款的字据,符文海将产权证交给了李杰,由李杰实际管理使用该房屋多年,只是由于'文革'期间,当地房管部门停办私房买卖登记业务等原因,未能及时办理产权转移登记手续。据此,我们研究认为,依照最高人民法院一九八四年《关于贯彻执行民事政策法律若干问题的意见》第五十六条的规定和有关法律规定精神,以认定符文海与李杰的房屋买卖关系有效为宜。"最高人民法院《**关于房地产案件受理问题的通知**》(1992年11月25日 法发〔1992〕38号)第3条:"凡不符合民事诉讼法、行政诉讼法有关起诉条件的属于历史遗留的落实政策性质的房地产纠纷,因行政指令而调整划拨、机构撤并分合等引起的房地产纠纷,因单位内部建房、分房等而引起的占房、腾房等房地产纠纷,均不属于人民法院主管工作的范围,当事人为此而提起的诉讼,人民法院应依法不予受理或驳回起诉,可告知其找有关部门申请解决。"最高人民法院《**关于兴化县大垛乡政府诉孙鸿祥房屋纠纷案的复函**》(1990年6月13日 〔1989〕民他字第13号):"……根据土改时孙鸿祥被定为地主成份及土地证上只明确为其保留四间平房的情况,其余房屋应在没收之列,原审认定本案诉争楼房为公产的判决应予维持。但在具体执行时,要考虑历史的原因及孙家现在居住条件等实际情况,妥善处理。"最高人民法院《**关于孙大鲲等人与孙大成等人房产确权、继承案的批复**》(1988年7月12日,2008年12月24日已废止——编者注):"经我们研究认为:该案双方争执之14间房产确系孙大鹏、孙大玲、孙大钧、孙大秀、孙大明之父孙兆骧1942年所购置。1951年重新登记房屋产权时，因孙兆骧表示过放弃产权，该房产权人改为孙兆麟、孙张氏，但不久，孙兆麟又将房产证及房屋归还孙兆骧，交其管理、使用。‘文革’期间孙兆骧本人将该房交公。1983年国家落实私房政策时，房管部门退给的房租结算款也交给了孙兆骧。孙兆骧长期对房屋行使所有权，孙兆麟、孙张氏生前从未提出异议。据此，我们同意你院审判委员会的倾向性意见，即以确认该房产权归孙兆骧所有，由其5个子女孙大鹏、孙大玲、孙大钧、孙大秀、孙大明依法继承为宜。”最高人民法院**《关于非所有权人将他人房屋投资入股应如何处理问题的批复》**（1987年2月23日）：“据你院调查了解，曹桂芳在铜梁县平滩街上有铺面房计67.65平方米。1964年其侄女曹碧玉擅自将该铺面房折价120元投资入股，并领取股息，直至‘文化大革命’中断。该房现由铜梁县供销社平滩区综合商店使用。1979年曹桂芳得知此情况后，向当地政府申请落实房屋产权。1983年5月，平滩区区公所决定将铺面房退还给曹桂芳，因县供销社对该决定坚持异议，房未退成。曹桂芳遂向铜梁县人民法院起诉，请求保护自有房屋的所有权。经研究，我们同意你院审判委员会对本案的处理意见，即曹碧玉擅自将曹桂芳的房屋入股是一种侵权行为，非产权人的入股属无效的民事行为，人民法院应依法保护曹桂芳的房屋所有权。”

3. 部门规范性文件。建设部**《关于处理原去台人员房产中若干具体问题的补充意见》**（1993年7月3日　建房〔1993〕487号）第1条：“……（二）‘文革’前，城市郊区、小城市或集镇的地主的多余房屋，按照《城市郊区土地改革条例》及当时各大行政区军政委员会和省、自治区、直辖市人民政府有关政策、规定没收的房产，均不再变动；（三）对原去台人员已经接管、没收的房产，一律不再重新处理。按当时政策规定如确属错误接管、没收的，允许房屋产权人向房屋所在地的人民政府落实房屋政策主管部门或人民法院申诉，经原批准接管、没收的省（自治区、直辖市）、市人民政府或人民法院（包括上级人民政府和人民法院）复查纠正后，按照‘两文’及本补充意见处理。”建设部**《关于印发〈关于处理原去台人员房产问题的实施细则〉的通知》**（1992年2月10日　建房〔1992〕44号）第1条：“按照党中央、国务院政策规定接管、没收、私有出租房屋社会主义改造的房产，是人民革命的胜利成果，一律不予退还……城市私有出租房屋社会主义改造的房产（以下简称私房改造）包括：1. 凡是符合国家和省、自治区、直辖市人民政府的政策规定，已经纳入社会主义改造的私有出租房产；2. ‘文革’前已开始私房改造工作，‘文革’中仍继续进行的城市，凡符合政策规定已纳入改造的房产；3. ‘文革’前已进行私房改造的城市，‘文革’中或‘文革’后漏改、缓改已按政策补改的房产；4. 在资本主义工商业的社会主义改造中，通过公私合营，已属国家所有的房产。”建设部**《关于善始善终做好**

城镇私房遗留问题处理工作的通知》(1989年9月16日)第3条:"各城市的房地产管理部门或落实私房政策办公室要进一步做好'文革产'的扫尾工作和私改遗留问题的处理工作,尤其要做好代管房产的清理。要掌握基本情况(包括代管对象、代管房的变化、申请人身份等),进行典型案例分析,做到情况明、政策准、处理得当。"城乡建设环境保护部《**关于进一步处理好城镇私房遗留问题的通知**》(1987年10月28日 〔87〕城房字第575号)第1条第1款:"继续抓好'文革产'的清退收尾工作。'文革'中没收、挤占的私房,在确认原产权人的所有权以后,如产权人不在房屋所在地居住或另有房屋,经协商同意可对原房作价收购。对发还产权的房屋,由房主和住户续租订约,并参照当地现行私房租金标准,议定房租,超过原租金部分,按中办发〔1986〕6号文件规定,由住户所在单位补贴。协商有争议的,由当地房管机关调解或仲裁解决。对需退使用权的房屋,首先是解决原自住房被挤占、产权人无房居住的问题。其余自住房经和房主协商同意,可转办租赁关系或作价收购。"第2条第1款:"巩固私房改造成果,妥善处理遗留问题。私房改造是城市社会主义改造的一个重要组成部分,是正确的,必要的。因此处理私房改造遗留问题,必须从维护巩固私改成果出发,贯彻实事求是的原则,实行改对的不动,错改的撤销。"第5条:"发还的房屋,除'文革产'需结算租金(结算办法由各地自定)外,其余均不结算租金。对增添的建筑物及设施,由双方协商,按实际情况,合理处理。"城乡建设环境保护部《**印发〈关于城市私有出租房屋社会主义改造遗留问题的处理意见〉的通知**》(1985年2月16日 〔85〕城住字87号)第3条:"纳入社会主义改造的私有出租房屋的定租,从当地私房改造之日起发放到一九六六年九月底。凡是在一九六一年九月以后纳入改造的私有出租房屋,未发定租或发放时间不足五年的,一般按五年计算,予以补发或补足。"第5条:"'文革'前开始私房改造工作,'文革'中继续进行的城市,凡符合改造起点的,应按私房改造政策办理。'文革'前已进行私房改造的城市,'文革'中被接管的属于当时符合改造条件而漏改的私有出租房屋,原则上要补办改造手续。"城乡建设环境保护部《**关于转发〈关于进一步抓好落实私房政策工作的意见〉的通知**》(1982年10月30日 〔82〕城住字第445号):"……应当坚决执行中办发〔1980〕75号文件规定的政策和'谁占谁退'的原则,保证在原定的三、五年的限期内,集中力量把'文革'期间被挤占没收的私房清退完毕。其中,挤占华侨和高级知识分子、高级民主人士的自住房,要在今年内基本退完,明年扫尾。"国家城市建设总局《**关于转发四川省委、省人民政府批转省建委〈关于私房改造遗留问题处理意见的报告〉的通知**》(1982年2月4日 〔82〕城发房字26号):"……有关'文化大革命'中查抄、挤占的私有房屋,应按中共中央办公厅中办发〔1980〕75号文件的规定进行处理。"国务院侨务办公室、城乡建设环境保护部《**关于落实"文革"期间被挤占的华侨私房政策的若干规定**》(1982

年 6 月 8 日)第 1 条:"凡'文革'期间被挤占、没收的华侨私人自住房和改造起点以下的出租房,一律确认房主的所有权,限期腾退。"

4. 地方规范性文件。北京市人民政府**《批转市国土房管局关于解决本市按照标准租金出租私有房屋问题的若干意见的通知》**(2001 年 11 月 4 日　京政发〔2001〕37 号)第 1 条:"标准租私房是指'文化大革命'初期由本市房屋行政管理部门接管,'文化大革命'后落实私房政策带户发还产权,并执行本市规定租金标准的城镇私有出租房屋。标准租私房承租人是指与标准租私房产权人订有私房租赁契约;或是没有订立私房租赁契约,但长期居住标准租私房,并有本市常住户口的单位或个人。"北京市人民政府办公厅**《转发市房地局等三部门〈关于北京市落实宗教团体房产政策意见〉的通知》**(1998 年 9 月 30 日　京政办发〔1998〕48 号)第 2 条:"'文革'期间被占用的宗教团体自管、自用、自修的宗教房产,因宗教团体对内对外的工作需要必须腾空收回自用的,由占用单位或个人按'谁占谁退'的原则,积极腾退。对单位占用的,占用单位要采取积极措施,筹措资金和房源,尽快予以落实;对个人占用的,由承租人所在单位负责腾退。如宗教团体不需收回自用的,由占用单位或个人与宗教团体签订租赁契约,按规定交纳租金。房屋被拆除无法退还的,由拆除单位予以合理补偿。"上海市房屋土地管理局**《落实私房政策上海市人民政府领导小组办公室关于"文革"前被错误没收私房等两类房产遗留问题处理意见的通知》**(1996 年 4 月 26 日　沪府私房落政〔1996〕发字第 21 号):"关于'文革'前被法院判决没收现经复审属冤假错案,及一九五八年动员去外地支援建设或动员回乡人员被迫上交在沪房产的处理问题,前已分别由市府办公厅下达了沪房办发〔1990〕21 号文件、市房管局沪房〔1993〕产字发第 120 号文件,解决了不少遗留问题。近据来信来访反映,这两类房屋尚陆续有人提出申请,要求处理。为及时妥善处理好这两类房屋的遗留问题,按照上述两个文件精神以及当前事权下放的原则,在具体处理上提出以下几点意见:(1)这两类房产均由区局负责处理,并由区局领导审定,不需上报市局审批。(2)处理这两类房产问题所需经费,可以在收取拆除直管公房或代管房产的补偿款中支付。(3)在处理这两类房产中,遇有个别对象按规定确需腾退的,由区局归口住户所在单位负责解决;需要安置房屋的,房源由区局提供,区政府协调解决。动迁单位和区局确有困难,可专题报告市局审定,酌情补贴 50%……"上海市人民政府落实私房政策领导小组办公室**《关于善始善终处理好"文革"产私改遗留房产问题的通知》**(1995 年 4 月 18 日　沪府私房落政〔1995〕发字第 23 号):"全市'文革'冲击、挤占私房(简称'文革'产,下同)落政工作 1991 年已结束,个别未了问题已转入日常工作。错改房的还产、腾退工作也已基本完成,进入扫尾阶段。今后,市落政办将着重抓好原去台人员(包括华侨)代管房产的清理、处理,抓好市领导交办件的处理以及落政房源的清理和日常的使用管理,抓好具有普遍性的落政疑难问题的调查研究,提出处理意见。故此,‘文革’产、私改房产遗留问题的处理,不需再报市落政办会审‘过堂’或审批。现将具体事项通知如下:(1)‘文革’产未了问题,由区落政办依照有关政策、规定处理。(2)私改房产遗留问题以前经市落政办会审‘过堂’通过的,按审核意见处理;未‘过堂’审核的,由区落政办依照政策、规定,自审并予以处理,处理结果报市落政办备案……”北京市危旧房改造领导小组办公室、北京市住房制度改革领导小组办公室、北京市落实私房政策领导小组办公室、北京市房地产管理局**《关于在房改危改中涉及落实私房政策房屋的几点处理意见》**(1992 年 4 月 23 日　市落房办字〔1992〕第 002 号)第 2 条:“凡属在危改区内拆除‘文革’中被挤占私人自住房的,如产权人不在本危改区(须在本市有正式城镇户口)居住,建设单位应按本危改区的私房产权人对待,但安置方案要结合私房产权人危改区外现有住房情况一并考虑。挤占私人自住房的职工,由其所在单位负责安置或由建设单位提供房源由所在单位购房安置。”北京市房地产管理局、北京市落实私房政策领导小组**《关于做好“文革”中被挤占房屋收购问题的通知》**(1990 年 10 月 12 日　市落房办字〔1990〕第 008 号　市房办字〔1990〕第 422 号)第 1 条:“机关、企事业单位(包括集体所有制单位),贯彻市落房办〔90〕003 号文件规定收购的私人房屋,房屋价款以房管部门私房估价通知单为准。单位所付的房价款,交所在区房管局财务科由房管部门统一付给房主。”北京市落实私房政策领导小组**《关于加快清退“文革”中被占用私人自住房工作的补充规定》**(1990 年 4 月 16 日)第 1 条:“凡尚未腾退的被占用私人自住房,房主同意出卖的,可议价收购。价格可在落实私房政策现行收购价格的基础上再提高 2 倍。与出卖房屋结构相连的房屋,如间数不多于出卖房屋数,可同时按现行价格收购。收购房屋,由占房人所在单位出资,房屋产权归单位所有。收购后,房屋可自行管理或委托房管部门代管,也可将房屋产权移交房管部门统一管理。房主将房卖出后,其所在单位分房时,应与其他职工同等对待,享有分房权。”第 2 条:“凡尚未腾退的被占用私人自住房,房主同意不再腾退改为出租房的,可实行议租。租金按 1957 年市人民委员会批准的《北京市私有房屋租金标准》的 6 倍计租。提租后,改为由占房职工所在单位承租。占房人所承担的租金数额在未实行房改前不变。增租部分仍按 1983 年市财政局财予字第 359 号及第 622 号规定,由占房职工所在单位予以支付。房主被占用自住房改出租房后,如承租户单位又另分配住房或自然腾空,未征得房主同意,不得再安排他人进住,将房退给房主。”上海市人民政府落实私房政策领导小组办公室、上海市房产管理局**《关于“文革”中被没收私房改造起点以下的原出租私房的处理意见》**(1988 年 10 月 30 日　沪府私房落政〔1988〕发字第 53 号)第 5 条:“‘文革’中没收的私房在房管部门管理期间,房主及其亲友将原自住房屋与他人交换迁出,私房现由他人居住的,由房主自行与原交换人协商调换房屋。调换后私房发还产权。如不能调换的,房主与变换户双方愿意建立租赁关系的,可发还产权。如房主同意也可作价收购处理(承租户优先购买)。如房主不能按上项办法解决的,则也可先把房屋产权发还,结清还产前的收支费用。"第6条:"'文革'期间'自愿'上交的原出租私房也按本《处理意见》办理。"上海市人民政府落实私房政策领导小组办公室、上海市房产管理局**《关于"文革"期间"自愿"上交的私房等问题的处理意见》**(1987年2月17日　沪府私房落政〔1987〕发字第10号)第1条:"关于'文革'期间'自愿'上交的私房的处理意见。'文革'期间,房主迫于形势,'自愿'无偿上交归公的私房(不包括因解困、交换、支内、大修、危房等原因属业务性上交的私房),应区别不同情况,按下列意见处理:(1)原自住房屋现仍由房主或其亲友居住的,应发还产权;房屋公管期间,房主及其亲友因交换等原因迁出,私房现由他人居住的,由房主自行与原交换人协商调换房屋,调换后私房发还产权;如不能调换的,房主与变换户双方又不愿建立租赁关系,原则上可按作价收购处理(承租人有优先购买权。下同)。(2)改造起点以下的出租房以及出借房,现仍由原承租户或借住户(包括同住人)居住的,应发还产权;承租户或借住户已变换的,如房主同意,可作价收购。(3)原空房上交且已分配使用的,原则上应腾退发还产权。按'谁占谁退'的原则,单位占用的,由现占用单位负责腾退;职工个人使用的,动迁工作由职工所在单位负责,房源由私房所在区私房落政办公室补贴。如房主同意,也可作价收购,并可根据上交空房面积和房主的居住困难情况,酌情另配住房。(4)如房主要求将自住、出租或出借(承租户,借住户未变换的)的私房卖给房管部门,凡有利于房管部门管理的,也可作价收购。(5)私房已被拆除的(包括上交时空房、拆落地翻建),按'文革'冲击私房有关规定办理。(6)关于动迁报批手续,维修以及租金等有关费用结算,均按落实'文革'冲击私房有关规定办理。"第2条:"关于原房主要求重新处理一九七八年三月八日前作价收购的'文革'冲击私房(除华侨户的私房以外)问题的处理意见。对一九七八年三月八日前已作价收购的'文革'冲击私房(除华侨户的私房以外),原则上不再重新处理。对一些具体问题可区别情况处理:(1)现仍由原房主自住,房主要求退回收购价款发还房屋产权的,可以同意;(2)共有产中产权部位未划分,原部分作价收购,部分暂缓处理的,房主要求退回价款,发还产权,也可同意;(3)如收购价格低于收购时价格标准的,应按当时价格标准予以补足;(4)对已作价收购的挤占私房,如未给房主另配或配房过紧,现房主居住上确有困难的,可酌情给予适当配房,一次性了结。"第3条:"关于'文革'冲击私房和'自愿'上交私房公用部位使用发生变化问题的处理意见。(1)公私同幢中原私有私用的灶间、卫生间、楼梯间、壁橱、箱子间、走道、晒台等部位,现为公用的,在私房居住部位发还产权由房主自管后,为有利于安定团结,避免产生矛盾,应说服房主由房管部门作价收购这些部位;如房主坚持要发还产权恢复独用的,则根据具体情况区别处理:如同幢中原承租户(包括公、私房承租户、私房借住户)未变换,原则上应恢复私房接管前的状况;如同幢中的原承租户、借住户部分未变换,部分已变换,则原承租户、借住户的使用部位应恢复私房接管前的状况。对已变换的承租户、借住户使用部位暂时维持现状,待该住户以后变换时即恢复原状。公房承租户使用的公用部位如有变化,经核实后原发的公房租赁凭证应重新换发。对原独用灶间已公用,他户又无合适地方安置灶具的,为安全起见,仍维持公用,灶间给予作价收购。如房主居住上确有困难的可予照顾,按灶间面积,酌情另配房屋。(2)房主自住兼出租、出借的私房,原属房主独用现为公用的灶间、卫生间、楼梯间、壁橱、箱子间、走道、晒台等部位,在私房产权全部发还自管后,由房主和承租户、借住户协商解决。如协商不成,原则上应恢复私房接管前的状况;如承租户、借住户有变换的,则变换户的使用部位仍应维持现状,待该住户以后变换时,即恢复原状。个别矛盾尖锐又难以解决的,如房主同意,私房也可作价收购。”北京市落实私房政策领导小组**《关于清退“文革”中被占用自住房有关问题的补充规定》**(1986年12月30日)第1条:“根据北京市人民政府关于腾退‘文革’中被占用的私人自住房的规定,凡是房主及原共居亲属现住的公房多于其被占用自住房数量的,房主被占用的自住房即不再腾退。房主若坚持收回被占用自住房,他必须将现住公房退给落实政策部门使用;如果房主不能将现住公房交给落实政策部门使用,即不再给他清退被占用的自住房,而将其被占用的自住房作价收购或改为出租房。”北京市落实私房政策领导小组**《关于印发落实私房政策三个文件的通知》**(1986年8月18日　市落房办字〔1986〕第009号)第1条:“……非原共居亲属继承产权以后,要求腾退被占用自住房的,按下列原则处理:(1)原共居亲属及非原共居亲属现住公房面积已大于被占用自住房面积的,非原共居亲属继承产权以后要求腾退被占用自住房的,均不予腾退。原共居亲属及非原共居亲属现住公房面积小于被占用自住房面积,非原共居亲属继承产权以后现住房困难的,可在应落实的限度内,为其安置适当的公房,现住房不困难的,不予安置。(2)非原共居亲属继承产权以后,现住公房无困难。仍要求腾退被占用自住房的,继承人必须对等地退出现住的公房(含‘文革’以前住用的公房)。若继承人不能退出现住公房,有关部门亦不为其腾退被占用的自住房。”第3条:“‘文革’中被占用的私人无证房,凡房管部门已接管订租的,可按被占用的自住房予以腾退,房管部门未接管订租的不负责腾退。”北京市落实私房政策领导小组**《关于落实“文革”中接管的私房政策〈实施细则〉的补充规定》**(1984年3月1日)第1条第5款:“由于原有私房已被翻建、改建为非居住用房确实难以发还,而房主仍坚持要收回自管自用,或嫌房价低,不来办理产权发还手续的,房主应在限期内向区落房办提出申诉。经区落房办审议后房主仍有异议的,可向市落房办申诉,经市落房办研究决定后,即按决定执行。

房主拒收的房价款和应退租金专户暂存银行。房主逾期不申诉的亦按此办法处理。”第8条:“1966年5月16日以前是房主的自住房,因房主在‘文革’中全家被轰走而分给其他人住用,房管部门在‘文革’期间接管时,虽已不是房主自住,但仍要按房主被占用的自住房对待,属于腾退范围。”北京市落实私房政策领导小组**《关于印发〈北京市落实私房政策领导小组第二十六次会议决定的一些政策性问题〉的通知》**(1983年8月1日)第1条:“在发还‘文革’期间接管的私房产权工作中,因产权人死亡,由亲属继承遗产的,均须经公证机关公证。为了保证迅速完成发还私房产权的任务,公证机关和房管部门要合署办公,密切协作。公证机关应力争房产继承公证工作走在发还私房产权工作的前面,房管部门要从提供已故产权人名单和私房档案资料方面给予方便和合作。”第8条:“《关于落实‘文革’中接管的私房政策若干规定的实施细则》第十三条第二款规定:‘承租人所在单位无房源,其配偶所在单位有房源的,配偶单位应承担腾退任务。其已婚子女所在单位有房源的,应承担其子女占用房屋腾退任务。’根据这项规定,不管承租人所在单位有无房源,只要承租人已婚子女所在单位有房源,该单位就要承担其职工占用房屋的腾退任务。”北京市房地产管理局**《关于处理有关私房改造遗留问题的通知》**(1983年4月12日　市房产字〔1983〕第186号)第3条:“私房改造的定租,应发放到一九六六年九月底。凡未发定租或发放时间不足五年的,一律按五年计算,予以补发或补足。对‘文革’前自愿申请放弃领取定租,并经批准的,不予补发。”第4条:“关于缓改、漏改的私人出租房,应按照北京市《关于落实‘文革’中接管的私房政策若干规定的实施细则》第二条的规定处理。即:缓改、漏改的原私人出租房,根据国务院一九六四年一月十三日国房字二十一号文件的有关精神,产权人生活困难的,应予全部或部分免改。免改的房屋,承认其产权,并按照本细则有关规定处理。产权人生活不困难的,应予补改,并按‘文革’前本市私房平均租金(按使用面积计算、平均每平方米月租金三角三分)的百分之二十至四十付给产权人五年定租,一次付清,房产即属国家所有。私人出租房的免改或补改,均须经市房地产管理局批准。”北京市落实私房政策领导小组**《关于印发〈关于落实“文革”中接管的私房政策的若干规定的实施细则〉的通知》**(1983年3月20日　市落房办字〔1983〕第013号)第1条:“在‘文革’初期,由房管部门或由其他机关、部队、企事业单位接管的私人房产,要确认原产权人的所有权。确认产权,需由产权人提供身份证明、交房收据或其他有关证件。产权人死亡,由其亲属继承遗产的,需先经公证机关公证;产权有纠纷的,应由当事人诉请法院处理。”第2条:“经社会主义改造的原私人出租房产,定租发到1966年9月底,房产已属于国家所有,不存在落实私房政策问题。缓改、漏改的原私人出租房,根据国务院1964年1月13日国房字21号文件的有关精神,产权人生活困难的,应予全部或部分免改,免改的房屋,承认其产权,并按照本细则有关规定处理。产权人生活不困难的,应予补改,并按‘文革’前本市私房平均租金(按使用面积计算平均每平方米月租金三角三分)的 20% ~40% 付给产权人五年定租,一次付清,房产即属国家所有。私人出租房的免改或补改均须经市房地产管理局批准。”第 3 条:“根据 1982 年全国人大五届五次会议通过的宪法第十条关于‘城市的土地属于国家所有’的规定,城市私人所有的房基地(包括院落土地)和其他地产属于国家所有,不予发还。”北京市人民政府**《关于落实“文革”中接管的私房政策的若干规定》**(1983 年 3 月 11 日　京政发〔1983〕38 号)第 1 条:“对‘文革’中由房管部门接管的私人出租房,要确认原房主的所有权,发还产权……在‘文革’中接管的属于社会主义改造时缓改、漏改的私人出租房,按国务院一九六四年一月十三日国房字二十一号文件的规定处理。”第 2 条第 2 款:“房主自住房在‘文革’中被占用,要求收回原房居住的,应先发还其产权,由占房职工所在单位或使用单位负责将占用的自住房腾退给房主,一时腾退不了的,可分期腾退。”北京市房地产管理局**《关于落实私房政策中产权审查的具体做法和要求》**(1983 年 1 月 1 日)第 1 条:“凡在‘文革’期间接管的城镇私房,均由房屋所在地的房管所房产组按户审查产权,并上报区局房产科复审,待确认所有权后,方能办理经济结算、腾退自住房和发还产权等落实政策手续。”第 6 条:“有关几个产权问题的处理办法:(1)契征遗失,除业主必须具结保证一旦出现产权问题由本人负责外,并需经所在单位证明。(2)‘文革’前已成交未办产权登记的案件,可以按买卖房屋的规定完成合法手续后,将房屋落实给新产权人。如旧业主已故,可由旧业主合法继承人之一会同办理手续。(3)‘文革’期间已自行买卖、赠与、分割、交换等转移产权未办过户手续的仍落实给原产权人,落实政策后,再补办产权转移手续。(4)因发生纠纷,暂停产权转移的案件,申诉人应于一个月内交验法院受理立案证明,逾期无效。”

5. 参考案例。2011 年 6 月**新疆某房屋共有纠纷案**,法院认为:案涉私房 2 间系安某从其父亲处继承,“文革”期间上交,后因发洪水成为危房,被市房产局拆除后重建。安某在世时,一直与董某就该私房的落实政策问题向相关部门反映,只是因为安某夫妇不同意当时的货币补偿政策而一直未能解决。安某去世后,市房产局就该问题作出相应的处理意见,同意退还诉争房屋产权,故所退还的该房屋系落实原 2 间私房政策而来,是安某在去世时尚未取得的权利。该房屋虽在安某去世后取得,但仍应属于其死亡时遗留的个人合法财产,属遗产范围。根据市房产局文件精神,鉴于董某年龄较大,行动不便,同意该房产权手续由肖某办理。肖某在办理过程中,持委托书将该房屋产权办理到自己名下。后经司法鉴定,该委托书上董某的签名并非其本人所写。董某对肖某所称的房屋赠与事实并不认可,肖某也未提供相应证据证实赠与事实的成立。因案涉房屋属遗产范围,董某及其子女对该房屋均享有继承权，在各继承人未表示放弃继承的情况下，应视为均已接受继承，该房屋应属各继承人共同共有。即使董某同意将该房屋过户至肖某名下，亦应征得其他继承人同意，不能侵害其他继承人的权利。故肖某所取得案涉房屋产权并非合法有效。2010 年 8 月**山东某物权保护纠纷案**，法院认为：本案诉争房屋本系周某私产，"文革"期间交公代管，1982 年确权给周某，2005 年周某夫妇将该房屋赠与给于某，并将该房屋过户给于某名下，此时于某已合法取得诉争房屋的所有权，系该房屋所有权人，有排除妨害的请求权。在 1982 年诉争房屋确权给周某前，房屋承租人是王某的祖父母，王某、张某不是该房屋的承租人或承租人的同住人，故王某、张某不能因该房屋而享受有关福利政策。该房屋确权给周某后，王某祖父母继续使用该房屋，但并未与产权人签订定期的租赁合同，王某祖父母去世后，不产生王某、张某所主张的延续承租关系的事实。王某、张某继续居住该房屋没有法律依据。于某要求王某、张某停止对房屋的妨害，属于排除妨害请求权，只要这种妨害现实存在，于某作为所有权人就有权要求排除妨害。因此本案不适用我国民法的诉讼时效制度。户口迁入迁出属于公安机关的户籍管理行为，户口迁入并不等同于取得居住的权利，王某、张某不能因为其户口在诉争房屋而当然取得该房屋使用权。因于某撤回要求王某、张某赔偿房租损失以及迁出户口的诉讼请求，对双方有关诉辩意见原审法院不作论述。据此，判决王某、张某于判决生效后 30 日内腾出于某共有案涉房屋。2010 年 7 月**上海某房屋租赁合同案**，法院认为：石某原租赁房屋中有一亭子间，在 1968 年"文革"期间被分配给宝钢公司职工居住。孙某既非宝钢公司职工，亦非该房承租人，其作为承租人石某之女多次与宝钢公司联系要求解决住房问题。为解决历史遗留问题，宝钢公司于 2000 年将鞍山一村房屋调配给石某，并明确租赁户名为石某，实际由孙某居住使用，对此孙某并无异议。现孙某认为鞍山一村房屋系宝钢公司为解决其住房问题而调配，与石某原租赁房屋被侵占没有必然因果关系，缺乏事实依据，本院不予认可。石某曾在另案中同意变更承租人的述称系其提出的附条件的调解方案，而当时孙某并未与其达成一致，故对双方当事人无约束力。现孙某要求解除石某与宝钢公司的租赁关系，并确认孙某为鞍山一村房屋承租人的诉请，不予支持。2010 年 3 月**河南某行政诉讼案**，法院认为：1965 年私房改造时，被政府接管 8 间，房管部门 1965 年 5 月 18 日的房屋分户登记卡片可证实。冯某父亲名下的 8 间房屋被政府按私房改造接管后，由管委会使用至今，并先后在 1977 年、1995 年对房屋进行重建，1995 年对房屋所占土地办理了国有土地使用证。冯某认为该颁证行为侵犯了其合法权益，但未提供在政府私房改造后，其对本案涉及的土地享有合法权益的相关证据。且本案涉及政府私房改造问题，参照最高人民法院、原城乡建设环境保护部《关于复查历史案件中处理私人房产有关事项的通知》规定，冯某可通过当地落实私房政策部门解决其家私房改造的问题,故判决驳回冯某的诉讼请求。2008 年 10 月**上海某行政诉讼案**,案涉二层阁楼原系"文革"冲占私房,1981 年 5 月在落实私房政策时作价收购,私房作价款 310.76 元已由陈某领取,且因落实私房政策对作价收购处理的私房,不另发"私房落政通知书"。房管局于 1989 年 10 月 30 日向黄某颁发了国有土地使用权证,确认案涉土地使用者为黄某,用地面积 26 平方米。2001 年 3 月 9 日开发公司与黄某签订房屋拆迁货币化安置协议。陈某认为其为案涉房屋共有产权人,起诉房管局要求撤销颁发给黄某的土地证。法院认为:当事人提起行政诉讼,首先应符合法定起诉条件。根据《行政诉讼法》规定,提起诉讼应当属于人民法院受案范围和受诉人民法院管辖。陈某起诉要求撤销国有土地使用证,认为 1981 年房管局落政处理时未对其所有的房屋份额作价,其在案涉房屋内仍有部分产权,黄某将土地登记在个人名下侵犯陈某权益。因本案争议实质属于历史遗留的落实政策性质的房地产纠纷,不属于人民法院主管工作的范围。据此,鉴于陈某请求事项不属于行政审判受案范围,裁定驳回陈某的起诉。2005 年 2 月**河北某房地产纠纷案**,法院认为:张某诉讼请求提到的房屋问题涉及"私房改造"和"落实政策"等相关政策,属于历史遗留的落实政策性质的房地产纠纷。张某提出的县委、县政府《关于转发〈县落实私房政策办公室关于解决 1958 年私房改造和"文革"期间被挤占房遗留问题的意见〉的通知》是落实私房改造遗留问题的落实政策性质文件,同时证明了案涉房屋纠纷属于历史遗留的落实政策性质的房地产纠纷,依照最高人民法院《关于房地产案件受理问题的通知》第 3 条规定,故裁定驳回张某起诉,张某应去有关部门申请解决。

【同类案件处理要点】

因历史遗留的"文革"期间被接管房屋落实政策的房地产纠纷,不属于人民法院受案范围。当事人起诉到法院的,法院应不予受理或驳回起诉,可告知当事人向政府有关部门申请解决。

【相关法律风险提示】

1. 尽管理论上司法诉讼应作为一切民事权益的最终解决途径,但目前的司法政策及实践关于历史遗留"文革"房产的态度,基本上仍是作为不属法院主管范围来看待和处理。由此导致相关争端行政处理上的程序延宕、法律救济措施缺乏。这也是"文革"房产权属处理的难点。

2. "文革"期间上交的私房落实政策后因继承或租赁等纠纷诉讼到法院的,不属历史遗留的房产问题。

3. 户口迁移属于公安机关的户籍管理行为,户口迁入并不等于取得居住该房屋的权利。案见山东青岛中院(2010)青民一终字第1690号“王某等与于某等物权保护纠纷上诉案”。

【附注】

参考案例索引:湖北武汉中院(2008)武行终字第115号“周某与某房管局不履行房屋管理法定职责纠纷上诉案”;新疆乌鲁木齐中院(2011)乌中民四终字第106号“董某等与安某房屋共有纠纷上诉案”;山东青岛中院(2010)青民一终字第1690号“王某等与于某等物权保护纠纷上诉案”;上海二中院(2010)沪二中民二(民)终字第1310号“孙某与石某等房屋租赁合同纠纷上诉案”;河南驻马店中院(2010)驻法行终字第79号“某管委会与冯某土地行政等级纠纷上诉案”;上海虹口区法院(2008)虹行初字第57号“陈某诉某房管局土地行政确认纠纷案”;河北张家口中院(2005)张行终字第8号“张某与某政府房地产纠纷上诉案”。

98. 典当房:民间习惯法

——祖上典当房,能否还要回?

【物权法定】

【案情简介及争议焦点】

1962年,张某家房产被社会主义改造后,张某就国家保留的一间自住房委托其胞弟与聂某签订“座租合约”,约定将案涉房产座租给聂某,座租年限4年半,“期满不回赎,应由甲方另订卖绝房产文契,由甲、乙双方到当地房地产公司办理买卖转移手续,由乙方永久执业”。此前该地区居委会座谈会上“公议决定”该房产归张某的独子闵某所有。1957年,闵某异地服刑,1979年刑满释放与张某共同生活。1990年,张某去世。2007年,聂某起诉闵某,要求房屋确权。

争议焦点:1. 案涉“座租合约”效力? 2. 案涉房屋所有权归属?

【裁判要点】

1. 本案“座租合约”效力。案涉房屋应属国家保留给张某家庭成员共同所有的自用房产,而当时其家庭成员只有张某和闵某母子俩。“座租合约”中虽载明在该地区居民委员会座谈会上“公议决定”该房产权归张某的独子闵某所有,但这种

"公议决定"是出于当时的民间传统习惯而作出的,名义上归闵某所有,但并未办理归闵某一人所有的权属登记,故不能从法律上排斥张某作为该房共有人的合法权利,该房仍应作为张某和闵某的共同共有财产。张某当时是案涉房屋共有人之一,亦是该房唯一管理人,其书面委托胞弟,在居民委员会干部及有关亲族见证下,与聂某签订"座租合约"。根据特定时期闵家的特殊情况和当时的历史背景,聂某完全有理由相信张某有权处分该房产。在不存在聂某与他人恶意串通损害被告权益,合约内容也不违反当时的国家法律和政策的情况下,聂某支付典价承典闵某家多余之房屋,对张某母子有益无损,加之聂某依约占有讼争房屋后依法在房地产管理部门办理了登记手续并交纳了房地产使用税,完备了登记备案程序,结合张某家一直未主张回赎权及聂某占有讼争房数十年的实际情况,应确认"座租合约"为有效合约。

2. 案涉房屋应视为绝卖。张某与聂某签订的"座租合约"属房屋出典契约,双方在契约中对典期作了明确约定,典期届满逾期不赎的应视为绝卖。张某在去世前一直未赎房,闵某出狱前有可能不知道房屋出典之事,但出狱后与其母亲张某共同生活了10年,应知房屋出典事宜,在张某去世后的17年间,其亦未主张回赎权利。故聂某在典期届满逾期三十多年后仍未回赎讼争房屋,应视为绝卖,聂某主张讼争房屋所有权的请求应予支持。

【裁判依据或参考】

1. 法律规定。《**民法典**》(2021年1月1日)第116条:"物权的种类和内容,由法律规定。"第214条:"不动产物权的设立、变更、转让和消灭,依照法律规定应当登记的,自记载于不动产登记簿时发生效力。"第401条:"抵押权人在债务履行期限届满前,与抵押人约定债务人不履行到期债务时抵押财产归债权人所有的,只能依法就抵押财产优先受偿。"《**物权法**》(2007年10月1日,已于2021年1月1日起失效)第5条:"物权的种类和内容,由法律规定。"第186条:"抵押权人在债务履行期届满前,不得与抵押人约定债务人不履行到期债务时抵押财产归债权人所有。"

2. 司法解释。最高人民法院《**关于沈阳市兴科典当行有限公司对沈阳市恒通物业发展有限责任公司诉李忠义、许晓东房屋买卖纠纷案提出再审申请请示一案的复函**》(2004年8月24日 〔2003〕民立他字第33号):"在沈阳市恒通物业发展有限责任公司诉李忠义、许晓东房屋买卖纠纷一案中,只要典当合同真实存在,沈阳市兴科典当行有限公司就具备有独立请求权第三人的主体资格。"最高人民法院《**关于海口鲁银实业公司典当拍卖行与海南飞驰实业有限公司、海南万锡房地产开发有限公司、海南内江房地产开发公司抵押贷款合同纠纷一案的复函**》(1999年3

月2日　〔1996〕法民字第8号）："……在《担保法》实施以前法律没有明确的规定，你院在审理时可就本案主合同是否有效作进一步审查，包括鲁银典当行作为非银行金融机构能否开展不动产抵押贷款业务及双方约定的利息是否过高等问题。如果主合同无效，则按过错原则处理本案；如果主合同有效，则按公平原则处理。"最高人民法院**《关于张建英与赵德芬、周涤安房屋典当纠纷一案的请示报告的复函》**（1993年12月5日）："据报告称，1948年张建英之夫许恩浦（1991年死亡）将曲靖县北门街7间自有房屋中的两间出租房屋出典给赵德芬之夫周建勋（1978年死亡），契约未载明典期。1951年土改时，许恩浦被划为工商业兼地主成分，周建勋为手工业者，双方均未对出典的两间房屋申报产权。1953年原曲靖县农业银行储蓄所用其自己购买的北门街43号、44号的房屋与许恩浦北门街的7间（包括出典给周建勋的两间）房屋调换。此后，周建勋就搬进调换的43号的两间房内居住至今；1982年2月许恩浦向法院起诉要求回赎。根据上述情况，我们认为，按照土改时的政策，剥削阶级的典权应予废除和土改前剥削阶级出典的房屋不予保护的原则以及本院〔1987〕民他字第60号《关于土改前地主出典的城镇房屋经过三十年能否回赎问题的批复》精神，双方讼争的两间房屋不准许家回赎，产权应归赵德芬及其子周涤安所有。"最高人民法院**《关于印发〈马原副院长在全国民事审判工作座谈会上的讲话〉和〈全国民事审判工作座谈会纪要〉的通知》**（1993年11月24日　法发〔1993〕37号，已于2021年1月1日起失效）第2条："……以房地产为标的的买卖、租赁、典当纠纷应由民庭受理，以房地产为标的的开发、建筑承包、入股、联营、代理、居间等民事行为发生的纠纷同样应由民庭受理。一句话，房地产纠纷除了依法由行政法律调整的以外，凡是属于民法调整的，都由人民法院民庭受理。这个问题最高法院不可能一一列举哪些案件应由民庭受理，各地在处理房地产案件时，要根据上述原则来确定，该受理的一定要受理，不能因处理有难度或不熟悉而推出去不管……"最高人民法院**《关于戴文林、戴文治诉高学孔房屋典当纠纷案如何处理的复函》**（1993年2月17日）："根据你院报告认定的事实，经研究认为，该案双方当事人的祖辈于1923年8月订立无典期的房屋典当契约，典当关系明确。1952年土改时，房屋典当关系没有变化。出典人出典房屋后又承租该房屋并一直居住使用，这不能成为回赎期间中断的法定事由。据此，我们同意你院审判委员会的意见，即按有关规定，双方当事人争执的房屋因出典人三十余年未提出回赎，应作绝卖处理。"最高人民法院**《关于吴连胜等诉烟台市房地产管理局房屋典当回赎一案如何处理的复函》**（1993年2月16日　〔1992〕民他字第48号）第1条："关于诉讼当事人的问题。1952年，原承典房屋的孤女学道院与烟台市盲哑学校合并，承典的房屋遂由该学校管理使用。同年，烟台市盲哑学校原校址（不包括讼争之房）由政府部门划归海军防区。盲哑学校迁走后，该承典房由海军407医院管理使用至今。据此,我们同意你院审判委员会的倾向性意见,即:烟台市盲哑学校由于与孤女学道院合并所承受的典当合同的权利义务,并未因海军407医院对该承典房的管理使用而发生变更或解除。烟台市盲哑学校应为本案的被告,海军407医院为第三人。”第2条:“关于回赎问题。1955年讼争房屋典期届满后,出典人曾多次主张回赎。由于出典人与烟台市房管部门对如何计算回赎典价发生争议等原因而未能及时回赎。我们意见,根据我院有关批复的精神,结合本案具体情况,以准予出典人回赎为宜。”最高人民法院**《关于被继承人死亡后没有法定继承人,分享遗产人能否分得全部遗产的复函》**(1992年10月11日 〔1992〕民他字第25号,已于2021年1月1日起失效):“经研究认为,沈玉根与叔祖母沈戴氏共同生活十多年,并尽了生养死葬的义务。依照我国继承法第十四条的规定,可分给沈玉根适当的遗产。根据沈戴氏死亡后没有法定继承人等情况,沈玉根可以分享沈戴氏的全部遗产,包括对已出典房屋的回赎权。至于是否允许回赎,应依照有关规定和具体情况妥善处理。”最高人民法院**《关于郑松宽与郑道瀛、吴惠芳等房屋典当卖断纠纷案如何处理的复函》**(1992年9月14日):“双方当事人讼争的饶平县黄岗镇竹篾街16号右之二房屋一间系余惠卿于1966年8月作为已有房产由其养子郑道瀛经手,以典价270元、典期8年,出典给郑松宽的,当时吴惠芳等人未提出异议。1982年4月,郑道瀛以3000元的价款(包括典价270元)将出典房屋卖断给典权人郑松宽。1984年余惠卿去世前,未提出异议。鉴于郑松宽善意、有偿买断承典房屋已事隔多年,郑道瀛等人翻悔卖断协议,要求赎回房屋的主张不予支持。”最高人民法院**《关于谢元福、王琪与黄长明房屋典当纠纷一案适用法律政策的复函》**(1992年6月5日):“出典人谢元福、王琪1982年要求回赎出典房屋,第一、二审法院考虑到承典人黄生彦(黄长明之父)住房困难,在解除双方房屋典当关系的同时,判决双方建立房屋租赁关系,照顾了双方当事人的合法权益,这与1979年2月2日我院《关于贯彻执行民事政策法律的意见》规定的精神并不抵触。以后,因黄家长期拖欠房租,将临街房屋改建为商业用房并转租他人,第一、二审法院又判决解除双方的房屋租赁关系,亦无不当。而第二审法院后来在原承典人黄生彦已经死亡,黄长明有房居住的情况下,再审改判不许谢元福、王琪回赎临街房屋欠妥。因此,我院同意你院审判委员会第一种意见,即:撤销第二审法院再审判决,维持原第一、二审法院的判决。”最高人民法院**《关于黄东与樊而统房屋典当纠纷应认定为抵押借款的函复》**(1992年3月16日 〔91〕民他字第28号):“此案应认定为抵押借款纠纷。同时,根据《中华人民共和国银行管理暂行条例》(因相关内容已由《银行法》《商业银行法》《非法金融机构和非法金融业务活动取缔办法》代替,2001年10月6日被国务院废止——编者注)第二十八条第二款和《中华人民共和国私营企业暂行条例》第十二条第二款的规定,个人不得经营带有金融业务性质的典当业。故一审法院对此案的处理并无不当。”最高人民法院**《关于金德辉诉佳木斯市永恒典当商行房屋典当案件应如何处理问题的函复》**（1992 年 3 月 16 日　〔1991〕民他字第 15 号）：“本案双方当事人以‘当票’的形式签订的协议，从其内容看，它不同于民间的一般房屋典当，不是以使用、收益为目的，实质上是以房屋作抵押，向典当商行借款的合同，故定为抵押借款合同纠纷为宜。对典当商行先扣除利息的做法，不应支持。具体处理时，可参照我院《关于人民法院审理借贷案件的若干意见》第六条、第七条和第十七条的规定，根据本案具体情况，合情合理地解决。”最高人民法院**《关于罗超华与王辉明房屋典当纠纷案的函》**（1991 年 7 月 9 日　〔90〕民他字第 5 号）：“……从该案的情况看，罗超华与王辉明家于 1956 年所立的典当契约，在当时是合法的。罗对原房屋宅基地合法的使用权应受法律保护。承典人在承典的小院内经批准建房，与契约约定并不矛盾，不影响出典人按约定行使回赎的权利。因此，我们基本同意你院审判委员会的第一种意见，即应准予出典人按约定回赎原房屋和新建的房屋。回赎时出典人应对承典人新建房屋所花费用予以适当补偿。至于王辉明家的住房问题，如确属困难，可提出申请，由法院出面联系，有关部门按有关规定妥善安置解决。”最高人民法院**《关于私房改造中典当双方都是被改造户的回赎案件应如何处理问题的批复》**（1990 年 7 月 25 日　法民〔1990〕6 号，已于 2021 年 1 月 1 日起失效）：“在私房社会主义改造中，房屋典当关系的双方都属于私房被改造户，承典人的私房被全部改造，而将承典的房屋作为自住房留下的，不论房管部门何时明确作为自住房，均应视为承典房和私房合并纳入改造后所留下的自住房。参照国家房产管理局〔65〕国房局字第 105 号《关于私房改造中处理典当房屋问题的意见》，此类房屋出典人要求回赎的，不予准许。”最高人民法院**《关于公私合营中典权入股的房屋应如何处理的函》**（1990 年 4 月 9 日　〔89〕民他字第 48 号）：“……据报告称，1952 年 12 月夏清淮之妻将房屋 6 间出典给魏汉三经营茶叶店，典价 350 元，典期两年半，1956 年公私合营时，魏汉三将所典之房以原价投资入股，该房由南阳市副食品公司管理使用至今。1958 年以后，夏清淮多次向有关部门协商赎房未果。1984 年 8 月，夏清淮向南阳市人民法院起诉。经征求有关部门意见并研究认为：根据中共中央 1956 年 1 月 24 日《关于私营企业实行公私合营的时候清产估价中若干具体问题的处理意见的指示》第 6 条‘企业的债权，一般列作投资，作为合营企业的债权’之规定，典当的房屋入股只是债权的转移，产权仍归出典人所有。据此，我们同意你院审判委员会多数同志的意见，即：此案不适用国家房产管理局〔65〕国房局字 105 号可以依据有关政策规定，向南阳市副食品公司进行房屋回赎。”最高人民法院**《关于周维鸿诉周维华房屋产权纠纷一案的复函》**（1990 年 3 月 10 日　〔89〕民他字第 51 号）：“……本案当事人讼争之 179 号房屋在 1947 年购买时，买契上所载的是周维辉（即周维鸿）的名字；1953 年昆明市人民政府进行换证，仍以周维鸿的名字登记，并一直由周维鸿管理使用至今。诉讼过程中周维华又举不出有力证据来证明其产权主张。据此，讼争之179号房屋应认定为周维鸿所有。”最高人民法院**《关于典当房屋被视为绝卖以后确认产权程序问题的批复》**（1989年7月24日　〔1989〕法民字第17号，已于2021年1月1日起失效）：“……出典的房屋已超过规定的回赎期限，承典人提起确认房屋产权归己的诉讼时，人民法院应分别情况适用不同程序：对出典人或者其继承人提出异议的，应按照民事诉讼法（试行）规定的普通程序或简易程序进行审理；对出典人或者其继承人无异议的，或者出典人已经死亡又无继承人的，可以比照民事诉讼法（试行）特别程序的有关规定进行审理。经审理，如确认房屋产权归承典人所有，承典人即可持法院判决书向房管部门申请办理产权登记手续。”最高人民法院**《关于处理私房社会主义改造中房屋典当回赎案件中的两个问题的批复》**（1988年9月8日，已于2013年1月18日起失效）第1条：“人民法院处理有关私房社会主义改造中的房屋典当回赎案件，仍应参照国家房产管理局〔65〕国房局字105号《关于私房改造中处理典当房屋问题的意见》办理；但此类房屋典当问题比较复杂，政策性强，各地在执行中可根据具体情况，区别对待。如出典的房屋在改造前未回赎，改造中产权已转移给国家，改造后不准回赎；如出典的房屋没有被改造，产权未转移给国家，应按国房局字105号文件中关于‘今后对于出典房屋一般仍应按照典当关系处理’的规定，和最高人民法院〔84〕法办字第112号《关于贯彻执行民事政策法律若干问题的意见》第58条的规定，以及最高人民法院近几年来对此条规定所作的解释处理。”第2条：“最高人民法院〔84〕法办字第112号《关于贯彻执行民事政策法律若干问题的意见》第58条第二款规定：‘典期届满逾期十年或典期未载明期限经过三十年未赎的，原则上应视为绝卖。’人民法院处理未被改造的出典房屋纠纷案件，对于已超过上述规定回赎期限的，应确认房屋产权为承典人所有；对于未超过规定回赎期限的，应准予出典人回赎。”最高人民法院**《关于对张友良与赵天常房屋典当一案给全国人大常委会办公厅信访局的复函》**（1988年2月10日　〔88〕民监字第162号）第1条：“关于对赵天常家是否应‘视为漏改户’的问题，我们认为赵家在太原市虽有17间房屋，但都已在1953年至1954年出典。根据国家房产管理局〔65〕国房局第105号文件第1条第（一）项规定，出典房屋不纳入改造。所以在私房社会主义改造时，不定赵家为‘改造户’，并无不当，现在如把赵家视为‘改造户’。将判决准其回赎的太原市水西里4号两间房屋再交房管部门处理，则缺乏法律和政策依据。环保部私房管理处也认为对于在私房社会主义改造时期依政策未改造、以后又未代管的房屋，现在不宜执行改造或交由房管部门处理。”第2条：“关于《报告》称‘赵天常继其父赵富金与张友良并5户的典当房产关系，不能属于劳动人民的典当关系’，‘法律不应予以保护’的问题，据查，有关政策规定只对土改前剥削阶级出典的房屋不予保护；至于土改后，不属于劳动人民的合法的典当关系则应予承认。”第3条：“关于《报告》称赵家典给张友良的两间房屋已超过典期26年才提出回赎，法律不应予以保护的问题，我们认为，赵天常是在1983年1月提起诉讼的，根据我院（1984）法民字第16号批复和1979年最高人民法院《关于贯彻执行民事政策法律的意见》的精神，赵家出典给张友良的两间房屋尚未超过回赎期限。”第4条：“关于《报告》称‘赵天常企图打开张友良这一户的缺口，以达到将五户17间房全部要回的目的’问题，查赵天常除了经法院判决准予回赎典给张友良的两间房屋以外，其余典给他人的15间房屋已超过回赎期限。依照我院1984年9月8日下达的《关于贯彻执行民事政策法律若干问题的意见》的规定精神，原则上应视为绝卖。”最高人民法院《**关于土改前地主出典的城镇房屋经过三十年能否回赎问题的批复**》（1988年2月1日）：“……王建南（1967年死亡）1948年将其现座落在钦州市三马路88号房屋一间，出典给叶日新、叶日兴和王中业之父王庭枢（1975年死亡），典契未载明典期。土改时，王建南被定为地主成分。该房出典后，经过三十年，王建南及其子女从未提出过回赎。现王建南的子女王美坚、王仕宝、王仕善要求回赎，不予准许。讼争房屋之产权应归承典人叶日新、叶日兴和王庭枢的法定继承人王中业共同所有。”最高人民法院《**关于颜美本等与黄荣俊房屋典赎案的批复**》（1988年2月13日　〔1987〕民他字第15号）：“……据报告所述：1954年，海丰县陶南乡颜庆引将其在本县汕尾镇掇乌街105号楼房一座，出典给该镇居民黄荣俊，典期四年。次年，陶南乡土改，颜庆引被定为地主，并于劳改中死亡。1955年2月典期届满。1980年，颜庆引的继承人颜美本等向承典人要求回赎，遭拒绝而于次年向人民法院起诉。对这种房屋典当关系，是否准许回赎的问题，我们研究认为，参照最高人民法院、财政部、司法部1952年7月31日（52）财农字第103号联合通令的精神，本案出典方在典期届满后20多年才提出回赎，不应准许。出典房屋之产权应归承典人所有。”最高人民法院《**关于安顺饭店与安顺地区外贸公司房屋典当一案的请示的电话答复**》（1987年1月20日　〔86〕民他字第35号）第1条：“安顺饭店出典房屋时系公私合营企业，当时国家并无此类企业不准出典房屋的规定，因此，双方的典当关系应予承认和保护，原则上应准予出典人回赎。”第2条：“关于回赎的范围，应限于典契上所载明的房屋。承典人在此地后建的房屋不属回赎范围。因原出典土地现已归国有，所以土地不应准予回赎，后建的房屋谁造的归谁所有。”最高人民法院《**关于房屋典当回赎中几个有关问题的批复**》（1986年5月27日）第2条：“关于我院〔84〕法民字第16号批复中‘才提出回赎的’如何理解的问题。我们认为该批复主要是指典当房屋在典期届满已逾十年或未定典期经过三十年，出典人才提出回赎，在这以前出典人从未主张过权利的，据此，即可适用我院《意见》第58条第2款的规定，原则上视为绝卖。”第3条：“关于房屋典当回赎时效期间的计算问题,我们原则上同意你院的意见,即典当契约载明典期的,自期满之次日起计算,契约未载明典期的,自履行契约之日起计算。如果典期届满,出典人未按契约规定期限提出回赎,是由于不可抗力使其不能行使请求权的,这种受客观原因影响的时间,应予扣除,不计入回赎时效期间;如果典期届满,出典人已提出回赎要求,但由于承典人的原因而逾期未能回赎的,这种情况,应自出典人提出回赎之日起重新计算回赎时效。鉴于我院《意见》第58条第2款仅是对房屋典当回赎期限的规定,因此,我们只就在处理房屋典当案件的审判实践中如何计算回赎时效期间问题加以解释。"最高人民法院《**关于典当房屋私改期间不应计入回赎期限的批复**》(1986年5月27日 〔1986〕民他字第23号):"……沈源志的亡夫钱鸿文1944年出典给周金生'寄父'华兰臣4间房屋(典期7年),因1960年对其中两间进行了私房改造,致使钱鸿文及权利承当人无法回赎。这一不抗力原因持续到1980年房屋发还,因此,这段期间不应计入回赎期限。沈源志要求回赎这两间'典期届满'未逾10年的房屋,应予准许。至于留给华兰臣家自住的两间房屋,并没有受到私房改造的影响,沈源志主张回赎时,典期届满已逾10年,则应视为绝卖。"最高人民法院《**关于典当房屋在"文革"期间未能按期回赎,应作时效中止处理的批复**》(1986年4月11日):"……据报告所述,安淑珍于1963年10月1日出典给宛若海三间房屋,典契载明:典期十年,典价四百五十元,如出典人到期无力回赎,由承典人按当时房价转典为卖。在履行期间,该房在'文化大革命'期间被收归公有,未能按期回赎。1984年10月安淑珍向宛若海提出赎房要求时,宛认为典期已过,拒绝回赎,并向通县人民法院起诉,要求确认该房产权归其所有。经我们研究认为:安淑珍出典的房屋,1966年9月已交由房管部门接收。由于当地政府有关部门1966年至1984年初停办回赎,致出典人在典期届满时,无法按照典契载明的期限回赎,这是在特殊的历史条件下造成的。因此,1984年10月安淑珍要求回赎时,不应将房屋归公和停办回赎的这段时间,计入回赎时效期内。至于你院提出增补赎金问题,如无其他特殊原因,回赎时一般应按契约规定的典价办理。"最高人民法院《**关于利显乾与利潮良房屋纠纷案的批复**》(1985年5月2日):"……讼争房屋原产权人利士乾及其细婆分别在1930年、1940年与利显乾之父利达平建立的房屋典当关系是有效的,应予承认。1950年典期届满时,出典人夫妻已先后死亡,其继承人也未主张回赎权利。当地土改时将论争房屋确权给承典人的继承人利显乾所有并管业至今,应予维护。利士乾夫妻死后,由堂弟之妻张养主持将利潮良过嗣给利士乾,显属封建制度的产物,双方既不存在收养关系,又非死者生前意愿,应予否定。利潮良、张养均非出典人的继承人,因此,他们在1950年典期届满后,将讼争房屋续典他人是无效的。第一、二审法院承认利潮良的嗣子身份并认定续典有效是不妥的。至于原属利士乾所有的另一间房屋,土改时,已经利潮良登记,现无争议，应以维持现状为宜。”最高人民法院**《关于房屋抵押不能改为房屋典当处理的批复》**（1985年4月27日，该司法解释2008年12月24日被废止，原因“情况已变化，不再适用”——编者注）：“经研究我们认为：房屋抵押不同于房屋典当。因此，‘将抵押借款改为房屋典当’，比照《关于贯彻执行民事政策法律若干问题的意见》第58条处理不妥，应按清偿抵押借款处理为宜。”最高人民法院**《关于执行〈民事政策法律若干问题的意见〉中的几个问题的函》**［1985年2月24日　法（民）函〔1985〕8号］第1条：“关于处理房屋典当回赎计算期限是否扣除私改时间问题。我们认为：在落实私房改造政策中，如果确属不应改造的出典房屋，当时不能按契约规定期限回赎，是由于客观原因造成的，出典人无法行使自己的权利，现在产权已经退还，原房主（即出典人）要求回赎的，同意你院意见，被改造时间不计入时效期间。”第2条：“关于你省〔81〕80号文件第四条的规定与我院《意见》第58条是否矛盾问题。处理典当纠纷，主要是根据典当契约的规定办理，只有契约上有典期未注明绝卖已逾十年或未定典期已逾三十年的，才适用《意见》第58条。而你省〔81〕80号文件第四条明确规定是指典当契约有典期并载明过期不赎作为绝卖的，按契约规定执行。故二者并不矛盾，同意你院对两个文件的分析意见。”第3条：“关于‘文革’前与解放前借钱借房的两借纠纷能否比照《意见》第58条典当关系处理问题。我们认为：借与典不同，借是一种债务关系，债务人对所借财物只有使用权，并要依约在一定期限内负责偿还。鉴于目前借贷问题的尚无时效规定，故不宜比照《意见》第58条作典当关系处理。”最高人民法院**《关于适用〈关于贯彻执行民事政策法律若干问题的意见〉第五十八条的批复》**（1984年12月3日　〔1984〕法民字第16号）：“关于适用《关于贯彻执行民事政策法律若干问题的意见》第58条‘典期届满逾期十年或典契未载明期限经过三十年未赎的，原则上应视为绝卖’问题，经研究认为：处理这类案件，须以典契上未注明绝卖字样，承典人也未办理产权登记，产权尚未转移为前提条件，具备这个条件的，我们基本上同意你院意见，即对1984年9月8日《意见》下达前受理未结的典当案件，或者已经发生法律效力的判决、当事人又提出申诉的典当案件，虽然典期届满已逾十年或未定典期经过三十年未赎的，仍按以往规定，对回赎问题进行处理。1984年9月8日《意见》下达后，典期届满已逾十年或未定典期经过三十年，才提出回赎的，应按《意见》规定，原则上视为绝卖，如果出典人确实无房居住，而承典人又不缺房，同意出典人回赎的，经双方达成协议后，可以调解解决。”最高人民法院**《关于贯彻执行民事政策法律若干问题的意见》**（1984年8月30日，已于2019年7月20日起失效）第58条：“对法律、政策允许范围内的房屋典当关系，应予承认。但土改中已解决的房屋典当关系，不再变动。典期届满逾期十年或典契未载明期限经过三十年未赎的，原则上应视为绝卖。”最高人民法院**《关于对房屋典当回赎案的批复》**（1980年12月12日）：

"……经研究,同意你院和沧州地区中级法院的意见,按典当问题予以处理。至于此案房屋是否漏改问题,是否补改,应由房管部门依照国家有关政策解决。"最高人民法院**《关于雷龙江与雷济川房屋典当关系应予承认的批复》**(1979年11月5日):"……我们认为对雷龙江与雷济川的房屋典当关系应予承认,但考虑双方具体情况和实际需要,房屋不予回赎,可让雷济川适当补付雷龙江房价,予以合情合理解决。"

3. 部门规范性文件。商务部、公安部**《典当管理办法》**(2005年4月1日)第3条第1款:"本办法所称典当,是指当户将其动产、财产权利作为当物质押或者将其房地产作为当物抵押给典当行,交付一定比例费用,取得当金,并在约定期限内支付当金利息、偿还当金、赎回当物的行为。"第25条:"经批准,典当行可以经营下列业务:……(三)房地产(外省、自治区、直辖市的房地产或者未取得商品房预售许可证的在建工程除外)抵押典当业务……"第39条:"典当期内或典当期限届满后5日内,经双方同意可以续当,续当一次的期限最长为6个月。续当期自典当期限或者前一次续当期限届满日起算。续当时,当户应当结清前期利息和当期费用。"第40条:"典当期限或者续当期限届满后,当户应当在5日内赎当或者续当。逾期不赎当也不续当的,为绝当。当户于典当期限或者续当期限届满至绝当前赎当的,除须偿还当金本息、综合费用外,还应当根据中国人民银行规定的银行等金融机构逾期贷款罚息水平、典当行制定的费用标准和逾期天数,补交当金利息和有关费用。"第42条第1款:"典当行经营房地产抵押典当业务,应当和当户依法到有关部门先行办理抵押登记,再办理抵押典当手续。"中国人民银行**《关于对典当行从事房屋抵押贷款业务有关问题的复函》**(2000年9月5日　银条法〔2000〕53号)第2条:"我们认为,考虑到国家政策和我国典当业发展的实际情况,地方法院对典当行可从事房屋抵押贷款业务的认定,是比较妥当的。"中央统战部办公厅**《关于研处淄博市博山区统战部来函的复函》**[1986年4月23日　统发文〔86〕(五)第498号]:"淄博市博山区统战部四月五日来函,询问公私合营时原工商业者将合营前典、赁私人的经营用房带入企业,并将典价作了股金,现原房产主要求赎回房屋一事。我们认为:此事原则上可按当时典、赁所签合同办理,属典当期内要求赎回的,应予发还。租赁之私人住房,不属社会主义改造范围的,依合同也可归还。但典赁者若已将房屋折价入股,并领取了定息的,则应按中央统战部、商业部印发'《关于索要、强占原公私合营企业,合作商店营业用房问题的处理意见》的通知'(〔83〕商管字第5号,1983年2月25日)处理。"中共中央统战部、商业部**《印发〈关于索要、强占原公私合营企业、合作商店营业用房问题的处理意见〉的通知》**(1983年2月25日〔83〕商管字第5号):"……私营企业实行公私合营时,经过清产核资,将流动资金和营业用房、设备以及其他经营用具等固定资产转为公私合营企业的资产,国家已按年息五厘发给定息，定息发至一九六六年第三季度。公私合营企业的资产（包括原来核定投资的房屋）已属国家所有，不应退给本人，这是党和国家的既定政策，不能改变。”国家房产管理局**《关于私房改造中处理典当房屋问题的意见》**（1965年12月3日　〔1965〕国房局字105号）第1条：“对尚未进行私房改造的城镇，今后在私房改造中处理典当房屋的意见：1. 出典房屋不同于出租房屋，如果将出典房屋纳入改造，名义上改的是出典人，实际改了承典人。因此，今后对于出典房屋一般仍应按照典当关系处理。计算出租房屋的改造起点时，只计算其现有的出租房屋，不要将出典房屋作为出租房屋纳入改造。如果这样计算，地富、资本家的出租房屋可以降低改造起点，或者实行无起点改造。至于地富、资本家在一九五八年八月六日以后，显然为了逃避改造而未经合法手续出典的房屋，群众意见很大的，则不承认其典当关系，原则上应该追回所得典价，对房屋可根据不同情况分别处理。2. 依据上述原则计算，出典人是改造户的，其出典房屋在改造前允许回赎。回赎后出租的，应一并纳入改造，改造前不回赎的，今后不准再行回赎。对这部分典当房屋，可以让承典人找价‘作死’，找回的价款交房管部门；如果典价与房价相差不多，可以变典价为买；也可按原付典价折给承典人一部分房屋，另一部分房屋归房管部门；还可以由房管部门出款回赎。3. 承典人典来房屋出租的，如与其他房屋合并计算达到改造起点时，则应一并纳入改造。但在改造以前，应由出典人与承典人进行协商，出典人如愿意回赎，不论其典价是否到期，一律准予回赎。回赎后承典人的出租房屋达不到改造起点时，也不影响对其出租房屋的改造。出典人不愿回赎的，改造后不准再行回赎。”第2条：“对过去将典当房屋纳入改造后遗留问题的处理意见：1. 对已纳入改造的典当房屋，原则上不再变动。2. 典当房屋作为出典人的出租房屋纳入改造后，承典人坚决不同意的，如承典人是劳动人民，又系典房自住，可以将典价折抵承典人的房租，房屋仍作为改造处理；也可以让承典人找价‘作死’，找回价款交房管部门，也可以按其原付典价折给承典人一部分房屋。3. 典当房屋因承典人出租而纳入改造后，出典人过去坚决要求回赎自住的，如出典人是劳动人民，并且不是改造房主，准予向房管部门回赎，并酌情让其偿还改造期间的修缮费用。房屋回赎后，不影响对承典人其他出租房屋的改造。今后要求回赎的不再批准。”内务部**《关于处理土地改革中遗留的典当土地问题给华北各省的指示》**（1950年9月30日　内地字第114号）第6条：“房产典当问题，亦按以上原则解决，如承典户在本村无有房屋，典入的房屋被赎回后则无房可住时，可经调解在双方同意下，续订新约，由承典户暂住。”

4. 地方司法性文件。山东高院**《2011年民事审判工作会议纪要》**（2011年11月30日　鲁高法〔2011〕297号）第1条：“……（四）关于典当的法律性质问题。典当权在我国传统民法理论中视为一种用益物权，是财产所有权人将自己的不动产或者动产抵押给典当权人,获取相应的财物或者款项,并约定在一定期限内回赎。典权是以不动产标的物设定的物权,而当权是以动产标的物设定的物权。依据《物权法》第5条物权法定的原则,物权法没有将典当权规定为一种用益物权,因此,财产所有权人或者使用权人将财产抵押给典当企业获取借款所签订的典当合同,具有抵押借款合同的性质,属于债权的范畴,应适用合同法的相关规定处理。"浙江高院《**关于审理典当纠纷案件若干问题的指导意见**》(2010年6月29日)第10条:"……典当行未接管动产质押当物或未办理房地产抵押登记手续,与当户确立典当关系并发放当金的,认定为典当关系有效,质押或抵押不设立。"

5. 参考案例。2010年**某典当房纠纷案**,1952年,王某将名下房屋出典给卜某,典期15年。此后该房屋一直由卜某夫妻及子女居住。1967年,典期届满,正值"文化大革命",王某无法回赎房屋。1979年、1986年,王某先后两次找到卜某要求回赎房屋,卜某先是以自己住房困难为由,不同意王某回赎,后又同意待自己分房后让王某回赎,王某亦未坚持立即回赎。2003年,王某死亡。2005年,王某之子持典契找卜某协商回赎之事未果,遂提起诉讼。卜某抗辩称典期届满逾期10年,已成绝卖。王某之子以诉讼时效中断为由主张回赎能否得到支持?法院认为:回赎权为形成权,最高人民法院《关于贯彻执行民事政策法律若干问题的意见》第58条规定:"对法律、政策允许范围内的房屋典当关系,应予承认。但土改中已解决的房屋典当关系,不再变动。典期届满逾期十年或典契未载明期限经过三十年未赎的,原则上应视为绝卖。"其中"十年""三十年"为除斥期间而非诉讼时效,故不存在中止、中断问题。对于有典期的出典房屋,依国家司法政策,计算回赎期限时已从中扣除城市私有房屋社会主义改造和"文化大革命"两个特殊历史时段,仍符合经过十年未回赎情形的,以其他理由对回赎期限作中止、中断处理,缺乏依据。2012年**广东某物权纠纷案**,1977年,黄某父将房屋及土地以2000元典价出典给梁某父。2007年,典期届满,因一直居住该房屋的梁某拒绝腾房致诉。法院认为:梁某所提交书信内容虽反映当时黄某父有向梁某父出卖房屋意思表示,但并未就买卖具体事项进行约定,同时,梁某父亦未针对黄某父要约作出承诺,即双方并未达成买卖房屋协议。相反,从房屋典契内容可知,梁某父支付典价而占有、使用黄某父房屋,典期届满后,梁某父将出典财产回赎给出典人黄某父,故认定双方存在房屋典权关系更符合双方约定。本案2000元典价系双方当事人一致真实意思表示,其后双方亦未再次对增减典价另行约定,该价格作为房屋回赎价格符合典当交易习惯。鉴于梁某一直实际居住及占有涉案房屋,根据权利、义务对等原则,从减轻当事人讼累角度考虑,本案中收取典价以及返还涉案房屋等权利、义务应由梁某直接承担。判决黄某支付梁某典价2000元,梁某返还房屋并将自建房屋及其他设施拆除。2002年**江苏某房屋典权纠纷案**,1955年,张某向吴某承典私房,并按当时的典价支付对价，押租契约约定典期2年，但到期后吴某未予赎回。张某实际占有使用房屋只有其中18平方米，其余2平方米及未办产权的阁楼由吴某使用。1996年，吴某死亡。2001年，张某起诉吴某继承人，要求确认房屋产权归其所有。法院认为：诉争原始契约并不能说明张某与吴某之间系租赁关系，从全案证据完全可推定两人在订约时存在设定典权的意思表示，而并非签订单纯的租赁契约。据证人证言，参考张某所付典价，法院认定案涉产权证记载的18平方米房屋面积中，租赁部分面积为2平方米，其余16平方米面积部分为典权面积。由于契约上明确租赁期限为2年，故推定典期亦为2年，根据最高人民法院司法解释，典期届满逾10年的，视为绝卖，故典权部分的16平方米产权现应属张某所有。鉴于该房阁楼自张某与吴某签订协议时即已存在，作为房屋添附，虽然产权证上未有记载，但本案宜一并作出处理。考虑到典权设定须以对典物享有所有权为前提，而本案所涉房屋阁楼，吴某对之并不享有所有权，而是使用权，故该阁楼不应属于本案大佃契约中典权部分，同时，鉴于该房现已拆迁，故该阁楼相关权益应由吴某继承人享有。判决案涉房屋中16平方米产权归张某所有，2平方米及阁楼产权归吴某享有。2010年9月**广东某房屋确认纠纷案**，法院认为：本案的焦点为涉案房产转移登记至梁某名下，是用作担保借款还是代为清偿借款。首先，《借款偿还协议》明确约定，涉案房产用于抵押，偿还人民币30万元即可以赎回；其次，涉案房产虽于2000年4月29日转移登记至梁某名下，但一直由江某使用至今，且江某对涉案房产的使用，与《借款偿还协议》中关于"抵押期间……房产原物仍由乙方及其房产拥有人使用"的约定亦相吻合；最后，江某与梁某签订的《房地产买卖合同》中对付款方式并无将房款抵销陈某债务的约定，梁某亦无证据证明涉案房产的转让是江某用涉案房产代陈某清偿借款。故《房地产买卖合同》并非双方当事人的真实意思表示，上述合同实际上仅为双方办理转移登记之用。故应认定涉案房产转移登记至梁某名下是用作担保借款而非代为清偿借款。江某自愿将涉案房产转让至梁某名下，该转让行为是双方当事人的真实意思表示，不违反法律法规的强制性规定，转让行为有效。《借款偿还协议》约定，涉案房产用于抵押，偿还人民币30万元借款即可以赎回，现借款还未偿还，故判决驳回江某请求梁某协助办理涉案房产过户手续的主张。2010年5月**云南某房屋典当案**，法院认为：本案的争议焦点是双方当事人建立了何种法律关系，买卖还是典当？杨某应对主张的典当法律关系承担举证责任。本案中杨某不能提交双方建立典当关系的证据，杨某虽主张其出具给甘某的收条注明有典当关系，甘某认可收到收条但陈述收条遗失，杨某不能证明甘某无正当理由拒不提供收条而应由甘某承担不利后果，杨某也不能证明其主张的典当期间为20年以及典当的具体起止时间等约定。且本案双方当事人确认1980年杨某将案涉房屋交付给甘某，同时甘某向杨某支付了价款750元，该事实与杨某所主张的典当关系的建立,也并非唯一对应的因果关系,故杨某不能举证证明其与甘某建立了典当关系,应承担举证不能的法律后果。判决驳回杨某要求甘某返还案涉房屋的诉讼请求。2008年1月**云南某财产权属案**,法院认为:金某之母1953年代金某与纳某所签《卖契》合法有效。依《卖契》约定该房典给了邓某,典期至1956年3月28日止。1986年金某取得了案涉房屋的所有权证,说明金某已对出典房屋进行回赎。1991年昆明市产权管理处注销了诉争房屋产权证,注销原因系诉争房屋底层有争议。从房管处通知可确认,房管处是在要求金某在接到通知后重新按照程序申请办理案涉部分房屋的产权证。2004年6月房管处在《云南日报》上发布公告,从该公告可以确认,金某对诉争房屋处于换发新证的程序中,从金某提供的一系列证据充分证明诉争房屋属金某所有,金某依法享有拆迁补偿权,拆迁公司作为拆迁的义务主体,依法应与金某办理拆迁补偿手续。董某抗辩认为案涉房屋已视为绝卖的理由不成立。2006年8月**重庆某房屋典当案**,法院认为:莫某虽未提供典契证明与孙某存在典当关系,但从房产清册档案中记载的情况和《忠县房产换证办公室通知》中的处理意见看,双方父亲之间就案涉房已形成典当关系。忠县房地产普查换证办公室虽只是当时的一个临时机构,但其当时在负责清理、审核房地产产权的情况,孙某之母也向其申诉要求处理诉争房的产权问题,该办公室作出了处理意见,且该处理意见并未被人民法院或者其上级主管机关依法变更或撤销,故该处理意见具备证明效力。孙某辩称,按当时重庆市的相关政策法令,如存在典当关系,应由承典人交纳房地产税、契税,并办理典权登记,且土改时如对存在典当关系的房屋未收回或者回续就应登记在承典人名下,但孙某提供的这些政策法令是重庆市人民政府于1952年和1954年发布的,从行政区划和行政管理隶属关系看,忠县当时并不属于重庆市的行政区划和行政管理范围,故当时重庆市的行政政策法令在忠县并不适用,孙某的辩称理由,本院不予支持。孙某还辩称,登记清册上有关案涉房栏外的顶部空白处标记了一个"×",应理解为该房不存在典当关系,从登记清册记载的其他户栏看,有的户栏顶部空白处标记"已办",有的户栏顶部空白处也标记了一个"×",因年代久远,现虽已无法查证这些标记的准确含义,但仅以这个标记就想当然地理解为诉争房不存在典当关系缺乏依据,这种理解也与登记清册上记载的具体内容相互矛盾,故孙某此辩称理由,本院不予支持。对于是否形成绝卖的问题,登记清册上诉争房栏的"契约性质"记载为"典","立契日期"记载为"民国三十四年四月二十九日",即1945年4月29日,但登记清册未记载典期期限,双方亦未提供其他证据材料证明典期期限,故诉争房的回续期的确定应适用最高人民法院《关于贯彻执行民事政策法律若干问题的意见》第58条第2款的规定,即"典契未载明期限经过三十年未赎的,原则上应视为绝卖。"从1945年至今已逾61年,此期间,孙某家虽多次主张诉争房的产权归其所有,但从未向莫某家提出过回续该房,故诉争房应视为绝卖，其产权应归典权人的合法继承人所有。2003年11月**福建某财产侵权案**，1999年，张某将自有房屋部分楼层作价出典给林某，承典期间，张某又将该房以抵债方式转让给实业公司并办理过户登记手续，因林某拒绝搬出案涉房屋致诉。法院认为：典权属物权范畴，物权设立实行公示才能对抗善意第三人。登记备案是物权公示方式，林某的典权虽已根据合同设立，但未实行物权登记公示，实业公司在办理其房屋所有权登记时未能根据房屋行政主管部门的登记情况发现该房屋已设立典权，故实业公司取得房屋所有权属于善意行为。林某与原房主设立的典权未经登记公示，不能对抗实业公司取得的房屋所有权，实业公司有权要求林某搬出房屋。2002年6月**浙江某行政诉讼案**，法院认为：王某与陈某立有房屋典当契约，且王某及其后人长期使用、管理典当房屋，可确认该典当事实存在。该典当关系没有明显存在违反国家法律、政策之情形，应认定该典当关系合法有效。双方虽未约定典期，但根据最高人民法院《关于贯彻执行民事政策法律若干问题的意见》第58条规定，出典人陈某及其后人至今未赎回出典的房屋，应视为绝卖。王某的后人依法取得该典当房屋的所有权。本案所涉房屋年代久远、权利人关系复杂，原告方虽未提交齐全房屋登记所需的有关证件，但根据浙江省《城市房屋产权产籍管理条例》、浙江省建设厅《关于〈浙江省城市房屋产权产籍管理条例〉若干问题的解释》相关规定，应作为因历史原因造成的“特殊情况”对待，且原告方提供了典当房屋、退租房屋的合法来源证明及书面申请、相应证据，房管处作为房屋产权登记、权利证书核发的法定主管部门应在调查核实的基础上，予以产权登记发放。

【同类案件处理要点】

人民群众依习惯法成立的房屋典权关系仍然受人民政府的承认、人民法院的保护。根据司法部及最高人民法院的司法解释和批复，对于出典房屋仍应按照典当关系处理；对劳动人民的房屋典当关系应予承认，典期届满准予回赎；典期届满逾期10年或典契未载明期限经过30年未赎的，原则上应视为绝卖。

【相关法律风险提示】

1. 关于典权存废之争，学理上一直倾向于典权作为物权之一种应予法定，虽最终《物权法》出台并未采信，但司法实践中相关历史遗留的“典当”“典权”案例的处理，不可避免地需要应用到数十年来人民政府和人民法院承认和保护典权关系的司法解释和相关政策。故编者在本书中专题提及的“典当房”，主要系指《物权法》颁布前习惯法上的“典当”或“典权”房屋。《物权法》颁布后，房屋“典当”只能按《典当管理办法》进行，其实质为房屋抵押典当，系债权担保方式，而非物权。故当事人于目下以房屋设定“典当”而非抵押，存在合同无效，或按不具有对抗第三人的抵押权处理。

2. 虽持有祖产房屋的“房契”或“地契”,并能证明父辈或祖辈与他人通过“典当”移转房屋占有的,大都因未在约定或法定期限内回赎出典房屋,依法“应视为绝卖”,而导致无法从祖产房现居住人或产权人追回物权。

3. 对于出典房屋,计算回赎期限时已从中扣除城市私有房屋社会主义改造和“文化大革命”两个特殊历史时段,仍符合经过十年未回赎情形的,会视为绝卖。

4. 法律、政策允许范围内的房屋典当关系,出典人在典期届满后有回赎权利,回赎典价会坚持从契约、从约定原则。

5. 当事人约定一方以不动产交与他方使用收益、他方支付租金及押金的契约系租赁契约还是典权,应视租金数额是否足为该不动产全部使用收益对价而定。

【附注】

参考案例索引:江苏南通港闸区法院(2007)港民一初字第0376号“聂某诉闵某财产权属案”;见《典期届满逾期十年后,出典人以承典人拒绝其回赎造成“诉讼时效”中断为由主张回赎的理由能否成立》(《民事审判指导与参考》研究组),载《民事审判指导与参考·民事审判信箱》(201004/44:298);广东中山中院(2012)中中法民一终字第56号“陈某与梁某等物权纠纷案”,见《陈翠清等诉梁一柱物权保护纠纷案(典权)》(谢灏),载《中国审判案例要览》(2013民:116);广东中山中院(2012)中中法民一终字第56号“陈某与梁某等物权纠纷案”,见《陈翠清等诉梁一柱物权保护纠纷案(典权)》(谢灏),载《中国审判案例要览》(2013民:116);江苏南京中院(2002)宁民终字第419号“张某与吴某等房屋典权纠纷案”,见《张月英诉吴耀林等房屋典权案(典权)》(刘云),载《中国审判案例要览》(2003民:59);广东深圳中院(2010)深中法民五终字第1564号“江某与梁某房屋确认纠纷上诉案”;云南昆明中院(2009)昆民四终字第927号“杨某与甘某典当纠纷上诉案”;云南昆明(2007)昆民三终字第1271号“董某与金某财产权属纠纷上诉案”;重庆忠县法院(2006)忠民初字第490号“莫某诉孙某房屋典当纠纷案”;福建宁德中院(2003)宁民抗字第28号“某实业公司诉林某等财产侵权案”;浙江舟山定海区法院(2002)定行初字第6号“王某等与某房管处等要求履行房屋产权登记法定职责案”。

99. 宗教房：产权人确定

——宗教性质房，谁是所有人？

【房屋确权】

【案情简介及争议焦点】

1989年，张某到老君洞居住，在道教信徒赞助下，先后修建了观音殿和伙房。2003年，诉争财产登记在老君洞名下，同时成立了老君洞管委会。2008年，管委会以张某长期占用观音殿、伙房，且不服从管理，诉请返还财产。

争议焦点：1. 宗教道观产权归属？2. 老君洞管委会诉讼请求应否支持？

【裁判要点】

1. 宗教道观产权。诉争道观内的观音殿和伙房，虽为张某主持和在道教信徒的赞助下所修建，但依最高人民法院、国务院宗教事务局《关于寺庙、道观房屋产权归属问题的复函》的精神，上述建筑大都是由群众捐献而建造，其房屋性质应属公共财产，其产权应归宗教团体与道教协会所有。

2. 关于返还财产。老君洞管委会系经依法审批成立的宗教活动场所管理组织，享有对老君洞宗教活动场所的管理使用权。张某不服从老君洞管委会的统一管理，吃住在观音殿，其妨碍了老君洞管委会对道观的管理使用权，也与国家政策和有关文件精神相违背，故对于老君洞管委会诉请张某搬出占用的观音殿及伙房应予支持。

【裁判依据或参考】

1. 法律法规。《民法典》(2021年1月1日)第214条："不动产物权的设立、变更、转让和消灭，依照法律规定应当登记的，自记载于不动产登记簿时发生效力。"第215条："当事人之间订立有关设立、变更、转让和消灭不动产物权的合同，除法律另有规定或者当事人另有约定外，自合同成立时生效；未办理物权登记的，不影响合同效力。"第216条："不动产登记簿是物权归属和内容的根据。不动产登记簿由登记机构管理。"第217条："不动产权属证书是权利人享有该不动产物权的证明。不动产权属证书记载的事项,应当与不动产登记簿一致;记载不一致的,除有证据证明不动产登记簿确有错误外,以不动产登记簿为准。"**《民法通则》**(1987年1月1日,已于2021年1月1日起失效)第77条:"社会团体包括宗教团体的合法财产受法律保护。"**《宗教事务条例(2018年修正)》**(2005年3月1日,已于2017年8月26日修订,2018年2月1日起施行)第49条:"宗教团体、宗教院校、宗教活动场所对依法占有的属于国家、集体所有的财产,依照法律和国家有关规定管理和使用;对其他合法财产,依法享有所有权或者其他财产权利。"第50条:"宗教团体、宗教院校、宗教活动场所合法使用的土地,合法所有或者使用的房屋、构筑物、设施,以及其他合法财产、收益,受法律保护。任何组织或者个人不得侵占、哄抢、私分、损毁或者非法查封、扣押、冻结、没收、处分宗教团体、宗教院校、宗教活动场所的合法财产,不得损毁宗教团体、宗教院校、宗教活动场所占有、使用的文物。"第51条:"宗教团体、宗教院校、宗教活动场所所有的房屋和使用的土地等不动产,应当依法向县级以上地方人民政府不动产登记机构申请不动产登记,领取不动产权证书;产权变更、转移的,应当及时办理变更、转移登记。涉及宗教团体、宗教院校、宗教活动场所土地使用权变更或者转移时,不动产登记机构应当征求本级人民政府宗教事务部门的意见。"第52条:"宗教团体、宗教院校、宗教活动场所是非营利性组织,其财产和收入应当用于与其宗旨相符的活动以及公益慈善事业,不得用于分配。"第53条:"任何组织或者个人捐资修建宗教活动场所,不享有该宗教活动场所的所有权、使用权,不得从该宗教活动场所获得经济收益。禁止投资、承包经营宗教活动场所或者大型露天宗教造像,禁止以宗教名义进行商业宣传。"第54条:"宗教活动场所用于宗教活动的房屋、构筑物及其附属的宗教教职人员生活用房不得转让、抵押或者作为实物投资。"第55条:"为了公共利益需要,征收宗教团体、宗教院校或者宗教活动场所房屋的,应当按照国家房屋征收的有关规定执行。宗教团体、宗教院校或者宗教活动场所可以选择货币补偿,也可以选择房屋产权调换或者重建。"国务院、中央军委**《关于妥善处理军队与地方部分房地产权属问题的通知》**(1988年7月18日)第5条:"军队住用宗教团体的房产,凡历史上作过处理或办了产权转移手续的,原则上都不再重新处理。尚未作过处理的,宗教团体确实需要、又有条件退还的,应予退还;退还有困难的,暂由部队继续使用,明确产权,待有条件时退还。原房已拆除、改建、变卖而无法退还的,经协商可按国家有关规定予以合理补偿。"国务院**《批转宗教事务局、国家建委等单位〈关于落实宗教团体房产政策等问题的报告〉的通知》**(1980年7月16日　国发〔1980〕188号):"……根据中央有关文件精神,为了落实宗教信仰自由政策,落实对宗教界人士的统战政策,坚持天主教的独立自主自办教会和基督教自治、自养、自传方针,有利于同外国宗教势力的渗透作斗争,对宗教团体房产等问题应采取以下办法解决:1. 将宗教团体房屋的产权全部退给宗教团体，无法退的应折价付款。其出租部分是继续采取‘文化大革命’以前由地方房管部门包（经、定）租的形式，或由宗教团体收回自己经营，可因地制宜，由各地有关部门协商决定。包（定）租费仍按‘文化大革命’以前的标准付给，如因房租费降低，房管部门如数支付有困难时，可由当地有关部门协商妥善解决办法或适当增加宗教事务费予以解决。2.‘文化大革命’以来停付的包（定）租费，应按国家有关规定，实事求是地结算，所收房租，除去维修费、房产税和管理费外，多退少不补。3.‘文化大革命’期间被占用的教堂、寺庙、道观及其附属房屋，属于对内对外工作需要继续开放者，应退还各教使用，如宗教团体不需收回自用者，由占用单位或个人自占用之日起付给租金，房屋被改建或拆建者，应折价付款。4.‘文化大革命’期间各宗教团体被冻结上交财政的存款由当地财政部门予以退还，被其他单位挪用者应当偿还。”

2. 司法解释。最高人民法院《**关于庐江县城关供销社诉庐江县佛教协会房产纠纷案的复函**》（1992年2月9日）：“……金刚寺是省级重点保护文物‘冶父山寺’的附属院，本世纪二十年代初，又由冶父山实际寺的海林等和尚募捐重修，并时有佛事活动。以后，虽被有关部门长期占用，但该寺房屋产权并未合法转移。为保护历史文物和双方当事人的合法利益，根据《民法通则》第七十七条‘社会团体包括宗教团体的合法财产受法律保护’的规定，我们同意你院审判委员会的倾向性意见，即：争议的金刚寺二幢大殿及6间厢房产权应返还庐江县佛教协会。庐江县城关区公所在金刚寺院内建造并卖于庐江县供销社的商场楼可判归庐江县供销社所有。”最高人民法院《**关于湘潭市穆斯林事务管理小组诉金麦秋、金国平房产纠纷案的复函**》（1990年4月9日　〔89〕民他字第27号）：“……鉴于本案讼争房屋产权的历史和解放以来的状况，目前判决确认该讼争之厢房产权的归属，可能引起不良后果。因此，请你院先与有关部门联系，建议由有关部门对金麦秋、金国平两户从优妥善安置新的住房后，再动员其从寺内厢房搬出，将该房交穆斯林事务小组管理。该房产权归属问题，可待后视情再定。”最高人民法院《**关于武都县佛教协会与罗兆年、罗玉成、罗志民及武都县城关镇供销服务公司房屋纠纷案的批复**》（1987年8月24日）：“……1942年双方当事人所订合同，是在解放前土地私有时以家庙、宅基地为标的物的借用性质的合同。现在处理该合同履行中发生的纠纷，首先必须考虑土地所有制已发生了根本性的变化，如果不顾土地所有制的变化，仍按原合同履行，既不符合现行政策法律，也不利于双方当事人民事权利的行使和社会经济秩序的稳定。根据该案情况，合同再无限期地继续履行已不可能。据此，双方当事人原订合同应予终止履行。但罗家基于原合同所享有的合法权益应依法予以保护，即应承认罗家对原有房屋的所有权，被武都县城关镇供销服务公司拆除的大佛殿，应由该公司予以合理赔偿；被武都县佛教协会拆除的小佛殿及三间土平房应由佛教协会补偿,即可以从现有的十六间房屋中补给相应间数,也可以折价补偿。至于佛教协会增建、扩建的房屋,鉴于该房屋系属群众捐助所建,且按照合同,产权尚未转移给罗家,故不能认为罗家已取得所有权,合同终止履行后,产权应归佛教协会所有。罗家要求确认其产权,依法不予支持。在该案具体处理中,要注意根据具体情况,做好双方当事人的工作,尽可能调解解决。”最高人民法院、国务院宗教事务局**《关于寺庙、道观房屋产权归属问题的复函》**(1981 年 1 月 27 日):“关于寺庙、道观等房屋产权归属问题,经研究,原则上同意请示报告所提的处理意见。鉴于这类房屋产权纠纷的情况比较复杂,在处理时,一定要认真执行宗教政策,妥善地处理好公私关系;必要时,应征求当地政府及有关部门的意见,共同做好工作。”上海高院、上海市宗教事务局**《关于寺庙、道观等房屋产权归属问题的请示报告》**(1980 年 11 月 11 日)第 1 条:“本市寺庙、道观不论当前是否进行宗教活动,其房屋大都是由群众捐献而建造。因此除个别确系私人出资修建或购置的小庙,仍可归私人所有外,其他房屋的性质均应属公共财产,其产权归宗教团体市佛教协会与市道教协会所有。僧、尼、道士一般有使用权,但均无权出卖、抵押或相互赠送。任何使用、占用单位或其他机关团体都不能任意改变其所有权,并应按照中共中央国务院中发〔1980〕22 号及国发〔1980〕188 号文件精神落实政策,产权归还各宗教团体。”第 2 条:“在农村中的寺庙、道观,土改中虽由僧、尼、道士个人或集体进行登记并取得房屋所有权证,但应根据具体情况分别对待:即土改前(或土改时)有些寺庙、道观已停止宗教活动,其僧、尼、道士也已转业还俗,就不再属于寺庙道观的范围。但根据土地改革法第十三条第五项规定,房屋由这些僧、尼、道士登记的,其房屋产权可分别归原登记者个人所有,其法定继承人准予继承。土改时,寺庙、道观仍进行宗教活动,僧、尼、道士也仍从事宗教职业的,土改中虽由僧、尼、道士出面登记并领得所有权证,但应视作僧、尼、道士以管理者身份代为登记,仍属公产,不能作为他们的私有财产。”第 3 条:“解放后已停止宗教活动的市区及城镇寺庙、道观和土改后才停止宗教活动的农村寺庙道观,僧尼已转业的,其原住的寺庙、道观房屋可继续使用,如转业僧、尼、道士已死亡,其共同生活的家属仍可给予照顾,继续居住,但不得主张产权。”第 4 条:“因生产建设确需征用寺庙、道观及其房地产进行拆建改建者,需经宗教事务局批准和同意后,按照本市征用土地和拆迁房屋管理办法的规定并根据他们原有的所有权或使用权分别处理,由征用单位会同宗教工作部门及有关宗教团体直接协商解决。转业僧、尼、道士居住使用的寺庙、道观房屋,因年久失修有倒塌危险需要翻建的,亦应报请市宗教事务局批准并向宗教团体申请办理补偿手续。”

3. 部门规范性文件。国务院法制办公室**《对黑龙江省人民政府法制办公室〈关于审查城市宗教房地产纠纷复议案件适用法律问题的请示〉的答复》**(2003 年 5 月

12 日 国法秘函〔2003〕85 号）第 1 条：“《中华人民共和国地方各级人民代表大会和地方各级人民政府组织法》第六十六条第二款规定：‘自治州、县、自治县、市、市辖区的人民政府的各工作部门受人民政府统一领导，并且依照法律或者行政法规的规定受上级人民政府主管部门的业务指导或者领导。’根据上述规定，哈尔滨市房地产管理局作为哈尔滨市人民政府的工作部门，应当接受哈尔滨市人民政府的领导，因而无权注销哈尔滨市人民政府颁发的《房屋所有权证》。”第 2 条：“《行政复议法》第九条第一款规定：‘公民、法人或者其他组织认为具体行政行为侵犯其合法权益的，可以自知道该具体行政行为之日起 60 日内提出行政复议申请；但是法律规定的申请期限超过 60 日的除外。’根据上述规定，申请行政复议的期限，应当自公民、法人或者其他组织知道具体行政行为之日起计算，行政复议机关对于符合《行政复议法》规定的行政复议申请，应当受理。”国家土地管理局**《关于印发〈确定土地所有权和使用权的若干规定〉的通知》**（1995 年 5 月 1 日 〔1995〕国土〔籍〕字第 26 号，已于 2010 年 12 月 3 日经国土资发〔2010〕190 号将“征用”统一修改为“征收”）第 30 条：“原宗教团体、寺观教堂宗教活动用地，被其他单位占用，原使用单位因恢复宗教活动需要退还使用的，应按有关规定予以退还。确属无法退还或土地使用权有争议的，经协商、处理后确定土地使用权。”国务院宗教事务局**《关于对宗教房产不宜列入公房进行出售请示的复函》**（1995 年 3 月 24 日 国宗函〔1995〕059 号）：“……宗教房产权归社会所有、教会所有或信教群众集体所有。采取由地方房管部门包租形式经营的房屋，不属于公房之列。对于宗教房产问题，应按国家〔1980〕188 号文件中‘要从政治上着眼，作为特殊问题来处理’的有关精神妥善处理。请即会同有关部门做好宗教房产住户的说服教育工作，以利社会稳定。”国务院宗教事务局、建设部**《关于城市建设中拆迁教堂、寺庙等房屋问题处理意见的通知》**（1993 年 1 月 20 日 国宗发〔1993〕21 号）第 2 条：“因城市建设需要拆迁教堂、寺庙等房屋时，应根据《条例》和中央、国务院的宗教政策以及有关规定，征询当地政府宗教事务部门意见，并与产权当事人协商，合理补偿，适当照顾，妥善处理。”建设部**《印发〈关于城镇房屋所有权登记中几个涉及政策性问题的原则意见〉的通知》**（1989 年 11 月 1 日）第 2 条：“宗教房产登记有关产权确认。1. 宗教团体的教堂、寺院、庵堂、宫观及其他房屋，不论自用、出租[包括由房地产管理部门包（经）租]，出借、被占用和按中央、国务院政策规定应退还的均由宗教团体登记。尚未发还产权的暂缓登记。原外国教会房产，按中央、国务院政策规定解放后已转移为中国教会所有，其产权由宗教团体登记。2. 解放以来，按照中央、国务院有关政策规定，由政府接管、接办的原教会办的学校、医院、慈善事业的房产产权归接管后的单位登记。3. 宗教团体房屋经规划部门批准拆除后重建的房屋，原房已给宗教团体作了补偿的，重建房屋归建房单位。凡未作补偿的暂缓登记。4. 宗教团体的房屋、产权证件不全的,由宗教团体书面说明产权情况,由主管机关证明,经调查属实,产权无纠纷的,可由有关宗教团体登记。5.信徒个人购建的带有家庙性质的小寺庵,主要用于自住和修行,不作为社会宗教活动的,其房屋产权仍属个人所有。”建设部《**关于善始善终做好城镇私房遗留问题处理工作的通知**》(1989年9月16日)第3条:“各城市的房地产管理部门或落实私房政策办公室要进一步做好‘文革产’的扫尾工作和私改遗留问题的处理工作,尤其要做好代管房产的清理。要掌握基本情况(包括代管对象、代管房的变化、申请人身份等),进行典型案例分析,做到情况明、政策准、处理得当。”国务院宗教事务局《**复长沙市关于宗教房产院墙内土地使用权问题**》(1983年9月17日)第1条:“凡经各级政府批准开放的寺庙、教堂、清真寺和宫观,任何单位不得占有,不得在其管理范围内任意拆建、改建和新建房屋;已经占用的应限期迁出;已经新建或改建的,如严重破坏了宗教活动场所的格局、妨碍宗教活动及教务工作的正常进行的,一律拆除。所谓开放的宗教活动场所,是指经政府同意对信教群众开放的场所,即允许群众进行宗教活动的场所,不是指仅对外宾开放。”

4.地方司法性文件。天津高院《**关于因直管公产房屋租赁产生争议案件受理问题的审判委员会纪要**》(2015年6月8日　津高法〔2015〕103号)第2条:“本纪要所称直管公产房屋,是指房地产权利人登记为天津市人民政府,由天津市国土资源和房屋管理局代表市人民政府进行管理的公有住宅房屋……本纪要不包括国有企事业产房屋和宗教产房屋以及各人民团体产房屋。”第3条:“民事诉讼案件受理范围。1.直管公产房屋承租人与直管公产房屋产权人或者其委托的经营管理单位,因违反租赁合同约定发生的房屋维修、房屋租金交纳等纠纷,应当作为民事案件立案受理。2.当事人之间因变更直管公产房屋承租人发生争议提起民事诉讼的,不属于民事案件受案范围,人民法院应当告知其向相应的负责管理直管公产房屋的行政机关或授权的经营管理单位(以下简称房屋管理机关)申请变更。”

5.地方规范性文件。北京市人民政府办公厅《**转发市国土房管局、市宗教局〈关于拆迁教堂寺庙等宗教团体房屋有关问题意见〉的通知**》(2004年4月29日　京政办发〔2004〕29号)第1条:“宗教房屋的认定,以房屋行政管理部门核发的房屋所有权证为准;尚未办理房屋所有权证的,以北京市落实私房政策办公室核发的产权发还通知书或房屋行政管理部门确权文件为准。拆迁范围内宗教团体房屋需要确权的,权利人应及时向房屋行政管理部门申请确权。”第2条:“拆迁范围内涉及教堂、寺庙等宗教活动场所房屋的,拆迁人应当征询市或区(县)宗教事务行政管理部门意见,并按照《城市房屋拆迁管理条例》(2011年1月21日失效——编者注)、《北京市城市房屋拆迁管理办法》等有关规定,与宗教房屋所有权人协商签订拆迁补偿安置协议。”第5条:“宗教团体房屋属于经租房屋的,拆迁人应当按照本意见第四条规定对房屋所有权人给予补偿或者安置；对承租人按照所承租住房建筑面积的房地产市场评估价扣除重置成新价对承租人给予补偿。属于房改危改区内经租房屋的，拆迁人应当对住宅房屋承租人按照直管公房承租人有关规定给予安置补偿；对非住宅房屋承租人给予适当补偿，因拆迁造成承租人停产停业损失的，按照拆迁有关规定给予停产停业综合补助费。”第7条：“拆迁宗教团体房屋，拆迁人应当依法对房屋所有权人予以补偿或者安置。宗教团体房屋所有权人应当服从大局，积极支持首都城市建设，按照规定期限完成搬迁。当事人双方对拆迁补偿相关事宜如有争议，应按《北京市城市房屋拆迁管理办法》等有关规定解决，宗教事务行政管理部门和房屋行政管理部门应积极协调和沟通，共同做好工作。除经房屋拆迁管理部门依法裁决并由人民法院或区县政府强制执行拆迁外，在拆迁人与房屋所有权人未达成拆迁补偿安置协议的情况下，不得对宗教团体房屋先行实施拆迁。”北京市人民政府办公厅**《转发市房地局等三部门〈关于北京市落实宗教团体房产政策意见〉的通知》**（1998年9月30日　京政办发〔1998〕48号）第2条：“‘文革’期间被占用的宗教团体自管、自用、自修的宗教房产，因宗教团体对内对外的工作需要必须腾空收回自用的，由占用单位或个人按‘谁占谁退’的原则，积极腾退。对单位占用的，占用单位要采取积极措施，筹措资金和房源，尽快予以落实；对个人占用的，由承租人所在单位负责腾退。如宗教团体不需收回自用的，由占用单位或个人与宗教团体签订租赁契约，按规定交纳租金。房屋被拆除无法退还的，由拆除单位予以合理补偿。”第3条：“房管部门按包经租接管的宗教团体房产，原则退还给宗教团体。对于房管部门管理期间进行翻建和接、推、扩的房屋，一并退给宗教团体，经济互不结算。”北京市人民政府宗教事务处、北京市房地产管理局**《关于妥善处理宗教经租房产的通知》**（1994年11月22日　京宗字〔1994〕第034号）：“……房管部门经租的宗教房产不能按公产处理。凡遇有需拆除宗教经租房产的开发项目，必须事先与政府宗教管理部门联系，商谈补偿事宜后再办理有关手续。对已按公产处理的宗教经租房产，应逐一清理、核对，通知开发单位按有关政策给予补偿。”北京市城镇房屋所有权登记发证领导小组办公室、房地产管理局**《关于印发〈北京市房地产管理局直管房屋等所有权登记发证有关问题的规定〉的通知》**（1989年3月22日）第3条：“（1）对原纳入国家经租的宗教团体房屋，根据国务院《国发〔1980〕188号》文件规定，应发还给宗教团体所有，由宗教团体进行房屋所有权登记。对房屋原状已发生变化的，由宗教团体与房管部门按有关规定协商确定产权归属后，再进行登记。（2）对国家经租以前、根据有关规定已由房管部门接管的原宗教团体房屋，由目前的管理单位按市级公产进行登记。”北京市房地产管理局、人民政府宗教事务处**《关于禁止擅自拆除寺庙、道观、教堂及附属房屋的通知》**（1985年2月7日　市房政字〔1985〕第039号　京宗字〔1985〕第008号）：“自落实宗教房产政策以来,发现有的区、县房管部门在处理企事业单位使用宗教房产过程中,不征得宗教事务部门同意,擅自同意拆除寺庙、道观、教堂以及附属房屋,致使宗教界人士反应很大,使党的宗教政策受到影响。对此,必须引起足够重视。为防止今后不再发生类似问题,现根据国务院国发〔1980〕188 号文件精神和市政府的有关规定,再次重申:为利于贯彻落实党的宗教政策,今后凡遇有需要拆除宗教房产时,必须先与宗教事务部门联系,取得同意后方可实施。”北京市房地产管理局《**关于处理有关私房改造遗留问题的通知**》(1983 年 4 月 12 日　市房产字〔1983〕第 186 号)第 1 条:“凡是符合本市有关政策规定已纳入社会主义改造的私有出租房屋(即国家经租房屋,不包括宗教团体房屋),应明确属于国家所有,按公产进行管理。”

6. 参考案例。2008 年 6 月**陕西某房屋买卖合同案**,法院认为:徐某于 1994 年立约出卖房屋时,其自有房产证、土地使用证俱全,徐某在持证办理过户登记过程中,区土地管理局在落实宗教政策中,于 1997 年将包括此房用地的 4240 平方米土地使用权登记于市基督教三自爱国运动委员会名下,形成了房屋产权与土地使用权分离之状况。徐某与黄某所签订的房屋买卖契约系双方自愿,并未违反国家相关法规规定,属合法有效合同,且双方已按约定履行了价款和房屋的交付,黄某已实际占有居住 13 年之久。其买卖合同从成立时即具有法律约束力,买卖双方非依法律规定或取得对方同意,不得单方变更或者解除。在买卖关系成立并按约履行的两年多时间后,其土地使用权才发生的变更,当时并不存在相关法律规定的“不得转让”的情形,故其买卖关系已经成立,因未及时办理过户登记,后该房的土地使用权发生了变更,当事人则应按政府对此问题的处理办法去主张房屋产权,判决驳回徐某主张买卖合同无效的诉请。2007 年 4 月**云南某财产权属纠纷案**,法院认为:案涉房产已于 1983 年移交给市伊斯兰教协会自行管理,该处房产在移交之前,系房管部门代市伊协进行管理,在“文革”的历史背景下,市伊协并不存在,故其房产由政府职能部门代为管理。由于所有权作为一种完全物权权利,其权利的性质、功能和目的决定了所有权权利存在的前提和基础是物的客观现实存在,即物是所有权权利的载体,所有权权利随着物这一客观载体的灭失而消灭。根据本案查明的事实,本案诉争房屋现已因城市拆迁改造而被拆除,即张某诉请确认的房屋所有权归属的标的物现已客观上不存在,已丧失了所有权权利的前提和基础,故本院对张某要求确权并取得补偿款的诉讼请求不予支持。2005 年 12 月**广东某租赁合同案**,法院认为:市天主教爱国会系案涉房屋产权人,虽该房中包括诉争房在内的 567.33 平方米不能确认权属,但不能确认权属部分的房屋属于该房的附属物,故市天主教爱国会对其有管理、使用和收益的权利。市天主教爱国会将诉争房出租并无不当,且由于何某从 2004 年 8 月起拖欠租金构成违约,故市天主教爱国会有权依照《租赁合同》的约定向何某收取租金及收回房屋。何某忽略诉争房属于市天主教爱国会房产的附属物，且其依据双方签订的《租赁合同》在诉争房租住至今的事实，何某认为市天主教爱国会既未取得诉争房的产权，就无权收租和要求其搬迁错误，但何某并非故意违约拖欠租金，而是基于其获悉市天主教爱国会对诉争房屋没有产权，心存疑虑，故未交租金，符合普通人的思维常规，属于事出有因，故可不支付逾期违约金。1996 年 11 月**福建某房地产侵权案**，法院认为：讼争房地产在土改时所有权已收归国有，随后部队在教堂、红楼附近空地上盖起若干平房及厕所是合法的，属部队的合法财产。政府 1966 年没收及 1980 年退还基督教堂的财产只有楼房二座、教堂一座，并无涉及土地问题，基督教堂主张案涉地段内政协大楼前的埋地及开发公司开发的空地属其使用缺乏证据。县工商联使用的原属基督教堂的房屋系换房取得，不属侵占。县政协与基督教堂口头协商换房系双方自愿，基督教堂也已自行拆除换得的房屋，换房行为早已履行，基督教堂提出县政协侵占其房产缺乏事实根据，不予采纳。基于讼争土地早已收归国有，基督教堂诉开发公司侵占土地更无依据，要求饮食公司停建无理，但饮食公司在停建期间尚未造成损失，故不承担赔偿责任。县政协补偿基督教堂 1 万元之事尚未履行，时隔十余年，应增加补偿至 4 万元。1992 年 12 月**江西某遗赠扶养协议案**，法院认为：根据 1981 年 1 月 27 日最高人民法院和国务院宗教事务局《关于寺庙、道观房屋产权归属问题的复函》规定，案涉菩提园是宽某师父莲海变卖家产购置地基后，用化缘钱、香火钱所建，属群众捐献而建造，其产权应归市佛教协会所有。土改时，该菩提园作为群众佛教活动场所，对信徒们开放。宽某在土改时至“文化大革命”前期一直从事宗教职业，“文化大革命”期间被迫中断，后又恢复。故土改中虽由宽某出面登记并领得所有权证，应视作宽某以管理者身份代为登记，该菩提园仍属市佛教协会所有，不能作为宽某的私有财产。建设局与宽某 1976 年 5 月 20 日重新签订的协议书虽有数条，但从内容分只有两层意思，即拆房还房、遗赠扶养内容。约定建设局在生活上和日后去世火化丧事处理等方面给予宽某照顾、方便，宽某去世后其所住房屋由建设局接收，归建设局所有。按照该协议，建设局承担宽某生养死葬的义务，享有受赠的权利。故双方所签订的是遗赠扶养协议，而不是附有一定义务的赠与协议。但该遗赠扶养协议无效。首先，根据《继承法》第 31 条规定，公民只能与自然人或集体所有制组织签订遗赠扶养协议。与宽某签订遗赠扶养协议的建设局属机关法人，该协议主体不当。其次，该协议遗赠的标的物即案涉房屋归市佛教协会所有，宽某只有居住、使用及管业的权利，并无所有权，公民订立遗赠扶养协议只能处分属于个人的财产，无权处分他人财产。至于建设局在案涉房屋竣工当年，瞒着宽某私自办理了该房屋产权登记，其有明显的欺诈性质，不能认定建设局已取得案涉房屋的产权。判决遗赠扶养协议无效，案涉菩提园产权属市佛教协会所有。

【同类案件处理要点】

宗教房屋的认定,以房屋行政管理部门核发的房屋所有权证为准;尚未办理房屋所有权证的,以落实私房政策时核发的产权发还通知书或房屋行政管理部门确权文件为准。

【相关法律风险提示】

1. 房屋买卖应避免以宗教性质房地产为交易标的物,无论该宗教活动用房屋系归于个人还是团体组织名下。

2. 宗教团体享有所有权的房屋,不因附属房产或设施未经确权而不具备签订租赁合同并收取租金的主体资格。

【附注】

参考案例索引:河南郑州中院(2009)郑民二终字第 1811 号"张某等与中国嵩山老君洞民主管理委员会物权纠纷上诉案";陕西汉中中院(2008)汉中民终字第 215 号"徐某与黄某房屋买卖合同纠纷上诉案";云南昆明中院(2007)昆民三终字第 77 号"张某等与昆明市伊斯兰教协会财产权属纠纷上诉案";广东广州中院(2005)穗中法民四终字第 3453 号"何某与广州市天主教爱国会租赁合同纠纷上诉案";福建高院(1996)闽民终字第 34 号"漳浦县绥安镇新路尾基督教堂诉政协漳浦县委员会等房地产侵权案";江西九江中院(1992)九法民经字第 201 号"宽某诉某建设局遗赠扶养协议纠纷案"。

100. 代管房:私房所有人

——退回代管房,谁在继续用?

【合同履行】

【案情简介及争议焦点】

1968 年,王某祖父以公房互换形式承租代管房,1999 年,王某户口迁入并一直居住该房。1982 年落实政策,该房返还给周某。2005 年,周某将该房赠与于某并办理过户。2006 年,于某起诉腾退房屋,法院以"落实政策,不属于法院受理民事诉讼范围"驳回。2008 年,于某再次起诉,一审驳回,二审裁定指令原审法院审理。

争议焦点:1. 房屋权属如何确定? 2. 王某应否腾退房屋?

【裁判要点】

1. 房屋权属。 诉争房屋本系周某私产,“文革”期间交公代管,1982 年确权给周某,2005 年周某将该房屋赠与于某,并将该房屋过户给于某名下,此时于某已合法取得诉争房屋的所有权,系该房屋所有权人,有排除妨害的请求权。

2. 腾退义务。 在 1982 年诉争房屋确权给周某前,房屋承租人是王某的祖父母,王某非该房承租人或承租人的同住人,故王某不能因该房而享受有关福利政策。该房屋确权给周某后,王某祖父母继续使用该房屋,但并未与产权人签订定期的租赁合同,王某祖父母去世后,不产生王某所主张的延续承租关系的事实。王某继续居住该房屋无法律依据,故应腾退。

【裁判依据或参考】

1. 中共中央及国务院文件。 中共中央办公厅、国务院办公厅**《转发〈关于落实华侨私房政策的补充意见〉的通知》**(1987 年 5 月 23 日　中办发〔1987〕7 号)第 4 条:“城市代管华侨私房,系指房屋代管时,产权人已具备华侨身份的私房。处理代管华侨私房时,对原自住房,如产权人确需回国居住,经所在地人民政府批准,可视情况腾退;原自住房不只一处(包括在同一城市或不同城市)或一处面积较大的,经批准可腾退一处或其中一部分给产权人居住。凡属因国家特殊需要不便腾退原房或腾退原房确有困难的,经所在地人民政府批准,可另行安排住房。”第 5 条:“关于对我国四化建设及祖国统一大业有较大贡献和在海外有重大影响的华侨,如本人确需自住,要求发还私改和代管的华侨私房,可按适当放宽的原则腾退一处原自住房或一处原以自住为主、建筑结构相连的私房。这部分私房的处理,由省、自治区、直辖市侨务办公室商房产主管部门同意后,报同级人民政府批准。”中共中央办公厅、国务院办公厅**《转发〈关于加快落实华侨私房政策的意见〉的通知》**(1984 年 12 月 24 日　中办发〔1984〕44 号)第 1 条:“在土地改革中,农村和城镇没收、征收的华侨私房,应一律退还华侨房主……对农村历次运动中没收、征用的华侨私房遗留问题,参照上述办法处理。”第 3 条:“代管华侨私房(含当时去台人员,后转为海外侨胞的房产),参照国务院批转城乡建设环境保护部《关于对国民党军政人员出走弃留的代管房产处理意见的通知》(国发〔1983〕139 号)和本意见的有关规定办理。1. 代管华侨私房中的原自住房和改造起点以下的出租房,若产权人要求发还产权,只要交验证件,产权无纠纷,经审查属实,即可发还产权。产权人的原自住房,如确需自住,有关单位和个人应积极腾退。2. 改造起点以上的出租房屋,按照当时对华侨出租房屋进行社会主义改造的有关规定办理。3. 凡对我国四化建设及祖国统一大业有贡献和在海外有较大影响的华侨,其改造起点以上的出租房屋,如本人要求发还的,由省、自治区、直辖市人民政府决定,可按适当放宽的原则处理。”第4条:“上述落实华侨私房政策的各项规定,适用于处理当时系港澳同胞、外籍华人的私房。”第5条:“腾退华侨私房所需经费,按谁占用谁退还的原则,根据隶属关系分别由各单位解决。1.属于部队的,在部队经费中开支;属于企业的,在企业有关费用中开支;属于行政、事业单位的,在行政、事业费中开支,行政事业费开支确有困难的,由地方财政酌情予以补助。2.私人占用华侨私房,退还又确有困难的,可由地方财政酌情予以补助。3.对于落实华侨私房政策任务重,经费全部由省、自治区、直辖市解决,有困难的少数地区,中央财政可酌情给予适当补助。从1984年起,在3年内,每年由中央财政补助总额不超过一亿元的专款,由国务院侨务办公室、财政部根据情况,提出分配计划,由财政部专项下达,专款专用,不得挪作他用。”国务院**《批转城乡建设环境保护部〈关于对国民党军政人员出走弃留的代管房产处理意见〉的通知》**(1983年9月8日　国发〔1983〕139号)第1条:“区别情况,妥善处理。应当确认,解放初期我国政府对国民党军政人员出走弃留的房产实行代管,是完全正确的,必要的。三十多年来,各方面的情况发生了很大变化,处理这一历史遗留问题,必须既考虑历史状况,又要从台湾回归祖国、完成祖国统一大业和实现新时期的总任务出发,区别情况,妥善处理。(一)代管房产中的原自住房和改造起点以下的出租房,产权人要求发还时,只要交验证件,产权无纠纷,经审查属实,可发还产权,原自住房的产权人,如确需自住,应积极腾退。(二)代管房产,因国家特殊需要不便发还原房的,原则上由国家合理作价收购,其中个别需要退还原房自住的,经省、市、自治区人民政府审查批准后,由现使用单位负责解决。(三)代管房产,因城市建设拆除和改建的,由原拆除、改建单位负责按有关规定给予补偿,属于危房拆除的,给予残值补偿。原拆除、改建单位撤销或合并的,由上级主管部门或当地人民政府统筹解决。因台风、洪水、地震等自然灾害而倒毁的,不予补偿。(四)代管房产发还时,不计收代管期间的代管费用,租金收支也不再结算,对增添的建筑物和设备,由双方协商,按实际情况合理处理。特殊情况,由省、市、自治区人民政府审定。(五)随房代管的家具和其他物品,时隔三十余年,变化很大,除现存于建筑物内的应退还外,其余不再清理退还。”第2条:“统筹兼顾,重点解决。(一)凡中央和国家领导人邀请来大陆的国民党高级军政人员的代管房产,要列为重点进行处理。处理上述人员的房产,要多从政治上考虑。凡本人回来定居要求发还者,其祖遗房产和原来居住的房产(包括部分接管没收的房产),应该保证迅速发还,不得借故推延。(二)由于无人管理,无合法代理人或契证不全,产权不能确立等原因,有关部门过去依照法令公告定期代管,逾期无人认领收归公有的房产,原则上已属于国家所有。如产权人当时在外,确未看到公告,对发还产权提出请求的,可按法律程序办理。(三)对近年来各省、市、自治区个别审查批准处理的代管房产,已经执行的,一般不再变动。"第4条:"各方协作,开辟房源,做好腾退工作。(一)对应该腾退的代管房产,必须坚持'谁占谁退'的原则。属于单位或单位职工使用的,由单位负责腾退。有退房任务的单位,要树立全局观点,积极腾退。特别是党、政,军领导机关和领导干部使用的,要带头腾退,对拒不腾退的,要严肃处理。有退房任务的单位,确实无力解决房源的,应向当地主管部门申请,从国家补助住宅投资和地方,单位自筹资金建设的住宅中统筹安排解决。(二)发还代管房产需要一部分资金,原则上由现占用(或拆除)部门或单位从有关经费或自有资金中解决,确实有困难的,可按财务隶属关系申请,酌情给予补助。(三)处理代管房产政策性强,涉及面广,难度较大,各有关部门应大力支持,主管部门也应主动会同统战、对台办、侨办等部门,采取有力措施,积极而又妥善地予以解决。(四)各级城建、房管部门,要及时向各级人民政府汇报处理代管房产的情况和问题,当好领导的参谋。要本着对国家、对人民负责的精神,对于那些应当处理而目前又能处理的,要抓紧落实;对于那些应当处理,但暂时有困难的,可以分步骤处理。既要抓紧工作,量力而行,又要十分注意掌握政策,防止草率从事。"第5条:"……对华侨、台湾同胞、港澳同胞以及外籍华人的代管房产,可参照本文规定办理。"国务院《**批转国家房产管理局〈关于私有出租房屋社会主义改造问题的报告〉**》(1964年1月13日　〔64〕国房字22号):"……房主不愿自己直接经营出租房屋,可以委托房管部门代为经营,用房租维修房屋,定期结算,结余部分交给房主。房主不愿继续委托经营时,可以在结清账目以后,将房屋退回房主……"

2. 司法解释。最高人民法院《**关于审理离婚案件中公房使用、承租若干问题的解答**》(1996年2月5日　法发〔1996〕4号,已于2021年1月1日起失效)第8条:"答:人民法院在调整和变更单位自管房屋(包括单位委托房地产管理部门代管的房屋)的租赁关系时,一般应征求自管房单位的意见。经调解或判决变更房屋租赁关系的,承租人应依照有关规定办理房屋变更登记手续。"最高人民法院《**关于陈恩义与泉州制药厂房屋所有权纠纷案的复函**》(1992年1月23日　〔91〕民他字第55号):"……本案当事人讼争房屋的所有权状虽载明业主为陈恩义(泉州地籍图上将该宅地又标名为'陈祖琦'),但该房屋由其父陈祖琦于1937年经手购置并一直管理使用。陈恩义在国外长期居住期间,陈祖琦以代管人的身份与泉州制药厂将房屋翻建,并于1956年、1957年、1965年与制药厂订立房屋产权和租金、税金分配协议的行为,以认定有效为宜。现陈伯恩于其父陈祖琦死后多年,提出其父以陈恩义名义与他人订立的协议无效,要求收回全部翻建房屋,理由不足,不予支持。"最高人民法院《**关于中国公民接受外侨遗赠法律程序问题的批复**》(1989年6月12日　〔88〕民他字第26号):"……比斯阔将自己的个人财产遗赠给宁俊华、李成海,符合我国继承法的有关规定,对宁、李二人领受遗赠财产的请求应予允许。如经告知,遗产代管部门仍阻碍公民合法权利的实现,宁俊华、李成海则可以遗产代管部门为被告向法院起诉,人民法院应按照普通程序进行审理,并适用继承法的有关规定。”最高人民法院副院长马原**《关于人民法院处理涉台民事案件的几个法律问题》**(1988年8月9日)第4条:“按照《中华人民共和国继承法》的规定,去台人员和台胞与大陆同胞一样,享有同等的继承权,不能因为继承人去台湾而影响他们对在大陆遗产的继承。去台人员或者台胞对大陆的遗产主张继承权的,人民法院依法给予保护。人民法院过去处理的继承案件中已经给去台人员或者台胞保留了遗产份额的,他们可以向人民法院申请取得。过去未经人民法院处理过的继承问题,去台人员或者台胞回大陆后均可以向人民法院起诉。今后人民法院处理继承案件时,对在台湾的合法继承人,要设法通知其参加诉讼;无法通知的,应为其保留应继承的份额,并指定财产代管人。”第5条:“……对属于民事权益方面的房屋纠纷,包括房屋典当、买卖、租赁、代管和其他侵权纠纷,人民法院应依法受理。去台人员和台胞要求回赎去台前出典的房屋,如果土改中已经处理或者典期届满后承典人已依法取得所有权的,不再变动;法律、政策规定可以回赎的,应予准许。去台人员和台胞所有的房屋已被他人侵占或者处分的,人民法院应本着保护产权人的合法权益的原则,并根据纠纷的具体情况,妥善处理。去台人员和台胞的房屋去台前委托公民个人代管,现在房屋仍旧由代管人或者代管人的继承人代管,如果去台人员和台胞要求解除或者变更这种代管关系的,人民法院一般应予准许。”最高人民法院**《印发〈处理涉台刑事申诉民事案件座谈会纪要〉的通知》**[1988年8月5日法(办)发〔1988〕18号]第2条:“……(六)关于代管财产的发还问题。对解放初期由人民法院裁定代管的国民党军政人中的房屋发还问题,应按照中办发〔1987〕7号文件中关于‘处理国民党军政人员出走弃留的代管房产问题,主要是解决回来定居的一些人的住房问题’的规定的精神执行。对人民法院裁定代管的国民党军政人员的其他财产,参照中办发〔1987〕7号文件的精神,原则上也不予发达。对确非国民党军政人员的房屋和其他财产,人民法院原以敌逆产或反革命财产裁定代管的,应当撤销裁定,由有关部门处理。”第3条:“……(四)关于遗产继承问题。去台人员和台胞对在大陆的遗产主张继承权的,人民法院应依法保护;要求取得人民法院判决中保留给自己的继承份额的,按执行程序处理;对已审结但未保障其继承权的案件提出申诉的,可依审判监督程序进行再审,依法保护其继承份额,份额多少可根据实际情况酌定。去台人员和台胞向人民法院提起诉讼的继承案件,继承开始已经超过二十年的,人民法院可依法作为特殊情况延长诉讼时效;对于知道或者应当知道其权利被侵犯已经超过两年的,可按最高人民法院《关于贯彻执行〈中华人民共和国继承法〉若干问题的意见》第十五条的规定处理。人民法院今后处理的继承案件,对在台的合法继承人,应设法通知其参加诉讼;无法通知的,可为其保留应继承的份额。并指定财产代管人。(五)关于房产问题。去台人员和台胞的房产,如属于落实政策的房产纠纷,人民法院应告知其到有关部门解决;如属于民事权益纠纷,有关人民法院应依法受理。去台人员和台胞要求因赎去台前出典的房屋,如土改中已经解决或典期届满后承典人已依法取得所有权的,不再变动;政策、法律规定可以回赎的,应予准许。去台人员和台胞所有的房屋被他人侵占或者处分的,应本着保护产权人的合法权益的原则,并根据纠纷的具体情况,妥善处理。去台人员和台胞的房屋去台前委托公民个人代管,现在仍为个人代管,去台人员和台胞要求解除或变更其代管关系的,一般应予准许……(七)关于证据问题。去台人员和台胞在人民法院进行诉讼,应依大陆法律的规定,提供有关证明。对其提供的台湾公证机关或其他部门、民间组织出具的证明文书,可作为证据。但对以'中华民国'名义出具的证明文书,应通过适当途径变换名义。"最高人民法院**《关于对张友良与赵天常房屋典当一案给全国人大常委会办公厅信访局的复函》**(1988年2月10日　〔88〕民监字第162号)第1条:"关于对赵天常家是否应'视为漏改户'的问题,我们认为赵家在太原市虽有17间房屋,但都已在1953年至1954年出典。根据国家房产管理局〔65〕国房局第105号文件第1条第(一)项规定,出典房屋不纳入改造。所以在私房社会主义改造时,不定赵家为'改造户',并无不当,现在如把赵家视为'改造户'。将判决准其回赎的太原市水西里4号两间房屋再交房管部门处理,则缺乏法律和政策依据。环保部私房管理处也认为对于在私房社会主义改造时期依政策未改造、以后又未代管的房屋,现在不宜执行改造或交由房管部门处理。"最高人民法院**《关于解放初期代管房产未按规定申请产权,房屋转归国家所有的批复》**[1985年2月16日　法(民)复〔1985〕9号]:"……我们研究认为,该案应参照1953年1月12日政务院修正中南区关于城市房产权的几项原则决定中第四项'城市私有房产的代管'第三款:'凡人民政府代管之房产,其产权仍属原业主,但非因不可抵抗原因,逾期(自本决定公布之日起计算2年为期,公布代管者,自代管之日起计算2年)无人申请发还或判明为敌伪战犯等之产业者,政府依法收归国有'之规定精神处理。由于马本师未按上述规定申请产权,同时,马本师在干部登记表上又曾明确表示过放弃该房的产权,因此,该房产权早已转归政府所有,不宜再变动。"最高人民法院**《关于在台湾的合法继承人其继承权应否受到保护问题的批复》**(1984年7月30日　〔84〕民他字第8号)第1条:"袁行濂及袁行广的五个子女均属合法继承人,他们虽然均在台湾,其合法继承权仍应受到保护。根据党和国家的对台政策,从祖国统一大业的需要出发,在审理上应予以方便。"第3条:"袁行广的五个子女,如经努力查询,仍然联系不上,可以保留他们的应继承份额,请房管部门代管。四、本案按请示所述情况,不宜中止审理,亦不宜动员原告撤诉。”附件请示内容:“被继承人袁励准于一九一八年购置东城区北池子大街五十五号房产一处,其有房屋四十六间半(四间经租、八间出租、八间半由被告袁行健自住,其余住房‘文革’中全部被挤占,尚未落实政策。)现原、被告双方为继承房产发生争执,故原告起诉。”

3. 部门规范性文件。建设部***《关于处理原去台人员房产中若干具体问题的补充意见》***(1993年7月3日　建房〔1993〕487号)第1条:“关于接管、没收房产的确权。(一)原去台人员房,当时已明令接管、没收,但是具体接管手续不完备的、按以下不同情况处理:1.已由当地人民政府房地产主管部门或其他部门作为公有房屋管理使用的,不再变动、产权属于国家或集体所有。2.房产一直由产权所有人的亲友或其委托的代理人管理使用,并已经由房地产管理部门登记发证的,可以不再按接管、没收处理。(二)‘文革’前,城市郊区、小城市或集镇的地主的多余房屋,按照《城市郊区土地改革条例》及当时各大行政区军政委员会和省、自治区、直辖市人民政府有关政策、规定没收的房产,均不再变动。(三)对原去台人员已经接管、没收的房产,一律不再重新处理。按当时政策规定如确属错误接管、没收的,允许房屋产权人向房屋所在地的人民政府落实房屋政策主管部门或人民法院申诉,经原批准接管、没收的省(自治区、直辖市)、市人民政府或人民法院(包括上级人民政府和人民法院)复查纠正后,按照‘两文’及本补充意见处理。”第2条:“关于产权人身份的确认。(一)原去台人员的代管房产,属于历史遗留问题,对产权人去台身份的确认,应以其房产被代管时本人已经去台为准;(二)原去台人员,须持有台湾主管部门出具的本人去台定居时间的有效证明,予以认定;(三)原国民党起义投诚人员(包括少数高层人士)的身份,以县以上人民政府所发的起义投诚人员证件或证明,予以确认;少数没有证件的,以县以上人民政府台办或统战等有关部门出具的确认证明,予以认定。”第3条:“关于残值补偿及补收、补扣维修费用。(一)残值是指对代管房产按当地核实的重置价格扣除使用年限折旧后的余值。计算折旧一般应以落实房屋政策主管部门批准处理到户的时间为准;(二)原去台人员的房产,在代管期间已交换产权的,如原房尚在,按照原房现状补偿残值;原房不在的,可参照交换的房产残值给予补偿;(三)按政策规定可以发还原房,但因特殊需要而由用房单位安置住房并给予产权的,则应参照原房,酌情补收维修费用;(四)对不发还原房,也不安置住房的,其残补偿进,可减免应补扣的维修费用。”第4条:“关于处理范围及发还原房。(一)原去台人员的代管房产,现仍为其直系亲属居住使用的部分,可以发还其原房产权;(二)由于历史的原因,原去台人员近亲属的房产按去台人员代管的,参照‘两文’及本补充意见处理;(三)原去台人员代管的房产,属于共同共有的,需经共有人共同申请,按‘两文’及本补充意见处理;(四)房屋产权人产权证件遗失,产权人提不出任何证件或证件不足,经查内部档案也不能认定产权的，暂缓办理。”第5条：“关于私房改造中的出租房屋。（一）出租房屋应以代管时是否出租来认定；（二）对代管房产中属于改造范围的出租房屋（在当地开展私房改造以前已拆除的除外），在处理时应执行有起点改造。”建设部**《关于印发〈关于处理原去台人员房产问题的实施细则〉的通知》**（1992年2月10日　建房〔1992〕44号）第2条：“对原去台人员的代管房产，属于原自住房或者改造起点以下的出租房，经有关部门审查属实，确定产权人（系指弃留房产的原去台人员本人或其法定继承人）之后，可承认其产权，但不发还原房，对其残值给予适当补偿。国家代管期间所收房屋租金不足维修费用的，酌情向产权人补收补扣维修费用。对原去台人员代管房产，属于改造起点以上的出租房，按照《国务院批转国家房产管理局关于私有出租房屋社会主义改造问题的报告》（〔64〕国房字21号）的规定办理……”建设部**《关于善始善终做好城镇私房遗留问题处理工作的通知》**（1989年9月16日）第3条：“各城市的房地产管理部门或落实私房政策办公室要进一步做好‘文革产’的扫尾工作和私改遗留问题的处理工作，尤其要做好代管房产的清理。要掌握基本情况（包括代管对象、代管房的变化、申请人身份等），进行典型案例分析，做到情况明、政策准、处理得当。”城乡建设环境保护部**《关于进一步处理好城镇私房遗留问题的通知》**（1987年10月28日　〔87〕城房字第575号）第1条第2款：“对无法发还的少量‘文革产’要逐户结案，逐户建档，写明存在问题，力争做到：将来房主随时交验证件（或办清手续），即随时处理。其中属于产权人下落不明、又无合法代理人或所有权不清楚的私房，可按《城市私有房屋管理条例》第24条的规定，由房屋所在地房管机关代管，房屋所有人已死亡，又无合法继承人的私房，可按《民事诉讼法》（试行）第141条的规定，由当地房管机关提出申请，送人民法院依法认定后收归公有。”第3条第2款：“由于无人管理、无合法代理人或契证不全，产权不能确立等原因，有关部门过去依照法令公告定期代管，逾期无人认领收归公有的房产，原则上已属国家所有。但如产权人当时在国外或在港、澳地区已取得华侨、港、澳同胞身份证，确未看到公告，要求发还的，可按‘7号文件’的有关规定办理。其余的不再变动。”第3条第3款：“对解放初期代管、接管的其他私人房产（不含华侨代管房），不属于落实政策范围，现在不予处理。对原拨给单位使用的代管房产，应由房管部门统一经营管理。如需继续使用，要建立租赁关系，按规定交纳房租。对代管房产，管理单位要做好维修保养工作，不要轻易拆除和改建。如国家建设特殊需要必须拆除的，应对房屋现状作出鉴定和估价，拆除单位应按有关规定给管理单位以补偿。”城乡建设环境保护部**《印发〈关于城市私有出租房屋社会主义改造遗留问题的处理意见〉的通知》**（1985年2月16日　〔85〕城住字87号）第1条：“过去凡是符合国家和省、自治区、直辖市人民政府的政策规定，已经纳入社会主义改造的私有出租房屋，一律属于国家所有，由房管部门统一经营管理。”第6条：“代管房产中属于改造起点以上的原出租房,原则上按1964年国房字21号文件精神办理。对于中央和国务院明确的对祖国统一大业有重大贡献的人员,本人要求发还的,由省、自治区、直辖市人民政府审定。"第7条:"对私房社会主义改造中错改的华侨房屋的处理,按中共中央办公厅、国务院办公厅转发《关于加快落实华侨私房政策的意见》的通知的有关规定办理。"城乡建设环境保护部城市住宅局**《关于贯彻国发〔1983〕139号文件精神做好国民党军政人员出走弃留的代管房产处理工作的通知》**(1984年4月23日 〔1984〕城住私字第9号)第1条:"处理好国民党军政人员出走弃留的代管房产,是一个重大的政策问题,也是一个重大的政治问题。因此,要认真学好文件,领会精神实质,熟悉和掌握各项有关政策,为处理好代管房产打下坚实的基础。"第3条:"在清查的基础上,按照国发〔1993〕139号文的要求,对于那些应当处理而目前又能处理的,要抓紧落实。做到来一户,处理一户。"城乡建设环境保护部**《关于转发〈关于进一步抓好落实私房政策工作的意见〉的通知》**(1982年10月30日 〔82〕城住字第445号)第4条:"……对于代管房产问题的处理,要根据中发〔1981〕44号文件精神,在国务院未正式下达解决办法前,积极做好清理工作。如产权人或合法继承人提出发还产权要求,要及时查清产权归属,给予合情合理的答复。如去台人员回来定居,要保证迅速腾退发还。对继续代管的房产,管理单位要做好维修保养,不要轻易拆除,如国家建设征用,应按质论价予以补偿,房款交房管部门代存银行。"外交部、财政部、中国银行**《关于对外国原在华私人房产的补偿问题》**(1982年8月3日 〔82〕部颁四字第267号)第2条:"国务院〔1981〕国发168号文件转发的外交部、财政部、中国银行《关于解决中国旧政府外债和外国在华资产问题的意见》第四部分第(五)条规定,对定期代管,逾期收公的外国私人房产,如个人提出索赔要求,可给予一定的补偿。这主要基于如下考虑:(一)在我处理的外国原在华私人房产中,这一部分房产是我单方面以行政命令方式处理的;(二)中美私人资产问题已达成协议,对美国原在华私人房产事实上给予了补偿;(三)对此类房产的补偿,总额不算太大。"供销合作总社**《关于供销社接受土改胜利果实房屋等财产所有权问题》**(1967年8月25日 〔67〕合财字第244号):"最近有河北、山东、浙江等地基层供销合作社来信、来电报,或来人反映,目前有些生产队社员或革命群众组织,向供销社提出要求,将供销社建立初期,当地拨给供销社使用的土改胜利果实,房屋、庙宇、祠堂等财产,退给生产队,同时要求供销社支付十几年来的房租费。要求总社明确处理办法。关于供销社接受使用的土改胜利果实房屋等财产的所有权问题,在一九五〇年十二月九日,中央合作事业管理局制定的《各级合作社资金财产清理办法》中,曾规定'土改时未分果实,或其他相同性质的资金及财产,由合作社代管者,应征询有关群众同意,作为合作社所有;无法征询或意见分歧时,得经地方政府同意,收归合作社所有。此项资金及财产的全部价值（重新计价）收入特别公积金科目。’这个办法，经中央财经委员会转知各级政府及财委协助办理。当时，各地供销社根据这个规定，对土改胜利果实的房屋产权问题已经解决了。现在有的地区又重新提出这个问题，主要是对当时情况不了解。我们意见，土改时，未分的胜利果实，拨给供销社使用的房屋等财产，以及供销社使用多年的庙宇、祠堂等，应仍按照一九五〇年十二月九日，中央合作事业管理局所发文件规定的原则处理。对于当时已经办理手续的，仍然有效；尚未办理手续的，应即向当地的区或公社补办手续，收入‘固定资金’。同时，要向社员群众，做好宣传解释工作。”

4. 地方司法范性文件。北京高院**《关于印发〈北京市高级人民法院关于办理建国初期有关案件中涉及没收、代管财产问题的申诉、再审案件的指导意见（试行）〉的通知》**（2005 年 12 月 31 日　京高法发〔2005〕363 号）第 1 条：“本指导意见所称建国初期有关案件中涉及没收、代管财产问题的申诉、再审案件，是指对建国初期有关案件中由人民法院对涉案财产裁判予以没收、代管或监管的案件进行审查、审理所形成的一类特殊的刑事案件。”第 6 条：“申诉案件的审查，应当查证下列事实：（一）涉案财产的存续状况；（二）涉案财产是否属于建国初期被人民法院裁判予以没收、代管或监管的财产；（三）按照国家有关法律、政策规定，涉案财产是否属于应予发还、解除代管或监管的范围。”第 7 条：“申诉案件的审查应参照下列有关法律、政策：（一）最高人民法院、城乡建设环境保护部 1987 年 10 月 22 日下发的《关于复查历史案件中处理私人房产有关事项的通知》；（二）最高人民法院 1988 年 8 月 5 日下发的《处理涉台刑事申诉、民事案件座谈会纪要》；（三）中共中央办公厅、国务院办公厅 1991 年 8 月 23 日下发的《关于处理原去台人员房产问题的通知》；（四）国家建设部 1992 年 2 月 10 日下发的《关于处理原去台人员房产问题的实施细则》；（五）国家建设部 1993 年 7 月 3 日下发的《关于处理原去台人员房产中若干具体问题的补充意见》。”北京高院**《关于房地产案件受理问题的意见（试行）》**（1994 年 4 月 25 日）第 1 条：“凡属平等主体之间以私有房屋为标的发生的权属、析产、买卖、租赁、借用、代管、赠与、抵押等纠纷，及侵害私房所有权、使用权纠纷等，由民庭受理。”第 2 条：“落实私房政策后的遗留问题，当事人诉请法院处理的，原则上不予受理，应告知其向落实政策主管部门申请解决。个别问题确须法院立案处理的，可逐案具体研究。”上海高院**《关于印发〈关于审理房产纠纷案件若干疑难问题的讨论纪要〉的通知》**（1993 年 10 月 27 日　沪高法〔1993〕148 号）第 7 条：“有关私房落政的案件，如私房社会主义改造中的问题，建国初期由有关部门代管的房产问题，落实华侨，落实港、澳、台同胞私房政策的问题等，应告知原告向当地落实私房政策部门或有关主管部门申请解决。”

5. 地方规范性文件。北京市房地产管理局、北京市落实私房政策领导小组办公室《**关于加强代管房产管理的通知**》（1993 年 4 月 16 日　京房落字第 216 号　市落房办字〔93〕第 001 号）第 1 条："加强代管房产的管理。未经批准，任何单位和个人都不得擅自拆、改、调拨或转让代管房产。同时，要对本地区的代管房产进行全面清理。对统管和单位自管的代管房产的使用性质、房屋拆改情况及征用、拆除、有价调拨的代管房产收费情况等分别登记造册。"第 2 条："今后涉及代管房产的处理必须报市落实私房政策办公室审批，不得擅自处理。"北京市国土资源和房屋管理局、市落实私房政策办公室《**关于拆迁代管房屋有关问题的通知**》（2003 年 11 月 19 日　京国土房管拆〔2003〕998 号）第 1 条："拆迁代管房屋，拆迁人应当对区县房屋代管部门按照被拆迁房屋的房地产市场评估价给予补偿。双方应当签订拆迁补偿书面协议，协议应当经公证机关公证，并办理证据保全，做好拆迁档案资料管理工作。区县房屋代管部门应当将代管房屋的拆迁补偿款统一交市落实私房政策办公室，实行专项管理，并按照国家有关规定专项用于处理解决落实房产政策。"北京市房地产管理局、北京市落实私房政策领导小组办公室《**转发建设部房地产业司〈关于在房屋拆迁中涉及代管房产处理的几点意见〉的通知**》（1994 年 7 月 14 日　京房落办字〔1994〕第 329 号，已于 2017 年 8 月 14 日起失效）第 1 条："在代管房产拆迁前，各区、县房地产管理局以代管人身份与建设拆迁单位签订补偿价款合同，做好证据保全工作（手续费为补偿价款的 1.5%）。手续齐备并交付补偿价款后，经市落实私房政策办公室审批同意，统一发代管房产拆、改、调拨或转让许可证。"第 2 条："代管房产补偿价款标准仍执行市房地局、市落房办下发的京房落字第 216 号、市落房办字〔93〕第 001 号《关于加强代管房产管理的通知》中规定的标准（文件附后）。收缴的代管房产补偿价款，统一由市落房办专项管理，专款专用。"北京市危旧房改造领导小组办公室、北京市住房制度改革领导小组办公室、北京市落实私房政策领导小组办公室、北京市房地产管理局《**关于在房改危改中涉及落实私房政策房屋的几点处理意见**》（1992 年 4 月 23 日　市落房办字〔1992〕第 002 号）第 4 条："根据中共中央办公厅、国务院办公厅中办发〔1991〕9 号《关于处理原去台人员房产问题的通知》和建设部建房〔1992〕44 号《关于处理原去台人员房产问题的实施细则》等文件精神，国家征用或危改区内的代管房产（包括房管部门直管、单位自管和代管归公的）按规定作价并由建设单位（含征用单位）把房价款拨给所在区房管部门存入银行待以后按政策专案处理。"上海市人民政府落实私房政策领导小组办公室、上海市房产管理局《**关于"文革"中被没收私房改造起点以下的原出租私房的处理意见**》（1988 年 10 月 30 日　沪府私房落政〔1988〕发字第 53 号）第 4 条："对私房产权已经明确落政发还，暂时代为经租管理的原出租私房，因与一般代理经租房屋的情况有所不同。为有利于进一步妥善处理，这类房屋在代为经租管理期间，有关租赁使用管理及租金结算等问题可按以下各点办理……(6)代为经租管理期间,如经有关部门批准房屋需拆除的,仍按《上海市落实私房政策动迁办法》由拆房单位按规定予以安置补偿,所在区房管部门应即撤销代为经租管理。(7)代为经租管理期间,如房主提出愿将私房出售给承租户或国家的或能与现承租户建立租赁关系的。可由所在区房管部门撤销代为经租管理,并按本《处理意见》的有关规定办理。”北京市落实私房政策领导小组**《关于清退“文革”中被占用自住房有关问题的补充规定》**(1986年12月30日)第3条:“房主一家人户口均不在北京的,其被占用的私人自住房可不予腾退,而由政府作价收购或改为出租房,重新议定租金,由房管部门代管。”第4条:“产权人已故无合法继承人,或产权人全家下落不明的,其被占用自住房可不予腾退,由房管部门代管。”

6. 参考案例。2010年11月**广东某拆迁安置纠纷案**,法院认为:开发公司拆迁案涉房屋,而该房屋性质是房管部门代管房,即房管机关以市政府名义依法进行代管的房屋,故何某是与房管部门建立的租赁合同关系,上述法律关系不属于广东省《国家建设征用土地拆迁城镇华侨房屋的规定》所调整的范围,何某提出适用上述拆迁规定的抗辩理由不能成立。广州市《城市房屋拆迁管理实施办法》第31条规定:“拆除出租房屋,实行房屋产权调换的,原租赁关系应继续保持。”依据上述拆迁规定,拆迁人的义务是与业主签订拆迁协议实行产权调换,而承租人所享有的权利只是与原业主继续保持租赁合同关系。现开发公司已与业主签订拆迁协议实行产权调换,故开发公司作为拆迁人的义务已履行完毕,何某在被拆迁房屋进行产权调换的情况下,应与原业主继续保持租赁合同关系。何某认为开发公司应对业主和承租人分别安置,缺乏法律依据,本院不予采信。2006年10月**广东某房屋搬迁纠纷案**,法院认为:诉争房屋曾由房管部门代管,何某在代管期间从1967年8月15日起向房管站承租该屋。由于国家代管出租是我国社会主义改造特定历史时期,由国家对具备一定条件的房屋强制管理、出租等,而业权人取回该房屋管业权是基于国家落实有关政策的结果。鉴于房管部门将该房发还业权人管业后,何某未与刘某一家重新签订租赁合同约定租赁期限,但该户仍实际使用诉争房屋,故双方当事人之间为不定期租赁关系,刘某可以随时解除合同。由于何某是承租人,且是该户户主,刘某本案起诉何某一人,何某系具有代表诉讼的地位。鉴于何某二审期间已死亡,故相应的诉讼权利义务应由该房屋现户主袁某代表继受。2005年4月**江西某行政诉讼案**,法院认为:陈某诉请法院确认1951年由县房管部门代管的诉争祠堂产权归其所有的诉讼请求,属于历史遗留的落实政策性质的房地产纠纷,应由地方人民政府的有关职能部门处理。根据最高人民法院《关于房地产案件受理问题的通知》(法发〔1992〕38号)的规定,此类案件不属于人民法院主管工作的范围,当事人为此而提起诉讼,人民法院应依法不予受理或驳回起诉。2001年3月**北京某行政诉讼案**,法院认为:案涉私房在新中国成立前的房产登记手续中,虽载明申请人系王鸿某之兄王亦某,但经原北京市政府房地产管理局1953年作出的认定,能确认该院落房产曾是王鸿某于新中国成立前出资购买的房产。因王鸿某新中国成立前去台湾地区,按当时的国家政策规定,该院落房产为逆产,由原北京市人民法院作出裁定,将该院落的房产交由人民政府代管。当时国家考虑到王亦某与妻子陈某在此居住,在裁定中为二人酌留3间房屋,准王鸿某的关系人即陈某免租居住。该裁定所确定的免租居住内容并不能够说明国家将该房屋的产权确定给了王亦某妻子所有。由于国家对去台人员政策的调整,根据王鸿某的法定继承人的申诉,原北京市中级人民法院作出判决,撤销了代管裁定中关于房产代管部分,将该房产解除代管,并明确该房屋的产权发还事宜由房管部门按有关政策办理。至此,国家取消了对王鸿某所有的上述房产的代管权,房管机关有权受理所有人的产权登记申请,并依法向产权所有人颁发相应的房产所有权证书。故房地局根据王某等人申请,将王鸿某所遗上述房产向王鸿某的第一顺序法定继承人王某等人颁发了房屋所有权共有证书,该具体行政行为与陈某继承人无法律上的利害关系,陈某继承人要求房地局撤销颁发给王某等人房产证的诉讼请求不予支持。2000年9月**福建某行政诉讼案**,法院认为:案涉"郎官第"房屋由罗某出租、收租到1957年,1958年被城关公社当作无主财产予以接收。房管局回避1958年接收系无主代管的事实,认为与罗某之间的争议系私房改造遗留下来的房产纠纷问题,认定"郎官第"已纳入城市私有出租房屋社会主义改造,但房管局对认定的事实无法提供充分的相应证据证实,应承担举证不能的不利后果。本案系历史遗留下来的房屋无主代管纠纷,属于落实私房政策的范围。落实私房政策的房产纠纷,由人民政府主管部门处理。房管局具备本案被诉的行政行为主体资格。判决房管局撤销关于"郎官第"房屋产权的处理决定,由其重新作出处理。1997年6月**青海某房屋纠纷案**,法院认为:马某与李某诉争房屋原属王某私有房屋,国家私房改造时虽纳入国有,由房管所代管,但落实政策后又相继返还。马某虽承租此房并已居住18年之久,但其租赁关系是与国家房管部门而签订,马某与王某之间未形成租赁关系,故不存在优先购买权。

【同类案件处理要点】

代管房原产权人或继承人基于国家落实政策取回该房屋,作为所有权人,有排除妨害的请求权。

【相关法律风险提示】

1. 历史遗留的代管房产纠纷,主要包括弃留代管,即解放初期对国民党去台人员弃留房产的代管;无主代管,即国家政府依法对无主房屋实行的代管;委托代管,即公民之间依约定委托对方代管的房屋。政府主管部门处理落实私房政策的房产纠纷，在房管部门不作认定或认定无充分证据，而当事人又不能通过诉讼确权的情况下，法院可以判决撤销房管部门的认定或重新作出认定，房管部门不能以非属法院主管范围要求法院驳回原告当事人的起诉。案见福建龙岩中院（2000）岩行终字第23号“罗某不服某县政府房屋产权处理决定案”。

2. 代管房一经落实政策确定私房所有人，该房屋承租人应在原租赁合同到期后通过与产权人续签租赁合同而获得继续占有、使用该房屋的权利。

【附注】

参考案例索引：山东青岛中院（2010）青民一终字第1690号“王某等与于某等物权保护纠纷上诉案”；广东广州中院（2010）穗中法民五终字第1098号“何某与某开发公司拆迁安置纠纷上诉案”；广东广州中院（2006）穗中法民五终字第437号“袁某与刘某等房屋搬迁纠纷上诉案”；江西赣州中院（2005）赣中行终字第13号“陈某与某房管局房屋登记处理决定纠纷上诉案”；北京一中院（2001）一中行终字第22号“陈某等诉某房管局等颁发房屋所有权证书案”；福建龙岩中院（2000）岩行终字第23号“罗某不服某县政府房屋产权处理决定案”；青海西宁中院（1997）宁民终字第36号“马某与李某房屋纠纷上诉案”。

附　录

房屋买卖法律适用规范性文件

（本书主要引用法条来源）

第一部分：法律或立法机关其他规范性文件

2021 年

《民法典》（2021 年 1 月 1 日）

《契税法》（2021 年 9 月 1 日）

《生态环境标准管理办法》（2021 年 2 月 1 日）

2020 年

《城市房地产开发经营管理条例（2020 修订）》（2020 年 3 月 27 日）

《住房公积金管理条例（2019 修订）》（2019 年 3 月 24 日）

《城市房地产管理法（2019 修正）》（2020 年 1 月 1 日）

《土地管理法》（2020 年 1 月 1 日）

2019 年

《建筑法（2019 年修订）》（2019 年 4 月 23 日）

《消防法（2019 年修订）》（2019 年 4 月 23 日）

《城乡规划法（2019 年修正）》（2019 年 4 月 23 日）

2018 年

《环境影响评价法》（2018 年 12 月 29 日修正）

2017 年

《民法总则》（2017 年 10 月 1 日　2021 年 1 月 1 日废止）

2011 年

《建筑法（2019 年修正）》（2011 年 7 月 1 日，已于 2019 年 4 月 23 日对第 8 条做了修改）

2009 年

《企业国有资产法》（2009 年 5 月 1 日）

《消防法》（2009 年 5 月 1 日　2019 年 3 月 24 日修正并实施）

2008 年

《城乡规划法（2019 年修正）》（2008 年 1 月 1 日，已于 2019 年 4 月 23 日对第 38 条第 2 款做了修改）

2007 年

《物权法》(2007 年 10 月 1 日　2021 年 1 月 1 日废止)

《城市房地产管理法》(2007 年 8 月 30 日　2019 年 3 月 24 日修正并实施)

2004 年

《土地管理法》(2004 年 8 月 28 日　2019 年 8 月 26 日修改,2020 年 1 月 1 日起施行)

《拍卖法》(2004 年 8 月 28 日　2015 年 4 月 24 日修正)

2003 年

《环境影响评价法》(2003 年 9 月 1 日　2018 年 12 月 29 日修正)

2002 年

《测绘法》(2002 年 12 月 1 日　2017 年 4 月 27 日修改,2017 年 7 月 1 日起施行)

2001 年

《婚姻法》(2001 年 4 月 28 日　2021 年 1 月 1 日废止)

1999 年

《合同法》(1999 年 10 月 1 日　2021 年 1 月 1 日废止)

1995 年

《担保法》(1995 年 10 月 1 日,已于 2021 年 1 月 1 日起失效)

1994 年

《消费者权益保护法》(1994 年 1 月 1 日　2013 年 10 月 25 日修改,2014 年 3 月 15 日起施行)

1991 年

全国人大常委会法制工作委员会《关于超过批准用地面积不大的新建房屋是否可以用罚款代替责令限期拆除的答复》(1991 年 10 月 4 日)

全国人大常委会法制工作委员会《关于卖房等行为是否按土地管理法第四十七条规定的买卖或以其他形式非法转让土地的行为予以处罚的答复》(1991 年 5 月 23 日)

1990 年

《行政诉讼法》(1990 年 10 月 1 日　2017 年 6 月 27 日修改,2017 年 7 月 1 日起施行)

1989 年

《环境保护法》(1989 年 12 月 26 日　2014 年 4 月 24 日修订,2015 年 1 月 1 日实施)

1987 年

《民法通则》(1987 年 1 月 1 日　2021 年 1 月 1 日废止)

第二部分:国务院行政法规或其他文件

2015 年

国务院《关于开展农村承包土地的经营权和农民住房财产权抵押贷款试点的指导意见》(2015 年 8 月 10 日　国发〔2015〕45 号)

国务院《不动产登记暂行条例》(2015 年 3 月 1 日　2019 年 3 月 24 日修订并实施)

2013 年

国务院办公厅《关于继续做好房地产市场调控工作的通知》(2013 年 2 月 26 日　国办发〔2013〕17 号)

2011 年

国务院《关于城镇保障性住房建设和管理工作情况的报告》(2011 年 10 月 25 日)

国务院办公厅《关于保障性安居工程建设和管理的指导意见》(2011 年 9 月 28 日　国办发〔2011〕45 号)

国务院办公厅《关于进一步做好房地产市场调控工作有关问题的通知》(2011 年 1 月 26 日　国办发〔2011〕1 号)

国务院《国有土地上房屋征收与补偿条例》(2011 年 1 月 21 日)

2010 年

国务院《关于坚决遏制部分城市房价过快上涨的通知》(2010 年 4 月 17 日　国发〔2010〕10 号)

国务院办公厅《关于促进房地产市场平稳健康发展的通知》(2010 年 1 月 7 日)

中共中央办公厅、国务院办公厅《印发关于进一步推进国有企业贯彻落实"三重一大"决策制度的意见》(2010 年 1 月 1 日)

2009 年

国务院《关于推进海南国际旅游岛建设发展的若干意见》(2009 年 12 月 31 日　国发〔2009〕44 号)

国务院《民用机场管理条例(2019 年修订)》(2009 年 7 月 1 日,于 2019 年 3 月 2 日修订并实施)

2008 年

国务院办公厅《关于促进房地产市场健康发展的若干意见》(2008 年 12 月 20

日　国办发〔2008〕131号)

《民用建筑节能条例》(2008年10月1日)

2007年

中共中央、国务院**《关于切实加强农业基础建设进一步促进农业发展农民增收的若干意见》**(2007年12月31日　中发〔2008〕1号)

国务院办公厅**《关于严格执行有关农村集体建设用地法律和政策的通知》**(2007年12月30日　国办发〔2007〕71号)

国务院办公厅**《关于依法惩处非法集资有关问题的通知》**(2007年7月25日　国办发明电〔2007〕34号)

2006年

国务院办公厅**《转发建设部等部门关于调整住房供应结构稳定住房价格意见的通知》**(2006年5月24日　国办发〔2006〕37号)

国务院**《关于进一步加强消防工作的意见》**(2006年5月10日　国发〔2006〕15号)

国务院**《治安管理处罚条例(2012年修正)》**(2006年3月1日,于2012年10月26日修订,2013年1月1日起实施)

2005年

国务院**《关于促进流通业发展的若干意见》**(2005年6月9日　国发〔2005〕19号)

中共中央办公厅、国务院办公厅**《转发建设部等单位〈关于完善在京中央和国家机关住房制度的若干意见〉的通知》**(2005年5月21日)

国务院办公厅**《转发建设部等部门关于做好稳定住房价格工作意见的通知》**(2005年5月9日　国办发〔2005〕26号)

《宗教事务条例(2018年修正)》(2005年3月1日,已于2017年8月26日修订,2018年2月1日起施行)

2004年

国务院**《关于深化改革严格土地管理的决定》**(2004年10月21日　国发〔2004〕28号)

国务院办公厅**《关于控制城镇房屋拆迁规模严格拆迁管理的通知》**(2004年6月6日　国办发〔2004〕46号)

2003年

国务院办公厅**《关于认真做好城镇房屋拆迁工作维护社会稳定的紧急通知》**(2003年9月19日　国办发明电〔2003〕42号)

国务院**《关于促进房地产市场持续健康发展的通知》**(2003年8月12日　国

发〔2003〕18号）

2002年

国务院**《税收征收管理法实施细则(2016年修订)》**(2016年2月6日)

2001年

国务院办公厅**《转发财政部关于改革国有资产评估行政管理方式加强资产评估监督管理工作意见的通知》**(2001年12月31日　国办发〔2001〕102号)

国务院**《关于加强国有土地资产管理的通知》**(2001年4月30日　国发〔2001〕15号)

2000年

国务院**《建设工程质量管理条例(2019年修订)》**(2000年1月30日,已于2019年4月23日第2次修订)

国务院办公厅、中央军委办公厅**《关于印发军队转业干部住房保障办法的通知》**(2000年9月8日　国办发〔2000〕62号)

1999年

中共中央办公厅、国务院办公厅**《关于转发建设部等单位关于〈中央和国家机关进一步深化住房制度改革实施方案〉的通知》**(1999年8月16日)

国务院办公厅**《关于加强土地转让管理严禁炒卖土地的通知》**(1999年5月6日　国办发〔1999〕39号)

国务院**《土地管理法实施条例(2014年修订)》**(1999年1月1日,已于2014年7月29日第二次修订实施)

1998年

国务院**《建设项目环境保护管理条例(2017年修订)》**(1998年11月29日,于2017年7月16日修订,2017年10月1日起实施)

国务院办公厅**《转发建设部等部门关于支持科研院所、大专院校、文化团体和卫生机构利用单位自用土地建设经济适用住房若干意见的通知》**(1998年9月18日　国办发〔1998〕130号)

国务院办公厅**《转发中国人民银行〈整顿乱集资乱批设金融机构和乱办金融业务实施方案〉的通知》**(1998年8月11日　国办发〔1998〕126号)

国务院**《城市房地产开发经营管理条例》**(1998年7月20日,2020年修正,2020年11月29日实施)

国务院**《非法金融机构和非法金融业务活动取缔办法》**(1998年7月13日,于2021年5月1日起失效)

国务院**《关于进一步深化城镇住房制度改革加快住房建设的通知》**(1998年7月3日　国发〔1998〕23号)

1997 年

国务院《**契税暂行条例(2019 年修订)**》(1997 年 7 月 7 日,已于 2019 年 3 月 2 日修订)

1995 年

国务院办公厅《**转发国家教委等部门关于加快解决教职工住房问题意见的通知**》(1995 年 3 月 10 日　国办发〔1995〕18 号)

国务院办公厅《**关于转发国务院住房制度改革领导小组国家安居工程实施方案的通知**》(1995 年 2 月 6 日　国办发〔1995〕6 号)

国务院办公厅《**转发人事部、财政部关于来华定居工作专家工作安排及待遇等问题规定的通知**》(1995 年 1 月 1 日　国办发〔1994〕102 号)

1994 年

国务院《**关于深化城镇住房制度改革的决定**》(1994 年 7 月 18 日　国发〔1994〕43 号)

1993 年

国务院办公厅《**转发建设部〈关于进一步加强工程质量和施工安全管理工作报告〉的通知**》(1993 年 6 月 9 日　国办发〔1993〕33 号)

1992 年

国务院《**关于发展房地产业若干问题的通知**》(1992 年 11 月 4 日　国发〔1992〕61 号,2016 年 2 月 18 日经住建部第 1041 号文宣布失效)

国务院《**全民所有制工业企业转换经营机制条例**》(1992 年 7 月 23 日发布 2011 年 1 月 8 日修订)

1991 年

国务院《**国有资产评估管理办法**》(1991 年 11 月 16 日,已于 2020 年修正,2020 年 11 月 29 日实施)

国务院办公厅、中央军委办公厅《**关于地方、军队密切配合搞好军队房地产清查整顿工作的通知**》(1991 年 8 月 22 日)

1990 年

国务院《**城镇国有土地使用权出让和转让暂行条例(2020 年修订)**》(1990 年 5 月 19 日,2020 年 11 月 29 日修订,删除第 52 条)

国务院《**批转机构改革办公室对建设部、国家测绘局与国家土地管理局有关职能分工意见的通知**》(1990 年 5 月 19 日)

1988 年

国务院、中央军委《**关于妥善处理军队与地方部分房地产权属问题的通知**》(1988 年 7 月 18 日)

1987 年

中共中央办公厅、国务院办公厅《**转发〈关于加快落实华侨私房政策的补充意见〉的通知**》(1987 年 5 月 23 日　中办发〔1987〕7 号)

1984 年

中共中央办公厅、国务院办公厅《**转发〈关于加快落实华侨私房政策的意见〉的通知**》(1984 年 12 月 24 日　中办发〔1984〕44 号)

国务院《**批转城乡建设环境保护部〈关于对国民党军政人员出走弃留的代管房产处理意见〉的通知**》(1983 年 9 月 8 日　国发〔1983〕139 号)

1982 年

国务院《**批转第二次全国农村房屋建设工作会议纪要的通知**》(1982 年 1 月 7 日)

1980 年

国务院《**批转宗教事务局、国家建委等单位〈关于落实宗教团体房产政策等问题的报告〉的通知**》(1980 年 7 月 16 日　国发〔1980〕188 号)

1964 年

国务院《**批转国家房产管理局〈关于私有出租房屋社会主义改造问题的报告〉**》(1964 年 1 月 13 日　〔64〕国房字 22 号)

第三部分:司法解释或最高人民法院其他司法性文件

2021 年

最高人民法院《**关于适用〈中华人民共和国民事诉讼法〉的解释**》(2021 年 1 月 1 日　法释〔2020〕20 号)

最高人民法院《**关于在审理经济纠纷案件中涉及经济犯罪嫌疑若干问题的规定(2020 年修改)**》(2021 年 1 月 1 日　法释〔2020〕17 号)

最高人民法院《**关于审理存单纠纷案件的若干规定(2020 年修正)**》(1997 年 12 月 13 日　法释〔1997〕8 号,已于 2020 年修正,2021 年 1 月 1 日实施)

最高人民法院《**关于适用〈中华人民共和国民法典〉有关担保制度的解释**》(2021 年 1 月 1 日　法释〔2020〕28 号)

最高人民法院《**关于适用〈中华人民共和国民法典〉继承编的解释(一)**》(2021 年 1 月 1 日　法释〔2020〕23 号)

最高人民法院《**关于适用〈中华人民共和国民法典〉时间效力的若干规定**》(2021 年 1 月 1 日　法释〔2020〕15 号)

最高人民法院《**关于适用〈中华人民共和国民法典〉婚姻家庭编的解释(一)**》(2021 年 1 月 1 日　法释〔2020〕22 号)

2017年

最高人民法院《关于依法妥善审理涉及夫妻债务案件有关问题的通知》(2017年2月28日 法〔2017〕48号)

2016年

最高人民法院《印发〈关于依法妥善处理历史形成的产权案件工作实施意见〉的通知》(2016年11月28日 法发〔2016〕28号)

最高人民法院《关于首先查封法院与优先债权执行法院处分查封财产有关问题的批复》(2016年4月14日 法释〔2016〕6号)

最高人民法院《第八次全国法院民事商事审判工作会议(民事部分)纪要》(2016年11月30日)

2015年

最高人民法院民一庭负责人《关于当前民事审判工作中的若干具体问题》(2015年12月24日)

最高人民法院《关于人民法院办理执行异议和复议案件若干问题的规定(2020年修改)》(2021年1月1日 法释〔2020〕21号)

最高人民法院《2015年全国民事审判工作会议纪要》(2015年4月19日)

最高人民法院《关于"商品房买卖适用法律解释的一点咨询"问题的答复》(2015年1月26日)

2014年

最高人民法院《对关于无证售房问题的答复》(2014年10月16日)

最高人民法院《"关于废止〈最高人民法院关于房地产案件受理问题的通知〉建议"的答复》(2014年4月11日)

2013年

最高人民法院、最高人民检察院、公安部、国家安全部、司法部、国土资源部、住房城乡建设部、交通运输部、农业部、人民银行、林业局、银监会、证监会、保监会、民航局《关于印发〈公安机关办理刑事案件适用查封、冻结措施有关规定〉的通知》(2013年9月1日 公通字〔2013〕30号)

最高人民法院《关于房地产调控政策下人民法院严格审查各类虚假诉讼的紧急通知》(2013年6月28日 法明传〔2013〕359号)

最高人民法院《关于征收国有土地上房屋时是否应当对被征收人未经登记的空地和院落予以补偿的答复》(2013年5月15日 〔2012〕行他字第16号)

2012年

最高人民法院《关于〈城市房地产抵押管理办法〉在建工程抵押规定与上位法是否冲突问题的答复》(2012年11月28日 〔2012〕行他字第8号)

最高人民法院《**关于军事法院管辖民事案件若干问题的规定**》(2012 年 8 月 28 日 法释〔2012〕11 号)

最高人民法院《**关于审理买卖合同纠纷案件适用法律问题的解释(2020 年修改)**》(2021 年 1 月 1 日 法释〔2020〕17 号)

最高人民法院《**关于转发住房和城乡建设部〈关于无证房产依据协助执行文书办理产权登记有关问题的函〉的通知**》(2012 年 6 月 15 日 法〔2012〕151 号)

最高人民法院《**关于办理申请人民法院强制执行国有土地上房屋征收补偿决定案件若干问题的规定**》(2012 年 4 月 10 日 法释〔2012〕4 号)

最高人民法院《**关于当前形势下加强民事审判切实保障民生若干问题的通知**》(2012 年 2 月 12 日 法〔2012〕40 号)

最高人民法院《**关于人民法院委托评估、拍卖工作的若干规定**》(2012 年 1 月 1 日 法释〔2011〕21 号)

2011 年

最高人民法院《**关于德宝(远东)有限公司申请执行湖北省鹰台经济发展公司合作合同纠纷一案中不予执行涉外仲裁裁决的请示的复函**》(2011 年 12 月 14 日 〔2011〕民四他字第 62 号)

最高人民法院《**关于适用〈中华人民共和国婚姻法〉若干问题的解释(三)**》(2011 年 8 月 13 日 法释〔2011〕18 号,已于 2021 年 1 月 1 日起失效)

最高人民法院《**2011 年全国民事审判工作会议纪要**》(2011 年 6 月)

最高人民法院《**印发〈关于个人违法建房出售行为如何适用法律问题的答复〉的通知**》(2011 年 2 月 16 日 法〔2011〕37 号)

最高人民法院《**关于审理非法集资刑事案件具体应用法律若干问题的解释**》(2011 年 1 月 4 日 法释〔2010〕18 号)

2010 年

最高人民法院行政审判庭《**关于拍卖出让国有建设用地使用权的土地行政主管部门与竞得人签署成交确认书行为的性质问题请示的答复**》(2010 年 12 月 21 日 〔2010〕行他字第 191 号)

最高人民法院《**关于审理房屋登记案件若干问题的规定**》(2010 年 11 月 18 日 法释〔2010〕15 号)

最高人民法院《**关于个人违法建房出售行为如何适用法律问题的答复**》(2010 年 11 月 1 日 法〔2010〕395 号)

最高人民法院《**关于房屋与占用范围内的土地使用权欠缺一并处分条件时如何执行的问题的复函**》(2010 年 6 月 29 日 〔2010〕执他字第 8 号)

2009 年

最高人民法院**《关于人民法院能否在执行程序中以被执行人擅自出租查封房产为由认定该租赁合同无效或解除该租赁合同的答复》**(2009 年 12 月 22 日 〔2009〕执他字第 7 号)

最高人民法院**《关于李晓波诉红十字国际委员会东亚地区代表处房屋租赁合同纠纷一案豁免问题的请示的复函》**(2009 年 10 月 14 日 〔2009〕民四他字第 25 号)

最高人民法院**《关于审理建筑物区分所有权纠纷案件适用法律若干问题的解释(2020 年修改)》**(2021 年 1 月 1 日 法释〔2020〕17 号)

最高人民法院**《关于审理城镇房屋租赁合同纠纷案件具体应用法律若干问题的解释(2020 年修正)》**(2009 年 9 月 1 日 法释〔2009〕11 号,2020 年 12 月 29 日修订,2021 年 1 月 1 日起实施)

最高人民法院**《印发〈关于当前形势下进一步做好房地产纠纷案件审判工作的指导意见〉的通知》**(2009 年 7 月 9 日 法发〔2009〕42 号)

最高人民法院**《印发〈关于当前形势下审理民商事合同纠纷案件若干问题的指导意见〉的通知》**(2009 年 7 月 7 日 法发〔2009〕40 号)

最高人民法院**《关于适用〈中华人民共和国合同法〉若干问题的解释(二)》**(2009 年 5 月 13 日 法释〔2009〕5 号,已于 2021 年 1 月 1 日起失效)

最高人民法院**《对新疆维吾尔自治区高级人民法院〈关于新疆建工集团建设工程有限责任公司与新疆宝亨房地产开发有限公司一案中有关问题的请示〉的复函》**(2009 年 4 月 16 日 〔2007〕执他字第 9 号)

最高人民法院**《印发〈关于处理涉及汶川地震相关案件适用法律问题的意见(二)〉的通知》**(2009 年 3 月 23 日 法发〔2009〕17 号)

最高人民法院**《关于适用〈中华人民共和国民事诉讼法〉执行程序若干问题的解释(2020 年修改)》**(2021 年 1 月 1 日 法释〔2020〕21 号)

2008 年

最高人民法院**《关于人民法院执行设定抵押的房屋的规定(2008 修订)》**(2008 年 12 月 16 日)

最高人民法院**《印发〈关于为推进农村改革发展提供司法保障和法律服务的若干意见〉的通知》**(2008 年 12 月 3 日 法发〔2008〕36 号)

最高人民法院**《关于如何处理建设工程款债权与请求交付房产的债权冲突问题的复函》**(2008 年 11 月 5 日 〔2008〕执他字第 8 号)

最高人民法院**《关于审理房屋登记行政案件中发现涉嫌刑事犯罪问题应如何处理的答复》**(2008 年 9 月 23 日 〔2008〕行他字第 15 号)

最高人民法院《关于审理民事案件适用诉讼时效制度若干问题的规定(2020年修改)》(2021年1月1日　法释〔2020〕17号)

最高人民法院行政审判庭《关于人民法院判决没收房屋是否包括没收房屋占地面积内土地及村民互换农村土地承包经营权行为效力问题的答复》(2008年4月11日　〔2007〕行他字第19号)

2006年

最高人民法院办公厅《关于房地产管理部门协助人民法院执行造成转移登记错误,人民法院对当事人提起的行政诉讼的受理及赔偿责任问题的复函》(2006年12月15日　法办〔2006〕610号)

最高人民法院行政审判庭《关于工商行政管理部门审查颁发个体工商户营业执照是否以环保评价许可为前置条件问题的答复》(2006年11月27日　〔2006〕行他字第2号)

最高人民法院执行工作办公室《关于中国工商银行大连市不良资产处置中心执行大连海悦房地产有限公司一案拍卖财产竞买人主张拍卖有效申诉案的请示的答复》(2006年6月26日　〔2006〕执他字第2号)

2005年

最高人民法院《关于人民法院执行设定抵押的房屋的规定》(2005年12月21日　法释〔2005〕14号,已于2021年1月1日起失效)

最高人民法院《关于不服县级以上人民政府信访行政管理部门、负责受理信访事项的行政管理机关以及镇(乡)人民政府作出的处理意见或者不再受理决定而提起的行政诉讼人民法院是否受理的请示的批复》(2005年12月12日　〔2005〕行立他字第4号)

最高人民法院《关于企业法人分支机构未经授权以登记在其名下的房地产为他人提供的抵押合同的效力应如何认定问题的答复》(2005年11月16日　〔2005〕民二他字第8号)

最高人民法院《关于审理涉及国有土地使用权合同纠纷案件适用法律问题的解释(2020年修改)》(2021年1月1日　法释〔2020〕17号)

最高人民法院《关于承租部分房屋的承租人在出租人整体出卖房屋时是否享有优先购买权的复函》(2005年7月26日　〔2004〕民一他字第29号)

最高人民法院《关于得暐企业有限公司与荣成丰盛源食品有限公司买卖合同纠纷一案仲裁条款效力的请示的复函》(2005年3月25日　〔2005〕民四他字第11号)

最高人民法院《关于人民法院民事执行中查封、扣押、冻结财产的规定》(2005年1月1日　法释〔2004〕15号,于2020年12月29日修改,2021年1月1日起

实施)

最高人民法院《关于审理建设工程施工合同纠纷案件适用法律问题的解释》(2005年1月1日　法释〔2004〕14号,已于2021年1月1日起失效)

2004年

最高人民法院《关于装修装饰工程款是否享有合同法第二百八十六条规定的优先受偿权的函复》(2004年12月8日　〔2004〕民一他字第14号)

最高人民法院《关于沈阳市兴科典当行有限公司对沈阳市恒通物业发展有限责任公司诉李忠义、许晓东房屋买卖纠纷案提出再审申请请示一案的复函》(2004年8月24日　〔2004〕民立他字第33号)

最高人民法院执行工作办公室《关于被执行人房产的登记名义人以被执行人的房产另案为他人借款提供有效抵押担保执行中应当保护另案抵押权人优先受偿权等有关问题的答复》(2004年5月10日　〔2003〕执他字第2号)

最高人民法院《关于适用〈中华人民共和国婚姻法〉若干问题的解释(二)》(2004年4月1日　法释〔2004〕19号,已于2021年1月1日起失效)

最高人民法院《关于未经消防验收合格而订立的房屋租赁合同如何认定其效力的函复》(2004年3月4日　〔2003〕民一他字第11号)(该司法解释因"与《最高人民法院关于审理城镇房屋租赁合同纠纷案件具体应用法律问题的解释》规定相冲突"已于2013年4月8日废止——编者注)

最高人民法院、国土资源部、建设部《关于依法规范人民法院执行和国土资源房地产管理部门协助执行若干问题的通知》(2004年3月1日　法发〔2004〕5号)

2003年

最高人民法院《关于蔡德成与大连经济技术开发区龙海房地产开发公司、原审第三人大连翻译专修学院商品房买卖合同纠纷一案请示的答复》(2003年11月30日　〔2003〕民一他字第13号)

最高人民法院《关于房地产管理机关能否撤销错误的注销抵押登记行为问题的批复》(2003年11月20日　法释〔2003〕17号)

最高人民法院执行工作办公室《对湖南高院关于〈合同法〉生效前承包人的工程款与抵押权的受偿顺序问题的请示报告的答复函》(2003年9月4日　〔2003〕执他字第27号)

最高人民法院研究室《关于人民法院是否受理涉及军队房地产腾退、拆迁安置纠纷案件的答复》(2003年8月8日　法研〔2003〕123号)

最高人民法院《对福建高院答复函》(2003年8月28日　〔2002〕执他字第21号)

最高人民法院《关于审理商品房买卖合同纠纷案件适用法律若干问题的解释

(2020年修改)》(2021年1月1日　法释〔2020〕17号)

2002年

最高人民法院**《关于广东省高级人民法院、湖南省岳阳市中级人民法院就执行深圳市"洪湖大厦"发生争议案的复函》**(2002年10月8日　〔2002〕执协字第50号)

最高人民法院行政审判庭**《关于房屋抵押登记行为违法的,如何计算行政赔偿数额问题的电话答复》**(2002年7月26日　〔2002〕行他字第2号)

最高人民法院执行工作办公室**《关于超过抵押登记期限的房地产被查封处理后原抵押权人是否有权优先受偿的请示的答复》**(2002年7月10日　〔2000〕执他字第10号)

最高人民法院**《关于中国人民解放军北京军区房地产管理局请求法院受理军队家属住房清退案有关问题请示的复函》**(2002年7月2日　〔2002〕民立他字第8号)

最高人民法院**《关于中国人民解放军北京军区空军司令部诉吕全修等人腾退军产房是否受理的答复意见》**(2002年7月1日　〔2002〕民立他字第7号)

最高人民法院**《关于建设工程价款优先受偿权问题的批复》**(2002年6月27日　法释〔2002〕16号,已于2021年1月1日起失效)

最高人民法院**《关于民事诉讼证据的若干规定(2019年修正)》**(2020年5月1日　法释〔2019〕19号)

最高人民法院**《关于中国信达资产管理公司福州办事处与张景宗、雷珊珊、张瑱瑱、厦门正丰源保税有限公司借款合同纠纷一案请示的复函》**(2002年2月8日　〔2001〕民一他字第34号)

2001年

最高人民法院**《关于适用〈中华人民共和国婚姻法〉若干问题的解释(一)》**(2001年12月27日　法释〔2001〕30号,已于2021年1月1日起失效)

最高人民法院执行工作办公室**《关于案外人李福胜异议一案的复函》**(2001年11月26日　〔2000〕执监字第226－1号)

最高人民法院**《关于章春云等与张文斌房地产确权纠纷案的复函》**(2001年9月3日　〔2001〕民监他字第16号)

最高人民法院执行工作办公室**《关于执行案件中所涉房产在另案中已取得执行依据并有抵押权的债权人主张优先受偿的情况下能否分割执行的问题》**(2001年4月30日　〔2001〕执他字第6号)

2000年

最高人民法院**《关于适用〈中华人民共和国担保法〉若干问题的解释》**(2000年

12月13日　法释〔2000〕44号，已于2021年1月1日起失效）

最高人民法院副院长李国光《**在全国民事审判工作会议上的讲话**》（2000年10月28日）

1999年

最高人民法院《**关于适用〈中华人民共和国合同法〉若干问题的解释（一）**》（1999年12月29日　法释〔1999〕19号，已于2021年1月1日起失效）

最高人民法院《**关于海口鲁银实业公司典当拍卖行与海南飞驰实业有限公司、海南万锡房地产开发有限公司、海南内江房地产开发公司抵押贷款合同纠纷一案的复函**》（1999年3月2日　〔1999〕法民字第8号）

1997年

最高人民法院《**关于转卖人民法院查封房屋行为无效问题的复函**》（1997年4月7日　〔1997〕经他字第8号）

最高人民法院执行工作办公室《**关于企业职工建房集资款不属企业所得问题的函**》（1997年1月27日　法经〔1997〕12号）

1996年

最高人民法院《**关于受理房屋拆迁、补偿、安置等案件问题的批复**》（1996年7月24日　法复〔1996〕12号，已于2021年1月1日起失效）

最高人民法院《**关于山西省太原市中级人民法院执行深圳市罗湖对外经济发展公司房产问题的复函**》（1996年5月26日　法函〔1996〕89号）

最高人民法院《**印发〈关于审理离婚案件中公房使用、承租若干问题的解答〉的通知**》（1996年2月5日　法发〔1996〕4号，已于2021年1月1日起失效）

1995年

最高人民法院《**印发〈关于审理房地产管理法施行前房地产开发经营案件若干问题的解答〉的通知**》（1995年12月27日　法发〔1996〕2号，2013年1月18日废止）

最高人民法院《**关于珠海市东兴房产综合开发公司与珠海经济特区侨辉房产公司、中国农村发展信托投资公司浙江办事处合作经营房地产合同纠纷案管辖问题的通知**》（1995年11月9日　2019年7月20日废止）

最高人民法院《**关于湖南省湘潭物资贸易中心与广东省湛江市海林实业开发总公司房地产开发合同纠纷案指定管辖的通知**》（1995年6月5日）

1994年

最高人民法院《**关于征用土地、落实私房政策等具体行政行为相互矛盾而引起的房屋纠纷不应由人民法院处理的复函**》（1994年9月30日）

最高人民法院《**关于深圳市装饰工程工业总公司与深圳市金光企业股份有限**

公司、原审第三人沈阳军区驻深圳办事处房屋产权案的复函》(1994年8月31日)

最高人民法院《关于债务人在约定的期限届满后未履行债务而出具没有还款日期的欠款条诉讼时效期间应从何时开始计算问题的批复》(1994年3月26日 法复〔1994〕3号,2020年修改,2021年1月1日起实施)

最高人民法院《关于陈怡、李细雄诉张凤香房屋侵权纠纷一案管辖问题的通知》(1994年3月17日)

1993年

最高人民法院《关于张建英与赵德芬、周涤安房屋典当纠纷一案的请示报告的复函》(1993年12月5日)

最高人民法院《关于李秀萍、李生华诉朱伯华房产纠纷一案如何处理的复函》(1993年12月4日)

最高人民法院《关于印发〈马原副院长在全国民事审判工作座谈会上的讲话〉和〈全国民事审判工作座谈会纪要〉的通知》(1993年11月24日 法发〔1993〕37号,已于2021年1月1日起失效)

最高人民法院《关于叶秀妹与寿宁县饮食服务公司房屋确权纠纷的复函》(1993年11月6日)

最高人民法院《关于人民法院审理离婚案件处理财产分割问题的若干具体意见》(1993年11月3日 法发〔1993〕32号,已于2021年1月1日起失效)

最高人民法院经济审判庭《关于人民法院在依法执行过程中变卖被执行人房产等财物应否交纳税收费用的复函》(1993年5月28日 法经〔1993〕91号,于2013年1月18日起失效)

最高人民法院《关于不服政府或房地产行政主管部门对争执房屋的确权行为提起诉讼人民法院应作何种案件受理问题的函》(1993年4月17日 法函〔1993〕33号)

最高人民法院《关于喻德生诉解才亨房屋纠纷一案的复函》(1993年3月20日 〔1992〕民他字第54号)

最高人民法院《关于李杰与符文海房屋买卖纠纷案如何处理的复函》(1993年2月17日)

最高人民法院《关于戴文林、戴文治诉高学孔房屋典当纠纷案如何处理的复函》(1993年2月17日)

最高人民法院《关于吴连胜等诉烟台市房地产管理局房屋典当回赎一案如何处理的复函》(1993年2月16日 〔1992〕民他字第48号)

最高人民法院《对张永昌合伙建房申诉案有关问题的答复》(1993年1月14日 〔92〕民他字第33号)

最高人民法院《**关于湖北省龙感湖农场驻江西省九江市中转站与王秀英房屋改建纠纷案的函复**》(1993 年 1 月 12 日 〔92〕民他字第 50 号)

1992 年

最高人民法院《**关于房地产案件受理问题的通知**》(1992 年 11 月 25 日 法发〔1992〕38 号)

最高人民法院《**关于被继承人死亡后没有法定继承人,分享遗产人能否分得全部遗产的复函**》(1992 年 10 月 11 日 〔1992〕民他字第 25 号,已于 2021 年 1 月 1 日起失效)

最高人民法院《**关于郑松宽与郑道瀛、吴惠芳等房屋典当、卖断纠纷案如何处理的复函**》,又名《**关于出典人要求回赎已卖断的出典房屋不予准许的复函**》(1992 年 9 月 14 日)

最高人民法院《**关于王维新与长春市电子仪器厂房屋纠纷案应如何处理的复函**》(1992 年 8 月 20 日)

最高人民法院《**关于李玉彬诉万县市中意皮鞋厂房屋买卖纠纷案如何处理的复函**》(1992 年 8 月 15 日)

最高人民法院《**关于已公私合营清产核资折价入股的房屋属国家所有的复函**》(1992 年 7 月 31 日 〔1992〕民他字第 21 号)

最高人民法院《**关于周祖德、周祖明等诉周祖华、周祖荣等房屋纠纷案的函**》(1992 年 7 月 13 日)

最高人民法院《**关于范怀与郭明华房屋买卖是否有效问题的复函**》(1992 年 7 月 9 日)

最高人民法院《**关于任惠温与任乡镇地基纠纷一案如何处理的复函**》(1992 年 7 月 6 日 〔91〕民他字第 61 号)

最高人民法院《**关于周慧儒等诉遵义市万里路蔬菜店房屋租赁纠纷案的复函**》(1992 年 6 月 8 日)

最高人民法院《**关于谢元福、王琪与黄长明房屋典当纠纷一案适用法律政策的复函**》(1992 年 6 月 5 日)

最高人民法院《**关于因体制变动引起的房地产纠纷案法院不应受理的函复**》(1992 年 4 月 9 日 〔91〕民他字第 49 号)

最高人民法院《**关于黄东与樊而统房屋典当纠纷应认定为抵押借款的函复**》(1992 年 3 月 16 日 〔91〕民他字第 28 号)

最高人民法院《**关于金德辉诉佳木斯市永恒典当商行房屋典当案件应如何处理问题的复函**》(1992 年 3 月 16 日 〔1991〕民他字第 15 号)

最高人民法院《**关于庐江县城关供销社诉庐江县佛教协会房产纠纷案的函**》

(1992年2月9日)

最高人民法院《关于陈恩义与泉州制药厂房屋所有权纠纷案的复函》(1992年1月23日 〔91〕民他字第55号)

1991年

最高人民法院《关于符振清诉颜香芬房屋纠纷申诉案的复函》,又名:《关于申诉人符振清诉被申诉人颜香芬房屋纠纷申诉案的复函》,又名:《关于购房人之一在购房时不完全具备条件,但购房后长期共同居住管理使用,纠纷时已具备完全购房条件的应认定产权共有的复函》(1991年8月7日)

最高人民法院《关于罗超华与王辉明房屋典当纠纷一案的复函》(1991年7月9日 〔90〕民他字第5号)

最高人民法院《关于蔡敏卿与蔡奕新等房屋买卖纠纷上诉案的复函》,又名:《关于非产权人擅自出卖他人房屋其买卖协议应属无效的复函》(1991年3月22日 〔90〕民他字第36号)

最高人民法院《关于军队离退休干部腾退军产房纠纷法院是否受理的复函》(1991年1月30日)

1990年

最高人民法院《关于向勋珍与叶学枝房屋纠纷案的复函》(1990年11月15日 〔1990〕民他字第45号)

最高人民法院《关于苏水香诉丁学森房屋买卖纠纷案的复函》(1990年10月29日 〔90〕民他字第33号)

最高人民法院《关于共有人之一私自与外籍华人违反法律进行房产抵押买卖交易无效的复函》(1990年10月26日 〔1990〕民他字第35号)

最高人民法院民事审判庭《关于田雅与黄美娇、黄娇、曾木枞房屋买卖纠纷一案的电话答复》(1990年8月30日 〔90〕民他字第37号)

最高人民法院民事审判庭《关于王敬民诉胡宁声房屋继承案的复函》(1990年8月13日 〔90〕法民字第1号)

最高人民法院《关于私房改造中典当双方都是被改造户的回赎案件应如何处理问题的批复》(1990年7月25日 法民〔1990〕6号,已于2021年1月1日起失效)

最高人民法院《关于兴化县大垛乡政府诉孙鸿祥房屋纠纷案的复函》(1990年6月13日 〔1989〕民他字第13号)

最高人民法院《关于湘潭市穆斯林事务管理小组诉金麦秋、金国平房产纠纷案的复函》(1990年4月9日 〔89〕民他字第27号)

最高人民法院民事审判庭《关于宋国忠与宋国木房屋买卖纠纷案的电话答复》

(1990年4月11日 〔1990〕民他字第45号)

最高人民法院《**关于公私合营中典权入股的房屋应如何处理的函**》(1990年4月9日 〔89〕民他字第48号)

最高人民法院《**关于周凯诉韩俊房屋纠纷案的复函**》,又名:《**关于以一方名义申请双方投工投料,建成后共同住用的房产可认定为共有的复函**》(1990年3月28日 〔1989〕民他字第59号)

最高人民法院《**关于周维鸿诉周维华房屋产权纠纷案的复函**》(1990年3月10日 〔89〕民他字第51号)

最高人民法院《**关于湖南省供销社等单位与省肉食水产公司房屋纠纷一案应否受理的复函**》(1990年3月6日 〔89〕民监字第600号,已于2021年1月1日起失效)

最高人民法院《**关于孙世界等与孙洪武等房屋继承申诉一案的复函**》,又名:《**关于对土改时祖遗房产填写土地房产证后的产权确认问题的复函**》,又名:《**关于孙世界、孙世明与孙洪武等人房屋继承申诉案的复函**》(1990年2月5日 〔1989〕民他字第46号)

1989年

最高人民法院《**关于房屋买卖双方约定的生效条件不具备可不认定买卖关系成立的复函**》(1989年12月31日 〔89〕民他字第38号)

最高人民法院《**关于黄金珠、李晓武与张顺芬房屋典当回赎纠纷一案的函**》(1989年10月17日 〔1989〕民他字第9号)

最高人民法院《**关于舒永基诉舒祥鸿房屋纠纷一案的函**》(1989年8月26日 〔89〕民他字第25号)

最高人民法院《**关于蒋素华诉陈树清房屋纠纷案执行问题的复函**》(1989年8月15日 〔1989〕民他字第3号)

最高人民法院《**关于典当房屋被视为绝卖以后确认产权程序问题的批复**》(1989年7月24日 〔1989〕法民字第17号,已于2021年1月1日起失效)

最高人民法院《**关于孙嵩群诉甘棠供销社入股房屋应如何处理的复函**》(1989年7月18日 〔1988〕民他字第46号)

最高人民法院《**关于中国公民接受外侨遗赠法律程序问题的批复**》(1989年6月12日 〔88〕民他字第26号)

最高人民法院《**关于高三妹等与陈德晶房屋确权纠纷的函**》,又名:《**关于共同经商、共同生活期间购置的房产应认定为共有的复函**》(1989年6月9日 〔1989〕民他字第10号)

最高人民法院《**关于聂福云房屋回赎案不适用我院〈关于非所有权人将他人房**

屋投资入股应如何处理问题的批复〉的函》（1989 年 5 月 12 日 〔88〕民他字第 54 号）

最高人民法院《关于当事人要求收回经行政程序调整给他人的房屋的起诉，人民法院是否受理问题的批复》（1989 年 1 月 3 日）

1988 年

最高人民法院《关于买卖房屋的民事行为未完成买卖关系没有成立的批复》，又名：《关于黄双与黄子鋆房屋买卖申诉案的批复》（1988 年 12 月 29 日 〔1988〕民他字第 55 号）

最高人民法院《关于共有人之一擅自出卖共有房屋无效的批复》，又名：《关于于金明与赵文运房产纠纷一案的批复》（1988 年 10 月 24 日 〔1988〕民他字第 56 号）

最高人民法院副院长马原《关于人民法院处理涉台民事案件的几个法律问题》（1988 年 8 月 9 日）

最高人民法院《印发〈处理涉台刑事申诉民事案件座谈会纪要〉的通知》［1988 年 8 月 5 日 法（办）发〔1988〕18 号］

最高人民法院《关于刘好福、刘好祯与刘好禄、刘好祥房屋纠纷案的批复》（1988 年 4 月 13 日 〔1988〕民他字第 16 号）

最高人民法院《印发〈关于贯彻执行《中华人民共和国民法通则》若干问题的意见（试行）〉的通知》（1988 年 4 月 2 日 法（办）发〔1988〕6 号，已于 2021 年 1 月 1 日起失效）

最高人民法院《关于颜美本等与黄荣俊房屋典赎案的批复》（1988 年 2 月 1 日 〔1987〕民他字第 15 号）

最高人民法院《关于贯彻执行〈中华人民共和国民法通则〉若干问题的意见（试行）》（1988 年 1 月 26 日）

最高人民法院研究室《关于贯彻执行〈关于复查历史案件中处理私人房产有关事项的通知〉第二条中的几个问题的电话答复》（1988 年 3 月 21 日）

最高人民法院《关于李德成诉邓崇勋房屋买卖纠纷一案的批复》（1988 年 3 月 21 日 〔1988〕民他字第 6 号）

最高人民法院《关于对张友良与赵天常房屋典当一案给全国人大常委会办公厅信访局的复函》（1988 年 2 月 10 日 〔88〕民监字第 162 号）

最高人民法院《关于金瑞仙与黄宗廉等房产纠纷一案的批复》（1988 年 2 月 4 日 〔1987〕民他字第 59 号）

最高人民法院民事审判庭《关于元麟养与周英子等人房屋买卖纠纷案的电话答复》（1988 年 1 月 30 日 〔1988〕民他字第 9 号）

1987 年

最高人民法院民事审判庭《关于石家庄市保险公司与谷在群房屋纠纷问题的电话答复》(1987 年 12 月 17 日 〔1987〕法民他字第 62 号)

最高人民法院《关于费宝珍诉周福祥房屋析产案的批复》,又名:《关于继承开始时继承人未表示放弃继承遗产又未分割的可按析产案件处理问题的批复》(1987 年 10 月 17 日)

《关于武都县佛教协会与罗兆年、罗玉成、罗志民及武都县城关镇供销服务公司房屋纠纷案的批复》(1987 年 8 月 24 日)

最高人民法院《关于王棣华等人与王庆贞等人房屋继承案的批复》,又名:《关于夫妻一方未经对方同意将共有房屋赠与他人属于夫妻另一方的部分应属无效的批复》(1987 年 8 月 5 日 〔1987〕民他字第 14 号)

最高人民法院《关于产权人生前已处分的房屋死后不宜认定为遗产的批复》(1987 年 6 月 24 日)

最高人民法院《关于父母的房屋遗产由兄弟姐妹中一人领取了房屋产权证并视为己有产生纠纷应如何处理的批复》(1987 年 6 月 15 日)

最高人民法院《关于契约已载明借钱借房的房产纠纷不宜确认为房屋买卖的批复》(1987 年 4 月 8 日)

最高人民法院《关于非所有权人将他人房屋投资入股应如何处理问题的批复》(1987 年 2 月 23 日)

最高人民法院《关于安顺饭店与安顺地区外贸公司房屋典当一案的请示的电话答复》(1987 年 1 月 20 日 〔86〕民他字第 35 号)

1986 年

最高人民法院《关于李桂莲诉夏传叶房屋纠纷案管辖问题的批复》(1986 年 11 月 14 日)

最高人民法院《关于产权人双方在“文革”期间互换房屋各自行使权利多年后能否翻悔的批复》(1986 年 6 月 17 日)

最高人民法院《关于韩荷敏等人与宁桂兰等人房屋继承案的批复》(1986 年 6 月 10 日)

最高人民法院《关于典当房屋私改期间不应计入回赎期限的批复》(1986 年 5 月 27 日 〔1986〕民他字第 23 号)

最高人民法院《关于房屋典当回赎中几个有关问题的批复》(1986 年 5 月 27 日)

最高人民法院《关于典当房屋在“文革”期间未能按期回赎,应作时效中止处理的批复》(1986 年 4 月 11 日)

最高人民法院《**关于任遵庵与任金华房屋纠纷案的批复**》(1986 年 3 月 1 日 〔1986〕民他字第 5 号)

1985 年

最高人民法院《**关于在土改前已分家析产的房屋,土改时误登在一人名下的产权仍归双方各自所有的批复**》(1985 年 12 月 27 日)

最高人民法院《**关于对分家析产的房屋再立遗嘱变更产权,其遗嘱是否有效的批复**》(1985 年 11 月 28 日 〔1985〕民他字第 12 号)

最高人民法院《**关于解放前劳动人民之间宅基地租赁契约是否承认和保护问题的批复**》(1985 年 11 月 21 日 〔85〕法民字第 11 号,已于 2008 年 12 月 24 日废止)

最高人民法院《**关于房屋借用纠纷的批复**》(1985 年 8 月 12 日)

最高人民法院《**关于利显乾与利潮良房屋纠纷案的批复**》(1985 年 5 月 2 日)

最高人民法院《**关于房屋抵押问题的批复**》(1985 年 4 月 27 日)

最高人民法院《**关于执行〈民事政策法律若干问题的意见〉中几个涉及房屋典当问题的函**》[1985 年 2 月 24 日 法(民)函〔1985〕8 号,已于 2021 年 1 月 1 日起失效]

最高人民法院《**关于解放初期代管房产未按规定申请产权,房屋转归国家所有的批复**》[1985 年 2 月 16 日 法(民)复〔1985〕9 号]

1984 年

最高人民法院《**关于适用〈关于贯彻执行民事政策法律若干问题的意见〉第五十八条的批复**》(1984 年 12 月 3 日 〔1984〕法民字第 16 号)

最高人民法院《**关于贯彻执行民事政策法律若干问题的意见**》(1984 年 8 月 30 日,已于 2019 年 7 月 20 日起失效)

最高人民法院《**关于在台湾的合法继承人其继承权应否受到保护问题的批复**》(1984 年 7 月 30 日 〔84〕民他字第 8 号)

1981 年

最高人民法院、国务院宗教事务局《**关于寺庙、道观房屋产权归属问题的复函**》(1981 年 1 月 27 日)

1979 年

最高人民法院《**关于雷龙江与雷济川房屋典当关系应予承认的批复**》(1979 年 11 月 5 日)

1964 年

最高人民法院《**关于国家经租的房屋不允许继承问题的批复**》(1964 年 9 月 18 日)(该司法解释已于 2008 年 12 月 24 日废止)

第四部分:部门规章或其他规范性文件

2021 年

财政部、税务总局《关于贯彻实施契税法若干事项执行口径的公告》(2021 年 9 月 1 日)

财政部、税务总局《关于契税法实施后有关优惠政策衔接问题的公告》(2021 年 9 月 1 日)

2020 年

住建部《建设工程消防设计审查验收管理暂行规定》(2020 年 4 月 1 日)

住建部《关于提升房屋网签备案服务效能的意见》(2020 年 3 月 26 日　建房规〔2020〕4 号)

2019 年

自然资源部《不动产登记暂行条例实施细则(2019 年修改)》(2019 年 7 月 24 日)

住建部、国家发改委、财政部、自然资源部《关于进一步规范发展公租房的意见》(2019 年 5 月 7 日　建保〔2019〕55 号)

财政部、税务总局《关于个人取得有关收入适用个人所得税应税所得项目的公告》(2019 年 1 月 1 日)

2017 年

国家税务总局《关于个人转让住房享受税收优惠政策判定购房时间问题的公告》(2017 年 3 月 17 日)

2016 年

国土资源部《关于进一步加快宅基地和集体建设用地确权登记发证有关问题的通知》(2016 年 12 月 16 日　国土资发〔2016〕191 号)

国土资源部、财政部、农业部《关于加快推进农垦国有土地使用权确权登记发证工作的通知》(2016 年 12 月 30 日　国土资发〔2016〕156 号)

国土资源部办公厅《关于妥善处理少数住宅建设用地使用权到期问题的复函》(2016 年 12 月 8 日　国土资厅函〔2016〕1712 号)

国家发展改革委、财政部《关于不动产登记收费标准等有关问题的通知》(2016 年 12 月 6 日　发改价格规〔2016〕2559 号)

国家税务总局《关于发布〈纳税人转让不动产增值税征收管理暂行办法〉的公告》(2016 年 5 月 1 日,全文中“地税机关”“国税机关”的内容于 2018 年 6 月 15 日修改为“税务机关”)

中国人民银行、中国银监会、中国保监会、财政部、国土资源部、住建部《关于印

发〈农民住房财产权抵押贷款试点暂行办法〉的通知》(2016年3月15日　银发〔2016〕78号)

财政部、国家税务总局、住房城乡建设部《关于调整房地产交易环节契税、营业税优惠政策的通知》(2016年2月22日　财税〔2016〕23号)

自然资源部《不动产登记暂行条例实施细则(2019年修改)》(2019年7月24日)

国家工商总局《房地产广告发布规定》(2016年2月1日,已于2016年4月2日修改,2016年6月1日起施行)

2015年

国家税务总局《关于进一步简化和规范个人无偿赠与或受赠不动产免征营业税、个人所得税所需证明资料的公告》(2015年11月10日)

国家税务总局《关于契税纳税申报有关问题的公告》(2015年9月25日)

中央国家机关住房资金管理中心《关于调整住房公积金个人贷款最低首付款比例的通知》(2015年9月14日　国机房资〔2015〕12号,已于2020年11月20日被国家机关事务管理局废止)

财政部、国家发改委《关于重新发布中央管理的住房城乡建设部门行政事业性收费项目的通知》(2015年9月8日　财税〔2015〕68号)

住建部、商务部、国家发改委、人民银行、工商总局、外汇局《关于调整房地产市场外资准入和管理有关政策的通知》(2015年8月19日　建房〔2015〕122号)

国土资源部《关于做好不动产权籍调查工作的通知》(2015年3月30日　国土资发〔2015〕41号)

中国人民银行、住建部、中国银监会《关于个人住房贷款政策有关问题的通知》(2015年3月30日)

财政部、国家税务总局《关于调整个人住房转让营业税政策的通知》(2015年3月30日　财税〔2015〕39号)

2014年

住建部、财政部、中国人民银行《关于发展住房公积金个人住房贷款业务的通知》(2014年10月9日　建金〔2014〕148号)

财政部、国税总局《关于促进公共租赁住房发展有关税收优惠政策的通知》(2014年8月11日　财税〔2014〕52号)

2012年

财政部、国税总局《关于企业以售后回租方式进行融资等有关契税政策的通知》(2012年12月6日　财税〔2012〕82号)

2011 年

国土资源部、中央农村工作领导小组办公室、财政部、农业部《**关于农村集体土地确权登记发证的若干意见**》（2011 年 11 月 1 日）

财政部《**关于金融企业国有资产评估监督管理有关问题的通知**》（2011 年 6 月 16 日　财金〔2011〕59 号）

住建部《**关于发布国家标准〈民用建筑隔声设计规范〉的公告**》（2011 年 6 月 1 日）

国家发改委办公厅《**关于开展商品房销售明码标价专项检查的通知**》（2011 年 5 月 11 日　发改办价检〔2011〕1050 号）

住建部、国家发改委《**关于加强房地产经纪管理进一步规范房地产交易秩序的通知**》（2011 年 5 月 11 日　建房〔2011〕68 号）

国家发改委《**关于发布〈商品房销售明码标价规定〉的通知**》（2011 年 5 月 1 日　发改价格〔2011〕548 号）

国土资源部《**关于加强保障性安居工程用地管理有关问题的通知**》（2011 年 4 月 29 日　国土资电发〔2011〕53 号，已于 2016 年 5 月 27 日起失效）

财政部、国税总局《**关于购房人办理退房有关契税问题的通知**》（2011 年 4 月 26 日　财税〔2011〕32 号，已于 2021 年 9 月 1 日起失效）

环境保护部《**关于居民楼内生活服务设备产生噪声适用环境保护标准问题的复函**》（2011 年 4 月 7 日　环函〔2011〕88 号）

住建部、国家发改委、人力资源和社会保障部《**房地产经纪管理办法**》（2011 年 4 月 1 日，2016 年 3 月 1 日修正，2016 年 4 月 1 日实施）

财政部、国税总局《**关于调整个人住房转让营业税政策的通知**》（2011 年 1 月 27 日　财税〔2011〕12 号，已被 2015 年 3 月 31 日实施的财税〔2015〕39 号宣布失效）

2010 年

环境保护部、发改委、科技部、工业和信息化部、公安部、财政部、住房城乡建设部、交通运输部、铁道部、文化部、工商总局《**关于加强环境噪声污染防治工作改善城乡声环境质量的指导意见**》（2010 年 12 月 15 日　环发〔2010〕144 号）

财政部、国税总局、住建部《**关于调整房地产交易环节契税个人所得税优惠政策的通知**》（2010 年 10 月 1 日　财税〔2010〕94 号，第 1 条于 2021 年 9 月 1 日实施的财政部、税务总局《关于契税法实施后有关优惠政策衔接问题的公告》修改）

住建部、中国人民银行、中国银监会《**关于规范商业性个人住房贷款中第二套住房认定标准的通知**》（2010 年 5 月 26 日　建房〔2010〕83 号）

住建部《**关于加强经济适用住房管理有关问题的通知**》（2010 年 4 月 22 日

建保〔2010〕59号）

住建部《关于进一步加强房地产市场监管完善商品住房预售制度有关问题的通知》（2010年4月13日　建房〔2010〕53号）

财政部、国税总局《关于首次购买普通住房有关契税政策的通知》（2010年3月9日　财税〔2010〕13号，已于2016年8月18日失效）

环境保护部《关于发布〈地面交通噪声污染防治技术政策〉的通知》（2010年1月11日　环发〔2010〕7号）

财政部、国税总局《关于调整个人住房转让营业税政策的通知》（2010年1月1日　财税〔2009〕157号，已失效，现行有效部门规章为2015年3月31日实施的财税〔2015〕39号）

2009年

住建部《房屋建筑工程和市政基础设施工程竣工验收备案管理暂行办法》（2009年10月19日）

环境保护部《关于建设项目环境影响评价工作中确定防护距离标准问题的复函》（2009年9月18日　环函〔2009〕224号）

住建部《关于发布行业标准〈城市轨道交通引起建筑物振动与二次辐射噪声限值及其测量方法标准〉的公告》（2009年7月1日）

财政部、国税总局《关于个人无偿受赠房屋有关个人所得税问题的通知》（2009年5月25日　财税〔2009〕78号，其中第3条已被财政部、税务总局《关于个人取得有关收入适用个人所得税应税所得项目的公告》废止）

公安部《建设工程消防监督管理规定》（2009年5月1日，2012年修订后已于2020年6月1日废止）

国税总局《关于企业改制重组契税政策若干执行问题的通知》（2009年4月28日　国税发〔2009〕89号，已于2012年1月1日起宣告失效后，其后实施的《关于企业事业单位改制重组契税政策的通知》又于2016年8月18日废止）

财政部、国税总局《关于对外资企业及外籍个人征收房产税有关问题的通知》（2009年1月1日　财税〔2009〕3号）

财政部、国税总局《关于个人金融商品买卖等营业税若干免税政策的通知》（2009年1月1日　财税〔2009〕111号）

2008年

财政部、国税总局《关于自然人与其个人独资企业或一人有限责任公司之间土地房屋权属划转有关契税问题的通知》（2008年11月17日　财税〔2008〕142号，已于2016年8月18日失效）

财政部、国税总局《关于调整房地产交易环节税收政策的通知》（2008年11月

1日　财税〔2008〕137号,其中第1条已被财政部、国税总局、住建部《关于调整房地产交易环节契税个人所得税优惠政策的通知》废止)

环境保护部《**关于发布国家环境质量标准〈噪声环境质量标准〉的公告**》(2008年10月1日)

环境保护部《**关于发布〈铁路边界噪声限值及其测量方法〉(GB 12525－90)修改方案的公告**》(2008年10月1日)

国土资源部《**关于进一步加快宅基地使用权登记发证工作的通知**》(2008年7月8日　国土资发〔2008〕146号,已于2016年5月27日起失效)

建设部《**房屋登记办法**》(2008年7月1日,已于2019年9月6日起失效)

财政部、国税总局《**关于企业为个人购买房屋或其他财产征收个人所得税问题的批复**》(2008年6月10日　财税〔2008〕83号)

国税总局《**关于全资子公司承受母公司资产有关契税政策的通知**》(2008年5月26日　国税函〔2008〕514号,已于2011年1月4日废止)

国税总局《**关于无效产权转移征收契税的批复**》(2008年5月20日　国税函〔2008〕438号,已于2021年9月1日起失效)

住建部《**关于印发〈房屋登记簿管理试行办法〉的通知**》(2008年5月6日　建住房〔2008〕84号,已于2017年12月12日起失效)

国家发改委、财政部《**关于规范房屋登记费计费方式和收费标准等有关问题的通知**》(2008年5月1日　发改价格〔2008〕924号,已于2017年7月13日起失效)

国家发改委办公厅《**关于房屋交易收费有关问题的复函**》(2008年4月23日　发改办价格〔2008〕916号,已于2016年6月13日起失效)

财政部、国税总局《**关于廉租住房经济适用住房和住房租赁有关税收政策的通知**》(2008年3月1日　财税〔2008〕24号,已于2014年8月11日起部分失效)

国土资源部《**土地登记办法**》(2008年2月1日,已于2017年12月29日起失效)

财政部《**金融企业国有资产评估监督管理暂行办法**》(2008年1月1日)

2007年

国家环保总局、国家发改委、交通部《**关于加强公路规划和建设环境影响评价工作的通知**》(2007年12月1日　环发〔2007〕184号)

国税总局《**关于个人取得房屋拍卖收入征收个人所得税问题的批复**》(2007年11月20日　国税函〔2007〕1145号)

建设部、发改委、监察部、财政部、国土资源部、人民银行、税务总局《**关于印发〈经济适用住房管理办法〉的通知**》(2007年11月19日　建住房〔2007〕258号)

中国人民银行、中国银监会《**关于加强商业性房地产信贷管理的通知**》(2007

年9月27日　银发〔2007〕359号）

财政部《**关于贯彻落实国务院关于解决城市低收入家庭住房困难若干意见的通知**》（2007年9月5日　财综〔2007〕53号）

国家工商总局、中国银监会、国家广电总局、新闻出版总署《**关于处置非法集资活动中加强广告审查和监管工作有关问题的通知**》（2007年7月25日　工商广字〔2007〕190号）

国税总局《**关于个人销售拆迁补偿住房征收营业税问题的批复**》（2007年7月16日　国税函〔2007〕768号）

国家税务总局《**关于承受装修房屋契税计税价格问题的批复**》（2007年6月1日　国税函〔2007〕606号，2021年9月1日失效）

商务部办公厅《**关于新疆昌吉州百惠典当有限责任公司房屋抵押典当纠纷有关问题的意见**》（2007年5月8日　商办建函〔2007〕55号）

财政部、国税总局《**关于单位低价向职工售房有关个人所得税问题的通知**》（2007年2月8日　财税〔2007〕13号，其中第3条已于2007年2月8日起失效）

国家外汇管理局《**关于印发〈个人外汇管理办法实施细则〉的通知（2016年修改）**》（2016年5月29日）

建设部《**关于印发〈房屋权属登记信息查询暂行办法〉的通知**》（2007年1月1日　建住房〔2006〕244号，已于2017年12月12日废止）

2006年

国税总局《**关于个人取得解除商品房买卖合同违约金征收个人所得税问题的批复**》（2006年9月19日　国税函〔2006〕865号，已于2019年1月1日被废止）

国家外汇管理局、建设部《**关于规范房地产市场外汇管理有关问题的通知**》（2006年9月1日　汇发〔2006〕47号，其中第6条已于2015年5月4日修改）

建设部、监察部、国土资源部《**关于制止违规集资合作建房的通知**》（2006年8月14日　建住房〔2006〕196号）

国务院法制办公室《**对公安部〈关于《娱乐场所管理条例》第七条第四项法律适用问题的请示〉的复函**》（2006年8月1日　国法函〔2006〕329号）

国税总局《**关于个人住房转让所得征收个人所得税有关问题的通知**》（2006年7月18日　国税发〔2006〕108号，2018年6月15日修改）

财政部《**事业单位国有资产管理暂行办法（2017年修正）**》（2006年7月1日，2017年12月4日修正，2018年1月1日实施）

财政部《**行政单位国有资产管理暂行办法（2019年修正）**》（2006年7月1日，2019年3月29日修正）

中国保险监督管理委员会《**关于进一步加强贷款房屋保险管理的通知**》（2006

年6月13日　保监发〔2006〕66号)

国税总局**《关于加强住房营业税征收管理有关问题的通知》**(2006年6月1日　国税发〔2006〕74号,2011年1月4日起失效)

国税总局**《关于酒店产权式经营业主税收问题的批复》**(2006年5月22日　国税函〔2006〕478号)

国务院机关事务管理局、中共中央直属机关事务管理局、财政部、国家发改委、建设部、人事部**《关于印发〈在京中央和国家机关住房补贴调整实施办法〉的通知》**(2006年5月17日　国管房改〔2006〕164号)

建设部**《房屋建筑工程抗震设防管理规定(2015年修订)》**(2006年4月1日,已于2015年1月22日修改实施)

财政部、国税总局**《关于土地增值税若干问题的通知》**(2006年3月2日　财税〔2006〕21号,其中第5条"关于以房地产进行投资或联营的征免税问题"已于2006年3月2日失效)

建设部**《住宅建筑规范》**(2006年3月1日)

财政部、国税总局**《关于具备房屋功能的地下建筑征收房产税的通知》**(2006年1月1日　财税〔2005〕181号)

2005年

建设部**《关于印发〈城市房屋拆迁工作规程〉的通知》**(2005年12月1日　建住房〔2005〕200号)

国家环保总局**《关于解释〈建设项目竣工环境保护验收管理办法〉第十四条规定的复函》**(2005年11月21日　环函〔2005〕504号)

国税总局**《关于房地产税收政策执行中几个具体问题的通知》**(2005年10月20日　国税发〔2005〕172号,2018年6月15日修改)

国税总局**《关于实施房地产税收一体化管理若干具体问题的通知(2018年修改)》**(2018年6月15日)

国税总局**《关于进一步加强房地产税收管理的通知》**(2005年7月1日　国税发〔2005〕82号)

建设部办公厅**《关于〈关于房屋权属登记中如何界定不计算建筑面积的公共通道的请示〉的复函》**(2005年5月27日)

国税总局、财政部、建设部**《关于加强房地产税收管理的通知》**(2005年5月27日　国税发〔2005〕89号,2018年6月15日修改)

建设部**《关于贯彻〈国务院办公厅转发建设部等部门关于做好稳定住房价格工作意见的通知〉的通知》**(2005年5月26日　建住房电〔2005〕33号)

建设部**《关于对〈福建省建设厅关于法院是否可以扣划房改售房款账户资金问**

题的请示〉的批复》(2005 年 5 月 25 日　建住房函〔2005〕153 号)

商务部、公安部《典当管理办法》(2005 年 4 月 1 日)

财政部、国税总局《关于城镇房屋折迁有关税收政策的通知》(2005 年 3 月 22 日　财税〔2005〕45 号,该通知第 2 条已于 2012 年 12 月 6 日被财税〔2012〕82 号废止)

国税总局《关于营业税若干政策问题的批复》(2005 年 1 月 26 日　国税函〔2005〕83 号,已于 2011 年 1 月 4 日起失效)

2004 年

国家环保总局《关于机场周围区域噪声环境标准有关条目解释的复函》(2004 年 12 月 14 日　环函〔2004〕463 号)

国土资源部《印发〈关于加强农村宅基地管理的意见〉的通知》(2004 年 11 月 2 日　国土资发〔2004〕234 号,已于 2020 年 3 月 24 日起失效)

建设部《关于贯彻〈国务院关于深化改革严格土地管理的决定〉的通知》(2004 年 10 月 29 日　建规〔2004〕185 号)

国务院法制办公室《对江西省人民政府法制办公室〈关于对《城市房屋拆迁管理条例》第五条第二款具体含义的请示〉的答复》(2004 年 10 月 12 日　国法秘函〔2004〕288 号)

国税总局《关于继承土地、房屋权属有关契税问题的批复》(2004 年 9 月 2 日　国税函〔2004〕1036 号,已于 2021 年 9 月 1 日废止)

财政部、国税总局《关于国有土地使用权出让等有关契税问题的通知》(2004 年 8 月 3 日　财税〔2004〕134 号,已于 2021 年 9 月 1 日废止)

国家环保总局《关于限制营业性饮食服务单位和娱乐场所夜间工作时间的复函》(2004 年 7 月 27 日)

财政部、国税总局《关于房屋附属设施有关契税政策的批复》(2004 年 7 月 23 日　财税〔2004〕126 号,已于 2021 年 9 月 1 日起失效)

建设部《城市商品房预售管理办法》(2004 年 7 月 20 日)

建设部《城市危险房屋管理规定》(2004 年 7 月 20 日)

国务院法制办公室《对黑龙江省人民政府法制办公室〈关于城市房屋拆迁补偿有关问题的请示〉的答复》(2004 年 4 月 28 日　国法秘函〔2004〕97 号)

建设部《关于加强住宅工程质量管理的若干意见》(2004 年 1 月 30 日　建质〔2004〕18 号)

2003 年

建设部办公厅《关于房屋楼梯等临空处设置防护栏杆问题的复函》(2003 年 11 月 6 日)

建设部办公厅《**关于对深圳市建设局〈关于商品房主体结构质量重新核验有关问题的请示〉的复函**》(2003 年 10 月 28 日)

国务院机关事务管理局、中共中央直属机关事务管理局《**关于印发〈中央在京单位已购公有住房上市出售管理办法〉的通知**》(2003 年 8 月 14 日　国管房改〔2003〕165 号)

财政部、国税总局《**关于广州壬丰房地产开发有限公司有关契税问题的批复**》(2003 年 7 月 30 日　财税〔2003〕164 号)

建设部《**关于发布行业标准〈房地产业基本术语标准〉的公告**》(2003 年 6 月 1 日　中华人民共和国行业标准 JGJ/T 30 - 2003,已因 2015 年 10 月 21 日新版 JGJ/T30 - 2015 实施失效)

国家环保总局《**关于公路、铁路(含轻轨)等建设项目环境影响评价中环境噪声有关问题的通知**》(2003 年 5 月 27 日　环发〔2003〕94 号)

国务院法制办公室《**对黑龙江省人民政府法制办公室〈关于审查城市宗教房地产纠纷复议案件适用法律问题的请示〉的答复**》(2003 年 5 月 12 日　国法秘函〔2003〕85 号)

国家环保总局《**关于公众意见可否作为否决建设项目的理由其法律适用问题的复函**》(2003 年 3 月 31 日　环函〔2003〕90 号)

国家发展计划委员会、建设部《**关于印发经济适用住房价格管理办法的通知**》(2003 年 1 月 1 日　计价格〔2002〕2503 号,已于 2021 年 5 月 21 日起失效)

2002 年

建设部《**关于对城市房地产转让有关问题的复函**》(2002 年 9 月 24 日)

建设部、国家计委、财政部、国土资源部、中国人民银行、国税总局《**关于加强房地产市场宏观调控促进房地产市场健康发展的若干意见**》(2002 年 8 月 26 日　建住房〔2002〕217 号)

国税总局《**关于免征被撤销金融机构在财产清理中取得土地房屋权属所涉契税的批复**》(2002 年 8 月 26 日　国税函〔2002〕777 号)

国税总局《**关于股权变动导致企业法人房地产权属更名登记不征契税的批复**》(2002 年 8 月 16 日　国税函〔2002〕771 号)

建设部、新闻出版总署、公安部、国家工商行政管理总局《**关于印发〈房屋权属证书印制管理办法〉的通知**》(2002 年 6 月 6 日　建住房〔2002〕158 号,已于 2017 年 12 月 12 日废止)

建设部办公厅《**关于坚决制止各种乱评比活动的通知**》(2002 年 7 月 24 日　建办秘〔2002〕52 号)

建设部《**商品住宅装修一次到位实施细则**》(2002 年 7 月 18 日)

国家环保总局《关于建设项目环境影响评价征求公众意见法律适用问题的复函》(2002 年 6 月 20 日　环函〔2002〕171 号)

国家环保总局《关于企业厂界噪声标准适用问题的复函》(2002 年 6 月 19 日　环函〔2002〕169 号)

建设部、国家计委、国家经贸委、财政部、国土资源部、国家工商局、监察部《关于整顿和规范房地产市场秩序的通知》(2002 年 5 月 23 日　建住房〔2002〕123 号,已于 2011 年 1 月 26 日起失效)

国税总局《关于未取得房屋产权证书期间如何确定房产税纳税人的批复》(2002 年 4 月 8 日　国税函〔2002〕284 号)

建设部《关于房屋建筑面积计算与房屋权属登记有关问题的通知》(2002 年 3 月 27 日　建住房〔2002〕74 号)

国家工商局、建设部《关于进一步加强房地产广告管理的通知》(2002 年 3 月 25 日　工商广字〔2002〕68 号,已于 2014 年 7 月 14 日起失效)

国税总局《关于中国移动通信集团公司重组过程中办理土地房屋权属变更登记不征契税的通知》(2002 年 3 月 13 日　国税函〔2002〕201 号)

国家计委、建设部《关于规范住房交易手续费有关问题的通知》(2002 年 3 月 1 日　计价格〔2002〕121 号,已于 2016 年 6 月 13 日起失效)

建设部《关于规范房地产开发企业开发建设行为的通知》(2002 年 2 月 25 日　建住房〔2002〕44 号)

国务院法制办公室《关于供销合作社能否享有集体土地所有权问题的复函》(2002 年 1 月 24 日　国法秘函〔2002〕14 号)

2001 年

财政部《关于印发〈国有资产评估项目备案管理办法〉的通知》(2001 年 12 月 31 日　财企〔2001〕802 号)

建设部办公厅《关于建筑面积计算标准问题的复函》(2001 年 12 月 24 日　建办标函〔2001〕403 号)

国家环保总局《关于工业企业厂界噪声监测中背景噪声有关问题的复函》(2001 年 12 月 19 日　环函〔2001〕319 号)

国土资源部《关于依法加快集体土地所有权登记发证工作的通知》(2001 年 11 月 9 日　国土资发〔2001〕359 号,已于 2016 年 5 月 27 日起失效)

国家工商局《关于对未经竣工验收合格的商品房即交付使用违法行为法规适用问题的答复》(2001 年 9 月 11 日　工商市字〔2001〕第 255 号,已于 2014 年 7 月 14 日起失效)

建设部《城市房屋便器水箱应用监督管理办法(2015 年修订)》(2001 年 9 月 4

日,已于2015年1月22日修改实施)

建设部《**城市房地产转让管理规定**》(2001年8月15日　建设部令〔2001〕96号)

建设部《**城市房地产抵押管理办法**》(2001年8月15日　建设部令〔2001〕96号)

国家环保总局、铁道部《**关于加强铁路噪声污染防治的通知**》(2001年7月12日　环发〔2001〕108号)

国税总局《**关于以土地、房屋权属抵缴社会保险费免征契税的批复**》(2001年6月21日　国税函〔2001〕486号,已于2021年9月1日起失效)

国家环保总局《**关于铁路边界噪声测量标准适用问题的复函**》(2001年6月13日　环函〔2001〕118号)

建设部《**商品房销售管理办法**》(2001年6月1日)

建设部、解放军总后勤部《**关于军队住房制度改革中有关问题的通知**》(2001年5月25日　建房改〔2001〕107号)

中国人民银行办公厅《**关于天津永基房地产开发有限公司非法集资问题的批复**》(2001年4月2日　银办函〔2001〕177号)

2000年

国家环保总局《**关于工业企业环境噪声干扰他人法律适用问题的复函**》(2000年11月3日　环发〔2000〕218号)

国税总局《**关于外商投资企业房屋装修费税务处理问题的批复**》(2000年9月14日,已于2011年1月4日被废止)

中国人民银行《**关于对典当行从事房屋抵押贷款业务有关问题的复函**》(2000年9月5日　银条法〔2000〕53号)

建设部《**对〈关于适用《城市房屋权属登记管理办法》规定有关问题的请示〉的答复**》(2000年7月25日)

建设部《**关于印发〈房屋建筑工程和市政基础设施工程竣工验收暂行规定〉的通知**》(2000年6月30日　建建函〔2000〕142号,已于2016年2月18日起失效)

建设部《**房屋建筑工程质量保修办法**》(2000年6月30日)

国务院机关事务管理局、中共中央直属机关事务管理局《**关于房改售房工作中几个具体问题处理意见的通知**》(2000年6月26日　国管房改字〔2000〕130号)

中央军委《**中国人民解放军房地产管理条例**》(2000年6月26日　〔2000〕军字第26号)

外交部、财政部、人事部、建设部《**关于国际职员参加国内住房制度改革有关问题的通知**》(2000年6月13日)

建设部《关于建筑装饰装修归口管理问题的复函》(2000年6月7日　建建函〔2000〕181号)

建设部、财政部、国家经济贸易委员会、全国总工会《关于进一步深化国有企业住房制度改革加快解决职工住房问题的通知》(2000年5月31日　建房改〔2000〕105号)

建设部《关于转发国务院法制办公室〈对建设部《关于请求解释〈城市房地产管理法〉中房产管理部门的函》的复函〉的通知》(2000年3月29日　建法〔2000〕68号)

国家环保总局《关于建设项目环境保护设施竣工验收监测管理有关问题的通知》(2000年2月22日　环发〔2000〕38号,已于2016年7月13日被废止)

国务院机关事务管理局、中共中央直属机关事务管理局《关于印发〈在京中央和国家机关职工住房面积核定及未达标、超标处理办法〉的通知》(2000年2月21日　国管房改字〔2000〕36号)

国家质量技术监督局《关于停止执行〈商品房销售面积测量与计算〉和〈商品房销售面积计量监督管理办法〉的通知》(2000年1月25日　质技监督局量发〔2000〕17号)

1999年

国家环保总局《关于加强社会生活噪声污染管理的通知》(1999年12月15日　环发〔1999〕210号)

财政部、国税总局、建设部《关于个人出售住房所得征收个人所得税有关问题的通知》(1999年12月2日　财税字〔1999〕278号)

国家环保总局《关于执行〈工业企业厂界噪声标准〉问题的复函》(1999年9月17日　环函〔1999〕329号)

国税总局《关于抵押贷款购买商品房征收契税的批复》(1999年9月16日　国税函〔1999〕613号,已于2021年9月1日起失效)

建设部《关于进一步推进现有公有住房改革的通知》(1999年8月13日　建住房〔1999〕209号)

国税总局《关于房屋产权未确定如何征收房产税问题的批复》(1999年7月15日　大地税一转〔1999〕第16号)

国税总局《关于出售或租赁房屋使用权是否征收契税问题的批复》(1999年7月8日　国税函〔1999〕465号,已于2021年9月1日起失效)

国家环保总局《关于房地产开发项目环境管理问题的复函》(1999年7月1日　环发〔1999〕154号,已于2019年6月13日起失效)

国税总局《关于离婚后房屋权属变化是否征收契税的批复》(1999年6月3日

国税函〔1999〕391 号,已于 2021 年 9 月 1 日起失效)

建设部《关于建设部主管全国房屋产权产籍工作的通知》(1999 年 5 月 28 日　建人教函〔1999〕第 180 号)

建设部《已购公有住房和经济适用住房上市出售管理暂行办法》(1999 年 5 月 1 日)

国家环保总局《环境标准管理办法》(1999 年 4 月 1 日,已被 2021 年 2 月 1 日起实施的《生态环境标准管理办法》宣布失效)

国税总局《关于房地产开发企业从事“购房回租”等经营活动征收营业税问题的批复》(1999 年 3 月 21 日　国税函〔1999〕144 号)

建设部《关于加强房地产测量及房屋面积计算管理工作的通知》(1999 年 3 月 20 日　建住房〔1999〕72 号,已于 2011 年 1 月 26 日被宣布失效)

中国人民银行《关于人民法院受理集资纠纷案件的意见的函》(1999 年 3 月 16 日　银办函〔1999〕52 号)

中国人民银行《关于取缔非法金融机构和非法金融业务活动中有关问题的通知》(1999 年 1 月 27 日)

1998 年

国税总局《关于城镇居民委托代建房屋契税征免问题的批复》(1998 年 12 月 28 日　国税函〔1998〕829 号,已于 2021 年 9 月 1 日起失效)

国税总局《关于以房屋抵顶债务应征收营业税问题的批复》(1998 年 12 月 15 日　国税函〔1998〕771 号)

中国人民银行《关于严禁利用庄园开发进行非法集资的紧急通知》(1998 年 10 月 25 日　银发〔1998〕509 号)

国土资源部《通告》(1998 年 12 月 8 日)

国家工商局《房地产广告发布暂行规定》(1998 年 12 月 3 日,已于 2014 年 7 月 14 日起失效)

建设部《关于贯彻〈城市房地产开发经营管理条例〉的通知》(1998 年 9 月 23 日　建住房〔1998〕178 号)

国税总局《关于“代建”房屋行为应如何征收营业税问题的批复》(1998 年 9 月 21 日　国税函〔1998〕554 号)

建设部《商品住宅实行住宅质量保证书和住宅使用说明书制度的规定》(1998 年 9 月 1 日)

国土资源部《关于印发〈关于大力发展经济适用住房的若干意见〉的通知》(1998 年 7 月 14 日　建房〔1998〕154 号)

国税总局《关于契税征收中几个问题的批复》(1998 年 5 月 29 日　财税字

〔1998〕96 号,已于 2021 年 9 月 1 日失效)

国税总局《关于个人经营房地产业务征收营业税问题的批复》(1998 年 4 月 29 日　国税函〔1998〕260 号)

建设部《关于城镇房屋所有权证书颁发问题的复函》(1998 年 4 月 17 日　建法函〔1998〕116 号,已于 2011 年 1 月 26 日废止)

建设部《关于继续做好 1998 年国家安居工程(经济适用房)实施工作的通知》(1998 年 4 月 10 日　建房〔1998〕76 号)

国税总局《关于销售不动产兼装修行为征收营业税问题的批复》(1998 年 1 月 25 日　国税函〔1998〕53 号)

1997 年

国家环保总局《关于娱乐场所振动和噪声污染防治问题的复函》(1997 年 11 月 27 日　环发〔1997〕747 号)

建设部《关于颁布全国统一房屋权属证书的公告》(1997 年 11 月 18 日)

国家土地管理局《印发〈关于认定收回土地使用权行政决定法律性质的意见〉的通知》(1997 年 10 月 30 日　〔1997〕国土〔法〕字第 153 号)

国家土地管理局地籍管理司《关于对上海市房屋土地管理局〈关于确定土地权属问题的若干意见〉有关条款解释请示的答复》(1997 年 10 月 21 日　〔1997〕国土〔籍登〕字第 10 号)

财政部《关于印发〈中华人民共和国契税暂行条例细则〉的通知》(1997 年 10 月 28 日　财法字〔1997〕52 号,已被 2021 年 9 月 1 日实施的《契税法》宣布失效)

国税总局《关于以不动产或无形资产投资入股收取固定利润征收营业税问题的批复》(1997 年 9 月 1 日　国税函〔1997〕490 号)

建设部《对〈关于不得给一平方米单位产权颁发"房屋所有权证"的通知〉的补充说明》(1997 年 7 月 28 日　〔97〕建房字第 019 号)

建设部《关于制作颁发全国统一房屋权属证书的通知》(1997 年 7 月 17 日　建房〔1997〕第 178 号)

国家工商局《关于食品广告、房地产广告管理有关问题的答复》(1997 年 5 月 20 日　工商广字〔1997〕第 140 号)

国家工商局《关于房地产广告中承诺为入住者办理户口问题的答复》(1997 年 5 月 5 日　工商广字〔1997〕第 124 号,已于 2016 年 5 月 31 日起失效)

铁道部《关于发布〈铁路环境保护规定〉的通知》(1997 年 4 月 23 日　铁计〔1997〕46 号)

1996 年

国税总局《关于个人从事房地产经营业务征收营业税问题的批复》(1996 年

12月12日　国税函〔1996〕718号)

煤炭部《关于印发〈煤炭行业康居工程规划及实施意见〉的通知》(1996年11月15日　煤办字〔1996〕第559号)

国税总局《关于有偿转让资产使用权的行为征收营业税问题的批复》(1996年11月6日　国税函〔1996〕636号)

国家土地管理局《对开封市关于实行国有土地使用证房屋所有权证两证合一颁发房地产权证请示的批复》(1996年8月20日　国土批〔1996〕78号)

国家土地管理局《对国有土地使用权出让年限始起日期问题的批复》(1996年6月5日,2003年2月20日起失效)

建设部《关于加强房地产开发管理提高商品房质量的通知》(1996年5月1日　建房〔1996〕48号)

国税总局《关于中国××化学工程公司征收营业税问题的批复》(1996年4月17日　国税函〔1996〕174号)

国家土地管理局《印发〈国家土地管理局土地登记规则〉的通知》[1996年2月1日　〔1995〕国土(法)字第184号]

建设部房地产业司《关于城市房屋租赁管理给黑龙江省建委的复函》(1996年1月30日　〔1996〕建房市字第04号)

1995年

建设部《关于对河南省建设厅城镇房屋所有权登记问题请示的复函》(1995年12月26日　〔1995〕建房字第769号)

建设部《关于印发〈商品房销售面积计算及公用建筑面积分摊规则〉(试行)的通知》(1995年12月1日　建房〔1995〕517号)

国家环保局政策法规司《关于环境噪声监测问题的复函》(1995年11月23日)

建设部《关于城市规划部门审批房屋翻改扩建工程时须收验〈房屋所有权证〉的通知》(1995年10月5日　建房〔1996〕572号)

国家土地管理局《对福建省土地管理局〈关于对若干土地违法行为定性问题的请示〉的批复》(1995年9月11日　国土批〔1995〕50号)

建设部《关于房改售房权属登记发证若干规定的通知》(1995年8月16日　建房〔1995〕2号)

建设部、国家国有资产管理局《关于做好行政事业单位国有资产产权登记中房产登记工作的通知》(1995年7月20日　建房〔1995〕433号)

建设部《关于加强城市房屋拆迁管理工作的通知》(1995年7月5日　建房〔1995〕387号,其中第1条、第3条已被财政部、国家税务总局《关于企业改制重组

有关土地增值税政策的通知》废止)

财政部、国税总局《关于土地增值税一些具体问题规定的通知》(1995 年 5 月 25 日 财税字〔1995〕48 号)

总参谋部、总政治部、总后勤部《军用土地使用权转让管理暂行规定》(1995 年 5 月 18 日)

国家土地管理局《关于印发〈确定土地所有权和使用权的若干规定〉的通知》〔1995 年 5 月 1 日 〔1995〕国土(籍)字第 26 号,已于 2010 年 12 月 3 日经国土资发〔2010〕190 号将“征用”统一修改为“征收”〕

国务院宗教事务局《关于对宗教房产不宜列入公房进行出售请示的复函》(1995 年 3 月 24 日 国宗函〔1995〕059 号)

建设部、中国人民银行《关于加强与银行贷款业务相关的房地产抵押和评估管理工作的通知》(1995 年 3 月 23 日 建房〔1995〕152 号,已于 2011 年 1 月 26 日失效)

建设部《关于明确城市商品房预售管理主管部门问题的复函》(1995 年 3 月 15 日 建房字第 137 号)

国家土地管理局《关于贯彻〈城市房地产管理法〉若干问题的批复》(1995 年 3 月 11 日)

建设部《实施国家安居工程的意见》(1995 年 3 月 8 日 建房〔1995〕第 110 号)

国家土地管理局《关于贯彻〈城市房地产管理法〉做好土地登记工作的通知》〔1995 年 1 月 1 日 〔1995〕国土(籍)字第 8 号〕

1994 年

建设部、国务院住房制度改革领导小组、财政部《关于印发〈城镇经济适用住房建设管理办法〉的通知》(1994 年 12 月 15 日 建房〔1994〕761 号)

国有资产管理局《关于对福建省国有资产管理局〈关于非国家控股的中外合资、合作企业资产评估有关问题的请示〉的复函》(1994 年 7 月 26 日 国资办函发〔1994〕89 号)

建设部《关于转发〈广东省城镇房地产权登记条例〉的通知》(1994 年 7 月 22 日,所转发条例已于 2019 年 11 月 29 日被广东省人大常委会废止)

民政部、财政部、总政治部《关于印发〈移交政府安置的军队离休退休干部住房制度改革实施办法〉的通知》(1994 年 6 月 30 日 民安发〔1994〕19 号)

国税总局《关于经营房地产收入纳税义务发生时间的通知》(1994 年 4 月 7 日 国税发〔1994〕086 号)

建设部《关于不得给一个平方米单位产权颁发“房屋所有权证”的通知》(1994

年2月7日 〔94〕建房管字第09号)

财政部《**关于对未建成房屋产权转让征收契税问题的复函**》(1994年1月22日 〔94〕财农税字第2号)

1993年

国税总局《**营业税税目注释(试行稿)**》(1993年12月27日 国税发〔1994〕149号)

建设部《**城市住宅小区竣工综合验收管理办法**》(1993年12月1日,已于2016年2月18日起失效)

建设部《**对〈关于确定直管国有房屋土地使用权问题的请示〉的答复**》(1993年9月30日 〔93〕建房管字第32号,已于2011年1月26日起失效)

国家国有资产管理局《**关于清理不利企业转换经营机制文件的通知**》(1993年8月28日 国资法规发〔1993〕45号)

建设部、国家土地管理局、国家工商局、国税总局《**关于加强房地产市场宏观管理促进房地产业健康持续发展的意见**》(1993年8月10日,已于2016年2月18日起失效)

财政部、国家土地管理局、中国人民解放军总后勤部《**关于军队有偿转让空余军用土地有关问题的通知**》(1993年7月7日 财综字〔1993〕159号,已于2011年2月21日起失效)

建设部《**关于处理原去台人员房产中若干具体问题的补充意见**》(1993年7月3日 建房〔1993〕487号)

国家土地管理局《**对安徽省关于土地有偿使用中几个问题的请示的复函**》(1993年2月17日,已于2003年2月20日经国土资发〔2003〕48号文停止执行)

国务院宗教事务局、建设部《**关于城市建设中拆迁教堂、寺庙等房屋问题处理意见的通知**》(1993年1月20日 国宗发〔1993〕21号)

1992年

中国人民解放军总参谋部、总政治部、总后勤部《**关于利用军队房地产开发经营有关问题的通知**》(1992年11月2日)

中国人民解放军总后勤部《**军队房地产开发管理暂行规定**》(1992年10月30日)

国家土地管理局《**关于对房产开发公司建商品房出售行为的定性及法律适用问题的请示的答复**》(1992年10月16日)

国税局《**关于印发〈土地使用权转让及出售建筑物和经济权益转让征收营业税具体办法〉的通知**》(1992年9月1日 国税发〔1992〕165号)

中国人民解放军总参谋部、总后勤部《**中国人民解放军地籍管理办法**》(1992

年8月18日)

财政部《关于购买商品房征收契税的复函》(1992年8月3日　财农税字〔1992〕第42号)

国家国有资产管理局《国有资产评估管理办法施行细则》(1992年7月18日　国资办发〔1992〕36号)

中央军委《关于印发〈军队住房制度改革实施方案〉的通知》(1992年7月1日)

国家土地管理局《印发关于地籍管理几个问题处理意见的通知》[1992年5月13日　〔1992〕国土(籍)字第46号]

建设部房地产业司、中国人民解放军总后勤部基建营房部《关于印发〈城镇驻军营房产权转移和房屋现状变更登记实施细则〉的通知》(1992年4月1日　〔1992〕建房管字第18号　〔1992〕营房字第76号)

建设部办公厅《关于城市规划区内原有房屋的拆建翻建办理规划审批问题的复函》(1992年3月9日　〔1992〕建办规字第36号)

国家土地管理局《划拨土地使用权管理暂行办法》(1992年3月8日,已于2019年7月24日起失效)

国家土地管理局《关于对山东省土地管理局有关土地权属问题请示的答复》(1992年2月22日　〔1992〕国土函字第23号,已于2003年3月20日经国土资发〔2003〕48号停止执行)

建设部《关于印发〈关于处理原去台人员房产问题的实施细则〉的通知》(1992年2月10日　建房〔1992〕44号)

1991年

建设部《房屋接管验收标准》(1991年7月1日)

财政部《关于以房抵债征收契税的复函》(1991年6月20日　〔91〕财农税字第37号)

国税局《关于房产管理部门经租的居民住房用地在房租调整改革后征收土地使用税问题的批复》(1991年3月9日　国税函发〔1991〕403号)

建设部、国家工商局、国家物价局、解放军总后勤部《军队利用房地产开展经营活动的规定》(1991年2月19日　〔1991〕后营字第87号)

总参谋部、总政治部、总后勤部《中国人民解放军土地使用管理规定》(1991年1月31日)

财政部《关于以房产作投资作股转让的契税问题的复函》(1991年1月1日　〔91〕财农税字第38号)

1990 年

国家土地管理局《关于对〈中华人民共和国城镇国有土地使用权出让和转让暂行条例〉有关问题的批复》(1990 年 12 月 20 日 〔1990〕国土函字第 146 号,已于 2003 年 2 月 20 日起失效)

财政部《关于集资建商品房照征契税的复函》(1990 年 11 月 7 日 〔1990〕财农税字第 83 号)

国家土地管理局《关于对浙土复〔1990〕8 号请示的答复》(1990 年 8 月 25 日,已于 2003 年 2 月 20 日经国土资发〔2003〕48 号文停止执行)

国家土地管理局、国家测绘局、国家物价局、财政部《关于土地登记收费及其管理办法》(1990 年 7 月 21 日 〔1990〕国土〔籍〕字第 93 号,已于 2017 年 11 月 29 日起失效)

商业部《关于对公私合营私方人员转入基层供销社的房产归属问题给湖北省供销社的复函》[1990 年 6 月 23 日 部发〔90〕财(价)字第 551 号]

国家土地管理局《关于城市宅基地所有权、使用权等问题的复函》[1990 年 4 月 23 日 〔1990〕国土(法规)字第 13 号]

1989 年

建设部《印发〈关于城镇房屋所有权登记中几个涉及政策性问题的原则意见〉的通知》(1989 年 11 月 1 日)

建设部房地产业司《关于人武部改军分区房屋所有权登记等问题的通知》(1989 年 10 月 12 日 〔1989〕建房管字第 81 号)

建设部《关于国有房屋土地使用证及房地产交易中土地使用权转让等有关问题的答复》(1989 年 9 月 20 日 〔89〕建房市字第 77 号)

建设部《关于善始善终做好城镇私房遗留问题处理工作的通知》(1989 年 9 月 16 日)

建设部房地产业司《关于中国人民武装警察部队在房屋所有权登记工作中执行〈中国人民解放军登记发证办法〉的通知》(1989 年 8 月 21 日 〔1989〕建房管字第 69 号)

外交部、司法部《关于对解放前印有"中华民国"字样的历史资料的公证、认证事宜》(1989 年 8 月 10 日 〔89〕领四函 195 号)

国税局《关于对房屋经营单位和建设单位向职工个人出售住房征免建筑税问题的通知》(1989 年 1 月 26 日 国税地〔1989〕6 号)

1988 年

国税局《关于土地使用税若干具体问题的解释和暂行规定》(1988 年 10 月 24 日 国税地字〔1988〕第 015 号,其中第 17 条已于 2017 年 12 月 29 日废止)

建设部《关于转发国务院机关事务管理局〈关于开展中央国家机关房屋所有权登记、核发房屋所有权证工作的通知〉的通知》(1988 年 6 月 15 日 〔88〕建房房字第 15 号,已于 2011 年 1 月 26 日起失效)

国家土地管理局《关于请检查制止乱发土地证书的通知》(1988 年 2 月 16 日)

1987 年

建设部《关于房管部门直管公房房产税问题的通知》(1987 年 12 月 7 日 〔87〕城房经字第 56 号)

财政部、税务总局《关于对房管部门经租的居民住房暂缓征收房产税的通知》(1987 年 12 月 1 日 〔87〕财税地字第 030 号)

城乡建设环境保护部《关于进一步处理好城镇私房遗留问题的通知》(1987 年 10 月 28 日 〔87〕城房字第 575 号)

1986 年

财政部《关于契税若干问题的批复》(1986 年 12 月 31 日 〔1986〕财农字第 400 号)

财政部《关于退离休干部购买公房契税问题的批复》(1986 年 11 月 5 日 〔86〕财农字第 380 号)

中央统战部办公厅《关于研处淄博市博山区统战部来函的复函》[1986 年 4 月 23 日 统发文〔86〕(五)第 498 号]

1985 年

国家计划委员会《住宅建筑设计规范》(1985 年 6 月 14 日)

城乡建设环境保护部《印发〈关于城市私有出租房屋社会主义改造遗留问题的处理意见〉的通知》(1985 年 2 月 16 日 〔85〕城住字 87 号)

1984 年

城乡建设环境保护部城市住宅局《关于贯彻国发〔1983〕139 号文件精神做好国民党军政人员出走弃留的代管房产处理工作的通知》(1984 年 4 月 23 日 〔1984〕城住私字第 9 号)

1983 年

国务院宗教事务局《复长沙市关于宗教房产院墙内土地使用权问题》(1983 年 9 月 17 日)

中共中央统战部、商业部《印发〈关于索要、强占原公私合营企业、合作商店营业用房问题的处理意见〉的通知》(1983 年 2 月 25 日 〔83〕商管字第 5 号)

国家经委基本建设办公室《关于印发〈建筑面积计算规则〉的通知》(1983 年 1 月 1 日,已于 2016 年 2 月 18 日被宣布失效)

1982 年

城乡建设环境保护部《关于转发〈关于进一步抓好落实私房政策工作的意见〉的通知》(1982 年 10 月 30 日 〔82〕城住字第 445 号)

外交部、财政部、中国银行《关于对外国原在华私人房产的补偿问题》(1982 年 8 月 3 日 〔82〕部颁四字第 267 号)

国务院侨务办公室、城乡建设环境保护部《关于落实"文革"期间被挤占的华侨私房政策的若干规定》(1982 年 6 月 8 日)

司法部《关于办理遗嘱公证涉及夫妻共有财产问题的批复》(1982 年 5 月 2 日 〔82〕司发公字第 150 号,已于 2014 年 4 月 4 日起失效)

国家城市建设总局《关于转发四川省委、省人民政府批转省建委〈关于私房改造遗留问题处理意见的报告〉的通知》(1982 年 2 月 4 日 〔82〕城发房字 26 号)

1981 年

供销合作总社、商业部《关于合作商店入股房产坚持不退还实物的函》(1981 年 3 月 5 日 〔81〕供基联字 05/118 号 〔81〕商层联字第 5 号)

1967 年

供销合作总社《关于供销社接受土改胜利果实房屋等财产所有权问题》(1967 年 8 月 25 日 〔67〕合财字第 244 号)

1965 年

国家房产管理局《关于私房改造中处理典当房屋问题的意见》(1965 年 12 月 3 日 〔1965〕国房局字 105 号)

1950 年

内务部《关于处理土地改革中遗留的典当土地问题给华北各省的指示》(1950 年 9 月 30 日 内地字第 114 号)

第五部分:地方司法性文件

2020 年

上海一中院《类案裁判方法|共有房屋买卖合同纠纷案件的审理思路和裁判要点》(2020 年 9 月 25 日)

山东高院《执行疑难法律问题解答(二)》(2020 年 7 月 29 日)

山东高院民一庭《关于审理执行异议之诉案件若干问题的解答》(2020 年 7 月 28 日)

湖南高院《关于为扎实做好"六稳"工作,全面落实"六保"任务提供司法服务和保障的意见》(2020 年 6 月 10 日 湘高法〔2020〕74 号)

湖南高院《关于审查征收、补偿、安置再审申请行政案件若干问题的指导意见》

(2020年6月8日　湘高法〔2020〕11号)

河南高院赔偿委员会办公室《关于审理违法征收、违法强拆类行政赔偿案件的工作指南(试行)》(2020年4月30日)

上海高院《房屋征收补偿利益分割民事纠纷研讨会会议纪要》(2020年3月25日　沪高法民〔2020〕4号)

天津高院《关于印发〈天津市高级人民法院民事审判第一庭关于审理涉新冠肺炎疫情相关民事案件的法官会议纪要(一)〉的通知》(2020年3月19日)

江苏盐城中院《关于规范审理涉新冠肺炎疫情房地产纠纷案件的十五条意见》(2020年3月16日)

广西高院民一庭《关于印发〈关于妥善审理涉新冠肺炎疫情相关民事纠纷的指导意见〉的通知》(2020年3月3日)

河南高院《印发〈关于依法妥善办理中小微企业受疫情影响案件的工作指引〉的通知》(2020年2月28日　豫高法〔2020〕30号)

江苏南京中院《关于妥善审理涉新冠肺炎疫情房地产案件的若干意见》(2020年2月20日)

贵州高院《贵州民营企业涉疫情商事合同履行中的法律风险提示书》(2020年2月18日)

上海高院《关于涉新冠肺炎疫情案件法律适用问题的系列问答(二)》(2020年2月17日)

内蒙古高院《关于审理涉新冠肺炎疫情民商事案件相关问题的指引》(2020年2月14日)

浙江高院民一庭《关于印发〈关于规范涉新冠肺炎疫情相关民事法律纠纷的实施意见(试行)〉的通知》(2020年2月10日　浙高法民一〔2020〕1号)

黑龙江高院《关于充分发挥司法职能支持企业应对疫情服务保障企业健康发展的意见》(2020年2月8日)

四川高院《关于充分发挥审判职能作用为打赢疫情防控阻击战提供有力司法保障的指导意见》(2020年2月7日)

2019年

江苏高院民六庭《关于印发〈商品装修房买卖合同装修质量纠纷案件审理指南〉的通知》(2019年12月16日　苏高法电〔2019〕862号)

北京高院《关于立案审判适用法律若干问题的解答(二)》(2019年11月20日)

广东深圳中院《关于我市法院间首先查封案件与优先债权执行案件处分查封财产有关问题的意见(试行)》(2019年3月26日　深中法发〔2019〕1号)

四川高院《关于印发〈关于审理破产案件若干问题的解答〉的通知》(2019年3月20日　川高法〔2019〕90号)

江苏高院《执行异议及执行异议之诉案件审理指南(三)》(2019年3月5日)

江苏高院《执行异议及执行异议之诉案件审理指南(二)》(2019年2月26日)

2018年

天津高院《关于印发〈天津法院国有土地上房屋征收案件审判指引〉的通知》(2018年12月27日　津高法〔2018〕260号)

吉林高院《关于审理执行异议之诉案件若干疑难问题的解答(二)》(2018年12月24日)

天津高院《关于审理房屋买卖合同纠纷案件若干问题的审判委员会纪要》(2018年11月26日　津高法〔2018〕230号)

江苏高院《关于执行疑难问题的解答》(2018年8月22日)

广东高院执行局《关于执行程序法律适用若干问题的参考意见》(2018年8月1日)

江苏高院《关于审理房地产合同纠纷案件若干问题的解答》(2018年6月26日　审委会会议纪要〔2018〕3号)

江苏高院《关于审理建设工程施工合同纠纷案件若干问题的解答》(2018年6月26日)

河北高院《关于印发〈建设工程施工合同案件审理指南〉的通知》(2018年6月13日　冀高法〔2018〕44号)

北京高院《关于审理继承纠纷案件若干疑难问题的解答》(2018年6月11日)

河北廊坊中院《关于印发〈审理房屋买卖合同纠纷案件若干问题的会议纪要〉的通知》(2018年3月14日　廊中法〔2018〕24号)

北京高院《北京法院执行办案规范——债权及收入的执行》(2018年2月13日)

北京高院《北京法院执行办案规范——不动产的执行》(2018年2月6日)

北京高院《北京法院执行办案规范——银行存款的执行》(2018年1月26日)

2017年

江苏高院《执行异议及执行异议之诉案件审理指南(一)》(2017年12月28日)

天津高院《关于印发〈关于民事审判工作中加强民生保障的实施意见〉的通知》(2017年12月25日)

北京高院民一庭《关于妥善处理涉及"3.17新政"的房屋纠纷案件若干问题的会议纪要》(2017年12月18日)

重庆高院《**关于民事诉讼管辖若干问题的解答**》（2017 年 10 月 11 日　渝高法〔2017〕256 号）

四川成都中院《**关于印发〈商品房买卖合同案件的审理指南（试行）〉的通知**》（2017 年 10 月 11 日　成中法发〔2017〕129 号）

山东高院《**民事审判会议纪要**》（2017 年 8 月）

广东高院《**印发〈关于审理房屋买卖合同纠纷案件的指引〉的通知**》（2017 年 9 月 12 日　粤高法〔2017〕191 号，已于 2020 年 12 月 31 日经粤高法〔2020〕132 号废止）

四川成都中院《**2017 成都市中级人民法院审判工作会会议纪要**》（2017 年 8 月 15 日）

广东高院《**印发〈广东省高级人民法院关于审理建设工程合同纠纷案件疑难问题的解答〉的通知**》（2017 年 7 月 19 日　粤高法〔2017〕151 号，已于 2020 年 12 月 31 日经粤高法〔2020〕132 号废止）

上海高院《**关于财产保全工作的规定**》（2017 年 7 月 17 日）

江苏高院《**关于执行唯一住房若干问题的通知**》（2017 年 4 月 6 日　苏高法电〔2017〕218 号）

北京高院《**五大法律问答解答"317 新政"房屋买卖纠纷**》（2017 年 3 月 20 日）

北京市住建委、中国人民银行营业管理部、中国银监会北京监管局、北京住房公积金管理中心《**关于完善商品住房销售和差别化信贷政策的通知**》（2017 年 3 月 17 日　京建法〔2017〕3 号）

北京高院（单国军庭长）《**关于审理城镇房屋买卖合同案件适用法律若干问题的调研报告**》（2017 年 2 月 5 日）

2016 年

江苏高院《**关于审理消费者权益保护纠纷案件若干问题的讨论纪要**》（2016 年 12 月 12 日　审委会〔2016〕10 号）

北京三中院民二庭《**婚姻家庭案件法律适用疑难问题研讨会意见**》（2016 年 11 月 2 日）

湖北高院民二庭《**当前商事审判疑难问题裁判指引（上）**》（2016 年 11 月）

浙江绍兴中院、市国土资源局《**关于明确司法执行中涉及土地房屋处置相关问题的通知**》（2016 年 9 月 9 日　绍市土资发〔2016〕36 号）

天津高院《**关于依法妥善审理房屋买卖合同纠纷案件的通知**》（2016 年 11 月 16 日　津高法〔2016〕158 号）

重庆高院《**关于执行工作适用法律若干问题的解答（一）**》（2016 年 9 月　渝高法〔2016〕63 号）

北京高院民一庭《**关于审理婚姻纠纷案件若干疑难问题的参考意见**》(2016年7月27日)

安徽合肥中院《**关于妥善审理房价波动后二手房买卖合同纠纷案件的通知**》(2016年5月　合中法〔2016〕第11号)

广东高院《**关于执行案件法律适用疑难问题的解答意见**》(2016年3月3日)

江苏高院执行局《**关于依法正确适用终结本次执行程序及加强终本案件单独管理的意见**》(2016年1月1日)

上海高院《**关于恋爱期间购房处理等婚姻家庭案件若干争议问题指导意见**》(2016年)

2015年

北京高院《**关于印发〈关于民事诉讼管辖若干问题的规定(试行)〉的通知**》(2015年12月31日)

江苏高院执行局《**关于执行不动产时承租人主张租赁权的若干问题解答**》(2015年11月24日　苏高法〔2015〕742号)

江苏高院执行局《**关于执行"唯一住房"相关问题的解答**》(2015年11月24日)

江苏高院执行局《**关于首查封普通债权法院与轮候查封优先债权执行法院之间处分查封房地产等相关问题的解答**》(2015年11月24日)

江苏苏州中院民四庭《**法官会议讨论纪要**》(2015年9月29日　苏中法民四〔2015〕1号)

江苏高院《**执行异议之诉案件审理指南**》(2015年7月2日)

天津高院《**关于因直管公产房屋租赁产生争议案件受理问题的审判委员会纪要**》(2015年6月8日　津高法〔2015〕103号)

浙江宁波中院《**关于审理商品房买卖合同纠纷案件疑难问题解答**》(2015年5月19日)

浙江宁波中院《**关于民事执行中疑难问题的处理意见(一)**》(2015年5月19日)

四川高院《**关于审理建设工程施工合同纠纷案件若干疑难问题的解答**》(2015年3月16日　川高法民一〔2015〕3号)

北京高院办公室《**关于规范房屋买卖合同案件受理费的通知**》(2015年3月11日　京高法网发〔2015〕184号)

上海高院《**关于印发〈关于在执行程序中审查和处理房屋租赁权有关问题的解答(试行)〉的通知**》(2015年3月9日　沪高法〔2015〕75号)

广东深圳中院《**破产案件管理人工作规范**》(2015年2月5日)

浙江温州中院《依法查处抗拒法院强制执行行为涉及相关刑事犯罪的会议纪要》(2015年1月29日)

2014年

吉林高院《关于商事案件适用合同解除制度若干问题的解答》(2014年12月17日)

吉林高院《关于商事审判若干疑难问题的解答(一)》(2014年12月16日)

北京高院《关于审理房屋买卖合同纠纷案件若干疑难问题的会议纪要》(2014年12月16日 京高法发〔2014〕489号)

北京高院《关于印发〈关于规范合同纠纷级别管辖及案件受理费问题的意见〉的通知》(2014年11月15日 京高法发〔2014〕450号)

北京高院《北京市高、中级法院执行局(庭)长座谈会纪要6:关于强制执行腾房类案件若干问题的意见》(2014年11月19日)

北京高院民一庭《关于明确离婚时房屋补偿计算标准的通知》(2014年11月17日)

浙江宁波中院《关于办理司法拍卖银行按揭贷款权属登记问题的通知》(2014年11月16日)

福建高院《关于依法规范金融案件审理和执行的若干意见(试行)》(2014年10月28日)

浙江高院行政审判第一庭《关于审理国有土地上房屋征收与补偿行政案件具体问题的解答》(2014年10月13日)

浙江高院《关于执行程序中执行"一处住房"相关问题的解答》(2014年9月22日)

浙江高院办公室《印发〈关于执行非住宅房屋时案外人主张租赁权的若干问题解答〉的通知》(2014年9月11日 浙高法办〔2014〕39号)

广东深圳中院《关于房屋买卖合同纠纷案件的裁判指引》(2014年8月28日修订)

广东深圳中院《关于审理房地产纠纷案件的裁判指引》(2014年8月28日修订)

重庆高院《关于委托合同纠纷法律适用问题的解答(试行)》(2014年7月22日)

浙江丽水中院、丽水住建局《关于司法拍卖房产涉及物权登记有关事项通知》(2014年7月14日)

浙江高院《审理执行异议之诉案件疑难问题解答(二)》(2014年6月20日)

广东深圳中院《关于婚姻家庭纠纷案件的裁判指引》(2014年5月21日)

江苏高院《关于以物抵债若干法律适用问题的审理纪要》(2014年4月25日)

湖南长沙中院《民事审判裁判疑难解答》(2014年3月)

浙江温州中院、市国土资源局《关于印发〈协助人民法院执行的会议纪要〉的通知》(2014年1月1日)

北京高院《关于印发修订后的〈北京市法院执行工作规范〉的通知》(2014年1月1日)

2013年

北京高院《关于审理民间借贷案件若干问题的会议纪要》(2013年12月27日)

北京高院《关于审理房屋租赁合同纠纷案件若干疑难问题的解答》(2013年12月19日　京高法发〔2013〕462号)

江苏高院《关于执行疑难若干问题的解答》(2013年12月18日)

重庆高院《印发〈关于审理涉及小额贷款公司、担保公司、典当行商事案件若干问题的解答〉的通知》(2013年10月9日)

湖北高院《民事审判工作座谈会会议纪要》(2013年9月)

浙江宁波中院《关于审理房屋租赁合同纠纷案件疑难问题解答》(2013年8月30日)

北京高院《关于案款分配及参与分配若干问题的意见》(2013年8月21日)

江苏高院《关于当前商事审判若干问题的解答》(2013年8月21日)

北京高院《关于下发〈关于妥善处理涉及"新国五条"的房屋纠纷案件若干问题的会议纪要〉的通知》(2013年7月9日)

江苏高院《关于民间借贷纠纷案件审理中若干问题的会议纪要》(2013年6月21日)

安徽高院《关于在审理房地产案件中认真贯彻"新国五条"精神的通知》(2013年5月9日)

广东深圳中院《商事审判中的法律适用疑难问题指导意见》(2013年)

上海高院《民事法律适用问答》(2013年第1期)

2012年

江苏高院《关于在民事审判中防范和查处虚假诉讼若干问题的讨论纪要》(2012年12月25日)

北京高院《关于国有土地上房屋征收与补偿案件审判工作指南(试行)》(2012年12月18日　京高法发〔2013〕396号)

贵州高院《关于印发〈关于审理涉金融类纠纷案件若干问题的会议纪要〉的通知》(2012年10月10日)

上海高院《物权民事纠纷办案要件指南(总则部分)》(2012年7月9日)

广东高院《关于印发〈全省民事审判工作会议纪要〉的通知》(2012年6月26日 粤高法〔2012〕240号,已于2020年12月31日经粤高法〔2020〕132号废止)

安徽高院《关于审理房屋买卖合同纠纷案件适用法律问题的指导意见》(2012年3月5日)

广东高院《关于民商事审判实践中有关疑难法律问题的解答意见》(2012年3月1日)

2011年

北京高院《关于妥善处理涉及住房限购政策的房屋买卖合同纠纷案件若干问题的会议纪要》(2011年12月13日)

山东高院《2011年民事审判工作会议纪要》(2011年11月30日 鲁高法〔2011〕297号)

北京高院《关于印发〈北京市高级人民法院关于涉及住房限购政策的房屋买卖合同纠纷案件处理的暂行意见〉的通知》(2011年11月3日 京高法发〔2011〕400号)

上海高院《关于印发〈立案问题解答(三)〉的通知》(2011年9月23日 沪高法立〔2011〕7号)

山东高院《2011年全省民事审判工作会议纪要(讨论稿)》(2011年8月)

北京高院《关于审理执行异议之诉案件适用法律若干问题的指导意见(试行)》(2011年7月28日 京高法发〔2011〕254号)

河南郑州中院《关于审理房屋纠纷民事案件适用法律问题的若干意见》(2011年7月14日)

河南郑州中院《关于审理房屋纠纷民事案件适用法律问题的若干意见(征求意见稿)》(2011年7月5日)

江苏高院《关于深入推进民生案件审判工作的意见》(2011年6月30日)

浙江宁波中院《关于审理相邻关系纠纷案件的若干意见》[2011年6月11日 甬中法(民二)〔2011〕46号]

浙江温州中院《全市行政复议和行政审判联席会议第五次联席会议综述》(2011年5月20日)

重庆高院《关于依法妥善处理国有土地上房屋征收与补偿相关案件的通知》(2011年5月11日 渝高法〔2011〕159号)

浙江宁波中院《关于印发〈民事审判若干问题解答(第三辑)〉的通知》(2011年5月11日)

浙江高院民一庭《关于审理受房地产市场调控政策影响的房屋买卖合同纠纷案件的若干意见》(2011年4月21日)

山东临沂中院《关于印发〈临沂市中级人民法院关于审理民事案件的若干指导意见(试行)〉的通知》(2011 年 3 月 29 日　临中法〔2011〕55 号)

江苏高院《关于认定和处理规避执行行为若干问题的规定》(2011 年 2 月 25 日)

海南高院《关于办理商品房买卖合同纠纷案件的指导意见(试行)》(2011 年 1 月)

2010 年

北京高院《关于审理房屋买卖合同纠纷案件适用法律若干问题的指导意见(试行)》(2010 年 12 月 22 日　京高法发〔2010〕458 号)

浙江杭州中院民一庭《关于审理建设工程及房屋相关纠纷案件若干实务问题的解答》(2010 年 11 月 1 日)

浙江高院《关于审理典当纠纷案件若干问题的指导意见》(2010 年 6 月 29 日)

浙江高院民二庭《关于印发〈商事审判若干疑难问题理解〉的通知》(2010 年 6 月 25 日　浙法民二〔2010〕15 号)

上海高院《婚姻家庭纠纷办案要件指南(三)》(2010 年 6 月 22 日　沪高发民一〔2010〕8 号)

江苏高院《婚姻家庭案件审理指南》(2010 年 5 月 18 日)

北京市住建委《关于落实同一购房家庭只能在本市新购买一套商品住房有关政策的通知》(2010 年 5 月 1 日　京建发〔2010〕223 号,已于 2017 年 8 月 14 日经京建法〔2017〕14 号废止)

浙江温州中院民四庭《审理商品房买卖合同纠纷案件疑难问题参考意见》(2010 年 4 月 30 日)

上海高院民一庭《关于处理房屋租赁纠纷若干法律适用问题的解答》(2010 年 3 月 22 日　沪高法民一〔2010〕2 号)

浙江杭州中院《关于在查封房地产时严格依法办理查封手续的通知》(2010 年 2 月 2 日　杭中法〔2010〕35 号)

广东广州中院《关于审理预售商品房合同纠纷若干问题的指导意见》(2010 年)

2009 年

山东临沂中院《民事审判工作座谈会纪要》(2009 年 11 月 10 日　临中法〔2009〕109 号)

浙江高院《关于为推进农村土地流转和集体林权制度改革提供司法保障的意见》(2009 年 7 月 23 日　浙高法〔2009〕250 号)

广东深圳中院《关于审理二手房买卖合同纠纷案件若干问题的指导意见(初

稿)》(2009年7月)

辽宁高院《全省法院民事审判工作座谈会纪要》(2009年5月14日　辽高法〔2009〕120号)

浙江高院《关于审理涉及房地产登记民事案件若干问题的意见(试行)》(2009年4月16日　浙法民一〔2009〕3号)

广东深圳中院《关于规范房地产、股权强制执行的指导意见》(2009年4月1日)

广东高院《关于规范民商事审判自由裁量权的意见(试行)》(2009年3月5日　粤高法发〔2009〕20号)

广东广州中院《关于商品房预售合同纠纷统一处理做法》(2009年2月19日)

北京高院《审理买卖合同纠纷案件若干问题的指导意见(试行)》(2009年2月3日　京高法发〔2009〕43号)

广东深圳中院《关于审理商品房买卖纠纷案件若干问题的指导意见(试行)》(2009年)

2008年

山东高院《关于印发〈全省民事审判工作座谈会纪要〉的通知》(2008年12月23日)

江苏高院《关于审理建设工程施工合同纠纷案件若干问题的意见》(2008年12月17日)

江苏高院《关于印发〈关于审理城镇房屋租赁合同纠纷案件若干问题的意见〉的通知》(2008年12月15日)

浙江高院《关于在民事审判中防范和查处虚假诉讼案件的若干意见》(2008年12月4日　浙高法〔2008〕362号)

内蒙古包头中院《关于印发关于审理城镇房屋买卖纠纷案件相关问题的处理意见》(2008年8月5日)

福建高院《关于审理商品房买卖合同纠纷案件疑难问题的解答》(2008年7月25日)

北京高院《关于印发〈北京市高级人民法院关于行政审判适用法律问题的解答(三)〉的通知》(2008年5月23日　京高法发〔2008〕160号)

上海高院民一庭《关于印发〈关于审理房地产买卖与抵押、租赁交叉纠纷若干问题的意见〉的通知》(2008年4月11日　沪高法民一〔2008〕7号)

湖南高院《关于房屋买卖、租赁纠纷案件适用法律问题的指导意见(试行)》(2008年1月21日)

山东潍坊中院《民事审判工作会议纪要》(2008年)

2007 年

江苏高院《全省民事审判工作座谈会纪要(征求意见稿)》(2007 年 12 月 21 日 苏高法电〔2007〕594 号)

上海高院《关于印发〈关于审理宅基地房屋纠纷若干问题的意见(试行)〉的通知》(2007 年 12 月 17 日　沪高法民一〔2007〕24 号)

广东高院《关于房屋买卖合同中承租人优先购买权有关问题的批复》(2007 年 11 月 23 日　粤高法民一复字〔2007〕10 号)

重庆高院《关于当前民事审判若干法律问题的指导意见》(2007 年 11 月 22 日)

上海高院《关于审理分家析产案件若干问题的意见》(2007 年 9 月 20 日　沪高法民一〔2007〕20 号)

河南郑州中院《关于审理建设工程及房屋相关纠纷案件若干实务问题的解答》(2007 年 7 月 27 日)

北京高院《关于审理个人购房贷款纠纷案件座谈会纪要》(2007 年 8 月 9 日 京高法发〔2007〕273 号)

北京高院《关于印发〈审理民商事案件若干问题的解答之五(试行)〉的通知》(2007 年 5 月 18 日　京高法发〔2007〕168 号)

北京高院《关于行政审判适用法律问题的解答(二)》(2007 年 4 月 11 日　京高法发〔2007〕113 号)

上海高院《关于审理婚姻家庭纠纷若干问题的意见》(2007 年 3 月 15 日　沪高法民一〔2007〕5 号)

2006 年

安徽高院《关于加强涉及农民工权益案件审理工作的意见》(2006 年 12 月 18 日)

山东青岛中院《关于审理农村宅基地房屋买卖纠纷案件相关问题的意见》(2006 年 11 月 16 日　青中法〔2006〕232 号)

广东高院《关于审理婚姻纠纷案件若干问题的指导意见》(2006 年 11 月 14 日 粤高法发〔2006〕39 号,已于 2020 年 12 月 31 日经粤高法〔2020〕132 号废止)

北京高院、市建委《关于规范房产执行和协助执行有关问题的通知》(2006 年 10 月 1 日　京高法发〔2006〕319 号)

北京高院《关于在审理涉及房屋质量缺陷的案件中展开和运用房屋质量缺陷损失评估相关问题的通知》(2006 年 8 月 24 日)

广东深圳中院《关于婚姻家庭纠纷案件的裁判指引》(2006 年 7 月 1 日)

北京高院《关于印发〈关于行政审判适用法律问题的解答〉的通知》(2006 年 6

月 30 日　京高法发〔2006〕212 号）

上海高院《**关于印发〈关于审理企业法人破产案件若干问题的解答〉的通知**》（2006 年 6 月 23 日　沪高法民二〔2006〕14 号）

江西赣州中院《**关于印发〈民事审判若干问题解答〉的通知**》（2006 年 2 月 27 日）

北京高院《**关于规范有关案件受理费工作的几点意见（试行）**》（2006 年 2 月 24 日　京高法〔2006〕49 号）

2005 年

北京高院《**关于印发〈北京市高级人民法院关于办理建国初期有关案件中涉及没收、代管财产问题的申诉、再审案件的指导意见（试行）〉的通知**》（2005 年 12 月 31 日　京高法发〔2005〕363 号）

上海高院《**关于审理“二手房”买卖案件的解答**》（2005 年 12 月 16 日）

上海高院《**关于慎重处理房价下跌后购房人拒还贷款可能引发的诉讼案件的通知**》（2005 年 12 月 15 日　沪高法〔2005〕397 号）

山东高院《**关于印发〈全省民事审判工作座谈会纪要〉的通知**》（2005 年 11 月 23 日　鲁高法〔2005〕201 号）

广东高院《**关于审理金融机构借贷纠纷案件的指导意见**》（2005 年 9 月 30 日　粤高法〔2005〕30 号，已于 2020 年 12 月 31 日经粤高法〔2020〕132 号废止）

广东高院《**关于部分承租人对整体转让的租赁物是否享有优先购买权问题的批复**》（2005 年 9 月 9 日　粤高法民一复字〔2005〕7 号）

上海高院民一庭《**关于处理房屋租赁纠纷若干法律适用问题的解答**》（2005 年 8 月 29 日　沪高法民一〔2005〕15 号　2010 年 3 月 22 日修订）

重庆高院《**关于印发〈关于非诉行政执行工作的若干意见〉的通知**》（2005 年 8 月 29 日　渝高法〔2004〕244 号）

上海高院《**关于处理房屋租赁纠纷若干法律适用问题的解答（三）**》（2005 年 8 月 29 日　2010 年 3 月 22 日修订）

贵州高院《**关于审理商品房买卖合同纠纷案件若干问题的指导意见（一）（试行）**》（2005 年 8 月 1 日）

江苏高院民一庭《婚姻家庭案件疑难问题法律适用研讨会综述》（2005 年 5 月）

上海高院《**关于执行夫妻个人债务及共同债务案件法律适用若干问题的解答**》（2005 年 4 月 20 日　沪高法执〔2005〕9 号）

浙江温州中院、温州国土资源局《**协调会议纪要**》（2005 年 2 月 2 日　温中法〔2005〕19 号）

北京高院《关于审理土地行政案件有关问题的意见(试行)》(2005年1月10日　京高法发〔2005〕9号)

2004年

山东高院《关于审理以建筑物及土地使用权设定抵押如何确定合同效力问题的通知》(2004年12月21日　鲁高法〔2004〕238号)

北京高院《关于印发农村私有房屋买卖纠纷合同效力认定及处理原则研讨会会议纪要的通知》(2004年12月15日　京高法发〔2004〕391号)

辽宁沈阳中院《关于审理房地产案件若干问题的处理意见(之二)》(2004年12月2日　沈中法〔2004〕31号)

江苏高院《房屋买卖合同纠纷案件疑难问题法律适用研讨会综述》(2004年11月27日)

上海高院《关于审理公房承租权确定及使用权转让纠纷案件若干问题的意见》(2004年9月28日　沪高法民一〔2004〕44号)

广东高院《关于蔡新明等人与广东省鱼珠林产集团有限公司房屋质量纠纷案受理问题的批复》(2004年9月13日　〔2004〕粤高法立复字第34号)

上海高院《关于适用最高人民法院婚姻法司法解释(二)若干问题的解答(一)》(2004年9月7日　沪高法民一〔2004〕25号)

福建厦门中院《关于审理商品房买卖合同纠纷中逾期交房和逾期办证若干问题的指导意见》(2004年7月12日)

辽宁沈阳中院《关于审理房地产案件若干问题的处理意见(之一)》(2004年3月27日)

广东高院《关于在审判工作中如何适用〈合同法〉第286条的指导意见》(2004年1月17日　粤高法发〔2004〕2号,已于2020年12月31日经粤高法〔2020〕132号废止)

上海高院《关于房屋动拆迁补偿款分割民事案件若干问题的解答》(2004年1月12日　沪高法民一〔2004〕3号)

上海高院《关于审理农村宅基地房屋买卖纠纷案件的原则意见》(2004年)

2003年

重庆高院执行局《关于规范执行按揭房案件的若干意见(试行)的通知》(2003年12月11日)

北京高院《关于因直管公房租赁引发纠纷的受理问题的意见》(2003年11月27日　京高法发〔2003〕350号)

上海高院《关于印发〈上海法院民事办案要件指南〉的通知》(2003年11月25日　沪高法民一〔2003〕10号)

广东高院《**关于民商事审判适用〈中华人民共和国担保法〉及其司法解释若干问题的指导意见**》(2003 年 9 月 25 日　粤高法〔2003〕200 号,已于 2020 年 12 月 31 日经粤高法〔2020〕132 号废止)

广东高院《**关于民商事审判适用诉讼时效制度若干问题的指导意见**》(2003 年 9 月 25 日　粤高法〔2003〕200 号,已于 2020 年 12 月 31 日经粤高法〔2020〕132 号废止)

重庆高院《**关于对最高人民法院〈关于建设工程价款优先受偿权问题的批复〉应如何理解的意见**》(2003 年 3 月 24 日　渝高法〔2003〕48 号)

广东高院《**关于审理商品房买卖合同纠纷案件若干问题的指导意见**》(2003 年 2 月 13 日　粤高法发〔2003〕24 号,已于 2020 年 12 月 31 日经粤高法〔2020〕132 号废止)

云南高院、云南国土资源厅《**关于人民法院在执行案件中涉及土地权属等有关问题的处理意见的通知**》(2003 年 2 月 13 日　云高法发〔2003〕3 号)

2002 年

安徽高院《**关于规范全省房地产案件鉴定工作的若干意见(试行)**》(2002 年 2 月 26 日　皖高院〔2002〕67 号)

2001 年

广东高院《**关于〈合同法〉施行后认定房地产开发经营合同效力问题的指导意见**》(2001 年 10 月 30 日　粤高法发〔2001〕41 号,已于 2020 年 12 月 31 日经粤高法〔2020〕132 号废止)

广东高院《**关于审理农村集体土地出让、转让、出租用于非农业建设纠纷案件若干问题的指导意见**》(2001 年 10 月 30 日　粤高法发〔2001〕42 号,已于 2020 年 12 月 31 日经粤高法〔2020〕132 号废止)

上海高院《**关于印发〈关于内外销商品住房交易并轨后如何审理相关案件的意见〉的通知**》(2001 年 8 月 30 日　沪高法〔2001〕429 号)

上海高院《**关于下发〈关于在民事审判中实施婚姻法的暂行意见〉的通知**》(2001 年 6 月 7 日　沪高法〔2001〕263 号)

上海高院《**民事法律适用问答**》(2003 年第 2 期)

2000 年

上海高院《**关于审理房屋拆迁民事案件若干问题的意见(试行)**》(2000 年 12 月 13 日　沪高法〔2000〕687 号)

广东高院《**关于印发〈关于审理建设工程合同纠纷案件的暂行规定〉的通知**》(2000 年 7 月 28 日　粤高法发〔2000〕31 号,已于 2020 年 12 月 31 日经粤高法〔2020〕132 号废止)

北京高院、北京国土资源和房屋管理局《**关于在执行案件中涉及房地产若干问题的处理意见**》(2000 年 7 月 3 日　京高法发〔2000〕234 号)

福建厦门中院《**关于印发〈关于处理房地产开发商违规抵押和预售商品房案件的意见〉的通知**》(2000 年 6 月 6 日　厦中法发〔2000〕32 号)

广东高院、检察院、公安厅、司法厅《**关于处理婚姻关系中违法犯罪行为及财产等问题的意见**》(2000 年 5 月 30 日　粤高法〔2000〕18 号,已于 2020 年 12 月 31 日经粤高法〔2020〕132 号废止)

1999 年

江苏高院《**全省民事审判工作座谈会纪要**》(1999 年 11 月 1 日)

上海高院《**关于房屋权属争议案件几个问题的通知**》(1999 年 9 月 6 日　沪高法〔1999〕511 号)

1996 年

上海高院《**关于印发〈处理公有住房出售后纠纷的若干意见〉的通知**》(1996 年 10 月 31 日　沪高法〔1996〕250 号)

广东高院《**关于人民法院审理离婚案件处理房改购买房、公房使用、承租若干问题的意见(试行)**》(1996 年 1 月 12 日　粤高法发〔1996〕6 号,已于 2020 年 12 月 31 日经粤高法〔2020〕132 号废止)

1994 年

北京高院《**关于房地产案件受理问题的意见(试行)**》(1994 年 4 月 25 日)

1993 年

广东高院《**关于审理房屋纠纷案件若干问题的意见(试行)**》(1993 年 11 月 4 日　粤高法发〔1993〕64 号,已于 2020 年 12 月 31 日经粤高法〔2020〕132 号废止)

上海高院《**关于印发〈关于审理房产纠纷案件若干疑难问题的讨论纪要〉的通知**》(1993 年 10 月 27 日　沪高法〔1993〕148 号)

1992 年

陕西高院《**关于印发〈樊拓副院长在全省中级人民法院审理有关宅基地使用权案件座谈会上的讲话〉的通知**》(1992 年 9 月 28 日　陕高法发〔1992〕32 号)

上海高院《**关于贯彻执行〈上海市城镇公有房屋管理条例〉若干问题的意见**》(1992 年 8 月 16 日　沪高法〔1992〕第 86 号)

北京高院《**关于印发〈关于处理婚姻案件中子女抚育、财产分割及住房安置问题的几点意见〉的通知**》(1990 年 8 月 30 日　京高法字〔1990〕第 161 号)

1988 年

北京高院、房地产管理局《**关于房屋纠纷先由房管部门处理的联合通知的说明**》(1988 年 8 月 20 日　市房政字〔1988〕第 348 号)

第六部分：地方规范性文件

2021年

北京市人大常委会《关于北京市契税具体适用税率等事项的决定》（2021年9月1日）

珠海市国土资源局《关于印发〈关于规范土地出让年限重新起算问题的意见〉的通知》（2021年6月17日　珠自然资字〔2021〕506号）

北京市《关于修订〈北京市国有建设用地供应办法（试行）〉的决定》（2021年6月10日　京政发〔2021〕12号）

重庆市《城镇房地产交易管理条例》（2021年5月27日）

北京市住建委《关于禁止房地产开发企业违规收取契税和住宅专项维修资金有关问题的通知》（2021年3月31日　京建发〔2021〕96号）

2020年

上海市发改委、房管局《关于印发〈上海市实物配租廉租住房租金标准管理办法〉的通知》（2020年5月1日　沪发改规范〔2020〕3号）

上海市房管局、住建委、发改委、民政局《关于印发〈上海市共有产权保障住房准入标准和供应标准〉的通知》（2020年5月1日）

上海市房管局《关于印发〈上海市廉租住房申请对象住房面积核查办法〉的通知》（2020年1月1日）

上海市房管局《关于印发〈上海市廉租住房申请审核实施细则〉的通知》（2020年1月1日　沪房规范〔2019〕10号）

上海市房管局《关于印发〈上海市廉租住房租金配租管理实施细则〉的通知》（2020年1月1日　沪房规范〔2019〕8号）

上海市房管局《关于进一步加强本市房地产市场监管规范商品住房预销售行为的通知》（2020年1月1日）

上海市房管局、民政局《关于印发〈上海市共有产权保障住房申请、供应实施细则〉的通知》（2020年1月1日）

2019年

上海市房管局《关于印发〈关于公有居住房屋变更、分列租赁户名的若干规定〉的通知》（2019年8月15日　沪房规范〔2019〕3号）

2018年

北京住建委《关于对新建住宅交付使用前实施房屋质量查验的通知》（2018年9月30日　京建法〔2018〕17号）

上海市住建委《关于印发〈上海市住宅工程质量分户验收管理办法〉的通知》

(2018 年 7 月 4 日　沪住建规范〔2018〕5 号)

2017 年

上海市住建委《关于印发〈上海市建设工程竣工结算文件备案管理办法〉的通知》(2017 年 10 月 1 日　沪建标定〔2017〕877 号)

上海市住建委《关于进一步加强商品房销售监管规范市场秩序相关工作的通知》(2017 年 7 月 20 日　沪建房管〔2017〕651 号)

2013 年

福建厦门国土资源与房产管理局《关于印发〈厦门市农村房屋抵押备案管理暂行办法〉的通知》(2013 年 11 月 1 日　厦国土房〔2013〕366 号)

广西北海《北海市城市环境噪声污染防治管理办法》(2013 年 10 月 22 日　北政办〔2013〕202 号)

广西北海《北海市环境噪声达标区管理办法》(2013 年 10 月 22 日　北政办〔2013〕202 号)

2012 年

上海市住房保障和房屋管理局《关于贯彻执行〈上海市国有土地上房屋征收与补偿实施细则〉若干具体问题的意见》(2012 年 4 月 12 日　沪房管规范征〔2012〕9 号)

重庆市《城镇房地产交易管理条例》(2012 年 1 月 1 日)

2011 年

北京市住建委《关于印发〈北京市国有土地上房屋征收与补偿中住房保障优先配租配售管理办法〉的通知》(2011 年 11 月 2 日　京建法〔2011〕17 号)

北京市发改委、北京市住建委《关于加强本市住宅买卖经纪服务收费管理的通知》(2011 年 8 月 31 日　京发改〔2011〕1469 号,已于 2016 年 1 月 1 日起废止)

青岛市《建筑日照间距计算和管理办法(试行)》(2011 年 8 月 5 日)

北京市《人民防空工程和普通地下室安全使用管理办法》(2011 年 7 月 1 日,已于 2018 年修改)

北京市住建委《关于昌平区保障性住房资格审核有关问题的批复》(2011 年 6 月 9 日　京建函〔2011〕234 号)

北京市住房城乡建设委、市发改委、市规划委、市商务委、市国土局《关于加强部门联动完善商业、办公类项目管理的通知》(2011 年 6 月 1 日　京建发〔2011〕192 号,其中第 3 条于 2019 年 1 月 21 日停止执行)

北京市住建委《关于发布〈北京市建筑业企业违法违规行为记分标准〉(2011)的通知》(2011 年 5 月 4 日)

北京市发改委《关于印发〈北京市《商品房销售明码标价规定》实施细则〉的通

知》(2011 年 5 月 1 日　京发改〔2011〕554 号)

北京市《禁止违法建设若干规定(2020 年修改)》(2011 年 4 月 1 日,已于 2020 年 11 月 15 日起施行)

北京市地税局、北京市住建委《关于进一步加强房地产市场调控有关税收问题的公告》(2011 年 3 月 17 日,其中第 1 条第 4 项、第 5 条、附件 2 于 2018 年 6 月 15 日部分修改)

抚顺市《居住建筑间距和日照管理规定》(2011 年 3 月 1 日)

2010 年

北京市住建委办公室《关于加强我市商品房预售方案管理的通知》(2010 年 12 月 1 日　京建发〔2010〕632 号)

北京市《城镇住宅合作社管理办法》(2010 年 11 月 27 日)

北京市住房保障办公室《关于印发〈北京市经济适用住房、限价商品住房申请家庭原住房腾退办法〉的通知》(2010 年 9 月 28 日　京住保〔2010〕30 号)

北京市《消防条例》(2010 年 9 月 1 日)

深圳市《房地产市场监管办法》(2010 年 9 月 1 日,已于 2017 年 2 月 8 日部分修改)

长沙市《居住建筑间距和日照管理规定》(2010 年 9 月 1 日)

本溪市《住宅建筑间距和日照管理规定》(2010 年 8 月 15 日)

上海市住房保障和房屋管理局《关于推进本市公有住房出售工作有关问题的通知》(2010 年 7 月 23 日　沪房管保〔2010〕262 号)

北京市住建委、北京市发改委、北京市规划委员会、北京市国土资源局《关于加强酒店类项目销售管理有关问题的通知》(2010 年 6 月 1 日　京建发〔2010〕265 号)

包头市《城乡规划条例》(2010 年 6 月 1 日,于 2012 年 5 月 10 日修改了第 81 条,2012 年 6 月 1 日起实施)

湖北省人民政府办公厅《关于进一步做好预防和打击非法集资工作的通知》(2010 年 4 月 1 日　鄂政办发〔2010〕24 号)

北京市住建委《关于历史遗留房地产开发项目房屋登记有关问题的通知》(2010 年 3 月 1 日　京建发〔2010〕1 号)

2009 年

珠海市国土资源局《关于印发〈关于规范土地出让年限重新起算问题的意见〉的通知》(2009 年 11 月 19 日,已于 2017 年 2 月 16 日废止)

北京市《城乡规划条例(2019 年修订)》(2009 年 10 月 1 日,已于 2019 年 3 月 29 日修订,2019 年 4 月 28 日起施行)

岳阳市《关于禁止商品房售后包租的通告》(2009年9月2日　岳政告〔2009〕3号)

贵州省《城镇房地产开发经营管理条例(2020年修正)》(2009年5月1日,2020年修改,2020年9月25日实施)

北京市建委《关于印发〈房屋登记工作规范(试行)〉的通知》(2009年2月20日　京建权〔2008〕827号,已于2018年6月28日起失效)

北京市建委等9部门《关于贯彻国办发〔2008〕131号文件精神促进本市房地产市场健康发展的实施意见》(2009年1月22日　京建办〔2009〕43号,该地方工作文件第2条第5款已于2010年10月1日起停止执行)

成都市房管局、成都市工商局《关于进一步规范房地产广告的通知》(2009年1月12日)

2008年

北京市《城市房地产转让管理办法》(2008年12月6日)

山西大同市《城市房地产交易管理条例》(2008年9月1日,2021年8月2日废止)

北京市建委《关于北京市廉租住房、经济适用住房和限价商品住房申请审核有关问题的通知》(2008年7月15日　京住综字〔2008〕35号)

北京市建委《关于实行商品房预售合同网上联机备案的通知》(2008年6月1日　京建交〔2008〕273号)

哈尔滨市人民政府办公厅《印发〈关于推进停缓建工程复建工作若干意见〉的通知》(2008年3月14日　哈政办发〔2008〕3号)

北京地税局《关于个人销售已购住房及法院强制拍卖房产相关涉税问题的通知》(2008年1月24日　京地税征〔2008〕20号,其中第1条已于2018年6月15日被修订)

北京市建委《关于规范预售商品住宅交接前房屋查验的通知》(2008年1月1日　京建质〔2007〕1231号,已于2018年12月1日被京建法〔2018〕17号废止)

2007年

北京市《职工购买公有住宅楼房管理办法》(2007年11月23日,已于2018年2月12日修订并施行)

北京市《实施〈城镇国有土地使用权出让和转让暂行条例〉办法》(2007年11月23日)

北京市《生活居住建筑间距暂行规定》(2007年11月23日)

福州市《关于印发〈福州市加快处置停缓建工程的若干意见(试行)〉的通知》(2007年11月16日)

北京市建委《关于贯彻〈北京市新建商品住宅小区住宅与市政公用基础设施、公共服务设施同步交付使用管理暂行办法〉有关问题的通知》(2007 年 8 月 1 日　京建开〔2007〕660 号)

北京市建委、北京市人民政府外事办公室、北京市公安局、北京市工商局、北京市商务局《关于规范境外机构和境外个人购买商品房的通知》(2007 年 1 月 29 日　京建交〔2007〕103 号)

北京市建委、北京市环保局《关于加强建设工程竣工验收备案有关环保验收工作的通知》(2007 年 1 月 15 日　京建质〔2007〕11 号)

北京市地税局《转发国家税务总局〈关于个人住房转让所得征收个人所得税有关问题〉的通知》(2006 年 8 月 8 日　京地税个〔2006〕348 号)

北京市地税局《关于印发〈北京市地方税务局开具个人所得税完税证明管理暂行办法〉的通知》(2006 年 1 月 1 日　京地税个〔2006〕239 号,于 2017 年 9 月 27 日起失效)

2005 年

吉林市《停缓建工程处置办法》(2005 年 10 月 1 日,已于 2016 年 9 月 6 日起失效)

山东省《商品房销售条例》(2005 年 7 月 1 日)

上海市财政局、地税局、房地局、规划局《关于转发〈国家税务总局、财政部、建设部关于加强房地产税收管理的通知〉的通知》(2005 年 5 月 31 日　沪地税流〔2005〕59 号)

北京市《关于印发〈北京市国有建设用地供应办法(试行)〉的通知》(2005 年 5 月 1 日　京政发〔2005〕6 号,其中第 25 条已于 2021 年 6 月 10 日被京政发〔2021〕12 号修改)

北京市旅游发展委员会《关于北京市远郊区旧村改造试点指导意见》(2005 年 3 月 29 日　京政农发〔2005〕19 号)

河南洛阳市《城市房地产市场管理条例》(2005 年 1 月 1 日)

2004 年

北京市国土房管局《关于加强商品房预售许可证管理有关问题的》(2004 年 7 月 1 日)

广东广州国土资源和房屋管理局《关于协助法院转移房地产权属的通知》(2004 年 1 月 13 日　穗国房字〔2004〕37 号)

上海市房地局、市建委《关于商场和办公楼分割转让问题的通知》(2004 年 1 月 9 日　沪房地资权〔2004〕19 号)

2003 年

北京市国土资源和房屋管理局《**关于北京市机关事业单位职工住房补贴计发及有关纪律规定等问题的通知**》(2003 年 9 月 8 日 〔2003〕京房改办字第 078 号)

海南省《**关于加快处置海南经济特区停缓建工程的决定**》(2003 年 7 月 1 日)

北京市财政局、北京市地税局、北京市国土资源和房屋管理局《**关于个人出售住房征收个人所得税有关问题的通知**》(2003 年 6 月 24 日 京财税〔2003〕732 号,本法规第 4 条已于 2010 年 10 月 1 日京财税〔2010〕2325 号停止执行)

安徽省建设厅《**关于加强商品房销售管理有关问题的通知**》(2003 年 4 月 21 日 建房〔2003〕99 号)

2002 年

北京市人民政府办公厅《**转发市建委等部门〈关于北京市城镇居民购买经济适用住房有关问题补充规定〉的通知**》(2002 年 12 月 10 日 京政办发〔2002〕53 号,已于 2010 年 12 月 30 日京政发〔2010〕44 号废止)

郑州市《**商品房销售管理办法**》(2002 年 12 月 1 日,其中第 20 条第 5 项部分内容已于 2011 年 10 月 28 日修改为“房屋征收补偿已经落实”)

北京市建委等 7 部门《**关于贯彻建设部等七部委文件精神,进一步整顿和规范本市房地产市场秩序的通知**》(2002 年 7 月 22 日 京建开〔2002〕529 号)

厦门市国土资源与房产管理局《**关于实施〈厦门市商品房销售(预售与现售)市场规范〉的通知**》(2002 年 7 月 8 日)

广西南宁《**南宁市人民政府关于印发邕江河道清障补偿意见的通知**》(2002 年 4 月 29 日 南府发〔2002〕49 号,已于 2009 年 12 月 29 日起失效)

北京市《**消防条例**》(2002 年 3 月 29 日,已于 2011 年 5 月 27 日修订,自 2011 年 9 月 1 日起施行)

2001 年

北京市人民政府《**批转市国土房管局关于解决本市按照标准租金出租私有房屋问题的若干意见的通知**》(2001 年 11 月 4 日 京政发〔2001〕37 号)

北京市国土资源和房屋管理局《**关于办理绿化隔离地区新村建设房屋权属登记的通知**》(2001 年 11 月 1 日 京国土房管权字〔2001〕1073 号)

2000 年

上海市房地局《**关于严格执行商品房预售新标准的通知**》(2000 年 11 月 29 日)

湖北武汉房地局《**关于协助人民法院执行房地产案件的有关规定**》(2000 年 10 月 19 日 武房法〔2000〕186 号)

广东省《**商品房预售管理条例**》(2000 年 10 月 14 日,其中第 22 条、第 34 条于

2014年9月25日分别被修改、删除）

北京市国土资源和房屋管理局、北京市人民政府房改办公室《**关于房改售房若干问题的通知**》（2000年8月11日　京国土房管改字〔2000〕第178号）

上海市房地局、市住房制度改革办公室《**关于印发〈公有住房出售中有关问题的处理意见〉的通知**》（2000年4月27日）

北京国土资源和房屋管理局《**关于房屋买卖手续费收费标准有关问题的通知**》（2000年2月25日　京国土房屋计字〔2000〕40号）

1999年

上海市房地局、市住房制度改革办公室《**关于印发〈进一步推进本市公有住房出售若干规定实施意见〉的通知**》（1999年12月28日）

北京市房改办《**关于中央在京党政机关及所属企事业单位统建房房改售房有关问题的补充通知**》（1999年11月11日　〔99〕京房改办字第148号，已于2017年8月14日起失效）

海口市《**积压房地产产权确认办法**》（1999年10月1日）

中共北京市委、北京市人民政府《**关于印发〈北京市进一步深化城镇住房制度改革加快住房建设实施方案〉的通知**》（1999年9月1日　京发〔1999〕21号）

1996年

上海市房地局、市住房制度改革办公室《**关于本市有限产权房屋与完全产权房屋接轨的规定**》（1996年10月3日）

上海市房屋土地管理局《**落实私房政策上海市人民政府领导小组办公室关于“文革”前被错误没收私房等两类房产遗留问题处理意见的通知**》（1996年4月26日　沪府私房落政〔1996〕发字第21号）

1995年

上海市人民政府落实私房政策领导小组办公室《**关于善始善终处理好“文革”产私改遗留房产问题的通知**》（1995年4月18日　沪府私房落政〔1995〕发字第23号）

1994年

北京市《**房地产抵押管理办法**》（1994年4月20日，已于2010年11月27日废止）

1992年

北京市人民政府房改办公室《**关于“北京市直管公有住宅楼房出售试点办法”的批复**》（1992年10月23日　〔92〕京房改办字第80号）

1991年

北京市《**实施〈中华人民共和国土地管理法〉办法**》（1991年6月1日，已于

2016 年 11 月 25 日废止)

上海市房管局、房产登记发证办公室**《关于印发〈关于房屋产权确认中几个涉及政策性问题的处理意见〉的通知》**(1991 年 1 月 7 日　沪房〔91〕权字发第 8 号)

1987 年

上海市人民政府落实私房政策领导小组办公室、上海市房产管理局**《关于"文革"期间"自愿"上交的私房等问题的处理意见》**(1987 年 2 月 17 日　沪府私房落政〔1987〕发字第 10 号)

1985 年

北京市房地产管理局、人民政府宗教事务处**《关于禁止擅自折除寺庙、道观、教堂及附属房屋的通知》**(1985 年 2 月 7 日　市房政字〔1985〕第 039 号　京宗字〔1985〕第 008 号)

1983 年

北京市房地产管理局**《关于处理有关私房改造遗留问题的通知》**(1983 年 4 月 12 日　市房产字〔1983〕第 186 号)

北京市房地产管理局**《关于落实私房政策中产权审查的具体做法和要求》**(1983 年 1 月 1 日)

1. 劳动争议疑难案件仲裁审判要点与依据（第四版）

2. 房屋买卖合同纠纷疑难案件裁判要点与依据（第四版）

3. 机动车与交通事故疑难案件裁判要点与依据（第三版）

4. 婚姻家庭继承纠纷疑难案件裁判要点与依据

独角兽工作室
装 帧 设 计

法律出版社官方微信

上架建议：法律实务

ISBN 978-7-5197-5485-3

9 787519 754853 >

定价（上下册）：398.00元